中国刑法学研究会

**全国刑法学术年会文集**（2015 年度）
The Collected Papers of Annual Conference of China
Criminal Law Society（2015）

# 法治中国与刑法发展

Rule of Law in China and Development of Criminal Law

（上卷）

学术顾问／高铭暄　储槐植
主　　编／李少平　朱孝清　卢建平

中国人民公安大学出版社
·北　京·

图书在版编目（CIP）数据

法治中国与刑法发展：全国刑法学术年会文集：2015年度/李少平，朱孝清，卢建平主编．—北京：中国人民公安大学出版社，2015.9
ISBN 978-7-5653-2402-4

Ⅰ．①法…　Ⅱ．①李…②朱…③卢…　Ⅲ．①刑法—中国—文集
Ⅳ．①D924.04-53

中国版本图书馆 CIP 数据核字（2015）第 229492 号

全国刑法学术年会文集（2015年度）

# 法治中国与刑法发展

主编 李少平　朱孝清　卢建平

| | |
|---|---|
| 出版发行： | 中国人民公安大学出版社 |
| 地　　址： | 北京市西城区木樨地南里 |
| 邮政编码： | 100038 |
| 经　　销： | 新华书店 |
| 印　　刷： | 北京通天印刷有限责任公司印刷 |
| 版　　次： | 2015 年 9 月第 1 版 |
| 印　　次： | 2015 年 9 月第 1 次 |
| 印　　张： | 88.25 |
| 开　　本： | 787 毫米×1092 毫米　1/16 |
| 字　　数： | 1677 千字 |
| 书　　号： | ISBN 978-7-5653-2402-4 |
| 定　　价： | 288.00 元（上、下卷） |
| 网　　址： | www.cppsup.com.cn　www.porclub.com.cn |
| 电子邮箱： | zbs@cppsup.com　zbs@cppsu.edu.cn |

营销中心电话：010-83903254
读者服务部电话（门市）：010-83903257
警官读者俱乐部电话（网购、邮购）：010-83903253
法律图书分社电话：010-83905745

# 编写说明

中国刑法学研究会 2015 年年会定于 10 月 18 日至 19 日在河北省保定市召开。本次年会由中国刑法学研究会主办，河北大学政法学院承办。中国刑法学研究会会长赵秉志教授全面负责此次年会的筹备、组织、运作和协调工作；副会长李少平副院长、朱孝清副主任和卢建平教授共同主持本届年会。

2014 年 10 月 20 日至 23 日，党的十八届四中全会提出要全面推进依法治国，"建设中国特色社会主义法治体系，建设社会主义法治国家"。为贯彻党的十八届四中全会的精神，同时密切结合我国反腐败的实践和要求，本届年会的主题被确定为"法治中国与刑法发展"。具体又分为两个议题，其中理论议题为"法治中国与刑法理念变革"；实务议题为"治理腐败的刑事政策与刑法立法"。这两个问题都是我国刑法领域的重大现实问题，其中刑法理念变革问题关系到法治中国实现的基础理论问题，治理腐败问题在当前我国腐败治理不断深入的背景下需要进行刑法理论上的总结，并为腐败犯罪的进一步治理寻找刑法对策。我们也希望通过对这两个议题的研讨能够积极推动我国刑法相关理论和实践的新发展。

为了发扬刑法学研究会在举办前即正式出版会议论文集的优良传统，中国刑法学研究会按照惯例在本届刑法学年会会前进行了论文征集。考虑到年会论文篇幅过长所可能造成的出版压力，同时为了保证论文质量，经刑法学研究会会长办公会议讨论决定：论文必须严密契合年会议题的主旨和范围，遵循学术规范，不符合年会议题、不遵守学术规范的论文将不会被录用；年会论文集原则上不接受未被邀请参会人员的论文，硕士生提交的论文一律不予录用；论文字数控制在5千至8千字范围内，原则上不超过1万字。为了保证年会文集的编辑质量和顺利出版，本年会文集聘请中国刑法学研究会名誉会长高铭暄教授和顾问储槐植教授担任学术顾问，并专门成立了年会文集编辑委员会和编辑部。中国刑法学研究会会长赵秉志教授担任编辑委员会主任，委员包括了研究会的各位常务理事。编辑部主任由袁彬副秘书长（北京师范大学刑事法律科学研究院院长助理、教授）担任，成员包括北京师范大学刑事法律科学研究院副教授彭新林博士和博士生李彦峰、郑祖星和贾佳。

截至2015年6月30日，共收到论文200余篇。这些论文基本上都是围绕本届年会主题展开，全面而深入地研讨了本届刑法年会主题所涉及的所有理论和实务问题。但也有部分论文偏离了本届年会的主题，还有部分论文不符合学术规范，最后经研究，决定收录其中的161篇，同时考虑到各个议题的论文数量、各个议题之间的关系等因素，决定将本届年会论文分为六编，并分上下两卷出版。其中，第一编是"法治中国与刑法理念变革研究"，收录论文41篇，分别探讨了法治中国与刑法的观念更新、法治中国与刑法的机能协调、法治中国与刑法的价值目标、法治中国与刑法的体系完善、法治中国与刑法的基本模式及法治中国与犯罪治理的基本原理。第二编至第六编是治理腐败的刑事政策与刑法问题。第二编是"治理腐败的刑事政策研究"，收录论文25篇，主要研究了反腐败刑事政策的历史演变、"零容忍"反腐败刑事政策、国外反腐败刑事政策和反腐败刑事政策的基础和贯彻等问题。第三编是"腐败犯罪治理的刑法协调研究"，收录论文 19 篇，分别研究了反腐刑事司法协助和贪污贿赂犯罪的罪名设置、刑罚配置、死刑、资格刑和财产刑等问题。第四编是"贪污犯罪的刑法治理研究"，收录论文 11 篇，主要研究了贪污罪的定罪量刑标准、悔罪退赃对贪污犯罪量刑的影响、贪污罪与受贿罪的界分等问题。第五编是"受贿犯罪的刑法治理研究"，收录论文 28 篇，主要研究了受贿罪的"为他人谋取利益"、"利用职务便利"、贿赂犯罪罪名体系、定罪量刑标准、特定受贿犯罪的认定等问题。第六编是"行贿犯罪的刑法治理研究"，收录论文 37 篇，主要探讨了行贿罪的"为谋取不正当利益"存废、行贿犯罪的立法完善、行贿犯罪的刑罚体系完善和特定类型的行贿犯罪认定问题。总之，本届年会文集对预定议题进行了全面、深入的研讨，不仅为本届年会的顺利召开提供了重要的研讨基础，而且具有重要的理论和实践价值，有助于进一步推动相关刑法理论、刑事立法和刑事司法的进步与发展。

最后，衷心感谢中国人民公安大学出版社有关领导对年会文集出版的鼎力支持和本书责任编辑的辛勤工作。正是他们的支持与付出，保证了本文集得以及时而精美地出版。

中国刑法学研究会
2015 年 8 月于北京

# 目　录

## 上　卷

### 第一编　法治中国与刑法理念变革研究

## 第二编　治理腐败的刑事政策研究

## 第三编 腐败犯罪治理的刑法协调研究

# 下　卷

## 第四编　贪污犯罪的刑法治理研究

## 第六编　行贿犯罪的刑法治理研究

# 上　卷

# 第一编 法治中国与刑法理念变革研究

# 法治中国视野下的刑事立法理念审思

苏惠渔* 闻志强**

党的十八大报告明确提出：法治是治国理政的基本方式。这表明践行法治已经不仅仅是一个口号、一个目标，而是成为了一个具有常态性、体系性、规范性、权威性、基础性和根本性的社会治理手段和治国理政模式。法治中国建设在党和国家的施政纲领中以前所未有的高度得到关注、聚焦，足见党和政府坚持法治、践行法治、实现法治的决心之大、力度之深。刑事法治建设作为法治中国建设的重要组成部分，自然也应有所作为，并且大有可为。法治建设一般要历经技术、制度、理念三个层面的发展过程，刑事法治建设也不例外。结合当下中国的立法、司法等社会现实状况和理论研究境况，亟须对新形势下引领刑事法治建设的刑法理念尤其是刑事立法理念做深入思考和分析，以为推进刑事法治建设向纵深发展提供根本指引和前沿坐标。

## 一、 从法治与政策、 刑法与刑事政策的关系审视刑事立法的独立品格与"慎独" 理念的重拾

依法治国早已成为我国治国的基本方略，但是近年来的法治实施效果并不尽如人意。党的十八大以来，中央践行法治的决心和力度进入了一个新的高度，一系列公报文件的发布和解读足以使我们对中国法治建设的未来充满信心和动力。但需要指出的是，作为执政党提出的各种施政纲领、策略，基本上都带有即时性、政策性、功利性的色彩，而这显然不是成熟法治国家、法治社会规范治理的常态做法和法治路径。对于具有良好导向的政策，如何使其进入以及通过何种途径进入国家治理、社会生活和公民个人自由领域范围之内，以发挥其预期效果并取得预设目标，仍然是摆在实现法治面前的一道前置关口。而破解这一难题的前提和关键在于摆正和厘清法治与政策的关系，而这一点具体到刑事法领域就是要摆正刑法与刑事政策的关系，尤其是当政策主要通过立法和立法修改作用于社会生活以实现其意志、主张和良好初衷时。

法律自身有着内在的成长基础和运作机理，非常强调合法性和正当性，

---

* 华东政法大学功勋教授，中国刑法学研究会顾问，上海市法学会刑法学研究会名誉会长。
** 华东政法大学刑法专业博士研究生。

尤其是后者，十分关注权威性和稳定性的统一，十分注重保持自身的独立性和规范性品格，如果过多地受到政策的指引和影响，将使得法律尤其是立法成为政策的附庸和政治的代笔工具。正如有学者在论述政策与法律关系时所犀利指出的，政策的存在"不仅代替了法律，遏止了法律的成长，支配着法律，使法律成为政策的仆从，而且给法律本身带来了消极影响，使法律政策化"；"政策的种种效应是法律难以实施的重要原因之一。不适当削弱政策的权威，法律的权威就难以建立，不减少政策的适用范围和影响，法律的作用就难充分发挥"。① 联系到刑事法领域，我们认为准确摆正刑法与政策尤其是刑事政策的关系，厘清二者的作用场域以划清界限，仍然是具有时代意义和重大价值的法治问题。"随着刑法修正走向纵深，刑事立法的应时性特征愈加明显，立法过度回应刑事政策的倾向也渐露端倪，'以策入法'是传统刑法思维惯性的延续。"② 对一些学者不管是力推"法治政策化"还是大力倡扬"政策法治化"的举动，③ 无论是立法即时回应政策、不假思索地满足政策需求以致"瞬息万变"进而有损自身的稳定性、权威性和独立性品格，还是过分迟滞以致"步履蹒跚"使得自身正当性饱受争议，我们都必须保持足够的警惕和必要的清醒。立法过多地即时回应、过度亲近政策甚至积极向政策靠拢都会给法的安定性和权威性带来负面影响，而没有安定性和权威性的支持，单单依靠所谓权力的合法性并不能使法律获得正当性基础而得到全民外在遵守和内在信仰，因为法律自身的正当性诉求、独立性品格和刑法的"特殊性"会在过度回应政策乃至与政策保持绝对一致的步调中而逐步被淡化、销蚀以至"灰飞烟灭、粉身碎骨"无处寄存。因此，"在一个法治国家中，对于法制和其他规则的遵循，固然是合法性的要求，但是对于国家权力行为的合法性要求才显得更为关键。此时，刑法不再是政策法，不再是一种统治的手段，而是对权力行使进行限定的约定。政策和法律不再是两位一体，而是相辅相成的关系"。④

政策，尤其是带有良好初衷的政策导向和极具诱惑力、吸引力、号召力的政治口号，总是会给立法者带来一种想当然甚或天然的安全感庇护乃至绝对认可因由，立法者也总是自觉不自觉地丧失自己相对独立的判断和规范选择立场，这一现象的出现在我国刑事立法领域并不鲜见。其缘由在于"从现

① 蔡定剑著：《历史与变革》，中国政法大学出版社1999年版，第265页、第269页。
② 孙万怀：《刑事立法过度回应刑事政策的主旨检讨》，载《青海社会科学》2013年第2期。
③ 具体论述参见蔡鹤、胡业勋：《积极推动刑事政策和法治化》，载《人民日报》2012年9月4日；赵天红：《论我国刑事政策的法治化》，载《北京化工大学学报》（社会科学版）2005年第1期；王文华：《论刑事政策法治化的基础》，载赵秉志主编：《刑法评论》（第4卷），法律出版社2004年版。
④ 孙万怀：《刑事立法过度回应刑事政策的主旨检讨》，载《青海社会科学》2013年第2期。

实考量，权力的合法性问题并没有得到重视，刑事立法总是被归结为刑事政策的体现。无论是 21 世纪以前的单行刑法的立法模式，还是在晚近的刑法修正过程中，立法体现政策的思路没有根本转变，这导致一系列政策偏差以及政策与法律之间关系的失调"。① 法律与政策、刑法与刑事政策的关系未能得到根本性的厘清在《刑法修正案（九）（草案）》（以下简称《刑九草案》）也有诸多表现，且以《刑九草案》为切入点进行分析。《刑九草案》一如既往地提出要按照宽严相济的刑事政策进行立法修改，然而在《刑法修正案（八）》出台前后，学界早已有声音对宽严相济刑事政策从司法政策向基本刑事政策的"上位"提出质疑，② 并鲜明地指出这一政策难以为刑事立法提供依据和指引，反倒是容易带来诸多与自身相反而又难以合理解决的理论和现实问题："宽严相济刑事政策被视为立法政策是重新将政策作为法的正式渊源。这导致刑法的工具性特征再次被重视，并最终落入'泛政策化'陷阱：政策立法化或立法政策化被认为具有合理性；刑法的谦抑性原则被忽视，立法者希冀通过刑法来解决一些刑法无法解决的问题或者运用其他法律就可以解决的问题"。③ 政策的背后是权力，其定位在于维护秩序，这一定位指引下的立法往往过分彰显能动性，而这对处于保障法地位的刑法而言将会带来隐性的法治风险。政策立法化背景下刑事政策主导的刑事立法，使得《刑九草案》的权力主导性特征进一步凸显。在基于政策的良好初衷和导向下，立法机关甚至认为刑法能够在提高社会道德水平、重塑价值取向这一方面发挥引领、创新作用，更让我们看到刑法角色的错误定位暴露出政策主导下的刑事立法实际上已然偏离其本来位置。政策一再影响并试图为立法提供指引和方向，其初衷可能也是好的，但问题在于立法"不假思索"地过分回应乃至积极靠拢并和政策保持高度一致可能造成的不良后果，立法机关自身和整个社会是否已然做好了充分的估计、应对准备和寻得有效解决办法，由此引发的"多米诺骨牌效应"不得不引起我们的重视和慎思。作为社会保护的最后一道防线和维护统治的强有力后盾，刑法承载了统治者和社会公众很多的期待，刑法借助立法修改积极回应政策甚至成为实现政策初衷和预期目标的工具早已在中国历史上不鲜见，由此产生的恶果也遗毒甚远。对此，我们认为基于刑法自身的保障法地位和后置法角色，过多使得刑法回应乃至满足政策的即时需求，在一定程度上容易导致刑法的权威性、独立性和正当性受到非议，也会给刑法自身的尊严、品格和追求带来不良影响。

综上，我们认为，应当正视并准确把握法律与政策、刑法与刑事政策的

① 孙万怀：《刑事立法过度回应刑事政策的主旨检讨》，载《青海社会科学》2013 年第 2 期。
② 具体论述参见孙万怀：《刑事立法过度回应刑事政策的主旨检讨》，载《青海社会科学》2013 年第 2 期。
③ 孙万怀：《宽严相济刑事政策应回归为司法政策》，载《法学研究》2014 年第 4 期。

差异性，从理论上分析，刑法与刑事政策是存在本质差异的，刑法与刑事政策不应是相辅相成的关系，而应是此消彼长的关系。"在法学意义上来说，刑法显然不应属于刑事政策直接作用的结果，尽管有时体现了刑事政策的某些精神和思路。这一结论的逻辑支撑在于：立法遵行正当性（广义合法性），政策遵循合法性；立法缘于公意形成，而政策则是由权力主导；立法具有稳定性，而政策具有功利性。"① 避免被政策主导甚至取代，尤其是避免刑事政策过分渗透乃至与刑法融汇合流，必须非常注重保持和坚守刑法的独立性、规范性品格。"在以法治为主导的时期，法律不再是或不应该再是政策的婢女。政策与法律之间的'温情'面纱也应被掀开，法律的独立性诉求和自身的基本规律应当得到重视，虽对政策仍然会有回应，但却排斥政策的主导。"② 法律与政策、刑法与刑事政策两对概念和范畴应当在各自的领域内各司其职、各守其位，在对立中寻求互补，而不是试图消弭两对范畴之间的差异，进而使得各自的独立性磨蚀、消解，特别是法律和刑法的独立性品格应当受到更多的关注和维护，这是其获得安定性和权威性进而通过充实和补强自身合法性的基础上获得正当性的根本途径所在。③ 应当看到，"法律正是因为稳定性和被动性才有其存在的价值，刑事政策正是因为灵活性和主动性才彰显其特点，试图通过立法实现统一可能重新陷入另外一种形式的'政策法'的泥潭。立法可以回应多元化的利益所以可以回应政策，但不应违背法治的基本原理，更不应以政策为主导"。④ 刑法在满足安定性和合法性要求的同时，应当致力于实现更高层次的正当性追求，而这必须由刑法的独立性、慎重性、规范性品质来保证。因此，作为法治中国建设重要组成部分的刑事法治建设必须强调和坚持独立于政策尤其是刑事政策以外的、恪守自身规范品格的刑法"慎独"理念。

## 二、 从法制统一理念看刑事立法的协调性、 统一性、 衔接性、 体系性

"法治应包含两重意义：已成立的法律获得普遍的服从，而大家所服从的法律又应该本身是制定得良好的法律。"⑤ 党的十八届四中全会也指出："法律是治国之重器，良法是善治之前提。"由此可见，法治中国建设的起点

---

① 孙万怀：《刑事立法过度回应刑事政策的主旨检讨》，载《青海社会科学》2013 年第 2 期。
② 孙万怀：《刑事立法过度回应刑事政策的主旨检讨》，载《青海社会科学》2013 年第 2 期。
③ "拉德布鲁赫公式"的具体内容及其关于法的安定性、合目的性与正当性的论述和分析，可以参见孙万怀：《罪刑关系法定化困境与人道主义补足》，载《政法论坛》2012 年第 1 期；孙万怀：《刑事正义的宣谕——宽容》，载《环球法律评论》2012 年第 5 期。
④ 孙万怀：《刑事立法过度回应刑事政策的主旨检讨》，载《青海社会科学》2013 年第 2 期。
⑤ ［古希腊］亚里士多德著：《政治学》，吴寿彭译，商务印书馆 1965 年版，第 199 页。

就是制定良法，对于刑事法治建设而言，就是必须十分重视刑事立法的质量和专业水准。在这个问题上，美国学者富勒曾提出了著名的体现法律内在道德的八个原则，① 这些原则是法律在制定过程中使得法律满足合法性和正当性的基本依据。"如果严重破坏了八个原则中的任何一项，其不仅会导致出现恶法体系的后果，而且还会导致法律体系本身被否定的后果。"② 我们基本赞同学者富勒对这一问题的思考和分析，并认为从立法的普遍性、清晰性和不矛盾等几个角度出发，"作为一部优良的立法，必须避免和减少法条之间立法精神的冲突，无论这种冲突是发生在不同法律之间、同一法律的不同法条之间，还是同一法条内部不同条款之间"。③ 但现实是当下我国刑事立法尚未有效坚持和恪守法制统一理念，一些刑事立法规定及其修改，不仅在刑法与其他部门法之间而且自身都存在不少违反协调性、统一性、衔接性、体系性原则的问题，且以《刑九草案》为例试析一二。

例如，《刑九草案》第 7 条修改增加了危险驾驶罪的行为方式，如果认为在公路运输领域的客运业务方面存在超员、超速现象且具有严重社会危害性亟须刑法规制，与此同质的行为方式，即在公路运输领域从事货运业务的车辆严重超过核载重量、限乘人员或者在限速路段、时间严重违反规定行驶和在铁路、水路等交通运输领域超员、超载、超速等所具有的社会危害性并无二致，为何在立法修改时单单增加前项行为方式而对后项行为"置之不理、充耳不闻"，《刑九草案》在修改中没有任何合理妥当的解释说明和充分论证，将上述行为排除在外。可见，立法修改有欠协调性和统一性。

又如，草案提出废除组织卖淫罪、强迫卖淫罪的死刑，从限制、废除死刑的角度来看值得肯定，但问题是其所选择的对象及其处理方式有待商榷。按照《刑法》的规定，强奸妇女后迫使其卖淫作为组织卖淫罪和强迫卖淫罪的一种行为方式，依据传统刑法理论，强奸行为和组织、强迫卖淫行为之间存在手段与目的的牵连关系，故而以犯罪目的所触犯的更重罪名——组织、强迫卖淫罪定罪处罚。在考虑到强奸罪仍未废除死刑的现实前提下，对包含有强奸后迫使卖淫这一行为方式施以更重处罚的组织卖淫罪、强迫卖淫罪废除死刑可能会造成罪刑不均衡的矛盾，从而违背罪责刑相适应原则。因为，既然在手段行为所触犯的强奸罪这一"轻罪行"都保留死刑的前提下，对强

---

① 这八个原则是指：（1）一般性，即普遍性；（2）公布；（3）非溯及既往；（4）清晰性；（5）不矛盾；（6）可为人遵守；（7）稳定性；（8）官方行为与法律的一致性。具体论述参见［美］朗·富勒著：《法律的道德性》，郑戈译，商务印书馆 2005 年版。

② Lon L. Fuller: The Morality of Law, Revised Edition, New Haven: Yale University Press, 1964, 96-97.

③ 吴林生：《〈刑法修正案（九）（草案）〉的得失及修改建议》，载《中国刑事法杂志》2015年第 1 期。

奸后迫使卖淫这一"重罪行"和施以升格的更重处罚的组织卖淫罪、强迫卖淫罪废除死刑,可能会造成适用罪刑失衡,引发刑法体系内部的不协调、不衔接。

再又如,《刑九草案》第18条对虐待罪进行了修改,主要目的是着眼于强化对虐待罪扩大适用主体中的被害人的刑法保护。但需要指出的是,针对婴幼儿的幼儿园工作人员、针对需要救助的弱势群体的救助站工作人员等发生在社会人员之间的虐待行为,显然在行为社会危害程度方面不同于家庭成员之间的虐待行为,其亲情程度也远远低于后者,故而对其刑罚量度应予适当提高。对此,立法修改已经有所体现,因而值得肯定。但问题在于《刑法》第260条关于虐待罪的第2款规定属于加重处罚规定:"犯前款罪,致使被害人重伤、死亡的,处二年以上七年以下有期徒刑。"此次立法修改却未能做好配套和衔接。"根据不等式的可加性定律,如果 x>y,那么 x+z>y+z。也就是说,对于属于同类的犯罪,如果甲罪的普通构成的法定刑低于乙罪普通构成的法定刑,甲罪加重构成的法定刑同样应该低于乙罪相同加重构成的法定刑。"[①] 既然普通情节的虐待罪的法定刑低于新增规定的法定刑,那么在加重处罚规定中也应当遵循这一思路设置法定刑,从而保持罪刑均衡。然而,立法修改在此却留下空白,只字未提,显然有违刑法内部的体系性、协调性和衔接性要求。

复如,《刑法》对间谍罪只规定了两种行为方式,而作为前置法的《反间谍法》则包含五种行为方式,《刑法》舍弃其他三种行为方式的规定公然制造了不同部门法之间的差异,不仅存在明显的不协调、不配套、不衔接,而且违背了刑事立法尤其是在法定犯、行政犯领域要尽可能地与其他前置部门法保持一致的基本要求。此次《刑法》修改不仅没有设法消弭这一不合理现象,反而不予置评。

还有,《刑九草案》第32条针对考试作弊行为进行了立法规定,暂且不说这一行为入罪的必要性和合理性,单看条文规定就存在一些问题。《刑九草案》只针对组织考生作弊的行为进行刑法规制,而这显然存在考虑不周的弊病,明显缺乏体系性思维。结合社会现实来看,考试作弊的类型多样,参与人员亦十分复杂,这里既包括数量巨大的考生及其作弊行为,也包括涉及考试的各种人员,如监考人员和提供、传播、买卖试题答案人员等。如果采用刑法规制上述行为,就必须具有全局观和体系性思维将其全部纳入,而仅仅将"组织考生作弊的"这一部分人员单独入罪则是没有说服力的。

① 吴林生:《〈刑法修正案(九)(草案)〉的得失及修改建议》,载《中国刑事法杂志》2015年第1期。

### 三、 刑法谦抑性理念再审视

刑法的谦抑性又称刑法的最后手段性，"是指刑法作为抗制社会违法行为的最后一道防线，应根据一定的规则控制其处罚范围，在运用道德、习惯、风俗等非正式的社会控制手段和民事、行政等其他法律手段能够有效调整社会关系、规制违法行为时，就没有必要发动刑法。也就是说，刑法适用的广度应当收缩、抑制和内敛，刑事处罚手段要限定在其他手段不能有效发挥效果的范围内"。① 坚持和恪守谦抑性既是保持刑法稳定性和权威性的一个重要基础，也是慎刑思想的集中体现，在刑事立法上就是要强调刑法对其他前置部门法的补足而非引领。必须重视发挥前置法的过滤作用，在没有有效发挥民法、行政法等前置法之作用的时候就一味地诉诸刑法，是违背刑法谦抑性理念的。从刑法基本原则的角度来看，坚持和恪守罪刑法定是对刑法谦抑性理念的践行。

近些年来，一些论者主张的司法犯罪化观点②和引起学界争议的风险刑法、敌人刑法等理论，在我们看来不仅违背了罪刑法定原则，而且也是对刑法谦抑理念的强有力挑战和突破。"罪刑法定原则的意旨在于从限权的要求，从否定积极能动的国家刑权力四处出击的方面，来实现对国民预测可能性的维护和对被告人人权的保障。这一立论实际上已经明确指出罪刑法定的侧重点在于时刻保持对国家刑权力的警惕，而如果仍然强调在司法上通过刑法解释的技术手段来尽可能地探求所谓刑法文本可能的含义（事实上无异于'无限'扩大刑法文本的含义），那么实际上就等于是在积极地扩大国家刑权力特别是司法权，而这在根本上与罪刑法定原则的要求是相悖的。虽然持'司法犯罪化理论'的学者也声称其依据的是罪刑法定原则，但是其思维导向已偏离罪刑法定原则的宗旨（限制国家刑罚权以保障人权，而非强化国家的干预和入罪功能）。"③ 在打着罪刑法定旗帜无限扩大司法权的同时，实际上就释放了违背刑法谦抑理念在司法领域定罪量刑不谦抑反倒扩张犯罪圈与刑罚圈的恶。

与司法犯罪化类似的还有近年来在我国引起热烈讨论的"风险刑法"和"敌人刑法"理论：前者认为我国已经进入风险社会，各种带有不确定性的风险不断呈井喷式爆发，为了实现对法益的最大化保护，主张刑法尽早介入对风险的规制，实质上是主张刑法的社会保护功能优于权利保障功能，刑法规制的对象由实害（结果）向（潜在的）危险转变，刑法由"后置"变为"前置"，法益保护的范围也相应地扩大了、前置了，刑法由重视惩罚和报应

---

① 张建军：《最后手段性：现代刑法的基本理念》，载《光明日报》2014 年 9 月 17 日。
② 参见张明楷：《司法上的犯罪化与非犯罪化》，载《法学家》2008 年第 4 期。
③ 闻志强：《重申罪刑法定的基本理念》，载《法商研究》2015 年第 1 期。

向强调威慑和（一般）预防转变；后者则通过界定非人格体的"敌人"概念，注重对于早期产生的违反法规范意识（的敌人）来通过刑法惩罚的提前介入，实现对于法规范应有状态的维护——法规范的信赖和恪守。[①] 在我们看来，"敌人刑法"的本质与风险刑法存在共通之处，"其难以划定明确的处罚界限；违反刑法谦抑的价值取向；罪责主体、罪责基础错位、罪责范围过度扩张；与传统刑法基本原则（罪刑法定原则、罪责原则、罪刑均衡原则）产生冲突"，[②] 二者实际上都主张刑法介入早期化、法益保护前置化，只是这种需要介入的领域和刑法所要针对的对象是来自"风险社会"下的"风险"，还是来自"敌人刑法"的"敌人"有别罢了。它们都强调和凸显了以行为人为基础的防卫社会理念的抬头，主张"新形势"下的刑法社会防卫机能优于人权保障机能，突出了对刑法预防机能，特别是一般预防机能的重视，将使得国家刑权力借由强化社会防卫和一般预防积极扩张，使得行为人成为强化刑法威慑的工具，实质上都对以行为为基础、坚守罪刑法定原则的人权保障理念提出了挑战，蕴藏着不可控制的隐性法治风险和人权保障风险；[③] 彰显了国家刑权力的不克制、不宽容、不审慎，不仅有违刑法的后置法、保障法的角色定位，实际上也是对刑法谦抑理念的突破和违背。我们认为，刑法应当谨慎恪守自己的消极克制立场，防止积极介入乃至过度介入带来法治风险和人权保障风险，否则就是"以非常熟悉的方式产生各种更坏的情况"，可能出现比社会风险更坏的风险。

审视《刑九草案》，我们认为仍然存在违背谦抑性理念的修改。例如，《刑九草案》提出将超员载客、超速行驶以及违反危险化学品安全管理规定运输危险化学品三种行为纳入危险驾驶罪的规制范围。需要指出的是，超员载客、超速行驶两种行为方式都属于法定犯、行政犯的犯罪类型，依循入罪的刑法法理考量，必须是在前置的行政法等部门法用尽所有行政管理手段规制仍然无效的前提下，才能对其进行犯罪化评价，纳入刑法规制。而现实却不是如此。一者，我们的行政管理机关及相关部门是否真的已经用尽了行政管理手段广受质疑。如果说配以强大行政管理资源和数量庞大行政管理人员的行政机关利用路面执法的方式，采取各种极具针对性的行政管制措施都不足以打击类似行为，在司法资源已然如此紧张的情况下，对其处罚仅是最高6个月的拘役和罚金而将此类行为入罪的必要性、合理性、紧迫性和刑法规制的有效性将不免深受质疑。二者，在超员载客、超速行驶行为已经日益普遍、严重的当下，我们是否找到问题产生的根本原因，从而在施以行政处罚进行惩治的同时寻求解决问题的良策。比如，是否存在交通运力等公共道路

---

① 闻志强：《重申罪刑法定的基本理念》，载《法商研究》2015 年第 1 期。
② 陈晓明：《风险社会之刑法应对》，载《法学研究》2009 年第 6 期。
③ 闻志强：《重申罪刑法定的基本理念》，载《法商研究》2015 年第 1 期。

交通资源投入不足、分配不均或者道路通行成本过高，导致通行带来的投入产出比严重失衡以致上述行为频繁发生？政府及相关部门在消除上述问题时，是否勇于承担责任，有无治本之策从而降低事故发生率？如果上述病灶不除，祸根依然存在，病理反应依然会不期而至。因此，斩草不如除根，如果没有很好地使用行政管理举措，一味地强行"入刑"只会延缓而非消除上述行为的"卷土重来"。

深究之，刑事立法违背谦抑性理念的缘由是复杂的，在一定程度上也是政策及其背后的权力影响和作用的产物，导致"在立法过程中，为了配合某个领域的治理政策，不顾刑法体系的协调性，直接将刑法置于首当其冲的位置。"① 此外，就是刑事立法过度回应社会关切的积极引领心态和对待民意过分妥协、退让的态度。对此，强调刑事立法民主化、公开化是我们必须予以肯定和坚持的，保持刑法对于社会发展变化的适应性的同时也应关注和保持刑法应有的张力，因为立法的选择和判断必须是在对急剧变化社会现实的理性考量和积累沉淀过程中作出的谨慎回应和反映。置于这种背景下的社情民意与立法公意之博弈与坚守的艰难取舍过程中，过分回应民意是我们所不赞同的。如果对于政策和权力我们都应保持应有的独立性品格和规范性品质，那么之于民意也应如此。

---

① 孙万怀：《宽严相济刑事政策应回归为司法政策》，载《法学研究》2014年第4期。

# 法治中国与刑法观念的更新

王秀梅* 任成玺**

党的十八届三中全会提出推进法治中国建设，党的十八届四中全会提出了建设中国特色社会主义法治体系、建设社会主义法治国家的总目标。"法治中国是人类法治文明成果的继承版，是法治国家建设的中国版，是中国法治建设的升级版。从依法治国到法治中国，是中国共产党探索治国理政规律的一个极为重要的成果，是中国政治文明进一步提升的一个极为重要的契机。"① 紧紧围绕、服务和服从于法治中国建设，必将成为今后一个时期刑事法治建设的中心、主题和主线。法治中国不仅对刑事法治建设提供了更先进的理论课题、更丰富的实践资源、更强大的发展动力，同时也为刑事法治建设提出了更加严格的标准和要求，这必将引发和带动刑法观念的深刻变动。当前刑法观念与法治中国建设的要求和目标是否一致？目前刑法观念的发展状况与法治中国建设还有哪些差距？是否需要进一步完善、凝练和升华？如何促使与引导传统刑法观念向现代转型？本文在分析中国社会转型期刑法观念变迁现状、梳理反思当前刑法观念存在的问题、分析今后一段时期刑法观念发展方向的基础上提出有关刑法观念转型的建议和意见。

## 一、 社会转型期刑法观念的发展进步

刑法观念是人们对刑法的性质、目的和功能等一系列问题的认识、看法、心态和价值取向的总称。在刑事法律文化结构体系中，刑法观念居于深层次的或潜隐的地位，它不一定与刑事立法和刑事司法永远保持一致，但却控制和影响着居于表层结构的刑事立法的规范设计和刑事司法的具体操作功效。② 刑法观念是决定刑事法治建设的目标方向、价值取向和实现途径的深层次要素，也是立法、执法、司法、守法和法律监督的指导思想。刑法观念具有主观性、实践性、历史性、选择性，但也具有相对的独立性、稳定性、持久性。刑法观念植根于特定的历史、文化、经济和社会条件，与社会发展变迁紧密相关。社会变迁与转型必然导致刑法观念的变化、发展与演进。当代中国正

---

* 北京师范大学国际交流与合作处处长，刑事法律科学研究院教授、博士生导师。

** 北京师范大学刑事法律科学研究院 2014 级博士研究生，公安部监所管理局干部。

① 江必新著：《法治国家的制度逻辑与理性构建》，中国法制出版社 2014 年版，第 2 页。

② 高铭暄主编：《刑法学专论》（第 2 版），高等教育出版社 2006 年版，第 30 页。

处于经济转轨、社会转型时期，人们的刑法观念也随之发生了引人注目的深刻变化，并逐步从片面走向深刻、全面和辩证，朝着系统化、理论化、科学化的方向迈进。主要表现为以下四个方面：

**（一）丰富了刑法性质和功能的认识**

我国传统刑法观念认为，刑法是执行阶级专政职能、镇压阶级敌人反抗、惩罚严重刑事犯罪嫌疑人的工具。由此决定：中国刑法的确立、变更，曾主要取决于政治斗争的需要；刑法的适用，随政治形势而变迁；刑法学的研究，以符合立法和政治需要为原则。这种工具刑法观，不仅阻碍了刑法理论的更新和发展，而且使刑法立法缺乏长远预见。① 在法治中国建设的宏大历史背景下，近年来学界对上述观点进行了反思，普遍认为，从根源上讲传统观念体现的是国家本位主义、工具主义、刑法泛化主义、刑法万能主义等落后刑法思想，反映了刑事法治实践中存在的重国家，轻社会；重权力，轻权利；重打击，轻保护；重实体，轻程序；重政策，轻法律的不良倾向，这既贬低了法的内在价值，也否定了法相对的独立地位。在研究批判上述落后观念的基础上，理论界及实务工作者提出了当代刑法应当从政治刑法、革命刑法、万能刑法、工具刑法、无限刑法、制裁刑法向社会刑法、市民刑法、有限刑法、自治刑法转向反映时代要求、现代价值、法治精神的一系列新的观点。有学者对刑法性质和功能发生的变化进行了总结：从革命刑法转向建设刑法、从国家刑法转向公民刑法、从严打刑法转向宽严相济刑法、从政策刑法转向原则刑法、从民法的刑法化转向刑法的民法化、从身份刑法转向平等刑法、从个人刑法转向个人与单位并列的刑法、从刑罚之单轨制转向刑罚与保安处分之双轨制、从封闭型刑法转向开放型刑法。② 上述归纳具有一定程度的科学性，对于准确把握我国社会转型时期刑法的性质、功能以及刑事法治建设的方向、规律和特点具有重要的参考借鉴意义。

**（二）拓展了刑法观念的领域和内涵**

近年来，刑法理论及实务部门敏锐把握时代特征，着眼于对刑事法治实际问题的理论思考，对刑法的性质、功能、内涵、外延，刑法观念的体系、内容等，提出了一系列新思想、新观点、新论断，在社会转型期回答了刑法发展的方向趋势、规律特点、转型升级等一系列问题，努力使刑法观念体现时代性、把握规律性，富于创造性。比如，在市场经济刑法观领域，早在20世纪90年代就有学者开始探讨在社会主义市场经济体制下应当树立什么样的刑法观念，并提出了十大刑法观，即经济刑法观、法制刑法观、民主刑法观、平等刑法观、人权刑法观、适度刑法观、轻缓刑法观、效益刑法观、开放刑

---

① 高铭暄主编：《刑法学专论》（第2版），高等教育出版社2006年版，第30页。
② 储槐植：《走在刑法脉动的前沿》，载赵秉志主编：《刑事法时评》（第4卷），中国法制出版社2012年版，第406页。

法观、超前刑法观。[①] 比如，在风险社会刑法观领域，学者们提出了很多深刻见解。有学者认为，风险社会要求刑法由传统的罪责刑法向安全刑法转变，要注重事先预防，维护安全秩序。也有学者认为，在风险刑事法网的有限扩张、风险预防原则主导下的刑法牵制，较之传统权利义务基础，是突破责任原则的刑法制度的技术革新，更具实质合理性。还有学者认为，应对风险社会的挑战，刑法的因应之策不是基本立场的背离和机能的转变，而是对谦抑性的捍卫与犯罪多元治理的实践。[②] 还有，在社会管理创新刑法观领域，学界也提出要积极推动刑法从静态稳定向动态稳定的观念转变，启动刑法的全面修改，推动刑事法治领域的能动司法。要反思传统刑法观并适当限制刑法的运用，主张刑法要从万能刑法到作为辅助治理手段的刑法、从国家专政的刑法到民权主义的刑法、从严打犯罪的刑法到预防优先的刑法以及从刑法的公法化到私法化的转变。[③]

### （三）厘清了刑法在法体系中的正确定位及辩证关系

近年来，刑法过度泛化和膨胀、侵占其他法律领域、挤占其他部门法空间、越俎代庖的现象引起学界及实务部门的广泛关注和担忧。在泛刑法化观念的影响下，将一些本属于民商事领域、行政领域的社会关系也用刑法的手段加以调整。美国社会学家布莱克在《法的运行》中指出：法律的变化与其他社会控制成反比。这个定律表明，在其他因素不变的情况下，一个社会中的法律的数量越多，其他社会控制手段的数量就会减少，因为法律过于繁密就会侵入其他社会控制方式的作用空间并取而代之。[④] 刑法泛化导致刑法与其他部门法的调整对象模糊、划分标准不清、衔接不顺畅、发展不协调，导致刑事司法实践中民事、行政违法行为犯罪化现象的增多。为此，刑法理论及实务界探讨了刑法与宪法、民法、经济法、行政法、治安管理处罚法、环境法等相关法的关系，逐步确立了刑法的宪政制约理念，强化宪法对刑事法治观念的引导，加强宪法对刑事立法、司法、刑法解释的制约等。同时，研究探讨了个别部门法对刑法存在过度依赖的原因，进一步强调了刑法谦抑原则、不得已原则在刑事法治实践中的应用。

### （四）巩固了宽严相济的基本刑事政策的地位

宽严相济的刑事政策是中央在构建社会主义和谐社会新形势下提出的一项重要政策。《刑法修正案（八）》，以贯彻宽严相济刑事政策为主线，调整刑罚结构，完善量刑制度，补充完善个罪规定，加强对民生刑法的保护，取消13个经济性非暴力犯罪的死刑，严格限制死缓犯的减刑，适当延长有期徒

---

① 高铭暄、赵秉志、鲍遂献：《刑法学研究的回顾与展望》，载《法学家》1994 年第 1 期。
② 赵秉志主编：《刑事法时评》（第 4 卷），中国法制出版社 2012 年版，第 339 页。
③ 赵秉志主编：《刑事法时评》（第 4 卷），中国法制出版社 2012 年版，第 342 页。
④ 江必新著：《法治国家的制度逻辑与理性构建》，中国法制出版社 2014 年版，第 184 页。

刑数罪并罚的期限，加大对黑社会性质组织等犯罪的惩处力度，完善对未成年人、老年人从宽处理的法律制度，是近年来最重要的一次刑法修改，有力地推动了刑法观念的进步。

## 二、 当代刑法观念中存在的问题

相对于法治中国建设的要求，还存在一些制约法治中国建设的客观条件和主观不良倾向。法律意识变迁过程中的矛盾，既表现为落后的法律意识不能满足现实政治、经济的发展需求的矛盾，又表现为政治、经济的发展条件不能满足现代法律意识生长需求的矛盾；既表现为现代法律意识不能迅速融合传统文化精华的矛盾，又表现为传统文化严重阻碍现代法律意识成长的矛盾；既表现为大众法律意识与职业法律意识之间的矛盾，又表现为精英法律意识与职业法律意识之间的矛盾。[①] 笔者认为，具体到刑法观念来说，主要有不适应、不符合、不平衡等几个方面的问题：

### （一） 关于刑法观念不适应问题

主要是指刑事法治目标的主观设计与刑法观念内在生成规律之间的脱节和冲突。刑法观念的更新，就是传统刑法观念逐渐解体，现代刑法观念逐步培育、养成的过程。尽管传统的刑法观念已经失去了历史的必然性，但由于法律意识的相对独立性，传统刑法观念往往长期存在于人们的头脑之中，与现代刑法观念交织在一起。我们不可忽视传统刑法观念在刑事法治建设进程中潜在的、持久的作用。

刑事法治观念是在一个国家历史传承、文化传统、经济社会发展的基础上长期发展、逐步改进、内生性演化的结果。西方国家特别是欧洲国家的很多法律原则都是在社会进化过程中自发地形成的，如商品交易中的很多民事规则，甚至资本市场中的一些规则，都是先有行为，后有模式，得到大家认可后再上升为法律规则或者判例。[②] 也就是说，在社会演进型法治道路的国家中，法律观念是在社会生活中自然形成和演变而来的，是社会自发形成的产物。与西方国家的法治建设道路不同，中国的刑事法治建设是政府建构型法治，其特点是先对刑事法治目标、进程、制度进行主观预设，先有模式，再有观念和行为，存在内容上的主观预设性和时间上的明显局促性。在法律制度建设问题上，成熟的法治国家无一不是经过上百年甚至几百年的社会演

---

① 姜起民著：《中国社会转型期法律意识变迁研究》，中国人民公安大学出版社 2013 年版，第 204 页。

② 信春鹰：《法律改革推动社会变更和进步》，载《全球和谐与法治》，中国法制出版社 2010 年版，第 309 页。

进，"中国用30年的时间走过了西方国家300～400年的路程"。[①] 在中国，刑法观念是由国家和社会从上到下、由外向内推动和强制而形成。过分的急促推进和强制与现代刑法观念的逐渐培育和缓慢形成之间出现严重脱节、冲突和矛盾。

### （二）关于刑法观念不符合问题

当前传统刑法观念中的国家本位主义、工具主义、万能主义等思维至今仍然影响着人们的行为。国家主义，是指以国家权力为核心，以权力至上为价值基础的意识形态或观念体系，其内在精神在于：重国家，轻社会；重权力，轻权利；重人治，轻法治；重集体，轻个体；重实体，轻程序。[②] 部分国家立法、执法、司法工作人员仍然视法律为治理国家的工具，成为建设法治中国的障碍和桎梏。另外，许多研究者在刑法的立法完善方面有明显的过度犯罪化和重刑化倾向，过多地主张进一步严密刑事法网、加大刑法惩治力度，增设新罪名、扩张犯罪行为范围、提高法定刑幅度、增加新的附加刑等措施备受推崇。[③]

虽然从社会整体上来看，人们的刑法观念取得了巨大进步，但我们绝不能忽视一些落后观念对刑事法治建设的不良影响。这可以用木桶定律来说明。根据木桶定律，一只木桶能装多少水，取决于木桶中最短的一块木板，而不是最长的那块木板。组织的各部分往往是优劣不齐的，但劣势部分却决定组织整体的水平。最短的木板容易使水桶容水量为零或者接近零。这些落后因素就好比刑法观念中那些最短的木板，容易使刑事法治建设事倍功半、功亏一篑。如果不重视并克服这些落后的因素，刑法观念的整体水平就难以进入更高的发展阶段。

### （三）关于刑法观念不平衡问题

从世界法制发展的轨迹看，大抵经历了从"以法治国"到"依法治国"再到"法治国家"三个不断发展的阶段。历史上某个时期所对应的阶段具有不完全性，如在"依法治国"阶段可能在某些方面还具有"以法治国"的因素，而在一些方面已经具有了"法治国家"的要素。要具备某一种类型的全部特征，一般都需要一个相当长的历史过程，而且较低层级的类型的某些特征在较高层级的类型已经出现并占据优势之后，或许还长久存在。[④] 由整体法治建设的阶段性特征所决定，刑法观念的进步也是曲线式的、波浪式的、渐进式的，呈现出明显的阶段性和不平衡性。当前处于新旧刑法观念的交锋、

---

① 信春鹰：《法律改革推动社会变更和进步》，载徐显明、郑永流主编：《全球和谐与法治》，中国法制出版社2010年版，第309页。
② 吕世伦著：《社会、国家与法的当代语境》，清华大学出版社2013年版，第3页。
③ 赵秉志主编：《刑事法时评》（第4卷），中国法制出版社2012年版，第9页。
④ 江必新著：《法治国家的制度逻辑与理性构建》，中国法制出版社2014年版，第3页。

过渡阶段，旧的刑法观念尚未完全消失，新的刑法观念尚未完全确立。同时，受制于有利于法治实现的环境条件不可能一步到位的现实以及法治与人治博弈的长期性和复杂性、曲折性，难免出现某些落后的刑法观念，有些主体的刑法观念有退步现象，甚至出现不同程度的迂回和反复。

不同的个体和不同的社会群体之间刑法观念也不是整齐划一、齐头并进的。职业法律者在实践中积累了大量法律实践经验、专门技巧和专业知识，其刑法观念具有较高程度的系统性、理论性和思想性。社会一般公众往往从习俗的、道德的、伦理的角度观察刑法问题，其刑法观念具有直观性、朴素性，缺乏法律思维和理性判断。据此，可以将刑法观念分为经验形态的刑法观念和理论形态的刑法观念。经验形态的刑法观念一般是不系统、不定型的，缺乏理论的论证和严密的逻辑。理论形态的刑法观念是将人们对刑法的看法、理解用理论的形式加以抽象和概括，通过一系列特有的概念、范畴和逻辑，经严密的系统论证而形成的思想体系。

## 三、 法治中国背景下刑法观念的更新

观念是行动的先导。刑事法治实践每前进一步，刑法观念就要跟进一步。针对上述种种制约法治中国建设的观念问题，当前最重要、最紧迫的是反思既往刑法观念的不足与问题，澄清各种模糊认识，摒弃错误思想与观念，培育、建构和形成与法治中国建设相适应、相符合、相协调的现代刑法观念，保障刑事法治建设沿着正确的方向前进。

### （一） 从单一的国家刑法转向社会刑法、治理刑法

20 世纪 90 年代以来，我国法学家对传统的国家主义的法律观进行了全面的、深入的反思，特别是 1992 年对市民社会的讨论，直接推动法学界对法律本质研究的深化，即法学家们把对法律本质的探讨深入市民社会，肯定了法律的多元化存在，打破了"法律是统治阶级意志的体现"这个一元化的论断。[①] 法治中国建设必须坚持法治国家、法治政府、法治社会一体建设，必须从"国家管理体系"到"国家治理体系"，从"社会管理体制"到"社会治理体制"，必须坚持依法治理、源头治理、系统治理、综合治理等新论述、新要求，都是在国家与社会一元化的格局逐渐解体、社会相对于国家的独立性日益增强的背景下，对国家本位主义的反思和纠偏。社会转型期，全能国家不断重新自我定位，社会本位的自治理念正在兴起。具体到刑法性质以及刑事法治建设的主体观和主体归属而言，我们必须完成从国家本位一元化的认识向国家、社会、个人三位一体认识的转变。"每个国家在运用法治之际

---

① 樊崇义：《论刑事诉讼法律观的转变》，载王仲方、卓翔编：《走向法治——30篇影响中国法治进程的法学论文》，湘潭大学出版社 2008 年版，第 302 页。

都必须思考一个问题：我们所缔造的法治，究竟是谁的法治？是君王的法治，是统治阶级的法治，是精英阶层的法治，还是普罗大众的法治？"① 长期以来，各类、各级国家机构、司法机关垄断了刑事立法、司法、执法等打击犯罪的资源，形成一个以国家为中心、政府主导下的自上而下的封闭性、单向度的打击犯罪模式。现行的与犯罪作斗争的模式基本上是国家本位的以国家权力的运作为中心的犯罪控制模式。不允许或在很小程度上允许其他组织、机构参与犯罪的打击。刑事政策的国家属性得到充分强调，与犯罪作斗争被看成是国家的专属事务，在刑事政策的决策和实施方面均由国家大包大揽，社会组织及公民个人，只是刑事政策实践的辅助参与或者待发动对象。② 国家机关尽管超负荷疲劳运转，仍然力不从心，导致立法能力不足而出现立法滞后、执法能力不足，大量积压陈旧案件、司法能力不足而出现大量冤假错案。国家应当将一部分与犯罪作斗争的权力从刑法中分离出来，使刑法运行模式由"国家本位"向"国家、社会、公民"三位一体过渡，改变以往"国家包揽一切"的职能错位，广泛发动社会组织和公民参与犯罪治理，从基本上实现由"国家包打天下"到"国家、社会、公民合作共治"的格局。

### （二）从单纯的法律之治转向良法善治

法律是治国之重器，良法是善治之前提。目前，中国已经走进法律体系"2.0 时代"，正在经历从有法可依向科学立法、民主立法的跃进和提升。但不可忽视的是，"由于近十年国家着重于对制度体系的建设，加之摸着石头过河，导致在立法健全的同时出现了法律规范爆棚式增长。社会成员对法的理解、了解、认知有限，消化能力、运用能力有限。繁杂的、多层次的法律体系成为社会普通成员的法律负荷，其复杂性难使一般公民掌握，更难使其依法而为，或依法维权"。③ 在 1997 年刑法颁行后，先后出台了两部单行刑法和 8 个刑法修正案以及大量的刑法立法解释和司法解释，刑事法律在数量、速度和规模上增长很快，但并没有自然而然地带来质量上的普遍提升，有些立法并没有达到良法的要求。刑法制度供给不足、立法质量不高、立法过程久拖不决和效率较低导致解决实际问题有效性不足、立法修改和司法解释过于频繁、复杂，刑法立法侵害法治的情况也在一定程度上存在。例如，在刑法立法供给不足方面，仍然存在反恐怖主义、反腐败等极为重要领域法律法规缺失的问题。在立法质量方面，《刑法修正案（八）》和修改后的《道路交通安全法》规定醉驾要追究刑事责任，却没有明确规定情节严重或者情节恶劣等前提条件，导致司法实践中"醉驾一律入罪"和"醉驾不能一律入

---

① 江必新：《中国特色社会主义法治之六观》，载《学习时报》2015 年 6 月 15 日第 11 版。

② 张远煌：《犯罪研究的新视野：从事实、观念再到规范》，法律出版社 2010 年版，第 12 页。

③ 江必新、王红霞、张文显：《法治社会建设论纲》，载张文显主编：《法治中国名家谈》，人民出版社 2014 年版，第 89 页。

罪"两种观点的严重分歧，对醉驾的刑事处罚与行政处罚、行政处分、民事制裁的衔接不够协调。还有，关于集资诈骗罪死刑立法引起普遍质疑，因浙江吴英案而使得争论达到顶峰，大众普遍认为应当及时取消集资诈骗罪的死刑，而刑法至今仍没有废除。很多刑事立法、司法解释都是由所属公权力部门草拟并提交立法草案的，一些国家主义的立法偏好蕴含其中，民主讨论不足，专业人士参与不够。当前，要实现刑事法治的良法为治，重点应该是在适当开放法律渊源、健全立法协商沟通机制、拓展民众参与途径、加快重点领域立法的前提下，进一步建立健全刑法违宪审查或司法审查制度、刑法立法或者司法解释规则、刑法冲突规范的选择适用规则、刑法立法漏洞填补规则，为刑事法治建设奠定坚实的规则、制度、机制基础。

（三）从过度的刑事政策思维转向法治优先思维

从法政治学的视角看，当代中国法治进程实质上是政策与法律的均衡过程。[①] 刑事政策具有较大灵活性，对社会变革的反应比刑法更及时，在新民主主义革命时期以及新中国成立初期、改革开放后的一段时期，法治基础缺乏、法律体系尚不完备、法律资源供给不足，实践中运用刑事政策先行、刑事立法附随的政策推动型法治实践有其合理性和必要性。但刑事政策变动性强而稳定性不足，原则性强而具体性不足，指导性强而强制性不足，容易因领导人的改变而改变，因领导人注意力和看法的改变而改变，不能为刑事法治的运行提供持续、有效的保证。"如同世上任何事物都具有二重性一样，刑事政策的二重性也是非常明显的，由其批判性自然会导致对现行制度的否定，而其宏观性或者政治性也会在实践中呈现出超法律的特性，使刑事政策往往以超法律自居，在司法实践中另给予法律至上，甚至代替法律。因此，刑事政策对于法治隐含着很大的破坏性，如果处理不当，就会变成显性的破坏。"[②] 例如，遭受学者广泛诟病的严打刑事政策，就被普遍认为科学化、法治化不足，与刑事法治不协调，是法治欠发达的产物。因此，到 20 世纪 90 年代，曾经有一种将政策与法律视为不同事物并割裂两者关系的观念认为，实现法治应当从依政策办事过渡到依法办事，逐步由依法办事替代依政策办事，由政策一元化逐步过渡到法律一元化。这种观点反映了实现法治的强烈愿望，但多少带有一些法治主义力量色彩甚至法律万能的倾向，并人为地将依法办事与依政策办事两类现象在理论上对立起来。[③]

如何避免刑事政策绕开法治、冲击法治而造成与刑法的紧张与冲突状态？如何防止违反刑法的刑事政策对法治中国建设造成的"破窗效应"？这就需

---

① 汪习根主编：《发展、人权与法治研究发展困境与社会管理创新》，武汉大学出版社 2012 年版，第 83 页。

② 赵秉志主编：《刑法学总论研究述评》，北京师范大学出版社 2009 年版，第 71 页。

③ 肖金明著：《中国法治泛泛而论》，法律出版社 2012 年版，第 16 页。

要我们重新定位和辩证理解法律和政策在刑事法治建设中的地位、分工、功能和作用，加快推进刑事政策法治化进程，重构刑事政策与刑事法律的建设性关系，实现刑事政策与刑事法律的良性互动和协调发展。对此，有学者强调，刑事政策的制定必须受到刑法立法的制约，不能与刑法立法相矛盾。刑法立法应是刑事政策的边界和不可逾越的樊篱，是防止权力的自我扩张与膨胀本能将刑事政策的灵活性蜕变为随意性的限制手段。有效的刑事政策必须在立法所设定的框架内发挥导向性作用。[①]

### （四）从片面的工具刑法走向价值刑法、目的刑法

在中国历史上，单一的刑法工具主义法律思维可谓源远流长、根深蒂固，甚至会改头换面，披上一袭时代的新衣，顽固坚守在当今刑事立法、司法领域中。刑法"工具主义"是把刑法当成单纯的统治工具、维护稳定的利器、维持统治秩序的"刀把子"，忽略了刑法的内在价值和精神实质，其根源在于对统治阶级意志论和统治阶级工具论的法本质观的片面理解和僵化套用。如何认识刑法的工具和目的的关系？马克思主义认为，工具和目的在一定条件下可以互相转化。在一定阶段或在一定范围内，人们可以把某种工具的创造当做目的，而某个已经实现了的目的又可以成为实现另一个目的的工具。根据客观规律以及历史的和现实的条件，把目的和工具辩证地统一起来。因此，我们既要反对单一的刑法工具主义法律观，也要反对单纯的刑法目的主义法律观，而要把工具和目的辩证地统一于刑事法治建设实践中。"法律工具化也是学者批评的一个问题。法律被当成实现社会目标的工具，这是法律现实主义的命题，它一直就处在争议之中。"有些学者认为，法律不应该被工具化，它应该是一种价值载体，要体现社会公平、社会正义，同时又是目标导向。有时候为了解决某一个问题，就要立一部法，为了解决某一个问题，就要修改某一部法。法律的工具化色彩很强。建构型的现代化过程表现在法律制度建设上，就是执政党通过自己有目的、有组织的行为把法治建设作为建设现代化国家的一项重要任务，把法律作为实现社会目标的工具。[②] 法治既是工具，更是价值，是工具和价值的结合、手段和目标的统一。只有把法治作为价值来追求，才能提高法治思维的层次和水平。[③] 也就是说，法治并不仅仅是实现特定目标的工具，也是人类所追求的终极目的。发展和建设法治，不能无限夸大其本题价值，完全忽略其工具价值，又要超越纯粹功利主义的狭隘眼界，加速本体价值的建构；要注意运用法治的特有功能为大局服

---

① 赵秉志主编：《刑事法时评》（第4卷），中国法制出版社2012年版，第227页。

② 信春鹰：《法律改革推动社会变革和进步——中国的故事》，载徐显明、郑永流主编：《全球和谐与法治》，中国法制出版社2010年版，第309页。

③ 汪永清：《法治思维及其养成》，载《求是》2014年第12期。

务，又要注意法治建设自身目的的实现。① 我们既要充分发挥刑事法治对全面深化改革的引领、推动和保障的工具性作用，以刑事法治推动经济发展，解决社会争端，化解社会矛盾，维护社会稳定，又要坚持公平正义、民主平等、人权保障、正当程序等现代法治精神和本体价值，在刑事法治建设过程中实现形式正义与实质正义的统一，合法性、合目的性与合正义性的统一，保护社会与保障人权的统一。

---

① 江必新著：《法治国家的制度逻辑与理性构建》，中国法制出版社2014年版，第161页。

# 论法治中国视域下刑法观念的更新[①]

彭凤莲[*]　　徐子盼[**]

2014 年 10 月，中共十八届四中全会出台了《关于全面推进依法治国若干重大问题的决定》（以下简称《决定》）。该《决定》在十八届三中全会提出建设法治中国的基础上，鲜明地提出了坚持走中国特色社会主义法治道路，建设中国特色社会主义法治体系的重大论断。法治中国的建设是实现中国梦的基础性保障，是一项系统庞大而又复杂的工程，它牵涉到诸多法律观念的改变和制度的革新。刑法作为法律体系中的重要组成部分，其社会保护和人权保障的机能，决定了其与法治中国的建设具有密不可分的关系。本文就法治中国视域下我国刑法观念的更新问题进行探讨。

## 一、 刑法观念对于法治中国建设的意义

### （一）法治中国的意蕴

法治是一个历久弥新的概念，古往今来对于法治这一来源于西方的舶来词的理解莫衷一是。《牛津法律大辞典》对法治的解释是："'法治'是一个无比重要的，但未被定义，也不能随便定义的概念。它意指所有的权威机构、立法、行政、司法及其他机构都要服从某些原则。这些原则一般被看做是表达了法律的各种特征，如正义的基本原则、道德的原则、公平合理诉讼程序的观念，它含有对个人的至高无上的价值观念和尊严的尊重。"依笔者所见，对于法治的理解应该扩展到公平正义、权利法定、人人平等、程序正当、依法行政等各个具体的概念或环节中去，以此得到法治的核心内容便是保障人的权利。

法治中国的提出并不是"法治"这个词第一次和其他词进行组合，在这之前已经提出了"法治国家"，但是法治中国的提出是法治国家方略的升华，是中国人民追求民主、自由、平等，建设法治国家的精神体现。法治中国的意蕴并不是"法治"和"中国"的简单加和，它是法治国家、法治政府、法治社会的升华，彰显了中国的自信。姜明安教授认为："建设法治国家、法

---

① 本文为国家社科基金重点项目（14AZD135）的阶段性成果之一。
* 安徽师范大学法学院教授、院长，法治中国建设研究院执行院长。
** 安徽师范大学法学院刑法学专业研究生。

治政府、法治社会的统一，就是建设法治中国。"① 习近平总书记在中共中央政治局第四次集体学习时指出：坚持依法治国、依法执政、依法行政共同推进，坚持法治国家、法治政府、法治社会一体建设。建设法治中国的价值目标就是要实现法治国家、法治政府、法治社会，三者缺一不可。

法治中国是在根据我们对于国内外形势更深层次的分析，对于法治观念更透彻的理解基础上提出的，它与我们改革开放30多年的国情相适应，结合了中国的经济、政治、法律、文化等具体因素。因此，笔者认为，法治中国的意蕴可以从以下三个方面揭示：一是从行为方式上，包括依法治国、依法执政、依法行政；二是从行为目标上，包括法治国家、法治政府、法治社会；三是从建设方针上，包括科学立法、严格执法、公正司法、全民守法。

（二）刑法对于法治中国建设的意义

法治中国所追求的终极价值目标是人权保障和公民的幸福生活。人权保障亦是刑法的重要机能之一，要实现人权保障，必须要发挥刑法的机能，所以刑法发展对于法治中国建设的意义重大。

有学者曾这样论述过法治和刑法的关系：如果把法治比喻成一个木桶，刑事法治就是木桶中最短的那块木板，因为，在一个社会里面，如果公民的基本权利（包括人身权利、财产权利）得不到切实的保障，这样的社会就很难说是法治社会。在这个意义上，我们完全可以说，刑事法治是法治的底线。② 因此，刑法两个方面的机能从两个不同角度来实现人权保障。刑法的社会保护机能，以通过惩罚犯罪人，来保护被害人人权；刑法的人权保障机能，以通过对国家公共权力的限制，保障犯罪人的人权。

刑法因为其机能与法治中国所追求的价值息息相关，是法治的底线，所以刑法发展对于法治中国的建设异常重要。

（三）刑法观念对于刑法的重要性

刑法观念则是人们对刑法的性质、功能、犯罪、刑罚、罪刑关系、刑法的制定与实施等一系列问题的认识、看法、心态和价值取向的总称。③ 刑法观念的更新是刑法制度创新的认识基础和思想先导，它直接影响着国家刑事立法、刑事司法和民众的刑事法律意识。意识对于行为具有能动作用，所以刑法观念对于刑事法治也具有能动作用。有什么样的刑法观念，就会有什么样的刑法。我国刑法观念随着时代的发展不断革故鼎新。新中国成立以后，伴随着从巩固政权到"文革"再到实施"严打"的历史进程，我国的刑法观

---

① 姜明安：《论法治中国的全方面建设》，载《行政法学研究》2013年第4期。
② 参见宗建文、付立庆：《刑法适用解释机制的完善——刑事法治建设的一种路径选择》，载赵秉志、张军主编：《刑法解释问题研究》，中国人民公安大学出版社2003年版，第209~210页。
③ 参见赵秉志、鲍遂献：《论刑法观念的更新和变革》，载《中国法学》1994年第2期。

念经历了革命理想主义、虚无主义、工具主义的变化过程。[①] 在工具主义刑法观念下，1979 年刑法（以下简称 79 刑法）以社会保护机能优先，人权保障机能不被强调。1997 年刑法典废除类推制度，确立罪刑法定原则，引导刑法迈入保护社会与保障人权并重的时代。2004 年尊重与保障人权入宪，人权保障更加被重视。这标志着我们开始反思工具主义刑法观念，向着人权主义刑法观念迈进。而伴随着刑法观念的更新，我国刑事法律制度也随之发展。新近出台的一系列刑法修正案和新刑事诉讼法在保障民生和保障人权方面都有了更大的努力和进步。十八届三中全会法治中国的提出，需要刑事法律进一步发展，而对于刑法发展起到能动作用的刑法观念也随之急需更新。

## 二、 传统刑法观念于法治中国建设之偏颇

刑法对于法治中国的建设具有深远的意义，而刑法的观念对于刑法的制定和实施具有举足轻重的地位，所以刑法观念是否适应社会的发展，决定了刑法是否能够科学地制定和流畅地运行，决定了刑法是否能够发挥其保障人权的机能，决定了刑法是否能完成其推动法治中国建设的使命。当前，建设法治中国追求人权保障和公民的幸福生活的价值目标，这要求必须科学立法、严格执法、公正司法、全民守法，一些传统的、落后的刑法观念，已经不能够支撑起刑法对于法治中国建设的使命，必须对其予以反思和变更。

### （一） 刑法万能观

刑法万能观渊源于我国传统的刑法泛化思想。这种观念认为，对于社会关系，即便是属于民事关系，大多都要通过刑法的手段来调整。这种观念由来已久，与我国传统刑法发展关系密切。中国古代刑法一般是指中国奴隶制社会和封建社会时期的刑法，与西方国家相比，中国在古代刑法的观念上尤为发达，主要原因在于中国法律体系是建立在农业经济和伦理宗教基础上。在我国古代，刑法是最重要也是适用最广泛的法律，它时刻在保护君主和国家利益，并为此而不惜采用严刑苛罚。因此我国古代对法的解释：法，刑也；刑，法也；律，法也。中国古代所追求的"天网恢恢，疏而不漏"就是刑法万能观的体现。

过分地扩大刑法的适用范围是不可取的。英国著名思想家边沁曾指出："任何惩罚都是伤害，所有的惩罚都是罪恶。"[②] 近年来，从 1979 年刑法到 1997 年刑法（以简称 97 刑法）再到现在，短短三十几年，立法机关总共颁布了二十多部单行刑法和 8 个刑法修正案，《刑法修正案（九）》正在酝酿

---

① 参见陈璐：《综合主义刑法观念的提倡》，载《法制日报》2014 年 4 月 30 日第 12 版。
② 参见西方法律思想史编写组：《西方法律思想史资料选编》，北京大学出版社 1983 年版，第493 页。

出台中。目前我们正处在社会转型的复杂国情下，复杂的社会环境确实给刑事立法带来了巨大挑战，使得我们不得不频繁增设新的罪名来打击犯罪，但是当我们以这种方法来规制新型非法行为时，我们已经陷入了刑法万能论的思维定式中。比如，关于虐童行为是否单立虐童罪予以处罚的热议。从本质上讲，有些虐童行为确实具有刑法意义上的社会危害性，但是对于虐童行为，完全可以通过民事侵权赔偿、行政惩罚手段，以及现行刑法中的故意伤害罪、虐待罪等法律，来加以解决，没有必要新设虐童罪。刑法手段应当是在其他调控手段失灵，不将某种行为规定为犯罪行为予以打击，不足以保护某种重要利益的情况下，方可采取的。否则只会导致公权的无限膨胀和私权的极度萎缩。① 这与建设法治中国所追求的人权保障价值相悖，所以刑法万能观需要予以反思。

**（二）刑法工具观**

刑法工具观，即大多数学者指的"刀把子"刑法观念。这一观念也由来已久，刑法规定关系到生杀予夺问题，因此，历来是统治阶级名副其实的"刀把子"，历史上任何一个统治阶级都要利用刑法这个武器来维护和巩固自己的统治地位。"刀把子"刑法观念的实质是刑法功能的单一化，即强调刑法的目的在于维护社会秩序，其手段则是运用刑罚制裁犯罪，其片面追求刑法的社会保护功能，而忽略刑法的人权保障机能。由此，刑法被当成了实行阶级专政、镇压阶级敌人反抗、惩罚刑事犯罪分子的工具。

我国刑法在其总则中对于刑法任务的规定，就是片面强调刑法社会保护功能，使得刑法应当具有的人权保障价值被人忽视。在单一价值取向的背景下，国家关注的只是怎样通过刑法规定来约束公民个人的行为，保障社会的安定有序和统治秩序的稳定，至于国家本身在行使刑罚权时，应受什么样的约束，怎样保证刑罚的公正实施，以及如何保障公民个人权利不受国家侵犯，则一向不被重视。② 20 世纪 50 年代至 80 年代初，"刀把子"是我国主流的刑法学观念。适用刑法要紧跟形势、配合形势，③ 这一度成为了适用刑法的宗旨。而现如今，法治中国建设提倡人权保障，使得刑法的人权保障价值应当发挥其作用，而单纯的工具观片面地追求打击犯罪，忽略人权保障，与法治中国建设的价值相悖，需要予以反思。

**（三）重刑主义观**

重刑主义的经典表述是春秋战国时期法家所谓的"禁奸止过，莫如重刑，刑重而必得，则民不敢试"。在重刑主义的思想下，期望用严厉的身体

---

① 参见宋茂荣、刘再辉：《和谐之美的刑法底蕴——论刑法观念的转变与构建和谐社会的关系》，载《重庆工商大学学报》2006 年第 6 期。

② 参见孙国祥：《传统刑法观念的解读》，载《河南省政法管理干部学院学报》2002 年第 5 期。

③ 参见张晋藩编著：《中国法律的传统与近代转型》，法律出版社 1997 年版，第 42 页。

刑和生命刑令民畏服。现阶段，我国的刑事法律延续了"治乱世用重典"的传统，其重刑主义的倾向仍然十分明显。自从79刑法颁布以来，我国的刑罚呈现出由轻到重的趋势，即随着社会治安的不断恶化，立法的重刑化越发凸显，97刑法采用了一元化的刑事制裁模式，即刑法分则当中现有犯罪的制裁方法都采用的是一元化的处理方式，即都只用刑罚一种方法。我国刑法的重刑色彩依然比较浓重，在死刑的设立上，虽然死刑的罪名在《刑法修正案（八）》后有所减少，但是依然还有55个罪名挂有死刑，挂有无期徒刑的有99个罪名之多，并且自由刑几乎出现在每一个刑法分则条款当中，极少有单独规定资格刑和财产刑的条款。

刑罚作为一种心理威慑的作用是有限的，显然不能机械地认为刑罚量的投入与犯罪率的高低是一种单纯的反比关系。但是重刑主义观就认为刑罚的严厉程度必然与犯罪率的高低成反比，刑罚越严厉，犯罪率就会越低。但"其结果则是使我国面临前所未有的犯罪量和刑罚量螺旋式上升，刑罚投入几近极限而刑罚效益却急剧下降的罪刑结构性矛盾"。[①] 所以重刑主义与法治中国建设所追求的价值是相悖的，也应予以反思。

### （四）片面的形式刑法观

在刑事司法中，定罪是一个重要的环节，在整个司法过程中具有举足轻重的作用。而在刑事司法中关于定罪的思维观念随着我们国情的变化而发生了变化。79刑法强调定罪的实质标准优先，法无明文规定的行为，刑法授权司法机关可凭实质标准的判断，经过类推入罪。1997年修订刑法前后，学界就在不遗余力地倡导形式标准优先的理论。形式标准的理论倡导使得修订后的刑法中罪刑法定原则得以确立，类推制度予以废除。这不仅固化了定罪标准，更是刑法机能的转化，这是立法的一大进步。然而，在司法实践过程中，形式刑法的观念在起着主导作用的同时，却忽视了实质标准的辅助作用。

片面的形式刑法观念排斥了实质标准在刑事司法定罪中的作用，使得刑法的适用成为一种机械行为。首先，刑法的适用易陷入机械的条文主义、形式主义的泥潭。目前，实践中较普遍存在机械执法的现象，视刑法分则为刑法整体，而对于刑法总则视而不见，只有犯罪构成而没有犯罪的概念，只有与分则相吻合的违法性评价，而没有社会危害性、可罚性的评价，使得法律效果和社会效果无法统一。其次，刑法的适用易依赖司法解释，使司法丧失了应有的能动性。由于缺乏实质性的思维，当遇到了文意不明的法条时，如果没有相应的司法解释，司法人员就有可能会不知所措。但是过多的司法解释使得刑法变得面目全非，并且有些司法解释前后矛盾。最后，片面的形式刑法观，可能会牺牲个案的公平和正义，人权无法得到有效保障。提倡形式

---

① 储槐植：《罪刑矛盾与刑法改革》，载《中国法学》1994年第5期。

标准本意是为了保障人权，但机械执法，片面强调形式标准，一些裁判完全不顾事理、情理、法理，人们依然感受不到司法的公正，而且犯罪嫌疑人、被告人会成为法律的受害者。

上述刑法观念的偏颇与法治中国所提倡的人权保障相冲突或不协调，为了实现法治中国，必须要对其进行变革。

## 三、 树立适应法治中国建设之刑法观念

### （一）破除刑法万能观，树立刑法谦抑观

刑法谦抑观，是指刑法的经济性、节俭性、效益性，即应以投入尽量少的刑罚或者以较轻的刑罚而获取最佳的政治效益、社会效益和经济效益，这是当今世界刑事立法和司法的一种趋势。[①] 对于刑法的谦抑性，日本学者平野龙一指出了它的三个含义：第一是刑法的补充性。即使是有关市民安全的事项，也只是在其他手段（如习惯、道德）的制裁，即地域社会的非正式的控制或民事的规则不充分时，才能发动刑法。第二是刑法的不完整性。因为刑法具有补充的性质，所以发动刑法的情况自然是不完整的。第三是刑法的宽容性，或者可以说是自由的尊重性。即使市民的安全受到侵犯，其他控制手段没有充分发挥效果，刑法也没有必要无遗漏地处罚。[②]

刑法万能观在人们心中根深蒂固之时，急需刑法的谦抑观来予以纠偏。刑法的万能观渊源于我国传统刑法泛化的思想，这些残留的观念影响法治中国建设，法治中国要求正确处理法治与保障人权的关系，明确法治的作用。我们要倡导的是社会自治，以及实现法律的正确分工。我国正从一元的政治国家向二元的政治国家和市民社会转轨，在政治国家和市民社会的二元结构中，国家权力是有边界的，刑事法律同样有边界。[③] 在刑事立法中，我们要确立合理的入罪范围。任何行为的犯罪化都是以公民部分自由丧失为代价。刑法每新设一个罪名，就表明公民将失去一份行为的自由。要认识到刑法不是万能的，它只是补充性法律，刑法必须在行为具有严重程度的社会危害性时才能予以调整。因此科学、理性立法要求对于社会法律关系，应先考虑用民法、行政法这些调整手段进行处理，只有穷尽了其他调整手段时，才开始考虑通过刑罚手段处理。这样才能处理好刑法与人权保障的关系，推动法治中国建设。

### （二）扬弃刑法工具观，树立刑法的人权保障观

随着世界政治、经济、文化等领域的相互交流与协作、相互借鉴与吸收，以及我国经济社会的迅速发展，人权保障宪法规范的确立，我国刑法保障人

---

① 参见赵长青：《世纪交替与刑法观念的转换》，载《云南法学》2000 年第 4 期。
② 转引自张明楷著：《刑法的基础观念》，中国检察出版社 1995 年版，第 142~144 页。
③ 参见王合清：《论和谐文化对现代刑法观念的影响》，载《湘潮》2010 年第 9 期。

权观念也有了很大变化。法治中国的提出也以人权保障作为其价值观念。从法益保护角度来看，刑法具有社会保护机能和权利保障机能。由于受到刑法工具观影响，人们更关注刑法的社会保障机能，将刑法视为惩罚犯罪的工具，将刑法机能单一化。但是法治中国建设，要求更多关注于刑法的权利保障机制，所以"刀把子"刑法观就不合时宜了。"由于刑法是国家意志在法律领域中最强烈最极端的表达方式，权力固有的本性与特质决定了刑法自身具有强烈的扩张性和侵略性。如果不对国家刑罚权的行使给予必要的关注、限制，刑罚权的行使可能会以公民基本人权的非法削弱或剥夺为代价。"[①] 因此，刑法必须行使其保护犯罪者利益的权利，避免因国家权力滥用而使其机能受到损害。

人权保障是刑事法律的价值目标之一，树立人权保障刑法观应该从以下三个方面着手：一是立法者应将以人为本，尊重与保障人权作为立法终极目标，使人权保障优位于社会保护，个人合法权利优位于国家刑罚权。二是司法工作者更新司法理念，把犯罪嫌疑人、刑事被告人、犯罪人当"人"看待，尊重并保障他们的人权。三是公众应全面认识刑法的功能，刑法在惩治犯罪人的同时，还是犯罪人权利的保障书，是公民自由的圣经，要视法律为自己的避风港。这样才能使刑法机能在法治中国建设的具体实践中真正得以实现。

### （三）破除重刑主义观，树立宽严相济观

马克思曾说："一般说来，刑罚应该是一种感化或恫吓的手段。可是，有什么权利用惩罚一个人为感化和恫吓其他人呢？……历史和统计科学非常清楚地证明……利用刑罚来感化或恫吓世界就从来没有成功过，适得其反。"[②] 重刑主义的逻辑在中国几千年封建社会的检验下，证明刑越重则国越乱，刑越滥则国越穷。在国际社会刑罚总体趋轻（如死刑废除的国家日渐增多）的背景下，我国刑罚改革的潮流应与此大体一致。因此，在法治中国建设进程中，刑罚的宽严相济是建立在刑罚总体趋轻趋缓之基础上的，这对于构建法治中国具有重要意义。第一，对于惩罚对象而言，对于实施轻罪的行为人适用轻刑，符合罪刑相适应原则。即使是重罪，也要考虑刑事政策的因素，该严则严，当宽则宽。如此能让犯罪人既能感受到法律的威严，又能感受到社会、法律、国家的包容性，更加有助于其改过自新，回归社会。第二，对于家庭而言，轻缓刑罚观，可以减少犯罪人家庭因犯罪人的行为而带来经济负担和感情缺失。第三，对于社会而言，通过更多地倾听受害方的意见，取得受害方的谅解后，从宽量刑，可以弱化社会因犯罪带来的矛盾。第四，

---

① 蔡道通：《罪刑法定原则确立的观念基础》，载《淮阴师专学报》1997 年第 1 期。
② 《马克思恩格斯全集》（第 8 卷），人民出版社 1974 年版，第 578 页。

对于国家而言，刑罚轻缓化，可以减少刑罚执行成本，节约司法与执法资源。

　　法治中国的建设要求刑法更加人性化，更突出发挥其人权保障机能，刑罚轻缓化基础上的宽严相济，在刑法立法和司法上都予以犯罪人人权上的保障，这对于法治中国的实现具有举足轻重的作用。

　　**（四）摒弃片面的形式刑法观，树立形式和实质统一的刑法观**

　　刑法观念不仅是指导司法运作的基础，也是建构司法制度和机制的理性依据。因此，倡导和传播正确的刑法观念极其重要。当下我国以司法独立甚至法官独立、严格的程序主义、绝对化的法条主义为内容的形式主义司法观念更加受到推崇。把形式主义的这些内容作为我国司法意识形态的核心，则无疑会对司法运作和司法制度建构形成误导。因此，与法治中国建设更加吻合的刑法观念应该是衡平形式思维与实质思维。实质性思维要求在定罪时，不机械地套用法条，以行为的社会危害性作为犯罪成立的内在依据，从行为的内在价值来评判行为的罪与非罪。实际上，实质思维就是在尊重形式判断的基础上，注重对于行为本质的判断。实质思维主要表现为以下方面：

　　一是刑法的机能是保护社会与保障人权的统一。在司法实践过程中，常常遇到人权保障和社会保护的冲突，实质性思维在犯罪人身上体现出了人权保障的优先性，与法治中国建设的目标与价值追求相同。因为实质思维不反对超法规的出罪事由。当形式意义的刑法规范内容与犯罪实质发生冲突时，即某种行为虽然符合犯罪构成，但是不具有某种犯罪实质上的社会危害性，可以通过超法规的实质标准适当地开启个案出罪事由之路，以避免个案的不公，造成行为人受到法律的侵害。

　　二是刑事司法的结果追求法律效果与社会效果的统一。在实质性思维的刑事司法中，其所追求的司法目标，不仅包括法律效果，也包括社会效果，要求二者统一。在法治发达的美国，法官在司法中是要充分考虑社会效果的，而不是机械地按照法律的字面意思审理。卡多佐法官指出，在确定有关的取舍标准时，真正作数的并不是那些我认为是正确的东西，而是那些我有理由认为其他有正常智力和良心的人都可能会合乎情理地认为是正确的东西。大法官霍姆斯则认为，我们并没有意识到，只要公众的思维习惯有些许变化，我们的法律就有多大部分可以重新加以考虑。我们不能出于对法治的迷信和误解，生硬地按照法律去处理案件，而不考虑社会公众的需求和感受，不认真对待审判的社会效果。孙国祥教授针对实质性的法律思维提出过有法有天的法治社会思维。刑法的适用要最大限度地体现刑法与社会生活日常情理之间的内在联系，兼顾社会的价值体系特别是社会伦理、社会文化等情理价值标准的评价作用。不仅要求案件审判正当合法，还希望裁判合情合理，这样才是人权保障的最终体现。

　　刑法实质性观念的更新，并不是观念的退步，也不是回归 79 刑法类推制度的适用，它依然是建立在尊重形式判断的基础上，为使裁判更加公正而进行的实质性判断。当然实质性观念要予以严格限制，防止滥用实质性思维，使刑法规范成为摆设，否则同样不利于人权的保障。

传统的刑法观念，是中国传统文化的沉淀，代表着一个时代的社会现状。在法治中国建设新的背景下，刑法需要发展以承担起由此而来的新的使命——人权保障。因此，旧的、不符合国情的刑法观念，如刑法万能观、刑法工具观、重刑主义观、片面的形式刑法观都应该更新。只有更新刑法观念，才能更好地发挥刑法的人权保障机能，才能顺应时代的变革，才能促进法治中国的建成。也只有当刑法以法治中国建设为己任时，刑法才能更好地发展。

# 法治中国视角下刑法谦抑观之重读[①]

郭泽强[*]　王　丹[**]

> 法律并非一成不变的，相反地，正如天空和海面因风浪而起变化一样，法律也因情况和时运而变化。——黑格尔《法哲学原理》

十八届四中全会首次以"依法治国"为主题，提出要推进国家治理体系和治理能力的现代化。法治中国[②]的提出立足于国家治理转型的背景，作为法治在当下中国的政治表达，它正在从一个命题具体化为全面改革的行为逻辑，预示着中国法制史上的一次重大飞跃的来临，必将对中国的法治与社会发展产生重大影响。[③]

据中青舆情监测室统计，在 2014 年 1 月至今的中青月度舆情指数中，上榜的政策类改革相关舆情事件达 27 起，平均每月约 1.69 起；上榜的依法治国相关舆情事件达 48 起。其中，恪守法治精神的具体案件在榜单中共出现 36 次。[④] 可以预见，刑法作为中国法治体系的重要组成部分，随着全面深化改革的推进，其改革也必将进入"深水区"。探讨刑法改革问题，我们有必要关注当前社会的急剧变化与传统刑法谦抑观的矛盾冲突问题。

## 一、　传统刑法谦抑观受到冲击

刑法的谦抑性是现代刑法的基本理念，是刑事立法、刑事司法活动以及刑事政策必须遵循的基本原则。刑事立法活动要实现谦抑要求必须从"罪"入手，反对刑法万能主义。对不是必须纳入犯罪范围的行为，不能将其作为犯罪处理；之前规定为犯罪但现在其社会危害性明显下降且其他非刑事手段可以加以控制的行为，应该作出罪化处理。刑事司法活动要从"刑"入手，反对重刑主义，提倡轻刑化、轻缓化和非刑罚化。在不影响刑罚效果的前提

① 本题为中南财经政法大学基本科研业务费学院创新团队资助项目。

\* 中南财经政法大学刑事司法学院教授，法学博士。

\*\* 中南财经政法大学刑事司法学院 2013 级刑法学硕士研究生。

② 关于法治中国与法治国家的关系，学界有法治中国与法治国家同一论和法治中国是法治国家的升华与深化论。

③ 汪习根：《论法治中国的科学含义》，载《中国法学》2014 年第 2 期。

④ 庄庆鸿：《亲民打虎改革法治共识，变革期的网络社会关键词》，载人民网—中国青年报，http://media.people.com.cn/n/2015/0427/c40606-26907765.html，访问时间：2015 年 4 月 27 日。

下，轻刑化就是"降低法定刑、适用轻缓的刑罚"，轻缓化要求"少关、多放"，非刑罚化则是多采取"只定罪不处刑"①的做法。刑事政策上应该反对"严打"，要求"轻轻重重"、"宽严相济"。

然而，刑法理念不是一成不变的，社会的剧烈变迁都会对其产生深刻的影响。法与社会之间存在一种相互影响的互动关系，如 J·弗兰克所说：法律现实主义者的一个主要目的就是使法律"更多地回应社会需要"。②法律作为一种重要的社会现象和因素，并不是完全自主的或独立于社会的，"在很多时候是对社会发展所遭遇的矛盾给予独到的控制、协调或化解"。③稳定性是法律的固有属性，它能保持社会的持续稳定，但是社会发展与进步带来的社会结构、社会关系的改变使得社会稳定中断，而法需要通过权威确认来使社会得到新的稳定。法，尤其是刑法，作为社会变迁的反应装置和推动装置，被要求对自身进行重新评价和选择。相应地，法律机构被要求重建为回应型主体，完全、理智地考虑全部社会事实，发挥能动性和开放性。

基于这种互动关系，刑法在考虑危害程度的基础上，对现实社会中愈演愈烈的新型危害行为作出了回应。《刑法修正案（八）》将危险驾驶、组织出卖人体器官、食品安全监管渎职等行为犯罪化。《刑法修正案（九）（草案）》也拟将出售或非法提供个人信息、网传虚假信息、组织考试作弊、超额载客等行为入罪，加大对恐怖主义、极端主义犯罪、贪污贿赂犯罪的惩治力度，对收买妇女、儿童行为一律作犯罪评价。如此广泛的刑法活性化和严罚化运动，让人们产生了矛盾和疑问：到底刑法有没有过度干涉人们的社会生活？是不是违背了刑法的必要性原则？刑法现代化进程中发展出来的宽容精神，是不是在急剧变化的风险社会就不再重要了？现今如何定位刑法的谦抑性？

笔者认为，虽然传统的刑法谦抑性要求限定犯罪成立和刑罚运用，表面上其保守性与当前所要求的回应性不相适应，但是实际上中国的刑事立法、刑事司法以及刑事政策都没有偏离谦抑性的轨道，只是我们对刑法的谦抑性理解需要进一步更新。接下来笔者拟从网络犯罪、法治反腐以及中国当前面临的风险社会等角度予以阐述。

## 二、 刑法谦抑观之立法重读： 网络犯罪圈的适度扩张

自 1994 年加入互联网以来，中国互联网已然发展成为全球第一大网，网民人数和网络区域都是世界领先。中国互联网络信息中心（CNNIC）发布的

---

① 赵秉志主编：《现代法治理念》，北京师范大学出版社 2012 年版，第 167~168 页。

② ［美］P. 诺内特，P. 赛尔兹尼克著：《转变中的法律与社会：迈向回应型法》，张志铭译，中国政法大学出版社 1994 年版，第 81~82 页。

③ 刘焯著：《法与社会论：以法社会学的视角》，武汉出版社 2003 年版，第 109 页。

第35次《中国互联网络发展状况统计报告》（以下简称《报告》）对近十年来的网民规模和结构进行了数据调查，调查显示截至去年年底，我国的网民规模已达到6.49亿，互联网普及率上升至47.9%。[①]

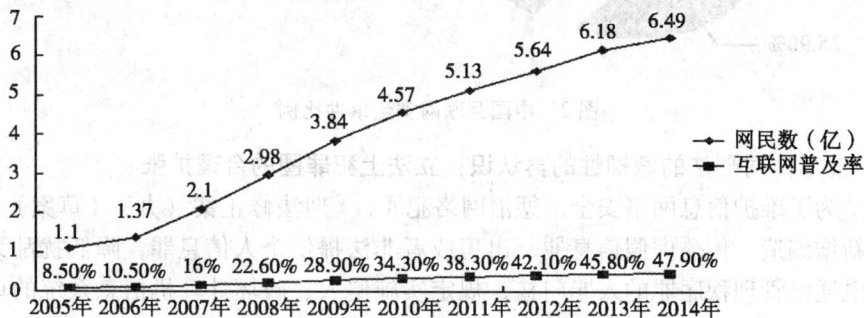

图1　近年中国网民数及互联网普及率

### （一）网络犯罪：新的普遍的存在形式

随着信息化和经济全球化的相互促进，互联网从"互联网1.0时代"进入"互联网2.0时代"，人们的生产和生活方式都发生着翻天覆地的变化，网络化的失范行为也越来越严重。据《报告》显示，中国有46.3%的网民遭遇过网络安全问题。其中，最严重的当属电子设备中毒和网络个人信息的泄露问题，前者占到全部事件的26.7%，后者比例则是25.9%。通过植入木马病毒，行为人可以窃取网络信息，进而实施盗窃、诈骗等进一步犯罪。像2014年浙江金华市破获的"6·27"传播手机木马盗窃台湾民众电信资费案，犯罪人就是采取向受害人发送含有木马网站链接短信的方式，控制受害人手机，强制其购买游戏点卡，然后网销变现。因为互联网由"虚拟性"向"现实性"以及"以联为主"向"以互为主"的两大过渡演变[②]，盗窃、诽谤等传统犯罪，不论是犯罪对象、犯罪手段还是犯罪结果，都呈现出网络化趋势：网络犯罪已然逐渐成为新的普遍的存在形式。

---

① 数据来源：中国互联网络信息中心发布的《中国互联网络发展状况统计报告》（2015年1月）。

② 于志刚：《网络犯罪与中国刑法应对》，载《中国社会科学》2010年第3期。

12.60%

26.70%

25.90%

■ 电脑或手机中毒
■ 账号或密码被盗
□ 网上消费欺诈

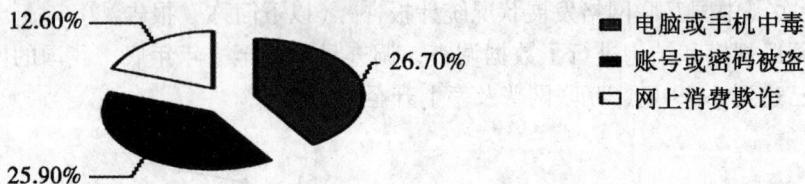

图 2　中国互联网安全事件比例

### （二）对刑法的谦抑性的再认识：立法上犯罪圈的合理扩张

为了维护信息网络安全，惩治网络犯罪，《刑法修正案（九）（草案）》拟新增编造、传播虚假信息罪、出售或者非法提供个人信息罪，降低扰乱无线电通讯管理秩序罪的入罪门槛，规定实施侵入、破坏计算机信息系统的单位也要承担刑事责任。除此之外，还将网络服务商和利用网络对犯罪提供技术帮助的行为，规定为犯罪。但是，网络犯罪入罪范围扩大化受到了部分学者的质疑。"网络虽然增加了人的认知范围和活动领域，但网络空间的利益多数仍是现实空间中利益的延伸，差别只在于表现形式不同。可以说，传统刑法对网络空间的适用困境，有相当一部分是人为臆造出来的，还有相当一部分完全可以借助适度扩张解释的方法加以解决，真正具有入罪化必要性的领域是有限的。"[①] 但是笔者认为，单单依靠扩大解释，还是不能很好地解决传统刑法在网络空间的适用困境。真正要改变的，应该是传统的谦抑观念。

"不客气地讲，在网络犯罪这一问题上，刑法理论似乎处于'世外桃源'之中而不问世事，颇有'不知有汉，无论魏晋'的味道；刑法研究者在'骑驴'游荡，依然陶醉于'田园牧歌'式的旖旎风光，而犯罪人则是坐着'火箭'在飞翔，肆意横行于虚空间。"[②] 传统的刑法谦抑观强调非犯罪化，处罚范围越窄越好。但是"我国当前的主要任务不是实行非犯罪化，而是应当推进犯罪化"。[③] 对单纯违背伦理道德的自损行为予以犯罪化属于刑法进步，但是对部分确有法益侵害性的网络越轨行为不予理睬就违背了刑法目的。面对社会结构的急剧变化，主张非犯罪化的西方国家也转而提倡刑法的早期保护，强调"妥当的处罚"，要求法律规范和裁判规范间保持适当距离。处罚范围最好尽可能地窄的看法并不是刑法谦抑性的实质内涵，处罚的"谦逊"应该建立在刑法效果和刑罚利弊两者的权衡结果之上：具体地、实质地探求后发

---

① Susan W. Brenner, Fantasy Crime: The Role of Criminal Law in Virtual Worlds, *Vanderbilt Journal of Entertainment and Technology Law*, Fall 2008, p. 18. 转引自于志刚：《网络犯罪与中国刑法应对》，载《中国社会科学》2010 年第 3 期。

② 《信息时代与中国刑法的转型——访中国政法大学研究生院副院长于志刚教授》，载《中国法律》2011 年第 2 期。

③ 张明楷：《网络时代的刑法理念——以刑法的谦抑性为中心》，载《人民检察》2014 年第 9 期。

现的为保全国民利益的必要最小限度的刑罚。

"妥当的处罚"是适度犯罪化的要求，既然谈到刑罚，就有必要对网络犯罪的成立条件和社会危害性进行重新认识。阿根廷作家贝尔纳多·科尔顿说过，"时间是真理的挚友"。随时间的推移，边沁的合理刑罚范围理论得到了众多刑法学者的支持和发展。帕克在研究刑法"迫不得已"标准时指出，只要行为具有显著的社会威胁性和不可容忍性，且在无其他适当处理方法的前提下，应该对其予以规制，在考虑刑法补充性的同时也要关注刑法发动的必要性。"我们的世界无处不在，又无处可寻，我们的世界不是肉体存在的世界。"① 网络的虚拟性、超时空性以及无法律性，也使得网络犯罪的社会危害性有其自身独有的特点。首先，网络犯罪社会危害性辐射范围更广。传统犯罪是"点到点"式的犯罪模式，但是网络犯罪是"点到面"也可以说是"一对多"的模式，导致危害后果具有叠加性。其次，网络犯罪社会危害性扩散更快。网络信息系统具备的高速复制和传播能力，使得侵害结果一旦发生就会如急风暴雨般迅速扩散开来，导致犯罪群体化和组织化。

网络犯罪的特殊社会危害性"强迫"刑法理论跳出"世外桃源"，出而仕矣。其自身具备的"蝴蝶效应"，使得再微小的破坏都能被无限放大。现如今互联网已经成为人们生活中必不可少的东西，如果网络秩序被破坏，社会混乱可想而知。严重的网络失范行为具有极强的社会威胁性和不可容忍性，而且中国的现有法律法规并不能有效控制网络犯罪日渐猖獗的局面，因此将其犯罪化且"在评价网络犯罪的危害性时应当确立高于传统犯罪的评价基点"② 的做法是合理的、必要的。

## 三、 法治反腐背景下刑法谦抑观之司法重读

腐败问题是当今世界各国普遍关注的社会问题、法治问题，是困扰全人类的世界性难题。中国也不例外，腐败现象极其严重。

### (一) 中国反腐斗争的发展趋势

中国的反腐斗争历史悠久，远在夏朝末年贪污之风已很严重。新中国成立后，反腐倡廉工作也未停止。《中华人民共和国惩治贪污条例》、《关于惩治贪污贿赂犯罪的补充规定》以及 79 刑法都分别对贪污贿赂犯罪作了规定。时至今日，尤其是十八大以来，中央惩腐肃贪的力度有增无减。

可以预见，中国未来的反腐方针不会动摇，"老虎"、"苍蝇"还会一起打，而且是一打到底。关于反腐败的法规会陆续出台，地方试点也会建立。

---

① ［美］约翰·P.巴洛:《赛博空间独立宣言》，载智识网，http://www.ideobook.com/38/declaration-independence-cyberspace/。

② 刘品新主编:《网络时代刑事司法理念与制度的创新》，清华大学出版社 2013 年版，第 124 页。

也有专家提出了反腐趋势的"两个转型"——从治标为主到治标与治本并重的转型以及权力反腐向法治反腐的转型。① 对已经出现的各种腐败现象和腐败分子要严惩不贷,并且完善财产公示、信息公开、异地审判等制度的建设,从根本上克服和防止腐败滋生,实现标本兼治;依法治国,当然也要依法治腐。运用法治思维,通过"制定和实施国家法律体系及规范性文件,规范权力运行,惩治和预防腐败,建设廉洁政治",② 从立法、执法、司法、守法各个环节惩治和防控腐败现象。

### (二) 法律框架下司法解释范围的适度扩大

贪污贿赂犯罪自规定以来,随着社会进步和人们认识水平的提高,在犯罪主体、犯罪对象以及犯罪方式和手段上都被进行了许多扩大解释。现在,许多学者又开始对接受"非财产性利益"以及"抽象利益"的贿赂能否成立受贿罪展开了激烈争论。

传统刑法认为贿赂犯罪的犯罪对象只能是"财物",但是现在许多学者主张将非财产性利益纳入受贿罪的规制范围中,如性贿赂、职位升迁等。学者们甚至提出,如果"行贿人在行贿时或者受贿人在接受贿赂时即使无具体的请托事项,是为了日后获得升迁或者保持自己的地位等不确定的抽象利益,只要国家工作人员对此不拒绝或者默认的,也就成立了受贿罪中'为他人谋利益'的要求"。③ 有人提出"刑法解释的极限化"的概念,以此来支持他提出的受贿罪犯罪对象应该合理扩大化的观点,认为"将刑法规范可能蕴含的最大含义揭示出来,尤其是将那些确实为刑法规范所蕴含而又超出字面含义的意思揭示出来"。④ 就是刑法解释的极限化,即合理化的扩大解释。笔者也赞同对受贿罪中"财物"进行合理的扩大解释。

对受贿罪中"财物"的扩大解释符合当前法治反腐的基本理念和国际公约。非财产性利益和抽象利益贿赂已经成为损害国家工作人员廉洁形象的重要手段,这些新型贿赂行为日渐成为腐败犯罪中的显著表现形式。例如,在闹得沸沸扬扬的原重庆北碚区委书记雷政富受贿一案中,香港华伦达服饰(集团)有限公司重庆代表处亏损上千万,于是公司负责人肖烨希望通过公司员工赵红霞与雷政富建立"恋爱关系"来获得利益,填补损失。但是刑法的相关规定还是停留在从前,与现实的经济环境和犯罪形势相脱节。司法实

---

① 李天锐:《2015 反腐五大猜想:哪些老虎还将被打》,载《廉政瞭望》2015 年第 1 期。

② 徐喜林、徐栋:《法治反腐:中国反腐新常态》,载《中州学刊》2015 年第 2 期。

③ 孙国祥:《现阶段中国惩治贪污贿赂犯罪刑事政策的应然选择》,载赵秉志主编:《当代刑事法学新思潮——高铭暄教授、王作富教授八十五华诞暨联袂执教六十周年恭贺文集》(下),北京大学出版社 2013 年版,第 1524 页。

④ 刘志远:《刑法解释的限度——合理的扩大解释与类推解释的区分》,载《国家检察官学院学报》2002 年第 5 期。

践中的非财产性利益贿赂，如性贿赂，仍旧游走在贿赂罪之外，检方控诉和刑事审判都未涉及。再者，我国加入的《联合国反腐败公约》（以下简称《公约》）以及外国立法例也有类似的规定。《公约》规定，"财产"系指各种资产，不论是物质的还是非物质的、动产还是不动产、有形的还是无形的。可见在国际法中，非物质性贿赂同物质性贿赂具有同样的性质，都属于贿赂犯罪。大陆法系国家，如日本，虽然立法中未将索取或者收受性贿赂规定为受贿罪，但是在立法例中却是将性贿赂作为受贿范围予以确定的。1915年，日本一名警察向犯人要求发生性关系后将其释放，后该警察被判受贿罪。在英美法系，如美国，是将任何可以用价值衡量之物均纳入受贿范围。价值衡量是主观判断，依靠法官个人以及当事人的认知。

既然对贿赂犯罪中"财物"进行扩张解释是符合世界潮流的，那么传统刑法谦抑观念关于司法解释的内容应该有所变更。"某种解释是否被罪刑法定原则所禁止，要通过权衡刑法条文的目的、行为的处罚必要性、国民的预测可能性、刑法条文的协调性、解释结论与用语核心含义的距离、刑法用语的发展趋势等诸多方面得出结论。"① 法治中国追求的是实质法治，"既强调法律规则的刚性要求，又强调法官的自由裁量权和法律解释权，法官在解释法律的时候，不能仅仅实行形式解释，还要进行实质解释，不仅要保障一般正义，也要保证个别正义"。② 在自由裁量范围内，在不违反民主主义与预测可能性的前提下，基于刑法效果、民意、政策而作出的适度扩大解释是必要且正义的，仍旧坚守了法律的底线。

## 四、 风险社会背景下刑法谦抑观之刑事政策重读

"风险社会"的概念最早是由德国社会学者贝克提出，他认为在工业化国家现在正面临着一种"只出现在物理和化学的方程式中（比如食物中的毒素或核威胁）"的新风险，这种风险是现代科技带来的、孕育于工业社会的风险。"在这个意义上，所谓现代，是风险潜在化、一般化以及可能存在预想之外的连锁反应的社会。"③ 工业社会物质短缺期的需求驱动力是"我饿！"风险社会科技引发危险威胁期的驱动力是"我害怕！"④ "在现今的工业国家现代化发展进程中，社会的安全阀随着现代化程度的不断提升而不断地脆化，

---

① 王俊平主编：《〈公民权利和政治权利国际公约〉与中国刑法立法：域外的经验和启示》，知识产权出版社2013年版，第73页。

② 吴情树：《刑事法治与实质法治》，载《检察日报》2011年2月10日，正义网，http://www.jcrb.com/jcpd/jcll/201102/t20110210_495765.html。

③ 刘淑珺：《日本刑法学中的谦抑主义之考察》，载《刑事法评论》2008年第1期。

④ 夏勇：《民生风险的刑法应对》，载《法商研究》2011年第4期。

因为这个社会的安全系数已被现代化自身不断演化的逻辑所逾越。"① 风险社会就是"常态的混乱"。

**（一）风险社会中的"风险"与我国刑法学上研究的"风险"**

自风险社会的概念引入我国后，风险刑法、安全刑法成为炙手可热的研究主题。但是有学者认为，当前的风险刑法研究混淆了风险社会中的"风险"与社会危害性意义上的"风险"。② "实害发生可能性"作为社会危害性意义上的风险早已有之，而风险社会的风险是"实害发生可能性"的一部分或阶段性表现。③ 我国刑法学者的当前研究明显已经超越贝克的风险概念，将恐怖主义威胁、交通问题、金融风险以及个人信息泄露风险等都纳入风险社会的风险范畴。

在中国当前面临的所有风险中，最根本、最棘手的是民生风险。转型期的中国既面临着风险社会的典型风险，也面临着特有的非典型风险。贫富差距、权力腐败、流动人口问题以及人们的政治需求，尤其是弱势群体的利益表达，已经成为无法回避的现实问题。归根结底，都是因为民生。民生需求得不到满足，民众普遍的社会不安全感就是致命风险。中国社会科学院开展的"中国社会状况综合调查"显示，公众认为最严重的前五项社会问题分别是"物价上涨"、"看病难、看病贵"、"收入差距过大"、"就业失业"和"住房价格过高"。④ 民生问题是公民的基本需求，根据马斯洛的需求理论，如果社会不能满足个体所期望的需求，同时个体自身也不能通过努力获取，就会导致个体的不安全感。社会个体间的不安全感交流就会达成社会共识，形成公共不安全感。公共不安全感是在各种因素进行需要满足认知、分析和评价后形成的，并且作为一种社会共识载体反过来影响着社会个体的需要诉求。基本民生问题是中国最基本的社会问题，是中国社会风险的重中之重，因此，民生风险如果得不到有效控制，就会极大地影响着人们的心理健康和社会稳定。

---

① 薛晓源、刘国良：《法制时代的危险、风险与和谐——德国著名法学家、波恩大学法学院院长乌·金德霍伊泽尔教授访谈录》，载《马克思主义与现实》2005 年第 3 期。

② 夏勇：《"风险社会"中的"风险"辨析，刑法学研究中"风险"误区之澄清》，载《中外法学》2012 年第 2 期。

③ 夏勇：《"风险社会"中的"风险"辨析，刑法学研究中"风险"误区之澄清》，载《中外法学》2012 年第 2 期。

④ 汝信等主编：《2009：社会经济与形势预测》，社会科学文献出版社 2008 年版，第 10 页。转引自林泽炎著：《中国进入风险社会了吗？——围绕城乡统筹的人本思考》，中华工商联合出版社 2013 年版，第 183 页。

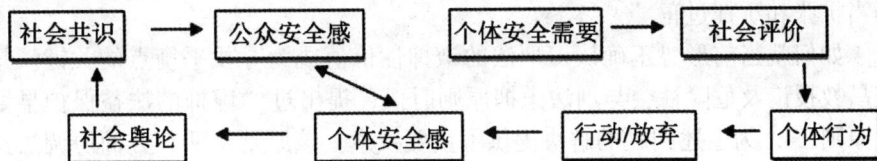

**图3　公众安全感的初步形成机理模型①**

### （二）刑法谦抑观的新突破：民权型刑事政策

刑法学者在刑法如何应对这些社会风险的问题上主要有两种主张：一是"冒进派"，认为刑法不应该局限在传统罪责理论中，主张犯罪前置化和法益的抽象化、普遍化；二是"保守派"，依据传统的刑法的谦抑精神，认为风险社会的理论是反法治的，② 笔者不赞成后者。"在启蒙主义阶段和工业社会中，人们往往采取刑法应超越现实社会变动的态度，将问题的处理主要交给市民的自主性决定（民法、道德、教育）与标榜社会福祉国家的行政，主张刑罚适用的补充性、谦抑性。进入了现代的危险社会之后，产生于越来越强烈的不安感的安全保障要求，与人格尊重的宪法要求产生了强烈的冲突。"③我们无法"再以绝对性、确定性、统一性、可计测性为前提来构想生活空间和秩序"，无论是政府还是个人都"不得不在风险与回报的正比例关系中进行取舍选择"④。

为了控制风险，保障民生，民生刑法以及民生型刑事政策的呼声越来越高。赵秉志教授也指出，尤其在经济刑法、环境刑法等刑事立法和刑事司法中，应当侧重对权利缺失群体的利益保障，适当向弱势群体，如农民工群体、环境污染的受害者、食品安全的消费者等倾斜，从而将保障民生落到实处。⑤于是医事刑法、环境刑法以及食品安全领域，开始出现"普遍法益"的概念，规定"抽象危险犯"，将刑法保护的范围扩大化、早期化。刑法是社会风险控制的"安全阀"，用刑罚前置化来防范风险自有其正当性和必要性。但是在肯定风险刑法、民生刑法的同时，传统刑法要求的刑法谦抑性的基本精神仍不能丢，需要"在刑罚的前置化与刑法的谦抑性之间找到一个平衡点。一方面，为了应对风险，应当提升刑法的工具性价值，为此可以适当运用刑罚前置化的立法方式；但另一方面，在适用刑罚前置化的同时，不应以牺牲法治国保障为代价，仍应秉持刑法谦抑性的基本精神，尽量避免刑罚的

---

① 倪群：《公共安全感的结构指标体系构建》，云南师范大学2014年硕士学位论文。

② 刘艳红：《"风险刑法"理论不能动摇刑法谦抑主义》，载《法商研究》2011年第4期。

③ 刘淑珺：《日本刑法学中的谦抑主义之考察》，载《刑事法评论》2008年第1期。

④ 季卫东著：《通往法治的道路：社会多元化与权威体系》，法律出版社2014年版，第68页。

⑤ 赵秉志著：《刑事法治发展研究报告》（2011-2012年卷），中国人民公安大学出版社2013年版，第11页。

不当扩张和矫枉过正。"①

如何就当前形势正确认识刑法的谦抑性价值成为寻找平衡点的关键。马克昌教授论及危险社会与刑法谦抑原则时候，提出过"谦抑的法益保护早期化原则"②，为上述问题的解决提供了重要线索。该原则从两个方面协调法益保护早期化和谦抑性的矛盾：首先对被认为有危险的行为进行当罚性和要罚性的评价，在肯定行为的相当危险性基础上作刑罚必要性判断，如果行政法规不能有效地预防危险，可将该行为规定为某种实害犯的情节加重犯，提高法定刑幅度；如果仍不能有效预防危险的发生才可将该种行为规定为危险犯：首先考虑具体危险犯，只有在确实必要时才规定为抽象的危险犯。德国的立法例，不考虑污染结果与污染行为之间的因果关系，将环境污染犯罪直接规定为抽象危险犯。不可否认，马克昌教授所提出的协调原则和德国的立法例都对我国风险应对具有现实借鉴意义。

刑法理论，尤其是刑法观念应该与时俱进，通过不断地自省和修复来回应时代发展的需要。法治中国是中国法治建设的最新目标和全面深化改革的重大内容。从当前的现实来看，该目标的实现仍面临着法律工具主义、司法体制改革滞后于时代发展以及民众法律信仰缺失等多方面的挑战。刑法的谦抑性作为刑事立法、刑事司法以及刑事政策所坚持的基本价值标准亟须进行一场与社会结构变迁相契合的更新变革：讲究科学立法、民主立法，可以进行适度地犯罪圈扩张；司法活动也弃谨守克制转向阳光司法、能动司法，允许必要的扩大解释；国家的治理政策也逐渐摆脱国家主义束缚，从国权走向民权，着眼于解决民生问题，坚持以人为本。如此，方能实现治理方略的制度化和现代化。

---

① 陈晓明：《风险社会之刑法应对》，载《法学研究》2009 年第 6 期。
② 马克昌：《危险社会与刑法谦抑原则》，载《人民检察》2010 年第 3 期。

# 论新常态下的刑法理念革新①

黄晓亮* 李 贞**

## 一、 新常态概念的提出与内涵

2014 年 5 月，党和国家领导人习近平在河南调研考察时说："中国发展仍处于重要战略机遇期，我们要增强信心，从当前我国经济发展的阶段性特征出发，适应新常态，保持战略上的平常心态。"这是中央领导人首次以"新常态"描述新周期中的中国经济和社会。7 月 29 日，在中南海召开的党外人士座谈会上，习近平又重申了"新常态"的战略判断，其指出，"要正确认识我国经济发展的阶段性特征，进一步增强信心，适应新常态，共同推动经济持续健康发展"。② 同年 11 月，习近平在亚太经合组织工商领导人峰会上首次系统阐述了"新常态"的重大战略思想，并研判中国新常态将"惠及亚太和世界"。③ 自此以后，"新常态"迅速成为当下中国最时尚的词汇。从 2014 年 8 月 4 日起，《人民日报》连续多天在头版上刊登特别报道和评论员文章，将所有的焦点放在"中国经济新常态"之上，其火热程度可见一斑。即便到"新常态"提出后一年的现在，理论界与实务界对此的关注程度也不降反增，并有持续高涨的趋势。同时，对其研究呈现出不断深入、不断延伸之趋势。

其实，"新常态"一词并不是我国首创。早在 2002 年时，"新常态"一词在国际主流媒体中就时常出现，其基本含义是指，随着社会经济发展而出现的新市场、新增长与新监管。然而，由于国家间发展历史不同、发展阶段不同、战略任务不同，因而并不存在完全相同的"新常态"。美国在 2002 年提出"新常态"时所面临的是金融危机后缓慢复苏的经济和"9·11"事件之后所带来的恐怖主义威胁，其认为这种新局面在短时间内不会消除，从而

---

① 本文系黄晓亮副教授主持之 2014 年度北京师范大学自主科研基金项目"刑事一体化的现实建构"的阶段性成果，受到"中央高校基本科研业务费专项资金"资助。

\* 北京师范大学刑事法律科学研究院副教授，法学博士，河南省汝州市人民检察院副检察长。

\*\* 北京师范大学刑事法律科学研究院刑法专业硕士研究生。

② 参见《中共中央召开党外人士座谈会 习近平主持并发表重要讲话》，载《人民日报》2014年 7 月 30 日。

③ 参见习近平：《谋求持久发展 共筑亚太梦想——在亚太经合组织工商领导人峰会开幕式上的演讲》，载《人民日报》2014 年 11 月 10 日。

会形成一种常态化的局势。2009 年年初在美国举行的"探讨危机后美国各个经济领域复苏和发展新模式"的论坛上，时任美国太平洋基金管理公司（PIMCO）首席投资官埃里安在其发言中用"New Normal"一词来概括 2008年全球经济危机后世界经济将进入的缓慢而痛苦的恢复过程。① 总的来看，美国学者在采用"新常态"一词来描述经济发展时是一种"悲观"的心态，对美国经济前景的预期抱着并不怎么乐观的态度。②

不过，在我国的语境下，"新常态"有其独特的含义。在我国自 1978 年改革开放以来的 30 多年间，经济飞速发展，创造出了一个个"中国经济发展奇迹"，但从 2011 年起出现增长速度连续下滑，2015 年上半年经济增速回落到 7.4%。尽管速度相比过去有所放缓，但相比同时期其他国家，仍算是中高速发展。由此可以看出，习近平同志所提到的我国的"新常态"是不同于美国国情下"新常态"的内涵的。如何界定我国"新常态"的内涵？学界对此众说纷纭，概括起来主要有"阶段历程"论与"质量结构"论，在这两类论述中又存在多种解读，但各种阐述大同小异。③ 笔者认为，造成这样的原因在于，对"新常态"内涵的分析没有站在同一"语境"下进行。由于"语境"选取的不同，各学者的论述单独来看都是很有道理的，但仔细分析过后就会发现，学者们是在各说各的，并未在同一语境下进行论述。应该选择在哪个"语境"下研究"新常态"呢？从习近平同志第一次提出该词以及其后阐述的一系列论断不难看出，总书记是用这个词来描述我国现阶段所面临的经济状况的。因而对当前中国经济"新常态"的理解放在市场经济的语境中来，这不失为一个合理的选择。

应该如何去理解"新常态"呢？笔者认为，"新常态"的"新"是相对于"旧"来说的，是在"旧"的基础上质变而来的；"常态"是针对"非常态"来讲的，即形成一种相对稳定的形态。要真正彻底理解"新常态"的深刻含义，需要把握与之相关联的"旧常态"、"非常态"这三者之间的联系。西方传统的经济学理论认为，市场对资源的配置起着决定性作用，经济发展过程中各种资源的分配应由竞争者根据市场的供求关系来进行，供不应求的局面一般只会是短暂的。在价格机制的作用下，供给平衡和暂时性的短缺都是"非常态"；能源适度过剩、供过于求却是市场经济的"常态"。就我国的经济发展进程而言，旧常态即指我国计划经济时期经济社会发展所呈现出"供给平衡"或者暂时性短缺的状态。这种"常态"同时又是市场经济的"非常态"。改革开放后，我国逐渐由计划经济向社会主义市场经济过渡，但

---

① 参见王松奇：《"新常态"源流考》，载《银行家》2014 年第 9 期。
② 参见齐建国、王红等：《中国经济新常态的内涵和形成机制》，载《经济纵横》2015 年第3 期。
③ 参见王资博：《"新常态"研究述要》，载《重庆社会科学》2015 年第 4 期。

由于政府对经济的过度干预，在宏观调控时主要依靠计划经济手段，人为地控制规模性投资，而不是通过市场改革来进行结构重组，因而导致了在一些基础产业产能严重过剩的同时，存在产品供不应求、物价快速上涨的现象，这是市场经济"非常态"的表现。"新常态"的本质在于构建新的市场经济运行模式与机制，实现经济的再平衡。"新常态"是一个"'全面性'概念，它蕴含着系统性改革的'发展框架'，它指涉的改革范围包括了经济、政治、社会、文化、司法、党建、国防、环境等方方面面。"①

## 二、 刑法上的回应与理念革新

十八大以来，面对"新常态"下的经济局势，党和国家积极采取措施全面深化改革。从这一系列的措施可以看出，我国对于经济的行政管制逐渐弱化，"审批"特色的管理模式也在不断地弱化，转变政府职能，建设服务型政府以适应我国新常态下的经济发展模式，即简政放权。回望我国过去数次机构改革、"简政放权"时所出现的"一放就乱"现象，不难发现很大一部分原因在于于法无据，进而只能依靠"人治"和行政措施来推动改革。要破解这一顽疾，根本上还是要转变社会治理模式，树立法治理念，运用法律思维来引领改革。"简政放权"并不意味着可以肆意而为，而是要以法治的要求来实施政策，始终坚持在法治的轨道上推进改革。而这在刑事法的领域意味着，权力约束的理念也应该予以贯彻。因而我们认为，需要在"新常态"的思路下改进刑法的相关理念。

刑法作为上层建筑中法律的重要一环，虽具有独立的价值，但在根本上还是取决于一定时代中客观的经济社会基础与发展趋势。在"新常态"背景下，社会经济形势已经发生了巨大的变化，肩负保护社会、保障人权的刑法理应对此作出积极的回应，而不是故步自封，顽固不化。随着国家采取简政放权的措施，政府对于社会公共事务的管理，可以说是极大地收缩，将更多的事务交由市场自行处理。与此相对应，刑法也应作出合理的限缩，在保护法益的同时，更加注重对于人权的保障，理应保持其施行的慎重性。在社会发展多元化的今天，"国家对经济生活以及社会生活的刑事干预不是应当扩张与加强，而恰恰相反，应当有所收缩与限制"。② 刑法应该坚守其补充法的地位，不能将其触角蔓延至整个生活领域，要将"权力关进笼子里"。

### （一）依赖刑法管控社会的理念应予放弃

刑法，作为国家治理经济社会的手段之一，往往成本巨大，理应作为最后的手段来发挥其作用。在刑法理念上要真正彻底摒弃重刑主义、刑法万能

---

① 竹立家：《新改革观："新常态"与"四个全面"》，载《成都日报》2015 年 3 月 18 日。
② 陈兴良著：《罪刑法定主义》，中国法制出版社 2010 年版，第 188 页。

主义、刑法工具主义等传统落后的刑法观念。尽管这些落后的刑法观念早已被学者们所批判和摒弃，但其根本未销声匿迹，而是以一种更为隐蔽的方式影响着我们的日常生活，在一定程度上也支配着民众对一些社会焦点问题的看法。从近来在网络上引起大量网民疯传的对于拐卖儿童的人贩子一律处死的事件可见一斑。"以眼还眼、以牙还牙"的传统血腥报应观仍在我国有着市场，刑法成为民众对于犯罪行为的发泄工具之一。披着伸张社会正义皮囊的重刑主义与刑法万能主义，在非理性的"民意"推动下，侵入刑事司法领域，影响刑事法治的正常运行。

例如，长期以来，在控制犯罪的问题上，我们一直存在判断上的误区，将犯罪率的上升简单归因为犯罪分子气焰嚣张和政府打击不力。"严打"具有敲山震虎之威，1983 年以后的四次"严打"确实带来了犯罪总量的短期下降，应当说下降最明显的是占犯罪类型比例最高的盗窃犯罪。但是 1983 年"严打"犯罪率下降两年后迅速反弹，1996 年、2001 年、2004 年的三次"严打"犯罪率仅下降 1 年便反弹上升，说明了"严打"并不是抑制中国犯罪率攀升的治本之策。"在犯罪现象产生或增长的时候，立法者、法学家和公众只想到容易但引起错觉的补救方法，想到刑法典或新的镇压性法令。但是，即使这种方法有效（很可疑），它也难免具有使人们忽视尽管困难但更有效的预防性和社会性的补救方法。"[1] 刑法所特有的在短时间内迅速、暂时抑制住犯罪的震慑作用容易让人产生迷恋刑罚抑制犯罪的思想。但由于法律与其他形式的社会控制之间存在一种互为消长的关系，法律控制的一味扩张，就会相应抑制非官方社会控制力量的正常成长和发展，使社会公众和组织逐渐形成一种惰性的思维定式和行为习惯，放弃他们作为社会成员的应有责任感（如对犯罪持麻木、沉默以及不愿意在力所能及的条件下协助官方机构的消极心态），而将消除犯罪诱因和维持社会秩序的义务完全交由官方机构负责。[2]

**（二）刑法谦抑性的再分析**

新常态下的社会利益存在多元化，政府采取简政放权意味着国家管理范围的缩小，将更多领域让渡给公民管理与疏导。刑法所触及的领域理应受到一定的限制，应切实贯彻刑法谦抑性理念，以顺应经济发展的规律。刑法的谦抑性，是指刑法应依据一定的规则控制处罚范围与处罚程度，即凡是适用其他法律足以抑止某种违法行为、足以保护合法权益时，就不要将其规定为犯罪；凡是适用较轻的制裁方法足以抑止某种犯罪行为、足以保护合法权益

---

① ［意］恩里科·菲利著：《犯罪社会学》，郭建安译，中国人民公安大学出版社 1990 年版，第 70 页。

② 参见张远煌：《论刑法调控与犯罪生成》，载《法学》2004 年第 6 期。

时，就不要规定较重的制裁方法。① 其基本精神就是控制国家刑罚权，严格控制刑法的处罚范围，现实刑法的"补充性"。

在新常态下所涌现出来的新型犯罪，需要利用刑法的刑罚手段来合理抑制其蔓延，刑法应理所应当地及时介入，适度扩大犯罪圈，但这并不是对谦抑性的违背。对于新型的具有社会危害性的行为，刑法并不是将其不加选择地纳入调整范围，而是在反复斟酌、权衡后将其中某几类危害性较大、应受刑法调整的危害行为规定为犯罪，这反而是刑法谦抑性的表现。"刑法的效力很有限，这一结论是事实强加给我们的。"② 刑法谦抑性理念一方面要求我们对刑法功能的有限性有一个清醒的认识，另一方面提醒着我们，在社会治理对策方面不能只盯着刑罚，妄图通过刑罚的手段解决社会中的所有问题。而应该把目光聚焦在社会管理的其他非刑罚手段之上，采取多形式、多元化的综合治理措施，充分发挥道德、习惯等社会规范来实现社会管理的创新，从根本上破除对于刑罚的依赖，以更为文明和人道的法律制裁措施应对危害社会的违法行为，拒绝单一化、片面化、一刀切的社会治理思路。刑法的补充性使得用刑罚的方法来对侵犯法益的行为进行规制时具有一定的延迟性，即此时危害行为已经对法益造成了严重的侵害。因而在社会治理中，应注重发挥非刑罚措施对于行为的事前监控，将可能会造成严重后果的违法行为在其危害性达到刑法所要求的程度前予以控制，将其扼杀在摇篮之中。

## 三、 新常态下的刑法立法改进

进入新常态的社会后，落实全面深化改革要求，真正发挥市场在资源配置中的决定性作用，这就意味着市场主体获得了较大的行为自由，因而更多地依赖于社会民众的自我治理，从而限缩了国家权力介入社会生活的范围，刑法立法应顺应这种状况。笔者认为，在"新常态"背景下，我国刑法所规定的犯罪圈应该是一种"窄且当"的状态。具体来说，犯罪圈的"窄"意味着刑法不应当涉及生活的方方面面，其规制的行为只能是对法益具有严重侵害性的行为，"刑法只能在迫不得已时才可以启用，刑法只是保障社会中已经被实施的行为规范的顺利实施而已，是其他部门法实施后盾的保障法，而不再是全面调控社会关系的法"。③ 犯罪圈的设置不但要"窄"，而且要"当"，发挥刑法在保护社会、保障人权时的切实作用，针对一些"高危"领域要果断介入，不能交给其他社会规范予以调整。"之所以科处刑罚，是因

---

① 张明楷：《论刑法的谦抑性》，载《法商研究》1995 年第 4 期。
② ［意］恩里科·菲利著：《犯罪社会学》，郭建安译，中国人民公安大学出版社 1990 年版，第 70 页。
③ 李海东主编：《日本刑事法学者》（上），中国法律出版社、日本国成文堂 1995 年版，第 273 页。

为对全体国民而言存在必要性。并非'越是限定处罚就越增加国民的利益'，而是必须具体地、实质地探求为保全国民利益所必需的必要最小限度处罚。在此意义上说，刑法学就是要对刑罚的效果与刑罚的弊害进行衡量。"①

近年来，数次刑法修正案中对于死刑的改革，即是实现"窄且当"犯罪圈的典型表现。我国在死刑问题上的基本立场是"保留死刑，严格控制和慎重适用死刑"，②在《刑法修正案（八）》、《刑法修正案（九）（草案）》中废除大量死刑罪名的同时，对死刑制度进行改革，严格死刑适用的标准，实现了死刑使用权的自我约束，极大地压缩了适用死刑的空间。当然，在现阶段仍保留对于最严重暴力犯罪适用死刑的可能性，也体现出了刑法并不是盲目缩小犯罪圈，而是有的放矢，建立起一个能够实现法律效果与社会效果相协调的控制面。

在新常态的社会经济形势下，市场主体获得了更大的自由活动空间，因而要求刑法适当退出一些领域，将管理权交由其他社会组织，由这些组织来实现内部的有限管理与制约，从而实现社会的多元化发展。然而，这并不意味着刑法控制范围的一味压缩。相反，某些领域侵害法益的风险越来越高，对此刑法有必要进行适度地扩大犯罪化，建立起一个适当的犯罪圈。在此，以有关网络犯罪来分析。新常态的社会无疑也是一个网络社会，网络时代的到来是一个不可逆的趋势。互联网在带动经济、社会发展的同时，也给人类社会带来了更多的挑战。毫不夸张地说，互联网已经融入人们生活中的方方面面。与此同时，利用网络实施的侵犯公民、社会、国家法益的行为也日益增多。急需刑法的介入，以创造一个良好的网络公共环境。近年来，网络领域犯罪的激增进一步体现出该问题的严重性，应当适度扩大刑法对此领域的打击面。刑法的发展要面向司法实践的需要，更加注重贴近老百姓平常生活的犯罪行为。③

截至 2014 年 12 月，我国网民规模已达 6.49 亿人，手机网民规模达 5.57 亿人。据统计，1998 年，我国公安机关全年办理的网络犯罪案件仅 142 起，2008 年猛增至 3.5 万件，2012 年至 2013 年案件数和抓获犯罪嫌疑人数分别达 12.5 万件、21.6 万人和 14.4 万件、25.2 万人。在所有网络犯罪案件中，网络诈骗、网络传销等侵财型案件最多，约占 40%；其次为网络淫秽色情，约占 20%。网络犯罪作为一种新型犯罪，与传统犯罪有着诸多不同，并且其危害性往往更大。但我国在刑法谦抑性理念的指导下所形成的法条往往对此类犯罪设置了较高的成立标准，致使许多利用网络所实施的侵害法益的行为难以被追究刑事责任。对此类犯罪，我们理应将法益的保护提前化，适当推

---

① ［日］前田雅英：《刑法总论讲义》，东京大学出版会 2011 年版，第 5 页。
② 参见最高人民法院《关于贯彻宽严相济刑事政策的若干意见》。
③ 参见储槐植：《走向刑法的现代化》，载《井冈山大学学报》（社会科学版）2014 年第 4 期。

进对此领域的犯罪化，而不是固守着谦抑性理念止步不前。

其实，这种死板的想法是对刑法谦抑性理念的歪曲理解，是一种形而上学的思想。刑法的目的就是保护法益，其理应将一个值得科处刑罚的严重侵害法益的行为评价为犯罪行为，而不能借口因为"谦抑性"放弃用刑法对其规制。对刑法的解释不能只单纯强调限制处罚范围，而应当强调处罚的合理性、妥当性（倘若在司法层次而言，当然以罪刑法定为前提）。换言之，我国刑法应当从"限定的处罚"转向"妥当的处罚"。① 在进行刑事立法改革时，要面向司法实践的需要，在压缩刑法对于诸如个人私领域干涉的同时，依打击某些严重犯罪的现实需要而扩大打击面。刑法的谦抑性理念理应随着社会发展而不断丰富完善，刑法在犯罪圈的设置上，应该随着社会现实的需要作出相应的调整。随着我国经济的飞速发展和改革的逐步深化，以经济关系为主的社会关系日益复杂化，需要刑法及时作出相应的调整。

## 四、 新常态下的刑事司法发展

党的十八届四中全会通过的《中共中央关于全面推进依法治国若干重大问题的决定》指出，法律的生命力在于实施，法律的权威也在于实施。全面推进依法治国，重点就在于保证法律严格实施，做到严格执法。但是，对于严格执法，也应当从反面来理解，在含义上包括了对不应当执法的情况不能执法处理的方面。而这也适用于刑事司法的情况。面临新常态下的社会发展，我国刑事司法在不断改革的同时，应该把谦抑性的理念时刻铭记，并在司法实践中加以落实。对此，既要考虑刑事司法机关对宽严相济刑事政策的贯彻，也要注意刑事司法机关贯彻国家基本刑事政策的制度和外部条件。

作为国家的基本刑事政策，宽严相济的刑事政策对刑事司法活动有着基础性、根本性的指导作用。各级司法机关在适用刑法的过程中必须坚决地贯彻执行该政策。而在新常态的社会环境下，社会矛盾趋于缓和，政府将社会的治理更多地交由社会本身来完成，以实现社会的内部协调发展，建立起一个和谐社会。因而刑罚的轻缓化就是大势所趋。"宽严相济刑事政策虽然强调轻轻与重重相结合，但就其根本而言，更应当关注的是刑罚的轻缓化。"② 在实施宽严相济的刑事政策中更应该注重"宽"的理解与适用，这是符合刑法的谦抑性原则的。因为"从刑法理念上来说，宽严相济刑事政策虽然具有一定的策略内容，但其刑法的理念基础应当是刑法谦抑。"③ 作为其他部门法"补充法"的刑法并不能替代任何一部部门法发挥其作用，因而对于一般违

---

① 张明楷：《网络时代的刑法理念——以刑法的谦抑性为中心》，载《人民检察》2014 年第 9 期。

② 陈兴良：《宽严相济刑事政策研究》，载《法学杂志》2006 年第 2 期。

③ 陈兴良：《宽严相济刑事政策研究》，载《法学杂志》2006 年第 2 期。

法行为，行政法、经济法之类的部门法能够起到有效调整作用的，就不应该由刑法来规制。正如弗里德曼所说："我们最大的社会政治失败之一就是对当代诸多问题表现得无能或不愿采取有效的非刑事处理方式来解决。"① 就此而言，要求司法工作人员准确地认识和认定具体行为的社会危害性。社会危害性及其程度不仅由犯罪构成要件来说明，并且需要由构成要件以外的事实情况来佐证。所以，对于表明行为社会危害性较小的"情节显著轻微，危害不大"应视为一个整体来理解。"危害不大"是指客观损害结果不大，"情节"是指排除损害结果之外的一切能够说明行为社会危害性大小的因素。对此，法官应该有一个清晰的认识，严格按照《刑法》第 13 条的规定将不符合其要求的一般性违法行为排除出刑法所规制的范围，以实现刑法的谦抑性理念。另外，在案件审理中，法官对于行为是否构成犯罪，应以形式性的判断为前提，实质性的判断作为形式性判断的补充，即将某些形式上符合法律规定，但从实质上分析其并没达到值得处罚的程度的行为，根据刑法谦抑性而作出"出罪"的处理。"对刑法构成要件从实质合理性进行解释，对法虽有明文规定但规定不尽合理的构成要件，通过实质的刑法解释限制其适用，从而实现刑法处罚范围的合理化，将不该处罚的行为排除在刑法圈之外，充分实现罪刑法定的人权保障机能。"②

从司法机关本身的工作机制来看，对司法机关追究危害行为之刑事责任的情形，应当以合理的方式，正确地予以评价和考核。但是，当前却存在一些不是很适当的做法。2005 年，最高人民检察院制定了《检察机关办理公诉案件考评办法（试行）》，对绩效考核指标作了具体规定，其中无罪判决率不超过 0.2%。而在最高人民法院案件质量评估体系中，也将无罪判决率纳入。既然高层如此重视，下级办案机关无法不上行下效，各地纷纷追求"无罪率判决为零"。河南省某市检察院的绩效考核制度甚至规定，出现一起无罪判决案件，不但取消评优评先资格，还要追究责任。这种考核机制在公安机关系统内部必然也是存在的，所以在公安机关决定立案后，侦查人员就会想尽一切办法，发挥自己的"聪明才智"来收集证据，使得案件达到检察院的标准。

在笔者看来，这种考核指标并不科学，因为检察机关为了降低无罪判决率，必然会事先主动和法院搞好关系，并与法院协商，将多数无罪判决案件转为撤诉案件。这无疑是对检察权和审判权相互制约、独立行使职能的巨大削弱。并且在这样的情况下，一旦开庭也就意味着被告人极有可能会被认定

---

① ［美］劳伦斯·M. 弗里德曼著：《法律制度》，李琼英、林欣译，中国政法大学出版社 1994 年版，第 87 页。

② 刘艳红：《刑法的目的与犯罪论的实质化——"中国特色"罪刑法定原则的出罪机制》，载《环球法律评论》2008 年第 1 期。

为有罪，使得开庭审理变成"走过场"，在一定意义上，法院成为检察院的"附庸"，并且在这一过程中控辩双方地位极为不平等，被告人的诉讼利益被严重架空。正如贺卫方教授指出的："如果上下级法院之间已经就案件的处理结果达成了一致，当事人通过上诉挑战原审法院判决的努力岂不是从一开始便注定是竹篮打水一场空？上下级法院事先便已经'串通一气'，还假模假式地让当事人上诉，这在道德上是否存在着某种缺陷？诉讼权利几乎完全丧失。在这种情况下，法院的生效判决中的正确率不得不让人心存怀疑。"①因此，建立一个科学的考核制度也就显得意义非凡。笔者认为，一个科学合理的考核制度应该包括使得公检法三机关能够真正独立的内容，在厘清这三者之间关系的基础之上，进一步强调法院的独立地位，努力建立起一套法官独立的制度，真正实现"独立的法官，既不属于我，也不属于政府"这样一种司法新局面。

## 五、 结语

在"新常态"的社会经济中，我国刑事立法与司法发展应适应时代前进的需求，在谦抑性刑法理念的指引下，应建立起一种"窄且当"的犯罪圈。应对网络犯罪这样的新型犯罪，要适度扩大犯罪圈，将具有严重危害性行为的控制提前化，以更好地保护社会的正常运行。同时，刑事司法人员应加强对于刑事法律的理解，真正落实宽严相济的刑事政策。杜绝机械化倾向，将刑法谦抑性贯彻到司法实践中去，以真正发挥其价值。当然，社会治理离不开非刑事措施的执行，刑法只能作为补充性措施，建立起一套完整的、综合性的社会治理措施才是"新常态"下实现政府对于社会控制的优良选择。

---

① 贺卫方：《中国司法管理制度的两个问题》，载《中国社会科学》1997 年第 6 期。

# 我国刑事立法传统和谐理念的
# 继承与发扬

许　健*

## 引　言

在目前中国，存在于生产力方式、生活方式和思维方式等方面的二元结构也渗透到政治文化之中，构成诸多复杂而矛盾并共存的二元现象。[①] 我国目前处于城乡二元结构的解构和消解过程中，各项改革和发展继续进行和深化，社会矛盾不可避免地随着改革和发展的深入进行而出现并加剧。高铭暄教授认为，面对社会的发展变迁，现代刑法应当有积极的反应，必须进行自身调整，包括定罪标准、归责原则、刑罚功能等，即在社会整体的变迁过程中重新定位科技进步、文明发展与刑事立法的协调互动关系，并经由这样的调整，使得刑法立法一方面坚持传统刑法的基本品质，另一方面兼顾社会发展，在体现刑法惩罚害恶、恢复公平正义的同时，积极发挥现代刑法维护社会安全秩序和保障人权的双重功能。[②]

众所周知，刑法不是仅供人欣赏的花瓶，刑法需要在现实生活中被适用。[③] 根据我国《立法法》第5条和第6条规定，我国的立法应当体现人民的意志并从实际出发，适应经济社会发展和全面深化改革的要求。综观历史，国法、天理与人情的和谐统一是中国传统法律文化追求的最高境界，"情法两尽"是中国传统法律施行追求的目标之一。[④] 我国未来的刑事立法发展方向具有分散性、有效性、类型性、国际性等特点。[⑤] 但是在理念上，我国刑事立法应该在继承传统"和谐"理念的基础上做到情法两尽。众所周知，良法是善治的前提和基础，努力实现刑事立法兼顾社会共情，做到情法两尽，情法两依的情法交融。充分考虑社会共情的刑事立法才能成为善治的良法，刑事司法才能回应新时期司法改革所迫切渴求的司法公正、提高司法公信力

* 淮阴师范学院法学院副教授，法学博士。

① 胡献忠：《论二元社会结构和政治文化的二元状态》，载《理论与改革》2005年第2期。

② 高铭暄：《走向完善的中国刑事立法》，载《法制日报》2011年5月18日第11版。

③ 张明楷：《刑事立法的发展方向》，载《中国法学》2006年第4期。

④ 张汉静、丁相顺：《"情法两尽"及其社会基础》，载《法学家》2000年第4期。

⑤ 张明楷：《刑事立法的发展方向》，载《中国法学》2006年第4期。

的期待。

## 一、 和谐： 历史传统的继承和现实的必然选择

人文主义或人文精神构成了中国传统文化以及整个中国文化不可或缺的基本内容和独特维度。中国的法治道路更适合形成兼具理性人文和道德人文向度的"道德的民主法治"。① 和谐思想既是中国传统文化中的核心价值之一，也是中国传统文化的共同特征，融于儒、道、墨、法、阴阳、释等各家各派的普遍文化精神之中。② 具体表现为"和"、"合"、"中"、"正"，和谐思想为构建社会主义和谐社会提供文化支撑和价值导向。③ 和谐作为中国传统文化的核心理念之一，给中国传统法律实践打下了深深的烙印。④ 和谐既是儒家最高的价值标准，也是整个中国传统文化的最高价值原则。⑤ 对传统刑法理念中符合人性和正义的共情进行继承和发展，是现代刑事立法科学化、现代化的必然要求。在现代文明国家，刑事司法都被注入了一种人文精神。人们认为，法治的最高层次是一种信念，相信一切法律的基础应该是对于人的价值的尊敬。⑥ 司法对人性的尊重是建立在立法首先把对人性的尊重进行法定化，没有立法的尊重，司法的尊重即为"违法司法"。刑事立法的人性关怀离不开对传统立法中优秀理念的继承和发扬，如亲亲相隐原则，源于春秋时期孔子"父为子隐，子为父隐，直在其中矣"。⑦ 亲亲相隐原则正式形成于公元前 66 年，汉宣帝颁布诏令："父子之亲、夫妇之道，天性也。虽有祸患，犹蒙死而存之。诚爱结于心，仁厚之至也，岂能违之哉？自今子首匿父母、妻匿夫、孙匿大父母，皆勿坐。其父母匿子、夫匿妻、大父母匿孙，罪殊死，皆上请廷尉以闻。"随着封建刑事立法和司法的发展，到唐朝时将汉时的"亲亲得相首匿"发展为"同居相为隐"，随后的宋、元、明、清等各朝代都沿袭了"同居相为隐"制度，只是在名称及容隐范围上稍微加以变动。⑧

沈家本主持修订《大清新刑律》时，刑法学家给我国引进的是当时的

---

① 参见胡水君：《中国法治的人文道路》，载《法学研究》2012 年第 2 期。
② 黄刚：《中国传统和谐文化的起源、本质及意义》，载《华夏文化》2008 年第 3 期。
③ 鲍宇：《中国传统和谐思想及其现代意蕴》，载《山西师大学报》（社会科学版）2005 年第 5 期。
④ 卫孚嘉：《试探"和谐社会"与"法治社会"建设之关系》，载《中国政法大学学报》2013 年第 4 期。
⑤ 田虹：《儒家"天人合一"思想与和谐社会的构建》，载《沈阳师范大学学报》（社会科学版）2014 年第 5 期。
⑥ 樊崇义、张建伟：《重塑刑事司法的人文精神》，载《检察日报》2002 年 5 月 31 日第 3 版。
⑦ 《论语·子路》，载《诸子集成》，上海书店 1986 年版。
⑧ 张本顺：《"亲亲相隐"制度的刑事立法研究》，载《法学杂志》2006 年第 6 期。

德、日大陆法系的刑法理论。而在新中国成立后，我国引进的刑法理论是苏联的刑法理论，并在苏联刑法理论的指导下制定了 1979 年刑法。[①] 1979 年和 1997 年刑法均取消"亲亲得相首匿"或者"同居相为隐"制度。《刑法》第 310 条关于窝藏、包庇罪的规定："明知是犯罪的人而为其提供隐藏处所、财物，帮助其逃匿或者作假证明包庇的，处三年以下有期徒刑、拘役或管制；情节严重的，处三年以上十年以下有期徒刑。犯前款罪，事前通谋的，以共同犯罪论处。"我国第二次修正后的《刑事诉讼法》第 52 条第 1 款规定："人民法院、人民检察院和公安机关有权向有关单位和个人收集、调取证据。有关单位和个人应当如实提供证据。"第 4 款规定："凡是伪造证据、隐匿证据或者毁灭证据的，无论属于何方，必须受法律追究。"《刑事诉讼法》第 60 条第 1 款规定："凡是知道案件情况的人，都有作证的义务。"以上修正前的刑法和刑事诉讼法的规定从实体到程序上将我国刑事立法中遵循推崇的"亲亲得相首匿"或者"同居相为隐"制度完全否定，要求每个人对自己的人性中最柔弱的部分进行硬化。

法律的生命不是逻辑，而是经验。[②] 社会主义核心价值观国家层面有和谐的要求。而我们不能在没有文化传统的空地上建设"和谐社会"。我们只能适时地在传承这个文化命脉的基础上，使之复兴，为建设"和谐社会"提供精神力量的支撑。[③] 中国传统文化中的和谐思想可以为构建社会主义和谐社会提供文化支撑和价值导向。[④] 众所周知，家庭是社会组成的最小单位，家庭的和谐是社会和谐与进步的基础。很难想象不考虑社会共情的立法和司法能够很好维护社会的实质公平和正义。立法如果不考虑公众人伦的要求、普遍的道德期待，司法将无法真正地实现社会的公平和正义，司法公信会在形式正义中被蚕食，司法权威在社会人伦秩序瓦解和普遍道德失望中丧失。在不同法系和不同国家大都对公众人伦关系进行维护的今天，我国刑事立法的规定明显不利于家庭的稳定、社会的和谐。因此，一些体现社会共情和有利于社会和谐的传统立法理念中正确的部分还应该被尊重，并运用到现代的刑事立法中。

《刑事诉讼法》修改后配套的最重要司法解释之一——《人民检察院刑事诉讼规则（试行）》中贡献了许多谨守立法原意与立法精神的优良条款，[⑤]

---

① 欧锦雄著：《刑法的辩护与批判》，中国检察出版社 2008 年版，序言。

② [美] 小奥利弗·温德尔·霍姆斯著：《普通法》，冉昊、姚中秋译，中国政法大学出版社 2006 年版，第 1 页。

③ 参见汤一介：《儒学与"和谐社会"建设》，载《中国社会科学》2010 年第 6 期。

④ 鲍宇：《中国传统和谐思想及其现代意蕴》，载《山西师大学报》（社会科学版）2005 年第 5 期。

⑤ 陈卫东：《立法原意应当如何探寻：对〈人民检察院刑事诉讼规则（试行）〉的整体评价》，载《当代法学》2013 年第 3 期。

体现对社会共情的尊重和继承。2015 年 5 月 29 日，最高人民法院颁布《关于审理掩饰、隐瞒犯罪所得、犯罪所得收益刑事案件适用法律若干问题的解释》，该规定中明确，为近亲属掩饰、隐瞒犯罪所得及其产生的收益，且系初犯、偶犯的情形，可以认定为犯罪情节轻微，免予刑事处罚。诸如此类的规定更是体现对传统的社会共情——亲亲相隐的尊重。"亲亲相隐"制度在当代仍然具有其独特的刑事立法价值。在社会主义法治国家的建设过程中，在刑事法制中适当引入"亲亲相隐"制度，这既是继承我国法制传统中相隐制度的合理成分，也符合当今建设和谐社会的要求。① 法律应当在对人性的理解和关怀的基础上来规范行为，否则制定出的法律就会因违反人的本性而成为恶法。定性加定量的入罪模式以及宽严相济的刑事政策在一定程度上弥补立法不足，体现对传统人伦道德的尊重和对"亲亲得相首匿"制度的继承。最高人民法院的这项解释虽然谨慎但也非常珍贵，它是对历史的继承更是现实的理性选择。我国刑法中一定亲告罪的存在，将刑事追诉的启动权交给被害人及其近亲属，此类犯罪的规定也体现立法尊重社会共情的理念。封建立法"恤刑"中合理的规定——怜恤老幼妇孺，也被现代的刑事立法继承和发扬。

《人民法院第四个五年改革纲要（2014~2018）》提出建设中国特色社会主义法治体系、建设社会主义法治国家作为全面推进依法治国的总目标。公正司法必须有科学立法作为前提。立法制刑环节体现刑法立法的常识、常情、常理化。② 不论刑事政策遵守宽严相济，在一定程度上对容隐权进行保护，还是刑事立法怜恤老幼妇孺的理念，无不体现刑事立法追求家庭稳定、社会和谐的理念。马克思真正把握了"和谐"理念，提倡社会和谐。和谐社会是一种美好的社会状态和社会理想，是社会成员各尽其能、各得其所而又和谐相处的社会。传统和谐思想在维系社会稳定、促进社会和谐、推动社会发展的历史进程中，发挥了不可或缺的重要作用，并为社会主义和谐社会的构建提供了可资借鉴的思想资源。③ 社会和谐是中华民族的理想追求和共同目标。构建社会主义和谐社会，要继承和弘扬传统和谐文化，古为今用。④ 刑法惩罚犯罪，保护人民，就是为了维护和建立和谐社会。和谐社会以人为本，人民的权益得到切实尊重和保障，尊重人权保护人性，最大限度地考虑社会共情并加以立法保护和司法兼顾。

---

① 董小红、王东岳：《论我国古代"亲亲相隐"制度的现代刑事立法价值》，载《湖南科技大学学报》（社会科学版）2009 年第 11 期。

② 马荣春：《论刑法的常识、常情、常理化》，载《清华法学》2010 年第 1 期。

③ 管向群：《中国传统和谐思想的形成与发展》，载《苏州大学学报》（哲学社会科学版）2007 年第 1 期。

④ 韩华：《中国传统和谐文化的当今思考》，载《学习论坛》2009 年第 3 期。

## 二、 情法两尽： 刑事立法与司法和谐的基础

情法两尽之"情"为社会共情，情法两尽之"法"为广义层面的法，包括刑事立法和刑事政策。目前我国刑事立法政策已经"具有科学性、法治性、人道性、伦理性、本土性（符合国情性）等合理性内涵"，[①] 笔者将其归入广义的刑事立法范围，本文也在此基础上进行立论和展开。

可以说，没有刑事立法的情法两尽，就不会出现刑事司法的情法两尽。刑事立法情法两尽是刑事司法情法两尽的前提和基础。没有立法两尽的司法两尽有可能走向司法擅断和枉断。众所周知，观念的改变不是法律精英教育所能实现的，这需要持久的深层次的法律理念的传播与接受。[②] 随着司法工作人员的罪刑法定观念和国民的人权保障等意识逐步增强，在相当长的时间内，我国刑事立法会相当活跃。社会对刑法的依赖性也会越来越强。[③] 针对社会生活和司法实践中出现的新情况、新问题进行了多方面的修改和调整是社会发展的必然和要求。《刑法修正案（九）（草案）》表明目前我国的刑事立法需要坚持创新刑事立法理念，进一步发挥刑法在维护社会主义核心价值观、规范社会生活方面的引领和推动作用。[④] 刑事立法追求现代潮流，实现国际性的同时，还必然需要符合中国实际。而且刑事立法同样要追求"国法、天理与人情的和谐统一"，[⑤] 要保持刑法与市民感觉、国民规范意识之间的一致性，以保持刑法的亲和力，并使之获得公众对刑法的认同感。[⑥] 坚持情法两尽的刑事立法才能制定出善治之良法，是刑事司法和谐的前提和基础。

在目前的中国，由于传统文化、传统价值观念、对正义的追求和理解在某些方面根深蒂固，完全移植西方的某些刑事立法政策是不可能的，有时也会造成公众内心的矛盾与混乱。[⑦] 例如，现阶段死刑只能消减不能废除，体现刑事立法兼顾社会实情，尊重民意的要求。查尔斯·霍顿·库利（Charles Horton Cooley）认为，危害行为能否通过公平且不歧视的执行来处理一直作为国家对行为设置刑事制裁的重要标准之一。[⑧] 刑事立法应该体现和总结刑

---

[①] 王宏玉：《刑事立法政策合理化涵义浅析》，载《中国人民公安大学学报》2005 年第 5 期。

[②] 王宏玉：《刑事立法政策合理化涵义浅析》，载《中国人民公安大学学报》2005 年第 5 期。

[③] 参见张明楷：《刑事立法的发展方向》，载《中国法学》2006 年第 4 期。

[④] 李适时：《关于〈中华人民共和国刑法修正案（九）（草案）〉的说明》，载中国人大网，http://www.npc.gov.cn/npc/lfzt/rlys/2014-11/03/content_1885123.htm，访问时间：2015 年 6 月 12 日。

[⑤] 张汉静、丁相顺：《"情法两尽"及其社会基础》，载《法学家》2000 年第 4 期。

[⑥] 周光权：《论刑法的公众认同》，载法苑精粹编辑委员会编：《中国刑法学精粹》，高等教育出版社 2004 年版，第 3 页。

[⑦] 王宏玉：《刑事立法政策合理化涵义浅析》，载《中国人民公安大学学报》2005 年第 5 期。

[⑧] ［美］查尔斯·霍顿·库利著：《人类本性与社会秩序》，包凡一、王源译，华夏出版社 1999 年版，第 294 页。

事司法过程中的智慧。和谐社会的建设途径有两种：通过倡导忍让的道德教化以止争，建立和谐社会；依法界定利益以止争，建立和谐社会。① 刑事立法追求和谐，不仅仅包括家庭和社会的和谐，刑事立法和司法之间也要和谐。实行有效的犯罪化，避免无效的犯罪化。② 获得公众认同的刑法才能给刑事司法和谐以保障。没有刑事立法和刑事司法的和谐与统一，和谐的社会主义社会就仅仅是妄谈和空想，社会主义核心价值观中社会层面和谐的要求就会落空，刑事判决的政治效果、法律效果与社会效果的和谐统一更会成为一纸空谈。

## 三、 情法交融： 刑事立法与司法之情法两尽的追求

情法两尽为社会共情与刑事法律之间的情法交融。刑事立法和司法之间的和谐是情法交融的体现，同时也是刑事立法情法两尽的追求。

### （一） 刑事立法之情法两尽：法以济情、情尽法随

有学者认为，刑法的现代化，需要塑造现代刑法的精神气质。③ 事实上从立法的角度来看，整个刑事立法都应该在坚持传统立法合理精髓的基础上追求现代气质。只有刑事立法跟随时代并稍微超前，才能让刑事司法兼顾政治效果、社会效果和法律效果，被犯罪侵害的社会主义社会和谐才能在情法两尽的刑事判决中被最大限度地恢复。

首先，刑事立法追求情法两尽，法以济情。一直以来，任何国家的刑法不能不兼顾社会共情，只是不同时期社会对共情的认识和承认会基于不同的思考。刑事立法尽可能地兼顾社会共情，刑事司法过程中法官才能实现最大限度地考虑对人性的刑事法律的保护，体现刑事法律的人性关怀。

其次，刑事立法追求情法两尽，要兼顾情尽法随。如张明楷教授所言，对于容易被发现的直接侵害法益并诱发其他犯罪的行为，应当实行犯罪化；对于那些严重侵害、威胁重大法益的犯罪，实行刑罚处罚的早期化。④ 前者如毒品、赌博等严重危害社会行为，并容易诱发其他犯罪，刑事立法将其纳入规制范围；后者如煽动分裂国家罪、煽动颠覆国家政权罪，其设置体现刑罚处罚的早期化。危害行为出入罪的选择体现刑事立法对情法的衡量。目前刑法没有对社会上的丑恶行为如卖淫和嫖娼以及婚外情等行为进行规制，而是把飙车、醉驾等危险驾驶行为入罪。这体现刑法从人性的角度考虑，对人性的关怀的温情一面。刑法把飙车、醉驾入刑以及《刑法修正案（九）（草案）》又考虑将毒驾定罪，体现对于严重危害社会行为的法不容情一面。

---

① 袁建平：《构建和谐社会应区分法律义务与道德义务》，载《清华法学》2010 年第 5 期。
② 张明楷：《刑事立法的发展方向》，载《中国法学》2006 年第 4 期。
③ 田宏杰：《论刑事立法现代化的标志及其特征》，载《政法论坛》2001 年第 3 期。
④ 张明楷：《刑事立法的发展方向》，载《中国法学》2006 年第 4 期。

最后，倾向性的情绪表达不是社会共情。凤凰网针对"贩卖儿童判死刑"进行网络调查，77.19%的被调查者支持对贩卖儿童被告人判处死刑，[①]在贩卖儿童判死刑刷屏朋友圈时也有83.32%赞同支持判处死刑。[②]投票支持一律死刑体现出的是一种共情，但是属于非社会共情，只是民众一种倾向性的情绪表达，从刑法理性的角度考量，我国《刑法》第240条规定只有情节特别严重的拐卖儿童被告人才判处死刑。立法共情体现刑事立法的目的和价值追求，同时更是理性回应社会共情的期待。贩卖妇女、儿童的行为人社会危害性各异，绝对确定的法定刑是违反刑法罪责刑相适应以及罪刑均衡的基本原则的。违反刑法基本原则的非理性的情绪表达不是社会共情，不应该被刑事立法和刑事司法接受。

### （二）刑事司法之情法两尽：情以济法、法尽情依

司法过程受到各种主客观因素的影响，促使法官作出公正裁判的关键因素是法官的良知。基于良知的衡平是司法过程最重要的特征。[③]刑事司法兼顾共情是建立在立法共情的基础之上。没有立法共情，所谓的司法情法两尽就只能是一种柏拉图式的理想。司法的过程应当有所超越，司法既要忠实于法律，更要遵循法律的精神，超越法律的条文，克服机械司法的弊端。[④]但是进行社会后果考量时，不能夸大"超越法律"的功能和意义，成文法国家的法律人和判例法国家的法律人在规定这个大前提上就存在很大差异。因此，法官既要坚守规则，成为法律的守护神，又要在必要时能够合乎方法论地超越法律。[⑤]法官的基于良知的衡平要能够做到情以济法、法尽情依。

非立法共情的社会共情应该被司法接受。例如，北京怀柔区63岁的崔某照顾瘫痪在床后成植物人的丈夫15年，其间任劳任怨，但终因家贫不堪重负并因长期的操劳自身也患上脑梗和腰椎间盘突出等多种老年疾病，年衰难忍自身疾苦，心哀不愿拖累子女，2014年3月勒死丈夫并选择割腕自杀，崔某因抢救及时而幸存于世。本案在审查起诉之初存在两种观点。第一种观点从案件发生的原因和案件处理的社会效果出发，认为本案发生原因是由于居家养老制度没有得到切实保障，可作相对不起诉处理，这样处理的社会效果也会比较好，同时能够唤起全社会对"居家养老"存在的相关问题进行关注。第二种观点认为，我国刑罚设置的目的是维护对规范的尊重，本案属于非法

---

① 载凤凰网，http://survey.ifeng.com/all/12210.html#p＝result，发布时间：2015年6月17日，访问时间：2015年6月22日。

② 载凤凰网，http://survey.ifeng.com/news/12211.html，发布时间：2015年6月18日，访问时间：2015年6月22日。

③ 徐昕：《司法过程的性质》，载《清华法学》2010年第2期。

④ 徐昕：《司法过程的性质》，载《清华法学》2010年第2期。

⑤ 孙笑侠：《法律人思维的二元论兼与苏力商榷》，载《中外法学》2013年第6期。

剥夺他人生命权利的案件，因此必须对于此种行为采取最为严厉的态度，才能够实现刑罚目的，培育国民对于他人生命的尊重。① 最终，检察院依法审查起诉，随案有一张崔某街坊邻居签名的请愿书，而且被害人的近亲属也表示完全理解崔某的行为，并请求法院不予追究崔某的刑事责任。检察院也建议从轻处罚判处行为人构成故意杀人罪，三年有期徒刑并宣判缓刑。崔某的行为究法理难容，故意非法剥夺了他人的生命；崔某的行为言情理可恕，被害人多年卧床，一直悉心照料，无奈自身年老也患多种疾病；崔某的行为追效果可轻判，本案中被害人家属理解并表达了谅解，街坊邻居知情并求情以及检察院也表达了可以宽恕的意见。目前刑事诉讼中罪罚从宽制度还没有具体完善的规定，如何让亲情、人伦的社会共情对刑事法律的规定进行修正，需要刑事法官从刑事法律中寻找"宽"的一面而加以适用。笔者认为，本案可以根据我国《刑法》第63条第2款规定，作为存在特殊情况的案件，报经最高人民法院核准，在法定刑以下判处刑罚，本案完全具备在法定刑以下进行处罚的共情。

## 四、 博弈： 刑事司法情法两尽之吊诡

### （一）刑事司法情法两尽与刑法基本原则

刑事司法中兼顾的"情"为社会共情，但是违反刑法基本原则的共情非社会共情。兼顾违反刑法基本原则的共情不是刑事司法追求的情法两尽，而演变成徇私枉法和徇情枉法。可以说，社会共情是不违反刑事法律的基本原则的，只是现行刑事法律没有考虑到社会共情。严格地按照刑事法的规定进行司法，在法理上没有问题，情理上让人无法接受，这样的司法判决没有人伦关怀和群众基础，以损失公信力与司法权威为代价。

### （二）修正案、司法解释：刑事立法与司法互动和谐的纽带

我国目前的修正案和司法解释，常常及时根据社会、政治、经济、文化等方面的变化而作出对法律的修正或者说明。刑事司法中也是以法律条文和立法解释、司法解释甚至是会议纪要作为依据进行判案量刑。立法具有滞后性，立法时没有考虑到社会共情，或者立法当时的非社会共情经过情势改变已经成为社会共情。这就使司法面临适用法律违背人伦道德，不适用法律就违法的两难境地。但是刑法修正案、司法解释出台有一定的时间周期，不可能都及时化解刑事司法中的情法两难的尴尬。刑法修正案、司法解释也只能是在一定程度上弥补这种尴尬和无奈。

---

① 《老太照顾瘫痪丈夫15年 自身患病后不堪重负杀夫》，载人民网，http://bj.people.com.cn/n/2014/1202/c82840-23086559.html，访问时间：2015年6月20日。

## 五、 结语

一个法律制度之实效的首要保障必须是它能够为社会所接受，而强制性的制裁只能作为次要的和辅助性的保障。[①] 中国文化传统因为其所包含的人文主义而与西方文化以及世界其他文化传统相比表现出较大的独特性，也因为此种人文主义的普适因素而透显出一种至今仍得以生发延展的普遍性。[②] 社会和谐是当今中国特色社会主义的本质属性。在建设社会主义和谐社会的过程中，要在中国传统文化中寻找和谐之源。[③] 建立在和谐思想之上的刑事立法坚持情法两尽，做到情法交融，建立在法以济情的刑事立法之上的司法才能兼顾社会共情，做到情以济法。和谐的刑事立法和司法才能让公众接受并在每一个案件中都感受到公平正义，信赖司法、尊重司法、支持司法的制度环境和社会氛围才能在和谐社会中建立、巩固和良性发展。

---

[①] ［美］E. 博登海默著：《法理学、法律哲学与法律方法》，邓正来译，中国政法大学出版社1999 年版，第 344 页。

[②] 胡水君：《中国法治的人文道路》，载《法学研究》2012 年第 2 期。

[③] 鲍宇：《中国传统和谐思想及其现代意蕴》，载《山西师大学报》（社会科学版）2005 年第 5期。

# 法治中国视野下刑法教义学<br>与刑法机能之实现

董邦俊[*]

## 一、 法治中国建设与刑法机能发挥之辩证

### （一）法治中国建设为法治建设立新的标准

法治是人类孜孜以求的一个恒久命题，法治中国建设是依法治国方略不断推进之下形成的新的战略思想。习总书记在纪念宪法颁布三十周年座谈会上重申十八大关于全面推行依法治国和加快社会主义法治国家建设的要求；在 2103 年 1 月全国政法工作会议上，习总书记强调全力推进法治中国建设。在新的历史时期，法治中国建设被赋予了诸多丰富的内涵。它涵盖法治国家、法治政府和法治社会，是一个与"法治世界"相对应、相衔接的大概念。[①]法治中国是治国理政之策，是治军安民之策；它需要标本兼治，德法并举；需要放眼世界，关注全球治理。

法治中国建设面临着复杂的形势和更高的期待，形成了新的方针。"有法可依、有法必依、执法必严、违法必究"是十一届三中全会提出的法制建设方针，并发挥了引领作用。党的十八大报告中提出"科学立法、严格执法、公正司法、全民守法"的新方针，根据新方针，立法务必科学，司法务求公正，执法必须严格，法律必须被信仰。在新方针中，立法科学性与法律被遵守、被信仰得到体现。亚里士多德指出，"法治应包括两重意义：已成立的法律获得普遍的服从，而大家所服从的法律又应该本身是制定得良好的法律"。[②] 从法治的内在指引角度看，良法需要得到遵守，被信仰，法律才不会是一纸空文。而从外部治理的角度看，严格执法、公正司法才会实现社会的公平正义，并强化为法治信仰。

### （二）法治中国建设需要不断完善刑法法治保障

法治中国是一个总的法治建设方略，对整个法律体系、执法、司法以及守法都具有统领作用。从我国近两次的刑法修正来看，立法机关积极追求实

---

[*] 中南财经政法大学刑事司法学院教授、博士生导师。
[①] 郭道晖：《全面理解"法治中国"》，载《检察日报》2013 年 12 月 4 日。
[②] ［古希腊］亚里士多德著：《政治学》，吴寿彭译，商务印书馆 1965 年版，第 199 页。

现良法，关注法的遵守。继《刑法修正案（八）》之后，《刑法修正案（九）（草案）》（以下简称《草案》）受到全面审议。该《草案》在总结《刑法修正案（八）》的经验基础上，重新审视死刑条文，对9个非伤及人命的犯罪取消死刑；对恐怖主义犯罪、极端主义犯罪加大打击力度；对多种危险驾驶行为予以规制，司法秩序进一步规范；对收买妇女、儿童的行为一律作出犯罪评价；出售或非法提供个人信息、网传虚假信息都将入刑；进一步强化惩治腐败犯罪的立法。对于刑法修正案草案进行的反复论证、研讨和审议反映了我国立法者的审慎态度。通过制定良好的法律，发挥其在社会生活中的规范、引领作用，才能在公众中产生认同，并进而形成刑法信仰。

**（三）法治中国建设为刑法机能发挥提出了更高要求**

法治中国建设重视的是法治的质量，要使各项法律的机能都能够服务于法治国家、法治政府和法治社会的需要。法治中国要求打造管住权力的笼子，释放和保障公民的人身、财产等各项权利①；立足本土，借鉴外国成功经验，构建多元的社会治理机制。

刑法机能的发挥需要反映法治建设的需求，紧密结合时代需要进行价值选择。一般认为，刑法的机能包括行为规制、法益保护和人权保障三个方面。刑法机能是法益保护与人权保障，行为规制机能基本上只是法益保护机能的反射效果。② 按照法益保护的要求，则需要动用刑法对犯罪行为予以规制；而依据人权保障的精神，则需要适度限制刑罚权发动以保护合法权益。德国著名刑法学家李斯特说过，刑法不仅是善良公民的大宪章，也是犯罪人的大宪章。因此，刑法必须向所有公民提供相应保护。刑法机能的发挥除了有良好的刑法之外，还要注意以下几个方面：

第一，坚守刑法的保障法地位，严格行政执法。在现代社会，各类矛盾扩张、会聚，社会风险因素不断扩大。不少学者认为，我们所处的社会是一个风险社会，故刑法应当积极回应，扩大调控范围，加重处罚力度，使刑法成为风险社会的"灭火器"。但笔者认为，即使在风险社会理论不断扩张的情况下，也应当坚持刑法的公正、谦抑和人道的基本价值，保持应有的"惰性"。③ 刑法是保障法，它应当具有后位性。按照法治中国的要求，严格行政执法是防范犯罪生成的有力手段。实践表明，除了传统的暴力犯罪、财产犯罪（自然犯）外，大量环境污染犯罪、食品安全犯罪等行政犯罪多因行政执法不力或者执法者玩忽职守、收受贿赂等原因造成。所以，执法部门必须严格行政执法，将各种侵犯人民群众生产、生活以及相关经济利益的犯罪消灭

---

① 参见马长山、马靖云：《"法治中国"建设的时代使命与渐进路径》，载《上海师范大学学报》（哲学会科学版）2015年第3期。

② 张明楷著：《刑法学》（第4版），法律出版社2011年版，第25页。

③ 董邦俊：《刑法如何拨开风险"迷雾"》，载《光明日报》2011年9月1日第15版。

在萌芽状态。刑法资源具有高耗费的特点，只有当必须用刑时才启用刑法手段，对违法者予以严厉的制裁。

第二，公正司法，保障合法权益。"徒法不足以自行"，刑事司法活动决定着刑法保护法益、保障人权的机能是否最终能够落实。刑事诉讼从立案、侦查、起诉、审判到执行等一系列的活动关涉公民的财产、自由乃至于生死，无论是剥夺还是限制都体现了严厉的惩罚性。刑法用之得当，则刑法机能能够积极发挥，既打击了犯罪，又保障了人权；反之，刑法不当适用则会造成大量错案发生，侵犯人权、践踏法治。近几年来，最高司法机关矢志于肃清错案，各地通过复查，大量错案被清理出来，如佘祥林案、赵作海案、浙江叔侄强奸案、呼格案等。这些错案的发生表明，启动刑罚权之时必须关照人权保障，刑事司法必须以追求公平正义为永恒的目标。同样，在刑罚执行中也需要根据犯罪人的具体情况，区别对待，惩罚与劳动相结合，教育与改造相结合。在刑罚执行中存在的问题也不少，如有的侵犯被监管人的合法权益，导致"喝水死"、"睡觉死"等侵犯被监管人的犯罪行为发生；或者收受贿赂，私放罪犯，徇私舞弊减刑、假释等。这些问题会削减侦查、公诉、审判阶段形成的司法成果，浪费司法资源，破坏司法权威和公信力。

第三，破除刑法迷信，探求多元治理。自近代以来，实证学派的代表龙勃罗梭、菲利、李斯特、格拉马蒂卡等人都对犯罪原因和预防进行了艰苦卓绝的探讨，形成了犯罪人论和犯罪多因论，为刑事科学的发展打开了新的窗口。刑事法律应当关注犯罪人，而不是仅仅关注犯罪行为，从预防犯罪发生的角度进行思考。实践表明，对刑法的迷信并不能从根本上预防犯罪，即使给犯罪人或潜在犯罪人造成了心理上的震撼，也不能从根本上杜绝犯罪。因此，在犯罪预防上必须考虑到犯罪人的具体情况，突出刑罚个别化，采用多元纠纷解决方式实现社会的有效治理。宽严相济的刑事政策是刑事司法的重要指针，对于犯罪情节轻微、社会危害性不大的案件，可以考虑采用刑事和解来解决案件，既有助于贯彻罪责刑相适应的原则，也有助于保护被害人合法权益，促进社会秩序的恢复。同样，对于罪行轻微、主观恶性不大的未成年犯、老病残犯，以及罪行较轻的初犯、过失犯罪等，即使被作有罪判决，也应当考虑适用社区矫正，促进其积极回归社会。

## 二、刑事立法与刑事司法之教义学贯通

### （一）刑法解释与刑法教义学——关系界分

刑法学科主要包括两大部分：一是关于犯罪的经验理论，被称作犯罪学（Kriminologie）。二是关于犯罪规范的学科，刑法解释是规范学科的重要内容之一。刑法解释是对刑法文义的阐释，这种以解释现行法为主要内容的部分

知识，在德国被称作刑法教义学（Strafrechtsdogmatik）。[1] 无论是司法机关的司法活动还是人民群众理解法律和遵守法律的活动，都离不开对法律的解释。

在我国过去几十年的法学研究中，专家学者以刑法解释为使命，形成了众多有影响力的成果。关于刑法教义学或刑法信条学的称呼，其实存在翻译上的差异。按照王世洲教授的观点，信条学可以和宗教区分开来，用教义一词使得法律术语被赋予了浓厚的宗教色彩，所以应当用信条学，而不用教义学。但从中国的实际情况来看，信条一词同样包含丰富的宗教内涵，它是宗教信仰的条文或体系。因此，"信条"与"教义"一样，也具有浓厚的宗教色彩[2]。实际上，在刑法学研究中，无论是采用信条学还是教义学的表述，都一样彰显了对刑法条文的尊崇态度。根据多数学者的表达习惯，选择刑法教义学的表述似乎更为合理。

刑法教义学以解释刑法作为自己的使命，刑法是解释的对象，也是解释的根据。德国波恩大学金德豪伊泽尔教授指出，刑法教义学就是关于刑法解释的学问。但是可以将刑法解释看成一个动态的过程，而将刑法教义看成一个静态结果。所以，刑法教义学可以被定义为"有条理的科学的刑法解释的结果"。[3] 刑法教义学随着社会的发展而发挥不同的作用，在法治欠发达的国家，教义学起着弥补法律的作用；而在法治发达的国家，教义的作用是有限的，其重要的任务就是阐释刑法条文的含义，维护刑法权威，使法律条文得到周延的适用，最终使法益保护和人权保障的机能得以实现。

### （二）刑法教义学对刑事立法与司法的贯通作用

第一，纷繁复杂的社会情势需要教义学完成阐释刑法、促进刑法适用的任务。"法有限而情无穷"，如何让有限的法条适应快速变化的社会形势是一件非常困难的事情。例如，《刑法修正案（八）》将"醉驾入刑"，一时间醉驾问题不仅成为各大媒体关注的焦点，也成为街头巷尾热议的话题。最高人民法院一位负责人提出：对本条文的适用应从文意进行准确理解，慎重稳妥适用，注意刑法和道路交通法之间的衔接；同时，要合理适用《刑法》第13条关于"但书"规定，对于情节显著轻微，危害不大的行为不应当按照犯罪进行处理。有学者指出，"醉驾未必入刑"的措辞隐含了司法裁量权的扩张倾向，[4] 焦点在于司法解释不能逾越刑事立法之矩。姑且不论该解释是否扩张，该解释本身实际上关注的是刑法修正之后应当如何合理适用，因此，其积极意义值得肯定。关于"许霆案"的处理，理论界与实务界撰写了数百

---

[1] 参见冯军：《刑法教义学的规范化塑造》，载《法学研究》2013 年第 1 期。

[2] 参见陈兴良：《刑法教义学彰显对法条的尊崇》，载《检察日报》2014 年 7 月 31 日第 3 版。

[3] 董邦俊：《教义学发展、功能与内涵之刑法学揭示》，载《环球法律评论》2014 年第 4 期。

[4] 秦前红、黄明涛：《宪政秩序下的刑法解释与司法裁量"醉驾入刑"的法解释纷争及反思》，载《西部法学评论》2012 年第 1 期。

篇文章，许霆的处遇也因为刑法教义的不断丰富而出现了急剧变化。围绕许霆的行为是盗窃、诈骗还是侵占犯罪等方面的讨论使得司法机关对这一案件的性质和社会危害性的认识更加深刻，最终许霆的刑期从无期徒刑降到 5 年有期徒刑。由此可见，在司法中教义学者的解释活动起到了积极作用。

第二，刑法教义学促进教义的体系化，为司法实践提供指导。刑法教义学作为刑法的核心，是一个系统的知识体系，它包括经验描述、逻辑分析、规范的实践等方面。刑法教义学者不仅要考虑法律条文的阐释还要关注到法律规范如何实践。贝卡里亚指出："法官对任何案件都应进行三段论式的逻辑推理。大前提是一般法律，小前提是行为是否符合法律，结论是自由或者刑罚。"[①] 此举以罪刑法定原则为基础确定了一个三段论，意在限制法官自由裁量权的适用。此外，刑法教义学就是要形成和传播对刑法尽可能广泛的理解，因此，它涉及刑法制度以及刑事司法判决的每一个部分，（包括）处罚的条件和过程。[②] 刑法在适用中必然会出现一些新的素材，将这些素材予以体系化的收集、整理是教义学者的任务。判例指导包括公安机关立案侦查、检察机关公诉阶段和法院审判阶段的判例。最高人民法院于 2010 年发布了《关于案例指导工作的规定》，判例指导本质是一种法律解释，对于司法工作具有规范、指引和借鉴作用。最高人民法院对于已经发生效力的判决，选择那些在社会上广泛关注、法律规定比较原则的典型、疑难复杂或者新类型的案件，予以编辑形成判例文集，对于下级法院的刑事审判工作提供了重要的指导。此外，最高人民法院还编辑了《刑事审判参考》，最高人民检察院编辑了《检察文件选》等，这些都属于教义学活动，都为刑事司法活动提供了极大的方便，有利于法益保护和人权保障。

第三，刑法教义学及时回应刑事政策，有助于更好地实现刑法机能。刑法教义学者解释过程是一种创造性思维，但它本身并不创造法律，否则就有超越立法之嫌。但大陆法系国家和英美法系国家之间存在差异。大陆法系国家法官重视成文法律之贯彻，而不创造法律；英美法系国家法官可以在解释中创造法律。美国学者认为，美国的法官不遵守法律规则而创造法律，这是一个噩梦。事实上，刑法的稳定性与可变性反映出的是法律自治和法官自由裁量权之间的博弈。在我国，宽严相济的刑事政策已经确立，与以前的刑事政策相比，它更加关注自由、秩序与正义的分配。罪刑法定原则也实现了从形式向实质的演变，更加关注自由、秩序和正义。刑法的刑事政策化要通过刑法解释的刑事政策化来实现，而刑事政策本身不是万能之策，它需要与罪

---

① 参见［意］贝卡里亚著：《论犯罪与刑罚》，黄风译，中国法制出版社 2002 年版，第 13 页。转引自陈兴良：《刑法教义学方法论》，载《法学研究》2005 年第 2 期。

② Winrich Langer, Strafrechtsdogmatik als Wissenschaft-Eberhard Schmidhauser zum 70. Geburtstag am 10.Oktober 1990 GA，S. 436.

刑法定原则协调一致，而不能违背罪刑法定原则。

刑事政策与刑法教义学之间相互渗透、相互影响。刑事政策离不开教义学的解释，并使其更加明确和具有可操作性；刑法教义学需要以刑事政策为指引，在解释中贯彻刑事政策的精神，积极回应社会形势变化和主流的价值观。我国理论界与实务界对嫖宿幼女罪进行了长时间的探讨，嫖宿幼女罪不仅不利于幼女权益的保护，而且将幼女视作卖淫女是对幼女的极大侮辱，社会影响极其恶劣。对此"两高"、公安部、司法部联合发布了《关于依法惩治性侵害未成年人犯罪的意见》（以下简称《意见》），《意见》第 20 条规定，以金钱财物等方式引诱幼女与自己发生性关系的，知道或者应当知道幼女被他人强迫卖淫而仍与其发生性关系的，均以强奸罪论处。① 在审议《刑法修正案（九）（草案）》时，不少代表委员再次强烈呼吁废除该罪名，最高人民法院也表示对嫖宿幼女的行为直接以强奸罪论处。事实上，嫖宿幼女罪最高法定刑为 15 年，而强奸幼女可达无期徒刑或死刑。对嫖宿幼女按照强奸罪处罚能够更好地保护幼女的合法权益，体现了宽严相济的刑事政策精神。

## 三、 刑事实体法与程序法之一体化运作

刑事科学的发展是一个不断变化的过程。刑法学、刑事诉讼法学、犯罪学、侦查学、监狱学、刑事政策学等学科相互影响、相互融通形成了一个体系完整的刑事学科体系。以前我国的刑事学科分野明显，这既不利于整个体系协调发展，也不利于刑事学科服务刑事司法实践的需要。刑事一体化，即"惩治犯罪的相关事宜形成有机整合"②。贝卡里亚的《论犯罪与刑罚》一书标志着现代刑事学科的诞生，经过费尔巴哈、边沁的研究使刑法学独立成为一门学科，随着以龙勃罗梭、菲利、李斯特等巨匠为代表的实证学派的兴起，犯罪学也逐步成为一门科学。但是李斯特提出了刑法的刑事政策化的主张，且将刑法学、犯罪学、行刑学等学科予以整合，形成了整体刑法学思想。只有密切的、组织上有保障的合作，才能期望刑法和犯罪学与其相邻学科，适应纷繁复杂和瞬息万变的社会要求。③ 甘雨沛先生提出了"全体刑法学"，储槐植教授提出了"刑事一体化"，陈兴良教授主编的《刑事法评论》主张建立一种"一体化"的大刑事法学研究模式。这些思想的提出不仅以刑事科学的发展为根基，而且关注到了刑事司法实践的规律，对刑事科学和刑事司法实践的发展产生了重要影响。教义学的研究和司法实践表明，刑法机能的实

---

① 《最高法：嫖宿幼女罪是一种侮辱 完全赞成废除》，载环球网，http://china.huanqiu.com/hot/2015-06/6787847.html。

② 储槐植著：《刑事一体化》，法律出版社 2004 年版，自序第 2 页。

③ ［德］汉斯·海因里希·耶赛克、托马斯·魏根特著：《德国刑法教科书》（总论），徐久生译，中国法制出版社 2001 年版，第 53 页。

现有赖于刑法与刑事诉讼法的共同作用。

### （一）刑法教义学对刑事诉讼程序启动具有重要影响

首先，刑法解释过于宽松，对罪刑法定原则的坚持不力，会导致国家司法机关追诉犯罪的力量过于强大，刑罚权出现滥用，刑法的人权保障机能受到挤压而难以有效发挥。"严打"时期，受临时刑事政策的支配，社会各界接受了从严从重从快打击犯罪的做法，最终出现了一些罪刑失衡、侵犯人权的现象。其次，刑法解释过于严格将不利于刑罚权的发动，刑法保护法益的机能不能有效发挥。我国以前对于环境污染、破坏行为认识不够，认为其仅仅是经济犯罪，以损失数额作为立案的标准。对于重大环境污染、资源破坏行为应当启动刑事司法程序而没有启动，应当受到刑事追究者逍遥法外。但随着认识的深入，生态安全、环境安全的理念逐步深入人心，环境犯罪的立法逐步完善，解释逐步增多，环境问题已经上升到国家层面，环境犯罪案件在近几年不断上升，刑事处罚的数量也急剧增加。

### （二）刑法教义学与刑事诉讼中的事实认定与法律适用相互影响

刑法教义学通过解释对案件事实认定和法律适用产生影响，而案件事实的认定和法律适用反过来会推动刑法解释的深入或者调整。解释与刑事诉讼程序的互动可能会取得有助于刑法机能实现的结果，也可能会相反，此时我们应当选择最优的方案进行解释或者实施司法活动。笔者举一案例予以说明：村民王某为征地补偿多次上访，一天她携带水果刀到某政府部门的办公室，办公室内3名男士将她向外推，她警告不许靠近并从背包中拿出水果刀，致使其中一名公务员受伤，经法医鉴定为重伤。法院对王某以故意伤害罪判决王某5年有期徒刑，王某及其家人不服进行了申诉。在审查该案过程中，发现王某的供述和证人证言能够相互印证。但侦查机关却找不到本案的凶器水果刀，出示的图片显示有两种颜色不同的水果刀，一为黄色，一为蓝色。考虑到3人的证人证言和王某的供述能够印证，而我国的非法证据排除规则是具有中国特色的、可以补强的证据规则，可以认定王某的行为符合故意伤害罪的构成要件，且王某主观上存在放任的情形，因而决定驳回其申诉请求。上述案件的处理表明，刑法教义学和刑事诉讼是互动的，事实的认定和法律适用的解释决定了采取什么样机制和程序解决案件；刑事诉讼的构造又促进解释者对事实认定和法律的适用进行更深刻的认识。

### （三）刑法教义的合理性需要在刑事诉讼中予以呈现

刑事诉讼是一个动态的过程，从立案侦查、起诉到审判，每一个阶段都需要对于事实和法律进行解释，解释所形成的教义是否合理需要证明。因此，这需要在刑事诉讼法中保障律师辩护权和法官的中立审判权，确保诉讼参与人的合法权益等，使事实和法律能够在控辩交锋中更加清晰。尤其是在我国推进"以审判为中心"的诉讼制度改革背景下，充分保障各种诉讼权益，对于促进司法公正、提升司法公信力具有重要意义。

## 四、 刑法机能导向下不同教义之选择

刑法教义学需要大量法律知识和司法实践经验的积累，是一个庞大的系统工程，刑法教义学者在教义的形成中发挥了至关重要的作用。

### （一）不同刑法教义学者形成的教义可能各不相同

刑法教义学者包括法学研究者、司法实践者和法律爱好人士。"读万卷书，行万里路"讲的不仅是知识的积累和空间上的变化，更重要的是思想的形成。由于不同的经历、不同的职业等原因，每个人对同一问题可能会提出不同的看法。关于盗窃罪的立案，有学者认为应统一标准，不管是经济发达地区还是欠发达地区，如果立案标准是 500 元就统一遵守 500 元的标准，当立案标准提高到 1000 元的时候，全国都应当按照 1000 元的标准办案。有学者认为，应当考虑经济情况的不同确定不同的标准，经济发达地区的立案标准当然应高于经济欠发达地区。而有的学者深受盗窃罪之害，认为对盗窃犯罪应从严处罚。对于不同的教义，要根据社会的形势和司法的社会效果以及刑法条文本身含义进行选择。

### （二）不同的教义学者不能因为教义之不同而相互排斥

刑法教义随法治的发展而逐步转换功能，它不再是唯一的和被迷信的，其重在通过阐释法律，维护现行的刑法秩序。不同的教义之间可能相互矛盾，也可能达成一致。基于我国宪法的规定，言论是自由的，所以才会出现百花齐放、百家争鸣的态势。在实践中不少司法者更倾向于选择实务部门的教义，尤其是上级的意见，如判例的汇编指导、文件的解释综合等。更有甚者，有司法人员更愿意在办案时搜集其他司法机关办案经验，了解同类案件的处理结果。这些本无可厚非，但司法人员也不能"一叶障目，不见森林"，学者的教义也完全可以为司法工作提供借鉴。

当然，实务部门对于学者形成的教义持回避态度有以下原因：一是部分专家在写专家意见时不够审慎，某一次的意见分歧影响了司法界对学术观点的接受，而这种影响有时比较恶劣，导致司法机关对学者的意见往往持质疑态度。二是由于我国司法机关内部有比较多的规定、制度，学界对此存在信息不对称的情况，因而形成的教义可能仅仅符合了法律，却不符合司法机关内部的规定，司法人员因此也不予采纳。笔者认为，刑法教义本身应当是平等的，但选择适用的教义应当是科学和合理的。解决上述分歧需要注意以下几个方面：一是司法机关与研究人员要加强交流，增加互信；二是司法机关要适时向政法院系发布相关规定，敞开信息渠道；三是研究人员要积极深入实践部门开展实证调研，及时把握实践动态，调整解决问题的思维和研究路径；四是研究人员在撰写研究意见时务必认真、负责，忠于事实和法律。

### （三）法律职业共同体的建设为刑法教义学的发展提供重要平台

德国现代社会学大师斐迪南·滕尼斯的《共同体与社会》一书是最早研究共同体的。共同体是一种有机的、浑然天成的整体，是一种"持久的和真正的共同生活"，是一种"原始的或天然状态的人的意志的完善的统一体"。①德国著名学者马克斯·韦伯将法律职业看做是一个"法律职业共同体"。根据该观点，法律职业共同体是基于职业的特定内涵和特定要求而逐步形成的。法律职业共同体的特征具有同质性，职业道德的传承是其重要特征；法律职业共同体虽然附带的是以法律职业谋生，但仍不失其公共服务的精神。

法律职业共同体是以法官、检察官、律师、法学家为核心的法律职业人员所组成的特殊的社会群体。十八届四中全会以来，法律职业共同体建设问题被提上了重要的议事日程。法律职业共同体的良性发展需要构建新型的检律关系、律法关系，我国最高人民法院和最高人民检察院的领导人在讲话中都对法律职业共同体的建设提出了积极的构想，为律师进入司法机关提供了重要的承诺和保障。而根据中央精神，"双千工程"、"卓越法律人才"建设已经实施，部分优秀理论专家已经进入司法实务部门，担任领导职务，司法实务部门和大学之间实现了人才的交流、互派，这为理论与实践的互动提供了重要的契机和平台。因此，在中央不断推进司法改革的当下，刑法教义学的发展必将迎来一个美好的春天，而刑法教义学在促进法益保护和人权保障方面将会起到越来越重要的作用。

---

① ［德］斐迪南·滕尼斯著：《共同体与社会》，林荣远译，商务印书馆 1999 年版，第 54 页。

# 法治中国进程中刑法学科
# 体系的梳理与重构[①]

李晓明[*]

显然，刑法学体系对于本学科建设十分重要。所谓学科体系，即一个学科的知识体系。我们知道，一个学科的学科体系主要由四大要件构成：一是研究对象；二是基础理论；三是研究方法；四是要素结构。根据建立学科体系基本要素的需要，有学者提出了建立刑法学科体系的四大标准：（1）研究对象是否正确；（2）基础理论是否可靠、扎实；（3）研究方法是否科学；（4）要素结构是否合理。[②] 根据这些标准，我们进行如下梳理与重构。

## 一

综观刑法学的研究史，曾先后出现过四种刑法学科体系模式，这就是行为中心论、行为人中心论、社会防卫论和社会危害中心论，然而近些年又有学者提出了人权防卫论。虽然这五种模式都以罪刑关系为主线，且在内容上也一次次均有进步或突破，但最终犯罪论与刑罚论两块内容的呆板性、孤立性并没有实质上的改变。

1. 行为中心论的刑法体系。这一学科体系是刑事古典学派建立的。他们从犯罪的最直观形态——犯罪行为入手，前溯犯罪人的主观心理，后顾犯罪行为的危害结果，剖视犯罪行为与犯罪人的主观心理的联系，得出犯罪行为在主观上是犯罪人自由意志的产物，在客观上有害于社会的结论。[③] 并以此建立了行为中心论的刑法学科体系。在犯罪论上，一方面他们从犯罪人的角度提出一切犯罪都是应受刑罚惩罚的行为；另一方面他们从社会的角度提出一切犯罪都是应受刑罚遏制的行为。在刑罚论上，一方面从犯罪人的行为是犯罪的主观恶性的体现出发，提出刑罚的目的是对犯罪之恶的回复与报应，另一方面以犯罪行为是犯罪的社会危害之导因为基点，提出了刑罚的目的是预防犯罪。并从上述犯罪与刑罚的联系上推出了"有罪必罚、无罪不罚"的

---

① 该文是 2014 年司法部国家法治与法学理论重点研究项目"中国特色轻罪体系建构研究"的阶段性成果，项目编号为 14SFB1004。

* 苏州大学王健法学院教授、法学博士、博士生导师、刑事法研究中心主任。

② 陈兴良著：《刑法哲学》，中国政法大学出版社 1996 年版，第 656 页。

③ 陈兴良著：《刑法哲学》，中国政法大学出版社 1996 年版，第 659 页。

刑法原则，即"罪刑相适应"原则。就此完成了以行为中心论为主线的刑法原则论—犯罪论—刑罚论的学科体系。

需要指出的是，在这一学科体系建立中，刑事古典学派内部又分为两支：一支是以康德、黑格尔等人为代表的报应主义；另一支是以贝卡里亚、费尔巴哈等人为代表的功利主义。下面就几个方面作些分析：

（1）研究对象问题。从表面上看，行为中心论学科体系是以刑法为研究对象的，似乎无懈可击。可通过仔细考察不难发现，在从什么角度研究刑法问题上，不同的学派之间存在严重分歧。双方虽然都以犯罪和刑罚为研究对象，但以康德、黑格尔为代表的报应主义者注重的是已然犯罪，由此便推演出了必须实施报应刑的结论，而且必然使刑法原则扎根于已然犯罪之中。而以贝卡里亚、费尔巴哈为代表的功利主义者注重的是未然犯罪，由此便推演出了必须实施功利刑的结论，而且必然使刑法原则扎根于未然犯罪之中。应当肯定的是，行为中心论者不仅对犯罪与刑罚分别进行研究，而且研究二者间的相互关系，这是十分可取的。但不同的行为中心论者并非把完整意义上的罪刑关系进行研究，而是将刑法学的整体对象人为地割裂开来，由此导致了其在刑法学研究对象上各自的片面性。

（2）基础理论研究问题。由于报应主义和功利主义在刑法学的研究对象上各执一端，导致其在基础理论上也必然各有所依。二者虽然都承认犯罪与刑罚是恶，但报应主义者是从社会公正观念出发，主张恶有恶报、以恶报恶，而功利主义者则从预防未来犯罪的角度出发，主张以恶去恶、以恶制恶。由此可见，二者的基础理论依据也是不同的。应当说，报应主义者强调人作为目的的价值，主张社会的公正性，这是无可厚非的，但只追求公正性不是刑法的全部功能或唯一目标，而是要通过以恶报恶使人们意识到刑法的公正性，从而使大家普遍遵守刑法，不违法犯罪，最终达到以恶制恶的目的。功利主义者从社会客观需要出发，主张以恶制恶同样无可厚非，甚至更接近刑法作为治理社会手段的真谛，但如果把刑罚的正当性仅仅奠基于它能排除更大的恶这一命题上，必然导致用刑施罚的不公正，甚至导致刑及无辜和轻罪重罚。由此可见，二者这种得之公正、失之功利或得之功利、失之公正均带有片面性，显然无法作为刑法学体系的科学依据。

（3）研究方法方面。人们当然要问：行为中心论者为什么在研究对象和刑法学基础理论的确立上均存有偏颇或片面呢？很显然，这主要是由其孤立片面的研究方法决定的。因为他们只看到公正与功利之间的对立性，而忽视了二者之间的同一性，即看不到公正对功利追求的制约与功利追求是公正的价值所在两方面的互补与统一。这导致了他们是用孤立的静止的观点去分析和解决问题，而不是用联系和发展的观点去分析和解决问题。

（4）结构要素方面。实事求是地讲，行为中心论刑法学体系的逻辑结构是无可非议的。尽管如此，理论的基本要素的合理组合并不意味着整个理论体系的科学完美，因为合乎逻辑的结构虽然是理论体系科学性的起码要求，但科学性绝非逻辑性的代名词，而有着更深刻、更高层次的要求。也就是说，合理的逻辑结构和要素丝毫不影响对行为中心论刑法学科体系权威性的质疑与客观评价。用发展了上百年的现代刑法观念与理论来衡量，在其研究对象中缺少了刑事责任这一要素，诚然我们不能用现在的观点来要求先人。

2. 行为人中心论的刑法学体系。由于行为中心论刑法学体系所固有的缺陷，其必然被新的刑法学体系所代替，这就是行为人中心论的刑法学体系。该学科体系是刑事实证学派建立的，他们运用统计分析、个案调查等实证方法，剖析了犯罪的成因，得出了犯罪并非犯罪人自由意志的结果，而是一定生理或社会因素的必然产物之结论，从而否定了行为中心论重要理论命题的自由意志论。并且，行为人中心论者依次展开了同行为中心论的全面论战。他们认为，既然犯罪不是犯罪人自由意志的结果，那么犯罪便不是应受刑罚惩罚的行为，进而刑罚对他们的威慑也不过是对牛弹琴，这样实证学派便完全否定了刑事古典学派所确立的犯罪论。同样，既然犯罪不是自由意志的产物，那么其也不是一种恶，因此以"恶有恶报"为由对其进行刑罚惩罚是没有任何根据的，进而犯罪人也就不会畏惧刑罚，从而又否定了刑事古典学派关于刑罚目的是报复及一般预防的刑罚论。当然这也就从根本上否定了已然之罪同报应之刑间的报应关系和未然之罪同防卫之刑间的功利关系，以及犯罪必罚、罪刑相适应等刑法原则论。他们认为，犯罪是一种社会疾病，而犯罪人则是这种社会疾病的病原体。正如治病必须先诊断病因一样，根治犯罪必须首先探究犯罪原因。因此，他们以犯罪人的生理特征为基础建立了"天生犯人论"的犯罪原因理论体系，并取代了行为中心论的犯罪论体系。同时，既然犯罪是一种疾病，为免遭传染或侵害社会，就应采取隔离和矫治措施，依此便建立了因人施罚和隔离矫正的刑罚体系，并以此取代了刑事古典学派的刑罚论体系。当然，他们又以刑罚与犯罪是矫治与被矫治的关系为基础，指出了对症下药的刑罚个别化原则，即与犯罪人的人身危险相适应的原则，并以此取代了刑事古典学派所提出的罪刑相适应等刑法原则。下面就几个方面作些分析：

（1）研究对象问题。从表面上看，行为人中心论虽然实现了刑法学研究对象上的统一，但事实上这种统一是建立在对罪刑关系的歪曲与肢解基础之上的。也就是说，行为人中心论对行为中心论报应关系的公正性及一般预防关系的否定是错误的，如果说行为中心论在刑法学研究对象上只看到了罪刑关系中报应与功利对立性的一面，而忽视了其同一性的一面，从而导致了片面性，那么行为人中心论则只保留了罪刑关系的半个命题——功利主义中的个别预防关系，从而把这种片面性进一步推向了极端。

（2）基础理论问题。行为人中心论刑法学体系所依据的基础理论是天生犯罪人论。该论认为，犯罪人在生理、心理或体质等方面具有天生的不同特质，这些人具有天生的犯罪倾向。很显然，这个命题是十分荒谬的。他们认为，人的生理特征决定了犯罪的不可避免性。另外，行为人中心论反对犯罪人有自由意志之说。他们认为，犯罪与犯罪人的意志毫无关联。菲利指出："我们不能承认自由意志。因为如果自由意志仅为我们内心中存在的幻想，则并非人类心理上存在的实际功能。"① 而事实上，人的自由意志是客观存在的，犯罪人也不例外。尽管不良的社会环境是犯罪的客观原因，但这种客观因素必然通过犯罪人的主观意志才能发挥作用。对于外界的影响，犯罪人在主观上既可以接受，也可以不接受。只有这样的认识，才能彻底解释清楚，为什么在同样的环境里有些人犯罪而有些人不犯罪。还有，行为人中心论的"人身危险性"观点容易刑及无辜，置人的权利与尊严于不顾，从而陷入只要目的正当可以不择手段的泥潭。因此我们认为，行为人中心论刑法学体系的基础理论也是站不住脚的。

（3）研究方法方面。我们知道，行为人中心论者是以实证主义为其方法论的。应该说，实证主义是19世纪产生的一个具有较大影响的哲学流派，刑事实证学派便是这种哲学思潮在刑法学领域的反映，它反对用纯理性的逻辑来抽象地研究犯罪与刑罚问题，主张用数据和实验来研究犯罪症状。较古典学派的纯理性推演，实证方法所得出的结论往往更令人信服，但纯粹实证方法也具有其自身的局限性。主要表现在：一是并非所有犯罪问题均可通过观察和实验方法解决；二是一次性的观察与实验所得出的结论只适用于特定的对象范围；三是这种方法也存有片面性。例如，龙勃罗梭用实证主义方法得出了"天生犯罪人论"的错误结论等。加之，刑事实证学派故意夸大实证方法的作用，甚至奉为万能之具，无视其局限性，将有限的观察与实验结论推广到普遍性的犯罪与刑罚问题上去，如对自由意志与一般预防功能的决然否定等，都使其必然滑入僵死的形而上学的片面方法论的泥潭。

（4）要素结构方面。行为人中心论的学科体系是以犯罪原因论、处罚个别化和犯罪矫治为主体的体系，这种体系与其说是刑法学体系，倒不如说是犯罪学体系。这是由于在这一体系中，犯罪学与刑法学混为一谈、难以区分。从内容上看，行为人中心论的学科体系增添了犯罪原因、犯罪矫治等，但其贬低甚至完全否认了行为中心论所主张的犯罪构成理论与刑罚理论，将犯罪论变成了罪犯病理学，将刑罚论搞成了犯罪矫治学。这种组合，虽然有其内在的逻辑结构，但对刑法学来讲显然是不合理的，因为其转移和扭曲了刑法

---

① ［意］恩里科·菲利著：《实证派犯罪学》，郭建安译，中国政法大学出版社1987年版，第15页。

学的研究方向与目标。

3. 社会防卫中心论的刑法学体系。我们知道，该学科体系是由刑事政策学派建立的，主要代表人物有德国的李斯特、哈美尔、布莱因等。他们在分析犯罪原因时，反对"天生犯罪人论"，更多强调的是社会因素，当然也吸收了一些实证学派人体特质方面的观点。在刑罚目的上，他们反对"报应刑论"，提倡"社会防卫论"，强调以预防再犯和保护社会为目的，认为刑罚虽然是与犯罪作斗争的重要手段，但不是唯一手段。他们主张广泛地适用保安处分和预防性措施，反对短期监禁，提倡缓刑、不定期刑、罚金和假释制度。由此可见，该学派并非一个彻底的一元论者，实质上是二元论者（人体特质与社会原因相结合），或称古典学派与实证学派的"折中主义者"。

"二战"后，以意大利、法国为中心创建了"社会防卫国际协会"。为了与战前德国的刑事政策学派的"社会防卫论"相区别，1950 年，马克·安塞尔在第 12 次国际刑法及刑务会议上，作为法国代表作了题为《人道的社会防卫》的报告，提出了"新社会防卫论"。但在"社会防卫国际协会"中，以意大利律师 F. 格拉曼迪卡为代表的理论与以法国学派为代表的马克·安塞尔的理论是相对立的。

格拉曼迪卡主张放弃刑罚，反对国家具有惩罚权力，他只承认国家享有反对反社会行为的防卫权力。他的观点是：国家有义务通过保护个人和保护社会的措施来对人民实施社会化，也就是保证正常的秩序。格拉曼迪卡只要社会防卫法而不要刑法，主张对犯人的一切预防或治疗的措施均由"社会防卫处分"来实施。

与此相反，安塞尔的主张被称之为狭义的"新社会防卫论"。新社会防卫论的观点并不是否定刑法，也不想用社会防卫法来取代刑法，只是想通过对传统刑法的修正，将社会防卫的内容包括到刑法之中，使其变为"刑法非刑化"体系。即通过保护犯罪者个人来保护社会，以教育方法消除犯人的危险性；通过人格研究，实现使犯人重新社会化的"预防犯罪与犯人处遇"的体系。新社会防卫反对报应和复仇原则，认为犯罪既涉及个人又涉及社会，所以与犯罪有关的问题不能仅限于判决和惩罚犯罪者。下面就从几个方面作些分析：

（1）研究对象问题。社会防卫中心论虽然也提倡"行为人主义"，但更多强调的还是防卫主义，故其同行为人中心论的斗争集中表现在"折中论"与"天生犯罪论"的斗争。在遵循刑罚个别化原则的前提下，特别强调以预防再犯和保护社会为目的，如主张广泛适用保安处分和预防性措施。很显然，这些中心内容和范围不仅没有摆脱行为人中心论的僵化和束缚，而且进一步增加了犯罪学的研究内容和成分，使得刑法学在研究对象问题上偏离得更远。

（2）基础理论问题。社会防卫论刑法学体系所依据的基础理论是社会防卫理论。他们既反对传统的刑法体系，也反对源于实证派理论的刑法体系，而是试图建立一种同犯罪作斗争的新的社会防卫体系，亦即将社会防卫的内容纳入刑法学体系之中。尤其是灵活运用责任概念，由刑事责任扩散为社会责任，这在很大程度上混淆了犯罪学与刑法学在基础理论问题上的界限。

（3）在研究方法问题上没什么创新。

（4）在要素结构问题上更加零散化。

4. 社会危害中心论的刑法学体系。我们知道，该学科体系是由以苏联为代表的社会主义国家的刑法学家们建立的。虽然社会主义国家对西方国家刑法学的可继承性已成定论，但由于意识形态和阶级利益的对抗性、国情的差异性等，又注定其对西方国家的刑法学不可能照搬。因此，社会主义刑法学体系究竟如何建立，曾经引起社会主义国家的刑法学家尤其是苏联刑法学家的苦心思考和研究。最终构筑了世界上第四个刑法学体系，即社会危害中心论的刑法学体系。其建立过程和经历阶段主要有三个时期：

第一个时期为草创时期（1917年10月至20世纪30年代中期）。这一时期，苏联学者基本上对西方国家报应主义刑法理论持否定态度，不是进行认真客观的分析，而是一味地批判和抵制。相反，对功利主义尤其是行为功利主义却态度暧昧，甚至是全部照搬。这在1922年《苏俄刑法典》中已显露端倪："刑罚是一种防卫的方法，故刑罚使用应适合其目的，同时并应完全免除残酷的性质，不宜使罪犯遭受无益与过多的痛苦。"显然，这不仅肯定了犯罪与刑罚的功利关系，且还主张刑罚的分量与预防犯罪的需要相适应。相反对犯罪与刑罚的报应关系却重视不够，如规定既遂与未遂同处。1926年的《苏俄刑法典》这种倾向更为明显，在犯罪概念中只表明是一种社会危害性，未提应受刑罚惩罚性，取消了"刑罚"的概念，取而代之的是"社会保卫方法"（第9条），这就在根本上否定了犯罪与刑罚的因果报应关系。这当然与当时的国际背景和国内需求有关。

第二个时期为系统化时期（20世纪30年代中期至60年代初期）。此间苏联涌现出像孟沙金等一代杰出的刑法学者，他们出版了一大批刑法教科书及专著，使苏联刑法学真正上升到理论化的高度。其突出特点就是建立了以社会危害为中心的犯罪论体系和以预防犯罪为中心的刑罚论体系。在犯罪论上主张以"社会危害性"为核心；在刑罚论上仍坚持"刑罚以预防犯罪为目的"。

第三个时期为完善时期（20世纪60年代至90年代）。其间不少苏联刑法学者已开始注意罪刑关系的对立性，并提出了"刑事责任"这一范畴，且试图将犯罪与刑罚统一于刑事责任中去。他们认为，犯罪与刑罚之间并非直接的联系，而应以刑事责任为中介。刑事责任论包括已然犯罪之责，也包括未然犯罪之责。因此，刑罚对已然犯罪的回顾和对未然犯罪的前瞻，可以在刑事责任中达到和谐的统一，刑事责任为用刑施罚提供了完整的根据。中国刑法学只是赶上了其第三时期，20世纪五六十年代的中国刑法学几乎是苏联刑法学的翻版，此后的20年由于众所周知的原因，刑法学研究基本停止。1979年中国第一部刑法颁布后，在模仿苏联教科书的基础上，结合现行的刑法体系，建立了自己的刑法学体系。这一体系几乎和苏联的刑法学体系大同小异，占主导地位的仍是社会危害中心论。该体系的最显著特点就是强调了犯罪的阶级性，而犯罪的阶级性又是马克思主义犯罪观的一个立足点。因此，该体系一经建立就在苏联及其他社会主义国家产生了巨大而深刻的影响。社会危害性既是犯罪的本质特征，也是犯罪的其他法律特征的渊源。在犯罪论上，该体系提出了作为衡量犯罪社会危害性标准的犯罪构成理论；在刑罚论上，该体系以犯罪具有社会危害性为前提，提出了刑罚的目的应是预防犯罪的结论，并以此为主线构建了刑罚论体系。下面就几个方面作些分析：

（1）研究对象问题。社会危害中心论将刑法学的研究对象界定为法律所规定的犯罪与刑罚。很显然，这样的研究对象未能全面系统地正确反映刑法学的特性。主要表现在：第一，未能将刑事责任明确列为刑法学的研究对象，导致犯罪与刑罚尤其是同罪不同罚的现象不能自圆其说；第二，未能将罪责刑间的相互关系列为刑法学的研究对象，致使三者间的关系未能得到充分阐释与研究；第三，"法律规定"的限制显然把刑事立法过程排斥在刑法学的领域之外，易导致注释性刑法学的产生；第四，仅以刑法规范为研究对象的刑法学，又把刑事司法实践中对刑法规范的适用拒之门外。这些将严重束缚刑法理论研究的手脚，使刑法学理论研究走向注释，走向停滞。

（2）基础理论问题。很显然，社会危害中心论的基础理论是马克思主义犯罪观。当然，将马克思主义犯罪观作为社会主义刑法学犯罪论基础理论，不仅无可厚非，而且是理所应当。但如果作为整个刑法学的基础理论，则我们认为是对马克思主义刑法观的肢解，因为其尚需马克思主义刑罚观作共同支撑。由此可见，社会危害中心论的基础理论内容至少是片面的、不完整的。

（3）研究方法问题。由于受社会危害中心论"法律规定"或刑法规范的束缚与限制，刑法学研究只能将注解、诠释视为正宗，而将其他方法视为旁门左道，这必然将刑法学研究引入"注释性"的歧途，阻碍刑法学理论研究的发展。由此可见，社会危害中心论在研究方法上也是非常单调或独霸的。

（4）要素结构方面。社会危害中心论的刑法学体系分为总论（或总则）、分论（或分则）两大部分，总论中主要有犯罪论，分论中主要是八大或十大种类的犯罪及量刑。很显然，这些要素和结构主要是依据刑法典体系建立起来的，缺乏刑法学作为理论体系上的有机性与逻辑性。主要缺陷表现在：①它是一个孤立的体系，不仅割裂了犯罪与刑罚的内在关系，而且在理论构建中造成了前后间的矛盾。例如，在犯罪论中将犯罪的社会危害性作为定罪量刑的根据，在刑罚论中又将预防犯罪的刑罚目的作为用刑罚施罚的指南。这就使犯罪的社会危害性指向已然的犯罪，使刑罚的目的指向未然的犯罪。这种前后矛盾，没能用一定的刑法理论予以统一的状况，必然会使刑法学的体系成为犯罪论与刑罚论两大块的孤立堆积，缺乏内在的逻辑条理与联系。究其原因，主要是其中没有罪责关系理论作调整，使其前后自相矛盾、杂乱无章，缺乏有机系统的组合。②它是一个静态的体系。主要是其受"法律规定"或刑法规范的限制，囿于对法条的注释，未能将司法实践运用刑法的过程直接纳入其视野。最终导致刑法理论研究虽充满着司法实践的气息，但头疼治头、脚痛医脚的情况始终占据着主流，往往是材料堆砌有余，理论抽象不足，理论研究缺乏应有的动力和活力，始终得不到长足的发展。③它是一个封闭的体系。由于其基本构架的不合理性，使许多刑法理论内容得不到及时有效的补充和完善。刑法理论与司法实践虽日新月异地发展，但科学体系始终固守着原先的内容，得不到更新和更大的发展。故在我国急需建立一个拥有新陈代谢能力的、呈现开放状态的刑法学体系。

5. 人权防卫中心论的刑法学体系。如上所述，在国外主要经历了行为中心论、行为人中心论、社会防卫中心论等，以及在苏联和我国经历了社会危害中心论的刑法学体系的情况下，我国学者何秉松教授于 21 世纪又提出了"人权防卫中心论"的刑法学体系。

何秉松教授想体现新时代的历史使命和精神，清除旧时代的历史与阶级局限性，立足于"以人为本"取代"以社会为本"，以"和谐社会"取代"阶级斗争为纲"，甚至以刑罚权作为建构刑法理论体系的基础与核心，作为刑法理论体系的出发点和归宿。最终他还主张更新思维方法和研究方法，特别提出了在构建刑法理论体系时借鉴"系统思维"等。①

在此基础上，何秉松教授建构了"人权防卫论"的刑法理论体系的"蓝图"。这就是绪论部分的"刑法的基本原理原则"，重点研究刑罚权与刑罚权的规制；犯罪论部分的"犯罪理论体系"，主要研究的内容是刑法关于犯罪概念和犯罪成立条件的理论化和体系化；刑罚论部分的"刑罚的理论体系"，创新一个崭新的刑罚理论——人权防卫论，并据此重新审视和考察刑罚种类、刑罚制度、刑罚执行等一系列理论与实践问题，包括如社区矫正和恢复性司法等最新发展。②

对于何秉松教授跟随时代的崭新构想，深感由衷的敬佩，但至今我们并没能看到更加细致和具体方案的论述。我们十分期待着尽早看到这一系统完

---

① 何秉松主编：《新时代曙光下刑法理论体系的反思与重构》，中国人民公安大学出版社 2008 年版，第 67~70 页。

② 何秉松主编：《新时代曙光下刑法理论体系的反思与重构》，中国人民公安大学出版社 2008 年版，第 70~76 页。

整的，甚至是全新的刑法学体系。

二

建立一套科学完整的刑法学科体系本不是一件易事，几百年来刑法学研究者们可以说为之付出了艰苦卓绝的努力。上述我们列举的行为中心论、行为人中心论、社会防卫中心论、社会危害中心论等刑法学体系的类型，虽然都多少存在弊病或欠缺，但也不乏有其科学或合理之处。应当说，我们这里试图建立的罪责关系中心论的学科体系，也正是在前人或他人大量研究的基础上，在应用了其实践成果和理论成果以至站在他人肩膀上付诸的一种探索性实验。正确与否、成功与否还有待于历史和实践的检验。

1. 研究对象的确定。我们知道，建立任何学科，研究对象是关键或先决条件，抓住了研究对象也就抓住了这一学科建立的主线。刑法学科也是这样，上述刑法学科体系之所以不同，关键在于其所确定的研究对象各异。行为中心论在研究对象上，正是由于其内部两相纷争，加之没能科学地解决犯罪与刑罚二者之间的关系，导致刑法学科体系的科学性受到影响。后来的行为人中心论和社会防卫中心论等，也都是由于其在刑法学研究对象上的偏离，从而未能科学地建立刑法学体系。社会危害中心论虽然对刑法学研究对象补充至犯罪、刑事责任、刑罚三个方面，但仍未科学地解决好三者间的相互关系，尤其是没能正确地选择其中的要素及其规律作为刑法学的研究对象。在上述研究成果的基础上，我们想提出以"罪责及其辩证关系"作为刑法学的研究对象，也作为建立并完善刑法学科体系的主线来把握。

2. 基础理论的寻找。在学科建设中，基础理论是否可靠如同建楼的地基是否扎实牢靠一样，具有十分重大或决定性的意义。上述刑法学科体系之所以存在缺陷，关键还在于基础理论寻找上也存在问题。在这里我们想提出，刑法学科依据的基础理论应当是"法益侵害论"，并建立以犯罪与刑事责任及其相互间的辩证关系与规律的刑法学主线。

首先，刑法学应当研究罪与责间的关系。这是由刑法学的特定研究对象所决定的，由此建立起来的刑法学体系是一个罪责关系论的完整体系。另外，以罪责关系为中心的刑法学体系更是一个逻辑与历史相统一的体系，因此我们说其是一个完整统一的科学体系。

其次，刑法学应当研究罪责间的辩证关系。刑法学研究史上的学科体系之所以不尽科学与完善，我们认为，关键是没有从根本上科学地解释罪责刑三者间的相互关系，不是缺少一项就是偏向一项，抑或相互包容和交叉。例如，有责才能有罪，有罪必然有责，这是有着内在逻辑关系的必然结论，而不是有罪必有罚，抑或在罪与责之间还要有一个责。总之，不是研究不彻底就是构建不完善，没能正确处理好三者间的科学与辩证关系。我们认为这种辩证关系主要表现在：首先，刑事责任既是定罪的前提和基础，又是犯罪的必然结果和归宿。当然，作为定罪前提和基础的刑事责任是笼统的、抽象的，作为犯罪必然结果和归宿的刑事责任是具体的、现实的，甚至是具有具体实现形式的。其次，犯罪又是追究具体刑事责任的前提和基础，有罪必然有责，有罪也必然担责。最后，刑罚虽然是追究刑事责任的重要形式，但不是唯一形式。三者之间的关系是：犯罪与刑事责任是同位概念，而刑罚与刑事责任是种属概念，实现刑事责任的形式除刑罚外，还有非刑罚方法等。

最后，刑法学应该研究罪责间辩证运动的一般规律。有识之士认为，"探讨刑法规律……具有重大的认识论价值。""某些现时有争论的问题……也可根据刑法规律加以推测。总之，研究刑法规律对刑法发展具有重要意义。"[①] 从哲学角度讲，罪责关系是一个辩证的运动，这种辩证运动是有规律可循的，揭示这些规律应当成为刑法学或建立刑法学体系的首要任务。可惜长期以来，我们对刑法学规律，尤其是对罪责间的辩证关系及其规律研究不够，致使刑法学中许多重大理论问题和实践问题无法得到很好解决。从刑法学的使命角度讲，刑法学不能囿于对法条的注疏与释义，而应立足于揭示隐藏在法条背后的内在联系，也只有这样才能对法条乃至整个刑法或刑法理论作出科学合理的解释和规范，才能不断推动刑法理论与刑法实践的发展，最终也必将对刑法及刑法理论是否体现了罪责关系的基本原理作出科学的评价，为将来的刑事立法指明方向，进而拿出有效策略或方案。反过来讲，只有将罪责间的辩证关系及其规律研究透彻了，才能使刑法学上升到一个新的高度，使之成为一门真正的科学或完整意义上的开放性的学科体系。

3. 研究方法上的更新。在某种意义上，一个学科研究方法的先进与落后直接决定着该学科的研究水平、生命力及发展状况。刑法学也是这样，目前刑法学之所以在某些方面研究得不深入，其主要原因正在于刑法学的研究方法严重滞后。故只有摸索出一套先进的、完整系统的刑法学的研究方法，才能推动我国刑法研究事业与刑法学的迅速发展与完善。我们认为，辩证唯物主义和历史唯物主义是我国刑法学的主要研究方法。在这样的基础上，我国刑法其实采用的是定性研究和定量研究相结合的方法。

4. 学科体系的重构。通过对历史与现实的五大刑法学体系的研究与反思，使我们进一步认识到，历史上的行为中心论刑法学体系，虽然有较深厚的刑法学思想与理论的沉积，但由于其研究对象、基础理论、研究方法等方面存在固有的矛盾，故不可能统率现代刑法学及其理论。行为人中心论与社会防卫中心论的刑法学体系，在研究对象、理论基础等方面更表现出零散和偏激的弊端。社会危害中心论的刑法学体系虽然有许多长处，如与现行刑法

---

① 储槐植著：《刑事一体化与关系刑法论》，北京大学出版社 1997 年版，第 229 页、第 231 页。

体系相协调，排列上既考虑了理论的内在联系，又兼顾到叙述上的方便及对现行刑法解释上的系统性与完整性等，但最终也未能全面完成科学阐释罪责刑三者间的辩证关系及其规律的历史使命。如上所述，人权防卫论尚未见到更细致的具体学科设计。我们认为，尽管其在传播刑法知识、繁荣刑法理论、培育刑法人才等方面起着毋庸置疑的重要作用，甚至作为教科书的体系有其存在的理由和价值，但作为现代刑法学的理论体系，其局限性也是显而易见的，尤其是考虑到刑法学学科体系的科学性、生命力及其理论的长远发展与建设，学术界重构刑法学科理论体系的呐喊与呼声日趋强烈。这里我们想拿出一个初步的学科体系方案，即罪责关系为中心的刑法学科体系，以供同人们批判之用，如图所示。

```
                    ┌─────────────────┐
                    │  刑法学本体理论  │
                    └────────┬────────┘
        ┌────────────────────┼────────────────────┐
  ┌──────────┐        ┌────────────┐       ┌────────────┐
  │  犯 罪   │────────│  罪责关系  │───────│  刑事责任  │
  └─────┬────┘        └──────┬─────┘       └──────┬─────┘
  ┌───────────────┐  ┌──────────────┐   ┌──────────────────┐
  │ 犯罪成立及其认定│──│  刑 法 适 用  │───│  刑事责任及其实现  │
  └───────────────┘  └──────────────┘   └──────────────────┘
```

# 刑法机能新论

莫开勤* 黄伟亚**

## 一、 刑法机能的界定

刑法机能是刑法价值的外在体现。对刑法机能的准确把握有助于建构科学合理的刑事法治秩序，保障刑法机能与依法治国之间的协调关系。

对刑法机能的认识并不是与犯罪的构成要件一样"古已有之"，而是在德国"机能主义"[①] 刑法理论的影响下而展开，并逐渐在我国刑法理论中也受到关注。但学者们对"刑法机能"的理解并不相同。赵秉志教授认为，"刑法的机能就是刑法的作用，也就是刑法所要实现的任务"。[②] 在这里，刑法机能被当做刑法任务来理解，可以对应到我国《刑法》第 1 条"惩罚犯罪与保护人民"。何秉松教授对刑法功能的认识是"刑法作为一个有机整体可起的作用或发生作用的能力"，[③] 强调刑法的整体性作用与有机能动性特点。陈兴良教授坚持"刑法机能，是指刑法在其运行过程中产生的功效与作用"。[④] 张明楷教授则更为简单直白地认为，"刑法的机能，也可以说是刑法的作用"。[⑤]

我们认为，刑法机能当然属于刑法本身对外界影响的"作用"范畴，同时，刑法这种作用建立在整体综合层面上，并不是单一的、不受周围环境影响的"一维性"的反馈，而是受到多方面的牵引与压迫从而发出最为合理的联系。因此，刑法机能是指刑法作为一个与外界相联系的社会系统，在运行过程中所发挥的作用与影响，具体表现为刑法的制定、修改、解释、适用、

---

* 中国人民公安大学法学院教授。
** 中国人民公安大学刑法专业研究生。
① 机能主义最初源于机能心理学的先驱美国心理学家杜威，他的主要理论观点可以阐述为：1. 反对心理学中以分子主义、元素主义为代表的建构主义分解研究人类行为的方法，主张从整体上把握人类行为的特征，注重与有机体本身、周围环境的关系。2. 有机体不是刺激的消极接受者，而是积极感知者。人们可以根据行为对环境的有意义适应而研究行为，注重研究有机体在其他环境中所起的作用。他的机能主义观点受到进化论和工具主义哲学的影响，后来机能主义被作为一种哲学方法运用到多个领域，德国学者将机能主义的观点引入刑法学理论，主张刑法作为一个独立的系统应当是有能动作用的有机体，能够根据自身与周围环境的变化产生相应的反馈。
② 赵秉志主编：《新刑法教程》，中国人民大学出版社 1997 年版，第 37 页。
③ 何秉松主编：《刑法教科书》（上卷），中国法制出版社 2000 年版，第 17 页。
④ 陈兴良著：《本体刑法学》，商务印书馆 2001 年版，第 37 页。
⑤ 张明楷著：《外国刑法学纲要》（第 2 版），清华大学出版社 2007 年版，第 5 页。

刑罚执行、执行监督以及与附属刑法之间的协同互动关系对社会和公民所产生的作用。

这样的刑法机能具有以下特征：（1）刑法机能就是刑法的作用，是刑法存在的客观需要。（2）刑法机能往往通过个案形成对社会整体的影响，是每个现代社会不可或缺的社会现象。（3）刑法机能本身是具有内在适应性的社会制度，这种制度的成长、进化是由社会公众与法律人共同推动的。（4）刑法机能的发挥需要必要的规范依据。刑法规范是刑法这个有机系统中的核心内容，是刑法运转的主要燃料。（5）刑法机能的发挥必须依靠"活"的刑法，即现行、有效、正常运行的一整套刑事法律规范，这一过程包括制定、修改、解释、适用、执行、遵守等动态过程。

## 二、 刑法的基本机能

### （一）刑法基本机能的类型

对于刑法具有哪些机能，我国刑法理论存在"二机能说"与"三机能说"为主要代表的观点。

"二机能说"主要根据我国《刑法》第1条关于"惩罚犯罪与保护人民"的刑法任务的规定，认为刑法机能应当包含规范机能与社会机能。"根据刑法机能实现刑法法益保护的方式不同，将刑法机能划分为社会保护机能与人权保障机能两种类型。"[①] 从刑法产生的目的来说，刑法通过运用国家刑罚权惩罚犯罪保护社会整体利益体现了对社会的保护机能；从关注人权出发，刑法又必须限制国家刑罚权的恣意行使，保障公民个人权利不受非法侵害，这体现了刑法对公民自由的保障。

"三机能说"认为，刑法机能包括自由保障机能、法益保护机能、行为规制机能。[②] 行为规制机能是自由保障机能与法益保护机能的手段，行为规制机能始终受到罪刑法定的框定，"法无明文规定不为罪"关注于自由的保障，"法有明文规定即为罪"强调法益的保护。陈兴良教授指出，"规制机能是就刑法规范作用本身而言的，保护机能和保障机能则是就刑法的社会作用而言的，它只有通过刑法规范的适用才能最终实现"。[③]

我们认为，刑法的基本机能具体应当包含三种功能或者说作用，分别是规范性机能、保障性机能、预防性机能。

#### 1. 规范性机能

这是指刑法在适用过程中体现出对社会大众的指导作用，对行为人的评价作用以及对行为人实施犯罪的刑事惩罚作用。这些作用集合是具有逻辑关

---

① 逄锦温著：《刑法机能研究》，法律出版社2014年版，第1~3页。
② 张明楷著：《外国刑法学纲要》，清华大学出版社2007年版，第6~7页。
③ 陈兴良：《刑法机能规范思考》，载《人民法院报》2007年9月12日第006版。

联的，对尚未侵害法益时刑法对社会行为具有指导作用，破坏原有的法益之后司法者引用刑事规范进行评价随之触发的是对犯罪人的惩罚作用。指导作用与惩罚作用都是站在社会管理者的角度阐述刑法机能，指导作用对社会行为的指示引导作用，能够有效吸引公众的注意力，规范公民个人的行为选择，有助于公共管理政策的管理与执行；惩罚作用按照黑格尔的说法是"否定之否定"的必然结果，是刑法对侵犯法益者做出同等程度的回应。"刑法是裁判规范与行为规范的统一，因而刑法的规制机能是评价机能与指引机能的统一。"①

2. 保障性机能

其基本内容可以涵盖罪刑法定原则、对人权的保障功能以及对受害者的补偿作用。从一般公民保障个人自由的角度来看，刑法机能的发挥应当事先做到犯罪圈的大小合理、刑罚处罚范围适当，并且司法适用必须达到"罪刑相称、罚当其罪"的适用效果；从犯罪人的角度出发，刑法应当具备"罪刑法定"的法律自制作用，保障公民不受非法追诉、保障被追诉人应有的刑事实体权利；从被害人的角度出发，刑法的保障功能应当是利益恢复机制，刑法应当将被破坏的法益恢复到犯罪发生之前的状态。这是保障性机能三个方面的内涵。

3. 预防性机能

从社会管理者的角度来说，在维护社会秩序稳定与安全的系统工程里预防犯罪是必不可少的项目，对实际的犯罪人进行特别预防，防止其再破坏，对其他潜在犯罪人给予警示告诫属于一般预防。在确证规范的明确性与惩罚的合理性为前提的预防体系中，特别预防与一般预防是一种互为补充的预防手段。这与维京时期北欧海盗坚持"抵抗者死"的海盗规则的内在原理极为类似，海盗以强大的武力与"抵抗"带来的可怕后果迫使船员放弃抵抗向海盗投降。"抵抗者死"的惩戒机制能够恐吓住潜在反抗海盗劫船的船员，这与海盗坚决执行规则密不可分。"抵抗者死"表面上显得非常残忍可怕，但实际上"抵抗者死"的海盗规则使得实际发生战斗的次数在劫掠次数的1/10左右，降低了发生海战的次数，进而减小了海盗伤亡的比例，却极大提高了海盗成功抢劫的比率，由此海盗成本被极大地压缩了。刑法规范的明确性程度、刑罚的合理性程度以及刑罚执行的及时性都与犯罪预防效果呈正相关的联系。

这三种刑法的基本机能在每一刑事案件中并不是等量地分布，并且不同的社会发展需要着重强调的刑法机能也是不同的。"二战"之后，刑法机能由"二战"前以维护社会秩序为主要任务的规范性机能转向"二战"后以保

---

① 陈兴良：《刑法机能规范思考》，载《人民法院报》2007 年 9 月 12 日第 006 版。

障个人自由为主要任务的保障性机能。美国"9·11"事件之后，人们对社会安全的需要空前高涨，以维护社会安全的规范性机能再次掀起热潮，对公民权利与自由的限制在多国立法法案中都有所体现。例如，美国《爱国者法案》（USA PATRIOT ACT），为了更好地打击恐怖主义活动，该法案放宽了有权机关行为限制：警察机关有权检索被调查人的通信、居住状况、财务等多项社会记录；扩大政府监管、控制金融流通活动；加大对码头、机场、车站等交通枢纽的安全检查力度等。法学家庞德曾说：法律是对社会实施控制的工具，社会管理者也可以通过发挥刑法机能来布置预想的控制内容和控制程度。

### （二）刑法机能的内在机理

刑法发挥其机能主要体现的是对社会关系的影响，清晰明确地维护社会关系的规范既能够实现对部分人的直接规制，也基本能够完成对社会整体秩序的塑造，不得不说刑法是一项实现社会治理的先进技术。

刑法基本机能的发挥过程主要分为两个阶段：一是交叉、重叠、碰撞阶段；二是刑法规范适用阶段。其基本逻辑是通过犯罪的宣告与刑罚权的运用否定某些社会行为，从而实现刑法的规范性、保障性、预防性刑法机能。所谓的"交叉、重叠、碰撞阶段"是指刑法适用前政治、经济、社会等问题与刑事规范发生联系，由政治、经济、社会等领域进入刑事法的领域；所谓"刑法规范适用阶段"则就是运用刑法规范处理相关刑事法律的一系列过程。如果把刑法这两个过程比作刑法这部大车在行进的话，那么刑法机能的发挥就是车过后留下的车辙。这是一个前后相继的逻辑过程，刑法机能的发挥是刑法运行的自然结果，而并非是刑法规范自确立之日起就天然地开始发挥刑法机能。

从生物学的角度细致地分析"刑法规范适用阶段"，可以认为侵害法益行为是对社会机体的外界刺激，根据罪刑法定原则将其识别为犯罪是机体的第一反应，紧接着的刑罚则是社会机体的免疫系统对"犯罪"这一反应的反射。犯罪的认定作为免疫体的第一反应主要在于发现与反射，更加强调识别性机能；第二反应的刑罚的适用则属于清除异物与愈合，更加强调恢复性机制。

如果说犯罪是社会这一健康机体的异质因子的话，那么刑法机能的发挥就是社会这一生物体的免疫系统。犯罪作为抗原①对于社会这一免疫机体来说，必须是机体所不能容纳的异物，才能被机体免疫系统识别，引起刑事法律程序启动的免疫应答。犯罪的特定性由犯罪所侵犯的法益与行为方式决定，

---

① 抗原是一类能够刺激机体免疫系统产生特异性免疫应答，并能与相应免疫应答产物即抗体或者致敏淋巴细胞在体内或者体外发生特异性结合的物质。抗原具有两种性能：免疫原性和免疫反应性。免疫原性，是指抗原分子能够刺激免疫细胞，使之活化、增殖、分化，最终产生免疫效应分子（如抗体）和免疫活性细胞（如致敏T细胞）的性能，具有这种特性的物质就叫做免疫原。免疫反应性，是指抗原分子能与相应的免疫应答产物在体内或者体外发生特异性结合产生免疫反应的性能。

这类似于抗原的特异性取决于抗原分子的组成与结构。在罪刑法定的原则下，作为抗原的犯罪只能诱发与之对应的特异的免疫应答，即犯罪与刑法中所列的特定罪状相符，结果形成针对抗原特征的特异性抗体——刑罚。

免疫应答是机体对抗原侵染的自身防御反应，刑法机能的发挥也是社会机体的自我保护机制。社会机体在受到如犯罪一样的抗原性异物刺激后，有机体内的类似免疫细胞的刑法规范会被解释、适用、执行等发生一系列反应以排除犯罪这类抗原性异物。抗原特异性淋巴细胞识别抗原后自身活化、增殖、分化，进而产生免疫效应的过程，与犯罪的发现、侦查、起诉、审判、执行的刑事一体化过程极为吻合。

免疫系统的免疫应答不仅具有特异性[①]、识别性[②]还具有自我调节性。受抗原刺激，免疫系统产生大量抗体，产生的抗体达到一定浓度也会抑制免疫系统继续产生多余抗体。这种自我调节性是机体维持正常的免疫应答平衡的重要基础，否则免疫系统的功能过剩会导致机体病变。从这一点可以看出，刑法机能发挥规制犯罪的能力与效果是处于一个相对固定的水平，如果超出这一范围往往会达到超饱和状态，对应的现实环境就是造成"社会不堪重负，监狱人满为患"的不合理现象。因此，合理审慎地运用刑法资源是发挥刑法机能的重要方面。

## 三、 刑法的附属机能

将刑法机能仅仅限于上述三类并不能完全涵盖刑法机能的全部。如果将规范性机能在刑法机能所占的比重设为x%，把保障性机能在刑法机能所占的比重设为y%，将预防性机能在刑法机能所占的比重设为z%，则有x%+y%+z%<100%的数量关系。因此，我们认为，刑法的机能应当有基本机能与附属机能之分，前者包括前述的预防性、保障性与规范性机能；后者也可以称为功利性机能，它是刑法在不同领域中表现出的不同刑法作用的统称，包括政治性机能、经济性机能、文化性机能等多种。如果功利性机能在刑法机能所占的比重为w%，则会有x%+y%+z%+w%＝100%的数量关系。

刑法的功利性机能不单单追求秩序的稳定性、人权的保障性、法益的恢复性，它还是社会管理者自觉主动地挖掘增长潜力、实现社会政策的手段。现行的刑法在打击经济犯罪过程中不仅维护经济秩序的稳定性也在强调经济秩序的经济性；在维护正常政治秩序过程中不仅强调秩序的保障性，也在强调政治的协调性。由此可见，刑法不再是"无为保守"的代表，刑法机能已

---

① 免疫应答不是随机的，而是针对不同的分子结构发生的，是一个细胞克隆的受体只能与一种相应的抗原决定簇结合而诱发的免疫应答。

② 免疫系统对"非自身"的抗原识别、清除，而对"自身"成分表现耐受，不引起免疫应答反应。但因某些原因会使"自身"成分成为机体识别的抗原，发生自身免疫应答。

经形成了"功利激进"的性格。

### （一）刑法的政治性机能

刑法的政治性机能，是指为了保障各项政治政策的落实，社会管理者自觉主动地运用刑法，将其作为挖掘增长潜力实现政治政策的手段所发挥的作用。

在传统的政治模式下，刑法往往被视为是一种驭民工具，完全作为统治者实现统治的手段。刑法机能以维护统治秩序为核心，构成犯罪的条件里不仅包括实施的危害行为，还包括对统治者的批评，甚至是与统治者不同的个人政治态度，此时的刑法可以被称为政治刑法。正如伯尔曼曾指出，"法律科学是受到政治的支配的：立法者可以并且经常不理睬法学家的研究成果。在现实中，逻辑与经验常常成为权力、偏见和贪欲的牺牲品"。[①] 政治往往就支配来控制着法律和法律理论。

随着从统治型政治向治理型政治的转变，刑法机能也随之发生了变化。刑法不再简单地被看做是一种统治工具，而同时被视为一种社会治理手段，但是刑法的"工具主义"色彩仍然没有被消除，相对于以往只是稍稍被冲淡了而已。

"在我国这种'泛政治化'传统较久和氛围较浓的国度，刑法学研究中时刻保持一份区隔政治与刑法的意识显得尤为必要。"[②] 为了避免刑法再次被政治所吞没，现代社会政治理论学者们提出借鉴美国的"法治国"模式，将政治问题、社会治理问题、经济问题转化为法律问题加以解决。在这里，并不是用政治学考察刑法学，而是强调如何运用刑法达到政治的目的，即刑法政治性机能的实现问题。具体而言，就是在设定某一新的政治目标之后，如何通过刑法机能的充分发挥"实现政治职能转换"这一更具实践性的问题。

### 1. 刑法与职务犯罪

党的十八大之后检察机关查处重大职务犯罪多涉及"滥用职权"，如周案、徐案、薄案、苏案、李春城案、仇和案中起诉审判罪名都包括滥用职权罪，指控被告人超出职权范围行使权力或者违反国家规定行使职权，给国家与人民造成了巨大的损失。这种"作为型"职务犯罪是处理审查党的十八大之前职务犯罪的重心，与之相对应的是党的十八大之后玩忽职守的渎职型犯罪逐渐增多，政治上"多做不如不做"的"懒政"行为层出不穷。"懒政"现象的普遍出现，引起了"不作为"型犯罪成为职务犯罪的重点。检察机关在多种场合加大了对"懒政"行为的查处力度，如腾格里沙漠玩忽职守案、鲁山县敬老院渎职案都是对行政机关内"懒政"现象的及时纠偏。由此针对

---

① ［美］哈罗德·J. 伯尔曼著：《法律与革命——西方法律传统的形成》，贺卫方等译，中国大百科全书出版社1993年版，第186页，转引自何秉松：《政治对刑法犯罪理论体系的影响和制约》，载《河北法学》2005年第12期。

② 刘树德著：《政治刑法学》，中国法制出版社2011年版，第3页。

职务犯罪的刑法政治性机能随着政府执行力由"滥权"到"懒权"的偏重也发生了相应的偏移。通过对"滥权"与"懒权"行为的刑事认定与刑事惩罚，去除职务犯罪"滥权"与"懒权"，从而保障国家政治治理的正常运行。这与依法治国中"规范政府行为"、"将权力关在笼子里"的政府职能不谋而合。可见，刑法机能在规范政府职能转变方面发挥了作用——这种作用应当被视为刑法的政治性机能。

2. 刑法与环境犯罪

在环境刑法领域中，刑法政治性机能的发挥也较为明显。党的十八大报告中指出，国家要"加快建立生态文明制度，健全国土空间开发、资源节约、生态环境保护的体制机制，推动形成人与自然和谐发展现代化建设新格局"。这一政治要求需要包括刑法在内的法律作出与之相应的调整，此时刑法的政治性机能在立法方面主要表现为：立法机关正在加紧增订修改有关环境保护的法律法规，堵住环境刑法中所涉及的行政法规的缺口，辅助环境刑法的适用。2015 年 6 月全国人大常委会继续审议的法律案包括大气污染防治法，这是 2015 年需要重点加强的立法案；全国人大常委会计划在 2015 年 12 月修改野生动物保护法；2015 年的预备立法项目包括环境保护税法。这些立法项目由有关部门抓紧调研、起草、审议。其中环境保护税法对建立健康长效的生态文明机制提供基础性的物质支持，这部法律主要阐述"人人为蓝天绿水埋单"的立法理念，主要内容是"建立反映市场供求和资源稀缺程度、体现生态价值和代际补偿的资源有偿使用制度和生态补偿制度"，通过环境资源财税改革后的中央转移支付或者财政划拨等方式实现补偿生态区牺牲工业发展的经济利益，支持生态功能区的完善与健全。

在司法方面，不少环境污染行为与损害结果之间的因果关系尚不能被目前的科学法所证明，使得环境刑法的适用面临尴尬的境地。为此，借鉴国外提出的疫学（流行病学）因果关系理论，通过对污染源的大样本分析，调查污染的发生发展状况，探讨该污染的存在原因。司法者可以根据以下条件断定某种环境破坏行为与损害结果之间具有因果关系：（1）该环境破坏行为发生在污染产生之前；（2）该环境破坏行为的作用程度越显著，环境污染就越严重；（3）该环境破坏行为的实施与环境破坏结果的消长关系并不矛盾。司法理念的更新，对有效惩治环境犯罪、保障环境治理，无疑具有积极意义。这是刑法的政治性机能在司法方面的表现。

（二）刑法的经济性机能

刑法的经济性机能是为了保障各项经济政策的落实，社会管理者自觉主动地运用刑法，将其作为发掘经济增长潜力、实现经济政策的手段所发挥的作用。

例如，在立法上，全国人民代表大会常务委员会《关于惩治骗购外汇、逃汇和非法买卖外汇犯罪的决定》，以刑事立法的方式巩固了我国现有的结售汇外汇管理制度，并形成了骗购外汇罪、非法买卖外汇罪等与国家经济政策相匹配的经济刑法规范，从而保障国民经济在对外交往过程中的安全性与稳定性。国务院通过的《中国（上海）自由贸易试验区总体方案》中允许上海自由贸易区开始试点包括利率市场化、汇率自由汇兑、货币自由兑换等金融便利政策。这也就意味着国家设定的外汇管制大门将在上海自贸区被打开，买卖外汇等外汇交易不再具有刑事可罚性，关于管理外汇市场的刑事法律在自贸区内被限缩。这体现了刑法发掘自贸区经济潜力，服务国家经济政策的效果。

在司法实践中，根据经济犯罪具有时间发生的地域先后性等特点，刑法机能的发挥还有助于有效防范经济犯罪、规范经济秩序、保护公民利益。例如，近些年的集资诈骗、非法吸收公众存款等集资型犯罪，一般呈现雁型发展态势，即首先从长三角经济带、珠三角经济带为爆发起点向中部及北部经济欠发达地区蔓延。2007 年前后，江浙一带由民间借贷、地下钱庄、影子银行等大规模社会资金转移地下拆借行为达到顶峰，资产规模可能达到百亿之巨，以吴英非法集资案为典型代表。2009 年，山东、河北、辽宁等地注册资产担保与融资公司、信用社等金融性民间机构如雨后春笋般涌现，以"高息揽储"、"高收益"为幌子吸收公众存款与集资诈骗行为在 2013~2014 年集中爆发。以山东某市区为例，该区半年之内发生云帆公司集资诈骗案、民丰公司集资诈骗案、东方信泰集资诈骗案、世达公司集资诈骗案，涉案资金预估达到 3 亿人民币左右，受害者达 2000 多人。[①] 这种恶性经济犯罪对当地的社会稳定造成严重冲击，为了尽可能地减少防范此类案件对社会造成的冲击，多地对此类经济犯罪采用"预防性为主、恢复性为辅"的审判处理策略。这种犯罪手法在东部地区已经司空见惯，屡见报端，利用犯罪蔓延发展的时间差，及时对公民的理性投资加强宣传，揭穿常见犯罪的惯用手法，提高公民的辨别能力，降低被卷入经济犯罪旋涡的概率。

## 四、 依法治国与刑法机能的协调

如果支持将法律作为解决问题的尺度与准绳，提高社会管理国家治理的稳定性与连续性，增加刑法附属机能的发挥是至关重要的措施。

刑法是功能性的、实用性的规范体系，是为解决问题而出现的。刑法的作用在于社会对刑法的角色定位，刑法从未像学者们描述的那样"纯洁无瑕"，田园牧歌式的刑法也只是理论上的想象，不曾具备现实的生存空间。这就是我们为什么努力地解释刑法一般理论的例外情况，而这些例外经过累

---

① 此数据从 2014 年 6 月至 9 月在山东济宁调研中获得。

积大有淹没刑法体系的趋势。对刑法的时代要求由社会管理者与公众所掌控，刑法自身的理论品性当然由理论学者所把持，刑法的机能正是在时代需要与自身理论品格之间的撕扯中调整自身的姿态。刑法机能应当与时俱进，与时代要求融合的条件就是立足于基本机能，主动发挥附属机能，与中国法治进程并肩而行。

# 论刑法机能的实现方式

## ——以刑法规范属性为视角

茹士春[*]

## 一、 刑法有哪些机能

我国法学理论一般认为，法的作用有规范作用与社会作用之分，规范作用主要包括指引作用、评价作用、预测作用、教育作用和强制作用；社会作用则主要包括维护阶级统治和执行社会公共事务的作用。[①] 尽管在通常的语义中，某种事物的作用既包括积极作用也包括消极作用，而功能则特指正面的、积极的作用，因而作用与功能是不宜混用的两个概念，但是从法理学相关内容来看，"法的作用，实际上讲的也就是法的职能，法的职能实际上讲的也就是法的作用"，[②] 所以法理学中关于法的作用的观点就是对法的功能的解读。如果套用上述法的功能理论来说明刑法功能，当然可以说刑法在整体上具有规范功能与社会功能，然后规范功能与社会功能又可以进行更详细的划分，从而得出刑法具有多种不同功能的结论。

然而，我国刑法学者并没有按照上述思路讨论刑法的功能，而是主要接受了日本刑法机能理论的相关主张。众所周知，日本刑法理论的通行观点认为刑法具有规制机能、保护机能和保障机能。日本刑法理论关于刑法机能的上述主张也得到了我国学者的认可。例如，赵秉志教授将刑法机能概括为三个方面，即规制机能、秩序维护机能和自由保障机能。他认为，刑法的规制机能，"是指刑法所具有的规范社会成员行为的作用，并将一定行为规定为犯罪并配置一定刑罚，从而禁止他人实施该行为的作用"；他同时指出，刑法的规制机能"并不包含直接规制司法工作者的内容"。而刑法的秩序维护机能，"是指刑法所具有的通过对社会成员进行一般性的警告，以及运用刑罚对犯罪人进行惩罚，以预防犯罪，保护国家利益、社会利益和个人利益，

---

[*] 西南政法大学刑事侦查学院讲师，民商法学院博士后研究人员，法学博士。

[①] 较早的教科书可参见沈宗灵主编：《法理学》，高等教育出版社 1994 年版，第 67~73 页；张文显主编：《法理学》，法律出版社 1997 年版，第 257~262 页。晚近的教科书可参见葛洪义主编：《法理学》，中国人民大学出版社 2011 年版，第 59~64 页；舒国滢主编：《法理学导论》，北京大学出版社 2012 年版，第 37~42 页。

[②] 孙国华、朱景文主编：《法理学》，中国人民大学出版社 1999 年版，第 54 页。

从而维护社会秩序的作用"。刑法的自由保障机能,"是指刑法所具有的通过明确规定只有什么才是犯罪,以限制国家刑罚权的发动,保障普通公民的自由,同时也保障犯罪人自由的作用"。① 陈兴良教授认为,可以从三个方面对刑法机能进行科学界定:(1)刑法的规制机能;(2)刑法的保护机能;(3)刑法的保障机能。在陈教授看来,"由于刑法是裁判规范与行为规范的统一,因而刑法的规制机能是评价机能与指引机能的统一"。而刑法的保护机能"是指刑法对法益的保护";刑法的保障机能"是指通过明确地将一定的行为作为犯罪,对该行为科处一定的刑罚,来限制国家行使刑罚权,由此使一般公民和罪犯免受刑罚权的任意发动而引起的灾难的机能"。②

那么,刑法机能是如何实现的呢?下文拟从刑法的规范属性即行为规范性与裁判规范性的视角对此问题进行初步的考察。

## 二、 刑法机能如何实现——从规范属性视角进行考察

### (一) 行为规制机能证明刑法具有行为规范性

首先可以肯定的是,刑法规制机能要么以行为规范的形式实现,要么以行为规范和裁判规范的形式实现,也就是说,只要肯定刑法具有规制机能,就意味着承认刑法具有行为规范性。如张明楷教授所说:"刑法之所以具有行为规制的机能,不仅因为它是一种规范,而且因为它是行为规范。"③

### (二) 法益保护机能必须通过行为规范的作用来实现

从逻辑上讲,保护法益或维持秩序机能只能通过预防犯罪实现,单纯的惩罚犯罪对于保护法益而言是为时已晚、于事无补。"即使对杀人者科以刑罚,被杀的被害人也不能起死回生,即使对损坏器物的行为人科以刑罚,被损坏的器物也不能得以修复。从法益保护的观点来看,刑法经常是姗姗来迟的。"④ 而预防犯罪的机制只能是一般社会成员知道什么行为是犯罪,既而不去实施这样的行为。如费希特所言:"制止犯罪是刑法的目的,它也只有在家喻户晓、众所周知的情况下才能得到实现。"⑤ 于是,刑法的法益保护机能(秩序维持机能)就可以分为两个方面,一方面是"通过对社会成员进行一般性的警告",另一方面是"运用刑罚对犯罪人进行惩罚,以预防犯罪",实现"保护国家利益、社会利益和个人利益,从而维护社会秩序"这一机能。其中第一个方面显然直接以行为规范的方式达到预防犯罪的效果并发挥保护

① 赵秉志:《略论刑法的机能》,载《北京联合大学学报》(人文社会科学版)2006年第6期。
② 陈兴良著:《刑法机能规范思考》,载《人民法院报》2007年9月12日第006版。
③ 张明楷:《刑法的基本立场》,中国法制出版社2002年版,第69页。
④ [日]高桥则夫:《规范论和刑法解释论》,戴江波、李世阳译,中国人民大学出版社2011年版,第7页。
⑤ [德]费希特著:《自然法权基础》,谢地坤、程志民译,商务印书馆2004年版,第267页。

法益的机能；第二个方面无论是通过适用刑法达到教育改造犯罪人的效果还是通过适用刑法警告其他社会成员，都是为了预防犯罪，虽然中间介入了"刑法适用"这个阶段和裁判规范的形式，本质上仍然是以行为规范的方式实现保护法益的机能。可见，在最终意义上，刑法的保护（秩序维持）机能只能通过刑法作为行为规范的方式来实现。

### （三）人权保障机能最终也只能以行为规范的形式实现

刑法的保障机能是限制国家行使刑罚权以保障一般公民和犯罪人免受刑罚的任意发动，而国家刑罚权只能由裁判者来行使，所以保障机能在现实中必然表现为限制司法人员滥用裁判权。那么，此种机能的实现与行为规范是否有关？日本刑法学家内藤谦肯定刑法的法益保护机能，法益保护机能的含义是，刑法通过对一定犯罪行为规定刑罚以及通过对现实的犯罪行为科以刑罚，防止一定的犯罪行为，保护犯罪行为所侵害或者威胁的法益。他不赞成将规制机能独立出来予以强调，因为刑法是为了人而存在的，作为规范的刑法是为了保护人的生活利益而制定的；刑法之所以将一定的行为评价为无价值并禁止人们实施该行为，是因为该行为侵害或者威胁了法益，而不是为了规范人们的行为，所以，刑法的规制机能实质上是为实现法益保护机能服务的，可以包含在法益保护机能中进行理解。[①] 内藤先生"不赞成将规制机能独立出来予以强调"的观点也得到了我国刑法学者的提倡和发展。张明楷教授认为："行为规制机能基本上只是法益保护机能的反射效果。因为刑法的目的是保护法益，所以，刑法必须禁止侵犯法益的犯罪行为。禁止的方法是将法益侵犯行为类型化，并规定相应的法定刑。这种规定方式自然产生了行为规制效果。另外，行为规制机能与法益保护机能、人权保障机能不是并列关系。因为规制国民的行为是为了保护法益，而不是为了单纯限制国民的自由行为，所以，仅将刑法机能归纳为法益保护机能与人权保障机能即可。其中，法益保护机能来源于刑法的目的和任务（法益保护主义）；人权保障机能的实现依赖罪刑法定主义、责任主义的贯彻，因为正是罪刑法定主义与责任主义从行为的客观方面与主观方面限制了刑罚权的恣意行使……法益保护机能主要靠刑罚的宣示与适用来实现，而人权保障机能则主要依赖限制刑罚的适用而实现。换言之，刑罚的适用，与保护法益成正比，与人权保障成反比。"[②] 可见，"不赞成将规制机能独立出来予以强调"，最主要的用意是淡化或者否定规制机能"规范人们行为的作用"。将规制机能包含在法益保护机能之内，可能解决了规制机能与保护法益机能之间的关系，同时也割裂了规制机能与保障机能的关系。按照这种思路，刑法的规制机能只与法益保护有

---

① 张明楷著：《法益初论》，法律出版社 2003 年版，第 147 页。

② 张明楷：《刑法目的论纲》，载《环球法律评论》2008 年第 1 期。

关，而与人权保障无关。如果说刑法具有规制机能，就必然意味着刑法具有行为规范属性，那么这种行为规范属性也只是保护法益的机能的实现方式，而不是保障机能的实现方式。例如，张明楷教授说，"刑法规范既是行为规范，也是裁判规范，行为规范规制了一般人的行为，使一般人不侵害法益；裁判规范规制了司法人员的行为，使司法人员不侵害行为人的自由；保护机能是通过行为规范实现的，保障机能是通过裁判规范实现的"。① 这无异于说，即使在最终的意义上，刑法仅以裁判规范的形式就可以实现保障机能。本文不赞同这种观点。

不可否认，防止刑罚权的任意发动和限制刑罚滥用意味着人权保障机能的实现。但是，防止刑罚权的任意发动和限制刑罚滥用又是如何实现的呢？既有的理论认为，"防止人权保障机能的实现依赖罪刑法定主义、责任主义的贯彻，因为正是罪刑法定主义与责任主义从行为的客观方面与主观方面限制了刑罚权的恣意行使"。似乎只要裁判者严格贯彻罪刑法定主义与责任主义，人权保障机能自然就实现了。但在事实上，罪刑法定主义与责任主义的贯彻并不意味着只与裁判者有关，而与一般人无关。众所周知，罪刑法定原则的原理之一是自由主义，这个原理"也可以说是'事先告知（fair notice）的原则'，即为了确保国民的自由，对犯罪与刑罚的内容必须预先告知国民。简言之，也就是不能对国民搞突然袭击使之受处罚"。② "但是，仅此是不够充分的。无论事前怎样对法定的罪与刑加以预告，如果在具体的场合不可能通过行为人的心理来做规范的控制，那么，刑法就不可能也不应当有这样的功能。"所以，处罚某种行为还"必须以不回避这种行为就能够非难行为人为必要"，这就是所谓的责任主义。"罪刑法定主义是以在客观方面保障国民的行为预测可能性为原则，而责任主义意味着在主观方面至少是无故意、过失就不受处罚，这是在主观方面保障国民有行动预测可能性。"③ 为了避免刑罚权"对国民搞突然袭击"，罪刑法定主义与责任主义不但需要在客观方面和主观方面限制刑罚权的恣意行使，也需要在客观方面和主观方面保障国民有自由行为的预测可能性，因为"每个人都必须事先知道他据以受到惩罚的法律；否则，这种惩罚就会失去公正性"。④ "国民不可预测的刑罚是最深重、最普遍的痛苦"，⑤ 而保障国民自由行为的预测可能性所体现的就是刑法的行

---

① 张明楷：《刑法目的论纲》，载《环球法律评论》2008 年第 1 期。
② ［日］西田典之著：《日本刑法总论》，刘明祥、王昭武译，中国人民大学出版社 2007 年版，第 29 页。
③ ［日］西田典之著：《日本刑法总论》，刘明祥、王昭武译，中国人民大学出版社 2007 年版，第 31 页。
④ ［德］费希特著：《自然法权基础》，谢地坤、程志民译，商务印书馆 2004 年版，第 267 页。
⑤ 张明楷著：《刑法的基本立场》，中国法制出版社 2002 年版，第 77 页。

为规范性。换言之，刑法的人权保障机能最终也必须以"让行为人知道什么行为是犯罪"即行为规范的形式实现。

综观上述，对于刑法的规制机能来说，刑法具有行为规范属性是此种机能的题中应有之义；对于刑法的法益保护机能来说，"行为规范规制了一般人的行为，使一般人不侵害法益"，是理论上无可置疑的说法；对刑法的人权保障机能来说，人权保障机能必须以行为规范的形式实现是合乎逻辑的结论。总之，刑法的三种机能最终都要通过行为规范的形式实现，刑法规范应当成为一般人的行为规范。①

## 三、 刑法如何成为行为规范

前面的论述表明，只有人们按照刑法的要求去行动，刑法的机能才能够最终得以实现。而按照刑法的要求去行动的必要前提是人们知道刑法规定的内容。那么，怎样才能够让人们知道刑法规定的内容呢？

### （一）成文刑法不可能直接成为指导人们如何行动的行为规范

首先，一般人不是刑法条文的当然读者。美国学者孙斯坦认为，"我们并不知道普通百姓对刑法条文的理解程度。毫无疑问，对这个问题的答案各不相同，而且在许多情形下，人们并不能十分精确地描述法律"。② 而在美国进行的一项调查研究表明，潜在的犯罪人并不"直接或间接地知道并明白旨在影响他的法律含义"，"实际的法律规则对他们的认识没有影响"。③ 杨勇律师说："在所谓现代法制国家，一个人要记住所有的法律文本，是非常困难的，甚至是不可能的事情（即使他是一个法律精英人士）。"④ 陈忠林教授指出，"要求公民在日常生活中按照具体的法律来行为，只能是一个根本不可能实现的神话"。⑤ 他建议大家做一个社会调查，统计 100 个公民中有多少人

---

① 当然，既有的刑法理论（主要是日本的刑法理论）将刑法机能细划为几个不同机能虽然在客观上获得了考察这一问题的多个视角，但是使法益（秩序）与人权机械对立、将犯罪人的人权从全体公民的人权中剥离出来的做法却值得推敲。这种僵化思维注定了刑法不同机能之间只能被理解为对立的和无法协调的关系，以至于得出"刑罚的适用，与保护法益成正比，与人权保障成反比"这样的悖论。这种悖论不是刑法本身固有的，而是错误的刑法机能理论强加给刑法的。实际上，如果不将公民人权与社会秩序割裂、不把公民个人人权从全体公民人权中剥离，那么社会（法益）保护机能和人权保障机能就不是成反比的关系，而是统一于保护全体公民人权的机能之下的成正比的关系。

② ［美］凯斯·R. 孙斯坦著：《法律推理与政治冲突》，金朝武等译，法律出版社 2004 年版，第 125 页。

③ ［美］保罗·H. 罗宾逊著：《刑法的分配原则——谁应受罚，如何量刑？》，沙丽金译，中国人民公安大学出版社 2009 年版，第 24 页。

④ 杨勇：《事实、规范与裁判》，载杨勇著：《法律语义谱系学》，人民法院出版社 2012 年版，第 42 页。

⑤ 陈忠林：《"常识、常理、常情"：一种法治观与法学教育观》，载《太平洋学报》2007 年第 6 期。

能够说出五条以上的具体的法律规定，以此来检验这个结论。① 严谨的实证研究和质朴的生活直觉都表明，普通公民可能并不阅读刑法典，因而不知道刑法条文的具体内容。简言之，裁判者和一般人都是刑法规范的指引对象，但二者的接受方式又不相同，裁判者需要阅读和熟悉刑法条文，而后者却并非如此，这是裁判者与一般人的重要差异。下文的论述即将表明，承认这个差异的存在，是正确理解刑法规范二重性及其相互关系的基本前提。

其次，普通公民即使熟读刑法典，也未必清楚刑法规定的内容。在现实生活中如果有人能够完整地背诵全部刑法条文，那么他是否就能够用成文的刑法来指导自己的行动呢？答案同样是否定的。比如，《刑法》第 232 条规定："故意杀人的，处死刑、无期徒刑或者十年以上有期徒刑……"在这条规定中，我们看到的只是如果有人故意杀人，那么他将被判处死刑、无期徒刑或者十年以上有期徒刑，并可由此推断，刑法禁止故意杀人的行为。但是，仅仅是熟悉这个条文，仍然未必知道哪些行为是故意杀人因而不能做，因为这个条文没有告诉人们为什么有的故意将人杀死的行为是故意杀人，而有时故意把人杀死的行为，却不是故意杀人。例如，执行死刑和战场上杀敌的行为。可见，"即使人们需要被告知这些禁律，我们也不可能通过阅读刑事法律来有效完成"。② 因为主张刑法法条文字必须明确的法学家也承认"即使是优秀的立法者也不能预见到法律适用的古怪情形"，③ "法典的编纂永远不可能是全面的"，④ "法条的表述总是笼统的，它不可能像案件本身一样具体"。⑤ 所以，刑法的"明确性是相对的，要求刑法成为任何人都能读懂的、任何争议都不存在的法律，那是过于幼稚的想法，世界上也没有这样的刑法"。⑥ 如果仅仅从文字中探寻刑法的明确性，那么关于刑法明确性问题的研究结论几乎都要无奈地承认刑法的明确性是相对的，甚至说"模糊性是刑法规范的基本属性之一"。⑦ 既然绝大多数普通公民通常情况下不会直接阅读刑法典因而不知道刑法的具体规定，即使全文背诵刑法典，也可能因为刑法文

---

① 参见陈忠林：《"常识、常理、常情"：一种法治观与法学教育观》，载《太平洋学报》2007 年第 6 期。其实，任何怀疑这个结论的人都可以直接测试一下自己可以完整准确地背诵出多少个刑法条文。

② ［美］罗伯特·S. 萨默斯著：《美国实用工具主义法学》，柯华庆译，中国法制出版社 2010 年版，第 58 页。

③ ［美］凯斯·R. 孙斯坦著：《法律推理与政治冲突》，金朝武等译，法律出版社 2004 年版，第 221 页。

④ ［德］汉斯·海因里希·耶赛克、托马斯·魏根特著：《德国刑法教科书》（总论），徐久生译，中国法制出版社 2001 年版，第 135 页。

⑤ ［奥］欧根·埃利希著：《法社会学原理》，舒国滢译，中国大百科全书出版社 2009 年版，第 185 页。

⑥ 张明楷著：《刑法格言的展开》，法律出版社 1999 年版，第 37 页。

⑦ 杨书文：《刑法规范的模糊性与明确性及其整合机制》，载《中国法学》2001 年第 3 期。

字表述的不全面、笼统和歧义而无法知道刑法规定的含义，而"人们不可能按照其所不知道的规则来行为"，① 所以，成文刑法不可能直接成为指导人们如何行动的行为规范。

### （二）刑法具体规定必须符合人们普遍认可的基本情理

如果说成文刑法不可能直接成为指导人们如何行动的行为规范，那么，刑法的行为规范性应如何理解？

近代德国法学家宾丁提出："唯有刑法规范而非刑法典是普遍共知的，并且实际地引导人们的行为。"② 也就是说，尽管一般人不是刑法条文的当然读者，因而刑法条文本身不可能直接指引一般人如何行动，但是，对于刑法条文所表达的内容即刑法规范，人们完全可能有所认识。从生活的实际状态来考察，"合法行为通常是知晓被编入法律的道德规范（禁止杀人、抢劫、遗弃等）的产物"，③ "人们通常都知道什么是谋杀、伤害或强奸，也熟知，这些行为是被禁止的"。④ "对于百姓大众来说，他们在日常行动之前或之中，并未先阅读法律，甚至在行动之后，还不知道有某个具体的法典或某个具体法律文本的存在，而其行为却并不违反法律规定。还有这样一些人，他们实际上完全不知道现行生效的成文法典的内容，却一辈子不会做出（或极少做）违法的事情来。"⑤ 这说明一定存在某种人们普遍认可的规范，这种规范指导人们不实施谋杀、伤害或强奸，并告诉人们这些行为被禁止，这种规范不是刑法制定之后才出现的，而在制定刑法之前就已经存在了。因为"在法律制定之先，就已经有了公道关系的可能性。如果说除了人为法所要求或禁止的东西之外，就无所谓公道与不公道的话，那就等于说，在人们还没有画圆圈之前一切半径都是长短不齐的"。⑥ "人们在制定具体的法的时候，总是需要一个立场为基础，总是需要一般的是非善恶标准为指导。在没有具体的法律规范之前，任何社会都总会有一些基本的规范人们行为的善恶观念、是非标准和伦理要求。人们总是在先有了这些基本的行为规范之后，再根据这些基本规范来制定具体的法律规定。"⑦ 也就是说，人们知道什么是谋杀、伤

---

① ［奥］欧根·埃利希著：《法社会学原理》，舒国滢译，中国大百科全书出版社 2009 年版，第 11 页。

② ［奥］欧根·埃利希著：《法社会学原理》，舒国滢译，中国大百科全书出版社 2009 年版，第 11 页。

③ Кудрявцев Ю. В. Нормы права как социальная информация. М. : Юрид. лит. , 1981. с. 28.

④ ［美］罗伯特·S. 萨默斯著：《美国实用工具主义法学》，柯华庆译，中国法制出版社 2010 年版，第 57~58 页。

⑤ 杨勇著：《事实、规范与裁判：法律语义系谱学》，人民法院出版社 2012 年版，第 43 页。

⑥ ［法］孟德斯鸠著：《论法的精神》（上册），张雁深译，商务印书馆 1961 年版，第 2 页。

⑦ 陈忠林著：《刑法散得集（Ⅱ）》，重庆大学出版社 2012 年版，第 156 页。

害和强奸，也熟知这些行为是被禁止的，并不是立法者制定了刑法之后才成为可能，而是人们早就知道什么是谋杀、伤害和强奸行为，并知道如果不禁止这些行为，自己的最基本权利就会受到根本的威胁，所以才有了通过规定和适用刑罚的方式禁止这些行为的刑法。即使有了成文的刑法之后，人们仍然是按照原来就遵守的规范，而不是转而用刑法的规定来指导自己的行动。① 用考夫曼的话说，"社会共同生活的规则不是透过刑法传介给人民，人民学习规则经常是在日常生活的沟通中并相互操作。他对于法与不法的想象不是透过法律语言的范畴来进行，而是由日常交往语言来确定。他想到'谋杀'时，是将它想成一个具体的社会行为模式，而不是一个被定义的法律概念"。② 也正是在这个意义上，哈耶克指出："并不是所有的法律都是立法的产物；倒是立法的权力预设了对某些规则的认可。"③

认定犯罪和适用刑罚标准的具体规定应当体现和反映指导人们不实施谋杀、伤害或强奸，并告诉人们这些行为是被禁止的行为规范。因为只有在刑法规定体现和反映作为人们基本行为规范的"善恶观念、是非标准和伦理要求"时，普通公民的预测可能性才可能得到保障，而国民有无自由行为的预测可能性问题实际上就是刑法是否是行为规范的问题。告诉人们"什么是谋杀、伤害或强奸"，以及"这些行为是被禁止的"是这样一些社会普遍认可的基本情理，它们存在刑法条文之外，但又被体现和反映在刑法条文的内容之中。刑法规定并不直接为人们提供行为规范，而是体现和反映在刑法制定之前就已经存在引导人们行为、预测行为性质和后果的"善恶观念、是非标准和伦理要求"等基本行为规范。英国法学家拉兹说："不去谋杀、攻击、强奸、监禁他人等的理由与法律无关，而完全在于这些行为违背了他人意志或利益或（道德）权利。然而，这些理由也是'法律要求这样做'的理由，因为法律禁止谋杀、攻击、强奸、监禁。服从法律的义务暗合了法律在事实上确实规定了这样做的理由。"④ 冯亚东教授认为："刑法之所以能够发挥行为规范的功能，很大程度并不是因为行为人了解刑法的具体规定，而是因为

---

① 或许有人会认为，这个结论只能适用于自然犯、刑事犯，但无法适用于法定犯、行政犯。但本文认为，对于法定犯和行政犯而言，一般人也不需要通过阅读刑法条文才能够知道这样的行为是犯罪。因为"法定犯、行政犯的构成，客观上只能是那些自己的生活与该种行为有较多联系的人才有可能。例如，偷税罪、抗税罪的行为人一般多与工商、税务机关打交道；侵犯著作权犯罪的人一般只能是从事文化、出版工作或与之联系密切的人。滥伐林木罪的行为人多为与林业生产有关的人"。参见贾宇：《论违法性认识应成为犯罪故意的必备条件》，载《法律科学》1997年第3期。

② ［德］考夫曼著：《法律哲学》，刘幸义等译，法律出版社2004年版，第194页。

③ ［德］弗里德里希·冯·哈耶克著：《法律、立法与自由》（第1卷），邓正来等译，中国大百科全书出版社2000年版，第154页。

④ ［英］约瑟夫·拉兹著：《法律的权威：法律与道德论文集》，朱峰译，法律出版社2005年版，第204页。

行为人总是以生活积淀的文化规范作为自己行为的观念性指导形象——良好的刑法恰恰紧扣了这一点。"① 正是在这个意义上，刑法规范具有行为规范性。换言之，成文刑法不是在直接指导人们如何行动的意义上成为行为规范，而是在体现和反映存在于刑法制定之前的实际指导一般人如何行动的基本行为规范的意义上具有行为规范性。

---

① 冯亚东：《违法性认识与刑法认同》，载《法学研究》2006 年第 3 期。

# 法治建设背景下刑法发展
# 脉络的梳理性反思
## ——兼论刑法的理性与机能协调

于 冲[*]

社会转型与风险社会的逼近，导致违法犯罪行为日益呈现高发态势。环境安全、食品安全、信息安全、网络安全等日益成为摆在立法者、司法者与研究者面前的重大课题。基于现实使命的需要，刑法不断加强对民生领域的刑法保护，犯罪化趋势逐步凸显。处于社会转型时期的中国刑法，就如何应对社会风险与新型犯罪开展了一系列探索，其中不乏存在忽视中国现有法情、民情的刑法冒进主义倾向。刑法作为社会治理的最后手段，应在坚守刑法最后性的同时，与其他部门法携手共担时代使命，极力避免刑法过快超越现有规范体系与观念体系的刑法跃进现象。

## 一、 法治建设背景下的刑法发展与体系化完善

近年来，社会转型与风险社会的双重背景，使得当今中国刑法面临着严峻的挑战，"中国刑法将何去何从"这一哈姆雷特式的问题摆在了中国刑法面前。整体来讲，在法治中国建设的背景下，刑法也在随着法治进步而不断发展，并呈现出法益保护前置化、民生保护强化以及罪名扩张的发展脉络。

### （一）刑法发展的时代轨迹：犯罪化浪潮澎湃

犯罪化曾在世界范围内得到了极度扩张，美国刑法学者道格拉斯对此坦言："任何一位研究当代刑法规范的学者，都可能被无所不及的规范以及刑法规范认可的可罚的行为数量众多所震惊。"[①] 例如，根据法国《国家犯罪调查统计表》的数字，法国 20 世纪末刑法规定为犯罪的行为达 12500 种以上;[②] 英国 1980 年有 7200 种罪名，1996 年上升至大约 7540 种,[③] 十多年间

---

\* 中国政法大学刑事司法学院讲师，网络法研究中心研究员，法学博士。

① ［美］道格拉斯·N. 胡萨克著:《刑法哲学》，谢望原等译，中国人民公安大学出版社 2004 年版，第 2 页。

② 参见［法］卡斯东·斯特法尼等著:《法国刑法总论精义》，罗结珍译，中国政法大学出版社 1998 年版，第 112 页。

③ 参见李贵方著:《自由刑比较研究》，吉林人民出版社 1992 年版，第 21 页。

罪名增加了 340 条，几乎比中国刑法条文数量的 2/3 还要多。考察中国罪名体系，中国 1979 年刑法的 129 个罪名，到《刑法修正案（八）》公布实施以来所确立的 452 个罪名，仍然不够法国刑法罪名数量的一个零头。客观讲，我国刑法目前罪名数量整体上仍然偏少，刑法规范体系还不够具体，因此，可以预见犯罪化将成为中国刑事法治的长期发展轨迹。当然，伴随犯罪化扩张的同时，非犯罪化也是与之相随的另一种趋势。只不过中国刑事法规范体系实质上仍然不够具体，尤其二元立法体系更已使得能够纳入刑法打击半径的犯罪行为少之又少。在某种程度上讲，行政治安处罚已经在数十年以前承担了中国非犯罪化的任务。可以说，非犯罪化在中国完成的速度已经远远超过了中国犯罪化的速度。

实际上，随着中国刑事法治进程的推进，刑法分则罪名体系有了较大程度的扩张，并呈现出进一步扩张的趋势。尤其 1997 年刑法实施以来，刑事法网网眼逐步严密化，通过罪名分解（如 1997 年新修订的刑法将流氓罪分解为强制猥亵、侮辱妇女罪，猥亵儿童罪，聚众淫乱罪，聚众斗殴罪，寻衅滋事罪等），以及经济、行政违法行为（如危险驾驶入罪）的犯罪化，正使得犯罪圈不断扩大，这基本符合了刑法防卫社会的时代使命。

但值得警惕的是，在犯罪化作为中国刑事法治现代化必经之路的同时，出现了一些"病态式"的盲目扩张现象，即普遍将刑法作为解决社会冲突、引导民间纠纷的常态化手段，而这与刑法的最后性、谦抑性及残酷性严重违背。甚至可以说，刑法法治现代化已经出现了"走样"的倾向。

### （二）刑法的变迁脉络：法益保护的前置化

客观讲，我国犯罪的高门槛设置，情节、结果的定量设置使得刑法弹性与张力稍显不足，这就使得刑法面对新的社会危害性行为而不断将法益保护前置化，这种前置化趋势逐步在恐怖主义犯罪、毒品犯罪、网络犯罪等立法中体现。

伴随着刑法法益保护的不断前置、犯罪门槛的不断降低以及犯罪既遂时间点的向前推进，彰显出来的是刑法法益保护范围的扩大和对犯罪容忍度的降低。这种立法趋势符合现代刑法的理念，对于改革传统的犯罪定性加定量、高门槛设置的立法格局具有较大的进步意义。以生产、销售假药罪为例，1979 年刑法中生产销售假药罪在犯罪构成上属于结果犯（以盈利为目的，制造、贩卖假药危害人体健康的），伴随生产、销售假药犯罪行为的日益猖獗和社会公众要求严厉制裁生产、销售假药犯罪行为的呼声，1993 年 7 月 2 日第八届全国人大常委会《关于惩治生产、销售伪劣商品犯罪的决定》和 1997 年刑法均将生产、销售假药罪的构成要件规定为"足以危害人体健康的"，并将生产销售假药罪的最高法定刑由 1979 年刑法典中的"7 年有期徒刑"提高到"死刑"，这一立法转变将"生产、销售假药罪"由"结果犯"改为

"危险犯",顺应了严厉打击生产、销售假药犯罪行为的民众诉求和社会环境。当前,2011 年颁行的《刑法修正案(八)》针对涉案"假药"是否属于"足以严重危害人体健康"因果关系难以证明的司法困境,再次将生产、销售假药罪直接修订为行为犯。[①]

梳理 1979 年以来刑法关于生产、销售假药罪的演变历程,可以发现该罪经历了结果犯→危险犯→行为犯的沿革,本质上表明了刑法法益保护层层前置的思想,也是刑法及时跟进社会变革与犯罪态势的必然结果。因此,基于法益保护前置化理念进行的抽象危险犯的刑法扩张,有着时代发展的契合性和正当性,但是考虑到犯罪化的扩张关涉到相关行为人的人身自由与财产权益,应当保持一定的刑法克制,严格把握犯罪化的界限与合理内核。因此,今后应全方位、渐进立体式地实现刑法的改革与现代化,以应对逐步新增的严重危及社会重大公共利益的不法行为,实现刑法维护社会秩序、保护社会法益的重要机能。

### (三) 刑法保护社会的重要方向:民生犯罪的重点防控

2011 年 2 月 25 日通过的《刑法修正案(八)》第一次对包括刑法总则在内的近 50 条条文进行了大规模修正,醉驾入刑、欠薪治罪等"民生犯罪"震撼冲击着媒体舆论、社会公众的眼球,也引发了部分刑法学者对于刑法防卫社会机能越位的反思。2014 年 10 月 27 日提交全国人大常委会审议的《刑法修正案(九)(草案)》基于相似的思路,将伪造、变造、买卖居民身份证、护照、社会保障卡、驾驶证,组织考试作弊等行为纳入刑法的打击半径之内,进一步将严重超载、超速行驶纳入危险驾驶罪的刑罚圈。随着风险社会的来临,刑法的社会保护范围不断扩张,尤其是社会生活的复杂化和社会冲突的频发化,使得越来越多曾经由其他部门法解决的社会问题被推到刑法面前,可以说,刑法在当今时代对于市民生活介入的深度和广度远远超过了传统刑法的范围预期。[②]

刑法作为其他部门法的最后保障法,对于宪法、行政法、民法等一系列法律规范所确认的民生法益有着广泛的保护功能,因此刑法对民生的关注和保障当然无可厚非,也是刑法保护人权与公民基本权利的应有之义,更是刑法保护社会机能的重要体现。例如,《关于〈中华人民共和国刑法修正案(八)(草案)〉的说明》第 4 条第 1 款中也明确指出:"对一些社会危害严重,人民群众反响强烈,原来由行政管理手段或者民事手段调整的违法行为,建议规定为犯罪……"这种犯罪化动因在很大程度上吸收了民众的呼声,这

---

① 参见于冲:《生产销售假药定罪量刑中的司法尴尬及完善》,载《北京化工大学学报》2010 年第 4 期。

② 参见董启元:《社会热点入刑法,引发专家热议》,载《民主与法制时报》2010 年 9 月 20 日第 D02 版。

本无可置疑，因为关注保障民生是刑事立法的重要使命和基本价值追求，但是刑法对于民生的关注和干预应该保持在怎样的范围内，则需要刑事立法理念的明确和刑法保护民生目标的合理定位，进言之，刑事立法在反映民意、关注民生的同时，也应重视刑事立法的独立性和科学性，而不能单靠民意的呼声而浮躁立法。

## 二、 刑法发展过程的检讨与反思

在社会变革的时代背景下，有必要考虑刑法规范的与时俱进，但是刑法典的频繁修正和入罪化设置，是否是解决刑法与时俱进的唯一出路，值得我们思考。考察近年来频繁的刑法修正，以及由此所强化的入罪化思潮以及刑法工具主义、刑法万能主义的潜在观念，动辄要求刑事立法增设新罪名以包罗社会万象的动议不免有些偏执。

### （一）刑法越位：与二元立法体系的渐进式博弈

从中国法律体系的整体框架来看，中国刑事立法呈现出典型的"二元化"（也称三元处罚体系：刑事罚、治安罚、行政罚）特征：根据社会危害性的大小，将违法行为划分为行政处罚与刑事处罚两个领域，即仅具有"严重社会危害性"才能进入刑法的打击半径，对一般违法行为则进行行政治安处罚。① 与我国不同，大部分西方国家立法体系中并不存在像我国那样庞大的行政处罚圈，而是往往只存在是否予以刑事罚的问题。因此，考虑到我国特殊的二元立法体系，刑法的犯罪化进程应当兼顾本土特有的国情、法情，而不能像国外刑事立法一样简单地将原先不受刑事处罚的行为纳入刑事处罚体系。进言之，我国二元立法体系之下，在刑事罚之外还存在治安罚，刑法的犯罪化大部分情况下是将曾经应受行政处罚的行为纳入刑事罚的打击半径之内，是对行政处罚权润物细无声的渐进式限缩，诚如有学者指出："刑法的触角并非是在一夜之间疯长，实际上它是蓄谋已久，并在一个多世纪的时间里悄然地渐行渐长。"②

笔者认为，在现有的"违法"、"犯罪"二元规范体系下，刑法应坚守自身的治理半径，在积极扩大犯罪圈的同时，应当克制避免侵犯原本属于"违法"的行政处罚领域。但遗憾的是，频频颁布实施的刑法修正案却忽视了"违法"与"犯罪"的界限，将大量原本属于"违法"的行为积极地进行入罪化。以危险驾驶罪的增设为例，这一罪名突破了刑事罚与行政罚的分水岭，将原本属于治安管理处罚法的醉驾和飙车行为纳入刑事处罚体系之内，却规定了最高法定刑仅仅为拘役的危险驾驶罪，不仅破坏了原来的刑罚体系，而

---

① 参见于志刚：《刑法修正何时休》，载《法学》2010 年第 4 期。
② 参见劳东燕著：《刑法基础的理论展开》，北京大学出版社 2008 年版，第 19~20 页。

且将原本泾渭分明、相互独立的部门法之间的平衡打破。因此，在短时间无法改变整个立法体制的情况下，单独以刑法打破上述二元分立体系实无必要，而完全可以中国特色的规范性评价体系去应对层出不穷的社会问题，做一个推倒重来式的大刑法变革去适应无限多变的犯罪态势，无异于"夸父追日"。

（二）刑法跃进：社会评价体系发展滞后于刑法变革步伐

在中国特色的社会环境中，将某种行为纳入犯罪圈，除了刑事立法的规范性评价之外，还存在其他法律法规的规范性评价以及来自社会公众的自发的非规范性评价，而这将给行为人甚至其近亲属的生活带来严重影响。因此，与犯罪化相伴随的一个问题在于，在刑法扩大犯罪圈的同时，相关的配套制度和社会观念却没有及时跟进。

1. 规范性评价体系的滞后：以前科制度为例

犯罪化的结果除了刑罚之外，还存在其他法律规范的否定性评价。以前科制度为例，尽管没有明确的法律表称，但前科制度广泛地散见于中国法律规范体系中，并将伴随着犯罪圈的扩大介入更多的曾经受过刑罚处罚的人的大部分生活中。例如，《中华人民共和国教师法》第14条规定："受到剥夺政治权利或者故意犯罪受到有期徒刑以上刑事处罚的，不能取得教师资格；已经取得教师资格的，丧失教师资格。"但是，目前，我国的前科制度是不完备的，即只存在前科制度而不存在前科消灭制度，这种对行为人资格或者权利的无限期剥夺或者限制，过度侵犯了犯罪人的权益，甚至阻碍了犯罪人正常的社会复归；同时，尤其对于所有犯罪人一刀切式的资格限制或者权利剥夺，对于某些轻犯罪的行为是相对不正义的，如对于过失致人重伤罪与故意杀人罪（被判处自由刑的）的行为人，不加以区别地一概无限期剥夺或者限制相关资格，对于某些轻罪行为入罪化是不公平的。尽管刑法满足了"一时之快"，但却可能在其他法律法规上给某些犯轻罪的行为人带来无限期的资格减损。

2. 社会非规范性评价体系的滞后：以公众传统"犯罪观"为例

在西方国家，对于一些闯红灯或者在公共场合抽烟的行为都被认为是犯罪，因此这些国家民众的"犯罪观"与我国存在明显的差异。我国传统社会对于犯罪有着天然仇视，社会公众对于犯罪人有着根深蒂固的敌视和防范心理，并普遍认为犯过罪的人就是坏人，社会公众将犯罪人视为"瘟神"避而远之。犯罪这一在中国社会极其敏感的词汇，只要加诸于某个个体，就将会给其自身乃至整个家庭带来极大的社会压力和道德阴影。① 在中国传统的社会结构下，犯罪人及其近亲属在家乡父老面前"抬不起头"、"做不起人"，

---

① 参见于志刚：《关于对犯罪记录予以隐私权保护的思索》，载《河南大学学报》2010年第5期。

严重干扰了行为人亲属的正常生活。① 除了社会公众的避而远之和"贴标签"之外，在民事、行政法律法规中普遍存在的"前科株连"现象还会导致犯罪人的近亲属在资格和权利上受到限制甚至剥夺，而这主要存在于入学、公安司法院校招生、征兵以及特定行业的就业中。因此，刑法的犯罪化既涉及行为人的权利资格问题，也涉及社会公众对于犯罪的非规范性评价，在中国公众传统犯罪观仍无改变的情况下，大范围的犯罪化必然严重影响到行为人及其近亲属的社会生存环境。

**（三）刑法失衡：泛犯罪化对罪刑均衡和刑法权威的减损**

仍以危险驾驶罪为例，《刑法》第 133 条之一规定：在道路上驾驶机动车追逐竞驶，情节恶劣的，或者在道路上醉酒驾驶机动车的，处拘役，并处罚金。可见，该罪名最高刑为拘役，与其他罪名相比，抛开最高刑为死刑的罪名不说，但就某些轻罪的最高刑为 3 年有期徒刑，危险驾驶罪跻身"犯罪"罪名之列颇有"凑热闹"之感，损害了刑法罪名体系间的刑罚均衡。

如果说中国公众依靠传统的对刑罚的敬畏，能够对于现有的罪名心存畏惧，但在刑法的修改次数、罪名数量达到一定限度以后，这种敬畏很可能就会减损甚至消失。对于法律的信仰应是长期引导的结果，培养公民守法意识不应单纯通过刑法实施，否则将可能使得中国公众目前仍然稍显稚弱的守法意识更加削弱，对此曾有法国学者指出："庞大的罪名增修足以动摇我们关于正义的理念，因为当很多公民都可能被贴上犯罪标签时，对犯罪的惩罚就会失去意义，刑法会成为虚无。"②

**（四）刑法不能承受之重：刑法万能主义高涨**

中国封建统治时期确立了民刑合一、以刑为主的立法体系，这种扭曲的民刑配置关系使中国社会长期泛滥着刑罚泛化、刑法万能的观念认识。对此已有学者指出：长期以来，我们对于刑法往往有着过高的希冀，在某种危害现象普遍化的时候，希望通过刑法来解决这一问题（即使刑法没有规定）；当某一社会现象引起社会情感剧烈波动的时候，希冀通过重刑化来加以解决。③

现阶段，刑法万能观在中国公众乃至法学专家心目中仍然有着较大的影响力，每每面对重大的法治事件，社会公众和法学家往往会普遍地将心中的不满和对公平正义的期待寄托在刑事法律上，呼吁刑法增设新罪名惩治某类

① 参见陈莫强、李红辉：《按自报认定被告人身份存在的问题与对策》，载《中国刑事法杂志》2007 年第 2 期。

② 参见［法］卡斯东·斯特法尼等著：《法国刑法总论精义》，罗结珍译，中国政法大学出版社 1998 年版，第 112 页。

③ 参见孙万怀：《反对违法交通行为的过度立法和司法犯罪化》，载《中国社会科学报》2009 年 8 月 18 日第 7 版。

犯罪现象。危险驾驶罪、不支付劳动报酬罪以及曾经被提议入罪的"胎儿性别鉴定罪"、"买卖假证罪"的犯罪化历程，大体可以被归纳为：个案轰动→民意沸腾→舆论关注→司法纠结→犯罪化。① 可以说，犯罪化过程在很大程度上受到了公众民意、社会舆论的影响甚至过度干预。但是，通过刑法解决社会问题、引导社会民生，不免有些"用高射炮打蚊子"、"大材小用"之感。

## 三、 刑法社会保护机能的应有力度与限度

《孙子·窬言》有云："不谋全局者不足以谋一域，不谋万世者不足以谋一时。"因此，中国刑事法治现代化应立足于我国目前整体刑法体系和犯罪态势的大视野之下，鉴于犯罪的无限性和刑法的有限性，在防治犯罪的长期策略上，严格把握刑法底线，引导公众形成守法的社会格局。

### （一）坚守刑法的最后性：与其他部门法共担时代重任

回顾近年来刑法新罪名的增设，某种行为的犯罪化更多的是在重大刑事法治事件或者强大民意的基础上形成的。尤其近年来，刑法立法呈现出比较积极的活跃态势，而社会迅速发展中仍将不断出现新的问题和挑战，推动刑法修正的"社会需求"与民众诉求今后仍将长期存在。但是，鉴于刑法的局限性和滞后性以及刑罚的两面性，单靠刑法的修补完善去解决社会问题未免有些"强法所难"，今后须极力纠偏动辄入罪的泛刑法化倾向。诚如，有学者指出："刑法毕竟是一种杀伤力很强大的法律武器，在立法和运用中如果稍有不慎，将本来可以通过其他相对平和的社会规范如纪律的、道德的或者民事、行政、经济等法律手段解决的问题，一律诉诸刑事手段，无助于社会公平正义的实现。"② 我们绝不能在没有经过其他控制手段的试验，或者因行政管理太难或不具有利益为理由，将对这种行为的控制转而交给刑法来完成。③

诸如刑法新增的"组织残疾人、儿童乞讨罪"、"恶意欠薪罪"，严密行政管理手段完全有可能抑制此类行为的发生，但由于行政管理中存在的某些不作为导致此类危害行为长期难以根治，于是乎将"皮球"踢给了刑事立法。可以说，此类行为的入罪，根本上不是由于穷尽了行政管理手段而无法根治，而更多的是由于执法不严、行政执法与刑事司法衔接不畅所造成的"犯罪假象"。另外，入罪化的功利价值还在于试图通过刑罚的严苛和中国民

---

① 参见于志刚：《刑法修正何时休》，载《法学》2010 年第 4 期。

② 参见郎胜：《在构建和谐社会的语境下谈我国刑法立法的积极与谨慎》，载《法学家》2007 年第 5 期。

③ 参见姜涛：《诉讼社会视野下中国刑法的现代转型》，载《云南师范大学学报》2010 年第 6 期。

众对于刑罚根深蒂固的"恐惧"，通过刑罚的震慑去威吓公民守法。这种做法有着其合理性，但是通过"刑罚恐吓"去构建守法秩序未免使人对其正当性和合理性上唏嘘不已。

事实上，自《刑法修正案（八）》增设危险驾驶罪以来，对醉驾行为起到了相当的震慑作用，据公安部交管局数据显示，自 2011 年 5 月 1 日《刑法修正案（八）》实施至 2012 年 4 月 20 日近一年时间内，全国公安机关共查处酒后驾驶 35.4 万起，同比下降 41.7%。其中，醉酒驾驶 5.4 万起，同比下降 44.1%。[①] 这一硕果固然说明了危险驾驶行为入罪的科学合理性，但笔者在此思考更多的是，除了刑罚对于民众的震慑之外，这一硕果在某种程度上还体现了公安民警加大治理醉驾、酒驾行为的力度，这也应得益于广大公安民警的醉驾"严打"，对此公安部交管局有关负责人日前表示："公安机关将健全完善严查酒后驾驶的长效机制，坚持对酒后驾驶行为实施'零容忍'。"笔者认为，如果及早加大行政管理手段的实施，及早采取对酒后驾驶行为的"零容忍"，那么危险驾驶罪可能就丧失了入罪的动因和可能性。

应当掌握刑事立法的适度，保持立法态势的积极与谨慎，在对新的罪情和新的社会冲突作出积极反应的同时，也应保持刑事立法的克制与谨慎，最大限度地将刑罚的负面效应降到最低程度。今后中国的法治建设将继续完善，在积极扩大刑法犯罪圈的同时，其他配套性立法也应积极跟进，避免一条腿走路，要充分发挥民事立法、行政立法以及其他部门法律法规在引导社会变革、引领心态以及解决社会问题中的广泛作用。

（二）刑法机能的有机协调：有所为与有所不为

从本质上讲，刑法更多的是受到国家政治体制的影响，其担负着维护社会秩序、保障公共安全的时代使命。因此，当某些恶性"法治事件"引发社会众怒的情况下，刑事立法便被作为应急性手段使用。继而新罪名的制定，则往往给社会公众以安抚，宣示了相关社会问题已经从国家立法层面上得到解决，可以说，此时刑法更多地充当了安抚国民的角色。但是，在风险社会中以保护社会为由侵犯公民自由的可能性极大增加，如果借口保护社会不断蚕食公民自由，那么对公民权益的过分剥夺会导致整个刑法被毁弃。[②] 因此，今后不能片面追求刑法保护社会，在刑法防卫社会的同时，强调公民的自由权利更为重要。诚如，我国有学者指出：刑法顺应时代变革，对社会转型过程中出现的新问题作出积极回应是应该的，但是这种刑法主动应当谨慎前行，

---

① 参见辛闻：《醉驾入刑一年全国酒驾醉驾降幅均超四成》，载《人民公安报》2012 年 4 月 30 日。

② 参见王钧、冀莹：《危害性原则的崩溃与安全刑法的兴趣——兼评伯德·哈考特与劳东燕的"崩溃论"》，载《中国刑事法杂志》2009 年第 9 期。

以避免带来一个新的制度风险——风险社会的刑法危险。①

　　刑法与其他部门法一样，有着通过评价功能塑造社会公众行为模式的价值功用，但是对于刑法的机能不能过于苛刻，不能强迫刑法超越法律功能的范围去履行使命，一味地苛求刑法保护社会的机能将可能导致刑法正当性和威慑性的减损。因此，必须客观地对待刑法的功能，这是因为"刑法首先是一部律法，只是具备法律的功能，不能超出法律的功能去苛求实现法律领域之外的目的；其次刑法只是一部部门法，不能超出部门的意义去实践非刑事法领域的功利"。②

---

　　① 参见龙敏：《秩序与自由的碰撞——论风险社会刑法的价值冲突与协调》，载《甘肃政法学院学报》2010 年第 5 期。
　　② 参见孙万怀：《刑法的功能贫困——惩治腐败的阶段性思考》，载《华东政法学院学报》2003 年第 4 期。

# 刑法机能的困局及其破解

## ——兼论社会治理对刑法机能构成元素的要求

夏 凉[*]

在当今的司法实践中，很多情况下司法官只是简单地照搬其至套用刑法及刑法司法解释的条款，这种做法使刑法的人文色彩大为弱化，许多诸如此罪与彼罪、个罪的量刑等问题都悬而未决，这么多高深的刑法理论未得到实际充分有效的应用。凡此种种，一个根本性的问题就在于目前我国刑法机能弱化，或者说其发挥受限。刑法机能的不受重视及其内在体系的紊乱导致我国刑事司法在实践操作过程中产生一系列问题，因此，对当前我国刑法机能进行深刻反思乃至对其予以重构，显得十分重要且迫切。

## 一、 国内外的研究现状

日本刑法学者西原春夫认为，刑法的机能包括规制的机能、抑制的机能、秩序维持的机能、保护的机能以及保障的机能。[①] 山中敬一认为，刑法机能包括行为规制机能、法益保护机能和人权保障机能。同时，他对三者之间的关系进行了研究，并依据规范体系的机能主义的犯罪论着重强调了刑法的预防机能。[②] 也有人从刑法机能的概念入手对之加以研究的，如木村龟二认为，刑法规范的机能是作为刑法规范的论理构造的结论而成立的法的机能，这个机能可以分为三个方面：第一是保障的机能，第二是保护的机能，第三是规律的机能。[③] 另外，关哲夫也对刑法机能进行了概念性的考察。平野龙一则站在经验主义认识论的立场主张、倡导机能主义刑法学。总之，在日本，关于刑法的机能有两机能说、三机能说与四机能说等众多学说，而每种学说又分成各异的几派，其中川端博的三机能说，即限制的机能、维持秩序机能与保障自由机能被认为是传统的见解。[④]

在德国，有些刑法教科书并不专门列章节描述刑法机能的相关内容，而

* 中南财经政法大学博士，浙江省奉化市人民检察院法律政策研究室副主任、检察员。

① ［日］西原春夫著：《刑法总论》，成文堂 1977 年版，第 8~10 页。

② ［日］山中敬一：《刑法中犯罪论的现代意义》，陈家林译，载赵秉志主编：《刑法论丛（2012 年第 2 卷）（总第 30 卷）》，法律出版社 2012 年版，第 6~7 页、第 9~10 页。

③ ［日］木村龟二著：《刑法总论》，有斐阁 1959 年版，第 86 页。

④ 马克昌著：《比较刑法原理——外国刑法学总论》，武汉大学出版社 2002 年版，第 10~11 页。

仅以刑法的任务来体现其诸项功能，如保护社会、压制和预防功能、法益保护和社会伦理行为价值保护。① 德国学者施特拉腾维特在其著作中以一章的篇幅来论述刑法的功能，而且着重凸显了刑法的社会控制功能。② 而李斯特仅仅在其著作中论及了刑罚的社会功能，重点论述了刑法的法益保护机能。③

综上，以欧陆、日本为代表的大陆法系刑法学中多数主张刑法的机能包含行为规制机能、秩序维持机能（或保护的机能）和自由保障机能。④

英美刑法具有浓厚的实证主义色彩，虽然其在刑事司法实务操作中随处可见刑法机能的影子，但是却鲜有将其作为一项专门的课题来加以理论研究的。

在我国，20世纪90年代有学者从定义、价值与内容三方面着手分别介绍了刑法机能的作用、任务、功能、价值（包括正义价值、法的安定性价值、公共福祉价值）、刑法的规律机能、保护机能和保障机能。⑤ 进入2000年以后，学界对刑法机能的关注开始增多，有人重点探讨了刑法保障机能与保护机能的关系；⑥ 有人研究了定罪模式与刑法机能（主要是人权保障机能）的关系；⑦ 有人从刑法哲学着眼重点研究了刑法机能的概念、内涵；⑧ 有人从刑法价值论出发认为刑法机能的时代命题是：维护秩序、保护人民、惩罚犯罪；⑨ 有人以刑法机能为研究进一步探讨了刑法目的的正当性与合理性问题；⑩ 有人将刑法机能分为本质机能与具体机能，而后者包含了预防机能、保护机能与保障机能。⑪ 近年来，学界对于刑法机能的关注度似乎逐渐下降，而且其研究视域仍与此前一样，几乎全部集中于刑法的两大机能——社会/秩

① ［德］汉斯·海因里希·耶赛克、托马斯·魏根特著：《德国刑法教科书》，徐久生译，中国法制出版社2001年版，第1~12页。

② ［德］冈特施特拉腾维特著：《刑法总论——犯罪论》，杨萌译，法律出版社2006年版，第3~4页。

③ ［德］李斯特著：《德国刑法教科书》，徐久生译，法律出版社2006年版，第5~10页。

④ 赵秉志主编：《外国刑法原理（大陆法系）》，中国人民大学出版社2000年版，第6~7页；马克昌主编：《外国刑法学总论（大陆法系）》，中国人民大学出版社2009年版，第10~12页；张明楷著：《外国刑法纲要》，清华大学出版社2007年版，第6~7页。

⑤ 李泽龙：《论刑法的机能》，载《法律科学》1995年第1期；陈兴良：《刑法机能的展开》，载《北京市政法管理干部学院学报》1999年第1期。

⑥ 臧冬斌：《刑法保障机能与保护机能的立法调整和司法实现》，载《法学家》2002年第3期。

⑦ 逄锦温等：《德日刑法定罪模式与刑法机能的实现》，载《现代法学》2003年第6期。

⑧ 刘永强：《刑法的机能与作用之辨析》，载《甘肃社会科学》2005年第2期。

⑨ 房书君：《刑法机能的时代命题》，载《当代法学》2005年第1期。

⑩ 陈兴良：《刑法机能的话语转换——刑法目的论的一种探讨路径》，载《环球法律评论》2008年第1期。

⑪ 马克昌：《刑法的机能新论》，载《人民检察》2009年第8期。

序/法益保护机能与人权保障机能之上。①

当然，也有部分论著较为全面、系统地研究了与刑法机能有关的一些问题，如对刑法功能与刑法适用解释机制的前世今生、前因后果进行哲学性思考，这对其后的研究者具有一定启示意义。② 又如，有学者从刑法技术理性的视角着眼阐述了与刑法有关的诸功能及其意义。③ 再如，有人对刑法机能的范畴、类型、历史演变、根基、内容、模式等基础理论问题进行了较为细致、完整的展示，这在一定程度上为其后的研究者作了良好的铺垫。④

赵秉志教授主编的《刑法学总论研究述评（1978~2008）》一书则对我国近20年来的刑法机能问题研究作了一个综览性的历史回顾与总结，其分别从刑法机能的含义、构成、关系协调等方面对学界的研究成果给予了整体性评价，并在肯定现有成果的前提下指出了尚存的一些不足之处。⑤

笔者认为，时代赋予刑法机能以新的历史使命、目标和任务，可以说时代和社会的政治主题从某种意义上决定了刑法机能的内涵与外延，许多学术理论对刑法机能的研究虽然达到了一定的深度和广度，然而却始终未能逃脱对法益保护和人权保障这二者的局限，⑥ 且鲜有将之与目前我国甚至全球时代特征相联系起来而予以考察的研究成果，而多是进行封闭式的本体论的研究，这种就事论事的研究方法使得刑法这个本具有浓厚实践性、历史性、时代性、社会性特征的社会治理工具顿时失去了其本应具有的理论光彩和实践特色。

## 二、困局的显现

从目前研究现状及司法实践来看，我国刑法机能所遭遇的困局有四：其一，近年来，我国学界和实务界过度强调程序、轻刑，甚至有"重程序而轻实体"的现象发生，这使程序、轻刑优先的态势愈发明显，故有矫枉过正之嫌，实体刑法本质机能的发挥因此受限。其二，大量的立法解释、司法解释甚至是形形色色的会议纪要、指导意见、工作机制等充斥其间、横行其道，

---

① 潘庸鲁等：《刑法双重机能之关系检讨》，载《广西大学学报》2010年第4期；周明：《刑法机能问题研究》，载《北京化工大学学报》2011年第1期；张明楷著：《刑法学》，法律出版社2011年版，第25~26页；陈兴良著：《走向哲学的刑法学》，法律出版社1999年版，第125页以下。
② 宗建文著：《刑法机制研究》，中国方正出版社2000年版。
③ 周少华著：《刑法理性与规范技术——刑法功能的发生机理》，中国法制出版社2007年版。
④ 逄锦温著：《刑法机能研究》，法律出版社2014年版。
⑤ 赵秉志主编：《刑法学总论研究述评（1978~2008）》，北京师范大学出版社2009年版，第90~96页。
⑥ 实际上，很多刑法的具体机能本是刑法某一机能的一体两面，甚至一体多面，其在本质上与其他机能相重合，并不具有独立的机能个性，如抑制的机能、维持秩序机能、保护社会机能，因此不能将其作为一项独立的机能来予以考察。

这使司法官的主观能动性，包括对刑法适用的解释权、话语权大大受限，刑法理论在实务界的应用更加趋弱，刑法实践的人文性及其终极关怀逐渐丧失，由此使得刑法机能在司法实践领域进一步退却。其三，眼下部分学者的学说正有意无意地削弱刑法的影响及其存在的意义，他们以行政法模糊、淡化刑法界限，以民法蚕食刑法的领域，以教育替代刑罚，① 这将使刑法的刚性元素不断消弭，其正面打击犯罪的主力机能将因此而萎缩、衰退！这是值得警惕并需要引起重视的。其四，笔者认为，人权保障并非刑法特有的一项机能，而是各部门法所共有的一项机能。在刑事司法领域，人权保障更多的应在刑事诉讼法这一程序法中去体现、去实现。而在实体刑法中，其只是作为一项副机能或衍生机能而存在，然而当前，作为副机能的人权保障却大有取代打击犯罪这一主力机能的态势。

党的十八届四中全会的召开以及《中共中央关于全面推进依法治国若干重大问题的决定》的公布对我国社会的法治进程产生了重大影响。与此同时，新修订的《环保法》、《反间谍法》、《安全生产法》等一批新法的出台则标志着立法工作进入一个新的广度和深度。而一批新的刑法、刑事诉讼法的立法解释，如对《刑法》第 30 条、第 158 条、第 159 条、第 341 条、第 342 条的解释与对《刑事诉讼法》第 271 条第 2 款、第 79 条第 3 款的解释的出台，以及司法改革进入深化、推进的阶段，这些无不表明我国刑事法治已进入一个崭新的时期，其对法治中国社会治理的维度正在逐渐调适形成。在这样一个法治进程下，尤其是随着社会转型进入深水期，犯罪形势日趋严峻、突发恶性案件高位段呈现，作为实体法主力的刑法，其机能的充分有效发挥显得更为重要。作为社会治理的一种强力手段，刑法本身就具有一定的统合社会的机能，如社会治理机能、社会控制机能、社会防卫机能。在党的十八届三中、四中全会多次提到要推进国家治理体系和治理能力现代化的形势下，社会治理从客观上对刑法提出了新的更高的要求，刑法机能被寄予更高的期望，而市民社会则希望从中获得关切与回应，这就要求我们重新认知、审视与定位刑法的传统机能，毕竟在社会治理的语境下传统刑法机能在面对诸如风险社会与非传统安全②时有不适应、不协调、不灵活等症结，重构刑法机能以使之更好地应对现代社会的各种不良症状是为必要，这也是现代刑法机

---

① 姚建龙：《论刑法的民化》，载《华东政法大学学报》2001 年第 4 期；徐建、姚建龙：《家庭教育立法的思考》，载《当代青年研究》2004 年第 5 期；刘军：《刑法与行政法的一体化建构》，载《当代法学》2008 年第 4 期；古瑞华：《治理未成年人犯罪的新思路》，载《人民论坛》2011 年第 17 期。

② 风险社会是 1986 年德国学者乌尔里希·贝克在其著作《风险社会》中提出的一个范畴，它主要是指一个充斥着现代科技带来的生态灾难或工业生产带来的污染的社会状态；所谓"非传统安全"（non-traditional security）是指人类社会面临的除军事以外的新的安全威胁，如突发事件、金融风险、生化威胁、恐怖主义。

能的历史使命与时代任务之所在。

社会治理究竟需要一种什么样的刑法机能？它究竟会对刑事司法产生什么样的影响？这值得我们深思。

刑法机能并非固有保守、一成不变，时代赋予其以新的历史使命、目标与任务，而其必将随着社会变迁而不断焕发出新的气息与生命力。可以说在某种意义上，时代与社会决定了刑法机能的内涵、构成乃至命运，因此在特定的历史条件下我们需要结合时代特征来重新审视乃至建构刑法机能及其体系。

笔者认为，总的来说，在社会治理视野下刑法需要充分发挥其既能有力应对、惩治多元化犯罪，又能全方位保护社会，还能顺畅适用解释以体现其人文关怀的三项机能。这就需要将研究重心置于刑法的本质机能，同时兼顾刑法的引申机能。而在本体论的规律机能中，其侧重点应在于动态的刑事司法解释，可以说刑事司法解释在社会治理视野下显得尤为重要，因为它是刑法作为社会治理工具而将自身机能落在实处的方式、途径和体现。需要指出的是，所谓动态的刑事司法解释，实际上就是指刑事司法过程，或者说是司法官释法的过程。因此，新建构的刑法机能体系模式将对刑事司法产生贯穿始终的全局性的深远影响。

## 三、　困局的破解

为破解上述刑法机能面临的四大困局，我们需要重构刑法机能的体系；为适应当前法治中国社会治理的需要，我们需要在新的刑法机能的体系中融入新的刑法机能构成元素。

笔者认为，我们审视刑法机能可以从两个层面入手：其一，从刑法机能的认识论层面来看，应坚持刑法机能二元论的立场，即刑法机能可以分为本质机能和引申机能，其中本质机能（或正面机能）就是刑法惩治犯罪的机能，其又可以细分为预防犯罪、打击犯罪与惩罚犯罪等具体机能。而引申机能（或侧面机能）就是刑法保护社会的机能，之所以称之为"引申机能"是因为：保护社会是刑法本质机能中的应有之义，是惩治犯罪的引申之义，这两项基本机能一起构成了刑法机能的一体两面。保护社会的机能又可以进一步分为社会控制、社会防卫、法益保护等具体机能。其二，从刑法机能的本体论层面来看，我们应坚持刑法机能一元论的立场，即仅有刑法的形式机能（或规律机能，当然，刑法的规律机能并不等同于规制机能，而仅仅是其内部的自我运作），具体而言就是刑法适用时的解释机能。综上，笔者将此建构而成的新的刑法机能体系称之为刑法机能"2+1"模式。在此刑法机能体系模式的指导下，上述刑法机能面临的四大困局也将会迎刃而解。

第一，在刑法本质机能，即惩治犯罪的刑法机能的指引下，刑事立法者在立法上需要掌握好犯罪圈的大小，这就需要充分考虑对行为的规范、自由的保障以及对社会的保护等问题；刑事司法工作者在司法上应坚持重罪重罚、轻罪轻罚、轻重有度、罚当其罪的定罪量刑的原则和实体法、程序法两者并重的原则，在宽严相济的刑事政策下充分发挥刑法预防、打击、惩罚犯罪的诸项具体机能，彻底摒弃程序、轻刑优先的这一矫枉过正的错误观念。

第二，在刑法形式机能，即刑法适用解释机能的指引下，应进一步清理并废止一些僭越司法裁量权、立法权甚至是刑法基本原则、根本精神的会议纪要、工作指导和工作机制，合理把握立法解释、司法解释的科学边界，维护司法官尤其是刑事指控官，即检察官的司法能动性，以此加强刑法理论在司法实务界的广泛、深入运用，保障并发扬刑法作为终极法律的人文关怀之精神。对此，其重点在于处理好指控、追诉犯罪与保障犯罪人及被害人与其他利害关系人的合法权益之间的关系，如司法官对刑事案件中犯罪事实的判断及对刑法条文及刑法理论的解释适用不能突破罪刑法定的基本原则，这将涉及司法能动的张力、界域和维度等问题，因此这也是进一步深化研究本课题的应用价值之所在。

第三，在刑法本质机能及引申机能的指引下，刑法理论研究应重点把握好刑法的边界，保卫刑法的应有领土不受不法侵蚀。对于当前一些企图以行政法、民法甚至教育替代刑法部分机能的做法应持一种理性而不失警惕的态度，对于那些矫枉过正的错误理念应及时纠偏、纠正；司法官尤其是刑事司法官对此更应保持清醒的头脑和正确的立场，对于违反刑法基本原则、基本立场，违反罪刑法定（罪刑法定的基本含义除"法无明文规定不为罪，法无明文规定不处罚"之外，还应包含"法有明文规定必定罪、必处罚，而不得以其他法律代替之"这一层意思）的观念或做法应予以及时、坚决抵制。

第四，在上述新建构的刑法机能体系"2+1"模式的构成视野下，刑法机能的各项内容及其构成得到了较好的协调，这使我们可以正确定位人权保障这一刑法机能的构成元素，使之顺理成章地归属于刑法的引申机能，即保护社会机能中的法益保护这一具体机能之中。有了这一体系中的确定位置，那么人权保障与打击犯罪这两项机能便不会彼此挤对、互相冲突了。因此，笔者并不赞同"社会保护机能与人权保障机能二者是对立统一，且后者优先"[①] 的观点，相反，二者是包含与被包含的关系。在社会风险与非传统安全日盛、恐怖主义与黑社会性质组织犯罪接二连三发生的社会形势下，这一刑法机能体系更能够契合现实并更好地解决社会现实问题。毕竟刑法的阶级本质不可回避，那种把刑法说成是"犯人的大宪章"的说法无疑掩盖了刑法

---

① 李希慧主编：《中国刑事立法研究》，人民日报出版社 2005 年版，第 92 页以下。

打击犯罪的根本性质。①

与此同时，我们应在刑事司法实践中相应地做到以下几点：第一，在刑事案件侦查阶段，应充分发挥刑法预防、打击犯罪的具体机能，既重视收集罪重的证据，也重视收集罪轻的证据，在严守诉讼程序的前提下尽可能保证定罪量刑的证据能够全部到位；与此同时，在充分发挥刑法适用解释机能的基础上，准确区分罪与非罪、此罪与彼罪，保证案件定性的正确。在这一阶段中检察机关应充分履行侦查监督职责与羁押必要性审查职责，从刑法惩治犯罪与保护社会两大机能出发，认真审查公安机关移送的案件定性是否正确、证据是否到位，根据案件性质考虑、衡量是否有采取逮捕措施的必要性。第二，在审查起诉阶段，应充分发挥刑法适用解释机能，根据法律规定（除含修正案的刑法典之外还包括立法解释与司法解释）及刑法理论全面、细致地审查定罪证据与量刑证据，掌握好量刑幅度，认真撰写审查报告，充分展示刑法的终极人文关怀，以此着重体现刑法的适用解释机能；同时，把握好诉与不诉的边界，厘清刑法与其他部门法的不同适用场合。第三，在法庭审理阶段，检察官应在充分履行刑法适用解释职能的前提下保证刑法惩治犯罪、保护社会的两大机能得以最大限度地发挥效用；辩护律师应在充分履行刑法适用解释职责的前提下保证刑法法益保护这一机能得到最大程度的发挥与体现，尤其是要在合法的基础上充分利用人权保障机能，最大限度地保护被告人的合法权益不受损害；法官则应居中裁量、理性判断，在保证刑法惩罚犯罪与保护社会这两大机能充分发挥的前提下作出合法、理性、正确的判决。

当然，鉴于目前社会治理新形势的需要，仅有上述新的刑法机能体系还不能很好地应对社会犯罪态势，我们还需要在新的刑法机能体系中注入一些新的刑法机能构成元素来更好地完成刑法治理社会的任务。例如，在刑法社会防卫、法益保护的具体机能中融入"保卫民生"的构成元素，以此更好地应对老年人犯罪、未成年人犯罪、侵害农民工等流动人口犯罪的民生领域的犯罪情势；又如，在预防犯罪和社会防卫的具体机能中融入"防范风险"的构成元素，以此更好地治理风险社会中的诸如管道爆炸、核泄漏、核辐射等安全风险的问题。而以上这些新的刑法机能构成元素的融入需要依赖刑法适用解释机能的运作与推动，这表明刑法机能有进行自我建构与发展的再生功能，它会根据社会治理的需要进行自我调整与适应。

---

① 马克昌著：《比较刑法原理——外国刑法学总论》，武汉大学出版社 2002 年版，第 15 页。

# 对我国刑法人权保障制度的
# 梳理与建议①

范　祥*

新中国刑法典从无到有，从粗疏到基本完善，经过了坎坷的历程，其中在刑法与人权保障的关系问题上，更是经历了一个从观念的转变到规范的出台再到不断进步的过程。在当今的国际社会，人权保障的呼声日益高涨并已成为世界潮流。个别国家趁此潮流时不时地以人权保障上的漏洞，攻击中华人民共和国的社会主义制度。作为从事刑事法学教学与研究的工作者，我们有义务对这一领域的问题进行探讨。本文是课题研究成果之一，仅从刑事实体法的角度探讨问题，有关刑事程序制度中人权保障的问题另外单独成文。

## 一、刑法与人权的关系概说

近几十年来，国内外对人权保障制度的研究方兴未艾，探讨者从多角度多层面进行着研究，对人权概念的诠释也是见仁见智。笔者在此对有关人权概念的几个基本问题的代表性观点进行解读②。

### （一）人权词汇的产生与演变——古代人权、近代人权、现代人权

我国学者将人权的发展历史大体划分为"人权的观念时期"和"人权的制度时期"。前者仅是思想萌芽和政治主张的观念状态，是古代社会的事情；后者是建立了相关的保障人权的制度状态，是近、现代社会的事情。

对人权一词最早出于何人，说法不一。张宏生、谷春德、李步云等几位学者认为，人权一词最早是由希腊悲剧作家欧里庇德斯（公元前485年~公元前406年）提出来的③。郑杭生、林发新等学者认为，人权一词最初是由意大利文艺复兴时期的诗人和思想先驱者但丁（1265~1321年）在《论世界

---

① 本文是内蒙古财经大学校级科研课题——"我国刑事立法人权保障现状研究"的成果之一，该课题于2011年11月立项，课题编号KYZ1110。

* 内蒙古财经大学法学院教授，从事刑事法学教学与研究。

② 本课题成员在进行课题研究的过程中，虽查阅了数量可观的人权法专著等资料，但多为十多年前的文献，唯林发新著《人权法论》（厦门大学出版社2011年1月第1版）为最新成果，且该书对其之前的相关文献多有整理与评述。故本文对人权概念几个基本问题的阐释，以林发新《人权法论》为主要参考借鉴之材料。

③ 林发新著：《人权法论》，厦门大学出版社2011年版，第102页。

帝国》一书中提出来的，并且认为，但丁最初提出"人权"是为了实现人类的幸福，没有涉及自然法和自然权利①。所以，林发新等学者认为但丁的人权概念只属于具有人权思想的名词，不属于近代、现代人权概念的范畴，因为它还没有成为约束人们的规范。

近代人权概念，是针对"君权神授"专制思想提出来的，其发展是从 17 世纪荷兰法学家劳格秀斯在他的著作《战争与和平》中使用人权概念开始的。劳格秀斯在书中提出自然法的基础不是神的意志而是人的理性，这就使得自然权利的思想更加鲜明。到了 18 世纪卢梭的《社会契约论》出版，形成了天赋人权的理论和社会契约学说，并由美国的《独立宣言》、《人权法案》等法律文件将这一理论以法律形式运用和固定下来。人权进入了制度化状态。

现代人权概念的确认和使用，是在第二次世界大战以后。为避免类似两次大战残酷践踏人权悲剧的重演，世人携手组建了联合国并制定了《联合国宪章》，又于 1948 年 12 月 10 日制定了《世界人权宣言》，这些事件使人权作为全球性概念开始使用与传播。

近代人权与现代人权之区别主要有三点：一是人权主体不同，近代人权是有限人权，仅限于成年男子甚至仅限于成年有产阶层白人男子和基督教徒（1776 年美国的《独立宣言》就是一例），现代人权是普遍人权，人权的权利主体包括了人类每一个人；二是权利内容或领域不同，近代人权仅限于自然权利即天赋人权，现代人权包括了社会权利和集体权利；三是表现形式不同，近代人权主要是以各国宪法为表现形式，现代人权是以联合国专门人权法为表现形式。

"人权"一词，先后经由了日本和西方这两个渠道传播入我国。19 世纪明治维新时期的日本学者曾把与物权相对应身体方面的权利译称"人权"，即"人权"为民事人身权利之义，而把个人与国家权力相对应的自由权译称"民权"，我国在那个时期都是以"民权"表达自由方面的权利。到了 20 世纪初，随着西方各国思潮向中国的传播，日本思潮逐渐被取代，我国就有了英语中人权概念的使用，而不再使用"民权"了。

（二）现代人权概念的内涵与外延

1. 对人权概念观点的介绍与评价

我国学者对人权概念的主要观点有"人权是法律权利说"、"人权是商品经济的权利说"、"人权是人的权利说"、"人权是道德权利说"、"人权是每个人按其本质和尊严享有的基本权利说"、"人权是自然权利和社会权利的总和说"。

---

① 林发新著：《人权法论》，厦门大学出版社 2011 年版，第 102~104 页。

（1）人权是法律权利说。这一学说把人权等同于宪法赋予公民的权利，认为人权是宪法确认的公民基本权利和自由。这一观点虽然在描述现实中存在的人权多为法律有所规定的问题上有一定的合理性，但它混淆了人权主体和法律主体的区别，对人权的范围也进行了错误的限制——只反映了现实中人权的实然状态，没有反映人权的当然要求即应然状态。

（2）人权是商品经济的权利说。它认为近、现代人权是资本主义商品经济发展的要求，是"商赋人权"，不是"天赋人权"。这一学说虽然反映了商品经济对人权的促进意义，但笔者认为"商赋人权"在根本上是站不住脚的。因为虽然商品经济的发展催生了近代人权理论的产生，然而人权在商品经济之前就已经存在，同人类社会共始终；人权的基础是人的自然属性即人性而不是商品经济，资本主义商品经济需要自由、平等的人文环境，从而加强了人权问题的紧迫性，使人权问题浮出水面而日益普遍化，但它并不是人权的创造者。

（3）人权是人的权利说。这一学说认为，人权就是人的权利，而不是物的权利。笔者认为，这一观点把所有人都作为人权主体是正确的，但这一学说把人权泛化了，会造成人权内容的庞杂甚至包罗万象而没有了要点。

（4）人权是道德权利说。这种观点认为，人权是早于法律就已存在，且法律消亡后仍然存在人权；人权是道德上的准则，是道德上的权利和义务。这一学说虽然认为人权高于法律权利的主张是可取的，但笔者认为，权利在本质上是一种资格，而这一观点把道德这种自古形成的意识形态准则同需要通过抗争才能获得的人的权利相混淆了，不足以阐释人权的属性，且已偏离了人权是一种资格的论域。

（5）人权是一定历史条件下每个人按其本质或尊严享有或应有的基本权利。这一观点认为人权是基于人的本质和尊严享有或应有的权利，即人权的本质是人性。笔者认为，此说的"人权的本质是人性"这一内容是正确的，但此说把人权说成是一定社会历史条件下的权利，就是不应该的了，这实际上是说人权具有阶级性。因为，虽然人权的实现程度受社会历史条件的限制，从而人权状况与人类社会历史条件有关，但人权是人自然就有的资格，不是在某一历史阶段才有的资格。

（6）人权是自然权利与社会权利的总和，是自然人权与社会人权的统一说。其认为："人权是指人依自然属性应当享有的、依社会属性所确认和保障的，以制约公权力为重要手段，以追求幸福为最终目标的权利总和。"[①] 笔者觉得，林发新老师的观点克服了先前五种观点的不足，较以上五种观点更为科学与合理。

---

① 林发新著：《人权法论》，厦门大学出版社 2011 年版，第 4 页。

2. 对人权概念内涵的分析

依据"人权统一说",人权这一概念的内涵为：人权的主要主体是自然人，辅助主体为国家、非政府组织、集体组织等群体；人权的属性是自然权利和社会权利的统一；人权的本质是对公权力的约束；人权的最终目标是更有尊严和更幸福地生活。其中的自然权利包括生命权、自由权、追求幸福权、平等权、尊严权等，这些权利基于出生就产生，是当然的、应然的权利，是基础性、母体性、本原性权利；这些权利不是由法律赋予的，更不是法律创造的，法律只是形式上确认和保护这些人权不受干涉和侵犯而已。其中的社会权利，是指人依据社会属性所享有的权利，是在人与人的交往中实际已经享有和实现的权利，是已然的权利；社会权利是社会一定历史阶段的法律确认了的权利；是自然权利的延伸和派生。自然权利是人权的基础，社会权利是人权的保障，离开了其中任何一种属性，人权将不复存在或不能实现。

3. 对人权概念外延的概括

依照"人权统一说"的概括，人权的基本范围（或外延）为：

（1）自然人个人生存方面的人权：包括生命权、人身自由权、人身安全权、基本生活水准权。

（2）自然人个人发展方面的人权：劳动就业权、受教育权、文化权、社会保障权。

（3）自然人个人民主方面的人权：公民权、平等权、表达自由权、政治权。

（4）集体人权：世界范围内的国家、民族自决权、发展权、种族平等权、和平与安全权、环境权、自由处置天然财产和资源权、食物权、人道主义援助权等；国内特殊群体人权——少数民族的权利、儿童的权利、妇女的权利、老年人的权利、残疾人的权利、罪犯的权利、外国侨民与难民的权利，等等。

**（三）有关刑法机能与人权保障关系的基本思想和观点**

1. 保障人权是刑法的机能之一

刑法的机能，也称刑法的功能，是指刑法能够发挥的积极作用。[①] 如上所述，自然权利与社会权利是人权两个不可分割的属性，其中社会权利是一定历史阶段的现行法律确认和保护的那部分自然权利，是保障性权利。人权中不同类型的自然权利需要相关法律进行确认和进行保护，这些确认和保护自然权利的法律，就可以是分门别类的，或者说各部门的法律都应该从一定角度和层面上确认和保护自然权利，都应该以确认和保护自然权利为宗旨，刑法当然也不应例外。由此决定了刑法应该有人权保障的机能。

---

① 赵秉志著：《刑法基本问题》，北京大学出版社 2010 年版，第 167 页。

对于刑法机能的种类主要有两种观点：一种观点认为，刑法的机能有社会保护和人权保障（或法益保护和人权保障）两个方面①（简称"两机能说"）。所谓社会保护机能，就是刑法对社会群体的维系，包括对国家政权的保护和对社会秩序的维护以及对社会成员群体共同利益的保护——法益保护。所谓人权保障机能，是指刑法通过规定什么行为是犯罪并给予何种刑罚以限制国家刑罚权，在保障一般公民自由的同时保障犯罪人不受额外或非人道之处罚的机能②，包括对社会一般人权利的保障和对犯罪人权利及其利益的保障。另一种观点认为，刑法的机能有规制机能、秩序维护机能、自由保障机能三个方面③（简称"三机能说"）。三机能说的规制机能和秩序维护机能基本相同于二机能说的社会保护（或法益保护机能），三机能说的自由保障机能基本相当于二机能说的人权保障机能。

也就是说，尽管对刑法机能的种类及其归纳有不同的观点，但各观点之间没有严格的冲突，都包含了社会保护和人权保障（或自由保障）两大机能；同时都比较一致地认为，刑法的人权保障机能包括三个内容④：（1）限制国家刑罚权的发动从而保障善良国民即一般社会公众之自由；（2）保障犯罪人的自由，即让犯罪的人受到应受之处罚，保障犯罪的人不受额外之刑；（3）保障特定的犯罪人受到人道的而不是残酷之处罚。

2. 刑法是保障人权的最后屏障

刑法调整的社会关系的范围大于其他法律部门的调整范围，因为其他法律部门调整的任何一个领域的权利发生障碍靠该部门法的调整手段不能实现时，刑法都不能袖手旁观，刑法都要进行干预，这使得刑法会介入其他法律部门的调整领域。另外，刑法对人权保障采取的是刑罚这种最严厉的手段。所以，在人权的多层次法律保障中，刑法保障尤为严厉和有效，是其他法律保障无法替代的坚实后盾。

3. 刑法保障人权的方式与分类

刑法属于禁止性规范，采取剥夺、限制权利的方式保障人权。这与主要为授权性规范的宪法保障不同；与主要为授权性规范、禁止性规范、义务性规范的其他部门法的保障也不同。

---

① 徐逸远、周咸立：《论刑法的机能及其内在关系》，载郎胜、刘宪权、李希慧主编：《改革开放30年刑事法治研究》，中国人民公安大学出版社2008年版，第239页；黄伯青、林永鹏：《刑法法益保护机能与人权保障机能的冲突》，载郎胜、刘宪权、李希慧主编：《改革开放30年刑事法治研究》，中国人民公安大学出版社2008年版，第221页。

② 赵秉志著：《刑法基本问题》，北京大学出版社2010年版，第168页。

③ 马长生、刘志英：《论我国刑法的人权保障机能》，载郎胜、刘宪权、李希慧主编：《改革开放30年刑事法治研究》，中国人民公安大学出版社2008年版，第154页。

④ 马长生、刘志英：《论我国刑法的人权保障机能》，载郎胜、刘宪权、李希慧主编：《改革开放30年刑事法治研究》，中国人民公安大学出版社2008年版，第154页。

从内容上，可以把刑法对人权的保障划分为对人身权（生存权）的保障、对财产权的保障、对民主权利（政治权利）的保障。从保护的人权之形态上，可以把刑法对人权的保障划分为对积极人权即民主权利、政治权利的保障，对消极人权即人身权、财产权的保障。

## 二、 对新中国刑法规范中人权保障足迹的追踪

### （一）30 年单行刑法时期刑法规范中的人权保障（1949~1978 年）

在 1949 年至 1978 年的 30 年中，一直没有出台刑法典，仅存的几部单行刑法文件，过度体现了刑法的社会保护机能，忽视了人权保障机能。我国颁行的单行刑法文件主要有 1950 年的《关于严禁鸦片烟毒的通令》、《严禁珍贵文物图书出口暂行办法》，1951 年的《中华人民共和国禁止国家货币出入境办法》、《妨害国家货币治罪暂行条例》、《中华人民共和国惩治反革命条例》、《保护国家机密暂行条例》，1952 年的《中华人民共和国惩治贪污条例》、《管制反革命分子暂行办法》等。

在这 30 年里，"人权"这一概念一直没有被接纳。出于保卫新生政权的需要，坚持阶级斗争并且几度走向扩大化，漠视人的个性，把自由、平等、博爱和人权等一概斥为资产阶级的东西而不予正视。

### （二）改革开放 35 年过程中刑法典人权保障的进步（1979~2014 年）

1. 两部刑法典中人权保障的表现

1979 年 7 月 1 日，新中国第一部刑法典的制定，标志着我国刑事法治开启了新的历史阶段即法典化的有法可依时期。这部刑法典尽管仍以社会保护为倾向性的价值取向，但它毕竟在保护普通公民人身、财产权益方面有了系统化的刑法规范——对公民生存方面的人权、发展方面的人权、民主方面的人权都有了相应罪名予以保护。对犯罪人特别人权的保护也有林林总总的规定，如对犯罪时不满 18 周岁的未成年人和审判时怀孕的妇女不适用死刑。对集体人权的保护也有所体现，如允许民族地区制定补充或变通的规定。仅在保障犯罪人的人权方面尚显意识不强，相应罪名极少。

我国在 1997 年对刑法典进行了全面的、系统性的修改，并适用至今。现行刑法在继续发挥社会保护机能的同时，大力强化了人权保障机能，在人权保障方面开创了新局面：

（1）取消了类推制度，确立了罪刑法定、适用刑法人人平等、罪责刑相适应三项基本原则。这就奠定了刑法人权保障的基石，既为普通公民不受无辜追诉提供了制度保障，也为犯罪嫌疑人不受法外之刑提供了根本性的制度保障。

（2）取消了反革命罪类罪名，将其中涉及国家安全的犯罪改称为危害国家安全罪，这等于取消了所谓的政治犯，彰显了我国刑法对公民民主权利的尊重与保护。在 451 个罪名中，涉及普通人权保障的罪名更加细化和全面。

特别是针对犯罪嫌疑人的人权保障，增设了诸如刑讯逼供罪、暴力取证罪等罪名，还有类似第247条的特别保护性规定。

（3）在刑罚适用方面，继续实行对未成年人等特殊主体从宽处刑的原则；对犯罪人扩大了管制等非监禁刑的适用；进一步明确和细化了减刑、假释的条件等。

2. 刑法八个修正案在人权保障问题上的进步

1997年修订刑法之后至今，我国立法机关先后通过了八个刑法修正案，对刑法典进行了补充和完善。在现行刑法的八个修正案中，有五个都涉及了人权保障内容的完善。

针对一般人权利的保障修改了危害公共安全类罪中的投毒、涉枪、涉恐犯罪条文，加大了处罚力度；修改了涉及危害人体健康产品和物品、童工劳动安全犯罪、恶意欠薪罪的条文，加大了处罚力度，拓宽了处罚范围；修改了涉及安全生产、涉黑涉恐、组织未成年人乞讨等犯罪的条款，加大了处罚力度，拓宽了处罚范围；修改加大了绑架罪的处罚力度；增加了"出售、非法提供公民个人信息罪"。

至于对犯罪人权利及其利益保障的修改完善，集中体现在《刑法修正案（八）》中：

（1）对特殊年龄段的犯罪人的量刑更加人性化，更充分地体现了人道主义精神。规定已满75周岁的人故意犯罪的，从宽量刑；不满18周岁的人不构成累犯；对不满18周岁的人或怀孕的妇女和已满75周岁的人犯有较轻罪行的应当宣告缓刑。

（2）对判处管制的犯罪分子和被假释的犯罪分子，依法实行社区矫正。

（3）明确规定了坦白从宽制度。

（4）取消了13个经济性非暴力犯罪（走私文物罪，走私贵重金属罪，走私珍贵动物、珍贵动物制品罪，走私普通货物、物品罪，票据诈骗罪，金融凭证诈骗罪，信用证诈骗罪，虚开增值税专用发票、用于骗取出口退税、抵扣税款发票罪，伪造、出售伪造的增值税专用发票罪，盗窃罪，传授犯罪方法罪，盗掘古文化遗址、古墓葬罪，盗掘古人类化石、古脊椎动物化石罪）的死刑，使我国刑法死刑罪名降低了19.1%。说明我国量刑方面对死刑的把握更加严格了。

# 三、 对完善我国刑法规范中人权保障立法的建议

我们认为，在当今世界范围内，刑法对一般人权的保障机能和对犯罪人特别人权的保障机能仍然不可偏废；同时我们认为，就近年来的情势看，在特定领域应该加大对一般人权保障机能的力度，有选择地加大对犯罪人特别人权的保障力度。具体建议是：

（一）应该加大对一般人权保障的力度

1. 涉恐涉暴犯罪及黑社会性质的犯罪。因为这个领域的犯罪严重地危害着公民的人身乃至生命的安全，还具有跨国犯罪的复杂性。我们建议：对这个领域的犯罪，既要加大刑罚的严厉性，又要加强国际刑事司法协作。

2. 涉毒涉嫖涉淫犯罪。因为这个领域的犯罪埋伏着极大的社会问题隐患，是社会的毒瘤，应该严惩不贷，也具有跨国犯罪的复杂性。我们建议：对这个领域的犯罪，要降低贩毒入罪的门槛，规定更加严厉的刑罚；增设吸毒、卖淫、嫖娼等罪名；也需要加强国际刑事司法协作。

3. 涉及伪劣有毒有害产品类的犯罪。因为这个领域的犯罪既直接危害消费者的人身健康，又会破坏市场经济秩序的大局，所以既要降低入罪门槛，又要提高刑度，否则不足以起到震慑作用。

4. 涉及民主法制与政治制度建设的犯罪。这个领域的犯罪会极大地妨碍甚至破坏社会主义法治国家的建设进程，应该增加贿选罪独立罪名，降低破坏选举罪的入罪门槛并提高其刑度。

5. 违背诚信风尚的犯罪。这个领域的犯罪会破坏诚信体系，败坏道德风尚，应予以充分重视。应该增设恶意负债罪名，降低拒不执行判决裁定罪的入罪门槛，提高其刑度。

6. 加大对买卖妇女儿童犯罪的惩罚力度，提高刑度。

（二）应该加大对犯罪人特别人权保障的力度

1. 降低侵犯犯罪嫌疑人、被告人合法权益类犯罪的入罪门槛，提高其刑度。

2. 增设妨害律师履行职责罪。因为律师履行职责的条件得不到保障，往往是犯罪嫌疑人、被告人合法权益被侵犯的前奏，也是律师事业不能健康发展的原因之一，这将影响到法治国家建设的进程。

3. 赋予犯罪嫌疑人、被告人之父母、子女、配偶、亲生兄弟姊妹在非国家安全领域罪案和非公共安全领域罪案中免予作证的权利。因为这些人之间的亲密关系，让他们履行作证义务会受到感情上的伤害，是强人所难之举。连封建社会还有亲亲相隐的做法，我们社会主义国家完全可以做到这一点。

4. 进一步缩小死刑适用的范围。对于废除死刑和缩小死刑适用范围的问题，学界已有相当丰富的研究成果，限于篇幅，本文不再重复这些研究成果。本文只强调的是：在相当长的时期内，我国不宜废除死刑，但在现阶段进一步缩小死刑的适用范围是可行的，也是应当的，并且主张凡非涉及人身权益犯罪者，均不应适用死刑。

总之，人权保障是刑法的永恒主题，对一般人权的保障和对犯罪人特别人权的保障是刑法人权保障的两翼。限于篇幅，本文只是粗线条地提出了在这两个方面加强立法的建议，渴望能够得到相关部门的重视，也希望与同行交流。

# 从人道主义看中国的刑事司法政策

杨方泉[*]

## 一、 刑事政策人道主义之意义

刑事政策的原则，是指国家在制定和实施刑事政策过程当中应当遵循的基本准则，是刑事政策本身高度集中的体现。对于刑事政策的原则有哪些，不同的学者看法不同，如俄罗斯学者认为刑事政策的原则有七个，即法治原则、公民在法律面前一律平等原则、民主原则、公正原则、人道主义原则、责任不可避免原则、科学原则；[①] 有的学者认为有四个，包括人道主义、法治原则、科学原则以及国际原则；[②] 还有的学者认为刑事政策的原则有三个，即人道主义、法治主义和科学主义。[③] 我们可以看到，不管是哪种主张，大家都认为人道主义是刑事政策的原则之一。

刑事政策的人道主义原则，是指在刑事政策的制定和实施过程中，应当体现对人性尊严的尊重，保障人的基本权利。换言之，在刑事政策的体系中，不能把人当做达到其他目的的手段，一个人即使犯了罪，仍应将他视为一个人看待，给予人应有的待遇。[④] 通俗地讲，刑事政策的人道主义就是要把人当人对待，给予其人道待遇。

从历史上看，刑事政策的人道主义由来已久，但其是在近代西方启蒙思想出现以后作为一个重要组成部分而得到系统化的。刑事古典学派确立的资产阶级刑法三大原则之一便是刑罚的人道主义。从刑事法来看，减少或废除死刑、身体刑，拷问的废除以及限制使用自由刑，第二次世界大战后各国宪法所强调的人权保障，以及刑事政策上重视犯罪人回归社会、被害人的保护等，都是人道主义的体现。

人道主义是刑事政策的底线，违反人道主义的刑事政策不可能长久地存在下去。笔者认为，人道主义是刑事政策的首要原则，它的存在不需要其他原则作为支撑，相反，人道主义是其他所有原则的基础。

---

* 中山大学法学院副教授。

① ［俄］C. C. BocxojioB 著：《刑事政策的基础》，刘向文译，郑州大学出版社 2002 年版，第 19 页。

② ［日］大谷实著：《刑事政策学》，黎宏译，法律出版社 2000 年版，第 15～17 页。

③ 许福生著：《刑事政策学》，中国民主法制出版社 2006 年版，第 19～31 页。

④ ［日］大谷实著：《刑事政策学》，黎宏译，法律出版社 2000 年版，第 16～17 页。

人道主义要求国家在制定和实施刑事政策时要尊重和保障人权，不过，人道主义与人权是两个不同的概念。人道主义只是要求把人当人看，给予其人道待遇，而人权除了尊重人之为人的基本权利外还有更丰富的内容，人权一般与公权相对称，它更多地与宪政制度相联系。我们知道，一个人权得不到保障的社会就不能算是实现了法治的社会，因为保障人权正是法治和宪政制度的目的，而在非法治或者说未实现民主宪政的社会也可以存在某种程度的人道主义。

## 二、 从人道主义看中国刑事司法政策的不足

新中国成立后，我国实行革命的人道主义，对战争罪犯的改造取得了很好的效果，但是，由于历史的惯性和新中国成立初期的恶劣环境，人道主义在刑事政策中并没有扎下根来，后来又发生了阶级斗争扩大化以及十年"文革"，对犯罪人的态度视同敌人，采取"秋风扫落叶"的方式。我们看到反右扩大化时期，被定为右派分子的人受到群众批斗、游街以及殴打等非人道的待遇；我们还看到在所谓"三年自然灾害"时期，全国各地对那些不执行高压政策以及盗窃粮食的人（多数是饿坏了的农民），采取了极其残忍的处罚方法；还有我们熟知的张志新、林昭等受到的令人发指的对待，这些做法都是根据当时的刑事司法政策实施的，甚至是被当时的人们认为理所当然的。

进入新时期，我国虽然制定了相关的法律法规，但是在执行过程中还是延续了很多非人道的惯常做法，如"严打"期间将犯罪嫌疑人和被告游街、开公审公判大会；就是现在，也仍然存在这种做法。当然，改善的方面也有不少，如对于未成年人以及审判时怀孕的妇女，不得判处死刑，执行死刑的方式，规定不得示众，未成年人的审判采取特别的程序，不少地方建立了专门的少年法庭；对于犯罪人的处遇方面，那些侮辱人格的做法被摒弃；在被害人的保护方面，1996年的《刑事诉讼法》提高了被害人的诉讼地位，近几年来的刑事和解实践也强调取得被害人谅解的重要性。现行宪法将强调"国家保障人权"，被认为是人道主义在我国法律制定中确立的重要标志。不过，在刑事司法政策的制定和推行中，我们还存在不少违反人道主义的做法。下面笔者仅就当前刑事司法政策当中一些重要的、人们习以为常的政策进行分析。

### （一）"坦白从宽，抗拒从严"的刑事司法政策

"坦白从宽，抗拒从严"的刑事司法政策与我国刑事诉讼法中被告人没有沉默权的规定直接相关，被认为是理所当然的一个刑事司法政策。一直以来，我国公安司法机关都是引用这一个司法政策来逼取被告人的口供，该司法政策成为迅速取得被告人口供并侦破案件的最有力工具。但是，笔者认为，"坦白从宽，抗拒从严"的刑事司法政策不完全契合刑事政策的人道主义原

则的。

根据我国刑事诉讼法的相关规定，犯罪嫌疑人对于侦查人员的提问，应当如实回答，但对于与案件无关的问题，有权拒绝回答。从字面上来看，此项规定对于那些真正的犯罪人，能够让他们自动交待自己的罪行，但实践中大多通过刑讯逼供或变相的刑讯逼供来实现规范的目的的。因为从人的基本人性来说，要求自己供述自己的犯罪行为即所谓自证其罪是违反其本性的，正如刑事古典学派所主张的，人的本性都是趋利避害，犯罪嫌疑人不如实交待自己的罪行或者交待罪行避重就轻是十分正常的事情。侦查人员根据刑事诉讼法的规定，要求犯罪嫌疑人如实交待自己的罪行，这是侦查人员的法律职责，但是，侦查人员的这个法律职责与犯罪嫌疑人基于人性本能的拒绝交待罪行之间就始终处于紧张状态，可以说水火不相容，在这种情况下，处于强势一方的侦查人员为了取得口供而实行刑讯逼供就不稀奇了。所以，在我国的刑事司法实践中，刑讯逼供屡禁不绝，不管最高司法机关如何三令五申严厉禁止刑讯逼供都没有用。

"坦白从宽，抗拒从严"的刑事司法政策的法律基础就是犯罪嫌疑人、被告人没有沉默权的法律规定，但是该政策实施的结果却是坦白往往没有得到从宽的处理，而抗拒常常逃避了法律的制裁。因为，在实践中绝大多数犯罪嫌疑人、被告人都坦白交待自己的罪行，但是不可能都从宽处罚，所以结果是坦白的往往是得不到从宽的处罚，但是，那些经受住了刑讯逼供考验的犯罪嫌疑人由于证据不足常常无法处罚。这样，"坦白从宽，抗拒从严"的刑事司法政策最后得到的结果与政策的初衷相反。

（二）普遍的审前羁押政策

在我国，由于"无罪推定"的制度和观念还没有建立起来，犯罪嫌疑人、被告人被推定为犯罪人，其基本的人权受到不同程度的剥夺，普遍的审前羁押政策就是一个典型例子。任何人都希望与其家人朋友在一起，不愿与家人朋友长期地分离，家人团聚是人之为人的基本权利，除非出于自愿，任何机关或者个人不得在法律之外要求他人长期地与家人分离，忍受孤独。很明显，普遍的审前羁押政策违反了这一人道要求。

我国刑事诉讼法对于拘留和逮捕有严格的规定，拘留只适用于现行犯等特殊情况，逮捕适用于那些不逮捕就可能再危害社会的犯罪嫌疑人和被告人，对于取保候审也有明文的规定。但是，在刑事司法实践中，我们看到，在很大程度上这些规定成为了具文，没有得到实施，导致了我国绝大多数犯罪嫌疑人、被告人审判前后处于被羁押的状态。本来根据法律，审前羁押应当是例外，但实际上审前没有羁押是例外，就是对于未成年犯罪嫌疑人、被告人也是如此。笔者在实践当中就遇到过这种情况，广州本地一个15岁的初中三年级少年与其他学生一起多次抢劫低年级的学生，所抢的财物都是些学生的随身用品如随身听等，另外就是少量的金钱。依照法律规定，如果犯罪成立，法定刑是3年以上10年以下有期徒刑。笔者为其申请取保候审，办案的检察官不批准，不批准的理由是在他所办的案件中以及所在的检察院没有这种先例，况且如果出了事即申请人逃避审查他要负责。实际上，办案人员的心态是多一事不如少一事，至于申请人的人道要求以及法律规定都可以不管不问。问题是这些犯罪嫌疑人、被告人在法律上应当认为是无罪的人，除非法律规定不得保释，他们应当享有与家人朋友团聚的权利，这是世界上大多数国家都认可并付诸实施的，这也是刑事司法政策人道主义所要求的。

（三）其他违反人道主义的政策做法

在对待犯罪嫌疑人、被告人问题上，我国的刑事司法政策还存在不少不尊重人性、违反人道主义的地方，有些事情看起来是小事，但反映了我们所奉行的刑事司法政策的特点。

犯罪嫌疑人、被告人在看守所羁押期间以及在出庭接受审判过程中，我们看到他们被剃光头，要求统一穿类似囚服的制服，这些做法可能是出于管理的方便，但是不是也违反了一般的人道要求了呢？又如犯罪嫌疑人和被告人在被羁押期间，其亲属不能与其会面，鉴于我国实行普遍的审前羁押，这样的做法无疑是很不人道的，更让人难以认同的是，被判处死刑的犯罪人在临死之前都无法见其亲属一面。

在对犯罪人的处遇方面，我们一方面强调犯罪人的改造，另一方面却不尊重犯罪人的人性尊严。每当笔者在监狱看到犯罪人面对管教干部，只能抱着头蹲在地上时，笔者就想，这样对犯罪人的处遇如何能达到改造的目的。

## 三、 中国刑事司法政策的人道化

我国刑事司法政策的人道化还任重道远，笔者认为，我们可以从以下几个方面进行努力。

首先，政治上我们要努力建立一个权力得到有效制约的政体，长期以来，我们注重国体，强调国家的阶级性，即国家是由哪一个阶级作为统治阶级是最重要的，认为政体无关紧要，其实，政体比国体更重要，甚至可以说，政体决定了国体。一个权力得到有效制约的政体才有可能制定人道主义的刑事司法政策。

其次，我们要树立人道主义在我国刑事司法政策当中的绝对不可动摇的地位。不管面对什么样的治安形势，不管碰到多少残忍的罪犯，我们都要坚持以人道的标准对待犯罪嫌疑人、被告人，须知我们怎样对待犯罪嫌疑人，被告人就是怎样对待我们。

最后，我们要认真看待我国长期以来以严刑峻法来制裁犯罪的政策传统，要认识到严刑峻法并不能换来长治久安，反而容易养成一种暴戾的社会风气，人心刚硬，以暴制暴。其实，有什么样的社会，就有什么样的犯罪，如果政府带头用暴力来解决问题，所产生的不良影响是难以估量的。我们在强调严厉刑事政策的同时，还要显示社会仁慈的一面，如强化犯罪公民的人权保障，发挥赦免制度的刑事政策功能。①

---

① 谢望原、白岫云：《加入 WTO 后我国刑事政策的调整与革新》，载《中国法学》2000 年第 6 期。

# 法治中国建设与刑法的价值目标

康均心* 程 骋**

## 一、 法治中国建设与刑法价值目标的融合与统一

近代德国著名刑法学家李斯特指出，刑法是将作为犯罪构成的犯罪与作为法律后果的刑罚联结在一起的国家法律规范的总和。[①] 然而，刑法作为一种法律规范，不仅仅是规定犯罪和刑罚的法律，而且还应该包括通过刑事立法、执法、司法、守法、监督等刑事法律运行环节而达到的某种秩序或状态，即某种价值目标追求。研究刑法的价值，首先要明确"价值"的含义。价值属于关系范畴，从认识论上看，是指客体能够满足主体需要的效益关系，是表示客体的属性和功能与主体需要间的一种效用、效益或效应关系的哲学范畴。价值作为哲学范畴具有最高的普遍性和概括性。马克思认为，价值这个普遍的概念是从人们对待满足他们需要的外在物的关系中产生的。价值是客体的属性和功能与主体需要之间的关系，这是学界普遍接受的价值的定义。至于刑法的价值目标问题，法学界则多是从刑法的静态意义上切入考察，基本内涵包括秩序、正义、自由。秩序的存在是一切人类活动的必要前提，构成了人类理想的要素和社会活动的基本目标，秩序对于一切统治阶级、立法者而言具有最高价值。刑法作为部门法，以罪刑关系为调整对象，正义是刑法的生命，刑法的正义是通过刑法对权利与义务进行分配和安排，通过使个人的应有权利得到实现，个人的应有义务得以履行而实现。刑法作为法益保护的最后手段，通过对某一社会成员的自由的限制，以保证社会广大成员享有自由，所以，刑法是对自由的追求。刑法价值随着社会的变化而变化、随着主体的需求变化而变化，它是多元化的、动态的。刑法的价值目标通过刑法满足主体的利益和需要，实现以主体性为主导的主客体关系的统一。

作为刑法价值目标的法治中国建设，首次见之于党的十八届三中全会的决定。"法治中国建设"的内涵可以从两个方面理解，从宏观上讲，它是一种治国方略，作为一种宏大的理论性话语来说明当前中国进行制度改革的主

---

* 武汉大学法学院教授、博士生导师。
** 武汉大学法学院刑法学专业博士研究生。
① ［德］弗兰茨·冯·李斯特著：《德国刑法教科书》，徐久生译，法律出版社 2000 年版，第 2 页。

要方向和目标；从微观上讲，它是治国理政的具体制度要求，作为一种合理运用国家权力以实现善治的治理模式，通过"保障权利"与"限制权力"的制度设计来回应现代化改革进程中的社会要求。"法治中国建设"的实质强调的是"法律至上"的价值、"法律主治"的原则和"保障权利"的精神。法治中国建设与刑法的价值目标是高度融合与统一的。法治中国建设致力于通过深化司法体制改革，加快建设公正、高效、权威的社会主义司法制度，维护人民权益、维护宪法法律权威，深化行政执法体制改革，确保依法、独立、公正行使审判权、检察权，健全司法权力运行机制，完善人权司法保障制度等，① 彰显刑法的价值及其价值目标追求。

　　法治中国建设不仅是一种理念转变，更是一场实践创新。法治中国建设强调科学立法、严格执法、公正司法、全民守法。科学立法，是法治中国建设的前提，要使刑事法律符合实际，符合社会发展规律，适应时代发展，增强刑事立法的及时性、协调性和针对性，以科学分析的态度吸收域外刑事法律文化的精华，使之所立之法成为良法。严格执法，是法治中国建设的关键，要紧紧抓住制度建设的重要环节，不断推进国家政治、经济、文化、社会生活的法制化、规范化，是实行依法治国基本方略、发展社会主义民主政治、建设社会主义政治文明的必然要求。公正司法，是法治中国建设的核心，对社会公正具有重要引领作用，正如"事断于法，国之大道，顺乎民心。"② 必须完善司法管理体制和司法权力运行机制，努力让每一案件都彰显公平正义。全民守法，是法治中国建设的基础。法律的权威源自于人民的真心拥护，必须弘扬社会主义法治精神，建立社会主义法治文化，养成社会主义荣辱观等价值观，使全民成为社会主义法治建设的维护者。刑法规范充分体现了法治中国建设的科学内涵。以刑法的基本原则为例，罪刑法定原则强调刑法保护机能与保障机能并重，惩治犯罪的同时保障人权，体现了科学立法的前提；适用刑法平等原则强调人人平等，树立和维护法律权威，确立法律是人们生活的基本行为准则的观念，是追求公平正义价值的体现，体现了严格执法、全民守法的要求；罪责刑相适应原则要求司法人员必须在定性准确的基础上做到量刑适当，体现了公正司法的核心。以此观之，法治中国建设作为一种理念，与刑法的秩序、正义、自由等价值目标高度一致，这些价值也是法治中国的题中应有之意。没有秩序，法治无从谈起；没有正义、自由，法治中国也就无法实现。因此，法治中国建设与刑法的价值目标是高度融合与统一的。

---

　　① 参见中国共产党第十八届第三次全会通过的《中共中央关于全面深化改革若干重大问题的决定》。

　　② 袁曙宏：《奋力建设法治中国》，载《求是》2013 年第 6 期。

## 二、 法治中国建设助推刑法价值目标的实现

法学家埃德加·博登海默曾说:"法律的价值在于法的正义和法的秩序两大要素的综合,秩序是法律的形式,正义是法律的内容。"① 刑法的价值目标是通过刑法的实施来实现刑罚的功能和目的,从而满足刑法主体的需求。从形式上看,刑法通过运用刑罚处罚犯罪的强制方式来实现对秩序的控制,确保国家稳定;从内容上看,刑法通过发动刑罚彰显正义。法治中国建设与刑法价值目标的一致性,不仅体现了刑法规范的价值目标,还体现了法治文化的价值判断,助推刑法价值目标的实现。

### (一) 深化刑事司法体制改革助推刑法价值目标

现行刑事司法体制存在的弊端严重影响公正司法。因此,我们必须深化刑事司法体制改革,助推刑法价值目标的实现。

优化刑事司法职权配置,规范刑事司法行为,建设公正高效权威的社会主义刑事司法制度,保证刑事审判机关和检察机关依法、独立、公正地行使审判权、检察权,是深化刑事司法体制改革的要求。公正是刑事司法机关的灵魂,效率是刑事司法机关的生命。迟来的公正是不公正的,只有公正而没有效率是没有价值的。刑事司法人员只有在把握刑法价值目标的基础上,充分发挥主观能动性,才能确保公正与效率。讲究刑事司法效率,即"刑法的发动不应以所有的违法行为为对象,刑罚只有在迫不得已的情况下才能加以适用的原则。"② 刑法作为保护法益的最后手段,只有穷尽了其他保护手段时,才能由刑法以替补的形式来对法益进行保护;在权衡法益保护时,即使是迫不得已的情况,也应该限制刑罚权的发动。深化刑事司法体制改革,必须全面贯彻落实刑法面前人人平等原则的价值理念,即适用刑法一律平等。任何人犯罪,无论其何种身份或地位,一律适用同样的定罪标准、量刑标准和刑罚执行标准,任何超越刑法的特权均有悖于刑法的价值目标,均有悖于法治中国建设。

### (二) 完善人权刑事立法司法保障制度助推刑法价值目标

完善人权是法治中国建设的核心议题,是司法改革的重要内容。尊重和保障人权是我国宪法的重要原则,严格依照刑事诉讼的法定程序和刑法规定处罚犯罪是人权保障的应有之义。刑事立法特别是刑事司法对人权的保障是其他部门法无法企及的,是法治中国建设的重中之重。只有充分保障每个公民的合法权益,才能为法治中国建设打下坚实的基础。

首先,通过刑事立法保障人权助推刑法价值目标。刑事立法保障人权具

---

① 〔美〕埃德加·博登海默著:《法理学——法哲学及其方法》,张智仁译,上海人民出版社1992年版,第199~318页。

② 〔日〕川端博:《刑法总论讲义》(第2版),成文堂2006年版,第54页。

有顶层设计的意义，它是刑事司法保障人权的基础和前提。刑事立法保障人权不仅体现在刑法理念上，更重要的是要体现在刑法的具体规范上；不仅要求高调的宣言式的保障人权立法，更需求具有可操作性，体现人文关怀的条文设计。

其次，通过刑事司法保障人权助推刑法价值目标。刑事司法保障人权就是要求保障公民的诉权。保障公民的诉权是公民个人合法权益受到损害时与之对抗的有力武器。刑法作为公法，通过行使公权保障公民的合法权益具有全面性、最后性。刑法对权利与义务进行分配和安排时，坚守确保无罪之人不受刑事追究，坚守确保合法权益不受侵害，从而彰显顺应人性、尊重人格、保障人权的价值。

最后，通过执行刑罚保障人权助推刑法价值目标。严格的刑罚执行是人权保障的最后关键，是刑事立法、司法保障人权的贯彻和落实。减刑、假释、暂予监外执行等刑罚执行制度一方面在立法、司法上通过刑罚的教育性、经济性、人道性、个别化、社会化等来体现保障人权。另一方面通过设立、适用社区矫正、刑事禁止令等，充分体现了刑事执法对人权的保障。

## 三、 刑法价值目标是法治中国建设的实现路径

法律是维护公民权益的根本保障，刑法历来就是治国安邦不可或缺之规范，因此，法治中国的实现，离不开刑法的科学发展。法治中国的核心价值就在于通过科学立法、严格执法、公正司法、全民守法来保障和实现最广大人民的根本利益。通过刑法实现法治中国的路径包括以下三个主要方面：

### （一）科学的刑事立法是法治中国建设的前提

科学的刑事立法是我国刑事立法活动的重要原则。那么，什么是科学的刑事立法？如何做到科学的刑事立法？首先，必须明确"科学立法"的含义。科学立法是指立法机关在形成法律规范的活动中，符合自然规律和我国的实际情况，善于运用合理的立法技术，提高立法的质量。其次，科学的刑事立法，要求做到以下几个方面：第一，更新刑事立法理念。马克思指出：立法者应该把自己看作一个科学家。他不是在创造法律，也不是在发明法律，而仅仅是在表述法律，他用有意识的实在法把精神关系的内在规律表现出来。如果一个立法者用自己的臆想来代替事情的本质，那么人们就应该责备他极端任性。刑事立法活动应考虑的是刑事立法本身是否合理、是否符合公正的要求，而不仅仅是要求与经济发展水平相适应。第二，加强对刑事立法环境的实证考察。刑事立法作为社会活动的一部分，不能脱离其赖以存在的社会语境，通过对刑事立法产生、变迁的环境考察，分析影响刑事立法的原因，从而提出符合法治需要的刑事立法模式。第三，构建合理的立法技术体系。一方面，加强刑事立法活动的系统性研究，构建完整的刑法体系，使刑事立

法具备内在的统一性。另一方面，刑事立法应当具有确保立法能够随客观实践的变化而适时发展的能力，从被动适应向法治秩序的构建层面转变。第四，设定科学的刑事立法程序。良法的产生依赖于科学的立法程序，科学的刑事立法程序包括刑事立法程序的民主化和公开化。刑事立法程序的民主化保障了人民通过多种途径参与立法活动，刑事立法程序的公开化是公民行使知情权的必然要求，是法治中国建设遵循的原则之一。

### （二）公正的刑事司法是法治中国建设的核心

公正的刑事司法直接影响着社会效果，是决定法治中国建设的核心。良好的刑事司法制度设计，无疑将国家与公共利益体现在其中。刑事司法制度的核心是审判，"作为法律学家主要研究对象之一的审判制度，其首要任务就是纠纷的解决"。[①] 对于刑事审判而言，其职能在于审理刑事案件，惩治刑事罪犯，一方面打击和抑制犯罪分子及其犯罪活动；另一方面，对社会具有警示教育作用，从而达到维护和保障社会稳定的目的，实现法治中国的建设。"司法公正对于法治之重要，犹如水和空气对于人的生命之重要一样。"[②] 刑事司法公正是实现、维护社会正义的最后力量。正义是社会制度的美德，无论法律与制度多么有效率和秩序，只要它们非正义，就必须废除。要实现刑事司法公正，一方面，要严格遵循无罪推定的原则，确保无罪之人不受刑事追究。另一方面，要全面贯彻落实罪刑相适应原则，即刑罚的轻重，应当与犯罪分子所犯罪行和承担的刑事责任相适应，重罪重罚，轻罪轻罚，罪刑相称，罚当其罪。此外，还要求全体国民信仰法治。法律的权威源自人民的内心拥护和真诚信仰，全社会的法治信仰程度不仅制约着刑法价值目标实现的进度，更制约着法治中国建设的广度和深度。

### （三）严格的刑罚执行是法治中国建设的关键

"刑法作为一个整体体系，关系到一个国家的基本价值取向，也关乎刑法立法的科学性以及刑法目的的实现和刑法功能的发挥。"[③] 刑罚是国家最高权力机关在刑法中制定的赋予"刑罚"名称，用以惩罚实施犯罪行为的人，由法院依法判处、特定机关执行的最严厉的强制方法。[④] 严格的执行刑罚是指国家机关在对实施犯罪行为的人进行惩罚时必须依照刑法的实体规定和程序规定。要做到严格执行刑罚，必须做到两个方面：

第一，严格规范减刑、假释、暂予监外执行制度。既要严格把握减刑的

---

① ［日］棚濑孝雄著：《纠纷的解决与审判制度》，王亚新译，中国政法大学出版社 1994 年版，第 1 页。

② 董皞：《司法功能与司法公正、司法权威》，载《政法论坛》2002 年第 2 期。

③ 赵秉志：《当代中国刑法体系的形成与完善》，载《河南大学学报》（社会科学版）2010 年第 6 期。

④ 马克昌主编：《刑罚通论》，武汉大学出版社 2011 年版，第 13 页。

起始时间、减刑的幅度、减刑的间隔时间和减刑的最后限度，又要严格把握假释的实体条件和撤销假释的情形。对于职务犯罪、破坏金融管理秩序、金融诈骗犯罪以及组织、领导、参加黑社会性质组织罪等犯罪，从严把握适用减刑、假释的实体条件，还要明确规定"确有悔罪表现"这一刑法规定的关键条件，同时考察罪犯是否通过主动退赃、主动赔偿等方式，积极消除所产生的社会影响。

第二，加强对刑罚执行的监督。刑罚执行监督是检察机关重要的法律职能，刑罚执行监督的有效落实对刑罚的严格执行、维护执法的公信力、保证法律的统一适用具有重要意义。减刑、假释、暂予监外执行等刑罚执行的内容，都是监督的重点对象，检察机关要加强对减刑、假释以及暂予监外执行决定的监督。从司法实践中看，严格的执行刑罚是确保刑法价值实现的最有效的表征，更是法治中国建设取得成效的最优路径。

# 刑法的自由与效益价值之研析[①]

韩　轶[*]　唐大森[**]

　　正确理解法律价值有助于我们对刑法价值的界定。笔者认为，刑法价值就是指在刑法的制定、适用和执行中，刑法的内在属性及功能效应与国家、社会及其一般成员对刑法的信赖和需要的关系。刑法价值由社会和人们的需要、刑法的属性与刑法功能三者结合而成。在我们看来，刑法的价值与刑罚价值是相同的。刑法的两大内容即指犯罪与刑罚，在犯罪与刑罚两大范畴中，犯罪是"源"，刑罚是"宿"，刑罚制度是刑法的核心内容。"在重视刑罚的欧洲大陆诸国，常常把刑法称之为 Penal Law（刑罚法）。刑法中如果没有了刑罚，刑法便不成其为刑了。"[②] 我国有学者把刑法的"价值构造"表述为个人自由、社会秩序与公正的统一；[③] 另有学者主张刑罚的基本价值包括自由、秩序、正义；[④] 还有学者认为，在刑法所追求的价值中，最根本的是"秩序"、"安全"、"自由"等。[⑤] 我们认为，将刑法的价值归纳为公正、秩序和自由的观点是正确的，但同时也应考虑到，既然刑法的价值还意味着社会及其成员的需要，那么，效益理所当然地应成为刑法基本价值中的内容。考虑到学界对刑法的公正和秩序的价值探讨较多，本文仅对刑法的自由与效益价值予以研析。

## 一、刑法的自由价值

　　自由是当代世界最时髦、最受欢迎的话题之一。自古以来，自由的价值蕴含一直是学者或政治家们所关注的焦点。虽然学者们为了建构各自领域中的自由理念，从不同角度对自由加以诠释和论证，但自由仍是一个歧义丛生的范畴。

---

　　① 本文为作者主持的国家社科基金项目"民族自治地方个体与群体犯罪的发生机制与防控模式研究"（12BFX045）的部分研究成果。
　　* 中央民族大学法学院副院长、教授、博士生导师。
　　** 安徽大学法学院教授。
　　② 谢望原著：《刑罚价值论》，中国检察出版社 1999 年版，第 16 页。
　　③ 参见陈兴良：《刑罚的价值构造》，载《法学研究》1995 年第 6 期。
　　④ 参见谢望原著：《刑罚价值论》，中国检察出版社 1999 年版，第 168 页以下。
　　⑤ 参见张智辉：《论刑法的目的性》，载赵秉志主编：《刑法论丛》（第 7 卷），法律出版社 2003 年版，第 26 页。

自由，就其字面含义来说，就是自主决定、不受限制、无拘无束。在《利维坦》一书中，霍布斯表达了自己的自由思想。他认为，就其本意而言，自由，指的是没有阻碍的状况；所谓阻碍，指的是运动的外界障碍，对无理性与生命的造物和对于有理性的造物同样可以适用。人的自由就是他在从事自己具有意志、欲望或意向想要做的事情上不受阻碍。① 孟德斯鸠是这样评价自由一词的，他说："没有一个词比自由有更多的含义，并在人们意思中留下更多不同的印象了。"② 黑格尔则认为，一般所谓"自由"这个名词，本身还是不明确的、笼统含混的名词，并且它虽然代表至高无上的成就，却可以引起无限的误解、混淆、错误。③ 笔者认为，自由范畴难以界定的主要缘由在于，任何自由总是具体的自由，任何具体领域里的自由的含义都会有所差异，同时，具体的自由对不同的主体也具有不同的意义与价值。对此，亚伯拉罕·林肯有过十分精辟的论述，他指出，世界上从不曾有过自由一词的精确定义，而美国人民现正需要一个精确的自由定义。尽管我们都宣称为自由而奋斗，但是在使用同一词语时，我们却并不意指同一事物，对于羊和狼，自由具有不同的含义。④ 正因如此，即使在时下关于法学范畴自由理论的研究中，自由的一般含义也是一个难获共识的问题。

在这里笔者仅从法律与自由的一般关系入手，审视法律价值自由的意蕴。笔者认为，自由与法律是既对立又统一的关系，一方面，自由是与任何限制、任何规范相对立的，当然也是与法律规范相对立的；另一方面，自由与法律又是统一的，自由与法律的统一集中表现在自由需要法律的保护。国家制定法律就是为了给公民的活动确定一个明确的范围，就是为了保障人们的普遍自由。自由是法律的基本价值目标。马克思曾说："法律是自由的存在，在法律中自由的存在具有普遍性的、肯定的合乎人的本性要求的性质，哪里的法律真正实现了人的自由，哪里的法律就成为真正的法律。因此，法律不是与自由相悖的东西，更不是压制自由的手段，法律是人民自由的圣经。"⑤ 作为法律价值的自由体现为法律所追求和所实际建构出的社会自由状态。法律自由价值理想是人们对自由的渴望及追求在法律领域的反映。人们对法律自由价值理想的追求成为人们最基本的权利。法律权利的本质属性是法律价值自由的体现。

古往今来，一切形态的刑事法律制度中，都潜存着对自由价值的追求，

---

① 转引自谢望原著：《刑罚价值论》，中国检察出版社 1999 年版，第 136 页。

② ［法］孟德斯鸠著：《论法的精神》（上），张雁深译，商务印书馆 1995 年版，第 153 页。

③ 转引自林剑著：《人的自由的哲学思索》，中国人民大学出版社 1996 年版，第 39 页。

④ 转引自［英］哈耶克著：《自由秩序原理》，邓正来译，生活·读书·新知三联书店 1997 年版，第 3 页。

⑤ 《马克思恩格斯全集》（第 1 卷），人民出版社 1956 年版，第 71 页。

从刑罚权的起源上看，按照古典自然法学派提出的社会契约论的解释，在法律产生之前，人类是处在一种"自然状态"之中，人们都可以在自然法的范围内，用自己认为合适的办法，决定自己的行动，而无须得到别人的许可或听命于别人的意志。但是，这也是一个不稳定、不安全的社会，人们为你争我夺的战争所困扰，无力享受变得空有其名的自由，正是为了摆脱自然状态下无时无刻、无处不在的忧虑感和不安全感，于是人们通过缔结社会契约的形式，让出各自部分自由，以便享受剩下的那份自由。贝卡里亚认为，正是这种需要迫使人们割让自己的一部分自由，而且，无疑每一个人都希望交给公共保存的那份自由尽量少些，只要让别人保护自己就行了。这一份份最少量自由的结晶形成惩罚权。① 它一方面保障社会和社会的大多数成员不受犯罪行为的侵害，维护社会秩序和社会安全，从而表现为使公民的正当权利处于没有受到侵犯、限制和威胁的一种状态。另一方面它保障作为个人的社会成员所享有的免于某种或某些限制的自由以及从事某种或某些活动的自由，从而表现为使犯罪嫌疑人、被告人的基本权利不受国家权力的非法干预和侵犯。孟德斯鸠说："公民的自由主要依靠良好的刑法。"② 我国现行刑法既是权利的保障，也是自由的载体。"不懂得刑法与自由的关系的人，常常认为刑法是限制自由的，事实上完全相反。刑法在限制自由的范围的同时，也把自由承认为一种根本价值。如果没有刑法，则任何人都可以为所欲为，这样，任何人的自由都可能被他人侵犯。如果刑法事先将各种应当受处罚的行为规定下来，那么任何人都没有侵犯他人自由的自由，于是任何人的自由都有了保障……如果没有刑法，人们事先不能预测自己的行为性质与后果，在实施过程中，就会担心自己的行为是否受到惩罚，从而导致行为的'萎缩效果'，自由也因此受到了无形的限制。在这个意义上，刑法不仅没有限制自由，而且保护和扩大了自由。"③ 从另一方面来说，刑法亦保障了犯罪人的自由。正如李斯特所言：刑法不仅是善良人的大宪章，而且是犯罪人的宪章。刑法对各个犯罪的构成要件和法定刑作了明确规定之后，也保障了犯罪人的自由，即犯罪人只有在法律规定的范围内承受处罚，也就是说，实施犯罪行为之人在依法受处罚之外还是自由的。关于法律对人们行为的指引作用，洛克是这样说的："法律按其真正的含义与其说是限制还不如说是指导一个自由而有智慧的人去追求他的正当利益，它并不在于受这法律约束的人们的一般福利范围之外作出规定。假如没有法律他们会更快乐的话，那么法律作为一件无用之物自己就会消灭；而单单为了使我们不致坠下泥坑和悬崖而作的防范，

---

① 参见［意］贝卡里亚著：《论犯罪与刑罚》，黄风译，中国大百科全书出版社1993年版，第9页。
② ［法］孟德斯鸠著：《论法的精神》（上册），张雁深译，商务印书馆1995年版，第188页。
③ 张明楷著：《刑法格言的展开》，法律出版社1999年版，第27页。

就不应称为限制。所以，不管会引起人们怎样的误解，法律的目的不是废除或限制自由，而是保护和扩大自由。这是因为在一切能够接受法律支配的人类的状态中，哪里没有法律，哪里就没有自由。这是因为自由意味着不受他人的束缚和强暴，而哪里没有法律，哪里就不能有这种自由。"① 从权利的相对性意义上说，人们所能享有的自由最终是有限制的，自由绝不等于放任和随心所欲，没有限制就没有自由。人们总是在现实的社会关系中行使自由权利进行社会活动，自由权利的行使不得损害他人的利益。换言之，自由必须以不妨害他人合法利益为界限。对此，孟德斯鸠曾作过精辟的阐释，他认为："在一个国家里，也就是说，在一个有法律的社会里，自由仅仅是：一个人能够做他应该做的事情，而不被强迫去做他不应该做的事情。自由是做法律所许可的一切事情，如果一个公民能够做法律所禁止的事情，他就不再有自由了，因为其他的人同样会有这个权利。一个公民的政治自由是一种心境的平安状态，这种心境的平安是从人人都认为它本身是安全的这个看法产生的。"②

从刑法价值论考察，刑事古典学派倡导的罪刑法定主义是以个人自由为其价值取向的，体现的是刑法对人权的有力保障。刑法的这种人权保障机能只有通过罪刑法定得以实现，这主要表现为对立法权与司法权的限制，即以法律限制权利，从而保障个人自由。正如美国学者胡萨克所言："整个刑事责任基本原则的核心是限制国家当局滥用刑罚。"③ 为了体现民主思想和法治的精神，我国现行刑法典在显著的位置明确规定了罪刑法定的基本原则。我国刑法规定的罪刑法定原则同样是以保障个人自由和限制刑罚权的行使为价值基础。罪刑法定原则本身即能起到防止立法恣意的作用，除此之外，以立法权限制司法权亦是罪刑法定原则的重要使命。罪刑法定原则通过罪刑关系的法定化从而限制司法权的运用，并以此达到保障公民个人自由不受司法侵犯的目的。笔者赞同这样的观点：首先，刑法对自由的追求，主要表现在三个方面：一是为公民的自由划定范围，使每个公民在刑法划定的最低限度内享有充分的自由，可以按照自己的意愿行使自己的权利；二是通过惩罚侵害公民自由权利的犯罪，确保公民在法律规定范围内的自由不受来自其他公民的侵害；三是通过严格守法的法制原则和程序的正当性，确保公民的自由不受公共权利的侵害。其次，刑法对自由的追求是通过对自由设定范围并在设定的范围内保护自由来实现的，因此，它本身也有限制自由的一面。而这种限制，如果超出了一定的范围，就不仅是多余的，而且是对自由的妨害。所

---

① [英] 洛克著：《政府论》（下篇），瞿菊农、叶启芳译，商务印书馆 1983 年版，第 127 页。
② [法] 孟德斯鸠著：《论法的精神》（上册），张雁深译，商务印书馆 1995 年版，第 151 页。
③ [美] 胡萨克著：《刑法哲学》，谢望原等译，中国人民公安大学出版社 1994 年版，第 219 页。

以，在保护自由与限制自由之间寻求必要而恰当的平衡，以便使刑法对自由的保护尽可能地达到最大化，而对自由的限制尽可能地缩小到最低限度，是刑法理性的价值追求。[①] 应当指出，罪刑法定原则的确立，对于刑法自由价值目标的实现确实具有重大意义，但公民自由权利的有效保障，永远依赖于法律原则的有效运作，体现在司法的实践活动上。因此，刑事司法活动中，切实保障罪刑法定原则的全面实现就显得尤为重要。

前文已述，自由是刑法的基本价值目标。与公正价值一样，自由价值对刑法来说是内在的，是灵魂，国家所实施的刑事立法和刑事司法活动应当追求自由价值目标的实现。国家对刑罚目的内容的设定应当有利于保障更多人的更多自由。刑罚目的对人的价值与意义正在于它能够使人们获得更多的自由、公正、平等、安全与秩序，如果刑罚目的不含有如此的价值，它也就没有任何意义，人们正是据此来对实践中的刑罚目的的实现程度和效果进行评价。从这种意义上说，人们对刑法自由价值理想的追求引导人们去不断地创新刑事法律，推动刑事立法工作向"尽善尽美"方向发展。同时，刑法自由价值的实现不是孤立的，它需要许多外在的条件，刑罚目的的设定、追求及对自由的实现无疑具有正面价值。自由的价值理想超越了实在的刑法规范本身，成为刑罚目的及其他刑事法律制度是否公正、合理的标准。刑法的自由价值理想的实现引导我们去建构实在的、合理的刑罚目的内容，同时又引导我们去评判刑罚目的是否合乎人们的自由法律价值理念。

## 二、 刑法的效益价值

"效益（benefit）"、"效率（efficiency）"原本是经济学的概念，都反映了成本和收益的比例关系，因此，在许多学者的表述中，两者是作为同义语使用的。但从严格语义上讲，它们还是有一定区别的。效率所强调的是时间的节约，即单位时间的工作量，而效益所强调的是结果。有效率并不一定有效益，但有效益则必须有效率。[②] 基于此种认识，笔者认为刑法效益是指在刑事立法和司法活动中，用最少的投入取得最大、最佳的效果和利益。常言道："天下没有免费的午餐。"没有投入，就不会有产出。现代社会的各项管理活动都是有成本、有投入的，都应提倡和追求效益，国家的刑事法律活动是社会管理和控制活动的重要内容，同样需要建立效益观念并力争取得最大、最佳的收益。

任何一个国家的管理者都十分重视并依赖刑事制裁的手段稳定政权和调控社会秩序，为建立国家机器如警察机构、法庭、监狱等投入了大量的人力、

---

① 参见张智辉：《论刑法的目的性》，载赵秉志主编：《刑法论丛》（第7卷），法律出版社2003年版，第32~33页。

② 参见姜伟、史卫忠：《运用多媒体示证的理论思考》，载《中国法学》2001年第6期。

物力和财力。这样也就出现了刑法的社会成本问题，"刑事体制（包括立法与司法）的运行需要投入大量的人力与物力，而刑事设施的维持更离不开一定的物质条件"。① 刑法通过惩治犯罪、遏制犯罪来保护法益，虽然可以产生积极的社会效益，但刑法的这种社会效益的取得并不是无本万利，而是需要一定社会成本的支出。在现实社会中，刑事司法资源与可供人类利用的自然资源一样都具有有限性的特点。究其原因，主要是由于存在以下两个方面因素的影响。其一，刑事司法资源具有高消耗性。国家专门机关的刑事司法活动主要是围绕着侦查、揭露并打击犯罪的任务而进行的，由于犯罪具有过去性、隐藏性和难以恢复性的特点，加之犯罪人的狡诈、诡谲及反侦查的手段越来越高明，使得追究、惩罚犯罪的过程困难化，为此所耗用的各种资源日益增多。其二，社会对惩治犯罪的需求具有无限性。每种社会形态无论其发展程度如何，也不管其意识形态怎样，人们都希望生活于其中的社会是一种"路不拾遗，夜不闭户"的无犯罪社会，因此，面对着凶杀不已、犯罪纷扰的生活环境，人们自然把期望寄托于国家机关对犯罪行为的有力惩治上，彻底消灭丑恶的犯罪现象成为人们的最高需求之一。而要最大限度地满足这种要求，国家必须投入足够数量的司法资源。② 正是在司法资源有限与社会需求无限的挤压下，刑法效益理念凸显出来。刑事法律规范应是以实用性、以获得最大效益为基础。美国学者罗伯特·考特、托马斯·尤伦通过对刑罚的经济分析指出：最优化的威慑效应并不是铲除所有的犯罪，因为这样做的代价很高，而且社会效应会不断降低，政策制定者需要对有限的资源加以配置，争取以最少的成本实现威慑目标；也就是说，在刑法中，我们的宗旨是使犯罪的直接和间接成本以及刑事审判制度的运转成本最小化。③

从刑法的内容结构上讲，刑罚是刑法中的主要内容，刑罚效益也应是刑法效益中最为根本的构成部分。从实质意义上说，刑法效益表现为通过刑罚运作所取得的客观效果和收益。因此，可以认为，刑法效益与刑罚效益在内容上具有同一性。目前我国刑法学界关于刑罚效益的内容的探讨，主要有这样几种观点。第一种观点认为，刑罚效益从不同角度可划分为不同的种类：以刑罚适用对于刑罚目的的实现所产生的结果为标准，其内容是指预防犯罪以所适用的刑罚种类作为标准，刑罚效益分为综合效益、同类效益和单种效益。此三种效益都是指刑罚适用在社会范围内所获得的效果，而不仅仅局限于预防犯罪。以刑罚适用产生的社会效益是否符合刑罚目的为标准，刑罚效益分为良性效益和不良效益。良性效益是指通过刑罚适用获得了符合刑罚目的的客观效果，而不仅仅局限于预防犯罪，而不良效益是指通过刑罚适用出

① 高铭暄著：《刑法问题研究》，法律出版社1994年版，第55页。
② 参见左卫民、周长军著：《刑事诉讼的理念》，法律出版社1999年版，第153~154页。
③ 参见高铭暄著：《刑法问题研究》，法律出版社1994年版，第56页。

现了违背刑罚目的的客观结果。① 第二种观点认为，刑罚效益由三个部分构成，即正义的实现、威慑效应的产生和公民刑法意识的形成。② 第三种观点认为，刑罚的内容是预防犯罪。刑法效益是指政治效益、经济效益和社会效益，其实质在于刑罚在预防犯罪中能否取得成效及其成效的大小。③ 第四种观点认为，构成刑罚效益的内容有二：惩罚和威慑（预防）。该论者认为，国家之所以进行刑罚成本的静态投入和动态适用，其原因就在于追求使罪犯本人受到应有的惩罚和使包括罪犯本人在内的有关潜在的犯罪者受到威慑这两种预期效果的获取。④

笔者认为，刑罚效益是国家制刑、量刑和行刑所产生的符合立法者、司法者主观上预期的客观效果和收益。上述第一种观点和第二种观点将并不是刑罚适用所直接产生的客观效果归入刑罚效益的范围，是不妥的，此外，笔者对第一种观点中将刑罚效益分为良性效益和不良效益的做法也不能认同。因为，刑罚效益不同于刑罚效果，只有符合主体愿望的客观结果才能称之为效益，构成刑罚效益内容的必然是符合主体愿望的客观结果。第三种观点和第四种观点认为预防或惩罚和预防构成刑罚效益的内容是值得肯定的，但其观点尚不全面。因为除了惩罚犯罪和预防犯罪外，构成刑罚效益内容的还应包括各种合法权益的保护。

通过前文对刑罚效益概念的界定可推知，刑法效益由以下三个基本要素构成：其一，刑法资源的配置合理、有效。可供国家支配的人力资源和物质资源的有限性决定了国家不可能不计成本地随意投入和使用刑法资源，刑法资源的合理配置和有效运用是取得最佳、最大刑法效益的前提条件。其二，刑法资源的投入最小化。也即刑罚的制定和适用应当做到谦抑适度、宽严相济，刑法资源的投入应控制在足以使刑法效益最大化实现所必需的数量上，避免刑法资源的滥用、无效和过于昂贵。其三，立法者主观上预期的效果和收益最大限度地实现。虽然是以最小的刑法资源代价却实现了最大的惩罚犯罪、预防犯罪和保护法益的最佳效果。

综上所述，笔者认为，刑法效益的具体内容应当包括以下三个方面：

（一）公正惩罚犯罪

通过刑法资源的合理投入和有效使用，使实施犯罪的行为人得到应有的刑事制裁。没有刑法自身成本的投入，就不可能现实公正地惩治犯罪。

（二）有效预防犯罪

刑法的效益不仅仅在于使实施危害社会的犯罪行为受到惩处，也应包括

---

① 参见樊凤林主编：《刑罚通论》，中国政法大学出版社 1994 年版，第 350 页。

② 参见周仲飞：《效益：市场经济新法的价值目标》，载《江海学刊》1994 年第 2 期。

③ 参见苏惠渔、单长宗主编：《市场经济与刑法》，人民法院出版社 1994 年版，第 7 页。

④ 参见陈正云：《论刑罚成本与刑罚效益》，载《法学家》1997 年第 2 期。

通过制定刑法和对犯罪人适用刑罚、执行刑罚以取得有效遏制犯罪、预防犯罪的效果。

### （三）最大限度地实现刑法的任务

通过刑法资源的合理投入和有效使用，在取得公正惩罚犯罪、有效预防犯罪的基础上最大限度地实现刑法的任务。具体来说，包括：保卫国家安全，保卫人民民主专政的政权和社会主义制度；保护社会主义经济基础；保护公民各项权利；维护社会秩序。

在明确了刑法效益的具体内容后，需要进一步思考的问题是刑罚目的与刑法效益的关系。关于二者的关系，可以从以下几个方面加以认识：（1）刑罚目的与刑法效益具有内在差异性。刑罚目的是立法者、司法者在刑事立法和刑事司法活动之前所设定和追求的客观效果，因而仅仅是一种主观愿望，是一种抽象的尚未实现的东西，而刑法效益是刑事法律活动实践的产物，它是已经取得的、实际存在的东西，因而具有直观性和现实性。（2）刑罚目的与刑法效益具有一定的统一性。这种统一性表现在：刑罚目的包括三个层次的内容即公正惩罚犯罪、有效预防犯罪和最大限度地保护法益。刑罚目的与刑法效益在其内容上具有一致性，因此，刑罚目的是否实现及实现的程度与刑法效益是否取得及取得的大小是相一致的。（3）刑罚目的的内容的设定影响刑法效益的实现。一般来说，刑罚目的的内容不合理，对刑罚目的的期望值过高，提高刑法效益便难以做到，而期望值过低的刑罚目的，又会使刑法效益的衡量失去科学性。（4）刑罚目的是评价刑法效益的标准。国家制定刑法、司法机关适用刑罚和行刑机关执行刑罚都是为了实现刑罚目的。刑罚目的的实现，是指国家设定的通过刑罚的制定、适用和执行所希望达到的惩罚犯罪、预防犯罪和保护法益的结果成为事实，其具体表现为国家刑罚权得以实现、犯罪人已受到应有的惩罚、犯罪率下降以及社会秩序良好和社会安全感增强等。可以说，对犯罪人判处的刑罚或实际执行的刑罚，如果达不到刑罚的目的，便不能认为是有效的刑罚。刑事法律活动中，刑罚目的是否达到以及达到的程度如何，是检验刑法效益是否取得以及取得效益大小的最好尺度。

## 三、结论

刑法价值离不开国家、社会及其一般成员的特殊需要，即通过惩罚犯罪、预防犯罪、保护法益以及维护现存政治、经济等制度和一般生存条件的需要。刑法的价值是客观存在的，但对于不同的主体而言，关于刑法的效用和意义的认识和评价，无论从理论上讲，还是从社会现实来看，都会产生不同程度的差异，于是便形成了不同的刑法价值观。其中，一个国家特定时期占主导地位的刑法价值观，是形成该国特定时期刑罚目的的决定因素。刑罚目的就是占主导地位的刑法价值观的反映，是国家在刑罚制定、适用及执行上所追求的价值目标的最集中的体现。由于刑法的公正、自由、秩序、效益存在相互依存、相互制约的内在关系，因此，在确立刑罚目的时，应当根据特定时期的需要，充分体现、考虑且适当协调各种价值关系，并对国家、社会及其一般成员的价值需要进行合理平衡。[①]

一言以蔽之，刑罚目的和刑法价值的关系是相当密切的，刑罚所追求的目的与刑法所追求的价值目标具有统一性。刑罚目的反映在观念形态中，就是特定社会主流意识形态中所追求的刑法基本价值。公正、自由、秩序和效益，是现代社会维系其生存和发展所需的最基本条件。刑法对这些价值目标追求的本身，意味着刑罚目的必然是多层次的统一，避免刑法偏向一种价值诉求，使刑法多元价值在实践中达到平衡，相得益彰，才能保障刑罚目的最大限度地得到实现。而刑罚目的的实现，则显示出刑法存在的基本价值。

---

① 参见宋英辉著：《刑事诉讼目的论》，中国人民公安大学出版社 1995 年版，第 17~19 页。

# 法治中国与回应型刑法的构建

彭文华*

## 一、 刑法的话语权冲突及其基本立场

### （一）大众话语与精英话语的冲突

公众舆情对刑事案件的关注是有目共睹的。例如，2010~2013 年的四年中，由《人民法院报》主导评选的中国十大典型案件中，刑事案件所占的比例分别为 90%、60%、60%、70%，① 这表明公众舆情所关注的多数为刑事案件。刑事案件受到公众舆情的"青睐"，意味着其更容易陷入大众话语的置评中。那么，在司法实践中，司法机关是如何应对公众舆情的呢？从实际状况来看，面对扑面而来的公共舆情，多数情形下司法机关在"沉默的螺旋"中疲于应付，或虽然积极应对却因为词不达意而被动不堪，或在情与法的煎熬中尴尬万分。

在某种程度上说，公众舆情的本质是大众话语权与精英话语权的冲突。这是因为，如果刑法规范对犯罪的制裁符合民众愿望，法官定罪量刑达到了民众的诉求，就产生不了公众舆情。当刑事案件出现民众不愿意看到的结果，或者与民众的愿景有很大出入，就会产生公众舆情。通常，精英话语与大众话语一般是不存在冲突的。因为刑法的任务在于保护国家、集体和公民的合法权益，维护正常的社会秩序，否则就会不公正。"如果刑罚超过了保护集体的公共利益这一需要，它本质上就是不公正的。"② 公正的刑法当然体现公众意志，此时精英话语与大众话语在实质上是契合、一致的。尽管如此，精英话语与大众话语之间产生冲突是在所难免的。首先，刑法立法不可能完全做到公正。"人们常常揣测，似乎仅凭经验就可能甚为便利地去获得关乎具体案件的完美知识，然后再根据法典的相应规定对其进行逐一制裁。但是，因为各种情形错综复杂，千差万别，所以，无论谁对法律案件作过审慎考虑，都会一眼看出，此举必败。"③ 其次，由于精英群体和大众群体在专业技能以

---

* 苏州大学王健法学院教授，法学博士、博士后。

① 参见《人民法院报》2014 年 1 月 3 日第 01 版、2013 年 1 月 6 日第 01 版、2012 年 1 月 6 日第 01 版、2011 年 1 月 6 日第 01 版。

② ［意］贝卡里亚著：《论犯罪与刑罚》，黄风译，中国大百科全书出版社 1993 年版，第 9 页。

③ ［德］萨维尼著：《论立法与法学的当代使命》，许章润译，中国法制出版社 2001 年版，第 17 页。

及专业知识结构等方面存在差异，因而对同一事物的认识和理解必然有所不同，这也会引发话语上的冲突。最后，精英话语和大众话语存在冲突，与两大群体在情感情绪、文化品位、思维观念、行为处事等方面存在差异也有关系。精英话语式的刑法规范与司法裁判具有理性化、职业化、专业化等特征，而大众话语式的公众舆情则具有感性化、情绪化、简单化等特征。立法者、司法者需要冷静、理性地评判犯罪，而社会大众有时会非理性、情绪化地评头论足，两种话语发生碰撞理所当然。

**（二）大众话语与精英话语的不同立场**

**1. 刑法的形式正义与实质正义**

正义可以分为实质正义与形式正义。前者认为正义必须是一种连贯而规律的理性规则和人们完全自由的选择，是体现衡平精神的适用原则；后者主张正义包含规则的存在、适用的普遍性以及公正无私地实施三个基本特征。[①]刑法的形式正义体现的是形式合理性，强调规范治理；刑法的实质正义体现的是实质合理性，侧重处罚必要。公众舆情的产生，多数情形下是刑法的形式正义与实质正义冲突的结果，即法官坚持规范治理而公众认为处罚不必要或者不合理造成的。有时，也可能是法官背离规范作出不公正裁决使然。"在一个虽属公正、但尚未浇铸成法律形状的法之间，若还存有争议的话，那么事实上正义同它自身、表面的正义与实际的正义之间还存有冲突。"[②]有时，公众诉求并非实质合理也是原因之一。

**2. 罪刑法定与罪刑相适应**

罪刑法定原则要求定罪量刑首先必须遵循刑法规定，其优点在于使法官不受任何不必要的干扰，超然独立地行使司法裁判权。"从社会的角度来说，部分是由于所有这些程序上和形式上的要求，法官得以隔离于外界的各种压力，这成了司法制度的一个很大的比较优势。"[③]罪刑法定的缺点是具有形式化、滞后性等特征，有时可能会脱离社会生活。因此，法定的罪刑并非总是能体现罪刑相适应，甚至在某种情形下也可能是对立的。当依法作出的罪刑裁判给人感觉不相适应时，表明司法裁判结果与犯罪的社会危害性令人觉得不相当，此时社会大众往往自我感觉更有发言权，因为他们是社会生活的主体。公众强烈表达对刑事司法的不满，显然会滋生公众舆情。

**3. 规范适用与事实认定**

刑事审判权因其内容不同可以分为刑法适用权与事实认定权。司法人员

---

① ［英］丹尼斯·罗伊德著：《法律的理念》，张茂柏译，新星出版社 2005 年版，第 94 页以下。
② ［德］拉德布鲁赫著：《法律智慧警句集》，舒国滢译，中国法制出版社 2001 年版，第 170 页。
③ ［美］考默萨著：《法律的限度：法治、权利的供给与需求》，申卫星、王琦译，商务印书馆 2007 年版，第 39 页。

由于接受过专业的法律知识培训，因而在刑法适用权的行使上具有普通大众力所难及的能力和技巧。事实认定则不然。接受过专业熏陶与职业训练的司法人员在认定事实时，较之普通大众不一定具有优势。甚至，局限在专业领域的司法人员对某些事实的认识和理解，反而不及普通大众。这表明，在事实认定上公众有时更有发言权。当法官依法作出裁判而受到公众质疑时，在一定程度上体现了规范适用与事实认定上的不协调与冲突。其实，公众舆情并不完全无视法律规定，而是不大在乎刑法规范体系的内在秩序。当刑法规范和刑事裁判与外在的社会价值发生冲突时，民众不唯法官之命是从也就理所当然了。

4. 自由裁量权与法律监督权

在定罪量刑时，法官具有独立的自由裁量权。"法官刑事自由裁量权，是法律赋予法官（包括审判机关）根据罪刑相适应原则和刑罚目的，在法定范围内公正合理地自行对刑事被告人裁量决定刑罚的权力或责任。"[1] 但自由裁量权被滥用，就会损害司法公正。"由于立法过程中所显现的大概近似的社会价值已被执法者个人的并常常是特殊的价值标准所代替，当有选择执行的受害者看到所发生的事情，尊重法律信念被削弱的第二层面的效果（正如在前述章节中讨论的效果）就产生了。"[2] 为了避免自由裁量权的滥用，需要对司法机关和司法人员进行监督。公众舆情的产生，是人民群众监督刑事司法的结果，体现了法律监督权与自由裁量权的对立。

5. 刑法的安定性与社会的安定性

根据刑法规范评价行为可以充分发挥刑法的安定性与确定性功效，使人们能够充分认识到自己的行为在刑法上的性质和意义，这有利于维护社会秩序和保障人权。可见，法的安定性并不排斥人们按照社会普遍的行为模式行事。"法律安定性原则也要求，在社会交往中人们可以按照被普遍承认的行为模式行事，并且司法评价应尊重这样的行为模式。"[3] 问题在于，如果按照刑法规范评判行为，本身就背离社会的公序良俗与道德标准，让公众觉得不公正、不合理，那么刑法的安定性反而会纵容不公正、不合理的行为滋生；同时，合法却不公正的刑事裁判不但不利于维护社会秩序和保障人权，也会损害刑法的安定性。这样看来，公众舆情的产生在一定意义上是民众基于社会安定性受到威胁的焦虑与不安使然，表现的是对司法裁判所崇尚的法的安定性的一种否定。

---

① 李志平：《法官刑事自由裁量权及其合理控制探析》，载《中国法学》1994 年第 4 期。
② ［美］帕克著：《刑事制裁的界限》，梁根林等译，法律出版社 2008 年版，第 287 页。
③ ［德］齐佩利乌斯著：《法学方法论》，金振豹译，法律出版社 2009 年版，第 23 页。

## 二、 法治中国呼唤回应型刑法

### （一）刑事法治需要回应公众舆情

面对公众舆情，一些学者认为司法没有必要回应。"刑事司法过程是一个坚守罪刑法定和贯彻疑罪从无的过程，此时作为司法者坚守法律信仰无疑是非常重要的。"[①] 在他们看来，不能把国家的审判变成"媒体审判"、"舆论裁判"，法官审案只能以事实为根据，以法律为准绳判断是非曲直。[②] 也有不少学者主张司法应当取长补短，能动地吸纳公众舆情（民意）。"应当赋予公众判意恰当的地位，更有效地发挥其积极功能，减少进而避免其偏失的影响。"[③] 有学者还指出："吸纳民意不是对民意中判断性和情绪性因素的简单妥协和接纳，更重要的是对民意中包含的、与妥善决定相关的信息的有效吸纳。在这个意义上，拒绝民意不仅政治上不明智，司法上很有害，而且在法律思维上也是封闭和不求上进的，是另一种法条主义。"[④]

反对公众舆情干预司法通常以刑法学者居多。在刑事审判中保持司法独立，排除舆情干扰，是由刑法性质和属性决定的。如果说"刑法学是最精确的法学"[⑤]，那么同样可以认为刑法也是最精确的部门法。刑法制裁严厉且事关人的最重大权益，没有理由不精确。既然如此，司法机关在定罪量刑时理应慎之又慎，超然独立于公众舆情保持独立，只对法律负责而不受其他干涉，就在情理之中。然而，赞成司法吸纳民意的学者则认为司法不应当忽视常识、常情、常理，公众舆情也是人们对正义的呼唤。"所谓的法律精英必须意识到，人们无需专门学习法律也能够对杀人、婚姻问题等与日常生活紧密相关的领域提出法律意见，因为这种表达依赖于常识、常情、常理，也因为这些问题关系着人们对社会能否获得正义、能否对抗恶行之类的深层心理反应。"[⑥] 的确，尽管法官拥有专业化的法律知识、技术和丰富的经验，但这并非意味着他们能够作出公正的裁判。法官不可能对所有犯罪行为都作出客观公正的价值判断，在某些案件中不排除"群众的眼睛是雪亮的"，较之法官公众也许可能作出更为客观公正的判断，因此司法酌情吸纳民意是情有可原的。

在笔者看来，截然反对公众舆情介入刑事司法，未必是可取的选择。如

---

① 孙万怀：《论民意在刑事司法中的解构》，载《中外法学》2011 年第 1 期。

② 参见张泗汉：《司法改革重在审判独立》，载《中国改革》2010 年第 5 期。

③ 顾培东：《公众判意的法理解析》，载《中国法学》2008 年第 4 期。

④ 苏力：《法条主义、民意与难办案件》，载《中外法学》2009 年第 1 期。

⑤ 参见［德］罗克辛著：《德国刑法学总论》（第 1 卷），王世洲译，法律出版社 2005 年版，译者序。

⑥ 王启梁：《法律世界观紊乱时代的司法、民意和政治——以李昌奎案为中心》，载《法学家》2012 年第 3 期。

果公众舆情只是公众一种单纯的、个别的意愿和诉求，并非社会共同体意愿和利益的体现，那么其诉求必然背离罪刑相适应原则，有滥用司法监督权之嫌。这样的公众舆情本质上不是为了追求实质公正与维护社会的安定性，因而没有任何理由获得司法回应。如果公众舆情代表公意，情况就不同了。因为公意所代表社会共同体的意志和利益，是包括法律规范在内的各种社会规范最终服务的目标和方向。"除了法的安定性之外，还涉及另外两项价值：合目的性与正义。在这一价值序列中，我们把为公共利益的法的合目的性放在最后的位置上。"① 此时的公众舆情是建立在社会大众的公共道德、社会经验以及公众政策等基础上，所追求的是实质合理与处罚必要。"在法律中，形式合理表示通过逻辑概括和解释的过程对抽象规则的系统阐述和适用；它强调的是通过逻辑的方法搜集全部法律上具有效力的规则并使之合理化，再把它们铸成内部一致的复杂的法律命题。相比之下，实质合理性突出的方面不是符合逻辑的一致性，而是符合道德考虑、功效、便利和公共政策。"② 此时，刑事司法没有理由完全拒绝公众舆情。

## （二）法治中国要求刑法转型

刑事法治回应公众舆情，是转型时期社会发展和法治进步的需要。处于转型时期的社会往往会在政治、经济、文化、法律等诸多领域进行一系列变革，以适应当时社会的需要，清朝肇基时期的法律改革就是很好的例证。"清朝于关外肇基时期的社会形态处于急遽变动的转型时期。生产关系的迅速变化推动了社会结构的变化，以及整个上层建筑的剧烈变动。凡此也都体现在法律关系的调整与新制定的法律当中。"③ 当前，我国正处于社会转型的又一全新时期。"在这个特殊时期，社会已由过去比较单一的结构向复杂的结构转变，具体体现为利益主体更为多元、利益关系更为复杂、利益需求更为多样。"④ 为了适应转型时期的社会需要，党的十八届三中全会确定了全面深化改革的大政方针，明确了建设法治中国的构想，其主要宗旨之一便是刑事法治需要适时、适当、适度回应公众舆情。

《中共中央关于全面深化改革若干重大问题的决定》（以下简称《决定》）在谈到推进法治中国建设时指出："推进审判公开、检务公开，录制并保留全程庭审资料。增强法律文书说理性，推动公开法院生效裁判文

---

① ［德］拉德布鲁赫著：《法律智慧警句集》，舒国滢译，中国法制出版社 2001 年版，第 170 页。

② ［美］伯尔曼著：《法律与革命——西方法律传统的形成》，中国大百科全书出版社 1993 年版，第 655 页。

③ 张晋藩：《清朝肇基时期的社会转型与法制变革》，载张晋藩主编：《社会转型与法律变革研究》（古代部分），中国政法大学出版社 2010 年版，第 229 页。

④ 马学贤：《新时期社会转型对宗教的影响及其发展趋势》，载《青海社会科学》2013 年第 4 期。

书……广泛实行人民陪审员、人民监督员制度，拓宽人民群众有序参与司法渠道。"这意味着未来我国刑事司法改革的方向，是要将刑事司法活动以及生效的刑事裁判文书公之于众，使公众能够充分了解刑事司法的运作并直接审视刑事裁判结果，并创造条件让公民广泛有序地参与、监督刑事司法活动及过程。这样，刑法及刑事司法将有可能面对更多、更广泛的公众舆情，也将会面对法律与社会资本、法律精英与社会大众的互动，刑事法治的价值趋向也就不可避免地呈现多元化倾向，这是建设法治中国的需要。"克服'法治乌托邦'的浪漫幻想和'法律万能主义'、'法条主义'倾向，在发挥法律主导作用的同时，确立多元主义精神，特别是实现法律与社会资本的互动平衡，培育公民伦理和公民性品格，无疑是走出法治困境、推进'法治中国'建设的一种更加务实的选择。"①

在建设法治中国的时代背景下，人们的法律意识和权利意识必将会不断增强，社会大众也将更为关注司法，针对刑事司法活动的公众舆情将会更多地出现，甚至可能成为司法实践中的常态。"无论是否符合人们的愿望，公众判意已成为我国社会生活中客观存在的一种现象，而表达判意则成为社会公众参与社会管理、反映社会诉求的一种常规性方式。"② 因此，在司法实践中避开公众舆情既不现实也不明智，不但有背离实质正义之嫌，且被动、沉默的应对只会置司法于更被动、更不利的境地。"无论是现在还是其他任何时候，法律发展的重心不在立法，不在法学，也不在司法判决，而在社会本身。"③ 当前，只有转变思维方式，改进传统的刑法规范与刑事司法模式，使刑法立法、司法解释以及司法活动适应新时代的要求，才能卓有成效地化解公众舆情与司法之间的冲突，使刑事立法与司法活动由被动转为主动、由消极转为积极，以进一步推进我国刑事法治建设。

（三）法治中国视野下的刑法类型：回应型刑法

在西方法学界，通过不同标准可以将法划分成不同类型。昂格尔以不同社会的特定历史条件为标准将法划分为习惯法、官僚法与更为严格的法律三种类型，④ 施密特将法分为三种类型：规则模式、法规模式和具体秩序模式。⑤ 特别值得提出的是诺内特和塞尔兹尼克对法的类型的划分。他们在全面比较了法的政治背景、目的、规则体系、推理模式、裁量方法、强制力以

---

① 马长山：《"法治中国"建设的问题与出路》，载《法制与社会发展》2014 年第 3 期。
② 顾培东：《公众判意的法理解析》，载《中国法学》2008 年第 4 期。
③ Eugen Ehrich，Fundamental Principles of the Sociology of Law，Selected from the Grest Leagal Philosophers，University of Pennsylvania Press，1958，p.437.
④ ［美］昂格尔著：《现代社会中的法律》，吴玉章、周汉华译，译林出版社 2008 年版，第 40~43 页。
⑤ ［德］卡尔·施密特著：《论法学思维的三种模式》，苏慧婕译，中国法制出版社 2012 年版，第 49 页。

及法的不同对应关系等因素的基础上，将法划分为以下三种类型：压制型法、自治型法和回应型法。其中，压制型法的主要特点有：法律与政治和国家属于一体，采取权威模式，法律道德主义盛行，强制力占主导，等等。自治型法主要特点有：法律与政治分离，采取规则模式，法律的目的和效能是规则性和公平，强制力趋于缓和，等等。回应型刑法的主要特点有：旨在形成民间性公共秩序，法律具有开放性和灵活性，法律的目的取决于更有能力的法律机构，强制力居于其次，等等。① 在笔者看来，构建回应型刑法是建设法治中国的必然选择。

在经济发展水平较低、社会分工程度不高、社会组织结构不完善的时代背景下，刑法主要以压制为主，强调"刑不可知则威不可测"，具有鲜明的人治特色，社会大众不可能获得充分的话语权，如中国古代就通过崇尚无讼、息讼，消除民众表达意愿的机会。自治型法作为去人治化与实现规则化的结果，是社会经济发展到一定阶段的产物，侧重于公平解决纠纷与争议。由于强调规则特征，法的适用总体呈现出典型的形式化与客观化特征。客观地说，压制型法与自治型法均有其特定的历史使命，其特定情境下的积极作用不容否定。然而，当社会、经济等发展到较高水平和程度时，刑法需要反映更多的主体愿望和利益诉求，尊重和保障人权、实现刑法的公平与公正便成为刑事法治的核心命题，此时压制型法与自治型法均难以适应现实要求，于是构建回应型刑法成为必然。"回应型法顾及了复合的多元利益与目标，肯定多元利益的正当性，并肯定多元利益主体的冲突和相互抗衡的价值，充分意识到社会冲突的正统性，抛开意识形态的绝对性而主张对多元利益主体主张的包容性。"②

当前，就刑事法治领域而言，在建设法治中国的时代背景下，构建回应型刑法的条件与时机完全成熟。主要理由在于：首先，尊重和保障人权为宪法与刑事诉讼法明确规定，成为宪法的重要内容与刑事诉讼法的基本任务，刑法没有理由不重视尊重和保障人权。在这样的前提下，需要构建回应型刑法。其次，社会的进步与经济的发展促使人们对社会管理模式与刑事治理模式提出更高的要求，无论是主观擅断式的罪刑规制还是形式化、客观化的罪刑规则，均难以满足刑事法治的需要，刑法应当具备应有的开放性和灵活性。可见，特定的社会发展阶段需要构建回应型刑法。再次，由于网络技术等新型科技的发展，人们参与社会管理的方式越来越多样化，往往容易形成民间性公共秩序，使得刑法的话语权不再仅仅是精英的话语权体现。要想很好地

---

① ［美］诺内特、塞尔兹尼克著：《转变中的法律与社会》，张志铭译，中国政法大学出版社2002年版，第35页、第60页、第87页。

② 郭威：《当代中国社会结构转型与回应型法治秩序》，载《山东科技大学学报》（社会科学版）2007年第4期。

反映民众的意愿，当然有赖于构建回应型刑法。最后，审判公开、检务公开以及人民群众有序地参与司法渠道，要求司法机关与司法人员具备解决法律问题的高超技巧与能力，而不是完全仰赖于法的强制力与权威力，只有这样才能更好地实现刑法目的。新时代的法治要求，对构建回应型刑法充满期待。

## 三、 回应型刑法的基本要求

构建回应型刑法，需要对刑法加以相应的修改和完善，这当然涉及方方面面。例如，将人权保障纳入刑法的目的与任务之中，就十分必要。"如果将人权保障纳入刑法目的与任务之中，不但能消除刑法与宪法存在的矛盾与冲突，使刑法的目的与任务符合宪法规定，而且能使刑法与刑事诉讼法的相关规定协调一致。"[①] 就建设法治中国而言，在刑事法治方面迫切需要做到两点：一是应当坚持处罚必要与规范治理并重；二是加强刑法的开放性和灵活性。

### （一） 处罚必要与规范治理并重

坚持实质合理并非排除形式合理，坚持处罚必要也并非排斥规范治理。否则，法律与司法就成为无意义的摆设，这当然不利于实现实质合理和处罚必要。即便是严格按照罪刑法定原则定罪处罚，也可能让司法人员以及刑法学者等精英群体感到难堪。"对于现行刑法规范之真性的确信，致使刑法学者面对着公众意见的冲击和内心良知的煎熬而无奈和孤独地'捍卫'着法律的堤坝。"[②] 因此，对于形式合理与实质合理、刑法规范与客观事实，我们显然不能采取断然态度，即非要在两者之间作出排他选择。因为它们均有各自的优缺，并非绝对真理。"规范主义的思路始终有脱离社会现实的危险，而客观主义的思路则淡忘了所有规范的方面。"[③] 或许，兼顾两者最大限度地实现刑法公正与司法公正是解决问题的根本出路。

西方著名法哲学家哈贝马斯曾提出"共识论"。他认为，"在自然科学领域范围以外的道德、法律、政治等领域，人们通过理性探讨达成的共识便是真理，当然这'真理'并不是绝对或永恒的，而是相对于当时的历史和社会环境的。于是，道德、法律、政治等社会准则的真理基础便得以重建"[④] 表现在刑法中，就是寄希望于刑事立法者将人们通过理性探讨达成的共识，制定出真理的法律，消除刑法规范论与客观事实论之间的裂痕，使刑法永久垂

---

① 彭文华：《人权保障与刑法的非犯罪化》，载《学习与探索》2014 年第 4 期。

② 白斌：《刑法的困境与宪法的解答——规范宪法学视野中的"许霆案"》，载《法学研究》2009 年第 4 期。

③ ［德］哈贝马斯著：《在事实与规范之间——关于法律和民主法治国的商谈理论》，童世骏译，三联书店 2003 年版，第 9 页。

④ 李龙主编：《西方法学经典命题》，江西人民出版社 2006 年版，第 276 页。

范。不难看出，哈贝马斯的"共识论"具有明显的理想主义色彩。德国著名法哲学家拉德布鲁赫则提出"容忍论"。在他看来，"正义和法的安定性之间的冲突是可以得到解决的，只要实在的、通过命令和权力来保障的法也因而获得优先地位，即使其在内容上是不正义的、不合目的性的；除非实在法与正义之矛盾达到如此不能容忍的程度，以至于作为'非正确法'的法律必须向正义屈服"。① 就刑法适用而言，当然应坚持罪刑法定与形式合理，以维护刑法的安定性。但是，如果刑法规定明显不公平，或者在规范框架内处罚容易造就不公正，不受罪刑法定制约而适当彰显实质合理，也是值得理解的。因为，如果刑法规范明显不公正，那么秉承规范决断就不是真正意义上的法。"凡正义根本不被追求的地方，凡构成正义之核心的平等在实在法制定过程中有意地不被承认的地方，法律不仅仅是'非正确法'，它甚至根本上就缺乏法的性质。"②

无论是"共识论"还是"容忍论"，本质上均为寻求处罚必要与规范治理的平衡，最大限度地兼顾实质合理与形式合理。事实上，只有兼顾处罚必要与规范治理、实质合理与形式合理，才能更好地兼顾刑法的形式正义与实质正义、罪刑法定与罪刑相适应、规范适用权与事实认定权、自由裁量权与法律监督权以及刑法的安定性与社会的安定性之间的关系，更好地消除法律精英与社会大众的分歧，这无疑有利于实现刑法的公正性。

**（二）强化刑法的开放性与灵活性**

刑法只有坚持处罚必要与规范治理并重，才能有效地协调大众话语权与精英话语权，使刑法真正成为培育良善的民间性公共秩序与高素养、高品格的法律职业操守的温床。而回应型刑法正是以此为目标，力求做到处罚必要与规范治理并重，使刑法规范、刑事司法体现更大的能动性与灵活性，以便最大限度地实现公平与正义。

1. 刑法规范的能动性与灵活性

刑法规范的能动性与灵活性，与坚持客观主义立场还是主观主义立场有直接关系。如果刑法坚持客观主义立场，定罪量刑就会侧重外部行为及其结果等客观要素，刑法适用的能动性与灵活性就相对弱些；如果刑法坚持主观主义立场，定罪量刑就会侧重行为人的主观恶性及其人身危险性等主观要素，刑法适用的能动性与灵活性就相对强些。刑法规范的能动性与灵活性，还与规范用语有直接关系。如果规范用语是基于公众普遍、常识认识的描述性用语或者规范性用语，如杀人、强奸、恶意透支等，那么其含义相对而言是明

① ［德］拉德布鲁赫著：《法律智慧警句集》，舒国滢译，中国法制出版社2001年版，第170页。

② ［德］拉德布鲁赫著：《法律智慧警句集》，舒国滢译，中国法制出版社2001年版，第170~171页。

确的、确定的，刑法适用的能动性与灵活性就要弱些；如果规范用语是评估性用语，如寻衅、淫秽、情节等，那么其含义则相对抽象、概括，刑法适用的能动性与灵活性就要强些。

从我国刑法立法近几十年的演变发展来看，大体经历了由主观主义到客观主义再到折中主义的过程。1997 年修订前的刑法（以下简称 79 刑法），是向主观主义倾斜的，即在主、客观相统一的前提下重视主观要素。修订后的刑法（以下简称 97 刑法）虽然以保持连续性、稳定性为其指导思想，但却明显反映出向客观主义倾斜。① 相应地，79 刑法中概括性、评估性用语使用更多、更常见，而 97 刑法则大量削减类似用语的适用，力求对罪状的描述具体化、客观化。例如，79 刑法对犯罪构成要件等描述较多的使用"等"、"其他"之类难以限定范围的用语，过多地将"情节严重"、"情节恶劣"作为构成要件，对法定刑升格的条件没有具体规定等。而 97 刑法对一些新类型犯罪的构成要件作了具体规定，对法定刑升格的条件作了具体规定，对一些刑罚制度的适用条件更为具体。②

客观地说，刑法由主观主义立场转向客观主义立场，带来的是刑法规范由过于能动与灵活向过于客观化与形式化的转变。这样的转变在当前显然难以适应司法实践的需要，对于建设法治中国也是弊大于利的。近些年来，诸如许霆案等诸多引发舆情关注的案件，均与形式化、量化的定罪量刑根据有关，是造成刑法缺乏能动性与灵活性的主要原因所在。令人欣慰的是，从近些年来的刑法修正案与司法解释的相关规定来看，业已逐渐摆脱客观主义的束缚，彰显的是客观主义与主观主义并重的折中主义模式。主要表现在以下方面：一是增加了主观主义在定罪量刑中的作用，以求实现主客观并重。例如，像盗窃罪、故意毁坏财物罪等许多犯罪不再将数额作为定罪量刑的唯一标准，而是增设了体现犯罪人主观恶性的犯罪次数作为定罪量刑的依据，这无疑使刑法适用范畴更为广泛，大大增强了其能动性与灵活性。二是增加了定罪量刑的概括性标准和依据，以适应司法实践的需要。例如，盗窃罪的定罪标准就在犯罪数额与盗窃次数之外增设了扒窃、入户盗窃、携带凶器盗窃，同时，司法解释还规定即使达到数额较大也可以不以犯罪论处，或者没有达到数额较大却能以犯罪论处。

坚持折中主义立场以及刑法用语的适当概括化与模糊化，无疑有利于刑法的能动性与灵活性，能避免陷入形式化、机械化的泥沼中。而适度的能动性与灵活性，可以使刑法充分适应转型时期建设法治中国的需要。遗憾的是，尽管刑法修正以及司法解释逐渐朝着折中主义的立场以及刑法规范用语的灵

---

① 参见张明楷：《新刑法与客观主义》，载《法学研究》1997 年第 6 期。
② 参见张明楷：《新刑法与客观主义》，载《法学研究》1997 年第 6 期。

活与能动方向迈进，但至少在当前还是非常有限的，主要是在财产犯罪和经济犯罪中有所体现。因此，适应建设法治中国的需要，未来刑法立法应当进一步体现能动性与灵活性，在坚持主客观并重的同时，基于适应司法实践的需要，应适当采纳更具有弹性和张力的规范用语。

2. 刑事司法的能动性与灵活性

与刑事立法不同的是，刑事司法直面社会现实，故司法者比立法者更清楚现实需要。受刑事立法自身特征的束缚，立法者只能原则性、概括性地制定规则指引、规范人们的行为，同时以此作为司法者必须遵循的准则。因为，刑法规范不会也不可能面面俱到，事无巨细皆作出规范。在原则的范畴内，赋予法官以司法自由裁量权，使刑事司法具有足够的能动性与灵活性，以便使定罪量刑适应司法实践的需要，才是刑事司法活动的根本出路。

刑事司法的能动性与灵活性对当代中国具有重要的现实意义，对刑法治理模式也将提出更高的要求。而只有朝着回应型刑事司法的方向迈进，才能更有效、更充分地实现刑事司法的能动性与灵活性。"回应型司法倡导并强调法律对现实社会中的多方主体要求作出积极回应，法律的内容需特别注重于社会主体行为中的法规则，法律能动主义、开放性和认知能力相互结合，融为一体。"[①] 否则，如果司法者机械、刻板地理解刑法规范，只能背离公平、正义，不利于法治中国的建设。例如，《刑法》第 263 条将入户抢劫作为抢劫罪的加重情节给予严厉处罚，就存在作为法律精英的立法者对事实认定的偏颇。在我国，"户"的概念及其重要性千差万别，因而入户抢劫的社会危害性也存在天壤之别，一律从严处罚有失公正。如果乡村居民在邻居家闲坐，后因讨要数百元赌债而出手将邻居打成轻伤，则按照入户抢劫论判处 10 年以上有期徒刑，是很难获得公众认可的。这表明，在事实认定上完全不考虑作为刑法适用者的公众意见是不恰当的，将有损司法裁判的客观公正。当公众舆情代表公意表达人民群众的利益和愿望时，司法机关在定罪量刑时就没有理由不对之作出回应。"司法制度的设计者是社会精英分子，然而其使用者却是普通公众。衡量司法的标准不仅仅是精英话语，更主要的是民众诉求。"[②] 因此，回应型刑法要求司法者必须立足于客观现实，在充分运用自己的专业知识和聪明才智的基础上，充分考虑客观现实与社会大众的诉求，通过综合不同的观点、意见和理由并加以辩证扬弃，才能真正实现自身价值与刑法目的。"唯有在不同的理由（特别是实质的理由）之间进行调解，才

---

① 朱德宏：《回应型司法与刑事契约》，载《国家检察官学院学报》2005 年第 6 期。

② 王新清、赵旭光：《精英话语与民众诉求——对中国司法改革理论和实践的反思》，载《法学家》2006 年第 5 期。

能让一位法官清楚地提出他的价值。"①

不过，刑事司法的能动性与灵活性也会带来非理智的裁判。因为，如果法官滥用司法自由权，就有可能造就定罪不准确、量刑失衡等弊端，从而背离公平与正义。而背离公正的刑事司法显然是没有实质意义的。"社会控制并不只意味着强力，它必须建立在理性基础上，去追求人们所设想的正义目标。"② 要想避免司法自由裁量权滥用，除了需要遵循一定的原则、标准和采取适当的实体性技术规制外，程序约束也是极为重要的一环。有效的程序规则能够充分监督、约束法官的自由裁量权，是司法公正与量刑公正的有力保障，这是世界上许多国家的成功经验。"有意义的司法程序的保护在量刑时是必不可少的。公平的判决应通过提供可靠的事实发现机制给予保证。"③ 在美国，为了保证量刑公正，需要遵循诸多程序规则。例如，量刑时法官除了不能违背宪法规定的程序规则外，还要遵循其他程序规则。这些程序规则主要包括分叉式刑事审判制度、量刑信息的调查报告制度、严格的量刑说理制度、上诉审查制度、案例数据库制度等。反观我国刑事司法，程序规制一直是薄弱环节。虽然"两高"等五部门颁布的《关于规范量刑程序若干问题的意见（试行）》，但也主要是就庭审中的事实调查、证据采信、举证责任等作出概括性规定，严格地说并非真正意义上的针对公正量刑设置的程序规则。因此，对于刑事司法改革而言，仅仅依靠实体规则是难以奏效的，必须制定详细、系统的程序规则作保障。

① Robert S. Summers, two Types of Substantive Reasons: The Core of a Theory of Common-Law Justification, p. 63, Cornell L. Rev. 707, 710 (1978).转引自［美］鲁格罗·亚狄瑟著：《法律的逻辑：法官写给法律人的逻辑指引》，唐欣伟译，法律出版社 2007 年版，第 21 页。

② 梁治平著：《法辨：中国法的过去、现在与未来》，中国政法大学出版社 2002 年版，第 213 页。

③ Principles for the Design and Reform of Sentencing Systems, Federal Sentencing Reporter, Vol. 17, No. 5(2005), p.341.

# 敌人刑法与中国刑法范式转型

罗 钢*

## 一、 敌人与敌人刑法

现代国家对于一般犯罪的行为人，并不把他视为一个必须予以消灭的敌人，而是一位市民，一个具有人格的人。该类行为人透过自己的行为破坏了规范的效力，并因此以一位市民（而非敌人）的身份，遭到强制性的传唤，使规范效力所受的损害获得补救，补救的方法即是刑罚，也就是剥夺他的施展工具。刑罚否定彰显着国家权力的态度和公众的信心：即便行为人导致期待的落空，但是这个期待仍旧有效，仍旧可以被坚持着，而行为人并没有撼动这一规范标准，也没有建立起另外的规范标准，其越轨的行为标准则是不足为训的。在现行刑法典中，99%以上的条款都是为了应付诸如偷盗、抢劫、走私等市民犯罪。

在德国刑法学家 Jakobs 教授看来，并不是所有破坏规范之行为人都适用市民刑法，只有具备有人格特质的人——能够被当成一个人格体者——才能适用市民刑法。所谓人格体，指的是基本上能够肯定这个社会的价值规范，并且有提供认知上最低限度保证能力之人和依循规范而行为之人。与此相反，规范破坏者中间存在这一种极端的类型——敌人，敌人就是非人格体，因其行为而被推测经常性地规避规范或无法提供最低限度保证能力的个体。他的所作所为不仅仅呈现出一次个别性地法益攻击行动，而且总是动摇法律上人格形成的前提条件。敌人的行为所展现的，这种犯罪所造成的攻击性后果不只是反映在犯罪对象上，对被害人、社会的威胁，作为反射效应，这种攻击也是对个体自身人格的攻击破坏，如 Jhering 所言，"不单是一个对我的物品所进行之攻击，同时也是对我的人格"，亦即攻击"人格存在所必须具备之条件"。换言之，敌人与市民最为重要的区别就是，行为人是否持续反复地破坏这个社会的基本规范，动摇和摧毁着这个社会规范现实性的基石。市民虽然在犯罪这一点上来说是一个个体，一个规范的破坏者，但其在犯罪行为之后即依循规范，亦即回归到其身为市民、一个法律上具有人格之人。正因为这个犯罪行为人将在犯罪之后重新保证其安全性，所以他仅仅是一个曾经

---

* 新疆大学法学院讲师、武汉大学法学院博士。

迷途的市民。但是对于被称之为敌人之人，如果他不能够去认识这个社会的基本价值规范，而是或在态度上（例如性犯罪者或是习惯犯）或者在行为上，将犯罪作为其生活的职业（例如常业性经济犯罪、毒品犯罪等），又或在与组织的互动上（例如参与、加入或是资助恐怖组织）反复持续地进行抵触与违反，并且在犯罪之后还是持续地质疑规范，根本否定规范存在的意义，甚至自始至终意欲脱离整体规范社会，那么他就不具有人格体之特质，不配被称为人格者，不能被当成在规范意义的人格体对待，只能够被称为一个个体，而且完全（至少基本）不能期待他能够重新进入社会基本秩序生活圈中，从而恢复其人格体。此时，敌人就被发现了。

于是，在刑法的视野中，出现了敌人与市民的分化，"如果有人基本上遵守着这个社会的基本法规范，只是在一种特别状况中以一种非持久的方式否认着这个社会的部分法规范，还可以视其为犯罪人，还可以尊重他作为市民的（被降低的）权利。但是，谁从根本上否定这个社会，用他的行为（不仅仅是用思想）持续地、顽固地破坏这个社会的基本法规范，谁就是这个社会的敌人。敌人虽然生活在这个社会里，但是，他们其实不属于这个社会，因为他们总是把他们自己的世界看得高于一切，并且，总是用他们的行动在毁坏现实世界的基本法规范"。

因此，必须针对两种属于不同规范的主体，分别用两种不同的相应手段予以对付。刑法也随之对应为市民刑法与敌人刑法。刑法区分为一般犯罪者适用的市民刑法，以及适用于特殊犯罪者的敌人刑法。二者价值取向迥异：对于市民，应当遵循启蒙时代以来的人权保障的刑法精神，通过刑罚对犯罪的否定，使之重新唤起对规范的尊重，再度顺利回归社会，而对于敌人，因其完全地悖逆基本的社会规范，自我定义为危险源，我们必须且只有将其排除在外，才能确保社会公众安全。[①]

敌人刑法的核心，在于预防犯罪，通过一切有效措施管理危险源，防止敌人对这个社会所造成的危险。即敌人刑法的目的不在于处罚行为人做错过什么事情，而在于预防犯罪、预防危险源。因此，表现在刑法反应上，特别注重从预防角度出发作为刑法的重点，由事后性立法转变为防治性立法，立法内容倾向于提前处罚的阶段，在危险或实害尚未发生的阶段就加以处罚，可是刑度并未因为处罚阶段前置而降低，同时在诉讼程序上给予行为人更为不利的地位，限制和剥夺其权利。

---

① 罗钢：《敌人刑法抗制恐怖活动犯罪的本土化运用》，载《中国人民公安大学学报》2015 年第 1 期。

## 二、 论争要略

就我国学者而言，对敌人刑法的认知与态度也经历了从完全排斥到逐步正视再到适当借鉴的过程。起初，对敌人刑法采取彻底批评的态度，如刘仁文教授就坚定地认为，雅科布斯的敌人刑法理论，其基本主张站不住脚，是一种充满歧义和危险的理论，我们应当对它说不。林山田教授也强调，虽然敌人刑法概念的提出或许满足了国家对于反恐的需求，但却在以保卫社会整体的"安全化"过程中，透过言语行为稀释了法治国的精神，弱化了刑法的核心原则，而转以"行为人"作为刑罚启动的前提，从而造成一般市民日常生活基本权利受到迫害的风险。毋宁说，敌人刑法本身也是破坏市民安全的"敌人"。

晚近我国学者的态度有了较大的改观，不再一味地视敌人刑法为洪水猛兽，不管敌人刑法危险或者多余与否，敌人刑法出没在现行刑法中是一个客观事实，不能像皇帝的新装那样视而不见，正确的态度是必须正视之。所以，学者们在讨论敌人刑法的时候，更加客观中立地探讨敌人刑法的理论内核，还原其真身，明辨其价值。正如王莹博士认为的那样，"敌人刑法作为一个描述性的概念，它确实具有现实批判的意义。Jakobs 无疑提供了一个对西方法治国刑法发展进行批判性审视的绝好的参照物"。① 并且，学界开始倾向于可以适度借鉴敌人刑法来应对日益猖獗的恐怖活动：有学者从为何选择敌人刑法这个词、敌人刑法到底是不是法、敌人刑法是否脱离现代法治国框架以及敌人刑法是否导致战争的扩大化等四个方面条分缕析地确证敌人刑法观点，支持在法治国中开辟出敌人刑法的领地。有学者态度则更为积极，认为敌人刑法是对任何有可能成为敌人的一种有效的应急，敌人刑法就是希望通过构建制度或者弥补市民刑法最危险的版块，既应对敌人的危险，又容纳了对敌人执法的危险，这就是法治的应有之义。敌人刑法是对敌人做出的正义、法治应对。所以，"敌人刑法剔除直觉和感性的因素，敌人刑法理论实际上向我们展示的是一幅更清晰、更理性的生活画卷。业已存在的实在法规范共同体如果想要更富有活力地、更健康地持续存在下去，采纳敌人刑法的主张将是相当现实的选择"。② 甚至有学者从反恐实务的角度出发，开始积极尝试利用敌人刑法来因应恐怖活动犯罪，保障社会与国民安全。吴情树博士颂扬敌人刑法的理论价值，"雅科布斯教授所提出的'敌人刑法'还是有其深刻合理内核，为诠释犯罪与刑罚之间的关系提供了另外一种指导理念。比如，为我国保留和适用死刑提供了一个崭新的研究视角，也为我国死刑存在的正当

---

① 王莹：《法治国的洁癖——对话 Jakobs 的"敌人刑法"理论》，载《中外法学》2011 年第1 期。

② 何庆仁：《对话敌人刑法》，载《河北法学》2008 年第 7 期。

性提供了某种解释根据"。① 而且他还认为，在恐怖活动犯罪中，现行的市民刑法已经不足以适用，国家应该建立起一套专门对付恐怖活动的敌人刑法，以制裁和消灭这些暴徒。学者熊伟也认为，应该以敌人刑法理论为纲，结合我国恐怖活动犯罪的实际，对恐怖活动犯罪采取预防性措施。②

笔者赞同，在伊斯兰国的兴起以及全球和国内恐怖活动形势发生重大变化之时代背景下，为了对抗恐怖主义活动，应当适度借鉴敌人刑法的经验，以改善刑事司法制度的效率，不失为一良策。更何况，在我国反恐刑事司法实践中，运用敌人刑法的理论框架就可以很好地理解和证立反恐严打刑事政策的合理性，也能合法化某些看似有违法之嫌的本土反恐措施。

## 三、 敌人刑法的理论价值

如前所述，敌人刑法以其快速、灵活的实务对策见诸于反恐领域，这一点即便是反对敌人刑法之人也没有轻易否定，对于中国刑法研究而言，敌人刑法的理论价值也丝毫不逊色其实践价值，也由此奠定了中国刑法范式转型的基调。

### （一）敌人刑法是问题导向的再省思

除了社会认知导致体系范式的变化以外，问题导向也督促和要求范式之匹配。美茵兹学派理论的重要代表人物菲韦格，倡导一种问题为取向的情境思维"论题学"，给予我们颇多思考。他认为，体系的投放引致问题的选择，反之亦然，问题的投放引致体系的选择，而且通常导致体系的多元化。对于法学研究中问题与体系的关系，舒国滢教授的观点变迁也可为借鉴。其在2005年《法学研究》中发表《寻访法学的问题立场》，认为"假如有一个唯一的体系 A 把我们的问题解释成'不可解的'（当然可能是一个纯粹的假问题），那么它并不能否定另一些体系会有助于该问题的解答"。③ 而在 2012年，由其翻译的《论题学与法学》一书出版，在名为《法学的论题学立场》的代译序中，其观点发生了重要转变："假如有一个唯一的体系 A 把我们的问题解释成'不可解的'（甚至当作一个纯粹的假问题），那么它就会要求另一些体系会有助于该问题的解答。"④ 可见，从问题本身之真伪性到反思体系之误判真伪，从体系的相对开放到多元体系竞争性引入。在经过多年的学术思考之后，舒国滢教授认为，必须坚定学术体系的问题导向，不能因体系而

---

① 吴情树：《"敌人刑法"能走多远》，载《法制日报》2011 年 2 月 23 日第 10 版。

② 熊伟：《敌人刑法：一个反击恐怖犯罪的新视角》，载《山西警官高等专科学校学报》2011年第 4 期。

③ 舒国滢：《寻访法学的问题立场——兼谈"论题学法学"的思考方式》，载《法学研究》2005 年第 3 期。

④ ［德］特奥多尔·菲韦格著：《论题学与法学》，舒国滢译，法律出版社 2012 年版，第 28 页。

废问题，而是要由问题变革体系。换言之，原有的体系和范式在不能解释和说明问题的时候，新的体系和范式就被"要求"创生出来。

敌人刑法也是如此。敌人刑法就是现有体系无力因应问题的困局而产生的刑法另一体系。敌人刑法具有极强的问题意识，与市民刑法一起能够产生足够的实践张力。"刑法学毕竟是一门社会科学，当作为刑法学的一种高级形态体现的一个刑法学派在解决社会实际问题上乏力甚或无力之时，则该刑法学派概念、范畴、命题、理论体系及其方法论等皆变成或几近于文字游戏，从而该刑法学派本身的存在价值也就荡然无存了。"① 因此，法律的生命在于经验，而非逻辑。刑法基本立场论争应该围绕和关注刑事司法实践，刑法理论的生命力很大程度上取决于其实践性。而实践性来源与刑法争论的问题意识，虽然我们强调，刑法不能成为国家权力的工具，不能是刀把子，现代刑法也更加警惕国家权力的扩张，致力于将公权力的限制作为其使命。但是我们永远不能忘记，刑法毕竟存在于社会实践价值之中。一个不能解决社会实际问题的刑法学派，只不过是一个文字游戏的娱乐圈子而已。我们仍然可以把创新看成是一门学术或一个学派的生命，但创新绝不只是概念、范畴、命题和理论体系本身的文字翻新，而是在解决社会实际问题上提出较为有效的途径、思路、方法、方案。倘若现行刑法（市民刑法）在应对恐怖活动等有组织犯罪中措施得力，效果斐然的话，根本不可能使得学者们进一步反思刑法在某个社会情境规制中的作用和地位，也就不会检讨刑法之谦抑性、之事后反应性甚至于罪刑法定等一系列基本理念，反思推动变革，变革促进发展。可以毫不夸张地说，要不是因为新问题的出现以及现行刑法的解决不利，根本不可能有敌人刑法的一席之地。所以，敌人刑法是带着浓厚的问题意识以及解决问题的历史使命出现，是对现有刑法的反思与深入。

并且，由市民刑法的独角戏到敌人刑法的二重奏，使得很多问题的解决更具有参照系，其答案也变得更加的周全和完整。即对于某一个刑法问题，不能够再简单地做出肯定或者否定的回答，而是必须经历两种视域和角度的检视，某一行为在市民刑法中不能够入罪处理，但在敌人刑法中或许就有这种可能性。比如，在不作为犯中，其中一个热点问题便是，对犯罪行为的举报行为是一种义务还是一种权利？这关系到不作为犯成立的范围。在市民刑法和敌人刑法的二元视域中，笔者初步的见解是，如果此种义务的不履行不涉及社会最为基本的秩序规范的动摇和破坏，那么，举报犯罪就倾向于被视作一种权利，既然是可以放弃的权利，那么不举报也就不成立不作为犯。相反，如果这种义务的不履行会造成社会基本规范的严重毁损，造成社会重大

---

① 马荣春：《论中国大陆刑法学派的形成——立于"可持续发展"的视角》，载《西部法学评论》2011年第3期。

损失，那么，可以偏向于将举报犯罪视作一种义务，就有成立不作为犯的可能，如房屋出租人明知承租人利用出租房屋进行犯罪活动而知情不报的行为，无论情节多么严重，在市民刑法中当然不作为犯罪处理，按照《治安管理处罚法》第 57 条进行处理即可。如果房东明知承租人利用出租房屋进行暴恐活动而置若罔闻，那么当然可以成立不作为犯。同样，在中立的帮助行为中也可以有如此的二元思维，如出租车司机在明知乘客搭乘车辆到其指定的地点进行犯罪活动，如果司机履行了正常的运输合同，会不会构成帮助犯？若以敌人刑法和市民刑法的二元化做判断，可以得出较为客观符合实际的初步结论：如果乘客实施的是市民刑法中的犯罪，那么一般不入罪；如果实施的是敌人刑法中的犯罪，那么一般入罪处理。以上的例子都说明，如果一味只是以市民刑法中刑法谦抑性而限制犯罪成立的范围作答，可能就忽视了社会本身的复杂性。而以市民刑法和敌人刑法为界的二元考量，可以使得问题得到较为圆满的解决。

### （二）敌人刑法引致刑法启蒙的再出发

知识启蒙中首先要做的就是要在刑法学中去除所谓颠扑不破的绝对真理。在西方真理构建的叙述历史中，以 19 世纪为界，关于真理的概念的演进，也遵循着从非常绝对的、静态的及独自的或排他的姿态开始向去除绝对化、动态的、对话的等"相关"形态转变。"总之，我们对于实在和真理的理解一直在经历着一种根本的转变。这种正在诞生的新范式把所有关于实在的说明，尤其是关于事物意义的说明都理解为是历史性的、有目的的，出自一定视角的，不完全的、解释的、对话的。所有这些规定性的共有的东西就是相关性的概念，即所有对实在的表述或理解基本上都是以与言者或知者相关的方式实现的。"① 在规范刑法学中，法解释学是为主导，法解释学从本质上来说，将一切真理和所有知识视为被解释的真理和知识，解释者及其解释行为去除了真理的绝对性。解释学的本质也说明了以法教义学为主导的规范刑法学中，难以存在绝对正确而放之四海皆准的真理和知识。这同样为我们提供了一个反思的角度，我们所笃信不移的有关自启蒙时代建立起来的一套市民刑法原则和体系是否真的没有任何批判和改进的可能性？

敌人刑法的出现以及对市民刑法的颠覆性革命表明新的研究范式的形成。在市民刑法中，共识的价值观在敌人面前遭到了巨大的破坏，爱与宽容究竟是不是刑法之所有面向，每个经历过痛苦的人们开始逐渐反思。对于无罪推定、侧重人权保障之精神遗产开始全面省察，这并不是社会之倒退，毋宁说是人类理性的自觉与苏醒。"人们竟会以忠于'法则'、原则、标准、理想为

---

① ［美］L. 斯维德勒著：《全球对话的时代》，刘利华译，中国社会科学出版社 2006 年版，第 14 页。

一种固有的美德，用以说明正义，这不是有些奇怪吗？这些'法则'、原则、标准、理想似乎在依靠人们对它们的固执坚持的依附性来补救其中所隐藏着的某种软弱之感。一个道德的法则，也像一个物理学上的法则一样，并不是无论如何都必须贸然加以信誓和固执的；它是在特殊条件呈现出来时应该采取何种反应的一个公式。它的正确性和恰当性是靠实行它以后的结果来加以验证的……至于把理想和模式当作是常住不变的东西，其本身就否认了有发展和改进的可能性。"① 虽然，罪刑法定是现代刑法的基石，但是在这个价值多元、社会分层共识难以达成的现代社会，源自启蒙时代的基本原则也开始松动，"怀疑一切"的后现代思潮也冲击着这种带有先验性质的精神内核，这种怀疑是有益的，毕竟，未经审慎思考过的对先验原则的绝对信仰也是可疑和非理性的。一个原则若想获得人们的认可、接受甚至上升为信仰，就必须以公共言说的方式在思想市场进行论证和进行竞争，通过敌人刑法这一对立物的存在，市民刑法大可辨明立场、周密言说，经由敌人刑法的洗涤，再度启蒙民众，不无益处。

（三）敌人刑法构建刑法生态的再平衡

刑法知识生态的平衡与否，就在于能否持续地供应利于实践的增量知识，敌人刑法研究带来的利好之一，便是可以不限于单一的市民刑法视域。在市民刑法研究的"红海"中，简单重复的研究已然成为中国刑法研究的一大弊病，而在敌人刑法研究的"蓝海"中，可以极大推动知识增量的扩大再生产，繁荣学术。

众所周知，学术之盛需要学术之争。敌人刑法与市民刑法之争，同样有利于刑法批判的系统化、基础化、实质化。敌人刑法的很多子命题，如阴谋犯之可罚性如何、义务犯之扩大与否、紧急刑讯是否允许、特殊侦查如何有效救济等，都是很多年来萦绕在市民刑法上空的"白昼之月"，这些真实存在的问题并没有被真正而深入地讨论过，而敌人刑法与市民刑法之争必将这些敏感而重大的刑法问题引入宪法层面，若能在此基础上限定自由与安全、惩罚犯罪与保障人权相对合理的界限，树立刑法相对清晰的边界，甚至进一步倒逼宪法的完善与进步，定能引导学术走向深入。

而且，敌人刑法自成体系，其能为学术增量提供的理论资源之范围与深度将远超我们的直觉。西班牙 Polaino-Orts 教授就阐述了敌人刑法设定的三种功能：描述、批判以及证立，为学者提供了最好的"批判的武器"。② 也就是说以敌人刑法为轴，其理论的可延展性足以提供一个可供持不同功能论的

① ［美］约翰·杜威著：《确定性的寻求——关于知行关系的研究》，傅统先译，上海人民出版社 2004 年版，第 280~281 页。

② ［西］Miguel Polaino：《以功能破除概念迷思：敌人刑法》，徐育安译，载台湾《法学新论》2010 年第 5 期。

学者驰骋竞技的舞台。敌人刑法的理论延续性表现在其理论自身的中立性上，如果你是对敌人刑法所指涉的规范表示愤慨和无法接受，那么，敌人刑法就成功地标志出了在现代刑法中的那些与文明和人道主义精神格格不入的条文，使其无所遁形。如果只是作为描述之用，指出现代刑法制度中某些状态，敌人刑法无疑也是精准的。如果用作证立，将某些差别化的异类规范赋予合法性，那么敌人刑法也堪此用。简言之，敌人刑法令人欣喜或恼怒与否，取决于在什么样的功能上使用，敌人刑法本身是中立的。敌人刑法的多种面向取决于我们在怎么样的立场上来使用这个概念。可以说，敌人刑法的理论价值源于其独有的三种功能论，任何学者都可以基于敌人刑法这样的平台来讨论和批判相对的观点，促进学术上的百家争鸣和百花齐放。

## 四、 结语： 认真对待敌人刑法

在敌人刑法的视域中，一方面，敌人刑法凸显风险社会和安全社会中刑法研究的深入，为因应现实刑法治理之需，诸如阴谋犯、不定期刑、有罪推定、刑讯逼供的"恐龙概念"，都有在特殊刑法语境中证立从而重新复活的可能。另一方面，市民刑法为之仰仗、视之圭臬的现代刑法基本原则就必须在敌人刑法的冲击下得到检验，重新经受时代的淬炼。这两个方面若能协同并进，将会是刑法史上的又一次启蒙。

敌人刑法与市民刑法的基本刑法二元模式的构建，敌人刑法惩罚犯罪优位的价值目标与市民刑法优先保障人权的理念，导致了刑法的观念重大而深刻地更新，由犯罪人的大宪章向社会人的大宪章倾斜。这些都将深刻影响一国刑法研究范式的变革与转型。

目前而言，我国刑事司法实践中已然出现敌人刑法之倾向，前置化的刑法措施、严厉的刑罚机制以及对诉讼权利的限制均已体现在刑诉法的修正之中，在刑法修正案与反恐法修正案草案之中更是表现尤多，在地方性治理恐怖活动犯罪的规范性文件中甚至都直接逾越了现有市民刑法的规定。可以说，敌人刑法之规范实践正推动中国刑法范式由市民刑法向敌人刑法与市民刑法并存的局面的转变。我国具有与国外差异较大的政治体制、文化传统以及国民情感，敌人刑法在我国的研究有其独特性，所以，作为世界反恐研究重要的一环，我们要认真对待敌人刑法，积极捕捉和研究刑事法中出现的敌人刑法思潮，并加以理性反思和实践校验，做出我们自己的学术贡献。

# 中国刑法的国际化论纲[①]

焦 阳[*]

在各部门法中，刑法的法典化一直处于领先地位。我国现行刑法体系完备、逻辑清晰，通过几十年的发展，已担负起控制犯罪的使命。党的十八届四中全会通过了《中共中央关于全面推进依法治国若干重大问题的决定》，该决定指出，适应对外开放不断深化，完善涉外法律法规体系，促进构建开放型经济新体制。根据这一精神，各法律部门的发展都应有"国际眼光"，从全面维护我国国家安全和国民权益的角度看，刑法也应当国际化。

有学者指出，刑法的国际化是不同国家的刑法在发展过程中相互吸收、彼此渗透，从而使各国刑法在人类法律文明进步大道上趋于接近、协调发展、共同前进的趋势。[②]根据此概念，刑法的国际化主要指各国之间刑法的借鉴与协调，是不同国家刑法的融合发展。另有学者认为，刑法国际化，是指世界各国刑法在发展过程中，相互吸收、彼此渗透、共同缔结国际刑事公约、遵循国际惯例，从而使各国刑法在人类法律文明进步大道上趋于接近、协调发展、共同前进的趋势。[③]后一观点同样定位于各国刑法的发展趋同，所不同的是，它着重于通过国际刑事公约、遵循国际惯例的方式。如果说前一种观点找寻本国刑法与外国刑法之间的共通点，则后一种观点更在意本国刑法与国际刑法的"联结点"。

从国家的层面上讲，全球化包括国际化和本土化。其中，国际化体现为社会历史发展的整体性和趋同性，而本土化则表现为这种整体性发展中的多样化。[④]我国刑法的发展经历了继受法、本土化两大阶段，现在需要做的是在结合我国国情的基础上，体现国际最新发展趋势，承担负责任的大国的应尽责任。

因此，本文所称的中国刑法的国际化，是指以国际公约、国际惯例的规则、精神、原理为参照，通过完善我国立法，促进刑法与国际接轨，使刑法

---

① 本文系作者主持的外交学院"中央高校基本科研业务费专项资金"青年项目《网络恐怖主义犯罪的刑事法应对研究》（项目编号：3162014ZYKD01）的阶段性研究成果。

* 外交学院国际法系讲师，法学博士。

② 陈晓宇：《论刑法国际化下我国刑法的发展》，载《河北法学》2011年第12期。

③ 苏彩霞：《刑法国际化视野下的我国刑法理念更新》，载《中国法学》2005年第2期。

④ 胡陆生：《刑法国际化——全球化背景下中国刑法的完善》，中国人民公安大学出版社2009年版，序言第2~3页。

反映人类法律文明；通过司法相互协调与改革，促进刑法间的协同与融合。

# 一、 国际公约与刑法罪名的完善

随着经济全球化、区域一体化进程的加快，国家、地区间交流合作的频度、广度都前所未有地增加。国际间的交流合作需要法律的保障，而刑法作为社会的最后一道防线，又应发挥更为关键的作用。

国际合作的前提是相互理解，而这又建立在共同的利益基础上。在当今世界，机遇与挑战并存，在人类享受着前所未有的丰富的物质文化生活的同时，也面临着超出主权地域之外的环境危机、网络攻击、非传统安全的威胁。应对这些挑战，需要国际社会通力合作，制定共有的国际准则。传统的国际社会的刑事法公约围绕着公共安全犯罪、有组织犯罪、针对人类共同价值观的犯罪等展开，近年来，国际社会对恐怖主义犯罪、环境犯罪、网络犯罪的关注达到了新高度，这就说明，威胁国际社会的非传统安全正成为主流，国际社会所需保护的法益正在逐步变化。

## （一）网络相关犯罪

2001 年 11 月 23 日，《网络犯罪的公约》的开放签字仪式举行，也是世界上第一个打击网络犯罪的国际公约。公约界定了网络犯罪的定义，是指"危害计算机系统、网络和计算机数据的机密性、完整性和可用性以及对这些系统、网络和数据进行滥用的行为"。根据该定义，网络犯罪包括两种类型：危害计算机网络的犯罪和利用计算机网络进行其他犯罪的行为。前者以计算机网络作为犯罪对象，后者以计算机网络作为犯罪工具。这两类犯罪行为都跟网络有关，却又有很大区别，前者以破坏网络为主，后者则有为了实施其他犯罪的目的。

我国现行《刑法》第 285 条规定了非法侵入计算机信息系统罪，第 286 条规定了破坏计算机信息系统罪，这两条是针对计算机类犯罪的专门规定。从这两个罪名规制的对象看，非法侵入的计算机系统有范围限制，侵入系统获取的数据是"存储、处理或者传输的数据"，破坏的是计算机信息系统的功能或数据、应用程序。《刑法》第 288 条也规定了利用计算机实施其他类型犯罪的，以相关的犯罪定罪处罚。这就意味着，将计算机网络作为工具的，以最终的目的犯罪论处。由于刑法对计算机网络犯罪的立法较早，所以并未能全面反映网络的发展趋势。

对于现有的网络犯罪规制，我国刑法应明确法人可以成为该类犯罪的主体。关于网络犯罪的管辖权，只要发生在我国境内，或者结果影响到我国的，则都可以行使管辖权。在《关于网络的犯罪的公约》中，专门有对"非法截获"网络数据的规定，它具体指故意、未经授权地通过技术手段，截获在一个进出计算机系统，或在该系统内部传输的非公开的计算机数据，包括截获从一个计算机系统发出的、携带有这种计算机数据的电磁辐射的行为。① 恶意破坏、修改网络数据，已被现行刑法规制。但非法截获行为还处于"真空"状态，从法益保护的必要性看，非法截获数据与侵入系统具有相似的危害性，我国刑法应增加该规定。

恐怖主义是世界各国的"毒瘤"，全世界都要通力合作，打击恐怖主义。恐怖主义会变换花样呈现，当网络与恐怖主义结合，更会产生意想不到的效果。"网络恐怖主义"是恐怖主义传播的新形式，作为一种特殊类型的恐怖主义形态的网络恐怖主义犯罪，是指基于其政治、宗教、文化动机，为了在全社会制造恐慌，以网络为工具或者将政府机关、社会组织等的网络作为攻击目标，以制造恐慌的行为。

2003 年 2 月 14 日，美国公布了世界上第一份反击网络恐怖主义袭击的国家战略——《确保网络安全国家战略》（The National Strategy to Secure Cyberspace），明确了维护网络空间安全的指导方针，并提出了 5 大优先发展目标和 47 项行动建议。② 在全球范围内，国际社会还没有关于网络恐怖主义防范合作的公约，面对这一情况，我国刑法应当及时把握犯罪发展态势，将利用网络宣传恐怖主义或通过网络攻击公共、社会组织以制造恐慌的行为列为恐怖主义的一种，从上下游犯罪的多个角度对其进行打击。

**（二）环境犯罪**

环境问题已成为困扰我国当下发展的现实问题。国际社会对环境犯罪的规制体现出了保护范围广、预防优先的理念。我国经过修正后的《刑法》在第 338 条规定了污染环境罪，该罪名为行为犯，不要求已发生重大环境污染事故，这体现了国际社会对环境这一影响人类根本生存问题的特殊保护。在刑法分则第 6 章第 6 节中，我国还规定了其他类型的环境犯罪。

尽管《罗马规约》并未将环境犯罪单列出来，但在战争罪的表现中，"严重破坏环境"属于其中的表现。除此以外，危害国际环境一类犯罪包含于 1911 年至 1982 年间的 37 个相关法律文件中。③ 我国刑法是在传统的妨害社会管理秩序罪中规定的环境犯罪，并未特别考虑环境犯罪的扩散性、无边界性，即未把其作为一种国际性犯罪考虑。我国现行刑法也并未对噪声、空气、水体、土地污染作出专门规定，这些污染常在，虽然部分情况可以环境污染罪追究行为人的责任，但专门性的规定更有针对性，且噪声污染的界定

---

① 胡陆生：《刑法国际化——全球化背景下中国刑法的完善》，中国人民公安大学出版社 2009 年版，序言第 2~3 页、第 219~220 页。

② The National Strategy to Secure Cyberspace，载 http://georgewbush - whitehouse. archives. gov/pcipb/，2015 年 4 月 28 日访问。

③ 参见 ［美］巴西奥尼著：《国际刑法的渊源与内涵——理论体系》，王秀梅译，法律出版社 2003 年版，第 135 页。

将更明确。因此，刑法应对新型污染源作出专门界定及规定，并将具有跨境性的环境犯罪纳入国际犯罪中。

### （三）危害人类罪与灭绝种族罪

对人体造成杀、伤的行为，我国刑法已有故意杀人罪、故意伤害罪规制。但是，国际刑法中的危害人类罪、战争罪的内涵都远比传统的故意杀人、故意伤害罪更广。故意杀人罪、故意伤害罪保护的法益是单个人的生命健康权，是传统的、没有特定政治内涵的刑事犯罪，而国际刑法中的危害人类罪、战争罪都是为了维护全人类的利益，坚守全世界的共有价值，就应当体现危害人类罪、战争罪的特殊性。

《防止及惩治灭绝种族罪公约》、《禁止并惩治种族隔离罪行国际公约》、《禁止贩卖人口及取缔意图营利使人卖淫的公约》都是国际人权法的重要组成部分，在这些公约中，灭绝种族行为、种族隔离行为、贩卖人口行为都被予以明确界定并规制。灭种、贩奴也是国际习惯法禁止的行为。

国际刑法中的灭绝种族罪，是指蓄意全部或局部消灭某一民族、人种、种族或宗教团体，有下列行为之一的，即犯该罪：（1）杀害该团体的成员；（2）致使该团体的成员在身体上或精神上遭受严重伤害；（3）故意使该团体处于某种生活状况下，以毁灭其全部或局部的生命；（4）强制施行办法，意图防止该团体内的生育；（5）强迫转移该团体的儿童至另一团体。《国际刑事法院罗马规约》第6条的规定与此类似，该罪的特别要件是"蓄意全部或局部消灭某一民族、族裔、种族或宗教团体"，这也构成了该罪与普通杀人、伤害行为的区别。当然，在对灭绝的意图难以证明或查清时，在国际刑法中还能以危害人类罪论处。

灭绝种族罪要求的特别意图体现了该罪的独特性，我国刑法现有的规定虽然能规制上述行为，但其并不能体现保护种族的特性。而且，国际刑法中的罪名一般在各国不愿管、不能管的时候，国际刑事法院才介入。如果本身已构成犯罪的上述行为在国内不能得到有效、有针对性的处理，就难以全面保护法益，也难以与国际社会展开合作。即便认为灭绝种族的行为在我国还没有发生过，也不能放弃对此行为的规制。如果刑法典能单独设立国际犯罪一章，则我国刑法也应增设灭绝种族罪，即便本罪备而不用，该罪名也能与普遍管辖权的规定相衔接。

危害人类罪在国际刑法中包含的范围很广，在《国际刑事法院罗马规约》的第7条列举了11种行为，而其客观本质是针对任何平民人口进行的一系列攻击行为。这些具体的行为中，谋杀、强奸等可以由现行刑法规制，而类似强迫奴役、强制人口迁移、强迫人员失踪等则没有对应的条文规制，且这些行为是在"广泛或有系统地针对任何平民人口进行的攻击"中，作为攻击的一部分实施的。从国内刑法与国际刑法的对接看，有必要增设危害人类罪。该罪也要限定特殊要件，且保护的法益应定位于维护人类共有的利益。

**（四）其他侵犯人类共同利益的犯罪**

1966 年 12 月 16 日，第 21 届联合国大会正式通过了《公民权利和政治权利国际公约》和《经济社会和文化权利公约》，这两大公约将世界人权宣言倡导的人权具体内容细化，并使得人权的概念得以完善。我国已于 1998 年加入上述公约，虽然公约一直未得到批准，但公约所体现出的精神应该成为我国刑法努力的方向。

《公民权利和政治权利国际公约》第 7 条规定："任何人均不得加以酷刑或施以残忍的、不人道的或侮辱性的待遇或处罚。特别是对任何人均不得未经其自由同意而施以医药或科学试验。"据此，有学者建议在刑法中增设非法进行人体试验罪。[①] 该罪名特别要求非法进行的人体试验应属于酷刑或者不人道、侮辱性的待遇，这才与该公约规定的本意相一致。关于酷刑罪，联合国大会于 1984 年 12 月 10 日通过的《禁止酷刑和其他残忍、不人道或有辱人格的待遇或处罚公约》明确了酷刑的概念，而该公约在 1988 年已在我国生效。该公约第 1 条规定的酷刑，是指政府官员或在其怂恿之下，对一个人故意施加任何使之在肉体上或精神上的极度痛苦或苦难，以谋从他或第三者取得情报或供状，或对他做过的或涉嫌做过的事加以处罚，或对他或别的人施加恐吓的行为。但是，按照囚犯最低待遇标准规则施行合法处罚而引发的、必然产生的或随之而来的痛苦或苦难不在此列。我国刑法中现有的刑讯逼供罪适用范围较窄，无法完全涵盖酷刑罪的国际规则。未来修法，应将刑讯逼供、暴力取证行为和渎职罪中的相关规定结合起来，将酷刑罪专门规定出来。

《公民权利和政治权利国际公约》第 20 条第 2 款规定："任何鼓吹民族、种族或宗教仇恨的主张，构成煽动歧视、敌视或强暴者，应以法律加以禁止。"这条是公约的反歧视规定。在这里，歧视的范围限定在民族、种族或宗教类，类型包括鼓吹仇恨、煽动强暴等。国际社会近年来掀起的反歧视运动，反对歧视的范围扩展到针对一切弱势群体，包括性工作者、城市低收入者、同性恋者等。至于哪些歧视行为应纳入刑法典规制，则需要慎重考虑。

我国现行《刑法》在第 249 条规定了煽动民族仇恨、民族歧视罪，第 250 条规定了出版歧视、侮辱少数民族作品罪，第 251 条规定了非法剥夺公民宗教信仰自由罪和侵犯少数民族风俗习惯罪。这几个条文从我国多民族国家的国情出发，重点维护的是民族团结和少数民族群众的利益。与国际公约相比，我国反歧视的刑法条文范围较窄，内涵也不丰富。国际公约重在保护宗教信仰自由，这种精神自由更能彰显人类的尊严。现行《刑法》第 251 条

---

① 参见卢建平等著：《国际人权公约与中国刑事法律的完善》，中国人民公安大学出版社 2010 年版，第 543 页。

规定的非法剥夺公民宗教信仰自由罪的构成主体只能是国家机关工作人员，为了对宗教信仰自由进行全面保护，应将此条的主体扩大为一般主体，只要普通公民破坏他人宗教信仰自由情节严重的，也构成犯罪。

为了与国际公约的精神接轨，我国刑法应规定煽动民族、种族、宗教对立仇恨罪，并将民族、种族、宗教隔离规定为犯罪。在全社会，反歧视涉及的面应该逐步扩充，对刑法条文的解释也要坚持客观立场，罪名的设定应为未来的修法预留空间。

国际刑法中的种族隔离罪，是指一个种族团体对任何其他一个或多个种族团体，在一个有针对地实行压迫和统治的体制化制度下，实施不人道行为，目的是维持该制度的存在。种族隔离罪已被《罗马规约》的危害人类罪所吸收，是应南非的要求而增订的。[①] 可见，种族隔离罪的表现不同于灭绝种族罪，这两种罪行的手段方式不同。维持种族隔离，违背了人道精神，是实质性地对公民的不平等。以平权运动为切入点，将种族隔离罪引入刑法典，是为了防范世界范围内历史悲剧的重演。

刑法是社会的最后一道防线，刑法在后工业社会应该更注重法益保护的一面，国际社会也需要刑法发挥更大作用。中国刑法中罪名的增加，并不违背刑法应有的谦抑性，只不过，在社会发展进程中，刑法应"有所作为"，这是中国承担国际义务的体现，也是为了维护全人类共有的利益。

## 二、 国外经验的借鉴与刑法立场的弘扬

从 1979 年刑法到 1997 年刑法，我国刑法的体系更加合理、罪名更加完善。从总论到分论，刑法条文总体贯彻了人权保障的理念。以罪刑法定精神为指导，罪刑搭配更加合理，罪刑分布也凸显逻辑。我国有学者表示，1997年刑法逐渐走向客观主义，即以行为的客观法益侵害作为犯罪的本质，坚持从客观到主观的犯罪判断顺序。这种刑法立场矫正了过于重视行为人主观想法的弊端，进一步彰显了刑法反对处罚思想的国际理念。在未来的刑法完善中，贯彻客观主义刑法思想仍然重要，这就又进一步削减刑法中的主观主义因素，将不能犯不罚、教唆的未遂无罪等贯彻下去，这些都可以用立法明文规定。

从刑法典的设置来看，为了回应刑法国际化，同时依据分类归纳的合理逻辑，将国际犯罪单列一章，作为刑法分则的最后一章是合适的。国际犯罪所侵犯的法益具有特殊性，将其单独规定为一章在国外刑法中已有立法例。有些国家制定专门的国际刑法适用法，而有些国家就在本国刑法典中将"国

---

① 参见 ［德］ Helmut Satzger：《国际刑法与欧洲刑法》，王士帆译，台湾元照出版公司 2014 年版，第 498 页。

际犯罪"单列一章。根据我国统一刑法典的体例，可在刑法分则中增加"国际犯罪"专门章，这既维护了刑法典的统一稳定性，也体现了国际犯罪的特殊性，与时代要求同步。

国际社会对犯罪的处理越来越重视控辩平衡，这体现在刑事诉讼领域就是言辞辩论原则的弘扬、对抗性辩护的增强。虽然各国采用不同的刑事诉讼模式，但两大法系之间的融合使得实质辩论更多地在庭审中推广。刑事实体法的修改要与对抗制的诉讼模式改革相呼应，在犯罪构成的设定上，注重犯罪事由与犯罪的可抗辩性，并适当考虑被害人在犯罪生成中的作用。另外，对具有跨国因素的有组织犯罪、经济类犯罪、腐败犯罪，国际社会之间应展开广泛的刑事司法合作。这种合作的目的是要表明国际社会的共有态度，以编织起严密的控制犯罪网。

刑法国际化的过程实际上也是刑法现代化的过程。刑法的稳固发展与一国的经济、社会发展水平密切相关，国际社会的支持合作、风云变幻也必然影响到刑法效用的发挥。重视刑法的国际因素，中国刑法才能内外交融，扩大在世界的影响力和话语权。

# 论我国《刑法》 修订的特点

## ——《刑法》的 "脸" 正悄悄地改变

**周振晓**<sup></sup>*

《中华人民共和国刑法》自 1997 年全面修订以来，已经 18 年。回顾和考察我国刑法修订后的发展历程，可以发现我国刑法在以下几个方面的特征：一是法典的统一性；二是法条更趋严密；三是刑法在不断地 "扩罪严罚"。

## 一、 法典的统一性

在 1979 年颁布《刑法》的时候，我国的刑法典是统一的，定罪量刑一律要以《刑法》为准。然而，由于《刑法》较为简略，加之社会的迅猛变化，在 1980 年开始生效后的一年，即 1981 年就颁布了《军职罪暂行条例》，开始对《刑法》不断修订，单行刑法就有 20 多个，导致了刑法文件众多的现象。这也成为需要全面修订刑法的原因之一。

到了 1997 年《刑法》全面修订颁布的时候，《中华人民共和国刑法》又体现了统一性的特征。不过，到了第二年，即 1998 年 12 月 29 日，全国人大常委会又通过了一个单行刑法——《关于惩治骗购外汇、逃汇和非法买卖外汇犯罪的决定》，又使刑法呈现出了刑法典与单行刑法并存的局面。值得重视的是，1999 年 12 月 25 日通过了《中华人民共和国刑法修正案》，虽然这个刑法修正案没有编序号，但这是第一个刑法修正案，它开创了以修正案方式修订刑法的先例。此次之后，我国一直以刑法修正案的方式来修订刑法。到目前为止，短短 14 年时间，已经先后通过了八个刑法修正案。2015 年 6 月 24 日，十二届全国人大常委会第十五次会议召开，会议继续审议《刑法修正案（九）（草案）》。按照《立法法》第 29 条的规定，列入常务委员会会议议程的法律案，一般应当经三次常务委员会会议审议后再交付表决。

刑法修正案是国家立法机关制定的对刑法典某一条文或某一部分进行修改补充的规范性文件，是对刑法所作的修改和补充。刑法修正案并不是独立于刑法典的一个单行刑法，刑法修正案生效后，其修正的条文就自动成为刑法典的组成部分。刑法修正案的条文是纳入刑法典之中的，修改后的原有条文内容将被修改后的条文所取代，或者是将新增加的条文直接嵌入刑法典中，

---

\* 中国计量学院法学院教授。

刑法修正案的这些条文与刑法典具有同等效力。

采用修正案的方式修订刑法，有利于保持刑法典的统一性和稳定性，修正案修订的条文与刑法典之间的归属性紧密，二者之间实现了无缝对接。

采用修正案的方式，不会因为修订刑法而打乱刑法典原来的条文排列序号，原来的条文编号不需要改变，只是多了一些第×××条之一的条文。因而修正案是比较合适的修订刑法的方式。

作为中国刑法，还应该包括在香港、澳门特别行政区适用的刑法，也还应该包括在台湾适用的刑法。当然这是由于特殊的历史原因和政治原因而形成的一国多刑法的复杂现状。

## 二、 法条更趋严密

这主要表现在以下几个方面。

### （一） 刑法的条文在不断增加

经过 1997 年的全面修订，我国刑法的条文已经由 1979 年的 192 条增加到了 452 条。

《关于惩治骗购外汇、逃汇和非法买卖外汇犯罪的决定》用 9 个条文对 1997 年刑法进行了补充和修订。

1999 年 12 月 25 日通过的第一个《刑法修正案》第一次采用了"第×××条之一"的方式来修订增补刑法。截至 2011 年 2 月 25 日通过的《刑法修正案（八）》，我国刑法典已经增加了不少的"第×××条之一"的条文。因此，我国刑法典的条文数实际上已经不止 452 条了。

应该明确，"第×××条之一"并不是"第×××条"中的一款条文，它并不依附于"第×××条"，它是一条独立的条文，它的条文序号就是"第×××条之一"。

采用刑法修正案方式新增加的条文，如果把它排列在刑法典的最后一条之后，显然破坏了刑法典的科学体系。而应该把新增加的条文插入刑法典的最相关、最相近的条文之后，也就是要把它嵌入最相近的条文之后。在插入新增的条文后，涉及其条文序号问题。由于不能每增加一个刑法条文就打乱原来的条文顺序重新编号，而将增加的法条称为"第××条之一"是比较合适的。还可以根据需要再依次排列为"第××条之二、之三"。

### （二） 罪名在增多，犯罪圈在扩大

1997 年修订后的刑法开始施行，根据 1997 年 12 月 25 日最高人民检察院发布的《关于适用刑法分则规定的犯罪的罪名的意见》，刑法典有 414 个罪名。

此后，由于又通过了一个单行刑法和 8 个《刑法修正案》，刑法的罪名又不断地增加。根据 2002 年 3 月 15 日最高人民法院、最高人民检察院发布的（以下简称"两高"）《关于执行〈中华人民共和国刑法〉确定罪名的补

充规定》，刑法新增 4 个罪名，同时减少 2 个罪名。根据 2003 年 8 月 21 日起实施的"两高"《关于执行〈中华人民共和国刑法〉确定罪名的补充规定（二）》，新增 4 个罪名。根据 2007 年 11 月 6 日起实施的"两高"《关于执行〈中华人民共和国刑法〉确定罪名的补充规定（三）》，新增 14 个罪名。根据 2009 年 10 月 16 日起实施的"两高"《关于执行〈中华人民共和国〉确定罪名的补充规定（四）》，新增 9 个罪名。在 2011 年 5 月 1 日起实施的《刑法修正案（八）》又新增了 7 个罪名。截至目前，刑法已经总共有 450 个罪名。

而在全国人大常委会审议中的《刑法修正案（九）（草案）》，还将增加一些新的罪名。

**（三）刑法的内容在不断细密和详尽**

我国的刑法一直处在不断的修订之中。从 1997 年至今的 18 年间，先后通过 9 个刑法文件对刑法进行修订，平均每两年就有一个刑法文件。其修订幅度是比较大的。特别是其中的《刑法修正案（八）》共有 50 条，是 1997 年以来的历次修订中条文最多的，其修订涉及的范围也是历次刑法修正案中最大的。

这些对刑法的修订，既有新增加的内容，也有删除的部分。有的是增加了完整的刑法条文，也有的是在原有刑法条文的基础上修订、增加或者删除部分内容。

这些修改的内容，绝大部分是对刑法分则方面的修订，如增加新罪名，或者是对原有犯罪的罪状与法定刑的修改。

值得关注的是刑法修正案已经开始有多条对刑法总则的修订了。如《刑法修正案（八）》有 19 条是对刑法总则方面的修订，分别对老年人犯罪的处罚、禁止令、社区矫正、老年人犯罪的适用死刑、死刑缓期执行、死刑缓期执行的限制减刑、减轻处罚、累犯、坦白、自首、数罪并罚、缓刑、减刑、假释、前科报告义务等做了较大幅度的修订。自 1997 年以来，对刑法总则做如此大范围的修改是前所未有的。

通过这些修改，使得我国刑法的内容在不断地细密化和详尽化。

# 三、刑法在不断的"扩罪严罚"

1997 年之后我国对《刑法》的修订，除了有一部分是"去死刑化"和从宽规定以外，基本上是体现了"扩罪严罚"的特点。宽严相济的刑事政策，在立法层面实际上也主要是显现了从"严"的一面。

**（一）"去死刑化"和体现从宽的规定**

《刑法修正案（八）》取消了近年来较少适用或基本未适用过的 13 个经济性非暴力犯罪的死刑。特别是全部取消了盗窃罪的死刑，更加具有现实意义。使我国原有的 68 个死刑罪名，减少到了 55 个。在审议中的《刑法修正案（九）（草案）》拟再次取消包括集资诈骗罪在内的 9 个死刑罪名，同时，《刑法修正案（九）（草案）》还拟进一步提高对死缓罪犯执行死刑的门槛。我国《刑法》第 50 条规定，被判处死刑缓期执行的，在死刑缓期执行期间，如果故意犯罪，查证属实的，由最高人民法院核准，执行死刑。《刑法修正案（九）（草案）》对上述规定拟修改为：对于死缓期间故意犯罪，情节恶劣的，报请最高人民法院核准后执行死刑；对于故意犯罪未执行死刑的，死刑缓期执行的期间重新计算，并报最高人民法院备案。我国死刑的这些修改和将要进行的修改，无疑具有较大的历史意义的。

当然我国的死刑罪名还是较多的，还应该继续争取减少死刑，直至将来全部取消死刑。

我国刑法的修订在一些条文中也体现了从宽的规定，比如对老年人、未成年人、孕妇。审判的时候已满 75 周岁的人，不适用死刑，但以特别残忍手段致人死亡的除外。这一定程度上限制了对老年人死刑的适用。对未成年人、孕妇、老年人适用缓刑的条件相对从宽。未成年人犯罪的不构成累犯。未成年人免除部分前科报告义务，增加了对坦白从宽处罚的规定。

在刑法分则的修订中，也有部分内容在一定程度上体现了从宽的规定。如《刑法修正案（七）》中将绑架罪的法定最低刑由原来的 10 年有期徒刑降低为 5 年有期徒刑。

**（二）"犯罪化"和体现从严的规定**

我国刑法的修订，除了部分犯罪"去死刑化"和某些条文体现从宽的规定以外，更多的是在不断的"犯罪化"和增加严罚的规定。

1. 修改了刑法总则的相关规定，从严适用刑罚

（1）在管制执行期间、缓刑考察期间增加禁止令的规定。

（2）死刑缓期执行 2 年期满以后，减为有期徒刑的刑期，由原来的 20 年修改为 25 年有期徒刑。对一部分被判处死刑缓期执行的犯罪分子，人民法院根据犯罪情节等情况可以同时决定对其限制减刑。

（3）扩大了构成特别累犯的条件。除原来的危害国家安全犯罪，恐怖活动犯罪、黑社会性质的组织犯罪的犯罪分子也可以构成特别累犯。

（4）提高了数罪并罚时有期徒刑的最高期限。由原来的最高不能超过 20 年，修改为总和刑期在 35 年以上的，最高不能超过 25 年。

（5）扩大了不适用缓刑的条件。对于犯罪集团的首要分子也不适用缓刑。

（6）减刑以后实际执行的刑期，判处无期徒刑的，由原来的不能少于 10 年，修改为不能少于 13 年。增加规定：限制减刑的死刑缓期执行的犯罪分子，缓期执行期满后依法减为无期徒刑的，不能少于 25 年，缓期执行期满后依法减为 25 年有期徒刑的，不能少于 20 年。

（7）在假释条件中，被判处无期徒刑的犯罪分子，实际执行的刑期由原来要求的 10 年以上，提高到 13 年以上。将不得假释的对象明确限定为：对累犯以及因故意杀人、强奸、抢劫、绑架、放火、爆炸、投放危险物质或者有组织的暴力性犯罪被判处 10 年以上有期徒刑、无期徒刑的犯罪分子。

2. 新增了若干新罪名

《关于惩治骗购外汇、逃汇和非法买卖外汇犯罪的决定》新增了骗购外汇罪。

在 8 个刑法修正案中分别增加了一些新的罪名。如资助恐怖活动罪，危险驾驶罪，大型群众性活动重大安全事故罪，不报、谎报安全事故罪，隐匿、故意销毁会计凭证、会计账簿、财务会计报告罪，虚假破产罪，对外国公职人员、国际公共组织官员行贿罪，背信损害上市公司利益罪，骗取贷款、票据承兑、金融票证罪，妨害信用卡管理罪，窃取、收买、非法提供信用卡信息罪，背信运用受托财产罪，违法运用资金罪，虚开发票罪，持有伪造的发票罪，组织、领导传销活动罪，组织出卖人体器官罪，雇用童工从事危重劳动罪，出售、非法提供公民个人信息罪，非法获取公民个人信息罪，组织残疾人、儿童乞讨罪，组织未成年人进行违反治安管理活动罪，拒不支付劳动报酬罪，投放虚假危险物质罪，编造、故意传播虚假恐怖信息罪，枉法仲裁罪，利用影响力受贿罪，食品监管渎职罪，等等。

3. 扩大了某些犯罪的定罪范围

例如，《刑法修正案（三）》第 1 条中将《刑法》第 114 条、第 115 条规定的投毒罪扩大为"投放毒害性、放射性、传染病病原体等物质"危害公共安全的行为。

又如，《刑法修正案（八）》第 39 条中将"入户盗窃、携带凶器盗窃、扒窃"增加规定为《刑法》第 264 条盗窃罪的行为。

4. 降低了某些犯罪的入罪"门槛"

例如，《刑法修正案（八）》第 21 条取消了《刑法》第 109 条叛逃罪中"危害中华人民共和国国家安全的"这一个要件。

又如，《刑法修正案（八）》第 23 条取消了《刑法》第 141 条生产、销售假药罪中"足以严重危害人体健康的"这一个要件。

5. 提高了某些犯罪的刑罚

例如，《刑法》第 274 条敲诈勒索罪法定最高刑，原来是 10 年有期徒刑，《刑法修正案（八）》第 40 条增加了更高一档的法定刑："……数额特别巨大或者有其他特别严重情节的，处十年以上有期徒刑，并处罚金。"

# 论我国刑事立法过度犯罪化的
# 倾向及预防

陈家林* 刘 洋**

在 20 世纪 50 年代至 60 年代，欧美国家掀起了一股非犯罪化的思潮。[①]在 1997 年刑法修订时，学界对我国是否需要施行非犯罪化进行过讨论，形成的主流观点是，"我国新刑法典的创制，应该循着犯罪化和非犯罪化的双向思路进行，但着重于犯罪化"。[②] 这是因为旧刑法采取的是"宁疏毋密"的立法方式，部分刑法条文已难以调整社会生活中出现的新问题，因此对这些新行为必须对其进行犯罪化以严密刑事法网，构建完备的刑法体系，这是刑法修订的重点。[③] 此外，由于欧美国家的非犯罪化主要针对的是同性恋等违背传统道德的行为，而我国不存在这种背景，所以我国基本上不存在非犯罪化的问题。但是随着经济、社会的快速发展，旧刑法中的部分条文已丧失其存在的基础，对这部分条文所规制的行为需要进行非犯罪处理。[④]

## 一、 刑事立法模式的变动

1997 年刑法修订后，着重于犯罪化的立法模式基本上是我国历次刑法修正的选择。从整体上看，这种立法模式基本上只将具有重大社会危害性的行为进行犯罪化，同时致力于刑法条文之间的协调与罪状的细化，例如增设资助恐怖活动罪，增加洗钱罪上游犯罪的类型。

然而，从历次刑法修正案和《刑法修正案（九）（草案）》（以下简称《修九草案》）的一些具体内容可以看出，立法模式已悄然发生了一些改变，具体而言：第一，修正案开始对治安违法行为进行犯罪化处理，例如《修九草案》拟将使用伪造、变造的居民身份证、护照等证件的行为规定为犯罪。

---

* 武汉大学法学院教授、博士生导师。
** 武汉大学法学院 2014 级博士研究生。

① 参见［德］汉斯·海尔里希·耶施克：《世界性刑法改革运动概要》，何天贵译，载《法学译丛》1981 年第 1 期。
② 马克昌、李希慧：《完善刑法典两个问题的思考》，载《法学》1994 年第 12 期。
③ 参见陈兴良：《我国刑事立法指导思想的反思》，载《法学》1992 年第 7 期。
④ 参见储槐植：《严而不厉：为刑法修订设计政策思想》，载《北京大学学报》（哲学社会科学版）1989 年第 6 期。

第二，刑法介入的时间大为提前，如《刑法修正案（八）》（以下简称《修八》）将新增设的危险驾驶罪设置为抽象危险犯，《修九草案》拟再次扩大危险驾驶罪规制的行为类型。① 第三，处罚的重刑化倾向明显，最典型的如《修八》，虽然该修正案取消了 13 个经济型非暴力犯罪的死刑，但与此同时，提高了部分情形下数罪并罚的最高刑期，严格限制了被判处死缓的犯罪分子的减刑程序和减刑幅度，加大了对黑社会性质组织犯罪、敲诈勒索罪、寻衅滋事罪、食品药品犯罪等的处罚力度，这明显体现了处罚的重刑化特点。

## 二、 过度犯罪化的倾向

在我国，尽管学界有部分学者明确反对犯罪化的立法模式，② 但主流的观点认为，我国目前正进入改革的深水区，刑法应当积极对改革中出现的新问题进行回应，因此刑事立法应当在较长时间内坚持着重犯罪化的立法模式，但是在这过程中，必须防止立法的过度犯罪化。③ 在这一背景下，研究上述刑事立法活动中的新动向是否具有过度犯罪化的倾向显得十分重要。

### （一）治安违法行为的过度犯罪化倾向

近年来，我国部分学者主张将治安违法行为进行犯罪化处理，以构建我国"轻犯罪法"。这部分学者认为，不同于西方国家，我国不存在违警罪这一犯罪类型，西方国家的违警行为在我国基本上是按照治安违法行为进行处理的，虽有效率却与法治理念相悖。"由于我国的治安处罚涉及对公民的财产权利与人身权利的剥夺，这应当属于司法权限而非行政权所能处分，因此有必要予以犯罪化。"④ 因此，应当通过制定"轻犯罪法"，将原《治安管理处罚法》所规制的各种危害行为纳入该法中。⑤ 目前，使用伪造、变造的居民身份证、护照等证件的行为是按照《治安管理处罚法》第 52 条的规定进行处罚，但去年公布的《修九草案》在第 21 条拟将其犯罪化。虽然不能肯定"轻犯罪法"观念就是《修九草案》的主要立法理由，但也不能否认这种观点对《修九草案》所带来的影响。

在现阶段，将治安违法行为完全进行犯罪化处理的主张是否具有可行性

---

① 《刑法修正案（九）（草案）》第 7 条："将刑法第一百三十三条之一修改为：在道路上驾驶机动车，有下列情形之一的，处拘役，并处罚金：（一）追逐竞驶，情节恶劣的；（二）醉酒驾驶机动车的；（三）在公路上从事客运业务，严重超过额定乘员载客，或者严重超过规定时速行驶的；（四）违反危险化学品安全管理规定运输危险化学品的。有前款行为，同时构成其他犯罪的，依照处罚较重的规定定罪处罚。"

② 参见刘艳红：《我国应该停止犯罪化的刑事立法》，载《法学》2011 年第 11 期。

③ 参见赵秉志：《我国刑事立法领域的若干重大现实问题探讨》，载《求是学刊》2009 年第 3 期。

④ 陈兴良：《犯罪范围的合理定义》，载《法学研究》2008 年第 3 期。

⑤ 参见张明楷：《刑事立法的发展方向》，载《中国法学》2006 年第 4 期。

存有疑问,具体而言:首先,这种主张并不存在法律依据。我国《立法法》第8条明确规定,通过制定法律可以剥夺公民政治权利、限制人身自由的强制措施和处罚,《治安管理处罚法》是由全国人大常委会制定的法律,本身并不存在任何合宪性的疑问,没有理由将其轻易废止。此外,《刑法》第13条"但书"明确规定:"……情节显著轻微危害不大的,不认为是犯罪。"治安违法行为具有一定的社会危害性,但尚未达到犯罪的程度。倘若将治安违法行为纳入刑法范畴,不符合现行《刑法》第13条的规定。①

其次,治安违法行为的犯罪化是否符合我国目前的法制体系存在一些疑问。治安违法行为的犯罪化,将不可避免地带来《治安管理处罚法》与《刑法》之间的交叉。例如,由于《修九草案》第21条并不存在"情节严重"的表述,在《修九草案》通过后,就会产生对此类行为到底是按照《治安管理处罚法》还是按照《刑法》进行处罚的疑问。此外,如我国《公务员法》第24条就明确规定,因犯罪受过刑事处罚的,不得担任公务员,同时该法第106条规定事业单位参照该法进行管理。如果将治安违法行为大量犯罪化,又会带来有"治安犯罪"前科的人员是否能够继续担任公务员以及事业单位工作人员的问题。

最后,将治安违法行为犯罪化是否符合我国现阶段的国情亦值得商榷。虽然在西方法治国家,只有刑事法律能够剥夺和限制公民财产权利和人身权利已基本上成为法理学界的共识,② 但法治建设是一个过程,不可能一蹴而就。法律应当是民族精神、文化的体现。自新中国成立以来,我国治安处罚权就一直归属于行政权,经过多年的实践,已经形成了《治安管理处罚法》与《刑法》并行的格局,普通民众也已形成刑法仅处罚严重危害社会的行为而并不处罚轻微违法行为的法律意识。③ 如果将治安违法行为犯罪化,难以预计民众是否能够接受这种观念的转变。

基于以上分析,目前对治安违法行为进行犯罪化处理具有不当扩大犯罪范围的疑问。

### (二) 风险刑法理论的过度犯罪化倾向

风险刑法理论引入我国后在学界产生了一定的影响,并赢得了一定的支持。风险刑法论者认为,"经济的急速发展与社会关系的高度分化使社会呈现出风险的特征,刑事立法不得不紧跟社会形势频繁扩张,以应对风险社会隐藏的巨大危险"。④ 一般而言,出于风险防控的目的,风险刑法理论在犯罪

---

① 参见汪明亮:《治安违法与治安犯罪一体化探讨》,载《河北法学》2002年第4期。

② 参见〔美〕E. 博登海默著:《法理学:法律哲学与法律方法》,邓正来译,中国政法大学出版社1999年版,第279页。

③ 参见刘艳红:《我国应该停止犯罪化的刑事立法》,载《法学》2011年第11期。

④ 高铭暄:《风险社会中刑事立法正当性理论研究》,载《法学论坛》2011年第4期。

论领域主张法益的虚化，在责任领域，风险刑法理论主张罪责的客观化。所谓罪责的客观化，是由于高科技风险带有不确定性而难以认识，在归责时，传统刑法意义上的主观罪过往往难以形成，因此，风险刑法理论主张通过客观归责理论来将行为"归责"于行为人。① 在具体的立法措施上，风险刑法理论者通常主张通过增设抽象危险犯等方式以前置介入社会生活的时间。② 虽然学界也有部分学者否认风险刑法理论与刑法介入时间提前之间的联系，③ 但从刑法修正案部分内容与风险刑法理论的契合程度来看，否定其与风险刑法理论之间的关联性的观点值得商榷。

从风险刑法理论立论逻辑及其具体主张来看，该理论同样存在过度犯罪化的倾向，具体而言：第一，我国风险刑法理论语境下的"风险"范围远较风险社会理论中的"风险"宽泛。风险社会理论的出发点是着眼于人类面临的风险的巨大质变，从贝克等风险社会理论的提倡者的观点来看，这些风险主要是核风险、基因风险、生化风险等技术性风险。④ 与此相对，风险刑法理论作为理论背景所描述的风险，其范围则要广泛得多，它囊括了经济风险、政治风险、文化风险、社会风险等诸多方面。例如，有学者就从风险刑法的角度来解读《修八》增设的危险驾驶罪，但是交通风险是典型的传统社会风险，而并非风险社会理论所指的风险。⑤ 这种语境下的风险刑法理论，会造成传统刑法领域犯罪的过度犯罪化。

第二，即使就风险社会语境下的"风险"而言，风险刑法理论也面临着与法益原则及责任主义原则冲突的问题。就法益虚化的观点而言，风险刑法论者一般主张反对预设法益的具体内容，从而使得法益概念的外延得到极大地扩张，进而将其在实质上束之高阁，这种轻视法益的做法，会使得刑法的范围变得漫无边界。就其罪责客观化的主张而言，这实际上是曲解了客观归责的含义，"客观归责是要解决将一定的法益侵害结果归属于一定的构成要件行为的问题，从而为犯罪成立提供客观根据"⑥，而并非是解决主观罪过问题的理论。风险刑法理论主张在责任领域运用客观归责理论，实质上是试图通过客观归责理论来突破责任主义原则对犯罪成立的限制，进而将不具有主观罪过的行为认定为犯罪。风险刑法理论的这两点主张，无疑会扩大犯罪的成立范围。

① 参见陈晓明：《风险社会之刑法应对》，载《法学研究》2009年第6期。
② 参见劳东燕：《公共政策与风险社会的刑法》，载《中国社会科学》2007年第3期。
③ 张明楷：《"风险社会"若干刑法理论问题反思》，载《法商研究》2011年第5期。
④ 参见［德］乌尔里希·贝克著：《世界风险社会》，吴英姿、孙淑敏译，南京大学出版社2004年版，第67~77页。
⑤ 郭浩、李兰英：《风险社会的刑法调适——以危险犯的扩张为视角》，载《河北法学》2012年第4期。
⑥ 参见陈兴良：《风险刑法理论的法教义学批判》，载《中外法学》2014年第1期。

第三，具体的立法方式存在过度犯罪化的倾向。风险刑法论者往往主张通过抽象危险犯的立法方式来提前刑法介入的时间，但是增设抽象危险犯必须有充分的理由，仅仅因为存在风险是不够的。有学者就指出："即使在'风险社会'，也不意味着要将离发生实害很远的危险行为都规定为犯罪。只有对那些离发生距离很近并且发生实害的概率较高的危险行为，才能实现犯罪化。"①

## （三）公众诉求的过度犯罪化倾向

在刑事案件发生后，被害人及其家属一般主张严惩行为人，并且往往通过诉诸媒体的方式来寻求公众舆论的支持。随着网络技术的发展，案件一经媒体报道，就会产生广泛的影响，这会使得公众出于同情心理和自身安全的考虑而赞同刑事立法的前期化和重刑化。虽然尚无实证研究表明公众诉求与我国立法实务之间存在必然的因果关系，但实证研究已经表明，公众的诉求已对我国司法实务造成显著的影响，如有学者就通过抽样案例研究的方法，得出判决迎合了"公众的重刑主义诉求，尤其是受公众舆论高度关注的个案"的结论。② 基于此，否认公众诉求在刑事立法过程中的影响恐怕也是片面的观点。

刑事立法理应对公众的理性需求做出回应，这一点无可厚非。但公众的诉求往往带有非理性的成分。媒体在对刑事案件进行报道时，出于迎合公众的情感需要，往往会对案情进行渲染，这主要表现为，一是将问题简单化，一分为二，黑白分明。于是在大多数新闻报道中，犯罪人被尽可能地描绘成十恶不赦之人，而对被害人的描述则极尽同情之能事。二是任意裁剪事实，媒体在取材时往往容易失去中立性，将自身置于被害人的立场，片面报道有利于被害人一方的事实。媒体报道中不合理的渲染成分直接放大了公众的不安全感，进而引发对立法前期化、重刑化的强烈支持。③ 我国有学者就指出，"重刑主义在伸张社会正义的裹挟下随着汹涌的'民意'侵入刑事法治实践（包括刑事立法和刑事司法）"。④ 出于反驳代表被害人立场的公众观点的顾

---

① 张明楷：《"风险社会"若干刑法理论问题反思》，载《法商研究》2011年第5期。

② 徐光华：《公众舆论与以危险方法危害公共安全罪的扩张适用》，载《法学家》2014年第5期。

③ 例如，在日本，民众普遍感觉犯罪增加、犯罪愈加暴力化，但现实情况是杀人案件基本上呈减少趋势，强盗（抢劫）案件的增加则主要是因为警察方面将恐吓、盗窃等案件作为强盗案件立案的缘故。参见［日］浜井浩一：《日本治安恶化的神话是如何被制造出来的——治安恶化的实态与背景要因》，载《犯罪社会学研究》2004年第29号，第10页。

④ 高铭暄、曹波：《当代中国刑法理念研究的变迁与深化》，载《法学评论》2015年第3期。

虑，在刑事立法专家群体中又往往会形成"沉默的螺旋"① 效应，这又加剧了这种非理性诉求的影响。例如，在《修八》增设危险驾驶罪之前，媒体就持续对追逐竞驶、醉酒驾驶引发的恶性交通肇事案件进行系列报道，如"司机酒后驾车 1400 米连撞 9 人孕妇惨死"的新闻标题屡见不鲜。② 原本《修八》增设危险驾驶罪是旨在对尚未构成交通肇事罪却危害公共安全的"危险驾驶"行为进行犯罪化，但在公众舆论的影响下，立法的宗旨悄然变成"解决'尚且不构成交通肇事罪'的'原来由行政管理手段或民事手段调整的违法行为'的刑事制裁问题"③。由此可见，对公众诉求中的非理性成分，亦有可能助长过度犯罪化的倾向。

综上所述，治安违法行为的犯罪化观点、风险刑法理论的部分不合理主张以及公众的非理性诉求是造成当前我国刑事立法过度犯罪化倾向的主要原因。

## 三、 过度犯罪化的预防

刑罚是最严厉的处罚措施，不当的犯罪化会对公民的财产、自由乃至生命造成巨大的侵害，因而，如何防止上述过度犯罪化的倾向转变成为刑事立法实例，就成为一个亟待研究的问题。

### （一）只有违反规范并且侵害法益的行为才能犯罪化

行为是否应当犯罪化处理，实质上既是追问刑法禁止某种行为的正当理由，也是违法性的本质问题。对于这一问题，刑法理论上存在法益侵害说和规范违反说之争。

传统法益侵害说认为，犯罪必须是侵害法益的行为，没有法益侵害就没有犯罪。法益，通俗地讲就是法律所保护的利益，即"个人、国家、社会认为有必要原样保持并应通过法律加以保护的一定的利益。"④ 根据其主体的不同，法益通常可分为个人法益、社会法益与国家法益三大类，但是社会法益与国家法益只有在两者可以被还原为具体的个人法益的基础上才被承认。⑤

规范违反说认为，"规范是社会的结构，换句话说，是规定人们之间那

---

① 沉默的螺旋是一个政治学和大众传播理论，由诺埃勒-诺依曼提出。沉默的螺旋理论指出，如果一个人感觉到他的意见是少数的，他比较不会表达出来，因为害怕被多数的一方报复和孤立。理论是基于这样一个假设：大多数个人会力图避免由于单独持有某些态度和信念而产生的孤立。

② 范晓林、裴睿：《司机酒后驾车 1400 米连撞 9 人孕妇惨死》，载腾讯新闻，http://news.qq.com/a/20090701/000132.htm，2015 年 5 月 23 日访问。

③ 于志刚：《刑法修正何时休》，载《法学》2011 年第 4 期。

④ ［日］井田良：《讲义刑法学·总论》，有斐阁 2008 年版，第 15 页。

⑤ 参见［日］曾根威彦：《刑法总论》，有斐阁 2008 年版，第 6 页。

种可以被期望并且不是必须考虑其对立面的关系的内容的。"① 犯罪行为代表着行为人否认规范，而刑罚的意义正是宣告"行为人的主张是不足为据的，并且规范一如既往地继续有效"。② 违法的本质在于规范违反，亦即破坏规范以及人们对规范的信赖。犯罪的法益侵害性只是现象，刑法对侵害法益的行为进行惩罚，从而证明规范的有效，以促进国民认同和尊重规范，形成对法律的忠诚，防止规范网络被再次冲破，才是问题的实质。

规范违反说存在一些问题，如果说违法的本质在于规范的违反，那么规范的存在本身才是重要的，谴责犯罪人就是为了维护规范，这无异于将人当做工具。此外，如果认为刑法的任务只是证明规范的有效性，那么刑法就仅为维护自身的存在而存在，这在逻辑上也是荒谬的。

正是由于规范违反说存在的疑问，并且鉴于法益侵害说在限制国家权力这一点上所具有的优势，近年来，这一理论在我国赢得了多数学者的支持。但是传统法益侵害说也只是说明了法益侵害是犯罪成立的必要条件，却无法说明法益侵害并非是犯罪成立的充分要件。申言之，传统的法益侵害说只说明了行为如果没有侵害法益就不应被认定为犯罪，但却无法说明为何某些具有轻微法益侵害性的行为不认为是犯罪。例如，我国《治安管理处罚法》中所规制的很多行为都具有一定的法益侵害性，传统法益侵害说无法对这一现象做出解释。另外，传统犯罪的法益往往容易确定，但是如何判断某种新兴利益是否应当上升至刑法上的保护法益就成为一个难以判断的问题。

传统法益侵害说存在的上述两点不足，只能借助于规范违反的合理内容才能加以说明。就第一个问题而言，诚然《治安管理处罚法》中规定的很多治安违法行为都具有一定的法益侵害性，但是这类治安违法行为并没有达到违反行为规范程度，因而不属于刑法中的犯罪。例如，醉酒驾驶在我国已经属于犯罪，而酒后驾驶行为仍然属于治安违法行为。后者并非没有侵害到某种具体利益，不少发达国家将其规定为犯罪就可见一斑。而我国之所以认为酒后驾驶行为不是犯罪，实质上是认为其对于行为规范的违反并未达到人们所共识的程度。就第二个问题而言，通过判断某种新兴利益是否为社会所普遍承认，进而达到规范保护的程度，即可判断该利益是否可以上升为保护法益。例如，醉酒驾驶的入罪，显然是因为随着汽车时代的到来，人们普遍意识到醉酒驾驶行为的危险性较之过去显著加大，为了避免自己随时成为被害人而应当对该行为予以刑法规制。于是，禁止醉酒驾驶由行政法规范提升到刑法规范就具有了合理性，才能因此确定危险驾驶罪的保护法益。否则的话，

---

① ［德］雅克布斯：《刑法保护什么：法益还是规范效力?》，载《刑事法学的现实和发展：齐藤诚二先生古稀纪念文集》，信山社 2003 年版，第 17~37 页。

② ［德］雅克布斯：《刑法保护什么：法益还是规范效力?》，载《刑事法学的现实和发展：齐藤诚二先生古稀纪念文集》，信山社 2003 年版，第 17~37 页。

就难以理解同样是威胁公共安全这种法益的行为，在过去不入罪现在入罪，在此国不是犯罪在彼国则是犯罪的现象。

基于以上分析，刑事立法能够予以犯罪化的行为只能是违反规范并且侵害法益的行为。由于目前我国公众没有形成所有的治安违法行为都是"违警犯罪"的共识，因此不应当对我国治安违法行为全盘犯罪化。换言之，刑事立法只能对公众已经形成共识的治安违法行为进行犯罪化才不至于造成刑事立法的过度犯罪化。同理，在风险社会背景下，刑法设置抽象危险的合理性也需借此说明，即只有此类行为是切实威胁到法益的行为，并且公众业已形成此类行为发生实害的概率非常高的共同认识的前提下，才能设置抽象危险犯。此外，公众对刑事立法的诉求，只有在此种诉求是合理并且存在与诉求相对性的法益的情况下才能被满足。例如，几乎每年两会都有代表提议刑法增设"吸毒罪"，否认禁止吸毒公众诉求的合理性是没有道理的，但是由于"吸毒罪"不存在明确的保护法益，因而不应当对此类行为进行犯罪化。

### （二）犯罪化必须符合谦抑原则的要求

即便存在上述违反规范并且侵害法益的行为，也并不一定得出需要对这类行为进行犯罪化处理的结论，对行为的犯罪化还必须同时考虑刑法谦抑原则的补充性要求，"当某种行为需要加以规制时，首先应当考虑的是与刑事制裁无关的其他手段。只有在这些代替性手段都无法加以规制的情况下，才允许将刑事制裁作为最终的手段并加以适用"。[1] 谦抑原则的片段性也是刑事立法活动需要考虑的另一个因素，刑事立法不能全部对社会有危害的行为统统作为处罚的对象，而应当以行为指向法益的重要程度以及行为形态来判断某种行为是否值得犯罪化。譬如，针对人的生命这样重要法益的任何一种攻击行为都被刑法所禁止。而对于财产法益，刑法则表现出明显的片断性，即只处罚故意侵犯财产的行为，而不处罚过失侵犯财产的行为。此外，刑法的宽容性还要求"即使已经实施了犯罪行为，但在衡量法益保护之后，如果认为不是逼不得已的情况，就应当重视宽容精神而控制处罚"。[2]

近年来，风险刑法主张的显著特点即是要求法益保护的早期化，而谦抑原则着重保障人权，这两者之间似乎存在一些矛盾。[3] 一方面，出于法益保护的考虑，刑事立法确有必要犯罪化来防控诸如核能、生物工程等领域内存在的真正意义上的风险；另一方面，刑事制裁之外的替代性措施就是否足以防控这些领域的风险并不明确。换言之，在替代性制裁手段能否有效预防此类风险尚在两可的情况下，就对其犯罪化，是否违背刑法的谦抑原则？举例而言，我国目前采取行政措施来管控人类克隆技术领域内的风险，而且到目

---

① ［日］斋野彦弥著：《刑法总论》，新世社 2008 年版，第 12 页。
② ［日］川端博著：《刑法总论讲义》（第 2 版），成文堂 2006 年版，第 55 页。
③ 参见马克昌：《危险社会与刑法谦抑原则》，载《人民检察》2010 年第 3 期。

前为止，这种行政防控措施似乎还很有效。① 倘若我国现在就对此类行为进行犯罪化，是否会违背刑法的谦抑原则？

有学者认为，在这种情况下，不应当为预防此类风险而进行刑事立法。"'像切尔诺贝利核事故、环境灾难、有关人类基因的讨论、亚洲经济危机和当前的恐怖主义袭击之类的事件和威胁'这类乌尔里希·贝克等风险学者常常提到的'风险社会'中的典型风险，举一国政府之力甚至世界各国联合之力恐怕也未必能够防范，又怎么能将防范此等充满政治意味的风险或因科技发展引发的重大自然灾害的重任交给刑法？人类不能动辄就使用刑法，否则，这将'是一种极为荒谬的和刑事政策上使人担心的境况，在这种境况中把通过刑法和警察法进行的犯罪控制作为纯粹的安慰剂来接受，完全不取决于控制的有效性'，这种做法将会使整个社会发生'破坏性的方向迷失'。"②

上述学者的观点有值得商榷之处，风险社会中的风险，归根到底是人为的风险，而并不是不可防控的自然风险。不能因为存在较大防控难度就此推导出刑法应当袖手旁观的结论。刑法谦抑性原则是一个有张力的理论，需要结合时代的特点来合理划分刑法与其他部门法的界限，在刑法的保障人权功能与保护法益功能之间取得动态平衡。刑法理论早就指出，刑法谦抑性的判断标准是不断流动的。譬如，民事或者行政手段曾经可以有效处理某种行为，但是该行为的危害程度随着社会的发展而显著地增加，原有的民事或者行政手段对此已经趋于无效，就必须考虑动用刑事制裁的手段。"如果感觉到民事的救济已经不充分时，为了阻止这种行为，就需要扩张犯罪化的领域。"③例如，关于盗窃罪的犯罪对象，日本的理论和司法实务界均认为只能是动产。因为不动产无法移动，即使有人实施了侵害他人不动产的行为，通过事后的民事救济手段也可以解决这一问题。但是鉴于现实生活中侵夺不动产的行为不断涌现，危害程度也不断增加，1960 年"侵夺不动产罪"便被增设进日本的刑法之中，从而扩张了犯罪化领域。风险社会中，风险的日益增加以及增加的风险的异质性，使得刑法必须对之有所作为。因而，一定范围内的犯罪化以及刑事处罚的早期化、重刑化在所难免。但这只是对刑法谦抑性判断标准的一次重新审视，而非颠覆否定刑法谦抑性原则本身。因此，在替代性措施能否有效进行风险防控尚在两可的情况下，对相应行为进行犯罪化处理并不违反刑法谦抑原则。

---

① 目前，我国对人类克隆问题的规范性文件主要是卫生部在 2003 年先后出台的《人类辅助生殖技术和人类精子库伦理原则》和《人类辅助生殖技术规范》。

② 刘艳红：《"风险刑法"理论不能动摇刑法谦抑主义》，载《法商研究》2011 年第 4 期。

③ ［日］山口厚著：《刑法总论》（第 2 版），有斐阁 2007 年版，第 6 页。

## 四、 结语

近年来，治安违法行为全盘犯罪化的观念、风险刑法理论的一些不合理主张以及公众一些片面的诉求，已经造成我国刑事立法实践中出现一定程度的过度犯罪化倾向。为防止这种倾向带来的消极影响，在刑事立法过程中，必须坚持行为只有在违反规范并且侵害法益的情况下，才能对行为进行犯罪化处理。与此同时，对行为的犯罪化处理，亦必须与刑法谦抑原则的具体要求保持一致。

# 法治中国语境下提高刑法解释
# 客观性的路径考察

莫洪宪[*]　周天泓[**]

## 一、 当前刑法解释中两种基本立场揭示

中国共产党十八届三中全会提出了"法治中国"这一政治目标，作为法治在当下中国的政治表达，法治中国正在从一个政治命题具体化为全面改革的行为逻辑，这预示着中国法治史上一次重大飞跃的来临，必将对中国的法治与社会发展影响深远。[①] 具体就司法层面上而言，法治要求判决是正当的，而且要求从成文法向判决的转换过程是合法的。这就要求法官理解、诠释法律应忠于法律，把法律的规范意旨内化为理解法律的事实的前见，其诠释出来的结果应符合法律意义的客观性。[②] 换言之，法治要求法律解释具有客观性。

由于对"客观性"的理解不同，刑法学界形成了两种法律解释的基本立场：一是主观解释论，该方法论主张法律解释应当遵从立法原意，即解释者在解释法律的过程中应当不断地去发现立法意图，以此为标准对待决法律问题做出合理解释。在主观解释论者看来，"主观解释，在确定解释立场的同时，确立了解释的目标和方向，因为有了判断的依据可供考察，有了框架的约束而不至随心所欲"，[③] "如果不依据立法者的标准来判断案件事实是否可以归属到某一类中去，那就只有依据解释者的标准，而不可能有什么外在于主体的'客观标准'。"[④] 这么看，主观解释论者其实是通过将"立法意图"确立为解释待决法律问题时应当参照的"客观标准"从而来保证解释结论的"客观性"，因此，虽被冠以"主观"之名，但从目标来看，主观解释论还是以追求结论的客观性为宗旨。二是客观解释论，所谓客观解释，其出发点就是"客观"这个表述。客观解释一般认为，法律一旦被确立就获得了独立的

---

* 武汉大学法学院教授、博士生导师。
** 武汉大学法学院刑法专业博士研究生。

① 参见汪习根：《论法治中国的科学含义》，载《中国法学》2014 年第 2 期。
② 参见陈金钊：《拯救客观性——关于法治方法的理论探索》，载《法律科学》2001 年第 6 期。
③ 董邦俊：《刑法解释基本立场之检视》，载《现代法学》2015 年第 1 期。
④ 陈坤：《刑法解释中的类型思维与立法意图》，载《环球法律评论》2012 年第 5 期。

"生命"——脱离了立法者的意志，通过法律文字所传达出的"法律意志本身"而独立存在。虽然这种"法律意志"可以随着法律文字字义的变迁而变迁，但是由于法律文字是客观的，所以其传达的"法律意志"也是客观的。刑法解释者应当去努力挖掘法律文字所传达的"法律意志"，并以此为指导得出客观的解释结论。

当前，主客观双方论证激烈，互不相让。主观论认为客观解释标准模糊、多为入罪解释，且有违反罪刑法定之嫌。① 而客观论则回击认为立法意图只是解释者的主观揣测，事实上根本找不出立法的真正目的。② 本文认为，从其各自的方法论上看，主客双方都有长处，也都有不足，都不能保证客观地获取解释结论。正确的做法应当是将各自的解释结论平等对待，将它们置于"同类事物同类评价"这一正义原则下进行理性对话，选出最佳。下文将对此展开具体说明。

## 二、 对两种解释立场的评价

### （一） 客观解释并不"客观"

按照客观解释论的思路，客观解释论者认为，法律本身之中已存在"法律意志"，我们要做的就是去观看当下事态，洞悉并顺着这一"法律意志"而行。就像物理学家去探索发现物理世界中的自然规律，然后指导人类活动依自然规律办事。但是，问题也就产生了：法律所要调整的是人类的社会行为，属于人文世界，在人文世界中是否能保证这种"法律意志"的描述也能如自然规律一样具有客观的一致性？这是不可能的。法律只是白纸黑字，根本不是生物，只有人类在行为时才有意志，法律文本则否。在"法律意志"这个讲究的标签下所隐藏的其实就是解释者自己放进法律中的意志。"你所说的各个时代的精神，其实只是作者自己的精神，在精神里面，反映了各个时代的虚影。"③ 在这里，客观解释论者采取了一种"拟人化"的手法，赋予了法律文本以人的精神。但是如此一来，同样的法律可能因为解释者的不同、情境的不同而被赋予截然不同的内容。所以，主观论者批评客观解释标准模糊、结论不一致，可谓一针见血。

值得注意的是，这里所谈论的"法律意志"的客观是就"法律意志"作为评价对象的客观性而言的，除此之外，对于"客观性"的理解还存在"评价标准的客观"这一见解。川岛武宜教授认为，"法律的解释乃为一种价值

---

① 参见熊伟：《主观解释论之提倡》，载《中国人民公安大学学报》（社会科学版）2013 年第 5 期。

② 参见张明楷著：《刑法分则的解释原理》，中国人民大学出版社 2011 年版，第 30 页。

③ ［德］英格博格·普珀著：《法学思维小课堂——法律人的 6 堂思维训练课》，蔡圣伟译，北京大学出版社 2011 年版，第 69 页。

判断。故法律解释的‘客观性’可归结为该价值判断所准据的价值体系的客观性问题”，“社会上有各种不同的价值体系，这些价值体系在支持该体系的人看来，皆为唯一的最高价值。就这意义而言，价值体系是‘主观的’。但某一个价值判断是否只适用于该人，抑或可适用于该人以外的多数人，则系另一个问题。这个问题乃视该价值判断所依据的价值体系究竟有多少人加以支持而定。是故，这意义的‘客观性’即可还原为究竟有多少人支持该价值判断所准据的价值体系的‘量的问题’”。① 在川岛教授看来，一方面价值判断具有主观性，另一方面由于价值判断存在可以还原为社会上公认的价值体系的可能性，因而具有客观性。这种以“评价标准的客观”来显示自己方法属性上的客观，在刑法学中也是常见的。例如，“新行为无价值”提倡一种“新客观违法论”，即认为违法是对评价规范以及指向所有一般人的意思决定规范的违反。在这里，“违法是客观的”这一刑法教义学原理中的“客观”就是指判断标准（一般人）的客观，而不是指判断对象（违法要素）的客观。② 就客观解释而言，如果其主张的文字背后的“法律意志”能还原为当下社会上公认的（一般人所追求的）“法律意志”，那么也能称之为“客观解释”。但是，问题在于“社会公认的”、“一般人”的标准如何获得？要达到多大的“量”才能称之为“社会公认”？对此，只能求助于社会学的研究方法或者利用其研究成果得到答案。但是正如来栖三郎教授所言，“虽说从社会事象去寻译规范，但千万不要以为社会事象中含有唯一客观正确的法规范，从而认为这种客观的法规范可依纯粹认识的方法去求得，须知这过程中实已加入了按照自己的价值判断具体地创造出所希望的法规范的意欲”。③ 换言之，所谓的“一般标准”极有可能就是解释者自己的标准。

综上所述，所谓的“客观解释”事实上在解释过程中完全可能夹杂解释者的“私见”，客观解释并非如其标榜的那样“客观”。如此一来，客观解释论者所宣称的“因为客观解释方法具有客观性而当然地优于主观解释”，多少显得有些牵强。

**（二）主观解释论难以保证客观、准确地获取“立法意图”**

在客观解释论者看来，立法意图一般是无法被探求的。因为，探求立法意图是立法者自我认知的过程，由于立法者不是一个人，参与立法的许多人的意图并不总是一致的，因而立法意图难以呈现。④ 对此，主观解释论者认

---

① 杨日然：《战后日本宪法解释学的诸倾向及其检讨——以“法解释的客观性”的问题为中心》，载杨日然著：《法理学文集》，台湾月旦出版社 1997 年版，第 495~496 页。

② 参见周啸天：《行为、结果无价值论哲学根基正本清源》，载《政治与法律》2015 年第 1 期。

③ 转引自杨日然：《战后日本宪法解释学的诸倾向及其检讨——以“法解释的客观性”的问题为中心》，载杨日然著：《法理论文集》，台湾月旦出版社 1997 年版，第 499 页。

④ 参见张明楷著：《刑法分则的解释原理》，中国人民大学出版社 2011 年版，第 27~28 页。

为，任何法律活动都是有目的的活动，立法活动更是如此。"法律中的语言文字的选择是由立法者来进行的。立法者基于一定的目的选择一定的语言和文字表达自己所代表的阶层的利益诉求，以使自己的立法意愿以法律条文的方式加以固定……立法意图经由表达而固定，因为固定而具有可预测性。"①所以，立法意图可以通过生效的法律文本以及能反映该法律文本立法选择过程的相关资料（例如，法律起草、讨论中的记录文本，立法者发表的相关言论，等等）、立法背景进行推定。

如果相关的立法资料中详细记载或至少能明确得到立法者对该法条的立法目的、所欲追求的立法效果等表达立法者价值追求的内容，那么立法意图存不存在自然就没什么好讨论的。② 可是，现实却往往是在绝大部分的情况下法律没有所谓的"外在资料"保留下来，即使有也不见得都能明确地反映出立法意图，这时就需要解释者将自己虚拟为立法者，根据整个法律所体现出来立法的完整法律意图和法律精神来推定立法原意③。此时，主观解释论者一般从法律文本出发采取体系解释的方法进行探求。如遗弃罪的犯罪对象除家庭成员之外，是否还包括非家庭成员？主观解释论者认为，遗弃罪位于刑法第 260 条虐待罪与第 262 条拐骗儿童罪之间，而该两条都旨在保护婚姻家庭，因此遗弃罪的立法意图也是在保护婚姻家庭，而不是宽泛的生命与身体安全。④ 依此结论，主观解释论者其实是将遗弃罪法条中的"扶养义务"限定在婚姻家庭之中，即根据亲属法来确定扶养义务。

但是这样的结论值得怀疑。刑法第 260 条因为存在"虐待家庭成员"这样的文字，因此行为人与犯罪对象的身份都是"家庭成员"，其范围当然得依据亲属法来确定，否则就会与故意伤害罪、寻衅滋事罪相冲突。但是第262 条将犯罪对象限定为"未满十四周岁"的未成年人，犯罪结果为"使未成年人脱离家庭或者监护人"，行为人的身份并没受到限制，因此第 262 条的着眼点应当是保护"未成年人"的人身自由与安全而非"成年人"的监护权——应当认为，法条是通过直接保护未成年人的人身自由与安全而间接地维护监护人的监护权。尽管在 1979 年刑法中，本条内容位于分则第七章"妨害婚姻、家庭罪"之中，但是 1997 年刑法删除了"妨害婚姻、家庭罪"，同时将此调整到修订后的刑法分则第四章"侵犯公民人身权利、民主权利罪"

---

① 董邦俊：《刑法解释基本立场之检视》，载《现代法学》2015 年第 1 期。

② 此时应当讨论的问题是立法者的立法意图是否与社会的发展相适应，对此本文以为如果死守立法时的"意图"而无视社会变迁导致法律本质的变化，则无疑会使法律不符合现实生活，从这个意义上讲，由于此时的法律不符合"客观"生活，由此导出的解释结论也可以说不符合"客观"生活，因而也不具有客观性。

③ 强世功：《文本、结构与立法原意——"人大释法"的法律技艺》，载《中国社会科学》2007 年第 5 期。

④ 陈坤：《刑法解释中的类型思维与立法意图》，载《环球法律评论》2012 年第 5 期。

之中，并且陆续在第262条之后添加第262条之一组织残疾人、儿童乞讨罪和第262条之二组织未成年人进行违反治安管理活动罪。对此，我们当然可以推测认为，立法者对本罪有了新的认识，立法意图从对"婚姻家庭"的保护改变为对未成年人人身权利的保护上。如此，再做体系解释，要求遗弃罪中的"扶养关系"还是如1979年刑法中那样受限于亲属法的规定，理由就未必充分了。此外，我国1985年制定的《继承法》第31条规定：公民可以与扶养人签订遗赠扶养协议。按照协议，扶养人承担该公民生养死葬的义务，享有受遗赠的权利。据此，扶养人可以是继承人以外的公民，而继承人以外的公民，当然包含家庭成员以外的人。1997年我国刑法将遗弃罪调整进"侵犯公民人身权利、民主权利罪"之中，我们完全可以根据立法背景推测立法者正是考虑到了继承法中的相关内容，而对遗弃罪的位置进行了调整，使行为人不受家庭成员的限制。这么看，推测立法意图时，由于解释者对法条内容与立法背景的理解程度不同，完全有可能得出两种不同的结论，但是究竟哪种是"真正的"立法意图，因为没有其他资料佐证，无法确定。如此一来，主观解释论的结论也可以说只是解释者的"一家之言"。那么，这就和客观解释没什么两样了。张明楷教授认为："如果（立法原意）来源于刑法的表述、立法的背景、客观的需要等，则已经不属于所谓的立法原意了。"[1]因此，除非有相关立法资料准确载明立法时对某项法律相关文字选用的具体说明，否则很难保证解释者探求到的"立法原意"是否"客观、准确"。事实上，这样的文件少之又少。在大多数情况下，还是要靠解释者进行推测，但是这样就与客观解释"殊途同归"了。

## 三、 提高刑法解释客观性的路径考察——主体间性判断范式的提倡

根据前文的分析，无论是客观解释论还是主观解释论，在方法论上都不能克服主观要素的影响。追溯两者方法论上的缺陷根源，可以认为这是由西方传统的主体性哲学所指导的研究范式的固有缺陷所至。在主体性哲学看来，认识论范畴内的主体与客体是对立且可以进行区分的，即把自我看成是外在于对象的独立自主的存在，主体的认识过程乃是主体向着客体的单向运动，而认识的客观性在于主体对外在客体的正确反映。运用主体性哲学指导法律解释，导致的就是作为主体的法律解释者和作为客体的法律文本之间是分离的，即法律文本有着固定化和客观化的意义内容，认识和理解被认为是主体的主观意识对于法律客体这种客观内容的反映。由于对这种"客体客观内容"理解的角度不同，解释方法也就分化为了主观解释与客观解释。但是从

---

① 张明楷著：《刑法分则的解释原理》，中国人民大学出版社2011年版，第25页。

本质上看，这两种解释立场依然坚持主体应当以"发现"意义为视角、以逻辑推理为主要方法去忠诚地接近客体。以主客观二分为前提的主体性哲学有着无法克服的逻辑矛盾：它认为，人是纯粹的理性存在物，要求把"人"解放出来，但是这就造成了人与自然、人与社会和人与人之间的对立。[①] 而且把人看成是完全的"理性"这无异于要求一切人皆为毫无偏见或谬误之人，这只是一厢情愿，显属不可能。

从以上的分析中，我们可以这样认为：在包括刑法解释在内的法律解释中，获取纯粹客观的即外在的、绝对的统摄和唯一的解释结论是不可能的。尽管如此，这并不意味着我们就可以放弃追求法律的客观性。"法律解释的客观性倡导的是一种法律稳定性以及非个人化的追求，它的生命力在于它与法治社会紧密相连。"[②] 既然追求解释结论的绝对客观难以达到，我们只能另辟蹊径。对此，波斯纳对于法律问题"客观性"的分析为我们打开了全新的视野。他认为，客观性可分为三层：一是本体上的客观，这主要是指法律解释结论的客观；二是科学意义上的可复现性，采用如同科学试验一样的方法处理法律问题，保证不同解释者得出同一结论；三是交谈和交流意义上的合理性，即只要法律解释是基于说服力的合理根据，在交谈中被认同且是可被修改的，那就是客观的，而且在一个共同体中成员在思想文化、生活方式等方面同质性越高，对法律问题的共识也就越大，结论也就越客观。[③] 从内容上看，所谓的"本体上的客观"与"科学意义上的可复观性"都旨在追求绝对客观的解释结论，而这已被前文证明难以达致；"交谈上的合理性"是指获取答案过程合乎情理，答案具有共识性且可被合理修改，这在方法论上是可以实现的[④]，能使解释者突破传统哲学认识论上的"非此即彼"的主客观迷思。这种交谈上的合理性追根溯源到哲学认识论上便是晚近以来随着对主体性哲学的深入反思而兴起的主体间性理论。主体间性即交互主体性，作为一种哲学范式，它认为生存不是主客观二分基础上主体征服、构造客体，而是自我主体与对象主体的交互活动，真正的主体也只在主体与主体相互承认和尊重对方的主体身份时才存在。由此，主体间性理论将人与人之间的理解

---

① 参见黄小英：《法律解释学的新向度》，载《南京师大学报》（社会科学版）2010 年第 1 期。
② 凌云：《法律解释的客观性与主体间性》，载中国人民大学法学院《人大法律评论》编辑委员会编：《人大法律评论》（2001 年第 1 辑），中国人民大学出版社 2001 年版。
③ 凌云：《法律解释的客观性与主体间性》，载中国人民大学法学院《人大法律评论》编辑委员会编：《人大法律评论》（2001 年第 1 辑），中国人民大学出版社 2001 年版。
④ 尽管"客观解释论"中有一种观点也强调评价方法的"客观"，即将待评价的"价值"还原为多数人的价值观，但是正如前文所述"多数人的价值观"其实是一个似是而非的概念，其获取过程极有可能就是学者的体悟性观察，这难免加入研究者的主观判断。而"交谈合理"达致的客观性，意在强调将参与解释的各个主体平等对待，将各自的结论予以呈现并进行合理比较，在商谈中达成结论的共识从而获取客观性。对此过程，下文将详细展示。

作为了人存在的方式。经其观照，当代解释论也进入了一个全新的视阈——解释中突出理解和解释的主体间性和共识性。"这种解释观强调解释是这样一个过程，它是解释主体带着先见进入解释对象领域，通过将主体和解释对象、其他解释主体相互沟通、融合而创造出的新视野，这里的创造仅意味着解释者对解释对象、前见及解释环境的整合过程，解释的合理性和可接受性在于各个解释主体间通过交往或交涉，提出并接受各自对解释对象的理解结果，其中被多数主体认同的部分便构成了共同的理解过程，由此，解释也就被重新界定成了多数主体对解释对象的反映的共同认同。"① 这种解释上的共识之所以具有客观性，首先是因为它形成于主体的共同活动并且运行于主体间，是一种社会实践结构中的合理性和主体间的普遍有效性，其次是因为它又超越于任何个体之上且独立于任何个别的意识、意志，因而是客观的②。在这里，达成共识是最为重要的环节。在一个价值判断多元化的时代，哈贝马斯认为，"规范共识必须从一种由传统确定的共识转变为一种通过交往或商谈而获得的共识"③，"为了达成有效、真实的共识，每一个话语主体还必须从理性动机出发，严格遵守普遍认同的话语规则和论证程序，表现出共同探求真理的真诚态度和愿望"④，即法律解释上的"共识"必须要有合理的、具有逻辑论证力量和有说服力的论据支撑。由此，法律解释理论诞生发展为了一种法律论证理论。⑤ 法律论证理论是在西方法学"解释学"转向后，学者们在实践理性、商谈理性等基础上拓展出的法学新领域，它主张以事实和逻辑为依据，在主张—反驳—再反驳的"主体间"的论证过程中，通过说服和共识的达成来解决解释中的争议。⑥ 在此，法律论证不仅强调主体间的论证过程，而且认为"不同意见的辩论最后都必然要以共同认可的价值标准来衡量各自的合理性"⑦，因此，解释主体间的法律论证必须要确定一个既具有可操作性又具有普遍可接受性的原则，用以检验各自的观点，最后确定解释结论。

笔者赞成法律解释是解释者进行的一种主体间性的判断（intersubjective discussibility），即多元解释者之间就法律类型进行交流、对谈形成的共识。

---

① 黄小英：《法律解释学的新向度》，载《南京师大学报》（社会科学版）2010 年第 1 期。

② 参见凌云：《法律解释的客观性与主体间性》，载中国人民大学法学院《人大法律评论》编辑委员会编：《人大法律评论》（2001 年第 1 辑），中国人民大学出版社 2001 年版。

③ ［德］哈贝马斯著：《交往行为理论》（第 1 卷），曹卫东译，上海人民出版社 2005 年版，第 31~32 页。

④ 章国峰：《哈贝马斯访谈录》，载《外国文学评论》2000 年第 1 期。

⑤ 参见黄小英：《法律解释学的新向度》，载《南京师大学报》（社会科学版）2010 年第 1 期。

⑥ 焦宝乾：《当代法律方法的转型——从司法三段论到法律论证》，载《法制与社会发展》2004 年第 1 期。

⑦ 姜涛：《基于主体间性分析范式的刑法解释》，载《比较法研究》2015 年第 1 期。

无论是客观解释论者还是主观解释论者，都只是其中的解释者之一，其各自的结论都不具有终局性，因而彼此之间应当平等相待。正确的做法应当是将各自的解释结论所产生的效果进行呈现，并置于一定的原则之下进行平等的比较、"对谈"从而达成共识。在此，笔者以为正义原则可提供这样一种平台。对于正义的内涵，尽管千百年来人类社会对其定义不一而足，但大体上可以肯定的是，正义的基本要求是，对于相同的事项应相同地或至少是相似地处理，只要这些案件按照普遍的正义标准在事实上是相同的或相似的。换言之，对于相同的事项应相同处理，对于不同的事项应不同处理，是正义的基本要求。① 因此，我们可以将解释者各自的解释结论置于"同类事物同类评价，不同的事物不同评价"这一正义原则的基本内涵之下进行理性对话、评估，选出最符合该原则的解释。

---

① 参见张明楷：《注重体系解释，实现刑法正义》，载《法律适用》2005 年第 2 期。

# 犯罪治理视角下刑法解释活动的
# 另类样态

王　帅[*]

## 前言

中国共产党第十八届中央委员会第四次全体会议通过的《中共中央关于全面推进依法治国若干重大问题的决定》中针对社会治安问题指出，要"深入推进社会治安综合治理，健全落实领导责任制。完善立体化社会治安防控体系，有效防范化解管控影响社会安定的问题，保障人民生命财产安全"。由此可见，针对社会治安治理的问题，中共中央采用了"综合化"的思路，并强调建立"立体化"的体系。

就本文要研究的主题而言，刑法解释活动虽然是一项针对刑法条文，解读其背后文义的权力活动。但同时也是一项利用刑法条文，针对犯罪加以反应的权力活动。因此，在现实运行中既可以称之为一种文字解释的技术，也可以称之为一种犯罪治理的技术。同时，就我国刑事司法解释的现实运行而言，出台背景也常常基于某种犯罪的高发或复杂态势，因此，我国的刑事司法解释活动实际上也在作为一种犯罪治理的技术在运行。综合以上考虑，我们需要以犯罪治理的视角研究刑法解释。同时，在中共中央针对社会治安治理提出了新要求的背景下，这样一种研究也具有更强的时代意义。正因如此，本文将从犯罪治理的视角切入，逐一分析在这种视角下，刑法解释活动的立足点、运行状态和致力达成的目标分别是什么。以一种多元的视角观察刑法解释活动，以促使相关研究更加全面。

## 一、 犯罪治理的阐释

确立了犯罪治理的视野，首先要明确犯罪治理的含义。笔者认为，想要了解犯罪治理，需要明确以下三个问题：首先，犯罪是什么？其次，治理是什么？最后，犯罪治理的目的是什么？

就"犯罪"而言，其概念本身很复杂。在犯罪学看来犯罪是一种社会现象，而从规范刑法学看来犯罪是一种规范建构起来的评价结论。笔者认为，

---

* 北京师范大学刑事法律科学研究院 2013 级博士生。

犯罪本身首先是一种客观意义上存在的社会现象,其次又是一种主观意义上存在的规范评价。因此不妨如此认识犯罪:从字面意义上来看,"犯"就是触犯、侵犯和违反,是一种外在的客观行为,"罪"则是带有某种价值伦理和情感评判的"恶"。"犯罪"将某种客观的外在行为与某种主观的内在伦理观念结合起来,将我们外部的生存世界与内在的精神世界紧密结合起来,同时具备了行为科学分析和意义阐释的范畴。因此,犯罪是通过一定的社会机制被建构起来的,是特定社会文化某一类不能容忍的行为的类归,也是特定文化用一系列的禁忌或者规范所建构起来的存在。①

就"治理"而言,想要阐述其确切的含义并不容易,但并不影响对其基本含义的概括。福柯认为,治理术就是"由制度、程序、分析、反思以及使得这种特殊然而复杂的权力形式得以实施的计算和手法组成的总体,其目标是人口"。② 我国有论者将治理的基本含义概括为"在一个既定的范围内运用权威维持秩序,满足公众的需要"。其目的"是在各种不同的制度关系中运行权力去引导、控制和规范公民的各种活动,以最大限度地增进公共利益。"③ 就中国的语境而言,治理主要是一个围绕公共权力展开的概念,因而"对于现阶段的中国问题,以政府为主要力量来治理社会的政治社会学视角更为实际和富有解释力。"④ 换句话说,治理可以认为是运用社会资源对社会问题进行调整和控制,以使得社会问题能够在秩序容许的范围内运行。如果置于中国当下的视野,治理问题更多的是公共权力为主导,社会多元力量的参与。

人类所有的社会活动都带有目的性,因此对概念加以阐释也离不开对目的的探求。犯罪治理可以认为是国家针对犯罪这一特殊的社会现象,所采用的多元调整和控制手段的综合。而这种治理活动的目的则是为了有效控制犯罪。所谓控制犯罪,并非是惩罚犯罪。犯罪控制是使犯罪不超出一定范围或使犯罪处于自己的影响之下,即将犯罪状况限制在正常度以内。⑤ 所谓犯罪正常度,是指具体时空背景下国家和社会对犯罪状况可以容忍的限度,一般是从反向理解的,即不是无法忍受的状态。⑥ 由此我们至少可以得到两个信息:第一,犯罪控制追求的价值是秩序;第二,犯罪控制是一个动态的过程。

---

① 参见强世功著:《惩罚与法治——当代法治的兴起(1976-1981)》,法律出版社 2009 年版,第 1 页、第 4~5 页。

② [法]福柯:《福柯:治理术》,赵晓力译,载《社会理论论坛》1998 年第 4 期。

③ 包国宪、郎玫:《治理、政府治理概念的演变与发展》,载《兰州大学学报》(社会科学版) 2009 年第 2 期。

④ 包国宪、郎玫:《治理、政府治理概念的演变与发展》,载《兰州大学学报》(社会科学版) 2009 年第 2 期。

⑤ 参见储槐植著:《刑事一体化与关系刑法论》,北京大学出版社 1997 年版,第 67 页。

⑥ 参见储槐植著:《刑事一体化与关系刑法论》,北京大学出版社 1997 年版,第 67 页。

总而言之，犯罪控制就是通过一种动态机制来维持社会的秩序，最终使得整个社会的犯罪态势呈现出一种动态的平衡。

综上所述，我们可以对犯罪治理做一阐释。所谓犯罪治理，就是基于秩序的追求，针对犯罪这种社会现象，整合社会资源加以应对的策略体系。其整体的运行呈现出三种特性：功利性、平衡性与动态性。

所谓功利性，就是犯罪治理对秩序的功利追求。犯罪是社会上各种矛盾的综合反应，也是对社会稳定极大的冲击。而犯罪控制就是要将这种冲击降到可控制的范围内，以对秩序的追求来维系社会结构的稳定，也满足人们对安全的需求。所谓平衡性，就是犯罪治理对惩罚犯罪与人权保障的兼顾。正如有论者指出的，根本不考虑人权保障而过度强调犯罪控制的社会是专制社会；反过来，根本不考虑犯罪而过度强调人权保障的社会是无政府社会。上述两种情况都是社会规范体系即将崩溃的前兆。① 而社会体系的崩溃更谈不上是一种有秩序的社会。所谓动态性，就是犯罪治理策略必须针对犯罪这一社会现象加以确立，但犯罪本身是社会文化的一种载体，通过人为的社会机制加以建立，因此体现出很强的变动性，故而也就需要一种动态的机制加以反映。

那么，从现实的司法实践来看，我国的刑事司法解释活动是否反映着犯罪治理的观念呢？答案是肯定的。综观最高人民法院做出的司法解释，往往在出台背景中都会提到某种犯罪在当前社会态势下的高发，以至于影响了社会治安状况，因此出台司法解释。举例而言，2013 年最高人民法院发布了《关于审理编造、故意传播虚假恐怖信息刑事案件适用法律若干问题的解释》，其出台背景是"近年来，陆续发生了一些编造、故意传播虚假恐怖信息的犯罪活动……这些犯罪活动，制造了恐怖气氛，引起了不同程度的社会恐慌，严重干扰人民群众正常的工作、生产、生活等社会秩序，造成了社会危害……为了适应新形势下与此类违法犯罪行为作斗争的需要，维持社会秩序，维护人民群众生命、财产安全，准确有力地打击此类犯罪活动，出台了《解释》。"② 从这一出台背景中可以明确看到，犯罪治理的思想对刑事司法解释活动的影响。在此，最高人民法院将自身作为被组织起来参与对犯罪进行反应的一个部分（或曰机构），以出台司法解释的方式达成犯罪控制的目的。在这种状态下，刑事司法解释活动就成为最高人民法院用以犯罪治理的权力技术了。

---

① 参见刘广三著：《犯罪控制视野下的刑事诉讼》，中国人民公安大学出版社 2007 年版，第 3 页。

② 吕广伦、王尚明、陈攀：《〈关于审理编造、故意传播虚假恐怖信息刑事案件适用法律若干问题的解释〉的理解与适用》，载《人民司法》（应用）2014 年第 1 期。

## 二、 犯罪治理视角下刑法解释活动的立足点

传统刑法解释研究一般会将立足点置于刑法条文的文字表述上，考虑的主要问题是某种解释结论是否超出了文义的范围，因此可以认为其立足点是刑法条文。而犯罪治理视角下的刑法解释活动也关注刑法条文，但更关注的是某个时空背景下的犯罪状况，以及如何通过解释活动适用刑法条文，以便更好地治理犯罪。因此，可以说犯罪治理视角下的刑法解释活动的立足点是某个时空背景下的犯罪状况。换句话说，传统刑法解释研究视角下的刑法解释活动立足点是静态的刑法条文，而犯罪治理视角下的刑法解释活动立足点是动态的犯罪状况。

就传统刑法解释研究而言，大多会采用下面一种逻辑：罪刑法定原则作为刑法中的最高原则，当然也是确定刑法解释结论正当与否的标准。而罪刑法定之"法"即为法条表述。因此，如果解释结论超出了法条表述的范围，就是违反了罪刑法定原则的解释，也就是不正当的解释。传统视角下的刑法解释研究中的一个重要问题就是实质解释论与形式解释论之争。而两者之争的一个关键就在于文义本身。在实质解释论者张明楷教授看来，绝大多数用语都有核心含义与边缘含义。"当某种行为并不处于刑法用语的核心含义之内，但具有处罚的必要性与合理性时，应当在符合罪刑法定原则的前提下，对刑法用语作扩大解释。"[①] 可见，在对于刑法条文"可能性语义"的态度上，张明楷教授是一种能动的态度。这种能动首先表现在对任何法条都需要解释的认识上，其次表现在可以在妥当性的指引下对刑法条文作出扩大解释。相对地，形式解释论者陈兴良教授则主张在刑法解释中，应当以"可能性文义"作为解释的限度，在寻找可能性语义时形式解释论者明显采取了一种克制的态度："在对刑法规定进行语义解释时，如果某一行为并未被通常语义所包含，则需进一步辨别是否在语义的射程之内。只有当它被可能的语义所包含，但存在多重含义时，才需要采取其他各种方法最终确定其含义。"[②] 由此可见，在对待刑法条文"可能的文义"上，陈兴良教授持一种克制的态度。这种克制首先表现为对语义解释优先性的强调，其次表现为在需要对"可能性语义"进行探求时，强调文义解释方法的优先性。由此可见，传统刑法解释往往立足于刑法条文本身，关注的重点也是"可能性文义（语义）"，即文义的范围。在其看来，判断解释结论正当与否的标志就是是否超越了文义。简而言之，文义在其看来才是于刑法解释活动有终极意义的存在。

---

① 张明楷：《实质解释论的再提倡》，载《中国法学》2010 年第 4 期。
② 陈兴良：《形式解释论的再宣示》，载《中国法学》2010 年第 4 期。

以犯罪治理的视角来指导刑法解释活动，则会有不同的立足点。犯罪治理关注的是将犯罪控制在一个合理的范围之内，因此必然会以某个时空背景下的犯罪状况为立足点。其关注的问题是如何有效利用当下的资源，以达到维持秩序的效果，因此体现出明显的功利性。在犯罪治理的视角下，刑法解释活动虽然是针对刑法条文所做的解读，但刑法条文存在的意义是一种国家权力在法律范围内的反映。置于犯罪治理中，刑法条文是一种国家正式力量参与到犯罪治理活动的表现，而刑法条文如何规定，在犯罪治理的视角下，决定的是国家正式力量如何参与到犯罪治理活动中来。换句话说，是决定了国家权力参与到犯罪治理中的途径与方法。此时，刑法条文虽然也是其关注的对象，但其背后的规范文义并非像传统刑法解释所认为的，具有终极意义般的存在。规范文义虽然也会被纳入考虑范围，但更多的不是作为判断正当性与否的标准，而是论证正当性与否的论据。犯罪治理视角下的刑法解释活动，更多关注的是如何利用刑法条文，有效治理犯罪。因此，治理犯罪的有效性就成为判断正当性的标准。而国家权力，或曰正式控制力量，如何通过解释刑法条文，从而更好地参与到犯罪治理活动中来，才是问题的关键。

在这样的一种视角下，刑法解释活动的立足点就不再是静态的刑法条文本身了，而是动态的犯罪现象。犯罪现象的动态，在于其在不同的时空背景下有不同的存在样态。而犯罪现象的动态，往往决定了解释结论的动态。举例而言：就伪造货币中"货币"的解释结论来看，最高人民法院曾经历了从"可兑换"到"正在流通"的转变：2000年9月14日起施行的《最高人民法院关于审理伪造货币等案件具体应用法律若干问题的解释》（以下简称《解释一》）中第7条规定："本解释所称'货币'是指可在国内市场流通或者兑换的人民币和境外货币。"然而，实践中出现过一些伪造境内不可兑换的境外货币的司法处理。针对这样的问题，自2010年11月3日起施行的最高人民法院《关于审理伪造货币等案件具体应用法律若干问题的解释（二）》中第3条第1款规定："以正在流通的境外货币为对象的假币犯罪，依照刑法第一百七十条至第一百七十三条的规定定罪处罚。"而针对这样的一种修改，最高人民法院是如此解读的："作出这一修改的主要考虑是：第一，《解释一》的规定具有一定的时代局限性，难以满足新形势下打击假币犯罪的现实需要。根据《解释一》的规定，单纯伪造不可兑换的境外货币，尚未实施诈骗财物活动的，难以依法追究刑事责任，即便以诈骗罪追究伪造、使用伪造的此种外币的犯罪活动，也难以做到罪刑均衡。第二，刑法未对假币犯罪的对象范围进行限定，1995年《全国人民代表大会常务委员会关于惩治破坏金融秩序犯罪的决定》明确规定货币包括人民币和外币。第三，对境外货币予以同等保护，符合当前各国刑事立法的发展方向，有利于国际合作共同打击假币犯罪，特别是在人民币区域化、国际化已经迈出实质性步伐的背景下，强调对外国货币的刑事保护具有重要的现实意义。第四，在我国境内不可兑换货币，与退出流通领域、不再承担货币基本功能的历史货币存在本质不同。第五，相关司法文件在不断地认可这一做法。例如，最高人民法院在 2001 年发布的《全国法院审理金融犯罪案件工作座谈会纪要》中规定，'对于伪造台币的，应当以伪造货币罪定罪处罚；出售伪造的台币的，应当以出售假币罪定罪处罚。'"①

从这样一个解释结论的演进，我们可以清晰地看出犯罪治理视角下与传统视角下的刑法解释活动的立足点有何不同。传统刑法解释视角往往专注于"货币"本身的文义，在其看来，所谓货币，当然既可以解释为"可兑换的货币"，也可以解释为"可流通的货币"。无论哪一个，都不会超出"货币"本身的文义。依传统的刑法解释视角，两者都是具有正当性的。但从犯罪治理的视角来看，"货币"如何解释，需要考虑打击犯罪的现实需要、国际合作等因素。因此，需要考虑一定时空背景下的假币犯罪状况，随着假币犯罪的动态演进，解释结论也需要发生相应的转变。而货币本身的文义，在其看来——"刑法未对假币犯罪的对象范围进行限定"——因此只是论证自身结论的一个论据，并非作为判断自身结论正当与否的终极标准。相反，根据假币犯罪的时空背景，从而利用刑法条文对其进行有效打击，才是犯罪治理视角下的刑法解释更为关注的要点。

## 三、 犯罪治理视角下刑法解释活动的运行状态

所谓刑法解释活动的运行状态，就是刑法解释权力是如何配置的，又是如何运行的。传统的刑法解释研究往往将刑法解释活动视为解释者的一种意识活动，因此其关注的重点在于解释者是如何运用解释权力的，其中尤其关注解释过程中解释者的自由裁量权问题。换句话说，如何控制自由裁量权是传统视角下的刑法解释需要关注的问题。犯罪治理视角下的刑法解释活动解决的是犯罪治理的有效性问题，由于在犯罪治理过程中的多元主体参与，因此往往强调解释权力配置的多元和解释权力运行的开放。换句话说，如何有效配置解释权力，从而更好地治理犯罪，才是犯罪治理视角下刑法解释需要关注的问题。总之，传统视角下的刑法解释活动往往专注于控制解释者的自由裁量权，通过一定的解释理念和解释方法来控制解释者的自由裁量权，从而保证解释结论的合理与正当。而犯罪治理视角下的刑法解释活动则往往专注于解释权力的配置与权力主体之间的相互作用，从而保证犯罪治理的有

①《精准打击犯罪 保护国家金融管理秩序——最高人民法院有关部门负责人就〈最高人民法院关于审理伪造货币等案件具体应用法律若干问题的解释（二）〉答记者问》，载人民法院出版社法规编辑中心编：《解读最高人民法院司法解释（2010 年卷）》，人民法院出版社 2011 年版，第 186~187 页。

效性。

就传统视角下的刑法解释而言，其往往主张这样一种理念：作为解释者，心中当永远充满正义，目光得不断往返于规范与事实之间，唯此，才能实现刑法的正义性、安定性与合目的性。[①] 在笔者看来，这种理念不妨做如此理解：解释活动就是一种规范与事实的互动，也是将两者不断拉近的过程。而促使这种互动的主体是解释者，这种互动的过程就是解释者发挥主观能动性的过程。这种主观能动性其实就是解释学界经常谈到的自由裁量权问题。而"心中当永远充满正义"，其实就是解释者的解释权力运行时要受到正义理念以及解释方法的制约。这种正义理念和解释方法，其实就是对其主观能动的限制，也是对解释过程中自由裁量权的限制。就自由裁量权的限制而言，正义理念首先发挥着作用。正义虽然有一张普洛透斯的脸，使得人们无法探求其具体面目，但在所谓"非正义"的问题上，比如杀人为恶，强盗有罪等，人们还是很容易达成共识的。因此，对于一个符合多数人心中正义的解释结论，人们的反应并不强烈，我们可以称之为符合解释的正义理念。但对于一个人们普遍反对的解释结论，甚至引人为恶的解释结论，就一定是非正义的，往往招致公众的批判。由此可知，在现实生活中，正义理念对解释过程的正面引导作用虽是潜在的，却是切实存在的。相反，正义理念对解释过程的反面纠正作用在更多时候表现得非常突出。当然，解释方法也发挥着对自由裁量权的限制作用。解释法律是一个经验性学科，当对经验和方法研究与体验到了成熟阶段后，就会出现思维的规定性，基于接受而生成习惯，从而成为规程、流程或者规则，这就是方法。而这些方法就通过影响思维来实现对人的行为矫正。[②] 解释方法经过多年的经验积累已经形成了一些固定的规则，这些规则在思维层面对解释者的自由裁量权发挥限制作用，解释者需要遵循固定的思维路径，外部力量也可以通过观察解释者是否遵循解释方法来判断其自由裁量权是否被滥用，从而实现对解释者解释活动的监督。总之，传统视角下的刑法解释活动关注的是解释者的自由裁量权，努力的方向是通过解释理念和解释方法来有效控制解释者的自由裁量权。

以犯罪治理的视角来指导刑法解释，则会有另一种样态。犯罪治理关注多元主体在犯罪治理中的配合，因此自由裁量权问题并非其关注的主要问题。解释权利作为一种治理犯罪的国家正式力量，到底应当如何配置和运行，才是其关注的焦点。在这样的一种视角下，刑法解释权力的配置呈现出多元的态势，而运行则呈现出配合的态势。

以我国的刑事司法解释体制以及运行的实然状态为例，犯罪治理考虑的

---

① 参见张明楷著：《刑法分则的解释原理》（第2版）（上），中国人民大学出版社2011年版，第1页。

② 参见陈金钊等著：《法律方法论研究》，山东人民出版社2010年版，第21~23页。

是多元主体配合，利用有限资源达成控制犯罪的效果。因此，落实在刑法解释中，解释权力便整体呈现出一幅开放性的姿态。这种开放性首先体现在权力配置的多元化。根据1981年6月10日全国人民代表大会常务委员会发布的《关于加强法律解释工作的决议》，有论者将这种解释体制称为"二元多级"，所谓"二元"，是因为除了立法机关以外，司法机关及其他机关都可以作为法律解释的主体。所谓"多级"，是因为在第二层次的解释主体中，包含"两高"，甚至还包括国务院及其主管部门。① 解释权力的开放其次体现在多元主体间的配合。综观我国的刑事司法解释运行，存在许多个机关联合发文的情况，由此也表现出最高人民法院对解释权力在机关间相互分割与配合的默许。近年来，我国多次以最高人民法院、最高人民检察院的名义，甚至还联合公安部和司法部的名义发布司法解释，相关案例比比皆是。而这样一种司法解释的出台，背后其实有着更深层次的原因。如最高人民法院、最高人民检察院2012年3月29日发布了《关于办理内幕交易、泄露内幕信息刑事案件具体应用法律若干问题的解释》，在出台背景的解读中指出："近年来，随着我国证券、期货市场的飞速发展，内幕交易、泄露内部信息犯罪案件呈逐渐增多发展态势……鉴于上述情况，最高人民法院、最高人民检察院、公安部、证监会成立整治非法证券活动协调小组。2009年8月上旬，整治非法证券活动协调小组就设立打击证券、期货犯罪专题工作组，专门负责推进打击证券、期货犯罪专项工作达成共识，并明确了由最高人民法院牵头制定关于办理内幕交易、泄露内幕信息刑事案件司法解释的工作任务。"② 可见，最高人民法院发布的这样一个司法解释的考虑正是基于犯罪多发的态势，在多个机关的共同努力下，完成控制犯罪的工作任务。

## 四、 犯罪治理视角下刑法解释活动的目标

在刑法解释的研究中，刑法解释目标问题是一个聚讼已久，又通观刑法解释研究全局的问题。就刑法解释目标而言，一直有主观说、客观说与折中说三种分歧。根据卡尔·拉伦茨的总结，从19世纪后半叶伊始，关于法律解释的目标已经有了主观解释论和客观解释论的分野。前者强调对立法者意志的发现，也可以称为"意志论"，后者则着眼于实然的法律文本本身，主张法律解释的目标就是探究文本客观上的意义。③ 由此可见，主观论更加主张立法者的本意，客观论者更加强调解释者的能动，而折中说往往是立法者本

① 参见林维著：《刑法解释的权力分析》，中国人民公安大学出版社2006年版，第63页。

② 苗有水、刘晓虎：《解读〈关于办理内幕交易、泄露内幕信息刑事案件具体应用法律若干问题的解释〉》，载人民法院出版社法规编辑中心编：《解读最高人民法院司法解释（2012年卷）》，人民法院出版社2013年版，第97页。

③ 参见［德］卡尔·拉伦茨著：《法学方法论》，陈爱娥译，商务印书馆2003年版，第197页。

意与解释者能动的折中。笔者认为，就刑法解释目标这一问题的争议而言，表面上看是刑法解释更加重视立法者的意志还是解释者的能动，但若深入观之，却是立法者与解释者力量的博弈，是对于代议权力的争夺。换言之，就是在刑法适用的过程中，立法者和解释者谁具有行使公众代议权力的有效性。在这一问题上，采用犯罪治理的视角也能得出一些不同于传统的认识。

传统视角下的刑法解释研究立足点在于文义，在运行状态的问题上关注的是解释者的自由裁量权问题。因此，在刑法解释的目标上，其往往会出现有立法者与解释者意志地位高低的争论。一般而言，主张主观论者的学者们往往认为文义就是立法者的原意，极端的主观论者甚至要求是立法者当时的意思，如此一来，针对解释者的自由裁量权就附加了很大的限制。换句话说，解释者的自由裁量权必须与立法者的意志达到"视域融合"。而客观论者往往会认为文本一旦诞生，就与创造者发生分离。因此，文义就是文本在当下时空下的意义。如此一来，直接参与解读文本的解释者的作用就比较重要了，他们势必会支持解释者自由裁量权的存在，主张解释者的能动作用。

然而，如果采用犯罪治理的视角，在刑法解释目标的问题上可能就不会产生非常大的争议。犯罪治理关注的是控制犯罪的有效性，采用这一视角的刑法解释的立足点是当下时空背景下的犯罪状况，刑法解释整体的运行又呈现出一幅开放性的姿态。同时，正如前文指出的，在进行刑法解释活动时，刑法条文如何规定，在犯罪治理的视角下，决定的是国家正式力量如何参与到犯罪治理活动中来，换句话说，是决定了国家权力参与到犯罪治理中的途径与方法。因此，刑法条文背后的意义是随着某一时空背景下的犯罪状况的改变而改变的。此时，文本本身是一种客观存在，而解释者的能动作用才是决定文义的关键。同时，在犯罪治理的视角下，解释者的能动作用指向的是犯罪控制的效果。故而，由于犯罪状况的动态性，刑法解释活动也就成为一个动态的机制。在这种状态下，刑法解释的目标势必要偏向客观解释论，即认为文本一旦出现就成为一种独立而客观的存在，解释的目标就是通过解释者的能动作用，去探求在某一特定时空背景下的意义。

如果回到前文提到的货币犯罪中对"货币"的解释上，采用传统的视角，也许会有究竟是可流通的货币，还是可兑换的货币的争议。在解决这一争议时，如果从当年的立法背景入手加以探究，就是主观解释论的思维；如果从当下时空背景的应罚性上入手，就是客观解释论的思维。但如果采用主观解释论，解释的结论往往会比较一元，毕竟很难想象同样是探求立法者的意志，却能产生多元的结论。故而，到底是可兑换的货币，还是可流通的货币，如果按照纯粹的主观解释论，就应当是一个二选一的问题。但客观解释论者则不然，其主张解释者的能动作用，就不会排斥多元的解释结论。因此，从可兑换的货币向可流通的货币的意义流变，在其看来并无可厚非。由此可见，在"货币"的解释上，采用主观解释论和客观解释论，会有不同的思维路径，也会因此产生不同的结论。

采用犯罪治理的视角则不会如此复杂。犯罪治理考虑的是某一特定时空背景下的犯罪状况，以及如何利用刑法条文的规定更好地治理犯罪。因此，其天然会采用客观解释论。在其看来，刑法解释活动是为了更好地控制犯罪，刑法条文虽然是一个静态的存在，但由于犯罪现象是动态的，相应条文背后的文义也应当是动态的。因此，文本本身只是一个客观的存在，而文义的解读必须要考虑犯罪治理的效果，发挥解释者的能动作用加以解读。

## 五、 结语

本文探讨的主题是犯罪治理视角下的刑法解释活动，并对此种视角下的刑法解释立足点、运行状态和目标加以分析，更与传统视野下的刑法解释活动做了对比。需要指出的是，采用犯罪治理的视角，并不意味着笔者天然支持这种视角所得出的结论。事实上，犯罪治理下的刑法解释运行虽然更加符合时代的需求，但多少也对整个刑法体系的稳定性产生了冲击。这种冲击的集中体现就在于解释结论和解释过程的不稳定性，在这种不稳定的状态下，整个解释活动的预测可能性无疑会受到影响。然而，本文一开始就已经指出，刑法解释是一项兼具了犯罪治理与刑事法治实现的活动，两者不仅不矛盾，而且可以有效统和。事实上，从法治实现的意义上来看，刑法条文存在的意义是一种国家权力在法律范围内的反映，更是对公民权利的保障。从犯罪治理的意义上来看，刑法条文又是一种国家正式力量参与到犯罪治理活动的表现。整个刑法解释活动，其实就是要确定在犯罪治理的视角下，国家正式力量如何参与到犯罪治理活动中来。那么，在笔者看来，正是刑法条文决定了"如何参与"的问题。换句话说，刑法解释解决的就是国家权力参与到犯罪治理中的途径与方法。因此，即便是采用犯罪治理的视角，也必须切实沿着刑法条文本身已经规定的路径和方法，而不能随意超越。唯有如此，方能通过刑法解释这一平台将犯罪治理和刑事法治有效地统一起来。

# 关于违法与犯罪的二元化
# 立法模式的思考

于志刚[*]　李怀胜[**]

近年来，在刑事立法层面出现了否定违法与犯罪的二元化立法模式，走向一元化模式的倾向，刑法理论上也存在要求放弃二元化立法模式的呼声。[①]在社会不安全感日益强烈、刑事立法日趋频繁的背景下，究竟是该维持历史的惯性，继续坚守二元化立法模式呢？还是釜底抽薪，实现犯罪定义的中外接轨呢？

## 一、中国违法与犯罪二元化立法模式的类型及特征

有法律规范必有法律规范的表现方式，因此立法模式是任何国家都会面临的。一国采取何种立法模式，既有法律文化传统的因素，也有基于法律目的的价值考量。

### （一）刑法二元化立法模式的主要类型

依据不同的实质标准，我国刑法具有较为明显的二元制立法模式的特征。例如，公有制与非公有制的二元立法模式、单位与个人的二元立法模式、职务犯罪主体的二元立法模式和违法与犯罪的二元立法模式。

所谓违法与犯罪的二元化模式，是对犯罪概念作出的模式划分，它是指将危害行为按照性质轻重分别由不同的法律规制，情节较轻的治安违法行为由《治安管理处罚法》或者其他行政处罚法规制，情节严重的行为由刑法规制。违法与犯罪的二元化模式与刑法的整体罪刑结构、犯罪概念、刑法与行政法的衔接、犯罪圈扩张的根基和方向、谦抑性原则以及刑法的自由观念等都有着密切的关系，是牵一发而动全身的法律安排。如果没有特别说明，本文研究的二元化立法模式就是指违法和犯罪的二元化立法模式。

### （二）立法模式的中外差异

大陆法系和英美法系各国采用的则是立法定性+司法定量的模式，轻微

---

[*]　中国政法大学教授，法学博士，博士生导师。
[**]　中国人民公安大学法学院讲师，法学博士。
[①]　相关观点可参见陈泽宪：《"犯罪定义与刑事法治"笔谈：犯罪定义的法治思考》，载《法学研究》2008 年第 3 期。

危害行为也纳入刑罚体系中，这被称为犯罪的一元化模式。一元化模式与二元化模式，深刻反映出中西方在犯罪界定及刑罚功能上价值尺度的差异。

1. 犯罪尺度特征：中国"小而严"，西方"大而宽"

中西方在立法模式上的差异反映到犯罪尺度上就是：中国刑法中的犯罪在外观上呈现"小而严"的特点，即轻微的违法行为都被治安管理处罚法和其他行政处罚法分流，进入刑法的犯罪数量总规模与西方国家比起来相对较小，但是犯罪总体表现的社会危害性较为严厉，整个刑罚结构存在较为明显的重刑化特征。[①] 而西方国家的犯罪尺度则在外观上呈现"大而宽"的特点。"大"是就犯罪总量而言，"宽"是就为犯罪配置的刑罚程度而言。西方国家将所有的危害行为都作为犯罪，并按照犯罪的严重程度分为重罪、轻罪和违警罪，按照这一模式，犯罪的定义范围是非常宽泛的，中国许多按照治安管理处罚法处理的行为，在西方国家都是按照犯罪对待的。

2. 刑罚目的特色：中国重特殊预防，西方重一般预防

中西方的立法模式反映了各自犯罪观的差异，特别是对待微小的违法行为，双方态度差异极大。以日本为例，"在日本，刑法典、单行刑法与行政刑法所规定的犯罪难计其数，即使在中国人看来相对轻微的危害行为，也被规定为犯罪"。[②] 许多在中国难以达到犯罪处罚标准的行为放在日本刑法中都是犯罪。比如行为人向墓地作出要撒尿的样子的行为，就曾被日本的下级裁判所认定构成不敬礼拜场所罪。[③] 中西方犯罪尺度的差异在刑罚目的上的投射就是：中国刑法更看重犯罪的特殊预防，西方则将一般预防放在了更重要的位置。中国刑法选择"抓大放小"，集中精力惩治较为严重的危害性行为，惩罚与威慑是刑罚首要考虑的目标。而西方国家则强调通过刑罚的适当性、公开性和不可避免性，来达到警诫潜在的犯罪人、教育一般公众守法的目的。

## 二、 晚近刑事立法对二元化立法模式的冲击

从 2011 年《刑法修正案（八）》的颁布开始，再到最近《刑法修正案（九）（草案）》的审议，我国的刑事立法领域出现了较为明显的模糊"违法犯罪"的二元化立法模式，将轻微违法行为升格为犯罪的趋向。

### （一）二元化趋向一元化的开端：危险驾驶的入罪化

关于危险驾驶行为的入罪化，反对的观点相对集中和强烈。例如，有的学者就认为：外国的危险驾驶犯罪是不区分违法和犯罪行为的产物，道路交

---

① 参见储槐植：《罪刑矛盾与刑法改革》，载《中国法学》1994 年第 5 期。
② 张明楷：《日本刑法的发展及其启示》，载《现代法学》2006 年第 1 期。
③ ［日］山口厚著：《刑法各论》（第 2 版），王昭武译，中国人民大学出版社 2011 年版，第609 页。

通安全问题严重的根本原因在于行政执法的懈怠，并非刑法缺位。[①] 还有的观点认为，将醉驾、飙车等行为作为交通肇事罪的加重处罚情节即可，[②] 立法者应当遵循谦抑原则，不应随意增加新罪，[③] 危险驾驶罪是刑罚立法民粹化的表现。[④] 当然，支持危险驾驶行为入罪化的声音在学术界也一定程度地存在。[⑤]

以上争论，虽然伴随着危险驾驶罪在刑法中的确立而销声匿迹，但是相关争论并非没有价值和意义。抛开具体个罪规定的合理与否，应当看到危险驾驶罪对整个刑法罪刑结构的影响，即它意味着刑法开始模糊违法与犯罪之间的区别和界限。这表现在危险驾驶行为原本是交通肇事罪的预备行为，危险驾驶罪的出现意味着将原本的治安违法行为升格为犯罪处理，是治安违法行为的一次"上探"。

当然，因为危险驾驶罪的出现就说它动摇了二元化体系可能有些危言耸听，然而，考察紧随《刑法修正案（九）（草案）》中有关危险驾驶罪修订的条款及其他罪名的增补，我们可以认为，二元化立法体系逐步过渡到一元化，似乎是刑事立法有意而为之的趋势。

**（二）一元化模式的再次强化：《刑法修正案（九）（草案）》若干条款的研析**

值得关注的是，《刑法修正案（九）（草案）》中的若干条款，重复了危险驾驶行为入罪化的逻辑，即将某些治安违法行为"抓取"为犯罪。

1. 一元化模式的表现之一：危险驾驶罪的扩容

《刑法修正案（九）（草案）》第 7 条拟对危险驾驶罪进行修正，将以下两种行为也纳入危险驾驶罪中来，一是从事校车或者旅客运输业务，严重超载、超速的情况，[⑥] 二是违反危险化学品安全管理规定运输危险化学品的。根据《道路交通安全法》及其相关规定，客车、校车载客超过额定乘员 20%以上的，可处 1500 元罚款，记 12 分，客车、校车超过规定时速 50%的，最高可处 2000 元以下罚款，并记 6 分。对于违反危险化学品安全管理规定运输危险化学品的行为，2011 年修订的《危险化学品安全管理条例》也规定了相应的处罚措施。校车、旅客运输超载、超速，以及非法运输危险化学品的行为，客观上会给公共交通安全造成较大隐患，因此一直是公共交通领域重点

---

① 王政勋：《危险驾驶罪的理论错位与现实危险》，载《法学论坛》2011 年第 3 期。
② 孙国祥、黄星：《醉酒驾车之刑事法规制进路分析》，载《法学论坛》2009 年第 6 期。
③ 王伶俐：《醉驾入刑：应理性考虑四个问题》，载《检察日报》2010 年 11 月 3 日第 3 版。
④ 欧阳本祺：《危险驾驶行为入罪的刑事政策分析》，载《法商研究》2011 年第 5 期。
⑤ 叶良芳：《危险驾驶罪的立法证成与规范构造》，载《法学》2011 年第 2 期。
⑥ 《刑法修正案（九）（草案）》一审稿只规定了从事客运业务超速超载要作为危险驾驶罪处罚，二审稿将校车严重超速、超载行为也纳入危险驾驶罪中来。

打击的违法行为，为了强化对该类行为的治理力度，刑法再次将其"抓取"为犯罪。

2. 一元化模式的表现之二：使用虚假证件行为的入罪化

《刑法修正案（九）（草案）》第21条第1款规定："在刑法第280条后增加一条作为第280条之一：在依照国家规定应当提供真实身份的活动中，使用伪造、变造的居民身份证、护照、驾驶证等证件的，处拘役或者管制，并处或者单处罚金。《刑法》第280条规定了若干侵害国家证件的犯罪，其行为方式大致可以分为两类，一类是危害性较大的不法制造和流通行为，包括伪造、变造、买卖，第二类行为是本身就具有不法性的行为，包括盗窃、抢夺、毁灭行为。而使用上述伪造、变造的国家信用凭证的行为只规定在《治安管理处罚法》第52条中，作为普通的治安违法行为处理。但是，《刑法修正案（九）（草案）》为了强化对虚假证件犯罪的治理力度，将后续的使用行为纳入刑法视野中，扩大了对虚假证件犯罪的产业链的打击幅度和范围。本条规定是刑事立法突破二元化立法模式的又一例证。

## 三、 有关二元化立法模式趋向一元化模式的反思和检讨

总体而言，刑事立法对二元化立法模式的冲击直接而迅捷，治安管理处罚行为的普遍管辖权确立对二元化立法模式的冲击迂回而含蓄。不过两者都提出了一个共同的问题：就是在刑事立法活动日趋频繁，入罪化需求旺盛的背景下，该如何看待犯罪圈扩张对二元化立法模式冲击的利弊得失？

### （一）关于入罪化方向的理论观点及评析

目前刑法理论界在扩张犯罪圈、积极入罪化方面取得了较为一致的观点，但是在犯罪圈扩张的方向，特别是犯罪圈扩张是否有必要抛弃现有的二元化立法模式方面则存在较为明显的分歧。

1. 学界共识：扩大犯罪圈，严密刑事法网

一国刑法所有的罪名的集合构成了本国刑法的犯罪圈。犯罪圈的要素包括两个方面：一是定罪面，二是刑罚量。定罪面包括犯罪的数量、种类及结构，如犯罪的总体规模在一定程度上能够反映社会治安的整体状况，不同犯罪群的数量配置反映了国家对特定方向的关注力度和投放资源量。一段时期内犯罪类别的此消彼长又是社会变迁在刑法上的折射。刑罚量是刑罚种类和刑罚幅度及刑罚结构的总和。定罪面主导刑罚量，定罪面的变化必然会引起刑罚量的变化，但是刑罚量也对定罪面具有反作用。假如将定罪面想象成犯罪圈的横轴的话，刑罚量就是犯罪圈的纵轴。

以此为理论背景，犯罪圈可能的投放方向就是，在横轴上增加或者缩减行为方式；在纵轴上向上增大刑罚量，也就是重刑化；向下减小刑罚量，也就是轻刑化。扩张犯罪圈的横轴，增加犯罪的行为方式，以及避免刑法的重

刑化，目前基本获得了学术界的认可。

2. 主要分歧：治安违法行为该不该入罪化

目前学术界对犯罪圈的向下延伸这一问题上仍存在分歧和争议，而支持二元化模式变为一元化模式的主张主要是通过以下两个方面体现出来的：

（1）迂回的路径：在"风险刑法"的理论框架下要求突破传统刑法的边界。伴随着"风险刑法"理论在国内的兴起，依据风险刑法理论扩充刑法的处罚范围、要求处罚的前置化等一时成为学界时髦。在"风险刑法"目标价值的驱动下，要求在刑法中增加过失危险犯、抽象危险犯的呼声也是一浪高过一浪。各种行为的入罪化纷纷将风险刑法作为自己的正当性依据，只要一套上"风险刑法"的"马甲"，正当性的论证就算是完成了。

在我国，风险刑法理论被作为一种扩张国家权力、随意突破刑法边界、提倡刑罚威慑的依据，这种倾向引起了一些学者的警醒，认为它有侵害人民权利、违反谦抑性原则之嫌，因而从不同层面展开了对风险刑法的批判。[①]在笔者看来，如果依照风险刑法的理论，传统犯罪的边界必然不断下探，侵入违法行为的领域，最终导致违法与犯罪的界限逐步模糊。

（2）直接的诉求：在"犯罪分层"理论框架下要求取消违法与犯罪的界限。我国部分学者认为西方国家关于犯罪的三级分类更加合理，将所有的不法行为纳入司法管辖的范围内，能够限制行政权的滥用和扩张，并充分保障公民的诉讼权利，[②]因此主张取消二元化的立法模式，改为一元化的立法模式。[③]

应当说，基于限制行政权、扩张司法权的理由，改中国刑法的二元化立法模式为一元化立法模式的主张听起来非常诱人，但是我们必须明确的一点是，违警罪究竟是犯罪还是行政违法行为，西方国家之间是存在不同选择的。法国将违警罪作为犯罪的一个分类，而德国则将违警罪视为行政罚，违警罪仅被视为对法律的一般违反，不再具有犯罪的属性，因此只处行政罚款，而不处刑事罚金。[④]

笔者认为，无论法国刑法典将违警罪作为刑事违法，还是德国将违警罪作为行政不法，其值得推崇的一点就是通过严格的程序限制对公民的处罚，充分保证公民的正当权利，这是其受推崇的地方。如果脱离了这一点，单纯

---

① 陈兴良：《风险刑法理论的法教义学批判》，载《中外法学》2014 年第 1 期；孙万怀：《风险刑法的现实风险与控制》，载《法律科学》2013 年第 6 期；刘艳红：《"风险刑法"理论不能动摇刑法谦抑主义》，载《法商》2011 年第 4 期。

② 陈兴良：《犯罪范围的合理定义》，载《法学研究》2008 年第 3 期。

③ 张明楷：《犯罪定义与犯罪化》，载《法学研究》2008 年第 3 期。

④ 卢建平：《法国违警罪制度对我国劳教制度改革的借鉴意义》，载《清华法学》2013 年第 3 期。

将我国的治安违法行为更名改号为违警罪是毫无意义的。

**（二）对现有立法模式下贸然"违法行为入罪化"的批判**

一国刑法立法选择一元化模式还是二元化模式本没有必然的优劣之分，就像选择三阶层犯罪构成体系还是四要件的犯罪构成体系，对实现定罪量刑都是殊途同归的。可以说，二元化立法模式已经成为我国刑法基础性的制度构造，具有牵一发而动全身的效果。笔者不反对，对两种立法模式的优良利弊进行充分的理论讨论，甚至如果有真正充足的理由，将二元化立法模式改造为一元化立法模式也未尝不可。笔者所反对的是，仅仅因为个别行为加重处罚的现实需要而草率和轻浮地突破二元化立法模式。

1. 混淆了罪名体系内在的逻辑关系

按照现有的二元立法体系，轻微的违法行为适用治安管理处罚法，较为严重的危害行为适用刑法，各类危害行为依情节、危害性不同而分配的刑罚种类和幅度，形成梯次有序的惩罚阶梯。这不仅是罪刑均衡的应有之义，也是刑罚正义的要求。个别违法行为的入罪化直接冲击了已有的罪名体系的逻辑关系。

以伪造证件犯罪为例，伪造、变造证件犯罪的源头行为，其对证件犯罪的发生具有更大的主导性和支配性，并且司法实践中伪造、变造行为多以有组织、长期、大量的方式存在，一个伪造行为可能对应数以百计乃至千计的不法使用行为，因此伪造、变造应当为后续的所有不法使用行为承担责任，而使用行为多是孤立的个人行为，两者的社会危害性难以等量齐观。刑法过去选择只对伪造、变造证件行为承担刑事责任，符合刑法一贯坚持的谦抑性原则。而《刑法修正案（九）（草案）》将使用虚假证件行为入罪化，是想通过斩断证件犯罪的产业链条来达到反向抑制伪造、变造证件犯罪的效果。但问题在于，虚假证件犯罪的上游犯罪与下游行为不是"一对一"的关系，而是"一对多"的关系，这也就意味着，只有处罚了相当数量的使用虚假证件的行为，才能达到遏制一个制造虚假证件的行为，对使用虚假证件行为进行刑事处罚必然是耗费大量司法资源、得不偿失的举措。

2. 个人权益受损与国家承担过高的司法成本

确立刑罚边界的根本目的，在于限制国家权力，保障和扩大个体权利，将原本的违法行为入罪化，令个人承受与其行为危害性不符的国家惩罚，这显然不符合现代法治国家追求的人权保障理念，也是对个体权利的肆意侵夺。至于国家因醉驾入刑导致的犯罪侦查、控诉、审判和执行成本的提升，也是显而易见的。有一种观点认为，选择犯罪化的目的是通过严密法网来强化人们的规范意识，而不是惩罚，[①] 这也是支持危险驾驶入罪的理由之一。[②] 但是问题在于，严密（刑事）法网虽然可以强化人们的规范意识，但规范意识却不仅仅通过严密法网来实现，以提供规范意识为由要求入罪，实际上是将入罪的效果当成入罪的依据和前提。规范意识来自于惩罚的不可避免性，刑事处罚和行政处罚都可以帮助建立规范意识。危险驾驶行为的频发，更多地来自于行政管理部门的惰政，却通过入罪化的方式，成功地将焦点转移到刑法的无能上来，其代价却是国家司法成本的巨大支出。

3. 入罪化的真实意图：定罪效应而非刑罚效应

决定一个行为是否能入罪的最终标准是行为的社会危害性，而社会危害性又是历时性和共时性的统一，社会环境变了，社会危害性也会发生变化。[③]如果违法行为的社会危害性达到了构成犯罪的程度，那么进行入罪化是没有问题的。入罪的主要目的，在于通过刑罚的调控方式实现对犯罪的遏制，但是《刑法修正案（八）》和《刑法修正案（九）（草案）》个别违法行为的入罪化，利用的却是前科的附随评价和犯罪记录制度。

（1）威慑性的虚假来源：子虚乌有的刑罚目的。《刑法修正案（八）》规定的危险驾驶罪的主刑是拘役，这是目前刑法所有454个罪名中配置法定刑最低的一个刑种，也是唯一一个只配置拘役的犯罪。《刑法修正案（九）（草案）》第21条规定的使用伪造、变造的国家证件的犯罪的法定刑为拘役或者管制，两者的法定刑配置基本相当。拘役的刑期是1个月以上6个月以下，而治安管理处罚法中的行政拘留最高可以达到15天，合并执行行政拘留不超过20天，行为人被判处15天行政拘留还是1个月拘役，个人感受的惩罚性痛苦没有重大差别，甚至可以忽略不计。在司法实践中，行为人在判决之前的羁押期限折抵法院判决的拘役刑之后，实际还需要继续执行的刑期已经非常短暂，刑的所谓教育、改造功能根本无从谈起，也谈不上刑罚的威慑效应的发挥。依靠刑罚的功能实现对危险驾驶行为的遏制，基本是不可能的。

（2）威慑性的真正来源：不便明说的定罪效应。立法者执意入罪的原因在于，通过借助违法行为升格处理为犯罪所产生的定罪效应，并且是刑法之外的额外效应来达到遏制犯罪的目的。从实际效果看，罚金刑和行政罚款对行为人造成的惩罚性痛苦可能是没有差别的，但是刑法延伸的额外性的否定性评价是其他任何制裁手段所不能及的。危险驾驶罪的威慑性不在于对犯罪人判处的最长6个月的拘役刑，而是因受到刑罚处罚所导致的对特定领域、行业的资格、资质的限制与剥夺。行为人恐惧的不是暂时自由的丧失，而是

---

① 冯军：《犯罪化的思考》，载《法学研究》2008年第3期。

② 叶良芳：《危险驾驶罪的立法证成与规范构造》，载《法学》2011年第2期。

③ 于志刚著：《刑法学总论》，中国法制出版社2010年版，第57页。

永久性的职业资格的剥夺。违法行为入罪化借助的这种定罪的额外效应并非源自刑罚的功能，定罪的预防性也不能等同于刑罚的预防性。过去我国坚持违法与犯罪的二元化，就是为了减少定罪的额外效应对犯罪人职业权利的剥夺，而现在模糊违法与犯罪的二元化的做法，恰恰是为了强化定罪的额外效应。

## 四、 更加务实的选择： 关于二元化立法模式的若干完善路径

在劳动教养制度废除以后，改造中国刑法二元化模式的迫切性已经大大降低。不过目前二元化立法模式同样存在一些隐忧，比如违法与犯罪没有明确的界限，某些行政处罚缺乏辩护程序等，因此二元化立法模式仍有较大的完善空间。

### （一）违法行为与犯罪行为应有明确界限

同一属性的行为，依照其社会危害性的差异分别选择由治安管理处罚法和刑法处罚，那么刑法或者治安管理处罚法就应当有明确的行为性质的区分。但是治安管理处罚法和刑法却在多处产生了冲突，影响法律适用。

例如，依照《刑法》第 347 条的规定，走私、贩卖、运输、制造毒品，无论数量多少，都应该追究刑事责任，予以刑事处罚。罂粟属于刑法认定的"其他毒品"。而根据《治安管理处罚法》第 71 条的规定，非法买卖、运输少量未经灭活的罂粟等，最多可以处以 15 日拘留和 3000 元以下罚款。那么行为人走私或者贩卖少量罂粟壳的，究竟是按照《刑法》第 347 条的规定追究刑事责任，还是按照《治安管理处罚法》第 71 条的规定追究治安责任呢？刑法对构罪条件的冲突规定，反而混淆了违法与犯罪的界限，并在实践中催生巨大的权力寻租空间。因此应当通过司法解释的方式，明确规定与治安管理处罚法对应的刑法相应罪名的构罪条件，压缩行政权的裁量空间。

### （二）若干行政处罚制度纳入司法程序

违法与犯罪的二元化立法模式背后是行政权与司法权的纠葛。行政权与司法权具有不同的价值取向，行政权为更好实现管理社会的目标，将效率置于优先的地位，但是不能充分保障行为人的辩护权利。司法权注重通过个案的裁决来寻求正义的结果，注重程序的正当和公正，但是也会造成较大的社会成本开支和资源耗费。[1] 因此违法与犯罪的界限，其实也是行政权与司法权的较量，是效率与公平两种价值观念的博弈。

笔者虽然不赞同立即取消二元化立法模式，但是支持对某些限制人身自由的行政处罚制度进行司法化的改造。例如，强制医疗制度、强制戒毒制度、

---

① 冯江菊：《行政违法与犯罪的界限——兼谈行政权与司法权的纠葛》，载《行政法学研究》2009 年第 1 期。

收容教养制度、收容教育制度等，行为人可能要接受为期数月到数年不等的管束，其实际的严厉程度与刑罚无异，甚至超过了刑法中的许多轻罪，对于类似这样限制公民人身自由的措施，不适宜由行政机关作出，而是应当进行司法化的改造，充分保障当事人的抗辩权，由人民法院依据司法程序作出裁定。2012 年新修订的《刑事诉讼法》规定了强制医疗程序，可以说开启了行政处罚制度司法化的进程。将强制戒毒制度等进行司法化改造以后，保留在行政机关手中的剥夺自由的行政处罚仅为行政拘留，一旦限制人身自由措施实现司法化，则就没有必要对二元化立法模式大动干戈了。

# 略论我国轻罪概念之反思

张　鑫[*]　陈小炜[**]

## 前言

当前，犯罪处理的轻缓化已成为世界趋势。我国宽严相济刑事政策中的"轻轻"即体现出这样的立法和司法态度。但问题是：何谓轻罪？概念是任何一项理论研究的基础、前提和起点，张文显教授曾经说过，"对任何一种思想理论而言，它的概念是否清楚，内涵是否明确，语言表达是否遵守约定俗成的规则和结构，是否符合时代精神和民族文化，直接影响乃至决定着理论的科学性和实用性"。[①] 一般而言，概念是主观对客观进行认识的思维形式；内涵是概念所反映的事物的本质属性、特有属性、共同属性或者内部矛盾，在概念体系中具有核心的地位和作用，直接决定着此事物与彼事物的区分问题；定义则是揭示概念内涵的一种逻辑方法。[②] 对于轻罪而言，我们只有明确了概念，才能进一步促进规范行政权力（尤其是行政处罚权）、保障公民人权、促进刑法体系完善等。

## 一、当前我国关于轻罪概念的定义模式

### （一）主流模式——轻罪的规范概念

我国关于轻罪问题的论著十分丰富，很多学者对轻罪的概念进行论述，总体上形成了量刑意义上的轻罪概念和犯罪分层意义上的轻罪概念、域外法域的轻罪概念和我国本土的轻罪概念、形式上的轻罪概念和实质上的轻罪概念等模式。关于轻罪的概念和定义模式主要还是集中于量刑意义上和犯罪分层意义上两个方面，前者以法定刑或宣告刑的严厉程度为标准，将刑法分则一些处罚较轻的罪行视为轻罪；后者则是按照社会危害性、刑罚类型或严厉程度等标准，在参考国外犯罪分类基础上，主张对我国刑法中的犯罪进行分层处理。这些概念下的轻罪定义主要有：（1）田兴洪认为："轻罪是指具有严重的社会危害性、违反我国刑法并应受到 5 年有期徒刑以下刑罚为基础裁

---

　　[*]　苏州大学法学院博士研究生，江苏省南通市崇川区人民检察院检察员。

　[**]　苏州大学王健法学院博士研究生，江苏省南通市人民检察院检察员。

　　[①]　张文显：《部门法哲学引论——属性和方法》，载《吉林大学社会科学学报》2006 年第 5 期。

　　[②]　参见冯契主编：《哲学大辞典》（逻辑学卷），上海辞书出版社 1988 年版，第 480 页。

量的刑罚处罚的行为。"①（2）李邦友、姚兵认为："考虑到我国特有的立法定量模式和法律结构，轻罪应当是指法定刑为 3 年或 3 年以下有期徒刑的犯罪。"②（3）储槐植、闫雨认为："将法定刑 3 年或者 3 年以下有期徒刑的犯罪划归为轻罪。"③（4）许海峰、慕平认为："轻罪是法定最高刑为 3 年有期徒刑的犯罪，主要包括 3 年有期徒刑宣告缓刑、不满 3 年有期徒刑、不满 3 年有期徒刑宣告缓刑、拘役、拘役宣告缓刑、管制、单处附加刑和免予刑事处分等。"④（5）杜雪晶认为："从形式上，轻罪是指应当被判处 3 年有期徒刑以下刑事制裁措施的犯罪。"⑤（6）马贤兴提出了"轻微刑事案件"和"较轻刑事案件"两类轻罪，主要是指"行为人实施了触犯国家刑事法律、具有应受惩罚性的行为，但其主观犯意、行为手段并不恶劣，或具有某种可恕的诱因或社会情由，行为后果和社会危害性并不十分严重的刑事案件。"⑥（7）王太奇认为："轻微刑事案件取决于犯罪人行为社会危害程度的轻重和人身危险性的大小。其基本特征是行为人的行为已触犯刑律，符合进行刑事评价之要求，但较之严重犯罪，犯罪性质或者情节轻微，处刑较轻或可免予刑事处罚。包括告诉才处理的案件；被害人有证据证明的轻微刑事案件。"⑦（8）蒋宇等人认为："轻罪是指轻微的犯罪，表现为造成的损害结果应为轻微，承担的刑罚较轻，以及该行为可以不必认定为犯罪。"包括：未成年人犯罪、女性犯罪、盲聋哑人犯罪、老年人犯罪以及已经达成赔偿协议的轻伤害案件；可能被判处 3 年有期徒刑以下刑罚包括适用缓刑、附加刑的案件；某些过失犯罪案件；具有法定的从轻、减轻或者免除刑罚的情节的案件。⑧（9）闫俊瑛、刘丽认为："轻罪是指被法院判处 3 年以下有期徒刑、拘役、管制、单处附加刑、宣告缓刑、免予刑事处分的公诉案件。"⑨

上述这些轻罪虽然表述上、内容上略有不同，如有的称为"轻罪"，有的称为"轻微刑事案件"，还有的称为"轻微的犯罪"，有的指 3 年以下的刑罚范围，有的指 5 年以下的刑罚范围等，但是总体上看都具有一个共同的核心特征——仅限于刑法规定的犯罪范围。也就是说，这些定义全部是站在刑

---

① 田兴洪著：《宽严相济语境下的轻罪刑事政策研究》，法律出版社 2010 年版，第 17 页。
② 李邦友、姚兵：《刑事和解模式研究》，载《法学杂志》2006 年第 6 期。
③ 储槐植、闫雨：《社会管理创新视野下我国轻罪刑事政策完善》，载《湖北社会科学》2012 年第 7 期。
④ 许海峰、幕平主编：《法律监督实践者的理性思考》，法律出版社 2005 年版，第 142 页。
⑤ 杜雪晶著：《轻罪刑事政策的中国图景》，中国法制出版社 2013 年版，第 11 页。
⑥ 马贤兴：《刑罚慎用：轻型刑事案件的处罚与分流——2003 年度长沙市基层刑事案件的实证考察与思考》，湘潭大学 2004 年硕士学位论文。
⑦ 王太奇：《论轻微犯罪刑事政策的适用》，郑州大学 2004 年硕士学位论文。
⑧ 蒋宇等：《轻罪刑事政策的适用——论在轻罪案件的审查起诉工作中如何适用刑事政策》，载卢建平主编：《刑事政策评论》（2006 年第 1 卷），中国方正出版社 2007 年版，第 283~285 页。
⑨ 闫俊瑛、刘丽：《论轻罪的刑事司法政策与诉讼机制》，载《法学杂志》2007 年第 5 期。

法的框架之内来建构轻罪的概念，具有文义性、形式性、实然性和限定性，人们通常称之为刑法学上的轻罪概念，也可以统称为规范意义上的轻罪概念。

## （二）朦胧的印象派——轻罪的实质概念

犯罪的实质概念是基于实体上的考虑而应当受到惩罚的那些行为。[①] "实质的犯罪概念是位于刑法典之前的，是为立法者提供刑事政策方面的标准的，为的是解决立法者可以惩罚什么和应当让什么不受刑事惩罚的问题。"[②] 轻罪的实质概念，也可以称为犯罪学上的轻罪概念，主要是界定轻罪的内涵问题，即为什么这类行为是轻罪，那类行为则不是犯罪。我国学者从实质意义上给轻罪下定义的并不多，大体上可以划分为两类：第一类我们称为"自称式"。如"从实质上，轻罪是指行为已经构成犯罪但是社会危害性较小，行为人的主观恶性不大或者其智力、身体有缺陷或者其行为可能判处 3 年以下有期徒刑刑罚的犯罪。"[③] 杜雪晶认为："轻罪是行为已构成犯罪但社会危害性较小，根据对行为人人身危险性的考量，应当判处 3 年有期徒刑以下刑事制裁措施的犯罪。"[④] 上述定义虽然都因为触及了"社会危害性"而形成了实质意义上的轻罪概念，然而其关于轻罪的思维仍然局限于刑法规范中，故仍然属于规范意义上的定义形式。第二类我们称之为"印象派式"。如高长见认为："犯罪分类意义上的轻罪概念，是指与国外轻罪、重罪分类意义相似的轻罪，其所涵盖的行为大致相当于刑法中的最高法定刑为 3 年有期徒刑的犯罪、原劳动教养的部分行为和治安管理处罚的行为。"[⑤] 屈学武一针见血地指出，"轻罪"在我国还不是一个严格意义的法律概念，轻罪"实则是指为一些犯罪学家评价为相当于西方国家法定'轻罪'的某类行为——例如，国内诸种被处以劳动教养的行为，就常常被评价为相当于西方国家的'轻罪'"。[⑥] 还有一些学者并没有明确地给轻罪下定义，但他们的描述带有很强的实质味道，如张绍彦从劳动教养的"轻罪化"、"刑事化"视角，提出了建立我国轻罪处罚制度的设想。[⑦] 熊秋红从劳动教养的分流处理出发，建议将部分劳动教养对象纳入刑法之中，作为刑事案件予以处理，由此建立轻罪制度。[⑧] 刘仁文则

① Thomas Vormbaum, A Morden History of German Criminal Law, Springer-Verlag Berlin Heidelberg 2014, P47.

② ［德］克劳斯·罗克辛著：《德国刑法学总论——犯罪原理的基础构造》，王世洲译，法律出版社 2005 年版，第 12 页。

③ 陈兴良主编：《宽严相济刑事政策研究》，中国人民大学出版社 2007 年版，第 292~295 页。

④ 杜雪晶著：《轻罪刑事政策的中国图景》，中国法制出版社 2013 年版，第 18 页。

⑤ 高长见：《轻罪制度研究》，中国政法大学出版社 2012 年版，第 15 页。

⑥ 屈学武：《"轻罪"之法价值取向与人身权利保护》，载《河北法学》2005 年第 11 期。

⑦ 参见张绍彦：《论劳动教养立法的几个基础性问题——建立我国轻罪处罚制度的理论创新》，载《现代法学》2003 年第 2 期。

⑧ 参见熊秋红：《劳动教养制度改革的路径选择——以实证调研为基础的分析》，载《法学家》2013 年第 5 期。

在劳动教养、治安拘留和保安处分的制度改良与建构基础上，提出重新制定一部包含有重罪、轻罪、违警罪及保安处分措施的综合刑法典。① 上述学者们并没有直接给轻罪下一个实质的定义，而更多的是从刑法、治安管理处罚法、原劳动教养等法律或制度中"圈定"了一部分行为，从侧面婉转地向我们描绘着轻罪的应然样貌。似乎关于轻罪的实质概念就隔着那么一层窗纸，但谁也没有去捅破，只留下一个时隐时现的身影，让人们去朦胧地感悟，所以用"印象派"来形容它们再恰当不过了。

## 二、 轻罪概念的利弊分析

### （一）轻罪的规范概念之利与弊

在法治现代化比较成熟和发达的国家和地区，规范意义上的法律概念及其适用对于整个法治体系的运作具有积极的作用和意义。轻罪的规范概念，其主要意义首先在于对于罪刑法定原则的维护。罪刑法定原则是公认的现代刑法的核心支柱，现代刑法的很多先进思想、制度或机制都源于该原则。随着人类文明的进步，法无明文规定不为罪、法无明文规定不处罚的思想已经深入人心，甚至成为信仰。从规范意义上将轻罪的思维印象严格地限定在刑法框架内，不允许存在刑法之外的罪，正是人们贯彻落实罪刑法定原则的具体表现。而整个法治的进步主要体现为刑事法治的进步。其次，站在法治中国的高度来看，从规范意义上来界定和研究轻罪，是法治走向成熟、科学的体现，是法治现代化的必然结果。规范的体系首先从规范的概念开始，刑事规范则是整个规范体系的重要组成部分。在规范的环境下，人们不用担心混乱、冲突，只要按照给定的思维和方式就可以实现和谐。再次，将轻罪的概念界定于规范刑法的范围内，人们便可以在这个相对确定的框架内展开深入的研究和讨论，而不必担心其他刑法外因素的干扰，有利于形成统一的对话圈和专业槽。最后，轻罪的规范概念是对传统刑法文化的继承。在传统刑法文化中，罪与刑是紧密联系在一起的，如在西方古典刑事法学派眼中，从犯罪到刑法，再到刑罚，是一个单向的、封闭的结构体。直到19世纪刑事社会学派兴起，罪与刑的单一关系才被社会防卫、教育刑法等思潮所打破。在中华法系中，只要提到罪，人们的脑海中浮现的便是刑法和刑具；只要提到刑，就一定和犯罪有关。可见，轻罪的规范概念暗合着民众关于正义、报应、惩罚、预防等理念的认同。

但同时也要看到，轻罪的规范概念也有一定的封闭性和局限性。如果仅限定在实在法的层面，教条性的坚守规范的轻罪概念，容易使人们封闭在固有的刑法框架内变得保守而又执拗，不愿、不能主动地与外界互动，最终故

① 参见刘仁文：《关于调整我国刑法结构的思考》，载《法商研究》2007年第5期。

步自封，失去生存和发展的土壤。另外，轻罪的规范概念也无法回答犯罪化正当性的问题，尤其是在刑事社会学派眼中"最好的刑事政策就是最好的社会政策，最好的社会政策就是最好的刑事政策"，但为什么要把这样的行为规定为轻罪而不规定那样的行为？显然我们不能说"刑法就是这么规定的"，也无法从刑法规范之中找到答案，这就需要去探究实质意义上的轻罪（乃至犯罪）的概念。

### （二）轻罪实质概念缺失的不良影响

在我国，无论是"自称式"，抑或"印象派式"，显然都无法满足人们关于轻罪本质的追求需要。轻罪实质概念的缺失或不明确，至少造成以下几个方面的不良影响。

第一，影响了对犯罪真正内涵的揭示。实质概念为轻罪这一事物提供着目标取向、价值判断和功能赋予等基础性支撑，没有实质概念的支持，人们就无法正确判断某一行为是否应当犯罪化，某一罪行是否严重以及应当如何处罚等，只能机械地、僵死地在刑法条文中去应对。对于已经规定入刑法的某种罪行，人们只要依法执行便可，但对于刑法之外应当入罪的行为如何作出合理解释，仅靠规范的概念必将陷入困境。

第二，对罪刑法定原则造成破坏。人们通常认为，违背刑法规范的行为典型地违反了罪刑法定原则。殊不知，实质概念的缺失也是一种破坏罪刑法定原则的形式。一方面，罪刑法定原则的形式侧面要求刑法的明确化。即犯罪圈的确立和内容也应当符合法治的原则，犯罪的边界、标准要明确，要让人们清楚一旦行为侵害了哪些价值、违背了哪些原则、造成了哪些危害、符合了哪些特征，就达到了罪的标准或程度。另一方面，罪刑法定原则的实质侧面要求刑法的正当化，即将某一行为视为犯罪应当是合理的，符合广大民众的普遍价值观、情感观，而这些内容也都属于实质概念的范畴。因此，缺少了实质的概念，罪刑法定原则必然是不完善的。

第三，影响着刑事政策的制定和实施。对于刑法内部的出罪化或轻罪化而言，如果缺失了实质意义上的犯罪概念，那些"刑罚的轻缓化"、"宽严相济的刑事政策"等政策便会彻底沦为机械主义，丧失主动性和创新性。仅仅依靠轻罪的规范概念，可以对既定的各种轻罪适用宽严相济的刑事政策。但问题在于，社会和法律是在不断发展变化的，刑事政策也必然要随着外部环境的变化而变化，不可能一成不变，这就需要实质概念的引导和支持，否则各种刑事政策就只能蜷缩于原始的那块"自耕地"上。

第四，不利于保障人权。轻罪实质概念的缺失将放纵行政权的滥用，掌权者可能避开刑法的范围将那些本应当纳入刑事司法程序的行为直接作为行政违法来处理，这样必然会侵犯到公民的正当权利。我国已经废除了劳动教养制度，精神病强制医疗也纳入了刑事司法范畴，但是仍然存在强制戒毒、收容教养、收容教育等行政权制度。① 行政权制度所涉及的一些行为虽然因为主客观原因未纳入犯罪圈，但本质上是一种罪，面临着对公民人身自由权利的限制，至少应当进入刑事司法程序，却因为我们轻罪实质概念的缺失而游离于正当性与合法性之外。

第五，不利于刑法理论研究的发展。刘仁文教授曾经在 2008 年对改革开放以来我国刑法及刑法学的发展情况作出了精彩而又准确的评论。总体上讲，我国的刑法学在改革开放以来有了长足的进步，研究的广度和深度在不断扩展，但是仍然存在缺乏学派之争、视野不够开阔、反思和批判欠严谨等缺陷，这些缺陷都阻碍着我国刑法学研究的进一步发展。② 我们认为，轻罪实质概念的缺失正是视野不够开阔，只盯着现成的刑法规范搞研究的真实表现。缺乏对轻罪乃至犯罪实质概念等问题的研究，我们就难以进入刑法学和犯罪学本体论的深处去搭建属于中国刑法的理论基台。

## 三、 实质意义与规范意义融合下的轻罪概念

### （一）轻罪实质概念与规范概念关系的内在规律

在神权时代，犯罪被认为是反对上帝或自然的邪恶行为。中世纪时，德国学者卡尔普佐夫通过整理、搜集案例材料对刑法进行了方法论的总结和系统化，成为了德国现代刑法学发展的起点。③ 同时期，格劳秀斯开始将刑法和犯罪拉下神坛，认为人才是刑罚和犯罪的根源所在。及至思想启蒙时期，法学家们为了避免个人遭受刑罚的肆意威胁，应当为现代刑法建立一个永久性的根基，于是社会契约理论开始出现。人们普遍相信，国家的权力只能用于保证公民个体的和平生活，任何超出这个目的而对公民施加的侵害都不属于社会契约的内容。受到社会契约论的影响，康德指出犯罪是对权利的侵害，刑罚仅能够适用于那些对权利进行侵害的行为。④ 与康德基本上同时期的贝卡里亚在其 1764 年的《论犯罪与刑罚》一书中指出"什么是衡量犯罪的真正标尺，即犯罪对社会的危害。"由此，社会危害性开始进入了刑法学视野，成为行为犯罪化的依据。后来，危害性或危险性的概念被引入了社会主义国家正式的犯罪概念中。在贝卡里亚之后，康德的学生费尔巴哈继承了权利侵

---

① 目前行政法学界普遍将收容教养、收容教育、强制戒毒、工读教育等行为界定为行政强制措施，但也有人提出应当是行政处罚，如果对这些活动予以司法化，就面临着行政权和司法权的关系问题。我们倾向于认为这些行为应当属于行政处罚，因为它们具有终局性、强制性和直接性，因此对于其中涉及人身自由限制的活动就应当予以司法化。

② 刘仁文：《30 年来我国刑法发展的基本特征》，载《法学》2008 年第 5 期。

③ ［德］托马斯·李斯特：《德国犯罪理论体系概述》，赵阳译，载《政法论坛》2004 年第 4 期。

④ 康德关于犯罪本质的思想是基于其首先将正义定义为"令个体的意志与他人的意志能够在一个统一的自由法之下和谐共处的所有情形的集合"，"自由"是个体权利的具体表现。

害说的思想，① 权利侵害论作为犯罪的本质理论视为"自然法的成文法典"而被推向了法律体系的中心。直到 1834 年，毕恩堡姆在《犯罪概念中法益保护的必要性》一文中将"利益"引入了刑法，逐步演化出影响后世的"法益"概念，后来宾丁、李斯特等人则将法益放到了犯罪概念的核心地位。到了 19 世纪中后期，刑事社会学派粉墨登场，于是性格决定论、目的行为论等学说相继出现。此外，还有迈耶的规范违反说、团藤重光的社会伦理规范违反说等。

通过简要的考察，可以发现，犯罪的实质概念与规范概念从思想启蒙时期之后就一直处于交叉影响、共同演进的关系之中。轻罪概念的发展演化大多遵循着这样一条规律或脉络："实质概念→规范概念→修正的实质概念→修正的规范概念"。也就是说，实质的概念和规范的概念是相互影响、相互作用着的。比如在古典刑法学理论中，尽管观点不尽相同，但仍然普遍认为犯罪是那些严重违背了自然法、道德伦理或善良习俗等前实在法的"恶行"，这就是犯罪的本质并将其规范化，便产生了轻罪的规范概念。只是到了近现代社会，刑事法学作为一个大的学科进一步精细化，才逐渐将犯罪实质问题放入犯罪学领域，而在刑法学领域仅讨论规范问题。但人们始终清楚地认识到，"犯罪是一个法学概念，并非自然就有的。没有哪个行为天生就标有犯罪标签，只不过是刑法做出了如此规定罢了"。② 关于犯罪的本质由古至今，从价值论到方法论从未停止过争论，产生了形形色色的理论，但至今也没有一个普遍被认可的实质意义上的犯罪概念。③ 西方国家正是在这数百年的争论和博弈中，对犯罪的本质从历史的、文化的、伦理的角度不断加以积淀，推动了刑法学的发展。可见，西方国家经历了从实质主义向规范主义逐步发展的历程，无论是哪个流派，都只需要在规范意义上进行专业对话即可。

### （二）对我国轻罪概念的再思考

我们的社会主义刑法体系建立发展至今只有几十年的时间。④ 现行刑法体系可谓形式上堆砌起来的四面墙，缺乏犯罪本质理论的根基支撑，刑法学和犯罪学两大学科之间长期以来缺乏充分的对话，导致关于轻罪乃至犯罪的概念缺乏内在的连接，进而对诸如刑事法治、犯罪圈的建构、犯罪本质理论等实务和研究工作都造成了影响。理论界在 20 世纪 80 年代曾试图"重构刑

---

① Seeing in Jacek Czabanski, Estimates of Cost of Crime: History, Methodologies, and Implications. Springer-Verlag Berlin Heidelberg 2008, p. 6.

② Seeing in Jacek Czabanski, Estimates of Cost of Crime: History, Methodologies, and Implications. Springer-Verlag Berlin Heidelberg 2008, p. 5.

③ Seeing in Lanier, Mark M. Henry, Stuart: What is Crime? Controversies Over the Nature of Crime and What to Do about It. Rowman&Littlefield Publishers 2001, p. 2.

④ 此处指的是新中国成立以来的刑法体系。我国的刑法思想存在于几千年来的中华法系之中，但刑法思想不同于刑法体系。

法学体系的理论探讨并没有持久深入地进行下去，重建刑法学理论体系的理论构想并没有化为重构中国刑法学理论体系的实际行动，以至传统的刑法学体系在时下中国刑法学的地位依然坚如磐石。"① 更进一步讲，刑法学和犯罪学之间的隔膜同时限制着双方领域中人们的视野，刑法学者可能很难接受犯罪学者的观点，反之亦是如此，但事实上恰恰是矛盾推动了事物的发展。尤其是中国共产党十八届三中全会、四中全会以来，依法治国被提到相当的高度，而刑事法治作为法治中极其重要的一环，绝不能成为"短板"，故首先要实现刑法自身理论和体系科学的发展和完善。因此，立足于实质意义和规范意义，对我国轻罪概念进行反思便十分重要。

目前关于犯罪的本质，我国理论界主要存在社会危害性说、应受刑罚惩罚说、规范违反说、法益侵害说等观点，通说认为犯罪的本质是严重的社会危害性，但也有不少人进行了批判。我们认为从刑法学意义上，犯罪的本质应当是违反刑法规范的行为；从犯罪学意义上，犯罪的本质应当是严重的社会危害性，两者重合的部分便是典型的刑法所规定的犯罪，两者不重合的部分则是应当或可能纳入犯罪圈的本质之罪。纠结正是发生在两者不重合的这部分轻微行为的定性与处理上：作为犯罪处理，则将扩大犯罪圈，有违轻缓化的趋势；不作为犯罪处理，对社会秩序和公民权利确实存在风险。当争执不下的时候，我们不妨用逆向思维反过来看一看：罪的后果是罚，而刑罚是最严厉的罚，因此那些正在或应当被施以严厉的罚的行为都应当是犯罪。而所谓的严厉的罚，界定为长期的人身自由罚应当是比较适宜的。这样，我国轻罪概念应当界定为：具有较大的社会危害性，应当按照刑事司法程序处理，可能受到3年以下有期徒刑刑罚处罚或较长人身自由限制的那些行为。具体包括三种类罪：刑事类轻罪、行政类轻罪、民事类轻罪。刑事类轻罪，是指刑法中侵害公民人身自由、民主权利、侵犯公民财产权利、妨害社会管理秩序、危害社会主义市场经济秩序等犯罪并可能判处3年以下有期徒刑、管制、拘役，并处或者单处罚金的行为。行政类轻罪，是指违反治安管理处罚法、环境保护法等行政法律法规，有可能面临10日以上人身自由限制的行为。民事类轻罪，是指在民事法律活动中侵害国家、社会和他人利益的悖德行为、欺诈行为、违约行为等，而有可能承担民事惩罚性赔偿的那些行为。这三类罪，共同组成了我国轻罪的概念体系，并将影响着我国轻罪体系的建构和完善。

---

① 梁根林、何慧新：《二十世纪的中国刑法学（上）》，载《中外法学》1999年第2期。

# 刑法中意志自由论之提倡[①]

肖 洪[*] 汤思淼[**]

　　意志自由论和决定论之间存在长期的争议，虽然这一争议首先属于哲学范畴，但它对于法学，尤其是对刑法学来讲都是不容回避的基础性问题。笔者认为，不可否认，人的意志受到客观条件的限制，但更为关键的是，人仍然具有一定程度的意志自由，现代刑法中的责任与刑罚必须以这种意志自由为基础。要说明这一点，就必须首先回答自由意志是否存在的问题，这是意志自由论与决定论争议的焦点。另外，抛开自由意志的存在问题，从功利主义的角度比较意志自由论与决定论对于刑法的意义也是很有必要的。

## 一、 自由意志存在吗

　　自由意志的存在问题是意志自由论和决定论的核心。"如果意志是有原因的，那么，意志就是被决定的；如果意志是没有原因的，那么，意志就是自由的。"[②] 自由意志，是指人的意志可以不受因果法则的支配，意志的存在不需要原因。意志自由论认为人有自由意志，在内外环境的影响下人仍然可以自由决定自己的行为，其在刑法学领域为古典学派所主张。"可以说，自由是意志的根本规定，正如重量是物体的根本规定一样……重量构成物体，而且就是物体，说到自由和意志也是一样，因为自由的东西就是意志。意志而没有自由，只是一句空话；同时，自由只有作为意志，作为主体，才是现实的。"[③] 与此相对，决定论认为，人没有自由意志，人的意志是因果法则的必然结果，完全由人的生理素质和外在环境决定。"目前的行为是由你的欲望和信念引起的。这些欲望和信念反过来又由你以前的欲望和信念而起，由此追溯到遗传和环境因素。你现在的行为是因果链条上的一部分，这个链条可以延伸至你出生之前，而链条上的每个环节决定了链条上的下一个环

　　① 基金项目：国家社会科学基金 2013 年西部项目"司法工作人员职务犯罪预防研究"（13XFX016），主持人：肖洪。

　　* 重庆大学法学院副教授。

　　** 重庆大学法学院刑法研究生。

　　② 陈兴良著：《刑法的人性基础》，中国人民大学出版社 2006 年版，第 202 页。

　　③ ［德］黑格尔著：《法哲学原理》，范扬、张企泰译，商务印书馆 1961 年版，第 11 页。

节。"① 决定论在刑法学领域为近代学派所主张。"在任何特定的时候，决定我们意志的都是内部和外部条件的力量。但是，自由意志的观念，无论在哲学还是神学方面，都背离了因果关系的规律。"②

**（一）决定论只是一种假说**

近代学派的决定论因其具有大量的科学研究结论的支撑而被很多人视为真理，而古典学派的意志自由论，由于没有科学依据而成了完全的谬论。"实证科学……依靠人类学以及对环境的研究取得的证据，得出如下结论：我们不能承认自由意志。因为如果自由意志仅为我们内心中存在的幻想，则并非人类心理上存在的实际功能。"③ 随着近年来神经科学④的发展，决定论的观念似乎更加有力。"新的神经科学的研究成果也显示，大脑的活动没有颠覆物理学规律……我们没有理由认为能量守恒定律等相关的物理学定律在大脑中不起作用。"⑤

事实上，虽然一些学者试图通过科学实验从自然科学角度彻底否定自由意志的存在，但至今他们仍无法做到这一点。他们凭借实验数据认为"自由意志纯属幻想"，并得到了很多人的认同，但实际上这些数据尚不能支持这一结论。神经科学在解释简单的精神活动中可以得出明确合理的结论，如感觉、记忆，但在解释高级、复杂的精神现象时却遇到了困难，如信仰、权衡。"不同于肠胃只能这样消化、肺叶只能这样呼吸，我们的大脑却绝不是只能这样决断：我们可以权衡、犹豫、选择，更可以变更我们的决定。这些包括道德心理在内的复杂的精神活动并非是神经科学可以描绘分析的，也并非是任何先进的仪器设备可以显示、测量和解读的。"⑥ 我们可以解释大脑运作的生物学原理，可是至今我们仍然不知道人的意志究竟是如何从大脑中产生的。人确实受到自然或社会环境的影响，但是人在面对这些环境因素时的一切行为是否只是生物学意义上的被动反应，目前还不能给出肯定的答案。

对此，决定论者认为，这并不能否认一切精神活动均可由科学解释，因

---

① ［美］斯蒂芬·M.卡恩著：《人有自由意志吗？》，时光译，载《西南民族学院学报》（社会科学版）1999 年第 S1 期。

② ［意］恩里科·菲利著：《实证派犯罪学》，郭建安译，中国政法大学出版社 1987 年版，第18 页。

③ ［意］恩里科·菲利著：《实证派犯罪学》，郭建安译，中国政法大学出版社 1987 年版，第15 页。

④ 神经科学是依靠遗传学、生物化学等研究神经系统的结构、机能、发育、演化的一门自然科学，脑科学是其中重要的组成部分。近年来以神经科学技术研究社会认知现象的社会认知神经科学越来越受到研究者的重视，其中自我意识是研究的重点。具体参见罗跃嘉、古若雷、陈华、黄淼：《社会认知神经科学研究的最新进展》，载《心理科学进展》2008 年第 3 期。

⑤ 亓奎言：《自由意志是一种幻觉吗？——神经伦理学的视角》，载《自然辩证法通讯》2012年第 4 期。

⑥ 甘绍平：《意志自由与神经科学的挑战》，载《哲学研究》2008 年第 8 期。

为随着自然科学的进步，高级、复杂的精神现象的原因终会被揭示出来。但问题是，这种"坚定的科学信念"也不过是一种当然的推论而已。决定论者常常标榜科学，但实际上，决定论本身也只是一种假说，它根据目前已经认识到的事实都有因有果，推定那些尚未被认识的事物也都有因有果，进而假定一切事物都处在无限的因果链条中。"决定论是一种观点，认为如果有一种存在物在任何时候都能知道宇宙中每一颗微粒的位置以及作用于每一微粒的力量，那它就能够绝对肯定地预测每一个未来事件。必须清楚地指出，这种决定论的说法并不需要这样一种存在物实际存在，它只是想象出来以便生动地说明如果决定论是真的，那么世界会是怎样。"① 这种假设在近现代作为自然科学研究的基础思想而被愈加广泛地宣扬，并延伸至社会科学领域。因此在某种程度上可以说，"科学"与宗教类似，它们都是作为一种信仰而存在。事实上，即使对于科学研究而言，彻底贯彻决定论也是不可能的，因为这意味着否定科学本身存在的可能性。科学研究活动本身便蕴含着意志自由。"科学研究中存在着用论据来说服别人这样一种举动，即通过论辩来让对方信服自己的观点……如果没有意志自由，一切都是被决定了的，则科学研究活动本身根本就没有进行的可能。"②

## （二）意志自由论是人类的经验共识

自由意志的存在虽然无法经由科学得到严格的证明，但是也不能就因此而否定其存在的可能性。实际上，自由意志的存在是贯穿人类一切活动的一种普遍观念，从古至今，我们每个人的行为都是在自由意志存在的假定下进行的。即使是那些否定自由意志存在的人，在现实中也必然会按照意志自由论的方式去生活。自由意志存在这一结论是人类历史活动的经验总结，也就是说，自由意志的存在经过人类长期的、普遍的社会实践活动的检验，进而才能成为一种为人类所信奉的普遍观念。可见，对意志自由论的证明，不是通过单纯的科学实验，而是通过长期、广泛的社会实践。对于指导刑事司法活动的理论而言，显然以社会实践的方式进行检验是更为可靠的，而且无论从时间还是空间来看，对意志自由论的社会实践检验程度都是无与伦比的。"批判意见认为，自由意志的存在是没有办法证明的。但是，人们至少是具有自主决定的自由意志的，所以说，每个人正是在这种自由意志的基础上，自觉意识到对自己行为的责任，所以，社会秩序才得以维持下来。相对的意志自由论，尽管不具有自然科学意义上的完全的实践证明，但是，它是以一

---

① ［美］斯蒂芬·M. 卡恩：《人有自由意志吗?》，时光译，载《西南民族学院学报》（社会科学版）1999 年第 S1 期。

② 甘绍平：《意志自由与神经科学的挑战》，载《哲学研究》2008 年第 8 期。

一般人的信念为基础的，从这一意义上来讲，它也比决定论更具科学性。"①

反观决定论，不仅至今仍不能由科学实证证明，而且在实践的层面也未得到人们的广泛认同。"既然犯罪是宿命的行为，也就不能予以非难即不能成为刑罚的对象。可是，这种宿命论的犯罪观显然与我们的经验法则不相一致。即使经验表明素质与环境在一定程度上决定我们的行动，仍应该说，认为是自由意思决定人的行为的观点是妥当的。这并非是'根据国家的要求所作的拟制'，而是由经验知识所决定的。"② 综上所述，肯定自由意志的存在比否定它更具合理性。

## 二、 意志自由论与决定论的刑法意义比较

退一步讲，即使自由意志最终被证明并不存在，意志自由论也不会就此失去意义。"即使认为自由意志是一种假定，这种假定也和社会契约论一样，具有积极意义。"③ 自然状态实际不存在，但社会契约论没有因此就失去了意义。即使是主张自然状态的卢梭本人也清楚这一点。"不应当把我们在这个主题上所能着手进行的一些研究认为是历史真相，而只应认为是一些假定的和有条件的推理。这些推理与其说是适于说明事物的真实来源，不如说是适于阐明事物的性质。"④ "为了认识世界的需要，必须构想出一些理想类型，并根据理想类型建立起若干逻辑推理，从而在理论上把握一种纯粹的现象。"⑤ 自由意志，从某种程度上说，就是这样一种人造的概念构想，它为人们理解复杂的社会现象提供了一种有效的方法。

由此可见，自由意志是否存在并不重要，无论自由意志是否存在，人类都必须按照意志自由论的方式去生活；无论自由意志是否存在，意志自由论都是一种人们认识世界、进行实践所需的有效的、重要的方法。当然从这一角度讲，决定论与意志自由论一样，也是一种认识研究社会现象具有指导意义的方法，但这种方法不应当被拓展到一切领域，特别是哲学以及与之相关的法学领域。不论在社会生活的其他领域如何，至少在刑法学领域，意志自由论具有不可替代的重大意义。"事实上，即使不（完全）承认自由意志或者不使用自由意志概念的刑法学者，其理论也往往以人具有自由意志为前提。"⑥

---

① ［日］大谷实著：《刑法讲义总论》（新版第 2 版），黎宏译，中国人民大学出版社 2008 年版，第 34~35 页。
② ［日］西田典之著：《日本刑法总论》（第 2 版），王昭武、刘明祥译，法律出版社 2013 年版，第 18 页。
③ 张明楷著：《刑法学》，法律出版社 2011 年版，第 226 页。
④ ［法］卢梭著：《论人类不平等的起源和基础》，李常山译，商务印书馆 1962 年版，第 71 页。
⑤ 李强著：《自由主义》，中国社会科学出版社 1998 年版，第 146 页。
⑥ 张明楷著：《刑法学》，法律出版社 2011 年版，第 226 页。

### （一）决定论对刑事司法实践指导的局限性

首先需要指出的是，决定论对刑事司法实践的指导作用是存在疑问的。决定论认为，行为总是由特定的客观因素决定的。这一结论过于简单化，而引起一个人行为的因素极其复杂，因此这一结论现实意义值得研究；更大的问题是，这一结论是从事后回顾中得出的，在众多的因素当中，究竟哪些因素是重要的，哪些因素是不重要的，每种因素对于人的行为到底起了多大的作用，只能依赖行为的事后判断，而且很多时候事后判断也不能得出明确的答案。"历来的刑事政策，均是从生物学、心理学以及社会学的角度来说明犯罪原因，并由此而探讨以刑罚为中心的犯罪对策的，但这种研究方式不仅难以查明犯罪原因，而且即使查明了犯罪原因也不能采取有效的犯罪对策。"① 因此，决定论的现实意义不得不令人怀疑。将决定论运用于刑事司法领域，大力强调犯罪人的特殊预防，其效果也远不能令人满意。日本的再犯统计数据生动地表明了这一点："2001 年的出狱者中，有一成多（10.2%）的刑满释放者在同年又再次入狱。从整体上看，这 6 年有近一半的人又重新回到监狱去了。而且，初次入狱者也并非都是作为初犯而入狱的。其中，受过判处自由刑缓期执行的人占 60%，这中间，曾被判缓期执行附保护观察者达 20%，被判缓期执行但未实际执行而终了，后来又因犯新罪而进入监狱的人占新入狱者的半数以上。"② 美国也因此产生了反社会复归的思想，"该理论认为任何人道的改善都必须对受刑者给予一定的强制，以改善为目的的处遇个别化只不过是不平等处遇的别名，应明确承认形式平等优先，该理论在一定程度上具有向康德、黑格尔等的报应刑思想复归的意味。"③ 我国在 1996年以后虽然没有在全国范围内进行再犯罪统计，但根据一些地方的监狱调查数据，情况也不容乐观，主要省份再犯率均达到两位数且呈现增长状态。④

### （二）意志自由论是维护社会稳定的要求

只有立足于自由意志，道德才能存在，因为只有基于自由意志做出的行为，才能被作为道德判断的对象。"意志自由是人的所有德性的无条件的根基与基础，是一切道德原则的可能性的根据，是一切伦理道德之所以存在的前提……没有选择的自由也就没有人的尊严和责任；而没有责任担当就没有好坏之分、善恶之别，从根本上说也就没有道德世界可言。"⑤ 否定意志自由就是在否定道德存在，就是在否定刑法中的道义责任论。

但是，道德在任何一个社会都必然存在。即使能够否定意志自由，也不

---

① ［日］大谷实著：《刑事政策学（新版）》，黎宏译，中国人民大学出版社 2009 年版，第 313 页。
② ［日］大谷实著：《刑事政策学（新版）》，黎宏译，中国人民大学出版社 2009 年版，第 312 页。
③ 张志泉：《日本犯罪者处遇研究》，山东大学 2009 年博士学位论文。
④ 敦宁：《自由刑的效益之维》，载《甘肃政法学院学报》2014 年第 6 期。
⑤ 甘绍平：《意志自由的塑造》，载《哲学动态》2014 年第 7 期。

应当否定道德的巨大意义，更不可能消灭道德的存在，结果只是给人提供了一种逃避道德谴责的借口而已，反而不利于道德作用的发挥。至于那种试图以决定论构建刑法而否定道义责任的观点，则是完全割裂了刑法与社会伦理道德的关系，难言妥当。"人们之所以遵守法律，并不仅仅是因为法律制裁威胁的存在，更是因为担心自身的违法行为引起所处社会群体的反对，同时也因为人们一般将自身视为希望按照其认为正确的方式行事的道德存在物。"① 刑法的终极价值在于维护社会秩序，实现社会稳定，而要达到这一点刑法就必须和伦理道德保持紧密的联系。而只有坚持意志自由论，才能使刑法不脱离伦理道德，才能有效维护社会秩序。建立在意志自由论基础上的道义责任与刑罚的三大目的都息息相关。首先，报应的刑罚目的体现的是人类在历史长河中自然产生的朴素正义观——善有善报，恶有恶报的观念是一个社会最基本的普遍信念。"报应是一种以'分配正义'（即视正义为各人得其应得的正义观）为基础的基本的社会伦理要求，或者说它是要求确认被违反的规范的具体象征。"② 刑罚必须以报应为其目的之一，否则就会与人的常识相悖，与人民的意志相悖，从而造成人们对法律的质疑，维护社会秩序的目的就无法实现。其次，"只有对具有道义责任的行为人进行处罚，才能使一般人和罪犯接受刑罚是合乎正义的观念，才能发挥一般预防和特别预防的效果，才能保护法益并进而达到维持社会秩序的目的"。③ 刑法并非是推行某种"先进思想"的工具，否定意志自由论，违背社会的普遍价值信仰，实际上是背离了刑法的目的和价值。

**（三）意志自由论是自由与人权的基础**

意志自由论与决定论争议的问题，本质上是这样一个哲学问题：人是不是自然的奴隶？自由意志的核心在于"自由"，即每个人都可以自主地做出选择，每个人都是他自己的主人，而不是受制于他人或自然的外在强制。石头从山坡上滚落，即便它的下落与人无关，也不会有人认为石头是自由的，因为它的运动完全取决于物理定律；作为百兽之王的老虎在丛林之中觅食，但没有人会认为它是自由的，因为它的觅食活动完全取决于它的生物本能。动物与人的不同之处就在于这种自由。意志自由论认为，人能够克服自己的自然本能，在不同的行为之间做出选择，这种基于理性的选择能力正是自由的根本体现。自然是被人利用的客体，而人本身是主体，是利用自然的目的。

---

① ［美］保罗·H. 罗宾逊：《为什么刑法需要在乎常人的正义直观？——强制性与规范性犯罪控制》，王志远译，载《刑事法评论》2011 年第 2 期。

② ［意］杜里奥·帕多瓦尼著：《意大利刑法学原理（评注版）》，陈忠林译评，中国人民大学出版社 2004 年版，第 354 页。

③ ［日］大谷实著：《刑法讲义总论》（新版第 2 版），黎宏译，中国人民大学出版社 2008 年版，第 11 页。

由此可见，意志自由论维护人的主体地位，是自由与人权的基础。人只能是目的而不能成为手段，将人视为客体，将人当做实现目的的工具，以对待自然的方式对待人，就是对人的自由和尊严最大的侵犯。"尽管在物理世界里没有好坏之分和善恶之别，但从通过剥夺人的自由而把人类降低到与其他动物一样完全受制于自然界因果必然性的制约，从而彻底消除了人的尊严的角度来看，这种对人的自由的否定便是一种最大、最根本的原恶。"① 古典学派强调对自由和人权的保护，正是坚持意志自由论的必然结果。

然而，现代自然科学所坚持的决定论则对上述观念提出了重大挑战。按照现代自然科学所坚持的决定论，人不过是一种更高级、更复杂的动物，人自主做出的行为选择实际上早就被诸如人基因之类的外在因素所决定了。既然人的一切都是被自然决定的，人没有选择的余地，也就没有自由，更不需要自由。人与自然、与动物的差异就会被淡化，人的主体性就会动摇甚至丧失，以对待自然的方式对待人的行为就会被正当化，人的权利与尊严都不可能得到保障。近代学派正是受到达尔文生物进化论等现代自然科学观念的巨大影响，其理论在逻辑上对于自由、人权的保障存在缺陷。近代学派的代表人物李斯特就认识到了近代学派的理论可能对自由和人权的侵犯，因此他对决定论的贯彻只集中于刑罚论，而在犯罪论中仍然坚持客观主义；在刑罚论中，他虽然认为刑罚与保安处分二元论在未来应当向一元论转变，但也承认二元论具有现实的合理性。② 然而，李斯特的思想仍以决定论为基础，我们认为，他之所以不彻底贯彻决定论，是因为现有的社会条件、技术水平还未达到一定的程度，也就是说，李斯特虽然认识到了近代学派理论缺陷的存在，却忽视了这种缺陷产生的根源。否定意志自由论，就是在否定人的主体地位，就是在否定自由和人权存在的基础。按照李斯特这种逻辑，人权最终应当被抛弃掉，而我们此时保障人权只是一种权宜之计而已——这种观念是不能被接受的，而且按照这样的观念行事，恐怕人权的实际保障就不可能是充分的。近代学派的主观主义、社会防卫论等主要思想轻易地被纳粹所利用，恐怕与决定论的观念脱不了干系。

由此可见，必须使意志自由论保有一席之地。"黑格尔及其前辈康德都意识到，现代自然科学的唯物主义基础，给人类自由选择的可能性造成了威胁。康德的伟大著作《纯粹理性批判》，最终目的就是要在机械的自然因果关系海洋中隔出一座'岛屿'，从而以一种严格的哲学方式，使真正自由的人类道德选择与现代物理学共存。"③ 康德和黑格尔当然明白人受制于自然，

---

① 甘绍平：《意志自由的塑造》，载《哲学动态》2014 年第 7 期。
② 马克昌主编：《近代西方刑法学说史略》，中国检察出版社 1996 年版，第 188~197 页。
③ ［美］弗朗西斯·福山著：《历史的终结与最后的人》，陈高华译，广西师范大学出版社 2014 年版，第 167 页。

人必须吃饭睡觉，但人可以超越自己的自然本能，这种超越就体现了自由。然而，要构造出"自由意志"这一超越自然因果法则的观念，就不能基于科学的论证方式而必须基于人类的普遍经验。"康德的自由个体是一种超验的存在，超出自然的因果性之外。但是在它的经验形式中——在其中人的概念是日常的概念——这个学说是自由的人道主义的核心。"① 而即使是主张唯物主义的马克思，也并未否定自由意志的存在，意志的"自由"在马克思主义哲学中体现为主观能动性。"个人选择反映的就是作为社会成员的个别人的选择，它虽然是在自然规律与社会规律的双重限制下的选择，但它仍然以其深刻的内容反映了人的主观能动性，可以称为主体选择，它所体现的是一种个人自由。从认识论的意义上来说，主体选择是人的主观能动性的一种表现，人的自由就是在自觉的选择中实现的。"②

## 三、 刑法中意志自由论之提倡

当然，人的意识活动不可能脱离物质条件存在，客观外在的环境必定影响人的意识活动，人的意识活动只能在自然、社会划定的范围内进行，因此相对的意志自由论是恰当的。但是应当强调，相对的意志自由论的核心是"意志自由论"，它是意志自由论的一种。我们不否认自然、社会因素会对人的行为产生影响，但它们仅仅是产生影响而已，并不能够决定人的行为。客观的自然、社会因素不论它的影响有多大，人的行为最终都必须经过自由意志的裁决，由人自主地决定。人的自由意志才是行为的决定性因素。

综上所述，意志自由论应当是现代刑法的基础。决定论本身和意志自由论一样都只是假说而已，自由意志是否存在无法得到科学的证明。但是，意志自由论，即认为自由意志存在的观点，相较于决定论而言具有更为深刻的合理性，这种合理性的论证并非是基于简单的科学实验，而是基于人类广泛、深刻的社会实践。而从功利的角度讲，决定论对刑事司法实践的指导意义具有明显的局限性，这一点已经为司法实践所证明。与之相对，意义自由论，不但是维护社会稳定的要求，是人民意志的体现，更是一切自由和人权的基石——"概言之，承认人具有自由意志比否定人具有自由意志更好。"③ 因此，我们不能否定自由意志，更不能片面强调客观环境的作用。忽视自由意志，仅仅着眼于客观因素对人行为的作用，实际上就是在践行决定论的观点。同时，认为相对的意志自由论，只是在贯彻决定论的现实条件尚不成熟时的权宜之计，这本质上与李斯特的思想一样，也是一种变相的决定论，也是不妥当的。

---

① ［英］以赛亚·伯林著：《自由论》，胡传胜译，译林出版社 2003 年版，第 208 页。
② 陈兴良著：《刑法的人性基础》，中国人民大学出版社 2006 年版，第 257 页。
③ 张明楷著：《刑法学》，法律出版社 2011 年版，第 226 页。

# 刑事行为的逻辑判断

温建辉[*]

刑事行为是刑法上规定的在客观上对社会有害的行为，它包括：正当行为，如正当防卫和紧急避险等；不当行为，比如防卫过当和避险过当等；犯罪行为，如故意杀人、寻衅滋事等。如何判断这些行为的性质，其实质是判断该行为是否合理，而合理的核心就是合乎逻辑。因此，本文希望抓住问题的关键，以逻辑的基本原理对行为性质做出判断。由于从逻辑的角度判断行为的性质，尚属刑法学界的初次尝试，难免稚嫩，祈望能做引玉之砖，引起方家的重视和发力。

## 一、 正当行为的逻辑判断

没有规矩，不能成方圆。社会要想和谐稳定，每个人、每个单位、每个团体的行为都要合法正当。那么，什么是正当行为，有没有整齐划一的逻辑标准呢？

### （一）正当行为的逻辑判断总论

人是社会的人，人生活在社会关系中，人在社会交往中有互动，在人际交往互动中，会谈到一个人的行为是否合理，这个合理就是合乎逻辑。简言之，正当行为的逻辑标准就是：

a 情形是 b 行为的充分条件，那么，b 行为就是一个正当行为。

正当行为是合理的行为，也是合法的行为，当然也是合乎逻辑的行为。合乎逻辑与合理具有相同的意思，合乎逻辑也是合法性的实质。例如，我们认定一个人的选举行为是正当的，这就表明这个选举行为是合法的，因其合法而正当，其内核则是合乎逻辑。

### （二）正当行为的逻辑判断分论

我国刑法从正面或者反面规定了五类正当行为，这些行为的正当性也就是它们的必要性，离开了必要性这一条件，行为就失去了正当性的基础。

1. 正当防卫的逻辑判断

我国《刑法》第 20 条第 1 款规定，为了使国家、公共利益、本人或者他人的人身、财产和其他权利免受正在进行的不法侵害，而采取的制止不法

---

* 天津科技大学法政学院副教授，法学博士后，天津市人民检察院控告申诉处副处长。

侵害的行为，对不法侵害人造成损害的，属于正当防卫，不负刑事责任。正当防卫的正当性在于它是制止不法侵害的必要条件，相应地，不法侵害是造成危害的充分条件，如果一个不法行为不是造成危害结果的充分条件，那么，制止和排除这种危害行为就不是必要的，就不应适用正当防卫。一言以蔽之，不法侵害是正当防卫的充分条件，正当防卫是不法侵害的必要条件。

2. 紧急避险的逻辑判断

我国《刑法》第 21 条第 1 款规定，为了使国家、公共利益、本人或者他人的人身、财产和其他权利免受正在发生的危险，不得已采取的紧急避险行为，造成损害的，不负刑事责任。紧急避险的正当性在于它是避免危险发生的必要条件，相应地，正在发生的危险是造成危害的充分条件，如果一个危险情况不是造成危害结果的充分条件，那么，制止这种危险状况就不是必要的，就不应适用紧急避险。一言以蔽之，正在发生的危险是紧急避险的充分条件，紧急避险是正在发生的危险的必要条件。

3. 正当利益的逻辑判断

在对非国家工作人员行贿罪、对外国公职人员或者国际公共组织官员行贿罪、受贿罪、利用影响力受贿罪、行贿罪、对单位行贿罪、单位行贿罪等贿赂犯罪中，都存在正当利益和不正当利益的概念。例如，《刑法》第 389 条第 1 款规定，为谋取不正当利益，给予国家工作人员以财物的，是行贿罪。第 3 款规定，因被勒索给予国家工作人员以财物，没有获得不正当利益的，不是行贿。有无谋求不正当利益关系到是否构成贿赂犯罪，言下之意，获取正当利益就不算构成行贿罪，谋取不正当利益就是行贿罪。贿赂犯罪通过对不正当利益的规定从反面体现了正当利益，也就是符合法律规定的利益就是正当的利益，它的逻辑意义就是法律的规定是获得利益的充分条件，因而行为人获得利益是必要的。一言以蔽之，法律有规定是获得利益的充分条件，获得利益是法律有规定的必要条件。

4. 正当债务的逻辑判断

我国《刑法》第 60 条规定，没收财产以前犯罪分子所负的正当债务，需要以没收的财产偿还的，经债权人请求，应当偿还。这是刑法对有关正当债务的规定。这一规定的逻辑意蕴就是：没收财产以前犯罪分子所负的正当债务是偿还的充分条件，而偿还是没收财产以前犯罪分子所负的正当债务的必要条件。

5. 正当理由的逻辑判断

我国《刑法》第 169 条之一规定："上市公司的董事、监事、高级管理人员违背对公司的忠实义务，利用职务便利，操纵上市公司从事下列行为之一，致使上市公司利益遭受重大损失的，处三年以下有期徒刑或者拘役，并处或者单处罚金；致使上市公司利益遭受特别重大损失的，处三年以上七年以下有期徒刑，并处罚金……（四）为明显不具有清偿能力的单位或者个人提供担保，或者无正当理由为其他单位或者个人提供担保的；（五）无正当理由放弃债权、承担债务的……"该规定中的正当理由即依法合规的理由，依法合规就是理由正当的充分条件，而理由正当是依法合规的必要条件。

6. 正当手段的逻辑判断

我国《刑法》第 219 条规定，有下列侵犯商业秘密行为之一，给商业秘密的权利人造成重大损失的，处三年以下有期徒刑或者拘役，并处或者单处罚金；造成特别严重后果的，处三年以上七年以下有期徒刑，并处罚金：以盗窃、利诱、胁迫或者其他不正当手段获取权利人的商业秘密的。该条规定了不正当手段，这就需要理解什么是正当手段。所谓正当手段，也就是获取权利人商业秘密的必要条件，相对应，权利人提供商业秘密也就是获取商业秘密的充分条件。

## 二、 不当行为的逻辑判断

在一些大是大非的问题上，我们必须秉持一些原则。明辨是非，判断曲直，我们应当有统一的逻辑规则。那么，这个统一的逻辑规则是什么呢？

### （一）不当行为逻辑判断总论

一个行为的做出，是否合理恰当，实质是看该行为是否为当时情形所必要，如果不是当时情形下所必要，则该行为就是一个不当行为。易言之，只有在当时情况下为充分条件的情形下，该行为才是必要的，该行为才是正当的。如果当时的情形只是该行为的必要条件，那么，该行为就是一个不当行为。它的逻辑规则就是：

a 情形是 b 行为的必要条件，那么，b 行为就是一个不当行为。

不当行为如果是对他人有利，那么，行为也不会成为问题。例如，你借别人 100 元，而你还人家 200 元，虽然行为不当，但是行为对别人有利，这就不成为问题。然而，当不当行为对他人不利，那么，这个不当行为就成为问题，值得批判。例如，故意伤害他人造成轻伤的结果，法庭却以故意伤害罪按照重伤的结果判处了 5 年有期徒刑，这个判决就是不当行为。

### （二）不当行为逻辑判断分论

不当行为按其行为不当的程度可分为过当行为和不足行为。例如，滥用职权是过当行为，而玩忽职守是不足行为。不当行为的心理态度只能是过失，而不能是故意。例如，过当犯的罪过形式是疏忽大意的过失。[①]

---

① 温建辉：《论过当犯的罪过形式》，载《聊城大学学报》（社会科学版）2013 年第 2 期。

1. 过当行为的逻辑判断

（1）防卫过当的逻辑判断。我国《刑法》第 20 条第 2 款规定，正当防卫明显超过必要限度造成重大损害的，应当负刑事责任，但是应当减轻或者免除处罚。该规定表明，在防卫过当这一社会现象中，在侵权与防卫这对矛盾中，防卫行为已经从必要的行为转变为充分的行为，防卫过当行为成为了制止侵权的充分条件，而不是制止侵权的必要条件；相对应，侵权行为也不再是防卫行为的充分条件，而变成了防卫行为的必要条件。因为制止侵权的防卫行为本身会招致损害的结果，是对他人不利的后果，而且它又不是必要的，所以，防卫过当应受到批判。

正当防卫仅限于对侵权行为实行行为的制止上，对实行行为可以正当防卫，因为它是危害结果发生的充分条件，防卫行为才成为必要。对侵权行为的教唆行为和帮助行为不能实施防卫行为，因为它们不是危害结果发生的充分条件。因此，对侵权行为的教唆行为和帮助行为采取防卫行为的，一般构成防卫过当，甚至构成其他的故意犯罪。

（2）避险过当的逻辑判断。我国《刑法》第 21 条第 2 款规定，紧急避险超过必要限度造成不应有的损害的，应当负刑事责任，但是应当减轻或者免除处罚。该规定表明，在避险过当这一社会现象中，在危害与避险这对矛盾中，避险行为已经从必要的行为转变为充分的行为，避险过当行为成为了避免危险的充分条件，而不是避免危险的必要条件；相应地，危险状态也不再是避险行为的充分条件，而变成了避险行为的必要条件。因为避免危险的避险行为本身也会带来不利于社会或者他人的后果，当它不是必要的时候，它就应当受到谴责。

（3）滥用职权行为的逻辑判断。滥用职权行为属于过当行为。滥用职权行为包括国有公司、企业、事业单位人员滥用职权罪、执行判决、裁定滥用职权罪等犯罪行为。判断一个行为是否是滥用职权的行为，首先，要看这种职权的行使是否必要，只有使用权力是必要的，才能成为滥用职权的行为，才能构成滥用职权类犯罪，否则，它只能构成其他的故意犯罪。其次，这种职权的行使造成了不必要的危害。本来职权的行使是必要的，现在它却成为了危害结果的充分条件，它已经从相对于社会而言，从必要条件变成了充分条件，性质改变了，从正当行为变成了不当行为。

2. 不足行为的逻辑判断

不足行为即没有积极全面履行应尽义务导致损毁社会和他人的行为。不足行为构成的犯罪较多，常见的犯罪有国有公司企业事业单位人员失职罪，玩忽职守罪，失职致使在押人员脱逃罪，执行判决、裁定失职罪，国家机关工作人员签订履行合同失职被骗罪，环境监管失职罪，传染病防治失职罪，商检失职罪，动植物检疫失职罪，失职造成珍贵文物损毁流失罪，擅离玩忽军事职守罪，遗失武器装备罪等犯罪。下面我们以玩忽职守罪为例分析其逻辑蕴含。

我国《刑法》第 397 条规定，国家机关工作人员玩忽职守，致使公共财产、国家和人民利益遭受重大损失的，处三年以下有期徒刑或者拘役；情节特别严重的，处三年以上七年以下有期徒刑。毁损公共财产、国家和人民利益的行为，只有在特定合理的情况下，即必要的情况下，才是合法的，但是玩忽职守行为直接危害了公共财产、国家和人民利益，成为了危害公共财产、国家和人民利益的充分条件，而不是损害公共财产、国家和人民利益的必要条件，因此，它是一种违法犯罪行为。公共财产、国家和人民利益本该成为国家机关工作人员操守的充分条件，但是在玩忽职守罪中，国家机关工作人员的玩忽职守行为成为了危害公共财产、国家和人民利益的充分条件，公共财产、国家和人民利益成为了国家机关工作人员玩忽职守的必要条件。

## 三、 犯罪行为的逻辑判断

对于犯罪的认定，我们必须慎之又慎。大道至简，以简驭繁，这是一切工作的基本要领。那么，认定犯罪有没有一个普遍适用的逻辑公式呢？

### （一）犯罪行为逻辑判断总论

恶意侵犯他人、无端攻击公众、肆意危害社会的，是违法犯罪行为，其中危害后果比较严重的构成犯罪。对这些违法犯罪行为的判断，依据的逻辑公式就是：

a 情况既不是 b 行为的充分条件，也不是 b 行为的必要条件，那么，b 行为就是一个犯罪行为。

无理侵犯他人和破坏社会秩序的，是违法犯罪。例如，时年 29 岁的王某中专毕业后在济南打工。2006 年 10 月底，王某发现河南省人事考试中心网站的访问量比较大，就想通过这个网站多抓点"肉机"，即先控制这个网站，然后通过该网站来控制访问过该网站的计算机。很快，王某通过一定程序取得了河南省人事考试中心网站服务器的管理权限，顺利进入该网站服务器，把河南省人事考试中心网站直接链接到他在"华夏黑客同盟网"空间的木马上。随后，王某发动了已被他控制的百余台"肉机"，对河南省人事考试中心网站服务器进行 DDOS 拒绝服务器攻击，致使河南省人事考试中心网站不能正常进入。事发时，正值河南省报考中央国家机关公务员的考生进行网上报名确认，造成数万名考生无法进入该网站报名。

### （二）犯罪行为逻辑判断分论

犯罪行为的基本类型包括作为和不作为，其中的作为又称为侵犯行为，它们的逻辑认定如下。

1. 侵犯行为的逻辑判断

（1）流氓行为的逻辑判断。流氓行径是典型的挑衅行为。流氓犯罪包括聚众淫乱罪、引诱未成年人聚众淫乱罪、寻衅滋事罪、聚众斗殴罪、强制猥亵侮辱妇女罪、猥亵儿童罪等犯罪。犯罪学上的流氓犯罪，在刑法学上是纯正的痛快型犯罪，① 这种犯罪是在造成他人的痛苦中寻求乐趣，满足自己畸形的情感需求，它的起因与外界无关，即其侵犯的对象的情况既不是流氓行为发生的充分条件，也不是流氓行为发生的必要条件。

（2）徇私舞弊的逻辑判断。我国刑法中规定的"徇私"类渎职犯罪共有16 个条文 18 个罪名，像徇私枉法罪、民事行政枉法裁判罪、商检徇私舞弊等犯罪，都将"徇私"规定为成立犯罪的必要构成条件。徇私舞弊类犯罪的发生缘起于徇私情或者徇私利，而不是由于行为对象的原因，也即行为对象的情况即不是徇私舞弊行为发生的充分条件，也不是它的必要条件。

（3）攻击行为的逻辑判断。攻击行为是危害社会的主要类型，具体包括反击行为、报复行为和侵财行为等。在攻击行为中，有一种强盗逻辑。比如，实施报复陷害的官员声言，如果控告人不告我，我就不会报复他。言下之意是说，控告人的控告是报复陷害行为的必要条件。这种强盗逻辑是极端错误的，因为报复陷害者的报复陷害根本就不能成为控告人控告行为的充分条件，那么，控告人的控告就不是报复陷害者进行报复陷害的必要条件。

反击行为是在遭到他人攻击的时刻，立刻实施相反的攻击行为。反击行为是一种特殊的攻击行为，这种攻击是反击者攻击意图的实施，而不是出于对攻击者的防卫。也即攻击者的攻击既非反击行为的充分条件，也不是反击行为的必要条件。例如，2006 年 2 月开始，田某与妻子罗某在瑞安市塘下镇金太阳汽车装修服务部上班，并被安排在塘下镇天颖西路后的员工宿舍三楼，与同事张某（被害人）同居一室。2006 年 3 月 18 日凌晨，田某从外面回到宿舍见房间未开灯，房门紧闭，便爬窗进入，发现张某对罗某进行性侵犯，遂与其发生扭打，后持菜刀砍击张某头部、颈部、上肢等部位 20 余刀致其当场死亡。经鉴定，张某因遭锐器多次砍击，致使右颈总动脉、颈内静脉断裂，由此引起大出血而死亡。

报复行为是在遭到他人伤害以后，择机攻击伤害自己的仇人。例如，我国《刑法》第 254 条规定了报复陷害罪，国家机关工作人员滥用职权、假公济私，对控告人、申诉人、批评人、举报人实行报复陷害的，处二年以下有期徒刑或者拘役；情节严重的，处二年以上七年以下有期徒刑。

侵财行为是各种攻击行为的主要类型，侵财犯罪主要表现为图财害命以及各种损人利己的犯罪。像抢劫、抢夺、诈骗、盗窃、勒索钱财的绑架等侵

---

① 温建辉：《非理性犯罪论纲》，载《兰州学刊》2014 年第 9 期。

财犯罪的犯罪者，他们与被害人素昧平生、毫无瓜葛，被害人的情况既非侵财犯罪的充分条件，亦非侵财犯罪的必要条件。

2. 不作为的逻辑判断

不作为与侵犯行为相对而言，也是犯罪的一种重要形式。遗弃罪是一个典型的不作为犯罪。遗弃罪，是指对于年老、年幼、患病或者其他没有独立生活能力的人，负有扶养义务而拒绝扶养，情节恶劣的行为。

不作为犯的行为人有作为的义务，他没有任何理由不履行义务，作为的义务根本谈不上成为不作为的充分条件和必要条件，所以，不作为犯的不作为是不合理的，是缺乏逻辑根据的，它理应受到谴责，理应受到惩罚。

# 中国危险犯的心理联结模式
# 及其罪过形式

欧锦雄[*]

## 一、 问题的提出

在刑法理论中，犯罪存在实害犯和危险犯之分。实害犯是指以出现法定的危害结果为构成要件的犯罪。而危险犯是指以实施危害行为并出现某种法定危险状态为构成要件的犯罪。何谓危险犯的"危险"？国内外许多刑法学者认为，危险犯的"危险"是指行为致使刑法所保护的法益可能受到侵害的危险。若根据这一理解，所有故意犯罪的犯罪预备、中止和未遂以及行为犯均属于危险犯，这导致了危险犯的泛化，使危险犯与行为犯难以区分，因此，这一观点是不可取的。笔者认为，为了清晰地划清危险犯与行为犯的界限，合理限制和准确惩治危险犯，在我国现行刑法里，危险犯的"危险"应从狭义上来理解，它应仅指"危害公共安全的危险"。危险犯可分为具体危险犯和抽象危险犯，前者是指必须以发生危害公共安全的具体危险为构成要件内容的犯罪。我国刑法中规定了不少犯罪属于具体危险犯。例如，《刑法》第114条规定的放火罪、决水罪、爆炸罪、投放危险物质罪即属于故意的具体危险犯，第330条规定的妨害传染病防治罪则属于过失的具体危险犯。后者是指刑法规定的、实施法定的危险行为即可推定其具有危害公共安全的危险的犯罪。例如，《刑法》第125条规定的非法制造、买卖、运输、邮寄、储存枪支、弹药、爆炸物罪即属于抽象危险犯，刑法规定，该法定行为一旦实施，即可推定其具有危害公共安全的危险。

由于刑法规定了危险状态是一种特殊的危害结果，危险状态是危险犯的犯罪构成的必要要素，而危险状态是会进一步发展为实害结果的，因此，行为人在主观上对危险状态和实害结果的心理态度会呈现出复杂的联结状态。正因如此，目前，我国刑法学界对一些危险犯的罪过形式在理解上产生了重大的分歧。譬如，自《刑法修正案（八）》规定了危险驾驶罪后，人们对危险驾驶罪的罪过形式进行了激烈的争论。危险驾驶行为是危害公共安全的行为，它会产生危害公共安全的危险，为此，我国刑法将危险驾驶罪放到危害

* 广西政法管理干部学院教授，广西民族大学刑法学硕士生导师，中国刑法学研究会理事。

公共安全罪的第一章。一般认为，危险驾驶罪属于抽象危险犯，但是，关于危险驾驶罪的罪过形式，人们有较大的争议，具体观点主要有两种：（1）故意说。该说的观点是，危险驾驶罪的罪过形式是故意，驾驶人员对危害公共安全的危险结果的态度是故意的。[①]（2）过失说。其基本观点是，（故意的）危险犯和实害犯明知的对象应是同一的，即明知实施危险行为会造成实害结果而希望或放任这种结果出现。只不过，实害结果由于某种原因而没有出现。危险驾驶罪的罪过形式是过失。因为危险驾驶罪和交通肇事罪也是紧密联系的。该罪违反交通法律法规的行为是故意的，但是，对一切严重危害结果是持否定态度的。[②]

笔者认为，危险驾驶罪的"故意说"与"过失说"之争的原因是，当行为人对危险状态持故意心态而对可能发生的实害结果持过失心态时，对其罪过形式指向的对象（危害结果）理解不一。前者认为，该罪的罪过形式所指向的对象（危害结果）应是危害公共安全的危险状态，其对危险状态的心态为故意，因而，其罪过形式是故意。后者认为，该罪的罪过形式所指向的对象（危害结果）应是危险行为可能造成的实害结果。其对实害结果的心态是过失，因此，其罪过形式是过失。

危险驾驶罪这一抽象危险犯的心理联结情况是较复杂的。行为人在实施危险驾驶罪时，在心理上必然面向两个结果，一是法定的危险状态结果，二是可能的实害结果。就法定的危险状态结果而言，行为人是故意的，还是过失的？就可能的实害结果而言，行为人是故意的，还是过失的？该罪的罪过形式是以对法定的危险状态结果的心态为准，还是以对可能的实害结果的心态为准？从这些问题可以看出，在分析危险驾驶罪的心态情况时，行为人对法定的危险状态结果和可能的实害结果的心理联结是存在许多种可能的，而其罪过形式的确定是有一定的难度的。在危险犯的各种心理联结模式里，其罪过形式是以对危险状态的过错心理为准，还是以对可能造成的实害结果的过错心理为准？这是确定危险犯罪过形式的关键。

从前文分析可知，由于刑法中规定了危险犯，同时，往往又规定了与之相应的实害犯，因此，在危险犯中，行为人对法定危险状态结果与可能的实害结果的心理联结情况较为复杂，人们对于其罪过形式如何确定，也存在诸多争议。危险犯可分为故意危险犯和过失危险犯，前文论述的危险驾驶罪的心理联结模式仅是危险犯的心理联结模式中的一种，究竟危险犯还有哪些心理联结模式呢？在不同心理联结模式下其罪过形式如何确定呢？这些问题都

---

① 赵秉志、袁彬：《"醉驾入刑"热点题探讨》，载赵秉志主编：《刑法论丛》（2011年第3卷），法律出版社2011年版，第181页。

② 金华捷：《〈刑法修正案（八）〉危险驾驶罪具体适用问题的研究》，载《湖南警察学院学报》2011年第2期。

是亟待人们去探索和解决的。

为了完善危险犯的科学立法，为了合理地适用危险犯的刑法条文，我们有必要研究危险犯的心理联结模式（即对法定的危险状态结果和可能的实害结果的心理联结模式）及其罪过形式。

## 二、 危险犯的心理联结模式及其罪过形式的确定

危险犯以法定的危险状态的出现作为判断既遂的标准。由于危险状态是可以进一步发展为实害结果的，因此，行为人在实施危险犯时，其对危险状态和可能发生的实害结果所形成的心理联结模式会呈现出多种情况，而在不同的心理联结模式里，其罪过形式的准确认定是非常重要的。

### （一）危险犯心理联结模式与罪过形式确定的原理

就危险犯而言，当行为人对危险状态持故意心态而对可能的实害结果也持故意心态时，其罪过形式应如何认定？当行为人对危险状态持故意心态而对可能的实害结果持过失心态时，其罪过形式又如何确定？在别的心理联结模式下，其罪过形式又依据什么来确定呢？

笔者认为，罪过形式的确定应以刑法规定和犯罪构成理论为依据。

我国《刑法》第14条和第15条分别规定了犯罪故意和犯罪过失这两种罪过形式的内容。第14条第1款是这样规定的："明知自己的行为会发生危害社会的结果，并且希望或者放任这种结果发生，因而构成犯罪的，是故意犯罪。"第15条第1款则这样规定："应当预见自己的行为可能发生危害社会的结果，因为疏忽大意而没有预见，或者已经预见而轻信能够避免，以致发生这种结果的，是过失犯罪。"

从上述规定看，罪过形式的确定是以行为人对危害结果的心理态度为标准来确定的。笔者认为，对于危险犯和实害犯来说，这里所说的危害结果应指犯罪构成中的危害结果。危险犯的法定危害结果是危险状态，而实害犯的法定危害结果是法定的物质性的危害结果。

对于危险犯而言，其犯罪构成中的危害结果是其法定的危险状态，危险犯的既遂应以法定的危险状态是否出现作为判断的标准。在罪过形式认定上应以行为人对犯罪构成中的危害结果（法定危险状态）的认识和态度来判断。在危险犯情形下，行为人对可能发生的实害结果的心理态度不能作为其罪过形式，因为这一可能发生的实害结果并不是危险犯的犯罪构成中的危害结果。只有实害犯才可能以对实害结果（犯罪构成中的危害结果）的心理态度为其罪过形式。

例如，从《刑法修正案（八）》第22条看，危险驾驶罪的行为人对法定的危险状态结果持的心理态度只能是故意，对可能的实害结果只能是过失（因为若对可能的实害结果是故意，则构成《刑法》第114条以危险方法危

害公共安全罪）。也就是说，其心理联结模式为：对法定危险状态的结果持故意而对可能的实害结果持过失，即"故意-过失"模式。在我国刑法中，除了危险驾驶罪是这种心理联结模式外，还有一些危险犯也属于这种心理联结模式。

对于心理联结模式为"对法定危险状态持故意而对可能发生的实害结果持过失"的危险犯（如危险驾驶罪）而言，由于其犯罪构成的危害结果为危险状态，而该类危险犯对这一危险状态的发生持故意心态，因而，应以故意为其罪过形式。这种危险犯对"可能发生的实害结果的过失心态"并不是这种危险犯的罪过心态，因为这一尚未发生的实害结果并不是该罪的犯罪构成中的客观危害结果。犯罪构成中的罪过形式以主体对必要客观危害结果（或实害结果或危险状态，或行为犯的无形结果）的心态来认定。值得特别关注的是，虽然对"可能发生的实害结果的过失心态"并不是这种危险犯的罪过心态，但是，这一心态在主观上对这种危险犯的认定具有重要意义，它可以与"对危险状态持故意而对可能发生的实害结果持故意"这种心态模式的危险犯（如《刑法》第114条放火罪等罪中的另一种危险犯）在主观上区别开来，它是一种主观超过要素，也是这种危险犯的犯罪主观要件中的独特要素。

**（二）危险犯的心理联结模式及其罪过形式的确定**

危险犯"明知"的危害结果是法定的危险状态，由于危险状态的进一步发展的危害结果是实害结果，因此，在危险犯实施时，行为人对实害结果是否预见以及持何种态度会影响到对行为的定性。危险犯对法定危险状态结果和可能发生的实害结果的心理联结模式主要有：

1."故意-过失"模式

"故意-过失"模式是指对危险状态持故意心态而对可能实害结果持过失的心理联结模式。这种心理联结模式属于故意危险犯的心理联结模式。该种危险犯的法定危害结果为危险状态，它应以行为人对危险状态的心理为其罪过形式，即该种犯罪的罪过形式为故意。危险驾驶罪的心理联结模式即属于这种模式。行为人在危险驾驶时已经预见到其行为会产生危害公共安全的危险状态，并放任这种危险状态的出现。在危险驾驶罪情形下，行为人对实害结果的发生是持过失心态的，如果行为人对危险状态及实害结果均持故意心态，就不构成危险驾驶罪，而是构成性质比较严重的"以危险方法危害公共安全罪"。在危险驾驶时，如果行为人造成多人死亡，而其对实害结果持过失心态，就应定交通肇事罪，这是想象竞合犯的情况，应仅以重罪交通肇事罪定罪处罚。

2."故意-故意或过失"模式

"故意-故意或过失"模式是指对危险状态持故意心态而对可能的实害结果持故意或过失的心理联结模式。由于这种心理联结模式的危险犯的法定危害结果是危险状态，而行为人对法定危险状态结果持故意心态，因此，这种危险犯的罪过形式也属于故意。

我国《刑法》分则第2章"危害公共安全罪"中的许多故意危险犯即属于这种心理联结模式。涉及的罪名主要有：第114条、第115条规定的放火罪、决水罪、爆炸罪、投放危险物质罪、以危险方法危害公共安全罪，第116条至第119条规定的破坏交通工具罪、破坏交通设施罪、破坏电力设备罪、破坏易燃易爆设备罪等。这种犯罪的心理联结模式又可细分为两种情况：

（1）"故意-故意"模式，即对危险状态持故意心态而对可能实害结果也持故意心态的模式。对于这种心理联结模式的危险犯直接按相关犯罪的条文以故意危险犯定罪是没有争议的。例如，对于放火罪而言，行为人在放火时明知放火行为会造成危害公共安全的危险状态以及可能造成实害结果，并且希望或放任这种危险状态的产生，这时，行为人的行为即可构成放火罪。

（2）"故意-过失"模式，即对危险状态持故意心态而对可能的实害结果持过失心态的模式。

对于《刑法》第114条规定的放火罪、决水罪、爆炸罪、投放危险物质罪、以危险方法危害公共安全罪而言，如果行为人实施前述的放火等行为时已经预见危害公共安全的危险状态的发生，并希望或放任这种危险状态的发生，同时，行为人对已预见到的、可能发生的实害结果持否定态度（如轻信能够避免），那么，对该行为是以故意危险犯认定，还是以过失犯罪认定呢？

例如，甲驾驶一辆中型的客运班车，在车上有20位乘客，其中包括甲的妻子、儿子和父母。在公路行驶中，一辆面包车不小心刮碰了甲的客车，但是，驾驶面包车的乙为了避免赔偿而加速逃离。甲为了让乙赔偿，驾驶客车快速追赶。追上后，甲在快速行驶中不断地用客车挤压面包车，想迫使面包车停下。当时，车上乘客非常害怕，有的还发出尖叫声，乘客们叫甲不要挤压了，否则，可能出现翻车事故，或造成其他伤亡事故，甲不听并继续挤压。十几分钟后，面包车碰到电线杆后停了下来，面包车轻微受损，甲的客车在挤压中也轻微受损，共计损失几千元。

在本案中，甲在公路上快速行驶中用客车挤压面包车达十多分钟之久，严重危害公共安全，他对造成危害公共安全的危险状态持放任态度，但是，他对车毁人亡的实害结果持否定态度，当时他的妻子、儿子和父母均在车上。他自持已有十多年的驾龄不可能会造成严重实害结果的，因此，他对实害结果持过于自信过失的心态。

对于这一案件，是认定以危险方法危害公共安全罪，还是不认定犯罪（若以"过失的危险方法危害公共安全罪"定罪，其实害结果还不严重，因而不能定罪）呢？

笔者认为，这种"对危险状态持故意心态而对实害结果持过失心态"的心理联结模式与危险驾驶罪的心理联结模式是一样的，应以"危险状态"这一危害结果为其"明知"对象，并以故意危险犯论处，因此，前述案件应以"以危险方法危害公共安全罪"认定。

3."过失-过失"模式

"过失-过失"模式是指对危险状态持过失而对可能的实害结果也持过失的心理联结模式。危险犯可分故意危险犯和过失危险犯。前面所述的两种心理联结模式均属于故意危险犯的心理联结模式。而这里所述的"对危险状态持过失而对可能的被害结果也持过失的心理联结模式"则属于过失危险犯的心理联结模式。所谓过失危险犯是指刑法规定的、过失地导致危险公共安全的危险状态的危险犯。在过失危险犯里，行为人对导致的危险状态持疏忽大意的过失或过于自信的过失，对于可能发生的实害结果同样持过失心态。例如，《刑法》第330条规定的妨害传染病防治罪即属于过失危险犯，在该罪里，行为人对于引起甲类的传染病传播的严重危险持的是过失心态，而对于造成实害结果所持的心态也是过失。如果行为人对危险状态的发生或实害结果的发生持故意心态，就不构成该罪，而可能构成以危险方法危害公共安全罪或其他危害公共安全罪的故意犯罪。一般认为，我国《刑法》第332条规定的妨害国境卫生检疫罪也属于过失危险犯，其心理联结模式也属于"对危险状态持过失而对实害结果持过失的心理联结模式"。

## 三、 危险犯心理联结模式与司法实践

正确分析危险犯对危险状态与可能的实害结果的心理联结模式及其罪过形式，对于准确认定犯罪具有重要意义。实践中，正确理解危险驾驶罪分别与交通肇事罪和以危险方法危害公共安全罪的关系和区别，准确把握第114条和第115条（规定放火罪、决水罪等故意犯罪）的关系，以及搞清《刑法》第114条规定的危险犯和第115条规定的实害加重犯与其相对应的失火罪、过失决水罪等过失犯罪的关系，显得尤为重要。

### （一） 危险驾驶罪与交通肇事罪的关系与区别

危险驾驶罪的心理联结模式是"故意-过失"模式，它对危险状态持故意而对可能的实害结果持过失，而且该罪应以危险状态的危害结果为构成要件之必要条件，其主观罪过以对危险状态的心态（即故意心态）为标准，它属于危险犯。有人提出，该罪主观罪过应以行为人对实害结果的过失心态为标准，他属于过失犯。这一观点是值得商榷的。笔者认为，如果以对实害结果的心态确定为危险驾驶罪的罪过形式，并将其定为过失犯罪，那么，该罪就应以实害结果为其犯罪构成的客观必要条件，就不能将其定为危险犯。从《刑法修正案（八）》第22条的规定看，危险驾驶罪并不要求出现实害结果作为其必要要件，可见，将危险驾驶罪认定为过失犯罪是错误的。之所以会

出现这样的错误，是因为其未搞清危险驾驶罪与交通肇事罪的联系与区别。

1. 危险驾驶罪与交通肇事罪的联系

在危险驾驶罪里，其主观心理联结模式是"对危险状态持故意而对可能的危害结果持过失。"在客观方面，行为人实施了醉酒驾车或驾驶机动车追逐竞驶的危险驾驶行为，并造成了危险状态。

在危险驾驶案件里，在危险驾驶的心态下，一旦过失地发生严重的实害结果，即构成交通肇事罪。由于在未发生严重实害结果之前，行为已符合危险驾驶罪的犯罪构成（故意犯罪），而危险驾驶行为导致严重实害结果又触犯了交通肇事罪（过失犯）。因此，在过失导致严重实害结果的情况下，危险驾驶罪与交通肇事是想象竞合关系，即危险驾驶行为既触犯了危险驾驶罪，也触犯了交通肇事罪，应以重罪交通肇事罪定罪处罚。

而在没有导致严重实害结果的情况下，危险驾驶罪与交通肇事罪之间具有"实害结果的心理联结"关系。因为在这一情况下，危险驾驶罪在主观心态上对实害结果的不同心理态度是影响到犯罪的定性的。如果其对严重实害结果的心态和交通肇事罪的心态一致，就可定危险驾驶罪，这两者对严重实害结果均存在过失心理联系。但是，如果其对严重危害结果持故意心态，就应定以危险方法危害公共安全罪，而不能定危险驾驶罪，因为危险驾驶罪对"可能的严重实害结果"的心态仅指过失心理联结的心态。

2. 危险驾驶罪与交通肇事罪的区别

两者的区别主要体现在：实害结果是否是客观要件的必要要素。危险驾驶罪在客观方面不以实害结果为必要要素，而交通肇事罪以实害结果为必要要素。

**（二）危险驾驶罪与以危险方法危害公共安全罪的区别**

危险犯可分为具体危险犯和抽象危险犯。以危险方法危害公共安全罪是具体危险犯，而危险驾驶罪则是抽象危险犯。

具体危险犯是以产生具体的、现实的危害公共安全的危险状态为犯罪构成必要条件的危险犯。而抽象危险犯是以行为人实施的危害行为产生抽象的危害公共安全的危险状态作为犯罪构成必要条件的危险犯。对于抽象危险犯而言，其所指的抽象的危险是指根据一般人的社会经验，实施这一危害行为通常会发生危害公共安全的危险。对于抽象危险只要认定其实施的法定的危害公共安全行为存在，在一般情况下，就可认定抽象危险的存在，而无须在具体个案中进行判定是否存在具体的、现实的危险状态。

对于具体危险犯通常有以下词语表述：（1）"危害公共安全"，（2）"足以使火车、汽车、电车、船只、航空器发生倾覆、毁坏"，（3）"危及飞行安全"（4）"危及公共安全"（5）"足以严重危害人体健康"，（6）"足以造成严重食物中毒事故或者其他严重食源性疾患"。而刑法分则中属于抽象危犯的犯罪一般指：非法制造、买卖、运输、邮寄、储存枪支、弹药、爆炸物罪，违规制造、销售枪支罪，盗窃、抢夺枪支、弹药、爆炸物罪，抢劫枪支、弹药、爆炸物罪，非法持有、私藏枪支、弹药、爆炸物罪，非法出租、出售枪支罪，劫持航空器罪，劫持船只、汽车罪等。[①]

以危险方法危害公共安全罪有两种心理联结模式：（1）"故意－过失"模式，即对危险状态持故意心态而对可能的实害结果持过失心态；（2）"故意－故意"模式，即对危险状态持故意心态而对可能的实害结果也持故意心态。

在《刑法修正案（八）》颁布实施之后，对于危险驾驶行为，一般按以下情况处理：

第一，若行为人实施行为时符合第（1）种模式，并造成了严重实害结果，应按交通肇事罪定罪。

这一种情况下的危险驾驶行为符合刑法特别规定的交通肇事罪的规定。交通肇事罪属于以危险方法危害公共安全罪以外的、另外一个独立犯罪。这时，交通肇事罪和以危险方法危害公共安全罪是一种并列关系，而不是竞合关系。

第二，若行为人实施行为时符合第（1）种模式，但是危险驾驶行为仅造成危险状态，而没有造成实害结果，则应定危险驾驶罪。

由于危险驾驶罪已作为一个犯罪独立规定，因此，在这时，危险驾驶罪与以危险方法危害公共安全罪也是一种并列关系，而不是竞合关系，因而，应以具体的危险驾驶罪定罪。

第三，若行为人实施行为时符合第（2）种模式，不论其造成的危害结果是危险状态或严重的实害结果，均应按以危险方法危害公共安全罪论处。

在这一心理联结模式下，行为人对可能的实害结果持故意。在危险驾驶情况下，行为人对"可能的实害结果"的心态是故意抑或是过失，是危险驾驶罪与以危险方法危害公共安全罪区别的关键（前者对可能的实害结果持过失，而后者对可能的实害结果持故意），因此，当危险驾驶行为实施后，若其对可能的实害结果持故意，就应定以危险方法危害公共安全罪。

在第（2）种模式下，由于以危险方法危害公共安全罪是具体危险犯，所以，当危险驾驶行为造成明确的具体危险时，按以危险方法危害公共安全罪定罪是没有异议的，但是，如果危险驾驶行为发生后，明确查明没有造成具体危险时，能否按以危险方法危害公共安全罪，或按危险驾驶罪定罪呢？笔者认为，由于危险驾驶罪的心理联结模式是对危险状态持故意而对可能的实害结果持过失，因此，对"可能的实害结果持故意"的危险驾驶行为是不符合危险驾驶罪的主观心态的，因此，不能定危险驾驶罪。而以危险方法危

---

① 参见陈洪兵：《重新审视具体危险犯与抽象危险犯的归类》，载张海燕主编：《山东大学法律评论》（2011 年卷），山东大学出版社 2011 年版，第 213~214 页。

害公共安全罪是具体危险犯，其犯罪既遂的标准是发生了危害公共安全的具体危险。在危险驾驶时，如果行为人对危险状态持故意而对可能的实害结果也持故意，那么，在查明具体危险没有实际发生的情况下，若行为人对严重的实害结果持希望的心态，仍可按以危险方法危害公共安全罪认定，但是，应按犯罪未遂处理。若行为人对可能的实害结果持放任态度，那么，由于具体危险或可能的实害结果发生与否均不违背行为人的意愿，因此，该行为不构成以危险方法危害公共安全罪。

（三）《刑法》第 114 条和第 115 条的关系

《刑法》第 114 条规定了放火罪、决水罪、爆炸罪、投放危险物质罪和以危险方法危害公共安全罪的危险犯类型。而《刑法》第 115 条规定的是这些犯罪的结果加重犯罪类型，第 114 条规定的内容是第 115 规定的各个结果加重犯的基本犯罪构成，而第 115 条规定的内容则是加重法定刑的加重犯罪构成。对于结果加重犯，按基本犯罪构成的罪名定罪，不实行数罪并罚。

《刑法》第 115 条规定的结果加重犯与第 114 条规定的危险犯具有心理联结关系，具体有两种：

1. "故意-过失"的联结关系，即对危险状态持故意而对加重结果（实害结果）持过失的心理联结关系

《刑法》第 114 条和第 115 条规定的放火罪是故意犯罪，这些犯罪对危险状态肯定持故意心态，但是，这些犯罪对加重结果可能持有过失心态，也可能持故意心态。所以说，对危险状态持故意而对加重结果持过失的心理联结模式属于这些结果加重犯的一种心理联结模式。例如，李某是一名 15 岁的初中生，他很想加入共青团，但是，他的成绩不好，其他方面也不突出，因此，不能如愿。有一天，他看到村边有一大堆干燥的稻草，即产生了一种想法：趁人不注意时燃烧这堆稻草，然后，去救火，让群众看到他救火的事迹，以此达到入团的目的。在放火前，他知道这一大堆稻草毗连着易燃的房屋群，只要这一大堆稻草被燃烧，就会产生危害公共安全的危险，并有可能造成重大火灾。为了防止造成重大火灾，他在现场准备了几桶水作灭火用。当他将稻草点燃后一段时间，他即大喊："救火"，并积极去救火，附近的群众也赶来救火，但是，由于火势过猛，还是将几间房屋燃毁了。在这个案件里，李某故意放火造成危害公共安全的危险状态，但是，他对可能发生的重大实害结果是持过于自信过失的心态。因此，对其行为应定放火罪，按第 115 条规定的结果加重犯处理。

2. "故意-故意"的联结关系，即对危险状态持故意而对加重结果也持故意的心理联结关系

这种心理联结关系在实践中是最为常见的。例如，在发生严重实害结果的爆炸案中，行为人对爆炸行为可能会产生危害公共安全的危险状态持故意

心态，对可能发生的严重实害结果也持故意心态。

从上述分析可知，危险犯中的结果加重犯与传统上所说的结果加重犯相比具有两个特点：

（1）其基本犯罪构成中的危害结果是危险状态。在通说里，结果加重犯的基本犯罪构成中的危害结果是实害结果。例如，《刑法》第134条第2款规定故意伤害罪（重伤或致人死亡）是结果加重犯，这一结果加重犯的基本犯罪构成规定在第134条第1款，这一条规定的基本危害结果是实害结果（轻伤）。但是，对于《刑法》第114条规定的危险犯来说，其危害结果为危险状态，因而，第115条规定结果加重犯的基本犯罪构成规定在第114条，其基本犯罪构成的危害结果为危险状态。这一点，在司法实践中是应予以注意的。

（2）对加重结果的心态既可以是故意也可以是过失。在通说里，结果加重犯中对加重结果的心态只能是过失。例如，《刑法》第134条第2款规定的结果加重犯，其对重伤、致人死亡的加重结果的心态是过失。但是，在《刑法》第115条规定的结果加重犯里，其对严重的实害结果的心态既可以故意，也可以是过失，而且从实践来看，大多数案件对实害结果持故意心态。

**（四）《刑法》第115条第2款规定的过失犯罪与相关危险行为的关系**

《刑法》第115条第2款规定，过失放火、决水、爆炸、投放危险物质和以其他危险方法危害公共安全致使严重实害结果发生的，构成相对应的过失犯罪，即构成失火罪、过失决水罪、过失爆炸罪、过失投放危险物质罪和过失以危险方法危害公共安全罪。

《刑法》第115条第2款的过失犯罪对发生的实害结果持过失心态，这是无争议的，但是，对于放火，决水、爆炸、投放危险物质和以其他方法导致危险状态的心态，是持故意还是过失呢？笔者认为，前文论述已阐明，第115条第1款的放火罪等罪与第114条的心理联结模式包括两种情况：（1）对危险状态持故意而对实害结果持过失，（2）对危险状态持故意而对实害结果也持故意。从这里可知，对危险状态持故意心态的，应按《刑法》第115条第1款以故意犯罪认定，因此，《刑法》第115条第2款规定过失犯罪，其对先前的危险状态仅能是过失心态。即其心理联结模式是"过失-过失"，即对危险状态持过失而对实害结果也持过失。

# 四、 立法思考

根据对危险状态和实害结果所持心态的不同，危险犯的心理联结模式可分为三种。心理联结模式的不同必然会影响到其社会危害性和人身危险性的评价，从而影响其法定刑的设置。从前文分析可知，目前，我国刑法规定的危险犯存在一定的缺陷，这是值得我们认真探讨的。

**（一）对故意危险犯的立法思考**

故意危险犯（如《刑法》第 114 条的规定）的心理联结模式有两种：
（1）"故意-故意"模式，即对危险状态持故意而对可能的实害结果也持故
意，（2）"故意-过失"模式，即对危险状态持故意而对可能的实害结果持过
失。相比较来看，由于第一种故意危险犯对可能的实害结果持故意心态，而
第二种故意危险犯对可能的实害结果持过失心态，因此，第一种故意危险犯
的社会危害性显然要比第二种故意危险犯的要大。但是，我国《刑法》第
114 条、第 116 条、第 118 条等故意危险犯的规定均将上述两种类型合二为
一，不加区分，并使用同一法定刑，这是违反罪责刑相适应原则的。为此，
我们应在立法上加以完善，将这两种心态类型的故意危险犯分别规定为独立
的犯罪类型，并规定各自的法定刑。例如，对于《刑法》第 114 条可这样规
定：故意放火、决水、爆炸、投放危险物质或以其他危险方法破坏工厂、矿
场、油田、港口、河流、水源、仓库、住宅、森林、农场、谷场、重要管道、
公共建筑物或者其他公私财产，危害公共安全，尚未造成严重后果，并对可
能发生的严重结果持故意心态的，处三年以上十年以下有期徒刑；情节较轻
的，处三年以下有期徒刑或拘役。

对于前述故意犯罪，若行为人对可能发生的严重结果仅持过失心态的，
处三年以下有期徒刑、拘役或管制。

**（二）对故意危险犯延伸而出的结果加重犯的立法思考**

《刑法》第 115 条第 1 款、第 119 条第 1 款等规定的结果加重犯是由第
114 条、第 116 条、第 117 条和第 118 条等规定的故意危险犯延伸而出的。这
些结果加重犯的心理联结模式也有两个：（1）"故意-故意"模式，即对危险
状态持故意而对严重的实害结果也持故意，（2）"故意-过失"模式，即对危
险状态持故意而对严重实害结果持过失。由于第一种模式对严重实害结果持
故意，而第二种模式对严重实害结果持过失，因此，第一种模式下的结果加
重犯的社会危害性要大于第二种模式下的结果加重犯，其法定刑理应不同。
但是，《刑法》第 115 条第 1 款、第 119 条第 1 款将这两种不同心态模式的结
果加重犯合二为一，不分彼此，并适用同一法定刑，这同样是违背罪责刑相
适应原则的。为此，笔者建议在立法上将这两种不同心态模式的结果加重犯
分别规定，并采用不同的法定刑。例如，对于《刑法》第 115 条第 1 款可修
改为："故意放火、决水、爆炸、投放危险物质或以其他危险方法危害公共
安全，致人重伤，死亡或使公私财产遭受损失，并且对造成的严重结果持故
意心态的，处十年以上有期徒刑、无期徒刑或者死刑。对于前述故意犯罪，
若行为人对造成的严重结果持过失心态的，处三年以上十年以下有期徒刑，
情节特别严重的，处十年以上有期徒刑或无期徒刑。"

**（三）对过失危险行为引起的过失犯罪的立法思考**

《刑法》第 115 条第 2 款规定的失火罪、过失决水罪、过失爆炸罪、过失

投放危险物质罪和过失以危险方法危害公共安全罪均为过失犯罪。导致这些过失犯罪的危害结果的前提行为均为危害公共安全的危险行为。行为人实施这些危险行为时，他对造成危害公共安全的危险状态的心态以及对严重实害结果的心态分别是什么呢？《刑法》第115条第1款和第2款是这样规定的："放火、决水、爆炸以及投放毒害性、放射性、传染病病原体等物质或者以其他危险方法致人重伤、死亡或者使公私财产遭受重大损失的，处十年以上有期徒刑、无期徒刑或者死刑。过失犯前款罪的，处三年以上七年以下有期徒刑；情节较轻的，处三年以下有期徒刑或者拘役。"

从这一条文可知，该罪对前述严重的实害结果持过失是无疑的，但是，对于实施前述危害公共安全的危险行为时，其对危险状态是故意还是过失呢？该条并未明确规定，但是，从前述对《刑法》第114条和第115条第1款分析可知，对危险状态持故意心态的危险犯划归为故意危险犯。即使其中有一种心理联结模式为"故意-过失"（对危险状态持故意而对实害结果持过失）的危险犯也归属于故意危险犯。由于《刑法》第115条第2款的过失犯罪规定的法定刑较低，因此，应认为，这些过失犯罪是由过失危险行为延伸而出的过失犯罪，这些犯罪对危害公共安全的危险状态只能是持过失心态，即其心理联结模式为："过失-过失"模式（对危险状态持过失而对实害结果持过失）。

综上所述，为了在立法上明晰前述内容，可对《刑法》第115条第2款修改为："过失实施前款犯罪的行为，并过失造成前款严重结果的，处三年以下七年以上有期徒刑；情节较轻的，处三年以下有期徒刑或者拘役。"

### （四）对危险驾驶罪的立法思考

危险驾驶罪的心理联结模式是："故意-过失"模式（对危险状态持故意而对可能性的实害结果持过失）。当实施危险驾驶行为的心态类型为"故意-故意"（对危险状态持故意而对可能的实害结果持故意）时，该行为应定以危险方法危害公共安全罪。但是，《刑法修正案（八）》规定的危险驾驶罪并不能明确这一点，因而，在危险驾驶罪的罪过形式及其与相关犯罪的区别等领域引起了较大的纷争。为此，有必要对危险驾驶罪进行立法完善，笔者认为，《刑法》第133条之一可修改为："故意在道路上驾驶机动车追逐竞驶，情节恶劣的，或者故意在道路上醉酒驾驶机动车的，并对可能发生的严重实害结果持过失心态的，处拘役，并处罚金。犯前款罪，并已实际造成严重实害结果的，按《刑法》第133条以交通肇事罪定罪处刑。犯第1款故意犯罪，对可能发生的严重实害结果持故意心态的，按《刑法》第114条规定（即以危险方法危害公共安全罪）定罪处罚。"

这一修改明晰了危险驾驶罪的心理联结模式及其与交通肇事罪的关系以及与以危险方法危害公共安全罪的区别，有助于准确地定罪量刑。

# 法治中国与财产刑结构优化

单 民* 陈 磊**

十八届四中全会对全面推进依法治国作出了总体部署，描绘了建设社会主义法治国家的宏伟蓝图。法治中国建设包含了立法科学化的要求，以此审视刑事立法，刑罚结构特别是财产刑结构亟待优化。我国刑法中的财产刑包括罚金和没收财产两类，没收财产又称为一般没收，与作为非刑罚措施的特别没收相区别。没收财产刑的司法适用率极低、执行困难，而且还面临适用不公正的诟病，因此理论和实务上有主张废除没收财产刑。其实早在1997年新刑法施行以前，没收财产刑的存废问题，就一度成为聚讼焦点，存废各立，见仁见智。[1] 修订后的刑法扩大了没收财产刑的适用范围，又引起广泛讨论，除少数主张以没收财产刑对某些犯罪尤其是以财产为基础或贪财图利性的犯罪具有很强的制裁性和遏制性为由，赞同扩大没收财产刑的适用范围外，[2] 更多的是以没收财产侵犯公民私有财产权、易株连无辜、阻碍罪犯再社会化、无数量限制因而具有不平等性等理由，主张"限制"[3] 或者"废止"[4] 没收财产刑。

本文认为，侵犯公民私有财产权、株连效应、妨碍再社会化等论据，都不能成为废除没收财产刑的真正理由。没收财产和罚金同质同效，两者在立法上的功能重叠导致没收财产刑的司法适用率极低，故而应罚没合一，以罚金取代没收财产。罚金和没收财产有着财产刑所存在的共同问题，因此不宜再继续纠缠于没收财产刑的存废之争，而应将精力集中于解决财产刑所面临的真正的适用难题上，实现财产刑的优化与完善。

---

* 最高人民检察院检察理论研究所副所长，教授。

** 最高人民检察院检察理论研究所研究员，法学博士。

① 参见熊向东、王思鲁：《再论没收财产刑的废止》，载《河南省政法管理干部学院学报》1998年第1期。

② 参见陈兴良主编：《刑种通论》，中国人民大学出版社2007年版，第365页。

③ 关于限制论的主张，参见阮齐林：《论财产刑的正当理由及其立法完善》，载《中国法学》1997年第1期。

④ 关于废止论的主张，参见李洁：《论一般没收财产刑应予废止》，载《法制与社会发展》2002年第3期。

## 一、 罚金刑与没收财产刑的区别

　　财产刑是以剥夺犯罪分子的财产为内容的刑罚方法。罚金刑和没收财产刑都以剥夺财产为内容，但是从立法上看，两者在财产的性质和数量上却有不同：一方面，罚金仅限于货币财产，没收财产不以此为限，既包括货币也包括实物，既包括动产也包括不动产。另一方面，没收财产以个人所有财产为限，《刑法》第 59 条规定，没收财产是没收犯罪分子个人所有财产的一部或者全部，罚金则不以个人所有财产为限，可能超过个人现有财产。以《刑法》第 171 条运输假币罪为例，运输假币数额巨大的，并处 5 万元以上 50 万元以下罚金。假设一位 17 岁的流浪少年运输数额巨大的假币，一共获利5000 元，除此之外他只有几千元的现金，没有任何其他财产，即便只对其并处 5 万元罚金，也已超过他本人所有的财产总额。

　　财产性质在立法设计上的不同，是罚金刑与没收财产刑的基本区别。

## 二、 没收财产刑的存废之争及评析

　　与罚金刑相比，没收财产刑得到的关注并不多，就在这为数不多的关注中，废止没收财产刑的主张已逐渐成为主流观点。废止论的理由大同小异，都是针对没收财产的所谓弊端而论，甚至限制论者也以此为由，主张限制没收财产的适用范围。概括起来，主要有侵犯公民私有财产权、株连效应、妨碍再社会化等六种理由。[①] 以下逐条予以评析。

### （一）国家享有剥夺犯罪分子财产的权力

　　论者多认为，没收财产刑侵犯基本人权，违反宪法精神。[②] 甚至有论者将新修正的《宪法》搬出，认为 2004 年《宪法修正案（四）》已将"国家尊重和保障人权"入宪，将《宪法》第 13 条修改为"公民的合法私有财产不受侵犯"、"国家依照法律规定保护公民的私有财产权和继承权"，在这样的背景下，"再以维护重大公共利益的需要为由设置没收财产刑，缺乏法律根据"。[③]

　　没收财产刑的确"侵犯"了公民的私有财产权，因为没收的财产是与犯罪无关的犯罪分子个人所有的合法财产。存在这样一条基本的法理：任何人都不得从自己的违法行为中获利；任何人都应当对自己的违法行为负责，负责的方式就是让渡原本属于自己的合法权利，包括财产权和人身权，后者包

---

　　① 参见储槐植、梁根林：《论法定刑结构的优化——兼评 97'刑法典的法定刑结构》，载《中外法学》1999 年第 6 期。

　　② 万志鹏：《没收财产刑废止论——从历史考察到现实分析》，载《安徽大学学报》（哲学社会科学版）2008 年第 5 期。

　　③ 参见赵善芹：《试论我国没收财产刑的废止》，中国政法大学 2006 年硕士学位论文。

括自由甚至生命,这就是财产刑和自由刑的正当性根据。每个公民在享有宪法规定的权利的同时,就已经做出了这样的承诺:违法时接受让渡权利的惩罚。权利总是与义务相对,侵犯一定的权利,就应当履行一定的义务;违背一定的义务,就应当被剥夺一定的权利。这是正义的应有之义。因此,国家对犯罪分子施以剥夺一定财产的惩罚,并不存在权利的冲突,因而也不是"权利冲突,应予平等保护或者区分位阶"[①] 的问题。

**(二) 没收财产刑并不违背罪责自负原则**

论者多认为,在现实生活中,财产一般是家庭成员共有,犯罪人单居的情况极少,一旦扩大了犯罪分子个人所有财产的范围,就侵犯到其他家庭成员的合法财产所有权。而且,犯罪分子复归社会以后,往往还要与家庭成员生活在一起,其个人生活上的困窘只会加重其他家庭成员的负担,从而殃及与犯罪分子共同生活的无辜亲属。[②]

如上文已经明确,财产刑剥夺的是犯罪分子个人所有的财产,并不涉及他人所有或者应有的部分,罚金和没收财产都是如此,所以并不存在背离罪责自负原则的问题。不可否认,没收财产有株连无辜的潜在可能性。剥夺犯罪分子个人所有的财产,也会使其亲属的财产利益受到间接的损失,所以刑法中的没收财产刑规定了"没收全部财产的,应当对犯罪分子抚养的家属保留必要的生活费用"。刑罚都有一定的株连性。刑罚株连效应的存在,是刑罚报应和痛苦的本质属性所衍生的副产品,是刑罚不可避免的副效果。以此为由并不足以否定财产刑的正当性。

**(三) 没收财产刑妨碍犯罪人再社会化的理由是因噎废食**

论者多认为,遭受没收财产刑处罚的犯罪人,由于难以在短时期内重新获取生活资料,生活境况往往悲惨,此种情况下犯罪人很可能迫于生活压力而重新走上犯罪道路,因而没收财产刑有碍犯罪人的再社会化。[③]

不可否认,没收财产刑,尤其是没收全部财产,即便是刑法规定了"没收全部财产的,也应当为犯罪分子个人保留必要的生活费用",也确实存在上述论者所提出的有碍再社会化的问题,但这一点也不能成为废止没收财产刑的理由。罚金刑也存在这一问题,没收财产刑尚且以个人现有财产为限,罚金刑则有可能超过这个限度。罚金刑还存在随时追缴制度(却没有保留必要的生活费用的规定)。如此看来,罚金刑较之没收财产刑,更加有碍于犯罪人的再社会化。无论是剥夺财产还是隔离人身的刑罚,都免不了存在再社会化难的问题。但这不是废止刑罚的理由,不能因噎废食。问题的关键不在

---

① 参见刘作翔:《权利冲突的几个理论问题》,载《中国法学》2002 年第 2 期。

② 杨彩霞:《没收财产刑的困境与出路》,载《华东政法学院学报》2001 年第 4 期。

③ 熊向东、王思鲁:《再论没收财产刑的废止》,载《河南省政法管理干部学院学报》1998 年第 1 期。

于废止，而在于如何设计人性化的量刑制度和刑满释放后的帮教制度，促进犯罪人的再社会化。

### （四）没收财产刑相较罚金刑而言并非重刑

论者多认为，没收财产刑力图通过剥夺犯罪人的一定生存条件，减少或者消除罪犯对统治秩序的潜在威胁，严厉性不言而喻。与此同时，人们越来越清楚地认识到物权及其观念的重要性，即没有财产便没有人格，而没收财产刑，不但剥夺了犯罪人合法的所有财产，并且产生的后果还会延及犯罪分子出狱后物质生活保障。所以没收财产刑与刑罚轻缓化的时代精神存在明显冲突。①

从立法原意上看，没收财产刑是作为重刑而设的。然而没收财产刑是否是重刑，特别是与罚金相比较，还有进一步探讨的余地。（1）如上文所述，没收财产应以本人现有财产为限，而罚金刑则有可能突破这个限制。（2）即便是没收全部财产，立法上还是留有了余地（保留必要的生活费用），而罚金刑则没有这种附加的人性化规定。（3）没收财产刑以现有财产为限，一般一次性执行完毕，而罚金刑还存在随时追缴制度。（4）刑法分则规定适用罚金刑的条文中，有近 2/3 的条文采用了无限额罚金制。② 至少从立法上看，无限额罚金制的存在，能够使犯罪分子倾家荡产外，还会欠国家一大笔债。因此，在具体的制度设计上，没收财产与罚金孰轻孰重，实难断言。而在具体的判决中，也有罚金刑重于没收财产刑的实例。

### （五）没收财产刑的实质平等性是财产刑先天的问题

论者认为，没收财产刑是一种数量上无限度的刑罚，尽管法律对全部没收与部分没收加以区分，但是没收的绝对数字却因人而异，完全由法官自由裁量。没收财产刑的无尺度性导致罪刑相适应原则难以真正贯彻，对同样的案情，可能因犯罪人的经济状况不同而没收的全部财产数量有天壤之别。因此，没收财产刑不利于罪刑均衡之实现，而导致实质上的不平等。③

首先，我国刑法中的没收财产刑，也有量的规定。没收一部或者全部，显然是一种量的规定，只不过过于概括而已。所以，认为没收财产刑是一种数量上无限度的刑罚的看法，有失偏颇。其次，没收财产刑确实存在过于概括，完全委任法官自由裁量，可能导致罪刑相适应原则难以真正贯彻的问题，但这不能成为否定没收财产刑正当性的理由。没收财产刑面临这种质疑，那么刑法分则大量存在的无限额罚金制更是难逃此指摘。这是刑罚幅度设置以及量刑规范化的问题，不是刑种本身存在的合理与否的问题。最后，个人财

---

① 杨彩霞：《没收财产刑的困境与出路》，载《华东政法学院学报》2001 年第 4 期。

② 参见姚贝：《对没收财产刑的价值反思》，载《西南科技大学学报》（哲学社会科学版）2011 年第 4 期。

③ 杨彩霞：《没收财产刑的困境与出路》，载《华东政法学院学报》2001 年第 4 期。

产多寡不均，同样是没收财产，造成的苦乐不均。① 这是财产刑的"先天不足"，没收财产刑如此，罚金刑亦如此，是财产刑不可避免的问题。正确的做法是"后天弥补"，设计更为合理的制度，而不是舍弃这一刑种。

**（六）没收财产刑的执行成本是任何刑罚都存在的问题**

论者以"没收财产刑的执行成本过高"② 以及"个人财产由个人支配，可以最有效地发挥财产的价值"③ 为由，认为没收财产刑不符合经济性原则。而且，财产刑存在执行上的困难，具体体现在调查犯罪人财产状况的困难以及对犯罪人共有财产分割的困难，④ 以及存在执行率极低、执行程序不明、执行监督失控的问题。⑤ 因此应废止没收财产刑。

在笔者看来，这是废止论最难以成立的理由。任何刑罚的执行都会有一定的成本，没收财产刑的执行成本高，但是高不过罚金刑，罚金刑有强制执行制度，有随时追缴制度，这些都需要投入更多调查和执行的成本。另外，没收财产刑的执行成本更高不过监禁刑，特别是长期监禁刑。与监禁刑相比，财产刑至少还是经济上有所"回报"的刑罚。至于财产归个人所有增值更多还是归国家所有增值更多，则难以定论。财产归国家所有，最起码可以保值，而且国家将没收的财产集中起来进行稳妥的投资行为，升值的可能性更大，这些钱可以用来救助刑事被害人，可以用来帮助刑满释放人员尽快适应社会，较之由个人支配创造的价值反而可能更大。

## 三、没收财产刑应予废止的真正理由是立法上的功能重叠

以上六种理由，除了第一、四、六种难以成立外，其余三种都是对没收财产刑问题的揭示。这些问题不独没收财产刑有，罚金刑也有，甚至自由刑也有。如果以这些理由主张废止没收财产刑，那么罚金刑也应当被废止，甚至自由刑、生命刑都应当被废止。因此，这些理由都不足以否定没收财产刑的正当性。没收财产刑应予废止的真正理由在于：没收财产刑和罚金刑同质同效，功能重叠。同时规定罚金刑和没收财产刑是一种立法上的浪费，也导致了没收财产刑的司法适用率极低。两者应合二为一，以罚金刑取代没收财产刑。

从立法设置上看，罚金和没收财产在财产性质上有所区别，但是从司法适用上看，两者并无实质的不同。

1. 作为罚金刑的财产是货币财产，立法和司法解释都是如此规定。例

---

① 参见曲新久著：《刑法的精神与范畴》，中国政法大学出版社 2003 年版，第 366~367 页。
② 参见杨彩霞：《没收财产刑的困境与出路》，载《华东政法学院学报》2001 年第 4 期。
③ 参见曲新久：《没收财产，一种应当废除的刑罚》，载《检察日报》2000 年 3 月 16 日第3 版。
④ 参见杨彩霞：《没收财产刑的困境与出路》，载《华东政法学院学报》2001 年第 4 期。
⑤ 参见万志鹏：《没收财产刑的司法困境与出路》，载《湘潭大学学报》2009 年第 5 期。

如，《刑法》第162条规定的妨害清算罪，犯本罪的，并处或单处2万元以上20万元以下罚金；2000年最高人民法院《关于适用财产刑若干问题的规定》第8条明确规定："罚金刑的数额应当以人民币为计算单位。"但是具体执行时已经不限于货币财产，也无法限于此。罚金刑有强制缴纳制度，可以通过拍卖、变卖被告人的不动产等非货币财产来强制收缴；还有随时追缴制度，"任何时候发现被执行人有可以执行的财产"，应当随时追缴，此处"可以执行的财产"就不限于货币财产。

2. 没收财产刑包括部分没收和全部没收，财产不限于货币财产，既包括动产也包括不动产。但是实践中没收部分财产的判决，几乎全部都是以金额表述，即在判决书中写明并处没收个人财产人民币＊＊元，而非列举具体的财产或者判处没收财产的比例。[1]"并处没收个人部分财产5万元"和"并处罚金5万元"的区别也就体现在文字的表述上，除此之外没有任何不同。

3. 如果说没收全部财产是对犯罪人全部财产的剥夺和否定，而罚金刑的数额不能突破这一限制，那么罚金和没收财产至少在数量上和轻重评价上还有区别的意义。如果两种财产刑有相互衔接或其他的互补关系的话，其并存是有必要的。[2]但是如上文所述，罚金刑剥夺的财产甚至有可能突破犯罪分子现有的财产总额，罚金刑和没收财产刑孰轻孰重难以定论，两者也很难有相互衔接或者其他的互补关系。

4. 从刑罚执行的实际内容和效果上看，罚金刑和没收财产刑没有任何区别，应当将二者合二为一，用罚金来取代没收财产，以实现财产刑的优化。

## 四、 财产刑的完善应着眼于解决司法适用难题

罚没合一，以罚金取代没收财产，这只是财产刑完善的第一步。从上文对理论上废止没收财产刑的六种理由的评析中可以看出，真正的问题不在于没收财产刑的存废之争，[3]而在于如何设计合理的财产刑制度以实现刑罚的目的、实现罪责刑相适应原则、实现犯罪人的再社会化、实现刑罚的有效执行。

具体需要解决的问题包括：（1）财产刑的适用范围。危害国家安全罪是否有必要附加适用财产刑？无期徒刑和死刑是否还有必要再附加适用财产刑？（2）财产刑的判决根据。是根据犯罪情节的轻重还是犯罪人受刑能力（财产状况）的大小来决定判处的数额？如何解决财产状况不均造成的形式平等和实质平等纠葛的问题？（3）财产刑的刑罚幅度。如何设置合理的财产刑幅度

---

[1] 参见姚贝博士的统计，姚贝：《没收财产刑研究》，中国政法大学2009年博士学位论文。
[2] 参见李洁：《论一般没收财产刑应予废止》，载《法制与社会发展》2002年第3期。
[3] 因为在本文看来，没收财产刑纯属"多余之刑"，其存在只是为了满足报应和预防之外的目的。

以实现罪责刑相适应原则?（4）财产刑执行的人性化处遇。如何减轻财产刑的株连效应，促进犯罪人的再社会化，制度上应如何回应?（5）财产刑的执行难。面对执行难问题，是采取易科制度，无限期追缴制度，缓刑制度，还是执行保证金制度?① 囿于篇幅，关于这些问题的探讨与回答就不在本文展开，而留待下一篇文章解决。

---

① 参见刘明祥：《论解决罚金刑执行难题的立法途径》，载《法学家》2009 年第 2 期。

# 法治推进与保安处分制度的建构[①]

冯　军[*]　敦　宁[**]

## 引言

2014 年 10 月，中共中央在第十八届四中全会上做出了全面推进依法治国的重大战略决策。同时，《中共中央关于全面推进依法治国若干重大问题的决定》明确指出，"全面推进依法治国，总目标是建设中国特色社会主义法治体系，建设社会主义法治国家。"伴随这一决策的出台，我国也进入了全面推进法治化建设的时代。尽管当前对"法治"还存在不同的解读，但在法治的精神或内涵方面至少已形成以下几点共识：第一，法治的前提是存在健全、完善、合理的法律规范体系；第二，法治的价值取向是有效限制公权力并充分保障人权；第三，已经制定的法律能够得到良好的遵守。[②] 而刑事法律不仅是其他法律的保障法，同时还关系到对公民重大权益（权利）的剥夺或限制，所以，有效实现刑事制裁的法治化，在全面推进依法治国的进程中具有举足轻重的意义。

在国外，特别是大陆法系国家，其刑事制裁措施一般可分为两类，即刑罚与保安处分。鉴于这两类制裁措施都会在一定程度上涉及对公民的人身和财产等重大权益的剥夺或限制，各国均在刑事法律中规定了完善的制裁制度以确保其规范适用。而在我国，除刑罚之外，也同样存在一些具有保安处分性质的制裁措施，如收容教养、强制医疗、禁止令等。我国一直比较重视对刑罚制度的完善，但在一定程度上却忽视了对保安处分制度的建构，由此也就导致了这类制裁措施的法治化程度严重不足，并在对相关行为人的人权保障方面产生了很大的不利影响。鉴于此，实现对保安处分制度的完整建构，已经成为我国刑事法治建设进程中的一项紧迫性任务。

---

① 本文系 2015 年度河北大学国家治理法治化研究中心资助课题项目（2015GJZLFZH016）的研究成果之一。

* 河北大学政法学院教授，法学博士，博士生导师。
** 河北大学政法学院副教授，法学博士。

② 参见张文显主编：《法理学》，高等教育出版社、北京大学出版社 1999 年版，第 181～196 页。

## 一、 保安处分与保安处分制度

### （一）保安处分的理论解读

所谓保安处分，是指着眼于行为人具有的社会危险性，以对行为人进行社会保安和对其本人进行改善或治疗等为目的的国家处分。① 保安处分一般可分为对人的保安处分和对物的保安处分两类。对人的保安处分通常包括感化教育、强制医疗、强制禁戒、行为监督、禁止执业等监禁性或非监禁性处分措施；对物的保安处分则一般包括解散法人、关闭营业场所、保安没收、交纳善行保证金等处分措施。广义上的保安处分既包括对人的保安处分，也包括对物的保安处分。而狭义上的保安处分则仅指对人的保安处分。

在当代，一般认为，保安处分是明显有别于刑罚的一类独立的刑事制裁措施，二者具有如下差别：（1）刑罚是作为对犯罪的责任谴责而科处的，而保安处分则不以责任谴责为要素；（2）刑罚以犯罪行为为前提，是作为对犯罪行为的法律效果而科处的，而保安处分则并不一定以犯罪行为为前提，它以行为人将来的危险性为处分的要件；（3）刑罚是对过去犯罪的报应，而保安处分则是为了消除行为人将来的危险性而科处的。② 从理论上讲，保安处分独立性的获得，实际上主要源于其在有效预防再犯方面对刑罚作用的弥补。对此，耶赛克和魏根特教授曾作过如下总结："根据行为责任确定的刑罚并不总是能够胜任刑法的犯罪预防任务，因为在很多情况下，刑期往往短于确保预防结果所需要的期限；再者，违法者需要医学的、教育的或社会的治疗，而这些治疗在正常的刑罚执行中是不可能做到的。加上，无责任能力的行为人不得科处刑罚，因此，刑罚必须通过处分来加以补充，其目的在于对行为和行为人的履历中所表现出来的危险性，通过治疗、帮助、保安或消除措施来予以克服。"③ 由此可见，保安处分正是在补充刑罚适用的意义上才获得了其独立性。也正基于此，国外刑罚和保安处分的"双轨制"刑事制裁体系才得以形成。

而从各国对保安处分的运用实践来看，其对刑罚的补充作用主要体现在以下两个方面：一方面，对于实施了危害行为但因欠缺责任能力而不构成犯罪的行为人，可以适用具有教育和改善性质的保安处分措施，以有效预防其再犯；另一方面，对于行为已构成犯罪但仅适用刑罚并不足以实现特殊预防

---

① 参见［日］大塚仁著：《刑法概说（总论）》第 3 版，冯军译，中国人民大学出版社 2003年版，第 582 页。

② 参见［日］大谷实著：《刑法讲义总论》（新版第 2 版），黎宏译，中国人民大学出版社 2008年版，第 491 页。

③ 参见［德］汉斯·海因里希·耶赛克、托马斯·魏根特著：《德国刑法教科书》，徐久生译，中国法制出版社 2001 年版，第 103 页。

目的的犯罪人，可以附加适用具有限制或改善性质的保安处分措施，以有效预防其再犯。

### （二）保安处分制度的基本内容

任何一种法律制裁措施的合理运用都必须要以一定的制度为依托，保安处分也不例外。特别是由于保安处分在历史上曾被德国法西斯所滥用，并造成了严重的人权灾难，所以当代各国都非常重视对保安处分的制度建构。从各个国家和地区对保安处分制度的相关规定来看，其大致都包括如下一些基本内容：（1）保安处分的具体措施及其适用对象；（2）保安处分的适用程序；（3）保安处分的适用原则；（4）保安处分的执行制度。例如，意大利刑法典对保安处分制度的规定就大致包括如下一些内容：第一，具体规定了人身性和财产性保安处分措施的种类、内容和适用对象；第二，明确规定了保安处分应由法官在相应的司法程序做出；第三，确立了法定主义和可适用性等保安处分的适用原则；第四，对保安处分的具体执行方式以及推迟执行、变更执行、停止执行等做出了明确的规定。①

## 二、 我国的保安处分： 有实无名及法治化程度严重不足

虽然我国现行《刑法》中并没有对保安处分的专章规定，但是这并不意味着我国《刑法》中不存在具有保安处分性质的制裁措施。例如，《刑法》第17条和第18条所规定的收容教养和强制医疗，就与国外相关的保安处分措施在性质上并无二致。《刑法》第64条所规定的特别没收，在国外即是一种对物的保安处分措施。《刑法修正案（八）》所规定的禁止令，也同样是以特殊预防为目的而设立，且其只能附加于管制和缓刑适用，而并不能独立适用，因此作为一种保安处分措施的特征十分明显。此外，2014年的《刑法修正案（九）（草案）》还计划增加如下规定："因利用职业便利实施犯罪，或者实施违背职业要求的特定义务的犯罪被判处刑罚的，人民法院可以根据犯罪情况和预防再犯罪的需要，禁止其自刑罚执行完毕之日或者假释之日起五年内从事相关职业。"这在国外同样属于一种保安处分措施，一般可称为"禁止执业"。因此，我国的保安处分实际上是有实无名，或者说是一种隐性的存在。

尽管在刑事立法上应当充分考虑国情，而不应绝对效仿国外，但是对于这些法律规定所带来的问题，我们也不能刻意回避。从目前来看，这些问题主要表现为以下几方面：首先，对于这类性质和功能相同的保安性措施，在法律处理上却并不一致。例如，对于因未达刑事责任年龄而不负刑事责任的未成年人的收容教养，其决定权归于政府；对不负刑事责任的精神病人的强

---

① 参见《最新意大利刑法典》，黄风译注，法律出版社2007年版，第74~88页。

制医疗的决定权则归于法院。① 从实体上看，两者的适用对象都属于已经实施严重危害行为，但因欠缺刑事责任能力而导致行为不构成犯罪的情形。两者比较，收容教养的决定过程涉及的利益方更多，争议也更大，将其决定权交由公安机关来行使显然不利于保障未成年人的合法权益。② 其次，对于强制戒毒、强制治疗性病等具有类似性质的保安性措施，刑法却并未予以统一规定。由于这类措施多涉及对行为人人身自由的剥夺或限制，将其交由行政机关决定，显然也并不利于保障行为人的合法权益。最后，对于这类保安性措施的运用，刑法或其他法律中也并未形成完整的制度建构，从而难免会造成法律适用上的混乱。例如，在实践中，禁止令的适用就已经在一定程度上出现了混乱现象。③

总之，我国刑法对保安性措施的规定明显存在法治化程度严重不足的问题。究其原因，就是因为我国对这类措施还尚未明确赋予其保安处分之名，并据此形成完整的法律制度建构。由此，为了进一步满足刑事法治的基本要求，也为了使保安处分的实践功能得到充分发挥，下一步刑事立法的重点就是实现对保安处分制度的完整建构。

## 三、 我国保安处分制度的建构思路

从域外保安处分的立法模式来看，其大体上有两种形式，即在刑法典中专章规定保安处分（如德国刑法）与在刑法典之外单独规定保安处分（如韩国刑法）。④ 笔者认为，与我国"统一刑法典"的立法惯例相适应，在刑法典中专章规定保安处分制度是较为妥当的模式。当然，在刑事诉讼法典中也应对保安处分的具体适用程序做出相应的规定。也就是说，我国应当实现保安

---

① 2012 年的新刑事诉讼法增设了"依法不负刑事责任的精神病人的强制医疗程序"。
② 参见时延安：《保安处分的刑事法律化——论刑法典规定保安性措施的必要性及类型》，载《中国人民大学学报》2013 年第 2 期。
③ 对此可参见敦宁、任能：《禁止令适用的合理化问题》，载《法律适用》2014 年第 5 期。
④ 参见刘仁文：《保安处分与中国行政拘禁制度的改革》，载《法治研究》2014 年第 6 期。

处分的刑事法律化。① 在这些刑事法律中，应主要对保安处分的具体措施及其适用对象、保安处分的适用程序和适用原则以及保安处分的执行制度等做出合理、明确的规定。

## （一）保安处分的具体措施及其适用对象

在保安处分的具体措施方面，域外的立法并不完全一致，但一般都包括对人的保安处分和对物的保安处分两类。其中，对人的保安处分又可进一步分为监禁性保安处分与非监禁性保安处分两种。而在保安处分的适用对象方面，域外的立法则大体都规定了三类人员：实施了社会危害行为的无责任能力人、犯罪人和其他一些不构成犯罪的违法者。笔者认为，在保安处分的具体措施方面，我国可适当参照域外立法加以规定；但在适用对象方面，考虑到我国行政制裁制度的存在，应将不构成犯罪的行政违法者排除在外，即只保留实施了社会危害行为的无责任能力人和犯罪人。② 并且，无责任能力人所实施的社会危害行为在客观上须达到犯罪的严重程度。

在此基础上，可初步考虑规定如下几种保安处分措施（包括已经存在的相关措施）：（1）收容教养。这一措施在我国现行刑法中已经存在，应予保留。（2）强制医疗。这一措施在我国现行刑法中也已存在，但对其适用对象应当予以扩展，即除实施严重社会危害行为且无责任能力的精神病人外，还应包括具有限制责任能力的精神病犯罪人，以及患有性病等严重传染性疾病的犯罪人。（3）强制禁戒。这一措施主要适用于那些具有吸毒、酗酒等瘾癖并因而引发犯罪的行为人。对这类行为人，应将其强制收容于相应的禁戒场所以戒除瘾癖。（4）禁止令。这一措施在我国现行刑法中也已存在，但是，其适用对象应当从管制犯和缓刑犯扩展至假释犯。③ （5）行为监督。行为监督具有两面性：一方面，对行为人的活动进行干预和限制；另一方面，对行

---

① 在我国，一些学者还专门阐述了将保安处分予以刑事法律化的必要性。例如，有论者指出，我国保安处分刑事立法化的必要性体现在以下几个方面：（1）防卫社会的现实使命要求刑事制裁多元化；（2）违法犯罪者类型的多样性要求刑事制裁的多元化；（3）保安处分刑事立法化是完善我国法律制度制裁体系、统一我国保安处分立法的需要；（4）我国保安处分刑事立法化、司法化是顺应当今世界刑法发展潮流、提高我国刑法的国际威信的明智之举。（参见苗有水著：《保安处分与中国刑法发展》，中国方正出版社 2001 年版，第 182~184 页。）也有论者指出，"将保安性措施刑事法律化的理由，从法治层面分析，就是要使保安性措施的决定权法律化、法治化；从人权保障层面分析，就是要禁止保安性措施的滥用；从实体层面分析，就是要确保保安性措施设置和适用的正当性、法定性、合比例性；从程序层面分析，就是要实现保安性措施适用的诉讼化、司法化，并为适用对象设立完备的程序救济途径。"（参见时延安：《保安处分的刑事法律化——论刑法典规定保安性措施的必要性及类型》，载《中国人民大学学报》2013 年第 2 期。）这些理论解读对于我们理解为何要将保安处分刑事法律化，无疑都具有很强的启发意义。

② 对于一些仅适用行政制裁难以有效惩治的多次违法者，可考虑将其行为作犯罪化处理。

③ 具体理由可参见王志祥、韩雪：《论〈刑法修正案（八）〉中的禁止令制度》，载赵秉志主编：《刑法论丛》（2011 年第 4 卷），法律出版社 2011 年版，第 154 页；李怀胜：《禁止令的法律性质及其改革方向》，载《中国刑事法杂志》2011 年第 11 期。

为人的生活进行帮助和照料。这一措施主要适用于那些人身危险性较大的（监禁）刑满释放犯，目的就是为了有效预防其重新犯罪。（6）禁止执业。即限制行为人的职业活动。这一措施主要适用于那些利用职业便利或违背执业要求而实施犯罪的行为人。现行刑法中并不存在这一措施，但《刑法修正案（九）（草案）》已拟增设该措施。（7）保安没收。即没收犯罪人与犯罪有关联的财物或能诱发犯罪的物品，如犯罪所得、犯罪工具、违禁品等。这一措施在我国现行刑法中也已存在，应予保留。（8）交纳善行保证金。即要求犯罪人交纳一定数额的金钱，以作为将来不再实施犯罪的保证；如果其违反了善行保证，则没收保证金，反之则在期限届满后返还保证金。这一措施主要适用于那些被判处非监禁刑或短期监禁刑的犯罪人。

### （二）保安处分的适用程序

通过司法程序来裁处和适用保安处分措施是域外许多国家和地区的一致做法。其原因主要在于：一方面，由于保安处分多涉及对行为人人身自由的剥夺或限制，所以，适用司法程序更加有利于保障人权；另一方面，多数保安处分措施都是针对犯罪人加以适用的，因此也就不可避免地会涉及与刑罚的互补性或协调性问题，所以在统一的刑事司法程序中加以适用也更加合理和便捷。从我国现有的保安处分措施来看，禁止令、保安没收以及对无责任能力的精神病人的强制医疗都已经实现了司法化，但收容教养还并未实现司法化。鉴于之前劳动教养的行政化所产生的诸多负面效果，为了有效实现社会防卫与保障人权的统一，我国在保安处分的适用程序上也应当全面实现司法化。

### （三）保安处分的适用原则

"保安处分所使用的手段，若非剥夺受处分人的人身自由，即是限制受处分人的其他自由，其干预人民权益之深，实与刑罚并无二致。"并且，"保安处分比起刑罚，更具强烈的目的性，而且也不受罪责原则的支配，故难免可能被滥用"。[①] 所以，在立法上必须要明确确立保安处分的适用原则，以有效确保其合理适用。而在保安处分的适用原则方面，域外的立法规定并不完全一致，理论上对此也提出了一些不同的主张。在综合考虑的基础上，笔者认为，我国应明确确立如下保安处分的适用原则：

1. 法定性原则

这一原则又称处分法定原则，是指在保安处分的适用上必须要严格按照法律明文规定的保安处分种类、适用对象、适用程序等来进行，绝不能在法外适用保安处分。法定性原则是保安处分的制度屏障，其与罪刑法定原则具有相同的意蕴，均在人权保障方面发挥着基础性作用。

---

① 林山田著：《刑法通论（下册）》（增订10版），北京大学出版社2012年版，第390页。

2. 必要性原则

"必要性原则又称从属性原则，是指法官在判处保安处分措施时必须考虑以下因素：对行为人适用这一处分是否必不可少，只有在不存在其他更加有效或更为轻缓的选择方案时才能够适用保安处分措施。"① 这一原则是对刑法谦抑主义的贯彻，其在防止保安处分被滥用方面发挥着重要作用。

3. 相当性原则

这一原则又称比例原则，是指保安处分措施的适用必须与行为人人身危险性的大小及维护社会秩序的实际需要大致相当，而不能轻重失衡。相当性原则类似于刑罚适用中的罪责刑相适应原则，是确保保安处分合理适用的基本准则。

**（四）保安处分的执行制度**

保安处分的特殊预防效果能够有效实现，在很大程度上取决于相应的保安处分措施能否得到有效的执行。为此，必须要在立法上对保安处分的执行制度进行合理设计。首先，应当明确规定保安处分的执行机构。与各种保安处分措施的具体执行内容相适应，其执行机构可分别确定为收容教养所、公安机关、戒毒所、社区矫正部门、工商行政部门、法院等。其次，应当对保安处分的执行方式、监督管理措施、受处分人的权利与义务以及保安处分的解除等做出明确规定。最后，应当协调处理保安处分执行和刑罚执行之间的关系。在这一方面可大致作如下规定：（1）对于监禁性保安处分措施（强制医疗、强制禁戒），与监禁刑同时科处的，应同时执行，保安处分期可折抵刑期；与非监禁刑同时科处的，应分别执行。（2）非监禁性保安处分措施应与刑罚分别执行。其中，禁止令的执行期限应与管制、缓刑和假释的执行（考验）期限等同。（3）财产性保安处分措施应与刑罚分别执行。

# 四、结语

保安处分制度的建构是一项宏大而复杂的工程，其中存在方方面面的问题需要讨论和解决，限于篇幅，本文不可能予以全面展开。但是，我们必须要承认的是，保安处分制度的确立，是各国与违法犯罪作斗争的经验总结，其在有效弥补刑罚之不足、更好地实现社会防卫方面发挥着重要的作用。对此，正如德国刑法学家李斯特所指出的，"在现代刑事政策研究方面的一个重大成就是，最终达成了这样一个共识：在与犯罪作斗争中，刑罚既非惟一的，也非最安全的措施。对刑罚的效能必须批判性地进行评估。出于这一原因，除刑罚制度外，还需建立一套保安处分制度"。② 考虑到我国当前对违法

---

① 刘夏：《德国保安处分制度中的适当性原则及其启示》，载《法商研究》2014 年第 2 期。
② ［德］托马斯·李斯特：《德国刑法教科书》，徐久生译，法律出版社 2006 年版，第 22 页。

犯罪的治理不仅存在与其他国家和地区类似的问题需要解决，而且立法实践中事实上也已经体现了对这一制度的强烈需求，因此，我们就不能再以这一制度曾被某些政权所滥用为由而对其加以排斥，相反，"如果我们不能正视现有的保安性措施的实践，回避实践中的问题，反倒会造成这些保安性措施被滥用的后果"。① 所以，在当前全面推进依法治国的社会背景下，通过参考和借鉴西方法治国家的优秀经验和做法，进而实现对保安处分制度的完整建构，应当成为我国刑事立法的一种理性选择。

---

① 时延安：《保安处分的刑事法律化——论刑法典规定保安性措施的必要性及类型》，载《中国人民大学学报》2013 年第 2 期。

# 刑法功能转型下的预防性
# 措施入刑探讨①

袁　彬*

基于传统的报应观念，我国刑法长期呈现着"重惩罚、轻预防"的立法和司法倾向。例如，在刑罚设置上，无论是主刑还是附加刑，我国刑法都存在明显的重剥夺轻防范的特点，并在人权保障程度不断提升的法治改革背景下饱受诟病。随着 2011 年《刑法修正案（八）》增设"三禁止"措施和之后我国对劳动教养等处罚严厉的行政处罚制度的废止，我国刑法呈现出一个新特点：刑法的预防性观念和措施不断强化。2014 年 10 月，第十二届全国人大常委会第十一次会议初次审议了《刑法修正案（九）（草案）》。该草案在《刑法修正案（八）》的基础上，增设了一种新的预防性措施，即"从业禁止"。这无疑是对《刑法修正案（八）》预防性措施入刑的强化，预示着我国刑法处罚措施正发生着结构性变化和功能转型，对我国附加刑制度的未来发展也具有重要影响。基于此，本文拟以《刑法修正案（九）（草案）》之"从业禁止"入刑为主要视角，探讨我国预防性措施入刑和附加刑的改革。

## 一、 刑法的功能转型与预防性措施入刑

### （一）"出行入刑"与我国刑法功能的转变

近年来，我国刑事法治相关领域出现了两种令人关注的现象：一是行政执法权的日渐式微。这集中体现在 2013 年底我国废止了劳动教养制度的立法，彻底取消了劳动教养制度。在此之前，我国还适时取消了收容遣送制度。从目前的发展趋势来看，今后我国还将取消与劳动教养制度相近的收容教育制度。通过这些改革，我国行政机关的执法权受到了明显削弱，与社会治安相关的行政处罚权逐渐全面回归处罚力度并不大的《治安管理处罚法》，行政处罚的强度明显下降。二是刑法适用范围的逐渐扩张。这种扩张在立法上

---

① 本文系 2014 年司法部国家法治与法学理论研究项目"中国反腐败的刑法预防性措施研究"（项目编号：14SFB20014）的阶段性研究成果。

* 北京师范大学刑事法律科学研究院院长助理、教授，中国刑法学研究会副秘书长。

的代表是《刑法修正案（八）》明显降低了盗窃罪等普通刑事犯罪的入罪门槛，[①] 在司法上的代表是寻衅滋事罪等与社会治安相关的罪名的适用范围明显扩张。[②] 对于我国法治领域出现的这两种现象，很多人将其一分为二，既为前一种现象叫好，认为这是法治的进步，又为后一种现象的出现感到担忧，认为有违刑法谦抑和罪刑法定原则。[③] 尽管这两种现象出现的时间并不完全对接，但从我国法治建设的整体性上看，两者之间显然具有直接的内在联系，并可将其概括为"出行（政法）入刑（法）"。除了上述刑法立法和司法上的代表性做法，其在刑法领域还有众多体现，如《刑法修正案（八）》的醉驾入刑、恶意欠薪入刑、危害食品药品安全犯罪门槛的降低等。

从完善我国法治建设的角度看，笔者认为，"出行入刑"具有显著的积极价值：一方面，它体现了行政权对司法权的让渡，是法治进步的体现。长期以来，人们对劳动教养制度的最大诟病不是劳动教养惩罚的严厉性，而是作为一种严厉的行政处罚措施，劳动教养决定的作出缺乏司法的监督和审查程序。废止劳动教养制度，将原劳动教养制度规制的行为部分地纳入刑法的范围，实际上体现了行政权对司法权的让渡，有重要的法治意义。另一方面，它严密了我国的法律体系。从完备的法律体系建构上看，任何一国的法律体系都应当实现对违法行为的全面覆盖，并且这种覆盖必须是建立在违法行为与责任对等的原则之上。因此，对部分违法行为的行政处罚的退出，需要其他程度相当的措施进行补位。从这个角度看，"出行入刑"严密了我国的法律体系。

作为一种法律现象，"出行入刑"给刑法带来的影响不单是刑法内容的扩充，也带来了刑法功能的转化。长期以来，基于公正立场的报应性刑法观念在我国刑法立法和司法上都居于绝对的主导地位。惩罚性是衡量刑法公正的主要标尺，并在刑法立法中得到了充分体现。例如，反映犯罪行为及其危害程度的客观情节在定罪量刑中居于核心地位，以预防为主的保安处分措施在刑法中无立足之地，刑罚种类上完全以自由刑为中心等。不过，近年来，

---

① 《刑法修正案（八）》将盗窃罪的入罪门槛由原来的"数额较大或者多次盗窃"修改为"数额较大的，或者多次盗窃、入户盗窃、携带凶器盗窃、扒窃的"，入罪门槛明显降低，范围明显扩大。

② 仅 2013 年我国就针对寻衅滋事罪出台了两个扩大其适用的司法解释，即最高人民法院、最高人民检察院 2013 年 7 月 15 日发布的《关于办理寻衅滋事刑事案件适用法律若干问题的解释》和最高人民法院、最高人民检察院 2013 年 9 月 6 日发布的《关于办理利用信息网络实施诽谤等刑事案件适用法律若干问题的解释》，对寻衅滋事罪的适用做了扩大解释。其中特别是《关于办理利用信息网络实施诽谤等刑事案件适用法律若干问题的解释》第 5 条规定："利用信息网络辱骂、恐吓他人，情节恶劣，破坏社会秩序的，依照刑法第二百九十三条第一款第（二）项的规定，以寻衅滋事罪定罪处罚。编造虚假信息，或者明知是编造的虚假信息，在信息网络上散布，或者组织、指使人员在信息网络上散布，起哄闹事，造成公共秩序严重混乱的，依照刑法第二百九十三条第一款第（四）项的规定，以寻衅滋事罪定罪处罚。"

③ 参见曾粤兴：《网络寻衅滋事的理解与适用》，载《河南财经政法大学学报》2014 年第 2 期。

随着"出行入刑"现象的增多，刑法以惩罚为绝对主导的功能体系也在发生变化，刑法的矫治和预防功能得到了前所未有的提升。这有两个方面的制度体现：一是社区矫正制度在刑法典中的确立。《刑法修正案（八）》明确规定对判处管制、宣告缓刑、决定假释的犯罪分子要实行社区矫正。从内容上看，社区矫正的核心是"教育矫治"。最高人民法院、最高人民检察院、公安部和司法部2012年1月10日联合发布的《社区矫正实施办法》第15条至第17条明确规定社区矫正人员在社区矫正期间的主要任务就是接受教育矫正（包括参加教育学习、社区服务、个别教育和心理辅导）。这也意味着刑法对矫治功能的重视和提升。二是预防性措施在刑法典中明显增多。囿于传统的刑罚体系设计，保安处分等预防性措施在我国刑法典中尚付阙如。不过，《刑法修正案（八）》首创以"禁止令"的形式设置预防性措施的立法，规定对被判处管制、宣告缓刑的犯罪分子可以同时禁止其"从事特定活动，进入特定区域、场所，接触特定的人"。从内容上看，禁止令的内容完全是预防性的，表明刑法对预防功能的重视。据悉，正在拟定的《刑法修正案（九）（草案）》也拟针对腐败犯罪以禁止令的形式增设新的预防性措施。

**（二）预防性措施的功能分析：以"从业禁止"为例**

顾名思义，预防性措施是以预防为主要和直接功能的措施，系相对于惩罚性措施而言的。与惩罚性措施相比，预防性措施具有两方面的显著特点：一是预防性措施以行为人的危险性为重要立足点，即行为人是否具有再次实施犯罪的可能性。[1] 这系由预防性措施之"预防"特性所决定的。二是预防性措施以预防为其直接而主要的效果。我国刑法理论长期将预防作为刑罚的目的，包括通过对犯罪人适用、执行刑法，预防其再次犯罪（即特殊预防）；通过制定、适用和执行刑罚，防止社会上可能犯罪的人实施犯罪（即一般预防）。[2] 毫无疑问，任何刑罚措施都具有一定的预防效果，但存在直接与间接、主要与次要之分。客观地看，我国刑罚的措施是建立在惩罚的基础之上，惩罚是这些措施的主要功能，预防则是间接的、附带的。而预防性措施则以预防为其直接、主要功能。严格地说，我国传统的刑罚措施基本上都不能称之为预防性措施。

相比之下，我国《刑法修正案（八）》的"禁止令（三禁止）"和《刑法修正案（九）（草案）》的"从业禁止"则可归入严格意义上的预防性措施。这是因为：一方面，这两类措施在适用根据上将行为人的危险性作为其适用的主要根据。2011年4月28日，我国最高人民法院、最高人民检察院、公安部、司法部出台的《关于对判处管制、宣告缓刑的犯罪分子适用

---

① 游伟、陆建红：《人身危险性在中国刑法中的功能定位》，载《法学研究》2004年第4期。
② 高铭暄主编：《新编中国刑法学》，中国人民大学出版社1998年版，第311页。

禁止令有关问题的规定（试行）》和《刑法修正案（九）（草案）》都明确将行为人再犯罪的危险作为其适用的重要根据。另一方面，这两类措施在功能上都以预防为主，惩罚性是辅助性的。例如，《刑法修正案（八）》规定的"三禁止"（即禁止"从事特定活动，进入特定区域、场所，接触特定的人"），其本身并不具有明显的惩罚性（所剥夺的权利范围和程度有限），而主要是预防性的。

刑法上预防性措施的设置，从根本上看，是为了包括行政法网和刑事法网在内的公法治理的法网，具有积极的法治价值。以"从业禁止"为例，预防性措施对法网的"严密"主要体现在两个方面：

第一，有助于弥补我国行政性法律法规的不足。现代社会的职业分工越来越精细，随之而来的是职业门槛的不断提升。其中，许多职业不仅对从业人员的技能有特定要求，还对从业人员的道德品行有要求。目前，我国基于特定职业的优化要求，通过行政法规范的方式，对许多特定职业规定了专门的要求，其中有不少职业包含了涉及刑事犯罪和处罚的禁止性条件（这方面的主要要求参见表1）。这在社会分工日益精细、行业分工不断细化的今天，对相关从业人员具有巨大影响。[①]

表1　行政性规范关于从业禁止的主要规定一览

| 职　　业 | 禁止内容 | 禁止条件 | 法律依据 |
|---|---|---|---|
| 法　官 | 不得担任法官 | 曾因犯罪受过刑事处罚的 | 《法官法》第10条 |
| 检察官 | 不得担任检察官 | 曾因犯罪受过刑事处罚的 | 《检察官法》第11条 |
| 公务员 | 不得录用为公务员 | 曾因犯罪受过刑事处罚的 | 《公务员法》第24条 |
| 警　察 | 不得担任人民警察 | 曾因犯罪受过刑事处罚的 | 《人民警察法》第26条第2款 |
| 律　师 | 不予颁发律师执业证书 | 受过刑事处罚的，但过失犯罪的除外 | 《律师法》第7条 |
| 公证员 | 不得担任公证员 | 因故意犯罪或者职务过失犯罪受过刑事处罚的 | 《公证法》第20条 |

---

[①]　有些制裁甚至都不见得比刑罚轻，如有的行政制裁措施规定，违反者一定期限内或者终生不得从事某一特定职业。参见黎宏著：《刑法学》，法律出版社2012年版，第330~331页。

| 职业 | 禁止内容 | 禁止条件 | 法律依据 |
|---|---|---|---|
| 军人 | 不得服兵役 | 依照法律被剥夺政治权利的人 | 《兵役法》第3条 |
| 公司管理人员 | 不得担任公司的董事、监事、高级管理人员 | 因贪污、贿赂、侵占财产、挪用财产或者破坏社会主义市场经济秩序，被判处刑罚，执行期满未逾五年，或者因犯罪被剥夺政治权利，执行期满未逾五年 | 《公司法》第147条 |
| 商业银行人员 | 不得担任商业银行的董事、高级管理人员 | 因犯有贪污、贿赂、侵占财产、挪用财产罪或者破坏社会经济秩序罪，被判处刑罚，或者因犯罪被剥夺政治权利的 | 《商业银行法》第27条 |
| 教师 | 不能取得教师资格；已经取得教师资格的，丧失教师资格 | 被剥夺政治权利或者因故意犯罪受到有期徒刑以上刑事处罚的 | 《教师法》第14条 |
| 注册会计师 | 不予注册 | 因受刑事处罚，自刑罚执行完毕之日起至申请注册之日止不满五年的 | 《注册会计师法》第10条 |
| 执业医师 | 不予注册 | 因受刑事处罚，自刑罚执行完毕之日起至申请注册之日止不满二年的 | 《执业医师法》第15条 |
| 驾驶员 | 吊销机动车驾驶证；不得重新取得机动车驾驶证 | 醉酒驾驶机动车的……吊销机动车驾驶证……五年内不得重新取得机动车驾驶证。醉酒驾驶营运机动车的……吊销机动车驾驶证……十年内不得重新取得机动车驾驶证，重新取得机动车驾驶证后，不得驾驶营运机动车。饮酒后或者醉酒驾驶机动车发生重大交通事故，构成犯罪的……并由公安机关交通管理部门吊销机动车驾驶证，终生不得重新取得机动车驾驶证。 | 《道路交通安全法》第91条 |

　　据上表可知，我国对法官、检察官、警察、律师等十多种职业都专门规定了与刑事相关的禁止性条件。其中有些规定还十分明确、具体，如担任教师的禁止性条件系"受到剥夺政治权利或者故意犯罪受到有期徒刑以上刑事处罚"。但仔细比较也可以发现，我国行政性规范的上述规定也存在一定的不足：一是上述规定涉及的职业范围有限，没有涵盖许多重要的关键领域，如建筑领域、危险品领域等。二是上述规定对刑事条件的设置存在缺失：大部分规定只涉及"刑事处罚"，不包括构成犯罪但未受处罚的情形；对刑事犯罪的类型与职业的相关性未作限定；只有少数规定明确禁止从事相关职业的年限。三是缺乏违反后的处罚性规定，强制性不足。基于此，《刑法修正案（九）（草案）》对"从业禁止"之禁止从业的刑事条件作了统一规定，明确规定了从业禁止的刑事条件和违反后的处罚，有助于弥补我国行政性规范关于从业禁止规定的不足。

　　第二，有助于弥补我国传统刑事制裁体系的不足。关于从业禁止，我国1997年刑法典只在第39条关于剥夺政治权利的规定中有所涉及，并主要局限于两个方面，即禁止"担任国家机关职务"和禁止"担任国有公司、企业、事业单位和人民团体领导职务"。与我国司法的现实需要相比，我国刑法典的这一规定存在两方面的明显不足：一是禁止从业的范围十分狭窄，即仅限于国有单位，没有包括非国有单位所可能涉及的职业。而从我国目前的社会现状看，非国有单位已经涉及了我国社会各个领域，职业范围十分广泛。刑法对此不加以规定，存在明显的法网缺漏，也不利于相关职业的健康发展。二是禁止从业的条件十分严格，即仅限于适用剥夺政治权利的场合。根据我国刑法典的规定，剥夺政治权利通常只适用于"严重犯罪"或者"国家公职犯罪"。对于较轻微的犯罪或者非公职犯罪，依据我国刑法通常不能适用剥夺政治权利（包括单独适用和附加适用）。从这个角度看，《刑法修正案（九）（草案）》对"从业禁止"的刑事条件做统一而明确的规定，不仅禁止国家公职犯罪人员而且也禁止非国家公职犯罪人员，不仅禁止担任职务而且禁止从事职业，有助于弥补我国刑事制裁体系的不足。

## 二、 预防性措施入刑对刑法的结构性冲击

### （一）预防性措施的结构性分析：《刑法修正案（八）》以前

　　在《刑法修正案（八）》以前，我国刑法上具直接预防色彩的措施是剥夺政治权利刑。除此之外，我国刑法上的管制刑、非刑罚性措施、缓刑等都包含有一定的直接预防性（具体可参见表2）。

表 2　2011 年以前我国刑法"预防性措施"一览

| | 禁止性要求 | 法律依据 |
|---|---|---|
| 管制 | 被判处管制的犯罪分子，在执行期间，应当遵守下列规定：<br>（一）遵守法律、行政法规，服从监督；<br>（二）未经执行机关批准，不得行使言论、出版、集会、结社、游行、示威自由的权利；<br>（三）按照执行机关规定报告自己的活动情况；<br>（四）遵守执行机关关于会客的规定；<br>（五）离开所居住的市、县或者迁居，应当报经执行机关批准。 | 《刑法》<br>第 39 条 |
| 剥夺政治权利 | 剥夺政治权利是剥夺下列权利：<br>（一）选举权和被选举权；<br>（二）言论、出版、集会、结社、游行、示威自由的权利；<br>（三）担任国家机关职务的权利；<br>（四）担任国有公司、企业、事业单位和人民团体领导职务的权利。 | 《刑法》<br>第 54 条 |
| 非刑罚性措施 | 对于犯罪情节轻微不需要判处刑罚的，可以免予刑事处罚，但是可以根据案件的不同情况，予以训诫或者责令具结悔过、赔礼道歉、赔偿损失，或者由主管部门予以行政处罚或者行政处分。 | 《刑法》<br>第 37 条 |
| 缓刑 | （一）遵守法律、行政法规，服从监督；<br>（二）按照考察机关的规定报告自己的活动情况；<br>（三）遵守考察机关关于会客的规定；<br>（四）离开所居住的市、县或者迁居，应当报经考察机关批准。 | 《刑法》<br>第 75 条 |

　　据上表可知，在 2011 年《刑法修正案（八）》颁行之前，我国刑法上的"预防性措施"具有四个显著特点：一是在适用对象上，既有针对犯罪人的措施，也有针对非犯罪人的措施（即犯罪情节轻微不需要判处刑罚的人）。二是在适用方式上，主要以刑罚和刑罚执行为主，兼顾非刑罚性措施，既可以独立适用也可以附加适用。三是在适用内容上，大多数措施都是象征性的：一方面，剥夺政治权利刑之剥夺"担任国家机关职务"、"担任国有公司、企业、事业单位和人民团体领导职务"与我国相关行政性规范基本重合，即受过刑罚处罚（即便未被判处剥夺政治权利），根据我国前述行政性规范，行为人也不可能担任相关职务。刑法的相关规定具有象征性。另一方面，从实践效果上看，除了禁止担任"国家机关职务、国有公司、企业、事业单位和人民团体领导职务"，其他措施的适用效果大多是象征性的。四是在适用依

据上，这些措施适用的主要依据是罪行的严重性程度（即行为的社会危害性），行为人的危险性因素只具有参考价值而非决定性因素。因此，严格地说，2011 年《刑法修正案（八）》颁行之前的所谓"预防性措施"并不具有直接的预防性，难以将其纳入严格的预防性措施的范围。

（二）预防性措施入刑对刑法的结构性冲突

严格的刑法预防性措施主要是指我国《刑法修正案（八）》和《刑法修正案（九）（草案）》规定的两类措施（即"三禁止"和"从业禁止"）。这两类措施在适用方式、适用对象、措施内容等方面都具有过去刑事制裁措施所不具有的诸多特点（参见表 3）。

表 3　2011 年以后我国刑法新增预防性措施一览

| | 法律条文 | 适用方式 | 适用对象 | 措施内容 | 适用期间 | 适用形式 | 法律后果 |
|---|---|---|---|---|---|---|---|
| "三禁止" | 对被判处管制、宣告缓刑的犯罪分子，可以禁止犯罪分子从事特定活动，进入特定区域、场所，接触特定的人（《刑法》第 38 条、第 72 条） | 禁止令 | 管制犯、缓刑犯 | 活动、区域或场所和人员接触禁止 | 管制、缓刑适用期间 | 附加适用 | 1. 撤销缓刑；2. 治安处罚。 |
| "从业禁止" | 因利用职业便利实施犯罪，或实施违背职业要求的特定义务的犯罪被判处刑罚的，人民法院可以根据犯罪情况和预防再犯罪的需要，禁止其自刑罚执行完毕之日或者假释之日起五年内从事相关职业[《刑法修正案（九）（草案）》第 1 条] | 禁止令 | 实施与职业相关犯罪的犯罪人 | 禁止从事相关职业 | 刑罚执行完毕后 5 年内 | 附加适用 | 1. 治安处罚；2. 成立拒不执行判决、裁定罪。 |

据上表可知，我国《刑法修正案（八）》和《刑法修正案（九）（草案）》规定的两类预防性措施与 2011 年以前我国刑法规定的"预防性措施"有明显差异。客观地说，这两类预防性措施入刑对我国刑法造成了两方面的结构性冲突：

第一，对犯罪基础结构的冲击。我国刑法理论长期认为，在我国刑法中，犯罪是一种具有严重的社会危害性并且触犯刑事法律、应当受刑罚处罚的行为。[①] 这是关于犯罪的实质界定。根据该概念，犯罪的本质是"严重的社会危害性"。在此基础上，犯罪还具有其法律特征，即刑事违法性等。也有学者根据"罪刑法定"原则的要求，主张把犯罪概念分为"应当规定为犯罪"的行为和"法律已经规定为犯罪"的行为，即"立法概念"和"司法概念"，认为它们分别从刑事立法和刑事司法这两个层次，说明法律为什么要把这种行为规定为犯罪和如何认识犯罪。[②] 但该观点也是将犯罪的概念建立在"严重的社会危害性"基础上。根据我国刑法理论通常的观点，社会危害性是由"客观危害"和"主观恶性"两方面组成。笔者认为，这实际上反映我国学者关于犯罪结构的基本认识，即犯罪的本质结构（特别是立法上的犯罪）是"客观危害+主观恶性"。"危险性"不是犯罪基础结构的基本内容。

但如前所述，预防性措施与过去的惩罚性措施不同，其主要是建立在"危险性"的基础之上。与社会危害性不同的是，这种危险性以再犯可能性为基础，其内容与社会危害性的"客观危害"和"主观恶性"密切相关，但却难为后者所涵盖。预防性措施入刑因而对我国犯罪的基本结构产生了两方面的冲击：一是对犯罪结构要素的冲击，即预防性措施的适用以犯罪为前提、以危险性为基础，预防性措施入刑要求犯罪的立法概念中必须包含了"危险性"的内容，否则将导致预防性措施入刑的根基缺失，并因此导致预防性措施的被边缘化。二是对犯罪结构关系的冲击，即预防性措施入刑所导致的"危险性"要素进入犯罪结构，将导致"客观危害"和"主观恶性"的犯罪结构地位下降。过去，基于逐步的客观主义倾向，"客观危害"和"主观恶性"在犯罪结构中的地位得到了强调和突出。这也是对过去主观主义刑法的反思与改造。但与这种发展倾向不同的是，预防性措施主要不是建立在惩罚性之上，主要侧重于预防。其所强调的"危险性"与过去的"主观归罪"并不在同一平面，也是建立在刑法功能转型基础上的对刑法惩罚性的再反思。

第二，对刑罚基本结构的冲击。目前我国刑法上的处理措施主要包括刑罚和非刑罚性措施，且总体上以刑罚为主、非刑罚性措施为辅。在刑罚制度体系中，我国部分刑罚制度兼具一定的直接预防性，如管制、剥夺政治权利、缓刑等。不过，与《刑法修正案（八）》和《刑法修正案（九）（草案）》规定的两类预防性措施相比，我国 1997 年刑法典中的刑罚体系存在明显的预防性措施之结构性缺陷。总体上看，预防性措施入刑将对我国刑罚基本结构产生三方面的冲击：一是导致刑事制裁体系的结构性失衡，即形成刑罚、非

① 高铭暄主编，《刑法学》，北京大学出版社 1990 年版，第 73 页以下。

② 王世洲：《论中国刑法理论中犯罪概念的双重结构和功能》，载《法学研究》1998 年第 5 期。

刑罚性措施和禁止令措施（即预防性措施）并立之格局。因为以禁止令形式体现的预防性措施，既不是严格的刑罚措施（即部分禁止令措施带有明显的行政色彩），也不是严格的非刑罚性措施（即部分禁止令措施和刑罚措施的内容存在明显的重合），而是刑罚与非刑罚性措施的综合，难以将其纳入过去的两类体系之中。二是导致主刑结构的虚置与失衡。比较而言，《刑法修正案（八）》增设的"三禁止"之禁止"接触特定的人"与管制刑之"按照执行机关规定报告自己的活动情况"和"遵守执行机关关于会客的规定"、禁止"从事特定活动"与管制刑之"未经执行机关批准，不得行使言论、出版、集会、结社、游行、示威自由的权利"都存在一定的重复。"三禁止"措施入刑将导致管制刑的措施内容逐步被替代，这将导致管制刑实际被虚置，进而导致我国主刑体系中限制自由刑的结构性缺失。三是导致附加刑结构的体系性分解。这主要体现在预防性措施与剥夺政治权利刑之间的关系上。如前所述，"三禁止"之禁止"从事特定的活动"和"从业禁止"之禁止"从事特定的职业"都与剥夺政治权利刑在内容上存在较大的重复。与此同时，由于"三禁止"和"从业禁止"在适用上缺乏应有的立法限制，在适用程序和适用范围上更为广泛，因此基于司法便利的角度考虑，对于轻罪的单处剥夺政治权利刑将不可避免地受"三禁止"和"从业禁止"制度的影响而出现适用率下降或逐渐被替代的趋势。

## 三、 预防性措施的走向与我国附加刑的改革

### （一）预防性措施的刑法地位分析

"三禁止"和"从业禁止"是当前我国刑法立法上两种最具代表性的预防性措施，但其都是以"禁止令"的形式出现的。在刑法理论上，关于禁止令的刑法地位，学者们的观点存在较大的分歧。概括而言，比较具有代表性的观点主要有三种，即刑罚辅助措施论、保安处分论和综合处遇论。其中，刑罚辅助措施论认为，禁止令是一种配合刑罚辅助预防作用的强制性约束措施，属于对管制犯、缓刑犯的执行加强监督和管理的特定刑罚制度。[①] 保安处分论认为，禁止令是犯罪分子在管制执行期间和缓刑考察期间的一种补充义务，本质上应属于保安处分。[②] 综合处遇论认为，禁止令是对犯罪分子的综合性处遇措施，其本身既有刑罚的成分也有非刑法的成分。[③]

笔者认为，禁止令严格地说是对立法上关于《刑法修正案（八）》"三禁止"和《刑法修正案（九）（草案）》"从业禁止"及其他类似规定的概称，也是一种形式上的称谓。对禁止令的法律性质及其刑法地位的界定，必

---

① 余剑等：《论刑罚禁止令制度的司法适用》，载《法学》2011年第1期。
② 叶良芳：《禁止令的法律性质及司法适用》，载《浙江学刊》2014年第1期。
③ 李怀胜：《禁止令的法律性质及其改革方向》，载《中国刑事法杂志》2011年第11期。

须从两方面入手：一是禁止令的具体内容及其与刑罚措施的关系；二是禁止令的立法与司法形式。当前我国学者关于禁止令的法律性质的争论主要立足于《刑法修正案（八）》的规定。但《刑法修正案（九）（草案）》关于"从业禁止"的规定呈现出与《刑法修正案（八）》不同的立法现象。综合而言，笔者认为，禁止令是一种独立于刑罚与非刑罚性措施之外的独立处遇措施。具体理由包括以下两个方面：

第一，从具体内容及其与刑罚措施的关系角度看，禁止令兼具刑罚与非刑罚性措施的性质。虽然从概念界定的逻辑上看，刑罚与非刑罚性措施似乎是两个外延闭合的概念，即不是刑罚的措施都应属于非刑罚性措施，但从模糊学的角度看，任何概念的外延都可能存在一定的模糊地带，"刑罚"与"非刑罚性措施"的概念即如此。就禁止令的具体内容而言，如前所述，无论是"三禁止"还是"从业禁止"，客观上都包含有刑罚（管制刑和剥夺政治权利刑）的内容，同时也包含了非刑罚性措施的内容，很难将其与刑罚和非刑罚性措施加以完全的切割，它在内容上既可以是刑罚也可以是非刑罚性措施。究竟是何内容，要看司法者的具体裁决，因而无法在立法上直接将其纳入刑罚或者非刑罚性措施的体系范围。

第二，从立法与司法形式上看，禁止令本身不是其与刑罚或者非刑罚性措施的区分标准。从称谓上看，禁止令只是为了表述的方便而依其内容所作的简单称谓，它在立法和司法形式上无法与刑罚或者非刑罚性措施加以区分：一方面，在立法上无法将禁止令与刑罚和非刑罚性措施加以区分。关于禁止令的立法地位，《刑法修正案（八）》和《刑法修正案（九）（草案）》有明显的不同。其中，《刑法修正案（八）》将"三禁止"的内容明确规定在"管制"和"缓刑"的相关规定中，形式上具有辅助管制与缓刑执行的特征。但《刑法修正案（九）（草案）》则明确将"从业禁止"规定为刑法典的第37条之一，即放在非刑罚性措施条款之后独立成条。这既可以理解为对刑法典第37条规定的延续，也可以理解为"刑罚"一节中不同于刑罚与非刑罚措施之类型而放在该节的最后单独规定。因此，从《刑法修正案（八）》和《刑法修正案（九）（草案）》的立法规定看，很难明确"禁止令"的刑法性质和地位。另一方面，在司法上也无法将禁止令与刑罚或者非刑罚性措施加以区分。在《刑法修正案（八）》之后，最高司法机关专门于2011年4月28日针对禁止令问题出台了《关于对判处管制、宣告缓刑的犯罪分子适用禁止令有关问题的规定（试行）》，但却未对"三禁止"之性质做出明确界定。在《刑法修正案（九）（草案）》研拟过程中，最高人民法院曾主张将"从业禁止"界定为一种"资格刑"。

基于以上两方面的考虑，笔者认为，我国《刑法修正案（八）》和《刑法修正案（九）（草案）》中的预防性措施（即"禁止令"）是独立于刑罚与非刑罚性措施之外的刑法预防性措施，其法律性质是含混的，反映出我国立法机关的立法便宜主义倾向。

**（二）预防性措施的走向与我国附加刑的结构性调整**

针对我国刑法预防性措施地位含混不清的现状，笔者认为，未来我国必然要对预防性措施进行系统的改革和整合，并以此推动包括附加刑在内的刑罚结构性调整。

1. 附加刑：预防性措施的刑法发展必然

基于对刑法中预防性措施的不同理解，可能对预防性措施的刑法发展产生不同的认识。例如，对预防性措施持保安处分论者必然主张在刑法中扩大保安处分的类型、种类和地位。[①] 相反，在对预防性措施持刑罚辅助措施论者看来，该措施的发展空间必然有限。笔者认为，作为一种介于刑罚与非刑罚性措施之间的预防性措施，其发展方向既可能是保安处分，也可能是刑罚（主要是附加刑）。相比之下，将预防性措施纳入附加刑的范畴并加以完善，更符合我国刑法当前的发展方向。这是因为：

第一，符合预防性措施的适用对象要求，即以犯罪人为适用对象。中外刑法理论上关于保安处分的适用对象一直都存在较大的分歧，有"犯罪人"与"非犯罪人"之争。晚近的发展则呈现出折中的倾向，即由刑罚与保安处分二元论、一元论而发展为重视适用效果的新一元论，即保安处分可以作为刑罚的补充或者代替，与刑罚并科或者选择适用，是过去一元论与二元论的相互渗透、相互影响、取长补短、合二为一。[②] 但严格地说，真正意义上的保安处分仍应是以"非犯罪人"为对象的，是为弥补刑罚的适用对象不足而存在的。如果保安处分也以犯罪人为对象，那么刑罚与保安处分事实上可能只具有名称上之区分的形式意义，特别是在当前我国预防性措施与刑罚的内容存在交叉重复的情况下尤其如此，不具有实际区分的价值。

第二，符合预防性措施的适用标准，即以犯罪情况为基础的预防必要性。关于预防性措施的适用标准，前述最高司法机关对"三禁止"规定的是"根据犯罪分子的犯罪原因、犯罪性质、犯罪手段、犯罪后的悔罪表现、个人一贯表现等情况"，而《刑法修正案（九）（草案）》对"从业禁止"规定的是"根据犯罪情况和预防再犯罪的需要"。可见，预防性措施的适用标准既涵盖了犯罪的情况，也涵盖了犯罪人的情况，同时兼顾了犯罪的危害性和犯罪人的危险性。相比之下，保安处分只针对"危险性"（即犯罪的可能性），既与当前我国预防性措施的实际状况不相符合，也与我国刑法以危害性为核心的措施体系难以融合。

---

① 时延安：《保安处分的刑事法律化——论刑法典规定保安性措施的必要性及类型》，载《中国人民大学学报》2013年第2期。

② 徐久生著：《保安处分新论》，方正出版社2006年版，第18页。

　　第三，符合预防性措施的适用方式，即只是附加主刑适用。如前所述，我国《刑法修正案（八）》和《刑法修正案（九）（草案）》针对"三禁止"和"从业禁止"，规定的都是"附加适用"，即只能附加现有的主刑而适用（缓刑虽非刑种，但其适用的对象是被判处 3 年以下有期徒刑或拘役的犯罪分子），具体涉及的刑种包括短期有期徒刑、拘役和管制，并没有附加于附加刑适用的情况，其形式上与我国现行刑法典中的附加刑十分接近。

　　第四，符合预防性措施的效果导向，即以追求效果为目标的单独适用。客观地说，当前我国《刑法修正案（八）》和《刑法修正案（九）（草案）》对"三禁止"和"从业禁止"都是基于实际效果的需要而进行的立法改革和设计。从内容上看，这些预防性措施对于一些轻微的犯罪人具有积极的治理和预防效果，有独立适用的价值。对于这一点，在与预防性措施内容相重合的管制刑、剥夺政治权利刑的适用效果上已有充分的体现。从长远发展和效果需要的角度，我国完全有将这些预防性措施针对具体的犯罪人单独适用的必要。

　　2. 我国附加刑的结构性调整

　　基于有效发挥附加刑效果的立场，在我国刑法日益重视预防性措施与过去惩罚性措施相结合的背景下，刑法的附加刑体系具有十分重要的改革价值和空间。其总体方向将主要体现在将预防性措施纳入附加刑的基础上，对我国附加刑进行结构性调整，具体体现在以下三个方面：

　　第一，调整的目标：弥补我国附加刑的结构性缺失。在刑法典中，我国明确标示为"附加刑"的措施有三种，即罚金、剥夺政治权利和没收财产，同时驱逐出境也被我国刑法理论界普遍认为是附加刑的一种。它们可分别定性为财产刑、资格刑和限制自由刑。但从种类上看，除了财产刑涉及的两种刑种相对完整，资格刑和限制自由刑的种类和功能都存在较大缺失：一方面是种类不完备，资格刑与限制自由刑的类型受局限。作为资格刑的剥夺政治权利刑以政治资格为主要内容，涵盖面非常有限，限制自由刑只有驱逐出境，适用对象仅限于犯罪的外国人，其他广泛的资格等内容没有被纳入资格刑、限制自由刑的范围。另一方面是功能不完全，资格刑与限制自由刑的适用效果受影响。这主要是因为，我国在资格刑、限制自由刑的执行机构、执行方式等方面都存在较大的缺陷，如剥夺政治权利刑的执行机构、执行监督严重受限。因此，在调整目标上，我国附加刑需要立足于其存在的结构性缺陷而不断补充、完善。

　　第二，调整的原则：补充性原则和预防性原则。其中，补充性原则是针对主刑而言，即附加刑的改革必须立足于补充主刑的功能缺失而进行结构性调整。这主要是因为，目前我国的主刑仅限于生命刑、自由刑和限制自由刑。这种主刑立法存在的种类缺乏和惩罚严厉性的过高缺陷，需要附加刑（包括附加适用和独立适用）来填补主刑的不足，并适当降低其惩罚性。预防性原则是针对当前我国刑罚以惩罚为主的特点而言，即附加刑的改革应以提升其预防功能为主。这具有两个方面的积极意义：一是有助于以预防性为切入点适当降低刑罚的惩罚性和监禁化程度，即预防性措施对预防的强调和预防性措施的非监禁性特点，可以弥补我国现有主刑和附加刑的功能缺失，降低刑罚的惩罚性和监禁化程度。二是有助于促进刑法的功能转型，即预防性措施对预防的关注可促进我国刑法由惩罚法走向惩罚与预防法。

第三，调整的措施：资格刑和限制自由刑的种类扩充。其中，在资格刑方面，我国附加刑的扩张需要解决两个问题：一是削弱和分解剥夺政治权利刑，即将剥夺政治权利刑所涉及的公权与私权相分离，如可以考虑设置一个专门的"剥夺公权"措施；二是扩充资格剥夺的范围，即将资格由"政治资格"（如选举权与被选举权等）扩展至大多数的重大资格（如特殊行业的从业资格、特殊活动的行为资格等）。这既是扩大司法权以保障人权发展的需要（即将这些措施的裁决主体由行政机关逐渐上升至司法机关），也是"从业禁止"等预防性措施入刑的一种现实需要和选择。在限制自由刑方面，我国附加刑的扩张，一方面需要合理处理与作为主刑的管制刑之间的关系（不排除将管制刑的地位由主刑降至附加刑），防止改革后的附加刑在内容上与主刑交叉、重合；另一方面需要扩充限制自由刑的适用对象和措施，如将《刑法修正案（八）》的"三禁止"上升为附加刑后，可将其适用对象由管制犯、缓刑犯扩充至假释犯等，同时将其他一些行为矫正措施入刑。

总之，以《刑法修正案（八）》的"三禁止"和《刑法修正案（九）（草案）》的"从业禁止"为代表的预防性措施入刑，是我国法治改革的一个缩影，反映了我国刑法由惩罚走向惩罚与预防相结合的功能转型。但在立法形式上看，它主要是基于保留我国现行刑罚措施体系基本不变的前提下所作的技术性选择，具有暂时性。从长远角度看，我国应将预防性措施纳入附加刑的范畴，并据此对附加刑做更全面、深入的结构性调整。

# 论《刑法修正案（九）(草案）》中的职业禁止

宋久华*

《刑法修正案（九）（草案）》第一条针对职业犯罪作出了"禁止其在一定期限内从事相关职业"（下文简称"职业禁止"）的规定，作为预防再次犯罪的重要措施。应该说，该规定并非专属于腐败犯罪，但是对震慑和预防腐败犯罪具有极为重要的意义。本文将以腐败犯罪为视角，研究刑法中增设职业禁止性规定的意义，探讨职业禁止的性质及定位，并对《刑法修正案（九）（草案）》的相关条文提出完善建议。

## 一、 刑法中增设职业禁止的意义

第一，增设职业禁止可以有效预防犯罪。职业禁止在我国并非一个新名词，《公司法》、《会计法》、《食品安全法》等多部法律法规中均有提及，并将其作为一项重要的处罚措施。然而与以往不同，《刑法修正案（九）（草案）》是将职业禁止纳入刑事制裁措施的范畴，从法条表述来看，职业禁止的制度价值集中在预防再犯，即特殊预防。之所以提升到刑法的高度加以规定，是因为其他法律法规中的"职业禁止"强制执行力不够。例如，2007年实施的《行政机关公务员处分条例》第17条规定：行政机关公务员依法被判处刑罚的，给予开除处分。《公务员法》第24条规定：曾因犯罪受过刑事处罚的，曾被开除公职的，不得录用为公务员。但是近几年来，被判刑尤其是被判处缓刑的官员复出的消息屡见不鲜，如河南省固始县国土局一干部因倒卖土地被判刑后，竟当了城市土地监察大队副大队长。[①] 江苏盐城市阜宁县被曝于2009年时以政府公文形式，要求各机关事业单位对2004年11月11日前被判处缓刑期满人员进行安置入编，61名因受贿罪被判缓刑期满人员重新安排工作后，有的不上班吃空饷，有的被安排退休享受公务员和事业单位待遇。[②] 显然，在这些事例中，有关法律的职业禁止性规定被架空，没有取

---

　* 北京师范大学刑事法律科学研究院2013级博士研究生。

　① 参见《河南官员倒卖土地获缓刑，刑期内改任它职》，载网易新闻，http://news.163.com/13/0503/12/8TUVBG600001124J.html。

　② 参见燕农：《缓刑期满官员复出是"选择性适用"》，载燕照都市网，http://epaper.yzdsb.com.cn/201208/01/167598.html。

得预期的效果。因此，有必要将其上升为刑事制裁措施，赋予其强制执行力。只有将职业禁止落到实处，才能真正地剥夺其犯罪能力，正如有学者所言，这种处罚方式在遏制犯罪人再犯同类罪方面起到釜底抽薪的作用，[①] 对于腐败犯罪而言，其最能触动犯罪人及潜在犯罪人的根本利益，因而更具有威慑力，更能收到预防犯罪的良好效果。

第二，增设职业禁止可以弥补我国资格刑的不足。一些腐败犯罪被附加适用资格刑——剥夺政治权利。但是长期以来，我国资格刑配置饱受学者诟病，比如认为：配置内容不完善，政治色彩过于浓厚；配置范围不合理，应当配置资格刑的罪行没有配置，而不需要配置的罪行却予以配置；配置方式不科学，概括式配置容易造成刑罚过剩等。[②] 很多学者主张将剥夺政治权利分解为剥夺选举权和被选举权，以及禁止担任公职，取消剥夺言论、出版、集会、结社、游行、示威自由的权利，增设禁止从事特定职业或活动的资格，[③] 或者将剥夺政治权利改成为剥夺一定的权利，具体包括剥夺从事特定职业的权利，剥夺担任特定职务的权利，剥夺选举权和被选举权，剥夺公民的基本权利。[④] 资格刑的完善方案不一而足，但是将职业禁止纳入其中却是学者的共识。一些腐败犯罪之所以实施，就是因为其具备一定的职业便利或者特殊的职业资格，针对这类犯罪，只有禁止其从事相关职业，才能真正做到对症下药、因地制宜，体现处罚的灵活性与适应性。同时，也只有禁止其从事相关职业，才能从根本上铲除其赖以再次实施犯罪的土壤，从而更好地实现特殊预防的目的。因此，姑且不论新增的职业禁止的性质和归属，不论其与资格刑是否存在包容关系，单从其立法初衷和将要发挥的实际作用来看，可以说与资格刑是异曲同工的，并且有助于弥补原有资格刑在种类、适用方式等方面的缺陷，这也使得我国的刑事制裁体系更加多样和务实。

## 二、 职业禁止的性质辨析

### （一）其他国家和地区职业禁止性规定概览

很多国家和地区将职业禁止纳入刑法典，但性质归属各不相同。归纳起来，有以下几种情况：

第一种是将职业禁止作为保安处分。如在德国，矫正与保安处分是行为的法律后果之一，具体包括剥夺自由的处分、行为监督、吊销驾驶证和职业

---

① 参见吴平：《增设剥夺从事特定职业资格的刑种刍议》，载《律师世界》2003 年第 1 期。

② 参见王志祥、敦宁：《刑罚配置结构调整论纲》，载《法商研究》2011 年第 1 期。

③ 参见王俊平：《资格刑比较研究》，载郭道晖编：《岳麓法学评论》（第 4 卷），湖南大学出版社 2003 年版，第 187 页。

④ 参见陈兴良：《资格刑比较研究》，载《法学研究》1990 年第 6 期。

禁止命令。①

第二种是将职业禁止作为刑罚。而其中有的国家规定职业禁止既可以作为主刑也可以作为附加刑，如《俄罗斯联邦刑法典》第 44 条规定，剥夺担任一定职务或从事某种活动的权利是刑罚的一种。第 45 条规定，剥夺担任一定职务或从事某种活动的权利既可以作为主刑适用，也可以作为附加刑适用。而第 47 条第 3 款规定了其作为附加刑适用的具体情形，即在本法典分则相应条款未规定剥夺担任一定职务或从事某种活动的权利作为对有关犯罪的刑罚时，如果法院考虑到犯罪社会危害性的性质和程度以及犯罪人的身份，认为他不可能再享有担任一定职务或从事某种活动的权利，则剥夺其担任一定职务或从事某种活动的权利也可以作为附加刑适用。② 也有国家仅仅将其作为附加刑，如根据《意大利刑法典》第 19 条规定，禁止从事某一职业或技艺属于针对重罪的附加刑，停止从事某一职业或技艺属于针对违警罪的附加刑。③

第三种是将职业禁止既作为刑罚又作为保安处分。典型的如我国澳门地区，职业禁止的性质取决于职业本身的性质。如果是公务员或须具公共资格或须获公共当局许可或认可方得从事之职业或业务，在从事职业活动中因实施犯罪被判处 3 年以上有期徒刑，且在明显及严重滥用其职务或明显及严重违反其职务所固有之义务下作出者，或显示在担任官职时有失尊严者，或引致丧失执行该职务所需之信任者，对其科处职业禁止作为附加刑；如果是其他职业，则所谓的职业禁止属于保安处分的性质。

## （二）《刑法修正案（九）（草案）》中职业禁止之性质辨析

通过对其他国家和地区关于职业禁止立法例的梳理，可以看出，职业禁止在归属方面有两种可能：刑罚抑或保安处分。接下来笔者将结合我国的立法语境对这两种可能逐一辨析。

### 1. 职业禁止不属于刑罚

在我国现行刑法体系中，职业禁止不属于刑罚，主要基于以下几点理由：

第一，职业禁止的目的不同于刑罚。对于刑罚，关于其目的的学说可以说是源远流长，有报应刑论、目的性论、折中论以及由此衍生的各种学说。④但是，无论如何，受惩罚性都是刑罚的根本属性，正如加罗法洛所言，如果刑罚全然失去了惩罚的目的，如果刑罚真的只有教育、改造，甚至治疗的目的，那么人们不禁要问："当罪犯没有受到身体上的痛苦、其犯罪所获得的

---

① 参见徐久生、庄敬华译：《德国刑法典》，中国方正出版社 2004 年版，第 37 页。

② 参见黄道秀译：《俄罗斯联邦刑法典》，北京大学出版社 2008 年版，第 17~18 页。

③ 参见黄风译注：《最新意大利刑法典》，法律出版社 2007 年版，第 12 页。

④ 参见高铭暄主编：《刑法专论》（第 2 版），高等教育出版社 2008 年版，第 484~503 页。

唯一后果却是免费教育的特权时"，刑罚的存在还有何意义?[1] 也就是说，立足于惩罚犯罪人的报应是刑罚不可或缺的目的之一，是刑罚公正的基本要求。作为刑罚报应目的的重要体现，我国刑法的基本原则之一就是罪刑相适应原则，即刑罚的轻重，应当与犯罪分子所犯罪行和承担的刑事责任相适应，这就意味着刑罚以社会危害性和犯罪事实为基础，着眼于过去的行为，而无须考虑其今后的再犯可能性。但是，职业禁止并不具有惩罚性，其制度价值在于满足预防再次犯罪的需要，它以人身危险性为基础，着眼于将来的行为，从而实现特殊预防的目的。根据新增法条的表述，因特定犯罪被判处刑罚的，人民法院可以根据犯罪情况和预防再犯罪的需要，对其进行职业禁止。由此可见，职业禁止并非刑罚的一部分，而是刑罚的补充，是判处刑罚之后出于特殊预防的需要而采取的限制性措施，与惩罚及报应无关，因而其性质是不同于刑罚的。

第二，职业禁止的特征不同于附加刑。根据刑法规定，我国的刑罚种类包括主刑和附加刑，其中附加刑包括罚金、剥夺政治权利、没收财产。职业禁止同主刑存在显著差别，毋庸论述，这里笔者要指出的是，职业禁止与附加刑存在以下几点区别：首先，附加刑既可以附加适用也可以独立适用，但是职业禁止只能附加适用，即自刑罚执行完毕之日或者假释之日起 5 年内禁止从事相关职业。其次，附加刑对犯罪的类型和范围不作限制，适用范围较广，但是职业禁止仅适用于因利用职业便利实施犯罪，或者实施违背职业要求的特定义务的犯罪。再次，哪种犯罪适用附加刑，均由刑法分则明确规定，但是职业禁止的适用仅由总则加以规定。又次，附加刑的适用受到罪刑法定原则的严格限制，做到有罪必罚，但是职业禁止赋予法官较大的自由裁量空间，他可以根据犯罪情况和预防再犯罪的需要，决定禁还是不禁，而不是有罪必禁。最后，拒不执行附加刑的，刑法并未直接规定法律后果，但是通常做法是由法院强制执行，有能力执行而拒不执行、情节严重的，构成拒不执行判决、裁定罪。而对于职业禁止，违反要求的有专门的处罚规定，即被禁止从事相关职业的犯罪分子违反人民法院依照前款规定作出的决定的，由公安机关依法给予处罚；情节严重的，依照拒不执行判决、裁定罪定罪处罚。

2. 职业禁止的性质属于保安处分

有学者认为职业禁止是保安处分措施，对于"保安处分"的规定，通常分散在一些非刑事法律的规定中，作为附带后果加以规定。这次刑法修改将"保安处分"写入刑法，目的是强化威慑力。[2] 但是，在我国刑法中没有"保

---

① 参见［意］加罗法洛著：《犯罪学》，耿伟等译，中国大百科全书出版社 1996 年版，第228 页。

② 参见孙乾、孙思娅：《刑法修正案加大对腐败犯罪惩处力度，行贿可判十年》，载京师刑事法治网，http://www.criminallawbnu.cn/criminal/Info/showpage.asp? pkID＝44457。

安处分"这一法律概念的情况下，能否断言职业禁止的性质就是保安处分，以及由此得出"保安处分"入刑的结论呢？事实上，法律未规定，并不妨碍学者在理论上进行研究和认定。充分发挥理论的先导作用，促进立法实践循序渐进地改变，也不失为可取之策。因此我们所需关注的重点是，职业禁止是否符合保安处分的特征和构成要件。

保安处分，是指由法院按照司法程序并依据刑法，对于实施了危害行为的具有社会危险性的特殊对象，旨在预防犯罪与保护社会而采取的，与被适用者的社会危险性相适应的不定期的矫治改善或者监禁隔离的安全措施。[①] 保安处分有广义和狭义之分，广义的保安处分包括对人的处分和对物的处分，而狭义的保安处分仅指对人的处分，即着眼于行为人所具有的危险性格，为了保持社会治安，同时以改善行为人为目的，而施行的一种国家处分。[②] 我们通常所讲的保安处分就是狭义的保安处分。根据定义，可以看出保安处分具有以下特征：一是以人身危险性为核心适用条件。这里的人身危险性既包括潜在犯罪人的初犯可能性，又包括犯罪人的再犯可能性。也就是说，保安处分不以构成犯罪为前提，对于实施违法行为者，如果其有犯罪危险，也可以实施保安处分。二是以特殊预防为主要目的。保安处分是法官根据行为人的违法情况和人身危险而裁量的处分，是否处分以及处分的幅度都要具体情况具体分析，虽然在客观上起到了一般预防的作用，但其出发点和归宿还是特殊预防。三是以符合法定条件的特定人为适用对象，从各国立法来看，特定人主要包括三类，分别是：（1）无责任能力人，包括未达到刑事责任年龄的未成年人及犯罪时不能辨认或者不能控制自己行为的精神病人；（2）限制责任能力人，指又聋又哑的人、盲人或者不能完全辨认或者不能控制自己行为的精神病人。（3）有特种危险性的有责任能力人，如刑罚对其缺乏矫正效果的常习犯和职业犯、毒品犯与酗酒犯、流浪犯罪者、有重大危险性的传染病者、具有危险的生理缺陷或性格异常的人等。[③] 四是处分的非刑罚性。关于保安处分与刑罚的关系，历来有二元论与一元论之争。但是，根据绝大多数国家的立法情况，采取二元论的较多，即在刑法典中同时规定刑罚及保安处分，或者在刑法典之外制定专门的保安处分法。而保安处分通常采取矫治、教育、医疗等方式，以区别于刑罚，是刑罚的替代或补充。五是权力归属于法院。保安处分由刑事法律加以规定，适用刑事诉讼程序，是一种刑事司法处分。其作出决定的是法院而非行政机关，由法官根据行为人的人身危险性判断是否禁止从事相关职业。

具体到《刑法修正案（九）（草案）》新增的职业禁止，通过对比审

---

① 参见张小虎：《论我国保安处分制度的建构》，载《政治与法律》2010 年第 10 期。
② 参见张明楷著：《外国刑法纲要》（第 2 版），清华大学出版社 2007 年版，第 428 页。
③ 参见张明楷著：《外国刑法纲要》（第 2 版），清华大学出版社 2007 年版，第 428 页。

查，发现其完全具备保安处分的上述特征，或者说保安处分的特征完全涵盖了职业禁止的范畴，二者是包含与被包含的关系。第一，适用职业禁止主要是出于特殊预防的需要。因为职业禁止的适用对象是特定的、与职业活动有关的犯罪人，一方面行为人实施犯罪利用了职业便利，如贪污罪的犯罪人利用了主管、经手、管理公共财物的权力和便利，另一方面，行为人实施犯罪严重违背了职业要求的特定义务。导致这类犯罪发生的因素较为复杂，如自身的贪婪、外界的诱惑、制度的漏洞等，单纯对其科处刑罚，对防止其再犯而言未必是有效的，行为人服刑完毕，重操旧业，在主客观因素的作用下，难保不会再次实施职业犯罪。因此，只有禁止其在一定期限内从事原来的职业，才能真正地消除其人身危险性，防卫社会再次受到其犯罪行为的侵害。第二，职业禁止是刑罚的补充。根据《刑法修正案（九）（草案）》的规定，职业禁止不是独立存在于刑法之中的，它以行为人实施了犯罪（而非仅仅违法）为前提，并附属于刑罚，其发生效力始于刑罚执行完毕之日或假释之日。科处刑罚是反思过去，着眼于犯罪事实和行为的社会危害性，而职业禁止面向未来，着眼于犯罪人的人身危险性和再犯可能性。就目前立法来看，职业禁止尚没有完全替代刑罚。第三，职业禁止具有司法属性。我国刑法中有许多具有保安处分性质的措施，如《刑法》第17条规定的针对未成年人的收容教养，其在功能上也具有预防再犯、矫治教育的作用，但之所以不能称之为保安处分，是因为该决定由政府作出，未经司法程序。毕竟保安处分也涉及对公民基本权利的剥夺或限制，只有通过司法程序作出，才能最大限度地保障人权，防止公民权利受到公权力的侵犯。而职业禁止的权力归属于法院，符合保安处分的司法性特征。

综上所述，《刑法修正案（九）（草案）》规定的职业禁止虽无保安处分之名，却具备了保安处分之实，可以预见，系统、明确地设置保安处分体系是刑法改革的重要任务，这也反映了我国刑法正朝着国际化、现代化、科学化的方向迈进。

## 三、 职业禁止的立法完善建议

在刑法典中规定职业禁止这种处罚方式，是世界上绝大多数国家和地区的通行做法。《刑法修正案（九）（草案）》增设的第37条之一，可以说填补了我国长期以来的立法空白，并且在实践层面极大地提高了犯罪成本，客观上起到了一定的威慑和预防作用。但是，该规定并非尽善尽美的，还存在一定的发展和完善空间。笔者认为，应从以下几方面对草案规定予以完善：

### （一） 将保安处分写入刑法

如前所述，职业禁止完全符合保安处分的特征，但是我国刑法典中并未规定保安处分，这就导致职业禁止的地位非常尴尬，关于其性质也招致颇多争议。事实上，不仅职业禁止，刑法中其他处分措施也具有保安处分性质，如对精神病人的强制医疗，其适用于实施了一定的犯罪行为，但是因不具有刑事责任能力而不构成犯罪的精神病人，针对其人身危险性，为了防止其再次实施犯罪，而对其采取的以治疗、矫正为主的特殊处遇。如果说之前是因为强制医疗的决定权归属于政府而否定其保安处分性质的话，那么修改后的刑事诉讼法将该权力收归法院后，其已经完全具备保安处分的特征了。因此，我国虽然在法律上没有明确规定保安处分，但已经有多种事实上的保安处分客观存在并发挥作用。学者时延安教授指出，在识别出刑法中保安处分规范的前提下，我们应进一步将这些规范予以整体化，赋予其独立的集合性范畴，以作为与刑罚并列的法律后果。由于保安处分的适用表现为与刑罚适用相平行的"一轨"，由此呈现的格局即为"双轨制"。又因为刑法条文体系中并无"保安处分"的法律概念，因此，将这一格局称为"隐性双轨制"。其建议在修改刑法时，将目前这种"隐性双轨制"模式调整为"显性双轨制"模式。[①]笔者赞同时延安教授的观点，建议在刑法中设专门章节规定保安处分，整合现有的保安处分性规定，增加其他种类的保安处分措施，并对保安处分的概念、目的、原则、种类、适用条件、违反者的法律后果等要素予以系统性的规定，为实践中运用保安处分提供明确的法律依据。当然，这种做法也是符合国际社会要求和标准的。国际刑法协会在 1926 年布鲁塞尔召开的关于保安处分的会议决议中提出："我们希望刑法典内规定保安处分。保安处分的内容，应以犯人人格及其社会适应性如何为标准，刑罚和保安处分均应由法院宣告。法官可依照犯罪情形和犯人的人格，并科刑罚和保安处分，或选择其一。"[②]

### （二）引入可分性的处分强度

《刑法修正案（九）（草案）》规定职业禁止的期限是 5 年，没有任何延长或缩短的可能。这种绝对确定的禁止期限能够有效防止法官滥用自由裁量权，维护司法统一，但是对于犯罪性质、程度、人身危险性各不相同的犯罪人来说，被禁止从事相关职业的时间"一刀切"，其合理性还是值得商榷的。

保安处分措施同样会对公民的基本权利造成损害，甚至在某些情况下，就对个人权利的限制和剥夺而言，一些保安处分措施的强度以及造成的剥夺感并不亚于刑罚。[③] 特别是职业禁止，对犯罪人今后的工作和生活具有重大的实质性影响，法官必须牢固树立保障人权的基本理念。同样，与我国刑法中的罪责刑相适应原则一样，对犯罪人科处职业禁止的强度必须与其犯罪行

---

① 参见时延安：《隐形双轨制：刑法中保安处分的教义学阐释》，载《法学研究》2013 年第 3期。

② 参见翟中东：《保安处分适用的瓶颈及其解决》载《法学评论》2002 年第 6 期。

③ 参见时延安：《劳动教养制度的终止与保安处分的法治化》，载《中国法学》2013 年第 1 期。

为的严重程度以及再犯可能性相适应，而不能随意侵犯其正当权利。当前对再犯可能性的判断只能采取预测的方法，显然，这种预测是不太准确的，任何有关行为人个人因素的变化都可能为预测提供新的参考资料，进而影响预测的结果。① 所以，现行立法中不问行为人犯罪和人身危险性的具体情况，将职业禁止的时间统一规定为 5 年，其实是不科学的，且仅在审判时根据当时掌握的资料对再犯可能性下结论，其后没有任何跟进考察，其实也是不科学的。笔者认为，对于职业禁止这项处分，应当规定弹性期限，并在宣告之后定期评估，根据犯罪人在服刑期间以及职业禁止期间再犯可能性的变化，及时调整职业禁止的执行期限，赋予职业禁止强度上的可分性，才能最大限度地维护犯罪人的合法权益。

在完善我国职业禁止规定时，可以借鉴域外立法的先进经验。例如，德国刑法典第 62 条规定了适当性原则：如判处矫正与保安处分与行为人行为的严重性、将要实施的行为以及由行为人所引起的危险程度不相适应，不得判处。在该原则的指引下，德国职业禁止的期间是 1 年以上 5 年以下，如果 5 年仍不足以防止再犯危险的，甚至可以永远禁止其从事该职业。除了弹性期间外，德国刑法典还规定了职业禁止的暂缓执行及暂缓执行的撤销。其中，职业禁止经过 1 年，有理由认为行为人已经不存在再犯危险的，可以将职业禁止暂缓执行交付考验；在考验期内……严重违反有关义务而实施违法行为的，严重或屡次违背指示的，或屡次逃避考验帮助人的监督和指导的，表明行为人仍需要适用职业禁止才能达到职业禁止目的，法院应撤销职业禁止的暂缓执行。② 我国澳门地区刑法典也规定了适当性原则，即第 40 条"科处刑罚及保安处分旨在保护法益及使行为人重新纳入社会；在任何情况下，刑罚均不得超逾罪过之程度；保安处分仅在其与事实之严重性及行为人之危险性相适应时，方得科处之"。和德国一样，澳门地区的职业禁止严格遵循了适当性原则的基本要求，其期限在 1 年至 5 年之间灵活确定，并且可以延长或消减。其中，延长是指在判决确定的禁止期限届满时，如法院认为该期间不足以排除作为该处分依据之危险，可以延长禁止，但以 3 年为限；消减是指经过 1 年之实际禁止期间后，如应被禁止者之申请，证实科处该禁止之前提已经不存在，法院须宣告所命令之处分消减。如果申请被驳回，则仅得在 1 年后再作申请。这里需要注意的是，我国澳门地区赋予犯罪人以申请权，可以申请法院消减被禁止职业的期限，对行为人合法权益的保护更加到位和彻底。

具体到我国，笔者建议学习国外的优秀立法经验，引入可分性的处分强

---

① 参见刘夏：《德国保安处分制度中的适当性原则及其启示》，载《法商研究》2014 年第 2 期。
② 参见徐久生、庄敬华译：《德国刑法典》，中国方正出版社 2004 年版，第 37~38 页。

度，建立弹性化的职业禁止期间，将以下几点纳入立法之中：一是职业禁止期间是 1 至 5 年；二是职业禁止期间可以延长：判决确定的期间届满之后，经评估仍然具有再犯可能性的，可以延长禁止期间；三是职业禁止期间可以暂缓执行：职业禁止一定期限以后，经评估已经不存在再犯可能性的，可以暂缓执行，确立一定的考验期，并要求犯罪人必须遵守一定的义务。如果考验期满行为人没有违反义务，则不再执行职业禁止，如果考验期内违反上述义务，则撤销暂缓执行的决定，继续执行原判决确定的职业禁止。

# 我国缓刑制度中正义观的演进

夏　勇<sup>*</sup>　杨新绿<sup>**</sup>

缓刑制度是重要的刑罚裁量制度，是法治中国建设的重要一环。从1949年新中国成立至今，缓刑制度在我国经历了逐步发展的过程，初步探索阶段始于20世纪50年代，这一时期缓刑仅见于零星的指导性意见中，1979年我国首部刑法典出台，开启了缓刑制度成文化的阶段。1997年刑法修订了1979年刑法中缓刑的内容，缓刑制度迅速发展，2011年《刑法修正案（八）》的出台标志着我国缓刑制度逐渐完善。在制度发展变革的背后，是正义观的转变，本文以时间为轴，探究我国缓刑制度在每一次发展中折射出的正义观的演进。

## 一、 我国缓刑制度的初步探索阶段

新中国成立以后，1979年刑法颁布之前，缓刑制度已经存在。1950年，中央人民政府司法部《关于假释、缓刑、褫夺公权等问题的解释》第4条规定，缓刑一般适用于对社会危害性较小的、处刑较轻的，且根据具体情况又暂不执行为宜的徒刑。根据1952年4月18日政务院发布的《中华人民共和国惩治贪污条例》的规定，对于犯贪污罪的，可以适用缓刑。这个阶段没有对于缓刑制度的立法规定，对于缓刑制度的规定散见于司法解释、司法解释性文件或者政府发布的规范性文件中，存在相互矛盾与模糊不清之处。

其一，对于缓刑适用对象的矛盾。根据1950年中央人民政府司法部出台的《关于假释、缓刑、褫夺公权等问题的解释》，缓刑适用于对社会危害性较小，处刑较轻的犯罪人。1952年4月18日，政务院政治法律委员会《关于中华人民共和国惩治贪污条例草案的说明》中提到，"对于死刑、无期徒刑和有期徒刑，均得酌情予以缓刑"。1952年5月15日，中央人民政府法制委员会在《关于处理贪污、浪费及克服官僚主义错误的若干规定中诸问题的答复》中提到，"有期徒刑、无期徒刑及死刑之宣告缓刑与否，主要适用于坦白悔改或有立功表现的犯人"。缓刑本该适用于轻刑犯，根据上述文件的规定，不论是判处死刑，还是被判处无期徒刑或者有期徒刑，都可以适用缓刑，缓刑涵盖了刑法中的生命刑和自由刑，既没有区分刑罚的轻重，也没有

---

\* 中南财经政法大学刑事司法学院教授、博士生导师。

\*\* 中南财经政法大学刑事司法学院2014级博士研究生。

考虑行为人的人身危险性与改造可能性，违背了缓刑制度的初衷，未必能够达到良好的改造效果。

其二，对于缓刑性质的认识矛盾。根据1952年4月18日发布的政务院政治法律委员会《关于中华人民共和国惩治贪污条例草案的说明》，对于有期徒刑的缓刑，在缓刑期内可酌情不予以监禁，代之以在管制中考察，缓刑不是刑种，而是一种刑罚裁量制度，管制是刑种，而且是主刑的一种。以管制来考察缓刑犯，使得原本附条件不执行原判刑罚，变成了附条件执行较轻刑罚。缓刑和管制有诸多类似之处，包括均不予关押、均有一定的考察监管规定，但本质还是不同。混淆缓刑和管制的区别，会造成理论的谬误和实践的混乱。

其三，对于排除缓刑适用条件的矛盾。1957年4月2日《最高人民法院关于对反革命犯罪不宜适用判处徒刑宣告缓刑的批复》中指出，在国家尚没有明文规定之前，按照反革命罪的性质，不宜适用缓刑。1953年11月28日《最高人民法院关于缓刑等问题请示及意见的批复》对于"缓刑"和"缓期执行"进行了专门的区分，缓刑适用的对象是那些对社会危害性不大，判处刑罚比较轻，并因其他具体情况暂不执行更为合适的犯罪人。缓期执行原本适用于反革命犯，即对其判处死刑、缓期二年执行、强迫劳动，以观后效。1957年4月16日《最高人民检察院关于缓刑期间被告人是否有政治权利等问题的批复》中，对最高人民法院"对反革命罪不宜适用缓刑"的批复表示认同，紧接着又对缓刑和缓期执行进行区分，缓刑是指在规定的考验期间，如果犯罪人再无新的犯罪，考验期满后，原判处的徒刑即不再执行，缓期执行的，是对特定罪犯（如犯罪者怀孕或患重病的）不宜立即执行刑罚的，由人民法院判处后宣告延期执行，直到妨碍刑罚执行的情况消失后再予执行。1952年5月15日，中央人民政府法制委员会《关于处理贪污、浪费及克服官僚主义错误的若干规定中诸问题的答复》中规定，对于被判处有期徒刑、无期徒刑及死刑的犯罪分子，是否宣告缓刑，取决于其是否有坦白悔改或有立功表现。并表示，"这里所说的缓刑，与处理反革命犯罪中及一般刑事案件中所采取的缓刑，实际上并无区别"。根据第一个解释，反革命罪不适用缓刑，根据第二个解释，缓刑与缓期执行不同，缓期执行适用于被判处死刑的反革命犯，根据第三个解释，缓期执行适用于怀孕或者重病患者等因身体状况不能立即交付执行的犯罪人，根据第四个解释，反革命犯罪与一般刑事案件中的缓刑并无区别。缓刑与缓期执行到底差别何在？缓期执行到底适用于哪些对象？反革命犯是否能适用缓期执行？这些问题非但不能够在这些解释中找到答案，反而愈发混乱。

其四，对于缓刑考验期限规定的模糊。1952年4月10日《最高人民法院西北分院关于缓刑的具体适用问题的批复》中指出，有期徒刑的缓刑考验期限一般应当等于所判处的刑期，或者比所判处的刑期更长，较长时间的考验有利于犯罪人的教育改造。1952 年 5 月 15 日，中央人民政府法制委员会《关于处理贪污、浪费及克服官僚主义错误的若干规定中诸问题的答复》中指出，"至于缓刑期限问题，以不作统一硬性的规定而应按具体情况决定为宜……待将来经验成熟后，再对缓刑期限作统一规定"。缓刑考验期具体应当如何规定，实践中应当如何应用？相关规范性文件并没有给出答案。

由于缺乏对缓刑的立法，这一时期的缓刑制度是零散而矛盾的，没有自成体系的缓刑制度，自然没有完整的正义观，但不可否认的是，新中国成立以来对缓刑制度的探索，为日后缓刑制度的发展完善奠定了基础。

## 二、 我国缓刑制度的成文化阶段与报应性正义观的体现

1979 年，《中华人民共和国刑法》颁布，这是我国第一部刑法典，吸取了新中国成立以来缓刑适用的司法实践经验，并借鉴、吸收了世界各国缓刑制度立法概况，首次以法律的形式正式确立了缓刑制度。1979 年刑法中关于缓刑的条文共有四个，分别规定了缓刑的适用条件、考验期限、排除条件、考察机关。缓刑的适用条件分为形式条件、实质条件和排除条件三类，这种分类确立了缓刑宣告条件的基本格局，并为今后的立法所沿袭。"被判处拘役、三年以下有期徒刑"是缓刑宣告的形式条件；"根据犯罪分子的犯罪情节和悔罪表现，认为适用缓刑确实不致再危害社会"是缓刑宣告的实质条件；"反革命犯和累犯"是缓刑适用的排除条件。缓刑的考验期限根据所宣告的刑种的不同而有所不同，一般是原判刑罚以上一定刑期以下，但分别规定了最低期限，即拘役考验期不得少于一个月，有期徒刑考验期为不得少于一年。缓刑的考察机关是犯罪分子所在单位或基层组织，由公安机关委托犯罪分子所在单位或基层组织考察。缓刑考验期内，若不再犯新罪，原判的刑罚就不再执行，若再犯新罪，撤销缓刑，数罪并罚。

1995 年 2 月 21 日，公安部发布《公安机关对被管制、剥夺政治权利、缓刑、假释、保外就医罪犯的监督管理规定》，根据该规定，监督考察的主体是县（市）公安局、城市公安分局指定的罪犯居住地的公安派出所，与此同时，进行协助监督的是罪犯居住地街道居民委员会、村民委员会或者原所在单位，公安机关定期向居委会、村委会或原所在单位了解其表现情况，建立考察档案。被宣告缓刑的罪犯必须遵守一定的规定。

20 世纪 80 年代以来，因社会转型，犯罪浪潮不断袭来，"严打"成为刑事司法领域的主导形势政策。缓刑这种彰显刑事处遇的人道化、谦抑化的制度一度被忽视。① 这一阶段的缓刑立法和司法中也体现出浓厚的报应性正义

---

① 冯全：《中国缓刑制度研究》，中国政法大学 2009 年博士学位论文。

观，过于强调刑罚的轻重须与犯罪分子所犯罪行相适应。只有被判处拘役、三年以下有期徒刑且情节较轻的犯罪人才能适用缓刑，更轻的刑罚如管制、罚金，更重的刑罚如三年以上有期徒刑、无期徒刑、死刑不适用缓刑，这将缓刑的适用对象限定于实施了特定危害性的犯罪的行为人，相比于1979年刑法之前对于有期徒刑、无期徒刑、死刑均可适用缓刑的规定，还是存在合理性的。1979年刑法规定，反革命犯和累犯不适用缓刑，综观我国缓刑规定，这是对缓刑适用限制的最大化。1979年刑法分则第一章就是反革命罪，共有15个法条，主要是侵犯了国家安全、公共安全、社会秩序等公共法益，由此认为犯罪人的犯罪行为严重，对其排除缓刑的适用。累犯不适用缓刑，也是我国刑法的一贯主张，不管累犯犯何种罪、被判处的刑期如何、是否情节较轻、是否有悔过表现，均不适用缓刑。这明显强调刑罚的报应性质，反映出报应观念。此外，犯罪人缓刑考验期已过，即使原判刑罚不再收监执行，之前的有罪宣告还是存在的，这代表刑法对其否定评价，也是一种处罚，是其实施犯罪行为所应得的，从这个角度而言，缓刑体现了"有罪必罚"的报应性正义。

## 三、 我国缓刑制度的迅速发展阶段与功利性正义观的体现

1997年，我国在对刑法典进行修正的同时，对其中的缓刑制度做出了重要的修改和补充，总结了缓刑实践经验，使缓刑制度趋于完善。1997年刑法对于缓刑制度的完善主要体现在以下几个方面：

其一，缓刑宣告条件更为客观中立。1979年刑法规定，"……认为适用缓刑确实不致再危害社会的，可以宣告缓刑"，法官宣告缓刑要结合行为人的犯罪行为、情节轻重、预防必要性等多种因素加以考虑，有一定的自由裁量空间，但是立法中出现"认为"的表述，会给法官过于强调主观判断的暗示，不利于正确适用缓刑，1997年刑法删除了"认为"的表述，意在减少缓刑适用的随意性。

其二，缓刑适用范围的扩大。1979年刑法规定，反革命犯和累犯不适用缓刑，1997年刑法取消了"反革命罪"的表述，将1979年刑法分则第一章"反革命罪"中的罪名根据其侵犯的法益分别归入"危害国家安全罪""危害公共安全罪""妨害社会管理秩序罪"中，1997年刑法关于缓刑宣告的排除条件只有累犯一种情况，实际上扩大了缓刑的适用范围。

其三，缓刑考察制度更为完善。1997年刑法吸纳了1995年《公安机关对被管制、剥夺政治权利、缓刑、假释、保外就医罪犯的监督管理规定》的合理之处，将考察的主体限定于公安机关，犯罪人所在单位或基层组织只起配合作用，并明确了缓刑犯在考验期间应当遵守的规定，使得缓刑考察责任主体明晰、考察方法与经过有迹可循。此外，延长了拘役的最低考验期限，

1979 年刑法规定拘役的缓刑考验期不得少于 1 个月，1997 年刑法规定，该考验期不得少于 2 个月。

其四，缓刑撤销事由增加。根据 1979 年刑法，只有在缓刑考验期内再犯新罪，才会被撤销缓刑，根据 1997 年刑法，不管是在缓刑考验期内再犯新罪还是发现漏罪，甚至于没有构成犯罪，仅仅违反了法律、行政法规或者国务院公安部门有关缓刑的监督管理规定，情节严重的，也要撤销缓刑。

其五，缓刑类别增加。1997 年刑法规定了战时缓刑制度，战时缓刑与一般缓刑存在诸多不同：在时间上，要求是战时；在宣告条件上，适用对象限定为被判处三年以下有期徒刑且没有现实危险的犯罪军人；在考察方式上，要求其戴罪立功；在缓刑效果上，如果确实有立功表现的，那么就应当撤销原判刑罚，并且不作为犯罪。

此外，2003 年 7 月 10 日，最高人民法院、最高人民检察院、公安部、司法部发布了《关于开展社区矫正试点工作的通知》，规定社区矫正适用于缓刑犯。2006 年 1 月 11 日，最高人民法院发布的《关于审理未成年人刑事案件具体应用法律若干问题的解释》规定，对符合缓刑适用条件的未成年人，同时具有"初次犯罪；积极退赃或赔偿被害人经济损失；具备监护、帮教条件"的应当适用缓刑。

随着 1997 年刑法及相关的规范性法律文件的颁布，这一时期的缓刑制度更加重视功利性正义。在刑事法领域，功利性正义体现在两个方面，第一，通过对犯罪人适用刑罚，达到威慑与警戒社会上潜在犯罪人的目的，实现对犯罪的一般预防，第二，通过矫正与改造的手段，使犯罪人不再犯罪，从而达到对犯罪特殊预防的目的。功利主义指向的是刑罚的预防功能，即目的刑论。[①] 比如，对于符合缓刑条件的未成年人犯罪，应当适用缓刑，就是考虑到未成年人可塑性强、特殊预防必要性强，若将其收监，可能会深受监狱亚文化毒害，而将其安置在原来的生活环境中，有利于保持学习的连续性以及与父母亲友的交流，通过教育感化的方式避免其再次犯罪。增设战时缓刑的规定，对于战时犯罪的军人不再固执地坚持有罪宣告，而是鼓励其立功，有助于强化其效忠国家的意识，促进战争往有利的方向转变，社会福祉大幅增加，这与功利主义者所秉承的"任何行动中导向幸福的趋向性被称之为它的功利"，[②]"一切法律所具有或通常应具有的一般目的，是增长社会幸福的总和"[③] 相一致。还有，强调缓刑考察、增设缓刑撤销情形有利于预防犯罪，在社会一般人看来，缓刑并不是"不执行"，而是"动真格"，从而心生敬畏，不敢犯罪。对于被宣告缓刑的犯罪人而言，如果违反了缓刑考察规定或

---

① 吴立志：《恢复性司法基本理念研究》，吉林大学 2005 年博士学位论文。

② ［英］边沁著：《政府片论》，沈叔平等译，商务印书馆 1995 年版，第 115 页。

③ ［英］边沁著：《道德与立法原理导论》，时殷弘译，商务印书馆 2000 年版，第 216 页。

者重新犯罪的，就会失去现在享有的人身自由，重新面临高墙电网的生活。根据功利主义的观点，人都是趋利避害的，犯罪人当然会做出有利于自己的选择，打消再次犯罪的念头。功利性正义在这一时期得到集中体现。

## 四、 我国缓刑制度的逐渐完善阶段与恢复性正义观的体现

2011 年 2 月 25 日，第十一届全国人民代表大会常务委员会通过了《中华人民共和国刑法修正案（八）》。该修正案对缓刑制度进行了大量补充，明确了缓刑适用的条件、增加了应当判处缓刑的情状、完善了缓刑的考察方式。

其一，缓刑宣告实质条件更加明确。以"没有再犯罪的危险""宣告缓刑对所居住的社区没有重大不良影响"取代"适用缓刑确实不致再危害社会"具有合理性。再犯罪的危险是一种人身危险性的评估，是根据犯罪人的犯罪行为、性格特征、生活环境等情况对其是否还有犯罪的倾向做一个预测，着眼于特殊预防，是功利性正义。而"确实不致再危害社会"的表述过于绝对，对于未来发生的事情只能预测，而不能保证绝对会怎样或者不会怎样，保证"适用缓刑确实不致再危害社会"，无疑为法官提出了过高的要求。"所居住社区"应当以犯罪分子实际居住的社区为准，既可以是犯罪人的户籍所在地的社区，亦可以是犯罪人经常居住地所在地的社区。考虑"重大不良影响"时，主要应从以下两个方面出发：其一，在当时当地，犯罪人所犯之罪是否猖獗，是否引起了社区居民的恐慌；其二，结合犯罪人的家庭情况、生活情况、工作情况来看，其家庭是否能为其改造提供较好的支撑，其生活、工作是否能在缓刑执行期间正常进行。[①]

其二，应当适用缓刑的对象范围扩大。《刑法修正案（八）》规定，在符合缓刑宣告条件的犯罪人中，应当宣告缓刑的主体包括了不满 18 周岁的人、怀孕妇女和已满 75 周岁的人。如前所述，通过对未成年人宣告缓刑，有助于其改过自新，避免受监狱亚文化的感染；对于怀孕妇女，在其罪行并不十分严重并且人身危险性并不显著的情况下，出于人道主义的考虑，对其适用缓刑，能让其受到教育、感化，避免再次犯罪；已满 75 周岁的人，犯罪能力已经大大减弱，对于一些轻刑犯，通过监禁刑对其改造实无必要，既不符合刑罚经济性原则，亦不符合刑罚人道性原则。

其三，缓刑考察机关的历史性改变。1979 年刑法中规定由"公安机关交所在单位或者基层组织予以考察"，1997 年刑法规定"由公安机关考察，所在单位或者基层组织予以配合"，《刑法修正案（八）》规定，"由社区矫正

---

① 汪国权：《何谓"宣告缓刑对所居住社区没有重大不良影响"》，载《检察日报》2011 年 5 月 25 日第 3 版。

机关考察"，缓刑考察的职能逐渐从公安机关中剥离出来，由司法局管辖的社区矫正机构负责。根据最高人民法院、最高人民检察院、公安部、司法部于 2012 年 1 月 10 日发布的《社区矫正实施办法》，被宣告缓刑的犯罪分子由其居住地的县级司法行政机关矫正，社区矫正人员应当参加教育学习活动，参加教育学习的时间每月不少于 8 小时，社区矫正人员有劳动能力的，均应当参加社区服务，修正社会关系，参加服务时间每月不少于 8 小时，此外，社区矫正人员有权利接受心理辅导和就业培训。

其四，增设禁止令。禁止令是指人民法院根据犯罪分子的个人情况，有针对性地决定禁止其在缓刑考验期间"从事特定活动，进入特定区域、场所，接触特定的人"。[①] 违反禁止令，情节严重的情况下，会导致缓刑的撤销，重新执行原判刑罚。2011 年 4 月 28 日，最高人民法院、最高人民检察院、公安部、司法部联合发布的《关于对判处管制、宣告缓刑的犯罪分子适用禁止令有关问题的规定（试行）》第 7 条第 1 款规定："……当事人、辩护人、诉讼代理人可以就应否对被告人宣告禁止令提出意见，并说明理由。"

《刑法修正案（八）》对缓刑修正的关键词是"社区"，要考虑宣告缓刑是否对社区有重大不良影响；依法对被宣告缓刑的犯罪分子实施社区矫正；由司法行政机关指导管理的社区矫正机构负责禁止令的执行。"对所居住社区没有重大不良影响"考虑到被告人、被害人、社区居民之间的互动，体现了"犯罪是对国家的侵害"的犯罪观向"犯罪是对个人的侵害"的犯罪观的转变。正因为犯罪不仅仅是对国家的侵害，所以光有刑罚制裁是不够的，还应当重视被害人和社区的恢复。缓刑犯由司法局管辖下的社区矫正机关监管，其监督和考察不再流于形式，学习、服务、辅导和培训既能够警示犯罪人，促进其悔过，又能以宽容的心态重新将其接纳为合法的社会成员，对于犯罪人和社区而言，均是一种恢复。当事人，尤其是被害人可以对被告人的禁止令提出意见，这表明被害人的利益与诉求得到了重视。被害人往往会认为适用缓刑是对被告人的偏袒、纵容，进而认为这对自己不公正，倾听被害人和社区居民的诉求，有助于化解其抵触情绪，使秩序和自由得以恢复。禁止令既是对被告人的限制，也是对被告人的保护。被告人处于社区的开放场所，拥有比在监狱服刑大得多的自由度，但是仍然可能收监服刑，其自由必定会受到一定的约束，犯罪的发生有一定的诱因，人民法院根据实际情况发布禁止令，也是保护犯罪人免受诱惑而再次犯罪。同样，禁止令对于包括被害人在内的社区居民而言，也是一种恢复和保护，法院根据犯罪人的实际情况发布禁止令，阻隔了其再次犯罪的时空条件，有利于维护公共场所的安全与秩序，同时消解了社区居民对于再次遭受侵害的恐慌。《刑法修正案（八）》

① 张明楷著：《责任刑与预防刑》，北京大学出版社 2015 年版，第 397 页。

的修正表明，缓刑制度中在传统的报应性正义、功利性正义的基础上，更加注重恢复性正义。"恢复性正义""修复式正义""恢复性司法""符合司法"的表述均来源于 Restorative Justice 的翻译，由于英文 Justice 对应的多重含义，而有了中文里的不同表述。[①] 恢复性司法的落脚点并非是惩罚犯罪人，而是全面恢复犯罪给犯罪人、被害人和社区带来的损失，最终达到"无害的正义"，"无害的正义"包括两方面，其一是秩序的恢复，被告人通过积极赔偿被害人，恢复财产损失，通过真诚地道歉悔过，抚平被害人心理伤痕，通过被告人与被害人之间的平等协商和良性互动，使社区居民生活重回平静的状态。其二是自由的恢复，被害人受到犯罪的侵害，沉浸于憎恶或者恐惧的情绪中，失去心理自由，被告人因为犯罪行为，本来可能被判处监禁刑，在一定时期内失去人身自由，但是，在恢复性司法过程中，双方平等友好协商，被害人会从消极情绪中解脱出来，获得心理上的自由，被告人也免于受监禁刑处罚，获得了身体上的自由。在秩序、自由实现的过程中，恢复性的正义也实现了。

## 五、 结语

在我国缓刑制度的每一个发展阶段，正义观有不同的呈现和诠释，观念的演进并非仅仅指新旧观念的交替和割裂，它完全可以包括保留合理的既有观念，并在此基础上发展出其他更为符合时代发展潮流的观念。报应、预防、恢复的正义观是一个叠加递进的过程。报应性正义约束刑罚的发动，使刑罚与犯罪保持等量或等价，使得刑罚能够保持一般的水平；功利性正义考虑到行为人的反社会性人格，对刑罚进行个别化，使刑罚能够与犯罪人自身相契合；恢复性正义通过恢复被损害的社会秩序，使得被告人与被害人能够放弃冲突、弥合矛盾，让当事人都感受到公平正义，而不仅仅是刑罚本身裁量的正义，这是正义的高级形态。

---

① 吴丹红：《实现正义的另一种进程——恢复性司法初探》，载陈光中、江伟主编：《诉讼法论丛》（第9卷），法律出版社2004年版，第212页。

# 从压制到治理①

## ——西部边疆地区犯罪的刑法治理模式研究

苏永生*

"西部边疆地区"是一个含义比较丰富的概念。大体上可以从三个方面来理解：一是地理意义上的西部边疆地区，指在地理上位于我国西部并且属于边疆的地区，相当于国务院于 2001 年 8 月 21 日发布的《国务院关于实施西部大开发若干政策措施的通知》所指的西部地区。② 二是经济意义上的西部边疆地区，指与我国的中、东部地区相比，经济发展相对滞后的地区。三是文化社会学意义上的西部边疆地区，指在社会性质、结构形态以及文化传统上与其他地区存在明显差异的地区。人们在使用"西部边疆地区"这一概念时，大都包括这三个方面的含义，但侧重点有所不同。本文侧重于在文化社会学意义上来使用"西部边疆地区"这一概念，因为与地理因素和经济因素相比，社会结构形态和文化样态及以之为基础而形成的制度结构对犯罪之刑法治理模式的影响要大得多。

一个显而易见的事实是，不论在社会结构形态还是在文化样态上，我国西部边疆地区与其他地区都存在很大的不同。例如，在广大西部边疆地区，城镇化程度要远远低于中、东部地区，集中了全国绝大多数的农村和牧区，因而在社会结构形态上或熟人社会的成分要明显多于中、东部地区。再如，我国绝大多数少数民族居住在西部边疆地区，而且，与"几乎没有宗教的人生"③ 的传统文化不同，少数民族大都有自己的宗教信仰，宗教文化是其文化的重要组成部分，宗教信仰是其社会生活的基本形式。这种社会结构形态和文化样态上的差异决定了当前的犯罪之刑法治理模式是一种什么样的治理模式？针对西部边疆地区犯罪，应当在刑法上建立一种什么样的治理模式？

---

① 本文系国家社科基金项目"西部边疆地区犯罪的刑法治理机制研究"（14BFX046）的阶段性成果。

* 河北大学政法学院教授，法学博士，博士后，博士研究生导师。

② 国务院西部开发办公室于 2001 年 8 月 21 日发布的《国务院关于实施西部大开发若干政策措施的通知》明确指出，西部地区包括重庆、四川、青海、贵州、云南、西藏、陕西、甘肃、宁夏、青海、新疆、内蒙古、广西等省区。

③ 这是梁漱溟先生对中国文化之基本特征之一的描述。参见梁漱溟著：《中国文化要义》，学林出版社 1987 年版，第 8 页。本文认为，这应当是对汉文化之基本特征的描述，不包括少数民族文化。

长期以来，这一问题并没有引起我国刑法理论的重视，致使西部边疆地区犯罪的刑法治理始终只是在决断论思维模式和规则论思维模式的指导下进行，严重缺乏秩序论思维模式的运用，① 致使西部边疆地区犯罪的刑法治理始终停留在"无问题意识"的视角下进行，非正式制度被虚无化，很难达到法律效果与社会效果的统一。本文主要运用文化与社会人类学的方法，旨在对我国西部边疆地区犯罪的现有刑法治理模式进行评估，并以此为基础提出适合我国西部边疆地区犯罪特点的刑法治理模式。

## 一、 西部边疆地区的制度结构对犯罪之刑法治理的影响

在社会与文化人类学中，人们往往把制度定义为决定人们行为规则的东西，并以此为基础把制度划分为正式制度与非正式制度。正式制度是由法律、行政法规和政府政策组成的一套行为约束，而非正式制度大体上相当于我们所说的习俗和惯例，也包括具有行为约束的道德、信仰和意识形态等。② 事实上，在当今的任何一个社会，制度都包括正式制度和非正式制度，相应地，制度结构就是由正式制度与非正式制度的搭配和排列。而且，在社会与文化人类学看来，无论是正式制度还是非正式制度，都具有同样重要的意义，甚至更加关注非正式制度，以至于把法律界定为："这样的社会规范就是法律规范，即如果对它置之不理或违反时，照例就会受到拥有社会承认的、可以这样行为的特权人物或集团，以运用物质力量相威胁或事实上加以运用。"③ 由此看来，非正式制度并不是可有可无的东西，它一旦形成，就对社会生活产生影响。

就犯罪治理领域而言，我国西部边疆地区的制度结构显然具有二元性。一方面，以刑事制定法为代表的正式制度企图占领整个刑事冲突解决市场；另一方面，以民族习惯法为代表的非正式制度依然固守传统的纠纷解决阵地。在 20 世纪 80 年代，制度结构的二元性主要表现为正式制度与非正式制度在多数情况下互不相干，主要原因在于犯罪治理专门化（司法化）之后因专门人员（司法人员）严重不足而导致的司法力量不强。进入 20 世纪 90 年代中期以来，制度结构的二元性由以往的互不相干逐步转变为对抗与博弈。与这种结构转变相伴随的是，国家治理法治化程度的提高和司法力量的强大以及

---

① 齐文远教授把迄今为止的刑法观总结为决断论、规则论和秩序论三种刑法观，他指出，完整意义上的刑法观应当是"规则—决断—秩序"三位一体的刑法观。我国当前的刑法观主要是"决断—规则"论的刑法观，缺乏"秩序论"思维。参见齐文远：《社会治理现代化与刑法观的调整》，载《法商研究》2014 年第 3 期。本文认为，"秩序论"思维的缺乏在我国西部边疆地区更为突出，集中表现为对非正式制度的无视、蔑视乃至敌视。

② 参见李培林：《村落的终结——羊城村的故事》，商务印书馆 2004 年版，第 82 页。

③ ［美］E. 霍贝尔著：《原始人的法》，严存生译，法律出版社 2006 年版，第 27 页。

专门化。在这一时期，我国不仅确立了依法治国的方略，而且在刑事法领域确立了罪刑法定原则和对抗式刑事诉讼。正是在这种背景下，以民族习惯法为代表的非正式制度受到了前所未有的批判、否定与压制。然而，非正式制度似乎一直以来遵循的是一种自我发展的道路，并非因为正式制度的渗入而退出历史舞台，以至于在西部边疆地区的治理实践中，以刑事制定法为代表的正式制度与以习惯法为代表的非正式制度之间形成了较为复杂的关系。

一个社会的非正式制度往往构成了其文化的重要组成部分，而犯罪与社会文化之间的关系极为密切。对此，我国老一辈法学家严景耀先生曾经指出，犯罪不是别的，不过是文化的一个侧面，并且因文化的变化而发生异变。它是依据集体的一般变化而出现的，它既不是一个离体的脓疱，也不是一个寄生的肿瘤，它是一个有机体，是文化的产物。"如果不懂得发生犯罪的文化背景，我们也不会懂得犯罪。换言之，犯罪问题只能以文化来充分解释。"①由此来看，不论犯罪的发生还是治理，都应当从社会文化中寻找根据。抛弃作为文化之重要组成部分的非正式制度来建构犯罪治理的方式和方法，从来都不会获得成功。"历史上，有些君主曾希望通过制定'理性的法律'来改变一个民族'落后的习俗'，但他发现，'理性的法律'一经实施，最终还是'落后的习俗'改变了'理性的法律'。"② 法人类学家极具洞见地宣称："法律制定者如果对那些促进非正式合作的社会条件缺乏眼力，他们就可能造就一个法律更多但秩序更少的世界。"③ 刑法学家亦不无深刻地指出："利用法制与犯罪作斗争想取得成效，必须具备两个条件：一是正确认识犯罪的原因；二是正确认识国家刑罚可能达到的效果。"④ 事实上，非正式制度是一种重要的社会事实。通过刑法治理犯罪的过程，实质上是一个解释刑法的过程。解释的前提是刑法用语的多义性，但解释由与一定的社会事实紧密相连的案件事实而引发，正所谓无事实则无解释。"法律与事实共存亡，法律并非产生于事实发生之前。谈法律而不谈事实，诚属荒唐！"⑤ 由此看来，在犯罪治理上，根本不应当忽视非正式制度的意义。在我国西部边疆地区的犯罪治理中，必须充分考虑该地区社会制度的二元性，唯有如此，才能使通过刑法的犯罪治理达到法律效果与社会效果的统一。

---

① 严景耀著：《中国的犯罪问题与社会变迁的关系》，吴桢译，北京大学出版社1986年版，第2~3页。
② 尹伊君著：《社会变迁的法律解释》，商务印书馆2003年版，第116页。
③ ［美］罗伯特·C.埃里克森著：《无法律的秩序——邻人如何解决纠纷》，苏力译，中国政法大学出版社2003年版，第354页。
④ ［德］托马斯·李斯特著：《德国刑法教科书》，徐久生译，法律出版社2006年版，第15页。
⑤ 吴经熊著：《法律哲学研究》，清华大学出版社2005年版，第18页。

## 二、 西部边疆地区犯罪的现有刑法治理模式之分析

根据刑法的运行特点，可以将犯罪的刑法治理模式分为压制型犯罪治理模式和治理型犯罪治理模式。压制型犯罪治理模式具有六个特点：其一，国家垄断了解决刑事冲突的一切权力，完全排斥民间组织对刑事冲突的解决，而且认为这种解决是非法的。其二，刑事制定法被认为是解决刑事冲突的唯一合法根据，除此之外的一切规则都受到排斥。其三，以社会稳定为追求目标，认为只要平息了刑事冲突，就实现了犯罪控制目标。其四，在控制犯罪的手段上，重刑化色彩极为浓厚，认为遏制犯罪必须使用重刑。其五，国家垄断了刑罚的执行权，而且一切刑罚必须在封闭的监禁场所执行，监狱等行刑机构从思想和空间上与外界完全隔离。其六，刑事冲突的解决始终以社会保护为价值取向，忽视了人权保障的基本要求。

从当前的基本情况来看，我国西部边疆地区犯罪的刑法治理模式属于典型的压制型犯罪治理模式。在此，刑事制定法不仅是用来压制犯罪的，而且从一开始就担负起压制以民族习惯法为代表的非正式制度的使命。详言之，习惯法组织（如宗教组织、村落组织等）解决刑事冲突的权力被剥夺；民族习惯法因其不具有统一性和现代性而受到了刑事制定法的严格排斥；依据刑事制定法的冲突解决忽视了人们的真正需求，致使司法只能停留在平息刑事冲突的阶段，难以达至刑事冲突的最终解决；刑罚的适用和执行不考虑习惯法的基本需求，致使"双重司法"现象大量出现，不仅不能实现刑法的人权保障机能，而且使得改造罪犯更为困难。

从我国西部边疆地区犯罪的刑法治理实践来看，压制型犯罪治理模式的长期盛行，导致了以下难以预料的后果。

首先，以刑事制定法为代表的正式制度并没有实现对以民族习惯法为代表的非正式制度的有效改造。[①] 与此同时，实务部门也对"赔命价"习惯法予以了严厉的禁止。例如：1994 年 10 月 9 日，青海省海南藏族自治州人民检察院向青海省海南藏族自治州人大常委会提出了《对全州农牧区杀人、伤害致死案件"赔命价"问题进行立法的建议》，建议禁止"赔命价"习惯法；1995 年 3 月 30 日，青海省果洛藏族自治州政法委颁布了《关于坚决禁止"赔命价"问题的暂行规定》；2000 年 4 月 13 日，青海省黄南藏族自治州州委颁布了《青海省黄南州委关于严格依法办事，坚决禁止"赔命价"的决定》；2002 年 7 月 26 日，西藏自治区第七届人民代表大会常务委员会第 27 次会议通过了《西藏自治区人民代表大会常务委员会关于严厉打击"赔命

---

① 张济民主编：《诸说求真——藏族部落习惯法专论》，青海人民出版社 2002 年版，第 164 页以下。

价"违法犯罪行为的决定》，等等。但是，"赔命价"习惯法并没有因此而退出历史舞台，而且随着政治国家对民间社会控制的松动而开始复兴，依然对刑事案件的解决发挥着重要作用。这种现象说明，以刑事制定法为代表的正式制度对以民族习惯法为代表的非正式制度的改造是无效的。正应了那句话——当法律与风俗发生冲突，战败的往往是法律。事实上，存在的事物一定有它存在的理由和根据，它能一直存在，就说明它能够发挥某种特定的社会功能；如果某一事物存在的理由和根据没有了，那么该事物自然就会消失。

其次，以民族习惯法为代表的非正式制度的积极功能被遮蔽。虽然自1980年代以来，我们一直在通过贯彻国家法来改造民族习惯法，但一个值得注意的现象是，民族习惯法近年来在我国西部边疆地区大面积复兴。根据我国学者的调查，就刑事领域而言，民族习惯法主要在婚姻家庭、精神信仰、生产生活、纠纷解决等领域比较活跃。在婚姻家庭领域中，习惯法的作用非常突出，它仍然相当顽固地坚守着这块传统阵地。其中，重婚、早婚、抢婚、公房制等习惯法表现得尤为活跃。在精神信仰领域，目前主要活跃着两种重要的习惯法制度：一种是驱魔除鬼的习惯，另一种是所谓的禁忌犯。在纠纷解决领域，习惯法表现得异常活跃和有力。[1] 实际上，在有些地区，民族习惯法的作用领域远远超出了以上领域。例如，在藏族地区，习惯法不仅在论者所指出的以上领域比较活跃，即使在受到国家严格控制的故意杀人、故意伤害致人死亡等案件的处理上，习惯法也异常活跃。[2] 彝族地区的情况也大致如此。对此，有学者通过调查指出："凉山彝族习惯法是彝族地区积淀千年的法律文化的载体，但同时，习惯法并不是已经死亡的规则体系，它至今仍然鲜活于彝族民众的法律生活中。""尽管形式上已经遭到废弃，但在现实法律生活中，习惯法在当代的梁山彝区依然发挥着不可替代的作用。"[3] 其中，最为突出的就是彝族的家支制度。源远流长的家支，深深扎根于彝族人的心中，在现实生活中还有着巨大而深远的影响。不仅对民事案件起着重要的调解作用，而且对故意杀人、故意伤害等刑事案件的处理上表现出顽强的生命力。[4] 但是，对民族习惯法的批判和否定带来了不可忽视的负面影响，其中最为直接的就是民族习惯法的积极作用被遮蔽。例如，根据笔者的调查研究，藏族的"赔命价"习惯法在积极赔偿被害人、彻底解决刑事冲突、限

① 参见杜宇著：《重拾一种被放逐的知识传统——刑法视域中"习惯法"的初步考察》，北京大学出版社2005年版，第121~124页。

② 参见苏永生：《中国藏区刑事和解问题研究——以青海藏区为中心的调查分析》，载《法制与社会发展》2011年第6期。

③ 陈金全、巴切日伙主编：《梁山彝族习惯法田野调查报告》，人民出版社2008年版，第439页。

④ 参见高其才著：《中国习惯法论》，中国法制出版社2008年版，第397~402页。

制死刑的适用等方面与现代刑事法治是契合的，构成了现代刑事法治发展的本土资源。① 但对这种习惯法一概进行批判和否定，显然会使其有利于刑事法治发展的积极因素被遮蔽。

再次，使以刑事制定法为代表的正式制度与以民族习惯法为代表的非正式制度之间本来就已经存在的冲突得以升级。这种现象的出现，从文化人类学的立场可以得到令人信服的解释。无论正式制度还是非正式制度，它们都代表着一种文化。其中，在中国当下，正式制度在很大程度上代表的还是一种外来文化，而非正式制度始终代表的是本土文化。企图通过正式制度来压制非正式制度，进而实现对非正式制度的改造的思维，实质上暗含着这样一种较为隐秘的思想，即正式制度所代表的文化是先进的，非正式制度所代表的文化是落后的。这不仅是一种文化等级思想，而且是一种文化殖民思想。"对于一个国家或者共同体而言，用外在文化平等的口号来证明内在不平等实践的正当性是不合理的，保护内在的文化平等才是赢得国际社会对外在文化平等支持的有效方式。"② 因而，在对待正式制度与非正式制度的关系上，采取前者对后者的压制来实现同一的做法，必然会激起后者的反抗。这种反抗是基于正式制度所代表的文化对非正式制度所代表的文化的不尊重而引起的，因而是本能的和强烈的。在这种情况下，正式制度对非正式制度的改造不但无法消除二者之间已有的冲突，反而会使冲突升级。

最后，使得正式制度的合法性被蚕食。正式制度的合法性来自于社会，它应当是民意的体现。正因如此，现代刑法理论均把民主主义作为罪刑法定原则的思想基础之一。依据民主主义，国家的重大事务应由国民自己来决定。刑法的处罚范围与程度直接关系着一个人的生命、身体、自由、财产与名誉，属于特别重大的事项，所以应当由国民自己决定。由此看来，刑法的合法性只能来自于本土，而不可能是本土之外，是一种自下而上的过程。在这种情况下，以压制型犯罪治理模式为指导，通过国家化的和外来的制度对非正式制度的压制进而实现法制的统一，由于无法消除非正式制度赖以存活的社会环境，最终只能使以刑事制定法为代表的正式制度的合法性被逐渐蚕食。

可见，压制型犯罪治理模式虽然迎合了民族国家的基本需求，具有政治上的正确性，但其所暗含的对以民族习惯法为代表的非正式制度的不尊重及其文化歧视，致使其逻辑预期不但难以实现，而且给以刑事制定法为代表的正式制度的合法性基础带来危机。因而，在我国西部边疆地区犯罪的刑法治理中，压制型治理模式应当受到清理。

---

① 参见苏永生：《"赔命价"习惯法：从差异到契合——一个文化社会学的考察》，载《中国刑事法杂志》2010 年第 7 期。

② 参见何包钢著：《民主理论：困境与出路》，法律出版社 2008 年版，第 234 页。

## 三、 西部边疆地区犯罪的应有刑法治理模式之建构

与刑法的压制型犯罪治理模式相对应，治理型犯罪治理模式也包括六个方面的特点：其一，国家是解决刑事冲突的主要主体，其他社会组织也分享一定的刑事冲突解决权。其二，刑法并非解决刑事冲突的唯一合法根据，在不违背罪刑法定原则的情况下，可以适用习惯法等民间规则。其三，以社会和谐为目标，将控制犯罪的目标定位为解决刑事冲突，而非压制与平息刑事冲突。其四，在控制犯罪的手段上，强调刑罚的轻缓化以及刑罚的必然性与及时性。其五，国家是行刑权的重要主体，同时在一定程度上与社会分享着部分轻刑的执行权，而且执行机构从思想和空间上与社会的隔离程度降低。其六，刑事冲突的解决在以保护社会为价值取向的同时，更为注重人权保障，将人权保障视为刑法的首要社会机能。这种犯罪的刑法治理模式不但符合我国西部边疆地区的制度结构，而且契合了我国当下所提倡的国家治理体系和治理能力现代化的政治目标，应当得到提倡。

刑法的治理型犯罪治理模式建立在"国家—社会"本位的思维模式之上，是对盛行已久的国家本位之思维模式的超越，也是提倡广义刑事政策概念的必然结果。实践中，治理型犯罪治理模式应当通过贯彻以下两种理论来实现。

一是商谈理论。"世界观可以产生一种统一性的力量，这种力量不仅反对认识上的分歧，而且也反对社会的非一体化。"[1] 然而，人们的世界观并不总是一致的，这是由文化的相对性所决定的。人类学家指出："人类学提倡从社会的内部去理解其外部呈现，而不是将陌生社会和我们自己的社会相比较并将自己的社会置于想象金字塔的顶端。如果你问：哪些社会比其他社会更好？人类学不能提供答案，只因该学科没有这样的问题。如果你问什么是好的生活？人类学家将会回答：每个社会都有它自己对'好的生活'的定义。"[2] 诚然，由于文化差异，致使人们在同一问题上可能存在截然不同的看法乃至观念。例如，在汉族传统文化中，"杀人偿命"的观念可谓源远流长，影响深远，以至于连被认为极具现代性的中国刑法都难以挣脱。[3] 但在藏族看来，人已经死了，再把杀人者杀了，等于又犯罪孽；而且，人死了可以轮

---

[1] ［德］尤尔根·哈贝马斯著：《重建历史唯物主义》，郭官义译，社会科学文献出版社 2013 年版，第 10 页。

[2] ［挪威］托马斯·许德兰·埃里克森著：《小地方，大论题——社会文化人类学导论》，董薇译，商务印书馆 2008 年版，第 14 页。

[3] 我国现行《刑法》第 232 条对故意杀人罪之刑罚的设置，实质上就凸显了"杀人偿命"的观念。

回，因而死刑并非最重的处罚。① 在这两种文化中，谁又能说哪一个好呢？因而，在藏区命案的处理上，必须寻求刑事制定法与民族习惯法之间的商谈；否则，就会出现两败俱伤的局面。

与压制性犯罪治理模式所强调的把冲突压制在一定范围内不同，治理型犯罪治理模式要求彻底解决冲突，因而需要以刑事制定法为代表的正式制度与以民族习惯法为代表的非正式制度之间的商谈。首先，应当给以刑事制定法为代表的正式制度与以民族习惯法为代表的非正式制度之间见面的机会。在此，正式制度不能再以高傲的姿态无视、鄙视、漠视、忽视非正式制度，而应当低下头来倾听非正式制度的诉求。其次，应当在以刑事制定法为代表的正式制度与以民族习惯法为代表的非正式制度之间建立对话机制。仅仅提供了见面的机会，但如若没有对话，依然达不到商谈的目的。因而，在商谈理论中，应当建立一个平台，通过这一平台，正式制度和非正式制度都能够把各自的优点摆出来，并通过论证理论达至适用的目的，使得在依据正式制度作出决定时，能够在最大限度上吸收非正式制度中的优良成分，使依据正式制度而作出的决定更加具有合法性。

二是妥协理论。从案件社会学的角度来看，任何一个刑事案件都包含着法律结构与社会结构。由于案件的社会结构无处不在，所以相同案件得出不同判决的情形就大量存在。因此，"一般而言，法律原则本身不足以预测或解释案件是如何处理的"。"在法律上没有差别的同类案件之内或案件与案件之间，出现了如此不同的判决。"② 案件的社会结构理论，实质上也旨在说明，任何案件的处理结果实际上都是各方利益集团之间妥协的结果。其中，就包括正式制度与非正式制度之间的妥协。实践中，妥协的结果是，或者非正式制度在立法上获得正式制度的承认，或者虽然非正式制度没有在立法上获得正式制度的承认，但在司法上获得了正式制度的认可。例如，在中国藏区对命案处理具有重要影响的"赔命价"习惯法虽然没有从立法上得到正式制度的承认，但在实践中，依据"赔命价"习惯法所进行的赔偿往往成为司法人员酌定从宽处理被告人的重要依据，以至于在该地区命案的处理上大都形成了"先调处，后审理"的非正式制度。③

妥协理论要求，在处理刑事案件的过程中，当以民族习惯法为代表的非正式制度对案件的处理发出诉求时，以刑事制定法为代表的正式制度应当认真对待，实现正式制度与非正式制度之间的合作。"不断坚持说道德和正义

---

① 参见高其才著：《中国习惯法论》，中国法制出版社2008年版，第403页。
② ［美］唐·布莱克著：《社会学视野中的司法》，郭星华等译，法律出版社2002年版，第4~5页。
③ 参见苏永生：《中国藏区刑事和解问题研究——以青海藏区为中心的调查分析》，载《法制与社会发展》2011年第6期。

不是法律，这趋于使人们滋生对法律的不信任和蔑视，把法律视为一种不仅与道德和正义相异且是敌对的东西。"① 如果正式制度与非正式制度之间不进行妥协的话，那么正式制度与非正式制度之间的合作就会化为泡影。即使依据正式制度作出了决定，也会因非正式制度的干扰而无法获得人们的普遍认同，正式制度的目的将无法达成。

---

① ［美］本杰明·卡多佐著：《司法过程的性质》，苏力译，商务印书馆 1998 年版，第 83 页。

# 社会契约、外邦人与犯罪治理协议

周建军*

学界常将孟德斯鸠对法意的探寻视为刑法启蒙思想的肇始，但是，卢梭的社会契约理论对现代刑事政策思想的影响更为深远。通常认为，社会契约理论乃是现代国家理论的基础。但有好事者提出，社会契约不过是学者的臆想，属于唯心的范畴，难以成为现代国家的理论基础。笔者认为，理论的价值在于对实践抑或社会实际的指导作用。即便中国共产党的缔造者毛泽东也承认这一点，在《实践论》中，毛泽东同志指出：马克思主义看重理论，正是，也仅仅是，因为它能够指导行动。如果有了正确的理论，只是把它空谈一阵，束之高阁，并不实行，那么，这种理论再好也是没有意义的。因此，社会契约理论唯心与否并不重要，它的价值在于它的国家学说，构成现代国家治理体系的基础；它对我们的犯罪治理体系的完善、犯罪治理能力的提升依然具有重要的指导意义。

## 一、 社会契约中的外邦人问题

在《社会契约论》中，卢梭提出："只有一种法律由其性质而必须全体一致同意才能通过；这个法律就是：社会公约，因为政治结合是世界上最自愿的行为。每一个人生来都是自由的，是自己的主人，因此，无论何人都不能以任何借口在未得到他本人同意的情况下就奴役他。"① 由此可以看出，全体自愿缔约是构成现代国家理论抑或政治制度之基础的社会契约的根本特征。关于全体自愿缔约，卢梭进一步指出："即使在订立社会公约时有人表示反对，他们的反对也不能使公约无效，顶多只是把这些人不包括在内罢了；他们是公民中的外邦人。而在国家建立以后，居留在国内就表示同意，住在国家的领土上，就表示服从主权。"② 从平等、民主的角度来说，全体自愿缔约遇到了一个棘手的问题——外邦人的地位和作用。在何兆武翻译的文本中，相关的表述略显武断："可是，如果在订立契约的时候出现了反对者的话，这些人的反对也并不能使契约无效，那只不过是不许把这些人包括在契约之

---

* 昆明理工大学法学院教授。

① ［法］卢梭著：《卢梭全集》（第 4 卷），李平沤译，商务印书馆 2012 年版，第 131 页。

② ［法］卢梭著：《卢梭全集》（第 4 卷），李平沤译，商务印书馆 2012 年版，第 131 页。

内罢了；他们是公民中间的外邦人。"细究起来"顶多不把这些人包括在内"①属于主政（主治）者的意愿表达，也算合理。但是"不许把这些人包括在契约之内"的表达，存在一个"不许把这些人包括在契约之内"的依据是什么的问题。这个依据不仅关联着外邦人的地位和作用，而且关系到社会契约的合法性。按《社会契约论》的说法："一个人既然是自由的，怎么又不得不服从不属于他的意志呢？反对者既然是屈从于他不同意的法律，又怎么能说他是自由的呢？"

外邦人原本是《圣经》和古希腊政治理论中的提法。《圣经》说："没有律法的外邦人，若顺着本性行律法上的事，他们虽然没有律法，自己就是自己的律法。"同时，上帝也说，他也是外邦人的上帝，他希望他的选民，将敬畏上帝的态度传给"外邦人"。在古希腊的政治理论中，希腊人不仅在本国是优种，就是在世界任何地方，也都应该是优种，而外邦人只能在本国才是优种，到本国以外的地方，都算不得优种。但是，亚里士多德并不认为希腊人必然是优种，而外邦人绝对是"外邦"。在《政治学》中，亚里士多德指出："这些措辞（即希腊人优种，而外邦人次优的措辞，笔者注）所含蓄的意思就在以品德的善恶为奴隶和自由人以及劣种和优种做判别。照他们的想法，人生人，兽生兽，善人的后裔也应该是善人。这虽然确实是自然的本旨，但自然也不能常常如愿地维持这样的规律……人类确实原来存在自然奴隶和自然自由人的区别，前者为奴，后者为主，跟随其天赋的本分而成为统治和从属，这就有益而合乎正义。谁要是滥用或误用主人的权威，那就必然损害主奴双方的利益……在合乎自然的奴隶体系中，两者各尽自己的职分，这就存在着友爱和共同利益。但凭借权力和法律所造成的强迫奴役，情况恰恰相反（那里冲塞着仇恨和厉害的冲突）。"②也就是说，不管是宗教教义还是政治理论，即便主奴两分，也不能否定外邦人的基本地位——他们既是上帝的子民，也是本国的优种人。说到底，每一个基督徒都曾经是"外邦人"，优种人也不必然是优种。更何况，在外邦人的本国，他们也是优种人，他们参与社会契约的地位不能被否认。

因此，在形成社会契约的过程中，"不许把这些人包括在契约之内"是没有依据的。但是，卢梭认为："一个人既然是公民，这就表明他是同意所有一切法律的，甚至对那些不顾他的意愿而订的法律和他如果破坏其中任何一条就要对他实行惩罚的法律也是同意的。国家全体成员的经常意志就是公意。正是有了这个公意，所以他才成为公民，而且是自由的。"③按这种说

①　将"顶多把这些人不包括在内"翻译为"顶多不把这些人包括在内"更符合我们的思维逻辑和语言习惯。

②　［古希腊］亚里士多德著：《政治学》，吴寿彭译，商务印书馆1965年版，第18~19页。

③　［法］卢梭著：《卢梭全集》（第4卷），李平沤译，商务印书馆2012年版，第132页。

法，订立契约的时候，将反对者排除在外，并斥之为外邦人；一旦需要他们遵守契约抑或法律，又称之为公民，因此需要遵守国家全体成员的经常意志，具有遵守一切法律的义务。在笔者看来，不排除外邦人也能成为公民。但是，这样的表述仍然无法解释"全体成员"内涵因反对与否而发生的变化。根据正当的国家理论，公民既是社会契约的订立者，也是社会契约的履行者。从这个角度来讲，断然将反对者排除在"全体成员"之外是不合理的。根据公共政策的研究，公共利益具有多元、妥协的特性，必然存在相互对立抑或反对的利益。作为公共政策的实现方式，立法也需要反映多元利益的要求，以至于全部代表都同意的情况还要被认为是非法的。从根本上说，社会契约既是最重要的公共政策，也是最重要的法律，必然存在反对的声音和利益。概言之，反对不改变自由、合法的本性。卢梭不必将反对社会契约的成员界定为外邦人，并排除在"全体成员"之外。

## 二、 外邦人与犯罪治理协议的成立

实际上，外邦人的地位和作用，不仅关乎犯罪治理契约的合法成立，对犯罪治理契约的改善也很关键。所谓犯罪治理契约，是指参与犯罪治理的社会力量就犯罪治理形成的以权利、义务为内容的协议。一般认为，由于犯罪是一种严重的恶行，因此需要国家权力进行控制、预防。在我国，受"阶级统治"、"政治挂帅"等单一意识形态的影响，国家垄断了绝大部分权力资源，曾将犯罪视为可以凭借一己之力进行控制的事务。为此，不惜通过从重、从快打击犯罪的方式来压制犯罪高发的局面，甚至提出过消灭犯罪的目标。结果事与愿违，犯罪问题愈发严重。在反思传统犯罪控制方法有效性的时候，犯罪学界提出了治道、刑法契约化、刑法私法化等以消解权力垄断，改善犯罪治理基础为目的的概念和思想。例如，2005 年卢建平教授指出："在一个国家主导甚至是垄断一切的刑事政策模式中，市民社会的地位作用是很难设想的，也是传统的刑事政策概念或观念所难以包容的。只有将刑事政策上升到政治的层面，才有可能考虑市民社会在刑事政策体系中的地位与作用，政治国家与市民社会双本位的二元犯罪控制模式的实现才是可能的，国家主导、社会力量广泛参与的综合治理政策的特色才能充分显示出来，作为'治道'的刑事政策的本色也才能得到完全的展示。"[①] 2009 年，储槐植教授撰文指出："罪刑法定原则明确昭示，刑法立法是国家与国民（通过选举代表）在刑事领域依法订立的有关权利义务的协议，这就是刑法契约。刑法作为国家与国民的契约：国民权利对应国家义务——国民不犯法则有行动自由，国家承担不得启用刑法的义务；国民义务对应国家权利（权力权利化）——国民

---

① 卢建平：《作为"治道"的刑事政策》，载《华东政法学院学报》2005 年第 4 期。

犯法则承担受罚义务，国家便有权启用刑罚。刑法作为国家与国民在刑事领域的社会契约，在逻辑上必然导致这样的结论，罪刑法定原则与其载体刑法运作相同，具有双重功能价值，惩罚犯罪，保障自由。"① 受此启发，倘若存在以犯罪治理为目的的协议——通过商谈②形成的兼顾各方利益，各方按照权利、义务方式参与犯罪治理的局面，必将提升犯罪事务处理的公共水平。

当然，这样的协议虽是一种假说，但不是纯粹的空想。说它是假说，主要是指它对国家权力垄断的消解，需要从社会契约这一伟大的国家理论假说得到支撑，并落实到犯罪治理这一公共事务的公共处理之中。说它不是纯粹的空想，是指随着犯罪治理观念的改善，现实层面完全可以通过犯罪治理协议动员各种社会力量参与犯罪治理。从国家层面来说，国家领导人可以通过签署犯罪治理协议的方式来保证相关犯罪治理目标、方式的实现。从地方角度来讲，犯罪治理协议可以充分考虑到各个地方、各种社会力量的具体情况，并在尊重他们的意愿和利益的基础上，调动他们参与、实施犯罪治理的积极性，真正实现犯罪治理的社会参与和犯罪的源头治理。在此之中，包括犯罪人、被害人、相关社会组织在内的各种社会力量，他们都是犯罪治理协议的参与者、实施者，并根据相关协议，享有一定的权利，承担一定的义务，最终也会在犯罪治理事务的改善中获得利益。在此之前，类似于社会契约中的外邦人，及大量存在的犯罪人、被害人等，权利没保障，利益被忽视，对犯罪治理事务的参与、实施也只停留在"遵守国家法律"的层面，成为犯罪治理这一公共事务的外邦人（局外人）。因此，外邦人在社会契约中的地位和作用，不仅关乎犯罪治理契约的合法成立，对犯罪治理协议的施行也很关键。

## 三、 社会契约、外邦人与犯罪治理协议的执行

在我们这样一个国家主导，甚至垄断一切权力资源的社会，市民社会尚未建成，社会权力有待培养，市民与国家地位悬殊，犯罪治理协议的理解、实施，存在更多的困难。因此，我们仍然需要从社会契约等国家学说中汲取合理的因素，改善包括犯罪治理在内的各种公共事务的处理。

首先，公民与国家订立社会契约的假说，不仅为公民权利奠定了重要的理论基础，而且树立了一个强调商谈、自治的契约范式。根据古罗马法学家乌尔比安区分公法、私法的理论：凡是在规范调整方面实行"放任"，在个

---

① 储槐植：《刑法契约化》，载《中外法学》2009 年第 6 期。

② 在哈贝马斯看来，人与人之间伦理关系的调整、共同规范的认定和维护是通过商谈进行的。商谈还进一步产生政治多元主义的原则，以及议会的意见形成和意志形成过程在政党合作下得到政治公共领域中对所有公民开放的非政治意见形成过程之补充的必要性。参见［德］哈贝马斯著：《在事实与规范之间：关于法律和民主法治国的商谈理论》，童世骏译，生活·读书·新知三联书店2011年版，第 206~208 页。

别调整方面强调"协商"（契约）的法律规范，应当划入私法的范畴；与之相反，凡是强调"指令"、管制的法律规范，应当划入公法的范畴。① 在犯罪治理协议抑或市民社会的视野下，各种社会力量都存在自己的犯罪治理主张，甚至有可能是冲突、对立的利益主张。例如，被害人与犯罪人的犯罪治理主张往往就是冲突的。基于秩序利益的主张和基于人权保障的主张，往往就是对立的。基于多元利益冲突、妥协的公共政策原理，市民社会条件下的犯罪治理不可能是一种利益主张完全消灭另一种利益主张的情况，而只能在多元利益的冲突、妥协中，逐渐实现犯罪治理事务的改善。因此，市民社会条件下，不仅犯罪治理的目标、方式是开放的，相关事务的处理更是一个协商、妥协的过程，符合私法规范的基本特征。

其次，犯罪治理协议的形成需要加强对局外人地位和作用的研究。在我国，基于犯罪控制的目的，刑罚的报应功能和秩序利益居于突出的地位，而犯罪人和被害人的利益长期遭到忽视。一方面，在相关法律中，作为刑事程序当事人之一的犯罪人，不仅权利难以得到保障，甚至被称作犯罪分子，成为犯罪控制系统的局外人。另一方面，被犯罪行为直接侵犯的被害人甚至不是现行刑事诉讼程序法律中的当事人，对相关程序的启动和运行并不能发挥独立抑或重要的作用。与之相反，主要基于秩序利益需要而介入的国家权力，不仅垄断了全部司法资源，而且长期具有忽视被害利益的倾向，以至于被害人的利益很难从国家的犯罪控制系统中得到有效的恢复。此外，由于地位悬殊，相关的社会组织、地方性权力也缺乏与国家权力协商，并达成协议的能力。一言以蔽之，他们都是现行犯罪控制系统的局外人。因此，在犯罪治理协议的形成中，务必要加强对犯罪人、被害人、相关社会组织（社会权力）、地方权力的研究，保障他们的地位，彰显他们的权益，尽快达成多元参与、有权有利的犯罪治理协议。

最后，社会契约抑或犯罪治理协议的深入研究，还将为批判刑法学的发展（尤其犯罪本质、刑罚目的的改善）提供方法论意义上的支撑。源于社会契约理论，刑法学的研究进一步指出："只有法律才能为犯罪规定刑罚。只有代表根据社会契约而联合起来的整个社会的立法者才拥有这一权威……代表社会的君主只能制定约束一切成员的普遍性法律，但不能判定某个人是否触犯了社会契约。由于国家可能分成为两方：君主所代表的一方断定出现了对契约的侵犯，而被告一方则予以否认。所以……即使严酷的刑罚的确不是在直接与公共福利及预防犯罪的宗旨相对抗，而只是徒劳无功而已，在这种情况下，它也不但违背了开明理性所萌发的善良美德……同时，严酷的刑罚

---

① 江平、米健著：《罗马法基础》，中国政法大学出版社1991年版，第9页。

也违背了公正社会契约的本质。"①"只有法律才能为犯罪规定刑罚",指的是罪刑法定原则;"需要一个判定事实真相的第三者",指的是司法权的性质,尤其立法权与司法权的分离、制衡;严酷的刑罚(即酷刑)违背善良美德和社会契约的情况,指的是刑罚的合法(约)性。很显然,这些都是刑法理论的基石。一般来说,我们对他们的理解也没有太多的争议。但在犯罪治理协议的层面上,罪刑法定原则、司法权的性质、犯罪的本质、刑罚的目的等,都需要进行调整。

1. 犯罪治理协议中的罪刑法定原则。通常认为,基于人权保障的需要,国家权力(尤其刑事权力)应该受到严格限制。因此,以刑法契约的方式载明相关的权利、义务,构筑限制国家刑罚权力的藩篱。若从犯罪治理契约的角度来说,这种刑法契约还存在一些可以改进的问题:对国家来说,与其迫使它接受城下之盟,不如以商谈、自治的范式来解决问题。根据公共政策的研究,商谈、自治的范式不仅有利于多元利益的实现,有效避免局外人的问题,也有助于国家行为方式的改造——连犯罪这等严重、突出的问题都需要充分考虑到犯罪人、被告人的地位和作用,其他国家行为的改善更是应当了。对市民和其他社会力量来说,一份自己参与,并考虑到了自己利益的犯罪治理协议(类似于哈特的法律共同体),更值得履行。于是,犯罪治理不再是国家一己之力的事务,综合治理以及全社会的参与才不至于成为一句空话。更重要的是,基于犯罪治理协议,还可以较好地解决有罪不罚、重罪轻罚的问题。原因很简单,既然刑法契约和犯罪治理协议都是国家、民众和其他社会力量协商一致的利益反映,在刑罚不能改善各方利益的情况下,只要不与法律的禁止性规定相冲突,出罪、不罚抑或轻罚是合理的。然而,相反的情况是不允许的。

2. 犯罪治理协议界面的刑事司法权力(刑事司法权)。在犯罪治理协议的界面上,司法权务必独立,这是毋庸置疑的。但有一点需要指出的是,刑事司法权既不是单一的社会权力,也不是单一的中央事权,而是基于社会契约产生的,以犯罪治理为目的的事务权力。② 它既不属于个别社会组织,也不该为国家所垄断。在我们的司法改革中,随着巡回法庭的建立,越来越多的人认为司法权乃中央事权,为此要建立跨地区的巡回法庭,以此独立于地

① [意]贝卡里亚著:《论犯罪与刑罚》,黄风译,中国法制出版社2005年版,第13~14页。
② 在哈贝马斯看来,立法、执法(司法)和行政权力都属于政治权力的范畴。所谓政治权力,不过是人民主权的体现,都来自于公民的交往权力。其中,立法部门论证和通过普遍法案,司法部门依照这种法律来解决行为冲突,行政部门负责实施那些不自动生效而需要加以执行的法律。这些不同的部门有不同的商谈逻辑。立法商谈是论证性商谈;司法商谈是运用性商谈,是关于规范运用的商谈;而施行法律的商谈是实用性商谈。参见[德]哈贝马斯著:《在事实与规范之间:关于法律和民主法治国的商谈理论》,童世骏译,生活·读书·新知三联书店2011年版,第206~234页。

方权力的制约。笔者认为，建立巡回法庭的依据主要在于司法权的独立地位，不能因此将司法权完全归结为中央事权。当然，在犯罪治理共同体中，最高司法机关居于突出的地位，他们的利益（尤其秩序利益）应该得到充分的考虑。但这并不能否定其他社会力量的主体地位，更不能因此否定其他利益抑或权利因素的客观存在。要知道，权利（其本质就是利益）是社会契约的前提和基础，① 因契约而产生的刑事司法权力不能本末倒置，反而居于唯一重要的地位。当然，基于事务权力抑或从犯罪治理协议的角度来看，犯罪治理是一项综合的事务，需要得到包括司法机关、犯罪人、被告人、相关社会组织在内的各种社会力量的参与。因此，刑事司法权力的主体具有开放性，所有参与犯罪治理的社会力量都是相关公共事务的主体。在此之中，各社会力量都有自己独立的利益，经协商一致，共同致力于犯罪治理的事业。

3. 犯罪治理协议视野下的罪、刑本质及其治理问题。根据传统的观念，犯罪是一种恶，因此要采取恶的方式进行控制。但是，随着政治犯罪、国家犯罪、制度犯罪等犯罪问题的提出，关于犯罪地位和功能的异议越来越多。众所周知，政治犯罪多属精英犯罪的范畴，在特定的历史时期，甚至可以通过极端的方式来解决社会治理系统难以解决的根本性问题，功莫大焉。其他的一些经济犯罪，尤其当代中国的民营企业犯罪，从割资本主义尾巴抑或农业学大寨的年代开始，他们就对中国市场力量的复苏、搞活、壮大起到了重要的作用。尽管民营企业自身存在很多问题，但是，在导致他们某些企业长期处于灰色、非法状态的原因中，就有国家（制度）犯罪的影子。凡此等等，无不说明犯罪原因、形态和作用的复杂性。考虑到犯罪原因、形态和功能的复杂性，刑罚的性质、地位和作用也不能一概而论。从一元的国家—社会形态上看，刑罚不过起到了报应、预防犯罪的目的和作用。但是，从犯罪治理协议的角度来讲，报应和预防的目的反映的主要是国家和社会的利益（尤其秩序利益），存在利益主体的缺失。为此，笔者曾经撰文指出："任何单一的目的主体、片面的目的利益、非妥协的目的实现以及绝对确定的目的表述都存在利益多元的阙如，有违公共政策的基本要求……刑罚的目的利益绝不能仅限于国家抑或社会基于报应、预防的考虑，应当将法益保护，尤其被害人利益的恢复作为刑罚目的的重要构成。"② 现在看来，将刑罚的目的归纳为"被犯罪侵犯的利益的恢复"，不仅与犯罪侵犯法益的基本判断相匹配，而且能够满足多元犯罪治理主体的相关利益要求。从治理的角度来讲，刑罚反应至少要做到制裁有力、救济有方、保障到位等几个方面的利益要求。否则，就会存在犯罪治理利益非完整、非妥协的情况。

---

① 王晓升著：《商谈道德与商议民主——哈贝马斯政治伦理思想研究》，社会科学文献出版社2009年版，第255页。

② 周建军著：《刑事司法政策原理》，清华大学出版社2011年版，第237~238页。

# 法治中国的犯罪治理模式之基本转型①
## ——从"统治"到"善治"

刘春花*

## 问题的提出

"王者之政，莫急于盗贼。"犯罪问题事关社会稳定大局，历来是国家治理中的首要问题。当前我国处于发展的重要战略机遇期和社会矛盾凸显期，虽经历了多次"严打"，犯罪率仍居高不下，打击力度和犯罪数量甚至形成了"水涨船高"的关系，犯罪控制的"收"与"支"已呈显性失衡的尴尬局面。关键时刻，中央提出加强和创新社会管理，2011 年 9 月"中国社会管理综合治理委员会"取代原来的"中央社会治安综合治理委员会"，肩负着协调和指导社会管理工作的重要职责。新一轮的社会治理改革由此开启，治理理念也开始渗透并流行于犯罪防控领域，"犯罪治理"也成为犯罪学研究的时髦"新宠"。尽管冠之以"犯罪治理"名称的著述很多，但是学界对于犯罪治理模式的聚焦仍有限，总体而言，这些讨论基本限于宏观勾勒犯罪治理模式的转换，虽为控制犯罪想"方"设"法"，但尚未"超越治理犯罪的范畴而升华为善治犯罪的范畴"②，这将难以化解传统犯罪控制未能突围的基础性难题。十八届四中全会高举依法治国的旗帜，并提出了"良法善治"的目标。笔者认为，这正是对我国犯罪治理模式进行反思和调整的一个契机。与既有研究侧重宏大叙事不同，本文拟从"死刑"这一犯罪治理领域的微观层面切入，尝试论证我国犯罪治理模式的转型不仅要做好刑事政策上的调整，还应完成刑事法治观念的更新，即从政策到观念均要做到从"统治"到"善治"的"脱胎换骨"。

## 一、 死刑政策：传统"威权式"犯罪控制模式的缩影

我国经历过有政策无法律、政策取代法律、政策与法律并存却高于法律

---

① 本文系国家社科基金项目"转型时期量刑公正与社会认同的契合路径研究（14CFX069）"、教育部人文社科基金项目"新媒体时代公众舆论与刑罚裁量的互动实证研究——以死刑案件量刑为中心"（13YJC820051）和江苏省社会科学基金项目"网络舆论对刑事裁判影响的实证研究（12FXC013）"的阶段性成果。

* 江苏大学文法学院讲师，法学博士。

② 师索：《犯罪治理：一种基础理论的解构》，载《中国刑事法杂志》2014 年第 5 期。

的历史，"依政策治理"的思维在犯罪治理方面也很明显。死刑政策又是最重要的具体刑事政策之一，在刑事法治日臻完备的今天，它仍对死刑立法和司法发挥着非常关键的指导和制约作用。所以，死刑政策的嬗变与发展，可谓国家犯罪治理模式发生历史变迁的一个缩影。

（一）死刑是对敌人的专政工具

从 1949 年新中国成立至 1979 年第一部刑法典出台之前，三十余年间，我国受政治意识形态的强烈支配，以阶级斗争为纲，政治运动接连不断，"镇反"、"三反、五反"、"四清"和"文革"等，死刑主要作为政治斗争工具而存在，是人民民主专政的手段之一。学界通常认为，这一时期的死刑政策由毛泽东确立，可概括为"保留死刑，坚持少杀、严禁错杀"或"不可不杀，不可多杀，防止错杀"。①

新中国成立之初，法制欠缺，政策当先，死刑主要不是以刑罚制度的形式出现，而是对敌人的专政工具，延续了革命年代的"革命工具"性质。当时仅有的几个条例都规定了死刑，如 1950 年《政务院和最高人民法院关于镇压反革命活动的指示》、1951 年《惩治反革命条例》、《妨害国家货币治罪暂行条例》和 1952 年的《惩治贪污条例》。毛泽东作为中国革命的领袖，有诸多论述表达了对死刑作为革命工具的坚定支持态度。② 比如：镇压反革命要打得稳、打得准、打得狠。"所谓打得稳，就是要注意策略。打得准，就是不要杀错。打得狠，就是要坚决杀掉一切应杀的反动分子（不应杀者，当然不杀）。只要我们不杀错，资产阶级虽有叫唤，也就不怕他们叫唤。"③ "关于杀反革命的数字，必须控制在一定比例以内。"④ 死刑政策具有非常大的灵活性，标准含糊，适用对象广泛涉及反革命分子和一切阶级敌人，执行程序粗糙，往往根据政令、批示、运动讲话而发动、决定实施，"少杀慎杀"几乎总是在群情激奋的运动中一再被突破。"文革"期间，死刑更被无限滥用。1967 年的"公安六条"实际上纵容了随意划分阶级敌人的行为，导致了革命

① 蔡道通：《毛泽东的死刑观及其现实启示》，载《毛泽东思想研究》2001 年第 2 期；赵秉志：《毛泽东死刑思想研究》，载《法学家》2001 年第 4 期；张文等著：《十问死刑》，北京大学出版社 2006 年版；陈兴良著：《刑法适用总论》（下），法律出版社 1999 年版，第 155 页；卢建平、刘春花：《死刑政策的应然表达及其对立法变革的影响》，载《中南民族大学学报：人文社科版》2011 年第 3 期。

② 毛泽东关于死刑的论述散见于《镇压反革命必须实行党的群众路线》、《镇压反革命必须打得稳、打得准》、《关于"三反""五反"的斗争》、《论十大关系》和一些电报批示、讲话。

③ 《毛泽东选集》（第 5 卷），人民出版社 1977 年版，第 42 页；毛泽东：《关于镇压反革命分子的策略的问题的电报》于 1950 年 12 月 19 日，载中共中央文献研究室编：《建国以来重要文献选编》（第 1 册），中央文献出版社 1993 年，第 509 页。

④ 《毛泽东选集》（第 5 卷），人民出版社 1977 年版，第 39~41 页。

名义下的大规模杀人事件。[1]

**（二）死刑为经济保驾护航而扩大化**

1979 年我国第一部刑法出台，结束了法外死刑的历史，对死刑的适用范围、程序、死缓做了明确规定，死刑罪名总共 28 个（其中 15 个是反革命犯罪），贯彻了"少杀慎杀"的死刑政策。由于 1978 年改革开放，社会面临急剧转型，以经济建设为中心，法治建设和精神文明建设滞后，违法犯罪现象，特别是经济犯罪一度激增。中央认为 1979 年刑法不足以应对当时的犯罪形势，遂开展"严打"，一系列《决定》、《补充规定》和附属刑法出台，提高了许多罪名的法定刑，增设大量死刑，从而使得死罪数量大大增加，"盗窃 3 万即判死刑"[2] 显示死刑司法之苛厉。并且所增死罪在后来 1997 年刑法修订时大部分被吸收了，以致整部新刑法死罪达 68 个，远远超过 1979 年刑法典的 28 个，这种趋势反映了刑罚供给的不足和执政者重刑主义的倾向。两部刑法典死刑的适用重点也不同，1979 年刑法有一半的死罪适用于反革命罪或牵涉国家政治利益的犯罪，而 1997 年刑法有 68 个死罪，涉及侵害经济秩序、经济利益或者是财产权利等的具体罪名有 22 个，按条文计算则是占 47 个总条文中的 15 条，比例分别高达 32.35% 和 32.60%。[3] 若按照死罪的绝对数量计算，第三章的破坏社会主义市场经济秩序类犯罪最多，为 15 个，其次是危害公共安全的犯罪，为 14 个。"严打"导致的不仅是死刑立法的膨胀，也使得死刑司法适用数量剧增，后者可从我国死刑核准权下放、死刑一审管辖

---

[1] "公安六条"指 1967 年 1 月 13 日中共中央、国务院颁布的《关于在无产阶级文化大革命中加强公安工作的若干规定》。参见曲新久主编：《共和国六十年法学论争实录》（刑法卷），厦门大学出版社 2010 年版。

[2] 根据 1982 年 3 月 8 日，全国人大常委会通过的《关于严惩严重破坏经济的罪犯的决定》，犯盗窃罪情节特别严重的，即可判处死刑。而对于"情节特别严重"的解释，根据 1984 年 11 月 2 日最高人民法院、最高人民检察院《关于当前办理盗窃案件中具体应用法律的若干问题的解答》第 6 条第 2 项规定："……个人盗窃公私财物数额在 3 万元以上的，应依法判处死刑……"

[3] 这里采用最广义的经济犯罪概念，包括现行《刑法》分则第 3 章破坏社会主义市场经济秩序罪、第 5 章侵犯财产罪（不包括抢劫罪）、第六章妨害社会管理秩序罪中部分贪利性犯罪、第八章贪污贿赂罪。参见冯殿美：《经济犯罪死刑废除的理性思考》，载陈兴良、胡云腾主编：《中国刑法学年会文集（2004 年度）（第 1 卷）：死刑问题研究》，中国人民公安大学出版社 2004 年版，第 815~816页。另一说为 19 个经济犯罪罪名，占全部死刑罪名 68 个的 27.94%，与前一观点相比，后者没有包括第六章的内容，依据是囊括最高人民法院刑事审判第二庭专门审理的案件类型。参见赵秉志、万云峰：《论我国经济犯罪死刑的限制及废止》，载赵秉志主编：《死刑制度之现实考察与完善建言》，中国人民公安大学出版社 2006 年版，第 295~296 页。

权下移得到印证①。由此可见，为经济发展保驾护航，死刑已然扩大化。

**（三）构建和谐社会应限制、慎用死刑**

在经历了多次"严打"却只换来犯罪高峰屡创新高的教训后，"严打"方针不得不调整，开始实行"宽严相济刑事政策"，回归并践行"少杀慎杀"的死刑政策。这与时局关系紧密。2003 年我国人均国内生产总值（GDP）首次突破 1000 美元。从世界经济发展的轨迹来看，人均 GDP 由 1000 美元向 3000 美元增长的期间，社会各种矛盾开始比较充分地展现和暴露，即"社会矛盾凸显期"。为避免跌入"低谷停滞期"，努力协调政治、经济、社会和文化的发展，迈向"黄金发展期"，中央不仅树立科学发展观，还提出构建社会主义和谐社会的目标。"在建设社会主义和谐社会的伟大政治纲领的指引下，作为治国方略重要组成部分的刑事政策应当随之进行改革或调整。死刑问题是建设社会主义和谐社会的主旋律中最不和谐的音符，死刑刑事政策的改革更是应当首当其冲。"② 2007 年 1 月 1 日，最高法院收回了死刑核准权，对全国的死刑案件统一行使核准权。多个司法解释颁布以确保死刑案件办理质量，宣告和贯彻"保留死刑，严格控制和慎用死刑"的政策。2011 年《刑法修正案（八）》开创性地取消了 13 个罪名的死刑，2015 年《刑法修正案（九）（草案）》拟进一步削减 9 个罪名的死刑。

综上，新时期以来我国的死刑政策经历了"强化、扩大——限制、慎用——再强化、扩大——再限制、慎用"的历史轨迹，死刑的打击锋芒从反革命之类的政治犯罪转移至非政治性的治安犯罪、财产犯罪、职务犯罪，反映出国家在犯罪治理模式上倚重死刑的重刑主义倾向，也在一定程度体现了社会治理模式上"强力依赖"的传统。

## 二、 观念转变：治理对象和治理手段的重新审视

中国传统的社会治理模式是以强力为主、以血缘宗法规范和伦理道德为辅的模式。③ 而这种强力模式在朝代更迭时表现为武力战争、在和平时期则体现为"刑治主义"，具体表现为重刑主义、刑罚威慑（包括死刑威慑）。但

---

① 1983 年 9 月 2 日全国人大常委通过了《关于迅速审判严重危害社会治安的犯罪分子的程序的决定》和《关于修改〈中华人民共和国人民法院组织法〉的决定》分别规定死刑案件从快审理和死刑核准权下放到高级人民法院。最高人民法院、最高人民检察院和公安部 1983 年 8 月 16 日发布《关于判处无期徒刑、死刑的第一审普通刑事案件管辖问题的通知》规定："在当前严厉打击刑事犯罪活动的这段期间，中级人民法院在必要的时候，可以决定把某些属于严重危害社会治安的，应判处无期徒刑、死刑的第一审普通刑事案件，交由基层人民法院审判，以便依法从重从快惩处这些罪行严重的普通刑事犯罪分子。"

② 高维俭等著：《中国死刑问题的社会学研究》，中国人民公安大学出版社 2007 年版，"绪言"部分，第 4 页。

③ 参见王振民：《社会管理创新的关键在于法治》，载《法制日报》2011 年 8 月 31 日。

各种死刑、酷刑却滋生了越来越多的犯罪。笔者认为，犯罪治理模式的基本转型，必须以犯罪观和刑法观的转变为前提，对于治理的对象和手段不得不予以重新审视。

（一）需要一种理性的犯罪观

一直以来，绝对主义哲学思维在认识和对待犯罪问题上占着上风。从官方到民间，普遍认为，犯罪绝对是私有制的产物，社会主义国家里私有制被消灭了，犯罪失去了存在的基础。所以，社会主义国家不应该有犯罪，这些犯罪分子都是旧社会残渣，必须用镇压、惩办和改造的方法将其消灭干净。① 在社会主义市场经济转型中，虽然不再把犯罪分子等同于敌对阶级，但仍然认为犯罪是绝对的"恶"，如同洪水猛兽，严重破坏稳定的社会秩序，应当"除恶务尽"。所以，刑治主义传统和绝对主义的犯罪观使得国家对犯罪的反应单一化，偏好刑罚手段，缺乏创新。同时，广泛适用包括死刑在内的重刑都获得了社会的道德支持，而不必、不可能接受任何合理性怀疑的追问。有批评指出，我国刑罚过重是 20 多年来严打所形成的一种累积效应。过重的刑罚并没有取得预期的社会稳定，只不过是"社会治理不善的不得已的补偿"，立法在税收、金融、贪腐、公共治安等各个领域类的犯罪均设置了死刑，难免杀人过滥之诟病，也是社会管理无能的表现。②

实际上，人类历史和犯罪学研究都已经证明，犯罪不仅是一种法律现象，而且是一种常见的社会现象。从人类的经验看，犯罪具有普遍性和必然性，可见诸于任何类型的社会，③ 马克思恩格斯的经典论著早已指出，作为孤立的个人反对统治关系的斗争，"犯罪和现行的统治都产生于相同的条件"。④ 犯罪是无法被消灭的，对于犯罪的态度不能一味打击，对犯罪的反应也不能只有刑罚，对减少犯罪数量的追求不能极端化，以至于忽视犯罪人的权利保护。死刑对犯罪人"一杀了之"，并不是最好的解决方式。依西方先贤柏拉图所见，惩罚的目的是阻止其他人犯罪，而不是消除业已犯下的罪。⑤ 我国犯罪率不仅没有因多次运动式的严厉打击而出现大幅下降，反而出现大幅攀升的现象，这再次说明刑罚的遏制作用是有限的，刑罚不是预防犯罪的有效措施。对处在社会转型时期的中国来说，犯罪高发态势是一种再正常不过的社会现象，并不值得引起社会的过激反应。不然，希冀重刑恐吓威慑只会适得其反。

---

① 参见严励：《论刑事政策的价值目标》，载《法学评论》2004 年第 3 期。
② 参见陈兴良：《刑罚改革论纲》，载《法学家》2006 年第 1 期。
③ ［法］迪尔凯姆著：《社会学方法的准则》，狄玉明译，商务印书馆 1995 年版，第 83 页。
④ 《马克思恩格斯全集》（第 3 卷），人民出版社 1960 年版，第 379 页。
⑤ ［荷］W. A. 邦格著：《犯罪学导论》，吴宗宪译，中国人民公安大学出版社 2009 年版，第 21 页。

### （二）需要一种科学的刑法观

我国古代法律文化具有强烈的"刑治主义"特色。数千年来，以"刑"为"法"，"法"就是"刑"，表现之一即历朝历代之法典名为"××刑"、"××律"。刑治主义观念构成人们对法律的基本认知态度，"乱世用重典"成为共识，并延续至今。譬如，"夏有乱政，而作禹刑。商有乱政，而作汤刑。周有乱政，而作九刑"。如今若遇社会秩序"失范"，首先考虑的也是加强刑法、加重惩罚，援用报纸杂志的流行说法，叫做"加大打击力度"。改革开放至今，犯罪高峰一个接一个，"严打"运动也就一场接一场，立法上将许多罪名提高至死刑。又如，国人对于"打官司"或"吃官司"有着普遍的厌恶感，因为这伴随着"受刑罚"或"要坐牢"的恐惧。这种"刑治主义"观念的影响深刻，作为一种法律文化的心理积淀，形成了"诉讼——违法——刑罚——坐牢"的基本思维模式。① 它还在一定程度上促成刑法万能、刑法是"刀把子"的认识偏差。

新中国成立后较长时期内，刑法被片面地定位于惩罚犯罪、保护人民和社会的法律，即过于强调刑法的"专政工具"的职能，忽视了刑法保障人权的机能，特别是对犯罪嫌疑人、被告人以及犯罪人的人权保障。根据我国现行《刑法》第1条，刑法的目的是"为了惩罚犯罪，保护人民"，人民是与敌人相对而言的一个政治概念而非法律概念，人民、敌人的区分是一种政治逻辑而非法律逻辑，而这种"非人民即敌人"的"非黑即白"的两分法用在《刑法》中是欠科学的，犯罪分子是触犯了法律的公民，但如果被视为人民的敌人，那么极易产生将其一竿子打死的重刑倾向。现行《刑法》第2条规定，刑法的任务之一就是"维护社会秩序、经济秩序，保障社会主义建设事业的顺利进行"，如果一再强调刑法对社会建设保驾护航的工具性价值，那么对严重经济犯罪适用死刑也就难以避免。因为经济建设是头等重要的政治任务，稳定是发展的必要前提。所以"我们要有两手，一手就是坚持对外开放和对内搞活经济的政策，一手就是坚决打击经济犯罪活动。"② 如此我们不难理解为什么中央果断制定"严打"方针，一方面是决策者深信"严才能治住"，另一方面是认为"严厉打击刑事犯罪活动是一件大快人心的事。"③ 为了从重从快打击犯罪，不仅扩大刑法惩治的"犯罪圈"，提高法定刑，特别是增加死刑，还将死刑核准权下放至省一级法院。这也许就是以经济建设为中心的时代赋予刑事立法，特别是死刑适用的特色。"严打"时期的死刑政

---

① 参见徐忠明：《"刑治主义"与中国古代法律观念》，载《比较法研究》1999年第3期。

② 《坚决打击经济犯罪活动》（一九八二年四月十日），载《邓小平文选》（第2卷），人民出版社1994年版。

③ 《严厉打击刑事犯罪活动》（一九八三年七月十九日），载《邓小平文选》（第3卷），人民出版社1993年版。

策由"少杀"悄然变为扩大适用，而且实践中还一度出现死刑适用过多过滥的局面。这就是由于过分地强调打击犯罪，奉行刑法（刑罚）工具主义，迷信死刑威慑力的必然结果。

故此，国家治理犯罪不应对"刑法"形成"路径依赖"，更不应将"严打"、"从重从快"变成治理犯罪的思维定势。与西方轻轻重重"两极化"政策中的"重重"一极不同，我国的"严打"活动具有突出的政治性、军事性（战役性）和非常规性，虽然强调"从重从快"必须以"依法"为前提，但是其因政治主导而对形势需要的过分关注，必然妨害司法独立，重刑主义和法律工具主义的观念也随之膨胀。"严打"无论有效、无效，都与法治国家应有的常态治理模式相差甚远。但如果不更新观念，"严打"还是会依旧重复，既不能解决社会根本问题，而且会使执法者落得"吃力不讨好"的名声。20世纪末，德国和英国的警务经费分别上升至299亿马克、89.98亿英镑，已经遭到公众批评。① 我国本不应重复这种"高投入、低回报"的老路，实际却不然，2010年5月27日《社会科学报》公布：2009年度全国维稳经费达5140亿元，中央政府公共安全支出增长幅度达47.5%。这个数字已逼近全年军费开支，完全可以用"天价维稳"来形容。② 传统的犯罪控制模式存在结构性风险，试图通过扩大打击范围、增强打击力度、扩充警务人员队伍破解这种风险，被证明是失败的，唯一的出路是转换犯罪治理模式。

## 三、"统治"变"善治"：犯罪治理模式之基本转型方向

犯罪过去被视为社会病态现象，任凭现代国家竭尽所能来规制和控制，但在如今后现代主义、风险社会理论的广泛传播影响下，犯罪与正常行为之间的界限愈加模糊，犯罪没必要以"病态"、"亚文化"、"不道德"等标签来加以区别。传统由国家主导的"一元"犯罪控制模式呈现出"内卷化"的趋势。在严峻的现实面前，犯罪防控究竟还能否属于传统意义上由国家主导的公共事务，也被国家反复思量，国家也意识到，独自享有这样的社会控制权虽然保证了权力行使的独立性，却陷入"独木难支"、"吃力不讨好"的窘境之中。

### （一）犯罪治理应超越"统治"而走向"善治"

统治（Government），在政治学上是指依靠权势控制、支配和管理，社会学上定义为以一种外部强制力来维持和控制社会秩序的方式，生活在该秩序下的人们是被迫遵守各种规范的。它具有单向度、自上而下、支配性等特征。20世纪晚期西方国家在社会资源配置中相继出现市场失效和政府失灵，治理

---

① Rolf Ritsert, New Public Management Reforms in German Police Services [J]. German Policy Studies, 2009(02), pp.17-47.

② 参见尹鸿伟：《"严打"模式的思考》，载《南风窗》2010年第15期。

理论随之兴起，"治理"（Governance）被用来替代"统治"。根据全球治理委员会的定义，各种公私机构和公民个人合作管理社会共同事务的方式的总和，就是治理。① 但治理不是灵丹妙药。在国外，治理的实践出现了一系列失效表现，② 善治（Good Governance）的概念旋即被提出。善治就是在整个社会管理过程中均以使得公共利益最大化为目标，本质上它是国家与公民个人对公共生活的协同管理。善治包括合法性、法治、透明性、责任性、回应、有效性、参与、稳定性、廉洁和公正等十个基本要素。③ 善治超越了善政，不局限于一个好政府，而着眼于政府与公民建立良好的合作网络，着眼于整个社会的好治理。④

"善治理论"可用来观照我国犯罪治理传统的局限。⑤ 改革开放初期中央提出了社会治安综合治理，高度依赖并强化权力组织网络，通过组织建设和组织网络渗透而实现犯罪治理的"组织化调控路径"。这种综治模式实际上是在制度资源贫弱时期为确保社会平稳转型、有效治理犯罪的一种策略，是特定历史阶段的过渡性选择。⑥ 阶段性"严打"，是国家因应现实犯罪形势采取的运动式犯罪控制模式，虽然具有动员社会资源、推进部门合作的功能，但实际上却是旨在缓解政府"面临着资源不足、不发达的公民社会无法提供帮助、政府体系内部各部门又不能实现协调与合作等多方面的尴尬"。⑦ 并且，无论是综合治理，还是"严打"，都遵循国家主导的控制模式，单向度的"统治"思维也总是让犯罪控制偏离轻刑人道、去犯罪化的方向，滑进重刑与犯罪化深渊。美国法学家帕克指出，犯罪控制模式和正当程序模式是彼此对立的，前者强调有效地惩办罪犯，以控制犯罪、维护社会秩序；即使有一些无辜者因此被误罚，也可以容忍，而后者强调公正地对待犯罪嫌疑人，

① 全球治理委员会：《我们的全球伙伴关系》（Our Global Neighborhood），牛津大学出版社1995年版，第2~3页。

② 参见［英］格里·斯托克：《作为理论的治理：五个论点》，华夏风译，载《国际社会科学》（中文版）1999年第1期。在格里·斯托克看来，善治目标的出现，源于治理的失效。他列出了治理失效的具体表现：1. 与治理相关的制定政策过程这一复杂现实，与据以解说政府而为之辩护的规范相脱离；2. 各方面的责任趋于模糊，易于逃避责任或寻找替罪羊；3. 由于对权力的依赖，以至并非原来所求，而于政府影响不良的结果愈加恶化；4. 既然有了自治网络，政府对社会应负什么责任便难以明确；5. 即使在政府以灵活方式控制和引导集体行动之处，治理仍然可能失败。

③ 俞可平主编：《治理与善治》，社会科学文献出版社2000年版，第11页；俞可平：《增量政治改革与社会主义政治文明建设》，载《公共管理学报》2004年第1期。

④ 何哲：《善治概念的核心分析——一种经济方法的比较观点》，载《理论与改革》2011年第5期。

⑤ 黄石：《转型时期犯罪治理模式的变迁》，武汉大学2013年博士学位论文。

⑥ 唐皇凤著：《社会转型与组织化调控》，武汉大学出版社2008年版，第10页。

⑦ 唐贤兴：《中国治理困境下政策工具的选择——对"运动式执法"的一种解释》，载《探索与争鸣》2009年第2期。

防止无辜者被错判，即使会放纵一些罪犯，也是值得的。[①] 区别于传统犯罪控制模式，"善治"模式指引下的犯罪治理，在指导理念上将从关注犯罪人的罪行和处罚，转移至注重探索犯罪缘由和整治犯罪赖以发生的社会土壤；在结构体系上更注重多元合作，必须有一套复杂的机制来运行；在实践形式上更注重"疏"而非"堵"，即不是强调将犯罪风险转移至监禁系统中换取短暂的社会稳定，而是通过提升社会支持系统，扩充社会对犯罪人群体吸纳渠道，从而不断疏通犯罪人群与常态社会之间的紧张关系。

### （二）"善治"模式着眼于国家和社会协同共治

"善治"是一种政府与公民对公共生活进行合作管理的新型治理模式。依善治理论，犯罪治理过程不应是政府单方面行使权力的过程，而恰是政府与整个社会的互动过程。一个显而易见的事实是，如果官方机构与民间组织或个人具有较强互动能力，二者的合作共治就能产生更大的作用，因而得到更优的治安管理绩效。

"善治"模式下国家正式力量（官方）与民间社会存在专治与共治领域的分工。当前，我国犯罪治理场域由封闭转向开放，各种社会力量不断上升为犯罪治理的重要主体，改变了过去官方力量"一枝独秀"的局面，但并非所有犯罪问题都能依托合作网络解决，民间力量是有限的，治安的公共产品属性、保障人权的要求以及资源的不对称优势都决定了政府依然需要，也必须掌控其专属领域。它的范围即广义的刑事司法范畴，具体包括公安机关立案和侦查、检察机关审查起诉和公诉、法院审判以及除社区矫正外的监狱行刑环节。而国家专治领域之外的犯罪治理场域就是民间社会参与的共治领域，包括犯罪拟制阶段（抑或刑事立法）、犯罪防范阶段和部分犯罪消解阶段。[②]

社会力量参与犯罪治理不是形成自治，而是与政府协同共治，并且政府发挥"元治理"的作用。参与治理的可行空间意味着国家正式力量需要一定的社会支持系统，并不代表社会力量能够离开官方而形成自治，犯罪治理的空间向社会力量开放是要与国家正式力量形成合作网络。这种合作已经出现了鲜活的实践形态，例如保安业、治安承包制、私人保镖、私人侦探、刑事和解、社区矫正、网络治安等等正在蓬勃发展。立法草案征求意见程序、立法听证会、"警民恳谈"机制、社区治安议事会、公安微博等，已成为犯罪治理场域协商民主的重要实践模式。[③] 社会力量的参与能够避免政府在依靠扩大规模的同时整合资源提高犯罪治理的效能，但这种参与离不开国家的监

---

① Herbert L. Packer, "Two Models of the Criminal Process", in Herbert L. Packer, The Limits of the Criminal Sanction, Stanford University Press, 1968.

② 参见卢建平、莫晓宇：《刑事政策体系中的民间社会与官方》，载《法律科学》2006 年第 5 期。

③ 黄石：《转型时期犯罪治理模式的变迁》，武汉大学 2013 年博士学位论文，第 151 页。

督与指导，因为"必须在民主监督下进行，政府对于维护社会治安，保证司法运作负有崇高的不可转移的责任"。①

### （三）"善治"模式立足于广义的刑事政策观治理犯罪

广义的刑事政策概念由马克·安赛尔提出，已获得普遍共识，刑事政策是由立法者和法官为保护"高尚公民"、惩罚罪犯，依法作出的一种选择。他将刑事政策视为"观察的科学"与"组织反犯罪斗争的艺术与战略"。② 马蒂教授进一步认为，刑事政策就是社会整体据以组织对犯罪现象的反应的方法的总和，因而是不同社会控制形式的理论和实践。这与狭义的刑事政策观截然不同，后者不过将刑事政策视为惩罚犯罪、保护人民的刑法政策或策略，或等同于我们党和国家在处理犯罪问题、对待犯罪时的一些具体的政策措施，如惩办与宽大相结合、"惩前毖后，治病救人"、"坦白从宽，抗拒从严"、"从重从快"等。③ "善治"模式显然与广义的刑事政策观具有一致的精神指向。

"刑罚实际上是一种社会管理手段，且是一种代价极其昂贵的社会管理手段，一个国家刑罚很重表明这个国家在社会治理当中很大程度上依赖刑罚。这种对刑罚的依赖恰恰意味着这个国家的治理能力较差，因而刑罚必然很重。"④ 有学者通过我国跨度 20 年对罪因、罪行与刑罚关系的实证研究得出结论："刑罚力度不一定与犯罪的多少成正比。"⑤ 马克思也说过："历史和统计科学非常清楚地证明……利用刑罚来感化或恫吓世界就从来没有成功过。适得其反！"⑥ 从人类社会的发展来看，刑罚轻缓化是大势所趋，以肉刑和死刑为中心的古代刑罚结构已经被抛弃在历史的角落里。要改变我国犯罪治理模式依赖强力的传统，就要找出更好的社会治理方法以替代重刑。因此，有必要重申李斯特一百多年前的主张——"最好的社会政策就是最好的刑事政策"。如果不将全部注意力置于死刑或者其他重刑的事后惩处，而是充分地重视从犯罪发生的整体环境考虑，着眼于犯罪发生的原因分析，并事先对各种经济管理制度、社会保障制度予以完善和严格执行，显然更有助于犯罪的预防。犯罪预防体系是从整个社会经济、社会治理的角度着手的一个大的系

---

① ［法］米海依尔·戴尔玛斯-马蒂著：《刑事政策的主要体系》，卢建平译，法律出版社 2000 年版，第 186 页。

② ［法］马克·安赛尔著：《新刑法理论》，卢建平译，香港天地图书有限公司 1988 年版，第 12 页。

③ 卢建平：《作为"治道的刑事政策"》，载《华东政法学院学报》2005 年第 4 期。

④ 陈兴良：《当代中国的刑法理念》，载《国家检察官学院学报》2008 年第 3 期。

⑤ 白建军：《从中国犯罪率数据看罪因、罪行与刑罚的关系》，载《中国社会科学》2010 年第 2 期。

⑥ ［德］卡尔·马克思：《死刑——科布顿先生的小册子——英格兰银行的措施》，载《马克思恩格斯全集》（第 8 卷），人民出版社 1961 年版，第 578 页。

统，里面有若干子系统，刑罚体系只是若干子系统中的一个，并且是最后发动的一个，因为它最严厉，最消耗司法资源。因此，我们在谋求经济迅速发展的同时，也要注意经济社会的协调可持续发展，积极创新社会管理，寻求遏制犯罪的经济对策，如扩大就业、兴办教育、缩小贫富差距、城乡差别、东西部差别，完善基础设施建设，提高社会服务水平等。①

法国高速发展时期犯罪率也相当高，即使严格的刑法也无法起到震慑犯罪的效果，"到凌晨两三点钟，夜盗和抢劫就非常严重，当局给予十年重刑效果并不明显。后来，政府拓宽街道，并大量安装路灯后，才逐渐遏制住夜间犯罪"。② 可见，路灯比重刑更管用！再以集资型经济犯罪为例，建立健全投资融资体系、事先杜绝制度漏洞，比事后惩罚、杀几个胆大包天的集资人能够更加有效地预防此类犯罪。另外，当前中国群体性事件频发、食品安全和环境安全出现困局，都不该首先诉诸刑法干预，而应从传统犯罪治理模式羁绊下的治理低效进行反思。以食品安全治理为例，协调发挥国家、市场与社会三大主体的积极性与主动性，走全社会共治之路才是理性选择。③

## 四、结语

回顾我国死刑政策的嬗变与发展，可见我国传统犯罪治理的"强力依赖"传统。我国正处于经济—社会结构转型时期，在传统威权式的犯罪控制模式下，防控成本和犯罪率一并攀升，不可避免地出现政府和市场的双重"失灵"。犯罪控制的"收支失衡"不仅降低了广大人民群众的安全感，还对政府的执政合法性提出挑战。故此，不得不调整我国的犯罪治理模式。根据"善治理论"反思我国犯罪治理传统的局限，无论是综合治理，还是"严打"，都遵循着国家主导的控制模式，单向度的"统治"思维也不可避免地使得犯罪控制染上了"重刑化"与"犯罪化"的色彩。而不当的刑法观和犯罪观制约了我国犯罪治理方面的创新。犯罪治理要真正从"统治"迈向"善治"，必须从政策到观念都予以更新，重塑科学的刑法观和理性的犯罪观，立足于广义的刑事政策观，走"国家—社会"协同共治的道路。

---

① 参见卢建平著：《刑事政策与刑法》，中国人民公安大学出版社 2004 年版，第 237 页。

② 葛江涛：《统计显示农民为最支持死刑群体》，载《瞭望东方周刊》，2010 年 11 月 15 日。

③ 参见刘飞、孙中伟：《食品安全社会共治：何以可能与何以可为》，载《江海学刊》2015 年第 3 期；Martinez M.G.& Fearne A.& Caswell J.A.& Henson S.，"Co-regulation As a Possible Model for Food Safety Governance：Opportunities for Public － Private Partnerships"，Food Policy，32，2007，pp. 299-314。

# 治理现代化与犯罪治理的模式优化[①]

姜　瀛[*]

中共十八届三中全会《全面深化改革若干重大问题的决定》（以下简称《全深改决定》）中指出："全面深化改革的总目标是完善和发展中国特色社会主义制度，推进国家治理体系和治理能力现代化。"在全球化治道变革的历史进程中，《全深改决定》首次以治理理论作为全面深化改革的理论支撑，并积极将这一理论推广运用到改革建设的各个领域。《全深改决定》的一大亮点在于将"社会管理"（Administration）发展为"社会治理"（Governance），表明我国社会发展进程中政府与社会的关系不断趋于良性协调，公共事务治理正逐步由"政府对社会单向度的管控"向"政府与社会对社会公共事务的合作治理"转变。[②] 这一转变适应了我国新时期社会发展的新特点，昭示着我国社会治理模式正在发生深刻变化，意义重大。对于转型时期的当代中国而言，探讨如何系统、科学、有效地犯罪治理显得尤为重要。《全深改决定》所确立的改革总目标为刑事政策模式的现代化转型指明了新的方向，提供了全新的坐标。

## 一、 治理现代化：犯罪治理模式优化的理论维度

在联合国全球治理委员会以"天涯若比邻"（Our Global Neighborhood）为主题的官方报告（Our Global Neighborhood：The Report of the Commission on Global Governance）中，治理被描述为"各种公共的或私人的就共同事务所形成的诸多方式的总和"，治理注重"使相互冲突的不同利益者得以调和，并采取联合行动的持续性过程"，实现这一过程的保障"既包括依靠强制力迫使人们服从的正式制度和规则，也包括各种经人们同意的符合各方利益的非正式制度安排"。[③] 但总体而言，"治理"具有高度的开放性，通常难以获

---

① 本文系大连理工大学基本科研业务费专项项目"微罪制裁体系研究"阶段性研究成果。

* 大连理工大学公共管理与法学学院讲师，法学博士。

② 江必新：《国家治理现代化基本问题研究》，载《中南大学学报》（社会科学版）2014 年第 3 期。

③ The Commission on Global Governance，Our Global Neighborhood：The Report of the Commission on Global Governance.Oxford University Press，1995.pp.2-3.

得具有普遍性的确切定义，治理理论也没有唯一的、万能的理论框架。①

在治理理论发展演变与实践应用的过程中，一些显著的特征已逐渐呈现出来。现代社会的公共事务中，治理可以被视为一种"由共同目标支持的活动，这些活动的主导者已经不一定是政府，甚至完全可以无须依靠国家的强制力量来实现"；② 治理理论在强调"作为最小'国家'的治理"的基础上，还注重"以最小的成本取得最大的效益"，并主张将"市场的激励机制和私人部门的管理手段引入到公共事务之中"，在"信任与互利"基础上促使公共事务中"政府与民间、公共部门与私人部门之间的合作与互动"。③ 此外，治理不是空泛的理论，而是围绕着"对象问题与行动实践"来展开，治理意味着"现代社会的发展过程中将会面临层出不穷的新问题与利益冲突"，而展开治理行动的基本前提是"锁定对象问题以及观察对象问题的准确性和客观性"，治理须"正视问题而不是回避或掩盖问题"；同时，在锁定对象问题的基础上，治理行动需要"确定合理的目标以及评估目标效果的基本标准"。④ 当然，治理理论本身也是一门方法论科学，治理行动注重科学性，并强调治理过程中对策设计应建立在科学的分析框架之上，由此才能形成支撑治理实践行动的制度结构。⑤ 在治理理论不断深化并广泛应用于实践的基础上，学者又提出了"善治"（Good Governance）概念。"善治"，即"良好的治理"之意，是一个追求公共利益最大化的社会治理自我完善过程，强调通过国家与社会之间的良性竞争与协同合作最终建立起更加完善的社会协调系统。⑥ "善治"理念的提出表明治理行动的良性价值追求，这就要求我们不断拓宽治理理论的实践领域，促进治理理论自身的发展、更新与完善。

在治理理论被广为接受之际，人们对待公共事务的态度已经开始发生转变，公共事务的理论视野得到了进一步拓展。在尤尔根·哈贝马斯所建构的社会理论中，"公共性"或"公共领域"并不是指公共权力行使所掌控的空间或部门，而是指一种建立在社会公私二元对立基础之上的独特概念，这种对"公共性"的理解诞生于成熟的资产阶级私人领域基础上，并具有独特的批判功能。关于"公共性"认知与演变，哈贝马斯认为，早期的奴隶社会

---

① ［法］让-皮埃尔·戈丹著：《何谓治理》，钟震宇译，社会科学文献出版社 2010 年版，（前言）第 3 页。

② ［美］詹姆斯·N.·罗西瑙主编：《没有政府的治理》，张胜军、刘晓玲等译，江西人民出版社 2001 年版，第 34 页。

③ ［英］R. 罗茨：《新的治理》，木易编译，载《马克思主义与现实》1999 年第 5 期。

④ ［英］格里·斯托克：《作为理论的治理：五个论点》，华夏风译，载《国际社会科学杂志》（中文版）1999 年第 1 期。

⑤ ［美］埃莉诺·奥斯特罗姆著：《公共事物的治理之道：集体行动制度的演进》，余逊达、陈旭东译，上海三联书店 2000 年版，第 51 页。

⑥ 俞可平：《治理和善治引论》，载《马克思主义与现实》1999 年第 5 期。

（古罗马）有明确却又简单的公私划分标准，"公"即代表国家，"私"即代表家庭、自由民或市民社会，公私泾渭分明，公共领域是公众发表意见或进行交往的场所，那时虽有公共交往但不足以形成真正的公共领域。在中世纪，公私不分，更确切地讲是"公吞没私"，不允许私的存在，所有权（实际上已沦落为共有权）具有"公共性"。直到近代以来，在传统的私人领域之中诞生了新的"公共"意识，"公共领域"被重新界定后才有了现代社会中真正意义上的"公共性"。① 可以看出，公共政策的立场定位所回应的是人类社会发展演进中对公共事务的态度变化，而态度的变化也折射出人们对于"公共性"或"公共领域"的不同理解。目前，在治理现代化的背景下，公共事务也再不是为国家所垄断，重新界定后的"公共领域"也蕴含着某种"个人"的色彩，公共事务中的私人参与、社会组织、市场机制以及激励措施已经在公共政策研究中占有一席之地。

## 二、 犯罪治理模式的基本定位

犯罪是一种反社会行为，是对主流社会秩序的反抗。犯罪治理，表现为对犯罪或社会越轨行为所采取行动或作出反应的过程，是世界各国都要面对的公共事务；而就众多公共事务而言，犯罪治理无疑是摆在第一位的。"王者之政，莫急于盗贼"一语已充分表明，古今中外，犯罪问题都是世界各国所要面对的最为重要的公共事务。但对于应当如何选择应对犯罪的策略，人们的观念与看法始终处于变化之中。② 长期以来，我国的犯罪治理一直追求着"除恶务尽"的理想主义目标，国家既强调不惜一切代价以遏制犯罪，同时又顾忌自我形象，对实际存在的犯罪现象讳莫如深。事实上，犯罪作为一种普遍的社会现象，有其存在的必然性，因此需要更为客观准确地看待犯罪现象；除了拥有国家的刑罚手段"强势出击"之外，还需要寻求国家之外的参与主体以及其他科学有效的犯罪治理模式。刑事政策是以犯罪治理为基本内容的对策设计与制度安排，乃是"治道"的学问，属于治国方略的重要内容。③ 探索如何系统地、科学地、有效地治理犯罪，应当确立起基本的犯罪治理模式，这一模式应当是在准确观察犯罪现象的基础上确立合理的目标并组织参与者选择科学的手段与方法所构建起的犯罪反应系统（Action System）。

模式（Model），简单来说，是一种思维模型。模式首先是人们为了解释

① 参见［德］尤尔根·哈贝马斯著：《公共领域的结构转型》，曹卫东等译，学林出版社1999年版，第6~10页。
② 卢建平、姜瀛：《论犯罪治理的理念革新》，载《中南大学学报》（社会科学版）2015年第1期。
③ 卢建平：《作为"治道"的刑事政策》，载《华东政法学院学报》2005年第4期。

现象问题或难以直接认清的情势而设定出来的东西，其目的在于明确揭示现象问题本身，以便作出比较、判断与选择。所有模式的建立都将经过简单化与抽象化的过程，具有建构的基本特征，模式的形成是凝结了诸多要素后的理性表达。此外，模式建构往往是剔除某一些具体或感性的东西，然后在此基础上发现一些称为模式的东西，模式是可以观察到事物内部的逻辑、联系、结构或冲突、矛盾、差异的假设。[①] 模式分析将有助于研究者与刑事实践部门就犯罪治理过程中的反犯罪运作原理进行综合归纳，并在刑事立法与刑事司法及社会政策上作全盘性的规划，以期对反犯罪行动做最有效果的系统建构。通过对犯罪治理中的反应系统作出模式分析与比较，不同的问题将从微观、具体、静态的层面导入反犯罪的整体系统之中，并结成体现"刑事一体化"思想的、纵横交错的体系结构，不同层次的刑事政策之间寻求相互协调，犯罪治理实践才能在整体结构上从一维跃入多维，由微观进入系统，进而成为反犯罪诸方法之总和。可以肯定，模式分析是对刑事政策系统性的有效回应，合理的模式定位能够使犯罪治理系统的内部要素组合成型，并确保处于不同层次的各种刑事政策得以统合起来。[②]

作为当今政治学发展之重大理论成果的治理理论，经由《全深改决定》正式引入我国，这将对我国传统的治国理政方式产生重大的影响。这意味着，以往对待犯罪问题时备受推崇的镇压、专政、惩罚、打击甚至管理的理念已经发生转变，科学的犯罪治理成为当代中国的理性选择。国家治理体系与治理能力现代化的基本目标与我国犯罪治理的理论完善与实践应用相契合，这要求我们将治理理论应用到我国犯罪治理这一公共事务中来并探求科学的犯罪治理之道，以治理理论来指导、充实并发展犯罪治理的理论体系。在国家治理体系与治理能力现代化的进程中，"系统治理、依法治理、综合治理、源头治理"应当成为我们探求犯罪治理科学化进程中所坚持的基本原则。依托于上述原则，犯罪治理中的模式定位将在"参与主体、目标定位、制裁权力与行动展开"等方面进行更为科学的思考。

## 三、 犯罪治理中参与主体模式之优化

自从原始社会中作为私人间事务处理的血亲复仇演变为"蔑视社会秩序最明显最极端的表现"之后，犯罪问题便跳出了"私"的范畴而进入了公共领域，成为了一种公共事务，而且一直是世界各国都要面对的公共事务。在犯罪治理这一公共事务的过程中，国家长期处于主导地位，尤其是在刑事政

---

① ［法］克罗德·列维-斯特劳斯著：《结构人类学》（第 2 卷），余宣孟、谢维扬、白信才译，上海译文出版社 1999 年版，第 79 页。

② ［法］米海依尔·戴尔玛斯-马蒂著：《刑事政策的主要体系》，卢建平译，法律出版社 2000年版，（前言）第 4 页。

策的制定过程中，这一国家主导性更为突出。同时，现代社会中的民主政治体制决定了只有国家主导的公共机构才能保障刑事政策直接指向预防犯罪与保障人权，而制定出刑事政策这一公共产品的基本资源也只有国家才能有效地加以调动和支配。因此，犯罪治理中的国家主导性也具有相对的合理性。[1]但是，国家主导性并不意味着民间社会就完全无所作为，事实上，民间社会参与犯罪治理的程度和作用在不断地提高。正如治理理论提倡"开放、多元及相互合作"的基本立场，治理理论指引下的刑事政策提倡犯罪治理中民间社会的积极参与，当前犯罪治理中的私人侦探、保安公司、治安承包以及社区矫正等形态表明我国民间社会已具有参与犯罪治理和维护公共安全等公共事务的意愿与能力。同时，面对我国社会转型期不断变化的复杂的犯罪形势，国家犯罪治理中的机制不足与负面效应也需要民间社会来弥补，因此，民间社会参与犯罪治理逐步被国家认可，并得到国家的鼓励与支持。[2]

在国家已经不可能成为唯一的犯罪治理者的背景下，强调民间社会参与犯罪治理时，刑事政策中对于民间社会准确的角色定位以及由此展开的分工配合将是实现高效犯罪治理的关键。由于犯罪治理直接关涉国家安全、公共秩序以及社会稳定等诸多问题，民间社会与国家在刑事政策体系中的合作必须充分考虑国家"专治"领域与"共治"领域的合理分工问题，要在犯罪治理的合理分工之下实现犯罪治理的效益最大化。国家"专治"领域将是国家保有的专属场域，"共治"领域则是国家与民间社会合作的开放空间并形成协同支持的伙伴关系。具体而言，国家专治领域的范围集中于刑事司法范畴，包括立案侦查、审查起诉、提起公诉、刑事审判以及监禁刑执行等环节，这些环节最需要民主机制和法律救济来保障犯罪嫌疑人、被告人的基本权利，是最能体现国家反犯罪能力的场域。而国家专治领域之外实际上便是民间社会与国家的共治领域范围，包括前期的犯罪预防阶段，犯罪拟制阶段，甚至是刑事立法阶段以及部分犯罪的消解阶段，民间社会都可以全面参与合作。[3]值得注意的是，在共治领域内，我们还可以积极地尝试引入市场机制，促进公共事务中的良性竞争，并通过法律规范来引导、规制并塑造特定市场（如保安业、私人侦探业、信息咨询服务业等）的形成，[4] 长远来看，市场机制的引入将是完善国家与民间社会在犯罪治理中分工合作的重要途径。

① 李卫红著：《刑事政策的重构及展开》，北京大学出版社 2008 年版，第 29 页。

② 张志刚：《第三方文化：社会组织有效参与社会治理的精神支撑》，载《大连理工大学学报》（社会科学版）2014 年第 3 期。

③ 卢建平、莫晓宇：《刑事政策体系中的民间社会与官方（国家）——一种基于治理理论的场域界分考察》，载《法律科学》2006 年第 5 期。

④ 汪明亮：《犯罪治理过程的市场机制》，载《中国人民公安大学学报》（社会科学版）2012 年第 6 期。

## 四、 犯罪治理中目标定位模式之优化

犯罪治理中的目标定位应当注重源头治理。源头治理要求在治理犯罪的同时也要治理社会，亦即作为广义的治理犯罪的刑事政策，理应将治理诱发犯罪之社会因素纳入考察与研究的范围内。因此，作为打击犯罪根源（Striking at the Roots of Crime）的社会治理也是刑事政策的重要目标。对犯罪原因的实证研究表明，众多社会因素、经济因素是造成犯罪率升高并影响犯罪预防效果实现的原因，诸如国民教育差异、收入不平等或贫富分化、失业率、城乡对立问题等都可能成为"培养犯罪人的社会土壤"。从财政资源配置的角度来看，对于社会福利支出变化的犯罪治理效应与公检法司支出变化的犯罪治理效应的比较研究表明，刑事司法中的财政支持增加并不具有明显的犯罪治理效应，反而是社会福利支出的增加带来了更为显著的犯罪治理效果，这进一步说明，在我国转型期内选择治理"培养犯罪人的社会土壤"具有更低的社会成本和更高的犯罪治理效果。[①] 由此说来，对"培养犯罪人的社会土壤"的治理，对社会边缘群体、弱势群体的制度性支持也应当成为犯罪治理目标定位的理性延伸。可以说，优化后的犯罪治理目标模式应当在治理犯罪现象的同时注重通过社会政策输出来实现有效的社会治理。

此外，出于犯罪治理中人道主义的考虑，而非基本单纯的特殊预防之目的，我们认为，对犯罪人的社会吸纳也应当成为犯罪治理中的目标延伸。以人道主义为基础的刑事政策，须承认犯罪人有复归社会的权利，社会亦有责任吸纳犯罪人并促使犯罪人接受教育改造成为新人从而顺利复归社会。因此，在"善治"理念的指引下，犯罪治理的目标定位不仅要求国家与民间社会在面对犯罪时作出更为迅速的反应，同时还要求我们为犯罪人提供更多重返社会的机会以及对受害人给予更为快速的救治和安抚，亦即犯罪治理的规划与行动需在重视实现"治病"（治理社会土壤）之整体性目标的同时也要关注"救人"之具体目标；而从社会福利的角度来看，促进犯罪人复归社会应当成为现代社会中犯罪治理目标延伸的发展方向。可以肯定，对处于转型期的当代中国而言，探讨如何完善刑事政策体系的同时，犯罪治理的科学化还要求我们去学习如何促进社会有效地吸纳犯罪人，学习如何宽恕、宽容犯了罪的人，这还需要从整体的社会政策上进行考量。

## 五、 犯罪治理中制裁权力模式之优化

长期以来，在国家专属的犯罪治理领域内，我国一直没有明确提出"重

---

[①] 陈刚、李树、陈屹立：《中国犯罪治理的财政支出偏向：选择"大棒"还是"胡萝卜"》，载《南开经济研究》2010年第2期。

罪与轻罪或是违警罪"的划分,在立法上同时注重对犯罪的"质"的规定与"量"的把握,将犯罪门槛设置得较高并配置很重的刑罚,而在犯罪门槛(罪量)之下的"同质"行为却交由行政处罚来规制,可以说我国专治领域内犯罪治理是刑事司法模式与行政处罚模式同时并存,而且行政处罚模式占据着更大的适用空间。行政处罚模式固然能够起到集中有限资源以严厉打击严重犯罪的效果,但也带来了刑法干预严重滞后、行政权膨胀、程序性保障缺失等弊端,与法治国家的要求相距甚远。从整体上权衡利弊,我们认为,在国家专属的犯罪治理领域内,犯罪治理的核心模式应为刑事司法模式,而非行政处罚模式,必须对行政处罚与刑事司法作出合理界分进而确立科学的犯罪治理模式,以避免行政权膨胀、刑法干预滞后所引发的刑法规范被行政权所架空的窘境。

近几年来,刑法开始蚕食一些行政处罚规范中的内容,"劳教"制度的废止与入罪标准的多样化使得原本属于一般违法的"同质"行为被轻罪化或是微罪化,这给我国目前行政处罚和刑事司法二元化的犯罪治理体系带来了一定的冲击。而从犯罪治理的科学性角度来看,这种趋势是值得肯定的。与行政制裁模式相比,刑事司法模式最大的优势在于其程序的公正性,这与刑事法治的内涵相契合。相对于以警察权为主的行政执法机关所遵循的行政处罚程序而言,法院的裁判程序由于保持开庭、听证以及吸纳各方同时参与的程序模式,犯罪治理中的司法模式更能实现程序正义的要求,其在保障人权的基础上为各方提供公平的机会,有助于实现犯罪治理的科学性,因而具有相对优势。遗憾的是,由于我国"犯罪标签"强大的负效应、犯罪分层制度的缺失、刑罚结构单一严苛的固有缺陷以及在社会吸纳犯罪人方面的制度欠缺,犯罪治理的模式选择仍是在行政处罚模式与刑事司法模式之间徘徊。而在践行依法治理的进程中,我们需要坚定司法模式的路径选择,促进犯罪治理全面纳入刑事司法模式将是刑事法治发展与完善的未来方向。

## 六、 犯罪治理中行动展开模式之优化

有国外学者曾经总结道,"中国面临着一种制度化运动的困境,即改革意味着中国生活的常规化,但它却是以动员的方式进行的"。① 蔡定剑先生也认为,"运动"作为一种政治活动,是国家活动中的特有方式,也是我国治国理政的传统方法,长期以来,依靠"运动模式"来解决社会问题已经成为

① [美]詹姆斯·R.汤森、布兰特利·沃马克著:《中国政治》,顾速、董方译,江苏人民出版社1995年版,第283页。转引自单勇:《"维稳"视野下的运动式犯罪治理反思与改进》,载《浙江工业大学学报》(社会科学版)2012年第2期。

中国特色，并且在公共事务管理中扮演中着重要的角色。① 可以说，"运动式治理"是传统中国最常见的一种国家治理方式，这种国家治理方式以革命战争年代获取的强大政治性目标为基础和依托，通过官僚组织有效的意识形态宣传和超强的组织网络渗透，以发动群众为主要手段，在政治动员中集中并组织社会资源以实现国家的各种治理目的，进而完成国家的各项治理任务。② 同时，运动式治理虽然是由占有一定政治权力的政治主体通过政治动员自上而下地调动本集团及其他社会成员所展开的行动过程，但这一过程本身也不乏积极性和创造性，尤其是对于某些突发性事件或国内重大的、久拖不决的社会疑难问题，通过运动式专项治理，可以展开一种暴风骤雨式的有组织、有目的、规模较大的、社会参与的治理过程，这也应当成为公共事务中的治理模式之一。③

从宏观的行动模式来看，犯罪治理通常表现为日常式反应和运动式反应两种样态，其中依托于司法模式的日常式治理属于治理犯罪的常态，而依靠国家及民间社会力量的集中投入而形成的各种专项性运动式犯罪治理则是犯罪治理中的另一种形态。④ 在我国社会变革中，虽然社会生产力得到了解放，国民经济持续快速增长，但犯罪问题也愈演愈烈，面对犯罪的高发态势，国家曾选择了"从重从快"的运动式治理模式，但运动式治理通常可能会具有短期效应（甚至是没有短期效应），未能使我国的犯罪态势与社会治安状况产生根本性的改变，"严打"后犯罪率的反弹甚至引发了负面效果。在经历了对以"严打"为代表的运动式治理的长期质疑和批判后，我国犯罪治理模式应当从"过度强调运动式犯罪治理"转向"以日常式犯罪治理为基本模式"，已经成为共识。需要指出的是，日常式与运动式两种犯罪治理模式的运行并不是孤立和隔绝的，两者应当是互补、互动和协作的关系。只是在目前看来，我国日常式犯罪治理的基础性和重要性被忽视，而作为特别反应的运动式治理犯罪、专项治理一直被反复运用，成为我国犯罪治理中更为突出的模式。因此，提倡以日常式犯罪治理为基础，附之以运动式治理为犯罪治理特别形态，将是我国实现犯罪科学治理的路径选择。

---

① 蔡定剑著：《历史与变革——新中国法制建设的历程》，中国政法大学出版社 1999 年版，第 283 页。

② 唐皇凤：《常态社会与运动式治理——中国社会治安治理中的"严打"政策研究》，载《开放时代》2007 年第 3 期。

③ 冯志峰：《中国运动式治理的定义及其特征的界定》，载《中共银川市委党校学报》2007 年第 2 期。

④ 单勇：《"维稳"政策转型与犯罪治理改良》，载赵秉志主编：《刑法论丛》（第 33 卷），法律出版社 2013 年版，第 525~526 页。

## 七、 小结

犯罪是社会中的客观现象，向来是全社会高度关注的重点问题；犯罪问题是一种公共事务，探求犯罪治理之道的刑事政策应当成为治国方略的基本内容。当前，中国处于社会转型的特殊时期和法治建设的伟大时代，犯罪治理实践面临特殊问题，肩负历史使命，这一切都迫切地要求我国的犯罪治理朝着更为科学的方向发展。我们提倡将治理理论引入犯罪治理研究中，这不仅是出于国家治理体系与治理能力现代化背景下学术研究的前沿性考虑，更为重要的是，犯罪治理模式定位的科学化与现代化发展迫切需要治理理论的支撑。因为，治理不仅是由众多观点堆砌起来的理论，治理代表着一种进步思维与科学行动，治理更体现出人类社会在演进过程中寻求解决问题最优方案的积极态度与强烈愿望。

# 法治中国视域下刑法的边界

## ——以反恐为背景

胡 霞*

## 引言

自 2013 年以来，在政府设计的战略纲要及国家公布的政策法案中，安全与法治被频繁提及。中央国家安全委员会在 2013 年的成立，2014 年《反间谍法》对《国家安全法》的替代更新，及继此之后的首部国家安全蓝皮书的公布，可知政府对安全的重视已经在法律规范和机构设置上全面体现。而 2013 年 11 月公布的《中共中央关于全面深化改革若干重大问题的决定》，更进一步明确国家安全委员会的主要职责之一就是推进国家安全法治建设。2014 年 10 月召开的以法治为主题的十八届四中全会也将国家安全作为建设社会主义法治国家的重要目标。的确，安全与法治这两者均是国家致力实现的目标，但法治更是一切社会价值实现的保障。

在法治的视域下，在反恐的图景中，中国社会制定抑或正在草拟各项旨在预防威胁和风险的政策、法案。从世界范围来看，后"9·11"时代的刑事法逐渐以预防为先导。"先发制人"等军事性术语对刑事法律规范的渗透乃至融合，重复把各种特殊性规范异化为常态性规范，危险犯、预备犯的确认在充实刑法内容的同时，亦扩张了刑法的边界。法治的内涵在特殊语境、紧急状态下不断增删内容，而大量通过合法形式制定的悖逆法治精神的法律规范基于各种正当化理由却被得以背书。对个体权利和正当程序的偏转和减损，成为反恐战争中的权宜之计。而在当下中国，基于全球化和城市化所带来的风险和威胁亦在不断凸显，在反恐领域对法律尤其是刑事法律规范所带来的挑战和冲击空前严峻。基此，我们有必要剖析在此语境中刑法应如何作为，如何在充满政治性的反恐氛围中保持刑法的相对中立和公正。

## 一、安全的强调：法治中国的语境

现代意义上的安全概念可以追溯至 17 世纪，在霍布斯的著作中对安全的

---

* 重庆工商大学法学院讲师，法学博士，西南政法大学博士后研究人员。

内容做出了第一次全面阐释。霍布斯认为，没有安全，人类仍处于蛮荒。[①]近现代以来，随着人类社会从工业社会、福利社会至后现代社会的变迁，国家和政府对安全的强调比以往更甚。而"9·11"事件及之后蔓延全球的恐怖主义活动，更是为安全角色的升级和安全话题的深入做出了背书。无论是国家、社会抑或公众都认为当今社会较之从前充满了更多的风险，人们对安全的需求比以往更为迫切。安全的发展不仅被政府设定为一种力图实现的目标，同时亦体现为市场上明码标价的商品。

在深入探讨之前，我们须提前承认安全这一概念本身并不可靠且结构空泛，其存在为各种充满歧义的政策和实践提供了正当化理由。在安全的名义下，为了检视法治范式以及国家治理犯罪模式的转变，有必要对安全本身进行剖析。安全与风险相对，多被用来指涉一种存在的状态或意欲实现的目标，可分为主观、客观两个侧面。[②]安全的客观侧面是一种连续性，从回避风险、实现绝对安全的假定状态过渡为"保护……免受……"的立场。[③]而将安全作为目标通常指涉的是其主观侧面，它是一种独立于客观威胁的心理状态。沃尔德伦曾指出这一论点：无疑，人们的安心是因为他们相信这是自由的减损所换取的，但这种交易是否合乎伦理是另外一个问题。[④]

除了主、客观的侧面，安全究竟是目的抑或手段？无疑，大量的以安全为名的法律规范和司法实践不仅将安全作为标签，更将安全的实现作为未来的目标。但将安全设定为最终目标，存在难以克服的缺陷。部分是因为绝对意义上的安全，无论客观安全存在抑或主观的安全状态，永远不可能实现；而更为重要的是，我们如何寻找可以检验的工具，又如何来判断安全是否已被实现。美国"9·11"事件后的反恐足以说明安全一旦被作为目的，作为最终实现的图景，所隐藏的巨大风险。它意味着我们必须不断预测、评估各种威胁的存在，甚至可以在预测结果不明的基础上运用"先发制人"的策略来预先阻止即将袭来的挑战。值得强调的是，安全作为目的而言，其内涵由政府根据现实需要不断重构，换言之，安全成了一个可以自由移动的浮标。基于安全所作出的尝试会趋向于生成"棘轮效应"，因为每一次新的挑战都会暴露出现存的弱点，进而正当化那些更为强势的对策。[⑤] 所以，较之于最

---

[①] Hobbes, T. (1651) *Leviathan*, London: Penguin Classics, ch. 18, adapted from Zedner, L. (2009) *Security*, London: Routledge, p.26.

[②] See Zedner, L.(2009)"*Security*", London Routledge, p.14.

[③] See Zedner, L. (2005) "Securing Liberty in the face of terror: Reflections from criminal justice", *Journal of Law and Society*, 32(4): 507-33, p.517.

[④] Waldron, J. (2003) "Security and Liberty: The Image of Balance", *Journal of Political Philosophy*, 11(2): 191-210, p.192.

[⑤] Zedner, L. (2005) "Securing liberty in the face of terror: Reflections from criminal justice", *Journal of Law and Society*, 32(4): 507-33, p.517.

终目标的设定，安全更应理解为实现其他价值的手段。

当然，将安全的理解放置在时空的维度中或许更加直观。从西方国家的经济发展过程来看，工业化和城市化的大发展导致了传统社群关系的崩塌，社会融合度的减弱以及人与人之间、公众对政府社会信任度的减低。而在当下中国社会，其社会特征不仅具有前工业化时期的传统因素、工业化前期的现代因素，在某种程度上还有晚期工业化社会的成分。① 一般而言，对安全的重视，源自于国家、社会、个体对风险和威胁的不断感知。进入 21 世纪以来，新兴媒体的勃兴更进一步促成了风险的表达和传播，各种风险伴随全球化、城市化的路径在不同国家、地域内被管理和规训。在工业化社会，危险通过保险政策、福利支持系统和法律规则预测和管理。在全球化和风险社会中，曾只存在想象之中的最恐怖事件的现实爆炸力冲击了传统的管制方法。这些风险的组成和分配重塑了安全的概念，改变了政治学和公共政策的内容。更为关键的是，在安全的氛围和名义下，国家和公众的思考模式开始向"预防"转变。

这种预防性的逻辑，直接影响了刑法对抗恐怖主义的思考路径，尤其是当反恐被定义为一场战争的时候，刑法的边界和立场愈发变得模糊和不确定。恐怖行为所带来的风险和威胁在政府和媒体的告知和警示下，演变为"先发制人"策略实施的试验场。

## 二、 先发制人的逻辑： 预防性的刑法规范

风险社会的特性及转型期中国社会的特征，导致"事前预防优于事后治疗"的逻辑在国家政策层面被广泛适用。对风险尤其是恐怖主义活动所造成后果的担忧，诱使大量政治性、军事性术语渗入社会公共生活的正常领域，"先发制人"策略在"预防性"思维的主导下突破了战争的范畴，演变成各种预防性法案的指导路径。预防性的思维路径不仅成为我们在面对未知时草率通过各种粗暴措施的合理理由，同时它也为各种特殊和紧急权力的授予提供了背书。如果说预防性的思维路径最初是出于对人类未来遭受巨大损失时的恐惧，那现在这种思考已经扩展至一般社会生活的场景之中。

在预防性逻辑的主导下，国家对社会的治理聚焦于"未来"，其通过引导和影响个体未来的行为而非解释过去发生行为的方式来实现。② 个体所面对的问题也不再被诠释为社会性抑或结构性的弊端，而是因为个体自身的消

---

① 参见郑杭生、洪大用：《中国转型期的社会安全隐患与对策》，载《中国人民大学学报》2004 年第 2 期。

② See Rosalyn Diprose, Niamh Stephenson, Catherine Mills, Kane Race and Gay Hawkins. (2008) "Governing the Future: The Paradigm of Prudence in Political Technologies of Risk Management", *Security Dialogue* 39(2-3): 267-288, p.270.

极、怠惰、无知造成的。通过安全治理的路径关注的是行为的外部呈现而非内在状态，其旨在寻求控制行为关涉风险的方式来增加安全。

安全的强调，除了造成国家治理犯罪模式的转变，同时对传统的法治范式和法治内涵也产生了深刻影响。当下的法治范式转化以未来为导向，对未来行为的规训比对过去行为的惩罚在目前的政策规范中将占有更大比重。在刑事法治领域逐渐达成了新共识，即犯罪应被管理而非解决，而犯罪也演变为一种可以计算的风险抑或可以被避免的事件。但问题在于，预防性的法律规范抑或操作实践形成的基础都基于过去已发生的行为，是否行为人在过去实施过犯罪行为，就意味着行为人在未来实施该行为抑或其他违法行为的概率会比其他人更高？显然，预防性的刑事法治范式关注的是如何控制社会中的威胁和风险，关注的是行为人本身的特性和之前的活动。

预防性刑法规范的特征，在反恐的场景中得到全面实践。一直以来，各国政府、国际组织都试图对恐怖主义做一个相对全面的界定，但无论通过何种形式，抑或借助何种手段，恐怖主义本身即是政治领域内的术语，而"恐怖分子"的概念更是充满了"先发制人"的意味。尽管在政府、媒体以及公众看来，恐怖分子和犯罪人近乎等同，但犯罪人属于法学术语，对一个人决定有罪与否的权利在于法院，而恐怖分子和恐怖组织则是由权力机关作出界定。

当然，我们承认恐怖活动较之一般的犯罪行为而言具有特殊性，亦承认权利并非在任何情况下都不可减损和妥协。即使德沃金都准备去承认：一些对社会的巨大威胁抑或灾难可能会为个人权利的贬损进行背书。[①] 但我们所关注的是在反恐的场景中这种特殊性与传统的刑法价值规范的冲突，分析的是个体权利为了国家安全可以妥协和牺牲的限制和程度，探究的是国家是否可以用"例外主义"的理论为预防性的反恐政策、刑事法案提供背书。后"9·11"时代的中西方大多数国家，对抗恐怖主义的路径大都是"先发制人"，只是实践的程度和方式不同。对恐怖主义的理解中，充斥着特殊和例外的解读。当国际关系场域中的例外主义理论被运用至反恐实践中时，其被粉饰成目前法律和治理改变的解释性的工具，而其内含的症结和矛盾被有意忽视。

先发制人的策略，暗示了安全专业人员无须在行动之前拥有确凿的数据，这在情报收集和军事行动中均是普遍的做法。猜测和试图预测恐怖主义袭击成为当下社会政治话语中一个持续的主题。但恐怖主义异变的特性及精确估测风险工具的缺失，导致政府关于安全管理的政治决定建立在普遍的不确定

---

① See Zedner, L. (2005) "Securing liberty in the face of terror: Reflections from criminal justice", *Journal of Law and Society*, 32(4): 507-33, p.519.

之上。如果只是假设的场景，道德上的两难处境可以根据情景的设定最大程度地减少。问题在于现实生活中，信息是存在瑕疵的，关于灾难的程度和阻止它的手段仍是不确定的。所以，在某种意义上，反恐战争的极端形式就如同现在和未来，已知与未知的冲突一样。菲力曾描述过，犯罪的嵌入作为一种"核心的主题"，已经扮演了政治争论和政策制定的试金石。① 而美、英两国在贝尔马什和关塔那摩的做法则赤裸裸地将无罪推定的原则异化为有罪推定，适用于那些充满嫌疑的"恐怖分子"。故不难得出，在先发制人的路径引导下，在"预防优于治疗"的逻辑作用下，反恐法律规范完全建构在"如果…会怎样"的风险模型之上。"我们拥有更多的刑法规范，就能获得更大程度的安全"这种长久以来对刑法的误读，在反恐的问题被奉为圭臬。但无论是经验实证的定性抑或定量研究，都很难去断定：更为严厉的刑法较之宽缓的刑法能更有效地威慑和阻止未来犯罪行为的发生；更难以用传统的法治原则和正当程序证明当下刑法扩张的合理规范性。

## 三、 法治的困境：反法律"法律规范"

如上所述，恐怖主义被国家、政府定义为一种紧急状态，围绕反恐所制定的法律规范虽未标注"特殊抑或例外"等字眼，但就其内容而言，确实充满特殊性。据理查德·埃里克森之观点：反法律"法律规范"（Counter-Law）通常是以"例外的状态"进行表达。② 欧盟的《敌人刑法》、美国的《爱国主义法案》、英国的《反社会行为规范》等，这些法律的部分抑或全部内容旨在揭示，当国家安全遭受巨大威胁的紧急状态时，正常意义上的法律原则、程序以及认定证据的标准应当暂停。这种类型属于埃里克森所描述的反法律"法律规范"的第一种类型。在此范畴内所指涉的法律规范，通常是以偏转、减少既存的刑事法价值、原则、标准来为"先发制人"战略的实践提供背书。③ 而反法律"法律规范"的第二种类型，则是指国家脱逸法律规范，借助监控设备对社会个体行为直接控制。④ 这两个层面的反法律"法律规范"在我国的《刑法修正案（九）（草案）》、《反恐法草案》（二审稿）以及《刑事诉讼法》中都有不同程度的体现。

无疑，我国现采取的反恐路径与策略以及反恐法律规范（包括尚未通过

---

① Malcolm, F. (2003) "Crime, Social Order and the Rise of Neo-Conservative Politics", *Theoretical Criminology*, 7(1): 111-130, p.114.

② Ericson, R. (2007) "Rules in Policing: Five perspectives", *Theoretical Criminology*, 367-401, p.388.

③ Ericson, R. (2007) "Rules in Policing: Five perspectives", *Theoretical Criminology*, 367-401, p.388.

④ Ericson, R. (2007) "Rules in Policing: Five perspectives", *Theoretical Criminology*, 367-401, p.388.

的在内）、政策正在借鉴西方国家十几年甚至几十年的反恐"经验"。当然，也出现了一定程度的完善，如在《反恐法草案》（二审稿）中已关注安全与人权之间的平衡。但西方国家的反恐经验，并未阻止恐怖主义的肆虐和蔓延，基地组织已经从单纯的恐怖组织进化为恐怖主义的精神导引和意识形态。反恐措施在不断升级的同时，恐怖主义的应对策略也在改变。在"正义与邪恶"的战争中，邪恶一方的目的正被正义一方的手段慢慢实现。那些扭曲法治原则和正当程序的法律规范、实践，在反恐的同时，亦与社会契约理论中对国家角色的设定渐行渐远。

在某种程度上，有必要去制定特殊的措施来对抗恐怖主义，但它们不应和主流的刑事司法价值相混淆，亦不应通过新的刑事法律规范来使那些特殊的紧急权力实现正常化。只有通过仔细地辨认和细致地限缩针对反恐而定义的特殊措施，才可能避免危险。正如司敦慈所阐明的，这些新的权力会蔓延至仅造成较小威胁的普通刑事犯罪嫌疑人。[①] 更重要的是，我们必须认清：反法律"法律规范"的存在机制即是将刑事法网尽可能拓宽，以便更全面地认定"危险分子"。[②] 它关注行为人甚于行为，关注未来的风险甚于现在的实害。在此机制内，犯罪化的过程是基于对某一类行为预期风险的"精算"，当犯罪化的目的服务于国家安全的实现时，不需要其他理由为某一行为纳入犯罪圈做出背书，那些传统的法律精神、价值亦随之被忽视。在国家安全的视域下，包含了一系列对其他原则做出例外和大量授予其他权力机构、组织进行监控的制度规范。例如，《反恐法草案》（二审稿）中增加规定：相关人员的电信等资料数据信息的保存时间，由原来的 30 天延长为 90 天。[③] 此处的相关人员指涉恐怖分子，危险分子，抑或一般人？二审稿中并未明确，但在很大程度上，此对象是指每一个具体的社会个体。另《反恐法草案》（二审稿）还补充规定了关于盘问、检查等措施，并要求"依照有关法律规定"进行。[④] 现实是，我国关于截停盘问的程序在现存的法律规范中仍不完善，2014 年昆明事件发生后，大量公民被执法人员以安全之名截停盘问、搜查检查。在这部草案中，每一个人都是潜在的恐怖分子，执法机构抱着"有罪推定"的路径去进行排查和筛拣，直至确定真正的"恐怖分子"。西方国家的敌人刑法、爱国主义法案……之所以被诟病，是因为在社会实践中即便是制

---

① Stuntz, W. (2002) 'Local Policing After the Terror', *Yale Law Journal*, 111(8): 2137-94, p. 2168.

② See Ericson, R. (2007) 'Rules in Policing: Five perspectives', *Theoretical Criminology*, 367-401, p.388.

③ 佚名：《反恐怖主义法二审，法院可直接认定恐怖组织和人员》，载新华网，http://legal. people.com.cn/n/2015/0226/c188502-26597355.html，访问于 2015 年 5 月 14 日。

④ 佚名：《反恐怖主义法二审，法院可直接认定恐怖组织和人员》，载新华网，http://legal. people.com.cn/n/2015/0226/c188502-26597355.html，访问于 2015 年 5 月 14 日。

定主体也无力清晰地对适用于"敌人"、"敌方战士"、"反社会的危险分子"的特殊规范与适用于"普通公民"的刑法规范进行区分。因此，如果去断定反恐怖主义法案抑或法律规范只会被适用于恐怖分子的论调，只是不切实际的幻想。

恐怖主义，究其实质是一种政治建构，是出于政治目的的暴力行动。故在反恐语境中，反法律"法律规范"实则是中立、公正的刑事司法理念与政治主导的国家安全之间冲突的集中体现。尽管大多数国家尽力将刑事司法与国家安全糅合，为各种激进、极端的反恐措施正名，但最后的结论却总是充满偏向的政治权对相对中立的司法权的侵蚀与渗透，而反法律"法律规范"则是反恐与现行法律、法治原则之间逻辑冲突与现实矛盾的最真实写照。这种看似依法反恐的路径，实则只是用法律的形式作为粉饰，来掩盖其对真正意义上的法治与正当程序原则的侵蚀与偏转。因此，反恐语境中虽需要法律，但更需要对权力的制约和限制做出明确规定的法律，只有如此，个体权利才不至于因为例外情境的存在而被随意偏损。

## 四、 划定刑法边界的基准： 对法治的坚守

德沃金曾言，这不是正常的时代，"当面临恐惧时，人们对人权的尊重经常很脆弱"。[①] 后"9·11"时代的今天，反恐的斗争仍在继续，反恐的任务仍相当严峻。一开始着眼于反恐的临时政策、法案不仅固化，而且渗透于正常的刑事法律规范之中，被公众"接受"。在反恐的场景中，先发制人的对抗策略已将刑法的预防性扭曲异化为预防性的刑法规范。刑法对犯罪的研究，从行为转向对行为人所携带风险的关注。刑法将犯罪圈延伸至恐怖活动发生的每一个可能的环节，其并非是在制止、惩罚具体的恐怖活动所造成的后果，而是在尽最大可能地减少具体的恐怖行为发生的风险。但如上文所述，我们如何来估算恐怖活动可能发生的系数，是根据情报机构收集的数据，监控系统采集到的信息，抑或个体的种族、民族，其持有的资料、物品等。申言之，即使行为人符合上述风险系数的一项或几项，那行为人就一定会实施恐怖行为吗？根据正当程序的原则，在事先处罚的那个时点，即使行为人宣称有绝对的意图去实施犯罪行为，并证明其还具备了实施行为的工具，行为人也是无罪的。但现在新的论断是，如果我们有充足的理由相信一个人将要实施某一行为，而这一行为在实施之后将会受到法律的处罚，那么这个行为人就值得事前惩罚。[②]

---

① Dworkin, R. (2002)"The Threat to Patriotism" *New York Review of Books*, 49(3), accessed at http://www.nybooks.com/articles/archives/2002/feb/28/the-threat-to-patriotism/, 05/06/ 2015.

② Zedner, L. (2005)"Securing liberty in the face of terror: Reflections from criminal justice", *Journal of Law and Society*, 32(4): 507-33, p.517.

视角再回到恐怖行为本身是犯罪抑或战争的问题上，虽然反恐被定位为一场"战争"，但更多的是政府在语气上对反恐的重视和强调。尽管少数国家通过真正的战争打击恐怖主义，但即便如此，恐怖活动在大多数国家仍被当做最严重的犯罪行为之一，通过刑事法律规范以及专门的反恐法案予以处理。问题在于，无论是刑事法律规范中为对抗恐怖主义活动而设计的条款，抑或专门的反恐法案，都已经严重偏离传统的刑事法律价值。每一次反恐法案的制定和更新，都伴随着对现存权力的无视而通过立法添加新范围、更宽广的权力形式。例如，我国《反恐怖主义法》（二审稿）规定：人民法院在审判刑事案件的过程中，可以依法直接认定恐怖活动组织和人员。[①] 根据该规定，认定恐怖活动组织和人员的主体范围扩及人民法院。且不论具体的认定主体是审判案件的审判员，还是合议庭，抑或审判委员会，有疑惑的是人民法院本身是否是适格的主体，即使是适格的主体，其在刑事案件的审判过程中所做出的认定又是否妥适？

长久以来，各国对恐怖主义的诠释本就充满政治色彩，而"恐怖分子"的标签更是充满了"先发制人"的意味[②]。但一旦被认定为恐怖组织和恐怖人员，其面临的刑罚惩罚又相对较重。基于此种不确定性和刑罚后果的严厉性，认定恐怖组织、人员的主体更应限缩至最高国家权力机关，以防止权力的滥用。但上述新增规定，在扩张认定主体的同时又将时间限缩至刑事案件的审判过程中，故可能的后果是行为人在被提起公诉时，或是以其他和恐怖主义无关的罪名进入审判程序，或是以恐怖主义相关罪名进入审判程序。无论是哪一种情形，都是国家权力对个人权利的主导和控制，都对个人正当权利的实现造成了"偏损"。在国内反恐形势如此严峻的情况下，在国家安全与个人利益的权衡间，人民法院在对可能涉恐案件的掌握上，在认定与不认定之间，选择前者的可能性增大。

公开和责任是法治的核心。草率地赋予公务人员更广泛的权力，在巨大的灾难性风险面前似有必要，但反恐立法却制造了大量的法律真空。如施恩古德所观察的："如果在整个体系中没有反对之声，那么司法判决更易于促成而非解决政治纷争。"[③] 司法权的中立性，在很大程度上是为了限制和纠正行政权的扩张和偏差。上述规定，在社会实践中很容易演变成司法对政治的顺从，司法工作人员仍须求助行政机关、权力部门才能对恐怖组织、人员做

---

① 佚名：《反恐怖主义法二审，法院可直接认定恐怖组织和人员》，载新华网，http://legal.people.com.cn/n/2015/0226/c188502-26597355.html，访问于 2015 年 5 月 14 日。

② McCulloch, J. and Pickering S. (2009) "Pre-crime and counter-terrorism, Imaging future crime in the war on terror", *British Journal of Criminology*, 49: 629-645, p.630.

③ Scheingold, S. (2004) "*The Politics of Rights: Lawyers, Public Policy, and Political Change*", The University of Michigan Press, p.7.

出"准确"认定。为了避免类似情况的发生，《欧洲人权公约》第 15 条第 1 款清晰地指出，政府只有严格依据现实状况的紧急程序才允许对权利进行"偏损"。[1] 同时，该公约亦对权利减损的程度及持续的时间进行了具体的限定，对此类条款还要定期审查。而这其中最值得借鉴的就是对紧急权力制约所添加的"夕阳条款"[2]。当下我国包括仍在审议的所有反恐法律规范，普遍缺乏"夕阳条款"的设置。虽然反恐是一场"持久战"，但因对反恐所规定的是特殊的法律处遇措施，更要求明晰这些特殊规范的使用时间、范围、地点、对象、限制，这同时也是法治原则的最基本要求。模糊的规定，加诸不受限制的权力适用，会导致权力的干涉与寻求的目标严重失衡，会严重悖逆刑事司法谦抑原则的精神。

行文至此，刑法的边界仍无力准确划定，但本文至少检视了当下域内、外反恐视域中刑法的困境与悖论；论证了国家安全与刑事司法"糅合"所产生的逻辑冲突与现实矛盾；阐明了反恐法案、政策被人诟病的根源在于充满偏倚的行政权在面临紧急状态时缺失完备的制约机制和程序，立法权和司法权不免沦为行政权的附庸。对于国家而言，最致命的威胁并非恐怖主义，而是大量的例外状态对法治的无视和侵蚀。因此，反恐或不必是战争，倒下的真理也不应该是法治。

---

① European Court of Human Rights，"Terrorism and the European Convention on Human Rights"，accessed at http://www.echr.coe.int/Documents/FS_Terrorism_ENG.pdf, 05/24/2015.

② 夕阳条款（sunset clause），是一种形象的说法，寓意为法律有一定的制度周期，会像太阳一样"下山"。最早提出这一观点的是美国前总统杰斐逊，他从一种绝对的自由主义立场出发，认为"地球应该属于活着的人"，所以包括宪法在内的一切法律都有一定的寿命，否则，我们将失去法律主宰者的意义。（参见：苏永钦：《立法学札记（二）——法律的日出和日落》，载中国民商法律网，http://www.civillaw.com.cn/article/default.asp? id=19825，访问于 2015 年 6 月 15 日。）

# 法治中国与制裁恐怖主义犯罪的刑法理念

潘新睿*

2012 年，党的十八大报告首次提出了"科学立法、严格执法、公正司法、全民守法"，为如何依法治国提出了具体方针。之后在习近平总书记的一系列重要讲话中，依法治国的"新十六字方针"多次被强调，展现了对法治中国的重视。2014 年十八届四中全会作出的《中共中央关于全面推进依法治国若干重大问题的决定》提出的"坚持党的领导、人民当家作主、依法治国有机统一"的指导思想也显示出依法治国决策的重要性。在未来的反恐活动中，应将依法治国的理念贯彻于制裁恐怖主义犯罪的行动。

我国正面临着恐怖主义活动的现实危害和长期威胁。世界范围内的恐怖主义活动日益猖獗，国内外恐怖活动勾连愈发密切，国内恐怖活动带来的威胁与危害呈上升趋势。2014 年，在社会各界的呼吁与依法治国的迫切需求下，反恐怖主义法草案（下文简称"反恐法草案"）应运而生，为未来的反恐活动在立法上提供依据。同时，《刑法修正案（九）（草案）》也根据当前恐怖活动和恐怖犯罪的特点规律和新生情况，做出了适应时代变化的犯罪概念定义。本文试图探索的是，在科学立法之后，如何做到严格执法、公正司法、全民守法，在制裁恐怖主义犯罪的同时确保依法治国的理念得以执行。

## 一、 科学立法

自 2013 年北京"金水桥事件"事件、昆明火车站事件、广州火车站的暴力袭击后，中国开始面临全面的反恐威胁，学界与社会纷纷呼吁反恐立法刻不容缓。2014 年两会期间，全国政协委员们纷纷呼吁国家尽早出台反恐怖主义法。同年 3 月 6 日，民盟小组正式提交了"关于加强打击暴力恐怖活动维护社会和谐稳定"的联名提案，由此诞生了反恐立法的第一份联名提案①，反恐法草案很快出台并进入全国人大常委会的审议程序。之后，刑法修正案草案中也加入反恐相关的内容。两部草案根据专家建议和社会意见做了许多

---

* 中国政法大学 2013 级刑法学博士生。

① 成都商报：《〈反恐法〉草案已进入二审 明确定义恐怖行为》，载腾讯新闻，http://news.qq.com/a/20150303/012268.htm，2015 年 6 月 26 日访问。

修改，使草案内容更加全面完整，为我国未来的反恐活动提供理论基础和法律依据，使未来的正式法律更符合反恐活动的需要以保障国家安全和社会稳定。上述及时立法、听从各界意见使立法更充分地反映广大人民的意志的行为，都体现了科学立法的原则。

（一）《刑法修正案（九）（草案）》中增加与恐怖主义犯罪相关的内容

在 2015 年 6 月 24 日提请十二届全国人大常委会第十五次会议进行审议的《刑法修正案（九）（草案）》中，针对当前恐怖活动犯罪出现的新情况，草案二对草案一的相关条款作了补充：首先，将资助恐怖活动培训的行为增加规定为犯罪，并明确对为恐怖活动组织、实施恐怖活动或者恐怖活动招募、运送人员的，追究刑事责任。其次，将为实施恐怖活动而准备凶器等危险物品，组织或者积极参加恐怖活动培训，与境外恐怖活动组织、人员联系，以及为实施恐怖活动进行策划或者其他准备等行为明确为犯罪。最后，对为参加恐怖活动组织、接受恐怖活动培训或者实施恐怖活动偷越国（边）境的罪犯行为，提高了法定刑。上述补充内容进一步完善了恐怖主义犯罪的定义，这些对相关恐怖犯罪认定的补充是根据当前恐怖活动的特点规律而作出的。在现代社会中，恐怖活动只是恐怖犯罪的最终表现形态，与恐怖活动相关联的还包括事前的组织、策划、招募、培训、提供资金等行为，具体联络交流的方式也包括了通过网络或在现实空间中国内或跨国进行等多种形式。因此，与时俱进地将与恐怖活动相关的活动纳入恐怖犯罪的概念中，使恐怖犯罪的法律定义更完整地涵盖恐怖犯罪的从策划准备到实际完成的一系列行为，是符合当前反恐斗争的实际需求的。对基础性法律概念进行清晰界定也为司法实践中人民法院审理案件提供了依据，使法律在适用时更有实际可操作性。而法定刑的提高，从刑法配置上重视了跨国恐怖活动犯罪的从严制裁，对近些年日益增多和加重的跨国恐怖活动犯罪给予了与罪行相适应的刑罚。

（二）反恐法草案的审议与完善

2014 年 10 月，全国人大常委会第十一次会议对反恐法草案进行了第一次审议，草案全文向社会公开并开始征求意见。2015 年 2 月，十二届全国人大常委会第十三次会议再次审议了反恐法草案，草案二审稿主要有五大变化[①]，包括对恐怖主义等定义作出了修改完善等。

第一，恐怖主义的定义修改为"通过暴力、破坏、恐吓等手段，制造社会恐慌、危害公共安全或者胁迫国家机关、国际组织的主张和行为"。与一审稿中的定义"企图通过暴力、破坏、恐吓等手段，引发社会恐慌、影响国家决策、制造民族仇恨、颠覆政权、分裂国家的思想、言论和行为"相比，

---

① 《反恐法草案（二审稿）亮点速读》，载凤凰网资讯，http://news.ifeng.com/a/20150303/43252499_0.shtml，2015 年 6 月 26 日访问。

修改后的定义更加精确地指明了"主张和行为"是恐怖主义犯罪的特定内容，同时将受到威胁和影响的范围扩大至包括国际组织。

第二，有权认定"恐怖组织"的权力机关增加了人民法院和外交部，人民法院在审判刑事案件的过程中可以依法直接认定恐怖活动组织和人员，外交部则被规定为向国家反恐怖主义工作领导机构提出认定恐怖活动组织和人员申请的部门。增设的法条对法院进行了合理的授权，使法院作为审判机关可以认定"恐怖组织"，即将认定"恐怖组织"的方法从仅有行政途径，扩展至包含司法途径，这种途径的多元化更符合现实中司法实践的需求，可以有效地避免实践操作中司法认定与行政认定的紊乱和冲突。另外，作为司法实践中的审判机关，人民法院在涉及恐怖组织的案件中进行定罪量刑时，必然需要先行判断和认定案件中涉及的组织是不是恐怖组织，如果没有来自法律的授权，法院在审理案件中会遇到程序上的问题，导致案件判决空有实体正义而无程序正义。

第三，在涉及公安机关、国家安全机关使用电信和互联网的技术接口的规定、采取技术侦查措施的规定和关于查询和查封、扣押、冻结措施的规定等条款中，增加或完善了批准程序，并明确盘问、检查、传唤等措施须"依照有关法律规定"进行。此外，对责令恐怖活动嫌疑人员遵守的约束措施的规定，二审稿明确了批准程序、适用情形和期限，调整了约束措施。这一修改为嫌疑人和其他涉案人员提供了更多的程序保障，符合对程序正义的追求，也响应了一审时有委员提出的建议，即反恐怖主义立法要处理好反恐与人权保障之间的平衡，强化执法规范，防止侵害公民和组织的合法权益。

第四，不再硬性规定交通运输安检制度，而是修改为依照规定开封验视、进行安全检查、配备安保人员。由于我国各地执法能力和治安状况有较大差异，如果一律作出硬性要求，实践中难以执行。修改后的法条，更符合我国国情，也更符合各地反恐活动中的实际需要，具有实践中的可操作性。

第五，明确了防范恐怖袭击的重点目标的确定标准，增加了恐怖事件发生后公安机关未能到达现场时军队、武警相应人员行使现场指挥权的规定。另外，对关于电信业务经营者、互联网服务提供者预设技术接口、报备密码方案的规定进一步做了修改完善，增加电信、互联网、金融等单位对客户身份进行查验的规定。在信息时代，网络恐怖活动比重逐渐增大，因此网络平台对其提供的服务和平台负有无可回避的责任。网络运营商在网络社会中承担着部分管理职能，因此将其纳入反恐法草案的内容中，指明其应承担的反恐责任是十分必要的。这一改动也体现出反恐法将会起到指导各部门工作的工具的作用，将来自各部门的力量整合在一起，构建了信息通信、交通、公安、军队等跨部门、跨领域的反恐体系。

值得注意的是，反恐法草案虽然包含了许多刑法的内容，但它并非只是一部单纯的刑事立法，而是涵盖了行政法、民法、刑事诉讼法等多个部门法，成为一部包括反恐工作机构与职责、安全防范、情报信息与调查、恐怖事件应对处置、认定恐怖活动组织和人员、反恐怖主义国际合作、保障与监督、法律责任等所有法律措施为一体的应对恐怖活动的综合性法律。同时又有《刑法修正案（九）（草案）》与其相互呼应，构建了完整的反恐法律体系，全面科学的恐怖活动犯罪刑事制裁体系既为反恐斗争提供法律上的依据，也为制裁恐怖主义犯罪提供详细的法律定义。正如于志刚教授在论文中对反恐立法的展望："不应片面地将反恐立法等同于刑事立法，而应树立反恐怖主义的整体法律观，构建以刑法与其他反恐法律、法规一体的、诸法配合的综合性反恐立法模式。这种反恐立法结构模式更有利于打击形势日益趋重的恐怖活动犯罪。"①

## 二、 严格执法

在有公正的立法后，依法治国还需要执法机关严格执法、依法行政，在确保人民群众的生命、财产安全的同时，防止侵害公民和组织的合法权益。执法机关应当严格遵守反恐法等法律法规的规定，不得随意超出授权范围进行执法，强化执法规范，平衡人权保障与公共利益之间的关系。

### （一）美国的前车之鉴：反恐活动中对人权的侵犯

在过去的几十年里，美国一直进行着打击恐怖主义的工作，强大的反恐力度和严格的安保制度成功防范了许多次恐怖组织策划的恐怖活动。但在反恐活动卓有成效的同时，美国频频爆出严重侵犯隐私权等人身权利的新闻，引起国内民众的抗议，并多次遭受国际组织如国际特赦组织等在报告中的批评。

例如，在 2010 年 11 月 5 日联合国人权理事会对美国人权状况进行第一次定期审议时，所提建议达到 228 项，主要涉及种族歧视和古巴美国军事基地关塔那摩监狱等。但美国政府拒绝了其中 55 项，接受或部分接受了 173 项。而在美国承诺改正的某些问题中，美国政府实际上也并未真的改正。在 2011 年对美国人权的定期审议中，美国代表团承诺在反恐斗争中遵循国际法，保证关闭关塔那摩监狱，并推进对联合国核心人权公约的批准进程。但时至今日，美国依然未能关闭关塔那摩监狱，仍在"反恐战争"中严重侵犯人权。在 2014 年 12 月 9 日美国参议院情报委员会公布的有关中央情报局在审讯涉嫌恐怖活动犯罪嫌疑人时对囚犯施加酷刑的报告中，详细记录了自"9·11"事件后，CIA 如何利用"水刑"、关禁闭、剥夺睡眠等残忍手段从

---

① 于志刚：《恐怖主义犯罪与我国立法应对》，载《人民检察》2011 年第 21 期。

嫌疑犯口中获取情报。[①] 这些审讯手段根据美国的刑事诉讼法的规定本是违反宪法的，但执法机关利用嫌疑犯关押地点不在美国本土等方式规避宪法对诉讼中程序公正的要求，以非人道的手段来获得证言。

对恐怖主义犯罪嫌疑人的审判过程也被提出了许多异议，包括被告未能获得有效的律师协助、证言或证物并非通过正常程序获得应当予以排除等，还有许多被关押在关塔那摩监狱的嫌疑人提出了人身保护令的诉讼，声称人身权利和诉讼权利受到了侵害。对国际恐怖分子实行的秘密审判，无限期延长关押期限以及歧视审判等，都剥夺了嫌疑人接受公正审判的权利。例如，被关押在关塔那摩监狱的 600 多名囚禁者，一直未被以任何罪名起诉，也无法获得律师的协助。

此外，2013 年，前美国 CIA 雇员斯诺登对美国情报机构的"棱镜"计划的曝光引起了国际上的轩然大波，美国在反恐活动中对隐私权的侵害不仅影响到了本国国民，还将监听对象扩大到欧盟国家和土耳其、墨西哥、日本、韩国、印度等国家的驻美大使馆。

程序正义是实体正义的基础，在没有程序正义的情况下，便无法保证获得实体正义。如果为了制裁恐怖主义犯罪和防范潜在的恐怖主义犯罪而采取非正常手段执法，牺牲嫌疑人或当事人的合法权利，一方面侵害了人权，另一方面无法保证获得的证据与证言和在此基础上作出的判决是正确的。

### （二）我国未来的反恐执法

在我国接下来的反恐执法活动中，应当吸取美国的经验和教训，避免为了制裁恐怖主义犯罪而牺牲人权。为了贯彻依法治国的理念，做到兼顾制裁恐怖主义犯罪、维护公共利益与人权保障，应当规范反恐执法权的使用。除了要求执法单位依照即将出台的反恐法、《刑法修正案（九）（草案）》以及现有的相关法律法规的规定执法以外，也要遵守法定正当程序来进行搜查、监听、传唤等执法行为，不得随意以侵犯人身自由权、隐私权等人权作为代价来进行反恐行动。

在实践活动中，执法机关不得任意扩大自己的执法权，也不得随意限制或侵害犯罪嫌疑人或其他当事人的合法权利以获得证言或证据，必须在不违反程序公正的前提下，追求实质公正并达到二者的有机统一，目标是在制裁恐怖主义犯罪的同时，在反恐与人权保障之间找到平衡点。

另外，根据反恐法草案构建的框架，未来的反恐执法在很多情况下需要多部门互相协作完成。各部门在协作时应各司其职，在法律法规的授权范围内完成工作，严格遵守法律规定的审批等程序，同时兼顾执法效率，在法律

---

① 许静晓：《国际反恐形势下公民权利保障研究》，载《河南司法警官职业学院学报》2015 年第 1 期。

规定的特殊情况下可以适用特别程序。

## 三、 公正司法

在审理恐怖主义犯罪相关的案件时，人民法院应当兼顾司法公正与司法高效，以达成公正司法的目的，即维护社会公平正义。在审理案件时，人民法院虽然应当考虑到嫌疑人对社会造成的损害后果，但同时也要避免受到舆情的影响，作出过重或过轻的不当判决。由于恐怖主义犯罪通常会侵犯较大数量的被害人的人身权和财产权，并造成社会上的巨大反响和激起民众的愤怒情绪，在恐怖主义犯罪造成严重后果后，社会上会产生许多呼吁或要求从重处罚的声音，如网络平台会迅速涌现出各种发言和评论，形成不容忽视的网络舆论。但人民法院在审理案件时，应当理性对待民意，避免被网络舆论引导而作出不当判决，而是依法根据证据作出合理的判决。

要确保被告的权利得以实现，司法机关应当依照刑事诉讼法的要求，保证被告获得应有的辩护权，对审理中的证据进行认真审查，在适用法律时严格依照反恐法等法律法规中的条文和定义作出裁判。法院在审理案件中实行认定"恐怖组织"的权利时，必须要按照刑法修正案和反恐法中的定义来适用，不得随意扩大或缩小解释。简言之，法院的审判既要严格遵守法定程序，切实保证程序的公正，不得随意侵害被告享有公正审判的权利，同时也要注重实体公正，正确地适用法律来定罪量刑。

## 四、 全民守法

社会成员的知法、信法、守法、用法是依法治国方略实施的社会基础。对于反恐活动而言，用教育纠正潜在的恐怖分子而避免其走上犯罪道路，是犯罪预防措施。负责机构应做好普法教育，加强宣传动员，增强国民安全保障意识，让法治的力量深入人心，这也是法治中国的必然要求。尤其在恐怖分子宣扬恐怖主义思想、极端主义思想、煽动暴力恐怖活动时，普法教育和反恐教育可以避免那些被恐怖分子选定为煽动的重点对象之人受到煽动而参与恐怖活动，甚至成为自杀式恐怖袭击者。

除此之外，自 2014 年开始，全国许多地区提升了社会防控等级，居民配合专业部门开展了治安巡逻、反恐排查等工作，主要内容有两个方面，一是遇到可疑的情况时报告相关部门，二是提高自身安全意识，在恐怖分子犯罪时尽量减少和避免人员伤亡。如何判断何种情况可疑，以及如何自我保护，居民在普及反恐法律知识后都会有更深刻的理解。

## 五、 总结

综上所述，法治中国作为相关主体进行立法、司法、执法、守法活动的指导思想和方针，是贯穿制裁恐怖主义犯罪始终的刑法理念，每一阶段都应该依照依法治国的理念来完成，在进行反恐活动保障国家安全和社会稳定的同时，兼顾程序正义与实体正义，并处理好制裁恐怖主义犯罪与人权保障之间的平衡。

# 国有资本控股公司的性质

## ——基于刑法保护的思考

张利兆[*]

党的十四届三中全会以来，国家积极推行公有制的多种有效实现形式，大力发展混合所有制经济。随着社会主义市场经济的深入发展与国有企业改革的持续推进，股份制改造成为了国有企业改制的普遍方式，其结果是单纯的国有公司越来越少，取而代之的是越来越多的国有资本控股、参股公司。这一改革在增强国有经济活力，实现国有资产保值增值等方面发挥了重要作用。但对刑事司法带来了新问题，即出现了国有资本控股、参股公司中国家工作人员的认定问题。为此，2010年11月26日最高人民法院、最高人民检察院出台了《关于办理国家出资企业中职务犯罪案件具体应用法律若干问题的意见》（下称《意见》）[①]，对于国家出资企业中的职务犯罪主体做出了解释。《意见》采取的是对"委派"主体作扩张解释的路径。笔者认为这一解释路径导致《意见》在适用上产生不少困惑，无论在理论方面还是实践层面，存在不少争议问题，因此需要进行深入研究。笔者认为应该通过对刑法中的"国有公司、企业"重新解释这一路径，将国有资本控股公司纳入其中，进而扩大国家工作人员的范围。如此解释有利于提高其适用中的包容力，进而对公司、企业中的国有资产进行更有力的保护。[②]

---

[*] 宁波市人民政府法制办公室主任、党组书记；法学博士；全国检察业务专家，浙江省第三届十大优秀中青年法学专家。

[①] 按照2007年3月9日，最高人民法院发布的《最高人民法院关于司法解释工作的规定》第6条，司法解释分为"解释"、"规定"、"批复"和"决定"四种，所以严格地说，本文中涉及的两高"意见"、"纪要"均不是严格意义上的司法解释。但是，在实践中，"意见"、"纪要"与司法解释所起的作用基本相同。因此，在论述中为了方便起见，对此不作区分。

[②] 在2014年两会分组审议《刑法修正案（九）（草案）》时，就有孙大发委员提出：现在面临的问题是，国有控股、参股企业中国家工作人员身份认定在目前的司法实践中尚不明确，往往存在一刀切的现象。随着股份制改革，单纯的国有企业越来越少，更多的是国有资本控股与国有资本参股公司，这一转变带来的新问题是国有控股、参股公司中国家工作人员的认定问题。因此，需要进一步明确国家工作人员的范围。参见《国有控股参股企业 进一步明确国家工作人员范围》，载《法制日报》2014年12月19日。

## 一、 对国有资本控股公司性质认识的梳理

### （一）国有资本控股公司概念辨析

与国有资本控股公司相关联的还有控股公司、国有控股公司和国有资本参股公司三个概念，应该首先予以厘清。

对于控股公司，迄今为止尚没有统一的称谓。根据百度百科的解释，"控股公司是指通过持有某一公司一定数量的股份，而对该公司进行控制的公司"。①

对于国有控股公司，也有很多不同的表述，但其基本看法是大体相同的，即国有控股公司是国家授权设立的，以国有资本为注册资金，通过控制母公司的一定份额股份（分为绝对控股和相对控股两种形式），控制和掌握其他子公司的重大经营决策权，进行国有资本运营和实现国有资产的保值增值。本文所指的国有资本控股公司是指"按照公司法成立的国有资本占有控股地位的公司，包括有限责任公司和股份有限公司。这里所称的国有资本控股，是指国有资本的出资人具有控股股东的地位。"② 而国有资本参股公司，"即公司资本包含部分国有资本，但国有资本没有控股地位的股份公司"。③

由此可以进行初步界定，控股公司应该是国有控股公司的上位概念，而国有控股公司与国有资本控股公司并非同一概念，但两者存在交叉关系。因为，实践中国有资本控股公司也有可能通过股权投资对其他公司进行控制，从而成为国有控股公司（当然这是一种广义的概念）。国有资本控股公司和国有资本参股公司则是一个对应的并列概念。

2013 年 12 月 28 日修订，《中华人民共和国公司法》（以下简称《公司法》）第 216 条第 2 项对控股股东进行了定义："控股股东，是指其出资额占有限责任公司资本总额百分之五十以上或者其持有的股份占股份有限公司股本总额百分之五十以上的股东；出资额或者持有股份的比例虽然不足百分之五十，但依其出资额或者持有的股份所享有的表决权已足以对股东会、股东大会的决议产生重大影响的股东。"由此可见，根据股东持有的股份占股份有限公司股本总额的比例，可以将国有资本控股公司进一步细分为国有资本绝对控股公司和国有资本相对控股公司。

### （二）关于国有资本控股公司性质的争议

刑法学理论界有三种观点：一是认为只有公司、企业的全部股份都属于

---

① 资料来源百度百科:http://baike.baidu.com/link? url = U4aaLvfpTun7TF0ECjxw06Aa9XGodLsUCqJQliKCG58q XUXZX_EsdS9mQGtqzFN5PYlHiVwhWjsVp36axot6SK。最后访问日期：2015 年 6 月 2 日。

② 安建主编：《中华人民共和国国有资产法释义》，法律出版社 2008 年版，第 36~37 页。

③ 安建主编：《中华人民共和国国有资产法释义》，法律出版社 2008 年版，第 37 页。

国家所有才能认定为国有公司、企业，即只有国有独资公司、企业才能认定为公司、企业，国有控股、参股公司及企业不能认定为国有公司、企业。主要理由：第一，国有控股、参股公司具有特殊性。公司享有法人财产权，公司财产并不必然是国有财产，国有控股、参股公司也并不等同于国有公司。第二，国有资本控股、参股公司在国有资产管理体制中是政府国有资产管理部门与一般经营性企业之间的中介。股权多元化能激发公司活力，公司中国有股份的多与少只能证明国有股权在公司中所占的比例，但不能因为公司中有国有股份就认定该公司是国有公司。[①] 二是认为国有资本控股公司、企业也应当认定为国有公司、企业，即国有资产占绝对控股或相对控股的时候即可以认定为国有公司、企业。[②] 三是一小部分人认为只要有国有资产的存在即可认定为国有公司、企业。[③]

### （三）关于国有资本控股公司性质的刑事法立场

在刑事法领域，目前的主流观点是：国有公司、企业，仅指国有全资公司、企业。1997 年《刑法》、1995 年最高人民检察院《关于办理公司、企业人员受贿、侵占和挪用公司、企业资金犯罪案件适用法律的几个问题的通知》、1995 年最高人民法院《关于办理违反公司法受贿、侵占、挪用等刑事案件适用法律若干问题的解释》、2001 年最高人民法院《关于在国有资本控股、参股的股份有限公司中从事管理工作的人员利用职务便利非法占有本公司财物如何定罪问题的批复》、2003 年最高人民法院《全国法院审理经济犯罪案件工作座谈会纪要》（以下简称《纪要》）、2005 年最高人民法院《关于如何认定国有控股、参股股份有限公司中的国有公司、企业人员的解释》、2010 年《意见》均作了相同规定。

### （四）其他法律、法规及相关制度对国有资本控股公司性质的立场

国有资本（资产）监管领域适应股权多元化趋势，对国有企业、公司的外延进行了扩展，财政、国资、审计等监管机构一般都把国有资本绝对控股企业也纳入国有企业、公司的范畴。例如，《中华人民共和国审计法》、《企业国有资产监督管理暂行条例》、《国有企业及国有控股企业领导人员任期经济责任审计暂行规定》、《国有企业领导人员廉洁从业若干规定》等均做出了类似规定。但是，对于相对控股企业是否也归属其中，尚缺乏明确的态度和成熟的标准。例如，财政部《关于国有企业认定问题有关意见的函》（财企函〔2003〕9 号）对此予以了明确，即第 3 条第二款规定："从企业控制力的

---

① 彭凤莲、毕道群、李细应：《国有控股、参股公司中国家工作人员的认定》，载《检察日报》2010 年 11 月 5 日。

② 参见志刚等主编：《刑法问题与争鸣》（第 1 辑），中国方正出版社 1999 年版，第 73 页、第 301 页、第 305 页。

③ 参见周振想主编：《公务犯罪研究综述》，法律出版社 2005 年版，第 100 页。

角度看，'国有公司、企业'还应涵盖国有控股企业，其中，对国有股权超过50%的绝对控股企业，因国有股权处于绝对控制地位，应属'国有公司、企业'范畴；对国有股权处于相对控股的企业，因股权结构、控制力的组合情况相对复杂，如需纳入'国有公司、企业'范畴，须认真研究提出具体的判断标准。"

## 二、 国有资本控股公司中国家工作人员范围的界定

### （一）《意见》对范围界定的路径选择

在股份制日益成为公有制主要实现形式的当下，实践中出现大量多次委派、层层委派的情况。如何在兼顾企业改制实际、国有资产保护和处罚公平的基础上，依法妥善地认定国有资本控股、参股公司中的国家工作人员。《意见》研究起草过程中，考虑的主要是以下两条路径：[1]

一是重新解释刑法中的"国有公司、企业"，将国有控股公司视同为国有公司。该意见认为，在国有资本控股公司、企业中从事管理工作的人员，除受非国有单位委派到国有控股公司、企业，代表非国有投资主体行使职权的人员外，应以国家工作人员论。受国有控股公司、企业委派到公司、企业，代表受委派的国有控股公司、企业从事管理工作的人员，也应以国家工作人员论。经研究认为，该意见充分考虑了当前企业改制的实际情况，但是存在诸多法律上和操作上的障碍，因此未被采纳。[2]

二是对委派主体作扩张解释。这也是《意见》所持的意见。主要理由[3]是：1. 大型国企改制后管理运营模式尚未发生大的转变，管理人员的身份和职责也基本没变。"二次委派"不属于委派的传统认定模式，没有反映这一实际情况。2. 根据党管干部的组织原则，改制后企业一般设有党委，并由本级或者上级党委决定人事任免。3. 以国家出资企业中负有管理、监督国有资产职责的组织决定作为联结点，既反映了当前国家出资企业的经营管理实际，又体现了从事公务活动这一认定国家工作人员的实质要求。

### （二）《意见》尚需继续探讨的问题

《意见》对国有资本控股、参股公司中的国家工作人员认定进行了完善，

---

① 参见刘为波：《〈关于办理国家出资企业中职务犯罪案件具体应用法律若干问题的意见〉的理解与适用》，载最高人民法院刑事审判庭主办：《刑事审判参考（第 77 辑）》，法律出版社 2010 年版，第 135~136 页。

② 参见刘为波：《〈关于办理国家出资企业中职务犯罪案件具体应用法律若干问题的意见〉的理解与适用》，载最高人民法院刑事审判庭主办：《刑事审判参考（第 77 辑）》，法律出版社 2010 年版，第 135~136 页。

③ 参见刘为波：《〈关于办理国家出资企业中职务犯罪案件具体应用法律若干问题的意见〉的理解与适用》，载最高人民法院刑事审判庭主办：《刑事审判参考（第 77 辑）》，法律出版社 2010 年版，第 136~137 页。

但是不少争议问题尚未消除，需要进一步研究论证。

1. 关于"委派"的争议

第一，关于"内部委派"主体。《意见》在原有"外部委派"的基础上规定了"内部委派"这一新形式。而司法实践中对"内部委派"问题争议较大。争议的关键点在于如何准确认定国有控股、参股公司中"负有管理、监督国有资产职责的组织"这一委派主体。

主流观点认为，委派主体应界定为公司内部的党委与党政联席会。还有一种观点认为，公司的股东会、董事会、监事会也应认定为委派主体。第三种观点认为，经公司党委和股东会或董事会联合下文批准或决定的人员，因其接受了党委的批准或任命，具备了受委托管理、经营国有资产的职责，应当认定为国家工作人员。[1] 当然，也有观点根本否定这种"内部委派"形式。[2]

第二，关于委派形式。对此争议主要集中在"二次委派"问题上。"所谓二次委派又称转委派，即某人被国有单位委派到非国有单位从事公务，在委派持续期间，该人员又被非国有单位委派到其他非国有单位从事公务的情况。"[3]

对于二次委派的人员是否属于国家工作人员，在学术界存在争议。一种观点认为二次委派代表的是公司意志而不是代表国家机关、国有企业、公司、事业单位的意志，因此二次委派的工作人员不属于国家工作人员；另一种观点认为国有资本的意志和利益与公司的意志和利益是并行不悖的，认为公司的管理人员由公司的股东会和董事会产生，公司管理人员除了代表公司的意志和利益之外不能再有第三方的意志和利益的看法是片面的。[4] 对此，有学者提出折中观点，即经过两次委派后，行为人的主体身份应分情况考虑。第二次派遣是经过原国家出资企业批准或者同意的，则应视为原国家出资企业的委派，以国家工作人员论；原国家出资企业对第二次派遣并不知情或者根本不同意的，则被派遣者的身份应视为已经改变，不能再以国家工作人员论。[5] 对此，笔者认为在"一次委派"的基础上，委派主体应增加"经国家出资企业中负有管理、监督国有资产职责的组织"。

---

[1] 参见吴涛、杨艳荣：《国有控股、参股公司中国家工作人员的认定》，载《人民法院报》2013年6月5日。

[2] 参见陈波、陈华一、魏文荣：《职务犯罪侦查需把握好四方面问题》，载《检察日报》2015年5月11日。作者指出："在国有控股、参股的公司中从事管理（有领导职务）工作的人员，除受国家机关、国有公司、企业、事业单位委派从事公务的以外，其余人员均不属于国家工作人员。"

[3] 罗猛：《认定委派型国家工作人员的五个问题》，载《检察日报》2006年7月3日。

[4] 参见《江仲生等贪污案——贪污罪犯罪对象的理解与认定》，载最高人民法院刑事审判第一庭、第二庭编：《刑事审判参考》2004年第4集（总第39集），法律出版社2005年版，第44~53页。

[5] 李小文：《国企改制过程中国家工作人员的界定》，载《人民检察》2005年第9期。

但是，笔者认为对上述两类主体是否具有唯一性的问题需要继续深入研究。因为在国有控股公司的董事会、监事会等负有管理、监督国家资产职责的组织中，国有投资主体依据控股权占据主导地位，董事会、监事会等履行职责时须充分体现国有投资主体的意志和维护国有投资主体的利益，董事会、监事会等与国有投资主体存在高度的内在一致性。

2. 对"身份论"和"职能论"的争议

第一，对争议的简要回顾及"身份论"的回潮。在我国曾经出现过"身份论"与"公务论"的争议，并呈现出由"身份论"向"公务论"的演变趋势。① 将这一争论推向极点的是最高人民法院通过《解释》确立的"身份论"和最高人民检察院通过《通知》确立的"公务论"。而《意见》对这一问题在司法层面进行了统一，使改良后的"公务论"，即"委派论"成为了司法准则。

但是，《意见》在实践中仍然难以避免"身份论"的嫌疑。因为，党组织在不同性质的企业中的功能是不同的，不应含混地附以"党管干部原则"交由法官来判断，而应当体现不同组织的性质、功能差异而增设相应规定，进行明确。而从《意见》中可以发现，即使国有参股公司中国家持股比例仅为百分之一乃至千分之一，其党委系统所任命的管理人员也应当被视为国家工作人员，这是一种政治身份的变相体现。

第二，关于党委与党政联席会议。国家出资企业中的党委（或党组）、纪委负有管理、监督国有资产职责②。理由是：（1）相关的法律规范赋予企业党委（或党组）、纪委监督和管理职责。（2）党委（或党组）、纪委在国家出资企业的管理机制中具有特殊地位。（3）司法实践中也认可党委委派从事公务人员的身份。

但是，在实践中存在困惑。首先，有些企业即使设有党委或党政联席会，但党委或党政联席会的运作也不规范，有些企业的人事是由董事会或经理会议决定的。③ 其次，大部分国有资本间接入股企业中，其他投资主体委派的代表也可能成为党委组成人员或者党政联席会表决主体，这时很难将党委或党政联席会再等同于负有管理、监督国有资产职责的组织。最后，党委系统任命毕竟不是一个法律术语，所以以此为依据来进行司法认定，尚需要一个法律转化问题。

---

① 参见陈娇蓉、郭大磊：《论国有医疗机构信息管理人员的受贿主体资格》，载《法学》2013年第10期。

② 参见黄志刚、王小光：《国家出资企业中国家工作人员身份的界定》，载《湖北警官学院学报》2013年第2期。

③ 参见娄绍敏：《浅议国家出资企业中国家工作人员身份之认定》，载《法制与社会》2014年第3期（上）。

3. 实践中存在不平衡及模糊化问题

在实践中，必然会提出"将国有参股公司特别是国有参股比例极小的公司一概认定为国家出资企业，是否妥当"这一问题。在《意见》起草过程中，就已经提出了这一问题。经研究，国资法对于国有参股公司是基于有无国有股份而非国有股份比例大小进行规定的，而且，《意见》对于国家出资企业的界定，目的在于为国家工作人员的认定提供一个基础条件，国家出资企业中的工作人员并不必然就是国家工作人员，故不存在扩大认定范围的问题。[1] 持上述观点的人在理论上似乎能够成立，但实践中国有股份比例的严重悬殊，导致的行为社会危害性必然会有很大的差异，因此不加区分必然会造成一种不平衡。

另外，在国家资本控股、参股公司再出资的企业（包括二级、三级以致多级出资）中，委派关系会越来越模糊，同时国有资本对控股、参股公司的控制力也在不断降低。国有控股公司、参股公司中的"国家工作人员"从事的公务，应是作为国有资产的代表从事的监督、管理国有财产的职务活动。对此，在上述公司中的被"委派"人员不一定能够认识、实际上也难以认识到自身的崇高职责，在这种情况下，如果对相关人员在涉及职务犯罪时以国家工作人员论处，则存在与主客观统一原则的背离问题。因为这不仅仅会涉及执法中的模糊性问题，还可能对行为人客观归责，直至加重其责任。

## 三、 范围界定的合理路径——将国有资本绝对控股公司确定为国有公司

由于《意见》存在上述争议，因此需要在理论意义和实践价值两个层面进行新的探讨与论证，以寻求更加合理的解释路径。

对国有资本相对控股公司的认定与把握，无论是国家的有关法律、规定，还是学术界的研究成果都缺乏明确、具体且可操作的标准，因此如果将其纳入国有公司范围，不但会带来把握上的任意，其结果可能导致司法的恣意，进而对有关人员加重刑事责任，侵犯其合法权益。对于相对控股公司中国家工作人员的界定，可以根据是否"受委派"来进行确定。但是，将国有资本绝对控股公司纳入国有公司范围，不但具有必要性，也具有合理性。

---

[1] 参见刘为波：《〈关于办理国家出资企业中职务犯罪案件具体应用法律若干问题的意见〉的理解与适用》，载最高人民法院刑事审判庭主办：《刑事审判参考（第 77 辑）》，法律出版社 2010 年版，第 139 页。

（一）理论论证

1. 具有现实必要性

一是对国有资产进行特别保护的需要。① 首先，国有资产归全民所有，是全民利益的载体和源泉，而全民利益为最高利益；国有资产是我国社会主义制度的重要物质基础，对国有资产的任何侵犯，都会直接危害社会主义制度。其次，在现阶段，国有企业改革仍在攻坚阶段，随着混合所有制改革的深入推进，国有资本控股、参股的公司将成为公司的主要形式。在这一背景下，刑法或立法、司法解释通过将国有资本绝对控股公司确定为国有公司，进而对国有资产进行保护，具有较强针对性与现实必要性。

二是保障国有资本控股公司功能发挥的需要。国家设立出资企业的初衷，不仅仅是营利，更重要的是发挥其资源配置和调控功能，在政府实施对外政策、产业政策、缩小地区经济差距和居民收入差距等诸多方面起到重要的作用，其本质是政府职能的延伸。② 将国有资本绝对控股公司纳入国有公司范围，大幅度拓展了公司管理人员作为国家工作人员的范围，从而对这部分人员的职务犯罪的定罪量刑意义重大。因此，加大刑事惩处有利于形成一定的威慑，进而保障绝对控股公司的良好运转。

2. 具有现实合理性

一是体现了国有经济的主导地位主要体现在控制力、影响力上的总体要求。国家控股，具有明显的公有性，有利于扩大国有资本的支配范围，提高其控制力、影响力，从而增强公有制的主体作用。

二是符合唯物辩证法的矛盾法则。"事物的性质，主要是由取得支配地位的矛盾的主要方面所规定的。"在国有资本控股公司中，国有方掌握了对公司的主要经营管理权限，从而可以通过该公司，为壮大国有经济服务，进而巩固国有经济的主导地位。

三是对国有资本绝对控股公司中一般管理人员共同行使着对国有资产的管理权的现实考量。根据《公司法》等有关规定，国有资本控股公司中国有资产占大部分，拥有控股地位。那些虽然未被国有单位委派，但因被聘请或任命、选举等途径而成为国有资本控股公司高层管理人员者，实际掌握着国有资本控股公司中的国有资产管理权。

（二）借鉴刑法独立性理论，实现法律之间协调

国有资本控股公司是《国资法》、《公司法》中规定的法律概念，具有特

---

① 现行刑法典体也体现了对国有资产特殊保护的基本原则。例如，1997 年《关于〈中华人民共和国刑法〉修订草案的说明》提到了当时将国有公司、企业的管理人员纳入到国家工作人员范围的理由："关于国家工作人员的范围，有些同志主张应限于国家机关工作人员。考虑到国有公司、企业的管理人员经手管理着国家财产，以权谋私、损公肥私、化公为私的现象比较严重，草案原则上维持刑法规定的国家工作人员的范围。"可见刑法体现了对国有资产的特殊保护。

② 参见王韶婧：《关于我国国有企业的立法思考》，载《未来与发展》2009 年第 9 期。

定的含义，因此，将其中的国有资本绝对控股公司纳入国有公司范围，有人会提出因为刑法作为"二次法"，具有一定的从属性，因此这种纳入会造成概念的混乱，破坏法律之间的协调统一。笔者对此持否定态度。

随着理论和实践的发展，刑法作为"二次法"的观点也在发生变化，即出现了刑法的独立性思想。例如，日本刑法学者认为，传统观点认为，刑法具有从属于民法、商法、行政法等其他法律领域的特性或补充性。但随后从属性说逐渐被独立性说所替代，并成为理论上的通说。刑法的独立性，即指刑法的概念、构成、功能都具有独立性，不从属于其他法律领域，自成思想体系。例如，刑法规定的"占有"的概念，也与民法的"占有权"的意义全然不同，认为是具有支配意思的事实上的支配。[1] 在德国20世纪30年代，刑法从属于民法的观念受到批判，刑法的独立性思想受到重视。[2] 对于刑法独立性说的观点，[3] 有学者进行了论述，并认为刑法独立性说是目前国内外刑法理论界的通说，得到了大多数刑法学者的支持。支持刑法独立性说的刑法学者认为：其一，刑法有自己独立的行为规范；其二，刑法有自己特有的任务和功能；其三，刑法规范具有将其他法律规范改造为具有独立含义的刑法规范的作用；其四，刑法作为一个科学体系具有完全独立的价值。[4] 笔者对上述观点与论证表示充分的赞同。因此，通过刑法独立性理论，可以消除上述疑虑。

### （三）路径选择

如何将国有资本绝对控股公司纳入国有公司的范围？笔者认为只能通过立法解释和立法修正两条途径。

一般人可能首先想到的是通过司法解释来解决这一问题，因为司法解释有一定的灵活性和便捷性。但是，全国人民代表大会常务委员会《关于加强法律解释工作的决议》（1981年6月10日第5届全国人民代表大会常务委员会第19次会议通过）对司法解释权进行了严格的限定。即在第1条规定："凡关于法律、法令条文本身需要进一步明确界限或作补充规定的，由全国人民代表大会常务委员会进行解释或用法令加以规定。"《最高人民法院关于司法解释工作的规定》（法发〔2007〕12号）、《最高人民检察院司法解释工

---

① 参见［日］木村龟二主编：《刑法学词典》，顾肖荣等译，上海翻译出版公司1991年版，第5~6页。

② 参见张明楷著：《诈骗罪与金融诈骗罪研究》，清华大学出版社2006年版，第208~213页、第217页。

③ 当然，也有学者提出：在立法领域倡导刑法的从属性原则，从根本上将犹如双刃之剑的刑法置于宪政和法治的框架之内，以把保障人权作为刑法的立足点，而在司法领域，从解释论立场，可以为了最大限度地保护社会秩序而坚持刑法的独立性原则。这样，就可以在人权保障与社会保护相统一的基础上倾向于人权保障。参见刘远著：《金融诈骗罪研究》，中国检察出版社2002年版，第132页。

④ 参见陈忠林著：《刑法散得集》，法律出版社2003年版，第116~117页。

作规定》（高检发研字〔2006〕4号）对此作出了具体规定。

对国有资产的重点保护，是我们应该坚持的刑事政策。但是刑事政策虽然有灵活性的一面，但灵活并不等于任意，要坚持利益平衡原则，在国家、社会利益保护的刑事政策需要面前，应兼顾个人权利的保障，尤其是要坚持在罪刑法定原则的范围内发挥作用。因此，根据现有的刑法规定，要将国有资本绝对控股公司解释为国有公司，显然是超越了司法解释的权限。因为这一解释显然属于"本身需要进一步明确界限"的事项，如果进行越权解释，显然会对有关人员产生加重刑事责任的不利后果。

为此，笔者建议，通过全国人大常委会进行立法解释的途径将国有资本绝对控股公司纳入国有公司的范围。具体可以作出如下解释，即"国有资本出资额占有限责任公司资本总额百分之五十以上或者其持有的股份占股份有限公司股本总额百分之五十以上的公司为国有公司"。在此基础上可以进一步上升为立法，具体可以在刑法第93条增加第3款，即"国有资本出资额占有限责任公司资本总额百分之五十以上或者其持有的股份占股份有限公司股本总额百分之五十以上的公司为国有公司"。

选择这一路径，既解决了国有资本控股公司从事公务的人员（具体为管理人员）的国家工作人员主体身份问题，也可以将"国有公司委派到非国有公司从事公务的人员"严格地限定在刑法规定的范围内，并且更加明确、具体和可操作。

# 论现行刑法中涉性别犯罪的
# 立法不足与匡正

董文辉*

性别多用于因生理差异而对人类进行群体区分，以此为基础构成了社会的角色和社会公认的与不同性别相对应的权利和责任。尽管性别有天然的差异，但在人格尊严、社会发展和法律对待上是不容歧视的。作为我国基本国策和重要宪法原则的性别平等，具体在法律层面，又是法律面前人人平等原则的重要内容之一，这就要求在任何涉及人的权利义务的法律中都应贯彻这一理念。刑法作为我国重要的基本法律，理应在立法中有效贯彻性别平等理念。综观我国现行刑法立法，诸多规定较好地贯彻了这一理念，但仍有部分规定不尽如人意。因此，对现行刑法立法中涉及性别的犯罪进行合理归纳和研究，是力促刑法立法贯彻性别平等原则的，也是推进刑法立法科学完善的有益探索。

## 一、 涉性别犯罪概念的提出

研究性别平等理念在刑法立法中的贯彻，需要将刑法立法中性别因素特别突出的犯罪做一概括。笔者为此提出涉性别犯罪的概念。涉性别犯罪是以性别区分为支撑的类犯罪，是犯罪主体或者犯罪对象等犯罪构成要件要素与性别因素具有紧密关联并带有强烈性别色彩的犯罪类型。在该类罪的部分具体犯罪中，性别甚至通过犯罪主体或者犯罪对象等犯罪构成要件要素成为犯罪成立与否的关键性影响因素。

笔者认为，可以犯罪主体和犯罪对象等犯罪构成要件要素为标准，将我国现行刑法中的涉性别犯罪归纳如下：

第一，犯罪主体和犯罪对象均涉及性别因素并带有强烈性别色彩。这一类型的涉性别犯罪主要有第 236 条强奸罪，第 237 条第 1 款强制猥亵罪、侮辱妇女罪，第 237 条第 3 款猥亵儿童罪，第 301 条第 1 款聚众淫乱罪，第 301 条第 2 款引诱未成年人参加聚众淫乱活动罪，第 360 条第 1 款传播性病罪，第 360 条第 2 款嫖宿幼女罪等。

第二，犯罪对象涉及性别因素。主要有：第 240 条拐卖妇女、儿童罪，

---

* 浙江工商大学法学院讲师，法学博士。

第241条收买被拐卖的妇女、儿童罪；第242条第2款聚众阻碍国家机关工作人员解救被收买的妇女、儿童罪，第358条第1款组织卖淫罪、强迫卖淫罪，第358条第3款协助组织卖淫罪，第359条第1款引诱、容留、介绍卖淫罪，第359条第2款引诱幼女卖淫罪等。

可以看出，涉性别犯罪共有15个，又可细分为性侵犯罪（包括强奸罪，强制猥亵、侮辱妇女罪，猥亵儿童罪），拐卖妇女、儿童犯罪（包括拐卖妇女、儿童罪，收买被拐卖的妇女、儿童罪，聚众阻碍解救被收买的妇女、儿童罪），涉卖淫嫖娼犯罪（组织卖淫罪，强迫卖淫罪，协助组织卖淫罪，引诱、容留、介绍卖淫罪，引诱幼女卖淫罪，传播性病罪，嫖宿幼女罪等），淫乱犯罪（聚众淫乱罪，引诱未成年人聚众淫乱罪）。涉性别犯罪集中在侵犯公民人身权利罪和妨害社会管理秩序罪中，因此涉及与相关范畴的区分，尤其需要厘清其与性犯罪、风化犯罪等范畴之间的关系。

关于性犯罪，比较有代表性的观点有如下几种：第一种观点认为，性犯罪是指强奸、轮奸、奸幼及猥亵犯罪等。[1] 第二种观点认为，性犯罪是指侵犯公民的性自由权，非法实施性侵害、性淫乱等，已经触犯刑法并且应当受到刑罚处罚的行为。[2] 第三种观点认为，性犯罪是指直接以某种性活动方式侵犯公民人身权利和以性为内容败坏社会伦理风尚、破坏社会秩序的犯罪。基于这一概念，论者提出性犯罪在刑法中包括两类犯罪，一是侵犯公民人身权利，包括强奸罪，强制猥亵、侮辱妇女罪，猥亵儿童罪等。二是妨害社会管理秩序的犯罪，又可细分为三类，一是组织、强迫、引诱、容留、介绍卖淫罪，二是制作、贩卖、传播淫秽物品罪（可以简称为淫秽物品犯罪——笔者注），三是聚众淫乱罪。[3] 笔者认为，第一种观点所定义的性犯罪范围较为狭窄，纳入其中的都是典型的性侵害行为，亦即特指侵犯公民性权利的犯罪。如果按照第二种观点的表述进行理解，"非法实施性侵害、性淫乱"其实并非都"侵犯公民性自由权"，因此，该观点与第一种观点相较，除性侵害行为之外，至多可将强迫、引诱卖淫等行为纳入其中。第三种观点较为广义，可以理解为以非法性行为为内容的犯罪。该定义可以囊括性侵犯罪、涉卖淫嫖娼犯罪、淫乱犯罪及部分淫秽物品犯罪。

关于风化犯罪，有论者认为其是指侵犯社会风化、危害社会善良风俗的犯罪，主要包括聚众斗殴罪、寻衅滋事罪、组织卖淫罪、强迫卖淫罪及引诱、容留、介绍卖淫罪等。[4] 有论著认为妨害社会风化犯罪包括组织、协助组织、强迫、引诱、容留、介绍卖淫罪，引诱幼女卖淫罪，传播性病罪，嫖宿幼女

---

① 参见罗大华主编：《法制心理学辞典》，群众出版社1989年版，第310条。

② 参见康树华、张小虎主编：《犯罪学》，北京大学出版社2011年版，第259页。

③ 参见李玫瑾主编：《犯罪心理学》，中国人民公安大学出版社2011年版，第166~167页。

④ 参见曾赟、孔一、张崇脉著：《犯罪原因分析》，华中科技大学出版社2010年版，第148页。

罪以及制作、复制、出版、贩卖、传播淫秽物品等。① 可以看出，两种观点有所不同。笔者认为，风化犯罪的犯罪客体是社会伦理秩序和社会善良风俗。以此观之，上述两种观点又都有失片面。第一种观点中聚众斗殴罪、寻衅滋事罪属于扰乱社会秩序的犯罪，不属于风化犯罪。第二种观点也不全面，笔者认为除涉卖淫嫖娼犯罪、淫秽物品犯罪外，风化犯罪还应包括淫乱犯罪，盗窃、侮辱尸体罪，盗掘古墓葬罪等。

可以看出，涉性别犯罪、性犯罪和风化犯罪三者都有所交叉重叠，但各自又都涉及特定的领域。其一，风化犯罪与广义性犯罪相较，不包括性侵犯罪，但涉及盗尸、盗挖墓葬等行为；其二，涉性别犯罪与广义的性犯罪相较，不包括淫秽物品犯罪，但其涉及拐卖妇女、儿童犯罪；其三，涉性别犯罪与风化犯罪相较，不包括淫秽物品犯罪、盗窃尸体、墓葬犯罪等，但包括性侵犯罪，拐卖妇女、儿童犯罪等。

涉性别犯罪不宜使用"涉性犯罪"的简单概念，涉性犯罪可以理解为行为人所实施的在社会观感上与性有关联的犯罪。具备这一特性的犯罪除典型的性侵犯罪外，还包括其他性犯罪类型，甚至可以延伸至包括部分风化犯罪在内。而涉性别犯罪虽立足于性别区分，通常也与性密不可分，但是所包括的犯罪则超出了性犯罪的范畴，如其可将拐卖妇女、儿童犯罪纳入其中，但却无法囊括所有的风化犯罪，其中的区别是显而易见的。

## 二、 涉性别犯罪的立法状况及不足

涉性别犯罪立法是检验性别平等理念在现行立法中贯彻状况的重要平台。具体的检验路径是：首先考察性别在相关犯罪的立法中是否被区别对待，如被区别对待，即有必要进一步考察对其区别对待有无合理性根据。

### （一） 在成立犯罪上对性别有无区别对待

#### 1. 未进行区别对待

上述犯罪中，猥亵儿童罪，聚众淫乱罪，引诱未成年人聚众淫乱罪，组织卖淫罪，强迫卖淫罪，协助组织卖淫罪，引诱、容留、介绍卖淫罪，传播性病罪，这些犯罪在犯罪主体上没有限制性别，在犯罪对象上一般规定为"他人"、"儿童"、"未成年人"，对性别亦无特别区分和限制。

#### 2. 进行区别对待

上述犯罪中，强奸罪，强制猥亵、侮辱妇女罪，拐卖妇女、儿童罪，收买被拐卖的妇女、儿童罪，聚众阻碍解救被收买的妇女、儿童罪，引诱幼女卖淫罪及嫖宿幼女罪等罪名的犯罪主体或者犯罪对象对性别进行了区别对待，亦即这些犯罪在成立犯罪的要件上对性别有特别的要求或者限制。具体而言

---

① 参见鲍遂献主编：《妨害风化犯罪》，中国人民公安大学出版社 1999 年版，第 1~4 页。

可以分为两类：

其一，对犯罪主体的性别和犯罪对象的性别同时限制。这类犯罪只有强奸罪。根据《刑法》第 236 条的规定，强奸罪的单独直接正犯只能为已满 14 周岁的男性，犯罪对象只能为女性。

其二，只限制犯罪对象的性别，对犯罪主体的性别没有限制。这类犯罪有强制猥亵、侮辱妇女罪，拐卖妇女、儿童罪，收买被拐卖的妇女、儿童罪，聚众阻碍解救被收买的妇女、儿童罪，引诱幼女卖淫罪及嫖宿幼女罪等。这类犯罪的对象，有的对男性一概排除，只有针对女性实施才能构成相应的犯罪，但是又以年龄（是否满 14 周岁）为界限将女性区分为妇女和幼女两类，从而对应不同的犯罪，针对妇女实施可成立的犯罪有强制猥亵、侮辱妇女罪，拐卖妇女罪，收买被拐卖的妇女罪，聚众解救被拐卖的妇女罪等，针对幼女实施可成立的犯罪有拐卖儿童罪（对象包括幼女），收买被拐卖的儿童罪（对象包括幼女），聚众阻碍解救被拐卖的儿童罪（对象包括幼女），引诱幼女卖淫罪，嫖宿幼女罪等。有的以年龄为界限对男性进行部分排除，只有针对满足一定年龄条件（不满 14 周岁）的男性实施才能构成相应的犯罪，这类犯罪有拐卖犯罪（对象包括幼男），猥亵犯罪（对象包括幼男）等。

**（二）对不同性别进行区别对待的合理性分析**

在我国现行刑法规定的 15 个涉性别犯罪中，无论是犯罪主体还是犯罪对象都未对性别进行区别对待的 8 个犯罪较好地体现了性别平等。而另 7 个对性别进行了区别对待的犯罪是否存在合理根据，值得深入探讨。为了便于阐述，以下分类进行研究。

1. 强奸罪和强制猥亵、侮辱妇女罪

强奸罪，强制猥亵、侮辱妇女罪属于典型的性侵犯罪，按照现行刑法的规定，女性不能成立强奸罪的单独直接正犯，男性不能成为强奸罪的犯罪对象；已满 14 周岁的男性不能成为猥亵犯罪对象。如此立法可能是基于不同性别中男性占有较强优势或者男性被性侵不常见多发等立法考虑，但这些都无较强说服力。理由如下：

第一，未平等保护不同性别公民的性权利。作为公民人身权利的一项，性权利是生而平等的自然权利，不论性别如何都应平等受到法律保护，反过来强奸、猥亵等性侵行为都应当受到打击，若因性别不同而区别对待毫无根据。而且在现行强奸罪立法中，一方面犯罪对象未将男性纳入其中，显示出对男性性权利保护不足；另一方面犯罪主体中女性不能独立构成强奸男性犯罪，又暗含男主女从甚至男尊女卑的守旧思想，由此在客观上呈现出一种扭曲的立法状态。

按照现行刑法，与不满 14 周岁的男性（以下简称幼男）发生性关系的行为不能构成强奸罪。有学者以"猥亵行为具有相对性"为由对此进行解释，认为在不同猥亵犯罪中，猥亵行为的范围并不完全相同。① 强奸行为可理解为猥亵行为的一种，由于刑法规定了强奸罪，因此强奸女性行为不能认定为强制猥亵妇女罪，但是强奸幼男的行为可以猥亵儿童罪定罪处刑。② 笔者认为，此举是在现实立法背景之下的权宜之计，对不能以强奸罪打击与幼男发生性关系之行为的修正解释，客观上固然有利于缓解对幼男性权利保护不足的弱势，有利于阻止这样一种矛盾的产生：即实施与幼男发生性关系之外的满足性欲行为可以构成猥亵犯罪，而与幼男直接发生性关系却不构成犯罪。但是从根源上看，这种立法仍有失立法的统一和协调。一方面强奸和猥亵无论是在社会非难还是在刑罚处遇上都有极大差异，对强奸幼女的行为以强奸犯罪处遇，对强奸幼男的行为以猥亵犯罪处遇，对幼男而言有失公平。另一方面，当犯罪对象为幼男时，"猥亵"既包括猥亵行为，也可以扩大至包括强奸行为；当犯罪对象为幼女时则仅指猥亵行为，不包括强奸行为。事实上，刑法上的强奸和猥亵是两种完全不同的行为方式，理应适用其本来含义，不应在此之外赋予另外含义，即使需要扩充其含义也应保持一致性。人为使刑法中"猥亵"一词因性别不同而包括不同行为方式，缺乏正当性根据。

此外，现行强奸罪在犯罪主体和犯罪对象上对性别的限制性规定还存在与其他有关犯罪不相协调的情形。如，与不特定对方发生性关系是卖淫的一种行为方式，而强迫卖淫行为可以囊括强迫被害人与他人发生性关系的行为。单纯的强迫卖淫犯罪或者组织卖淫中的强迫卖淫犯罪都未对犯罪主体和犯罪对象的性别进行限制，在此立法背景下，无论是男性强迫女性卖淫行为、女性强迫女性卖淫行为，还是男性强迫男性卖淫行为、女性强迫男性卖淫行为，根据情况不同均可构成强迫卖淫罪或者组织卖淫罪。由此可见，强迫男性被害人与他人发生性关系的卖淫行为成立犯罪，而在未造成身体轻伤以上后果的前提下，直接与已满14周岁的男性发生性关系的行为不能成立任何犯罪，直接与幼男发生性关系的行为也只成立猥亵儿童罪。笔者认为，行为人无论是直接与男性被害人发生性关系，还是强迫男性被害人与他人发生性关系，本质上都侵犯了男性被害人的性权利，现行强奸罪的性别限定与强迫卖淫犯罪相较，两者存在的差异不具有公正性和合理性。

第二，不符合打击性侵男性行为的现实需要。近年来，已满14周岁男性被异性或者同性猥亵甚至被以各种手段违背其意志发生性关系的案件屡见报端，并有逐年增多的趋势，以该类案件极为罕见作为无修改必要的理由缺乏现实基础。这类案件给已满14周岁男性被害人人格尊严、身心健康、正常生

---

① 参见张明楷著：《刑法学》（第4版），法律出版社2011年版，第785页。
② 参见张明楷著：《刑法学》（第4版），法律出版社2011年版，第787页。

活造成严重损害，但是即使被害人报警，若非符合其他犯罪的法定要件，警方也无法对此类性侵行为进行立案处理。

第三，不符合国际社会立法趋势。国际社会对男性性权利平等保护逐渐持肯定态度。体现在立法上，美国、英国、法国、德国、俄罗斯、意大利、澳大利亚、挪威、韩国等许多国家的法律现均视男性为强奸罪犯罪对象。值得注意的是：我国香港地区、澳门地区、台湾地区现行"刑法"均规定男性可成为强奸犯罪对象，在这一问题上，大陆地区与之不统一，不具有合理性。

2. 拐卖妇女、儿童罪，收买被拐卖的妇女、儿童罪，聚众阻碍解救被收买的妇女、儿童罪

拐卖妇女、儿童罪，收买被拐卖的妇女、儿童罪，聚众阻碍解救被收买的妇女、儿童罪属于拐卖犯罪范畴。三罪犯罪对象均明确排除已满14周岁的男性。立法理由可能是案件的常见多发性及由此得出的保护必要性。笔者认为，第一，从拐卖犯罪的客体上看，已满14周岁的男性与妇女、儿童不应存在差异。关于拐卖犯罪的客体，理论上有"人身自由"、"身体安全"、"家庭稳定和家庭关系"等争议观点。根据刑法理论，只有当行为侵犯某种法益是成立某罪必然要求的情况下，该法益方为此罪客体。在此意义上，"人格尊严"较"人身自由"、"身体安全"、"家庭稳定和家庭关系"等更具有全面性，也最能表达《刑法》第 240 条的立法精神和目的。[①] 既然拐卖妇女、儿童罪的犯罪客体是对人格尊严的侵犯，而人格尊严具有天然的平等性，因此拐卖已满 14 周岁以上男性的行为不应被区别对待。第二，从司法实践上看，亦存在保护的现实需要。一些地方陆续出现以介绍工作为名将男子拐卖到矿山企业或者娱乐场所的案件，其中不乏 14 周岁到 18 周岁的未成年男性被害人，而按现行立法，若非存在其他行为符合相关犯罪构成，这部分被害人的合法权益无法得到保障。第三，与国际公约不相吻合。2009 年全国人大常委会批准加入《联合国打击跨国有组织犯罪公约关于预防、禁止和惩治贩运人口特别是妇女和儿童行为的补充议定书》，该份国际文件中的人口贩运并无性别限制，保护对象包括成年男子。另外，世界上很多其他国家或者地区的刑法只是对妇女和儿童运用特殊保护条款，但并未在立法上排斥男性，在贩运人口犯罪的罪状表达上多采用没有性别偏见的"人"、"人口"、"某人"或者"他人"等用语。对比之下，我国现行国内法的规定与国际法的要求及各国立法惯例显然存在差异。

3. 引诱幼女卖淫罪、嫖宿幼女罪

引诱幼女卖淫罪、嫖宿幼女罪均属于涉卖淫嫖娼犯罪范畴。《刑法》第

---

① 参见王志祥、杨莉英：《论拐卖妇女、儿童罪的犯罪客体及其刑法意义》，载《法治研究》2013 年第 7 期。

359 条第 2 款在第 1 款已规定引诱、容留、介绍卖淫罪的情形下，出于对幼女的特别保护另行规定引诱幼女卖淫罪，并配置了比第 1 款更重的法定刑。第 360 条第 2 款规定了明知卖淫者是幼女或者可能是幼女，在其主动、自愿或者基于某种原因正在从事卖淫活动的情况下实施嫖娼行为的，构成嫖宿幼女罪。在以上两罪中，均明确犯罪对象为幼女，从性别的角度考察均排除了幼男。立法理由可能仍是案件的常见多发性及由此得出的保护必要性。笔者认为，第一，仅从性别的角度出发，这些犯罪对幼女幼男区分对待无正当性根据。幼女幼男均属于未成年人，在身心健康及性权利方面不应存在差异。在其他涉卖淫嫖娼犯罪中均未对犯罪对象的性别进行限制，对非幼女幼男的保护上尚且未作区分，对幼女幼男进行区别对待更加缺乏公平公正性。第二，随着社会的发展和性别观念的变化，实践中亦存在针对幼男实施的涉卖淫嫖娼犯罪，有运用刑法加大打击力度以有效维护这一特殊群体合法权益的必要。

总结而言，从权利平等、立法协调、打击需要及国际趋势等角度看，上述对不同性别进行区别对待的犯罪立法不存在合理性根据。而且由上文的分析可以看出，多数风化犯罪如涉卖淫嫖娼犯罪、淫乱犯罪尚能体现性别平等的理念，而法益重要程度更甚的侵犯人身权利犯罪对此基本未能体现，这亦存在严重的不合理性。

## 三、 现行刑法中部分涉性别犯罪立法匡正

### （一）涉性别犯罪的总体立法价值取向

性别的差异不应成为权利享有的实质性障碍，同时也不应成为应担法律责任的不合理庇护。在进行刑法立法及修正时，应当正视性别平等作为基本国策、宪法原则以及现代理念的重要意义，将其全面深入地贯彻到具体涉性别犯罪的认定标准中。此外，涉性别犯罪立法还应适度体现一定的超前性，主要表现为：一是要清醒认识某些非传统性别犯罪形式（如男性被性侵）增长态势及其亟待增强的保护必要性；二是要充分考虑因某些先天（如天生畸形）或者后天原因（如逆转、变异）而形成的非正常性别人群的权益保护问题，即适当考虑突破性别只有男女两种类型的传统观念。由此形成我国科学、合理的涉性别犯罪立法体系，以全面、平等地保护所有公民权利。

### （二）匡正部分涉性别犯罪的具体举措

1. 对有关犯罪主体、犯罪对象进行修改

为了体现对性别的平等对待，宜将强奸罪的犯罪主体修改为一般主体，使妇女可以成立强奸男性的单独直接正犯；对犯罪对象以"他人"等中性范畴予以置换，同时将加重处罚的"奸幼"对象由"幼女"扩充为"儿童"。

已经二次审议的《刑法修正案（九）（草案）》拟将猥亵犯罪对象扩大至包括已满 14 周岁的男性，此举对于严密刑事法网、保护男性人身权利意义

非凡，应予肯定。然而，如若不对强奸犯罪加以修改，仍寄希望于采用类似于现行立法体系下强奸男童以猥亵儿童罪惩处的模式，将仍旧无法跳出以猥亵犯罪惩治强奸犯罪的怪圈，况且本次刑法修正透露出对法益重要程度相对较低的猥亵罪都可以不区分性别地加以保护，那么更有必要进一步作出突破，对法益重要程度相对较高的强奸罪贯彻性别平等理念。

2. 对有关犯罪的犯罪对象进行修改

第一，关于猥亵犯罪的修改。上述《刑法修正案（九）（草案）》关于猥亵犯罪的立法修改如获通过，强制猥亵、侮辱妇女罪的犯罪对象将扩大至"他人"，因此本罪罪名可直接修改为"强制猥亵罪"。此外，在强奸罪作上述修改的情况下，强奸幼男的行为将从猥亵儿童罪中抽离出去，亦即猥亵儿童罪不论针对幼女还是幼男实施，其行为方式均为发生性关系之外的满足性欲行为，而不再包括与幼男直接发生性关系的行为。

第二，关于拐卖妇女、儿童犯罪的修改。人格尊严不因性别不同而有所差异，除妇女、儿童之外，其他人群被纳入拐卖犯罪的保护对象具有必要性，同时也具有可行性。我国 1979 年《刑法》第 141 条中明确规定了拐卖人口罪，该立法未对本罪的犯罪对象在性别上作出区分，后 1991 年 9 月 4 日全国人大常委会发布的《关于严惩拐卖、绑架妇女、儿童犯罪分子的决定》里，将拐卖妇女、儿童的犯罪行为从拐卖人口罪中分离出去，拐卖妇女、儿童罪始成为独立罪名。时至 1997 年全面修订刑法时，拐卖人口罪罪名被取消，只保留了拐卖妇女、儿童罪。为了平等保护不同性别人群权益，笔者建议恢复1979 年刑法规定的拐卖人口罪罪名，但仍可对妇女、儿童设置重点保护条款。由此，拐卖妇女、儿童罪，收买被拐卖的妇女、儿童罪，聚众阻碍解救被收买的妇女、儿童罪罪名应修改为拐卖人口罪、收买被拐卖的人口罪、聚众阻碍解救被收买的人口罪。

第三，关于引诱幼女卖淫罪和嫖宿幼女罪的修改。引诱幼女卖淫罪的立法着眼点是鉴于幼女的自身特殊性而重点保护其权益，但是在这一问题上，幼男和幼女不应存在区别，将幼男纳入本罪立法既有必要性也有可行性。具体而言，应将幼男纳入本罪犯罪对象，并用"儿童"概括幼女幼男两类群体，引诱幼女卖淫罪罪名由此应修改为引诱儿童卖淫罪。至于嫖宿幼女罪，学界和实务界颇有非议。有人大代表连续提议废除本罪，司法界亦有较强呼声。2015 年 7 月，最高人民法院答复全国人大代表孙晓梅关于废除嫖宿幼女罪的建议时，明确表示完全赞成废除该罪。笔者赞成废除嫖宿幼女罪。理由是：一方面嫖宿幼女罪与强奸罪之间存在一定的矛盾之处。第一，定罪上的矛盾。按照强奸罪的立法要求，明知是不满 14 周岁的幼女而与之发生性关系的，以强奸罪定罪处罚，而按照《刑法》第 360 条第 2 款规定了明知卖淫者是不满 14 周岁的幼女或者可能是不满 14 周岁的幼女，在其主动、自愿或者基于某种原因正在从事卖淫活动的情况下实施嫖娼行为的，构成嫖宿幼女罪。事实上这二者存在冲突。第二，处罚上的矛盾。在社会非难和客体重要程度上，强奸罪明显重于嫖宿幼女罪，但是从法定刑设置上看，嫖宿幼女罪的刑罚起点又高于强奸罪，实践中较多嫖宿幼女罪判决的刑罚反比强奸罪高，导致后者又彰显出对幼女的特殊保护，这也是主张保留该罪的重要理由。另一方面，嫖宿幼女罪事实上认可了幼女的卖淫女身份，对于幼女的身心健康和社会发展其实是不利的。鉴于上述理由，笔者建议废除嫖宿幼女罪以化解矛盾，对于明知是不满 14 周岁的幼女幼男而与之发生性关系的，一律以强奸罪定罪处罚，同时，为了破除惩罚不力的弊病，建议适度考虑提高奸淫幼女幼男行为的法定刑和在司法裁量上处重刑以突出对其特殊保护。

# 第二编　治理腐败的刑事政策研究

# 习近平反腐倡廉思想论纲

赵秉志* 彭新林**

在党的十八大以来治国理政的新的实践中，习近平同志作为党和国家的最高领导人，高度重视党风廉政建设和反腐败斗争，他站在党和国家事业发展战略的高度，围绕反腐倡廉建设发表了一系列重要讲话，提出了许多富有创见的新思想、新观点、新论断和新要求，深刻回答了新形势下深入推进反腐倡廉建设的重大理论和现实问题，深入阐释了党的十八大、党的十八届三中全会、党的十八届四中全会精神，进一步升华了我们党对反腐倡廉建设规律和马克思主义执政党建设规律的认识，对于我们充分认识反腐倡廉建设的长期性和复杂性，深刻理解反腐倡廉建设的重要性和紧迫性，系统把握反腐倡廉建设的总体思路和重大任务，具有十分重要的政治意义、理论意义和指导作用。

习近平同志反腐倡廉思想博大精深、内涵丰富、思想深邃、自成体系，蕴含反腐倡廉建设的一系列重大战略思想和重大理论观点。下面，我们从十个方面对习近平同志反腐倡廉思想的主要内容进行勾勒。

## 一、以零容忍态度惩治腐败

反腐败关系到党和国家的前途命运，既是一项重大的政治任务，也是我党一贯坚持的鲜明政治立场。习近平同志深刻指出："反腐败高压态势必须继续保持，坚持以零容忍态度惩治腐败。对腐败分子，发现一个就要坚决查处一个。"① "深入推进反腐败斗争，持续保持高压态势，做到零容忍的态度不变、猛药去疴的决心不减、刮骨疗毒的勇气不泄、严厉惩处的尺度不松，发现一起查处一起，发现多少查处多少，不定指标、上不封顶，凡腐必反，除恶务尽。"② 这些重要论述，充分表明了党中央反腐败的坚强意志和坚定决心。

---

\* 北京师范大学刑事法律科学研究院暨法学院院长、教授、法学博士、博士生导师，中国刑法学研究会会长。

\*\* 北京师范大学刑事法律科学研究院副教授、法学博士、博士后。

① 任仲文编：《深入学习习近平同志关于党风廉政建设和反腐败斗争重要讲话》，人民日报出版社 2014 年版，第 2 页。

② 中共中央纪律检查委员会、中共中央文献研究室编：《习近平关于党风廉政建设和反腐败斗争论述摘编》，中央文献出版社、中国方正出版社 2015 年版，第 102~103 页。

　　惩治腐败必须零容忍。首先，这是由我们党的性质和宗旨决定的。我们党是中国工人阶级的先锋队，同时是中国人民和中华民族的先锋队，党的宗旨是全心全意为人民服务，这就决定了党同腐败是水火不容的，对任何腐败分子，都必须依法严惩；对任何腐败现象，都不能宽容放纵。其次，这也是党执政条件下腐败的严重危害性使然。腐败是社会毒瘤，是影响经济社会健康发展、国家长治久安的致命风险。如果不对腐败零容忍，任凭腐败现象滋生蔓延，最终必然导致人亡政息甚至亡党亡国。这绝不是什么危言耸听，而是古今中外历史早已用事实证明了的深刻教训。习近平同志曾一针见血地指出："中国历史上因为统治集团严重腐败导致人亡政息的例子比比皆是，当今世界上由于执政党腐化堕落、严重脱离群众导致失去政权的例子也不胜枚举啊！"[1] 最后，我国依然严峻复杂的反腐败斗争形势亦要求对腐败零容忍。当前在一些领域和部门腐败现象易发多发，滋生腐败的土壤存在，反腐败斗争的形势严峻而复杂，特别是从党的十八大以来查处的某些腐败案件来看，一些腐败分子胃口之大、贪腐之巨、情节之恶劣，令人发指！有的地方甚至还出现了"系统性腐败"、"塌方式腐败"。若不正视这一现实，看到问题不处理甚至麻木不仁，那么问题就会越积越多，届时必然导致病入膏肓、积重难返！因而在如此严峻复杂的反腐败斗争形势面前，我们别无选择，只能对腐败零容忍。

　　以零容忍态度惩治腐败，就要坚持惩治这一手不放松。始终保持惩治腐败的高压态势，反腐不留死角，没有"禁区"，更无"铁帽子王"，发现一起查处一起，发现多少查处多少，真正做到有案必查、有贪必肃、有腐必反。对腐败现象坚持露头就打、打早打小，防止小贪成大贪、小腐变大腐，决不能对小贪小腐问题适度容忍甚至"网开一面"，这样很容易养痈成患，最后必然会出大问题。"千里之堤，溃于蚁穴"。近年来查处的很多腐败案件，都有一个从量变到质变的过程，往往是从小贪小腐开始的。正如习近平同志所指出："大多数腐败分子是从不注意小事小节逐步走到腐化堕落境地的。在推杯换盏中放松了警惕，在小恩小惠面前丢掉了原则，在轻歌曼舞中丧失了人格，这样的例子并不鲜见。"[2] 因此"在惩治腐败问题上，一切'温情'的土政策必须废止，一切'罚酒三杯'式的假惩罚必须摒弃。"[3] 要锲而不舍地纠正"四风"，做到防微杜渐，避免"温水煮青蛙"。"四风"是诱发腐败的

　　① 中共中央纪律检查委员会、中共中央文献研究室编：《习近平关于党风廉政建设和反腐败斗争论述摘编》，中央文献出版社、中国方正出版社 2015 年版，第 5 页。
　　② 习近平著：《干在实处　走在前列——推进浙江新发展的思考与实践》，中共中央党校出版社 2006 年版，第 440 页。
　　③ 任仲文编：《深入学习习近平同志关于党风廉政建设和反腐败斗争重要讲话》，人民日报出版社 2014 年版，第 51 页。

直接动因，是滋生腐败的温床，其危害不容小觑。很多腐败分子的腐化堕落，就是从奢靡享乐等不正之风开始或者衍生出来的。奢靡享乐等不正之风与腐败相伴相生，不能自省、不下决心改变看似小问题、小毛病的党员干部，迟早会滑向腐败的深渊。

## 二、 坚持"老虎"、"苍蝇" 一起打

在 2013 年 1 月 22 日中央纪委第二次全会上，习近平同志强调，"要坚持'老虎'、'苍蝇'一起打，既坚决查处领导干部违纪违法案件，又切实解决发生在群众身边的不正之风和腐败问题"。[①] 这一重要论述廓清了关于反腐败战略基调和整体布局上的模糊和错误认识，鲜明指出了新形势下深入推进反腐败斗争应当努力的方向。

坚持"老虎"、"苍蝇"一起打，是新的历史条件下反腐败斗争的科学战略布局，是反腐败斗争取得预期效果的正确路径选择。腐败分子无论是名不见经传的"苍蝇"还是位高权重的"老虎"，都是党和国家的蛀虫，都有损党和国家的肌体健康。因此在反腐问题上，无论小贪小腐还是大贪大腐，都应依法严厉惩治。"在贪污腐败问题上，没有大小人物的区别，只要触犯了，就要坚决出手惩治、绝不手软、绝不姑息、绝不给其喘息的机会。"[②] 事实上，大多数"老虎"与"苍蝇"不是孤立存在的，往往有着紧密的利益交换和利益输送关系。一只"老虎"周围必然围绕一群"苍蝇"，"苍蝇"更需要以"老虎"为靠山，"老虎"与"苍蝇"历来是搭帮结伙的利益共同体。[③] 因此，只有实现反腐全覆盖，不放过任何一个腐败分子，坚持"老虎"、"苍蝇"一起打，才能有效破除"老虎"与"苍蝇"之间的利益联盟，取得"老虎"、"苍蝇"一锅端的整体效果。

要重拳出击，坚决惩处位高权重的"老虎"。对这些有来头、有背景、有能量的大"老虎"，敢于一打到底，决不姑息迁就，从而彰显法律的威慑力和尊严。实际上，检验反腐败决心、意志和力度的一个重要标尺，就是看打不打"老虎"，敢不敢动"老虎"。党的十八大以来，中央坚决依据党纪国法查处了周永康、徐才厚、令计划、苏荣等副国级以上的"老虎"，向世人证明了我们党和国家敢于直面问题、善于自我净化和严厉惩治腐败的决心和态度。当然，另外也要采取得力措施，着力解决发生在群众身边的腐败问题，彻底破除"苍蝇"的侥幸心理，坚决拍掉这些损害群众切身利益的"苍蝇"，

---

① 习近平：《更加科学有效地防治腐败 坚定不移把反腐倡廉建设引向深入》，载《人民日报》2013 年 1 月 23 日。

② 王家宏：《习近平强调反腐要"老虎苍蝇一起打"振聋发聩》，载《北欧时报》2013 年 1 月 31 日。

③ 参见申恩威：《全面深刻理解"老虎苍蝇"一起打》，载《人民日报》2014 年 6 月 3 日。

防止"苍蝇"满天飞,切实维护人民群众的合法权益。

## 三、 把权力关进制度的笼子里

腐败的实质是权力滥用,反腐的核心在于制约和监督权力。而制度问题带有根本性、全局性、稳定性和长期性,因而没有健全的制度,未能把权力关进制度的笼子里,腐败现象就很难遏制得住。对此,习近平同志有着清醒的认识,他在多个场合提到,"要加强对权力运行的制约和监督,把权力关进制度的笼子里,形成不敢腐的惩戒机制、不能腐的防范机制、不易腐的保障机制"。[1] "我们要健全权力运行制约和监督体系,有权必有责,用权受监督,失职要问责,违法要追究,保证人民赋予的权力始终用来为人民谋利益。"[2] "如何靠制度更有效地防治腐败,仍然是我们面临的一个重大课题。"[3] 这些重要论述,凸显了加强对权力运行制约和监督、依靠制度防治腐败的极端重要性。

要健全权力运行制约和监督体系,强化有权必有责、用权受监督的意识,推进权力运行的公开透明,改革和完善权力结构、防止权力过于集中,增强监督机构的独立性和权威性,综合运用党内监督、国家专门机关监督、群众监督和舆论监督等多种形式,有效整合监督力量,努力形成结构合理、配置科学、程序严密、制约有效的权力运行机制。当今中国的腐败现象,从很大意义上说,就是权力缺乏有效制约和监督的寻租性腐败。而要遏制这种腐败现象,则需要从制度上改变权力运行得不到有效监督制约的状况,特别是要针对管人、管钱、管事等权力运行的重要环节、关键岗位,实现对权力运行的全程防范、全面监督,将权力关进制度的笼子里。

要进一步完善经济、社会、管理体制机制,坚持用改革的办法解决腐败现象发生的深层次问题。当前我国腐败现象的滋生蔓延与一些领域的体制机制不健全、制度有漏洞是密切相关的。习近平同志指出:"从前些年和最近揭露出来的一些涉及领导干部的大案要案看,其犯罪情节之恶劣、涉案金额之巨大,都是触目惊心的,搞权钱交易、权色交易简直到了利令智昏、胆大包天的地步!之所以会弄到这个地步,其中一个重要原因就是我们一些领域的体制机制还不健全。"[4] 因而针对腐败多发的领域和关键环节,要着力推进

① 中共中央文献研究室编:《十八大以来重要文献选编》(上),中央文献出版社2014年版,第136页。

② 中共中央文献研究室编:《十八大以来重要文献选编》(上),中央文献出版社2014年版,第92页。

③ 中共中央纪律检查委员会、中共中央文献研究室编:《习近平关于党风廉政建设和反腐败斗争论述摘编》,中央文献出版社、中国方正出版社2015年版,第124页。

④ 中共中央纪律检查委员会、中共中央文献研究室编:《习近平关于党风廉政建设和反腐败斗争论述摘编》,中央文献出版社、中国方正出版社2015年版,第124页。

改革，积极健全各项规章制度，堵塞制度漏洞，尽力压缩权力寻租的空间，不断拓展从源头防治腐败的新领域，消除腐败发生的体制机制因素。

要扎牢制度篱笆，狠抓制度执行，增强制度执行力，确保制度务实、管用，真正做到制度面前人人平等、制度约束没有例外，坚决维护制度的严肃性和权威性。虽有相关的制度，但若制度的篱笆扎得不紧、空隙太大或者制度只是"稻草人"，那么让制度成为刚性约束到头来只能是一句空话！"牛栏关猫式"的制度是不行的，制度空转、执行制度流于形式更是不行的！习近平同志在河北调研指导党的群众路线教育实践活动时的讲话中指出："建章立制非常重要，要把笼子扎紧一点，牛栏关猫是关不住的，空隙太大，猫可以来去自如。"① 这充分说明了制度务实管用的重要性和必要性。制度栅栏太宽，空隙太大，八面漏风，不仅关不住权力，而且会消解制度的正向功效，导致制度虚设和失效。因此，必须突出制度的针对性和指导性，扎牢制度的篱笆，搭建细密、严实的权力之笼，让"猫儿"无缝可钻，防范"牛栏关猫"现象发生，让制度发挥应有的作用。此外，制度的生命力在于执行，制度制定后关键就在于落实，也只有落实才能发挥出制度的积极功效。因而一旦制定了相关制度，就必须不折不扣地执行，相关成员就应一律遵守，谁都没有超越制度的特权，任何违背制度的行为都应受到追究。这是确保制度成为铁规而非"橡皮筋"的根本保障。习近平同志指出："我们的制度不少，可以说基本形成，但不要让它们形同虚设，成为'稻草人'，形成'破窗效应'。很多情况没有监督，违反了也没有任何处理。这样搞，谁会把制度当回事呢？"② "所以，我说一分部署还要九分落实。制定制度很重要，更重要的是抓落实，九分力气要花在这上面。"③ "坚决维护制度的严肃性和权威性，坚决纠正有令不行、有禁不止的行为，使制度成为硬约束而不是'橡皮筋'。"④ 总而言之，要切实增强制度执行力和制度实效，做到用制度管权管人管事，不留"天窗"、不开"暗门"，杜绝有令不行、有禁不止，坚决纠正、制裁违背制度的行为。执行制度不流于形式，制度才会在反腐倡廉建设中发挥出应有的强大威力。

---

① 中共中央纪律检查委员会、中共中央文献研究室编：《习近平关于党风廉政建设和反腐败斗争论述摘编》，中央文献出版社、中国方正出版社 2015 年版，第 125 页。
② 中共中央纪律检查委员会、中共中央文献研究室编：《习近平关于党风廉政建设和反腐败斗争论述摘编》，中央文献出版社、中国方正出版社 2015 年版，第 128 页。
③ 中共中央纪律检查委员会、中共中央文献研究室编：《习近平关于党风廉政建设和反腐败斗争论述摘编》，中央文献出版社、中国方正出版社 2015 年版，第 129 页。
④ 习近平：《在党的群众路线教育实践活动总结大会上的讲话》，载《人民日报》2014 年 10 月 9 日。

## 四、 坚决反对和克服特权思想、 特权现象

虽然我们党的性质和宗旨是从根本上否定、反对搞特权的，我们党也一贯反对特权思想、特权现象，但仍有一些领导干部搞特殊、要特权，影响十分恶劣，群众反映强烈。习近平同志尖锐地指出：“党的十八大强调，各级领导干部决不允许搞特权。为什么要突出提出这个问题？就是因为群众对我们一些干部搞特殊、要特权意见很大。”[1] “反腐倡廉建设，还必须反对特权思想、特权现象”[2]、“我们共产党人决不能搞封建社会那种‘封妻荫子’、‘一人得道，鸡犬升天’的腐败之道！否则，群众是要戳脊梁骨的！”[3] 这些重要论述，深刻阐明了我们党坚决反对特权思想、特权现象的鲜明态度，丰富发展了新的历史条件下反腐倡廉建设的时代内涵。

特权是腐败滋生的思想根源和重要条件。反对特权思想、特权现象，不仅是反腐倡廉建设的重要内容，而且也关涉到党和国家能不能永葆生机活力的大问题。习近平同志曾不无忧虑地指出：“如果升学、考公务员、办企业、上项目、晋级、买房子、找工作、演出、出国等各种机会都要靠关系、搞门道，有背景的就能得到更多照顾，没有背景的再有本事也没有机会，就会严重影响社会公平正义。这种情况如不纠正，能形成人才辈出、人尽其才的生动局面吗？这个社会还能有发展活力吗？我们党和国家还能生机勃勃向前发展吗？”[4] 习近平同志上述掷地有声的话语，是对这些损害群众利益、严重影响社会公平正义的腐败现象的有力鞭挞，也是对一些领导干部搞特殊、要特权的严肃诘问，充分体现了习近平同志真挚为民的情怀。事实证明，社会上的很多腐败现象与一些干部以权谋私、搞特权是有着密切关系的。因此，深入开展反腐败斗争，除了需要强力“打虎拍蝇”外，还要打掉腐败背后的特权思想，注重从源头上铲除滋生特权思想、特权现象的土壤。

坚决反对和克服特权思想、特权现象，要加强廉政文化建设，深入开展反腐倡廉宣传教育，强化公职人员不得谋求任何私利和特权的意识，使之树立正确的权力观、地位观和利益观，自觉遵守廉政准则，以如临深渊、如履薄冰的态度审慎行使手中的权力，真正做到权为民所用、情为民所系、利为民所谋。要让权力在阳光下运行，完善权力公开的机制，明确权力的幅度和

---

① 中共中央文献研究室编：《十八大以来重要文献选编》（上），中央文献出版社 2014 年版，第 137 页。

② 中共中央文献研究室编：《十八大以来重要文献选编》（上），中央文献出版社 2014 年版，第 136 页

③ 中共中央文献研究室编：《十八大以来重要文献选编》（上），中央文献出版社 2014 年版，第 138 页。

④ 中共中央宣传部编：《习近平总书记系列重要讲话读本》，学习出版社、人民出版社 2014 年版，第 87 页。

依据，把公开透明贯穿到决策、执行、监督等权力运行的各个环节，提高权力运行的透明度和公信力，让搞特殊、要特权的行为无处藏身。要健全相关制度机制，加强对权力的制约和监督，加大对特权行为的惩治力度，既要防止领导干部把权力异化为以权谋私的特权，确保其对权力的行使不越雷池半步，又要加强对领导干部亲属、身边工作人员的教育、约束和监督，决不允许他们打着领导的旗号谋取任何私利和特殊待遇。

## 五、 反腐倡廉要经常抓、 长期抓

反腐败是一项长期的、艰巨的、复杂的任务。习近平同志强调："反腐倡廉必须常抓不懈，拒腐防变必须警钟长鸣，关键就在'常'、'长'二字，一个是要经常抓，一个是要长期抓。"① "全党同志要深刻认识反腐败斗争的长期性、复杂性、艰巨性，以猛药去疴、重典治乱的决心，以刮骨疗毒、壮士断腕的勇气，坚决把党风廉政建设和反腐败斗争进行到底。"② 这些重要论述，充分表明我们党对反腐败斗争的复杂性和艰巨性有着清醒的认识，也宣示了中央将反腐败斗争进行到底的信心和决心。

当前我国反腐败斗争形势依然严峻复杂，滋生腐败的土壤依然存在，反腐败不可能一蹴而就，也不会一劳永逸，而是一个永恒的课题。因此反腐必须经常抓、长期抓，要落实好"常"、"长"二字，有打"持久战"的心理准备。党的十八大以来，新一届中央领导集体以猛药去疴、重典治乱的决心，以刮骨疗毒、壮士断腕的勇气，坚决把党风廉政建设和反腐败斗争进行到底，坚持有腐必反、有贪必肃，取得了有目共睹的显著成效，党风政风明显好转，党心民心为之一振，我国反腐败呈现出系统治理、整体推进的良好态势。但也应当清醒地看到，腐败问题具有反复性、顽固性，"冰冻三尺非一日之寒"，有些反腐倡廉建设的成绩是在高压态势下取得的，树虽倒根犹存，有的干部不贪不腐仅仅停留在"不敢"上，"不愿"的自觉尚未完全形成；有的干部仍存有侥幸心理，错误地认为反腐只是一阵风，暂且低头，风头过了就可以我行我素了，如此等等；另外，还有些滋生腐败的体制弊端、机制障碍和制度漏洞尚未有效消除，一些深层次问题还没有从根本上破解等。这些现象和问题的存在，从根本上决定了我们要解决好腐败问题，必须持之以恒、常抓不懈。

以锲而不舍、驰而不息的决心和毅力，把反腐倡廉建设不断引向深入，将反腐败斗争进行到底，才能取得反腐败斗争的压倒性胜利。目前，腐败活动是减少了，但并没有绝迹；反腐败体制机制逐步健全了，但仍不够完善；

① 人民日报社评论部编：《"四个全面"学习读本》，人民出版社 2015 年版，第 267 页。
② 习近平著：《习近平谈治国理政》，外文出版社 2014 年版，第 394 页。

反腐倡廉思想教育是加强了，但拒腐防变的防线还没有筑牢；腐败分子是应声落马了，但重构政治生态的任务尚未完成。群众最担心反腐一阵风或者雨过地皮湿，也最期盼反腐常态化、持续化、保持长效。毕竟，"开弓没有回头箭，党风廉政建设和反腐败斗争是一场输不起的斗争。"① 因此，反腐倡廉建设，除了要下大气力拔"烂树"、治"病树"、正"歪树"，还要坚决清除滋生腐败的土壤和条件。这些都决定了反腐倡廉建设没有完成时，只有进行时，永远在路上。

## 六、 以法治思维和法治方式反对腐败

法治反腐是当代世界反腐的主流，也是我国反腐、建设廉洁政治的根本方向。习近平同志高度重视以法治思维和法治方式反对腐败。他强调："要善于以法治思维和法治方式反对腐败，加强反腐败国家立法，加强反腐倡廉党内法规制度建设，让法律制度刚性运行。"② "我们坚持运用法治思维和法治方式反腐败，查处了一批大要案，形成了对腐败分子的高压态势。"③ 这些重要论述，明确了我国反腐倡廉建设的根本方向和重要保障。

法治反腐是相对于人治反腐、运动反腐而言的。这种反腐败具有根本性、全局性、严肃性、稳定性和长期性。法治反腐是反腐败最有效的手段，也是解决腐败问题的根本方式。要使反腐败取得根本的成效，不至于"人亡政息"或者偏离初衷，就应当在法治的框架下，以法治思维和法治方式推进反腐败，使反腐败走向规范化、制度化。④ 习近平同志关于法治反腐的科学论断，对于推进新形势下的反腐倡廉建设，具有重要的指导意义。特别是党的十八届四中全会决定勾勒了法治反腐的蓝图，为我国反腐工作进一步朝着法治化方向迈进指明了方向，我国反腐法治的进程将大大加快，不敢腐、不能腐、不想腐的法治基石和制度基础也将进一步夯实，这标志着我国法治反腐新时代的到来。

应当指出的是，长期以来特别是党的十八以来，中央始终坚持运用法治思维和法治方式反腐败。在反腐败斗争中，注意充分贯彻现代法治精神，凡腐必反，除恶务尽，不搞选择性反腐，不搞以人画线，不搞特赦变通，切实做到事实清楚、证据确凿、定性准确、处理恰当、程序合法、手续完备，确

---

① 人民日报评论员：《党风廉政建设和反腐败斗争永远在路上》，载《人民日报》2015 年 1 月 14 日。

② 参见中共中央国家机关工作委员会编著：《学习习近平同志关于机关党建重要论述》，党建读物出版社 2015 年版，第 111 页。

③ 中共中央纪律检查委员会、中共中央文献研究室编：《习近平关于党风廉政建设和反腐败斗争论述摘编》，中央文献出版社、中国方正出版社 2015 年版，第 97 页。

④ 参见赵秉志：《开启法治反腐新时代》，载《光明日报》2015 年 3 月 15 日。

保腐败案件查办的公平公正，让案件经得起法律和历史的检验。无论是薄熙来案件的依法处理，还是对周永康案件的依法审判，中央都始终贯彻了法治反腐的理念，从一开始就沿着法治轨道逐步推进，将他们的法律问题与道德问题分开、刑事问题与非刑事问题分开，法治精神得到了充分体现，得到了广大干部群众的拥护支持。

## 七、 反腐与改革协同推进

改革开放是坚持和发展中国特色社会主义的必由之路，反腐倡廉则为坚持和发展中国特色社会主义提供坚强保障。关于反腐与改革之间的辩证关系，习近平同志作了深入思考，发表了许多重要的真知灼见。他指出："要以深化改革推进党风廉政建设和反腐败斗争，改革党的纪律检查体制，完善反腐败体制机制，增强权力制约和监督效果，保证各级纪委监督权的相对独立性和权威性。"① "不断铲除腐败现象滋生蔓延的土壤，必须深化各领域改革。"② "要从源头上防治腐败，加强对典型案例的剖析，从中找出规律性的东西，深化腐败问题多发领域和环节的改革，最大限度减少体制障碍和制度漏洞。"③ "要更加注重改革的系统性、整体性、协同性，同防范腐败同步考虑、同步部署、同步实施，避免出现制度真空，堵塞一切制度漏洞，保障改革健康顺利进行。"④ 这些重要的论述，充分说明习近平同志对反腐倡廉建设与深化改革协同推进的高度重视，体现了党中央对关系到党和国家前途与命运重大问题的准确把握。这就要求我们着眼于党和国家的工作全局，为改革着力营造良好的法治环境和政治生态，以改革的力量助推反腐倡廉建设，把反腐和改革纳入"四个全面"战略布局中去谋划和推进。

一方面，要把改革创新精神贯彻到反腐倡廉建设的各个环节。无论是减少腐败存量还是遏制腐败增量，无论是完善反腐败体制机制还是对腐败犯罪的惩治，都要注意深化改革，特别是要深化腐败多发领域和关键环节的改革，注重从源头上防治腐败。正如习近平同志所言："一些领域消极腐败现象易发多发，反腐败斗争形势依然严峻，等等。解决这些问题，关键在于深化改

---

① 习近平：《以深化改革推进党风廉政建设和反腐败斗争》，载《人民日报》2014 年 1 月 15 日。

② 中共中央文献研究室编：《习近平关于全面深化改革论述摘编》，中央文献出版社 2014 年版，第 81 页。

③ 中共中央文献研究室编：《习近平关于全面深化改革论述摘编》，中央文献出版社 2014 年版，第 74 页。

④ 中共中央文献研究室编：《习近平关于全面深化改革论述摘编》，中央文献出版社 2014 年版，第 82 页。

革。"①  "……倡廉洁、惩腐败，都要紧紧围绕全面深化改革来定任务，添措施、建机制，都要用保证和促进全面深化改革的实际成效来检验。"②  事实上，只有坚持用改革的思路和办法解决导致腐败现象的深层次问题，最大限度地压缩权力寻租、异化的空间，规范权力的运行，将人民赋予的权力用来为人民谋利益，才能有效地推进国家廉政体系和腐败治理能力现代化，实现腐败的科学有效治理。

另一方面，要通过反腐倡廉建设为深化改革提供坚强保障，推动防治腐败问题与破解改革难题相结合。习近平同志指出："历史经验告诉我们，改革是一个破旧立新的过程，如果不注意配套和衔接，不注意时序和步骤，也容易产生体制机制上的缝隙和漏洞，为一些人提供寻租、搞腐败的机会。"③对于改革过程中出现的腐败问题，通过加强反腐倡廉建设包括深入开展反腐败斗争，必然会成为深化改革的重要动力，也会有助于改革的顺利推进。除此之外，更为重要的是，"而今，中国共产党推动市场经济迅猛发展，物质利益的快速增长，使党必须面对权力与利益高度粘连的新形势。党员领导干部、尤其是身居高位的领导人，扰乱市场秩序，权钱勾结，以权谋私，阻挡改革，成为必须加大力度治理的现实课题"。④  因而深入开展反腐倡廉建设，依法严惩腐败分子，有利于斩断权力与利益勾连的链条，突破利益固化的藩篱，为改革清障，减轻改革阻力，保障改革开放和现代化建设顺利进行。

## 八、 发挥巡视的震慑作用

巡视是党内监督的战略性制度安排。党的十八大以来，巡视工作在反腐败斗争中发挥了重要作用，成为发现问题、形成震慑的反腐"利剑"。习近平同志对巡视工作也非常重视，他在多个场合强调要加强和改进巡视工作，发挥巡视的震慑作用。他指出："巡视是党章赋予的重要职责，是加强党的建设的重要举措，是从严治党、维护党纪的重要手段，是加强党内监督的重要形式。"⑤  "巡视工作要明确职责定位，巡视内容不要太宽泛，要围绕党风

---

① 习近平：《关于〈中共中央关于全面深化改革若干重大问题的决定〉的说明》，载《人民日报》2013 年 11 月 16 日。

② 中共中央文献研究室编：《习近平关于全面深化改革论述摘编》，中央文献出版社 2014 年版，第 146 页。

③ 中共中央文献研究室编：《习近平关于全面深化改革论述摘编》，中央文献出版社 2014 年版，第 81 页。

④ 国平：《清除腐败是深化改革的必然之举》，载《人民日报》2014 年 7 月 31 日。

⑤ 中共中央纪律检查委员会、中共中央文献研究室编：《习近平关于党风廉政建设和反腐败斗争论述摘编》，中央文献出版社、中国方正出版社 2015 年版，第 107 页。

廉政建设和反腐败斗争这个中心进行。"① "巡视组要当好中央的'千里眼'，找出'老虎'、'苍蝇'，抓住违纪违法问题线索。要落实监督责任，敢于碰硬，真正做到早发现、早报告，促进问题解决，遏制腐败现象蔓延的势头。"② "巡视作为党内监督的战略性制度安排，不是权宜之计，要用好巡视这把反腐'利剑'。现在的巡视有点'八府巡按'的意思了，群众说'包老爷来了'，有'青天'之感，有问题的干部害怕了。"③ "巡视就是要形成震慑"，④ "要发挥巡视遏制作用。凡是涉及腐败问题的，决不姑息，一查到底！"⑤ 这些重要论述，从巡视的性质到定位，内容到作用等，都作了非常精辟而科学的阐述，对做好新形势下的巡视工作提出了更高要求。

要用好巡视这把反腐"利剑"，充分发挥巡视的震慑作用。巡视重在发现和反映问题、形成震慑，尤其是要当好组织的"千里眼"，着力发现领导干部涉嫌腐败的线索，敢于碰硬，找出"老虎"、"苍蝇"，真正推动问题解决，助力于腐败蔓延势头的遏制。对于巡视发现的腐败问题，必须依法严肃处理，该立案查处的应当及时查处。正如习近平同志所说："巡视发现的问题线索，凡是违纪违法的都要严肃查处。不要怕问题多，问题多的单位可以把握节奏。要一网打尽，有多少就处理多少。"⑥ 只有这样，才能让"老虎"和"苍蝇"无处遁形，真正发挥巡视的震慑威力。

要认真贯彻落实习近平同志关于巡视工作的重要思想，找准巡视职责定位，突出巡视重点，创新巡视形式，加强"回头看"，实现巡视全覆盖。要不断增强巡视工作的针对性和实效性，用好和巩固巡视成果，对领导同志工作过的地方，也不要投鼠忌器，确保巡视工作取得新成效。可喜的是，党的十八大以来，中央巡视力度空前，巡视成绩突出，多名落马的副部级以上官员就是被巡视发现腐败问题线索，最后受到查处的。总体来说，目前我国的巡视工作尤其是中央巡视工作是得力的，人民群众是满意的。中央巡视组确实有点像习近平同志所言的"八府巡按"的意思了，这也从一个侧面表明巡视监督的权威性和对腐败分子的强大震慑作用。当然，仍需要在深刻总结巡

① 中共中央纪律检查委员会、中共中央文献研究室编：《习近平关于党风廉政建设和反腐败斗争论述摘编》，中央文献出版社、中国方正出版社2015年版，第107页。
② 中共中央纪律检查委员会、中共中央文献研究室编：《习近平关于党风廉政建设和反腐败斗争论述摘编》，中央文献出版社、中国方正出版社2015年版，第108页。
③ 中共中央纪律检查委员会、中共中央文献研究室编：《习近平关于党风廉政建设和反腐败斗争论述摘编》，中央文献出版社、中国方正出版社2015年版，第113~114页。
④ 中共中央纪律检查委员会、中共中央文献研究室编：《习近平关于党风廉政建设和反腐败斗争论述摘编》，中央文献出版社、中国方正出版社2015年版，第111页。
⑤ 中共中央纪律检查委员会、中共中央文献研究室编：《习近平关于党风廉政建设和反腐败斗争论述摘编》，中央文献出版社、中国方正出版社2015年版，第112页。
⑥ 中共中央纪律检查委员会、中共中央文献研究室编：《习近平关于党风廉政建设和反腐败斗争论述摘编》，中央文献出版社、中国方正出版社2015年版，第112页。

视工作经验的基础上，进一步完善巡视工作领导体制和工作机制，提高巡视工作的科学化水平。

## 九、 筑牢拒腐防变的思想道德防线

理想信念是共产党人精神上的"钙"。精神上缺"钙"，难免就会得"软骨病"。在现实生活中，很多干部之所以走上腐败的不归路，根源就在于世界观、人生观、价值观这个"总开关"出了问题。坚定理想信念，加强道德修养，筑牢拒腐防变的思想道德防线，是反腐倡廉建设的基础性工程。习近平同志指出："一些党员、干部出这样那样的问题，说到底是信仰迷茫、精神迷失。"、"大力加强反腐倡廉教育和廉政文化建设。"① "反腐倡廉是一个复杂的系统工程，需要多管齐下、综合施策，但从思想道德抓起具有基础性作用。"② "我们要坚持从教育抓起，教育引导广大党员、干部坚定理想信念、坚守共产党人精神家园，不断夯实党员干部廉洁从政的思想道德基础，筑牢拒腐防变的思想道德防线。"③ 这些重要论述，强调了筑牢拒腐防变的思想道德防线在反腐倡廉建设中的基础性作用，这就抓住了问题的关键。

要大力加强反腐倡廉教育和廉政文化建设，坚持依法治国和以德治国相结合。从思想道德抓起具有基础性作用，思想纯洁是马克思主义政党保持纯洁性的根本，道德高尚是领导干部做到清正廉洁的基础。④ 党员、干部思想不纯洁、道德有污点，廉洁从政的思想基础不牢，就容易屈服于权力、金钱和美色，沦为腐败分子。大量事实已表明，一些党员、干部走上违法犯罪道路，确实就是信仰迷茫、精神上缺"钙"，思想根源上出了问题。要抓好思想道德建设，教育广大党员干部模范践行社会主义核心价值观，加强党性锤炼和品格陶冶，保持廉洁操守和做官、做事、做人的底线，牢固树立正确的权力观、地位观、价值观，夯实廉洁从政的思想根基，筑牢拒腐防变的思想道德防线。这样才能在各种诱惑面前立场坚定，炼就"金刚不坏之身"，不触碰法纪的红线。

加强反腐倡廉教育，要以领导干部这个"关键少数"为重点。在整个社会群体中，领导干部虽然人数不多，但他们是治国理政的骨干力量，是干部

---

① 中共中央纪律检查委员会、中共中央文献研究室编：《习近平关于党风廉政建设和反腐败斗争论述摘编》，中央文献出版社、中国方正出版社 2015 年版，第 137 页。

② 中共中央纪律检查委员会、中共中央文献研究室编：《习近平关于党风廉政建设和反腐败斗争论述摘编》，中央文献出版社、中国方正出版社 2015 年版，第 140 页。

③ 中共中央纪律检查委员会、中共中央文献研究室编：《习近平关于党风廉政建设和反腐败斗争论述摘编》，中央文献出版社、中国方正出版社 2015 年版，第 141 页。

④ 参见习近平：《在十八届中央政治局第五次集体学习时的讲话》，载《人民日报》2013 年 4 月 21 日。

群众的带头人和主心骨。① 领导干部能否牢固树立宗旨意识和廉洁自律意识，能否干净干事、清白做人，对全社会具有重要的示范带动作用。抓住领导干部这个"关键少数"，就相当于抓住了反腐倡廉建设的"牛鼻子"。要大力加强对领导干部的反腐倡廉教育，切实把领导干部反腐倡廉教育抓细抓实抓好，在建立拒腐防变教育长效机制上下工夫，增强其拒腐防变能力，让其受警醒、明底线、知敬畏，真正做到位高不擅权、权重不谋私。

## 十、 更加科学有效地防治腐败

防止党在长期执政条件下腐化变质，科学有效地防治腐败，是党必须始终抓好的一项重大政治任务。习近平同志对腐败现象疾恶如仇，对如何科学有效地防治腐败，进行了长期的深入思考。他指出："当前，腐败现象多发，滋生腐败的土壤存在，党风廉政建设和反腐败斗争形势依然严峻复杂，必须加大惩治腐败力度，更加科学有效地防治腐败。"② "坚持标本兼治、综合治理、惩防并举、注重预防方针，更加科学有效地防治腐败，坚定不移地把党风廉政建设和反腐败斗争引向深入。"③ "标本兼治、综合治理，逐步加大治本力度，是加强党风廉政建设和反腐败斗争实践经验的总结，是反腐倡廉的基本工作方针。"④ "我们要坚持标本兼治、综合治理，惩防并举、注重预防的总体反腐工作思路，建立健全与社会主义市场经济体制相适应的教育、制度、监督并重的惩治和预防腐败体系的要求，充分彰显惩治腐败的警示作用。"⑤ 这些重要论述，清晰勾勒了我国反腐倡廉的总体思路和治理腐败的根本方针，为我们更加科学有效地防治腐败指明了前进方向。

科学有效的防治腐败策略的形成是基于对当前反腐形势的正确研判。科学研判形势，是作出正确决策的前提和决策实施的基础。只有在认真总结和研究腐败现象发生的原因、特点和规律，正确研判当前反腐形势的基础上，才能确立科学有效的防治腐败策略，走出一条预防和治理腐败的正确道路。习近平同志关于科学有效防治腐败的重要论述，也是基于对当前反腐败斗争形势的正确认识和把握。党的十八大以来，习近平同志在多个场合就反腐败斗争形势作过一系列阐述，其基本判断就是：反腐形势依然严峻复杂。在党的十八届三中全会第一次全体会议上，他指出，"当前腐败现象多发，滋生

① 参见王东明：《抓住领导干部这个"关键少数"》，载《求是》2015年第5期。

② 中共中央纪律检查委员会、中共中央文献研究室编：《习近平关于党风廉政建设和反腐败斗争论述摘编》，中央文献出版社、中国方正出版社2015年版，第17页。

③ 习近平：《更加科学有效地防治腐败 坚定不移把反腐倡廉建设引向深入》，载《人民日报》2013年1月23日。

④ 习近平：《干在实处 走在前列——推进浙江新发展的思考与实践》，中共中央党校出版社2006年版，第448页。

⑤ 习近平：《之江新语》，浙江人民出版社2007年版，第69页。

腐败的土壤存在，党风廉政建设和反腐败斗争依然严峻复杂"。① 在中央政治局常委会听取 2013 年下半年中央巡视组巡视情况汇报时，他进一步指出，"从巡视情况看，再次印证了党中央对反腐败斗争形势依然严峻复杂的判断，党要管党、从严治党十分紧迫"。② 在党的十八届四中全会第二次全体会议上，习近平同志提到，"党的十八大以后，我们面临的反腐败斗争形势复杂严峻，一些领域现象易发多发，一些腐败分子一意孤行，仍然没有收手，甚至变本加厉。……有的地方甚至出现了'塌方式腐败'"。③ 在党的十八届中央纪委五次全会上，他又强调，"反腐败斗争形势依然严峻复杂，主要是在实现不敢腐、不能腐、不想腐上还没有取得压倒性胜利，腐败活动减少了但并没有绝迹，反腐败体制机制建立了但还不够完善，思想教育加强了但思想防线还没有筑牢，减少腐败存量、遏制腐败增量、重构政治生态的工作艰巨繁重"。④ 应当说，习近平同志和党中央对当前我国反腐形势的判断是科学的，也是符合反腐倡廉建设实际情况的，既看到了反腐败斗争的现状，又准确分析了反腐败斗争发展的趋势；既看到了反腐败取得的成绩，又审视到了反腐败的不利因素，为制定正确的防治腐败策略和政策打下了扎实基础，对于我们坚定反腐倡廉必胜信心、保持清醒头脑，深入推进反腐倡廉建设，更加科学有效地防治腐败，具有重大意义。我们一定要把思想认识统一到习近平同志和党中央对反腐败斗争形势的科学判断上来，坚定不移地把反腐倡廉建设推向前进。

科学有效地防治腐败要坚持惩治和预防腐败相统一。惩治和预防系防治腐败的两个方面，两者是相辅相成、相互促进的，统一于防治腐败的伟大实践之中。惩治腐败是基础，有利于腐败的预防；反过来，有效预防腐败本身也要求严厉惩治腐败。因此，对于腐败的科学有效防治而言，惩治这一手不能放松，预防这一手更不能放松，两手都要抓，两手都要硬。当前，要把严厉惩治腐败摆在更加突出的位置，持续保持惩治腐败的高压态度，坚决查处腐败案件，形成反腐的强大震慑，切实维护党纪国法的严肃性。只有这样，才能向广大人民群众表明我们讲的"凡腐必反、除恶务尽"不是一句空话，才能有效遏制住腐败现象滋生蔓延的势头，才能更好地教育、挽救一大批干部！此外，要逐步加大治本力度，注重从源头上预防腐败，着力在制度健全、

---

① 中共中央纪律检查委员会、中共中央文献研究室编：《习近平关于党风廉政建设和反腐败斗争论述摘编》，中央文献出版社、中国方正出版社 2015 年版，第 17 页。

② 中共中央纪律检查委员会、中共中央文献研究室编：《习近平关于党风廉政建设和反腐败斗争论述摘编》，中央文献出版社、中国方正出版社 2015 年版，第 20 页。

③ 中共中央纪律检查委员会、中共中央文献研究室编：《习近平关于党风廉政建设和反腐败斗争论述摘编》，中央文献出版社、中国方正出版社 2015 年版，第 25 页。

④ 习近平：《深化改革巩固成果积极拓展　不断把反腐败斗争引向深入》，载《人民日报》2015 年 1 月 13 日。

权力制约、监督管理等方面下工夫，完善防控廉政风险、防止利益冲突、领导干部报告个人有关事项等预防腐败制度，积极健全惩治和预防腐败体系，不断铲除腐败现象滋生蔓延的土壤。事实上，也只有更加注重从源头上预防腐败，才能起到釜底抽薪的作用，更好地巩固反腐败成果，逐步减少腐败现象的产生。

# 十一、 结语

习近平同志反腐倡廉思想丰富而深刻，对反腐倡廉建设既有战略的思考，又有战术的谋划；既有理论指导性，又有现实针对性，是运用马克思主义的立场、观点和方法观察、分析、解决腐败问题的最新成果，是指引当下中国反腐倡廉建设迈向未来之路的明灯，符合中国的现实和现实的中国。深入学习贯彻习近平同志反腐倡廉思想，是必须担负的重大政治责任，是我们统一反腐思想认识、凝聚反腐共识的迫切需要，是把握反腐大势、明确前进方向的迫切需要，是打赢反腐战争、重塑政治生态的迫切需要，对于协调推进"四个全面"战略布局，建设廉洁政治，实现干部清正、政府清廉、政治清明，具有重大而深远的意义。让我们坚定对习近平同志反腐倡廉思想的理论自信，坚持走中国特色的反腐倡廉道路，为建设廉洁中国、法治中国而努力奋斗！

# 论我国反腐败刑事政策的历史演变
# 与未来发展

曾明生[*]

　　反腐败是各国面临的一项重大任务，也是当代国际社会的潮流与共识。通常而言，反腐败刑事政策，是指国家遏制腐败犯罪、治理腐败犯罪的方略和措施，包括有关的刑事立法政策、刑事司法政策和刑事执行政策等。而其中腐败犯罪是指行为主体滥用或者利用公共权力谋取私利，致使国家和人民利益遭受损失，依法应当追究其刑事责任的行为，它与职务犯罪具有交叉关系。[①] 一般认为，我国的刑事政策大致经历了由"镇压与宽大相结合"到"惩办与宽大相结合"再到"宽严相济刑事政策"的演进历程。[②] 而我国反腐败刑事政策作为其中一种特殊种类的刑事政策，应当不同于我国整体的刑事政策。在当前我国腐败形势依然严峻，反腐败任务依然艰巨的背景下，加强对反腐败刑事政策历史演变与未来发展的研究，具有重要的理论意义和实践意义。

## 一、　新中国成立初期反腐败刑事政策：镇压与宽大相结合

　　新中国成立初期，在人民民主专政的国家政体下，镇压反革命成为首要的政治任务。因为当时在废除国民党的"六法全书"后，我国刑事立法活动并没有立即开展，国家的法制处于空白状态，新民主主义革命时期政策替代法律的做法迅速成为弥补立法滞后的司法原则。而脱胎于革命根据地法制建设经验的"镇压与宽大相结合"政策，由于凝结了共产党区别对待、分化瓦解的对敌斗争智慧，适应镇反和肃反的需要，因此，成为这一时期最基本的刑事政策。而同时期制定的《惩治贪污条例》等单行刑事法律，贯彻了镇压与宽大相结合的刑事政策，立法粗放而灵活，充分体现了"刑法的刑事政策化"。[③] 该条例中的许多条文有很大的伸缩性，即对于少数罪行严重、情节恶

---

　　* 江西省社会科学院研究员、法学博士。

　　① 参见甄贞主编：《遏制腐败犯罪的对策研究》，法律出版社 2015 年版，第 18 页、第 22 页。

　　② 参见卢建平、刘春花：《我国刑事政策的演进及其立法影响》，载《人民检察》2011 年第 5 期。

　　③ 参见卢建平、刘春花：《我国刑事政策的演进及其立法影响》，载《人民检察》2011 年第 5 期。

劣、抗拒运动死不悔改以及"三反"、"五反"运动后再犯贪污、盗窃罪行的分子，从重或加重惩治，可判处徒刑甚至死刑；对于坦白认罪、交赃、立功或者情节轻微的偶犯等，则或判处劳役、管制，或判处罚金，或仅予以行政处分，实行教育改造。1952 年 4 月 18 日彭真在《关于惩治贪污条例草案的说明》中指出，"为了把惩办与教育相结合，把镇压与宽大相结合，以达到惩前毖后和除恶务尽的目的，我们在处理贪污、盗窃案件时，必须贯彻执行毛主席所指示的过去从宽、今后从严，多数从宽、少数从严，坦白从宽、抗拒从严和对国家工作人员从严、对非国家工作人员（除一小部分罪大恶极者外）从宽的原则……对于贪污、盗窃分子中，那些在未被发觉或未被检举前即自动坦白的分子，被发觉后彻底坦白悔改并自动地尽可能缴出赃款赃物的分子，以及情节轻微偶尔失足的分子，或情节虽较严重但已悔改立功的分子，采取宽大处理和教育改造的方针。"据此可见，新中国成立初期，"镇压与宽大相结合"政策也是反腐败的刑事政策。

## 二、 改造基本完成后初步探索期的反腐败刑事政策： 惩办与宽大相结合以及法律虚无主义

随着社会主义改造基本完成，社会主义制度初步建成，新生的人民政权已经得到巩固。1956 年党的八大召开，大会指出：国内主要矛盾不再是阶级矛盾，而是人民对于经济文化迅速发展的需要同当前经济文化不能满足人民需要的状况之间的矛盾，全国人民的主要任务是集中力量发展社会生产力，实现国家工业化，逐步满足人民日益增长的物质和文化需要。那么，在已经变化的社会形势下，还言必称"镇压"就不太合乎时宜，不利于团结一切力量进行社会主义事业建设，应当加以调整，制定出适合社会形势发展的新的刑事政策。刘少奇在党的八大所作的政治报告中指出："我们对反革命分子和其他犯罪分子一贯地实行惩办和宽大相结合的政策，凡是坦白的、悔过的、立功的，一律给以宽大的处置……这个政策已经收到了巨大的成效……在今后，我们的公安机关、检察机关和法院仍然必须同反革命分子和其他犯罪分子进行坚决的斗争……这一斗争必须严格地遵守法制，并且应当根据目前的新情况，进一步实行宽大政策。"这是首次正式提出"惩办与宽大相结合"的政策名称，并明确适用于包括反革命犯罪和其他犯罪（含腐败犯罪）在内的所有的各种类型的犯罪，标志着镇压与宽大相结合的政策向惩办与宽大相结合的刑事政策的正式转化。① 惩办与宽大相结合的政策作为我国的基本刑事政策的地位已经得到确立；其政策内容在党的八大会议上被概括为"首恶

---

① 参见卢建平、刘春花：《我国刑事政策的演进及其立法影响》，载《人民检察》2011 年第 5 期。

必办，胁从不问，坦白从宽，抗拒从严，立功折罪，立大功受奖。"对此，在实践上要求：惩办与宽大必须兼顾，不可偏废；惩办与宽大都有必要的限度，宽有边，严有度。但是，该政策在形成以后 20 多年内没能发挥很好的作用，因为"以阶级斗争为纲"的思想和法律虚无主义甚嚣尘上，政治运动一浪接一浪。亦即，在社会主义改造基本完成后的几年中，惩办与宽大相结合的反腐败刑事政策落实相对较好。但是在"文革"期间，在法律虚无主义横行时期，这一反腐败刑事政策失于任性。

## 三、 改革开放早期的反腐败刑事政策： 惩办与宽大相结合+严打

1978 年党的十一届三中全会开始拨乱反正，当 1979 年制定刑法典时，惩办与宽大相结合的刑事政策被写进了刑法，这标志着"刑事政策法律化"的首次实现。党的十一届三中全会后，我国开始实行改革开放，经济、政治、文化各个领域逐渐发生重大变化，伴随而来的是，各种严重危害社会治安的犯罪和严重破坏经济的犯罪亦日益猖獗，犯罪状况趋于恶化。面对这种情势，我们党适时提出了整顿社会治安和依法从重从快的方针，我国刑事政策随之再作重大调整，惩办与宽大相结合政策中"惩办"的一面被突出强调，"严打"已成为刑事政策的主基调。

早在 1982 年 3 月 8 日全国人大常委会就颁行了《关于严惩严重破坏经济的罪犯的决定》，其中包括关于惩治贪污罪贿赂罪的规定。而标志"严打"斗争正式开始的是中共中央 1983 年 8 月 25 日作出的《关于严厉打击刑事犯罪活动的决定》。为了进一步加大打击贪污贿赂犯罪的力度，全国人大常委会又于 1988 年 1 月 21 日通过了《关于惩治贪污罪贿赂罪的补充规定》等。在立法上对经济犯罪和危害社会治安的犯罪奉行从严的方针，死刑的适用范围持续扩大，涉及的条文和罪名不断增多。但是，在司法上存在狠抓大要案的"抓大放小"问题。[1] 正如有人指出，改革开放后的整个 20 世纪 80 年代和 90 年代早期，反腐败的重点都放在"严厉打击"腐败分子和"侧重遏制"不正之风上，而查处大要案打"大老虎"更是 90 年代前期反腐败工作的重中之重。[2] 这些反腐败的努力取得了一定成效，但总体上处于治标层面，除恶务尽的决心和行动并没有收到预期效果，有的领域腐败依然易发多发，甚至有的腐败分子顶风作案。这种现实促使党和国家在不放弃打击和治标的同时，探寻新的反腐手段。党的十四大以后，反腐倡廉开始由侧重遏制到注重

---

① 参见庄建南、黄生林等：《论贪污贿赂犯罪的刑事政策》，载《法学家》2003 年第 4 期。
② 参见王治国、李雪慧：《我国反腐倡廉 60 年：变与不变》，载《检察日报》2009 年 9 月 29 日。

预防的结合与转变，从侧重治标到注重治本的结合与转变。

1997年全国人大审议通过了全面修订的新刑法。新刑法废止了类推制度，明文规定了罪刑法定原则，在贯彻刑事法治原则和保障人权方面有显著的进步。但是，刑法修订是在"严打"的背景下进行的，因此仍然具有较重的"严打"色彩，依此政策制定的刑事法律必然体现犯罪化和重刑化的倾向。但这里的"严打"与"惩办与宽大相结合"之间的关系，很难用具体刑事政策与基本刑事政策的关系来诠释。通常认为，从1982年开始，我国基本上进入了"严打"时期，"严打"刑事政策事实上成为了基本刑事政策。"严打"的政治性、军事性、运动性使得惩办与宽大相结合的刑事政策几乎虚置。[①] 但是，相对而言，这一阶段反腐败的"严打"似乎远不如为了维护社会治安的"严打"那样的严厉。应当说，这一时期在反腐败的刑事政策中，惩办与宽大相结合的刑事政策并没有被"严打"政策所虚置。反腐败的"严打"有一种狠抓大要案的"抓大放小"的现象。

## 四、改革开放中期[②]的反腐败刑事政策：宽严相济+抓大放小/零容忍

"严打"刑事政策的实施，对于打击、震慑严重刑事犯罪起到了相当大的作用。然而，过于强调"从重、从快"打击严重刑事犯罪，也在一定程度上偏离了"惩办与宽大相结合"的基本刑事政策的精神，过于突出惩罚犯罪，漠视犯罪人权利的现象相当严重，在这样的历史背景下，提出和实施"宽严相济"刑事政策可谓水到渠成。[③] 2005年12月5日至6日召开的全国政法工作会议，提及宽严相济的刑事政策，并明确将其视为我国在维护社会治安的长期实践中形成的基本刑事政策。2006年10月11日通过的《中共中央关于构建社会主义和谐社会若干重大问题的决定》中指出，实施宽严相济的刑事司法政策……积极推行社区矫正。至此，宽严相济的刑事政策正式确立。这一刑事政策的提出在理论界和司法实务界都引起了积极的反响。随着认识的逐渐深入，绝大多数学者肯定该政策的价值蕴含，并认同其基本刑事政策的地位。[④] 而且，从2009年《刑法修正案（七）》和2011年《刑法修

---

① 参见彭凤莲：《刑事政策的精神：惩治犯罪与促进社会发展的统一》，载《法学杂志》2012年第6期。

② 改革开放中期，大致可以认为是从2001年我国正式成为世贸组织成员以及2002年"十六大"确定全面建设小康社会的奋斗目标起算，到2020年我国将实现全面小康的阶段。

③ 参见赵秉志：《新中国60年刑事政策的演进对于刑法立法的影响》，载《中国社会科学报》2009年第3期。

④ 宽严相济刑事政策是惩办与宽大相结合的刑事政策的新发展。黄京平教授总结了二者的区别：表述方式不同、侧重点不同、司法倾向不同以及关注重点不同等。

正案（八）》的相继出台，宽严相济的刑事政策对刑事立法的指导作用已无疑问。

其中《刑法修正案（七）》提高了巨额财产来源不明罪的法定刑，还增设了利用影响力受贿罪，当前《刑法修正案（九）（草案）》修改贪污受贿犯罪的定罪量刑标准，删去对贪污受贿犯罪规定的具体数额，同时，对犯贪污受贿罪，如实供述自己罪行、真诚悔罪、积极退赃，避免、减少损害结果发生的，规定可以从宽处理，同时还加大了对行贿犯罪的处罚力度等。这些刑法规定也体现了宽严相济刑事政策的影响。这表明宽严相济刑事政策也是当前我国反腐败的刑事政策，但是在立法上应如何宽、如何严呢？在司法上是"抓大放小"还是"零容忍"呢？对此，一段时间以来，还是有"抓大放小"的问题。例如，贪污罪和受贿罪的立案标准不断提高，贪贿数额5000元以上不满1万元，检察机关已基本不予立案侦查。

党的十八大以来，新一届中央领导集体高举反腐败大旗，更加科学有力地防治腐败，坚定不移地把党风廉政建设和反腐败斗争引向深入，响亮地提出要"把权力关进制度的笼子里"，要求反腐败坚持"老虎苍蝇一起打"，有腐必反、有贪必肃，不断铲除腐败现象滋生蔓延的土壤，吹响了我国新一轮反腐败的号角。这就表明在反腐败问题上，我国正在采取严格执法意义上的"零容忍"政策，而不是将所有腐败行为作犯罪化的处理。① 这种"零容忍"政策不能解读为反腐败刑事政策上放弃了宽严相济而回到了"严打"的老路。② 有学者主张，治理腐败必须坚持宽严相济的刑事政策，坚持零容忍的司法态度。③ 也有学者认为，我国现行惩治贪污贿赂犯罪的刑事政策基本上是"厉而不严"的模式，司法上大体是在"不严不厉"的刑事政策模式下运行的。而我国现阶段惩治贪污贿赂犯罪刑事政策模式的应然选择应是"又严又厉"的模式。④ 近似的观点也有，要彻底遏制职务犯罪蔓延趋势，就必须明确提出对职务犯罪实行从严惩处的刑事政策。⑤ 由此可知，一些学者在呼吁反腐败刑事政策应采取零容忍的态度和立场。本届中央领导集体也持这一立场。问题是，实践中仍然存在"抓大放小"的问题。立法者也试图通过修改立法来使这种"抓大放小"的问题合法化。

不难发现，这一时期反腐败的刑事政策，实际上在一定程度上还在"宽

---

① 参见甄贞主编：《遏制腐败犯罪的对策研究》，法律出版社2015年版，第91页。

② 参见魏东：《对腐败犯罪"老虎苍蝇一起打"的刑事政策考量——兼议"特别重大贿赂犯罪案件"的政策性限缩解释》，载《甘肃政法学院学报》2014年第2期。

③ 参见莫洪宪、罗钢：《腐败存量特赦之证伪》，载《四川警察学院学报》2013年第6期。

④ 参见孙国祥：《我国惩治贪污贿赂犯罪刑事政策模式的应然选择》，载《法商研究》2010年第5期。

⑤ 参见张绍谦：《我国职务犯罪刑事政策的新思考》，载《华东政法大学学报》2013年第4期。

严相济"与"抓大放小"或"零容忍"之间摇摆。不过，更为明显的是，越来越倾向于在立法上"抓大放小"，在司法上强调"零容忍"。这与前述学者关于"又严又厉"实行从严惩处模式的期望还有一定的距离。

## 五、 我国反腐败刑事政策的未来发展方向："宽严相济" + "严而不厉"

我们党和政府一贯高度重视反腐败工作，走出了一条适合中国国情、具有中国特色的反腐倡廉道路。但我国的反腐败工作任重道远，还存在一些亟须研究和改进的问题。①

对于我国反腐败刑事政策的未来发展方向，理论界存在不同认识。例如，有学者认为，我国的刑事政策应当以保障人权、程序至上、政策的法治化与刑事政策的两极化等方面为发展方向，促进刑事政策的发展完善。② 也有人认为，反腐败必须在宽严相济的刑事政策指导下进行，具体来讲，在宽严之间，反腐败的刑事政策总体应该是从严的。可以采取诸如"严密法网"、"立案从严"等政策。但是对于轻罪行为要慎重采取羁押性强制措施，符合条件的尽可能判处缓刑。并且认为，对于反腐败的刑事政策，应该是严而不厉，即反腐败的刑事立法要法网严密，从严惩治，但是对纳入犯罪圈的行为，处罚上要针对腐败犯罪的特点，通过多种手段遏制、预防犯罪，处罚上多从罚金刑、资格刑的角度着手，少从长期自由刑的角度考虑，使得刑罚相对轻缓，符合世界刑法非刑罚化的趋势，使得法网严密与刑罚轻缓达到统一。其中最重要的是要实现宽严协调。该论者还主张，"立案从严、处罚从宽"以及"实体从宽、程序从严"等。认为刑事司法层面的"立案从严、处罚从宽"的内涵与刑事立法层面的"严而不厉"的思想具有高度的契合。还认为"实体从宽、程序从严"与"实体从严，程序从宽"是一体两面，目的就是刑事司法达到宽严协调，就是指对于实体上从宽处理的案件，在程序上一定要从严把握，反之，对于实体上从严处理的案件，则在程序上可以从宽把握。③

笔者认为，第一种观点虽然有一定的合理性，但是，其中关于程序至上的观点值得商榷。的确应摒弃重实体轻程序的传统观念，然而更要强调实体和程序的并重。其中提及的两极化刑事政策，是欧美国家在"二战"后呈现出"轻轻重重"两极化的刑事政策，虽然各自政策的侧重点不同，但总体上与我们倡导的"宽严相济"刑事政策极其近似。④ 第二种观点，也具有合理

---

① 参见赵秉志：《中国反腐败刑事法治的若干重大现实问题研究》，载《法学评论》2014 年第 3 期。

② 参见吴芳莉：《论我国刑事政策的演变及未来》，载《法制与社会》2013 年第 22 期。

③ 参见罗猛：《论反腐败的刑事政策体系》，载《中国刑事法杂志》2013 年第 6 期。

④ 李晓明：《欧美"轻轻重重"刑事政策及其借鉴》，载《法学评论》2009 年第 5 期。

性，但是其中关于"立案从严、处罚从宽"中的"处罚从宽"表述不准确，易生歧义。通常而言，处罚应该适当，当宽则宽，该严则严。另外，其中"对于实体上从严处理的案件，则在程序上可以从宽把握"的表述，也是值得商榷的。譬如，对于贪污罪和受贿罪的死刑案件，难道在程序上可以从宽把握吗？回答应当是否定的。

考虑到我国反腐败的实际情况以及国际反腐败的情况及其相关规律，我国反腐败的战略目标应该是"成功控制腐败，使其达到低腐败程度，并使其实现低腐败的可持续状态"。那么，我们应当在预测社会变迁趋势的基础上，恰当调整反腐败的刑事政策。由于前述宽严相济的刑事政策，与西方"轻轻重重"两极化的刑事政策极其近似，其符合法律公正原则以及预防犯罪的需要，因此宽严相济的刑事政策仍然会是我国反腐败的刑事政策。然而，由于将来死刑将逐渐被无期徒刑所代替，因此贪污贿赂犯罪将没有死刑。其刑法结构将由"厉而不严"转向"严而不厉"。这种转向需要通过拓宽刑法规制范围、细化法定刑幅度、增设罚金刑、资格刑来实现反腐败刑事政策之"严"；通过废除死刑、提高立案标准来实现反腐败刑事政策之"不厉"。[①] 这里的"严而不厉"，通常是指扩大刑法打击面，从而增加刑罚规模，降低刑罚强度，走轻刑化道路。它不仅指刑事立法层面的严密但不严厉，而且也指刑事司法和刑事执行层面的严格但不严厉。

总之，本人认为，"宽严相济"和"严而不厉"将来很可能会联合一起成为我国未来反腐败的刑事政策。它们这一组合将是对前述"宽严相济"和"抓大放小或零容忍"组合的新发展。

---

① 参见吴玉萍、刘修军：《我国职务犯罪刑事政策之思考》，载《山东警察学院学报》2014 年第 5 期。

# 严厉与宽缓之间：我国贿赂犯罪的
# 刑事政策分析

童伟华* 徐海波**

在处于转型期的中国当下，贿赂犯罪频频发生，这些犯罪涉及领域广泛、涉案金额巨大，对社会造成了严重危害，我国也对贿赂犯罪加大了打击力度。根据 2015 年最高人民检察院工作报告，2014 年度查办受贿犯罪 14062 人，同比上升 13.2%；查办行贿犯罪 7827 人，同比上升 37.9%。而贿赂犯罪的实际发生数量也远远高于贪污罪等其他腐败犯罪，是当前反腐败斗争中最为常见的一类犯罪，贿赂犯罪是腐败犯罪的主要表现形式。[①] 贿赂犯罪本身就是在立法和司法上颇具争议的一类犯罪，而且打击此类犯罪涉及面广，政策性强。本文认为，在规范刑法学之外从刑事政策的角度对其进行分析尤显必要。我国刑事政策在预防和打击犯罪中具有特别重要的意义。有学者指出，党和国家的有关政策对惩治贪污贿赂犯罪有着特殊的作用，政策虽然不是刑法的直接渊源，但腐败行为罪与非罪的界限与政策依据有着密切的联系。[②] 这里所说的政策，当然包括刑事政策在内，刑事政策对贿赂犯罪的出入罪起到直接的导向作用。对贿赂犯罪的刑事政策问题虽有若干研究，但我国贿赂犯罪刑事政策的具体内涵为何，我国贿赂犯罪刑事政策具体存在哪些问题，我国对贿赂犯罪的刑事政策应作出何种理性抉择，仍需要进一步研究。职是之故，本文拟就这些问题进行分析探讨，以求教于方家。

## 一、 逻辑前提： 贿赂犯罪刑事政策之梳理解读

综观国内外研究，有关刑事政策的定义各种各样，百家争鸣。日本大谷实教授认为，所谓刑事政策，是国家和地方公共团体通过预防犯罪，维持社会秩序的稳定、安宁所采取的一切措施。[③] 显然，其所言的措施即主要包括对策和具体行动，但笔者并不认为刑事政策本身就包含对策和具体行动在内。

---

* 海南大学法学院副院长、教授、博士生导师。
** 海南大学法学院博士研究生。
① 高铭暄、张慧：《论贿赂犯罪的贿赂"范围"》，载《法学杂志》2013 年第 12 期。
② 孙国祥：《〈联合国反腐败公约〉与我国反贪污贿赂刑事政策思考》，载《南京大学学报》2008 年第 2 期。
③ ［日］大谷实著：《刑事政策学》，黎宏译，法律出版社 2009 年版，第 3 页。

诚如梁根林教授所言，刑事政策重在实践，但与犯罪作斗争的具体行动，无论是国家、社会或者个人的行动都只是刑事政策的实践活动，是实践和体现刑事政策的过程，而非刑事政策的样态本身。[①] 因此本文主张对刑事政策进行本体意义上的理解，即刑事政策是抽象性的准则、策略或方针。根据某一刑事政策能够采取一系列预防和遏制犯罪的相应措施。[②] 当然，无论怎样定义刑事政策的概念，刑事政策的主旨在于探讨国家如何有效合理地组织对犯罪的反应。[③] 在初步确定刑事政策的内涵之后，对于贿赂犯罪刑事政策，笔者赞同某些学者的观点，即贿赂犯罪刑事政策，是指国家为了预防和控制贿赂犯罪，维护社会秩序而采取的各项准则、策略、方针的总称。[④]

就目前学界对防治腐败犯罪具体刑事政策的论点来看，马克昌教授认为，我国对腐败犯罪一直采取从严从重的刑事政策指导方针[⑤]；储槐植教授认为，中国的刑事政策应从"厉而不严"走向"严而不厉"[⑥]，这一政策当然也适用于贿赂犯罪；有学者认为，在对付职务犯罪方面，必要的刑事政策是：减少其机会，增加其成本，必须严格制度、严密法网、严肃执法；[⑦] 有学者认为"惩处少数、教育多数"亦是刑事政策[⑧]；有学者认为，在我国腐败犯罪愈来愈严重但又要坚决反腐的当下，"零容忍"政策[⑨]应该成为中国刑事政策的基本选择[⑩]，与之相对，有论者认为，当代中国对腐败犯罪，可以持有限容忍的刑事政策[⑪]。笔者认为，以上见解或论述都蕴含了严厉或宽缓或两者兼而有之的意味。贿赂犯罪作为腐败犯罪中的典型犯罪，也无疑应当在这些见解

① 梁根林著：《刑事政策：立场与范畴》，法律出版社 2005 年版，第 19 页。

② 下文中笔者也将就刑事政策能够影响贿赂犯罪的刑事立法、司法并可促进其完善进行较为详细的分析，但并不意味着这种完善的对策就原始地包括在刑事政策中。

③ 劳东燕：《刑事政策与刑法体系关系之考察》，载《比较法研究》2012 年第 2 期。

④ 参见庄建南、黄生林、黄曙、叶建丰：《论贪污贿赂犯罪的刑事政策》，载《法学家》2003 年第 4 期。

⑤ 马克昌主编：《中国刑事政策学》，武汉大学出版社 1992 年版，第 387 页。

⑥ 储槐植著：《刑事一体化与关系刑法论》，北京大学出版社 1997 年版，第 305 页。储槐植教授之所谓"严而不厉"是在不同含义上使用的，严指刑事法网严密，刑事责任严格；厉主要指刑罚苛厉，刑罚过重。参见李卫红著：《刑事政策学的重构及其展开》，北京大学出版社 2008 年版，第 238 页。

⑦ 游伟：《反腐败与当前职务犯罪的刑事政策》，载《华东刑事司法评论》2003 年第 1 期。

⑧ 李怀胜：《非国家工作人员受贿犯罪的刑事政策之省思》，载《中国刑事法杂志》2013 年第 1 期。

⑨ 笔者认同"零容忍"政策应是严格执法意义上的"零容忍"，即要求充分发挥我国刑法、行政法律法规、党纪、行政纪律等各种规制手段的作用，对贿赂犯罪进行严厉打击。参见甄贞主编：《遏制腐败犯罪的对策研究》，法律出版社 2015 年版，第 91 页。

⑩ 姜涛：《刑事政策视域下我国腐败犯罪立法的重构》，载《南京师范大学学报》（社会科学版）2012 年第 6 期。

⑪ 赵亮：《当代中国防治腐败犯罪刑事政策新论——有限容忍之提倡》，载《人民论坛》2014 年第 1 期。

的范畴中进行探讨。

当然必须承认的是，刑事政策也有优劣之分。良好的刑事政策不仅必须准确地把握犯罪的态势提出相应的对策，更重要的是在此基础上，选择、运用同犯罪作斗争的最为合适的谋略、技巧、时机、方式、方法等，以求最佳效果以及审美上的要求。[①] 刑事政策的理性抉择在贿赂犯罪的组织与应对上至为关键。正如有学者强调，在反腐败的斗争中，宏观或具体刑事政策对立法与司法起到重要的指导作用。不同的刑事政策反映了不同的解决思路与方案。而对刑事政策的不同选择，不但反映着国家对腐败犯罪惩治策略的趋势和走向，而且常常决定反腐败的实效乃至成败。[②]

笔者认为，对于贿赂犯罪理性的刑事政策应是全面关注"严厉"与"宽缓"这两个刑事处罚的侧面，在当前贿赂犯罪形势严峻的情况下适当从严，这里所说的严，也主要指刑事法网严密，对值得处罚的贿赂行为，无论在立法上还是司法上都要追究其刑事责任，但不能背离刑法对被告人从严、从重进行处罚。与此同时，也应保持必要的宽缓，对有从轻、减轻处罚或者免除处罚情节的贿赂犯罪行为人进行妥当的处理，充分维护刑事司法的公平正义，同时也要充分考虑到预防和打击贿赂犯罪的实际效果。在刑事法治领域要反对绝对法治主义，坚持相对法治主义。历史证明绝对法治主义是乌托邦，绝对法治主义往往会走向法治的对立面，因为人类本身就没有绝对理性而只有相对理性，为了追求不能绝对实现的法治立项，往往会采取反法治的手段。人类只有相对理性，只能坚持相对法治主义，为了追求相对合理的法治效果只好放弃一些客观上难以实现的东西，如为了实现刑事法上的程序正义有时只能放弃惩罚犯罪。坚持相对法治主义，意味着在法治领域不能坚持"唯美主义"，而只能在给定的环境下尽可能实现最好的法治效果。对于贿赂犯罪的刑事政策，相对法治主义观在顾及公平正义的同时，也非常强调结合环境做出最有效率的决策，反对以绝对的公平正义为名做出不切实际的决策。宽严相济的刑事政策应当在贿赂犯罪中得到有效贯彻，就体现了相对法治主义的理念。

## 二、 问题检视： 贿赂犯罪刑事政策之实然反思

如前所述，对于贿赂犯罪的刑事政策应当进行理性考量与诠释，然而现实情况却是，当前我国贿赂犯罪的立法和司法现状引发了巨大争议，而且在当前的刑法学界和刑事实务界普遍存在对贿赂犯罪刑事政策的片面解读与不当适用，导致了一系列问题。正如有的学者认为，我国在反腐败刑事法治领

---

① 曲新久著：《刑事政策的权力分析》，中国政法大学出版社 2002 年版，第 272 页。
② 孙国祥：《反腐败刑事政策思考》，载《人民检察》2014 年第 14 期。

域也还存在一些不容忽视的问题，如反腐败的刑事法治理念有待更新、反腐败的刑事法网不甚严密、腐败犯罪的定罪量刑标准设置不甚合理、反腐败的刑罚设置还不够科学等。[①]

以下，本文拟从贿赂犯罪刑事政策与罪刑法定的紧张关系、贿赂犯罪刑事政策的理性缺失以及适用偏差三个维度对我国当前贿赂犯罪刑事政策进行批判性反思与检视。

### （一）关系紧张——贿赂犯罪刑事政策与罪刑法定的冲突

刑事政策与刑法之间似乎天然存在一种紧张关系，有的学者认为，贯彻贿赂犯罪的刑事政策有可能会脱离罪刑法定原则而仅依据所谓的刑事政策肆意出入罪，严重影响司法公正和威胁人权保障。笔者认为，刑事政策的实际操作并不排斥刑事实体法的充分运用，因为刑事政策必须在现行刑事实体法的框架下运行，超越罪刑法定原则的刑事政策是不被允许的。尽管如此，不能否认刑事政策对刑法的制定与适用具有重大的调节与导向作用，此即所谓"刑法的刑事政策化"，亦即，在刑法的制定和适用过程中，考虑刑事政策，并将其作为刑法的评价标准、指引和导向。[②]

当然笔者承认，刑事政策相较于刑法规范更具有动态性和灵活性，因而需要警惕刑事政策逸脱法律规范而沦为任意性政治统治的工具。这种对法律规范的不当逸脱即是刑事政策与罪刑法定原则发生的冲突，在现实上也确有发生。这种冲突可以通过刑事政策的法治化来解决。刑事政策在立法、司法过程中的功能发挥一定要符合法治原则的规制，在司法实践中也要受到法律条文的具体规制，特别是在入罪的时候一定要符合法律条文的规定，不能抛开法律条文来讲严打、从重从快和入罪。[③]

当代社会是逐步趋向于公平公正的法治社会，必须坚持的基本立场是，刑法是刑事政策不可逾越的藩篱，刑事政策是靠刑事法律本身起作用的。[④]诚如有学者指出，刑事政策的基本构造可以说是由与此相关的法律状况来决定的。[⑤]另外，我们也应看到刑事政策有其自身的独立价值，并非完全依附于刑法而发挥功效，这种属性容易导致刑事政策逸脱刑法规范而发挥作用。处理好刑事政策与刑法罪刑法定原则之间的紧张关系，就要努力避免和解决因刑事政策逸脱刑法规范的危险。笔者认为，解决这种紧张关系的根本之道是以刑事政策的理性指导刑事立法，以理性的刑事政策指导刑事司法实践，

---

① 赵秉志：《中国反腐败刑事法治的若干重大现实问题研究》，载《法学评论》2014 年第 3 期。

② 黎宏：《论"刑法的刑事政策化"思想及其实现》，载《清华大学学报》2004 年第 5 期。

③ 梁根林：《现代法治语境中的刑事政策》，载《国家检察官学院学报》2008 年第 4 期。

④ 文东福：《刑事政策视野中的行贿罪》，载《中国刑事法杂志》2004 年第 4 期。

⑤ 参见［日］森本益之等著：《刑事政策学》，戴波、江溯、丁建译，中国人民公安大学出版社 2004 年版，第 264 页。

唯有如此才能实现刑事政策与刑法之间的体系性统一①。

### （二）片面倾向——贿赂犯罪刑事政策的理性缺失

贿赂犯罪不但是权力的滥用，而且极大地冲击了人们的公平正义观念，人民群众对此深恶痛绝，民意对于贿赂犯罪处置的要求就是从严从重处罚。可以说，这种民意也在一定程度上绑架了司法机关对于贿赂犯罪案件被告人的处置。加之传统重刑主义思想对司法工作人员的荼毒，致使司法实务中对贿赂犯罪的刑事政策存在理性缺失，常以片面化的严打倾向对贿赂犯罪的行为人予以可能本不应当由其承担的重判重罚。② 诚如有见解认为，在从严治理腐败犯罪的价值选择之下，中国现行刑法中的腐败犯罪立法仅实现了整体犯罪圈的严密，而没有在具体个罪圈的"刻度"上实现法网严密，同时又漠视腐败犯罪治理中惩罚概率的重要性，而一味地采用重刑主义，这都造成了腐败犯罪治理中的假象与乱象——刑事立法愈来愈多，但腐败犯罪愈演愈烈。③ 此前我国三次"严打"刑事政策的提出与实施，应当说确实有其合理的存在必要，但其关注的重点不得不说存在一定的片面性与偏颇性。正如有学者所论，历次的严打只是取得了压制犯罪的短期效应，从长远来看则比较令人失望，并没有取得人们所期待的遏制犯罪的良好效果；另外，严打比较偏重于打击犯罪而忽视人权保障，严刑峻法体现的是政府和民众对犯罪的情绪化、非理性反应，与刑罚人道主义和刑事法治世界进步趋势显然相抵触。④所以在严厉惩治严重犯罪的同时，也应考虑个案的具体情况，对符合从宽处罚情节的行为人予以宽缓对待。就像有的论者所提出的，基于之前"严打"政策的背景，从中加入"宽缓"一味元素，便使中国的刑事政策导向输入了新鲜的气息。然而，政策实体化进程昭示刑事政策必须在宽与严两个向度适时调整，因为"宽缓"的加盟不等于"严打"的舍弃，"相济"一词赋予二者并驾齐驱的意味。⑤ 笔者认为，刑事政策应当具有全面性和辩证性。这种政策理性的坚持有利于克服失之片面带来的缺陷。所以，将"严厉"与"宽缓"并存于贿赂犯罪的处置思维范畴之中并根据实际情况进行抉择，才能称之为真正具有理性的贿赂犯罪刑事政策。

---

① 参见［德］克劳斯·罗克辛著：《刑事政策与刑法体系》，蔡桂生译，中国人民大学出版社2011年版，第16页。

② 司法实践也并不排除个案中出现另一种片面倾向，即基于刑罚宽缓化和谦抑精神的不当影响而导致对贿赂犯罪的轻纵。

③ 姜涛：《刑事政策视域下我国腐败犯罪立法的重构》，载《南京师范大学学报》（社会科学版）2012年第6期。

④ 黄华生：《"宽严相济"与"两极化"之辨析》，载《法学家》2008年第6期。

⑤ 陆静、周光富：《秩序与规则之间——检察权在宽严相济命意下的运作探析》，载《中山大学法律评论》2010年第2期。

### （三）实践困境——贿赂犯罪刑事政策的适用偏差

长期以来，我国刑事司法实务对贿赂犯罪刑事政策的适用存在偏差而陷入了困境。具体而言，一方面，司法机关常常存在只重视大案要案而忽视小案轻案的情况，"狠抓大要案"的提法影响了对小案的重视程度，即存在"轻纵小案"的弊病。① 而另一方面，在贿赂犯罪的处置上时常呈现出不公正的现象，即将罪行较重的行为人予以从轻处罚或罪行较轻的人予以从重处罚，严重违背了罪责刑相适应原则。不得不说，这些适用上的偏差与刑事政策在司法实务中的不当运用密切相关。

党的十八大以来，我国提出"老虎苍蝇一起打"的反腐败刑事政策，其体现了对贿赂犯罪的"零容忍"的态度。有论者认为，刑事司法应该摒弃"抓大放小"的思维，积极贯彻落实"老虎苍蝇一起打"的政策精神。② 还有学者解读道，"老虎苍蝇一起打"，是新近专门针对反腐败问题而提出并特别强调的刑事政策策略思想，其核心是要求对腐败现象实行"零容忍"，既要严惩严重腐败犯罪，也不能放纵普通的腐败犯罪。③ 应当说，这些见解正确地揭示了对于贿赂犯罪从严惩治的侧面。

但是，对宽缓的侧面也需要进一步挖掘。笔者认为，"老虎苍蝇一起打"是面对严峻腐败犯罪形势而提出的严厉打击的刑事政策表现性话语，其真实的内在含义并非只是片面强调对腐败犯罪进行从重从严处罚，而是绝不姑息放纵任何贿赂犯罪，对构成犯罪的行为人均应依法定罪量刑，但是在定罪量刑的过程中，该宽则宽，当严则严。

## 三、理性复归：贿赂犯罪刑事政策之应然抉择

刑事政策虽具有价值层面的抽象性，但也不能泛泛而谈，进行浅层次的研究，而应当在审视了具体存在的问题之后着力予以解决。有学者强调，中国刑事政策研究突破窘境，必须要增强问题意识，切实地解决立场和方法问题。④ 针对上文所述问题，笔者认为，我国贿赂犯罪刑事政策的应然抉择是复归理性，寻求严厉与宽缓两者的协调统一。刑事政策本身主要体现在刑事立法与司法过程中，对贿赂犯罪理性刑事政策的抉择就应着力于对贿赂犯罪立法与司法的完善上。对宽严相济刑事政策的正确适用也是刑事政策理性抉择的重点内容。

---

① 叶林华：《〈联合国反腐败公约〉与我国反贪刑事政策的完善》，载《法学》2007 年第 11 期。
② 孙国祥：《反腐败刑事政策思考》，载《人民检察》2014 年第 14 期。
③ 魏东：《当下中国反腐政策的考量诠释》，载《法治研究》2013 年第 9 期。
④ 严励：《问题意识与立场方法——中国刑事政策研究之反思》，载《中国法学》2010 年第 1 期。

**（一）严厉与宽缓的协调：贿赂犯罪立法内容的完善**

完善的法制是遏制腐败犯罪的有效手段。[①] 刑事政策影响对行为社会危害的评价，自然影响定罪，同时刑事政策对量刑的影响主要是影响刑罚的有无、刑种和刑罚的轻重。[②] 我们可以将《联合国反腐败公约》的精神作为我国的刑事政策，完善我国贿赂犯罪的立法。譬如，《联合国反腐败公约》中的贿赂犯罪没有我国刑法行贿罪的"为谋取不正当利益"和受贿罪"为他人谋取利益"的目的要件，入罪起点较低，[③] 应当说这对于我国从严厉的角度完善贿赂犯罪的立法具有较为重要的启示意义。

在贿赂犯罪中，受贿与行贿的处罚明显不对称，有失法度的均衡。有论者指出，尽管行贿行为实际上具有腐蚀作用，仍应对其采取较为宽大的刑事政策。[④]

应当明确，对行贿行为一味从宽而免予刑事处罚是不科学的，惩治行贿犯罪作为从源头上遏制和预防受贿犯罪的重要环节不容小觑。因此，对贿赂犯罪的有效打击要求必须扩大行贿罪的犯罪圈，严密行贿罪的法网。[⑤] 学界也有相同主张，在规制和查办贿赂犯罪的立法、执法领域，应当旗帜鲜明地提出"惩办行贿与惩办受贿并重"的刑事政策，抛弃"重受贿轻行贿"的习惯性思维。[⑥] 实践中我们往往认为，基于刑事政策的需要，对行贿人积极配合查处受贿的，应予以减免处罚。但是，刑事政策并非完全有着趋于宽缓的面相，对于贿赂等腐败犯罪，我们采取的刑事政策应当宽严有度。笔者认为，对行贿罪不宜过分宽纵，有必要对现行行贿罪的立法与司法解释进一步完善，对于主动行贿、多次行贿、行贿数额巨大以及长期"围猎"干部的行贿犯罪要进行严厉惩处。

在受贿罪上，尽管有不少学者就受贿罪的入罪门槛较高发表了完善高见，但笔者认为，对于受贿罪的具体处罚规定也有必要进一步科学化。就类型而言，在同等情节下对公务受贿犯罪的处罚原则上应重于商业受贿犯罪。原因在于公务受贿犯罪和商业受贿犯罪侵犯的法益比较上前者较为严重，《联合国反腐败公约》也就该两类犯罪的客观要件作了区分，因而本文认为应对其适用不同的刑事政策。再就数额而言，根据现行刑法，受贿数额 10 万元以上，就可以依法判处 10 年以上有期徒刑、无期徒刑，情节特别严重的，可以

---

① 王宏玉主编：《刑事政策学》，中国人民公安大学出版社 2011 年版，第 273 页。

② 周洪波、单民：《论刑事政策与刑法》，载《当代法学》2005 年第 6 期。

③ 参见王文华：《严密法网、宽严相济——〈联合国反腐败公约〉刑事政策评价与思考》，载《云南大学学报》（法学版）2006 年第 6 期。

④ 文东福：《刑事政策视野中的行贿罪》，载《中国刑事法杂志》2004 年第 4 期。

⑤ 文东福：《刑事政策视野中的行贿罪》，载《中国刑事法杂志》2004 年第 4 期。

⑥ 李少平：《行贿犯罪执法困局及其对策》，载《中国法学》2015 年第 1 期。

判处死刑。当前法院判决客观存在的问题是，受贿10万元即判10年以上有期徒刑，而对受贿高达数百万元乃至数千万元的被告人多处10~15年之间的有期徒刑，由此产生判决的公正性问题。因而，我国立法对于受贿罪数额的完善显得迫在眉睫。本文认为，受贿10万元也不一定要判处10年以上有期徒刑，毕竟1997年刑法当时的10万元与现在的10万元价值已然不可同日而语，更重要的是，受贿10万元以上的情节各有不同，社会危害性大小不一。时代在不断变化发展，刑事政策也应作出相应改变，刑事立法也应据此作出适宜的修改。正如有学者论及，刑事政策总是随着社会情况的变化而调整的，我国的社会情况既然发生变化了，我们对待犯罪的刑事政策自然应当适时加以修订。①

总之，贿赂犯罪的立法完善上应重视"严而不厉"的思想。正如有论者主张，反腐败的刑事立法要法网严密，从严惩治，同时对纳入犯罪圈的行为，处罚上要针对腐败犯罪的特点，通过多种手段遏制和预防犯罪，处罚上多从罚金刑、资格刑的角度着手，少从长期自由刑的角度考虑，使得刑罚相对轻缓，符合世界刑法非刑罚化的趋势，使得法网严密与刑罚轻缓达到统一。②当然，关于贿赂犯罪立法的完善还有诸多内容，囿于篇幅，本文不再展开。

**（二）严厉与宽缓的衡平：贿赂犯罪司法理念的更新**

贿赂犯罪的理性刑事政策要求司法工作人员更新司法理念，实现严厉与宽缓的衡平。以往司法理念在实践中经常呈现出偏差的态势，受严打理念和重刑主义的影响，可能一边倒地从严从重处置贿赂犯罪；受刑罚宽缓化和谦抑精神的不当影响，也有可能片面地轻纵贿赂犯罪。因此，司法理念中应当将宽严相济的刑事政策予以内化。正如有论者述及，宽严相济的刑事政策必然包含严打的一面，但宽严相济同时也强调"宽缓"一面，是对片面强调严打的纠正与救济，尤其是对我国长期以来过分强调刑事惩罚理念，过分强调严打政策的纠正。③ 还有学者强调，在贯彻宽严相济刑事政策的理念立场上，要坚持正确的犯罪控制观、坚持正确的刑罚功能观、坚持以人为本、保障人权的理念。④ 更有论者对宽严两面的关系作出了总结："严厉打击"与"刑法人道主义"所代表的"严"与"宽"两个方面，在刑事立法与司法中相辅相成，不可偏废。⑤

综上，与刑法规范相冲突的司法判决也偏离了刑事政策的理性要求，而

---

① 马克昌：《宽严相济刑事政策的演进》，载《法学家》2008年第5期。

② 罗猛：《论反腐败的刑事政策体系》，载《中国刑事法杂志》2013年第6期。

③ 王宏玉、李明琪：《对"严打"与"宽严相济"刑事政策的理性思考》，载《中国人民公安大学学报》2011年第2期。

④ 参见赵秉志：《宽严相济刑事政策及其贯彻的基本问题》，载《人民检察》2009年第17期。

⑤ 李汝川：《严厉打击严重刑事犯罪刑事政策初论》，载《刑法论丛》2010年第1期。

片面地强调"从严"或"从宽"也不符合司法理念的精神。因此，本文认为，将严厉与宽缓作为贿赂犯罪案件两个均有可能的侧面，淡化预先判断的主观色彩，将眼光和注意力更多地集中于具体个案的客观事实与证据之上，最终选择相对严厉或者相对宽缓的处罚。

### （三）严厉与宽缓的统一：宽严相济的刑事政策

我国进入了发展的新时期，因宽严相济的刑事政策兼顾了秩序与自由、效率与公正，应当得到广泛提倡。可以说，宽严相济的刑事政策开始成为我国将长期坚持的基本刑事政策。宽严相济的刑事政策是对惩办与宽大相结合刑事政策的继承与发扬，作为一项基本的刑事政策，将在今后较长一段时间内贯彻于刑事立法、司法工作中，贯穿于实体刑事政策与程序刑事政策之中。[①] 但究竟如何在司法实践中有效贯彻，却仍是一个值得深思和持续研究的课题。

在刑事法律暂未进一步修订之前，司法机关尤其需要注重在实务中正确贯彻宽严相济的刑事政策。2007 年 1 月 15 日，最高人民检察院发布的《关于在检察工作中贯彻宽严相济刑事司法政策的若干意见》第 6 条明确要求："依法严肃查处贪污贿赂、渎职侵权等国家工作人员职务犯罪。加大对职务犯罪的查处力度，提高侦破率，降低漏网率，有效遏制、震慑职务犯罪……" 2010 年 2 月 8 日最高人民法院发布的《关于贯彻宽严相济刑事政策的若干意见》第 8 条第 1 款也明确指出："对于国家工作人员贪污贿赂、滥用职权、失职渎职的严重犯罪……要依法从严惩处。" 虽然，上述意见均要求从严惩处贪污贿赂犯罪等职务犯罪，但明确指出了必须"依法"。只有在依法的基础上才对贿赂犯罪实施较为严厉的打击。而且这种从严，并非对贿赂犯罪行为人一律重判，对于存在从宽处理情节的应予宽缓处置。总之，本文认为，只有将宽严相济的刑事政策理性地运用于贿赂犯罪的处置中，才能实现严厉与宽缓的有机统一。

## 四、结语

尽管在建设社会主义法治国家的今天，在观念上必须突出法律的地位，但刑事政策的指导意义和作用不应当被忽视。[②] 具体到贿赂犯罪，当下我国已加大了惩治力度，但该罪的刑事政策问题仍值得特别关注。刑事政策作为打击和预防犯罪的系统工程，[③] 必须进行理性抉择，即我们应当坚持政策理性。理性的贿赂犯罪刑事政策应当具有辩证性，我国贿赂犯罪的刑事政策应在严厉与宽缓两个处罚的侧面之间寻求合理的平衡与协调，尤其要注意克服

---

① 罗猛：《论反腐败的刑事政策体系》，载《中国刑事法杂志》2013 年第 6 期。
② 王宏玉主编：《刑事政策学》，中国人民公安大学出版社 2011 年版，第 276 页。
③ 卢建平著：《刑事政策与刑法》，中国人民公安大学出版社 2004 年版，第 135 页。

只强调严厉或只提倡宽缓的片面倾向，将宽严相济的刑事政策妥适地在刑事立法中展开并运用于司法实践中，对贿赂犯罪进行科学的立法与公正的处断。根据严厉与宽缓的协调要求，对贿赂犯罪的立法内容进行适当的完善，同时兼及考虑严厉与宽缓的衡平要求，更新贿赂犯罪的司法理念，最终实现严厉与宽缓的有机统一，从而发挥宽严相济的刑事政策在预防和惩治贿赂犯罪中的应有价值和功效。

# 新形势下治理腐败犯罪刑事政策
# 及其贯彻

马章民[*]

刑事政策在法律实践中的应用，早在我国古代就已开始。到西周时期，逐渐形成了"刑罚世轻世重"的刑罚思想。《尚书·吕刑》中说："轻重诸罚有权，刑罚世轻世重。"《周礼·秋官·大司寇》中说："掌建邦之三典，以佐王刑邦国，诘四方。一曰刑新国用轻典，二曰刑平国用中典，三曰刑乱国用重典。"可见，周代统治者已经认识到了治理国家应根据社会经济形势变化而调整刑罚的轻重。在西方，"刑事政策"这一词语最早起源于德国，被称为刑事政策之父的德国学者费尔巴哈 1800 年在《刑法教科书》一书中指出，刑事政策是国家据以与犯罪作斗争的惩罚措施的总和，是立法国家的智慧。[①] 不论古今中外，治理腐败犯罪的刑事政策总是跟一国的整体刑事政策息息相关，总是由国家领导人予以主导、自上而下进行的。"政治领导层重视腐败问题是采取大规模反腐败行动的前提条件。"[②] 考察新中国成立后我国在治理腐败犯罪方面的刑事政策，总体上越来越趋于严厉，尤其是党的十八大以来，我国的反腐败刑事政策进入"全面从严"的新时期，呈现出许多新的特征，从形成治理腐败犯罪长效机制来看，还应在刑事立法和刑事司法多个层面予以完善。

## 一、 全面从严： 反腐败刑事政策的新发展

### （一） 新中国成立以来反腐败刑事政策总体上趋于从严

随着政治、经济、社会形势的不断变化，新中国成立后我国的刑事政策也随之发生变革，从总体发展趋势上来看，呈现出逐渐趋于从严的态势。新中国成立初，为稳固新生政权，打击犯罪采取"镇压与宽大相结合"的刑事政策，如 1950 年《中共中央关于镇压反革命活动的指示》提出，"各级党委，对于已被逮捕及尚未逮捕的反革命分子，应即领导与督促主管部门，根

---

　* 河北政法管理干部学院教授、河北省法学会刑法学研究会秘书长。
　① ［法］米海依尔·戴尔玛斯·马蒂著：《刑事政策的主要体系》，卢建平译，法律出版社 2000年版，第 1 页。
　② ［加］里克·斯塔彭赫斯特主编：《反腐败国家廉政建设的模式》，杨之刚译，经济科学出版社 2000 年版，第 129 页。

据已有的材料，按照'镇压与宽大相结合'的政策，经过审慎的研究，分别地加以处理"。按照当时研究者的说法，"我们对待反革命分子，从来就是'镇压与宽大相结合'的政策，即'坦白从宽，抗拒从严，立功折罪，立大功受奖'的政策"。① 在刑事立法上，1951 年出台了《惩治反革命条例》，1952 年出台了《惩治贪污条例》，其政策性、政治性、非法治性色彩非常明显。"镇压"这一带有强烈政治斗争意味的词语，充分体现了以镇压为主、宽大为辅的革命性手段。

1956 年，党的八大政治报告指出："我们对反革命分子和其他犯罪分子一贯地实行惩办和宽大相结合的政策，凡是坦白的，悔过的、立功的，一律给以宽大处理。"当时的学者认为，惩办与宽大相结合成为我国基本的刑事政策。② 在刑事立法上直接规定刑事政策的是 1979 年刑法典，规定了"依照惩办与宽大相结合的政策"，这其实是刑事政策走向了法律化。在具体罪名中，贪污罪的最高法定刑为死刑，受贿罪的最高法定刑为 15 年，行贿罪的最高法定刑为 3 年。改革开放初的几年间，各类严重破坏市场经济的犯罪多发，打击犯罪转变为持续时间较长的"严打"刑事政策，体现在治理腐败犯罪的刑事立法上，也是以"严打"、"严惩"为基本基调，如 1982 年出台的《全国人大常委会关于严惩严重破坏经济的犯罪的决定》，将受贿罪法定刑提高到死刑，体现了对受贿犯罪的从严处理，这一规定一直沿用至今。

1997 年修订刑法时，鉴于当时较为严峻的腐败形势，在刑事立法上继续趋于严厉，首次将"贪污贿赂罪"单独设置为分则第八章，继续保留贪污罪、受贿罪的最高法定刑为死刑，同时，将行贿罪的最高法定刑提高为无期徒刑，加大了对行贿犯罪的处罚力度。将"渎职罪"单独设置为分则第九章，规定了滥用职权罪、玩忽职守罪等 30 多个以国家机关工作人员为犯罪人的渎职犯罪。

2004 年，适应当时的违法犯罪形势，提出了"宽严相济刑事政策"。在过渡阶段，还把"惩办与宽大相结合"与"宽严相济刑事政策"相提并论，2004 年 12 月，时任中央政治局常委、中央政法委书记罗干在全国政法工作会议上指出："正确运用宽严相济的刑事政策，对严重危害社会治安的犯罪活动严厉打击，绝不手软，同时要坚持惩办与宽大相结合，才能取得更好的法律和社会效果。"到了 2006 年 10 月 11 日，党的十六届六中全会通过了《中共中央关于构建社会主义和谐社会若干重大问题的决定》，明确提出了"实施宽严相济的刑事司法政策"。关于"宽严相济刑事政策"的含义，2010 年 2 月 8 日，最高人民法院发布的《关于贯彻宽严相济刑事政策的若干意

① 刘灿璞：《我对镇压与宽大相结合政策的认识》，载《法学》1956 年第 1 期。
② 马克昌：《宽严相济刑事政策的演进》，载《法学家》2008 年第 5 期。

见》第 1 条指出："贯彻宽严相济刑事政策，要根据犯罪的具体情况，实行区别对待，做到该宽则宽，当严则严，宽严相济，罚当其罪，打击和孤立极少数，教育、感化和挽救大多数，最大限度地减少社会对立面……"具体到贪污贿赂犯罪，《意见》还就如何依法从严惩处作出了具体的规定。①

党的十八大以来，国家提出了"全面从严治党"的总要求，并将"全面从严治党"作为四个全面战略布局的重要组成部分，其中，尤以习近平同志有关"全面从严治党"的相关论述为代表。2015 年 2 月，习近平同志指出："全面建成小康社会是我们的战略目标，全面深化改革、全面依法治国、全面从严治党是三大战略举措。"在司法实践中，党的十八大以来，国家对各级各类腐败分子重拳出击，坚持"老虎、苍蝇一起打"，反腐败刑事政策进入了"全面从严"的新时期，呈现出反腐倡廉的新常态。2015 年 6 月 26 日，中央政治局集体学习题目是加强反腐倡廉法规制度建设，习近平同志又一次强调，党风廉政建设和反腐败斗争是全面从严治党的重要方面，是新形势下进行具有许多新的历史特点的伟大斗争的重要内容，是协调推进"四个全面"战略布局的重要保证。他还使用了一些生动的表述，如"以猛药去疴、重典治乱的决心，以刮骨疗毒、壮士断腕的勇气，深入推进党风廉政建设和反腐败斗争"，对下一步反腐倡廉如何抓，他说："开弓没有回头箭，反腐没有休止符。我们必须保持政治定力，以强烈的历史责任感、深沉的使命忧思感、顽强的意志品质，以抓铁有痕、踏石留印的劲头持续抓下去。"几年来，全面从严的刑事政策虽然在刑事立法上尚未有体现，但是，刑事司法上的一系列重要举措已经在各个方面得以彰显。

### （二）反腐败越来越强调预防犯罪

新中国成立后 30 年间，我国在反腐败问题上政策不断发生变化，但基本上是侧重打击的方式。改革开放之后的很长一段时间，重打击、轻预防的打击腐败犯罪的模式，效果并不尽如人意，运动式反腐逐渐为学界所诟病，甚至有人批评"越反越腐"、"前腐后继"。高层开始审时度势，注重顶层设计，对腐败犯罪采取打击与预防并重，并采取党内各种教育活动来改变工作作风，

---

① 对于国家工作人员贪污贿赂、滥用职权、失职渎职的严重犯罪，黑恶势力犯罪、重大安全责任事故、制售伪劣食品药品所涉及的国家工作人员职务犯罪，发生在社会保障、征地拆迁、灾后重建、企业改制、医疗、教育、就业等领域严重损害群众利益、社会影响恶劣、群众反映强烈的国家工作人员职务犯罪，发生在经济社会建设重点领域、重点行业的严重商业贿赂犯罪等，要依法从严惩处。对于国家工作人员职务犯罪和商业贿赂犯罪中性质恶劣、情节严重、涉案范围广、影响面大的，或者案发后隐瞒犯罪事实、毁灭证据、订立攻守同盟、负案潜逃等拒不认罪悔罪的，要坚决依法从严惩处。对于被告人犯罪所得数额不大，但对国家财产和人民群众利益造成重大损失、社会影响极其恶劣的职务犯罪和商业贿赂犯罪案件，也应依法从严惩处。要严格掌握职务犯罪法定减轻处罚情节的认定标准与减轻处罚的幅度，严格控制依法减轻处罚后判处 3 年以下有期徒刑适用缓刑的范围，切实规范职务犯罪缓刑、免予刑事处罚的适用。

预防职务犯罪。

一是注重预防。2013 年 1 月，习近平同志在党的十八届中央纪委五次会议上指出，坚持标本兼治、综合治理、惩防并举、注重预防方针，更加科学有效地防治腐败，坚定不移地把党风廉政建设和反腐败斗争引向深入。二是注重教育。党的十八大以来，通过在全国范围内开展党的群众路线教育实践活动，集中解决形式主义、官僚主义、享乐主义和奢靡之风这"四风"问题，在县处级以上领导干部中开展"三严三实"专题教育，改进领导干部工作作风。注重对党员领导干部进行教育，包括加强反腐倡廉教育和廉政文化建设，有助于从源头上治理腐败、正本清源。

### （三）反腐败越来越重视制度化

一是强调制度的重要性。习近平同志曾经说过，没有健全的制度，权力没有关进制度的笼子里，腐败现象就控制不住。可见，我国国家领导人正在努力避免"选择性反腐"，强调织密制度的笼子，从根本上治理腐败犯罪。二是强调建立反腐倡廉法规制度体系。2015 年 6 月 26 日，习近平同志指出，"本着于法周延、于事有效的原则制定新的法规制度、完善已有的法规制度、废止不适应的法规制度，努力形成系统完备的反腐倡廉法规制度体系"。这意味着，今后的反腐败立法，不再是"头痛医头、脚痛医脚"，而是着眼长远，提出了构建"法规制度体系"。三是强调贯彻落实。我们知道，法律数量多并不意味着真正实现了法治，只有当制定的好的法律得到很好的落实，才能发挥其应有的作用。为此，习近平同志强调，法规制度的生命力在于执行。要加大贯彻执行力度，让铁规发力、让禁令生威，确保各项法规制度落地生根。要加强监督检查，落实监督制度，用监督传递压力，用压力推动落实。可以看出，这种态度非常务实管用，就是要真抓实干。

## 二、 重典治乱： 治理腐败犯罪机制呈现出新特征

我国国家领导人已经清醒地认识到了反腐败的必要性和重要性。习近平同志说过：近年来，一些国家因长期积累的矛盾导致民怨载道、社会动荡、政权垮台，其中贪污腐败就是一个很重要的原因。大量事实告诉我们，腐败问题越演越烈，最终必然会亡党亡国！党的十八大召开后的几年来，在党的正确领导下治理腐败犯罪的成果有目共睹，正在改变以往"运动反腐"、选择性反腐的做法，向"制度反腐"、"法治反腐"过渡，这在世界各国反腐败进程中不啻是一个有益的、成功的探索。

### （一）全面从严治党将反腐败理论提到新高度

综观党的历史，将"全面从严治党"纳入四个全面战略布局，这是新中国成立以来反腐倡廉历史上的第一次，标志着反腐败理论已经提到一个崭新的高度。全面从严治党，首先就是要坚定不移地开展反腐败工作。习近平同

志强调，贯彻执行法规制度关键在真抓，靠的是严管，关于如何做到"严管"，他说，对违规违纪、破坏法规制度踩"红线"、越"底线"、闯"雷区"的，要坚决严肃查处，不以权势大而破规，不以问题小而姑息，不以违者众而放任，不留"暗门"、不开"天窗"，坚决防止"破窗效应"。这些论述，生动形象、振聋发聩地讲出了反腐理论的基本原理。

（二）全面从严治党效果初显

1. 查处力度之大前所未有，落马官员级别高、数量多。习近平同志强调："推进党风廉政建设和反腐败斗争，坚持无禁区、全覆盖、零容忍，严肃查处腐败分子，着力营造不敢腐、不能腐、不想腐的政治氛围。"2014年10月，他在党的十八届四中全会第二次全体会议上指出，发现一起查处一起，发现多少查处多少，不定指标、上不封顶，凡腐必反，除恶务尽。从打击腐败官员的级别上来看，党的十八大以来，已有超过100名省、部及军级以上官员落马，打破了以往"刑不上常委"和"退休就安全"的惯例，接连查处了周永康、薄熙来、令计划、苏荣等副国家级高官。其中，周永康是前中央政治局常委，2014年7月被中纪委立案审查时已退休将近两年。关于军队反腐，在2014年11月全军政治工作会议上，习近平同志提出了对党忠诚、善谋打仗、敢于担当、实绩突出、清正廉洁的军队好干部标准，严肃指出当前选人用人的突出问题，明确要求整肃用人风气，坚决纠治选人用人上的不正之风。2015年2月，中央军委、总政治部印发了关于加强军队干部选拔任用工作监督管理的五项制度规定，直指军队中的"买官、卖官"问题要害，有助于遏制腐败问题的滋长。查处了中央军委前副主席徐才厚、原解放军总后勤部副部长谷俊山等高级官员。军队反腐主要具有权钱交易、买官卖官、山头主义等特点，涉及罪名主要有贪污、受贿、挪用公款、滥用职权犯罪等，危害非常严重。

2. 腐败犯罪持续时间长，涉案数额巨大。

3. 惩罚腐败犯罪量刑从严从重。党的十八大以来被查处的省部级以上高官陆续被宣判，量刑较重，被判处死缓的有铁道部部长刘志军、广东省委常委周镇宏等，被判处无期徒刑的有周永康、薄熙来、山东副省长黄胜、吉林副省长田学仁和内蒙古党委常委王素毅等。

4. 不避艰难，加大国际追逃力度。海外追逃主要包括引渡、非法移民遣返、异地追诉、劝返四种方式。2014年7月，公安部开展"猎狐2014"境外追逃专项行动，10月，最高人民法院、最高人民检察院、公安部、外交部发布《关于敦促在逃境外经济犯罪人员投案自首的通告》。同年，中央反腐败协调小组设立国际追逃追赃工作办公室，建立起国际追逃追赃工作协调机制。2015年3月，该小组召开会议启动了"天网"行动。习近平同志2015年1月在中央纪委五次全会上强调，要加大国际追逃追赃力度，决不能让腐败分子躲进避罪天堂。同年 5 月，国际刑警组织中国国家中心局公布了 100 名外逃国家工作人员、重要腐败案件涉案人等人员的红色通缉令。几天后，"亿元股长"李华波被遣返回国，震慑了其他海外贪官。

**（三）注重标本兼治，建设遏制腐败犯罪长效机制**

2015 年 1 月，习近平同志在党的十八届中纪委第五次全会上指出，保持高压态势不放松，查处腐败问题，必须坚持零容忍的态度不变、猛药去疴的决心不减、刮骨疗毒的勇气不泄、严厉惩处的尺度不松，发现一起查处一起、发现多少查处多少，把反腐利剑举起来，形成强大震慑。

## 三、多管齐下：努力实现反腐败机制的法制化

### （一）政策层面

1. 强化廉政建设主体责任。按照我国的制度设计，搞好反腐败工作，各级党组织的主体责任至关重要。一是各级党组织要切实把党风廉政建设当做分内之事、应尽之责，进一步健全制度、细化责任、以上率下。二是各级党组织要深入开展理想信念和宗旨教育，继续培树焦裕禄、孔繁森等正面形象，筑牢思想上拒腐防变的堤坝，努力营造公职人员不想腐的良好氛围。三是各级党组织要把严守纪律、严明规矩放到重要位置来抓，努力在全党营造守纪律、讲规矩的氛围。

2. 强化和完善权力监督。权力需要受到制约，否则便会带来滥权的危险，17 世纪至 18 世纪启蒙思想家洛克和孟德斯鸠都提出过类似思想。19 世纪英国政治家阿克顿勋爵说过："权力导致腐败，绝对权力导致绝对腐败。"党的十八大报告指出，要建立健全权力运行制约和监督体系，让人民监督权力，让权力在阳光下运行。习近平同志在谈"三严三实"时指出："严以用权，就是要坚持用权为民，按规则、按制度行使权力，把权力关进制度的笼子里，任何时候都不搞特权、不以权谋私。"许多职务犯罪的案例都昭示了一个道理，一些领导干部的权力过于集中，过于强大，缺乏有效的监督。阳光是最好的防腐剂。一是要有效防止公职人员腐败犯罪，必须强化和完善法律监督体系，既包括权力机关、行政机关和司法机关内部的制约、监督等国家监督手段，也包括社会组织监督、新闻监督和人民群众的直接监督，营造不敢腐、不能腐的制度氛围。二是要健全选人、用人、管人制度，加强领导干部监督和管理，敦促领导干部按本色做人、按角色办事。三是要深化体制机制改革，推行权力清单制度，公开审批流程，强化内部流程控制，减少设租、寻租的机会，防止权力滥用。

### （二）立法层面

1. 在刑法中设置专章。目前，我国现行刑法典分则第八章专门规定了"贪污贿赂罪"一章，但是，分则第九章"渎职罪"中的许多内容其实都是

腐败犯罪，未来刑法典修订时可考虑将这两章内容合为一章。国外刑法有类似立法先例，《德国刑法典》在第 30 章专章规定了"职务中的犯罪行为"，涵盖受贿罪等多项罪名；《日本刑法典》第 25 章专章规定了渎职罪；《意大利刑法典》分则第 2 章专门规定了"侵犯公共管理罪"；《俄罗斯刑法典》第 30 章；《越南刑法典》第 21 章专门规定了"职务犯罪"；《泰国刑法典》专门规定了渎职罪专章。

2. 相关罪名修改。中国政府于 2008 年签署《联合国反腐败公约》后，国内多数学者已对如何顺应国际打击腐败犯罪潮流、因应公约规定、适时修订我国刑法有关罪名达成共识。我国《刑法》第 385 条受贿罪罪状中还有"为谋取不正当利益"之规定，应予删除，因为受贿罪侵犯的法益是国家公职人员职务行为的廉洁性和不可收买性，不管行为人是否为行贿人谋取不正当利益，都应以受贿罪予以处罚。还有，《联合国反腐败公约》规定的受贿较为宽泛，即财产性利益，而我国刑法规定的仅限于财物，范围显然过小，缩小了受贿罪的打击范围。国外立法例如《俄罗斯刑法典》规定，"收受金钱、有价证券、其他财产或财产性质的利益等形式的贿赂"；美国刑法规定的也是"任何东西"。

关于将贪污罪与受贿罪分别规定。其实，在 1952 年《惩治贪污条例》中，贪污罪包含了受贿罪的行为要件，即《惩治贪污条例》第 2 条规定："一切国家机关、企业、学校及其附属机构的工作人员，凡侵吞、盗窃、骗取、套取国家财物，强索他人财物，收受贿赂以及其他假公济私违法取利之行为，均为贪污罪。"1979 年刑法虽然将贪污罪与受贿罪分别规定，但是，却将贪污罪规定在分则第五章"侵犯财产罪"中，法定最高刑为死刑，即"情节特别严重的，处无期徒刑或者死刑"，而受贿罪则规定在分则第八章"渎职罪"中，法定最高刑为 15 年有期徒刑，即"致使国家或者公民利益遭受严重损失的，处 5 年以上有期徒刑"。或许是延续了《惩治贪污条例》这一立法思路，1997 年刑法中对受贿罪的法定刑仍然规定与贪污罪完全一样，即把受贿罪的法定最高刑提高到跟贪污罪一样，都是死刑。但是，目前学界普遍认为，贪污罪跟受贿罪无论是侵犯的法益，还是具体的行为手段、犯罪的危害性等方面均有所不同，应当予以分别规定。而且，关于两罪作为职务犯罪的法定最高刑问题，学界也普遍达成共识，即应当删除死刑，一方面是因为自 1997 年以来，即使规定了死刑，其刑罚的威慑力效果也并不理想，另一方面是因为，国际上许多国家奉行"死刑犯不引渡"的原则，不利于我国对外逃的贪污贿赂犯罪人员的追缉，不利于对被贪腐人员转移到海外财物的追缴。

关于行贿罪的修改，学界也已达成共识，我国刑法规定的罪状是"给予"，范围较为狭窄，而国外刑法立法的行贿行为含义较宽，例如《意大利刑法典》规定，向公务员或受委托从事公共服务的人员给予或者许诺给予钱款或其他利益的人，处……《德国刑法典》规定，行为人……作为回报，向该人或者第三者表示给予、约定或者提供利益的，处……《日本刑法典》规定，提供……贿赂，或者就此进行申请或者约定的，处……等。

### （三）司法层面

治理腐败犯罪，体现在司法层面，也要坚持刑法三个基本原则。一是严格遵循罪刑法定原则，做到惩罚犯罪与保障人权并重。在反腐败问题上，应避免走运动式反腐、选择性反腐的老路。注重全面从严治党固然重要，也要与全面推进依法治国密切结合，不能轻重不分、舍本逐末，更不能顾此失彼、得不偿失。二是坚持刑法面前人人平等，切实做到"老虎、苍蝇一起打"。三是贯彻罪刑相适应原则，真正做到罪刑均衡。

# 我国反腐败刑事政策的演变与发展

郭理蓉* 韩笑**

## 一、 我国古代的反腐败思想与刑事政策

在中国数千年的历史中，封建王朝的兴亡更替在中国大地上反复上演。一个王朝的鼎盛与辉煌，转瞬之间就化为历史陈迹。从表面上看，有的王朝是被人民起义推翻的，有的是被外族入侵灭亡的，但是，认真研究每个朝代由兴而衰直至最后灭亡的过程，我们不难发现，腐败是其中不可忽略的一个重要内因。在王朝更迭的历史进程中，有一只"看不见的手"在操纵着，那就是"廉则兴，贪则衰"。管不住腐败，政权就有危亡之虞；遏制了腐败，国家就能长治久安。

### （一） 我国古代的反腐败思想

贪腐现象几乎是与人类社会相伴相生的，古代的执政者、思想家对此颇多关注。比如，在我国古代思想最为活跃的时期之一——春秋战国时期，政治家、思想家们关于"廉政"问题提出过诸多深刻的见解。齐相晏婴云："廉者，政之本也。"[1] 晏婴还曾与齐景公专门讨论过"廉政"问题，这是我国历史上可考的"廉政"一词最早出现的记录。针对齐景公提出的如何实施廉政的问题，晏婴对曰："其行水也。美哉水乎清清，其浊无雩途，其清无不洒除，是以长久也。"[2] 晏子用水的清浊比喻廉政的程度，他指出，廉政能否持久的关键在于各级官吏能够做到坚持官员的道德底线，出淤泥而不染。此外，先秦诸子百家对于廉政问题也多有论述。如孔子曰："身正，不令而行；其身不正，虽令不从。"[3] 孟子曰："可以去取，可以无取，取伤廉。"[4] 不得不提的是，在这个时期廉政的思想中最引人瞩目的成就还要数法家的廉政文化学说。法家既主张从制度上设官分职，加强监督，防止腐败的缠身，也主张从道德的层面对包括君主在内的各级官僚进行教育。例如，法家的集大成者韩非子说："所谓廉者，必生死之命也，轻恬资财也。所谓直者，义

---

\* 北京师范大学刑事法律科学研究院副教授。

\*\* 北京师范大学刑事法律科学研究院刑法专业硕士研究生。

[1] 《晏子春秋·内篇杂下》第十四。

[2] 《晏子春秋·内篇问下》第四。

[3] 《论语·子路》。

[4] 《孟子·离娄下》。

必公正，心不偏党也。"法家的另一代表人物管子则认为："国有四维"，即"礼、义、廉、耻。"他还说："欲民之有廉，则小廉不可不修也。小廉不修于国，而求百姓之行大廉，不可得也。"卜宪群教授就此评价："法家的廉政文化思想较之以前具有更强的可操作性，不仅春秋战国之际列国的廉政制度、廉政教育乃至官吏的廉政为的深层次价值观念在法家思想中大都可以寻到踪迹，而且整个封建时代的廉政文化也都无法回避法家所奠定的基础。"①

### （二）我国古代惩治贪污贿赂的法律制度

在我国古代，历朝历代的统治者都清楚地认识到吏治的重要性，因此，每个朝代在其立法中都或多或少规定了对贪污贿赂行为的惩处。

先秦时期，奴隶制国家尚处在人类阶级社会的早期，法律部门较少，条文规定不足，而且民刑不分，有关贪污贿赂犯罪的法律正处于萌芽阶段，对贪污、贿赂侵犯公私财物的行为杂而不分，缺乏系统。《左传·昭公十四年》引《夏书》："昏墨贼杀，皋陶之刑也。"所谓墨，根据《左传》，春秋时期晋国叔向的解释是"贪以败官为墨"，即贪污受贿。可见，在夏朝，把"墨"罪与杀人越货等犯罪相并列，属于要重罚的犯罪。《尚书》载，殷汤制官刑，把"殉于货色"，即贪求财物美色列入可导致亡国败身的"三风十愆"之中，并告诫，如"臣下不匡，其刑墨"。商王盘庚宣告"不肩好货"，即不任用贪求财宝的人，劝勉臣下"无总于货宝"，要勤于职守，获取民心。西周继承和发展了商代的法治思想，《尚书·吕刑》规定了"五过之疵，惟官，惟反，惟内，惟货，惟来，其罪惟均"。其中，"惟货"是指贪赃枉法；"惟来"是指求情请托。春秋战国时期，开始出现成文法，这段时期反贪污、惩治贪官的立法比夏、商、西周更为完善。据《晋书·刑法志》载，中国封建社会第一部系统法典《法经·杂篇》中规定了"六禁"，其中，"金禁"就是有关官吏贪污受贿的禁令。"丞相受金，左右伏诛，犀首以下受金，则诛；金自镒以下，则罚不诛也。"另外，还有"淫侈逾制"的规定，就是指生活腐化，消费水平超过了与自己身份相当的水平，也要受到惩罚和制裁。

秦汉至魏晋南北朝时期，关于贪污罪的立法与司法较之前有较大发展。秦朝关于职务犯罪的法律条文散列于"六律"之中，云梦秦简"语书"及"为吏之道"中，反复告诫官吏要"廉洁"。秦律对吏治更加重视，秦始皇吸取了韩非子"明主治吏不治民"的主张，对官吏犯贪污、受贿等经济犯罪规定了极其苛细的刑事责任，追究官吏在司法、行政、经济管理和征赋徭役等方面的"赃罪"和失职行为的责任，其中包括贪污罪、受贿罪、失刑罪、保举连坐、职务和连坐和失期罪等，甚至对官吏犯罪"知不举"者也要处严刑。汉代法律对"监临"和"主守"的犯罪规定要区别用刑，后者重于前

---

① 卜宪群主编：《中国历史上的腐败与反腐败》，鹭江出版社 2014 年版，第 25 页。

者。汉律对官吏借职务之便窃取国家财产的监守自盗行为，赃值十金者弃市；对官吏向下级索贿的行为专设了"恐猲取财"罪，严重的可以判处死刑；接受下级的"饮食馈遗"也要免官，对官吏变相掠夺财物的，如借钱给百姓而"取息过律"要免官；对部属贱买贵卖的"皆以坐赃为盗，没入赃具官、吏迁徒免罢"。① 魏晋南北朝时，出现了专门惩罚官吏违法等行为的《违制律》，惩处官吏贪赃枉法的《偿赃律》。当时称受贿为"受赇"，犯受赇枉法罪者要处以弃市等刑。对监守自盗行为处罚更严，晋律规定："主守盗五匹，大辟"，而一般的盗窃"四十匹大辟"。北魏监临官收受部属财物的也加重处罚，收受"羊一只酒一斛者，罪至大辟"，送礼者也要以从坐论。②

作为封建社会鼎盛时期的唐朝，其惩治贪污贿赂的法律也相对比较成熟，被视为集以往封建法律之大成的《唐律疏议》，其中关于惩治官吏腐败的内容全面而完备。《唐律疏议》规定了"六赃"（受财枉法、受财不枉法、受所监临财物、强盗、窃盗、坐赃）之罪及其惩处。唐代对贪污罪施以重罚，并作了量化规定：官吏受财枉法，一尺杖一百，一匹加一等，至十五匹即处绞刑；不枉法，一尺杖九十，一匹加一等，至三十匹加役流；受所监临财物，一尺笞四十，一匹加一等，八尺徒一年，八匹加一等，至五十匹流两千里；行贿者减监临罪五等，索取财物者加一等，以职权强行索取者，准枉法论；出使官吏，如在出使地接受馈送及乞取者，以受所监临财物论罪；借贷所监临财物者，坐赃论；家人受所属吏民馈送及借贷、役使、经商牟利等，减官人罪二等论处，官人知情与之同罪，不知情减家人罪五等；执法官吏犯赃，从重处罚。③ 另外，从帝王的诏令中也可以看出隋、唐两朝对惩治贪官的力度。如隋文帝时规定主典官偷边粮一升以上即处死，家口没官为奴；并告诫官吏不要利用职务之便经商牟利。武则天的《改元光宅诏》则正式明确以法律的形式规定官吏枉法受财、监守自盗同"十恶"等常赦不免之罪一样，都不在赦免之例。唐肃宗时，为加强惩贪的效果，在《即位敕》中进一步规定：官吏贪赃枉法者，将受到"终身不齿"，"永不叙用"的处罚。

宋律基本上沿用唐律，对贪污的处罚总体上比唐律宽一些。如唐律中"受财枉法"十五匹绞，《宋刑统》附敕加至二十匹绞④。但是宋律的规定要比唐律的规定更加细密深入，如关于惩处馈赠的规定就有：官吏"出巡于所辖并于办处，越等级例外受供给馈送者，以自盗论"；官吏"非法妄以犒设为名，辄馈送及受之者，并以坐赃论，即兵官因按教而经由州军，辄以馈送，推折钱物受之者，罪亦加之"；官吏"子弟及随行亲属门客，于所部干论骚

---

① 《历代刑法考·汉律摭遗》。
② 《九朝律考·晋律考》。
③ 《唐律疏议·卷十一》。
④ 《宋刑统·职制律》。

扰，收受馈送及非处饮宴者，杖八十，知情容纵与同罪，不知者减三等"；官吏"因生日辄受所属庆贺之礼，及与之者，各徒一年，诗颂减一等，所受赃重者，坐赃论"。①

元朝的行政监察制度极为发达，独具特色，开全国性监察制度之先河。元成宗重视吏治，制定了赃罪十二章，但在种族歧视观念的影响下，整部法律体现了轻典治吏的精神。

明代对贪贿犯罪的处罚最为严厉，刑罚残酷苛厉远超前朝，可谓重典治吏的典型。明初朱元璋主张"重强贪吏，置之严典"，在这一思想的指导下，《大明律》沿用了唐律"六赃"的规定并略有改动。"明六赃"为：监守盗、常人盗、受财枉法、受财不枉法、窃盗和坐赃。《大明律》规定犯枉法赃，官"八十贯，绞"；吏"一百二十贯，绞"。犯不枉法赃至一百二十贯，"杖一百，流三千里"。若是执法御史及督抚这类的"风宪官"犯赃，加二等治罪。犯赃官吏，官除名，吏罢役，永不叙用。朱元璋还创设了"剥皮实草"之刑，以震慑贪官污吏。

清代继承了明律有关的惩贪条款，并且以后又陆续修纂了许多附例，使反贪惩腐的法律更加系统和完整。例如，明律的"监守盗"、"官吏受财"附例不足十条，清律则有二十余条。"清六赃"的规定与"明六赃"的规定基本相同，但加重了处罚。明律"监守盗"、"枉法赃"所犯斩绞均是杂犯死罪，可免死改徒，清律"枉法赃"则改为实犯绞，"监守盗"三犯亦绞。

### （三）我国古代反腐败刑事政策的启示

如前所述，我国古代历朝历代关于惩治贪贿的法律规定虽然有所差异，但强调从严治吏则是一以贯之的政策立场。"廉则兴，贪则衰"——我国古代这一朴素的廉政意识为当代的廉政建设奠定了思想基础。梳理我国古代的反腐败思想和刑事政策以及相关法律规范，吸取古代反腐败的经验与教训，取其精华、去其糟粕，对于我国当代廉政法律制度的建设具有一定的警示和参考意义。然而，我们也注意到，从总体上看，"中国古代的权力腐败并没有因为廉政法制的加强而得到抑制或有所减轻"。有学者认为，中国古代历史就是一部"贪污史"，并指出"纵观历朝贪污史录，愈接近近代，贪污现象亦愈普遍，贪污技巧亦愈周密，而与惩治贪污刑典的宽严似无何等重大关系。"② 我们知道，我国古代从未出现过真正意义上的法治，历朝历代只偏重于惩贪法律的制定，而忽视了预防性的制度和廉政法规的建设，一些实践中行之有效的廉政措施不能及时地予以法制化。因此，古代的廉政法制建设从总体上说是不成功的。从古代历朝的反贪立法总体来看的一个共同点就是，

---

① 《庆元条法事类·职制门六》。
② 王亚南著：《中国官僚政治研究》，中国社会科学出版社 1981 年版，第 119 页。

惩罚有余而预防不足。与现代的立法相比，古代对于贪官污吏的刑罚不可谓不重，贪腐案件死刑适用之频繁和执行方式之残酷都远超现代，然而，都未能终止贪腐现象的恶性循环。可见，仅靠重刑并不能实现吏治清明的目的，更何况，重刑亦是有极限的，刑罚的威慑是有其边际效应的。与其他犯罪现象一样，腐败犯罪的发生也是复杂的，是多种因素综合作用的结果，腐败犯罪的普遍发生就如同河流泛滥，如果不从源头和上游着手，只是被动地在下游堵截，则事倍功半、收效甚微。

## 二、 新中国成立初期我国反腐败斗争的历史思考

"唐之乱，贿赂充塞于天下为之耳。"[①] 一个国家的兴亡除了国家制度、统治阶级、经济制度等因素的影响外，腐败问题往往是政权兴衰的重要因素之一。中国共产党在 20 世纪 40 年代末成为中国的执政党时，深知这一历史教训。新中国成立前夕，毛泽东同志就清醒地预见到由于党的历史即将发生根本性变化而对党的队伍可能带来的影响。他把夺取全国政权比作"进京赶考"，在党的七届二中全会上号召"务必使同志们继续地保持谦虚、谨慎、不骄、不躁的作风，务必使同志们继续地保持艰苦奋斗的作风"，告诫全党要注意抵御资产阶级"用糖衣裹着的炮弹"的攻击。新中国成立伊始，中国共产党为经受住执政的考验，针对在全国党政机关中发生的腐败问题，在全国范围内展开了反腐败斗争。重新回顾这场斗争，总结其经验、教训，对促进我国当前全面反腐败斗争的深入开展，具有十分重要的意义。

### （一）新中国成立初期反腐败斗争概述

对于执政环境的改变这一实际情况的变化，中国共产党很早就注意制定法规条例来作为治理腐败的主要依据与保障。1949 年 9 月 29 日颁布的《中国人民政治协商会议共同纲领》第 18 条规定："中华人民共和国的一切国家机关，必须厉行廉洁的、朴素的、为人民服务的革命工作作风，严惩贪污，禁止浪费，反对脱离人民群众的官僚主义作风。"1952 年 3 月 6 日，中共中央制定了《关于处理贪污浪费问题的若干规定》；接着又批准了《中央节约检查委员会关于处理贪污、浪费及克服官僚主义错误的若干决定》，在该决定中提出了对贪污、浪费及官僚主义实行"严肃与宽大相结合、改造与惩治相结合"的处理方针；同年 3 月 28 日颁布了《中央节约检查委员会关于追缴贪污分子赃款赃物的规定》，依据贪污情况的不同对追缴赃款赃物作了详细的规定。1952 年 4 月 18 日，政务院颁布了《中华人民共和国惩治贪污条例》，这是新中国成立以来我国刑事立法领域的第一部重要法律条例，其中第 2 条就对贪污罪作出了明确的界定："一切国家机构、企业、学校及附属机

---

① （清）王夫之：《读通鉴论》卷二十六。

构的工作人员，凡侵吞、盗窃、骗取、套取国家财物，强索他人财物，收受贿赂以及其他假公济私违法取利之行为，均为贪污罪。"此条例对贪污腐化、行贿受贿等罪行，根据不同情况分别规定了明确的处理办法。新中国成立初期为了反腐败而出台的一系列政治文件以及法律法规中都对腐败案件处理的方针和原则作了明确规定，这为反腐败斗争的开展奠定了法律基础。

与此同时，在思想领域也开展了反腐败思想教育。1949 年，民主革命胜利后，大批党员由战场上的指挥员摇身一变成为国家机关的领导干部，由农村进入城市，置身于资产阶级"糖衣炮弹"充斥的环境。中国共产党及时清楚地认识到了党面临着执政后被资产阶级腐蚀的考验。针对这种情况，为了肃清思想上的混乱局面，中国共产党在新中国成立初期便开展了整风运动。1950 年 5 月 1 日，中共中央发布《关于在全党全军开展整风运动的指示》，6 月上旬，中共七届三中全会就整风工作作了具体部署。全党整风运动自 1950 年下半年开始，经分批整训，于同年底结束。整风的重点对象是各级领导机关和干部。整风的主要任务是提高干部和一般党员的思想水平和政治水平，克服工作中所犯的错误，克服以功臣自居的骄傲自满情绪，克服官僚主义、命令主义，改善党和人民的关系。整风的主要方式是阅读指定文件，总结工作经验，查找问题，分析情况，开展批评和自我批评。1951 年 2 月，中共中央开展了以整顿全党基层组织为中心的整党运动，以解决党的基层组织中存在的思想不纯、组织不纯和作风不纯的问题。在"三反"运动中对全体党员进行的八项教育，使党员干部受到了深刻的反腐倡廉思想教育。在党外，也于 1951 年秋开展了学习和思想改造运动。

"水能载舟，亦能覆舟。"[①] 对于人民群众在推动历史进程中的巨大作用，中国共产党有非常清醒的认识，因而始终坚持以群众路线为其根本工作路线，在新中国成立初期的反腐败斗争中也贯彻了这一路线。1950 年 8 月 19 日，政务院发布《政务院关于加强人民监察通讯员和人民检举接待室的指示》，要求各地必须推广培养人民监察通讯员和建立人民检举接待室组织，针对群众来信的处理工作，中央办公厅指出，各中央局、省委、地委要设立处理人民来信的机构或指定专人负责，并建立起登记、研究、转办、检查、留案等必要的制度。为了鼓励群众积极参与反腐败斗争，1950 年 4 月 19 日，党中央做出《中共中央关于在报纸刊物上展开批评和自我批评的决定》要求"在一切公开的场合，在人民群众中，特别在报纸刊物上展开对于我们工作中一切错误和缺点的批评与自我批评。"这些措施使党内外广大群众提高了觉悟，消除了顾虑，纷纷行动起来揭发、检举贪污违法行为，成为当时反腐败斗争的巨大动力来源。

---

① 《荀子·哀公》篇。

在此期间，查处了大量贪污案件，其中最为典型的是刘青山、张子善案。1952 年 10 月，"三反"运动结束。据统计，全国县以上党政机关（军队除外）参加运动的总人数为 383.6 万人，共查出贪污分子和犯贪污错误者 120.3 万多人，其中党员 19.6 万多人。全国被贪污的赃款赃物合计 6 万亿元。全国共有 42 人被处决，9 人被判处死缓，67 人被判处无期徒刑。[①]

**（二）新中国成立初期我国反腐败斗争的启示**

新中国成立初期的反腐败斗争是中国共产党在取得执政地位伊始，对如何防止执政党腐化变质、如何保持共产党人廉洁作风的一次探索。不仅对巩固中国共产党的执政地位和形成当时良好的社会风尚发挥了重要作用，而且也为中国共产党的党风廉政建设积累了经验。首先，新中国成立初期，中国共产党将反腐倡廉这一问题作为执政党的重大政治任务来抓，并给予了高度的重视，政策地位上的肯定为反腐败斗争成果的取得奠定了基础。其次，当时反腐败斗争的指导思想反映了系统治理的理念，初步构建了一个集依法惩治、教育预防、社会监督等多方面环节的反腐体系。最后，具有社会反腐的观念，在反腐败斗争中重视群众的参与。

新中国成立初期的反腐败斗争取得了显著的成果，但是，也出现了一些问题，如存在斗争扩大化、政策执行过程中出现"过火"等现象。"三反"运动中全国被打出的"老虎"（贪污 1000 万元以上）最多时达 29.2 万多人，其中多半是把小贪污、公私不分、失职、浪费算成了"老虎"，或因赃物折价过高而成了"老虎"，有的甚至完全打错了；很多地方发生"逼供信"偏向，有少数人因肉刑逼供而致残。[②] 这些教训应当引起重视。腐败无疑是关系到执政党的地位的问题，从执政党的角度而言，将反腐败上升为一个政治问题对于加强反腐力度、保障其执政地位是有利的，但是，从另一个方面来看，这样也很容易将腐败和反腐败问题扩大化成为一个完全的政治问题，从而导致一些负面效果。从方式上来说，政治运动式的反腐不应成为反腐败的模式，反腐败应当常态化、法律化，弱化腐败与反腐败的政治色彩，而强化其法律色彩，构建和完善反腐败的法律体系，在法律的框架内来思考反腐败的策略和具体问题。

## 三、 当前我国的腐败形势与反腐败刑事政策的完善

### （一）当前我国腐败形势的判断

2012 年 11 月 14 日中共中央纪律检查委员会在党的第十八次全国代表大

---

① 《中国共产党怎样解决作风建设问题》，载人民网-理论频道，http://theory.people.com.cn/n/2014/0603/c385524-25097430.html，访问时间：2015 年 6 月 30 日。

② 《中国共产党怎样解决作风建设问题》，载人民网-理论频道，http://theory.people.com.cn/n/2014/0603/c385524-25097430.html，访问时间：2015 年 6 月 30 日。

会的工作报告中指出："五年来，党风廉政建设和反腐败斗争深入开展，惩治和预防腐败体系基本框架初步形成，反腐倡廉建设科学化水平不断提高，一些领域消极腐败现象滋生蔓延势头得到遏制，人民群众对反腐倡廉取得的成效给予肯定。"同时也指出，"当前，腐败现象在一些地方和部门仍然易发多发，有的案件涉案金额巨大、涉及人员众多，特别是高级干部中发生的腐败案件影响恶劣；腐败行为更加复杂化、隐蔽化，监督机制和预防腐败手段还不健全，揭露和查处难度加大；一些领导干部利用职权或职务影响，为配偶、子女、其他亲属和身边工作人员谋取非法利益问题突出；少数领导干部理想信念动摇，宗旨意识淡薄，缺乏艰苦奋斗精神，严重脱离群众，形式主义、官僚主义和铺张浪费问题比较严重；个别领导干部无视党纪国法，甚至严重违法乱纪。反腐倡廉工作还存在一些薄弱环节。"[1] 2015 年 1 月，中央纪委研究室主任苗庆旺在做客中纪委官网访谈时，谈及当前的反腐形势时指出，目前，有的地方政治生态恶化，干部被"围猎"，权钱交易、权色交易等腐败问题不断发生。在五次全会上，习近平总书记和王岐山同志都对当前反腐败斗争形势进行了分析，概括起来就四个字：严峻复杂。特别是腐败和反腐败呈胶着状态，我们在实现不敢腐、不能腐、不想腐上还没有取得压倒性胜利，腐败活动减少了但并没有绝迹，反腐败体制机制健全了但还不够完善，思想教育加强了但思想防线还没有筑牢，减少腐败存量、遏制腐败增量、重构政治生态的工作艰巨繁重。[2]

可见，无论是国际组织还是国内反腐部门，在对当前我国腐败形势的判断上尽管表述不同，但是存在共同之处，即都认为我国当前的腐败形势仍然严峻，不容乐观，反腐败斗争仍然任重道远。

**（二）我国反腐败刑事政策的完善**

从古至今，反腐败始终是社会治理的重要内容。回顾我国反腐败刑事政策的发展演变以及总结在此过程中的经验和教训，笔者认为，在巩固目前已经取得的反腐败成果的基础上，我国的反腐败刑事政策还需要适当地进行合理化调整和完善。

首先，确立"系统治理"的反腐思维。腐败现象的成因是复杂的，人性的贪婪、道德观念的淡薄、社会转型期的社会失范、制度的不足、监督的缺失……诸多论著里对此都进行过很详尽的探讨。既然如此，对于腐败犯罪的治理政策也要避免简单化、单一化，而应有系统治理的观念。综观我国历史上对腐败问题的治理，无论是古代封建社会，还是新中国成立初期，反腐败

---

[1] 《中共中央纪律检查委员会向党的第十八次全国代表大会的工作报告》，载人民网，http://cpc.people.com.cn/n/2012/1119/c64387-19626455-1.html，访问时间：2015 年 6 月 10 日。

[2] 《中纪委：腐败和反腐呈胶着状态》，载新浪新闻，http://news.sina.com.cn/c/2015-01-17/015931410245.shtml，访问时间：2015 年 6 月 22 日。

能够取得一定成效，都有赖于"系统治理"的反腐思维，即从思想教育、监督制约、法律惩治三个方面完整地、多层次地、多维度地治理腐败问题。仅仅依靠其中某一个方面，都是无法实现廉政目标的，必须多管齐下、"软硬兼施"。除了层次、手段的多样化，系统治理还包括参与主体的多元化，即在腐败治理中采取以国家整治为主导、社会参与为辅的治理模式，构建严密而高效的腐败犯罪治理体系。

其次，惩治与防范并举，加强腐败的预防工作。近几年的反腐斗争中查处了诸多党员干部，他们受到严厉惩罚固然是罪有应得、大快人心的，但从另一方面来讲，大批党员干部银铛入狱，这无论是对其个人还是对党组织来说，都是可悲可叹之事。汉代的桓宽在《盐铁论校注》中指出："法能刑人，而不能使人廉；能杀人，而不能使人仁。"刑罚的威慑功能毕竟是有限的。就犯罪治理而言，事前预防比事后惩罚无疑具有更高的价值。《联合国反腐败公约》第5条第2款规定："各缔约国均应当努力制定和促进各种预防腐败的有效做法。"作为《联合国反腐败公约》的缔约国，我国应根据国情，制订预防腐败的具体计划和措施：其一是加强预防职务犯罪的相关立法。为了与《联合国反腐败公约》第5条的预防理念相衔接，更有效地推进预防工作，可以建议从立法上赋予检察机关"预防权"，作为检察机关法律监督权的延伸。通过立法明确将检察机关对执法机关的监督扩大到"三机关"、事业单位和企业，把对刑事诉讼过程的监督延伸到国家公务活动中的预防性监督，并明确规定检察机关及其工作人员的职责权限和活动规则。① 此外，笔者认为，预防性法规制定得越详细具体，可操作性就越强。在制定预防性规章条款时，应将规章制定尽可能细化，尽可能规范化、制度化，只有这样，才能起到预防腐败的实效。其二是健全预防职务犯罪机构。要落实《联合国反腐败公约》第6条的精神，健全职务犯罪预防机构，加强预防职务犯罪机构的专业化建设。一是建立一套规范的运作程序，使预防工作的组织、方法步骤、权限等均有严密的规范，并有一套规范、完善的监督体系。二是加强领导，配齐、配强人员，保障必需的经费、物质条件和技术装备，确保预防工作政令通畅，通过健全和完善检察机关内部相互联动、资源共享、分工负责的预防工作协调指挥之际，使预防工作体现出高度的专业性。三是贯彻《联合国反腐败公约》精神，在预防工作中形成专家化、专业化队伍模式。此外，在预防工作中还要注意开展与其他国家和地区的交流、学习，促进预防人员了解国际规则，促进反腐败的国际合作。

最后，在腐败犯罪案件的查处中，贯彻好宽严相济的刑事政策。贯彻宽严相济的刑事政策，最为关键的是正确把握"宽"与"严"的标准。从腐败

---

① 章其彦：《检察机关预防职务犯罪工作机制探讨》，载《经济与法》2008年第7期。

犯罪的性质与特点来分析，犯罪手段、犯罪的后果、认罪态度、退赃等都是要考虑的因素。比如，区分被动受贿与主动索贿，对于主动索贿的要更加从严处理；对于在腐败犯罪中严重损害国家利益与公共利益的，予以从严处罚；对于积极认罪并退赃的，在量刑上适当从宽。此外，还有一个值得讨论的问题，就是行贿人与受贿人在处罚上的宽与严。在《刑法修正案（九）（草案）》的讨论过程中，有论者批评现行刑法"重受贿、轻行贿"，主张对行贿者与受贿者同等处罚。对此，笔者不能苟同。行贿者是受贿犯意的勾起者，似乎是贿赂犯罪的"恶之源"，但是，受贿犯罪的发生归根结底还是受贿者面对诱惑，违背了自己的职责和应有的操守，以财物诱惑他人犯罪固然可责，但被诱惑者失了定力、慨然用职责权力拱手相换才是可罚的关键。因此，反腐败刑事政策的重点理应是受贿行为，而不是行贿行为。腐败犯罪不属于临时起意一类的犯罪，其动机的形成与贪贿行为的实施，都是行为人经过考虑的结果，换言之，腐败犯罪的行为人是"理性人"，犯罪经济学上所研究的犯罪成本——犯罪收益理论完全可以适用于对腐败犯罪的分析。因此，反腐败刑事政策实际上就是国家与这些"理性人"的博弈。"重受贿、轻行贿"的政策有利于从行贿人一方打开缺口，掌握关键证据，从而侦破贿赂案件，同时，从另一个角度，这也增加了受贿人的犯罪成本，因为他随时可能遭到对方（行贿人）的"背叛"或"出卖"，这是他实施犯罪时要考量的。倘若对双方同等处罚，则可能促成他们成为利益共同体，建立攻守同盟，这无疑会加大贿赂案件侦破的难度。因此，无论是从贿赂犯罪发生的关键环节来讲还是从刑事政策博弈的角度来讲，"重受贿、轻行贿"的政策是具有其合理性的。当然，这里的"轻"是与受贿相比较而言的，并不等同于放纵。

# 党的十八大以来我国反腐败
# 刑事政策评析与思考

李　梁* 夏　萌**

党的十八大以来，以习近平为总书记的党中央以前所未有的反腐败力度，坚持以"零容忍"态度惩治腐败，坚持"老虎"、"苍蝇"一起打，以猛药去疴、重典治乱的决心，以刮骨疗毒、壮士断腕的勇气，打出一系列反腐"重力拳"和"组合拳"，一批重大案件得以查处，一大批腐败分子纷纷落马，有效地遏制住了腐败多发、高发势头，赢得了全党全社会的广泛赞誉和衷心拥护。

党的十八大以来，新的中央领导集体在认真分析反腐败的严峻形势的基础上，针对反腐败斗争的长期性、复杂性和艰巨性的特点，在坚持标本兼治方针的同时，及时而巧妙地调整反腐败策略，提出了当前以治标为主、为治本赢得时间的反腐新策略。

## 一、 法治反腐的治理目标："零容忍" 刑事政策之提倡

### （一）"零容忍" 刑事政策之提倡

习近平总书记指出："反对腐败、建设廉洁政治，保持党的肌体健康，始终是我们党一贯坚持的鲜明政治立场"；"腐败是社会毒瘤，如果任凭腐败问题愈演愈烈，最终必然亡党亡国"。当下"必须继续保持反腐败高压态势，坚持以零容忍态度惩治腐败"。① 这就充分说明，自党的十八大以来，党和国家深刻认识到腐败对于党和国家的危害，采取"零容忍"的刑事政策，坚持有腐必惩、有贪必肃，取得了让人民群众信服的成效，开创了廉洁政治新局面。党的十八大以后提出对腐败要"零容忍"的刑事政策，"零容忍"首先是一种态度，"零容忍"指的是对于发现的腐败线索要认真追查，做到发现一起查处一起。"党的十八大提出建设廉洁政治的重大任务，要求做到干部清正、政府清廉、政治清明。"廉洁政治目标的提出带来的是腐败治理策略的转变。

---

* 北京师范大学刑事法律科学研究院博士后研究人员，法学博士。
** 中南财经政法大学刑事司法学院硕士研究生。
① 刘俊杰、徐玉生：《习近平反腐败思想初探》，载《理论探索》2014 年第 4 期。

党的十八大以来，习近平总书记就党风廉政建设和反腐败斗争发表了一系列重要讲话，在腐败治理目标、治理核心、治理结构、治理布局和治理路径等方面提出了一系列新思想、新观点、新论断、新要求，构成了一个完善的思想理论体系，为深入推进党风廉政建设和反腐败斗争指明了方向。零容忍政策实质上就是要求"把法律制定得明确和通俗；就应该让国家集中全力去保护这些法律，而不能用丝毫的力量去破坏这些法律"。[①] 通过这样的方式来树立法律的威信，达成法律所欲达到的目标，因此，实行零容忍政策是建设法治社会的应有之义，逻辑之必然，即使贿赂形式更新，但都不会被容忍于法律体制之中。

### （二）"零容忍"刑事政策的司法践行与贯彻

党的十八大以来，已经有 100 名副省部级以上官员和军级以上军官落马（30 人），在这 100 名省部级以上的"老虎"中，所涉及的职位从政协副主席到政治局委员再到政治局常委。其中周永康、徐才厚、苏荣、令计划等"大老虎"的倒下更令世人震惊。反腐"无下限"，对"亿元水官"马超群等基层官员的惩处正证明了这一点。我们也统计一下拍"苍蝇"的成绩，两年多来，一共有 9 万多的"苍蝇"被清理，其中 2014 年一年就清理了 6 万多人。还有，反腐没有限额，毫不留情，不留缝隙，包含到军队、娱乐圈等过去没有涉及的领域。尤其是高压反腐进入新常态以后，今年两会以后，我们反腐的频率进一步加快，中纪委 6 天内打"四只大老虎"，打破了"退休"、"两会"、"能力强"等多种"护身符"。过去，有人把退休、高官、地域等当成"护身符"，从党的十八大后的反腐实践中，我们看到，这些"护身符"相继失灵。这些"护身符"的失灵告诫贪官们：反腐没有禁区，没有死角，不会因地、因人、因时而异，违反党纪国法就只有死路一条。"老虎"、"苍蝇"一起打，这是我们反腐败"治标"新打法，也是我们最大的特色，即反腐败"不设上限"。由此看出，"零容忍"体现了反腐败的决心，增强了老百姓的信心，是通过加大案件查办力度，遏制当前腐败不断蔓延的态势，并不是要把官员队伍一网打尽。"零容忍"刑事政策的核心是要求对腐败现象实行"零容忍"，既要严惩严重的腐败犯罪，也不能放纵普通的腐败犯罪，具有针对过去不当地大范围宽大处理普通腐败犯罪的现象（如将部分腐败犯罪不作为犯罪处理、免除处罚处理、缓刑处理等宽大处理）进行"纠偏"的作用。从而让那些有贪婪之心的官员置身于不敢腐、不愿腐、不想腐的一种生态政治环境。习近平说，"自然生态要山清水秀，政治生态也要山清水秀。严惩

---

① ［意］贝卡里亚著：《论犯罪与刑罚》，黄风译，中国大百科全书出版社 1993 年版，第 104～108 页。

腐败分子是保持政治生态山清水秀的必然要求"。① 事实上，当前"不敢腐"
已初见成效，接下来还要向"不能腐"和"不想腐"迈进。要实现这样的跨
越，既要靠制度建设，更要靠法治。

**（三）"零容忍"刑事政策的现实考量**

在反腐败的斗争中，宏观或具体刑事政策对立法与司法起到重要的指导
作用。不同的刑事政策反映了不同的解决思路与方案。而对刑事政策的不同
选择，不但反映着国家对腐败犯罪惩治策略的趋势和走向，而且常常决定反
腐败的实效乃至成败。在当下我国反腐败斗争中，其成果直接取决于对刑事
政策理论的实施与完善。

从当下政治腐败的客观方面来看，近年来，国家惩治腐败犯罪的力度虽
然不减，但收效难尽如人意。② 党的十八大后，从党和国家提出"老虎"、
"苍蝇"一起打的刑事政策来看，依然有一些官员目无国法党纪，顶风作案。
在此背景下提出"零容忍"的刑事政策，自然成为适应形势发展的反腐败
制度。

应当指出，"零容忍"侧重于对行为性质的评价，具有立法的宣示意义，
但对域外"零容忍"制度也不能作完全概念化的解读，它并不是业已达成共
识的普世价值标准。在大多数西方国家，根据各自的历史情况，司法对腐败
行为的定罪仍是需要达到一定程度，从刑事政策的角度看，在现实的条件下，
将腐败水平降低为零需要付出太大的代价。从党的十八大后，国家对贪腐官
员采用了"零容忍"的刑事政策，从目前的态势来看，收到了良好效果。笔
者认为，应该坚持当前的反腐态势，摒弃"抓大放小"的反腐败思维模式，
积极贯彻落实"老虎"、"苍蝇"一起打的政策精神。在定罪上，只要严格按
照刑法的规定认定腐败犯罪，而不是自定标准、法外施恩，"零容忍"刑事
政策目标也就不难实现。

## 二、反腐模式的重构：法治反腐刑事政策的形成

**（一）法治反腐刑事政策的提出**

党的十八届四中全会首次将"依法治国"作为中央全会的主题，通过了
《中共中央关于全面推进依法治国若干重大问题的决定》。全会提出只有用法
治思维和法治方式应对和解决腐败问题，才能从运动反腐到制度反腐，从不
敢腐到不能腐。全会折射出的新思维，就是要制度反腐、依法治贪，就是要
构建一个制度化、法治化反腐的笼子，用制度的笼子来管人、管权、管事，

---

① 参见习近平：《关于〈中共中央关于全面深化改革若干重大问题的决定〉的说明》，载《人
民日报》2013 年 11 月 17 日。

② 孙国祥：《反腐败刑事政策思考》，载《人民检察》2014 年第 14 期。

它表明反腐纠风工作将并入法治轨道、依法反腐将成为新常态。① 预示着今后我们继续保持反腐的高压态势的同时，会着力推进制度反腐，着眼反腐制度设计，以权力制约权力，规范约束权力运行等"治本"的措施。习近平总书记在党的十八届中央纪委第二次全会上指出："要善于用法治思维和法治方式反对腐败，加强反腐败国家立法，加强反腐倡廉党内法规制度建设，让法律制度刚性运行。"② 由此可见，法治反腐是当前反腐败中的重要的刑事政策。

党的四中全会为法治反腐的刑事政策指明了方向，明确了思路，一些大要案将进入司法程序，按法治理念、法治方式全面推进反腐。要实现党内法规与国家法律的无缝对接，做到有法可依、执法必严、违法必究。依法治国与依规治党双管齐下，党纪与国法的无缝衔接更趋常态化。针对反腐败刑事法网尚不够严密的情况，我国需要适时通过修改刑法的方式适当完善反腐败刑事法网，以适应《联合国反腐败公约》的要求。③ 比如《刑法修正案（九）（草案）》将贪污贿赂犯罪"由原来的由数额定改为由性质来定"并保留死刑等。也就是我们要着重强调反腐败的科学立法。为惩贪肃腐提供强有力的法律支持。可以预见，党的四中全会通过的决定关于反腐败的部署和相关举措，以及《刑法修正案（九）（草案）》对反腐败制度规定的修改，必将在我国掀起新一轮强劲的反腐败浪潮，对新时期的反腐败工作将产生重大而深远的积极影响，我国反腐败和廉洁政治建设的前景必将是光明的。④ 相关法治精神已经在对丁羽心等人的判决和"天价罚金"中有所体现。此外，《刑事诉讼法》的缺席审判等制度程序，在"没收外逃官员违法所得第一案"的李华波案中成功地得到运用。

无论反腐败形势如何严峻、复杂，反腐败必须在法治的轨道上进行，以法治思维和法治方式推进。正如习近平总书记在纪念宪法实施 30 周年大会上的讲话所强调的，要坚持依法治国、依法执政、依法行政共同推进，坚持法治国家、法治政府、法治社会一体建设。在整个改革过程中，都要高度重视运用法治思维和法治方式，发挥法治的引领和推动作用，加强对相关立法工作的协调，确保在法治轨道上推进改革。⑤ 坚持依法反腐，严格党纪国法，才能为反腐败斗争定标准、立规矩，排除人为干扰，顺应人民期待，不断改

---

① 张西道：《十八大后反腐形势与防治路径研究》，载《理论研究》2013 年第 5 期。

② 王希鹏：《党的十八大以来习近平党风廉政建设和反腐败斗争新思想》，载《中国党政干部论坛》2014 年第 6 期。

③ 李梁：《〈联合国反腐败公约〉框架下我国反腐败案件中检察职权的改革与完善》，载《法学杂志》2015 年第 6 期。

④ 赵秉志：《法制日报》2014 年 12 月 31 日第 11 版。

⑤ 涂小雨：《反腐败与中国共产党执政方式的现代转型》，载《宁夏党校学报》2015 年第 3 期。

进党的领导方式和执政方式，实现现代转型。反腐败斗争必须严明党的政治纪律，要说到做到、有纪必执、有法必依、有违必查。只有反腐败的法制健全，在法律的框架内惩处腐败分子，才能做到有法必依、执法必严。

**（二）反腐败模式的重构，健全法治反腐的刑事政策**

党的十八大以来，新一届中央领导集体高举反腐败大旗，更加科学有力地防治腐败，坚定不移地把党风廉政建设和反腐败斗争引向深入，响亮地提出要"把权力关进制度的笼子里"，要求反腐败坚持"老虎"、"苍蝇"一起打，有腐必反、有贪必肃，不断铲除腐败现象滋生蔓延的土壤，吹响了中国新一轮反腐败的号角。2013 年 8 月 27 日召开的中共中央政治局会议明确强调，全党要把思想和行动统一到中央对反腐败斗争的形势判断和要求部署上来，把坚决遏制腐败蔓延势头作为重要任务和工作目标，坚持"老虎"、"苍蝇"一起打，严肃查处党员干部违纪违法案件，充分发挥震慑力。[①] 与此同时，会议还审议通过了《建立健全惩治和预防腐败体系 2013~2017 年工作规划》，力倡在坚决惩治腐败的同时更加科学有效地防治腐败。2013 年 11 月 12 日，中共十八届三中全会通过的中共中央《关于全面深化改革若干重大问题的决定》（以下简称《决定》），更是提出坚持用制度管权、管事、管人，让人民监督权力，让权力在阳光下运行，乃是把权力关进制度笼子的根本之策。[②] 可以说，党的十八届三中全会的上述《决定》从多个方面对健全我国反腐败领导体制和工作机制做出了科学部署，对新形势下的反腐倡廉建设提出了新要求。

廉政建设既要靠教育，更要靠法治。加强反腐败立法，建立起较为系统、完备的反腐败法律制度，是预防和治理腐败的基本路径。[③] 党的十八大强调要"健全反腐败法律制度，更加科学有效地防治腐败"。习近平总书记在党的十八届中央纪委第二次全会上提出"要善于用法治思维和法治方式反对腐败，加强反腐败国家立法，加强反腐倡廉党内法规制度建设，让法律制度刚性运行"。党的十八届四中全会提出"加快推进反腐败国家立法，完善惩治和预防腐败体系，形成不敢腐、不能腐、不想腐的有效机制，坚决遏制和预防腐败现象"。推进反腐败国家立法是在法治轨道上深化反腐败斗争。立法规范官员的权力使用，为反腐提供更健全的法律依据。党的十八届中央纪委第五次全会也明确提出"抓紧修订廉政准则、纪律处分条例、巡视工作条例

---

① 参见《中央政治局会议决定 11 月召开十八届三中全会》，载《人民日报》2013 年 8 月 28 日。

② 参见《中共中央关于全面深化改革若干重大问题的决定》（2013 年 11 月 12 日中国共产党第十八届中央委员会第三次全体会议通过）。

③ 于伟峰、张笑雅：《论"不敢腐""不能腐""不想腐"——兼谈以习近平为总书记党中央的反腐思想与实践》，载《辽宁行政学院学报》2015 年第 3 期。

以及行政监察法，完善巡视与派驻制度，做实双重领导体制，目的就是要把纪律检查体制改革实践成果制度化，推动形成全面从严治党的新常态"。一系列的文件和法律法规的出台表明我国反腐工作将更加程序化，反腐立法与时俱进，不断推动反腐工作的深化。依靠法治规范权力运行程序，铲除滋生腐败的空间从而达到预防腐败的产生。

### （三）法治反腐败体制机制创新：反腐败法的制定

应当考虑制定一部综合性的专门反腐败法，以集中确立我国反腐败的体制机制、实体规则、程序运行等主要内容。[1] 我国目前惩治和预防腐败法律规范体系存在的反腐立法分散、反腐法网不够严密、刑事规制范围较为狭窄、程序运行不够顺畅、相关规范可操作性不强等问题，已在一定程度上影响了惩治和预防腐败的效果；我国在反腐败斗争的长期实践中形成的行之有效的政策、措施、经验等，也有很多需要上升为法律规定或者提升规范效力层次，使之运用具有法律依据。这些都使得我国现阶段迫切需要制定一部长期稳定、科学有效的专门反腐法律，作为我国开展反腐败工作的法律依据，从而使法治反腐有章可循、有据可依，增强反腐的实效性、严肃性、长期性和稳定性，以确保反腐斗争在法治的规制下走得更长、走得更远，确保反腐政策不因时而异、因人而变。[2]

《反腐败法》的制定要以中国特色社会主义法治理论和反腐倡廉理论为指导，从我国基本国情出发，同反腐败斗争的现实需要相适应，注重总结和遵循同腐败现象作斗争的客观规律，积极借鉴境外反腐的有益法治经验，使之成为一部符合实际、务实管用、与时俱进的反腐"基本法"。

## 三、 法治反腐治理理念： 全面贯彻宽严相济的刑事政策

### （一）依法治国与法治反腐：必须与宽严相济的刑事政策相协调

宽严相济是我国的一项基本刑事政策，这一政策的主要含义是指对待刑事犯罪区别对待，做到既要有力打击和震慑犯罪，维护法制的严肃性，又尽可能地减少社会对抗，化消极因素为积极因素，实现法律和社会效果的统一。亦即要求刑事司法区别不同性质和不同种类的犯罪，具体案件具体分析，分别采取不同的刑罚措施。

实行宽严相济的刑事政策，应当根据一定的社会条件和犯罪情势，正确把握宽与严的标准和尺度。从当前和最近几年反腐败的实际看，贯彻宽严相济的刑事政策存在的一个倾向性问题是"当严不严，惩治偏宽"。它突出表现为两个方面：一是对犯罪事实的认定过松；二是对犯罪对象的刑罚过轻。

---

① 涂小雨：《反腐败与中国共产党执政方式的现代转型》，载《宁夏党校学报》2015 年第 3 期。
② 赵秉志：《关于加强反腐败体制创新的思考和建言》，载《法制日报》2014 年 12 月 31 日第 11 版。

这种惩治偏宽、宽严失调的倾向，不可避免地向腐败分子以及潜在的腐败分子传达了错误的信息，并可能引起社会公众的误解，从而使反腐败工作陷入被动。

反腐败中贯彻宽严相济的刑事政策，最为关键的是正确把握宽严的衡量标准。虽然贪污贿赂等犯罪的数额，是定罪量刑的主要依据，但也有一个参照其他情节的问题，因此在适用宽严相济的政策中，正确认识和把握与案件密切相关的其他情节极为重要。[①] 宽严相济的核心精神和落脚点是最大限度地增加社会和谐因素。宽严相济和人性化司法两者之间是共通的，我们应当在尊重事实和不违背原则的情况下，以人为本，做到执行法律不仅要有力度，而且要有尺度。

"打虎拍蝇"策略必须同"依法治国"、"宽严相济的刑事政策"相协调，而不可能单打独斗。具体地讲，当下我国在反腐败犯罪工作中必须恰当处理好宽严相济的刑事政策精神、"老虎"、"苍蝇"一起打和"受贿行贿一起抓"三者之间的关系，特别关注反腐败犯罪的刑事政策体系化问题，使得三者在我国防治腐败犯罪中协调发挥应有作用而不至于出现政策或策略上的偏差，从而在整体上为我国防治腐败犯罪具体工作和刑事法治建设大局增添"正能量"。[②] "老虎苍蝇一起打"较为形象地宣示了我国反腐败犯罪的基本思路是实行"零容忍"，但是并不能解读为反腐败犯罪在刑事政策上放弃了宽严相济的刑事政策而回到了"严打"的老路。[③] 从刑事政策的系统关联性原理审查，当前"打虎拍蝇"需要强调两条：一是"打虎拍蝇"必须注意与宽严相济的协调；二是"打虎拍蝇"策略必须同"依法治国"相协调。

**（二）罪刑法定原则：必须坚持宽严相济的刑事政策**

宽严相济的刑事政策是我国的基本刑事政策，是法治的要求，而不是个人感情用事的问题。对于受贿"情节显著轻微危害不大的"、符合自首和立功条件的，应依法作出无罪认定处理，从轻、减轻或者免除处罚的处理；对于"事实不清、证据不足的"，应依法作出无罪处理；对于符合不起诉条件的，应依法作出不起诉决定等。不得违法制定一些"土政策"来对抗刑法，例如，不得一刀切地禁止对腐败犯罪作出不起诉、不定罪、不处刑或者适用缓刑等处理，否则，也是违法与刑事政策不协调。

从刑事政策原理来看，刑事政策与刑事法律的关系可以从三个层面进行概括：一是在价值取向上，刑事政策与刑事法律是指导与被指导的关系；二

---

① 叶林华：《〈联合国反腐败公约〉与我国反贪刑事政策的完善》，载《法学》2007年第11期。

② 参见魏东：《当下中国反腐败政策的考量诠释》，载《法治研究》2013年第9期；魏东：《对腐败犯罪"老虎苍蝇一起打"的刑事政策考量——兼议"特别重大贿赂犯罪案件"的政策性限缩解释》，载《甘肃政法学院学报》2014年第2期。

③ 魏东：《论在"打虎拍蝇"中的法治理性》，载《法治研究》2014年第10期。

是在对策系统上，刑事政策与刑事法律是整合与被整合的关系；三是在具体措施上，刑事政策与刑事法律是校正与被校正的关系。如果现行刑事法律没有规定为犯罪的行为但是在实质上具有社会危害性，则对该行为不应当追究刑事责任，这既是罪刑法定原则所确认的特定刑事政策精神的基本要求，也是刑法安定性的基本要求。例如：性贿赂案件、违规经商案件的定性处理，尽管其具有十分严重的社会危害性。[1] 例如，在铁道部原部长刘志军案中，2003 年至 2009 年，刘志军先后在豪华酒店、高消费娱乐场所与山西女商人丁书苗出资安排的多名女性嫖宿。[2] 丁书苗出资安排对刘志军进行的性贿赂，就可以转化为用金钱来衡量的性贿赂，其出资额就可以考虑认定为贿赂的数额。但是由于刑法没有明确规定，因而在实践中我们都不得将其作为贪污贿赂犯罪论处，这与现代刑事政策理念有关，与刑事政策对刑法的罪刑法定原则有关。笔者认为，需要适时修改刑法，把性贿赂犯罪化，这将有利于惩处犯罪分子，也与当前的反腐败有着紧密的联系。

**（三）法治反腐的背景下，切实贯彻宽严相济的刑事政策**

宽严相济的刑事政策是近年来我国确立并正在大力弘扬的对理性治理犯罪和促进和谐社会建设具有重大意义的基本刑事政策，我国刑事法治（当然包括反腐败刑事法治）都应当遵循这一政策。[3] 由于腐败犯罪严重损害了党和政府的形象，危及我们党执政党的地位，破坏社会公平正义，危害严重，民愤很大，总体而言，对腐败犯罪应当贯彻从严惩处的政策精神。在此基础上，还应当根据腐败犯罪及犯罪人的具体情形，本着宽严相济刑事政策的精神，依法合理地有所区别对待。一方面，对那些不但贪污、受贿数额特别巨大，而且具有其他特别恶劣情节的犯罪分子，要坚决依法予以严惩。另一方面，对于贪污、受贿后能够投案自首，坦白交待，积极退赃，真诚悔罪，乃至立功，没有给国家和人民利益造成重大损失的犯罪分子，应当在法律和政策的范围内，合理地予以从宽处理。[4] 总之，在惩治腐败犯罪时，应当在总体从严的基础上，注意贯彻宽严相济刑事政策的精神，努力做到当严则严，当宽则宽，严中有宽，宽中有严，宽严适度，宽严相济。

---

① 赵秉志：《中国反腐败刑事法治的若干重大现实问题研究》，载《法学评论》2014 年第 3 期。

② 参见《丁书苗曾数次出资安排多名女性供刘志军嫖宿》，载《新京报》2013 年 9 月 8 日。

③ 赵秉志：《略论反腐败与我国刑事法治的完善》，载《人民法院报》2010 年 11 月 24 日第 6 版。

④ 赵秉志：《略论反腐败与我国刑事法治的完善》，载《人民法院报》2010 年 11 月 24 日第 6 版。

## 四、 结语

德国学者李斯特有句名言："最好的社会政策乃是最好的刑事政策。"反腐败犯罪的基本刑事政策是指国家和社会制定的、在较长时间内同腐败犯罪现象作斗争的指导方针和策略，本文认为防治腐败犯罪的基本刑事政策应该是宽严相济的刑事政策。

# 我国当下反腐政策及其贯彻

## ——兼议《刑法修正案（九）（草案）》相关内容的修改完善

魏　东[*]

如何恰当归纳和正确认识我国当下的反腐败刑事政策？也许有人会认为这不是一个"真问题"，因为当下我们实实在在贯彻执行的反腐政策就是"零容忍"、"老虎苍蝇一起打"、"行贿受贿一起抓"，明白无误且不容置疑。但是这一论断可能并不全面。笔者认为，必须站在宪政和犯罪治理公共政策的原则立场来理性审视我国当下的反腐政策，才能得出科学合理的观察结论。从这种审视刑事政策的原则立场出发，我们可以发现三个层面的"真问题"：其一，我国当下反腐政策的科学体系化问题，亦即其如何具体符合当下我国政治上践行"依法治国"的宪政方略，以及当下我国犯罪治理公共政策上推行"宽严相济的刑事政策"的公共理性的基本考量；其二，我国当下反腐政策的司法贯彻问题，亦即基于前述问题论断的基础上，如何恰当评估我国司法实践中贯彻执行反腐政策所取得的成就与存在的不足；其三，我国当下反腐政策的立法贯彻问题，亦即基于前述两方面问题论断和评判的基础上，如何全面审视我国惩治贪污贿赂犯罪的现行立法及其修改完善方案。最后一个问题直接关涉全国人大常委会正在审查的《刑法修正案（九）（草案）》中的相关内容，本文亦对此提出系统的修改完善意见。

## 一、当下反腐政策的科学体系化

毋庸置疑，"零容忍"、"老虎苍蝇一起打"、"行贿受贿一起抓"是我国反腐败的重要策略措施。其关涉刑事政策基本原理，因而需要从刑事政策学立场加以考察。刑事政策原理具有十分重大的理论价值和实践意义，从刑事学科体系层面上看，刑事政策学具有重要的指导地位，素有"灵魂论"、"精髓论"；从犯罪防控实践层面上看，刑事政策一直占据着核心的、统帅的地

---

* 四川大学法学院教授、博士生导师，四川大学刑事政策研究中心主任。

位，亦即"核心论"、"统帅论"。① 总体上，我国长期以来在犯罪防控问题上超乎寻常地重视刑事政策的应用，尤其是在刑事立法和司法中刑事政策都起着十分重要的作用。这种实然状况，与我国理论上对刑事政策研究较为薄弱的理论现状很不协调，形成了较大反差，导致了现实生活实践中部分破坏法治、侵犯人权事件的发生，严重破坏了社会公正，从而在根本上不利于我国法治、社会和国家的进步发展。② 因此，为了更加理性、全面地认识我国当下的反腐政策，我们必须秉持宪政立场并严肃运用刑事政策学原理，检讨我国当下反腐政策的科学体系化问题。

（一）反腐政策必须全面考量国家刑事政策体系，必须服从、服务于"依法治国"大局，必须同"宽严相济的刑事政策"协调一致

反腐政策的科学体系化，其基本要求就是必须将反腐政策完全置于国家刑事政策体系之中加以系统考量，切实照应刑事政策系统内部各具体政策之间的系统关联性。从刑事政策的系统关联性原理审查，当前反腐政策必须全面考量国家刑事政策体系，必须服从、服务于"依法治国"大局，必须做到同"宽严相济的刑事政策"协调一致，必须做到"有所为、有所不为"、"有所顾忌"，而不能是单打独斗的策略措施。

具体地讲，在依法治国大局之下，当下我国在反腐败犯罪工作中必须严格依法办事，必须恰当处理好其同宽严相济刑事政策之间的关系，特别关注反腐败犯罪的刑事政策体系化问题，使得其在我国防治腐败犯罪中协调发挥应有作用而不至于出现政策策略上的偏差，从而在整体上为我国防治腐败犯罪具体工作和刑事法治建设大局增添"正能量"。③ "老虎苍蝇一起打"、"行贿受贿一起抓"较为形象地宣示了我国反腐败犯罪的基本思路是实行"零容忍"，但是并不能解读为反腐败犯罪在刑事政策上放弃了依法治国大局和宽严相济的刑事政策而回到了"严打"老路。"宽严相济的刑事政策"必须坚持，这是我国的基本刑事政策，是刑事法治的基本要求，而不是个人感情用事的问题。对于受贿"情节显著轻微危害不大的"、符合自首和立功条件的，应依法作出无罪认定处理、从轻、减轻或者免除处罚的处理；对于"事实不清、证据不足的"，应依法作出无罪处理；对于符合不起诉条件的，应依法作出不起诉决定等。不得违法制定一些"土政策"来对抗刑法，如不得一刀

---

① 高铭暄主编：《刑法学》，北京大学出版社 1989 年版，第 31 页；魏克家：《论刑事政策的几个问题》，载《政法论坛》1994 年第 2 期；魏东：《论广义刑事政策的基本内涵》，载《清华法学》2011 年第 2 期。

② 魏东著：《保守的实质刑法观与现代刑事政策立场》，中国民主法制出版社 2011 年版，第 30~31 页。

③ 魏东：《当下中国反腐败政策的考量诠释》，载《法治研究》2013 年第 9 期；魏东：《对腐败犯罪"老虎苍蝇一起打"的刑事政策考量——兼议"特别重大贿赂犯罪案件"的政策性限缩解释》，载《甘肃政法学院学报》2014 年第 2 期。

切地禁止对腐败犯罪作出不起诉、不定罪、不处刑或者适用缓刑等处理，否则，也是违法与变相腐败。反过来也一样，对于应当依法定罪的腐败行为应当依法定罪，对于那些严重的腐败犯罪应当依法予以严惩，决不能对任何腐败分子搞特权，随意放纵腐败犯罪、违反适用法律面前人人平等原则的做法同样属于违法与腐败，应予以坚决杜绝。

反腐政策为什么必须有所顾忌？因为，刑事政策原理在基本层面上明确地将刑事政策限定为同犯罪防控相关的所有社会公共政策，既包括刑法手段，也包括非刑法手段；而防控犯罪是刑事政策最明显的个性价值追求。但是，刑事政策的防控犯罪价值追求必须限定在谋求"公正合理的人类福祉"的界限范围内，因为，刑事政策是社会公共政策的有机组成部分。作为整体的社会公共政策，其共性目标价值可以定位于相对公正的人类福祉，即相对公正理性、人权保障和社会有序发展，其具体内容可以细化为自由、秩序、公正、效率。就正当性、合理性和合法性的根据而言，刑事政策的个性价值必须完全切合社会公共政策的共性价值，即刑事政策的个性价值必须受到社会公共政策的共性价值的限制和约束，在根本上不能突破社会公共政策的共性价值界限。直白地讲就是：犯罪防控价值不能侵犯人权保障、不能妨害社会有序发展、不能破坏社会公正、不能破坏依法治国大局而搞刑讯逼供和冤假错案！① 从而犯罪防控不能无所不为、无所顾忌，而应有所顾忌！当然，这里的"有所顾忌"不要被恶意解读，不是指照顾贪官污吏的面子和特权，而是指要顾及刑事法治理性（依法治国理性）和人权保障。

这里还涉及的问题是，"受贿行贿一起抓"如何评价？从刑事政策立场看，行贿不惩治，腐败就无法根治，尽管放弃惩治行贿的策略可能在某种程度上有助于揭露、惩治受贿犯罪；② 但是应当认识到，这种放纵行贿的策略也可能冤及无辜（因任何人均可以不负责任地胡乱指控和无中生有）、破坏法治、助长歪风邪气，其策略思想仍然停留于"治标"而不是"治本"。从刑事法治理性立场看，不惩治行贿犯罪，实质上也严重曲解了刑法关于"行贿人在被追诉前主动交待行贿行为的，可以减轻处罚或者免除处罚"之立法原意，公然违反刑法，应予纠正。

**（二）反腐政策必须科学考量国家刑事政策体系的功能限缩性，必须全面权衡现代刑事政策的价值理念**

不言自明，腐败犯罪防控与人权保障、社会发展、社会公正这样四个价

① 魏东著：《保守的实质刑法观与现代刑事政策立场》，中国民主法制出版社2011年版，第31页。

② 有学者认为，以"立法效果论"为依据将行贿行为非罪化会使行贿人与受贿人之间产生"囚徒困境"，从而有助于提高处罚受贿罪的几率并达到预防受贿罪之目的。参见姜涛：《废除行贿罪之思考》，载《法商研究》2015年第3期。

值目标之间经常性地存在冲突。其中最突出、最典型的冲突表现在腐败犯罪防控与人权保障两个价值目标之间：过分偏重腐败犯罪防控价值，就可能严重侵犯人权保障价值；反之，过分偏重人权保障价值，必然会严重妨害腐败犯罪防控价值！这涉及刑事政策功能考量中的价值权衡与价值取向问题，即刑事政策的价值理念。

现代刑事政策强调三个理念：① 其一，"三大一小理念"。刑事政策的价值理念（其实质内容即价值权衡与价值取向问题），在根本上就是指针对具有矛盾和冲突的多种价值目标，如何处理它们之间的关系和如何实现它们之间的整合与有机统一问题。随着人类社会的进步和政治文明的发展，可以将现代刑事政策的基本价值取向（即价值理念）总体上简要地概括为现代刑事政策的谦抑宽容价值理念，其具体内容为"三大一小"理念，即最大限度地保障人权、最大限度地促进社会发展、最大限度地体现相对公正、最小限度地维持秩序（必要秩序）应当成为现代刑事政策的基本品格和基本理念。其二，"两个至上理念"。现代刑事政策理念还可以归纳为两组价值选择：一是强调"人权保障至上"，反对"犯罪防控至上"的价值选择；二是强调"公正至上"，反对"效率至上"的价值选择。例如，法外用刑（尤其是刑讯逼供）即使对侦破重大贿赂犯罪案件"有好处"，也就是说从"犯罪防控至上"和"效率至上"的观念出发其"有价值"，但是由于其违背了"人权保障至上"和"公正至上"的两个至上理念，因而绝对不能用！这也是今后打击腐败犯罪，要逐渐从纪律反腐（纪委主导）过渡到法治反腐（司法机关主导）的原因；当然，制裁腐败违纪（尚不构成犯罪的），还是应当以党的纪委部门、行政监察部门为主，因为这个不是犯罪与刑罚的领域。其三，"单项校正理念"。这种现代刑事政策理念对于刑法实践具有重大影响。从刑事政策原理来看，刑事政策与刑事法律的关系可以从三个层面上进行概括：一是在价值取向上，刑事政策与刑事法律是指导与被指导的关系；二是在对策系统上，刑事政策与刑事法律是整合与被整合的关系；三是在具体措施上，刑事政策与刑事法律是校正与被校正的关系。在现行罪刑法定原则所确认的刑事政策精神下，刑事政策与刑事法律二者之间在犯罪防控的具体措施上所具有的这种校正与被校正的关系具有相当的特殊性，这种特殊性可能表现为一种"单向校正"，即只能表现为一种情形：当现行刑事法律规定为犯罪的行为在实质上不符合特定刑事政策精神时（如不具有社会危害性或者不利于保障人权），就可以根据刑事政策精神对该行为不作犯罪追究；而不能相反。如果现行刑事法律没有规定为犯罪的行为但是在实质上具有社会危害性，则对该行为不应当追究刑事责任，这既是罪刑法定原则所确认的特定刑事政策精神

---

① 魏东主编：《刑事政策学》，四川大学出版社 2011 年版，第 51~53 页。

的基本要求，也是刑法安定性的基本要求。例如：性贿赂案件、违规经商案件的定性处理，尽管其具有十分严重的社会危害性，但是由于刑法没有明确规定，因而在实践中我们依法不得将其作为贪污贿赂犯罪论处，其与刑事政策对刑法的"单向校正"原理有关。

以上"三大一小理念"、"两个至上理念"和"单项校正理念"三项，都充分体现了刑事政策体系的功能限缩性，值得在贯彻执行反腐政策过程中予以重视。

## 二、 反腐政策的司法贯彻

反腐政策的司法贯彻中较多地涉及刑法、刑事诉讼法的解释适用问题，因而，如何恰当地运用反腐政策、恰当地体现依法治国和宽严相济的刑事政策、恰当地解释适用刑事法律，就成为反腐政策的司法贯彻中的核心问题，值得认真对待。

### （一）反腐政策与刑法解释适用

刑法解释原理要求：在刑法解释适用中，为了贯彻执行罪刑法定原则和保障人权，应当坚持刑法解释的保守性，也就是说刑法解释不得偏激解释、过度解释，不得动不动就将一般违法行为解释为犯罪，更不得将合法行为解释为犯罪；而为了适应社会发展的需要，又应当适当准许刑法解释的适应性，如将贪污贿赂犯罪的犯罪对象"财物"解释为"财物以及财产性利益"，将收受他人干股、土地使用权、明显低于市场价的优惠款等行为解释为"受贿"，即是刑法解释的适应性之体现。但是，刑法解释的保守性和适应性是一对矛盾。如何协调这一对矛盾并掌握好一个恰当的"度"，就成为刑法解释适用的一个十分重大的问题，这个问题在反腐领域表现比较突出，必须注意。笔者主张刑法解释的保守性立场，适当地关照刑法解释的适应性问题。具体内容包括三点：一是入罪解释的原则立场与出罪解释的常态化立场，即主张坚守刚性化、形式化的入罪底线的原则立场，准许有利于被告人出罪的客观解释、实质解释的常态化立场；二是入罪解释的例外方法，即主张谨慎地准许例外的、个别的且可以限定数量的客观解释与实质解释对被告人入罪；三是刑法漏洞的立法填补原则立场。上列第二点主张，有利于"适当地"解决刑法解释的适应性问题，其中强调了应当反对背离刑法基本原则而片面地、偏激地、过度地解决刑法解释的适应性问题的基本思想。[1] 笔者所主张的"刑法解释的保守性"命题，总体上有利于妥当解决片面强调和单纯应用刑法的主观解释与客观解释、刑法的形式解释与实质解释之某一种解释论的缺

---

[1] 魏东主编：《中国当下刑法解释论问题研究——以论证刑法解释的保守性为中心》，法律出版社 2014 年版，第 126 页。

陷，因而是一种较为科学合理的刑法解释论命题。

从刑法解释的保守性立场观察，当前司法实践中贯彻执行反腐政策总体情况值得肯定，对于周永康案、薄熙来案以及一大批"老虎"案和"苍蝇"案，人民法院都依法、公开、公平地进行了审判，既依法惩治腐败又依法保障人权，充分体现了刑事法治理性。在此前提下，我们还是发现在反腐政策的司法贯彻中仍然存在一些值得注意的问题，尤其是针对近年来受贿案件司法实务中出现的一些较为特殊的争议问题。如行为人同他人约定将来收受贿赂、但在尚未实际收到贿赂之前因故案发的；行为人收受他人房屋，但案发前尚未办理过户手续且尚未正式入住的；行为人收受他人贿赂之后，但案发之前将贿赂退还行贿人本人或者上交单位的。这些案件中行为人是否构成受贿罪以及受贿金额的具体认定等问题，往往出现较大的争议，各地在刑法解释适用中差异较大。同时，纪委移送给司法机关办理的受贿案件中，行为人是否具有自首、积极退赃等量刑情节，有时也会出现较大争议，不同司法机关存在不同认识。这些争议问题主要关涉受贿罪的刑法解释以及自首和退赃的解释认定，亟须加以理论检讨并提出合乎法理的解决方案和解释结论，以有效地促进公正司法。

以"约定"贿赂行为的定性处理为例，部分司法机关将其行为认定为受贿罪（犯罪未遂）、行贿罪（犯罪未遂），而部分司法机关将其行为认定为无罪，到底谁对谁错呢？从表面上看，约定贿赂行为的定性处理已有法律和司法解释上的明确规定。如，2000年最高人民法院《关于国家工作人员利用职务上的便利为他人谋取利益离退休后收受财物行为如何处理问题的批复》（以下简称《最高法批复》）规定："……国家工作人员利用职务上的便利为请托人谋取利益，并与请托人事先约定，在其离退休后收受请托人财物，构成犯罪的，以受贿罪定罪处罚。"对此规定内容，2003年最高人民法院《全国法院审理经济犯罪案件工作座谈会纪要》第3条第4项再次进行了重申。再如，2007年最高人民法院、最高人民检察院《关于办理受贿刑事案件适用法律若干问题的意见》（以下简称《两高意见》）第10条第1款规定："国家工作人员利用职务上的便利为请托人谋取利益之前或者之后，约定在其离职后收受请托人财物，并在离职后收受的，以受贿论处。"

但是实务中，约定贿赂行为的定性处理恰恰存在突出的特殊性和争议性。其一，前述几个司法解释性质的规范性文本本身，在约定贿赂行为构成受贿罪的条件上存在差异和矛盾。《最高法批复》强调以"事先约定"为定罪条件，似乎其离职后是否实际收受请托人财物（即是否受贿既遂）并不重要；而两高意见强调"之前或者之后"约定均可，但以"并在离职后收受的"（即受贿既遂）为定罪的必要条件。两相对照，矛盾凸显。其二，在行为人尚未实际收受财物时，体系性法律解释逻辑上出现矛盾。若认为最高法批复对于那些"与请托人事先约定"贿赂的行为可以定罪（即受贿罪未遂），且似乎还有刑法第23条关于犯罪未遂的规定作为对其定罪处罚的法律依据，那么，这种解释结论与《两高意见》第9条第1款关于："国家工作人员收受请托人财物后及时退还或者上交的，不是受贿。"的规定亦自相矛盾，因为，既然在"收受请托人财物后"及时退还或者上交的应当认定为"不是受贿"，何来在收受请托人财物"之前"反而成罪的道理？应当说，两高意见关于"不是受贿"这一特别规定，在相当意义上否定了受贿罪未遂的成立条件，事实上在我国司法实践中也鲜有受贿罪未遂的判决。其三，证据难题。有些约定贿赂案件，尽管有证据证实行为人与请托人之间形成了约定贿赂的意思表示和联络，但是，稍有法律常识的行为人均可以一句话"说说而已、本不当真"进行抗辩，就能直接导致此类案件定罪无法达致"证据确实、充分"的法定条件。其表面上是证据难题，实质上是体系性法律解释出现的逻辑矛盾，直接导致在刑法解释论上难以对"受贿未遂"定罪。

那么，如何认识和解决约定贿赂案件中存在的这些特殊性和争议问题呢？我们认为，对于约定贿赂行为，应区分以下情况分别处理：若行为人事后（包括但不限于"离职后"）实际收取请托人财物的，应当依法认定为受贿罪；若行为人事后尚未实际收取请托人财物的，通常不宜认定为受贿罪。

**（二）反腐政策与刑事诉讼法解释适用**

关于刑事诉讼法的解释适用，笔者赞同这样一种法律解释立场：只要关涉官方权力条款的解释就应当作出较为刚性的、限缩的解释适用，而在关涉公民权利条款的解释才可以作出较为弹性的、扩张的解释适用，而不能相反。[①] 如果反过来，对于关涉官方权力条款的解释过于弹性、扩张，那么，这是违反刑事法治理性的解释方法，就必须加以批判和纠正，而不是轻描淡写的商榷性批评。在反腐政策的贯彻执行中，现行刑事诉讼法解释适用就存在一些较为突出的问题值得检讨。

以非法证据排除条款、证据法定条款的解释适用为例，《刑事诉讼法》第48条、第52条第2款规定了证据法定条款（公权法定条款），第54条规定了非法证据排除条款。就这三个条款的解释适用而言，其涉及刚性解释与弹性解释的问题：本应该对证据法定条款（公权法定条款）进行刚性、限缩解释，对公民权利条款应该进行弹性、扩张解释；而不应该作出相反的解释。但是，在反腐败的司法实践中，我们的一些办案机关和人员却可能完全作出背离法治原则的解释适用。例如，在西部某县法院审理的某市公安局原副局长王某某涉嫌受贿案中，非法证据排除程序被形式化、虚妄化，证据法定条

① 万毅：《"曲意释法"现象批判——以刑事辩护制度为中心的分析》，载《政法论坛》2013年第3期。

款被扩张化解释。在该案中，被告人王某某称被刑讯逼供，身体背部、腿部等多处留下了鞭痕，而且看守所入所证明等书证也表明被告人极大可能遭受了刑讯逼供，但是审判长宣布这些问题不能证明被告人被刑讯逼供（程序形式化），至于在纪委审理期间形成自书材料的过程中被告人是否存在被刑讯逼供的问题，审判长称"本院认为其不在本案审理范围"（程序虚妄化）；但是，该案判决书中所引用的主要指控证据和关键证据却是被告人此前在纪委审理期间所形成的自书材料。在纪委审理期间形成的自书材料可否解释为"书证"，可否解释为"行政机关在行政执法和查办案件过程中收集的物证、书证、视听资料、电子数据等证据材料"？其正确答案本来是显见的，但是，它偏偏被误读误判！这个问题，在薄熙来案的审判中也有一定反映，但是，薄熙来案审判中基本上是将被告人在纪委审理期间所形成的自书材料作为"佐证功能性证据"来使用的，而不是作为直接的指控性证据，[①] 因此，问题并没有西部某县王某某案那么突出和严重。笔者认为，应当明确反对将被告人在纪委审理期间所形成的自书材料作为"书证"用于刑事指控程序之中（但是在有利于被告人无罪、罪轻、从轻、减轻或者免除处罚的场合除外）。

再如，证人出庭作证条款的解释适用问题，《刑事诉讼法》第187条、第188条已有明确规定，这两个条款如何解释适用？理论界认为，由于其涉及公民权利保障的重大问题，因而应当作出有利于公民权利保障的弹性解释、扩张解释。但是，现在司法实践中可能完全搞反了，部分司法人员却尽力对此作出不利于被告人权利保障的弹性解释和扩张解释，而且有的解释和做法简直就是令人莫名其妙。在薄熙来案中，薄谷开来是否应当出庭的问题，尽管理论界有一定争议，但是，笔者还是比较同意这样一种评价：法官对薄谷开来强制出庭作证的解释和做法，是符合现行法律规定的。但是，在某些案件中，证人不出庭作证的现象十分扭曲和荒唐。如在西部某县审理的王某某涉嫌受贿案中，14名关键证人（被指控向被告人行贿的人）全部被法院禁止出庭作证；更有甚者，在该案第二次开庭时，法院准许公诉机关一边开庭、一边同证人做询问笔录（与法庭开庭同时进行），但是人民法院就是不同意让该证人到庭上说话，可能是因为担心证人说真话。那么，从法律解释的原理看，这是对刑事诉讼法的错误解释适用，涉嫌故意违法裁判。

## 三、 反腐政策的立法贯彻

从依法治国大局和宽严相济刑事政策立场观察，反腐政策中"零容忍"、"老虎"、"苍蝇"一起打、"行贿受贿一起抓"不但在司法贯彻层面存在一些突出问题，而且在立法贯彻层面也存在一些更为突出的问题，需要结合

---

① 龙宗智：《薄熙来案审判中的若干证据法问题探析》，载《法学》2013年第10期。

《刑法修正案（九）（草案）》的修改完善予以进一步检讨。

《刑法修正案（九）（草案）》第39条至第44条集中修正了刑法典关于贪污贿赂犯罪的规定，主要有三个方面的修改内容：① 一是修改贪污受贿犯罪的定罪量刑标准，拟删去对贪污受贿犯罪规定的具体数额，原则规定数额较大或者情节较重、数额巨大或者情节严重、数额特别巨大或者情节特别严重三种情况，相应规定三档刑罚，并对数额特别巨大，并使国家和人民利益遭受特别重大损失的，保留适用死刑；二是加大对行贿犯罪的处罚力度；三是严厉惩治行贿犯罪的法网。对此，笔者从反腐政策的立法贯彻立场出发提出以下两个方面的修改完善意见：

**（一）关于受贿罪的修改完善方案**

主要内容有四点：其一，建议取消《刑法》第385条受贿罪规定中"为他人谋取利益"这一要素。其二，建议在《刑法》第386条中增加规定两款（分别作为该条第2款、第3款），即明确规定"因受贿在司法机关立案侦查之前而在纪委或者其他单位主动如实供述受贿罪行的，应当认定为自首"（第2款）；"因受贿而进行违法活动构成其他罪的，依照数罪并罚的规定处罚"（第3款）。相应地，废除《刑法》第399条第4款关于"司法工作人员收受贿赂，有前三款行为的，同时又构成本法第385条规定之罪的，依照处罚较重的规定定罪处罚"的规定。其三，删除《刑法修正案（九）（草案）》第39条第1款第1项关于"尚不构成犯罪的，由其所在单位或者上级主管机关给予处分"的规定，并删除该条第3款关于"犯第1款罪，在提起公诉前如实供述自己罪行、真诚悔罪、积极退赃，避免、减少损害结果的发生，有第1项规定情形的，可以从轻、减轻或者免除处罚；有第2项、第3项规定情形的，可以从轻处罚"的规定。② 其四，废除受贿罪和贪污罪的死刑。

**（二）关于行贿罪和单位行贿罪的修改完善方案**

主要内容有两点：其一，建议将《刑法》第389条行贿罪规定中"为谋取不正当利益"修改为"为促使国家工作人员利用职务上的便利而谋取利益"。其二，建议将《刑法》第393条"单位为谋取不正当利益而行贿"修改为"单位为促使国家工作人员利用职务上的便利而谋取利益，向国家工作人员行贿"。

---

① 《关于〈中华人民共和国刑法修正案（九）（草案）〉的说明》，载中国人大网，http://www.npc.gov.cn/npc/xinwen/lfgz/flca/2014-11/03/content_1885029.htm，访问时间：2014年11月3日。

② 此处"其二"和"其三"中部分内容及其法理论证，参见张兆松：《〈刑法修正案（九）（草案）〉对贪贿犯罪的修改述评》，载《山东警察学院学报》2015年第2期。

# "高压反腐" 刑事政策的理解与贯彻

杨曙光[*]

党的十八大提出要"保持惩治腐败的高压态势",为贯彻这一政治纲领,中央领导要求反腐倡廉常抓不懈,坚持"老虎"、"苍蝇"一起打,查处腐败分子零容忍。在刑事法领域如何理解和贯彻高压反腐的刑事政策,值得刑法学界研究。

## 一、 高压反腐刑事政策

### (一) 中央提出要高压反腐

党的十八大报告将反腐倡廉置于亡党亡国的高度,将其视为新形势下党执政面临的四大危险之一,党的十八大报告指出"这个问题解决不好,就会对党造成致命伤害,甚至亡党亡国",因此,要"始终保持惩治腐败高压态势"。笔者将党的十八大报告针对反腐败工作提出的这一政治纲领概括为"高压反腐"。

如何做到保持惩治腐败的高压态势,习近平在2013年1月22日党的十八届中纪委二次全会上说:"反腐倡廉要必须常抓不懈,拒腐防变必须警钟长鸣。""要坚持'老虎'、'苍蝇'一起打,既坚决查处领导干部违纪违法案件,又切实解决发生在群众身边的不正之风和腐败问题。"2015年1月13日在中国共产党第十八届中央纪律检查委员会第五次全会上,习近平指出:"我们党从关系党和国家生死存亡的高度,以强烈的历史责任感、深沉的使命忧患感、顽强的意志品质推进党风廉政建设和反腐败斗争,坚持无禁区、全覆盖、零容忍,严肃查处腐败分子,着力营造不敢腐、不能腐、不想腐的政治氛围。"随后于3月5日召开的十二届人大三次会议上,李克强总理在政府工作报告中再次强调:"始终保持反腐高压态势,对腐败分子零容忍、严查处。对腐败行为,无论出现在领导机关,还是发生在群众身边,都必须严加惩治。"凝练其中的核心思想就是一条:高压反腐,具体的保证措施主要有三项:反腐倡廉常抓不懈,老虎、苍蝇一起打,查处腐败分子零容忍。在中央高压反腐的要求下,党的十八大以来反腐败工作取得的成就令人关注,其中周永康、徐才厚、令计划等大老虎的落马更是震惊世界。

---

* 山东工商学院政法学院副教授。

### （二）高压反腐是针对腐败犯罪的具体刑事政策

犯罪治理是动态的系统工程，相比于静态意义上的刑事法规范本身，刑事政策更具有灵活性，因而越来越受到关注。刑事政策的研究起点是犯罪原因，终极目的是改善对预防犯罪的对策。广义上的刑事政策不仅关注刑事法本身如何运用刑罚惩治犯罪，还关注更为广泛的治理犯罪的公共政策，从这个意义上讲，作为执政党所倡行的如何惩治、预防犯罪的政治举措也应属于刑事政策的关注范围。党的十八大提出"高压反腐"的要求映射至刑事政策领域，要求惩治腐败犯罪，应采取高压反腐的刑事政策。

刑事政策可以分为基本刑事政策和具体的刑事政策。就基本刑事政策而言，我国在经历了三十多年的严打刑事政策之后，目前主张实施宽严相济的刑事政策，这表明在对待犯罪治理的态度上变得更为理性。在基本刑事政策之下，对各种类型的具体犯罪采取什么样的具体刑事政策，仍须审慎地选择，应根据各类犯罪的具体情况，实行区别对待，当严则严、当轻则轻、宽严适度、宽严结合的具体刑事政策。高压反腐应看作是对惩治腐败犯罪的具体刑事政策，与针对其他犯罪类型的具体刑事政策相比，应具其自身的特征。腐败犯罪的责任主体为国家公职人员，从严治吏一直被视为刑事立法和司法的一项原则。在当前腐败犯罪呈"塌陷式腐败"的严峻情形下，对腐败犯罪实施高压反腐的具体刑事政策是符合反腐败犯罪斗争需要的。

### （三）高压反腐与宽严相济基本刑事政策的关系

对于宽严相济的基本刑事政策的把握，大多数的学者认为应侧重于刑罚"宽"的一面。如刘仁文教授认为，宽严相济的刑事政策就是轻缓的刑事政策，宽严相济的时代意义就是"以宽济严"，是轻刑化的刑事政策。[①] 黄京平教授持几乎同样的观点，认为宽严相济就是以宽为主，宽严相济的重点应体现在宽上，强调更多的是非犯罪化、轻刑化和非监禁化。[②] 立法机关颁布的刑法修正案的内容也主要是体现"宽"的一面，如大幅度减少了含有死刑的罪名数量。司法机关的态度也是如此，两高历年向全国人大所作的报告看，检察机关的依法不批准逮捕、不起诉的数量，审判机关有关刑事案件定罪免刑、缓刑、罚金刑适用数量的增加，以及控制死刑司法适用、严把死刑复核关等举措，被视为是贯彻宽严相济刑事政策的表征。

从基本刑事政策的角度而言，目前我国刑法的适用烈度整体是趋于缓和，在这种大背景之下，提倡高压反腐并不意味着对宽严相济刑事政策的否定。实施宽严相济的基本刑事政策并不代表对所有犯罪的惩处一律从宽，宽大无边。笔者认为，保持惩治腐败的高压态势，是指总体上司法机关在惩处各类

---

① 刘仁文：《宽严相济的刑事政策研究》，载《当代法学》2008 年第 1 期。
② 黄京平：《"宽严相济"刑事政策的时代含义及实现方式》，载《法学杂志》2006 年第 4 期。

犯罪时，将查处腐败案件作为工作重点，投入更多的司法资源，查处一批有影响力的案件，振奋民心，形成对腐败犯罪的震慑氛围。至于个案的查处上则应当严则严，该轻则轻，那些性质恶劣、情节严重、涉案范围广、影响面大的，以及在案发后订立攻守同盟、毁灭证据、拒不认罪的，应当予以从严处罚；而对于那些涉案金额较少，存在自首、立功等法定从轻处罚情节的，以及具有积极退赔、未造成严重损害后果等酌定从轻情节的，则可从轻处罚。有司法人员主张，对待腐败犯罪，应从如下几个方面贯彻宽严相济的刑事政策：立案从严、处罚从宽；实体从宽、程序从严；轻罪轻强制措施；刑罚与行政、党纪处罚的衔接。① 笔者虽然对其具体的举措不完全赞同，但其主张对腐败犯罪也应区别对待的总体态度是认同的。

## 二、 反腐倡廉常抓不懈

对中央领导提出的高压反腐的三项具体保障措施，从刑事政策的角度看，笔者逐一地进行解读。关于"反腐倡廉常抓不懈"，就是要在较长的时间内不放松对腐败犯罪的惩治力度。认为从犯罪类型上考察，对于腐败犯罪一直是党纪国法所不容。检视我党的执政历史，就会发现高压反腐并不是党的十八大的首创。20 世纪 50 年代初国家党政机关中开展"三反五反"运动，其中重要的内容就是打击贪污贿赂等违法犯罪行为。党和国家的历代领导人在反腐败的问题上多有叙及，邓小平同志说："我们一手抓改革开放，一手抓惩治腐败，这两件事结合起来，对照起来，就可以使我们的政策更加明朗，更能获得人心。"② 江泽民同志也认为："反对腐败是关系到党和国家生死存亡的严重政治斗争。"③ 胡锦涛同志在党的十七大报告中强调："把反腐倡廉建设放在更加突出的位置。"

贪污贿赂犯罪一直是我国刑事法领域的打击重点，从严治吏一直是我国刑事立法和刑事司法的一项基本原则。1952 年颁布的《惩治贪污罪条例》是新中国成立后最早颁布的刑法规范性文件之一，1988 年全国人大常委会在原刑法规定的基础上又出台了《关于惩治贪污罪贿赂罪的补充规定》，增设罪名、提高刑罚力度。现行刑法颁布后，还以刑法修正案的方式增设了"利用影响力受贿罪"，再次严密了惩治腐败犯罪的法网。为纠正职务犯罪中自首、立功认定标准过于宽松的情况，最高人民法院、最高人民检察院（以下简称两高）2009 年 3 月 12 日颁布的《关于办理职务犯罪案件认定自首、立功等量刑情节若干问题的意见》，严格了纪检监察机关办案过程中自首、立功的认定标准。2010 年的《最高人民法院关于贯彻宽严相济刑事政策的若干意

---

① 罗猛：《论反腐败的刑事政策体系》，载《中国刑事法杂志》2013 年第 6 期。
② 《邓小平文选》（第 3 卷），人民出版社 1993 年版，第 314 页。
③ 中共中央文献研究室编：《十五大以来重要文献选编》，人民出版社 2000 年版，第 49 页。

见》在主张对不同的犯罪类型实施区别对待的政策前提下，于第 8 条中明确贪污贿赂在内的几类职务犯罪将是从严惩处的对象。由此可见，贪污贿赂犯罪就一直是刑事立法和刑事司法打击的重点，符合中央领导所强调的对反腐倡廉常抓不懈的要求。

## 三、 坚持"老虎"、"苍蝇" 一起打

### （一）"打老虎"

笔者理解的打老虎就是要敢于查处高官的腐败问题。高官涉腐，往往涉案金额大，造成恶劣的政治影响，败坏党和政府的形象，非严惩不足以挽回人民群众对党和政府执政能力的信心。高官腐败是否得到了严惩可从以下两点加以考察：一是查处的数量，二是惩处的力度。

查处大要案一直是检察机关的重点，按照检察机关的规定，贪污贿赂 5 万元以上、挪用公款 10 万元以上的属于大案，县处级以上领导干部犯罪的属于要案。2013 年、2014 年两年检察机关共查办贪污贿赂大案 28632 件，占同期案件的 80%。[①] 检察机关查处大案的比例与党的十八大之前基本保持了一致，变化之处在于有两点，一是涉案金额在 100 万元以上的大案数量有了显著的增加，二是高官腐败案件的查处数量显著增加。最高人民检察院 2014 年工作报告称：全年"突出查办大案要案，立案侦查贪污贿赂、挪用公款 100 万元以上的案件 2581 件，涉嫌犯罪的县处级以上国家工作人员 2871 人，其中厅局级 253 人，省部级 8 人。"最高人民检察院 2015 年工作报告称："查办贪污、贿赂挪用公款 100 万元以上的案件 3664 件，同比上升 42%，查处县处级以上国家工作人员 4040 人，同比上升 40.7%，其中厅局级以上干部 589 人，省部级 28 人。"以上数据反映出检察机关对大要案的查处数量明显增多，更多的高官腐败行为受到了刑事追诉。

关于腐败犯罪的大要案的惩处力度一直是备受争议的问题。主要有两个问题：一是因为刑法对贪污贿赂犯罪采取根据数额划定法定刑档次的立法模式，不同档法定刑之间的罪责关系不合理，导致司法实践中涉案 10 万元的贪污贿赂犯罪与涉案 100 万元的贪污贿赂犯罪，在宣告刑上几无差异，刑法的规定有宽纵高官腐败的先天缺陷，判决结果的社会认同感差。二是高官贪腐犯罪的死刑适用率低。笔者检索了党的十八大以来截至 2015 年 4 月末，因涉

---

① 《最高检：两年来贪污贿赂案有罪判决率高达 99.9%》，载网易新闻，http://news.163.com/15/0217/01/AIKAC2PP00014AED.html。

嫌腐败犯罪的省部级高官中，已经作出生效判决的有 11 人，[①]，这 11 人中受贿数额全部在 1000 万元以上，最多的是刘志军 6460 万元，最终判处死缓两人（刘志军、周镇宏），无期徒刑的 5 人（薄熙来、刘铁男、黄胜、王素毅、田学仁），其余 4 人（李达球、倪发科、季建业、廖少华）的受贿犯罪全部判处 15 年有期徒刑，无一人被判处死刑立即执行。相比前些年胡长清、王怀忠、郑筱萸等人[②]的判决结果，刑罚显然有趋于轻缓的态势。因此，该 11 人中，除薄熙来因不认罪提出上诉以外，其余 10 人一审宣判后均未上诉。对这两个问题，2014 年年底公布的《刑法修正案（九）（草案）》中都有所涉及调整，提高贪污贿赂犯罪重刑适用的涉案数额标准，进一步限制贪污贿赂犯罪的死刑适用，这符合刑法的发展趋势的。

### （二）"拍苍蝇"

"拍苍蝇"实际要解决的是一般干部的腐败问题。对于一般腐败案件的惩处，目前是处于一种两难的境地。一方面是社会民众感到对一般干部的腐败惩处力度不够。由于《刑法》第 383 条确定的根据具体犯罪数额设定的量刑标准多年未变，司法实践中多地对于涉案数量较低的腐败案件实际上是自觉不自觉地予以了轻处，表现为自首、立功的认定过于宽松，缓刑、免于刑事处分的适用比例高，甚至达到了入罪门槛的腐败犯罪没有进入追诉程序。有学者将其概括为："查处的少、采取强制措施的少、不起诉的多、定罪免刑的多，判处缓刑的多、适用缓刑、假释的多，总体上说存在从严不够的情况。"[③] 从媒体披露的一些案件看，有的地方，实际已经是变相提高了受贿犯罪 5000 元的量刑起点，1 万元甚至 5 万元以下的受贿案件一般也不予查处了。[④] 还有的地方出台规定，只要涉案人员能在规定期限内主动交待问题，就能从轻、减轻甚至免除处罚。[⑤] 另一方面，受到惩处者自己也认为处罚不公正。在涉案金额 10 万元以下腐败案件与 10 万元以上（尤其是 100 万元以上）案件最终宣告刑罚的对比上，以及腐败犯罪与盗窃罪的罪刑关系的对比

---

① 11 人分别是：原铁道部长刘志军，原政治局委员、重庆市市委书记薄熙来，原国家发展和改革委员会副主任刘铁男，原山东省人民政府副省长黄胜，原内蒙古自治区党委常委、统战部部长王素毅，原广西壮族自治区政协副主席、区总工会主席李达球，原吉林常务副省长、吉林银行党委书记田学仁，原广东省委常委、统战部部长周镇宏，原安徽省副省长倪发科，原南京市市长季建业，原贵州省省委常委、遵义市市委书记廖少华。

② 原江西省副省长胡长清，因受贿 544 万元，2000 年被判处死刑；原安徽省副省长王怀忠受贿 517 万元，2003 年被判处死刑；原国家食品药品监督管理局局长郑筱萸因受贿 649 万元，2007 年被判处死刑。

③ 姜维、卢宇蓉：《宽严相济刑事政策的辩证关系》，载《中国刑事法杂志》2007 年第 6 期。

④ 苏丹丹、段宏庆：《广东东莞海关集体受贿案涉案人员多数被轻判》，载《财经》2005 年 11 月 14 日。

⑤ 周立民：《安徽阜阳中院法官群体腐败案透视：吃喝嫖赌齐全》，载腾讯新闻，http://news.qq.com/a/20050430/001642.htm。

上，一般腐败案件中的普通涉案公职人员又普遍存有吃亏的感觉。例如，2013 年两高司法解释对盗窃案件的量刑标准进行了调整，而贪污受贿罪的法定刑数额标准已经近 18 年没有调整了，造成相同涉案金额的一般腐败案件与盗窃案件原有的罪刑平衡关系被打破。现在同样涉案金额 5 万元，盗窃罪最低可以判到 3 年，而贪污贿赂罪最低只能判 5 年。

因此，笔者认为对待一般干部的腐败问题，第一，现在急迫需要解决的问题是如何严格执法的问题。最高司法机关对司法实践中存在的这种宽纵一般干部的腐败问题也是清楚的，最高人民法院 1996 年颁布的《关于对贪污、受贿、挪用公款犯罪分子依法正确适用缓刑的若干规定》、两高 2009 年颁布的《关于办理职务犯罪案件认定自首、立功等量刑情节若干问题的意见》目的就是要收紧对腐败犯罪宽纵的口子。但是实际的效果并不理想，究其原因，客观上在司法资源相对不变的前提下，由于司法机关将主要的办案精力投入到腐败大要案的查处上，对一般干部腐败犯罪的查处难免有顾此失彼的现象发生，另外还存在主观上选择性执法的问题。第二，抓紧《刑法修正案（九）（草案）》的落实，适当提高贪污贿赂罪的入罪门槛。既然没有能力也没有必要将所有的贪腐行为全部纳入刑法的调整范围之中，那么就有必要提高贪污贿赂罪的入罪数额标准，将那些刑法管不过来的一般腐败行为交由党纪、行政法规处理，真正发挥刑法的保障法功能。提高入罪的门槛，真正发挥党纪、行政法规的作用，将那些小腐干部及时剔除出公职人员的队伍，禁绝其贪腐的机会，更能贯彻中央领导人的反腐败零容忍的提议。

## 四、 反腐败零容忍

反腐败零容忍是一个极具煽动性的词语，映射至刑事法领域，落实到刑事政策上，是不是针对所有的腐败行为一律要追究刑事责任，学界有不同的见解。中央党校的林喆教授认为：反腐必须零容忍，沾腐的钱一块钱都不应该收，因此，受贿罪定罪的涉案数额标准不仅不能提高，相反应当降低到 200 元。[①] 还有学者以"破窗理论"为据，认为，对于贿赂犯罪如果惩治力度轻，不足以达到预防和遏制贿赂犯罪频发时，贿赂犯罪便会出现"破窗"式的多米诺效应。因此，应取消贿赂犯罪 5000 元的入罪门槛，刑法对待贿赂犯罪应当采取零容忍的态度，数额应作为量刑幅度的标准，而不应成为定罪的法定标准。[②] 还有学者从比较法的视角分析，认为世界上大部分国家和地区的刑法对受贿罪一般采取这样的立法模式：只要是因职务关系或实施职务行为或不实施职务行为索取、接受或者约定利益即构成犯罪。这可以有效防

---

① 高斌：《专家称要对腐败零容忍："一分钱"腐败也是腐败》，载《检察日报》2013 年 3 月 26 日第 5 版。

② 王秀梅：《论贿赂犯罪的破窗理论与零容忍惩治对策》，载《法学评论》2009 年第 4 期。

止受贿行为从轻罪发展为重罪，将贿赂犯罪控制在较轻的初级阶段。反观我国刑法对于受贿罪规定入罪的具体数额的做法，会使人产生错觉，误认为一定数额的贿赂是我国法律所允许的，从而使我国对受贿行为的质的否定性评价大打折扣。① 反对者则认为，"当下的中国国情，无论是立法的设罪模式，还是具体的司法实践，乃至社会的文化根基，都无法支持腐败定罪'零容忍'之诉求"。② 那么应当如何理解中央领导人关于反腐败零容忍的政治主张呢？笔者认为有两点值得关注：

（一）反腐败零容忍首先是反腐败无禁区

结合中央领导人"反腐败零容忍"的讲话全文分析，笔者认为，我国中央领导人提出的查处腐败"零容忍"，针对的是对腐败分子的零容忍，无论是何人，只要涉腐无论职位多高，一律追究责任，反腐无禁区。正如中纪委领导所表述的那样："纪检监察干部要秉公执纪，敢于碰硬。对腐败分子，不论是谁，不论其职务多高，只要搞腐败，就一查到底。"③ 所以在这一点上，中国的反腐败零容忍针对的是人，而不是破窗理论所主张针对的轻微违法行为。在司法实践中，我国司法机关不仅行政化倾向严重，在腐败案件的查处程序上报批备案制度严格，查处高官腐败的艰难程度非普通民众所能理解，所以过去查处的高官腐败较少。本届中央领导集体在严惩高官腐败的决绝态度是令人钦佩的，薄熙来案件触及政治局委员的腐败问题，周永康案件的查处，更是打破了过去所谓"刑不上常委"的潜规则。

（二）反腐败应综合运用党纪国法等各种制度手段

作为贪腐行为的潜在责任主体不仅具有公职人员身份往往又是执政党党员，二者在身份上具有高度的重合性。腐败行为不仅是刑事法关注的对象，也为党的纪律、公务员法等行政法律法规所不容，因此，反腐败应是党纪、行政法、刑事法等各种制度手段的综合运用。纪检监察机关运用《中国共产党纪律处分条例》和《行政监察法》在反腐败中所发挥的作用有目共睹，形成了具有中国特色的反腐败模式：纪检监察机关以党纪为核心的反腐败程序和司法机关以刑法为核心的反腐败程序并存的双轨制模式。在反腐败工作中党的领导地位是不容置疑的，司法实践中的实际运作情况，纪检监察机关的查处程序往往成为司法程序的前置程序，纪检监察机关甚至有权调动司法机关予以配合工作。因此，把反腐败零容忍理解为需运用刑罚手段打击一切腐败犯罪，是刑法不自量力的自我膨胀，既不符合刑法谦抑性的要求，也不符合我国的国情。

---

① 卢勤忠：《我国受贿罪刑罚的立法完善》，载《国家检察官学院学报》2008年第6期。
② 孙国祥：《腐败定罪"零容忍"之审思》，载《江海学刊》2013年第4期。
③ 《中纪委官员：不论职务多高　只要搞腐败就一查到底》，载中华网，http://www.china.com.cn/policy/txt/2009-04/17/content_17623627.htm。

美国预防犯罪学家乔治·凯琳和詹姆斯·威尔逊提出的"破窗理论"，揭示的是轻微违法与犯罪之间的关系，从预防犯罪的角度，要消除犯罪，必须对轻微的犯罪行为也要予以严惩。与美国刑法只定性的立法模式不同，在我国开展"反腐败零容忍"，笔者认为主要是对轻微的腐败行为党纪、行政法上的零容忍，发挥党纪、行政法规在治理腐败问题上的作用，而不是刑法的越俎代庖。

最后必须要说明的是，不论是刑法、行政监察法还是党的纪律处分条例，都是禁止性规范文件，侧重的是对违法犯罪事后的惩治，就反腐败的制度建设而言，更应注重源头的疏导。笔者非常赞同有关学者的主张，应对行政决策程序、政府行为、政府信息、政府权力架构等易于产生腐败现象的领域立法规范，从而从源头上防止腐败行为的发生。①

---

① 马怀德：《源头反腐尚需制定三部法律》，载《中国社会学报》2012年12月12日。

# 我国贪污贿赂犯罪刑事政策的思考[①]

李 婕[*]

刑事政策是指国家基于预防犯罪、控制犯罪以保障自由、维持秩序、实现正义的目的而制定、实施的准则、策略、方针、计划及具体措施的总称。[②]根据刑法规制的广度（法网是否严密）与力度（刑罚是否严厉）的组合来对刑法规制的模式进行分类，刑法大体上可以分为四种规制模式："又严又厉"模式、"不严不厉"模式、"严而不厉"模式、"厉而不严"模式。[③]从我国现行贪污腐败犯罪的立法来看，犯罪构成要件存在规制范围过窄，犯罪数额和情节门槛过高，刑罚设置过于单一等不足，这不但不利于腐败犯罪的查处，而且难以有效预防腐败犯罪。在"老虎、苍蝇一起打"、惩防并举的反腐大潮中，我们应该正视当前腐败犯罪治理中的问题，建立科学、严谨的反腐败刑事政策体系。

## 一、 腐败犯罪"厉而不严" 刑事政策之检讨

当前我国反腐败形势政策体现出"厉而不严"的特点：一方面，立法者对贪污贿赂犯罪中的核心罪名——贪污罪、受贿罪、行贿罪——设置了包括死刑、无期徒刑在内的重刑，刑罚体现了十分严厉的一面；另一方面，立法者又对贪污贿赂犯罪的构成要素——犯罪主体、客观手段、主观方面等——设置了诸多限制性的条件，使法网明显表现出粗疏的一面，因而我国现行的刑法规制模式被认为是典型的"厉而不严"刑事政策模式。[④] 这种"厉而不严"的刑事政策模式反映了立法者在惩治贪污贿赂犯罪时的矛盾心理：一方面因贪污贿赂犯罪行为的社会危害性太大以及社会严厉惩治腐败的"吁求"需要，对贪污贿赂犯罪行为"重刑伺候"；另一方面，在贪污贿赂行为多发的态势之下，法网过于严密又"代价"太大、打击面太宽，似乎"需要"作出某种程度的妥协。正是这种自相矛盾的策略考虑导致立法存在结构性的缺陷，导致我国现阶段惩治贪污贿赂犯罪的整体状况是"查处的少、采取强制

---

① 安徽大学博士科研启动项目（J01001319）的阶段性成果之一。

* 安徽大学法学院讲师，法学博士。

② 曲新久著：《刑事政策的权力分析》，中国政法大学出版社 2002 年版，第 68 页。

③ 储槐植：《议论刑法现代化》，载《中外法学》2000 年第 5 期。

④ 孙国祥：《我国惩治贪污贿赂犯罪刑事政策模式的应然选择》，载《法商研究》2007 年第 5 期。

措施的少、不起诉的多、定罪免刑的多、判处缓刑的多、适用减刑、假释的多，总体上说存在从严不够的情况。①

另外，"厉而不严"的刑事政策偏离了预防腐败的重心。刑罚的目的是遏制犯罪而不是惩罚犯罪，当前"重典治腐"的刑事政策显然没有很好地体现这一目的。从司法实践看，尽管我国贪污贿赂犯罪的最高刑为死刑，但并未能有效震慑腐败现象，甚至出现了"前腐后继"、"集体腐败"等现象，重刑的威慑力未能有效发挥。

实现腐败犯罪的一般预防目的，必须符合三个基本条件：一是刑罚够严厉，让胆小者望而却步；二是刑罚应及时，让欲犯罪者无处遁形；三是刑罚要必然，让犯罪投机者打消念头。② 而当前反腐败司法实践中，司法机关只注重以严刑峻法去威慑犯罪，却不注重刑罚的一般预防效果，导致防卫重心出现了偏移。事实上，腐败犯罪属于贪利型犯罪，犯罪人的目的在于攫取"超额利润"。此类犯罪人比其他类型的犯罪人更精于计算犯罪成本和收益之间的关系，"坐牢一阵子、富裕一辈子"者大有人在！因此，预防腐败犯罪的重点不是强化刑罚的厉度，而是在严密刑事法网的同时，通过提高惩罚的概率以增加其犯罪的经济成本和社会成本，降低行为人对犯罪的利益期待，才能确保刑罚使腐败犯罪人的头脑从诱惑他们的、有利可图的犯罪图景中立即猛醒过来。③

因此，"厉而不严"的刑事政策难以有效惩治腐败犯罪，无法遏制腐败猖獗的现象，必须立足我国腐败现状重新选择科学合理的反腐败刑事政策。

## 二、 我国腐败犯罪治理现状考察

虽然我国一直高举反腐的大旗，致力于"健全和惩治腐败预防体系"，"把权力关进制度的笼子"，但是职务犯罪率始终居高不下，反腐败工作形势依然严峻。只有认清当前腐败犯罪治理中存在的问题，才能对症下药，确立科学的反腐败刑事政策体系。

### （一）我国腐败犯罪查处的不足之处

腐败犯罪损害人民群众的利益，严重败坏党和国家机关的形象，具有严重的社会危害性。但我国司法实践对于这类犯罪的惩处力度却相当有限：第一，职务犯罪被查处的数量很少。腐败分子通过体制内正常途径被查获的情况非常少见，由纯偶然因素被扯出成了破案的主要途径；犯罪者蒙混过关成为常态，案发被查倒成了偶然。第二，职务犯罪案件处罚普遍过轻：该定罪

---

① 姜伟、卢宇蓉：《宽严相济刑事政策的辩证关系》，载《中国刑事法杂志》2007年第6期。

② 姜涛：《诉讼社会视野下中国刑法的现代转型》，载《云南师范大学学报》（社会科学版）2010年第6期。

③ ［意］贝卡里亚著：《论犯罪与刑罚》，黄风译，中国大百科全书出版社1993年版，第57页。

的不予定罪，犯重罪者以轻罪处理；该重处者得到从宽，非监禁刑适用比例畸高。"2005 年至 2009 年 6 月，全国被判决有罪的职务犯罪被告人中，判处免刑和缓刑的共占 69.7%"；① 受到处罚的犯罪分子往往还能得到原工作单位或者行刑单位的照应，更容易得到减刑、假释或者监外执行等从宽处理，甚至在监禁场所仍然能够继续享受不应享有的特权和超常规待遇，严重削弱刑罚的惩罚功能。第三，由于腐败犯罪分子财产刑适用力度明显不足，根本不能达到让犯罪分子无法在经济上占到便宜的效果。第四，职务犯罪分子潜逃出国现象普遍，或者通过洗钱将犯罪所得转移境外，最后真正被追回的寥寥无几。②

我国反腐败治理效果不理想，固然与司法机关查处职务犯罪意愿不强、职权者对办案机关施压、为犯罪分子开脱有关。但我国贪污犯罪立法的不足也难辞其咎，因为当前贪污贿赂犯罪对腐败行为的规制并不严厉。

**（二）腐败犯罪治理不利法律上的原因**

在立法上，我国刑法对于腐败犯罪并没有采取"零容忍"政策，而是有限惩治。例如，刑法对贪污、贿赂犯罪规定了比较高的定罪数额起点，将相当一部分低于此数额标准的贪腐行为交由行政机关处理。而行政机关从保护干部和本单位名誉的角度考虑，对这类行为很少主动查处，久而久之，这类行为被事实上正常化，乃至正当化。首先，刑法对受贿犯罪构成要件进行多重不合理限定，放任一些严重的受贿行为。这种"抓大放小"的心理，导致对于社会影响不大、数额相对较小的腐败犯罪案件，有轻纵的倾向。这体现在实践中就是职务犯罪案件嫌疑人（被告人）被不起诉、免予刑事处罚以及判处缓刑的情况相当突出。③

其次，腐败犯罪的构成要件规制范围狭窄。仅将"贿赂"限定为财物，目前我国刑法理论界与实务界将"财物"一致解释为有形的财物和无形的财产性利益，包括设定债券、免除债务等财产上的利益，但不包括能满足人的其他需要的非财产性利益，如提供晋升、就业、升学机会、提供性服务等。④如此狭窄的犯罪构成要件范围显然与《联合国反腐败公约》规定的"不当好处"差距甚远。

最后，腐败犯罪刑罚未设定合理的资格刑和罚金刑，难以有效地预防犯罪。腐败犯罪具有两个显著特征：贪利性和职务性。从配刑的等价性和相应性角度看，我国应当为大多数腐败犯罪设定罚金刑和资格刑。但从立法的规

---

① 徐日丹：《强化法律监督职能，加大对职务犯罪案件监督力度》，载《检察日报》2012 年 11 月 19 日第 2 版。

② 张绍谦：《我国职务犯罪刑事政策的新思考》，载《华东政法大学学报》2013 年第 4 期。

③ 赵秉志：《论我国反腐败刑事法治的完善》，载《当代法学》2013 年第 3 期。

④ 高铭暄主编：《刑法专论》，高等教育出版社 2002 年版，第 816 页。

定上看，我国刑法典对绝大多数腐败犯罪都没有单独规定罚金刑或者资格刑。其结果就是"有的腐败分子是坐牢一阵子，富裕一辈子。出来之后，仍然是个富翁。"① 有的腐败分子在缓刑期间依然担任公职或者缓刑结束后很快就恢复了公职。② 所以，罚金刑和资格刑的缺失，导致腐败犯罪的治疗效果被大打折扣。

上述法律上的疏漏和腐败犯罪刑事政策的误读，共同导致了我国腐败犯罪治理效果有限。最高人民法院的领导也曾指出，对职务犯罪缓刑适用率之所以会高，"对于相关政策、法律的认识和把握存在偏差，也是其中的重要原因之一"。③ 因此，我们需要针对司法实践中腐败犯罪治理中的难题，提出科学的刑事政策，构建中国特色的反腐败刑事政策体系。

## 三、"又严又厉" 反腐败刑事政策之构建

我国当前腐败犯罪惩治效果不明显，与贪污腐败犯罪立法上的缺陷有着直接关系。而立法朝向何种方向修改，则与反腐败刑事政策的选择密切相关。面对我国腐败犯罪的严峻态势，"厉而不严"、"严而不厉"都不是最佳选择，"又严又厉"更符合"老虎苍蝇一起打"的反腐宗旨。

### （一）"严而不厉"刑事政策之扬弃

首先，在"厉而不严"刑事政策被否定后，学者们主张采用"严而不厉"的刑事政策模式。其主要理由：（1）"严而不厉"是刑事政策模式的最优选择。例如，有学者认为："尽管'严而不厉'刑法结构不能说最好，但可以说它是迄今为止人类社会找到的较好的治罪方略。它对控制智力犯罪尤其是经济犯罪和公职腐败犯罪，对营造有利于社会发展的宽松环境氛围，防止刑法危机，其效益比'厉而不严'刑法结构要优好许多"。④ （2）"严而不厉"刑事政策模式有良好的实践效果。世界上许多国家对贪污贿赂犯罪采用的都是"严而不厉"的刑事政策模式，并且成效明显。例如，有学者指出："日本贿赂罪的特点就是范围很宽，处罚很轻，直接效果就是贿赂犯罪的发案率低"。⑤ （3）"严而不厉"的刑事政策模式契合了刑罚轻缓化的发展趋势，符合贪污贿赂犯罪本身的特点。例如，有学者指出，重刑对贪污贿赂犯罪所起的作用不大，对这种性质的罪犯判处有期徒刑，已经剥夺了其实施犯

---

① 李一帆：《罚金刑：让腐败者倾家荡产》，载《廉政瞭望》2006 年第 8 期。

② 张步洪：《缓刑犯留个怎样的"饭碗"》，载《检察日报》2002 年 7 月 10 日。

③ 熊选国：《全面加强刑事大案要案审判工作，为经济社会和谐稳定发展提供有力司法保障》，载最高人民法院刑事审判第一、二、三、四、五庭编：《刑事审判参考》（2007 年第 4 集），法律出版社 2007 年版。

④ 储槐植：《议论刑法现代化》，载《中外法学》2000 年第 5 期。

⑤ 武功：《日本的贿赂犯罪及其预防》，载《中国刑事法杂志》1999 年第 2 期。

罪的基础权力。其生存空间已经很差，因此，对他们可以适当降低自由刑。[①]

上述观点还有待商榷。反腐败刑事政策之"严"不能只停留在政治口号上，必须在司法实践中落到实处才能发挥效果。再严密的刑事法网，如果在司法实践中难以有效贯彻，无法实现刑罚的确定性，那么我国的腐败犯罪治理很难有所突破。最高人民法院在《关于贯彻宽严相济刑事政策的若干意见》第8条第1款明确指出："对于国家工作人员贪污贿赂、滥用职权、失职渎职的严重犯罪……要依法从严惩处。"

其次，域外有些地区已经从"严而不厉"向"又严又厉"的刑事政策方向转变。例如，发达国家在整体上采用"严而不厉"的刑事政策模式也不能排除其对某些类别的犯罪如严重暴力犯罪、恐怖主义犯罪等仍在采用"又严又厉"的刑事政策模式。德国于1997年8月1日颁布《德国腐败防治法》，扩大了受贿和贪污的范围，加重了刑事责任。[②] 日本有学者也认为，防止受贿犯罪的最佳策略是彻底取缔和严厉处罚。根据这种见解，1980年《日本刑法》规定将单纯受贿、事前受贿等罪的法定刑（徒刑）从3年提高到5年，将受托受贿罪的法定刑（徒刑）从5年提高到7年。[③] 我国签署的《联合国反腐败公约》第1条第1项开宗明义地指出其宗旨是："促进和加强各项措施，以便更加高效而有力地预防和打击犯罪。"《联合国反腐败公约》关于贿赂犯罪的范围、主观方面的推定、特殊侦查手段以及举证责任倒置等的规定，都体现了对腐败犯罪"严密法网、从严惩处"的精神。

在我国自古形成的"重刑治贪"的理念下，过于轻缓的刑罚不但难使人们建立起犯罪与刑罚的等价关系，而且直接销蚀了刑法的权威和预防犯罪的效应，促成了部分犯罪嫌疑人心存侥幸。在尚未找到真正有效的控制贪污贿赂犯罪的机制之前，作为应对贪污贿赂犯罪的法律回应，从严惩处贪污贿赂犯罪仍然是一个无奈但不可避免的选择，这也符合《联合国反腐败公约》"更加高效而有力地预防和打击腐败"的立法宗旨。[④]

### （二）"又严又厉"刑事政策下贪污贿赂犯罪之完善建议

第一，降低贪污贿赂犯罪的入罪门槛。我国立法对贪污贿赂罪的定罪都有数额要求，且其标准明显高于普通侵财型犯罪，这种仅对贪官网开一面的立法毫无正当性可言，也导致不少贪官存在侥幸心理，不利于腐败犯罪预防。反观德、日刑法，都认为腐败犯罪的法益是职务行为的廉洁性或者公职人员

---

① 韩亮：《数额在职务犯罪审判中的考量——以南京市为例的实证分析》，载赵秉志主编：《刑事法判解研究》，人民法院出版社2006年版，第169页。

② 《德国刑法典》，徐久生、庄敬华译，中国法制出版社2000年版，第32~33页。

③ ［日］大谷实著：《刑事政策学》，黎宏译，中国人民大学出版社2009年版，第424~425页。

④ 孙国祥：《我国惩治贪污贿赂犯罪刑事政策模式的应然选择》，载《法商研究》2007年第5期。

的不可收买性，只要公职人员贪污或受贿，不论数额多少，全都入罪。因此，取消贪污贿赂犯罪的入罪门槛，有利于树立"廉洁从政"的法治理念，告诫官员勿以恶小而为之，起到防微杜渐的效果。

第二，完善贪污贿赂犯罪的相关罪名。首先，我国贪污贿赂犯罪的立法虽历经修改，但仍有不少疏漏。例如，介绍贿赂罪、挪用公款罪的犯罪主体限于自然人，无法对单位介绍贿赂和单位挪用公款的行为进行规制。其次，取消贿赂犯罪中相关"为他人谋取利益"、"为他人谋取不正当利益"、"为了谋取不正当利益"的限制。贿赂犯罪的本质是权——利交易，只要行受贿双方都是冲着以利换权的目的交付了利益，贿赂性质就已具备，与谋了什么利益，是否谋取到利益并无关系。最后，扩大贿赂的范围，按照国际反贪惩腐的惯例将贿赂犯罪的对象规定为"不正当利益"，以便将那些不以财物，而以其他非法利益作为权利交换内容的贿赂行为纳入刑法规制的范畴。

第三，增设罚金刑和资格刑。首先，为了消除公职人员的贪利心理，刑法宣示"得不偿失"才能有效地预防腐败犯罪。鉴于贪污罪、职务侵占罪、挪用公款罪等主要的腐败犯罪都没有规定罚金刑，我国刑法可根据这些犯罪行为的危害程度，在相应的法定量刑幅度内，规定"可以"或者"应当"并处罚金，以实现罪责刑在性质上的适应。其次，为了避免某些腐败分子再度担任公职，伺机中饱私囊，有必要对贪污罪、受贿罪、挪用公款罪等主要腐败犯罪增设资格刑，明确规定对这部分腐败犯罪可以单独或者附加适用资格刑。

## 四、 结语

腐败犯罪应从严惩处，无论是严密刑事法网，还是严格彻底执法，都是打击腐败的必要之举。我国当前反腐形势十分严峻，腐败犯罪治理既要重打击，又要重预防，应从降低贪污贿赂犯罪的入罪门槛、扩大部分贿赂犯罪的行为犯罪、增设资金刑和罚金刑等方面实现惩防并举，真正实现"老虎苍蝇都要打"的目标。

# 反腐败零容忍政策的应有内涵及其贯彻[①]

张　磊[*]　车明珠[**]

## 一、反腐败应当坚持零容忍政策

容忍，本意是宽容、忍耐。零容忍，是零度容忍，不能容忍。反腐败中的零容忍，意味着拒绝对于腐败的宽容和忍耐，严厉打击腐败，杜绝腐败的发生。当前，我国不断加强反腐败的制度和刑事法治建设，取得了积极成效。[②] 关于反腐败的零容忍政策，党和国家主要领导人已经多次提到并进行了明确的论述。例如，2014 年 1 月，习近平总书记在十八届中央纪委三次全会上的重要讲话指出："反腐败的高压态势必须继续保持，坚持以零容忍态度惩治腐败。"2014 年 10 月，习近平总书记在在中共十八届四中全会第二次全体会议上的讲话中又明确指出："深入推进反腐败斗争，持续保持高压态势，做到零容忍的态度不变、猛药去疴的决心不减、刮骨疗毒的勇气不泄、严厉惩处的尺度不松，发现一起查处一起，发现多少查处多少，不定指标、上不封顶，凡腐必反，除恶务尽。"2015 年 1 月 13 日，习近平总书记在第十八届中纪委第五次全体会议上的讲话指出："2014 年，党风廉政建设和反腐败斗争成效明显。我们党从关系党和国家生死存亡的高度，以强烈的历史责任感、深沉的使命忧患感、顽强的意志品质推进党风廉政建设和反腐败斗争，坚持无禁区、全覆盖、零容忍，严肃查处腐败分子，着力营造不敢腐、不能腐、不想腐的政治氛围。"中央纪委书记王岐山在第十八届中央纪委第三次全体会议上的工作报告中，提出 2014 年我党党风廉政建设和反腐败工作五大任务之一也是"坚持以零容忍态度惩治腐败，坚决遏制腐败蔓延势头"。不仅如此，不少媒体、学者也对反腐败的零容忍政策进行了解读。例如，北京市中国特色社会主义理论体系研究中心以"坚持以零容忍态度惩治腐败"为题在《人民日报》发表文章认为，零容忍，是中国共产党人反腐败的基本态

---

① 基金项目支持：司法部国家法治与法学理论研究课题"全球化背景下腐败犯罪赃物的跨境追缴机制研究"（13SFB3014）；北京高等学校"青年英才计划"项目（YETP0293）。

* 北京师范大学刑事法律科学研究院副教授，法学博士。

** 北京市人民检察院第一分院检察官，法学博士。

② 参见赵秉志：《论我国反腐败刑事法治的完善》，载《当代法学》2013 年第 3 期。

度，是对各级党组织的严格要求，坚持从党员干部的廉洁自律做起，须做好反腐败的基础工作。①

虽然理论界对于反腐败的零容忍政策还有不同的看法：有观点基于"破窗理论"的假设主张坚持反腐败的零容忍政策；② 有观点认为中国尚未形成"零容忍"的社会氛围，现有司法资源无法支持"零容忍"，进而对反腐败零容忍持保留态度；③ 还有观点认为应当坚持有限零容忍政策，并认为其同零容忍政策的区别在于现实主义与的理想主义差异。④ 但是，不论是否承认，以及学界如何争议，如前所述，零容忍已经成为党和政府反腐败的一个重要策略措施，表明了我党反腐败的坚强决心和除恶务尽的雄心壮志。既然如此，我们就应当肯定零容忍政策在反腐败中的指导地位，在反腐败斗争中正确解读和贯彻零容忍政策。

## 二、 反腐败零容忍政策的应有内涵

### （一）"对于腐败犯罪的零容忍"和"对于腐败的零容忍"

要理清反腐败的零容忍政策，首先需要明确区分"对于腐败犯罪的零容忍"和"对于腐败的零容忍"两个概念：

1. 腐败包括一般腐败行为和腐败犯罪，腐败犯罪是腐败最为严重的表现形式。"对于腐败的零容忍"是指对于一切腐败行为（包括腐败犯罪）的零容忍，"对于腐败犯罪的零容忍"只针对腐败犯罪，不涉及对于一般腐败行为是否零容忍的问题。当前，我国对于反腐败采取的是二元机制：对于腐败犯罪，主要通过刑法进行规制；对于一般腐败行为，则通过党纪和行政政纪（以下简称"党纪政纪"）进行规制。所以，对于腐败犯罪的零容忍，主要通过刑法实现。而对于一般腐败行为的零容忍，主要通过党纪政纪实现。法律和党纪政纪共同完成对于腐败的零容忍。

2. 只要法律和党纪政纪上明确规定了对于腐败犯罪和一般腐败行为的禁止以及相应的惩罚方法，就在立法或者规范上体现了对于腐败的零容忍。只有在没有规定，没有禁止某种腐败行为的时候，才涉及对于某种行为没有零容忍的问题。

3. 在腐败外延一定的前提下，腐败犯罪范围的扩大（如腐败犯罪入罪的最低数额标准降低），将导致一般腐败行为范围的缩小，反之亦然。当腐败

---

① 北京市中国特色社会主义理论体系研究中心：《坚持以零容忍态度惩治腐败——深入学习贯彻习近平同志在十八届中央纪委三次全会上的重要讲话》，载《人民日报》2014年2月18日。
② 张绍谦：《我国职务犯罪刑事政策的新思考》，载《华东政法大学学报》2013年第4期。
③ 孙国祥：《反腐败刑事政策思考》，载《人民检察》2014年第14期。
④ 赵亮：《当代中国防治腐败犯罪刑事政策新论——有限容忍之提倡》，载《人民论坛》2014年1月（中）。

犯罪范围扩大到和一般腐败行为的范围一致的时候（如腐败犯罪数额标准降低为零），就不存在一般腐败行为，所有的腐败行为都构成腐败犯罪。此时，对于腐败的零容忍，就是对腐败犯罪的零容忍。上述党中央主要领导人的讲话以及相应解读中，均是对于腐败的零容忍，也就是说，其不仅包括了对于一般腐败行为的零容忍，更包括了对于作为腐败最为典型表现形式的腐败犯罪的零容忍。

基于以上论述，我国理论界不少观点在一定程度上存在"对于腐败犯罪零容忍"和"对于腐败零容忍"的混淆或者误用。如前述认为应当坚持反腐败零容忍政策的观点认为，我国刑法对于腐败犯罪并没有采取"零容忍"政策，而是有限惩治，其中一个表现是"对于贪污、贿赂犯罪规定了比较高的定罪数额起点，将相当一部分低于此数额标准的贪腐行为交行政处理"。[1] 可是，没有达到数额标准的一般贪腐行为根本就不是腐败犯罪，不归刑法规制。刑法只可能对"腐败犯罪"零容忍，而不可能是对所有"腐败"行为零容忍，零容忍一般腐败行为并不是刑法的分内之事。所以，"将没有达到一定数额标准的贪腐行为交行政处理"和"刑法没有对腐败犯罪采取零容忍政策"没有直接关系。再如，前述主张采取有限零容忍政策的观点认为，对腐败犯罪的有限容忍政策之内涵之一是"容忍对轻微的腐败行为不适用刑罚处罚措施"。[2] 但是"轻微的腐败行为"本身就不是腐败犯罪，只是一般腐败行为，这就谈不上对其适用"对于腐败犯罪的有限容忍的政策"的问题。

### （二）反腐败零容忍政策的应有内涵

当前关于反腐败的零容忍政策，不论是领导人的讲话，是媒体报道，还是学者们的论述，多采用的是"对于腐败的零容忍"或者"对于腐败犯罪的零容忍"的表述。例如，有官方媒体对于前述习近平总书记关于"坚持以零容忍态度惩治腐败"进行了以下解读："什么是以零容忍态度惩治腐败？就是对腐败现象毫不忍受、毫不宽容，就是有腐必反、有贪必肃。"[3] 我们认为，虽然反腐败零容忍政策通常表述为"对于腐败的零容忍"，但是实际上包括"对于腐败行为的零容忍"和"对于腐败行为发生以后行为人逃脱惩罚的零容忍"两个层面。前者是指腐败行为实施以前，社会对于腐败行为发生的零容忍；后者是指腐败行为实施以后，社会对于腐败分子逃脱惩罚的零容忍。

1. 对于腐败行为的零容忍：事前零容忍。对腐败行为的零容忍，是指社

---

① 张绍谦：《我国职务犯罪刑事政策的新思考》，载《华东政法大学学报》2013年第4期。

② 赵亮：《当代中国防治腐败犯罪刑事政策新论——有限容忍之提倡》，载《人民论坛》2014年1月（中）。

③ 北京市中国特色社会主义理论体系研究中心：《坚持以零容忍态度惩治腐败——深入学习贯彻习近平同志在十八届中央纪委三次全会上的重要讲话》，载《人民日报》2014年2月18日。

会对于腐败行为发生的零容忍，是一种腐败行为实施之前的零容忍，我们可以称之为事前零容忍。实践中主要体现为"坚决遏制腐败势头蔓延"，"着力营造不敢腐、不能腐、不想腐的政治氛围"。关于反腐败零容忍政策的作用，有学者认为："零容忍对策具备一般预防和特殊预防的双重性。功利主义强调一般预防，并通过设置刑罚威慑未然犯罪；报应主义强调特殊预防，并通过设置的刑罚惩治已然之罪。"① 由此，事前零容忍就是强调对于腐败行为的一般预防，发挥一般预防巨大的潜在性效用，② 实现的是惩罚（包括刑罚和党纪政纪）的一般预防功能，主要通过刑事立法和相关党纪政纪的规定实现，即将达到具有严重社会危害性的行为规定为腐败犯罪，将一般腐败行为规定为违反党纪和政纪的行为。

2. 对于腐败行为发生后腐败分子逃脱惩罚的零容忍：事后零容忍。对于腐败行为发生后腐败分子逃脱惩罚的零容忍，指的是腐败行为发生后，一定要让腐败分子受到应有的惩罚和制裁，并追缴所有的犯罪收益，我们可以称之为事后零容忍。事后零容忍强调惩罚（包括刑罚和党纪政纪）的必然性，实现惩罚的报应功能和特殊预防功能。在实践中主要体现为"对腐败分子，发现一个坚决查处一个；对腐败行为，发现一起坚决纠正一起"。③ 事后零容忍作用的实现，将直接关涉腐败行为的发生频率。如果大量腐败分子逃脱惩罚，就会给潜在腐败分子造成腐败会受追究的错误印象，变相激励其继续实施腐败。

3. 事前零容忍和事后零容忍的关系及其在反腐败零容忍政策中的地位。事前零容忍和事后零容忍分别发生于腐败犯罪实施的前后，两者相辅相成，互相促进：

（1）事前零容忍是事后零容忍的前提，是反腐败零容忍实现的基础。事前零容忍是事后零容忍的前提，主要表现在两个方面：第一，事前零容忍强调对于腐败行为的预防，只有通过完善的立法和规定表明对于腐败行为零容忍的态度，才能对民众的行为方式进行规制，在实施腐败行为以后，才有对其进行惩罚的依据。第二，事前零容忍实现状况直接关系到事后零容忍的实现状况。事前零容忍如果彻底实现，就不会再有腐败行为的发生，更不会有腐败分子逃脱惩罚，以及相应的事后零容忍的问题。只有事前零容忍没有预防腐败发生的前提下，才有事后零容忍的实现问题。事前零容忍实现的越彻底，腐败行为发生的就越少，司法机关、纪律监察机关和社会民众也就有更

---

① 王秀梅：《论贿赂犯罪的破窗理论与零容忍惩治对策》，载《法学评论》2009年第4期。

② 参见［美］保罗·H·罗宾逊：《进行中的刑罚理论革命：犯罪控制意义上的公正追求》，王志远译，载《当代法学》2012年第2期。

③ 北京市中国特色社会主义理论体系研究中心：《坚持以零容忍态度惩治腐败——深入学习贯彻习近平同志在十八届中央纪委三次全会上的重要讲话》，载《人民日报》2014年2月18日。

多资源和精力查处腐败分子，监督其接受应有的惩罚，实现事后零容忍。如果事前零容忍实现状况较差，腐败行为层出不穷，将耗费大量司法资源、行政资源和社会资源对其进行查处和惩罚，自然会降低事后零容忍的实现程度。所以，事前零容忍的彻底实现是反腐败零容忍的最佳模式，此时已经不需要事后零容忍发挥作用。但这只是一种理想状态，在现实中难以达到。

（2）事后零容忍是事前零容忍的保证，是反腐败零容忍实现的关键。在事前零容忍无法彻底实现，发生腐败行为的前提下，事后零容忍将是反腐败零容忍政策实现的关键，是反腐败斗争胜利的决定性因素。如果说事前零容忍无法实现社会还能接受的话，事后零容忍的无法实现将直接侵蚀社会的公平正义观念，颠覆民众的价值观并导致大量腐败行为的发生。在通常情况下，社会各界对于腐败行为发生的容忍度要高于腐败分子逃脱惩罚的容忍度。作为趋利避害的动物，人会根据自己的意志选择相应行为，并为此行为承担相应的后果。如果某人实施了腐败行为，只要其随后得到了应有惩罚，没有从腐败行为中获取任何利益（违法所得被追缴），那么对于社会来说就不是完全不可接受的。因为在这种情况下，行为人为其选择付出了代价，被腐败行为损害的社会秩序已经因其所受到的惩罚而得到修复，社会公平得到维持，个案中的个别正义得以实现。[①] 但如果某人实施了腐败行为，获取了巨大非法利益以后，没有得到任何惩罚，社会将难以接受，必然会引起民众的强烈不满。因为这种腐败行为所造成的社会危害没有得到修复，社会的公平正义观念被完全颠覆。如果类似情况频繁发生，大量腐败分子逃脱惩罚，将是对潜在腐败分子的变相激励，甚至促使原本遵纪守法的公务人员实施腐败。因为在这种情况下，腐败只有利，没有害。所以，我们应当特别强调"对于腐败行为发生以后行为人逃脱惩罚的零容忍"。只要每一个腐败分子都得到相应的惩罚，为自己的行为付出了应有的代价，确立腐败行为与惩罚之间的必然联系，就将大大降低腐败行为再次发生的可能性，推动反腐败零容忍的实现。虽然从严格意义上来说，零容忍是一种理想状态的象征，事实上难以达到。但是，只要我们严格执法，真正做到"天网恢恢，疏而不漏"，我们将无限接近对于腐败的零容忍。

## 三、 我国反腐败零容忍政策的发展

综上，在反腐败的过程中我们要坚持事前、事后两个层面的零容忍：首先，通过立法和党纪政纪明确规定各类腐败行为，预防腐败的发生。其次，严格执法，严惩腐败行为，杜绝腐败分子逃脱惩罚，获取任何非法利益。

### （一） 完善事前零容忍格局

事实上，当前我国通过刑事立法和党纪政纪，分别规定了腐败犯罪和一

---

① 参见徐岱：《中国特色社会主义刑法学理论体系》，载《当代法学》2013 年第 2 期。

般腐败行为及其相应的惩罚，基本实现了对于腐败行为（包括腐败犯罪和一般腐败行为）的禁止，表明了党和国家对于腐败的事前零容忍的态度。但是，事前零容忍的格局，也就是腐败犯罪范围和一般腐败行为范围的圈定，还有进一步完善的空间。①

腐败犯罪和一般腐败行为的区别在于前者严重的社会危害性。例如，根据我国《刑法》第382条和《中国共产党纪律处分条例》（以下简称《处分条例》）第83条之规定，② 贪污罪和一般贪污行为的区别主要在于贪污数额的不同。构成贪污罪的数额标准原则上是5000元，③ 5000元以下的原则上是受党纪政纪禁止的一般贪污行为，两者共同构成了对于贪污犯罪和一般贪污行为的事前零容忍。类似的规定还有《处分条例》第85条和第86条规定的一般受贿行为与《刑法》第385条规定的受贿罪，《处分条例》第90条关于规定的一般行贿行为与《刑法》第389条规定的行贿罪等。成立腐败犯罪不同的数额标准，在很大程度上决定了一个国家腐败犯罪圈的大小。④ 不同的数额标准，形成了腐败事前零容忍的不同格局。数额标准下降，腐败犯罪的范围扩大，一般腐败行为范围缩小，反之亦然。不同的事前零容忍格局（不同数额标准）反映了国家对于腐败行为严重性程度的不同评价（这种评价会直接影响社会民众对于此类行为严重性的评价，并据此规范自己的行为）。而数额标准的确定，一方面受当前社会经济发展水平、货币购买力及年人均可支配收入水平等因素的影响，⑤ 另一方面在一定程度上受统治阶级主观意志和社会价值观的影响。如果说前者相对客观的话，后者就具有一定的可控制性。也就是说，统治阶级可以基于维护自身统治、促进社会安全、提高人民福祉的需要，在可能的范围内，改变腐败犯罪的数额标准，将某种行为规定为犯罪（当然，这种调整不能违反社会基本道德观念和价值标准），从而引导社会民众的行为方式。由此，我们也可以通过改变腐败犯罪的数额标准来调整反腐败零容忍的格局，引导民众的行为方式，实现对于腐败的最大限度的遏制。

当前正在讨论的《刑法修正案（九）（草案）》修改了贪污受贿犯罪的定罪量刑标准，删去了对贪污受贿犯罪规定的具体数额。同时在立法说明中

① 反腐败的刑事立法与党纪政纪规定有多个方面需要完善，限于篇幅，这里只围绕腐败犯罪的数额门槛进行讨论。

② 《处分条例》第83条第1款规定："党和国家工作人员或者受委托管理、经营国有财产的人员，利用职务上的便利，侵吞、窃取、骗取或者以其他手段非法占有公共财物，情节较轻的，给予警告或者严重警告处分；情节较重的，给予撤销党内职务或者留党察看处分；情节严重的，给予开除党籍处分。"

③ 根据《刑法》第383条规定，贪污数额不满5000元，情节较重的也构成犯罪。

④ 当然，腐败犯罪的犯罪构成等因素也会影响到腐败犯罪范围的圈定。

⑤ 于志刚：《贪污贿赂犯罪定罪数额的现实化思索》，载《人民检察》2011年第12期。

明确，具体的定罪量刑标准可由司法机关根据案件的具体情况掌握或者由最高法、最高检通过制定司法解释来予以确定。虽然从立法上删除贪污受贿犯罪的具体数额，但是该数额还会由司法机关通过司法机关具体掌握或者司法解释来予以确定，也就是说，数额标准从立法规定改为司法规定。这样，统治阶级依然可以通过调整腐败犯罪的数额标准，来体现对于一定行为社会危害性的评价，引导民众的行为方式。关于数额的具体设定，我国刑法学界众说纷纭，有赞成提高到 3 万元的，① 有赞成维持 5000 元不变的，也有赞成降低的。② 我们认为，该数额标准的提高抑或降低，各有利弊，但数额一旦确定，将向社会释放一个明确信号，表明统治阶级对于贪污受贿行为社会危害性的倾向性评价，以及对于民众行为的引导方向，所以该数额的确定应当十分慎重。在经济发展水平一定的前提下，该数额的确定将主要取决于中央领导层反腐败的决心、魄力与价值选择。

### （二）强化事后零容忍力度

如前所述，事后零容忍是反腐败零容忍的关键。不论怎样的事前零容忍格局，如果没有事后零容忍作为保障，只会是对腐败的纵容与激励。即使就当前我国的事前零容忍的立法和党纪政纪规定来说，虽然在腐败犯罪入罪数额的设定、腐败犯罪构成要件等方面还有可以完善的空间，但是如果有强有力的事后零容忍作为保障（绝大部分腐败行为被查处，腐败分子得到严惩，腐败收益得到追缴），同样可以实现反腐败的零容忍。正如有观点所提出的，我国腐败犯罪愈演愈烈，并不在于法律不严和处罚不重，而是因为犯罪风险过小或犯罪黑数过大，给犯罪者的机会主义心理留下了巨大的滋生空间。治理腐败犯罪的关键在于增加风险，而不在于提高刑度。③ 所以，相比于事前零容忍（立法和规定的完善），我们更应该强调的是事后零容忍。也正是因为如此，我党明确提出了"老虎、苍蝇一起打"，"有腐必反、有贪必肃、除恶务尽"等表述，这都是事后零容忍的鲜明体现。

反腐败事后零容忍，主要包括"对于腐败分子责任的追究"和"对于腐败犯罪收益的追缴"两个方面。也就是说：人，一定要受到惩罚；物，一定要追回，这两个方面缺一不可。人不查处，无法追究责任，更无法挽回损失。物不追回，就会给腐败分子"牺牲我一个，幸福一家人"的机会。④ 当前，我国反腐空前高涨，成绩有目共睹：十八大后至 2015 年 1 月，全国已有 76

---

① 赵秉志：《贪污受贿犯罪的定罪量刑标准研究》，载《中国法学》2015 年第 1 期。

② 赵秉志、刘志伟、彭新林：《努力完善惩治腐败犯罪立法建设——"我国惩治腐败犯罪的立法完善问题学术座谈会"研讨综述》，载《法制日报》2015 年 4 月 8 日第 9 版。

③ 姜涛：《治理腐败犯罪：增加风险重于提高刑度》，载《检察日报》2013 年 5 月 8 日第 3 版。

④ 邓全伦：《官员详解裸官为何易成贪官：牺牲我一个，幸福一家人》，载凤凰资讯，http://news.ifeng.com/a/20140529/40512365_0.shtml。

名副部以上官员和军级以上军官被查处，其中包括副国级以上官员 4 名。[①] 2014 年查办涉嫌犯罪的原县处级以上国家工作人员 4040 人，其中原厅局级以上干部 589 人。[②] 但是，笔者认为反腐败事后零容忍的实现还需要注意以下两个方面：

1. 提高腐败案件查处定罪几率。当前我国为数不少的腐败案件并非通过正常渠道发现查处，由纯偶发因素被扯出成了破案主要途径。腐败分子蒙混过关成为常态，案发被查倒成了偶然。[③] 现实中不少腐败案件的线索往往来源于情妇举报、[④] 小偷盗窃、[⑤] 网络反腐、[⑥] 贪官内讧[⑦]或者其他事件引发。[⑧] 另一方面，实践中很多该定罪的案件没有定罪。如时任最高人民法院副院长张军 2009 年在某高校的演讲中透露，在目前的司法实践中，许多涉案金额为几万元的案件，并没有被移送到法院。这向社会透露了司法机关（特别是法院）在惩治贪污贿赂实践中"存在问题"的信息。[⑨] 而且我国一些地方的大案率已经达到 100%，[⑩] 这表明司法实践变相抬高了贪污受贿定罪量刑的数额标准，致使"有案不查"、"小案不立"现象在一定程度上广泛存在。[⑪]

有鉴于此，我们可以考虑进一步完善腐败案件查处机制，提高检察机关和纪检监察机关查处腐败案件的公开性，接受媒体和社会公众的监督，防止腐败分子逃脱惩罚。如可以考虑建立腐败案件线索立案公开制度，由专门部门对线索进行整理、判断，并及时向社会公布处理结果。也可以考虑建立腐败犯罪酌定不起诉公开听证机制，检察机关公诉部门在提出酌定不起诉意见之前，应公开听取侦查机关、被害人和诉讼代理人、辩护律师的意见以及犯罪嫌疑人的陈述，决定是否提出酌定不起诉的意见。如果决定不起诉，应当及时向社会公开宣布，并说明理由。[⑫]

---

[①] 《十八大后 76 名副部以上官员和军级以上军官落马》，载时政－人民网，http://politics. people. com. cn/n/2015/0121/c1001-26424306. html。

[②] 曹建明：《最高人民检察院工作报告》（2015 年 3 月 12 日）。

[③] 张绍谦：《我国职务犯罪刑事政策的新思考》，载《华东政法大学学报》2013 年第 4 期。

[④] 《情妇成为反腐败突破口》，载《内蒙古日报》2008 年 12 月 1 日第 12 版。

[⑤] 邢世伟：《"小偷反腐"：12 起案件纪委介入 11 起》，载《新京报》2014 年 8 月 23 日。

[⑥] 唐绪军：《让网络反腐成为"不敢腐"的威慑力量》，载《光明日报》2014 年 11 月 08 日第 10 版。

[⑦] 叶祝颐：《反腐不能只靠官员内讧互相举报》，载新华网，http://news. xinhuanet. com/comments/2010－11/29/c_12826614. htm。

[⑧] 王烨捷、周凯：《8 毛钱疫苗牵出湖北畜牧系统腐败窝案：27 人被查处》，载《中国青年报》2015 年 07 月 06 日第 01 版。

[⑨] 游伟：《调整贪污贿赂罪标准怎可轻言》，载《检察风云》2009 年第 23 期。

[⑩] 张兆松：《论职务犯罪刑事政策司法化的实现》，载《内蒙古社会科学（汉文版）》2012 年第 3 期。

[⑪] 赵秉志：《贪污受贿犯罪的定罪量刑标准研究》，载《中国法学》2015 年第 1 期。

[⑫] 马楠：《反腐败刑事法律不可避免性的司法实现》，载《人民检察》2013 年第 12（上）期。

2. 推动境外追逃追赃持续开展。针对近年来我国腐败分子携款外逃事件频繁发生的现状，我国大力加强境外追逃追赃的反腐败国际刑事司法合作，特别是以 2014 年以来的"猎狐行动"、"天网行动"为代表的一系列境外追逃追赃专项行动，取得了斐然的成绩。但是应当看到还存在以下问题：（1）追逃追赃耗时较长。一方面，我们仍然有大量腐败分子没有被抓捕归案，如浙江省建设厅原副厅长杨秀珠于 2003 年 4 月携家人出逃，后辗转新加坡、美国、荷兰等国，至今尚在美国没有追回。[①] 另一方面，即使已经成功追回的也耗时过长，如新中国成立以来最大经济犯罪案件首犯赖昌星 1999 年出逃，2011 年被遣返，历经 12 年。[②] 中国银行哈尔滨河松街支行行长高山 2004 年出逃，2012 年 8 月回国自首，历经 8 年。[③]（2）追逃追赃还面临实际困难。如澳大利亚虽然一直积极配合中国"猎狐行动"，但是在经历了双方联合追逃案件"实战"考验以后，争议和反对声音开始变大，中澳双方正在由"蜜月期"转入"微妙期"。因为不管中国的追逃追赃多么富有道义，但一旦开始具体执行，仍然绕不开两国司法制度的差异以及人权方面的担忧。而且，部分贪官已经在获得澳大利亚国籍，要想遣返将耗费大量人力财力，是否值得应当反思。[④] 再如，美国 2015 年 3 月同意精简遣返收到最终递解令的中国公民的流程，虽然这的确将为遣返中国贪官带来便利，但是由于美国将要精简的是"行政遣返程序"，不是"司法程序"（遣返最复杂最耗时的程序是在司法层面），所以在这个环节精简程序的作用有限，不能过于乐观。[⑤]（3）国际刑事法治形象需要完善。中国对于腐败犯罪还保留有死刑，刑事法治状况也并非完美，这都严重延缓中国境外追逃追赃的开展。

针对以上问题，我们可以从以下方面完善：（1）继续加强境外追逃追赃的力度，开拓境外追逃新途径，境外追逃与追赃并重，健全防逃工作机制并加强队伍建设，推动境外追逃追赃工作的全面展开。[⑥]（2）针对追逃追赃中的实际困难，一方面我们应当努力改善与特定发达国家的外交关系，针对各国与我国外交关系的不同特点，以及各国法律的不同规定（对于美国，甚至

---

① 王传军：《美专家："红通"头号嫌犯杨秀珠终将被遣返中国》，载《光明日报》2015 年 7 月 1 日。

② 黄晓楠：《赖昌星已被遣返回国》，载网易新闻，http://news.163.com/11/0723/07/79KOGH4600014JB5.html。

③ 《重大经济犯罪嫌疑人高山回国投案自首》，载搜狐新闻，http://news.sohu.com/20120813/n350545299.shtml。

④ 孙杨、蔡源：《联合追逃贪官面临考验 澳方不懂中国式"思想工作"》，载《凤凰周刊》2015 年 7 月 17 日。

⑤ 杨牧、韩莎莎《解读：美国精简遣返中国非法移民程序意味着什么》，载人民网，http://world.people.com.cn/n/2015/0415/c1002-26846098.html。

⑥ 张磊：《腐败犯罪境外追逃追赃的反思与对策》，载《当代法学》2015 年第 3 期。

要考虑到美国各州法律的规定），设计出不同的、切实有效地追逃追赃方案；另一方面，在对外宣传中要多宣传成绩，强调我方的决心和信心，对于困难要做到外松内紧，给予腐败分子以威慑，打好心理战。（3）权衡利弊，改善我国刑事法治形象。虽然当前多数民众反对废除腐败犯罪的死刑，但是应当看到在废除死刑的过程中，民意只是参考的因素而不是决定性因素，① 政府应当权衡利弊，尽早废除腐败犯罪死刑，加快刑事法治建设，完善国际刑事法治形象，增强他国对我国刑事司法制度的信心。

---

① 参见徐岱：《美国死刑适用的最新现状及走向》，载《当代法学》2014 年第 2 期。

# 腐败零容忍政策与贪污受贿罪起刑数额的设定[①]
## ——以《刑法修正案（九）（草案）》的反思为中心

冀　洋[*]

## 一、问题的提出

　　党的十八大以来，党和国家、在反腐败问题上始终表现出坚强意志和坚定决心，"打虎拍蝇"成果显著，对腐败行为的"零容忍"已经成为反腐斗争中的基本政策。[②] 对此，习近平总书记在多种场合予以了强调。例如，在2013年12月9日听取河北省委汇报时指出，对违规违纪行为"零容忍"，使规章制度真正起到防火墙、防波堤的作用。2014年1月14日，在党的十八届中央纪委三次全会上指出，"反腐败高压态势必须继续保持，坚持以零容忍态度惩治腐败。对腐败分子，发现一个就要坚决查处一个。要抓早抓小，有病就马上治，发现问题就及时处理，不能养痈遗患"。在2014年3月17日至18日指导兰考县教育实践活动时指出，"要当'铁包公'，对腐败'零容忍'"；在8月27日听取兰考县委汇报时重申，对违反制度规定踩"红线"、闯"雷区"的要"零容忍"，发现一起就坚决查处一起。在2015年新年贺词中重新声明，"在中国共产党领导的社会主义国家里，腐败分子发现一个就要查处一个，有腐必惩，有贪必肃"。在2015年1月13日党的十八届中央纪委五次全会上再次强调，"以强烈的历史责任感、深沉的使命忧患感、顽强的意志品质推进党风廉政建设和反腐败斗争，坚持无禁区、全覆盖、零容忍，严肃查处腐败分子，着力营造不敢腐、不能腐、不想腐的政治氛围"。因此，我国当前对待腐败的政策是"零容忍"，"有腐必惩、有贪必肃"成为反腐败斗争的铁则。

　　在这样的背景下，合理组织对腐败犯罪的反应是刑法必须面对的一个重大

---

　　① 本文为江苏哲学社会科学重点研究基地基金资助成果。

　　* 东南大学反腐败法治研究中心基地研究人员，东南大学法学院博士研究生。

　　② 很长时间以来，我国的反腐败司法政策可以说是"抓大放小"，即重点惩治大案要案，由此形成的腐败犯罪规制模式是"厉而不严"，贪污受贿罪入罪数额节节攀高。参见赵秉志：《我国反腐败刑事法治的完善》，载《当代法学》2013年第3期。关于腐败犯罪刑事政策的研究情况，参见赵秉志主编：《中国刑法学研究会学术30周年》，法律出版社2014年版，第735页。

课题。为了回应这种战略需求，全国人大常委会于 2014 年 11 月 3 日对外公布《刑法修正案（九）（草案）》（以下简称《刑九草案》）以及《草案说明》，对贪污贿赂罪的定罪量刑标准进行了彻底修改。《刑九草案》第 39 条将现行刑法第 383 条关于贪污罪（受贿罪与此相同）的定罪量刑标准修改为："……（一）贪污数额较大或者有其他较重情节的，处三年以下有期徒刑或者拘役，并处罚金。尚不构成犯罪的，由其所在单位或者上级主管机关给予处分。（二）贪污数额巨大或者有其他严重情节的，处三年以上十年以下有期徒刑，并处罚金或者没收财产。（三）贪污数额特别巨大或者有其他特别严重情节的，处十年以上有期徒刑或者无期徒刑，并处罚金或者没收财产；数额特别巨大，并使国家和人民利益遭受特别重大损失的，处无期徒刑或者死刑，并处没收财产。……"① 由此可见，《刑九草案》将起刑点修改为"贪污数额较大或者有其他较重情节"，而现行刑法规定的是"个人贪污数额不满五千元，情节较重的，处二年以下有期徒刑或者拘役；情节较轻的，由其所在单位或者上级主管机关酌情给予行政处分"。那么，这一变化是降低了还是抬高了贪污罪的入罪标准？在数额起刑点上是否与当前"腐败零容忍"的反腐政策不相符合？在数额之外，单独附加一个情节标准，是否能够改变当前反腐司法上的罪刑失衡情势？笔者将对此进行分析，以反思这一修法的妥当性。

## 二、 现行刑法中贪污罪起刑数额与零容忍政策的契合

犯罪治理意义上的零容忍政策，最早是一种贯彻在警察执法过程当中的政策，它的主要根据是美国犯罪学者凯琳（George L. Kelling）在 1982 年提出的"破窗理论"（Borken Windows Theory）。详言之，以破窗理论为基础的零容忍政策认为，对于社会治安管理来说，要想预防犯罪的实际发生，那么那些受到犯罪侵害的恐惧和对犯罪高发率的担忧本身也是同样重要的问题，因而，诸如酗酒、毁坏公物、随地大小便、强行乞讨、在公共场所胡乱涂鸦、违章驾驶等各种影响社会生活质量的轻微违法行为和轻微犯罪行为、街头犯罪行为，不仅直接刺激了人们产生对犯罪的恐惧感和犯罪忧虑感，同时也经常直接成为暴力犯罪和其他恶性犯罪的导火索。② 所以，进行社会治安管理的最根本措施就是要从打击轻微违法犯罪行为入手，避免违法行为演变成犯罪行为、轻微犯罪演变成严重暴力犯罪。

根据上述"零容忍"的内涵，国外刑法普遍存在的"定性不定量"模式应当也是一种立法上的"零容忍"，即在立法上不问行为的直接危害量而只

---

① 这一修法的亮点是：（1）对贪污罪的定罪量刑取消了明确的犯罪数额标准而分别代之以"数额或情节"等不同法定刑的对应情形；（2）改变了贪污罪的法定刑设置；（3）调整了现行刑法贪污罪由高到低的量刑等级排列顺序；（4）缩小了贪污罪死刑的适用情形。

② 王秀梅：《论贿赂犯罪的破窗理论与零容忍惩治对策》，载《法学评论》2009 年第 4 期。

问行为的性质。但同样众所周知的是，基于宪法上的比例原则或者刑法上的谦抑性，审判机关在入罪时向来是"司法定量"的。这就意味着，立法上虽然采用了"零容忍"的立法模式，但并非对一切行为都是"零容忍"，司法上容忍一些轻微行为不成立犯罪、不被纳入犯罪圈（当然，行政执法上的"零容忍"是依然存在的）。这种做法与我国的状况可谓殊途同归。

我国《刑法》第13条明确规定了"但书"条款，在立法定性且定量的模式下，司法机关在对行为入罪时也一定是定性又定量的。因而可以说，罪量因素是我国刑事立法模式的特色，这种模式至少首先表明了我国立法者对行为入罪上是保持克制的，是能够容忍一些情节显著轻微的行为不入罪，而仅仅给予治安管理处罚等行政处罚。但是，立法者对于某些犯罪，仍然在分则中设置了明确的入罪标准，禁止司法者擅自划定入罪门槛。例如，《刑法》第347条第1款规定："走私、贩卖、运输、制造毒品，无论数量多少，都应当追究刑事责任，予以刑事处罚。"所以，对于走私、贩卖、运输、制造毒品行为，就不能按照《刑法》第13条的规定制定一个"情节显著轻微危害不大"的数量标准。换言之，这种情形下的行为在立法者看来都是危害很大的、值得刑罚处罚的行为。这就是刑法典中的一种最彻底的"零容忍"。

我国现行刑法中关于贪污罪的认定也采用了不设最低数额门槛的模式。我国1979年《刑法》第328条规定：国家工作人员利用职务上的便利，贪污公共财物的，处五年以下有期徒刑或者拘役；数额巨大、情节严重的，处五年以上有期徒刑；情节特别严重的，处无期徒刑或者死刑。可见，贪污罪的入罪标准上没有立法门槛限制。1988年全国人大常委会《关于惩治贪污罪贿赂罪的补充规定》第2条第1款第3项规定，对犯贪污罪的最低入罪标准规定是："个人贪污数额在2000元以上不满1万元的，处1年以上7年以下有期徒刑；情节严重的，处7年以上10年以下有期徒刑……"根据这一规定，贪污罪的最低入罪数额被修改为2000元。1997年《刑法》第383条第1款对贪污罪的最低数额规定是："……（三）个人贪污数额在五千元以上不满五万元的，处一年以上七年以下有期徒刑；情节严重的，处七年以上十年以下有期徒刑。……（四）个人贪污数额不满五千元，情节较重的，处二年以下有期徒刑或者拘役；情节较轻的，由其所在单位或者上级主管机关酌情给予行政处分。……按照这一立法规定，贪污5000元以上的一定成立贪污罪；贪污5000元以下的，只要情节严重，也成立贪污罪。也即，贪污罪的入罪数额不是5000元，其入罪门槛是"不满5000元+情节严重"，这就意味着贪污罪就数额而言是没有下限的，只要情节严重，判决贪污罪就没有任何立法上的障碍。

1999年最高人民检察院发布的《关于人民检察院直接受理立案侦查案件立案标准的规定（试行）》贪污受贿罪的立案标准进行了细化。其中，贪污行为涉嫌下列情形之一的，应予立案：（1）个人贪污数额在5000元以上的；

（2）个人贪污数额不满 5000 元，但具有贪污救灾、抢险、防汛、防疫、优抚、扶贫、移民、救济款物及募捐款物、赃款赃物、罚没款物、暂扩款物，以及贪污手段恶劣、毁灭证据、转移赃物等情节的。受贿行为涉嫌下列情形之一的，应予立案：（1）个人受贿数额在 5000 元以上的；（2）个人受贿数额不满 5000 元，但具有下列情形之一的：①因受贿行为而使国家或者社会利益遭受重大损失的；②故意刁难、要挟有关单位、个人，造成恶劣影响的；③强行索取财物的。所以，至少在刑法立法、刑法司法的应然层面，检察机关能够根据"零容忍"的反腐政策对贪污受贿犯罪的入罪做到无数额门槛限制，为中央高压反腐态势保持提供必要的张力支撑。

但是，在当今的司法实践中，显然没有哪一个法院会判决不满 5000 元的贪污行为构成贪污罪、不满 5000 元的受贿行为构成受贿罪，因为不只是法院立案，就是检察机关本身对贪污受贿犯罪的实际立案标准也相当之高，并且远远高于当前刑法所规定的倒数第二档数额标准 5000 元，1999 年最高人民检察院的上述规定几乎形同虚设。为数众多的司法机关以 1997 年刑法确定的标准已不合情势、需要集中力量查办大要案等理由为借口，在内部大幅度提高立案标准，从贪污受贿 1 万元以下一般不追究发展到目前内部规定受贿 5 万元以下一般不查处。① 这种不断提高入罪标准的做法，是在给反腐高压"降压"，使本来能够实现腐败零容忍的立法设计名存实亡。

## 三、《刑九草案》中贪污罪起刑数额与零容忍政策的悖论

主张提高贪污受贿罪的起刑数额的意见，早已有之，较为官方的声音来自于 2009 年 11 月时任最高人民法院副院长张军。当然，张军同志更多的是站在审判公正性的角度看待这个问题的："在目前的司法实践中，许多涉案金额为几万元的案件，并没有被移送到法院；一旦移送过来，法院又得依法判处，这本身就缺乏社会公正性。"② 但是，检察院对贪污几万元的案件进行立案或移送起诉的不统一性而导致的审判不公平性，与其说是一个立法问题不如说是一个司法问题。面对司法实践中，动辄贪污受贿数万元、数十万元、上百万上千万元的案件，意图通过提高起刑数额的立法方式解决审判公正性问题，是否与当前反腐败的高压态势背道而驰？贪污受贿罪入罪数额的提高是否应当受贪腐屡禁不绝、大案要案频发、司法者应接不暇的境况所倒逼？贪污受贿罪的起刑数额是否要取决于经济发展水平？当我们使用"数额较大"这一用语时，是否会造成贪污受贿入罪标准的更加不统一？这都是《刑

---

① 孙国祥：《宽严皆失：贪污贿赂犯罪的量刑失衡之乱象及纾解》，载《甘肃政法学院学报》2009 年第 5 期。

② 《最高法高官建议调整贪污贿赂罪起刑点》，载搜狐新闻，http://news.sohu.com/20091104/n267954726.shtml。访问时间：2015 年 5 月 31 日。

九草案》面临的重大拷问。

第一，《刑九草案说明》提供的修法理由不足。根据全国人大常委会的"草案说明"，设计这一修法的原因是：规定数额虽然明确具体，但此类犯罪情节差别很大，情况复杂，单纯考虑数额，难以全面反映具体个罪的社会危害性。贪污受贿行为所侵犯的法益是国家工作人员职务廉洁性，或者国家工作人员职务行为的不可收买、不可交易性。[①] 因此，衡量贪污受贿罪的一个不可缺少的量刑标准就是贪污、受贿的财物数额，如果没有贪污受贿数额为零，那么还何谈其他什么情节？再者，现行刑法根本没有将数额规定的过死，仍然是一个波动的数额区间。如果要全面反映社会危害性，也可以在原有数额区间的基础上附加并列的定罪量刑情节。但《刑九草案》使用了模糊的数额较大、数额巨大、数额特别巨大，这正是为了提高入罪数额，这是不争的立法意图。综合而言，提高贪污受贿罪起刑数额的原因主要有两个，但这两个原因也是站不住脚的。

第二，经济的发展、人民币购买力的变化，根本不能为腐败犯罪的入罪标准提高任何根据。有人认为，1997 年的 5000 元和 2009 年的 5000 元不可同日而语。[②] 诚哉斯言！但是，这与是否要提高贪污受贿罪的起刑数额没有关系。如前所述，贪污受贿罪的法益是国家工作人员职务行为的廉洁性，只要存在权钱交易、以权谋私的行为，不论数额大小，均意味着国家工作人员的职务行为是有价的，是可以交易和收买的，也就彻底侵犯了职务行为的廉洁性，交易价格的大小丝毫不影响这种法益侵害性。刑法中盗窃罪等财产犯罪是对被害人个人财产的侵害，被害人的财产损失是可以随着物价的不断上涨、人均收入的增长等因素不断提高，因为毕竟同样是 1000 元的数额对于被害人损失的衡量而言，前后一二十年是不可同日而语的。但贪污受贿罪的法益最根本的是公法益，没有证据证明人们对侵犯职务行为廉洁性的行为容忍度有所提高，如果我们国家 GDP 总量有朝一日超过全世界的总和，那么是不是我们对贪腐犯罪的最低容忍度可以提高到最低数 10 万元、上百万元呢？以经济的发展为理由提高贪污受贿罪的起刑数额是冠冕堂皇的，这种做法与习近平总书记提出的反腐零容忍政策彻底背离。

第三，腐败犯罪大案要案众多，吸引反腐办案力量，这不能为"抓大放小"的司法政策提供任何犯罪形势上的根据。如前所述，在我国反腐实践中，检察院"有案不查"、"小案不立"的现象广泛存在，有的地方贪污受贿 5 万元以上才立案侦查，大案率维持在 90% 到 100%。[③] 如此局面的主要原因

---

[①] 卢建平著：《刑事政策与刑法变革》，中国人民公安大学出版社 2011 年版，第 316 页。

[②] 田旭：《论贪污罪数额标准的修改完善》，载赵秉志、张军、朗胜主编：《现代刑法学的使命》（下），中国人民公安大学出版社 2014 年版，第 784 页。

[③] 赵秉志：《贪污受贿犯罪定罪量刑标准问题研究》，载《中国法学》2015 年第 1 期。

就是大案要案众多、办案精力有限，只能"抓大放小"，用有限的反腐资源治理最大的腐败。如果这一背景能够成为提高入罪数额的根据，那么就会造成一种水涨船高的反腐悖论：贪污贿赂犯罪越多、犯罪数额越大，就越要求提高入罪标准，这就是所谓的"罪进而刑退"，这样的恶性循环导致的是，"单纯地抬升立法的入罪数额的做法将永无止境"。① 当前中央的反腐战略十分明确，那就是"老虎苍蝇一起打"，如果提高入罪数额，那么就是在不断降低贪污受贿罪的入罪要求，传递的信号是"小数额贪污受贿不是犯罪"或者"同样的贪污受贿数额，在以前是犯罪，现在不是犯罪"。这种对"小贪小腐"的绥靖政策与党中央的反腐零容忍政策直接冲突。正如内蒙古自治区检察院检察长马永胜所言，从反腐实践来看，许多"老虎"，都是由"苍蝇"逐步量变到质变而成。"小腐败"不查，违背了对腐败"抓早抓小"的理念，将会导致腐败难以从整体上得到有效控制。②

第四，对如何合理划定"数额较大"的解释标准充满疑问。根据"草案说明"，贪污受贿罪之入罪门槛"数额较大"的具体标准可由司法机关根据案件的具体情况掌握，或者由最高人民法院、最高人民检察院通过制定司法解释予以确定。根据刑法典的解释惯例，司法解释对"数额较大"一般确定为一个波动的区间，各个地区可以在该区间内确定本省的入罪数额。例如，2013年"两高"《关于办理盗窃刑事案件适用法律若干问题的解释》第1条第1款将盗窃罪"数额较大"确定为"一千元至三千元"，并第2款规定："各省、自治区、直辖市高级人民法院、人民检察院可以根据本地区经济发展状况，并考虑社会治安状况，在前款规定的数额幅度内，确定本地区执行的具体数额标准，报最高人民法院、最高人民检察院批准。"如果将来的司法解释也按照这一解释模式对贪污受贿罪的"数额较大"进行解释，那么必然造成各地区对贪污受贿罪入罪标准的不统一。因为贪污受贿罪侵犯的法益是"国家工作人员"职务行为的廉洁性，既然如此，就没有必要对此省份的"国家工作人员"贪污3000元与彼省份的"国家工作人员"贪污3000元的行为做区别对待，二者都是对国家法益而非地方法益的侵害。

更何况，党中央推行了反腐败的全国"巡视"工作，近日习近平总书记提出的巡视方针就是"巡视全覆盖、全国'一盘棋'"。③ 那么，贪污受贿罪的数额就绝不能依据省份区别对待。可是，如果不按照解释惯例进行解释，那么"数额较大"就只是一个定额而非区间，如此一来，何不直接由立法直

---

① 于志刚：《贪污贿赂犯罪定罪数额的现实化思索》，载《人民检察》2015年第1期。

② 《取消贪污贿赂犯罪数额标准当审慎》，载新华网，http://news.xinhuanet.com/lianzheng/2015-03/10/c_127564064.htm，访问时间：2015年5月31日。

③ 参见《中央首次完整提巡视工作方针》，载中国新闻网-四川，http://www.sc.chinanews.com/news/2015/0419/0837288902.html，访问时间：2015年5月31日。

接规定一个数额呢？难道数额较大的标准以后还要不断提高？如果是这样的话，那么反腐工作越深入，就越与党中央提出的腐败零容忍政策渐行渐远了。

## 四、 结语： 维持贪污受贿罪的现有入罪标准

腐败犯罪在历朝历代都是人民群众深恶痛绝的，当前阶段我们对贪污受贿行为的容忍度根本没有提升，如果说人们对贪污受贿几万元没有任何观感的话，那也充其量只能被描述为"腐败犯罪大案要案太多，人们思想麻痹、不再少见多怪"，而绝对不能像有些学者所断言的那样，人们对贪污受贿几万元的行为已经可以容忍。人们对腐败犯罪的容忍程度绝不会随着腐败犯罪的愈发严重性而降低分毫，否则腐败犯罪越猖獗、数额越高，人们对贪腐数额的容忍度就越高，这种悖论是不可想象的。所以中央高层对此保持绝对清醒的认识，习近平总书记反腐强调的正是对腐败犯罪的零容忍，而不是容忍度越来越高，打"老虎"的时候，必须打"苍蝇"，"老虎"都是"苍蝇"变成的。对于这种高明的反腐政策，我们必须无条件拥护，必须作为惩治与预防反腐败的基本指导思想。

现行刑法对贪污受贿犯罪的起刑点做到了"数额无下限"的制度设计，与习近平总书记提出的零容忍政策真正契合。当然，腐败零容忍不等于必须将一切贪污受贿行为均纳入刑罚制裁。但是，当我们承认惩治犯罪能够预防犯罪、惩治腐败犯罪能够预防腐败犯罪这种预防主义逻辑时，就不能否认根据现行刑法惩治"不满5000元+情节较重"的贪污受贿行为也具有预防腐败犯罪的功效。党中央提出零容忍的反腐策略，就是为了"打早、打小"，既要惩办"老虎"，又要惩办"苍蝇"，还要防止"苍蝇"恶化成"老虎"。如果根据现行刑法，刑法对贪污受贿罪的法网设计是相当严密的，这就最大限度地为贯彻零容忍政策提供了立法支撑，毕竟零容忍的第一要求就是"严"，"又严又厉"或"严而不厉"总比"不严不厉"、"厉而不严"更接近反腐零容忍。

其实，当前反腐败司法实践的主要问题在于，现行刑法所提供的"不满5000元+情节较重"的零容忍模式根本没有被启用。如前所述，检察机关对贪污受贿5000元甚至5万元都是持"容忍"态度，恰恰不是"零容忍"，这些数额的贪污受贿行为不仅没有受到刑罚追究，甚至一般行政追究也是没有的。概言之，"只打老虎、不打苍蝇"成为反腐常态。正是这种司法惯例导致了罪刑的不均衡——贪污受贿罪量刑畸轻。如果这一认知是正确的，那么当前反腐败法治的重心不在于改变贪污受贿罪的起刑数额，而在于以量刑规范化破解贪污受贿罪量刑畸轻的罪刑失衡格局；更严重的是，以"数额较大"来提升入罪标准，将与中央提出的反腐零容忍政策背道而驰，是值得批判和反思的。所以本文认为，就贪污受贿罪的起刑点而言，应当维持现有入罪标准。

# "零容忍" 反腐败政策与我国
# 反腐败工作机制完善

程 乐*

  "零容忍"，即对某种社会现象不能容忍、坚决打击。零容忍政策最初用于治理犯罪，是美国在 20 世纪 80 年代控制毒品犯罪活动中提出来的。党的十八大以来，中央提出坚持以零容忍态度惩治腐败，开启了我国反腐败新的政策篇章。零容忍不仅要求我国反腐败各职能机构坚决严厉惩治腐败，也要求各职能机构之间理顺工作关系，畅通信息沟通渠道，形成反腐合力，从工作机制上为反腐败取得成效提供保障。

## 一、"零容忍" 政策的由来

  "零容忍"政策的理论基础是破窗理论（Broken Window Theory）。破窗理论思想最初是由美国学者彼德曼等于 1967 年研究犯罪被害恐惧感时提出来的。他们认为："行为不检、扰乱公共秩序的行为与重大犯罪一样，都会造成一般大众犯罪被害恐惧。"[1] 其后，美国政治学家詹姆斯·威尔逊和犯罪学家乔治·凯琳正式提出了破窗理论。该理论认为，假如建筑物的一扇窗户被打破而没有及时修复，就会传递出一种暗示性的纵容信号，人们会认为整个建筑物无所谓，可以肆意破坏，接下来会有第二扇、第三扇窗户被打破，进而会成为任何人都可以随意进住的场所，并因而成为冲突不断的无序场所。

  破窗理论的主要观点包括：1. 不符合道德规范的行为、轻微犯罪等与重大犯罪一样，都会造成一般大众犯罪被害恐惧。重大犯罪固然不容忽视，但一般大众平时感到受害最普遍与最为关心的就是这类违规行为。2. 如果容忍上述行为，则可能出现下列后果：（1）就社区而言，生活质量将日趋恶化；（2）就肇事者而言，犯罪的质与量将日趋升高；（3）就社区居民而言，将产生犯罪恐惧，对警察与政府失去信心，并失去正义感与社区责任感。[2]

  有效对付"破窗"，就要实施"零容忍"（Zero Tolerance），即对任何不道德行为和违法犯罪行为都坚决打击，绝不容忍。如此，潜在犯罪人便不敢

---

* 北京师范大学刑事法律科学研究院 2011 级博士研究生，中国大唐集团公司监察部员工。
[1] 陈小波：《破窗理论与社区治安》，载《山东公安专科学校学报》2000 年第 5 期。
[2] 陈小波：《破窗理论与社区治安》，载《山东公安专科学校学报》2000 年第 5 期。

为所欲为，社会公众会增强国家打击犯罪的信心，自觉地与犯罪作斗争。零容忍政策提出伊始主要针对的是街头犯罪、毒品犯罪，美国纽约警察局在应对纽约公共场所抢劫、盗窃等案件的过程中，较早地将破窗理论和零容忍政策付诸实践，治安形势取得明显改善。其后，破窗理论和零容忍在实践中的不断成功，使其理念被推广，并被用在腐败犯罪的惩治上。中国香港地区是零容忍惩治腐败政策的成功实践地。20 世纪 70 年代之前的香港曾被猖獗的腐败之风困扰，而港府的反贪专门机构腐败问题尤甚。为此，香港政府采取了一系列治理贪污腐败的对策。对腐败的零容忍就是诸多政策的基础性理念。"'零容忍度'理念是香港政府对以往港英当局治下吏治腐败原因的一种理性反思；也是对当前香港政府廉政建设的一种有益探索；更是对未来香港吏治清廉的一种憧憬。""零容忍度"理念与廉政公署"完美结合，在香港反腐运动中的作用相得益彰，珠联璧合"。[1]

## 二、"零容忍" 反腐败政策的主要内容

破窗理论中的示范效应同样适用于腐败行为。首先，在对腐败者本人心理暗示方面，一旦腐败行为未受到追究或未被及时发现，腐败者腐败的"勇气"会增加，侥幸心理会加剧。于是，很多腐败者第一次腐败时紧张甚至恐惧，第二次略感不安，第三次时便开始变得心安理得。其次，对其他潜在的腐败者而言，当看到同样的掌权者大肆享用以权力攫取的"高品质"生活却依然高枕无忧时，不是每个人都可以做到"清者自清"，甚至我们不应该奢望他们皆能"出淤泥而不染"。当如此的心理暗示遭遇寻租者的诱惑时，腐败之于他们便会变得顺理成章，他们很可能成为第二扇、第三扇窗户的打破者。最后，如果多数腐败者没有及时得到惩处，民众会降低对反腐败的预期，继而增强对腐败的容忍度，并丧失举报的自觉性，甚至开始加入腐败行为中，分别扮演行贿人或受贿人的角色，一些腐败"潜规则"逐渐被公众所接受，严重者，被腐败浸染的社会风气开始挑战公平、正义的基本底线。

消除腐败的破窗效应，就要坚持对腐败的零容忍。综观域外零容忍反对腐败的成功实践，至少包括以下三个方面的内容。

一是完善的法律体系。有效地惩治腐败，必须依赖健全而完善的法律制度体系。在现代法治社会语境下，坚持以法治的思维惩治腐败，是现代法治文明的当然要求。新加坡、中国香港等清廉指数较高的国家和地区，正是通过制定一系列反腐法律规范，彰显出政府对腐败零容忍的决心。新加坡先后制定了《公务员惩戒规则》、《没收贪污所得利益法》、《防止贪污法》等法律，中国香港出台了《廉政公署条例》、《防止贿赂条例》等规范。这一系列

---

[1]　李翔宇、任浩明：《香港"零容忍度"反腐理念及启示》，载《探求》2008 年第 5 期。

反腐败法律规范的出台，为反腐败提供了规范支撑。但是，零容忍理念指导下的法律体系之完善，不仅限于腐败行为的惩治规则，还包括一系列的保障措施，如中国香港公务员制度中对公务员考绩、晋级、奖惩、工资、福利等方面的完整规定；以及其他部门法中体现反腐败需要的制度设计，如公司法为防止利益冲突而对公司人员从业资格的限制等。

二是对法规的严厉执行。严格执行法规既需要强有力的执法机构，也需要执法机构对法律规定的严格执行。香港廉政公署无疑是此类执法机构的形象代表。作为与所有的政府机关相脱离的独立的反贪污机构，香港廉政公署坚持"举报必接、有腐必查、惩腐务尽"的工作原则，严格执行《防止贿赂条例》关于"任何政府雇员，如无总督之一般或特别许可，而索取或接受任何利益者，均属违法"的规定，"无论是大贪还是小贪，100 元、10 元，甚至 1 元都要处理"。[①]

三是公众积极参与反腐的良好意识。由于腐败，特别是贿赂类腐败行为的隐蔽性较强，公众的积极参与在反腐败过程中起着至关重要的作用，是腐败发现机制中极为重要的一环。一方面，只有具有参与反腐的良好意识，公众监督权力行使的主动性、自觉性才会强，并促使其将发现的腐败行为举报至执法机关；同时，公众积极参与反腐，才会减少其成为腐败行为参与者的可能性。另一方面，国家反腐败的力度和成效，又直接影响公众参与反腐的程度和热情。香港廉政公署成立初期的举报人中，匿名举报占了 60%～70%，但后来，具名举报的人员占了 75%，并且都愿意配合调查。[②]

当然，社会公众对腐败的容忍度，会因社会规范和环境而异，对贪污腐败的接受程度也会因社会价值观念的不同而变化。美国学者海登海姆（Heidenheimer）将贪污腐败可以分为三个类型，即黑色腐败、白色腐败和灰色腐败。黑色腐败是指那些公众都希望予以惩罚的腐败行为；灰色腐败则指大家都认为是腐败行为，但有一部分人认为是可以接受的腐败行为；白色腐败是指多数人认为可以容忍，因而并不积极支持惩罚的腐败行为。而这三类腐败的具体内容，随着社会生活和观念的变迁而发展变化。而这其中，国家对于腐败行为的态度，无疑决定了公众对于腐败的容忍度。

## 三、 我国反腐败工作机制及其存在的问题

"长期以来，我国对公职人员犯罪都一直采取从严从重的刑事政策指导方针，以此体现'治吏从严'的精神。"[③] 但是，腐败问题在我国并未得到较

---

① 香港廉政公署前副廉政专员兼执行处处长郭文纬语。《香港廉政公署反腐模式：零度容忍贪一块钱也不行》，载《法制晚报》2004 年 11 月 12 日。

② 《香港廉政公署反腐模式：零度容忍贪一块钱也不行》，载《法制晚报》2004 年 11 月 12 日。

③ 卢建平：《刑事政策学》，中国人民大学出版社 2007 年版，第 287 页。

好的遏制。反腐败既是一个社会问题，更是一个政治问题。任何一种反腐败政策的提出和实践，不仅需考虑政策的导向性、前瞻性，也应立足于一国的国情社情。不考虑特定国情背景的理论照搬和体制套用，不仅可能受到不切实际的指责，而且会使政策丧失实践的土壤，进而无益于甚至阻碍政策的实施。在此意义上，探讨中国语境下的反腐败问题，需要对我国当前的反腐败工作机制给予充分的考量。

**（一）我国的反腐败工作机制**

"国际廉政理论认为，可以从反腐败机构、反腐败战略和反腐败法律制度这三个方面来评估一个国家的反腐败体制和机制。"[1] 反腐败工作机制由一国的国体和政体决定，包括承担反腐败职能的机构设置、管理权限划分及其相应关系。我国的反腐败职能机构，主要有中国共产党纪律检查机关、国家司法机关、政府监察机关、审计机关和国家预防腐败局。[2] 与此同时，我国刑事立法采用"定性+定量"模式，"刑法结构中的一个独特问题即具有定量因素的犯罪概念"[3]，立法通过情节、数额等彰显"社会危害性"的定量因素，将犯罪行为与一般违法行为加以区别。不法行为依据程度不同被分为刑事不法和行政不法，腐败行为同样被区分为腐败犯罪和腐败违纪行为。两种不同性质的行为，在惩治主体、责任追究模式、行为后果等方面均存在重大差异。

由此，我国的反腐败工作机制，既表现为"行政－刑事"的二元法律追究结构，又呈现出"党纪－法律"的二维责任追究模式。对腐败行为的惩处，会因腐败行为主体的身份、行为性质和严重程度等不同，分别或同时由党的纪律检查部门、监察机关和司法机关，处以党纪、政纪处分和刑事制裁。

1. 在追究模式上，党纪处分与法律追究两种形式并用

这主要发生在党员实施腐败行为的情形中，是对党员腐败后所需承担的不同责任的横向区分。党员实施腐败行为（包括腐败犯罪和腐败违纪行为），既要依据《中国共产党章程》和《中国共产党纪律处分条例》等党内法规追究其党纪责任，也要追究其法律责任。

法律责任包括刑事责任和行政责任两类。对腐败违纪行为，只需要追究行政责任；对腐败犯罪，则需要同时追究其刑事责任和行政责任。其中，行政责任则因行为人身份的不同而有所区别：行为人为国家公务员和参照公务员管理的事业单位人员的，适用依据包括《中华人民共和国公务员法》、《中华人民共和国行政监察法》和《行政机关公务员处分条例》等规定；行为人为事业单位工作人员的，适用《事业单位工作人员处分暂行规定》；行为人

---

① 过勇：《完善中国反腐败体制和机制的几点建议》，载《经济社会体制比较》2010年第4期。
② 中华人民共和国国务院新闻办公室：《中国的反腐败和廉政建设》2010年12月。
③ 储槐植著：《刑事一体化论要》，北京大学出版社2007年版，第58页。

属于企业（含国家出资企业和私营企业）工作人员的，则应适用企业依据公司法、劳动合同法等法律法规制定的企业内部管理规定，如员工奖惩管理办法等①。

2. 在责任类型上，纪律处分与刑事责任两种后果并存

这是依据腐败行为程度不同进行的纵向划分。对尚未构成犯罪的腐败违纪行为，只需要追究其纪律责任（党纪责任和政纪责任）。对腐败犯罪，既要追究刑事责任，也要追究其纪律责任，这被规定在作为追究党政纪责任主要依据的《中国共产党纪律处分条例》、《行政机关公务员处分条例》等党纪、法律中。②

3. 在惩治主体上，执纪部门与司法机关二元主体并行

执纪部门包括两类：党的各级纪律检查机关执行党的纪律，国家各级行政监察机关或企业内部监察部门执行行政纪律。需要指出的是，新中国成立初期，党的纪律检察机关与国家行政监察机关曾分别设立、各行其责，其后分别经历了撤销、再设立的历史过程。自 1993 年开始，党的纪律检察机关与监察机关开始合署办公，实行一套工作机构、两个机关名称，同时履行党的纪律检查和政府行政监察两项职能。自此，党和国家机关中的执纪主体实质上变为一个机关。

司法机关则是追究腐败犯罪行为的主体。完整的刑事责任追究过程涵盖犯罪侦查、公诉、审判和刑罚执行各个过程，惩治腐败犯罪的司法机关也涵盖了公安、检察、法院、监狱等专门机关。

### （二）我国反腐败工作机制存在的问题

在上述反腐败体制下，虽然各机关"既相对独立、各司其职，又相互协调、密切配合"③，追责方式交织协作，编就出一张惩治腐败的严密之网，在我国惩治腐败的实践中发挥了重要作用，但在实践中，反腐败机构的分散确也带来了问题，惩治腐败既产生了"空白区"，也出现了"交叉带"，有些问题与零容忍的要求并不相符。

---

① 严格而言，企业的内部管理制度不是法律，企业依据内部管理制度对员工的处分不应属于法律责任。但是，企业管理制度是依据相关法律制定，在企业内部具有普遍适用性，在此意义上将其作为一种法律责任似也可行。为论述方便，笔者在此作为法律责任的一种类型，未再单纯予以划分。

② 《中国共产党纪律处分条例》第 30 条规定："有下列情形之一的，应当给予开除党籍处分：（一）因故意犯罪被依法判处《中华人民共和国刑法》规定的主刑（含宣告缓刑）的；（二）单处或者附加剥夺政治权利的；（三）因过失犯罪，被依法判处三年以上（不含三年）有期徒刑的。因过失犯罪被判处三年以下（含三年）有期徒刑或者被判处管制、拘役的，一般应当开除党籍。对于个别可以不开除党籍的，应当对照处分党员批准权限的规定，报请再上一级党组织批准。"《行政机关公务员处分条例》第 17 条第 2 款规定："行政机关公务员依法被判处刑罚的，给予开除处分。"

③ 中华人民共和国国务院新闻办公室：《中国的反腐败和廉政建设》2010 年 12 月。

1. 机构设置方面，反腐败机构的多元化造成反腐败力量分散

一方面，各机构职能重叠、边界不清，难以形成反腐败的合力[1]；多头执法衔接上的问题，使得腐败行为受到惩处的概率和力度受到损失[2]。另一方面，纪检监察机关查办的涉罪腐败行为中，纪检监察机关和检察机关取证内容和重点存在较多的重合。虽然新修订的刑事诉讼法第52条为纪检监察证据向刑事诉讼证据转化打开了法律通道，且实践中纪检监察机关和检察机关也较多采用"联合办案"的工作模式，但由于不同办案机关对取证标准和要求毕竟存在差异，纪检监察机关将案件移送司法机关后，仍不可避免重复取证、二次取证问题的发生，这拉长了办案周期，直接影响办案效率和反腐败效果。

2. 以纪律处分代替刑事追究问题多发

以纪律处分代替刑事追究，即将已构成犯罪需追究刑事责任的行为，仅以纪律处分了事。这会降低群众和腐败者对于行为严重程度的预期，并可能使得黑色腐败退化为灰色腐败，甚至白色腐败，放纵了对腐败犯罪的打击。如私设"小金库"并使用"小金库"资金违规发放奖金行为、公款报销个人消费事项行为、违规接受请托人支付的旅游行为，多数行为都已符合贪污、受贿或者私分国有资产罪的犯罪构成，但很多都被作为单纯的违反财经纪律或违反廉洁自律规定行为，以党政纪处分了事。以纪律处分代替刑事追究的另一种表现形式为肆意降低腐败犯罪的追诉标准。我国1997年刑法为贪污和受贿罪设定了5000元入罪门槛。[3] 但在司法实践中，这一标准早已被突破。不仅许多涉案金额数万元的案件，成为特定政策考量下的"情节显著轻微"者，不再进入司法追诉程序；一些地方检察机关甚至内部规定，5万元以下的贪污受贿不追究刑事责任。更具普遍性的，则是某些"专案"、"维稳"背景下的"抓大放小"。

刑法不仅具有通过科处刑罚对犯罪行为进行否定性评价的机能，也具有命令、引导他人不去实施特定行为的决定机能。前者着眼于惩罚犯罪，后者则侧重于预防犯罪。当司法突破了立法规定的时候，司法的导向作用会直接影响潜在犯罪人的心理预期，并促使其对行为预期作出错误判断，进而提升整个社会对于腐败犯罪的容忍度。在零容忍的政策下，腐败犯罪必须得到追究，而不是相反。任意提高腐败犯罪的入罪门槛，将与零容忍政策背道而驰。

---

① 赵中权：《反腐败要走法治化道路》，载《学习时报》2013年6月24日第5版。

② 任建明、杜治洲著：《腐败与反腐败——理论、模型与方法》，清华大学出版社2009年版，第149页。

③ 审议中的《刑法修正案（九）（草案）》，该罪的入罪标准拟调整为"数额较大或者有其他较重情节"。

3. 重腐败犯罪惩治、轻腐败违纪行为处理倾向明显

坚持零容忍惩治腐败，既要坚决打击腐败犯罪，也应坚决惩治腐败违纪行为。但在我国反腐实践中，重腐败犯罪查处、轻腐败违纪行为惩治的情况多有发生。特别是在检察机关对腐败犯罪嫌疑人的调查过程中，鲜有人关注嫌疑人未构成犯罪的腐败违纪行为。这种心态直接影响社会公众对腐败和反腐败的认识，造成了一定程度上的"腐败的社会认同"。

应当看到，腐败的社会认同问题在我国有一定的普遍性，尤其表现在公众对于轻微腐败行为的容忍度上。在中国的熟人社会中，请托人给受托人一些"表示"还没有被普遍地认为是一种腐败行为。笔者甚至认为，当美国司法官员惊诧于有些中国司法官员会接受当事人宴请或礼物赠予时，会有相当数量的中国民众惊讶于美国人的惊诧。这种社会认同也影响到对腐败的惩治和宣传态度。在反腐败相关的信息披露和新闻报道中，因为收受数额较少的财物受到纪律追究的并不多见。较之受贿千万元被追究刑事责任，对收受千元而给予党政纪处分的宣传，似乎更能提高公众对惩治腐败力度的认同和对惩治腐败零容忍政策的信心。

## 四、 完善我国反腐败工作机制

长远来看，在我国成立类似于香港廉政公署一样的独立反腐败工作机构，将有助于整合反腐败力量，形成合力，克服力量分散带来的问题和弊端。但这有赖于我国政治体制改革的深入推进。立足于当前的反腐败工作机制，应通过反腐败举措的制度化、规范化，协调反腐败责任主体，加大腐败行为的惩治力度，从工作机制上为零容忍惩治腐败提供保障。

第一，完善各反腐败机构的工作协调机制。反腐败各工作机构在依法独立行使职权的基础上，建立健全反腐败信息整合、共享和协作机制，为形成反腐败合力提供制度保障。事实上，加强反腐败机构协调的工作已经开展，并已取得了初步成效。早在 1993 年，中纪委、最高人民检察院和监察部即下发《关于纪检监察机关和检察机关在反腐败斗争中加强协作的通知》，明确了纪检监察机关和检察机关在反腐败斗争中配合与协作的具体举措。1996年，中纪委六次全会决定成立由有关执法、执纪部门主要领导参加的反腐败协调小组，加强对查处大案要案的统一领导和协调。2003 年 3 月，中纪委、中组部、监察部、人事部、审计署等中央五部委建立了经济责任审计工作联席会议制度；2014 年 7 月，中办、国办联合下发的《党政主要领导干部和国有企业领导人员经济责任审计规定》，进一步明确联席会议由纪检、组织、审计、监察、人力资源社会保障和国有资产监督管理等部门组成，主要职责是研究制定有关经济责任审计的政策和制度，监督检查、交流通报经济责任审计工作开展的情况，协调解决工作中出现的问题。这些制度的出台为反腐

败各职能机构信息共享提供了基础平台和渠道，但这种信息的交流较多地体现在宏观层面，实践中各部门独立履职而造成的类似行为不同处理的情况大量存在，如审计发现的有些明显具有违纪甚至犯罪表征的行为，被审计单位仅需"积极整改"便可"过关"。

完善反腐败机构工作协调机制，应在现有信息沟通渠道的基础上，强化对涉嫌违纪违法（犯罪）问题的研究、分析，探索建立相应的移送审查机制，使得各反腐败主体发现的问题能够各归其位、各负其责。

第二，严格对涉罪腐败行为的处理标准。腐败犯罪是腐败行为的最极端表现形式。使业已被发现的腐败行为受到法律追究，是零容忍惩治腐败政策最基本的要求。在我国行政—刑事的二元立法结构下，犯罪标签对行为人的负面评价效果反馈到社会公众对于腐败行为的容忍度，具有更为重要的意义。基于此，需要突出强调对于涉嫌犯罪的腐败行为的处理问题。一方面，应严格涉罪腐败行为的处理标准，对司法机关、纪检监察部门和审计部门等不同机构存在定性争议的问题，加强个案沟通和论证，建立案件讨论的跨部门化；对于具有普遍性的问题，通过协调会议、联席会议或者发布指导案例的形式，明确处理标准。另一方面，加强对涉嫌犯罪腐败行为处理的再监督，司法机关除依法办理纪检监察部门、审计机关移送的案件外，还应主动发现审计报告和纪检监察机关已处理案件中涉嫌犯罪的线索，及时启动刑事追责程序，实现涉罪腐败行为处理标准的统一、规范。

第三，把法治思维体现在惩治腐败的各环节，尤其在纪律惩戒权的行使过程中。在行使纪律惩戒权过程中贯彻法治思维，同样要体现在实体和程序两个方面。程序中体现法治思维，即要按照法律和党纪规定的办案程序要求，严格履行审批手续，特别在使用调查措施的过程中，必须严格依法依规进行。在此着重论述鲜有人论及的实体问题。相比于刑事责任追究，纪律处分具有较强的开放性，甚至在某种意义上略显粗疏。以作为党内纪律处分实体大法的《中国共产党纪律处分条例》为例。出于"注意使其具有党内法规的特点，使之符合从严治党、加强党的建设的需要"①的考虑，条例在诸多方面表现出较强的灵活性。其一，纪律处分条例在总则中确定了"比照类似"的处理原则，对本条例没有规定但危害党、国家和人民的利益，确需追究党纪责任的违纪行为，可比照分则中最相类似的条款处理。这类似于我国1979刑法中的"类推原则"。其二，条例分则中大量使用"其他条款"作为兜底性规定，其中包括作为某类违纪行为（相当于刑法中的类罪）兜底条款的规定，如该条例第八章规定了违反廉洁自律规定的行为，该章第82条规定，

---

① 《党的纪律建设史上的重要里程碑——中央纪委负责同志就〈中国共产党纪律处分条例〉的颁布实施答新华社记者问》，载《中国纪检监察报》2004年2月20日第1版。

"有其他违反廉洁自律规定的行为",应给予纪律处分。这为适用处分条例提供了较为开阔的解释空间。政纪处分规定中同样存在类似情况。

相对开放的规定在满足了从严治党、从严治吏需要的同时,客观上也给纪律惩戒权的滥用提供了可能。滥用纪律惩戒权既包括前已述及的以纪律惩戒代替刑事追究,也包括纪律处分的肆意施予,甚至被作为报复反腐败参与者(如署名举报人)的手段,这在实践中并不少见。承担监督责任的纪委,必须擎起法治的大旗,用法治的思维和精神,维护好纪律惩戒权的公平之义,防止使其沦为个别人任意施威的工具。

# 法治中国与腐败犯罪积极治理主义之倡导[①]

魏昌东[*]

十八届三中全会通过的《中共中央关于全面深化改革若干重大问题的决定》将"推进法治中国建设"确立为我国新时期法治建设的新目标和全面深化改革的重大内容,首次提出了建设"法治中国"的新要求。建设法治中国要求科学立法,提高立法质量,而立法理念更新是重要前提。十八大以来,中国反腐已经进入加快推进反腐败立法的新时期,在法治中国的背景下,探寻现代化进程中的腐败根源与反腐败模式,提出积极治理主义理念,更新立法理论基础,是实现中国腐败犯罪治理立法"从困境中突围"的关键。

## 一、现代化进程中的腐败:类型与根源探析

### (一)现代化生成模式与腐败类型化分析

国家现代化的模式直接决定着特定国家经济利益分配的基本模式以及与之紧密相关的利益冲突解决机制,并对一国特定时期腐败犯罪的发生与发展产生影响。根据各国现代化模式的不同,可以将现代化进程中的腐败划分为两种基本类型:

1. 根源于经济支配政治的腐败。这种腐败犯罪类型,一般存在于国家以"内生型"模式进入现代化的起步阶段。"内生型现代化"国家,通常是传统性与现代性兼容程度较高的国家,其现代化起步于因工业革命所引发的经济迅猛发展,以及由此引发的工业化、城市化进程。经济优先于政治获得更为快速的发展,为寻求政治权力庇护及获取更多的经济利益,经济主体向政治主体施加压力或直接渗入政治集团,为腐败犯罪的发生与蔓延提供了条件,产生了区别于传统腐败犯罪的新形式。17世纪末至19世纪中叶是英国现代化的起步阶段,工业革命推进、刺激了经济的迅猛发展,使得社会新型经济资源与财富呈成倍增长之势,尽管政府规模小,但作为掌握资源分配权的主体,便成为了新生利益集团利益腐蚀的对象,由此使得经济支配政治型腐败成为英国现代化之初最突出的犯罪形式。

---

① 本文为司法部课题"职务犯罪研究"(14SFB20020)阶段性研究成果。

* 上海社会科学院法学研究所刑法室主任、教授,法学博士。

2. 根源于政治支配经济的腐败。这种腐败犯罪类型，源自国家对经济的主动干预，主要存在于采用"应激型现代化"模式的国家。"应激型现代化"模式的国家，"由于内部的传统性与外部的现代性之间的兼容关系较弱，难以从社会内部产生推动现代化的强大动力，而是在外部的刺激或压力下，开始自己有组织的现代化长征，国家被寄予重望"。对于后发现代化的国家而言，国家将面临更严峻的现实，"为尽快缩短差距，追赶先进，国家不仅不能只扮演一个消极的'守夜人'，更应成为一位积极的组织者，正是出于这种考虑，许多后发国家选择了有计划的社会主义。尽管这种模式因过于推崇'国家万能'而遭受败绩，但国家具有的巨大的积极作用却是不应也被否认的"。[①] 许多西欧及其他一系列采"应激型"模式进入现代化的国家，在进入现代化阶段后，其腐败的发生多呈现出政治支配经济的特征。当然，对于早期已经进入现代化的"内生型"国家而言，在 20 世纪中叶以后，伴随着国家权力对经济活动干预的扩大化，同样也出现了政治支配经济的腐败。美国在 20 世纪初经济危机下采取凯恩斯主义作为经济发展的支柱理论，国家权力的扩张已经逐步走上了与"应激型现代化"国家类似的道路。20 世纪六七十年代，基于腐败的严重性及腐败类型的变化，美国新自由主义学派提出了"寻租理论"，进而成为世界腐败治理中的一项重要理论。

（二）现代化进程中腐败的根源性分析

从现代化角度，腐败被认为是现代化过程中制度供给不足的后果。作为集现代腐败理论之大成者，美国政治学家塞缪尔·P·亨廷顿提出"腐败程度与社会和经济迅速现代化有关"的论判，[②] 认为现代化带来的各种社会变迁如果没有及时制度化，就容易产生腐败。现代化为何成了刺激腐败加速发展的催化剂？现代化进程中腐败产生的根源何在？是法学、政治学、社会学乃至经济学所共同关注的问题。

在本文看来，现代化进程中的腐败，是一定历史转型与发展过程中制度发展滞后于社会经济发展的消极产物，具有历史的必然性。现代化是人类社会组织机体的进化发展，全面覆盖社会各个方面，但其首先是经济的现代化，无论是"经济支配政治"的腐败，还是"政治支配经济"的腐败，均以市场经济的现代崛起为逻辑起点。腐败是公共权力与生俱来的遗传基因，经济发展作为现代化的原动力，在促进与调控社会经济发展的同时，也增加了政府支配公共资源权力实施腐败的风险，而现代化中体制性的制约权力机制建设的滞后，进一步加大了腐败发生的可能性。现代化是以经济的发展为首要目标的社会进步运动，由于在社会经济发展中政府所承担的导向与决策功能，

---

[①] 郑永流：《法的有效性与有效的法（下）》，载《法制与社会发展》2002 年第 2 期。

[②] ［美］塞缪尔·P·亨廷顿著：《变化社会中的政治秩序》，王冠华、刘为等译，生活·读书·新知三联书店出版社 1989 年版，第 45 页。

其对经济资源在其国内的分配与调剂享有绝对支配的功能,利益主体为获得特定稀缺资源的使用或分配权,必然会发生以经济利益去腐蚀公共权力的内在需求,特别是在国家强力刺激经济发展的背景下,由国家调整、支配或控制的经济资源范围广泛、规模庞大,公职者享有广泛的自由裁量权,这些均为腐败的发生提供了条件,也使得根源于政治支配经济的腐败成为了现代国家腐败的主要类型。

## 二、 现代化进程中的反腐败: 国家腐败治理模式选择

不同国家的现代化路径不同,但均面临着现代化初期腐败滥发的严重困扰以及腐败治理模式的更新选择问题。据此,在传统腐败治理基础上形成了国家腐败治理的两种基本模式。

### (一) 腐败消极治理模式

在现代化转型初期,由于国家权力结构及公共管理机制尚未健全,加之社会形态更替过程中的惯性依赖,国家将腐败治理的目光停留于刑事惩治层面,被动性地回应社会转型阶段的腐败现象,从而形成了消极治理模式。该模式具有以下特征:

1. 单一化的治理理念。重视刑事惩治的功能,强调单一化的"直击打击",是消极治理模式的理念特征。在传统社会中,统治者对腐败根源缺乏深入的认识,治理理念较为原始,国家又缺乏有效的腐败治理工具,刑罚基于短期见效快之优势而易成为统治者青睐的治理手段,导致传统社会腐败治理依赖于重刑主义,以刑罚之"威",扼腐败之"恶",形成了针对腐败行为人的"直接打击"模式。在现代化转型初期,基于过渡时期的制度惯性和习惯上的路径依赖,转型初期国家通常会延续以往腐败治理理念。例如,俄罗斯历史上有"重刑反腐"的传统,彼得大帝曾吊死过贪腐的西伯利亚总督加加林,并对贪污官员处以酷刑,1922 年苏联颁布《布尔什维克党内条例》以重刑肃整贪腐官员。[1] 苏联解体后,俄罗斯继续延续以刑制腐的传统,但却无法遏制腐败现象的泛滥,因为"国家法律制度的疲软甚至缺陷是腐败滋生和泛滥的主要原因"。[2]

2. 容忍化的治理立场。对腐败具有较高的容忍度而进行选择性治理,是消极治理模式的重要特征。在传统社会中,"反腐败惩罚是作为统治者分辨出高忠诚度的与低忠诚度的两类官员的充要条件,进而以维护其统治地位和

---

① 方亮:《俄罗斯腐败的空皮囊》,载《人民文摘》2014 年第 1 期。
② 刁秀华:《俄罗斯的腐败与反腐败及其对经济社会的影响》,载《国外社会科学》2014 年第 2 期。

优化自身的效用水平，但未必会降低腐败水平"。① 在必要时候，君王与属臣的腐败共谋，本身就是维系统治的一种方式。现代化转型过程中，君臣之间的腐败合谋演化为权力群体内部合谋。例如，为打击18世纪愈演愈烈的贿选议员问题，英国1729年反贿赂法规定候选人在选举令公布之后如用金钱贿赂选民，取消其候选人资格，并罚款5000英镑，但立法本身就是既得利益者之间妥协的产物，存在明显的漏洞，即，在选举令公布之前和以非金钱方式收买选票的行为不在禁止之列。②

3. 静态化的治理机制。国家配置了相关腐败治理要素，但各反腐要素之间缺乏衔接配合，造成腐败治理机制的静态化，是消极治理模式的又一重要特征。在现代化转型过程中，"应激型"现代化国家往往有"补课"的内在需求，容易导致新增立法的功利化，影响制度预防功能的发挥。东欧剧变之后，罗马尼亚为了加入欧盟，依据欧盟标准对本国反腐预防立法进行了紧急性修补，在2000年之后陆续通过了《预防、发现和惩治腐败法》、《自由获得公共信息法》、《政党筹资与竞选运动》等系列反腐立法，但腐败治理效果仍然不尽如人意，甚至被认为是"越反越腐"，③ "执政党高层领导反腐败的愿望和意志不够，入盟前制定的许多反腐败措施，入盟后不久就被议会和政府有意搁置"。④ 功利性的立法目的使得现代化转型国家倾向于简单、快捷地搬抄域外经验，而不考虑立法本土的适应性及系统性，是导致腐败治理机制运行障碍的重要原因。

4. 被动化的治理反应。以腐败已经产生的现实后果作为立法根据，立法"因恶而生"而具有被动性，是消极治理模式的重要特征。自工业革命以来，经济转型是国家现代转型的先驱形式，在经济发展优先政策的影响下，国家对传统腐败形式之外"增量腐败"的敏感度较低，腐败治理远远滞后于腐败发生的时间与规模。在受亚当·斯密自由经济政策所支配的时期，18世纪英国政府和议会对经济活动较少进行干预，无视各种基于市场经济关系而衍生的新型腐败行为。1889年英国颁布世界上首部反腐法——《公共机构腐败行为法》，该法仅规定了公共部门的腐败，直到1906年《预防腐败法》将犯罪主体扩大至"代理人"之后，腐败惩治的范围才从公共部门扩大至私营部门。美国1977年《反海外贿赂法》的颁布，也是因为1972年"水门事件"暴露出严重的政治腐败而引发国内舆论压力所致。

---

① 许建明：《制度性腐败的机制》，2006年上海中国留美经济学年会论文，载 http://www.aisixiang.com/data/18219.html。

② 季正矩：《英国经济高速发展过程中的腐败问题》，载《中国监察》2001年第10期。

③ 夏纪媛：《罗马尼亚转型期的腐败现象及其治理》，载《廉政文化研究》2014年第2期。

④ Corruption in Romania：In denial. *The Economist*, 2008(07)：3.

**（二）腐败积极治理模式**

现代国家经过一段时间现代化进程的尝试后，深刻感受到腐败给现代化带来的灾难，普遍建立起由规范公共权力运行、监督公共权力行使、惩罚公共权力滥用为核心的体系化的法律体系，由此促成了积极治理模式的形成。积极治理模式具有以下特征：

1. 复合化的治理理念。强调"间接打击为主、直接打击为辅"的复合化治理，是积极治理模式的理念特征。从战争战略角度，战胜对手的方式有两种，一种是直接打击，消灭敌人；另一种是间接打击，避免与敌人正面硬拼，而是巧妙采取各种方式，让敌人在心理上和物质上失去平衡而获胜。[①] 在腐败治理理念上，同样也存在"直接打击"和"间接打击"两种类型。前者依赖于刑事惩治，通过严厉惩治，达到一般预防的目的；后者强调腐败预防，通过构建预防制度，达到改造腐败滋生环境、消除腐败动因的目的。消极治理模式采用单一的直接打击理念，而积极治理模式则兼顾两种理念的合理性，以预防为主、惩治为辅。英国在现代化中期以后，通过现代文官制度、竞选制度、审计制度等确立了严密的预防体系，而刑事惩治法较为沉寂，1916 年修订《预防腐败法》（刑事法）之后，在近百年时间内未对反腐刑事法再进行过修正。当然，这并不意味着英国放弃了"直接打击"，当腐败犯罪的频度与比例明显提高时，刑事立法也会所有反应。英国 2010 年《贿赂法》不仅扩大了贿赂犯罪的规制范围，而且还将贿赂犯罪监禁刑的法定最高刑期从 7 年提高至 10 年，同时规定了无限额罚金制。

2. "零容忍化"的治理立场。坚持"零容忍"的治理立场，是积极治理模式的重要特征。基于对公共权力在"内生型现代化"过程中被经济所支配，从而偏离公共权力准则实施腐败的具体情况，美国建立了以"利益冲突"为核心的公职人员行为规制体系，在权力运行环节设置了"零容忍"标准。1961 年美国颁布了第 10939 号行政令，提出了公共官员不得在与其利益有关的事情上采取任何行动、在政府以外的活动不得与其公共责任相冲突等七项规则，明确将防止利益冲突作为美国现代公共道德管理的核心规则。[②] 1978 年《政府道德法》确立了"利益冲突"规则在反腐体系中的核心地位。如，一名官员拥有戴尔公司的 1000 股股份，而其又负责为本机构购买 20 台台式电脑，在这种情况下，就绝对不能购买戴尔电脑，即使其购买不会影响戴尔公司的股票价值。[③] "利益冲突"规则禁止公职人员实施具有利益冲突可能性的行为，在腐败预防中贯彻了"零容忍"标准，建构了"潜在腐败"与

---

① ［英］李德·哈特著：《战略论》，钮先钟译，内蒙古出版社 1998 年版，第 2 页。

② Robert N. Roberts and Marion T. Doss, Jr., From Watergate to Whitewater, The Public Integrity War, pp 49–50.

③ 周琪：《解决利益冲突，着手反腐败》，载《中国新闻周刊》2006 年 6 月 5 日。

"现实腐败"之间的防火墙，从而及时遏制潜在犯罪人的腐败动因，有效防止腐败行为的实际发生。

3. 动态化的治理机制。以腐败治理机构、规范的协同性为核心，加强不同反腐主体权力运行协同、预防法与惩治法协同、实体法与程序法协同，是积极治理模式的另一重要特征。作为亚洲最为清廉的国家，新加坡以其高效的、动态化的腐败治理机制，为积极治理模式提供了最好的注释。新加坡确立了综合式的反贪战略，将反贪腐工作提升到权威有力、规范有序的制度反腐、立法反腐、社会反腐的高层次运作轨道，有效调动社会各方面的力量和资源集中惩治贪腐。在高薪养廉、精英治国、社会监督等软性反腐之外，新加坡建立了严密的腐败规制体系：《防止贪污贿赂法》、《没收贪污腐败法》、《公务员守则和纪律条例》、《公务员惩戒行程序规定》等立法相互协作、紧密联系，形成了一张反腐大网，而高效且独立的反腐调查局（CPIB）更被认为是一把悬在头上的"达摩克利斯之剑"，时刻威慑和警示着潜在的腐败者。①

4. 主动化的立法反应。积极寻求立法原理之更新，创建新型规制模式，以预防"增量腐败"，是积极治理模式的重要特征。腐败犯罪刑法立法建立在传统罪责理论基础上，个体行为与罪责是立法规制的边界和基础，然而，以个体为中心的传统理论无法解决腐败生成的系统环境问题。对此，英国2010年《贿赂法》第7条规定了"商业组织预防贿赂失职罪"，规定商业组织对于疏于构建行贿预防机制而导致行贿行为发生承担必要的刑事责任，②创造性地改变了传统消极治理模式下的个人责任原理，确立了刑事领域中的组织责任原理，实现了刑法防卫基点的前置化，加强了对腐败犯罪的预防性治理。

消极治理模式与积极治理模式反映出国家现代化转型以来国家治理腐败犯罪的两种不同的治理理念选择。消极治理模式反映了国家以刑事惩治为手段，以稳定社会秩序为本位的价值选择，可称为"消极治理主义"；积极治理模式反映出国家以综合性预防为手段，以塑造清廉社会环境为本位的价值选择，也可称为"积极治理主义"。消极治理主义和积极治理主义反映出国家对腐败衍生及治理原理在认识程度上的区分差异，一个国家在现代化转型过程中可能会渐次性地经历上述两种不同的治理模式，如英国、美国、新加坡等国家腐败治理上均是由消极治理主义过渡到积极治理主义。

## 三、 积极治理主义与中国惩治腐败犯罪立法创新

中国属于典型的"应激型"现代化国家，腐败主要源自行政权力对经济

① 金波：《新加坡的制度反腐经验》，载《国际关系学院学报》2009年第4期。
② Bribery Act 2010, sec. 7(5).

的干预支配，既往腐败治理偏重于事后追究，且过度依赖于刑法的惩治功能，对预防功能关注度不足，难以有效遏制腐败。因此，以现代国家腐败治理角度，确立积极治理主义的治理理念，加强规范的预防能力，是当下中国惩治腐败犯罪立法创新的重点。

（一）中国现代化进程中的腐败与腐败治理

1. 中国现代化进程中的腐败。20 世纪 70 年代末的改革开放，标志着真正意义上的中国现代化开端。中国现代化转型属于"应激型"模式，因此根源于政治对经济支配关系的腐败成为中国腐败的主要类型。为确保经济秩序和社会秩序的稳定性，改革开放之后国家采取"双轨制"经济模式，不同经济体系下价格的巨大差异，导致"官倒型"腐败泛滥。1992 年之后加快市场经济建设，但国家仍保留大量的市场资源分配权，引发了"寻租型"腐败大量滋生，行政审批、公共工程、政府采购、国企经营等领域，均成为了腐败新的重灾区。自 21 世纪以来，"中国式"腐败又出现了新特征：一是经济主体与政治主体加速形成了腐败共同体，出现了相互渗透的趋势，经济主体谋取政治主体身份、政治主体安排利益关系人进入经济主体体系，直接参与政治利益与经济利益的共享与分赃，加剧了"政治生态"和"经济生态"的恶化；二是腐败从过去的"独狼式"演变为区域性、系统性、塌方式、家族式腐败，腐败的危害性已经超越了经济秩序，而威胁到国家政治安全。

2. 中国现代化进程中的腐败治理。面对中国现代化进程以来的腐败现象，在消极治理主义的刑事政策影响下，国家腐败治理经历了从"应对性治理"向"制度性治理"过渡发展。

（1）"应对性治理"阶段。以刑事惩治为中心，通过"运动式"治理方式，加大对腐败犯罪的刑事惩治力度，是"应对性治理"的集中体现。从传统社会走来，1982 年全国人大常委于 1982 年 3 月 8 日通过的《关于严惩严重破坏经济的罪犯的决定》迅速将受贿罪的法定最高刑恢复至死刑，并于 1988 年 1 月 21 日通过的《关于惩治贪污罪贿赂罪的补充规定》和 1995 年 2 月 28 日通过的《关于惩治违反公司法的犯罪的决定》共同构建了从自然人到单位、从国家工作人员到公司、企业工作人员的腐败犯罪刑事惩治体系。同时，从 1982 年开始，国家先后四次发动了大规模的反腐运动，"从重从快"查处了一大批腐败犯罪案件。然而，腐败治理的效果却并未得到明显体现，腐败犯罪数量逐年攀升。

（2）"制度性治理"阶段。基于对"应对性治理"的反思，以 1992 年中共十四大提出"廉政建设要靠教育，更要靠法制"为标志，中国腐败治理开启了"制度性治理"的现代化历程。一方面，反腐刑事立法的规制范围进一步扩张。1997 年刑法典以专章形式规定了"贪污贿赂罪"，并陆续修正了非国家工作人员贿赂犯罪（2006 修正），增设了利用影响力受贿罪（2009 修正)、对外国公职人员、国际公共组织官员行贿罪（2011 修正），刑法规制体系更为严密。另一方面，预防性立法逐步构建。国家先后制定颁布了《行政监察法》（1997 年）、《招投标法》（2000 年）、《政府采购法》（2003 年）、《公务员法》（2005 年）等系列立法。立法的繁荣表明中国似乎已进入"制度反腐"的新时期。

**（二）积极治理主义下中国惩治腐败犯罪立法创新**

1. 确立以积极治理主义为导向的刑事政策。国家倡导制度反腐的同时，腐败严重程度却没有得到扼制，导致这一悖论现象的核心原因在于腐败治理理念的陈旧化，"制度性反腐"仍停留于传统的消极治理主义层面，缺乏治理理念更新，相关政策、制度及立法之间就存在无序化、局部化、冲突化的严重问题，制度之间的对立，足以扼杀资源本应具有的腐败治理能力，造成总体资源效益的"零"收益结果，而新增"预防性"立法并非基于腐败预防目的而设置，更主要的是针对以往公法体系漏缺的修正弥补，属于立法"欠账"的偿还，立法本身的腐败预防功能并不足。因此，尽管从形式上看，中国腐败治理已经进入了"制度性反腐"阶段，但由于腐败治理的价值选择仍停留于消极治理主义阶段，核心预防制度并未真正构建，制度预防能力也未被实际激活。

在中国反腐新时期，在"不能腐"已经成为国家反腐战略关键步骤的前提下，应当及时更新反腐刑事政策的价值导向，从"秩序维护"为本位的消极治理主义转向以"塑造清廉环境"为本位的积极治理主义，确立以积极治理主义为导向的"防惩结合"刑事政策。积极治理主义源自英美等"内生型"现代化国家腐败治理的经验，指"以腐败所赖以生存的本原性要素、内生性环境改造为治理重点，降低社会对腐败的容忍限度，增加权力滥用障碍，意在构建提高腐败追究可能与预防机会的机制，以多元化法律体系构建为制度框架，针对腐败犯罪形成更具主动性、进攻性、策略性的治理理念与机制"。① 其核心主旨在于，基于权力的生成与运行过程，围绕权力限制、透明与滥用惩治积极建构全面、系统的腐败治理体系，重点在于构建有效的腐败预防机制，实现由"惩治法"向"预惩协同型"立法的转型。

2. 刑法立法完善。在积极治理主义政策导向下，预防法是反腐立法建设的重点对象，刑事立法已不再是腐败治理体系的核心内容，但是，激发刑事立法的腐败治理功能，使其承担起惩治与预防作用，也是积极治理主义的应有之义，特别是在中国当下反腐"坚持标本兼治，当前要以治标为主，为治本赢得时间"的战略思想指导下，更应当在积极治理主义之下，及时完善刑

---

① 参见魏昌东：《积极治理主义提升立法规制腐败的能力》，载《社会科学报》2014 年 10 月 31 日第 A6 版。

法立法，强化刑事立法对腐败的预防性治理功能。尽管《刑法修正案（九）（草案）》对贪贿犯罪的数额要素、罚金刑、行贿人自首等问题进行了修正，但尚未触及贪贿犯罪积弊之根本，也无助于彻底解决目前贪贿犯罪刑法立法规制能力不足的问题，因此，建议对相关腐败犯罪刑法条文进一步修正，具体包括：

（1）构建贿赂犯罪的"对称性"治理结构。行贿罪在多数情形下是受贿罪的上游犯罪，但刑法立法对其惩治较轻，是导致贿赂犯罪难以遏制的重要原因。据此，应对行贿罪和受贿罪的构成要件要素进行对应性调整，在删除受贿犯罪"为他人谋取利益"要素的前提下，删除行贿犯罪"谋取不正当利益"要素；在刑法典第388条之下增设"向特定关系人行贿罪"，与利用影响力受贿罪相对应（《刑法修正案（九）（草案）》已规定）；取消行贿罪中"因被勒索给与国家工作人员或者其他从事公务的人员以财物，没有获得不正当利益的，不是行贿"之规定，将此种情况作为行贿罪的法定减轻情节（《刑法修正案（九）（草案）》仅是严格了行贿罪特别自首的适用条件，未取消特别自首的责任阻却条款）；设置受贿犯罪特别自首制度，规定适当严于行贿罪特别自首的成立条件，通过法律"制造"贿赂者之间的冲突，以解决攻守同盟问题。

（2）增加具有预防功能的新罪名。消极治理主义通常只将权力滥用归入实施者（自然人与公共组织）个体的自主选择，对权力结构设计与运行的监督责任关注不多。有必要在积极治理主义的指导下，以有效遏制犯罪机会为目标，将防卫基点从行为环节向监管环节前置，延伸到刑法干预场域，破解"环境性腐败共同体"之难题，在行贿罪下增设预防行贿失职罪，将故意或过失构建单位行贿预防机制而导致单位成员为单位利益实施行贿的行为规定为犯罪，并根据罪过的不同，设置轻重有别的梯级刑罚处罚标准，同时规定单位也可以构成该罪；在《公务员法》增加国家工作人员对于贿赂犯罪的法定报告义务的前提下，应在受贿罪之下增设"怠于报告贿赂罪"，将国家工作人员在履行职务过程中获知他人贿赂犯罪事实而不报告的行为，情节严重的，规定为犯罪。[①]

（3）完善腐败犯罪的法定刑体系。完善贪污、贿赂犯罪的法定刑标准，取消法定刑裁量中的数额规定，增加情节规定；合理增设腐败犯罪的资格刑和罚金刑，考虑增加剥夺特定职业的权利以及剥夺犯罪单位荣誉称号、禁止一定期限内从业资格、停业整顿、刑事破产等资格刑，实现资格刑分立制，规定资格刑剥夺的权利可以分解适用，可以剥夺多项资格；合理增设腐败犯

---

① 参见钱小平：《积极治理主义与匈牙利贿赂犯罪刑法立法转型》，载《首都师范大学学报》（哲社版）2014年第6期。

罪的罚金刑，根据"对称性"原理，在受贿犯罪中增设罚金刑，对贪污罪、职业侵占罪、挪用公款罪等主要腐败犯罪也应增设罚金刑，[①] 目前《刑法修正案（九）（草案）》就贪贿犯罪的罚金刑进行了规定，但对其他腐败犯罪并未涉及。

3. 预防性立法重点构建。以积极治理主义为导向的"防惩结合"刑事政策的重点是构建核心预防立法。具体考虑完善以下立法：一是"阳光政府"立法。中国应加快制定以《政务公开法》、《公共听证法》、《公职人员财产申报法》为核心的"阳光政府"立法体系。二是制定《防止利益冲突法》。防止利益冲突对于腐败预防的关键作用，已被多数国家视为有效预防腐败的前瞻性、战略性措施，也是国家廉政体系建设的支柱。中国目前涉及防止利益冲突精神的法规和规范性文件大致有 229 件，[②] 但基本属于党内规范，法律位阶低、适用范围狭小，尚未能形成独立的禁止利益冲突规范体系。可将利益冲突规范从党内法规中剥离，制定独立的《防止利益冲突法》。三是制定《公共问责法》。问责体现了对公权力的制约监督，是"阳光政府"的重要保障。目前《行政许可法》、《公务员法》、《中国共产党党内监督条例》等法规零散规定了问责制度，立法存在分散性、单一性等弊端。可考虑参考国外经验，制定独立的《公共问责法》。

---

① 参见赵秉志：《我国反腐败刑事法治尚待改革完善》，《检察日报》2015 年 6 月 11 日第 3 版。
② 中共中央纪委办公厅：《中央和国家机关各单位关于防止利益冲突的法规和规范性文件目录》，载《中纪办通报》2012 年 3 月 7 日。

# 关于查办职务犯罪中的刑事司法政策之我见

诸葛旸* 陈丽玲** 唐晓萍***

犯罪作为与社会发展相附相依的一种常态现象，从根本上说不可能彻底消除，而只能控制在一定限度之内①。就此，对犯罪应采取何种对策一直是国家立法机关所面临的一个恒久课题。综观中外法制史，"刑罚世轻世重"决然是国家应对犯罪的理性选择。② 当前，我国正全面构建社会主义和谐社会，基于"人民日益增长的物质文化需要同落后的社会生产之间的矛盾仍然是我国社会的主要矛盾"的这一基本判断，③ 党中央将宽严相济作为了今后一个时期我国的基本刑事司法政策。而职务犯罪作为一种侵犯国家机关及其公务人员职务行为廉洁性的犯罪，其社会危害性较普通刑事犯罪对国家和社会的影响更甚。正如习近平总书记所指出的："物必先腐，而后虫生。近年来，一些国家因长期积累的矛盾导致民怨载道、社会动荡、政权垮台，其中贪污腐败就是一个很重要的原因。大量事实告诉我们，腐败问题越演越烈，最终必然会亡党亡国。"④ 因此，在坚持宽严相济刑事司法政策的大前提下，对职务犯罪应采取何种区别与普通刑事犯罪的具体刑事司法政策，是本文所关注和思考的问题。

## 一、 刑事司法政策的初步考察

刑事政策作为"一个歧义丛生的概念"⑤，国内外学者有着不同的见解。但总的来看，大多倾向于刑事政策是基于预防、控制和惩治犯罪的一系列策

---

* 桂林市人民检察院办公室主任。

** 桂林市广播电视大学副教授。

*** 桂林市临桂县人民检察院干部。

① 游伟、谢锡美：《严打政策与犯罪的刑事控制》，载陈兴良主编：《刑事法评论》（第12卷），中国政法大学出版社2003年版，第231页。

② 《尚书·吕刑》。

③ 《中共中央关于构建社会主义和谐社会若干重大问题的决定》，载《人民日报》2006年10月8日第1版。

④ 《习近平在十八届中共中央政治局第一次集体学习的讲话》，载新华网，http://news.xinhuanet.com/2012-11/19/c_123967017_3.htm。

⑤ 何秉松主编：《刑事政策学》，群众出版社2002年版，第35页。

略、措施及态度的有机组成①。对此，最高人民法院院长肖扬在其主编的
《中国刑事政策和策略问题》中指出："刑事政策和策略，简略来说就是一个
国家在同犯罪作斗争中，根据犯罪的实际状况和趋势，运用刑罚和其他一系
列抗制犯罪的制度，为达到有效抑制和预防犯罪的目的，所提出的方针、准
则、决策和方法等。"② 鉴于刑事政策定义存在较大分歧和争议，对于其构成
范围也难以有统一定论。对此，本文倾向刘仁文教授的观点，即"刑事政策
不仅包括对犯罪的预防、控制和惩治，还包括对犯罪人、犯罪嫌疑人和犯罪
被害人的态度……不仅包括刑事立法政策，还包括刑事司法政策、刑事执行
政策和刑事社会政策"。③ 由此，应该说刑事司法政策是刑事政策在刑事司法
活动中的体现，是刑事政策的有机组成部分。

考证刑事司法政策，其范围涵盖了刑事诉讼的侦查、起诉和审判环节，
适用的主体分别是侦查机关、公诉机关和审判机关，对象则为犯罪嫌疑人和
被告人。关于刑事司法政策的决策主体，既可以由执政党和国家立法机关根
据社会治安形势的总体变化而制定出台一个时期或一个阶段的宏观刑事司法
政策，如1983年、1996年、2001年中央部署开展的"严打"斗争，就是针
对特定时期刑事犯罪态势严重、社会治安秩序严峻的情况而提出的。同时，
最高人民法院、最高人民检察院、公安部、安全部、司法部也可根据本系统
不同时期控制、惩治和预防犯罪活动的重点而采取具体的刑事司法政策，如
1999年最高人民检察院联合最高人民法院，就司法实践中重打击受贿犯罪、
轻打击行贿犯罪的现象，提出加强对行贿犯罪的查处、起诉和审判的刑事司
法政策，对从源头上遏制和预防受贿犯罪起到了一定的积极作用。就刑事司
法政策的功能，主要体现为：一是对刑事法律的依法公正执行起到积极的辅

① 如被西方学者称为刑事政策之父的德国学者费尔巴哈在1800年认为"刑事政策是国家据以
与犯罪作斗争的惩罚措施的总和，是立法国家的智慧"。刘仁文教授认为："刑事政策是指代表国家
权力的公共机构为维护社会稳定、实现社会正义，围绕预防、控制和惩治犯罪所采取的策略和措施，
以及对因此牵涉到的犯罪嫌疑人、犯罪人和被害人所采取的态度。"（参见刘仁文著：《刑事政策初
步》，中国人民公安大学出版社2004年版，第29页；马克昌教授认为："刑事政策是中国共产党和人
民民主专政，为了预防犯罪，减少犯罪，以至消灭犯罪，以马列主义、毛泽东思想为指导，根据我国
的国情和一定时期的形势而制定的与犯罪进行有效斗争的指导方针和对策。"（参见马克昌主编：《中
国刑事政策学》，武汉大学出版社1992年版，第5页；杨春洗教授认为："刑事政策是国家或执政党
依据犯罪态势对犯罪行为和犯罪人运用刑罚和有关措施以期有效地实现惩罚和预防犯罪的方略。"
（参见杨春洗主编：《刑事政策论》，北京大学出版社1994年版，第7页；何秉松教授认为：刑事政策
是指国家基于预防犯罪、控制犯罪以保障自由、维护秩序、实现正义的目的而制定、实施的准则、策
略、方针、计划及具体措施的总称。刑事政策是以国家通过刑罚的设立和运用来遏制犯罪和改造犯罪
人以防止犯罪的再发生，它们均以国家刑罚权为中心而展开，是国家刑罚权的使用政策，其中心问题
是设定合理的刑罚目的，发挥刑罚的功能，实现刑罚的预防。"（参见何秉松主编：《刑事政策学》，
群众出版社2000年版，第35~50页）。
② 肖扬主编：《中国刑事政策和策略问题》，法律出版社1996年版，第3页。
③ 刘仁文著：《刑事政策初步》，中国人民公安大学出版社2004年版，第29~59页。

助作用。由于法律具有相对稳定性，也就具有相对滞后性。而犯罪活动随着社会政治、经济及文化的发展在不同时期会呈现出不同的特点，对此必须采取及时有效的应对之策。而在刑事法律未经立法机关通过法律程序变更调整的情况下，制定实施符合时宜的刑事司法政策对于保持法律的公信力将起到极大的补充完善作用。① 二是有助于在确保法律公正的前提下个别正义的实现。从法律实现和运行的角度分析，法律的普遍性维持着法律最基本的公平正义。但根据唯物辩证论的世界观，世界既是普遍联系又是变化发展着的。犯罪的表现形式同样既具有共性也具备特性，因此，在适用和执行刑事法律的过程中，有必要适人适情采取不同的刑事司法政策，从而在法律规定的一般性和特殊性、法律正义实现的绝对性和相对性之间促成一种平衡。三是有助于人权保障原则在刑事司法活动中的贯彻落实。诚如前述，刑事犯罪活动随着社会的多元化发展而呈现多样性，而立法者永远也不可能将所有一切可预计的犯罪统统归入刑事法典中。同时作为法律补充的法律解释本身的冲突与杂乱，使得在具体的刑事司法活动中，赋予司法人员相当的司法自由裁量权成为必要，而且其运作在整个刑事司法过程中发挥着极其重要的作用，体现并决定着司法的公正。但如何有效规制自由裁量权，防止其滥用侵犯案件当事人的合法权益，除了严格法律程序，加强司法人员职业素养和职业道德建设外，"刑事司法政策亦有重要的导向功能、限制功能和促进功能"。②

　　本文所探讨的职务犯罪中的刑事司法政策，从周延上属于检察机关刑事司法政策的范畴。概括地说，职务犯罪中的刑事司法政策，即国家立法机关和最高人民检察院制定并组织实施的在查办和预防职务犯罪工作中应遵循的基本办案准则和工作方略。其决策机关为国家立法机关和最高人民检察院，适用主体为各级人民检察院及其检察人员，适用对象为涉嫌贪污贿赂、渎职侵权等职务犯罪的犯罪嫌疑人和被告人。

## 二、 和谐社会背景下职务犯罪中的刑事司法政策

　　现代刑事政策创始人李斯特指出："最好的社会政策是最好的刑事政策。"刑事司法政策作为刑事政策的一个有机组成，研究其政策内涵，必须立足于当前我国所处的社会背景。经过 20 多年的开放发展，当前我国政治、经济体制改革正进入一个关键的转折攻坚期。按照社会经济学的观点，当一个国家人均 GDP 达到 1000~3000 美元时，其社会将步入转型期，各种社会矛盾将错综复杂并集中凸显，因财产和人际关系的紧张也将导致犯罪呈高发态

---

① 如法国 2002 年社会治安形势恶化，政府随即出台一系列打击犯罪的举措，这些都不必通过修改法律或制定新的法律，而是在现有法律范围内就能做到。

② 刘仁文著：《刑事政策初步》，中国人民公安大学出版社 2004 年版，第 61 页。

势，而国家的刑事司法政策必然随之做出相应的调整。① 根据历史的经验和教训，其调整后果不外乎有二：一是刑事司法政策调整得当，各种社会不和谐因素得到最大程度的化解，社会矛盾得以最大限度的缓和以至消除，从而使社会趋向和谐稳定，国家政治经济保持平衡发展。二是调整失败，不仅使原有的社会冲突矛盾继续激化，而且会促成新的对立和紧张，从而造成社会的动荡不安。② 对此，党中央深刻认识我国发展的阶段性特征，科学分析影响社会和谐的矛盾和问题及其产生的原因，在党的十六届六中全会上作出的《中共中央关于构建社会主义和谐社会若干重大问题的决定》中明确提出了要"实施宽严相济的刑事司法政策"。何谓宽严相济，有法律实务人士指出，"实施宽严相济的刑事司法政策，就是对刑事犯罪要区别对待，既要有力打击和震慑犯罪，维护法律的权威和尊严，又充分重视依法从宽的一面，最大限度的化消极因素为积极因素"。③ 陈兴良教授则认为："宽"，即"宽大"；"严"，是指严格或严厉；"济"，是指救济、协调与结合之意……宽严相济的刑事政策不仅是指对于犯罪应当有宽有严，而且在宽与严之间还应当具有一定的平衡，互相衔接，形成良性互动，以避免宽严皆误结果的发生。④ 应该说，宽严相济的刑事司法政策体现了构建和谐社会以人为本、追求公平正义的法治理念，既是构建和谐社会的必然要求，也是推进社会和谐的有效手段。

研探职务犯罪中的刑事司法政策，其原则毫无疑问是在坚持宽严相济刑事司法政策的语境下，做到当宽则宽，该严则严，宽严有度，其设定要求是围绕如何更好地为构建社会主义和谐社会提供法治保障，以最大限度地增加和谐因素，最大限度地减少不和谐因素。在具体的模式设计上，储槐植教授曾提出，"考察世界各国的刑事司法政策，不外乎严而不厉、厉而不严、不严不厉、又严又厉。严即指刑事法网严密，刑事责任严格；厉指刑罚苛厉，刑罚过重。严而不厉是指法网严密，刑罚却并不苛刻。厉而不严则是指刑罚苛厉，法网却并不严密"。⑤ 但不管是"严而不厉"还是"厉而不严"，其更多地还是从刑事政策的总体层面去研究，包含了刑事立法政策、刑事司法政策、刑事执行政策和刑事社会政策的诸多考量。而落实到职务犯罪中的刑事司法政策，还是应立足于侦查、起诉、审判的司法程序环节来定位。基于此，

---

① 对此，我国学者吴宗宪认为："在历史上的许多社会和国家中，剧烈的社会变迁往往伴随着犯罪数量的大量增加，但是，通过调整刑事政策和其他社会政策，可以减少社会变迁的消极后果，从而避免社会变迁伴随着犯罪增长的现象"。参见吴宗宪：《论社会变迁与刑事政策的调整》，载《社会公共安全研究》2001 年第 5 期。

② 如墨西哥革命党连续执政 71 年，经济上比较成功，但在社会转型期缺乏危机感，导致社会迅速两极分化，贫富悬殊，同时党内腐败问题丛生，最终丧失执政地位。

③ 肖玮、林世钰：《全国检察长会议在京召开》，载《检察日报》2006 年 12 月 20 日第 1 版。

④ 陈兴良：《宽严相济刑事政策研究》，载《法学杂志》2006 年第 1 期。

⑤ 储槐植著：《刑事一体化与关系刑法论》，北京大学出版社 1997 年版，第 305 页。

本文妄提出"以严为主，辅之以宽"作为职务犯罪中的刑事司法政策。

## 三、"以严为主" ——职务犯罪刑事司法政策的基本导向

习近平总书记在中央纪律委员会党的十八届第三次全会上强调："坚决反对腐败，防止党在长期执政条件下腐化变质，是我们必须抓好的重大政治任务。反腐败高压态势必须继续保持，坚持以零容忍态度惩治腐败。对腐败分子，发现一个就要坚决查处一个。要抓早抓小，有病就马上治，发现问题就及时处理，不能养痈遗患。要让每一个干部牢记'手莫伸，伸手必被捉'的道理。'见善如不及，见不善如探汤。'领导干部要心存敬畏，不要心存侥幸。"[1] "以严为主"即体现了此点要求，其含义是在刑事司法的各个阶段必须严格适用和执行刑事实体法和程序法，不枉不纵，使职务犯罪得到依法及时的追处。[2]

### （一）"以严为主"刑事司法政策的综合考量

1. 当前我国职务犯罪正处于高发期。伴随着我国计划经济体制逐步向社会主义市场经济体制过渡[3]和政治体制、文化体制改革的加快，在所有制结构调整、分配制度改革和国家政治文明建设的过程中，由于体制改革和机制转换所必然带来的法制真空和监督制约机制的滞后与社会利益主体多元化所追求的利益最大化等因素，无疑都会造成公共权力的极度膨胀，在缺乏相应权力控制和约束，加上公职人员人生价值和道德观念异化的情况下，职务犯罪作为腐败的最极端表现自然而然呈现高发态势。在德国透明国际公布的2013年"国际腐败估计指数"中，我国在全世界 163 个国家和地区中列名第80 位。[4] 而根据最高人民检察院工作报告所披露的数字，从 2008 年至 2012年，共立案侦查各类职务犯罪案件 165787 件 218639 人，其中县处级以上国家工作人员 13173 人（含厅局级 950 人、省部级以上 30 人）。应该说，当一个国家处在社会转型、经济转轨的大变革、大发展、大攻坚阶段时，职务犯罪现象的大量发生并不足为奇，如 18 世纪的英国、19 世纪的美国[5]、20 世纪中叶的新加坡，都出现过类似的情况。面对职务犯罪的如此高发的情况，"以严为主"无疑是有效控制职务犯罪的无他选择。

① 《习近平在十八届中央纪委三次全会上发表重要讲话》，载新华网，http://news.xinhuanet.com/politics/2014-01/14/c_126004516.htm。
② 本文始终以刑事司法政策为研讨框架，如"以严为主"在刑事立法和执行政策上则体现为刑事法网严密，在扩大犯罪圈的同时，增加刑罚规模，但这并非本文所讨论的问题。
③ 按照党的十六大提出的目标，到 2010 年形成比较完善的社会主义市场经济体制。
④ 平心：《国家腐败指数排名：中国排名 80 略有进步》，载博客网，http://kxxkxxk.bokee.com。
⑤ 研究表明，19 世纪 70 年代是美国腐败现象的高发期，其腐败指数近乎美国进步主义时期至20 世纪 70 年代之间腐败水平的 5 倍。参见张宇燕、富景筠：《美国历史上的腐败与反腐败》，载北京西城，http://www.bjxch.gov.cn/xch_jjjc/gjzw/lzfb/t20051111_513915.htm。

2. 当前我国职务犯罪存在较高的犯罪黑数。犯罪黑数，又称犯罪暗数或犯罪隐案数，是指已经实施但未被司法机关获知或未被纳入官方统计的犯罪。① 由于统计方面的原因，对犯罪黑数难以得出准确的数字，只能是一个估计值。② 但可以肯定的是，其估计值绝对大大超过已知的犯罪总量指标。同时，由于职务犯罪主体身份的特殊性、犯罪的高智商性、犯罪对象的抽象性、犯罪手段的隐蔽性等特点，职务犯罪的黑数较其他普通刑事犯罪要高出许多。换言之，在检察机关每年进入司法程序查处的职务犯罪人数保持在 4 万人左右的高位运行状态的情况下，实际上还有相当数量和比例的职务犯罪未被及时揭露和惩处，这无疑会起到不良的示范作用，使已经实施或准备实施职务犯罪的公职人员自以为能降低法律的预期风险，从而产生犯罪侥幸心理。因此，我国现阶段打击职务犯罪的力度不是过严，而是不够严，还有相当大的工作空间。故"以严为主"依然是我国在相当时期内职务犯罪中刑事司法政策的应然对策。这也应验了近代刑法学之父贝卡里亚的论断："对于犯罪最强有力的约束力量不是刑罚的严酷性，而是刑罚的必定性。"③

3. 当前我国职务犯罪的危害后果严重。实践表明，职务犯罪作为腐败的表现形式，极大地损害着社会正义、破坏着经济发展、腐蚀着政治清明。④ 从政权建设的角度而言，一是职务犯罪的滋生蔓延会直接危及我们党的执政地位，动摇国家政权的稳定。二是会严重破坏国家的法治秩序和公共秩序。国家公职人员根据法律授权或委托履行职责，如其本身都不能恪尽职守，反而贪赃枉法、擅权滥用，不仅亵渎了法治的威严，影响到国家法律的统一正确行使，而且会造成社会公众对国家公信力信赖感的丧失，进而导致国家控制和调节社会功能的失灵和混乱。三是对经济发展的平稳运行形成极大冲击和破坏。对此，有三个数据足以说明问题：（1）统计表明，中国经济转型时期四种主要腐败类型——寻租性腐败、地下经济性腐败、税收流失性腐败、公共投资与公共支出性腐败仅在 2003 年即造成经济损失达 8699 亿元~12091 亿元，占全国 GDP 总比重的 7.5%~10.4%。⑤ （2）据最高人民检察院工作报告披露，全国检察机关通过查办职务犯罪案件每年至少为国家挽回经济损失 40 亿元以上。（3）有关数字表明，我国外逃贪官达 4000 余人，涉及犯罪金额 500 亿美元。⑥ 如中国银行原广东省开平支行三任行长许超凡、余振东、

---

① 莫洪宪主编：《犯罪学概论》，中国检察出版社 1999 年版，第 39~40 页。

② 据有人测算，我国的总体定罪概率低于 5%。参见郭星华著：《当代中国社会转型与犯罪研究》，文物出版社 1999 年版。

③ ［意］贝卡里亚著：《论犯罪与刑罚》，黄风译，中国大百科全书出版社 1993 年版，第　页。

④ 车承军著：《职务犯罪控制论》，法律出版社 2003 年版，第 1 页。

⑤ 胡安钢主编：《中国——挑战腐败》，浙江人民出版社 2001 年版，第 232 页。

⑥ 孟娜：《全国四千外逃贪官携走资金约 500 亿美元》，载《北京晨报》2005 年 3 月 11 日第 1 版。

许国俊等人内外勾结，贪污挪用巨额银行资金近 5 亿美元。由此，"以严为主"是确保我国当前政治经济体制改革深入平稳推进的积极有效的刑事司法政策。

### （二）"以严为主"的政策把握

在刑事司法实践中，对职务犯罪的侦查、起诉和审判"以严为主"主要体现为严肃公正执法，严格依法办案，严厉惩处腐败，同时要避免两种错误倾向。

一是从严过度，即为片面追求严厉惩处职务犯罪的效果，一味扩大打击面，将正常的职务行为或民事经济活动与职务犯罪相混淆，将政策法律有争议的案件轻率追究刑事责任，以致当事人被错误羁押而予国家赔偿；或不分轻重主次和具体情节，对职务犯罪嫌疑人、被告人一律批捕、起诉和判处实刑。

二是不依法从严。体现在：在办理职务犯罪案件中超越法律规定的管辖权限越权办案，违法扣押款物；不严格遵守法律规定滥用强制措施和侦查措施，随意抓人，伤及无辜；重数量轻质量，造成案件立案数高、撤案率高、不诉率高、有罪判决率低的"三高一低"现象，影响到案件的法律、政治和社会效果；① 重实体轻程序，野蛮粗暴执法，在办案中超期羁押，通过刑讯逼供等非法手段获取口供；重打击轻保护，不注意依法保障犯罪嫌疑人、被告人的合法诉讼权利，以协助调查取证等名义变相限制和剥夺证人的人身自由；不讲究办案的方式方法，公开进行初查和调查取证，不注意保护和维护涉案人的个人声誉及正常的生活工作秩序。

## 四、"辅之以宽" ——职务犯罪刑事司法政策应对和谐社会的理性之策

如前所述，职务犯罪中的刑事司法政策涵括在国家的根本刑事司法政策之中，其必须体现宽严相济的基本要求，即当严则严，当宽则宽，宽以济严，严以济宽，宽严有度。在"以严为主"的同时，职务犯罪中的刑事司法政策还应"辅之以宽"。因为，通过惩罚犯罪以阻吓犯罪或消灭犯罪不是刑事政策的唯一或终极目标，事实上也是难以有效实现的目标。就此，最高人民检察院就提出："要在法律规定的范围内，积极探索贯彻落实宽严相济的刑事司法政策的有效措施，当前要有针对性地重点研究如何落实好依法从宽的要

---

① 据统计，某自治区人民检察院 2003 年以来，在检察环节撤案和不起诉的职务犯罪案件数占立案总件数的近 23%，提起公诉的职务犯罪案件被判缓刑和判无罪的占近 56%。

求。"① 如何理解职务犯罪中刑事司法政策的"辅之以宽",本文认为有着如下几个基本因素的综合考量。

（一）关于刑罚有限性的认识

早在一个世纪前,伟大的无产阶级革命导师马克思就曾断言:"历史和统计学都非常清楚地证明,利用刑罚来感化或恫吓世界就从来没有成功过。"② 现代犯罪学研究表明,犯罪的成因有着多方面的复杂原因,既有个人的心理、生理原因,也有人类学、社会学和地理学的原因,③ 而刑罚只是国家通过法律代表公众对犯罪人进行报复的一种惩罚性措施。因此,当贝卡里亚等人的古典犯罪学理论达到登峰造极之时,④ 以意大利法学家菲利（1856～1929）和德国法学家李斯特为代表的实证派犯罪学则提出了立足教育刑、倡导刑罚个别化、从行为刑法转向行为人刑法、以相对罪刑法定主义代替绝对罪刑法定主义的思想,其后,新刑事古典学派在此基础上进行了新的发展,主张做到保障个人权利和维护社会秩序的统一,以体现刑罚的一般预防与个别预防。⑤ 就我国的司法实践而言,从 1983 年开始的各种名义和规模的"严打"斗争虽有"短时间内压制犯罪的效应"⑥,但长期效果有限,无法从根本上实现我国的长治久安。故"从严"还必须"从宽",通过具体分析犯罪的成因和犯罪人的主观恶性、社会危害性,做到区别对待,分化瓦解犯罪分子,孤立少数人,争取多数人。职务犯罪中也是如此,历史经验表明,⑦ 仅以重法苛刑难以将公职人员腐败犯罪控制在社会可以容忍的范围之内。同时,党中央提出的构建社会主义和谐的理念也要求在侦查、起诉和审判职务犯罪中,体现保障人权、缓和矛盾的要求,将对罪犯的惩罚和报复转向对罪犯的教化和改造,从而达到减少社会冲突、促进社会和谐稳定的目的。

（二）关于刑法经济性的认识

也就是如何最大限度地实现刑法的效益与效率问题,即在国家投入刑事

---

① 林世钰、肖玮:《在执法办案各环节落实宽严相济刑事政策》,载《检察日报》2006 年 12 月 20 日第 1 版。

② 《马克思恩格斯全集》（第 8 卷）,人民出版社 1961 年版,第 543 页。

③ 如法国社会学家迪尔凯姆指出:犯罪并不是孤立的现象,而是由一定的社会形态与社会结构所决定的社会现象。参见［法］迪尔凯姆著:《社会学方法的准则》,狄玉明译,商务印书馆 1995 年版,第 85 页。

④ 以意大利法学家贝卡里亚为代表的古典派犯罪学否定了封建时代的罪刑擅断制度,以刑罚报应刑论和道义责任论为基础,提出了罪刑法定和罪刑相当原则,但趋于绝对化。在实施过程中,并不能有效控制犯罪的产生。参见［意］菲利著:《实证派犯罪学》,郭建安译,中国政法大学出版社 1987 年版,第 3 页。

⑤ 参见马克昌主编:《近代西方刑法学说史略》,中国检察出版社 1996 年版,第 193 页。

⑥ 汪明亮主编:《"严打"的理性分析》,北京大学出版社 2004 年版,第 43 页。

⑦ 如明太祖朱元璋规定官员贪污白银 60 两的即予处死,并采取枭首示众、剥皮、抽肠等酷刑,但效果甚微。后其感叹:"贪官污吏,酷害良民,奸狡百端,虽刑不治。"参见叶子奇著:《草木子》,中华书局 1969 年版,第 89 页。

诉讼的司法资源难以大幅增长的情况下，如何充分利用现有的资源，"以最小的司法成本换取最大的司法效益"。① 对犯罪数额不大、情节轻微、有自首或立功情节、认罪态度好、积极退赃的职务犯罪不捕、不诉或处以非监禁性刑罚，可以较好地分流案件，减少诉讼环节，减轻了审判和监禁压力，使检察机关、审判机关可以集中有限的人力、物力、精力去侦查、起诉和审理职务犯罪的大案要案，从而实现法律、社会和政治效果的有机统一。反之，如所有立案侦查的职务犯罪案件都无一例外地进入起诉和审判环节，自然会造成有限司法资源的分散使用并导致案件审查的延误和积压，加之职务犯罪主体身份特殊、证据难以固定、案件法律关系复杂、相关法律规定不尽周全等特点，一方面可能使各种案外不正常因素趁机介入干扰司法，致使职务犯罪案件得不到公正的审理；另一方面即使所有的司法活动都符合法律的规定，但又因司法效率低下而影响到司法的权威，英国古老的法谚"迟到的正义非正义"即喻于此。故从某种意义上说，职务犯罪刑事司法政策中的"辅之以宽"体现了对"正义与效率"的追求。

**（三）关于刑法宽容性的认识**

刑法的宽容性是指对轻微的违法犯罪尽可能不用刑法来调整；能够用较轻的刑法手段调整的犯罪行为尽量不用较重的刑法手段调整；广泛适用刑罚代替措施。它包括了非刑罚化和非犯罪化的合理内涵，② 体现了现代社会对轻微犯罪的宽大为怀和以人为本的刑法人道主义，折射了刑法谦抑的理性思想，从而使刑罚不再成为社会应对犯罪的唯一反应。当前，构建和谐社会是我国全社会的共同主题，刑事司法作为保障社会公平正义的最后一道防线，无疑应该在刑事司法的各个阶段和过程中体现稳定社会、保障人权、缓和矛盾、促进和谐的重要职能。由此，对轻微的职务犯罪"辅之以宽"既符合当今世界各国刑罚轻缓化的发展趋向，又体现了一种司法的理性和文明，将使我国职务犯罪中的刑事司法政策更趋于合理化和人道化。

本文认为，鉴于职务犯罪的主体为掌有国家公共权力的公职人员，其中，不少是各级领导干部，加之职务犯罪的复杂性、严重性，故对职务犯罪中刑事司法政策的"辅之以宽"，要严格控制、把握节度，避免逾法而宽、宽之过松。其中有两种倾向须引起警惕：

**（一）有些地方对职务犯罪存在"查大放小"的趋势**③

自 1979 年《刑法》实施以来，我国贪污罪、受贿罪的起刑点从最初的

---

① 李可著：《可计算的刑法——经济学方法论视野中的刑法效益》，吉林人民出版社 2004 年版，第 196 页。

② 参见［德］汉斯·海因里希·耶施克：《世界性刑法改革运动概要》，何天贵译，载《法学译丛》1981 年第 1 期。

③ 王治国：《查贪官有查大放小趋势 反腐应对贪污"零容忍"》，载《检察日报》2006 年 11 月 7 日。

1000 元逐步提高到现在的 5000 元,①而一些沿海地区却自行内部规定贪污、受贿金额 5 万元以上的才立案。姑且不论其本身没有任何的法律依据,仅就其对法治的损害和不利于反腐败斗争开展的角度而言,都是极其危险的。

无疑,随着中国经济的快速发展,国民的总体收入水平已有很大提高,抬高职务犯罪的起刑点数额似乎符合社会经济发展的客观实际。但必须注意到,职务犯罪是不同于普通刑事犯罪的特殊人群犯罪,其主体是负有国家公共事务管理和行使职权的公职人员,其身份决定了必须严格高标准地恪守公正廉洁诚信的职业纪律和职业道德。从损害职务廉洁性的后果来考证,不管公职人员是贪污 1 元钱还是贪污 1 万元,都将造成公众对国家机关及其工作人员廉洁性、公正性的怀疑和国家管理权能有效性的降低,只是其程度不同而已。故对国家公职人员涉嫌职务犯罪从严入刑、从严惩治是世界各国应对职务犯罪的一致态度,其特点是起刑点普遍较低,但刑罚重于普通人犯同样罪行。②而对职务犯罪"查大放小"不仅不会使职务犯罪分子感受到法律的公正威严和刑罚的警示震慑,反而会助长其犯罪侥幸心理,在一定程度上放纵了犯罪。根据破窗理论③,还会对其他公职人员涉足职务犯罪起到不良导向和间接鼓励暗示作用,并会使社会公众对执法的严肃性和社会的公平正义产生怀疑,难以取得良好的执法效果。事实证明,面对职务犯罪的高发和犯罪黑数的存在,一味地降低法律的底线,只会促成"贪官贪婪的欲望和腐败的行为的前进"。④因此,对职务犯罪的追处,必须严密法网,从严治吏;公正执法,不疏不漏。

**（二）职务犯罪非监禁刑判处率过高,造成犯罪成本过低**

一项调查表明,山东省某市辖区检察院自 2000 年到 2005 年上半年查办的职务犯罪案件被法院作有罪判决的被告人共 143 人,而其中适用缓刑的有

---

① 1979 年《刑法》没有具体规定贪污、受贿罪的起点数额,司法解释规定 1000 元为立案标准;1988 年全国人大常委会作出《关于惩治贪污罪贿赂罪的补充规定》,规定构成贪污罪、贿赂罪的数额一般为 2000 元;1997 年《刑法》修订后,规定构成犯罪的数额一般为 5000 元。而与此相对应的是,普通盗窃罪的起点数额基本维持在 1000 元左右。因此可以说,贪贿犯罪的起刑点远高于普通人犯罪的起刑点。

② 如《瑞士刑法典》第 140 条对普通人犯侵占罪的,规定最高处 5 年轻惩役;而对官署职员、官吏等人犯侵占罪的最高可处 10 年重惩役。参见司法通讯社:《各国刑法汇编》,台湾省司法通讯社1980 年版。

③ "破窗理论"认为:如果有人打坏了一个建筑物的窗户玻璃,而这扇窗户又未得到及时维修,别人就可能受到暗示性的纵容去打烂更多的窗户玻璃。久而久之,这些破窗户就给人造成一种无序的感觉。那么在这种公众麻木不仁的氛围中,犯罪就会滋生、蔓延。其启示是:必须及时修好"第一个被打碎的窗户玻璃",也就是所谓"防微杜渐"。

④ 王治国:《查贪官有查大放小趋势 反腐应对贪污"零容忍"》,载《检察日报》2006 年 11月 7 日。

79 人，免予刑事处罚的有 23 人，两者相加共计 102 人，占有罪判决人数的 71%[1]。当然，诚如前述，按照刑法谦抑性的要求对于轻微犯罪或主观恶性不大、犯罪情节不严重、涉嫌金额不大、有自首或立功表现的职务犯罪被告人予以缓刑、免于刑事处分、单处罚金等非监禁性刑罚，体现了依法从宽的要求。但如果不分事实、情节、后果和主观恶性，不依照法定从轻或减轻情节，仅凭所谓酌定从轻情节或在根本没有法定、酌定情节的情况下，即过度使用自由裁量权予以犯严重罪行的职务犯罪被告人以非监禁性刑罚，其一削弱了惩治职务犯罪的法律和社会效果。根据犯罪经济学的原理，当犯罪收益大于或等于犯罪成本时，会促使其实施犯罪。且收益比例越大，其犯罪期望值越高，犯罪会越无所顾忌；反之亦然。如果职务犯罪分子涉嫌严重的贪贿渎职而只受到缓刑等处理，可以继续保全其公职，[2] 则其不仅不畏法，反而轻法，并可能造成社会公众对法律的极端不信任甚至蔑视。其二易造成司法效益的低下而影响公正的实现。由于职务犯罪的查办难度大，所耗费的司法资源也远多于普通的刑事犯罪。如付出巨大的司法成本只换来低微的司法收益，则使司法效益和司法公正大打折扣。其三违背了法律面前人人平等和罪刑相适应等法律原则。一般而言，由于公职人员身份的敏感性和其犯罪后果的严重性，对职务犯罪的惩处应远高于普通刑事犯罪。但如果公职人员犯罪后却因此得到特殊对待并直接体现为罪刑不相当，那么无疑会破坏社会的公平正义和法律的统一正确实施，直接损害到法律的权威和社会的和谐平等。这正所谓："一次不公的判断比多次不平的举动为祸犹烈。因为这些不平的举动不过弄脏了水流，而不公的判断则把水源败坏了。"其四可能造成新的司法腐败。在司法实践中，由于职务犯罪主体不少为握有实权的领导干部，其社会关系复杂，且出于社会上对职务犯罪的各种不正确认识，在刑事司法过程中不论侦查、起诉和审判职务犯罪都可能受到各方面的压力、阻力和说情干扰，承办人员往往成为被腐蚀拉拢的对象，有的就因此徇私、徇情、徇利放纵犯罪或枉法裁判而沦为职务犯罪分子。因此，对职务犯罪不能在"从宽"的幌子下，无节制地擅自宽大。否则，将破坏职务犯罪中刑事司法政策的法治根基，并可能造成新的不和谐，危及全社会公平正义的实现。

## 五、 结语

根据有关人士对我国反腐败斗争形势的大致判断，到 2010 年，腐败的持

---

① 鲁石：《官员职务犯罪慎判缓刑》，载《新京报》2005 年 10 月 14 日第 2 版。

② 根据 1999 年国家人事部《关于国家机关、事业单位工作人员受行政刑事处罚工资处理意见的复函》规定，国家机关和事业单位工作人员被判处缓刑的，如果安排了临时工作，可以按照缓刑前基本工资额的 60% 发给生活费；缓刑期满后可以分配正式工作；缓刑期满到达退休年龄的，可以办理退休手续，按照重新确定的工资标准，享受相应的退休待遇。

续高发态势将得到明显遏制；从 2010 年到建党一百周年，腐败现象程度将逐渐转低、转弱；从 2021 年到新中国成立一百周年，我国反腐败斗争将进入法制化阶段，腐败现象可减少到最低程度。[①] 职务犯罪也同样面临着从犯罪高发到有效控制的过程，故在相当长的时期内职务犯罪的刑事司法政策还应"以严为主，辅之以宽"。但可以预见的是，随着我国社会主义市场经济体制的建立和中国特色社会主义法律体系的形成及以教育、制度、监督并重的惩治和预防腐败体系的完善健全，职务犯罪将会被控制在社会可以容忍的限度之内。在此过程中，职务犯罪中的刑事司法政策"从严"还是"从宽"，其主次地位将适情、适时、适势调整变化，这也体现了"宽严审时度势"的要求。

---

① 刘春锦：《当前反腐败斗争的形势和任务》，载 http://www.wqds.gov.cn/lianzhen/show.asp。

# 惩治行贿犯罪的政策演变与立法完善

孙道萃[*]

一直以来，我国在惩治贿赂犯罪上重受贿犯罪而轻行贿犯罪。这种以受贿犯罪为中心的制度设计逐渐形成了一种"不对称"的差异化刑事政策，[①]具体体现在罪名设置、入罪标准以及法定量刑幅度等方面，导致行贿犯罪的立案、起诉和审判数量以及处罚的力度都明显轻于受贿罪[②]。然而，贿赂犯罪被公认为是对向性犯罪，行贿和受贿之间存在千丝万缕的因果联系，厚此薄彼的做法有违贿赂犯罪的对向性关系，不利于斩断行贿犯罪与受贿犯罪之间"攻守同盟"的关系，不利于切断行贿犯罪诱发受贿犯罪的"利益通道"。事实证明，"不对称"的差异政策不利于有效治理贿赂犯罪，从严治理行贿犯罪才是我国有效惩治贿赂犯罪的正确选择，重构行贿罪的立法规定是严密惩治贿赂犯罪刑事法网的内在需要。[③] 为此，《刑法修正案（九）（草案）》正是在这一背景下对行贿犯罪进行了较大幅度的修改，并对惩治贿赂犯罪的"不对称"刑事政策进行调整。在《刑法修正案（九）（草案）》顺利通过后，从严治理行贿犯罪的落实还需要有效的司法对策予以辅助。

## 一、惩治行贿犯罪的刑事政策源流及其弊端

1997年《刑法》在总结以往立法和司法经验的基础上，对行贿犯罪（主要指行贿罪，下同）进行了较为系统的规定。但是，在司法实践中，对行贿犯罪的惩治力度不够，尤其是对一些大案要案的惩罚不足，使得一些行贿分子不仅逍遥法外，甚至继续行贿，严重损害了反腐斗争的成果，也受到了公众舆论的质疑。

为此，1999年，最高人民法院和最高人民检察院联合出台《关于在办理受贿犯罪大要案的同时要严肃查处严重行贿犯罪分子的通知》（简称《严处严重行贿犯罪分子的通知》），要求在严惩严重受贿犯罪分子的同时，也要

---

[*] 华南理工大学法学院讲师，法学博士。

① 钱小平：《惩治贿赂犯罪刑事政策之提倡》，载《中国刑事法杂志》2009年第12期。

② 卢勤忠著：《商业贿赂犯罪研究》，上海世纪出版集团2009年版，第369页。

③ 文东福：《刑事政策视野中的行贿罪》，载《中国刑事法杂志》2004年第4期。

严惩严重行贿犯罪分子（七种情形①）。而且，第 5 条要求讲究斗争策略和注意工作方法，通过打击行贿、介绍贿赂犯罪，促进受贿犯罪大案要案的查处工作。显然，《严处严重行贿犯罪分子的通知》间接指向了严惩行贿犯罪不力的司法现状。而且，《严处严重行贿犯罪分子的通知》剑指严重行贿犯罪分子，这难免导致"抓大放小"的政策结果，也是长期以来集中力量办大案的思维结果。② 此外，《严处严重行贿犯罪分子的通知》第 5 条客观上存在"严肃查处严重行贿犯罪应当服务于严肃查处严重受贿犯罪"的逻辑功能关系。因此，《严处严重行贿犯罪分子的通知》仍然遵循"重受贿轻行贿"的"不对称"政策。2000 年，最高人民检察院《关于进一步加大对严重行贿犯罪打击力度的通知》继续肯定了这一立场。2010 年，最高人民检察院印发《关于进一步加大查办严重行贿犯罪力度的通知》，剑指八类重点领域的行贿犯罪③，可以视为是对严重行贿犯罪的进一步说明和补充。

在此之后，行贿犯罪的惩治力度一度处于"制度供给不足"的状态。在数量和人数上，检察机关立案侦查和起诉的受贿案件与行贿案件存在明显的不均衡现象。④ 根据最高人民法院研究室统计办公室的统计，2009～2013 年，全国法院受理一审行贿犯罪（不限于行贿罪）案件共计 12821 件，生效判决人数 12364 人；受理一审受贿犯罪（广义）案件共计 53843 件，生效判决人数 48163 人。行贿犯罪案件收案数仅为受贿犯罪案件的 24%，行贿犯罪案件的生效判决人数仅为受贿犯罪案件的 26%。⑤ 这种司法现状如果仍旧持续，

---

① 《严处严重行贿犯罪分子的通知》第 3 条规定："当前要特别注意依法严肃惩处下列严重行贿犯罪行为：1. 行贿数额巨大、多次行贿或者向多人行贿的；2. 向党政干部和司法工作人员行贿的；3. 为进行走私、偷税、骗税、骗汇、逃汇、非法买卖外汇等违法犯罪活动，向海关、工商、税务、外汇管理等行政执法机关工作人员行贿的；4. 为非法办理金融、证券业务，向银行等金融机构、证券管理机构工作人员行贿，致使国家利益遭受重大损失的；5. 为非法获取工程、项目的开发、承包、经营权，向有关主管部门及其主管领导行贿，致使公共财产、国家和人民利益遭受重大损失的；6. 为制售假冒伪劣产品，向有关国家机关、国有单位及国家工作人员行贿，造成严重后果的；7. 其他情节严重的行贿犯罪行为。"

② 赵秉志：《论我国反腐败刑事法治的完善》，载《当代法学》2013 年第 3 期。

③ 具体包括：向党政机关、行政执法机关、司法机关和经济管理部门及其工作人员行贿的；国家工作人员行贿的，特别是为跑官买官而行贿的；为非法获取工程、项目的开发、承包、经营权和矿产资源能源的勘探、开采、经营权，以及为逃避环境监管，向国家工作人员行贿的；为生产销售伪劣食品、药品、医疗器材、农药、种子、化肥等违法犯罪活动，向国家工作人员行贿的；为非法逃避税收、办理违法贷款、公司企业违规上市，向税务机关、银行等金融机构、证券监管部门中的国家工作人员行贿的；为谋取土地开发、征地拆迁、农业项目等国家各项资金和政策性补助补贴、农村合作医疗等方面的不正当利益，向国家工作人员行贿的；多次行贿、向多人行贿、行贿数额大或者因行贿被调查处理或者刑事追究后又行贿的，受贿犯罪被证实、行贿人拒不交待的，以及群体性事件和重大责任事故中向国家工作人员行贿的；其他严重危害民生、侵犯人民群众生命财产安全、造成国家利益重大损失的情节恶劣、危害严重的行贿犯罪。

④ 徐胜平：《行贿罪惩治如何走出困境》，载《人民检察》2012 年第 16 期。

⑤ 李少平：《行贿犯罪执法困局及其对策》，载《中国法学》2015 年第 1 期。

将极大影响反腐效果。

与之相关的是，2009~2013 年，在人民法院判决生效的案件中，行贿犯罪案件中宣告无罪的共 8 人，无罪率为 0.06%；判决适用缓刑和免予刑事处罚的共 9261 人，缓、免刑适用率为 75%；判处重刑（5 年以上有期徒刑和无期徒刑）的共 379 人，重刑率为 3%。受贿犯罪案件中宣告无罪的共 53 人，无罪率为 0.11%；判处适用缓刑和免予刑事处罚的共计 24030 人，缓、免刑适用率为 50%；判处重刑（5 年以上有期徒刑、无期徒刑、死刑）的共 16868 人，重刑率为 35%。因此，与受贿罪相比，行贿案件的刑罚适用量过低、缓免刑适用率过高。[1] 而且，从公开的司法判决看，我国行贿罪的量刑实践存在明显趋轻的做法。[2] 但是，受贿罪与行贿罪的量刑差异过于悬殊，显然不利于培养社会公众共同抵制行贿的规范意识。

从贿赂犯罪的犯罪发生机制看，行贿犯罪往往是受贿犯罪的开始，二者是一颗毒树上的两个相邻的"毒果"，行贿犯罪的数量和严重程度与受贿犯罪往往成正比例相关性。但是，由于"重受贿轻行贿"的思维作祟，不免造成了"堵前门，开后门"的格局，对行贿犯罪的惩治力度远不及于受贿犯罪。这不仅放纵了行贿犯罪，同时也间接为从行贿到受贿的"交易通道"开了绿灯，使反腐效果大打折扣。如果仅为了更好地侦办和查处受贿犯罪，便选择对行贿人优待，则这种"口供依赖"的司法代价过于昂贵。然而，由于职务犯罪过多地依赖于口供或言词证明材料，所以，突破法律并对行贿人予以优待的承诺（污点证人）时有发生，[3] 因为严惩行贿人可能导致关键证据的来源渠道被阻断。[4] 但是，反腐只有坚持"零容忍"，才能形成高压的反腐态势，行贿犯罪"零容忍"就是一个突破口。[5]

## 二、 行贿犯罪的立法缺陷与政策弱化

行贿犯罪的立法本身存在一定的缺陷，主要集中在罪状和法定刑两个层面。这导致实践中追诉和惩治行贿犯罪的难度增大、成本偏高，从而间接促成了惩治行贿犯罪的"不对称性"刑事政策。这在行贿罪中体现得尤为明显。[6]

1. 关于"为谋取不正当利益"的规定。《刑法》第 389 条规定了"为谋取不正当利益"要件，这是延续 1988 年全国人大常委会《关于惩治贪污罪

---

① 李少平：《行贿犯罪执法困局及其对策》，载《中国法学》2015 年第 1 期。
② 董桂文：《行贿罪量刑规制的实证分析》，载《法学》2013 年第 1 期。
③ 肖洁：《行贿犯罪查处的困境与解决途径》，载《中国刑事法杂志》2010 年第 8 期。
④ 卢建平著：《刑事政策与刑法变革》，中国人民公安大学出版社 2011 年版，第 321 页。
⑤ 苏显龙：《行贿"零容忍"，制度更过硬》，载《人民日报》2014 年 5 月 16 日第 005 版。
⑥ 本文以行贿罪为重要分析对象，无特别说明，行贿罪和行贿犯罪的使用语境一致。

受贿罪的补充规定》的结果。但是，《刑法》第385条仅对收受贿赂的情形要求满足"为他人谋取利益"的要件，相比之下，行贿罪的入罪要求明显更高。而且，行贿罪的本质是侵犯国家工作人员职务行为的不可收买性，行贿人是否已经实施行贿行为才是认定构成犯罪的关键，否则，为了正当利益而行贿就是"合法行贿"，这显然是难以成立的悖论。[①] 在实践中，"不正当利益"作为主观要素，导致司法认定更为困难，如"给钱办好事"、"给钱办正当利益"等情形。同时，根据《联合国反腐败公约》（以下简称《反腐败公约》）的要求，贿赂犯罪不应设置"谋取利益"这一成立要件。因而，为了平衡行贿罪和受贿罪的成立门槛，取消"不正当"的呼声一直不断，甚至不乏基于《反腐败公约》而主张废除"谋取利益"的看法。[②] 然而，2012年最高人民法院、最高人民检察院联合出台的《关于办理行贿刑事案件具体应用法律若干问题的解释》（以下简称《行贿刑事案件解释》）仍然坚持了"为谋取不正当利益"的规定。此外，2008年由最高人民法院和最高人民检察院出台的《关于办理商业贿赂刑事案件适用法律若干问题的意见》第9条还增加了"谋取竞争优势"[③] 这一"不正当利益"情形。

2. 关于减轻或免除处罚的规定。《刑法》第390条第2款规定："行贿人在被追诉前主动交待行贿行为的，可以从轻或者减轻处罚。"这一款规定源自于1988年的《关于惩治贪污罪贿赂罪的补充规定》第8条的规定，它的立法初衷是为了打破贿赂犯罪之间的"攻守同盟"关系，从而减轻追诉受贿犯罪的司法难度。但是，它的立法缺陷也是明显的：（1）"被追诉前主动交待行贿行为"在本质上是一种罪后的"认罪"态度，[④] 然而，《刑法》只规定了自首、坦白与立功三种法定的罪后"认罪"量刑情节，所以，该规定的合法性基础不牢，实践中由于各种主客观因素的影响而容易过于灵活、甚至随意，往往出现司法标准不统一。（2）在处罚的效果上，"被追诉前主动交待行贿行为"，则"可以减轻处罚或者免除处罚"。根据《刑法》第63条的规定，减轻处罚是在法定刑以下判处刑罚，它和免除处罚不同，所适用的条件不同。所以，不能笼统地规定只要"被追诉前主动交待行贿行为"，就可以自由选择"可以减轻处罚"或者"可以免除处罚"，反而，应当区分两种不同情形的适用条件。比如，自首只有在"犯罪较轻的"情况下，才"可以免除处罚"。基于此，可以考虑当"被追诉前主动交待行贿行为"，可以减轻处

---

① 李健：《我国行贿罪的立法缺陷及其补足》，吉林大学法学院2006年博士学位论文。
② 杨安、陆旭：《论贿赂犯罪刑事法网的完善》，载《中国刑事法杂志》2014年第1期。
③ 第9条第2款规定："在招标投标、政府采购等商业活动中，违背公平原则，给予相关人员财物以谋取竞争优势的，属于'谋取不正当利益'。"
④ 张明楷：《论犯罪后的态度对量刑的影响》，载《法学杂志》2015年第1期。

罚;"犯罪情节较轻的",可以免除处罚。① 否则,实践中为了"优待"行贿人并获得相关证据,往往会首选"免除处罚",这直接导致行贿犯罪的处罚过于轻缓,与严厉反腐的民意和严惩腐败的初衷背道而驰。(3)根据《行贿刑事案件解释》第13条的规定:"……'被追诉前',是指检察机关对行贿人的行贿行为刑事立案前。"这是因为当前办案机关的侦查手段有限,特别是考虑到纪检监察机关的特殊作用,将时间适当后移是为了鼓励行贿者主动积极交待事实,便于及时发现受贿案件线索和分化瓦解贿赂犯罪。② 显然,对行贿者的"宽宥"旨在服务于对受贿犯罪的查处,但是,这始终存在突破立法规定的嫌疑和过于"宽大"的制度缺陷。

3. 在行贿的行为方式上,目前仅限于"给予"这种行为类型,以至于"提议给予"、"许诺给予"或"事后给予"等情形不便于纳入规制的序列中去。而且,在实践中,贿赂双方为了降低风险,往往选择"办事时候不送钱"、"送钱时候不办事"、"感情投资"、"离职事后送钱"等方式予以规避或辩解,既增加了主观上认定的难度,客观上也容易放纵犯罪。比如,行贿者的"感情投资"部分属于情感交流,但是,也有不少属于隐秘的行贿行为,③ 不加以定罪处罚存在放纵犯罪的司法漏洞。显然,立法规定的滞后严重影响了对行贿犯罪的从严打击立场,而且,也与《反腐败公约》的要求(许诺给予、提议给予或者实际给予)相距甚远。

除此之外,行贿罪还存在其他的一些立法缺陷:一是行贿仅限于财物而不包括财产性利益或非物质性利益,这与现实脱节;二是"情节严重"与"情节特别严重"的内容不明确,客观上限制了对行贿罪的有力打击;三是罚金刑缺位,导致惩罚的不足和制裁的效果缺乏针对性;四是资格刑缺位,导致惩罚的内容单一,不利于从积极预防的角度遏制行贿行为;等等。

## 三、 行贿犯罪的理论缺陷与政策异化

通常认为,行贿罪和受贿罪是对向犯或对合犯。在理论上,对向性共同犯罪是一种必要的共同犯罪类型,是指基于两人以上的互相对向行为而构成的犯罪,缺少另一方的行为,该种犯罪就不能成立,但是,一方构成犯罪并不意味着另一方必然构成犯罪。④ 典型的对合犯情形就是行贿罪和受贿罪,但是,受贿罪成立时行贿罪并不同时成立,两者不是在任何情况下都具有必

---

① 宋继圣:《行贿罪量刑情节的立法缺陷及其完善》,载《人民检察》2013年第13期。
② 陈国庆等:《〈关于办理行贿刑事案件具体应用法律若干问题的解释〉理解和适用》,载《人民检察》2013年第4期。
③ 徐岱:《行贿罪之立法评判》,载《法制与社会发展》2002年第2期。
④ 高铭暄、马克昌主编:《刑法学》(第6版),北京大学出版社、高等教育出版社2014年版,第167页。

然的对合性①。

### （一）行贿行为的独立处罚

由于行贿罪和受贿罪的构成要件并不完全相同，所以，有些案件由于证据不足或事实不清，难以认定构成受贿罪，同时，行贿人是否构成行贿罪的争议也随之而来。在实践中，受制于受贿罪的司法认定有诸多困难，同时受制于"重受贿轻行贿"的思维，当不成立受贿罪时，对是否处罚对应的行贿行为存在不同的做法，往往倾向于不作为犯罪处理，② 这显然是"不对称性"刑事政策作祟的结果。但是，行贿和受贿是两个独立的贿赂行为，虽然具有紧密的联系，却不能片面强调受贿的定罪对行贿的定罪具有决定作用，反而，应当区分不同情形：1. 如果不构成受贿罪，则一般不可能构成行贿罪。根据1999 年最高人民检察院《关于人民检察院直接受理立案侦查案件立案标准的规定（试行）》和 2000 年最高人民检察院《关于行贿罪立案标准的规定》，受贿罪的立案标准一般是 5000 元人民币，行贿罪的立案标准是 10000 元人民币。如果受贿数额未到达 5000 元，受贿行为和与之对应的行贿行为都不构成犯罪。然而，不排除应当立案的例外情形，即行贿数额不满 10000 元却具有为谋取非法利益而行贿的、向 3 人以上行贿的、向党政领导、司法工作人员行贿的、向行政执法人员行贿的和致使国家或者社会利益遭受重大损失的。根据《行贿刑事案件解释》第 1 条的规定，行贿罪的立案标准是 10000 元以上，这一修改的结果是行贿罪的立法标准仍高于受贿罪。如果受贿罪达不到立案标准，相应的具体行贿行为同样不构成犯罪，只是行贿人的其他行贿行为，则另当别论。2. 在证明受贿罪的构成要件时面临证据不充分或证据链条不完整时，由于贿赂犯罪的口供证据具有"一对一"的特点，如果无法证明成立受贿罪的主体要件、收受财物等关键事实，则不能简单地按照行贿人的口供，以"孤证"的形式认定为成立行贿罪，如存在索贿的情形。但是，如果确实有其他间接证据予以佐证，则另当别论。3. 由于行贿罪的主观方面要求"为谋取不正当利益"，基于贿赂犯罪的对合性，行贿罪应当认识到权钱交易的内容包括"谋取不正当利益"及其危害结果，而受贿罪仅限于收受贿赂情形时要求"为他人谋取利益"。所以，行贿罪和受贿罪的犯罪成立条件不同，行贿罪是否成立并不必然以受贿罪的成立为前提，反而，应当独立认定行贿者构成行贿罪，这是行贿行为的独立性及其独立处罚的具体体现。③

---

① 高铭暄主编：《刑法专论》（第 2 版），高等教育出版社 2006 年版，第 335 页。

② 杨崇华、赵康：《论行贿行为的独立处罚——兼论行贿和受贿的对合关系》，载《法学杂志》2014 年第 9 期。

③ 杨崇华、赵康：《论行贿行为的独立处罚——兼论行贿和受贿的对合关系》，载《法学杂志》2014 年第 9 期。

### （二）行贿与受贿的同等处罚问题

基于对向犯的关系，行贿罪和受贿罪是否应当等同处理的问题也始终尚未得到解决，而且，同等处罚的主张也成为缓解实践中行贿罪的处罚过于轻缓的有效立法途径。一种观点认为，受贿罪的法定刑配置明显高于行贿罪，寄希望于严厉惩治受贿罪以降低行贿罪的初衷难以实现，由于行贿和受贿之间的对价关系体现了行贿受贿双方相同的共同犯罪责任，所以，行贿罪的法定刑应当与受贿罪保持一致。① 另一种观点认为，行贿和受贿的社会危害性并不等同，这是因为对"国家工作人员职务行为的不可收买性"的危害程度、方式并不完全相同；虽然国外有将行贿和受贿等同处理的立法体例，但是，各国国情不同，不宜片面学习；对行贿犯罪的惩治不力主要根源于执法不严格，立法改变不是唯一的出路。② 还有一种观点认为，行贿者并非所谓的"受害者"，主动自愿行贿的大有人在，行贿的社会危害性并不必然明显低于受贿罪的社会危害性，为了预防未然的受贿犯罪，应当考虑行贿和受贿的同等处罚。③ 之所以会出现受贿罪和行贿罪应否同等处罚的问题，其根源在于实践中对行贿罪的处罚力度和范围明显脱离了社会公众的期待和高压反腐的现实需要，同时也与贿赂犯罪的对向性特征有关。但是，由于行贿罪和受贿罪并非完全相同的罪名，不能仅仅根据行贿对受贿的诱发作用而主张同等处罚，④ 同等处罚有违罪责刑相适应原则，也并不必然符合刑罚个别化理念。但是，强化对行贿犯罪的处罚已经刻不容缓。

### （三）行贿罪的法定最低刑高于受贿罪的法定最低刑问题

按照"重受贿轻行贿"的政策定位，受贿罪的处罚应当重于行贿罪。然而，根据现有规定，行贿罪的法定最低刑是 5 年以下有期徒刑或拘役，而受贿罪的法定最低刑是 1 年以上 7 年以下有期徒刑或两年以下有期徒刑或拘役（不满 5000 元的情形）。所以，这种立法格局与刑罚配置与贿赂犯罪的"对向性"关系⑤、严惩贿赂犯罪的基本政策导向并未保持一致，容易导致行贿罪与受贿罪的处罚悬殊差异。从协调行贿罪和受贿罪的处罚标准看，应当考虑调整行贿罪的法定刑档次，可以增设一个 3 年以下有期徒刑的"情节较轻"的量刑档次，从而基本上与受贿罪的法定刑档次保持一致，客观上消除处罚差异悬殊的立法源头；同时，增设一个低档的法定刑幅度，有助于贯彻"老虎、苍蝇一起打"的政策，合理规制较轻微的行贿犯罪。

---

① 邓崇专：《新时期我国惩治职务犯罪的立法完善——基于中央系列反腐新策的刑法回应》，载《学术论坛》2014 年第 8 期。

② 卢勤忠：《行贿能否与受贿同罚》，载《人民检察》2008 年第 14 期。

③ 卢建平：《刑事政策与刑法变革》，中国人民公安大学出版社 2011 年版，第 321 页。

④ 刘仁文、黄云波：《行贿犯罪的刑法规制与完善》，载《政法论丛》2014 年第 5 期。

⑤ 夏勇、王晓辉：《贿赂犯罪的对向关系与刑罚处罚》，载《人民检察》2013 年第 5 期。

## 四、 行贿犯罪的 "零容忍" 政策变革及其体现

导致对行贿罪的处罚力度不足的原因主要包括立法和司法两个层面，立法缺陷是最重要的诱因，司法贯彻不力是重要的外在因素。[①] 所以，同时从立法层面和司法层面强化对行贿罪的惩治是 "零容忍" 反腐的必然选择。

为了有效解决实践中对行贿犯罪的惩治不力及其对反腐的负面影响，《行贿刑事案件解释》应时而出。《行贿刑事案件解释》总体上贯彻从严惩处行贿犯罪的立场，主要表现为：（1）规定了立案标准为 1 万元，同时规定了 "多次小额行贿未经处理的可以累计"。（2）首次明确了 "情节严重"、"使国家利益遭受重大损失的" 和 "情节特别严重" 的具体情形，并且以数额或情节作为评价标准，便于司法实践操作。这是对《严处严重行贿犯罪分子的通知》的重大完善。（3）明确了行贿与其他关联行为的罪数关系，为了谋取不正当利益而构成其他犯罪的，应当数罪并罚，从而提高处罚的力度。（4）规范了从轻、减轻和免除处罚的具体操作，同时严格限制了行贿犯罪适用缓刑和免除处罚的条件。（5）明确了通过行贿获得的不正当利益应当依法处理或纠正，并具体分为财产性利益和非财产性利益两种情形，从而提高了司法操作性。（6）明确了 "被追诉前" 的具体操作标准。相比于《严处严重行贿犯罪分子的通知》，《行贿刑事案件解释》从严惩治行贿犯罪的立场主要表现为：一是不再主要针对严重行贿犯罪分子，而是一律从严，是整体从严而非局部从严。二是明确了定罪量刑的具体标准，使得从严惩处行贿的政策 "落地"，具有实际的可操作性。三是配套了相关的从严辅助措施，诸如不正当利益的剥夺、谋取不正当利益时构成其他犯罪的应数罪并罚等。尽管如此，《行贿刑事案件解释》在从严惩处上还有一些缺陷：一是对 "向党政机关领导干部行贿，拉拢腐蚀国家干部" 的现象缺乏针对性的规制。二是将 "被追诉前" 界定为 "检察机关对行贿人的行贿行为刑事立案前"，其实仍然存留 "重受贿轻行贿" 和 "宽宥行贿以强化受贿犯罪查处" 等既定的观念。三是司法解释只能起到细化操作规定，无法从根本上解决行贿犯罪的立法缺陷和扭转相应的理论缺陷，因而，这次对 "零容忍" 政策的贯彻落实具有一定的局限性。

2014 年，为了进一步强化对行贿犯罪的 "零容忍" 政策立场，[②]《刑法修正案（九）（草案）》首次从立法层面修改行贿犯罪，并全面贯彻了从严的刑事政策立场。总的来看，从严治理行贿犯罪的修改主要表现为：（1）普遍增设罚金刑，强化刑罚处罚的严厉程度。同时，使得行贿人员在受到刑事

---

① 谢望原、张宝：《从立法和司法层面加大对行贿罪的惩治力度》，载《人民检察》2012 年第 12 期。

② 苏显龙：《行贿 "零容忍"，制度更过硬》，载《人民日报》2014 年 5 月 16 日第 005 版。

制裁之际，希望获得不正当（经济）利益的目的落空，从而强化了剥夺行贿罪的不当利益的惩治效果。（2）严格把握行贿罪的从宽处理，严格区分从轻、减轻与免除处罚的界限，免除处罚的仅限于"犯罪较轻的，检举揭发行为对侦破重大案件起关键作用，或者有其他重大立功表现的"。（3）增加对国家工作人员的近亲属等密切关系的人（有影响力人员）行贿的犯罪，从而严密行贿犯罪的法网。基于贿赂犯罪的对合性，"对有影响力人员行贿"且情节严重的行为予以入罪是国际趋势①，这同时与利用影响力受贿罪形成了掎角之势。（4）增设了"禁止刑罚执行完毕之日或者假释之日起5年内从事相关职业"的预防性措施，既强化了对行贿罪的处罚力度，也增加了对行贿犯罪的积极的一般预防效果。② 而且，这一规定还与全国检察机关自2006年正式开展的行贿犯罪档案查询工作实现了有效的对接。在党和国家的"零容忍"反腐政策下，《刑法修正案（九）（草案）》的修改是有着显著的反腐意义，既增加了行贿人的行贿成本，同时也加大了对行贿犯罪的处罚力度。

正是为了纠正"重受贿轻行贿"的执法观念，同时在立法层面有效对接"零容忍"反腐政策的现实需要，《行贿刑事案件解释》与《刑法修正案（九）（草案）》先后强化了对行贿罪的处罚力度，从而逐渐平衡了行贿罪和受贿罪之间的政策"失衡"问题，也逐渐开始破解惩治贿赂犯罪的"不对称"刑事政策格局。

## 五、"零容忍" 政策下行贿犯罪的立法再完善

尽管《刑法修正案（九）（草案）》对行贿犯罪进行了较大幅度的修改，而且也加重了处罚的力度。但是，《刑法修正案（九）（草案）》在贯彻"零容忍"政策方面具有一定的保守性，与《联合国反腐败公约》的基本要求相去甚远。因而，还要整体上考虑进一步完善行贿犯罪的立法规定。

### （一）行贿人行贿的"财物"应当扩大为"财物和其他财产性利益"

根据《刑法》第389条的规定，行贿人的行贿内容为"财物"，但是，"财物"的范围较为狭窄，已经与当前的财产概念脱节，进而导致行贿犯罪的处罚范围被人为限制，甚至为一些游走于犯罪边缘的"行贿罪"开了绿灯。根据《联合国反腐败公约》的规定，贿赂犯罪的对象是"不正当好处"，这明显比"财物"的范围更广。2015年1月29日，最高人民检察院发布的，《中共中央关于全面推进依法治国若干重大问题的决定》指出，加快推进反腐败国家立法，完善惩治贪污贿赂犯罪法律制度，把贿赂犯罪对象由财物扩大为财物和其他财产性利益。之所以在行贿犯罪对象上做出扩大的规定，是

---

① 黄红平：《严惩行贿：彻底掐灭行贿者的念头》，载《检察日报》2014年4月29日第005版。
② 陈丽平：《点击刑法修正案（九）（草案）的七大亮点》，载《法制日报》2014年10月28日第003版。

为了扩大行贿犯罪圈，严密行贿犯罪的刑事法网。关于"其他财产性利益"的范围，通常包括户口指标、就学名额、出国学习、就业岗位等，而"性贿赂"是否在列则存在较大的争议，因为"性贿赂"的司法认定标准不便把握。

**（二）"为谋取不正当利益"应调整"为谋取利益"**

从根源上看，行贿犯罪规定的"为谋取不正当利益"要件在很大程度上造成了贿赂犯罪的"不对称性刑事政策"。在实践中，"为谋取不正当利益"往往成为一些行贿者逃避刑事责任的"立法漏洞"，对预防行贿犯罪的消极影响持续不断。而且，"不正当利益"的司法认定较为困难，增加了诉讼成本和提高了定罪的难度，导致对行贿犯罪的惩治力度不够。从《联合国反腐败公约》的规定看，行贿犯罪并不要求具备"为谋取不正当利益"。在实践中，确实有为了正当利益而主动或被迫行贿，对此，可以在量刑环节予以宽大处理，甚至情节显著轻微的还可以不作为犯罪处理，但不能因此规定所有的行贿犯罪都必须满足"为谋取不正当利益"，这是以偏概全的做法。从贿赂犯罪的"对向性"特性来看，既然受贿罪仍然要求"为他人谋取利益"，这就意味着行贿罪还同时存在"为谋取利益"，否则，"权钱交易"的前提和基础将不复存在。鉴于此，应当删除"不正当"的限制，只规定"谋取利益"。这不仅与受贿罪形成了良好的立法呼应，也排除了正常的礼尚往来与馈赠等行为。①

**（三）"给予"应当扩大到"提议给予、许诺给予或给予"**

根据《刑法》第389条的规定，行贿的行为方式仅限于"给予"，所以，只有实际给付了财物或其他财产性利益，才算完成了行贿的实行行为。但是，行贿和受贿在本质上是一种交易行为，除了"一手交钱、一手交货"的现货交易外，也包括"期权交易"，也即提议或许诺给予的行为。虽然提议和许诺给予并未实际给予，但是，却同样对国家工作人员职务行为的不可收买性造成了严重的损害，并且往往间接影响国家工作人员的职务行为。因此，提议给予和许诺给予的行为同样值得处罚。根据《联合国反腐败公约》的规定，行贿的行为方式包括"提议给予"、"许诺给予"和"实际给予"三种，这显然扩大了行贿犯罪的刑事法网，更有助于从源头上遏制行贿犯罪，也同时在一定程度上斩断了由行贿通往受贿的"肮脏通道"。因而，《刑法修正案（九）（草案）》应当考虑增设"提议给予"和"许诺给予"两种行为方式。

**（四）"感情投资行为"的适当入罪**

在实践中，行贿人除了"为谋取（不正当）利益"而行贿的，也往往以"感情投资"的名义给予国家工作人员财物，且当时不提出具体的请托事项，

① 彭新林：《为谋取正当利益而行贿也应入罪》，载《检察日报》2015年3月23日第003版。

这就是所谓的"感情投资行为"。一种观点认为，由于缺乏直接明确的请托事项，使得给予财物的行为与"利用职务上的便利"难以挂钩，后续是否出现谋取不正当利益具有不确定性，也不足以说明受贿者的受贿意图，所以，不宜将"感情投资行为"纳入到行贿罪的规制序列。[①] 但是，可以考虑将"感情投资行为"作为行贿罪处理，理由为：（1）在起草《刑法修正案（九）（草案）》期间，增设非法收受礼金罪的呼声非常高，旨在将惩治受贿罪的防线提前，从而更好地贯彻"零容忍"政策。但前提是取消"为他人谋取利益"要件，从而弱化请托事项对成立受贿罪的过度影响。既然增设非法收受礼金罪已然处于立法讨论环节，基于贿赂犯罪的"对向性"，增设提供非法礼金的行贿犯罪势在必行，这是"感情投资行为"入罪的理由之一，并倒逼"非法收受礼金罪"的立法。（2）"感情投资行为"是一种"放长线钓大鱼"的行贿策略，任何"感情投资行为"对国家工作人员职务行为的不可收买性都产生了潜在或现实的损害。在实践中，以"感情投资行为"的名义给予国家工作人员钱财物具有相当的伪装性，而且，在不特定的时期就会出现国家工作人员"为他人谋取利益"的现象，所以，"感情投资行为"主要将"给予财物"与"请托事项"（谋取不正当利益）之间的时间跨度或因果链条拉长而已，并且容易形成谋取（不正当）利益的"打包"与"团购"现象，所造成的社会危害性往往更大。基于此，《刑法修正案（九）（草案）》应当考虑予以入罪。（3）法定刑的相应调整。"感情投资行为"毕竟是更轻微的行贿犯罪，为了将"零容忍"政策的"老虎、苍蝇一起打"精神贯彻到位，应对"感情投资行为"设置更低档的法定刑，如"三年以下有期徒刑、拘役或管制，并处罚金"，从而与行贿基本罪的"五年以下有期徒刑"划开档次，并与《刑法修正案（九）（草案）》对第383条拟修改的内容保持较好的呼应。[②]

---

[①] 李少平：《行贿犯罪执法困局及其对策》，载《中国法学》2015年第1期。

[②] 也即"贪污数额巨大或者有其他严重情节的，处三年以上十年以下有期徒刑，并处罚金或者没收财产。"

# 韩国历届政府治理腐败政策举措
# 比较分析

张雷生[*]

为贯彻落实党的十八大报告确立的"全面推进依法治国"作为推进政治建设和政治体制改革的重要任务,党的十八届三中全会做出了《中共中央关于全面深化改革若干重大问题的决定》,提出要"让权力在阳光下运行,健全惩治和预防腐败体系","健全反腐倡廉法规制度体系,完善惩治和预防腐败,健全民主监督、法律监督、舆论监督机制"。党的十八届四中全会发布了《中共中央关于全面推进依法治国若干重大问题的决定》,明确指明了依法治国路径,为国内正在轰轰烈烈开展的反腐倡廉工作的顺利深入开展提供了有力的法律和制度保障。

作为现代法制社会重要一环的反腐廉政建设,在现代发达国家已经历了几十年的发展,在立法等方面总结出了一系列经验教训。作为新兴发达国家的韩国,历届政府都高度重视反腐廉政建设,在借鉴和学习欧美等发达国家的基础上结合本国社会经济发展实际,不断改进和修改完善法律及各项规章制度,逐渐形成了目前富有自身特色的腐败治理制度。中韩两国同处于东亚儒家文化圈,文化相通,因此,韩国在反腐廉政建设方面的政策举措及相关经验,值得我国学界和政府部门关注和学习借鉴。

## 一、韩国的国家公务人员腐败类型分类

国家公务人员腐败指的是"国家公务人员为了个人私利而不法、不当行使或滥用自身职务权限的行为"。按照腐败的内容、形态、程度、原因、体系性、波及效果等层面,可以将韩国的国家公务人员的腐败分为以下类型。

### (一)内容层面的腐败

按照国家公务人员腐败的内容可分为"不履行义务(懒政惰政)(non-feasance)、不法行为(malfeasance)和不当行为(misfeasance)"三种。[①] 其中,不履行义务指的是国家公务人员不履行本职工作,包括玩忽职守、工作

---

[*] 吉林大学高等教育研究所教师,韩国延世大学教育科学研究院研究员、博士。
[①] 〔韩〕全秀日:《反腐败政策:现有问题及其改革方案/关于官僚形态的研究:以后援者和顾客关系为中心》,(韩国)《韩国反腐败学会学术大会论文集》1996年版,第45~46页。

急慢、懈怠疏懒、业务迟延，工作期间不遵守规定擅离工作岗位，无所事事，无原则无纪律、和事佬、明哲保身主义等。不法行为指的是明显违反法律和规章制度规定的行为，包括受贿、滥用职权、截留和挪用公款、伪造和编造公文、泄露机密及提供甚至贩卖情报信息等在内。不当行为指的是从事不符合身份的业务，包括托关系走后门、任人唯亲等各种徇私舞弊、行政不合理行为。

表 1 国家公务人员腐败的类型①

| 区分 | | 类型 | 内容及表现形式 |
|---|---|---|---|
| 腐败内容层面 | | 不履行义务 | 1. 不履行法律或法令要求国家公务人员履行的义务时。<br>2. 玩忽职守或工作懈怠懒散，业务迟延拖拉，擅离职守，安逸无事、和事佬、无原则无纪律、明哲保身主义等。 |
| | | 不法行为 | 1. 明确犯下不法行为时。<br>2. 受贿、滥用职权、截留或谎领公款、伪造及编造公文、泄露机密或提供贩卖情报等。 |
| | | 不当行为 | 1. 履行业务时不合乎相关规定及流程要求的情形。<br>2. 关系人情、营私舞弊、任人唯亲等各种行政不合理。 |
| 腐败形态层面 | 腐败涉及人员进行分类 | 个人型腐败 | 单纯个人腐败行为。 |
| | | 组织型腐败 | 组织公务员大多数成员参与。 |
| | 诱发主体进行分类 | 收贿、受贿 | 民间部门主导，基于想得到特殊照顾和关照等目的而向国家公务人员赠送钱财物或宴请吃喝招待等。 |
| | | 榨取索贿 | 国家公务人员主导，国家公务人员利用自身权限从民间部门获取掠夺钱物或服务的情形。 |

---

① ［韩］京畿开发研究院：《韩国公务员腐败类型及根源探究》，首尔大学出版社 2002 年版，第 36 页。

续表

| 区分 | | 类型 | 内容及表现形式 |
|---|---|---|---|
| 腐败程度及<br>行为深刻性层面 | | 白色腐败 | 1. 没有明显违反法律规定范围轻微腐败行为。<br>2. 接受加急费用、小额钱财和享用简单的宴请招待等。 |
| | | 灰色腐败 | 介于白色腐败和黑色腐败中间程度的腐败行为。 |
| | | 黑色腐败 | 1. 违反法律明文规定的腐败行为。<br>2. 贪污公款、榨取索贿、行贿受贿。 |
| 腐败<br>原因<br>层面 | | 偶发性、自发性腐败 | 1. 腐败行为一时性、冲动性发生。<br>2. 很多情形受个人倾向左右。 |
| | 结构性、<br>制度性<br>腐败 | 生计性腐败 | 1. 为了解决由于工资薪酬和福利待遇较低导致的生计困难而发生。<br>2. 贪污公款及留用截留，受贿及榨取索贿等。 |
| | | 制度性腐败 | 1. 作为组织的一员所干出来的腐败行为。<br>2. 收贿、受贿、行贿违反规定挪用公款。 |
| | | 结构性腐败 | 1. 由于周边环境的腐败结构化而发生的自我防御型腐败。<br>2. 不具备税款单的买卖行为偷税漏税和逃税，许可时的加急费用等。 |
| 腐败系统性<br>及波及效果 | | 偶发性腐败 | 1. 规模较小。<br>2. 主要涉及个人及警察、税务官员等最低级公务员。<br>3. 宏观经济上的费用金额虽然很小但是会造成一般市民直接受害。<br>4. 腐败发生的持续性和蔓延性导致彻底杜绝腐败很困难。 |
| | | 系统性腐败 | 1. 腐败的后果是规模大。<br>2. 基本所有的政府部门都被牵涉进去或在影响圈内。<br>3. 导致政府巨额的税收和税出流失等严重后果。<br>4. 和个别对应处置相比需要一连贯的改革努力。 |
| | | 体系性腐败 | 1. 完全腐败的体系："独裁政府"、"强盗政治"。<br>2. 发生效果影响巨大。<br>3. 需要通过根本性变化来进行改革。 |

### （二）形态层面的腐败

根据腐败涉及的人员可以分为单纯个人腐败行为的个人腐败和单位大多数成员参与的组织腐败；另外，根据诱发国家公务人员腐败的主体可以分为收受贿赂（bribery）和索贿（extortion）两类。[①] 收受贿赂指的是从民间部门基于得到特殊照顾和关照的目的，而向国家公务人员送钱财或邀请吃喝宴请或提供其他特殊服务的情形；索贿指的是国家公务人员利用自身职务权限向民间部门或个人勒取索要财物或吃喝宴请以及索要其他特殊服务的行为。前者是民间部门主动实施，而后者则是国家公务人员自身要求的腐败行为。

### （三）程度层面的腐败

按照国家公务人员的腐败程度，可以将其分为白色腐败（white corruption）、灰色腐败（grey corruption）和黑色腐败（black corruption）。[②] 其中，白色腐败指的是在没有明确违反法律规定的范围内而形成的比较轻微程度的腐败行为，收取加急费或小额钱款财物及接受简便的招待和款待等是该类型的代表。该类型腐败虽然比较轻微，但最终会导致对别的形态的腐败行为丧失抵抗免疫力，值得担忧的是大多数国家公务人员并不认为这样的白色腐败算作腐败行为，而仅仅将其看做是组织的惯行或社会文化传统或正常的人情往来，甚至有的国家公务人员习惯性地错把白色腐败看作自身服务付出应得到的代价或谢礼，普遍倾向于认为其合理化；与之相反，黑色腐败指的是明显违反法律的行为，谎领公款、敲诈勒索、索要贿赂、行贿受贿等是其代表性的情形；而灰色腐败指的是介于白色腐败与黑色腐败中间程度的腐败行为。

### （四）原因层面的腐败

国家公务人员腐败的原因上可以分为偶发性、自发性腐败和结构性与制度性腐败。其中，偶发性、自发性腐败指的是一时性、冲动性发生的腐败行为，一般而言，受到私利私欲诱惑等个人的倾向左右的可能性较大。而结构性、制度性腐败指的是基于常识性、根本性的原因为基础而发生的腐败行为，可以细分为生计性、制度性和结构性腐败。[③] 其中，生计性腐败指的是国家公务人员为了解决由于工资薪酬过低带来的生活困窘局面而谎领和截留公款、收受贿赂及敲诈索贿，要求及收受回扣等不法行为，这样的情形尤其在落后国家和地区的公务员社会经常发生。制度性腐败指的是组织的文化或运营体系形成的链条和关系网络结构下，无关个人有无贪欲而仅仅是指作为组织的

---

[①] ［韩］崔炳大、李宗源：《为了面向顾客的行政服务而实行的公共机关市民评价制度运用方案》，载（韩国）《地方行政》1999 年第 48 期。

[②] ［韩］京畿开发研究院：《韩国公务员腐败类型及根源探究》，（韩国）首尔大学出版社 2002 年版，第 36 页。

[③] ［韩］京畿开发研究院：《韩国公务员腐败类型及根源探究》，（韩国）首尔大学出版社 2002 年版，第 36 页。

成员所犯下的腐败行为。具体包括给上级送礼和接受下级的送礼，违反规定私自改变部门经费的使用去向，私自募集和搜敛钱财等行为。结构性腐败指的是周边环境已经腐败结构化，各行为者为了摆脱比较劣势或自我防御而形成的腐败行为。包括通过不具备税款单的买卖行为偷税漏税和逃税，收取和索要认、许可加急费用，对于各种管束、拘禁、盘查等索取的人情开脱中介费，为了升职而进行受贿行贿行为。

### （五）体系性及波及效果层面的腐败

从国家公务人员腐败的体系性及波及效果层面来分析，可以将国家公务人员的腐败分为偶发性腐败（incidental corruption），系统性腐败（systematic corruption），体系性腐败（systemic corruption）等类型。[①] 国家公务人员腐败相同的分类和前面所说的国家公务人员腐败的原因层面的分类形态相似，前者关注于国家公务人员腐败的体系性程度及其波及效果，而后者的焦点则关注于国家公务人员腐败的原因。从揭示出来国家公务人员腐败的类型层面上来看，两个分类基准之间存在一定程度的差异。

偶发性腐败规模一般较小并且主要涉及人员大多为个人以及最低级公务员等。偶发性腐败指的是腐败的经济费用虽然不大，但其主要直接受害对象大多为一般社会民众，由于腐败发生的持续性和蔓延性想要完全消除和杜绝并不容易。系统性腐败指的是腐败效果规模较大的腐败行为，该类型一般会直接涉及或影响到全体政府部门，甚至影响到政府的税收及支出。具体的腐败惩治方面，和个别对应处置相比需要一连贯的改革努力。体系性腐败指的是社会全体腐败的国家发生的结构性、制度性腐败，其发生效果非常巨大，该类型还可以被称为强盗政府（government by theft）或强盗政治（kleptocracy），非洲的一些部落集权制国家是这方面的典型代表案例。体系性腐败下存在着政敌间相互争斗，消除异己的不合理情形，治理体系性腐败唯一的方案只能通过根本性的变化进行改革。[②]

## 二、 韩国历届政府实施的公务员腐败防止制度

韩国和其他国家或地区一样，为了预防和防止公务员腐败制定了诸多制度举措。概括而言，包括法令层面必须遵守的强制性制度和自律层面靠自觉遵守履行的规章制度两种。其中，法令层面上包括《国家公务员法》、《地方公务员法》、《国家公务人员伦理法》、《刑法》以及腐败防止和国民权益委员会设置及运营相关法律等；规章制度层面上包括《公务员行动纲领》、《公务

---

① ［韩］京畿开发研究院：《韩国公务员腐败类型及根源探究》，（韩国）首尔大学出版社 2002 年版，第 36 页。

② ［韩］李炳冠：《关于地方公务员的腐败防治对策的研究：以地方公务员的腐败类型为中心》，（韩国）全南大学 2006 年硕士学位论文。

员伦理宪章》以及公务员服务宣誓等。以韩国历届政府对于公务员要求必须遵守的法律和规章制度内容为中心，对腐败防止制度及相关法规进行重点解读，可以为推进国内反腐倡廉工作开展和依法治国进程提供积极的参考和借鉴。

### （一）朴正熙政府时期的治理腐败举措

朴正熙政府通过革命公约及此后的年度国情咨文，将铲除贪污腐败等设定为政府强力的政策目标。前半期和后半期两者之间存在显著的差异性，前半期腐败治理政策的目标焦点主要集中于铲除腐败，而到了后半期维新体制时期，在所谓的"庶政复新"名义下，焦点放在了包括清除腐败在内的不合理现象及开展精神改革运动上。朴正熙政府时期腐败防止举措最大局限在于维护政权脆弱的正统性和上升到政府主导的腐败防止发展战略的矛盾，腐败治理政策的结果反而导致了腐败现象的大型化、构造化和制度化。

朴正熙政府为了将贪污腐败彻底清除，前半期主要通过将腐败防止相关法律制度作为革命公约的一环，1961 年制定了《国家重建非常措施法》，还依据此法，将 1953 年 7 月 1 日到 1961 年 5 月 15 日期间的贪腐行为作为规定对象制定了《贪腐蓄财处理法》，该法在韩国司法体系中具有第一部专门从法制层面上治理贪污腐败的意义。① 后半期，朴正熙政府对国家公务人员采取了"肃清作业科"制度及环境改善并行的方法，这些腐败防止战略被统称为"庶政复新"。② 对国家公务人员实施的肃清作业范围变得非常宽泛，还通过各种手段施行"系列连带责任制"，对民间人士施行"双重处罚制"，以及禁止国家公务人员到有关企业就业，参考使用"庶政复新赏罚记录簿"等。

为了执行朴正熙政府的腐败治理政策，1963 年将全面负责的专门机构——审计院和监察委员会进行统合而新设立了监察院。次年，设置了直属于总统的"行政改革调查委员会"以及为了确立公职纪律纲要和挖掘贪污腐败而设置的"公职腐败特别调查班"。另外，还新设了全面负责庶政复新机构的"国务总理行政调整室"，为了辅佐总统查定业务而增设了"司正担当特别辅佐官室"以及发挥政府的司正政策相关咨询协力机构机能的"司正会议"、"司正长官会议"、"司正协力会议"等。③ 无论是从内容还是方法手段层面上来看，朴正熙政府时期的腐败治理政策最终均没能取得显著进展。由于该时期是工业化进程中政党政治人之间政商勾结比较严重的时期，因此，

---

① ［韩］金炳愔：《腐败治理的方法和变迁方向》，载（韩国）《韩国行政学会论文集》1999 年，第 1~24 页。

② ［韩］李忠姬：《关于公务员贪污腐败的研究》，（韩国）木浦大学 2003 年硕士学位论文。

③ 司正会议由总统亲自主持，由国务总理、监察院长、内务部、总务处长官和中央情报信息部长、司正担当特别辅佐官等参加出席；司正长官会议则是在国务总理主持下，由监察院长、内务部、法务部、总务处长官、司正担当特别辅佐官、国务总理行政调整室长参加出席。

不可避免地出现了利用权力筹措政治资金等新型腐败类型。

朴正熙政府想要通过腐败治理政策使公职社会的革新结果向一般社会扩大，最终建设成为理想社会形态。然而，从微视和单维的观点上来看，由于依存和器重于权力力量的大众疗法，很难从根源上制定彻底防止腐败的方法。特别是为了确保政权脆弱的正当性，有选择性地使用部分腐败治理政策，不可避免地导致民众对其效果性的反感和憎恶。另外，为了对腐败国家公务人员进行调查而设置了特别搜查班，习惯于对国家公务人员采取肃清的政策，这反而成了民众及普通公务员对腐败政策丧失信赖而变得麻木钝化的一个契机。[①]

### （二）全斗焕政府时期的治理腐败举措

全斗焕政府时期的国政目标中包含了防止腐败战略并加以推进实施，腐败治理政策得以升级完备，相对而言要显得科学化和体系化。全斗焕政府也为了巩固和加强独裁政权脆弱的正当性，利用民众心理上对于政局不稳定的观望和窥探心理，权力的力量依靠政略的意图，由于缺少正统性而试图依靠事后来确保和弥补，包括总统自身在内的集权势力群体们都和腐败相互牵连，因此，腐败治理政策的结果大都以失败而告终。

全斗焕政府所采取的众多防止腐败的政策手段中，最核心的战略是为了达成公职内部净化的目的而尝试推行的"社会净化运动"。[②] 为了执行腐败治理政策设置了包括早期的"国家保卫非常对策常任委员会"，以及后来取而代之的国务总理直属下的"社会净化委员会"、外部的"现代社会研究所"等在内的专门机构。作为腐败治理政策的一环，制定了包括《国家公务人员伦理宪章》和《国家公务人员伦理法》等在内的法规，促进了治理腐败的制度化进程。1981 年 12 月公布的《国家公务人员伦理法》原则上对国家公务人员登记的财产采取非公开的原则，尽管存在一定程度上的实效性问题，然而从作为最早立法规定国家公务人员财产登记和礼物申告以及退休（职）官员的就业限制等事项层面上来看，具有其积极意义。[③]

全斗焕政府的腐败治理政策和历届政府的不同之处在于充分发挥了专业人士的作用，尝试构筑了对公职社会群体人员的诊断体系，旨在促进腐败防止活动正当化，行政改革及制度改善的对象范围和过去相比要设定的更加宽泛和系统化。另一特征就是，使用科学和精巧的方法而全面展开实施的腐败防止活动也和过去相比要多样化。然而，和朴正熙政府类似，全斗焕政府也

---

① ［韩］李忠姬：《关于公务员贪污腐败的研究》，（韩国）木浦大学 2003 年硕士学位论文。

② ［韩］柳佘珲：《关于韩国官僚腐败原因及改善方案的研究》，（韩国）光州大学 2007 年硕士学位论文。

③ ［韩］柳佘珲：《关于韩国官僚腐败原因及改善方案的研究》，（韩国）光州大学 2007 年硕士学位论文。

存在过度依赖权力的问题，腐败治理政策沦为了政府用来保障其体制的脆弱正当性的手段，因此，自然导致了腐败治理政策效果极其低下的现实局面。①

**（三）卢泰愚政府时期的治理腐败举措**

卢泰愚政府作为一个继承性的政府，既面临着必须继承其前任全斗焕政府的对各种不正之风进行清算的状况，又面临着民主化进程不断加快的社会现实。和历届政府一样，卢泰愚政府前半期由于社会混乱，腐败变得日趋严重，呈现出以约束管制和处决为中心的腐败治理政策反复变化的状态。这时期没能看出卢泰愚政府起初采取的腐败治理战略或手段有什么特别的内容，到了后半期，开始对官员们存在贪污腐败频繁可能性的业务实施了"定期监察制度"，对发生和出现相同类型公职不正之风的机关负责人采取实施了"连带责任制度"等政策手段。作为"新秩序、新生活运动"的一环，强调协同推进确立的公职纪律纲领及消除国家公务人员不合理行为实策等所蕴含的战略。历届政府所施行的腐败治理政策的非效率性被普遍认为是强压式、权威式司法行政的起因，卢泰愚政府也概莫能外。执行腐败治理政策的专门负责机构由"特命司正官"、"地区常驻机动监察班"、国务总理室下设的"政府联合特检班"等组成，而制定的相关法制作为腐败治理政策重要一环则变得苍白无力毫无用处。②

卢泰愚政府时期，通过自律和民主的司法行政及教化的方式来摸索腐败铲除方案和铲除国家公务人员不正之风。③然而富有戏剧性和讽刺意味的是，该时期韩国社会的贪污腐败实际情况和历届任何政府相比，在组织化、大型化、常规化等方面的程度都要严重得多。

**（四）金泳三政府时期的治理腐败举措**

在"创造新韩国"的价值下执政的金泳三政府，将铲除贪污腐败设定为国家重点努力的课题和国情指标，聚焦于腐败治理政策，采取了不同于历届政府的广泛而强力的腐败治理政策。代表性的举措包括颁布实施"国家公务人员财产公开制度"和"金融实名制"以及《政治资金法》来确保腐败治理政策实施的透明性，随着全斗焕和卢泰愚前两任总统的监禁，推行了"正本清源"运动，以及为了切断不劳而获的根源，实施土地公概念的扩散完善规则等。金泳三政府时期，推进实施的腐败治理政策和历届政府存在的差别部分，在于该期间已经长期被疏离异化的民众团体在防范和治理腐败的过程中发挥和扮演了积极的角色，形成了全民参与的良好氛围环境。然而，金泳三

① ［韩］朴仲勋：《市民评价制度及地方行政：市民评价制度的时代意义及机能》，载（韩国）《地方行政》1999年第48期。
② ［韩］李忠姬：《关于公务员贪污腐败的研究》，（韩国）木浦大学2003年硕士学位论文。
③ ［韩］柳佘珲：《关于韩国官僚腐败原因及改善方案的研究》，（韩国）光州大学2007年硕士学位论文。

政府也因为涉及韩宝集团丑闻及金泳三儿子的不正之风，加上国际货币基金组织（IMF）管理体系，使其推行和实施腐败治理政策并没能看到显著成效。①

金泳三政府时期，作为腐败治理政策的一环而出台了一系列相关法制，包括修订《国家公务人员伦理道德法》，制定《信息公开法》、《行政程序法》、《公务员犯罪相关收缴归公特例法》等，以及土地公概念视角下制定的"土地所有上限制"、《开发利益收回法》、"土地超过利益税"和过去行政规则及《扩大信访事务基本法》所规定的行政规则相关条款项目等，修订的《行政规则基本法》和为了治理政治腐败而制定的《统合选举法》和《政治资金法》。为了执行腐败治理政策，专门负责机构对于《监察院法》进行了修订和完善，在监察院新设了专门负责职务监察的"事务次长"。与此同时，新设了监察教育院并引入了监察代行制度，面向监察院长设置了腐败问题咨询机构"贪腐防止对策委员会"。另外，为了解决信访及认许可（批允）相关部处的不合理行为设置了"行政革新委员会"，具体负责对总统主持下的国家纪律纲领确立报告会议及检察厅下属的"贪污腐败示范特别搜查本部"运营事务。②

区别于历届政府，相对而言，金泳三政府时期较少为了确保脆弱体制的正统性而运用腐败治理政策。这期间的腐败治理政策在杜绝所谓司法行政腐败的禁区和庇护所的口号下，显示出和过去反腐败政策相比都要猛烈和宽泛的强度和范围。然而，执政初期强力的司法行政作业为该期间休眠和埋葬的腐败行为提供了浮上水面的契机，导致了国家公务人员的安逸无事和消极、慵懒和不作为，引起司法行政作业反复无常的恶循环。另外，为了清算政敌而采取的选择性质的靶子、司法行政或为了扭转危机局面滥用监察权等政治伦理的介入和对此无休止的正确与否的争论也可以被看做是该时期的一个显著特征。③尽管从完全符合司法行政活动层面没有任何焦点可言，但也不能忽视法制度层面上重视腐败治理战略这个事实。

## （五）金大中政府时期的治理腐败举措

平稳政权交替中出马执政的金大中政府也和历届政府类似，在上台执政之初开始表明了强力的治理腐败政策的推进意志，初期其腐败治理政策由于要克服 IMF 管理体制带来的负面影响，主要从行政改革角度出发采取了完善

---

① ［韩］柳佘珲：《关于韩国官僚腐败原因及改善方案的研究》，（韩国）光州大学 2007 年硕士学位论文。

② ［韩］朴仲勋：《市民评价制度及地方行政：市民评价制度的时代意义及机能》，载（韩国）《地方行政》1999 年第 48 期。

③ ［韩］朴仲勋：《市民评价制度及地方行政：市民评价制度的时代意义及机能》，载（韩国）《地方行政》1999 年第 48 期。

规则的观点来实现，早期的腐败治理政策主要包括行政改革及扫除公职四大恶习运动等战略，瞄准中下位国家公务人员进行人员清算；为了执行腐败治理政策而设立的专职负责机构中，包括"反腐倡廉特别时期委员会"和后期依照《腐败防止法》新设的"腐败防止委员会"，还引入并实施了"特别检察制"。后半期的特征表现为依靠制度化来做保障具体推进实施。1999年，国务协调室接受世界银行支援以民间研究团队研究结果为基础，推出了"腐败防止综合对策"，迎来了腐败治理政策得以有效激活的重要转机。尽管依照腐败防止综合对策所制定的相关法制包括《腐败防止法》在施行层面上存在诸多局限，然而，从社会各界要求施行的单一法层面上具有不可替代的积极意义。

和前任政府相比，金大中政府表现为"朝小野大"（执政党薄弱，在野党强大），除腐败防止法制定之外很难发现其他新的特征。和历届政府区别之处在于通过果敢和雷厉风行的行政改革，厉行间接性的腐败防止战略；类似的地方在于集权势力的权力型腐败和滥用检查权。[①] 然而，金大中政府时期，由于集权体系和金大中两个儿子的权力型腐败，最终也导致腐败治理政策并没有显著成效。尤其通过设立反腐倡廉全权负责机构相关法制等继承了反腐倡廉改革及其不足之处，还涵盖了对其进行完善的课题。改革统合集权势力的观点，将腐败治理机构的长期反腐倡廉改革推向了"腐败防止委员会"。

### （六）卢武铉政府时期的治理腐败举措

卢武铉政府和金大中政府相比较而言，可以被称为"大政府"。卢武铉政府表达了铲除腐败现象、促进社会公正、透明的强烈意志，提出了"原则和信赖"、"透明性和公正性的原理"、"对话与妥协"、"分权及自律"四大国家治理原理。主要以"腐败防止委员会"和"政府革新地方分权委员会"为中心推进防治腐败工作，"腐败防止委员会"率先提出了"杜绝腐败建设清正廉洁国家"的目标。[②] 为了实现该目标，在"原则和信赖"、"透明和公正"两大原理下分为四个领域阐述了腐败治理政策。构建廉洁高效的行政程序（agenda）[③]，制订公职腐败系统应对目录及公职伦理涵养目录，还组建构成了"腐败治理政策顾问团"并开始活动；于2005年7月将"腐败防止委

① ［韩］朴仲勋：《市民评价制度及地方行政：市民评价制度的时代意义及机能》，载（韩国）《地方行政》1999年第48期。

② ［韩］柳佘珲：《关于韩国官僚腐败原因及改善方案的研究》，（韩国）光州大学2007年硕士学位论文。

③ agenda的含义是"一连串需要讨论的议题"，"必须做的一连串事情"，以拉丁语的"agere"（一个）为词源的英语单词，该单词意思是为了唤起政策决定者们的关心和可以论议状态的问题或话题的目录。

员会议"更名为"国家清正廉洁委员会",超越单纯意义上的防治腐败,向着建设清正廉洁的国家目标努力。依照卢武铉政府其政治根源或政权创建过程,可以确保正当性和连续性,仅看政权创立人员就可以发现与历届政府的情形有所区别,现实需要层面减少了像反腐倡廉改革的表面文章似的举措。

尽管为了铲除腐败先后开展了一系列轰轰烈烈的大规模运动,但由于该政权被披露出来的一系列贪污腐败问题,导致这样治理腐败举措大都变得让人感觉如同无用之物。包括安纪部的窃听风波问题以及过去金泳三或金大中政权的不正之风问题无法从根源上彻底杜绝,邱秉志建设交通部长的"伍浦大楼不正之风"事件,李海瓒国务总理高尔夫接待以及由于政商勾结所带来的其他社会风波,政权末期出现的代表性权力腐败事件,如申正娥、卞良君事件和三星秘密资金事件等权力不正之风绵绵不息是该时期的显著特征。由于官僚和企业界商人相互勾结带来的政治权力腐败,使韩国社会的面貌呈现出伤痕累累的状态。①

对参与政府时期以 12 大国政课题形式所提出的"没有腐败的社会,奉献的行政"进行分析就会发现:青瓦台总统府内运营权力型不正之风、高位国家公务人员不正之风正常监察及预防专责机构等,处理国民疑惑事件及权力型不正之风及高位国家公务人员不正之风时,实施一时性的常设特检制度,重建值得信赖的司法行政机关等雷厉风行的检查改革,检查人事委员会实行审议机构化,担保检查人士的政治中立性、公正性。为了增加检查决定的可信性,改善检察统一体的原则,扩大对于不起诉事件裁定申请范围。

另外,限于一部分民生治安犯罪接受监察的司法治理前提下,认证了警察搜查的独自性,从泛政府层面构筑起了强力的反腐倡廉体系。为了铲除腐败构成了包括监察院、法务部、行政自治部、腐败防止委员会及检查、警察等权力型机构在内的泛政府对策机构。和历届政府不同的是,为了整肃扫除腐败引入了民众担任的调查官员舞弊情况的"政府官员巡视监督员(ombudsman)制度"等在内的民众参与角色范围扩大及内部检举揭发者的身份保障,检举揭发者免责及扩大支付奖金额度。具体而言,腐败防止委员会负责申告处理及建立、评价反腐倡廉政策;监察院负责公职领域监察、构建内部治理体系;行政自治部负责贯彻落实国家公务人员伦理法上财产登记制度;检察院负责对权力型不正之风等贪污腐败违规者搜查及统筹指挥;警察负责运营和庶民生活直接连接的常规式不正之风搜查及专责机构等。②

---

① [韩]梁南承:《教育行政公务员对于腐败的认识及改善方案的研究》,(韩国)高丽大学 2011 年硕士学位论文。

② [韩]梁南承:《教育行政公务员对于腐败的认识及改善方案的研究》,(韩国)高丽大学 2011 年硕士学位论文。

表 2　历届政府治理腐败举措的内容和特性①

| 历届政府 | 主要政策 | 特性 |
|---|---|---|
| 第 3 共和国<br>（朴正熙政府） | 1. 制定《贪腐储财处理法》。<br>2. 设置"公职腐败特别调查班"。<br>3. "庶政复新"运动。<br>4. 系列连带责任制。<br>5. 填写"庶政复新赏罚记录簿"。 | 1. 以革命的公约形式指示铲除腐败。<br>2. 肃清的一般化及政治化。<br>3. 政策的广范围。<br>4. 青瓦台总统府主导的政策。<br>5. 借助临时调查重视其影响。 |
| 第 5 共和国<br>（全斗焕政府） | 1. 开展"社会净化"运动。<br>2. 设置"社会净化委员会"。<br>3. 制定《国家公务人员伦理宪章》。<br>4. 制定《国家公务人员伦理法》。<br>5. 实施国家公务人员财产登记制度。 | 1. "社会净化委员会"的活动。<br>2. 强化青瓦台总统府秘书室。<br>3. 国家公务人员懒政惰政现象扩散蔓延。<br>4. 强化社会治理。 |
| 第 6 共和国<br>（卢泰愚政府） | 1. "新秩序、新生活"运动。<br>2. 设置"政府联合特检班"。 | 1. 运动、口号中心的政策。<br>2. 器重教育转化手段。 |
| 文民政府<br>（金泳三政府） | 1. "正本清源"运动。<br>2. 修订《国家公务人员伦理道德法》。<br>3. 实施"金融实名制"。<br>4. 制定公职选举及选举贪腐防止法。<br>5. 设置贪腐防止对策委员会。 | 1. 国政最优先课题形式认识。<br>2. 总统中心（上层部）的改革。<br>3. 法、制度为中心治理腐败举措。<br>4. 对过去腐败进行核实查定。<br>5. 消极、慵懒和不作为的出现。 |
| 国民的政府<br>（金大中政府） | 1. 腐败"防止综合对策"。<br>2. 设置"反腐倡廉特别时期委员会"。<br>3. 制定《腐败防止法》。<br>4. 设置"腐败防止委员会"。 | 1. 制度、系统性的方法。<br>2. "为了构建清正廉洁政府"的对策。<br>3. 保护内部检举揭发者。 |

---

① ［韩］梁南承：《教育行政公务员对于腐败的认识及改善方案的研究》，（韩国）高丽大学 2011 年硕士学位论文。

续表

| 历届政府 | 主要政策 | 特性 |
|---|---|---|
| 参与政府<br>（卢武铉政府） | 1. 设置"国家清正廉洁委员会"。<br>2. 设置"政府革新地方分权委员会"。<br>3. 开展"腐败治理政策顾问团"的活动。 | 1. 引入民众"政府官员巡视监督员制度"。<br>2. 民众参与扩大及内部检举揭发者身份保障。<br>3. 检举揭发者免责及扩大补偿金。<br>4. 贯彻落实国家公务人员伦理法上规定的财产登记制度。 |

## 三、 韩国反腐倡廉政策举措存在的突出问题及启示

韩国反腐倡廉政策存在的突出问题如下：

第一，历届政府无一避免地都采用了大众化和即兴式的贪污腐败治理方法。尽管即兴式的对应方法当时可以减少腐败，然而其结果却会导致贪污腐败变得更加制度化，以致最后变成无法治愈的状态。包括行政部门在内的韩国社会整体的腐败已经呈现出构造化、体质化、固着化。当贪污腐败作为一种生活状态方式存在时，只有经过正确、系统的诊断后才可能制定适合的治理腐败举措，因此，需要对贪污腐败治理做出持续性体系化的应对。不能在政权执政之时就像过去很多时候一样，政治表态很坚定，刚开始可能会有一系列行动，但最后慢慢地变成了虎头蛇尾，不了了之。

第二，历届韩国政府为了治理腐败都将反腐倡廉政策措施泛政治化，成为维护统治的政治手段。由于大部分政府从执政之初开始，均未能完全确保自身执政地位的正统性或正当性，因此，大多采取了将惩治和彻底清除贪污腐败作为确保和证明自身执政的正当性的战略手段。初期，运用反腐倡廉战略监管可以获得国民的支持，但是等政府稳定以后，治理贪污腐败的相关政策就会沦为服务政治活动和维护政党执政正当性及合法性的手段和工具。

第三，反腐倡廉政策的目的或对象不具体明晰。众所周知，为了取得政策实效性，往往需要对政策所指向的问题做出正确的认识判断，同时，还需要明确无误的设定对象集团。然而，历届政府治理腐败举措的适用范围非常模糊多变，飘摇不定。初期，公职社会被设定作为反腐倡廉政策的主要对象，当时不仅是只把职位较低的国家公务人员当做主要的适用对象，而且一般都会在掌握政权经过 1 年时间左右程度蜕变为面向全体国民为对象的政策。

第四，和正常的司正组织相比，秘密组织或临时组织等非正常组织成为了反腐倡廉的主力。这一点导致了正常治理组织的功能弱化和定位边缘化，最终不仅导致损害了腐败治理的实际应有效果，而且使得政府不关心腐败治

理手段的制度化。另外，非正常性的组织也通过别的权力手段纷纷粉墨登场，依靠行使非法权力从而导致反腐倡廉政策被歪曲和误读，由于司法行政机构对于腐败问题不能够公正无私地搜查，因此，引入了和基准的检查组织区别开的"特别检察制"，也可以被称之为这些问题的影响。

第五，整体上防范和治理腐败的制度层面上的制定和修改完善法律条文工作较为消极和被动。大都停留在绚丽壮观的口号上来呼喊着铲除贪污腐败，而没有形成体系和系统的可行性推进实施方案。在包括"庶政复新"，"新秩序、新生活"，"正本清源"等类似口号下得以推进，然而，这些震撼人心，令人心动的华丽辞藻作为运动层面上的宣传口号大都昙花一现，草草收场，和制度和法制体系联系得非常消极和被动。尽管金泳三政府和其他政府相比，施行了"金融实名制"等相对而言比较依赖制度化，然而，不仅制度上存在欠缺，而且到政权结束时为止还不能有效推进。当然，单纯依靠法律或者制度乃至设立相应的机关等举措的确无法取得反腐倡廉政策的彻底成功，然而，反腐倡廉方面相对比较成功的国家大都重视政策的制度化，在相当长的期间内持续推进反腐倡廉，这是带给我们党最大的启示。

第六，腐败治理政策大部分由政府主导推进实施。腐败问题不单是公职社会的问题，常常是一部分和民间部门相关联，需要包括性的方法去研究如何预防和治理。最近国际机构告诫指出，为了防止和惩治腐败，不仅仅需要政府的努力而且还需要民间部门和健全的非政府组织（NGO）的积极活动。然而，非常遗憾的是，在那期间韩国的非政府组织（NGO）部门内部却非常消极。

综合而言，韩国历届政府在执政初期都表现出了非常强力的反腐倡廉意志和态度，然而，无一例外地在执政不久便偃旗息鼓。导致这些现象的根本原因在于大部分的政策从制定之初开始就不是为了遏制贪污腐败，从持续性和施行的可能性层面来看，都存在相当程度的局限性和缺陷。推行的治理腐败举措只会导致和招来基本性的贪腐利益既得者势力集团的冲突，历届政府都因为多种复杂的社会政治经济等方面的复杂原因，最终向利益既得者势力集团做出了妥协让步甚至屈服投降。结果，基于反腐倡廉为基准的秩序尽管得以保持但大多无法摆脱"寿命短暂"的必然局面。

鉴于当前我国面临综合改革攻坚期的实际，学习和借鉴周边国家反腐廉政建设的具体做法，可以为推进我国社会健康协调发展提供积极的参考和借鉴。通过对于韩国历届政府腐败治理政策的深入分析，结合国内正在轰轰烈烈开展的反腐倡廉工作，对于帮助深入学习贯彻习近平总书记系列重要讲话精神，贯彻"四个全面"战略布局，按照全面从严治党要求，系统深入研究党建学科建设的理论和实践问题对开展党建研究具有重要的现实意义。

# 美国腐败犯罪举报人制度及其借鉴

叶良芳* 徐春晓**

## 引言

公益是政府的目的，也是公民社会的目的。但公务员违反正义、公共利益的行为，如滥权、贪污、腐化等，似乎永远如影随形地存在于政府体系中，即使是法治先发的西方社会，如美国也不例外。为了抑制腐败，许多国家设计了许多内控或外控方式①，如制定阳光法案、设置监管机关、引进外部专家参与决策、强化内部人事管理等。其中，激励及保护举报人向有监管能力的人员或组织揭发弊端，亦是一种有效的方式。

20世纪初期在美国新闻界掀起的揭露丑闻、谴责腐败、呼吁正义与良心的"黑幕揭发运动"（也称"扒粪运动"②），体现了举报对政府反腐的价值。1903年1月号《麦克卢尔》杂志的三篇黑幕揭发报道打响了"黑幕揭发运动"的第一枪，其中，反映城市政治腐败问题的《明尼阿波利斯的耻辱》一文出自林肯·斯蒂芬斯之笔。他曾先后对圣路易斯、明尼阿波利斯、费城、匹兹堡和芝加哥等城市的政治状况进行调查并撰写文章报道，"圣路易斯代表的是贿赂，明尼阿波利斯代表了警察贪污，匹兹堡的社会生活则被政治工业的非法集团一手操控，费城的市民麻木不仁已经对投票弃权"。③ 1906年，戴维·格雷厄姆·菲利普斯在《世界主义者》上发表的系列文章《参议院的叛国罪》震惊全美，报道揭露了包括昌西·M. 迪普、托马斯·科利尔·普

---

\* 浙江大学光华法学院教授、博士生导师。

\*\* 浙江大学光华法学院刑法研究生。

① 杨戌龙：《美国联邦政府保护揭弊公务员之制度与发展》，载《政治科学论丛》2006年第29期。

② 这个名称来源于当时的美国总统西奥多·罗斯福，他把写这些揭露新闻的记者比作"黑幕揭发者"（muckrakers）（又译"扒粪者"），也就是英国清教徒作家约翰·班扬的寓言小说《天路历程》里只顾埋着头拿着粪耙收集污物，却不愿抬头看天的主人公。在罗斯福看来，这些记者也像朝圣途中"拿着粪耙的人"一样，即使给他们一顶闪闪发光的皇冠，也不会把目光从污秽处收回抬起头来，所以他们是令人不屑的"扒粪者"。但是，新闻界却把这一称呼视作光荣的奖赏欣然接受。

③ Patrick F. Palermo. Lincoln Steffens: City ShameTwayne Publishers, 1978:43-44.

拉特、纳尔逊·奥尔德里奇在内的 20 多位参议员的腐败行为。①

相比于外部举报，内部知情人更有可能掌握内情，也容易受到压力与侵害。因此，要增加政府的廉洁度，除负责肃贪、反腐的相关机关的工作外，政府如果能对举报的公务员提供更多的保护和激励措施，将有助于提高反腐机关的工作效率，提升贪腐案件的定罪率，给予想要进行腐败犯罪的公务员以更大的威慑。美国 1863 年的《欺诈声明法》，1978 年的《公务员制度改革法》，以及 1989 年的《举报人保护法》，创设了美国腐败犯罪举报人的基本制度，也为我国反腐举报制度提供了启示和借鉴，下文将一一进行论述。

## 一、美国腐败犯罪举报人制度的起源与发展

### （一）保护举报人立法的开端：1863 年《欺诈声明法》

美国联邦政府鼓励政府部门内部员工举报管理者弊端行为的立法，可回溯至 1863 年《欺诈声明法》（False Claims Acts），该法以物质奖励手段激励政府内部员工举报②，规定向政府报告欺诈行为的举报人能够得到一定的经济补偿。但是，该法并没有对举报人提供保护措施。所以，举报人自己必须在工作安全和胜诉获得的利益之间作出取舍。

### （二）功绩精神③的追求：1978 年《公务员制度改革法》

1978 年美国国会通过了《公务员制度改革法》（Civil Service Reform Act of 1978），完完全全地重塑了以功绩制度理念为依据的联邦政府，并将人事行政引向清新光明的方向。该法第 8 条、第 9 条明确规定了禁止对检举揭发政府浪费、欺诈和滥用权力行为的公务员进行报复性人事行为。④ 为落实保障公务员不受到禁止人事措施的侵害，该法还特别设立功绩制度保护委员会（Merit Systems Protection Board）负责处理此类事务，而该委员会属于独立于总统的人事管理权之外的联邦人事行政机关，且具有准司法性质。除此之外，更在其下设立特别检察官办公室（the Office of Special Counsel），承担独立调查与起诉的任务，以处理受到禁止人事措施对待的相关案例。

---

① 报道还指出奥尔德里奇与工商界财团勾结的一个有力证据，"1901 年，他的女儿嫁给了约翰·D. 洛克菲勒唯一的儿子、指定继承人。这样，美国人民的主要剥削者通过婚姻和为他们这些剥削者服务的主要阴谋家结成了紧密的联盟……它为奥尔德里奇和财团的联合关系盖上了最后，也是最有力的印章"。参见［美］林肯·斯蒂芬斯等：《新闻与揭丑》，载［美］林肯·斯蒂芬斯著：《美国黑幕揭发报道经典作品集：新闻与揭丑》，展江、万胜主译，海南出版社 2000 年版，第 83 页。
② Joe M. Androphy, Mark A. Correro: Whistleblower and Federal QUI TAM Litigation-Suing the Corporation for Fraud［J］, South Texas Law Review, 2003(45)：26-27.
③ 功绩制度是现代文官制度的基本特征之一，即由国家行政机关通过考试和考核的方法达到量才任职、优胜劣汰的人事行政制度。
④ Patricia A. Price: An Overview of the Whistleblower Protection Act［J］. The Federal Circuit Bar Journal, 1992(2)：69-70.

### （三）系统的保护：1989 年《举报人保护法》

1989 年，美国国会颁布了一部专门保护举报人的法律，名为《举报人保护法》（the Whistleblower Protection Act）。这部法律是对 1863 年的《欺诈声明法》和 1978 年的《公务员制度改革法》的发展和完善，是对保护举报人有关问题的系统规定。该法决定把特别检察官办公室从功绩制度保护委员会中独立出来，因为在《公务员改革法》下，受到报复性人事处分的联邦公务员，必须先后取得特别检察官办公室和功绩制度保护委员会的双重认同，才能获得救济的权利，而如果特别检察官调查后决定不起诉，受到报复性人事处分的公务员则无其他申诉途径。[①] 而根据该法的规定，特别检察官办公室必须制作年度报告送交国会并作出细致说明，还必须将相关资讯，除了法律规定的禁止公布的资讯之外，提供给社会大众进行了解。

此外，该法还将报复性人事处分的认定范围变宽，降低了遭受报复性人事处分的公务员的相关举证责任，给予在特别检察官处未能获得权利救济的公务员向功绩制度保护委员会申诉的权利，以及申诉的公务员可以申请暂时停止组织对其的人事处分的权利等，以完善对受到报复的公务员的救济途径和保护措施。[②]

### （四）其他保护举报人的法律

除了以上三部重要的保护举报人权利的法律，美国还有其他一些有关保护举报人权利的法律。一方面，有不少联邦法律中包括有保护举报人的内容，例如，国会于 1978 年修改了自己在 1974 年制定的《能源改造法》（the Energy Reorganization Act），增加了第 210 条，该条专门规定了对核能举报人的保护，保护其免受任何形式的报复。2002 年国会通过的《联邦工作人员反歧视和报复法》（the Notification and Federal Employee Anti- discrimination and Retaliation Act of 2002）中也包含了大量对举报人的保护的内容。另一方面，不少州也制定了自己的《举报人保护法》，"一些州已经颁布法律对遭受解雇的举报人提供救济。20 个州制定了保护公共领域的雇员免受因检举雇主的非法行为而被报复和解雇的法律。有 10 个州颁布了既保护公共机构的，又保护私人企业的举报人的法律。几乎所有的州的《举报人保护法》都保护那些报告违反联邦或者州的法律的雇员……一些州的法律还保护那些参与对雇主的违法行为进行调查的雇员"。[③]

---

① Bruce D. Fisher: The Whistleblower Protection Act of 1989: A False Hope for Whistleblowers [J]. Rutgers Law Review, 1991(43):355.

② 1989 年功绩制度保护委员会亦指出，1978 年公务员改革制度要求联邦政府更具回应力与生产力，并强化正当程序保护机制，以排除不公平、恣意的人事报复行为。

③ Thomas E. Egan: Wrongful Discharge and Federal Preemption: Nuclear Whistleblower Protection Under State Law and Section 210 of the Energy Reorganization Act [J]. Environmental Affairs, 1990(17):405.

## 二、 美国腐败犯罪举报人的基本制度框架

### （一）举报人权利实现制度

《举报人保护法》所规定的举报，是指内部举报人就法律特别禁止揭发范围以外事项，基于合理确信的证据，将违反法律、重大管理不当、重大浪费公共资金、滥权或对公众健康及安全造成重大危害的信息予以揭发的行为。[①]

#### 1. 举报主体及主观要素

根据《举报人保护法》的规定，其保护是内部举报人，更准确地说是联邦雇员。美国只规定对内部举报人的保护，也确有其道理，因为能知道一个政府或组织的违法情况的，往往也只是内部的雇员，组织以外的人知情的可能性并不大，如果连本组织以外的人都已经知道了，那么社会上的人恐怕都已经知道了。这与美国的现实情况有关。美国的监管制度相对比较完善，信息较为公开。敢于公开违法，让许多人甚至本组织以外的人都知道的人很少。

除了合格的举报主体，受保护的举报的另一成立条件就是举报人必须基于合理的确信。合理的确信的标准，可以参考 1999 年的拉钱斯诉怀特（Lachance v. White）一案。[②] 在该案中，申诉人和功绩制度保护委员会认为，只要举报人证明其熟悉所揭发的不当行为，且其他处于相似情境的举报人也会产生相同的确信，即满足合理确信的标准。但人事管理局认为，所谓的合理确信应有一个客观的标准，而非当事举报人的主观认知。联邦巡回上诉法院最终接受了人事管理局的观点，认为"揭发公务员根据一个基本的事实，从纯主观的观点出发来判定政府的作为构成重大管理不当是不够的，即使该观点为其他公务员所认同"。联邦巡回上诉法院进一步指出，"此一审查从'公共官员正确、公平、诚信、符合法律及治理法规的执行职责'这个假定出发，除非有'不容争辩'的对立举证的出现，否则这个假定将一直成立"。

#### 2. 举报事实

反腐举报的意义在于鼓励举报人向具有监督管理职能的个人或机关揭发腐败犯罪的行为，因此，受保护的揭发内容，只限于揭发政府的弊端，不包括私人的弊端，且必须是被隐藏或尚未被公开的信息。

根据《举报人保护法》的规定，受保护的举报事实主要包括以下 4 种：（1）违反法令；（2）重大管理不当、浪费公共资金；（3）滥权；（4）对公众健康及安全造成重大危害。

举报人的举报要符合"受保护"的要件，则其必须明确指出以上四种行

---

① USC § 2302（b）（8）.

② Lachance v. White, http://caselaw. findlaw. com/us-federal-circuit/1390470. html, 2015-6-5.

为，而一些具有争议、细微及疏忽失误的举报，不属于"受保护"的范围。这就是所谓的"细琐原则"。在爱德华诉财政部（Edward G. Langer v. Department of the Treasury）一案①中，爱德华作为国税局地方助理顾问，曾经三次检举国税局内部"粉色信封"的管理安全问题。他认为国税局通常用"粉色信封"向检察官邮寄机密级的大陪审团文件资料，这些本应直接寄给检察官本人的信件常常被寄给其助理，极易导致机密信息的外泄。爱德华主张他的检举行为属于《举报人保护法》的保护范围，但是爱德华的诉求没能得到法官的认同和支持。法官认为爱德华没有具体证据证明某个特定的检察官助理不适当地打开了这些"粉色信封"，获知了这些机密信息，并且法官还认为爱德华检举的弊端仅仅是国税局机构运作中的一些小失误、小疏忽，针对联邦政府提出的一般性的批评以及一些疏忽，有欠具体而且没有涉及任何特定人员、地点、情节的检举揭发都不能成为《举报人保护法》的保护对象。

另外，如前所述，举报人所揭发的事实，也必须是被隐藏或尚未被公开的信息。在拉里诉内政部（Larry Meuwissen v. Department of Interior）一案②中，内政部听证与申诉办公室行政法官拉里认为其前任行政法官在审理博普里（Beaupre）继承案中法律理解有误，造成误判。他向上级报告了前任行政法官的审判错误，并在审理史密斯（Smith）继承一案中，拒绝遵循错误的先例。然而，上级主管部门不仅推翻了拉里的判决，还将其辞退。拉里认为他被辞退与他的举报行为有关，应当获得《举报人保护法》的救济。但是，主审法官却认为拉里揭发的对象是前任行政法官的错误判决，该判决内容早已公开，即使拉里指出它存在错误，也不能因此获得《举报人保护法》的保护。因为拉里并没有披露政府任何不为人知的弊端行为。法官进而认为《举报人保护法》的立法目的在于鼓励联邦工作人员发现并揭露政府隐蔽的贪污腐化等行为，而不是鼓励联邦工作人员揭发信息已经完全公开的判决内容，即使它有误，纠正它最有效的途径也是上诉或者申诉，而非举报。

3. 因举报受到报复性人事处分

《举报人保护法》保护那些因揭发违反法律、重大管理不当、重大浪费公共资金、滥权或对公众健康及安全造成重大危害等行为而受到报复性人事处分的举报人。所谓的报复性人事处分，主要是指：（1）任命；（2）升迁；（3）不利处分，或其他纪律处分；（4）工作指派、调职，或重新指派职务；（5）复职；（6）恢复权利；（7）再雇佣；（8）绩效考评；（9）关于工资、福利、奖励的决定，或关于可以合理预期能带来任命、升迁、绩效考评等机

---

① Edward G. Langer v. Department of the Treasury, http://caselaw. lp. findlaw. com/scripts/getcase. pl? navby = search&case = /data2/circs/Fed/003388. html, 2015-6-5.

② Larry Meuwissen v. Department of Interior, http://caselaw. findlaw. com/us - federal - circuit/ 1493430. html, 2015-6-5.

会的教育、培训的决定；（10）命令为精神医学检测的决定；（11）其他职责、责任，或工作条件之重大改变等人事行为均可构成。[1]

至于何谓因举报受到报复性人事处分？美国法院经历了从"实质因素"到"促成因素"的转变。在 1977 年的联邦最高法院 Mt. Healthy v. Doyle 案件[2]中，主审法官认为，"公务员必须举证支持受保护的言论是让行政机关报复的实质因素；而一旦案件成立，行政机关要对该公务员进行人事处分，只要有其他优势证据支持即可否决"。显然这一要求对举报公务员的举证责任过重，因此，在 1989 年的《举报人保护法》中，开始采用"促成因素"标准，即只要公务员用优势证据证明举报是促使行政机关主管作出人事处分的因素之一，就满足了公务员的举证责任；相反，联邦政府若要采取相同的人事处分，则必须有明确且令人确信的证据支持其会对没有进行举报但有相似情形的公务员采取相似的人事处分。

在佛莱德里克诉司法部（Frederick R. Marano v. Department of Justice）一案[3]中，1990 年 1 月，联邦缉毒局常驻纽约州奥尔巴尼市办公室刑事探员佛莱德里克向上级举报其所在机构两位主要负责人存在重大管理不当行为。根据举报线索，前来调查的司法部特派员梅克文很快便查明了案件的真相，分别给予了不负责任的机构主要负责人调职或降职处分。但是，随着调查的深入，梅克文发现由于主要负责人长期以来的严重渎职，佛莱德里克已经成为该机构实际上的管理者。为了彻底理清奥尔巴尼市办公室混乱的人事关系，他建议司法部将佛莱德里克调离原来的岗位。不久，人事决定下达，佛莱德里克被调至常驻纽约市办公室。沮丧不已的佛莱德里克提出申诉，但是功绩制度保护委员会初审、复审的行政法官都认为对于佛莱德里克的人事决定不是出于报复目的，而是基于奥尔巴尼市办公室复杂的人事状况作出的，佛莱德里克不属于《举报人保护法》保护的对象。佛莱德里克不服，继而向联邦巡回上诉法院起诉，审理该案的法官却认为，"虽然佛莱德里克没能证明主管机关的报复意图，但是他的举报行为的确引起了梅克文的调查活动，而根据调查结论及梅克文的建议，主管机关才作出了调职的人事决定。佛莱德里克的举报行为与主管机关的人事处分存在着'解不开'的'链接关系'，前者是引发后者的因素之一。因此，两者之间的因果关系符合《举报人保护法》中的'促成因素'标准。佛莱德里克的诉讼请求应当予以支持"。

---

① USC § 2302（a）（2）（A）.

② Mt. Healthy v. Doyle, http://origin-www. lexisnexis. com/cn/Lexisinternational/, 2015-6-6.

③ Frederick R. Marano v. Department of Justice, http://origin-www. lexisnexis. com/cn/Lexisinternational/, 2015-6-6.

## （二）举报人保护措施及救济程序

### 1. 受理申诉的机关

受理申诉的机关主要包括特别检察官办公室和功绩制度保护委员会。其中，特别检察官办公室负责受理申诉、调查取证和提起诉讼。特别检察官办公室采用首长制，特别检察官由总统提名，经参议院同意后任命，任期5年。

而功绩制度保护委员会负责审查申诉，并作出相应的纪律处分，被视为具有准司法机关性质。其决策采用合议制，由主任委员、副主任委员和委员共3人组成委员会进行决策，委员会成员均由总统提名，经参议院同意后任命，采用交错任期，任期7年。

### 2. 申诉的途径

（1）不可申诉人事处分。若举报公务员所受到的报复性人事处分属于不可申诉的人事处分，那么其只能向特别检察官办公室提出申诉，若举报公务员对特别检察官办公室的决定不服，那么其可以通过个人权利申诉机制向功绩制度保护委员会提出申诉，若仍不服，还可以向联邦巡回上诉法院提起诉讼。

（2）可申诉人事处分。若举报公务员所受到的报复性人事处分属于可申诉的人事处分，那么举报公务员既可以选择向特别检察官办公室申诉，也可以选择向功绩制度保护委员会寻求救济，对于特别检察官办公室的决定不服的，还可以继续向功绩制度保护委员会申诉。若对功绩制度保护委员会的决定不服者，可向联邦巡回上诉法院寻求救济。

### 3. 救济程序

若经特别检察官办公室审查后发现举报人确受到不当人事处分，向功绩制度保护委员会提起诉讼，或者举报人直接向功绩制度保护委员会提起个人权利申诉，功绩制度保护委员会会指派行政法官审理，并依正式听证程序作出初审决定。[1] 在此过程中，审理法官可以随时提出和解[2]，如果双方当事人同意进行和解并达成协议，那么该协议即为最终的、具有拘束力的决定。对初审决定不服的，可以继续向功绩制度保护委员会请求复审或司法审查。复审决定由功绩制度保护委员会的3位委员共同作出，原则上未书面审查。

由功绩制度保护委员会审理决定的纪律处分，类型包括免职、降等、5

---

① CFR §1201.125（a），（b）.

② 和解是替代性争议解决途径之一，美国联邦政府20世纪90年代制定许多法令，鼓励并协助行政机关与其公务员，在进行正式行政裁决程序及司法诉讼之前或过程中，运用任何足以解决争议的方法及技术，解除彼此间的争议，以节省时间和成本。根据特别检察官办公室的说法，和解的好处包括：（1）程序非正式性和弹性；（2）保护当事人的秘密；（3）迅速解决争议并节省成本；（4）有助于当事人控制争议解决的过程；（5）维持日常工作场所关系；（6）达成彼此满意的结果；（7）有助于解决不适合用法律决定的程序或人际问题。

年内不得出任联邦公务员、停职、申诫或 1000 美元以下的罚金。①

**（三）举报人激励措施**

美国在 1863 年制定的《欺诈声明法》（False Claims Acts），从激励的角度加大对举报人的刺激。其具体方式是，由被称为关系人（relator）的举报人会同司法部（the Department of Justice）代表美国政府提起分享罚款（qui tam）的诉讼，如果因所举报的信息新颖且成功地证实了联邦政府受有欺诈属实，那么，联邦政府成功地追回相关款项时，举报人可从中分得 25% 的酬金。如果司法部没有参加起诉的话，举报人就会得到 30% 作为酬金。鉴于联邦的《欺诈声明法》取得了不俗的成效，以加利福尼亚州和佛罗里达州为首，各州纷纷启动立法程序。截至 2006 年，全美已有 1/3 的州及哥伦比亚特区制定了类似的法律。在激励举报人的规定方面，伊利诺伊州的法律所规定的分配体系极为特殊——司法部长（attorney general）与州警务部（Department of State Police）各分得 1/6，其余 2/3 归提起分享罚款诉讼的原告；而内华达州的法律在分配上表现得最为慷慨——收回的款项中归举报人所有的数额高达 50%。② 政府希望通过物质刺激来鼓励公民检举揭发腐败犯罪的行为，鼓励人们贯彻执行政府法律的积极性。该法于 1986 年进行了重大修订，使举报人更容易并更多地取得酬金。

# 三、 美国腐败犯罪举报人制度的发展方向

**（一）扩大《举报人保护法》的适用范围**

《举报人保护法》保护的是联邦雇员的检举揭发权。大部分州的有关保护举报人权利的法律也只限于保护公共机构的举报人，而只有少数州的法律既保护公共机构中的举报人，也保护公共机关以外的举报人。

2014 年 3 月 4 日，美国最高法院对"劳森诉富达投资案"（Lawson v. Fidelity）③ 进行审理，并以 6∶3 的投票结果推翻了联邦上诉法院此前作出的一项判决，裁定"外部"举报人同样是《举报人保护法》的适用对象。这也意味着类似于美国"黑幕揭发运动"中的那些"外部"举报人，同样受到法律的保护。

该诉讼的原告杰基·劳森曾受雇于一个私人承包商，负责为基金巨头富达投资提供投资和管理咨询服务。劳森发现富达投资公司对支出经费的统计不够规范，客户缴纳的费用可能会因此受到影响，于是她向雇主和美国证券交易委员会反映了这一情况。然而，劳森不仅没有获得"举报"之功，反而

---

① USC § 1215 (a) (3).

② David B. Lewis, US Whistleblowing: A Decade of Progress? [M]. Terry Morehead Dworkin (2010): 45.

③ 邹强：《美最高法院扩大对举报人保护》，载《法制日报》2014 年 3 月 11 日。

受到巨大压力，最后被迫于 2007 年辞职。而在 2005 年，劳森的同事乔纳森就因类似情形被先期解雇，乔纳森是因为发现富达投资向美国证券交易委员会提交的报告存在误导性，并就此发了些抱怨。劳森和乔纳森将富达投资告上法庭，但美国第一巡回法院判决认为两人并非直接受雇于富达投资，不能被视为"内部"举报人，因此不受《举报人保护法》的保护。但最高法院多数大法官认为，由于公有基金公司通常不雇佣员工，而是将业务分包给私营部门，受雇于律师事务所或会计事务所这些私营部门的员工理应享有《举报人保护法》的保护。"依据法律条文，以及国会对安然公司案采取的立法行动，我们认为那些受雇于私人承包商，为公众企业提供服务的雇员，同样享有举报人应有的法律保护。"代表宣读判决的鲁斯·金斯伯格大法官说。

### （二）关于合理确信的标准

随着该制度的不断发展、应用，合理确信的标准也不再变得这么严苛，所谓的"不容争辩"的标准在不断弱化，取而代之的是客观、合理、适当的标准。

功绩制度保护委员会在 2003 年的怀特诉空军部（White v. Department of the Air Force）一案[1]中指出，"联邦巡回上诉法院在 2001 年的切安莉诉环境保护局（Chianelli v. Environmental Protection Agency）一案[2]中并未提及申诉人要用'不容争辩'的标准，而只是提及客观、合理、适当标准；《举报人保护法》也没有要求申诉人提出'不容争辩'的举证，来驳斥'公共官员正确、公平、诚信、及符合法律及治理法规的执行职责'这项假定"。在 2005 年的伍德诉国防部（Wood v. Department of Defense）一案[3]中，功绩制度保护委员会也指出，联邦巡回上诉法院在 2003 年的怀特诉空军部（White v. Department of the Air Force）案也未作如此要求。虽然目前法院未明示抛弃或变更该项标准，但在审判实践中已渐渐放弃了该项标准。

### （三）关于特别检察官的权限

根据现有的规定，特别检察官办公室经审查发现举报人确实受到报复性人事处分时，只能向功绩制度保护委员会申诉，由委员会决定是否对作出报复性人事处分决定者实行纪律处分，但若特别检察官办公室对功绩制度保护委员会的终局决定不服，其却无权向联邦巡回上诉法院寻求救济，只能在有条件的情况下以参加人的身份出庭。而且，特别检察官没有独立的诉讼权，

---

① White v. Department of the Air Force, http://origin-www. lexisnexis. com/cn/Lexisinternational/, 2015-6-5.

② Chianelli v. Environmental Protection Agency, http://origin-www.lexisnexis. com/cn/Lexisinternational/,2015-6-5.

③ Wood v. Department of Defense,http://origin-www. lexisnexis. com/cn/Lexisinternational/,2015-6-6.

是由司法部代表其出庭。正如曾担任特别检察官的 Elaine Kaplan 女士所言，司法部本身也受到特别检察官办公室的调查，由其代表特别检察官出庭显然会产生利益冲突，不利于特别检察官职能的行使。

近些年，美国国会的议员们显然也注意到了这一问题，提出应赋予特别检察官独立的诉讼权，"如果特别检察官认为功绩制度保护委员会的决定违反《举报人保护法》或对其职责的执行产生重大影响，其可以向联邦巡回上诉法院提出诉讼；在任何涉及举报公务员受到报复性人事处分的民事诉讼中，特别检察官办公室都可以指派律师出庭"。① 虽然最终参议院的审查结果对此作了妥协，仅赋予特别检察官办公室对其涉及的举报人受到报复性人事处分的案件，可以向法院提出意见书的权限，但也意味着美国法院甚至全社会都在关注这一问题。

### （四）忠诚调查与报复性人事处分

隐性的或是表面合法的报复性人事处分，往往是举报人最为担心的结果。在美国，忠诚调查就是这样的存在，对此的态度也发生着变化。1988 年联邦最高法院在美国海军部诉伊根（Department of the Navy v. Egan）一案②中指出，行政机关对公务员忠诚的否决（即因对公务员忠诚的担忧而作出的人事处分），不是"不利处分"，且不受功绩制度保护委员会的审查。而随着美国经历了"9·11"恐怖袭击之后，许多公务员因举报内容涉及国家安全而被行政机关以忠诚为由处以报复性人事处分。功绩制度保护委员会为了确保联邦公务员能够勇于揭发涉及国家安全的政府腐败行为，支持将打着"忠诚调查"旗号的实质报复性人事处分纳入《举报人保护法》的保护范畴，并授予功绩制度保护委员会及法院进行审查的权利。

## 四、 借鉴与启示

举报制度是我国在改革开放过程中为反对腐败建立的一项创新制度。我国于 20 世纪 80 年代末开始建立举报制度。国家对举报制度予以了高度重视，检察机关已将每年 6 月的最后一周定为"举报宣传周"。必须承认的是，举报制度建立以来，在党和国家加强党风廉政建设，开展反腐斗争中起着举足轻重的作用。

面对举报工作取得的成绩，我们必须看到，尽管最高人民检察院早于1994 年就制定了《奖励举报有功人员暂行办法》，而且纪检官员们要求公民详细举报贪腐信息的呼声时时充于双耳。但与之相矛盾的是这样一个颇为令人沮丧和尴尬的事实：现行举报制度对举报公众的保护力度差强人意，举报

---

① Congressional Record of the 107th Congress（2001-2002）:5970, 5972.

② Department of the Navy v. Egan, http://origin-www. lexisnexis. com/cn/Lexisinternational/, 2015-6-6.

线索、举报人信息越详细，就越容易被被举报人发现，举报人一旦曝光，对其权益的损害、生活的困扰与精神的折磨，无法有效减少。在近年来曝光的各大贪腐案中，从高纯到李文娟到吕净一等举报人的悲情遭遇是为明证。贪腐集团似乎已经同声连气，并使举报制度蜕变成了"举报"举报人的制度。而另一方面，现行的举报制度对公众的举报行为不具有充分的激励性，举报奖金的标准、额度及发放手续、时间等均没有具体的规定，使得所谓的制度并不存在操作的可行性。

从举报立法角度来看，政府对保护举报人的意愿是强烈的。宪法、刑法、刑事诉讼法等对此均言之凿凿，许多地区亦制定了相应的条例。但是与法治成熟的国家（如美国）相比，这些保护规定通常是原则性强而可行性差，究竟需要怎样的一部举报法来避免举报人流汗又流泪甚至是流血的经历一再跃入公众视野。从举报机构来看，举报信息一般是由检察机关或纪检部门掌握的。在受理、分流、审报、转办、初查、催办、保护、奖励、答复等举报制度的运作流程中，这些机构应该怎样管理举报信息？一旦泄露，应该由谁来承担责任，承担什么样的责任，应该怎样被追究责任？从举报人的权益保障来看，究竟如何为举报人争取基本权利，寻求政治平等，获得身份认同，改善实际境遇做出积极的贡献？

正是基于此，笔者认为，在我国建立完善的举报人保护和激励体系，需要借鉴外国成熟的立法经验，美国建立的以《举报人保护法》为核心的举报人权利保障制度，为我们提供了启示与借鉴价值。首先，面对一些表面合法而实质为报复性人事处分的决定，必须给予举报人法律的保护；其次，必须提供专门的独立的机构，赋予举报人多重救济的途径；最后，我们不仅需要被动地保护反腐举报人，更应主动地采取激励措施，鼓励举报人发挥公共精神，揭露行政机关的腐败行为，使社会朝着公平、正义、平等的方向发展。

## 五、 结语

腐败防治是古今中外所有国家和地区为防止公共资源浪费、提高行政效率、激发官员士气和促进政治稳定的利器之一。然而，腐败犯罪因其隐秘性或系统性的特性，具有高度的犯罪黑数，公开的贪污犯罪统计绝非实际上所发生的全部犯罪数。因此，这一犯罪形态如果不通过相关知情人（尤其是行政机关的"内部人"）的举报，其他人确实难以掌握内情。如何保护、激励相关知情人的举报，是各国和各地区在腐败防治上的重要课题。美国联邦政府也将之视为对抗腐败的手段之一，建立了一系列的保护、激励举报人的机制，为我国完善反腐举报工作提供了启示与借鉴。

# 财产来源不明罪的立法重建研究

## ——一种刑事政策意义上的视角

张曙光*

为了惩治我国社会日渐严重的腐败现象，1988年1月立法机关借鉴国外的立法和反腐经验，在《关于惩治贪污罪贿赂罪的补充规定》单行刑法中创制了"巨额财产来源不明罪"："国家工作人员的财产或者支出明显超过合法收入，差额巨大的，可以责令说明来源。本人不能说明其来源是合法的，差额部分以非法所得论，处五年以下有期徒刑或拘役，或者单处没收其财产的差额部分。"1997年新刑法将该罪名吸收并略作修改，① 作为分则第八章"贪污贿赂罪"第395条第1款。2009年2月28日《刑法修正案（七）》对该罪规定又进行了完善，尤其是在原来五年以下有期徒刑或拘役的法定刑基础上，增加了"差额特别巨大的，处五年以上十年以下有期徒刑"的量刑幅度。现在，该罪已成为我国司法实务中的一个常见但充满争议的罪名。

## 一、 现行巨额财产来源不明罪的反腐地位和作用

原全国人大常委会秘书长、法律工作委员会主任王汉斌曾对确立该罪的立法初衷和法理基础做了说明："近几年，② 国家工作人员中出现了个别财产来源不明的'暴发户'，或者支出明显超过合法收入，差额巨大，不是几千元，而是几万元、十几万元，甚至更多，本人又不能说明财产的合法来源……对这种情况，首先应当查清是贪污、受贿、走私、投机倒把或者其他犯罪所得，依照刑法有关规定予以处罚。但有的很难查清具体犯罪的事实，因为没有法律规定，不好处理，使罪犯逍遥法外……因此，草案规定（巨额财产来源不明罪）。"③ 根据上述立法规定和"说明"，我们不难确定立法意义上巨额财产来源不明罪在刑事反腐制度体系中的具体地位和作用。

首先，巨额财产来源不明罪应是我国刑法反腐制度体系的组成部分，是

---

* 井冈山大学副教授、井冈山大学政法学院法律系主任。

① 在法定刑上，由原来的"或者单处没收其财产的差额部分"修改为"财产的差额部分予以追缴"。

② 这里指改革开放初期的20世纪80年代。

③ 参见王汉斌：《关于惩治走私罪和惩治贪污罪贿赂罪两个补充规定（草案）的说明》（本文简称《说明》）。

立法者为了严密刑事法网、防止放纵犯罪和解决司法证明难的目的而在刑法中创立的一个"新罪名"，因而具有严密刑事法网、堵截或防止放纵犯罪以及客观上起到减少司法证明（贪污贿赂等关联犯罪）困难、提高司法效率的基本作用。它显然是对我国刑事反腐制度体系的完善，过去司法上常因难以查明国家工作人员的"差额巨大"财产的具体来源而无法追究其刑事责任的情形，现在可以以该罪论处。同时，巨额财产来源不明罪的确立，使司法实务中难以查明国家工作人员的财产、支出明显超过合法收入的差额巨大部分的具体来源的情况下，可以放弃证明而就已查明的持有事实来追究刑事责任，能够避免司法上的证明困难而使案件久拖不决、放纵犯罪，有助于提高司法效率。

其次，在刑法反腐制度体系中，相对于其他贪腐犯罪（如贪污、贿赂罪），立法"规定"巨额财产来源不明罪处于一种次要的从属地位，发挥着补漏性、堵截性的作用。如前文所述，立法机关是为了防止因难以查明来源不明、差额巨大财产的具体来源而无法按传统罪名追究其刑事责任以致放纵犯罪、"使罪犯逍遥法外"的具体目的确立巨额财产来源不明罪，巨额财产来源不明罪与其关联犯罪之间存在地位上的主次关系和适用上的从属关系。"首先应当查清是贪污、受贿、走私、投机倒把或者其他犯罪所得，依照刑法规定处理，"① 对于不能或难以查清具体来源的，不得已才以巨额财产来源不明罪论处。巨额财产来源不明罪的这种附属性、次要的地位，由该罪的立法目的所决定的，该罪较低的法定刑也是决定其不能成为刑法反腐体系中的主导性罪名。这也是我国巨额财产来源不明罪的一个特色。

最后，尽管巨额财产来源不明罪的法定刑较低，但是其直接作用是惩治，即为了避免放纵犯罪，"防止罪犯逍遥法外"，而不是为了预防。在这点上，与其他各国财产申报制度中的财产来源不明罪的功能作用明显不同，后者主要是为了预防，通过保障财产申报制度的贯彻实施来避免公职人员的腐败行为。

巨额财产来源不明罪在我国刑事反腐制度体系中的上述特殊地位和作用，体现了立法机关基于特定的时势设置特殊的政策目标的立法旨趣，具有探索性、偶然惩治的特点。这与国外依托财产申报制度而确立财产来源不明罪等类似罪名是有区别的。

## 二、 巨额财产来源不明罪的地位和作用的实践检讨

尽管巨额财产来源不明罪自确立后在理论和实务上都颇具争议，但是二

---

① 参见王汉斌：《关于惩治走私罪和惩治贪污罪贿赂罪两个补充规定（草案）的说明》（以下简称《说明》）。

十余年来它已成为我国刑事反腐司法实践中的一个常见罪名。一是巨额财产来源不明罪一经确立就在司法实践中得到频繁适用，这表明了设置该罪名的必要性和作用。如原山西省乡镇企业管理局局长啜文对其拥有的 300 万元拒不说明来源，法院审了一年多也不能查清钱是如何得来的，最后按巨额财产来源不明罪判处刑罚。让我们设想一下，如果没有巨额财产来源不明罪，这种案件的结果很可能是将犯罪嫌疑人无罪释放，这可能会放纵犯罪。二是这一罪名"二十多年来几乎没有单独使用过，而基本依附于贪污、贿赂罪等主罪"。[①] 这种事实表明巨额财产来源不明罪在刑法反腐制度体系中的从属性、次要地位，只发挥对其关联犯罪的补漏、堵截作用，这符合立法对其在刑法中的定位和作用设计。三是司法惩治国家工作人员贪腐行为的效率明显提高，像过去那样因难以查证一些财产的具体来源而久拖不决的现象消失了。所以，总的来看，巨额财产来源不明罪在实践中的确实发挥了立法机关创立该罪时所期待的作用。

但是，巨额财产来源不明罪在实务中也暴露出一些令人深思的现象或问题，引起许多人对该罪的现实作用乃至其在反腐斗争中地位的质疑。

第一，巨额财产来源不明罪在实践中"异常"频繁地适用。立法机关确立巨额财产来源不明罪的目的，在于将其作为贪污、受贿等关联犯罪的一种补漏性、堵截性的罪名，使国家工作人员的严重贪腐行为在无法以上述犯罪进行追究的情况下，亦能给予一定惩治，防止放纵犯罪。然而，由于巨额财产来源不明罪的实质、相对较轻的社会危害性，立法对该罪设置较轻的法定刑，甚至可以说有很大的象征意味，也就是说，尽管巨额财产来源不明罪具有严密刑事法网、防止放纵犯罪、提高司法效率的作用，但是其对贪腐犯罪的惩治是有限的、象征性的。就整个反腐斗争效果而言，贪污、受贿等贪腐犯罪追究比例越多，说明惩治效果越好，相反，巨额财产来源不明罪适用越多，则说明反腐效果越差，通过确立巨额财产来源不明罪进行反腐是一种不得已而为之的办法，从理论上说，最理想的状态是无须适用。巨额财产来源不明罪在司法实务中作为一种"常见"的、被大量适用的犯罪，实际是对司法现实的一种"嘲讽"——这意味着大量的贪腐犯罪得不到应有的、真正的刑事惩治，只能退而求其次用巨额财产来源不明罪来进行象征性的处理，尤其是案件标的异常巨大的情况下，巨额财产来源不明罪的惩治效果微乎其微。

第二，巨额财产来源不明罪在一些案件中"异化"为贪官的"保护伞"、"避风港"等。我国的巨额财产来源不明罪与各国的财产来源不明罪一样，也规定了较低的法定刑。但我国的巨额财产来源不明罪要求只有"来源不明财产"数额巨大的条件才可能入罪——根据最高人民检察院《关于人民检察

---

① 参见《巨额财产来源不明罪》，载百度百科，http://baike.baidu.com/view/732132.htm。

院直接受理立案侦查案件立案标准的规定（试行）》，这一标准是 30 万元以上。在司法实务中，涉案的国家工作人员"来源不明财产"的数额往往又远超出这个最低标准，动辄成百万、上千万甚至上亿，相对于此，巨额财产来源不明罪较低的法定刑（刑法修正案七修改前是 5 年以下有期徒刑或拘役），对其惩治未免有"隔靴搔痒"之嫌。又由于我国巨额财产来源不明罪与贪污、受贿等罪之间的关联关系，一些贪官们"两害相权取其轻"，在他们进入诉讼程序后通常都得了"健忘症"，把巨额财产来源不明罪作为自己逃避更为严厉惩罚的"避风港"、"安全岛"。例如，安徽省阜阳市原市长肖作新因受贿罪、巨额财产来源不明罪被分别判处无期徒刑、剥夺政治权利终身。其中，肖作新与其妻共同受贿折合人民币 120 余万元，另有 1200 余万元无法说明来源。尽管"不明财产"数额是受贿数额的 10 倍，但只能判处 5 年的最高刑期，且被受贿罪量刑吸收，对实际刑罚没有任何影响，在该案中 1200 余万元没有给犯罪人带来更多的惩罚。而如果犯罪人说明了来源，依法可能被判处无期徒刑乃至死刑。

第三，现行巨额财产来源不明罪的特殊地位、作用和适用机制，给司法惰性甚至司法腐败"预留"了一定的发生空间。巨额财产来源不明罪是一种从属于其关联犯罪的补漏性、堵截性的轻罪名，在司法实务中要优先追究其关联犯罪，司法机关不能查明"差额巨大财产"具体来源的情况下，才适用该罪。从追究其关联犯罪"转处"追究财产来源不明罪依赖于司法机关的程序操作。实务中存在个别司法工作人员因为司法惰性不去积极追究关联犯罪的情况，甚至在有的犯罪嫌疑人、被告人说明了具体来源情况下，也不去认真核实，直接按照巨额财产来源不明罪进行处理。这显然完全背离了确立巨额财产来源不明罪的立法初衷。更为严重的是，由于这种"转处"机制给了一些"法官、检察官乃至公安、纪检等调查机构"一定的"勾兑空间"，[1] 一些司法工作人员借机进行权力"寻租"，这种现实进一步促使了该罪沦为贪官的"保护伞"、"避风港"。

## 三、 当前关于财产来源不明罪的改革争论

对于巨额财产来源不明罪的问题，人们在认识上分化为三种意见：第一种意见认为，巨额财产来源不明罪未能令人满意地起到预期的遏制犯罪的作用，甚至在一定程度上"异化"为贪官的"保护伞"、"避风港"，原因是因为该罪的法定刑过低、惩治力度过小，应该提高该罪的法定刑幅度，从而使贪官们得到有效惩治，并消除其侥幸心理。这种观点促使了立法机关在《刑法修正案（七）》中将法定刑幅度在原来"五年以下有期徒刑、拘役"的基

---

① 童大焕：《刑法应废止巨额财产来源不明罪》，载《东方早报》2008 年 8 月 26 日。

础上，另设一较高法定刑幅度"五年以上十年以下有期徒刑"。但是，许多人认为这还不够，还应当继续提升量刑幅度，"直至死刑"。第二种意见认为该罪自被确立之日起就争议不断，在现实中也未起到预期的遏制腐败犯罪的作用，反而自身沦为贪官的"保护伞"，甚至为司法腐败提供了某种"契机"，不如取消或废除该罪。① 或是建议取消该罪、直接"以贪污、受贿论处"。② 第三种意见认为该罪未能发挥人们所预期的作用，目前所出现的种种问题，在根本上与缺乏相配套的制度——财产申报制度有关，如果我国确立了严格意义上的财产申报制度，那么就不会出现那么多的贪官需要巨额财产来源不明罪来防堵，剩下的贪官也可能没有拥有那么多财产，也不会因为财产的数额超大与量刑有限而形成强烈反差。因此，认为确立被誉为阳光法案的财产申报制度是治本之策。

第一种意见认为该罪法定刑过低是导致其适用效果不彰，试图通过再提高法定刑幅度来解决问题，是值得商榷的。首先，从历史经验来看，财产来源不明罪的"反腐利器"声誉的获得，并不在于各国立法规定的法定刑多么严厉，而在于该类罪名因为其成立条件、证明内容简单而具有涵盖性、防堵性，使那些即使逃避了传统罪名（如贪污、贿赂）追究的贪腐分子最终还是难以通过最后一关，还在于该类罪名既能事前打消一些公职人员的侥幸心理，又能事后对其进行一定的惩治。其次，从各国立法关于（巨额）财产来源不明罪的量刑幅度规定来看，幅度一般都是较低的，重者一般不超过10年（如新加坡），轻者只有1年（如我国台湾地区）。对于各国立法普遍采取较轻的量刑幅度的原因，笔者认为，一是在于该罪的严重性是有别于贪污、受贿等犯罪，因为不明的财产来源可能是多样的，既有可能是贪污、受贿得到的，也有可能是通过其他非法（如盗窃、走私等）渠道得来的，也有可能是合法获取的而确实难以记清的，在处理上应当有别于贪污、贿赂罪等；二是在立法上确立该类罪的价值抉择中都存在强调打击犯罪的功利需要而牺牲一定的公正性，典型的如我国的巨额财产来源不明罪，该罪是在抽象的、推定意义上的国家工作人员非法持有或拥有明显超过其合法收入、差额巨大的财产确立了本罪，省略了进一步查清具体非法来源的证明要求，是以丧失实体上某些正当性来救济司法上打击犯罪的功利要求，可能伤及无辜，在这种情况下，对此类犯罪规定严厉的法定刑是不适当的；三是（巨额）财产来源不明罪虽然号称"反腐利器"，但是从整个反腐斗争制度体系来考虑，不能过于期待这种罪名发挥多大效果，在根本意义上它只是一种次要的、补漏性罪名。所以，那种认为巨额财产来源不明罪法定刑过低并呼吁进一步提高该罪法定刑

① 参见李乔：《论巨额财产来源不明罪的废除》，载《法制与社会》2010年第36期。
② 参见王威：《巨额财产来源不明罪不如取消》，载《信息时报》2008年8月26日。

的观点是不足取的。

第二种意见看到该罪立法规定本身的问题引发人们长期争议，看到该罪在实务中也出现诸多问题，这都是无可厚非的，但因此彻底否定该罪存在的必要性，则是以偏概全的片面立场。事实上，刑法分则中没有争议的罪名是罕见的，而且该罪的许多争议问题在很大程度上源自这种新型的犯罪规定，需要从理论上正确解释；该罪在实务中适用伴随着许多"特色"的问题，完全将其归结于该罪本身是不公正的，许多问题的产生很大程度上是因为该罪特殊的制度适用环境导致（下文将具体说明）。其实，该罪在实践中的作用是"有目共睹"的，虽然适用该罪对一些犯罪行为处罚较轻，但是毕竟是进行了一定的惩治，这比完全放任不管还是具有进步意义的。设立财产来源不明罪是各国刑法制度反腐的重要经验和潮流，是"阳光法案"的重要组成部分和一环，问题在于如何针对其问题进行完善。

笔者基本赞成第三种意见。从各国反腐经验和立法做法来看，财产来源不明罪本来是财产申报制度的重要内容，[①] 该罪依赖财产申报制度的行政义务内容作为立法和司法适用的前提，这种财产来源不明罪不是追究国家工作人员贪污、受贿、走私等非法获取财物犯罪的"副产品"，不从属于这些罪名，而是具有独立的品格与它们并列。由于财产申报制度的存在，国家公职人员（或其家属子女）的财产、支出处于严密的监控之下，这就能规范公职人员的日常行为，防范公职人员涉嫌贪腐行为，或涉嫌贪腐行为后防止任其发展，会大大减少公职人员贪腐犯罪的数量和严重程度。此外，在司法实务上，财产申报制度还有助于提供追究贪腐行为的事实证据、查明非法所得的具体来源，因而能够按照传统的贪污贿赂犯罪处理。在上述情况下，需要以财产来源不明罪处理的只是少数，难以出现大量频繁适用的情况，由于犯罪行为能够及早发现也难以出现涉案金额巨大的案子，也避免该罪沦为贪官的"保护伞"、"避风港"。

总之，我国特色的财产来源不明罪在现实反腐问题上是值得肯定的，其达到了立法确立该罪的基本目的，即在司法实务中发挥了严密刑事法网、防止放纵犯罪、提高司法效率的作用，尽管其作用效果没有如人们所愿，也产生了一些问题，但是该罪毕竟是一个带有探索性质的罪名，不能因此而否定该罪存在的合理性和价值。该罪的主要问题其实不是该罪自身的存在和设计的问题，而主要是整个反腐制度体系重新调整的问题，需要重建我国财产来源不明罪的政策地位和作用，重新设计财产来源不明罪的立法规定。具体而言，这里的问题是如何在财产申报制度背景下重新设计财产来源不明罪。

---

① 参见赵秉志、赫兴旺：《论中国公职人员财产申报制度及其完善》，载《政法论坛》1995 年第 5 期。

## 四、 我国财产来源不明罪的立法重塑

1994 年全国人大将《财产收入申报法》列入"八五"立法规划。1995 年 4 月 30 日、1997 年 1 月 31 日中共中央办公厅、国务院办公厅先后发布了《关于党政机关县（处）级以上领导干部收入申报的规定》和《关于领导干部报告个人重大事项的规定》。2001 年 6 月 15 日，中共中央纪委、中共中央组织部联合发布了《关于省部级现职领导干部报告家庭财产的规定（试行）》的行政规范文件。此外，个别地区还出台了《县（处）级领导干部财产申报规定（试行）》，等等。① 虽然这些党纪政纪文件仍属于政策性文件的性质，不能算是严格意义上的财产申报法律制度，但是财产申报制度在我国落户将是迟早的事情。在财产申报制度下，立法机关应重新确定该罪在刑事反腐制度体系中的地位、作用，罪名本身也要做相应调整。

首先，应重新确定该罪的政策地位和作用。如前文所述，由于我国没有严格意义上的财产申报制度作为前提，现行的巨额财产来源不明罪成为刑法中追究国家工作人员贪污、贿赂等关联犯罪的从属性、堵漏性罪名，即在刑事诉讼中如果因为国家工作人员对其拥有明显超过合法收入、差额巨大的财产"不能说明来源"（实际是司法机关不能查清来源）而无法追究贪污贿赂等关联犯罪的情况下，才能够以该罪论处。其作用价值在于一定程度上严密刑事法网、防止放纵犯罪、提高司法效率。而确立严格意义的财产申报制度后，巨额财产来源不明罪就能够"摆脱"上述关联犯罪的"束缚"回归本位，直接与财产申报制度发生关联，也可以成为财产申报制度的重要组成部分，在刑法体系中成为与贪污罪、贿赂罪等罪名并列的独立罪名。这样一来，巨额财产来源不明罪的作用不仅仅发挥堵漏性的作用，也有相当的惩治意味，而且还为财产申报制度的顺利实施提供强有力的支持和保障。

其次，用"财产来源不明罪"取代"巨额财产来源不明罪"。现行的巨额财产来源不明罪的成立，必须事先存在"国家工作人员拥有明显超过其合法收入、差额巨大的财产"的前提条件——非此不能称为"巨额"财产来源不明罪。只有在此前提条件下，"有权机关"才能责令其说明来源，如果"不能说明来源"，"差额部分"就以"非法所得论"，最终在"持有非法巨额财产"或"非法持有巨额财产"的意义上成立犯罪。这里要求"巨额"可能是增加该罪确立的法理基础的正当性：在现实生活中，由于种种意想不到的因素制约，行为人无法说明或不愿说明合法来源的财产，对其惩治可能伤及无辜，而如果国家工作人员拥有明显超过其合法收入且差额巨大的财产，那么，这种伤及无辜的可能性将会减少。但是，这样一来，就提高了该罪成

---

① 参见卢乐云：《财产申报制度的法制化》，载《国家检察官学院学报》2007 年第 4 期。

立的"门槛",也束缚了该罪充分发挥反腐作用。确立了严格意义上的财产申报制度,公职人员的财产受到常规的日常监控和审核,如果一旦财产有所异动且不能说明来源,那么就其来源非法性是确定的,可以设立"财产来源不明罪"以追究刑事责任,该罪立法的正当性基础也是坚实的。

再次,应当降低财产来源不明罪的法定刑。确立了严格意义上的财产申报制度,那么,就能够在刑事司法实践中避免"出现像今天这么多的国家工作人员巨额财产来源不明罪的尴尬现象,"[1] 能够避免出现越来越多的贪官一到刑事诉讼中就得了"健忘症"而使该罪"沦为"贪官的"避风港"、"安全岛"的"奇特景观",立法机关也不必面临着提升该罪法定刑的压力。

最后,从现行巨额财产来源不明罪中,分解出拒不申报(包括拖延申报)财产罪、申报不实罪。根据司法解释,现行刑法第 395 条第 1 款中的"不能说明来源"——巨额财产来源不明罪的惩治行为条件,包括拒不说明、虚假说明、无法说明、说明不具体四种情况,是个小"口袋罪"。"拒不说明"、"说明不实"的行为方式应是有别于"不能说明"这种情况的,但是由于我国没有严格意义上的财产申报制度,因而,不能在违背申报义务的意义上予以定罪,而建立在推论的非法持有来源不明巨额财产意义予以定罪。这不仅存在法理正当性的瑕疵,而且也因为巨额的条件限制,不能有效防范犯罪。有了财产申报制度,对拒不说明、说明不实行为的追究,就可以建立在违反申报义务的意义上,即单独确立拒不申报财产(包含拖延申报)罪、申报财产不实罪的罪名,这样做法理正当性更为坚实,更具有威慑力,反腐效能也大,也能对财产申报制度的贯彻实施提供有效保障。

---

① 杨兴培:《建立国家工作人员财产申报制度》,载《政治与法律》2005 年第 5 期。

# 绩效反腐与刑法谦抑

薛文超*

腐败治理成为党的十八大以来施政的重头戏及社会舆论关注的焦点。如何评价腐败治理的效果，就成为一个重要的问题。反腐败绩效考核既彰显了反腐败治理的成效，也是反腐败机制上的重要推进力量。"以数量为中心"的我国反腐绩效考核机制，既有其合理性，也存在诸多的问题，其中重要的一点是反腐绩效考核机制与刑事法治运行谦抑精神的背离，造成了反腐实践中不当的实体及程序问题。反腐绩效考核指标体系需要在未来腐败治理机制改革中作出进一步调整和优化。

## 一、 由一则案例引起的思考

反腐绩效是一种量化的分析，包括预防腐败和惩治腐败两个部分，还有学者认为应包括控制腐败的绩效。① 腐败治理和反腐运动的目的是预防腐败并形成良性的吏治环境，清廉指数的确应当被充分考察。不过，反腐绩效更为直接地体现在惩治腐败的绩效上。在实践中，无论是纪检抑或检察机关的反腐实践，无不将腐败案件的查办作为最主要的绩效评估要素。以检察机关为例，以数量为核心的绩效考核体系，在查办贪腐案件的过程中带来了疑问。

【案例】某乡镇社保所长张某将手中经手收取和保管的养老保险金150余万元分别多次挪给他人经营使用，其中多次给其经营烟酒生意的姐姐和从事农业园艺的弟弟使用，数额均在十万余元不等。检察机关对张某以挪用公款罪立案，对其姐、弟以挪用公款罪的共犯立案。

根据《最高人民法院关于审理挪用公款案件具体应用法律若干问题的解释》（1998年5月）第8条规定："挪用公款给他人使用，使用人与挪用人共谋，指使或者参与策划取得挪用款的，以挪用公款罪的共犯定罪处罚。"该案中，对犯罪嫌疑人张某的姐、弟以挪用公款罪共犯立案侦查是否充分，在事实和证据上应当证实，其姐、弟具有使用前明知犯罪嫌疑人张某手中有公款，且直接针对以营利为目的使用该公款的预谋、策划、指使行为。如果证据事实充分，以共犯论处本无可厚非。不过有趣的是，该案的办案过程所体

---

* 武汉大学法学院博士研究生。
① 袁峰：《反腐规则与反腐绩效：当前我国腐败治理的绩效分析》，载《上海行政学院学报》2012年第5期。

现出来的办案绩效考核机制对办案过程起到的反作用。

在犯罪嫌疑人张某挪用公款案的取证阶段，作为证人的姐、弟并未明确承认其从张某手里借用的资金属于公款，其言词证据最多证实到"知道张某是社保所长，手里保管有社保资金"以及"我是为了做生意使用，她给我的是不是公款我管不着"。这种盖然性的甚至是模糊的认识，并不能达到直接的明知、指使或者策划、预谋的程度。

为了达到固定该共犯事实证据的目的，检方在对张某的姐、弟讯问中，明确指出，如果能够积极配合，拿出坦白的态度，承认明知是公款且预谋使用，不仅对其从轻处理，而且会将已逮捕的犯罪嫌疑人张某取保候审，并且在事实认定上作出让步，仅就张某将公款借给其姐、弟二人的事实移送审查起诉，对其将公款借给其他人营利使用的情况不再移送。这样的条件无疑对犯罪嫌疑人张某及其姐、弟是有吸引力的。如果张某被取保候审并豁免大部分犯罪事实，那么被判处缓刑的概率将大大增加。① 而且，张某的姐、弟都是生意人，作为挪用公款共犯被定罪处罚，在自始不被采取拘留、逮捕等限制人身的强制措施，且最终几乎必然会被判处缓刑或免予刑事处罚的情况下，定罪处罚对其生活、经营几乎没有太大影响。因此，最终这一方案被接受。在这样的"交易"下，犯罪嫌疑人张某及其姐、弟共同挪用公款的事实和证据就变得"清晰"、"确凿"，随后在诉审环节的定罪量刑活动都在可控的范围之内了。

对这一案件进行如此细致的、乃至有些烦琐的、心理层面的分析，并不是多余的。检察机关为何作出这样的行为选择，其真实的动机在于：多立查两起案件，并保证张某挪用公款案的办案质量，确保诉得出、判得了。换一句话说，这是一起反腐败实践中存在的典型的"凑数"案。

"凑数"的定性，并不是说该案在事实和证据上不充分，或者是错案，也并不是谴责检察机关出于徇私枉法的动机办理案件，而是揭示了一种在现有绩效考核指标体系下，承担反腐任务的主体的行为选择必然受到直接影响和支配。而这种影响和支配下的行为选择虽然"说得过去"，但却背离了刑事法治应有的价值追求，其中最为典型的是刑法的谦抑精神，在这样的反腐绩效考核指标体系下显得苍白无力。

## 二、 绩效反腐与刑法谦抑的龃龉

### （一）当前反腐绩效考核的特点

当前，在宏观上反腐运动强调优先"治标"，以期为"治本"提供前提

---

① 实际上，出于对案情的把握和对犯罪嫌疑人个人境遇、家庭状况的同情，在这类案件中检察机关一般并不追求对张某判处实刑，因此也追求将犯罪数额降低，以保证在审判中有获得缓刑的可能。

和条件。在这一反腐"标本论"指导下绩效考核机制突出地注重查办案件的水平,注重以考核促进办案动力和能力的提升。本文以山东省某地级市检察院对下级院反贪部门绩效考核指标体系为例,大致展示了反腐绩效中惩治腐败绩效考核的特点。

第一,立案数所占分数最多。在该市检察机关2014年度核心业务数据考核指标标准中,综合考核评价得分最高为100分,其中人均立案基础分为40分,立案人数达到年度参考人数的,计满分;每减少立案1人减0.5分,超过参考人数每1人加1分。各区、县检察院立案任务数依据检察民警人数确定,例如下属某县级市任务数为30起,最少的某县任务数为14起,合计全市基层院年度立案任务数为120人。对于基层反贪部门来说,最主要的工作压力就是完成这样的任务指标,存在以数量为中心的倾向。

第二,对案件质量的考核也占重要地位。例如立查重点案件占分数较高,在2014年年度考核指标标准中基础分为30分。该项目所谓重点案件分为立查国家机关工作人员、立查科级以上干部、立查受贿案件人数等。例如,下属某县级市立查国家机关工作人员任务数为11人,立查科级以上干部任务人数为8人,立查受贿案件任务人数为13人。该项依据查处的不同干部身份确立加分标准,如立查县处级要案每件计2分,立查厅级以上领导干部每人计6分,立查国家机关实职负责人每人计1分,立查司法人员每人1分,每少完成立查重点案件数1人减0.5分。

第三,追求办案效率,确保大多数案件考核年度内获得有罪判决。这一起诉、有罪判决任务分别最高评价为10分。如某县级市年度起诉任务数为27人,有罪判决任务数为29人,分别占总办案任务数的90%、96.7%。

第四,办案安全风险所占分数重,甚至一票否决。例如,因违规违法办案,引发上访、群体性事件、社会舆情关注的,每件减10分。因办案人员违法违纪被立案查处的,每人减10分。因违法违规办案导致涉案人员自杀死亡,刑讯逼供、暴力取证致人重伤、死亡的,取消考核资格。

以上为业务核心数据的考核,此外还有对案件质量评查,单独计算成绩。根据该市检察机关2014年案件质量评查指标标准,按照部门总分(35分)对案件质量考核实行减分制。还设置实体、程序、文书制作、引发上访、致人死亡、重伤、违法违纪、逮捕后撤案等减分项目,其中实体和程序减分项目合计占28分,分别具体到每一个办案的事实、证据及程序事项。

### (二)现有绩效反腐机制带来的不良影响

在客观上,这样的绩效考核指标体系使得反贪部门必须面对以下情况:首先,办案数量依旧是基层反贪部门的最主要压力。该市总人口为394万人,两级院反贪局总人数共80人,其中基层检察院反贪局共62人。排除市院案件指导的因素,具体的承办压力均在基层部门。以该市某区检察院为例,合计9人的反贪局，年度立案任务数为21起。这样的办案压力是明显的，即使全员投入侦查工作，"五加二"、"白加黑"的工作必然成为常态。办案力量的不足，为了完成任务而办案的倾向无法回避。其次，对办案质量的追求动力不足。虽然考核标准对案件质量较为重视，规定了一些加分项目，但是值得注意的是，根据所查办官员的级别加分是基层反贪部门无法自主争取的，只有在上级指定管辖的案件中才能有机会。受制于要案（县级以上干部）侦查的党委审批制和现实上的行政压力，这并不能为基层反贪部门办案提供动力。再次，追求尽可能多办案、快办案，判得出去成为最主要的追求。最后，办案安全防范压力大，不得不牵绊大部分办案精力。

基于绩效考核标准的反腐机制在现实中产生了不良后果，办案质量的下降是难以避免的。办案数量和时间的制约使得案件很难在短时间内吃透，追求短平快和具有"保底"的证据事实即移送审查起诉的情况依然存在。为了完成办案数量任务，办理窝案、串案，"拔出萝卜带出泥"的案件模式最受欢迎，处罚一些不必要的、不那么"够罪"的共犯就成为一条捷径。一些本来不必要进入刑事处罚程序的案件不当地被追究刑事责任。这类所谓凑数的案子或者存在可查可不查争议的案件，在反腐败的司法实践中并不少见。在案件实体和程序上因绩效考核引起的负效果，也是存在的。

第一，贪污贿赂案件中共犯的认定。认定构成共犯往往存在主观性的证据，如明知、故意、预谋、策划等因素，不好获得客观证据，是否属于共犯存在争议。在前述张某挪用公款案中，其姐、弟是否具有明知是公款而积极主动营利使用的动机显然是存在疑问的，根据常理更可能的是"不管什么钱，只要能借来用就行"的不计后果的放任心理，不宜认定为构成挪用公款罪的共犯。

第二，导致产生超越立案管辖权案件，将一些本不具有贪污贿赂罪主体身份的人员，以受"委托"从事公务的理由入罪，如全国检察机关在2013~2014年查办数量众多的"家电下乡补贴"系列案件。[①] 典型的是家电下乡销售网点经营户利用审核、录入购买家电下乡产品农户身份信息和产品信息的便利条件，虚报冒领、骗取国家家电下乡补贴资金，被认定为受县政府财政部门委托对购买者的基本信息进行初审、输录销售信息及代垫直补，系从事国有财产管理活动，构成贪污罪。实际上，经营户并非以委托机关的名义行使受托职权，其产生的法律后果也并非由委托机关承担，其虚报农户身份骗

---

① 家电下乡是中华人民共和国政府于2008年12月宣布的财政政策救市方案，为了对抗美国开始的全球金融海啸所造成消费性电子产品外销需求急速衰退，意图扩大内需市场，全中华人民共和国非城镇户口居民购买彩色电视、冰箱、移动电话与洗衣机四类产品，按产品售价13%给予补贴。相关规定参见财政部、商务部、工业和信息化部印发的《关于全国推广家电下乡工作的通知》（财建[2008] 862号）。

取补贴资金的行为，应为诈骗罪。

第三，行业普遍存在的"不正之风"是否应作为犯罪处理。例如，医生收病人送的红包，高校科研人员使用科研经费报销个人费用等，其背后都有着该行为存在的深厚的制度及文化土壤，是普遍存在的不良现象。例如，法院判决认定浙江大学教授陈英旭贪污案金额高达 945 万元被判处有期徒刑 10 年。[①] 在此类案件中，该大学教授采取开具虚假发票、伪造虚假合同套现科研经费的行为，虽违反了科研经费的管理规定，但是却有着现实的土壤。科研经费管理制度不能与科研人员的实际需要相协调是造成这类行为普遍存在的原因，完全归责于科研人员是不恰当的。

第四，可能导致出罪的实质要素被忽略。例如，犯罪定义但书条款之"情节显著轻微"这一需要进行实质判断的因素被漠视。例如，一个挪用公款案件的犯罪嫌疑人将保管公款的个人账户内的资金购买"七天通知存款"及定期存款的行为，是否构成挪用公款罪，其实是存在疑问的。如果将挪用公款罪侵害的法益理解为公款的安全性，那么这样的行为在客观上无法造成比之前更大的风险，因为资金一直在同一银行甚至同一名下，只是因为金融产品不同有所区分。如犯罪嫌疑人将所获孳息据为己有属于贪污行为，对于本金的使用则可以未造成足够风险，情节显著轻微排除刑事处罚。而实际上，这类案件在实践中则往往被处罚。

第五，在程序上，为追求实刑，不适当地适用逮捕措施。考核指标中有对贪污贿赂案件实刑判决率的要求，这就导致办案程序上出现"以逮捕促实刑"的现象，一些本来没有羁押必要性的犯罪嫌疑人被逮捕，最终"迫使"法院判处实体刑罚，以实报实销羁押期限。[②]

### （三）不谦抑的刑法文本与谦抑的刑法精神

自从宫本英修提出刑法的"谦抑主义"后，这一原则被广泛地探讨和接受。平野龙一认为，刑法的谦抑性在内涵上包括刑法的补充性、不完整性和宽容性，其中最重要的是补充性，即当其他手段能够充分抑制违法行为和保护法益时，发动刑罚是不必要的。[③] 英美刑法学者也同样认为只应当在必要的时候动用刑法手段，当刑罚无效果、可替代或者太昂贵时，就是不必要的。[④] 因此，刑事司法中的过度犯罪化（overcriminalization）现象受到了批

---

① 浙江省杭州市中级人民法院（2013）浙杭刑初字第 36 号刑事判决书。

② 不单是我国，在法国，审判法官为了不否定预审法官所持的意见，往往倾向于选择一种刑期至少相当于先行羁押期间的刑罚，而在刑期较长的情况下，审判法官则较少利用缓刑或监禁刑的替代刑。参见［法］贝尔纳·布洛克著：《法国刑事诉讼法》，罗结珍译，中国政法大学出版社 2009 年版，第 401 页。

③ 张明楷：《论刑法的谦抑性》，载《法商研究》1995 年第 4 期。

④ Packer. The Limits of the Criminal Sanction, 1968, p. 296.

判。刑法谦抑原则，要求尽可能缩小犯罪的范围，尽可能少用或不用刑罚。

但是，刑法文本却并不能表达这种谦抑性。刑法文本对犯罪构成要件的规定是固化的，对法律文本的理解存在偏差，特别是由于主观要素判断是不确定的。在刑事诉讼证据上，言词证据具有可变性，进而影响到犯罪事实的认定。而且，对于一些犯罪要素来说，随着经济社会的发展会出现一些新情况、新问题，使得本来清晰的法律用语变得模糊。如挪用公款罪的法益是公款的安全性，那么如果将公款投资为一种保底的理财产品，是否侵害了公款的安全性。如果依然将其作为挪用公款犯罪，那么是否意味着公款的管理人在任何情况下都不能对其保值增值？社会生活的无限延展，使得对刑法文本应该有贴近现实土壤的解读。刑法的谦抑精神要求在面对新问题时，尽量考虑刑法外的手段，而非一概动用刑罚。

刑法的谦抑精神是内在的，是刑法的基本属性，但是刑法谦抑性的实现不仅在于立法的谦抑，更重要的是要在司法中实现。张明楷教授认为，犯罪划分为立法上的犯罪化与司法上的犯罪化，刑事立法不能朝令夕改，因此，司法上的犯罪化应当是主流趋势。[①] 对于存在根据法益上的实质解释而出罪，具有司法裁量空间的犯罪情节，可以将其排除出犯罪圈，这并不违反罪刑法定原则。对于贪腐案件来说，在存在犯罪数额、情节严重、社会影响恶劣等裁量情节时，应当创造机制鼓励司法人员作出独立自主的判断，限制刑罚权的发动。但是，在不合理的以数量为中心的绩效考核机制下，主办贪腐案件的检察机关不是怠于作出这样的判断，而是更加追求入罪，主观上缺少寻找案件出罪可能的动力。这需要综合考量犯罪的法益侵害性、犯罪情节乃至刑事政策上的可行，在这样的考核机制激励下，司法决策者往往放弃这一思路。

## 三、 反腐绩效考核机制的调整与刑法谦抑的实现

### （一）反腐绩效考核机制本身应当被坚持

如前所述，反腐绩效考核机制并不是单纯追求办案数量，而是有着对案件质量、社会效果的综合权衡，但是，在客观上却走向了以数量为中心，以数量为基础。本文所探讨的中心议题是：制定反腐指标是否是合理的？对于这一问题的回答历来有不同的争议，本文认为这一绩效反腐机制会导致违背刑法谦抑性的风险。不过，绩效反腐乃至反腐指标的制定本身，也有其正面价值。

第一，绩效考核是检察机关自我完善的重要机制。《中华人民共和国检察官法》第 26 条规定："对检察官的考核内容包括：检察工作实绩，思想品德，检察业务和法学理论水平，工作态度和工作作风。重点考核检察工作实

---

① 张明楷：《司法上的犯罪化与非犯罪化》，载《法学家》2008 年第 4 期。

绩。"对于检察机关来说，实行绩效考核制度是有依据的。在2002年3月1日最高人民检察院颁布的《人民检察院基层建设纲要》第10条中明确指出："以考核干警的能力、绩效为核心，探索建立能级管理机制。在明确内设机构和工作岗位职责的基础上，分类分级明确工作目标，以动态考核为主、定性与定量相结合，实行全员能力和绩效考核，奖优罚劣。"应当说在指导思想和目标设定上，绩效考核本身是正当的。

第二，绩效指标是由反腐败案件特点所决定的。反腐败案件的查办并非被动的，需要办案人员的主动介入。贪污贿赂案件具有发现难、隐藏深、几乎无被害人和直接利害冲突人的特点，举报线索成案率低。需要办案人员积极主动地发现线索、固定证据。反腐绩效指标之所以看起来不那么合理，不那么严肃，甚至是对刑事法治原则之"有案必查"的违反，但是却是一种客观需要，并非限制办案规模，而是一种反腐败高压态势和力度的追求。

第三，绩效指标的制定有着刑事政策的依据。刑事政策是国家机关通过预防犯罪、缓和犯罪被害人及社会一般人对于犯罪的愤慨，从而实现维持社会秩序的目的的一切措施政策，包括立法、司法及行政方面的对策。从根本上来说刑事政策是预防犯罪。[①] 绩效指标突出代表了国家当前对反腐败的常态化工作机制，在刑事政策上具有一般预防的效力。"打虎拍蝇"和"零容忍"作为当前反腐的重要口号有着刑事政策的意味。不过，这并非意味着刑罚的发动对于贪腐行为来说是必然的、必需的。从法律解释上，当前"打虎拍蝇"中必须适度协调好刑法解释的保守性与适应性这一对矛盾，防止公权力的过度扩张。[②] 在刑事政策上，对贪腐的"零容忍"特别是追求犯罪数额起点上的低起点是有争议的，其在司法现实上并不具有可行性，是一种刑罚过度。[③]

### （二）反腐绩效考核指标体系的调整

首先，反腐绩效指标应当告别以办案数量为中心，优化反腐指标的设定。以办案数量为中心，特别是制定较高的办案数量指标，超出了办案机关常态化办案所承受的压力，必然会导致"凑数案"的出现，违反了刑法谦抑精神。在制定反腐指标时，加大反腐力度并非意味着提升办案数量，而应当更加注重办案质量的提升和良好社会效果的实现。坚持每查办一起案件，就透彻、深入地摸清一个行业、系统、单位的腐败特点，并制定预防策略。因此，当前的反腐指标设定应当适度降低，保持较低的工作业绩起点。

其次，反腐绩效考核指标体系中应将初查或前期调查成果计算为工作业绩之一。检察机关历来以立案指标为反腐绩效考核指标的基本参数，而且追

---

① ［日］大谷实著：《刑事政策学》，黎宏译，法律出版社2000年版，第3页、第11页。

② 魏东：《论在"打虎拍蝇"中的法治理性》，载《法治研究》2014年第10期。

③ 孙国祥：《腐败定罪"零容忍"之审思》，载《江海学刊》2013年第4期。

求百分之百的起诉率和有罪判决率。实际上，反腐绩效也能够在初查或前期调查中体现，也是重要的工作业绩。在考核的科学性上，忽视这部分工作成绩是不对的。在现实效果上，以刑事立案查处案件与反腐的调查行为差距不大，同样可以起到警示预防的效果。初查后不进入刑事立案程序，特别是依据裁量性的判断，审慎地从刑法谦抑精神出发放弃对一些案件的查办，展现了法治的严肃和权威性。

再次，反腐绩效考核指标应当鼓励办优质案件，注重社会效果的考察。惩治腐败与预防腐败本是一体的，片面强调办案数量，会降低办案部门预防犯罪的动力，乃至出现"养案"、"钓鱼执法"等不当倾向和行为的出现。绩效考核指标体系应当更加强调查办典型案件、危害民生、造成严重社会影响等贪腐犯罪行为的查办。对于一个具体的办案单位来说，如果考核年度内有上述类型案件的有效查办，可以依据办案优质的程度，降低对办案数量的要求，实现根据办案社会效果和办案进程推进考核指标的浮动。对案件质量的考核指标体系，应综合考察办案领域、侵害法益的程度、证据事实的认定水平等因素考察。

最后，适度降低对实刑判决率、起诉率、有罪判决率的考核要求。实刑或者重刑并不必然代表惩治腐败的成效比判处缓刑的效果更好。特别对于基层部门的办案特点来说，多数是发案普遍、数额小、社会影响轻的案件，过度追求实刑判决率违反法治理性精神。在考核年度内对起诉率、有罪判决率的高标准体现了对办案效率的追求，这在客观上促进了办案水平的提升，有利于保障犯罪嫌疑人的诉讼权益，但是动辄接近当年100%起诉、判决的效率追求不切实际，应当适度降低。

## 四、 进一步的思考

改善反腐绩效考核机制能够促进刑法谦抑精神的贯彻。但是，考核机制的健全也无法改变检察机关以惩治犯罪为中心的职能定位。诉权本身在价值上更加追求惩治犯罪和保护法益，特别对于需要主动性的反腐来说，更是如此。面对严峻的反腐败形势和查办案件难度的日益加大，检察机关强调办案数量几乎是不可避免的。对于文中谈到的行业不正之风行为、法益侵害性存疑的贪腐案件，需要进行实质的判断。将刑法谦抑性的实现完全寄希望于检察机关是不现实的。在立场上，检察机关持一种相对严苛的、存疑即诉的态度并不完全错误，而是有其特殊功能。因此，实现刑法谦抑精神与惩治腐败的结合，归根结底在于司法行为的理性，即审判活动。但是这又与当前检察绩效考核对无罪判决的排斥立场不相协调。因此，不仅要减轻反腐绩效考核机制，还要改革刑事立案机制，并改变对无罪判决的恐惧。检察机关对其认为的可能构成犯罪的情形，可以在较低的证据事实标准下立案，以防止宽纵犯罪。基于裁量性的解释在审判环节上的出罪不影响绩效考核。为此,还应当减少侦查阶段羁押性强制措施的适用,防止侵犯犯罪嫌疑人、被告人诉讼权益。因此,虽然关注的是反腐绩效考核,实际上根本还是要建立以审判为中心的诉讼机制,复归起诉权相对于司法权的从属地位。

# "利益" 输送贪污、受贿等职务犯罪的讨论

林亚刚[*]

## 一、 输送"利益" 的界定

2012 年第十七届中央纪委第七次全会提出严肃查办"国有企业和金融机构中内幕交易、关联交易、利益输送的案件"。学界以及实务上对此类案件一般并没有明确定义，通常是将输送"利益"的案件，视为国家公职人员为牟取不正当利益的一种途径、手段或者是一种表现形式，[①] 理论研究和司法实务中则直接与贪污罪、贿赂罪、私分国有资产罪、徇私舞弊罪等职务犯罪相关联。利益输送（或曰输送利益），并非刑法上的概念，而是哈佛大学经济学教授 Johnson，La Aorta，Lopde Shames 和 Shleifer（JLLS）在 2000 年提出的一个概念，原意是指通过地下通道转移资产的行为，企业控制者从企业转移资产和利润到自己手中的各种合法和非法行为，这种行为通常是对中小股东利益的侵犯。如果从该概念提出的司法现象看，应该存在使用合法或非法手段转移资产、利润到自己手中，当然，无论手段的合法与否，对其他股东利益的侵犯是应有之义，这只可能在手段不合法时，引发民事纠纷，而在刑事案件中，这种利益输送，即便手段合法，也存在构成犯罪的可能性。

如果从利益输送与受贿罪的关联性而言，当然是指利用自己手中的权力促成利益的转移，而从意图规避权力运用规则或逃避责任看，接受输送利益的对象，并非都是自己，而是与己相关共同利益的人员或企业、公司。如果从"利益"是否为公权力所享有或支配看，也只有后者，即与国家工作人员职务行为存在密切关系的利益与犯罪有关联性，如果从"利益"自身的属性看，有"公利益"输送，也有利用职务之便的"私利益"输送，但目前只有"物质利益"符合现行刑法以及司法解释的规定。

从利益输送案件的特点看，主要有：（1）输送行为隐蔽、智能。即从行为实施上看，输送行为往往要人为地增加若干环节，形式上合法掩盖非法目

---

* 武汉大学法学院教授、博士生导师。

① 章瑞民：《利益输送及审计对策研究》，载中华人民共和国审计署网，http://www. audit. gov. cn/n1992130/n1992150/n1992576/3493652. html。访问时间：2015 年 5 月 3 日。

的，会充分利用市场化程序运作和法律规定不完善以及监管漏洞。（2）权力大小与输送的利益往往成正比例关系，权力越大，输送的利益越大，利用输送利益的机会越多。（3）输送手段以及名目繁多，甚至有以"维稳"的名义进行利益输送。

## 二、 利益输送涉及贪、 贿等职务犯罪的主要类型[①]

第一，将利益直接输送给本人或其近亲属。这当然是最为直接的利益输送，由于其"直接"，往往会采取合规、合法的形式，不同于传统的"骗取"、"侵占"或者单纯被动的收受财物。例如，故意"违约"直接将公共财产赔付给自己实际所控制的企业、公司；再如，利用审批权，指令不经过招投标程序，将工程由近亲属企业、公司承接，或者虽然经过招投标程序，但暗中安排只能是指定的由近亲属企业、公司承接。

第二，将利益直接输送给共同利益的特定关系人。[②] 这种情况主要是利用审批、许可、监管、管理、采购等权力，将公共资源，制定条件或指定由特定关系人获得，前者主要是制定符合共同利益特定关系人资质的条件，为特定关系人取得竞争上的优势，为其牟取利益；后者主要是通过授意等方式交由下属人员完成。例如，国家公职人员在得知集体用地即将被建设征用信息后，抢先让关系人购买土地，暗中指示下属工作人员让评估机构在评估中故意抬高评估价格。在现实中，也不排除将私人财产通过公权力干预，明目张胆地将利益输送给特定关系人。例如，公职人员以堂而皇之的"维稳"理由干涉司法解除被依法扣押、查封的私人财产。[③]

第三，为请托人谋取利益，请托人向公职人员的近亲属或共同利益的特定关系人输送利益。在该种方式下，利益的输送者并非国家公职人员，而转由请托人完成，达到与公职人员直接输送利益的效果，且不易被发觉。例如，让共同利益的特定关系人担任董事、赠送干股、委托理财、挂名领薪等，不一而足。

第四，公职人员之间互为对方输送利益或者向对方近亲属或共同利益特定关系人输送利益，或者采取更为隐蔽的方式，为各自的请托人谋取利益，请托人向公职人员的近亲属或共同利益的特定关系人输送利益，或者交叉向各自公职人员近亲属或特定关系人输送利益。在后一种情况下，由于涉及范围广泛，请托人在扮演"洗钱"的角色，可能与正常经济往来混杂在一起，

---

① 不排除输送利益还可能触犯诸如私分国有资产罪、滥用职权罪、玩忽职守罪等其他职务犯罪的可能性，对此应该具体分析。

② 为与近亲属区别，这里的共同利益关系人，是指公职人员的情妇（夫），以及《刑法修正案（七）》"利用影响力受贿罪"所规定的"关系密切的人"。

③ 当然，在被依法查封、扣押中的私人财产，仍然是公共财产。

查处难度往往很大。

## 三、 输送利益的司法认定

在现行刑法规定下，贪污、贿赂所要求的是具体财物，其他职务犯罪在认定上也以财产损失为主要内容，即便有的犯罪要求有"恶劣影响"的条件，也通常需要辅以"物理性"的损害。非财产性利益（损害）因不易以"金钱"价格衡量，不能统一评价决定刑事责任幅度，造成对单纯非财产性利益获得（或损害）不能入罪的困境。在利益输送类型的案件中，也当然存在诸如接受性交易安排、解决招工、招生指标、安排就业、户口迁移、职务晋升、出境旅游等非财产性利益的现象。但是笔者认为，即便国家公职人员"收获"的利益本身有属于非财产性利益的情况，也并非不触犯贪污、贿赂罪等犯罪，因为其输送的利益，不是非财产性利益。当然，也存在有互为输送财产性利益，但不构成犯罪的情况。

利用职务上的便利直接为自己或近亲属输送财产性利益，以及将利益直接输送给共同利益的特定关系人的情况，采用合法形式的特点比较多，这种类型的利益输送，可能触犯贪污罪、受贿罪或私分国有资产罪等罪名。例如，某甲系水务局副局长，主管人事、后勤业务。其子乙多次要求甲给自己的朋友丙介绍点工程做。某日，甲在会议上得知某河段防水墙工程立项，即将招投标。甲将此情况告诉乙，并告知乙要找懂工程的人一起做。乙找到丙商议共同承接该项目，由丙具体管理施工。丙找到丁（有建筑工程技术员资质），丁找到某公司经商谈，支付一定费用后借用某公司资质，以围标方式参与竞标并中标。工程造价共 1500 万元，因丁不懂水利工程施工规范，致使前期工程报废。乙、丙最终决定将工程转交由所借用资质的公司承担，但水务局不得不因为前期工程报废而追加投资 200 万元。工程结算后乙个人以前期有投入名义向施工公司索取 100 万元。在该案中甲虽为主管人事、后勤的副局长，水利建设工程并非其职责范围内，但是，在得到防水墙工程立项的信息上，显然是与参加会议的职务行为有直接关系，其子乙与丙在承接工程后，前期工程报废造成工程延期，追加投资 200 万元损失，而且乙最终还从工程中获利。甲的利益输送，造成国家财产损失，而且，其子乙不仅没有实际参与工程建设，却利用其影响力向施工公司索取 100 万元。对甲应该以滥用职权罪和利用影响力受贿罪的共犯追究刑事责任。

为请托人谋取利益，请托人向公职人员的近亲属或共同利益的特定关系人输送利益的案件，不应困扰于公职人员接受请托人非财产性利益服务如何认定的问题。例如，甲某系某建筑公司经理，在得知该市某路段准备进行改造后，通过他人介绍结识该市道路改造办公室主任乙某，乙某数次接受甲某的宴请和异性性服务，在明知甲某不符合竞标条件的情况下，将甲某安排与该改造项目实际负责人丙某见面，请丙某安排甲某参与竞标并最终使甲某中标承接部分项目。甲某知道该市还有众多道路改造项目，为能够保持与乙某的长期关系，劝说乙某由乙某的妻子、女儿以及其战友和甲某共同成立"投资有限公司"。甲某出面组织1500万元分配（为逃避可能的查处）给各人按比例持股投入该公司（由甲某一次性支付所借款利息），由乙某战友出任董事长，甲某只作为普通股东。之后，甲某以自己另外公司资金周转之名，以付高息的方式从该公司借出900万元，至案发时，甲某除归还本金外，已经向该公司支付高息350余万元。对于该案而言，投资有限公司的实际出资人是甲某，乙某的妻子、女儿以及其战友在公司中并没有实际出资，虽然只是挂名股东，也并非替乙某代持股份，接受的是"干股"。如此，虽不符合最高人民法院、最高人民检察院2007年7月8日发布的《关于办理受贿刑事案件适用法律若干问题的意见》（以下简称《意见》）第2条"关于收受干股问题"以受贿罪论处的规定，但符合第7条"关于由特定关系人收受贿赂问题"第1款所规定的："国家工作人员利用职务上的便利为请托人谋取利益，授意请托人以本意见所列形式，将有关财物给予特定关系人的，以受贿论处。"至于受贿数额，收受"干股"构成受贿罪的规定，应按照《意见》第2条规定的："……进行了股权转让登记，或者相关证据证明股份发生了实际转让的，受贿数额按转让行为时股份价值计算，所分红利按受贿孳息处理。股份未实际转让，以股份分红名义获取利益的，实际获利数额应当认定为受贿数额。"

至于公职人员之间互为对方输送利益或者向对方近亲属或共同利益特定关系人输送利益，或者为各自的请托人谋取利益，请托人向公职人员的近亲属或共同利益的特定关系人输送利益，或者交叉向各自公职人员近亲属或特定关系人输送利益的案件，如果符合《意见》第7条第2款规定的："特定关系人与国家工作人员通谋，共同实施前款行为的，[1] 对特定关系人以受贿罪的共犯论处。特定关系人以外的其他人与国家工作人员通谋，由国家工作人员利用职务上的便利为请托人谋取利益，收受请托人财物后双方共同占有的，以受贿罪的共犯论处"。

但是笔者认为，并非在形式上符合利益输送特点的，就一定涉及职务犯罪。个人认为，最关键的一点在于，公职人员是否利用职务上的便利支配自己职务范围内的事项，也即其"原点"的利益输送是否为其"公务"。例如，

---

[1] 根据《意见》第7条第1款规定："国家工作人员利用职务上的便利为请托人谋取利益，授意请托人以本意见所列形式，将有关财物给予特定关系人的，以受贿论处。"而《意见》所列形式，是指"以交易形式收受贿赂"、"收受干股"、"以开办公司等合作投资名义收受贿赂"、"以委托请托人投资证券、期货或者其他委托理财的名义收受贿赂"、"以赌博形式收受贿赂"、"特定关系人'挂名'领取薪酬"、"由特定关系人收受贿赂"等形式。

下列案件：

张某，系某省国土资源厅（以下简称省国土厅）耕地保护处处长，主要业务是负责全省土地规划；李某系某市国土资源局副主任科员，借调省国土资源厅工作，主要业务是在土地整理中心负责全省土地整理；邢某从某市国土资源局办理病休后，决定成立一家从事土地咨询业务方面的公司。

邢某找到张某和李某，3人商议各自出资4万元，合伙成立以土地利用规划编制代理、土地预审代理、土地整理规划设计及国土规划、土地利用的技术咨询公司，由邢某担任公司法人，公司由邢某具体负责日常经营管理，张某和李某不参与公司的经营和公司的年终股东分红，也不负担公司的日常经营费用、员工工资等成本支出。张某和李某仅凭各自对公司介绍的土地咨询、代理业务获取业务提成。2005年五六月份，张某将某国家工程介绍给邢某，邢某与该公司签订了30万元的预审代理合同。按约定，邢某给张某5万元的提成。2006年1月，3人商定从当年开始按业务总额的20%提取业务费。自2006年二三月份开始，张某先后给公司介绍业务共3笔，分别与规划用地单位签订"建设用地预审和规划调整代理协议"、"经济、社会发展与土地利用战略分析代理协议"和"农用地需求与基本农田保护代理协议"。在上述合同履行完后，邢某共给予张某16万元的业务提成费（含当时出资的4万元）。李某则介绍给公司两笔"土地整理立项"代理业务，邢某给李某9万元的业务提成费（含当时出资的4万元）。

该案从现象上看，似乎符合利益输送的特点，因为获得规划用地申请单位的信息的确与张某和李某的职务有直接关系，但是，申请单位用地供政府部门审查的初期资料的准备，非政府审查土地整理中心机构的职务、业务范围，由哪一个业务咨询单位代申请单位准备所需资料，在法律上并无限制，也非由政府土地管理部门指定的咨询单位办理，所以，该前期资料准备并非"公务"活动。在该案中，张某和李某的主要职务活动是对申请用地单位提交的材料进行审核，对不符合的申请不予批准，对不规范的申请资料要求补偿、完善。其职务活动中均没有介绍申请资料准备的单位这一项，因此，将有关申请用地单位，介绍给其他任何公司完成其相关申请资料准备，与其职务活动无关，介绍给自己出资的公司也并非是利用职务上的便利。本案张某和李某的确没有参与公司管理和运营活动，但是，均在公司成立时各出资4万元，这就不符合《意见》第3条第2款的规定："国家工作人员利用职务上的便利为请托人谋取利益，以合作开办公司或者其他合作投资的名义获取'利润'，没有实际出资和参与管理、经营的，以受贿论处。"的规定。

# 论抑制利益欲望和完善惩戒机制的
# 反腐作用

蒋炳仁<sup>*</sup>　李红钊<sup>**</sup>

以习近平总书记为首的新一届领导集体执政以来，惩治腐败已经取得初步成效。据不完全统计，截至目前大约有一百多位省部级高官相继被调查或者惩处，涉及财产数额之大及职位之高也说明确实到了非常严峻和关键的地步。山西省委书记王儒林在接受某媒体采访时也说，腐败问题是一坨一坨的，从省到市到县到乡到村都发生了严重的腐败，现在一查就是一帮，一动就塌方。① 中央巡视组在巡视过程中也发现，腐败现象在一些领域和部门易发多发。②

造成这种复杂形势的因素很多，追求利益观念缺乏有效约束以及干部管理和惩处机制的松弛是重要原因。

## 一、 利益追求观念缺乏边界是腐败的本源

人类一生下来就具备追求利益的本能，并且伴随人的一生。古代思想家荀子在《礼论》中说过："人生而有欲；欲而不得，则不能无求。"意思是说人生来就有欲望，如果想要什么而得不到满足，就不得不去想办法追求。故在某种意义上讲，人类追求利益需要是最基本的本能，成为繁衍和发展的基础；如果缺乏这种意识，对衣食住行都不知道追求的话，那人类的生存就会产生问题。

### （一） 利益追求的内容随着客观环境而变化

追求利益的本能无处不在，比如婴儿刚到人世间就会主动寻找吸吮母亲的乳汁，成年以后工作的最低目的是得到保障生活所需的工资等。这说明利益追求的内容并不是一成不变的，而是随着经济发展和客观环境的变化不断扩展和丰富的。这不仅是因为随着生产力的发展出现了许多新事物催生出新的需求，还因为客观环境在一定程度上决定着人类的需求欲望。以交通工具

---

  \* 北京市检察院第一分院政治部副主任，检察委员会委员。

  \*\* 北京市君永律师事务所执业律师。

① 王毅、韩利：《山西贪腐一坨一坨的一查就是一帮，一动就塌方》，载《成都商报》2015 年 3 月 7 日。

② 邹乐：《个别地方拉票贿选成风》，载《北京晨报》2014 年 11 月 1 日。

为例，古时有一套马车出行就可能得到满足，而当今则需要乘坐豪华轿车。有人做过一项实验，吃饭时间在有关人员面前摆放粗糙难咽和精致好吃的两份食品，当他们被主办方告知可以自由选择以后，最终结果是精致好吃的食品所剩无几，而粗糙难咽的食品却基本未动。当这些人员被问及如果在极其恶劣的环境条件下，只有粗糙难咽的食品时，所有人员几乎都回答说为了保命应当拿其充饥。这说明人类不仅具备追求维持生命最基本的需求欲望，并且一旦条件允许，还会产生出层次更高的利益追求目标。

### （二）追求利益观念控制在合理范围内是社会廉洁的基础

人类利益追求的内容绝不是没有止境或者漫无边际的，大体上被要求控制在符合当时社会伦理标准的范围以内，这才是清正廉洁社会所必须具备的客观条件。个人欲望不能得到有效控制，就会出现社会腐败和道德滑坡现象，从而破坏社会秩序的相对平衡和稳定。古今中外出现的社会动荡，几乎都与追求利益的欲望缺乏合理约束，特别是官僚阶层的物欲横流有关。

具体到每一个社会的个体，关键就在于自身对需求欲望的掌控能力。自我约束追求利益欲望的能力强，就会促使社会个体没有贪婪的欲望。自我约束追求利益欲望的能力差，就会导致社会个体特别是官僚阶层贪欲膨胀，利用手中掌握的权力非法占有公共财物，利用职务上的便利向他人索取财物，为了达到非法收受他人财物的目的而帮助他人谋取利益。

## 二、 干部管理和惩处机制松弛助长了腐败蔓延

导致腐败形式日益严峻的另外一个原因，就是干部管理和惩处机制的过于松弛。党员干部的录用、考核以及提拔构成干部管理制度的主要内容，干部惩处机制的核心则是要求对违规、违纪和违法行为得到应有的处罚。干部管理制度和惩处机制的不规范，导致了个人利益追求观念的过度膨胀，在相当程度上导致了腐败的发生。

### （一）个别地区或部门干部任用和提拔流于形式

中共中央《党政领导干部选拔任用工作条例》规定，选拔任用干部必须坚持任人唯贤、德才兼备、以德为先、注重实绩以及群众公认等原则。在任用公务人员特别是在提拔领导干部的过程中，我们从公开报告里看到的评价大多是在思想上坚决拥护党中央的各项方针政策，在工作上求真务实和积极进取，在品德上遵章守纪和洁身自律符合任用标准等内容。而实际上在某些地区或者领域"潜规则"颇多：一是表现为依靠关系被重用。比如湖南90后女干部潭某拟任用某区发改局副局长，被社会广泛质疑为神女，潭某父亲因利用关系违规为子女升迁制造条件，导致包括其在内的8人被撤职。二是买官卖官。比如最近通报的某政协高官违反组织人事纪律大肆卖官鬻爵，据《中国新闻周刊》记者从多个消息源获悉，在其曾经任职的某省官场，很早

就流传这位官员买官卖官的传言，还有一个尚未曾被证实的说法是，明码标价省里重要的正厅级岗位标价上百万元。三是为了升迁挖空心思获得领导欢心。近日人民日报提醒两会代表要拒绝见面握手、表决举手和通过拍手等现象，从另一个侧面也折射出对领导指示一味学习、领会、聆听、汇报形成了一定风气。四是在党政干部实际选任中"德才兼备、以德为先"居于形式。比如单方面提倡干部的年轻化和知识化，致使以德为先等标准自觉不自觉地被置于相对次要的地位，又由于知识化往往习惯性地被名校和高学历所替代，致使干部管理制度被打了折扣。

如果只是在形式上遵守任用和提拔干部的标准，真正起作用的是背后的所谓潜规则，使那些有关系或者拉关系、行贿上级领导、无原则趋炎附势的人得到提拔，而真正德才兼备者却没有机会得到重用。这些干部由于缺少"德"等应当具备的条件，根本不需要对社会负责，根本不需要讲原则，不需要具备相应的职责担当，不利用手中的权力大搞腐败才怪。现在媒体披露出来的苍蝇或者老虎，其仕途几乎都或多或少同这些深潜规则有关。靠潜规则提拔任用干部，必然以关系或者买官卖官等纽带形成个人的利益集团，这也是形成王儒林书记所讲"一查就是一帮，一动就塌方"的重要原因。

**（二）干部约束与惩处机制松弛**

据《孟子·离娄上》记载："不以规矩，不能成方圆。"意思是说不使用圆规直尺工具，再好的能工巧匠也不能做出合格的方形和圆形产品。这句话延伸为人的行为应当受到规章制度的约束，如果管理与惩处机制松弛，社会秩序就要被打乱。

1. 吏治松弛对腐败的作用

当前严峻的腐败形势的形成与官员管理制度松弛有着很大关系，以媒体报道的中央党校学员的学习为例，周伟民教授在接受凤凰视频专访时表示，以前有一段时间，到了晚上党校门口停了接官员出去活动的很多车，党的十八大以后学员楼又恢复了到处都是官员学习的情形。周为民教授认为，关键是严格执行"八项规定"成绩显著，过去也不是没有规定，问题是大家看来看去，发现上面也没怎么太当回事，那么谁还会当一回事。

认为使社会自由与和谐就是应当对官员以宽厚，不仅会导致疏于制定比较详细严格的管理制度，还会导致管理制度执行不严的问题。对违纪官员能减轻处罚的尽量减轻处罚，能不处理的尽量不处理，使其得不到应有惩戒。这种宽柔的执政理念必然导致官员将违法乱纪习以为常，在一定程度上对腐败起到了放纵的作用。

2. 刑罚不严与执行不彻底

如果犯罪的成本很小，缺乏严格的法律制度和毫不留情的执法，就会使得权力阶层对雷池毫无畏惧之感。我国对贪污受贿犯罪的量刑标准，多年来基本没有多大变化，在一定程度上造成了适用结果的相对混乱。《刑法》第383条规定，个人贪污数额在10万元以上的，处10年以上有期徒刑或者无期徒刑，可以并处没收财产；情节特别严重的，处死刑，并处没收财产。而在司法实践中有一定影响的腐败案件，犯罪额度大多在10万元以上，法官可以在10年有期徒刑与死刑之间选量刑，自由裁量过大客观上造成了犯罪情节和数额基本相同判决结果却不相同，刑期相同而犯罪数额不同甚至大相径庭的情况普遍存在，造成了刑事处罚形式上有法可依实则无章可循的现象。

随着社会经济的不断发展，部分地区甚至出现宽严相济，即以宽为主，犯罪情节被作为从轻或减轻的理由，客观表现出量刑和处罚越来越宽缓，处罚贪腐犯罪的伸缩性越来越大。比如，1997年贪污受贿不满5万元，情节严重的处7年以上10年以下有期徒刑，而现在贪污受贿不满5万元的，有的地方司法机关却以不予立案处理。以判处死刑的腐败案件为例，改革开放初期对腐败犯罪的刑事处罚还是很严厉的。只要贪腐额度或者情节达到社会大众所不能忍受的状态时，一般都采取判处死刑的办法。1979年黑龙江省某燃料公司经理王某因贪污50多万元被执行死刑，1991年深圳某银行行长高某因受贿204万元被执行死刑，这十年间涉案数额变化并不十分明显。即使到了2007年，因贪腐而被执行死刑的北京农业银行职员温某，涉案金额也只有1500万元，说明这30年间贪腐数额发展的并不是太快。发展太快往往受社会反映比较大的少数关键案例的影响，如果这类案件明显被轻判，特别是贪污数额明显超出以往被执行死刑标准，却被几个冠冕堂皇不能被社会所接受的理由而被免死，这样的案例被效仿和慢慢扩散，在一定程度上导致了腐败官员的数量、职位及涉案数额逐年增加现象的发生。

## 三、 惩治腐败应把思想品德教育放在首位

行动受自身思想观念支配是众所周知的道理，有什么样的思想观念就有什么样的行动。任何腐败行为都能从品德堕落而导致个人私欲膨胀找到根源，思想品德建设对从源头上有效遏制腐败起着至关重要的作用。所以古人曾要求："自天子以至于庶人，壹是皆以修身为本。"意思是说上至国家元首，下至平民百姓，都要以不断提高自己的品德修养为根本。

### （一）理论和形式以及现实和实践对世界观的影响

思想品德是一个多要素构成的观念系统，是在一定的思想指导下，在意识行为方面表现出来的较为稳定的心理特点、思想倾向和行为习惯的总和，与一定的经济活动、政治活动、道德风尚以及风俗习惯相联系，并受到当时社会经济发展水平的制约。优良素质的养成主要从两个渠道获得：一是通过理论和形式上的教育，即用一定的观念对社会大众施加带有倾向性的影响，使其形成符合一定标准的人生观。目前我国各大专院校开设的品德教育课程

以及带有一定主题思想的电影、戏曲、小说等艺术作品就属于这类范畴。二是现实和实践的影响，主要通过对事实的亲自感受或经历而逐步形成。这两种渠道可以单独起作用，但更多的则是两者综合作用的结果，而且现实和实践的教育程度往往要远远大于理论和形式的说教程度，我们平常所说的身教重于言教讲的也是这个道理。

### （二）人生观教育对行为的作用

我党在思想品德教育方面有着非常成功的经验，比如革命战争时期军队由于展开忆苦思甜、树立榜样以及刷标语等多种形式的宣传，更重要的是由于领导干部身先士卒的带头作用，造就了战士不怕死的革命精神。现阶段廉政思想教育却没有跟上时代的步伐，物质追求和功利主义充斥各种媒体，身边缺少了领导干部的以身作则，某巨贪也在忏悔录中写道："忽视了世界观和人生观的改造，使理想和信念产生了动摇。"在这些贪官看来，本来应该遵守的行为准则被认为是形式上空喊的政治口号。"为了人民利益而牺牲"被认为是表面文章，只是所谓形式上的口号，所以他们在会上大讲倡廉会下却大肆贪污受贿。

### （三）加强思想品德建设树立廉洁奉公思想

思想品德建设是一项非常复杂的系统工程，我们应当借鉴我党历史上成功的经验，一方面从幼儿时期就加强素质教育，树立淡泊名利以及为人民服务等正确的人生观，采取诸如树立榜样和国家给予荣誉等多种形式的思想教育活动。另一方面还要加强对报纸、广播、电视、杂志以及互联网等各类媒体的引导，杜绝为片面提高经济效益而致使权力和金钱崇拜等灰色价值伦理的泛滥，厘清言论自由与弘扬社会正能量的关系。更重要的还在于让人们从社会现实的各个方面切身感受到风气实实在在的好转，感觉到获得个人利益已经不能采用以利用手中权力为手段，感觉到腐败就会受到惩罚，不存在没有法律根据的变相减轻或者免除处罚等情况的发生。

## 四、 干部队伍建设是反腐成功的关键

综观我国各个历史时期，官吏选拔和任用制度在一定程度上决定着当时的社会风气乃至整个国家的政治走向，通俗地讲就是用什么样的人治理国家，就会形成什么样的政治气候。由于我国历史文化传统和思想观念的特点，官吏选拔和任用仍然与顶层领导密不可分，比如武则天任用索元礼和周兴等酷吏必然导致滥杀无辜和告密成风的血腥政治；而唐太宗知人善任和用人唯才，延揽房玄龄、杜如晦、长孙无忌和褚遂良等人，成为贞观之治不可缺少的前提。现代之所以出现"文化大革命"，同林彪及江青集团等人当政存在直接关系。

历史上惩治腐败的第一个特点是顶层领导反腐，他们的决心及策略在一

定程度上影响着反腐进程，甚至决定着成败。大多数人认为唐朝是我国封建王朝腐败现象出现最少的时期，同唐太宗李世民制定较为严格的政治法度，绝不宽恕违法乱纪老部下是分不开的，明朝皇帝朱元璋对贪官污吏采取极端严厉措施，有学者估计在他当政的几十年大约有 10 万多贪官人头落地，虽然在一定程度上造成了统治阶级内部各级官吏的人人自危和诚惶诚恐，大大挫伤了行政积极性和主动性，却开创了中国历史上长达近百年的廉政时代。新中国建立初期毛泽东主席对刘青山、张子善的处理，体现了党和国家对腐败案件绝不手软的坚强决心，造就了以后近 30 年基本没有大的腐败案件的发生。

惩治腐败的第二个特点是在顶层领导周围凝聚着一大批德才兼备的精英阶层。反腐不仅需要英明的决策领导集体，同时还需要大量的执行和管理者。这方面实例很多，毛泽东主席无论遇到多么强大的政治对手最终都能取得胜利，除了通过几十年实践建立起的崇高威望以外，还在于身边不仅始终聚集着包括周恩来、叶剑英等卓越领导人在内的一个领袖集体，而且凝聚着一个拥护其政策的强有力阶层。革命先驱孙中山之所以建立黄埔军校，也是因为在清朝内部已经不再能出现根治腐败，领导国家走向富强的精英阶层，其目的就是为了凝聚和选拔大批仁人志士。事实证明，这一措施在建立中华民国过程中确实起到了举足轻重的作用。开创基业时如此，和平稳定时期也是如此，国家危难之时更需要如此。比如唐太子李亨安史之乱逃出长安后，积极采取依靠西部朔方军的正确决策，任用杜鸿渐和郭子仪等一大批官僚，最终能够平定多年的叛乱；而东汉末年汉少帝被迫任用提拔董卓，可当董卓在洛阳与讨伐军大战之时，已经迁都长安的仍不找机会摆脱，最终被董卓所逼饮毒酒而死，同其因羸弱没有及时培养支持自己的官僚集团有很大关系。

反腐不仅需要一个领袖集体为核心，同时还需要一大批德才兼备的精英追随者，故干部队伍建设是反腐成功的关键。这些精英追随者既是反腐措施的具体实施者，同时又是亿万百姓反腐的具体唤起者。历史经验告诉我们，离开大批管理阶层的支持，领导集体的决策必然得不到有效贯彻，必然对腐败分子抵触甚至进攻缺乏强有力的中坚力量，反腐事业就有可能半途而废。

## 五、 缩小自由裁量权和消除弹性审判对防止腐败犯罪至关重要

刑罚的目的在于通过惩处犯罪分子达到震慑和预防犯罪的作用。以贪污贿赂犯罪为例，同样是非暴力财产性犯罪，前者同非国家工作人员受贿、诈骗及盗窃等犯罪相比，预防的效果并不是很好。表面上看这些犯罪都以数额作为量刑的基本依据，有的规定了具体数量标准，有的则采取数额较大、数额巨大及数额特别巨大等刑档。由于贪污贿赂等腐败犯罪的主体大部分为官

员，同司法机关存在千丝万缕的联系，对案件的影响力相对要大很多，加之此类犯罪量刑尺度规定较为宽泛，客观上造成了犯罪情节和数额基本相同判决结果却不相同，使处罚结果在一定程度上带有很大的伸缩性，难以使惩罚犯罪做到罪行相适应。而其他犯罪的主体多为一般主体，对案件的干涉力相对于官员要小很多，这就使其他非暴力性财产犯罪的犯罪率及对社会的影响度基本停留在一个水平，几十年没有多大的变化，而贪污贿赂案件犯罪的犯罪主体职务却在不断增高，涉案的犯罪数额在不断增加，这就是反腐形势越来越严峻的深层次原因。破解的关键就在于阻断违法官员对案件的干预和消除腐败案件的弹性审判。

我们可以参照《刑法》对非暴力财产犯罪的量刑，原则规定贪污贿赂犯罪"数额较大"、"数额巨大"、"数额特别巨大"三个刑档，要具体规定数额量刑起刑点，以及每增加一定数额要相应增加的量刑。由最高人民法院、最高人民检察院制定每一刑档的数额范围。各省、自治区、直辖市高级人民法院、人民检察院可以根据本地区经济发展状况，并考虑具体反腐形势，在前款规定的数额幅度内确定本地区执行的具体数额标准，报最高人民法院、最高人民检察院批准。

考虑到犯罪情节是贪污贿赂犯罪的一个重要组成部分，可以把具体犯罪情节与数额同时列入刑档，比如，原则规定"数额较大或者情节较重"、"数额巨大或者情节严重"、"数额特别巨大或者情节特别严重"，也可以把情节单列在数额刑档以外。无论情节单列还是同数额一起并入不同的刑档，关键是要详细列出犯罪情节的具体情形以及相应的处罚标准。对具备如实供述自己罪行、真诚悔罪、积极退赃，避免、减少损害结果发生等情节的，也要严格规定应当减少基准刑的幅度，能细化的尽量细化。

基于反腐情况的实际需要，为了对惩处贪污受贿犯罪保持应有的威慑力，目前还应当保留死刑的规定，但需具体规定到什么程度就会被杀头，最好还有达到什么程度就会处以不允许减刑或者假释的规定，为反腐设置不能逾越的红线。这种办法无疑对统一法律处罚的执行尺度，提振反腐倡廉的信心具有一定积极意义。

# 论科研腐败的惩治与预防

卢建平[*]　　王晓雪[**]

在科学技术是第一生产力思想的指导下，我国日益注重提升科研能力，对科研经费的投入也越发重视。但意想不到的是该领域竟然成为腐败的"重灾区"，特别是高校，围绕科研经费形成了一条隐蔽的腐败生态链，教授、科研秘书、博士生、会计、采购人员都成了"一条绳上的蚂蚱"。教授作为科研腐败生态链的重要一环，使用非法手段套取科研经费的行为，更加引人注目。许多学术界大佬因身陷科研经费腐败，成为贪污、挪用科研经费的"硕鼠"，甚至成为阶下囚。

2011 年第一个大范围走进公众视野，涉嫌贪污科研经费的学术界大佬是中科院"准院士"段振豪。段振豪案件一审判决后不久，国家审计署又发现5 所大学 7 名教授弄虚作假套取国家科技重大专项资金 2500 万元，其中涉及中国农业大学教授李宁，浙江大学教授陈英旭，北京中医药大学教授李澎湃、王新月（李澎湃之妻），北京邮电大学教授宋茂强、邹华，中国人民大学教授潘绥铭。截至目前，共依法依纪查处了 8 人，其中，陈英旭、宋茂强被依法判刑；李宁、李澎湃、王新月、王甫（李澎湃的博士生）4 人被依法批捕；邹华暂不起诉；潘绥铭被行政处分。[①]

## 一、 科研腐败的概念及特点

从地球科学领域到转基因领域，从知名大学校长到学科领军人物，从虚报冒领到经费私用，从曝光的案件能够窥见当今科研腐败的基本样态。

### （一）科研腐败的相关概念

随着科研腐败案件的不断曝光，"科研腐败"给人以无处不在的感觉，治理科研腐败的呼声也越来越强烈。但何谓"科研腐败"，没有一个准确而规范的定义。实际上，科研腐败并非刑法学专有名词，而是在广义的社会腐败背景下，针对当前科研项目负责人在科研经费支出中存在违法违规行为的

---

[*] 北京师范大学刑事法律科学研究院常务副院长、教授、博士生导师，法学博士，中国刑法学研究会副会长。

[**] 北京师范大学刑事法律科学研究院刑法学博士研究生，北京市顺义区人民检察院助理检察员。

① 参见中纪委监察部网站发布的《中共科学技术部党组关于巡视整改情况的通报》，2014 年 10 月 10 日。

概括性称谓。本文将科研腐败限定为科研项目负责人在科研活动中用非正当手段套取科研经费的行为。科研项目的探索性、创造性、或然性使科研腐败具有不同于传统腐败行为的特点。

**（二）科研腐败的特点**

**1. 资金来源的"公有化"**

科研项目的探索性和或然性决定了其风险巨大，投入和产出可能不成正比，在此情况下，国家为了科技发展，必然对科研项目进行投入。我国科研经费投入以纵向为主，国家为了鼓励科学事业发展，不仅通过各级财政每年拨付给各高校行政事业经费，还通过国家自然科学基金委、教育部、科技部等相关部门拨付各类专项经费用于支持课题研究、改善研究条件。科研经费拨付单位的"公有"性决定了科研经费的"公有化"。这也是为何科研经费的滥用会和"腐败"挂上钩。

**2. 主体资格的精英化**

由于科研项目的创造性和探索性，只有具备相关领域前沿知识的精英人才才有可能完成项目。在曝光的科研腐败案例中，主体学历普遍较高，多为某个行业的专家学者或某一领域的领军人物。2002年确立课题制管理模式，课题负责人在允许的计划任务和预算范围内享有充分的自主权利，同时对课题任务的完成承担法律责任。能够担当课题负责人的都是供职于各高校，文化层次高的人。绝大部分为博士、博士生导师，学识渊博、地位崇高，独占性地掌握着该领域的前沿知识技术。对他们违规操作科研经费的行为必须慎重处理，否则，不仅会断送国家多年来花费重金培养的学术精英，更会打击科研人员从事科学研究的积极性，严重影响我国向科技大国进军的步伐。

**3. 表现方式的多样化**

（1）虚报冒领侵吞科研经费。项目负责人往往没有实际购买设备、出差或者开会，却虚报设备费、差旅费和会议费，后通过合法或者非法手段取得相关名目的发票到单位报销。甚至有人还是用假发票进行报销。也有项目负责人在劳务费上大做文章，根据经费管理规定，项目的劳务费只能支付给项目组成员中没有工资性收入的相关人员（如在校研究生）和临时聘用人员，而作为项目负责人无权领取劳务费。但老师和教授在课题中付出很多的智力劳动，认为自己理应得到报酬，所以就借用学生、亲属等人的身份证，冒充课题组无工资收入或者临时聘用人员的身份领取劳务费用。

（2）通过签订虚假合同侵吞科研经费。许多大型国家科研课题复杂程度高，一个课题组往往难以独立承担，需要与其他科研院所或者科研公司签订合作协议共同完成。在这种情况下，"课题合作费"就成为一项重要的科研经费支出项目，且合同标的和交易对价均由双方自行商定，没有硬性标准，一些科研人员便以子课题需要相关单位提供技术协助或者咨询为借口，通过与相关单位签订虚假合作协议的手段将科研经费拨付给该单位，再在事后以其他名目将科研经费从该单位套现后返回到自己手中。

（3）在购买科研材料、设备、开展科研活动的同时购买私人用品、进行私人活动。手里握着课题的人在课题进行期间的吃喝拉撒睡都可以通过科研经费报销，所以就出现了"吃经费"、"喝经费"、"用经费"的现象，甚至连给孩子买根铅笔，给家里添个茶壶也拿回课题组来报销。更严重的是利用项目经费采购科研使用的设备、仪器甚至房子等固定资产，待项目结束后，通过非法手段转移、藏匿，转化为私有财产。还有甚者借科研项目调研的名义，带着亲戚朋友去各地旅游、度假，然后堂而皇之将发票拿回课题组报销。

（4）借"产学研"之机，将科研经费转拨占为己有。高校单纯的"教书育人"的"象牙塔"职能已经在社会的高速发展的"倒逼"之下不复存在。第三次工业革命以后，高校为了适应并促进社会发展，必须与市场接轨，在此背景下，产学研结合就成为高校发展的必然趋势。然而，少数高校科研人员却把"产学研"结合作为一个获取非法得利的渠道，用自己或亲属的名字建立公司，以有利于实现高校"产学研"为由将科研经费作为公司启动资金或增资，实现自己的"老板梦"。

由于科研经费流程的复杂化，违规操作科研经费的手段也往往具有复合性，很多科研腐败案件不仅使用一种手段，而是多种手段交叉使用。

## 二、 科研腐败行为的性质分析

科研腐败的特殊性造成科研腐败定性困难，司法实践界和理论界有各自不同的声音。

### （一）司法实践

当前司法实践界认为科研项目负责人用非正当手段套取科研经费的行为理应构成贪污罪。理由如下：

第一，科研项目负责人具有国家工作人员身份，符合贪污罪的主体构成要件。陈英旭的判决书中明确写道："经审理，法院认为陈英旭身为国有事业单位中从事公务的人员"，宋茂强的判决书中也明确写道："经审理，法院认为，宋茂强身为国家工作人员"。

第二，科研项目负责人具有侵吞国有财产的故意，符合贪污罪主观方面的构成要件。科研项目负责人明知科研经费来自中央或者地方拨款，而希望将其非法占为己有，具有侵吞国有财产的直接故意。

第三，利用项目负责人"职务便利"，采用虚报冒领等手段，符合贪污罪客观方面的构成要件。

第四，破坏了高校科研人员的廉洁性，给国家造成巨大经济损失，符合贪污客体方面的构成。

仅北京市海淀区人民检察院反贪局 2005 年至 2012 年 6 月就立案侦查高校职务犯罪 38 件 52 人，分别占立案总数的 15.14%（件）和 17.57%（人）。52 名涉案人员中 80.6% 具有大专以上学历，最高被判处有期徒刑 13 年。区内 18 家高等院校牵涉其中。[①] 打击范围不可谓不广，打击力度不可谓不大。

凡是以虚报冒领、签订虚假合同、私自报销个人花费或转拨等手段套取科研经费的行为一律按照贪污罪定罪处罚吗？也不尽然。《最高人民检察院关于贯彻落实〈中共中央关于全面推进依法治国若干重大问题的决定〉的意见》第 10 条指出：检察机关要依法慎重办理科技活动和科技体制改革中出现的新类型案件，严格区分罪与非罪界限，依法保护科研单位和科技人员的合法权益，推动创新型国家建设。[②] 该意见虽不具有法律强制性，但是却表现了检察机关在查办科研腐败类案件所秉承的基本态度，即检察机关认识到此类案件的查办关系到创新型国家的建设，在认定犯罪时要慎重，充分考虑科技人员和科研活动的特点，正确区分科研探索的工作失误与违法犯罪，贯彻宽严相济的刑事政策，为建设创新型国家保驾护航。

**（二）理论观点**

科研腐败频现于报端，对相关人员的议论也甚嚣尘上，但是理论界关于科研腐败行为性质的深入讨论却凤毛麟角，目前只有两篇，一篇是题为《科研人员假借他人名义套取科研经费的行为性质辨析》，另一篇题为《科研人员不当套取国家科研经费不应当认定为贪污罪》，均认为不当套取具有可谴责性，但不应认定为贪污罪。原因在于：

第一，科研人员从事科研活动，并非从事公务，因而不属于国家工作人员，高校科研人员在形式上属于"国有事业单位工作人员"，但无论是教学还是科研行为，都属于技术性劳动而非公务。[③]

第二，科研人员在科研活动过程中没有可供利用的"职务上的便利"。科研经费由科研人员所在单位控制，科研人员都不对科研经费本身主管、管理或经手。[④]

第三，只要项目负责人按照项目合同书的要求完成了课题研究、通过了成果鉴定，其无论通过何种方式取得合同书所确定的科研经费，都不能视为

---

① 刘壮、罗猛、汪蕾：《关于高校和科研院所职务犯罪实证及分析——2005 年至 2012 年 6 月海淀区检察院反贪局查办案件总结》，载《21 世纪》2012 年第 11 期。

② 《最高检：严格依法慎重办理科技领域职务犯罪案件》，载正义网，http://news.jcrb.com/jxsw/201502/t20150212_1477954.html，访问时间：2015 年 5 月 31 日。

③ 郎雨竹、肖中华：《科研人员假借他人名义套取科研经费的行为性质辨析》，载《中国检察官》2014 年第 9 期。

④ 郎雨竹、肖中华：《科研人员假借他人名义套取科研经费的行为性质辨析》，载《中国检察官》2014 年第 9 期。

侵吞国有财产。①

## （三）观点评析

以不正当手段套取数额较大科研经费的行为一律以贪污罪论处的观点没有考虑科研活动的特殊性，对科研腐败行为的解释局限于表面，会严重挫伤科研人员创造的积极性，不利于科研工作的健康发展，故不可取；认为科研腐败行为不具备贪污的主体资格，没有可供利用的"职务上的便利"，不应认定为贪污罪的观点片面理解贪污罪的构成要件，可能存在放纵主观恶性大、故意侵吞、窃取、骗取国家财产的犯罪行为，亦不可取。本文认为，应该从科研项目的本质属性出发，分析科研腐败行为的性质，对科研腐败行为进行合理的法律评价，为惩治和预防科研腐败、建立风清气正的科研氛围创造条件。

目前，高校涉及的科研腐败行为均来源于纵向科研经费。国家有关部门、项目负责人及项目负责人所在高校通过科研合同的形式确定权利义务关系：国家有关部门提供科研项目所需经费，科研项目负责人按照合同要求完成科研课题，科研项目负责人所在高校进行经费管理和监督。对于纵向科研合同的性质，法律界见解不一：

较多学者认为科研合同是行政合同②。合同主体一方是国家相关部门（即行政主体）；合同内容由国家相关部门拨款，高校按要求完成科研项目并将成果交给政府；国家相关部门有指导和监督权，单方面变更解除合同权以及对合同相对人的制裁权；由于科研合同的公益性，一般由国家承担全部风险。据此，纵向科研合同符合行政合同的形式特征。此外，学者们还反复论证，科研项目合同已经超越了民事法律的调整范围，应纳入特定的行政法律调整范畴。2004 年 11 月，应松年主持起草的《行政程序法》（试拟稿）第 7 章"行政合同"第 162 条列举的 9 种行政合同包括"行政机关委托完成的科研合同"。③

也有专家认为科研合同不是行政合同④，是普通民事合同。首先，科研合同的目的是完成科学研究，科学研究是遵循自然规律的客观行为，并非执行公务；其次，行政合同赋予行政主体很多权利，但并非行政特权。行政主体在科研合同中主要承担的义务为给付金钱，也并非行政法上的义务；最后，

---

① 肖中华：《科研人员不当套取国家科研经费不应认定为贪污罪》，载《法治研究》2014 年第 9 期。

② 熊文钊著：《行政法学》，复旦大学出版社 2003 年版，第 161 页；叶必丰著：《现代行政法原理》，法律出版社 2000 年版，第 466 页；张树义主编：《行政法学》，武汉大学出版社 2005 年版，第 279 页。

③ 应松年：《〈行政程序法（试拟稿）〉评介》，载《政法论坛（中国政法大学学报）》2004 年第 5 期。

④ 刘东升：《行政程序立法研讨会综述》，载《行政法学研究》2005 年第 3 期。

科研项目负责人按照合同约定取得科研经费，并完成科研成果交付委托单位，是民法上的权利义务。

本文观点，单纯从保证科研活动自由的角度出发，纵向科研合同应该是单纯的民事合同，科研腐败行为自然纳入合同法进行调整，承担相应违约责任；但是纵向科研合同本身具有不同于民事合同的特质，且我国对于纵向科研合同也有特殊的管理规范。所以，科研腐败行为应该纳入行政法的调整范畴，同时承担违约和违法责任。

我国对纵向科研合同的管理行政化色彩浓重。专门的基金管理办法就有十部之多。仅 2012 年，针对高校科研管理中存在的问题，教育部会同财政部印发了《关于加强中央部门所属高校科研经费管理的意见》、《教育部关于进一步加强规范高校科研项目管理的意见》以及《教育部关于进一步规范高校科研行为的意见》。三个文件分别对加强科研项目管理、加强科研经费管理、加强科研行为规范提出了明确要求，构成了对科研项目、科研经费和科研人员"三位一体"制度体系。① 科研人员在签订纵向科研合同后不仅要履行合同约定的义务，还必须受上述行政规章制度的约束。所以有学者称："科研合同实际上是政府以契约形式为外壳，推行其科技政策，将国家科技项目计划加以落实的具体行政行为，实质上调整的是科技主管部门与科研机构之间的管理与被管理的纵向关系，其执行更直接渗入了国家意志和政府意志。"②

科研人员违反行政合同，不仅承担违约责任，还必须承担违法责任。有学者建议，根据国家科研项目合同的违约现状，为保证合同得到更好地履行，可以设置以下几种责任承担方式：警告或通报批评、取消申报科研项目的资格、追回全部科研经费、扣除保证金。③ 但是目前，我国科研合同的违约责任机制却相当不完善，对科研项目负责人欠缺有效的制约手段。根据有关规定，当科研项目负责人不履行或不完全履行合同时，只是对其今后的课题承担、社会信誉或资金拨款方面有一定影响。这种向后延伸的预防措施并非有效的处罚措施，使科研人员行政责任虚化，严重影响了科研项目的实施，损害公共利益。

再反观司法实践和学术界对科研腐败的处理态度，前者认为纵向科研合同就是普通的民事合同，科研腐败行为仅是一方当事人的民事违约行为，承担违约赔偿责任即可，不涉及对其进行违法犯罪的评价。根据上述对我国纵向科研合同性质的分析，该观点的错误显而易见，即将纵向科研合同的行政合同性质误认为普通民事合同，用违约责任掩盖了行政违法责任，导致了对科研腐败行为的错误评价和不适当处理。前者认为科研腐败行为严重侵吞了

---

① 黄蔚、翁小平：《管得太死是票据造假的诱因？》，载《中国教育报》2013 年 4 月 30 日。

② 郭润生、邬帅莉：《论科研合同及其法律规范化》，载《科学技术与辩证法》1998 年第 4 期。

③ 雍维：《国家科技计划项目合同》，西南政法大学 2011 年硕士学位论文。

国家财产，理应评价为刑法上的贪污犯罪。科研腐败行为实际上是行政违法行为，而目前我国行政法律没有对该行为做出适当的规制属于"法律的空白"，那么，以刑法对科研腐败行为进行直接犯罪化评价就是"法律的越位"。该问题涉及刑法与行政法的衔接，比较复杂。限于本文篇幅有限，仅作简单诠释。刑法和行政法都属于公法范畴，调整的对象都具有广泛性。那么哪些是行政违法？哪些是犯罪呢？当某些行政犯罪涉及重要法益，行政法的禁止规定仅是对刑法的引导，行政违法的结果只有刑事责任，即排斥行政责任的适用；对于某些次要法益，只需要行政法的调整，排斥刑法的适用；当二者在调整对象上存在竞合关系时，就体现出刑法对行政法的依赖性。①据此，在二者调整对象存在交叉的情况下，刑法对某一危害行为的处罚必须以行政法有规定为前提条件，这就是所谓的刑法对行政法的依赖性。国家工作人员违反《公务员法》等行政法规利用职务便利将国家财产占为己有，危害程度超过一定量的才上升为刑法贪污罪的评价对象，否则就按照相应行政法规进行处罚。而在我国目前对于科研腐败行为并没有规定相应完善的行政处罚，所以上升为刑法贪污罪进行处罚就显得很不合理。

司法实践和理论界对科研腐败行为的处理意见都不尽合乎法理，又难以在短时间内完善行政法律以正确规制该行为。那么是否意味着我们目前对科研腐败行为束手无策、放任自流呢？当然不是。本文认为，在行政法一时难以完善对科研腐败行为的规制的情况下，可以暂时跨越形式的不合乎法理，坐上《刑法修正案（九）（草案）》对贪污罪定罪量刑判断标准发生巨大变化的"便车"，运用刑法对科研腐败行为进行实质上合理的法律评价。与最高人民检察院《关于贯彻落实〈中共中央关于全面推进依法治国若干重大问题的决定〉的意见》关于处理科研腐败案件的理念有异曲同工之效。对于以非正当手段套取科研经费数额较大，但是顺利完成科研项目，经评估后为优秀科研成果，并于国家司法机关介入前退还经费，并未造成国家财产损失的科研人员，可以不按贪污罪定罪处罚，给予相应的行政处罚；以非正当手段套取科研经费数额较大，实际进行科研项目但尚未完成，经评估后已进行的科研项目有较大科学价值，经国家司法机关介入前退还经费，并未造成国家财产损失的科研人员，按照贪污罪减轻或免除处罚；对于极少数以非正当手段套取科研经费数额特别巨大，恶意不完成科研项目，拒不退还科研经费的，可以按照贪污罪定罪处罚。

## 三、 预防科研腐败的对策

从犯罪学的角度，任何违法犯罪行为都是社会因素与个人因素的结合。

---

① 姜远斌、杨曙光：《刑法与行政法衔接问题探析》，载《人民检察》2014 年第 3 期。

因此，高校科研经费领域的违法犯罪行为，不能完全归责于科研人员，从根本上还是科研经费管理和监督制度出现了偏差。所以，预防科研腐败，还要从制度入手。

（一）我国纵向科研经费管理及监督制度存在的问题

1. 科研经费管理缺乏灵活性

首先，科研活动具有探索性、创造性、或然性、时间跨度大的特点，项目进行过程中经常会出现预料之外的突发事件。但是上述情形在编制经费预算时根本无法准确估量并列出，自然就会出现实际经费开支与预算不相符的情况。许多项目负责人为了使支出与预算形式上一致，就想方设法找与预算所列项目相符合的发票，甚至是假发票，以弥补实际科研支出的漏洞。其次，很多项目都不是一次性完结的，需要后期维护或开发。但是根据纵向课题管理规定，课题的结束就意味着研究经费的使用完毕，如果有结余经费，就必须退还。这种一次性、毫无后期保障的经费投入方式逼迫想维护、深化项目成果的科研人员必须在项目进行过程中绞尽脑汁虚报支出，截留部分经费以备结项后使用。此外，国家实行了科研经费动态投入机制（以国家社会科学基金项目经费管理办法为例，经费分三次拨付：立项当年拨付30%，次年以检查合格的书面报告为凭，拨付50%，其余20%在项目验收结项后拨付），但是不同领域、学科研究活动规律不同，科研项目进度及经费支出也不可能完全相同，不根据项目实际需求，而是按照统一比例和时间拨付，使经费划拨与科研项目进度不符，违背了科研活动的规律，具有"一刀切"的错误倾向，阻碍了科研项目的顺利开展。最后，科研经费没有考虑科研人员的智力劳动价值，列支项目中没有科研人员的劳动报酬一项，使许多为科研项目付出辛勤劳动的教授、老师心理产生极大的不平衡，也就出现类似北京邮电大学宋茂强借用学生、亲戚身份证虚报冒领劳务费的问题。经费管理的不灵活为科研腐败埋下了严重的隐患。

2. 经费监督执行力度不足

根据纵向科研合同的约定，项目负责人所在单位（高校）对科研经费的执行有监督义务，但是高校普遍忽视对科研项目的监督管理。"热规定，冷监督"普遍存在。虽然各高校都制定严格的项目监督管理办法，但可操作性不强，在执行上疲软。对科研经费负有监督职责的有三个部门：财务、纪检和审计。纪检部门认为对经费的监督，财务部门更专业，应该以财务部门为主，自己只能在事后进行检查且由于项目过多、人员配置少也不可能完全检查；审计部门也表示只有在国家相关部门要求审计时，才会介入检查，没有实时监督，无法及时发现问题，发现问题也就无从挽回了；而作为"众望所归"的财务部，监督力度也不够，因为科研项目列支项目烦琐，一到年底结题，报销人数激增，财务人员根本没有时间去考虑各项经费支出的合理性。

三方监管的集体失力，缺乏对科研经费使用的全程跟踪，变相鼓励和纵容了报销不实、乱用科研经费的科研腐败行为。

（二）我国纵向科研经费管理及监督制度改进的措施

1. 建立科学、灵活的经费管理制度

严苛、死板的经费管理制度给科研人员戴上了"紧箍咒"，很多高校科研人员已经"吃不消了"。他们感慨申报项目太辛苦，完成项目太清苦，报销过程太"心苦"，科研经费管得太死，严重影响科研项目进度和科研创造积极性。① 建立科学、灵活的经费管理制度应该成为科研经费改革的重要内容。首先，建立规范的预算调整机制。在预算执行过程中，由于主、客观条件的变化，有必要对预算进行调整。规范预算调整审批制度和程序，对预算调整的范围、条件、程序等做出明确规定。② 在保证预算科学性、严肃性和可操作性的同时，注重遵从科研活动的规律。其次，建立结余经费奖励和科研成果转化资助制度。对于精打细算的项目负责人，应该直接把结余经费奖励给他们，提高其科研积极性；对于科研成果被评定为优秀，且有后续开发转化价值的，委托单位应该在结题后给予必要的资助，促进科研成果的转化。此外，在经费管理方面，应更加重视高校科研经费管理制度的精细化、科学化，避免"一刀切"。要分类别、分学科，让科研经费管理严得更有道理、更有成效，在管好科研经费的同时充分调动科研人员的积极性，而不是一味简单强调"从严管理"。例如，对于自然科学和社会科学的不同科研项目，经费管理应该实行分类管理制度，在项目经费指标设计上更加精细化。具体而言，从学科性质的角度区分，自然科学研究，在经费拨付上可注重前期资助，以保证研究的顺利进行；而对于社会科学研究，则应更多地关注后期成果，以提升研究的影响力。③ 最后，应取消科研经费中关于劳务费比例限制的规定，充分考虑科研人员智力劳动的价值。在预算决算经费开支中增列"劳动报酬"项目，具体拨付方式和额度可以根据项目进度和成果完成情况确定。

2. 落实明确化、常态化的经费监督制度

首先，在经费报销的监管方面，可以引入公务卡机制。目前，高校科研经费的支出多采用现金支出、事后报销的形式，经费使用的真实性以及资金流向难以监管。可以要求科研项目负责人、科研项目日常管理人员在进行科研项目、发生经费支出时优先使用公务卡结算。报销需同时出具发票和公务卡，要经包括科研管理部门负责人、项目负责人等相关人员签名才能生效，这样一来虚假发票就难以蒙混过关。其次，明确财务、审计和纪检三方监管

---

① 黄蔚、翁小平：《管得太死是票据造假的诱因?》，载《中国教育报》2013 年 4 月 30 日。
② 史焱：《S 高校科研经费管理制度》，山东大学 2011 年硕士学位论文。
③ 黄蔚、翁小平：《规范管理与创新机制双管齐下》，载《中国教育报》2013 年 4 月 30 日。

部门各自的职责。财务监督应贯穿科研项目的全过程，认真履行对科研项目日常监管的职责，注意与纪检和审计部门的沟通与配合，共同实现对项目运行全过程的"跟踪式监督"。最后，突出审计的作用，将高校的常规审计、委托单位的不定期审计相结合，重点审计财务支出活动的合法性、合规性、合理性、有效性，具体审计科研经费列支是否符合规定的范围和标准、科研经费是否被截留和挪用、发票内容是否真实等内容。①

正如邓小平同志曾经指出的："制度好可以使坏人无法任意横行，制度不好可以使好人无法充分做好事，甚至走向反面。"只有完善科研经费管理制度，用有效的制度把科研人员的人心管住才是关键。一味"从严管理"、"从严处罚"，科研领域道德滑坡、腐败丛生将无从根治，国家科技发展的未来也将无以为继。

---

# 论电子预付卡滋生的腐败行为
# 及其法律对策[①]

常秀娇[*]　王　博[**]

随着中央整治干部作风力度的不断加大，公职人员收受预付卡或有价证券等现象得到明显遏制。但随着反腐的深入展开，一些单位与个人"暗度陈仓"，试图利用电子预付卡等网络支付手段逃避监督，送礼与收礼实现"隔空操作"，腐败活动呈现"虚拟化"。因此，电子预付卡甚至被称为新型的"送礼神器"。电子预付卡究竟为何物，为何会成为滋生腐败的工具，应当怎样加强监管？在建立健全惩治与预防腐败体系的大背景下，我们需要从电子预付卡的概念、属性、特征入手，明确电子预付卡滋生腐败行为的特点及原因，最终形成科学的法律对策。

## 一、 电子预付卡的理论定位

电子预付卡具有不同于传统实体型预付卡的特点，这为滋生新型腐败行为提供了便利。在此，我们有必要对电子预付卡的概念及其使用流程进行分析，这将为后文研讨电子预付卡腐败问题奠定理论基础。

### （一）电子预付卡的概念界定

与传统的"一手交钱、一手交货"、银货两讫的消费形态不同，预付卡是在预付式消费模式中所使用的票证，但因发行的主体与适用的领域的不同，预付卡还可能被称为商品礼券、现金储值卡或电子预付票证等。在预付式消费模式中，消费者先行一次性交付金钱给经营者或第三方发卡机构，后由经营者或第三方发卡机构向消费者提供用于后续多次的、不确定履行时间的消费票证，这一票证将会明确规定消费者支付的金额、享有的权利、相关的限制以及经营者后续的给付义务，且消费者在后续消费过程中往往需要出示这

① 基金项目：辽宁省教育厅科学研究一般项目"辽宁省消费预付卡法律规制问题研究"（编号：W2015132）；辽宁省法学会自选课题"消费预付卡格式条款法律规制问题研究"（编号：LNFXH2015C021）；东北财经大学青年科研人才培育项目"预付式消费履约担保机制研究"（编号：DUFE2015Q17）。

\* 北京市社会科学院法学研究所助理研究员，法学博士。
\** 东北财经大学法学院讲师，法学博士。

一票证。① 因此，从学理上来看，预付卡可以被定义为"在预付式消费形态中，由消费者先行向经营者或第三方机构支付钱款，而后以记载该钱款价值的礼券或是储值工具作为支付使用之预付式票证"。

预付卡包括有单用途预付卡与多用途预付卡两种类型，前者为某商家自行发行的并仅限于在发行人经营范围内使用的预付卡类型，因而也被称为"自家型预付卡"，后者是指由专门的第三方机构所发行的并可于发行人之外的多个商家经营范围内使用的预付卡类型，因而也被称为"第三方型预付卡"。多用途预付卡是指发卡机构发行的，可在发卡机构之外、在发卡机构拓展的特约商户范围内购买商品或服务的预付卡；单用途预付卡是指从事零售业、住宿和餐饮业、居民服务业的企业法人发行的，仅限在本企业或本企业所属集团或同一品牌特许经营体系内兑付货物或服务的预付凭证。鉴于两种类型的预付卡在适用范围、法律特点以及风险防范等方面的诸多差异，对于二者的监管权力配置呈现多元化。多用途预付卡由人民银行监管，主要手段是实行发牌管理，而单用途预付卡由商务部监管，主要手段则是实行登记或备案。2012年，人民银行出台《支付机构预付卡业务管理办法》、商务部出台《单用途商业预付卡管理办法（试行）》，上述两个规范性法律文件通过实名购卡、非现金购卡、限额发行等措施对商业预付卡业务加强管理。但颇为遗憾的是，上述两个关于预付卡的管理办法只是明确了虚拟的电子预付卡（"办法"中称为"虚拟卡"）属于预付卡的范畴，但均未对电子预付卡作出特别的规定。

从广义上来讲，电子预付卡是以电子方式存储在技术设备中的货币价值，是一种预付价值的无记名支付工具（Bearer Instrument），被广泛用于向电子预付卡发行人或者是发行人以外其他经营者的支付活动。具体来看，电子预付卡可以分为以（塑料）卡类物质附加电子芯片为基础的预付价值卡基产品和以使用计算机和特殊软件为基础通过计算机网络进入电子商户而使用支付卡进行支付的"进入类产品"，即虚拟型电子预付卡，狭义的电子预付卡仅指后者，本文所研讨的电子预付卡也是指虚拟型电子预付卡。②

虽然电子预付卡是一种伴随着电子商务快速发展所产生的新兴事物，但电子预付卡其实并不神秘，其不过是现代电商平台与传统实物型预付卡所结合后形成的虚拟产品，即一种虚拟的预付卡，但其具有与实物型预付卡相同的支付功能。事实上，电子预付卡最大的特点就在于"虚拟型"——没有任何有形介质，这也进一步决定了电子预付卡从购买到使用的全过程都是在虚

---

① 林育生：《预付型商品之规范——以日本法为借镜》，载台湾《科技法律透析》2006年第1期。

② 李爱君著：《电子货币法律问题研究》，知识产权出版社2007年版，第92页。

拟的网络空间上完成的。随着电子计算机和网络技术的发展，电子商务不断推陈出新，依托于虚拟网络的预付价值卡"进入类产品"将会得到更为广泛的应用。

### （二）电子预付卡发行与使用流程之梳理

近年来，国内的一些大型电商，如亚马逊、京东商城、苏宁易购等，他们均推出了各自的电子预付卡。同时，作为国内首屈一指的第三方支付平台，支付宝亦推出了支付宝电子预付卡。通常，某一电商平台或第三方支付平台会在其网站上公布购买电子预付卡的流程、权利义务关系、使用方式、预付卡的面额等。购卡者登录其电商平台账号后，可以在电商平台上选定特定面额的预付卡；通过网络支付成功后，消费者可以收到电商平台发送的电子预付卡相关信息。由于具体的购买流程不同，电子预付卡的表现形式也存在一定差别。一种情况是，消费者支付价款后，电商平台会将电子预付卡的账号和密码这两组数据直接发送到消费者的个人账户中。凭这两组数据，便可在购买商品时完成相应额度的支付。另一种情况是，电商将电子预付卡以预付卡的外形（实质上是一种链接）发送到购卡者的电子邮箱中，之后消费者可以点击激活电子预付卡，并在电商的平台上完成充值。当然，在第二种情况下，购卡者可以将电商平台发送的电子预付卡直接转赠给他人。

此外，还有一种名为"礼品册"的电子商品在网络上销售火爆，其具有与电子预付卡相类似的特点，并且是专为"送礼人士"服务。具体来看，在某些销售礼品册的电商网站中，不同价位的礼品册对应着一类或者是一系列商品，如手机类、电子数码产品、首饰类、名烟名酒等。送礼者首先选定特定的商品系列或商品类型，之后通过网上支付进行付款，网站会发送特定的账号、密码给送礼者。此后，送礼者可以将该网站特定"礼品册"的链接以及账号、密码发送给收礼者，收礼者登录网站输入账号密码后便可自行选择礼品，之后礼品将会由快递送达。

## 二、 电子预付卡滋生腐败行为的现象考察

虽然"卡腐败"现象早已不是秘密，但电子预付卡的出现仍然给传统的反腐败机制带来了新的挑战。从法律上寻求应对电子预付卡腐败的基本对策，我们首先需要对电子预付卡滋生腐败行为的现象有清晰的认知。

### （一）电子预付卡滋生腐败行为的特点考察

电子预付卡滋生腐败行为所呈现出的首要特点是虚拟化。在电子预付卡与电子商务快速普及的情况下，由于没有以卡形物质作为其物理载体的介质，传统的送卡收卡行为变成了简单的数据传输，在整个交易过程中现实的金钱被虚拟成电子预付卡上的金额，电子邮件或微信、QQ等社交软件都能够作为传输载体，这便使信息传输过程中实现的腐败行为具有较强的私密性。随

着以电子预付卡为基础的送卡收卡行为完全实现了线上操作，若是加上谋取不正当利益的行为或许诺也能够通过互联网实现虚拟化，那么，腐败行为的线上操作及其虚拟化的现象将会为我国的反腐败工作带来新的挑战。

其次，由于我国目前尚未完全实现网络实名制，电子预付卡也无法实现实名制，目前市面上的电子预付卡都属于不记名卡，因此，以电子预付卡滋生的腐败行为更具有隐蔽性。目前，我国的电子预付卡在面额设定、购买张数等方面并无严格限制。在收卡者收受电子预付卡后，只需在相应电商平台拥有账户即可使用，而注册账户并不需要实名验证，电商网站并未要求购卡者输入身份证号码；购买成功后，系统提供消费密码，在提交订单环节输入密码即可消费。因此，在收卡人使用电子预付卡购买商品时，只要不向物流系统提供真实的身份信息，整个电子预付卡的使用过程都具有极强的隐蔽性。

最后，电子预付卡滋生腐败行为进一步催生出电子预付卡交易的二手市场。由于电子预付卡的虚拟性、隐蔽性与便捷性，在收卡人自己不需要直接使用时，可以将其用来再次送礼或找"黄牛"套现。事实上，在目前的淘宝二手交易市场，二手的"电子礼品卡"成为一类颇具特点的电子商品，价值几百元乃至几万元不等的电子预付卡多是以九折甚至更低的价格出售。依托于二手的电子预付卡交易市场，以电子预付卡为基础的收卡腐败行为与洗钱行为直接联系，更是为腐败活动提供了便利。

概言之，电子预付卡从购买到收受，双方无须见面，也不用经手实体卡片，既方便快捷又避免了风险。可以说，电子预付卡为节假日送礼以及"为变相行贿受贿"提供方便。

### （二）电子预付卡滋生腐败行为的原因分析

毫无疑问，在八项规定出台以及反"四风"以来，请客送礼的风险越来越大，在收受礼金传统模式的映衬下，以电子预付卡方式送礼的安全性与便捷性就显得尤为重要。而从根本上来看，电子预付卡滋生腐败行为乃是电子商务模式迅速发展过程中所产生的负面效果。

由于我国电子商务管理存在诸多漏洞，加之我国在节日期间或公务活动中送礼行为或传统人情观念的存在，电子礼品卡便成为电子商务开发中的新商机。电子预付卡使得礼品流通过程"隐身变形"，加上我国的网络虚拟活动尚未实行实名制，送礼与收礼活动便可出没于网络，大玩"躲猫猫"。而以电子商务为依托的电子预付卡能够为收礼人提供极多的便利，选定后的礼品可快递到家门口，既安全又隐蔽。正是由于种种便利的存在，特别是从购卡、送卡到收卡、用卡全过程的隐蔽性，电子预付卡"当仁不让"地成为了

"送礼神器"。可以肯定，电子预付卡的出现，为变相的行贿受贿提供了方便。[①]

此外，尽管商务部出台了《单用途商业预付卡管理办法》，但尚未颁布有关电子礼品卡的专门规定，这便给利用电子预付卡送礼收礼的腐败行为提供了空间。虽然现有的电子礼品卡被纳入单用途预付卡的范畴，但对电子预付卡仍缺乏系统的定位，目前的立法仍然是立足于实体卡，将电子预付卡纳入相应的"管理办法"往往是依据实体卡的规定，难以明确在复杂的电子商务活动中具体的职责分工甚至是责任交叉。因此，即使抛开电子预付卡成为"送礼神器"的弊端，电子预付卡在带来快捷便利的同时，也"继承"了我国电子商务活动中的制度困境。

事实上，虚拟的网络空间不能等同于虚假的身份。对电子商务中不规范行为的原因进一步归结为我国在网络空间法律规制方面的制度缺失。正是由于虚拟空间中信息使用、利用中的失范，使得互联网成为我国实施违法犯罪行为的理想空间。"电子礼品卡"之所以在腐败活动中受到青睐，在于送礼和收礼双方互不见面，风险小；"礼品卡"可以随时套现，省略了实体兑现环节，不易暴露；同时"礼品卡"通过网络交易，私密性强，利于逃避监督。因此，正是由于我国在虚拟网络空间的失范，"电子预付卡"才得以为腐败行为披上了"隐身衣"。[②]

## 三、 应对电子预付卡腐败行为之法律对策

首先，促进电子商务活动法律规制的系统化与规范化。为了实现对电子预付卡的有效监管，电子商务活动需要更加规范化。一方面，国家应尽快制定电子预付卡的法律规范，如扩大监管范围，不仅购卡实名，用卡也要实名，不仅线下实名，线上也要实名，不仅要限制单卡金额，还要限制单卡销售数目等。但更为重要的是，电子预付卡的监管还要依托于多部门的共同合作。事实上，电子预付卡"操作"起来虽然比实体卡隐蔽，但也绝非无迹可寻。但由于监管部门之间分工与衔接的不畅通，在购卡与消费的虚拟网络之外往往需要依托于通信运营商、金融机构或非传统的支付机构以及物流公司，在这些过程中，相关的身份信息、交易过程通常有迹可循，但由于各个环节的交流不畅、信息脱节，因此难以对电子商务活动形成有效监管。因此，只有确保电子商务活动在整体上的规范化，电子预付卡的购买、移转、使用才能纳入有效的监管体系中。

其次，明确电子预付卡专门监管中的立法模式选择。电子预付卡监管主

---

① 卜令伟、程丽红：《别让电子礼品卡成为腐败"隐身衣"》，载《人民政协报》2014年4月1日第12版。

② 徐豪：《电子礼品卡摇摆在腐败与友情之间》，载《中国报道》2014年第3期。

要横跨在电子商务与预付卡监管两个领域，但从目前的实际情况来看，两个领域内的相关立法都缺乏对电子预付卡的应有关注。目前，由于电子预付卡发展极其快速，对于电子预付卡的监管应该以哪个法律体系为核心来展开，是以预付卡监管体系还是以电子商务监管体系为核心，事实上学界的认定并不明确。其原因就在于，对电子预付卡的定位不清——无论是单用途还是多用途，没有结合电子预付卡的法律特点而被纳入专门的制度框架下。对于以电子预付卡的虚拟特质以及以之为媒介所进行的电子商务活动，应当如何确立监管的基本立场。在笔者看来，电子预付卡的监管应当跳出传统的预付卡监管立法，将其纳入电子商务活动的相关立法规范中，以电子商务监管为基础，附之以预付卡监管法律规范，由此来构建电子预付卡的监管体系。

再次，确立刑事政策层面的严格立场。事实上，早在 20 世纪 90 年代初，《中国共产党党员领导干部廉洁从政若干准则》和《中共中央办公厅、国务院办公厅关于严禁党政机关及其工作人员在公务活动中接受和赠送礼金、有价证券的通知》（中办发〔1993〕5 号）便做出明确规定，"严禁国家工作人员特别是领导干部在公务活动中收受任何形式的商业预付卡。凡收受商业预付卡又不按规定及时上交的，以收受同等数额的现金论处。对涉嫌受贿的，依法严肃查处"。此外，在 2011 年 5 月 25 日，国务院办公厅转发了中国人民银行、监察部、财政部、商务部、国家税务总局、国家工商行政管理总局、国家预防腐败局联合下发的《关于规范商业预付卡管理的意见》，表明了国家对预付卡滋生腐败行为的强硬态度。该《意见》在"坚决治理、防贿促廉"部分明确指出，"治理收卡受贿等违纪违法行为，是加强反腐倡廉工作的迫切要求和重要环节，必须进一步狠抓落实，加大查处力度"。

最后，准确把握刑法适用中的法律解释。通常，卡腐败案件的曝光通常是出自众多贿赂犯罪中的某一起，单纯给"卡腐败"定罪的案例还是极少的。行为人收受各种预付卡后即使被查出，多数情况下也仅仅被视为违纪、违规行为，很少以受贿罪来论处，因此，"卡腐败"的问题往往难以杜绝。事实上，根据最高人民法院、最高人民检察院颁行的《关于办理商业贿赂刑事案件适用法律若干问题的意见》第 7 条规定："商业贿赂中的财物，既包括金钱和实物，也包括可以用金钱计算数额的财产性利益，如提供房屋装修、含有金额的会员卡、代币卡（券）、旅游费用等……"因此，在"零容忍"的政策下，刑事司法实践中应当正视"财物"的范围，依法追究"预付卡型"贿赂行为的刑事责任。此外，公安部门应加大力度治理违规倒卖预付卡的行为，对于专门从事倒卖预付卡活动的行为人，可以根据行为的严重程度，因其未能获得《支付业务许可证》所规定的发行、转卖预付卡的支付业务资质,适用我国《刑法》第225条的非法经营罪定罪处刑。[1]

## 四、 小结

现代科技的发展推动社会的进步,当然也将推动着犯罪的手段、方式趋向更为隐蔽与复杂,高科技本身是价值无涉的,不具有辨别善恶之能力,既可以为犯罪者所利用,也可以为犯罪治理者所利用,博弈之间也会为犯罪治理行动带来新的工具与方法。[2]事实上,电子预付卡与实体卡只是介质不同、载体不同,因此在使用方式上必然存在差异;但必须明确的是,以电子预付卡进行腐败活动所产生的法律后果与实体卡并没有本质区别。真正让权力在阳光下运行,一方面需要加大问题查处力度,始终保持"零容忍"姿态,对收受预付卡、变相行贿受贿以及回收、倒卖预付卡等行为,一经发现,严惩不贷。另一方面,通过多层次的法律制度设计来优化电子商务、预付卡监管以及刑法适用中的法律规定,将是直接"卡"住电子预付卡腐败的现实路径。可以肯定,以"八项规定"对"卡腐败"的震慑作用为政策根基,通过电子预付卡相关法律制度的不断完善,我们有理由期待,电子预付卡将远离腐败,最终回归其市场本色。

---

① 《电子购物卡网上热销 "卡腐败"真能卡住吗》,载《中国妇女报》2013年6月21日第01版。

② 卢建平、姜瀛:《论犯罪治理的理念革新》,载《中南大学学报》(社会科学版)2015年第1期。

# 完善现代企业制度减少和预防国企 "一把手" 职务犯罪

## ——以天津市人民检察院查办的金某某、牟某某、马某某等案例为样本

### 天津市人民检察院第一分院课题组[*]

近年来，国有企业"一把手"职务犯罪案件频发，如何加强对国企领导班子的监督成为当下反腐工作的重点。为此，我们对天津市近五年来检察机关查办的国有企业职务犯罪案件情况开展了专题调研，结合天津市人民检察院查处的"天津燃气集团原总经理金某某案"、"海泰投资担保公司原总经理牟某某案"、"城投集团原党委书记马某某案"三起国企"一把手"职务犯罪案件，在梳理总结当前国企职务犯罪现状及特点的同时，对"一把手"走向犯罪的原因进行了探究，有针对性地提出了预防国有企业"一把手"职务犯罪的思路和对策。

## 一、 国有企业"一把手" 职务犯罪的基本情况及特点

据统计，2009 年至 2014 年，天津市检察机关共立案侦查国企人员职务犯罪案件 1223 人。其中国企"一把手"职务犯罪 167 人，占国企人员职务犯罪总人数的 13.65%。同期天津市人民检察院立案查处国企职务犯罪 20 人，其中一把手 9 名，占国企犯罪总数的 45%。结合天津市近六年查办的国有企业"一把手"职务犯罪案件的基本情况和天津市人民检察院查办金某某案、牟某某案、马某某案这三起典型案件分析，国有企业"一把手"职务犯罪案件呈现以下特点：

### (一)"一把手"犯罪比例较高，涉案金额呈巨额化发展趋势

从统计数据可以看出，天津市近六年检察机关共立案侦查国企人员职务犯罪案件 1223 人，其中国企"一把手"职务犯罪 167 人，占国企人员职务犯

---

* 课题组成员：陈国平、解代红、拜飞、张伟德。陈国平：男，天津市人民检察院第一分院职务犯罪预防处处长；解代红：女，天津市人民检察院第一分院职务犯罪预防处副处长；拜飞：男，天津市人民检察院第一分院职务犯罪预防处民警；张伟德：男，天津市人民检察院第一分院职务犯罪预防处民警。

罪总人数的 13.65%，充分说明了"一把手"犯罪比例较高的现状。与此同时，国企"一把手"犯罪的涉案金额呈巨额化发展态势。以天津市人民检察院查办案件为例，2003 年至 2008 年六年间天津市人民检察院立案查处的国企"一把手"职务犯罪百万元以上仅两人，而 2009 年至 2014 年，百万元以上案件国企"一把手"职务犯罪案件 8 人，其中金某某案、牟某某案、马某某案犯罪金额均超千万元。

### （二）犯罪主体文化程度较高，犯罪手段向隐蔽化、复杂化发展

国有企业管理者和经营者的文化程度直接影响到国企的发展壮大，因此在国企干部的选拔任用上也会注重被任用者的文化程度。从近几年查办的国企职务犯罪案件的情况来看，涉案的国企"一把手"往往都具有较高的学历。例如，金某某案件中，金某某的学历为博士研究生；牟某某案件中，牟某某的学历为硕士研究生；马某某案件中，马某某的学历为博士研究生。这些具有高学历、高智商的国企"一把手"具备很强的自我保护意识和反侦查能力，一旦走上犯罪的道路，其犯罪手段呈现隐蔽化、复杂化的特点，犯罪形式也表现为以合法的形式掩盖非法占有目的。以金某某案为例，在金某某涉嫌贪污公款的 6 次犯罪中，有 4 次都是通过签订虚假合同这种掩人耳目的方式套取公款后贪污，之后为了掩饰隐藏犯罪所得，并规避财产申报，购置的房产大多挂名在其母亲或弟弟的名下，理财产品也是以签订虚假协议的方式假借他人名义购买的。

### （三）贪污贿赂犯罪与渎职犯罪互相交织，社会危害性加大

近年来，贪利型渎职犯罪较为突出，一些国企"一把手"受经济利益的驱使，收受他人财物后，滥用职权或玩忽职守不作为，出现贪污贿赂犯罪与渎职犯罪交织的现象。例如，在金某某、牟某某、马某某这三起案件中，牟某某与马某某这两个国企"一把手"均涉嫌受贿犯罪，同时两人又涉及渎职犯罪，其中牟某某滥用职权给国家造成经济损失 1.69 亿元，马某某涉嫌滥用职权罪和玩忽职守罪，给国家造成损失多达 6 亿余元。由于这三起案件发生在与民生息息相关的能源供给、企业扶持担保、城市基建领域，与单纯贪污贿赂犯罪或渎职犯罪相比，这种互相交织的犯罪危害性更大，社会影响更加恶劣。

### （四）关联交易成为腐败利益输送的新途径

关联交易主要表现为国企领导的近亲属或密切关系人违规经商、办企业，国企领导利用手中的物资、项目的管理权和审批权帮助这些密切关系人的企业与该国企达成交易，从而获取不正当利益。例如，在马某某案中，马某某在违法动用公司公款 3.64 亿元炒作创业环保股票的同时，将 6000 余万元个人资金交给穆某某，并指使穆某某设立"老鼠仓"与其所在公司共同炒作创业环保股票。后股票亏损，马某某擅自决定用公款 3480 万元以子公司的名义

分两次收购其个人"老鼠仓"的创业环保股票,弥补个人损失1018万余元。关联交易的实质是一种以市场交易的形式公平掩盖实质不公平的腐败利益输送方式,隐蔽性较强,已经成为国企"一把手"腐败的新形式。

### (五)犯罪时间跨度普遍较长

从查处的案件情况来看,一些国企的"一把手"在其任职期间有相当长的时间内持续利用职权以权谋私、大肆进行权钱交易,这也从侧面说明了一些国企或其上级主管部门对"一把手"缺乏必要的监督,或者监督流于形式。海泰投资担保公司原总经理牟某某,在2006年至2013年案发前,在审批担保业务过程中先后18次收受18家被担保企业相关人员的欠款共计1026万余元,其犯罪行为持续8年。又如,城投集团原党委书记马某某,从2000年10月担任天津市政投资公司总经理起就涉嫌滥用职权给国家造成损失3亿余元,之后又涉嫌玩忽职守、受贿及多次贪污,其犯罪时间跨度更是长达14年。

## 二、国有企业"一把手"职务犯罪产生的原因分析

### (一)权大责小,权力集中导致寻租

从查处的案件看,国有企业"一把手"犯罪多涉嫌权钱交易,这种腐败多发生在资源配置过程中。一方面,一些国企存在政企不分的情况,部分国企"一把手"集"人权、财权、事权"于一体,集体领导机制弱化,个别企业、商人往往采取不正当竞争的手段围猎"一把手"以获取超额利润。另一方面,部分国企领导存在"失衡心理",认为自身为企业创造的价值与获得的收入、待遇不成正比。大权在手又缺乏相应的责任追究机制,客观上导致一些"一把手"权力欲望膨胀,滋生权力寻租心理。例如,在牟某某案件中,牟某某在其忏悔书中写道"把企业做大后我内心开始膨胀,觉得没有自己做不成的事,觉得给别人办了事收钱是一种平等的交易"。权钱交易的潜规则一旦形成,就会加剧市场的不规范竞争,形成恶性循环。

### (二)监管弱化,"一把手"权力缺乏有效监督

从查处的国有企业职务犯罪情况来看,权力得不到有效的监督制约是国企"一把手"职务犯罪的根本原因。主管部门对国企的监督往往注重企业的经济效益和"一把手"在国企中的功绩,监督具有片面性的缺陷,难以起到真正的监督制约作用。国企内部的监督流于形式,由于"一把手"直接掌握人事任免权,使财会人员、职工主观上不敢监督,客观上也不愿承担被免职或辞退的风险而进行监督;纪检监察干部存在兼职情况或由国企的"一把手"任命的情况,在国企"一把手"的领导下很难切实充分履行纪检监察职责。

### (三)管理体制落后,制度执行不到位

当前,相当一部分国企尚未建立比较完善的现代法人管理体制。法人结

构设置不规范，决策权与执行权高度重合，法人治理结构流于形式。一些国企的董事会成员和负有监督职责的监事会成员不是通过股东大会选举产生，建立后形同虚设，未能发挥权力制约和监督作用。企业规章制度执行不到位，缺乏执行力。虽然主管部门和大多数国企在廉政风险防控上都制定了多项制度规范，却往往有章不行，有禁不止。例如，虽然中央和相关部门多次要求企业清理"小金库"，但根据调查，仍有相当一部分国有企业存在账外公款、沉淀资金等名目的"小金库"，加之企业一般疏于对这部分资金的管理，极易成为"一把手"职务犯罪的对象。

**（四）理想信念缺失，漠视法律权威**

调查发现，大多数涉案的国企"一把手"都是从基层普通工人一步一步走上领导岗位，但随着地位的逐渐提高和权力的集中，这些人放松了政治学习和法律学习，人生观、价值观、权力观发生扭曲，漠视法律权威公然违反法律，从而走上犯罪的道路。例如，在牟某某案中，牟某某具备一定的法律专业知识，但为了长期把持领导职位，片面追求"做大"担保份额而漠视法律关于担保额度、规模的相关规定，滥用职权违规为若干企业提供担保，给国家造成难以挽回的巨额损失。

## 三、预防国企"一把手"职务犯罪的对策建议

十八届三中全会提出，要多种举措推进国有企业完善现代企业制度、提高经营效率、合理承担社会责任、更好发挥作用。预防和减少国企"一把手"职务犯罪，需要国有企业不断完善现代企业制度，建立健全权力监督制约机制，将反腐倡廉与国资国企改革同步部署、同步推进，从源头上消除腐败滋生的土壤。

**（一）以现代企业制度为核心，建立职业经理人制度**

针对国有企业管理体制落后，"一把手"权力过于集中而缺乏有效监管机制的现状，国企主管部门和单位要积极推进国有企业改革，建立和完善现代企业制度。

1. 健全协调运转、有效制衡的公司法人治理结构。国有企业应当严格按照现代公司法人治理结构的要求设立董事会、监事会、股东代表大会，健全协调运转机制，三者相互制衡、监督，防止"一把手"权力的异化、被滥用及权力寻租的情况发生。一是实行权力行使的民主集中制，凡属重大决策、重要干部任免、重大项目投资决策和大额资金使用等重要问题，必须经过集体讨论作出决定。二是实施企业经营管理方面的重大问题向职工代表大会及股东大会报告制度，推进国有企业财务预算等重大信息公开，促进决策公开化、权力运行的透明化。三是充分发挥国有企业监事会、职工代表大会的作用，从企业内部构筑多重权力监督制约体系，加大国企"一把手"职务犯罪

的风险及成本。

2. 探索建立职业经理人制度。针对国企法人结构设置不规范、决策权与执行权高度重合的现状,十八届三中全会提出了"建立职业经理人制度,更好发挥企业家作用"的改革举措。职业经理人制度以现代企业制度为基础,国企董事会董事长及主要成员由政府有关部门委派,董事会通过市场选拔任用职业经理人,由职业经理人负责企业的具体经营并对股东大会负责。该制度不仅可以有效地提升国有企业效率,增强国有企业的活力,而且可以有效地解决国企"一把手"决策权和执行权重合的问题,做到国有资产管理与经营分离,相互制衡,从根本上去除国企经营者的"官本位"思想和"行政化"现状,消除国企领导人员职务犯罪产生的现实基础。

3. 建立党组织领导下的职工代表大会制度。推进民主化管理改革,把党领导下的职工代表大会制度与公司法人治理结构有机结合起来,是健全国企领导权力监督制约机制的关键。建立职工代表大会制度,应使其对有关职工切身利益的重大事项有审议决定权,对企业领导干部有评议、监督权,对企业管理人员有推举权,以此来制约国企领导过于集中的权力。同时确立一定份额的企业股权代表及董事、监事会成员应从职工代表大会选举产生,依法行使对企业经营管理的知情、监督权和重大决策审议、建议权。职工代表大会及其常设机构接受企业党委的直接领导和上级工会组织的指导,并接受其监督。

**(二)强化国企领导权力的外部监督,健全权力监督机制**

1. 加强国有资产的管理。国资委作为法定的国有资产监管主体,要强化监管职责,多措并举防止国有资产被侵吞、窃取,确保国有资产保值、增值。一是可以增加国资委人员派驻国企监事会。充分利用现代法人治理结构对国有企业主要领导行使权力进行监督,国企监事会中应当有适当比例的国资委人员,以此加强对董事会权力的监督制约。二是强化国企领导人员的任前、任中、离任审计制度。严格执行独立第三方审计,将定期审计与不定期巡视抽审结合,对滥用权力导致国有资产流失及利用职权侵吞、窃取国有资产等违法违规行为实行责任逐级倒查。三是切实落实干部财产申报公示制度。国有资产管理部门应大力推进国企领导干部及其家庭财产的申报公示制度,对"一把手"财产状况及时评查,并在一定范围内合理公开,发挥社会监督的作用。

2. 建立科学规范的国企领导干部选任机制。各级国有资产管理部门和组织人事部门要以"一把手"为切入点,切实把好选人用人关。一是完善干部选拔任用制度。在干部选拔上从严把关,坚持德才兼备,选任政治立场坚定、业务精通、遵纪守法、作风民主的人员担任国有企业的"一把手"。同时,不断完善国企领导干部的考评体系,将国企领导的廉政情况、职工测评等因素纳入考评机制，并及时落实问责制度。二是探索合理的"一把手"轮岗和交流机制。防止部分国企领导久居一职，权力逐渐集中，将国企视作个人的企业和财产，独行专断，最终走向职务犯罪。三是贯彻落实国企领导干部及其家庭的财产申报制度。对"一把手"财产状况及时评查，并在一定范围内合理公开，发挥社会监督的作用。

3. 探索国企纪检垂直领导与专职监督的新模式。加大国企纪检监督力度，需要进一步深化国企纪检体制改革，强化党委主体责任，加强责任追究。一是全面实现国资委直接向国企派驻纪检书记和纪检人员制度。派驻的纪检干部直接对国资委和上级纪检机关负责并汇报工作，增强国企纪检监督的独立性。二是实行国企纪检监察人员由国资委考核考评的新模式。建立独立的企业纪检工作评价机制，破除企业纪委不敢监督、监督乏力的瓶颈。三是严格落实"一案双查"机制，加强责任追究。对发生严重违法违纪案件或"四风"问题严重的国有企业，既要追究主体责任、监督责任，也要严肃追究相关领导的责任。

**（三）加强思想教育和法制教育，构建廉政教育长效机制**

1. 加强国企干部的人生观、价值观的思想道德教育。国有企业"一把手"职务犯罪的主观原因在于国企领导人员人生观、价值观、权力观发生扭曲。因此，从源头上预防和减少国企"一把手"职务犯罪，要进一步加强国有企业领导人员的思想政治教育，增强"一把手"拒腐防变的能力。通过思想道德教育不断提高国企干部自身素质和党性修养，引导国企干部树立正确的权力观，自觉抵制拜金主义、享乐主义等不良社会风气的影响。

2. 加强国企干部的法制教育。国企主管部门应加强对国企领导干部的法制教育，通过开展多种形式的法制教育活动，积极运用典型案例，以案释法，有重点地开展警示教育，重点提高国企领导干部的法治意识和法治思维能力，改变一些国企干部"不知法、不懂法、不畏法"的现状，使其充分认识职务犯罪的危害性。同时，国企领导干部自身也应严格律己，积极参加法制教育活动，正确把握改革创新和遵守法律规定的关系，学会充分运用法治思维和法治方式解决市场经济中出现的各种问题。

3. 加强国企廉政文化建设。国有企业纪检部门应当健全国有企业廉政教育长效机制，加强国有企业警示教育、法制教育、廉洁自律教育并形成制度，发挥廉政文化的引领作用，通过廉政文化建设在企业形成良好的廉政氛围。同时，应当做到国企廉政文化建设人人有责，建立国企干部尤其是"一把手"廉政建设、学习责任制，避免廉政盲区，坚决杜绝"一把手"廉政学习、廉政建设"走形式"、"走过场"的情况发生。

**（四）立足检察职能，加大国企人员职务犯罪的惩治和预防力度**

习近平总书记提出，加强对权力运行的制约和监督机制，把权力关进制度的笼子里，形成不敢腐的惩戒机制、不能腐的防范机制、不易腐的保障机制。检察机关在反腐败斗争中发挥着重要的作用，检察机关要立足检察职能，惩防并举，加大国企人员职务犯罪的惩治和预防力度，切实履行国家和法律赋予检察机关的职责。

1. 加大国企职务犯罪查处力度，形成法律威慑。党的十八大以来，党中央不断加大对腐败的惩处力度，各级检察机关要按照党中央对反腐败斗争的总体要求，不断加大国有企业职务犯罪的打击力度，坚持有案必查，有罪必究，形成"不敢腐"的惩戒机制。在查处国有企业职务犯罪中，要抓住典型案件，严肃查处社会影响恶劣、严重损害国家和人民利益的大案要案，对于国企"一把手"职务犯罪坚决依法查处，绝不姑息。对于一些大案要案查办情况，要及时向社会公布案件进展情况、处理结果等信息，通过舆论监督和影响宣传反腐败的高压态势，形成良好的法律威慑效果。同时，检察机关职务犯罪侦查部门还应不断提高侦查水平，丰富、创新侦查手段和办案方式，加大对行贿犯罪的打击力度，确保触犯法律者都应受到相应惩罚，促进市场廉洁。

2. 加大国有企业职务犯罪预防力度，强化预防监督。反腐败斗争的实践表明，要从根本上遏制职务犯罪的高发势头，必须惩防并举，更加注重治本，更加注重预防，更加注重制度建设，逐步铲除滋生职务犯罪的土壤和条件，形成"不想腐"的犯罪心理预防机制。首先，围绕查办案件，合理运用检察建议帮助国有企业完善机制。检察机关在案件查办过程中，针对发现的国有企业在制度、管理等方面存在的漏洞和隐患、薄弱环节，应及时发出有针对性的预防检察建议，并定期对整改意见进行回访，帮助企业完善规章制度。其次，积极开展专项预防，全面收集国有企业职务犯罪涉案的各个领域、环节的信息，深入国有企业开展警示教育、预防宣讲活动。最后，要加强全媒体时代预防文化建设，科学运用微信、微博、网络等新型媒体开展职务犯罪预防工作，丰富预防载体及文化形式，形成预防文化软实力，以消除职务犯罪产生的主观条件。

3. 检企共建廉政文化，推进权力监管机制创新。检察机关应发挥在预防职务犯罪方面的整体优势，积极与国有企业共同搭建监督合作平台，共建企业廉政文化，推进国有企业权力管理监督体制创新，为国有企业经济发展保驾护航。一是共建廉政教育基地。近年来，市检一分院先后与多家国有企业开展了廉政文化共建活动，通过廉政教育基地平台开展法制宣传、警示教育等活动，在企业内部营造良好的廉政氛围，加强了国有领导干部对职务犯罪危害性的认识。二是以预防调查为依托向企业提供决策参考。检察机关针对国企行业领域内出现的问题及存在的隐患，积极开展预防调查，提出对策建议形成调查报告，为国企提供决策参考，帮助相关企业完善管理制度，推动管理创新。三是共建职务犯罪信息交流与处置机制。检察机关与国企纪检监察部门建立职务犯罪信息交流与处置机制,定期或不定期召开联席会议,分析企业廉政建设情况及存在的问题,及时开展廉政风险防控及调查工作。同时,针对调查中发现的国企领导干部一般违法违纪情况,直接由纪检部门做出处理;对可能涉及职务犯罪的情况,移送检察机关依法处理。总之,通过检察机关与国有企业、国企纪检部门共建廉政文化,推进国有企业权力的监督管理机制创新,将权力关进制度的笼子里,从根本上遏制国有企业领导干部职务犯罪的发生。

# 湖北省涉农职务犯罪分析与预防

彭 夫[*]

湖北省是农业大省，农村人口占全省人口比重较大。根据 2012 年《湖北统计年鉴》统计，到 2011 年年底湖北常住人口 5758 万，其中城镇人口 2984.32 万，乡村人口 2773.68 万。[①] 农业、农村、农民问题是湖北经济政治发展过程中的重要问题。近几年来，随着国家对"三农"惠农政策、惠民项目、惠民资金的投入不断增加，湖北省一些农村基层组织从事行政管理的人员在项目的管理上、资金的使用上出现贪污腐败问题，使得涉农职务犯罪呈递增之势。此类犯罪的发生不仅严重损害农民的群众利益，易诱发群体性事件，影响农村社会稳定，而且造成国有资产的严重流失，直接影响农村开发和经济发展。因此，预防农村基层组织职务犯罪问题是和谐社会主义新农村建设取得显著效果的关键之处。本文结合近年来湖北省各基层人民检察院查办的农村基层组织人员涉嫌职务犯罪案件，对当前农村基层组织人员涉嫌职务犯罪的特点、成因进行调查和分析，并以此为依据提出预防和减少农村基层组织人员涉嫌职务犯罪的对策。

## 一、 涉农职务犯罪概念之建构

### （一）涉农职务犯罪概念之位阶

涉农职务犯罪又可以称为农村基层组织人员犯罪，是职务犯罪的一个下属概念。职务犯罪不是法定的术语，而是学者们对于这一类犯罪的概括，一般认为，职务犯罪不仅包括刑法分则第八章的贪污贿赂罪，还包括第九章的渎职罪，以及散见于其他章节中的一些国家工作人员与职务相关的侵犯公民人身权利和民主权利的犯罪等。学者文盛堂认为，职务犯罪就是指"国家工作人员、受委托担任公职人员或者受委托履行公共事务的人员，在从事公务活动时利用职权之便或违背职责要求实施的触犯刑事法律、严重亵渎职务的行为。"[②] 康树华认为，职务犯罪"是指国家工作人员利用职务上的便利，违背职务要求滥用职权，徇私舞弊或玩忽职守，危害国家机关正常活动及其公

---

[*] 中南财经政法大学刑法学博士生，北京天达共和（武汉）律师事务所律师。

[①] 数据来源于湖北省统计局、国家统计局湖北调查总队编：《湖北统计年鉴（2012）》，中国统计出版社 2012 年版，第 143 页。

[②] 文盛堂著：《反职务犯罪论略》，北京大学出版社 2005 年版，第 1 页。

正、廉洁的信誉，使公共财产、国家利益和人民利益遭受重大损害的作为或不作为的行为。"①

### （二）涉农职务犯罪之身份性

作为一种身份犯罪，涉农职务犯罪行为的主体必须是国家工作人员。《全国人民代表大会常务委员会关于〈中华人民共和国刑法〉第九十三条第二款的解释》（以下简称《刑法第 93 条第 2 款解释》）规定，村民委员会等村基层组织人员协助人民政府从事下列行政管理工作，属于《刑法》第 93 条第 2 款规定的"其他依照法律从事公务的人员"：（1）救灾、抢险、防汛、优抚、扶贫、移民、救济款物的管理；（2）社会捐助公益事业款物的管理；（3）国有土地的经营和管理；（4）土地征收补偿费用的管理；（5）代征、代缴税款；（6）有关计划生育、户籍、征兵工作；（7）协助人民政府从事的其他行政管理工作。村民委员会等村基层组织人员从事前款规定的公务，利用职务上的便利，非法占有公共财物、挪用公款、索取他人财物或者非法收受他人财物，构成犯罪的，适用《刑法》第 382 条和第 383 条贪污罪、第 384 条挪用公款罪、第 385 条和第 386 条受贿罪的规定。根据此解释规定，村民小组组长是否属于"村民委员会等村基层组织人员"？

笔者认为，村民小组应属于解释规定中的"村基层组织"，在一定条件下可以称为涉农职务犯罪的主体。首先，根据《中华人民共和国村民委员会组织法》（以下简称《村民委员会组织法》）第 3 条第 3 款规定："村民委员会可以根据村民居住状况、集体土地所有权关系等分设若干村民小组。"这说明村民小组是由村民委员会设立的，是村民委员会派生出来的组织机构，担负着协助村民委员会开展工作的职能，属于村民委员会的重要组成部分。② 因此可以认为，村民小组的成员属于村民委员会等村基层组织人员的范围。但这必须有个限定条件，即必须是协助人民政府从事相关行政管理工作时，才能成为涉农职务犯罪的主体。其次，根据目前基层政治生活的实际，村民小组在履行职责时，往往也承担着很多协助基层政府组织从事日常行政管理工作等，在这种情况下，其行为的性质和村民委员会人员行为的性质并无本质差异，据此，我们可以推断，村民小组属于村基层组织范围。

另外，根据《刑法第 93 条第 2 款解释》的规定，村党支部人员是否属于"其他依照法律从事公务的人员"。《村民委员会组织法》第 4 条规定："中国共产党在农村的基层组织，按照中国共产党章程进行工作，发挥领导核心作用，领导和支持村民委员会行使职权；依照宪法和法律，支持和保障村民开展自治活动，直接行使民主权利。"这表明党的基层组织在村集体中

---

① 康树华著：《当代中国犯罪主体》，群众出版社 2005 年版，第 238 页。
② 李小菊：《浅析涉农职务犯罪预防》，载《四川理工学院》（社会科学版）2009 年第 1 期。

发挥领导核心作用。而实际上，目前在村民通常朴素的观念中，也是以村支书为村里的"一把手"，村里的大小事务村支书具有决定权。① 如果村民委员会人员利用职务便利可以构成贪污贿赂等职务犯罪，而对处于领导地位的党支部人员的职务犯罪行为却不以犯罪论处，这在逻辑上是说不通的。因此，村党支部人员领导村民委员会相关工作或者协助村政府从事法律规定的行政管理工作时，应当认定为依法从事公务，具有涉农职务犯罪的主体资格。

**（三）涉农职务犯罪概念之内涵**

根据职务犯罪的概念，我们可以认为，涉农职务犯罪是指在社会主义新农村建设中，国家工作人员以及依照法律从事公务的人员，利用职务上的便利条件，侵吞、窃取、骗取、挪用或滥用职权、不正确履行职责，所实施的侵犯农民切身利益，侵害农村社会稳定和农业健康发展，依照刑法规定应受到刑罚处罚的行为的总称。

## 二、 湖北省涉农职务犯罪现象分析

为真实体现和分析出当前形势下我省涉农职务犯罪的现状，笔者参考相关资料，对湖北省各县市区近几年来的涉农职务犯罪相关情况进行了一次粗略的统计。通过这些数据，我们可以分析此类案件所具有的特点。

**（一）湖北省涉农职务犯罪概况**

近3年来，武汉市人民检察院共查办涉农领域贪污贿赂等职务犯罪103件167人，渎职侵权犯罪14件16人，涉案金额6000余万元。

2003年至2009年4月，随州市人民检察院共立案查办涉农职务犯罪57人，占查办职务犯罪人数（275人）的20.7%，但在2003年，全市检察机关仅立案查办涉农职务犯罪1人，到2008年已达13人。以3年时间为区间，该市2003年至2005年共立案查办涉农职务犯罪5人，占同期查办职务犯罪人数的4.13%，2006年至2008年共立案查办涉农职务犯罪39人，占同期查办职务犯罪人数的29.5%，2009年1~4月已立案查办涉农职务犯罪14人，占同期查办职务犯罪人数（22人）的63.6%，涉农职务犯罪预防形势严峻。

2007年至2011年，长阳土家族自治县人民检察院就立案查处了6件10人农村基层组织人员涉嫌职务犯罪的案件。立案查处的6件10人，涉嫌贪污犯罪的4件8人，涉嫌受贿犯罪的1件1人，涉嫌挪用公款犯罪的1件1人。这10人中村党支部书记兼村委会主任2人，副书记1人，村委会主任2人，村委会副主任2人，村财经委员3人。涉嫌贪污、挪用公款的资金有国家退耕还林补助款、重大工程建设征地补偿款、小流域治理项目款、扶贫公路专项资金、小流域扶贫河堤维修救灾款等。涉案金额均在1万元以上10万元以

---

① 唐祥：《涉农职务犯罪刑事控制问题研究》，载《湛江师范学院学报》2012年第5期。

下，其中：1 万元以上 5 万元以下的 2 件 2 人，5 万元以上 10 万元以下的 4 件 8 人。

2006 年以来，京山县人民检察院共受理农村基层组织成员职务犯罪案件举报线索 14 件，占受理职务犯罪案件线索的 28%；该院 2006 年以来立案查办的农村职务犯罪案件 12 件 17 人，占立案查办的职务犯罪案件总人数的 30%，涉案金额达 65 万余元，在此类案件中，受刑事处罚的 10 件 14 人，受到相应的党纪政纪和法律处分的 2 件 3 人。

2008 年以来，汉川市人民检察院立案查处村干部职务犯罪案件 23 件 27 人，分别占贪污贿赂案的 39.66% 和 39.13%，犯罪金额累计 215 万余元，牵涉到 8 个乡镇 17 个村的 25 名村干部和 2 名镇干部。从查办情况看，有 4 个村的村干部呈现集体腐败态势，涉案村干部共计 16 人，占涉案村干部的 64%，其余为村党支部书记兼村民委员会主任涉案 9 人，占涉案村干部的 36%。

2008 年至 2011 年，竹山县人民检察院共立案查处职务犯罪案件 53 件，其中涉农惠民领域职务犯罪案件 33 件，占立案总数的 62.26%。33 件涉农惠民领域职务犯罪案件中，农村基础设施建设方面的职务犯罪案件 7 件，生态环境保护方面的职务犯罪案件 4 件，惠农款物发放方面职务犯罪案件 1 件，专项款物管理方面职务犯罪案件 10 件，农民工培训方面职务犯罪案件 4 件，社会保障方面职务犯罪案件 2 件，涉农税费代征代缴方面职务犯罪案件 5 件。[①]

### （二）湖北省涉农职务犯罪的特点

经分析，我们可以发现，农村基层组织人员职务犯罪案件呈现出以下特点：

1. 涉案人员相对比较集中，以村党支部、村民委员会组成人员为主。犯罪主体集中为村党支部书记、副书记、村委会主任、副主任、村财务人员等人员。长阳县人民检察院 2007 年至 2011 年立案查处的 10 名农村基层组织涉嫌职务犯罪的犯罪嫌疑人中，村党支部书记兼村委会主任 2 人，副书记 1 人，村委会主任 2 人，村委会副主任 2 人，村财务人员 3 人。

2. 重点工程和农村基础设施建设中发生的职务犯罪案件较多，犯罪领域复杂化。[②] 以前涉农职务犯罪主要发生在支农惠农资金、土地征用资源开发、救灾救济等领域，但近几年来该犯罪的领域呈现多样化、复杂化趋势，涉及道路建设、土地征用、乡镇建设及土地补偿费用等诸多领域，在农村基础设施建设领域发生案件尤其突出。这些领域的案件，因为建设基础项目本身点

---

① 以上数据来源于荆楚公平正义网，http://www.hbjc.gov.cn；以及湖北省职务犯罪预防网，http://www.hubei.yfw.com.cn/index.asp.访问时间：2015 年 4 月 30 日。

② 于晓光：《论吉林省涉农职务犯罪的成因及防范对策》，载《当代法学》2010 年第 4 期。

多面广，涉及作案环节也较多，一般涉及企业用地审批、土地征用开发、各类款物管理、虚假或减少村集体土地转让金入账等众多环节。

3. 犯罪手段集中表现为在履行职务活动中利用职务之便，收受贿赂、挪用公款，或虚列各项工程支出、多报支出、收入不记账、虚报冒领等手段套取退耕还林补助、公路河堤维修等专项资金进行贪污。犯罪嫌疑人张永超在任长阳县鸭子口乡古坪村村民委员会主任、党总支副书记期间，利用职务之便为他人谋取利益，收受他人贿赂12500元。犯罪嫌疑人秦文钦在担任长阳县榔坪镇关口垭村村委会副主任、支委委员期间，在协助镇人民政府从事行政管理工作的过程中，利用职务之便，挪用宜万铁路征地补偿费和村干部养老保险金等公款共计64793.33元，用于偿还其赌博债务和购买彩票开支。犯罪嫌疑人覃春雨在担任原榔坪镇沙湾村村委会主任、长丰村村委会委员期间，利用主管该村和长丰村沙湾片的退耕还林工作的职务之便，弄虚作假，虚报冒领，贪污国家退耕还林补助款11960元。

4. 窝案多，共同犯罪情况较为突出。所查办的案件中，共同贪污、合伙作案的情况较为普遍，还有村干部与乡镇驻村干部共同贪污。寺坪镇皮家坡村党支部书记吴某某伙同村主任兼会计胡某某、村委会委员何某某采取虚列支出、虚报冒领的手段贪污农民土地补偿款，涉案金额达18万余元。黄堡镇黄堡村党支部书记余某某与村主任相互勾结贪污公款。在查办寺坪镇天子坪村党支部书记罗某某受贿、挪用公款案中，也查明罗某某与另两名村干部私分公款4000元和一名驻村干部受贿的违法问题。

5. 犯罪后果严重，影响较大。少数农村干部以权谋私，不仅造成群众对干部的不信任，影响了党和政府在群众中的威信，还严重影响了农村社会稳定，制约了农村经济的快速发展。一是影响了农村社会治安的稳定。农村干部贪污挪用扶贫款、救灾款、土地补偿款，严重侵犯了农民的利益，引起群众强烈不满，纷纷上访，要求查处，增加了社会不稳定因素，也影响了农村社会治安稳定。二是影响了农村基础设施建设。国家对农村修路、通电、饮水等公益事业投入了大量的资金，重点工程建设中的土地补偿资金除发放给农民外，集体管理的部分也主要用于基础设施建设，这些资金被贪污挪用后，无法用于农村建设，影响农村正常发展。三是影响了农村经济的发展。农村干部在新农村建设中举足轻重，因职务犯罪被查处后，在一定程度上影响了社会主义新农村建设。

## 三、湖北省涉农职务犯罪的原因分析

通过案例事实和实践情况，结合理论分析，农村基层组织人员涉嫌职务犯罪的原因主要反映在以下几个方面：

### (一) 少数村干部素质不高，法制观念淡薄

农村干部大多是土生土长的农民，在管理农村事务上经验丰富，能吃苦

耐劳，尽职尽责，但是受年龄、文化修养、自身素质的局限，又缺乏经常性的党性教育，往往自警自律意识较差，法制观念淡薄。少数农村干部放松了对自己的要求，形成了错误的人生观、金钱观、权力观，看到别人过上富裕的生活，心理不平衡，认为自己没有功劳也有苦劳，工资待遇又不高，就千方百计地利用手中的权力捞好处，为利所动，对经手的款物雁过拔毛，中饱私囊，忘记了自己党员的身份，忘记了为民服务的宗旨，进而逐步走上犯罪的道路。

### （二）村级财务管理薄弱，收支透明度不高

当前，乡镇全部推行了"村账乡（镇）管，零户统管"的制度，但村级财经委员都不是很专业，更多的是缺乏执行财务制度的自觉性和原则性，对村干部特别是村党支部书记、村主任言听计从，有的甚至成为村干部贪污、挪用公款职务犯罪的帮手，还有的与村干部同流合污，共同贪污，挪用公款。有些村党支部书记、村主任民主意识淡薄，搞"一言堂"，自己说了算，收入和支出不按时入账，"白条子"① 泛滥，甚至假票据入账。

### （三）基层权力相对集中，监督制约不力

随着国家对"三农"惠农政策、惠民项目、惠民资金的投入不断加大，农村基层组织人员掌握着各种惠民资金的支配权和管理权，职务权限不断增大。农村基层组织人员对项目资金如何分配使用起决定性作用，可以乘机滥用职权，搞权钱交易。② 有些乡镇领导和干部工作作风不深入、不扎实，对村干部的要求、监督往往流于形式。有的乡镇财政所对村委会财务的状况监督管理不到位，对于滥收滥支、账外账、坐收坐支、"白条子"入账等现象监管不力，缺乏有效的监督制约机制，更谈不上对农村基层组织在惠民专项资金上进行有效的监督、检查、指导。

### （四）农村职务犯罪案件查处难度大，惩处不力

近年来，随着农村建设的发展，举报农村干部职务犯罪案件线索增多，但农村财务混乱，"白条子"成堆，办案费时费力，证据难以固定，调查的多，成案的少。此外，根据我国刑法解释，村委会工作人员的职务犯罪对象仅限于解释中所列的七项，而村级财务一般不对不同种类资金分类管理，导致司法实践中，村干部侵占挪用的资金性质难以界定，案件定性难以把握，管辖不明确，为惩治村干部职务犯罪留下一个空白地带，客观上助长了村干部的侥幸心理，致使农村职务犯罪呈多发态势。

---

① 所谓白条子，是指行为人开具或索取不符合正规凭证要求的发货票和收付款项证据，以逃避监督或偷漏税款的一种舞弊手段。

② 周丽、何辉：《涉农职务犯罪法律适用问题研究》，载《中国刑事法杂志》2011 年第 12 期。

## 四、湖北省涉农职务犯罪的预防对策

对涉农职务犯罪问题进行研究的最终目的是要预防此类犯罪，减少犯罪行为对国家、社会和个人的损害。结合上文提到的涉农职务犯罪原因，从实际出发，相应地提出一些预防涉农职务犯罪的措施。

### （一）加大宣传教育力度，着力提高农村基层组织人员的法律意识

党和政府在"三农"上的各项方针政策，最终都要通过农村基层组织人员去落到实处，农村基层组织人员素质的高低直接关系到农村广大人民群众的最根本利益，直接影响党和政府的形象。因此，乡镇党委和政府要切实加强农村基层组织建设，选好农村基层组织人员，想尽一切办法改善农村基层组织人员的待遇。上级有关部门要加强对农村基层组织人员的教育、培训、管理、监督，经常性地对农村基层组织人员开展理想信念教育和全心全意为人民服务的宗旨教育，运用形式多样的廉洁行政活动、法律宣传咨询等活动来开展法制宣传和反腐倡廉警示宣传教育，逐步提高村民参与管理监督意识和自觉性。用身边的典型案例教育提高农村基层组织人员的法律意识、反腐意识，增强他们自觉遵纪守法的意识，筑牢拒腐防变的思想防线。

### （二）完善任用制度，充分发扬民主精神

让德才兼备的能贤之人担任基层农村组织的领导干部是预防涉农职务犯罪的重要措施。毛泽东曾说："政治路线确定之后，干部是决定的因素。"从中可以看出一个政党、一个部门、一个组织、一个单位的领导是至关重要的。建设社会主义新农村，关键是要建立一支充满活力、健康有为的基层农村干部队伍。在换届选举时，要保证村民真正按照自己的意愿行使选举权，让那些品德高、能力强、素质好、能全心全意为村民办事的人选拔上来为百姓谋福利。对那些品行差、缺失公信力、搞贿赂拉选票，并以破坏选举制度和采取威胁等非法手段企图当选的人要予以坚决制止和打击。同时，要注重避免家族村官现象的发生，因为这样容易产生诸多负面影响，党的惠民政策难以真正得到落实。

### （三）加强村级财务管理，建立健全监督制约机制

不断建立健全和规范农村基层组织财务管理制度，严格执行收支两条线，一是对各村财务管理人员进行考察、考核、考试，全部持证上岗；二是进一步完善"村账乡（镇）管"的运行模式，把好开支关，并定期进行公示，自觉接受社会和人民群众的质询和监督①；三是实行审计监督，对农村基层组织财务要进行定期审计，对于离任的要进行离任审计；四是要进一步深化村

---

① 潘顺：《基层组织工作人员涉农职务犯罪的法律适用》，载《北华大学学报》（社会科学版）2011年第1期。

务公开，加大当地党委、政府，以及人民群众对村级财务管理的监督力度，发现问题绝不护短，及时整改，以此构筑农村基层组织人员涉嫌职务犯罪的制度防线。

### （四）切实加大对农村基层组织人员涉嫌职务犯罪的查处力度

检察机关在查办农村基层组织人员涉嫌职务犯罪工作中，一要主动了解全面掌握新农村建设的民情民意，注重收集新农村建设各个领域、每个环节的信息，及时发现农村基层组织人员职务犯罪。二要突出办案重点，深入查办涉农职务犯罪案件。在办案活动中，本着查办一案、教育一方、预防一片的办案宗旨，通过办案有效化解社会矛盾，做好农村基层组织人员职务犯罪的预防工作，不断研究农村基层组织人员职务犯罪的新动向、新特点，探索有效的预防途径，协助发案单位堵塞漏洞，建章立制，从源头上预防农村基层组织人员职务犯罪的发生。

检察机关加强与纪检、监察、公安、审计等执纪执法部门和财政、农业、林业、水利、国土、民政、扶贫等涉农部门的协作与配合，构建预防涉农职务犯罪工作机制，形成合力。检察机关一要立足检察职能，加强对农村基层组织人员职务犯罪发案规律、原因、特点、态势的分析，有针对性地提出检察建议，帮助他们查缺补漏、建章立制；二要加强涉农项目资金在设立、分配、使用上进行跟踪检查和监督，使涉农项目资金安全、规范、有效，确保涉农项目资金专款专用，提高资金的使用效益，促进农业增效、农民增收和农村经济社会的协调发展；三要将职务犯罪预防的触角延伸到村，加大对农村基层组织人员的廉政警示宣传教育，让农村基层组织人员经常受到职务犯罪预防警示宣传教育，使他们逐步认识到腐败的严重危害，使他们不敢为、不能为、不想为。促使他们依法行政、廉洁行政，更好地服务于社会主义新农村建设。

## 五、结语

村基层组织人员的涉农职务犯罪行为，直接危害广大农民的利益和"三农"事业的顺利进行。建立健全完善的预防体系能够为农村经济的发展，农村社会的稳定，农民利益的维护提供有力保障，促进社会和谐发展。

# 第三编　腐败犯罪治理的刑法协调研究

# 追赃追逃与刑事司法协助体系构建

陈泽宪[*]　周维明[**]

刑事司法协助体系是法治反腐的重要一环，也是追赃追逃的主要途径和国际平台。需要指出的是，在现代国际法的框架内，各国主权平等，各主权国家对其领土内的人行使排他性的司法管辖权，一国不能在没有获得其他国家同意的情况下在该国家的领土上执行本国法，这是国际法占主导地位的一项原则。[①] 这就意味着，我国不能在没有条约或其他特别同意的情况下，直接在腐败分子外逃藏匿的国家抓捕腐败分子或追回赃款赃物。因此，反腐败追赃追逃工作与国际刑事司法协助有着天然联系。[②] 但是，我国追赃追逃的刑事司法协助体系与《联合国反腐败公约》的要求存在一定的差距，相关国际条约在我国法律体系中的定位模糊、与国内法的衔接不够完善，这些问题都制约着我国反腐败国际追赃追逃工作的有效进行。

## 一、我国反腐败国际追逃追赃的现状与问题

在经济全球化的背景下，腐败问题呈现出国际化的趋势。越来越多的腐败分子在犯罪后选择潜逃出境或将赃款转移出境。腐败分子外逃已经成为我国经济发展和改革进程的痼疾，反腐败国际追赃追逃形势严峻。

贪官外逃的准确数字缺乏权威统计，但就已经披露的情况而言触目惊心。2004 年 8 月商务部的《离岸金融中心成中国资本外逃中转站》调查报告中称，外逃官员数量大约为 4000 人，携走资金约 500 亿美元。[③] 北京大学廉政建设研究中心主任李成言教授在 2009 年接受媒体采访时指出，根据他们的研究，过去 10 年逃往北美和欧洲等地的中国腐败官员高达 1 万多人，携带出逃款项更达 6500 亿元人民币以上。另外，中国社科院 2011 年的一份报告显示，

---

[*] 中国社会科学院国际法研究所所长、研究员。

[**] 中国社科院研究生院博士生。

[①] See Ian Brownlie, Principles of Public International Law, Oxford University Press, 2012, pp. 447, 457ff.

[②] 刑事司法协助的概念有广义与狭义两种。狭义指刑事诉讼文书的送达、调查取证、解送被羁押者出庭作证、移交物证和书证、冻结或扣押财产、提供法律情报等；广义的除上述措施之外，还包括引渡、相互承认与执行刑事判决和刑事诉讼移管，本文所指的刑事司法协助是广义概念。参见黄风、凌岩、王秀梅著：《国际刑法学》，中国人民大学出版社 2007 年版，第 270 页。

[③] 参见《我国阻击贪官外逃嫌犯 500 多涉案金额逾 700 亿元》，载《人民日报》（海外版）2004 年 9 月 10 日。

从 20 世纪 90 年代以来，包括"裸官"在内的各种贪官等有 1.8 万人外逃，携带款项约 8000 亿元人民币。① 而来自司法系统的一位人士说，目前仍在逃的县处级以上贪官在 3000 人左右。②

贪官向境外转移资产主要有以下几种方式：（1）通过虚假海外投资、假借外贸合同、恶意串通等手段将国有资产或资金非法转移出境；（2）通过洗钱的渠道将资产转移境外；（3）利用有子女留学、家属定居海外、亲戚在国外等方式，转移资产；（4）直接在境外受贿，行贿人将赃款直接存入受贿人设立在境外的账户等。③

与花样百出、愈演愈烈的腐败分子与资产外逃现象相比，我国反腐败国际追逃追赃的手段不多，实践效果亦未达预期。总体而言，引渡是国际刑事司法合作的重要形式，是国际社会普遍认可的国与国之间移交逃犯最直接、最有效的方式和途径。但在我国的追逃实践中，运用最多的却是劝返，其次是遣返，境外追诉用的最少。从实际效果来看，劝返成功的案例绝大多数属于劝说在国外因种种原因而走投无路的贪官自愿回国接受审判的情况，对在国外靠着赃款逍遥自在或即使陷入困境也铁了心不回国的贪官们收效甚微。④ 遣返则依赖于遣返国对我国刑事诉讼活动的理解和认可，而且需要让遣返国对我国的刑事司法制度和人权保障制度抱有基本的信任。⑤ 以上两种方式在实践中并不十分理想。为什么在理论上应该最为有效的引渡在实践中较少采用呢？原因在于，除缺乏国家间政治互信之外，我国追逃追赃的刑事司法协助体系不完善、我国内法与他国法律制度的差异以及与国际公约确定的标准存在差距等，造成了我国的引渡请求等被外国拖延、搁置甚或拒绝，引渡成本高昂，耗费时间太长，成功率不高等种种问题，致使原本最有效的引渡反而变成了较少适用的方式。有关部门不得不退而求其次，求助于其他虽然麻烦但成功率相对较高的方式，这就在相当程度上影响了我国追逃的效果。⑥ 境外追诉的方式对我国办案机关从事刑事司法协助的组织和运作能力都有较高要求，也令许多执法司法机关望而却步。

我国追赃追逃的刑事司法协助体系的不完善也严重制约了我国的追赃方式。总的来说，我国在实践中主要有直接请求境外警方协助、通过刑事司法协助正式提出追赃请求、在开展引渡的同时提出追赃请求、由被害人在境外

---

① 数据来源中国新闻网，http://www.chinanews.com/fz/2014/12-08/6852938.shtml。
② 参见殷骏：《贪官外逃全景式扫描》，载《决策与信息》2009 年第 1 期。
③ 参见陈雷：《当前我国贪官外逃的基本特点及预防措施》，载《政法论坛》2009 年第 1 期。
④ 参见刘娜：《劝返的现实困境与突破路径》，载《湖北社会科学》2014 年第 2 期。
⑤ 参见孔大为：《境外追逃的法律应对》，载《人民公安》2014 年第 17 期。
⑥ 参见赵秉志：《中国反腐败刑事法治的若干重大现实问题研究》，载《法学评论》2014 年第 3 期。

直接提起民事诉讼、由境外执法部门独立启动刑事诉讼程序、促使犯罪嫌疑人自行退赃等方式。① 由于我国追赃追逃的刑事司法协助体系存在不完善之处，在很多情况下，由于缺乏双边协议，与外国执法机关的刑事司法协助往往只能通过外交谈判和个案协商的方式进行，由于政治体制、司法制度的不同，语言、文化的差异等因素，国际追赃具有很大难度；再加上我国执法部门在侦办贪官出逃案件中将工作重点和主要精力放在对犯罪嫌疑人的缉捕上，国际追赃的意识不强，这种"重追逃轻追赃"的思想更是使国际追赃工作收效甚微。

## 二、 我国追赃追逃与刑事司法协助体系的问题与不足

我国的国际追逃追赃工作的效果之所以不尽如人意，其原因主要是追逃追赃的刑事司法协助体系存在不完善之处。

在诸多参与全球反腐败运动的国际组织中，最重要的就是联合国。2003年10月经第五十八届联合国大会审议通过的《联合国反腐败公约》，于2005年12月14日正式生效。② 这是联合国历史上通过的第一个用于指导国际反腐败斗争的法律文件。《联合国反腐败公约》在2000年的《联合国打击跨国有组织犯罪公约》的基础上进一步加强了反腐败的国际法律合作，形成了控制腐败犯罪的更为完整、全面的国际法律合作的原则、措施和制度。③ 至2013年，《联合国反腐败公约》的缔约国已有139个，缔约国纷纷按照公约所确定的原则、措施和制度制定，修改本国的与反腐败追赃追逃有关的刑事司法协助方面的法律。④ 我国追赃追逃的刑事司法协助体系若能与《联合国反腐败公约》的标准相一致，无疑会大大便利我国的国际追赃追逃工作。

第一，《联合国反腐败公约》着眼于预防性规定，着重于制度预防。而我国现有的反腐败工作的惯性则是重打击，轻预防。我们必须明确认识到这一点：将反腐败工作的重心转到预防上，不仅不会削弱打击腐败，反而会强化打击腐败、尤其是国际追赃追逃的效果。只有预防腐败的机制起了作用，才能从源头上把腐败犯罪的数量压下来，才能节省出更多的司法资源从事国际追赃追逃工作，反腐败工作的运转才能真正地走上良性的轨道。

第二，我国《引渡法》第7条第1款第1项规定："（一）引渡请求所指

① 参见余怿：《论公安机关境外追赃》，载《中国人民公安大学学报》（社会科学版）2005年第1期。

② 中国政府于2003年12月10日签署了《联合国反腐败公约》，全国人大于2005年10月27日批准。

③ 参见邵沙平著：《国际刑法学——经济全球化与国际犯罪的法律控制》，武汉大学出版社2005年版，第411页以下。

④ Vgl. Bernd Hecker, Europäisches Strafrecht, Dritte, aktualisierte und erweiterte Auflage, Springer-Verlag, 2010, S. 162.

的行为，依照中华人民共和国法律和请求国法律均构成犯罪。"由此可见，我国采用的是双重犯罪原则，即要求被请求引渡人所实施的行为，按照请求国与被请求国的行为，均构成犯罪。①而《联合国反腐败公约》则确定了双重可罚性原则，可罚性不是犯罪的构成要件，而是指犯罪后的一种法律态势，即有可能使犯罪行为人受到刑事处罚。②《联合国反腐败公约》在原有的双重犯罪原则的基础上增加了"可罚性"这一条件，突破了双重犯罪原则，扩大、放宽了引渡合作中对腐败犯罪认定的条件，从而更有利于打击、惩治腐败犯罪。因此，不难看出，作为引渡对象确立的原则，《联合国反腐败公约》确定的双重可罚性原则比我国《引渡法》采用的双重犯罪原则更为科学合理。③

第三，我国刑法是反腐败法制的重要组成部分。但从现状来看，我国刑法及司法解释有关腐败犯罪的规定依然滞后于《联合国反腐败公约》所确定的标准。以贿赂犯罪为例，《联合国反腐败公约》在第15条、第16条、第18条以及第21条分别规定了对本国公职人员行贿罪；对外国公职人员、国际公共组织官员行贿罪；影响力行贿罪以及对私营部门工作人员行贿罪。我国刑法目前规定的行贿犯罪尚未包括影响力行贿罪，应在《刑法修正案（九）》中补充规定。对贿赂的范围，《联合国反腐败公约》没有局限于财物，而是规定为"不正当好处"。这就意味着，贿赂不仅包括财产和财产性利益，还包括性、特权、优惠、便利等一切物质与非物质、财产与非财产利益。④但我国的刑法相关规定及其解释至今仍然认为贿赂犯罪所获取的不正当利益仅限于财产性利益。⑤又如，《联合国反腐败公约》将受贿罪的犯罪主体明确为"公职人员"，而我国的刑法及其解释关于"国家工作人员"的规定种类繁杂，歧义丛生，司法认定疑难不断，不利于准确、及时、有效地惩治腐败犯罪。

第四，《联合国反腐败公约》第57条第3款规定，必须通过请求国的生效判决来实现腐败犯罪资产的返还。而从我国的反腐败实践来看，外逃贪官绝大多数都是在刑事判决作出前就闻风外逃至他国。因此，针对贪污贿赂犯罪资产的追缴没收的诉讼制度就显得非常有必要。我国2012年修正的《刑事诉讼法》在第280条第1款增加规定了违法所得的特别没收程序，即"对于

---

① See Malcolm N. Shaw, International Law, Cambridge University Press, 2008, p. 686.

② 参见陈光中、杨诚、刘玫：《联合国打击跨国有组织犯罪公约和反腐败公约程序问题研究》，中国政法大学出版社2007年版，第283页。

③ 参见陈泽宪主编：《〈联合国反腐败公约〉与中国刑事法制的完善》，中国检察出版社2010年版，第138页以下。

④ 参见陈泽宪主编：《〈联合国反腐败公约〉与中国刑事法制的完善》，中国检察出版社2010年版，第5页。

⑤ 参见张明楷著：《刑法学》，法律出版社2011年版，第1066页。

贪污贿赂犯罪、恐怖活动犯罪等重大犯罪案件，犯罪嫌疑人、被告人逃匿，在通缉一年后不能到案，或者犯罪嫌疑人、被告人死亡，依照刑法规定应当追缴其违法所得及其他涉案财产的，人民检察院可以向人民法院提出没收违法所得的申请。"但是此程序在实践中如何实施依然困难重重。迄今为止，全国此类审判极为罕见，与数以万计的外逃贪官相比太过悬殊。我国现行的刑事实体法和程序法并没有形成一个完整有效的制度，这无疑也增加了国际追赃追逃的难度。

此外，我国追赃追逃的刑事司法协助体系与国外法律制度乃至国际惯例的差异甚至冲突，也是制约我国与外国展开刑事司法协助谈判的主要因素。

第一，"死刑犯不引渡"是国际社会在引渡时所遵循的最重要惯例，而且《联合国反腐败公约》并未排除该惯例的适用。我国现行《刑法》第383条、第386条在贪污罪、受贿罪的法定刑上均设置了死刑，对于个人贪污、受贿数额在10万元以上、情节特别严重的犯罪人，则可能被判处死刑。外逃贪官在国内贪污、受贿所得往往以上百万甚至上亿元计，一旦被引渡、遣返回国，他们均有可能被判处死刑。[①] 而国际上通行的"死刑犯不引渡"原则要求，出于人道主义的考虑，被请求国很可能会拒绝对于可能被判死刑的人进行引渡。[②] 死刑问题毫无疑问地成为了我国国际追赃追逃工作中的一个不可避免的问题。

第二，通过刑事司法协助成功追赃后，可以由直接或间接参与追赃活动国家合理分担办案费用，这是在国际反腐败斗争中常见的做法，目的是鼓励各国积极参与追赃的刑事司法协助。《联合国打击跨国有组织犯罪公约》和《联合国反腐败公约》都明确认可这一做法。我国对在刑事司法协助中追缴的腐败犯罪资产的费用分担和资产分享缺乏明确规定，至今也未就此问题与有关国家签订过协议，只是就个案问题进行过探索而已。[③] 2013年6月，中国与加拿大谈判完成《分享和返还被追缴资产协定》，这是中国就追缴犯罪所得对外谈判的第一项专门协定，但至今尚未签署。这项协议生效后将对中加两国腐败犯罪资产的追缴和返还提供更有利的双边法律依据。[④]

第三，欧美国家的引渡法中，均有简易引渡的规定，即在被请求引渡人

---

① 从刑事司法实践来看，因贪污受贿10万元而被判处死刑的贪官属于凤毛麟角，但理论上并不排除这种可能性的出现。这就意味着，贪官贪污受贿的数额只要超过了10万元并且逃到遵守"死刑犯不引渡"惯例的国家，我国就很难将其引渡回国。

② Vgl. Schomburg Wolfgang, Bohlander Michael, IRG － AICCM, Beck C. H.；1. Auflage. 2013, S. 57.

③ 参见余恽：《论公安机关境外追赃》，载《中国人民公安大学学报》（社会科学版）2005年第1期。

④ 参见新华网2014年11月26日。

明确表示同意的情况下，受请求国可以不经正式的引渡程序而将其引渡至请求国。① 这种引渡方式既高效又能保障被请求引渡人的合法权益，因此颇受青睐。但我国《引渡法》对此未做规定，也是一个缺憾。

第四，从各国引渡立法上看，"或引渡或起诉"原则被广泛确认和肯定，在引渡实践中起到重大的作用。这一原则在特定情况下可以起到安全阀的作用，既保证了对犯罪分子的惩罚，又维护了某些特殊利益，照顾了某些特殊情况。②《联合国反腐败公约》第 44 条第 11 款就规定了："或引渡或起诉"原则："如果被指控罪犯被发现在某一缔约国而该国仅以该人为本国国民为理由不就本条所适用的犯罪将其引渡，则该国有义务在寻求引渡的缔约国提出请求时将该案提交本国主管机关以便起诉，而不得有任何不应有的延误……"但我国《引渡法》对这一原则付之阙如。

第五，为了规范国际刑事司法合作，仅仅依靠国际条约是不够的，还需要有调整国内审查和执行程序的立法。我国虽已颁布了《引渡法》，但在有关文书送达、调查取证、赃款赃物的追缴、相互承认和执行刑事裁决以及刑事诉讼移管等方面，尚处于空白状态。只有正式出台《国际刑事司法协助法》，烦琐的个案合作机制才能被稳定长效的双边合作机制所取代。③

## 三、 构建与完善刑事司法协助体系的具体设想

构建和完善追赃追逃的刑事司法协助体系，必须做到以下几点：

### （一）处理好国内法与国际法的关系，重视国内法与国际公约的衔接

"条约必须遵守"是国际法的基本原则，《联合国反腐败公约》明确规定缔约国应采取必要的国内法措施确保条约相关规定的实施。我国既然已经加入该公约，就应当充分利用该公约，并确保国内立法与《联合国反腐败公约》实现有效衔接。比如，采用转化模式，将《联合国反腐败公约》的相关规定纳入国内法体系之中，更能促进国内法与《联合国反腐败公约》的协调与衔接以及反腐败工作的平稳进展。

1. 完善刑法中关于贿赂犯罪的规定。如前所述，我国刑法将贿赂内容的范围局限于财产性利益，与《联合国反腐败公约》的相关规定不符，也限制了我国对腐败分子的打击力度。因此，应当借鉴《联合国反腐败公约》的规定，将贿赂的范围扩大至"不正当好处"，即不仅包括财产和财产性利益，

---

① Vgl. Schomburg Wolfgang, Bohlander Michael, IRG - AICCM, Beck C. H.; 1. Auflage. 2013, S. 83ff.

② 参见李瑛：《惩治外逃贪官的国际刑事司法协助解决机制探析》，载《政法学刊》2009 年第 4 期。

③ 参见黄风：《制定我国〈国际刑事司法协助法〉的几个问题》，载《中外法学》2011 年第 6 期。

还包括占用车辆、亲友安排工作、职务晋升、享受家政服务、享受度假、性服务等一切物质与非物质、财产与非财产利益。另外，《联合国反腐败公约》第15条规定，只要直接或间接向公职人员许诺给予、提议给予或者实际给予该公职人员本人或者其他人员或实体不正当好处的，就构成行贿罪；公职人员为其本人或者其他人员或实体直接或间接索取或者收受不正当好处的，就构成受贿罪。与此同时，我国《刑法修正案（八）》已经根据《联合国反腐败公约》的要求增设了利用影响力受贿罪，考虑到行贿罪与受贿罪是对向犯的事实，增设影响力行贿罪是势所必然。

2. 鉴于《联合国反腐败公约》第57条第3款规定必须通过请求国的生效判决来实现腐败犯罪资产的返还，外逃贪官绝大多数都是在刑事判决做出前就闻风外逃至他国，造成追赃追逃困难的事实，而刑事案件的缺席审判又很难被大多数国家所认同，因此，仅仅根据刑事定罪程序来没收腐败犯罪资产既不利于我国追回外逃的腐败犯罪资产，也难以为《联合国反腐败公约》的缔约国提供此类刑事司法协助；而且，行政机关作出的没收决定由于未经过司法程序，难以通过外国的司法审查，从而不能成为向外国请求司法协助的法定依据。因此，我国不仅要设立独立的特别没收程序，而且要建立可操作性强的刑事法和民事法上的配套制度，以便在腐败犯罪分子死亡、潜逃或缺席而无法对其起诉的情况下，法院能够通过便捷的法定程序对其作出查封、冻结、扣押、没收、返还腐败犯罪资产的裁判，从而有利于获得相关国家的有效司法协助，挽回国家与人民的损失。①

**（二）尽快批准《公民权利和政治权利国际公约》**

我国政府于1998年10月5日签署了《公民权利和政治权利国际公约》，但尚未经全国人大批准。截至2013年年底，《公民权利和政治权利国际公约》的成员国已达168个。我国在与这些国家展开国际追赃追逃的刑事司法协助时，是否已经批准该公约无疑将会成为重要的考虑因素。从实践来看，我国未批准《公民权利和政治权利国际公约》已经成为我国与批准国展开刑事司法协助谈判的主要障碍之一。②

《公民权利和政治权利国际公约》不仅是人权保障的观念展示、态度表明与义务承担，而且因为具有重要的象征意义，也是增强被请求国对我国在刑事程序中注重人权保护的信心，保证刑事司法协助顺利进行的有效方式。③

---

① 参见杨正万：《境外追逃、追赃的几个问题的思考》，载赵秉志、卢建平主编：《国际刑法评论》（第3卷），中国人民公安大学出版社2009年版，第398页。
② 参见陈泽宪主编：《〈联合国反腐败公约〉与中国刑事法制的完善》，中国检察出版社2010年版，第266页以下。
③ 参见陈泽宪主编：《〈联合国反腐败公约〉与中国刑事法制的完善》，中国检察出版社2010年版，第269页。

随着我国法制改革和法治建设的不断推进，我国批准《公民权利和政治权利国际公约》的时机已基本成熟，而且公约的批准也允许成员国依据国情作出合理保留。①

**（三）加紧完善我国《引渡法》**

1. 确立双重可罚性原则。《联合国反腐败公约》确定的双重可罚性原则比我国《引渡法》采用的双重犯罪原则更适应各国刑法制度的差异，因此，有必要修改《引渡法》，引入双重可罚性原则取代双重犯罪原则，从而有利于加大打击和引渡严重犯罪人的力度。

2. "或引渡或起诉"原则实质上是对可引渡的罪犯不引渡的一种替代措施，是对被请求国在可以引渡但由于某种原因不引渡时规定的一种国际司法合作的替代方式。我国《引渡法》宜参照国际社会的引渡实践，在今后的修法中正式确立这一原则与相关制度。

3. 为节省引渡合作中耗费的人力物力财力，减少引渡所需要的冗长时间，尊重被引渡人的意愿并保障其合法权益，可以增设简易引渡程序，实现被请求引渡人的权益保障与引渡效率的有机结合，体现有效打击犯罪与保障人权并重的法治理念。由于"对等原则"的作用，这种规定也将为我国的引渡请求增加便利。

4. 加入灵活地运用"死刑不引渡"原则的条款。不得不承认，贪污贿赂犯罪中的死刑规定是严重影响我国追逃追赃工作的最重要因素之一。而在中国当前不可能废除贪污贿赂犯罪死刑的国情下，② 较为合理可行的对策是，在我国《引渡法》中增加灵活地运用"死刑不引渡"原则的条款，授权我国有关部门在与外国进行引渡方面的谈判时，根据具体情况作出对被引渡者不判处死刑的承诺，该承诺对我国法院、检察院具有约束力。这样，一方面能表明我国惩治腐败犯罪的决心与保障人权的努力，不过分拘泥于死刑而让腐败分子逃脱法网；另一方面能保持一定的灵活性，有利于我国的主动引渡。③

**（四）尽快出台《刑事司法协助法》**

我国在刑事司法协助方面已经积累了一定经验，建立了一定的机制。但是，任何一种单纯的成功经验或机制若不上升为法律，则很难保障其有效性。我国至今没有一部统一的《刑事司法协助法》，有关刑事司法协助的规定散见于《刑事诉讼法》、《最高人民法院关于执行〈中华人民共和国刑事诉讼法〉若干问题的解释》、《人民检察院刑事诉讼规则》和《公安机关办理刑事

---

① 参阅陈泽宪主编：《〈公民权利和政治权利国际公约〉的批准与实施》，中国社会科学出版社2008年11月版，前言1-3。

② 参见陈兴良、周光权著：《刑法学的现代展开》，中国人民大学出版社2006年版，第413页。

③ 参见陈泽宪主编：《〈联合国反腐败公约〉与中国刑事法制的完善》，中国检察出版社2010年版，第145页。

案件程序规定》中，显得不成体系与零散。因此，我国有必要在立足本国国情，总结刑事司法协助正反两方面经验的基础上，加快制定统一的《刑事司法协助法》，对有关文书送达、调查取证、搜查扣押与没收、证人出庭作证、赃款赃物的追缴与分享机制、相互承认和执行刑事裁决以及刑事诉讼移管等方面的问题做出系统完整、合理可行的规定，以协助构建完善的追赃追逃的刑事司法协助体系。但该法的起草拟定历时多年，数易其稿，虽然已经比较成熟，但仍然受困于有关部门之间的职能配置争议纠葛之中难以出台。希望中央有关决策部门能快刀斩乱麻，尽快促成该法草案提交全国人大审议通过，以适应当前我国追赃追逃形势的迫切需要。

**（五）加强我国执法司法机关人员追赃追逃的能力建设**

签订有利追赃追逃的国际条约是基础，提高适用国际条约的能力是关键。截至 2014 年 10 月，我国已与 64 个国家缔结司法协助条约、引渡条约和移管被判刑人条约共 122 项，100 项已生效。其中，民（商）事司法协助条约 19 项，16 项生效；民（商）刑事司法协助条约 19 项，全部生效；刑事司法协助条约 33 项，27 项生效；引渡条约 39 项，29 项生效；移管被判刑人条约 12 项，9 项生效。[1] 我国还加入了《联合国反腐败公约》和《联合国打击跨国有组织犯罪公约》等 24 项含刑事司法合作条款的多边条约。可资适用的条约不可谓不多。此外，最高人民检察院先后与 80 多个国家和地区的相关机构签署了检察合作协议。公安部与 44 个国家和地区的相关机构建立了 65 条 24 小时联络热线，同 59 个国家和地区的内政警察部门签署了 213 份合作文件。[2] 但是，从中外刑事司法协助的案件总体情况看，尤其是大国之间刑事司法协助的数量看，竟然呈现出外国向我国提出协助请求多，我国向外国提出请求少的悬殊局面。我国各级执法司法机关在追赃追逃的斗争中，还是暴露出主动适用上述双边和多边条约作为法律武器的能力上的种种不足：不熟悉国际条约的相关规定和赋予的权利；不了解相关国家的法律制度；不懂得如何准备请求司法协助的法律文书和证据材料；不清楚如何开展刑事司法协助活动；缺少能熟练运用法律专业外语的司法人员等。

我国应充分利用国际[3]、国内两方面的专业教育与培训的各种资源，大力加强我国各级执法司法机关，尤其是地市级主体办案机关及其人员在追赃追逃等刑事司法协助方面的能力建设。建立一支善于应对各种涉外复杂情况，

---

① 参见中华人民共和国外交部网，http://www.fmprc.gov.cn/mfa_chn/ziliao_611306/tytj_611312/wgdwdjdsfhzty。

② 参见大广网，http://www.daguangnews.com/news/? 53021. html。

③ 2014 年 11 月，中国决定加入国际反腐败学院。国际反腐败学院是一家总部位于奥地利的全球性机构，它向成员提供有关如何有效打击腐败犯罪的教育和培训。该学院由 71 个联合国成员国和 3 个国际组织构成。

能打好这场特殊法律战的高素质的精干队伍。

### （六）更多地运用境外追诉

在无法引渡、难以遣返、劝返无果的情况下，要积极并善于促成境外追诉。腐败分子携款外逃他国定居，往往也会触犯该国刑法。例如，转移赃款投资、购房等可能构成洗钱罪；以虚假的个人身份、财产信息获得签证入境、入籍等，可能涉嫌多种欺诈犯罪。我国司法机关积极协助有关国家执法机构依据该国法律对逃犯提起刑事和民事诉讼，乃至定罪处刑，追缴犯罪资产，断其后路，这将对逃犯构成极大威慑。2011年9月14日，外逃至澳大利亚8年已获得永久居留权的李继祥因洗钱罪、利用犯罪收益罪被澳大利亚昆士兰州最高法院判处监禁26年。被李继祥转移至澳大利亚的巨额财产已有近3000万元收缴回国内。[1] 这是一个难得的境外追诉的成功实例，我国检察机关在积极协助澳大利亚执法机构调查取证和建立两国司法部门互信合作关系等方面，都有许多有益经验值得总结和推广。另外，境外追诉成功还将形成不可忽视的后续威慑效果：犯罪人在国外服刑后，根据所在国法律往往会被驱逐出境或遣返原国籍国。我国法律仍保留追究其刑事和民事责任的权利。

---

① 参见新华网，http://news.xinhuanet.com/comments/2011-09/25/c_122084015.htm。

# 全球化背景下的反腐败问题探究

张爱艳[*]　何　峰[**]

近些年来，面临反腐败的严峻形势，世界各国纷纷采取措施反腐，我国亦不例外。自党的十八大以来，我国的反腐败工作取得了显著成果，但在全球化背景下，我国的反腐败刑事法治与其他国家相比还有一定的差距，存在网络反腐缺乏规制、立法滞后、司法缺乏统一标准等方面的缺陷，特别是我国有些规定与《联合国反腐败公约》脱轨，传统的刑事政策、立法及司法已经不能满足有效反腐的需要。本文将在总结国内外反腐败现状的基础上，指出以网络为反腐新手段引发的问题，以及我国反腐败存在的立法、司法问题，并提出相应的完善建议。

## 一、全球反腐败现状考察

### （一）国内反腐败概览

在反腐败手段方面，网络反腐已成为推进反腐败工作的新利器。2009 年 10 月，中国青年报社会调查中心进行的一项调查发现，75.5%的公众最愿意用"网络曝光"参与反腐，其次是"举报"占 58.2%，接下来依次为"媒体曝光"、"信息公开"、"信访"、"审计"等方式，[①] 由数据可以推断出网络反腐具有高影响力。2010 年 12 月 19 日，国务院新闻办首次发表关于反腐败的白皮书——《中国的反腐败和廉政建设》中指出："中国高度重视互联网在加强监督方面的积极作用，切实加强反腐倡廉舆情网络信息收集、研判和处置工作，完善举报网站法规制度建设，健全举报网站受理机制及线索运用和反馈制度，为公民利用网络行使监督权利提供便捷畅通的渠道。"[②] 自此，网络反腐开始步入制度化的轨道。网络反腐主要通过两种渠道，一种是官方渠道，即有关部门网站设立举报平台，为公民行使监督权提供新的渠道。2013 年 9 月 22 日，中央纪委监察部网站开通了举报专区，公众可以此为媒介举报

---

[*] 山东政法学院教授、法学博士、硕士研究生导师。

[**] 山东政法学院硕士研究生。

① 参见《中国网络反腐现状分析》，载 360 doc 个人图书馆，http://www.360doc.com/content/14/1224/12/9742787_435391064.shtml，访问时间：2015 年 6 月 16 日。

② 参见国务院新闻办公室于 2010 年 12 月 29 日发布的《中国的反腐败和廉政建设》白皮书，载中国新闻网，http://www.chinanews.com/gn/2010/12-29/2755127.shtml，访问时间：2015 年 6 月 16 日。

腐败官员。另一种是民间渠道，往往由公众通过"人肉搜索"等方式揭发披露腐败官员，如轰动一时的"雷政富"、"表哥杨达才"等事件都是以网络为媒介进入公众的视线。网络反腐确实揭露出一些贪官的腐败行为，但是，由于网络行为具有隐蔽性、虚拟性等特征，网络反腐也引发了一些问题。例如，2015 年朱德之孙朱和平因与贪官同名而引发的"乌龙"事件，引起大家对网络反腐的反思。

在反腐败立法方面，反腐败刑事法网更加严密。我国反腐败的刑法规制上主要体现在规定了贪污贿赂犯罪。1997 年刑法专设了"贪污贿赂罪"和"渎职罪"两章，规定了贪污罪、受贿罪、行贿罪、渎职罪等腐败犯罪的刑事责任，根据犯罪侵犯客体的不同在其他章节亦规定了相应的腐败犯罪。此后，2007 年最高院、最高检出台司法解释，规定了十种新型受贿行为的定性处理问题。2009 年通过的《刑法修正案（七）》，在第 388 条后增加一条，作为第 388 条之一，规定了国家工作人员的近亲属或者其他与该国家工作人员关系密切的人、离职的国家工作人员或者其近亲属以及其他与其关系密切的人利用影响力收受财物，均可构成受贿罪。[①] 2011 年《刑法修正案（八）》将贿赂外国公职人员、国际公共组织官员的行为纳入犯罪。2012 年11 月，最高检公布了修订后的《人民检察院刑事诉讼规则（试行）》，其中对"特别重大贿赂犯罪"进行了界定，指出有下列情形之一的，属于特别重大贿赂犯罪：涉嫌贿赂犯罪数额在 50 万元以上，犯罪情节恶劣的；有重大社会影响的；涉及国家重大利益的。

在反腐败司法方面，进一步扩大了反腐败的范围。党的十八大以前，身居高位的薄熙来因腐败犯罪被查出，2013 年 9 月 22 日被判处无期徒刑；发改委原副主任刘铁男收受财物共计 3558 万余元，以受贿罪被判处无期徒刑；2015 年 5 月 22 日原中央政治局常委周永康因多项犯罪被判处无期徒刑，其中受贿达 1.29 亿余元。高官被查，体现了党和政府"老虎"、"苍蝇"一起打的决心。但实践中，虽然严惩高官，但对贪污数额较小官员的惩处却较为宽松。仅 2014 年上半年，全国共审结贪污案件 490 件，其中涉案金额在 5000元至 10000 元之间的案件仅有 17 件，占全部已结案件的 3.5%。17 个案件中判处免予刑事处罚的案件为 11.5 件，拘役 1 件，判处有期徒刑缓刑的 1.5件，判处有期徒刑实刑的仅有 3 件。[②] 我国反腐工作依然艰巨，2015 年最高院在十二届全国人大三次会议上作的工作报告中指出，各级法院审结贪污贿赂等犯罪案件 3.1 万件 4.4 万人，同比分别上升 6.7% 和 5.2%。其中被告人

---

① 高铭暄：《当代我国职务犯罪的惩治与预防》，载《法学杂志》2011 年第 2 期。
② 赵天红：《贪污数额与贪污罪法定刑及量刑问题研究》，载赵秉志、张军、郎胜主编：《现代刑法学的使命》，中国人民公安大学出版社 2014 年版，第 857 页。

原为厅局级以上的 99 人，原为县处级的 871 人。① 然而可惜的是，我国在严处 "老虎"、"苍蝇" 时，却对行贿者网开一面。此外，由于全球化的背景，腐败犯罪出现跨国性特征，因此，我国开始注重加强国家间的司法协助，开展 "猎狐行动"、"天网行动"，追逃追赃。

（二）国外反腐败概览

腐败是全球性痼疾，尤其受全球化的影响，世界各国之间的联系日益紧密，腐败的影响也蔓延到世界各国，因此，各国应携手行动，共同反腐。在此背景下，有必要了解国外反腐概况。

芬兰作为世界上最廉政的国家，与其建立了完备的反腐败法律制度是密不可分的。《芬兰刑法典》第四十章 "公职犯罪" 第 1 条 "受贿"（2002 年/604 号）规定："1. 如果公共官员，以其公职行为为代价，为本人或他人而（1）要求礼物或其他不正当的利益，或以其他方式主动获取该利益，（2）接受礼物或其他利益，该利益影响了或意图影响或会导致影响其上述行为，或者（3）同意收受礼物或在第 2 款中涉及的其他利益，或同意对此的承诺或给予的，以受贿罪论处，处以罚金或 2 年以下的监禁。2. 如果公共官员以其公职行为为代价，而同意接受礼物或在第 1 款第 2 项中涉及的其他利益，或同意对此的承诺或给予的，也以受贿罪论处。"② 可见，芬兰受贿的认定范围还是相当宽泛的。巴西 2014 年生效的《净化公司法案》以严格责任理论为基础，规定只要目标公司实施法律禁止的行为，即使目标公司没有获得额外利益，也需被追究责任。然而虽然法律对腐败行为加以严惩，但是在巴西，法律却没有很好地被执行，在 2015 年 3 月 15 日巴西多个城市爆发了大规模反政府游行示威要求政府采取措施打击腐败行为，通过游行民众表达了 "对腐败不受惩罚的愤慨"。《日本刑法》第 197 条规定："公务员或仲裁人关于职务上的事情，收受、要求或约定贿赂的是受贿罪"，其贿赂的范围在司法实践中定义十分广泛，包括 "满足人们需求、欲望的一切利益"、"艺妓的表演艺术"、"男女亲密交往"③ 等内容。但是，《日本刑法》中并没有单独设立贪污罪这一罪名，对于贪污行为是按照侵占罪处理的。德、法、意三国刑法典中都把贿赂犯罪行为作为评价贿赂犯罪刑罚适用的根据，把惩罚贿赂犯罪的着眼点和刑罚设定的方向建立在行贿受贿的行为本质上，只要公务人员收受贿赂即构成犯罪。对贿赂犯罪刑罚轻重的评价是建立在行为人对职务义务的违反和对职务责任的违反上，没有考虑贿赂犯罪数额这一量的因素。④

---

① 参见《最高人民法院工作报告》，载中华人民共和国最高人民法院网，http://www.court.gov.cn/fabu-xiangqing-13879.html，访问时间：2015 年 6 月 16 日。

② 肖怡译：《芬兰刑法典》，北京大学出版社 2005 年版，第 112 页以下。

③ 李慧翔：《国外有无 "性贿赂" 怎么治理?》，载《新京报》2012 年 12 月 22 日。

④ 焦占营：《贿赂犯罪法定刑评价模式之研究》，载《法学评论》2010 年第 5 期。

并且，在德国，对公务员的量刑也比对普通民众的量刑重。

　　腐败作为世界各国的通病，其产生原因、防范措施等肯定有各国可以通用的部分，因此，各国开始注重加强反腐的经验交流与学习，联合反腐。例如，早在 2005 年举办的全球反腐败论坛上，各国在交流经验时，就有一些国家提议将互联网作为控制和预防犯罪的工具。此外，于 2003 年制定的《联合国反腐败公约》，作为全球首个反腐败国际合作的法律文件，其在反腐败方面体现了透明度、国际合作、预防为先等特点，并强调实体法与程序法相结合、公权机构与私权机构相结合、民事责任与刑事责任相结合，不仅具有立法、司法理念上的突破，而且还具有许多制度、机制上的创新。[①] 已经得到越来越多的国家的承认与认可，这些国家一方面加入《联合国反腐败公约》，成为其缔约国，并以此为蓝本修改本国的反腐败立法；另一方面根据《联合国反腐败公约》的规定，加强国际协作。此外，各缔约国依照《联合国反腐败公约》第七章的规定按期参加缔约国会议，由于缔约国会议要对有关缔约国履约情况进行审议，因此可以督促各国切实履行公约内容，修改完善本国的反腐败立法，切实加强国际合作。近年来，许多国家都申请加入国际反腐败学院，该学院是 2011 年设立的，该学院的设立是为了在全球化背景下，有效遏制腐败犯罪的全球化。其设立一方面有助于《联合国反腐败公约》的贯彻实施，另一方面对成员国进行反腐败培训，从而提升其反腐败能力。

## 二、 我国反腐败面临的问题

### （一）网络反腐缺少规制

　　网络反腐是一把双刃剑，如果缺少必要的法律规制，可能无法维护被虚假举报人的权利，放任举报人的非善意举报行为。

　　网络具有不同于传统媒体的诸多特点，首先，其传播信息互动性强，扩散范围更广，任何信息在网络上发布若缺少正确的舆论导向，在舆论世界都可能引起轩然大波，进而出现网络暴力的情形，影响被举报人及其家人的生活。其次，网络世界具有虚拟性的特点，彼此不知道对方的身份，因此，公众言论更具有随意性，而传播信息的真伪则难以辨别。2014 年四川资阳安岳县龙台镇党委书记陈伟被曝出开豪车、送子女国外留学、包养情妇等，虽纪委后来调查发现其除了在公开场合打牌外，并无其他违纪行为，但不可否认的是此种言论的传播一方面侵害了陈伟的名誉权，另一方面损害了政府官员的形象，有损政府的公信力。

　　而对于上述这些行为，根据我国目前的法律又不能很好地加以规制，因

---

① 陈立虎、王芳：《论〈联合国反腐败公约〉及其对我国的影响》，载《江南社会学院学报》2004 年第 2 期。

为对于这些行为，若要提起民事诉讼，首先要有明确的被告，而受害人若要查明行为人的身份则需要耗费大量资源，因此受害人往往会放弃诉讼，不了了之，进而自身权利无法得到维护。若根据我国刑法的现有规定，也不能打击非善意举报人。2013年9月6日，最高人民法院、最高人民检察院联合发布了《关于办理利用信息网络实施诽谤等刑事案件适用法律若干问题的解释》，虽然该司法解释明确了利用信息网络实施诽谤行为的入罪标准，但是该罪构成要件需要具有主观上的故意，若行为人不具有故意，仅仅是未对信息进行核实就加以发布、传播，则很难追究发帖人的刑事责任，从而放纵行为人的行为。既然行为人可以逃脱制裁，其难免又会传播虚假言论又损害他人利益，由此形成行为人不负责任地传播虚假言论—受害人放弃追究行为人责任—行为人继续传播虚假言论的恶性循环。

### （二）反腐败立法尚不够完善

通过表1显示进行对比，可以反映出我国目前贪污罪的法定刑配置是不合理的，这主要体现在：

表1　贪污罪、盗窃罪处罚标准对比表

| | 数额起点一 | 刑罚 | 数额起点二 | 刑罚 | 数额起点三 | 刑罚 |
|---|---|---|---|---|---|---|
| 贪污罪 | 5000元 | 1年以上，7年以下有期徒刑 | 5万元 | 5年以上有期徒刑，可以并处没收财产 | 10万元 | 10年以上有期徒刑或者无期徒刑，可以并处没收财产 |
| 盗窃罪（以山东省为例） | 2000元 | 3年以下有期徒刑、拘役或者管制，并处或者单处罚金 | 6万元 | 3年以上10年以下有期徒刑，并处罚金 | 40万元 | 10年以上有期徒刑或者无期徒刑，并处罚金或者没收财产 |

**1. 贪污罪的罪刑不相适应**

首先，贪污罪的起刑点数额比盗窃罪还高，这明显有悖常理。贪污罪较盗窃罪具有更严重的社会危害性，贪污罪侵犯的法益不仅包括公共财物的所有权还包括国家工作人员的廉洁性，而盗窃罪仅侵犯了公私财物的所有权及其他本权。由于国家工作人员的特殊身份，其贪污可能会给社会带来更大的危害，因此，贪污罪的社会危害性比盗窃罪还要严重，更应严惩。其次，贪污罪和盗窃罪的量刑幅度起点不一，可能导致贪污盗窃相同数额而判处刑期一样的情形。贪污盗窃数额一样，量刑一样，会使公众感觉不公，有损刑法的威严。最后，贪污罪各个法定刑档次之间缺少必要的衔接梯度，贪污 5000 元以上，可判处 1 年以上 7 年以下有期徒刑，而贪污 5 万元以上可判处 5 年以上有期徒刑，可能出现贪污数额较小，但刑期反而更重的情形。

2. 贪污罪量刑的数额标准难以适应时代的发展

CPI 能反映通货膨胀，以 1980 年为基准，1988 年 CPI 累计指数为 171.2，1997 年 CPI 累加指数为 425.3，至 2013 年 CPI 累加指数为 572.6，可见我国的通货膨胀如此明显。2013 年山东省根据经济发展状况和最高院、最高检的司法解释修改了盗窃罪相应的数额起点。然而，贪污罪的数额至今已经 18 年未经修改。1988 年全国人大常委会《关于惩治贪污罪贿赂罪的补充规定》中明确规定贪污罪的数额起点为 2000 元，根据贪污数额划分为四个量刑档次，分别是 2000、1 万、5 万以来，1997 年刑法调整了各个法定刑档次数额起点规定，将其分别规定为 5000、5 万、10 万。但是，现在贪污 10 万元以上的案件比比皆是，若以 10 万元为限，会出现放纵腐败行为的情形，因为即使贪污千万也可能只判处无期徒刑，那么为什么不再多贪污一些。

（三）司法认定出现分歧

1. 受贿罪既遂的认定

受贿罪既遂的认定主要以取得财物为依据，这种既遂的认定方法是不妥的。

现实中受贿有多种表现形式，但主要有四种，分别是索贿、收受贿赂、收受回扣、手续费及斡旋受贿。根据贿赂要求由谁提出可以将受贿分为两大类型，首先是索贿，在索贿情形下，存在尚未控制财物就已侵犯不可收买性的问题，因此，在认定既遂时，应当以实施索贿行为为准，即只要提出要求，便是既遂。其次是被动受贿，在收受贿赂情形下，如果以取得财物为既遂，则将非财产性利益排除在认定范围外。但是，非财产性利益应当纳入贿赂的范围，受贿罪本质是"以益易权"，即行贿人通过钱、色等其他好处换取国家工作人员为其当下或日后谋取不正当好处。如果仅限于财物，则受贿对象过小，将一些同样侵犯职务行为不可收买性的行为排除在犯罪的范围之外。因此，接受性贿赂、接受给子女提供出国留学的机会等都属于受贿，只要接受即构成既遂。

2007 年 7 月 8 日，最高人民法院、最高人民检察院联合发布的《关于办理受贿刑事案件适用法律若干问题的意见》中指出"国家工作人员收受请托人财物后及时退还或者上交的，不是受贿"。此处"退还"问题，对于将收受的财物退回给行贿人的案件，我们的司法机关都没有当犯罪处理，反而认为国家工作人员很廉洁。但其忽视了一个问题，在犯罪既遂后，除了时效等原因外，不可能因为行为人的退赔、坦白等而否认其行为构成犯罪。① 国家工作人员既然已经收受请托人财物就已经构成了受贿罪既遂，不存在不认定为犯罪的问题。

2. 受贿罪的处罚问题

受贿罪没有单独的处罚标准，受贿罪在法定刑配置上参照贪污罪。刑罚应体现行为的社会危害性，而受贿罪的刑罚则不能体现。

首先，犯罪的本质是侵犯法益，虽然贪污罪和受贿罪都是职务犯罪，但是二者侵害法益的侧重点不同，贪污罪侵犯的是国家工作人员职务行为的廉洁性，廉洁即不损公肥私，更偏重于直接对公私财产所有权的侵犯，其法益侵犯具有紧密性的特征，当侵犯了国家工作人员职务的廉洁性的同时，往往也会侵犯公共财产，对国家的危害与其所贪污的数额往往是相当的，数额能较全面地反映行为的社会危害性。因此，量刑标准以犯罪人所得为依据无可厚非。而受贿罪则不同，有些情形仅根据受贿数额难以反映行为的社会危害性。受贿行为具有分阶段性的特征，有受贿并未给请托人谋利益的情形；有受贿后虽为请托人谋利，但并未给国家造成损失的情形；还有给国家造成损失、国家公信力降低的情形。在前两种情形下，以受贿数额作为处罚依据并无不妥。但是，受贿后给国家造成损失的，仍以犯罪人获利数额作为量刑标准，则明显有失公允。虽然刑法中规定了受贿情节亦纳入量刑标准，但是法官大多还是根据受贿数额量刑。由此反映出一个问题，即受贿罪和贪污罪不加区分，均根据所得数额配置刑罚不合理。

## 三、 我国反腐败刑事法治的完善

### （一）健全网络管理方面的法律法规

通过法律规制，平衡举报人和被举报人之间的权利义务，首先，为了更好地保护举报人，让举报人敢于举报，应通过立法禁止被举报人追查举报人，对于被举报人打击举报人及其近亲属的行为应该严惩。其次，在保护被举报人方面，由于民间反腐往往采用"人肉搜索"的方式，因此，在网络反腐的过程中难免侵犯当事人的隐私权及名誉权，而对于这种行为仅通过民法和行政法来规制，又是不够的。因此，针对侵犯公民隐私权的行为，如果情节严重的，可以追究刑事责任，《刑法修正案（七）》中规定了出售、非法提供公民个人信息罪，但是其将一般公民排除在犯罪主体之外，可以考虑以此罪为基础，针对一般公民的行为规定相对较轻的法定刑。在侵犯隐私权的刑罚设置上，可以考虑设置罚金刑，此种设置有利于威慑犯罪分子，从而使其在进行某行为时考虑其行为的后果，为其行为负责，从而更好地规制行为人的

---

① 张明楷著：《刑法的私塾》，北京大学出版社 2014 年版，第 572 页。

行为，防止行为人不负责任地传播信息。在一些情形下，允许网络诽谤由检察院提起公诉。网络反腐提供的线索大多是真实的，因此，不能因噎废食，禁止网络反腐。应加快网络反腐法制化进程，规范网络举报途径。此外，对网络谣言的造谣者和传播者在定罪量刑上应有所区别，因为造谣者的主观恶性往往比传播者高。

### （二）降低贪污贿赂犯罪的起刑点

虽然理论界认为我国当前腐败犯罪的立法模式为"厉而不严"型，即入罪门槛高，法定刑严厉，但是上文已有分析，贪污贿赂犯罪的法定刑设置是不合理的，因此，笔者认为，贪污贿赂犯罪实质上的刑事政策是"不严不厉"，此种政策，不利于打击贪污贿赂犯罪。惩治贪污贿赂犯罪，应转变观念，贯彻"零容忍"，采用"虽严不厉"的模式，即扩大处罚范围，但在司法上可以适当宽松。中国特色的"人情社会"为孕育腐败提供了肥沃的土壤，腐败贯穿于各个领域，腐败已经成为各行各业中的常态。然而，如果把上层建筑比喻成一棵大树，腐败比喻成蚂蚁，虽说蚍蜉撼树，自不量力，但是，如果腐败已经很普遍，则撼动根基只是时间问题。因此，不能再以"零容忍"不符合我国现实为由，反对"零容忍"。贝卡里亚说，公开惩罚那些容易打动人心的较轻犯罪的刑罚，则具有这样一种作用：它在阻止人们进行较轻犯罪的同时，更使他们不可能去进行重大的犯罪。① 因此，将贪污贿赂犯罪起刑点降为零，反而有利于将腐败犯罪扼杀于摇篮之中，符合刑法预防犯罪的目的，进而形成全民反腐败的氛围，肃清腐败犯罪。

### （三）设立独立于贪污罪的受贿罪处罚标准

受贿罪并非简单的贪利性犯罪，其侵害的法益不同于贪污罪，社会危害性程度有时根据受贿数额难以反映，因此受贿罪的处罚标准不能参照贪污罪，应设立独立的处罚标准。受贿罪的处罚标准应以数额为主，兼采情节。对于数额能够反映行为社会危害性的，可以数额为量刑的主要依据，对于数额不能反映社会危害性的情形，则要以情节为准，因此，在立法中应将情节因素通过列举的方式，划分轻重不同的具体情节档次加以规定。此外，若非财产性利益也纳入贿赂的范围，则也应规定相应的情节认定标准。

在刑罚配置上，可以增设罚金刑。通过增设罚金刑，可以使受贿人在经济上受到较重的处罚，进而使其偷鸡不成反蚀把米，使得其在受贿之时至少会衡量其行为的成本，进而更好地发挥刑法的一般预防和特殊预防的作用。

### （四）提高贪污贿赂犯罪各法定刑档次的数额起点

我们可以提高贪污贿赂犯罪各个法定刑档次的量刑数额起点，其他财产类犯罪亦应修改相应数额。虽然起刑点提高了，但是并不会放纵贪污行为，

---

① ［意］贝卡里亚著：《论犯罪与刑罚》，黄风译，中国法制出版社 2002 年版，第 71 页。

也不会显得刑法过于严苛。最高院、最高检出台的关于盗窃罪的司法解释中对盗窃数额较大、数额巨大、数额特别巨大规定的都是一个数字区间，然后由各个地区根据其经济发展状况等确定本地区具体的数额标准。同样的贪污受贿数额在不同地区对社会的危害程度也有所不同，因此，贪污贿赂犯罪可以仿照此种做法，将每个法定刑档次固定的数额起点修改为一个幅度，从而给各个地区一定的选择空间，进而可以在一定程度上避免对一些犯罪分子的处罚过于轻缓或者过于严厉的情形。我国有学者主张贪污贿赂犯罪侵犯的法益主要是职务行为的正当性与廉洁性，对这类法益的侵犯，它们的衡量标准在全国应该是统一的，而不应该人为地依据地域不同划分不同的标准。[①] 此种说法，忽视了由于地区经济发展水平的差异，行为给国家造成的影响也是存在差异的，而且由于政治因素，国家工作人员的廉洁性、不可收买性在不同地区的评价也是不一样的。

### （五）对行贿罪应加大处罚力度

行贿罪和受贿罪属于对向犯，针对受贿的不同情形，我们将行贿分为被动行贿与主动行贿两种情形来讨论。

首先，对于被动行贿来说，由于受贿人主动索贿，行贿人行贿是迫不得已，因此，可以规定在此情形下，若行贿人行贿后主动举报，就可减轻或者免除责任。通过此种规定可以使得官员惮于群众的举报，而不敢收受贿赂。其次，对于主动行贿来说，应加大处罚力度。没有行贿就没有受贿，在我国对行贿行为处罚过轻，从某种程度上说，行贿人行贿是不需要付出成本的。因为如果国家工作人员受贿，国家工作人员不会检举行贿人的行贿事实，而行贿人又能谋取到不正当利益；而如果国家工作人员不受贿，又会将财物退回。可见无论如何，主动行贿对行贿人来说都是利大于弊。因此在此种情形下，应对行贿人予以严惩，并可判处罚金，以此加大行贿人的行贿成本，从而使其不敢行贿。

## 四、结语

近些年来，我国反腐刑事法治取得了显著的成绩。但是，与我国反腐的形势以及与其他国家相比，我国在反腐手段、立法、司法等方面还存在一定的问题，对此需要加以完善。相信随着我国反腐刑事法治的不断完善，反腐倡廉工作的推进必定更加顺利。

---

[①] 申飞飞、车明珠：《论贪污贿赂犯罪数额标准的修改与完善》，载赵秉志、张军、郎胜主编：《现代刑法学的使命》（下卷），中国人民公安大学出版社 2014 年版，第 804 页。

# 我国惩治腐败后续犯罪立法
# 完善之探析

## ——以《联合国反腐败公约》为视点

于 阳\* 王 媛\*\*

　　腐败后续犯罪，主要是指《联合国反腐败公约》（以下简称《公约》）所规定的资产非法增加、洗钱、窝赃、滥用职权、妨害司法等犯罪。可以说，这些犯罪与一般意义上的腐败犯罪还是存在较大的差别。但由于它们是与贪污、受贿、挪用公款三种典型的腐败犯罪紧密相关而衍生出的一类特殊的犯罪，故腐败后续犯罪又可称之为"腐败关联犯罪"。有学者指出，当前对腐败犯罪本身进行法律上的规定固然重要，正所谓正本先清源，但同时也应对腐败犯罪的这些外围犯罪行为加强立法规制。[①] 正基于此，《公约》在以下三个方面体现了这一立法旨趣：一是《公约》第 23 条比较完整地规定了对腐败犯罪起到保护伞作用的洗钱犯罪的实行行为；二是规定了惩治腐败犯罪的兜底式条款，即《公约》第 20 条规定了资产非法增加罪；三是在以洗钱罪堵塞腐败犯罪不能时，《公约》沿用了各国所使用的传统罪名，即窝赃罪。此外，笔者认为，对于《公约》所规定的一些涉及谋取不正当利益的滥用职权犯罪和妨害司法犯罪，亦可属于腐败后续犯罪的范围。当前，我国刑法对于腐败后续犯罪的规定与《公约》相比，还存在一些差距。下文分别就我国刑法与《公约》关于这些腐败后续犯罪进行立法协调，以期完善刑法的相关规定。

## 一、 资产非法增加与巨额财产来源不明罪的立法协调

　　《公约》第 20 条规定："在不违背本国宪法和本国法律制度基本原则的情况下，各缔约国均应当考虑采取必要的立法和其他措施，将下述故意实施的行为规定为犯罪：资产非法增加，即公职人员的资产显著增加，而本人无法以其合法收入作出合理解释。"就《公约》规定的资产非法增加，我国刑法对应规定的是巨额财产来源不明罪。根据《刑法》第 395 条的规定，巨额

---

　　\* 天津社会科学院法学研究所副研究员、法学博士。
　　\*\* 陕西省西安市雁塔区人民检察院检察员。
　　① 参见邓红梅、徐岱：《〈联合国反腐败公约〉视域下我国反腐败法律举措的完善》，载《当代法学》2006 年第 6 期。

财产来源不明罪是指国家工作人员的财产或者支出明显超出合法收入，差额巨大，而本人又不能说明其来源是合法的行为。笔者通过分析《公约》要求的资产非法增加的行为方式得出，其描述的仅仅是一种现象、一种结果或者说是一种状态，并非一种作为或不作为。这与我国刑法规定的巨额财产来源不明罪的旨趣相同，反映的都是国家工作人员的财产或者支出明显超出合法收入，差额巨大，而本人又不能说明其来源的合法性状态。而对于将不能解释清楚为合法来源的财产推定为非法所得，并对持有巨额"非法"财产的行为推定为有罪，这是否存在"有罪推定"的嫌疑呢？刑事法学界对此仍有争议，而《公约》的意见则非常明确，要求考虑"不违背本国宪法和本国法律制度基本原则"。因此，必须克服对有罪推定的合理论证，才能以刑法规制资产的非法增加。此外，《公约》中的资产非法增加和我国刑法规定的巨额财产来源不明罪的区别主要在于：首先，就犯罪主体而言，《公约》之公职人员和刑法中的国家工作人员相比，前者范围较宽；其次，刑法对"巨额财产"要求行为人说明来源"合法"即可，而《公约》则规定为"合理"，即要求行为人作出满意解释或提供证明；再次，刑法设置巨额财产来源不明罪的制度前提（主要是财产申报制度）不充足，多为政策性文件，而《公约》则对财产申报制度有明确规定。这些都需尽可能地同以《公约》为代表的国际条约接轨。

## 二、 对犯罪所得的洗钱行为与洗钱罪的立法协调

在洗钱罪的构成要件上，刑法与《公约》的差距主要是构成洗钱罪的上游犯罪的范围有所不同。《公约》第23条"对犯罪所得的洗钱行为"，第1款规定，各缔约国均应当根据本国法律的基本原则采取必要的立法和其他措施，将下列故意实施的行为规定为犯罪：（1）明知财产为犯罪所得，为隐瞒或掩饰该财产的非法来源，或者为协助任何参与实施上游犯罪者逃避其行为的法律后果，而转换或转移该财产；（2）明知财产为犯罪所得而隐瞒或掩饰该财产的真实性质、来源、所在地、处分、转移、所有权或者有关的权利。同时，对在得到财产时，明知其为犯罪所得而仍获取、占有或者使用的行为和对洗钱的参与、协同或者共谋实施、实施未遂以及协助、教唆、便利和参谋实施的行为规定为犯罪。洗钱罪是《公约》倾注心力规定的一类犯罪，我国刑法对此也有类似规定。《刑法》第191条明确规定了洗钱行为的五种表现形式：（1）提供资金账户的；（2）协助将财产转换为现金或者金融票据、有价证券的；（3）通过转账或者其他结算方式协助资金转移的；（4）协助将资金汇往境外的；（5）以其他方法掩饰、隐瞒犯罪所得及其收益的来源或性质的。可以说，刑法规定的五种洗钱方式基本囊括了当前洗钱犯罪的所有行为表现形式，甚至包括洗钱罪的帮助行为，如提供资金账户、协助将财产转

换为现金或者金融票据等。

作为《公约》规定的一类主要犯罪，《公约》对于洗钱罪的上游犯罪和洗钱罪的各国刑事立法给予了充分关注。《公约》在第 23 条第 2 款规定，各缔约国均应当寻求将洗钱罪"适用于范围最广泛的上游犯罪"，"至少将其根据本公约确立的各类犯罪列为上游犯罪"。这里"根据本公约确立的各类犯罪"包括贿赂本国公职人员犯罪、贿赂外国公职人员犯罪或国际公共组织官员犯罪、贪污犯罪、挪用犯罪、滥用职权、资产非法增加、私营部门内的贿赂等。有学者指出，《公约》关于洗钱犯罪的规定主要有以下三个特点：（1）上游犯罪为一切犯罪。（2）将犯罪所得的获取、占有或者使用，即"再利用"规定为洗钱行为。（3）明确各缔约国可以规定洗钱犯罪不适用于实施上游犯罪的人，即上游犯罪的主体不能同时成为下游犯罪（即洗钱罪）的主体。① 此外，对洗钱罪的管辖，《公约》要求采取"双重肯定"原则，即如果犯罪发生在一缔约国管辖范围之外，则只有发生地所在国和实施或者适用该条的缔约国的两国法律都规定有该类犯罪时，才构成上游犯罪；对于上游犯罪嫌疑人继续转移违法所得而构成洗钱罪的，考虑这仅仅是一种事后不可罚的行为（犯罪所得的转移隐匿行为），不构成洗钱罪。同时为保证洗钱罪的公约立法的执行，《公约》要求各缔约国向联合国秘书长提供实施该条的法律以及这类法律随后的任何修改的副本或说明。可见，《公约》对洗钱罪立法的足够重视。

综上所述，我国刑法与《公约》就洗钱罪的行为方式规定没有太大差异，而关键的区别点还是在上游犯罪的范围确定上。根据《刑法》第 191 条及《刑法修正案（三）》第 7 条、《刑法修正案（六）》第 16 条之规定，构成洗钱罪的上游犯罪仅限于毒品犯罪、黑社会性质的组织犯罪、恐怖活动犯罪、走私犯罪、贪污贿赂犯罪、破坏金融管理秩序犯罪、金融诈骗犯罪七类。② 与刑法规定的洗钱罪的上游犯罪相比，《公约》第 23 条规定的构成洗钱罪上游犯罪的范围要宽泛得多。这就存在一个问题，是否没有被规定为洗钱罪的上游犯罪的其他犯罪非法所得及收益的转移行为就无法作为犯罪处理呢？有学者指出，对于掩饰隐瞒其他犯罪所得的，也应追究刑事责任，而刑法规定的窝赃、转移、收购、销售、掩饰、隐瞒赃物罪③作为一个"补充性"

① 参见阮传胜：《论加入〈联合国反腐败公约〉后我国反腐败法律的调整》，载《青海社会科学》2006 年第 2 期。

② 关于这七类犯罪所涉及的具体罪名，参见陈兴良：《协助他人掩饰毒品犯罪所得行为之定性研究——以汪照洗钱案为例的分析》，载《北方法学》2009 年第 4 期。

③ 根据 2007 年 5 月 11 日起施行的最高人民法院、最高人民检察院《关于办理与盗窃、抢劫、诈骗、抢夺机动车相关刑事案件具体应用法律若干问题的解释》第 1 条规定以及 2006 年 6 月 29 日公布施行的《刑法修正案（六）》第 19 条规定，并经"两高"协商一致后确定将该罪罪名变更为"掩饰、隐瞒犯罪所得、犯罪所得收益罪"。

罪名，正好弥补了洗钱罪留下的法律漏洞。①虽然这样的处理方式具有一定的合理性，但却直接违反了《公约》的命令性规范，同时由于该罪的法定刑要远轻于洗钱罪，难免给人以放纵犯罪之嫌。笔者认为，刑法虽然通过修正案的方式将洗钱罪的上游犯罪扩展至上述七类犯罪，但比之《公约》规定仍然有所狭窄，因而对洗钱罪的上游犯罪进行扩充便是今后刑法立法的一种必然趋势。刑法应在将来修改时扩大洗钱罪的上游范围，并至少要将《公约》所确立的各类犯罪列为洗钱罪的上游犯罪。这样既是我国承担的履行《公约》的义务所致，也是我国应对所面临的反腐败斗争与反洗钱的严峻形势所需。

## 三、 窝赃行为与掩饰、 隐瞒犯罪所得、 犯罪所得收益罪的立法协调

《公约》第24条规定了"窝赃"，即要求各缔约国考虑采取必要的立法和其他措施，将虽未参与公约犯罪但在犯罪实施后明知财产是公约犯罪结果而窝赃或者继续保留的故意行为规定为犯罪。同时《公约》专门规定不得影响第23条即洗钱罪的规定。根据《公约》的要求，对于隐瞒、掩饰所有犯罪所得的财物及其收益的行为都应当作为犯罪处理，在法律上也应当明确。而我国刑法规定的掩饰、隐瞒犯罪所得、犯罪所得收益罪正好是对洗钱罪的一个补充罪名。根据《刑法》第312条及《刑法修正案（六）》第19条之规定，该罪是指行为人明知是犯罪所得的赃物而予以窝藏、转移、收购或者代为销售或者以其他方法掩饰、隐瞒的行为。在司法实践中，如果明知并非法定的七类上游犯罪的赃物而实施上述行为，或者不知是七类法定的上游犯罪但知道是犯罪所得赃物而实施上述行为的（认识错误），均可构成掩饰、隐瞒犯罪所得、犯罪所得收益罪。可以说，窝赃罪被规定在《公约》里，是因为它是权力消极蜕变而引起的特定关联犯罪，而刑法将其规定在妨害社会管理秩序罪中的妨害司法类犯罪中（《公约》第25条也将妨害司法规定为腐败犯罪），对之则并非主要从腐败犯罪的角度来认识，这其间有些许差别，原因之一即可能是《公约》规定的腐败犯罪更为广泛。此外，单从刑法条文的规定来看，由于洗钱罪的行为方式仅表现为一种窝藏或者转移行为，行为方式明显偏窄，致使一些实质上的洗钱犯罪被迫按照罪刑法定原则的形式要求被认定为法定刑规定相对较低的掩饰、隐瞒犯罪所得、犯罪所得收益罪，这便有违罪刑均衡原则，无形中也放纵了罪犯。因此应尽快地就洗钱罪进行相关立法完善，这对于打击《公约》规定的腐败犯罪和完善赃物犯罪的立

---

① 参见黄太云：《〈刑法修正案（六）〉的理解与适用》（下），载《人民检察》2006年第15期。

法，势必会是一个不小的进步。

## 四、 滥用职权行为与滥用职权罪的立法协调

《公约》第 19 条"滥用职权"规定："各缔约国均应当考虑采取必要的立法和其他措施，将下述故意实施的行为规定为犯罪：滥用职权或者地位，即公职人员在履行职务时违反法律，实施或者不实施一项行为，以为其本人或者其他人员或实体获得不正当好处。"与《公约》该条相对应，我国刑法规定的是滥用职权罪。根据《刑法》第 397 条的规定，滥用职权罪是指国家机关工作人员违反法律规定的权限和程序，滥用职权，致使公共财产、国家和人民利益遭受重大损失的行为。滥用职权表现为两种情形：一是违反法律规定的权限行使职权，即越权行使职权。二是违反法律规定的程序行使职权，即违法行使职权。根据《公约》谈判特设委员会第 1 届至第 7 届会议工作报告增编的谈判工作的正式记录准备工作文件注释第 19 条的说明："准备工作文件将表明，本条可包括各类行为，例如公职人员泄露机密或者特定情报。"这说明，《公约》规定的滥用职权行为不仅包括《刑法》第 397 条规定的基本类型的滥用职权罪，还包括刑法第九章规定的特殊类型的滥用职权罪，即刑法分则第九章规定的渎职犯罪中一些是因为徇私而违反职责的犯罪，如徇私枉法罪，徇私舞弊减刑、假释、暂予监外执行罪，徇私舞弊不移交刑事案件罪等。因为所谓徇私，主要是指为了得到某种不正当的利益包括收受他人财物而违反其法定职责，对国家、社会和公共利益造成了重大损失。由此判断，对于不涉及谋取不正当利益的渎职犯罪，则不属于腐败犯罪的范畴。笔者在分析刑法第九章的罪名体系后得出，大体上讲，《公约》规定的滥用职权犯罪与刑法第九章渎职罪基本适应。

相比较而言，刑法规定的滥用职权罪的范围与《公约》规定还是存在一些差异，主要表现在：（1）在犯罪主体上，《公约》对滥用职权行为的主体规定较宽，而刑法对渎职罪的主体限制较严，即国家机关工作人员。基于此，相关司法解释为应对司法实践之需适当地扩大了渎职罪的主体范围。值得一提的是，2002 年 12 月 28 日通过的《全国人民代表大会常务委员会关于〈中华人民共和国刑法〉第九章渎职罪主体适用问题的解释》对渎职罪的主体做出了立法解释。依照该解释的规定，在依照法律、法规规定行使国家行政管理职权的组织中从事公务的人员，或者在受国家机关委托代表国家机关行使职权的组织中从事公务的人员，或者虽未列入国家机关人员编制，但在国家机关行使职权时，有渎职行为，构成犯罪的，依照刑法关于渎职罪的规定追究刑事责任。（2）在犯罪的主观方面，《公约》要求行为人具备"为其本人或者其他人员或实体获得不正当好处"的目的要件，而刑法规定的滥用职权罪则没有相关要求。（3）在犯罪的客观方面，《公约》规定滥用职权行为的

成立并不要求以发生客观危害结果为要件，而刑法规定的滥用职权罪则要求发生"致使公共财产、国家和人民利益遭受重大损失"的结果。可见，《公约》比刑法在犯罪构成客观方面的规定上要宽松些。笔者认为，应当取消刑法构成滥用职权罪必须具备"遭受重大损失"这一结果要件的规定。这既有利于实现和其他犯罪成立条件的协调，也有利于《公约》在我国更好地实施。此外，有学者认为，《公约》规定的滥用职权行为并不一定能直接适用《刑法》第 397 条滥用职权罪加以惩治，有些还需要适用刑法分则第九章渎职罪中的一些特殊类型的滥用职权罪或受贿罪加以规制，即《公约》规定的滥用职权行为，如果没有达到刑法追诉标准，对于收受不正当好处而滥用职权地位，符合我国受贿罪追诉标准的应按照受贿罪处罚。① 笔者基本同意这种观点，进而认为《公约》规定的滥用职权行为完全可以被刑法规定的滥用职权罪（当然包括特殊类型的滥用职权罪）和受贿罪所覆盖，因而目前还没有必要进一步修改滥用职权罪的构成要件。

## 五、 妨害司法行为与妨害作证罪、 妨害公务罪的立法协调

《公约》第 25 条"妨害司法"规定，各缔约国均应当采取必要的立法措施和其他措施，将在公约犯罪的诉讼中使用暴力、威胁或者恐吓，或者许诺给予、提议给予或者实际给予不正当好处，以诱使提供虚假证言或者干扰证言或证据的提供和使用暴力、威胁或恐吓，干扰审判或执法人员针对公约确立的犯罪执行公务的故意行为规定为犯罪。《公约》规定的妨害司法，在刑法中对应的罪名为妨害作证罪和妨害公务罪。根据《刑法》第 307 条规定，妨害作证罪是指以暴力、威胁、贿买等方法阻止证人作证或者指使他人作伪证的行为。而根据《刑法》第 277 条的规定，妨害公务罪是指以暴力、威胁的方法，阻碍国家机关工作人员、各级人大代表、红十字会工作人员依法执行职务或履行职责，或者故意阻碍国家安全机关、公安机关依法执行国家安全工作任务，虽未使用暴力、胁迫的方法，但造成严重后果的行为。

妨害公务罪在外国刑法中广为规定，但保护范围不一，《公约》则为了保护查处腐败犯罪的公务执行人员而特别予以规定。《公约》的"特别"表明，关于妨害公务罪的规定概不影响缔约国就保护其他类别的公职人员进行立法的权利。这种照应性规定表明，各国刑法立法妨害公务罪的保护对象范围并不限于公约犯罪中的执法人员。对应《公约》，我国刑法以一节"妨害司法罪"加以规定，并设专条规定了妨害公务罪和妨害作证罪，又对其分别设置了独立的法定刑，应当说基本契合了《公约》的要求。

---

① 参见赵秉志：《关于我国刑事法治与〈联合国反腐败公约〉协调的几点初步探讨》，载《法学杂志》2005 年第 1 期。

# 完善我国腐败犯罪法律规定的若干思考

## ——以《刑法修正案（九）（草案）》有关修改为视点

张淑芬* 王 展**

党的十八大以来，我国在惩治贪腐犯罪上取得了令人瞩目的成效，一大批贪腐高官相继落马，充分彰显了我们党和政府反腐败的决心和信心。在反腐败斗争中，刑事法治的力量举足轻重。通过刑事法治开展的反腐败斗争，具有特别的威慑力和特殊的严厉性，当然也是最后的手段。刑事立法是刑事法治的基础和前提。因而刑事立法的完善与否将在一定程度上制约我国反腐败刑事法治的发展。本文试结合《刑法修正案（九）（草案）》对我国反腐败刑事立法的修改，就完善我国反腐败刑法立法进行探讨，试求教于方家。

## 一、《刑法修正案（九）（草案）》对腐败犯罪法律规定的修改

随着反腐败斗争的深入，为严厉惩治腐败犯罪，贯彻落实十八届三中全会、四中全会加强反腐败工作的要求，从而为新时期的惩腐肃贪工作提供有力法律支撑，《刑法修正案（九）（草案）》对现行刑法相关条款进行了修正，完善了反腐败的制度规定。具体表现在以下几个方面：首先，修改了现有贪污受贿罪的定罪量刑标准。现行刑法典对贪污受贿罪定罪量刑规定了具体的数额标准。从司法实践情况来看，规定数额虽然明确具体，但贪污贿赂犯罪情节差别很大，情况复杂，单纯考虑数额，难以全面反映具体个罪的社会危害性。同时，数额规定过死，有时难以根据案件的不同情况罪刑相适应，量刑不统一。因此，《刑法修正案（九）（草案）》取消了具体数额标准。其次，将为谋取不当利益，利用国家工作人员的影响力，向其近亲属等关系密切的人行贿的行为规定为犯罪。再次，规定行贿人在被追诉前主动交待行贿行为的，可以从轻或者减轻处罚；对于行贿罪免除处罚的情况进行了严格

---

* 山东省高级人民法院法官。

** 北京师范大学刑事法律科学研究院硕士研究生。

限定，要求有重大立功表现或者犯罪较轻、检举揭发行为对侦破重大案件起关键作用。最后，对于受贿罪、行贿罪、介绍贿赂罪、单位行贿罪以及对单位行贿罪增设罚金刑。总的来看，笔者认为，这次《刑法修正案（九）（草案）》对我国反腐败刑法立法的修改完善，因应了我国当前反腐败严峻形势、反腐刑事政策的实际需要，是科学、合理的。具体来说，有以下几点认识和评价：

第一，考虑到时代背景和司法现实的因素，我国在一定时期在贪污受贿罪定罪量刑标准中规定具体数额具有历史合理性。但是，将具体数额作为腐败犯罪定罪量刑的重要标准却不具有现实合理性，难免会出现量刑过度机械化的结果，而且往往容易让人产生只要受贿数额未达 5000 元即不构成犯罪的认识。无论是从《联合国反腐败国际公约》的有关规定来看，还是从其他法治发达国家的刑事立法来看，均没有将具体数额这样一个定量因素作为入罪的标准。例如，《日本刑法典》规定了七个贿赂罪名，① 即受贿罪、受托受贿罪、事前受贿罪、第三者供贿罪、加重受贿罪、事后受贿罪、斡旋受贿罪，这七个贿赂犯罪的罪刑条文均没有定量的要求。又如《捷克刑法典》第331条规定，自己或者通过中间人，为自己或者第三人收受与公益物品采购有关的贿赂或者接受基于贿赂的许诺，或者自己或者通过中间人，为自己或者第三人收受与其本人或者他人所从事的事务有关的贿赂或者接受基于贿赂的许诺的，处 3 年以下监禁或者剥夺资格。② 再如《挪威刑法典》第 111 条规定，公务员提供服务，为了自己、同僚或者政府机关而非法课税或者索要报酬、接受他人敬献的物品的，处 5 年以下监禁。③ 由上可以看出，这些国家对贿赂犯罪的规定均未设置具体数额标准，只设定行为模式，这看似简单，实则是严密了刑事法网。

第二，随着我国反腐败斗争的深入开展，家族腐败特征日益明显。在已查处的很多腐败案件中，官员个人的腐败往往与家族腐败联系在一起。在腐败官员的背后，几乎很难找出一个完全清白的家庭和家族。例如，在周永康案中，周永康之子、之弟等家族成员利用周的影响力直接或者间接大肆收受钱财，获得了巨额非法利益。在国家发改委原副主任刘铁男案中，刘铁男受贿的大部分事实均与其子刘德成关系甚大，刘德成由此被称为"最坑爹"儿子。这种家族式的腐败已经不是一种特例，而是当今社会比较典型的腐败形式。因此，面对新的反腐形势，针对新的反腐问题，有必要将为谋取不正当利益，向国家工作人员近亲属或者其他与该国家工作人员关系密切的人，或者离职的国家机关工作人员或者其近亲属以及与其有密切关系的人的行贿行

① 参见张明楷译：《日本刑法典》，法律出版社 1998 年版，第 213 页。
② 参见陈志军译：《捷克刑法典》，中国人民公安大学出版社 2011 年版，第 192 页。
③ 参见马松建译：《挪威一般公民刑法典》，北京大学出版社 2004 年版，第 27 页。

为规定为犯罪。事实上，将为谋取不当利益，利用国家工作人员的影响力，向其近亲属等关系密切的人行贿的行为规定为犯罪，也是贯彻《联合国反腐败公约》有关规定的要求。例如，《联合国反腐败公约》第 18 条"影响力交易"的规定，就包括受贿和行贿两种行为在内，既包括公职人员或者其他任何人员为其本人或者他人故意地直接或间接索取或者收受任何不正当好处，以作为该公职人员或者该其他人员滥用本人的实际影响力或者被认为具有的影响力，从缔约国的行政部门或者公共机关获取任何不正当好处的条件；也包括故意地直接或间接向公职人员或者其他任何人员许诺给予、提议给予或者实际给予任何不正当好处，以使其滥用本人的实际影响力或者被认为具有的影响力，为该行为的造意人或者其他任何人从缔约国的行政部门或者公共机关获得不正当好处。而我国刑法只规定了利用影响力受贿罪，没有将与之对合的行贿行为规定为犯罪，可以说是存在缺憾的。

第三，完善了受贿罪、行贿罪的刑罚配置，对受贿罪、行贿罪等增设了财产刑，使犯罪分子在受到人身处罚的同时，在经济上也得不到好处。与其他刑事犯罪相比，腐败犯罪具有两个基本特征：一是贪利性，即大多是为了追逐私利；二是职务性，即大多利用了职务。从配刑的等价性和相应性的角度看，对贪腐犯罪配置财产刑，无疑更能体现贪污腐败的性质和罪责刑相适应的要求。而且财产刑指向的客体是财产权利，其具有经济性，使国家在不费过多成本的情况下达到对腐败分子惩治的目的，并且可以此来增加国库收入。就金钱的功能而言，金钱实可当做"凝固化的或者具体化的自由"。因此，财产刑尤其是罚金刑是非单纯缴纳一定数额金钱的财产刑，而是剥夺一种特殊形态的自由，也即是受刑人的一种物质享受的自由。罚金所造成的刑罚痛苦重心并不在于被迫地缴纳一定数额的金钱，而是在于因缴纳罚金致无法满足其物质享受的需要所造成的间接痛苦。[1] 而这种痛苦在反腐败刑法立法中所发挥的价值无可替代。贪腐分子往往基于对钱财利益的过度追求而以越轨行为获得公私财物，并在此过程中随着财产的增加而不断获得满足。通过对其科处罚金等财产刑，国家对其财产进行剥夺，在发挥刑法一般威慑机能时，还依据财产损失而产生的心理上的冲击或训诫作用唤醒服刑人的规范意识，以预防其将来犯罪。

第四，进一步严格对行贿罪从宽处罚的条件。毋庸讳言，司法实践中常见到受贿官员纷纷落马，但行贿人身陷囹圄的却少之又少的现象。在不少贪贿案件中，有些行贿人只要交待了问题，提供了侦查机关定案所需要的证据或者给予了配合，基本上就平安无事了。然而，作为受贿罪对合犯的行贿罪，在很大意义上说，其社会危害程度实际上并不亚于受贿罪。正如日本著名学

---

① 参见陈兴良著：《刑法哲学》，中国政法大学出版社 2004 年版，第 530 页。

者大谷实教授所说的那样，受贿犯罪是行贿方为请求公务员酌情处理，为获取暴利而启用人际关系，接受财物的行为；毫无疑问，在某种意义上讲，公务员也是被害人。[①] 因而严密惩治行贿犯罪的法网，严格对行贿罪从宽处罚的条件，进一步加大对行贿罪的处罚力度，表明反腐败刑法立法的不断成熟，除了兼顾惩治贪腐分子外，也比较重视一般预防。

## 二、《刑法修正案（九）（草案）》 对腐败犯罪法律规定修改的缺憾

总的来看，《刑法修正案（九）（草案）》适应经济社会发展状况和贪腐犯罪的发展变化，及时对刑法作出修改完善，以更加有效地惩罚贪腐犯罪，贯彻落实宽严相济的刑事政策，对深入贯彻党的十八届三中、四中全会精神，进一步完善反腐败的制度规定，加大对腐败犯罪的惩处力度，扎实推进法治反腐具有重要意义。当然，《刑法修正案（九）（草案）》也还存在一些缺憾和不足，如一些具有严重社会危害性的贪污贿赂行为仍未纳入刑法规制等。具体来说：

第一，此次对行贿罪的修改相较于刑法的规定，一个重要的体现就是缩小了免除处罚的范围，目的在于加大惩治行贿犯罪的力度。此类犯罪，在刑法上对其加以严格规制在某种程度上可以减少受贿犯罪的诱因。但是，应当认真评估进一步严格对行贿犯罪从宽处罚的条件对打击贿赂犯罪可能产生的实际效果问题。贿赂犯罪自身具有的隐蔽性以及主体的有限性等特点决定其往往不容易被侦查，因此缩小其免除处罚的范围之后，可能会给相关案件的办理带来新的困难，即案件的证据难以收集。

第二，将受贿罪的处罚通过概括性数额或者情节严重程度作出区别规定，从而赋予了法官自由裁量权，有利于法官斟酌各种情况的基础上认定行为应受到的处罚。根据我国的惯例，最高人民法院会在《刑法修正案（九）（草案）》通过之后对数额和情节的具体适用问题作出司法解释，即最后仍然会回到定罪量刑上来；所以说，最后仍然需要确定具体数额标准。此外，关于"其他较重情节"、"其他严重情节"和"其他特别严重情节"的理解和适用，仍然有一定的模糊性。在适用情节标准时如何规制法官的自由裁量权，使其不偏离法治的轨道，以避免同案不同判现象仍是一个难题。

第三，此次刑法修正仍未将对外国公职人员、国际公共组织官员行贿行为规定为犯罪，行贿犯罪的刑事法网仍存在缺漏之处。我们认为，基于刑法的目的是保护法益的立场，对外国公职人员、国际组织公共官员行贿的行为，同样侵犯了公职人员职务行为的廉洁性，并具有严重的社会危害，因而应当

---

① ［日］大谷实著：《形势政策学》，黎宏译，中国人民大学出版社 2012 年版，第 143 页。

入刑。而且将这种行为纳入刑法规制，有利于我国与国际社会顺利进行国际刑事司法协助与合作，特别是我国公司在向外国公职人员、国际公共组织官员行贿的场合，有利于我国向受贿的外国公职人员、国际公共组织官员追回赃款。

## 三、 进一步完善我国腐败犯罪法律规定的几点思考

腐败是一种社会历史现象，是一个世界性的痼疾，亦是当前困扰全球经济发展和社会进步的重大现实问题，它严重破坏公共权力运行秩序，侵害社会公平正义，损害政府的威信与公信力，阻碍经济健康有序发展，对社会稳定构成潜在的乃至现实的威胁，成为社会的巨大隐患。《联合国反腐败公约》在"序言"开篇就明确指出："本公约缔约国，关注腐败对社会稳定与安全所造成的问题和构成的威胁的严重性，它破坏民主体制和价值观、道德观和正义并危害着可持续发展和法治……"因而要深入推进反腐败斗争，就要提升治理腐败犯罪的能力和水平，进一步完善我国反腐败刑事法网。具体来说：

第一，对受贿罪设置比贪污罪更为严格的定罪量刑标准。目前我国贪污罪和受贿罪适用的是同一定罪量刑标准。这次《刑法修正案（九）（草案）》也未作出调整。我们认为，尽管贪污罪与受贿罪都属于贪污贿赂类犯罪，都侵犯了国家工作人员职务的廉洁性，但两罪存在很大差异，应对受贿罪设立更为严格的定罪量刑标准。首先，贪污受贿犯罪定罪量刑标准应予分立。贪污罪与受贿罪的客体不完全相同，贪污罪除了侵犯职务的廉洁性之外，主要是侵犯公共财产的所有权；而受贿罪的客体就直接体现为侵犯职务的廉洁性。《刑法》第383条对贪污罪的定罪量刑标准设置了具体数额，贪污的社会危害性在很大程度上确实也是通过数额来体现的，但受贿的社会危害性则很难通过数额来全面反映，其更多的是要靠受贿的情节、危害后果等因素来体现。可见，对受贿罪适用贪污罪的定罪量刑标准来定罪科刑，既不能全面准确反映受贿罪的社会危害性，也难以实现罪刑相称。事实上，我国长期以来的立法传统基本上也是对受贿罪与贪污罪适用不同的定罪量刑标准，如1979年《刑法》就是采取贪贿分立的模式。其次，受贿罪定罪量刑标准应比贪污罪严格。在通常情况下，受贿罪比贪污罪的社会危害性要大。因为受贿人利用职务便利可能已为行贿人谋取了不正当利益，进而造成对国家、社会和他人的重大损失等，这对受贿罪的定罪量刑有重要影响。此外，受贿行为通常发生在"一对一"的场合，直接证据较为稀缺，而受贿人与行贿人往往又是利益共同体，加之受贿手段日趋隐蔽和复杂，因而使得受贿行为更容易实施的同时也更难以侦破，其犯罪黑数比例很高；而贪污罪则不一样，其往往存在较多的直接和间接证据，特别是随着会计等财务制度的健全，贪污行为的实施越加困难，即使发生贪污行为，其犯罪潜伏期较短，侦破相对也不是特别

困难，故而犯罪黑数要少很多。最后，我国反腐败斗争打击的重点和政策指向也主要是受贿犯罪而非贪污犯罪。故而应对受贿罪设置更为严格的定罪量刑标准。

第二，应将贿赂犯罪对象由财物扩大为财物和财产性利益。关于贿赂犯罪对象的范围，我国曾经有过仅限于财产和物品的主张。但是，2007 年最高人民法院和最高人民检察院联合颁布的《关于办理受贿刑事案件适用法律若干问题的意见》和 2008 年颁布的《关于办理商业贿赂刑事案件适用法律若干问题的意见》对财物作出了扩张解释，即财物还包括财产性利益，如特定关系人挂名领取薪酬、收受干股、以赌博形式受贿；除此之外，还包括旅游费用、含有金额的会员卡、提供房屋装修等。这样的解释有利于更好地惩治腐败犯罪，具有显著进步意义。但是，这样还并不能完全实现贿赂犯罪的立法目的，与《联合国反腐败公约》的规定也相距甚远。根据该《公约》第15 条之规定，贿赂的范围是"不正当好处"，即能满足受贿人各种生活需要及精神欲望的一切物质利益和非物质利益。我国也有学者认可这种规定，行贿人只要对受贿人投其所好，送其所要，不一定要仅限于财物或财产性利益；照样可以收买公职人员的权力，完成"以权换利"的肮脏交易。诸如调动工作、安置就业、提供女色、提升职务等行为在现实中时有发生，且其更为隐蔽不容易发现，对职务廉洁性造成的侵害更大。我们认为，这次刑法修正，应考虑修改刑法有关规定，将贿赂犯罪的对象统一扩大到"财物和财产性利益"。

第三，对《刑法》第 395 条规定的巨额财产来源不明罪加以修正。巨额财产来源不明罪的设置，不仅存在一定的理论争议，而且也受到具体实践过程中问题的困扰。之于前者，其常常被认为是有罪推定思维的表现。司法机关无法证明行为人构成贪污、受贿等其他犯罪，而"降格"以巨额财产来源不明罪处理，表面上看至少与不追究刑事责任相比，宽纵的程度轻得多，然而这是一种相当功利的价值取向。至于后者，会发生诸如判刑后又查清财产来源等情形，对于此种问题如何解决，我国目前没有相关规定。目前，随着社会上对官员财产公开制度的呼吁以及该项制度逐步地上升到规则层面，巨额财产来源不明罪规定，应该作为与该项制度相衔接的配套规定，而不是处在现行刑法中的尴尬地位。至于如何具体立法，值得认真斟酌。

# 贪污贿赂犯罪的罪名：
## 从分立走向统一[①]

张兆松[*]

## 一、 贪污贿赂犯罪罪名的历史变迁： 从统一走向分立

### （一） 第一阶段 （1949~1979 年）

新中国成立后，对惩治腐败行为一直保持着高压态势。特别是新中国成立初期，中央对腐败分子的惩处非常坚决。毛泽东曾说："应把反贪污、反浪费、反官僚主义的斗争看作如同镇压反革命的斗争一样的重要。"[②] 这一时期，罪名只有一个：贪污罪。1952 年 2 月，新中国成立后性质最为严重的两个腐败分子，原天津地委书记刘青山、行署专员张子善就是以贪污罪被押上了断头台。[③] 1952 年 4 月 18 日，政务院公布施行《中华人民共和国惩治贪污条例》（以下简称《条例》）第 2 条规定："一切国家机关，企业、学校及其附属机构的工作人员，凡侵吞、盗窃、骗取、套取国家财物，强索他人财物，收受贿赂以及其他假公济私违法取利之行为，均为贪污罪。"《条例》第 15 条、第 16 条规定，社会团体的工作人员、现役革命军人犯贪污罪者，适用本条例的规定。《条例》第 6 条还规定："一切向国家工作人员行使贿赂、介绍贿赂者，应按其情节轻重参酌本条例第三条的规定处刑；其情节特别严重者，并得没收其财产之一部或全部；其彻底坦白并对受贿人实行检举者，得判处罚金，免予其他刑事处分。凡为偷税而行贿者，除依法补税、罚款外，其行贿罪，依本条例的规定予以惩治。……"这种单一贪污罪名的适用，一直延续到我国第一部《刑法》的颁布。

### （二） 第二阶段 （1980~1987 年）

1979 年 7 月，我国第一部《刑法》（以下简称 79《刑法》）正式公布，79《刑法》对贪贿犯罪规定了两个条文，从而使贿赂犯罪从贪污罪分离开

---

① 本文系作者申报的最高人民检察院 2015 年课题《贪贿犯罪量刑标准研究》的阶段性研究成果。

* 浙江工业大学法学院教授。

② 中共中央文献研究室编辑：《建国以来毛泽东文稿》（第 2 册），中央文献出版社 1988 年版，第 548~549 页。

③ 吴珏著：《"三反"、"五反"运动纪实》，东方出版社 2014 年版，第 101~109 页。

来。（1）在侵犯财产罪中规定了贪污罪。第155条规定："国家工作人员利用职务上的便利，贪污公共财物的，处五年以下有期徒刑或者拘役；数额巨大、情节严重的，处五年以上有期徒刑；情节特别严重的，处无期徒刑或者死刑。犯前款罪的，并处没收财产，或者判令退赔。受国家机关、企业、事业单位、人民团体委托从事公务的人员犯第一款罪的，依照前两款的规定处罚。"（2）在渎职罪中规定了贿赂犯罪（受贿罪、行贿罪和介绍贿赂罪）。第185条规定："国家工作人员利用职务上的便利，收受贿赂的，处五年以下有期徒刑或者拘役。赃款、赃物没收，公款、公物追还。犯前款罪，致使国家或者公民利益遭受严重损失的，处五年以上有期徒刑。向国家工作人员行贿或者介绍贿赂的，处三年以下有期徒刑或者拘役。"此外，1982年3月8日，第五届全国人大常委会第二十二次会议通过了《关于严惩严重破坏经济的罪犯的决定》又对受贿罪作了修改，第1条第1款第2项规定："……国家工作人员索取、收受贿赂的，比照刑法第一百五十五条贪污罪论处；情节特别严重的，处无期徒刑或者死刑。"

在这一阶段虽然在破坏社会主义经济秩序罪（79《刑法》第126条）中规定了挪用特定款物罪，但犯罪对象仅限于国家救灾、抢险、防汛、优抚、救济款物。针对挪用罪名的缺失，"两高"1985年7月18日联合颁布的《关于当前办理经济犯罪案件中具体应用法律的若干问题的解答（试行）》第1条第4项"关于挪用公款归个人使用或者进行非法活动以贪污论处的问题"中规定："关于挪用公款归个人使用的问题，首先应区别是否归还。如果归还了，则性质是挪用，除刑法第一百二十六条规定应判刑的外，一般属于违反财经纪律，应由主管部门给予行政处分。如果不归还，在性质上则是将国家和集体所有的公共财产转变为私人所有，可以视为贪污。但确定挪用公款是否归还、是否构成贪污在时间上需要有一个期限，在金额上需要达到一定数量。当然，还要注意挪用公款的其他情节。在司法实践中，国家工作人员、集体经济组织工作人员和其他经手、管理公共财物的人员，挪用公款归个人使用，超过6个月不还的，或者挪用公款进行非法活动的，以贪污论处。其非法活动构成其他罪的，按照数罪并罚的规定处罚。……"所以在这一阶段，挪用公款归个人使用是以贪污罪定罪处罚的。

**（三）第三阶段**（1988~1996年）

1988年至1996年鉴于改革开放以来，贪污贿赂犯罪的严重态势，根据社会各界的意见，第六届全国人大常委会第二十四次会议于1988年1月21日通过了《关于惩治贪污贿赂罪的补充规定》（以下简称1988年《补充规定》），虽然它是对79《刑法》的补充，但是从内容上看，它实际上是对相关犯罪的全面修改和重新规定。它和79《刑法》相比，在贪贿犯罪立法上的变化主要有：（1）规定了贪污受贿罪的概念。（2）扩大了贪污受贿罪的主体，将"集体经济组织工作人员和其他经手、管理公共财物的人员"纳入贪污罪主体，将"集体经济组织工作人员和其他从事公务的人员"纳入受贿罪主体。(3) 增设挪用公款罪。(4) 在贿赂罪中新增单位受贿罪、单位行贿罪。这次修改，使我国贪污贿赂犯罪的立法更为完备，为改革开放过程中严厉打击贪污贿赂犯罪提供了有力的法律武器。

**（四）第四阶段（1995年至今）**

步入20世纪90年代后，随着我国实行市场经济，公司内的职务犯罪日益严重，而1988年《补充规定》则没有提供相应的刑法依据。为此，第八届全国人大常委会第十二次会议于1995年2月28日通过的《关于惩治违反公司法的犯罪的决定》增设了商业侵占罪、商业受贿罪和挪用资金罪。这一立法规定得到1997年《刑法》的肯定。

第八届全国人民代表大会第五次会议1997年3月14日通过了修订后的《中华人民共和国刑法》（以下简称97《刑法》）。97《刑法》专设"贪污贿赂罪"专章，在贪赂犯罪罪名立法上的进展主要表现在：缩小贪污受贿罪的主体范围，新增职务侵占罪、挪用资金罪和公司、企业人员受贿罪［第十届全国人民代表大会常务委员会第二十二次会议2006年6月29日通过的《中华人民共和国刑法修正案（六）》将《刑法》第163条的主体修改为"公司、企业或者其他单位的工作人员"后，公司、企业人员受贿罪改为非国家工作人员受贿罪］。

我国刑法设立贪污受贿罪的立法宗旨在于体现对国家工作人员职务犯罪从严惩治。因此，79《刑法》把贪污受贿罪的主体规定为国家工作人员。刑法实施后，为了适应打击犯罪的实际需要，贪污受贿罪主体不断扩大。1988年《补充规定》又将集体经济组织的工作人员和其他经手、管理公共财物的人员纳入贪污受贿罪的主体。随后"两高"颁布的司法解释又把以公有制企业为基础的股份制企业、中外合资、合作企业中的工作人员划入贪污受贿罪的主体。贪污受贿罪主体的不断扩大，模糊了贪污受贿罪的本质属性，加重了非国家工作人员的刑事责任。1995年《关于惩治违反公司法的犯罪的决定》实施后，贪污受贿罪主体开始大大缩小，但由于立法指导思想不明确和立法技术上的疏漏，导致贪污受贿罪主体范围的适用出现严重混乱。97《刑法》在检讨以往刑事立法失误，合理吸收刑法学界关于修改贪污受贿罪主体的意见，并考虑到目前国有资产流失严重的现状，又将贪污受贿罪主体主要限定在国家工作人员，而将非国家工作人员的贪贿行为划归职务侵占罪、挪用资金罪和非国家工作人员受贿罪。此外，97《刑法》删去1988年《补充规定》关于"挪用公款数额较大，不退还的，以贪污论处"的规定，从而使挪用公款罪完全从贪污罪中分离出来，体现了立法的科学性。

## 二、 贪污贿赂犯罪罪名的历史趋向： 从分立走向统一

目前，我国贪贿犯罪实行的是二元制罪名体系，即国家工作人员构成贪污罪、受贿罪和挪用公款罪，而非国家工作人员对应的罪名是职务侵占罪、非国家工作人员受贿罪和挪用资金罪。从司法实践看，这种二元制罪名体系立法给反腐败带来严重影响，其科学性和合理性需要重新检讨。二元制罪名体系立法的缺陷与不足表现在：

### （一）贪贿犯罪主体混乱，执法不统一

1. 国家工作人员范围不明确，给执法带来困扰

如何科学界定国家工作人员的范围一直是刑法理论研究的热点，也是贪贿犯罪立法的重点。刑法第八章贪污贿赂罪中，将贪污罪、受贿罪、挪用公款罪的犯罪主体限定为国家工作人员。同时又在《刑法》第93条规定："本法所称国家工作人员，是指国家机关中从事公务的人员。国有公司、企业、事业单位、人民团体中从事公务的人员和国家机关、国有公司、企业、事业单位委派到非国有公司、企业、事业单位、社会团体从事公务的人员，以及其他依照法律从事公务的人员，以国家工作人员论。"这一规定远远不能满足司法实践的需要，导致理论上争论不休、实践中做法不一。为了解决法律适用上的难题，司法机关先后制定了，最高人民法院《关于审理贪污、职务侵占案件如何认定共同犯罪几个问题的解释》（2000年）、最高人民法院《关于在国有资本控股、参股的股份有限公司中从事管理工作的人员利用职务便利非法占有本公司财物如何定罪问题的批复》（2001年）、最高人民法院《全国法院审理经济犯罪案件工作座谈会纪要》（2003年）、最高人民法院《关于如何认定国有控股、参股股份有限公司中的国有公司、企业人员的解释》（2005年）、最高人民法院和最高人民检察院《关于办理商业贿赂刑事案件适用法律若干问题的意见》（2008年）及最高人民法院和最高人民检察院《关于办理国家出资企业中职务犯罪案件具体应用法律若干问题的意见》（2010年）等司法解释及规范性文件。这些规定都力争进一步明确国家工作人员的范围。但即便如此，在司法实践中，因对国家工作人员理解不一而发生罪名争议的案例不断出现。例如，首都体育学院教师、国际级足球裁判员龚建平受贿案发后，对足球裁判收受贿赂的行为应如何定罪？学术界争议很大。检察机关对龚建平也是以公司、企业人员受贿罪起诉到法院，但法院认定龚建平属于《刑法》第93条第2款规定的"其他依照法律从事公务的人员"，应以国家工作人员论，最终以受贿罪判处龚有期徒刑十年。判决生效后，该案还作为最高法的指导案例刊载于由最高法刑一庭、刑二庭主办的《刑事审判参考》2003年第2辑上。十年以后，足坛又掀扫赌打黑风暴，但这次刑事审判对于裁判的性质认定却发生了重大变化。2012年2月，"四大

黑哨"陆俊、黄俊杰、周伟新、万大雪,分别被辽宁省丹东市中级法院以非国家工作人员受贿罪判处五年零六个月、七年、三年零六个月和六年的有期徒刑。①

2. 罪名与罪名之间犯罪主体不协调

根据《刑法》第 382 条第 1 款的规定,贪污罪的主体是国家工作人员,同时又在第 382 条第 2 款规定:"受国家机关、国有公司、企业、事业单位、人民团体委托管理、经营国有财产的人员,利用职务上的便利,侵吞、窃取、骗取或者以其他手段非法占有国有财物的,以贪污论。"但受贿罪和挪用公款罪则没有类似规定。那么,受国家机关、国有公司、企业、事业单位、人民团体委托管理、经营国有财产的人员能否成为受贿罪和挪用公款罪的主体呢?有的学者认为,第 382 条第 2 款只是注意规定。注意规定是在刑法已作基本规定的前提下,提示司法工作人员注意,以免司法工作人员忽略的规定。"所以对于相同主体实施的其他犯罪,即使对此没有设立注意规定,也应认定为国家工作人员犯罪。"② 但绝大多数学者认为,不应认定为国家工作人员犯罪,而只能定非国家工作人员受贿罪、挪用资金罪。最高人民法院 2000 年2 月 16 日《关于对受委托管理、经营国有财产人员挪用国有资金行为如何定罪问题的批复》也肯定了这一观点,这就导致完全相同的主体,由于欠缺法律规定而只能作完全不同的处理。

**(二)非国家工作人员贪贿犯罪刑罚偏轻**

一般来说,侵占罪的社会危害程度明显轻于盗窃、诈骗等罪,但职务侵占罪不仅具有渎职的一面,而且其利用职务之便实施犯罪,其犯罪成功率高于盗窃、诈骗等犯罪,所以,其社会危害性应当重于或至少相当于盗窃、诈骗行为。盗窃罪、诈骗罪的法定最高刑都是无期徒刑,而职务侵占罪则只有15 年有期徒刑。如广州大学华软学院副院长邹婉玲职务侵占一案。华软学院是广州大学和华软公司合办的民办机制运作的独立学院。邹婉玲作为华软学院副院长以及实际管理者,利用职务之便,侵吞学院资金 3000 万元。2012年 5 月 4 日,广州中级人民法院以职务侵占罪仅判处邹婉玲有期徒刑 8 年,并处没收财产 200 万元,③ 量刑明显偏轻。而曾引起全国关注争议很大的许霆恶意取款 17 万余元案,广州中院一审认为,许霆以非法侵占为目的,采用秘密手段,盗窃金融机构,数额特别巨大,其行为已构成盗窃罪,判处无期徒刑,剥夺政治权利终身,并处没收个人全部财产。两案相比:一个 3000

---

① 王地、赵铁龙等:《检察官披露"四大黑哨"堕落轨迹》,载《检察日报》2012 年 3 月 31 日第 1 版。

② 张明楷著:《刑法分则的解释原理》,中国人民大学出版社 2004 年版,第 276 页。

③ 章程、练情情:《广州大学外籍副院长职务侵占 3000 万再获刑 8 年》,载《广州日报》2012年 5 月 5 日第 A03 版。

万，一个 17 万；一个 8 年，一个无期徒刑，两者量刑何等悬殊！挪用资金罪也有类似的问题，犯罪分子不管挪用资金数额多么大，造成经济损失多么严重，最多判 10 年，显见罚不当罪。

贪污罪、受贿罪、挪用公款罪与职务侵占罪、非国家工作人员受贿罪、挪用资金罪定罪处罚标准悬殊：（1）定罪起点标准不同。例如，贪污罪、受贿罪，定罪起点是 5000 元（不满 5000 元，情节严重的也可以刑事处罚），数额巨大的标准是 5 万元，数额特别巨大的标准是 10 万元；而职务侵占罪、非国家工作人员受贿罪，定罪起点标准是 1.5 万元，数额巨大的标准是 10 万元。（2）法定刑不同。职务侵占罪、挪用资金罪、非国家工作人员受贿罪的法定刑分别是 15 年、10 年、15 年有期徒刑；而贪污罪、挪用公款罪、受贿罪的法定刑分别是死刑、无期徒刑、死刑。对国家工作人员贪贿犯罪理当从严惩处，但两者的刑罚差距如此悬殊，则不尽合理，也不利于充分保护集体财产和非公有制财产。

**（三）农村基层组织人员贪贿犯罪认定难**

农村基层组织人员能否构成贪贿罪一直有争议。根据最高检的建议，第九届全国人大常委会第 15 次会议于 2000 年 4 月 29 日通过的《全国人大常委会关于〈中华人民共和国刑法〉第九十三条第二款的解释》规定："……村民委员会等村基层组织人员协助人民政府从事下列行政管理工作时，属于刑法第九十三条第二款规定的'其他依照法律从事公务的人员'：（一）救灾、抢险、防汛、优抚、扶贫、移民、救济款物的管理；（二）社会捐助公益事业款物的管理；（三）国有土地的经营和管理；（四）土地征用补偿费用的管理；（五）代征、代缴税款；（六）有关计划生育、户籍、征兵工作；（七）协助人民政府从事的其他行政管理工作。……"该立法解释只解决了村民委员会等村基层组织人员协助人民政府从事行政管理工作时是否属于"其他依照法律从事公务的人员"的问题。在司法实践中，如何认定协助、协助和委托的区别、基层组织人员的范围等问题仍然争议不断。在现实中，农村党团组织、农村村民自治组织、村集体经济组织、其他组织的职能并非泾渭分明，而是重叠和交叉，农村基层组织人员的身份、职位、工作任务也存在重叠和交叉的情况（有的村干部身兼数职：村党支部书记、村委会主任、村会计、村经济合作社社长等），将哪些基层组织人员确定为犯罪主体，存在较大困难。例如，宁波市基层法院 2010 年至 2014 年五年间所审理的 114 件农村基层组织人员职务犯罪中，检察院起诉罪名与法院判决认定的罪名不一致的有 9 件，占总数的 7.8%。因定性方面的争议，检察院抗诉的案件有 5 件，被二审法院驳回抗诉、维持原判的有 4 件，被撤销原判、发回重审的有 1 件。这些基层组织人员客观上不是国家工作人员，平时也不享有国家工作人员的待遇，权责利的不平等，即使犯罪后按照立法解释被依法认定为贪贿犯罪，由于贪贿犯罪刑罚重，判刑后他们往往难以认罪服法，法律的公正性也得不到实现。

**（四）贪贿犯罪罪名不统一，严重影响刑事诉讼**

1. 导致管辖冲突，影响腐败案件的查处

在司法实践中，基于非国家工作人员主体身份的多样性以及其职务行为的复杂性，司法机关对非国家工作的职务犯罪的定性往往存在争议，从而对以罪名和犯罪主体作为职能管辖分工依据的刑事管辖产生影响，造成管辖冲突，表现在：（1）对非国家工作人员主体身份把握不准引发管辖冲突。其在行使这一职务行为时非法占有、挪用款物或非法收受他人财物的，司法机关往往在其主体身份上产生分歧，从而引发管辖争议。（2）主罪与次罪把握不准引发管辖冲突。检察机关（公安机关）已立案侦查的职务犯罪，在侦查过程中发现不属于自己管辖的情况，根据最高人民法院、最高人民检察院、公安部、国家安全部、司法部、全国人大常委会法制工作委员会 1998 年 1 月 19 日发布的《关于刑事诉讼法实施中若干问题的规定》第 6 条和 2012 年 12 月 26 日发布的《关于实施刑事诉讼法若干问题的规定》第 1 条"次罪随主罪管辖"的规定，应当将案件移送给有管辖权的公安机关（检察机关）。管辖冲突导致公安机关和检察机关在对非国家工作人员贪贿犯罪立案问题上互相推诿，而联合侦查谁都不愿牵头进行，影响对非国家工作人员贪贿犯罪案件的及时查办，造成群众告状难。由于检察机关面临贪贿案件查处数量的考核，为了完成办案数，一些检察院就把一些明显属于职务侵占罪、挪用资金罪和非国家工作人员受贿罪按贪污罪、挪用公款罪和受贿罪立案侦查，从而规避管辖冲突问题。而非国家工作人员的贪贿犯罪划归公安机关管辖后，一直存在打击力度不够的问题。例如，2010 年至 2014 年，浙江宁波市检察机关办理受贿案件 528 人，而公安机关同期移送的非国家工作人员受贿案件仅 49人；浙江衢州市检察机关办理受贿案件 174 件 182 人，而公安机关同期移送的非国家工作人员受贿案件仅 24 件 32 人。有的公安机关连续几年没有办理一件非国家工作人员受贿案件。这说明非国家工作人员贪贿案件移送公安机关管辖后，实际执法效果并不好。

2. 管辖冲突，引起执法难题

按照现行规定，贪贿犯罪与非国家工作人员实施的职务侵占罪、受贿罪和挪用资金罪，由检察机关和公安机关分别立案侦查。这就要求公安机关和检察机关在立案之前就要对"犯罪主体"进行界定。但是，在立案之初要对犯罪嫌疑人的主体准确定性是比较困难的，而侦查程序又有着严格的期限限制，因此，往往就会出现在未完全搞清主体的确切身份的情况下，就对犯罪嫌疑人立案侦查，以获得口供以及其他相应的证据；但侦查后却发现该犯罪嫌疑人是国家工作人员，应当由检察机关来侦查。那么在这种情形下，公安机关已经获得的证据是否应当移交检察机关？移交的有关证据能否经过检察机关的程序性审查而径自作为检察机关获取的证据来对犯罪嫌疑人提起公诉？这样的证据是否合法、有效？反之亦然。它直接导致了侦查主体不当是否影响证据合法性的争论。一种观点认为，在职务犯罪的侦查方面不应当单纯地因为侦查主体的变更而一律否定证据的合法性和真实性，追诉机关的内部分工不应当影响证据的合法性和有效性。① 另一种观点认为，管辖错误导致先前的侦查行为是无效的，检察机关（公安机关）应当重新立案侦查。② 最高人民检察院 2006 年 12 月 22 日颁布的《关于人民检察院立案侦查的案件改变定性后可否直接提起公诉问题的批复》规定："人民检察院立案侦查刑事案件，应当严格按照刑事诉讼法有关立案侦查管辖的规定进行。人民检察院立案侦查的案件在侦查阶段发现不属于自己管辖或者在审查起诉阶段发现事实不清、证据不足并且不属于自己管辖的，应当及时移送有管辖权的机关办理。人民检察院立案侦查时认为属于自己管辖的案件，到审查起诉阶段发现不属于人民检察院管辖的，如果证据确实、充分，符合起诉条件的，可以直接起诉。"这一规定表明，如果在侦查阶段就发现不属于自己管辖的，应当依法移送；在审查起诉阶段，发现不属于自己管辖的，但案件事实清楚，证据确实充分的，可以直接起诉。最高人民检察院 2012 年 11 月 22 日颁布的《人民检察院刑事诉讼规则（试行）》第 392 条维持了上述规定。上述规定虽然具有一定的合理性，但毕竟是检察一家之言，难以从根本上解决职务犯罪管辖冲突的问题。

综上所述，笔者建议取消现行刑法关于贪贿犯罪二元制罪名体系，即取消职务侵占罪、挪用资金罪、非国家工作人员受贿罪三个罪名，将其内容统一纳入贪贿犯罪一章中。具体修改意见是：

将《刑法》第 382 条修改为："国家机关工作人员利用职务上的便利，非法占有公共财物，数额较大或者有其他较重情节的，处三年以下有期徒刑或者拘役，并处罚金；数额巨大或者有其他严重情节的，处三年以上十年以下有期徒刑，并处罚金或者没收财产；数额特别巨大或者有其他特别严重情节的，处十年以上有期徒刑或者无期徒刑，并处罚金或者没收财产；数额特别巨大，并使国家和人民利益遭受特别重大损失的，处无期徒刑或者死刑，并处没收财产。"

"前款规定以外的人员，利用职务之便，非法占有本单位财物，数额较大或者有其他较重情节的，处三年以下有期徒刑或者拘役，并处罚金；数额巨大或者有其他严重情节的，处三年以上十年以下有期徒刑，并处罚金或者

① 游伟：《商业贿赂犯罪的侦查管辖与证据效力》，载《华东政法学院学报》2006 年第 5 期。
② 王俊民、潘建安：《刑事案件职能管辖冲突及其解决》，载《法学》2007 年第 2 期。

没收财产；数额特别巨大或者有其他特别严重情节的，处十年以上有期徒刑或者无期徒刑，并处罚金或者没收财产。"

　　同时，参照上述规定，对受贿罪、挪用公款罪也作出相应的修改。这样不仅从刑法角度完善了贪贿犯罪立法，而且一并解决了由检察机关统一管辖贪贿犯罪的问题。

# 我国贪污贿赂犯罪立法完善探析

况安全* 王远伟**

1993 年 8 月，中共中央作出开展反腐败斗争的决定，并在十四届中央纪委二次全会上进行了重要部署。从此，一场轰轰烈烈的"特殊战斗"在中华大地打响。也是自此开始，每年的中央纪委全会上，党的总书记均出席会议并讲话。毫不夸张地说，世界上没有任何一个政党像我们党这样高度重视反腐败斗争。在现代社会中，"腐败"一般作为"权力腐败"概念的简称，特指权力的蜕变。如果权力腐败行为触犯了刑法，构成了犯罪，则该行为就可定义为腐败犯罪。腐败犯罪的本质特征就是以权谋私、权钱交易。世界上任何国家，无论是东方还是西方，无论是社会主义还是资本主义，无论是民主政体还是其他政体，都存在腐败。例如，18 世纪到 19 世纪初的英国，19 世纪中后期的美国，都发生过严重的腐败；日本明治维新时期发生过大规模的官商勾结；20 世纪下半叶，美国的洛克希德案、日本的里库路德案、意大利的米兰案及韩国前总统全斗焕、卢泰愚案等重大腐败案，都曾震惊世界。因此，惩治和预防腐败犯罪是世界各国的共同任务。①

贪污贿赂犯罪是腐败犯罪的典型代表，我国刑法分则第八章对其作了专章规定。根据刑法理论，贪污贿赂犯罪是类罪名，包含了诸多的罪名。在当前既打"老虎"又打"苍蝇"的大背景下，使得惩治贿赂犯罪更具艰巨性、长期性、复杂性，惩治贿赂犯罪不可能毕其功于一役，永远在路上。2015 年6 月 26 日下午，中共中央政治局就加强反腐倡廉法规制度建设进行第 24 次集体学习，习近平总书记主持学习时强调，加强反腐倡廉法规制度建设，让法规制度的力量充分释放。这再次表明国家在打击腐败犯罪问题上的坚强决心和惩治腐败走向法治化、制度化的轨道。随着社会的发展和进步，在罪刑法定的刑法基本原则下，贿赂犯罪的司法适用出现了不能与时俱进的现象，究其原因主要是贿赂犯罪的立法有待于完善和改进。囿于篇幅，笔者抛砖引玉，将目前一些典型问题加以探析，以便对理论界和司法实务界有所裨益。

\* 重庆市人民检察院第三分院党组成员、副检察长。

\*\* 西南政法大学刑法学博士研究生、重庆市人民检察院第三分院职务犯罪侦查局综合指导处副处长（主持工作）、中国法学会会员。

① 朱孝清：《对腐败的几点认识》，载《检察日报》2011 年 12 月 20 日第 3 版。

上卷·三

## 一、 完善贪污贿赂犯罪构成的立法

根据刑法罪刑法定基本原则的规定，贪污贿赂犯罪首先必须符合犯罪构成的基本要求。但是随着社会的发展，出现了诸多立法当时无法预计的问题，以下典型问题需加以完善：

一是完善贪污贿赂犯罪主体及其资格认定问题的立法。我国现行刑法中关于贪污贿赂犯罪主体的基本表述是"国家工作人员"，类似表述还有"国有公司、企业中从事公务的人员和国有公司、企业委派到非国有公司、企业从事业务的人员"、"国有公司、企业的董事、经理"、"国有公司、企业、事业单位的工作人员"、"国有公司、企业、事业单位直接负责的主管人员"等。根据社会实践，相对而言我国刑法关于贪污贿赂犯罪的主体及其表述较为繁杂，在相当程度上造成了理解上的混乱，更造成了司法实践中对惩治腐败犯罪法条适用的混乱。我们以基本的"国家工作人员"概念为例，目前法律界定的"国家工作人员"的范围，特别是"准国家工作人员"中，根据我国国情，有相当广泛范围的人员，他们并不能直接代表"国家"或者他们原本就不属于国家工作人员，但由于其工作与履行公共职能和公共服务相关，或者受国家机关的委托，这些人员才被视为国家工作人员。但根据笔者考察，"国家工作人员"不是严格意义上的法律概念。综观世界各国刑法，没有一个国家的法律有"国家工作人员"的称谓，唯独我国刑法有这一提法。这一称谓很明显带有浓重的政治色彩和历史的痕迹，由于这一称谓是在特殊历史条件下的产物，并不是一个科学的法律名词，因而从我国第一部刑法（1979年刑法）诞生开始，对其争论就一直没有停止过。从概念的法律性、科学性、逻辑性和严密性来考虑，用"公职人员"或"公务员"的称谓和提法代替"国家工作人员"或"国家机关工作人员"的提法，还可以避免这两类人员在渎职侵权犯罪主体适用上的纷争，因而更为科学合理、法律含义也更为明确，更符合和贴近"从事公务"的法律本意，且更具有"职能的特色"。同时，从国际法的角度来讲，其也与国际公约、世界其他国家的相关表述相一致，其也有利于制裁公职人员腐败犯罪和加强国际刑事司法合作。因此，从立法完善的角度分析，在将来的立法中，可将"国家工作人员"表述为"公职人员"。① 当然"公职人员"的表述还可以进一步斟酌，也可以表述为"公务人员"、"公权力执行人员"等。

二是完善贪污贿赂犯罪主观方面的立法。在我国刑法中，关于贪污贿赂犯罪的主观条件方面，往往存在如"为他人谋取利益"、"为他人谋取非法利益"或者"为他人谋取不正当利益"的要求，在司法实践中，诸如此类的在

---

① 陈雷著：《惩治与预防国际腐败犯罪理论与实务》，中国检察出版社 2005 年版，第 138 页。

刑法上被称之为犯罪目的的主观条件，一直存有争议。在司法实务中，为了避免冤假错案的发生，一般将该犯罪目的作为必要条件进行限定，正是刑法的这一限定，致使国家工作人员利用职务的便利收受贿赂，或者国有单位索贿或收受贿赂的，只要没有为他人谋取利益的，并且这一抗辩理由成立，就不构成受贿罪。因而，大量的具有贿赂和腐败性质的行为，如非法收受礼品、礼金的行为，甚至是收受了贿赂的，只要不办事，就不能定罪。在我国当前腐败现象中，这一规避法律的显著例子就是目前大量出现的所谓"感情投资"式的行贿受贿行为或者是"长期投资"式的行贿受贿行为，行贿人在给予国家工作人员某些好处或者利益时根本没有提出任何的请托事项或者要求，只是简单交待一下如"我有个车最近不用，你拿去开吧"，或者"我单位缺少个名誉顾问，请您来，我们给顾问费"等。行贿人通过某种长期或者潜在的给予好处或者利益而没有提出任何具体的请托事项，受贿人也是拿到了某种好处或者利益但是没有给对方办理任何请托事项。在目前的职务犯罪侦查过程中，由于侦查手段单一，技术侦查措施适用困难的情况下，对此要判断出行为人之间存在所谓的"为他们谋取利益"是相当困难的。[①] 另外，这与《联合国反腐败公约》以及其他国际公约都没有关于腐败犯罪的主观目的的要求也不相一致。因此，根据目前的国情以及国家打击腐败犯罪的决心，笔者建议取消贪污贿赂犯罪有关主观条件的限制，只要进行了权钱交易，损害了公务人员的廉洁性，就应该予以严厉打击。

三是腐败犯罪中的"财物"是否包括"性"贿赂。这一话题，不管理论界、司法实务界争议都较大，众说纷纭，莫衷一是。古人云："温饱思淫欲。"随着社会的发展，人们物质生活水平的提高，司法实践中提供性贿赂的案件大量涌现，但由于刑法的罪刑法定原则，无法量化，对此按受贿罪处理的案件仍未实现。笔者建议，随着我国对腐败犯罪打击力度的加大，根据现实情况，对于性贿赂的问题，应该明确立法规定此为受贿罪。

## 二、 完善贪污贿赂犯罪定罪量刑标准的立法

在立法上，应当适时调整贪污贿赂犯罪的现有定罪量刑模式。我国1979年刑法对贪污、受贿犯罪等的起刑点没有作出数额和情节的要求与限定，这种立法模式不仅违背了我国刑法严格区分犯罪与违法、要求犯罪行为具有严重社会危害性的原则与原理，而且给司法操作带来了不便，造成了有法难依的困惑。为了加大惩治贪污、受贿犯罪的力度，防止司法操作上的随意性，1997年刑法对贪污、受贿犯罪等的起刑点以及量刑幅度采用了刚性的具体数

上卷·三

---

① 卫磊著：《社会资本范式下反腐败刑事政策研究》，中国法制出版社2011年版，第269~273页。

额标准。从刑法修订以来十几年的司法实践看，这一定罪量刑模式的实践效果并不理想，至少存在以下三方面的弊端。[①] 其一，不能适应经济社会发展的需要。随着我国经济社会的快速发展，人民的生活水平大幅度提高，现行《刑法》第383条、第386条规定的一般情况下5000元以及情节较重情况下还可以不满5000元的贪污罪、受贿罪的起刑点已经明显偏低，难以在司法实践中得到执行，以致出现了有法难依的局面。例如，日常生活中，一件衣服、一个电器等日常用品就有可能超过5000元钱。其二，导致不同情节犯罪的量刑档次没有拉开，难以实现罪责刑相适应。按照《刑法》第383条和第386条的规定，贪污、受贿5万元以上不满10万元的，一般要处5年以上有期徒刑，情节特别严重的要处无期徒刑；贪污、受贿数额在10万元以上的，一般要处10年以上有期徒刑或者无期徒刑，情节特别严重的要处死刑。由此导致司法实践中许多犯罪数额以及其他犯罪情节相差悬殊的案件在量刑上难以拉开档次，难以做到罪责刑相适应，严重影响了一些贪污、受贿案件裁判结论的社会效果。例如，在司法实践中，受贿数额几十万、几百万、几千万元的不同案件，量刑幅度差别甚微的现象普遍存在。其三，量刑标准难以准确、全面地反映犯罪的社会危害性，不利于实现刑罚公正。现行刑法对贪污、受贿罪的不同量刑幅度大体上采用的是单纯数额标准，其他犯罪情节基本上没有在量刑上得到体现，这显然不利于法院在全面衡量犯罪的社会危害性程度的基础上准确量刑。鉴于现行刑法关于贪污、受贿罪等的立法存在上述不足之处，笔者建议在制定刑法修正案时，在立法上取消贪污罪、受贿罪等的定罪量刑的具体数额标准，改为"概括数额加其他犯罪情节"的模式，以适应反腐败斗争的实际需要，切实解决当前司法实践中存在的同罪异罚、异罪同罚、罪刑失衡的问题。[②]《刑法修正案（九）（草案）》第39条规定虽然体现了这一点，但是在司法实践中，情节的判断（事实判断和价值判断）难以具体把握，需要给出参考标准。另外，该条规定的"提起公诉前如实供述自己罪行、真诚悔罪、积极退赃，避免、减少损害结果的发生"也给职务犯罪侦查带来困惑，需进一步加以斟酌完善。

## 三、 完善贪污贿赂犯罪刑罚方法的立法

目前许多国家针对贪污贿赂犯罪的贪财图利的特点，适用财产刑，财产刑包括罚金和没收财产。我国在刑法贪污贿赂犯罪的条款中，除单位受贿罪外，均未设立罚金刑，且长期以来我国对大多数贪污、贿赂等腐败犯罪采用"只打不罚"的处罚方式，即根据犯罪事实和犯罪情节，只判处拘役、有期

---

① 赵秉志：《论我国反腐败刑事法治的完善》，载《当代法学》2013年第3期。

② 赵秉志：《略论反腐败与我国刑事法治的完善》，载《人民法院报》2010年11月24日第6版。

徒刑等剥夺人身自由的刑罚方法，而不处以罚金。没收财产虽然设立，但前提是情节特别严重的，且在实践中很少适用。虽然对贪污、受贿所得的赃款赃物要予以追缴、没收，但如果不能人赃俱获，则追缴、没收便无从谈起。实践证明，这样的处罚方法，往往使贪污贿赂犯罪分子"痛苦一阵子，幸福一辈子"，在经受短暂或不长的牢狱之苦后便能够享用过去的贪污、受贿所得而过上安逸的生活。贪污贿赂犯罪都是以贪利为主要目的的，对犯罪分子仅处以自由刑，而不给予经济上的制裁，难以遏制其贪婪心理。按照我国刑法及有关司法解释的规定，同样是财产型犯罪，普通公民侵犯公私财产数额较大的，便构成盗窃罪或抢夺罪，不仅应判处自由刑，而且应处罚金；而国家工作人员贪污、受贿或索贿的，则仅判处自由刑（只有情节特别严重的，才会判处死刑），而无罚金刑的处罚，这显然有失公允。重视财产刑的适用，尤其是对腐败犯罪等经济犯罪处以财产刑，已是世界性的趋势。在腐败犯罪中，适用财产刑，不仅是对犯罪分子的惩罚和教育，而且也是剥夺他们的全部非法所得，不使他们在经济上得到任何好处。因为贪污贿赂犯罪分子大多数是唯利是图者，若不对其适用财产刑，让其在经济上占到便宜，导致犯罪分子认为，经济利益大于自由刑。在成本与效益的比较中，效益比成本大，贪污贿赂犯罪分子则不惜铤而走险、以身试法。因此，对贪污贿赂犯罪全部并科财产刑，即在处以自由刑的同时处以财产刑，将使刑罚的效果大大增强。对贪污贿赂犯罪适用财产刑，并非扩大适用或扩张使用。财产刑在贪污贿赂犯罪中的普遍适用，将对遏制犯罪起到巨大的积极作用，刑罚的经济制裁作用亦得以发挥。虽然《刑法修正案（九）（草案）》对此做了规定，但规定仍是笼统的，司法操作上具有随意性，建议借鉴行政处罚方面的法律法规，制定一定的幅度范围。

另外，针对贪污贿赂犯罪的职权性的特点，适用资格刑，即剥夺犯罪人继续担任某种公职的资格，以免其继续利用职务谋取私利。而我国现行刑事法规对自然人腐败犯罪处以罚金刑，对法人犯罪处以资格刑，都未加规定或规定不完善，需要加以借鉴和完善。

## 四、 完善贪污贿赂犯罪中退赃问题的立法

在司法实践中，贪污贿赂退赃问题存有较多争议，具体如下：

一是立法上没有明确对犯罪嫌疑人退赃与否在定罪量刑上有何明显区别。从现行《刑法》第383条对贪污贿赂犯罪的四个档次的量刑幅度上看，只有当"数额在5000元以上不满1万元，犯罪后有悔改表现、积极退赃的，可以减轻或者免除刑事处罚"，其他则与"悔改表现、退赃如何"似乎没有多少直接关系。综观贪污贿赂案件追赃情况，贪污受贿数额在5000元以上不满1万元的，退赃几乎不成问题。这里退赃的积极性和主动性无疑来自于减轻或

者免除刑事处罚有法可依，行为人有利可图。由此可见，犯罪嫌疑人或者其家属的退赃积极性如何，主要取决于定罪量刑上能否有一个"质"的变化，如罪与非罪、实刑与缓刑、自由刑与生命刑等。二是立法上没有明确规定对拒不退赃者在定罪量刑上应当如何适用法律、能否加重处罚。从立法本意看，如数退还赃款应当是现行刑法对贪污贿赂犯罪设定处罚的底线，但是，倘若如数退赃者和拒不退赃者在定罪量刑上没有区别或者没有明显区别，则不得不说是立法上还欠缜密。在现实生活中，确有不少贪官在罪行败露后，仍贪心不改、钻法律的空子，当定罪量刑不可能有明显区别时拒不退赃。而现行的法律规定又无可奈何，显得苍白无力。试想，一个贪官少则几万多则几百万元上千万元的赃款难以追回，待其几年或者十几年刑满之日，此笔不义之财便可心安理得的享用了，这岂不是"带薪"甚至是"高薪"坐牢。三是在贪污贿赂犯罪赃款去向上出现了洗钱的新动向。贪官多数有权有势，为了让不义黑钱披上合法的外衣，他们或利用自己的权势让亲属经商办企业，以"经商"之名行捞钱、洗钱之实；或绕道远行，将赃款转移境外，以亲属经商、投资为名来洗钱；或主动让位，以下海从商为名来达到洗钱之目的。而"清洗"后的贪污贿赂犯罪赃款，不仅可以公开享用，还可以用来投资增值，其危害已远远超出了传统意义上的"洗钱"。[①]《刑法修正案（九）（草案）》中虽然规定了积极退赃影响量刑的问题，有关司法解释也规定了积极退赃罪与非罪的问题，但是在司法实践中何谓"积极退赃"、何谓"及时退赃"、怎样具体把握"积极退赃"等则司法适用不一，仍需进一步完善界定，以便提高退赃的积极性，为国家挽回损失。

## 五、 完善巨额财产来源不明罪的立法

1988 年 1 月 21 日，全国人大常委会颁布了《关于惩治贪污罪贿赂罪的补充规定》，其中第 11 条规定，国家工作人员的财产或支出明显超过合法收入，差额巨大的，可以责令说明来源。本人不能说明其来源是合法的，差额部分以非法所得论，处 5 年以下有期徒刑或者拘役，并处或者单处没收其财产的差额部分。1997 年修正的刑法对此作了相同规定。应当说，这一罪名的设置能够解决无法认定为贪污、受贿的非法所得的处置问题，对于惩治腐败犯罪具有实际意义。但是，由于法定刑偏低，使得许多腐败分子由此得以逃脱应有的惩罚。为此，《刑法修正案（七）》规定，国家工作人员的财产、支出明显超过合法收入，差额巨大的，可以责令该国家工作人员说明来源，不能说明来源的，差额部分以非法所得论，处 5 年以下有期徒刑或者拘役；

---

① 况安全、王远伟：《当代中国腐败犯罪的立法完善探析》，载陈泽宪、李少平、黄京平主编：《当代中国的社会转型与刑法调整》，中国人民公安大学出版社 2013 年版，第 1590 页。

差额特别巨大的，处 5 年以上 10 年以下有期徒刑。财产的差额部分予以追缴。将该罪的法定刑提高到 5 年以上 10 年以下有期徒刑，但问题仍没有得到根本的解决。许多腐败分子非法所得几千万元甚至更多，但最高只能判处 10 年有期徒刑。这显然不符合罪刑相适应的原则，也难以发挥刑罚对此种犯罪的威慑与防范作用。比如，某公务人员贪污、受贿 1 亿元，拒不交待来源，则最多判 10 年有期徒刑，而主动坦白者即使从轻处罚，最低刑期也是 10 年以上。为此，笔者建议，借鉴我国香港特别行政区的做法，明确规定："国家工作人员的财产、支出明显超过合法收入，差额巨大的，可以责令该国家工作人员说明来源，不能说明来源的，差额部分以贪污论处。"①

## 六、 完善贪污贿赂犯罪的专门立法

我国的刑法和其他单行法规虽然有关于惩治贪污贿赂的条款，但至今尚无贪污、贿赂犯罪专门的立法，而且还有相当一部分严重危害社会的腐败行为没有规定为犯罪，导致查处腐败犯罪的法律手段存在欠缺，惩治腐败犯罪的立法还不系统、协调。另外，在我国目前的宪法框架下，已经制定了《公务员法》、《行政监察法》、《行政处罚法》等法律法规。但总体来说，我国的廉政法律体系还不完善，不能很好地适应目前高压反腐败斗争形势发展的需要，具体表现在，现行法律法规多为事后惩戒性，缺乏事前预防、事中监督的法律法规，党纪党规比较多，但大多未能上升到国家意志的层面。因此，笔者建议，为了更有效地打击腐败犯罪，根据我国当前反腐败斗争的实际，借鉴国外的经验，尽快制定出反贪污贿赂的专门法律势在必行，如《廉政法》、《反腐败法》、《公职人员财产申报法》等。制定的这些专门法律，应详细规定各种贪污贿赂犯罪行为，并将禁止的范围尽可能广泛，使之足以包括犯罪者能够设想出的任何一种谋取私利的不正当手段。任何官员若以不正当方式谋取私利，必将败坏国家的声誉，使人民对政府失去公信力。因此，即使国家、集体、人民或其他人并没有受到直接损失，公务人员以不正当方式获取财物的行为都应受到惩处，完善贪污贿赂犯罪的专门立法符合当前的国情和反腐败的要求。

① 谭世贵：《完善制度建设，遏制腐败犯罪》，载《光明日报》2013 年 1 月 31 日第 15 版。

# 我国腐败犯罪刑罚配置完善建议

## ——以刑罚根据论为视角

黄明儒\* 王振华\*\*

## 引言

国家与腐败现象几乎同时存在，作为腐败犯罪主体的国家工作人员是由国民选举产生、维护国民利益管理社会事务的代表，其执行公务必须严格依照法律或者命令之规定，忠诚、廉洁地从事公务工作。如果在这一过程中伴有腐败现象，不但有损国家利益，影响政府威信，而且同时侵犯了人民的合法权益，从而衍生出极为不良的后果。从腐败犯罪现象的刑事法律规制角度出发，适用于腐败犯罪行为人的刑罚措施是否适当、是否有效、是否全面，影响着腐败犯罪行为人处罚与改造的效果和腐败现象的控制与预防。

有效的刑罚措施在规制腐败犯罪时才能起到积极的作用。评价一种刑罚措施是否适用于腐败犯罪，应该从刑罚的目的与根据角度寻找支撑。

## 一、 我国腐败犯罪刑罚配置的司法现状以及所存在的问题

"学术并非都是绷着脸讲大道理，研究也不限于泡图书馆"①，关于我国"以犯罪数额为核心的阶梯式腐败犯罪刑事责任体系"的司法实施情况，应该采用法学实证研究方法中的定量分析法加以统计整理，而"实证调查的地点选择，关键因素之一是在识别调查总体的基础上确定合适的样本。"② 调查研究我国现行刑法中腐败犯罪所配置刑罚的司法实施情况，调查样本的选取至少应该考虑两个方面的因素：一是选取的样本应该是司法环境相对较好，能够严格按照法律规定进行案件审理；二是由于我国不同地区之间的经济发展水平差异较大，选取的调研地点能够代表覆盖这些不同的地区。湖南省自

---

\* 湘潭大学法学院教授，博士生导师，法治湖南建设与区域社会治理协同创新中心平台研究人员。

\*\* 湘潭大学法学院刑法学硕士研究生。

① ［美］拉比诺著：《摩洛哥田野作业反思》，高丙中、康敏译，商务印书馆 2008 年版，第 1 页。

② 郭云忠：《法学实证研究的种类及其地点选择》，载《第四届国家高级检察官论坛论文集》2008 年（非正式出版物）。

2011 年提出"法治湖南"建设目标以来，司法改革取得了突出的成绩，法治环境较好，而且湖南省地处我国中部地区，经济发展处于全国平均水平，笔者拟以法学实证研究方法为指导，对湖南省不同地区（长沙市望城区、长沙市岳麓区、岳阳市岳阳楼区、怀化市鹤城区、湖南省临武县）的五所人民法院 2014 年至 2015 年上半年办理腐败犯罪所判处的刑罚措施作了如下统计①（需要说明的是，以下案例的裁判文书中均附加了没收财产和一定数额罚金刑的适用，限于篇幅有限，笔者只列举了有期徒刑的适用情况）：

| 情节<br>案例 | 腐败犯罪类型 | 涉案数额 | 减轻、从轻情节 | 宣告刑期 |
| --- | --- | --- | --- | --- |
| 案例一 | 受贿 | 14万元 | 自首 | 3年,缓刑4年 |
| 案例二 | 受贿 | 30万元 | 无 | 5年零6个月 |
| 案例三 | 受贿 | 93万元 | 自首、退赃 | 6年 |
| 案例四 | 受贿 | 30万元 | 自首、退赃 | 5年 |
| 案例五 | 受贿 | 15万元 | 退赃 | 3年,缓刑3年 |
| 案例六 | 贪污 | 5万元 | 无 | 5年 |
| 案例七 | 贪污 | 15万元 | 退赃 | 5年零3个月 |
| 案例八 | 贪污 | 2万元 | 无 | 2年,缓刑2年 |
| 案例九 | 贪污 | 10万元 | 退赃 | 5年零4个月 |
| 案例十 | 受贿 | 6万元 | 退赃 | 2年 |
| 案例十一 | 贪污 | 9万元 | 退赃、自首、从犯 | 5年 |
| 案例十二 | 贪污 | 21万元 | 从犯 | 5年零8个月 |
| 案例十三 | 贪污 | 3万元 | 自首、退赃 | 5年 |
| 案例十四 | 受贿 | 21万元 | 自首 | 2年,缓刑2年 |
| 案例十五 | 受贿 | 8万元 | 自首、积极退赃 | 5年 |
| 案例十六 | 受贿 | 283万元 | 自首、退赃 | 3年,缓刑3年 |
| 案例十七 | 受贿 | 51万元 | 自首、退赃 | 10年 |
| 案例十八 | 受贿 | 120万元 | 自首、退赃 | 7年 |
| 案例十九 | 受贿 | 162万元 | 无 | 12年零6个月 |
| 案例二十 | 受贿 | 5万元 | 自首、全部退赃 | 免予刑事处罚 |
| 案例二十一 | 受贿 | 53万元 | 自首、退赃、立功 | 5年 |

从统计结果来看，腐败犯罪刑罚适用在不同地区、同一地区的不同法院之间具有较大的差别，刑罚不均衡的现象明显存在，主要表现在：少数案件量刑失衡，部分法院非监禁刑适用率相对较高、附加刑适用不规范（主要是资格刑适用的缺位），在犯罪数额不大、行为人主动全部或者大部分退赃之后，较大幅度从轻、减轻处罚、不进行刑事处罚现象比较普遍。

鉴于我国腐败犯罪刑罚适用存在上述问题的现实情况，并考虑到腐败犯

① 数据来源于：中国裁判文书网，http://www.court.gov.cn/zgcpwsw/. 2015 年 5 月 1 日访问。

上卷·三

罪的恶劣性质，即无论是从其对国家工作人员职务行为廉洁性严重破坏的角度，还是从其大大降低社会大众对国家公务行为不可收买性与不可贿赂性信赖程度的角度，都应该从严处罚，以维护国之根基。在将要出台的《中华人民共和国刑法修正案（九）（草案）》（第二稿）中，已经就腐败犯罪的刑罚配置作出了一定的修改，改动的内容主要集中于两个方面，即废除了腐败犯罪定罪量刑的"唯数额论"，将"犯罪情节"纳入定罪量刑的考虑范畴；另一方面，则为腐败犯罪配置了适用范围更加广泛的罚金刑。笔者认为，在肯定司法实践经验总结与现有学术研究成果的基础上，面对依旧严峻的反腐形势，在腐败犯罪预防领域，有以下问题具有较高的研究价值：1. 腐败犯罪刑罚适用必须从刑罚根据论的角度寻求合适的答案。"事实上，中国现行刑事立法与司法中所存在的重刑主义与种种不合理性的现象，在很大程度上都与对刑罚的正当性根据缺乏深入而系统的认识难逃干系"①，只有根基正当的刑罚才是合理有效的刑罚；2. 腐败犯罪的死刑适用问题。腐败犯罪是否应该完全废除死刑的适用，有必要从我国的具体国情和公民的平均价值观念出发。对腐败犯罪分子处以极刑是我国历来的刑事传统，它已不单单是一种法律上的规定，而已经蜕变成为一种民众文化，蕴藏在每个人的内心深处，普通民众对于腐败犯罪行为人往往深恶痛绝，所谓"不杀不足以平民愤"，正是这样一种心理。完全废除死刑的适用，至少从目前的阶段来看，步履维艰；3. 腐败犯罪应该并处资格刑。由于我国现行刑法只规定了两种资格刑，即剥夺政治权利和驱逐出境，应该对我国"剥夺政治权利"刑罚措施作出符合腐败犯罪特点的合理的适用上的完善；4. 严格非监禁刑在腐败犯罪中的适用条件。在目前的司法实践当中，法官在审理案件时，只要没有禁止适用缓刑的情形就当然适用缓刑。事实上，腐败犯罪后对于职务的剥夺并不一定能够起到彻底的特殊预防效果，鉴于腐败犯罪主体的特殊性，有必要在具体确定宣告刑的同时防止新的腐败现象的出现。

## 二、帕多瓦尼"一体式刑罚根据论"理论之引入与理由

由于传统三种刑罚根据论（报应论、一般预防论、特殊预防论）均存在或多或少的缺陷，"事实上，灾难不同，救援也应不同；成千上万种疾病，就有成千上万个药方"②，成千上万种犯罪，就应该有不同的刑罚措施，在刑罚适用的不用阶段就应该立足于不同的根据，故当代学者更多地倾向于将三者结合的"刑罚一体论"。在众多的"一体论"学说中，笔者认为意大利学者的"帕多瓦尼模式"更具合理性，其学说优势体现在：第一，该理论认为

---

① 邱兴隆著：《关于惩罚的哲学——刑罚根据论》，法律出版社 2000 年版，第 8 页。
② ［英］边沁著：《立法理论——刑法典原理》，孙力等译，中国人民公安大学出版社 1993 年版，第 83 页。

刑罚存在的正当化根据既是对已然犯罪的一种报应，同时也是为了预防犯罪保卫社会这一目的，这就将传统学说中"报应论"与"预防论"相结合，巧妙回避二者冲突的同时也保留了各自的优点，在并合主义理念之下，刑罚须以犯罪的存在为前提，须与犯罪相适应，同时在这一限度之内，必要地考虑了抑制犯罪的效果；第二，该学说将刑罚根据分派到立法、审判、执行三个独立的阶段，依据每一阶段不同的刑罚目的适用不同的刑罚根据，做到了具体问题具体分析。总体而言，从横向的角度考虑，该理论融合了报应刑论、一般预防论与特殊预防论三者的合理之处，并通过互相弥补或者外部限制克服其不合理之处；从纵向的角度考察，该理论考虑到了刑罚自法定刑演变到宣告刑、由宣告刑发展到执行刑这一发展过程中，对报应、一般预防、特殊预防不同程度的需求，就有合理性与实用性。

具体而言，该模式认为刑罚不是一种僵死不变的东西，而是一种变化的事物，它在刑法的立法、审判与执行阶段分别变现为法定刑、宣告刑与执行刑，刑罚的三种表现形式所处的法律阶段不同，它们的作用也就不尽相同。在法定刑阶段，刑罚主要发挥一般预防的作用。立法者以法律的形式明文规定实施一定危害社会行为的人会受到刑罚处罚，显然不是一个简单的通知，其要表达的是一种威胁也是一种信息，"威胁"的目的在于阻止违法行为，信息的目的在于说服民众守法，因此法定刑确定的主要根据是一般预防，通过法律来威慑，阻止危害行为的发生，但是另一方面，其应该受到罪刑相适应和特别预防的限制，即刑罚要根据罪行的严重程度来确定，同时不能阻碍经过改造的犯罪人重新成为社会的一员；刑罚在宣告刑阶段的"主要功能是通过诉讼程序使犯罪人受到刑事追究来树立榜样，以确保并实现法定刑的威慑作用"[①]，故此阶段的刑罚应该以报应思想为指导并参考一般预防的需要，刑罚的最高限度应该是犯罪行为人的"罪过"，如《意大利宪法》第 27 条第 1 款的规定了刑事责任是个人（人格）责任原则，意味着刑罚从整体上必须与行为人的罪过相称，宣告刑的轻重，都不能超出罪刑相适应所允许的限度，但是可以低于这一限度；而在刑罚的执行阶段，则应该重视发挥刑罚的特殊预防功能，在对犯罪行为人判刑后，就进入了采取最合适的方式来阻止其将来再次犯罪的阶段，正确地发挥刑罚在这一阶段的作用，也将对刑罚的每一阶段赋予积极的意义。"在执行过程中，在综合考虑一般预防与报应要求的基础上，人们主要根据特殊预防的需要，来选择决定各种监禁刑的替代措施。"[②] 笔者将以刑罚根据论中的"帕多瓦尼模式"为指导，对我国腐败犯罪

---

① ［意］帕多瓦尼著：《意大利刑法学原理》，陈忠林译，中国人民大学出版社 2004 年版，第 308 页。

② ［意］杜里奥·帕多瓦尼著：《意大利刑法学原理》，陈忠林译，中国人民大学出版社 2004 年版，第 309 页。

刑罚措施的完善提出建议。

## 三、 我国腐败犯罪刑罚配置的具体完善建议

### （一）控制死刑的适用

关于经济犯罪能否适用死刑的问题，在我国理论界已经展开了相当长时间的讨论，不同的学者基于不同的理由，提出自己的观点，大体可以分为保留说和废除说两派。

废除说以学者赵秉志、马克昌为代表，该观点认为："从国际上看，近几十年来废除死刑制度的改革速度惊人，截至 2009 年，废除死刑的国家高达102 个。我国已经签署的《公民权利和政治权利国际公约》等国际公约都清楚地表达了反对腐败犯罪适用死刑的立场。死刑的存在是对世界人权的违背，不利于社会的和谐和可持续发展，死刑不能衡量一国文化和政治价值观，因为死刑的废除将是世界发展的必然趋势。"[1] "从报应立场上看，也不应该对贪利性犯罪适用死刑，无论贪利性犯罪的客体多么重要，都无法与人的生命相比较。"[2]

保留说认为现阶段中国不应该废除死刑主要是基于两个方面的原因：一是历史和社会现实原因，即认为中国自古以来重视刑法的打击，无论是商鞅变法还是明清的"治乱世用重典"，无论是"礼"、"刑"并用还是到今天刑法典规定的几十个死刑罪名，都说明死刑在中国具有深刻的历史渊源。最近某网站就在中国废除经济犯罪死刑问题进行过一次调查，结果近 80% 的人反对废除死刑特别是反对对腐败分子废除死刑。更有激进者主张，中国不仅不应废除死刑，还应该恢复历史上的刖、腰斩、车裂、五马分尸等酷刑。这些激进观点未免失之过苛，但也反映了一种普遍存在的社会情绪；第二个原因便是死刑制度具有其他刑罚方式所不能企及的威慑作用，能够很好地发挥预防犯罪的作用。

正如上文所述，分析死刑的存废，应该从法定刑、宣告刑、执行刑三个方面进行讨论。在法定刑阶段，刑罚制定的主要根据是一般预防，也就是起到社会威慑、防卫社会的作用，不言而喻的是，死刑制度有利于刑罚威慑作用最大限度地发挥。对腐败犯罪配置死刑的法定刑，能够在已经实施了腐败犯罪的行为人和意图实施腐败犯罪的潜在行为人头顶悬上一把利剑，促使其自首、退赃、争取宽大处理和放弃实施腐败犯罪的想法；在宣告刑阶段，刑罚的主要依据是报应论和一般预防的结合，并以罪责刑相适应原则为限制。从报应的角度出发，强调的是刑罚的分量与犯罪的严重性相适应，是对客观

---

[1] 赵秉志著：《死刑改革的域外经验》，中国法制出版社 2011 年版，第 13 页。
[2] 马克昌主编：《刑罚通论》，武汉大学出版社 2011 年版，第 79 页。

存在的犯罪因素的评价，刑罚应该具有相当性，按照这种观点，作为贪利性犯罪的腐败犯罪行为无论如何都是不能够适用死刑的。但是，另一方面，宣告刑还要起到一般预防的作用，死刑在一定程度上具有适用的空间；在执行性阶段，刑罚主要受制于特殊预防理论，强调对犯罪行为人的矫正与治疗，刑罚只能适用于有人身危险性且需要运用刑罚予以矫正的犯罪人，而且，刑罚的严厉程度应该与矫正的需要相适应，如此，如果行为人在改造的过程中，能够彻底地放弃再次实施腐败犯罪的想法或者彻底失去再次实施腐败犯罪的能力，则不能够对其适用死刑。

综上所述，笔者认为，废除腐败犯罪死刑问题应该立足于刑罚的合理性依据并兼顾中国的现实国情和人民群众的"大众文化"，在刑法典的文字规定上，坚持对腐败犯罪配置死刑；在宣告刑上，综合腐败犯罪具体个案，考虑行为人的人身危险性，最大限度地限制死刑的适用，在能够宣告有期徒刑时，坚决不用死刑，能够适用死刑缓期执行时，坚决不用死刑立即执行；在刑罚的执行过程中，根据犯罪行为人的服刑改造情况，适用减刑、缓刑、假释制度。

**（二）腐败犯罪应该附加资格刑的适用**

根据我国现行《刑法》第56条规定，对于腐败犯罪分子是不能够并用剥夺政治权利的。从2015年6月公布的《刑法修正案（九）（草案）》（第二稿）第1条的修改情况来看，对于腐败犯罪行为人似乎可以在刑罚执行完毕或者假释之日起适用为期3~5年的"禁止从事相关职业"的处罚。但是笔者认为，直接将修正案草案的现有修改适用于腐败犯罪行为人时会存在以下问题：1. 修正案规定人民法院"可以"根据犯罪情况和预防再犯罪的需要来决定"禁止从业"处罚措施的适用。具体到腐败犯罪而言，行为人具有"国家工作人员"的身份是实施犯罪的前提与工具，从刑罚根据论的角度出发应该是腐败犯罪全部强制附加资格刑的适用，而不是"可以"适用，因为"可以"适用也就意味着"可以不适用"；2. 修正案草案第1条作为《刑法》第37条之一，而现行《刑法》第37条规定的是"刑罚种类"中的"非刑罚处罚措施"。以此条款为依据对腐败犯罪行为人规定"禁止从事特定职业"的处罚措施，在刑罚的预防效果上稍显力度不足，笔者主张仍旧从现行《刑法》第54条的规定出发，寻找对腐败犯罪行为人并处资格刑的法律根据。对于贪污罪、受贿罪等腐败犯罪而言，都是刑法理论意义上的"特殊身份犯罪"，腐败犯罪行为人能够实施腐败犯罪行为都是以具有国家工作人员身份抑或是具有帮助国家处理公共事务的身份为前提的，对其适用资格刑，在肯定现有立法修改的基础上，还应该从刑罚根据论的角度寻找根据。

从刑罚根据论出发，在法定刑阶段，主要考虑刑罚的一般预防效果。腐败犯罪行为人都具有国家工作人员的身份，享受国家特殊的补助和津贴保障，具有较高的社会地位，如果对腐败犯罪行为人能够以刑法明文规定并处剥夺政治权利，褫夺其终身或者一定时期继续担任国家工作人员的资格，无论是从物质上还是精神上都能够起到良好的一般预防效果；在宣告刑阶段，从刑罚报应的角度出发，对利用身份从事违法犯罪活动的行为人处以剥夺身份的刑罚，符合报应刑"刑罚与犯罪相适应，刑罚与犯罪同质，刑罚与犯罪相当"的要求；在执行刑阶段，对腐败犯罪行为人褫夺公权，能够起到最大限度的特殊预防效果，彻底消除其再次实施腐败犯罪的可能。

在资格刑具体适用的过程中，首先应当注意的问题是，有必要对《刑法》第54条的规定加以选择适用，因为"没有包治百病的灵药，必须根据患者的性质和情况同时适用不同的措施。医药的秘诀就是研究所有的治疗措施，将它们结合使用，并且根据具体情况决定让它们何时生效"。[①] 言论、出版、集会、结社、游行、示威是我国宪法明确赋予每一个公民基本的权利，腐败犯罪行为人在实施犯罪行为时，只是将自己所拥有的担任领导职务的特殊身份作为一种犯罪工具使用，而并没有利用出版、集会、游行等政治权利，根据报应刑"罪刑等比"原则和罪责刑相适应原则，在刑罚适用中就不能够剥夺行为人的这些政治权利。更为重要的是，腐败犯罪行为人一般都具有较高的文化素质，如果"刑法不加分析地剥夺犯罪行为人的这些自由，必然会导致'误禁好言'、'误禁好书'的消极后果，剥夺了犯罪行为人为国家和社会作贡献的机会"[②]。所以，在腐败犯罪并罚剥夺政治权利的情形下，有必要将《刑法》第54条第2项规定的政治权利仍然赋予腐败犯罪行为人，使其可以自由行使，在适用自由刑的过程中争取为国家和社会"进好言"、"进好书"。

其次，关于资格刑的适用期限。依据《刑法修正案（九）（草案）》（第二稿）的规定，"禁止从事相关职业"的期限是3~5年，从目前各国的立法经验来看，主要有终身剥夺制和定期剥夺制。所谓终身剥夺制是指终身剥夺犯罪人一定的资格，主要适用于犯重罪的人，如《意大利刑法典》规定：褫夺公职适用于判处无期徒刑，5年以上有期徒刑的犯罪人以及被宣告为习惯犯、职业犯和具有犯罪倾向者；所谓定期剥夺制是指法律规定在一定期限内剥夺犯罪人的某种资格，典型者为我国现行刑法以及修正案的修改规定。正如上文所述，在腐败犯罪仍然配置死刑和无期徒刑的情况下，应该根据腐败犯罪个案、犯罪情节、行为人的人身危险性和再犯可能性决定资格刑的适用期限。对于"贪污（受贿）数额特别巨大、情节特别严重"能够适用死刑、无期徒刑的腐败犯罪行为人，应该并处终身资格刑，终身剥夺其担任

---

① ［英］边沁著：《立法理论——刑法典原理》，孙力等译，中国人民公安大学出版社1993年版，第81页。
② 刘松山：《宪法文本中的公民权利》，载《华东政法学院学报》2006年第2期。

国家公职人员、国有公司、企业、事业单位和人民团体领导职务的权利，即使在服刑过程中适用减刑、假释，刑满释放后，依旧终身剥夺此种权利，记入公民档案，因为在此种案件中，"行为人先前的行为已经表明其彻底放弃自己的权利，是一种自知自愿的行为"；对于判处有期徒刑、拘役的腐败犯罪行为人，宜按照我国现行刑法的规定，宣告 1 年以上 5 年以下的资格刑，但是应该根据行为人在徒刑执行过程中的改造情况来决定是否延长资格刑的适用期限，以符合执行刑过程中特殊预防的要求。

### （三）严格腐败犯罪适用缓刑的条件

缓刑制度，是指对触犯刑法，经法定程序确认已构成犯罪、应受刑罚处罚的行为人，在满足一定条件下，先行宣告定罪，暂不执行所判处的刑罚，由特定的考察机构在一定的考验期限内对罪犯进行考察，并根据罪犯在考验期间内的表现，依法决定是否适用原判刑罚的一种制度。缓刑制度是近代产生并逐渐兴起的一种非监禁刑罚措施，以其特有的避免监狱烙印、减少交叉感染、帮助犯罪行为人重新回归社会的优势而成为"当代刑罚制度的宠儿"[1]，在打击和预防犯罪方面起着相当重要的作用，是被司法实践证明行之有效的刑罚执行制度，受到了世界各国学者们的青睐。缓刑制度在当代世界各国同犯罪行为作斗争的实践中得到相当广泛的运用，在许多国家和地区，缓刑都有相当高的适用比例，学者林山田更是认为："缓刑在抗制犯罪的刑事政策中担当一个相当重要的角色，可谓除了刑罚与保安处分等两个既有支柱之外的第三支柱。"[2]

依据我国现行《刑法》第 72 条规定，对于判处 3 年以下有期徒刑的腐败犯罪行为人，在符合特定的条件下，能够适用缓刑制度。从刑罚根据论的角度而言，对犯罪行为人能否适用缓刑是执行阶段的问题，应该以特殊预防理论为指导。特殊预防强调对犯罪行为人的改造和矫治，力图促使犯罪行为人更好地回归社会，应该根据每一个犯罪行为人的不同特点，制定各具特色的刑罚措施。具体到腐败犯罪而言，对其适用有期徒刑以及相应的资格刑之后，其再次实施腐败犯罪的可能微乎其微，适用缓刑，能够避免监禁刑的弊端，促使行为人更好地进行改造，适应社会，服务社会，因而对判处 3 年以下有期徒刑的腐败犯罪行为人，在满足相应条件下适用缓刑，从刑罚根据论的角度而言是正当的、科学的、合理的。

然而，在我国的司法实践中却存在着腐败犯罪案件适用缓刑畸高的现象，究其原因，并不是缓刑制度不适合适用于腐败犯罪，而是有部分法官对缓刑制度以及腐败犯罪行为存在误解。首先，"实践中，有的审判人员在对职务

---

① 甘雨沛、何鹏著：《外国刑法学（上）》，北京大学出版社 1984 年版，第 553 页。
② 林山田著：《刑罚学》，台湾商务印书馆股份有限公司 1983 年版，第 207 页。

犯罪被告人适用非监禁刑时认为，职务犯罪被告人一经定罪处罚即被剥夺职务，就失去了利用职务再次犯罪的条件，再犯可能性一经丧失，已达到特殊预防的目的"。[①] 事实上，这是对监禁刑弊端以及非监禁刑优势的过度放大；其次，就职务犯罪适用缓刑的条件作出过限制性解释，1996 年最高人民法院《关于对贪污、受贿、挪用公款犯罪分子依法正确适用缓刑的若干规定》，2012 年最高人民法院、最高人民检察院《关于办理职务犯罪案件严格适用缓刑、免予刑事处罚若干问题的意见》，明确了部分不得适用缓刑的腐败犯罪行为，但是，这并不意味着只要不具有上述限制条件的行为人就一定要适用缓刑，对于缓刑、免予刑事处罚的适用，应该从行为人的悔罪表现、再犯可能性、非监禁刑适用的社会影响等方面进行综合判断。

"宽严相济"是我国重要的刑事政策，对腐败犯罪行为人适用缓刑是"宽严相济"刑事政策的体现，但是司法实践中存在的缓刑制度滥用现象，显然已经超出了刑事政策中"宽"的上限，"仁慈是立法者的美德，而不是执法者的美德，它应该闪耀在法典中，而不是表现在单个的审判中"[②]，对于腐败犯罪行为人适用缓刑的条件应该从严把握。笔者认为，从特殊预防角度出发，对腐败犯罪行为人的罪行应该在 5 年到 10 年这一量刑档次上限进行判处的，一般应该限制缓刑的适用（主要考虑行为人的主观恶性）；另外，也不应该在减轻两个量刑档次之后再适用缓刑（主要考虑行为已经造成的社会危害），避免出现实务中贪污受贿 10 万、数 10 万的行为人仍然适用缓刑的现象。

## 四、 结语

现阶段，我国已进入反腐败斗争的攻坚阶段，腐败问题治理的好坏程度，关系着国家形象、国际影响、社会环境的稳定程度以及人民政治经济生活的质量，应该积极发挥刑法在预防犯罪中的重要作用，从刑罚根据论角度出发，恪守刑法基本原则，正确运用法条规定，进一步提高刑法在腐败犯罪预防与治理活动中的参与度，为真正的"法治中国"建设贡献刑法的力量。

---

[①] 茅仲华著：《刑罚代价论》，法律出版社 2013 年版，第 265 页。
[②] ［意］贝卡里亚著：《论犯罪与刑罚》，黄风译，中国法制出版社 2002 年版，第 69 页。

# 论贪污贿赂犯罪的刑罚配置与完善

卢勤忠[*]　周立波[**]

贪污贿赂犯罪的刑罚配置，是指国家立法机关根据一定的原则对贪污贿赂犯罪的刑罚要素进行设置、分配所形成的各种刑罚方法的组合。刑罚配置中的具体刑罚要素主要包括刑罚量、刑罚种类和量刑幅度，即刑量、刑种和刑度。从贪污贿赂犯罪的立法发展来看，我国现行刑法中关于贪污贿赂犯罪的刑罚规定肇始于 1998 年《关于惩治贪污罪贿赂罪的补充规定》。应当看到，2014 年 10 月提交全国人大常委会审议的《刑法修正案（九）（草案）》对贪污贿赂犯罪的刑罚配置做了很多重要的修改。这些修改在一定程度上解决了贪污贿赂犯罪在定罪量刑上的固有缺陷，[①] 但仍有很多问题值得深入探讨。本文拟从贪污贿赂犯罪刑罚配置的基本原理出发，有针对性地分析我国贪污贿赂犯罪刑罚配置的现状及存在的问题，并在此基础上提出相应的完善建议。

## 一、贪污贿赂犯罪刑罚配置的立法原理分析

### （一）贪污贿赂犯罪刑量的配置分析

刑量，即刑罚量，是指刑法规定的加之于某一特定犯罪的刑罚总量，在立法上体现为法定刑设置的轻重大小。刑量的配置应与犯罪行为所体现的社会危害性和犯罪分子所应承担的刑事责任相适应。刑量配置太多会导致刑罚过剩，与此相反，刑量配置过少也会导致刑罚缺位，均不利于预防和惩治犯罪。

刑量配置不仅表明国家对犯罪行为明确否定的态度，也表明刑法对特定犯罪处刑程度的高低。在刑量的配置上，主要涉及两个方面的问题：

一是宏观上刑罚总量的配备。刑罚总量通过对刑罚种类和刑罚幅度的有机组合来综合呈现。在我国目前的刑罚种类体系中，死刑可以看作最高一级的刑量，无期徒刑是介于死刑和有期徒刑之间的较高刑量。管制、拘役、有

---

\* 华东政法大学教授。

\*\* 浙江财经大学东方学院讲师，华东政法大学刑法学博士生。

① 例如，《刑法修正案（九）（草案）》对《刑法》第 383 条拟作出修改，删除对贪污罪、受贿罪规定的具体数额标准，原则规定数额较大或者情节较重、数额巨大或者情节严重、数额特别巨大或者情节特别严重三种情况，相应规定三档刑罚。在刑罚配置上解决了理论和实务界一直广受诟病的数额规定过死，难以实现罪责刑相适应和刑罚公平正义的问题。

期徒刑、剥夺政治权利主要以处刑期限的长短体现刑量的多寡，而罚金、没收财产则以数额的大小体现刑量的高低差异。根据罪责刑相适应的原则，具体犯罪刑罚总量的配置应贯彻"重罪重配，轻罪轻配；同罪同配，异罪异配"的基本要求，避免出现"重罪轻配，轻罪重配；同罪异配，异罪同配"的不合理现象。在贪污贿赂犯罪中，应充分考察具体犯罪社会危害性的轻重大小来配置与之相适应的刑罚总量，如贪污罪、挪用公款罪、受贿罪是具有更加严重社会危害性的犯罪，在刑罚总量的配置上理应较高，从而与社会危害性相对较小的其他贪污贿赂犯罪进行区别。

二是微观上刑量配置的依据。刑量的配置应与犯罪的社会危害性和刑事责任相适应，因此，一切影响社会危害性和刑事责任大小的因素都是刑量配置的依据。从微观而言，社会危害性和刑事责任往往通过犯罪侵犯的客体，犯罪行为的时间、地点、方法、手段、后果以及行为人的主观罪过等因素加以体现。在具体设置罪状和法定刑时，由于在贪污贿赂犯罪中"以赃计罪"、"以赃论罚"的立法观念较深，犯罪数额的多寡在很大程度上也与犯罪危害程度的大小存在对应关系，因此，在贪污贿赂犯罪刑量配置中历来都将数额因素作为重要依据直接在刑法条文设置中加以规定。但应当看到，影响和决定社会危害性和刑事责任大小的因素还有很多，如上述所提到的犯罪侵犯的客体，犯罪的时间地点、方法手段等情节因素。这些因素同样具有重要影响而不可或缺。在刑事立法上，科学的刑量配置应综合考虑能体现社会危害性和刑事责任的所有因素。

### （二）贪污贿赂犯罪刑种的配置分析

刑种，即刑罚种类，是刑法中为规制不同性质犯罪而形成的特定种类。在刑罚理论上，刑种可以分为生命刑、自由刑、财产刑和资格刑四种主要类型。根据刑罚配置的基本要求，刑种的配置应符合针对性、复合性和发展性原则。

刑种配置的针对性是指对特定犯罪应配置与其相适应的特定刑种，即罪与刑在性质上应尽可能的类似或等同。比如，生命刑应配置于侵犯与生命相等或相近性质法益的犯罪；财产刑应配置于侵犯经济性和贪利性的犯罪；资格刑应配置于犯罪分子利用职务便利或特定资格而实施的犯罪。不同的刑种具有不同的规制功能，科学的刑种配置应体现针对性，如此才能对症下药，最大限度地发挥刑罚的功能。刑种配置的复合性是指应根据犯罪侵害的客体、行为性质及客观情况的不同配置多元化的刑种体系。现代社会犯罪行为和犯罪的客观情况复杂多样，甚至同一犯罪所侵犯的客体也不单一，如贪污罪，其侵犯的直接客体不仅包括国家工作人员职务行为的廉洁性，也包括公共财产的所有权。因各个刑罚种类固有的规制功能，在一些复杂犯罪中，单一的刑种配置无法发挥全面规制犯罪的刑罚效果。为全面评价特定犯罪的社会危害性及其程度，刑种配置体系的多元化是规制犯罪的必然要求。事实上，我国刑法总则规定的 5 个主刑和 3 个附加刑，就是为了满足刑罚配置与具体犯罪相适应的需要。刑种配置的发展性是指应根据刑罚发展的基本趋势配置刑种。总体而言，刑罚经历了一个从以死刑与肉刑为中心到以自由刑为中心乃至于现代正逐渐的以罚金刑以及其他非监禁化的刑罚种类为中心的发展史。①在重刑主义时代，对于贪污贿赂犯罪，刑罚配置多以死刑为代表的严酷刑种进行预防和惩治。随着现代文明的发展和刑罚轻缓化的推进，重刑已不是惩治犯罪的唯一选择。从刑罚发展的整体趋势来看，刑种的配置也逐渐改变了以生命刑、自由刑为主导而向财产刑和非监禁刑发展。

**（三）贪污贿赂犯罪刑度的配置分析**

刑度，即刑罚幅度，是指立法上对具体犯罪规定的量刑幅度。刑度主要可以从量刑档次的设计、量刑档次之间的梯度衔接、同一量刑档次内的跨度等方面体现。

量刑档次的设计体现了刑罚配置的复杂化程度。单一的量刑档次主要配置于一些犯罪复杂程度不高和社会危害程度差别不大的犯罪。多个量刑档次的设计主要为了解决具有不同危害程度的同一性质犯罪的刑罚问题，以实现刑罚的个别化和差异化。量刑档次的梯度衔接存在于配置多个量刑档次的犯罪之中。轻重有序的刑罚衔接能最大限度地发挥刑罚的功能，反之，刑罚的不合理衔接有可能出现刑罚交叉重叠或者空缺，导致司法工作人员选择刑罚时出现混乱或无所适从，直接影响刑罚的适用效果。量刑档次之间的梯度衔接以建立科学的刑罚梯度参照标准为基础。每一刑罚种类的台阶梯度不一样，比如，死刑的刑罚梯度比无期徒刑的刑罚梯度高一级，在有期徒刑、拘役、管制内部因为期限的长短也有梯度。贝卡里亚曾指出："如果说，对于无穷无尽、暗淡模糊的人类行为组合可以应用几何学的话，那么也很需要有一个相应的、由最强到最弱的刑罚阶梯。"②科学的刑罚阶梯应当平缓顺畅、轻重有序，不仅要避免不同量刑档次之间的交叉，也要防止量刑档次之间出现空缺。此外，同一量刑档次内的跨度则体现了刑罚内部的具体幅度。司法实践中，量刑跨度越大，则表明自由裁量的空间就越多，刑罚适用的不确定性越大；反之，量刑跨度过小，则表明刑罚选择的空间就越小，也会导致刑罚适用时难以操作，如此，均不利于贯彻罪责刑相适应原则和实现刑罚的公平正义。

上卷·三

---

① 陈兴良：《刑种设置的法理分析》，载《中央检察官管理学院学报》1996 年第 4 期。

② ［意］切萨雷·贝卡里亚著：《论犯罪与刑罚》，黄风译，北京大学出版社 2008 年版，第 18 页。

## 二、 贪污贿赂犯罪刑罚配置的现状及存在的问题

我国目前有关贪污贿赂犯罪专门规定在《刑法》分则第八章,总共有 15 个条文,13 个罪名。结合上述对贪污贿赂犯罪刑罚配置的立法分析,综观所有贪污贿赂犯罪刑罚配置的现状,其在具体的刑量、刑种、刑度的配置上均存在诸多问题。

### (一) 贪污贿赂犯罪刑量配置问题

1. 就刑罚总量的配备而言,存在部分犯罪刑量配置过重和异罪同配的问题。其一,在贪污贿赂罪犯中,配置最高一级刑量(死刑)的罪名有两个,即贪污罪和受贿罪。贪污罪和受贿罪均属于职务性的经济犯罪,这类犯罪的特点是利用自己的职务便利,牟取经济利益,侵犯的是财产性利益和国家工作人员职务行为的廉洁性。从罪刑均衡的要求看,死刑只有在适用于与其所剥夺的权益相似的犯罪时,才具有相当性和合理性。而贪污罪和受贿罪侵害的法益远没有达到与所侵犯的生命法益相似的程度。贪污贿赂犯罪属贪利型犯罪,对其进行防治的重点不应是强化刑罚的厉度,而是在严密刑事法网的同时,提高犯罪的经济成本和社会成本。[1] 对其配置最高一级的刑量(死刑)有悖刑量重罪重配、轻罪轻配的基本原理,因失之过重而并不合理。其二,对受贿罪并没有设置单独的法定刑条款,而是采用法定刑攀比的立法技术进行设置。所谓法定刑攀比,是指刑法分则中某种(些)罪的法定刑对其他罪的法定刑的攀附和追随。[2] 也即根据《刑法》第 386 条的规定,受贿罪的刑量配置参照贪污罪。但受贿罪与贪污罪的犯罪客体、犯罪性质并不完全相同。贪污罪侵犯的直接客体是公共财产的所有权和国家工作人员职务行为的廉洁性,而受贿罪侵犯的直接客体是国家工作人员职务行为的廉洁性,其体现的社会危害性也不相对等,因此在刑量的配置上出现了异罪同配的问题,将受贿罪完全按照贪污罪的要求配置刑量并不科学。

2. 对于刑量有重大影响的数额因素,在条文设置中存在规定过于刚性和规定不足的问题。一方面,贪污罪(受贿罪)目前的法定刑总共有四档,主要以具体的犯罪数额作为起刑量和升刑量的标准。这种刑罚配置标准过于刚性,导致刑罚的选择和适用缺乏弹性,难以适应不断变化的社会发展和司法实践。"国外多数国家和地区的刑法关于贪污受贿罪的规定,并不要求所获得的财物以及财产性利益达到一定数额才能构成犯罪,也很少有刑法典明文以犯罪数额作为划分法定刑幅度的标准。"[3] 此外,贪污贿赂犯罪的数额是反

---

[1] 魏昌东:《中国惩治贪污贿赂犯罪罪刑规范立法运行效果考察》,载《刑法论丛》2009 年第 4 期。

[2] 周光权著:《法定刑研究》,中国方正出版社 2000 年版,第 58 页。

[3] 何承斌著:《贪污犯罪比较研究》,法律出版社 2004 年版,第 227 页。

映犯罪侵害程度的重要指标，但不是唯一指标，仅规定数额标准也无法全面反映贪污贿赂犯罪严重的危害程度和行为性质。另一方面，除了贪污罪、受贿罪数额规定过于刚性之外，其他贪污贿赂犯罪在条文的设置中存在规定不足的问题。例如，单位受贿罪、行贿罪、对单位行贿罪、介绍贿赂罪、单位行贿罪的条文设置采用"定性加情节"的模式，要求"情节严重"或者"情节特别严重"作为起刑量和升刑量的标准，均没有在法定刑的设置中规定数额方面的内容。在刑量配置依据因素的选择上，目前对贪污贿赂犯罪的部分犯罪规定数额因素，部分犯罪没有规定数额因素，这种选择性的规定没有法理依据。例如，单位受贿与利用影响力受贿除了犯罪主体有差别之外，侵害的客体和行为性质在本质上并没有多少区别，数额因素在这些犯罪中同样起到了重要作用。在司法实践中，根据1999年最高检颁布的《关于人民检察院直接受理立案侦查案件立案标准的规定（试行）》，贪污贿赂犯罪都规定了立案的数额标准，尽管标准不一，但不可否认犯罪数额是体现贪污贿赂犯罪社会危害性的共同因素，因此均应在立法条文的设置中体现出来。

**（二）贪污贿赂犯罪刑种配置问题**

在我国的刑罚体系中，规定的刑种主要有两大类，包括主刑和附加刑。综观贪污贿赂犯罪的刑种配置，除主刑中的管制刑和附加刑中的剥夺政治权利刑没有直接规定外，其他的刑种均有规定，其存在的主要问题表现在两个方面：

1. 罚金刑配置体系混乱、配置不协调。对于贪污贿赂犯罪，刑法倾向于对单位犯罪主体配置罚金刑，主要规定在单位受贿罪、对单位行贿罪（单位构成犯罪的）和单位行贿罪中，同时在单位不能构成犯罪主体但事实上属于单位犯罪的私分国有资产罪和私分罚没财物罪中，对直接负责的主管人员和其他直接责任人员配置了罚金刑。《刑法修正案（八）》颁布以后，在利用影响力受贿罪中对自然人犯罪配置了罚金刑。除此之外，其他贪污贿赂犯罪都没有配置罚金刑。由此可见，罚金刑的配置问题主要体现在两个方面：一方面是在罚金刑的配置上，单位犯罪与自然人犯罪区别对待。应当看到，在自然人可以单独构成的经济性、贪利性犯罪中，对其适用罚金刑也是发挥刑罚预防和惩治功能的必然要求，但目前的立法显然缺少对自然人判处罚金刑的考量。另一方面是选择性配置罚金刑，没有形成有章可循的罚金刑体系。如果说《刑法修正案（八）》对利用影响力受贿罪配置罚金刑是对贪污贿赂犯罪中自然人配置罚金刑的一种突破，显然，这种突破也造成了罚金刑配置体系的混乱。在刑法分则第八章"贪污贿赂罪"中，还有其他罪名同样可以由自然人构成，但并没有相应地配置罚金刑，这种顾此失彼、前后不一的配置方式导致了罚金刑配置新的不协调。

2. 资格刑的适用范围过于狭窄。我国现行刑法中关于贪污贿赂犯罪并没有直接配置资格刑的罪名，只是根据刑法总则的规定，在具体量刑时有可能涉及剥夺政治权利。《刑法》第 56 条第 1 款规定，"……对于故意杀人、强奸、放火、爆炸、投毒、抢劫等严重破坏社会秩序的犯罪分子，可以附加剥夺政治权利。"《刑法》第 57 条第 1 款规定："对于被判处死刑、无期徒刑的犯罪分子，应当剥夺政治权利终身……"除此之外，对于贪污贿赂犯罪并没有规定资格刑的其他内容。由此可见，除对被判处死刑和无期徒刑的犯罪分子应当剥夺政治权利外，对其他不属于严重破坏社会秩序的犯罪分子而被判处有期徒刑或者拘役的，都不能适用剥夺政治权利。如此一来，在事实上限制了贪污贿赂犯罪资格刑的适用范围，而这并不符合贪污贿赂犯罪刑种配置的基本要求。贪污贿赂犯罪属于职务性经济犯罪，其特点是利用职务便利谋取经济利益，对犯罪分子职务权利的剥夺或限制能从根本上防止其利用职务便利实施贪图钱财的可能，这是刑种配置针对性的必然要求。不管是因情节严重而被判处死刑或者无期徒刑的犯罪分子，还是因情节相对轻微被判处有期徒刑或者拘役的犯罪分子，在本质上都不能改变贪污贿赂犯罪的犯罪性质。在刑种的配置上，应根据犯罪的特有性质而有针对性地配置相应的资格刑。

### （三）贪污贿赂犯罪刑度配置问题

我国贪污贿赂犯罪在量刑幅度的配置方面表现多样。其中除单位受贿罪、对单位行贿罪、单位行贿罪和隐瞒境外存款罪四个罪名只配置了一个有期徒刑的量刑档次外，其他犯罪均配置了两个或两个以上的量刑档次，贪污罪（受贿罪）更是设置了四个量刑档次。贪污贿赂犯罪量刑幅度配置主要存在两个方面的问题：

一是量刑档次之间的梯度衔接存在交叉。综观现行贪污贿赂犯罪的具体罪名，贪污罪、受贿罪、挪用公款罪的量刑档次则存在明显的刑罚交叉。如《刑法》第 383 条规定的贪污罪处罚，第 1 款第 3 项个人贪污数额在 10 万元以上的，处 10 年以上有期徒刑的规定与第 2 项个人贪污数额在 5 万元以上不满 10 万元的，处 5 年以上有期徒刑的规定相比较，其中处 5 年以上有期徒刑包括可以判处 10 年以上有期徒刑，也即意味着根据目前法定刑的设置，贪污 5 万元以上不满 10 万元的，在没有其他法定加重情节的情况下，也有可能判处 10 年以上有期徒刑，如此，与第一档量刑存在刑罚交叉。而在挪用公款罪中也存在类似的问题。刑罚梯度之间的交叉既违背了罪责刑相适应原则，也给司法实践的适用带来困扰。

二是量刑档次之间的梯度缺乏层次。在具有两个以上量刑档次的罪名中，刑罚的配置没有形成合理的层次和跨度。一方面，以犯罪数额为标准规定的量刑档次层次不明显。如前所述，具体的数额标准因过于刚性难以适应不断变化的社会实践。很多贪污受贿数额悬殊的案件，在刑罚上拉不开档次，这不仅有违罪责刑相适应原则，也不利于刑罚特殊预防效果的实现。另一方面，同一量刑档次内刑罚跨度过大。如贪污罪的第二个量刑档次，个人贪污数额在 5 万元以上不满 10 万元的，处 5 年以上有期徒刑，可以并处没收财产；情节特别严重的，处无期徒刑，并处没收财产，5 年以上有期徒刑到无期徒刑，刑罚高低跨度甚至达到 10 年以上。量刑跨度过大必然导致司法人员自由裁量权的增大，在司法实践中很容易出现同罪不同罚，有违罪刑均衡的原则，不利于国家法制的统一。[①]

## 三、 贪污贿赂犯罪刑罚的协调与完善

应当看到，《刑法修正案（九）（草案）》对贪污贿赂犯罪的定罪量刑做了很多重要的立法修改，在一定程度上克服了贪污贿赂犯罪刑罚配置中存在的固有缺陷，但也有很多问题并没有得到解决。针对上述关于贪污贿赂犯罪立法原理的探讨和配置现状的分析，笔者认为，贪污贿赂犯罪的刑罚配置可以从以下五个方面着力进行协调和完善：

第一，采用概括数额加情节标准，作为刑量配置的依据。《刑法修正案（九）（草案）》废除了贪污罪（受贿罪）的具体数额标准，改为"概括数额+情节"的刑罚配置模式，综合考虑数额因素和情节因素作为刑量配置的依据，具有一定的合理性。需要指出的是，为贯彻刑罚配置模式的统一性，对于其他在刑法条文设置中没有体现数额因素的犯罪，也应相应地规定数额要求。如《刑法》第 392 条介绍贿赂罪规定，向国家工作人员介绍贿赂，情节严重的，处 3 年以下有期徒刑或者拘役，应修改为：向国家工作人员介绍贿赂，数额较大或者情节严重的，处 3 年以下有期徒刑或者拘役。至于概括数额的具体标准可以统一在司法解释中予以规定。应当看到，目前关于贪污贿赂犯罪的立案数额标准具有一定的合理性，可以在司法解释中参照适用。

第二，合理考察受贿罪刑量，单独配置刑罚。鉴于贪污罪侵犯的客体不仅包括职务行为的廉洁性还包括公共财产所有权，而受贿罪的客体主要是职务行为的廉洁性，又因为我国目前对财产型犯罪的刑罚配置在整体上要比职务型犯罪的刑罚配置更轻，因此，受贿罪刑量配置总体而言应比贪污罪更轻。此外，由于受贿罪与行贿罪属于对合性犯罪，因此，受贿罪的刑量配置可以与行贿罪相当。具体可以增设受贿罪的法定刑条款为："受贿罪数额较大或者有其他较重情节的，处 5 年以下有期徒刑或者拘役，并处罚金；受贿罪数额巨大或者有其他严重情节的，处 5 年以上 10 年以下有期徒刑，并处罚金或没收财产；受贿数额特别巨大或者有其他特别严重情节的，处 10 年以上有期徒刑、无期徒刑，并处罚金或者没收财产。"

第三，全面配置罚金刑，完善配置方式。对贪污贿赂犯罪，根据其固有

---

① 刘宪权：《论我国金融犯罪的刑罚配置》，载《政治与法律》2011 年第 1 期。

的经济性和贪利性，为体现惩罚的综合效应，应当全面配置罚金刑。《刑法修正案（九）（草案）》已经做了修改，对自然人和单位中直接负责的主管人员和其他直接责任人员均配置了罚金刑，从而实现了对贪污贿赂犯罪罚金刑的全面配置。但在罚金刑的配置方式上，应进一步协调和完善，不应局限于并科方法，也可以单独适用，即在贪污贿赂犯罪中，罚金刑主要作为自由刑的附加刑并科适用，在罪行较轻不需要判处自由刑的情况下，也可单处罚金刑。

第四，对国家工作人员犯贪污贿赂罪，单独增设剥夺政治权利的资格刑。对于贪污贿赂犯罪中国家工作人员犯罪的，对其职务的剥夺或限制是最有效的刑罚方法，因此，对这类犯罪主体均应配置在一定期间内或者终身禁止担任国家机关职务的权利。在现有刑法规定的基础上，对于不属于严重破坏社会秩序的贪污贿赂犯罪分子，如果身份属于国家工作人员的，也应配置剥夺担任公职的资格刑。因此可以从犯罪身份角度出发，在《刑法》第八章中增加一款：对于国家工作人员犯本章之罪的，应当附加或者独立适用剥夺政治权利。

第五，条件成熟时废除死刑的配置。鉴于目前群众对腐败现象的痛恨和实际反腐斗争的需要，贸然废除死刑的配置并不现实。但应当看到，死刑作为最高一级的刑量配置于贪污贿赂犯罪失之过重。对于贪污贿赂犯罪，发挥刑罚配置的综合功能，不适用死刑，也可达到特殊预防和一般预防的目的。贪污贿赂犯罪废除死刑符合刑罚发展的趋势。随着我国目前对经济犯罪逐步废除死刑，在条件成熟时，也应该废除贪污贿赂犯罪死刑的配置。此外，贪污贿赂犯罪废除死刑后，可以设立与之相适应的制度来进行补充。例如，对情节特别严重的贪污贿赂犯罪，可以在判处无期徒刑后严格限制甚至禁止减刑、缓刑和假释的适用等。

# 论贪污贿赂犯罪的刑罚协调问题

吴邲光[*]　张明月[**]

## 一、 我国贪污贿赂犯罪的历史追溯

### （一）我国古代的贪污贿赂犯罪

贪污贿赂罪的概念始于夏代，贪污贿赂罪被称为"墨贪之罪"，要处以死刑。[①] 南北朝时期明确了官员枉法获赃物五匹以上就要处死。经过"墨"、"贪"、"赃"、"赇"等发展沿革，到了隋唐时期对于贪污的规定更加细致也更加严厉[②]，至《唐律疏议》的出现，我国古代贪污、贿赂犯罪的概念才趋于规范成熟。明朝，对于贪污贿赂的惩罚程度到了顶峰，明朝开国皇帝明太祖朱元璋十分注重严酷刑法的作用，他相信乱世用重典，"吾知乱世，不得不用重罪也"。于是亲自编写《大诰》、《大诰续编》、《大诰三编》等法律汇编来严惩贪污贿赂犯罪。并且此罪的量刑起点甚至死刑起点都很低，"一贯以下杖七十，八十贯绞"。贪污六十两以上更要处以枭首示众和剥皮实草之刑。明代对贪污贿赂犯罪的刑罚严酷不仅体现在刑种残忍这一方面，另一方面就是处罚范围很广，往往出现很多窝案，比如空印案和郭恒案两大窝案，一共处死 8 万余人，[③] 以致全国上下主要部门竟没有正职官员。我国古代历代对于官员贪腐是深恶痛绝的，不惜动用最严酷的刑罚来进行制裁，但腐败现象还是很严重。

### （二）新中国的贪污贿赂罪刑罚的变迁

1. 1952 年的《惩贪条例》的刑罚配置。1952 年颁布了第一个惩治腐败的法规《中华人民共和国惩治贪污条例》，该条例将贪污定义为"大贪污"，即不仅将国家工作人员侵吞、盗取、套取国有财产视为贪污，并且将国家工作人员强索他人财物，收受他人财物等行为也纳入到贪污概念中来，该条例对于贪污腐败的规定明确具体即个人贪污数额在人民币一亿元以上者，均处以 10 年以上有期徒刑或者无期徒刑，其情节特别严重者判处死刑。

---

* 北方工业大学刑法硕士点责任教授、中国刑法学研究会理事。

** 北方工业大学 2014 级刑法学硕士研究生。

① 何秉松主编：《职务犯罪的预防和惩治》，中国方正出版社 1999 年版，第 465 页。

② 何少斌：《贪污贿赂罪历史考稽与现实借鉴》，载《荆州师范学院学报》2003 年第 3 期。

③ 宗建峰著：《中四文化与贪污贿赂犯罪学研究》，中国检察出版社 2003 年版，第 97~98 页。

上卷·三

2. 1979 年刑法的刑罚配置。1979 年刑法是我国第一部刑法典，在总共只有 23 个可以处以死刑的犯罪中就包括贪污罪，《刑法》中关于贪污罪贿赂罪的规定分别为分则第五章侵犯财产罪的第 155 条和第八章渎职罪的第 185 条。其第 155 条规定，国家工作人员利用职务上的便利，贪污公共财物，处 5 年以下有期徒刑，或者拘役；数额巨大、情节严重的，处 5 年以上有期徒刑；情节特别严重的，处以无期徒刑或者死刑，并处没收财产或者判令退赔。当时主要以数额、情节为刑罚裁量的标准，并依据该标准将刑罚划分为三个档次，即 5 年以下有期徒刑或者拘役，5 年以上有期徒刑、无期徒刑或者死刑。但是 1979 年刑法对受贿罪并没有死刑的设置。

3. 全国人大常委会于 1982 年和 1988 年接连出台了《关于严惩严重破坏经济的罪犯的决定》（以下简称《决定》）和《关于惩治贪污罪贿赂罪的补充规定》（以下简称《补充规定》）。具体规定了贪污贿赂类犯罪的具体定罪标准，5 万元的数额就可以处以 10 年以上有期徒刑，实际上加重了此罪的刑罚程度。《决定》将受贿罪的法定最高刑由 15 年有期徒刑提高至死刑；《补充规定》针对行贿罪刑罚过低的不足，作了大幅度提高，将其法定最高刑升为无期徒刑并处没收财产，这与受贿罪法定最高刑为死刑相距不远，同时增加了行贿人在被追诉前主动交待行贿行为的可以减轻处罚或者免予刑事处罚等规定。这为后来修订后的刑法所继受。此外《补充规定》也对法人行贿、受贿行为的入罪和刑罚问题进行了明确规定。

4. 1997 年刑法的刑罚配置。1997 年刑法修改时将原刑法侵犯财产罪中的贪污罪、渎职罪中的受贿、行贿罪重新归类，包括其他相关罪名，一并规定为现行《刑法》第八章的贪污贿赂罪，共 15 条、12 个罪名。1997 年修订后的刑法对贪污贿赂罪的刑罚在秉持 1979 年刑法及其相关补充规定合理内核的基础上作了重大调整。其体现出来的特征主要有：（1）在刑种上继续排除了管制，贪污贿赂罪的刑罚虽然跨度大，涉及死刑和免予刑事处罚、主刑和附加刑等。但全部罪名的刑罚配置都排除了限制自由刑——管制这种主刑，究其原因应当与保持法律的连续性和稳定性的修订刑法的指导思想有关，同时也与管制刑自身的弊端和在司法适用中的混乱而受到不少诟病有关。（2）在量刑起点上作了提高，根据情况的变化。将原贪污贿赂罪法定最低刑的数额 2000 元以下修改为 5000 元以下。法定最高刑的数额 5 万元以上修改为 10 万元以上。（3）在刑罚配置标准上，明显带有以自然人和单位为区分标准的痕迹。其中自然人的刑罚整体上重于单位的刑罚。贪污罪、受贿罪、挪用公款罪的刑罚大体相当，远重于该章其他罪名的刑罚。（4）财产刑在刑种适用范围和适用方式上有较大调整。在刑种上增加了罚金，在适用范围上没收财产突破了贪污罪的界限，扩大至贪污贿赂罪中的其他一些罪名如行贿罪等。在适用方式上，财产刑已不再局限于"并处"一种。（5）在刑罚配置上有两极化的隐患。贪污罪、受贿罪的法定最高刑为死刑，挪用公款罪、行贿罪的法定最高刑为无期徒刑，而其他罪名的法定最高刑不超过 7 年有期徒刑。其中单位行贿罪、单位受贿罪中自然人的法定最高刑为 5 年有期徒刑，对单位行贿罪、介绍贿赂罪的法定最高刑为 3 年有期徒刑。隐瞒境外存款罪的法定最高刑为 2 年有期徒刑。[①]

　　1997 年新刑法和 1979 年刑法规定的差别主要在于，新刑法规定贿赂犯罪情节严重者也处以死刑。该刑法根据当时的经济发展情况适当将贪污贿赂罪的死刑金额标准提高，从原来的 5 万元和 1 万元统一提高到 10 万元。可以看出这一阶段立法者对于刑罚的期望值比较高，实行态度也较为坚决，希望通过强有力的刑罚来达到遏制贪污腐败的效果。

　　1997 年大幅度修改后颁行的我国《刑法》，迄今就有 8 个修正案，《刑法》修改的力度不小，2014 年 10 月，全国人大常委会又对《刑法修正案（九）（草案）》进行了审议。

## 二、 贪污贿赂罪成因

　　贪污贿赂犯罪的主要原因，一方面由于贪污贿赂者具有的好利思想，在利益的诱惑下，发生违法犯罪的行为。随着社会经济的不断发展，人们物质追求的欲望越来越强烈，人的价值观念在利益面前很容易发生扭曲，拜金主义和利己主义不断滋长，这成为贪污贿赂分子犯罪主观方面的根本原因。

　　另一方面，权力的过分集中也是滋生贪污贿赂问题的一大诱因。权力集中主要表现在政府不放权，审批权限过多，为贪污贿赂者创造了条件。这些审批权限主要集中在经济调节方面，审批制度阻碍了市场经济的快速自由发展，又成为了贪污贿赂者以权谋私的重要手段之一。

　　第三方面，没有形成良好的监督体系，没有完备的贪污贿赂方面的立法以及执法不严都是贪污贿赂现象泛滥的一个重要原因。贝卡里亚曾指出："对犯罪最强有力的约束力量不是刑罚的严酷性，而是刑罚的必定性。"[②] 民主与监督是保障一个国家驶入现代化轨道的基本途径。权力不能没有制约，失去制约的权力必然产生腐败。我国现阶段对权力的制约规范体系、监督机制却还没有跟上，结果造成权力运行中自上而下的约束管制减弱，权力的横向制约与自下而上的民主监督又不到位，从而为腐败的滋生留下了大量的空隙和漏洞。曾经的落马官员胡长青说过，官做到局级以上就不受监督了，若早能有人敢对他实行监督，早发现问题及时给予纠正，也不至于沦为罪犯，走向断头台了。

---

① 张晶、梁云宝：《论我国贪污贿赂罪的刑罚配置》，载《汉江论坛》2012 年第 8 期。

② ［意］贝卡里亚著：《论犯罪与刑罚》，黄风译，中国大百科全书出版社 1993 年版，第 57 页。

上卷·三

### 三、 我国当前的立法与刑罚实践中存在的问题与建议

我国现行刑法对贪污贿赂罪的规定在罪名体系以及刑法协调等方面都有诸多需要商榷改进之处。对罪名问题的建议暂且不谈，以下仅就刑罚协调上存在的主要问题进行分析与建议。

**（一）关于犯罪数额的规定问题，笔者认为规定具体数额不妥**

现行刑法中规定了具体犯罪数额，这不符合我国社会的发展状况，既不科学也不合乎法律稳定性的法理要求。我国幅员辽阔，各地的经济发展极不平衡，规定统一的犯罪数额标准，不符合我国的实际情况。甚至损害了法律的稳定、公正、严肃和统一。贪污贿赂犯罪的情节轻重、社会危害性大小和经济发展水平有着直接的关系，一方面，随着我国经济的发展，现在的标准肯定将不适应形势的发展要求。另一方面，由于我国各地的经济发展水平差异巨大，对不同经济发展水平的地区的相同数额处以相同的刑罚显然也是不公平的，但如果处以不同的刑罚又违背了刑法的规定。在司法实践中，具体犯罪数额的规定也失去了它的意义。在全国不同的地方，同样的犯罪数额在实际刑罚上存在巨大的差异。由此可见对犯罪数额进行统一、具体的规定实属不妥。

《刑法修正案（九）（草案）》中"贪污数额较大或者有其他较重情节的"、"贪污数额巨大或者有其他严重情节的"、"贪污数额特别巨大或者有其他特别严重情节的"的表述相对更为合理。但对于"较大"、"巨大"、"特别巨大"应作出有弹性的指导性规定。

**（二）关于资格刑的适用问题，笔者认为应该增设资格刑**

我国刑法中有类似资格刑的规定，如剥夺政治权利，但并没有单独设置资格刑。而贪污贿赂罪的刑罚规定中并没有资格刑（被判处死刑和无期徒刑的被剥夺包括上述权利的政治权利除外）。国家的廉政建设制度是以恪尽职守、廉洁奉公、吏治清明、反对腐败为其主要内容的，贪污、贿赂是侵害国家廉政制度情节严重的行为，不仅严重侵犯了公共财产的所有权，而且严重地侵蚀了党和国家的健康机体，损害了党和政府在人民心目中的形象，妨害了国家的廉政建设制度。因此，有过贪污贿赂行为的人，不应该再允许其担任国家机关工作人员。然而在现实中，仍有一部分有过贪污贿赂行为并且受到刑法追究的人继续担任国家工作人员，这会增加贪污贿赂者的侥幸心理，损害党和政府在人们心中的形象。因此，有必要以法律规定的形式，对贪污贿赂罪设置资格刑，明确规定有贪污贿赂前科的人不得担任国家机关工作人员。

**（三）关于财产刑适用范围问题，笔者认为应扩大财产刑在贪污贿赂罪中的适用范围**

我国现行刑法规定贪污贿赂罪只有在犯罪数额 5 万元以上，处 5 年以上有期徒刑时，才可以并处没收财产，在判处无期徒刑或死刑时，才必须没收财产。这样规定既不公平，也不利于打击犯罪。在司法实践中，许多贪污贿赂犯罪分子虽然受到刑法的惩罚，但经济上并没有受到什么损失，这在社会上造成了非常坏的影响，并不符合刑罚设置的初衷。财产刑的规定是立法者对侵犯财产罪以及贪利为动机的犯罪的"报复"，或者作为一种轻微的制裁。[①] 财产刑是一种对犯罪分子实施较严厉的经济性惩戒的刑罚方法，对贪污贿赂犯罪分子之贪利性动机的打击尤为效果明显，因为其不仅可以对该类犯罪分子获取不法经济利益进行罪后的惩罚，更可以通过对其经济利益的损害，使其丧失实施犯罪的经济基础，这也从一定程度上剥夺了犯罪分子的再犯能力，所以说财产刑兼顾了报应和预防的双重刑罚目的[②]，应当将之纳入贪污贿赂犯罪的刑罚体系中。

**（四）关于死刑问题，笔者认为必须保留**

随着《刑法修正案（八）》的出台，死刑存废备受司法界及社会各阶层的关注，尤其是中国 68 个死刑罪名中占死刑 19.1% 的 13 个非暴力经济犯罪罪名被废止。然而这 13 个非暴力经济犯罪中并不包括同为经济类非暴力犯罪的贪污受贿罪。贪污贿赂罪死刑的存废之争近年来一直持续。笔者支持保留贪污贿赂罪的死刑。在当前还没有确实有效地遏制贪污贿赂犯罪的情况下，如果废除贪污贿赂罪的死刑，势必会走到人民群众情感的反面，受到人民的强烈抵制。废除死刑，达不到对犯罪分子的有效威慑，甚至可以说是对贪污贿赂犯罪分子的一种纵容。虽然有人称用无期徒刑来代替死刑有各种合理性，但和适用死刑相比，其有两个严重的缺陷：其一，死刑变无期徒刑，给国家监狱系统带来了更多的经济支出，这种高成本的付出找不到充足的理由支撑。其二，实践中的无期徒刑往往转为有期徒刑，最后减刑出狱，本该接受死刑的犯罪分子由于无期徒刑最后出狱，无异于一种使得犯罪分子逍遥法外的纵容，难以构成对贪污贿赂犯罪的有效震慑，更难以平民愤，其社会影响不可谓不恶劣。因此，面对贪污贿赂罪的严峻形势，面对人民群众强烈的反腐愿望以及党和政府清正廉洁的奋斗目标，笔者支持保留贪污贿赂罪的死刑，甚至可以对某些法定最高刑不是死刑的罪名增设死刑，当然，适用死刑的时候要慎重。

---

① 赵秉志主编：《外国刑法原理》，中国人民大学出版社 2000 年版，第 268 页。
② 田棻：《贪污贿赂犯罪之刑罚结构再思考——以宽严相济刑事政策为视角》，载《法制与社会》2008 年第 34 期。

（五）关于巨额财产来源不明罪，笔者认为应降低数额标准、增加处罚层次，并且将其最高刑调至死刑

"巨额财产来源不明罪"问世后，适用这一罪名的涉案金额不断增加，由最初的几万、几十万元到现在的动辄数百万上千万元，其量刑却一直较轻。虽然《刑法修正案（七）》将巨额财产来源不明罪的最高刑期由5年有期徒刑提高至10年有期徒刑，但其与贪污、贿赂罪的处罚仍旧相差巨大。贪污贿赂罪的起点刑是5000元，而巨额财产来源不明罪的起点刑为30万元，达到这个起点，大部分可能也就判个缓刑，而这30万元如果查实为贪污、贿赂所得，则至少要处以10年以上有期徒刑。因此，在证据不足的情况下，贪官们选择"打死也不说"，反而获刑更轻。巨额财产来源不明罪事实上已经成为腐败官员的"避风港"、"免死金牌"。

现行刑法规定巨额财产来源不明罪最高刑为有期徒刑10年，很容易引起犯罪分子避重就轻、拒不交待犯罪行为，另外容易使司法人员为了包庇个别有权有势的犯罪分子故意不再对其进行追查。[1] 因此十分有必要降低巨额财产来源不明罪的数额标准，加大刑罚力度，增设死刑，同时也应该同其他贪污贿赂罪一样增设财产刑。

---

① 李炜：《贪污贿赂犯罪死刑制度争议问题研究》，载《河北法学》2012年第6期。

# 试论贪污贿赂犯罪的刑罚立法与完善

尹安德<sup>*</sup>　曾　涛<sup>**</sup>

　　贪污贿赂犯罪是侵入党和国家肌体中的顽疾，它不仅严重侵害了公共利益，也败坏了党和政府的形象，也是困扰我国法治建设的一大障碍。党的十八大郑重提出：反对腐败、建设廉洁政治，是党一贯坚持的鲜明政治立场，是人民关注的重大政治问题。这个问题解决不好，就会对党造成致命伤害，甚至亡党亡国。① 贪污贿赂犯罪刑法治理，维系社会和谐、民主发展与政治安全；贪污贿赂犯罪立法运行效益，关涉犯罪治理的效果，也关涉国家腐败犯罪治理策略的调整与选择。20 世纪 80 年代以来，中国逐步构建起相对完备的腐败犯罪罪刑规范体系。然而，从总体的司法运行情况来看，虽犯罪频度（立案总数）有所下降，但犯罪烈度（大案率与要案数）攀升之势明显，立法效益与规制能力，均难以达到腐败治理的基本要求。长期以来，中国刑法界对贪污贿赂犯罪的理论研究主要围绕基本类型、构成要件设计与罪刑关系配置展开，较少关注如何从犯罪趋势与立法的互动关系中准确评价立法效益问题，造成理论研究与实践的脱离。本文通过对犯罪刑法立法与犯罪整体趋势关系的考察，客观分析影响立法效益的原因，提出犯罪治理策略及相关立法的调整建议，以期提高贪污贿赂犯罪刑法立法效益。

## 一、 十八大以来对贪污贿赂惩处概述

　　从党的十八大以来，各级检察机关按照中央关于反腐倡廉建设的新要求，坚持"老虎"、"苍蝇"一起打，做到有腐必反、有贪必肃，惩治和预防两手抓，反贪污贿赂工作取得新成效。在修改后刑诉法实施、办案要求提高、办案难度加大的情况下，2013 年 1 月至 8 月，全国检察机关共立案侦查贪污贿赂犯罪案件 22617 件 30938 人，同比分别上升 3.6% 和 3.8%。针对新形势下腐败犯罪呈现出的新特点，检察机关把提高执法办案能力作为着力点，紧紧依靠人民群众查办贪污贿赂案件。② 来自最高人民检察院反贪污贿赂总局的

---

　　\* 云南省人民检察院反贪污贿赂局侦查二处副处长、四级高级检察官。

　　\*\* 中共云南省委编制办公室干部。

　　① 王希鹏：《党的十八大以来习近平党风廉政建设和反腐败斗争新思想》，载《中国党政干部论坛》2014 年第 6 期。

　　② 王治国：《"老虎""苍蝇"一起打　惩治预防两手抓》，载《检察日报》2013 年 10 月 17 日。

统计数据显示：在检察机关 2013 年前 8 个月立案侦查的贪贿案件中，来源于群众举报的有 7080 件。2013 年 6 月 24 日至 28 日，最高人民检察院以"完善举报制度，加强举报人保护"为主题，部署在全国检察机关统一开展了第 15 个"举报宣传周"活动，进一步激发了人民群众参与反腐败斗争、举报贪污贿赂等职务犯罪的热情。

检察机关高度重视查办大要案，坚决打"老虎"。2013 年 1 月至 8 月，共立案侦查贪污贿赂犯罪大案 18283 件，占立案总数的 80.8%，同比数量上升 5.7%。立案侦查贪污贿赂要案 1761 人（含厅级以上 129 人），占立案总数的 5.7%。2013 年以来，国家发展和改革委员会原副主任刘铁男，广西壮族自治区政协原副主席李达球，内蒙古自治区党委原常委、统战部原部长王素毅，安徽省政府原副省长倪发科，因涉嫌受贿犯罪，先后被检察机关依法立案侦查。在突出查办大要案的同时，检察机关把查办发生在群众身边、群众反映强烈的贪污贿赂案件，作为反贪工作的重中之重，坚决拍"苍蝇"。2013 年，高检院部署开展了查办和预防发生在群众身边、损害群众利益职务犯罪专项工作。反贪部门重点查办征地拆迁、保障性住房建设与分配、学校幼儿园招生、公务员招录、医疗卫生、住房公积金和社保基金管理、生态环境保护、食品药品安全监管、安全生产监管、惠农资金管理等领域案件，有效保障了民生民利。据统计，2013 年前 8 个月，共查办发生在群众身边、损害群众利益贪污贿赂案件 13163 件 18616 人，涉案总金额 31.1 亿元。①

检察机关注重反贪办案力度、质量、效率、效果的有机统一。2013 年前 8 个月，决定起诉贪污贿赂犯罪案件 11494 件 16064 人，其中大案 8110 件、要案 872 人。原铁道部部长刘志军经北京市检察院第二分院依法提起公诉，被法院以受贿罪、滥用职权罪一审判处死刑，缓期二年执行。济南市检察院对薄熙来受贿、贪污、滥用职权案依法提起公诉，薄熙来一审被判处无期徒刑。②

## 二、贪污贿赂犯罪的刑事政策

我国刑法以统一刑罚尺度、严格罪刑标准、限制法官自由裁量权为立法目的，将犯罪数额作为对贪污贿赂犯罪进行刑法评价、配置具体刑罚的核心基准，犯罪数额是确定犯罪的起刑点和刑罚升格点的依据。《刑法》第 383 条规定贪污贿赂犯罪的法定刑，将起刑点确定为 5000 元（5000 元以下为"情节较重"方作犯罪处理）。刑罚梯度明确的罪刑规范，对犯罪规制能力的影响具有两面性。其积极意义在于，罪刑基本对价关系明确，易于司法适用

---

① 王治国：《"老虎""苍蝇"一起打　惩治预防两手抓》，载《检察日报》2013 年 10 月 17 日。
② 赵秉志：《中国反腐败刑事法治的若干重大现实问题研究》，载《法学评论》2014 年第 3 期。

与操作，也易于为犯罪人知悉，能够对犯罪产生规制作用；贪污贿赂犯罪是我国《刑法》中仅有的数个直接将犯罪金额作为量刑情节写入法条的罪种，此举对于惩治腐败、统一执法具有积极意义。而其消极影响则在于：（1）由经济发展的不均衡性而导致的司法评价标准殊异，不利于罪刑规范发挥应有作用。刑法惩治犯罪要考虑行为的危害性，而相同的犯罪数额，在经济发展程度不同的地区，其危害程度相去甚远，为协调经济发展不均衡与犯罪危害程度认定标准的矛盾，不同地区的司法适用标准随之被推出，① 但是，由于贪污贿赂犯罪罪刑规范并未为具体司法标准的拟定提供可供选择的区间范围，过于刚性的规定难以适应变化的社会生活与地区差异，司法机关为适应社会变化，在法外自定标准，既严重损害了刑法尊严，也使其不得不面对合法性的指控，减损了罪刑规范的犯罪规制能力。（2）经济快速发展与罪刑规范过于稳定的冲突，导致刑法立法虚置、执法底线严重退缩。经济快速发展是转型时期中国经济发展的最重要的特征，经济的快速发展在贪污贿赂犯罪中的表现，就是犯罪涉案金额的"纪录"屡被刷新。司法实践对许多涉案金额数百万元乃至逾千万元，且犯罪情节特别严重的贪污贿赂案件，基于刑事政策的考虑而不对犯罪人一律判处死刑，由此也引发了贪污贿赂犯罪罪刑规范在司法适用中的严重"降格适用"的风潮，甚至出现"抓大放小"现象，② "降格适用"导致刑法所规定的执法底线退缩，其结果是造成公职人员的错误认识，认为司法机关对于受贿犯罪总会网开一面，刑法的预防功能丧失。从十八大后，国家对贪腐官员采用了"零容忍"的刑事政策，从目前的态势来看，收到良好的效果。笔者认为，应该坚持当前的反腐态势，摒弃"抓大放小"的反腐败思维模式，积极贯彻落实"苍蝇老虎一起打"的政策精神。在定罪上，只要严格按照刑法的规定认定腐败犯罪，而不是自定标准、法外施恩，坚持"苍蝇老虎一起打"的政策，"零容忍"的刑事政策。从而让那些有贪婪之心的官员不敢腐、不愿腐、不想腐。③

## 三、 贪污贿赂犯罪的刑罚立法与完善

现行刑法对贪污罪的法定刑按贪污数额和犯罪情节规定了四个档次，可适用的刑种主刑有拘役、有期徒刑、无期徒刑、死刑，附加刑有没收财产。总的来说，现行刑法关于贪污罪的法定刑的规定注意到了定性与量刑的结合，量刑部分规定分项、细化，便于司法实践操作，但并没有规定罚金刑和资格

---

① 孟庆华、高秀东著：《贪污罪的定罪与量刑》，人民法院出版社 2001 年版，第 376 页。

② 赵秉志：《略论反腐败与我国刑事法治的完善》，载《人民法院报》2010 年 11 月 24 日第 6 版。

③ 于伟峰、张笑雅：《论"不敢腐""不能腐""不想腐"》，载《辽宁行政学院学报》2015 年第 3 期。

刑。但是随着社会经济的发展，这种刑种的设置愈显不足。① 在司法实践中，一些贪污犯罪分子在案发后，只退出少量贪污的财产或拒不退还贪污的财产，虽然可能被处以严厉的刑罚，但仍然在经济上占了便宜，使其家人或其在出狱后仍可以过上衣食无忧的生活。贪污成本的低廉，使贪污犯罪分子铤而走险。贪污罪的根源就是对财物的贪占。刑罚的作用不仅在于制止罪犯继续贪占财物，而且要使罪犯得不偿失，否则，在客观上给犯罪分子造成"有得有失"的错觉。虽然坐了牢，但是得到了巨款，"造福"于子孙后代，所以，必须重视财产刑。从国外的立法情况看，贪污罪等经济犯罪都没有规定死刑。许多国家和我国港、澳、台地区大都适用自由刑、罚金刑和资格刑，这样有助于剥夺职务犯罪人继续职务犯罪的资格和防止犯罪人在经济上占便宜，是惩治贪污罪的必要和理想刑罚。笔者认为，我国目前的刑罚结构需要从以下几个方面去完善：

### （一）应增设罚金刑

我国没收财产是人民法院依法判处将犯罪分子所有财产的一部分或全部，强制无偿地收归国家所有的刑罚方法。在司法实践中，其缺陷性显而易见，首先，从贪污犯罪的具体案件看，贪污犯罪分子绝大多数是多次实施犯罪而经过查证认定的只是其中一部分。鉴于我国目前家庭财产所有权状况不明晰，犯罪分子贪污的财物，尤其是赃款并不以个人名义掌握，在没收财产时会产生许多麻烦，对于大多数贪污犯罪分子难以适用没收财产。在可以适用的案件中，犯罪分子个人财产的划分又存在很大问题，使得没收财产刑难以执行，对犯罪分子的经济利益触动不强烈。许多贪污犯罪分子在经济上并没有受到应有的惩罚，无疑使刑罚的效力大打折扣。相反，罚金刑则可以避免没收财产刑执行中的缺陷。按照一般的规则，犯罪人贪占的财产越多，所处罚金数量越高。这种对应关系所产生的结果是，对犯罪人来讲，所贪财产越多，被剥夺的财产越多。这种现实的巨大反差造成的心理痛苦会极大地抑制其再犯。对受到犯罪诱惑的人来讲，这种追求与结果的背离，会使他在权衡利弊之后放弃犯罪的欲望，有利于贪污罪的预防。其次，《刑法》第 53 条第 1 款规定："……对于不能全部缴纳罚金的，人民法院在任何时候发现被执行人有可以执行的财产，应当随时追缴。"罚金刑的这种永久追缴性也是没收财产刑所不具有的。所以，从刑罚与犯罪的对应关系来看，罚金刑更适用于处罚涉及财产的犯罪。增设罚金刑也是世界性刑罚改革运动的要求。第二次世界大战以来，随着自由刑向罚金刑的转换，罚金刑在刑罚体系中占有非常明显的优势。目前，罚金刑在一些西方国家中已被广泛适用。如联邦德国的罚金刑在其全部刑罚中所占的比例：1915 年为 51.8%、1955 年为 70%、1983 年

---

① 王庆国：《论贪污罪的认定及刑罚完善》，吉林大学 2006 年硕士学位论文。

为 81%。法国在轻刑裁判所适用的刑罚中罚金刑所占的比例：1947 年为 39.6%、1955 年是 56.3%。瑞典从 1953 年起达到了 90% 以上。在日本，1980 年至 1985 年，罚金刑超过了 95%。可见，在贪污罪的法定刑中增设罚金刑，与当前罚金刑被广泛适用的世界性趋势是相一致的。①

（二）应增设资格刑

资格刑是剥夺犯罪分子担任公职或作为公职候选人的资格。我国刑法附加刑中，没有剥夺资格刑的规定，我国刑法现有资格刑主要是剥夺政治权利。根据《刑法》第 54 条规定，剥夺政治权利刑的内容是：（1）选举权和被选举权；（2）言论、出版、集会、结社、游行、示威自由的权利；（3）担任国家机关职务的权利；（4）担任国有公司、企业、事业单位和人民团体领导职务的权利。根据刑法有关规定对犯贪污罪的，除了被判处死刑、无期徒刑的罪犯必须附加剥夺政治权利的以外，其他被判处有期徒刑和拘役的，只要不属于"严重破坏社会秩序的犯罪分子"，都不能剥夺政治权利。这就是说，对于贪污犯罪而言，除判处死刑、无期徒刑的以外，没有规定附加适用剥夺政治权利，即犯罪分子仍然拥有从事公职的权利，这对于预防贪污犯罪是不合理的。贪污犯罪既是经济犯罪，又是职务犯罪，犯罪人所得的非法财物，都是通过其职务活动，利用职务上的便利，采用侵吞、盗窃、骗取等非法手段取得的。因此，应当对其担任一定职务的权利予以剥夺。但是如果从立法上明确规定剥夺担任一定职务的权利刑，则可使这种事实上的否定法律化、定刑化。② 笔者认为，增设资格刑具有如下几方面的重要意义：其一，从立法上通过公然宣告适用资格刑刑罚，对其犯罪行为进一步否定评价和严厉谴责，使贪污分子体会到因贪污行为丧失某种权益的痛苦和丧失名誉、地位的耻辱，达到警戒其他潜在的贪污犯罪行为人珍惜自己的名誉和地位，放弃犯罪意念，从而达到犯罪预防的作用。其二，享有一定的任职资格是贪污犯罪实施人犯罪的前提条件。刑罚作为一种社会防卫手段，通过剥夺行为人用以犯罪的职权，就可以使其丧失再次犯罪的能力和条件，以实现刑罚的特殊预防目的。其三，从立法上明确适用资格刑刑罚，与我国公司法、公务员法等法律中的任职资格限定相衔接，使我国公司法、公务员法等法律中的任职资格限定有充分的法律依据。如新加坡防贪法规定，对有贪污受贿等行为的公务人员一律除名，永远不得录用为公务员。我国台湾地区"贪污治罪条例"规定，犯本"条例"之罪，宣告有期徒刑以上之刑者，并宣告褫夺公权。③

---

① 张明楷著：《外国刑法纲要》，清华大学出版社 1999 年版，第 391~392 页。

② 赵秉志：《关于加强反腐败体制创新的思考和建言》，《法制日报》2014 年 12 月 31 日第 11 版。

③ 魏昌东：《中国刑法惩治贪污贿赂犯罪罪刑规范立法运行效果考察》，载《刑法论丛》2009 年第 4 期。

笔者建议，适时修改刑法的时候，增加一款，凡犯贪污罪，从判决生效之日起，终身丧失担任国家公职的权利。

### （三）应适当延长自由刑

我国刑罚体系中除了死刑立即执行以外的刑罚过于轻缓，不足以保持对于犯罪的威慑力。我国刑法规定有期徒刑的上限为15年，数罪并罚不超过20年。有学者研究分析，在我国司法实践中，被判处死缓的，一般服刑18年左右可以重获自由。被判处无期徒刑的，一般服刑15年左右可以重获自由。被判处有期徒刑15年的，一般服刑12年左右可以重获自由。以犯罪时犯罪分子的年龄平均为30岁计算，一个人即使被判处死缓，在50岁以前即可出狱。判处死刑立即执行，而死缓与无期徒刑实际上平均只被关押15年左右，确有过轻之嫌。相比之下，外国刑法中的自由刑比我国要重得多。至于有期徒刑的上限，既有15年的（日本、德国等），也有24年的（意大利），更有30年的（法国），如此等等。[①] 在英美国家，当一个人犯有数罪时，因为在数罪并罚上经常采用并科原则，有时刑期长达数十年，甚至数百年，实际上相当于无期徒刑。相比较之下，我国有期徒刑上限为15年，数罪并罚不超过20年，是较为轻缓的。虽然我国刑法规定，个人贪污10万元以上，情节特别严重的处死刑，并处没收财产。在司法实践中，一般贪污10万元以上不满50万元的处10年至12年有期徒刑，而贪污50万元以上不满100万元处12年至15年的有期徒刑。刑期之间档次太小，不利于预防犯罪。笔者建议，将我国刑法规定的有期徒刑上限提高至20年，数罪并罚不超过30年。

### （四）应逐步适时废除死刑

我国《刑法》第383条规定了对于贪污罪可以适用死刑，《刑法》第383条规定个人贪污10万元以上，情节特别严重的处死刑，并处没收财产。对贪污罪处死刑的意义主要在于刑罚的威慑作用，是从立法上体现的整个社会对这种犯罪的否定评价。对此，有学者认为，剥夺贪污犯罪分子的生命的刑罚方法是失衡和浪费的。理由是死刑是以剥夺生命为内容的最严厉的刑罚，只应分配于所侵犯的权益的价值不低于生命价值的犯罪，这才能体现罪刑价值的对等性，死刑的分配才具有等价公正性。笔者认为，这种观点是较科学的。首先，从世界范围来看，减少、限制、废除死刑已成为不可逆转的潮流，特别是对于经济犯罪和财产犯罪。尤其是经济犯罪，其犯罪原因是多方面的，受到经济、政治、法律等各种因素的影响，单靠死刑是无法遏制的。这几年，对一些犯贪污罪的高级官员执行死刑后，贪污大案、特大案件发案率仍呈螺旋上升，足以说明死刑并不能起到应有的遏制作用。其次，贪污犯罪与其他许多严重的犯罪相比，如故意杀人罪、抢劫罪、强奸罪等严重危害他人生命

---

① 王庆国：《论贪污罪的认定及刑罚完善》，吉林大学2006年硕士学位论文。

权、公共安全等，其社会危害性一般较低，对之适用死刑有过重之嫌。毕竟对于贪污罪适用死刑的主要依据还是贪污数额。再次，中国外逃的贪官多是巨贪，他们携带大量赃款逃到国外，躲避法律的制裁，给国家造成巨大的经济损失。因此，引渡已成为我国打击外逃贪官的重要手段。《联合国反腐败公约》第44条第8款规定："引渡应当符合被请求缔约国本国法律或者适用的引渡条约所规定的条件，其中包括关于引渡的最低限度刑罚要求和被请求缔约国可以据以拒绝引渡的理由等条件。"引渡必须符合一定的条件。这些条件是由被请求国的法律和参加缔结的有关引渡条约所规定的。许多国家都规定了双重归罪原则或双重可罚原则和刑期标准作为可引渡之罪的条件。同时也规定了拒绝引渡的条件，比如，政治犯不引渡、本国国民不引渡、死刑犯不引渡等。[①] 我国刑法规定了贪污罪可处死刑的规定，致使引渡贪官回国受审困难重重，甚至有时被迫作出不判处被引渡人死刑的承诺。贪污罪可处死刑的规定已成为我国打击外逃贪官的法律障碍。

基于上述分析，笔者认为：考虑到我国具体的政治经济现状和文化传统以及事物发展的规律性，我国现阶段还不具备废除死刑的基础，我国死刑制度的现实选择只能是限制死刑。[②] 根据我国打击犯罪的需要和刑罚传统，贪污受贿罪仍应保留死刑。虽然保留死刑，但根据我国"少杀、慎杀"的死刑政策，贪污受贿罪适用死刑应当十分严格，只有对情节十分恶劣，罪行十分严重的犯罪分子才能适用死刑。在我国贪污罪领域逐渐废止死刑的适用是刑法"轻缓化、人道化"发展的一种必然趋势，也体现出"刑法谦抑性"的价值取向。

## 四、结语

重视罪刑关系配置原理，协调社会发展与刑罚供求矛盾，刑罚规范的设计，涉及罪量标准、刑量标准以及罪刑对应关系准据设定等问题，我国刑法所规定的贪污贿赂犯罪刑罚规范罪刑对应关系，是以犯罪数额与犯罪情节为核心建构起来的，这一建构模式有其合理性成分，但也存在一些具体问题，应予立法完善：（1）修正现行刑法对贪污罪与受贿罪所采用的罚则共用模式。较之贪污罪，受贿罪的法益具有抽象性与绝对不可回复性，从而将犯罪数额作为贪污罪与受贿罪的刑罚配置基点，既混淆了二罪的评价内容，也无法与刑法的规制目的相契合，更是造成司法实践中对受贿罪大量采用"退赃从轻"处罚的原因，应调整罚则共用模式及其所倡导的处罚理念，提高犯罪

---

① 赵秉志：《略论反腐败与我国刑事法治的完善》，载《人民法院报》2010年11月24日第6版。

② 章晓瑜：《中国死刑制度的现实选择》，载《桃李集——王牧教授七十华诞庆贺文集》中国检察出版社2010年版，第208页。

规制能力的效度。（2）调整"以赃计罪"与过于绝对的配刑数额标准，删除具体罪量标准中定量因素的规定，在考虑明确性原则要求的同时，兼顾社会发展与刑罚强度之间的对应关系。（3）贪污贿赂犯罪属贪利型犯罪，对其进行防治的重点不是强化刑罚的厉度，而是在严密刑事法网的同时，提高犯罪的经济成本和社会成本，降低行为人对犯罪利益的期待，以削减犯罪动因，应在立法中为此类犯罪配置并罚制的罚金刑，并根据《联合国反腐败公约》的要求，增设特别资格刑，以提高刑罚规制的效果。

# 试论我国贪污贿赂犯罪刑罚
# 体系的调整
## ——以《联合国反腐败公约》为参照

杨 俊[*]

2005 年 10 月 27 日，第 10 届全国人大常委会第 18 次会议批准加入了《联合国反腐败公约》（以下简称《公约》），[①] 2006 年 2 月 14 日，该《公约》正式在我国生效，这无疑对我国的刑事法治发展进程产生了重要的影响。《公约》是当前国际社会专门预防和打击腐败的法律成果，反贪污贿赂犯罪亦是其重要的内容之一，为此，《公约》第三章详尽规定了 9 种贪污贿赂犯罪行为，我国现行刑法虽然也涵盖了这些犯罪行为，但是与《公约》的要求相比，存在诸多差别之处，笔者以为，其中最为突出的是我国现行刑法中对贪污贿赂犯罪的刑罚设置不尽科学合理，这与《公约》旨在世界范围内有效打击腐败的整体精神不相吻合，也影响到我国国内预防和打击腐败的实际效果。所以说，我国的反贪污贿赂犯罪刑事立法应当尽快加以完善，使其与《公约》的有关内容相接轨，特别是要对照《公约》的内容，就目前我国惩治贪污贿赂犯罪的刑罚规定予以深刻反思，并建构起科学合理的贪污贿赂犯罪罪刑规范。

## 一

我国对贪污贿赂犯罪的刑罚适用上是比较严厉的，主要表现在我国刑法分则所规定的 12 种贪污贿赂犯罪中，法定最高刑为死刑的罪名包括了两种，即贪污罪和受贿罪，这恐怕在世界各国的刑法中是比较鲜见的。我国在对贪污贿赂犯罪刑罚适用上作出如此严厉的规定可能是基于如下考虑：在相当长的一个时期内，贪污贿赂犯罪将持续存在，并呈增加趋势，同时由于这类犯

---

　＊ 苏州大学王健法学院讲师，法学博士，博士后。

　① 《公约》是第 1 项全球性反腐败法律文件，除序言外，分为总则、预防措施、定罪与执法、国际合作、资产的追回、技术援助和信息交流、实施机制、最后条款，共 8 章 71 条。2003 年 10 月 31 日联合国大会通过《公约》。《公约》将在第 30 个缔约国批准后的其批准书、接受书、核准书或者加入书交存联合国之日后第 90 天起生效。2005 年 9 月 15 日厄瓜多尔政府向联合国交存了《公约》批准书，使《公约》满足生效所需的 30 个批准国要件。《公约》已于 2005 年 12 月 14 日正式生效。

罪往往是由依法享有国家法律赋予的公共权力的国家工作人员利用职权加以实施的，不仅妨碍国家机关的正常管理活动，而且腐蚀党和国家的政治肌体，严重威胁国家政权和破坏社会秩序，所以贪污贿赂犯罪显然较之一般的刑事犯罪具有更大的社会危害性。因此，对这类犯罪适用包括死刑在内的重刑予以严惩是十分必要的，否则难以取得相应的法律震慑效果，也无法从根本上有效遏制贪污贿赂犯罪的增长势头。[①] 应当说，这样的立法初衷似乎无可厚非，因为其毕竟正视了贪污贿赂犯罪的严重社会危害性，并且尽可能是从照顾到罪刑相适应的角度来加以考虑的。然而，死刑在我国的实际适用中，是否真正能够达到有效威慑腐败，遏制贪污贿赂犯罪的理想效果呢？实践表明，这是存在疑问的。就我国现行刑法规定而言，对于贪污罪和受贿罪适用死刑的条件是"个人贪污（受贿）数额在 10 万元以上并且情节特别严重"。这里，对于贪污罪和受贿罪的死刑适用似乎有了一个清晰明了的数额标准，即以 10 万元作为起刑之底线，姑且不论以 10 万元作为数额标准是否合理，对于其所谓的"情节特别严重"，在刑法中就没有明确规定，也没有相关的司法解释，如何认定便存在困惑。有学者所理解的"情节特别严重"，是指从总体上讲，贪污（受贿）行为对国家和人民利益造成的危害达到了最为严重、无以复加的程度并且情节特别恶劣。当然，对本罪死刑适用条件的认定主要是从贪污（受贿）的手段、性质、数额、危害结果以及它所引起的社会政治和国际影响等后果来说的，对其进行综合判断后认为，其行为已经达到刑法总则所规定的适用死刑的实质性要件"罪行极其严重"时，即可动用死刑这一极刑。[②] 此观点虽然试图说明对贪污贿赂犯罪适用死刑的法律标准，但该标准毕竟过于抽象和空泛，不易清晰把握和实际操作，况且又没有得到明确、统一的法律规定具体认可，这样便使得司法机关在对贪污贿赂犯罪分子适用刑罚时，往往因缺乏相应的可供根据和参照之法定量刑标准而可随心所欲地加以自由裁量。司法机关对犯罪分子适用刑罚的弹性空间过大，自由裁量权过度而无从限制绝对不是令人乐观的，因为在司法机关内部不同的法官由于自身的专业水平、社会经验、道德操守等有所不同，对于犯罪情节的理解也不一样，难免造成对大致相同的贪污贿赂犯罪行为进行不同的处罚，或者完全不考虑具体犯罪情节的差别，在重刑主义思维定式的影响下对贪污贿赂犯罪分子一概裁处极刑，这也许就是导致我国近年来在贪污贿赂犯罪上适用死刑呈大幅度上涨的重要原因之一。此种状况实际上是严重有悖于罪刑法定原则的，因为当今刑法学界普遍认为，将明确性作为罪刑法定的实质性内容，而刑法明确性的基本精神应当反映到法定刑的配置过程中，法定刑配

---

① 赵建平著：《贪污贿赂犯罪界限与定罪量刑研究》，中国方正出版社 2000 年版，第 34 页。
② 钊作俊著：《死刑适用论》，人民法院出版社 2003 年版，第 487 页。

置明确性的总体要求是分则各罪的法定刑种类、分量要明确。所以"情节特别严重"这样比较模糊的情节使用造成了贪污贿赂犯罪法定刑的过于不确定，尤其导致死刑适用过多过滥，这样的立法规定看似符合罪刑相适应原则，然而究其实质，却是极不相容的，更是不符合罪刑法定原则。① 试问在如此有悖于刑法基本原则之立法规定指引下的刑罚适用又如何能够起到有效规制贪污贿赂犯罪的良好效果呢？

二

立法规定不明确还仅是贪污贿赂犯罪死刑适用存有缺陷的一方面原因，或者说是表层次的原因。事实上，近年来我国刑法学界主流的观点都对贪污贿赂犯罪是否有必要适用死刑这一极其严厉的刑罚提出质疑，甚至主张对该类犯罪应当完全废除死刑。理由在于：死刑并非预防犯罪的最佳手段，至少对于包括贪污贿赂犯罪在内的许多职务性、经济性的犯罪而言，由于是属于非暴力犯罪的范畴，诱发这些犯罪的原因是多方面的、深层次的，因而，简单地对其配置死刑，并不能有效地遏制这些犯罪的发生，在这些罪名中设置死刑，其必要性也就大可质疑。况且，随着人权观念的日益弘扬，死刑之存废也愈益成为与社会文明程度、法治发展状况乃至人权发展水平等密切相关的主要问题。而死刑问题的合理解决，正是保障人权的需要。② 诚然，死刑的存在以及过度适用非但会对预防和遏制贪污贿赂犯罪有着适得其反的效果，而且由于死刑是以剥夺犯罪人的生命为内容的最极端、最严厉的刑罚方法，而生命权是人权最基本、最核心的内容，所以势必会对人权的保障产生消极影响。坚持希望通过死刑来遏制贪污贿赂犯罪的观点是出于一种报应刑的理念，认为贪污贿赂犯罪属于危害性比较严重的犯罪行为，所以理应适用与其危害性相当的刑罚，然而这恰恰忽视了刑法的另一重要功能，即重视对犯罪的预防，有效的犯罪预防不仅要重视对已然之罪施加惩罚，更须重视对未然之罪的预防和控制，其中加强对犯罪人的改造、防止其再行犯罪是应有之义。虽然这似乎已经是老生常谈的话题，但还是有必要在此提及。试问一旦犯罪人之生命权被剥夺，又谈何改造，更谈何有效预防犯罪呢？我国刑法对贪污罪和受贿罪规定了死刑，这两种犯罪虽然严重危害了国家机关和国家工作人员的廉洁性和侵犯了公共财产，具有较大的社会危害性，但是毕竟其没有危害人的生命，也就是没有造成他人人身的侵害，而对这样的犯罪却在立法上施加生命刑，这显然是有失刑罚的公正和人道的。

《公约》第 30 条第 10 款开宗明义地指出："缔约国应当努力促进被判定

上卷·三

---

① 李希慧主编：《贪污贿赂罪研究》，知识产权出版社 2004 年版，第 80~81 页。

② 乐欣：《四位刑法学家视野中的死刑改革》，载《检察日报》2005 年 12 月 27 日。

实施了根据本公约确立的犯罪的人重新融入社会。"这足以表明《公约》所确立的对贪污贿赂犯罪的惩治理念并非强调通过重刑处罚达到罚当其罪的结果，也即并非希望通过使犯罪人受到报应性的惩戒来阻止犯罪的发生，而是基于有效改造犯罪人、消除其再犯能力的刑罚目的，从而实现预防犯罪的效果，这当然就包含了限制死刑、刑罚人道以及重视人权保障的内容。我国既然已经成为《公约》的缔约国，理所应当考虑国际规则和国际状况的整体精神，正视到限制、减少死刑乃至废除死刑已成为世界性的潮流与趋势，也是世界各国普遍的司法伦理和制度安排，而我国作为国际社会的重要一员，在死刑问题上必须考虑国际规则和国际社会的状况，在本国的刑法规范中规定相应的减少死刑的内容，其中限制、减少对贪污贿赂犯罪的死刑适用是重要的环节，使之与《公约》逐步接轨。或许受当前我国的经济、文化和社会整体发展之现实国情和司法现状的影响，全面废除对贪污贿赂犯罪死刑适用的条件尚不成熟，但这却是一个值得努力的方向，可望在今后的刑罚体系修改和相关制度设计方面，我国的立法部门能够具备逐步限制、减少乃至废除对贪污贿赂犯罪死刑适用的长远预想和规划。

## 三

其实，对于贪污贿赂犯罪的刑罚设置上，还可从贪污贿赂犯罪罪质特点上予以把握。因为贪污贿赂犯罪实质上属于一种贪利性的犯罪，同时也是一种职务性的犯罪，针对上述特征，应当尽可能考虑与之相匹配的刑罚设置，笔者比较赞同我国有学者所主张的观点，即在限制、减少死刑的同时，应当增加罚金刑和资格刑。[1] 从一定意义上而言，罚金刑和资格刑的确是针对贪污贿赂犯罪所具有的贪利性和职务性的特点而采取的措施，对该类犯罪人适用罚金刑和资格刑，可以有效地剥夺其再犯条件，不让其在经济上及政治上得到任何好处，达到最佳的刑罚效果。[2]

首先，罚金刑是一种对犯罪分子实施较严厉的经济性惩戒的刑罚方法，对贪污贿赂犯罪分子之贪利性动机的打击效果尤为明显，因为其不仅可以对该类犯罪分子获取不法经济利益进行犯罪后的惩罚，更可以通过对其经济利益的损害，使其丧失实施犯罪的经济基础，这也从一定程度上剥夺了犯罪分子的再犯能力。虽然《公约》没有明确规定对贪污贿赂犯罪分子采用罚金刑，但却有剥夺其财产（尤其是犯罪所得）之相关规定，如《公约》第31条第1款就指出："各缔约国均应当在本国法律制度的范围内尽最大可能采取必要的措施，以便能够没收：（一）来自根据本公约确立的犯罪的犯罪所得

---

① 卢建平：《从〈联合国反腐败公约〉看贿赂犯罪的立法发展》，载《人民检察》2005年第3期。

② 周其华主编：《中外反贪污贿赂法比较研究》，经济科学出版社1997年版，第51页。

或者价值与这种所得相当的财产；（二）用于或者拟用于根据本公约确立的犯罪的财产、设备或者其他工具。"由此可以看出，对贪污贿赂犯罪分子加强经济上的惩戒和打击，不失为极佳的刑罚方法，因为没收财产和罚金刑同属于财产刑的范畴，同时又都属于我国刑法中的附加刑，只是两者相比较而言，没收财产是一种较重的附加刑，适用的一般是重罪；而罚金刑是一种较轻的附加刑，适用的一般是轻罪。此外，没收财产必须没收犯罪分子个人现有的所有财产，罚金刑则不必受此限制，而是可以根据犯罪分子的具体情况或者支付能力采用分期缴纳、随时追缴以及予以减免等相应措施来加以适用，因此罚金刑具有更为灵活的特点。正是罚金刑所具有的这种灵活性特点，使得其比起单一的没收财产而言更具优越性，因为罚金刑充分考虑到了犯罪分子的具体情况或者支付能力，换而言之，是一种尽可能从犯罪分子的立场出发所设置的刑罚方法，所以当犯罪分子在有支付能力的情形下承受罚金刑的制裁后果时，比之其他刑罚方法，通常不会对罚金刑抱有抵制或排斥的态度，基于此，罚金刑也更易成为犯罪分子所乐于接受的刑罚方法，这样罚金刑在对犯罪分子的实际惩罚方面会取得良好的效果。况且司法实践也表明，罚金刑的适用在遏制贪污贿赂犯罪方面完全能够发挥与没收财产相同的作用，并不会因其适用方式的灵活性而导致惩治效果的减损。总之，笔者认为，无论是罚金刑还是没收财产，这两种主要的财产刑执行方式对于犯罪分子贪利性动机的打击都是如出一辙的，尤其是从遏制、预防贪污贿赂犯罪这类明显具备经济性和贪利性特征的犯罪来看，由罚金刑和没收财产来担当制裁措施是最恰当不过的，效果也是最为明显的。这也诚如刑法学界所普遍认为的，对通过犯罪手段非法获利者的金钱予以剥夺，无论从抑制贪欲、预防犯罪的角度还是让犯罪人欲得反亏，强调惩罚的角度看都大有必要。[①] 目前，我国刑法规定了对严重腐败犯罪可以适用没收财产，那么比之没收财产更具优越性的罚金刑又为何不用呢？另外，从《公约》的规定看，虽然只规定了没收财产，但是罚金刑与没收财产在符合《公约》所确认的刑罚目的，也即通过剥夺犯罪分子经济利益的方法打击其贪利性动机这一点上是相一致的，也可以说，罚金刑和没收财产都是契合于《公约》有效惩治贪污贿赂犯罪的内在精神的，既然没收财产能为《公约》所认可，那么罚金刑理所应当也是受到《公约》所鼓励和支持的刑罚方法，而没有理由对其排斥适用。

其次，所谓资格刑，是指剥夺犯罪人行使一定权利的资格的刑罚，在我国刑法中主要是指剥夺政治权利，相对于其他刑罚而言，资格刑主要是着眼于刑法的社会防卫功能，该种刑罚对贪污贿赂犯罪之犯罪分子适用上尤其具有优越性，因为这类犯罪分子往往是利用其享有的职权便利进行犯罪，而其

---

① 马克昌主编：《刑罚通论》，武汉大学出版社 1999 年版，第 210 页。

职权便利可以说是由一定的政治权利所赋予的，或者说带有政治权利的属性，政治权利也是犯罪分子赖以实施犯罪的资格，如果对其加以剥夺，就可使得犯罪分子无从寻找机会去实施犯罪，无异于剥夺了其再行犯罪的能力。况且，从《公约》第 30 条第 7 款规定来看，亦是认可资格刑在惩治包括贪污贿赂犯罪在内的腐败犯罪方面的积极作用的，如"各缔约国应……取消被判定实施了根据本公约确立的犯罪的人在本国法律确定的一段期限内担任下列职务的资格：（一）公职；（二）完全国有或者部分国有的企业中的职务。"从而明确规定了资格刑在贪污贿赂犯罪中的适用，对于贪污贿赂犯罪分子利用身份实施犯罪，适用资格刑一方面可以剥夺其再犯的能力，另一方面又可使之失去政治和经济上的不可挽回的收益，从而增大腐败的成本，对于刑罚特殊预防和一般预防的实现，都有着现实意义。

可以说，罚金刑和资格刑兼顾了报应和预防的双重刑罚目的，将之纳入贪污贿赂犯罪的刑罚体系中应当是较为理想的选择，在一定程度上也是与《公约》第 30 条第 10 款的精神实质不谋而合的，是受到《公约》所鼓励和支持的刑罚方法。但比较遗憾的是，在我国现行刑法中，却没有对此引起足够的重视，首先在罚金刑方面，我国《刑法》仅在第 393 条对单位受贿罪规定了罚金刑，但其数额没有明确规定，鉴于《刑法》第 52 条"判处罚金，应当根据犯罪情节决定罚金数额。"是个比较模糊、笼统的规定，因此有必要通过司法解释来确定罚金刑的数额标准。在司法解释尚未出台前，在司法实践中应当对单位受贿罪判处罚金刑的数额以不低于单位受贿的数额为限，否则，难以体现罚金刑对单位受贿犯罪所应具有的刑罚作用。[①] 这还仅仅是罚金刑具体适用的问题，笔者认为，最主要的是仅对单位受贿罪规定罚金刑是不够的，因为受贿罪与单位受贿罪相比，仅是犯罪主体的不同，但两者在实质危害性上却并无二致，因此，对受贿罪亦应规定罚金刑，那么，同为贪利性犯罪的贪污罪似乎也没有理由排斥罚金刑的适用。笔者认为，对照《公约》的内在精神，是希望通过对贪污贿赂犯罪分子经济利益的损害或剥夺这一途径来达到有效惩治贪污贿赂犯罪的理想效果的，而对贪污贿赂犯罪适用罚金刑恰恰是和《公约》的这种内在精神不谋而合的，有鉴于此，在我国刑法中增加对贪污贿赂犯罪适用罚金刑的比重是无可厚非的；其次在资格刑方面，我国刑法亦没有规定对贪污罪和受贿罪适用剥夺政治权利，相反却对一些不需具有特定资格即可实施的犯罪行为却规定了这种刑罚方法，这实在是令人费解的，因为这些犯罪行为毕竟不具有职务性特征，或许采用生命刑、自由刑以及财产刑等对其更具威慑作用，而对这些犯罪行为适用剥夺政治权

---

① 孟庆华著：《贪污贿赂罪重点难点疑点问题判解研究》，人民法院出版社 2005 年版，第 391 页。

利似乎并没有多大实际意义，换言之，无法起到惩治犯罪的效果。相反，真正需要以剥夺政治权利这种刑罚方法予以威慑和惩处的贪污贿赂犯罪行为却没有相应的立法规定作为依据，这不能不说是我国刑事立法中的缺漏之处，尤其是当前国际公约已经明确肯定资格刑这种刑罚方法在惩治贪污贿赂犯罪行为方面的积极效果时，我国的国内立法似乎不应有所滞后，因此，在立法上适时增加对贪污贿赂犯罪行为适用剥夺政治权利的刑罚规定显得十分必要，同时，在可能的条件下，今后对资格刑的内容更可作出宽泛的界定，也即不仅仅局限于剥夺政治权利，① 而是可以参照《公约》及其他国家的刑罚规定，将一切可能为实施腐败犯罪提供便利的职务条件或资格条件等均纳入予以剥夺的行列，或许这样才能称得上是完善的资格刑的适用。

综上所述，在我国的贪污贿赂犯罪刑罚体系中，罚金刑和资格刑的确不应该缺位。尤其在加入《公约》的背景之下，从有利于完善我国反腐败刑罚机制出发，全面审视当前我国贪污贿赂犯罪的刑罚体系，确实应当完善罚金刑和资格刑，并提高这两种刑罚相应的比重，同时还需要认真考虑这两种刑罚的良性运作，发挥其应有的作用。

---

① 从前述《公约》第 30 条第 7 款规定来看，其所确认的资格刑中，所谓的应予剥夺的资格是指：（一）公职；（二）完全国有或者部分国有的企业中的职务。而我国刑法规定的资格刑仅是剥夺政治权利，这是与《公约》存在差异的。换言之，相比较《公约》而言，我国刑法所确认的资格刑的内容相对单一和狭窄。既然我国已经加入《公约》，从与《公约》逐步接轨的角度看，我国的刑事立法似应有所改进，可以突破资格刑种类上的限制，除了保留剥夺政治权利以外，适当增加剥夺其他职务条件或资格条件等规定。

# 贪污贿赂犯罪死刑废除论①

胡 江*

贪污贿赂犯罪适用死刑的问题主要涉及贪污罪和受贿罪这两个罪名，为了从严惩治贪污贿赂犯罪，我国刑法对这两个罪名的法定刑配置了死刑。这一处罚规定，在《刑法修正案（九）（草案）》中并未作出修改，这意味着短期内难以从立法上废除贪污贿赂犯罪的死刑规定。但是，在立法上已经开启废止死刑进程的大背景下，贪污贿赂犯罪的死刑规定是否还有必要继续保留，却有必要作出理性的审视。

## 一、 贪污贿赂犯罪死刑存废的理论争议

理论上对贪污贿赂犯罪死刑问题的关注是随着死刑研究的深入而展开的，形成了以下几种代表性的观点：

### （一）贪污贿赂犯罪死刑保留论

持这一观点的学者认为，贪污贿赂犯罪的死刑规定应当予以保留。例如，有学者主张搞一次专门针对贪官的严打，认为在死刑把握上应当将贪官与杀人犯同等看待，个人贪贿 10 万元以上且情节特别严重的，一般都应判处死刑②。保留论者提出的理由主要有：基于惩治和预防犯罪、维护国家政权的需要；全力发展生产力的需要；确保国家、社会、民众的财产权益不受犯罪侵害的需要；有利于刑罚报应功能的实现；保留死刑更加经济；废止死刑未必会减少贪官外逃等。③

### （二）贪污贿赂犯罪死刑暂时保留论

持这一观点的学者虽然认为贪污贿赂犯罪的死刑规定应当废除，但认为中国现阶段不宜废除贪污贿赂犯罪的死刑规定。例如，有学者一方面认为中国应当考虑在适当的时候及时废止贪污罪、受贿罪的死刑，但另一方面却认为贪污贿赂犯罪的死刑废止问题，要放在非暴力犯罪废止死刑的最后阶段来考虑，对此，既要积极，也要慎重。④ 还有的学者明确提出："贪污贿赂犯罪

---

① 基金项目：2014 年度重庆市社会科学规划项目"贪污贿赂犯罪的刑法治理研究"（项目编号：2014BS053）。

* 西南政法大学法学院副教授、硕士生导师，法学博士。

② 夏勇：《搞一次专门针对贪官的严打》，载《方圆法治》2006 年第 5 期（下）。

③ 屈学武：《贪污受贿死刑，废还是留》，载《人民论坛》2006 年第 7 期。

④ 赵秉志著：《死刑改革之路》，中国人民大学出版社 2014 年版，第 117~118 页。

在今后较长一段时期内不宜废除死刑。"① 更有学者断言"贪污、贿赂罪死刑在 30 年内都不会取消"。②

### （三）贪污贿赂犯罪死刑废除论

虽然理论上不乏支持贪污贿赂犯罪适用死刑的观点，但越来越多的学者注意到了贪污贿赂犯罪的死刑规定存在的问题与不足，并在理性分析的基础上提出了贪污贿赂犯罪的死刑规定应当废除的观点。例如，有学者认为，贪污贿赂犯罪的死刑规定应当废除，其理由包括：（1）贪污贿赂犯罪的产生和存在具有必然性；（2）贪污贿赂犯罪是一种"社会综合征"；（3）"杀鸡儆猴"的功能收效甚微，刑罚的一般预防功能无从体现；（4）不符合国家潮流，对贪污贿赂犯罪适用死刑，与国际通行的"死刑不引渡"原则格格不入，反而更加不利于对严重贪污贿赂犯罪的打击。③ 还有的学者认为，无论是基于其他国家和地区的通行做法，还是基于罪刑均衡原则、死刑的效益性原则、刑罚的人道主义精神进行分析，在我国都应该废除贪污贿赂犯罪死刑。④

应该看到，对于上述三种代表性观点，彻底坚持保留贪污贿赂犯罪死刑规定的观点在学界极为少见，但这一观点在社会层面具有广泛的民众基础，不少民众都认为对贪污贿赂犯罪应当严厉惩治，包括适用死刑。但从理论层面来看，学界对贪污贿赂犯罪死刑的理解则理性得多，对于贪污贿赂犯罪死刑规定存在的问题和不足也大都予以认可，上述第二种观点和第三种观点的主要分歧并不在于贪污贿赂犯罪的死刑规定要不要废除，而在于什么时候废除。因此，理论上主要的争议点在于贪污贿赂犯罪的死刑规定什么时候废除、废除的具体步骤等，简言之，就是中国现阶段能不能废除贪污贿赂犯罪的死刑规定。笔者认为，废除贪污贿赂犯罪的死刑规定虽然存在不少现实障碍，但却有着充分的事实依据和理论根据，应当废除我国刑法中贪污贿赂犯罪的死刑规定。

## 二、废除贪污贿赂犯罪死刑的事实依据

从事实层面考察，死刑规定并没有带来贪污贿赂犯罪的大幅减少，其对遏制腐败犯罪行为所发挥的作用极为有限。更为重要的是，司法层面对贪污

---

① 储槐植、王强军：《为什么较长时期内不宜废除贪污贿赂犯罪死刑》，载《检察日报》2010年9月9日第3版。

② 杜萌：《中国三十年内不会取消贪污贿赂罪死刑》，载《法制日报》2010年9月3日第4版。

③ 马晓炜：《贪污贿赂犯罪死刑的限制与废止》，载赵秉志、［加］威廉·夏巴斯主编：《死刑立法改革专题研究》，中国法制出版社2009年版，第557~562页。

④ 尹强明：《贪污贿赂犯罪死刑废除的刑法学思考》，载《南华大学学报》（社会科学版）2006年第6期。

贿赂犯罪死刑适用的具体做法在一定程度上已经背离了刑法的规定，立法上的死刑规定带来了实践层面的负面效果，严重冲击刑法的权威。

（一）死刑规定并未有效遏制腐败犯罪

对贪污贿赂犯罪规定和适用死刑，其初衷在于严厉惩治腐败犯罪。但是，一方面是严厉的刑法规定，另一方面却是贪污贿赂犯罪的持续高发、多发。最高人民检察院的工作报告显示，1997年《刑法》施行以来，1998年至2003年5年间全国共立案侦查贪污贿赂、渎职等职务犯罪案件207103件，其中贪污、贿赂、挪用公款100万元以上大案5541件，涉嫌犯罪的县处级以上干部12830人。而到了2014年，全年查办贪污、贿赂、挪用公款100万元以上的案件3664件，同比上升42%。查办涉嫌犯罪的原县处级以上国家工作人员4040人，同比上升40.7%，其中厅局级以上干部589人[1]，2014年一年查处的大要案数量就已经接近前述5年的数量。随着经济社会的发展，贪污贿赂犯罪还呈现出诸多典型特点，比如大案、要案、窝案、串案多发等，事实证明，刑法中关于贪污贿赂犯罪死刑的规定并未有效遏制我国腐败犯罪的蔓延。

（二）死刑规定导致反腐国际合作受限

对贪污贿赂犯罪的惩治，离不开国际社会的广泛深入合作，特别是由于国内不少腐败犯罪分子潜逃境外，对这些人要依法适用我国刑法追究刑事责任，更是离不开国际合作，如需要就罪犯的遣返、引渡以及赃物处置等问题进行合作。但是，受制于"死刑犯不引渡"的国际规则，不少国家以我国刑法规定了贪污贿赂犯罪死刑为由，拒绝将外逃腐败犯罪分子引渡回国，从而使这些人员长期逍遥法外，刑法纵有严厉规定却也鞭长莫及。这既大大降低了腐败犯罪的犯罪成本，又使刑法不能够及时有效惩治犯罪行为。因此，刑法关于贪污贿赂犯罪死刑的规定已经成为我国开展反腐败国际合作的重要障碍。

（三）死刑适用情况导致刑法权威受损

贪污贿赂犯罪的死刑规定在实践层面同样存在比较突出的问题。一方面，是导致贪污贿赂犯罪与其他犯罪的量刑的外部不协调。在《刑法修正案（八）》废除盗窃罪的死刑规定之前，同为侵犯财产的犯罪，盗窃罪可以适用死刑的条件中，盗窃金融机构数额巨大的标准是3万元至10万元以上，而贪污贿赂罪可以适用死刑的数额却是10万元以上且情节特别严重。两罪在死刑适用的标准上存在较大的差异，导致人们对刑法适用的平等性产生质疑。这一现象虽然随着盗窃罪死刑的废除而不复存在，但贪污贿赂犯罪与其他财

---

[1] 曹建明：《最高人民检察院工作报告》，载中华人民共和国最高人民检察院网，http://www.spp.gov.cn/gzbg/201503/t20150324_93812.shtml，最后访问日期：2015年6月25日。

产类犯罪相类比同样存在这样的问题。另一方面，是贪污贿赂犯罪个案的不同判决导致量刑的内部不协调。对于贪污贿赂犯罪，按照刑法规定是数额在10万元以上且情节特别严重时适用死刑，但量刑实践中却是，这一规定究竟怎么理解和适用在不同的案件中呈现出比较大的差异。同样是贪污贿赂犯罪，有的案件涉案过亿仍然未适用死刑，而有的案件涉案几百万就已适用死刑，从而导致死刑适用标准的不确定性。更为重要的是，涉案金额几千万甚至过亿的案件没有适用死刑的案件大有所在，刑法规定的10万元数额在一定意义上可以说已经被虚置。理论上有学者认为，贪污贿赂犯罪存在着"宽严皆失"的量刑失衡现象。[①] 这种实践层面的情况，导致刑法权威受到严重损害，而这些问题的出现，其立法层面的原因就在于我国刑法关于贪污贿赂犯罪的死刑规定。

## 三、 废除贪污贿赂犯罪死刑的理论根据

贪污贿赂犯罪作为国家工作人员实施的犯罪，其对国家廉政制度会造成严重的侵犯，具有严重的社会危害性。但是，有危害不等于一定要适用死刑。事实上，从理论层面考察，废除贪污贿赂犯罪的死刑规定具有充分的理论根据。

### （一）贪污贿赂犯罪的实质属于贪利性犯罪

死刑作为剥夺犯罪人生命的极刑，对其适用条件应当予以严格限制。对此，《公民权利和政治权利国际公约》第6条第2款明确规定："在未废除死刑的国家，判处死刑只能是作为最严重的罪行的惩罚……"从而确立了"最严重的罪行"这一死刑适用的标准。至于最严重罪行的内涵，《关于保证面对死刑的人的权利的保护的保障措施》的界定是"造成致死或者其他极其严重的后果的故意犯罪"。我国《刑法》第48条也将死刑适用的条件严格限定为"罪行极其严重"。无论是国际公约中的"最严重的罪行"，还是我国刑法中的"罪行极其严重"，都体现了对死刑适用标准进行严格限定的基本精神，即死刑只能适用于最严重的犯罪。然而，从其本质上而言，贪污贿赂犯罪属于一种贪利性犯罪，是经济犯罪的一种具体类型。行为人实施这类犯罪主要是为了追求财产或财产性利益的满足，纵使它会严重侵犯国家的廉政制度，但它并不直接侵害人的生命和健康，因而不属于最严重的犯罪，对其规定和适用死刑缺乏正当性根据。同时，由于经济犯罪和贪利性犯罪往往能够给犯罪人带来极大的利益满足，因而"死刑对经济犯罪的预防作用实在微乎其微，靠死刑是无法遏制的"[②]。

---

① 孙国祥：《宽严皆失：贪污贿赂犯罪的量刑失衡之乱象及纾解》，载《甘肃政法学院学报》2009年第5期。

② 陈兴良著：《刑法哲学》，中国政法大学出版社2004年版，第399页。

**（二）死刑对贪污贿赂犯罪的预防作用有限**

死刑虽然可以从肉体上消灭犯罪人，能够在短期内对民众和潜在的犯罪人造成强烈的心理冲击。但是，死刑对于犯罪预防的作用是十分有限的，试图通过适用死刑等严刑峻法来实现对犯罪的有效防控简直就是一个神话。对此，正如贝卡里亚所说，"对于犯罪的最强有力的约束力量不是刑罚的严酷性，而是刑罚的必定性"。① 就贪污贿赂犯罪而言，规定死刑固然可以在立法上作出强烈的宣示，对潜在的犯罪人也会造成一定的心理冲击和震慑。但是，这种立法上的严厉规定对犯罪预防所能带来的积极作用是短期的、是有限的。从历史层面来看，中国古代刑法中不乏严厉惩治贪污贿赂犯罪的规定，但贪污贿赂犯罪却屡禁不绝。例如，在明代开国之初，在朱元璋厉行吏治的情况下，其法律规定不可谓不严，其执法不可谓不严，甚至一度将《明大诰》列为科举考试的内容之一，但贪污贿赂犯罪并未得到有效遏制，在朱元璋执政后期就已经出现反弹，而在朱元璋死后则更加严重。从现实层面来看，有的国家工作人员虽然一直存在违法犯罪行为，但却一直得不到追究。例如，在陈良宇受贿案中，从 1988 年其担任上海市黄浦区区长起，到 2006 年在市委书记任上被查处，其违法犯罪的时间跨度长达 18 年。对于这些国家工作人员而言，其不可能不知道贪污贿赂犯罪死刑的规定，也不可能不知道有的国家工作人员因贪污受贿被判处了死刑，但仍然实施贪污受贿行为，足见死刑规定和适用对腐败犯罪的遏制作用是十分有限的。

**（三）死刑有违贪污贿赂犯罪的生发规律**

死刑更多的是着眼于事后的犯罪行为，而对犯罪行为的发生并不关注。试图通过简单地适用死刑来应对贪污贿赂犯罪，实在是一种过于简单的想法。事实上，贪污贿赂犯罪的发生，有其特定的内在规律。当前我国贪污贿赂犯罪之所以呈现出高发、多发的态势，与体制机制不健全尤其是权力的监督制约机制不健全密不可分。在体制机制不健全的背景下，潜在的犯罪人对犯罪行为有着较高的利益期待，而其因犯罪被惩治等带来的犯罪成本又较低，这就为其形成犯罪心理提供了相应的外在动因。正如阿克顿所说，"权力导致腐败，绝对权力导致绝对腐败"。② 要有效控制贪污贿赂犯罪的发生，最根本的措施在于建立起行之有效的权力监督制约机制，使国家工作人员从"不敢腐"到"不能腐"。对贪污贿赂犯罪规定和适用死刑，突出了死刑对犯罪的威慑，却忽视了对犯罪生成环境的消除，有违贪污贿赂犯罪的生发规律，难以从源头上治理腐败。

---

① ［意］贝卡里亚著：《论犯罪与刑罚》，黄风译，中国法制出版社 2002 年版，第 68 页。

② ［英］阿克顿著：《自由与权力：阿克顿勋爵论说文集》，侯健等译，商务印书馆 2001 年版，第 342 页。

## 四、 废除贪污贿赂犯罪死刑的现实障碍

虽然废除贪污贿赂犯罪的死刑规定具有充分的事实依据和理论根据，但应当理性地认识到，要在我国当前废除贪污贿赂犯罪的死刑规定，还面临着不少的现实障碍。这些障碍成了阻碍我国死刑废止进程的重要因素，正如有学者所说，在贪污贿赂犯罪中废除死刑是较为敏感和棘手的。[①] 正是由于存在这样的现实障碍，使得理论上不少学者虽然赞同废除贪污贿赂犯罪的死刑规定，但也不得不迁就于这样的现实障碍而认为现阶段还不能废除，甚至有学者认为，现实还没有出现适宜探讨这个问题的环境及时机。[②] 是什么原因阻碍了我国贪污贿赂犯罪死刑规定的废除？或者说贪污贿赂犯罪死刑废除过程中主要面临的障碍因素有哪些？理性分析废除贪污贿赂犯罪死刑所面临的现实障碍，能够使我们有针对性地去解决其中存在的困难，从而推动贪污贿赂犯罪死刑废除的最终实现。

### （一）政治影响方面的障碍

从政治方面考量，从严治党和反腐败是党和国家一直高度强调的政策，甚至于将反腐败上升到"事关党和国家生死存亡"的高度来予以对待。在这样的政策导引之下，刑法中关于贪污贿赂犯罪的死刑规定具有重大的政治意义，是从严治党和反腐败政策在刑法中的具体表现。因此，如果废除贪污贿赂犯罪的死刑规定，可能会有人产生质疑，将其理解为是对从严治党政策的松动，是对腐败犯罪的容忍，或者认为是对国家工作人员犯罪行为的宽纵。立法者面对这样的质疑，难免会存在政治上的顾虑，进而为了避免产生不利的政治影响而不废止贪污贿赂犯罪的死刑规定。

### （二）民众心理方面的障碍

从民众心理方面考量，由于当前我国正处于社会转型期，改革发展过程中还存在不少体制机制上的不完善问题，因此各种社会矛盾比较凸显。民众在情感上对腐败犯罪存在明显的痛恨心理；面对贪污受贿犯罪行为，民众往往从朴素的情感出发而主张适用重刑乃至大量适用死刑。而另一方面，民众对反腐败的举措则广泛认同和支持，如党的十八大以来，中央大力推进反腐工作，坚持"老虎"和"苍蝇"一起打，赢得了民众的好评和赞扬。同时应当看到，民众在死刑废除的问题上还存在明显的非理性因素，他们对死刑过于推崇，将死刑视为解决犯罪问题的灵丹妙药。这一点，在近期发生的要求

① 王明高、牛天明：《论废除我国贪污贿赂型犯罪中的死刑规定》，载《湘潭大学学报》（哲学社会科学版）2006年第5期。

② 杜萌：《中国三十年内不会取消贪污贿赂罪死刑》，载《法制日报》2010年9月3日。

上卷·三

将拐卖儿童行为一律处死刑的网络意见传递活动中得到了淋漓尽致的展现。①民众对死刑的废除问题原本存在明显的非理性因素，而对于贪污贿赂犯罪的死刑废除问题，就更为抵触乃至反对，从而形成了强大的民意力量，这是立法者所不得不考虑的现实问题，也是废除贪污贿赂犯罪死刑面临的重要现实障碍。

**（三）传统文化方面的障碍**

在中国传统文化中，廉洁奉公被视为一种美德，清官成为人们广泛赞誉的对象。与之相应，在中国古代刑法中，历来都体现了"重典治吏"的政策取向，由此形成了在治理贪污贿赂犯罪问题上的重刑主义倾向。这种重刑主义思想，往往能够得到社会的认同，正如有学者所说，"重刑的思想和制度在中国存在了几千年，实有极为深刻的文化背景和社会根源，尤其值得重视的重刑之在中国，不仅受到历代统治者的青睐，而且在国民心理上也有很大的认同度"。②传统文化中的重刑主义倾向在当下中国仍然具有强大的生命力和影响力，使人们在面对贪污贿赂犯罪时，自然而然地首先想到要用重刑惩治，甚至不惜大开杀戒，试图通过严刑峻法来肃清吏治。在如此强大的传统文化氛围之下，主张废除贪污贿赂犯罪的死刑规定，是不可能得到广泛认同的，这也注定了贪污贿赂犯罪的死刑废止进程将是非常艰辛和困难的。

# 五、 废除贪污贿赂犯罪死刑的具体构想

当前我国坚持严格控制死刑的政策，在立法上也正积极推进削减死刑罪名的进程，这为废除贪污贿赂犯罪的死刑规定提供了良好的契机。因此，对于废除贪污贿赂犯罪死刑规定所可能面临的现实障碍我们固然要理性面对，但不能因为存在现实障碍就止步不前，而应积极引导人们形成对贪污贿赂犯罪的理性认识，逐步消解人们对贪污贿赂犯罪死刑问题存在的认识偏差。为此，笔者主张废除我国刑法中贪污贿赂犯罪的死刑规定。当然，由于《刑法修正案（九）（草案）》对此并未涉及，可以预见的是，在立法上真正实现对贪污贿赂犯罪死刑规定的废除，肯定尚需时日。考虑到这一实际情况，笔者虽然主张在立法上废除，但在此之前，司法层面也应积极作为，即通过停止贪污贿赂犯罪的死刑适用，为立法上的最终废除奠定基础。

**（一）司法上停止贪污贿赂犯罪的死刑适用**

司法层面对死刑的停止适用可以为立法上废除死刑提供必要的缓冲和准备。在立法废除贪污贿赂犯罪的死刑规定之前，司法层面应全面停止贪污贿

---

① 从 2015 年 6 月 17 日开始，微信朋友圈疯传一条信息："建议国家改变贩卖儿童的法律条款，拐卖儿童判死刑！买孩子的判无期！"虽然后来证实这是某婚恋网站的营销活动，但相关话题还是引发了社会各界的广泛关注和讨论。

② 高绍先著：《法之思》，法律出版社 2015 年版，第 62 页。

赂犯罪的死刑适用，对所有贪污贿赂犯罪行为，不论其属于什么情形，一律不再适用死刑，包括不适用死刑缓期两年执行。同时，在此期间要加快推进废除贪污贿赂犯罪死刑的立法修改进程，同时做好宣传引导工作，为最终实现立法上的完全废除提供充分的准备。

（二）立法上废除贪污贿赂犯罪的死刑规定

由《刑法修正案（八）》开启的死刑罪名削减进程，在《刑法修正案（九）（草案）》中得到了进一步的延续，因此，在立法机关对刑法作出全面修订之前，通过刑法修正案的形式废除有关罪名的死刑规定将会是最基本的做法。在贪污贿赂犯罪的死刑问题上，笔者建议纳入下一次刑法修正内容，由全国人大常委会通过刑法修正案，在其中明确废除贪污贿赂犯罪的死刑规定。

（三）完善废除贪污贿赂犯罪死刑的配套机制

废除贪污贿赂犯罪的死刑规定，并不意味着对腐败犯罪的容忍和宽纵，而是更加注重对腐败犯罪的科学治理。贪污贿赂犯罪的发生具有复杂的社会因素和体制机制方面的原因，要有效预防和控制其发生、蔓延，仅靠刑法是难以实现的。诚如有学者所言："预防犯罪的关键，在于改变产生犯罪的社会制度，消除犯罪的社会根源，而不是对犯罪人判处刑罚，更不是死刑所能解决的问题。"[1] 在废除了贪污贿赂犯罪的死刑规定之后，要更加注重对贪污贿赂犯罪的犯罪治理，完善相应的配套机制。一方面，要加强法的实施，让刑法所规定的贪污贿赂犯罪受到现实的惩罚，而不能让犯罪人逍遥法外，从而实现刑法的必定性，增加贪污贿赂犯罪的违法成本。另一方面，要建立健全权力监督制约机制，确保权力在阳光下行使，从源头上预防和控制腐败犯罪。

---

① 张文等著：《十问死刑——以中国死刑文化为背景》，北京大学出版社 2006 年版，第 14 页。

# 反腐浪潮下贪污贿赂犯罪的
# 死刑限制适用
## ——以刑罚和执行方式相协调为考量

王吉春[*]

## 引言

当前我国掀起了一股打击腐败的浪潮，这股浪潮与以往不同的特点在于其案件的数量大[①]、涉及的官员领域广[②]、层级高[③]、金额多[④]、在范围上无禁区[⑤]、力度大[⑥]，为了配合这股浪潮的推进，在制度上有很多创新，包括组建地方巡视组，单列纪检小组，设立新版中纪委监察部网站，设立最高人民法院巡回法庭、跨行政区划人民法院、人民检察院试点方案以及新的反贪污贿赂局等举措，同时在政策上制定、实施包括"八项规定"、"六项禁令"、群众路线教育活动、《中共中央关于全面推进依法治国若干重大问题的决定》

---

\* 沈阳工程学院文法学院讲师，博士。

① 据统计，仅在 2013 年全国纪检监察机关接受信访举报就达 195 万件（次），总量比上年增长 49.2%；初步核实处置反映问题线索 19.7 万件，立案 17.2 万件，结案 17.3 万件，给予党纪政纪处分 18.2 万人。参见赵超、华春雨：《纪检监察机关 2013 年立案 17.2 万件有案必查》，载《新京报》2014 年 1 月 10 日。

② 涉及中央地方机关、事业单位官员及国有企业领导，一些具有地域性、集团性的"窝案"开始陆续被挖出。参见徐骏：《中共反腐向更广领域延伸》，载《参考消息》2014 年 2 月 18 日。

③ 2013 年落马的省部级高官数量，大致相当于过去 3 年查处的高级干部的总和。自 2012 年 11 月十八大召开以来的近两年中被查处的省部级官员有 48 人，48 人中地方党政机关 34 人，国家部委局以及协会 6 人，国企 4 人，全国政协（副国级以上）2 人，中央政法委 1 人，全国人大 1 人。参见马婷婷：《2013 年 17 省部级高官落马》，载《法制晚报》2013 年 12 月 31 日。

④ 田国良：《25 年来省部级以上高官腐败案盘点：涉案金额趋涨》，载《法治周末》2012 年第 9 期。

⑤ 新出台的《关于加强中央纪委派驻机构建设的意见》提出，统一规划，分步实施，通过新设、调整等方式，实现中央一级党和国家机关以及人大、政协等派驻机构全覆盖。

⑥ 其体现为深挖存量腐败、多管齐下综合治理、持续性长等特点。参见刘武俊：《让权力在法治轨道上运行》，载《文汇报》2013 年 1 月 4 日。

等党纪规定，① 同时在法律上开始审议《刑法修正案（九）（草案）》等措施，② 这些措施的综合运用对打击腐败案件，遏制贪污贿赂犯罪发挥了积极作用。然而，伴随着反腐的持续进行，贪污贿赂犯罪案件不断出现，特别是《刑法修正案（九）（草案）》在第 39 条中对贪污罪仍旧配置了死刑刑罚时，这传递出的信息之一似乎是死刑是遏止贪污贿赂犯罪高发的利器，这一信息与我国在刑法中逐步废除死刑的趋势是相抵触的。我国在《刑法修正案（八）》中就已经删除了部分罪名的死刑配置，③ 而且将适用死刑的条件加以限定，④ 在《刑法修正案（九）（草案）》中持续了取消了死刑，⑤ 如果草案得以通过，我国则仅剩 46 个罪名适用死刑。取消死刑罪名是我国刑法一直努力的方向，因为目前取消死刑的罪名都是非暴力性犯罪，这是由非暴力犯罪自身所具有的、不应适用死刑的诸多特点所决定的，⑥ 是我国宽严相济的刑事政策对死刑政策的要求，⑦ 是我国犯罪预防理论的新发展，⑧ 是我国理性认识刑罚作用的新进步，⑨ 体现了我国合理配置死刑之必要性原则的要求，⑩ 严

① 2014 年 10 月 23 日，党的十八届四中全会闭幕，全会通过《中共中央关于全面推进依法治国若干重大问题的决定》。《决定》强调，加快推进反腐败国家立法，完善惩治和预防腐败体系，形成不敢腐、不能腐、不想腐的有效机制，坚决遏制和预防腐败现象。完善惩治贪污贿赂犯罪法律制度，把贿赂犯罪对象由财物扩大为财物和其他财产性利益。

② 全国人大常委会开始审议的《刑法修正案（九）（草案）》中涉及贪污贿赂犯罪，其中规定，拟删除贪污贿赂定罪量刑具体数额标准，以概括性数额和情节代替。

③ 2011 年 5 月 1 日施行的《中华人民共和国刑法修正案（八）》将刑法中现有 68 个死刑罪名减至 55 个，包括走私文物罪，走私贵重金属罪，走私珍贵动物、珍贵动物制品罪，走私普通货物、物品罪，票据诈骗罪，金融凭证诈骗罪，信用证诈骗罪，虚开增值税专用发票，用于骗取出口退税、抵扣税款发票罪，伪造、出售伪造的增值税专用发票罪，盗窃罪，传授犯罪方法罪，盗掘古文化遗址、古墓葬罪，盗掘古人类化石、古脊椎动物化石罪。

④ 在《刑法》第 49 条中增加一款作为第 2 款："审判的时候已满七十五周岁的人，不适用死刑，但以特别残忍手段致人死亡的除外。"

⑤ 《中华人民共和国刑法修正案（九）（草案）》拟对走私武器、弹药罪及走私核材料罪、走私假币罪、伪造货币罪、集资诈骗罪、组织卖淫罪、强迫卖淫罪、阻碍执行军事职务罪、战时造谣惑众罪 9 个罪的刑罚规定作出调整，取消死刑。

⑥ 赵秉志：《论中国非暴力犯罪死刑的逐步废止》，载《政法论坛》（中国政法大学学报）2005年第 1 期。

⑦ 李萍：《宽严相济刑事政策下死刑司法控制的困惑与对策》，载《法学论坛》2008 年第 4 期；吴玉萍、刘修军：《我国贪污贿赂犯罪刑事政策之思考》，载《山东警察学院学报》2014 年第 5 期。

⑧ 王明高、牛天明：《论废除我国贪污贿赂型犯罪中的死刑规定》，载《湘潭大学学报》（哲学社会科学版）2006 年第 5 期；莫洪宪、王明星：《论贪污贿赂犯罪的特点、原因及其刑事对策》，载《犯罪研究》2003 年第 2 期；张有强：《完善惩治腐败行为刑事法律的思考》，载《天津法学》2012年第 1 期。

⑨ 贾宇：《中国死刑必将走向废止》，载《法学》2003 年第 4 期；赵秉志：《论我国反腐败刑事法治的完善》，载《当代法学》2013 年第 3 期。

⑩ 莫洪宪：《死刑制度改革与暴力犯罪死刑控制——从中韩死刑制度比较研究的角度》，载《河南省政法管理干部学院学报》2008 年第 1 期；周光权：《社会转型时期贪污贿赂犯罪预防的新课题》，载《政治与法律》2007 年第 5 期。

格遵守了罪责刑相适应原则,[1] 同时也迎合了国际刑事法发展的潮流,[2] 同时也有利于我国更好地实现"引渡"制度,实现对犯罪分子的刑罚权等。[3] 面对我国当前的反腐形势以及我国刑法对于贪污贿赂犯罪继续保留死刑的现实条件,同时又希望继续推进我国刑法逐步取消死刑的整体趋势,我们应当严格适用刑罚的设置、刑罚的具体执行方式以及其他方式来实现限制、控制贪污贿赂犯罪的死刑。

## 一、 提升贪污贿赂犯罪自由刑的刑期

在我国,死刑包括死刑立即执行和死刑缓期二年执行(以下简称死缓),而在实践中,死缓被实际执行死刑的可能性很小,如果《刑法修正案(九)(草案)》通过后,死缓被执行死刑的微乎其微了。这样看来,无论是死缓、无期徒刑还是有期徒刑与死刑立即执行之间是生与死的性质方面的巨大差距。

我国死缓、无期徒刑均有转变为有期徒刑的可能性(25年),而有期徒刑最高刑罚为15年,10年的差距使得有期徒刑在限制死刑方面几乎发挥不了什么作用。笔者认为,应当提升有期徒刑的刑期以期更好地与死缓、无期徒刑相衔接,具体建议为将死缓或者无期徒刑转变为有期徒刑的刑期延长至30年,有期徒刑的刑期延长至25年。由于贪污贿赂犯罪的犯罪分子平均是在51岁,[4] 所以,这种有期徒刑的规定基本能够杜绝该类犯罪分子继续实施贪污贿赂犯罪的可能性,同时也能够与我国现行《刑法》第49条第2款规定相衔接。[5] 以这种长刑期有期徒刑代替死刑立即执行,从而实现限制贪污贿赂犯罪的死刑要求。

## 二、 加大贪污贿赂犯罪财产刑的惩处力度

我国财产刑分为没收财产和罚金刑两种,而且这两种都属于附加刑。对于贪污贿赂犯罪应当全部适用这两种刑罚,从而在主刑上减少对死刑的依赖。

### (一) 没收财产的适度调整

在此以外我国《刑法》第59条规定,没收财产是没收犯罪分子个人所有财产的一部或者全部,而我国法律规定对于贪污贿赂犯罪判处死刑的,仅

---

① 严尚军:《贪污贿赂犯罪死刑立法之检讨》,载《法学杂志》2007年第5期;张宇朋、张云霄:《关于废除我国有关贪污贿赂犯罪死刑的思考》,载《北京政法职业学院学报》2012年第1期。

② 喻贵英:《欧洲死刑废除的启示》,载《法学评论》2006年第3期。

③ 朱美云:《影响国际引渡的人权因素探析》,载《湖北社会科学》2010年第10期。

④ 数据表明,腐败高官开始犯罪时的平均年龄约51岁,最小的36岁,最大的65岁。其中,大多数腐败高官是在50岁到60岁这个年龄段开始犯罪的。转引自田国良:《25年来省部级以上高官腐败案盘点:涉案金额趋涨》,载《法治周末》2012年第9期。

⑤ 我国《刑法》第49条第2款规定,审判的时候已年满75周岁的人,不适用死刑,但以特别残忍手段致人死亡的除外。

仅设置了判处没收财产的附加刑。这就有可能导致出现犯罪分子违法所得的财物而未予以有效追缴及被执行死刑后其剩余未被没收的财产成为其继承者挥霍的合理来源。而贪污贿赂犯罪的罪犯一旦被判处自由刑，面对的是可以判处没收财产的附加刑，这就意味着如果这些财产以及未能有效追缴及赔偿的非法财产就有可能转化为"合法"所得。所以有些犯罪嫌疑人为了保住其非法所得，不惜以自杀来保全其非法财产。[①]

笔者认为这是极其不公平的。由于贪污贿赂犯罪的贪利性，所以对贪污贿赂犯罪的死刑限制适用必须以提高财产刑为前提。笔者建议，对贪污贿赂犯罪应当提高没收财产的数额，由现行刑法规定的"没收财产"提升为"没收全部财产"。同时，由于贪污贿赂犯罪的被告人本人及其家属大多数利用其职权从事某些易获取高利润的行业，这些利润的获得与被告人之间存在何种关系，从而涉及被告人具体的财产数额以及如果划分，这是应当作进一步深入研究的。[②]

## （二）发挥罚金刑的惩处作用

我国刑法中对贪污贿赂犯罪判处的刑罚中缺失罚金刑的规定，这种刑罚的设置也是我们在限制死刑适用方面面临的问题。"给予他们一定的金钱上的剥夺，可使他们在经济上不仅捞不到便宜，而且有可能丧失再犯罪的'资本'。"[③] 所以，在限制死刑适用的同时，罚金刑也必须对贪污贿赂犯罪的刑罚方式予以添补。在刑法条文对没收裁判生效前合法财产不作修订没收的前提下，可以用罚金的形式予以填充，其对象就是对裁判生效后犯罪分子的合法收入，这种罚金刑的根本目的就是打击贪利性犯罪的根源，遏制腐败案件的持续发生。

在我国《刑法修正案（九）（草案）》中规定，除了死刑之外，都对贪污贿赂犯罪设定了罚金或者没收财产的附加刑，明确说明了实施贪污受贿罪之后在经济上将面临的损失，笔者认为这种规定较我国现行刑法有较大进步。

---

① 因为理性人的目标是最大化自己的效用水平。这里的效用（utility）通常是个人的物质利益（如金钱和住房）和非物质利益（如权力和美女），也可以包括自己家属或相关人的利益。从理论上讲，贪官选择自杀，一定是因为自杀带来的收益超过了自杀的成本，因此自杀是一种理性的选择。根据公开报道统计了近3年的数据，发现：2012年自杀官员12人，其中4人贪腐或涉嫌贪腐；2013年自杀官员7人，其中2人贪腐或涉嫌贪腐；2014年自杀官员陡然增加到39人，其中10人贪腐或涉嫌贪腐。综合最近3年数据，贪腐或涉嫌贪腐的官员占自杀官员的大约三成。与前10年（2003~2012）相比，贪官自杀的数量和比例都在上升。参见聂辉华：《中国贪官自杀收益大于成本 一人自杀多人受益》，载 http://news.ifeng.com/a/20150123/43003473_0.shtml。

② 《在"关于'没收个人全部财产'含义的答复"中"对于裁判生效后犯罪分子取得的合法财产，依法不能没收"》，载中国裁判文书网，http://www.court.gov.cn/gzhd/mygtxx/myfkzl/wpgz/201205/t20120525_177219.htm。

③ 高铭暄：《论我国刑法改革的几个问题》，载高铭暄主编：《刑法修改建议文集》，中国人民大学出版社1997年版。

不过，这种选择性的规定的严厉性仍存在欠缺，对于限制死刑的作用仍有提升的空间，笔者认为更为理想的状态，也就是上文所述的，既没收财产又处以罚金的规定形式。目前来看，如果《刑法修正案（九）（草案）》通过后，对于罚金的具体适用标准和没收财产的比例，仍需进一步的司法解释予以回答。值得肯定的是，我国在《刑法修正案（九）（草案）》中修正了遭遇不能抗拒的灾祸等原因有缴纳困难的情况，添加了经人民法院决定的程序性规定，同时将原有的可以酌情减少或者免除之外添加了"延期缴纳"这种情形，这说明对于贪污贿赂犯罪如果设置了罚金刑以后，不仅在判决指定的期限内应当缴纳，否则就将面临强制缴纳、随时缴纳的不利后果，而且即便发生了不可抗拒的灾祸之后也可能需要延期缴纳的后果，而且这种后果还需要以法院的同意为前提，造成贪污贿赂犯罪的犯罪分子面临着巨大的财产不利的局面，从而最大限度地惩罚贪污贿赂犯罪的犯罪分子。

## 三、 在贪污贿赂犯罪的各刑期中增设资格刑

基于犯罪性质的原因，我国贪污贿赂犯罪只有在判处死刑和无期徒刑时才并处剥夺政治权利终身，或者说只有在贪污罪和受贿罪被判处死刑或者无期徒刑时才能够附加判处剥夺政治权利终身，这就导致死刑限制适用后剥夺政治权利适用的消失，从而使得这种附加刑威慑的效力不复存在。无论是贪污罪还是受贿罪，其共同特点就是两者的主体都拥有一定的权力、承担一定的职务、从事特定的职业或者拥有某种称号或者荣誉，如果限制死刑意味着犯罪分子释放后仍然能够从事特定的职务或者职业，那将大大降低刑罚的实际效力和作用。所以，应当在贪污贿赂犯罪中均加入剥夺政治权利这一附加刑，对于贪污贿赂犯罪的剥夺政治权利刑期予以延长，并且与有期徒刑的刑期同时终结。

## 四、 刑罚的具体执行方式限制贪污贿赂犯罪的死刑

我国刑罚的具体执行方式也可以起到限制贪污贿赂犯罪死刑的作用，通过发挥和完善我国刑罚中具体执行方式中的量刑、累犯、自首和立功、减刑和假释以及时效制度等，从而起到限制贪污贿赂犯罪死刑的目的。

### （一）量刑上的思考

在贪污贿赂犯罪的量刑方面，最直观的就是对犯罪金额的设定，而最模糊的适用死刑的标准，最不符合时代要求的则是 1987 年最高人民法院制定的批复，对于这三个问题有必要一一进行探讨，只有正确地看待和运用这三个问题，才能发挥其限制死刑的作用。

1. 犯罪金额的局限性和修正

我国现行刑法对于贪污贿赂犯罪的死刑适用均规定了具体数额，这种规

定在特定的时期对统一司法判决起到了一定的作用。但是，从司法实践中看，适用死刑的贪污贿赂犯罪在犯罪情节方面差别很大，单纯以数额作为考量，对于判断个罪的社会危害性和人身危险性是不够全面的。而且过度严格按照数额定罪量刑，对于某一具体案件很难根据案件的不同特点进行量刑，从而违背了我国刑法罪责刑相适应原则。特别是伴随着我国经济的不断发展和人民生活水平的不断提高，贪污受贿的金额也相应水涨船高，动辄几百万上千万以致几亿的贪污贿赂犯罪所得也远远突破了10万元以上的低标准。而且即便有情节特别严重的限定，这种限定也是相对模糊的，① 其没有明确规定"情节特别严重"究竟是数额的巨大还是社会危害性、人身危险性的严重程度抑或给国家和人民造成了何种损失。在普通民众心目中，最为量化的是贪污受贿的数额，如果按照现有的规定严格适用，我国在贪污贿赂犯罪上适用死刑的将大大提升。而现实却与民众预期的相反，② 这可能会导致民众对于刑法适用的公平性和公正性产生怀疑。③ 所以当前我国的贪污贿赂犯罪的规定、至少是在文本上并未达到对于死刑的限制适用的要求。

对于这种尴尬的局面，我国《刑法修正案（九）（草案）》对贪污贿赂犯罪的死刑作出了相应的调整。《刑法修正案（九）（草案）》虽然也保留了死刑的配置，但是适用这种刑罚的前提条件是数额特别巨大，删除了具体的数额标准，笔者认为这是科学可行的，既迎合了我国现实国情，也符合犯罪分子的犯罪心理。同时，《刑法修正案（九）（草案）》对死刑适用又作出了限制性规定，要求这种贪污行为是使国家和人民利益遭受了特别重大损失，只有这两者的结合才可能被判处死刑。毕竟，贪污贿赂犯罪都会给国家和人民利益造成客观上的损失，因为国家和人民可预期的利益没有获得或者未能完全获得即意味着损失。但是，这种预期利益不能就直接认定为必定获得的利益，这里存在的影响因素很多，其中就包括贪污贿赂犯罪的干扰。贪污贿赂犯罪在获得非法利益的同时也可能带来了国家和人民的利益（少于预期的利益，例如回扣即为一例），如果贪污贿赂犯罪属于此类就可以不被判处极刑，笔者认为，这种规定对于贪污贿赂犯罪的死刑限制具有重要的促进作用。

2. 认罪态度、退赃以及防止损害结果的发生或扩大等情节的合理性适用

这里所谓的其他情节是指是否退赃、如实供述自己的罪行、真诚悔罪以

---

① 赵秉志著：《刑法基本理论专题研究》，法律出版社 2005 年版，第 629 页。

② 2000 年到 2011 年，这 12 年里被判处死刑的贪官只有 15 人，平均一年只有一个。而且，从 2012 年到 2014 年，这 3 年里只有一个贪官被判处死刑。参见聂辉华：《中国贪官自杀收益大于成本——一人自杀多人受益》，载凤凰新闻网，http://news.ifeng.com/a/20150123/43003473_0.shtml。

③ 房清侠：《论贪污贿赂犯罪死刑标准之异化——以培育法律公信力为视角》，载《河南司法警官职业学院学报》2007 年第 1 期。

及避免、减少损害结果的发生等情节。在我国现有的刑法当中，对于贪污贿赂犯罪没有明确的规定；对于这些情节，只是在具体案件的侦办过程中，检察机关和法院对于这些情节在量刑过程中进行酌情处理。然而，这类情节确实能够体现贪污贿赂犯罪被告人的认罪、悔罪程度和态度，如果只是在实践中予以运用而在法律中没有明确的作出规定，这对贪污贿赂犯罪的被告人是不公平的，不利于鼓励被告人的认罪、悔罪、退赃和改造，更不利于被告人对因贪污贿赂犯罪而引起避免、减少损害结果发生的态度，也违背罪责刑相适应原则。所以，为了在量刑上发挥这些情节在限制死刑方面的作用，应当在刑法中明确予以规定，不仅体现了罪刑法定原则，更有利于鼓励被告人与司法机关的积极配合，达到减少司法资源的浪费和国家、人民的损失。

在我国《刑法修正案（九）（草案）》中我们看到，出现了如果"如实供述自己罪行、真诚悔罪、积极退赃，避免、减少损害结果的发生"的，可以从轻处罚的明确规定。在限制死刑方面，笔者认为是一大进步。因为刑法以具体的规定明确了哪些情节可以影响量刑，而且涵盖的内容较为具体，被告人易于准确把握和理解。同时在这一减轻处罚前限定一个前提，即"在提起公诉前"，这是由于贪污贿赂犯罪的特点决定其隐蔽性造成的有些罪行需要有其口供作为重要佐证等情况；退赃是避免被告人在审判中以退赃换取减轻刑罚；认罪、悔罪具体的表现形式之一是避免、减少损害结果发生，而且其越早阻止这种损害结果的发生就越能减轻其应受的刑罚处罚。

3. 关于我国《刑法》第64条的规定的探讨

值得一提的是我国《刑法》第64条，该条规定了犯罪分子对非法所得应当承担的义务。[①] 1987年最高法院《关于被告人亲属主动为被告人退缴赃款应如何处理的批复》中规定了三种不同的情形，[②] 均涉及被告人家属主动为被告人退缴赃款的相关情形，其中涉及如果被告人被判处死刑的并必须执行的，即便其亲属应被告人的请求或者主动提出并征得被告人的同意自愿代被告人退赔部分或者全部违法所得的，法院也不能接收，这也就意味着法院

---

① 我国《刑法》第64条规定："犯罪分子违法所得的一切财物，应当予以追缴或者责令退赔……"

② 《最高人民法院关于被告人亲属主动为被告人退缴赃款应如何处理的批复》：一、被告人是成年人，其违法所得都由自己挥霍，无法追缴的，应责令被告人退赔，其家属没有代为退赔的义务。被告人在家庭共同财产中有其个人应有部分的，只能在其个人应有部分的范围内，责令被告人退赔。二、如果被告人的违法所得有一部分用于家庭日常生活，对这部分违法所得，被告人和家属均有退赔义务。三、如果被告人对责令其本人退赔的违法所得已无实际上的退赔能力，但其亲属应被告人的请求，或者主动提出并征得被告人的同意，自愿代被告人退赔部分或者全部违法所得的，法院也可考虑其具体情况，收下其亲属自愿代被告人退赔的款项，并视为被告人主动退赔的款项。四、属于以上三种情况，已作了退赔的，均可视为被告人退赃较好，可以依法适当从宽处罚。五、如果被告人的罪行应当判处死刑，并必须执行，属于以上第一、二两种情况的，法院可以接收退赔的款项；属于以上第三种情况的，其亲属自愿代为退赔的款项，法院不应接收。

不能以此对被告人依法适当从宽处罚。笔者认为这是不合时宜、不合人情的过时做法，不利于发挥限制死刑的适用。

首先，说起不合时宜是因为如果这项规定不能得到严格的执行，追缴和退赃就不能起到减免国家和人民财产损失的作用，从而无法达到惩罚的效果，而且由于现有刑法"10万元"以上的可能被判处死刑的"起征点"，则会"鼓励"贪污贿赂犯罪的被告人通过犯罪获取更多的经济利益。而且为了获得从宽处罚，我们可以发现当下的贪污贿赂犯罪的犯罪分子，无论是有心还是无意，均保留了一定的财产，以便东窗事发时进行退赃，已获得相应的从宽处罚，① 从而使得与之相关的、与其家属共同所有的财产变得相对"安全"。其次，说其不合人情是如果被告人的家属积极主动代为退赃部分或者全部违法所得的，是可以考虑对被告人从宽处罚的。毕竟中国是一个非常注重亲情的社会，如果家属能够代为退赃部分或者全部违法所得的，这对被告人所起的感化作用将比死刑的效果更有成效。而且，这个批复是在1987年作出的，距今已经将近30年了，那个时代是我国"严打"时期，而现在我国刑法的趋势则是逐步废除死刑的时期，时代不同了对相关的批复也应当进行修正。

**（二）发挥自首和立功的效能**

自首和立功是我国最主要的减轻犯罪分子刑事责任的手段之一。充分发挥这两者的作用，对贪污贿赂犯罪的死刑限制将起到不可忽视的效果。

1. 对于自首的认定情形

我国《刑法》第67条规定了自首和坦白的相关条款。2009年两高作出了《关于办理职务犯罪案件认定自首、立功等量刑情节若干问题的意见》，笔者理解，只要存在不是在办案机关调查谈话、询问、采取调查措施或者强制措施期间，犯罪分子如实交待办案机关掌握的线索所针对的事实的，在量刑上都可以酌情或者应当从轻处罚。2010年2月8日最高人民法院《关于贯彻宽严相济刑事政策的若干意见》第17条第2款指出，对于亲属以不同形式送被告人归案或者协助司法机关抓获被告人而认定为自首的，原则上都应当依法从宽处罚；有的虽然不能认定为自首，但考虑到被告人亲属支持司法机关工作，促使被告人到案、认罪、悔罪，在决定对被告人具体处罚时，也应当予以充分考虑。笔者认为，自首或者坦白体现了犯罪嫌疑人投案的主动性和自愿性，对于这些人员，即便其达到了应当判处死刑的标准，只要不是罪行极其严重、主观恶性极深、人身危险性极大或者恶意地利用自首规避法律制裁的，对于此类犯罪嫌疑人就应当限制死刑的适用。据最高人民检察院的

① 田亮、李静涛、朱东君、许陈静：《去年15名将军落马　徐才厚家现金堆积如山》，载《环球时报》2015年1月28日。

一份数据介绍，自我国贪污贿赂犯罪国际追逃追赃专项行动开展以来，已回国的49名犯罪嫌疑人，经对犯罪嫌疑人及其家属、重要关系人开展劝返工作，主动回国投案自首的36人，占73.5%。而其他13人则主要是通过开展边境地区国际司法协作、境内追逃与境外协作抓捕等形式，比例占到26.5%。[1] 这说明，应当充分发挥自首和坦白的优势，利用自首和坦白的刑事手段实现降低刑罚处罚从而发挥限制贪污贿赂犯罪的死刑的作用。

2. 对于立功的认定标准

立功有利于司法机关发现、侦破其他犯罪案件，从而实现法的确证。[2] 在司法实践中，对于贪污贿赂犯罪的立功往往只有具备特定的情形才认定立功成立，[3] 由于各种因素严重限制了立功的作用，由此导致许多不应当判处死刑的案件被判处死刑，笔者认为这些要求过于严格。贪污贿赂犯罪的犯罪嫌疑人或被告人考虑其是否有必要立功，其关键影响因素是这种立功是否能够降低其应受到刑罚的处罚。因此，只要贪污贿赂犯罪的犯罪嫌疑人或被告人揭发的犯罪属实，或者其提供的线索是破获犯罪或者抓获犯罪嫌疑人的必要条件就足以构成立功。

（三）减刑与假释的节制适用

限制死刑适用的方式之一是严格执行自由刑，并且在此过程中严格遵守减刑与假释的标准予以适用。因为自由刑在替代死刑发挥作用的条件是罪犯的刑期能够得到切实的执行，不至于影响社会公众对于长期自由刑的威慑力的信心以及自由刑特殊预防的实际效果，那么这种替代就有其存在的空间和合理性。毕竟，一生一死之间存在的差距是非常悬殊的。但是，由于我国对于减刑和假释的适用缺乏统一的标准，把握不够准确和严格，同时又没有固定的程序上的要求，致使在处理减刑和假释两个刑罚执行问题上，各地区的差距较大。对于这一问题，最高人民法院2010年2月8日发布了《关于贯彻宽严相济刑事政策的若干意见》中提到，"对于贪污贿赂犯罪案件……的减刑、假释案件，要一律开庭审理"。这就对我国目前贪污贿赂犯罪作出了程序性规定，从而为防止贪污贿赂犯罪的减刑和假释的滥用制定了操作层面的标准。此外，笔者建议，可以将贪污贿赂犯罪也纳入《刑法》第50条第2款当中，由人民法院根据贪污贿赂犯罪的情节等情况决定是否对其限制

---

① 何青：《最高检：已劝返36人　占回国投案自首人数的七成》，载中华人民共和国最高人民检察院网，http://www.spp.gov.cn/ztk/2015/ztzz/zyxw/201501/t20150119_88447.shtml。

② 张明楷著：《刑法学》（第3版），法律出版社2007年版，第451页。

③ 2009年，最高人民法院、最高人民检察院《关于办理职务犯罪案件认定自首、立功等量刑情节若干问题的意见》，就立功的认定和处理作出了规定。

减刑。①

**（四）死缓执行的条件限制**

我国现行关于死缓执行的规定相对比较严格，其中规定如果故意犯罪查证属实的，由最高人民法院核准，执行死刑。这种规定对于贪污贿赂犯罪被执行死刑相对于《刑法修正案（九）（草案）》中对于死缓执行的要求较高，因为在《刑法修正案（九）（草案）》中规定死缓执行死刑的条件中，不仅有故意犯罪作为前提，而且还要求情节恶劣，这就进一步提高对死缓罪犯执行死刑的门槛。在监狱这种环境相对封闭的空间内故意实施犯罪是相对困难的，如果犯罪分子实施了故意犯罪而且其情节恶劣，那么就更加困难，所以《刑法修正案（九）（草案）》规定就限制了犯罪分子被执行死刑的可能性，从而对于我国限制死刑包括限制贪污贿赂犯罪的死刑具有很大的进步意义。

**（五）刑罚执行的公平公正**

对贪污贿赂犯罪的犯罪分子在监狱服刑期间予以严格执行刑罚也能够在一定程度上起到限制死刑的作用。有些情况下，贪污贿赂犯罪的犯罪分子，特别是达到较高层级的犯罪分子在服刑期间享受特殊待遇，以致无法定原因进出监狱，这种现象不仅降低了刑罚的现实惩罚力，向民众发出了同罪不同罚的错误信息，同时也从根本上动摇了法律面前人人平等的原则，最终导致各种限制死刑措施的失效。所以，限制死刑的各种措施必须以刑罚的公平、公正执行为保障，只有做到同罪同罚，才能使得公众信任限制死刑也能使得贪污贿赂犯罪的犯罪分子受到应有的惩罚。

---

① 《刑法》第 50 条第 2 款规定："对被判处死刑缓期执行的累犯以及因故意杀人、强奸、抢劫、绑架、放火、爆炸、投放危险物质或者有组织的暴力性犯罪被判处死刑缓期执行的犯罪分子，人民法院根据犯罪情节等情况可以同时决定对其限制减刑。"

# 论我国贪污贿赂犯罪资格刑
# 与财产刑的完善

罗　猛[*]

《联合国反腐败公约》第 30 条规定了腐败犯罪的"起诉、审判和制裁"，强调了对腐败犯罪应当"受到与其严重性相当的制裁"，重视惩罚的威慑性。但从该规定也可以看出，《公约》紧密围绕腐败犯罪贪利性的特征，重视的是对腐败犯罪行为人财产和资格的剥夺，而没有强调自由刑、生命刑的作用。与《公约》相比，我国刑法对贪污贿赂犯罪处罚在立法宗旨、政策方面存在着差异。

## 一、财产刑

"财产刑是一类刑种的总称，而不是一种具体的刑种，它以剥夺犯罪人的财产（包括金钱和财产）为内容。"[①] 关于财产刑作为刑种的根据和理由，学者归纳到：第一，有限的财产是现代人类行动和自由的基础，它所具有的珍贵性赋予了财产刑的痛苦性和惩罚性。第二，随着社会经济的发展，财产权成为当今人民普遍拥有的权利，财产刑也就随之摆脱了特权刑的角色和身份。第三，财产刑符合刑罪等价报应要求。对贪利性犯罪、经济犯罪和财产犯罪配置财产刑，对犯罪人剥夺一定的财产，与犯罪人对国家、社会以及他人财产的侵犯具有直观的刑罪等价报应效果，这种与罪行相适的刑罚种类显然是十分恰当的。第四，财产刑能够较好地满足预防犯罪的刑法功利需求。第五，财产刑具有十分突出的刑罚经济性特点。第六，财产刑是极具人道性的刑罚方法。[②] 由于各国对于财产刑规定的种类不一，刑种的内容也有差异，所以，有必要仔细区分从而选择适用。

根据我国刑法的规定，附加刑包括罚金、剥夺政治权利和没收财产。罚金与没收财产都是与财产有关的附加刑罚方式。那么，罚金刑与没收财产刑有何异同呢？从概念上讲，罚金是法院判处犯罪人向国家缴纳一定数额金钱

---

　　* 北京市海淀区人民检察院反贪污贿赂局副局长，法学博士，北京师范大学刑事法律科学研究院博士后研究人员。

　　① 邓文莉著：《刑罚配置论纲》，中国人民公安大学出版社 2009 年版，第 126 页。
　　② 邓文莉著：《刑罚配置论纲》，中国人民公安大学出版社 2009 年版，第 128~131 页。

的刑罚方法。没收财产是将犯罪人个人所有财产的一部分或全部强制缴纳收归国有的刑罚。二者的异同，我国学者论述到：没收财产与罚金的相同之处是较多的，如两者同属财产刑；都是我国刑法中的附加刑；在适用内容上都可以是将犯罪人所有的金钱强制无偿收归国有；在适用程序上都是由人民法院依法判决，公安机关、检察机关以及其他任何政府机关都无权作出没收财产或罚金的决定等。二者的区别在于，（1）罚金是以剥夺犯罪人一定数额的金钱为内容，而没收财产是以剥夺犯罪人个人所有的财产如土地、房屋、物质等为内容。如果是没收存款也与罚金不同，它是以现有的金钱为限，而罚金则是责令缴纳一定数额的金钱，这一数额可能超过犯罪人手中现有的金钱数。（2）在适用对象上，没收财产主要适用于严重犯罪，如反革命罪及其他严重贪利犯罪，罚金适用对象主要是较轻的犯罪。（3）没收财产的执行具有一次性特点，且不存在减免问题，罚金可以分几次缴纳，还可以在罪犯遭遇灾祸缴纳有困难时酌情予以减免，至于罚金刑中的分期缴纳与易科等措施就更不可能在没收财产中出现。（4）没收财产一般由法院执行，必要时可以会同公安机关执行，而罚金刑只可能由人民法院执行。①

笔者查阅了资料，俄罗斯刑法中曾经在罚金之外有关于没收财产的规定，"俄罗斯联邦当代刑法和刑事诉讼立法既可以没收全部财产，也可以没收部分财产。依照《俄罗斯联邦刑法典》（1996 年）第 52 条第 1 款，没收财产是将被判刑人所有的全部或部分强制性地无偿收归国家所有。没收财产只能作为从刑适用（刑法典第 45 条第 3 款）。立法者专门说明，这一刑罚只有在《俄罗斯联邦刑法典》分则相应条款有规定时才能判处，同时指出了适用的界限：出于贪利动机而实施的严重犯罪和特别严重的犯罪（刑法典第 52 条第 2 款）。"② 在学者的呼吁下，2003 年俄罗斯在修订刑法典时废除了关于没收财产的规定。此外，受俄罗斯刑法影响较大的罗马尼亚、保加利亚等东欧国家都曾在刑法典中规定了没收财产，但经修订后的现行刑法典均废除了原有的没收财产刑。1810 年的《法国刑法典》也曾规定了没收财产刑，后废除。目前保留没收财产的还有蒙古以及我国等。没收财产制度受到学者的诟病，如"没收财产刑强制性无偿地没收犯罪行为人全部或者部分财产的内容和做法与'私有财产神圣不可侵犯'的宪法原则是相违背的，同时也违背了罪责自负、刑罚平等的原则以及存在增加犯罪的反社会情绪和不利于教育感化罪犯等弊端，由此在西方各国的刑事法律中一般都不再规定没收财产刑。"③ 又如"从人道主义的立场上讲，没收财产（一般没收）属于一种过于严厉的刑

---

① 马克昌主编：《刑罚通论》，武汉大学出版社 1999 年版，第 191~219 页。

② ［俄］Н. Ф. 库兹涅左娃、И. М. 佳日科娃主编：《俄罗斯刑法教程（总论）下卷·刑罚论》，黄道秀译，中国法制出版社 2002 年版，第 612 页。

③ 邓文莉著：《刑罚配置论纲》，中国人民公安大学出版社 2009 年版，第 133~134 页。

罚方法，可以归于酷刑的范围，因为没收财产意味着消灭人的社会存在的物质基础，并严重地波及受刑者无辜的家庭，其对人道主义的违背并不亚于死刑。这就是为什么大多数国家刑法不规定没收财产，而且还有一些国家宪法规定禁止规定和适用没收财产刑。"[1] 由此可见，我国刑法受到苏俄的影响很大，我国罚金与没收财产制度与苏俄刑法的规定类似。

而在德、日等国，刑法的刑罚种类却有所不同，只有没收制度，而没有没收财产制度一说。没收与没收财产有着本质的区别。在德国刑法中，先有适用于情节较轻情况的罚金刑，后有针对特定犯罪被科处 2 年以上自由刑后并科的财产刑，也有追缴与没收，通过追缴剥夺行为人因其犯罪行为所得之物，没收的客体是故意犯罪所得之物、用于故意犯罪之物，或者准备用于故意犯罪之物。[2] 日本刑法中的财产刑包括罚金、罚款、没收三种。作为没收对象之物，不问动产还是不动产，有如下四种：第一，组成犯罪行为之物即组成物件；第二，供犯罪行为所用或者准备供犯罪行为所用之物即供用物件；第三，犯罪行为所生之物即产出物件、由犯罪行为所得之物即取得物件、作为犯罪行为的报酬所获之物即报酬物件；第四，作为第三种情况中所示之物体的对价而获得之物即对价物件。[3] 在《联合国反腐败公约》中，第 31 条规定了冻结、扣押和没收，根据第 31 条第 1 款的规定，没收的对象为：1. 来自根据本公约确立的犯罪的犯罪所得或者价值与这种所得相当的财产；2. 用于或者拟用于根据本公约确立的犯罪的财产、设备或者其他工具。

在我国，没收不是刑罚种类之一，在《刑法》第四章"刑罚的具体运用"第一节"量刑"中，第 64 条规定，犯罪分子违法所得的一切财物，应当予以追缴或者责令退赔；对被害人的合法财产，应当及时返还；违禁品和供犯罪所用的本人财物，应当予以没收。没收的财物和罚金，一律上缴国库，不得挪用和自行处理。而我国《刑事诉讼法》第 198 条也规定，人民法院作出的判决生效以后，对被扣押、冻结的赃款赃物及其孳息，除依法返还被害人的以外，一律没收，上缴国库。从司法实践来看，是将贪污罪、挪用公款罪、私分国有资产罪、私分罚没财产罪中的赃款赃物发还受害单位，将贿赂类犯罪中的赃款赃物予以没收。根据我国《刑法》第 64 条的规定，我国也有追缴制度，其与没收的区别在于对象的不同，追缴的对象是违法所得的一切财物，而没收的对象是违禁品和供犯罪所用的本人财物。这与《联合国反腐败公约》中的规定存在一定的区别，我国的没收与追缴都属于《公约》中

---

① 陈雷著：《反腐败国际公约视野下我国反腐败刑事立法及其完善》，中国人民公安大学出版社 2008 年版，第 362 页。

② ［德］汉斯·海因里希·耶赛克、托马斯·魏根特著：《德国刑法教科书》，徐久生译，中国法制出版社 2001 年版，第 927~965 页。

③ ［日］大谷实著：《刑事政策学》，黎宏译，中国人民大学出版社 2009 年版，第 150~151 页。

的没收。根据我国刑法的规定，对巨额财产来源不明罪中的不能说明来源的差额部分实施追缴。

我国腐败犯罪的财产刑具有以下特点：

第一，对腐败犯罪的处罚，一些犯罪附加适用罚金刑，一些附加适用没收财产。例如，贪污罪、受贿罪、行贿罪适用没收财产，单位受贿罪、单位行贿罪、（单位）对单位行贿罪、私分国有资产罪、私分罚没财产罪适用罚金刑；利用影响力受贿罪并处罚金或者没收财产，除此以外，挪用公款罪、（个人）对单位行贿罪、介绍贿赂罪、巨额财产来源不明罪、隐瞒境外存款罪只处罚主刑不附加适用任何附加刑。

第二，腐败犯罪中的单位犯罪实行的是对单位判处罚金，对直接负责的主管人员和其他直接责任人员判处主刑。[①]

第三，在司法实践中，不管是罚金刑还是没收财产刑判决都没有得到很好的执行。在查办腐败犯罪中，一般都是由侦查机关对涉案赃款赃物进行冻结、扣押，与案件无关的财产不得冻结、扣押。案件侦查终结移送审查起诉之时，侦查机关将扣押赃款赃物随案移送审查起诉机关，案件移送法院审判时再随案移送法院，最后由法院在判决中对赃款赃物作出处理。判决中的罚金或者没收财产由于在刑事诉讼法中没有规定明确的执行机关，法院认为应该由侦查机关扣押、冻结以后移送法院执行，侦查机关认为案件已经移送法院审判，法院应该是执行机关，所以，导致的结果就是，判决以后罚金、没收财产的执行仅能够凭借行为人的自觉，由于财产刑执行的好坏与否与行为人的判决结果好坏已经没有任何关系，所以行为人判决后自觉执行法院财产刑的自觉性很低，导致实践中罚金、没收财产判决的执行比例相当低，几乎形同虚设。

对我国的腐败犯罪，如何适用财产刑，笔者的建议是：

第一，将罚金刑与没收财产刑合并为罚金刑。罚金与没收财产虽然在理论上有区别，但是，从司法实践来看，二者区别并不大，"罚金刑与没收财产刑的本质和适用对象是相同的，财产可以用金钱折抵，财产经过拍卖也可以变为现金。用罚金刑替代没收财产，丝毫不影响刑罚的执行。将附加刑的罚金刑与没收财产刑加以整合，也不存在立法技术上的困难"。[②] 也就是在适用上将罚金刑扩大至严重的犯罪，使得罚金与没收财产合二为一。

第二，可以考虑将我国刑法中的没收与追缴合并为《联合国反腐败公

---

① 我国《刑法》第 396 条的私分国有资产罪和私分罚没财产罪是单位犯罪还是自然人犯罪在理论上有争议，而对此二罪采取的是不处罚单位，对负责任的自然人在主刑之外并处或者单处罚金。笔者本文中未将其归入单位犯罪中。

② 陈雷著：《反腐败国际公约视野下我国反腐败刑事立法及其完善》，中国人民公安大学出版社2008 年版，第 370~371 页。

约》中的没收，并规定为附加刑。没收是刑事法中的重要制度，既具刑事程序法的功能，又有刑事实体法的作用，对于打击犯罪，保障国家、社会、被害人的财产损失具有重要作用，但是，刑事法对其地位没有明确的规定，程序设计不完善，学界对其研究也不够。根据《联合国反腐败公约》的规定，没收可以分为"直接没收与间接没收两种类型"①，根据《公约》第 31 条的规定，直接没收包括三种情形：一是犯罪所得没收；二是犯罪价值没收；三是犯罪工具没收。间接没收也包括三种情形：一是替代物没收，即如果这类犯罪所得已经部分或者全部转变或者转化为其他财产，则应当以这类财产代替原犯罪所得；二是混合物没收，即如果这类犯罪所得已经与从合法来源获得的财产相混合，则应当在不影响冻结权或者扣押权的情况下没收这类财产，没收价值最高可以达到混合于其中的犯罪所得的估计价值；三是利益没收，即来自这类犯罪所得、来自这类犯罪所得转变或者转化而成的财产或者来自已经与这类犯罪所得相混合的财产的收入或者其他利益。《公约》的规定值得我们学习与借鉴。

第三，对单位犯罪中应该负刑事责任的自然人配置罚金刑。首先，从大陆法系和英美法系关于单位犯罪的学界观点以及立法状况来看，单位犯罪是自然人犯罪的刑事政策产物，是为了防止法人企图在没有查处的负担中，逃避罚金或者没收等处罚，才对单位进行经济处罚。日本、美国关于单位犯罪采用的是单位责任人犯罪在前，单位刑事责任在后的立法模式，与我国采用的单位犯罪在前，责任人刑事责任在后的立法模式是不同的。② 我国这样的立法模式，就使得在同种犯罪中，单位犯罪中的责任人与自然人犯罪中的责任人在刑事责任上千差万别，处罚标准低了不少，导致了处罚的轻重不平衡。在腐败犯罪中，单位犯罪表面看是为了单位的利益而实施，但实际最终目的还是行为人的利益，所以，对单位犯罪中负刑事责任的自然人配置罚金刑具有正当性，也符合当今世界刑法从关注犯罪行为转向关注行为人，从而实现刑罚个别化的潮流。

第四，对挪用公款罪、（个人）对单位行贿罪、介绍贿赂罪、巨额财产来源不明罪、隐瞒境外存款罪附加适用罚金刑。这些犯罪行为也是为了自己或者他人的经济利益而实施的，不对这些犯罪行为适用罚金刑，一是没有达到腐败犯罪刑罚适用的统一性，二是不利于对腐败犯罪的打击。英国著名的刑法学家边沁曾指出："如果刑罚具有某种与罪行类似或相似的特性，即与

---

① 张旭辉：《〈联合国反腐败公约〉在中国实施的若干问题》，载赵秉志、卢建平主编：《国际刑法评论》（第 4 卷），中国人民公安大学出版社 2009 年版，第 353 页。

② 罗猛著：《挪用犯的理论与实践探索》，清华大学出版社 2010 年版，第 164~165 页。

罪行有共同属性，那么就极易加深记忆，给人留下强烈印象。"① "对贪利性犯罪、经济犯罪和财产犯罪配置财产刑，对犯罪人剥夺一定的财产，与犯罪人对国家、社会以及他人财产的侵犯具有直观的刑罪等价报应效果，这种与罪行相似的刑罚种类显然是十分恰当的。"②

## 二、 资格刑

资格刑并非是一个具体刑种，而是一类刑种的总称，其指 "剥夺犯罪人享有或行使一定权利的资格的刑罚。"③

有学者对资格刑作为刑种的根据和理由进行了概括：第一，资格刑完全具备刑罚的惩罚功能。在市场经济条件下，一个人的经济实力在很大程度上决定了他的社会地位。在当今分工越来越细化的社会背景下，具备某一专业领域的从业资质，也就意味着具有较高的社会地位，并且与此同时也就能够得到丰富的经济回报，但行为人因犯罪就会被取消或限制其已经取得的从事某种职业或活动的资格。第二，资格刑能够在一定的程度和范围内满足社会对犯罪恶害的报应情感。第三，资格刑的配置和适用能够满足预防犯罪的需要。第四，随着民主的发展，国家赋予公民参与管理国家和公共事务的权利和机会范围的增多，剥夺和限制犯罪人享有权利以及禁止其从事某种活动变得更具普遍性和可能性，这就为资格刑作为独立刑种加以规定提供了必要的现实基础。第五，资格刑将某些犯罪人隔离于某些特定活动或职业之外，完全是处于社会防卫的需要。第六，资格刑内容的多样性能够满足犯罪情况的多样性。④ 对腐败犯罪，资格刑具有除以上六种之外的更加重要的意义，资格刑具有维护国家公权力的管理威信，纯洁国家公职人员队伍的作用。国家机关作为代表国家管理国家事务的重要机关，其管理者管理能力的高低、管理水平的好坏，直接关系到国家的稳定、社会的和谐和经济的发展；国有公司、企业是我国经济发展的重要组成部分，事业单位确保我国各项事业良好运转的机构，人民团体则是维护公众利益的重要组织机构，品行不良之人显然不适宜在这些单位中任职。

我国刑法规定的资格刑包括剥夺政治权利与驱逐出境⑤。前者适用于本国人，后者适用于外国人。根据《刑法》第54条的规定：剥夺政治权利是

---

① ［英］吉米·边沁著：《立法理论》，李贵芳等译，中国人民公安大学出版社2004年版，第388页。

② 邓文莉著：《刑罚配置论纲》，中国人民公安大学出版社2009年版，第130页。

③ 马克昌主编：《刑罚通论》，武汉大学出版社1999年版，第220页。

④ 邓文莉著：《刑罚配置论纲》，中国人民公安大学出版社2009年版，第145~146页。

⑤ 关于驱逐出境，我国刑法学界意见比较一致，都把它作为一种资格刑。参见马克昌主编：《刑罚通论》，武汉大学出版社1999年版，第240页。

剥夺以下权利：1. 选举权和被选举权；2. 言论、出版、集会、结社、游行、示威自由的权利；3. 担任国家机关职务的权利；4. 担任国有公司、企业、事业单位和人民团体领导职务的权利。

对腐败犯罪而言，我国的资格刑存在如下的问题，对这些问题又如何解决呢？

第一，不区分单位犯罪还是自然人犯罪。对于资格刑与单位犯罪的问题，学界有两种观点，一种观点认为，我国刑法中的单位犯罪不适用资格刑，另一种观点认为，我国刑法中的资格刑既可以对自然人适用也可以对单位适用。笔者认为，在我国刑法中，对单位适用资格刑处于一种两难的境地；首先，我国刑法中并未有明确的规定，资格刑只对自然人适用；其次，剥夺政治权利与驱逐出境都无法对单位予以适用。

但是，单位是依法批准而进行经营管理的组织，仅适用罚金刑远远不够，应该对其适用诸如停业整顿、限制、禁止从事某种业务活动、强制撤销等。有学者指出："解散（取缔）单位组织、禁止从事特定职业和社会活动、对犯罪单位通告训诫、停业整顿等，这些处罚方法，或者永久性地消灭腐败犯罪单位的权利能力和行为能力，或者暂时性地禁止犯罪单位直接或间接从事与犯罪有关的职业或社会活动，或者减损犯罪单位的名誉，从而可以做到罪责刑相适应。"[1]

第二，对行为人剥夺政治权利有期限限制。对腐败犯罪而言，有些被剥夺的权利可以有一定期限限制，有些权利应该予以终身剥夺。剥夺政治权利中被剥夺的四项权利并没有区分情况分别适用，会出现"刑罚配置过剩"与"刑罚配置不足"的问题。前者如对侮辱罪、诽谤罪等并非利用职务而实施的较轻微罪行，在单处剥夺政治权利时连宪法赋予的言论、出版、集会、结社、游行、示威的自由也一并剥夺，显得过分，也无此必要。[2] 后者如对腐败犯罪的行为人仅仅是在一段时间里剥夺其担任国家机关、国有公司、企业、事业单位和人民团体领导职务的权利，似乎不足以惩戒这种利用职务便利实施侵害职务行为廉洁性的犯罪。

笔者的建议是对腐败犯罪，除轻罪以外，都应该永远禁止行为人担任国家机关、国有公司、企业、事业单位和人民团体领导职务的权利。有学者也提出，资格刑也有其弊端，从教育刑角度讲，剥夺或限制资格，使犯罪人丧失社会荣誉、权利、地位以至于赖以生存的某种职业、身份，使其难以重返

---

① 赵秉志、杨诚主编：《〈联合国反腐败公约〉在中国的贯彻》，法律出版社 2011 年版，第 160 页。

② 马克昌主编：《刑罚通论》，武汉大学出版社 1999 年版，第 244 页。

社会，这与刑法的基本目的和功能是相违背的。① 笔者认为此种观点值得商榷，对行为人禁止其担任公职，但并不禁止其从事其他经济活动，国有经济是社会的主要力量，但并非全部，行为人还可以凭借自己的才能在非公经济领域发挥自己的作用，借此重新回归社会。

《联合国反腐败公约》第 30 条第 7 款规定，各缔约国均应在符合本国法律制度基本原则的范围内，根据犯罪的严重性，考虑建立程序，据以通过法院或者任何其他适当手段，取消被判定实施了根据本公约确立的犯罪的人在本国法律确定的一段时间内担任下列职务的资格：（一）公职；（二）完全国有或者部分国有的企业中的职务。何谓"国有企业"，一种观点认为，国有企业是指财产属于国家所有，从事生产、经营或者服务的经济组织（或者单位、经济实体）。另一种观点认为，国有企业是指财产属于国家所有，从事生产、经营或者服务活动的非公司化经济组织。第一种观点与第二种观点的关键分歧点在于，是否将国有公司排除在国有企业之外。② 《公约》中的"国有（的）企业"属于第一种观点，其包含国有公司在内。根据《公约》的规定可知，其对腐败行为人不仅禁止担任完全国有的企业中的职务，而且禁止担任部分国有的企业中的职务，但是，我国刑法中规定的"国有公司、企业"不包括国有参股、控股公司、企业，由此可见，对腐败犯罪，《公约》在资格刑规定的限制行为人担任某种职务方面比我国刑法规定的范围广，其禁止腐败犯罪行为人担任部分国有的企业中的职务。此观点值得我国刑法借鉴。

第三，资格刑的种类不够全面，缺乏针对性。如商业贿赂中的行贿者，其本身就处于非公体制中，剥夺其担任公职并没有多大意义。但是，对商业贿赂中行贿犯罪的成因而言，"宏观原因——寻租行为大行其道，成为转型社会中行贿者的策略选择。市场缺失、政府大量干预和管制经济活动，是计划经济向市场经济转型过程中客观存在的一个制度环境。政府过度干预和管制，可能对经济、特别是对企业活动造成伤害。具体来说，企业会与官员建立起来某种联系，形成对其有帮助的关系资本。关系资本可以帮助企业绕开行政管制或通过非市场途径获取资源，起到'润滑剂'的作用；关系资本也可以帮助企业逃避，或减免官员的管制，起到'保护费'的作用。因此，行贿成为了在转型经济体中行贿者的一种策略性选择"。③ 由此可见，对商业贿赂中的行贿者而言，更多的是要剥夺其参与社会经济活动的权利，如禁止其参与招投标活动。

---

① 陈雷著：《反腐败国际公约视野下我国反腐败刑事立法及其完善》，中国人民公安大学出版社 2008 年版，第 373 页。

② 罗猛著：《挪用犯的理论与实践探索》，清华大学出版社 2010 年版，第 55~56 页。

③ 黄海、李文璞：《行贿犯罪发展趋势、成因及对策研究》，载《人民检察》2011 年第 14 期。

虽然我国刑法中对资格刑的规定不够全面、合适，但是，相关的部门也在其领域中进行了一些有益的尝试，其实践经验值得刑法借鉴。例如，检察机关目前设立的行贿档案查询系统，面向社会提供行贿犯罪的查询，招标单位可以到检察机关查询投标人是否有过行贿犯罪，对曾经有过行贿犯罪行为的投标人禁止参加投标活动。2002年，全国第一份"行贿黑名单"诞生于浙江省宁波市北仑区检察院，当年3月，该院将1998年以来办理的建筑领域贿赂案件纳入行贿资料库，在此基础上建立了"行贿黑名单"制度，一部分情节比较严重、性质比较恶劣的行贿人被列入"黑名单"，据此向该区招标业主单位提供"诚信咨询"，具有行贿污点的建筑商在投标中被低评甚至取消投标资格。政府部门对检察机关提供的行贿档案查询也非常欢迎，积极予以回应并实践，如2003年11月，浙江省检察院会同省建设厅、省监察厅联合推出了《浙江省建设市场不良行为记录和公示暂行办法》，首次将"行贿黑名单"引入全省建设市场。2004年春，最高人民检察院、建设部、交通部、水利部联合发出通知，决定从当年4月15日起，在江苏、浙江、重庆、四川和广西五省市区的工程建设领域，开展"行贿犯罪档案"查询试点工作。2005年11月，全国检察机关建立行贿犯罪档案查询系统工作会议，会议披露，全国检察机关将在2005年底前建立行贿犯罪档案查询系统，2006年1月1日对外开展查询，查询范围也从过程领域推行到金融、教育、医药卫生和政府采购领域。[1] 上海市有关部门就在日前出台规定，凡参加政府采购、建设工程招标必经行贿档案查询程序，据报道，2011年以来，上海市检察机关共受理行贿档案查询9684次，同比增长427%。[2] 自2006年至2009年的3年间，全国检察机关共受理查询57311次，涉及被查询单位60505家，个人48741人，其中254个单位和224名个人受到相关部门的处置。[3] 但是，行贿档案的查询工作经过一段时间的运行，也存在不少的问题，如只能查询到被司法机关立案查处的行贿犯罪行为，对那些涉嫌违法但是没有达到犯罪标准的行贿违法行为，以及那些因为宽严相济刑事政策需要而没有被处理的行贿犯罪行为，在行贿档案中都无法查询到。对此，笔者建议，检察机关应该将以上没有纳入查询范围的行贿行为也纳入查询的范围，只要是存在行贿行为的个人或者单位，都禁止进行招投标，从而加大对行贿犯罪的打击力度。

有学者也提出：在腐败犯罪中，许多犯罪人都是利用其职业身份来进行的，而现行刑法没有根据经济犯罪的特点在资格刑体系中规定相应的内容，所以建议资格刑体系中在"禁止担任公职"之外增设"禁止从事一定职业"的内容，但是，对其适用主体必须有严格的限制。下列人员如果利用其特定

① 郑博超：《行贿"黑名单"将污点晒在阳光下》，载《检察日报》2012年1月13日。
② 林中明：《政府采购、招投标先查行贿"黑名单"》，载《检察日报》2012年1月6日。
③ 郑博超：《行贿"黑名单"将污点晒在阳光下》，载《检察日报》2012年1月13日。

身份地位进行与其身份地位或职业道德不相符的犯罪行为，应当禁止其从事一定的职业：（1）非国有企业高级管理人员，包括董事、经理、监事、财务主管等；（2）中介服务人员，包括律师、会计师、审计师、拍卖师、清算师、验证师等。[①]

第四，资格刑的配置比较混乱、随意性较强。根据我国刑法总则的规定，剥夺政治权利的期限一般为1年以上5年以下，判处有期徒刑以上刑罚的，期限为终身；剥夺政治权利应当适用于危害国家安全的犯罪分子与被判处无期徒刑以上的犯罪分子；刑法还列举了对于故意杀人、强奸、防火、爆炸、投毒、抢劫等严重破坏社会秩序的犯罪分子可以附加适用剥夺政治权利。在分则中则配置混乱、随意性较强，主要表现在：首先，从类罪上来看，刑法分则对以国家工作人员为主体的贪污罪、渎职罪以及军人违反职责罪等职务性犯罪中的较轻罪行既未配置独立适用，也未配置附加适用的剥夺政治权利，而对非国家工作人员实施的侵犯公民权利、民主权利中的轻罪行为却配置了独立适用的剥夺政治权利。其次，从个罪上看，在侵犯公民人身权利、民主权利中，对侮辱罪、诽谤罪及煽动民族仇恨、民族歧视罪配置了独立适用的剥夺政治权利，但对在该章中与其罪行程度相差不多或者相对轻的罪行却没有配置，比如非法剥夺公民宗教信仰自由罪、侵犯少数民族风俗习惯罪等。此外，对比新旧刑法，亦可以发现我国在配置剥夺政治权利刑时随意性较强。[②]

根据刑法的规定，对腐败犯罪，只有极少数判处无期徒刑以上的犯罪分子才能适用资格刑，资格刑在腐败犯罪中适用犯罪的范围很窄，其并没有起到预防与遏制犯罪的作用。而如前所述，资格刑适用于腐败犯罪有诸多的益处，且没有对腐败犯罪广泛适用资格刑是立法的缺失。有学者以贿赂犯罪为例，列举了不适用资格刑为什么是"立法缺失"的理由：第一，不能明白无误地反映出国家法律对受贿行为及行为人的否定的政治评价；第二，对那些因为受贿罪在刑满释放后有再犯可能性的人起不到限制作用，在客观上也起不到巩固改造成果的作用；第三，不剥夺犯罪分子担任国家机关职务的权利，会破坏国家公务员队伍的纯洁性，损害国家机关的信誉。[③] 例如，台湾学者林山田教授也曾指出："剥夺犯罪人之被选举资格，为公务员、民意代表及陪审员等资格，直接可确保公职人员之信誉，间接可维护国家社会之利益。"[④]

---

① 陈雷著：《反腐败国际公约视野下我国反腐败刑事立法及其完善》，中国人民公安大学出版社2008年版，第373页。

② 邓文莉著：《刑罚配置论纲》，中国人民公安大学出版社2009年版，第300~301页。

③ 赵秉志、杨诚主编：《〈联合国反腐败公约〉在中国的贯彻》，法律出版社2011年版，第90页。

④ 林山田著：《刑罚学》，台湾商务印书馆1983年版，第309页。

# 从一罪处断还是数罪并罚

## ——贪污贿赂犯罪的刑罚协调问题研究

庄 劲[*]

在实践中，贪污贿赂犯罪往往会牵连其他犯罪。这时应一罪处罚还是数罪并罚，立法中没有明确规定。司法解释虽有部分的规定，但这些规定未必正确，且也不能解决全部问题。其中有些常见的罪数现象，如挂钩现象和不典型挂钩现象，国内学理上甚至鲜见研讨。但立法上要完善贪污贿赂犯罪的处罚，学理上就必须明确这些罪数现象的处罚根据。本文拟讨论三种常见的贪贿犯罪罪数现象的处罚，以期在司法上能够指导对这些问题的刑罚协调，并为将来在立法上完善贪贿犯罪的处罚提供理论基础。

## 一、"挂钩现象"的刑罚协调

实践中发生过这样的案例：国有公司的负责人挪用公款用于转贷亲友谋利，待亲友返还公款本息后，该负责人将部分款项放入单位小金库用于违规发放单位员工的节日费，另一部分则据为己有。根据我国刑法的规定，该负责人先前挪用的行为构成挪用公款罪，后将部分公款用于违规发放员工节日费的行为构成私分国有资产罪，将剩余部分公款据为己有的行为构成贪污罪。问题在于，行为人挪用公款后又贪污的，或者挪用公款后又以单位名义私分的，根据司法解释和相关的罪数法理，本来应当从一重罪处断，但就贪污罪和私分国有资产罪的关系来看，二者是实质数罪的关系，应当并罚。这时应当如何处理呢？

要解决这个问题，或可以借鉴德国刑法竞合论中的挂钩理论。挂钩理论（又称挂钩现象，Verklammerung），是指两个本具有实质数罪关系的犯罪，分别与共同的第三方犯罪具有法条单一的关系，该第三方犯罪就像一个钩子，将两个独立的犯罪挂钩起来，使之具有按单一法条处罚的可能性。[①]具体关系

---

[*] 中山大学法学理论研究中心研究员，法学博士。

[①] "挂钩"的概念最早源于想象竞合理论，本来指两个各自独立的犯罪行为，分别与第三个行为的不同部分构成想象竞合（行为单一），前两个行为因被第三个行为挂钩，成为从一重罪处断的犯罪单数。但现在人们认为，类似的现象同样会发生在法条单一中，尤其是传统牵连犯的领域。参见柯耀程著：《刑法竞合论》，中国人民大学出版社2008年版，第221页；Vgl. Wessels/Beulke, Strafrecht Allgemeiner Teil, C. F. Müller, 2010, S. 306。

如下图所示，上游是镊子犯罪 K 罪（$n_1 + n_2$），它基于不同的一罪关系而发展为多个下游犯罪 A 罪（$n_1$）、B 罪（$n_2$），呈现为一个犯罪发展为多个犯罪的离散形态。在上例中，挪用公款罪是 K 罪，它像一个钩子，将两个原本独立的犯罪 A 罪（贪污罪）和 B 罪（私分国有资产罪）勾了起来。挂钩现象中包含了两种处罚倾向：基于被勾连的犯罪相互间的独立性，应数罪并罚；基于被勾犯罪与钩子犯罪的一罪关系，应以一罪处罚。这便需要研究，这两种冲突的处罚倾向应如何协调，是否应承认钩子犯罪（挪用公款罪）的挂钩效力。

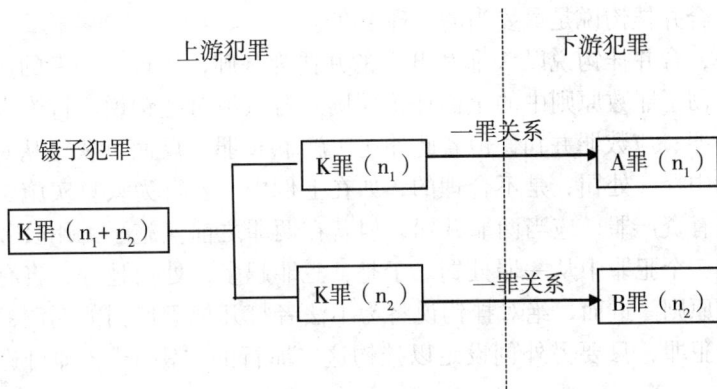

这时的难点在于，基于 A 罪和 B 罪，应予并罚，但基于其与 K 罪的关系，又应予从一重罪处断。那么，三罪应当如何处断呢？学说上存在以下解决方案：

（1）绝对挂钩说，这是传统学理之见解，认为因 K 罪的存在，A 罪、B 罪和 K 罪均成立一罪关系，应从中择一重罪处断。[1]该说将 K 罪视为具有绝对的挂钩效力，足以将原本独立的各罪均挂钩于法条单一的效力之下。

（2）绝对除钩说，认为应当解除 K 罪的挂钩效力，对涉及的所有法条按实质竞合处罚。因为，"对于两个本来独立的犯罪（即 A 罪和 B 罪），没有理由因为第三个犯罪的介入，而变成单一的犯罪"。[2]

（3）区别挂钩说，该说持折中立场，认为原则上应承认 K 罪的挂钩效力，适用处罚最重的法条，但若 A 罪、B 罪远重于作为镊子的 K 罪，挂钩为一罪可能有失处罚的公正，可予以除镊，按实质竞合并罚。[3]

（4）分割挂钩说，该说认为应分两步解决：其一，将 K 罪分割为 K

---

① Vgl. Tofahn, Strafrecht Allgemeiner Teil II, 2. Aulg., C. F. Müller, 2010, S. 149.

② Vgl. Samson/Günter, Systematischer Kommentar zum Strafgesetzbuch, Carl Heymanns Verlag, 1992, § 52, Rn. 19.

③ Vgl. Jescheck/Weigend, Lehrbuch des Strafrechts, Allgemainer Teil, Duncker & Humblot, Berlin, 1996, S. 721.

（$n_1$）和 K（$n_2$），分别与 A（$n_1$）和 B（$n_2$）择一重罪并宣告刑罚；其二，将上述两组中的重罪的刑罚按数罪并罚制度合并。[1]

（5）合并挂钩说，该说也认为分两步：其一，对独立的 A 罪、B 罪分别判罚，进而按数罪并罚原则确定并罚后的刑罚幅度；其二，将 K 罪的刑幅与并罚后确定的刑幅比较，若 K 罪为重，则按 K 罪定罪处罚，若并罚后的刑罚重，则以 A 罪、B 罪两罪并罚。[2]

本文认为，对挂钩的解决，不仅应考虑 A 罪、B 罪的实质竞合关系，它们与 K 罪的法条单一关系，还应考虑方案的可操作性和处罚的公正性。在此意义上，合并挂钩说是最妥当的，理由在于：

其一，合并挂钩说以 A 罪和 B 罪的并罚为基础，体现了二者的实质竞合关系，贯彻了罪数原则中的全面评价原则。若从绝对挂钩说，行为人只实施 A 罪和 B 罪，应数罪并罚，但若此外还实施了 K 罪，反而可获得从宽——从全体犯罪中择一处罚，是不合理的，如在上例中，若行为人只实施了贪污罪和私分国有资产罪，应当两罪并罚，但若在两罪之前实施了挪用公款罪，居然只要在三个犯罪中从一罪处罚。于是，犯罪越多，处罚越轻，将有违罪责刑相适应原则。进而，绝对挂钩说将为不法者打开规避刑罚的漏洞：无论实施多少个犯罪，只要另外创设足以挂钩这些罪行的"镊子"，即可逃避数罪并罚。

其二，合并挂钩说主张从 K 罪的刑罚与 A 罪、B 罪合并的刑罚中择一处罚，体现了前者与后两者的法条单一的关系，贯彻了禁止重复评价原则。尽管 A 罪和 B 罪是相互独立的关系，但二者与 K 罪具有法益侵害的同一性，即它们与 K 罪具有法条单一的关系，这需要在处断上有所体现。如在上例中，挪用公款罪与贪污罪，挪用公款罪与私分国有资产罪，均存在一罪上的吸收关系。如果在处断方式上与不能体现这种吸收关系，也将违背罪责刑相适应原则。

其三，合并挂钩说可操作性强，不会如分割挂钩说那样面临 K 罪无法可分割的难题。分割说的前提是，可根据法益侵害流程中 K 罪与 A 罪和 B 罪的权重关联，分割为 K 罪（$n_1$）和 K 罪（$n_2$）两个子罪名。问题是，并非所有情况下都存在这种权重划分。例如，行为人骗取出口退税罪（K 罪）中的每一笔数额，均须同时借助于虚开增值税专用发票罪（A 罪）和非法制造发票罪（B 罪），此中有多少数额关联于 A 罪，有多少数额关联于 B 罪，是无法划分的。这时，分割挂钩说缺乏可行性。相反，合并挂钩说不需要犯罪分割，

---

① Vgl. Werle, Die Konkurrenz bei Dauerdelikt, Fortsetzungstat und zeitlich gesteckter Gesetzverletzung, Duncker & Humblot GmbH, 1981, S. 72ff.

② Vgl. Jakobs, Strafrecht, Allgemeiner Teil: die Grundlagen und die Zurechnungslehre, Berlin: de Gruyter, 1993, S. 913.

因而不存在因 K 罪不可分而无法执行的问题。

其四，合并挂钩说强调从 K 罪的刑罚与 A 罪、B 罪合并的刑罚中选择较重的处罚，考虑了刑罚的公正性。分割挂钩说表面上兼顾了多个犯罪行为间法条单一与数罪并罚两种关系，貌似合理，但会造成刑罚不公。若 K 罪为重罪，K 罪（$n_1+n_2$）之刑罚可能非常严厉，但若按分割挂钩说将 K 罪分割为 K 罪（$n_1$）和 K 罪（$n_2$）后，由于数额分摊到两个犯罪中，其刑罚可能轻很多，即使后来择一重罪再并罚，仍可能远轻于 K 罪（$n_1+n_2$）的刑罚。

如行为人挪用公款 20 万元，后其中 4 万元用于个人挥霍，将其中 16 万元以单位名义私分，根据相关司法解释，挪用公款 20 万元以上无法归还的，最高可判处无期徒刑，但贪污 4 万元最高刑是 7 年有期徒刑，私分国有资产罪最高刑也是 7 年有期徒刑。根据分割的挂钩说，将挪用公款罪 4 万元和贪污罪 4 万元择一重罚，同时将挪用公款罪 16 万元和私分国有资产罪 16 万元择一重罚，二者法定最高刑仍只是有期徒刑，再将二者并罚，最高也不过是有期徒刑，远远轻于单纯的挪用公款罪。换言之，根据分割挂钩说，单纯挪用公款 20 万元最高可判处无期徒刑，若进而实施了牵连的贪污和私分国有资产行为，反而最高只能判有期徒刑，是不合理的。

## 二、 不典型"挂钩现象" 的刑罚协调

挪占型贪贿犯罪还可能发生不典型挂钩的现象。所谓不典型的挂钩，是指由两个犯罪行为组成的挂钩关系，即行为人实施的前后犯罪行为本来成立一罪，但前行为只有部分犯罪成果发展为后行为的情形。例如，行为人挪用公款 5 万元投资，亏损后剩余 2 万元，进而携带余款潜逃。于是，行为人触犯挪用公款罪（5 万元）和贪污罪（2 万元），但前、后犯罪只在 2 万元的范围内成立一罪。为方便研究，本文将前、后犯罪表述为 A 罪、B 罪，前罪对象的数量为（x+y），后罪对象的数量表述为 x，则前后犯罪及其数量的发展关系如下：

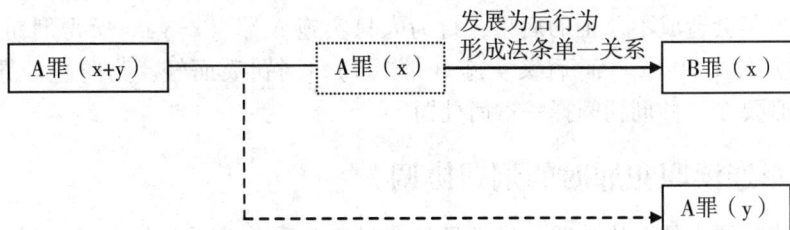

注：实线表示前后犯罪的发展关系，虚线表示前犯罪行为保留下来的剩余部分。

不典型挂钩的问题在于，下游犯罪 B 罪（x）和 A 罪（y）是实质数罪，但 B 罪（x）和上游犯罪 A 罪（x+y）是一罪关系。显然，不能对 A 罪(x+y)

和 B 罪（x）数罪并罚。因为，二者具有一罪关系，若对其并罚，将违反禁止重复评价原则。

另外，也不能对 A 罪（x+y）和 B 罪（x）从一重罪处断。因为，这样无法反映 A 罪（y）与 B 罪（x）的实质竞合关系，有可能导致处罚不公：若行为人实施了 A 罪（y）和 B 罪（x），须按 A 罪（y）和 B 罪（x）数罪并罚；若行为人之前还实施了 A 罪（x+y），反而只从一罪处断。如行为人贪污 2 万元，另外又挪用公款 3 万元，本来应数罪并罚，贪污罪最高判 7 年有期徒刑，挪用公款罪最高判 5 年有期徒刑，并罚后最高刑为有期徒刑 12 年；相反，在本部分一开始的例子中，行为人同样有贪污 2 万元、挪用公款 3 万元的行为，由于两个行为有共同的上游犯罪——挪用公款 5 万元，若从一重罪处断，最高刑期是 7 年徒刑。这样，犯罪行为越多，刑罚反而更轻，是不公平的。

要正确解决问题，须考虑两个方面，一是 A 罪（y）和 B 罪（x）的实质数罪关系，二是上、下游行为触犯的法条之间的刑罚轻重关系。为兼顾上述两个方面，对不典型的挂钩应采取类似于"合并挂钩说"的方案，分为两步：

第一步：将已经转化的下游犯罪 B 罪（x）和 A 罪（y）按数罪并罚原则确定一个刑幅，以此体现二者的实质数罪关系。

第二步：将第一步结论中的刑幅与上游的 A 罪（x+y）的刑幅比较，选择较重的方案定罪处罚，以兼顾刑罚的公正性。因为，A 罪虽较之于 B 罪处于侵害法益更早的阶段，但在特殊情况下其刑罚有时反而比 B 罪重得多。这时，虽将 B 罪（x）与 A 罪（y）并罚，但不如 A 罪（x+y）的刑罚重。例如，行为人挪用公款 20 万元，炒股亏损后仅余 4 万元，便携带这 4 万元潜逃。挪用公款 20 万元的刑幅最高可判处无期徒刑，但将 A 罪（y）和 B 罪（x）并罚——挪用公款罪 16 万元最高可判处 15 年有期徒刑，贪污罪 4 万元最高为 10 年有期徒刑——合并后最高刑仅为 20 年有期徒刑。换言之，纯粹的并罚方案会造成不公正的后果：行为人只实施 A 罪（x+y），所得刑罚重；行为人实施 A 罪（x+y）后又实施 B 罪（x），刑罚反而轻。为防止处罚不公，有必要在两种刑罚间择一重而处罚。

## 三、牵连渎职犯罪时的刑罚协调

贿赂犯罪中的牵连他罪，最常见的莫过于收受贿赂后为他人谋取利益时又犯渎职罪，这时，应以受贿罪与其他渎职罪数罪并罚，还是将渎职罪视为受贿罪者的情节加重犯，只成立单一的受贿罪？

立法对这个问题极为暧昧，仅《刑法》第 399 条规定，犯受贿罪又犯徇私枉法罪，民事、行政枉法裁判罪，执行判决、裁定失职罪与执行判决、裁定滥用职权罪的，应择一重罪处罚。但对于受贿后又有其他渎职犯罪的情形，并无明文规定。在学理上，陈兴良教授持一罪说，认为受贿后为他人谋取利益而触犯其他罪名的情形属牵连犯，一律应从一重罪处断，第399条之规定为注意规定。① 张明楷教授则持并罚说，认为受贿罪的法益是职务行为的不可收买性，为他人谋取利益而触犯其他罪名的，将侵犯新的法益，只有数罪并罚才能实现罪刑等价，第399条之规定为特别规定，数罪并罚仅适用于该条所规定之渎职罪名。②

最高法院在这个问题上也甚为摇摆。最高法院公布的判例持一罪说，如在"蒙某受贿案"③、"曹秀康受贿案"中④，最高法院编发的意见均认为应将被告人的渎职行为作为受贿罪的加重情节，从一重罪处断。但新近的司法解释又持并罚说，认为国家机关工作人员实施渎职犯罪并构成受贿罪的，除刑法另有规定外，以受贿罪和渎职犯罪并罚。⑤

其实，对于概括的情节加重犯涉及的牵连关系，从一罪处断和数罪并罚都具有可行性。如果认为概括的加重情节中包括了牵连之他罪，则由于两个罪名评价的是同一法益侵害，只能成立一罪；如果认为概括的加重情节不包含他罪，则两个罪名评价的是不同的法益侵害，应数罪并罚。由于加重情节本身是概括性的，法官可以机动地运用解释策略，以实现最公正的罪刑关系。问题是，在一罪处断和数罪并罚两个方案中，哪个最能实现罪刑公正呢？

一种流行的看法是，数罪并罚的方案更为公正，因为数罪并罚比一罪处断更重，更能在刑罚上体现对数个犯罪的处罚，这种看法有失偏颇。因为在有些情况下，一罪处断比数罪并罚的法律效果更重。从一重罪处断意味着应按重罪的情节加重犯处罚，数罪并罚只会导致刑度的加重，而情节加重犯不仅可能导致刑度的加重，甚至可能导致刑种的提高，如从有期徒刑提升到无期徒刑甚至死刑。若一味贯彻并罚说就会导致，犯本罪又伴随其他犯罪的，最多导致刑度的增加；犯本罪又伴随一般违法行为的，反而可导致刑种的提升，有失罪刑公正。

如在贪贿犯罪中，受贿数额在10万元以上同时具备"情节特别严重"的，应判处死刑；但若按照并罚说的方案，无论渎职行为造成的损失多大，最高只能判处无期徒刑。因为，若牵连的渎职犯罪行为已作为独立犯罪处罚，它就不应在受贿罪的量刑中考虑。这样，受贿罪由于缺乏"情节特别严重"

① 陈兴良著：《规范刑法学》（下），中国人民大学出版社2008年版，第1013页。
② 张明楷：《论受贿罪中的"为他人谋取利益"》，载《政法论坛》2004年第5期。
③ 最高人民法院编：《刑事审判参考》（总第33集），法律出版社2003年版，第46页。
④ 最高人民法院：《中华人民共和国最高人民法院公报》1999年第4期（总第60期）。
⑤ 最高人民法院2012年12月7日发布的《关于办理渎职刑事案件适用法律若干问题的解释（一）》第3条。

的因素，最高只能判处无期徒刑，与渎职犯罪并罚后最高也是无期徒刑。相反，若受贿的附随情节没有达到独立成罪的程度（如造成恶劣社会影响），无法数罪并罚，只能从重处罚，最高反而可能判处死刑。这是不公正的。

这里，可就最高人民法院公布的判例和 2002 年 7 月 8 日，最高人民法院、最高人民检察院、海关总署发布的《办理走私刑事案件适用法律若干问题的意见》（以下简称"意见"）作比较。在判例"曹秀康受贿案"中，①被告利用担任海关关长职务之便，收受走私分子贿款 200 余万元，因其放纵走私而致湛兴实业公司偷逃国家关税 6000 多万元。人民法院仅认定曹秀康构成受贿罪，将帮助、放纵走私而致国家税收损失等事实作为受贿罪的加重情节，最终判处其死刑立即执行。相反，若将持并罚说的"意见"适用本案，其放纵走私的行为将从受贿罪的加重情节中脱离出来而独立成罪，由于关税损失的加重情节，被告的受贿罪最高刑是无期徒刑，与放纵走私罪并罚后最高也是无期徒刑。这意味着，并罚说将导致处罚上的轻纵——被告无论收受多大数额的贿赂，其渎职行为导致多大的损失，只要该渎职行为构成独立犯罪，都不会被判处死刑。这显然有悖立法原意。

既然一罪处断和数罪并罚两种方案各有轻重，一罪说和并罚说均非妥当的方案。应采取一种折中的策略，包括原则与例外两个方面。

首先，原则上应采并罚说，即认为本罪概括的加重构成一般不包摄牵连的他罪。理由在于：其一，这是刑法总则与分则的关系决定的。一般来说，对复数行为需要适用复数的法条时，应适用刑法总则第 69 条至第 71 条的并罚规定；若一罪的加重情节明文规定了其他犯罪，这是一种分则性的并罚制度，因而排除总则并罚规定的适用。但例外的分则规定往往限于明文规定，缺乏明文的情况下，只能适用总则的规定。否则，若此罪的情节中常可考虑彼罪之行为，总则关于数罪并罚的规定就没有意义了。其二，数罪并罚一般有利于罪刑等价。如在受贿罪和牵连的渎职罪的处断中，由于受贿罪的量刑幅度受受贿数额的限定，加重情节只能在相应数额的刑幅内起作用，从一重罪处断往往使罪犯规避刑罚。② 如行为人受贿数额不满 5 万元的，应判处 10 年以下有期徒刑，若从受贿罪一重罪处断，即使其渎职行为造成的后果再严重，最高也只能判处 10 年有期徒刑。显然，这无法实现罪刑相适应。

其次，在例外的情况下，为了实现罪刑公正，可将牵连的他罪纳入本罪的概括加重构成，从一重罪处罚。但既然是例外的处罚，便须满足较为严格的条件：

第一，被包摄的他罪应为本罪常见的附随行为。概括加重构成保护的法

① 中华人民共和国最高人民法院公报杂志编辑部：《中华人民共和国最高人民法院公报》1999 年第 4 期（总第 60 期）。

② 张明楷：《论受贿罪中的"为他人谋取利益"》，载《政法论坛》2004 年第 5 期。

益，须是立法者设定本罪时能够预见的类型。因此，被包摄的他罪须是立法者从司法经验看来，实施本罪时常见的附随行为。例如，雇佣童工从事危重劳动，往往伴随对被害人拘禁或者伤害行为，故拘禁和轻伤害可作为本罪的加重情节。若附随的他罪非本罪常见的附随行为，如雇佣童工同时对其强迫卖淫，后者不宜作为前者加重情节而被包摄。

第二，被包摄的他罪不得重于本罪。若被包摄的罪名比本罪的加重处罚还重，即本罪无论在不法还是刑罚评价上均无法涵盖他罪，包摄难以成立。如国家机关工作人员滥用职权而对他人报复陷害，并伴随有伤害的，若伤害属于轻伤，可作为《刑法》第 254 条的"情节严重"而被报复陷害罪包摄；若伤害构成重伤或者致人死亡，由于报复陷害罪最高刑只是 7 年有期徒刑，当然无法包摄故意伤害罪。

第三，包摄他罪作为本罪的加重情节，其刑罚应比数罪并罚更重，且根据案情，更符合罪刑相适应的要求。若包摄他罪的处罚效果明显要比数罪并罚轻，一罪处罚只会放纵犯罪，包摄不能成立。若包摄他罪与数罪并罚效果相当，直接数罪并罚即可。只有本罪的加重处罚更能实现刑罚公正的时候，才能成立将他罪摄合。

综上，对于犯贪贿罪又牵连构成其他渎职犯罪的，司法解释的立场并不完全妥当。有必要在例外情况下将渎职犯罪作为受贿罪的加重情节，以受贿罪一罪处断。理由在于：其一，渎职罪属于受贿罪常见的附随行为。其二，受贿罪的法定最高刑是死刑，是重罪，具有在刑罚评价上将相关的渎职罪包摄的可能性。其三，若行为人受贿数额特别巨大，且渎职行为给国家或社会造成极其重大的损失，数罪并罚有轻纵犯罪人之虞，可通过受贿罪的加重情节实现处罚的公正。

# 对村基层组织人员在刑法上的
# 身份问题的思考①

朱建华*

在我国刑法中，有些犯罪的成立在犯罪主体的身份上要求是国家工作人员或者国家机关工作人员。例如，受贿罪的主体是国家工作人员，滥用职权罪的主体是国家机关工作人员。而同样的行为，由于主体的不同，可以构成不同的犯罪，如同是受贿行为，如果是国家工作人员利用职务之便实施的，便构成受贿罪，如果是公司、企业或者其他单位的人员利用职务上的便利实施的，便构成非国家工作人员受贿罪。而我国刑法规定，刑法中所说的国家工作人员包括：1. 国家机关中从事公务的人员；2. 国有公司、企业、事业单位、人民团体中从事公务的人员；3. 国家机关、国有公司、企业事业单位委派到非国有公司、企业、事业单位、社会团体从事公务的人员；4. 其他依照法律从事公务的人员。村民委员会等基层组织人员是否属于其他依照法律从事公务的人员从而可以成为相应犯罪的主体？全国人大常委会于 2000 年 4 月 29 日作出《关于〈中华人民共和国刑法〉第九十三条第二款的解释》，规定村民委员会等村基层组织人员协助人民政府从事行政管理工作时，属于刑法规定的"其他依照法律从事公务的人员"。当其协助人民政府从事行政管理工作，利用职务上的便利，非法占有公共财物、挪用资金、索取他人财物或者非法收受他人财物，构成犯罪的，应适用刑法规定的应由国家工作人员作为犯罪主体的犯罪：贪污罪、挪用公款罪、受贿罪。② 2003 年 11 月 13 日最高人民法院发布的《全国法院审理经济犯罪案件工作座谈会纪要》第 1 条

---

① 本文为中央财政支持地方高校项目"特殊群体权利保护与犯罪预防研究创新团队"之阶段性成果。

* 西南政法大学教授。

② 《关于〈中华人民共和国刑法〉第九十三条第二款的解释》原文为："村民委员会等村基层组织人员协助人民政府从事下列行政管理工作，属于刑法第九十三条第二款规定的'其他依照法律从事公务的人员'：（一）救灾、抢险、防汛、优抚、扶贫、移民、救济款物的管理；（二）社会捐助公益事业款物的管理；（三）国有土地的经营和管理；（四）土地征用补偿费用的管理；（五）代征、代缴税款；（六）有关计划生育、户籍、征兵工作；（七）协助人民政府从事的其他行政管理工作。村民委员会等村基层组织人员从事前款规定的公务，利用职务上的便利，非法占有公共财物、挪用公款、索取他人财物或者非法收受他人财物，构成犯罪的，适用刑法第三百八十二条和第三百八十三条贪污罪、第三百八十四条挪用公款罪、第三百八十五条和第三百八十六条受贿罪的规定。"

第 3 项进一步规定："《刑法》第九十三条第二款规定的'其他依照法律从事公务的人员'应当具备两个特征：一是在特定条件下行使国家管理职能；二是依照法律规定从事公务。具体包括……（3）协助乡镇人民政府、街道办事处从事行政管理工作的村民委员会、居民委员会等农村和城市基层组织人员……"由此形成了村等基层组织人员具有双重身份，既可能是国家工作人员，也可能是非国家工作人员，相应地，其如果利用不同的职务便利，实施相应的犯罪，可能构成两个不同系列的犯罪：由国家工作人员利用职务便利实施的贪污罪、受贿罪、挪用公款罪和由非国家工作人员利用职务便利实施的职务侵占罪、非国家工作人员受贿罪、挪用资金罪。

应该说，上述立法解释规定本身在效力上是没有任何问题的，上述司法文件的规定是对这一立法解释的进一步理解，作这样的规定，是符合立法解释的内容的，有其法律依据。但笔者认为，上述规定包括立法解释的规定和司法文件的规定，其在公平性上是值得怀疑的，对村民委员会人员和居民委员会人员可能存在比较重大的不公平。

## 一、 基层组织人员一身二任的双重身份无《村民委员会组织法》 依据

根据《村民委员会组织法》第 2 条的规定，"村民委员会是村民自我管理、自我教育、自我服务的基层群众性自治组织，实行民主选举、民主决策、民主管理、民主监督。村民委员会办理本村的公共事务和公益事业，调解民间纠纷，协助维护社会治安，向人民政府反映村民的意见、要求和提出建议。……"根据这些工作的需要，第 7 条规定："村民委员会根据需要设人民调解、治安保卫、公共卫生与计划生育等委员会。村民委员会成员可以兼任下属委员会的成员。人口少的村的村民委员会可以不设下属委员会，由村民委员会成员分工负责人民调解、治安保卫、公共卫生与计划生育等工作"。从这些规定中似乎可以得出结论，上述人民调解、治安保卫、公共卫生与计划生育等工作，也是村民委员会成员的分工工作，属于村民委员会的工作范围。从《村民委员会组织法》对村民委员会工作的规定看，很难将村民委员会的工作分为非协助人民政府的工作和协助人民政府的工作。同样，从村民委员会应当接受村民监督的事项中，也很难看出协助人民政府的工作和非协助人民政府的工作之分，下列事项都要接受村民监督，如第 23 条第 2 款规定："……（一）本法第二十三条、第二十四条规定的由村民会议、村民代表会议讨论决定的事项及其实施情况；（二）国家计划生育政策的落实方案；（三）政府拨付和接受社会捐赠的救灾救助、补贴补助等资金、物资的管理使用情况；（四）村民委员会协助人民政府开展工作的情况；（五）涉及本村村民利益，村民普遍关心的其他事项。"这些事项中按照现在的立法解释和

司法文件的规定，有些属于协助人民政府从事的行政管理工作，如计划生育、政府拨付和接受的社会捐赠的救灾救助等资金、物资的管理，也有属于非协助人民政府从事的行政管理工作，如该法第 23 条、第 24 条规定的事项。如果说上述事项是协助人民政府从事的行政管理工作，村民怎么能行使相应的监督呢？因为，根据《村民委员会组织法》第 2 条第 3 款的规定："村民委员会向村民会议、村民代表会议负责并报告工作。"不属于村民会议、村民代表会议授权的事项，村民会议、村民代表会议如何行使监督权呢？村民会议、村民代表会议监督政府工作范围内的事项？因此，从上述《村民委员会组织法》的规定看，它并没有将村民委员会成员的身份一分为二，无论是协助人民政府从事行政管理工作，还是非协助人民政府从事的村内管理工作，都属于村民自我管理、自我教育、自我服务的基层群众性自治组织工作范围内的事项。因此，不应对村民委员会的工作区分为国家公务和村民自治事项，只要是根据《村民委员会组织法》规定所做的事项，都属于村民委员会这一群众性自治组织自治范围内的工作。由此，也不需要将村民委员会人员的身份因工作范围而区分为国家工作人员和非国家工作人员。进行这样的区分，在《村民委员会组织法》中并没有充分的依据。

## 二、 村民委员会人员的收入来源表明其不是国家工作人员

根据《村民委员会组织法》的规定，村民委员会成员不由国家发放工资。《村民委员会组织法》第 6 条第 3 款规定："对村民委员会成员，根据工作情况，给予适当补贴。"这是属于经村民会议讨论决定的事项。又根据该法第 7 条的规定，村民委员会根据需要设人民调解、治安保卫、公共卫生与计划生育等委员会。村民委员会成员可以兼任下属委员会的成员。人口少的村的村民委员会可以不设下属委员会，由村民委员会成员分工负责人民调解、治安保卫、公共卫生与计划生育等工作。因此，无论是纯粹的村里的事项，还是涉及如计划生育、公共卫生、人民调解等事项，均属于村民委员会的工作范围，他们不管是从事按照现在的说法是村民自治范围内的事项还是协助人民政府从事行政管理工作，都是由村里给予补贴，并不由国家发放工资。根据目前的实际操作情况看，国家并没有给村民委员会成员发放工资，即使他们在协助人民政府从事行政管理工作时也是如此。村民委员会成员有别于政府公务员以及其他国家机关的工作人员，不能从国家领取工资。但村委会成员从事村委会的工作，必然要占用大量的时间和精力，应当给予适当的补贴。村委会成员的补贴，可以从村民上交的提留中解决，也可以从集体经济上交村委会的收益中解决。补贴方式可以采用固定补贴的办法，也可以采用误工补贴的办法。固定补贴，就是规定一年补多少钱。误工补贴，就是根据村委会成员办理村委会的事务实际占用的工作时间，给予适当补贴。关于村

委会成员补贴问题，在全国人大常委会将《村委会组织法（修订草案）》向全社会公布征求意见的过程中，一些村民向人大常委会反映村委会成员采取种种手段，向村民多收钱，多拿多占。对此，村民意见很大，有些地方甚至出现矛盾激化的情况。为此，有人建议，村委会组织法应对村委会成员的补贴作出更为具体的规定。但在立法中考虑到我国各地的情况差异很大，对此难以作出具体规定，同时补贴问题属于村民自治范围，法律可以不作规定。为了避免补贴过高的情况，《村民委员会组织法》第 24 条规定，本村享受误工补贴的人数及补贴标准，由村民会议决定，以避免在补贴问题上由少数村委会成员说了算，有利于村民对村委会的监督。村委会组织法规定，村民委员会成员不脱离生产，根据情况，可以给予适当补贴。如何才能做到适当补贴，应当同本村的经济状况和村委会成员所承担的任务结合起来考虑。补贴太高，增加村民的负担。补贴太低，影响村委会成员的切身利益，不利于调动村委会成员的积极性，也不利于自治工作的开展。经济状况较好、村民个人收入较高的地区，补贴相应可以高些；反之，补贴相应低一些。村委会成员所承担的任务重的，补贴可以适当高些；反之，可以适当低些。就是说，村民委员会成员并没有像国家工作人员那样按照级别或者职位领取固定的待遇或者工资，其补贴多少是由村民会议根据村里的经济状况与村委会成员的工作任务多少等确定的，而且，不管是村里的事务，还是类似于协助人民政府从事行政管理工作的事务，都由村里支付补贴。这种劳动付出而接受补贴的来源，决定了他们无论如何不应该属于国家工作人员的范畴。

## 三、 村里的资金来源可能是多方面的或者是混合的

村里的资金来源可能是多方面的，既可能来源于国家为了扶持农业而给予的行政支付，也可能来源于村里的集体经济收入，还可能是来源于其他社会捐赠或者村民的缴付。在这种情况下，他们当然都是公共财产，但若村民委员会成员利用职务上的便利，非法占有部分财物，特别是资金的情况下，是很难区分清楚到底侵占的是具有人民政府行政管理性质的资金还是属于村民自治范围内管理的资金。从刑事犯罪的角度看，既然规定了应当区分，就应当区分清楚，但这实际上往往是徒劳的。与其这样作茧自缚，不如统一将村民委员会管理的资金统一认定为村公共财产而不区分属于协助人民政府从事行政管理而掌握的资金，与非协助人民政府管理的村里的自有资金。

综上，笔者认为，将村民委员会成员的同样行为，依据是否协助人民政府从事行政管理工作而区分为贪污罪、受贿罪、挪用公款罪和职务侵占罪及非国家工作人员受贿罪、挪用资金罪，从而莫名地可能给予同样的行为进行数罪并罚的待遇，是没有必要的，应对村民委员会成员的身份犯罪进行统一认定，即属于非国家工作人员的犯罪。

# 农村基层组织人员贪污贿赂犯罪立法解释适用问题研究

黄志兵[*]

为转变 1997 年刑法修订后司法实践对于农村基层组织人员的职务犯罪难以处理的局面，全国人大常委会于 2000 年 4 月 29 日通过了《全国人民代表大会常务委员会关于〈中华人民共和国刑法〉第九十三条第二款的解释》（以下简称《立法解释》），该解释规定，村民委员会等村基层组织人员协助人民政府从事救灾、抢险等款物的管理等 7 类行政管理工作时，属于刑法规定的"其他依照法律从事公务的人员"，即属于国家工作人员，符合贪污罪、挪用公款罪和受贿罪的主体要件。该解释为有效打击农村基层组织人员贪污贿赂犯罪提供了依据。然而，由于农村基层组织人员具有多重主体身份，所从事的职务行为往往相互交叉，司法实践中对《立法解释》的法律适用也存在认识分歧和随意阐释等问题，造成打击不力，影响办案效果。为此，本文拟对查办农村基层组织人员职务犯罪过程中《立法解释》的法律适用问题进行探讨。

## 一、 农村基层组织人员的外延确定

"农村基层组织人员"是《立法解释》提出的一个新的法律概念，明确"农村基层组织人员"的范围是正确使用该解释的前提。《立法解释》的出台本意是解决农村基层组织人员是否属于"其他依照法律从事公务的人员"的认定问题。但随着司法实践的深入，新问题不断涌现，农村基层组织应当如何界定，具体应包括哪些基层组织人员都有待进一步确定。下面，笔者将对党支部人员、村民委员会下属委员会委员、村民小组长以及村集体经济组织管理人员是否属于"农村基层组织人员"进行论述。

### （一）村党支部人员

本文所称的农村基层组织人员贪污贿赂犯罪是指，村民委员会等农村基层组织人员在协助人民政府从事行政管理工作的过程中，利用职务上的便利，非法占有公共财物、挪用公款、索取他人财物或非法收受他人财物，构成犯罪的行为。村党支部人员能否构成农村基层组织人员职务犯罪的主体存在肯

---

* 义乌市人民检察院助理检察员。

定说和否定说两种观点。肯定说认为：村党支部作为中国共产党在农村的基层组织，在农村处于领导核心地位，对村民委员会的工作起到保障和支持的作用，当然属于村基层组织。党支部成员"只要从事了全国人大常委会在司法解释中规定的 7 种行政性管理工作，就应视为立法解释中'村基层组织人员'之列。"① 否定说认为：由于《立法解释》并未明确规定，因此不能将村党支部理解为《立法解释》规定的村基层组织。"从条文的精神和内涵来看，村基层组织是指民委员会和村小组等村民自治组织，而不包括基层村党支部。"② 笔者赞同第一种观点，村党支部人员属于农村基层组织人员。理由如下：

1. 从刑法解释角度考虑。根据《现代汉语词典》第三版对于"等"的解释，现代汉语中，"等"作为助词有两种作用。一是表示列举未完。例如，直辖市包括上海、重庆等城市；二是表示列举后煞尾。例如，长江、黄河、黑龙江、珠江等四大河流。当表示煞尾用法时，"等"字一般应放在两个或两个以上并列的词或短语之后，表示前面已经列举完所有项目，并且后面经常带有列举的确切数字，这种用法的"等"字可以去掉而不影响原意的表达。而在解释中，"村民委员会等农村基层组织人员"，仅仅列举了村民委员会一种村基层组织，也不带有列举的确切数字，因此，应理解为列举未尽，即还应包括村党支部等其他农村基层组织人员。

2. 从法律地位分析。《村民委员会组织法》第 4 条规定，中国共产党在农村的基层组织，按照中国共产党章程进行工作，在处理农村事务中发挥的是领导核心作用，对村民委员会的工作起到的是"支持"和"保障"功能。村党支部与村民委员会合称为农村的"两委"，与乡镇一级党委和政府进行工作对接，在农村实际生活中，村党支部的权利事实上在村民委员会之上，且实践中，乡以上党组织均被赋予与同级组织法律意义上相同的性质。

3. 从工作职能衡量。《中国共产党章程》第 32 条规定，街道、乡、镇党的基层委员会和村、社区党组织，领导本地区的工作，支持和保证行政组织、经济组织和群众自治组织充分行使职权。与村民委员会相类似，村党支部依法协助乡镇党委和乡人民政府开展各种工作，负有执行上级党委和政府指令的职责，具有一定的协助行政管理职能。因此，综合参考刑法解释、法律性质及工作职能，我们认为，村党支部人员认定为农村基层组织职务犯罪的主体是完全有依据的。

**（二）村民小组长和下属委员会委员**

1. 从法律规定来看，村民小组和下属委员会均属于村民委员会的派生机

---

① 曾凡荣：《关于"村官"涉嫌贪污犯罪所涉新问题分析》，载《台声·新视角》2006 年第 1 期。

② 梁洪行、蒋涛：《刑法视野中的基层组织人员身份界定》，载《攀登》2003 年第 3 期。

构。根据《村民委员会组织法》第7条、第10条的规定，村民委员会根据需要设置人民调解、治安保卫、公共卫生与计划生育等委员会，村民委员会成员可以兼任下属委员会的成员。人口少的村的村民委员会可以不设下属委员会，各委员会的工作职责由村民委员会成员分工负责。村民委员会下属委员会的委员本身隶属于村民委员会，也可由村民委员会工作人员兼任。村民委员会作为基层群众性自治组织，有权决定是否设立村民小组。村民小组组长在组织机构上也隶属于村民委员会，履行村委会通过的决议，其职责的履行应等同于村民委员会的履职。

2. 从工作职责来考量。村民小组长和各委员会成员的职责，原本就属于村民委员会的职责范围。从实际情况来看，村民小组长和各委员会成员是以村委会的名义进行工作，执行村委会的决策；村民小组长和各委员会成员不仅仅协助村级组织工作，同时也与村委会成员一同协助人民政府行政管理工作；以普通群众的眼光来看，村民小组和各下属委员会协助完成人民政府的行政管理工作，群众往往会认为村民小组组长和各委员会委员同其他村民委员会人员一样，属于村民委员会的组成人员。

3. 从立法精神角度分析。关于国家工作人员的认定，我国司法实务经历了从形式到实质，从"身份论"向"公务论"的演变趋势。[①] 身份论认为国家工作人员犯罪作为职务犯罪，要以行为人是否具有国家工作人员的资格或以国家工作人员论作为判断贪污贿赂等职务犯罪主体的前提，注重对行为人本身是否具有国家工作人员身份资格的判断，如在早期办理案件过程中，以行为人是否曾填写过干部履历表、是否具有国家干部编制等判定贪污贿赂犯罪的主体条件。之后，最高人民检察院关于合同制民警[②]、企业事业单位公安机构工作人员[③]能否构成渎职犯罪，最高人民法院关于未被正式录用人员、狱医[④]能否构成渎职犯罪等一系列司法解释，都做出对"身份论"的突破，认为行为人只要在执行公务、履行国家机关工作人员职责期间，不管其是否具有干部编制和资格身份，均应认定为国家机关工作人员。上述司法解释引出了一种新的判断标准，以行为人"是否履行公务"作为判断职务犯罪主体身份的依据，而不管行为人的具体身份，即"公务论"。

根据《村民委员会组织法》，村民委员会是村民自我管理、自我教育、

---

① 陈娇蓉、郭大磊：《论国有医疗机构信息管理人员的受贿主体资格》，载《法学》2013年第10期。

② 高检发研字（2000）20号 最高人民检察院《关于合同制民警能否成为玩忽职守罪主体问题的批复》。

③ 高检法释字（2002）3号 最高人民检察院《关于企业事业单位的公安机构在机构改革过程中其工作人员能否构成渎职侵权犯罪主体问题的批复》。

④ 法释（2000）28号 最高人民法院《关于未被公安机关正式录用的人员、狱医能否构成失职致使在押人员脱逃罪主体问题的批复》。

自我服务的基层群众性自治组织，其本身并不属于行政管理机关。根据《立法解释》规定，村民委员会只有协助人民政府从事 7 类行政管理工作时，才属于刑法规定的"其他依照法律从事公务的人员"，以国家工作人员论。可见，《立法解释》也是以村民委员会等村基层组织人员协助人民政府从事 7 类行政管理工作（协助履行公务）作为职务犯罪主体身份的认定标准（以国家工作人员论），实质上是对"公务论"判断标准的再次确认。村民小组组长和下属委员会委员本身属于村民委员会的派生机构，以村民委员会的名义履行职责，协助完成人民政府行政管理工作，因此，应当认定村民小组组长和各下属委员会委员属于立法解释规定的"农村基层组织人员"。

有观点认为，村民小组长不属于《立法解释》规定的"农村基层组织人员"，其依据是 1999 年 6 月 18 日通过的《最高人民法院关于村民小组组长利用职务便利非法占有公共财物的行为如何定性问题的批复》①。笔者认为，该批复处理的是村民小组组长利用职务上的便利占有村民小组的集体财产行为的定性问题，并非村民小组组长在协助政府从事行政管理过程中的侵吞公共财产、索取他人财物或收受他人财物等行为。因此，村民小组长在协助政府从事公务时，利用职务上的便利非法占有公共财物的，应当按照贪污罪处罚；如果在协助政府从事公务之外，利用职务之便侵占集体财产的，应按照职务侵占罪处罚。

## （三）村集体经济组织管理人员

与一般村办企业不同，农村集体经济组织指农村经济合作社等农村社区性集体经济合作组织，是向工商行政管理部门登记注册的经济实体，其除了自身经营职能外，还附有一定的管理职能。根据《民法通则》第 74 条、《土地管理法》第 10 条、《村民委员会组织法》第 4 条及 1992 年 1 月 31 日发布的《全国人大常委会法制工作委员会对关于村民委员会和村经济合作社的权利和关系划分的请示的答复》规定②，村集体经济组织的职责与村民委员会的职责存在交叉。同时，村集体经济组织也具有一定的协助政府从事行政管理工作的职能，如征地拆迁补偿费用的发放、农业补贴的落实等。因此，在

---

① 《最高人民法院关于村民小组组长利用职务便利非法占有公共财物的行为如何定性问题的批复》，对村民小组长利用职务上的便利，将村民小组集体财产非法占为己有，数额较大的，构成职务侵占罪。

② 1992 年 1 月 31 日发布的《全国人大常委会法制工作委员会对关于村民委员会和村经济合作社的权利和关系划分的请示的答复》规定："……民法通则第七十四条第二款和土地管理法第八条第一款规定：'集体所有的土地依照法律属于村农民集体所有，由村农业生产合作社等农业集体经济组织或者村民委员会经营、管理'。村民委员会组织法第四条第三款规定，'村民委员会依照法律规定，管理本属于村农民集体所有的土地和其他财产。'同意省农委的意见。即依照上述规定，集体所有的土地依照法律规定属于村农民集体所有的，应当由村农业生产合作社等农业集体经济组织经营、管理，没有村农业集体经济组织的，由村民委员会经营、管理。"

经济合作社等农村基层经济组织管理人员协助从事行政管理工作时，可以将其与村民委员会、村党支部作同等的认定，即属于《立法解释》规定的农村基层组织人员。

## 二、"协助人民政府从事行政管理工作" 的范围认定

村民委员会等农村基层组织是村民的自治组织，村基层组织人员本身并非是国家工作人员，但由于农村基层组织掌握着其所在地的相关详细情况，政府某些行政管理职能需要村委会等农村基层组织协助和配合才能实现，故其自治职责与协助政府的行政管理行为之间就会存在交叉。根据《立法解释》规定，村民委员会等村基层组织人员协助人民政府从事下列行政管理工作时，属于《刑法》第 93 条第 2 款规定的"其他依照法律从事公务的人员"：（1）救灾、抢险、防汛、优抚、扶贫、移民、救济款物的管理；（2）社会捐助公益事业款物的管理；（3）国有土地的经营和管理；（4）土地征用补偿费用的管理；（5）代征、代缴税款；（6）有关计划生育、户籍、征兵工作；（7）协助人民政府从事的其他行政管理工作。在此 7 项情形中，前 6 项都是相对明确的，但第 7 项是一个概括式、兜底性规定，理解上会带来分歧，从而给司法实践中的认定带来了困难。那么，村民委员会等村基层组织人员从事哪些其他工作属于《立法解释》规定的"协助人民政府从事其他行政管理工作"？笔者认为，可以从法定性、公务性、协助性三方面来确定"协助政府从事其他行政管理工作"的范围。

### （一）法定性

所谓法定性即职权来源的合法性，指村基层组织人员从事行政管理工作必须具有法律依据。根据《宪法》和《村民委员会组织法》规定，村民委员会同基层政权的相互关系是由法律来确定的。乡镇人民政府要对村民委员会的工作进行指导、支持和帮助，但是不得干预村民依法自治；村民委员会有义务协助乡镇人民政府开展工作。这是村民委员会等村基层组织人员协助人民政府从事公务的明确的法律规定，也是《立法解释》的法律依据，如上所述，村基层组织人员协助政府管理行政事务是根据法律对村民委员会等其他基层组织成员职能的规定，凡具有相应职务身份的人都具有管理的权利和义务。强调"法定性"条件是为了防止"以国家工作人员论"主体范围的无限扩大。

### （二）公务性

根据 2003 年最高人民法院在《全国法院审理经济犯罪案件工作座谈会纪要》第 1 条第 4 项认为，从事公务是指代表国家机关、国有公司、企业、事业单位、人民团体等单位履行组织、领导、监督、具体负责某项工作等职责。村民委员会等农村基层组织的职责主要包括两方面：一是村集体事务的管理，

即依法属于村民自治范围内的事项，包括办理基层组织所在地的公共事务和公益事业（具体有修路建桥、修建农业水利设施等基础设施建设，兴办福利院、托儿所的村福利机构，整治村容村貌、改善居住环境等），村集体财产的经营管理，民间纠纷调解，协助维护社会治安，并且向人民政府反映群众的意见、要求和提出建议，这些是常规职责。二是协助乡镇政府从事行政管理，即协助乡、民族乡、镇的人民政府开展工作，包括优抚救济、国有土地管理、计划生育、公共卫生、税收、粮食收购等。其中只有第二类属于"代表国家机关具体负责某项工作职责等情况"，才属于从事公务。一般理解的公共事务，包括国家事务和集体事务，尽管《宪法》和《村民委员会组织法》都规定村民委员会等基层组织有办理"本居住地区的公共事务和公益事业"的职责，但是该职责属于"本居住地区"的自治范围，不是代表国家机关、其他国有单位等履行管理职责。因此，界定村基层组织人员以"协助政府从事其他行政管理工作"必须是指村自治公共事务以外的国家公务以及社会公共事务。例如，在非典、禽流感爆发流行期间协助政府从事卫生防疫工作，可以理解为"协助人民政府从事的其他行政管理工作"。

### （三）协助性

政府行政管理是指政府运用国家权力对社会事务的一种管理活动。行政管理从本质上讲是一种行使公共权力、管理公共事务、谋求公共利益、承担公共责任的管理活动，具有强制性、社会性、服务性、合法性等特征，与农村基层组织采取民主协商方式对集体事务进行管理存在着本质区别。村基层组织人员从事公务的协助性具备以下特征：一是协助者开展协助从事公务的权力具有法定性。前文已述，《村民委员会组织法》等法律授予了村民委员会等基层组织协助人民政府从事公务的权力。二是协助者的公务职权行使具有临时性、专项性。一个完整的行政管理行为可以分为行政决策、行政领导、行政执行和行政监督四个阶段。农村基层组织人员并非全程参与所有环节，而是在某些阶段提供信息或执行帮助，如在政府土地征用过程中提供所在基层村域的土地面积，人口数量，青苗数目等数据信息；在行政执行中，农村基层组织人员凭借了解村域基本情况的便利条件，成为行政执行的最后一环，如土地征用补偿费用的落实发放等。三是协助者不具备政府行政管理工作决策权，其"协助"行使的虽是法律规定的职权，也以自己的名义辅助被协助者行使职权，但在行政管理工作中他们的角色定位只是协助配合执行者。农村基层组织的性质和地位决定其协助人民政府从事行政管理工作主要体现为农村经济社会基本情况的信息提供和参与行政执行等无须进行行政决策的活动。农村基层组织人员在协助人民政府从事行政管理工作中不具有决策权，但在村集体事务的管理中往往具有较大的决策权，这也是农村基层组织人员协助行政管理行为与村集体事务管理行为的一个重要区分点。

# 贿赂犯罪配刑模式之修正与认定

阴建峰[*]

就我国刑法关于经济犯罪或者贪利性犯罪的规定来说，将犯罪数额作为定罪量刑的决定性因素是立法的一个突出特点。[①] 而刑法中贿赂犯罪的刑罚配置亦莫能外。以受贿罪为例，中国《刑法》第 383 条、第 386 条将受贿罪根据受贿数额的不同区分为四种情形，并设置了由重至轻的相应法定刑幅度。在不同的情形下，则又根据情节的轻重严重程度配置了两种法定刑幅度。就此而论，我国刑法理论普遍认为，作为我国刑法划分受贿罪与非罪行为的界限，数额与情节相比，数额起主导作用，情节仅起辅助作用。[②] 对于行贿等其他贿赂犯罪而言，虽然其量刑没有明确规定数额标准，但不等于认为数额在定罪量刑中没有意义，只不过在这些犯罪中，数额已被纳入情节之中予以考虑。因此对于贿赂犯罪，以数额定罪量刑是我国刑法规定的一个传统。

诚然，我国刑法中关于公职人员贿赂犯罪之刑罚配置所采用的以数额为定罪量刑中心之立法模式，在一定程度上实现了报应和预防的功能，有其不可否认的优点，即实践中明确、具体、可操作性强；依照数额定罪量刑和划分刑罚标准，限制了法官裁判的随意性，也为法官的自由裁量权提供了依据。这在我国司法环境有待改善之时，在贿赂仅限于财物的语境下，具有一定的合理性。

但是，必须指出的是，《联合国反腐败公约》（以下简称《公约》）第 15 条已明确将贿赂的范围界定为"不正当好处"。根据《公职人员国际行为守则》第 9 条的规定，凡"可能影响其行使职责、履行职务或作出判断的礼品或其他惠赠"，均属此处所谓"不正当好处"。从外延上说，此处的"不正当好处"则包括有形财产、财产性利益以及非财产性利益。可见，公约对贿赂的内容涵盖得非常广泛，这使得权钱交易、权权交易甚至权色交易都受到了规制。从国际反腐的立法趋势来看，大多数国家均承认，贿赂除了财物、财产性利益外，还包括各种各样的非物质性利益。《公约》将贿赂的范围界

---

　* 北京师范大学刑事法律科学研究院教授、法学博士、博士生导师，中国刑法学研究会理事暨副秘书长。
　① 参见孙国祥、魏昌东著：《经济刑法研究》，法律出版社 2005 年版，第 111 页。
　② 参见刘生荣、胡云腾：《论受贿罪的定罪与量刑》，载《中国法学》1999 年第 1 期。

定为"不正当好处"，可谓顺应了世界范围内严惩腐败的潮流和趋势。①

而我国刑法对贿赂犯罪所采取的以数额为中心的"计赃量刑"之配刑模式，仍将贿赂拘泥于财物，不仅脱节于《公约》的上述规定，还与贿赂犯罪的本质相冲突，与罪责刑相适应的原则不符，已给立法、司法实践带来不必要的困惑，难以适应惩治贿赂犯罪的现实需要。

## 一、 贿赂犯罪"计赃量刑" 模式之立法缺陷及其改进

1. "计赃量刑"模式滞后于贿赂犯罪的现实发展态势

以数额为中心的"计赃量刑"之刑罚配置模式将以非财产性利益为贿赂内容的行为排除在刑法评价范围之外，不利于刑法规制效能的发挥。因为随着物质生活水平的提高，贿赂的方式也正在发生巨大的变化，往日纯粹、显性的"权钱"交易已发展为时下复杂、隐性的"利权"交易，贿赂的内容亦已由过去的金钱或实物等有形的财物发展到财物以外的、无形的财产性利益或非财产性利益，如设定债权、免除债务、提供出国机会、提供晋升机会、安置亲属就业、上学乃至提供色情服务等。但由于现行刑法对贿赂犯罪的规定主要是计赃定罪量刑，而非财产性利益具有不可计量的性质，这就在客观上限制了贿赂的范围，单纯以数额作为定罪量刑的基准，实际上便是将非财产性利益的贿赂行为排除于犯罪圈之外。②

况且，仅就受贿罪而言，其本质是权钱交易、以权谋私，侵犯的客体是国家工作人员公务行为的不可收买性。虽然刑法规定受贿罪按照贪污罪处罚，但是两罪却完全不同。受贿罪多是采取为他人谋利益的手段，非法收受他人财物，表现为"权钱交易"；而贪污罪则是采取侵吞、窃取、骗取或者其他非法手段，非法占有公共财物。两罪最本质的区别在于两者侵犯的法益和犯罪对象不同。贪污罪侵犯的法益主要是公共财物的所有权，而受贿罪侵犯的法益则是国家工作人员公务行为的不可收买性。二者的本质区别决定了两者应属于不同性质的犯罪，而不应有相同的处刑标准和定罪事实。

2. "计赃量刑"模式有悖于罪责刑相适应原则

罪责刑相适应原则即刑罚的轻重，应当与犯罪分子所犯罪行和承担的刑事责任相适应。而非法所得数额只是表明犯罪人通过犯罪活动所获得利益的大小，并不直接体现犯罪客体遭受损害的程度。对于某些犯罪，非法所得数额在很大程度上影响甚至决定社会危害性程度，对这种犯罪应该按照所得数额大小确定法定刑幅度，如盗窃罪、销售伪劣产品罪。对于另一些犯罪，非

---

① 参见苏彩霞等著：《〈联合国反腐败公约〉与我国刑事法的协调完善》，吉林大学出版社 2008年版，第 83 页。

② 参见钱叶六、魏昌东：《商业贿赂犯罪刑罚立法之检讨与完善》，载《南京财经大学学报》2008 年第 3 期。

法所得数额只是在一定程度上影响社会危害性程度，但不能准确地反映法益受到侵害的程度，因此对于此类犯罪就不应该仅以犯罪所得数额确定法定刑幅度。公职人员贿赂犯罪即属此列。

贿赂犯罪所涉数额并不能表明贿赂行为的本质特征和对国家工作人员职务行为不可收买性的破坏程度。例如，国家工作人员甲和乙，分别收受了 1 万元和 2 万元，甲为了给行贿人谋取不正当利益，违背职责并给国家造成了重大损失，乙在没有违背职责的情况下实施了给行贿人谋取正当利益的行为。显然，虽然甲收受的贿赂数额少于乙，但甲的行为具有较大的社会危害性。因为对于受贿罪而言，国家工作人员利用其公职人员的身份和职务上的优势，收受贿赂，放弃其行为的公正性，损害了国家和公众的利益，造成了社会公众对国家公共行为的不信任，导致整个社会管理运作效力的低下，其造成的恶果远非收受的贿赂所能比拟，危害性是人们所无法预料的。① 相比于受贿数额而言，受贿人利用职务之便进行权钱交易所造成的危害后果更能反映客体遭受损害的程度，更应成为确定法定刑幅度的依据。

3. "计赃量刑" 模式已带来诸多立法与司法实践困惑

把具体的数额写入刑法中，表面上看贯彻了刑法面前人人平等的原则，但考虑到经济发展程度与币值实际价值的不同，这样的规定恰恰导致了实质的不平等。通观世界各国刑法，基本没有在刑法条文中明确规定具体数额的立法例。可以说，"计赃量刑" 模式阻碍了中国刑法关于贿赂范围的完善。尽管传统刑法理论认为，贿赂犯罪与贪污罪的对象均为财物，两者具有相同的处罚基础，但随着以形形色色的非财产性利益为对象的新型贿赂犯罪的大量出现，仍援引原本亦不甚合理、亟待完善的贪污罪 "计赃量刑" 之刑罚配置模式，已无法对这种社会危害性极大有时甚至超过传统财物型贿赂的行为给予合理的规制。因为 "非财产性利益特别是性交易不能直接以财物数额进行计量，对出卖公共权利以换取非财产性利益特别是性交易的受贿行为，即使在刑事法理和刑事立法上确认其构成受贿罪，在司法操作层面上也无法具体论罪科刑。"② 这种刑法规定的弊端在一定程度上助长了目前非财产性贿赂蔓延的态势。

同时，"计赃量刑" 模式在司法实践中会指引侦察机关、检察机关和普通民众更多地去注意贿赂的多少，而忽视了作为贿赂对价的职务行为给国家、集体和公民利益造成的损害。而且，刑法中规定 5000 元为受贿罪的起刑点，此一数额规定传递给人的信息是一定数额的受贿是中国刑法所允许的。这在立法上无异于为贪腐者预先打开了一扇后门，"如此，我国刑法对于贿赂行

① 参见赵秉志主编：《刑法新教程》（第 3 版），中国人民大学出版社 2009 年版，第 701 页。
② 参见梁根林：《受贿罪法网的漏洞及其补救》，载《中国法学》2001 年第 6 期。

为的质的否定性评价因为这一数额的规定而大打折扣，腐败分子在这种法律安排之下就有了一个相对明确的心理预期。以这样的法律规定来反腐败，其效率可想而知"。[①]

综上可知，以数额为中心的贿赂犯罪刑罚配置模式之缺陷已逐步显露，其调整的必要性随着我国当下反腐进程的推进愈益凸显。而调整的基本策略无外乎提高数额以外的其他情节在贿赂犯罪的立法与司法中的作用，力求根据对贿赂的性质、行为的社会危害程度、对国家机关声誉及正常活动的破坏程度等各种情节的综合考量，并把数额作为需要考虑的情节之一，重新设置并建立以"犯罪情节"为中心的贿赂犯罪刑罚配置模式。

事实上，尽管立法机关在《刑法修正案（八）（草案）》中曾力图对此问题有所作为，但却未能得到最高决策领导层的认可和支持，以致功亏一篑，最终未能顺势改进贿赂犯罪的刑罚配置模式。所幸《刑法修正案（九）（草案）》就这一问题进行了新的立法尝试，其一审稿的第 39 条和二审稿的第 42 条均再次接受了理论界关于贪污贿赂犯罪应转采以"犯罪情节"为中心的刑罚配置模式之建议。从目前理论与实务界反馈的情况来看，这一立法修改举措得到甚为普遍的拥护，想来这一次不会再在最后关头折戟沉沙了。

## 二、 贿赂犯罪"情节+数额" 模式之司法认定

当然，必须要正视的是，《刑法修正案（九）（草案）》上述条文即便顺利获得通过，也只是立法的初步胜利，并不意味着可以一劳永逸地解决相关问题。其实，如何界定数额标准与"情节"的具体内涵，仍是无法回避的问题。立法的修正只是将这只"烫手的山芋"由立法者转移到了司法者手中。

一方面，就"情节"的界定来说，由于其内涵和外延都比较模糊，立法上不可能穷尽其涵盖的范围，因而需要最高司法机关通过总结司法经验，做出较为明确且可操作性强的司法解释，在保留必要的概括性规定的基础上，对常见、可预测的情节作明确的列举式规定，以求维护立法的稳定性与灵活性。根据以往的司法解释和实践经验，在考虑贿赂犯罪"情节严重"或"情节较重"时，可以考虑以下因素：就主体而言，从事特殊职务的公务人员担负较重的责任，较之普通公务人员以权谋私收受贿赂就应加重处罚；贪赃枉法的行为，应比贪赃不枉法受到更为严厉的制裁；为他人谋取不正当利益的行为，应受到比为他人谋取正当利益的行为更为加重的刑罚；就受贿行贿次数而言，受贿行贿次数的多少可以反映行为人的主观恶性和人身危险性；就造成的损失大小来说，贿赂犯罪造成的损失具体而直接地体现社会危害性的

---

[①] 参见卢建平：《从〈联合国反腐败公约〉看贿赂犯罪的立法发展》，载《人民检察》2005 年第 3 期（上）。

程度。

另一方面，立法对于贿赂犯罪数额的模糊化，将使最高司法机关面临一个非常棘手的问题，即究竟如何确定数额标准？对此，刑法学界存在以下不同认识：一是主张提高贪污贿赂犯罪的起刑点。因为从 1997 年到现在，我国的国民生产总值和国民收入大幅增长，基于人民生活水平与物价指数等因素的变化，当初的 5000 元如今价值已大打折扣。因此，可以根据物价指数增长的比例，将起刑点提高到 3 万元至 5 万元。该观点认为，提高起刑点并不等于放纵贪污贿赂，完全可以通过追究行政责任、单位记过或撤职等方式处理。二是主张降低贪污贿赂犯罪的起刑点，彻底贯彻"零容忍"之政策精神。因为一味调高起刑点，在罪与非罪的界限上步步后退，其实根本无助于更好地打击遏制这类犯罪，反倒是会在无形之中助长纵容腐败者的腐败气焰、致使腐败犯罪的规模越来越大，进而降低整个社会对贪污贿赂行为的敏感程度。[①]

诚然，提高起刑点的主张有着坚实的实践基础来支撑。虽然现行《刑法》将贪污贿赂犯罪的起刑点确定为 5000 元，但多年来法院受理过接近 5000 元的贪污贿赂数额的刑事起诉微乎其微。由于我国各个地区经济发展的不平衡，致使全国各地不得不出台契合本地司法实践状况的操作规程。例如，经济发达地区的司法部门倾向于将贪污贿赂犯罪的起点自行认定为 5 万元甚至更高，未达到这个数额标准，又没有其他严重情节的，往往就会抓大放小，不予处罚。以至于有论者指出，随着这一数额"执著地往前拱，早就把刑法条文顶到了废弛地步，使 5000 元成为侮辱刑法的笑柄了。"[②]

不过，笔者认为，贪污贿赂数万元的案例之所以得不到查处，问题的症结不在于法定的起刑点太低，而在于本来甚为明确的法律未能得到严格的执行。提高起刑点的主张，并非对症之祛病良药，亦不符合当下反腐行动引领下的民众的心理预期。中共中央始终强调对于腐败犯罪"零容忍"，要"老虎苍蝇一起打"。正是在这样的政策指引下，一众"老虎"、"苍蝇"纷纷落马。这也是现任最高决策领导层赢得最为广泛的民意和舆论支持的重要缘由。在此等社情民意的背景下，提高贪污贿赂犯罪的起刑点，不啻是昭示社会，国家正式在立法层面对"苍蝇"网开一面，其对当前腐败行动的消极影响是显而易见的，定然在某种程度上给人以纵容腐败之感，会不适当地削弱民众对反腐的信念和意志。

而且，民间本就流传着"官偷五千方为贪，民偷五百即是盗"之说法。公职人员利用职务便利的腐败行为，其社会危害性明显大于普通人的盗窃、诈骗行为，原本应配置更重的刑罚，并设置更低的起刑点。但我国的现行刑

---

① 曾凡燕、陈伟良：《贪污贿赂犯罪起刑数额研究》，载《法学杂志》2010 年第 3 期。
② 何三畏：《贪贿罪起刑点跑赢 GDP 的政治含义》，载《成都商报》2009 年 11 月 5 日。

事立法却呈现出不恰当的扭曲，以致民众多有"窃钩者诛，窃国者诸侯"的怨言。在贪污贿赂犯罪的起刑点已然比盗窃、诈骗等普通涉财型犯罪高出数倍甚至十倍的情况下，仍妄谈提高贪污贿赂犯罪的起刑点，民众焉能无不公正之感、愤懑之情？

何况，虽然伴随着社会财富的增加、生活水平的提高、物质指数的攀升以及货币的贬值，现今的 5000 元已与 1997 年时的 5000 元不可同日而语，但也应看到，这些年来变化的不仅仅是经济发展状况，整个社会的民主法治素养、精神文化品质也有了很大的提高，公众对权力的监督意识也增强了，由此，我们的政治伦理也应当趋严。而上调贪污贿赂犯罪起刑点，显然是只着眼于经济发展与物价指数等因素的变化，忽视了政治、文化、社会的整体发展，恰恰会损及我们的政治伦理。[①]

至于下调贪污贿赂犯罪的起刑点，贯彻落实"零容忍"问题，在中国现行法律框架与立法语境下，无疑不具有现实可行性。一则 1997 年《刑法》第 383 条本就没有确定的起刑点。5000 元只是一般性的入罪数额标准，但并不意味着低于 5000 元就不能追究刑事责任。事实上，该条同时规定，低于 5000 元，情节严重的，同样应予定罪处罚。因此，根本谈不上起刑点降低的问题。再则，犯罪构成的定量因素的设置是中国的立法特色。它可以避免犯罪圈的不适当延展，避免刑事惩治范围过于扩张。所谓"零容忍"只具有刑事政策意义，在中国当下，其立法化既无现实条件，亦无社会心理与法律文化底蕴。何况，实践中以 5000 元为一般性入罪数额起刑点尚且产生了诸多有法不依的情状，贸然降低所谓起刑点岂不是对这一司法现状的恶化？

在并无合适替代方案的前提下，笔者倾向于认为，在现阶段保持 5000 元的一般性入罪数额的起刑点不变。因为司法实践中已以此标准为基础形成了一套行之有效的应对方法，这一标准也已深入人心。该标准较为恰当地体现了宽严相济的刑事政策，其与盗窃、诈骗等普通财产犯罪数额标准之间的差距已为大部分民众所认可和接受，不致引起社会的反弹和震荡。其实，《刑法修正案（九）（草案）》第 39 条第 3 款已经为数额已达起刑点的情形预留了宽免处罚的空间。司法机关完全可以凭借此款，充分化解严格执法可能带来的压力。同时，考虑到从 10 万元到上亿元，量刑区间几无变化之立法弊端，最高司法机关可以通过司法解释上调数额巨大和数额特别巨大的标准，从而扩展量刑区间，以更为充分地彰显罪责刑相适应的原则。当然，随着国家反腐行动的纵深推进，并伴随着法治昌明、政治清廉度的不断提升以及腐败犯罪预防体制的愈益完善，可在条件成熟时下调贪污贿赂犯罪的起刑点，以实现与盗窃、诈骗等普通财产犯罪之间法定刑的均衡与协调。

---

① 曾凡燕、陈伟良：《贪污贿赂犯罪起刑数额研究》，载《法学杂志》2010 年第 3 期。

# 贿赂类犯罪的刑罚协调分析研究

柴建桢* 安文录**

刑罚协调配置是实现量刑均衡的前提和基础。刑法学家萨来耶在其《刑罚个别化》一书中提到:"刑罚的协调配置就是法律预先着重以行为作为标准,然后按照不同的构成要件把行为类型进行细分,同时规定加重或者减轻情节。"我国学者也有相似的观点:"在立法上,对不同的罪行(和犯罪)规定不同的刑罚方法及其幅度与其相匹配。"① 贿赂犯罪也一样,离开合理和均衡刑罚配置的立法体系,均衡的量刑结果是不可能实现的。

## 一、 贿赂类犯罪不同罪名间刑罚配置关系

在贿赂类犯罪中,虽然行为方式都是以一定权力为依托,进行权钱交易,但是由于不同的犯罪类型之间的行为性质不同、行为方式不同以及主体不同等因素导致在量刑中的判处刑罚结果有很大区别,并且情况很普遍,我们主要从以下几个罪名为例进行分析:

### (一) 行贿犯罪与受贿犯罪的刑罚配置失衡

综观世界各国行受贿犯罪的规定,许多国家也确实是对行受贿犯罪予以同罪同罚。例如,《德国刑法典》第 331 条规定的接受利益罪与第 333 条规定的给予利益罪作为相对应的罪名,都是对于接受利益者是普通公职人员的被配置 3 年以下自由刑或者罚金;对于接受利益者是法官或仲裁员的被配置 5 年以下自由刑或者罚金;《德国刑法典》第 332 条规定的受贿罪和第 334 条规定的行贿罪也配置了基本相同的刑罚。对于受贿罪配置的刑罚是 6 个月以上 5 年以下自由刑或罚金刑,情节较轻的是处 3 年以下自由刑或者罚金刑;对于行贿罪配置的刑罚是 3 个月以上 5 年以下自由刑,对于情节较轻的,处 2 年以下自由刑或者罚金刑。并且《德国刑法典》第 335 条第 2 款规定了同时适用于行贿罪和受贿罪的特别严重情形作为加重情节,规定:犯罪人的行为所涉及之利益巨大的、行为人继续索要并接受利益,以将来实施某一职务行为作为回报的、行为人以此为职业或作为为继续实施此等行为而成立的团伙

---

\* 法学博士,北京市人民检察院第三分院侦监处任助理检察员。

\*\* 法学博士,上海社会科学院法学研究所办公室主任。

① 邱兴隆、许章润著:《刑罚学》,中国政法大学出版社 1999 年版,第 22~24 页。

成员的这 3 种情形作为加重情节，处 1 年以上 10 年以下自由刑。[①] 另外，《法国新刑法典》中对行、受贿犯罪配置了同样的刑罚。《法国新刑法典》第432-11 条规定的履行公职之人员受贿罪中，对受贿人科处 10 年以下监禁并处 150000 以下欧元罚金；《法国新刑法典》第 433-1 条规定的行贿犯罪，同样对犯罪人科处同样的刑罚。[②]

而在我国刑法中，行贿犯罪和受贿犯罪没有真正的对称性。首先，成立受贿犯罪，未必就会与之对应成立行贿犯罪。因为成立行贿罪，需要谋取不正当利益；另外，对于行贿罪和受贿罪在科处刑罚的规定上差距很大，受贿犯罪的起刑点是 5000 元，行贿罪的起刑点是 1 万元，对受贿犯罪规定最高可以判处死刑，而对于行贿犯罪则最多只能判处无期徒刑。其次，刑法明确规定，只要行贿犯罪人在被追诉前，能够主动交待犯罪事实，就可以减轻或者免除处罚。这也为行贿犯罪人提供了一块减轻处罚的"免死金牌"，所以说行贿犯罪中判处缓刑较多在立法配置上也是有原因的。

与之相对应，对于单位受贿罪和单位行贿罪我国现行刑法却对其配置了相同的法定刑，即"对单位判处罚金，并对其直接负责的主管人员和其他直接责任人员，处五年以下有期徒刑或者拘役"。通过对行贿罪、受贿罪判处刑罚的对比，以及通过单位受贿罪和单位行贿罪之间的关系对比，行、受贿犯罪刑罚配置的失衡问题值得我们认真研究。

### （二）非国家工作人员贿赂犯罪与国家工作人员贿赂犯罪刑罚配置失衡

涉及非国家工作人员的贿赂犯罪行为主要包括两种，即非国家工作人员受贿罪和对非国家工作人员行贿罪。对于非国家工作人员受贿罪，我国《刑法》配置的刑罚为：数额较大的，处 5 年以下有期徒刑；数额巨大的，处 5 年以上有期徒刑，可以并处没收财产。对于非国家工作人员行贿罪，我国《刑法》配置的刑罚为：数额较大的，处 3 年以下有期徒刑；数额巨大的，处 3 年以上 10 年以下有期徒刑。虽然根据司法解释的规定，非国家工作人员行、受贿犯罪的起刑点与涉及公职的行、受贿犯罪的起刑点一致，但是配置的刑罚与普通的行、受贿犯罪配置的刑罚相比，前者明显轻于后者，配刑严重有失均衡。根据我国刑法的相关规定，涉及公共权力的腐败犯罪的刑罚配置与差距过大，我国刑法规定贪污贿赂犯罪以 5000 元作为犯罪起点数额，但是不满 5000 元，符合刑法规定情节严重的情形仍可追究刑事责任，并且贪污罪和受贿罪在情节严重的情况下，最高可判处死刑，行贿罪最高处无期徒刑。

在国外的立法中，涉及公职的行、受贿犯罪配置的刑罚差距并没有我国刑罚差距那么明显。例如，《德国刑法典》第 26 章妨害竞争一章中第 299 条

---

① 《德国刑法典》，许久生、庄敬华译，中国方正出版社 2002 年版，第 167~169 页。

② 《法国新刑法典》，罗结珍译，中国法制出版社 2003 年版，第 151~155 页。

规定的商业活动中的索贿和行贿罪，规定一般的犯罪构成处罚都是 3 年以下自由刑或者罚金，对于符合第 300 条规定的行为涉及重大利益的或者行为人以此为职业或者作为为继续实施此等行为而成立的团伙成员实施的两者情节特别严重的加重情节，在 3 个月以上 5 年以下自由刑。① 《德国刑法典》第 332 条规定的受贿罪配置的刑罚：6 个月以上 5 年以下自由刑或罚金刑，情节较轻的是处 3 年以下自由刑或者罚金刑，第 334 条规定的行贿罪配置的 3 个月以上 5 年以下自由刑，情节较轻的，处 2 年以下自由刑或者罚金刑。另外，还有《芬兰刑法典》第 30 章商业犯罪中第 8 条规定的商业受贿罪所配置的刑罚是罚金或者最高 2 年有期监禁，与第 40 章公职犯罪中第 1 条规定的受贿罪所配置的刑罚完全一致。② 另外，还有一些国家和地区在贿赂犯罪的立法中根本就没有私营部分领域和公共部门领域之分。例如，英国和中国香港特别行政区，把受贿犯罪的主体规定为"代理人"（Agent）。

### （三） 单位类贿赂犯罪与普通贿赂犯罪刑罚配置失衡

我国现行刑法规定所涉及的单位类贿赂犯罪是属于我国在贿赂类犯罪立法的一个特色。通过对国外刑法典进行考察研究，包括《日本刑法典》、《德国刑法典》、《法国新刑法典》、《意大利刑法典》、《芬兰刑法典》等刑法典中，都没有关于涉及单位类贿赂犯罪的立法规定。其实，我国的 1979 年刑法也没有单位贿赂犯罪的规定。

关于单位贿赂犯罪，最早出现在全国人大常务委员会 1988 年 1 月 21 日通过的《关于惩治贪污罪贿赂罪的补充规定》中，后在 1997 年刑法修订中，对单位受贿罪和单位行贿罪做了专门规定。根据我国《刑法》第 387 条之规定，国有单位犯单位受贿罪，对单位判处罚金；对单位直接负责的主管人员或者其他直接责任人员处 5 年以下有期徒刑。并且根据最高人民检察院的司法解释，③ 单位受贿数额在 10 万元以上才予以立案。而根据《刑法》第 385 条、第 386 条及第 383 条的规定，国家工作人员受贿 5000 元即构成受贿罪，但是如果不满 5000 元的，如果达到"情节较重"的程度，也可以构成受贿罪，受贿罪的法定最高刑为死刑。从罪刑关系上看，二者之间的配置差距甚大，单位受贿罪很可能成为犯罪人逃避刑事处罚的避风港。

## 二、 贿赂类犯罪刑罚配置的协调趋向

通过上文对贿赂类犯罪存在的刑罚配置不协调问题分析，我们更加明确看到该类犯罪确实存在严重的刑罚配置不协调问题。同时，由于司法裁量活

---

① 《德国刑法典》，许久生、庄敬华译，中国方正出版社 2002 年版，第 144 页。
② 《芬兰刑法典》，于志刚译，中国方正出版社 2005 年版，第 124 页、第 157 页。
③ 根据最高人民检察院《关于人民检察院直接受理立案侦查案件立案标准的规定》（试行）规定：单位受贿数额在 10 万元以上就应该立案。

动往往会基于对立法天生的遵从，沿袭了立法的惯性，将本来就因为刑罚配置偏差而导致的罪名失衡关系发挥到极致。这就使得基于"轻轻重重"的刑事政策观念，使原本在立法中就已经不相协调的刑罚配置，在司法中表现得更加淋漓尽致。因此，我们在立法中更加慎重对待刑罚配置对于惩治和预防犯罪的"以刑制罪"的重要作用。

**（一）行贿犯罪的刑罚协调趋向**

从犯罪学角度讲，行、受贿犯罪之间是对合关系，相互依存。手中握有权力的受贿人等待着权力被寻租从而获取一定的经济利益；行贿人则寻找其可以用金钱收买的权力以为其所用，缺少任何一方贿赂犯罪都无法成立。

从犯罪的社会危害性角度讲，行贿犯罪和受贿犯罪没有本质区别，都是对国家公共权力的不可收买性的侵害，对于行受贿的双方，一个是权力的非法租赁方，一个是权力的非法寻租方，应该在立法的刑罚配置上和司法的刑罚裁量上一视同仁。另外，在很多时候，一个行贿人通过行贿手段往往能够将某个国家机关体系从上到下全部拉拢腐蚀，这种情况下行贿犯罪对国家公权力的侵害程度不一定比贪污、受贿等直接利用公共权力实施的腐败犯罪的社会危害性更大，涉及面更广。例如，在号称新中国成立以来被查出的经济犯罪第一案的厦门远华集团特大走私案中（厦门远华集团从1994年成立至1999年案发，走私货物总值共计人民币530亿元，偷逃税额人民币300亿元，合计造成国家损失830亿元），主犯集团董事长赖昌星不仅利用种种行贿手段拉拢腐蚀了厦门海关，把当时的一级政府玩弄于股掌为其所用，并且拉拢腐蚀一些中央国家机关的省部级干部。即便抛开这种惊天大案不谈，在我们现实生活中也有类似的例子，如某个体建筑承包商郭某为获得北京市电视台的装修施工等工程项目，于2008年至2010年，分别给予电视台行政部主任王某人民币54万元、支付其赴海南旅游费用人民币6万余元；给予电视台行政部副主任张某人民币23万元、洗浴卡5万元；给予电视台行政部修缮科科长郭某人民币13万元。行贿人郭某共涉及行贿数额过百万元，行贿人达到3人以上，数额、情节不可谓不严重。但是案发后，王某犯受贿罪被判处有期徒刑12年、张某犯受贿罪被判处有期徒刑10年、郭某犯受贿罪被判处有期徒刑5年，而行贿人郭某以行贿罪被判处有期徒刑3年，缓期5年执行。

因此，无论放松对受贿犯罪的打击，还是放松对行贿犯罪的打击，都不能从根本上遏制贿赂犯罪的滋生和蔓延。

**（二）涉及非国家工作人员贿赂犯罪的刑罚协调趋向**

对于行贿类犯罪与受贿犯罪在立法方面的巨大反差，一方面由于利用公共权力进行权钱交易的贿赂犯罪，侵害的是职务行为的廉洁性和社会公众对于职务行为的信赖感，涉及领域更加广泛，造成的社会危害性也更加深远，根据罪刑均衡原则，确实有对这类犯罪配置较重的刑罚的必要；另一方面由于我国历史上的原因。我国二千多年的封建社会受到以官营经济为主导的经济模式根深蒂固的影响，并且历来对利用公共权力实施的腐败犯罪实行重刑主义。新中国成立以后，以公有制经济为主体的计划经济模式的作用等原因，导致在我国人民大众的观念中，对于利用公职权力进行腐败的现象被深恶痛绝，而对于私营部门的腐败犯罪往往持比较宽容的态度。与我国不同，在大多数资本主义国家，私有制经济一直处于主导地位，控制着国家的经济命脉。并且在20世纪六七十年代，随着英国等资本主义国家实行国有化运动和资本主义经济垄断的双重发展和融合，使得以前许多公共部门的职责已经通过分包合同的刑事由私营部门来负责，而公共部门也经常与私营机构设立合资公司，公共部门的私营化使得私有制经济和实体在国家经济运行和管理中承担更加重要的位置，所以在立法对私营部门和公共领域没有必要进行严格的区分。

但是根据我国《宪法》第11条和第13条明确规定：国家保护个体经济、私营经济等非公有制经济的合法的权利和利益；公民的合法的私有财产不受侵犯。从我国宪法角度上讲，我国宪法是平等地保护公私财产权利。也就是说，无论犯罪人侵犯的是国有财产权还是私有财产权，应当配置基本相同的刑罚。所以说对于职务侵占罪，由于其侵犯的法益往往是股份公司或者私营企业的财产权，配置的刑罚远远低于侵犯国有财产权利的贪污犯罪。这其实就从一定程度上说明我国刑法对于私有财产的保护不利。

基于我们以上的考虑，我国对涉及公共权力的行、受贿犯罪配置比私营领域同类犯罪明显较重的刑罚无可厚非。但是过犹不及，非国家工作人员的腐败犯罪行为侵害的法益是公司、企业的管理秩序和社会主义市场经济秩序，但在市场经济蓬勃发展的今天，为了维护市场经济秩序，实现经济繁荣，就应该对在社会中违反公平竞争的商业贿赂等行为进行严厉打击。其实，英国在1906年的《预防腐败法》（Prevention of Corruption Act）颁布实施以前，根据1989年的《公共机构腐败行为法》，英国对于贿赂犯罪的打击范围也是限定在公共领域的，后来才逐渐对贿赂犯罪进行全面打击。

所以说对于贿赂犯罪和认识有一个有待深化的过程，对于非国家工作人员腐败犯罪严厉打击，有利于在整个社会营造一种廉洁的经济环境和氛围，对打击和预防涉及公共权力的腐败犯罪也有巨大的促进作用。

### （三）单位类犯罪刑罚协调趋向

在设立单位类贿赂犯罪之初，全国人大常务委员会秘书长、法制工作委员会主任王汉斌就《关于惩治贪污罪贿赂罪的补充规定（草案）》向全国人大常务委员会所作的说明的第6部分明确表达了当时立法的思想，即"第一，对单位贿赂犯罪的处罚明显地轻于对个人贿赂犯罪的处罚。第二，补充规定第9条中规定的单位行贿罪的主体'企业事业单位、机关、团体'，仅指全民所有制企业事业单位和国家机关、团体，而不包括其他企业事业单位。第三，由于全民所有制单位行贿都有"为公"的因素，所以从轻处罚；非全民所有制单位的行贿行为，按照个人的行贿行为处理，即重于单位行贿罪。单位受贿罪也一样，如果收受的贿赂用于国有单位本身的支出和消费，同样要对国有单位给予特殊保护。"① 不可否认，在当时计划经济的大背景下和社会主义公有制经济占绝对多数的情况下，为了能够对全民所有制单位的集体利益给予一些特殊的保护，制定单位类贿赂犯罪还是具有一定的合理性的。但是随着社会经济的不断发展，尤其从计划经济向市场经济转型的深化和社会主义市场经济体系的全面建立，在我们越来越主张要对公有制经济和私有制经济平等对待的今天，如果还是保持这种有较强的政治色彩的对国有单位的特殊保护，不仅会反映出我国刑事立法进步的迟缓，而且也将严重阻碍经济的健康发展。

但是这种量刑的巨大差距很值得商榷：首先，通过对单位受贿罪与受贿罪进行对比分析，可以发觉这两个罪具有很大的相似性和同质性。因为这两个罪都属于受贿犯罪，并且都在刑法分则第八章贪污贿赂罪中规定，二者之间最大的区别是受贿人以什么名义收受贿赂，以及收受贿赂之后的贿赂款物的用途和去向问题。单位受贿罪贿赂款物的归属对象是国有或者集体所有制单位，对贿赂款物的支配是以单位名义进行；而受贿罪的贿赂款物归属对象是个人，贿赂款物的支配是以个人名义进行。单单基于贿赂款物的不同归属和不同的支配对象，立法者就降低了对单位受贿罪行为人社会危害性和人身危险性的否定性评价，就降低了对该罪行为人进行非难的严厉程度，确实存在一些值得商榷的地方。因为贿赂款物的归属并不属于单位受贿罪和受贿罪的犯罪构成要件，也不能改变该两罪所侵害的法益性质，更不能改变该两罪的罪质，并且单位受贿犯罪所得款物往往是归在单位中占很少数比例的部分领导班子成员所直接支配和使用，尤其是单位一把手用这部分款物进行消费的时候，很难分清哪些费用是用于单位公务消费，哪些消费是用于单位一把手私人消费。例如，河南省鹤壁市某区国土资源分局长王某在某生态农业开发有限公司承接该区王马庄村土地开发项目中，向该生态农业公司索要一辆价值16万元的本田轿车，以及后续费用共计19万元，但是这辆本田轿车并不仅仅用于单位公务用途，其家属也经常使用这部车用于家庭用途，并且王某收受这辆本田汽车并没有经过分局领导班子研究。但在该案中，这笔19万元最后还是以单位受贿罪论处。② 所以说，在很多情况下，被配置了较低刑罚的单位受贿罪，往往成为犯罪人避重就轻的避难所。

① 张智辉：《单位贿赂犯罪之检讨》，载《政法论坛》2007年第6期。
② 鹤壁市山城区人民法院（2011）山刑初字第10号刑事判决书。

其次，在罪量上进行比较。根据量刑均衡理论，相同的罪量需要配置相同的刑量。那么，单位受贿罪和受贿罪的罪量是否相等应该以什么为标准进行衡量呢？我们下面要提到的罪量评价指标就是一个很好的评价体系。该理论从评价主体、评价标准、评价对象三个方面对罪量进行评价，并将评价主体分为被害人评价罪量、国家评价罪量，评价标准分为利益罪量、道德罪量；评价对象分为结果罪量、行为罪量等 6 个要素 14 个子要素进行加权评价。[①]但是，我们用来评价单位受贿罪和受贿罪的罪量关系，并不是要把这些所有的要素都要进行比较，有的要素是这两种犯罪所都不具备的，如被害关系；有的要素在这两种犯罪的反映是同样的，如行为类型，这些就不需要把这些要素作为评价的基础。对于这两种犯罪的罪量关系，本文主要对两个子要素进行研究：第一，从行为罪量的犯罪态度分析。所谓犯罪态度就是指犯罪行为人基于对自己所实施的犯罪行为及其结果的合理化解释而形成的基本内心倾向。[②]单位受贿罪中，犯罪人会认为虽然收受了贿赂，但是认为这些受贿的款物并没有落入自己的腰包，而是为了整个单位更大的利益，为整个单位的发展服务，所以其对于其实施的受贿行为及结果的合理化解释程度较高。而对于受贿罪而言，由于其完全是基于贪心和私利，所以其对于自己行为的合理化解释程度较低，因而可以从这点上讲受贿罪的罪量要大于单位受贿罪的罪量。第二，从单位受贿罪所具有的优势地位角度考虑。根据罪量评价体系，按照不同犯罪中犯罪人所处的加害地位不同，犯罪可以分为凭借身份优势地位所实施的加害行为和没有身份优势地位可凭借的一般犯罪两种。[③]身份优势地位的最明显体现之一就是犯罪人手中握有普通人所不具有的国家和社会的权力资源。受贿罪本身就属于是受贿犯罪人利用其掌握的国家和社会的权力资源去实施犯罪，而单位受贿罪往往不是一个人参与受贿或者索贿，而是一个拥有国家或者社会权利的一个单位来进行，这将使行贿人更加处于一种无奈或者无助的境地，所以单位受贿罪所具有的优势地位要更加明显地强于普通受贿罪，从这点上讲，单位受贿罪的罪量又要大于普通受贿罪的罪量。所以说，至于单位受贿罪和受贿罪之间的罪量关系的比较，各有高低，一时难以分辨高低。但是无论如何，二者之间刑罚的配置存在如此之大的区别，是缺乏必要的罪量理论依据支撑的。

① 白建军著：《罪刑均衡实证研究》，法律出版社 2004 年版，第 161~198 页。
② 白建军著：《罪刑均衡实证研究》，法律出版社 2004 年版，第 195 页。
③ 白建军著：《罪刑均衡实证研究》，法律出版社 2004 年版，第 173~175 页。

中国刑法学研究会

**全国刑法学术年会文集**（2015 年度）
The Collected Papers of Annual Conference of China
Criminal Law Society（2015）

# 法治中国与刑法发展

Rule of Law in China and Development of Criminal Law

（下卷）

学术顾问/高铭暄　储槐植
主　　编/李少平　朱孝清　卢建平

中国人民公安大学出版社
·北京·

**图书在版编目（CIP）数据**

法治中国与刑法发展：全国刑法学术年会文集：2015年度/李少平，朱孝清，卢建平主编.—北京：中国人民公安大学出版社，2015.9

ISBN 978-7-5653-2402-4

Ⅰ.①法… Ⅱ.①李…②朱…③卢… Ⅲ.①刑法—中国—文集

Ⅳ.①D924.04-53

中国版本图书馆CIP数据核字（2015）第229492号

全国刑法学术年会文集（2015年度）

**法治中国与刑法发展**

主编 李少平 朱孝清 卢建平

出版发行：中国人民公安大学出版社
地　　址：北京市西城区木樨地南里
邮政编码：100038
经　　销：新华书店
印　　刷：北京通天印刷有限责任公司印刷
版　　次：2015年9月第1版
印　　次：2015年9月第1次
印　　张：88.25
开　　本：787毫米×1092毫米　1/16
字　　数：1677千字
书　　号：ISBN 978-7-5653-2402-4
定　　价：288.00元（上、下卷）

网　　址：www.cppsup.com.cn　www.porclub.com.cn
电子邮箱：zbs@cppsup.com　zbs@cppsu.edu.cn

营销中心电话：010-83903254
读者服务部电话（门市）：010-83903257
警官读者俱乐部电话（网购、邮购）：010-83903253
法律图书分社电话：010-83905745

# 目　录

## 上　卷

### 第一编　法治中国与刑法理念变革研究

## 第三编　腐败犯罪治理的刑法协调研究

## 下　卷

### 第四编　贪污犯罪的刑法治理研究

## 第六编　行贿犯罪的刑法治理研究

# 下　卷

第四编　贪污犯罪的刑法治理研究

第五编　受贿犯罪的刑法治理研究

第六编　行贿犯罪的刑法治理研究

# 第四编　贪污犯罪的刑法治理研究

# 第四编　贪污贿赂犯罪的刑法治理研究

# 论悔罪退赃对贪污犯罪量刑的影响

## ——兼评《刑法修正案（九）（草案）》对贪污罪量刑条款的修改

卢建平* 赵 康**

当前，惩贪肃腐已经被党和政府提到了前所未有的高度。对于腐败犯罪这头凶猛的"狮子"，发挥刑罚的威慑作用固然重要，但并不意味着在量刑时一定要从重；对于存在从宽处罚情节的腐败犯罪，也应当宽严适度，避免罪刑失衡，而悔罪退赃作为重要的从宽处罚情节，也应当在腐败犯罪量刑过程中发挥作用。本文以贪污罪[①]为例，结合《刑法修正案（九）（草案）》（以下简称《草案》），探讨悔罪退赃在腐败犯罪量刑中的相关问题。

## 一、悔罪退赃在贪污罪量刑中的含义与适用范围——两个文本的比较

悔罪退赃影响贪污罪量刑，在 1979 年刑法以及之前的正式立法文本中并无体现。1988 年全国人大常委会在《关于惩治贪污罪贿赂罪的补充规定》第 2 条中，在贪污数额 2000~5000 元的量刑档中规定了悔罪退赃从宽，即"个人贪污数额在 2000 元以上不满 5000 元，犯罪后自首、立功或者有悔改表现、积极退赃的，可以减轻处罚，或者免予刑事处罚，由其所在单位或者上级主管机关给予行政处分"。在 1997 年刑法修订过程中，除了将贪污罪的入罪数额标准调整为 5000 元，立法机关围绕该款中是否有必要保留"自首、立功"，以及是否有必要将"积极退赃"进一步区分为"积极退赃，可以从轻处罚"和"全部退赃，可以免除处罚"等问题进行讨论，并最终形成了现行

---

* 北京师范大学刑事法律科学研究院常务副院长、教授、博士生导师，法学博士，中国刑法学研究会副会长。

** 北京师范大学刑事法律科学研究院刑法学博士研究生，北京市海淀区人民检察院办公室副主任、助理检察员。

① 因为受贿罪的量刑与贪污罪相同，所以悔罪退赃的影响自然及于受贿罪。从司法实践的情况来看，在贿赂犯罪中，悔罪退赃不仅可以影响量刑，甚至可以影响定罪。2007 年 7 月 8 日最高人民法院、最高人民检察院《关于办理受贿刑事案件适用法律若干问题的意见》第 9 条规定，国家工作人员收受请托人财物后及时退还或者上交的，不是受贿。本文限于篇幅，仅从量刑层面探讨贪污罪的相关问题。

刑法的规定。[①] 但无论该条款如何修改，贪污罪事后的悔改表现和退赃行为能够产生量刑从宽的效果，均可见于文本，只是在从宽的方式上有差别。然而，在《草案》中，悔罪退赃影响贪污罪量刑的条款发生了较大变化。限于篇幅，笔者仅结合现行刑法和《草案》的相关条款加以分析：

**（一）现行刑法第 383 条**

在现行刑法第 383 条中，悔罪退赃对于贪污罪量刑的影响十分有限，只规定在第（三）项中，即"个人贪污数额在五千元以上不满一万元，犯罪后有悔改表现，积极退赃的，可以减轻处罚或者免予刑事处罚，由其所在单位或者上级主管机关给予行政处分"，但在其余项中，并无规定。这就意味着，"如果个人贪污数额为 1 万元以上的，即使行为人犯罪后有悔改表现，积极退赃，也不得减轻处罚或者免除处罚（具有其他法定减免处罚情节的除外）"[②]。但这显然不利于鼓励各类贪污行为人悔罪退赃。还有论者对"犯罪后有悔改表现，积极退赃"进行限制解释："按照法律规定，个人贪污数额在 5000 元以上不满 1 万元，且犯罪后又有悔改表现，积极退赃的，只有这两个条件同时具备，才可以减轻处罚或者免予刑事处罚。行为人'有悔改表现，积极退赃的'，在具体认定时，一般应为全部退赃。"[③] 但在实践中，贪污行为人未必能在案发后全部退还赃款。如果按此理解，即便贪污数额较小，且有悔改表现，部分退赃的行为也不能给行为人带来从宽的量刑优惠。这些理解，无疑进一步削弱了悔罪退赃在贪污罪量刑中的影响力。

**（二）《草案》第 39 条**

根据党的十八届三中全会对加强反腐败工作、完善惩治腐败法律规定的要求，立法机关在起草《草案》时，对贪污受贿犯罪的定罪量刑标准进行了修改，其中对于悔罪退赃影响贪污罪量刑的修改表现为《草案》第 39 条第 3 款："犯第一款罪，在提起公诉前如实供述自己罪行、真诚悔罪、积极退赃，避免、减少损害结果的发生，有第（一）项规定情形的，可以从轻、减轻或者免除处罚；有第（二）项、第（三）项规定情形的，可以从轻处罚"。对比现行刑法第 383 条，相关规定的变化体现在以下几个方面：

1. 扩大了悔罪退赃影响贪污罪量刑的范围

如前所述，现行刑法第 383 条只规定贪污数额在 5000 元至 10000 元之间的（法定刑中的第一档），才存在根据悔罪退赃从宽处罚的余地。而在《草案》中，无论贪污数额和情节达到怎样的程度，均可能因为如实供述、真诚悔罪、积极退赃，避免、减少损害结果发生而从宽处罚。这种变化，不仅和

---

① 相关立法进程的梳理，参见高铭暄：《中华人民共和国刑法的孕育诞生与发展完善》，北京大学出版社 2012 年版，第 601~603 页。

② 张明楷：《刑法学》（第 4 版），法律出版社 2011 年版，第 1049 页。

③ 马克昌主编：《百罪通论》（下卷），北京大学出版社 2014 年版，第 1150 页。

在反腐斗争中争取各种类型、各种危害程度的贪污行为人积极退赃、认罪服法的政策需要相契合，也暗合了党的十八届四中全会决议中提及的认罪认罚从宽制度①。虽然实践中习惯于认为危害程度严重的行为，应当受到相应严厉的刑罚制裁，因此对于量刑上的从宽，重视程度不足，故可能认为认罪认罚从宽只能限制在轻微犯罪的范畴。但从党中央文件的表述来看，其中并无关于认罪认罚从宽在案件类型、特别是在案件危害程度上的限制。故无论贪污数额大小和情节的严重程度，均应承认悔罪退赃对贪污罪量刑的影响。

2. 根据犯罪数额和情节的不同，在量刑从宽的程度上进行更为细致的区分

在现行刑法中，对于贪污罪的悔罪退赃，量刑上的从宽属于"可以"型的减轻处罚或者免予处罚。虽然司法机关可以根据案件的具体情况，选择是否适用从宽处罚，以及适用怎样的从宽处罚，但这里显然忽略了一种情况，即"可以"型的从轻处罚，使得对于悔罪态度、退赃态度一般，退赃数额相对较小的情况，在量刑时如何从宽的问题上没有相应的回应，这显然有缺憾。之所以如此，笔者认为可能也和前述对"犯罪后有悔改表现，积极退赃"的内涵进行严格解释有关，认为如果悔罪态度一般，没有全部退赃，就不应当从宽处罚。而《草案》对于这一缺陷的弥补，无疑能让量刑从宽覆盖到每一个量刑档。当然，《草案》虽扩大了量刑从宽的覆盖面，也并非一味地从宽。对于贪污数额和情节达到一定程度的（第二项、第三项），只能适用"可以"型的从轻处罚，而不可能减轻处罚和免予刑事处罚。

3. 对悔罪退赃的内涵进行进一步细化

在现行刑法中，对于悔罪退赃，只有"犯罪后有悔改表现，积极退赃"的表述。而《草案》细化为"在提起公诉前如实供述自己罪行、真诚悔罪、积极退赃，避免、减少损害结果的发生"。对比前后条文的不同，差异有二：一是《草案》将悔罪退赃影响量刑的时间节点，由"犯罪后"改为"提起公诉前"。"提起公诉前"作为量刑从宽的时间节点并非《草案》首创，现行刑法第276条之一第3款规定的拒不支付劳动报酬罪中，也有类似规定："有前两款行为，尚未造成严重后果，在提起公诉前支付劳动者的报酬，并依法承担相应赔偿责任的，可以减轻或者免除处罚"。而对于提起公诉后的支付报酬、承担赔偿责任的行为是否可以减轻或者免除处罚，我国学者指出："单纯从犯罪情节对刑事责任认定的影响来看，无论是提起公诉前还是一审判决

---

① 党的十八届四中全会决议中仅原则性地表述为："完善刑事诉讼中的认罪认罚从宽制度"。针对这一制度如何理解和落实，中央政法委书记孟建柱同志撰文指出："要加强研究论证，在坚守司法公正的前提下，探索在刑事诉讼中对被告人自愿认罪、自愿接受处罚、积极退赃退赔的，及时简化或终止诉讼的程序制度，落实认罪认罚从宽政策，以节约司法资源，提高司法效率。"孟建柱：《完善司法管理体制和司法权力运行机制》，载《人民日报》2014年11月7日第6版。

前，只要行为人积极地履行支付义务并赔偿所有损失，都可能最终影响其刑事责任的认定。这里存在的差别仅仅是酌定量刑情节和法定量刑情节的关系，仅仅是从轻处罚适用空间的问题。"① 立法上之所以有"提起公诉前"的限制，是为了促使行为人尽早采取体现悔罪态度和挽回犯罪损失的举动，而非为了限制刑法从宽的适用范围。因此，对于《草案》的理解，也可以参照上述有关拒不执行劳动报酬罪的解释，对于在提起公诉后的悔罪退赃行为，也可酌情从宽处罚。二是对悔罪的含义进行了细化。现行刑法第383条使用的是"有悔改表现"的表述，但在理解上就可能存在疑问：这里的"悔改表现"究竟是什么含义？仅是指悔改的意图，还是要采取必要的举动，并取得一定的效果？对此，立法规定并不明确。而在《草案》中，悔罪退赃被表述为"如实供述自己罪行、真诚悔罪、积极退赃，避免、减少损害结果的发生"，较之于"有悔改表现、积极退赃"，该规定同时还兼顾了是否如实供述这一跨越实体和程序法的从宽事由，不仅从行为人的具体行为（真诚悔罪、积极退赃）来评估贪污行为人的人身危险性，同时也注重行为人的事后行为效果（避免、减少损害结果的发生）对人身危险性判断的影响。更为重要的是，《草案》不仅对悔罪退赃的含义进行了较为细致的规定，同时也对悔罪和退赃分别在量刑从宽事由中的地位进行了初步界定，值得肯定。

## 二、 悔罪退赃在贪污罪量刑中的地位

虽然现行刑法和《草案》在贪污罪中悔罪退赃的含义和适用范围的表述有差异，但均认为贪污行为人事后积极配合司法机关工作、如实供述罪行，并且积极退赃的，可以据此认为其人身危险性小，在量刑时给予从宽的奖励。然而，如果对悔罪退赃情节进行进一步的细分，例如根据是否涉及涉案赃物，分为退赃行为和其他体现悔罪态度的行为，则不难发现实践中过分拔高了退赃的地位，对于其他的悔罪行为重视程度不足。例如，对于退赃行为，只关注退赃的结果，而不考虑通过退赃行为是否可以反映出贪污行为人的人身危险性程度，这在客观上导致了一些贪污行为人被不当从轻处罚，影响了刑法对腐败犯罪的治理效果。但另一方面，由于过分追求退赃的结果，导致一些部分退赃的行为人不能在量刑上从宽。对此，前文已有所论及。事实上，"退回全部或大部分的赃款、赃物，一般都要从宽处罚，但不能因此认定数量大小与是否从宽有必然关系……对于那些退赃数额虽然不大，但被告人态度积极主动、已经尽可能地予以清退的，也应当给予从宽处罚"②。因此，有

---

① 赵秉志、张伟珂：《拒不支付劳动报酬罪立法研究》，载《南开学报》（哲学社会科学版）2012年第2期，第101页。

② 赵秉志、李慧织：《贪污贿赂犯罪死刑的司法控制——以刑事实体法控制为视角》，载《人民检察》2010年第15期。

必要对悔罪退赃情节中的诸要素在贪污罪量刑中的地位进行重新界定。对此，《草案》对悔罪退赃的含义进行了细化，故笔者以此为基准，讨论"如实供述罪行"、"真诚悔罪"、"积极退赃"、"避免、减少损害结果发生"四者在量刑从宽上的地位：

### （一）如实供述罪行

"如实供述罪行"也被称为"认罪"，现行刑法中的自首、坦白从宽，均以行为人如实供述罪行为前提。如实供述罪行之所以可以在量刑时从宽，其依据就在于因为悔罪和接受国家司法审判而降低了人身危险性，同时也节约了国家的司法资源。对于认罪的含义，理论界和实务界存在不同认识，问题的焦点集中在，对犯罪的承认，究竟是对犯罪事实的承认，还是对指控罪名的承认。具体到贪污罪，如果行为人对于其利用职务上的便利侵吞、窃取、骗取或者以其他手段非法占有了公共财物的事实供认不讳，但却不认为自己所实施的是贪污行为，而应当是侵占、盗窃、诈骗或者其他犯罪行为，此时是否成立如实供述罪行？

对此，最高人民法院在相关指导性案例的裁判理由中指出，"如实供述自己的罪行"，是指犯罪嫌疑人自动投案后，如实交待自己的主要犯罪事实，和案件如何定性无关。[①] 毕竟定罪活动具有相当的专业性，特别是在多个罪名之间存在竞合时，难以要求行为人准确认识自己的行为在刑法上应受到怎样的评价。

从《草案》的表述来看，"如实供述罪行"是悔罪退赃影响贪污罪量刑的第一个层次。在量刑是否从宽的问题上，认罪与否起着基础性的作用：第一，认罪体现的是对犯罪事实、特别是定罪事实的承认，因此对于侦查机关、公诉机关和审判机关对整个案件事实的认定能够起积极的促进作用；在是否定罪的事实都无法查清的情况下，也就不可能涉及量刑的问题。第二，从刑事政策的角度来看，认罪和其他的从宽量刑情节相比，对于减轻司法机关侦破案件的司法负担、节约司法资源所作的贡献也最大，因此对于量刑奖励的影响力也最大。第三，从诉讼进程来看，认罪是首先需要审查的内容，因此也直接影响到后续诉讼进程的开展以及相应阶段法律结论的得出。认罪能表现被告人的悔罪态度，而且这种悔罪态度的流露，通过对具体事实的供认，显得最为诚恳，因此对贪污罪的预防刑影响也最大，应当成为是否对贪污行为从宽处罚首要考量的因素。同时，如果行为人没有如实供述罪行，即便有退赃、避免、减少损害结果发生等情节，也未必要在量刑上从宽。

下卷·四

---

① 姜方非法持有枪支、故意伤害案（《刑事审判参考》总第 30 辑［第 221 号］）、张杰故意杀人案（《刑事审判参考》总第 6 辑［第 42 号］）裁判理由。参见陈兴良、张军、胡云腾主编：《人民法院刑事指导案例裁判要旨通纂》（上卷），北京大学出版社 2013 年版，第 34、360 页。

## （二）真诚悔罪

实践中，真诚悔罪一般同如实供述罪行一并使用，一同来描述行为人人身危险性小。然而，悔罪和认罪既有联系，又有不同。根据我国学者的概括，悔罪的话语内容可以包括：（1）承认犯罪行为已经发生；（2）承认自己的行为构成了犯罪；（3）承认自己对犯罪行为负有责任；（4）表示悔过和悔恨；（5）保证将来不再犯罪。在上述几个要素中，前三个要素构成认罪，后两个要素构成悔改。① 因此，悔罪的内涵大于认罪，但在认定上，认罪是悔罪成立的前提，不承认犯罪的发生，悔罪无从谈起。

如果说如实供述罪行在判断上具有一定的主观性，但相对于真诚悔罪的判断而言，至少还可以依据一定的证据规则。真诚悔罪在判断上具有模糊性，特别是对"真诚"的判断，比较抽象。因此，对于真诚悔罪，不宜过分强调其在量刑从宽中的地位，而应当将其同如实供述罪行、甚至积极退赃等情节相结合，来综合评估行为人的人身危险性。

## （三）积极退赃

退赃从宽处罚，在我国并非一个具有普遍性的法定从宽事由，但实务界对此给予了高度重视。尽管不宜过分强调退赃的刑法意义，但不容否认的是，退赃对于包括贪污罪在内的职务犯罪的量刑，应当产生积极的影响，这在贪污罪中应当表现得更为明显。例如，2009年3月最高人民法院、最高人民检察院在《关于办理职务犯罪认定自首、立功等量刑情节若干问题的意见》中曾经指出："贪污案件中赃款赃物全部或者大部分追缴的，一般应当考虑从轻处罚。受贿案件中赃款赃物全部或者大部分追缴的，视具体情况可以酌定从轻处罚"。而对于贪污案件和受贿案件之所以要在赃款赃物追缴后从宽处罚的力度上有所区分，是因为"二者在侵害客体上各有侧重，前者主要侵犯的是公共财产关系，退赃对此具有一定的恢复、补偿作用；后者主要侵犯的是职务廉洁性或者职务不可收买性，退赃对此不具有补救作用"②。因此，考虑到贪污罪侵害法益的特殊性，相对于受贿罪，对于退赃更应当予以重视。

对于退赃的认定，实践中习惯于从退赃的数额角度来评估行为人的人身危险性。但事实上，退赃的数额只与贪污行为所造成的法益侵害的挽救程度之间呈现正相关，未必和人身危险性大小呈正相关。现行刑法和《草案》使用的表述都是"积极退赃"，"积极"一词要求，在评估退赃对量刑的影响时，不仅要看结果，还要关注退赃行为本身。因此，退赃态度和退赃表示就显得十分重要。对于缺乏主动性的退赃，即便全部退赃，也未必能从宽处罚。

---

① 王立峰：《论悔罪》，载《中国刑事法杂志》2006年第3期，第54页。
② 陈国庆、韩耀元、王文利：《〈关于办理职务犯罪案件认定自首、立功等量刑情节若干问题的意见〉理解与适用》，载《人民检察》2009年第7期，第45页。

对于这一点，在相关司法机关对一些重大贪污案件的裁判中已经得以贯彻。[1]

### （四）避免、减少损害结果发生

对于"避免、减少损害结果发生"中的"损害结果"，似乎既可以包括直接损失，也可以包括间接损失。但在贪污案件中，直接的损害结果表现为公共财产被行为人非法占有，从而给国家造成了经济损失，而对于这种类型损害结果的挽回，实际就表现为退赃。但立法机关既然将其和退赃并列表述，所针对的就不应该是直接损失，而应是间接损失。由于贪污后续行为所造成的损害结果，对于贪污行为而言，是间接性的、因果链条更长的损害结果。贪污罪是结果犯，影响定罪的只是直接的危害后果，但间接的危害后果的大小，以及是否能避免和减少这种损害结果，也应当对量刑产生影响。

因此，"如实供述罪行"、"真诚悔罪"、"积极退赃"、"避免、减少损害结果发生"在量刑从宽的力度上，呈现逐步递减的趋势。而且，从对行为人获取量刑从宽的能力要求上看，这四个要素呈现递增的趋势。例如，"如实供述罪行"只要求行为人根据自我的认识水平，忠实于自己的记忆交待主要犯罪事实即可，而"避免、减少损害结果发生"则可能要求行为人对贪污行为所导致的间接后果、附随后果有所预见，并采取有效措施进行补救。因此，《草案》看似对悔罪退赃的内涵进行了进一步的限定，似乎不利于行为人，但只要行为人能够根据自己的认识水平和实际能力积极行为，同样也能在量刑上获得优惠。

## 三、 结论： 贪污罪量刑判断的综合性

在贪污案件中准确认定行为人的悔罪退赃行为，其意义不仅在于全面评估行为人的人身危险性，从而为确定行为人的预防刑提供重要参考，但更重要的意义在于实现了贪污罪量刑判断上的综合性。从现行刑法规定来看，"贪污贿赂犯罪的犯罪构成标准，是法定的双标准，即以数额为主，以情节为辅"[2]，数额成为影响定罪量刑的最主要因素，有时甚至是唯一的因素。这就导致了在贪污罪的定罪量刑中，呈现了一种数字化司法的倾向，缺乏灵活性。针对这一问题，我国学者主张对于贪污受贿犯罪确立"数额+情节"的二元弹性定罪量刑标准，用概括数额取代具体数额，同时改变情节在贪污贿赂犯罪定罪量刑中的附属地位，将数额和情节都作为衡量贪贿行为社会危害

下卷·四

---

[1] 例如在江西省人民政府原副省长胡长清贪污、行贿、挪用公款案中，虽然赃款、赃物已全部追回，但由于非胡长清主动退赃所致；二是司法机关依法追缴的结果，因而一审法院仍然对其处以死刑，二审维持原判。参见赵秉志、李慧织：《贪污贿赂犯罪死刑的司法控制——以刑事实体法控制为视角》，载《人民检察》2010 年第 15 期，第 18 页。

[2] 于志刚：《贪污贿赂犯罪定罪数额的现实化思索》，载《人民检察》2011 年第 12 期，第 85 页。

程度的基本依据。[①] 在此次刑法修正中，《草案》将贪污受贿罪的具体数额标准废弃，取而代之的是概括标准。但提高情节在定罪量刑中的地位，恐怕绝非立法上的简单修改就能奏效，更多的应交由司法去完成，这甚至是一个司法观念、办案习惯的问题。而悔罪退赃作为具有综合性、灵活性的情节标准而非刚性的数额标准，将为实现贪污罪量刑判断上的综合性做出应有的贡献。

---

① 详见赵秉志：《贪污受贿犯罪定罪量刑标准问题研究》，载《中国法学》2015 年第 1 期，第 41~42 页。

# 论贪污罪的数额与情节要件

## ——兼评《刑法修正案（九）（草案）》相关立法条款

皮　勇* 　王肃之**

作为我国"四个全面"战略的重要内容，"全面从严治党"战略要求从严反腐，通过制度反腐把权力装进制度的笼子里。刑法是反腐败的重要法律，构建完善的打击贪污贿赂犯罪的刑法体系是制度反腐败的关键。目前，我国刑法中有关贪污罪、受贿罪的规定还存在要件设置不科学、法定刑衔接不当等问题，刑法理论和实务界对以上两罪的相关规定提出较多批评。为了解决以上立法问题，《刑法修正案（九）（草案）》（以下简称《草案》）取消了贪污罪中的具体数额规定，而改用"数额较大"、"数额巨大"、"数额特别巨大"的表述，并与其他情节共同作为贪污罪的法定刑选择依据，同时，对贪污罪的法定刑配置进行了大幅度修改，使之相互衔接。上述修改是否能够实现贪污罪的罪刑科学设置，有待深入研究。

## 一、贪污罪的数额与情节要件问题

我国现行刑法将贪污数额作为贪污罪法定刑选择的主要情节，以"十万元以上"、"五万元以上不满十万元"、"五千元以上不满五万元"、"不满五千元"几个档次，配置不同的法定刑档次，再以兼有"特别严重情节"、"严重情节"、"较重情节"，适用该法定刑档次中的顶限刑罚，如死刑、无期徒刑、"七年以上十年以下有期徒刑"、"二年以下有期徒刑或者拘役"。比较明显的问题是，这些分别标注（一）（二）（三）（四）的法定刑档次之间是相互交叉的，该立法设计被批评为不科学。

招致刑法学界批评最多的是贪污罪的数额要件规定。以贪污罪的起刑点数额为例，5000 元的标准一方面被批评滞后于经济社会发展，另一方面又被批评为轻纵国家工作人员"监守自盗"。有学者指出，"从本质上讲贪污是盗窃国家资财的行为，与盗窃个人财产性质相同。同是盗窃，但盗窃个人财产

---

* 武汉大学法学院教授、博士生导师。
** 武汉大学法学院刑法学博士研究生。

的处罚比'盗窃'国家财产的要重。"① 关于贪污贿赂犯罪的数额标准应该提高还是降低，应该采静态标准还是动态标准，是保留还是取消，是立足经济社会发展调整还是比照盗窃罪设置，观点不一，众说纷纭。

由于没有规定明确的情节要件，司法实践中对贪污数额与其他情节对刑罚的影响力采取不同的比例关系，可能引起对贪污犯罪的量刑失衡，而且这一问题也广受社会关注。有些贪污贿赂数额相对少的行为人被判处更重的刑罚，贪污数额相对多的行为人却被判处较轻的刑罚，如原上海新长征（集团）有限公司党委书记王妙兴贪污受贿上亿元仅被判处无期徒刑,② 原国家食品药品监管局原局长郑筱萸受贿600余万元被判处死刑。③ 后者被判处死刑是因为其行为存在"特别严重"的情节，即"危害人民群众的生命、健康安全，造成了极其恶劣的社会影响"。这里存在如何协调贪污数额和其他情节对宣告刑的影响力问题。数额是一种特殊的犯罪情节，具有数量化的特征，如果贪污数额不能和其他情节相互衔接形成系统完善的适用标准，不仅会出现前述的量刑失衡问题，还会给司法擅断以生存空间。虽然目前学界更多地将贪污数额的升降作为修改贪污罪立法的争论焦点，但是，贪污数额之外的其他情节的量化评价及其与贪污数额的综合评价也是影响贪污罪立法的关键问题。

为了完善贪污罪的立法，《草案》大幅度修改了现行刑法中贪污罪的罪刑规定，将数额和其他情节作为选择该罪法定刑档次的两个选择要件，调整了法定刑的档次，修改为"三年以下有期徒刑或者拘役，并处罚金"、"三年以上十年以下有期徒刑，并处罚金或者没收财产"、"十年以上有期徒刑、无期徒刑或者死刑"，这相当程度上解决了前文提到的法定刑档次交叉的问题。但是，《草案》并未完全解决前述问题，仍然存在贪污数额要件的标准问题、贪污数额和其他情节的综合评价问题，针对以上两个问题的立法或者法律规范设置科学与否，直接影响贪污罪司法适用和从严反腐的实际效果，有必要展开深入研究。

## 二、关于贪污罪数额要件的观点

前文指出，关于贪污罪法定刑选择要件存在两个问题，但是，目前刑法学界讨论的重点是数额要件的标准问题，几乎没有学者对贪污数额与其他情节的综合评价问题进行深入探讨，即当同时存在贪污数额与其他犯罪情节的

---

① 孙春雨：《关于犯罪数额的几个问题》，载《法学杂志》2006年第3期。
② 李烁：《上海新长征集团原董事长贪污受贿上亿元被判无期徒刑》，http://news.xinhuanet.com/legal/2010-11/15/c_12777649.htm，访问时间：2015年6月10日。
③ 田雨、崔清新：《国家食品药品监管局原局长郑筱萸一审被判处死刑》，http://news.xinhuanet.com/legal/2007-05/29/content_6168200.htm，访问时间：2015年6月10日。

情况下如何选择法定刑档次。此外，《草案》将贪污数额与其他犯罪情节并列，如果没有贪污数额而只有其他犯罪情节的，如贪污未遂，能否仅凭其他犯罪情节选择相应的法定刑档次，也是需要分析的问题。由于缺乏有深度的学者分析，该问题将在后文中探讨，这里只分析学者们关注的贪污数额要件的标准设立问题。

目前，刑法学界关于贪污罪数额要件的标准，存在以下几种观点：

**（一）定额标准说**

该观点依据经济社会的发展、贪污犯罪的发展变化，建议调整贪污贿赂犯罪的数额要件标准，特别是定罪的起点数额。但是，在调高还是调低的问题上，又存在分歧意见。

第一种意见认为应调高数额标准，认为应该从立法规定上调高数额标准，如"原有的数量因素所能体现的对法益侵害的程度在不断降低。综合考虑目前的时代背景和司法形势，贪污罪与受贿罪的定罪起点数额都应有所提高"，① 或者认为应该从司法层面提高贪污贿赂犯罪的起刑点，认为"在目前的时代背景和司法形势下，建议将贪污贿赂犯罪的司法定罪数额设置为2万元。"② 理由是，随着经济社会的发展，同样数额货币所代表的社会财富值已经不可同日而语，贪污贿赂犯罪的数额标准应该随之提高。从货币的实际价值角度分析，这种观点确有其合理之处，但是，这种观点也有其缺陷：（1）会放纵贪污犯罪的发生。当下从严治党、从严反腐已经进入"深水期"，贪污犯罪呈现高发态势，一旦调高贪污贿赂犯罪的数额标准，很可能产生错误的导向。（2）会导致刑罚失衡，伤害社会公众的公正感。在其他数额犯的数额标准未有明显变动的情况下，单独提升贪污罪的数额标准，势必造成数额犯整体刑罚标准的失衡。"在贪污贿赂犯罪的起刑点已然比盗窃、诈骗等普通涉财型刑事犯罪高出数倍甚至十倍的情况下，再谈提高贪污贿赂罪的起刑点难免给民众带来不公正感。"③

第二种意见认为应调低数额标准。持这一观点的学者主要论述了防控受贿犯罪的理由，由于我国贪污罪与受贿罪的处罚适用相同的条文，因此，也成为贪污罪调低数额标准的理由，其理由是：为了预防和打击贪污贿赂犯罪，"我国应当对贪污受贿实行零容忍，贪污贿赂犯罪的数额起点应当进一步降低乃至取消而不是提高。"④ "对于贿赂犯罪，如果惩治力度轻，不足以预防

① 高珊琦、曹玉江：《对贪污受贿犯罪数额标准的重新审视》，载赵秉志等主编：《现代刑法学的使命》（下卷），第760~761页。
② 于志刚：《贪污贿赂犯罪定罪数额的现实化思索》，载《人民检察》2011年第12期。
③ 曾凡燕、陈伟良：《贪污贿赂犯罪起刑数额研究》，载《法学杂志》2010年第3期。
④ 郭嘉、白平则：《贪污贿赂犯罪的数额问题研究》，载《政法论丛》2012年第6期。

和遏制贿赂犯罪频发时，贿赂犯罪便出现'破窗'式的多米诺效应。"[1] 借鉴外国反腐败经验，"荷兰被誉为是世界上最廉政的国家，任何一个官员贪污受贿的起点金额只有 20 欧元……要达到预防贪污贿赂犯罪的目的，我国应取消贪污贿赂犯罪的起刑点。"[2] 笔者认为，一国的法律制度与其历史、文化、传统紧密联系，完全不考虑我国的历史、文化、传统，生硬地移植外国法律，即使是出于良好的用意，也难以使之在我国"生根发芽"，更难以取得良好的社会效果。就受贿罪而言，取消数额起点就不妥当，这是因为，我国有着几千年的礼节传统，"熟人社会"、"礼尚往来"等社会现象难以在短时间内发生根本改变，如果立即取消受贿罪的数额标准，不仅不能保证实现有效治理受贿犯罪的目标，还会造成不必要的社会恐慌。此外，我国刑法规定的犯罪有别于外国刑法中的犯罪，后者通常包含了一般违法行为。因此，降低受贿罪的数额标准的观点虽然有一定的合理性，但是，目前取消受贿的数额标准是不切实际的。对于贪污罪，其数额要件虽然不受前述历史文化传统因素的影响，但必须达到一定数额才能有别于一般的贪污行为，如将少量办公用品带走私用等，因此，不宜取消贪污罪的数额要件。

**（二）动态数额标准说**

该种观点认为应设置动态的数额标准，认为可以按照某一种特定的经济方面的指标来确定贪污贿赂犯罪的具体数额，"起刑点及低位阶的较轻刑档的犯罪金额可以按现行数额标准执行，但高位阶较重刑档犯罪金额的确定可以用诸如城镇职工年均收入的倍数等动态指标来量化。"[3] 笔者认为，采取这种标准可以使贪污贿赂犯罪的数额标准适应经济社会发展，有利于实现个案正义。但是，其缺陷也是明显的，由于我国地域广阔，特别是东西部地区之间、城乡之间经济发展水平差别大，采取这样的标准可能导致没有统一的数额标准，引起贪污贿赂犯罪量刑的混乱。

**（三）概括数额标准说**

该种观点认为，应不规定具体的数额，而采用"数额较大"、"数额巨大"、"数额特别巨大"等定性的表述，理由是：（1）"如果以数额作为决定性因素，那么数额在立法上需要不断地修改以适应经济的发展，这显然有悖于刑法的相对稳定性。"[4] （2）"量刑数额标准严重滞后于经济社会的发展，且没有考虑到经济发展水平的地区差异性，尤其是无法合理体现犯罪数

---

① 王秀梅：《论贿赂犯罪的破窗理论与零容忍惩治对策》，载《法学评论》2009 年第 4 期。

② 童德华、李旭、沈丽莎：《我国贪污贿赂犯罪刑罚制度研究》，载《湖南社会科学》2014 年第 4 期。

③ 余捷：《贪污贿赂犯罪的死刑改良及刑罚结构调整》，载《人民检察》2007 年第 21 期。

④ 李炜：《贪污贿赂犯罪死刑制度争议问题研究》，载《河北法学》2012 年第 6 期。

额。"① 采用概括数额标准说有利于贪污罪的刑法条文适应社会现实的变化，保持刑法的稳定性，能较好地处理地区差异问题，但是，这一标准同样也有缺陷，其不符合刑法的明确性，使得贪污贿赂案件的定罪量刑失去了明确的依据，容易受到案外因素的干扰，扩大了法官擅断的空间。《草案》采纳了该种观点，但是，立法者也考虑到该种标准的不足，因此，在《关于〈中华人民共和国刑法修正案（九）（草案）〉的说明》中说明，"具体定罪量刑标准可由司法机关根据案件的具体情况掌握，或者由最高人民法院、最高人民检察院通过制定司法解释予以确定"，力图在一定程度上解决该标准不明确的问题。

关于贪污罪的概括数额标准的具体数额范围，有学者提出，盗窃罪与贪污罪具有相似性，应以盗窃罪的数额标准为参照来设置贪污罪的数额标准，其观点又分为以下几种：

第一种观点认为，应比照盗窃罪的数额提高程度相应提高贪污罪的数额标准。这种观点在 1997 年刑法提高贪污罪的数额标准后提出，认为"有关侵犯财产犯罪原有的定罪量刑数额已经不适应现实需要，从而为调整贪污贿赂犯罪定罪起刑标准提供了理论及实践的依据。"② 这一观点与前文提到的调高数额标准的观点的论述理由相同，也遭到同样的批评，"从我国目前立法来看，由于行为主体有国家工作人员和一般自然人的身份差别，民间流传着'官偷五千方为贪，民偷五百即是盗'的说法。"③ 目前，盗窃罪和贪污贿赂犯罪的数额标准失衡，比照盗窃罪数额标准的提高程度对应提高贪污贿赂犯罪的数额标准，不能解决二罪的刑罚适用标准不平衡的问题。

第二种观点认为，应按照盗窃罪数额的若干倍设置贪污罪的数额标准。"贪污罪的犯罪定罪起点数额应是盗窃罪的犯罪定罪起点数额的 3 倍。"④ 笔者认为，盗窃罪是侵犯私有财产的犯罪，贪污罪是侵犯公有财产的犯罪，其同时还损害了国家公职人员职务行为的廉洁性，在侵犯相同数额的财产的情况下，后者的社会危害性明显高于前者，没有理由后者的入罪门槛反而更高。

第三种观点认为，应完全比照盗窃罪设置贪污罪的数额标准，认为"应将贪污罪数额起点降至与盗窃罪相同，即一千元至三千元以上，以昭示刑法之平等精神。"⑤ 这一观点注意到了贪污罪的定罪数额高于盗窃罪的现实，提

① 曾凡燕、陈伟良：《贪污贿赂犯罪起刑数额研究》，载《法学杂志》2010 年第 3 期。
② 孙宝民、乔洪翔：《试论贪污贿赂罪定罪起点数额》，载《中国刑事法杂志》1998 年第 1 期。
③ 孙瑞灼：《调整犯罪起刑点不能"厚官薄民"》，载《齐鲁晚报》2009 年 11 月 5 日。
④ 欧锦雄：《受贿罪的定罪起点数额研究》，载赵秉志等主编：《现代刑法学的使命》（下卷），第 888 页。
⑤ 马松建、蒋兆乾：《贪污罪的刑罚配置新论——以与盗窃罪比较研究为视角》，载《中国海洋大学学报》（社会科学版）2013 年第 6 期。

出应该比照盗窃罪降低贪污罪的定罪起点数额，同时认为若低于后者将会与社会现实相悖。笔者认为，基于前面分析的理由，只有将贪污罪的定罪数额降到比盗窃罪更低，才能体现其比盗窃罪更大的社会危害性。

综上，上述观点都存在一定的不足，相比之下，比照盗窃罪设置贪污罪的概括数额标准更具有合理性和可操作性。需要指出的是，以上观点都只论及贪污数额，没有考虑兼有贪污数额和其他犯罪情节时，该如何进行综合评价来选择适当的法定刑档次。

## 三、 构建科学的情节量化评价标准

我国现行刑法和《草案》都将贪污数额和其他情节作为决定适用哪一法定刑档次的犯罪情节，在贪污数额的标准问题上，现行刑法采取的是定额数额标准，而《草案》采取的是概括数额标准；关于其他情节的地位，现行刑法采取的是加重处罚情节的立场，而《草案》则将其他情节与贪污数额情节并列，取消了其他情节的加重处罚情节的地位。对于这两处差别有必要深入研究，以选择更科学的做法。另外，对于司法实践中经常出现的同时存在贪污数额和其他犯罪情节的情形，有必要采取科学方法进行综合评价，而该综合评价方法也是需要研究的问题。

### （一）贪污罪的数额标准问题

前文分析了多种关于贪污罪的数额标准的观点，笔者认为，比照盗窃罪设置贪污罪的概括数额标准更具有合理性和可操作性，除了前述理由外，还有以下几方面的依据：（1）盗窃罪与贪污罪都是数额犯。"数额犯，是指以法定的数额作为基本犯既遂形态犯罪构成的定量因素的犯罪"，[①] 或者"以法定数额作为犯罪构成要件定量标准的犯罪"，[②] 都认可数额犯是一类要求犯罪数额达到特定标准的犯罪。构成盗窃罪与贪污罪都要求一定的犯罪数额或者有其他犯罪情节，这是二者具有可比性的主要原因之一。（2）二者在行为方式上有相似性。"盗窃罪，是指以非法占有为目的，秘密窃取数额较大的公私财物，或者多次盗窃、入户盗窃、携带凶器盗窃、扒窃公私财物的行为。"[③]"贪污罪，是指国家工作人员利用职务上的便利，侵吞、窃取、骗取或者以其他手段，非法占有公共财物的行为。"[④] 二者均要求具有非法占有目的，在客观上均非法占有非自己所有的财物，都侵犯了一定的财产法益，是侵犯财产的犯罪，只不过在犯罪主体和犯罪对象上有所区别。（3）《草案》对贪污罪的刑罚条款采取了与盗窃罪同样的模式，都采取了"数额或情节"

---

[①] 王志祥：《数额犯基本问题研究》，载《中国刑事法杂志》2007 年第 2 期。

[②] 刘之雄：《数额犯若干问题新探》，载《法商研究》2005 年第 6 期。

[③] 马克昌主编：《百罪通论》，北京大学出版社 2014 年版，第 719 页。

[④] 马克昌主编：《百罪通论》，北京大学出版社 2014 年版，第 1132 页。

的模式来作为不同法定刑档次的适用标准，尤其是在自由刑配置上，都规定了"三年以下有期徒刑或者拘役"、"三年以上十年以下有期徒刑"、"十年以上有期徒刑或者无期徒刑"三个区间。

前文分析到，贪污罪比盗窃罪的社会危害性更大，对贪污犯罪人更应当严惩，笔者认为，贪污罪的数额标准应比照盗窃罪减半设置。2013年"两高"《关于办理盗窃刑事案件适用法律若干问题的解释》规定，盗窃公私财物价值1000元至3000元以上、3万元至10万元以上、30万元至50万元以上的，应当分别认定为刑法第264条规定的"数额较大"、"数额巨大"、"数额特别巨大"。按照减半设置数额标准，贪污罪的"数额较大"、"数额巨大"、"数额特别巨大"的标准应当是500元至1500元以上、15000元至5万元以上、15万元至25万元以上。设置以上标准的依据是：（1）贪污罪比盗窃罪危害更大，入罪门槛应当更低。盗窃罪与贪污罪区别显著，在刑罚适用上不应完全等同，前者仅侵犯公私财产的所有权，后者不仅侵占的是公共财产，还侵犯了国家工作人员的职务廉洁性，在犯罪数额相同的情况下，贪污罪的社会危害性更重。因此，其入罪和适用相同刑罚的数额应低于盗窃罪，按减半设置能做到罪责均衡，体现国家惩处贪污犯罪的严厉态度。（2）减半标准比现行刑法的规定更合理。按照减半标准，"数额较大"的最低标准是500元以上，远低于目前5000元的起刑点，有利于警诫积少成多的小贪行为，在小贪发展到巨腐之前就予以惩处。"数额特别巨大"的最高标准是25万元以上，高于目前贪污罪数额标准体系中"十万元以上"，使得对此类行为处以10年以上有期徒刑、无期徒刑和死刑更为恰当，符合当前经济社会发展水平和物价水平。（3）该标准能有效发挥预防贪污罪的作用。犯罪成本是犯罪人权衡的重要因素，如果犯罪成本过高而犯罪收益较小，那么行为人往往不会再去犯罪。我国设立危险驾驶罪后，明显降低了危险驾驶的发生数量，"根据公安部交管局统计，2011年5月1日至2012年4月20日，全国公安机关共查处酒驾35.4万起、醉驾5.4万起，同比降幅均超过四成。"① 绝大多数汽车驾驶者都不再"酒驾"，显著降低了对公共交通安全的威胁，而有些城市的司法机关逐渐放松对"醉驾"的处罚，导致了"酒驾"现象的明显反弹。降低入罪标准能对预防贪污罪发挥相同的威慑作用，贪污罪的犯罪主体是国家工作人员，在社会中有一定的身份地位，如果贪污罪的起刑数额降至盗窃罪的一半，能遏制大部分为了"蝇头小利"而铤而走险的人。

**（二）数额与其他情节的关系问题**

如前所述，现行刑法将贪污数额作为选择法定刑档次的基本情节，将其他情节作为一定范围内的加重处罚情节，而《草案》采取盗窃罪的模式将数

① 王逸吟、殷泓：《醉驾入刑一年间的喜与忧》，载《光明日报》2012年5月8日第5版。

额和其他情节等同对待，笔者认为，这种修改违反了罪刑相适应原则，理由是：

1. 犯罪数额与法定刑的区间成正比例关系是数额犯的典型特点，将其他情节限于从重处罚情节，不能反映兼有贪污数额和其他情节情形的罪责实际情况。以"数额较大"、"数额巨大"和相应法定刑档次的关系为例，当贪污数额达到"数额较大"的上限时，也就达到了"数额巨大"的下限，增加1元，就符合后者的标准，相应的刑罚由较低的法定刑档次的上限变成了较高法定刑档次的下限，此时如果兼有其他犯罪情节，即使符合情节严重或者特别严重的情形，按照《草案》的规定，该其他情节也不对刑罚的提升发挥作用，显然不符合犯罪人罪责的实际情况。而按照现行刑法的规定，就能客观反映犯罪人的罪责提升的情况。

2. 《草案》的规定取消了贪污数额在决定刑罚时的基本情节地位，不利于正确选择法定刑档次。对于贪污罪而言，"无论是具体数额标准还是概括数额标准，其共同之处就是都规定有数额标准"，[1] 数额标准是该罪定罪量刑的基本情节要件，而按照《草案》的规定，在没有贪污数额的情况下，其他犯罪情节能独立发挥选择法定刑档次的作用，例如，行为人意图贪污而未实际取得财物，但是给国家造成极为严重的损失，符合情节特别严重的，应在贪污罪最高法定刑档次内处刑。笔者认为，该种情形更符合滥用职权犯罪的构成特征，按照贪污罪定罪处罚不妥。如果可以计算出行为人意图贪污的数额而未实际取得，虽然可以按照贪污罪未遂犯来确定法定刑档次，但是，如果数额较小，如刚达到入罪的数额标准，而其他情节特别严重时，仍可能适用最高法定刑档次的刑罚，此时，行为人不是因为其贪污的数额受到最重的刑罚，而是因为其滥用职权行为给国家造成了其他严重损失，按照贪污罪定罪是不妥当的。

3. 其他犯罪情节应当是补充贪污犯罪的罪责的非基础情节。贪污罪的立法是为了惩治国家工作人员侵吞国家财产的行为，贪污数额是决定犯罪的性质和刑罚轻重的必备的基本要件，其他情节可以补充犯罪的罪责，而不能成为基本情节。它既可以在某一法定刑档次内增加刑罚，也可以在贪污数额接近某一数额标准的上限时，起到加重处罚情节的作用。《草案》修改现行刑法中贪污罪刑罚适用相关条款，一方面使得其他犯罪情节不恰当地充当了决定犯罪性质的基础犯罪情节，另一方面将其他犯罪情节的作用限制在从重处罚情节的范围，当贪污数额达到某一量刑档次的数额上限时，其他犯罪情节实际难以发挥作用，从而可能导致轻纵犯罪，使该罪的刑罚结构出现新的缺陷。

---

① 赵秉志：《贪污受贿犯罪定罪量刑标准问题研究》，载《中国法学》2015年第1期。

基于以上分析，建议保留现行刑法的合理规定和《草案》的合理修改，将刑法第383条修改为："对犯贪污罪的，根据情节轻重，分别依照下列规定处罚：（一）贪污数额较大，处三年以下有期徒刑或者拘役，并处罚金；数额较大，并有其他较重情节的，可以处三年以上五年以下有期徒刑。尚不构成犯罪的，由其所在单位或者上级主管机关给予处分。（二）贪污数额巨大，处三年以上十年以下有期徒刑，并处罚金或者没收财产；数额巨大，并有其他严重情节的，可以处十年以上有期徒刑。（三）贪污数额特别巨大，处十年以上有期徒刑或者无期徒刑，并处罚金或者没收财产；数额特别巨大，并使国家和人民利益遭受特别重大损失的，处无期徒刑或者死刑，并处没收财产。"

### （三）其他犯罪情节的量化评价问题

贪污数额是贪污罪的基础性情节要件，其他情节要件也对贪污罪的成立和处罚发挥重要的影响。贪污数额是一个定量的情节，而其他情节要件则是定性的情节，在同时具有数额和其他情节时，应对其他犯罪情节进行量化评价，将二者情节进行综合评价，构建更科学、合理的情节评价体系，这也与我国量刑规范化改革的基本目标相一致。

对其他犯罪情节进行量化评价不仅具有必要性，也具有可行性。我国从2004年开始进行量刑规范化改革，至2013年年底取得了显著的改革成果，出台并在全国法院执行《关于常见犯罪的量刑指导意见》（以下简称《量刑指导意见》），该指导意见将一部分数额犯的情节进行了量化评价，如盗窃罪和职务侵占罪等，规定增减一定比例的基准刑。虽然《量刑指导意见》没有将贪污罪纳入常见犯罪的范围，但是，贪污罪作为我国发案数量极大的常见犯罪，不久的将来必然要进入《量刑指导意见》规范的范围，及早考虑贪污罪除数额以外的其他情节的量化评价具有必要性和紧迫性。更重要的是，对贪污罪的其他情节进行量化评价具有现实可行性，可以按该情节涉及的数额增减一定的比例来修正用于定罪量刑的贪污的数额。例如，《量刑指导意见》对退赃、退赔情节进行量化评价，"对于退赃、退赔的，综合考虑犯罪性质，退赃、退赔行为对损害结果所能弥补的程度，退赃、退赔的数额及主动程度等情况，可以减少基准刑的30%以下。"司法实践中，对贪污贿赂犯罪案件中有"在案发前退赃"情节的，实际上也可以更大比例地减轻处罚。笔者认为，由于贪污罪比盗窃罪、职务侵占罪的社会危害更大，在进行量化评价时不宜超过《量刑指导意见》对数额犯的一般性规定的比例范围，即：贪污犯罪中有"退赃、退赔"的，可以认定为"情节较轻"，按退赃数额的10%~30%减少贪污数额，以减少后的贪污数额裁量刑罚；如果不足入罪起点数额的，应当认定不构成犯罪或者免予处罚。

这种对情节的量化评价方法，可以推广到其他涉及数额的情节的评价上，例如，对于"贪污后有能力退赃而拒不退赃的"，可以考虑按拒不退赃数额的10%~30%增加贪污的数额，以增加后的贪污数额适用相应法定刑档次并决定宣告刑。相似的涉及数额的其他情节还有"使国家和人民利益遭受损失"，可以按照损失的数额的50%增加贪污的数额；"贪污党、团费，贪污扶贫、救灾款"的，可以按照贪污特殊财产的数额增加20%以下来计算贪污的数额，[①] 等等。

对于不涉及数额的其他情节，则不适合采取前述量化评价方法，但是，可以按照涉及数额的情节与非数额情节的并列关系，转换计算非数额情节刑罚量的增减。《草案》第39条第3款规定，"犯第一款罪，在提起公诉前如实供述自己罪行、真诚悔罪、积极退赃，避免、减少损害结果的发生，有第（一）项规定情形的，可以从轻、减轻或者免除处罚"，可见，"在提起公诉前如实供述自己罪行"、"真诚悔罪"等非数额情节与涉及数额的"积极退赃"、"避免、减少损害结果的发生"在调节刑罚上具有相同的作用，可以比照后面两种情节、在一定范围内增减刑罚量。虽然这种间接的量化评价方法不能精确地评价非数额情节，但是，它能为法官评价各种量刑情节提供较为一致的评价标准。

最后，为了维护贪污罪立法的稳定性，同时，使贪污罪定罪量刑更具科学性和可操作性，应由最高人民法院和最高人民检察院联合发布贪污罪的"数额较大"、"数额巨大"、"数额特别巨大"以及"使国家和人民利益遭受特别重大损失的"的认定标准，以统一某一地区司法机关侦查、起诉和审判贪污犯罪的数额标准。此外，未来我国最高人民法院在修订《量刑指导意见》时，应规定对其他情节（包括涉及数额的其他情节和非数额的其他情节）量化评价的标准，使贪污数额情节和其他情节能以较为统一的标准进行综合评价，以更科学、合理地认定犯罪和适用刑罚。

---

① 《量刑指导意见》规定，"对于在重大自然灾害、预防、控制突发传染病疫情等灾害期间犯罪的，根据案件的具体情况，可以增加基准刑的20%以下。"这种特殊环境情节可以增加一定比例的刑罚量，可以类比于贪污特定的对象，增加一定比例的贪污数额。

# 贪污受贿犯罪量刑标准的立法完善

黄伟明<sup>*</sup>　陈昌林<sup>**</sup>

反腐是当前法治中国建设的重要内容。在运用刑罚打击腐败犯罪的过程中，贪污罪和受贿罪是最常使用的罪名。为了准确适用法律，自 1997 年刑法修订以来，有关贪污贿赂犯罪司法适用的解释不断出台。《刑法修正案（七）》通过增加利用影响力受贿罪的罪名来完善立法规定。但迄今为止，关于贪污受贿犯罪的量刑规定一直沿用没有发生变化。为了适应反腐的需要，对现行贪污罪受贿罪刑罚立法进行完善具有现实意义。

## 一、贪污罪受贿罪适用同一量刑模式缺乏理论根据和实用需要

依现行刑法规定，刑法第 383 条明确以"贪污数额"若干作为表达形式，规定了相应的刑罚档次，因而将其称为"贪污罪的处罚"规定是理所当然。然而，其后有关受贿罪的规定中，仅有受贿罪构成的规定，而没有受贿罪刑罚的具体规定。在刑法第 386 条中，明确规定了"根据受贿所得数额及情节，依照本法第三百八十三条的规定处罚"的内容，使受贿罪的处罚与贪污罪的处罚合并在一起，使用了共同的量刑模式。对于这样的立法规定，有学者认为贪污罪、受贿罪法定刑幅度相互交叉，缺乏梯度。[①] 也有学者认为，贪污罪和受贿罪存在相当差异，不应适用同一的定罪量刑标准。[②] 笔者对上述观点表示赞同，并做进一步分析如下：

（一）贪污罪和受贿罪具有不同的罪质，不具有适用同一刑罚规定的实质性基础

在我国刑法体系中，贪污罪和受贿罪被归在同一犯罪类型中，是因为两者都属于渎职类犯罪。也就是说，贪污罪和受贿罪是以特殊主体——国家工作人员——为构成特征，因而被作为单独一类的。即使在刑法修订后，贪污贿赂犯罪被作为单独序列从渎职罪中独立出来，其渎职罪的特殊主体构成并

---

  * 烟台大学法学院教授。

  ** 烟台大学法学院 2014 级研究生。

  ① 参见陈国庆、王文利：《反腐败刑事立法存在的问题及对策》，载陈泽宪、李少平、黄京平主编：《当代中国的社会转型与刑法调整》，中国人民公安大学出版社 2013 年版，第 1579~1585 页。

  ② 赵秉志：《贪污受贿犯罪定罪量刑标准问题研究》，载《法学》2015 年第 1 期。

下卷·四

没有改变。在我国的刑法体系中，对于贪污罪和受贿罪的危害评价并没有统一的标准。如果从罪名排列的顺序上看，因为我国刑法一般采取从重到轻的罪名排列顺序，应当认为贪污罪较受贿罪危害更严重。从刑法理论表述上看，贪污罪侵犯的客体是复杂客体，既有国家工作人员的职务廉洁性，又有公共财产的所有权。而受贿罪侵犯的客体仅为国家工作人员的职务廉洁性。从客体的单复上看，似乎贪污罪比受贿罪要严重。但仔细分析，结论可能会有不同。首先，国家工作人员的职务廉洁性是个比较抽象的表述，如果具体联系贪污罪和受贿罪的行为表现，其职务廉洁性的内容也会有具体差异。对于贪污罪而言，由于其表现为利用职务便利非法占有公共财产，因而，其对职务廉洁性的破坏表现是在财产取得方面的不诚实，侵害的是公共财产的所有权，内容较为单一。而受贿罪的本质是"钱权交易"，损害的不仅仅是行为人本人或者所在单位的职务廉洁性，更是对整个国家工作人员的声誉的损害和制度的破坏。可以说，对于贪污罪危害的评价可以仅仅以其非法所得的数额作为依据。但是，对于受贿犯罪却不能依据非法所得数额来评价。在多数案件中，往往非法所得数额与其造成的危害并不成正比例关系。从当前对腐败犯罪的打击和惩治来看，贿赂犯罪是对国家、政府危害最严重的犯罪。所以，以数额为标准，将贪污罪与受贿罪同等评价的做法是不适当的。贪污罪与受贿罪的罪质具有较大的差异。

**（二）从法律制度比较上来看，国外刑法少见贪污罪罪名**

类似我国贪污罪构成的行为，有的国家以侵占罪来包含。例如，德国称为侵占罪，日本称为业务侵占罪。有的国家纳入盗窃、诈骗、背信等犯罪中。① 也就是说，类似我国贪污罪的行为，多数国家是将其作为侵犯财产犯罪来对待的。从犯罪构成以及犯罪分类上看，财产犯罪和渎职犯罪当然是明显不同的犯罪。根据我国刑法的分类，通常认为侵犯财产犯罪的危害要轻于受贿犯罪。与侵犯财产犯罪行为和危害更相似的贪污罪当然体现了与受贿犯罪不同的特质。

**（三）贪污罪受贿罪立法表述并不简洁，缺乏同一适用的实用基础**

我国刑法第113条采用了合并规定同一刑罚内容的立法方式。该规定方式的主要目的是立法内容简洁，将可能重复规定的四个条文合并为一个条文。但其合并具有实质基础，即：第一，所适用的刑罚是死刑，没有其他选择，不会出现适用的偏差；第二，其内容仅涉及刑罚，不涉及其他定罪内容。贪污罪和受贿罪的法律规定并不存在立法简洁的需要。事实上，为了适用刑法第383条的规定，刑法还是单独规定了第386条作为援用依据，并未因此而

---

① 参见董邦俊：《两大法系贪污罪立法评析》，载《武汉大学学报》（人文科学版）2004年第5期。

减少一个条文。所以，贪污罪和受贿罪量刑的同一适用规定并没有使法律条文更加简洁。

**（四）对贪污罪和受贿罪适用同一量刑标准，有违罪刑法定原则和罪刑相适应原则**

罪刑法定原则所要求的就是立法上罪与刑的明确性和具体性。既然贪污罪和受贿罪是两个罪名，首先在立法上就具有区分的必要性。这种区分的实质当然是因为犯罪构成的不同，但更影响到与犯罪构成相关的刑罚的设定。虽然刑罚的种类和幅度划分在数量上远远少于罪名的数量，但刑事立法并不采取以相同刑罚来合并不同罪名的立法模式，即：刑事立法并没有将可能判处相同刑罚的犯罪都做统一规定。相反，为了贯彻罪刑法定原则，立法要尽量做到一罪一刑的立法模式。即使在定罪起点和量刑幅度都相同的个罪规定上，也坚持一罪一规定的方式。如我国刑法侵犯财产罪中的盗窃罪、诈骗罪、抢夺罪的立法例。所以，在贪污罪和受贿罪的刑罚规定上采用合并和通用的方式，必然会造成因刑罚相同而导致对贪污罪和受贿罪罪质上的混同，不利于对贪污罪和受贿罪的研究和认定。同时，对贪污罪和受贿罪适用相同的量刑模式，既以非法所得财物数额为评价基本依据，更是不能反映出受贿罪的本质危害，也不利于对受贿犯罪的打击。

因此，应当根据贪污罪和受贿罪的不同特点，分别设置独立的量刑规定。

## 二、以明确数额规定贪污罪和受贿罪的起刑点及处罚幅度缺乏适应性

1979 年刑法没有采用具体规定数额的方法来规定贪污罪和受贿罪。1988 年全国人大常委会颁布的《关于惩治贪污罪贿赂罪的补充规定》，明确了贪污罪定罪的数额为 2000 元，受贿罪处罚参照贪污罪的数额规定。但在具体量刑幅度设定上两者并不相同。贪污罪的量刑以 2000 元为定罪起点，1 万元至 5 万元为一个量刑幅度，5 万元以上为一个量刑幅度。其中，贪污 5 万元以上才有死刑的规定。但受贿罪却规定：受贿数额在 1 万元以上，使国家利益或者集体利益遭受重大损失的，处无期徒刑或者死刑，并处没收财产。可见，两者在刑罚适用上是有差别的。1997 年修订刑法将贪污贿赂犯罪的定罪数额起点从 2000 元修改为 5000 元，并明确表述于刑法条文中。对于这种明确规定定罪数额的立法模式，学术界形成了赞成派和反对派的对立。赞成派认为，贪污罪法定数额标准不应当随着经济的发展进行相应调整。这样做是顺应反腐呼声。不能让人们以为现行法律中的贪污贿赂犯罪最低起刑点设置不当，数额标准要"水涨船高"。① 也有人认为法有限而罪无穷。只有在小额阶段予

---

① 游伟：《调整贪污贿赂罪标准怎么轻言》，载《检察风云》2009 年第 23 期。

以遏制，才能从根本上解决刑罚有限性与犯罪数额无限性的矛盾。[1] 反对派的主要观点则认为，5000 元的固定标准跟不上腐败犯罪的高发态势以及社会经济和国民收入的巨大飞跃。[2] 也有学者认为，要想保持同等水平的惩罚意义和教育意义，入罪数额就应随经济发展水平相应提高，而不是用十几年前的标准处罚今天的犯罪行为。只有这样，才真正符合现代法治的"责罚相当"和"罪刑相适应"原则。[3] 笔者认为，以固定数额方式规定贪污罪受贿罪的定罪标准和量刑模式不合适，应当修正。

### （一）法律的稳定性要求立法语言具有抽象性

一个不稳定的法律是无法得到稳定执行的，也无法稳定发挥其效用。不稳定的法律当然也不会受到尊重。成文法的立法程序是一个严谨而繁琐的过程，因此必然形成法律条文所规定内容的滞后性。但同时，这种严谨的过程也增加了成文法的严肃性和权威性。为了因应成文法的这一特点，法律条文在表述上一般都采取较为抽象的方式。作为严格坚持罪刑法定原则的刑事立法，其历史发展曾经历了从绝对罪刑法定到相对罪刑法定的演变。1791 年《法国刑法典》对每个罪都规定了具体的犯罪构成和绝对确定的刑罚，做了立法上绝对罪刑法定的尝试。但终因过于具体和确定的罪刑规定无法适应现实需要，而被采取相对罪刑法定主义的 1810 年《法国刑法典》取代。这表明，越是过于明确具体的表述，适用的时空范围越有限。而为了保证法律的稳定性，避免频繁的法律修改或补充，以较为抽象的语言作为法律表述的语言已经成为常态。在现代社会，经济发展越来越具有普及化和世界化的特点。作为经济生活中重要元素的货币，其自身价值和换算价值都时刻处于变化当中。据报道称，2012 年佛山市某财政局局长说，以 1978 年作为基数，中国财富增长了 300 倍，但中国货币投放已增长 9000 倍，也即是说当年的 1 块钱等于现在的 30 块钱。[4] 如果以 1979 年刑法为参照，当时贪污罪受贿罪入刑起点为 2000 元，到 2012 年时，当时的 2000 元应相当于 6 万元了。这种数额的变化对定罪量刑的影响是相当大的。我们是不是要根据货币的变化，而将贪污罪受贿罪的起点提高到 6 万元呢？目前修改刑法的方式仅有修正案的方式。如果通过一个修正案改变了现在的数额规定，再过若干年，货币价值又变化了是不是再修正一次？因此，迄今尚未有其他成文法国家采用确定、具体的

---

① 于志刚：《贪污贿赂犯罪定罪数额的现实化思考》，载《人民检察》2011 年第 12 期。

② 陈磊：《犯罪数额规定方式的问题与完善》，载《中国刑事法杂志》2010 年第 8 期；周骏如：《论数额数量犯罪的立法模式》，载《法学》1997 年第 1 期；赵秉志：《贪污受贿犯罪定罪量刑标准问题研究》，载《法学》2015 年第 1 期。

③ 李克杰：《反腐败"零容忍"与提高起刑点》，载《检察风云》2009 年第 23 期。

④ 广东佛山市财政局局长黄福洪：《政府要敢于举债》，http://news.sohu.com/20121017/n355065157.shtml。

财产数额作为定罪或量刑的内容来加以规定。因为具体确定的财产数额如果被规定在刑法中并作为定罪量刑的依据，当货币价值发生变化时，必然影响到立法中定罪和量刑标准的合理性。从国外的立法例看，仅在有关罚金刑的规定上会出现确定数字化的规定。例如，《德国刑法典》第 40 条规定，罚金刑以日额金为单位科处，最低为 5 单位日额金，最高为 360 单位日额金。每一单位日额金最低不得少于 2 德国马克，最高不得超过 1 万德国马克。这种总则性的规定仅为限定罚金刑数额的上下限，并不直接影响具体罪的量刑。可以预见，任何以确定的财产数额来规定定罪或量刑标准的立法，必然会因为货币变化而面临被修改或废止的境地。也就是说，该种立法模式注定会影响到法的稳定性。而没有稳定性的立法，其法的权威性也必然会受到影响。

**（二）惩处贪污罪受贿罪的司法现实，已经凸显了确定数额规定的定罪标准和量刑标准存在的巨大缺陷**

根据简单的推理关系，依据现行刑法规定，贪污 5 万元以上不满 10 万元的，应处 5 年以上不满 10 年的有期徒刑。也就是说，在这个量刑段内，贪污每增加 1 万元，量刑会增加 1 年。但是，在贪污 10 万元以上的量刑段内，随着贪污数额的增加，刑罚的增加效果反而变得越来越弱。例如，1998 年陈希同案，其贪污数额 55.5 万元，被判处有期徒刑 13 年；1999 年褚时健案，其贪污数额达 2870 万元，被判处无期徒刑。近期，周永康受贿 1.29 亿元，被判处无期徒刑。这似乎表明，贪污受贿犯罪较低处罚的量刑档次中，贪污受贿数额增长与刑罚增长有较明确的对应关系。每增加 1 万元就会导致刑罚增加 1 年；而在较重的量刑档次，在不判处死刑或无期徒刑的场合，贪污受贿的数额增加与刑罚增加的对应关系已经微乎其微。增加十几万元，甚至几十万元都不会导致增加 1 年刑罚的后果。现实中出现的贪污 9 万元可能被判 9 年，贪污 90 万元却实际被判 13 年，[①] 贪污 900 万元被判 18 年。[②] 贪污数额增加 891 万元，刑罚才增加 9 年，几乎相当于每增加 100 万元，刑罚才增加 1 年。这无形中助长了贪的越多越捡便宜的观念。造成这种现象的根本原因是立法设计的量刑幅度出现了问题，具体量刑幅度被法定的确定数额幅度所限制。

## 三、 贪污罪受贿罪量刑的立法建议

### （一）对贪污罪与受贿罪分别规定不同的量刑标准

贪污罪的犯罪行为是对公共财物的侵吞、窃取和骗取，因而其犯罪性质的核心仍然是对财产权利的侵犯。在传统刑法观念中，贪污罪之所以被认为

---

① 《北京工业大学教师贪污 90 万获刑 13 年》，http://news.qq.com/a/20061221/000100.htm。

② 《佛山南海原政协常委李允甜贪污受贿近 900 万获刑 18 年》，http://news.hexun.com/2014-05-01/164421280.html。

是严重的犯罪，不仅仅因为其主体的特殊性，更在于其侵犯的财产是公共财物。在受委派、受委托从事公务的特殊主体的贪污罪构成中，其侵犯的财产更是限定在国有财产。根据现行刑法对财产的三分法分类，财产可分为：国有财产；集体所有财产；私人所有财产。刑法所确认的财产重要性和对财产的保护力度也是依此顺序的，所以，贪污罪才被认为是重罪。随着社会主义市场经济的不断发展，对财产给予平等保护已经成为刑法不可回避的问题。在财产平等保护的理念之下，贪污罪的侵财危害与盗窃、诈骗等犯罪的危害就会趋于相同。那么，对于贪污罪的量刑就应当考虑与其他普通侵财犯罪的均衡性。鉴于现行刑法对盗窃、诈骗、抢夺犯罪原则上采用了"数额较大"的定罪标准，那么，对于贪污罪应该设置类似的定罪标准。但笔者并不主张将贪污罪的定罪数额与盗窃、诈骗、抢夺犯罪相同。这是因为贪污犯罪在构成中有"利用职务便利"的特征。这一特征表明，贪污犯罪行为更容易被发现和证明，存在打击上的方便。事实上，近年来贪污犯罪案件发生很少。一方面与不断完善的财经纪律有关；另一方面，也与贪污犯罪容易被追查有关。所以，对于贪污罪入罪的数额标准可以比照普通侵财犯罪略有提高。当然，考虑到贪污罪毕竟属于渎职性犯罪，因此，在规定罚金刑的同时，必须加强和完善资格刑方面的设置。

对于受贿罪而言，将受贿所得数额作为认定犯罪和量定刑罚的主要依据显然存在问题。首先，从财产的属性上看，受贿犯罪所涉及的财物主要属于私人财产范畴，是谋取利益的人向受贿者输送的利益。且在非索贿的情况下，是行贿者主动给予受贿者的利益。是一种钱权的交换。所以，在受贿罪的客体表述中，并不存在对财产权的侵犯。因此，对受贿罪的评价就不能仅仅依据其受贿数额。正如有学者所言，应该把政治、文化、社会等方面的账与经济账一起计算。① 跳出受贿数额的局限，我们才能更加深入和全面地评价受贿罪所造成的危害。受贿罪的危害并不在于受贿人收受了多少财物，而在于他通过钱权交易的方式出卖了国家的公权力。这种危害的实质是对国家权力的侵蚀。正因为如此，现阶段反腐的意义才会上升到政权存亡的高度。跳出受贿数额的局限，才能从立法层面贯彻和实现对腐败犯罪的"零容忍"。而不是去纠缠多年前的定罪标准若干年后会上升几倍的问题。有学者提出，应当根据变化了的客观实际相应提高贪污贿赂犯罪定罪量刑数额标准。② 这种观点，对于以侵犯财产为主要特征的贪污罪还可以适用，但对于受贿罪不能适用。打击受贿犯罪，不能采取防线步步后退的方法。不能以货币贬值为理

---

① 邓清波：《贪污贿赂罪起刑点不能只算经济账》，载《燕赵都市报》2009 年 11 月 5 日第 2 版。

② 孙宝民、乔洪翔：《试论贪污贿赂罪定罪起点数额》，载《中国刑事法杂志》1996 年第 31 期。

由，提高受贿犯罪入罪的数额标准。不能因为不断上升的受贿犯罪数额，就讨论提高定罪量刑标准。如果这样做，无形中是在鼓励人们可以在法定数额以下实施受贿行为。这样的立法是不会有好效果的。有资料表明，经济发达地区的司法部门自行将贿赂犯罪的起点确定为5万元。受贿犯罪认定数额的飙升表明社会的容忍度在提高，更主要的是随着认定犯罪的数额的提高，贿赂犯罪的发生率也在成正比地提高。[①] 所以，对于受贿犯罪的定罪标准不是要提高，而是要降低。

**（二）取消明确数额方式规定的量刑内容**

绝对确定的数额标准在经济快速发展和通货膨胀等因素的影响下，实际上成为一个绝对不公正的数额标准。[②] 取消立法中明确的、也是唯一的数额标准规定已经成为共识。在取消明确数额规定后，如何完善有关贪污罪和受贿罪的数额规定呢？一种观点认为，应当设立适度模糊性、概括性的贪污罪数额标准。[③] 另一种观点认为，应当采取"总则抽象定量、分则定性、司法量化"的模式。[④] 根据我国刑事司法的实践经验，对于犯罪构成和量刑环境所涉及的具体的量的规定以及情节等状况，最合适的办法就是通过司法解释制定统一的标准幅度，再根据各地不同经济状况选择适用。但是，如何使司法解释确定的标准既具有灵活适用的特性，又不至于过于任性，有必要在制订相关司法解释时掌握以下原则：

1. 我国的刑事立法仍然倾向于客观主义。因此，在定罪量刑的规定上必然倾向于报应主义。根据报应主义的立法模式，通过司法解释确立必要的入罪数额和量刑幅度是当然选择。虽然在刑法学说上，历来存在报应主义与预防主义的对立。而我国刑法也明确主张预防主义，但是，现行刑事立法技术无法满足复杂多变的犯罪行为描述，也就无法达成刑罚的对应性配置。因此，尽管我们在理论上更赞成预防主义的观念，可是我们的司法资源不足以支撑我们运作起一个真正意义上的预防机制。所以，我们的立法模式只能停留在一般预防的报应主义层面。那么立法的犯罪构成所关注的只能是表现于外的客观表象，而刑罚配置也只能依据客观表象来设置。这就是说，通过司法解释来确定一定的数额作为入罪标准，以及确定一定的数额幅度作为量刑的幅度，仍然是不可放弃的模式。如果过于强调犯罪的特殊性，甚至放弃了对于数额的必要规定，将使定罪量刑陷于无序和混乱。具体到贪污罪受贿罪的刑罚配置，对于贪污罪可以主要依据贪污数额来确定刑罚，而受贿罪的受贿数额只能作为次要的加重量刑因素存在。

---

① 王秀梅：《论贿赂犯罪的破窗理论与零容忍惩治对策》，载《法学评论》2009年第4期。

② 胡学相：《贪污罪数额标准的定量模式分析》，载《法学》2014年第11期。

③ 张勇、高新杰：《犯罪数额问题研究》，载《河南师范大学学报》2002年第5期。

④ 李浩：《罪刑法定之明确性要求的立法实现》，载《法学评论》2002年第6期。

2. 参照国民收入标准，合理确定量刑幅度的数额标准。罪刑均衡原则是刑法的基本原则之一，但是如何确定罪刑均衡的标准始终是未解的难题。从早期的同态复仇模式到现今的自由刑主导，始终要解决罪与刑的量的均衡与对等。自由刑是以剥夺自由的时间为量的单位，如何将涉及财产的犯罪与刑罚判处的时间进行换算呢？马克思在《资本论》中阐释了一个重要的概念："社会必要劳动时间"。① 马克思认为，商品的价值是由社会必要时间决定的。社会必要劳动时间是社会平均的必要劳动时间，是价值和时间换算的重要学说。如果我们将刑罚中的时间特征和涉及财产犯罪的价值特征联系起来的话，就可以利用社会必要时间的概念来确定刑罚的标准，即：当他人通过 1 年的社会必要劳动时间来创造的财富，如果被犯罪人通过犯罪手段获取，对犯罪人所判处的刑罚就应当是 1 年。从刑罚的角度看，用剥夺犯罪人 1 年自由的方式，来弥补他侵犯他人通过 1 年的社会必要劳动时间创造的财富，这就是一种对等的惩罚。对此，有学者提出引进物价指数变动的因素来确定犯罪的经济价值②。也有学者提出以个人收入为参照确定犯罪数额。③ 更有学者提出以更加复杂的计算公式来确定贪污罪的数额标准。每一年的贪污罪入罪标准＝上年度城镇居民家庭人均可支配收入×上年度 CPI 系数。其次，贪污罪的各个量刑标准可按照入罪标准的一定倍数加以确定，具体的倍数关系如下："数额较大"的 10 倍等于"数额巨大"，"数额巨大"的 5 倍等于"数额特别巨大"。④ 这些建议很具有启发意义。但是，刑法学毕竟不是数理分析学。定罪量刑的标准也不能通过严密的数理论证来得出结论。笔者赞同采用较为简单的参照个人收入的标准。考虑到贪污犯罪和受贿犯罪都是国家工作人员的犯罪，所以，应当参照公务员的平均收入标准来确定入罪量刑的基本数额。

---

① 马克思：《资本论》（第 1 卷），人民出版社 1975 年版，第 52 页。

② 陈磊：《犯罪数额规定方式的问题与完善》，载《中国刑事法杂志》2010 年第 4 期。

③ 鞠茂亮、钱欣红：《用相对数确定财产犯罪数额标准构想》，载《中央政法管理干部学院学报》1998 年第 6 期。

④ 胡学相：《贪污罪数额标准的定量模式分析》，载《法学》2014 年第 11 期。

# 略论贪污受贿十万元至三十万元
# 刑事案件的量刑

徐留成[*]  何小元[**]

贪污罪和受贿罪的法定刑档次以具体数额标准论，一直以来引起刑法学界和刑事司法实务界的争议，最高人民法院多次建议将具体数额标准修改成抽象性或模糊的"数额较大"、"数额巨大"、"数额特别巨大"，但尚未被立法机关采纳。本文就贪污受贿 10 万元至 30 万元刑事案件的量刑和贪污罪、受贿罪的立法完善谈谈粗浅看法，以供专家学者参考并斧正。

## 一、 贪污受贿十万元判处十年， 量刑显然失衡

根据近年来我国法院判决情况，有大量的同罪异罚或者异罪同罚的现象，尤其是大量贪污贿赂类的犯罪案件，犯罪数额在 10 万以上判处有期徒刑 10 年，出现"拥挤"现象。

我国刑法第 5 条规定了罪刑相适应原则，其要旨是：刑罚的轻重应与犯罪的轻重相适应，该原则的具体要求：刑罚既要与犯罪性质相适应，又要与犯罪情节相适应，还要与犯罪人的人身危险性相适应。但是，我们对犯罪情节、量刑情节等的认识和刑罚的适用标准不一，便出现了量刑失衡。它是与量刑均衡相左的概念，可表达为"相似情况不相似对待"，或者"不相似情况同等对待"，又称量刑偏差，是指法院在时空条件相同的情况下对性质相同、情节相当的犯罪，在适用法律时刑罚裁量相差悬殊的现象。[①]

我国刑法第 383 条第 1 款第 1 项规定："个人贪污数额在十万元以上的，处十年以上的有期徒刑或者无期徒刑，可以并处没收财产；情节特别严重的，处死刑，并处没收财产。"刑法第 386 条规定："对犯受贿罪的，以受贿罪所得数额及情节，依照本法第三百八十三条的规定处罚。索贿的从重处罚。"同时根据第 99 条规定，"本法所称的以上、以下、以内均包含本数"可知，个人贪污受贿在十万元以上的，处十年以上的刑罚。犯罪数额 10 万元成为判

---

* 青海省高级人民法院审判委员会委员、刑一庭庭长，全国审判业务专家，青海省军区部队遂行多样化军事任务法律保障咨询专家，刑法学博士，法理学博士后，研究员，硕士研究生导师。

** 中国政法大学博士研究生。

① 宋一泓：《贪污受贿犯罪量刑问题研究》，兰州大学 2009 年度硕士学位论文。

处十年有期徒刑以上的基准点，是重要的惩罚界线。它是司法实践中存在的久而未决的难题之一，随着贪污贿赂犯罪数额的不断增加，数额标准在量刑的权重上出现了失衡的现象，使得量刑发生实质性变化，难以体现罪责刑相适应原则，不能有效惩治犯罪数额大于 500 万元甚至达上亿元、几十亿元的贪污贿赂犯罪分子。刑罚中量刑情节对犯罪数额的考虑出现权重失衡现象，无形当中会给那些已经走上贪污受贿道路但尚未被发现的犯罪分子们暗示：贪多贪少，风险都一样，被抓都是重刑，还不如多贪一些，反正已经走在这条路上了，没有退路可走，能贪则贪，有机会就行贿！很显然，该制度制定时，没有考虑到给犯罪人一个悬崖勒马的机会。在客观上不仅没有给犯罪行为人严重警示："不能再以非法方法谋取更多的钱财，必须停止当前的犯罪行为，否则就会看到更高的刑事处罚的报价单，将会付出比现在所犯罪行更高的惩罚代价！"而且在主观想法上，该制度没有起到警示作用，会使那些犯罪数额在十万元以上的犯罪分子继续收敛更多的钱财！这在立法上显然是重大过失！

综上所述，以犯罪数额为 10 万元以上为基准线，"处罚十年以上的有期徒刑或者无期徒刑，可以并处没收财产；情节严重特别严重的，处死刑，并处没收财产"的规定在司法实务中出现严重的罪刑失衡。因此，作为处罚分水岭的报价单应当做出适当的调整，才符合当前我国刑罚的"犯罪价格"！至于犯罪数额为 10 万元是否需要下调和上浮，笔者认为，还是在刑法第 386 第 2 款中增加一个幅度刑，犯罪数额在 10 万元以上不满 30 万元的，应由司法解释加以规定更为适宜。

## 二、 贪污受贿十万元至三十万元刑事案件是否可以在十年以下量刑

### （一） 可能性

从刑罚均衡的角度考量，完全可以在十年以下量刑，但在目前刑法未修改的情况下必须符合刑法第 63 条第 2 款的规定：犯罪分子虽然不具有本法规定的减轻处罚情节，但是根据案件的特殊情况，经最高人民法院核准，也可以在法定刑以下判处刑罚。结合刑法第 67 条第 1、2、3 款和第 68 条的规定，犯罪嫌疑人虽不具有前两款规定的自首情节，但是如实供述自己罪行的，可以从轻处罚；因其如实供述自己罪行，避免特别严重后果发生的，可以减轻处罚。根据上述规定是可以判处十年以下刑罚的。在司法实务中，已有不少法院运用上述条款对贪污贿赂罪犯罪数额 10 万元以上 30 万元以下的犯罪分子判处了十年以下有期徒刑。

### （二） 必要性

我国是个人口基数特别大的国家，每一年因犯贪污贿赂罪而被处罚的案

件数目也不少，其中大部分犯罪数额分布在 10 万元以上 30 万元以下，相比一些犯罪数额在成百上千万元以上的，在客观表现上轻了许多，惩罚重罪的必要性相对较小。1997 年刑法确定的贪污、受贿数额已完全不适应国民经济快速发展的现状，无法用现行刑法确定的犯罪数额标准去公正裁判数额差距较大的贪污、受贿案件，贪污、受贿十万元和几十万、几百万之间不能科学地均衡量刑，导致大多数被告人与身边不同犯罪数额的案件比较，提出司法不公、量刑不公等问题。尤其是对贪污、受贿数额刚过十万元的被告人判处十年以上有期徒刑，而对最高额没有限制，只是规定了对情节特别严重的，处死刑、并处没收财产，额度中间没有明文规定再划分犯罪数额量刑档次。各地法院普遍认为量刑过重，社会效果不好。我们的观点是：法院审理的贪污、受贿数额刚过 10 万元甚至超过 20 万元未达到 30 万元，有退赃、悔罪等从轻情节的，依照刑法第 63 条第 2 款或第 67 条第 3 款亦可在十年以下量刑。这样才能最大化地运用司法资源，改善以往的"重打苍蝇、轻拍老虎"的惩罚现象，否则该类判决难以服众，没有起到应有的打击犯罪和预防犯罪的效果。

### （三）风险性

根据上述可能性的论述可知，贪污受贿数额在 10 万元至 30 万元的刑事案件是可以在十年以下量刑的。其中，适用刑法第 63 条第 2 款规定在十年以下量刑的，必须得经过最高人民法院核准。这种方法将会消耗大量的司法资源，并且由于经常打开第 63 条第 2 款这条"消防通道"，会破坏现存法这座大厦的正常通行秩序的稳定性，有损于刑法的权威。建议立法机关加快制定相应法律规定，或建议司法机关及时出台相应的司法解释减少这种风险性。

## 三、 支持《刑法修正案（九）（草案）》将贪污罪、受贿罪法定刑档次的具体数额标准修改成"数额较大"、"数额巨大"、"数额特别巨大"

### （一）现实需求

在司法实践中，随着反腐和惩治职务犯罪力度的加大，贪污、受贿等职务犯罪案件日益增多。据青海省某中级人民法院反映，在贯彻"六刑会"期间，他们通过近期审结的案件发现，1997 年刑法确定的贪污、受贿数额已完全不适应国民经济快速发展的现状，无法用现行刑法确定的犯罪数额标准去公正裁判数额差距较大的贪污、受贿案件，贪污、受贿十万元和几十万元、几百万元之间不能科学地均衡量刑，导致大多数被告人与身边不同犯罪数额的案件比较，提出司法不公、量刑不公。面对这种尴尬局面，法官只能释法析理，但内心无法说服自己，更无法达到服判息诉的效果。在加快和深化量刑规范化改革的今天，立法过于死板和滞后将阻碍改革的步伐。为此，建议立法机构将这些涉及数额的犯罪标准设定不同的量刑标准，具体数额由司法解释部门根据国民经济发展情况，像盗窃、抢夺、诈骗等犯罪数额的确立模式一样，以司法解释的方式予以界定，希望《刑法修正案（九）（草案）》早日顺利通过。

**（二）贪污罪、受贿罪法定刑档次的犯罪数额标准具体化、绝对化，不能反映社会经济发展变化**

笔者认为，"立法上规定定罪数额可以使得司法人员有明确的定罪、量刑标准，从而严格地执行罪刑法定原则，进而较好地体现立法意图，防止法官自由裁量权的滥用。这也是我国刑法定性与定量模式结合的一种表现，具有中国特色。然而，我们在肯定这种立法模式优点的同时，也要反思其存在的局限性。罪刑法定原则在由绝对主义发展到今天相对主义的现实背景下，采用绝对数额的起刑线立法方式是否合理值得反思。"[1] 抽象性或模糊性抑或称作概括性所具有的"可以有效地严密刑事法网、严格刑事责任"的特殊功用有时恰恰是立者所需要而为"精确性"所不具备的。[2] "事实上，刑法的明确性是由立法的明确性与解释的明确性共同实现的，刑法本身不可能绝对明确。采用一些概括性条款可以使法官在司法过程中行使一定权限内的司法解释权，有助于实现刑法与社会及犯罪现象的同步发展"。[3] 我国刑法对贪污、受贿罪法定刑档次的数额标准规定得过于具体、绝对，是为了使犯罪数额与刑罚之间建立起一种对应关系，以期在司法实践中更具可操作性。之所以要将犯罪数额与法定刑之间建立对应关系，是因为从某种程度上认为财产数额的大小能够反映出行为的社会危害性。但是，即使认为财产数额能够反映出行为的社会危害性，财产数额所反映的社会危害性也并不是绝对的，而是会随着时间推移、地域差异而不同。[4] 例如，在 1997 年刑法制定之初，贪污 5000 元的社会危害性显然与现今贪污 5000 元的社会危害性差异很大。"自1997 年刑法修订以来，随着我国经济、社会快速发展，现实情况已经发生了巨大变化。以人均收入为例，1995 年城镇居民人均可支配收入为 3188 元，农村居民人均纯收入为 785 元；至 2006 年，扣除物价上涨因素，城镇居民可支配收入上升为 11759 元，农村居民人均纯收入上升为 3587 元，分别是 1995

---

① 卢勤忠：《我国受贿罪的若干刑罚问题研究》，载《国家检察官学院学报》2008 年第 3 期。
② 储槐植、宗建文等：《刑法机制》，法律出版社 2004 年版，第 88 页。
③ 卢勤忠：《我国受贿罪的若干刑罚问题研究》，载《国家检察官学院学报》2008 年第 3 期。
④ 徐光华：《基于贪污贿赂罪之定量立法模式的立法完善》，载《广州市公安管理干部学院学报》2009 年第 4 期。

年的 3.67 倍和 4.57 倍"。① 国家统计局的直接调查显示，从 1978 年到 2012 年，扣除物价上涨因素后，全国城镇居民人均可支配收入实际增长 10.5 倍，年均实际增长 7.4%；全国农村居民人均纯收入实际增长 10.8 倍，年均实际增长 7.5%。② 但是，犯罪数额所反映的社会危害性变化并没有引起相应的法定刑变化。此外，由于我国幅员广阔，中东部、西部与沿海城市经济发展极不平衡，同一时期不同地域之间，相同的犯罪数额所体现的社会危害性也是不同的。刑法对贪污罪、受贿罪法定刑的犯罪数额标准作具体而绝对的规定，显然没有考虑到地区之间的差异。③

**（三）支持《刑法修正案（九）（草案）》将贪污罪、受贿罪法定刑档次的具体数额标准修改成"数额较大"、"数额巨大"、"数额特别巨大"的理由**

笔者认为，对于贪污罪、受贿罪法定刑档次的犯罪数额标准，立法上不宜作具体而绝对的规定，理由如下：（1）前瞻性立法技术的要求。"法律总是具有一定程度的粗糙和不足，因为它必须在基于过去的同时着眼于未来，否则就不能预见未来可能发生的全部情况，现代社会变化之疾之大使刑法即使经常修改也赶不上它的速度"。④（2）刑法规范难以真正地实现绝对的明确性。"惟刑法所规定之构成要件却难尽明确性原则，例如其对于规范构成要件、开放构成要件及空白法规，亦多加以承认"。⑤（3）立法定性、司法定量是多数国家刑法实践中的做法。之所以不在立法中对于犯罪的量作出明确的要求，是因为生活的变化太大，如果立法对犯罪的"量的要求"规定得过于明确，则难以适应社会现实的不断变化，易导致刑法的不周延性。不可否认，犯罪数额是贪污贿赂犯罪中反映行为的社会危害性及其程度的一个重要因素，但如果采取绝对确定的量，则难以适宜社会生活的变化。⑥ "贿赂犯罪的数额一旦有了明确规定，即在贿赂的行为空间与其刑罚幅度之间建立起了一定的等价关系，而这种等价关系是会随着经济状况（如通货膨胀或经济腾飞）、时空条件等的变化发生相应变化的。在此时此地此条件下是合理的，在彼时

---

① 熊选国、刘为波：《论贿赂犯罪的立法完善——基于〈反腐败公约〉和国内反腐败实际需要的平衡考察》，载赵秉志、朗胜主编：《和谐社会与中国现代刑法建设》，北京大学出版社 2007 年版，第 877 页。

② 《反映居民收入实际增长要扣除价格上涨影响》，载《辽宁日报》2013 年 11 月 15 日。

③ 徐光华：《基于贪污贿赂罪之定量立法模式的立法完善》，载《广州市公安管理干部学院学报》2009 年第 4 期。

④ 陈正云：《刑法的精神》，中国方正出版社 1999 年版，第 45 页。

⑤ ［日］泷川幸辰：《犯罪论序说》，载《刑法论丛》（第 3 卷），法律出版社 1999 年版，第 186 页。

⑥ 徐光华：《基于贪污贿赂罪之定量立法模式的立法完善》，载《广州市公安管理干部学院学报》2009 年第 4 期。

彼地彼条件下就会不合理。因此刑法应该主要着眼于对犯罪行为性质上的否定，而将量的把握留给司法机关"。[①] 综上所述，笔者建议对于贪污罪、受贿罪法定刑档次的犯罪数额标准的规定，应当像盗窃、抢夺、诈骗等犯罪数额的确立模式一样，将刑法第 383 条第 1 款中"个人贪污数额在十万元以上的"、"个人贪污数额在五万元以上不满十万元的"、"个人贪污数额在五千元以上不满五万元的"、"个人贪污数额不满五千元，情节较重的"分别修改为"个人贪污数额特别巨大或者有其他特别严重情节的"、"个人贪污数额巨大或者有其他严重情节的"、"个人贪污数额较大或者有其他较重情节的"。以司法解释的方式予以界定："数额特别巨大或者有其他特别严重情节"、"数额巨大或者有其他严重情节"、"数额较大或者有其他较重情节"等抽象性的规定。

通过对比其他国家法律制度，每一项制度设计的高明之处均在于它既能及时有效地分流各种法律资源，即赏罚得当！又能对延续法的稳定性。贝卡里亚曾说，"赏罚上的分配不当就会引起一种越普遍反而越被人忽略的矛盾，即：刑罚的对象正是它自己造成的犯罪。如果对两种不同程度地侵犯社会的犯罪处以同等的刑罚，那么人们就找不到更有力的手段去制止实施能带来较大好处的较大犯罪了。"[②] 无论贪污贿赂数额多少，只要在十万元以上的，就可能会判死刑，那犯罪数额在一百万元、一千万元甚至上亿元等犯罪案件中，犯罪数额作为判处自由刑的权重意义就不是很大了，这会使得人们对该处罚制度的正当性失去信心，甚至有些人将这些不信任放大到对刑法制度或者整个法律制度缺乏信任。边沁认为："一个不足的刑罚比严厉的刑罚更坏。因为一个不足的刑罚是一个应被彻底抛弃的恶，从中不能得到任何好结果。对公众如此，因为这样的刑罚似乎意味着他们喜欢罪行；对罪犯如此，因为刑罚未使其变得更好。"[③] 所以赏罚不当会产生更为严重的后果。

## 四、 结语

"纵使在量刑的均衡问题上，似乎正如圣经里的智者所言——第一个人未曾完全认识它，最后一个人也不会更多了解它。"[④] 尽管如此，法官们从没有停止过探索审判技艺的步伐，其一直探索在贪污贿赂罪的十万元至三十万元之间寻找更为恰到好处的量刑规则，以实现更为公平与正义。

---

① 卢建平：《从〈联合国反腐败公约〉看贿赂犯罪的立法发展》，载《人民检察》2005 年第 3 期。

② 阳桂凤：《关于刑法典对贪污受贿罪直接规定具体数额的思考》，中国刑事法律制度的科学构建及法律适用高层论坛，2007 年 1 月 13 日。

③ 黄立：《刑罚的伦理审视》，湖南师范大学 2004 年度博士学位论文。

④ 宋云苍：《贪污贿赂案件量刑均衡问题研究》，载《刑事法评论》第 19 卷。

  同时，我们需要注意反腐败从宏观的角度上看是一项系统工程，从犯罪预防的角度来考虑，需要协调社会各方面力量，对犯罪预防政策需要适当前移；在立法上，它需要制定出恰到好处的犯罪惩罚规则，做到有法可依；在司法上，它需要定罪量刑准确，实现同案同判，异案差别对待；在执法上，它需要刚性执法，并在人们日常生活工作中起到教育指引的作用，尤其是使公职人员以及与之关系密切的人员感受到刑罚的威慑力。

  总之，法律的生命力在于司法实践，而司法审判的生命力在于公平与正义。在司法审判过程中，定罪量刑的准确与否会影响审判活动生命力的延续和发展。所以，为了改善我国公职人员的形象并保持它的廉洁性，针对贪污贿赂犯罪采取"数额较大或者有其他较重情节"、"数额巨大或者有其他严重情节"、"数额特别巨大或者有其他特别严重情节"等抽象性的规定，才能给审判活动带来更大的便利，让法官有合理的自由裁量的空间去实现公平与正义。

下卷·四

# "骗取型贪污罪"[①]的行为逻辑与规范评价

## ——兼谈最高人民检察院"利用职务上的便利"司法解释的具体适用

袁建伟[*]

刑法第 382 条第 1 款规定:"国家工作人员利用职务上的便利,侵吞、窃取、骗取或者以其他手段非法占有公共财物的,是贪污罪。"理论界针对这一规定讨论的热点是如何理解"利用职务上的便利"的含义,对于其中的侵吞、窃取、骗取以及其他手段的含义鲜有论证,结合贪污的不同行为方式评价"利用职务上的便利"的更是少之又少。[②]甚至有人认为:"无论行为人在实施贪污行为时采取了侵吞、窃取、骗取或者其他手段中的哪一种手段,或者是先后采取了多种手段,对于贪污罪的认定并没有实质性的影响,也涉及不到罪与非罪或者此罪与彼罪的问题。"[③]

这种理解无疑是错误的。基于明确性原则的要求,无论是从定罪还是从量刑的角度而言,准确界定侵吞、窃取、骗取以及其他方法的含义都是刑事司法的应然之义。从定罪角度而言,能否认定为贪污罪中的侵吞、窃取、骗取及其他手段关系到贪污罪与侵占、盗窃、诈骗罪的界限;从量刑的角度而言,"侵吞型贪污罪"、"窃取型贪污罪"和"骗取型贪污罪"也应当有所区别。[④]与"侵吞型贪污罪"和"窃取型贪污罪"相比,"骗取型贪污罪"的行为结构最富特色,最能充分体现贪污罪的立法要义。因此,本文选择行为

---

① 我国刑法规定,贪污罪的行为类型主要包括侵吞、窃取、骗取以及其他手段四种方式,前三种是贪污罪的主要行为类型。为了行文以及互相比较的便利,笔者将其分别命名为"侵吞型贪污罪"、"窃取型贪污罪"和"骗取型贪污罪"。

* 中国社会科学院法学研究所博士后,湖北经济学院法学院副教授,法学博士。

② 张明楷教授曾经在其教科书中提到,利用职务上的便利相对于不同的贪污行为而言具有不同的含义(参见张明楷:《刑法学》(第 3 版),法律出版社 2007 年版,第 860 页)。但以笔者所搜集的资料来看,张明楷教授对此并没有深入的论证。

③ 李文峰:《贪污贿赂犯罪认定实务与案例解析》,中国检察出版社 2011 年版,第 35 页。

④ 普通的财产犯罪中,侵占罪侵犯的法益和主观上的有责性相比于盗窃罪和诈骗罪要单薄很多,在贪污罪类型的细分过程中,虽然罪名相同,但同样存在侵犯法益内容和主观有责性的区别,裁量刑罚时应当有所考虑。

逻辑这一进路，通过检讨司法解释的规定，分析、论证"利用职务上的便利"在"骗取型贪污罪"评价过程中的应有之义及其作用，以期推动"骗取型贪污罪"的司法实践。

## 一、"骗取型贪污罪"的行为逻辑

针对贪污罪中"骗取"的理解，学界代表性的观点主要有以下几种：

其一，"骗取"是指行为人利用职务上的便利，采用虚构事实或者隐瞒真相的方法非法占有公共财物。例如，采购人员谎报出差费用或者多报出差费用骗取公款。根据刑法第183条的规定，国有保险公司工作人员和国有保险公司委派到非国有保险公司从事公务的人员，利用职务上的便利，故意编造未曾发生的保险事故进行虚假理赔，骗取保险金归自己所有的，以贪污罪定罪处罚。①

其二，所谓"骗取"，是指行为人利用职务上的便利，采用虚构事实或者隐瞒真相的方法，非法占有公共财物。如工程项目负责人伪造工资表，冒领不存在的工人工资。②

其三，所谓"骗取"，是指利用职务上的便利，采取欺骗手段，通过使具有处分权的公共财物管理人、经手人、支配人等产生认识错误而处分并将其交付给行为人而达到对公共财物的占有。③

其四，"骗取"是指假借职务上的合法形式，采用欺骗手段，使具有处分权的受骗人产生认识错误，进而取得公共财物。值得注意的是，必须区分利用职务便利的骗取与没有利用职务便利的骗取。传统观点认为，国家工作人员谎报出差费用或者多报出差费用骗取公款的，成立贪污罪。但本书认为，这种行为并没有利用职务上的便利，以诈骗罪论处更为合适。④

综合上述几种观点，尽管在具体案件的处理上存在分歧，但都认为"骗取"的基本内容是行为人采取欺骗方法骗取公共财物的处分权人从而非法占有公共财物。从某种意义上讲，"骗取型贪污罪"就是一种特殊的诈骗罪，其行为逻辑也应当满足诈骗罪的基本逻辑结构：行为人利用职务上的便利隐瞒真相、虚构事实——欺骗公共财物的处分权人——处分权人陷入错误认识——处分权人基于错误认识作出处分——行为人非法占有公共财物——国家（单位）遭受财产损失。其与普通诈骗罪的不同之处在于：其一，"骗取型贪污罪"的主体是国家工作人员；其二，贪污罪中的骗取行为利用了职务

① 高铭暄、马克昌：《刑法学》（第5版），北京大学出版社、高等教育出版社2011年版，第621~622页。
② 苏惠渔：《刑法学》（第5版），中国政法大学出版社2012年版，第552页。
③ 谢望原、赫兴旺：《刑法分论》（第2版），中国人民大学出版社2011年版，第403页。
④ 张明楷：《刑法学》（第四版），法律出版社2011年版，第1047页。

上的便利；其三，骗取的对象是特定的公共财物。其中，公共财物的法律状态与利用职务上的便利是认定"骗取型贪污罪"的关键因素。原因在于，公共财物的不同法律状态影响贪污的行为方式并进而影响贪污罪的成立范围，"利用职务上的便利"是贪污罪区别于普通的侵占罪、盗窃罪和诈骗罪的关键因素。而且，"利用职务上的便利"的内容界定和公共财物的法律状态也直接相关。譬如，在行为人经手公共财物的场合，"利用职务上的便利"窃取往往表现为利用这种现实的占有公共财物的便利，对公共财物进行实体上的转移或者处置；在行为人主管但不直接占有的场合，"利用职务上的便利"窃取往往表现为行为人利用这种法律上的权限，通过伪造凭证、单据、会计账簿等方式对公共财物进行权利上的变动。

## 二、 公共财物①的法律状态

我国刑法第 91 条规定："本法所称公共财产，是指下列财产：（一）国有财产；（二）劳动群众集体所有的财产；（三）用于扶贫和其他公益事业的社会捐助或者专项基金的财产。在国家机关、国有公司、企业、集体企业和人民团体管理、使用或者运输中的私人财产，以公共财产论。"

对于公共财物的法律状态，有学者指出，因为公共财产所有人，或国家或集体或股份体等，财产本身是经营或运行需要多而全的群体性财产，不可能由某一个人（譬如法定代表人）去统揽、管理这些财产，而必须根据安全性、可靠性和真实性的原则建立一种科学的、严密的管理机制。这种机制最主要的特点是收支、进出合法有据，并由各个具体的人负责执行特定的环节，享有特定的管理权限，各个具体的人再根据被赋予的权限行使职权并向法人（所有人）负责，如有缺失或差错，法人（所有人）首先追究的就是这些财产管理人的管理责任。因此，这些公共财产的经手人、管理人就其所经营、管理的具体财产享有一种职务上的便利，但同时也是一种职务上的制约。在这种管理机制下，各个承担经营、管理责任的人就是公共财产的直接经手、管理人，或是通过一定的程序可以直接使用、接触或调配这些公共财产的人，他们非法侵占、使用其所经管的公共财产比其他任何人都便利得多。②

笔者认为，论者准确地概括了我国公共财产的法律状态，不同所有权类型下的公共财产呈现不同的经营、管理体制与方式。在公共财产的经营、管理过程中，不同主体基于法律的授权获得相应的权限，或者单独控制公共财

---

① 刑法第 91 条和第 382 条分别使用了"公共财产"和"公共财物"两个概念。一般来说，"公共财产"更加重视财产权的规范形态，"公共财物"更加重视财产权的物质形态。从概念的一致性角度而言，刑法规定并不严谨。不过，从我国学界理论以及司法实践来看，这两个概念是在同一含义层次上使用的。

② 胡绍宝：《贪污、挪用公款案件的财务特征研究》，载《犯罪研究》2011 年第 1 期。

产，或者作为公共财产整个处分权中的一环。在贪污罪的评价过程中，这种法律状态主要具有以下几个方面的意义。其一，行为人是否利用职务上的便利，标准在于其职务以及因职务产生的便利与公共财产具有关联性。如果具有关联性，才有可能存在利用职务便利的可能性；否则，根本不可能构成贪污罪。而且，不同的公共财产经营、管理体制与方式，关联性的内容也各不相同，要从实质性角度予以评价，很难简单地进行形式上的概括。其二，公共财产的法律状态具有多样性，不同类型的贪污罪的行为方式也表现出诸多差异，成立范围也各不相同。譬如，基于职务主体的多少形成的独自主管、管理、经手与共同主管、管理、经手；基于职权分配形成的独自占有、共同占有与辅助占有，等等。这些不同的法律状态决定了"骗取型贪污罪"、"窃取型贪污罪"和"侵吞型贪污罪"各自的存在范围。正如有学者指出，基于职务而能够独立支配、控制、占有着的本单位财物，是侵吞的对象，否则，只能是窃取或者骗取的对象。① 要成立"骗取型贪污罪"，基本前提就是公共财产的处分权不能由行为人独自控制，因为在这种情况下行为人作为处分权人不可能受到欺骗陷入错误认识，不符合诈骗罪的行为逻辑。此时，行为人或者是与他人共同掌握公共财产处分权，或者其处分权是整个公共财产处分权的一环，或者行为人只是单纯地占有、经手公共财产，根本就不具有处分权。

此外，有学者认为，应将"骗取型贪污罪"作为夺取罪（即转移占有的财产罪）进行把握。贪污罪中的"骗取"相对于侵吞而言，骗取者事先并不占有、控制、支配公共财物；相对于窃取行为，行为人没有采取违背财物占有者意志的方式取得，而是以欺骗具有主管、控制、支配公共财物权限的领导的方式，使其基于认识错误作出将公共财物处分给行为人的决定，行为人进而取得财物。② 笔者认为，转移占有是诈骗罪的典型情形，但实践中未转移占有的情形也非常普遍，尤其是行为人作为占有辅助者或者临时占有的情形。即使是行为人完全占有公共财物的情况下，行为人仍然可以通过欺骗处分权人把公共财物的所有权处分给行为人从而非法获取公共财产。"骗取型贪污罪"的核心在于具有处分权的人受到欺骗从而做出有利于犯罪人的财产处分，导致公共财产权遭受损失。与侵吞相比，关键不在于公共财物的占有状态，而在于非法获取财物的方式。正是因为这一点，在行为人单独支配、控制公共财物的场合，不可能成立"骗取型贪污罪"，只可能成立"侵吞型贪污罪"。论者自己也承认，在骗取保险金的场合，如若行为人本人就是具

① 陈洪兵：《论贪污罪中"侵吞"、"窃取"、"骗取"及"其他手段"》，载《法治研究》2014年第8期。

② 陈洪兵：《论贪污罪中"侵吞"、"窃取"、"骗取"及"其他手段"》，载《法治研究》2014年第8期。

有最终理赔决定权的主管人员，其自报自批，则属于"侵吞"，而非"骗取"。[①] 这说明，"侵吞型贪污罪"与"骗取型贪污罪"的关键区别并非公共财产的占有状态，而是行为方式的差别。

## 三、"利用职务上的便利" 内涵的界定

### （一）"职务"概念的理解

关于如何界定职务的内涵，学界也存在一定的争议，主要存在以下三种见解：

1. 管理性事务说。此种观点认为，职务的本质在于管理性，职务侵占罪与贪污罪中"利用职务上的便利"之"职务"指的都是管理性的活动。[②]

2. 持续事务说。此种观点认为，"职务"是一项由单位分配给行为人持续地、反复地从事的工作，即职务须具有持续性、稳定性的特点。[③] 如果是单位临时一次性地委托行为人从事某项事务，行为人趁机实施侵占行为的，一般不宜认定为利用职务上的便利而实施的职务侵占罪。

3. 职务工作说。此种观点认为，管理性事务说和持续事务说没有抓住"职务"的本质，过于限制了"职务"的范围。"职务"的范围远大于职权，管理性事务说将"职务"理解为仅限于管理性活动，将属于非管理性活动的一般技术性或者劳务性工作排除在职务的范围之外，不当地缩小了职务的范围。从"职务"的基本含义来分析，"职务"是"职位规定应该担任的工作"，这种工作既包括经常性的工作，也应当包括行为人受所在单位临时委派或授权所从事的工作，临时委派或授权所从事的工作不"具有持续性、稳定性的特点"，持续事务说在归纳"职务"的特征时犯了以偏概全的错误。实际上，对"职务"范围的界定，不能仅仅从形式上理解，而应当从实质上予以把握，必须以是否可能侵犯单位公共权力法益的可能性为指导原则，凡是具有侵犯单位公共权力法益可能性的情形，都不能草率排除，而是要细致认定；如果没有这种侵犯单位公共权力法益的可能性，则该种事务或工作不能作为职务侵占罪的评价对象，不具有刑事法上的意义，即使在社会观念上属于"职务"，也不能归入职务侵占罪之"职务"的范围。[④]

---

[①] 陈洪兵：《论贪污罪中"侵吞"、"窃取"、"骗取"及"其他手段"》，载《法治研究》2014年第8期。民法上所有权的转移也印证了这一点。在动产所有权的转移方式中，其中之一就是占有改定，此时所有权的改变并没有带来占有状态的变化。因此，把诈骗罪限制为转移占有的财产犯罪并不符合法理和司法实践。

[②] 赵秉志、肖中华：《刑法疑难争议问题两人谈》，载姜伟主编：《刑事司法指南》（2002年第2辑），法律出版社2002年版。

[③] 刘明祥：《财产罪比较研究》，中国政法大学出版社2001年版，第370页。

[④] 刘伟琦：《"利用职务上的便利"的司法误区与规范性解读》，载《政治与法律》2015年第1期。

综合上述观点，笔者认为，从"职务"概念的基本含义来看，把"职务"理解为"职位规定应该担任的工作"是恰当的，这种工作既可能是持续性的，也可能是临时委托的；既可能是管理性的，也可能是劳务性的。不过，结合我国贪污罪的主体要求，对"职务"的内涵应当予以限制。原因在于，贪污罪的主体是国家工作人员以及受委托管理、经营国有财产的人员，根据我国刑法规定以及刑法理论通说，判断国家工作人员的标准是行为人是否从事公务。① 因此，"利用职务上的便利"中的"职务"应当是国家工作人员的职务规定应当担任的工作，这种工作必须具有"公务性"。如何理解"公务性"呢？根据 2003 年最高人民法院《全国法院审理经济犯罪案件工作座谈会议会纪要》（以下简称《纪要》）的解释，从事公务是指代表国家机关、国有公司、企业、事业单位、人民团体等履行组织、领导、监督、管理等职责。公务主要表现为与职权相联系的公共事务以及监督、管理国有财产的职务活动。譬如国家机关工作人员依法履行职责，国有公司的董事、经理、监事、会计、出纳人员等管理、监督国有财产等活动，属于从事公务。那些不具备职权内容的劳务活动、技术服务工作，譬如售货员、售票员等所从事的工作，一般不认为是公务。

结合《纪要》的界定，"公务活动"应当具有以下特点：其一，管理性，是指国家工作人员基于法律法规和单位规章制度从事的组织、领导、监督、检查、经办等具有管理性的活动。这种管理活动的内容、范围非常广泛，既包括单位内部的，也包括单位外部的；既包括对人、财、物的管理，也包括具体事务的经办。其二，职权性，是指在一个机关、单位内部从事管理的职能部门，由具有一定职务的工作人员依照法律法规和单位规章制度进行。需要补充的一点是，笔者认为，公务活动的管理性对于职权具有一定的依存性，是否具有管理性要结合职务的具体内容进行判断，有的公务活动从形式上看是一种劳务活动，但是因为这种职权的内容就是从事具体人、财、物的管理，因此，不能说这种活动不具有管理性从而排除公务性。譬如国有公司的会计、出纳，从形式上看他们从事的工作也符合一般劳务的特点，但是结合职务要求与行为内容，其职权就是管理、经手国有财产，具体内容是根据单位决议或者上级领导的指令以及本人职权调拨、分配、处置国有财产，这与售货员、售票员收取商品货款、票证价款在职权依据和内容属性上都存在质的差别。

① 刑法第 93 条规定，本法所称国家工作人员，是指国家机关中从事公务的人员。国有公司、企业、事业单位、人民团体从事公务的人员和国家机关、国有公司、企业、事业单位委派到非国有公司、企业、事业单位、社会团体从事公务的人员，以及其他依照法律从事公务的人员，以国家工作人员论。学界通说也认为，贪污罪的主体包括国家工作人员和受委托管理、经营国有财产的人员，具有一个共同的特征——从事公务。参见高铭暄、马克昌主编：《刑法学》（第 5 版），北京大学出版社、高等教育出版社 2011 年版，第 623 页。

下卷·四

基于对"职务"的这种理解，贪污罪中"利用职务上的便利"就是指国家工作人员利用本人从事公务活动以及从事公务活动产生的便利条件。在认定贪污行为的过程中，不仅要把"利用职务上的便利"理解为行为要件，更要将其理解为对职务廉洁性或者公共权力的严肃性和有效性的昭示。[①] 只要在行为人非法占有公共财物的过程中，职务以及职务产生的便利实际发挥了作用，二者之间具有关联性，就应当认定为"利用职务上的便利"。具体来说，在"骗取型贪污罪"的场合，"利用职务上的便利"表现为行为人通过自己的职务行为虚构事实或者隐瞒真相，使公共财产处分权人陷入错误认识，或者职务行为在促使公共财物处分权人陷入错误认识的过程中施加了积极影响，从而把公共财物处分给行为人。[②] 因为"骗取型贪污罪"需要通过公共财产处分权人的处分行为非法获取公共财产，因此，认定"利用职务上的便利"的关键在于行为人的职务行为对公共财产处分权人的影响，至于说行为人是否主管、管理或者经手公共财物，并非是不可或缺的。而且，正如前文所述，如果说行为人是公共财物唯一的主管人或者管理人（即单独的处分权人），根本就不存在"骗取型贪污罪"的成立空间，因为行为人不可能使处分权人（处分权人是行为人本人）陷入错误认识，也就谈不上骗取的问题。在"侵吞型贪污罪"和"窃取型贪污罪"的场合，"利用职务上的便利"的表现则显著不同。"侵吞型贪污罪"应当具备侵占罪的基本行为结构，而侵占罪的前提就是行为人合法占有公共财物，这种占有既可能是事实上的管理与经手，也可以是规范意义上的主管与管理，行为人利用职务上合法占有公共财物的便利，拒不返还从而非法获取公共财物。正是基于这种特定的行为方式，有学者指出，基于职务而能够独立支配、控制、占有着的本单位财物，是侵吞的对象，否则，只能是窃取或者骗取的对象。[③] 在"窃取型贪污罪"的场合，行为人利用职务上的便利，采取秘密手段排除权利人对公共财物的控制非法占有公共财物，行为人的职务行为必须与公共财物紧密联系，具备控制、支配公共财物的职务内容，具体来说就是主管、管理、经手公共财产，否则根本无从利用职务便利窃取。比较"骗取型贪污罪"与"侵吞型贪污罪"、"窃取型贪污罪"的行为方式可以看出，"骗取"是通过欺骗公共财产

---

① 刘伟琦：《"利用职务上的便利"的司法误区与规范性解读》，载《政治与法律》2015年第1期。

② 需要说明的一点是，一般认为诈骗罪的基本逻辑结构是：虚构事实或者隐瞒真相——欺骗处分权人——处分权人陷入错误认识——处分权人基于错误认识作出财产处分——犯罪人获得财物，被害人受损。在"骗取型贪污罪"的场合，"利用职务上的便利"评价的关键一环是行为人利用职务上的，对处分权人陷入错误认识发挥作用（施加积极影响已足够），后面基于错误认识作出的财产处分是自然而然的事情。

③ 陈洪兵：《论贪污罪中"侵吞"、"窃取"、"骗取"及"其他手段"》，载《法治研究》2014年第8期。

处分权人进而非法占有公共财产，即通过介入第三人的行为，这种行为方式导致行为人的职务内容并不需要一概与公共财产发生直接关系，只要其职务内容足以在欺骗公共财产处分权人的过程中发挥作用即可。当然，如果行为人的职务内容也包括主管、管理、经手公共财物，将会带来更大的便利。然而，"侵吞"和"窃取"的行为方式则明显不同，需要行为人直接通过自己的行为非法占有公共财产，这就需要行为人的职务包括支配、控制公共财产的内容，即最高人民检察院司法解释所界定的"主管、管理、经手公共财产的权力及方便条件"①。否则，利用职务上的便利"窃取"和"侵吞"就无从谈起。

**（二）"利用职务上的便利"的行为表现**

1. 行为人独自主管、管理公共财物的情形（独自掌握处分权）。在这种情形下，不存在"骗取型贪污罪"成立的空间。原因在于，"骗取型贪污罪"的行为结构必须具备关键的一环——行为人实施欺骗行为使处分权人陷入错误认识，处分权人基于错误认识把公共财物处分给行为人。在行为人独自掌握处分权的情形下，骗取行为的表现实际上是行为人欺骗自己，不可能陷入错误认识，也就谈不上"骗取型贪污罪"的成立。

2. 行为人与他人共同主管、管理公共财物的情形（共同掌握处分权）。在这种情形下，"骗取型贪污罪"的行为表现为行为人利用自己主管、管理公共财物的便利，采取伪造会议决议、单据、合同等方式欺骗其他处分权人，使其陷入错误认识从而非法获取公共财产。需要说明的一点是，在行为人与他人共同掌握处分权的场合，不仅行为人的职务行为给实施欺骗行为提供巨大的便利，行为人的身份也往往会使其他处分权人陷入错误认识产生积极影响。

3. 行为人经手公共财物的情形（不具有处分权）。在这种情形下，"骗取型贪污罪"的行为表现为伪造单据、证明等方式欺骗处分权人，使处分权人基于错误认识把公共财物处分给行为人。此时，虽然行为人并没有公共财物的处分权，但作为公共财物的经手人，其经手公共财物的职务行为往往对公共财物的处分权人产生陷入错误认识积极的影响，或者容易相信行为人编造的谎言，或者对行为人伪造的单据、证明材料审查不严，等等，从而做出符合行为人意愿的处分。

4. 行为人没有主管、管理、经手公共财物，但是其职务的内容足以影响

---

① 参见《关于人民检察院直接受理立案侦查案件立案标准的规定（试行）》（1999年9月16日施行）。对于最高人民检察院的司法解释，笔者认为学界以及司法实践的适用或许存在一定的误读，"利用职务上的便利"实际上包括两种情形：其一，利用职务上主管、管理、经手公共财物的权力；其二，利用职务上的方便条件，不应当把"方便条件"等同于"利用职务上主管、管理、经手公共财物的权力"产生的方便条件。这样理解，更加符合贪污贿赂犯罪的立法要义。

处分权人处分公共财物。① 在这种情形下，行为人的职务并不包括主管、管理、经手公共财物的内容，其对公共财产权也不能说具有处分权，但其职务行为或者是处分权人行使处分权的前期准备，或者处分权人行使处分权以行为人的职务行为作为依据，或者处分行为直接针对行为人的职务行为，行为人通过职务行为的这种便利，隐瞒真相或者虚构事实骗取公共财物处分权人作出有利于自己的处分。

我国刑法第 183 条第 2 款就属于这种情形的立法例。刑法第 183 条第 2 款规定，国有保险公司工作人员和国有保险公司委派到非国有保险公司从事公务的人员利用职务上的便利，故意编造未曾发生的保险事故进行虚假理赔，骗取保险金归自己所有的，依照贪污罪的规定定罪处罚。以实践中常见的汽车保险理赔为例，一般来说，一个完整的理赔流程包括以下几个步骤：车主报案——查勘定损（保险公司接到报案后派出定损员或者联系当地专业勘察员）——签收审核索赔单证（保险公司营业部或者保险支公司内勤人员负责）——理算复核（保险公司核赔科经办人负责）——审批（保险公司主管理赔经理负责）——赔付结案（具体包括两个步骤：其一，核赔科经办人将审批后的赔款收据和计算书交给财务划款；其二，财务确认后发放赔款）。在这一流程中，直接主管、管理、经手公共财产（保险金）的工作人员包括保险公司主管理赔经理、财务人员，定损员、索赔单证审核员和复核经办人对于报险理赔都不具有决定权，也不直接主管、管理、经手保险金，但司法实践中，定损员、索赔单证审核员或者复核经办人单独或者与车主共谋骗取保险金的案件非常多发，而且也非常容易得手，原因就是，保险金处分的决定性环节即审批的做出是依据定损员的定损勘察、索赔单证复核员上交的单证以及复核经办人的复核报告进行审核的，保险公司内部往往只做一些形式审查和事后的监督抽查。定损员、索赔单证审核员或者复核经办人通过虚构保险事故、伪造理赔材料等方式对审批人陷入错误认识并进而作出财产处分施加了关键性影响，完全符合贪污罪"利用职务上的便利，骗取公共财物"的行为逻辑，属于典型的"骗取型贪污罪"。因此，最高人民检察院司法解释把"利用职务上的便利"限定为"利用职务上主管、管理、经手公共财物的权力及方便条件"无疑缩小了贪污罪的成立范围。

---

① 这种情形下"骗取型贪污罪"的评价，是本文的核心内容，也反映了最高人民检察院司法解释的不足。当然，在这种情形下，行为人的职务行为是否属于整个公共财物处分权的一环从而应当视为主管、管理公共财物，还可以讨论。本文认为，从司法实践表现出来的行为流程来看，行为人的行为不应当视为处分权的一环，行为人与处分权人也没有分享公共财物的处分权。

## 四、"骗取型贪污罪" 的司法适用

### (一) 报销差旅费之贪污问题

【判例1】天津市河北区人民检察院指控，被告人王某斌原系××有限公司（国有公司）干部。在担任××公司电信工程设计研究处副处长、电化电信工程设计研究处副处长期间，分管下属上海××监理部（以下简称上海监理部）、广州××监理部（以下简称广州监理部）全面工作，并曾兼任××公司××项目部副经理。期间，被告人王某斌利用职务上的便利，侵吞、骗取公款人民币161851.75元。具体犯罪事实如下：

1. 2006年至2011年间，被告人王某斌利用职务便利，多次在其分管的上海监理部、广州监理部报销其本人个人消费票据及他人的交通费、住宿费、餐饮费等票据，金额为人民币98362.75元。其中，在上海监理部、广州监理部报销本人及他人个人支出票据，贪污公款人民币80862.75元；以报销山东济南××宾馆假住宿发票的形式贪污公款人民币17500元。

2. 2008年间，被告人王某斌利用分管上海监理部的职务便利，多次在上海监理部账外款中报销个人费用票据，金额为人民币35214元。

3. 2010年至2011年间，被告人王某斌利用职务上的便利，多次将其本人往返天津至海拉尔的飞机票、火车票、住宿票、餐饮票等个人票据假借差旅费的名义在××公司财务部门报销，金额为人民币28275元。

此案经天津市河北区人民法院审理，针对公诉机关的第一项指控，认定被告人王某斌利用分管的职务便利违规将本人个人消费票据在上海、广州监理部报销；以用报销顶替其他无法报销的公务支出为名，将他人的交通费、住宿费、餐饮费等票据违规在上海监理部、广州监理部报销，共计侵吞、骗取公款人民币73923.75元。针对公诉机关第二项、第三项指控，因证据不足，不能证明票据来源于被告人王某斌，无法认定王某斌编造虚假出差事实，因此不予计入贪污数额。最终认定被告人王某斌犯贪污罪，判处有期徒刑五年，并处没收个人财产人民币73923.75元。

笔者认为，天津市河北区人民法院的判决定性是正确的。在这一案件中，被告人王某斌的职务内容并不包括对公款的主管、管理和经手权力，但是因为被告人王某斌分管上海监理处和广州监理处，其利用这种分管的职务内容，在报销差旅费的过程中，以顶替报销其他公务支出为由欺骗具体处理报销事务的财务工作人员，使其误认为报销费用是被告人王某斌正常公务形成的差旅费，即其职务工作在使差旅费处分权人陷入错误认识并进而作出财产处分的过程中发挥了关键作用，应当视为"利用职务上的便利"骗取公共财物的情形，成立"骗取型贪污罪"。①

### （二）房屋拆迁与土地征用补偿款之贪污问题

【判例2】2008年2月至2008年12月期间，被告人蒋某在担任大足县龙水镇西一社区主任期间，受大足县龙水镇人民政府委托，协助该政府开展征地拆迁工作，具体负责清理登记被拆迁户及人员、最后审核被征地人员补偿名单等工作。2008年2月，蒋某得知龙水镇西一社区E组的土地要被征用，便向其亲戚彭某、覃某一、覃某二提议，让其通过虚报人口的方式多分补偿款。此后，蒋某为三人出具虚构的四个出生证明，并在上户申请上加盖社区公章，彭某凭此手续办理了入户，骗取国家安置费以及土地青苗附着物费13.48万元。后来蒋某为了不让其亲戚被揭发，以同样的方式帮黎某、覃某三、覃某四、覃某五等四人骗取国家安置费以及土地青苗附着物费25.8万元。蒋某因上述帮助行为，从彭某、覃某一、覃某四三人处获利8500元。

本案中，被告人蒋某作为社区委员会主任协助人民政府从事行政管理工作，应当视为国家工作人员，其职务内容是具体负责清理登记被拆迁户及人员、最后审核被征地人员补偿名单等工作。在骗取土地征用补偿款的过程中，被告人蒋某本人并不主管、管理和经手补偿款，但是其利用作为社区主任负责清理登记被拆迁户及人员、最后审核被征地人员补偿名单的职务便利，为他人出具虚构的出生证明，加盖公章，骗取国家征地拆迁安置补偿款共计39.28万元。从这一案件可以看出，被告人蒋某"利用职务上的便利"的行为在骗取国家补偿款的过程中发挥了关键性作用，是让补偿款处分权人陷入错误认识的关键因素。其行为不仅侵犯了公共财物的所有权，而且侵犯了国家工作人员职务行为的廉洁性，这与普通的诈骗罪显著不同。如果仅仅把"利用职务上的便利"限定为"利用职务上主管、管理、经手公共财物的权力及方便条件"，进而把被告人蒋某的行为评价为普通的诈骗罪，应当说并没有把握贪污罪的立法要义。2011年9月25日，重庆市第一中级人民法院终审判决被告人蒋某构成贪污罪，判处其有期徒刑十年，并处罚金1万元。笔者认为，这一判决无论是定性还是量刑都是非常准确的。

---

① 从证人周一某（自2008年11月担任××公司电化电信处处长）的证言可知，尽管被告人王某斌分管上海监理部和广州监理部，包括人、财、物的管理及报销，但报销非公票据需要向处长请示。这一证词说明，被告人王某斌并非差旅费唯一的处分权人。此外，实践中，差旅费的报销方式主要有两种：其一，工作人员先从单位预支，公务完成后，根据票据报销，剩余部分返还给工作单位；其二，工作人员先自己垫付，公务完成后，根据票据报销，工作单位把差旅费用支付给工作人员。按照司法解释，前者行为人管理（至少是经手）差旅费用，如果行为人通过伪造票据等方式虚报、多报骗取差旅费则构成贪污罪，后者行为人即使伪造票据骗取差旅费也只能按照诈骗罪处理。但是这种处理明显不合理，原因在于，这两种行为无论是对公共财产权的侵犯，还是对国家工作人员职务廉洁性的破坏，内容几乎都是一样的，都"利用了职务上的便利"，应当一概视为贪污罪。

# 贪污罪具体数额标准应该废除

熊永明* 钟学友**

我国现行刑法对贪污罪定罪量刑规定了明确而具体的数额，这大大便利了司法实践准确而有效地惩治贪污犯罪，为我国打击腐败犯罪发挥了诸多积极作用。但是，随着社会经济形势日新月异的变化，外加惩治贪污犯罪的司法实践中后出现了一些新问题和新情况，贪污罪定罪量刑的数额标准在实际施行中预期的效果开始受到抑制，2014年10月27日《刑法修正案（九）（草案）》（以下简称为《草案》）第39条将贪污罪中的具体数额予以删除，以原则性的数额较大或者情节较重、数额巨大或者情节严重、数额特别巨大或者情节特别严重三种情况对应规定三档刑罚。学界对此也开始有了褒贬不一的看法和态度。如何正确看待和合理评价贪污罪中的具体数额就成为时下亟须解决的理论和实践问题。

## 一、贪污罪定罪量刑数额标准之争

对于贪污罪定罪量刑标准是否需要调整以及数额标准该如何确定等问题，学界争讼不定，归总来看，主要是取消说和保留说之争。

取消说又称"零容忍"政策说[1]，该说赞同《草案》把贪污罪的定罪量刑标准由具体数额改为"数额+情节"的弹性模式。有学者指出，应当取消具体数额（起刑点）的规定，"贪污行为是我们国家打击的重点犯罪，如果设置了起点数额，那不就等于是告诉了全世界，在中国贪污，只要不过分都是允许的。"[2] 全国人大常委会法制工作委员会李适时主任进行《草案》说明时也强调，"规定数额虽然明确具体，但此类犯罪情节差别很大，情况复杂，单纯考虑数额，难以全面反映具体个罪的社会危害性。同时，数额规定过死，有时难以根据案件的不同情况做到罪刑相适应，量刑不统一"。[3] 因此，对于

* 南昌大学法学院教授，法学博士。

** 南昌大学法学院刑法学研究生。

① 王秀梅：《论贿赂犯罪的破窗理论与零容忍惩治对策》，载《法学评论》2009年第4期。

② 王秋玲、崔西东：《论贪污受贿罪的修改与完善》，载《大连理工大学学报》（社会科学版）2007年第1期。

③ 李适时：《关于〈中华人民共和国刑法修正案（九）（草案）〉的说明》，载 http://www.npc.gov.cn/npc/lfzt/rlys/2014-11/03/content_1885123.htm（中国人大网），访问日期：2015-3-23。

贪污应当实行零容忍，无论数额多少，都应当从法律上做出否定的评价，同时采取弹性模式能有效解决上述问题。

保留说则反对《草案》对贪污罪的定罪量刑标准具体数额的修改，仍然坚持现行的刚性具体数额模式。例如，有观点指出，"保留起点数额不等于放纵贪污贿赂，事实上，可以通过追究行政责任、单位记过或撤职等方式处理"[1]，而贪污罪的形成有多重因素，当中既有社会因素，也有制度的因素。无论数额多少都构成犯罪的做法，会无限扩大打击面，想通过严厉刑法来减少贪污案件的发生是不妥的。起点数额是区分贪污行为违法和犯罪的重要标准，取消起点数额等于模糊了违法和犯罪的区别。另外，起点数额造成的司法不适应也不是因为起点数额该不该存在，而是起点数额未能跟上实践的需要，只要适当提高起点数额就能适应我国经济的发展，而且在司法实践中固定具体数额标准明确具体，有较强的可操作性。因此，没有必要设置概括性数额标准。

对此，笔者倾向于取消说，取消说的观点较为合理，这是因为：

第一，可改变数额标准单一和僵化，维护刑法的稳定性。1997 年修订刑法时，立法者根据当时社会经济水平确定的犯罪起点数额标准为 5000 元。随着经济高速增长，城镇居民人均收入的提高和货币购买力的变化等，相同的犯罪数额所体现的社会危害性也是不同的。这一单纯的数额标准不能适应当前社会变化的需要，具体数额标准过于僵化。因而，将刚性的数额标准修改为弹性的"数额+情节"模式，就可以较好地改变以往仅仅注重数额标准的情况。"数额+情节"模式，既注重数额因素，又兼顾了情节等其他因素，利于改变固定数额标准过于僵化的弊端，司法机关可以综合考虑具体数额标准和情节因素来决定罪与非罪，罪刑轻重；司法机关结合不同情况来处理案件，提高了司法的可操作性和灵活性。与此同时立法者也不必因为经济条件的变化、币值的变化而频繁修改立法，这有利于保护刑法的稳定性和安定性。

第二，能改善贪污罪全国统一数额标准的不足，进一步实现法律的公平。现行刑法关于贪污罪的统一数额标准没有看到我国不同地区经济发展水平的差异。在经济发达地区，犯罪起点金额高，在经济不发达地区，犯罪起点金额相对较低，但也超过了统一标准的几倍。因此，设立概括数额标准模式，可视不同地区经济状况区别对待，对此可以由司法解释明确相应标准，根据不同时期和不同地区的经济生活条件调整贪污行为的定罪量刑数额，使数额真正代表贪污行为的社会危害性的量。同时考虑到经济发展水平的地区差异性适用不同的弹性数额标准，真正地做到形式公平和实质公平。这样既可以惩治贪污大案要案的行为人，又能兼顾到小数额的贪污案件，从而维护法律

---

① 曾凡燕、陈伟良：《贪污贿赂犯罪起刑数额研究》，载《法学杂志》2010 年第 3 期。

的严肃性和权威性，使打击贪污罪的司法程序更加符合实际，更加科学合理。

第三，有效发挥司法自由裁量权，实现公平正义。现在的量刑数额标准严重滞后于经济社会的发展，尤其是无法合理体现犯罪数额在量刑上的差别。实践中，贪污 10 万元的和贪污 100 万元甚至 1000 万元的，在量刑时都是十年以上，判决时往往在刑期上没有什么差别，难以体现出司法的自由裁量权，这也不符合社会上的一般观念。因此，应该建立"弹性数额标准+情节"的模式，在考虑贪污数额的同时也要考虑到行为人自首、悔罪态度等情节因素，以及由情节所折射出的社会危害性和人身危险性，正确处理好情节与数额的辩证关系，做到定罪与量刑的主客观相统一。

第四，符合我国当前反腐败的刑事政策要求。在反腐倡廉、从严治贪、从严治吏的现实背景下，当前我国反腐败形势依然严峻，腐败犯罪仍然时有发生，而反腐败的重点首先是预防和惩治贪污贿赂犯罪。我们党对惩治贪污犯罪的刑事政策一向都是很明确的，正如邓小平同志多次指出的"现在刹这个风，一定要从快从严从重。"① 在这种刑事政策的指导下，不应该也不可能会提高贪污罪的犯罪数额起点。我国对贪污应该零容忍，取消贪污罪的数额起点。若提高定罪数额标准，则永无止境且易于纵容数额较低的贪污行为，无疑不利于防微杜渐。贪污罪定罪量刑数额采取"数额较大"弹性规定，可以有效地打击和预防贪污犯罪。

## 二、 贪污罪具体数额标准的理论缺陷

从打击犯罪的角度来看，保留说固然有一定的合理之处，但我们必须注意到我国贪污犯罪定罪量刑的硬性具体数额标准却存在一些理论上的硬伤。

### （一）不能全面体现贪污罪的社会危害性

在我国，贪污犯罪数额的大小确实是衡量贪污犯罪社会危害性的一个重要指标，当然也是决定如何定罪、如何量刑的一个重要因素，但是财产数额所反映的社会危害性并不是绝对的，其会随着时间、地域的不同而形成差异。若单纯考虑贪污数额，显然无法真正准确地反映行为的社会危害程度。

现行贪污罪定罪量刑金额标准的制定至今已有 18 年，在这 18 年中，我国经济社会有了快速发展，国民人均可支配收入也发生了巨大变化，1997 年刑法制定的贪污罪数额标准，如今其所表现出的不适应性已经越来越明显，有必要对这一固定的数字化标准作出相应调整。1997 年贪污罪起刑点 5000元和 2015 年的起刑点 5000 元显然已经不是一个概念，现在贪污 5000 元所对应的社会危害性远比 1997 年时要小，如果仍然坚持 5000 元的起点数额就很不合理。因为相同数额货币代表的社会财富和购买力都发生了变化，而且我

国区域经济发展不平衡，尤其是东部与西部经济发展的差异性很大，等额的犯罪数额在不同时期、不同地区所体现出的社会危害性也发生了较大的变化，仍依据原来的具体数额标准已经不能真实反映其代表的社会危害性了。

此外，贪污犯罪在侵犯公共财产权益的同时，也侵犯了国家工作人员的职务廉洁性。贪污数额能直接反映行为人对公共财产权利的侵害程度，但不能完全反映该贪污行为对职务行为廉洁性的侵害程度，贪污1000元不一定比贪污5000元对职务行为廉洁性的侵害小。因此，贪污罪刚性具体数额的规定并不能准确反映贪污的社会危害性，显然不能有效惩处贪污犯罪。

**（二）难以体现罪刑相适应原则**

贪污罪数额的绝对化和具体化难以全面体现罪刑相适应原则。从我国各地情况来看，出现了不同地区不同判决，不同情节判决结果却基本相同的现象。在相同案件中，不同地区判决结果不同。比如，同是贪污200万元的案件，在一个地方判处15年以下有期徒刑，而在另一地方则判处无期徒刑；即使是同一地方，判决情况也不平衡：同是贪污10万元以上的案件，贪污上百万的和几十万的，判决却基本相同，刑期只相差1~2年。其实，人身危险性程度在某些情况下无法通过贪污数额来反映，贪污数额大不一定人身危险性就大，必须更多地依靠全案情节来综合评价。如贪污相同的数额，有受生活所迫的贪污，也有为追求享受的贪污；有用于公益甚至正当合理支出的贪污，也有用于赌博嫖娼等违法犯罪活动的贪污，等等。但若数额相同的情况下适用相同刑罚，显然不符合罪刑相适应原则。

从有关贪污罪的司法判决实践来看，存在量刑不适当，缓刑适用偏多的不正常现象。在贪污罪案件的具体量刑中，对10万元以下的案件，基本上是每贪污一万元判一年刑，再适当考虑一些法定和酌定的量刑情节，经衡量后作出一个判决；而贪污十万元以上的，特别是百万元以上的，在量刑时考虑数额以外的情节较多，最终所判的刑罚差别并不很明显，出现数额大的量刑轻，数额小的缓刑多的现象。比如，对贪污金额在10万元以上的，如果数额不是特别巨大，一般处15年以下有期徒刑；贪污几百万、上千万元的案件多数是判处有期徒刑，而贪污几千万上亿的案件，也以判无期或死缓的居多。但在十年前，上百万的案件判处无期、死刑的则很普遍，由此可见量刑轻刑化。对10万元以下的案件，一般在起点线上量刑，有的剔除部分犯罪金额加上从宽情节，则可以判处缓刑；而5万元以下的案件，基本上都是适用缓刑。因此，难以有效打击贪污犯罪，不能体现罪刑相适应原则。

**（三）难以真正彰显法律的公平和正义**

虽然现行刑法将贪污犯罪的起刑点确定为具体数额标准，力求法律的严密与准确，但这样的立法可以说为腐败分子预先规定了一个不小的行为空间。在司法实践中更会使人们产生一种错觉，即一定数额的贪污是我国法律所允许的，使得腐败分子有了一个相对明确的心理预期，而导致小额职务违法行为的负面效应的发生。用这样的法律规定来反腐败其效率是可想而知的，其公正性也就不言而喻了。

当前这一标准明显滞后于今日的实践，司法频频突破立法规定的现状也从实践上证明了起点数额的僵化。不论在经济发达地区和落后地区都适用全国统一的起点数额标准，这样能做到形式公平，但却忽视了重要的实质公平。当前贪污罪的大案要案不断增多，有限的司法力量无法顾及刚刚达到贪污定罪数额的案件，法院判处接近 5000 元的贪污案件微乎其微。不管其他情节的轻重程度，司法实践中一律将 5000 元以下的贪污行为排除出犯罪之列，不进行刑事处罚，司法实践中对贪污罪的刑罚适用大多情况下并没有按照刑法的规定来执行。"司法实践变相抬高了贪污罪定罪量刑的数额标准，致使'有案不查'、'小案不立'的现象在一定程度上广泛存在，出现了贪污犯罪规制防线不断后移的尴尬局面，人民群众对此反应强烈，很难说有公平正义可言！"① 显然，贪污罪定罪量刑数额的具体化，影响了法律的严肃性和权威性，降低了法律正义。既然现行刑法的硬性具体数额标准难以与社会发展相适应，就必须对贪污罪的数额标准进行修改，追求犯罪数额与社会发展的同步性，以便实现司法公正。

### （四）贪污数额与刑罚轻重不协调

从立法理论上讲，在其他犯罪情节相同的情况下，贪污数额越大，刑罚就应当越重。贪污数额与相应刑罚的严厉程度应当成正比，这是刑法罪刑相适应原则的基本要求。但是，目前我国刑法中贪污数额与刑罚轻重却存在不协调的现象。一是"个人贪污数额在十万元以上的，处十年以上有期徒刑或者无期徒刑……情节特别严重的，处死刑"这个量刑档次没有规定具体多少数额对应哪一刑种，缺少了具体的量刑和执行标准，从而导致在具体实践操作中，法官对应处 10 年以上刑期的判决把握不准，这样的话也就会出现罪刑不均衡及差异较大的情况。二是贪污罪定罪量刑标准严重滞后于社会形势和反腐需求，实践中出现了贪污 10 万元与 100 万元甚至 1000 万元都只被判处 10 年以上 15 年以下有期徒刑的情况。贪污数额有着巨大差异但在量刑上没有实质性区别。"如果对两种不同程度的侵犯社会的犯罪处以同等的刑罚，那么人们就找不到更有力的手段去制止实施带来较大好处的较大犯罪了"。② 由此可见，贪污罪刑罚档次之间的数额标准已非常模糊，其使得不少贪污数额相差悬殊的案件在量刑上难以拉开档次，这在很大程度上影响了一些案件裁判的社会效果，同时也影响了刑法判决的权威性。

下卷·四

---

① 赵秉志：《贪污受贿犯罪定罪量刑标准问题研究》，载《中国法学》2015 年第 1 期。
② ［意］贝卡里亚：《论犯罪与刑罚》，黄风译，中国大百科全书出版社 1993 年版，第 65 页。

## 三、 完善建议

贪污犯罪现行定罪量刑数额标准在一定程度上影响了对贪污犯罪的有效惩罚，妨碍了罪刑相适应基本原则的实现。基于此，有必要加以完善和调整。

### （一）设立概括数额标准

现行立法对贪污罪规定刚性的具体数额标准，其初衷是为了从严惩治贪污犯罪，但这样的硬性规定却与社会经济的快速发展存在矛盾，坚持特定数额无法准确反映贪污行为的社会危害性，不利于对贪污犯罪的惩罚。因此，应当取消立法中贪污罪定罪量刑的固定具体数额标准，设立概括数额标准模式。现行刑法规定贪污罪的定罪量刑数额标准，无论是犯罪数额为 5000 元以上或者以下，对行为人量刑的轻重仍是以数额作为主要标准，相比之下情节标准则处于附属地位。如果立法如此修改之后，再由司法解释根据反腐败形势和经济社会的相关情况，对贪污犯罪定罪量刑的具体数额、情节标准作出明确，这样就可以真实准确地反映贪污行为的社会危害性。

为此，《草案》第 39 条对刑法第 383 条拟作出重要修改，删去对贪污犯罪规定的具体数额，原则规定数额较大或者有其他较重情节、数额巨大或者有其他严重情节、数额特别巨大或者有其他特别严重情节三种情况，相应规定三档刑罚，并对数额特别巨大，并使国家和人民利益遭受特别重大损失的，保留适用死刑。这样的弹性数额立法模式可以最大限度地维护刑法的稳定性以及严肃性，避免了因社会经济情况以及货币价值发生变化而不得已频繁修改立法的尴尬局面。这样能全面真实地反映贪污罪的社会危害性，同时也可以更好地适应反腐败和经济社会发展形势。

### （二）提高情节在贪污罪中的地位

贪污数额是衡量犯罪情节的一个重要因素，从某种意义上可以说明贪污行为的社会危害性，但情节也是重要标准，应正确处理好情节与数额的辩证关系，真正确立概括数额和情节并重的弹性标准模式，改变情节的附属地位，提升情节因素的区分对定罪和量刑的升降格作用。

在贪污案件中，一些量刑情节也对案件处理有着重要影响，如自首、立功、认罪态度和悔罪表现、赃款去向及退赃情况等。关于自首和立功，在刑法中有明确规定，属法定从轻减轻情节，但在司法实践中，自首、立功的情形比较复杂，哪些情形可以认定，哪些情形不能认定，法官在审判中难以准确把握和适用。对此，"两高"于 2009 年 3 月出台的《关于办理职务犯罪案件认定自首、立功等量刑情节若干问题的意见》解决了这个问题，说明了我国对情节因素的重视。同样，对于认罪态度、悔罪表现、赃款去向和退赃情况等酌定从轻情节，也应当继续提高对情节因素的重视程度。

另外，由于犯罪情节的复杂多变性和不可预测性，最高司法机关在对

"情节较重"、"情节严重"、"情节特别严重"等情节作司法解释时，可以以情节所折射出的社会危害性和人身危险性为标准，从犯罪特征、刑罚目的以及社会心理的角度来考虑，并遵循粗疏与细密相结合的原则。对于司法实践中经常出现的情节，可以采用细密的解释方法予以明确规定。对于不可预测的一些情节，根据罪与罚该当性原则，作概括的、粗疏的规定，真正做到有罪必罚，罚当其罪。如此，可提高贪污罪的情节因素地位，同时也能做到罪责刑相适应。

**（三）司法解释确定具体数额标准**

《草案》删去了贪污犯罪具体数额，规定了概括数额加情节标准弹性模式。那么在司法实践中如何具体掌握"数额较大"、"数额巨大"、"数额特别巨大"的概括数额，可由最高人民法院、最高人民检察院通过制定司法解释予以确定。

关于司法中的贪污定罪量刑具体数额的科学确定，可以全国城镇居民人均可支配收入为主要基准，并在依照社会发展水平、居民消费指数、通货膨胀等因素的基础上作出适当的调整。从我国司法实践经验看来，以往盗窃罪、诈骗罪等财产犯罪的具体数额标准之认定，都是由国家最高司法机关颁布司法解释明确相对确定的幅度，再授权省级司法机关根据本地区实际情况和社会治安状况，在司法解释规定的数额幅度内确定本地区执行的具体数额标准。

比如，"两高"通过的《关于办理盗窃刑事案件适用法律若干问题的解释》（法释〔2013〕8号）中规定："盗窃公私财物价值一千元至三千元以上、三万元至十万元以上、三十万元至五十万元以上的，应当分别认定为刑法第二百六十四条规定的'数额较大'、'数额巨大'、'数额特别巨大'。各省、自治区、直辖市高级人民法院、人民检察院可以根据本地区经济发展状况，并考虑社会治安状况，在前款规定的数额幅度内，确定本地区执行的具体数额标准，报最高人民法院、最高人民检察院批准。"这样的司法经验可以借鉴。

**（四）提高法官素养，增强判案能力**

罪刑法定原则在由绝对主义发展到今天相对主义的现实背景下，采用绝对数额标准是否合理值得反思。事实上，采用一些概括性数额标准，可以使法官在司法过程中行使一定权限内的司法解释权，有助于实现刑法与社会及犯罪现象的同步发展。但不同法官因个人法学功底、审判实践、职业道德水准的差异，相同案件会出现判决迥异的情况，反映出了我国法官整体素质不高的问题。因此，可以从以下几个方面提高法官素养：

第一，法官应该不断地学习法律专业知识、职业道德知识等提高专业素质、职业道德素质和心理素养。随着法律的制定、修改和废除，法官的专业素质也需要适时进行结构性调整和更新。法学知识是法官专业素质养成的基础，是法官正确理解和适用法律规则的前提。法官不管是在任职前还是任职后，都应当与时俱进地学习法律专业知识，增强个人的法学功底。为适应司法工作，法官应自觉加强自我修养，养成良好的职业道德素质，做到公道正派，不徇私枉法。同时，法官还应加强心理素质，因为法官心理素质的好坏会影响其司法行为的态度、方式，并最终影响司法的效果。

第二，法官应当积极投身司法实践。实践出真知，实践验真知，只有通过反复多次的司法实践演练，才能够掌握司法技能，创新司法技能。法官对于没有经验和能力驾驭的案件，不能盲目接受审判任务，而应当甘当助手或实习生，以确保司法裁判的公正性，维护司法的权威。在司法活动中，法官应当在依法分工负责、彼此独立的基础上，相互监督，避免自身和其他法官在司法活动中的出现的错误和失误。同时，要善于学习其他法官的长处或成功经验，以弥补自身的不足，进一步提高法官的审判能力，以有效应对不同类型的案件。

# 贪污罪若干问题探析

刘德法*

贪污罪是一种严重蚕食一个国家经济基础的犯罪，古今中外的刑律无一不对其高度关注并施以重罚。我国现行刑法以及相关司法解释虽然对贪污罪的定罪量刑问题进行了较为全面的规制，但随着经济体制改革的不断深入、市场主体的多元化、公共财产形态的多样性以及犯罪手段越来越隐蔽，在司法处理贪污罪的过程中，仍然存在或不断出现一些疑难问题，制约着对腐败分子的查处和打击。本文立足于我国当前的立法、修法及司法解释对贪污罪的相关问题进行分析，希冀对该罪的立法完善、定罪量刑有所助益。

## 一、 关于对贪污手段、 方式的理解

刑法第 382 条在罪状中列举了实施贪污犯罪的四种行为方式，而在具体案件中，可能行为人只使用了其中一种行为手段，也可能同时使用了两个以上的行为手段，这就要求在司法文书中对其手段类型进行精准的表述。

1. 侵吞。学界对于贪污罪中"侵吞"存在的争议，主要是对于公共财物究竟是通过何种方式占有，以及在什么条件下可以称之为侵吞。笔者认为，对于"侵吞"，可以比照侵占罪中的"侵吞"进行限定，只要将本人管理、经营、使用的公共财物，利用职务上的便利变为自己所有，即为侵吞，其与一般侵占罪的共同特点就是将合法占有变为非法拥有。实践中常见的方法是自己管理的公共财物隐匿不交、应入账而不入账、将自己保管的公共财物直接予以挥霍等。一般这种占有是基于本人职权而产生的对一定财物有持有、管理、控制的权限，并且对特定财物进行侵吞时，只需要利用本人职权所形成的便利、按照本人的意愿即可将公共财产占为己有，而不需要借助他人或依靠他人的行为即可单独完成。虽然行为人代表单位持有的财物可能来自于违法罚款、套取的预算外资金等，但其持有这些财物的行为并没有使本单位受损，仍然应当是一种合法的状态，其之所以被评价为犯罪行为的条件，就是利用职务便利将持有的、本属于本单位所有的财物非法地占为己有。对于侵吞的方式，有人指出：对于侵吞的方式没有限制，既可以是秘密侵吞，也可以是公然进行，比如将自己控制下的财物私自进行处理，或将自己管理、

---

* 河南省特聘教授，郑州大学法学院教授。

下卷·四

控制的单位财物公然地直接非法占有。① 笔者认为，是否侵吞方式，并非取决于是暗中处置还是公开占有，而是看其非法占有的公共财物原本是否已经在行为人的持有控制之下，非法占有行为是否具有直接性。对于以秘密方式对自己控制的财物进行的直接处分，就是通常所指的"监守自盗"，属于侵吞的行为方式。我国刑法第 253 条规定的邮政工作人员私自开拆或者隐匿、毁弃邮件、电报而窃取财物的行为，实际上就是一种秘密的直接侵吞行为，理应按照贪污罪定罪处理，而刑法却规定按照盗窃罪从重处罚，实属不妥。

2. 窃取。对于贪污罪中的"窃取"，在理论及实务上也存在争议，主要争议点就在于"窃取"行为的范围，目前可以概括为三种说法：第一种说法认为，贪污罪中的"窃取"指的是"监守自盗"这种情形，即通过秘密窃取方式，把自己合法管理、经手的财物变为己有的情形，除此之外再无其他；第二种说法认为，贪污罪中的"窃取"，不仅包括把自己合法管理、经手的财物窃为己有，还应该包括将与他人共同管理、经营、控制的公共财物窃为己有的情形；第三种说法则认为，此处的"窃取"只能是将与他人共同管理、经营、控制的公共财物窃为己有，因为监守自盗的情形可以归入"侵吞"中去。笔者认同第三种说法，即贪污罪中的"窃取"，是行为人自认为与其共同管理公共财物的他人不知情，而利用职权将其非法占有。在认定行为人将与他人共同管理、经营、控制的公共财物通过秘密方式窃为己有的情形，需要注意以下两点：

（1）行为人对相关公共财物具有事实上的部分而非全部的管理、控制、经营的权限。如果在职权上没有任何管理、使用、控制的便利，而对他人全权保管的公共财物进行秘密窃取，只能是利用工作便利的盗窃犯罪，而非利用职务便利的窃取。

（2）将公共财物非法占有时之所以采取秘密的方式，不是针对本单位这一人格化的所有人，而是针对负有共同监管职责的其他公职人员的。这种案件如果不能破获，很可能殃及无辜。例如，一个单位的财务室同时有两个财务人员共同管理一笔巨款，行为人乘另一财务人员暂时离开之际抽取了其中的一部分予以隐藏，就属于利用职务便利的窃取行为。

3. 骗取。骗取的方式较为特殊，一般意义上的骗取，往往是采取虚构事实、隐瞒真相的方式，使得他人陷入错误认识而处分自己的财产。但将其适用在贪污罪中的"骗取"时，则出现了分歧，分歧点主要在于：行为人所骗取的财物，是否必须是自己支配、管理、控制的财物以外的财物；是否包括本人与他人共同支配、控制下的财物。一种观点认为，骗取是利用职务便利将其他工作人员管理的公共财物骗到手，进而据为己有。与侵吞、窃取方式

---

① 董邦俊：《贪污罪新论》，中国方正出版社 2004 年版，第 134 页。

相比，前者是先骗后占，后者是先占后骗。① 第二种观点则认为，骗取的对象既可以是他人持有的公共财物，也可以是自己持有的公共财物。② 笔者认为，从贪污罪非法占有公共财物的本质特征看，骗取与侵吞、窃取等行为手段都是行为人利用职务便利将公共财物非法占有，其本质都是把本单位的财物变为己有。在实务中，贪污罪中的"骗取"，应当包括以下两种情形：

（1）此处骗取的最主要表现形式就是国家工作人员假借职务上的合法形式，通过虚构事实、隐瞒真相的方式，使对公共财物具有审批、决策、管理、处分权限的国家工作人员陷入错误认识，自愿地按照行为人的要求处理财务、处置财产，行为人从中取得自己所直接控制、支配、管理的财物以外的公共财物。例如，涂改、更换票据，伪造工资、奖金发放表，通过欺骗财务人员获取并非公务开支的费用。

（2）贪污罪中的骗取还可以表现为，行为人将已经合法持有的公共财物，应当交公而不交公，通过虚假报销、折抵冲账等方式，欺骗单位主管人员或财务人员，变合法持有为非法占有。例如，行为人在办理公务时从单位预支公共款项，但却利用虚假支出的票据，欺骗单位领导或财务人员给予报销平账，非法占有预支的公共财产。行为人持有这笔公共款项的行为是合法的，采取欺骗之前也已在自己的控制之下，行为人只是通过虚构事实、隐瞒真相的方式，使其他共同管理人陷入错误认识，进而取得了公共财物。

4. 其他手段。刑法第 382 条在列举了常见的以上三种具体贪污手段后，为了严密法网，不至于挂一漏万，在罪状中规定了兜底性、概括性的"其他"可能存在的犯罪方式。根据司法实践，作为兜底性条款的"其他手段"，表现形式主要有：（1）国家工作人员在国内公务活动或者对外交往中接受礼物，应当交公而不交公。该情况规定在我国刑法第 394 条。（2）将公款支付给对方又以回扣名义索回占为己有。（3）利用计算机网络进行贪污。（4）擅自决定将公款、公物予以私赠与。（5）擅自将公共不动产权登记为私人所有。（6）"挪用型"贪污。根据 2003 年最高人民法院《全国法院审理经济犯罪案件工作座谈会纪要》，该类贪污主要是指挪用公款转化为贪污的四种情形。（7）低价非法转让国有股份等。

5. 关于单位"小金库"的司法认定。实践中，很多单位都存在"小金库"现象。单位设立"小金库"，是一种表现为单位意思和意志的违法行为，也是与贪污相关联的一种特殊的犯罪手段，需要予以特别关注。所谓"小金库"，一般是指设置在单位内部、一般由单位相关领导所知情、直接管理的预算外资金或收入，其存在目的往往是为了本单位全部或部分员工的额外福

下卷·四

---

① 赵秉志主编：《贪污贿赂及相关犯罪认定处理》，中国方正出版社 1999 年版，第 59~60 页。
② 孙国祥：《贪污贿赂犯罪疑难问题学理与判断》，中国检察出版社 2003 年版，第 33 页。

利。"小金库"是一种违法的资金管理组织。国家有关部门也开展了打击"小金库"行动。资料显示,2011 年全国开展"小金库"治理工作,在全国党政机关、事业单位、社会团体和国有企业共发现"小金库"逾 4 万个,涉及金额超过 200 亿元。从刑法学角度看,"小金库"现象的存在,带来了定罪方面的困难,主要问题就在于其究竟构成贪污罪还是私分国有资产罪或其他犯罪。笔者认为,对于"小金库"所带来的问题,要结合实际情况具体分析:

(1)看资金来源。如果所发放的"小金库"中的资金系截留本单位或上级财政拨款,则该款项属于国有财产,向本单位全体员工非法发放有可能构成私分国有资产。而如果资金来源于本单位收入,只是采取了收入不入账方式,如果该资金被单位少数人占有则有可能构成贪污罪。

(2)看"小金库"的服务性质。如果小金库的存在,仅仅是为了某几个主管人员而服务的,则结合资金的来源,相关主管人员可以构成贪污罪或职务侵占罪,如果小金库的存在是为了本单位全体员工服务的,则依然按照资金来源性质区分为贪污罪或私分国有资产罪。

## 二、 贪污罪的既遂、 未遂问题

我国刑法规定的贪污罪,首先属于以非法占有为目的的财产性腐败犯罪;其次属于以作用于一定公共财物为对象的数额犯,定罪量刑的根据是法定的"个人贪污数额"。一般而言,对于以非法占有为目的的数额犯,从犯罪构成条件齐备的既遂标准看,应当是以行为人是否实际控制一定数额的公共财物作为未遂与既遂的区分界限。但对于贪污罪这一比较特殊的犯罪,其是否存在未遂以及如何判断未遂,则存在一定的争议。

### (一)贪污罪是否存在未遂形态的争议

1. 否定说。该说认为,虽然作为数额犯的结果犯可以区分既遂和未遂,但是就贪污罪来说,这种区分是毫无意义的,因为贪污罪必须表现为基于非法占有的目的而侵占公共财物,一旦发生事实上的占有行为,则犯罪即告成立。另外,我国刑法第 383 条已经对贪污罪的起刑数额进行了较为详细的规定,贪污罪是以一定违法数额作为犯罪构成的必要条件,这一要件不齐备,即不构成犯罪,同样也不可能存在犯罪的未完成形态。[1]

2. 肯定说。该说认为,贪污罪显然是存在未遂形态的,理由有两个:首先,贪污罪本身就属于结果犯,而结果犯就是按照发生犯罪结果即为既遂的标准来进行认定的,有结果发生为既遂,无结果发生则为未遂;[2] 其次,刑

---

① 刘光显、张泗汉:《贪污贿赂罪的认定与处理》,人民法院出版社 1996 年版,第 158 页。
② 赵秉志主编:《渎职犯罪疑难问题司法对策》,吉林人民出版社 2000 年版,第 48~49 页。

法总则部分所设置的预备、未遂、中止都是针对故意犯罪而设立的，而贪污罪只能由故意构成，因此也要受刑法总则的约束，基于此，应当存在未遂形态。

笔者认为，贪污罪应当存在未遂形态。按照主客观相一致的原则，当主客观构成要件齐备时，犯罪即告成立。而犯罪未遂，虽然不具备完整的犯罪构成，由于刑法总则对未遂、中止做了规定，因此其仍然具有可罚性，符合修正的犯罪构成要件。对于贪污罪而言，即便没有实际占有公共财物，但其社会危害性仍然是存在的，可罚性并不欠缺。另外，对于贪污罪是否存在未遂，可以参考盗窃罪等一般的财产犯罪。盗窃罪同样以非法占有为目的，并且我国刑法对一般盗窃罪主要还是以数额作为定罪依据，但这并不能排除存在盗窃罪未遂。只不过对于贪污数额较小的，由于其情节轻微、社会危害性较小，可以不作为犯罪进行处理。而对于行为人本欲贪污的数额较大，但由于意志以外的原因而未能完成犯罪的，可以按照未遂进行处理。

贪污罪未遂典型案例：徐华、罗永德贪污案［《刑事审判参考》第121号］：被告人徐华和罗永德属于国有公司负责人，在该国有公司进行产权制度改革过程中，通过虚报负债方式要求资产评估人员对该债务进行确认，而后进行企业改制的其他手续，手续办理未成功之前，徐华、罗永德的虚报负债行为被发现，导致案发。最终，浙江省台州市路桥区人民法院认定二人构成贪污罪（未遂），对徐华判处有期徒刑三年，对罗永德判处有期徒刑一年，缓刑一年。①

**（二）贪污罪既遂与未遂形态划分的标准**

对于如何判断贪污罪既遂与未遂的标准，理论和实务界存在着以下三种观点：

1. 失控说。该观点认为，要判断贪污罪是既遂还是未遂，只需要判断公共财物是否已经失去了所有人的控制，如果公共财物所有人已经丧失了对公共财物的控制权，则认定行为人构成既遂，如果所有人尚未丧失对公共财物的控制权，则认定为未遂。不过有学者认为"失控"应该是指受害人完全失控，而不是暂时的或者不完全的失控。②

2. 控制说。该说认为，只有当行为人实际控制了公共财物时，才能够认定贪污罪既遂，否则，只能按照未遂进行处理。

3. 占有说。该说较为极端，认为只有行为人取得了公共财产的所有权时，贪污罪才能认定为既遂，未能取得所有权时，只能认定为未遂。

笔者认为，控制说是比较妥当的。失控说使得贪污罪的入罪门槛大大降

① 最高人民法院：《刑事审判参考》，法律出版社2012年版，第46~53页。
② 孙国祥：《贪污贿赂犯罪疑难问题学理与判解》，中国检察出版社2003年版，第127页。

低，而占有说则不利于对公共财物的保护。控制说既考虑到了行为人对公共财物控制的事实，也反映了公共财物所有权单位对财物权利的失控状态。因为贪污罪作为结果犯，其既遂未遂的标准就是看行为人的行为及结果是否符合犯罪构成要件，即行为人是否对公共财物取得了实际上的非法支配和占有，如果其已经非法控制、占有了公共财物，就认定为既遂，未能非法取得公共财物的控制权时，则为未遂。此外，对于"控制"的理解不能太过狭隘，控制并不等于占为己有，行为人实质上已经控制并能够处分该公共财物，而没有归本人所有，但其行为已经表明对公共财产达到了实际控制的状态，因此能够认定为贪污罪既遂。控制说是目前我国刑法理论中的通说，也被司法实务部门所接受。2003年最高人民法院的《全国法院审理经济犯罪案件工作座谈会纪要》指出："贪污罪是一种以非法占有为目的的财产性职务犯罪，与盗窃、诈骗、抢夺等侵犯财产罪一样，应当以行为人是否实际控制财物作为区分既遂与未遂的标准。"为了进一步区分控制与否的具体判断标准，《全国法院审理经济犯罪案件工作座谈会纪要》同时又指出："对于行为人利用职务上的便利，实施了虚假平账等贪污行为，但公共财物尚未实际转移，或者尚未被行为人控制就被查获的，应当认定为贪污未遂；行为人控制公共财物后，是否将财物据为己有，不影响贪污罪既遂的认定"。

目前，正在热议中的《刑法修正案（九）（草案）》拟将贪污贿赂犯罪的定罪量刑标准规定为"数额+其他情节"的模式，即在刑法条文中只规定数额较大、数额巨大、数额特别巨大三个入罪、加重法定刑的数额等级，而将对应数额等级的具体数量，交由最高司法机关根据不同时期、不同经济发展水平的区域，动态性地发布指导性司法解释文件。另外，为了准确地反映犯罪的实际危害程度和行为人的主观恶性，在犯罪具备一定数额的基础上，同时考虑其他情节的轻重，可能作出同数额不同罚的个别化裁判。这种打破贪污罪唯数额的立法模式是可取的，但这并不能改变贪污罪基本犯的既遂仍是表现为一定数额结果犯的形态。即使在修正案通过以后，贪污罪的既遂标准仍然适用控制说的通行标准。

## 三、 贪污罪的数额与情节问题

正如前述，即使将贪污罪定罪量刑的标准修改为数额加其他情节的模式，但贪污罪的成立以及量刑仍然主要考虑的是数额问题。而在司法实务中，面对同样数额的贪污行为，不同的行为人确实存在着社会危害性程度不同的其他情节，仅以数额定罪量刑，无法体现罪责刑一致的刑事责任原则，不能保证司法裁判的公正性。因此，在对贪污罪定罪量刑时应当考虑数额以外的其他情节。实际上，刑法第383条在关于贪污罪的定罪量刑方面也同时考虑了数额、情节两个事实，但二者结合得不紧密，给人以若即若离的感觉。结合现行刑法和修改刑法的动态，拟提出以下几点建议：

**（一）根据现行刑法关于贪污罪入罪标准的规定，贪污罪在一般情况下属于单纯的数额犯，即贪污公共财物价值达 5000 元成立犯罪**

依据刑法第 383 条规定，个人贪污数额不满 5000 元，但情节较重的，仍然可以按照贪污罪进行定罪，这是一种数额加情节的定罪模式。据此，我国现行刑法对贪污罪入罪的规定，并非单纯的数额犯模式，而属于"数额+情节"的标准。现在的问题在于，目前以 5000 元作为入罪的一个主要唯一的标准是否合理。5000 元的入罪标准，在我国已经实行了近 40 年，我国的社会经济发展已经发生了翻天覆地的变化，各个地区的经济发展水平更是相差悬殊，仍然固守这一几十年不变的具体数额，确实违背了与时俱进的改革精神，严重滞后于时代发展的现实状况。为了保持法律的稳定性，也使贪污罪的入罪数额标准能够反映社会危害性的时代特征，建议将刑法第 383 条规定的具体的 5000 元入罪标准修改为"数额较大"，并赋予司法机关解释权，这不但是立法技术的提升，也是一种理性的立法选择。

**（二）个人贪污数额不能过于限缩**

刑法第 383 条的规定是以"个人贪污数额"作为限定条件，笔者认为，对于个人贪污数额，不能进行过于狭隘的理解。在共同犯罪的场合，对于个人贪污数额，也有着以参与数额为准、以分赃数额为准、以犯罪总额为准以及以平均数额为准等观点。根据《全国法院审理经济犯罪案件工作座谈会纪要》的规定，对于个人贪污数额，在共同犯罪案件中应当理解为个人参与或者组织、指挥共同贪污的数额，不能只按个人分得的数额进行认定。在实际定罪量刑时，还要考虑行为人在共同犯罪中的地位、作用，分赃多少，自首坦白，立功退赃，给受害单位造成的间接损失等情节。

**（三）贪污罪起刑数额没有必要取消**

有学者基于打击贪污腐败、对贪污实行零容忍的目的，认为应当取消贪污罪的起刑数额。笔者认为，这样做是有害的。首先，取消贪污罪的入罪起刑的基础数额，实际是把贪污罪变成了纯粹的行为犯或情节犯，就可能以刑法代替一切其他可以适用的党政纪处罚，扩大了贪污罪的犯罪圈，违背刑法的谦抑性；其次，取消入罪的基本数额标准，实际上是改变了贪污罪作为以非法占有为目的的财产犯罪的基本样态，对其以滥用职权罪取代更为合适，贪污罪实际上已经没有继续存在的必要。纵观世界各国，在其刑事立法中都对贪污罪设置了起刑数额。我国刑法可以明确规定，在个人贪污数额较大但接近数额较大标准的场合，如果其他情节严重，照样可以按照贪污罪进行处理，而对于数额较小且其他情节较轻的贪污行为，就没有必要进行刑法干预。

**（四）贪污后将赃款用于单位业务的数额扣除问题**

司法实践中，常有贪污罪犯罪嫌疑人辩解其将所贪得款项用于单位的公务支出，并据此要求将相应数额予以扣除。事实上，对于贪污后赃款的用途及其是否影响量刑问题，理论及实务中都存在较大的分歧，目前的两种处理意见如下：

1. 行为人在非法控制了公共财物后，其贪污行为已经完成，贪污罪的构成要件已经齐备，至于事后将所贪污财物用于何处，在所不问。因此，赃款用于公务从轻处罚没有法理依据，且大多数情况下也不能认定赃款用于公务，赃款用于公务从轻处罚的观点应当慎重。

2. 对待赃款应当进行区分，如果有证据证明其的确通过合法手段将赃款用于公务，则应当对相应款项的数额予以扣除，否则便难以符合罪责刑相适应原则，同时也不利于赃款的追缴工作，最终只能使公共财产遭受损失。

笔者赞同第二种观点，但对于认定行为人将赃款用于公务，而相应需要进行扣除的数额，则又要从以下方面严格把握：

1. 将赃款用于公务行为必须经过批准。一般情况下，公务活动所需资金都需要进行专门的申请，并经过相关领导审批后才可以进行，基于此，如果该公务行为根本未经过审批，只是行为人私自决定将其用于公务，则不能够认定其将赃款用于公务。在其本人就是主管领导的情形下，则以本单位相应财务会计人员及其他领导人员是否明确知情作为判断依据。

2. 行为人必须是从事公务活动的适格主体。行为人所进行的公务活动必须与其职位、工作性质紧密相关。若行为人基于逃避法律制裁的目的，在不具有相关权限的前提下，将所贪污公款私自为单位购买办公用品，则不能够认定其将赃款用于公务。

3. 赃款只能用于单位的正常公务活动。如果行为人将赃款用于单位的不正常支出，即便其是代表单位所进行的相应活动，由于其不具备合法性，因此对这部分赃款数额，不能进行扣减，否则便会出现犯罪嫌疑人都辩称将所贪污款项用于单位非正常活动，进而带来巨大的取证困难，导致对贪污犯罪的打击力度大大降低，也会降低司法效率。

# 贪污罪数额的若干问题研究

徐　宏[*]　万善德[**]

　　贪污罪数额与法益侵害程度的紧密相关性决定了其在定罪量刑上的重大意义。本文从贪污罪数额的刑法内涵与意义出发，反思我国贪污罪起刑点数额与量刑等级数额存在的现实弊病，提出立法概括式定量、司法解释具体化定量的合理化建议。

## 一、贪污罪数额的刑法内涵与意义

### （一）贪污罪数额的刑法内涵

　　任何事物都具备质与量的双重同一性，犯罪行为在质方面的规定体现为法益侵害性，而量方面的规定则体现为法益侵害程度。刑法对犯罪行为法益侵害程度的描述多种多样，数量化描述是比较常用的方法，有学者称之为"犯罪定量"[①]。"犯罪数额"[②] 概念的使用就是犯罪定量的典型表现。犯罪数额的概念未有一致说辞，有观点认为犯罪数额系指具有定罪量刑意义并与犯罪行为相关联的以货币形式表示的经济利益数量。[③] 有观点认为犯罪数额是指我国刑法所规定的、犯罪行为所引起的或导致的，体现行为社会危害性及其程度的一定金钱、物品或者财产价值的数目标志。[④] 另有观点认为，犯罪数额是指反映行为的社会危害性程度或行为造成的客观危害大小，并以财物、物品的价值或数量表现出来的与犯罪相关的数额，既可以包括犯罪对象的数额，也可以包括犯罪对象之外的其他与犯罪相关的数额，但数额应当与定罪量刑紧密相关。[⑤] 笔者以为，犯罪数额的内涵至少包含以下两个特性，其一是与犯罪行为直接相关性，即能反映该犯罪行为法益侵害状况；其二是可计量性，即能以货币或其他形式衡量的物品数量或经济价值量。贪污公共财物

---

　　[*]　华东政法大学科学研究院副研究员，法学博士。

　　[**]　上海市虹口区人民检察院助理检察员。

　　[①]　胡月军：《刑事政策视野中的犯罪定量因素》，载《政法论丛》2011 年第 3 期。

　　[②]　值得注意的是，现行刑法同时使用"数额"与"数量"，"数额"能直接或间接地表现为货币金额，主要用于与财产、货币有关的犯罪，如走私罪、贪污罪等；"数量"一般用于指代具体的物品，如非法持有毒品罪、非法占用耕地罪等。

　　[③]　张勇、高新杰：《犯罪数额问题研究》，载《河南师范大学学报》2002 年第 5 期。

　　[④]　徐立：《犯罪数额问题研究》，载陈兴良主编：《刑事法评论》（第 18 卷），中国政法大学出版社 2006 年版，第 503 页。

　　[⑤]　童伟华：《数额犯若干问题研究》，载《华侨大学学报》2001 年第 4 期。

表现为直接利用职务便利取得公共财物，侵犯了国家工作人员职务行为的廉洁性，同时侵犯了公共财产，从立法论上看，贪污罪侵害的首先是财产法益，其次才是国家工作人员职务行为的廉洁性。① 因此，贪污罪数额对于贪污罪的定罪量刑尤为重要。结合前述犯罪数额的基本内涵以及贪污罪的罪名特征，贪污罪数额指的是国家工作人员利用职务便利，侵吞、窃取、骗取或者以其他手段非法占有的得以货币或其他形式量化的公共财物的经济价值量。

### （二）贪污罪数额的刑法意义

根据犯罪数额对刑法适用所起作用的差异，可以将犯罪数额区分为定罪数额和量刑数额。首先，贪污罪数额作为定罪的影响要素主要体现在起点数额上。贪污罪本质首先是侵犯财产法益，其次才是侵犯国家工作人员职务廉洁性。因此，贪污数额的大小直接反映贪污行为的法益侵害程度，亦即贪污数额的大小对于贪污行为的入罪评价至关重要。贪污公共财物达到一定数额便应起用刑法调整机制，只是这个起点数额（临界数额）的确定应当综合考虑经济发展状况。值得注意的是，承认贪污罪数额在定罪上的作用并不等于现行刑法关于贪污罪数额"5000 元"的规定就是绝对确定的、恒定不变、唯一的，还应当考虑犯罪情节与经济的阶段性发展等要素。其次，贪污罪数额作为量刑要素主要体现在刑罚等级和幅度上。既然贪污罪数额大小直接反映法益侵害程度，那么贪污数额的大小理应直接在刑罚的轻重上予以直接反映。刑法第 383 条关于刑罚等级与刑罚幅度的设定是犯罪数额在量刑中作用的集中体现。值得注意的是，将贪污数额作为贪污行为定罪量刑的重要工具符合罪刑法定原则的基本要求，但切不可陷入定罪量刑唯数额论的陷阱。

## 二、现行贪污罪数额的反思

### （一）起点数额反思

鉴于起点数额的重要定罪意义，起点数额被称为"起刑数额"②、"定罪数额"③、"起刑点数额"④ 等。本文承认贪污罪数额在定罪上的作用，但并不认为现行刑法贪污罪数额"5000 元"就是绝对的、唯一的入罪标准，因此，本文采用"起点数额"。我国刑法第 383 条第 1 款第 4 项规定，个人贪污数额不满 5000 元，情节较重的，处二年以下有期徒刑或者拘役；情节较轻的，由其所在单位或者上级主管机关酌情给予行政处分。该规定给司法实践带来以下两个难题：

1. 起点数额绝对确定化导致漏罪。根据刑现行刑法，构成贪污罪的两种

---

① 张明楷：《刑法学》（第 4 版），法律出版社 2011 年版，第 1045 页。
② 曾凡燕、陈伟良：《贪污贿赂犯罪起刑数额研究》，载《法学杂志》2010 年第 3 期。
③ 于志刚：《贪污贿赂犯罪定罪数额的现实化思索》，载《人民检察》2011 年第 12 期。
④ 孟庆华、谭笑珉、高秀东：《贪污罪的定罪与量刑》，人民法院出版社 2008 年版，第 200 页。

情形是：其一，贪污数额满 5000 元；其二，贪污数额不满 5000 元，但情节严重的。根据最高人民检察院 1999 年 9 月 9 日发布的《关于人民检察院直接受理立案侦查案件立案标准的规定（试行）》第 1 条规定："……涉嫌下列情形之一的，应予立案：1. 个人贪污数额在五千元以上的；2. 个人贪污数额不满五千元，但具有贪污救灾、抢险、防汛、防疫、优抚、扶贫、移民、救济款物及募捐款物、赃款赃物、罚没款物、暂扣款物，以及贪污手段恶劣、毁灭证据、转移赃物等情节的。"该规定附则同时指出：本规定中有关犯罪数额"不满"，是指接近该数额且已达到该数额的百分之八十以上。亦即，构成污罪的第二种情形是：贪污数额满 4000 元不满 5000 元，但具有贪污救灾、抢险、防汛、防疫、优抚、扶贫、移民、救济款物及募捐款物、赃款赃物、罚没款物、暂扣款物，以及贪污手段恶劣、毁灭证据、转移赃物等情节的。因此，"5000 元"与"4000 元"是贪污行为定罪明确的数额标准，5000元是定罪的重要条件，而 4000 元则是定罪绝对确定的入罪条件。这就给司法实践带来了难题：实施了多次贪污行为，却因证据不足不能证明贪污数额满4000 元而不作犯罪处理，这是不合理的。因为就法益侵害程度而言，贪污3000 元且情节严重的法益侵害程度绝不低于数额达 6000 元的一般贪污行为。因此，将 4000 元作为绝对确定的贪污罪入罪条件显然违反罪刑均衡与罪刑法定原则。

2. 起点数额静态化导致适用结果与社会实践脱节。静态化的贪污罪数额标准招致质疑由来已久。罪刑均衡原则的终极价值在于实现刑事立法与司法的公正性，而绝对确定的数额标准易使罪责刑之间所体现的刑法公允的对应关系出现失衡；[1] 要想保持同等水平的惩罚和教育意义，入罪数额就应随经济发展水平相应提高，而不是用十几年前的标准处罚今天的犯罪行为。唯此方能真正符合现代法治的"责罚相当"和"罪刑相适应"原则。[2] 尽管社会意识总是滞后于社会存在，但作为社会意识层面的刑事法律必须及时作出调整以适应作为社会存在的经济发展，即法律的适用必须适应实际社会生活尤其是社会经济生活的变化。有观点认为，贪污罪并非纯粹的财产性犯罪，本质上更多的是渎职性犯罪，贪污数额大小变化并未改变它所侵犯的公务人员的廉洁性和纯洁性，因而不能频繁地改变贪污罪的入罪数额。[3] 提高入罪数额可能会引发民众的质疑：中国到底是要进一步加大惩治腐败犯罪的力度还是相反？[4] 笔者认为这些观点值得商榷，首先，贪污数额大小变化除了反映在对财产法益的侵害程度上，同样反映在对职务廉洁性的侵害程度上，以贪

---

① 胡学相：《贪污罪数额标准的定量模式分析》，载《法学》2014 年第 11 期。
② 李克杰：《反腐"零容忍"与提高起刑点》，载《检察风云》2009 年第 23 期。
③ 于志刚：《贪污贿赂犯罪定罪数额的现实化思索》，载《人民检察》2011 年第 12 期。
④ 游伟：《调整贪污贿赂罪标准怎可轻言》，载《检察风云》2009 年第 23 期。

污数额大小作为设定量刑等级的参考标准就是最好的明证；其次，入罪数额的提高绝不是纵容贪污行为，而是因为社会经济水平的发展，相同的贪污数额的侵害程度相对下降。至于采用何种方式与标准确定不同发展时期的贪污数额将在第三部分论述。

**（二）各量刑等级数额反思**

作出入罪评价之后，贪污数额的大小很大程度上决定了刑罚的轻重。贪污数额的大小同时反映在对公共财产法益与职务廉洁性侵害的程度上，刑法第383条规定量刑幅度（见图1）足以说明贪污数额的重要性：

图1 贪污数额、犯罪情节、刑罚的对应关系（含无罪情形）

| 犯罪情节 \ 贪污数额 | 具体刑罚 | | | | |
|---|---|---|---|---|---|
| | 普通刑档（无情节严重、特别严重、较轻等特殊情形） | 情节较轻（如犯罪后有悔改表现、积极退赃的） | 情节较重 | 情节严重 | 情节特别严重 |
| 10万元以上 | 十年有期徒刑或者无期徒刑，可以并处没收财产 | | | | 死刑，并没收财产 |
| 5万元以上不满10万元 | 五年以上有期徒刑，可以并处没收财产 | | | | 无期徒刑，并处没收财产 |
| 5000元以上不满5万元 | 一年以上七年以下有期徒刑 | | | 七年以上十年以下有期徒刑 | |
| 5000元以上不满1万元 | | 可以减轻或者免予刑事处罚，由其所在单位或者上级主管机关给予行政处分 | | | |
| 4000元以上不满5000元 | | 由其所在单位或者上级主管机关酌情给予行政处分 | 两年以下有期徒刑或者拘役 | | |
| 不满4000元 | 无罪 | 无罪 | 无罪 | 无罪 | 无罪 |

贪污罪的刑法处罚伴随者贪污数额的增大逐级加重，自由刑上至死刑下至拘役，同时还有财产刑没收财产的规定。可以说，贪污罪的刑罚基本体现

了罪责刑相适应原则。但是，刑罚轻重与贪污数额大小单纯正相关性设置远不足以体现刑罚的严谨性与科学性。科学的刑罚体系，以其刑种数量和刑质宽严的适度性、各刑种法律分类地位的合理性，以及彼此之间严谨的衔接性，使审判机关得以按照不同案件和不同犯罪人的具体情况合理适用，从而有效地实现刑罚目的。[①] 个罪的刑度要合理，即根据具体犯罪的不同情节和社会危害程度，充分地运用基本构成和加重构成的立法技术，设立法定刑的刑度，规定几个轻重有别而合理衔接或交叉的法定刑的刑度，并在每个刑度内设立可供选择的刑种幅度。[②] 贪污罪的阶梯式量刑规定至少存在以下两个方面缺陷：

1. 形式缺陷——各量刑等级内的单位数额对应的刑罚量失衡

从图 1 的普通刑档一列可以看出，最低刑档是"一年以上七年以下有期徒刑"，贪污数额是"5000 元以上不满 5 万元"，即每 1 万元对应的刑罚量是1.6 年。中间刑档是"五年以上十五年以下有期徒刑"，贪污数额是"5 万元以上不满 10 万元"，即每 1 万元对应的刑罚量是两年。最高刑档是"十年以上有期徒刑或者无期徒刑"，即贪污数额是"10 万元以上"。鉴于减刑制度作用的存在，我们权且将无期徒刑执行定为二十年，即最高刑档刑罚是"十年以上二十年以下"。这就会出现贪污数额的无限性和刑罚强度有限性之间的矛盾，贪污数额越大，单位数额所受到的刑罚处罚强度反而越小。贪污罪侵害了财产法益和职务行为的廉洁性，财产法益的侵害主要体现在贪污数额上，职务行为的廉洁性的侵害则更多地体现在犯罪情节上，"情节严重"、"情节特别严重"主要是描述职务行为廉洁性法益的侵害程度的。因此，前述关于基本刑档的量刑分析，主要考察贪污数额与刑罚处罚的正比例关系。显然，各量刑等级内单位数额对应的刑罚量明显不成正比例关系，中间刑档惩罚强度最大，最低刑档惩罚强度略小，最高刑档刑罚强度最小，犯罪数额最多的刑档的刑罚力度却是最小的，惩罚强度总体呈现中间大两端小的畸形格局。

2. 实质缺陷——基本刑设置的非衔接性导致量刑有失公平正义

从图 1 可以看出，刑法第 383 条基本刑刑期的设置存在明显的交叉现象：十年以上有期徒刑至死刑，五年以上有期徒刑至无期徒刑，一年以上至十年以下有期徒刑，二年以下有期徒刑或者拘役。刑罚设置衔接性的缺失导致了量刑轻重失衡，进而造成了量刑有失公平正义，有违罪刑相适应原则。罪刑相适应原则一方面要求刑罚与未然的犯罪的可能性大小相适应，另一方面要求刑罚与已然的犯罪的社会危害性程度相适应。[③] 科学、合理的刑罚设置一

---

　　① 张明楷：《刑法学》（第 4 版），法律出版社 2011 年版，第 467 页。

　　② 陈兴良：《刑法的价值构造》，中国人民大学出版社 1998 年版，第 645~646 页。

　　③ 陈兴良：《论我国刑法的发展完善——关于罪刑法定与罪刑相适应原则的思考》，载《中国法学》1989 年第 3 期刊。

方面要给予行为人刑责相适应的精神指引，另一方面也要给予司法裁量遵循刑责相适应的指示。"相互交叉的刑期规定……在毫无其他具体量刑情节可参照的情况下，可能将贪污所得数额不同的犯罪分子处以相同的刑期。"[①] 可能造成贪污数额相对较少的犯罪分子所受的自由刑刑罚重于贪污数额相对较多的犯罪分子。例如，王某贪污 4.5 万元，张某贪污 5.5 万元，在不考虑"情节严重"和"情节特别严重"等量刑情节情形下，根据刑法第 383 条第 1 款第 2、3 两项的规定，王某可能被判处有期徒刑 6 年，而张某可能被判处有期徒刑 5 年。再如，王某贪污 9 万元，张某贪污 11 万元，王某可能被判处有期徒刑 13 年，张某可能被判处有期徒刑 11 年。这样的司法裁量不仅损坏了司法公正的形象，也践踏了人民对司法公正的信心。

## 三、 贪污罪数额标准的重构

### （一）贪污罪数额标准的模式选择——立法概括式定量，司法解释具体化定量

由于绝对确定贪污罪数额标准在立法与司法上存有一定缺陷，修改贪污罪数额标准在理论与司法实践中已基本达成一致。有观点认为，明确性和概括性是刑法规范所具有的基本属性，应当在坚持刑法规范明确性的基础上适度设立模糊性、概括性的规定以增强刑法的稳定性和可操作性。[②] 另有观点认为，应当采取"总则抽象定量、分则定性、司法量化"的模式，即刑法分则不作规定，刑法总则规定定量要求表明轻微行为无罪，具体何种情况属于轻微，由司法机关依司法裁量权处理。[③] 笔者赞同上述抽象化与具体化相统一的规则设计并明确提出：贪污罪数额标准应当采用"立法概括式定量，司法解释具体化定量"模式。

以"数额较大"、"数额巨大"、"数额特别巨大"等用语作概括式立法无技术与理论障碍，但具体化定量方式仍未有一致说辞。《刑法修正案（九）（草案）》立法说明中提出，贪污受贿犯罪具体定罪量刑标准可由司法机关根据案件的具体情况掌握，或者由最高人民法院、最高人民检察院通过制定司法解释予以确定。[④] 另有观点认为，"数额较大"、"数额巨大"、"数额特别巨大"等概括性用语的具体量化应由全国人大常委会统一进行立法解释。[⑤]

① 孟庆华：《贪污贿赂罪问题判解研究》，人民法院出版社 2005 年版，第 73 页。

② 张勇、高新杰：《犯罪数额问题研究》，载《河南师范大学学报》2002 年第 5 期。

③ 李洁：《罪刑法定之明确性要求的立法实现》，载《法学评论》2002 年第 6 期。

④ 李适时：《关于〈中华人民共和国刑法修正案（九）（草案）〉的说明》，2014 年 10 月 27 日在第十二届全国人民代表大会常务委员会第十一次会议上，载《第十二届全国人大常委会第十一次会议文件（七）》。

⑤ 高珊琦、曹玉江：《对贪污受贿犯罪数额标准的重新审视》，载赵秉志、张军、郎胜主编：《现代刑法学的使命（下卷）》，中国人民公安大学出版社 2014 年版，第 761 页。

可见，贪污罪具体数额标准的具体量化有三种可能性：一是由司法机关根据案件的具体情况掌握；二是由"两高"制定司法解释予以确定；三是由全国人大常委会制定立法解释予以确定。笔者认为，由司法机关据状裁决无疑给予其过大的司法自由裁量权，不利于法律适用的统一性。而由立法解释来具体量化更是于法无据，于理不合。首先，我国《立法法》第42条规定了由全国人大常委会作立法解释的只有两种情形，一是法律的规定需要进一步明确具体含义的；二是法律制定后出现新的情况，需要明确适用法律依据的。"数额较大"、"数额巨大"、"数额特别巨大"的具体量化不属于法律规定需要进一步明确含义的情形，也不属于法律规定后出现的新情况，而是法院审判工作中需要进一步细化的司法适用问题，理应由最高人民法院进行解释；其次，立法解释的逻辑本身就值得商榷，立法解释的逻辑是谁制定法律谁解释法律，使得制定者之外的人不能根据文字客观含义理解法律，这种做法必将导致人民不信赖限制性的法律，损害法律的权威。[①] 此外，立法解释的颁布程序比法律的颁布程序简单得多，试问用一种比制定法律更为简便的程序制作与法律具有相同效力的立法解释，显然不利于实现良法之治。因此，笔者以为，将贪污罪数额标准具体量化的任务交给司法解释最为合适，这也是我国长期刑事司法实践的已有经验。[②] 由司法解释来设定一个相对确定的数额标准，再授权省级司法机关根据本地区经济发展状况，并考虑社会治安状况，在司法解释规定的幅度内明确本地区执行的具体数额标准。例如，"两高"《关于办理诈骗刑事案件具体应用法律若干问题的解释》第1条规定："诈骗公私财物价值三千元至一万元以上、三万元至十万元以上、五十万元以上的，应当分别认定为刑法第二百六十六条规定的'数额较大'、'数额巨大'、'数额特别巨大'"。各省、自治区、直辖市高级人民法院、人民检察院可以结合本地区经济社会发展状况，在前款规定的数额幅度内，共同研究确定本地区执行的具体数额标准，报最高人民法院、最高人民检察院备案。

**（二）贪污罪数额标准的具体化定量**

1. 关于起刑点数额标准的具体化定量。立法仅仅描述"数额较大"，司法具体量化则应当以一定经济周期内的经济指数为参照加以确定，不同经济

① 张明楷：《刑法分则的解释原理》，中国人民大学出版社2011年版，第4页。
② 我国刑法分则的立法模式基本遵循了立法概括式定量、司法具体化定量原则，尤其是侵犯财产罪、贪污受贿罪，例如盗窃罪、抢夺罪、诈骗罪、敲诈勒索罪、行贿罪、介绍行贿罪、挪用公款罪等，都仅在刑法分则条文中描述"数额较大"、"数额巨大"、"数额特别巨大"及其对应的刑罚，并通过制定司法解释具体指导司法裁判。例如，刑法第384条规定的挪用公款罪：……挪用公款数额较大、进行营利活动的，或者挪用公款数额较大、超过三个月未还的……处五年以下有期徒刑或者拘役……挪用公款数额巨大不退还的，处十年以上有期徒刑或者无期徒刑。最高人民法院《关于审理挪用公款案件具体应用法律若干问题的解释》第3条规定："……以挪用公款一万元至三万元为'数额较大'的起点，以挪用公款十五万元至二十万元为'数额巨大'的起点……"

发展周期内贪污罪数额的起刑点应当作相应调整。笔者以为，贪污罪数额标准的设定应当以城镇居民人均可支配收入为主要基准，它是指城镇居民可用于最终消费支出和其他非义务性支出以及储蓄的总和，即居民家庭可以用来自由支配的收入。将其作为设定贪污罪具体数额标准的主要基准符合主客观相一致原理，能够比较客观地反映贪污犯罪行为的客观危害程度，能够最大程度地契合行为的刑事可责难性。1997 年，全国城镇居民人均可支配收入是 5160 元，以 5000 元作为刑法起刑点大体与城镇居民人均可支配收入相当。1997 年至今，我国的经济取得了飞速的发展，5000 元的社会价值量已大大下降，对应到刑事司法领域，其所侵害的社会危害性也大大下降。仍以 5000 作为贪污罪的起刑数额，不仅扩大了贪污罪的处罚范围，也是对司法资源的极大浪费。根据国家统计局 2013 年发布的《2013 年国民经济和社会发展统计公报》显示，全国城镇居民人均可支配收入调整为 26955 元，约是 1997 年的 5 倍。因此以此数额为基础，建议司法解释将贪污罪起刑点调整为 3 万元。

2. 关于量刑等级的具体化定量。除了参考前述的经济指数，完善刑罚等级还应把握以下三个原则：一是各刑档单位数额对应刑罚量的相对均衡性；二是同一刑档内应保持规范完整性；三是避免交叉刑，确保刑罚的衔接性。数额的无限性和刑罚处罚力度有限性的矛盾无可避免，构建绝对正比例关系的刑罚等级不现实，但仍需结合罪刑相均衡原则与刑事政策设立相对正比例关系的刑法等级。综上所述，笔者建议，司法解释当以 10 万、50 万和 100 万为数额临界点进行刑罚等级构建。

图 2　修正后贪污数额、犯罪情节、刑罚的对应关系（不含无罪情形）

| 贪污数额犯罪情节 | 具 体 刑 罚 | |
|---|---|---|
| | 一般情节 | 情节特别严重 |
| 3 万元以上不满 10 万元 | 五年以下有期徒刑或者拘役 | 处五年以上十年以下有期徒刑 |
| 10 元以上不满 50 万元 | 五年以上十年以下有期徒刑 | 十年以上有期徒刑 |
| 50 万元以上不满 100 万 | 十年以上有期徒刑 | 无期徒刑或者死刑 |
| 100 万元以上 | 无期徒刑或者死刑 | 死刑 |

# 我国贪污罪定罪量刑立法标准研究

王海桥[*]　　曹红坤[**]

中共十八大以来，我国将惩治贪污腐败工作提升到一个新高度，坚持"老虎"、"苍蝇"一起打。2014 年向全国人大常委会提交的《刑法修正案（九）（草案）》（以下简称《草案》）对贪污罪进行了较大的修改，主要集中在贪污罪的定罪量刑方面。可以预见，《草案》的通过将会对我国的反腐败工作产生很大的影响。

贪污罪侵害的法益是国家工作人员职务行为的廉洁性和公共财产的所有权，作为一种贪利性的职务犯罪，其社会危害性及程度在很大程度上是通过贪污数额来反映的，简言之，贪污数额是衡量贪污犯罪成立与否、刑罚轻重的主要依据。[①] 可是，对于主要依靠"贪污数额"对贪污行为定罪量刑是否合适？理论界与司法实务界意见不一。本文拟对贪污数额对于贪污行为定罪量刑的影响，立法规定与司法实践之区别，贪污数额如何确定，贪污罪中情节的地位和作用等问题进行探讨，以求教于学界同仁，希望对司法实践有所裨益。

## 一、贪污罪定罪量刑之规定

### （一）现行刑法之规定

我国现行刑法第 382 条规定了贪污罪，第 383 条规定了贪污罪的处罚，根据第 383 条的规定，对犯贪污罪的，根据情节轻重，分别依照下列规定处罚：（1）个人贪污数额在 10 万元以上的，处 10 年以上有期徒刑或者无期徒刑，可以并处没收财产；情节特别严重的，处死刑，并处没收财产。（2）个人贪污数额在 5 万元以上不满 10 万元的，处 5 年以上有期徒刑，可以并处没收财产；情节特别严重的，处无期徒刑，并处没收财产。（3）个人贪污数额在 5000 元以上不满 5 万元的，处 1 年以上 7 年以下有期徒刑；情节严重的，处 7 年以上 10 年以下有期徒刑。个人贪污数额在 5000 元以上不满 1 万元，犯罪后有悔改表现、积极退赃的，可以减轻处罚或者免予刑事处罚，由其所

---

＊　北方工业大学刑法学硕士生导师、法学博士、法学博士后。

＊＊　北方工业大学刑法学硕士研究生。

① 高铭暄、范连玉：《略析贪污罪中贪污数额起点与共犯责任》，载《云南社会科学》2014 年第 1 期。

在单位或者上级主管机关给予行政处分。（4）个人贪污数额不满 5000 元，情节较重的，处 2 年以下有期徒刑或者拘役；情节较轻的，由其所在单位或者上级主管机关酌情给予行政处分。

从上述规定可以看出，我国现行刑法对贪污罪规定了四个量刑档次，每一个量刑档次处罚的主要依据是"贪污数额"。一般而言，5000 元是贪污罪的起刑点，但是根据 383 条第 4 款的规定，个人贪污数额不满 5000 元，情节较重的依照贪污罪进行处罚。本文认为，根据 1999 年 9 月 16 日最高人民检察院《关于人民检察院直接受理立案侦查案件立案标准的规定（试行）》附则部分的规定，"本规定中有关犯罪数额'不满'，是指接近该数额且已达到该数额的百分之八十以上"，此处第 4 款应当理解为，贪污数额 4000 元以上，不满 5000 元的，情节严重，依照贪污罪进行处罚。根据我国现行刑事法律规范的规定，贪污数额不仅是罪与非罪的标准，还是量刑大小的依据。

（二）存在之问题

我国现行刑法第 383 条对贪污罪定罪量刑标准的规定在理论界与司法实务界有较大争议，对于贪污罪定罪量刑标准的争议主要存在以下几个方面：

1. 起刑点对应的贪污数额较低

我国现行刑法规定的贪污罪及其处罚的规定是 1997 年制定的，当时根据经济发展水平以及城镇居民年收入为标准以 5000 元为贪污罪的起刑点。现行刑法制定至今将近 20 年。近 20 年，随着我国社会主义市场经济的大力发展，我国 GDP 实现快速增长，居民人均收入有了数倍的提高。对于贪污罪而言，仍以 5000 元为起刑点实在难以适应社会发展的需要，这样使得贪污罪的刑法规范具有较大的滞后性和不合理性。

2. 贪污数额并不能完全反映行为的社会危害性

犯罪数额是以货币形式表现的经济价值量，从一个侧面体现了犯罪行为的社会危害程度，因而刑法将它作为定罪量刑的客观依据。[①] 贪污数额在一定程度上可以反映贪污行为的社会危害性大小，但是贪污行为不是传统的侵犯财产犯罪，它是国家工作人员的职务犯罪，本罪侵害的是复杂客体。对于传统的侵犯财产犯罪，犯罪数额是衡量行为社会危害性程度的重要依据。但是，对于国家工作人员的职务犯罪而言，其社会危害性程度的大小，除了要考虑贪污数额的多少，还应考虑行为方式及次数、犯罪对象、行为是否违背职责及其程度、危害后果、认真悔罪态度、是否退赔、贪污款项的用途、是否弥补或减少犯罪危害后果等罪前、罪中和罪后主客观事实情况等。[②] 比如，行为人贪污手段恶劣，毁灭证据，造成国有公司账本被销毁，难以被重现，

---

①　于志刚：《贪污贿赂犯罪定罪数额的现实化思索》，载《人民检察》2011 年第 12 期。
②　赵秉志：《贪污受贿犯罪定罪量刑标准问题研究》，载《中国法学》2015 年第 1 期。

此时行为的社会危害性是难以通过贪污数额体现出来的。

3. 以贪污数额量刑难以实现公平正义

罪责刑相适应原则是刑法的基本原则之一，即对于犯罪分子而言，其刑罚大小应当与刑事责任相对应。贪污罪规定了四个量刑区间，刑法第 383 条第一款规定：个人贪污数额在 10 万元以上的，处 10 年以上有期徒刑或者无期徒刑，可以并处没收财产；情节特别严重的，处死刑，并处没收财产。通过该规定可以看出，个人贪污 10 万元，刑罚可能是从 10 年有期徒刑至无期徒刑或者死刑。然而，根据近几年司法实践中所发生的贪污案件来看，行为人贪污的数额从几十万元到上百万元，甚至几千万元、数亿元的案件时常发生。对于这些贪污数额远远超过 10 万元规定的，司法实践的处罚并没有明显区别，甚至出现有些贪污数额少的处罚重于贪污数额大的处罚。比如，2004 年中国银行广东开平支行行长余振东贪污 4.82 亿美元，被判处有期徒刑 14 年。2007 年河北省邯郸分行金库管库员马向景盗取金库财产 5000 余万元却被判贪污罪处死刑立即执行。为什么会导致这种现象呢？

笔者认为，导致这种现象的原因有两个。第一，地区间经济发展水平不平衡。我国各个地区的经济发展水平不一，如果规定刚性的刑罚规范，则会导致对于贪污数额相同但社会危害性不同的行为被科以相同的处罚。这样就会导致司法实践的处罚不公正。为了适应刑事司法实践的需要，各地区对于贪污数额大小的处罚有一个本地区自己的标准，因此，才会出现各个地区对于贪污数额相同的案件有不同的处罚。第二，我国贪污罪规定的量刑区间"虚置化"。我国贪污罪规定了四个量刑幅度，处罚最重的量刑幅度的起刑数额为 10 万元，根据司法实践的做法，有些地区对于贪污罪的数额有自己本地区的"变通"。例如，有学者经过调研发现，某市检察机关查处国家工作人员贪污贿赂的"大案"（金额在 5 万元以上的）比例，竟然高达 85% 以上，不少基层检察院的案件统计数甚至都是 100%。[①] 那么，对于贪污数额为 5 万元以下的案件在实践中没有发生吗？答案显然是否定的，重点在于司法机关在司法实践中对这些"小案"进行了内部消化，没有处理。这就导致我国贪污罪规定的四个量刑幅度，有两个量刑幅度被"虚置化"了。

## 二、 立法应然规定与司法实然适用之理解

任何法律规范都是在应然层面讨论而制定的，对于制定之后的法律规范如何实施则是实然层面的内容。区分应然层面与实然层面对于正确理解法律规范与司法实践的行为有重要作用。

### （一） 立法规定之指导性

法律规范属于应然层面的内容，其对于司法实践具有指导作用。刑法第

---

① 游伟：《惩治贪污贿赂抓大也别放小》，载《法制日报》2009 年 11 月 11 日。

383 条所规定的贪污罪之处罚对于司法实践惩处贪污犯罪具有指导作用，司法实践中法官应当按照刑法法条明文规定，对相应的贪污行为给予相应的处罚。这是罪刑法定原则的基本要求。

但是，对于刑法法条明文规定的行为及其处罚规范在实践中却被选择性地忽略掉，这是否违反罪刑法定原则呢？上文已述，对于贪污罪的处罚，不同地区根据贪污数额的大小而分为"大案"和"小案"，一般而言，对于小案是不追究的。对于司法实践的这种行为应当如何理解呢？本文认为，罪刑法定原则是刑法最基本的原则，罪刑法定原则使我们摆脱了封建社会的罪刑擅断，使人类的法制文明向前跨越了一大步。然而，对于罪刑法定原则的理解不应过于僵硬。罪刑法定原则分为绝对的罪刑法定和相对的罪刑法定，相对的罪刑法定原则的核心在于可以弹性地适用法律。本文认为，在司法实践中，有些地区对于贪污数额较小的"小案"不处理并不违反罪刑法定原则。罪刑法定原则的基本内容是法无明文规定不为罪，法无明文规定不处罚。实际上罪刑法定原则所要解决的是不能把法律没有明文规定的行为作为犯罪来处罚，但从来不排斥法律规定为犯罪行为，只是根据具体情况不作为犯罪来处理。所以它只限制入罪，不限制出罪，这也是罪刑法定原则之人权保障之重要体现。① 而对于贪污数额较小的"小案"，由于其社会危害性较小，没有处罚之必要，如果仅仅由于法律的规定就要处罚则有损刑法之正义。纵观西方国家的法律制度，依然存在法律上是犯罪的行为，司法上不一定给予刑事制裁的原则。例如，在西方国家刑事司法实践中广泛运用的辩诉交易制度，其不仅包括罪名的交易、罪数的交易，还包括判处刑罚的交易，使得很多依法构成犯罪的行为出罪化、非刑罚化。② 由此可见，立法规范与司法实践各有其特征，应当根据客观实践去实施法律。然而，由于法律已经作出了明确性的规定，司法实践根据客观实际需要却选择性地不执行法律则有损法律的权威性。因此，对于贪污罪而言，对于其所规定的很少被适用的两个量刑档次则没有存在之必要。

刑法第 383 条规定的贪污罪的处罚虽然规定了"数额+情节"的定罪量刑标准，但是由于立法对贪污数额作了明确的规定，相应的贪污数额对应相应的刑罚幅度，这就导致了在司法实践中，司法部门大都按照贪污数额的大小进行定罪量刑，而很少考虑贪污行为的情节，这就造成对于很多贪污犯罪行为的评价不是很全面和公正。因此，笔者建议对贪污罪的定罪量刑标准应在立法上进行完善，这样才能对司法实践起到更好的指导作用。

**（二）司法操作之具体性**

任何法律的最终落脚点都在于运用到司法实践中，一部法律无论在规范

---

① 陈兴良：《口授刑法学》，中国人民大学出版社 2007 年版，第 47~48 页。
② 蒋昱程：《贪污贿赂犯罪数额的确定》，载《国家检察官学院学报》2006 年第 6 期。

层面上设计得多么完美，如果没有在司法实践中实施则不过是一纸空文。因此，法律的制定应当考虑现实的可操作性。毫无疑问，司法实践应当以法律规范为指导，对相应的行为进行规制。然而，在司法实践中，由于各地区的经济发展水平不同、文化差异，随着时间的推移，有些法律规范难以适应现实的需要。比如，以前具有较大社会危害性的行为现在则不具有较大的社会危害性或者在 A 地区有较大社会危害性的行为在 B 地区则不具有较大的社会危害性，等等。那么，对于立法规范与司法实践不能对接上的部分应当如何解决呢？

本文认为，在罪刑法定原则的指导下，应当允许司法部门对于立法规范中不具有处罚必要的规定进行相应的适应性调整。对于贪污罪而言，刑法明文规定了 5000 元为起刑点，对于一些贪污数额较小的"小案"由于具有较小的社会危害性则可以不按照犯罪来处理。对于贪污案件而言，有些"小案"的行为人虽然没有被处以刑事处罚，但是会受到非刑事处罚，这些非刑事处罚包括开除党籍、开除公职等等，即对于有些行为人而言，由于其贪污数额小，社会危害性较小，受到了与其责任相适应的惩罚。"小案"的具体数额可以根据各地区的经济发展水平由最高司法机关出台相应的司法解释予以规定。这样则可以根据各地区的实际情况处理贪污案件，最大限度地保证个案的公平正义。但是根据现行刑法对贪污罪的规定，由于刑法已经对贪污罪规定了具体的定罪量刑数额，如果各地区自己把握本地区的贪污犯罪定罪量刑之具体数额则有损刑法的权威性。因此，还是应当从源头上解决贪污罪的定罪量刑问题，对数额的规定进行再思考。

刑事司法实践层面与刑法规范层面有较大的区别。具体而言，刑法分则的法条描述属于抽象性规范，这种规范对于具体的法律判决而言，只是构成要件明确性的可能性，具体的、实在的构成要件，只有在弹性规范与具体的生活事实、当为与存在相互对应、交互作用时，才能真正实现。[①] 因此，分析具体案件的过程是一个由立法类型化到司法定型化的过程。在这一过程中，司法实践部门更加重视具体的数额、数量等量方面的内容，因为这些内容具有很强的可操作性。因此，2009 年 10 月，时任最高人民法院副院长的张军在中国人民大学做题为"宽严相济刑事政策的司法适用"的学术演讲中，就贪污贿赂犯罪的数额标准问题提出了两点建议，一是贪污贿赂案件起刑点应随经济发展而调整；二是贪污贿赂犯罪的具体刑罚和涉案数额的相对关系需要更加明确，以落实刑法总则规定的罪刑相当原则。[②] 由此可见，司法实践认为贪污罪的定罪量刑标准应当有所修改，而且对于贪污罪的定罪量刑标准

下卷·四

---

① 王海桥：《刑法解释的基本原理——理念、方法及其运作规则》，法律出版社 2012 年版，第 223 页。

② 参见《风云大讲堂：编者按》，载《检察风云》2009 年第 23 期。

应当更加具体化。

## 三、 贪污罪定罪量刑规定之完善

上文已述,现行刑法对于贪污罪定罪量刑的规定存在较大缺陷,使得刑法规范与司法实践有所脱节,因此,应当对贪污罪的定罪量刑标准进行立法上的完善,从而使得刑法规范能够更好地指导刑事司法实践。由于主要依靠犯罪数额对于贪污罪定罪量刑存在诸多问题,因此本文建议,对于贪污罪的定罪量刑标准应继续坚持采取"数额+情节"的定罪量刑标准,不过应当对现有的定罪量刑标准进行一定的修改:第一,立法规范应当对贪污数额进行完善;第二,贪污情节在贪污罪定罪量刑中的地位应当提升。具体论述如下:

### (一) 立法数额规定之完善

定罪量刑数额的起点设定,紧密关涉具体犯罪刑事政策的实现、犯罪圈的大小、刑事司法资源的负重、公众对刑法的认同等重大问题。[1] 对于贪污罪的定罪量刑数额,现行刑法所规定的具体数额存在诸多问题。因此,应当在立法上对其完善。

2014年10月《草案》被提交至全国人民代表大会常务委员会进行审议。《草案》对于贪污罪的定罪量刑进行了较大的修改,将刑法第383条修改为:"对犯贪污罪的,根据情节轻重,分别依照下列规定处罚:(一)贪污数额较大或者有其他较重情节的,处三年以下有期徒刑或者拘役,并处罚金。尚不构成犯罪的,由其所在单位或者上级主管机关给予处分。(二)贪污数额巨大或者有其他严重情节的,处三年以上十年以下有期徒刑,并处罚金或者没收财产。(三)贪污数额特别巨大或者有其他特别严重情节的,处十年以上有期徒刑或者无期徒刑,并处罚金或者没收财产;数额特别巨大,并使国家和人民利益遭受特别重大损失的,处无期徒刑或者死刑,并处没收财产。"

从《草案》的规定可以看出,对于贪污罪的定罪量刑,刑法规范删除了具体数额的规定,取而代之的是以数额较大、数额巨大、数额特别巨大和其他较重情节、其他严重情节、其他特别严重情节。本文认为,《草案》对于贪污罪的定罪量刑标准的修改是值得肯定的。这种修改有利于法官在司法实践中根据案件的具体情况,在罪刑法定原则的指导下发挥自由裁量的优势,最大限度地实现个案的公正。但是,对于数额较大、数额巨大、数额特别巨大的数额如何确定?本文认为应当由司法解释进行规定。司法解释是对于法律实施过程中如何具体适用法律所作出的规定。刑法规范对于贪污罪规定了数额较大、数额巨大、数额特别巨大,那么对于此三类的具体数额是多少则属于法律适用过程中的内容,应当由司法解释进行规定。司法解释的灵活性

---

[1] 陈磊:《犯罪数额规定方式的问题与完善》,载《中国刑事法杂志》2010年第8期。

和针对性可以更好地实现立法规范的目的，而且能更好地解决司法实践中存在的一些疑难问题。

司法解释在确定贪污罪的具体犯罪数额时应当考虑以下两个要求：第一，设置合理性。目前，理论界与司法实务界普遍认为对于贪污罪的定罪量刑数额应当有所提高，但是对于提高多少存在不同的主张。本文认为，对于《草案》所规定的贪污罪的数额较大、数额巨大、数额特别巨大具体数额定，应当由最高司法机关分地区确定，具体数额的确定一定要反映行为人在特定时间、特定地区实施的贪污行为的社会危害性。第二，数额明确性。贪污罪的犯罪数额应当由司法解释明确规定，即需要司法解释确定具体的犯罪数额。因此，司法解释在对数额较大、数额巨大、数额特别巨大解释时应当注意避免使用模糊含混的词语。因为，模糊含混的词语会造成司法实践对于这些词语进行再解释，这可能造成再解释的结果违背罪刑法定原则。对于《草案》规定的犯罪数额应当由司法解释予以进一步明确，而且应当考虑实际地区差异。本文认为，考虑到当前我国的反腐败形势，就宽严相济的刑事政策而言，对贪污罪处罚不宜在短期内将标准提升过高，基于此种考虑，综合我国 GDP 近年来发展水平及各地司法实践，对于东部地区而言，数额较大指 3 万元至 20 万元，数额巨大指 20 万元至 100 万元，数额特别巨大指 100 万元以上；对于中部地区而言，数额较大指 1 万元至 10 万元，数额巨大指 10 万元至 50 万元，数额特别巨大指 50 万元以上；对于西部地区而言，由于其经济发展水平相对较低，适用现在的定罪量刑标准比较合适，不宜做出修改。

### （二）"情节"之地位提升

现行刑法规范也规定了"情节"这一定罪量刑标准，然而其在司法实践中与"数额"这一定罪量刑标准相比却居于次要地位，在具体的案件审判中，很少被适用。对于贪污犯罪案件而言，"数额"这一定罪量刑标准只是可操作性更强，但是对于行为人的社会危害性并不能给予较准确、公正的客观评价。而一定的社会危害性是犯罪的本质属性，是刑事违法性和应受惩罚性的基础。[①] 综合考虑情节要素能更好地评价行为人的社会危害性，因此，本文建议在对于贪污罪进行定罪量刑时应当进一步提高"情节"的地位，将"情节"与数额并重，使之在贪污受贿犯罪的定罪量刑中发挥决定性的作用。

犯罪时间、犯罪地点、犯罪手段、犯罪后果、犯罪后的表现、被害人的因素等等，被视为情节的影响因素，是作为判定情节严重与否的依据。[②] 因此，在对贪污罪定罪量刑时，应当综合考虑这些情节要素来确定行为人的社会危害性。对于贪污罪的情节规定，应当由司法解释对一些典型的情节进行

---

① 赵秉志：《刑法学总论研究述评》，北京师范大学出版社 2009 年版，第 165 页。
② 王莹：《情节犯之情节的犯罪论体系性定位》，载《法学研究》2012 年第 3 期。

类型化的概括加以明确规定。比如在自然灾害期间进行贪污的、贪污抗洪救灾物资的、贪污行为造成国有资产严重受损的等情节属于情节严重。此处应当注意，对于贪污罪的情节不能用司法解释进行具体详尽的规定，这会导致法官自由裁量权的丧失。从《草案》对于贪污罪定罪量刑标准的修改可以看出，立法者设想最大限度地保证司法的公正，给予行为人公正的评价必须依靠法官发挥其自由裁量权。

贪污"数额"与贪污"情节"应当如何具体辨析呢？本文认为，在对贪污行为进行定罪时，应当主要依靠贪污数额来确定，即依靠犯罪数额来确定贪污罪的犯罪圈之大小。因为对于罪与非罪而言，一个具体标准才是最好的选择。但是，在定罪时也要考虑情节要素，对于犯罪数额较小，但是由于情节恶劣，在全面考虑的基础上，也可以将行为作为犯罪处理；对于犯罪数额较大，但是情节显著轻微的，在综合考虑的基础上，也可以不作为犯罪来处理。简言之，对于贪污行为的定罪而言，以数额为主、情节为辅。在对贪污行为进行量刑时，应当将"数额"与"情节"并重。上文已述，数额并不能全面地反映行为的社会危害性，行为与责任同在，在对贪污行为的责任进行确定时还应当考虑贪污的手段是否恶劣，贪污是否造成了严重的后果，贪污财物的用途，贪污后的表现等情节要素。在量刑上赋予法官较大的自由裁量权，为了防止这种自由裁量权被滥用，我们可以通过对法官进行培训、完善相应的司法制度等手段来使这种自由裁量权发挥其作用。自由裁量权的赋予是对个案的正确评价，是司法公正实现之必然选择。

# 我国贪污受贿犯罪定罪量刑标准
# 刑法完善前瞻[①]

闫　雨[*]

党的十八大以来，我国对反腐败工作的重视达到了前所未有的高度，在此基础上，十八届四中全会提出了完善反腐败法治工作的要求。在此背景下，2014年10月首次提交全国人大常委会审议的《刑法修正案（九）（草案）》对贪污贿赂犯罪进行了大幅度的修改，包括完善行贿罪罪名体系；严格限制行贿犯罪从宽处罚条款的适用；修正贪污受贿犯罪的定罪量刑标准，等等。这些拟修改的内容严密了腐败犯罪的刑事法网，为我国新时期开展反腐败工作提供了更为坚实的法律依据与法律支持。

作为最主要的腐败犯罪，贪污罪与受贿罪一直是反腐败工作打击的重点。能否科学、有效地惩治贪污受贿犯罪很大程度上直接决定了反腐败工作的成效。近年来，我国在打击贪污受贿犯罪方面取得了一定的成绩，但是在打击这两类犯罪的过程中，贪污受贿犯罪的刑法规定也逐渐暴露出一定的问题，比较突出的是现行刑法关于贪污受贿犯罪定罪量刑标准的规定——"刚性数额标准的一元立法模式"，无法全面反映贪污受贿犯罪的社会危害性程度，以此标准对贪污受贿犯罪很难作出公正的判决，难以实现罪刑均衡，影响刑法目的的实现等缺陷，亟须调整和完善。《刑法修正案（九）（草案）》对于贪污受贿犯罪的定罪量刑标准作出了较大幅度的修改，虽然在一定程度上解决了现行刑法关于贪污受贿犯罪定罪量刑标准引发的问题，但是《刑法修正案（九）（草案）》的修改并非尽善尽美，刑法对于贪污受贿犯罪的定罪量刑标准仍然存在完善的空间。本文拟结合《刑法修正案（九）（草案）》，深入探讨贪污受贿犯罪的定罪量刑标准问题，以期为刑法完善提供参考。

## 一、 我国贪污受贿犯罪定罪量刑标准之考察

早在20世纪50年代，我国就专门制定了《惩治贪污条例》。《惩治贪污条例》明确了贪污贿赂犯罪的概念、规定了量刑标准以及处罚原则，以数额作为贪污罪定罪量刑的根本标准，并按照数额的不同标准设置了四档法定刑。

① 本文为广东警官学院青年骨干教师培养计划资助（2015QNGG01）项目之阶段性研究成果。
* 广东警官学院法律系讲师，公安部全国特约经侦研究员，法学博士。

总体而言，《惩治贪污条例》基本确立了新中国贪污贿赂犯罪的框架和内容，确立了贪污罪以数额为依据的一元定罪量刑标准。这一立法模式反映出当时立法者认为贪污罪与受贿罪均为国家工作人员实施的职务犯罪，且在当时的历史环境下，两罪的社会危害性确实相当，因此，对贪污罪与受贿罪规定相同的法定刑可以做到罪责刑相适应。

1979 年，我国颁布了新中国第一部刑法典，分别在侵犯财产罪和渎职罪中规定了贪污罪与受贿罪，设置了不同的法定刑，贪污罪最高刑为死刑，受贿罪的法定最高刑期为 15 年有期徒刑。1979 年刑法一改 1952 年《惩治贪污条例》对贪污受贿犯罪采取具体数额规定的做法，对贪污罪与受贿罪采取了概括性数额的规定模式。具体而言，对于贪污罪，以贪污公共财物数额巨大且情节严重、情节特别严重作为划分轻重量刑档次的依据；对于受贿罪以"致使国家或者公民利益遭受严重损失"作为划分轻重量刑档次的依据。从 1979 年刑法对于贪污罪、受贿罪分别规定来看，立法者认为两罪在社会危害性大小方面存在本质的区别，贪污罪的社会危害性远远大于受贿罪。

1982 年 3 月通过的《关于严惩严重破坏经济的罪犯的决定》（以下简称《决定》）对受贿罪进行了修改，改变了 1979 年刑法分立贪污罪、受贿罪量刑的立法模式，统一了贪污罪、受贿罪的定罪量刑标准。相比贪污罪，对受贿罪增设了"情节特别严重，处无期徒刑、死刑"的加重犯罪构成。《决定》对贪污受贿犯罪立法模式的修改，对此后贪污受贿犯罪的刑事立法产生了深远的影响，实现了贪污罪与受贿罪在法定刑上的同等，但是《决定》并未明晰贪污罪与受贿罪的量刑与具体数额之间的关系。

由于 1979 年刑法对于贪污受贿犯罪并未规定具体数额，司法机关感到在司法实践中难以准确把握贪污受贿犯罪的定罪量刑标准。[①] 鉴于此，1988 年 1 月出台的《关于惩治贪污罪贿赂罪的补充规定》（以下简称《补充规定》）对 1979 年刑法作出了补充和修改。首先，《补充规定》进一步明确了贪污罪、受贿罪的犯罪概念，一改 1979 年刑法对贪污罪、受贿罪分立的立法模式，吸收了 1982 年《决定》的立法模式，对贪污罪、受贿罪的定罪量刑标准采取统一规定；其次，重新规定了贪污受贿犯罪量刑的具体数额标准，将定罪量刑与数额直接挂钩，即 2000 元以上的贪污受贿行为原则上构成犯罪，同时规定了贪污罪、受贿罪死刑的数额标准；最后，为体现严厉打击贪污受贿犯罪的立场，一改刑法普通犯罪法定刑由轻到重的排列方式，将贪污罪、受贿罪的法定刑排列次序调整为由重到轻。

---

① 参见高铭暄：《中华人民共和国刑法的孕育诞生和发展完善》，北京大学出版社 2012 年版，第 599 页。

1997 年刑法对 1979 年刑法规定的贪污罪、受贿罪进行了重大修改。首先，将贪污贿赂犯罪类罪化，作为独立的一类犯罪规定在刑法分则中。其次，改变了 1979 年刑法分立贪污罪、受贿罪法定刑量刑的立法模式，对贪污受贿犯罪的定罪量刑标准沿袭 1988 年《补充规定》的规定，只是在定罪量刑的数额要求上有所提高，将起点数额由 2000 元提升至 5000 元，将原来可以适用死刑的数额标准由 5 万元提升至 10 万元。从上述刑事立法的发展来看，立法机关考虑到了社会的发展对于贪污受贿犯罪定罪量刑数额的影响，适时调整了贪污受贿犯罪的数额。

随着社会经济的不断发展，惩治贪污受贿犯罪司法实践的进展，具体数额的一元定罪量刑标准的弊端逐渐显现出来，对贪污受贿犯罪定罪量刑标准的修改势在必行。在此背景下，《刑法修正案（九）（草案）》对我国刑法贪污贿赂犯罪的规定作出了重大修改，一定程度上完善了我国关于贪污贿赂犯罪的刑事立法。对于贪污罪与受贿罪，第一，《刑法修正案（九）（草案）》修改了贪污受贿犯罪的定罪量刑标准，删除了对贪污受贿犯罪具体数额的规定，对贪污罪与受贿罪规定了"数额较大或者情节严重"、"数额巨大或者情节严重"、"数额特别巨大或者情节特别严重"三种情况及对应的三档法定刑。将贪污受贿犯罪的定罪量刑标准由具体数额的一元定罪量刑标准修改为"概括数额+情节"的二元定罪量刑标准。第二，《刑法修正案（九）（草案）》调整了贪污受贿犯罪的法定刑排列顺序，按照从轻到重的顺序排列贪污受贿犯罪的法定刑。总之，这次修改有利于全面反映贪污受贿犯罪个罪的社会危害性，有利于司法机关根据个罪的不同情况适用不同的法定刑，做到罪责刑相适应。

## 二、 我国贪污受贿犯罪定罪量刑标准之反思

我国现行刑法对贪污罪与受贿罪规定了相同的定罪量刑标准，根据刑法的规定，贪污罪与受贿罪的法定刑分为四档，这四个档次的法定刑除应考虑情节以外，定罪量刑更直接的依据是犯罪的数额，这种立法模式确实符合罪刑法定原则明确性的要求，便于司法机关实际操作和把握，在一定历史时期内确实起到了打击贪污受贿犯罪的作用。不过随着社会的发展，这种唯数额论的一元立法模式的弊端逐渐显现出来，在这种立法模式下，情节因素成为可有可无的"摆设"，除贪污受贿数额在 5000 元以下时情节具有重要意义以外（数额不满 5000 元时，情节较重的，应当以犯罪论处），超过 5000 元之后，即使情节轻微也无法出罪。直接导致了司法实践中"唯数额论"的现象大量存在，造成了贪污受贿犯罪的量刑失衡等不合理情况的出现。具体而言，当前我国贪污受贿犯罪定罪量刑标准的规定的不足之处主要如下：

### （一）难以全面反映个罪的社会危害性

对贪污罪与受贿罪而言，数额的确是反映两罪社会危害性的重要标准，

但是绝对不是唯一标准。作为刑法分则明文规定的犯罪行为，贪污受贿犯罪与其他犯罪相同，在定罪量刑时应当综合犯罪侵犯的法益、犯罪的行为手段、犯罪造成的后果以及犯罪人的主观恶性、人身危险性进行考虑。现行刑法对贪污受贿犯罪的规定采取了具体数额模式的一元定罪量刑标准。这一立法模式旨在严厉打击腐败犯罪，最大限度地限制法官的自由裁量权。在特定历史时期，这一立法模式确实取得了一定的效果，但是随着市场经济的发展，这种模式的弊端也逐渐显现：由于刚性的数额规定不能全面、及时地反映个罪的危害性，导致司法实践中法官很难根据个案不同的情节作出公正的判决，影响刑法分则个罪之间罪刑设置的体系协调。

### （二）难以体现罪责刑相适应原则

现行刑法关于贪污受贿犯罪的量刑标准并非没有考虑到情节，只是一直将情节置于附属地位，除贪污受贿数额在 5000 元以下时情节具有重要意义以外（数额不满 5000 元时，情节较重的，应当以犯罪论处），超过 5000 元之后，即使情节轻微也无法出罪，这使情节基本丧失了存在的意义，导致司法实践中"唯数额论"的现象大量存在，造成贪污受贿犯罪的量刑失衡等不合理情况的出现。并且贪污罪数额的确定与立法时社会经济的发展状况密切相关，当社会经济发展变化后，确定性数额无法紧随时代的发展，造成了立法的严重滞后。现行刑法将贪污受贿 10 万元以上作为处 10 年以上有期徒刑或者无期徒刑这个量刑档的起点数额标准，随着经济的不断发展，当前贪污受贿的数额越来越高，适用该条款的后果就是贪污受贿数额 10 万元、100 万元或者 1000 万元的量刑差距不大，造成了同罪不同罚的局面，严重违背罪责刑相适应原则。

### （三）不利于刑法目的的实现

刑法的目的包括根本目的与直接目的。刑法的根本目的在于维护社会基本秩序。犯罪本质上是对社会基本秩序的严重侵犯，刑法是维护社会秩序稳定的基本手段，因此刑法的根本目的当然在于维护社会基本秩序。刑法的直接目的包括保护法益、预防犯罪、确认刑罚权和限制刑罚权四种。[①] 现代刑法既强调社会保护，亦强调人权保障，相应地，刑法既对社会成员有规范作用，同时对国家权力也有规范作用。这就意味着，刑罚必须被限定在公正的界限内，才能很好地实现刑法的目的。针对贪污受贿犯罪而言，现行刑法的规定明显存在滞后性，造成依据刑法对行为人处以相应的刑罚超越了行为人应当承受的刑事责任的限度，严重损害了刑法人权保障的目的，[②] 不利于刑法直接目的的实现。对贪污受贿犯罪行为处以不适宜的刑罚是对国家权力的

---

[①] 参见周少华：《刑法之适应性——刑事法治的实践逻辑》，法律出版社 2012 年版，第 210 页。
[②] 参见田旭：《论贪污罪数额标准的修改完善》，载赵秉志等主编：《现代刑法学的使命（下卷）》2014 年版，第 789 页。

放任，久而久之不利于维护社会秩序的稳定，影响刑法根本目的的实现。

# 三、 我国贪污受贿犯罪定罪量刑标准之完善

## （一）应确立"数额+情节"的二元定罪量刑标准

现行刑法对贪污受贿犯罪的规定采取了具体数额模式的一元定罪量刑标准。这一立法模式旨在严厉打击腐败犯罪，最大限度地限制法官的自由裁量权。在特定历史时期，这一立法模式确实取得了一定的效果，但是随着市场经济的发展，这种模式的弊端也逐渐显现：由于刚性的数额规定不能全面、及时地反映个罪的危害性，导致司法实践中法官很难根据个案不同的情节作出公正的判决；影响刑法分则个罪之间罪刑设置的体系协调。鉴此，《刑法修正案（九）（草案）》对贪污受贿犯罪作出重要修改，删除贪污受贿犯罪具体数额的规定，采取"概括数额+情节"的方式，分三种情况规定了贪污受贿犯罪的定罪量刑标准，即数额较大或者有其他较重情节、数额巨大或者有其他严重情节以及数额特别巨大或者有其他特别严重情节，并规定了三档相应的法定刑。这一立法模式的转变为我国当前以及未来惩治腐败犯罪提供了更为科学的法律依据。

关于"概括数额+情节"，在定罪量刑时，应当做到数额与情节并重。现行刑法关于贪污受贿犯罪的量刑标准并非没有考虑到情节，只是一直将情节置于附属地位，除贪污受贿数额在5000元以下时情节具有重要意义以外（数额不满5000元时，情节较重的，应当以犯罪论处），超过5000元之后，即使情节轻微也无法出罪，这使情节基本丧失了存在的意义，导致司法实践中"唯数额论"的现象大量存在，造成贪污受贿犯罪的量刑失衡等不合理情况的出现。鉴此，确立概括数额与情节并重的二元立法模式，在定罪和量刑时综合考虑数额和情节，必将会使我国贪污受贿犯罪的定罪标准科学化、量刑结果公正化。

## （二）分立受贿罪与贪污罪的定罪量刑标准

现行刑法采取了相同的定罪量刑标准规定贪污罪与受贿罪，《刑法修正案（九）（草案）》也未作出调整。笔者认为，两罪定罪量刑标准完全一致并不合适，因为其无论是在侵犯的法益、社会危害性程度以及犯罪黑数等方面均存在差异，因此应当分立两罪的定罪量刑标准，对于受贿罪设立严于贪污罪的定罪量刑标准。

第一，两罪侵犯的法益不同。贪污罪侵犯的是双重法益，既侵犯了国家工作人员职务行为的廉洁性也侵犯了相关单位的财产所有权。从刑法将贪污罪设置在贪污贿赂犯罪一章来看，刑法设立贪污罪的目的，重点是保护国家工作人员职务行为的廉洁性，相关单位的财产所有权仅为贪污罪所保护的次要法益。与贪污罪不同，受贿罪侵犯的法益是国家工作人员职务行为的不可

交换性。这种法益是超个人法益。国家工作人员行使职务行为的宗旨是为国民服务，在其已经取得相应工资报酬的情况下，不能再收受公民或者其他单位给予的履行职权行为的报酬。

第二，数额在两罪的社会危害性程度评价体系中所起的作用不同。贪污罪的行为人如果及时退还贪污款项可以很大程度上减少和避免造成公共财产的损失，这一特点决定了数额是贪污罪社会危害性的集中体现。与贪污罪不同，数额对于受贿罪的社会危害性程度的判断远不如贪污罪那么重要，其更多地要结合犯罪情节、危害后果等因素综合判断。通常情况下，受贿罪的社会危害性大于贪污罪，因为相关人员通过职务行为为他人谋取不正当利益，往往会给国家、社会和他人造成重大的损失，所以受贿罪的定罪量刑标准应当严于贪污罪。

第三，两罪的犯罪黑数不同。受贿行为往往在比较隐蔽的场所进行，受贿人与行贿人作为利益共同体很难攻破，这导致受贿罪的侦查难度很大，往往要依靠言词证据定案，受贿罪的犯罪特点导致受贿罪的犯罪黑数往往很大。与受贿罪不同，由于犯罪对象的特殊性，贪污罪中言词证据以外的证据很多，对于侦破来说相对受贿犯罪容易得多，加之不断健全的财务制度，贪污犯罪实施起来也比较困难，故而犯罪黑数相对受贿罪要少很多。

综上，贪污罪与受贿罪存在较大差异，适用相同的定罪量刑标准很难得到公正的处罚结果。建议国家立法机关在修改刑法时将两罪的定罪量刑标准分立，对受贿罪设置更为严格的定罪量刑标准，以确保刑法的公平公正。

### （三）数额标准应直接规定在刑法条文中

《刑法修正案（九）（草案）》一改现行刑法对于贪污受贿犯罪具体数额的规定，采取数额较大、数额巨大、数额特别巨大的三档"概括数额+具体情节"的规定确定贪污受贿犯罪的定罪量刑标准。关于概括性数额在司法实践中应当如何掌握，如何限制法官的自由裁量权等问题目前刑法学界仍存在很大争议。有学者认为，应当由最高人民法院、最高人民检察院通过司法解释的方式确定具体的相对额度，再授权省级司法机关根据本地经济发展水平，在上述司法解释的范围内确定本省贪污受贿犯罪数额的具体标准。[①] 还有学者主张，对贪污受贿犯罪的数额应当通过出台立法解释的方式进行统一的规定。[②]《刑法修正案（九）（草案）》立法说明指出，贪污受贿犯罪具体定罪量刑标准可由"两高"通过制定司法解释确定或者各司法机关根据案件的具体情况掌握。

笔者认为，贪污受贿犯罪的数额标准宜直接规定在刑法条文中，主要理

---

① 赵秉志：《贪污受贿犯罪定罪量刑标准问题研究》，载《中国法学》2015 年第 1 期。
② 参见高珊琦、曹玉江：《对贪污受贿犯罪数额标准的重新审视》，载赵秉志等主编：《现代刑法学的使命（下卷）》，中国人民公安大学出版社 2014 年版，第 761 页。

由是：

首先，第一种观点将对具体数额的解释权交给"两高"，并授权省级司法机关结合当地实际情况进行解释的模式欠妥。原因在于司法解释本身存在弊端。第一，过多地将原本是刑事立法应当承担的任务转嫁给司法解释，司法解释不能也不应该代行立法的职能，长此以往必然导致架空刑法的结果出现。第二，即使通过司法解释明确了具体数额的标准，但是面对不断高速发展的经济社会，具体数额应当随之变化，这无疑将导致司法解释的不稳定性，影响司法解释的权威。第三，贪污罪所侵犯的主要法益为国家工作人员的职务廉洁性，受贿罪所侵犯的法益为职务行为的不可收买性，既然两者侵犯的主要法益是职务行为的正当性，而非财产法益，那么对两种罪的定罪与量刑在全国范围内就不宜采取不同的标准。

其次，第二种观点主张通过立法解释的形式确定贪污受贿犯罪的具体数额标准，有违《立法法》的规定。《立法法》第 42 条第 2 款规定："法律有以下情况之一的，由全国人民代表大会常务委员会解释：（一）法律的规定需要进一步明确具体含义的；（二）法律制定后出现新的情况，需要明确适用法律依据的。"贪污受贿犯罪法条中概括数额的具体适用标准，不是需要进一步明确具体含义的情况，而是标准需要进一步细化的情况，[①] 也不是法律制定后出现新的情况，所以这种观点同样值得商榷。

最后，第三种观点主张由司法机关根据案件的具体情况掌握，等于将贪污受贿犯罪的自由裁量权全部赋予了法官，这种无限制的自由裁量权极易造成同罪不同刑、违背罪责刑相适应原则、量刑标准五花八门、司法腐败滋生等一系列法律和社会问题，会严重影响司法的公正性与严肃性。

鉴此，我国贪污受贿犯罪概括数额的具体标准应直接规定在刑法典之中。具体而言，可考虑借鉴刑法第 367 条关于淫秽物品界定的规定，将贪污受贿犯罪概括数额的具体标准直接规定在贪污贿赂犯罪一章之后。基于贪污受贿犯罪所侵犯的法益的特殊性，具体标准的确定宜以犯罪时上年度的全国城镇居民人均可支配收入为主要基准，确定超过相应的倍数，即可构成犯罪。以此作为标准的原因在于：全国城镇居民人均可支配收入是衡量城镇居民收入和生活水平的最重要和最常用的指标，以此作为标准，能够客观、全面地反映贪污罪与受贿罪的社会危害性，能够使刑法的确定性与社会发展的适应性相契合。

---

① 赵秉志：《贪污受贿犯罪定罪量刑标准问题研究》，载《中国法学》2015 年第 1 期。

# 贪污罪与受贿罪界分的三个新维度

姜　涛<sup>*</sup>　余晓杰<sup>**</sup>

贪污罪与受贿罪是我国腐败类犯罪群中的两大主要犯罪，两罪都是国家工作人员利用职务之便所实施的，理论界与实务界一般以行为方式和行为对象为标准对两罪进行界分，认为贪污罪是侵吞、窃取、骗取或者以其他手段非法占有公共财物，而受贿罪则是索取他人财物，或者非法收受他人财物，[①]进而认为两罪基本上不会有适用上混淆的风险，而且现行刑法对两罪规定了相同的法定刑和量刑规则，因之也就更少有人致力于研究两罪的界分标准。然而，贪污罪与受贿罪存在着本质的区别，前者是偏向贪利型的犯罪，后者却更接近于渎职类犯罪。[②]虽然笼统地讲两罪都侵害了国家工作人员职务行为的廉洁性，但贪污罪是行为主体基于职务上管理、监督国有财产的便利条件非法占有公共财产，同时侵害了公共财产所有权，而受贿罪则侵害了普通公众对国家工作人员的信赖和国家工作人员职务行为的不可收买性，同时严重败坏了社会风气，使民众产生"只有拿钱才能办事，只要拿钱就能办事"的心理认知。两罪不同的法益保护内容，决定了两罪主体范围与职务相关上的差异。

## 一、主体范围的差异：以刑法概念的相对性为分析工具

刑法第 382 条和第 385 条将贪污罪与受贿罪的主体表述为国家工作人员。关于国家工作人员的范围，我国采取在刑法总则中进行统一规定的方式，而在刑法分则的具体罪名中则不再进行详细说明。然而法律适用离不开法律解释，每一起贪污受贿案件都避免不了对其中的行为主体国家工作人员进行认定与解释。具体如何认定，学界著述颇丰，从"身份论"到"公务论"到如今又有回归"身份论"之趋势，从"公务"与"劳务"的纠缠到"委派"与"委托"的辨析，学界孜孜不倦致力于界定国家工作人员的范围研究，力图将刑法中所有涉及国家工作人员的条文解释得相统一。最高人民法院和最

---

　*　南京师范大学法学院教授、博士生导师，吉林大学法学院博士后。
　**　南京师范大学法学院刑法学研究生。
　①　王作富主编：《刑法分则实务研究》（下），中国方正出版社 2010 年版，第 1791 页。
　②　张明楷：《刑法学》，法律出版社 2011 年版，第 1044 页；孙国祥主编：《刑法学》，科学出版社 2012 年版，第 638 页。

高人民检察院也相继就各种情形下如何认定国家工作人员进行解释和答复。①

然而，某些情况下，方向比努力更重要。在解决国家工作人员的认定问题上，存在多种解释方法，尽管使刑法条文相协调是最好的解释方法，尽管我国刑法在总则中对国家工作人员作出了统一的规定，但这并不意味着必须对分则中所出现的每一个国家工作人员都界定得相一致。由于刑法用语的多义性、有限性，犯罪的复杂性以及解释的目的性等原因，刑法用语不可避免具有相对性，亦即一个相同的刑法用语，在不同的条文或者同一条文的不同款项中，具有不同的含义。② 然而，在确定国家工作人员的范围时，这一点却鲜为刑法学者所重视。理论上这种力求统一而不得所带来的矛盾与纠结必然导致实务中对国家工作人员认定的随意与混乱，翻阅相关案件的判决书也会发现实务中不乏支持"身份论"的判例，③ 也有支持"公务论"的判例。④

通过分析刑法第 93 条对国家工作人员的规定，可以看出该条第 1 款所规定的"国家工作人员是指在国家机关中从事公务的人员"带有明显的出身特征，而第 2 款"国有公司、企业、事业单位、人民团体中从事公务的人员和国家机关、国有公司、企业、事业单位委派到非国有公司、企业、事业单位、社会团体从事公务的人员，以及其他依照法律从事公务的人员，以国家工作人员论"的规定则表明英雄不问出处，是否国家工作人员取决于主体所从事的是否为公务活动。理论界与实务界普遍认为，"从事公务"是国家工作人员的本质特征。⑤ 但何为从事公务，一直以来都少有跳出 2003 年 11 月 13 日最高人民法院发布的《全国法院审理经济犯罪案件工作座谈会纪要》（以下简称《纪要》）划定的范围，指代表国家机关、国有公司、企业、事业单位、人民团体等履行组织、领导、监督、管理等职责。公务主要表现为与职权相联系的公共事务以及监督、管理国有财产的职务活动。且《纪要》提出了区分公务与劳务的主张，学界也大多沿袭这一观点，如学者所言："劳务活动，通常是指直接从事物质生产资料的生产活动和服务活动。与公务不同，劳务活动不具有对国家和社会公共事务的管理性质，与国家对社会实施管理

---

① 例如：2000 年 4 月 30 日最高人民检察院《对〈关于中国证监会主体认定的请示〉的答复函》；2000 年 9 月 19 日最高人民法院《关于未被公安机关正式录用的人员、狱医能否构成失职致使在押人员脱逃罪主体问题的批复》；2002 年 4 月 29 日最高人民检察院《关于企业事业单位的公安机构在机构改革过程中其工作人员能否构成渎职侵权犯罪主体问题的批复》。

② 参见张明楷：《刑法分则的解释原理》（下），中国人民大学出版社 2011 年版，第 778～796 页。

③ 如河南省西峡县人民法院（2000）西刑初字第 37 号刑事判决书。

④ 如海南省三亚市中级人民法院（2000）三亚刑初字第 20 号刑事判决书。

⑤ 参见高铭暄、马克昌主编：《刑法学》（第 5 版），北京大学出版社、高等教育出版社 2011 年版，第 623 页；张明楷：《刑法学》（第 4 版），法律出版社 2011 年版，第 1045 页；孙国祥主编：《刑法学》，科学出版社 2012 年版，第 641 页。

的职能没有直接的联系……因此，有些人虽然在国有公司、企业、事业单位工作，也经手具体的公共财产（如售货员等），但这种经手、管理是靠提供劳务来实现的，是在从事公务活动的人的领导下进行的。本质上，他们仍然是从事劳务，而不是公务，不是国家工作人员。"[1] 近年来，开始有部分学者转变观念，主张淡化公务与劳务的区分。[2]

上述观点仍是就分则中所涉及的国家工作人员进行的总体探讨，仍没有将目光关注点转移到具体个罪上。本文认为，在国家工作人员的认定问题上，与公务相对的是私务而非劳务，但有无必要区分公务与劳务也和具体的罪名及其犯罪模式相关。公务表明行为人所从事的是与公共财产、公共事务、公共利益有关的职业活动，而非仅涉及少数人利益的工作或者仅关涉个人利益的私人活动。公务可能表现为具有职权性的职务，也可能表现为单纯的技术、生产工作。根据贪污罪与受贿罪行为模式的不同，两罪中的国家工作人员的公务属性也应进行区别理解。

由于贪污罪是行为人采取侵吞、窃取、骗取等手段非法获取公共财产，其手段行为并不比侵占罪、盗窃罪或者诈骗罪更为高明，只是基于其经手、管理或者辅助管理公共财产的身份而使得其便于实施"中饱私囊"、"损公肥私"等贪污行为。因而同属国有公司的售货员和会计，都经手国有财产并且都在一定的时间段内对国有财产进行管理，都是在依法履行公职，何以认为会计所从事的工作具有职权性而赋予其国家工作人员身份，而对售货员仅因其从事的工作直属基层一线就否认其国家工作人员身份？倘若如此，则国有公司的会计将自己管理之下的款项据为己有的成立贪污罪，而国有公司的售货员将自己管理之下的公司货物或者一定时间内尚未上交的营业额据为己有的只能认定侵占罪或者盗窃罪，基于贪污罪与侵占罪、盗窃罪的法定刑差异，上述结论既无公平正义可言，又不利于对公共财产的保护。因此，在贪污罪中，只要行为人基于工作要求管理、监督公共财产即可认定其公务性，而不论其从事的纯粹的管理工作如仓库管理员，还是具有一定职权的管理工作如财务总监。所以，贪污罪中区分公务与劳务对本罪主体的认定并不具有实质性助益，且会不当地缩小其成立范围。

正如有学者所指出的，受贿罪的本质完全不同于贪污罪，受贿罪的本质是职务以及职务行为的不可交易性。[3] 其犯罪模式是行为人利用自己手中的权力与相对人进行权钱交易，不难理解，无论是被引诱受贿还是主动索贿，行贿人之所以会积极行贿或者被迫施贿，总是因为对方手中握有与行贿人利

---

① 孙国祥主编：《刑法学》，科学出版社 2012 年版，第 641 页。
② 参见孙国祥：《论刑法中的国家工作人员》，载《人民检察》2013 年第 11 期；陈洪兵：《"国家工作人员"司法认定的困境与出路》，载《东方法学》2015 年第 2 期。
③ 孙国祥：《贿赂犯罪的学说与案解》，法律出版社 2012 年版，第 101 页。

益相关的权力和资源。试想，一个只是在国有公司中从事纯粹劳务活动的国家工作人员，如国有公司货仓的库管员，其并不享有对任何公共事务的决策权与影响力，会有人趋之若鹜地向其行贿吗？因此受贿罪中所要求的公务必须体现出职权性或者管理性，而不包括纯粹的劳务。在认定受贿罪中的国家工作人员时，就要注意把那种单纯从事劳务工作而不具备任何职权性的国家工作人员从本罪主体中排除出去。

因而，基于贪污罪与受贿罪本质以及犯罪模式的不同，其对国家工作人员所从事公务的要求也不相同，由此导致两罪中国家工作人员的内涵存在差异。不必硬性对刑法条文中的所有国家工作人员都做出统一认定，结合具体罪名及其特征来确定各罪下的国家工作人员的范围可能更有利于问题的解决。

## 二、 职务关联性认定的差异： 以保护法益为分析视角

根据法条的表述，贪污罪和受贿罪都体现了行为人利用职务之便，以往学者在区分两罪时对这一点并没有给予应有的关注。事实上，正如前述国家工作人员的内涵具有相对性，两罪中所谓的利用职务之便同样具有差异性。因此，是否利用职务便利，利用何种职务便利，不仅涉及腐败犯罪的罪与非罪问题，同样影响贪污罪与受贿罪间此罪与彼罪的认定。本部分拟从两罪保护法益的不同，对两罪中的职务关联性进行差别性分析。

### （一） 贪污罪的职务关联性：以保护公共财产为规范目的

关于贪污罪的保护法益，理论界目前基本达成共识，认为包括两部分：国家工作人员的职务廉洁性和公共财产所有权。[①] 对公共财产所有权的法益侵害导致在认定贪污罪的职务关联性时必须考虑与侵占罪、盗窃罪和诈骗罪的联系，但对国家工作人员职务廉洁性的法益侵害又使得在认定时必须注意与普通侵犯财产罪进行区分。而且由于贪污罪中明确列举了三种行为方式，因而不同的行为方式下所要求的职务关联性也有所不同。

具体而言，在认定侵吞型贪污罪的职务关联性时，既要注意与侵占罪的联系与区别，又要注意与窃取和骗取两种手段下的职务关联性进行区分。侵吞型贪污罪符合侵占罪的本质特征，不同于夺取罪，是将自己占有、支配、控制下的公共财产非法据为己有。但此种类型的贪污罪不同于侵占罪的关键不只在于所侵占的对象是公共财物，更重要的是行为人实施侵占行为是基于其管理、监督公共财产的便利条件，这即是本罪中的职务关联性。广义的国家工作人员的身份并不必然给行为人实施侵占公共财产的行为带来实质性的便利与帮助，如果某一行为人虽然具备国家工作人员的身份，但这样的身份

---

① 参见孙国祥：《刑法学》，科学出版社 2012 年版，第 639 页；黎宏：《刑法学》，法律出版社 2012 年版，第 926 页；高铭暄、马克昌主编：《刑法学》（第 5 版），北京大学出版社、高等教育出版社 2011 年版，第 621 页，等等。

只是使得其便于出入国家机关，却并不使其在日常工作中经手、管理公共财产，那么其对公共财产实施侵占行为的，并不当然成立贪污罪，而只能评价为普通侵占罪。另外，职务关联性使得侵吞型贪污罪的成立范围并不局限于侵占罪的既有模式，对于那种并不亲自管理、监督公共财产但是基于职权可以对公共财产进行支配、控制、调度的国家工作人员（如国有公司的总经理）来说，其将下级管理的公共财产进行调度并据为己有的，也可认定其中的职务关联性而成立贪污罪。①

窃取型贪污罪的职务关联性的认定，既要考虑与普通盗窃罪的不同，又要注意与侵吞型贪污罪进行区分。就前者而言，如果行为人只是利用工作关系熟悉作案环境，凭工作人员身份便于接近作案目标等与职务无关的便利条件，不属于贪污罪。② 相对于后者而言，窃取型贪污罪仍属于夺取罪的范畴，其与侵吞型贪污罪的关键区别在于，其属于违反占有者的意思转移占有的犯罪，既然如此，本种行为类型下的贪污罪中所谓的利用职务之便，显然排除了将行为人自己单独占有下的公共财产据为己有的情形。综合上述两方面的区别，窃取型贪污罪所要求的职务关联性应指，所窃取的公共财产既要处于行为人的管理之下，以体现利用职务之便，但又不能是由行为人单独占有、管理的公共财产，以排除侵吞型贪污的情形。因此，此类型的贪污罪中的职务之便指行为人利用与他人共同占有、管理或者行为人自己辅助占有、监视占有公共财产的便利条件将公共财物非法据为己有。只有如此，行为人才既区别于"监守自盗"型贪污罪，又区别于"溜门撬锁"型普通盗窃罪。

基于特别法与普通法法条竞合的原理，骗取型贪污罪也应符合诈骗罪的基本构造，即行为人实施欺骗行为，使对方产生错误认识并且基于认识错误而处分财物。③ 但是，本罪中的欺骗行为与对方处分财物之间还必须体现出利用职务之便，因此，此处的欺骗并非泛指任何虚假骗行，而必须是和国家工作人员的身份及其工作内容相关的，是在日常的工作来往中办理正常业务时混入的欺骗。学界就行为人谎报差旅费是否属于骗取型贪污罪有过争论，本文认为，应对谎报差旅费的情形进行区分：如果行为人作为国家工作人员，基于工作的关系，本身就享有报销特定工作费用的权利，那么他在报销时对财务人员谎报数额，骗取超过其应报销部分的，当然可以成立贪污罪。但是如果行为人本身不具有报销的权限，却通过伪造或者偷盖印章等方式欺骗财务，使对方以为其具有报销资格，为其报销，这种情形显然不是利用其职务的便利，而和普通人实施的一般诈骗罪无异。

---

① 陈洪兵：《论贪污罪中"侵吞"、"窃取"、"骗取"及"其他手段"》，载《法治研究》2014年第8期。
② 曲新久：《刑法学》，中国政法大学出版社2012年版，第570页。
③ 张明楷：《刑法学》，法律出版社2011年版，第889页。

综上，基于贪污罪的保护法益，本罪的职务关联性应体现为国家工作人员利用自己经手、管理、控制国有财产的便利，将自己直接占有的国有财产据为己有，或者将自己与他人共同占有或者辅助占有的国有财产据为己有，或者是利用日常工作的关系，欺骗工作中具有财产处分权限的人使其处分财产从而获益。

### （二）受贿罪的职务关联性认定：信赖保护说之提倡

理论界关于受贿罪的保护法益一直存在争议，有职务廉洁性说①、职务行为不可收买性说②、职务行为公正性说③等等。之所以对法益问题争论不休，是因为法益影响对构成要件的解释。受贿罪的法益对具体认定职务关联性也会产生影响。在我国当前的反腐重任下，恰当界定受贿罪的法益内容有助于解决实务中面临的诸多难题，例如如何认定国家工作人员的灰色收入、感情投资等并对其进行有效规制。

在受贿罪的法益抉择上，笔者主张信赖保护说。这是因为：作为现代法治国家，应以公民个人权利保障为上，刑法中所规定的具体犯罪的法益保护内容必须最终能够落实到公民个人身上才具有其正当性。④ 信赖保护说区别于前几种学说，将受贿罪所保护的法益落在公民对于国家工作人员职务行为的信赖利益之上，满足正当性的要求。另外，我国当前腐败成风，一件件大型贪腐案件的曝光，一个个高官的落马，持续改变着民众对贪腐案件的认知和对政府的失望程度，眼下社会公众对政府严重缺乏信任。能否有效治理贪腐已经到了关乎执政兴国乃至生死存亡的高度，要想重新取信于民，树立执政党的正面形象，就应当采取信赖保护说。从公民的信赖保护出发，要求国家工作人员严于律己，恪尽职守，在正当的职务报酬之外拒绝收受任何不正当财物，因其一旦收受，就会使社会公众对其职务行为的公正性产生怀疑，难以建立起对政府的有效信任。

此外，基于信赖保护说，对受贿罪中的职务关联性应作扩大理解，只要行为人所收受的财物与其职务之间有所关联，即使双方之间并不存在实际的就某些具体事项的请托与承诺，其收受贿赂的行为也会使得公众对其日后的职务行为的公正性产生疑问，有将其职务行为置于贿赂影响之下的危险，⑤即可认定存在职务关联性。这样可以有效治理目前社会上流行的更加隐晦形式的贿赂犯罪，比如，感情投资问题。当前社会交往中行贿人和受贿人之间

① 高铭暄、马克昌主编：《刑法学》（第5版），北京大学出版社、高等教育出版社2011年版，第629页。

② 张明楷：《刑法学》（第4版），法律出版社2011年版，第1063页。

③ 黎宏：《刑法学》，法律出版社2012年版，第950页。

④ ［日］西原春夫：《刑法的根基与哲学》，顾肖荣译，法律出版社2004年版，第54~62页。

⑤ 陈洪兵：《论贿赂罪的职务关联性》，载《中国海洋大学学报》2014年第4期。

基本上都不再是一事一贿的低级贿赂模式，就政商领域来说，放长线钓大鱼，提前铺路，未雨绸缪，已经成为公认的潜规则，很多人会在前期投入很多资源，与相关领域的政府官员打好关系，以备将来不时之需。这种感情投资在认定为贿赂犯罪时往往存在论证上的难题，即可能会因为直到案发时双方之间也没有具体的请托和承诺而在职务关联性上存在疑问。然而，中国传统文化中所蕴含的"无功不受禄"或者民间俗语所说"拿人手短"这些思想观念在普通民众心中根深蒂固，权力场中自然更是深谙此规则。尽管行贿人没有提出任何明确的利益请求，但是在当今社会环境下，不只社会公众会对该受贿人日后所实施的职务行为的公正性产生怀疑，就连该官员自身也会在处理公务时不自觉地考虑照顾该行贿人的利益。因此，这种感情投资也许尚没有现实地侵害职务行为的公正性，却绝对有将职务行为置于贿赂影响之下的危险，因此仍可认定其中的职务关联性，成立受贿罪。

## 三、 贪污罪与受贿罪的法定刑应区别对待

贪污罪与受贿罪是腐败犯罪的典型，其对于社会的危害不可小觑，诚如朽木覆舟，倘若将当下社会比作行驶在历史长河中的一艘大船，腐败分子就如同潜伏在这艘船上的蛀虫，如果任由其肆无忌惮地蚕食社会，则社会坍塌计日可待。因而有效治理腐败犯罪成了执政党当前的首要重任。党的十八大和十八届四中全会都对治理腐败犯罪提出了要求。2014 年 10 月提交全国人大常委会审议的《刑法修正案（九）（草案）》也就腐败犯罪的诸多条款提出修法建议，其中就涉及目前亟待解决的贪污罪的定罪量刑标准完善问题，确立了"数额+情节"的二元弹性定罪量刑标准，并主张严密贿赂犯罪法网，为惩腐肃贪提供法律支持。

但是，此次修法建议却忽视了贪污罪和受贿罪两者之间的差异，没有对受贿罪增设独立的法定刑，这是一大疏漏。贪污罪与受贿罪相比，两罪的法益侵害不完全相同，贪污罪实质上是一种贪利型犯罪，其危害性很大程度上可以透过贪污数额直观反映出来，其犯罪行为的实施往往会留下多种证据，查处率高，而且只要健全财务制度就能有效降低贪污罪的实施几率。但受贿罪却不是单纯贪利型犯罪，贿赂背后涉及的权力与利益的交易往往衍生出性质更为恶劣的其他罪行，贿赂的数额并非评价受贿罪的社会危害性的唯一甚至主要因素，而且受贿罪通常发生在一对一的场合，较为隐蔽，证据难以查找，案件侦破难度较大。[①] 基于以上区别，不宜对贪污罪与受贿罪适用同样的法定刑和量刑规则。

受贿罪与贪污罪不同，它涉及的是国家与公民之间的外部管理与服务关

---

① 赵秉志：《贪污受贿犯罪定罪量刑标准问题研究》，载《中国法学》2015 年第 1 期。

系。刑法禁止以国家工作人员为主体或行为客体的职务犯罪，在于防止行政功能恶化或失灵，因为社会一方面需要赋予国家机关以特殊权力，以维护社会的高效、有序运转，另一方面也需要国家机关依法行政、公正廉洁司法。就此而言，刑法对受贿罪评价的重点在于职务犯罪所产生的外部效果。在受贿罪保护法益的问题上，只要行为人实施了收受、要求（索取）、约定贿赂行为之一的，就已经说明受贿罪保护的法益受到了侵害，即国家工作人员职务的公正性已经受到怀疑，民众对其的信赖已经不复存在，即法益受到了侵害。因此，受贿的入罪标准应比贪污罪低，而其法定刑应比贪污罪要高，这是刑法修正应该关注的。

# 第五编　受贿犯罪的刑法治理研究

# 受贿罪立法若干问题研究

曾粤兴<sup>*</sup>　周兆进<sup>**</sup>

近年来，随着我国反腐力度的不断加大，越来越多的腐败犯罪浮出水面。在腐败犯罪中，受贿罪是比较常见的犯罪，也是多年来刑法学界热议的一个罪名。现行刑法关于受贿罪的规定存在立法缺陷，正视这些缺陷并在修法时加以完善，对效预防和打击腐败犯罪具有重要意义。

## 一、关于受贿罪主体的问题

在我国，受贿罪的主体是国家工作人员，即国家机关中从事公务的人员。同时，刑法还详细列举了非"国家机关中从事公务的人员"应当以国家工作人员论的三种情况：1. 国有公司、企业、事业单位、人民团体中从事公务的人员；2. 国家机关、国有公司、企业、事业单位委派到非国有公司、企业、事业单位、社会团体从事公务的人员；3. 其他依照法律从事公务的人员。可以看出，刑法规定的受贿罪的犯罪主体都是隶属于国内有关单位的工作人员，外国公职人员未被纳入其中。随着经济全球化的发展，贿赂犯罪已经不再局限于某个具体的国家或地区，频繁的国际商业往来中出现的以外国或国际公职人员为主体的行贿、受贿犯罪已引起许多国家或地区的关注。《联合国反对国际商业交易中的贪污贿赂行为宣言》提出，国际社会应联合打击贿赂犯罪，具体包括贿赂外国公职人员罪和外国公职人员收受贿赂罪。《联合国反腐败公约》（以下简称《公约》）第16条也明确规定了针对外国公职人员或国际公共组织官员的行贿罪和受贿罪。打击国际贿赂犯罪已经成为世界性课题。

改革开放以来，我国国际化步伐逐渐加快，但刑法仍将贿赂犯罪的主体限定为国家工作人员，显然滞后于国际社会惩治贿赂犯罪的现实需要。尤其是我国已经签署并加入了《公约》，而刑法未能与《公约》保持一致，未将贿赂犯罪的主体扩大到外国公职人员或国际公职人员，在一定程度上造成不利影响。一方面，不利于我国经济发展。现阶段我国正处于经济发展的关键时期，国内外商业主体之间的经济交往日益频繁，其中不乏一些企业或个人为了获取不当利益而向外国公职人员或国际公共组织官员行贿的现象。刑法

---

* 昆明理工大学法学院院长、教授、博士生导师。
** 昆明理工大学法学院博士研究生。

对此不予制裁，不仅不利于维护我国法律的尊严，而且会助长此类犯罪，最终破坏我国国际贸易秩序，对我国经济发展造成障碍。另一方面，不利于我国开展国际司法协助。贿赂犯罪主体国际化不仅在国际公约中有所体现，在一些国家的刑事立法中也有明确规定。例如，《丹麦刑法典》第 144 条规定，正在履行丹麦、外国、国际组织公共职责的人，非法收受、要求、接受他人许诺的礼物或其他好处，处罚金或 6 年以下监禁。[1]《俄罗斯联邦刑事法典》规定，外国官员或国际公共组织官员实施侵害国家权力、国家公职利益与地方自治机关公职利益的犯罪的，在俄罗斯联邦签署加入的国际条约作出规定的情况下，依法承担刑事责任。[2] 如果我国公民在外国或国际组织中从事公职并收受贿赂，可能依据当地法律或国际条约构成受贿罪，而外国公民或国际组织成员在我国从事公职并收受贿赂的，依据我国法律不构成受贿罪，这不但使我国公民在国际上遭受了不公正的司法待遇，而且无法严厉打击外国或国际公职人员在我国的受贿行为，不能在国际上彰显我国法律的威严。[3]另外，《公约》第 16 条要求各缔约国应当采取必要的立法和其他措施，将向外国公职人员或者国际公共组织官员的行贿行为及相应的受贿行为规定为犯罪。我国既然已经加入《公约》，就应当与《公约》保持一致，将外国公职人员和国际公共组织官员纳入受贿罪的主体范围。

有学者认为，将外国公职人员和国际公共组织官员纳入受贿罪的主体范围，面临管辖权争议等法治困境，极易引起国家之间的政治纠纷而导致实践操作困难，相关问题在多数情况下会不了了之。[4] 笔者认为，根据我国刑法第 6 条第 1 款，凡在中华人民共和国领域内犯罪的，除法律有特别规定的以外，都适用本法。这里明确了属地管辖原则，为可能发生的跨国法律纠纷提供了管辖依据。另外，刑法第 11 条规定，享有外交特权和豁免权的外国人的刑事责任，通过外交途径解决。该规定在一定程度上对可能发生的政治纠纷提供了解决依据。因此，将外国公职人员和国际公共组织官员纳入我国受贿罪的主体范围，并不会造成国家之间的法治争议，也不会引起相关政治纠纷。外国公职人员和国际公共组织官员受贿犯罪看似与我国无关，但实际上危害着国际公共关系和国际公共利益。这类犯罪具有明显的跨国特征，仅靠一国难以预防、遏制，特别需要各国之间的合作。[5] 无论从实体法还是程序法上

[1] 《丹麦刑事法典》，魏汉涛译，武汉大学出版社 2011 年版，第 45 页。
[2] 《俄罗斯联邦刑事法典》，赵路译，中国人民公安大学出版社 2009 年版，第 205 页。
[3] 张智辉：《论贿赂外国公职人员罪》，载赵秉志：《新千年刑法热点问题研究与适用》，中国检察出版社 2001 年版，第 566 页。
[4] 胡雁云：《职务犯罪主体之反思与重构——以〈联合国反腐败公约〉为视角》，载《河南公安高等专科学校学报》2010 年第 5 期。
[5] 廖福田：《受贿罪纵览与探究——从理论积淀到实务前沿》，中国方正出版社 2007 年版，第 445 页。

讲，我国刑事立法都应及时扩大受贿罪的主体范围，以打击国内涉外犯罪和国际贿赂犯罪。贿赂犯罪属于非典型对合犯，在将外国公职人员和国际公共组织官员的受贿行为确定为受贿罪的同时，还应将针对外国公职人员和国际公共组织官员的行贿行为确定为行贿罪。

## 二、 关于"为他人谋取利益"

依据刑法第 385 条的规定，受贿罪分为索取型受贿罪和收受型受贿罪。国家工作人员利用职务上的便利索取他人财物的，构成索取型受贿罪。收受型受贿罪的构成，不仅要求国家工作人员利用职务上的便利非法收受他人财物，而且还要求其"为他人谋取利益"。关于"为他人谋取利益"在受贿罪构成中的地位，学界存在客观要件说和主观要件说。持客观要件说的学者认为，"为他人谋取利益"是受贿罪的客观构成要件，包括已经为他人谋取了利益、已经为他人谋取了部分利益、已经开始实施为他人谋取利益的行为、许诺为他人谋取利益四种情况。国家工作人员在非法收受他人财物之前或之后许诺为他人谋取利益，在客观上形成以权换利的约定，其本身是一种行为，符合刑法对犯罪客观要件的要求。[①] 持主观要件说的学者认为，在受贿罪的犯罪构成中，"为他人谋取利益"是行为人主观上的意图，该要件不能由受贿行为本身实现，而需要另外付诸实施。[②] 笔者对此均无法苟同，在刑事立法中规定成立受贿罪必须具备"为他人谋取利益"的要件，有画蛇添足之嫌。

第一，违背了受贿罪的立法初衷。如果将"为他人谋取利益"作为受贿罪的客观要件，则依据刑法关于受贿罪的规定，某行为同时具备"非法收受他人财物"和"为他人谋取利益"两个客观要件时，才可能成立收受型受贿罪。换言之，即便行为人利用职务之便收受了他人财物，只要不能证明其"为他人谋取利益"，其行为就不构成受贿罪。但刑法设置受贿罪的目的在于保护国家工作人员职务行为的廉洁性，实践中一些国家工作人员非法收受他人财物的行为，无论是出于主动还是被动，实质上都是对国家工作人员职务行为廉洁性的侵害，与是否为他人谋取利益并无关联。如果因为不具备"为他人谋取利益"而不构成受贿罪，势必导致一些受贿行为无法受到应有的惩治，从而有违受贿罪的立法初衷。

第二，不利于预防和打击贿赂犯罪。索取型受贿罪与收受型受贿罪的最大区别在于前者是积极主动地索要财物，后者是消极被动地接受财物，这种区别实际上反映出行为人接受贿赂的方式不同，并没有抹杀这两种犯罪在侵

---

① 张明楷：《刑法学》（第 4 版），法律出版社 2011 年版，第 1068 页。
② 陈兴良：《刑事法判解》，法律出版社 2001 年版，第 40 页。

害国家工作人员职务行为廉洁性上的共同本质。我国刑法对索取型受贿罪的规定中并未要求"为他人谋取利益"这一构成要件。在受贿罪中,"为他人谋取利益"只是受贿人实现收受贿赂的借口,"收受他人贿赂"才是其最终目的,"为他人谋取利益"与"收受他人贿赂"之间是目的与手段的关系。①因此,行为人是否"为他人谋取利益",只是受贿罪的量刑因素,而不应当成为定罪因素,换言之,受贿罪的成立应当以国家工作人员是否利用职务便利收受他人财物为要件,受贿的方式或方法不同只会影响量刑的轻重,不应成为罪与非罪的划分标准。"为他人谋取利益"的要件给受贿罪的成立增加了额外负担。

第三,造成罪责刑不相适应。如果将"为他人谋取利益"规定为受贿罪的主观要件,就意味着只要不能证明行为人主观上存在"为他人谋取利益"的意图,其收受他人财物的行为就不构成受贿罪。如此,难免会有一些狡猾之徒钻法律漏洞,只收钱不办事,收到好处后对曾经的承诺只字不提,司法机关讯问时以"根本就没想着替人办事"为由开脱罪责。有人可能认为,国家工作人员只收钱、不办事的行为虽然无法构成受贿罪,但由于其以虚假承诺为他人办事而骗取他人钱财,应当以诈骗罪定罪量刑。如此处置的不妥之处在于:国家工作人员接受贿赂并虚假承诺的行为,不仅侵害了国家工作人员职务行为的廉洁性,而且侵害了公私财产所有权;而国家工作人员收受他人财物并为他人办事的行为,只是侵害了国家工作人员职务行为的廉洁性。从行为人的主观恶性和行为的社会危害性角度看,前者要大于后者。同时,以社会伦理衡量,人们一般会认为"拿人钱财替人办事"的人比"拿钱不办事"的人要好一些,尤其是请托事项具有正当性、合理性时。假如前者构成犯罪而后者逃脱惩罚,刑罚执行的伦理评价即社会评价容易引发混乱。

第四,与受贿罪的国际立法趋势相背离。《公约》第 15 条对受贿罪的表述是:公职人员为其本人或者其他人员或实体直接或间接索取或者收受不正当好处,以作为其在执行公务时作为或者不作为的条件。此处并不要求受贿罪的成立具备"为他人谋取利益"的要件,而是规定公职人员索取或收受不正当利益的行为与其职务行为相关,就足以构成受贿罪。世界上许多国家的刑事立法也都未将"为他人谋取利益"作为受贿罪的成立要件。如《日本刑法典》第 197 条第 1 款规定,公务员就职务上的事项,收受、要求或者约定贿赂的,处五年以下惩役;实施上述行为时接受请托的,处七年以下惩役。②《意大利刑法典》第 318 条第 1 款规定,公务员因履行其职务行为而为自己或第三人接受表现为钱款或利益的、不应接受的报酬,或者接受有关许诺的,

---

① 曾粤兴、周兆进:《受贿罪"为他人谋取利益"之要件探讨》,载《吉首大学学报》(社会科学版) 2014 年第 2 期。

② 《日本刑法典》,张明楷译,法律出版社 2006 年版,第 73 页。

处以 6 个月至 3 年有期徒刑。[①] 我国刑法将"为他人谋取利益"作为受贿罪的构成要件，不仅与《公约》的规定相冲突，而且与多数国家的相关立法格格不入，既不利于我国申请国际司法协助，也无益于国际社会联合开展反腐败斗争。

综上，国家工作人员职务行为廉洁性的本质在于职务行为的不可收买性。[②] 只要国家工作人员因职务行为而收受了除国家发放的合法薪酬之外的财物，就是侵犯和破坏了职务行为的不可收买性，就是对国家工作人员职务行为廉洁性的侵犯，达到法定情节的，就应当成立受贿罪。"为他人谋取利益"应当从受贿罪的构成要件中去除，只应作为量刑情节予以考虑。

## 三、 关于受贿罪的刑罚体系

依据我国刑法，对受贿罪的处罚参照贪污罪的规定，《刑法修正案（九）（草案）》对刑法第 383 条进行了较大幅度的修改，主要是引入了罚金刑，能够反映出受贿罪具有贪财图利性的特点，使得犯罪人认识到"不法之财不可取"，有利于实现刑罚目的。并且将贪污数额表述为"较大""巨大"和"特别巨大"，使得贪污贿赂犯罪立法有了较大程度的完善。但即便如此，我国受贿罪的刑罚体系仍存在不足：一是需要对受贿犯罪数额作出具体解释，二是应当取消受贿罪的死刑设置。

### （一）完善受贿罪量刑标准

我国《刑法修正案（九）（草案）》拟将刑法第 383 条修改为：对犯贪污罪的，根据情节轻重，分别依照下列规定处罚：（1）贪污数额较大或者有其他较重情节的，处三年以下有期徒刑或者拘役，并处罚金。尚不构成犯罪的，由其所在单位或者上级主管机关给予处分。（2）贪污数额巨大或者有其他严重情节的，处三年以上十年以下有期徒刑，并处罚金或者没收财产。（3）贪污数额特别巨大或者有其他特别严重情节的，处十年以上有期徒刑或者无期徒刑，并处罚金或者没收财产；数额特别巨大，并使国家和人民利益遭受特别重大损失的，处无期徒刑或者死刑，并处没收财产。对多次贪污未经处理的，按照累计贪污数额处罚。犯第一款罪，在提起公诉前如实供述自己罪行、真诚悔罪、积极退赃，避免、减少损害结果的发生，有第（1）项规定情形的，可以从轻、减轻或者免除处罚；有第（2）项、第（3）项规定情形的，可以从轻处罚。

依据上述规定，受贿罪不再以具体数额为成立要件，而是笼统地将数额表示为较大、巨大、特别巨大，笔者赞同这样的修改。但是，刑法不直接规

---

① 《最新意大利刑法典》，黄风译注，法律出版社 2007 年版，第 115 页。
② 赵秉志：《罪行各论问题》，北京大学出版社 2010 年版，第 665 页。

定受贿罪的犯罪数额，并不意味着受贿罪不以犯罪数额为构成要件。不以数额判断受贿罪的成立与否，不符合我国的文化背景。我国作为一个注重礼仪的大国，向来讲究"滴水之恩，涌泉相报"，礼尚往来是生活中最基本的社交原则。如果国家工作人员无论收受多少财物都构成受贿罪，有可能将正常的礼尚往来均纳入受贿罪的范围，即便将定罪界限控制在"权力与财产性利益或不正当好处交换"的范围，也会导致在我国传统文化改良之前，政权将因腐败面积过大、查处人员过多而无法正常运行。实际上，《刑法修正案（九）（草案）》规定受贿数额较大、巨大、特别巨大，是采用了"立法定性、司法定量"的立法模式，能够根据经济发展状况，及时调整不同档次的量刑情节，有利于刑法的长期稳定。

将受贿罪的犯罪数额修改为较大、巨大、特别巨大之后，只是完成了立法定性。对于司法定量，应当以能够反映犯罪行为发生时当地经济发展水平的动态指标作为确定受贿罪量刑数额标准的现实依据，并设置相对合理的刑罚档次。① 既然受贿罪的主体主要是国家工作人员，那么完全可以国家工作人员的平均年收入数额作为受贿罪的起刑点。如此，能很好地避免犯罪的数额标准因经济水平变化而导致频繁修法的麻烦。并且，国家工作人员的平均年收入数额因每年经济水平的不同而有所变化，能够体现出罪责刑相适应原则因应经济发展的合理性。将关系国家工作人员切身利益的平均年收入数额作为受贿罪的起刑点，也是对国家工作人员的行为警示，具有预防犯罪的作用。

从统一法治的角度看，国家工作人员的平均年收入应当是全国范围内的平均数，但由于各地经济发展不平衡，对数额犯社会危害程度的反映应建立在不同的数额上。最高司法机关可以授权各省级法院将国家工作人员的平均年收入解释为当地国家工作人员的平均年收入。具体而言，受贿罪的量刑档次可以规定如下：（1）个人受贿数额在国家工作人员平均年收入数额 1 倍以上 10 倍以下的，处 3 年以下有期徒刑，并处罚金；（2）个人受贿数额在国家工作人员平均年收入数额 10 倍以上 20 倍以下的，处 3 年以上 5 年以下有期徒刑，并处罚金；（3）个人受贿数额在国家工作人员平均年收入数额 20 倍以上 30 倍以下的，处 5 年以上 7 年以下有期徒刑，并处罚金；（4）个人受贿数额在国家工作人员平均年收入数额 30 倍以上 40 倍以下的，处 7 年以上 10 年以下有期徒刑，并处罚金；（5）个人受贿数额在国家工作人员平均年收入数额 40 倍以上 50 倍以下的，处 10 年以上 15 年以下有期徒刑，并处罚金；（6）个人受贿数额在国家工作人员平均年收入数额 50 倍以上 60 倍以下的，

---

① 欧锦雄：《受贿罪的定罪起点数额研究》，载赵秉志、张军、朗胜主编：《现代刑法学的使命》，中国人民公安大学出版社 2014 年版，第 885 页。

处 15 年以上有期徒刑（这就需要将有期徒刑的上限提高为 20 年以上），并处罚金；（7）个人受贿数额在国家工作人员平均年收入数额 60 倍以上的，处无期徒刑，并处没收财产；超过 100 倍的，不得减刑或假释；（8）收受贿赂给国家财产和公共利益造成严重损失的，数罪并罚并且不得适用缓刑。司法实践中，应当针对不同受贿数额拉开量刑档次，而不应对某一区间的受贿数额（如受贿 10 万元~100 万元）作出同样的量刑，从而达到刑罚的公平与和谐，体现罪责刑均衡原则。

另外，受贿罪与贪污罪虽然都侵害了国家工作人员职务行为的廉洁性，但二者的区别也很明显。贪污罪是国家工作人员利用职务之便通过侵吞、窃取、骗取等方式非法获取公共财物的行为，其还侵犯了公共财产所有权，因而主要以侵犯财产的数额（当然也应当考虑其他情节）进行量刑比较合理。受贿罪的行为人是通过收受或索取的方式获取他人主动给予的财物，该罪的最大特点是行为人可能利用职权为他人谋取利益，从而给国家和他人利益造成不同程度的损害，单纯的受贿数额不能完全反映行为危害的大小。受贿数额不应当是决定受贿罪量刑的唯一依据，受贿情节的轻重同样决定着量刑的轻重，即受贿罪的数额和情节是相互制约的，它们共同决定着受贿罪的刑事责任的有无和大小。① 因此，在受贿罪的刑罚设置中虽然应当以受贿数额的大小为量刑标准，但行为人为他人谋取利益的性质及给社会造成的危害程度、行为人的个人表现等也应当作为量刑时的重要考量因素。

我国刑法第 386 条规定，应当"根据受贿所得数额及情节"定罪量刑，但对"情节"没有具体规定。笔者认为，应当将受贿罪的情节具体化：一方面，要考虑从重量刑情节，主要包括行为人是否索贿，贪赃后是否枉法，及贪赃枉法的程度。行为人贪赃后为他人谋取正当利益的，因其尽了工作职责，故不应当作为从重量刑情节；行为人贪赃后未履行应尽义务的，应当作为从重量刑情节。行为人既贪赃又枉法的，不仅侵害了职务行为的廉洁性，而且给国家利益和个人利益造成了不同程度的损害，其社会危害性比贪赃不枉法更为严重，理应从重处罚。另一方面，要考虑从轻或减轻量刑情节，主要包括行为人是否存在坦白、自首、立功、退还赃物等情形。坦白从宽是我国对待犯罪嫌疑人的积极刑事政策，受贿人具有坦白情形的，在量刑时应当酌情从轻或减轻处罚。自首和立功是刑法明确规定的可以从轻、减轻甚至免除处罚的情节，受贿罪的量刑中也应当充分考虑这一点，以使行为人积极配合司法机关打击犯罪。退还赃物的行为不仅体现了受贿人犯罪后的悔罪态度，还由于受贿罪在很大程度上以犯罪数额体现社会危害性的大小，行为人退还赃物能减少犯罪给社会带来的负面影响，所以行为人退还赃物的多少，也应当

---

① 王作富：《刑法论衡》，法律出版社 2004 年版，第 582 页。

在一定程度上影响量刑。

## （二）取消受贿罪的死刑设置

死刑是以剥夺他人生命权为内容的最严厉的刑罚。限制与废止死刑已经被一些国际公约如《美洲人权公约》《欧洲人权公约》等所认可，不少国家向国际社会公开承诺不适用死刑。[①] 我国《刑法修正案（九）（草案）》拟取消走私武器、弹药罪，走私核材料罪，伪造货币罪，组织卖淫罪等9个罪名的死刑设置，但对受贿罪仍保留着死刑的规定，这一点值得商榷。

第一，理论界普遍认为死刑通常只能适用于暴力犯罪，受贿罪作为非暴力犯罪显然不应当适用死刑。贿赂犯罪虽然具有很大的社会危害性，但毕竟与故意杀人、强奸等暴力性犯罪区别明显，行为人的人身危险性相对较小。现行刑法废除了盗窃罪、诈骗罪等诸多非暴力犯罪的死刑，对受贿罪等职务犯罪却仍然保留着死刑设置，无法彰显刑法谦抑性的立法趋势。

第二，我国司法实践中对受贿罪适用死刑的情况越来越少，受贿罪的死刑设置尤其是死刑立即执行在一定意义上已经"名存实亡"。死刑立即执行和死刑缓期二年执行虽都属于死刑，但二者有天壤之别：行为人被判处死刑缓期二年执行的，如果在此期间没有故意犯罪，就会减为无期徒刑，实际上相当于被免除了死刑，而死刑立即执行意味着"死路一条"。有学者统计了12位省部级高官受贿罪案件，其中广东省原政协主席陈某受贿近3000万元且持续作案18年，天津市原市委常委皮某受贿700多万元、造成国有资产损失2.2亿元，行为人受贿数额可谓"巨大"，情节可谓"特别严重"，但均未被判处死刑立即执行。[②] 这反映出司法实践中坚持了少杀、慎杀的原则，也表明对受贿罪等职务犯罪设置死刑尤其是死刑立即执行并不具有明显的必要性。现实中对于故意杀人、抢劫、强奸等暴力犯罪，要求判处死刑的民意往往比较强烈，但对受贿犯罪不判处死刑（不包括死缓）并未引起公众的强烈不满，更未因此影响社会稳定，因而，可以考虑取消受贿罪的死刑设置。

第三，有效惩治腐败犯罪与刑法对受贿罪有无死刑规定关联不大，而取消受贿罪的死刑规定，有助于追究外逃贪官的法律责任。腐败犯罪的产生，有制度、文化、环境等方面的原因，需要从完善权力运行机制、去除传统"人情文化"的影响等方面消除腐败滋生的基础和社会条件，单纯寄希望于死刑的威慑力，无法彻底根除腐败。目前，世界上多数国家已经废除了死刑或实际上不适用死刑，"死刑犯不引渡"已经成为一项国际准则。我国与西班牙等国签订的引渡条约中规定的拒绝引渡的情形就包括：依据请求方法律，

---

① 赵秉志：《中国现阶段死刑制度改革论要》，载赵秉志：《当代刑事科学探索》，北京大学出版社2010年版，第307页。

② 孙国祥：《受贿罪量刑中的宽严失据问题——基于2010年省部级高官受贿案件的研析》，载《法学》2011年第8期。

被请求引渡人可能因引渡请求所针对的犯罪被判处死刑，除非请求方作出被请求方认为足够的保证不判处死刑，或者在判处死刑的情况下不执行死刑。①我国国内一些贪官选择潜逃他国逃避法律责任，而"死刑犯不引渡"原则给我国司法机关与他国开展国际司法协助将外逃贪官引渡回国造成了障碍，这在一定程度上不利于挽回并进一步防止公共资产流失。基于以上思考，笔者认为应当取消受贿罪的死刑设置。

# 四、 结语

近年来，我国加大了反腐力度，一大批贪官在反腐高压态势下相继受到法律制裁。在看到反腐取得重大成效的同时，还应当反思滋生腐败的诱因，以根除腐败。从受贿罪立法的角度来看，我国刑法关于受贿罪的主体、构成要件、量刑标准的规定存在缺陷，这在一定程度上不利于打击腐败犯罪。考察《联合国反腐败公约》的相关规定，借鉴国外立法例，结合我国腐败犯罪的实际情况，我国刑法应将外国公职人员和国际公共组织官员纳入受贿罪的主体，取消受贿罪构成要件中"为他人谋取利益"的规定，同时取消死刑设置，完善受贿罪的量刑标准和刑罚体系。在将外国工作人员和国际公共组织官员纳入受贿罪的主体范围后，对这类人员在我国的受贿行为，在入罪标准和量刑上应当统一适用我国刑法。

受贿罪立法的完善，在近期可以修正案的方式进行。但自1997年刑法制定以来，我国已多次以刑法修正案的方式对刑法进行修正，对我国刑法进行一次大的修改已成必然。修正案对受贿罪的数次修订，并没有彻底解决现行立法模式、罪状表述存在的痼疾，需要进行重新整合和彻底修改。总体而言，对受贿罪立法的完善，不仅是刑事立法适应社会发展需要的体现，也是彰显我国反腐败决心的重要举措。

下卷·五

---

① 张智辉：《国际刑法通论》，中国政法大学出版社2009年版，第480页。

# 受贿罪"利用职务上的便利"
# 之规定的演变及评析

夏　勇* 刘伟琦**

根据我国现行刑法的规定，"利用职务上的便利"是受贿罪的构成要件要素。当前，我国刑法学界围绕该要素展开了理论上的争鸣。在众多争议中，最为核心问题是"利用职务上的便利"要素的存废之争。其典型表现就是，去年，不少学者建议增设收受礼金犯罪，① 立法机关也着手进行了研究。② 收受礼金犯罪化实际上就意味着受贿罪"利用职务上的便利"要素的弱化甚至否定其构成要素的地位。但是，官方公布的《刑法修正案（九）（草案）》最终并没有采纳这一方案，说明受贿罪"利用职务上的便利"要素的讨论尚有较大争议。对此，我们尝试回顾我国受贿罪立法以及司法解释的演变历程，揭示受贿罪"利用职务上的便利"的解释规律，并结合国外受贿罪的立法经验和我国当前反腐的刑事政策，展望我国受贿罪"利用职务上的便利"要素的发展方向。

## 一、 新中国成立以来至 1988 年受贿罪"利用职务上的便利"要素的演变及评析

新中国成立之初，我国虽然将受贿行为规定为犯罪，但并没有"利用职务上的便利"的规定。1979 年刑法将"利用职务上的便利"规定为受贿罪的必备要素。1982 年和 1988 年，全国人大常委会对受贿罪进行的两次修改均涉及对"利用职务上的便利"的修改。回顾这一期间受贿罪"利用职务上的便利"要素的演变，有助于正确认识"利用职务上的便利"。

第一阶段，新中国成立以来至 1979 年刑法的公布，该阶段受贿罪的立法经历了"利用职务上的便利"要素从无到有的演变。

在新中国成立之初，为了惩处公职人员的职务犯罪，1952 年中央人民政

---

　　* 中南财经政法大学刑事司法学院教授、博士生导师。

　　** 中南财经政法大学刑事司法学院刑法学博士研究生、讲师。

　　① 郝艳兵：《"收受礼金罪"不是口号立法》，载《检察日报》2014 年 10 月 13 日第 3 版；孙思娅、孙乾：《官员礼尚往来或入刑》，载《京华时报》2014 年 9 月 28 日第 7 版。

　　② 杨国栋：《设收受礼金罪须先定收礼标准》，载《法制日报》2014 年 10 月 27 日第 7 版。

府通过了《中华人民共和国惩治贪污条例》（以下简称《条例》）。《条例》第 2 条规定："一切国家机关、企业、学校及其附属机构的工作人员，凡侵吞、盗窃、骗取、套取国家财物，强索他人财物，收受贿赂以及其他假公济私违法取利之行为，均为贪污罪。"① 虽然"强索他人财物、收受贿赂"的受贿行为本身具有相对独立的特征，与贪污行为有很大的不同，但是，《条例》并没有将受贿行为设立独立的受贿罪，而是将其作为贪污罪的行为方式之一，以贪污罪处理。这主要受当时立法水平的局限。根据《条例》的规定，受贿行为人罪的客观要件是"强索他人财物"以及"收受贿赂"的行为，并没有规定"利用职务上的便利"。1979 年第五届全国人民代表大会通过了新中国第一部刑法典（以下简称 1979 年刑法），1979 年刑法第 185 条将受贿行为从贪污罪中分离出来作为一个独立的罪名，其对受贿罪的罪状表述是："国家工作人员利用职务上的便利，收受贿赂的，处五年以下……"与先前的《条例》相比，1979 年刑法不仅将受贿行为从贪污罪中分离出来，作为一个独立的罪名，而且其客观要件增设了"利用职务上的便利"。"利用职务上的便利"作为受贿罪的构成要素得以确立。

第二阶段，1979 年刑法的实施至 1988 年，该阶段受贿罪的刑事立法经历了从删除"利用职务上的便利"到恢复"利用职务上的便利"罪状表述的演变。

1980 年 1 月 1 日，1979 年刑法开始实施。但是，在实施两年后，包括受贿罪在内的经济犯罪逐渐呈现高发势态。对此，1982 年 3 月 8 日全国人大常委会通过了《关于严惩严重破坏经济的罪犯的决定》（以下简称《决定》），《决定》第 1 条第（二）项将 1979 年刑法第 185 条第 1 款和第 2 款受贿罪修改为："国家工作人员索取、收受贿赂的，比照刑法第一百五十五条贪污罪论处；情节特别严重的，处无期徒刑或者死刑。"与 1979 年刑法相比较，《决定》对受贿罪客观要件的修改主要有两个方面，其一，删除了"利用职务上的便利"；其二，增加了"索取"贿赂的行为方式。对这一变化，学界有两种观点，一种观点认为"修改规定……就是用新的规定，取代刑法第185 条第 1、2 两款原来的规定。《决定》生效以后，该条原 1、2 两款当然不能再继续适用"。② 因此，国家工作人员无论是否利用职务上的便利，只要索取、收受他人的财物，就构成受贿罪。③ 另一种观点认为，《决定》只是形式上删除了"利用职务上的便利"，但并没有改变或者重新解释受贿罪的犯罪

---

① 高铭暄、赵秉志编：《新中国刑法立法文献资料总览》（上），中国人民公安大学出版社 1998 年版，第 108 页。

② 刘树栋：《谈谈〈决定〉与刑法的关系》，载《法学》1982 年第 5 期。

③ 参见刘光显：《略论索取受贿罪》，载《民主与法制》1982 年第 9 期；廖福田：《受贿罪纵览与探究——从理论积淀到实务前沿》，中国方正出版社 2007 年版，第 27 页。

构成，受贿罪的成立仍然以"利用职务上的便利"为必备条件。① 我们认为，从当时的立法背景看，第一种观点较为合理。因为，首先，《决定》是特别刑法，针对同一事项，特别法优先适用是一般原则；并且《决定》用的词语是"修改规定为"，基于文理解释的立场，《决定》无疑清楚明了地指明删除1979 年刑法第 185 条第 1 款和第 2 款受贿罪的规定，适用《决定》的规定。所以，《决定》生效以后，认定受贿罪时就应当适用《决定》，不能再适用1979 年刑法。其次，《决定》制定的社会背景是包括受贿犯罪在内的经济犯罪的持续增长，《决定》开明宗义地指出："鉴于当前走私……和索贿受贿等经济犯罪活动猖獗……为了坚决打击这些犯罪活动，严厉惩处这些犯罪分子，有必要对《中华人民共和国刑法》的一些有关条款作相应的补充和修改。"在严惩经济犯罪以遏制经济犯罪的立法目的下，《决定》在 1979 年刑法已经规定"利用职务上的便利"为受贿罪的构成要素的情况下，删除了"利用职务上的便利"，应当是从严惩处受贿犯罪的立法体现。《决定》将受贿罪的最高法定刑从原来的 15 年有期徒刑提高到死刑即是明证。

由于 1982 年《决定》对受贿罪的修改条文删除了"利用职务上的便利"，这引起了理论界对受贿罪"利用职务上的便利"的构成要素地位之争。1988 年 1 月 21 日全国人大常委会通过的《关于惩治贪污罪贿赂罪的补充规定》（以下简称《补充规定》）第 4 条将受贿罪修改为："国家工作人员、集体经济组织工作人员或者其他从事公务的人员，利用职务上的便利，索取他人财物的，或者非法收受他人财物为他人谋取利益的，是受贿罪。"《补充规定》明确指出"利用职务上的便利"是受贿罪成立的条件，平息了当时"利用职务上的便利"要素的存废之争。我们认为，《补充规定》将"利用职务上的便利"重新规定为受贿罪的构成要素是正确的。原因有两点：第一，受贿罪的本罪是"权钱交易"或者"以权换利"，这种"交易"的"权"来自国家工作人员的职务，或者说"'职务'是国家工作人员用于交易的'标的'，脱离了职务上的便利，就无法反映受贿罪'交易性'本质"。② 第二，我国有亲朋之间赠送礼物的传统，如果不考虑是否与职务有关，只要国家工作人员收受财物都以受贿罪论处，不仅有违责任主义的原则，也有扩大处罚范围的风险。例如，如果国家工作人员有正当理由认为其收受的礼物属于亲朋之间的赠与，又没有证据证明其收受礼物与其职务有关，那么，将此类国家工作人员收受礼物认定为受贿罪显然既违责任主义的原则，也不当地扩大了受贿罪的处罚范围。

---

① 参见刘福海、郑金钟：《受贿罪要以利用职务为构成要件》，载《法学》1982 年第 9 期；肖保：《论贿赂罪》，载《河北学刊》1982 年第 3 期。

② 孙国祥：《受贿罪"利用职务上的便利"新论》，载《法学论坛》2011 年第 6 期。

## 二、 1989 年至 1997 年受贿罪"利用职务上的便利" 要素的演变及评析

从 1989 年至 1997 年刑法的公布，该阶段受贿罪"利用职务上的便利"经历了司法解释对其逐步扩张解释的演变。

随着国家惩治腐败的力度加大，受贿者为了逃避侦查，受贿手段出现了新方式：第一，出现了利用他人的职务便利，即国家工作人员刻意回避利用自己的职务上的便利，而是利用其他国家工作人员职务上的便利为请托人谋求利益，并收受请托人财物。第二，出现了跨越时空的利用职务上的便利，即国家工作人员试图在在职时"利用职务上的便利"为他人谋求利益，离职后收受财物，以此刻意拉开"利用职务上的便利"与收受财物的距离，弱化"权钱交易"的表象。面对新情况，1989 年 11 月 6 日最高人民法院、最高人民检察院公布的《关于执行〈关于惩治贪污罪贿赂罪的补充规定〉若干问题的解答》（以下简称《补充规定解答》）对"利用职务上的便利"作出了如下解释："受贿罪中'利用职务上的便利'，是指利用职权或者与职务有关的便利条件。'职权'是指本人职务范围内的权力。'与职务有关'，是指虽然不是直接利用职权，但利用了本人的职权或地位形成的便利条件。"如果从文理解释的立场出发，"利用职务上的便利"的字面含义并不包括与职务有关的便利条件，1989 年《补充规定解答》将"利用职务上的便利"解释为包括利用"职务有关的便利条件"，是一种扩大解释。按照这种扩大解释，国家工作人员利用可以制约他人的职权或地位的"利用他人的职务便利"属于"利用了本人的职权或地位形成的便利条件"，可以认定为"利用职务上的便利"。这样的扩大解释体现了严惩受贿犯罪的精神。另外，1989 年《补充规定解答》针对"跨越时空的利用职务上的便利"出了如下解释："已离、退休的国家工作人员，利用本人原有职权或地位形成的便利条件，通过在职的国家工作人员职务上的行为，为请托人谋取利益，而本人从中向请托人索取或者非法收受财物的，以受贿论处。"基于文理解释的立场，"利用职务上的便利"的字面含义一般指在职的国家工作人员利用当前的职务上的便利，并不包括退休的工作人员利用原有职权或地位形成的便利条件；"利用职务上的便利"一般也只指利用自己职务上的便利。但是，《补充规定解答》将上述情况解释为"利用职务上的便利"，显然，也是一种扩大解释。这样的扩大解释同样体现了严惩受贿犯罪的精神。此外，1996 年 6 月 26 日最高人民法院通过的《关于对贪污、受贿、挪用公款犯罪分子依法正确适用缓刑的若干规定》，明确对贪污贿赂的犯罪分子的缓刑适用作了"从严掌握"的规定。这一解释再次体现了对受贿罪从严惩处的精神。

回顾我国的反腐历程，该阶段也是我国从严反腐刑事政策的实施阶段。

1987 年党的十三大报告指出:"对于那些败坏党和人民事业的腐败分子,必须采取坚决清除的方针,一经发现立即处理,有多少清除多少,决不能姑息养奸。"① 1992 年党的十四大报告指出:"腐败分子危害党和人民,不论是什么人,都必须依照党纪国法,坚决予以惩处。"② 上述对受贿罪"利用职务上的便利"扩大解释与从严反腐的刑事政策相契合。这说明,从严反腐的刑事政策指导了受贿罪"利用职务上的便利"的解释。

### 三、 1997 年刑法实施以来受贿罪"利用职务上的便利"要素的演变及评析

从 1997 年刑法实施至今,刑法典经历了 8 次修正,"利用职务上的便利"作为受贿罪必备的构成要素一直没有变化,但是,司法解释对"利用职务上的便利"又作了进一步的扩大解释。

2003 年最高人民法院《全国法院审理经济犯罪案件工作座谈会纪要》(以下简称《纪要》)对受贿罪中"利用职务上的便利"进行解释时指出:"担任单位领导职务的国家工作人员通过不属自己主管的下级部门的国家工作人员的职务为他人谋取利益的,应当认定为'利用职务上的便利'为他人谋取利益。"与 1989 年《补充规定解答》对"利用职务上的便利"的解释相比,两个解释对"利用职务上的便利"的范围认定不尽相同。例如,甲是 A 省教育厅财务处处长,乙是 A 省 B 市教育局局长,甲乙二人是初中同学,关系甚好。丙的儿子分数低于 B 市重点高中录取线,丙给甲 10 万元,甲通过乙的帮助,使丙的儿子顺利被 B 市重点高中录取。本案中,甲通过乙为丙谋取利益,既没有"直接利用职权",也没有利用"本人的职权或地位形成的便利条件",按照 1989 年《补充规定解答》,不能认定甲"利用职务上的便利"。但是,按照 2003 年《纪要》,甲属于"利用职务上的便利"为他人谋取利益。可见,2003 年《纪要》比 1989 年《补充规定解答》对"利用职务上的便利"的解释范围有所扩大。

《纪要》对受贿罪"利用职务上的便利"扩大解释,是否与我国当时的反腐刑事政策相契合呢?2002 年,中共十五大报告明确指出:"反对腐败是关系党和国家生死存亡的严重政治斗争。在整个改革开放过程中都要反对腐败,警钟长鸣。在党内决不允许腐败分子有藏身之地。"③ 十六大报告也旗帜鲜明地指出:"不断提高党的领导水平和执政水平,提高拒腐防变和抵御风

---

① 参见中国共产党第十三次全国代表大会报告:《沿着有中国特色的社会主义道路前进》。
② 参见中国共产党第十四次全国代表大会报告:《加快改革开放和现代化建设步伐夺取有中国特色社会主义事业的更大胜利》。
③ 参见中国共产党第十五次全国代表大会报告:《高举邓小平理论伟大旗帜把建设有中国特色社会主义事业全面推向二十一世纪》。

险的能力,坚持不懈地开展反腐败斗争。"① 可见,对受贿罪中"利用职务上的便利"逐步扩大解释,符合我国进入 21 世纪以来对职务犯罪严密刑事法网的刑事政策,② 也契合当前"对职务犯罪实行从严惩处的刑事政策"。③ 在当前,这一刑事政策对理解受贿罪"利用职务上的便利"具有现实的指导意义。

随着反腐斗争的深入,进入 21 世纪以来,腐败分子刻意回避明显的收受贿赂,一种较为隐蔽的受贿日趋增多:"感情投资"型受贿。众所周知,中华文化有逢年过节、婚丧嫁娶赠送礼品的传统,越来越多的行贿人利用这一传统习惯对国家工作人员进行"感情投资"。例如,行贿人为了与国家工作人员保持长期的"友好关系",在请托之前,往往乘逢年过节、婚丧嫁娶之机向国家工作人员赠送数目不菲的"礼物"。由于"礼物"是在行贿人尚未提出请托事项之前赠送,在国家工作人员尚没有为行贿人谋取利益之时案发的,因无法认定"利用职务上的便利"的存在,也就不能认定收受"礼物"的国家工作人员构成受贿罪;在国家工作人员收受"礼物"数年之后才为行贿人谋取利益的,又很难证明此前的收受"礼物"与后来的谋取利益之间有因果关系,也就很难证明先前的收受"礼物"与国家工作人员"利用职务上的便利"有因果关联。因而,在司法认定中,往往是"只要行贿人与受贿人具有某种远亲或者朋友关系,一般认定为赠与,而不认定为受贿罪。可奇怪的是,总是穷者向富者赠与、无权者向有权者赠与,司法实践的做法值得反思"。④ 这样无疑是纵容"感情投资"型受贿。

司法实践应对"感情投资"型受贿的乏力,再次引起了理论上对受贿罪"利用职务上的便利"要素存废之争的争鸣,收受礼金入刑的呼声也是在这样的背景下产生的。当前,针对该问题的争议主要有肯定论、否定论和重新阐释论三种意见。肯定论认为"受贿罪必须是利用了职务上的便利,这是构成受贿罪的必要条件"。⑤ 肯定论是通行教科书的观点。⑥ 否定论认为"'利用职务上的便利'在我国是一个争议很大的用语,且该用语也没有体现权钱交易的特点",因而,主张在完善受贿罪的立法时不再使用"利用职务上的便利",只要"国家工作人员无正当理由收受他人财物或财产性利益,或者

① 参见中国共产党第十六次全国代表大会报告:《全面建设小康社会 开创中国特色社会主义事业新局面》。

② 参见孙国祥:《我国惩治贪污贿赂犯罪刑事政策模式的应然选择》,载《法商研究》2010 年第 5 期。

③ 张绍谦:《我国职务犯罪刑事政策的新思考》,载《华东政法大学学报》2013 年第 4 期。

④ 张明楷:《刑法学》,法律出版社 2011 年版,第 1075 页。

⑤ 马克昌主编:《百罪通论》,北京大学出版社 2014 年版,第 1169 页。

⑥ 参见高铭暄、马克昌主编:《刑法学》(第 6 版),北京大学出版社 2014 年版,第 626 页;王作富主编:《刑法》,中国人民大学出版社 2011 年版,第 510 页。

下卷·五

违反国家规定收受他人财物或财产性利益的"，应当构成受贿罪。[①] 重新阐释论中有论者认为我国受贿罪中"利用职务上的便利"并不是实行行为，而是表明财物与职务之间存在对价关系的要素，或者说是表明收受贿赂职务关联性的要素，并认为职务关联性是成立受贿罪的必备要件。[②] 也有论者认为，"只要行为人的职务与行贿人的利益之间有某种制约关系，其收受他人的财物与其职务有关联，就应当对'利用职务上的便利'作肯定性的认定"。[③] 重新阐释论的不同论者的共同之处是都将"利用职务上的便利"理解为与收受贿赂有职务关联的要素。

如何评价上述争议？这需要考虑受贿罪的本质特征。受贿罪属于"权钱交易"的职务犯罪，请托人之所以愿意甚至绞尽脑汁给国家工作人员财物，目的无非是使国家工作人员利用其手中的职权为其谋取利益，国家工作人员之所以能够索取、收受请托人的财物，是凭借其手中的能为请托人"办事"的职权。也就是说，国家工作人员凭借职权为请托人谋利益的职权与请托人给送的财物之间形成了对价，是一种交易关系，这种"交易"侵犯了职务行为的不可收买性，玷污了国家公共权力。反之，"对于和职务行为无关的行为所给予的赠与不是贿赂"。[④] 可见，职务因素是受贿罪必不可少的因素，即使对将来可能的收受礼金罪而言，也不能缺少职务的要素，因为，没有职务因素就缺乏对公权力的亵渎，也不符合"权钱交易"的受贿本质。从这点来看，上述否定"利用职务上的便利"为受贿罪构成要素的观点不可取。不过，虽然职务因素对受贿罪的成立必不可少，但这并不意味着对"利用职务上的便利"表述的肯定，因为"利用职务上的便利"至少存在如下两点缺陷：其一，含义模糊。何谓"利用职务上的便利"？如何界定其外延？职务上的便利是什么样的便利？利用是主观要素还是客观要素？国家工作人员利用何种程度的职务权限、什么样的职务行为才能视为"利用职务上的便利"？这些争议在刑法理论研究中众说纷纭，争议较大。[⑤] 这都是"利用职务上的便利"这一不必要的模糊用语造成的。其二，会导致部分"感情投资"型受贿逃脱惩罚，纵容"感情投资"型受贿的蔓延，不符合当前严密职务犯罪刑事法网的刑事政策。

既然受贿罪"利用职务上的便利"具有上述重大缺陷，亟须对受贿罪这

---

① 李希慧主编：《贪污贿赂罪研究》，知识产权出版社 2004 年版，第 224、225 页。

② 陈洪兵：《论贿赂罪的职务关联性》，载《中国海洋大学学报》（社会科学版）2014 年第 4 期。

③ 孙国祥：《受贿罪"利用职务上的便利"新论》，载《法学论坛》2011 年第 6 期。

④ ［日］大谷实：《刑法讲义各论》（新版第 4 版），成文堂 2013 年版，第 641 页，转引自陈洪兵：《贪污贿赂渎职罪解释论与判例研究》，中国政法大学出版社 2015 年版，第 76 页。

⑤ "利用职务上的便利"的具体争议详见孙国祥：《贿赂犯罪的学说与案解》，法律出版社 2012 年版，第 331~353 页。

一不可或缺的"职务"要素进行重新解读,据此,重新阐释论主张对"利用职务上的便利"进行全新解读,其方向是正确的,其解释的结论是否正确,可以结合国外立法例以及我国的司法实践全面考量。审视国外受贿罪的立法例,虽然大多数国家并没有"利用职务上的便利"的规定,但是,一般都强调索取贿赂或者受贿必须与职务行为有一定联系。例如,关于受贿罪的罪状,德国刑法第331条规定为:"公务员或从事特别公务的人员,为履行其职务行为而为自己或他人索要、让他人允诺或收受他人利益的……"日本刑法第197条第1款规定为:"公务员或仲裁人,就职务上允诺或接受他人利益的……"《美国法典·刑事法卷》第18篇第201条(C)项规定:"公务员为了或因为已实行了的或将要实行的职务行为,在法定的正当费用征收标准之外要求或者接受或同意接受任何有价之物时,构成轻型受贿罪"。[①]不难发现,上述立法例都强调收受贿赂与职务行为有关联。我们认为,这种关联使贿赂与职务形成了对价关系,符合受贿罪的"权钱交易"的本质,所以,将收受贿赂与职务行为的关联作为受贿罪的成立条件,具有一定的合理性。但是,要求收受贿赂与职务行为有一定关联的观点也值得商榷。因为,合法性是职务行为的重要特征,违法、违纪和犯罪行为不是职务行为。有些情况,公务员只能通过违法、违纪的方式,即只能通过滥用其职务附带的公共权力的行为才能为行为人谋取利益,这样的违法、违纪行为不可能是职务行为。据此,与收受贿赂有关联的职务行为并不能涵盖所有的贿赂。重新阐释论将"利用职务上的便利"解释为与收受贿赂有职务关联,并没有将其解释为与职务行为有关联,避免了上述概况不周延的缺陷,是可取的。

基于上述分析,我们认为,在理解受贿罪"利用职务上的便利"时,应考虑以下几个方面:

第一,要以受贿罪"权钱交易"的贿赂本质为指导。只要他人向国家工作人员给送财物与国家工作人员的职务有关,也就意味着他人是向着国家工作人员的职务或者是向着国家工作人员的职务所附带的权力而来,其目的无非是通过国家工作人员利用职务行为或滥用职务所附带的权力为其谋求利益,所以,只要国家工作人员收受他人财物与其职务有关联,就意味着他人必须为国家工作人员的职务行为或者滥用职务所附带的权力付出财产上的代价,也就意味着他人向国家工作人员给送财物与国家工作人员的职务行为或者滥用职务所附带的权力之间形成了"以钱买权"的交易关系,这完全符合受贿罪"权钱交易"的本质特征。据此,只要国家工作人员收受财物与其职务有关,就应当肯定其"利用职务上的便利"。

第二,为了应对当前贿赂犯罪的新情况,应当将只要国家工作人员收受

---

① 参见李辰:《受贿犯罪研究》,中国政法大学出版社2011年版,第14页。

财物与其职务有关，就认定为"利用职务上的便利"，而不宜将其限定为只有国家工作人员的"职务与行贿人的利益之间有某种制约关系"时，才能认定为"利用职务上的便利"，因为这样的限定会不当地限缩"利用职务上的便利"的外延，不符合当前反腐的实践。例如，某市 A 区区长甲对乙的业务并没有制约关系，但是乙觉得甲早晚会升任该市的领导，于是乙将甲视为"潜力股"，对其进行巨额"感情投资"。以甲的职务与乙的业务没有制约关系为由，将甲收受乙的巨额"感情投资"排除"利用职务上的便利"，便会不当地限缩"利用职务上的便利"的外延。

第三，将"利用职务上的便利"理解为国家工作人员收受财物与其职务有关，是对"利用职务上的便利"在现有的解释的基础上作了进一步的扩大解释，这种扩大解释符合司法解释逐渐扩大对"利用职务上的便利"解释的趋势，也契合当前严密职务犯罪法网，从严惩处职务犯罪的刑事政策。①

综上所述，我们认为，应当将受贿罪"利用职务上的便利"解释为国家工作人员收受财物与其职务有关。按照这种解释，只要国家工作人员收受他人财物与其职务有关，就应当对"利用职务上的便利"作出肯定性的认定。

---

① 党的十八大报告明确指出："反腐倡廉必须常抓不懈，拒腐防变必须警钟长鸣，始终保持惩治腐败高压态势。"2014 年第十二届全国人大常委会发表的《关于〈中华人民共和国刑法修正案（九）（草案）〉的说明》也明确指出："进一步完善反腐败的制度规定，加大对腐败犯罪的惩处力度。"所以，只要国家工作人员收受他人财物与其职务有关，就对"利用职务上的便利"作出肯定性的认定，符合当前严密职务犯罪法网、严惩职务犯罪的刑事政策。

# 受贿罪中的"为他人谋取利益"要件应当删除

## ——以非法收受礼金行为入罪之争为切入点的思考①

王志祥* 柯 明**

自中共十八大召开以来,特别是十八届四中全会通过的《中共中央关于全面推进依法治国若干重大问题的决定》中,明确提出要"完善惩治贪污贿赂犯罪法律制度"后,全社会对以刑事手段惩治腐败问题的关注与期待已经达到前所未有的程度。周永康、徐才厚、令计划、薄熙来等原中央高层人士的严重贪腐行为,在让社会民众感到触目惊心的同时,也使得人们更多地去思考腐败背后更深层次的原因,考虑应当如何完善预防腐败的体系,从而真正形成不敢腐、不能腐、不想腐的有效机制。"堤溃蚁穴,气泄针芒",严重的腐败犯罪并非一日所造就,而正是因一次次"小节"上的疏于防范日积月累而成。因而,在有媒体报道称《中华人民共和国刑法修正案(九)(草案)》[以下简称《刑法修正案(九)(草案)》]中拟增设"收受礼金罪"后,关于非法收受礼金行为应否入罪的问题便立即成为热议的话题。2014年11月公布的《刑法修正案(九)(草案)》并未将非法收受礼金的行为作入罪化处理。但是,对于非法收受礼金行为的关注,不应止步于此,而是应对该行为是否可通过刑法进行规制以及如何进行规制予以充分的说理论证。这样,才能进一步有效地应对当前严峻的腐败形势。本文即针对上述问题进行评析,以就正于学界同仁。

## 一、关于非法收受礼金行为是否入罪之争

关于非法收受礼金行为拟入罪的消息,最早可见于《京华时报》对2014年大成律师事务所刑事辩护高峰论坛的报道。据该报道,在2014年大成律师

① 本文系教育部"新世纪优秀人才支持计划"(编号:NECT-13-0062)和2012年中央高校基本科研业务费专项资金资助重点项目"风险社会视野下的刑法修改宏观问题研究"(项目编号:2012WZD11)的阶段性成果。

* 北京师范大学刑事法律科学研究院外国刑法与比较刑法研究所所长、教授、博士生导师,法学博士。

** 北京师范大学刑事法律科学研究院刑法专业博士研究生。

事务所刑事辩护高峰论坛上，北京大学法学院陈兴良教授透露，《刑法修正案（九）（草案）》拟增设"收受礼金罪"以解决"感情投资"问题。该罪不同于受贿罪，认定时无须考虑是否利用了职务之便、是否为他人谋取了利益，只要国家工作人员收受了他人财物即可，量刑上也比受贿罪要轻。[2] 此消息一出，立即引发了巨大的争议。一种观点认为，应当增设"收受礼金罪"；另一种观点则认为，不应当增设收受礼金罪。

主张增设"收受礼金罪"的学者认为，第一，当前国家工作人员收受礼金的问题日益严重，但由于大多数人虽然经常性地赠送大量财物，却从不向国家工作人员提出为其谋取利益的具体请托，造成国家工作人员的行为因欠缺"为他人谋取利益"的要件，而无法依照受贿罪的规定定罪处罚，只能依据《中国共产党纪律处分条例》、《国家行政机关及其工作人员在国内公务活动中不得赠送和接受礼品的规定》、《国务院关于在对外公务活动中赠送和接受礼品的规定》等规定给予一定的党纪、政纪处分，使国家工作人员逃避了刑事责任的追究。[3] 因而，增设"收受礼金罪"可以避免对"感情投资"行为的纵容，填补这一漏洞。第二，由于我国是人情社会，有着礼尚往来的传统，如果通过删除受贿罪中的"为他人谋取利益"的方式打击非法收受礼金的行为，将导致大量收受礼金 5000 元以上的行为，被以受贿罪定罪量刑，从而导致刑法的打击面过度扩大。[4] 因而，增设"收受礼金罪"，将其与受贿罪相区别确有必要。第三，非法收受礼金的行为虽然侵犯了国家工作人员职务行为的廉洁性，但由于其没有利用职务便利为他人谋取利益，对国家的正常管理活动和职务行为公正性的社会危害性较普通受贿行为要小，因而，增设"收受礼金罪"，将其刑罚规定得比受贿罪轻，符合罪责刑相适应原则，区别对待理所应当。[5]

不主张增设"收受礼金罪"的学者则认为，其一，对国家工作人员非法收受礼金的行为，若本可以通过行政处罚等手段予以约束，却过早地通过刑罚手段介入，有违刑法的谦抑性。[6] 其二，若增设"收受礼金罪"，则其立法原意中当然不包含收受属于正常人际交往的礼金，那么，就除此之外的礼金而言，其本质上仍属于贿赂，而"明明是受贿，又不以受贿追责，岂不自相矛盾?"[7] 其三，增设"收受礼金罪"后，由于其入罪门槛较低，刑罚相较于

---

[2]　孙思娅、孙乾：《官员"礼尚往来"或入刑》，载《京华时报》2014 年 9 月 28 日第 7 版。

[3]　赵煜：《受贿认定疑难问题及立法完善》，载《法治研究》2014 年第 12 期。

[4]　赵煜：《受贿认定疑难问题及立法完善》，载《法治研究》2014 年第 12 期。

[5]　郝艳兵：《"收受礼金罪"不是口号立法》，载《检察日报》2014 年 10 月 13 日第 3 版。

[6]　王群：《公职人员收受礼金入刑的冷思考》，载《理论与改革》2015 年第 2 期。

[7]　舒圣祥：《警惕"收受礼金罪"带来反腐新漏洞》，载《新华每日电讯》2014 年 9 月 29 日第 3 版。

受贿罪而言也较低，从而使得国家工作人员涉嫌受贿罪时，将符合受贿罪构成要件的犯罪行为以"收受礼金罪"进行辩护，逃避更严重的刑罚处罚，[①]从而导致重罪轻罚，违背罪刑相当原则。[②] 其四，若增设"收受礼金罪"，则作为对向行为的奉送礼金行为是否也应纳入刑法规制范围，同时增设"奉送礼金罪"？若答案是否定的，则有违立法平等原则。[③] 其五，对于上述本质上属于贿赂的礼金，只需要删除受贿罪中的"为他人谋取利益"，就可以以立法封堵原有漏洞，将收受礼金后无为他人谋取利益表示的行为，收受礼金后无为他人实际谋取利益的行为，以及实际承诺、着手或者已经为他人谋取利益但面临举证困难的行为纳入刑法规制范围。[④]

通过对于是否应当增设"收受礼金罪"这一问题不同观点的梳理，可以看到，非法收受礼金行为是否入罪之争的焦点主要在于以下两个方面：（1）非法收受礼金的行为是否应当被纳入犯罪圈；（2）若将非法收受礼金的行为纳入犯罪圈，应当以何种方式对其予以刑法上的规制，是增设"收受礼金罪"并明确其构成要件，还是直接删除受贿罪中的"为他人谋取利益"这一要件，以打击非法收受礼金的行为？

## 二、 非法收受礼金行为入罪的必要性

《礼记·曲礼》有云："太上贵德，其次务施报。礼尚往来；往而不来，非礼也；来而不往，亦非礼也。"礼作为中国传统文化的核心，使得中国传统文化形成了和谐、圆通的体系，也使得崇尚、重视人情成为中国传统法的特色之一。[⑤] 而"中国汉字中的'礼'不但表示规范，而且也兼有馈赠的含义，故送人情等于送礼。这是中国人交换行为上'情'和'礼'的合一。"[⑥]礼物也正是在关系和人情这种文化基础上构建而成的。因此，从古至今，送礼在中国社会这种差序格局的关系中，被作为一种日常交往方式用以维系人际关系。也正是基于此，在论及非法收受礼金行为入罪时，有人认为这可能导致刑法打击面过大。

但是，持担忧观点的学者忽略了这样一个事实：中国的人情关系是一种交换行为，"每当人际交换开始后，受惠的人总是变一个花样加重分量去报答对方，造成施惠的人反欠人情，这就又使施惠的人再加重分量去归还。如

下卷·五

---

① 王群：《公职人员收受礼金入刑的冷思考》，载《理论与改革》2015 年第 2 期。

② 赵秉志、刘志伟、彭新林：《努力完善惩治腐败犯罪立法建设——"我国惩治腐败犯罪的立法完善问题学术研讨会"研究综述》，载《法制日报》2015 年 4 月 8 日第 9 版。

③ 但未丽：《增设"收受礼金罪"需三思》，载《检察日报》2014 年 10 月 13 日第 3 版。

④ 但未丽：《增设"收受礼金罪"需三思》，载《检察日报》2014 年 10 月 13 日第 3 版。

⑤ 马小红：《礼与法：法的历史连接》，北京大学出版社 2004 年版，第 76~77、251 页。

⑥ 翟学伟：《人情、面子与权力的再生产》，北京大学出版社 2013 年版，第 104 页。

此反复，人情关系便建立起来了。"① 因而，这种正常人际交往情况下的收受礼金行为，并不会被纳入刑法规制范围。而经常性地赠送大量财物，却从不向国家工作人员提出为其谋取利益的具体请托的行为，则显然已经超出了正常的人际交往范围，这才是刑法应当予以规制的。这是因为，施惠者在未受惠的情况下仍始终施惠，同时，又无亲属关系等正当理由，所以其行为明显不属于正常的人际交往范畴。需要指出的是，要特别注意区分是否拥有亲属关系等正当理由，因为在特殊情况下，可能也存在始终施惠却从来不求受惠的情况，但这一般只出现在有血缘关系、亲属关系的情形中，对于无血缘关系、亲属关系却始终施惠的，一般可以认定为非法收受礼金行为。但现在面临的尴尬是，从 1997 年刑法的规定来看，即使认定为非法收受礼金的行为，也难以追究其刑事责任，因为 1997 年刑法第 385 条关于受贿罪的规定中要求，非法收受他人财物的，以为他人谋取利益为要件，而非法收受礼金的行为往往欠缺这一要件。因此，对于非法收受礼金的行为，有必要通过立法将其直接纳入犯罪圈。

至于认为将非法收受礼金行为入罪有违刑法谦抑性的观点，则明显系片面地理解了刑法谦抑性的内涵。刑法的谦抑性不仅要求在必要的场合，才应当发动刑法对违法行为处以刑罚，同时也要求对于应当予以规制的行为，应及时发动刑法予以刑事处罚，否则，同样违背刑法谦抑性。而且，刑法的非犯罪化是相对于刑法的过度化而言的。就我国现行关于贿赂犯罪的规定来看，则显然不是过度犯罪化了，而是过度的"厉而不严"。譬如，在我国现行关于腐败犯罪的法网中，规定了受贿罪、单位受贿罪、斡旋受贿、利用影响力受贿罪、非国家工作人员受贿罪与行贿罪、对单位行贿罪、单位行贿罪、对非国家工作人员行贿罪、对外国公职人员及国际公共组织官员行贿罪等，但是，只规定了对外国公职人员、国际公共组织人员行贿罪和利用影响力受贿罪，却没有将这两个犯罪的对向性行为纳入刑法规制的范围；同时，对腐败犯罪这种贪利性、职务性犯罪，刑罚最高设置了死刑。② 除此之外，对于非法收受礼金的行为，实践中只能依据《中国共产党纪律处分条例》第 74 条的规定，对中共党员给予警告、严重警告、撤销党内职务、留党察看、开除党籍等处分；依据《国家行政机关及其工作人员在国内公务活动中不得赠送和接受礼品的规定》第 6 条的规定、《国务院关于在对外公务活动中赠送和接受礼品的规定》第 12 条的规定，对国家行政机关工作人员给予警告、记过、记大过、降级、撤职处分。这些党纪、政纪处分不利于对非法收受礼金行为的规制，不利于对腐败分子的惩治，也不利于应对当前严峻的腐败形势。

---

① 翟学伟：《人情、面子与权力的再生产》，北京大学出版社 2013 年版，第 104 页。
② 赵秉志：《论我国反腐败刑事法治的完善》，载《当代法学》2013 年第 3 期。

可以看到，在当前严厉惩治腐败行为的大背景下，违规收受礼金的现象仍然十分严重。据中共中央纪委、中华人民共和国监察部的通报，自 2012 年底《关于改进工作作风密切联系群众的八项规定》实施以来，截至 2014 年 12 月 31 日，全国查处违反中央"八项规定"精神问题案件 77606 起，其中收送节礼 1175 起，占总数的 1.51%。[①] 而自 2015 年以来，截至 2015 年 5 月 31 日，全国查处违反中央"八项规定"精神问题案件 10797 起，其中违规收送礼品礼金就有 1188 起，占了总数的 11.00%。[②] 违规收送礼品礼金的案件数不降反升，并且 2015 年不到半年时间查处的案件就比前两年一共查处的案件数量还多，这一现象不得不引起高度关注。也正基于此，对于非法收受礼金的行为，有必要予以更严厉的惩治，通过立法将其直接纳入犯罪圈，而这并不会违背刑法的谦抑性。

在我国古代，对于非法收受财物的行为，律例中也有规定。《唐律疏议》卷 11《职制律》"受所监临财物与乞取监临财物"条规定，"诸监临之官，受所监临财物者，一尺笞四十，一匹加一等；八匹徒一年，八匹加一等；五十匹流二千里。与者，减五等，罪止杖一百。乞取者，加一等；强乞取者，准枉法论。"该条疏议解释："监临之官，不因公事而受监临内财物"，即监临官非因公事上的请求而收受他人财物，而仅凭借其自身所处的位置而接受他人财物。这一规定表明：在唐律中，公职人员在未接受任何请托，并且未向行贿人提供任何好处，只接受了行贿人财物的行为，属于受贿罪规制的范畴。后《宋刑统》卷 11《职制律》"受所监临赃"条也作出了类似规定。由此观之，在我国古代就有将非法收受财物行为规定为犯罪的传统，而立法借助本土资源的重要性就在于，"这是法律制度在变迁的同时获得人们的接受和认可，进而能有效运作的一条便利的途径，是获得合法性——即人们下意识的认同——的一条有效途径。"[③] 因而，有必要将非法收受礼金的行为通过立法纳入刑法规制范围。

就当代其他国家刑事法律而言，对于收受礼金的行为，也有相关的规定。2015 年 3 月 3 日，《禁止收受不当请托和财物的法案》在韩国国会通过，并将于 2016 年 10 月正式施行。该法案又称《金英兰法》，是由韩国首名女性大法官、时任国民权益委员会委员长的金英兰向国会提出的。该法案规定，公务人员一次性接受他人 100 万韩元（约合人民币 5600 元）以上的现金、等值物或招待的，或者一次性收受不满 100 万韩元的现金、等值物或招待，并且

① 中央纪委、监察部：《2014 年 12 月全国查处违反中央八项规定精神问题 4238 件》，载中央纪委监察部网站 http://www.ccdi.gov.cn/jdtp/201503/t20150320_53612.html，2015 年 6 月 6 日访问。

② 中央纪委、监察部：《2015 年 5 月全国查处违反中央八项规定精神问题 3141 起》，载中央纪委监察部网站 http://www.ccdi.gov.cn/xwtt/201506/t20150616_57950.html，2015 年 6 月 17 日访问。

③ 苏力：《法治及其本土资源》，北京大学出版社 2015 年版，第 17 页。

下卷·五

与职务无关，但在一年内从同一对象处合计收到超过 300 万韩元的现金、等值物或招待的，将被处以 3 年以下有期徒刑或收受金额 5 倍以上的罚金；如果一次性收受不满 100 万韩元的现金、等值物或招待，但与职务相关的，将被处以收受金额 2 至 5 倍的罚金。其中，公务人员包括公务员、媒体记者、编辑、私立学校理事会成员和教师。另外，该法案还详细列举了不正当请托的 15 种类型，如直接或间接向公务人员请托处理许可和执照、减免罚款惩处等行政处罚、介入人事采用和晋升、介入学校入学成绩评定等。① 《金英兰法》系为打击韩国国内严峻的腐败形势而出台的，目前已经有效地威慑了贪腐行为，逐渐使韩国形成清正廉洁的社会风气。而作为邻邦的我国，在历史渊源、文化传统和社会现状等方面均与韩国存在相似之处。自隋唐时期起，高丽因与我国频繁的经贸往来和文化交流而深受中国传统礼教的影响，形成与中国十分相似的官僚体系和社会风气。官吏之间的权钱交易与权力斗争，民间百姓的轻律法、重人情，较之我国古代而言，有过之而无不及。因而，韩国在贪腐问题的历史根源上与我国存在着相似性。自进入近现代以来，韩国经历了运动反腐和权力反腐两大阶段，至 20 世纪 90 年代初，金泳三政府上台之后，正式开始了制度反腐的进程。因而，韩国在贪腐问题的反腐进程上较我国要快，这对我国反腐败刑事惩治有一定的借鉴性。所以，在我国社会这样一个人情社会，为加大力度打击官员腐败行为，借鉴韩国《金英兰法》，将非法收受礼金的行为纳入犯罪圈，是符合时代需要且可行的。

综上所述，将非法收受礼金的行为纳入犯罪圈实属必要。

## 三、 非法收受礼金行为入罪的方式——删除受贿罪中的"为他人谋取利益"

在分析了将非法收受礼金行为纳入犯罪圈的必要性后，还应当明确非法收受礼金行为入罪的方式。

笔者认为，通过增设"收受礼金罪"将非法收受礼金的行为纳入犯罪圈，存在诸多问题。首先，设立新罪应当坚持慎重性原则。这里的慎重，除了要考虑刑法谦抑性以外，还应当顾及立法的经济性。换言之，只有在刑法原有条文确实无法涵盖某种危害行为时，才能设立新罪，否则，只需通过对原有条文进行修改即可。就非法收受礼金的行为而言，完全可以通过删除受贿罪中的"为他人谋取利益"要件的方式，将其纳入刑法规制范围，而没有必要增设一个新罪，因为收受礼金的行为本质上仍属于受贿。其次，增设"收受礼金罪"确实容易导致重罪轻罚，违背罪刑相当原则。这是因为，若

---

① 万宇：《韩国通过"最严厉"反腐败法 立法过程饱经坎坷》，载环球网 http://world. huanqiu.com/exclusive/2015-03/5809708.html，2015 年 6 月 6 日访问。

增设"收受礼金罪",则只要行为人具有收受他人财物的行为并达到一定数额,就构成犯罪,而无须行为人利用职务上的便利和为他人谋取利益。那么,相应地,对"收受礼金罪"的刑罚就要规定得比受贿罪轻,因为只有这样,才能对二者通过刑罚予以区分。但这也就容易造成国家工作人员在涉嫌受贿罪时,将符合受贿罪构成要件的犯罪行为以"收受礼金罪"进行辩护,逃避更严重的刑罚处罚。巨额财产来源不明罪即为一相似的例证。巨额财产来源不明罪的设立,本是为了惩治部分官员贪腐巨额财物却无法查明其真实来源的情形,是作为贪污罪、受贿罪等犯罪的重要补充而增设的犯罪。但未曾想,因为其刑罚相对贪污罪、受贿罪而言较低(最高刑期为 10 年有期徒刑),证明自己无罪的责任又归于行为人,所以就造成行为人故意不说明财产来源,便于以巨额财产来源不明罪定罪,逃避更严重的刑罚处罚的情形。因此,为了避免同样尴尬的局面,不应增设"收受礼金罪"。最后,若增设"收受礼金罪",则对赠送礼金的对向行为也应增设为新罪名,而这显然再次造成立法资源的浪费。所谓对向犯,指以二人以上的互相对向行为为成立条件的犯罪,具体又可分为三种类型:一是双方都构成犯罪,且法定刑和罪名完全相同,如重婚罪;二是双方都构成犯罪,但罪名与法定刑不同,如受贿罪和行贿罪;三是法律只规定一方为犯罪,对另一方未作规定,如贩卖淫秽物品牟利罪。[①] 因为"收受礼金罪"与受贿罪、赠送礼金的犯罪与行贿罪属于同一罪群,罪质上也基本相同,所以"收受礼金罪"及其对向犯罪当属第二种类型。因而,将赠送礼金的行为也增设为新罪,会再次面临增设"收受礼金罪"所涉及的问题。但若是通过删除受贿罪中"为他人谋取利益"要件的方式,则只需相应地删除行贿罪中"为谋取不正当利益"要件即可。

综上所述,将非法收受礼金的行为纳入刑法规制的范围,不能通过增设"收受礼金罪"的方式。删除受贿罪中的"为他人谋取利益"要件,是最优的方案。

第一,从"为他人谋取利益"的立法沿革过程来看,其并非一开始就作为受贿罪的构成要件之一,设立的初衷是为了更严厉地打击贿赂犯罪行为,但是,就其设立后在司法实践中的效果来看,却并未达到所预想的结果。

在新中国成立初期,政务院通过行政法规将贪污贿赂行为一律规定为贪污罪,受贿行为以贪污罪构成要件要素的形式出现在该罪中,但并未将"为他人谋取利益"作为该罪的构成要件要素。1979 年刑法才第一次将受贿行为以独立的罪名设罪,但仍未将"为他人谋取利益"作为该罪的构成要件要素。及至 20 世纪 80 年代,随着我国改革开放政策的逐步施行,贪污贿赂犯罪形势日渐严峻,1985 年最高人民法院和最高人民检察院《关于当前办理经

---

① 黎宏:《刑法学》,法律出版社 2012 年版,第 281 页。

济犯罪案件中具体应用法律若干问题的解答（试行）》首次将"为他人谋取利益"作为受贿罪的构成要件之一，全国人大常委会后于 1988 年《关于惩治贪污罪贿赂罪的补充规定》（以下简称《补充规定》）中首次通过立法将"为他人谋取利益"确立为受贿罪的构成要件要素。而在 1997 年刑法的修订研拟中，关于"为他人谋取利益"要件的保留和删除存在着争议，但最终立法机关还是维持了《补充规定》的表述，将"为他人谋取利益"保留了下来，作为非法收受财物构成受贿罪的必备要件。①

在司法实践中，公诉机关要证明国家工作人员构成收受财物型受贿罪，一是要证明国家工作人员利用职务之便收受了财物，二是要证明国家工作人员为他人谋取了利益。但是，实践中常见的情况是，国家工作人员在收受财物时，不直言会为行贿人谋取利益；或者是国家工作人员收受财物时，虽表示会为行贿人谋取利益，但案发时未为行贿人谋取利益；再或者是国家工作人员收受财物时，行贿人未提出任何请托事项，只是"感情投资"。对于上述情形，公诉机关很难直接证明行为人"为他人谋取利益"，因而导致审判机关无法认定其行为构成受贿罪。对此，最高人民法院在 2003 年 11 月 13 日的《全国法院审理经济犯罪案件工作座谈会纪要》中规定，"为他人谋取利益包括承诺、实施和实现三个阶段的行为。只要具有其中一个阶段的行为，如国家工作人员收受他人财物时，根据他人提出的具体请托事项，承诺为他人谋取利益的，就具备了为他人谋取利益的要件。明知他人有具体请托事项而收受其财物的，视为承诺为他人谋取利益"。这一规定虽然为化解"为他人谋取利益"在司法实践当中适用时面临的尴尬局面起到了一定的作用，但是其并未能完全解决上述问题。因为依据这一规定，只能解决上述第一、二种情形，对于第三种情形仍无法认定为"为他人谋取利益"。在现行刑法框架下，对"为他人谋取利益"的解释，实际上仍以"具体请托事项"为基础；如果没有"具体请托事项"，接受"感情投资"者仍难以成立受贿罪。②并且，从这一规定本身的内容来看，也存在诸多问题，有类推解释之嫌。③而直接删除受贿罪中的"为他人谋取利益"，则能够有效避免上述问题的出现。

第二，"如果我国的受贿罪保护客体是国家公职人员职务行为的廉洁性，只要行为人收受了贿赂，其廉洁性就已经受到了现实的侵害，即使我国的犯罪成立条件具有量的要求，这种要求也应当表现为收受贿赂的数量以及渎职

---

① 高铭暄：《中华人民共和国刑法的孕育诞生和发展完善》，北京大学出版社 2012 年版，第 608 页。

② 李少平：《行贿犯罪执法困局及其对策》，载《中国法学》2015 年第 1 期。

③ 左坚卫、王帅：《走得太远的司法与理论——对受贿罪"为他人谋取利益"解读的反思》，载赵秉志主编：《刑法论丛》2013 年第 4 期，法律出版社 2013 年版，第 259 页。

的性质与程度。""至于公职人员是否为他人谋取了利益,只是表明行贿人的预期利益是否实现,而与公职人员的职务行为廉洁性是否受到侵害没有直接关系。"① 因此,从受贿罪的保护客体角度来看,也没有必要将"为他人谋取利益"作为受贿罪的构成要件要素加以规定。

第三,我国于 2003 年 12 月 10 日签署了《联合国反腐败公约》(以下简称《公约》),并于 2005 年 10 月 27 日由全国人大常委会批准加入,自 2006 年 2 月 12 日对我国开始生效。《公约》第 15 条规定,各缔约国均应当采取必要的立法措施和其他措施,将公职人员为其本人或者其他人员或实体,故意实施直接或间接索取或者收受不正当好处,以作为其在执行公务时作为或者不作为的条件的行为规定为犯罪。换言之,《公约》并未要求受贿罪的成立以"为他人谋取利益"为条件。所以,为了适应《公约》的要求,履行《公约》的义务,从而更有力地开展国际刑事司法协助,应当删除受贿罪中的"为他人谋取利益"要件。

总之,就受贿罪中的"为他人谋取利益"而言,其设立已导致诸多问题,有必要将其删除。加之将非法收受礼金行为入罪确属必要,所以,直接删除受贿罪中的"为他人谋取利益"是将非法收受礼金行为入罪的最佳方案。当然,需要指出的是,删除"为他人谋取利益"的要件,并不意味着只要国家工作人员一旦利用职务之便收受了他人财物,就成立犯罪。因为我国刑法既定性又定量,在判断行为是否构成犯罪时,不仅要依据分则的具体规定,还需要结合 1997 年刑法第 13 条但书的规定,对"情节显著轻微危害不大的"行为不以犯罪论处。另外,还可以依据 1997 年刑法第 37 条的规定,对犯罪情节轻微不需要判处刑罚的行为,免予刑事处罚。

---

① 李洁:《为他人谋取利益不应成为受贿罪的成立条件》,载《当代法学》2010 年第 1 期。

# 受贿罪的立法完善建议

## ——以《联合国反腐败公约》为视角

吴 喆* 任文松**

受贿犯罪侵犯国家公职人员职务行为的廉洁性，严重腐蚀着国家的为政之基，其社会危害性不容忽视。我国刑法关于受贿犯罪的规定，为严厉打击猖獗的受贿犯罪提供了法律依据。但随着社会发展的日益多元化和复杂化，受贿犯罪也日益呈现出多样性、复杂性和隐蔽性的特点，这使得现行刑法关于受贿犯罪的规定难以适应当前惩治受贿犯罪的需要。有学者对此甚至十分尖锐地指出，某种意义上，由于我国立法的偏颇，反贿赂的法律不仅不是反贿赂的杀手锏，反而成了受贿的护身符。[1] 在立法上严密受贿犯罪法网，已成为《刑法修正案（九）》的当务之急。2005 年，全国人大常委会批准加入了《联合国反腐败公约》（以下简称《公约》），为有效打击和预防受贿犯罪，促进国家机关公职人员的公正廉洁，同时也为了履行《公约》规定的义务，加强打击受贿犯罪国际间的刑事司法协助，应当参酌《公约》以及域外刑法规制贿赂犯罪的立法例，对我国刑法规定受贿罪的相关条款进行相应的修改和完善。

## 一、 受贿罪的主体

现行刑法规定，受贿罪的犯罪主体都是隶属于国内有关单位的工作人员，而外国公职人员并非受贿罪的主体。当前经济全球化的发展使得外国或国际公职人员的受贿犯罪日渐增多，受贿犯罪已不再局限于某个具体的国家或地区。这类犯罪具有明显的跨国特征，仅靠一国难以预防、遏制，特别需要各国之间的合作。[2]《公约》第 16 条明确规定了针对外国公职人员或国际公共组织官员的受贿犯罪。此外，受贿主体国际化也在一些国家的刑事立法中有所体现。例如，《丹麦刑法典》第 144 条规定，正在履行丹麦、外国、国际

---

　* 辽宁省人民检察院副检察长。

　** 辽宁省人民检察院法律政策研究室副主任。

　① 彭益娥、李伟迪：《论联合国反腐败公约第二十八条的预防功能》，载《文史博览》2007 年第 3 期。

　② 廖福田：《受贿罪纵览与探究——从理论积淀到实务前沿》，中国方正出版社 2007 年版，第 445 页。

组织公共职责的人，非法收受、要求、接受他人许诺的礼物或其他好处的，处罚金或 6 年以下监禁。[1]《俄罗斯联邦刑事法典》规定，外国官员或国际公共组织官员实施侵害国家权力、国家公职利益与地方自治机关公职利益的犯罪的，在俄罗斯联邦签署加入的国际条约作出规定的情况下，依法承担刑事责任。[2] 我国已经加入《公约》，应当在国内法上与《公约》保持一致，将外国公职人员和国际公共组织官员纳入受贿罪的主体范围。如果我国公民在外国或国际组织中从事公职并收受贿赂，可能依据当地法律或国际条约构成受贿罪，而外国公民或国际组织成员在我国从事公职并收受贿赂的，依据我国法律不构成受贿罪。这不但使我国公民在国际上遭受不公正的司法待遇，而且无法严厉打击外国或国际公职人员在我国的受贿行为，在国际上有损我国法律的威严，也不利于我国开展国际司法协助。此外，现行刑法规定，受贿罪的主体是国家工作人员。当前，我国正处于社会转型的关键时期，社会部门分化，新的服务机构兴起，公共服务的主体范围扩大，在这些新兴的部门受贿行为时有发生，甚至有愈演愈烈之势，但我国刑法将受贿罪主体严格界定为国家工作人员这一范畴，无法将这部分新出现的提供公共服务的人员包含在内。我国受贿罪主体——"国家工作人员"的基本"语义"，难以涵盖对社会生活产生深度危害、亟待刑法规制的新的"权钱交易"形式，仅仅依靠刑法的实质解释，应对反腐败斗争中不断呈现出的新情况、新问题已显得越来越捉襟见肘。[3] 从刑事立法的国际视野考察，除我国目前使用"国家工作人员"外，其他国家鲜有使用这一用语。《联合国反腐败公约》中关于受贿罪主体的规定，均一致使用"公职人员"一词。"国家工作人员"与"公职人员"相比较而言，后者的涵盖范围更广、更准确，更符合受贿犯罪本质特征的要求。因此，用公职人员替代国家工作人员更符合受贿犯罪刑法规制的国际化、现代化趋势。

## 二、 受贿罪的行为

### （一） 利用职务上的便利

现行刑法将受贿人利用职务上的便利作为受贿犯罪的必备要件，司法实践中基于对行为人是否"利用职务上的便利"的不同理解，也经常引发罪与非罪的争议。国家工作人员没有正当理由而收受他人的财物或者其他不正当好处，有损于公职人员在公众中应有的清正廉洁形象，刑法之所以对受贿人作出否定性评价就在于受贿人索取或者收受了贿赂，侵害了国家机关工作人员的职务廉洁性。由于公权力的作用范围越来越广泛，而且现代社会事务的

---

① 魏汉涛译：《丹麦刑事法典》，武汉大学出版社 2011 年版，第 45 页。

② 赵路译：《俄罗斯联邦刑事法典》，中国人民公安大学出版社 2009 年版，第 205 页。

③ 刘晓山、吴洪江：《关于受贿罪主体之重构》，载《武汉大学学报》2014 年第 3 期。

管理越来越复杂，尽管存在着形式上的分工，但由于现代管理中的相互联系与制约关系，公职人员的职务作用范围实际上也在扩展，因此，职务要素在各国的受贿犯罪的构成要件中呈淡化的趋势。《公约》也没有将利用职务上的便利作为受贿犯罪的构成要件。因此，只要国家工作人员所索取或者收受的财物与其职务行为有关，就可以认定为利用了职务上的便利，因为索取或者收受与职务行为有关的财物，就意味着行为人侵害了职务行为的不可收买性。因此，在刑事立法上不应再使用"利用职务上的便利"一词，只要国家工作人员无正当理由收受他人财物或财产性利益，就应当构成受贿罪。

### （二）为他人谋取利益

依据我国刑法的规定，受贿罪不仅要求国家工作人员利用职务上的便利索取或者非法收受他人财物，而且要求其"为他人谋取利益"。理论上关于"为他人谋取利益"是否应当成为受贿犯罪的要件一直存在争议，司法实践中一些被指控为受贿犯罪的犯罪嫌疑人、被告人，也常以没有为他人谋利益作为其无罪辩解的重要理由，这种争议直接影响了现阶段具体案件罪与非罪的性质认定。《公约》规定的贿赂犯罪是公职人员为其本人或者其他人员或实体直接或间接索取或者收受不正当好处，以作为其在执行公务时作为或者不作为的条件，没有明确规定受贿罪必须具备"为他人谋利益"的要件。世界上许多国家的刑事立法也都未将"为他人谋取利益"作为受贿罪的成立要件。例如，《日本刑法典》第 197 条第 1 款规定，公务员就职务上的事项，收受、要求或者约定贿赂的，处 5 年以下惩役；实施上述行为时接受请托的，处 7 年以下惩役。[①]《意大利刑法典》第 318 条第 1 款规定，公务员在职务行为中为自己或第三人接受本不应接受的表现为钱款或利益的报酬，或者接受有关许诺的，处 6 个月至 3 年有期徒刑。[②] 我国刑法将"为他人谋取利益"作为受贿罪的构成要件，不仅与《公约》的规定相冲突，而且与多数国家的相关立法相矛盾，既不利于我国申请国际司法协助，也无益于国际社会联合开展反腐败工作。国家工作人员利用职务上的便利非法收受他人财物的行为本身，就已经侵犯了国家的廉政制度。因而，只要国家工作人员利用职务上的便利非法收受了他人财物，不管其是否"为他人谋取利益"，都已经构成受贿罪。但是否"为他人谋取利益"对于职务行为的侵害程度存在差别，因此"为他人谋取利益"不再是受贿罪构成的要件，但应作为量刑的情节。

### （三）受贿行为的进程

现行刑法中，"索取他人财物"或者"非法收受他人财物"是受贿的行为方式。但从法律的规定看，难以就此判断出受贿罪既遂的标准。《公约》

---

[①] 张明楷译：《日本刑法典》，法律出版社 2006 年版，第 73 页。
[②] 黄风译：《最新意大利刑法典》，法律出版社 2007 年版，第 115 页。

在规定与受贿对应的行贿罪时，使用的词汇为"许诺给予、提议给予或者实际给予"受贿人不正当好处。由于行贿犯罪与受贿犯罪系对合性犯罪，因此可以认为受贿罪的行为方式应当包括接受收受许诺、接受收受提议、接受实际给予三种对应的方式。换言之，只要受贿者实施了这三种方式中的任何一种，都应认为是受贿罪的完成方式。这种认定受贿行为的方式在其他国家的刑事立法中也不乏先例，例如日本刑法规定的受贿行为除"收受"外，还包括"要求"和"约定"贿赂的行为，所谓要求，是指谋求提供贿赂的意思表示……即使对方并未答应该要求，也成立要求罪。所谓约定，是指在将来提供贿赂、收受贿赂这一点上受贿者与行贿者之间所达成的合意。① 由于受贿罪的犯罪客体是国家工作人员职务行为的廉洁性，因此只要行为人实施了上述三种行为，就足以表明其职务行为的不可收买性已经受到侵害，而无须考察权钱交易是否已经完成。因此，建议借鉴《公约》的规定，将受贿罪在行为进程上划分为实际取得和约定取得两种状态，以进一步昭示和彰显我国严厉打击受贿犯罪的决心和态度。

## 三、 受贿罪的对象

现行刑法将贿赂内容规定为"财物"，但人的需求是多方面的，无论是精神的、政治的、物质的利益，都有可能成为收受贿赂的内容。行贿人与受贿人从过去纯粹的权钱交易，发展到现在已表现为复杂隐秘的权（力）利（益）交易、权色交易，如免除债务、设立债权、提供住房使用权、免费旅游、安排亲属就业、色情服务等，其社会危害性有时甚于直接获取财物的受贿②。在贿赂范围的规定上，除法国和西班牙刑法将贿赂仅限于财物之外，其他国家均扩大到财物以外的范围。例如，1989 年《英国公共机构贿赂法》第 1 条第 1 款规定的公共机构成员、官员或者雇员构成的受贿罪，其贿赂包括"任何礼品、贷款、酬金、报酬或者好处"，根据该法第 7 条的解释，"好处"包括任何职位或者荣誉。《日本刑法》1974 年修正案第 137、140 条规定的公务员、将为公务员之人、曾为公务员之人可以构成的受贿罪，其受贿罪的对象为"贿赂"，日本学者大多把"贿赂"解释为财物、财产性利益和包括性交、嫖妓在内的其他利益，其审判实践也承认性贿赂。由此可见，外国刑法对贿赂范围的规定尽管宽窄不等，但绝大多数国家都扩大到财物以外的范围。③《公约》第 15 条规定受贿罪的对象为"不正当好处"。此"不正当好处"包括财物、财产性利益，也包括非财产性利益。因此，有学者指出，非财产性利益同样可以满足受贿者的需求，用来与受贿者的权力进行交易、

---

① 孙国祥：《我国受贿罪的立法完善》，载《人民检察》2014 年第 3 期。
② 孙国祥：《我国受贿罪的立法完善》，载《人民检察》2014 年第 3 期。
③ 方明：《对受贿罪几个问题的比较研究》，载《云南法学》1994 年第 4 期。

侵犯国家工作人员的职务廉洁性，贿赂没有涵括非财产性利益仍是立法的漏洞，提出立法应将贿赂的内涵从"财物及财产性利益"进一步延展至"财物或者其他利益"。[①] 现行刑法将贿赂的范围规定为财物，其范围过于狭窄，势必会放纵那些"利用职务上的便利"获取财物之外的财产性利益和其他利益的行为，因此，扩大贿赂的范围是必要的。但任何制度的设计必须考虑司法实践的可行性和渐进性。如果将贿赂扩大到"任何好处"，会有打击面过宽而过度侵入公民私生活的嫌疑，与影响我国几千年的人情文化和人情社会心理也不相符合，可能会导致社会生活与司法实践的混乱，另外虽然出于刑法国际化和与国际接轨的考量，需要对我国贿赂犯罪的贿赂范围进行调整，但是也需要在尊重我国当前国情的基础上转化成国内法的形式，而不是生搬硬套。[②] 因此，将财产性利益之外的其他利益一律纳入贿赂范围之内，将对司法实践带来难以应对的挑战。而且"完全可以将索取或者收受上述非财产性利益给予党纪政纪处分，严重的甚至可以给予开除公职的处分，这就足以达到惩罚的目的。"[③] 因此，立法应当结合我国国情，借鉴《公约》和国外立法例，将贿赂的范围规定为"财物及财产性利益"。

## 四、 受贿犯罪的刑罚

### （一）法定刑的专设

现行刑法对受贿罪没有设置独立的法定刑，而是采用贪污罪的法定刑进行处罚。受贿罪与贪污罪均系职务犯罪，具有高度相似的社会危害性；在立法技术上，受贿罪的刑罚援引贪污罪的量刑标准进行处罚，也使得法律条文更加简练。但不容忽视的是两罪在犯罪性质、侵犯客体及社会危害性等方面存在明显区别。贪污罪的犯罪性质为贪利性的犯罪，其行为对象为公共财物，侵犯的客体系双重客体即公共财物的所有权以及职务行为的廉洁性。受贿罪的犯罪性质则侧重为渎职性的犯罪，其侵害的法益是职务行为的不可收买性，侵犯的客体为职务行为的廉洁性。可见，现行刑法完全援引贪污罪的法定刑来处理受贿罪的立法设计显系不当，因此刑法应对受贿罪的法定刑进行单独设置。

### （二）财产刑的完备

根据现行刑法第 383 条规定，只有受贿数额达到 5 万元以上的情形，才能处以没收财产刑，且该情形仅属于"可以"适用财产刑而非"应当"适用的强制性规定。没收财产属于一种较严厉的财产刑，必须达到特定的具体要

---

① 梁根林：《受贿罪法网的漏洞及补救——兼论刑法的适用解释》，载《中国法学》2001 年第 6 期。

② 高铭暄、张慧：《论受贿犯罪的几个问题》，载《法学论坛》2015 年第 1 期。

③ 吕天奇：《贿赂罪的理论与实践》，光明日报出版社 2007 年版，第 128 页。

求时才能适用，其在法院审理的案件中适用率及适用对象相当有限，没收财产刑并不足以满足惩治受贿罪的需要。在受贿犯罪案件中，国家工作人员索取或收受他人贿赂，主要是因财物而被诱惑最终导致国家权力的滥用，受贿罪在一定意义上属于贪财图利型犯罪。因此，对于受贿犯罪除适用自由刑等刑罚外，应配置完备的财产刑以提高行为人的预期犯罪成本，进而有效遏制其犯罪动机。罚金刑对于贪利的受贿人具有较强的针对性，有利于打击其贪财图利的犯罪动机进而达到预防犯罪的效果。我国现行刑法只有在第387条单位受贿罪中规定了罚金刑，导致罚金刑在惩治受贿犯罪中未能充分发挥其应有的作用。目前，许多国家或地区的受贿罪立法都比较注重罚金刑的适用。例如，美国联邦刑法典对受贿罪的处罚是：处15年以下监禁，或者2万美元以下、贿赂金额3倍以下的罚金，或者并处监禁和罚金。我国香港地区《防止贿赂条例》规定，构成官方雇员索取或接受利益罪的，可判处10万港元罚金，并处3年监禁；构成公职人员索取或接受利益作为职责事务诱因或报酬罪，经公诉程序定罪的，可判处50万港元罚金，并处7年监禁；经简易程序定罪的，可判处10万港元罚金，并处3年监禁。我国应借鉴国际刑事立法经验增设罚金刑，使其与没收财产刑相互补充共同发挥惩治和预防犯罪的作用。具体而言，在受贿罪所有的量刑幅度内均设置罚金刑，罚金的数额可根据受贿罪的情节和造成的社会危害后果具体确定。

### （三）量刑标准的完善

我国现行刑法规定受贿罪的量刑标准参照贪污罪的规定执行，贪污罪的量刑标准自1997年刑法修订后一直沿用至今，当时法律规定的数额标准已不能完全反映当前犯罪的社会危害程度，面对社会的不断发展变化，现有规定已凸显一系列缺陷。随着近年来贪污受贿数额不断刷新纪录，三档刑罚之间的数额标准已非常模糊，这使得不少贪污受贿数额相差悬殊的案件在量刑上难以拉开档次，不能充分体现罪责刑相适应原则，严重影响了一些案件裁判的社会效果。[1] 尤为重要的是贪污罪作为财产犯罪，其社会危害性主要通过贪污的数额反映出来；但对于受贿犯罪而言，"这种腐败所造成的代价并非贿赂本身，而是贿赂导致的低效行为所造成的损失。"[2] 换言之，受贿数额只能反映不法交易的数量，但并不能反映相关国家工作人员因收受贿赂后滥用手中职权所造成的社会危害以及因不法交易给国家利益造成损失的大小。可见，受贿数额并非受贿犯罪危害性的唯一表现，数额不应该是决定贿赂行为危害性程度的唯一决定因素。因此，应对现行刑法关于受贿罪数额的评价体系进行彻底改造，改变以往单一的"计赃论罪"的数额模式，建立以数额与

---

① 赵秉志：《贪污受贿犯罪定罪量刑标准问题研究》，载《中国法学》2015年第1期。

② ［美］苏珊·罗斯·艾克曼著：《腐败与政府》，王江、程文浩译，新华出版社2000年版，第304页。

情节并重的双重评价体系。换言之，犯罪数额虽然仍是定罪量刑的重要因素，但并非唯一因素，还应结合犯罪主体的身份、违背职责的程度、是否存在枉法以及产生的社会危害等，确定罪与非罪以及量刑轻重。建议借鉴利用影响力受贿罪的量刑模式，在法律条文中规定"数额较大或者有其他严重情节的"、"数额巨大或者有其他严重情节的"、"数额特别巨大或者有其他特别严重情节的"等三个既考虑数额又考虑情节的量刑档次。

# 五、 结语

贝卡里亚认为，刑罚最强的威慑力来自司法的确定性："对于犯罪最强有力的约束力量不是刑罚的严酷性，而是刑罚的必定性，这种必定性要求司法官员谨守职责，法官铁面无私、严肃认真……即使刑罚是有节制的，它的确定性也比联系着一线不受处罚希望的可怕刑罚所造成的恐惧更令人印象深刻"。[①] 无论受贿犯罪的法网如何严密，如果司法无法适应立法的修改，那么立法都将成为一纸空文，刑罚的威慑力也将无从谈起。因此，司法应当积极采取有力的措施以适应立法上的改变，这些措施主要包括辩诉交易的引入、技术侦查措施的广泛使用以及大数据预防犯罪的应用等。受贿罪的立法修改需要司法上的积极回应，只有立法与司法的二元推进，才能真正发挥严密受贿犯罪法网应有的作用，但这是一个渐进的过程。

---

① ［意］贝卡里亚著：《论犯罪与刑罚》，黄风译，中国大百科全书出版社 1993 年版，第 59 页。

# 积极治理主义导向下中国贿赂犯罪刑法立法之抉择[①]

钱小平[*]

积极治理主义和消极治理主义是现代国家腐败治理的两种基本理念，前者以犯罪预防为导向，后者以犯罪惩治为导向。中国立足于消极治理主义，不断加强对腐败的惩治力度，特别是中共十八大以来，反腐成绩斐然，但也暴露出既往立法在面对腐败日趋"生态化"、"环境化"时规制能力不足的困境。为进一步加大惩处腐败犯罪力度，《刑法修正案（九）（草案）》（以下简称《草案》）从定罪量刑、加大行贿打击力度等四个方面对贿赂犯罪的刑法立法进行了大规模修正，被誉为"反腐的制度笼子再扎紧"。[②] 然而，深入审视此次修正建议，仍属于消极治理主义下的浅层修补而未触及问题根本，难以带来贿赂犯罪刑法治理的跨越式更新。在加快推进反腐败立法的时代背景下，应及时更新反腐理念，确立积极治理主义，激发刑法规范的预防功能，以构建腐败治理的长效机制。

## 一、消极治理主义下贿赂犯罪刑法治理立场

消极治理主义，是以刑事惩治为核心，将腐败定义为权力滥用的结果，从结果本位角度构建腐败治理路径和方式的治理理念。以消极治理主义为指导，传统贿赂犯罪刑法立法治理呈现以下基本立场：

### （一）事后型的犯罪化立场

消极治理主义立足于对权力滥用进行事后评价，形成了以权力交易为基础的贿赂行为犯罪化立场。以权力交易作为评价基点，相对于权力交易之前的预防，具有事后性，以此建构的贿赂犯罪立法体系具有两个方面特征：一是罪状设计上的对向性。个罪紧密围绕权钱交易，在收受贿赂与实施或不实施职责、谋取利益等要素之间构建起对应关系。二是立法体系上的对向性。贿赂犯罪立法罪名数量较少，紧密围绕权力的交易性，对于交易性之外的其

---

① 本文为国家社科基金"积极治理主义导向下的中国反腐败刑事立法问题研究"（15BFX055）的阶段性研究成果。

* 东南大学法学院副教授，法学博士。

② 于浩：《刑法修正案（九）（草案）的七大变化》，载《中国人大杂志》2014年第21期。

他腐败行为并不关注，立法具有简单而整齐的特征。例如，俄罗斯刑法典中的贿赂犯罪仅包括第 290 条受贿罪和第 291 条行贿罪；法国刑法典第 433 条"由个人实施的行贿、受贿罪"同时规定了受贿、行贿两种行为。

## （二）单一性的行为立场

消极治理主义坚持传统个体行为理论，贿赂犯罪被限定为以作为方式实施的行为。大陆法系国家刑法对危害行为有作为与不作为的类型划分。前者指行为人实施了法所禁止实施的行为，是犯罪的基本模式；后者指行为人没有实施法所期待的行为，作为犯罪的特殊模式。通常而言，仅对国家法益、公共法益以及重大人身法益才设置（纯正）不作为犯的规定，以期在对重大法益进行刑法保护的同时，不过分干预公民的权利自由。20 世纪 90 年代之前"世界各国的现行刑法都是以作为犯的基本形态为标准而制定的"。[1] 基于对传统刑法原理的遵守和贿赂交易性特征的坚持，消极治理主义仅评价与权力交易直接相关的非法利益收受、承诺收受等"作为"，而排除了交易行为之外可能影响贿赂实施的"不作为"，即在消极治理主义之下，作为是贿赂犯罪唯一的行为类型。

## （三）选择性的可罚性立场

在惩治范围上，消极治理主义严厉打击严重腐败，容忍轻微腐败，形成了选择性的犯罪可罚性立场。大陆法系刑法中"可罚的违法性理论"认为，"虽然（行为）确实产生了法益侵害结果，但若非具有处罚价值（要罚性），则作为尚未达到必须处罚的程度的违法性，而认为其不可罚。"[2] 可罚性标准包括了立法定罪与立法定量两个方面，可罚性标准越高，定罪或定量的构成表述越多，罪名规制范围越小，立法对腐败的包容程度越高；反之，可罚性标准越低，定罪或定量的构成表述越少，罪名规制范围越大，立法对腐败的包容程度越低。在消极治理主义之下，立法在行为定性评价中规定了较多的定性因素。例如，中国刑法典在受贿罪上规定了"利用职务上便利"、"为他人谋取利益"等定性要素，俄罗斯刑法典第 290 条受贿罪也有类似规定。[3] 在行为定量评价之中，立法又以数额大小作为犯罪定量依据。例如，越南刑法典第 279 条将受贿罪的数额定量标准规定为"价值在五十万盾以上"，[4] 也有国家虽未规定数额的入罪定量标准，但却规定了数额较低的除罪化标准，如《奥地利刑法典》第 304 条"官员收受礼品罪"第 4 款规定了"只是索要、收受或让他人许诺给予少量财产利益的，不以本条第 2 款处罚，但职业

---

① 黎宏、[日] 大谷实：《论保证人说》，载《法学评论》1994 年第 2 期。

② [日] 西田典之：《日本刑法总论》，刘明祥、王昭武译，中国人民大学出版社 2007 年版，第 155 页。

③ 《俄罗斯联邦刑法典》，黄道秀译，中国法制出版社 2004 年版，第 157 页。

④ 《越南刑法典》，米良译，中国人民公安大学出版社 2005 年版，第 125~126 页。

性地实施该行为的，不在此限"。①

### （四）"非对称型"的处遇立场

强调对实施亵渎公职犯罪的行为人双方采取区别化的刑事处遇政策，是消极治理主义的又一基本立场。消极治理主义认为，无论是贿赂双方积极达成的交易，还是在某种程度上存在受贿者与行贿者之间结构不平衡的交易，只要贿赂行为现实地发生，公权力的不可收买性即已受到严重的侵害，权力的廉洁性才是贿赂行为最直接的侵害对象，而导致公权廉洁性受到侵害的原因在于权力支配者（受贿者）本身，由此，形成了以权力支配者为重点的犯罪治理结构，受贿行为是刑法重点打击的对象。以中国刑法为例，作为对向犯的受贿罪与行贿罪在犯罪构成要素及刑罚配置上并非处于完整的对向关系，行贿罪的入罪标准更为严格，且其刑罚配置远轻于受贿罪，前者法定最高刑是无期徒刑，后者是死刑；而在追诉机制上，立法更是重点打击受贿者，对行贿者设置"特别自首制度"作为专属的特殊出罪规定，也是消极治理主义国家贿赂犯罪的立法传统。②

### （五）"二元化"的主体立场

秉持严惩腐败之刑事政策，确立法人贿赂犯罪之刑事责任，是消极治理主义的重要立场。随着市场经济的发展，法人成为最为重要的市场经济主体，法人贿赂成为贿赂犯罪泛滥的一个重要原因。基于犯罪惩治的功利性要求，消极治理主义轻松突破了传统自然人犯罪之理论禁锢，直接确认了法人刑事责任，并以自然人为参照，构建了法人贿赂犯罪的罪名体系，如中国刑法典第387条规定的单位受贿罪、第393条规定的单位行贿罪，由此形成了自然人、法人的"二元化"模式。

### （六）统一化的身份立场

基于传统的职务犯罪身份观念，消极治理主义将贿赂犯罪定位为真正的身份犯，不考虑在公职人员体系内的身份差异对刑事责任大小的影响。消极治理主义强调，无论是高级公职人员、还是低级公职人员，无论是与法律公正性关系更为紧密的司法公职人员，还是普通公职人员，其贿赂行为均侵害到公职行为的廉洁性，侵害法益的程度、后果完全相同，没有必要在立法上再进行更为详细的区分。在消极治理主义之下，公职人员身份的统一性、概括性和无差别化的身份立场，排除了身份作为贿赂犯罪量刑要素的可能性。

### （七）重刑化的刑罚立场

强调重刑威慑，是消极治理主义的另一基本立场。由于在犯罪构成上设

---

① 《奥地利联邦共和国刑法典》，徐久生译，中国方正出版社2004年版，第115页。

② 《俄罗斯刑法典》第291条（附注）；《波兰刑法典》第229条第6款；《保加利亚刑法典》第306条；《斯洛文尼亚刑法典》第262条第3款。

置了较高的标准，刑法规制范围较窄，选择以惩治之"严"取代规制之"严"，通过提高刑罚厉度的方式增强刑法威慑力，成为消极治理主义的重要选择。消极治理主义之下贿赂犯罪的刑罚设置呈现重刑化的特征，生命刑成为最为严厉的惩治手段。例如，中国、越南、泰国等国刑法典中受贿罪的法定最高刑为死刑。在生命刑、自由刑及罚金刑之外的其他刑罚措施不受重视。

## 二、 积极治理主义下贿赂犯罪刑法治理立场

积极治理主义是以预防治理为核心，根据权力的生成与运行的客观规律，围绕权力限制、透明与滥用惩治进行立法构建的治理理念。在积极治理主义之下，尽管刑法已不再被认为是贿赂犯罪治理的核心内容，但激发刑事立法的预防功能，仍是这一治理理念的应有之义。在积极治理主义之下，贿赂犯罪刑法治理呈现以下立场：

### （一）事前型的犯罪化立场

基于预防性治理的理念导向，积极治理主义拓展了贿赂犯罪的社会危害性根据，将刑法规制范围从事后转向事前，倡导建立"利益冲突型"的刑事规范。利益冲突原理最早产生于 19 世纪后期的美国，后逐步成为美国公职履行和公务员管理中的核心制度。"利益冲突"的指导理念在于，"人性本恶，任何人无论有多么高的道德水平，都会受到私人利益的诱惑，当决策人的个人利益与公共利益存在潜在的冲突时，其决策可能与公共利益不符"。[①] 为防止权力滥用，就必须在发生利益冲突时予以及时控制。据此，美国在行政领域中确立利益冲突制度的同时，也将其引入刑事立法之中，在《政府道德法》中规定了"利益冲突型"贿赂犯罪（被编撰在《美国法典》第 18 主题第 11 章），将公职人员在申请、决定、合同、争议、控告等任何程序中涉及部分、直接或实质与美国利益有关的事项时，直接或间接地（同意）接受或索取报酬的行为犯罪化。[②] 该罪与贿赂犯罪相比，无需特定的交易性犯罪目的，只要具有违反利益冲突的行为即可。

### （二）"二元化"的行为立场

确立以作为为主、不作为为辅的"二元化"行为模式，是积极治理主义下贿赂犯罪原理的重要创新。传统贿赂犯罪属于单一的作为型犯罪，这种模式足以打击"独狼式"的贿赂犯罪，但是，随着腐败程度的加剧，以"利益共同体"为基础，出现了群体腐败、族群腐败，腐败呈现出"生态化"、"环境化"现象。对此，传统贿赂犯罪的行为模式则缺乏规制能力。为解决这一困境，积极治理主义根据事前预防的犯罪化原理和体系化治理的基本立场，

---

① 周琪：《美国的政治腐败与反腐》，中国社会科学出版社 2009 年版，第 63 页。
② 参见 1962 年 U. S. Code 第 18 主题第 11 章第 203 条。

引入保证人责任原理，将公职人员定位为维护权力廉洁运行的保证人，施加以监督体制内腐败的积极义务，进而突破了传统贿赂犯罪立法的作为犯模式，增加了不作为型的贿赂犯罪。2001 年匈牙利 CXXI 法案第 255 条 B 款新增规定，"任何公务员通过可靠的来源知悉某一尚未被发现的贿赂行为（第 250 条至第 255 条），但未及时向有权机关报告的，构成轻罪，处 2 年以下监禁、公益劳动或者罚金。"① 匈牙利刑法明确将公职人员举报贿赂犯罪设定为其法定义务，确立了公职人员对环境系统内的公职廉洁性的保证责任，创新了传统贿赂犯罪的行为理论，体现出积极治理主义之预防主张。

### （三）"零容忍"的可罚性立场

积极治理主义认为，刑法对轻微腐败行为的长期容忍具有风险性，不仅会使得行为人对腐败毫无"无罪感"，造成腐败犯罪的实际发生率提升，还会导致社会对腐败容忍度的恶性扩张，忽视、容忍或原谅中小型腐败将最终使得对腐败的判断标准变得模糊，最终导致社会腐败文化的泛化，因此，作为对不法行为最为严厉的谴责方式，刑法应当确立"零容忍"的刑事可罚标准，将犯罪控制在初级阶段。西方较为清廉的国家坚决在刑事立法中贯彻"零容忍"政策：（1）犯罪构成中无数额要求，即使是数额极低的贿赂也会构成犯罪。（2）贿赂犯罪以非法利益为标准，包括了性贿赂这些灰色领域内的非法利益，犯罪对象广泛。（3）贿赂犯罪构成要件无冗余要素，只要因职务关系或实施职务行为等而索取、接受或者约定利益即属犯罪，就应受到刑罚制裁。（4）删除了特定情形下的主观要素，规定了贿赂犯罪的严格责任。例如，2010 年英国《贿赂法》将普通受贿罪划分为四种类型，对于行为人只要有索取、同意收受或实际收受经济或其他利益的行为，即构成不正当履行相关职责或行为等三种行为，无须证明行为人对不正当行为"明知"或"确信"。② 《澳大利亚联邦刑法典》在贿赂犯罪之下也设立提供腐败利益与收受腐败利益等罪名（第 142.1 条），对不能证明犯罪人的主观意图但可以认定其行为对公职人员履行职责产生影响的犯罪行为进行处罚。③

### （四）"对称型"的处遇立场

从犯罪源头治理角度出发，加强对行贿行为的打击，消除行贿与受贿刑事治理结构的差异性，形成贿赂犯罪"对称型"治理，是积极治理主义的又一重要立场。美国、德国、意大利、西班牙等国在国内立法中采取行贿与受贿同罚制度。此外，积极治理主义还倡导在追诉机制上应贯彻对称治理模式。传统贿赂犯罪立法治理确立了"单边型"特别自首制度，但"单边型"特别

---

① 2001. évi CXXI. Törvény. 为有效限制刑法的不当适用，匈牙利刑法在同一条第 2 款规定，"对贿赂犯罪行为的近亲属，不应根据第 1 款的规定追究刑事责任。"

② Bribery Act 2010, sec. 2（2）.

③ 《澳大利亚刑法典》，张旭等译，北京大学出版社 2006 年版，第 6 页。

自首不符合对贿赂犯罪源头性治理之要求，反而容易成为行贿屡禁不止的重要原因。为此，积极治理主义基于"囚徒困境"理论，倡导建立"双边型"特别自首制度，增加受贿人特别自首制度，制造受贿者与行贿者内在紧张关系，瓦解双方信任关系，达到根源性治理的目的。2012 年匈牙利新刑法典明确规定了"双边性"特别自首制度，对于行贿人和受贿人均规定了条件基本相同的特别自首制度。① 葡萄牙刑法典第 372 条第 2 款也创新地规定了"受贿人退出机制"，即行为人在实施违背职业义务行为之前，自愿拒绝接受曾经答应接受的利益或承诺，或者将该利益予以退还的，免除刑罚处罚。②

### （五）复合型的主体责任立场

基于预防性治理之要求，增加组织监督责任，形成复合型的主体责任体系，是积极治理主义的又一基本立场。积极治理主义认为，现代贿赂衍生已经不再是权力支配者的个人独立行为，而与组织结构内部权力运行、监督不均衡有密切关系，后者对于贿赂行为的鼓励、放纵、默许或监督不足，是导致贿赂泛滥的重要原因。对此，有必要将权力结构个体责任原理修正为权力组织结构理论，将针对实行行为的封闭式治理转化为针对组织管理的开放式治理，实现贿赂犯罪立法防卫基点由行为环节向监管环节的前置化革新。据此，英国 2010 年《贿赂法》第 7 条创新性地规定了"商业组织预防贿赂失职罪"，规定商业组织对于疏于构建行贿预防机制而导致行贿行为发生承担必要的刑事责任。③ 对于不承认法人犯罪的国家，也有加强监督者（自然人）责任的类似规定。例如，匈牙利在行贿罪之下规定了一种特殊类型，即，法人负责人或有决定权、控制权的法人内部主体应为在其授权下的法人行贿行为承担责任，但其能证明已经履行了控制与监督义务的除外。

### （六）"权责制"的身份责任立场

在同样具备公职资格身份的前提下，不同层级或不同类型职业的公职人员的贿赂行为对于公职廉洁性的危害性大小有所不同，应当给予区分对待。据此，积极治理主义坚持"权责制"的身份责任立场，在立法上对特殊公职人员规定了更为严厉的刑事责任。例如，考虑到司法公职人员贿赂行为损害到司法公正性与国民对法的信赖，较之普通贿赂更为严重，挪威刑法典（第114 条）、荷兰刑法典（第 364 条）、希腊刑法典（第 237 条）等均规定了独立的司法贿赂罪，而德国刑法典第 331 条至第 333 条也将法官和仲裁员的贿赂作为加重情节处理。④ 此外，匈牙利区分了高级公职人员和普通公职人员

---

① 参见钱小平：《积极治理主义与匈牙利贿赂犯罪刑法立法转型》，载《首都师范大学学报》（哲学社会科学版）2014 年第 6 期。
② 《葡萄牙刑法典》，陈志军译，中国人民公安大学出版社 2010 年版，第 163 页。
③ Bribery Act 2010, sec. 7（5）.
④ 《德国刑法典》，徐久生、庄敬华译，中国法制出版社 2000 年版，第 227~228 页。

的身份差异，规定：普通公职人员受贿的法定基本刑为 1~5 年监禁刑；高级公职人员受贿的法定刑为 2~8 年监禁刑；高级公职人员受贿并违反职责的法定刑区间为 5~10 年监禁刑，进一步突出了对高级官员的重点惩治，体现了"严中从严"的更为积极的刑事惩治立场。[①]

### （七）多元化的刑罚立场

建立包括刑罚在内的多元化处罚制度，提升处罚合力作用的威慑效果，是积极治理主义的又一重要立场。积极治理主义从一般预防角度，要求犯罪人承担贿赂产生的各种不利后果，提高犯罪的政治成本与经济成本，从而加强刑罚的威慑与预防效果。例如，西班牙、捷克、意大利刑法典等规定了剥夺贿赂犯罪主体从事职业或担任公职的资格；挪威、芬兰刑法典规定了开除公职处罚。此外，以《联合国反腐败公约》为代表的国际公约倡导建立腐败利益取消、被害人损失赔偿等制度，尽管这些制度并不属于典型意义上的刑罚制度，但却是从保护社会整体利益角度出发，以特定的经济制裁方式修复因贿赂而受损的社会关系，同时也加强了贿赂犯罪的后果责任，加大了贿赂犯罪的经济成本，对于刑法惩治具有重要的补充作用。

## 三、积极治理主义下中国贿赂犯罪刑法立法之完善

### （一）新中国贿赂犯罪刑法治理之审视

1. 新中国贿赂犯罪刑法立法演进

自 1949 年 10 月 1 日中华人民共和国成立以来，中国现代贿赂犯罪刑事法制建设走出了一条从无到有、从依附性立法到立法体系不断健全与完备的发展之路。1952 年 4 月 21 日《中华人民共和国惩治贪污条例》以单行刑法方式首次规定了贪污罪（受贿罪仅作为贪污罪的一种行为类型）和行贿、介绍行贿罪，还规定了包庇贪污罪（包括受贿行为）等后续行为，确立了中国贿赂犯罪刑法立法的基本范式与体系结构，成为中国贿赂犯罪刑法立法生成的基本标志。1979 年刑法实现了贪污贿赂犯罪的法典化，受贿罪成为一个独立罪名被规定于法典中。1997 年刑法吸收了《关于严惩严重破坏经济的罪犯的决定》等特别刑法之规定，坚持自然人与单位贿赂犯罪的二元模式，采用分章制将贪污贿赂犯罪独立成章（第八章"贪污贿赂罪"），进一步强调严厉打击贿赂犯罪的犯罪化立场：在受贿罪中增设"斡旋受贿"行为类型，在公司、企业人员受贿罪中增加"经济受贿"；新增对单位行贿罪和对公司、企业人员行贿罪。在此之后，刑法修正案保持了贿赂行为的犯罪化态势，进一步完善了非国家工作人员贿赂犯罪，增设利用影响力受贿罪和对外国公职

---

① 参见钱小平：《积极治理主义与匈牙利贿赂犯罪刑法立法转型》，载《首都师范大学学报》（哲学社会科学版）2014 年第 6 期。

人员、国际公共组织官员行贿罪。

2. 消极治理主义下中国贿赂犯罪刑法治理之困境

消极治理主义是中国贿赂犯罪刑法立法的主导理念，在刑法立法上有非常明显的体现，如仅对贿赂行为进行惩治，而不考虑对事前不当预防行为进行惩治；通过"数额"、"利用职务上的便利"、"为他人谋取利益"等要素，选择性地不处罚轻微腐败；受贿罪是惩治重点，行贿罪和受贿罪在犯罪构成模式、立案标准、特别自首、刑罚处罚等方面处于"非对称"状态；死刑是受贿罪的法定最高刑，等等。

在消极治理主义的影响下，贿赂犯罪刑法立法一直处于扩张状态，规制范围不断扩大、体系不断完善，但犯罪治理效果并不理想，根据全国检察机关办理贿赂案件立案总量的统计，1998~2012 年贿赂犯罪数量呈明显上升趋势。[1] 刑法立法扩张与治理效果降低产生背反现象的根本原因在于：在消极治理主义之下，基于结果本位的立场，刑法立法仅针对贿赂行为本体进行应对性、后果性的规制，未能着眼于改造腐败滋生的环境系统而设计出具有预防功能的刑事规范，立法修正"治标不治本"，重视打击"存量腐败"却怠于预防"增量腐败"，在清算旧账时，新账也同时产生，进而难以形成腐败治理的良性循环。

《草案》启动了自 1997 年以来关于贿赂犯罪的最大规模修正，但由于消极治理主义的立法理念未能扭转，此次修正仍未对贿赂犯罪的刑法立法作出实质性调整。例如，《草案》建议删除受贿罪的具体犯罪数额规定，但抽象数额作为犯罪构成要件要素的法律地位并没有改变，相反，被取消的具体数额仍可以通过司法解释"还魂"，如此修正的实际意义何在？数额裁量制的最大积弊不是数额是否确定，而是数额的存在是否合理，塑造腐败"零容忍"的干净环境，在贿赂犯罪定罪机制中剔除数额要素才是关键。再如，草案建议对行贿罪进行修正，明确了不同层级的从宽处罚标准，防止特别自首的滥用，从而达到加强打击行贿犯罪的目的，然而，这样的修正并没有改变单边型自首的立法现状，行贿人与受贿人之间的追诉机制仍不均衡，从根本上仍然无法有效遏制作为受贿罪上游犯罪的行贿犯罪。

（二）积极治理主义下中国贿赂犯罪刑法治理之抉择

党的十八大以后，中共中央对当前的反腐形势作出了客观研判，"当前腐败现象多发，滋生腐败的土壤存在，党风廉政建设和反腐败斗争形势依然严峻复杂，必须加大惩治腐败力度，更为科学有效地防治腐败"。[2] 加强立法的科学性，提升立法的规制能力是构建反腐长效机制之关键。在反腐治理进

---

[1] 孙国祥、魏昌东：《反腐败国际公约与贪污贿赂犯罪立法研究》，法律出版社 2010 年版，第 115 页；《中国检察年鉴》，中国方正出版社 2010—2012 年版。

[2] 参见《在中共十八届三中全会第一次全体会议上的讲话》（2013 年 11 月 9 日）

入新时期的背景下，应当确立积极治理主义的立法观，并以此为主导，对既有刑法立法进行批判性构建，实现贿赂犯罪刑法立法治理的转型发展。当然，需要说明的是，积极治理主义是建立在消极治理主义基础上的一种观念修正，消极治理主义仍有其合理性的部分。例如，中国刑法独创性地规定了"自然人—单位"的二元化贿赂犯罪体系，有助于严密法网和加强对贿赂犯罪的整体治理，对此应当予以肯定。在确认合理性内容基础上，中国贿赂犯罪刑事立法应当予以如下更新修正：

1. 立法修正内容

（1）采取"零容忍"的刑事可罚性标准，删除冗余的受贿罪构成要件要素和数额要素。受贿罪"为他人谋取利益"、"利用职务上便利"、与贿赂犯罪的社会危害根据并无直接关系，却导致立法防卫阵线的后移，应当予以删除，同时构建"行为+职责不当履行"的罪状设计，即只要行为人提出、同意收受或实际收受财产利益的，以作为履行或不履行其职责条件的，就构成受贿罪。此外，立法应当删除贿赂犯罪的数额要素。数额无法充分反映公职行为廉洁性的受侵程度，数额的存在是导致司法产生"选择性打击"的重要原因，在犯罪构成设计上应当彻底删除数额要素，以体现国家严厉打击贿赂犯罪的"零容忍"立场。但是，也需考虑到转型过渡期司法操作的实际问题，故而在一定时期内仍应通过司法解释将数额作为犯罪情节的一个参考因素加以明晰化，但入罪数额标准不宜过高，以免与积极治理主义的"零容忍"理念相冲突。

（2）采取"对称型"的刑事处遇原则，加强对行贿犯罪的刑法治理。一是基于行贿罪与受贿罪的对向关系，对行贿犯罪构成要件要素进行对应性调整，在删除受贿犯罪"为他人谋取利益"要素的前提下，删除行贿罪、对单位行贿罪的"谋取不正当利益"要素；二是在刑法第388条之下增设"影响力行贿罪"，与利用影响力受贿罪相对应（《草案》已规定）；三是提升单位行贿罪的刑罚厉度，等于或大致接近于行贿罪的法定刑，以确保对行贿行为社会危害性的普遍性评价；四是建立"双边型"的特别自首制度，取消行贿罪中"因被勒索给与国家工作人员或者其他从事公务的人员以财物，没有获得不正当利益的，不是行贿"之规定，而将此种情况作为行贿罪的法定减轻情节；对于特定条件下的受贿犯罪设立特别自首制度，严格行贿人特别自首的适用条件。

（3）采取"权责制"的身份责任原理，实现"严中从严"之策略，将高级公职人员身份增加规定为量刑身份，即将"高级公职人员受贿"及"向高级公职人员行贿"分别规定为受贿罪与行贿罪的法定加重情节。

（4）采取强威慑化的处罚原理，强化综合性处罚的威慑效果。建立旨在提升犯罪成本的多元化惩罚措施，对受贿人设置剥夺公职并禁止回复的资格刑、对行贿人设置禁止市场准入的资格刑、增加罚金刑规定、规定基于贿赂而订立的合同无效等。此外，在世界死刑废止改革浪潮之影响下，中国已经开启了死刑废止之路，但对于腐败犯罪死刑的废止，仍有诸多来自于官方和民意的阻力，"在目前腐败现象还比较严重的情况下，短时间内即废止其死刑，会与国家基本的政治形势不相符合"。[①] 死刑作为体现国家反腐厉度的重要象征，在未来一段时间内仍将继续保留，等待合适机会再予以废止。

2. 新增相关罪名

（1）新增"利益冲突型"受贿罪。基于权力交易理论，普通受贿罪被定义为"行为+职责不当履行"模式，然而，这一模式仍然属于事后惩治范畴，缺乏事前预防功能，难以惩治具有利益冲突的腐败行为，如逢年过节、生病嫁娶收受的礼金等。党的十八大报告的一个重要精神，就是重申要"防止利益冲突，更加科学有效地防治腐败"。基于积极治理主义立场，应在刑事领域引入禁止利益冲突规则，只要公职人员及其配偶、子女有接受或索取利益的行为，且这种行为导致公共利益与私人利益发生冲突，即构成犯罪。当然，与普通受贿罪不同的是，此类犯罪不要求有特别的交易性犯罪目的，但有一定的数额标准要求，以避免刑法过度介入国民生活。

（2）增设单位预防行贿失职罪。反腐实践已经证明，市场经济中大量的行贿行为并非行贿人单纯的自发行为，而是与其单位利益有密切联系，因单位内部控制的薄弱与不足而导致行贿行为的发生，单位及其负责人负有不可推卸的监督责任，这也是企业社会责任的重要内容。2004年《联合国全球契约》提出了"企业应反对各种形式的腐败，包括敲诈勒索和行贿受贿"。将预防行贿责任法定化和犯罪化，使企业管理者充分认识到预防责任所在，对于落实企业社会责任、加强贿赂犯罪的源头治理，都是非常有必要的。因此，建议增设单位预防行贿失职罪，规定因疏于构建单位内部行贿预防制度而导致单位成员为单位利益向他人行贿的，单位及其主管人员承担监督过失的刑事责任。该罪为单位犯罪，同时处罚直接主管人员及其他直接责任人员。

---

① 赵秉志：《论中国非暴力犯罪死刑的逐步废止》，载《政法论坛》2005年第1期。

# 中国贿赂犯罪罪名体系之完善建议

陈志军[*]

中国在较长的时期里仍将面临严峻的反腐败形势。在法治社会中，反腐败工作自然主要依靠法治手段，完善包括刑法在内的反腐败法律制度就是其中的关键环节。贿赂犯罪是腐败犯罪的主要类型之一。1952 年 3 月颁布的《中华人民共和国惩治贪污条例》是新中国贿赂犯罪立法的开端，此后的 1979 年刑法、1982 年全国人大常委会《关于严惩严重破坏经济的罪犯的决定》、1988 年全国人大常委会《关于惩治贪污罪贿赂罪的补充规定》、1997 年刑法不断地进行了修改和补充，形成了现有的贿赂犯罪刑法立法格局。目前，中国刑法中的贿赂犯罪包括两大部分：一是分则第八章"贪污贿赂罪"中的行贿罪、对单位行贿罪、单位行贿罪、受贿罪、单位受贿罪、利用影响力受贿罪和介绍贿赂罪七个罪名；二是分则第三章第三节"妨害对公司、企业的管理秩序罪"中的非国家工作人员受贿罪、对非国家工作人员行贿罪和对外国公职人员、国际公共组织官员行贿罪三个罪名。在考察当今中国贿赂犯罪的现实状况和司法实务的基础上，借鉴分析境外反贿赂犯罪刑事立法的经验，笔者认为，中国现行的贿赂犯罪罪名体系存在较为严重的缺陷，迫切需要予以完善，以适应深入开展反腐败工作的现实需要。笔者认为，我国这种貌似严密的贿赂犯罪罪名体系设置方式非常不科学，既不符合国际通行做法，也不符合满足有效惩治贿赂犯罪的现实需要，还给司法认定带来无谓的困扰，应当予以简化和完善。具体如下：

## 一、 将行贿罪、 单位行贿罪和对单位行贿罪合并为行贿罪

我国现行刑法对以国家工作人员或者国有单位为对象的行贿犯罪设置了行贿罪、单位行贿罪和对单位行贿罪三个具体罪名。应当将行贿罪、单位行贿罪和对单位行贿罪合并为行贿罪，自然人和单位均可以构成。目前的这种立法方式存在以下缺陷：

### （一）严重失衡的法定刑设置违背罪责刑相适应原则

重罪重责重刑，轻罪轻责轻刑，是罪责刑相适应原则的基本要求。在立法层面，罪责刑相适应原则对立法机关行使制刑权这一刑罚权权能具有约束

---

[*] 中国人民公安大学法学院教授。

力，要求以社会危害性大小作为设置法定刑的基本标尺，对社会危害性相当的犯罪行为应当设置相当的法定刑。如果对社会危害性相当或者更大的行为，设置了畸轻的法定刑，就有悖这一刑法基本原则的要求。我国现行刑法在行贿罪、单位行贿罪和对单位行贿罪的法定刑设置上严重失衡。行贿罪的法定最高刑为无期徒刑，单位行贿罪的法定最高刑为5年有期徒刑，对单位行贿罪的法定最高刑为3年有期徒刑。基于罪责刑相适应原则，似乎这三类行贿行为的社会危害性从大到小按照下列顺序排列：行贿罪→单位行贿罪→对单位行贿罪，而且行贿罪的社会危害性要远远高于单位行贿罪和对单位行贿罪。但实际情况并非如此：第一，由于单位往往具有更强的经济实力和更大的利益诉求，行贿的数额往往会更大，社会危害性也因此更大。因此，对行贿罪规定比单位行贿罪重得多的法定刑显属不当。第二，对单位行贿罪和行贿罪只是行为对象的差异，前者针对国有单位实施，后者针对国家工作人员实施，前者腐蚀的是国有单位的整体而非其某一成员，因而其社会危害性往往还要大于后者，至少不能说低于后者。因而，对行贿罪规定比对单位行贿罪重得多的法定刑同样不妥。2000年12月1日最高人民检察院颁布的《关于行贿罪立案标准的规定》更是放大了上述缺陷。该司法解释规定，行贿罪的一般立案追诉标准是行贿数额1万元以上，单位行贿罪是20万元以上；对单位行贿罪，个人实施的，为10万元以上，单位实施的，为20万元以上。

（二）不符合我国刑法的罪名设置通例

在我国刑法中，有些犯罪行为既可以由自然人实施也可以由单位实施。对于这类行为来说，立法的通例是，不管主体是自然人还是单位，仍将其归属于同一个罪名（例如走私罪、侵犯知识产权罪等150多个犯罪都是如此）。将行贿罪和单位行贿罪、受贿罪和单位受贿罪规定为独立的罪名，是让人不解的两处例外。这两处例外没有任何的合理性根据，既有悖罪责刑相适应原则，也不符合从严惩治腐败的刑事政策。更让人不解的是，立法者进行这种例外罪名设置的做法并未在分则第八章中彻底贯彻，因为刑法第391条规定对单位行贿罪的主体既可以是自然人也可以是单位，换言之，并未比照行贿罪和单位行贿罪分立的做法，将其也分立为对单位行贿罪和单位对单位行贿罪两个罪名。

（三）行贿罪的有关规定是否可以比照适用于单位行贿罪或者对单位行贿罪存在争议

虽然现行刑法将行贿罪、单位行贿罪和对单位行贿罪分别规定为三个罪名，但有关的规定并不周全。立法上对行贿罪的规定相对比较周全，而对后两罪则较为简略。刑法对行贿罪的两项规定，并未对后两罪作出明确规定，这就会导致适用上的分歧：（1）因被勒索给予财物行为的定性。刑法第389条第3款规定，"因被勒索给予国家工作人员以财物，没有获得不正当利益的，不是行贿"。这一规定可比照适用于单位行贿罪或者对单位行贿罪?
（2）特殊自首的规定。刑法第 390 条第 2 款规定："行贿人在被追诉前主动交待行贿行为的，可以减轻处罚或者免除处罚。"这被称为针对行贿罪的特殊自首，其从宽幅度要大于总则中的自首。这一规定能否比照适用于单位行贿罪或者对单位行贿罪?

**（四）不符合当今世界各国和地区通行的行贿犯罪立法模式**

考察境外的针对公务人员的行贿犯罪立法，根据是否进一步细分不同的具体罪名，可以分为两种模式：（1）一罪模式。这种模式只设置行贿罪一个罪名，不再细分具体罪名。其优点是避免了司法实务在行贿犯罪内部区分此罪与彼罪界限的麻烦。例如，《日本刑法典》第 198 条、①《俄罗斯联邦刑法典》第 291 条、②《巴西刑法典》第 333 条、③《奥地利联邦共和国刑法典》第 307 条、④《葡萄牙刑法典》第 374 条、⑤《越南刑法典》第 289 条。⑥（2）数罪模式。也有一些国家根据不同的标准，将行贿行为分设两个或者两个以上的具体罪名。在数罪模式下，因为分设罪名的标准不同又可以分为两种模式：第一，主观意图分立模式。绝大多数国家分设行贿犯罪具体罪名的标准是，行为人是否具有"让公务人员违背法律或者职责为或者不为一定行为"之意图，对具有这一意图的行贿犯罪，都设置了比不具有这一意图的行贿犯罪较重的法定刑。例如，《瑞士联邦刑法典》第 322 条 b 和第 322 条 d、⑦《德意志联邦共和国刑法典》第 333 条和第 334 条⑧等。第二，行为对象分立模式。也有一部分国家将行贿犯罪区分针对一般公务员的行贿罪和针对司法人员的行贿罪。例如，《希腊刑法典》第 236 条和第 237 条。⑨需要指出的是，在采用一罪模式的国家，有的也针对具有"让公务人员违背法律或者职责为或者不为一定行为"之意图的情形设置了较重的量刑幅度，例如《波兰刑法典》第 229 条。⑩我国刑法现行的行贿犯罪分设罪名的标准是，按照犯罪主体是自然人还是单位分为行贿罪和单位行贿罪，再按照行为对象是自然人还是单位进一步分设对单位行贿罪。据笔者考察，这种分设标准在当今世

---

① 张明楷译：《日本刑法典》，法律出版社 1998 年版，第 63 页。
② 黄道秀译：《俄罗斯联邦刑法典》，中国法制出版社 2004 年版，第 158~159 页。
③ 陈志军译：《巴西刑法典》，中国人民公安大学出版社 2009 年版，第 140 页。
④ 徐久生译：《奥地利联邦共和国刑法典》，中国方正出版社 2004 年版，第 116~117 页。
⑤ 陈志军译：《葡萄牙刑法典》，中国人民公安大学出版社 2010 年版，第 164 页。
⑥ 米良译：《越南刑法典》，中国人民公安大学出版社 2005 年版，第 131 页。
⑦ 徐久生、庄敬华译：《瑞士联邦刑法典》，中国方正出版社 2004 年版，第 101 页。
⑧ 徐久生译：《德意志联邦共和国刑法典》，中国政法大学出版社 1991 年版，第 193~194 页。
⑨ 陈志军译：《希腊刑法典》，中国人民公安大学出版社 2010 年版，第 96~97 页。
⑩ 陈志军译：《波兰刑法典》，中国人民公安大学出版社 2009 年版，第 86 页。

下卷·五

界独此一例，① 缺乏合理根据。

**（五）徒增司法实务区分此罪与彼罪界限的困扰**

现行的按照犯罪主体和行为对象分设行贿犯罪的立法模式，会给刑事司法实务造成很大的困扰。具体而言：（1）犯罪主体认定中的区分。在现行的行贿罪和单位行贿罪分立的立法模式下，司法人员必须区分行贿的主体是自然人还是单位，这是区分二罪的关键。但这一区分并非易事。1999 年 6 月 18 日最高人民法院《关于审理单位犯罪案件具体应用法律有关问题的解释》规定，下列主体可以成为刑法上的单位犯罪主体：第一，国有、集体所有的公司、企业、事业单位。这些单位不必具有法人资格，尤其是集体企业不分大小都是单位。第二，依法设立的合资经营、合作经营企业。根据《中外合资经营企业法》，合资经营企业都具有法人资格；但根据《中外合作经营企业法》，合作经营企业则不一定具有法人资格。第三，具有法人资格的独资、私营等公司、企业、事业单位。对于私营合伙企业、私营独资企业，不论其规模大小，都按照自然人论。该司法解释还规定，把下列四种具有单位犯罪部分特征的情形"刺破面纱"按照自然人犯罪论处：第一，个人为进行违法犯罪活动而设立的公司、企业、事业单位实施犯罪的；第二，设立公司、企业、事业单位后，以实施犯罪为主要活动的；第三，盗用单位名义实施犯罪，违法所得由实施犯罪的个人私分的。② 抛开这一司法解释的合理性不说，③ 其上述规定在司法实践中的具体适用并不容易，例如在"国有"单位的认定中，因为目前我国国有资产的主要存在形式是混合所有制，100%国有的公司、企业已经非常少见，对含有国有股份的混合所有制公司、企业能否认定为国有公司、企业就存在很大分歧。出现了国有说、非国有说、国有股份50%以上说、国有股份控股说等不同意见。④ 此外，该解释中的"集体所有的公司、企业、事业单位"之集体所有如何认定、"为进行违法犯罪活动而

---

① 根据《法国刑法典》第 433-1 条、第 433-25 条以及第 121-2 条第 3 款的规定，自然人和法人都可以构成行贿罪。在法人构成行贿罪的情况下，采取双罚制，即"法人负刑事责任不排除作为同一犯罪行为之正犯或共犯的自然人的刑事责任"，换言之，对法人的直接责任人员处以自然人犯罪之刑罚。该模式不存在我国模式存在的不同行贿犯罪之间法定刑相差悬殊的问题。参见罗结珍译：《法国刑法典》，中国法制出版社 2003 年版，第 8 页、第 155 页、第 161 页。

② 类似于公司法上的"刺破公司法人的面纱"（也称"公司法人人格否认"），是指为了防止股东有限责任原则和公司独立法人格制度因被滥用而产生的弊端，以保护公司债权人利益和社会公共利益，基于具体法律关系中的特定事实，在具体个案中否认公司的独立法人格以及股东的有限责任，从而使公司股东对公司的债权人直接承担责任，以维护社会公平与正义这一法律终极目标的一种法律原则。参见王利明：《民商法理论与实践》，吉林人民出版社 1996 年版，第 544 页。

③ 例如该司法解释存在明显的所有制歧视。参见陈志军：《共同犯罪的理论与实践》，中国人民公安大学出版社 2012 年版，第 36~38 页。

④ 陈志军：《侵犯财产罪的追诉标准与司法认定实务》，中国人民公安大学出版社 2010 年版，第 213 页。

设立"如何查明和认定、"以实施犯罪为主要活动"之"主要"应采用什么具体认定标准、何为"盗用单位名义",都是难以认定的问题。(2)犯罪对象认定中的区分。区分行贿罪和对单位行贿罪,以及区分单位行贿罪和对单位行贿罪的关键也在于,行贿的对象是自然人(国家工作人员)还是单位(国家机关、国有公司、企业、事业单位、人民团体)。这一区分往往也很困难。具体而言,需要判断受贿方索取或者收受贿赂的行为是个人行为还是单位行为? 对受贿这种章程之外的不法行为的性质,无论在刑法还是在民法或者公司法上都是非常难以回答的问题。此外,向国有单位的分支机构或者内设机构、部门行贿,能否参照有关司法解释性文件的精神做同样的认定,也存在疑问。①

## 二、 将受贿罪和单位受贿罪合并为受贿罪

我国现行刑法将国家工作人员或者国有单位为主体的受贿犯罪设置了受贿罪和单位受贿罪和对单位行贿罪三个具体罪名。应当将受贿罪和单位受贿罪合并为受贿罪,自然人和单位均可以构成。受贿犯罪现有的罪名设置方式不但存在前述行贿罪的第1、第2、第5项缺陷,还存在其他缺陷。在此,笔者只强调以下几点:

### (一) 受贿罪和单位受贿罪之间的法定刑设置严重失衡

单位受贿罪的社会危害性不亚于受贿罪,但二者的法定最高刑却存在天壤之别,后者的法定最高刑为死刑,而前者的法定最高刑仅为5年有期徒刑。1999年最高人民检察院《关于人民检察院直接受理立案侦查案件立案标准的规定(试行)》更是放大了这一缺陷。该司法解释规定,受贿罪的一般立案追诉标准是5000元,而单位受贿罪为10万元。

### (二) 不符合当今世界各国和地区通行的受贿犯罪立法模式

考察境外的公务人员受贿犯罪立法,根据是否进一步细分不同的具体罪名,也可以分为两种模式:(1)受贿罪一罪模式。例如《俄罗斯联邦刑法典》第290条。② (2)数罪模式。有一些国家根据不同的标准,将受贿行为分设两个或者两个以上的具体罪名。在数罪模式下,因为分设罪名的标准不同主要又可以分为四种模式:第一,所涉行为是否违背职责分立模式。例如,我国台湾地区"刑法典"第121条和第122条将受贿罪分为不违背职务之受贿罪和违背职务受贿罪。第二,受贿和索贿分立模式。例如,《德意志联邦

下卷·五

---

① 2001年《全国法院审理金融犯罪案件工作座谈会纪要》规定:以单位的分支机构或者内设机构、部门的名义实施犯罪,违法所得亦归分支机构或者内设机构、部门所有的,应认定为单位犯罪。不能因为单位的分支机构或者内设机构、部门没有可供执行罚金的财产,就不将其认定为单位犯罪,而按照个人犯罪处理。

② 黄道秀译:《俄罗斯联邦刑法典》,中国法制出版社2004年版,第157~158页。

共和国刑法典》第 331 条规定了受贿罪、第 332 条规定了索贿罪。[①] 第三,受贿和斡旋受贿分立模式。《越南刑法典》第 279 条规定了受贿罪、第 283 条规定了斡旋受贿罪。[②] 第四,犯罪主体分立模式。《希腊刑法典》第 235 条规定了受贿罪、第 237 条规定了司法贿赂罪。[③]《奥地利联邦共和国刑法典》第 304 条规定了官员收受礼品罪、第 305 条规定了公营企业负责雇员收受礼品罪、第 306 条规定了鉴定人收受礼品罪。[④] 可见,境外虽然存在区分犯罪主体的不同设置不同的具体受贿罪名的立法模式,但与我国区分自然人和单位设置不同的具体罪名的立法模式存在根本区别,境外的犯罪主体区分模式是以社会危害性大小为根据,有其合理性,而我国的模式却没有合理根据。

**(三) 自然人和单位共同犯受贿罪将出现司法认定难题**

在现行的受贿罪和单位受贿罪并立的立法模式下,如果出现自然人(国家工作人员)和单位(国家机关、国有公司、企业、事业单位、人民团体)各自利用自己的职务便利共同受贿的,将面临司法认定的以下难题:(1)立案标准适用的难题。根据 1999 年最高人民检察院《关于人民检察院直接受理立案侦查案件立案标准的规定(试行)》,受贿罪的一般立案追诉标准是 5000 元,而单位受贿罪为 10 万元。此时,在这两个立案标准中,应当适用哪一标准?如果共同受贿数额在 5000 元以上不满 10 万元的,选择不同的立案标准,将对罪与非罪的认定产生重大影响。能否比照 2002 年 7 月 8 日最高人民法院、最高人民检察院、海关总署《关于办理走私刑事案件适用法律若干问题的意见》第 20 条的规定处理?[⑤](2)罪名认定的难题。这种情况下,根据刑法理论属于"一行为触犯数罪名"的想象竞合犯,应当从一重罪处断。比照二者的立案标准和法定刑,应当以较重的受贿罪论处。于是就出现了单位实际上也可以构成受贿罪的情况,而这显然有违立法者区分受贿罪和单位受贿罪之初衷。(3)法定刑幅度适用的难题。如果认定共同犯罪成立,对单位也以受贿罪论处,就可以对其直接责任人员判处超过单位受贿罪法定最高刑 5 年有期徒刑之刑罚乃至死刑。这样处刑是否具有合理性?

---

① 徐久生译:《德意志联邦共和国刑法典》,中国政法大学出版社 1991 年版,第 192~193 页。

② 米良译:《越南刑法典》,中国人民公安大学出版社 2005 年版,第 126~129 页。

③ 陈志军译:《希腊刑法典》,中国人民公安大学出版社 2010 年版,第 96~97 页。

④ 徐久生译:《奥地利联邦共和国刑法典》,中国方正出版社 2004 年版,第 115~116 页。

⑤ 该司法解释性文件规定:单位和个人(不包括单位直接负责的主管人员和其他直接责任人员)共同走私的,单位和个人均应对共同走私所偷逃应缴税额负责。对单位和个人共同走私偷逃应缴税额为 5 万元以上不满 25 万元的,应当根据其在案件中所起的作用,区分不同情况做出处理。单位起主要作用的,对单位和个人均不追究刑事责任,由海关予以行政处理;个人起主要作用的,对个人依照刑法有关规定追究刑事责任,对单位由海关予以行政处理。无法认定单位或个人起主要作用的,对个人和单位分别按个人犯罪和单位犯罪的标准处理。

## 三、 废除介绍贿赂罪

我国刑法在行贿犯罪和受贿犯罪之外还规定了介绍贿赂罪。笔者认为，根据我国刑法的通例以及反腐败工作所面临的严峻形势，应当废除介绍贿赂罪，明确介绍贿赂以行贿罪或者受贿罪的共犯论处。主要理由如下：

### （一） 介绍贿赂罪和行贿犯罪、受贿犯罪之间的法定刑严重失衡

目前，介绍贿赂罪的法定最高刑仅为 3 年有期徒刑，明显低于行贿犯罪和受贿犯罪。其过低的法定刑与其社会危害性不符。介绍贿赂者在行贿者和受贿者之间牵线搭桥、穿针引线，促成权钱交易的实现，实践中还出现了一些以此为常业的人。对此类行为予以严惩，是反腐败工作的重要环节。考察介绍贿赂罪与行贿罪的关系就可以发现，在 1979 年刑法中，对行贿罪和介绍贿赂罪一视同仁，不仅规定于同一条款，就是法定刑也完全一致，其第 185 条第 3 款规定："向国家工作人员行贿或者介绍贿赂的，处三年以下有期徒刑或者拘役"。二者的法定刑设置差异开始于 1988 年全国人大常委会《关于惩治贪污罪贿赂罪的补充规定》，该单行刑法在没有提高介绍贿赂罪法定刑的情况下将行贿罪的法定最高刑提高至无期徒刑。

### （二） 与我国刑法对介绍行为的定性通例不符

介绍行为在本质上是一种教唆或者帮助行为。对于介绍行为的定性，我国刑法上采取如下通常做法：一是将其规定为独立的犯罪，如介绍卖淫罪。因为我国未将介绍行为所指向的卖淫行为本身规定为犯罪，无法依据共同犯罪理论将其入罪，因而只能将"介绍"这一协力行为规定为独立的犯罪。二是将其按照所指向行为的共同犯罪论处。例如，司法解释性文件规定：介绍买卖枪支、弹药、爆炸物的，按照买卖枪支、弹药、爆炸物罪的共犯论处；[1] 明知他人实施毒品犯罪而为其居间介绍的，无论是否牟利，都应当以相关毒品犯罪的共犯论处；[2] 明知他人是拐卖儿童的"人贩子"，仍然利用从事福利救助、诊疗等工作的便利或者了解被拐方情况的条件，居间介绍的，以拐卖儿童罪的共犯论处，[3] 等等。从理论上讲，介绍贿赂显然属于上述第二种情形，应当以其所指向的行贿或者受贿行为的共犯论处。但我国现行刑法却将介绍贿赂行为规定为独立的犯罪，不符合上述通例。

---

① 2001 年 5 月 10 日最高人民法院《关于审理非法制造、买卖、运输枪支、弹药、爆炸物等刑事案件具体应用法律若干问题的解释》第 1 条第 2 款。

② 2008 年 12 月 1 日最高人民法院下发的《全国部分法院审理毒品犯罪案件工作座谈会纪要》。

③ 2010 年 3 月 15 日最高人民法院、最高人民检察院、公安部、司法部《关于依法惩治拐卖妇女儿童犯罪的意见》第 22 条。

### （三）不应片面借鉴境外肯定介绍贿赂罪的立法例

考察境外立法例，规定介绍贿赂罪的立法主要有：1922 年《苏俄刑法典》、1999 年《越南刑法典》和东欧的一些前社会主义国家的刑法典。需要注意的是：（1）应当全面了解苏联和东欧国家之介绍贿赂罪的立法演进过程及结局。1922 年《苏俄刑法典》在第 114 条规定了受贿罪和行贿罪之后，又在第 115 条规定了怂恿贿赂罪，但怂恿贿赂罪的法定刑为"不少于 3 年的监禁或者死刑"，与我国现行刑法对介绍贿赂罪的法定最高刑存在天壤之别。但 1960 年《苏俄刑法典》在第 173 条规定了受贿罪（法定最高刑为 10 年监禁）之后，在第 174 条规将行贿行为和介绍贿赂行为一并规定在行贿罪中，二者的法定刑完全相同，法定最高刑为 5 年监禁。这也是 1979 年中国刑法典采取将行贿罪与介绍贿赂规定在同一个条文中、法定刑完全相同之立法例的渊源。考察东欧剧变后的俄罗斯、波兰、捷克、匈牙利等国的刑法典，均已经完全抛弃了介绍贿赂罪的立法。可见，肯定介绍贿赂罪的立法实践并不成功。（2）越南刑法中的介绍贿赂罪所导致的罪责刑不适应程度轻于我国。《越南刑法典》第 290 条规定的介绍贿赂罪法定最高刑为 20 年有期徒刑，行贿罪的法定最高刑为无期徒刑，[①] 受贿罪的法定最高刑为死刑。虽然仍然存在罪责刑不相适应的问题，但远远不如中国突出。

## 四、 其他完善建议

关于我国贿赂犯罪罪名体系的完善，还有如下两点建议：

### （一）将刑法分则第三章中的贿赂犯罪纳入第八章贪污贿赂罪之中

我国刑法分则第三章第三节"妨害对公司、企业的管理秩序罪"中有三个贿赂犯罪：非国家工作人员受贿罪、对非国家工作人员行贿罪和对外国公职人员、国际公共组织官员行贿罪三个罪名。2006 年《刑法修正案（六）》将对公司、企业人员行贿罪修改为对非国家工作人员行贿罪，将公司、企业人员受贿罪修改为非国家工作人员受贿罪，其犯罪主体或者行为对象由"公司、企业工作人员"扩大到"公司、企业或者其他单位的工作人员"。意味着这两个犯罪的客体不再局限于"公司、企业的管理秩序"，放在分则第三章第三节之下已经不妥。2011 年《刑法修正案（八）》新增的对外国公职人员、国际公共组织官员行贿罪放在第三章第三节之下更是不妥。笔者建议均将并入分则第八章"贪污贿赂罪"中。

### （二）完善利用影响力受贿罪和向有影响力人行贿罪这一对合犯

2009 年《刑法修正案（七）》新增了利用影响力受贿罪，但行贿与受贿具有对合性，只规定利用影响力受贿罪显然是不合适的。为此，《刑法修

---

① 2009 年 6 月，越南废止了行贿罪的死刑。

正案（九）（草案）》拟增设"向有影响力人行贿罪"，以完成我国所参加的《联合国反腐败公约》第 18 条所规定的将"影响力交易"行为入罪的要求。如前所述，笔者建议简化合并后的行贿罪和受贿罪的主体既包括单位也包括自然人。因而，利用影响力受贿罪和向有影响力人行贿罪这一对犯罪也应当如此，应当增设单位犯罪的规定。

# 我国贿赂犯罪罪名体系的省思与重构

陆 旭[*]

## 一、 我国贿赂犯罪罪名体系的现状及特点

1979 年刑法在第八章"渎职罪"中规定了受贿罪、行贿罪与介绍贿赂罪，奠定了我国贿赂犯罪刑事法网的基础；1997 年刑法通过增设罪名、调整类罪分布等方式对贿赂犯罪罪名体系进行改造，形成了沿用至今的贿赂犯罪总体立法框架。此后，《刑法修正案（六）》将"公司、企业人员受贿罪"的主体范围和"对公司、企业人员行贿罪"的对象范围均扩大至包括"其他单位的工作人员"，相应地，罪名也变为"非国家工作人员受贿罪"和"对非国家工作人员行贿罪"，弥补了刑法在罪名上呈现的漏洞。《刑法修正案（七）》增设了"利用影响力受贿罪"，"突破了在非共同犯罪的情况下受贿的主体只能是国家工作人员的传统思维判断，明确了国家工作人员的近亲属和其他关系密切的人在非共同犯罪的情况下可以单独构成受贿犯罪的情形。"[①]《刑法修正案（八）》增设了"对外国公职人员和国际公共组织官员行贿罪"，实现了刑法对行贿犯罪行为打击的立体化与全面化。《刑法修正案（九）（草案）》拟增加对具有影响力人员行贿罪。[②] 加之"两高"出台相关司法解释，我国贿赂犯罪罪名体系处于频繁变化之中，这实际上是建国特别是改革开放、实行市场经济以来我国政治、经济、社会发展的新形势在刑事立法上的反映。

从上述贿赂犯罪刑法规范的演变可以看出立法机关与司法机关对严密贿赂犯罪刑事法网的不懈努力。以罪名体系的不断扩大，构成要件内容的不断完善为基本特点，我国贿赂犯罪罪名体系呈现出"身份—行为"的双层次立法规制体系：我国贿赂犯罪罪名分布于第三章"破坏社会主义市场经济秩序罪"和第八章"贪污贿赂罪"两个子罪名体系中，根据主体不同分为国家工作人员的贿赂犯罪与非国家工作人员贿赂犯罪，这种以身份为标准的划分方

---

[*] 天津市人民检察院助理检察员，中国政法大学刑法学博士研究生。

[①] 王晓明、朱建华：《贿赂犯罪罪名刍议——以〈刑法修正案七〉为视角》，载《黑龙江社会科学》2011 年第 1 期。

[②] 鉴于《刑法修正案（九）（草案）》还未正式通过、生效，并且"两高"关于确定罪名的司法解释尚未出台的情况，本文暂且称该罪为"对具有影响力人员行贿罪"。

式是受到我国传统政治体制和经济体制等历史因素影响而形成，具有"中国特色"。在此基础上，我国贿赂犯罪又引入了行为方式标准，将上述分类结果进一步划分为：行贿行为、受贿行为、介绍贿赂行为以及利用影响力贿赂行为。可以说，这种二元双层次的"身份—行为"划分模式较为合理，也为国际公约及域外立法认可。

## 二、 我国贿赂犯罪罪名体系的不足

当前我国贿赂犯罪仍然相当严重：案件数量高位运行、犯罪数额大、犯罪主体身份高、在关键领域出现"前腐后继"、"窝案窜案"等现象。巨大的反差不得不让我们正视我国贿赂犯罪刑事立法存在的诸多问题，反思如何针对我国贿赂犯罪的严峻现实和犯罪规律、特征，构建科学合理、行之有效的惩治贿赂犯罪的刑法规范体系。我国贿赂犯罪罪名体系有以下不足：

第一，分类标准不统一，类别不清。一是主体身份混杂，第388条之一的利用影响力受贿罪的主体本身并非是国家工作人员，却置于分则第八章中，造成贿赂犯罪分类"身份标准"的模糊化。二是行为类别粗细有别。斡旋受贿罪本质上属于间接受贿的行为方式，其与受贿罪在行为方式上是对应关系，尽管刑法并没有单独规定"斡旋受贿罪"的罪名，但在国家工作人员的贿赂犯罪中是客观存在的，这造成贿赂犯罪分类"行为标准"粗细有别，既有直接受贿与间接受贿的粗略划分，又有行贿、受贿、介绍贿赂、利用影响力受贿等细致划分，特别是对非国家工作人员这一主体没有规定"斡旋受贿"的行为方式。

第二，引入了"单位"次级身份标准，从而使得罪名体系变得混乱无章、前后矛盾。一方面，有的罪名存在单位犯罪，有的罪名不存在单位犯罪，有的单位贿赂犯罪是独立的罪名，有的却不是独立罪名，这使得诸多罪名之间缺乏系统性与协调性，缺位、散乱，体现不出对称美感。另一方面，我国贿赂犯罪的相关条文中存在前后矛盾、难以协调的体系问题，客观上制约了惩治腐败犯罪功能的发挥。例如，刑法第30条规定了单位犯罪的成立范围，即"公司、企业、事业单位、机关、团体实施的危害社会的行为，法律规定为单位犯罪的，应当负刑事责任。"刑法其他条文中"单位"的概念都是在此含义上使用的。而刑法第387条（单位受贿罪）、第391条（对单位行贿罪）却对"单位"的概念进行了限缩规定——只有国家机关、国有公司、企业、事业单位、人民团体才属于该两罪中的"单位"。[①] 这种刑法规范体系上的前后矛盾，严重制约了贿赂犯罪规范体系整体功能的发挥，亟待进行协调、

---

① 李莹、杨陈炜：《刑法中单位受贿罪存在三个不足》，载《检察日报》2011年2月18日，第3版。

统一。

第三，不能客观体现贿赂犯罪的社会危害性本质。一是从刑罚角度来看，自然人贿赂犯罪的刑罚要普遍高于单位贿赂犯罪的刑罚，但是从社会危险性来看，后者不必然更轻，甚至往往危害性更大，从而违背了罪刑相适应的基本原则。二是我国立法往往重视对受贿犯罪的打击，而对行贿犯罪的打击相对轻缓，体现在罪名体系上就是有一些受贿行为是犯罪，而对应的行贿行为不是犯罪，如没有规定利用影响力受贿罪的对向罪名等。实际上，行贿、受贿之间是一种"源""流"关系，我国刑法应摒弃"重打击轻预防"的理念，应注意从源头上预防腐败犯罪。

## 三、 重构我国贿赂犯罪罪名体系——严密整体犯罪圈

### （一）取消独立的单位贿赂犯罪罪名，改设单位犯罪主体条款

目前，我国刑法中单位贿赂犯罪存在的主要问题是定位不明确。立法时正值我国经济转型的巨变时期，为了应对当时频繁发生的单位为谋利而受贿等行为，特设立单位受贿罪，但在经济和法制都相对更加成熟的今天看来，该类单位犯罪的设置已经落后于社会现实，并因立法技术问题而出现诸多弊端：

第一，违背贿赂犯罪类罪立法规律，随意性强、连续性差。一是单位概念"同名异义"，令人困厄。单位犯罪的内涵应以刑法第30条为基础，而在我国贿赂犯罪罪名体系中，同为单位犯罪，"单位"的内涵却不尽相同，例如，单位行贿罪中的"单位"并无限制，既可以是国有单位也可以是非国有单位；而单位受贿罪的"单位"却只能是国有单位。二是单位贿赂犯罪罪名缺位。如果将国家工作人员、非国家工作人员、单位及各种行为方式排列组合后便会发现：单位主体并非在任何贿赂犯罪中都存在，如缺少非国有单位的受贿罪、对非国有单位行贿罪、单位介绍贿赂罪、单位利用影响力受贿罪等。这些行为在现实中并非不可能发生，也并非不具有严重的社会危害性，而刑事立法却并未对其做出规定。三是既有纯正单位犯罪（独立单位犯罪罪名，如单位受贿罪）；也有不纯正的单位犯罪（自然人和单位均可构成，无独立单位犯罪罪名，如对单位行贿罪），设置模式选择带有很大的随意性。[①]如在对国家工作人员行贿的情况下，刑法区分了自然人犯罪主体和单位犯罪主体，前者构成行贿罪，后者构成单位行贿罪，分属两个不同的罪名。而在对非国家工作人员行贿的情况下，刑法却没有区分自然人犯罪主体和单位犯罪主体，一律构成对非国家工作人员行贿罪，这样的罪名设置容易造成适用

---

① 孙国祥、魏昌东：《反腐败国际公约与贪污贿赂犯罪立法研究》，法律出版社2011年版，第269页。

上的混乱，让人以为对非国家工作人员行贿罪和对单位行贿罪的犯罪主体只有自然人而不包括单位，从而丧失了通过罪名揭示犯罪构成，进而发挥刑法规范作用的功能。

第二，对自然人贿赂犯罪与单位贿赂犯罪采取不同的定罪量刑标准有违刑法平等原则。首先，两者在立案数额上存在巨大差异，如受贿罪的起刑点为 5000 元，而单位受贿罪的起刑点为 1 万元；行贿罪的起刑点为 1 万元而单位行贿罪的起刑点为 20 万元。有学者提出质疑："单位和自然人属于同一犯罪，构成要件除了主体不同外，其他构成要件是相同的，在构成犯罪的数额上作出单位数额高于自然人数额的规定，其法律依据是不充分的。"[1] 张明楷教授也指出："不管是单位还是自然人，在实施系统犯罪行为时，对法益的侵害程度都是相同的。"[2] 其次，自然人贿赂犯罪与单位贿赂犯罪量刑上的差异更为明显，如自然人受贿的法定刑为死刑，而社会危害性有过之而无不及的单位受贿罪的法定最高刑仅为五年有期徒刑；自然人实施的行贿罪法定最高刑为无期徒刑，而社会危害性并不轻的单位行贿罪的法定最高刑为五年有期徒刑。最后，对共同贿赂犯罪认定带来困难，"如国有单位和国家工作人员共同受贿时，就难以选择罪名，无论是选用只能由自然人构成的受贿罪，还是选用只能由单位构成的单位受贿罪，或者分别定罪，都有着难以回避的内在逻辑冲突。"[3]

第三，单位贿赂犯罪刑罚适用率低，极易成为自然人逃避责任的途径。从 1997 年刑法规定了单位受贿罪以来，据学者进行的样本研究显示该罪的适用率极低、刑罚极轻：在其所调查的来自于全国的 73 例案件中，单位受贿罪的平均受贿金额为 378705.3 元，而免予刑事处罚的判决率却高达 62.3%，无罪判决率为 5.5%（我国刑事案件无罪率一般不超过 1%），即使判处自由刑，平均刑期也仅为 0.5 年，且大量适用了缓刑，这与受贿罪免予刑事处罚判决率 2.78%、平均刑期 8.79 年的数据相比，反差强烈。[4] 单位贿赂犯罪的刑罚明显低于自然人贿赂犯罪的现实，使其成为犯罪人逃避刑事责任的首选途径，特别是当下存在大量的具备法人资格的一人公司，其通过贿赂行为获得的利益归法人与归属法人的控制者之间并无差异，实务中多倾向于按单位行贿罪处理，造成大量以单位的外衣掩盖个人贿赂犯罪的现象，削弱了刑法打击贿

---

[1] 唐世月：《数额犯论》，法律出版社 2005 年版，第 181 页。
[2] 张明楷：《法益初论》，中国政法大学出版社 2003 年版，第 381 页。
[3] 于志刚：《中国刑法中贿赂犯罪罪名体系的调整——以〈刑法修正案（七）〉颁行为背景的思索》，载《西南民族大学学报》（人文社会科学版）2009 年 7 月。
[4] 该数据分析截至 2012 年初，裁判文书均来自北大法意网。参见尹明灿：《单位受贿罪的司法实践考察》，载《中国刑事法杂志》2012 年第 5 期。

赂犯罪的效果。[①]

我国刑法目前共有 451 个罪名，其中设有单位犯罪的罪名有 148 个，但是除贿赂犯罪以外，刑法对其他单位犯罪的设置均以依附于自然人犯罪条款的形式规定（如第 205 条第 2 款）或者在章节末做统一概括规定（如第 220 条），而无独立成罪的立法例，"像贿赂犯罪这样对单位实施及以单位为对象实施的行为单独设置罪名和法定刑的做法是极为罕见的"，[②] 不仅违背我国刑法立法规律，也打破了刑法条文的连贯性、一致性。因此，为了统一立法模式，减少司法混乱，发挥贿赂犯罪整体的规制能力，形成协调合理的罪名体系，有必要取消刑法中独立的单位贿赂犯罪罪名，并对所有贿赂犯罪设置单位犯罪主体条款，同时适当提高单位贿赂犯罪的刑罚梯度。

**（二）将斡旋受贿独立成罪**

我国刑法第 388 条规定了斡旋受贿的特殊行为方式，该行为较一般受贿行为而言具有间接性的显著特征，理论上称之为斡旋受贿罪，但立法与司法上并未赋予其独立的罪名，只是作为受贿罪的一种特殊情形来处理，笔者不揣冒昧提出以下意见支持其独立成罪。首先，斡旋受贿独立成罪更符合立法规律。独立的罪状描述是独立的罪名的标识，某一条文是否成为一个独立的罪名关键取决于该条文是否对罪状进行了独立的描述。刑法第 388 条规定了与第 385 条不同的犯罪构成，显然是对斡旋受贿罪罪状的独立描述，因此应将斡旋受贿罪独立成罪。其次，斡旋受贿罪与受贿罪的行为特征具有实质差异性。后者是直接贿赂的方式，客观上要求利用本人职务之便，只有被动收受贿赂才需要为他人谋取利益；而斡旋受贿罪是间接贿赂的方式，客观上要求利用他人职务之便，且必须为他人谋取不正当利益。再次，利用影响力受贿罪的规定凸显了斡旋受贿规定的不协调性。《刑法修正案（七）》将利用影响力受贿罪纳入刑法第 388 条之中，在一个既没有独立法定刑也并非是独立罪名的条文后增设一个既有罪状和法定刑规定且为独立罪名的条文，而不对第 388 条进行修正，在立法上明显存在瑕疵，导致同一刑法条文内部前后矛盾，因此应当取消第 388 条中"以受贿论处"的规定，并修正为独立的"罪—刑"条款，从而与 388 条之一的利用影响力受贿罪保持平衡。[③] 最后，国外也有将斡旋受贿独立成罪的立法例。《日本刑法典》第 197 条之四的规定与我国第 388 条规定极为相似，其规定："公务员接受请托，使其他公务员

---

[①] 冯志恒：《论贿赂犯罪体系中的单位犯罪》，载《西北大学学报》（哲学社会科学版）2013 年第 6 期。

[②] 陈红兵：《我国贿赂犯罪体系的整体性反思与重构——基于法治反腐的使命》，载《法治研究》2014 年第 12 期。

[③] 刘宪权：《贿赂犯罪的完善与适用——以〈刑法修正案（七）〉为视角》，载《法学杂志》2009 年第 12 期。

在职务上实施不正当行为，或者不实施适当行为，作为其进行或者已经进行斡旋的报酬而收受、要求或者约定贿赂……"① 韩国刑法第 132 条规定："公务员利用其地位，斡旋属于其他公务员职务的事项，收受、索取或者约定贿赂的，处 3 年以下劳役或者 7 年以下停止资格。"② 除此之外，新加坡、罗马尼亚、奥地利、印度、法国等国家均有类似规定，③ 我国理应对这种国外先进立法经验加以参照和借鉴。众所周知，罪名是对犯罪本质的高度概括，而受贿罪罪名无法涵摄斡旋受贿的构成特征，将其纳入受贿罪的箩筐之中会导致二者在定罪量刑上的偏差，不利于打击贿赂犯罪，④ 因此，应当将斡旋受贿独立成罪。

需要进一步思考的问题是，应否将受贿行为进一步区分为单纯受贿罪、事前受贿罪、事后受贿罪、履职受贿罪、渎职受贿罪等⑤更为精细的类别罪名？笔者认为，受贿罪与斡旋受贿罪两者无论从贿赂犯罪"权—利"交易的本质还是从类型化的犯罪构成要件角度上看都具有本质的不同，根据确定罪名的规则应当将二者区分为不同的罪名。而事前受贿、事后受贿、履职受贿、渎职受贿的区分只是受贿罪具体的行为方式不同，从犯罪构成上看仍属同一犯罪类型，有如司法解释规定的新型受贿方式一样，都不能认为是新型贿赂犯罪类型从而独立成罪。在目前我国立法对受贿罪行为类型规定较为概括的情况下，以"行为"为标准划分贿赂罪名的尝试应仅限于受贿罪和斡旋受贿罪。

**（三）弥补贿赂犯罪"对向罪名阙如"漏洞**

如前所述，我国贿赂犯罪罪名体系按照"主体—身份"的二元标准设置罪名，但是从"主体身份对应、行为方式对向"的角度看，我国刑法中的罪名还不健全，还应当根据司法实践的需要补充以下对向罪名：

第一，补充非国家工作人员斡旋受贿罪。刑法第 388 条规定的斡旋受贿罪的主体为国家工作人员，而非国家工作人员当然也可以实施类似行为，刑法对非国家工作人员实施的斡旋受贿行为理应有所反映。需要注意的是，非国家工作人员斡旋受贿与利用影响力受贿罪并不相同，尽管二者行为方式极为相似，以至于有些学者曾主张将第 388 条之一命名为"非国家工作人员斡旋受贿罪"，但二者的犯罪主体却存在巨大差异：根据刑法第 388 条之一规

① 张明楷译：《日本刑法典（第 2 版）》，法律出版社 2006 年版，第 73 页。
② 朱本欣：《斡旋受贿若干争议问题刍议》，载《云南大学学报》（法学版）2003 年第 2 期。
③ 李德敏：《关于斡旋受贿罪的比较研究与立法完善》，载《政法论坛》2002 年第 6 期。
④ 曾凡燕：《论贿赂犯罪的立法模式——以〈刑法修正案（七）〉草案第 11 条为视角》，载《政治与法律》2009 年第 1 期。
⑤ 何承斌：《论我国贿赂犯罪体系的重构——以〈联合国反腐败公约〉为中心》，载《现代法学》2006 年第 6 期。

下卷·五

定，利用影响力受贿罪的主体指"国家工作人员的近亲属或者其他与该国家工作人员关系密切的人；离职的国家工作人员或者其近亲属以及其他关系密切的人"。而笔者建议增设的非国家工作人员斡旋受贿罪的主体指非国家工作人员。尽管刑法并未对非国家工作人员做出界定，但根据"反对解释"原理、参照第 163 条的规定，可以认为非国家工作人员是与国家工作人员相对应的特定化概念，特指非国有的公司、企业或者其他单位的人员，其与利用影响力受贿罪的主体在内涵及外延上均不相同，前者侧重于职权的非国有性质；而后者侧重于与国家工作人员具有密切关系。同时，如果将第 388 条之一命名为非国家工作人员斡旋受贿罪将打破我国贿赂犯罪体系中将非国家工作人员的犯罪置于分则第三章，而国家工作人员的犯罪置于分则第八章的体系布局。在此，笔者还建议通过立法解释或司法解释明确界定利用影响力受贿罪主体的范围及称谓，如统称为具有影响力人员，从而在必要时增设利用影响力受贿罪的对向犯——对具有影响力人员行贿罪。

第二，补充对具有影响力人员行贿罪。利用影响力受贿罪来源于《联合国反腐败公约》（以下简称《公约》），而《公约》第 18 条规定的是"影响力交易"，由行贿行为（主动的影响力交易）和受贿行为（被动的影响力交易）双向两种犯罪行为组成。而《刑法修正案（八）》只规定了被动式的影响力交易即利用影响力受贿罪，而没有规定其对向罪名，缺乏对主动的影响力交易——行贿行为的规定。[1] 值得肯定的是，《刑法修正案（九）（草案）》及时弥补了漏洞，该草案第 40 条规定，在刑法第三百八十八条之一后增加一条，作为第三百八十八条之二："为谋取不正当利益，向国家工作人员的近亲属或者其他与该国家工作人员关系密切的人，或者离职的国家工作人员或者其近亲属以及其他与其关系密切的人行贿的，处二年以下有期徒刑或者拘役，并处罚金；情节严重的，或者使国家利益遭受重大损失的，处二年以上五年以下有期徒刑，并处罚金；情节特别严重的，或者使国家利益遭受特别重大损失的，处五年以上十年以下有期徒刑，并处罚金。"这种做法既是对公约义务的忠实承担，也有利于从源头上打击此类贿赂犯罪。

第三，补充外国公职人员和国际公共组织官员受贿罪。《刑法修正案（八）》只增设了对外国公职人员、国际公共组织官员行贿罪，以契合《公约》的规定和精神。但《公约》第 16 条规定的是"对外国公职人员、国际公共组织官员行贿罪"和"外国公职人员、国际公共组织官员受贿罪"两个罪名，而我国刑法并没有规定相应的受贿罪名，"因为后者的主体是外国公民，涉及管辖权尤其是有关人员享有外交特权与豁免等复杂的国际法律问

---

① 孙国祥：《利用影响力受贿罪比较研究》，载《政治与法律》2010 年第 12 期。

题。"① 这种情况下，"根据现有法律，外国公职人员、国际公共组织官员收受贿赂的，可能既不构成受贿罪，也不构成非国家工作人员受贿罪。"② 从贿赂犯罪罪名体系来看，此处的刑事法网是开放非闭合的，应当相应补充外国公职人员、国际公共组织官员受贿罪。同时，不排除我国作为犯罪发生地从而具有管辖权的情况，以及基于腐败问题全球化的发展趋势及加强打击腐败跨国合作的现实需求，规定"外国公职人员、国际公共组织官员受贿罪"必定是我国刑法努力的方向。

## 四、 结语

我国台湾学者洪福增认为，所谓体系者，乃依某种原理或规则所组织的知识的统一体。此非单纯之知识的集合或分类，而系由贯通全体知识之原理予以支配、统一，并使其间保持有机的关联之组织也。③ 因此，为了发挥刑法打击贿赂犯罪的合力，必须完善贿赂犯罪的罪名体系，以提高刑法在贿赂犯罪上的规制能力和规制效益。基于前文分析，我国贿赂犯罪罪名体系重构的思路，主要体现为：一是取消"单位"贿赂犯罪，对所有贿赂犯罪设置单位犯罪主体条款；二是将第 388 条斡旋受贿罪独立成罪；三是根据贿赂犯罪的对向性特点补充对向罪名，形成"主体身份对应、行为方式对向"的对称式贿赂犯罪罪刑系列。④（如图 1 所示）改造后的贿赂犯罪罪名体系可以分为五个层次，即：第一层次行贿罪分别与受贿罪（直接方式受贿）及斡旋受贿罪（间接方式受贿）对应；第二层次对非国家工作人员行贿罪分别与非国家工作人员受贿罪（直接方式受贿）及非国家工作人员斡旋受贿罪（间接方式受贿）对应；第三层次对外国公职人员、国际公共组织官员行贿罪与外国公职人员、国际公共组织官员受贿罪对应；第四层次对具有影响力人员行贿罪与利用影响力受贿罪对应；第五层次是行为方式较为特殊的介绍贿赂罪。以上改造后的贿赂犯罪罪刑规范更加丰富和缜密，框定了贿赂犯罪刑事法网的基本框架，严密了犯罪圈。

---

① 苏彩霞：《〈联合国反腐败公约〉与国际刑法的新发展——兼论〈公约〉对我国刑事法的影响》，载《法学评论》2006 年第 1 期。

② 谢杰、孙慧芳：《海外贿赂犯罪若干实践问题研究》，载《政治与法律》2012 年第 4 期。

③ 洪福增：《犯罪论之体系》，载《现代刑法基本理论》，三民书局 1970 年版，第 95 页。

④ "罪刑系列"的立法方法，是针对多发性犯罪行为方式的多样性、多变性，根据严密刑事法网的需要而加以设计的一种立法方法。我国著名的刑法学家储槐植先生就国外受贿罪立法例中这种"罪刑系列"的立法方法归纳为对称式和主从式两种。其中对称式立法方法是指对受贿罪规定存在对称关系的不同形式。而主从式立法方法则是刑法所规定的受贿罪的几个形式存在主从关系，其中一个为基本犯罪构成，其余为修正的犯罪构成。参见梁根林：《受贿罪法网的漏洞及其补救——兼论刑法的适用解释》，载《中国法学》2001 年第 6 期。

① 行贿罪 → 受 贿 罪
① 行贿罪 → 斡旋受贿罪

② 非国家工作人员行贿罪 → 非国家工作人员受贿罪
② 非国家工作人员行贿罪 → 非国家工作人员斡旋受贿罪

③ 对外国公职人员、
国际公共组织官员行贿罪 → 外国公职人员、
国际公共组织官员受贿罪

④ 对具有影响力人员行贿罪 → 利用影响力受贿罪

⑤ 介绍贿赂罪

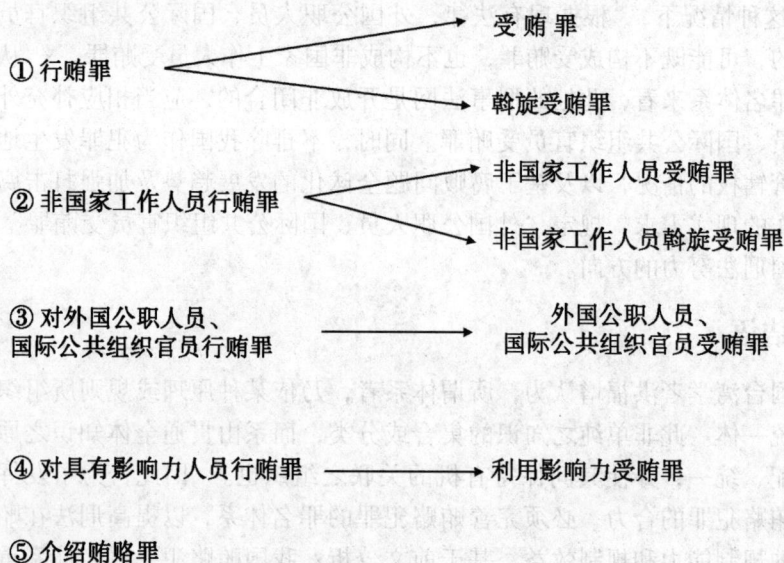

图 1　贿赂犯罪罪名重构体系图

# 受贿罪立法的漏洞及其完善

欧阳本祺<sup>*</sup>　莫兰兰<sup>**</sup>

现阶段，我国刑法中有关贪污贿赂犯罪的规定独立成章，并对受贿犯罪的规定采取了主从式"罪刑系列"立法方法，使得贿赂犯罪的立法更加全面。但是相对于《联合国反腐败公约》和有关国家的立法规定，我国的受贿立法具有"厉而不严"的特征，尤其是受贿罪的基本犯罪构成要件的多重限制使得入罪门槛高，且不能很好地揭示该罪的法益特征；其次，在量刑层面，未区分贪污罪和受贿罪的本质区别，适用同一的绝对数额量刑，具有不合理性。下文将从定罪和量刑层面，结合《联合国反腐败公约》和有关国家的立法规定，对受贿罪的立法完善进行探讨。

## 一、构成要件立法技术粗疏

相对于1979年刑法规定的"国家工作人员利用职务上的便利，收受贿赂"即构成受贿罪这一单纯受贿罪的构成要件，现行刑法第385条的构成要件设置过于多余，使得适用范围受限。这样的立法规定，既不能满足国家对于腐败贿赂犯罪的"严打"政策要求，也导致了犯罪黑数增多，是我国目前"腐败贿赂高压"反而"腐败贿赂高发"的重要原因之一。具体而言，其不合理之处有以下几点：

### （一）行为对象限定不合理

根据我国刑法第385条的规定，受贿罪的犯罪对象只限于"财物"。"财物"即金钱和有经济价值的物品。对于贿赂的范围，刑法理论界形成了"财物说"、"财产性利益说"和"利益说"三种观点。目前，我国刑法界较为通行的观点是"财产性利益说"，即贿赂应当是指具有价值的有体物、无体物和财产性利益。这一观点，也被最高人民法院、最高人民检察院于2008年11月20日联合出台的《关于办理商业贿赂刑事案件适用法律若干问题的意见》所采纳。该意见规定，商业贿赂中的财物，既包括金钱和实物，也包括可以用金钱计算数额的财产性利益，如提供房屋装修、含有金额的会员卡、代币卡、旅游费用等。但随着近年来性贿赂等非财产性利益贿赂案件的频发，引发了进一步扩大贿赂犯罪对象的争论。

\* 东南大学法学院教授。
\*\* 东南大学法学院刑法学硕士研究生。

在亚洲其他一些国家和地区，关于受贿罪的对象，大多采用广义的贿赂概念，即规定贿赂可以是财物、财产性利益和非财产性利益。新加坡刑法典规定，受贿罪的对象是"合法报酬以外的酬劳"。而根据该法的解释，"酬劳"一词并不限于金钱酬劳，还包括用金钱计算的酬劳，并在"例解"中认为"职位"可以作为上述酬劳。日本刑法典仅抽象地规定受贿罪的对象为"贿赂"，但在日本的刑法理论界和司法实务界，均承认贿赂既包括财物，也包括财产性利益，甚至包括性交等非财产性利益。我国台湾地区"刑法典"规定受贿罪的对象是"贿赂或者其他不正当利益"。我国台湾地区刑法理论认为，其他不正当利益包括贿赂（财物）以外一切足以供人需要或满足欲望之有形或无形之不正当利益，包括经济上的利益与非物质利益或称精神利益。经济上的利益如设定债权、免除债务、给予无息或者低息贷款，非物质性利益如给予支撑、允与性交或其他性行为等。[①] 此外，《联合国反腐败公约》第15条也规定：各缔约国均应当采取必要的立法措施和其他措施，将下列故意实施的行为规定为犯罪：（1）直接或者间接向公职人员许诺给予、提议给予或者实际给予该公职人员本人或者其他人员或实体不正当好处，以使该公职人员在执行公务时作为或者不作为；（2）公职人员为其本人或者其他人员或实体直接或者间接索取或者收受不正当好处，以作为其在执行公务时作为或者不作为的条件。可见，从贿赂的对象看，《联合国反腐败公约》将贿赂的对象扩张为"一切不正当好处"，明显大于"财物"的范围。

有学者提出"完全扩张论"，即将贿赂范围扩张至非财产性利益，而"有限扩张论"认为，不正当好处的认定标准模糊易导致适用困难，而否定非财产性利益。更有学者提出，将可以用金钱衡量的非财产性利益加以对象化。2014年通过的《中共中央关于全面推进依法治国若干重大问题的决定》亦明确要求立法者"完善惩治贪污贿赂犯罪法律制度，把贿赂犯罪对象由财物扩大为财物和其他财产性利益"，实际上排除了将非财产性利益纳入贿赂标的的立法政策空间。

不论采取"有限扩张论"还是"完全扩张论"，现行刑法对于受贿罪的对象的限定已不能适应惩治犯罪的需要。

（二）行为目的限定不合理

根据刑法第385条之规定，一般受贿罪的行为构成有两种方式：利用职务上的便利，索取他人财物和利用职务上的便利，非法收受他人财物，为他人谋取利益。对于"索取型"受贿和"收受型"受贿，法律规定有所不同，笔者认为具有不合理性。受贿罪的本质是侵害了国家工作人员职务行为的不

---

① 赵秉志、黎全阳、颜茂昆：《亚洲国家和地区受贿罪立法的比较研究》，载《法学评论》1996年第2期。

可收买性，其构成要件应为实施职务行为和收受贿赂，二者具有手段和目的的关系，"为他人谋取利益"应当是受贿人实施职务行为的应有之义。不论是索贿还是受贿，其行为性质具有一致性，要件构成应当具有一致性。对于收受型受贿要求具有"为他人谋取利益"要件，增加了罪名认定的难度，实务界对其属于客观构成要件范围还是主观构成要件范围亦存在争议。此外，要求具有"为他人谋取利益"要件，无法解决现实中存在的"虚假承诺"行为，即行为人虽然承诺为其谋取利益，但主观上不具有为他人谋取利益的故意。在这种情况下，根据现有刑法规定，无法以受贿罪定罪量刑。但笔者认为，即使是"虚假承诺"，其行为的本质依然给社会公众造成国家工作人员职务行为可收买的印象，对于这种行为，应该按照受贿罪和诈骗罪的竞合原则加以处理。

我国刑法规定索贿型受贿要件和收受型受贿要件不同，可能是为了突出索贿和收受受贿二者的危害性程度不同，但对于行为人的主观恶性程度的区别不应体现在定罪层面，其应在量刑层面加以考虑。我国刑法第386条之"索贿的从重处罚"，既在定罪阶段加以考虑又在量刑阶段加以考虑的情形，难免有"双重规制"之嫌疑。

行贿罪作为受贿罪的对向犯，刑法仅对谋取不正当利益的行贿行为加以犯罪化，不能体现对向犯的特征。从行贿行为的本质来看，不论谋取何种利益，其本质都是对于国家工作人员职务行为的廉洁性和不可收买性的严重侵害，都应受到否定性评价。如甲向国家工作人员乙行贿，谋取正当利益时，乙构成受贿罪，甲则无罪。这种立法模式不利于从源头上打击贿赂犯罪，严密行贿罪法网也是预防贿赂犯罪的重要措施。要求具有"谋取不正当利益"要件，易误导社会公众形成"为谋取正当利益送礼不是行贿罪"的错误认识。

### （三）行为方式限定不合理性

刑法中受贿罪和贪污罪关于"利用职务上的便利"的解释内涵几乎一致，即利用职务上主管、管理、经手或承办、负责某项公共财物或公共事务的职权及其方便条件。由于在我国相当长一段时间里受贿被纳入贪污罪中，受贿是贪污的一种形式，所以刑法第382条贪污罪和第385条受贿罪的构成有完全相同的表述："国家工作人员利用职务上的便利……"其实，"利用职务上的便利"在两罪中的含义不尽相同。在贪污罪中，利用职务便利纯系贪污犯罪行为得以实施的"便利条件"，它本身并不是实质的犯罪"行为"。使得犯罪行为得以实施的条件，在刑法理论上被称为犯罪构成客观方面的选择要件，犯罪行为本身才是客观方面的必备要件，如贪污罪中的"侵占、窃取等行为"。但是在受贿罪中，职务便利并不是选择要件，而是必备要件，应是职务行为。二者的不同主要在于贪污罪是单向犯，不需要以职务行为去换取对方财物，主体只需要借职务之便去实施侵占、盗窃、骗取等通常的犯罪行为即可得逞。受贿罪与行贿罪构成对合犯，受贿人如果仅仅利用职务便利而没有职务行为，是换取不到对方财物的。在受贿罪中，职务行为是手段行为，收取财物是目的行为。由此可见，贪污罪与受贿罪的"利用职务上的便利"并非同一含义，两个内涵有异的犯罪构成要件用同一词语表述而且存在于同一法律中显然不妥。①

"利用职务上的便利"虽经 2003 年最高人民法院《全国法院审理经济犯罪案件工作座谈会纪要》作了是指利用本人职权和职位形成的便利条件这样有限度的扩大解释，但仍然是正向含义，难以包括社会中常有的因受贿而实施的职务不许可的和超越职权的即违背职责的行为。在外国刑法中，关于受贿的定义，除巴西刑法典用"凭借自己的职权"和匈牙利刑法典用"利用自己的职位"外，一般都明确规定了"职务行为"，使其客观行为的性质和法网更加确定。

## 二、 刑罚设置不合理

### （一）未规定合理的资格刑和罚金刑

受贿罪作为典型的职务犯罪，具有职务性和贪利性特征。从配刑的等价性和相应性角度看，我国应当为大多数腐败犯罪设定罚金刑和资格刑。但从立法的规定来看，我国刑法典对绝大多数腐败犯罪都没有单独规定罚金刑或者资格刑，只规定了没收财产刑，使得刑法反腐的效果大打折扣。

### （二）死刑设置不合理

一方面，刑法关于受贿罪的死刑配置同《联合国反腐败公约》的精神不符。根据有关国际公约规定，死刑只有在适用于与死刑所剥夺的权益相似的犯罪时，才具有合理性和正当性。而贿赂犯罪显然不是严重危及人身安全的犯罪，其所侵犯的价值显然不能与人的生命权等量齐观。因此，我国刑法中受贿罪的死刑规定，不符合世界刑罚轻缓化的潮流和刑罚配置的正当性要求。② 此外，鉴于刑法对腐败犯罪配置有死刑，根据"死刑犯不引渡"这一国际法的基本原则，我国欲将外逃的严重受贿犯罪分子引渡回国的请求屡屡遭拒，致使我国配置死刑意在严惩腐败贿赂犯罪分子的初衷不能实现，更不用提借助《公约》的国际合作机制追回腐败资金了。③

### （三）和贪污罪适用同一刑罚不合理

我国刑法对于贪污罪和受贿罪适用统一刑罚，具有不合理性。相对于贪

---

① 储槐植：《完善贿赂罪立法——兼论"罪刑系列"的立法方法》，载《中国法学》1992 年第 5 期。

② 赵秉志：《论我国反腐败刑事法治的完善》，载《当代法学》2013 年第 3 期。

③ 欧阳媛：《浅谈刑事法治视野下的反腐败体系改革》，载《北京联合大学学报》2014 年第 2 期。

污罪，受贿罪侵害的更多是国家工作人员职务行为的不可收买性，将受贿行为和贪污行为视为经济犯罪的方式之一的观念已过时。贪污罪的行为表现为利用职务上的便利，窃取、侵占骗取公共财物，故单纯的"以赃计罪"能够反映该罪的社会危害性和行为人的主观恶性，而受贿罪既然行为的对象不应仅限于财物，其更多的是其他非财产性利益情节。二者适用同一刑罚，不利于体现反腐败的零容忍态度，会导致行为人虽具有其他情节严重，但受贿数额不高，从而导致罪刑不适应，纵容犯罪。

### （四）适用绝对数额模式不甚合理

一方面，随着我国社会经济的快速发展，我们现行刑法第 383、386 条规定的一般情况下 5000 元以及情节较重情况下还可以不满 5000 元的贪污罪、受贿罪的起刑点已经明显偏低，难以适应司法实践的需要；其次，一般盗窃罪的起刑点为 1000 元，而国家严惩的腐败贪污犯罪起刑点却为 5000 元，刑罚的规定难以体现严惩腐败的刑事政策。另一方面，导致不同情节的犯罪的量刑档次没有拉开，难以实现罪责刑相适应原则。《刑法修正案（九）（草案）》第 39 条规定以受贿数额或者受贿情节为量刑依据，将数额较大、数额巨大、数额特别巨大的认定标准交由司法解释确定。但是该草案仍未解决受贿数额和受贿情节竞合的处理原则，如数额较大且具有其他较重情节时如何处理的问题。

刑法第 383 条规定"个人贪污数额在五千元以上不满一万元，犯罪后有悔改表现、积极退赃的，可以减轻处罚或者免予刑事处罚"以及《刑法修正案（九）（草案）》第 39 条第 2 款规定了积极退赃的可以从轻、减轻或者免除处罚。笔者认为该条规定对受贿犯罪并不具有适用可能性。对于贪污犯罪的行为人积极退赃，有利于追回国家资产，但对于受贿罪，受贿款物是行贿人行贿行为认定的证据，积极退赃，可能毁灭行贿罪的犯罪证据，进而构成帮助毁灭犯罪证据犯罪。[①]

严密受贿罪的刑事法网的重要措施之一便是完善现有的受贿罪的立法，降低入罪门槛。下文主要以受贿罪的本质特征为出发点，结合《联合国反腐败公约》和《刑法修正案（九）（草案）》，对上述立法漏洞提出修改建议。

## 三、完善受贿罪的构成要件

### （一）扩大受贿罪的对象范围

根据受贿罪的本质，即公权和私利的交易特征，应将受贿罪的对象范围扩大至非财产利益。有学者提出应扩大至可以金钱计算的非财产性利益。该说未把握受贿犯罪的实质，不论能否以金钱计量，其行为的实质都是对国家

---

① 张明楷：《受贿罪中收受财物后及时退还的问题分析》，载《法学》2012 年第 4 期。

工作人员职务行为不可收买性的侵犯。至于有限扩大论者反驳的非财产性利益的司法实践认定困难问题，可以通过司法解释对量刑阶段的情节加以明确化。

**（二）删除"为他人谋取利益"之要件，采取刑事推定原则**

刑事推定是指在腐败犯罪案件的诉讼中，如果控方能够证明被指控人客观上实施了具体的腐败犯罪行为（贿赂、徇私谋利等），除非被告人提供反证，否则就推定该行为具有腐败犯罪的性质或者行为人具有腐败犯罪主观方面要素（明知、故意或则目的）的诉讼证明方法。[①] 该原则在《联合国反腐败公约》中也有所体现，其第 28 条规定：根据本公约确立的犯罪所需具备的明知、故意或者目的等要素，可以根据客观实际情况予以推定。通过举证责任的倒置、转移，由被指控人承担特定问题的举证责任，减轻实践中司法机关举证困难问题。[②] 但是应当注意的是，即使是在立法推定的场合，控方仍然承担相当程度的证明责任，其责任至少包括：对受贿对象的客观存在的举证；对受贿对象来源有疑问的说明。因此，推定并不是凭空想象，而应以控方提出的证据存在为基础。另外，对于受贿罪适用立法推定技术的合理性在于：（1）保护法益的客观需要。对于受贿行为发生法益侵害结果，需要动用刑法，而存在较大的举证困难时，为考虑刑法处理结论的合理性，降低某些证明要求，是理所当然的。（2）人类认识能力具有局限性。控方在举证受贿犯罪的主观故意方面，尤其是作为对向犯的行贿人的对抗，使得举证更加困难，而由被告人辩解更为容易时，进行刑事推定是有必要的。[③]

**（三）修改受贿罪的罪名表述**

将受贿罪的罪名表述为：国家工作人员实施职务行为或者违背职务的行为，收受或者索取他人不正当好处的，构成受贿罪。避免贪污罪和受贿罪中的"利用职务上的便利"的文义差别，也能更好地涵盖一切"枉法受贿"和"不枉法受贿"情形。相对于《日本刑法典》第 197 条规定的单纯受贿、普通受贿、事前受贿、事后受贿、枉法受贿、斡旋受贿、贿赂第三人七种受贿罪情形，我国不区分事前受贿、事中受贿、事后受贿和枉法受贿、不枉法受贿情形。笔者认为，针对此情形，可根据危害性程度，即索贿大于收取贿赂、事中受贿大于事前受贿和事后受贿、枉法受贿大于不枉法受贿，将其作为受贿罪不同的量刑情节，在量刑层面加以体现。

---

① 赵秉志：《中国反腐败刑事法治的若干重大现实问题研究》，载《法学评论》2014 年第 3 期。
② 孙国祥：《〈联合国反腐败公约〉与我国反贪污贿赂刑事政策思考》，载《南京大学学报》2008 年第 2 期。
③ 周光权：《明知与刑事推定》，载《现代法学》2009 年第 2 期。

## 四、 设置合理的刑罚

### （一） 设置相应的资格刑和罚金刑

剥夺或者限制受贿犯罪行为人的从事特定职务的资格，是预防其再次犯罪的重要手段；《刑法修正案（九）（草案）》第1条规定：因利用职业便利实施犯罪，或者实施违背职业要求的特定义务的犯罪被判处刑罚的，人民法院可以根据犯罪情况和预防再犯罪的需要，禁止其自刑罚执行完毕之日或者假释之日起五年内从事相关职业。该条采用禁止令的方式设置资格刑。我国目前存在的禁止令的内容主要包括三个特定，即禁止进入特定的场所、禁止从事特定的活动、禁止接触特定的人，其将特定的场所等认定交由法院根据具体案件情况加以斟酌。笔者认为，在剥夺政治权利部分设置贿赂犯罪的资格刑，作为附加刑更加合理。一方面，刑法第54条中已有类似"剥夺担任国家机关职务的权利"的规定，且该节对其内容、期限、适用有明确的规定，而关于禁止令的规定和经验都不完善；另一方面，从国外立法来看，意大利、法国、瑞士均将永久或者暂时禁止担任公职或者从事职业活动的情形定性为附加刑，作为刑罚种类的一种。故我国对于受贿犯罪设置相应的资格刑应以附加刑的方式作出，并对其内容加以丰富，如剥夺单位荣誉称号、资格刑分立、刑事破产等。

### （二） 废除死刑和改变单一的绝对数额模式

限制和废除死刑是国际共识，尤其对于非暴力性危及人身安全的犯罪而言，死刑的适用应当更加慎重，对贪污贿赂犯罪规定死刑的国家寥寥无几。刑罚的有效性，并不在于刑罚的严厉程度，而在于刑罚的必然性和及时性。即使我国刑法规定了死刑且实践中亦有适用，但是贪污贿赂犯罪仍然高发，并没有得到有效遏制。应当废除受贿犯罪的死刑规定，虽然《刑法修正案（九）（草案）》依然保留了该罪的死刑。对于《刑法修正案（九）（草案）》的相对数额或情节的规定，是对现有的"刚性的正义"的矫正，但对于数额和情节的竞合未作规定。笔者认为，针对此种情况，应以二者中量刑较重者为基础，以较轻者为加重处罚，例如，数额较大且情节较重，若数额较大的处罚更为重者，可在以数额较大处罚的刑罚基础上，按照一定的标准，加大刑罚的力度。

## 五、 结语

近年来，我国的反腐败刑事法治建设已经取得了可喜的成绩，但仍面临着严峻挑战。《刑法修正案（九）（草案）》对受贿罪量刑标准的修改以及资格刑的规定，是严密受贿罪刑事法网的重要举措。但严密刑事法网更应从定罪层面出发，降低入罪门槛，将更多的受贿行为纳入刑法规制之中。

下卷·五

# 我国受贿罪立法完善的四个问题

王　刚<sup>*</sup>　金　晶<sup>**</sup>

　　严厉反腐是我国历届党和政府的工作重心之一，但长期以来腐败犯罪并未得到有效遏制，反而呈愈演愈烈之势。中共十八大以来，中国反腐工作进入新阶段。在全面实施依法治国的背景下，反腐败最终要回归法制框架，构建理性、高效的反腐法律制度是我国反腐的必然选择。当前我国反腐败犯罪的刑事立法存在许多结构性缺陷，已给刑事司法带来诸多困境，严重减损刑法制度在预防腐败犯罪中的作用。受贿罪是常见的腐败犯罪，其防治情况直接制约甚至决定我国反腐败事业的成效。但令人遗憾的是，我国当前受贿罪立法存在的问题却最多，《刑法修正案（九）（草案）》虽然对受贿罪的内容作了部分修改，但仍然没有有效解决受贿罪的立法缺陷。在此情况下，探讨我国受贿罪的立法完善具有重要的现实意义。

　　近些年来，我国刑法学界关于受贿罪立法方面的研究成果很多，主要集中在以下三方面：一是受贿罪的刑事政策和立法理念问题。有学者主张，采取零容忍的刑事政策，构建严而不厉的立法模式；[①] 有学者主张，贯彻宽严相济刑事政策，严密刑事法网；[②] 有学者主张，既要严密法网，又要保持刑罚威慑，采取"又严又厉"的刑事政策。[③] 二是以《联合国反腐败公约》为参照，讨论受贿罪的犯罪构成和法定刑问题，内容主要是扩大本罪的主体范围、删去"为他人谋取利益"的规定、将犯罪对象改为"财产性利益"、增

---

　　\* 江苏大学文法学院讲师，法学博士。

　　\*\* 南京财经大学法学院讲师，法学博士。

　　① 王秀梅：《论贿赂犯罪的破窗理论与零容忍惩治对策》，载《法学评论》2009 年第 4 期；姜涛：《刑事政策视域下我国腐败犯罪立法的重构》，载《南京师大学报》（社会科学版）2012 年第 6 期；张绍谦：《我国职务犯罪刑事政策的新思考》，载《华东政法大学学报》2013 年第 4 期。

　　② 高铭暄、张杰：《论国际反腐败犯罪的趋势及中国的回应——以〈联合国反腐败公约〉为参照》，载《政治与法律》2007 年第 5 期；赵秉志：《论我国反腐败刑事法治的完善》，载《当代法学》2013 年第 3 期。

　　③ 孙国祥：《我国惩治贪污贿赂犯罪刑事政策的应然选择》，载《法商研究》2010 年第 5 期。

设资格刑、废除死刑等。① 三是从司法实践中的乱象出发，研究受贿罪的定罪量刑标准，特别是犯罪数额标准。② 已有的研究成果为我国提供很多启发，本文主要从罪刑关系的角度探讨受贿罪的立法完善。犯罪、刑罚及二者之间的相互关系是罪刑关系的研究对象，受贿罪罪刑关系的内容主要包括客观要件、法定刑、客观要件与法定刑之间的关系。本文从上述方面出发研究四个问题，以期对我国受贿罪的立法改进有所助益。

## 一、受贿罪法定刑的单独设置问题

我国贪污罪和受贿罪共用相同法定刑，这在我国刑法中是绝无仅有的特例，在世界各国的刑事立法上也极为罕见。早有学者对这种立法现象提出批评，如曹子丹先生指出："应根据两罪的不同特点和不同处刑要求分别规定不同的法定刑"。③ 卢勤忠教授也主张，应对受贿罪设置单独的法定刑条款。④ 笔者赞成上述观点，主张我国刑法应单独设置受贿罪的法定刑，受贿罪套用贪污罪的法定刑既不符合配刑原理，也已造成很多司法乱象。本文在前述研究成果的基础上，提出以下几点补充意见。

第一，贪污罪和受贿罪的罪质不同。贪污罪和受贿罪虽然都是主体相同的职务犯罪，但二者存在本质区别。贪污罪的本质是"监守自盗"，"既侵犯了国家工作人员的职务廉洁性，也侵犯了公共财产的所有权。"⑤ 本罪保护的首要法益是公共财产权，这从刑法对贪污罪的实行行为所作的规定中可见端

---

① 储槐植：《完善贿赂罪立法——兼论"罪刑系列"的立法方法》，载《中国法学》1992 年第5 期；曹子丹：《我国刑法中贪污罪受贿罪法定刑的立法发展及其完善》，载《政法论坛》1996 年第 2 期；何承斌：《论我国贿赂犯罪体系的重构——以〈联合国反腐败公约〉为重心》，载《现代法学》2006 年第 6 期；刘伟：《贪污贿赂犯罪立法模式研究》，载《江苏行政学院学报》2006 年第 6 期；王亚妮：《贪污贿赂犯罪的死刑立法反思》，载《西藏民族学院学报》（哲学社会科学版）2006 年第 5 期；卢建平、郭建：《中国贿赂犯罪立法之缺陷与完善——以适用〈联合国反腐败公约〉为视角》，载《河北法学》2006 年第 12 期；余捷：《贪污贿赂犯罪的死刑改良及刑罚结构调整》，载《人民检察》2007 年第 21 期；卢勤忠：《我国受贿罪刑罚的立法完善》，载《国家检察官学院学报》2008 年第 3 期；张智辉：《受贿罪立法问题研究》，载《法学研究》2009 年第 5 期；焦占营：《贿赂犯罪法定刑评价模式之研究》，载《法学评论》2010 年第 5 期。

② 张年庚：《贪污贿赂案件定罪量刑数额起点的思考》，载《现代法学》1991 年第 5 期；吴学斌、史凤琴：《贪污受贿犯罪数额起点辨析》，载《中国刑事法杂志》1998 年第 3 期；孟庆华：《受贿罪的数额标准若干问题探讨》，载《中国检察官》2005 年第 4 期；张勇：《论我国犯罪数额标准的立法完善》，载《中州学刊》2006 年第 3 期；蒋呈程：《贪污贿赂犯罪数额的确定》，载《国家检察官学院学报》2006 年第 6 期；曾凡燕、陈伟良：《贪污贿赂犯罪起刑数额研究》，载《法学杂志》2010 年第 3 期。

③ 曹子丹：《我国刑法中贪污罪、受贿罪法定刑的立法发展及其完善》，载《政法论坛》1996 年第 2 期。

④ 卢勤忠：《我国受贿罪刑罚的立法完善》，载《国家检察官学院学报》2008 年第 3 期。

⑤ 高铭暄、马克昌主编：《刑法学》（第 6 版），北京大学出版社、高等教育出版社 2014 年版，第 618 页。

倪。受贿罪的本质是"权钱交易",刑法学界通说认为其侵害的客体是国家工作人员职务行为的廉洁性。[1] 张明楷教授称本罪保护的法益是国家工作人员职务行为的不可收买性,[2] 其义与通说相近。可见,受贿罪侵犯的是单一客体,受贿数额并非决定其法益侵害程度的主要因素,我国刑法对其罪状所作的严苛规定也是佐证。作为两种不同属性的犯罪,刑法侧重保护的法益各不相同,将两罪适用相同的法定刑是不妥当的。

第二,评价贪污罪和受贿罪的法益侵害程度的要素不同。贪污罪侧重于保护公共财产权,其与普通财产犯罪的区别主要是主体不同,因此,贪污数额是评价贪污罪法益侵害程度的主要因素,刑法第383条主要是以贪污数额来配置其法定刑的。受贿罪侧重于保护职务行为的正常行使,立法目的是为了防止受贿人和行贿人进行权钱交易,从而滥用职务行为或者不作为,给国家正常工作秩序造成侵害。根据我国刑法的规定,索取他人财物或非法收受他人财物与"为他人谋取利益"都是本罪的法定要件,由此在受贿罪中就出现三种情形:(1)正常行使职权,同时索取或者非法收受他人财物,这种情况侵犯了职务行为的不可收买性;(2)索取或者非法收受他人财物,否则不行使职权,这种情况既违反了职务行为的不可收买性,而且涉及行政不作为;(3)索取或者非法收受他人财物,然后行使职权,这种情况既违反了职务行为的不可收买性,通常还存在滥用职权现象。现在发生的大量重大责任事故往往与国家机关工作人员滥用职权、玩忽职守相关联,滥用职权、玩忽职守的背后往往隐藏着索贿受贿等腐败行为,权钱交易与滥用职权、玩忽职守相伴而生。[3] 所以,无论受贿数额大小,受贿罪实际上都会对法益造成不同程度的侵害。受贿数额与受贿罪的社会危害性并无必然的正向关系,例如,受贿数额虽小,但滥用职权并且造成严重危害结果的,犯罪的社会危害性大;受贿数额虽大,但正常行使职权,犯罪的社会危害性小。由于行贿财物是赃物,本罪也并没有直接侵犯公共财产权。因此,受贿数额并非决定受贿罪严重程度的主要因素。

第三,贪污罪和受贿罪共用法定刑造成的司法弊害。贪污罪主要根据贪污数额配置法定刑,实践中基本都依据受贿数额来裁量刑罚。由于受贿罪适用贪污罪的法定刑,导致其量刑中存在"唯数额论"的现象。受贿罪侵犯的

---

① 高铭暄、马克昌主编:《刑法学》(第6版),北京大学出版社、高等教育出版社2014年版,第626页;马克昌主编:《百罪通论》,北京大学出版社2014年版,第1167页;黄明儒主编:《刑法分论》,北京大学出版社2014年版,第429页。有学者认为,我国刑法将受贿客体表述为财物(陈兴良:《陈兴良刑法学教科书之规范刑法学》,中国政法大学出版社2003年版,第679页),笔者认为,从我国刑法第385条的规定来看,无法得出这一结论,故本文不采纳这种观点。

② 张明楷:《刑法学》(第3版),法律出版社2007年版,第921页。

③ 周光权:《社会转型时期职务犯罪预防的新课题》,载《政治与法律》2007年第5期。

是职务行为的不可收买性，受贿数额不能准确表征犯罪的严重程度，"唯数额论"的量刑传统难以实现罪刑均衡。不仅如此，量刑"唯数额论"容易出现这样的司法困境：犯罪数额不满 10 万元的，每 1 万元对应 1 年有期徒刑；犯罪数额 10 万元以上的，基本上每 100 万元对应 1 年有期徒刑；数额越大，对量刑的影响越小。[1] 这种情况的根源还是受贿罪法定刑设置方面的弊端。

综上所述，"不论是从法理上看，还是从实践中所显示的危害性方面观之，现行刑法对两罪规定适用同一处罚标准、适用相同的法定刑均是不恰当的。"[2] 因此，建议对受贿罪单独设置法定刑。

## 二、 常见犯罪情节的法定化问题

我国刑法第 383、386 条所规定的受贿罪的处罚标准既不合理，又给司法实践带来很多困难。目前，学界主流观点认为应修改受贿罪的处罚规定，采用"情节+数额"的二元标准。赵秉志教授指出，应当取消现行刑法典中受贿罪定罪量刑的具体数额标准，改为"数额+情节"并重的二元弹性模式。[3] 激进观点主张，直接取消犯罪数额的规定。例如，卢建平教授等主张，以"情节严重"、"情节特别严重"取代数额的规定。[4] 焦占营教授主张，以受贿后不同职务违背行为为根据设立法定刑，评价贿赂犯罪人的刑事责任。[5]

事实上，我国刑法中受贿罪的处罚规定正是"数额+情节"的二元标准。刑法第 386 条规定，"对犯受贿罪的，根据受贿所得数额和情节……"第 383 条规定，"对犯贪污罪的，根据情节轻重，分别依照下列规定处罚：……"因此，认为我国刑法采取的是单一的数额标准并且应当改为"数额+情节"二元标准的看法并不准确。造成实践中受贿罪的量刑"唯数额论"的原因大致有两点：（1）刑法关于犯罪情节的规定十分简洁，除"索贿"之外没有规定其他犯罪情节，导致法官在量刑时缺少明确的法律指引，增加了适用犯罪情节裁量刑罚的难度；（2）犯罪数额的认定相对简单，刑法第 383 条又规定了比较明确的犯罪数额处罚标准，法官据此来量刑比较容易，基本上不存在

---

① 张亚平、皇甫忠：《贪污罪数额标准的修改》，载赵秉志、张军、朗胜主编：《现代刑法学的使命》（下卷），中国人民公安大学出版社 2014 年版，第 772 页。

② 韩轶：《论罪刑关系的合理性与受贿罪罪刑关系立法的完善》，载赵秉志、张军、朗胜主编：《现代刑法学的使命》（下卷），中国人民公安大学出版社 2014 年版，第 879 页。

③ 赵秉志：《贪污受贿犯罪定罪量刑标准问题研究》，载《中国法学》2015 年第 1 期；卢勤忠：《我国受贿罪刑罚的立法完善》，载《国家检察官学院学报》2008 年第 3 期；游伟、李长坤：《反腐败 30 年：我国贿赂犯罪立法回顾与前瞻》，载《东方法学》2008 年第 6 期；刘伟：《贿赂犯罪刑事责任体系的反思与重构》，载赵秉志、张军、朗胜主编：《现代刑法学的使命》（下卷），中国人民公安大学出版社 2014 年版，第 733 页。

④ 卢建平、郭健：《中国贿赂犯罪立法之缺陷与完善——以适用〈联合国反腐败公约〉为视角》，载《河北法学》2006 年第 12 期。

⑤ 焦占营：《贿赂犯罪法定刑评价模式之研究》，载《法学评论》2010 年第 5 期。

法律适用错误，可有效规避职业风险。另外，取消犯罪数额规定的主张也不妥当，理由是：其一，受贿罪虽然不是财产犯罪，侵犯的客体也不主要是财产权，但这都不能否认本罪对公私财产权事实上造成的间接损害。索取或收受贿赂是犯罪人的犯罪目的，一定程度上表现了犯罪人主观恶性之大小，而且受贿金额一般与犯罪人的渎职行为存在正相关，影响本罪的法益侵害程度。其二，实践中我国法官已经形成了主要根据受贿数额来裁量刑罚的思维，贸然地完全取消犯罪数额标准必然会让法官无所适从，容易导致受贿罪量刑的混乱和失衡。

基于上述分析，笔者认为，尽管司法实践中应摒弃"唯数额论"的做法，但立法上应坚持"数额+情节"的二元处罚标准，不能完全取消犯罪数额标准。同时，因为"受贿罪的社会危害性是受贿数额难以完全反映的，其更多的是要通过受贿的情节、危害后果、违法的程度等因素来体现。"[①] 为了使司法实践更好地贯彻二元处罚标准，改变"唯数额论"的量刑现状，立法上应将那些直接反映受贿罪法益侵害程度的常见犯罪事实法定化，以充实和完善受贿罪的罪刑结构。

关于非数额犯罪情节的法定化问题，有学者主张，"在刑法条文中提高情节的作用，在司法解释中对常见的情节进行明确的规定，并赋予司法人员一定的自由裁量权，以适应新情况的出现。"[②] 笔者认为，非数额犯罪情节应由立法机关在刑法典中规定，不能交由司法解释来确定。《立法法》第42条规定：法律的规定需要进一步明确具体含义的，由全国人大常委会解释。《人民法院组织法》第32条规定：最高人民法院对于在审判过程中如何具体应用法律、法令的问题，进行解释。哪些情节应上升为法定情节，不属于应用法律问题，而是确定法条内容的问题，至少应由全国人大常委会作出立法解释。刑法的属性决定了适用刑法时应当恪守罪刑法定原则，由司法解释来确定受贿罪的法定犯罪情节，有违罪刑法定原则，会造成司法权对立法权的僭越。笔者认为，比较妥当的做法是由立法机关采用修正案的方式在刑法典中规定常见的犯罪情节。我国刑法上明确列举常见犯罪情节的罪名很多，例如强奸罪、抢劫罪、聚众斗殴罪、组织他人偷越国境罪和拐卖妇女、儿童罪等。此外，许多境外刑法典中都根据行为类型规定了不同种类的受贿罪，而我国刑法只根据犯罪主体规定了三种受贿罪，刑事法网显得十分粗疏。

关于如何遴选受贿罪的犯罪情节，一方面应从受贿罪的立法目的和法益保护的角度进行考虑，另一方面应参考境外刑法典的立法经验。

首先，法定犯罪情节应与本罪的法益侵害性存在关联。法定情节多表现

---

① 赵秉志：《贪污受贿犯罪定罪量刑标准问题研究》，载《中国法学》2015年第1期。

② 刘敬新、郭赛：《贪污罪与受贿罪数额标准的修改完善》，载赵秉志、张军、朗胜主编：《现代刑法学的使命》（下卷），中国人民公安大学出版社2014年版，第810页。

为行为，"关于一般行为模式的规定，主要是解决对于保护客体来说，什么样的行为是可以对客体造成侵害或侵害威胁的问题。"[①] 现代刑法学通说认为，犯罪的本质是法益侵害，刑法的目的是保护法益，法定刑配置的首要根据是犯罪的法益侵害程度。刑罚承载着预防犯罪的功能，表征犯罪人主观恶性大小的案件事实既与犯罪预防相关，又属法益侵害性范畴，是配置法定刑的次要根据。因此，只有那些能够反映受贿罪中行为的法益侵害程度和行为人主观恶性大小的案件事实才能上升为法定犯罪情节。受贿罪侵犯了职务行为的不可收买性，其立法目的在形式上是保障职务行为的纯洁性和正当性，维护社会公众对公务机关、公务人员、公务行为的信赖；在实质上则是为了保障职务行为的合法、正当行使，维护公务机关的正常管理和运行秩序，保护相关主体的合法权益不受非正当职务行为的侵害，防止相关主体获取不正当利益。因此，犯罪人职务之高低、背职之程度、背职次数、背职行为造成的损害等形式和实质方面的要素都可能成为受贿罪的法定犯罪情节。

受贿罪的发生机理、表现形式、社会危害性等在世界范围内具有较多共性，国外的立法经验对完善我国刑事立法具有借鉴价值。世界各国立法存在差异，有些国家的刑法典对受贿罪犯罪情节的规定比较典型。越南刑法第279条规定了受贿罪的四个罪刑单元。第一罪刑单元的法定刑是2至7年有期徒刑，犯罪情节包括造成严重后果、曾因该行为被纪律处分后又再犯的、曾犯本章第一节规定的罪之一被刑事处分后未取消案籍又再犯的。第二罪刑单元的法定刑是7至15年有期徒刑，犯罪情节包括有组织的、滥用职权的、多次为之的、明知贿赂为国家财产仍收受的、索贿或者使用狡诈手段的、贿赂财产价值在1000万盾以上5000万盾以下的、造成严重后果的。第三罪刑单元的法定刑是15至20年有期徒刑，犯罪情节包括贿赂财产价值在5000万盾以上3亿盾以下的、造成很严重后果的。第四罪刑单元的法定刑是20年有期徒刑、终身监禁或者死刑，犯罪情节包括贿赂财产价值在3亿盾以上的、造成特别严重后果的。[②] 日本刑法规定了七种受贿罪，第197条第三款规定的是加重受贿罪，其内容是："公务员犯前两条之罪，因而实施不正当行为，或者不实施正当行为的，处一年以上有期惩役。"[③] 日本判例认为，"实施不正当行为或者不实施正当行为"是指因积极地或者消极地实施某种行为而违反其职务的一切行为。如果属于公务员的裁量行为，则要求必须滥用了裁量权。[④] 意大利刑法规定了六种受贿罪，其第319条规定了几种犯罪情节，包

① 李洁：《日本受贿罪立法及对我国的借鉴价值》，载《北方法学》2007年第1期。

② 《泰国刑法典》，米良译，中国人民公安大学出版社2005年版，第126~127页。

③ 《日本刑法典》（第2版），张明楷译，法律出版社2006年版，第73页。

④ ［日］西田典之：《日本刑法各论》（第三版），刘明祥、王昭武译，中国人民大学出版社2007年版，第392页。

括公务员为不履行或拖延其职务行为、因曾未履行或曾拖延其职务、为实施违反其职责义务的行为、曾实施过违反其职责义务的行为、涉及授予公职、发给薪金或补贴的等情形。①

由上可见，域外刑法典中受贿罪的罪刑结构通常采用罪群的立法模式和复合的定罪量刑标准，一般都规定了一些受贿数额之外的犯罪情节。我国受贿罪的处罚标准只有犯罪数额和"索贿"情节，导致刑罚供应不足，出现"唯数额论"的量刑现象。鉴此，应当在我国刑法中增加常见的法定犯罪情节，重构受贿罪的处罚体系，使"数额+情节"的二元处罚标准落到实处。综上所述，笔者建议将以下事实上升为法定犯罪情节：（1）主体身份。犯罪人职位越高，人们对其职务行为的廉洁性和公正性期待越大，其背职行为所造成的潜在危害后果越大、社会影响越坏，处刑应越重；反之，处刑越轻。（2）是否实施违背职务的行为。受贿但无背职行为，虽然侵犯了职务行为的不可收买性，但一般不会造成其他危害后果，处刑应相对较轻；受贿并实施背职行为，容易使行贿人获取非法利益、损害相关主体的合法权益或者社会公益，处刑应相对较重。（3）职务行为的违反程度。在实施背职行为的情况下，还需要判断背职的程度问题。背职程度越大，可能或实际造成的危害结果一般更大，处刑应更重；反之，处刑应越轻。（4）受贿次数。受贿次数愈多，反映犯罪人主观恶性越大，实施的背职行为通常越多，可能或实际造成的危害结果越大，处刑应越重；反之，处刑应越轻。（5）造成的危害结果大小。"受贿罪不同于侵犯财产的犯罪，它的社会危害性及其程度并不完全是由受贿财物的数额决定的，而是在很大程度上取决于受贿人违反职责给国家和人民利益造成损失的大小。"② 受贿罪的危害结果通常包括行贿人获得的非法利益大小、相关主体合法权益遭到损害的程度、所在单位或社会遭受的财产损失、背职行为导致的人员伤亡情况等。在造成客观危害结果的情况下，危害结果越大，处刑越重；反之，处刑越轻。

## 三、 犯罪数额标准的调整问题

关于惩治受贿罪的数额标准问题，我国学术界存在很大争议。一种观点认为，贿赂犯罪的起刑点应随着经济发展而调整，1997 年的 5000 元与现在的 5000 元的价值不可同日而语，继续坚持 5000 元的入罪标准会导致罪刑失

① 《最新意大利刑法典》，黄风译注，法律出版社 2007 年版，第 115~116 页。
② 张智辉：《受贿罪立法问题研究》，载《法学研究》2009 年第 5 期。

衡，故应提高受贿罪的起刑点。① 另一种观点认为，应降低或取消受贿罪起刑点的数额要求，② 理由包括顺应国家的反腐形势、③ 提高起刑点缺乏可行性、④ 降低或取消犯罪数额限制与官员的素养和品格要求相一致等。⑤ 还有学者指出，立法上严守贪污贿赂犯罪定罪数额，司法中可适当作非犯罪化处理。⑥

笔者认为，关于惩治受贿罪的数额标准问题，应区分定罪标准和量刑标准。定罪标准应保持目前的 5000 元不变，量刑标准则应当适当提高，具体分析如下：

第一，受贿罪的入罪标准不能提高。受贿罪的起刑点不应提高，理由包括：（1）受贿罪是行为犯，理论上犯罪数额不影响犯罪之成立。刑法第 385 条规定：国家工作人员利用职务上的便利，索取他人财物的，或者非法收受他人财物，为他人谋取利益的，是受贿罪。"由此可见，刑法典采用定性描述的方式设置贪污罪和受贿罪的犯罪构成，而并未设置定量因素，不像许多其他犯罪那样需要具备'数额较大'、'情节严重'等结果才构成犯罪，这说明贪污罪和受贿罪是行为犯而不是结果犯。"⑦ 因此，提高起刑点的做法与受贿罪的性质不符。（2）受贿罪是职务犯罪，提高入罪标准与文明发展和公众期待不符。廉洁、公正、文明是政治文明的发展趋向，也是社会公众对公务机关、公务人员、公务行为的正常期待。随着社会的发展和进步，公务人员的道德、政治、法律素养应当越发提高，人们对职务行为廉洁性的期待也

① 2009 年 10 月 17 日，中央纪委副书记张军在中国人民大学法学院所做的讲座"宽严相济刑事政策的司法适用"中提出这一观点，在社会上和法学界引起较大争议。相关论著也持这种观点，参见孙宝民、乔洪翔：《试论贪污贿赂罪定罪起点数额》，载《中国刑事法杂志》1998 年第 1 期；孟庆华：《受贿罪的数额标准若干问题探讨》，载《检察风云》2005 年第 4 期；蒋呈程：《贪污贿赂犯罪数额的确定》，载《国家检察官学院学报》2006 年第 6 期；卢勤忠：《我国受贿罪刑罚的立法完善》，载《国家检察官学院学报》2008 年第 3 期；张智辉：《受贿罪立法问题研究》，载《法学研究》2009 年第 5 期；李克杰：《反腐"零容忍"与提高起刑点》，载《检察风云》2009 年第 23 期；郭延军：《贪腐犯罪刑罚权须回归宪法控制》，载《探索与争鸣》2013 年第 12 期；赵秉志：《贪污受贿犯罪定罪量刑标准问题研究》，载《中国法学》2015 年第 1 期。

② 俞永梅：《对贪污、受贿犯罪提高立案数额标准不可取》，载《检察实践》2002 年第 5 期；李希慧：《贪污贿赂罪研究》，知识产权出版社 2004 年，第 79 页；王秀梅：《论贿赂犯罪的破窗理论与零容忍惩治对策》，载《法学评论》2009 年第 4 期；游伟：《调整贪污贿赂罪标准怎可轻言》，载《检察风云》2009 年第 23 期；张亚平、皇甫忠：《贪污罪数额标准的修改》，载赵秉志、张军、朗胜主编：《现代刑法学的使命》（下卷），中国人民公安大学出版社 2014 年版，第 772 页。

③ 游伟：《调整贪污贿赂罪标准怎可轻言》，载《检察风云》2009 年第 23 期。

④ 于志刚：《贪污贿赂犯罪定罪数额的现实化思考》，载《人民检察》2011 年第 12 期。

⑤ 邓清波：《贪污贿赂罪起刑点不能只算经济账》，载《燕赵都市报》2009 年 11 月 5 日第 2 版。

⑥ 于志刚：《贪污贿赂犯罪定罪数额的现实化思考》，载《人民检察》2011 年第 12 期。

⑦ 王刚、洪星：《我国贪污受贿犯罪量刑中存在的问题及完善建言》，载赵秉志主编：《刑法评论》2014 年第 2 卷，法律出版社 2014 年版，第 187 页。

下卷·五

"水涨船高"。因此,"随着政治文明、精神文明和社会文明的全面进步,国家和社会对贪污贿赂等腐败现象的容忍度应该越来越低,不说是因此应该把起刑点进一步调低,至少也应该坚持现有的底线决不后退。"① (3) 提高受贿罪的入罪标准,将会带来一系列不良法律效应。以经济发展为理由来提高受贿罪入罪标准,至少会导致两方面不良法律效应:一是经济日益增长,受贿罪入罪标准要随之不断提高,没有休止;二是据此逻辑推理,其他贪腐犯罪的入罪标准也要相应提高,这会导致大幅度的刑法调整。(4) 提高受贿罪的入罪标准,与国家严厉反腐的基本政策相悖。严厉反腐是我国历届党和政府的工作重心,党的十八大以来反腐进入新的历史时期。2015 年 6 月 26 日,习近平总书记在中共中央政治局第二十四次集体学习时强调:党风廉政建设和反腐败斗争是全面从严治党的重要方面,是新形势下进行具有许多新的历史特点的伟大斗争的重要内容,是协调推进"四个全面"战略布局的重要保证。必须保持政治定力,以强烈的历史责任感、深沉的使命忧思感、顽强的意志品质,以抓铁有痕、踏石留印的劲头持续抓下去。② 保持对受贿罪低容忍乃至零容忍的政策,表达党和政府严厉惩腐的坚定立场,受贿罪的入罪标准显然不能提高。提高入罪标准的主张无论是在中国民众中还是在刑法理论界,都无法得到多数人的支持,而且从刑法理论上讲,此种呼声也站不住脚。③ 当然,尽管我们反对提高受贿罪的入罪标准,但实践中没有足够的司法资源去查处和惩罚所有收受贿赂行为,中国的文化传统也决定了不可能禁绝人际交往和托人办事中收送礼品现象,因此,建议保持受贿罪现有入罪标准不变。

第二,受贿罪的量刑标准应适当提高。虽然受贿罪的入罪标准不宜提高,但其量刑标准应予提高。理由是:(1) 定罪标准和量刑标准的意义不同。定罪标准体现了立法对受贿罪的容忍态度,定罪标准的不断提高表明立法对受贿行为的逐渐宽容,而刑法进化史表明人类社会对社会危害行为的宽容度是逐渐降低的。例如,侮辱罪、诽谤罪等轻罪在近代刑法中的出现。因此,提高受贿罪的起刑点,会给人以宽容甚至纵容腐败之感,削减百姓对于反腐的信心。法律不仅仅是社会治理工具,更应弘扬一种公平精神和正义原则,缩小到反腐领域,应能体现当政者与腐败作斗争的决心。④ 量刑标准体现立法对受贿罪的处罚强度,应遵循罪刑均衡原则,刑罚的强度应与犯罪的严重程

---

① 邓清波:《贪污贿赂罪起刑点不能只算经济账》,载《燕赵都市报》2009 年 11 月 5 日第 2 版。

② 习近平:《加强反腐倡廉法规制度建设　让法规制度的力量充分释放》,载新华网 http://news. xinhuanet. com/politics/2015-06/27/c_1115742379. htm, 2015 年 6 月 29 日访问。

③ 于志刚:《贪污贿赂犯罪定罪数额的现实化思索》,载《人民检察》2011 年第 12 期。

④ 曾凡燕、陈伟良:《贪污贿赂犯罪起刑数额研究》,载《法学杂志》2010 年第 3 期。

度相适应。经济社会的快速发展，导致收受相同数额的行为在 1997 年和现在的社会危害性差距甚大，继续采用 1997 年的量刑标准来处罚现在的受贿行为，显然违背罪刑均衡原则。所以，受贿罪的量刑标准应当提高。（2）与贪污罪相比，应适度降低受贿罪的处罚标准。贪污罪主要侵犯公共财产权，随着财务管理和审计制度的完善，贪污罪的实施难度越来越大，查处难度却在逐渐降低。与此相反的是，受贿罪实施难度极低、查处难度很大，受贿之后的背职行为还可能造成非常严重的危害结果。可见，贪污罪和受贿罪是两种完全不同的犯罪，所侵犯的法益和造成的社会危害不同，对二者进行量刑所参考的数额等级划分不能相同。① 鉴于受贿罪的社会危害性普遍更大，犯罪黑数更高，其量刑标准应当比受贿罪低。

## 四、 受贿罪的死刑存废问题

死刑存废是受贿罪立法中的重大争议问题，学术界存在废除论、② 保留论③和折中论④三种观点。《刑法修正案（九）（草案）》对受贿罪的罪刑条款作出修改，对数额特别巨大，并使国家和人民利益遭受特别重大损失的，保留适用死刑。笔者认为，我国刑法目前还不能废除受贿罪的死刑，同时应当对适用死刑的犯罪情节的种类和程度作出相对明确的规定，以规范受贿罪死刑的司法适用。不少学者对保留受贿罪的死刑作过论述，本文提出几点补充意见。

第一，废除受贿罪的死刑不符合当前中国民众的价值观念。作为人类社会的一种制度安排，"刑罚是为了满足人们的报应观念而被规定和科处的，

① 刘敬新、郭赛：《贪污罪与受贿罪数额标准的修改完善》，载赵秉志、张军、朗胜主编：《现代刑法学的使命》（下卷），中国人民公安大学出版社 2014 年版，第 811 页。

② 苏彩霞：《〈联合国反腐败公约〉与国际刑法的新发展》，载《法学评论》2006 年第 1 期；刘伟：《贪污贿赂犯罪立法模式研究》，载《江苏行政学院学报》2006 年第 6 期；王亚妮：《贪污贿赂犯罪的死刑立法反思》，载《西藏民族学院学报》（哲学社会科学版）2006 年第 5 期；侯明：《对我国贪污贿赂犯罪死刑适用的研究》，载《中州大学学报》2009 年第 5 期；郭延军：《贪腐犯罪刑罚权须回归宪法控制》，载《探索与争鸣》2013 年第 12 期。

③ 李云龙：《受贿罪立案标准及适用死刑新说》，载《中国律师》2003 年第 3 期；毛昭晖、刘辉：《贪污受贿罪死刑不应废除的法理学、政治学和心理学分析》，载《广州大学学报》（社会科学版）2010 年第 12 期；张绍谦：《我国职务犯罪刑事政策的新思考》，载《华东政法大学学报》2013 年第 4 期；孙国祥：《反腐败刑事政策思考》，载《人民检察》2014 年第 14 期。

④ 折中论主张暂时不具备废除死刑条件，但从长远来看应废除死刑，目前应当限制死刑适用或对死刑进行改造。参见曹子丹：《我国刑法中贪污罪、受贿罪法定刑的立法发展及其完善》，载《政法论坛》1996 年第 2 期；余捷：《贪污贿赂犯罪的死刑改良及刑罚结构调整》，载《人民检察》2007 年第 21 期；杨俊：《完善我国贪污贿赂犯罪刑罚设置的省思——侧重于〈联合国反腐败公约〉的视角》，载《苏州大学学报》（哲学社会科学版）2007 年第 5 期；卢勤忠：《我国受贿罪刑罚的立法完善》，载《国家检察官学院学报》2008 年第 3 期；游伟、李长坤：《反腐败 30 年：我国贿赂犯罪立法回顾与前瞻》，载《东方法学》2008 年第 6 期。

刑罚的轻重应当与人们基于报应观念所期待的惩罚的轻重相适应。"① 罪刑均衡是设置刑罚的准则，但目前尚无明确标准来判断罪刑均衡，刑事立法是否实现罪刑均衡在很大程度上取决于社会公众的心理感受。当前中国贪腐犯罪严重，绝大多数老百姓对贪腐犯罪深恶痛绝是不争的事实，"如果在废除贪污贿赂罪死刑问题上操之过急，则可能会给报应观念深重、仇视贪官污吏的善良民众在心理上产生难以估量的负面影响和消极作用，从而削弱刑法的权威和刑罚的社会效果。"②

第二，死刑对受贿罪的犯罪人具有必要的威慑力。有学者认为，对受贿罪适用死刑并不能真正预防该种犯罪的发生。③ 笔者对此不敢苟同。受贿罪是贪利型犯罪，与那些激情犯、仇恨犯、过失犯相比，犯罪人一般都是精于计算的理性人，其受贿动机是为了享受优越的物质生活，对死刑的恐惧显然要大于物质享受带来的快感，因此，保留并适用死刑对受贿罪犯罪人的心理威慑是不言而喻的。中国贪腐犯罪愈演愈烈的法律原因，首先是查处力度小、刑罚的确定性，其次是处罚力度小、刑罚的严厉性低，使犯罪人形成强烈的侥幸心理，认为被处罚者是"自己倒霉"或者"站错了队"。正如魏昌东教授所指出的：现行贪污贿赂犯罪刑罚体系面临的最大危机是因执法底线退缩而导致的规制能力欠缺，其中最易对犯罪规制能力产生负面影响的是死刑适用标准问题。司法实践中法院在贪污贿赂案件，特别是省部级高官腐败案件的量刑中，所依循的轻型化处罚模式已对罪刑规范的犯罪规制能力产生负面影响。改革开放以来，仅对四名省部级高官判处死刑立即执行。在严峻的腐败犯罪面前，依法加大惩罚力度更为关键。从某种意义上来说，死刑的正确适用影响着腐败犯罪的治理效果。④

第三，死刑犯不引渡原则不是废除受贿罪死刑的合理根据。不少学者主张，为规避死刑犯不引渡原则，加强反腐败犯罪的国际合作，应废除受贿罪的死刑。⑤ 这种观点不妥当，理由是：（1）通过从人身、财产、亲属等方面建立防范贪官外逃的制度和机制，可以从源头上有效堵截贪官外逃；（2）根据《中华人民共和国引渡法》和相关引渡条约的规定，只要我国最高人民法院作出不判死刑的量刑承诺便可以将犯罪人引渡回国，外逃贪官也未必都应判处死刑；（3）现实中西方国家主要以"政治犯"和"非人道对待"两个

---

① 王联合：《观念刑论纲》，载《法学评论》2013 年第 1 期。

② 张晶、梁云宝：《论我国贪污贿赂罪的刑罚配置》，载《江汉论坛》2012 年第 4 期。

③ 卢勤忠：《我国受贿罪刑罚的立法完善》，载《国家检察官学院学报》2008 年第 3 期。

④ 魏昌东：《中国刑法惩治贪污贿赂犯罪罪刑规范立法运行效果考察》，载赵秉志主编：《刑法论丛》2009 年第 4 卷，法律出版社 2009 年版，第 311~312 页。

⑤ 苏彩霞：《〈联合国反腐败公约〉与国际刑法的新发展》，载《法学评论》2006 年第 1 期；卢建平、郭健：《中国贿赂犯罪立法之缺陷与完善——以适用〈联合国反腐败公约〉为视角》，载《河北法学》2006 年第 12 期。

理由拒绝中国的引渡请求，引渡能否成功往往取决于两国之间的外交关系和政治斗争，与是否适用死刑关系不大。①

第四，受贿罪的犯罪黑数很高，是支持死刑的重要根据。"对于犯罪最强有力的约束力量不是刑罚的严酷性，而是刑罚的必定性。"② 但是，由于"受贿罪的侦查难度比贪污罪要高得多，导致受贿罪的犯罪黑数很高，刑罚的确定性更低，而从刑罚理论来看，刑罚的确定性越低，刑罚的严厉性就应当越强。"③ 因此，在不能显著提高受贿罪的刑罚必然性的情况下，保持对受贿罪的死刑威慑是十分必要的。

---

① 刘辉：《贪污贿赂犯罪应废除死刑主张的四个批驳》，载中国公共政策网 http://www.public-policy.cn/newsinfo.asp? class_id=6&flag=4&id=1926，2015 年 6 月 29 日访问。

② ［意］贝卡里亚：《论犯罪与刑罚》，黄风译，中国法制出版社 2003 年版，第 68 页。

③ 游伟、李长坤：《反腐败 30 年：我国贿赂犯罪立法回顾与前瞻》，载《东方法学》2008 年第 6 期。

下卷·五

# 性贿赂腐败行为犯罪化研究[①]

李晓明[*]　尹文平[**]

　　党的十八大强调，"反对腐败、建设廉洁政治，是党一贯坚持的鲜明政治立场，是人民关注的重大政治问题。这个问题解决不好，就会对党造成致命伤害，甚至亡党亡国"。性贿赂即权色交易，是当前我国滋生腐败的主要根源之一，近年来有愈演愈烈之势，几乎到了凡有腐败必有性贿赂的地步，原中纪委常委祁培文曾指出："在中纪委查处的大案中，95%以上都有女人的问题"。[②] 随着雷政富案、刘志军案、刘铁男案等浮出水面，性贿赂腐败行为再次引起人民群众以及刑法理论界和实务界的广泛关注。性贿赂导致官德沦丧，侵犯了国家工作人员职务行为的廉洁性，严重腐蚀了国家公权力，严重损害了党和政府的形象与公信力，其社会危害程度与财产性贿赂相比有过之而无不及。但是，我国现行刑法未把性贿赂等非财产性贿赂纳入调整范围，对其制裁限于党纪政纪处分或组织处理层面上，性贿赂发生频率之高与国家惩治力度之弱形成了鲜明的对比，使得性贿赂腐败行为日益猖獗，已经到了非刑罚措施不足以遏制的地步。对于性贿赂犯罪化的问题，我国刑法学界以及司法实务界一直存在着激烈的争议，但是许多西方国家早已将性贿赂入罪作为遏制权色交易的有效措施。腐败问题愈演愈烈最终必然会亡党亡国，性贿赂已成为一种非常普遍的权力腐败形式，具有严重的社会危害性，符合犯罪的本质特征，性贿赂入罪具有现实可操作性，符合行为入罪的立法条件。性贿赂入罪是贯彻十八大精神的必然要求，是有效打击腐败、建设法治国家的重要保证。

## 一、性贿赂概述

### （一）性贿赂的概念

　　《现代汉语词典》将贿赂解释为"用财物来买通别人或者用来买通别人的财物"，将性贿赂解释为"以满足有权势的人的性欲为手段变相进行的贿

---

　　① 本文是 2014 年司法部国家法治与法学理论重点研究项目"中国特色轻罪体系建构研究"（项目编号 14SFB1004）的阶段性研究成果。

　　* 苏州大学王健法学院教授，法学博士，博士生导师，刑事法研究中心主任。

　　** 江苏省张家港市公安局纪委监察室副主任，苏州大学王健法学院刑法学博士研究生。

　　② 刘义昆：《绝对权力导致的情欲》，载《信息时报》2009 年 7 月 10 日，第 A22 版。

赂"。① 关于性贿赂的概念，不同学者有不同的见解，有学者认为性贿赂是指国家工作人员接受色情服务，为相对人（他人）谋取不当利益，或行为人或单位为谋取不正当利益而给予国家工作人员以性服务。② 也有学者认为是指为了谋取非法利益，给国家工作人员提供性服务的行为，是对国家工作人员职务行为廉洁性的侵害，具有严重的社会危害性。③ 还有学者认为"性受贿应该定义为国家工作人员利用职务上的便利，接受他人提供非正当性服务为他人谋取利益；性行贿则应该定义为了谋取不正当利益，给予国家工作人员以非正当性服务"。④

笔者认为，性贿赂属于贿赂的一种特殊形式，包含性行贿和性受贿，根据我国刑法第 389 条对行贿罪的规定、第 385 条对受贿罪的规定，性行贿可定义为"为谋取不正当利益，通过自身或他人向国家工作人员提供性服务"，性受贿可定义为"国家工作人员利用职务上的便利，索取性服务，或者接受他人提供的性服务为他人谋取利益"。性贿赂并非当今社会的新现象，而是古已有之。性贿赂具有非物质性、隐蔽性、腐化性等特点，其本质是权色交易，主要表现为以权谋色、以色谋利，属于贿赂的一种特殊形式。

### （二）我国性贿赂的现状

随着我国经济社会的快速发展，人们的需求趋于多样化，贿赂的形式也日新月异，从贿赂金钱、车子、房子、股票、干股到性服务、名家字画、珍奇古玩、升学、亲属就业、招工指标、户口迁移以及"雅贿"等等，形形色色的贿赂充斥着当今社会。其中，性贿赂近年来有愈演愈烈之势，甚至有的腐败贪官对于性贿赂有恃无恐，并乐在其中，这对党和政府以及国家公职人员形象产生较大的负面影响，成为反腐败工作的一个重要关注点。

最高人民检察院原副检察长赵登举曾透露：最高检查办的省部级干部大案中，几乎每人都有情妇，性贿赂目前在行贿犯罪中已相当普遍。在有的领导干部头脑里，以权谋色已经成为一种时尚、身份、地位甚至成功的象征。正如南京市某副厅级贪官金维芝创立的金式"情妇逻辑"所言："像我这样级别的领导干部谁没有几个情人？这不仅是生理的需要，更是身份的象征，否则，别人会打心眼里瞧不起你。"⑤ 有些领导干部的情人明目张胆地与领导干部保持特殊关系，足见性贿赂之嚣张。党的十八大以来所查处的省部级及

下卷·五

---

① 中国社会科学院语言研究所编：《现代汉语词典》，商务印书馆 2012 年版，第 1461 页。
② 金卫东：《应设立"性贿赂罪"》，载《江苏公安专科学校学报》2000 年第 6 期，第 86 页。
③ 周勇、徐彬：《性贿赂探讨》，载《河北法学》2001 年第 5 期，第 111 页。
④ 谭正煜：《性贿赂行为入刑的几点思考》，载《法制博览》2015 年第 1 期，第 18 页。
⑤ 树荫下：《贪官情妇的"吉尼斯纪录"》，载《政府法制》2006 第 11 期（上），第 58~59页。

厅局级的官员中，多数都存在包养情妇、官员与情妇共同受贿、官商勾结的现象。① 上述情况还不包括邀请嫖娼等性贿赂，这充分说明国家工作人员涉及性贿赂并非特例或者少数，而是具有普遍性，甚至触目惊心，几乎到了凡有腐败必有性贿赂的程度。

## 二、 我国目前对性贿赂的规制

我国现行刑法对于贿赂的规定都是针对财物贿赂犯罪作出的，未规定对性贿赂的定罪处罚。目前，我国对性贿赂的规制，主要以党纪、政纪为主，道德约束为辅。

### （一） 党纪对性贿赂的规制

《中国共产党纪律处分条例》规定了严重违反社会主义道德的行为，其中第150条规定："与他人通奸，造成不良影响的，给予警告或者严重警告处分；情节较重的，给予撤销党内职务或者留党察看处分；情节严重的，给予开除党籍处分。与现役军人的配偶通奸的，依照前款规定从重或者加重处分。重婚或者包养情妇（夫）的，给予开除党籍处分。"第151条规定："利用职权、教养关系、从属关系或者其他相类似关系与他人发生性关系的，给予撤销党内职务处分；情节严重的，给予留党察看或者开除党籍处分。"由此可以看出，若党员有性贿赂行为，显然违反党纪，应受党纪处分。

### （二） 政纪对性贿赂的规制

《行政机关公务员处分条例》第29条规定："有下列行为之一的，给予警告、记过或者记大过处分；情节较重的，给予降级或者撤职处分；情节严重的，给予开除处分：……（三）包养情人的；（四）严重违反社会公德的行为"。《事业单位工作人员处分暂行规定》第21条规定："有下列行为之一的，给予警告或者记过处分；情节较重的，给予降低岗位等级或者撤职处分；情节严重的，给予开除处分：……（五）包养情人的……（七）其他严重违反公共秩序、社会公德的行为"。虽然上述条例和规定未提到性贿赂，但其列举的"包养情人、严重违反社会公德"含有规制不正当男女关系的成分。因此，行政机关公务员或事业单位工作人员若涉及性贿赂，显然违反政纪，应受政纪处分。

### （三） 道德对性贿赂的规制

如果为了谋取不正当利益而以性作为交易内容，或者利用职务上的便利索取性服务，或者接受他人提供的性服务为他人谋取利益，显然违背了道德伦理，应受道德规制。但是道德由于缺少国家强制力的支撑，在约束力上不

---

① 牛雨来：《性贿赂入刑的必要性、可行性及基本途径》，载《法制博览》2014年第12期（中），第5页。

及法律。

## 三、 国 （境） 外关于性贿赂犯罪立法概况

### （一）《联合国反腐败公约》关于性贿赂犯罪立法

《联合国反腐败公约》（以下简称《公约》）是联合国历史上通过的第一个指导国际反腐败斗争的法律文件。《公约》第 15 条规定："各缔约国均应当采取必要的立法措施和其他措施，将下列故意实施的行为规定为犯罪：直接或间接向公职人员许诺给予、提议给予或者实际给予该公职人员本人或者其他人员或实体不正当好处，以使该公职人员在执行公务时作为或者不作为；公职人员为其本人或者其他人员或实体直接或间接索取或者收受不正当好处，以作为其在执行公务时作为或者不作为的条件。"《公约》已把非物质利益纳入贿赂犯罪的范围。2005 年 10 月 27 日，十届全国人大常委会第 18 次会议以全票通过决定批准加入《公约》。《公约》于 2006 年 2 月 12 日对我国生效，故自然成为我国的法律渊源，对我国公民具有约束力。[①]

### （二）国外关于性贿赂犯罪立法

在国外，也有将"性贿赂"入罪的立法例。德国刑法典第 331 条规定：公务员或从事特别公务的人员，对于现在或将来的职务上的行为要求、期约和收受利益者，均为受贿者。[②] 此处的"利益"，不仅是指财产性利益，还指包括性贿赂在内的非财产性利益。美国刑法典规定：公务员等收受任何有价值的东西构成受贿罪，其中性服务是作为有价值的东西规定于后款解释中的。[③] 日本刑法第 197 条规定："公务员或仲裁人关于职务上的事情，收受、要求或约定贿赂的是受贿罪"，其贿赂的范围在司法实践中定义十分广泛，包括"满足人们需求、欲望的一切利益"、"艺妓的表演艺术"、"男女亲密交往"[④] 等内容，将"性贿赂"纳入刑事制裁范围。日本一法院在 1915 年提出一个关于"异性间的性交也可能成为贿赂罪的目的物"的判定，开启了性贿赂行为在司法实践中的运用基础。[⑤] 英国《公共机构贿赂法》第 11 条规定：公共机构的成员、官员或者雇员……索取接受或者同意接受任何礼品、贷款、酬金、报酬或者好处的，构成受贿罪。[⑥] 另外，法国、意大利、瑞士、罗马尼亚、泰国、印度等国家的刑法亦有类似规定。

### （三）港澳台关于性贿赂犯罪立法

我国香港特别行政区《防止贿赂条例》第 2 条规定：公务员索取和接受

---

① 《联合国反腐败公约》，载中央纪委监察部网站 http://www.ccdi.gov.cn/special/lygz.
② 徐久生、庄敬华著：《德国刑法典》，中国法制出版社 2000 年版，第 227 页。
③ 谭正煜：《性贿赂行为入刑的几点思考》，载《法制博览》2015 年第 1 期（上），第 19 页。
④ 李慧翔：《国外有无"性贿赂"，怎么治理？》，载《新京报》2012 年 12 月 22 日。
⑤ 谭正煜：《性贿赂行为入刑的几点思考》，载《法制博览》2015 年第 1 期，第 19 页。
⑥ 陈国庆主编：《新型受贿犯罪的认定与处罚》，法律出版社 2007 年版，第 90 页。

任何其他服务等利益的构成受贿罪。这里把贿赂的范围限定在"利益"但并没有规定不包括非物质性利益。2003年，香港高级警司冼锦华因接受免费性服务而被判刑入狱，成为香港地区因接受性贿赂而被定罪的第一人。①《澳门刑法典》第337条规定：公务员亲身或透过另一人而经该公务员同意或追认，为自己或第三人要求或答应接受其不应收之财产利益或非财产利益，又或要求或答应接受他人给予该利益之承诺，作为违背职务上之义务之作为或不作为之回报者，处一年至八年徒刑。②《澳门刑法典》把贿赂犯罪的范围界定为财产利益及非财产利益，可见性贿赂是被澳门刑法所规制的。我国台湾地区"刑法典"第121条规定："公务员或者仲裁员对于职务上之行为，要求、期约或收受贿赂或其他不正当利益者，处七年以下有期徒刑，得并科五千元以下罚金。"我国台湾地区受贿犯罪的范围包括一般意义上的贿赂和不正当利益，性贿赂是在台湾地区"刑法"规制范围内的。

由上可见，《联合国反腐败公约》、一些发达国家和发展中国家以及我国港澳台关于贿赂的规定，均把贿赂犯罪的范围扩大到非物质利益，突破了财产的范围，对于性贿赂虽无统一的世界立法标准，但大多未将其排除在刑事立法的范围之外。

## 四、 性贿赂犯罪化的可行性

对于性贿赂行为是否犯罪化的问题，多年以来学术界争议较大，存在两种截然不同的观点：肯定说和否定说。法国杰出的启蒙思想家、法学家孟德斯鸠指出，"一切有权力的人都容易滥用权力，这是万古不易的一条经验。要防止滥用权力，就必须以权力约束权力。"③法律是治国之重器，良法是善治之前提。笔者认为，不管是肯定说或是否定说都不能否认性贿赂的社会危害性，党纪政纪、道德谴责和舆论监督等手段已不足以遏制性贿赂，不能因为性贿赂隐蔽性强、难以取证和定罪量刑等原因，就漠视其严重社会危害性，立法应与时俱进，性贿赂犯罪化势在必行。

### （一）性贿赂犯罪化是贯彻十八大精神，推进依法治国和反腐败的必然要求

党的十八大强调，"始终保持惩治腐败高压态势，坚决查处大案要案，着力解决发生在群众身边的腐败问题。不管涉及什么人，不论权力大小、职位高低，只要触犯党纪国法，都要严惩不贷"。党的十八届四中全会作出了全面推进依法治国的决策部署，明确提出，"加快推进反腐败国家立法，完

---

① 翁里、王梦茹：《性贿赂入罪若干问题初探》，载《浙江警察学院学报》2010年第5期，第73页。

② 梁国庆主编：《国际反贪污贿赂理论与司法实践》，人民法院出版社2000年版，第923页。

③ ［法］孟德斯鸠：《论法的精神》（上册），商务印书馆1982年版，第154页。

善惩治和预防腐败体系，坚决遏制和预防腐败现象"。依法治国的基本要求是有法可依、有法必依、执法必严、违法必究。有法可依要求法律完备，可供遵循，这是依法治国的首要前提和保证。

坚决惩治和预防腐败是党和国家一直常抓不懈的一项重要政治任务，反腐败斗争具有长期性、复杂性、艰巨性，党的十八大以来，中央坚持"老虎""苍蝇"一起打，坚持有腐必惩、有贪必肃，严厉惩治腐败，反腐败成为新常态。但是，随着时代和社会经济的发展，精神生活和非财产性利益越来越受重视，权与色的交易成为贿赂犯罪的新宠。性贿赂的社会危害性甚至超过财物贿赂，而我国现行刑法关于贿赂的范围界定仅限于财物，性贿赂成为法律上的一个空白与死角，使得性贿赂腐败行为日益猖獗。因此，对价值和利益的理解不能再局限于物质性财富，在利用大量非物质性利益实行贿赂的今天，如果仍然因循守旧，置贿赂犯罪的新形式、新特点于不顾，将非物质性利益排除出贿赂的范围，势必减弱我国从严惩治贪污贿赂犯罪的刑事政策的执行力度。[1] 性贿赂腐败行为具有严重的社会危害性，明显违背法治社会的基本要求。法律法规是建设法治中国的有力保障，随着依法治国基本方略的不断推进，依靠法律法规和制度反腐是顺应历史潮流的必然选择。因此，性贿赂犯罪化是新形势下贯彻落实十八大精神，全面推进依法治国，深入推进反腐败的必然要求。

## （二）道德谴责和党纪、政纪不足以遏制性贿赂

有学者认为，依靠道德谴责和党纪、政纪等其他手段就可以防治性贿赂，不须刑法介入。多年来的实践证明，对一些腐败分子，只讲道德和党纪、政纪已经疗效不大，不足以遏制性贿赂腐败行为的发生、蔓延，性贿赂俨然只是一些官员东窗事发后的副产品。

道德由于其不具强制性，刚性力度不够，故无法有效解决性贿赂问题。中国以道德规范人们的行为历来做得比其他国家更持久、彻底，国家工作人员应该知晓性贿赂是违背道德伦理的。有的领导干部台上大谈反腐，台下却大搞腐败。依靠道德防治性贿赂是在法外寻求出路，此种做法犹如画饼充饥，无助于解决现实问题。性贿赂导致权力异化、权力变质，早已超出了道德的调整范围，须由法律来规范和调整，以震慑违法犯罪分子。

《中国共产党纪律处分条例》、《行政机关公务员处分条例》等党纪政纪颁行多年来，性贿赂未有减少迹象，权色交易屡屡见诸报刊、广播电视以及网络、手机报等新媒体。实践表明，依靠党纪、政纪代替法律制裁来遏制性贿赂，是与虎谋皮，势必会放纵腐败犯罪。有学者指出，"今天是法治时代，我们不能仅指望用党纪来约束官吏的色腐败。过去几十年的历史已经表明，

下卷·五

---

[1] 金泽刚：《性贿赂入罪的十大理由》，载《东方早报》2013年7月5日，第A23版。

对利用权势奸淫者给予党纪处分根本不能较好地阻止色腐败，反而纵容了此种腐败。"[1]

因此，在通过道德以及党纪、政纪等手段遏制性贿赂无济于事的情况下，通过刑罚惩治性贿赂便是最后的选择。

**（三）性贿赂具有严重社会危害性，符合犯罪的本质特征**

柏拉图认为，没有什么快乐比色欲更大、更强烈、更疯狂。[2]"饱暖思淫欲"，随着我国社会经济的日益发展和物质生活水平的提高，贿赂不再以财物等财产性利益为主，非财产性利益、精神需求等成为贿赂犯罪新的内容，其中性贿赂的诱惑力往往大于财物贿赂的诱惑力，故性贿赂成为许多行贿者的首选，有成为重要贿赂方式之趋势。

实践证明，性贿赂屡屡成为重大腐败事件的组成部分，成为一种非常普遍的权力腐败形式，甚至触目惊心，性贿赂的社会危害性和持续性往往比财物贿赂更严重。性贿赂通常使受贿者在接受性贿赂后迷失自我，置国家、党和人民的利益于不顾，凭借权力为性行贿人牟取利益，做出危害国家和社会的犯罪行为，并且性贿赂既遂后，具有多次为性行贿人谋求不正当利益、多次危害社会的特性。性贿赂导致官德沦丧，常常伴随着权色交易，滋生腐败，侵犯了国家工作人员职务行为的廉洁性、不可收买性，也侵袭到政治、社会、经济、文化以及道德等各个方面，严重腐蚀了国家公权力，严重损害了党和政府的形象与公信力，已不再属于个人隐私、道德问题。有人将权色交易的严重社会危害总结为四个方面：一是腐蚀国家公职人员，导致一系列贪腐恶果；二是导致卖官鬻爵，冲击了人事制度的权威性，干扰了正常的干部选拔程序；三是导致司法腐败；四是挑战婚姻道德，影响社会和谐。[3] 此种见解是较客观的。

刑事古典学派大师贝卡里亚曾说："衡量犯罪的真正标尺，即对社会的危害性"。[4] 根据我国刑法学界关于犯罪特征的通说，犯罪的基本特征是社会危害性（有学者称为法益侵害性）、刑事违法性和应受刑罚处罚性。[5] 其中社会危害性是犯罪的本质特征。根据刑事立法原理，将一行为规定为犯罪，主要是因该行为具有社会危害性。既然性贿赂已成为一种非常普遍的权力腐败形式，具有严重的社会危害性，符合犯罪的本质特征，那么用刑法规制性贿赂腐败行为就是有法理根据的，符合行为入罪的立法条件。

---

① 彭文华：《性贿赂犯罪化的理性分析》，载《法治研究》2014年第4期，第87~89页。

② ［古希腊］柏拉图：《理想国》，郭斌、张竹明译，商务印书馆2007年版，第65页。

③ 禹燕：《惩防并举遏制权色交易腐败》，载《检察日报》2009年5月5日，第7版。

④ 郑俊娥：《试析性贿赂入罪的必要性及其立法建议》，载《柳州职业技术学院学报》2014年第2期，第18页。

⑤ 高铭暄主编：《刑法学》，法律出版社1982年版，第66~69页。

### （四）性贿赂罪符合犯罪构成

根据我国刑法理论中犯罪构成的通说，从犯罪的四个构成要件上来讲，性贿赂罪符合犯罪构成。（1）在犯罪客体方面，性贿赂犯罪侵犯了国家工作人员的职务廉洁性。（2）在犯罪客观方面，性贿赂双方以发生性关系作为媒介，性行贿人为谋取不正当利益，通过自身或他人向国家工作人员提供性服务；性受贿人利用职务上的便利，索取性服务，或者接受他人提供的性服务为他人谋取利益。（3）在犯罪主观方面，性贿赂双方均存在主观故意。（4）在犯罪主体方面，性受贿人的受贿行为是职务犯罪，其主体是特殊主体，即国家工作人员；性行贿人是一般主体，包括具备刑事责任能力的自然人或单位。

### （五）性贿赂犯罪化具有现实可操作性，可以探索解决取证难和定罪量刑难等问题

某种行为能否定罪，除了看其是否具有社会危害性外，还要考虑到将要设置的新罪名在立法实践和司法实践中操作的难度。

其一，关于性贿赂入罪后取证难问题。对于犯罪的隐蔽性、可变性、隐私性等问题，许多犯罪都客观存在，刑法上取证难的罪名也不少，如洗钱罪，就连精神损害这个抽象问题如今也可确定对应的赔偿。取证难不代表无法取证，正是由于性贿赂取证难，才更应该将其入罪，才可以动用侦查手段中最强的刑事侦查手段来进行调查取证，才能够突破性贿赂案件。[①] 同时，可通过司法机关提高取证技能技巧、运用高科技侦查手段（如监听或监控）、举证责任倒置等措施加以解决。

其二，关于性贿赂入罪后定罪量刑难问题。我国刑法规定的许多犯罪，如诽谤罪，其定罪量刑与性贿赂一样，无法通过量化模式决定，但这不影响对其定罪量刑。性贿赂中的性具有非财产性的特点，因此，不以财产利益的衡量标准对其进行量化和计算，而以性贿赂行为所导致的社会危害程度作为定罪量刑的根据，并综合考虑性受贿人利用职务之便为性行贿人谋取的非法利益大小、造成国家财产损失的大小以及性贿赂的人数、次数等情节，这样大大加强了具体操作的可行性，定罪量刑问题便迎刃而解，同时也能减轻取证的难度。[②] 另外，对于性贿赂入罪后的立法条款设计问题，有学者主张在刑法中设置一个独立罪名（性贿赂罪），有学者主张在贿赂犯罪下设立"性贿赂"一款，还有学者主张把刑法贿赂罪相关条文款项中的"财物"改为"利益"或者"不正当好处"。笔者认为，随着学者们不断的理论探讨和司法实践不断寻找有效的方式，性贿赂的定罪量刑问题肯定会得到恰当的解决。

综上所述，无论是在取证还是定罪量刑问题上，性贿赂均符合刑事立法

---

① 刘岩：《性贿赂入罪问题探析》，河南大学 2014 年硕士学位论文，第 22 页。

② 周清明、周宁：《"性贿赂罪"立法的理性思考》，载中国法院网 http://old. chinacourt. org/html/article/200502/05/149701. shtml.

的可行性，也具有可操作性。

### （六）性贿赂犯罪化不违背刑法的谦抑性原则

刑法谦抑性指"立法者应当力求以最小的支出——少用甚至不用刑罚，进而用其他刑罚替代措施，以便获取最大的社会效益——有效地预防和控制犯罪"。[①] 根据刑法的谦抑性原则，一行为是否入罪，需考虑最恰当的标准。性贿赂符合刑法定罪中严重社会危害性的要求，符合贿赂犯罪的本质特征和目的特征，性关系原本属于道德问题，但是当性关系成为权力交易的对价时，刑法就有了介入的正当理由，以遏制腐败分子为了追逐性享受而背弃职务行为的公正性和廉洁性。性贿赂犯罪化体现了刑法的与时俱进，这不违背刑法谦抑性的要求，刑法的谦抑性原则不能成为阻碍打击性贿赂腐败行为的挡箭牌。

### （七）国（境）外性贿赂犯罪立法例可资借鉴

如前所述，《联合国反腐败公约》将贿赂界定为"不正当好处"，把非物质利益纳入贿赂犯罪的范围，这为打击贿赂犯罪提供了扩大解释的依据；一些发达国家和发展中国家以及我国港澳台把贿赂犯罪的范围扩大到非物质利益，突破了财产的范围，也有"性贿赂入罪"的范例。在日本、德国、美国、澳大利亚、马来西亚等国，及我国香港都有关于性贿赂的案例。在日本，1915 年，一警官因索取性要求释放要犯而被定罪；1982 年，一法官因让女犯陪睡三天而枉法减刑也被定罪；1998 年，前大藏省官员井坂武彦因接受野村证券公司价值 258 万日元的"行贿性招待"而被定罪。在美国，2006 年，洛杉矶机场官员利兰·王因为给市长詹姆斯·哈恩支付性按摩费，帮客户牵线搭桥签订市政合同而被起诉。[②] 国（境）外性贿赂犯罪立法例与司法判例为性贿赂犯罪化提供了范例，可供我国内地借鉴。将性贿赂入罪并非标新立异，而是反腐败的现实需要，符合国际反腐败的总体趋势。

## 五、余论

当然我们注意到，在社会舆论看来，性贿赂入罪似乎大家不持异议。但是，性贿赂的取证和认定等技术层面似乎有一定困难和障碍，也即其法律层面的可操作性的确存在一定问题。因此我们建议，如果一下子不能够进入刑法典的罪名，是否可以进入"轻罪体系"。因为，相对而言，轻罪不仅在证据要求上没有刑法上的犯罪那么好高，而且也不需要达到"排除一切合理怀疑"，甚至不需要进入刑事登记，如此既解决了"证据瓶颈"，也解决了认定上的"困难"，甚至匹配或符合了证据要求或认定准确的"非刑事登记"罪名，比较合理稳妥。

---

① 陈兴良：《刑法的价值构造》，中国人民大学出版社 1998 年版，第 353 页。
② 牛雨来：《性贿赂入刑的必要性、可行性及基本途径》，载《法制博览》2014 年第 12 期（中），第 6 页。

# 论贿赂犯罪中贿赂的范围

孙天乐*

在受贿罪的研究中，关于贿赂范围的问题已经有学者从不同的角度进行了阐释。但纵观这些研究，基本上都是从理论上进行的一些研讨，没有很好地结合实际案例进行分析论证。鉴于此，本文拟结合司法实践中碰到的真实案件，就贿赂犯罪的范围问题进行思考与分析，以期能够对司法实践起到一定的指导作用。

## 一、 案例引发的思考——个人出资购买的理财产品收益能否构成贿赂物

甲系国家工作人员，乙系某民营企业总裁。通过第三人丙的引荐，乙攀附上了掌握实权的甲，且逐渐交往起来。但是，在甲与乙的交往过程中，甲拒绝了乙多次给予的名牌手表、现金以及面值较大的购物卡等财物。乙在得知甲不收受这些财物之后，为了进一步地讨好甲从而利用其手中的权力为自己谋取利益，便利用一次企业并购的机会，指示公司人员设计了一个理财产品。通过乙采取的一系列措施，只要购买该理财产品必定获利。为此，乙便安排下属给甲预留了 200 万元的购买份额。甲平时对理财也有一定的了解，其后通过自己的亲属代持购买了 100 万元的份额。在不到半年的时间里，甲购买的 100 万元份额产生了 500 多万元的收益，后甲将该 500 多万元收益连同本金一并收回。之后，甲利用自己的职权为乙谋取了许多的利益。

本案中，按照刑法第 385 条的规定，甲具有国家工作人员的身份，其利用自己的职务便利为他人谋取了利益。可以说，其行为基本上符合（直接）受贿的构成要件。但是，现在所要解决的问题是，甲通过购买乙设计的理财产品获取了巨额的收益是否构成刑法第 385 条规定中的财物。可以说，是否认定该理财产品收益为贿赂物便成为能否认定甲的行为成立受贿罪必须解决的问题。

## 二、 关于贿赂范围的争辩

贿赂的范围有多大，具有什么样特征的物品可以成为贿赂物？关于贿赂

---

* 中国人民大学法学院 2014 级刑法学博士研究生。

范围，国内外理论界、实务界存在着不同的观点：

**（一）国外关于贿赂的理论与刑事立法规定**

1. 国外理论界关于贿赂的界定

查阅相关资料，发现国外刑法理论中关于贿赂的界定大致存在三种学说：第一种是有形利益说，该说把贿赂看成广义上有形的或者物质上的利益，不要求这种利益用金钱来估价；第二种是金钱估价说，该说从量刑角度出发，把贿赂的目的物仅限于能够用金钱来估价的物质利益；第三种是需要说，该说把凡是能够满足人的需要的一切有形的或无形的利益，都看做是贿赂的目的物。[①] 从以上观点可以看出，国外理论界对于贿赂的认识存在着由窄到宽的分歧，即由仅限于能够用金钱衡量的物质利益，到不要求能用金钱衡量的有形物质利益，再到满足人需要的一切有形、无形利益。

2. 国际公约、国外刑事立法关于贿赂范围的规定

根据《联合国反腐败公约》的相关规定，贿赂的范围是一切"不正当利益"。此处的不正当利益既包括有形财产，如物质性的金钱、房产、汽车等物品；也包括财产性利益，如债权的设立、债务的免除、免费旅游等；还同时涵盖了其他非财产性利益，如升学就业、性服务等。公约的规定是以许多国家的规定为基础的：例如，德国规定，贿赂指"利益"（advantage），不限于金钱或其他物质性利益，只要能满足公职人员需求的均可称为贿赂；日本的司法判例认为，贿赂指"各种利益"（every kind of advantage），无论它们是物质性的利益还是非物质性的利益，只要能满足人的需要或者欲望即可；美国也规定，贿赂指"任何有价值的东西"。[②] 上述《联合国反腐败公约》以及英美法系、大陆法系的典型国家的刑事立法均采取了满足人需要的有形、无形利益说，即将贿赂的范围扩展至有形财产、财产性利益以及非财产性利益，这些贿赂具备的共同特征是只要能够满足人的需要即可。

**（二）我国刑法关于贿赂犯罪的规定及相关学说**

现行刑法对贿赂犯罪的规定主要集中在刑法分则第八章"贪污贿赂犯罪"中，即第 385 条至第 393 条的规定以及刑法分则第三章"破坏社会主义市场经济秩序罪"中第 163 条、第 164 条的规定。其中，刑法第 385 条与第 389 条对受贿罪和行贿罪分别作出了规定，概括出了一切受贿行为和行贿行为的基本特征，其余种类受贿罪和行贿罪则是其特殊形式。[③] 从刑法第 385 条、第 389 条的规定来看，我国刑法规定的贿赂是指财物。那么，我国刑法

① 高艳东：《"贿赂"范围的比较研究与新探》，载《河北法学》2004 年第 2 期。

② 转引自喻贵英、马长生：《我国刑法规定的"贿赂"范围之检讨——以〈联合国反腐败公约〉为视角》，载《时代法学》2010 年第 5 期。

③ 吴益民：《〈联合国反腐败公约〉与我国贿赂犯罪刑事立法比较探析》，载《上海大学学报》（社会科学版）2008 年第 3 期。

意义上的财物指的是什么，其外延范围到底有多大。

通过梳理文献发现，目前学界关于贿赂的范围主要存在狭义说、广义说以及折中说三种观点。具体说来：

1. 狭义说认为，贿赂仅限于财物，而不包括其他不正当利益。该学说的主要理由有：（1）从文字上说，贿赂的词义就是指财物，是指用财物来买通别人，或者说用来买别人的财物；（2）从历史上看，《唐律》规定的贿赂罪，是采取"计赃定罪"的原则，财物数额与经济价值是定罪量刑的主要依据；（3）从刑事立法来看，我国刑法明确规定受贿是索取他人财物，或者非法收受他人财物。持该观点的学者认为，刑事立法规定贿赂的内容指财物，明确具体、便于执行。如果把贿赂的内容解释为包括不正当利益则笼统抽象，会给守法、执法带来困难，进而会混淆罪与非罪、此罪与彼罪的界限，不可避免会产生扩大化的错误。[①]

2. 广义说认为，贿赂是指能满足受贿人各种生活需要和精神欲望的一切物质性利益和非物质性利益。我国目前正处于对外开放、对内搞活经济新形势下，随着经济的不断发展，贿赂犯罪是必然会出现各种新的形式和新的特点。如果我们墨守成规，仍然认为贿赂只能指财物，就必然会放纵那些更加狡猾的贿赂犯罪分子。[②] 贿赂犯罪的本质决定了贿赂的范围。贿赂犯罪的本质是制度缺失下的权力寻租，只要符合权力寻租的行为都可以认为是受贿行为。"任何可以满足人需要的东西，都可以用来收买公职人员。所以，任何可以满足人的需要的东西，都可以作为贿赂"。[③]

3. 折中说认为，贿赂不只应当包括财物，还应该包括其他财产性利益，即可以用金钱来计算的物质利益，如免费旅游、无偿劳务、设定债权、免除债务等，都可以成为贿赂的标的。[④] 但是，在折中说看来，非物质性利益如提供性服务不能够包括在贿赂的范围之内。

## 三、 合理认定贿赂范围——应将贿赂范围扩展至财产性利益

如前所述，关于贿赂的范围观点不一，而且每种观点都有自己的理论支撑，都有其一定的合理性。在我看来，就贿赂范围的问题而言，应该考虑以下几个问题：刑法设立贿赂犯罪的立法目的是什么，当前社会实践中存在的具体情况以及现有的法律规范能否适应打击新时期贿赂犯罪的现实需要。从这个角度来看，狭义说将贿赂的范围仅限定为有形的财物则是欠妥的。伴随着市场经济的快速发展，尤其是资本市场的兴起与发展，出现了大量的新型

---

① 高铭暄：《中国刑法学》，中国人民大学出版社 1989 年版，第 603~604 页。
② 姜代境：《关于贿赂罪几个问题的探讨》，载《法学研究》1985 年第 5 期。
③ 张明楷：《法益初论》，中国政法大学出版社 2000 年版，第 631 页。
④ 肖扬：《贿赂犯罪研究》，法律出版社 1994 年版，第 173 页。

财物类型，如股票、债券、基金等虽然无形但具有财产性的利益。也应当看到，司法实践中出现的给予受贿人股权、债权等形式的贿赂。如果还一味地坚守狭义说的观点，那么对于现实中大量存在着的该种行贿受贿现象，刑法就无能为力，不能够实现当初设立贿赂犯罪的立法目的。因此，狭义说的观点显然是不符合实践需要的。那么，在广义说和折中说之间应该采取哪种观点？笔者认为，应该采取折中说的观点即认为贿赂的范围包括有形的财物以及财产性利益，而不能将非财产性利益包含进来。具体理由如下：

### （一）将贿赂范围扩展至一切利益与法理、情理不符

根据刑法解释的原则，对于贿赂作不加任何限制的宽泛性理解与我国刑法理念相冲突。

首先，从目前的立法来看，在法条中是对财物与利益作了严格界分的。从民法观念和大众的一般观念来看，利益的范围是远远大于财物的。根据《现代汉语词典》的解释，利益即好处。如果按照广义说的观点，将一切好处均归结为贿赂犯罪中所指的财物，则是把现行刑法严格区分的财物与利益两个不同的术语混同理解，这也有违刑法体系的一致性原则。

其次，将贿赂的范围扩展至一切利益不符合刑法的谦抑性。刑法具有秩序维持机能和人权保障机能，但是刑法能够发挥的机能绝对不是无限的，因为刑法尽管是对付犯罪的有力手段，但绝对不是决定性的手段。刑法不应该以所有的违法行为为当然的对象，只限于在必要的不得已的范围内才应该适用刑罚，因此有必要以人道主义为基础，慎重、谦虚地适用刑法，这就是刑法的谦抑主义品行。[1] 帕克也指出，科处刑罚所需要的条件是：（1）该行为在大部分人看来，对社会的威胁是显著的，不能被社会的任何重要部分认可；（2）对该行为进行处罚能够符合刑罚目的；（3）抑制它不会抑制社会所希望的行为；（4）能够通过公平的、无差别的执行对它进行处理；（5）通过刑事程序取缔该行为，不会在程序上造成质和量上的加重负担；（6）不存在取代刑罚而处理该行为的适当方法。[2] 以此作为思考的出发点，如果按照持广义说学者的观点，认为贿赂这一概念，从其现代的被法律规范化了的意义上讲，不但是财物，即金钱和物品，也应指一切不正当的利益，即能满足受贿人各种生活需要和精神欲望的一切财产性利益和非财产性利益。[3] 采取这种理解的话，极容易造成刑罚在受贿罪上过度扩张而导致刑及无辜。应当说明的是，满足受贿人精神欲望的利益在许多情况下是不具有刑法意义的，甚至是连可

---

① [日] 大塚仁：《刑法概说（各论）》，冯军译，中国人民大学出版社2003年版，第182页。

② 帕克：《刑事制裁的界限》，载大塚仁著：《刑法概说（总论）》，冯军译，中国人民大学出版社2003年版，第268页。

③ 马克昌：《受贿罪客观要件探讨》，载杨敦先著：《刑法运用问题探讨》，法律出版社1992年版。

谴责性也不具备。举个极端的例子，某领导具有收集女性二手内衣物的癖好，其在利用职务便利为他人谋取利益的过程中，向该行贿人索要女性二手内衣物从而满足其精神欲望。在该种情形下，这种女性二手内衣物很难说具有任何刑法意义，对于该领导的职务行为也很难说能够进行刑法谴责。

### （二）应将贿赂的范围扩展至财产性利益

通过上述分析不难得出，在有关贿赂范围的三种观点中，广义说和狭义说或者会有导致刑罚滥用之嫌，或者不能满足司法实践的需要，因而都不具有合理性。相对而言，折中说的观点较为合理，具体说来：

1. 贿赂犯罪所侵犯的客体是国家工作人员职务行为的廉洁性，其实质上所保护的法益是职务行为的不可交换性。无论是财物，还是财产性利益都同样可以拉拢、收买国家工作人员。从本质上来看，贿赂犯罪都表现为行贿者"投其所好"，而受贿者"以权换利"，即权和利的交换，形成对职务行为的收买。[①]这就决定了财物以及财产性利益作为贿赂的标的物根本没有区别，都会对职务廉洁性造成不可逆转的损害，都会破坏贿赂犯罪所保护的法益，导致严重的危害社会结果的发生。

2. 折中说能够适应当前的实践需要。狭义说将贿赂的范围仅限定为有形的财物，导致处罚范围过窄。这就说明了贿赂犯罪的贿赂范围必须进行扩大调整。但是，这种调整必须充分考虑刑法规制犯罪的功能，从而确保既不放纵犯罪，又不滥用刑罚。如果规制调整的范围较窄，刑法的后盾法、保障法功能就不能实现。但是，如果规制调整的范围过宽，则又有滥用刑罚之嫌。而将贿赂范围由有形的财产扩展至财产性利益，既能够有效地配合当前的反腐需要，又能够避免刑罚对私生活的过多干预。

3. 折中说认定包括财产性利益易于司法操作，有利于严密刑事法网。根据刑法第386条的规定，对犯受贿罪的，根据受贿所得数额及情节，依照本法第383条的规定处罚。贿赂犯罪的定罪量刑，需要贿赂金额的量刑化。因此，将贿赂的范围扩展至财产性利益无疑有利于司法操作。相反，按照广义说的观点则使得司法实践中对于非财产性利益的计算无从着手。正如有学者所提出的那样，"有效区分刑事犯罪与一般违法违纪行为之间的界限，突出刑事打击重点，有利于确保贿赂范围的立法修改并最终在司法中落到实处"[②]。的确，折中说的观点有利于确保我国反腐体系、架构、机制的基本稳定。从增加认定财产性利益的角度来考虑，也确实在一定程度上严密了打击行贿受贿的刑事法网。

4. 折中说将财产性利益纳入贿赂范围的观点得到了司法解释的支持。最

---

[①] 储槐植、闫雨：《当代中国腐败犯罪的刑事法治理——以〈联合国反腐败公约〉为视角》，载《中南民族大学学报》2013年第3期。

[②] 赵秉志：《贪污贿赂犯罪的惩治与预防》，中国人民公安大学出版社2010年版，第185页。

高人民法院、最高人民检察院于 2007 年 7 月 8 日联合发布的《关于办理受贿刑事案件适用法律若干问题的意见》中，对贿赂犯罪中"以交易形式收受贿赂"、"收受干股"、"以开办公司等合作投资名义收受贿赂"、"以委托请托人投资证券、期货或者其他委托理财的名义收受贿赂"、"以赌博形式收受贿赂"、"特定关系人'挂名'领取薪酬"等问题作出了规定。这实质上将贿赂的范围扩大，不仅包括金钱和可以用金钱计算的物品，还包括其他财产性利益。2008 年 11 月 20 日，最高人民法院、最高人民检察院又联合发布了《关于办理商业贿赂刑事案件适用法律若干问题的意见》同样将贿赂的范围扩大，除了金钱与财物外，还包括一些可以用货币来衡量的财产性利益。这两部司法解释的出台，对折中说的观点形成了有利的司法支撑。

5. 折中说的观点契合了《联合国反腐败公约》的精神，实现了刑法的国际化接轨。全国人大常委会早于 2005 年 10 月 27 日就表决通过了关于批准《联合国反腐败公约》的决定。而如前所述，《联合国反腐败公约》对贿赂的范围规定不仅限于财物，而是包括一切不正当好处。因此，对贿赂范围的调整不仅是打击国内新型贿赂犯罪的必然要求，也是在国际协作中掌握主动权的必然选择。但是，对于国际公约的适用要在结合国情的基础上将其转换成国内法。正如贝卡里亚在其《论犯罪与刑罚》一书中指出的那样，"刑罚的规模应该同该国的情况相适应"。[①] 对贿赂范围的认识决定了贿赂犯罪犯罪圈的大小以及罪与非罪的界限。毫不夸张地说，贿赂范围的界定直接决定了贿赂犯罪的刑罚规模。因此，从刑法国际化以及与国际接轨的角度考虑，再结合本国的国情出发，将贿赂范围调整至包括财产性利益是契合《联合国反腐败公约》的精神的。

## 四、 如何理解贿赂范围扩展至财产性利益与罪刑法定原则

罪刑法定原则是刑法的基本原则，贯彻于刑法适用的始终。而对于贿赂范围的理解则属于对刑法法条进行的解释，因此，该问题就涉及如何坚持在罪刑法定原则的前提下合理地解释贿赂范围。换句话说，将贿赂范围扩展至财产性利益的解释是否违反了罪刑法定原则。

### （一） 贿赂范围扩展至财产性利益属于实质解释的运用

按照实质解释的观点，对于构成要件的解释必须以法条的保护法益为指导，而不能仅停留在法条的字面含义上。换句话说，解释一个犯罪的构成要件，首先必须明确该犯罪的保护法益，然后在刑法用语可能具有的含义内确定构成要件的具体内容。[②] 众所周知，贿赂犯罪保护的法益是国家工作人员

---

① ［意］切萨雷·贝卡里亚：《论犯罪与刑罚》，黄风译，北京大学出版社 2008 年版，第 112 页。

② 张明楷：《实质解释论的再提倡》，载《中国法学》2010 年第 4 期。

职务行为的不可收买性。而贿赂物作为构成要件的重要内容，其可能的含义包括有形财物、财产性利益等。而在这两种可能的含义之中，有形财物无疑是贿赂物的核心含义，而后者则属于贿赂物的边缘含义。然而，正如实质解释论所提倡的那样，当某种行为并不处于刑法用语的核心含义之内，但具有处罚的必要性与合理性时，应当在符合罪刑法定原则的前提下，对刑法用语作扩大解释。但是，刑法用语的核心意义比较清楚，向边缘扩展时会导致外延模糊，如何确定外延，将外延的范围扩展到什么程度从用语本身很难找到答案，需要作出实质的判断。结合前面的论述可以得知，在将贿赂物的范围仅局限于有形财物的情况下会导致处罚的漏洞，而将其范围扩展至包括非财产性利益的时候则又会导致处罚的不合理。因此，将贿赂物的范围解释扩大为包括财产性利益的时候既属于在刑法用语的可能含义之内，又有处罚的必要性与合理性，是实质解释的恰当运用。

**（二）贿赂范围扩展至财产性利益遵循了罪刑法定原则**

罪刑法定原则要求法无明文规定不为罪，法无明文规定不处罚，其派生出形式侧面和实质侧面。罪刑法定原则的形式侧面包括四个方面的内容：成文法主义、禁止事后法、禁止类推解释、禁止不定刑与绝对不定期刑，主要在于限制司法权；罪刑法定的实质侧面包括：刑罚法规的明确性原则以及刑罚法规内容的适正原则（包含禁止处罚不当罚的行为和禁止残虐的、不均衡的刑罚两个内容），主要在于限制立法权，充满了对立法权的不信任。① 实质解释论既维护罪刑法定主义的形式侧面，也维护罪刑法定主义的实质侧面。根据罪刑法定原则的要求，即使某个行为值得科处刑罚，但只要是刑法没有明文规定，就必须得出无罪结论。然而，为了实现刑法的正义，必须在不违反罪刑法定原则的前提下，尽可能减少和避免刑法的漏洞。也就是说，应当在法定形式范围之内，将值得科处刑罚的行为合理地解释为犯罪。正如之前的分析那样，当我们将贿赂物的范围仅限定为有形的财物之时，会导致刑法漏洞的出现。因此，为了减少和避免刑法对于贿赂犯罪的打击漏洞，就必须对贿赂物的范围进行合理的扩大解释。并且，将财产性利益解释为贿赂物的范围是在贿赂物可能具有的含义之内进行的，是在完全遵循罪刑法定原则前提下开展的，且具有处罚上的必要性与合理性。

**（三）贿赂范围扩展至非财产性利益违反罪刑法定原则**

如前所述，将贿赂的范围扩展至财产性利益是实质解释的应用，是符合罪刑法定原则的。相反，如果将贿赂的范围扩展至非财产性利益则是违反罪刑法定原则的。根据刑法的解释原理，对于刑法用语的含义进行解释的时候，要在该语词可能具有的含义之内且不得超出国民预测可能的范围进行。就我

下卷·五

---

① 张明楷：《刑法学》（第 3 版），法律出版社 2007 年版，第 45 页以下。

国刑法规定的财物一词而言，从解释的角度来看，是不可能将非物质性利益包括在内的。因为将非物质性利益解释在财物的范围之内，会超出人们的可预测范围，是违背罪刑法定主义原则的。

## 五、 结语——通过司法解释的形式明确贿赂的范围

通过以上的阐释，将贿赂的范围扩展至包括有形的财物以及财产性利益，本文开头提出来的问题自然就能够迎刃而解了。通过给国家工作人员提供购买理财的机会，并确保该理财产品能够获得巨额的收益，最终使得该国家工作人员获取了巨大的财产性利益，已经符合了受贿罪的贿赂物要求。然而，需要指出的是，近年来资本市场的飞速发展以及相关配套制度的不完善等原因，造成了许多新型贿赂犯罪形式的出现，使得 2007 年"两高"发布的《关于办理受贿刑事案件适用法律若干问题的意见》疲于应对。面对花样迭出的这些新型贿赂犯罪，究其本质都没有脱离财产性利益的范围。即使如此，没有明确的司法解释规定，司法实务部门在办理这些新型的贿赂犯罪案件时也会茫然。所以，为了保持刑法的稳定性，也为了更好地指导司法实践，堵塞实际中可能出现的处罚漏洞，建议以司法解释的形式对受贿罪中贿赂物的范围进行概括性的规定。这样一来，在司法解释中明确了贿赂物的外延，即一切的有形财物和财产性利益，就能更好地服务于当前的反腐败需要，更好地指导司法机关准确适用刑法，更好地发挥刑法打击犯罪与保障人权的机能。

# 论单位贿赂型犯罪独立设罪之废止

## ——兼论单位犯罪的立法完善

谢治东*

刑法分则第八章除了规定单纯的自然人受贿罪和行贿罪外，还对涉及单位的贿赂犯罪行为独立设置了单位受贿罪、单位行贿罪和对单位行贿罪三个独立罪名。鉴于单位贿赂型犯罪独立设罪欠缺必要性和正当性，其犯罪构成要件不具有独特性。因而，上述三个罪名应当被废止，并将其纳入受贿罪和行贿罪中。

## 一、 单位贿赂型犯罪罪名设置现状及特征

单位受贿罪、单位行贿罪和对单位行贿罪都是 1997 年刑法中规定的新罪名，1979 年刑法及 1982 年全国人大常务委员会《关于严惩严重破坏经济的罪犯的决定》对单位受贿罪、单位行贿罪及对单位行贿罪均未涉及。1988 年全国人大常委会《关于惩治贪污罪贿赂罪的补充规定》，将受贿犯罪、行贿犯罪的主体和对象作了扩展，从而在立法上肯定了单位可以成为受贿罪、行贿罪的主体。1997 年刑法对 1988 年的《关于惩治贪污罪贿赂罪的补充规定》予以吸收并增加了对单位行贿罪，从而在立法上将单位受贿罪、单位行贿罪和对单位行贿罪作为一种特殊贿赂犯罪与受贿罪、行贿罪区分开来。现行刑法对单位贿赂犯罪的规定主要有三条，刑法第 387 条规定的单位受贿罪，即国家机关、国有公司、企业、事业单位、人民团体，索取、非法收受他人财物，情节严重的，对单位判处罚金，并对直接负责的主管人员和其他直接责任人员，处五年以下有期徒刑或者拘役。前款所列单位，在经济往来中，在账外暗中收受各种名义的回扣、手续的，以受贿罪定罪处罚。刑法第 391 条规定的对单位行贿罪，即为谋取不正当利益而行贿，给予国家机关、国有公司、企业、事业单位、人民团体以财物的，或者在经济往来中，违反规定，给予各种名义回扣、手续费的，处三年以下有期徒刑或者拘役，单位犯本罪的，对单位判处罚金，并对直接负责的主管人员和其他直接责任人员，处三年以下有期徒刑或者拘役。刑法第 393 条的单位行贿罪，单位为谋取不正当利益而行贿，或者违反国家规定，给予国家工作人员以回扣、手续费，情节

---

* 浙江工商大学法学院副教授，法学博士，硕士生导师。

严重的，对单位判处罚金，并对直接负责的主管人员和其他直接责任人员，处五年以下有期徒刑或者拘役。因行贿取得的违法所得归个人所有的，依照行贿罪定罪处罚。综合以上立法和相关司法解释，单位贿赂型犯罪有以下特征：

1. 主体或对象的特定性。犯罪主体或犯罪对象必须是国家机关、国有公司、企业、事业单位、人民团体或上述单位的工作人员。例如单位受贿罪的犯罪主体必须是国家机关、国有公司、企业、事业单位、人民团体。对单位行贿罪，其行贿对象必须是国家机关、国有公司、企业、事业单位、人民团体。单位行贿罪的行贿对象必须是国家机关、国有公司、企业、事业单位、人民团体从事公务的国家工作人员。

2. 主观上必须为单位谋取非法利益。在上述相关罪名中，行为人在主观上都必须为单位谋取非法利益，如受贿所得归个人所有或因行贿取得的非法利益归个人所有，则应该按自然人受贿罪或行贿罪定罪处罚。

3. 法定刑轻于同类型的自然人犯罪。如自然人犯受贿罪，个人受贿数额在十万元以上的，处十年以上有期徒刑或者无期徒刑，可以并处没收财产，情节特别严重的，处死刑，并处没收财产。而在单位受贿罪中，除对单位判处罚金外，对直接负责的主管人员和其他直接责任人员只能判处五年以下有期徒刑或者拘役。自然人犯行贿罪，处五年以下有期徒刑或者拘役；因行贿谋取不正当利益，情节严重的，或者使国家利益遭受重大损失的，处五年以上十年以下有期徒刑，情节特别严重的，处十年以上有期徒刑或者无期徒刑，可以并处没收财产。而在单位行贿罪中，情节严重的，只对单位判处罚金，并对直接负责的主管人员和其他直接责任人员，处五年以下有期徒刑或者拘役。

4. 追诉标准的起点高于同类型的自然人犯罪。如自然人受贿罪追诉的起点为 5000 元以上，而根据 1999 年 9 月 16 日最高人民检察院的《关于人民检察院直接受理立案侦查案件立案标准的规定（试行）》，单位受贿罪的立案标准为 10 万元以上；根据 2012 年 12 月 26 日"两高"《关于办理行贿刑事案件具体应用法律若干问题的解释》，自然人犯行贿罪的立案起点是行贿数额 1 万元以上。而根据 1999 年 9 月 16 日最高人民检察院《关于人民检察院直接受理立案侦查案件立案标准的规定（试行）》，单位行贿罪的立案标准为 20 万元以上。也就是说，单位受贿罪和单位行贿罪的追诉标准 5 倍于同类型自然人受贿罪和行贿罪。

## 二、 单位贿赂型犯罪独立设罪应予以废止

### （一）世界各国都不存在对单位贿赂型犯罪独立设罪的立法例

贿赂犯罪是当今世界各国都需要面对的一个全球性的问题。制定完善的

刑法体制，打击、惩治、预防在新形势下出现的形形色色的贿赂犯罪，是世界各国的共识。纵观各国有关贿赂犯罪的刑事立法，尽管由于各国和不同地区的社会结构、经济、政治文化背景、司法体制的不同，其在具体立法模式，贿赂的主体、贿赂对象、贿赂内涵外延及罪名的具体化等方面均存在差异，但除了中国内地之外，都不存在针对单位贿赂型犯罪独立设罪的立法例。究其原因，并不是因为在其他国家和地区不发生或很少发生单位受贿、单位行贿或对单位行贿等单位贿赂犯罪现象。笔者认为，根本原因很可能是因为，在这些国家和地区的立法者看来，单位贿赂犯罪和自然人贿赂犯罪在罪质上并不存在本质区别，在罪量上也无须区别对待，因此，无须也不应该对单位贿赂型犯罪独立设置罪名。

### （二）单位贿赂犯罪与自然人贿赂犯罪在罪质上无本质的区别

贿赂犯罪保护的法益是国家工作人员职务行为的不可收买性。一种犯罪行为是否侵犯了这种法益主要取决于以下因素：接受贿赂者是否具有国家工作人员的身份；其索取或收受的财物与其职务行为是否具有对价关系。至于受贿物的最后归属对受贿罪所保护的法益并不具有决定作用。通过比较单位贿赂罪和自然人贿赂犯罪相关罪名的罪状。我们发现，在影响和决定犯罪的罪质的各构成要件的要素都具有完全的相似性。在受贿罪和单位受贿罪中，犯罪主体都必须是国家工作人员，客观上都必须利用职务便利，索取和收受他人的财物。在行贿罪和单位行贿罪中，都是为谋取不正当利益，给予国家工作人员以财物。从司法实践来看，无论受贿罪和单位受贿罪的区分，还是行贿罪和单位行贿罪的区分，对他们进行区分的关键在于是为单位谋取利益还是为个人谋取利益，其贿赂款物的归属去向或行贿款物的来源。如单位受贿罪的贿赂款物归属单位，再以单位的名义进行支配；而受贿罪则归属个人，由个人进行支配。单位行贿罪是为单位谋取不正当利益，其行贿的款物一般来源于单位，而行贿罪是为个人谋取不正当利益，行贿款物一般来源于个人。但贿赂款物的归属，并非单位受贿罪和受贿罪的犯罪构成要件，其并没有改变单位受贿罪、受贿罪所侵害的法益，也没有改变其两者的罪质。同样，不正当利益的受益者或行贿款物的来源，也并非单位行贿罪、行贿罪的犯罪构成要件，并没有改变单位行贿罪、行贿罪所侵害的法益，也没有改变其两者的罪质。换言之，无论是单位受贿罪和受贿罪，还是单位行贿罪和行贿罪，都具有等同的罪质。

### （三）造成整个刑法体系上的逻辑冲突和内在矛盾

我国对单位犯罪立法采取的是一种刑法总则概括规定和分则具体规定相结合的立法模式。在中国刑法分则中涉及单位犯罪的具体罪名个数已经占刑法总罪名的三成左右。在这些罪名中，除单位受贿罪、单位行贿罪和对单位行贿罪外，不管犯罪行为是单位实施还是个人实施，也不管其犯罪对象是针

下卷·五

对自然人和还是单位，只要其罪质相同，都只设置一个罪名，并不因为其犯罪主体是单位，或其犯罪对象是单位，而独立设置罪名。例如，在合同诈骗罪中，不管是单位实施诈骗，还是个人实施诈骗，不管其诈骗的对象是个人还是单位，都只成立合同诈骗罪。因此，对单位贿赂型犯罪独立设置罪名，从整体上破坏了刑法对单位犯罪立法上的逻辑结构。另外，我国刑法除针对国家工作人员设置了受贿罪和行贿罪外，还规定非国家工作人员受贿罪和对非国家工作人员行贿罪，但并没有相对应地规定非国有单位受贿罪和对非国有单位行贿罪。如认为国家机关、国有公司、企业、事业单位、人民团体，索取、非法收受他人财物，只构成单位受贿罪，不成立受贿罪。为谋取不正当利益而行贿，给予国家机关、国有公司、企业、事业单位、人民团体以财物的，只成立对单位行贿罪，不成立行贿罪。那就存在问题：非国有单位非法收受他人财物的行为，或为谋取不正当利益，对非国有单位行贿，能否构成非国家工作人员受贿罪或对非国家工作人员行贿罪呢？

**（四）只突出"单位"的主体地位，否定自然人在犯罪中的独立行为主体地位**

"国家机关、国有公司、企业、事业单位、人民团体，索取、非法收受他人财物"，"单位为谋取不正当利益而行贿"，这是我国刑法对单位受贿罪和单位行贿罪的表述方式。从文理解释来看，单位并且只有单位才是单位犯罪的行为主体；作为单位成员的直接责任人本身不具有独立的行为主体地位，其只不过是作为单位要素而分担单位刑事责任。然而，单位并不是离开自然人而独立存在的主体，"以为法人是具体人以外存在的超人，显然是错误的，因为基于常识，便可知法人不是真正的人，本身根本不可能具有精神状态，只有具体的人才有思维能力，这是无可争辩的。"① 因此，单位说到底只是自然人个人实现其意志或利益的手段或工具，其本身不可能具有独立的自我目的，其法律人格只是服务于特定目的的一种拟制或推定。然而，中国单位贿赂犯罪立法只突出了"单位"唯一的主体资格，而忽略相关责任人作为自然人在单位犯罪中的独立行为主体地位。然而，纵观国外有关法人犯罪的立法和司法实践，无论是在英美法系还是大陆法系，法人犯罪和法人刑事责任的确立，并不能否定法人内部的自然人在犯罪中的行为主体地位，法人刑事责任的承担并不能影响其中的自然人的刑事责任。

**（五）对单位贿赂犯罪中的直接责任人配置较轻的法定刑不具有合理性**

在立法者看来，在单位贿赂犯罪中，行为者具有"为公"性质，如在单位受贿罪中，贿赂去向绝大多数用于单位公务支出，少数用于职工补助、福

---

① 江平、龙卫球：《法人本质及其基本构造研究——为拟制说辩护》，载《中国法学》1998年第3期。

利；在单位行贿罪中，行为者是为单位谋取不正当利益。这种"为公"的动机淡化了其伦理上的可谴责性，降低了刑法对其非难的严厉程度。因此，与单纯的自然人受贿罪、行贿罪相比，对单位贿赂犯罪中的直接责任人应该配置较轻的法定刑。笔者认为，现行立法对单位贿赂型犯罪单独设置，并对其直接责任人配置较轻的法定刑，明显违背了刑事政策科学化原则，不具有合理性。其具体理由如下：

1. 在单位犯罪中，直接责任人并非只是单位这一主体的要素，而是具有独立的主体地位；在刑事责任承担上也并不是对单位整体刑事责任的分担，单位刑事责任和直接责任人刑事责任是相互分离的两种不同的刑事责任。单位刑事责任只是对直接责任人刑事责任的补充，单位刑事责任的承担并不能因此影响直接责任人作为自然人而应该承担的刑事责任。

2. 影响法定刑轻重的基础是犯罪对社会法益的侵害大小或威胁程度，而不是犯罪所得利益的最后归属。对社会法益侵害或威胁相当的犯罪，其刑罚幅度也应是相当的，这是罪责刑相适应原则的要求。就对社会法益的侵害或威胁衡量，单位犯罪行为对社会法益侵害或威胁丝毫不低于甚至远高于单纯自然人犯罪，单位作为一个集体，在通常情况下，其财力、影响力都比自然人强得多，其犯罪的能力当然也强得多，这一点已为司法实践所证实，如在湛江单位特大走私案、厦门远华单位特大走私案中，走私金额上千亿元，偷逃税款几百亿元，其走私数额远非一般自然人犯罪可比。另外，犯罪所得利益的最后归属不应该成为影响法定刑配置的基础。在单位犯罪中，不能因为直接责任人是为单位利益而不是为了个人利益而降低其刑事责任。如果"为他人利益或为组织谋利益"而不是为自己谋利益可降低刑事责任，那么，在共同犯罪、有组织犯罪中，其个别成员都有可能不是为自己谋利益，而是为他人或者为自己所在的组织谋利益。

3. 在单位犯罪中，直接责任人共同决定、责任分散的特点，不能成为对直接责任人刑事责任区别立法的理由。因为"共同决定、责任分散"这一特点并非单位犯罪所独有，而是所有的组织犯罪甚至许多一般共同犯罪所共同具有的特征。但在这些有组织犯罪或共同犯罪中，其犯罪成员并不能因为"共同决定、责任分散"这一特征而降低其刑事责任的配置，这是刑事立法和刑事司法历来所坚持的。在单位犯罪中，直接责任人之间在主观上具有共同的故意，客观上其行为相互配合、支持，因此，直接责任人之间构成共同犯罪。根据共同犯罪的"部分行为，整体责任"的处罚原则，单位犯罪中每个直接责任人必须对整体犯罪行为承担刑事责任，而不是只对自己的行为承担刑事责任。而且，由于直接责任人较多，相互之间可以共同谋划，存在互相分工、配合，更易于完成犯罪；事后可以相互商讨对策，互相包庇，更易于逃避侦查和惩罚；在通常情况下，一次犯罪给社会造成的损失往往较大，因此，与单个人单独犯罪相比，共同犯罪的危害性更大，对共同犯罪处罚一般重于对单独犯罪的处罚。对于共同犯罪任何主犯，其应当受到的刑罚处罚，都不会轻于造成同样危害后果的单独犯罪。①

4. 与单位犯罪的立法宗旨相悖。刑法设立单位犯罪的目的，应该是在原来打击自然人犯罪的基础上，通过对单位施加刑罚，以加强对单位犯罪的惩罚力度，而不是削弱和降低对单位犯罪中的直接责任人本身的惩罚力度。因为，在刑法承认单位犯罪前，单位中的直接责任人经过单位集体研究，为单位利益实施犯罪，也需要承担个人刑事责任，刑法也没有规定对其中直接责任人员的刑事责任区别对待。因此，单位犯罪的设立，既不是单位犯罪中直接责任人刑事责任的避风港，也不应当成为直接责任人刑事责任的减压阀。

5. 对参与单位犯罪的直接责任人按自然人犯罪进行同等处罚，是世界上其他国家和地区的通行做法。例如，美国模范刑法典在"责任的一般原则"明确规定：因对法人或者法人团体的行为负法律责任而被认定有罪时，该人应被处以自然人被认定成立同等级或者同程度的犯罪时规定的刑罚。再如，1994 年 3 月 1 日生效的《法国刑法典》第 121-2 条第 3 款规定："法人负刑事责任不排除作为同一犯罪行为之正犯或共犯的自然人的刑事责任。"在分则中也没有针对法人犯罪中的成员设置单独刑罚，也没有对参与法人犯罪的自然人从宽处罚的规定。日本所有规定法人犯罪的刑法通常采取"两罚制"规定，通常表述为"法人的代表人或法人或个人的代理人、雇员及其他从业人员，在法人的业务及财产方面，实施了违反某某条的违法行为时，除处罚该行为人之外，对该法人或人也处以各本条所规定的罚金。"也没有对法人犯罪中的行为人配置较低的法定刑。再如我国台湾地区，在几乎所有的法人犯罪立法中均明确规定，对犯罪法人的代表、代理人、受雇人或其他从业人员，按有关个人犯罪的规定处罚。②

6. 对单位犯罪中直接责任人实行同等处罚原则是国际公约的要求。近年来，我国先后加入或签署了一系列国际条约，在这些国际条约中都有相关法人犯罪的规定，如 2000 年 11 月 15 日第 55 届联合国大会通过、我国 2003 年 8 月 27 日批准加入的《联合国打击跨国有组织犯罪公约》第 10 条规定，法人的法律责任可以包括刑事责任、民事责任或者行政责任，但法人责任的承担不应当影响实施这种犯罪的自然人的刑事责任。2003 年 10 月 31 日第 58 届联合国大会通过、我国已签署的（尚待批准）《联合国反腐败公约》第 26 条对法人责任做了上述同样的规定。这些公约均要求各缔约国在依法确立法人参与其所规定的犯罪应当承担责任的同时，明确规定法人责任不应当影响实

---

① 阴建峰、周加海：《共同犯罪适用中疑难问题研究》，吉林人民出版社 2001 年版，第 8 页。
② 高铭暄：《刑法专论（第 2 版）》，高等教育出版社 2006 年版，第 240 页。

施该种犯罪的自然人的刑事责任。上述国际公约对于各成员虽然不具有直接的法律效力，但对签署和批准的各成员具有一定的约束力，指导其国内法的制定，并强制该国建立一种执行有关这些公约的法律监督措施。所以，在刑事立法中对单位犯罪中直接责任人的刑事责任与自然人犯罪实行同等原则是我国履行国际公约的要求。

因此，笔者认为，我国刑法有必要在刑法总则明确规定，在单位犯罪中，单位承担刑事责任不影响实施该种犯罪的自然人刑事责任的承担，同时废止现行刑法分则中部分对单位犯罪中直接责任人独立设置法定刑的规定。令人欣喜的是，立法机关可能也意识到对单位犯罪中直接责任人的刑事责任实行差异配置的不合理性，在后面所制定的刑法修正案中这种差异原则的情形很少出现。

## 三、 单位犯罪的立法完善

"刑法是最实际的学问，它不是为自身而存在，它的目的只是为了人们能够在国家中共同生活，因此，在研究刑法中的各个规定时，要考虑它是否能够充分地实现保护社会的目的，在它不能充分实现该目的的时候，就必须修改为其他更好的规定。"① 由于我国单位犯罪的立法缺陷，不仅导致在理论上和实践中的诸多困境，单位犯罪的立法并未能如期实现立法者所期待抑制和预防法人犯罪的立法目的，而且更多成为相关直接责任人的"避风港"或"减压阀"。在此，笔者拟在借鉴国外法人犯罪立法经验的基础上，对单位犯罪的立法体系作进一步完善：

1. 修改现行刑法第 30、31 条，重新定义单位犯罪，使其内涵清晰、明确。综观国外有关法人犯罪的立法，大凡承认法人刑事责任的国家和地区，都明确、清晰地规定了法人犯罪的成立条件。从他们的立法经验来看，通常作为认定法人犯罪的条件有：法人的代理人或其他成员以法人名义、在其业务范围的行为；得到法人最高决策机构的批准或默许的行为；或者为法人谋利益的行为。据此，借鉴国外经验结合中国司法实践，我国可在立法中将单位犯罪具体表述为："公司、企业、事业单位、团体的代表、代理人或者其他成员在其职务、业务范围内，为了单位利益，故意或过失实施本法所规定的犯罪行为，该行为人和其所单位均应当承担本法所规定的刑事责任。单位承担刑事责任不得影响实施此种犯罪的自然人的刑事责任。"如此修改，既明确了单位犯罪的成立条件，也肯定直接责任人在单位犯罪中的独立行为主体地位。同时，在单位犯罪的概念中，明确将"国家机关"排除在单位主体范围之外，以克服立法和司法实践完全脱离之现象。

---

① 冯军：《刑事责任论》，法律出版社 1996 年版，第 211 页。

2. 删除刑法分则对单位犯罪成立具体范围的规定，从而使单位犯罪定义对刑法分则任何罪名均具有普遍的指导作用。换言之，只要一种行为符合刑法总则有关单位犯罪的成立条件，在追究相关直接负责的主管人员和直接责任人的个人刑事责任的基础上，都可认定成立单位犯罪，对单位追究整体刑事责任，从而使单位犯罪有可能适用分则中的全部罪名。如此一来，既可避免刑法不必要的繁琐臃肿，也可消解对单位盗窃之类的刑法没有明文规定的单位犯罪行为如何定性之类的困扰。

3. 在刑法总则明确对单位犯罪中直接责任人按自然人追究其个人刑事责任的原则，删除刑法分则中所有有关直接责任人具体刑事责任的条款。考察国外和国际条约的法人犯罪立法，其刑法分则从未出现对法人犯罪中的责任人独立配置刑事责任的立法例。与之相反，其总则都特别地申明法人承担刑事责任不得影响自然人的刑事责任。基于上述考虑，本人认为有必要废止刑法分则中有关直接责任人的刑事责任条款。同时，在刑法总则中明确规定，单位承担刑事责任不得影响实施此种犯罪自然人的刑事责任。

# 受贿罪定罪量刑标准的立法完善

舒洪水<sup>*</sup>　王　刚<sup>**</sup>

　　党的十八大之后，党和国家相继推出一系列反腐举措，高压反腐态势成效初显。但由于现行刑法中受贿罪的定罪量刑标准不尽合理，为司法实践增添了诸多困扰，严重影响反腐系列举措的长远效果，因而成为亟须解决的问题。在十八届四中全会所确立的法治反腐目标指引下，《刑法修正案（九）（草案）》拟对贪污贿赂犯罪的相关规定进行修改，其中就包括受贿罪的定罪量刑标准。刑法规范关于受贿罪定罪量刑标准的修改、完善，能够为反腐工作提供坚实的法律支持，但有些问题仍然有探讨的价值。

## 一、　受贿罪定罪量刑标准的立法沿革

　　从新中国成立初期到 1980 年第一部刑法典生效这一时期，惩治贪污贿赂犯罪主要依据的是 1952 年颁布的《中华人民共和国惩治贪污条例》。此时受贿犯罪并未独立化，所有的受贿犯罪都按贪污罪论处，采用单一具体数额的定罪量刑标准。

　　1979 年刑法典颁布，受贿罪从贪污罪中分离，贪污罪归入第五章"侵犯财产罪"，受贿罪归入第八章"渎职罪"。在定罪量刑标准上，贪污罪采用概括数额标准，而受贿罪并没有规定犯罪成立的任何数额和情节标准，仅以是否"造成国家或公民利益严重损失"为量刑标准将刑罚划分为两个档次。以历史的角度看，该规定是受贿罪最模糊和宽泛的定罪量刑标准，为之后受贿罪的定罪量刑标准频繁调整埋下了隐患。

　　1982 年，全国人大常委会发布《关于严惩严重破坏经济的罪犯的决定》，该决定对 1979 年刑法第 185 条受贿罪作了两方面的修改：一是规定受贿罪比照贪污罪处罚；二是情节特别严重的，刑罚调升为无期徒刑和死刑。此修改成为我国现行刑法第 386 条确立的受贿罪定罪量刑标准比照贪污罪立法模式的肇因。

　　1985 年，最高人民法院、最高人民检察院发布的《关于当前办理经济犯罪案件中具体应用法律的若干问题的解答（试行）》首次提出了贪污罪采用"数额+情节"作为成立犯罪的标准，而不能采用单一具体数额标准。该司法

---

　＊　西北政法大学教授，《法律科学》副主编，反恐研究院院长助理，法学博士。

　＊＊　西北政法大学刑法学专业硕士研究生。

解释初步形成了现行刑法贪污罪入罪的认定标准，但对各刑档的量刑标准并未作出具体规定。

1988年，全国人大常委会颁行的《关于惩治贪污罪贿赂罪的补充规定》对贪污罪和受贿罪作了成体系的、细化的规定，确定了以具体数额为核心、以情节作为辅助的定罪量刑标准。并且，分别设立了受贿罪与贪污罪的定罪量刑标准，同时还规定了受贿罪"使国家利益或者集体利益遭受重大损失"的特殊情形。这说明立法者进一步明释了二罪的不同之处，表现出对二罪的定罪量刑标准分别设立的潜意。

1997年刑法，继承了《关于惩治贪污罪贿赂罪的补充规定》以具体数额为核心、以情节作为辅助的定罪量刑标准，且在数额上有所提升。但是，新刑法新设"贪污贿赂罪"一章，并将贪污与受贿二罪规定在该章内，正式以刑法条文的形式确定了贪污罪与受贿罪适用同一定罪量刑标准的立法模式。

从受贿罪定罪量刑的立法沿革可以看出，从新中国成立初期的受贿罪与贪污罪浑然一体，到1979年刑法规定结果标准和与贪污罪分别设立，再到立法解释和司法解释规定数额标准和与贪污罪标准合并，一直到1997年刑法确立现行立法模式，受贿罪定罪量刑标准调整剧烈。尤其是两部刑法典之间经过近20年的探索与调整，最终现行刑法与1979年刑法所规定的受贿罪定罪量刑标准全然相反。此中缘由，不得不察。

本文基于现行刑法规定和草案拟修改的受贿罪定罪量刑标准，分别从刑事立法和司法实践两个层面，对受贿罪定罪量刑数额标准的存废、受贿罪与贪污罪的定罪量刑标准是否应该分立，以及受贿罪的定罪量刑标准应如何设定等问题具体展开论证。

## 二、 受贿罪数额标准的存废之争

因为定罪量刑数额标准的存废，关涉受贿罪定罪量刑标准的立法模式。因此，讨论受贿罪定罪量刑标准无法跨越的第一个问题，或者说研究所有问题的理论前提即是定罪量刑数额标准存废的问题。刑法理论与实务界在该问题上主要存在"保留说"和"废除说"两种立场。

### （一）应保留数额标准的理由及评析

有论者主张刑法应当保留数额标准。理由主要有：一是认为我国刑事立法模式不同于国外"立法定性，司法定量"，而是"定性+定量"的立法模式，因此，受贿数额是区分违法行为和犯罪行为的重要标准，取消数额标准则模糊了违法行为和犯罪的本质区别。[①] 二是认为受贿犯罪中的"数额"具有的评价受贿罪的社会危害性及其程度的功能，因此"数额"作为受贿罪的

---

① 刘荣生、胡云腾：《论受贿罪的定罪与量刑》，载《中国法学》1999年第1期。

定罪量刑标准要素应当予以保留。① 笔者认为，保留说论者的上述两个理由虽在一定程度上具有合理之处，但是其对受贿罪的罪质认识值得讨论。

第一，虽然我国的刑事立法模式是"定性+定量"，但是定量的评价标准并不仅仅包括数额，其他评价要素，例如情节、危害结果等也同样具有定量的功能，受贿罪取消数额标准并不等于取消定量评价，可以把情节设置为受贿罪的定量要素。因此，受贿罪取消数额标准并不会与我国"定性+定量"的立法模式产生冲突。

第二，认为受贿罪中的"数额"具有评价受贿罪社会危害性及其程度的功能的观点也值得商榷。持该理由的部分论者认为，受贿罪的客体不是传统的单一客体，而是复杂客体，即受贿罪除了侵犯了职务行为的廉洁性外，还侵犯了公私财物的所有权。所以，数额应当作为受贿罪定罪量刑的标准。② 有观点认为，复杂客体是指某一犯罪本身的构成就必然侵犯刑法所保护的两种直接客体。③ 不能把受贿罪的侵犯的"反射性利益"与直接客体等同待之。④ 对此观点笔者深表赞同，贿赂犯罪侵犯的直接客体只能是国家工作人员职务行为的廉洁性，而廉洁性是无法以财物数额来衡量的。以贿赂的数额作为受贿罪定罪量刑的标准，就像以刻度尺计算物体的重量一样，在方法论上毫无意义。

### （二）应废除数额标准的理由及评析

有论者主张，将《刑法修正案（九）（草案）》第39条规定的数额取消，全都改为情节模式，即改为"基本情节"、"严重情节"、"特别严重情节"的表述。主要理由是：第一，取消受贿罪定罪量刑中的数额标准，可以彻底避免司法实践中的"唯数额论"。第二，基于对受贿罪"零容忍"的态度，应当取消数额标准以扩大受贿罪的犯罪圈。⑤ 笔者认为，上述观点结论正确，但根据并不充分。

第一，关于司法实践中"唯数额论"根深蒂固的原因，其根源并不是刑法中规定了受贿罪的定罪量刑数额标准，而是计赃论罪的立法传统、名实相符的心理根源、便于司法操作的现实考量、脱胎于财产犯罪的先天基因等综

下卷·五

---

① 高铭暄、范连玉：《略析贪污罪中贪污数额起点与共犯责任》，载《云南社会科学》2014年第1期。

② 高宏：《论受贿罪的犯罪构成》，载《法律科学》1984年第3期。

③ 例如，抢劫罪。但是受贿罪所采取的方法则是多种多样的，它可以发生在许多不同的部门，凭借不同的职权，因此，除了必然侵犯国家工作人员职务行为的廉洁性之外，很难确定它还必然侵犯到了哪一种直接客体。马克昌编：《百罪通论》（下卷），北京大学出版社2014年版，第1168页。

④ ［日］大塚仁：《刑法概说（各论）》（第三版），冯军译，中国人民大学出版社2003年版，第590页。

⑤ 王秀梅：《论贿赂犯罪的破窗理论与零容忍惩治对策》，载《法学评论》2009年第4期。

合因素共同导致了司法实践中的"唯数额论"。① 因此，单单取消刑法的明文规定并不能彻底根除司法实践中的"唯数额论"流弊。

第二，为了扩大受贿罪的犯罪圈而取消数额标准的理由亦不全面。立于受贿罪内部各要素的统一性，对受贿罪定罪量刑的数额标准应当与受贿罪中的"贿赂"结合起来理解，数额作为受贿罪中行为人收受贿赂的衡量单位，必须与之衡量的本体保持一致。贿赂有狭义、中义和广义之分。② 首先，如果受贿罪采用数额标准，那么就应对"贿赂"的内涵作狭义理解，但是，这无疑限制了受贿罪成立的条件，不利于刑法对受贿行为的规制。其次，退一步检视，能以数额衡量的贿赂的最大外延也只能止步于中义，这一理解虽然相对于狭义的贿赂扩展了刑法规制范围，但是，面临当前复杂的贪腐手段，亦使数额标准处于力所不逮之处境。最后，如果受贿罪的定罪量刑标准取消数额，那么则只能将"贿赂"作广义解释。由此可以看出，坚持受贿罪扩大化，尤其是主张我国受贿罪应与《联合国反腐败公约》保持一致的论者，一般坚持数额标准废除说；而坚持保留说的论者，则主张将贿赂的含义局限在能够为数额衡量的财物或者财产性利益。所以，在对"贿赂"的内涵未作界定之前，基于对受贿罪"零容忍"、扩张刑法对受贿罪的打击范围而取消受贿罪的数额标准的观点，实属囿于自己立场的自说自话。

### （三）司法实践的现状及评析

司法实践注重刑法规范的可操作性。具体到受贿罪的案件中，由于定罪量刑的数额标准明确具体，在认定罪与非罪、刑罚档次方面如果"一刀切"，操作简单易行，能够有效提高办案效率。相对于数额标准的明确性而言，情节内涵的模糊性则为司法人员增加了办案难度，增加了外界关于司法人员任意司法、枉法裁判的猜疑。因此，在办理案件中司法人员则会刻意规避模糊性规定，而更倾向于适用明确的数额标准，对定罪量刑的数额标准情有独钟，甚至于受贿罪的定罪量刑标准在司法实践中出现"唯数额论"的现象。

司法实践中存在"唯数额论"现象的根源在于，刑事司法资源与高压反腐政策之间的矛盾。对于刑事立法者来说，其主要的工作是如何使刑法穷尽所有受贿行为，致力于使任何受贿行为都能得到刑法的有效规制。但是，对于刑事司法者而言，其最关心的是实际进入刑事程序的案件数量。笔者认为，进入司法程序的受贿案件的数量取决于受贿罪的定罪量刑标准和国家的反腐强度两个因素。

---

① 赵秉志：《贪污受贿犯罪定罪量刑标准问题研究》，载《中国法学》2015 年第 1 期。
② 狭义的贿赂仅指"财物"，中义的贿赂除了指"财物"之外，还包括"财产性利益"，广义的贿赂则指与职权有关的"任何好处"或"不正当利益"。高雷：《"软贿赂"入刑问题探议——对〈刑法〉第 385 条完善建议》，载赵秉志主编：《腐败犯罪的惩治与预防》，北京师范大学出版社 2014 年版，第 239~241 页。

1. 定罪量刑标准控制犯罪圈的大小，决定受贿罪的犯罪基数。定罪量刑标准限定着受贿罪的犯罪圈的扩张与限缩。取消受贿罪定罪量刑的数额标准，将会扩展受贿罪的犯罪圈，定罪量刑标准越宽，犯罪基数越大，理论上进入司法程序的案件越多，这是司法审判机关不愿看到的结果。所以，司法机关主张增设受贿罪的成立条件，以限缩受贿犯罪圈，减少进入司法程序的受贿案件数量。而提高受贿罪成立门槛的最简单有效的方式就是为受贿罪设置数额标准。这一方法虽然失之简单，但却行之有效。

2. 国家反腐强度增强受贿罪发现能力，决定被发现的受贿罪数量。由于贿赂行为的隐蔽性，行贿受贿时只有"你知、我知、天知、地知"，客观上为发现、查办案件带来了难度，致使受贿罪存在大量犯罪黑数。但一般而言，进入司法程序的受贿罪案件与国家的反腐力度之间存在正相关关系。[1] 在设定受贿罪定罪量刑标准为不变量的情况下，反腐力度越大，被发现的受贿案件的数量就越大。因此，党的十八大以来在国家强化反腐力度的形势下，必定会有越来越多的受贿案件被查处。在二维空间内，国家反腐力度提升与受贿罪定罪量刑标准下降之间，将会有巨大数量的新案件进入司法程序。即使保持现行刑法对于受贿罪定罪量刑的标准，也同样会产生进入司法机关法眼的受贿案件激增的结果。所以，若在此高压反腐阶段取消受贿罪定罪量刑的数额标准，则更会使司法资源捉襟见肘。

基于此，对于司法实践而言，在当下高压反腐的情势之下，保持甚至提高受贿罪定罪量刑的现有数额标准，以此减轻司法资源的配置压力，是一个客观存在的实然要求，同时也是一种无奈选择。

上文所讨论的受贿罪的定罪量刑数额标准的存废问题，实质上就是为了解决刑事立法与刑事司法实践之间的矛盾。这一矛盾反映了数额标准的存废在刑事立法与司法实践之间的分裂。虽然司法不严格是受贿罪多发的主要原因，但是，司法不严却有立法方面的原因。[2] 可以说，"理想很丰满，现实很骨感"这句诙谐的流行语很恰当地反映了这个严肃的刑法问题——刑事立法与司法实践之间不可逾越的鸿沟。

## 三、 立法完善建议

### （一）受贿罪与贪污罪的定罪量刑标准应当分别设立

由于数额在贪污罪与受贿罪的定罪量刑标准中的功能不同，决定了数额在二罪的定罪量刑标准中的地位和权重必然存在差异。

对于贪污罪而言，其实质上侵犯的是公共财产的所有权，数额在贪污罪

① 孟庆莉：《中国转型期腐败问题实证研究》，中国方正出版社2013年版，第60页。
② 张雅：《受贿罪刑事立法政策的再思考》，载《山东社会科学》2013年第9期。

中征表的是公共财产被侵犯的多少，具有较为确定的社会危害性，以及衡量社会危害性程度的功能。该罪中的"数额"作为危害结果意义上的要素，反映了贪污罪的社会危害性程度，贪污数额越大，行为的社会危害性越大。

对于受贿罪而言，数额则难以承担这样的功能。认为受贿罪就是"权钱交易"，因而受贿的数额能够反映受贿罪的社会危害性及其程度，即受贿数额越大，受贿行为的社会危害性就越大的观点实则错误理解了"权钱交易"对于受贿罪的意义。笔者认为，这种认识是较为片面的。受贿罪表象上是一种经济性犯罪，但是实质上是职权性犯罪。① "权钱交易"并不是受贿罪社会危害性本身，而是致使受贿罪具有社会危害性的外在的表现形式。受贿行为对国家工作人员职务行为廉洁性的侵害才是受贿罪的社会危害性依据。将数额作为受贿罪定罪量刑的标准，将"权钱交易"等同于受贿罪的处罚根据的观点，将受贿罪中的"数额"与"商品"——国家公权力处于价值对等地位，无疑是承认了代表国家公权力的职务行为可以商品化，能够被明码标价予以买卖。那么，根据经济学中商品价格理论的"价格越高，价值越大"的一般规律，甚至可以得出这样的结论：受贿罪的"权钱交易"行为，若以同一商品化的国家公权力换取的贿赂越多，则表明该公权力的价值越大，受贿行为人就越是维护了公权力的权威性，并且在客观上能起到遏制行贿行为的作用。因此，其违法性以及社会危害性相对于"低价"将公权力"卖出"的行为反而越小。不言自明，这样的结论难以让人接受。

基于此，受贿罪中的犯罪数额与贪污罪中的犯罪数额具有本质的不同，应当分别设立受贿罪与贪污罪的定罪量刑模式。最理想的立法状态是：贪污罪的定罪量刑模式仍可采用数额标准，受贿罪的定罪量刑模式取消数额标准，改为情节标准。即使考虑到我国的反腐现实情况，避免打击面扩大，不宜立即取消受贿罪的数额标准，也应考虑到犯罪数额在二罪中的本质不同，同样数额的受贿罪比贪污罪体现的反社会价值更大。因此，受贿罪的入罪数额应比贪污罪的数额低，同样的犯罪数额，受贿罪应比贪污罪的法定刑重。

（二）立法照顾司法现实的立法模式

十八届四中全会指出，法律的生命力在于实施，法律的权威也在于实施。刑法的功效不仅在于文本的精密，还在于实施的有力性。因为虽然司法实践以立法为依据和准绳，但是立法也不能忽视司法实践的实际情况而只追求自身的严密性。否则，所设立的法律本身就会有成为"具文"而被束之高阁的风险，进而严重损害法律和立法本身的权威性。具体到贪污贿赂犯罪，如果在司法实践中取消定罪量刑的数额标准，一方面会增加司法认定的难度，降低司法效率；另一方面会使受贿案件激增，增加司法资源支出，使司法机关

---

① 林竹静：《受贿罪罪量要素研究》，华东政法大学 2014 年博士论文，第 25~26 页。

不堪重负。但是，若在立法中保留数额的定罪量刑标准，尤其是具体数额则会影响刑法本身的稳定性，且与受贿罪的罪质不相符。因此，笔者认为，在强化高压反腐常态化机制的情势下，在立法层面取消受贿罪定罪量刑的数额标准而在司法层面保留数额标准的做法是可行的。它一方面能够保证刑事立法的权威性和稳定性，另一方面不会阻碍查办受贿案件，司法机关也能够以有限的司法资源处理较为严重的贪腐犯罪。

这种做法就是立法照顾司法现实的立法模式。立法照顾司法，并不是立法对司法的妥协与让步，而是立法者通过后撤刑法的防卫线，以退为进，集中有限的司法资源有效保障高压反腐形势下进入司法程序的数量巨大的受贿罪案件都能得到公正、实效的惩处。因此，以立法照顾司法，在立法层面尽量全面地考虑到司法实践的情况，确保法律的规定能够被有效实施，平衡立法与司法的权重，是跨越立法与司法之间鸿沟的可行路径。

**（三）立法设计：两种模式**

总体而言，我国刑法关于受贿罪定罪量刑标准的修改应当取消数额标准，具体可采取以下两种模式。

第一种模式，在立法中取消数额标准，但司法实践中维持现行数额标准不变。在当前严打腐败的大气候下，"大老虎"、"小苍蝇"纷纷落马，若提高数额标准不合时宜，没有体现从严治党、反贪腐零容忍的立法逻辑和治理模式，并将严重影响当下一系列反腐措施的实施效果。但是，可以在"治标"之策取得一定绩效、政治环境明显好转之后，再行降低乃至取消数额标准。

具体而言，在刑法条文中取消受贿罪定罪量刑数额标准，采用情节一元的立法模式，将现行刑法第386条规定的受贿罪定罪量刑的具体数额标准改由司法解释规定。详言之，将《刑法修正案（九）（草案）》的"数额+情节"的二元模式改为情节一元模式，以"情节较重"、"情节严重"、"情节特别严重"的定罪量刑标准规定三个档次的法定刑。通过司法解释的形式，依旧将5000元规定为受贿罪的入罪标准。至于各档次法定刑的设置，因为每层刑档的数额标准与法定刑具有相对性，因此，在各刑档的数额标准不变的情况下，可以将各档次法定刑适度降低，拉长每个刑档的法定刑幅度，以达到罪刑相适应。当反腐的治标之策达到人们"不敢腐"的程度，清廉的政治生态初步形成之后，可以在不修改刑法而保持刑法稳定性的情况下，再通过司法解释的途径降低乃至取消受贿罪的数额标准。

第二种模式，适当提高数额标准，但不应在刑法立法上，而是在司法实践中，由司法解释提高标准，集中精力打"老虎"，打"大苍蝇"。一段时间以后，再与国际同步，降低数额标准，最终取消数额标准，形成清明的政治环境、执政气候。

下卷·五

具体而言，应在刑法条文中取消受贿罪定罪量刑数额标准，采用情节一元的立法模式，由司法解释适度提高受贿罪中的具体数额。对于受贿罪的定罪量刑标准而言，本应在立法和司法两个层面全面取消数额标准，但是基于司法实践效果的考虑，只能限缩刑罚的威效，而在司法层面作出适当的数额标准，这是刑法的第一次限缩；另一方面，本应降低或者最起码保持受贿罪定罪量刑的现有数额标准，但同样考虑到司法资源的配置效果，因此刑法再次限缩对受贿罪的规制领域，而对受贿罪定罪量刑的数额标准予以提高，这是刑法的第二次限缩。刑法的两次限缩并非向贪污贿赂犯罪的妥协，而是理性和科学的刑事立法安排，是刑法对受贿犯罪以退为进的打击策略。

首先，刑法的第一次限缩。在设定受贿罪的定罪量刑标准时，应当全面考虑我国目前的腐败和反腐败形势以及查办受贿案件的司法能力，取消现行刑法规定的具体数额标准。草案拟修改的"（概括）数额+情节"的标准模式亦不可取，而应当完全取消数额的定罪量刑标准，采用情节一元模式。但是，在司法解释中应当将数额作为评价情节轻重的重要因素具体指导司法实践，以实现司法的可操作性和司法效率。具体而言，在立法层面，将刑法第386条修改为"情节较重"、"情节严重"、"情节特别严重"的表述，并设定相应档次的法定刑，各档次的法定刑可以参照《刑法修正案（九）（草案）》第39条的修改方案；司法层面，可对受贿罪中的情节轻重作出实质性解释，将受贿数额、受贿人次、是否枉法、是否索贿，以及受贿行为所造成的危害结果作为评价受贿行为情节轻重的共同要素，即在综合评价上述要素的基础上得出受贿行为情节的轻重及程度，并且应当通过司法解释的形式明确规定。

其次，刑法的第二次限缩，由司法解释适当提高受贿罪的具体数额。笔者认为，一方面，随着经济发展和个人拥有的财富量的增加以及社会治安状况的好转，民众对于像盗窃罪这样的纯粹侵犯财产法益的犯罪的容忍程度有所提高。但是，随着民主意识和社会责任感的提高，对于腐败案件，民众则要求降低起刑点数额，甚至要求取消起刑点数额。另一方面，考虑到刑法财产犯罪体系的统一性，单单对受贿罪的定罪量刑数额标准进行修改，而不修改其他财产犯罪的起刑数额，则会导致刑法内部体系的混乱，而对所有财产犯罪的定罪量刑标准的数额一次性集中进行修改也不可行。基于此，出于对受贿罪刑事立法与司法资源相平衡的考虑，应以司法解释的形式略微提高受贿罪的定罪量刑的数额标准，以使有限的司法资源用于打击较为严重的贪腐犯罪，而不至于"眉毛胡子一把抓"，甚至"抓了芝麻丢了西瓜"，漏掉了吞舟之鱼。

至于受贿罪数额标准应当提高的幅度，笔者认为，依据对向犯理论，受贿罪的定罪量刑标准应当与行贿罪保持一致。一般认为，对向犯分三种情况：一是双方的罪名与法定刑相同，如重婚罪；二是双方的罪名与法定刑都不同，如行贿罪与受贿罪；三是只处罚一方的行为，如贩卖淫秽物品牟利罪。[①] 对于前两者，只有双方对立的犯罪同时成立才会构成对向犯，即双方对立的犯罪的定罪量刑标准是相同的。虽然刑事立法中并未规定行贿罪的数额标准，但是，在司法实践中却以司法解释的形式对行贿罪作了数额规定，即行贿数额达到 1 万元以上的，才会按行贿罪处理。[②] 因此，基于上文关于受贿罪定罪量刑标准的情节设置和对向犯理论，宜将受贿罪的数额标准适当提高至 1 万元。只有作上述理解才能将二罪的性质与定罪量刑标准统一起来。否则，就不符合对向犯的理论基础，会使其自相矛盾。

---

① 张明楷：《刑法学》（第 4 版），法律出版社 2011 年版，第 350 页。

② 参见 2013 年 1 月 1 日施行的最高人民法院、最高人民检察院《关于办理行贿刑事案件具体应用法律若干问题的解释》第 1 条之规定。

# 受贿罪定罪量刑标准的困境与出路
## ——兼评《刑法修正案（九）（草案）》对受贿罪的修改

郭　洁<sup>*</sup>　张莹玥<sup>**</sup>

近年来，作为公职性犯罪的受贿罪多发、易发，呈现出愈加隐性化和常态化的特点，已经成为社会各界广泛关注的焦点，司法机关也不断加大打击腐败犯罪的力度。对受贿罪正确定罪量刑是预防惩治腐败现象发生的有效手段，但我国现行刑法所规定的受贿罪定罪量刑标准与当前经济发展的现状不相适应，存在诸多弊端，无法满足打击受贿罪的客观需要，因此对受贿罪定罪量刑的标准予以完善是必要的。笔者从刑法对受贿罪的规定入手，结合《刑法修正案（九）（草案）》中关于受贿罪定罪量刑方面的新规定，对这一问题进行了探讨。

## 一、 受贿罪定罪量刑标准的立法演变

### （一）1952 年《中华人民共和国惩治贪污条例》

新中国成立后，对受贿罪的立法最早出现于 1952 年 4 月 21 日中央人民政府公布实施的《中华人民共和国惩治贪污条例》中，当时的贪污罪范围很大，包含了受贿罪，因而并无独立的受贿罪概念。

该条例将贪污罪定罪量刑的数额划分为四个档次，分别对应不同的刑罚。由于新中国成立初期通货膨胀严重，该条例中所规定的各档次数额都比较高，而相应的法定刑与之并不相适应，所以条例颁布后并未得到很好的执行。

### （二）1979 年刑法

1979 年刑法将受贿罪从贪污罪中剥离，对受贿罪做了单独规定。

1979 年刑法第 185 条规定的受贿罪将该罪的刑罚划分为两个档次：一般受贿的，处五年以下有期徒刑或者拘役；致使国家或者公民利益严重损失的，处五年以上有期徒刑，其间并未涉及数额问题。

### （三）1988 年《关于惩治贪污罪贿赂罪的补充规定》

1988 年全国人大常委会颁布的《关于惩治贪污罪贿赂罪的补充规定》对

---

* 西北政法大学刑事法学院教授。
** 西北政法大学 2012 级刑法学专业硕士研究生。

受贿罪作了进一步规定，除将受贿罪的主体扩展为国家工作人员、集体经济组织工作人员或者其他从事公务的人员以外，对受贿罪仍以贪污罪的标准来处罚。贪污罪的数额分为四个档次，即：5 万元以上；1 万元以上不满 5 万元；2000 元以上不满 1 万元；不满 2000 元。

除此之外又规定了"使国家利益或者集体利益遭受重大损失"的两种特殊情形：数额不满 1 万元的，处十年以上有期徒刑；数额在 1 万元以上的，处无期徒刑或者死刑。

### （四）1997 年刑法

1997 年刑法对贪污罪和受贿罪分别作出了明确而具体的规定，但数额仍是定罪量刑的重要因素，对犯受贿罪的，依照第 383 条贪污罪的规定处罚。同 1988 年《补充规定》相比，只不过在数额的具体标准上做了些调整。

1. 个人贪污数额在 10 万元以上的，处十年以上有期徒刑或者无期徒刑，可以并处没收财产；情节特别严重的，处死刑，并处没收财产。

2. 个人贪污数额在 5 万元以上不满 10 万元的，处五年以上有期徒刑，可以并处没收财产；情节特别严重的，处无期徒刑，并处没收财产。

3. 个人贪污数额在 5000 元以上不满 5 万元的，处一年以上七年以下有期徒刑；情节严重的，处七年以上十年以下有期徒刑。个人贪污数额在 5000 元以上不满 1 万元，犯罪后有悔改表现、积极退赃的，可以减轻处罚或者免予刑事处罚，由其所在单位或者上级主管机关给予行政处分。

4. 个人贪污数额不满 5000 元，情节较重的，处二年以下有期徒刑或者拘役；情节较轻的，由其所在单位或者上级主管机关酌情给予行政处分。

可以看出，现行刑法对于受贿罪采取计赃论罪的模式，即以受贿数额的大小为定罪量刑的主要依据。

## 二、 受贿数额在受贿罪定罪量刑中的作用

### （一）受贿数额对定罪的作用

根据我国刑法第 385 条规定："国家工作人员利用职务上的便利，索取他人财物的，或者非法收受他人财物，为他人谋取利益的，是受贿罪。"可见刑法对于受贿罪成立的数额并没有规定，受贿罪的成立与所收受财物的数额大小无关。但任何犯罪的成立都受制于刑法总则第 13 条的规定，即"……情节显著轻微危害不大的，不认为是犯罪。"受贿罪又与受贿数额关系密切，因而刑法第 383 条第 4 款规定："个人贪污数额不满五千元，情节较重的，处二年以下有期徒刑或者拘役；情节较轻的，由其所在单位或者上级主管机关酌情给予行政处分。"由此可知，如果受贿数额不满 5000 元，情节较轻，不构成受贿罪，只给予行政处罚。可见，受贿数额是判断受贿罪情节轻重的重要标准，也就是说受贿数额的大小对于受贿罪的定罪有一定的影响。

下卷·五

### （二）受贿数额对于量刑的作用

受贿犯罪数额在量刑中的作用主要体现在对不同档次数额与不同的刑罚标准相对应。我国刑法对受贿罪的量刑参照第 383 条对贪污罪的量刑标准，分别规定了不满 5000 元、5000 元以上不满 5 万元、5 万元以上不满 10 万元、10 万元以上四个档次，分别对应四档法定刑，这是目前适用的计赃论罪的量刑模式，可见现行刑法中受贿数额是量刑的主要标准。而《刑法修正案（九）（草案）》（以下简称《草案》），将受贿罪按照"数额较大或者有其他较重情节"、"数额巨大或者有其他严重情节"、"数额特别巨大或者有其他特别严重情节"划分为三个量刑档次，也即在数额和情节两个因素中，只要符合其中之一即可对受贿罪定罪量刑。那么，在受贿情节一般的情况下，则只需要根据受贿数额来确定量刑档次，受贿数额越高，法定刑越高。可见，在《草案》取消受贿数额的具体标准后，受贿数额虽仍是影响受贿罪量刑的重要因素，但已不是唯一因素。受贿数额客观地反映了案件事实，同时也反映了被告人主观恶性的大小，是体现犯罪情节轻重的一个重要方面，但其未必能准确地反映行为的社会危害程度。例如，有的受贿犯罪虽然受贿数额不大，但是给国家造成的损失巨大，在这种情况下受贿数额就不能准确反映其社会危害程度。因此，受贿数额这一标准在受贿罪量刑中的地位依然是重要的，但并非唯一。

## 三、刑法关于受贿罪定罪量刑规定存在的问题

### （一）重犯罪数额轻犯罪情节

不可否认，受贿数额是衡量受贿罪社会危害程度大小的重要指标，现行刑法所规定的受贿数额虽然明确具体，但由于受贿罪十分复杂，犯罪情节差别较大，单纯考虑受贿数额难以全面反映具体个罪的社会危害性，[①] 会造成罪刑失衡。在非财产性利益贿赂大行其道的当下，这种计赃论罪的模式难以将非财产性利益纳入贿赂的范围。

按现行刑法的规定，受贿数额在 10 万元以上和 5 万元以上不满 10 万元的，应适用的量刑标准差别较大，但在实际案件中，由于各种原因，受贿数额在 5 万元以上不满 10 万元的案件社会危害性未必会比受贿数额在十万元以上的案件的社会危害性小，反而可能会严重得多，如果单纯按照受贿数额定罪量刑，就无法使罪责刑相适应。

在贿赂内容为非财产性利益的情况下，唯数额论的量刑方法就更加不合理。例如帮助贿赂的情况，行贿人进行贿赂的内容并非金钱、财物或者可以换算成一定价额的利益，行贿人通过为国家工作人员或其近亲属解决一定的

---

① 《关于〈中华人民共和国刑法修正案（九）（草案）〉的说明》，载中国人大网。

问题来换取自己所需的利益，比如升学、就业等。对于受贿人来说，行贿人所提供的这种帮助可能远远比金钱、财物更加具有诱惑力，而这种利益又是无法换算成金钱价额的。

### （二）数额标准存在滞后性

目前，刑法所规定的受贿数额采取绝对确定的标准，便于司法认定，但是其过于僵化呆板的数额标准造成了严重的滞后性，难以适应目前社会经济的发展水平。我国刑法所规定的受贿罪定罪量刑的数额显然是与当时的经济水平相适应的，随着我国经济的发展和人民生活水平的提高以及物价的变动，现行刑法所规定的受贿数额已经不能与社会经济发展相适应，不能完全地发挥刑法打击犯罪的功能，造成了刑法的滞后。并且，我国各地经济发展水平极不平衡，东中西部地区对于同样数额的财物价值评价差异很大，绝对确定的数额标准虽然保证了刑法适用的统一，但却造成了实际上的不公平，所以继续适用现行刑法所规定的受贿罪数额是不合理的。

以受贿5000元为例，如果是在20世纪90年代，5000元无疑是一笔巨款，对受贿人的诱惑是巨大的，对受贿5000元按照相应量刑标准予以处罚能够体现罪责刑相适应原则。但在当今社会经济迅速发展的情况下，5000元微不足道，社会危害性远远小于当时的受贿5000元，如果仍按照5000元的量刑标准进行量刑，难免会造成刑罚过重，违背罪责刑相适应原则，也不符合社会发展的规律。

### （三）死刑设置不合理

刑法第383条第1款规定贪污受贿数额在十万元以上，情节特别严重的，处死刑，并没收财产。也就是说受贿罪死刑适用标准数额为十万元。死刑是剥夺人的生命权的刑罚，是最严厉的一种刑罚，生命被剥夺后不可恢复，在适用上必须保持谨慎，而受贿罪适用死刑的规定则过于笼统，从数额上来说，判处死刑的起点数额与当前经济发展水平严重不符，作为最严厉刑罚的数额标准，十万元显得过低，会造成刑罚过重的后果，存在不合理性。司法实践中存在个别受贿十几万元、几十万元被判处死刑的，但更多的判例是受贿几百万元、几千万元也没有被判处死刑，这体现出的是司法的不公正。从情节方面来看，对于受贿罪适用死刑的情节规定过于笼统，到底何为情节特别严重模糊不清，使司法实践中的操作没有可以参照的标准，易造成同案不同判的情况。

从死刑设置的合理性上来说，首先，死刑对于受贿罪并没有起到足够的威慑作用。纵观我国受贿罪的立法进程可以发现，对于受贿罪的打击力度是不断加大的，目前虽已明确规定受贿罪最高刑为死刑，但仍然不能遏制受贿罪愈演愈烈的势头，可见死刑对受贿罪的预防功能是有限的。其次，从刑法的改造和教育机能来说，对受贿罪设置死刑也是不合理的。受贿罪作为一类贪利性犯罪，一般情况下其造成的危害后果是小于故意杀人这类危害人身安全的犯罪的，但在处罚方面却未必轻于故意杀人。事实上，并非所有的杀人犯都不能改造，更何况受贿罪这一类贪利性犯罪呢？最后，死刑的设置不利于国际刑事司法合作。目前国际刑事立法潮流是废除死刑，世界上70%的国家已经实质上废除了死刑，当前我国受贿罪发案率高，涉案官员级别参差不齐，且外逃人数不断增多，对于外逃人员，我国在进行引渡时存在"死刑犯不引渡"的困境，这对于打击受贿罪是非常不利的。所以废除受贿罪的死刑是有现实必要性的，废除死刑对于打击腐败犯罪的国际合作有非常重要的保障作用。

## 四、《刑法修正案（九）（草案）》对受贿罪的修改

### （一）内容及特点

1.《草案》修改的内容

《草案》关于受贿罪的处罚仍是依照刑法第383条贪污罪的处罚标准。《草案》第39条将刑法第383条修改为：对犯贪污罪的，根据情节轻重，分别依照下列规定处罚：

（1）贪污数额较大或者有其他较重情节的，处三年以下有期徒刑或者拘役，并处罚金。尚不构成犯罪的，由其所在单位或者上级主管机关给予处分。

（2）贪污数额巨大或者有其他严重情节的，处三年以上十年以下有期徒刑，并处罚金或者没收财产。

（3）贪污数额特别巨大或者有其他特别严重情节的，处十年以上有期徒刑或者无期徒刑，并处罚金或者没收财产；数额特别巨大，并使国家和人民利益遭受特别重大损失的，处无期徒刑或者死刑，并处没收财产。

对多次贪污未经处理的，按照累计贪污数额处罚。

2. 特点

《草案》拟删去对贪污罪受贿罪规定的具体数额，只规定数额较大或者情节较重、数额巨大或者情节严重、数额特别巨大或者情节特别严重三种情况，相应规定三档刑罚，《草案》的这一改动有非常积极的意义，它降低了犯罪数额在受贿罪量刑中的作用，同时提高了非数额情节在犯罪构成中的地位，对于受贿罪的量刑不再"唯数额论"。

（1）建立了"概括性数额+情节"的量刑模式。

《草案》拟删去受贿罪具体数额，并对情节作出相应的规定，受贿数额不再是量刑的唯一标准，非数额情节被提升到了与受贿数额同等重要的地位，打破了我国司法实践中对于受贿罪传统的"计赃论罪"模式，使得对于受贿罪的量刑更加科学合理。这一规定与当前愈发复杂的受贿犯罪情况相适应，有利于严密刑事法网，更全面地打击腐败犯罪。

（2）取消具体数额的规定解决了刑法的滞后问题。

《草案》拟将现行刑法所规定的受贿具体数额取而代之为概括性数额，使司法实践可以根据案件的具体情况来认定受贿数额，保证了刑法更好地适应社会的发展、更加有力地打击犯罪，解决了受贿数额具体规定的滞后问题。概括性数额的具体标准则可以由司法机关来解释，使得受贿罪的数额标准能够根据不同地区的不同情况加以灵活规定，有利于消除由于数额标准不合理造成的不公平，从而实现实质上的公正。

**（二）不足之处**

《草案》将受贿罪的具体数额修改为概括性数额，这无疑是刑事立法的一大进步，对于更有效地打击受贿罪具有积极意义。但是，《草案》仍然将受贿罪与贪污罪按同样的标准定罪量刑，这种规定并不科学。首先，从犯罪所侵犯的客体来看，贪污罪侵犯的直接客体是公共财产的所有权，深层次客体才是国家工作人员职务行为的廉洁性，而受贿罪直接侵害的客体就是国家工作人员职务行为的廉洁性，对于公私财产所有权的侵害是次要的。其次，从犯罪的客观方面来看，贪污罪"利用职务上的便利"主要是指利用职务上的权力和权限；而受贿罪"利用职务上的便利"主要是指利用与职务权力和权限相关的便利条件。前者强调职权内，后者强调与职务相关，后者外延比前者更为宽泛。再次，从行为方式来看，受贿罪的行为种类复杂，不仅包括传统意义上的收受贿赂，也包括索贿和斡旋受贿；不仅包括受贿枉法，也包括受贿不枉法。而贪污罪的行为种类没有那么复杂，既不存在主动贪污与被动贪污之分，也不存在枉法贪污与不枉法贪污之分，因而要简单得多。最后，从对两罪的社会危害性的衡量标准来看，贪污罪的社会危害性更多的是通过数额反映，而受贿罪的社会危害性则更大程度地表现为对职务行为廉洁性的侵害，受贿数额与职务行为廉洁性的侵害之间不存在直接的对应关系，受贿数额所反映的主观恶性是有限的。并且，如果贿赂的内容不是财产性利益的话，数额将无法衡量这种情况下的主观恶性。

我国现行刑法对受贿罪的规定存在重犯罪数额轻犯罪情节、数额标准过于僵化以及犯罪数额起点不合理的缺陷，《草案》取消具体数额的规定，改为规定概括性数额，并且将犯罪情节提升到和数额同等重要的位置，对于更加全面地打击腐败犯罪具有积极意义，符合理论界和实践中一直以来的呼吁。但是，《草案》没有考虑到两罪的差别，数额和情节在两罪的量刑方面分别占据不同的地位，而且两罪对于数额和情节应当适用的具体标准不同，将两罪按同样的标准定罪量刑必然导致法律适用的困惑。因此，《草案》在这一点上仍然具有局限性，区分两罪的处罚标准是十分必要的。

## 五、 本文观点

### （一）取消受贿罪具体数额后对于量刑标准的建议

无论以什么形式规定犯罪数额，最终都要转化为具体数额，以保证司法实践的准确适用，避免司法操作的混乱。目前刑法条文和司法解释中关于各种犯罪数额的具体规定都存在难以适应社会发展的缺陷。为了克服这一弊端，笔者建议可以借鉴国外立法模式，结合我国的实际来确立具体犯罪数额认定方法。例如，俄罗斯刑法典一般都是规定以"数额较大"、"数额巨大"作为构成犯罪和加重处罚的条件，然后在注释条款中对此概括性规定作出解释。例如，其对刑法第158条注释为："本章各条所说的数额巨大，是指财产价值超过俄罗斯联邦立法在实施犯罪时所规定的最低劳动报酬的500倍。在其他章节中，也都是以超过最低劳动报酬的多少倍来进行解释的，将其作为确定犯罪数额的统一标准。"可见，俄罗斯刑法典以"最低劳动报酬"为参数，以超过"最低劳动报酬"一定倍数为标准来界定犯罪数额，达到"以不变应万变"的效果，既为犯罪提供了具体数额认定标准，又有效避免了具体数额标准的僵化、滞后问题。

笔者建议，我国司法解释机关应当选取一个可以随着时间、地域、经济的变化发展而客观反映现实经济水平的变量作为参数，按照该标准的倍数或者比例确定受贿具体数额。具体的倍数或比例应当结合以往的司法判例以及当前的经济发展水平，通过大量的实证调查分析来确定。这样的计算标准在一定时期是确定的，倍数或者比例值也是固定的，因此它具有具体性和明确性，同时可变的计算依据标准又保证了定罪的数额随着经济发展变化而变化。[①] 结合我国实际，笔者认为以犯罪所在地上一年度的人均国内生产总值或人均国民收入为计算标准，确定受贿犯罪数额的具体标准较为合理。可以规定以案发时犯罪行为所在地统计部门公布的当地上年度人均国内生产总值或人均国民收入为计算标准，以此标准的倍数规定"数额较大"、"数额巨大"、"数额特别巨大"的标准。对于计算区间，有观点认为以地市级行政区域来划分，并且城乡分开，但这样未免会造成标准过多，司法操作混乱。笔者认为以省级行政区域作为计算区间，既可以避免划分过细导致司法混乱，又可以兼顾不同地域经济发展水平的差异，更能达到统一标准，保证数额标准切合实际，确保空间与时间的相对性，为司法实践提供有效指导，真正达到罪刑法定和罪刑均衡。[②]

### （二）设置独立法定刑，完善量刑情节

笔者认为应当通过设置受贿罪的独立法定刑、完善量刑情节来进一步完

---

① 唐世月：《数额犯论》，法律出版社2005年版，第189页。

② 杜晓华：《我国受贿犯罪数额研究》，苏州大学2005年硕士论文，第60页。

善现有贪污受贿罪的定罪量刑标准。应改变现行刑法对贪污罪和受贿罪采用同一定罪量刑标准的现状，对受贿罪单独设置刑罚，建立以情节为中心的定罪量刑体系，综合考虑贿赂的性质、行为的社会危害程度等。主要可以从以下几方面来规定：

1. 受贿的动机、目的、次数以及持续时间等情节。受贿动机和目的的好坏、次数的多少、持续时间的长短一方面可以反映受贿人主观恶性的大小，同时也可以决定受贿行为的社会危害性，不良的动机、谋取私利的目的、多次长期的受贿行为社会危害性显然会更大。对于性贿赂等非财产性利益贿赂而言，通过其受贿次数、持续时间等确立量刑标准、处以轻重不同的刑罚，可以充分体现罪责刑相适应的原则。

2. 对职责的违背程度。利用职务之便是受贿罪在客观方面不可缺少的条件。然而有的受贿人利用职务之便的同时，还具有滥用职权、超越职权等情节。有的受贿人虽然通过职务为他人谋利，然而其行为本身并不违法，只是因为收受了法定酬劳之外的利益，因此才使得行为性质发生改变。前者贪赃枉法，后者贪赃不枉法。绝大多数欧美国家的刑法中都对这两种情况作出区分，并相应规定了轻重不同的刑罚。

3. 受贿人的主体身份情节。受贿罪的犯罪主体在一般情况下都是国家工作人员，但是不同的国家工作人员，业务性质和权限不同，其受贿行为引发的社会危害性也会有所不同。例如，公检法等司法工作人员所实施的受贿罪，往往与徇私枉法、枉法裁判等相关联，在侵犯受贿罪犯罪客体的同时，也会破坏法律的公正、权威，必然会损害其他当事人的利益。如果司法公正因个人的徇私舞弊被破坏，就更谈不上我们所追求的社会公正。因此对于这种工作性质对社会可以产生重大影响的、容易发生权钱交易的领域自然要比照其他领域适当加重处罚，这也是罪责刑相适应原则的要求。

4. 受贿的方式、情节。我国刑法第 386 条规定，对于索贿的从重处罚。在受贿犯罪中，行贿人主动向受贿人提供贿赂，受贿人禁不住诱惑而步入禁区的，反映出的主观恶性相对较小。而索贿却是国家工作人员在心起邪念、自甘堕落的前提下主动索取他人财物，对方给予财物往往也是违心的、被动的。倘若对方并非谋取不正当利益，又无其他途径应对受贿人的威逼，这种情形的受贿也有侵犯他人财产所有权之嫌，其主观恶性和社会危害程度更加严重，理应受到较重的刑罚。

**（三）严格死刑设置，逐步取消死刑的适用**

完善现有贪污罪受贿罪定罪量刑标准，还应严格死刑设置，逐步取消死刑的适用。[①] 死刑是最严厉的刑罚，生命被剥夺后将不可恢复，对于死刑的使用应慎重。根据现行刑法的规定，受贿罪受贿金额达到十万元以上且情节严重的，可以适用死刑。出于对生命的尊重，目前世界大多数国家已经纷纷废除了死刑制度，有些没有废除死刑的国家，对于非暴力犯罪行为一般也不适用死刑。当前我国腐败案件高发，外逃官员数量越来越多，由于死刑犯不引渡的国际法规则，使得国际司法协助和引渡犯罪人存在严重障碍，阻碍了我国打击腐败犯罪的有效进行。我国对受贿罪仍然适用死刑的规定不符合世界反腐败发展潮流，更加不利于国际反腐败司法协作的开展。因此，对于受贿罪死刑的设置和适用，应当从源头出发，严格设置死刑适用标准并不断完善，在司法实践中保持谨慎适用的态度，应采取循序渐进的方式，逐步取消对受贿罪适用死刑。

---

① 余亚亮：《浅析现有贪污受贿罪定罪量刑标准存在的弊端及完善》，载《法制与社会》2014年第 10 期。

# 受贿罪定罪量刑标准的缺陷
# 及立法完善探析

高珊琦* 孟 娇**

受贿罪是主要的腐败犯罪，在腐败犯罪中居于显著地位。能否科学、有效地防治受贿犯罪，会直接影响反腐败刑事法治水平的高低和反腐败斗争的成效。近年来我国对受贿犯罪的治理成效明显，但腐败形势依然严峻，相关犯罪的治理还面临不少新情况、新问题，特别是由于定罪量刑标准设置不甚合理，使得受贿犯罪的司法适用日益偏离立法规定，司法实践中的具体刑罚裁量无法实现罪刑均衡，难以全面反映具体个罪的社会危害性，因而有针对性地深入探讨受贿犯罪的定罪量刑标准问题，是我国刑法理论界与实务界必须关注的重大现实法治课题。

## 一、 我国受贿罪定罪量刑标准现状

### （一）现行刑法关于受贿罪定罪量刑标准的规定

我国 1997 年刑法第 386 条规定："对犯受贿罪的，根据受贿所得数额及情节，依照本法第三百八十三条的规定处罚。索贿的从重处罚。"即对受贿罪应参照贪污罪的刑罚进行处罚："（1）个人受贿数额在十万元以上的，处十年以上有期徒刑或者无期徒刑，可以并处没收财产；情节特别严重的，处死刑，并处没收财产。（2）个人受贿数额在五万元以上不满十万元的，处五年以上有期徒刑，可以并处没收财产；情节特别严重的，处无期徒刑，并处没收财产。（3）个人受贿数额在五千元以上不满五万元的，处一年以上七年以下有期徒刑；情节严重的，处七年以上十年以下有期徒刑。个人受贿数额在五千元以上不满一万元，犯罪后有悔改表现、积极退赃的，可以减轻处罚或者免予刑事处罚，由其所在单位或者上级主管机关给予行政处分。（4）个人受贿数额不满五千元，情节较重的，处二年以下有期徒刑或者拘役；情节较轻的，由其所在单位或者上级主管机关酌情给予行政处分。对多次受贿未经处理的，按照累计数额处罚。"可见，我国对受贿罪定罪量刑标准设置具体数额，按照从重到轻的顺序排列刑罚档次，对受贿罪适用与贪污罪同一定

   * 西北政法大学刑事法学院教授，硕士研究生导师。
  ** 西北政法大学刑事法学院 2012 级刑法学硕士研究生。

罪量刑标准。

### （二）受贿罪定罪量刑实际采用数额标准

刑法第 383 条关于受贿犯罪定罪量刑标准的规定，并不是完全没有考虑情节的因素，而是情节标准贯彻不彻底，且处于附属地位。例如，刑法第 383 条也提到了"对犯受贿罪的，根据情节轻重，分别依照下列规定处罚：……"而且规定在犯罪数额不满 5000 元时，情节较重的，也应当以犯罪论处并判处刑罚。这表明情节因素在某些贪污受贿罪定罪量刑中也具有重要意义。但是在犯罪数额为 5000 元以上时，情节对定罪的意义就基本丧失，即使情节再轻也不足以将行为出罪化，至少在立法论上得不出这一结论。无论是犯罪数额为 5000 元以上或者以下，对行为人量刑的轻重也主要是取决于数额的大小，数额起着主导的作用，是判断社会危害性轻重的基本依据，情节因素只是有一定的调节作用。与数额相比，情节因素在贪污受贿犯罪定罪量刑标准中显然处于附属地位。正是因为立法上以数额大小作为确定刑罚轻重的基本依据，使得数额标准在贪污受贿犯罪定罪量刑标准中权重过高而导致数额呈"超载"现象，加之司法实践中贪贿犯罪之"数额中心论"甚或"唯数额论"影响深远，对情节因素重视不够，甚或忽视了对情节因素的考量，使得实践中出现情理法冲突、宽严失度、罪刑失衡等不合理状况。

根据以上分析，我国现行刑法在受贿罪的定罪量刑标准上呈现以下特点：首先，并未对受贿罪单独设立法定刑，而是依照贪污罪的刑罚处罚。其次，采用受贿数额标准作为该罪定罪量刑的主要依据，犯罪情节轻重则主要作为量刑标准。现行刑法对于受贿罪的刑罚设置基本适应了我国特定历史条件下打击受贿犯罪的需要，曾为我国的反腐斗争提供了有力的法律武器。但是，随着我国经济社会的发展，各类新型受贿案件高发，现行刑罚设置严重滞后，已经不再适应新形势下打击受贿犯罪的需要，亟须完善。

## 二、受贿罪定罪采用数额标准的缺陷及影响

根据我国现行刑法，是以犯罪人的受贿金额是否达到一定数额来区分受贿罪罪与非罪、重罪与轻罪的。根据我国刑法第 383 条的规定，受贿罪的入罪标准为 5000 元。这种立法技术是罪刑法定主义过度张扬的产物，即力求法律的严密与准确，防止司法擅断。① 但是，随着该罪的不断发展，其犯罪对象已经突破了严格意义上的"财物"而转向财产性的利益，现行刑法关于受贿罪的定罪标准已无法规制其存在的多种犯罪形式。且我国政府已于 2003 年 12 月 10 日签署了《联合国反腐败公约》，根据国际法惯例，"条约必须遵守"。《联合国反腐败公约》规定所有"不正当好处"均可构成该罪的犯罪对

---

① ［日］木村龟二：《刑法学词典》，顾肖荣译，上海翻译出版社 1991 年版，第 437 页。

象，此处的"不正当好处"更是涵盖了"非财产性利益"，比如当前社会上常见的性贿赂案件、帮助家属安排工作、帮助子女解决户口等，这些案件中的利益是难以用数额来反映的，这也使现行刑法规定的数额标准在应对各类新型受贿案件时显得力不从心。受贿犯罪有其不同于贪污罪的自身特点，其侵犯的客体也与贪污罪不同，简单地采用数额标准并不能科学地反映出其社会危害性的大小。具体说来，采用数额标准对受贿罪定罪量刑存在以下缺陷：

## （一）数额标准难以反映社会发展现实状况

犯罪行为的社会危害性决定了对其实施刑罚的严重性，社会危害性越大对其判处的刑罚理应越重。数额标准随着社会发展的变化，致使立法相对滞后而产生不稳定性。因为币值要随着市场与经济发展状况而波动，数额标准要及时修改才能与经济环境及社会发展相一致。然而法律具有严肃性与稳定性导致法律条款不能经常变动。我国现行刑法制定于1997年，如果说当时情况下以5000元作为起刑点能够完全反映其社会危害性的话，那么在我国经济社会高速发展、人均收入不断增加的今天，依旧采取此种标准，是很难反映社会现实状况的。"以人均收入为例，1997年城镇居民家庭人均可支配收入为5160.3元，农村居民家庭人均纯收入为2090.1元；到2013年，我国城镇居民全年人均可支配收入上升至26955.1元，农村居民全年人均纯收入上升至8895.9元，分别为1997年的5.2倍和4.2倍。"① 经济发展带来生活水平的不断提高，同样是受贿5000元，在这两个时期的社会危害性明显有很大差别。如果为了反映此种差别，而不断修改这一数额标准的话，便会造成刑法的不稳定，进而影响刑法的权威性；如果要保持刑法的稳定性而维持这一数额标准不变的话，又很可能造成刑罚事实上的不断加重，这是一个悖论，显然采用明确的数额标准难以反映社会发展的现实状况。同时，我国幅员广阔，地区差异很大，同样的受贿数额在东部沿海地区与西部经济落后地区带来的危害性并不相同，在刑法中规定具体犯罪数额，不同地区都统一适用，并不科学。

## （二）采用数额标准不能体现罪责刑相适应原则

遵循该原则要求对犯罪分子所判处的刑罚性质和强度要与犯罪的性质和严重程度相适应，现行刑法制定于1997年，有关受贿罪的定罪量刑标准也一直沿用至今，然而，经过十几年的高速发展，我国的经济社会有了长足进步，受贿金额和手段也较以往有了很大不同，动辄上百万元、上千万元的受贿大案屡见不鲜，但我国刑法在对此类案件进行处罚时，显然缺乏有效的区分手段。受贿10万元判处10年徒刑，受贿100万元也判处10年徒刑，会造成巨

---

① 参见国家统计局网站：http://data.stats.gov.cn/search/keywordlist2? keyword = 2013/J031AC. htm，2015年5月7日访问。

大的反差，但这可能是执行刑法第 383 条的结果，这种情况，在沿海地区更为突出。面对严重滞后于现实的刑法第 383 条，有的司法机关确立了内部掌握的立案数额标准，有些地方对涉案金额不足 3 万元的案件，一般不予立案。这些做法严重损害了刑事法律的严肃性和权威性，造成法律实施的不统一。对受贿罪采用明确的数额标准难以反映不同时期由此数额带来的社会危害性，采用此标准对犯罪分子定罪量刑难以体现我国刑法奉行的罪刑相适应原则。实践中，它极大地压缩了法官自由裁量权的范围，同时也因为缺乏灵活性而不被严格遵守。"法律规定得愈明确，其条文就愈容易切实地实行，但是规定得过于详细，也会使法带有经验的色彩，这样，法律在实际执行过程中就不免要被修改，而这就会违背法律的性质。"① 然而，如果不修改的话，严格执行现行刑法第 383 条的标准，会造成刑罚的实际判决与罪刑相适应原则相悖。

### （三）数额标准不利于严惩犯罪

首先，它将受贿罪的犯罪对象圈于可用数额来衡量的"财物"，然而随着我国经济的不断发展，贿赂犯罪其方式与方法也日新月异，花样不断翻新。例如工作调动、安排职位等无法量化评估的利益。因为我国刑法规定受贿罪涉案数额标准主要依据受贿数额，如此一来导致非物质利益无法进行统计，在实践中涉及非物质利益的贿赂案件层出不穷，社会危害性更大，但是由于我国对此尚无完善的立法规定，故使得此类涉案犯罪者逍遥法外，无法可依，难以受到惩处。其次，我国受贿罪的对象是超过一定数额的"财物"，现行刑法规定了 5000 元的起刑点，这种数额规定，可以说在立法上为腐败分子预先规定了一个不小的行为空间，司法实践中的刚性掌握更容易使人们产生一种错觉，即 5000 元以下的受贿是我国法律所允许的，有可能不被认定为犯罪，这样的立法给人的印象是法网疏漏，不够严密，难以体现我国严惩腐败的基本态度，与我国当前严厉打击腐败犯罪的形势并不相符。实际上，无论国家工作人员受贿数额大小，只要其存在受贿行为，实际上就已经构成了对其职务行为廉洁性的违反。此种规定不但极大地限制了受贿罪的适用范围，而且使得我国刑法打击受贿犯罪的效用大打折扣，腐败分子在这种法律安排之下就有一个相对明确的心理预期，使得立法目的难以实现。数额标准不利于严惩犯罪，甚至有可能放纵犯罪的发生。

## 三、受贿罪定罪量刑标准的立法完善探析

如上所述，随着经济、社会的发展和各类新型受贿案件的高发，受贿的对象逐渐扩大到各种非物质性利益，继续以数额标准对受贿罪定罪量刑变得

① ［德］黑格尔：《法哲学原理》，范扬、张企泰译，商务印书馆 1961 年版，第 316~317 页。

越来越难以执行，单纯的以数额标准定罪量刑已不再适合我国打击受贿犯罪的需要。介于我国现行立法中，以数额为标准对受贿罪进行定罪量刑的种种弊端，借鉴其他国家在打击受贿犯罪立法、司法上的经验，笔者认为：在我国进一步的刑法修改和完善中，应首先对受贿罪的数额标准加以修改，建立以情节为中心的定罪量刑标准。司法实践中，不再唯数额定罪，而是综合考虑受贿数额和其他影响因素，科学地对受贿罪进行定罪量刑。

**（一）科学、合理设定受贿罪定罪量刑的数额标准**

1. 提高受贿罪的入刑数额起点。依据我国刑法规定，受贿罪在自由刑档次适用上的一个重要依据就是犯罪数额。所有自由刑档次都与犯罪数额直接相联系，如文中所述，受贿罪犯罪数额起点规定是否合理同受贿罪定罪量刑是否公正有很大关系。

虽然数额在受贿罪量刑过程中所体现的地位发生变化，但是不应忽视的是受贿罪量刑中数额仍然起着一定作用，尤其是在受贿罪起点上数额依旧扮演重要的角色。当前时期我国受贿罪的入刑起点为5000元，在现行刑法制定的1997年，依照国家统计局数据，我国居民年平均可支配收入为5160元，可以说受贿罪在数额上的起点与此相近。受贿罪设立入罪数额标准参考的一个重要因素就是在当时经济条件下犯罪数额所造成的社会影响，包括危害效果及间接影响力。同1997年相比，2013年我国居民年平均可支配收入远远高于刑法制定时的水平，受贿5000元并不能产生当初的危害效果，故须提高受贿罪入罪标准。其次在受贿罪渎职性和贪利性评价上最直观的要素就是数额的多少。而且除数额之外的情节呈现出多样复杂化趋势，在司法实践中并不是一成不变的，故更应慎重对待受贿罪的数额起点。

笔者认为，关于受贿犯罪定罪量刑具体数额标准如何科学、合理地确定，其确立依据是什么等，可以全国城镇居民人均可支配收入为主要基准，并在参酌货币购买力、居民消费指数（CPI）、通货膨胀等因素的基础上进行适度调节。1997年，全国城镇居民人均可支配收入是5160元，当年修订的刑法典对贪污受贿犯罪确定的定罪数额就是5000元，即大体相当于全国城镇居民一年的人均可支配收入。2013年，根据国家统计局发布《2013年国民经济和社会发展统计公报》显示，全国城镇居民人均可支配收入调整为26955元。因此以此数额为基础，综合考虑当前的经济社会发展水平、CPI指数、通货膨胀等情况的影响，建议司法解释可考虑将贪污受贿犯罪的定罪数额（起刑点）设置为3万元。

在提高受贿罪数额起点的分析中还应当注意一个实然性问题，即并不是数额较低就不会造成较大的危害效果。如在一些经济条件欠发达地区，受贿1万元所带来的危害并不比发达地区受贿2万元危害小，甚至受贿数额未达到现有刑法入罪标准也会出现严重的社会危害性。故在犯罪数额的设立标准

下卷·五

上要考虑到城乡经济发展水平，特别是落后地区的经济发展水平与法律适用环境。从城乡腐败犯罪数额水平来看，应当肯定的是在受贿罪数额上，作为经济条件相对落后的乡村地区，受贿数额整体水平比经济条件较好地区低。

2. 采用概括数额划分犯罪数额档次。概括数额即数额较大、数额巨大、数额特别巨大等档次，而非具体的数值或者数量。也就是说，在数额标准划分上，要定量使用"特别巨大"、"巨大"、"较大"等不同数量级别表现词语，不同级别具体数额要求立法机关要根据经济形势变化以及不同地区的差别以司法解释来调整与规定。通过修订刑法第383条，变受贿犯罪定罪量刑刚性的具体数额标准为弹性的概括数额标准，如此一来，不但可以保持刑法典的稳定性，又使其具有适应性，与社会经济发展变化及不同地区的差异相一致，使之能根据犯罪的不同情况做到罪责刑相适应，以更好地适应反腐败和经济社会发展形势。另外，规定概括数额标准，应适当采取带有一定弹性的概括性用语等，只要没有超过合理的限度，就不违反罪刑法定所要求的明确性原则。

笔者认为，个人贪污受贿数额在3万元至10万元以上、30万元至100万元以上、300万元至1000万元以上，可以作为"数额较大"、"数额巨大"、"数额特别巨大"的认定标准。各省、自治区、直辖市高级人民法院、人民检察院可以根据"两高"司法解释关于数额幅度的规定和对本省区的授权，结合本地区经济社会发展状况，在三档数额幅度内，共同研究确定本地区执行的具体数额标准，报"两高"备案。

**（二）完善受贿罪量刑中的情节规定**

在今天的经济形势远远超过1997年刑法的经济形势的现状下，达到"情节严重"、"情节特别严重"的犯罪行为情节出现的比例和恶劣影响是远远超过当时的，故在此种意义上，影响量刑的两大因素即数额和情节中，情节因素在受贿罪定罪量刑中所起的作用呈上升趋势，刑法应完善受贿罪量刑中的情节规定。刑法关于受贿罪法定刑档次的规定，应该更多地考虑受贿犯罪的不同情节而不主要是受贿数额。[①] 具体而言，应在以下方面完善受贿罪定罪量刑的情节因素：

1. 由于个人受贿而使社会、国家、个人、集体等造成非常重大损失者。例如，恶劣的社会影响，严重的经济损失，大量的人员伤亡，严重危害社会公共安全等。例如，贪官受贿携巨款潜逃国外的案例。自2000年底最高人民检察院会同公安部组织开展追逃专项行动以来，至2011年，检察机关共抓获在逃职务犯罪嫌疑人18487名，其中5年缴获赃款赃物金额541.9亿元。贪官利用职权将大量的国有资产、民脂民膏席卷出境，融入了发达国家，致使

---

① 张智辉：《受贿罪立法问题研究》，载《法学研究》2009年第5期。

我国难以追索，给我国造成极其恶劣的国际影响和巨大的经济损失。

2. 受贿主体身份情节。领导干部越是位高权重，社会公众对其就有越高的期待，越是处在公共视野之下，就需要承担越多的责任，克己奉公。因此，领导干部滥用权力，索贿受贿，往往社会危害更大、影响更恶劣。实际上，一些国家的刑法是将高官的受贿作为加重法定刑的依据。例如，《新西兰刑法典》规定司法官员的受贿、部长受贿可判处最高 14 年的监禁，而一般官员的受贿最高可处 7 年的监禁。[①] 同时，在对受贿行为人量刑时，要将特殊主体、特殊职务工作者与普通犯罪者区别对待。

3. 受贿形式情节。我国刑法规定受贿罪主要包含主动索贿与接受他人贿赂这两种行为。主要区别在于收受贿赂时，行贿人往往是主动奉献财物，而索贿犯罪者具有主动索要财物的恶意，行贿人通常是被动地为其提供钱物甚至是被迫而为之。显而易见，受贿方式决定了犯罪者的主观恶性程度，较之一般收受贿赂行为，索贿者滥用职权，甚至胁迫、勒索他人强行收受钱物，严重破坏了职务廉洁性，具有更突出的主观恶性与社会危害性，应当对其处以更重的刑罚。

4. 受贿行为是否枉法背职。在许多国家的刑法规定中都将枉法背职作为设置轻重不同法定刑的依据。例如，日本刑法第 197 条 3 之第一项规定的枉法受贿罪，"公务员或仲裁人收受贿赂因而为不正行为或不为当为行为的，处一年以上有期徒刑。公务员或仲裁人就其所为不正行为或不为当为行为，收受、要求或约定贿赂，或者要求或约定交付贿赂于第三者，与前项同。"在与其他情节类似的情况下，"受贿枉法"的主观恶性要远远大于"受贿不枉法"。受贿犯罪者因受贿对职务廉洁性进行了破坏，为请托人谋取不正当的非法利益，应当予以从重处罚。

5. 受贿次数和持续时间。受贿犯罪的隐蔽性特点，决定了绝大多数受贿案件都具有作案持续时间长、次数多的特点。近些年来，受贿案件的数额普遍都在数百万元甚至千万元以上，这些数额并非在短时间或单次内就能达到。作案次数和持续时间的长短，能够反映出犯罪分子与刑法所保护利益的对立态度，进而反映出其主观恶性和社会危害性，是一个重要的酌定量刑情节。

随着司法机关在受贿罪量刑中对"情节"认定实践经验的积累，完善受贿罪量刑中的情节规定成为可能。例如，2007 年 7 月最高人民法院、最高人民检察院颁布的《关于办理受贿刑事案件适用法律若干问题的意见》中对交易形式受贿、收受干股受贿、以开发公司名义合作受贿、以委托人名义受贿、赌博受贿、挂名受贿、宽严相济刑事政策在受贿案件中的适用问题都作了规定，这是司法机关在受贿工作中的经验总结，是实事求是、与时俱进法律工

---

① 于志刚、书鸿译：《新西兰刑法典》，中国方正出版社 2007 年版，第 46~48 页。

作精神的体现，亦将有更多的实践经验和丰富的法律资源来为受贿罪的司法提供一个良好的司法环境。

### （三）制定受贿罪独立的法定刑

根据目前的立法，对受贿罪适用的是贪污罪的法定刑。笔者认为，尽管贪污罪与受贿罪都属于贪污贿赂类犯罪，在犯罪主体、犯罪数额和犯罪主观方面均有某些共同点，但两罪在侵犯的具体客体、社会危害程度等方面都存在相当差异，不应适用同一的定罪量刑标准。

首先，两罪的犯罪客体不同。有的学者认为这种相同刑罚的规定没有顾及受贿罪和贪污罪的不同犯罪客体，是不够科学的，[①] 这种说法是值得肯定的。贪污罪侵犯的客体主要是职务行为的廉洁性和公共财物的所有权，而受贿罪侵犯的客体主要是国家机关的正常活动和国家工作人员职务行为的廉洁性。这一本质区别决定了两者属于不同性质的犯罪，也决定了两者有不同的处刑标准和依据。

其次，犯罪数额在两罪社会危害程度的评价中的作用和地位不一样。贪污罪的社会危害性在很大程度上是通过贪污数额来体现的，及时退还或退缴赃款能在客观上降低贪污行为的社会危害程度。但受贿罪的社会危害性是受贿数额难以完全反映的，其更多的是要通过受贿的情节、危害后果、违法的程度等因素来体现。有的学者认为，受贿罪同贪污罪的社会危害性都主要体现在数额上，即受贿罪的危害性表现为行为人牟取的非法利益和因受贿给国家集体利益造成的损失。[②] 笔者认为，从犯罪数额上看受贿为他人谋取合法利益的行为并不必然给国家造成经济损失，受贿罪所侵犯的对象更多的是国家工作人员职务行为的不可收买性和廉洁性。故从受贿与贪污的犯罪数额角度来看，二者所造成的社会危害性并不等同。

最后，按照罪责刑相适应原则，这种异罪同罚的做法并不能适应当前社会经济形势的需要，受贿给国家、集体造成损失的大小，是判断行为人刑事责任大小的重要依据，是判处刑罚的一个基本依据。基于这种认识，笔者建议，既然贪污罪、受贿罪分成两个独立的罪，就应根据两个罪的不同特点和不同处刑要求分别规定不同的法定刑，实现受贿罪的法定刑与贪污罪的法定刑的分离。

---

① 李希慧、杜国强：《贪污贿赂罪研究》，知识产权出版社 2004 年版，第 208 页。
② 杨兴国：《贪污罪贿赂罪法律与司法解释应用问题解疑》，中国检察出版社 2002 年版，第 227 页。

# 受贿罪中"收受财物后退还或上交" 的定罪标准问题研究

王文华[*]　黄伟凌[**]

## 引言

《刑法修正案（九）（草案）》（以下简称《草案》）正在热烈的讨论中，其中关于贪污贿赂犯罪的定罪标准问题是热点、难点之一。立法将改变长期以来贪污罪、受贿罪的规定具体数额的做法，而是采取"数额+其他情节"的规定方式，更为科学、合理，也是社会经济发展、刑法立法技术发展的必然。由于人情社会的因素作用，受贿罪比贪污罪更复杂，认定罪与非罪更困难，也需要我们在数额以外关注对定罪起到重要作用的其他因素。例如，积极退赃就是贪污罪、受贿罪在实践中经常遇到的一个关键情节。积极退赃，特别是国家工作人员收受请托人财物后及时退还或者上交的，究竟是否影响定罪？对之把握不准，将会带来刑法在受贿罪定罪问题上的不均衡，并给未来的贪腐者传递错误信息，使之有机可乘，不利于反腐的长期效果，不利于官员"不敢贪"、"不能贪"反腐机制的建立。

对此，刑法没有专门规定。《草案》出台前原本拟增加的"收受礼金罪"[①]一旦在未来得以增设，便会遇到这个问题。

关于积极退赃对量刑的影响，《草案》第39条拟对第383条贪污罪的处罚标准进行修改，其中第2款规定，"犯第一款罪，在提起公诉前如实供述自己罪行、真诚悔罪、积极退赃，避免、减少损害结果的发生，有第（一）项规定情形的，可以从轻、减轻或者免除处罚；有第（二）项、第（三）项规

\* 北京外国语大学法学院副院长、教授，法学博士、博士后，中国刑法学研究会理事，中国审判理论研究会理事、刑事审判理论专业委员会委员，中国欧洲学会欧洲法律研究会理事，北京师范大学刑事法律科学研究院兼职研究员。

\*\* 北京外国语大学法学院研究生，北京市大禹律师事务所律师。

① 国家公职人员收受他人数额较大的礼金，无论是否利用职务之便，无论是否为他人谋利，都可能涉嫌收受礼金罪。

定情形的,可以从轻处罚。"这一规定同样适用于受贿罪。① 这一规定总体上比现行刑法第 383 条第 1 款第(三)项的"个人贪污数额在五千元以上不满一万元,犯罪后有悔改表现、积极退赃的,可以减轻处罚或者免予刑事处罚,由其所在单位或者上级主管机关给予行政处分"更为细化、更加具体情况具体分析,且其前提都是——贪污、受贿犯罪后积极退赃的,只影响量刑,不影响定罪。

然而,在此之前,相关司法解释却有国家工作人员收受请托人财物后及时退还或者上交影响定罪的规定。② 2007 年 7 月 8 日,最高人民法院、最高人民检察院联合发布了《关于办理受贿刑事案件适用法律若干问题的意见》③(以下简称《意见》),其中第 9 条规定:"国家工作人员收受请托人财物后及时退还或者上交的,不是受贿。国家工作人员受贿后,因自身或者与其受贿有关联的人、事被查处,为掩饰犯罪而退还或者上交的,不影响认定受贿罪。"这一规定从正、反两方面界定了在客观上受贿行为已经实施后,再将财物退回的定性问题,第 1 款为"出罪"规定——"国家工作人员收受请托人财物后及时退还或者上交的,不是受贿。"第 2 款为"入罪"规定——"国家工作人员受贿后,因自身或者与其受贿有关联的人、事被查处,为掩饰犯罪而退还或者上交的,不影响认定受贿罪。"这两款规定前后互相照应、互为补充,对于明确行为人收受财物后又将其退还或上交的性质界定具有积极的意义。然而,随着司法实践的进一步深入以及对该条解释的不断适用,该解释的不足之处也逐渐显现,对于国家工作人员收受他人财物又退还或上交的行为是否构成犯罪或者是否构成犯罪即遂的问题,不是那么简单,诸如故意内容、上交时间间隔长短、案发前还是案发后等因素都将影响最终的定性,需要进行类型化研究和深入厘清,需要从刑事政策角度充分考虑刑法及司法解释的导向性效果。

# 一、《意见》 第 9 条影响定罪的几种情形

根据司法实践,国家工作人员收受他人财物之后,在案发前退还或上交所收财物的情况大致可分为以下三种:

---

① 《草案》第 39 条拟修改刑法第 383 条贪污罪的处罚标准,其中第 1 款规定:"(一)贪污数额较大或者有其他较重情节的,处三年以下有期徒刑或者拘役,并处罚金。尚不构成犯罪的,由其所在单位或者上级主管机关给予处分。(二)贪污数额巨大或者有其他严重情节的,处三年以上十年以下有期徒刑,并处罚金或者没收财产。(三)贪污数额特别巨大或者有其他特别严重情节的,处十年以上有期徒刑或者无期徒刑,并处罚金或者没收财产;数额特别巨大,并使国家和人民利益遭受特别重大损失的,处无期徒刑或者死刑,并处没收财产。"

② 即使《草案》通过,由于其中第 39 条只是对第 383 条贪污罪、受贿罪处刑不同情况的修改,不涉及定罪问题,因此之前规定的司法解释依然有效。

③ 法发〔2007〕22 号。

第一种：并无收受财物的故意，行贿人送财物时确实无法推辞而收下或者他人代收，事后立即设法退还或者上交的；

第二种：收受财物，未立即退还或者上交，但在案发前自动退还或者如实说明情况上交的；

第三种：收受财物后，因自身或与其受贿有关的人被查处，为掩饰犯罪而退还或上交的。[①]

在第一种情况下，行为人在主观上并无受贿的故意，加之行为人能够及时退还和上交，因此不认定其为受贿，实务部门对此也没有分歧意见。第三种情况则说明行为人既有受贿的故意，又无悔罪的意思和表现，在客观上也收取了贿赂款物，其犯罪行为已经即遂，符合受贿罪的构成要件，因此构成受贿罪，对其进行定罪处罚，也没有分歧意见。值得讨论的主要是第二种情况，在理论与实践中分歧较大。

主张"出罪说"的意见认为，从刑事政策考虑，案发前自动退还或者如实说明情况上交的，一般都可不以受贿罪处罚，"有利于解脱一部分想悔改的国家工作人员。但是，如果行为人为他人谋取利益致使公共财产、国家和人民利益遭受重大损失的除外。如果其行为构成滥用职权等其他犯罪的，依照刑法的相关规定定罪处罚"。[②] 这与《意见》第9条第1款的规定相一致。

主张"入罪说"的意见则认为，"退还或上交行为均是发生在受贿犯罪成立之后，这种退还、上交行为均是对于犯罪所得的处分，并不能影响受贿犯罪的成立，以收受财物的处理行为阻断之前收受财物的主观故意，在逻辑上存在矛盾之处，势必对受贿犯罪的构成要件造成巨大冲击"。[③] 这种观点与《意见》第9条第1款的规定相悖。

概括起来，对于上述第二种情形"收受财物，未立即退还或者上交，但在案发前自动退还或者如实说明情况上交的"，是否可以被认定为"不是受贿"，有正反不同意见，赞成者称该条解释顺应司法实践的需要，符合刑事政策的发展，遵循了立法原意，也未突破解释性规则；反对者则认为该解释已经突破了罪刑法定原则，且有放纵受贿犯罪之嫌。[④] 随着《意见》在实践中的进一步适用，理论界与实务界对该解释的争论也逐渐升级。实务界大多认为，《意见》第9条给受贿犯罪的侦查、起诉带来了便利，可以有理有据地处理一些嫌疑人或被告人主动退还、上交的案件，办案阻力因此减小，是一条具有很强可操作性的解释。

---

① 刘志远主编：《新型受贿犯罪司法指南与案例评析》，中国方正出版社2007年版，345页。

② 陈国庆、韩耀元、邱利军：《〈关于办理受贿刑事案件适用法律若干问题的意见〉的解读》，载《人民检察》2007年第14期。

③ 于刚、卞国栋：《退还、上交财物，不算受贿？》，载《江苏法制报》2007年9月4日版。

④ 郭竹梅：《受贿罪新型疑难问题研究》，中国检察出版社2009年版，第211页。

　　甚至有些实务人士指出，不应将《意见》第9条之规定看做是出于"有意解脱一部分受贿犯罪者"刑事政策的考虑。因为司法实践贯彻刑事政策必须以遵循刑法等法律的规定为前提，必须受到罪刑法定等基本原则的限制，不能将某类行为随意做出入罪处理。而《意见》是"两高"在法律规定的框架内对被解释对象的解读和阐释。①

　　不可否认，刑法对受贿罪的规定中只对"积极退赃"作了规定，②但刑法的"退赃"与《意见》第9条中的"收受财物后的退还或上交"还是有本质区别的，刑法指的是犯罪后的悔改表现，立法规定的是量刑情节，而《意见》第9条中的"收受财物后的退还或上交"则属于定罪情节，二者不能混为一谈。不能因为司法实践中有办案规定越细越好的需要、对法律没有明确规定的就通过司法解释进行突破性操作，这本质上是在行使立法权，且内容也不尽合理。笔者认为，应该本着罪刑法定原则来理解和适用《意见》第9条的规定。

## 二、《意见》第9条第1款规定带来的问题

　　从受贿罪侵害的法益角度来看，该罪侵害的是国家工作人员的职务廉洁性和不可收买性，受贿罪的直接客体是国家工作人员的职务廉洁性。国家工作人员利用职务上的便利，索取或收受他人财物，为他人谋利的行为，即可构成受贿罪。并且，当受贿罪既遂后，无论事后如何处理赃物，均不影响前行为本身的性质，退还或上交财物的行为只能作为量刑情节予以考虑，却不能排除行为的犯罪性。因此，《意见》第9条的合理性值得怀疑。具体而言：

　　首先，从法律解释的角度来看，该条解释与刑法的规定冲突。

　　根据刑法第385条的规定，只要是索贿或者在有受贿故意的情况下接受贿赂（达到数额起刑点），受贿罪就已经成立，应该按照规定定罪处罚，但是《意见》第9条却规定"收受请托人财物后及时退还或上交的"，就"不是"受贿，这就从根本上否定了行为的违法性，也与刑法的规定不一致。诚然，在某些情况下，迫于礼尚往来的传统习俗和工作圈子、生活群体的风气等压力，如果当场拒绝接受财物或者退回，会在群体交往和社会生活中孤立自己，造成工作和生活上的被动。因此，我们也不能要求每个人都以孤立乃

---

　　① 罗猛、程乐：《如何认定受贿案件中"及时退还或者上交"行为》，载《人民检察》2007年第19期。

　　② 刑法第386条规定，"对犯受贿罪的，根据受贿所得数额及情节，依照本法第三百八十三条的规定处罚。"而第383条第1款第（三）项规定，"个人贪污数额在5000元以上不满1万元，犯罪后有悔改表现、积极退赃的，可以减轻处罚或者免予刑事处罚，由其所在单位或者上级主管机关给予行政处分。"据此，对受贿数额在五千元以上不满一万元，犯罪后有悔改表现、积极退赃的，同样"可以减轻处罚或者免予刑事处罚，由其所在单位或者上级主管机关给予行政处分。"

至于自绝于生活群体的方式来抗争。应当承认某些生活智慧，也尊重客观存在的现实，允许他们在合理的时间内以合理的方式退回、上交被迫、不得已收下的款物。① 但是，这样的容忍必须建立在行为人主观上不具备受贿故意的基础之上，由于缺乏罪责因素，因此才不构成犯罪。

此外，《意见》第 9 条第 1 款"国家工作人员收受请托人财物后及时退还或者上交的，不是受贿"规定的法律依据究竟是什么？是刑法第 13 条规定的，已经构成犯罪，"但是情节显著轻微，危害不大"？还是该行为属于犯罪中止而非犯罪既遂？

如果认为是符合"情节显著轻微，危害不大"但书的规定，那么刑法中盗窃、诈骗、敲诈勒索等侵犯财产罪如果在取得后及时退还或者上交（交给警察或司法机关等）的，危害也不见得大，行为人的主观恶性也比案发后退还或者上交或者不及时退还或者上交的要小，是否也就"不是盗窃"、"不是诈骗"、"不是敲诈勒索"了呢？显然不妥。也许有人认为，贪污受贿没有明确的被害人，对社会治安没什么具体危害，公众的安全感也没有明显下降，因此只对受贿罪收受请托人财物后"及时退还或者上交的"作非犯罪化处理。这个理由似是而非，因为受贿罪潜在的"权钱交易"带来的污染社会风气、降低政府的公信力、引发进一步的渎职违法犯罪等危害，是普通的盗窃等侵犯财产罪所无法比拟的。不能因为没有明确的被害人就认为其危害小于财产犯罪。而且，目前我国的刑法一方面将盗窃等财产犯罪防线提前，"扒窃"入刑，另一方面，如果未来受贿罪不仅追诉数额标准提高，而且还在入罪其他情节的门槛上一再提高，国家工作人员即使犯了罪也很容易出罪，只要及时退还或上交就不是犯罪，则会造成职务犯罪与普通犯罪的定罪标准的不协调。

再从犯罪的未完成形态来看，国家工作人员收受请托人财物后及时退还或者上交，当然不是犯罪预备或未遂，那么是否可以被评价为犯罪中止？笔者认为，除非"立刻"而不是"及时"退还或者上交，否则就不属于"在实施犯罪过程中，自动放弃犯罪或自动有效地防止犯罪结果的发生"，因为国家工作人员已经收受了请托人的财物。在通信手段如此多样的高科技时代，没有什么能够阻止国家工作人员与组织迅速取得联系，除非行为人身体突然不适或者遭遇天灾人祸等不可抗力。

其次，从长远来看，《意见》第 9 条第 1 款的出罪规定不利于反腐败斗争的深入开展。

《意见》第 9 条第 1 款规定的初衷是好的，但是立法也好，司法解释也好，都要受到刑事政策导向性的影响，从而发挥立法应有的评价、引导功能。

---

① 于志刚主编：《新型受贿犯罪争议问题研究》，中国方正出版社 2007 年版，第 342 页。

虽然《意见》第9条第1款可以解脱一批确实想悔改的国家工作人员，但是，从长远来看，势必带来"先收钱再说，是否退还观望观望再定也不迟"的心理，反而容易使一些国家工作人员"产生侥幸心理，不是从心理上主动、坚决地抵制贿赂，而是先收钱财，等有了风吹草动再退赃，因此不利于反腐败斗争的长期开展"，[①] 不能使之做到"不敢腐"、"不想腐"。这将带来不良的社会影响，引起公众更多的负面议论，产生不好的社会效果，反而给艰难的反腐"减分"。

## 三、 收受财物后客观行为及主观心态的类型

刑法第386条对于收受财物后的行为规定只有"确有悔改表现"和"积极退赃"两项，前者偏重受贿者的主观心态，后者偏重受贿者的客观行为。显然，有三类情况不属于"确有悔改表现"和"积极退赃"：

一是索贿。因为索贿是国家工作人员利用职务便利向他人索要财物，其主观恶性和社会危害性大，即使行为人事后悔改、积极退赃，那也只能是在量刑上有所从轻或减轻，不宜作出罪处理。

二是行为人根本没有受贿的故意，而是家属或其他人在不知情的情况下替行为人收下财物，事后及时退还或上交。

需要注意的是，笔者并未将有些学者认为的迫于人情不便拒绝的情况与之相提并论。因为如果是家属或他人代为收下，行为人在一段时间内不知情尚属合理，只要其在知晓后能够及时退还或上交，也不属于受贿犯罪，但如果是碍于人情世故不便拒绝的情况，那说明行为人其实已经知晓了送礼之人的意图，且明知财物已经转移到自己的控制之下，那么就应该在对方离开之后及时上交，方能体现其主观上的非罪过性，否则就会给许多机会主义者一种心理诱导，即先收受财物，见机行事，这样非常不利于肃清现在受贿罪高发的社会风气。

三是《意见》第9条第2款规定的情形，受贿者是因为自身或与其受贿相关的人、事被查处，为掩饰犯罪而退还或上交的，这种情况也不属于"确有悔改表现"和"积极退赃"，不会影响受贿罪的认定。

在排除了以上三种情形后，《意见》第9条所要解决的问题就是：在受贿者主观上有受贿故意（甚至是间接故意）的情况下，收受了请托人的财物后及时退还或者上交的，应该如何处理？"及时"退还或上交的标准是什么，主观上的直接故意、间接故意两种罪过心态与"及时"退还、上交之间的不同组合有无区别、区别在哪里？

对于"及时"退还或者上交的标准问题，在《意见》的起草和讨论过程

---

① 刘志远主编：《新型受贿犯罪司法指南与案例评析》，中国方正出版社2007年版，第346页。

中,曾经有人认为,"及时退还"比较模糊、不好把握,建议明确规定一个时间界限,例如可以借鉴挪用公款罪的规定,明确规定:收受财物后在三个月内退还或上交的,可以认定为及时归还。① 但也有学者认为,"可以借鉴1988年《国家行政机关及其工作人员在国内公务活动中不得赠送和接受礼品的规定》和1993年《国务院关于在对外公务活动中赠送和接受礼品的规定》的有关内容,即自接受礼品之日(在国外接受礼物的,自回国之日起;或者在外地接受礼品的,自回本单位之日起)起一个月内填写礼品申报单并将应上交的礼物上交指定的管理部门"。② 上述两种观点在当前的司法实践和理论研究中均具有一定的代表性,都是依据现行的相关规定给出的一个明确具体的界限,这样司法实务部门就有一个具有可操作性的标准。但是,上述两个观点也都存在不妥之处——忽略了受贿罪与挪用公款罪和正常的公务中接受礼物的行为的差异。

笔者建议,在认定"及时退还"时,不应将时间限定为具体的天数,否则在司法实践中难免会过于刻板、僵化。应该充分认识到"及时"的相对性,根据具体案件的事实来分析行为人的主观情况和客观行为,综合考虑"及时退还"所需时间的合理性,以及影响"及时退还"的合理事由。司法工作者不能仅仅依据行为人的供述和辩解,而是要根据《意见》的精神和法理进行具体判断,诸如:(1)行为人是否有不接受财物的主观表示;(2)行为人收受财物和退还财物的间隔长短,以及在这段间隔过程中行为人的具体行为;(3)客观上是否存在不能立即退还的合理理由。因此,有学者指出,"及时退还"在司法上可以界定为"排除不能退还的合理原因后的立即退还",实质上是一种有合理限制的立即退还。③

因此,《意见》第9条规定的"国家工作人员收受请托人财物后及时退还或者上交"无论是在行为人的主观方面还是客观方面均有不同的分类,需要进行具体的类型化研究,不可一概认定为"不是受贿"。

具言之,我们可以根据行为人的主观心态将收受财物分为受贿的直接故意和间接故意两种;将客观方面的时间点分为案发前和案发后两种情况。进一步,"案发前"的退还或上交又可以分为:(1)自己主动退还或上交;(2)因其他因素(如"双规"或其他调查程序开始)的退还、上交。这样就可以对收受财物后的退还、上交的情形进行区分,从而给予受贿者相应的定罪量刑,不仅罚当其罪,也给司法实务部门开展工作提供了更强的可操作性。

① 陈国庆主编:《新型受贿罪的认定与处罚》,法律出版社2007年版,第58页。
② 邓维聪:《受贿罪中的及时退还财物之认定》,载《人民法院报》2007年11月14日第5版。
③ 于志刚主编:《新型受贿犯罪争议问题研究》,中国方正出版社2011年版,第264~266页。

## 四、 对《意见》 第 9 条的完善建议

笔者认为，对于收受请托人财物后及时退还、上交的类型及相应的定性及相应处罚具体可以分为以下五种情况分别处理：

1. 如果行为人主观上不具备受贿故意，在其接收或者他人代为接收财物后，能够立即退还、上交的，不是受贿。

这类行为主要包括：

（1）行为人不知道请托人将贵重物品偷偷放在其他物品中交给行为人；

（2）行为人碍于人情世故不便当面直接回绝请托人的财物；

（3）行为人事后发现请托人所赠的日常物品系贵重物品；

（4）行为人家属在不知情的情况下接收财物；

（5）其他情况。

只要行为人在发现后能够立即退还、上交，哪怕是电话、短信、微信、邮件报备，或者通过其他人向单位报备，都能证明其主观上的拒贿意思表示，该行为则不是犯罪。换言之，"及时退还或上交"既包括客观的退还或上交行为，也包括明确的退还或上交的意思表示。如前所述，《意见》第 9 条更准确、更严格的要求应当是"立刻"而不是"及时"退还或上交。这才是不构成受贿罪的"合理时间"（reasonable time）标准。

2. 如果行为人主观上并无受贿故意，但是在接收或者他人代为接收财物后已经知晓的情况下仍然隐瞒不报，但在案发前积极退还或上交的，应被认定为受贿，但可以免予刑事处罚，或单处罚金，但是给国家、社会和人民利益造成严重损失的除外。

这类行为主要是一些投机分子，抵制不住金钱的诱惑，放任请托人的行贿行为发生，且在客观行为上接收了财物，其行为已经构成了受贿罪，应该予以定罪。然而，由于其主观恶性较之直接故意要小，且能够在案发前自己主动悔罪退赃，对其免予刑事处罚也符合刑事政策的需要，能挽救一批思想薄弱但尚未完全堕落的官员，防止其越陷越深。如果是迫于被调查的压力等因素，在立案前退还或上交的，可以单处罚金。当然，如果在此期间，行为人已经利用职权为请托人谋取私利，造成了严重后果的，则另当别论。

3. 行为人在有受贿意图并收取了请托人的财物后，在案发前能够积极退还、上交的，应该减轻处罚或免除处罚。

对该类行为进行处罚的力度应该介于第 2、3 种情形之间，这样既能够做到罚当其罪，也能够凸显出刑事政策鼓励一些罪行较轻的官员进行悔罪、反省，以免其越陷越深的"宽"的一面，同时也能保证司法解释与刑法典规定的一致性。另外，对这类行为的处罚也应该附加罚金。

4. 如果行为人在主观上不具备受贿故意，在其接收或者他人代为接收财

物后，已经知晓具体情况仍然隐瞒不报，而是在案发后积极退还或上交的，构成受贿罪，但是根据刑法第 383 条、第 386 条的规定，属于"犯罪后有悔改表现、积极退赃"，依照刑法第 383 条贪污罪的处罚标准进行处罚。

由于《草案》第 39 条拟对第 383 条贪污罪、受贿罪的处罚标准进行修改，其中第 2 款规定，"犯第一款罪，在提起公诉前如实供述自己罪行、真诚悔罪、积极退赃，避免、减少损害结果的发生，有第（一）项规定情形的，可以从轻、减轻或者免除处罚；有第（二）项、第（三）项规定情形的，可以从轻处罚。"因此，如果《草案》通过，对此情形就应当按照新的规定进行处理。

5. 行为人在有受贿意图并收取了请托人的财物后，在案发后能够积极退还、上交的，也属于"犯罪后有悔改表现、积极退赃"，其主观恶性要重于第 4 种情况，但是在法律上仍然将依据刑法第 383 条规定进行处罚。这类行为属于刑法第 383 条规定的典型情况，行为人在案发后才悔罪、退赃，对其处罚应该较前面几种情况更严厉。

## 五、 对受贿罪立法标准的完善建议

《刑法修正案（九）（草案）》取消贪污受贿罪的具体数额规定，这是因为数额与经济发展的变化关联紧密，难以确定不变。但是，受贿罪的其他情节则不一样——国家工作人员在收受请托人财物后是否立刻退还或者上交，是案发前还是案发后退还或者上交，其刑法性质的评判是相对稳定的，因为它是"定性因素"而非"定量因素"。因此，从罪刑法定原则所要求的立法明确性出发，为使复杂的受贿罪立法标准更具可操作性，建议未来刑法除了对第 383 条贪污罪、受贿罪的处罚标准进行修改，还应当对上述影响受贿罪定罪的"收受请托人财物后及时退还或者上交"的情节进一步进行类型化规定，从而更好地发挥刑法的惩腐肃贪功能。

# 浅析受贿罪的法定刑模式
## ——以《刑法修正案（九）（草案）》
## 第 39 条为视角

王恩海<sup>*</sup>

2014 年 10 月 27 日第十二届全国人大常委会第十一次会议审议了《中华人民共和国刑法修正案（九）（草案）》（以下简称《草案》），后全国人大将《草案》及《关于〈中华人民共和国刑法修正案（九）（草案）〉的说明》全文公开，向社会征求意见，其中引起社会各界广泛关注的是《草案》第 39 条对贪污罪、受贿罪法定刑的修改，本文就此展开讨论，以有助于《草案》第 39 条的进一步完善。

## 一、《草案》出台的背景

随着反腐败的进一步深化，社会公众对职务犯罪的量刑越来越关注，其中相同案件得不到相同处理问题引发了社会公众的强烈质疑，这不仅体现在社会公众广泛关注的、被媒体报道的高官受贿案件（如表 1 所示），在一般的受贿案件中也存在类似问题，如表 2 所示。

表 1　十八大后落马高官宣判情况

| 判决日期 | 姓名 | 原职务 | 认定罪名 | 受贿数额 | 因受贿判处主刑 |
|---|---|---|---|---|---|
| 2014 | 李达球 | 广西壮族自治区原政协副主席 | 受贿 | 1095 万 | 15 年有期徒刑 |
| 2014 | 王素毅 | 内蒙古自治区原党委常委、统战部部长 | 受贿 | 1073 万 | 无期徒刑 |
| 2014 | 刘铁男 | 国家发改委原副主任 | 受贿 | 3558 万 | 无期徒刑 |

---

* 华东政法大学副教授，法学博士，刑法教研室主任。

续表

| 判决日期 | 姓名 | 原职务 | 认定罪名 | 受贿数额 | 因受贿判处主刑 |
|---|---|---|---|---|---|
| 2014 | 倪发科 | 安徽省原副省长 | 受贿、巨额财产来源不明 | 1348 万 | 15 年有期徒刑 |
| 2015 | 季建业 | 南京市原市长 | 受贿 | 1132 万 | 15 年有期徒刑 |
| 2015 | 廖少华 | 贵州省委原常委遵义市委书记 | 受贿 | 1324 万 | 15 年有期徒刑 |

**表 2　某基层法院同一年度对情节类似受贿犯罪案件的被告人量刑情况①**

| 被告人 | 犯罪数额 | 量刑情节 | 刑罚 |
|---|---|---|---|
| 朱某 | 4.8 万 | 自首、退赃 | 有期徒刑二年，缓刑四年 |
| 肖某 | 3.74 万 | 自首、退赃 | 有期徒刑二年 |
| 徐某 | 3.7 万 | 坦白、退赃 | 有期徒刑二年，缓刑二年六个月 |
| 王某 | 7.09 万 | 自首、退赃 | 有期徒刑三年，缓刑四年 |
| 王某 | 4.18 万 | 自首、退赃 | 有期徒刑一年六个月 |

从上述简单列举的判决可以看出：

第一，根据刑法第 383 条的规定，涉案数额"在 10 万元以上的，处 10 年以上有期徒刑或者无期徒刑，可以并处没收财产；情节特别严重的，处死刑，并处没收财产"，因此，在涉案数额超过 10 万元时，可选择的刑罚幅度有限，难以实现涉案数量与刑罚的一一对应关系，因此，虽然王素毅涉嫌数额少于李达球，但前者却被判处无期徒刑，后者被判处有期徒刑 15 年，而同样被判处有期徒刑 15 年，倪发科的涉案数额又比李达球多了 253 万元。

第二，即便是同一家法院，面对基本相同数额的案件时，量刑也存在明显差异，如表 2 中的肖某与徐某涉案金额基本相同，肖某的自首情节比徐某的坦白情节更有利于被告人，但肖某的量刑却重于徐某的量刑。再如两个王某案，量刑情节完全一致，但涉案数额 7.09 万元的被判处缓刑，涉案数额 4.18 万元的则被判处实刑——这是同一家法院在同一年度内就量刑情节基本相同的案件所作出的判决，更何况不同年度、不同法院所作出的判决了。

导致这一现象的原因是复杂的，但论者无一例外地指出，我国刑法中受

---

① 湖北省黄石市中级人民法院课题组：《关于职务犯罪案件量刑规范化问题的调研——以贪污、受贿犯罪为视角》，载《"规范量刑理论与实践研讨会"论文集》（最高人民法院刑三庭、西南政法大学主办，2014 年 11 月）。

下卷·五

贿罪的法定刑设置是其中的首要原因。根据刑法第 383 条的规定，受贿罪的量刑标准有两个：犯罪所得数额和情节，但在四档法定刑中，除了司法实践中极少适用的第四档法定刑将数额和情节结合在一起外，前三档法定刑均将数额作为递进的量刑情节，即以数额作为确定法定最低刑的唯一标准，然后将情节作为提升法定刑幅度的标准，由此导致只要被告人的涉嫌数额超过 10 万元，法定刑即为 10 年以上有期徒刑或者无期徒刑，又由于尚无司法解释明确受贿罪中"情节"的表现形式，由此导致对司法实践中常见的超过 10 万元的受贿案件的量刑，至少有两个常见现象发生：不同数额甚至数额相差甚大案件的量刑一致或基本一致；大量的自首等法定量刑情节被认定，由此导致在最低法定刑以下减轻处罚。① 随着时间的推移，涉案数额的上限一再被突破，最终导致"受贿罪数额'超载'的时候，受贿罪的定罪量刑要么回到完全靠法官'自由心证'的原始司法状态，要么就只能继续硬着头皮'以数定刑'，假装看不到因'罪无限而刑有涯'造成的单位罪量与单位刑量之间的罪刑实质不均衡。"②

正是基于这一原因，《草案》第 39 条对刑法第 383 条作了较大幅度的修改；就本文所涉及问题，立法者提出的修改理由是"从实践的情况看，规定数额虽然明确具体，但此类犯罪情节差别很大，情况复杂，单纯考虑数额，难以全面反映具体个罪的社会危害性。同时，数额规定过死，有时难以根据案件的不同情况做到罪刑相适应，量刑不统一。"由此可见，立法者真切认识到了司法实践中的问题，对刑法第 383 条的修改可以说是迫在眉睫了。③

## 二、《草案》 存在的问题

《草案》第 39 条对刑法第 383 条的修改主要表现在"删去对贪污受贿犯罪规定的具体数额，原则规定数额较大或者情节较重、数额巨大或者情节严重、数额特别巨大或者情节特别严重三种情况，相应规定三档刑罚，并对数额特别巨大，并使国家和人民利益遭受特别重大损失的，保留适用死刑。"而具体定罪量刑标准，"可由司法机关根据案件的具体情况掌握，或者由最

---

① 在前述所引用的资料中，亦有自首认定宽泛化的表述。例如，三年中审理的 104 名贪污、受贿案被告人中，被认定自首的有 79 人，自首认定率为 75.9%。这也是"两高"于 2009 年出台《关于办理职务犯罪案件认定自首、立功等量刑情节若干问题的意见》的主要背景。参见刘为波：《〈关于办理职务犯罪案件认定自首、立功等量刑情节若干问题的意见〉的理解与适用》，载最高人民法院刑事审判庭编：《刑事审判参考》（第 68 集），法律出版社 2009 年版，第 121 页。

② 林竹静：《受贿罪数额权重过高的实证分析》，载《中国刑事法杂志》2014 年第 1 期。

③ 与此类似的法律规定其实并非受贿罪，如司法实践中适用频率并不低于受贿罪的走私、贩卖、运输、制造毒品罪亦是以数额作为主要量刑标准，但所引发的讨论远远低于受贿罪，究其原因，可能在于受贿罪的主体是国家工作人员，我国长期存在优抚官员的传统，而这又与社会公众的观念以及反腐倡廉的政策相违背。

高人民法院、最高人民检察院通过制定司法解释予以确定。"可以预见的是，该条修正意见如获通过，"两高"出台司法解释明确上述内容是水到渠成之事。

该方案与现有法律规定相比较，进步是显而易见的。其摆脱了数额作为唯一确定法定刑幅度标准的思路，增设了"较重情节"、"严重情节"、"特别严重情节"以及"使国家和人民利益遭受特别重大损失"量刑情节，将情节与数额并重，确立了"数额+情节"的定罪量刑标准，无疑将大大有助于缓解现阶段司法机关面临的困境，值得肯定。需要讨论的可能仅仅是数额的确定标准以及明确情节的具体情形。

虽然如此，该修正案条文仍然存在如下弊端：

第一，严重依赖司法解释。如前所述，数额的大小、情节的确定，均依赖于《草案》通过后的"两高"解释。罪刑法定原则要求立法规定尽量明确，以方便司法工作人员的操作，刑法第383条的规定过于明确，① 导致司法实践陷入了难以解决的困境，《草案》第39条则将确定标准又完全拱手让出，是从一个极端走向了另一个极端。

第二，受贿罪与贪污罪的量刑标准同一，忽视了两者的本质区别。受贿罪与贪污罪虽然同属于职务犯罪，但却存在本质区别。贪污罪是典型的侵犯财产罪，在1979年刑法中，该罪是"侵犯财产罪"的组成部分，因此，以数额作为其定罪量刑的主要标准合乎情理，考察盗窃罪、诈骗罪、敲诈勒索罪等犯罪的法定刑模式，都可以看到数额是主要的定罪量刑情节，因此在侵犯财产罪中，主要通过数额来体现其危害程度是合乎情理的，但受贿罪的本质特征是权钱交易，其主要侵犯的是国家工作人员职务行为的廉洁性，而非财物，其危害并不能单纯通过数额来体现。例如，甲乙两人都收取贿赂100万元，甲没有违反职责要求为行贿人谋求利益，乙违反了职责要求为行贿人谋求利益。再如，丙丁都收受贿赂100万元，都违反职责为行贿人谋求利益，但丙谋求的是合法利益，丁谋取的是非法利益。在这些案例中，虽然受贿数额相同，但社会危害显然并不一样，但在《草案》第39条设计的法定刑模式下，这一区别体现得并不明显。明末清初思想家王夫之早就指出："假令一兵部官滥授一武职，以致激变丧师，或因情面嘱托，实所受贿仅得五十贯；

---

① 刑法第383条规定："对犯贪污罪的，根据情节轻重，分别依照下列规定处罚：……"如果不考虑之后所列四项的具体内容，自然可以明确：确定法定刑幅度的依据应当是该句中的"情节"，而根据一般认识，情节不仅包括数额，还包括其他因素，如被告人退赃情况、被告人的认罪态度等，如若做此理解，最高人民法院通过细化"情节"的含义，自然能够在很大程度上避免前述情形的发生。但做此理解显然与之后前三项的规定相悖，因为前三项将数额从情节中单纯抽取，作为确定法定刑起点的唯一标准，将"情节"作为法定刑幅度升高的标准，由此可见，两个"情节"的含义应有所不同：第一句中的"情节"包括了前三项中的数额和"情节"，而确定最低法定刑的是数额，情节在此并不发挥作用，由此导致了量刑失衡现象。

令一吏部官滥授一仓巡河泊，其人无大过犯，而得贿二百贯；又令一问刑官受一诬告者之贿而故入一人於死，仅得五十贯；其一受诬告者之贿而故入人於杖，得二百贯；岂可以贯之多少定罪之重轻乎？则无如不论贯而但论其枉不枉，於枉法之中又分所枉之重轻，但除因公科敛，因所剥削之多少，分等定罪。"①

由此可见，受贿罪与侵犯财产罪侵犯的利益并不完全相同，《草案》第39条以侵犯财产罪为模板确定受贿罪的法定刑模式，难以体现这一本质区别，值得进一步深入思考。

## 三、 对《草案》 的修改建议

考察我国刑法分则法定刑的配置，除了以盗窃罪、诈骗罪为代表的常见立法例外，还有一种以抢劫罪、强奸罪为代表的立法例，在确定一般犯罪的法定刑幅度后，明确几种法定刑升格的条件，笔者认为，综合考虑受贿罪的本质特征、受贿罪的危害、受贿罪的现状、我国对贿赂犯罪的刑事政策、社会公众对职务犯罪的态度等诸多因素，以后一种立法例为依据设计受贿罪量刑条文，更能实现对受贿犯罪保持高压态势，进而实现刑罚的一般预防功能，体现刑罚本质，也更能实现受贿罪的量刑平衡。

德国刑法的相关规定可以作为参考。于1999年1月1日起生效的《德国刑法典》并未规定贪污罪，一般认为，该法第246条规定的侵占罪包容了贪污罪，该罪规定于刑法分则第19章"盗窃及侵占犯罪"。该条规定：为自己或第三人侵占他人动产，如行为在其他条款未规定更重之刑的，处3年以下自由刑或罚金。如果侵占的对象是行为人保管的不动产，处5年以下自由刑或罚金。同时明确，犯本罪未遂的，应当处罚。

《德国刑法典》以所侵犯的利益不同，规定了"贿赂选举人"（第108条b）、"贿赂议员"（第108条e）以及"商业活动中的索贿与受贿"（第299条、第300条），分别对应我国刑法中的破坏选举罪和非国家工作人员受贿罪。与我国受贿罪相当的受贿罪，《德国刑法典》以第331条（受贿）、第332条（索贿）、第335条（情节特别严重的贿赂）、第336条（职务上的不作为）、第338条（财产刑和扩大之充公）等多个条文规定在刑法分则第30章"渎职犯罪"中，上述条文就受贿罪的处罚原则做了如下规定：

第一，将受贿罪的主体区分为"公务员或从事特别公务的人员"和"法官或仲裁人"，并对后者匹配了更重的法定刑。

第二，将受贿罪的行为区分为受贿不枉法行为（第331条）和受贿枉法行为（第332条），并对后者匹配了更重的法定刑。究其原因，一般认为前

---

① 王夫之：《思问录 俟解 黄书 巫梦》，中华书局2009年版。

者仅仅侵犯了职务行为的不可收买性，后者不仅侵犯了职务行为的不可收买性，还侵犯了职务行为的公正性，由此刑法学界一般将前者称为一般受贿，将后者称为加重受贿。

第三，明确了受贿罪中的"情节特别严重"，其仅仅限于受贿枉法情形，不包括受贿不枉法情形，根据第 335 条的规定，具有下列情形之一的，一般认为属于受贿罪的情节特别严重：（1）行为所涉及之利益巨大的；（2）行为人继续索要并接受利益，将来足以违反其职责的；（3）行为人以此为职业或作为为继续实施此等犯罪而成立的犯罪集团成员犯此罪的。

第四，从法定刑设置上看，（1）公务员或从事特别公务的人员受贿不枉法的，法定刑为 3 年以下自由刑或罚金；受贿枉法的，法定刑为 6 个月以上 5 年以下自由刑或罚金，情节较轻的，为 3 年以下自由刑或罚金，未遂的，亦应处罚；情节特别严重的，为 1 年以上 10 年以下自由刑。（2）法官或仲裁人受贿不枉法的，法定刑为 5 年以下自由刑或罚金，未遂的，亦应处罚；受贿枉法的，法定刑为 1 年以上 10 年以下自由刑，情节较轻的，为 6 个月以上 5 年以下自由刑，情节特别严重的，为 3 年以上 15 年以下自由刑。

由此可见，德国刑法所规定的受贿罪有如下特点，可供我们参考：

第一，从主体上对受贿罪予以区分，在相同情形下，对法官和仲裁人配置了更重的法定刑，这体现了德国对司法公正的重视，对司法腐败严厉打击的态度。

第二，尤其重视从行为方式上对受贿罪予以区分，将受贿行为区分为受贿不枉法和受贿枉法两种，对前者只配置最高刑，对后者不仅配置最高刑，还配置最低刑，后者可能构成情节特别严重的受贿罪，也有可能被判处充公、剥夺担任公职的处罚，这都体现了对受贿枉法行为严厉打击的态度，有助于罪刑均衡原则的实现。

第三，明确了受贿罪的"情节特别严重"的情形，有助于法官的裁判和量刑。

第四，构罪与否以及刑罚轻重与数额没有任何关系，从理论上讲，即使收受 1 欧元的贿赂，也有可能被追究刑事责任。

当然，德国及域外的立法并不应成为我国立法的指引，在确定受贿罪法定刑模式时，必须考察现阶段司法机关考虑的因素。有学者在考察一定数量的判决书后，总结了如下因素：受贿具体数额、是否自首、被告人身份、地区、年份、共同犯罪情况、是否认罪、是否索贿、是否立功、是否坦白、是否积极退赃、谋取利益是否正当、是否造成损失、谋取利益是否成功。[①]

---

① 王剑波、景景：《受贿罪量刑影响因素研究》，载《北京师范大学学报》（社会科学版）2014 年第 6 期。

笔者认为，自首、共同犯罪、立功、坦白属于法定量刑情节，没有必要单独规定。在其他的量刑情节中，被告人身份、地区、年份不应当考虑，否则有违法律面前人人平等原则。索贿表明行为人恶性大，应当作为从重处罚情节。因为受贿而造成重大损失的也应当作为从重处罚情节，认罪和积极退赃在大多数犯罪中均属于酌定量刑情节，没有必要在立法中单独规定，否则难以实现与其他相关犯罪的平衡，而且这些情节在最高人民法院《关于常见犯罪的量刑指导意见》中已经明确。谋取利益是否正当以及谋取利益是否成功应当作为受贿罪量刑的考虑因素。

就数额而言，虽然数额并非受贿罪的本质特征，但"论赃计罪"在我国有着悠久的历史和传统，[①] 不宜完全取消该量刑情节在受贿罪中的地位，另外，从最高人民法院《关于常见犯罪的量刑指导意见》对 15 个罪名的具体规范看，大都仍然以其中常见情节为依据确定量刑基准或确定法定刑的幅度，如故意伤害罪中的伤害程度，强奸罪中的被害人人数，非法拘禁罪中的伤害程度，盗窃罪、诈骗罪、抢夺罪、职务侵占罪、敲诈勒索罪、毒品犯罪中的数额，因此，仍然可以考虑以数额作为主要标准，但不应当将数额和情节截然分开。

基于此，笔者对受贿罪量刑条文的设计如下：

第××条【受贿罪的量刑】犯受贿罪，数额较大的，处三年以下有期徒刑或者拘役，并处罚金；数额巨大的，处三年以上十年以下有期徒刑，并处罚金或者没收财产；有下列情形之一的，处十年以上有期徒刑、无期徒刑或者死刑，并处没收财产：

（一）多次接受贿赂或者接受多人贿赂的；

（二）受贿数额特别巨大的；

（三）索取贿赂的；

（四）为他人谋取非法利益的；

（五）为他人成功谋取利益的；

（六）收受外国公职人员、国际公共组织官员贿赂的；

（七）造成国家利益、社会利益特别重大损失的。

司法工作人员、教育工作人员实施前款罪的，从重处罚。

对多次受贿未经处理的，按照累计受贿数额处罚。

《草案》第 39 条第 3 款确定的对被告人有利的量刑情节，包括如实供述罪行，真诚悔罪，积极退赃，避免、减少损害结果的发生，笔者认为没有必要单独规定，因为上述情节或者规定于最高人民法院《关于常见犯罪的量刑指导意见》，或者是司法实践中常见的酌定量刑情节，也即在几乎所有的犯

---

① 赵秉志：《贪污受贿犯罪定罪量刑标准问题研究》，载《中国法学》2015 年第 1 期。

罪中，即使没有这一规定，法官也会考虑并体现在最终宣告刑的确定中，单纯规定在受贿罪中，不仅不能实现与相关法律规定的平衡，也难以体现我国严厉打击腐败犯罪的刑事政策，实不足取。

必须强调的是，这仅仅是笔者基于受贿罪的现状，参考抢劫罪、强奸罪等相关犯罪的立法例进行的粗略设计，与《草案》第 39 条相比，突出了受贿罪的本质特征，在量刑时，法官具有更大的灵活性。其中"数额较大"、"数额巨大"以及"数额特别巨大"的起刑点，不应以现阶段国家工作人员受贿数额的现状为依据，而应参考盗窃罪的数额，[①] 否则，难以体现依法治国的实质和我国政府反腐败的决心。

---

① 对受贿罪数额的确定标准，学界多有争论，其中的主流观点是随着经济的发展，应当提高受贿罪的量刑起点，笔者并不赞同这一观点，因为受贿罪侵犯的利益并非财产，而是国家工作人员的职务廉洁性，其所侵犯的利益远远大于国家、个人的财产损失。一边高调反腐，一边提高受贿罪数额，这是互相矛盾的。

# 受贿罪应有独立的量刑标准

王建新* 杨代英**

我国刑法第 386 条规定："对犯受贿罪的，根据受贿所得数额及情节，依照本法第 383 条的规定处罚。索贿的从重处罚。"刑法第 383 条具体规定了贪污罪的处罚标准。上述贪污受贿犯罪定罪量刑标准确立后，其在有效惩治贪污受贿犯罪、便于刑法规范解释和适用、增强司法的可操作性等方面发挥了积极作用。而且，这样规定也是"1988 年全国人大常委会根据当时惩治贪污贿赂犯罪的实际需要和司法机关的要求作出的。"[①] 自 1997 年刑法颁布以来，对于受贿罪一直比照贪污罪来量刑。然而，受贿罪和贪污罪毕竟是两种不同的犯罪，二者在构成要件方面也有诸多差异，将受贿罪和贪污罪适用同一量刑标准，本身就不妥当。受贿罪作为一种单独的、常见多发的犯罪，理应有自己独立的量刑标准。

## 一、 研究前提： 受贿罪与贪污罪的区别

受贿罪和贪污罪虽然都位于刑法分则第八章"贪污贿赂罪"之中，二者也确实有很多相似之处，但其区别仍是很明显的。

### （一） 客体有别

按照我国通说的观点，受贿罪侵犯的客体是我国国家工作人员的职务廉洁性，[②] 而贪污罪侵犯的客体除了国家工作人员的职务廉洁性以外，还包括公共财产的所有权。亦即，受贿罪侵犯的客体是单一客体，而贪污罪侵犯的客体是复杂客体。就此而言，贪污罪更为严重。

### （二） 主体范围不同

受贿罪的主体是国家工作人员。在司法实践中，离（退）休的国家工作人员利用本人职权或地位形成的便利条件，通过其他国家工作人员职务上的行为受贿的人，从事法律规定的公务的村民委员会等基层组织人员，通过伪

---

  * 华中师范大学法学院讲师，法学硕士。

\*\* 华中师范大学法学院刑法学专业硕士研究生。

① 赵秉志：《贪污受贿犯罪定罪量刑标准问题研究》，载《中国法学》2015 年第 1 期。

② 关于受贿罪的客体，我国主要存在以下几种学说：（1）国家工作人员的职务廉洁性说。这是目前我国的通说，但这一学说也遭到了张明楷等学者的批判。（2）国家机关的正常管理活动说。这种观点在过去较长时间内是一种通说。（3）国家工作人员职务行为的不可收买性说。这是目前司法考试所采取的学说。但无论采取哪种学说，对于受贿罪的客体是单一客体这一结论是没有争议的。

造国家机关公文证件担任了国家工作人员的人，以及与国家工作人员相互勾结伙同受贿的一般公民，也被纳入受贿罪的主体范围之内。贪污罪的主体除了国家工作人员、离职的国家工作人员利用以前的职务便利贪污的人员以及与国家工作人员相互勾结伙同贪污的一般公民以外，还可以由受国家机关、国有公司、企业、事业单位、人民团体委托管理、经营国有财产的人员构成。[①] 主体范围的不同，也就决定了对于贪污罪和受贿罪的打击面不同，比较来看，贪污罪的打击面更广。

### （三）行为表现有所差异

受贿罪的行为方式是国家工作人员利用职务上的便利，索取他人财物，或者非法收受他人财物并为他人谋取利益。这里的受贿行为表现为两种：一是国家工作人员积极主动地索取贿赂，二是国家工作人员被动收受他人贿赂并为他人谋取利益。在司法实践中，常见的是第二种，也即行为人的受贿行为大多是被动受贿。而贪污罪的客观表现为国家工作人员利用职务上的便利，侵吞、窃取、骗取或者以其他方法非法占有公共财物。可见，对于侵吞、窃取、骗取或者以其他方法非法占有公共财物的行为方式，无论贪污者采取哪一种，都无疑是积极主动的，换言之，贪污罪的行为人的主观恶性明显大于受贿罪的行为人。

### （四）社会危害性程度不同

个罪的社会危害性主要通过行为侵犯的客体、行为的手段、后果以及时间、地点、行为人的主观方面等因素来体现。[②] 从以上两罪构成要件的比较可以看出，贪污罪的打击面更为广泛，侵害的社会关系更为复杂，行为人的主观恶性更大。从这一角度来讲，贪污罪的社会危害性相对更大。而对于犯罪后退还赃物的情况而言，因为贪污罪侵犯的主要客体是公共财产的所有权，所以行为人在实施犯罪行为后如数退还赃物的，客体所遭受的侵害就明显减小。但是，因为受贿罪侵犯的唯一客体为国家工作人员的职务廉洁性，因此，即使行为人在实施犯罪行为后如数退赃，国家工作人员的职务廉洁性仍然作为请托人的某种财产性利益的对价而存在，这种廉洁性已经遭到了侵犯，不可能逆转和恢复。易言之，贪污罪和受贿罪在达到犯罪既遂的状态下，前者的行为人还可以通过退还赃物的形式来减小损害，弥补损失；而后者的损害一旦造成，基本无法挽回。从这一层面上讲，受贿罪的社会危害性又远大于贪污罪。

---

① 高铭暄、马克昌主编：《刑法学》（第5版），北京大学出版社、高等教育出版社2011年版，第632页。

② 赵秉志：《贪污受贿犯罪定罪量刑标准问题研究》，载《中国法学》2015年第1期。

## 二、 研究起因： 受贿罪与贪污罪适用同一量刑标准的弊端

正是因为受贿罪与贪污罪在犯罪构成方面存在明显差异，因此，对二者规定同等的量刑标准极为不妥。具体表现在以下几方面：

### （一） 违反罪责刑相适应原则

刑法第 5 条明文规定："刑罚的轻重，应当与犯罪分子所犯罪行和承担的刑事责任相适应。"如前所述，受贿罪与贪污罪在犯罪构成诸多方面存在区别。试想，如果两人分别涉嫌贪污和受贿，其他方面的情节基本相同，比如涉案的资金数额、主观心态以及罪后表现等，唯一不同的是手段方式，那么，二者的社会危害性迥然有别。若按目前刑法规定，会对二人判处基本一致的刑罚，令人难以接受。如果犯贪污罪的行为人将赃款如数退回，而又没有造成其他严重后果的，对客体的侵害就大大降低；但当同种情况出现在犯受贿罪的行为人身上时，即使其将财物如数退还，行为人的职务廉洁性还是受到侵犯且不可恢复。简言之，对社会危害性截然不同的两种犯罪适用同样的量刑标准，明显有悖于罪责刑相适应原则。

### （二） 不利于法官适当量刑

贪污罪侵犯的主要客体是公共财产的所有权，因此从一定意义上说，贪污罪其实也是财产犯罪，因而以数额多少决定刑罚的轻重是较为合理的。但是，受贿罪侵犯的客体却是国家工作人员的职务廉洁性，所以在量刑时就需要充分考虑受贿行为对国家工作人员的职务廉洁性的否定作用力，而不能只看数额。这就需要充分了解具体的行为方式（是被动受贿还是主动索贿，抑或斡旋受贿）、为他人谋取的利益的性质（合法利益还是非法利益）以及是否侵害了无辜第三人的合法利益（如竞争、投标的场合等）。这些情节虽不影响定罪，但在量刑时必须加以考虑。对于受贿罪，如果仅以贪污罪的量刑标准加以处罚，则有可能会使法官错误评价量刑情节，对于行为人而言也明显不公。

### （三） 减轻处罚或免予处罚的标准不够明晰

对于贪污罪，刑法在第 383 条第 3 款规定"……个人贪污数额在 5000 元以上不满 1 万元，犯罪后有悔改表现、积极退赃的，可以减轻处罚或者免予刑事处罚，由其所在单位或者上级主管机关给予行政处分。"也就是说，若贪污罪的涉案数额在 5000 元到 1 万元之间且认真悔改、积极退赃的，可以减轻处罚或者免除处罚。若对于受贿罪，仅以第 386 条的规定为依据，依照贪污罪的规定来处罚的话，我们可以这样理解：受贿数额在 5000 元到 1 万元之间、犯罪后认真悔改、积极退赃的，也可以减轻处罚或者免除处罚。我们知道，贪污罪之所以能以数额来量刑，还是因为它侵犯的是公共财产的所有权，犯罪之后积极退赃，对于公共财产的所有权基本没有什么影响，能够挽回损

失，降低社会危害性程度，所以理应对其减轻或免除处罚。但是，行为人受贿之后即使及时退赃，国家工作人员的职务廉洁性还是受到了侵犯，不可能挽回或降低损失，也就不应当对其减轻或免除处罚了。

**（四）与刑法分则条文的整体构造不相协调**

综观刑法分则部分，几乎都是一个罪名对应一种量刑标准，受贿罪是唯一一个适用用其他犯罪量刑标准的罪名。刑法分则条文的基本表现形式是规定具体犯罪和刑罚的条文，因而，具体条文一般由罪状和法定刑两部分组成。[①] 因此，受贿罪也应该有自己独立的量刑标准，而不是依附于贪污罪来确定法定刑，这有利于保证刑法条文的完整性、统一性和协调性。

## 三、 研究重点： 受贿罪量刑标准的重构

基于以上分析，笔者认为，宜从以下三个方面重构受贿罪的量刑标准：

**（一）完善量刑情节，不以数额作为唯一的量刑依据**

在规定受贿罪的量刑标准时，应该综合考虑行为的社会危害性和行为人的人身危险性，适当降低数额在量刑情节中所占的比重，仅将其作为诸多情节之一。这样一来，受贿罪的量刑依据就是以情节为基础，兼顾数额。例如，虽然受贿罪的表现形式是国家工作人员"利用职务上的便利，为他人谋取利益"，但是，仅仅利用职务之便、并不违背职责要求为他人谋利的和本身就已经违法乱纪、违背职责要求为他人谋利的，显然是不同情节。再如，在实践中，受贿行为通常伴随贪赃枉法等行为，如此一来，受贿行为给国家和人民带来的损失和危害显然要比普通受贿大得多，因而，此类情节必须在量刑时加以考虑。还如，受贿的次数和频率也应当纳入量刑情节的范围。多次受贿和频繁受贿的国家工作人员，显然是置党纪国法于不顾，完全无视自己作为国家工作人员这一特殊主体的权利和义务，是对职务廉洁性的严重亵渎，当然要从重处罚。

另外，单独设置法定刑的含义不仅局限于单独处罚犯罪，还表现在单独设置减轻或免除处罚的情形。受贿罪的减轻处罚或免除处罚不能再依赖于贪污罪的处罚标准，即以数额较小、认真悔改、积极退赃为依据，而是应该综合考虑受贿的数额、行为的方式和对他人的影响等情节，对于有坦白、自首或立功表现的，直接根据刑法总则予以宽大处理即可。因为受贿之后积极退赃已经不能有效减少损害，所以不能减轻或免除处罚。

**（二）以各地经济发展状况为依据计算受贿数额，确定量刑起点幅度**

我国现行刑法关于受贿罪的起刑点数额是 5000 元，这一标准是 1997 年

---

① 高铭暄、马克昌主编：《刑法学》（第 5 版），北京大学出版社、高等教育出版社 2011 年版，第 321 页。

修订刑法时确定的。时隔将近 20 年后，我国经济已得到很大程度的发展。近年来，一些经济相对发达的省市将 2 万元或 5 万元的受贿案定为"小案"，原则上要求司法机关尽量办"大案"，所以，2 万元或 5 万元以下的受贿案件在实践中往往被放过。① 也就是说，随着经济的发展和公民生活水平的提高，行为人的受贿数额越来越大，早已远远超过 1997 年修订刑法时的标准，若仍以 5000 元作为量刑起点，则会造成司法资源的浪费。再者，依现有标准，受贿数额在 10 万元以上的，就可判处 10 年以上有期徒刑或者无期徒刑甚至死刑，那对于如今司法实践中动辄受贿高达千万元甚至数亿元的案件，便不好把握具体的量刑幅度了。另一方面，这一标准也会从反面刺激犯罪分子实施更为严重的受贿犯罪，因为在 10 万元以上这个范围内，受贿 20 万元与受贿 200 万元，都适用同一个法定刑幅度。

笔者认为，因为法律存在稳定性和滞后性，而社会生活瞬息万变，为了适应这一变化，不宜将受贿数额具体量化。对此，刑事立法可采取同盗窃罪类似的模式，即以各地区经济发展状况为参照，或以案发时、发案地有关部门公布的当地人均收入为标准，计算涉案数额。这种做法既使量刑标准得到统一，又兼顾了不同地区的实际情况，能真正贯彻罪责刑相适应原则。

**（三）增设资格刑和罚金刑，进一步完善受贿罪的刑罚体系**

刑法分则对于受贿罪的处罚没有明确规定资格刑，只规定了生命刑、自由刑和没收财产刑。然而，当行为人犯罪服法之后，若不对其处以资格刑，行为人的身份仍然存在，就有可能利用其职位或地位形成的便利条件再次受贿，这并不利于惩罚犯罪。另外，刑罚的目的是预防犯罪，包括已然之罪和未然之罪，由于预防的对象有所不同，刑罚的目的也被分为一般预防和特殊预防，即不仅预防没有犯罪的社会成员走上犯罪道路，也预防已经犯罪的人重新犯罪。从这一角度来讲，不对受贿罪规定资格刑，不利于刑罚特殊预防目的的实现，是立法的缺陷。在我国，剥夺政治权利是适用最为普遍的资格刑，因此，对于犯受贿罪的犯罪分子，可以增加对其剥夺政治权利的规定。这不仅易于操作，而且可以节约司法成本。

受贿罪毕竟是一种贪利型的经济犯罪，行为人就是希望通过受贿行为获取巨额的经济回报，因而，对犯受贿罪的行为人处以财产刑，用经济手段予以制裁，会使行为人遭受失去财产的痛苦，能够有效地打击犯罪，遏制犯罪行为的发生。然而，现行刑法对于受贿罪的处罚中仅有没收财产这种单一的财产刑。没收财产是我国刑法中最重的财产刑，其不仅针对犯罪分子现有的货币性质的财产，还针对其所拥有的不动产利益，因此会对犯罪分子教育改造和回归社会等产生诸多不便。但是，罚金和没收财产在执行方式上存在极

---

① 陈磊：《犯罪数额规定方式的问题与完善》，载《中国刑事法杂志》2010 年第 8 期。

大区别。没收财产只能一次性执行，也即只能没收犯罪人已经具有的、现实存在的财产，而不能没收犯罪人将来可能具有的财产。而罚金的对象不仅包括犯罪人现有的财产，而且包括犯罪人将来可能获得的财产。所以，增设罚金刑，可以形成对没收财产和主刑的有力补充。

## 四、 结语

总之，对受贿罪与贪污罪适用统一的量刑标准存在诸多弊端，不利于有效打击犯罪，也不利于司法实践。对于受贿罪，应当设置独立的法定刑，需要综合考量各种量刑情节，并增设资格刑和罚金刑，从而进一步完善受贿罪的刑罚体系。条件成熟时，可将受贿罪纳入《关于常见犯罪的量刑指导意见》之中，在司法适用的层面继续完善受贿罪的量刑规范。①

下卷·五

---

① 参见李冠煜：《量刑基准的研究——以责任和预防的关系为中心》，中国社会科学出版社2014年版，第246~247页。

# 贿赂犯罪的刑罚合理性反思

张　淼[*]　刘红英[**]

　　腐败犯罪已经严重影响到我国经济和社会的正常发展，渗透到社会生活的诸多方面，因而对腐败行为进行预防、治理和惩治，一直是我国社会关注的热点问题，尤其自中共十八大以来，在国家层面上加大了对腐败犯罪的查处和打击力度，在宏观上和微观上都颁布并实施了一系列的新规定，从而掀起了全社会的反腐败浪潮。

　　腐败治理是一项涵盖政治、经济、文化、社会等多重因素的系统工程，只有各种因素协调配合方能发挥腐败治理的最佳效果。司法作为一种特殊的政治因素也参与其中，并且是腐败治理中不可或缺的关键性因素，有其独特的地位。纵观世界各国的具体做法和制度构建，"反腐败"的最佳有效途径也应该是将其纳入法治的轨道之中。虽然我国刑法对于腐败犯罪的规定相对具体，但在具体的司法实践中，又因为立法方面的原因使得无法完全按照刑法的规定进行处理与认定，这就导致了立法与司法的脱节。一方面，中国刑法"处罚腐败行为之类型，可以认为是范围最广，构成要件种类最多，刑罚亦最重者。"[①] 另一方面，立法为了控制打击的范围，规定了严格的"入罪"条件，不仅对主体、贿赂范围作了限定，而且规定了利用职务上的便利以及为他人谋取利益等显性的限缩性要素，隐性的入罪门槛也在司法实践中发挥着"明显的制约作用"。[②] 在司法实践中，对贿赂犯罪的处理则呈现出"轻刑化"的趋势，这和反腐败的高压态势很不相称，也使得公众对我国刑事司法的公正和法律的权威产生质疑。如何摆脱反腐败刑事政策"异化"的尴尬，是值得探究的新课题。

## 一、　贿赂犯罪立法与司法争议概览

　　概念是理解某一特定制度的基础，也是学术界进行理论探讨的前提，刑事司法实践与理论研究过程中，为了要清楚并且尽可能精确地确定研究范围，

---

　　[*] 南京大学法学院副教授、法学博士、南京法学中国法律案例研究中心副主任、镇江市经济开发区人民检察院检察长助理。

　　[**] 江苏省宜兴市人民法院少年审判庭副庭长。

　　[①] 廖正豪：《我国检肃贪渎法制之检讨与策进——并从两极化刑事政策看"财产来源不明罪"》，载《刑事法杂志》2009 年第 4 期。

　　[②] 孙国祥：《新类型受贿犯罪疑难问题解析》，中国检察出版社 2008 年版，第 4~6 页。

就需要准确地界定概念。从历史发展的脉络来探寻特定概念之含义，就会发现很多刑法用语的使用历史并不久远，而且也引发了诸多的争议。一般意义上说，人们习惯将贿赂犯罪与贪污犯罪并称，合称为贪污贿赂犯罪，作为我国刑法分则第八章的章罪名，共同指称我国刑法分则第八章的全部犯罪。但严格意义来说，整个第八章所包括的全部犯罪仍然可以根据其具体的性质区分为贪污类型犯罪和贿赂类型犯罪，本文拟对我国刑法中贿赂犯罪的刑罚合理性进行反思和探讨。

在立法上对各种类型的腐败行为予以详细规定，并严格地设计权力运作的程序与轨道，然后合理地规定制裁的措施，为控制腐败提供立法上的依据和保障，这是建立控制腐败法律机制的前提和基础。① 从严格意义来说，刑事立法包括对犯罪行为的界定与法律后果的合理设定两个不同的方面。进入文明社会之后，这种设定应当具有充分的合理性根据在其背后作为支撑。②

对贿赂犯罪的立法机制得以构建之后，确保顺利运行就成为问题的核心所在，使所立之法具有可操作性，是值得不断深入分析和探讨的问题。在应对贿赂犯罪这样的复杂现象时，立法更应该具有针对性和可操作性。但从实际来看，我国对于贿赂犯罪的刑事立法显然并不符合上述要求。近年来，随着反腐败力度的加强，贿赂犯罪的构罪标准一直备受社会各界的关注，而诸如"国家工作人员"、"财物"、"利用职务上的便利"、"为他人谋取利益"等，也是理论界颇具争议的问题。③ 在立法机关立法修正滞后的情况下，司法机关为满足反腐败刑法供给的需要，通过法律的解释和适用"能动"地对受贿罪的构成要素进行了显性或隐性的扩张或虚置。④

我国学术界与司法实务界对于贿赂犯罪的争议问题，主要集中在上述对于犯罪构成规范表达的理解与诠释之上。但事实上，犯罪与刑罚是两个确定的概念范畴，无法截然分开。⑤ 犯罪与刑罚之间具有对立统一的关系，刑法将原本各自独立存在的犯罪和刑罚有机地统一构建在一个体系之内。犯罪是刑罚的前提，而且也是刑罚的根据和制约；刑罚作为犯罪的后果，并非仅是被动的应对措施，而是具有独立价值的存在，在论证上应当将其理解为刑法存在与运行的逻辑起点。⑥ 因此，对于整个刑事法的运行来说，最终起到关键和绝对支配作用的应该是刑罚的合理性，而在坚持罪刑法定和采用成文法

下卷·五

---

① 陈卫东：《腐败控制论》，中国方正出版社 2000 年版，第 97 页。

② 李洁：《论罪刑法定的实现》，清华大学出版社 2006 年版，第 146 页。

③ 最高司法机构根据司法实践中出现的问题，对于上述法定的构成要件要素进行解释和进一步确定，使其外延与内涵不断演进。

④ 孙国祥：《新类型受贿犯罪疑难问题解析》，中国检察出版社 2008 年版。

⑤ Hans-Heinrich Jescheck，Thomas Weigend，Lehrbuch des Strafrechts(Allgemeiner Teil)，Duncker und Humblot，2006，p. 707。

⑥ Philip L Reichel. Corrections. West Publishing Company. 2007. pp. 137-139.

主义的刑法之中，这种决定作用就表现为要受立法与司法的双重审视。①

而我国刑法中贿赂犯罪的刑罚后果受到了诸多质疑，以其中最为重要的受贿罪为例，法律规定其具体的刑罚判定需要结合受贿所得数额及情节予以认定，依照本法第 383 条的规定处罚，也就是依照贪污罪的规定进行处罚。我国刑法第 383 条对贪污受贿罪设定了具体的数额和情节标准：（1）个人贪污数额在 10 万元以上的，处 10 年以上有期徒刑或者无期徒刑，可以并处没收财产；情节特别严重的，处死刑，并处没收财产。（2）个人贪污数额在 5 万元以上不满 10 万元的，处 5 年以上有期徒刑，可以并处没收财产；情节特别严重的，处无期徒刑，并处没收财产。（3）个人贪污数额在 5000 元以上不满 5 万元的，处 1 年以上 7 年以下有期徒刑；情节严重的，处 7 年以上 10 年以下有期徒刑。（4）个人贪污数额在 5000 元以上不满 1 万元，犯罪后有悔改表现、积极退赃的，可以减轻处罚或者免予刑事处罚，由其所在单位或者上级主管机关给予行政处分。对多次贪污未经处理的，按照累计贪污数额处罚。虽然其中也明确了索贿这一需要从重处罚的情节，但对其他的情节则并没有在刑法规范之中予以具体的明确界定。在实际的具体司法活动中，司法者往往会脱离法律的限定约束，进行司法上的"自由发挥"，从而导致贿赂犯罪刑罚后果无力的局面。造成这种刑罚无力的原因就是受贿罪的刑罚幅度设置不合理。在数额 10 万元以下进行了三个档次的区分，这是 17 年前所制定的标准，而我国经济经历了高速发展，人们的生活水平和财富水平均得到极大提高，17 年前的 10 万元与现在的 10 万元所代表的社会价值已经无法同日而语。此外，将贿赂犯罪的刑法后果进行横向比较，也会发现其中不尽合理之处，尤其对于受贿罪自由刑设置的不合理可以通过同盗窃罪法定刑的对比中看出来。

在罪刑法定原则的要求下，上述的数额与情节标准应当是基本的限定要求，是绝对的"标准"。当然，随着社会经济的发展，原有的刑法的定罪标准是否合理，是否可以因为经济发展进行水涨船高似的调整，也确实值得研究。但一些司法机关自行其是，置法律规定于不顾，一再地进行突破，而部分地方执法机关以 1997 年刑法确定的标准已不合情势、需要集中力量查办大要案等理由为借口，在办案时不断提高立案标准，对受贿 1 万元以下一般不追究发展到特殊情况下受贿 5 万元以下一般不查处，确实值得注意和反思。这其实也从侧面反映出目前的法律规定，尤其是刑罚配置上与"司法观念"上存在着严重的落差。

对于贿赂犯罪是否应增加资格刑的问题，目前学界存在不同看法。有人认为"目前世界上很多国家也在受贿罪中设置了资格刑，尤以剥夺公职居

---

① 张淼、高红银：《罪刑法定性质辨析》，载《政治与法律》2010 年第 1 期。

多。通过剥夺或限制犯罪人一定的资格，来剥夺其再犯受贿罪的能力"，[1] 特别是在金融犯罪中，有学者认为"现行刑法有关金融犯罪的法定刑中没有设置资格刑的现状，明显存在不足，有必要加以完善"。[2] 笔者并不赞同增加资格刑作为新的附加刑，特别是受贿犯罪的附加刑。其实，上述问题都可以归结为贿赂犯罪刑罚配置方面的缺陷。

## 二、 贿赂犯罪刑罚配置缺陷与成因剖析

从刑罚配置方面来看，由于量刑档次拉不开，因而难以准确、全面地反映贪污受贿的社会危害性和实现罪责刑相适应，并不利于从根本上实现刑罚公正。这主要突出表现在数额 10 万元以上没有可以减轻处罚情节的案件中，根据现行刑法对受贿罪的处罚规定，一般要处 10 年以上有期徒刑、无期徒刑，情节特别严重的则需要判处死刑。而在司法实践中，只有极少数贪污、受贿案件判处死刑，大多数案件都是判处有期徒刑，有期徒刑最长刑期 15 年，数罪并罚也不超过 25 年，也就是一般 10 万元以上就在 10 年以上量刑，这个刑档是 10 至 15 年。而另一方面，犯罪数额则是差别很大的，从十万到十几亿都可能，数额的差别是几倍、几十倍甚至几百倍，但是刑期的差距仅是 5 年，刑罚难以拉开差距，难以体现罪责刑相适应原则，损害了刑罚的权威性和严肃性，影响了一些贪污受贿案件裁判的社会效果。

此外，既有的针对贿赂犯罪的量刑标准难以操作。从各地的司法实践看，对处 10 年以下有期徒刑的贪污受贿案件，在量刑方面法官较容易把握。由于在此情形下，数额和刑期具有相对的"对应性"，数额 5000 元至 10 万元，刑期 10 年以下，法官在具体量刑实践中，可以根据犯罪金额的差异再结合其他量刑情节进行综合的判定。但由于在立法之初仅注重了一定时期内法律的稳定性，对于应处 10 年以上有期徒刑刑罚的情形，刑法则仅明确了金额的规定，即数额 10 万元以上。至于对具体贪污受贿多少可以处无期徒刑及死刑刑罚则没有明确规定，事实上，这一刑罚幅度更为宽泛，也应当予以细化。正是缺少了具体的量刑和操作标准，从而导致在具体实践操作中，法官对应处 10 年以上刑罚的处断并不一致，从而出现不同地区不同法院甚至同一地区同一法院罪刑不均衡甚至差异较大的情况。

进一步分析，量刑的刑罚设置不太科学也表现在"援引法定刑"之上。现行刑法规定受贿罪与贪污罪是采取同一定罪量刑标准，但由于贪污、受贿

下卷·五

---

① 刘家琛主编：《当代刑罚价值研究》，法律出版社 2003 年版，第 473 页。
② 刘宪权：《金融犯罪刑法学专论》，北京大学出版社 2010 年版，第 153 页。

罪的保护法益并不一致，两种犯罪在本质上存在天然的区别。① 犯罪共用同一定罪量刑数额标准显然是不合理的。有必要对二者的定罪量刑标准分别规定以准确地反映各自的社会危害性及其程度。此外，在刑罚设置上，现行刑法对贪污、受贿犯罪设置的是以自由刑为中心，同时对部分贪贿犯罪规定了生命刑和财产刑，但基本没有规定资格刑。这种刑罚设置与贪贿犯罪的本质之间显然并不一致。贪贿犯罪具有两个显著特征：一是利益，即是为了获得或者谋取个人私利；二是职务，即利用了职务，无论是自己的还是他人的。从刑罚后果的实际应有效果来看，应为部分或者特殊的贪贿犯罪设定罚金刑和资格刑，但我国现行刑法没有规定罚金刑或者资格刑，往往会出现比较极端的现象，有些贪贿罪犯尽管被执行了几年刑罚，但其刑罚执行完毕之后，其所获得的收益仍是常人难及的。甚至在前些年部分地区罪犯在缓刑期间仍担任公职，在缓刑结束之后很快恢复公职，使得刑罚的执行效果大打折扣。

如前所述，简单地将贿赂犯罪尤其是受贿罪惩治不力归结为当年立法的预见不足显然并不全面。从社会经济学角度分析，有学者认为提高贪污罪的定罪与量刑标准才能适应我国社会和经济的发展需要，才能使得罚当其罪。众所周知，自1997年至今的18个年头中，我国经济保持着迅猛的发展势头，货币购买力与当年已经不可同日而语了，调整贿赂犯罪的数额使之与时俱进也是必须和必然的。而另外一种观点则认为，造成贿赂犯罪泛滥的原因就在于规定了"过高"的数额起点，并制定了"过高"的入罪门槛和成立条件，同时也隐性地提高了处罚的标准。正是如此，我们才有必要对一切贿赂行为采取"零容忍"的态度，从而才能净化社会风气，实现真正意义的反腐败。

严格来说，任何犯罪的发生与发展都有着其深刻的社会背景，刑法在其中也只能发挥事后惩治的优先作用。虽然刑法的事前预防功能也在特定时期表现得比较突出，但目前人类社会的发展历程所提供的经验也从侧面证明着犯罪与社会生活之间的关系似乎更为紧密。而且，从贿赂犯罪等腐败犯罪的发生来看，其根源主要表现在经济支配政治而出现的腐败。亦即一般存在于以"内生型"模式进入现代化的起步阶段。正是由于政治领域中存在的诸多结构上的不合理表现，以及运转政府的公职人员在分配公共资源的过程中拥有一定的自由裁量权，才导致了腐败现象尤其是贿赂犯罪的滋生。② 此外，我们也应该认识到，在应对腐败尤其是腐败犯罪方面，法律机制呈现的是一种动态的运行过程，由于腐败现象及腐败犯罪的生成是根源于社会生活的，而社会生活又是丰富多彩而且颇为复杂的，尤其是各种社会关系错综复杂地

---

① 虽然二者合称贪污贿赂罪，但事实上贪污与贿赂犯罪之间的差别非常明确。而且，根据近些年的统计数据，贪污犯罪往往呈现出低级别化的特征，而贿赂犯罪则往往分布在不同的层次，而且受贿数额与级别之间呈现正比例关系。

② 张宇燕、富景筠：《美国历史上的腐败与反腐败》，载《国际经济评论》2005年第5~6期。

交织在一起，也使得腐败犯罪尤其是贿赂犯罪的表现更为复杂多变。

但无论进行怎样的理解与诠释，法学研究者所要完成的全部任务就是为立法和司法提供有力的法理支持，从而使得法律的制定和适用能够更好地适应社会生活。

## 三、 贿赂犯罪刑罚配置的合理性构建进路

从源头治理腐败，需要以系统工程的方法进行全面构建，这是一个漫长而且颇为艰辛的历程，需要调动全社会的力量共同完成。而就目前的形势来说，修改刑法的相关规定，从犯罪构成的角度对贿赂犯罪的成立条件进行精确构建是首要任务；而对于贿赂犯罪的刑罚后果进行合理的配置与构建，也是目前的当务之急。通过对我国现行刑法有关贿赂犯罪法定刑的分析可以看出贿赂犯罪法定刑设置上存在诸多问题，需要进一步完善，达到法定刑设置合理化。结合目前司法的实际情况，笔者认为可以从以下几个方面着手进行：

首先，应增设罚金刑和资格刑。贿赂犯罪在侵犯了国家工作人员职务行为的廉洁性的同时也侵犯了公共财物的所有权，因此，笔者认为，对贪利动机的犯罪规定财产刑，无论是从抑制贪欲、预防犯罪的角度，还是从让犯罪人在经济上遭受损失、强调惩罚的角度来看都是必需的。虽然在我国刑罚体系中，资格刑仅限于剥夺政治权利，但针对贿赂犯罪行为，也可以考虑增设其他类型的资格刑，让这部分罪犯不再具备从事危害行为的资格。此外，还可以将贿赂犯罪纳入应当附加剥夺政治权利的范畴。

其次，应当对废除贿赂犯罪的死刑进行认真的审视。随着中国刑事规范和刑事理念的进一步成熟，有关死刑存废问题的讨论也日益热烈。对于非暴力领域的犯罪，尤其是贪污贿赂型犯罪，贪污罪与受贿罪最高可判处死刑。对于这样的规定，学界不少声音主张废除。司法实践中，贪污贿赂型犯罪适用死刑也有很大的局限性。人的生命具有至高无上性，仅就反腐败领域而言，剥夺人的生命权，以宝贵的生命去补偿对于公职廉洁性所造成的损害，这样的补偿代价未免有点失衡，这也使得对贿赂犯罪案件适用死刑缺乏正当性基础，造成"责"与"刑"不相对等。虽然死刑文化在中国刑法史上的源远流长决定了其不可能立即废止，对一些暴力犯罪而言，死刑确实有其存在的现实必要性，但是就腐败案件中所涉贪污贿赂行为适用死刑，显然并不合理。而且，贿赂罪死刑适用具体标准落后于社会实际，"高""低"之差别过于明显。当然，法律具有滞后性，无法朝令夕改、完全跟上经济社会发展的步伐，对此，我们可以通过司法限制的方式实现对贿赂犯罪的死刑适用。而且，从某种意义来说，贿赂犯罪的产生更多地源自制度方面的原因，制度方面的缺陷也无法让深处其中的个体承担全部的不利后果。

最后，应调整自由刑的规定方式和幅度，使之更具有合理性和科学性。

随着死刑被废除，无期徒刑便成为最严厉的刑罚措施，应以无期徒刑作为贪污贿赂型犯罪的最高量刑标准。相应地在适用无期徒刑的过程中也要保持审慎的态度，不能任意加以适用，否则就会损害无期徒刑的严厉性。若废止贿赂犯罪的死刑，那么无期徒刑便顺理成章成为最高量刑标准。前述中主张贿赂犯罪尚不足以危害到社会大众的生命安全，所以不应适用死刑，但这并不意味着此类犯罪的社会危害性低。事实上，此类犯罪侵害政府公职的廉洁型，严重影响政府公职人员在社会中的形象，对社会公益形成的危害也不容小觑，若仅以有期徒刑对贪腐分子进行规制，则会大大降低腐败分子的犯罪成本，进而严重降低公职人员工作效率，增加贪污贿赂型犯罪发生的可能性。以无期徒刑作为贪污贿赂型犯罪的最高量刑标准，能较好地震慑贪腐分子，使其预估自己的犯罪成本，进而不能腐、不敢腐。在此类犯罪尚未废止死刑的现今，死刑的适用数量实际少之又少，若判处死刑缓期二年执行届时不执行死刑的，其实际执行的效果更加接近于无期徒刑的执行效果。另外，基于无期徒刑替代死刑的现实，有必要在无期徒刑的执行上严格限制减刑和假释。可以通过两种方案进行，一种是延长无期徒刑转为有期徒刑的考验期，例如可以规定无期徒刑转为有期徒刑的考验期为 5 年，除非有重大立功表现不得转为有期徒刑，5 年考验期期满才能转为有期徒刑。另一种方案是限制减刑和增加实际执行期限。例如，提高对无期徒刑罪犯减刑的条件，限制减刑的次数，并规定无期徒刑实际执行期限不能少于 20 年。通过这些措施能增强无期徒刑的震慑力。

此外，以罚金刑、资格刑等其他刑种进行补强。现有的相关规定对于贪污贿赂型犯罪刑罚的种类相对较少，在可预见的将来，为加强对于贪污贿赂型犯罪的规制，可以罚金刑、资格刑等其他方式加以补强。一来可以增强无期徒刑对此类犯罪的威慑和惩处力度，提高其犯罪的自由成本和经济成本，打击犯罪的同时也能够对社会大众以及其他的公职人员进行及时的法制宣传教育。二来可以丰富科刑手段，而不是局限于原有的种类，以全方位、多角度对此类犯罪进行必要惩处。

同样，对于有期徒刑的刑罚幅度调整也可以改正现有的有期徒刑配置不合理的现状，从而实现对贿赂犯罪惩治的科学性与合理性。

# 利用影响力受贿罪的立法完善建议

刘 夏[*]

2005 年 10 月 27 日，全国人大常委会批准了《联合国反腐败公约》（以下简称《公约》），同年 12 月 14 日《公约》在全球生效。《公约》第 18 条明文规定了"影响力交易罪"，并要求各缔约国应当采取必要的立法和其他措施，将影响力交易行为规定为犯罪。为了与公约有效协调，我国于 2009 年以刑法修正案的形式相应增设了"利用影响力受贿罪"。该罪的设立完善了我国受贿犯罪的法律体系，能够更好地满足打击腐败犯罪的需要，针对官员"身边人"收受财物行为的打击与惩治发挥了十分重要的作用。但近年来，该罪在司法适用中逐渐暴露出一些缺陷与不足，需要以立法的形式加以修改与完善。

## 一、"关系密切人" 取消论

利用影响力受贿罪是身份犯，[①] 根据刑法规定，其犯罪主体是国家工作人员的近亲属及其他关系密切的人，以及离职的国家工作人员或者其近亲属及其他关系密切的人。相对而言，（离职的）国家工作人员的近亲属以及离职的国家工作人员的范围较为明确，并能在其他法律中找到相应的判断标准。但"其他关系密切的人"则是一个非常具有弹性与模糊性的概念——如何判断行为人与国家工作人员的关系是否达到了"密切"的程度，采取何种判断标准与判断时点，显然不是一个容易回答的问题。从文理解释的角度来说，将"关系密切的人"解释为"非国家工作人员与国家工作人员之间有着亲近的联系，或者保持着经常的交往，非国家工作人员与国家工作人员具有一定的粘合力和影响力"[②] 是比较合理的结论，也最符合社会大众的普遍共识。"判断上要依据'关系密切的事实'，能够证明双方存在着公务交往活动之外的交往活动的事实，而且这些交往活动足以能够表明两者之间超出普通社会群体之间的关系。"[③] 但这一解释存在理论与实践的双重困境，兹简述如下。

---

* 河南大学法学院讲师、法学博士。

① 参见高铭暄、马克昌主编：《刑法学》（第 5 版），北京大学出版社、高等教育出版社 2011 年版，第 635 页。

② 孟庆华：《新型受贿犯罪司法解释的理解与适用》，中国人民公安大学出版社 2012 年版，第 444 页。

③ 马克昌主编：《百罪通论》，北京大学出版社 2014 年版，第 1195 页。

从理论上讲，利用影响力受贿罪侵犯的客体是国家工作人员职务行为的不可收买性，而非行为人与国家工作人员之间的密切关系；刑法并不处罚行为人单纯利用自己密切关系的行为，而主要惩治滥用影响力索取或收受财物的行为。故从立法目的出发，不应对利用某种关系实施受贿行为的主体设立一定的界限。① 毕竟从本质上讲，无论行为人与国家工作人员的关系是否密切，只要国家工作人员答应其请托事项，并谋取不正当利益的，对法益的侵害没有任何差别，对行为人也不应进行区别对待。正如有学者所指出的那样，本罪主体应当是"对国家工作人员和离职的国家工作人员具有非职权性影响力的人"，和双方关系密切与否并无直接关系。② 从实践角度出发，首先，在具体案件中，控诉方对于行为人双方是否具有密切关系进行举证证明的困难极大。③ 其次，现实生活中也完全可能出现行为人虽与国家工作人员的关系并不密切，却能够切实影响到其决策的例子——虽然具备关系密切人这一特殊身份的人，能够单纯通过自己的影响力对国家工作人员职务行为的不可收买性产生侵害；但不具有该身份的行为人，亦可以通过其他非法方式对国家工作人员施加影响。例如，有的黑社会性质组织成员在掌握了国家工作人员的违法或犯罪事实之后，以此为要挟指使国家工作人员为他人谋取不正当利益，并索取或收受请托人财物的。④ 再如，国家工作人员甲与妻子乙由于感情破裂而离婚，关系一直很差。某日，乙在收受丙的财物后请求甲为丙谋求不正当利益，甲为了免受乙的反复纠缠而最终答应了其要求的。⑤ 在这些案例中，行为人显然并不具备"关系密切人"的身份，而是通过威胁、恐吓、纠缠、面子甚至名人效应等原因使国家工作人员完成自己的请托，并能够以自己并非"关系密切人"为由，作为逃避利用影响力受贿罪制裁的护身符，从而制造处罚上的漏洞。

为了解决这一问题，我国通说主张采取事后判断的立场认定"关系密切的人"——无论是谁，只要其在事实上实施了利用影响力的行为，并且为请托人谋取到不正当利益的，即可认定其与国家工作人员具有某种程度的密切关系，并成为利用影响力受贿罪中"关系密切的人"。例如，张明楷教授认为，没有必要对"有密切关系的人"进行特别限定，即只要能在客观上通过国家工作人员职务上的行为，或者利用国家工作人员的职权或地位形成的便

① 康军：《试析"关系人受贿罪"的罪名及要件》，载《贵州大学学报》（社会科学版）2012年第5期。
② 陈京春：《刑事一体化视野下的利用影响力受贿罪研究》，载《当代法学》2014年第6期。
③ 蒋晗华：《论刑事推定与证明困难——以利用影响力受贿罪为切入点》，载《南昌大学学报》（人文社会科学版）2015年第1期。
④ 吴仁碧：《利用影响力受贿罪主体解析》，载《西南政法大学学报》2011年第5期。
⑤ 魏艳昭：《受贿案件中特定关系人和关系密切人概念辨析》，载《犯罪研究》2013年第2期。

利条件，通过其他国家工作人员职务上的行为为请托人谋取不正当利益的人，肯定都与国家工作人员具有较为密切的关系，应当被认定为"关系密切的人"。这些人与在职或离职的国家工作人员具有共同利益关系，且并不局限于物质利益，还可以包括其他方面的利益，如情人关系、恋人关系、前妻前夫关系、秘书、司机等密切的上下级关系、密切的姻亲或血亲关系等。① 孙国祥教授等也认为，尽管我国利用影响力受贿罪的主体比《公约》中利用影响力交易罪的主体窄，但认定是否属于"关系密切的人"的关键行为人是否对国家工作人员具有"影响力"；只要具有足够的影响力，能够搭建请托人与国家工作人员为其谋取利益的桥梁，就不论关系是否密切，均应成为利用影响力受贿罪的主体。②

但笔者认为，无论采取何种刑法解释方法，都不能超越概念本身可能具有的含义。由于本罪明确规定了"关系密切人"而非"影响力"这一构成要件要素，就不应认为只要与国家工作人员具有某种关系，并且在事实上为请托人谋取了不正当利益的，就可以成为利用影响力受贿罪的主体——这种观点明显超越了一般人对"关系密切"这一词语的理解，违背了罪刑法定原则，动摇了刑法的可预测性。如果司法实践中对构成"关系密切人"与否的判断，最终需要以行为人是否通过国家工作人员的职务行为为请托人谋取了不正当利益为验证的话，就极易导致客观归罪情形的发生，或使该表述成为虚置的构成要件要素。③ 更何况，如果非要将关系并不密切，而是通过其他手段达成目的的行为人也认定为与国家工作人员具有密切关系的话，恐怕双方都不会认可，也不符合人们对"关系密切"一词的通常理解。从这个角度来说，只要本罪中存在"关系密切人"这一构成要件要素，就将给我们的刑法解释框定不可逾越的范围，否则就会违反罪刑法定原则。因此，如欲更好地实现罪责刑相适应原则，填补本罪可能存在的处罚漏洞，取消"关系密切人"势在必行。

参考国外的先进立法例，《联合国反腐败公约》第18条"影响力交易"规定："各缔约国均应当考虑采取必要的立法和其他措施，将下列故意实施的行为规定为犯罪：……（二）公职人员或者其他任何人员为其本人或者他人直接或间接索取或者收受任何不正当好处，以作为该公职人员或者该其他人员滥用本人的实际影响力或者被认为具有的影响力，从缔约国的行政部门或者公共机关获得任何不正当好处的条件。"由此可见，《公约》中影响力交

---

① 张明楷：《刑法学》（第4版），法律出版社2011年版，第1081页。

② 孙国祥、魏昌东：《反腐败国际公约与贪污贿赂犯罪立法研究》，法律出版社2011年版，第500~502页。

③ 董秀红：《论我国刑法中的关系犯及其特征——以利用影响力受贿罪为视角》，载《三明学院学报》2010年第2期。

易罪的主体并无特殊限制，包括"公职人员或者其他任何人员"，范围十分广泛，只要行为人宣称能够对公职人员施加影响，就有资格构成本罪的主体。再如，根据《非洲联盟预防和打击腐败公约》第4条规定的规定，"宣称或者确实有能力对公共或者私营部门人员的决策施加不正当影响的人"，均可成为利用影响力交易罪的主体。与之类似，法国、西班牙、匈牙利、加拿大、美国、新加坡等国家的相关法律也均将类似犯罪行为主体规定为"任何人"。这些立法例没有刻意强调犯罪主体必须与国家工作人员具有何种密切的关系，而是以具有影响力的任何人作为出发中心。因此，我国刑法也完全可以在本罪的现有基础上更进一步，将主体修改为一般主体——即无论任何人，只要其通过国家工作人员职务上的行为，或者利用国家工作人员职权或者地位形成的便利条件，或者利用离职的国家工作人员原职权或者地位形成的便利条件，通过其他国家工作人员职务上的行为，为请托人谋取不正当利益，索取请托人财物或者收受请托人财物，数额较大或者有其他较重情节的，均应成立利用影响力受贿罪。

## 二、 增设单位犯罪主体

根据我国刑法规定，无论是自然人还是单位，均能成为受贿罪的犯罪主体。但利用影响力受贿罪的犯罪主体却不然，由于并未涉及单位，故只能是自然人。由此便引发了一个问题：本罪是否需要增设单位犯罪作为犯罪主体？

有学者主张，由于利用影响力受贿罪一般不存在单位犯罪形态，故从立法成本的角度出发，明确规定本罪的犯罪主体包括单位属于资源浪费，并很可能造成法条虚置。[①] 但笔者认为，刑法400多条条文也并非都经常适用，相当一部分备而不用或很少适用，主要起到威慑与行为规制作用，以免出现立法漏洞。因此，以适用极少作为否定立法的理由并不充分。更何况，伴随着我国经济、社会、政治的发展，当前一些公关公司、咨询公司实际上已经承担了相当程度的游说服务。他们以"咨询费"、"服务费"为借口，非法收受请托人的财物，利用各种社会关系对国家工作人员施加一定程度的影响，为请托人谋取不正当利益的情形在当今并不罕见，甚至为数众多。就社会危害性而言，单位利用影响力受贿的行为与自然人并无本质差异，甚至往往数额巨大。[②] 因此，单位实施的上述非法行为已不能够再以法律的"不计琐细原则"作为出罪的借口。根据我国当前的实际情况，有必要对单位利用影响力收受贿赂的行为进行打击；而将单位纳入本罪的犯罪主体，并不会导致法

---

① 慕平、甄贞：《〈联合国反腐败公约〉与国内法协调机制研究》，法律出版社2009年版，第79页。

② 孙国祥、魏昌东：《反腐败国际公约与贪污贿赂犯罪立法研究》，法律出版社2011年版，第275页。

条虚置、影响立法权威的现象发生。

从立法的科学性上来说，《公约》第 26 条规定了"法人责任"："一、各缔约国均应当采取符合其法律原则的必要措施，确定法人参与根据本公约确立的犯罪应当承担的责任。二、在不违反缔约国法律原则的情况下，法人责任可以包括刑事责任、民事责任或者行政责任。三、法人责任不应当影响实施这种犯罪的自然人的刑事责任。四、各缔约国均应当特别确保使依照本条应当承担责任的法人受到有效、适度而且具有警戒性的刑事或者非刑事制裁，包括金钱制裁。"而在承认单位犯罪的国家中，也有不少立法例对本罪规定了单位犯罪主体。在我国刑法分则中，贿赂犯罪也多有相应的单位犯罪，如受贿罪之于单位受贿罪、行贿罪之于单位行贿罪，对非国家工作人员行贿罪与对外国公职人员、国际公共组织官员行贿罪也均规定了单位犯罪。因此，无论从国际趋势还是从国内立法传统来看，利用影响力受贿罪均应增设单位犯罪。

现行立法对实施利用影响力受贿行为的单位的处罚力度不足，有必要通过刑罚予以调整。虽然根据相关行政法律法规，即使不将单位实施的违法行为认定为单位犯罪，也能够通过罚款、取缔、吊销营业执照、停业整顿等方式对涉案单位进行处罚。但从社会的否定评价程度与适用方法的强制性上看，行政处罚与刑事处罚存在着较大的差异，不能相互替代。毕竟，除了惩罚的功效之外，刑罚还能通过对犯罪行为的否定性评价和对犯罪人的责难起到一般预防与特殊预防的效果。作为最严厉的制裁手段，其对于普通公民的心理威慑无疑是巨大的，也使得潜在犯罪人在实施不法行为时，不得不衡量其可能获得的利益与将会面临的惩罚之大小，从而在事前起到一般预防的功能。而与刑罚相比，行政处罚的相关作用则要逊色很多，除了事前的威慑力有限之外，对行为人的否定性评价也不够充分，难以实现罪责刑相适应。因此对于单位犯罪，行政处罚无法起到替代刑罚的作用。

综上所述，我国应当为利用影响力受贿罪增设单位犯罪主体，建议在刑法第 388 条之一中增加一款作为第三款："单位犯前两款罪的，对单位判处罚金，并对其直接负责的主管人员和其他直接责任人员，依照第一款的规定定罪处罚。"

此外，在当前我国尚未对本罪规定单位犯罪主体的情况下，对于以单位名义索取或收受他人贿赂，从而不正当地影响国家工作人员，为请托人谋取利益的行为应当进行如下处理：第一，如果该中介公司、公关公司等是个人为了进行违法犯罪活动而设定的，或是在设立之后以实施犯罪为主要业务的，就不应以单位犯罪论处，但单位负责人或者直接责任人员则可能构成利用影响力受贿罪。第二，对于公司在正常成立之后，偶尔从事违法犯罪活动的，应依据《全国人民代表大会常务委员会关于〈中华人民共和国刑法〉第三十条的解释》的精神，进行如下处理：公司、企业、事业单位、机关、团体等单位实施刑法规定的危害社会的行为，刑法分则和其他法律未规定追究单位的刑事责任的，应当对组织、策划、实施该危害社会行为的人依法追究刑事责任。因此，单位实施利用影响力受贿行为构成犯罪的，其负责人或者直接责任人员成立利用影响力受贿罪的共同犯罪。

## 三、 增设对具有影响力者行贿罪

行贿罪与受贿罪属于典型的对向犯，在通常情况下，行为双方都构成犯罪，均应受到刑法处罚。但纵观我国刑法，利用影响力受贿罪却不存在对应的行贿犯罪。那么，利用影响力受贿罪中给予财物的请托人，是否构成犯罪？首先，请托人不成立行贿罪。因为根据我国刑法的规定，行贿罪的行贿对象必须是国家工作人员。而在利用影响力进行受贿的案件中，国家工作人员并不知情，也并未授予其密切关系人代替或帮助自己接受财物的权力，故行为人给予财物的对象只能是与国家工作人员关系密切的人，并不符合行贿罪的构成要件。此外，如果不能认定国家工作人员的近亲属或关系密切的人与该国家工作人员相勾结伙同受贿的，对行贿人也无法按照行贿罪追究刑事责任。同理，如果关系密切人亦不符合公司、企业或者其他单位的工作人员身份的，请托人也不符合对非国家工作人员行贿罪的形式要求；那种认为应当对刑法第164条中"其他单位工作人员"的概念进行扩张解释，将无单位或者无固定单位的人员解释成属于"其他单位工作人员"的做法有违反罪刑法定原则之嫌，值得商榷。[①] 笔者认为，即使行为人具有上述身份，由于行为构造的差异，请托人侵犯的是国家工作人员职务行为的不可收买性，而非公司、企业以及非国有事业单位、其他组织的工作人员职务活动的不可收买性，故不可能成立对非国家工作人员行贿罪。

通过讨论不难看出，我国当前没有罪名对利用影响力受贿罪的对向行为进行规制，根据罪刑法定原则，只能以无罪论处。对此有学者认为，由于在利用影响力受贿罪的行为构造中，行贿一方想要谋取不正当利益，必须通过多个环节方可实现，只是间接、而非直接地侵犯国家工作人员职务行为的不可收买性。故从社会危害性的角度出发，尚未达到需要动用刑法加以处罚的程度。[②] 但笔者认为，从立法论的角度出发，我国刑法应当增设对有影响力者行贿罪，以避免处罚漏洞，理由如下：

第一，请托人向具有影响力者行贿的，无论在主观目的还是客观行为上，

---

① 徐松林：《"利用影响力受贿罪"适法中的六个难题》，载《贵州社会科学》2014年第11期。
② 参见李占州、吴情树：《利用影响力交易罪中，行贿行为能否入罪》，载《检察日报》2009年11月30日，第3版；贺恒扬：《利用影响力受贿罪若干问题研究》，载《河南社会科学》2010年第5期。

都是为了实现贿赂与国家工作人员职务行为的交换，侵犯了职务行为的不可收买性。与对非国家工作人员行贿罪相比，对利用影响力受贿者的行贿行为对法益的侵害程度更为严重。根据当然解释的原理，既然前者都能够成立犯罪，举轻以明重，后者自然也应当构成犯罪。正如最高人民检察院研究室对《关于利用影响力受贿案件中请托人行贿行为如何定性的请示》的答复意见中明确指出的那样：利用影响力受贿案件中请托人的行贿行为是通过"权钱交易"谋取不正当利益，侵害了国家工作人员职务的廉洁性，具有较大的社会危害性，应当追究刑事责任。

第二，我国刑法历来有处罚双方行为的传统——受贿罪对应行贿罪；单位受贿罪对应对单位行贿罪；非国家工作人员受贿罪对应对非国家工作人员行贿罪。排除对外国公职人员、国际公共组织官员行贿罪这一例外，只有利用影响力受贿罪没有对应的行贿犯罪，这显然造成了我国贿赂犯罪体系的失调。因此，无论是从体系协调的角度，还是从尊重传统的角度，利用影响力受贿的双方行为都应当规定为犯罪。

第三，从我国当前的刑事政策与预防利用影响力犯罪的角度考察，也有必要处罚相应的行贿行为。当前，腐败是我国面临的最严峻的社会问题，我国对腐败犯罪采取的是"零容忍"政策。6月26日，习近平总书记在中央政治局学习时再次强调：要加强反腐倡廉法规制度建设，把法规制度建设贯穿到反腐倡廉各个领域、落实到制约和监督权力各个方面，发挥法规制度的激励约束作用，推动形成不敢腐、不能腐、不想腐的有效机制。对于腐败犯罪要坚决严肃查处，不以权势大而破规，不以问题小而姑息，不以违者众而放任，不留"暗门"、不开"天窗"，坚决防止"破窗效应"。① 我们认为，没有行贿者的利益需求，就不会有受贿罪的权力寻租，更不会由此导致国家工作人员的不当职务行为。虽然与利用影响力受贿行为相比，对具有影响力者行贿行为的社会危害性较小，但其属于滋生利用影响力受贿罪的源头，如果不予以刑法规制，就很难遏制该罪高发、频发的态势。在"打虎拍蝇"的反腐背景下，我们绝不能对向利用影响力者行贿的行为予以姑息、纵容，而应当本着从严打击、重在预防的态度，将其纳入刑法的规制范围，与利用影响力受贿罪一起构建起利用影响力者贿赂犯罪的完备体系。

第四，从国外的先进立法经验来看，以《联合国反腐败公约》、法国刑法典、美国模范刑法典等为代表的相关立法例大都处罚向利用影响力者行贿的行为。例如，《公约》第18条不但要求处罚利用影响力受贿的行为，也要求将"直接或间接向公职人员或者其他任何人员许诺给予、提议给予或者实

----

① 《习近平：以抓铁有痕踏石留印劲头抓反腐》，http://www.china.com.cn/cppcc/2015-06/29/content_35930148.htm，2015-6-29访问。

际给予任何不正当好处，以使其滥用本人的实际影响力或者被认为具有的影响力，为该行为的造意人或者其他任何人从缔约国的行政部门或者公共机关获得不正当好处"的行贿行为也规定为犯罪。理由在于虽然行贿人并未直接与公职人员进行权钱交易，但其行为同样间接地侵犯了公职人员职务行为的不可收买性、信赖性和公正性，应当构成犯罪。而通过同时对利用影响力的受贿与行贿加以刑法规制，就可以构筑一个较为完整的贿赂犯罪体系，以有效地堵截该类型贿赂犯罪的发生。《法国刑法典》第 433-2 条规定："顺从前款所指之索要，或者无权但直接或间接提议奉送、许诺、赠礼、馈赠或其他任何好处，以滥用其实际或设定的影响，图谋从权力机关或公共行政部门获得区别于他人的礼遇、工作职位、市场合同或其他有利之决定的，处相同之刑罚，"① 同样对滥用影响力行贿的人予以刑事制裁。而且从总体上看，本罪的相关立法呈现出这样一种发展态势：越是新近的立法，或者越是国际性的条约或发达国家的立法，就越可能处罚双方行为。② 因此，处罚本罪的对合行为符合国际趋势与时代需要。

综上所述，并结合上文对利用影响力受贿罪主体范围的讨论，笔者建议对《刑法修正案（九）（草案）》进行调整与修改，增设刑法第 388 条之二："为谋取不正当利益，向任何对国家工作人员或离职的国家工作人员具有影响力的人行贿的，处三年以下有期徒刑或者拘役，并处罚金；情节严重的，或者使国家利益遭受重大损失的，处三年以上七年以下有期徒刑，并处罚金；情节特别严重的，或者使国家利益遭受特别重大损失的，处七年以上十年以下有期徒刑，并处罚金。"

---

① 罗结珍译：《法国新刑法典》，中国法制出版社 2003 年版，第 155~156 页。
② 胡建波：《影响力交易罪比较研究》，载《广西大学学报》（哲学社会科学版）2009 年第 6 期。

# 论未变更权属登记房屋受贿中
# 既遂的认定

梅传强[*]　　张永强[**]

## 一、 问题的提出

近年来，从各地查处的腐败犯罪案件来看，房屋行贿、受贿案件呈高发态势，尤其是在"零容忍"反腐的高压下，大多数被打掉的"老虎"、"苍蝇"都涉及房屋受贿的问题。从司法实践来看，房屋受贿案件的处理较为复杂，不仅表现在受贿金额的计算上，而且表现在受贿犯罪形态的判断上。在物权法上，房屋作为一种特殊的不动产，其权属变更必须经过登记程序才能生效，否则所有权不发生变更，但对一般财物而言，除当事人另有特殊约定的外，所有权的变更无须经过登记程序，所有权随交付或者占有发生转移。因此，房屋受贿不同于一般财物受贿，在一般财物受贿案件中，只要国家工作人员事实上非法收受了请托人的财物，且无合理证据证明存在借用、保管等正当法律关系，则即可认定国家工作人员构成受贿罪既遂，但在房屋受贿案件中，国家工作人员收受了请托人给予的房屋后，是否还需完成过户登记手续才能认定受贿罪既遂，在理论界与实务界争议较大，尚未取得共识。

一般而言，如果国家工作人员收受了请托人给予的房屋，并将房屋过户登记至自己或者特定关系人[①]名下，则构成受贿罪既遂不存在任何疑问。因为此时国家工作人员不仅在事实上收受了请托人给予的房屋，而且在法律上取得了房屋所有权，只要其承诺为请托人谋取利益，即完成了房屋受贿所要求的所有基本行为，也符合受贿罪权钱交易的本质。相反，如果国家工作人员收受了请托人给予的房屋或者表示愿意收受请托人给予的房屋，但案发时房屋尚未过户至自己或者特定关系人名下，此时是否构成受贿罪？假若构成受贿罪，是受贿罪既遂还是未遂，则存在较大争议。显然，如果对此种情形做出罪处理，则存在的风险就是为国家工作人员逃避法律制裁留下了漏洞，

* 西南政法大学法学院教授、博士生导师。

** 西南政法大学法学院刑法学博士研究生。

① 此处的"特定关系人"，参照 2007 年 7 月 8 日最高人民法院、最高人民检察院《关于办理受贿刑事案件适用法律若干问题的意见》第 11 条的规定，是指与国家工作人员有近亲属、情妇（夫）以及其他共同利益关系的人。

对那些收受了请托人房屋却未办理甚至根本不想办理权属变更登记的国家工作人员无法实现有效制裁。

另外，从受贿罪的本质来看，此种情形虽然未办理房屋权属变更登记手续，但国家工作人员与请托人之间的权钱交易已经实现，国家工作人员非法收受了房屋，并为请托人谋取了利益，请托人也因此得到了好处，完全符合受贿罪的构成要件。因此，不论是从严厉打击腐败犯罪还是从受贿罪的本质来看，对于国家工作人员收受请托人未变更权属登记房屋的情形，按受贿罪处理较为恰当。2007 年 7 月 8 日最高人民法院、最高人民检察院《关于办理受贿刑事案件适用法律若干问题的意见》（简称《意见》）也持此观点，其中，《意见》第 8 条第 1 款规定："国家工作人员利用职务上的便利为请托人谋取利益，收受请托人房屋、汽车等物品，未变更权属登记或者借用他人名义办理权属变更登记的，不影响受贿的认定。"

不过，虽然《意见》明确了国家工作人员非法收受请托人未变更权属登记房屋的情形不影响受贿罪的认定，但并未明确该情形中受贿罪是既遂还是未遂的问题。正是由于该问题在立法或者司法解释层面尚未得以解决，导致实践中对该问题的处理较为混乱，有的法院认定为受贿罪未遂，有的法院认定为受贿罪既遂，最终判处的刑罚也是千差万别，这在一定程度上影响了判决的公平与公正。因此，有必要对未变更权属登记房屋受贿案件中的既遂与未遂标准问题进行专门分析，以便实务中具体操作，实现判决公正与量刑均衡。事实上，未变更权属登记房屋受贿案件也分多种情况，其中对受贿罪既遂与未遂的判断不能一概而论，在理论上尝试给出统一定论是不可能的，应结合具体的案件事实具体判断。

## 二、 受贿罪既遂标准的学理纷争

概括而言，学理上关于受贿罪既遂标准的学说主要有四种：一是"承诺说"，该说认为只要国家工作人员承诺为请托人谋取利益，不论其是否实际非法收受了财物，均构成受贿罪既遂，反之则构成未遂。按照该说，在收受请托人房屋的受贿案件中，只要国家工作人员表示愿意收受请托人给予的房屋，并承诺为其办理请托事项，不论是否发生房屋权属变更登记，即构成受贿罪既遂。二是"控制说"，该说认为应以受贿人是否实际控制请托人给予的财物为区分受贿罪既遂与未遂的标准，只要受贿人实际控制了请托人给予的财物，即构成受贿罪既遂，反之则构成未遂。按照该说，在收受请托人房屋的受贿案件中，只要国家工作人员实际控制了请托人给予的房屋，即构成受贿罪既遂。三是"谋取利益说"，该说认为受贿罪的既遂应当以国家工作人员是否为请托人谋取利益为标准，谋取了利益的为既遂，未谋取利益的，即使收受了请托人给予的财物，也为未遂。按照该说，在收受请托人房屋的受贿案件中，只要国家工作人员为请托人谋取了私利，不管其是否实际得到或者控制了房屋，也不管房屋是否进行了权属变更登记，均构成受贿罪既遂，由于国家工作人员意志以外的原因未为请托人谋取利益的，则构成受贿罪未遂。四是"综合说"，该说从收受财物和谋取利益两个方面综合判断受贿罪的既遂，如果国家工作人员收受了请托人财物也为请托人谋取了利益，则构成受贿罪既遂，否则属于未遂。按照该说，在收受请托人房屋的受贿案件中，国家工作人员不仅要实际收受请托人给予的房屋，而且要为请托人谋取相应的利益才能构成受贿罪既遂，否则构成未遂。

分析上述四种学说可知，"承诺说"虽然能够在最大范围内打击房屋受贿犯罪，但由于受贿人缺乏实际的受贿行为和对房屋的实际控制，存在主观入罪的嫌疑，如果坚持该说，容易造成刑罚的泛化适用，有损刑法的谦抑性，也不利于对犯罪嫌疑人人权的保障。"谋取利益说"虽然在实质意义上考察受贿行为，但由于其以是否实际谋取利益为标准，容易放纵那些实际上收受了房屋但未为其谋取利益的受贿犯罪，因此，该说不利于腐败犯罪的立体防控。"综合说"虽然从收受房屋和谋取利益两个方面把握受贿罪既遂，在一定程度上弥补了"承诺说"和"谋取利益说"的缺陷，但其在打击和预防房屋受贿犯罪方面显得过于滞后，也不利于房屋受贿犯罪的立体防控。因此，比较而言，"控制说"较为可取，即在未变更权属登记的房屋受贿案件中，关键看国家工作人员是否对请托人给予的房屋形成了实际控制，形成了实际控制则为既遂，反之则为未遂。

2003 年 11 月 13 日最高人民法院发布的《全国法院审理经济犯罪案件工作座谈会纪要》就贪污罪既遂与未遂的认定问题也指出，"贪污罪是一种以非法占用为目的的财产性职务犯罪，与盗窃、诈骗、抢夺等侵犯财产犯罪一样应当以行为人是否实际控制财物作为区分贪污罪既遂与未遂的标准。"由此可见，最高人民法院对贪污罪既遂坚持的是"控制说"。受贿罪作为与贪污罪相并列的同质犯罪[①]，因此在既遂方面坚持"控制说"也具有合理性。不过，有待解决的问题是，如何对"控制"在刑法上进行合理解释，尤其是如何协调物权法意义上房屋物权变动的特殊规定与刑法规定的受贿罪"非法收受他人财物"之间的关系，进而确立房屋受贿中的"控制"是事实上的取得或者占有还是法律上以所有权发生转移为前提的取得或者占有。目前司法解释尚未对此做出明确规定，实务界的具体操作也处于模棱两可中。

## 三、"控制说"的实质展开

一般而言，"控制"是指控制主体根据自己的意志对某一事物进行的支

---

① 贪污罪与受贿罪同属于我国刑法第八章规定的罪名，二者均是侵犯国家工作人员职务廉洁性的犯罪。

配。如果控制主体能够完全排他地对某一事物进行支配，则称为绝对控制，反之则称为相对控制。在物权法上，所有权的内涵就是所有权人能够对所有之物进行绝对控制，享有占有、使用、收益、处分的权利。对普通动产而言，除法律特殊规定的以外，其所有权随交付发生转移，换言之，就是谁占有谁就享有所有权。但对房屋、汽车等财物而言，根据物权法的规定，其所有权的变更并不随交付发生转移，必须经过法定的权属变更登记程序才能生效。因此，在物权法上，民事主体是否对某一财物实现了绝对控制，关键要看财物在法律上是否有特殊的规定，不能一概地以事实上的占有来代替绝对控制的实质判断。具体而言，对普通动产的事实占有即为所有，可以认定占有主体对占有之物实现了绝对控制；对房屋、汽车等法律上有特殊规定的财物，事实上的占有并非所有，由于缺乏处分权能，所以这种事实上的占有仅为相对控制，而不是绝对控制，要想实现绝对控制，必须办理相应的权属变更登记手续。

受贿罪中国家工作人员"非法收受他人财物"中的"收受"，实质上代表的就是国家工作人员对贿赂的实际控制，国家工作人员一旦控制了请托人给予的财物，就意味着"收受"行为的完成，也意味着整个受贿行为的完成，此时认定成立受贿罪既遂没有任何疑问。由此可见，在收受普通财物（除房屋、汽车等在法律上有特殊规定的财物）的场合，国家工作人员对贿赂的控制在刑法意义上和民法意义上是相通的，都是行为人对财物实现了绝对控制。相反，在收受房屋、汽车等财物的场合，国家工作人员对贿赂的控制在刑法意义和民法意义上是不一致的。如果坚持民法意义上的绝对控制，就意味着未变更权属登记的房屋受贿只能按受贿未遂处理。

对此，持肯定意见的学者认为，"对于属于国家依法实行特别管理的财物，必须以是否履行法定转移手续作为衡量受贿罪既遂与未遂的标准"[1]，而且进一步论述到，"收受型受贿罪的取得贿赂，取得不等于占有，应该是所有权的转移，因此对于一般的商品，交付就视为取得，但是对于不动产和汽车等按照法律必须登记才能有效力的，如果没有办理登记手续，应以受贿罪的未遂论处，但在处罚上也可以不比照既遂犯从轻或减轻处罚。"[2] 显然，对此如果按受贿未遂处理，会使那些未办理甚至根本不想办理房屋权属变更登记的受贿行为得不到应有的处罚，肯定论者提出的"可以不比照既遂犯从轻或减轻处罚"的建议，意味着要突破刑法总则对未遂犯处罚的规定，而按既遂犯处罚，这本身与认定未遂犯的意义和价值相矛盾，因此不可取。正如陈兴良教授所言，此种情形"行为人并非不能而是不想转移权属，将这种受贿

① 肖介清：《受贿罪的定罪与量刑》，人民法院出版社 2000 年版，第 247 页。
② 赵慧、张忠国：《贪污贿赂罪司法适用》，法律出版社 2006 年版，第 199 页。

行为认定为受贿未遂有些勉强。"① 因此，在收受未办理权属变更登记房屋的场合，认定受贿既遂与否的关键，不是民法上房屋所有权转移与否的问题，而是如何在刑法层面对行为人的"收受"行为（即控制行为）作出实质解释的问题。

"刑法解释是对现有法律规定内涵和外延进行的适用性解释，必须符合法律本身的规定，不能超越法律规定的范围，包括民事、商事、行政法律规范。"② 在刑法层面解释房屋受贿中的"收受"行为时，虽然应当注意到"刑法意义上的收受他人的财物与民法意义上的所有权的转移是两个不同的概念，不能完全以民法意义上的所有权的转移来界定刑法意义上的收受他人财物的行为性质"③，但也不能完全超脱于民法上有关物权变动的共识而在刑法上重新创设一种物权概念，否则会影响解释的合理性以及实践中的可操作性。事实上，以往对受贿罪中"收受"行为的解释，都是站在受贿人立场展开的，即受贿人对贿赂是否实现了控制以及控制的程度如何，这在分析未办理权属变更登记房屋受贿既遂时必然会遇到是否要求房屋所有权发生转移的困惑。

笔者认为，可以转换视角，从请托人的角度重新认识受贿人"收受"行为的实质内涵。因为在某些场合，虽然受贿人的"收受"行为尚未对贿赂达到绝对控制，但从请托人的角度来看，受贿人的"收受"行为已经完全排斥了请托人对贿赂标的物的控制，不仅对请托人造成了实际的损失，而且已经实现了受贿犯罪中权钱交易的本质。因此，正如盗窃罪的既遂并不是行为人对盗窃之物形成了控制，而是盗窃行为让被害人对被盗之物失去控制一样，受贿罪的既遂也应当是受贿人的受贿行为让请托人对贿赂标的物丧失了控制，而不是受贿人自己对受贿标的物形成了绝对控制。按此逻辑，在房屋受贿案件的既遂判断中，主要考虑的不再是房屋所有权是否发生转移以及受贿人对房屋是否形成了绝对控制的问题，而是受贿人的受贿行为是否让请托人对房屋失去了控制的问题，也即受贿人的受贿行为排除了请托人对房屋的支配可能性。因此，即使在未变更权属登记房屋受贿的场合，只要国家工作人员的受贿行为排除了请托人对房屋的支配可能性，即可认定为既遂，如果尚未排除，则为未遂。

## 四、 未变更权属登记房屋受贿既遂的具体认定

从司法实践来看，未变更权属登记房屋受贿案件也分多种情况，不宜

① 陈兴良：《惩治受贿犯罪，刑法需要实质判断——兼评〈关于办理受贿刑事案件适用法律若干问题的意见〉》，载《检察日报》2007年12月31日，第5版。
② 薛金展、张铭川：《以交易形式受贿司法认定疑难问题研究》，载《江西公安专科学校学报》2008年第3期。
③ 王明达、王飞、朱平：《当前处理商业贿赂犯罪案件应把握的若干问题》，载赵秉志主编：《和谐社会的刑事法治》，中国人民公安大学出版社2006年版，第1128页。

"一刀切"地得出既遂或者未遂的结论，而应根据具体的案件事实，以及前述房屋受贿既遂判断的标准进行具体分析。在具体分析过程中，不仅要考虑受贿人的主观意图和"收受"行为在排除请托人对标的房屋的控制方面所达到的程度，而且要注意区分房屋的性质和用途。从司法实践中发生的案例来看，未变更权属登记房屋受贿案件主要有以下几种情形：

### （一）贿赂标的房屋被现实居住或者使用

该种情形主要是指国家工作人员对请托人给予的房屋表示接受，虽然未办理相关权属变更登记手续，但事实上已经由国家工作人员本人或者特定关系人［如配偶、子女、情妇（夫）等］现实居住或者使用的情形。该情形中受贿罪既遂的认定，关键看国家工作人员本人或者特定关系人的现实居住或者使用行为是否排除了请托人对标的房屋的支配，如果国家工作人员本人或者特定关系人的居住或者使用行为排除了请托人对标的房屋的支配，如国家工作人员本人或者特定关系人的居住行为排除了请托人对标的房屋的居住或者使用，则构成受贿既遂；反之，如果由于受贿人意志以外的原因导致其或者特定关系人无法排除请托人对标的房屋的居住或者使用，则构成受贿未遂。

例如，在王某受贿一案中，王某作为某区建设局局长，在开发一房地产时，采取定向议标等方式让某房地产开发商戴某的工程公司顺利中标，取得了该商品房的承建权。在工程完工时，戴某为了感谢王某在工程招标中的帮助，把一套面积为 89.86 平方米（当时价格为 11 万余元）房屋的钥匙给了王某，为掩盖犯罪事实和办理房屋产权证的需要，双方还签订了虚假的房屋预售合同和房屋买卖合同。后来王某对房屋进行了装修，并将其作为女儿的结婚用房。[①] 显然，该案中王某收受房屋后对房屋进行装修，并将其作为女儿结婚用房的行为，已经在事实上对该房屋形成了绝对控制，且排除了请托人对该房屋的居住或者使用可能性，因此，王某收受戴某给予的房屋的行为，构成受贿罪既遂。

### （二）贿赂标的房屋由请托人代为管理

该种情形主要是指国家工作人员对请托人给予的房屋表示接受，但其本人或者特定关系人［如配偶、子女、情妇（夫）等］并不对该房屋进行居住或者使用，而是由请托人代为管理、经营等。该情形中受贿罪既遂的认定，关键看国家工作人员对请托人管理、经营行为的干预程度，如果国家工作人员收受贿赂标的房屋后，虽由请托人代为管理、经营，但其本人或者特定关系人经常对请托人的管理、经营行为进行指导或者监督，如定期查看房屋经营情况、定期催收经营收益、决定与房屋相关的重要事项（如装修、出租

---

① 王海银、杨汉伟：《受贿的房子未办理产权证是犯罪既遂还是未遂》，载《检察实践》2005年第4期。

等），则构成受贿既遂，因为此时请托人仅是委托管理人，实质意义上房屋的控制者是国家工作人员或者特定关系人。反之，如果国家工作人员表示愿意收受房屋，但其本人或者特定关系人对请托人的管理、经营行为不进行任何干预，而是由请托人自由决定、控制的，应认定为受贿未遂，因为此时国家工作人员"收受"房屋的行为并未排除请托人对房屋的绝对控制。如果请托人将房屋相应的经营收益（如房屋的租金）交付给了国家工作人员或者特定关系人，不再是房屋受贿的范畴，应认定为新的受贿行为，受贿金额应按受贿人得到的金额计算。

例如，在刘某受贿一案中，刘某作为某市民防办主任，在市民防设施改造工程招标过程中，接受某房地产开发公司张某的请托，为张某提供帮助，使其顺利承接了该项工程，并在工程款拨付、工程验收等方面给予了照顾。事后，张某为了感谢刘某的帮助，表示要给予刘某两套门面房，刘某口头表示同意，并由张某代为出租、管理，张某按月收取租金后，每半年向刘某主动转交一次租金，每次大约 25 万元。案发后经查明，刘某对两处门面房的位置、大小及其他相关信息均不知晓，对张某的出租、管理行为也没进行过任何干预。显然，该案中刘某口头上"收受"房屋的行为并未排除请托人张某对两套门面房的绝对控制，张某表面上虽为两套门面房的出租、管理人，但实际上是两套门面房的真正控制者，其可以随时按自己的意志对两套门面房进行处置，因此，本案中刘某的行为应认定为受贿未遂。另外，刘某在本案中收受所谓"房租"的行为，应认定为新的受贿行为，按既遂处理。

**（三）贿赂标的房屋处于闲置状态**

该种情形主要是指国家工作人员对请托人给予的房屋表示接受，但其本人或者特定关系人并不对该房屋进行居住或者使用，请托人也不对房屋进行居住或者使用，而是房屋处于闲置状态的情形。该情形中受贿罪既遂的认定，关键看国家工作人员或者特定关系人对贿赂标的房的控制是否处于优势地位，如果国家工作人员或者特定关系人随时能够根据自己的意愿控制该贿赂标的房屋，并能够排除请托人对贿赂标的房屋的控制，则构成受贿既遂；反之，如果请托人随时能够根据自己的意愿控制贿赂标的房屋，并能够排除国家工作人员或者特定关系人对贿赂标的房屋的控制，则构成受贿未遂。

例如，在朱某某受贿一案中，朱某某系某市某区城市管理与建设局局长兼某区城市改造办公室主任，2001 年上半年，一村镇房屋开发公司总经理汪某为感谢朱某某在城区改造项目上给予的帮助，将其购买的一套住宅房的房屋所有权证和钥匙交给朱某某，提出任其处理，该房屋建筑面积为 78.42 平方米，经价格鉴定，房产价值为 94500 元。案发后查明，该房屋一直处于闲置状态，朱某某和汪某均未对房屋进行过装修或者其他处置，也未办理过任何产权转移手续。显然，对比看，虽然本案中的贿赂标的房一直处于闲置状态，但从控制可能性上讲，由于朱某某有房屋所有权证和钥匙，其随时能够根据自己的意愿控制该贿赂标的房，处于控制的优势地位，因此应认定为受贿既遂。

### （四）贿赂标的房屋属于在建期房

从实践案例来看，还存在国家工作人员接受请托人的请托，非法收受在建期房的情形。由于在建期房尚未建成，不同于前述现房受贿，国家工作人员虽然表示愿意收受，但其本人或者特定关系人无法现实地对其进行控制，也无法享受到实际利益，因此，在建期房受贿一般宜认定为受贿未遂。不过，如果国家工作人员收受在建期房后，又通过相应的期房交易程序和规定转卖给他人，并从中获取利益的，宜认定为受贿既遂。

# 高息借贷型受贿犯罪的司法认定

傅跃建<sup>*</sup>　胡晓景<sup>**</sup>

在新近发生的贪腐案件中，犯罪手法不断翻新，高息借贷型受贿就是其中之一。这种犯罪形式以民间借贷为名行受贿之实，而较之传统意义上的受贿犯罪更具隐蔽性和复杂性。由于对此类犯罪，缺乏相关的司法解释明确予以界定，以致在司法实验中存在两个方面的困难：一是罪与非罪的认定难度大；二是受贿犯罪数额的认定争议大。笔者试结合典型案例，以收益是对权力还是对资金的回报为主线，对高息借贷型受贿犯罪的本质、类别、犯罪数额的认定等问题进行探讨。

所谓高息借贷型受贿，是指国家工作人员利用职务上的便利为请托人谋取利益，以借款的名义，提供资金给请托人使用，获取明显高于正常水平的利息，如利息远高于当地民间借贷利息或者明显高于该借款人向他人正常借款约定的利息。

## 一、 高息借贷型受贿的本质是权钱交易——高息是对权力的回报

笔者认为，判断高息借贷是民事法律行为还是受贿犯罪行为，关键在于辨明高息收益的对价——高息收益是对权力还是对资金的回报。正常的民间借贷是建立在平等、信任的基础上，收益是对生产要素即资金的回报。贿赂归根到底是建立在国家工作人员的职权之上，是职务权力的衍生物，收益是对权力的回报。所以，可以从正反两个方面来考察高息借贷行为是不是受贿行为。

【案例1】2008年4月，××市公安局消防支队副支队长陈某某向××市世贸中心负责人杨某提出，以其外甥女陈乙的名义按8%的月利率借款给杨某，杨某为在其开发的金华世贸中心工程消防设计、审核、验收等方面得到陈某某的关照，表示同意。至2008年6月，陈某某陆续借款给杨某人民币560万元，加上之前未付的利息，杨某向陈某某出具了借款600万元的借条。2010年4月，杨某归还陈某某本息，陈某某实际收取利息1064.6万元。2010年

* 浙江省金华市人民警察学校教授、中国刑法学研究会理事。
** 浙江省义乌市人民检察院职务犯罪预防科科长。

10 月，因同单位相关人员被司法机关查处，陈某某与杨某经过估算，将超出银行同类贷款四倍利率的利息 600 万元退还给杨某。

本案对于陈某某行为是否构成受贿罪存在不同意见：

第一种意见认为，陈某某向社会多人融资，其与杨某之间系正常的民间借贷，其收取的是合法借款利息，不构成受贿罪。

第二种意见认为，陈某某利用职权高息放贷属于违纪行为，但目前法律没有明确规定此种行为构成犯罪，不宜以犯罪论处，但应将其收受的利息款作为非法所得予以没收。

第三种意见认为，陈某某向职权管理对象放贷，以利息为名收受他人巨额钱财，并为他人谋取利益，其行为符合受贿罪权钱交易的本质特征，应以受贿罪定性处罚。

笔者同意第三种意见，认为陈某某的行为构成受贿罪。理由如下：

**（一）从投资规律看，不是正常的民间借贷**

正常的民间借贷，是借款人通过借贷合同在一定时期内取得资金的使用权，利息是资金使用权交易的对价。在正常的民间借贷关系中，借款人基于收益考虑，不可能支付过高的利息，否则资金产生的收益还不足以支付利息。本案中陈某某与杨某约定 8% 的月利率（即 96% 的年利率），是银行同期贷款利息的十几倍，远超正常的市场收益率，明显违背投资规律。

**（二）从法律要件看，不是有效的借贷关系**

民间借贷作为一种民事法律关系，有效的前提是主体平等、意思表达自治、符合法律规定。本案陈某某与放贷对象杨某具有职务管理关系，杨某出资的世贸中心项目在消防设计、审核、验收等事项上有求于陈某，杨某出于陈某某"职权"因素考虑，心照不宣地同意陈某某提出的"高息借贷"要求，出借人和借款人之间地位不平等显而易见。假如陈某这没有一特殊的职务背景，作为商人的杨某是不会做贴钱的"善事"的！而且此案还违反了"民间借贷利率最高不得超过银行同类贷款利率的 4 倍"的法律规定。

**（三）从因果关系看，高息是对权力的回报**

本案中陈某某利用职权为杨某的世贸中心在消防设计、审批、验收等事项中谋取了利益，杨某以高息作为对权力的利益返还和补偿，有了职务行为才有偏离一般水平的高额收益回报，陈某某的职权因素对借贷关系成立与否、利率高低起决定作用，谋利要件与受财要件形成基础性的对价交换与事实性的因果关系[1]，符合受贿罪权钱交易的本质特征。

该案虽然从客观方面的表现形式看，极似不具有刑法意义的正常民间借

---

[1] 谢杰、谷晓丽：《理财型受贿犯罪若干疑难问题的司法认定》，载《中国检察官》2011 年第 4 期。

贷关系，但透过现象看本质，实际上是特定关系双方的权钱交易，高息是交易中获利方对权力方的一种变通了的回报形式。无论委托理财型受贿的行为方式多么复杂，只要其符合受贿罪的本质特征"权钱交易"，就应该认定为受贿行为。

## 二、 高息借贷型受贿定罪的法律依据——属于委托理财型受贿

实践中对于将高息借贷型受贿行为认定为犯罪是否有违"法无明文规定不为罪"原则尚有争议。

【案例2】2009年，朱某利用担任××市副市长的职务之便，为某房地产公司在解决房地产项目拆迁遗留等事项上谋取利益，该公司实际控制人徐某为表示感谢，让朱某"投资"其公司项目并保证给予月息不低于3%或两年内翻一番的"高额回报"。2009年11月，朱某投入200万。2010年8月，徐某归还本金和"收益"共计400万元。2012年8月，因另一名行贿人员被司法机关查处，朱某退还徐某100万元。

对于案例1、2中陈某某、朱某的受贿行为存在不同意见：

第一种意见认为，陈某某、朱某以高息借贷、高收益投资形式受贿，是委托理财型受贿的一种或是其变异，均应参照"两高"2007年《关于办理受贿刑事案件适用法律若干问题的意见》（以下简称《意见》）第4条规定办理，属于"以其他委托理财的名义，虽然实际出资，但获取'收益'明显高于出资应得收益"的情形，"受贿数额，以'收益'额与出资应得收益额的差额计算"。

第二种意见认为，陈某某以借贷为名收受高息贿赂，是交易型（资金使用权和利息的交易）受贿，符合《意见》第1条"以其他交易形式非法收受请托人财物的"的情形，"受贿数额按照交易时当地市场价格与实际支付价格的差额计算"；而朱某以投资为名收受高利回报，是委托理财型受贿。

第三中意见认为，陈某某、朱某都与请托人约定了最低利息利率，都是以"融资"之名行贿赂之实，均为交易型受贿。

笔者同意第一种意见，认为陈某某、朱某的行为均以委托理财型受贿处理为宜。理由如下：

### （一）高收益投资属于委托理财

委托理财不是一个严格意义上的法律概念，只是人们约定俗成的一种称谓。广义的委托理财是指委托人将自己的财产或财产权利委托给他人管理、处分以获取收益的行为。高收益投资属于广义的委托理财。狭义的委托理财仅指金融市场上的理财行为，即委托人将自有资金委托给金融、非金融投资机构或者专业投资人员，由后者投资于证券、期货市场，所获收益按双方约

定进行分配的经营行为。①  笔者认为，以广义的委托理财为名，和以狭义的委托理财（即委托投资证券、期货）为名，行受贿之实，没用本质区别。因此《意见》在"以委托投资证券、期货"之外规定"其他委托理财"形式，应从广义上理解委托理财概念。

**（二）高息借贷与委托理财合同中的"保底条款"契合**

一般而言，委托理财合同中的保底条款可分为三种：受托人向委托人作出的保证本金不受损失，超额分成；保证本息最低回报，超额分成；保证本息固定回报，超额归受托人所有。在第三种保本固息类委托理财合同中，委托理财相当于借款融资，出资资金实则是出借资金——贷款，固定回报则是取得资金使用权所支付的对价——利息，期限届满后连本带息一并归还委托人，至于投资的盈亏则完全由受托人（即借款人）负责，这时双方的委托理财关系与资金借贷关系无异。以高息借贷为名受贿也即以委托理财为名受贿。

**（三）不必区别对待高息借贷和高收益投资型受贿**

根据委托理财合同中"保底条款"的分类，陈某某以借贷为名收受高息，属于第三种保证本息固定回报的委托理财；朱某以投资为名收受高收益，约定"月息不低于3%或两年内翻一番"，属于第二种保证本息最低回报的委托理财。笔者认为，订有上述三类"保底条款"的委托理财合同均具有"只赚不赔"的共同特征，陈某某、朱某与请托人立约目的、履行方式无实质不同，不必区别对待，因此以高息借贷、高收益投资形式受贿均应认定为委托理财型受贿。

## 三、 高息借贷型受贿犯罪数额的认定——厘清哪部分收益是对权力的回报

《意见》第4条规定，以委托理财的名义，"虽然实际出资，但获取'收益'明显高于出资应得收益的，以受贿论处。受贿数额，以'收益'额与出资应得收益额的差额计算"。确定"出资应得收益"成为认定高息借贷型受贿数额的关键，也即认定哪部分收益是对权力的回报，哪部分收益是对资金的回报。

【案例3】××省高级人民法院法官包某在承办一起房地产纠纷二审案件中，认识了一方当事人陈某，并与其多次私下接触，认为陈某经营的房地产项目有利可图，遂以个人借款名义在陈某处投入200万元，并主动约定30%的年息。据查，陈某向他人借款利率普遍为年利率24%。

【案例4】××市原副市长张某利用职务便利，为某公司在承接市政工程

---

①  杨柯一、李元聚：《"委托理财"型受贿犯罪的司法认定》，载《中国检察官》2013年第11期。

及工程款拨付等方面谋取利益。2004 年至 2009 年间，张某先后向该公司借款 300 万元，收取利息回报 350 万元。经查，该公司由于资金紧张，曾向个人和企业融资用于公司资金周转，其中向个人借款利率在 8%～10%，向企业拆借资金利率最高不超过 15%，而当地同期民间借贷年利率最高不超过 20%。

从全国各地判例来看，"出资应得收益"有四种不同的判断标准：

一是以银行同期存（贷）款利率为标准。如案例 2 中，法院审理认为，朱某收取的"投资回报"应扣减银行同期同类贷款利率（年利率 5.31%）计付利息 7.67 万元。

二是借款人向其他人员借款的一般利率为标准。如案例 3 中，法院审理认为，包某实际收到的利息款减去陈某通常向他人借贷支付的利息款，高出部分（6% 年利率）认定为受贿数额。

三是以当时当地民间借贷的一般利率为标准。如案例 4 中，法院审理认为，应以超出当地同行业同期民间资金拆借利率 20% 以上的部分作为张某受贿数额的计算标准。

四是以银行同期贷款利率的 4 倍为标准。如案例 1 中，法院审理认为，超过银行同期贷款利率 4 倍的部分应认定为受贿数额。

笔者认为，"应得收益"属于证据问题，它首先是一个客观标准，需要解决参照的基准收益的标准问题，同时"应得收益"又是一定主体所作的价值判断，是一种主观评价，需要解决判断的主体及其主观认识问题，认定"应得收益"，应坚持我国刑法主客观相统一的原则，综合个案证据，进行具体分析。

**（一）借款人没用融资需求的，以银行同期存款利率为标准**

认定高息借贷型受贿的数额首先要对借款人是否有融资需求进行判断。借款人不需要借贷资金，国家工作人员利用职权高息放贷的，高额利息即受贿款，但考虑到国家工作人员出具借款这一客观事实，可以扣减银行同期银行存贷款利息。在案例 2 中，徐某的企业没用向社会融资，法院以银行同期贷款利率为标准，超出部分收益认定为朱某受贿所得，笔者基本认同，但认为扣减同期存款利率比扣减同期贷款利率更准确。借款人有融资需求的，则要进一步具体分析。

**（二）优先考虑借款人向其他人员借贷的一般利率、当时当地民间借贷的一般利率**

借款人向其他人员借贷的一般利率、当时当地民间借贷的一般利率能够体现"应得收益"的市场价格，是优先参考标准，可以按照主客观相统一、有利于被告人的原则作出具体选择。在案例 3 中，包某在陈某提出通常年息为 24% 的情况下，主动要求年息 30%。这里，陈某向他人借款的普遍年利率

下卷·五

为24%，虽然超过超过银行同期利率的 4 倍，但符合当时当地的市场行情（该省一些地区民间借贷年利率高达 20% 以上）和包某的主观认识，应优先作为参照标准。在案例 4 中，企业对外融资的最高利率为 15%，但张某对此不知情，他有预期的是当地同期民间借贷最高年利率 20%，同时张某辩称受贿数额应该扣除银行同期贷款利率的四倍利息（高于 20%）。对此，法院选取当地同期民间借贷最高年利率 20% 为标准计算合理收益，符合主客观相统一、有利于被告人的原则。

**（三）在难以查实"应得收益"情况下，以银行同期贷款利率四倍为补充标准**

根据最高人民法院 1991 年发布的《关于人民法院审理借贷案件的若干意见》，民间借贷的利率可以适当高于银行的利率，但最高不得超过银行同类贷款利率的四倍。该标准可视为合法民间借贷利息的最高"市场价格"，具有法定性，但难以解决全国不同地区不同时期民间借贷利率不平衡的问题。因此只有在借款人向其他人员借贷的一般利率、当时当地民间借贷的一般利率难以调查取证核实的情况下，再以银行同期贷款利率四倍为补充标准。案例 1 中，杨某支付给其他不特定人员的一般利息难以确定，民间借贷的一般利率也因时机、期限不同多有浮动，但和银行同期贷款利率的四倍相差不大，因此承办该案的法院选择以银行同期贷款利率的四倍为标准计算陈某某的出资应得收益，笔者认为是正确的。

# 退赃影响受贿罪量刑问题研究

王剑波* 景景**

退赃，并不是刑法典规定的影响受贿罪量刑的法定量刑情节，但在司法解释中有具体的规定。2009年最高人民法院、最高人民检察院《关于办理职务犯罪案件认定自首、立功等量刑情节若干问题的意见》（以下简称《意见》）第4条规定："受贿案件中赃款赃物全部或者大部分追缴的，视具体情况可以酌定从轻处罚。"退赃不是法定量刑情节，因此对于退赃的定义仍有争议。有学者认为，退赃是一种因犯罪行为产生的民法上侵权行为之债得以赔偿的一种强制性民事责任的承担方式。[1] 还有学者认为，退赃是指犯罪人在犯罪之后一定期限内退还赃款、赃物的积极行为。[2] 上述定义侧重点不同，均具有其合理性。笔者认为，就受贿犯罪而言，退赃是指犯罪人或者被告人本人或委托他人在犯罪后积极退还受贿所得赃款赃物的行为。从笔者的调研访谈和对所收集到的受贿罪判决文书来看，退赃情节在受贿罪的司法实践中应用非常广泛，基本上每份判决书中都会写明赃款赃物的退缴情况，所以，退赃情节有可能成为影响受贿罪量刑均衡的因素。因此，下文拟在分析退赃在受贿罪量刑中的适用现状的基础上，探讨退赃这一酌定量刑情节的规范适用问题。

## 一、 退赃在受贿罪量刑中的适用现状

笔者就受贿罪量刑问题进行了调研，并就退赃在受贿罪量刑中的适用现状问题访谈了全国各地的司法工作人员，还从全国各地收集到了1341份有受贿犯罪有效裁判文书并一一编号，判决书中涉及的被告人共计1400人。在笔者收集的样本中，全部退赃的被告人共计1018人，占被告人总数的72.7%；部分退赃的共计227人，占被告人总数的16.2%；没有退赃的共计155人，仅占被告人总数的11.1%。经统计分析，退赃情节对于主刑量刑结果的影响

---

* 首都经济贸易大学法学院副教授、硕士生导师、法学博士、博士后。
** 最高人民法院立案庭法官助理、法学博士。
[1] 徐祥：《论追、退赃》，载《法学》1994年第5期。
[2] 郭荣通、吴纲要：《贪污、贿赂案件中退赃情节的认定和处理》，载《湖南省政法管理干部学院学报》1999年第1期。

并不是很大,[①] 但由于其适用范围较广,研究分析退赃情节的相关问题,正确认定和处理退赃情节,具有重要意义。下文笔者对全国各个地区的退赃情节认定情况进行对比:

表1 各抽样地区退赃情节适用情况

| 地区 | 全部退赃 | | 部分退赃 | | 不退赃 | |
|---|---|---|---|---|---|---|
| | 频率 | 百分比 | 频率 | 百分比 | 频率 | 百分比 |
| 东北（200 人） | 139 | 69.5 | 50 | 25.0 | 11 | 5.5 |
| 华北（200 人） | 120 | 60.0 | 47 | 23.5 | 33 | 16.5 |
| 华东（200 人） | 157 | 78.5 | 29 | 14.5 | 14 | 7.0 |
| 华中（200 人） | 139 | 69.5 | 38 | 19.0 | 23 | 11.5 |
| 华南（200 人） | 146 | 73.0 | 19 | 9.5 | 35 | 17.5 |
| 西南（200 人） | 145 | 72.5 | 31 | 15.5 | 24 | 12.0 |
| 西北（200 人） | 172 | 86.0 | 13 | 6.5 | 15 | 7.5 |
| 总计（1400 人） | 1018 | 72.7 | 227 | 16.2 | 155 | 11.1 |

从表1可以看出,各地区之间的退赃情况有一定差异。华东地区和西北地区的全部退赃比例较高,分别达到86%和78%;东北、华中、华南、西南地区的全部退赃比例在70%左右徘徊,华北地区的全部退赃比例最低,但也达到了60%。部分退赃比例的差异相对较大,最低的是西北地区,仅有6.5%;最高的是东北地区,达25%。不退赃的比例差异也较大,最低的是东北地区,仅有5.5%;最高的是华南地区,达17.5%。从调研访谈和对样本文书的分析结果看,由于立法上没有明确退赃行为的性质,司法解释的规定也并不是很细致,司法实践中对退赃情节的认定和适用有一定程度的随意性,法官对退赃是否能够从宽、从宽幅度多大、从宽的标准和范围是什么等问题的认识并不统一,所以,各地区认定退赃比例存在较大差异,这有可能导致受贿罪在量刑实践中的失衡。因此,深入研究退赃行为的性质及退赃情节的地位,规范退赃情节在受贿罪量刑中的适用标准是非常必要的。

## 二、 退赃行为的性质及退赃情节的地位

目前,退赃情节并非法定量刑情节,对其性质及地位都有一定的争议,下文拟对此问题进行分析。

---

① 王剑波、景景:《受贿罪量刑影响因素问题研究》,载《北京师范大学学报》(社会科学版) 2014 年第 6 期。

### （一）退赃行为的性质——权利行为还是义务行为

我们首先要明确退赃行为的性质，这一问题决定了对退赃行为是否应该从宽以及如何从宽的问题。这是因为，法律行为的性质有两种，一种是行使权利的行为，一种是完成义务的行为。如果犯罪人在犯罪后必须退出赃款，则犯罪人的退赃行为就是完成义务的行为；如果犯罪人在犯罪后可以退赃也可以不退赃，则其退赃行为就是行使权利的行为。如果将退赃行为视为行使权利的行为，那么是否退赃就是犯罪人的自由选择，如果退赃则应从轻处理，不退赃也不应从重处罚；如果将退赃行为视为完成义务的行为，那么犯罪人必须退赃，如果退赃可以适当从轻处罚，不退赃则应从重处罚。

对于退赃行为的性质，有学者认为，退赃是一种积极的行为，而不是一种债的承担方式。[①] 还有学者认为，首先，从民事法律关系来看，退赃是犯罪分子的义务；其次，从退赃行为与犯罪事实之间的内在联系来考察，退赃行为是悔罪表现；再次，从现行刑事法律的规定看，退赃行为是附条件的从宽情节。[②] 目前，我国相关法律对退赃行为的性质并没有作出具体的规定。但是，前文所述的"两高"《意见》第4条明确规定："贪污案件中赃款赃物全部或者大部分追缴的，一般应当考虑从轻处罚。受贿案件中赃款赃物全部或者大部分追缴的，视具体情况可以酌定从轻处罚。"也就是说，受贿犯罪有退赃行为的可以从轻处罚，但没有退赃行为的并不从重处罚，仍在法定幅度内处罚即可。

笔者认为，受贿罪犯罪分子所得赃款是其利用手中权力换取的，而其手中权力是国家和人民赋予的，并不归属于个人；受贿罪与贪污罪有所区别，贪污罪犯罪分子将贪污的公款退回后就能帮助国家挽回一定的损失，但受贿罪犯罪分子即使将收受的贿赂退回，也无法挽回周围的人民群众对公权力的信任。基于上述原因，笔者认为，犯罪分子的受贿所得必须上交，不能占为己有，退赃行为应属于完成义务的行为，反映了犯罪分子的认罪悔罪之心，基于这个角度考虑可以从轻处罚。

### （二）退赃情节的地位——是否应规定为法定情节

理论界与实务界有不少人提出，退赃情节应作为法定情节规定。有的论者认为，司法实践中，赃款退还情况往往只是一种酌定量刑情节，由此产生的负面影响是多方面的：造成国家财产大量流失；不利于打击贪利性职务犯罪；造成判决合法但不合情理的情况；造成不良的社会影响。[③] 有的论者认为，对具有退赃情节的犯罪人从轻处罚符合现代责任主义的要求，把退赃规

---

① 姜涛：《我国退赃制度之审视与重构》，载《法商研究》2006年第2期。

② 吴纲要：《贪污、受贿案件中退赃情节的认定和处理》，载《人民司法》1996年第9期。

③ 李强、宋晓捷：《退赃可作为贪利型职务犯罪的法定量刑情节》，载《人民检察》2005年第15期。

定为法定量刑情节既有利于鼓励犯罪分子改过自新，恢复被破坏的社会秩序，又可以节约国家的司法资源，是必然之势。① 还有的论者认为，将退赃作为重要的从宽量刑情节写进我国刑法具有理论上的科学性、实践中的必要性、实践中的可行性。② 笔者对上述观点表示认同，在退赃情节适用如此广泛的情况下，将其作为法定量刑情节予以规范不失为一种较好的选择。但需要注意的是，如果将退赃情节作为法定量刑情节规定，就应该将其视为完成义务行为、悔罪行为加以规定，即：退赃则予以适当从宽处罚，不退赃则予以适当从重处罚。如果仅规定退赃从宽处罚，不退赃并不予以从重处罚，会使人民群众产生"以钱买刑"的疑问，不利于惩罚受贿罪，实现受贿罪的量刑均衡。

目前，退赃仍然是酌定从宽量刑情节，立法上的不明确使法官对退赃情节的认定出现了偏差。例如，西南地区案件编号 93 的案件，被告人受贿 50 余万元，只退赃 10 余万元，但因有自首情节及悔罪情节被判处有期徒刑 9 年；而华中地区案件编号 25 的案件，被告人受贿 15 万元，全部退清赃款，但因除此之外仅有坦白这一法定从轻情节，没有自首、立功等其他可以减轻处罚的情节，而被判有期徒刑 11 年，这样就出现了量刑结果上的不均衡。笔者认为，在退赃情节仍为酌定量刑情节的情况下，要正确处理好退赃问题，必须把握好从宽的范围以及从宽的标准。对于退赃是否一定从宽的问题，司法实践中有两种做法，一种是参照司法解释的规定，对有退赃情节且符合从宽条件的均予以从宽处理；另一种是对有退赃情节的被告人不一概从宽处理。笔者比较赞同第二种做法，是否从宽处理应结合案件的具体情况决定：其一，对受贿次数多，主观恶性深，或者受贿行为给国家和集体带来了重大损失，造成人民群众死伤等严重后果的，不宜从宽处理；其二，犯罪人虽然能够积极退赃，但在案件侦查和法庭审理阶段隐瞒案件事实，拒不如实供述，或者避重就轻不彻底交待，或者否认其受贿行为的性质，就说明其没有悔改的诚意，无法印证其真诚悔过的意图，对这种犯罪分子也不宜从宽处罚；其三，尤其需要注意的是，在决定对应判处死刑的被告人从宽时要从严掌握，除有特殊情况外一般不能仅因有退赃情节而免予死刑。

## 三、 统一退赃情节在受贿罪量刑中的适用标准

由于法律规定得不够详细，司法实践中对于退赃情节如何认定方面的问题层出不穷，笔者经访谈司法工作人员后对其中的问题进行了总结和归纳，主要有如下问题：其一，退赃时间如何确定？比如在审判阶段退赃的能否认

---

① 姜涛：《我国退赃制度之审视与重构》，载《法商研究》2006 年第 2 期。
② 王育军：《退赃应规定为法定情节》，载《法学研究》1996 年第 6 期。

定为积极退赃？其二，退赃与追缴赃款是否能同等对待？办案机关追缴的赃款能否认定为积极退赃？下文拟就上述问题阐述自己的观点。

**（一）应限制退赃的时间**

笔者经查阅收集的判决书样本，大部分犯罪人的退赃行为都发生在侦查阶段或者审查起诉阶段，究其原因，主要是由于犯罪人被采取强制措施后，急于求得宽大处理，在案件侦办阶段退赃，表明了自己积极认罪的态度，而且，追回赃款是检察机关办理受贿等职务犯罪案件中考核的一项重要指标，为了给国家挽回损失，办案人员也会千方百计使犯罪人退出赃款。但是，也有个别的被告人是在审判阶段退赃的，实践中对这种情况是否认定为退赃、是否从轻处罚，各地区、各法官之间的认识存在差异，在一定程度上造成了量刑的失衡。例如，同为受贿 20~30 万元的被告人，退出赃款的时间也均是在法院一审庭审前，华东地区案件编号 29 案例中的被告人被认定为有退赃情节，从轻处罚，判处有期徒刑 10 年；而华北地区案件编号 88 案例中的被告人虽然被认定为有退赃情节，但却没有明确因退赃而从轻处罚。

现行司法解释并没有对退赃的时间作出限制性规定，有观点认为，对退赃给予一定的期限限制十分必要，犯罪人作案后直至案件审理终结（包括二审）前，应视为退赃有效期。[①] 笔者认为，退赃的时间反映出犯罪人对其已实施犯罪行为的主观心态，体现了其认罪态度，在一定程度上直接影响着案件的调查和审理，对退赃的时间加以限制并在量刑上有所区分有利于解决目前司法实践中认定不统一造成的量刑不均衡问题。具体来说：犯罪人在侦查阶段退赃，办案机关基本上就查清了赃款去向，定罪证据更加充分，便于早日将案件移送审查起诉，相比还需大量人力、物力、财力查证赃款去向的情况而言，无疑节约了大量的司法资源，因此应对在侦查阶段的退赃行为规定较大的从宽幅度；在审查起诉阶段甚至在案件移送法院审理阶段的退赃，对侦办案件没有帮助，但体现了犯罪人的悔过之心，为国家挽回了经济损失，也应从轻处罚，但从轻处罚幅度应小于在侦查阶段的退赃；在案件一审结束尚未退赃，而在二审法院审理期间退赃的，除不是因客观原因无法提前退赃的情况之外，此类犯罪人抱有一定的侥幸心理，悔过之心不强，但从其能为国家挽回损失的角度出发，可以考虑给予其从轻处罚，也可不对其从轻处罚。

**（二）应区分追赃与退赃**

司法实践中，有的法官对追赃和退赃行为不加区分，一概予以从轻处罚。例如，东北地区案件编号 39 的案件，被告人孙某系某区副区长，其采取弄虚作假的手段，违规批准了某实业发展中心 14000 平方米的用地申请，为此，

下卷·五

---

① 郭荣通、吴纲要：《贪污、贿赂案件中退赃情节的认定和处理》，载《湖南省政法管理干部学院学报》1999 年第 1 期。

该实业发展中心经理于某提出要对孙某表示感谢，二人商定，用孙某96平方米的一套旧住宅楼，置换于某开发的正阳小区186平方米的一套新房（价值约70万元），事后不久，孙某装修入住新宅，后孙某欲将旧房交出，于某表示不收，孙某遂将此旧房卖掉得款18万元。两年后，孙某以正阳小区物业管理不好为由，要求置换于某开发的另一楼盘的新房，于某不同意再次置换，遂拿出现金70万元交给孙某，让其自己选房、买房。案发后，此款被省纪委收缴。本案中，被告人孙某并不是主动退赃，也不是其家属代为退赃，而是被办案机关追缴，但判决书中仍然认定孙某"犯罪后赃款已全部被追缴，可酌情予以从轻处罚"，最终孙某被判处有期徒刑10年6个月。以上不论是退赃还是被迫退赃，只要庭审结束前赃款能够上缴，即被认为有从宽情节而予以从轻处罚的情况并不是个例，而是确有一定数量的法院和法官如此理解退赃行为。

有学者认为，退赃是罪犯主观上的悔罪行为，追赃则是与罪犯主观无关的司法行为。故不能将两者混为一谈，更不能将追赃挽回损失等同于罪犯退赃对罪犯予以从宽量刑。追赃挽回的损失，最多只能作为量刑的其他因素予以考虑，而绝不可过度强调。① 本文对这种观点表示认同，在赃款系被追缴的情况下仍然予以从轻处罚，混淆了追赃和退赃之间的区别，不符合法律规定。如前文所述，退赃是被告人完成义务的行为，表明了其悔过之心，而赃款被办案机关追缴则并不等同于被告人积极退出赃款赃物的行为，是被动交出，在此过程中看不出其有何悔罪之心，人身危险性并没有因此而有所降低，对其从宽处罚与立法初衷相悖。退一步讲，即使将退赃行为视为行使权利的行为，由于犯罪人交出赃款的过程缺乏主动性，在整个过程中体现不出来其试图赎罪的心理特征，对其从轻处罚同样没有理由。那么，法院出于什么考虑对其从轻处罚呢？法院可能主要是考虑到其受贿赃款已经被追缴，给国家、人民造成的损失已经挽回，所以可以从轻处罚。但这种看法似有不妥，原因在于：与贪污罪相比，受贿罪的实质在于权钱交易，即利用手中的权力换取经济利益，把权力视为可以买卖的商品，在交易过程中，不仅使受贿人、行贿人本人认为权力和金钱是可以交易的，同样也使没有得到利益的其他人认为权力和金钱是可以交易的，对社会的负面影响直接而且恶劣；而反观贪污罪，犯罪分子主要是利用职权将本属于国家的钱据为己有，周围的人民群众有可能并不知情或了解不多，相对于受贿罪而言，贪污罪给周围人民群众的恶劣影响没有受贿罪直观。因此，在退赃情节的认定上，不宜将受贿罪与贪污罪等同，赃款虽已追缴，但受贿行为造成的直观不良影响并未消减，如若

---

① 王育军：《退赃应规定为法定情节》，载《法学研究》1996年第6期；王元：《退赃应规定为法定情节》，载《今日信息报》2008年7月16日，第A02版。

从轻处罚反而容易引起人民群众对"用钱买刑"的误解。

笔者认为，应当本着主客观相统一的原则将退赃和追赃区别开来，犯罪人主观上有积极退赃的意图，客观上又有相应的退赃事实，才能认定为有退赃情节。具体来说，犯罪人主观上必须真诚悔过，受威胁、诱使而退出赃款的均不能表明犯罪人悔过的意图，即使是犯罪人家属在其不知情的情况下代为退赃，也不能认定犯罪人本人具有悔过意图，犯罪人被责令退缴的情形更不能认定为退赃。而且，办案机关在案件调查中已经掌握赃款去向的线索，或犯罪人及其家属迫于无奈退赃的，不宜认定为有退赃情节。也就是说，对于退赃情节的认定应限定在犯罪人本人主动清退或委托他人代为退出两种情形，只有这两种退赃才具有刑法上的意义，才具有在量刑上予以从宽的理由，而赃款被办案机关追缴的情况因缺乏犯罪人主观上积极清退的意图，不应被认定为退赃而予以从轻处罚。

**（三）应考虑退出的数量**

司法实践中，有的犯罪人退出了全部赃款，有的犯罪人没有退出全部赃款，如前文的统计数据，1400 名被告人中，全部退赃的比例为 72.7%，部分退赃的比例为 16.2%，在部分退赃的犯罪人中，有的退出了大部分赃款，有的仅退出了小部分赃款，法官考虑到被告人能够部分退赃，通常也给予从轻处罚。那么，退赃是否要求必须退出全部赃款呢？有学者认为，"一般情况，犯罪嫌疑人退了绝大部分或全部赃款赃物的，可以从宽处理。相反，有能力退赃而拒不全部退赃，或者因犯罪数额大，虽有退赃行为，但退赃额较小，给国家或集体造成重大损失的，也不能从宽处理。"[①] 笔者对司法实践中无论退赃多少均给予从轻处罚的做法持有异议，即便从宽幅度有所差异，仍不宜一律给予从宽处罚。笔者认为，退赃必须全部退出赃款赃物，才能予以从宽处理。对于虽有退赃行为，但未退出全部赃款或其犯罪行为给国家、集体造成损失的，不宜予以从宽处罚。当然，对于受贿数额小，犯罪分子家庭生活比较困难，如犯罪分子的父母卧病在床，该犯罪分子实际上已经竭尽所能退出赃款的，或者因其他客观原因无法退清全部赃款的，即使其并没有退出全部赃款，仍然可以考虑予以从轻处罚。

---

① 参见郭荣通、吴纲要：《贪污、贿赂案件中退赃情节的认定和处理》，载《湖南省政法管理干部学院学报》1999 年第 1 期。

# 受托与谋利分离时贿赂犯罪的
# 层级式定性思路

张　豫[*]　鞠佳佳[**]

简单的传统贿赂犯罪一般仅涉及行贿人（请托人）与受贿人（受托人）两方关系，而在更为复杂的情况下，当受托人与为他人谋取利益者分离，即受托人通过其他国家工作人员职务上的行为为请托人谋取利益，则会出现请托人、受托人以及被利用的国家工作人员（直接为他人谋取利益者）三方关系。在三方关系下，贿赂犯罪的内部结构更加复杂，关系更为交错，行为性质更易混淆，此时如何正确认定受托人的行为性质便成为一个值得研究的问题。

## 一、　受托与谋利分离时贿赂犯罪的类型与重合点

要对受托与谋利分离的贿赂犯罪正确定性，首先要划定研究的范围，即犯罪类型，以及找出它们之间可能出现重合的交点。

### （一）受托与谋利分离时贿赂犯罪的类型

根据刑法的规定，受托人与为他人谋利者分离的贿赂犯罪主要包括三种：共同受贿、斡旋受贿以及利用影响力受贿。

共同受贿行为涉及两个以上的主体，有多种表现形式，其中一种就是，一个国家工作人员接受请托，通过其他国家工作人员的行为为请托人谋取利益，二者共同收受贿赂，这种情况在实践中大量存在。斡旋受贿，即国家工作人员利用本人职权或者地位形成的便利条件，通过其他国家工作人员职务上的行为，为请托人谋取不正当利益，索取或收受请托人财物。而利用影响力受贿，则是国家工作人员的近亲属或者其他与该国家工作人员关系密切的人，通过该国家工作人员职务上的行为，或者利用该国家工作人员职权或者地位形成的便利条件，通过其他国家工作人员职务上的行为，为请托人谋取不正当利益，索取请托人财物或者收受请托人财物的行为。[①] 显然，这三种

---

　*　北京市顺义区人民检察院检察长。

　**　北京市顺义区人民检察院法律政策研究室副主任。

　①　刑法第 388 条之一第 2 款规定的离职的国家工作人员及其近亲属或其他关系密切的人构成的利用影响力受贿罪与第 1 款的规定道理相同，此处仅以第 1 款的规定为例进行论证。

贿赂犯罪中受托人与为他人谋取利益者相分离，均存在请托人、受托人以及为他人谋利者三方关系。

**（二）受托与谋利分离时不同类型贿赂犯罪的重合点**

上述三种贿赂犯罪具有某些共同特征，存在重合点，在某些情况下极易发生混淆。具体见下表：

| 定性＼构成要件 | 斡旋受贿 | 利用影响力受贿 | 共同受贿 |
|---|---|---|---|
| 主体身份 | 国家工作人员 | 国家工作人员的近亲属或者其他与该国家工作人员关系密切的人，包括国家工作人员和非国家工作人员 | 可以均为国家工作人员，也可以是国家工作人员与非国家工作人员 |
| 利用何种关系 | 利用本人职权或地位形成便利条件 | 利用与国家工作人员之间的密切关系 | 利用职务上的便利或直接利用职务 |
| 行为 | 通过其他工作人员职务上的行为，为请托人谋取不正当利益，索取请托人财物或收受请托人财物 | 通过该国家工作人员职务上的行为，或者利用该国家工作人员职权或者地位形成的便利条件，通过其他国家工作人员职务上的行为，为请托人谋取不正当利益，索取请托人财物或者收受请托人财物 | 表现形式之一：其中一个国家工作人员通过其他国家工作人员为请托人谋取利益，索取请托人财物或非法收受请托人财物 |

1. 客观行为的重合点。三种贿赂犯罪在客观方面均可能表现为一个行为人接受请托，利用其他国家工作人员的职务行为为请托人谋取利益，索取或收受请托人财物，即受托人与为他人谋利者（被利用者）相分离。

2. 利用关系的重合点。受托人通过其他国家工作人员为请托人谋取利益，三种贿赂犯罪中受托人利用不同的关系对其他国家工作人员施加影响：共同受贿是直接利用本人职务上对被利用者的隶属、制约关系等职务上的便利或直接利用职务；斡旋受贿是利用本人职权或者地位形成的便利条件；利用影响力受贿是利用与国家工作人员的密切关系。虽然三者各不相同，但三者可能同时存在，也就是说一个行为人可能兼具三种情况，既与被利用者有职务或工作联系，又是其关系密切的人。

3. 主体方面的重合点。斡旋受贿行为的主体是国家工作人员；利用影响力受贿的主体包括国家工作人员的近亲属或者其他与该国家工作人员关系密切的人，该近亲属或关系密切的人可以是国家工作人员，也可以是非国家工作人员；而共同受贿的主体可以均为国家工作人员，也可以是国家工作人员与非国家工作人员。三者在行为主体上有重合。

正因为三种贿赂犯罪存在上述重合点，当重合点交织在一起时，对受托人如何定罪便容易发生混淆。受托人通过其他国家工作人员为请托人谋取利益，如果受托人本身是国家工作人员，与为他人谋利的国家工作人员（被利用者）有职务或工作关系，同时又是与国家工作人员（被利用者）关系密切的人，那么行为人通过其他国家工作人员为请托人谋取利益的行为，究竟属于斡旋受贿、利用影响力受贿还是与被利用的国家工作人员构成共同受贿？举一个案例进一步说明该问题：张某为在职民警，其朋友王某为了让自己的两个孩子在几年之后能够到北京参加高考，托张某想办法将两个孩子的户口迁入北京，并于 2009 年 3 月给了张某 20 万元作为活动经费。张某找到自己在另一个派出所工作的好友郭某（户籍民警），将王某托自己办户口的情况告诉他。郭某说风险太大，办不了。张某就说："孩子户口先落你这里，一落下来我保证马上再迁到别的辖区去。"郭某仍然犹豫不决。张某见状，当场拿出装着 20 万元钱的信封对张某说："这些是孩子家长给的钱，你不要推拖了。"随即从中抽取 10 万元给了郭某。几天后，郭某违反规定给两个孩子办理了落户手续，同时开出迁移证。一周后，张某拿着迁移证将孩子的户口迁到别的派出所辖区。在该案例中，张某本身是国家工作人员，又与郭某有工作联系，还与郭某是好友，在形式上同时具备了共同受贿、斡旋受贿和利用影响力受贿的身份要件和行为要件。张某行为的定性问题，实际上就是三种贿赂犯罪的区别与认定问题。

## 二、 受托与谋利分离时贿赂犯罪的定性思路

通过上文的分析可以得出，三种贿赂犯罪在行为上最根本的不同在于，利用了不同的关系促使其他国家工作人员为请托人谋取利益，因此要对三种贿赂犯罪进行准确区别，关键就在于判断行为人利用了什么关系促使其他国家工作人员为请托人谋取利益：如果直接以贿赂财物促使其他国家工作人员为他人谋取利益，实际上形成了共同故意，共同实施了权钱交易的行为，构成受贿罪的共犯；如果利用了本人职权或地位形成的便利条件，就属于斡旋受贿；如果利用了与国家工作人员的密切关系，则属于利用影响力受贿。

接下来的问题是，判断行为人利用了何种关系需按照什么样的思路进行，特别是在三种关系同时具备、相互交织的情况下如何进行判断。笔者认为，这种判断需遵循一定的顺序，在定性分析上具有层次性，就是按照行为人所利用的关系与职务行为的远近，由近及远依次判断，如果符合上一层次，就直接按照相应的罪名定罪，不需再进行下一层次的判断；如果不符合上一层次，再进行下一层次的判断。具体来说：第一层次，判断行为人是否直接利用了本人在职务上对其他国家工作人员的隶属、制约关系，即直接利用本人

职务便利，共同收受贿赂，或者是否直接利用贿赂财物促使其他国家工作人员为他人谋取利益。如果有上述情况，则可能构成共同受贿。第二层次，如果不具有第一层次的情况，则判断行为人是否利用了本人职权或者地位形成的便利条件，判断是否属于斡旋受贿。第三层次，如果不具有前两层次的情况，再判断行为人是否利用了与国家工作人员的密切关系，以此判断是否构成利用影响力受贿罪。

需要进一步说明的是，之所以说对该问题的定性判断具有层次性，是因为受贿犯罪的本质是权钱交易，行为人所利用的关系与职务行为的远近影响着权钱交易的直接性，因利用关系的不同三种贿赂犯罪中权钱交易呈现出由直接到间接的形态。共同受贿中，行为人本身直接利用本人职务便利或以贿赂财物促使其他国家工作人员为他人谋取利益，实际上是直接进行权钱交易；斡旋受贿，行为人虽不是直接利用本人的职务便利，但利用的是因本人职权或地位而形成的便利条件；而利用影响力受贿，利用的则不是与本人职权有关的条件，而是利用本人与国家工作人员密切关系，从而影响到国家工作人员的职务行为。可见，三种贿赂犯罪的行为本身就呈现出一种与行为人职权由近及远的关系，即直接的职务行为或贿赂行为——间接的职务行为（利用职权或地位形成便利条件）——无职务行为（利用密切关系），离职权越近，权钱交易就越直接，因此如果符合前一层次，就意味着与行为人职务行为的关系更紧密，已经能充分体现出权钱交易的本质，无须再考虑后一层次的关系。

## 三、 受托与谋利分离时贿赂犯罪定性的具体分析

按照前述层级式的定性思路，下文以行为人利用了何种关系使其他国家工作人员为请托人谋取利益为区分的关键点，对三种贿赂犯罪进行具体分析：

（一）第一层：共同受贿——行为人利用的关系是否可评价为共同受贿

如果行为人直接利用本人职务便利，如与被利用国家工作人员有上下级等隶属、制约关系，视为利用职务便利，二人共同收受贿赂，此时二者之间形成了受贿的共同故意和共同行为，构成共同受贿。再比如，虽没有隶属、制约关系，但直接以贿赂财物促使其他国家工作人员为请托人谋取利益，形式上行为人虽没有利用本人职务便利，但实质上其与被利用的国家工作人员已经通过贿赂财物达成了受贿的共同故意，并有受贿的共同行为，成立共同受贿。正如有学者指出斡旋受贿与共同受贿的区别是：主观上，行为人不能以任何明示或暗示的方式给予被利用的国家工作人员以好处，即主观上没有共享贿赂款物的故意，如果有这种故意就转变为相互勾结共同受贿的主观故意；客观上，被利用的国家工作人员没有分得贿赂款物，否则应以共同受贿

犯罪论处。① 笔者认为,这种区别也存在于利用影响力受贿与共同受贿之间。以前文所举案例进一步分析,案例中张某与郭某在同一单位工作,对郭某而言,张某可能存在因本人职权或地位形成的便利条件,同时张某与郭某又是好友,二者之间存在密切关系,但按照层级式的定性思路,上述关系都不是本案应首先考虑的。本案应首先考虑的重点是张某直接以财物作为交易对象促使郭某进行权钱交易,由此,在主观上,二人实际上形成了受贿的共同故意,即具有利用职权谋利及收受财物的共同意志,都希望通过权钱交易获得一定的财物,并且在主观故意上有密切的联系和贯通;在客观上,二人共同收受了请托人的财物,虽然张某先收受了财物,又转送一部分给郭某,但是此时二人在共同故意的支配下,已经使前后的行为形成一个整体,具有共同性。因此张某的行为既不是斡旋受贿,也不是利用影响力受贿,而是与郭某构成共同受贿。

另外,如果存在事前的通谋,虽然客观行为上可能表现为受托人利用其他国家工作人员的职务行为为他人谋取利益,但本质上根本不存在所谓"利用"与"被利用",而自始就是在共同故意支配下共同实施权钱交易,构成共同受贿。例如,根据 2007 年最高人民法院、最高人民检察院《关于办理受贿刑事案件适用法律若干问题的意见》第 7 条规定:"国家工作人员利用职务上的便利为请托人谋取利益,授意请托人以本意见所列形式,将有关财物给予特定关系人的,以受贿论处。特定关系人与国家工作人员通谋,共同实施前款行为的,对特定关系人以受贿罪的共犯论处。特定关系人以外的其他人与国家工作人员通谋,由国家工作人员利用职务上的便利为请托人谋取利益,收受请托人财物后双方共同占有的,以受贿罪的共犯论处。"

### (二) 第二层:斡旋受贿——是否利用本人职权或地位形成的便利条件

根据 2003 年《全国法院审理经济犯罪案件工作座谈会纪要》第 3 条第 3 款的规定,"利用本人职权或者地位形成的便利条件"是指在职务上没有隶属、制约关系,但是行为人利用了本人职权或者地位产生的影响和一定的工作联系。这种关系理论上通常称为"横向的制约关系",即指在不同的部门、单位之间,这一国家工作人员与那一国家工作人员存在着职务上的联系,一方凭借自己的职权或地位能够左右或者影响另一方,通常表现为两者的职责范围不具有直接上下级关系,但其他国家工作人员若不依行为人的要求实施职务行为,对其日后的工作等存在可能的、潜在的不利影响。② 认定这种"横向的制约关系"需要把握两点:其一,有职务上的影响和工作联系存在,即一方的职权或地位本身能够对另一方产生影响。如果仅仅是在同一单位不

---

① 邱房贵、聂云:《共同受贿法律适用之研究》,载《广西大学梧州分校学报》2002 年第 4 期。
② 肖中华:《贪污贿赂罪疑难解析》,上海人民出版社 2006 年版,第 157 页。

同部门工作，但二者不存在上述影响或工作联系，一般不能认定为斡旋受贿。其二，虽然存在职务上的影响和工作联系，但这种影响不是职务上直接的隶属和制约，比如上下级之间的关系，而是一种间接的影响或制约，就构成斡旋受贿。

**（三）第三层：利用影响力受贿——是否利用与国家工作人员之间的密切关系**

2007 年"两高"《关于办理受贿刑事案件适用法律若干问题的意见》中有"特定关系人"的概念；而 2009 年《刑法修正案（七）》又有"国家工作人员的近亲属或者其他与国家工作人员关系密切的人"可以构成利用影响力受贿罪的规定。那么"与国家工作人员关系密切的人"与"特定关系人"两个概念之间是什么关系呢？一般认为，"与国家工作人员关系密切的人"与"特定关系人"是包容关系，前者的范围可以容纳后者。[①] "特定关系人"包括与国家工作人员有近亲属、情妇（夫）以及其他共同利益关系的人，这里的"其他共同利益关系的人"一般仅指与经济利益有关的利益关系，而不包括同学、朋友等仅以情感为纽带的关系。而"关系密切的人"，既包括"特定关系人"，也包括"特定关系人"没有涵盖的仅仅有情感往来但却无明显共同利益关系的其他人，比如国家工作人员的同学、战友、老部下、老上级或者老朋友等等。"与国家工作人员关系密切的人"实施的受贿行为，主要是利用了与国家工作人员之间的密切关系，从而对国家工作人员施加影响，通过该国家工作人员职务上的行为，为请托人谋取不正当利益。在这里由"密切关系"产生的影响起到了决定性作用。在前两层级即共同受贿与斡旋受贿都得出否定性的结论之后，就要考虑是否利用了与国家工作人员的密切关系实施受贿行为。即使行为人本身也是国家工作人员，但他不是利用自己职权或地位形成的便利条件，而是利用了与其他国家工作人员之间的密切关系，则应构成利用影响力受贿罪，而不构成斡旋受贿。

下卷·五

---

① 于志刚：《"关系人"受贿的定罪规则体系之思考》，载《人民检察》2009 年第 7 期。

# 交易型受贿相关问题研究

李　辰[*]

随着反腐斗争的不断深入，腐败犯罪手法也在不断更新，在纲目上不断对现行刑法条文提出挑战。受贿犯罪中，传统受贿方式逐渐被新型受贿方式所取代，交易型受贿就是突出的例子。

## 一、 交易型受贿概述

### （一） 交易型受贿的概念

交易型受贿，是指国家工作人员利用职务便利，为请托人谋取利益，并以明显低于市场价格购买，或者明显高于市场价格出售，或者通过其他交易的形式与请托人进行交易，变相收受请托人贿赂的行为。交易型受贿在形式上与传统交易行为并无不同，其实质却是以"合法外衣"掩盖非法受贿之实。针对实践中出现的新情况、新问题，2007 年 7 月 8 日，最高人民法院、最高人民检察院联合发布了《关于办理受贿刑事案件适用法律若干问题的意见》（以下简称《意见》），明确了各种新型受贿犯罪案件的司法认定规则，使得司法人员对交易型贿赂犯罪的处理有了一定指导和依据。交易型受贿的新情况在其他国家也频繁出现，例如 2011 年被揭发的德国前总统克里斯蒂安·武尔夫腐败事件即是如此。[①]

### （二） 交易型受贿的类型

交易型受贿的表现形式多种多样，常见的交易型受贿包括以下几种：

1. 低买型。指国家工作人员在利用职务之便为请托人谋取利益的过程中，以明显低于市场的价格购买房屋、汽车等物品，自己居住、使用、"低进高出"，或者将交易的时间提前赚取差价的情形。此种情形是交易型受贿最常见的情形，其中低价购房行为尤为盛行。

2. 高卖型。表现为国家工作人员高价出售或者代别人出售房屋、汽车的情形。"购买者之所以舍优求劣、舍廉求贵，做出常人看来违背交易逻辑的选择，就是在不正常的'高价'背后，隐藏着权钱交易的情况"[②]。

---

　＊　北京市人民检察院第三分院政治部干部处处长、检察员。

　①　参见《昔日"好好先生"，今日"贪腐苍蝇"》，载中国人民大学反贪硕士班编著：《阳光是最好的防腐剂——全球反腐大要案快递》，清华大学出版社 2014 年版，第 36~51 页。

　②　孙国祥：《新类型受贿犯罪疑难问题解析》，中国检察出版社 2008 年版，第 89 页。

3. 其他情形。实践中其他情形的表现形式主要有：（1）增设中间环节获利型。受贿人切断本人或单位与请托人的直接联系，插入"第三者"——由贿赂双方或者第三人控制的交易组织，以其为周转财物的纽带，交易时请托人故意转移利润，意在支付贿赂。（2）以物易物型，即国家工作人员以低价值房屋、汽车等物品置换请托人高价值房屋、汽车等物品，变相获取经济利益。（3）支付有价证券交易型。如国家工作人员使用走跌的股票价值购买房屋、汽车，转移投资风险。（4）赊购交易型。指国家工作人员未支付或仅支付部分款项，所欠款项以赊购形式存在，赊购仅作为掩饰受贿犯罪的一种手段。（5）其他以交易形式为名的贿赂行为。包括以违约金形式受贿、签订长期合同、变更履行时间、虚设价格等类型。例如，受贿人利用职务便利，将名下房产以明显高于市场价格的价格租赁给行贿人，亦构成受贿罪。①

对于大部分交易型贿赂犯罪而言，实际存在着两个交易：一是国家工作人员向请托人购买房产、汽车等商品，国家机关工作人员是买方；二是请托人向国家工作人员"购买"其手中的公权力，国家工作人员是卖方。后一"交易"的对价冲减了正常情况下前一交易应付的款项，只是这一"冲减"表现为前一交易"优惠价"，比较隐蔽。② 正是这一特有的交易形式同时符合了贿赂案件的实质特点，因此《意见》将此规定为受贿犯罪的新类型。

## 二、 交易型受贿认定的基本问题

### （一）"市场价格"的认定

对于实践中的市场价格，应该根据交易市场、具体情形的不同综合加以确定。

1. 新商品交易市场中的市场价格。新商品交易市场中，往往存在着若干种不同的价格。例如，房屋市场，常见的有基准地价、标定地价、网签价格、市场指导价格等多种价格。具体以何种价格为基准，是值得探讨的问题。

在房屋、汽车等新商品交易过程中，由于存在着各种各样的优惠价格，经销商所设定的市场销售价格从某种程度上说仅具有参考价值，而真正具有决定意义的是商品房交易过程中普遍存在的不同形式的折扣价格，也就是商品的实际销售价格。③ 然而在新商品房屋、汽车销售中，不同层级的销售人员所享有的折扣权限也是不同的，例如，一般销售人员可能有九五折的折扣权限，经理九折，开发商或总经销商有权决定更低的折扣。在这些价格中，存在一个事先设定的、针对社会上不特定大众的"最低优惠价格"。笔者认

① 参见凌某受贿案，朱里：《"以其他交易形式非法收受请托人财物"的认定》，载《中国检察官》2013年第6期。
② 孙国祥：《新类型受贿犯罪疑难问题解析》，中国检察出版社2008年版，第86~87页。
③ 于志刚主编：《新型受贿犯罪争议问题研究》，中国方正出版社2011年版，第38页。

为，可以以此"最低优惠价格"来认定市场价格。以"最低优惠价格"来判断国家工作人员的实际支付价格是否符合"明显低价"，能够避免市场价格鉴定结论是否正确合理的技术性争论，而且充分考虑了新房、新车实际交易寻求折扣的操作惯例，不会引发受贿犯罪打击面失控的问题。

由于销售方常常根据经营人员的职务高低设定不同的优惠权限，故优惠价格也具有浮动性，这就需要以最低优惠价格认定市场价格的规则设定限制条件，即查实交易时销售方内部对最低优惠价格是否具有明文规定；如果销售方没有明文规定的，应能经公司多数经办人员予以证实，并得到相近似新房、新车的最低优惠价格等证据予以补强。如果不符合这一限制条件的，则不能认定为市场价格。

值得注意的是，据以认定的"最低优惠价格"必须是针对社会上不特定的大多数人的，即享受该价格的人群是不特定的，在设定价格之初不可能完全知晓享受该价格的人的确切情况，一般民众也有可能享受此价格。只有面向不特定的大多数，这个价格才是公开、公正、不违反市场交易任意性原则的。

2. 二手市场中市场价格的确定。低价购买二手房屋、汽车的情形中，存在着两个"交易时"，即行贿人购买的第一次交易与受贿人购买的第二次交易。[①] 两次交易存在时间差，存在房屋、汽车的市场价值判断的问题。通说认为：应当以受贿人购买房屋的时间作为"交易时"评估市场价格，以受贿行为发生时的财物价格认定市场价格，符合主客观相一致的刑法原理，亦能准确反映受贿犯罪的社会危害性。[②] 实践中，在办理此类案件的过程中，一般是以第二次交易时间为基准日，由价格认定机构对该商品的价格进行评估，以此确定市场价格。

3. 特殊房产市场价值的认定。实践中存在部分请托人在通过拍卖、债务抵消等方式合法获得价格低廉的房屋、汽车所有权后，加价以低于交易时市场价格的价钱转让给国家工作人员的情形。对于此种特殊房产市场价值，机械地按照请托人和受托人交易时的市场价格进行司法认定，可能将部分贿赂性质不明显的交易行为纳入刑法规制的范围。这势必与《意见》第1条交易型受贿重点性、准确性、谦抑性原则的要求相悖。[③] 而如果直接以请托人购进价格认定，也可能导致故意转让、接受他人应得利益犯罪行为的泛滥。因此，鉴于特殊房产、汽车的性质、特点，对于流转受到限制的房屋、汽车，

---

① 薛进展、谢杰：《新型受贿犯罪若干问题研究》，载《刑事司法指南》2008年第2集。
② 谢杰、王振栋、李伟：《如何界定交易型受贿犯罪数额计算的基准时间》，载《检察日报》2007年11月5日，第3版。
③ 刘为波：《关于办理受贿刑事案件适用法律若干问题的意见的理解与适用》，载《刑事司法指南》（总第31卷），法律出版社2007年版。

国家工作人员与请托人以超过请托人购进价格、明显低于市场价格的价钱购买的，应当承认其合法性。但是，对于流转未受限制的房屋、汽车且双方明知存在明显价格差的情况下，受托人谋求利益的本质没有发生变化，应以交易时的市场价格作为基准。

（二）受贿数额的时间基准点的确定

交易型贿赂犯罪数额确定的时点，应当区分交易对象为动产或不动产的情况进行认定，对此应区分不同的情况分别把握：

1. 对于汽车等动产的低买高卖。应将"交易时"界定为动产的交付时，交付时的价格认定为"交易时"的市场价格。因为《物权法》对动产物权的设立和转让，采取的是交付生效主义，对汽车等特殊动产的登记也仅仅是对抗第三人要件而非生效要件。因此对于动产的交易贿赂，以交付时间作为计算犯罪数额的时点是合理的。

2. 对于房屋等不动产的低买高卖。应将"交易时"界定为交易合同成立时，而非房屋交付或者登记时。理由如下：（1）合同成立时权利开始转移，交付更适宜作为受贿既遂的标准。（2）实践中，受贿人出于畏罪考虑，收受房屋后未办理登记转而倒卖、出租的情况比较常见，以登记时为时点基准也缺乏可操作性。以交易合同成立时作为"交易时"，有利于揭发交易型贿赂犯罪腐败交易的犯罪合意和流程。

例如，刘某受贿案中，刘某利用自己担任住建部工作人员的职务便利，在帮助桂某的公司获取建筑资质后，2004 年提出向桂某购买其妻名下房产一套，2004 年初，桂某将钥匙交付给刘某，同年 10 月左右，刘某搬入该房屋居住。2005 年间，刘某分三次以现金的方式将 120 万元购房款交给桂某。2008 年左右，刘某提出以第三人邱某的名义办理房产证，后进行了产权变更登记。[①]

本案中，收受贿赂的时间认定对受贿数额认定有重要影响。笔者认为，应当以 2004 年初认定受贿，该时间表明双方已经成立合同关系并开始履行。受贿既遂的完成也应以实际占有房产作为标志。

（三）价格"明显"高于或低于市场价格的判断

《意见》对交易数额的规定，采"明显"高于或低于的标准。很多学者认为，"明显"属于价值判断而非实质判断，采"明显"的标准有违罪刑法定确定性的原则要求，也会造成控辩双方在此问题上相持不下的司法困境。

因此，有人提出对"明显"规定相应细化的标准，相应有"主观判断说"（对"明显"进行文意解释、实质判断）、"相对比例说"（交易价格超过市场价格一定比例）、"绝对数额说"（判断交易价格和市场价格差额是否

---

① 参见刘宇昕受贿案件，（2012）京一中刑初字第 4939 号判决。

达到贿赂犯罪立案数额）、"成本说"（交易价格超过成本价格一定的比重）等多种学说。在从受贿角度难以正面确定明显偏离市场价格认定标准的情况下，采用"比例和数额相结合"的方法进行综合判断具有可采性。该说认为，既要考虑相对比例，也要考虑绝对数额，要两者协调起来，互为补充，在此基础上确定一个客观标准。具体来说，只要在相对比例和绝对数额中，有一者达到较大的标准，就可以认定为"明显低于"或者"明显高于"。而其中的"较大"的标准可结合当地物价水平和收入水平进行综合衡量和判断。

因此，在衡量"明显"时，可以从两个方面加以把握和认定：一是衡量交易是否违背一般社会常理；二是衡量交易价格是否差价悬殊。这两方面的一般常理和对差价悬殊的认知，均应按照一般社会民众基于基本生活常识的理解来判断，这也是刑法学回归常识主义刑法观的必然要求。

### （四）受贿人"明知"的判断

在交易型受贿中，受贿人对于交易价格明显偏离市场价格是否需要明知，理论中存在肯定说和否定说两种不同的观点。笔者认为，肯定说更为合理。关于受贿罪的主观心态，通说认为是直接故意，主观上必须明知受贿财物的贿赂性质。交易型受贿作为受贿行为的一种，也需要对交易价格与市场价格明显不符这一情况明知。肯定说可以避免否定说客观归罪的弊端。至于是否需要对"明显"有明知，笔者认为是不必要的，只要证明国家工作人员能够认识到交易价格不属于正常的交易价格即可，实践中可运用直接、间接证据综合判断、推定行为人是否明知。

## 三、交易型受贿认定的争议问题

### （一）优惠价格交易与交易型受贿的区分

实践中，优惠价格与交易型受贿的区分是一个重要的问题，应当从是否"事先设定"和"不针对特定人"两个基本方面，结合案件事实来判断国家工作人员所享受的"优惠价格"是正常市场优惠还是交易型受贿。例如，胡某受贿案中，国家工作人员胡某在担任城市规划管理所所长期间，辖区内某房产开发公司某楼盘进入尾房销售期。该公司员工汪某以7.3折和7.5折的折扣购买房屋两套，并从中赚取差价。为此，公司不再支付汪某的年终奖。胡某的妻子徐某（曾在该公司工作过）得知此消息后，与胡某商议，二人到该公司以7.5折购买房屋一套。公司经理陈述，如果不考虑胡某的职务便利，仅考虑徐某曾经在公司工作过，最多只能优惠到7.9折，与7.5折相差19000余元。[①] 本案中，胡某及其妻子以7.5折优惠价购房的行为，属于优惠价格

---

① 参见胡某受贿案，载《刑事审判案例参考》第97期，第117~118页。

交易还是交易型受贿，存在争议。

本案中，胡某和徐某是在得知汪某已经以 7.5 折优惠价向公司购房后，才想以同等折扣购房。因此 7.5 折的折扣是事先设定好的，并非针对特定人的折扣。胡某主观上并无明显的利用职务便利在购房时寻求额外优惠的故意，客观上也没有积极实施追求额外优惠的行为。虽然公司经理陈述此种优惠是考虑了胡某职务的结果，但购房时相关人员并未将此情况告知胡某和徐某，胡某缺乏主观明知，该起购房中没有体现出明显的权钱交易特征。因此，一、二审法院判决均认为，"胡某夫妇向某公司以 7.5 折的优惠价购买商品房一套，在其二人购房前，某公司已经向汪某按同等或者更优惠的价格出售过房产，7.5 折的优惠属于某公司事先设定的优惠幅度，且不仅仅针对胡某个人。胡某在该起购房中享受的优惠认定为正常的市场优惠购房更为准确"[①]，未将此作为交易型受贿加以认定。

### （二）定向式优惠与交易型受贿的区分

定向式优惠，是指某个开发商或销售商对某个单位的全体职工给予一定优惠的情形，应当区分不同的情形加以判断：

1. 具有合作关系的两个单位之间事先约定，由一方单位的全体职工在房屋建成后可以明显低于市场价格的内部价格购买房屋，或者经营者对与自己有特殊身份关系的人（亲戚、朋友等）实行特有的优惠价格。对于此种情形，优惠价格是合理合法的，刑法不应做出否定评价。但是对于不满足上述条件的国家工作人员，以内部优惠价格购得房屋的，如果具有职务便利及谋利事项，其实际支付的价格与市场价格之间的差额就具有贿赂的性质。

2. 开发商或销售商针对政府职能部门和主管机关的全体工作人员设定优惠价格的情形。一种观点认为，按照现行规定此类受贿行为不能作为受贿犯罪论处；另一种观点认为，国家工作人员获得的优惠显然是以职务上的便利为前提的，经营者与其优惠交易的目的也是为了谋取利益，是符合受贿罪特征的。此种情况不宜按个人犯罪论处，如果符合单位贿赂犯罪构成的，应以单位受贿罪定罪量刑。能否认定为单位受贿，一是要看该单位是否利用职权在该房屋销售上谋利，二是看定向优惠的原因。[②] 笔者赞成第二种观点，理由如下：

首先，这种优惠不能排除在贿赂犯罪之外。因为此种优惠与《意见》中具有不特定性的优惠价格有所不同，它是专门针对政府职能部门和主管机关的全体工作人员设定的。

其次，这种受贿行为以单位受贿罪认定更为合理。其一，请托人给予整

① 参见胡某受贿案，载《刑事审判案例参考》第 97 期，第 122 页。

② 参见陈国庆主编：《新型受贿犯罪的认定与处罚》，法律出版社 2007 年版，第 6 页。

个政府职能部门和主管机关全体工作人员优惠价格，收买的是整个政府职能部门和主管机关在主管项目上的权力，如果仅仅对单位主管人员定罪，将造成全部优惠价格均计入主管人员受贿数额的情形，而这个数额往往是巨大的，从而造成定罪量刑上的尴尬局面。其二，单位犯罪中，主体可以分为两类：一是单位主体，二是单位内部的自然人主体（包括直接负责的主管人员和其他直接责任人员）。二者密切联系、不可分割。① 因此单位受贿中的单位意志可以是集体决定的结果，也可以是单位中直接负责的主管人员和其他直接责任人员与请托人达成协议，承诺为请托人谋取利益，或者是为其谋得利益后，请托人将给整个单位的优惠差额转移到单位全体人员均享有的利益。对享有优惠利益的内部职员来说，其行为虽有贿赂的外在特点，客观上也确实得到了"好处"，但是因其不具有直接负责的主管人员和其他直接责任人员的主体身份，而不构成单独的受贿罪，对其得到的差额利益应当作为违法所得进行追缴。

**（三）买入后补缴价款对受贿数额的影响**

受贿人利用职务便利，从请托人处低价购入房产，是交易型受贿常见的形式。实践中，一些受贿人在低价购入房产一段时间后，因单位调动、单位开展调查等情况，唯恐事发，又补缴部分或者全部价款。补缴金额是否能够从受贿数额中扣除，存在一定争议。笔者认为，首先，补缴价款不影响受贿罪的认定。一方面，从事前的交易情况看，行贿人和受贿人双方都有钱权交易的故意，而先获得商品再办理产权，事隔多年才商谈价格的情形，明显与正常的商品交易不符。另一方面，从事后的行为看，受贿人是因环境因素改变，害怕事情败露才提出补缴价款的，因此不能用事后的行为解释受贿时的故意。因此应当认定为受贿行为。其次，补缴金额也不能从受贿的整体金额中扣除。本案中，补缴的价款属于为掩盖犯罪而支付的部分钱款，是在收受贿赂完成之后的行为，且时间间隔较久，与主动退回收贿款项性质不同。对于该笔款项，可以在追缴赃款时将其金额扣除。

**（四）买入后商品价值变化的评价**

在市场经济的大背景下，交易型受贿发生到案发的一段时间内，交易商品的价值可能会发生变化，这会对违法所得数额的认定造成影响。实践中，根据商品属性和市场情形的差异，受贿人买入商品后，商品可能自然增值，也可能自然贬值。

商品增值常见于房屋交易、名贵字画交易等交易形式中。交易型受贿中，相当数量犯罪对象是房屋。那么，从房屋交易时到案发时，房屋市场价格上涨或者受贿人出租房屋，都会涉及增值利益属于受贿数额还是违法所得，以

---

① 张明楷：《刑法学》（第4版），法律出版社2011年版，第138页。

及如何处理的问题。

在交易型受贿中，商品的市场价格上涨后产生增值利益，往往发生在受贿人接受商品之后，增值利益可以被视作商品的法定孳息。由于受贿行为发生时所指向的对象不包含孳息，因此，事后产生的孳息不应计入犯罪数额，即增值利益一般不作为受贿数额评价。但根据刑法第 64 条的规定，"犯罪分子违法所得的一切财物，应当予以追缴或者责令退赔"。根据《公安机关办理刑事案件程序规定》第 220 条的规定，"对犯罪嫌疑人违法所得的财物及其孳息，应当依法追缴。"在因时间因素而产生自然升值的情况下，商品的取得与受贿行为具有因果关系，商品升值是受贿行为的必然结果，因此，对于受贿部分引发的自然升值，应当纳入国家追缴的范围。

在确认该增值利益是自然增值产生的以后，不能简单将整个商品全部的增值利益都纳入追缴范围，而要考虑受贿人曾支付部分对价的事实，以体现宽严相济的刑事政策。首先，对于受贿人象征性地支付房屋、汽车对价的，例如以价值 3000 元的字画作为受贿 100 万元的对价，[①] 象征性支付的对价实质上是受贿人掩饰受贿行为、顺利完成受贿的工具和手段，交易后的财物增值的，应将增值利益全部予以追缴；其次，对于支付相当对价仍明显低于市场价格的，升值的部分不作为受贿数额，对于升值部分价值的处理，应以增值数额乘以受贿数额在交易时市场价格中所占的比例作为违法所得，由国家予以追缴（也即在总的增值数额中扣除其实际支付的价值在增值中所占比例的对应数额），如此认定更为合理和准确。

商品贬值常见于手机、电脑等电子产品交易等交易形式中。交易型受贿中，也有部分案件的交易对象为电脑等电子产品。这些产品买入时的价格可能偏高，在案发时，由于时间因素，商品的价值可能急剧下降。此时，如果按照案发时的商品价格进行认定，则不能真实评价受贿行为的严重性，低估受贿行为的危害性。笔者认为，应当以收受财物之日为基准日进行涉案财产的价格鉴定，以确定受贿数额；如果收受时有发票、购物凭证等书证留存的，也可以作为佐证。

**（五）赊购交易型受贿的认定**

实践中，还存在受贿人与行贿人签订合同，商品交付后却不支付价款的情形。这样的赊购型交易，受贿人获得了财物，实际并未支付任何对价，也是以交易之形行受贿之实。例如，某国家机关工作人员王某担任国土资源局局长期间，利用职务上的便利，要求某房地产公司在某小区销售时为其预留房产一套。一年之后，王某认为该房产价格上涨，是出售的好时机，便在未向房地产公司付款的情况下，将房产出售给第三人李某。在李某给付的房款

下卷·五

---

① 参见曾献文：《小画大卖，民事合同掩饰不了受贿犯罪》，载《检察日报》2008 年 5 月 7 日。

到账后，王某再以购买时的房价向房地产公司付款。就这样，王某在未付出任何价款的情况下，利用买卖时间差，赚取差价 36 万元。[①]

本案中，王某利用时间差，转手将尚未付款的店面转手卖给第三人，后又将购买时的房款付给房产公司。这种情形下，两份买卖合同都是按照市场价格签订，在合同形式上不存在问题。问题在于，实质上王某在没有履行前合同义务的情况下，就签订了后合同，签订后合同的情况属于无权处分。房地产公司追认后合同，相当于借助第三人的手将行贿款送入王某手中，交易双方的目的的指向明确。这种情形的交易，是典型的以合法形式掩盖非法目的，交易的结果使国家工作人员获取较大利益，交易双方的关系是权钱交易关系，符合受贿罪的构成要件。

### （六）利用违约责任进行交易型受贿的认定

实践中，利用商品交易的形式进行贿赂，除了在交易价格上低进高出之外，还存在一些其他的形式。比较有代表性的是通过违约责任来实施贿赂行为。行贿人与受贿人签订买卖合同并约定违约责任后，行贿人通过故意制造违约事实的方式，积极承担违约责任，以损害赔偿金的形式给付受贿人一定财物，从而达到行贿的目的。

这种情形下，行贿人并不是通过变更合同价款来实现给付受贿人利益的，而是通过看似正当的违约责任条款来给付的，属于《意见》规定的第三类，即"以其他交易形式非法收受请托人财物"的。这种情形的特殊之处有二：一是交易时的价格与市场价格并无差异，所以受贿数额不能按照市场价格差额计算，而是依据违约责任承担的具体情形计算；二是受贿人的主观"明知"内容不同，低买高卖等其他类型的交易型受贿中，要求受贿人主观上需要有受贿的故意，明知其购买或卖出的价格与市场价格不相符；而利用违约责任受贿的情形下，则要求受贿人明知行贿人故意制造违约事由借机行贿的事实。

### （七）以明显低价处置不良资产受贿的认定

实践中，随着社会经济的发展，交易型受贿也衍生出种种新的类型。以明显低价处置不良资产的受贿便是一例。在这种交易型受贿中，受贿人本身并不直接参与交易合同的签订。受贿人利用自己的职务之便违规操作，使得请托人以低于评估价格以及拍卖底价的价格购买到国有资产，并收受请托人所送的贿赂，即四分之一产权。这一行为系其利用职务上的便利，非法收受他人财物，并为他人谋取利益，符合受贿罪的构成要件。在认定该行为时，不应孤立看待受贿人利用职务之便违规操作的行为认定渎职犯罪，而应将违

[①] 参见《口头借款是"借"还是"要" 倒腾房屋增值部分是不当得利还是受贿》，载《法制网》，http://www.legaldaily.com.cn/bm/content/2009-12/10/content_2002886.htm? node=192。

规操作与后续的收受产权等行为联系起来，正确认定交易型受贿。

## 四、 结语

准确认定交易型受贿，需要透过其交易形式的外表抓住权钱交易的本质，从交易的目的、交易的程序、交易对象的选择、交易的条件以及履行的情况等多种客观事实[①]，结合行为人主观心态，探究交易背后的真实意图，正确把握罪与非罪的界限。在确定入罪后，还需综合考量市场价格的认定、时间基准的把握等因素，准确认定犯罪数额，以求交易型受贿犯罪在实践中得以准确认定和把握。

---

① 王飞跃：《交易型受贿研究》，载《法学评论》2010 年第 4 期。

# 受贿罪量刑问题研究

## ——以 L 省 M 监狱在押罪犯为分析样本

肖　爽[*]

## 一、序言

现行刑法第 385 条规定"国家工作人员利用职务上的便利，索取他人财物的，或者非法收受他人财物，为他人谋取利益的，是受贿罪。"此外，国家工作人员在经济往来中，违反国家规定，收受各种名义的回扣、手续费，归个人所有的，以受贿论。国家工作人员利用本人职权或者地位形成的便利条件，通过其他国家工作人员职务上的行为，为请托人谋取不正当利益，索取请托人财物或者收受请托人财物的，也以受贿论处。上述规定在已经进入立法修改审议程序的《刑法修正案（九）（草案）》中也没有变化。对于受贿罪的处罚，现行刑法规定，要根据受贿所得数额及情节，依照贪污罪的处罚标准处理，索贿的从重处罚。

受贿罪的刑罚规定是 1988 年全国人大常委会根据当时惩治贪污贿赂犯罪的实际需要和司法机关的要求作出的，1997 年刑法修订时再次确认了规范内容。就司法而言，一方面，量刑对应的受贿数额明确具体，便于司法中统一量刑标准；另一方面，以具体明确的数额作为量刑的主要标准难以适应复杂的犯罪情况，同时考虑到通货膨胀的因素，此种量刑标准的划定难以根据案件的不同情况做到罪刑相适应，甚至导致量刑不统一。所以，近年修改贪污及受贿刑罚标准的呼声逐渐增高，《刑法修正案（九）（草案）》反映了这一情况。

受贿罪的量刑在实务中是怎样的情况，存在何种问题？我们在研究监狱刑罚执行活动中发现，职务犯罪案件中受贿罪占有一定比例，但是各地区甚至同一地区的不同法院量刑结果差异较大，导致同类情况的罪犯不能得到相同的处罚，不利于教育改造和监管秩序的稳定。笔者以 L 省 M 监狱在押罪犯为分析样本，对受贿罪犯量刑情况进行了专题调查，着眼于受贿罪量刑现状，找出问题所在，并针对不同问题提出相应的完善对策。希望通过这样的调查研究，为规范受贿罪量刑标准，加快推进依法治国、深化司法体制改革提供

---

* 大连海事大学博士研究生，辽宁省沈阳市城郊地区人民检察院检察长。

理论上的支撑。

## 二、 L 省 M 监狱在押受贿罪犯基本情况介绍

### （一）犯罪人基本情况

目前，L 省 M 监狱共收押职务犯罪罪犯 62 人，其中受贿犯罪罪犯 40 人，占职务犯罪罪犯总数的 64.5%。

1. 犯罪时的年龄、从业年限及受教育程度。据统计，40 名被调查的罪犯具体情况是：（1）犯罪时年龄在 40 岁以下的 3 人，40 岁以上 50 岁以下的 12 人，50 岁以上 60 岁以下的 11 人，60 岁以上的 14 人；（2）从业时间在 5 年以下的 9 人，从业 5 年以上 10 年以下的 17 人，从业 10 年以上 15 年以下的 9 人，从业 15 年以上的 5 人；（3）受教育程度上，具有大学及以上学历的 25 人，具有大专以上学历的 9 人，具有大专以下学历的 6 人。（具体情况见表 1）

表 1　犯罪人犯罪时的年龄、从业年限及受教育程度统计

| 内　容 | 类　别 | 人数（人） | 占比（%） |
|---|---|---|---|
| 犯罪时年龄 | 40 岁以下 | 3 | 7.5% |
| | 40 岁以上 50 岁以下 | 12 | 30% |
| | 50 岁以上 60 岁以下 | 11 | 27.5% |
| | 60 岁以上 | 14 | 35% |
| 从业年限 | 5 年以下 | 9 | 22.5% |
| | 5 年以上 10 年以下 | 17 | 42.5% |
| | 10 年以上 15 年以下 | 9 | 22.5% |
| | 15 年以上 | 5 | 12.5% |
| 受教育程度 | 大学及以上 | 25 | 62.5% |
| | 大专及以上 | 9 | 22.5% |
| | 大专以下 | 6 | 15% |

2. 犯罪时所处地域、行业及职务级别。（1）犯罪地在 A 市的 14 人，在 F 市的 8 人，在 E 市的 6 人，在 B 市的 3 人，在 D 市的 2 人，在 M 市的 1 人，在 G 市的 1 人，在 H 市的 1 人，在 N 县的 1 人，在 S 满族自治县的 1 人，在 W 满族自治县的 1 人，在 T 市的 1 人（系外省调犯）；（2）从事的行业上，政府官员 13 人，金融业（包括银行、证券公司）6 人，水利工程 6 人，警察 4 人，电力工程 3 人，钢铁业 2 人，服务业 2 人，造船业 2 人，制药业 1 人，公路工程 1 人；（3）职务级别上，担任领导职务的占较大比例，在 40 名罪犯

中，共有 34 人担任领导职务，包括某市市长、某企业董事长、总经理、某局局长、总工程师、总会计师等，比例高达 85%，其中担任县处级以上领导职务的 23 人。(具体情况见表 2)

表 2　犯罪人犯罪时所处地域、行业及职务级别统计

| 内　容 | 类　别 | 人数（人） | 占比（%） |
|---|---|---|---|
| 犯罪时所处地域 | A 市 | 14 | 35% |
| | F 市 | 8 | 20% |
| | E 市 | 6 | 15% |
| | B 市 | 3 | 7.5% |
| | D 市 | 2 | 5% |
| | M 市 | 1 | 2.5% |
| | G 市 | 1 | 2.5% |
| | H 市 | 1 | 2.5% |
| | N 县 | 1 | 2.5% |
| | S 满族自治县 | 1 | 2.5% |
| | W 满族自治县 | 1 | 2.5% |
| | T 市（外省调犯） | 1 | 2.5% |
| 从事行业 | 政府官员 | 13 | 32.5% |
| | 金融业（包括银行、证券公司） | 6 | 15% |
| | 水利工程 | 6 | 15% |
| | 警察 | 4 | 10% |
| | 电力工程 | 3 | 7.5% |
| | 钢铁业 | 2 | 5% |
| | 服务业 | 2 | 5% |
| | 造船业 | 2 | 5% |
| | 制药业 | 1 | 2.5% |
| | 公路工程 | 1 | 2.5% |
| 职务级别 | 县处级以上领导 | 23 | 57.5% |
| | 县处级以下领导 | 11 | 27.5% |
| | 职员、工作人员 | 6 | 15% |

**（二）受贿犯罪及刑罚情况**

1. 受贿类型及刑罚。从犯罪类型上看，收取好处费、感谢费的较为突出。在40名被调查罪犯中，有18人利用职务上的便利，以为他人安排工作、在工作中予以照顾、违规帮助招投标、承揽工程等，非法收受他人感谢费或好处费。其中，为他人安排工作2人，均判处有期徒刑；在工作中给予他人照顾5人，均判处有期徒刑，其中3人被判处没收财产；违规帮助招投标2人，均判处有期徒刑，其中1人被判处没收财产；承揽工程4人，其中1人被判处无期徒刑，剥夺政治权利终身，3人被判处有期徒刑，4人均被判处没收财产；帮助办理贷款4人，均判处有期徒刑，其中1人被判处没收财产；棚户区改造收取补偿款好处1人，判处有期徒刑。有22人利用分管或负责某项工作的便利，为他人谋取利益或便利，非法收受回扣、礼金等，1人免予刑事处罚，21人被判处有期徒刑，其中7人被判处没收财产，2人被判处剥夺政治权利3年。（具体情况见表3）

表3　犯罪人受贿类型及刑罚统计

| 内容 | 类　别 | 人数（人） | 占比（%） | 刑罚情况 | 备注 |
|---|---|---|---|---|---|
| 受贿类型 | 为他人安排工作 | 2 | 5% | 有期徒刑 | |
| | 工作中给予照顾 | 5 | 12.5% | 有期徒刑 | 3人并处没收财产 |
| | 违规帮助招投标 | 2 | 5% | 有期徒刑 | 1人并处没收财产 |
| | 承揽工程 | 1 | 10% | 无期徒刑，剥夺政治权利终身 | 4人均并处没收财产 |
| | | 3 | | 有期徒刑 | |
| | 帮助办理贷款 | 4 | 10% | 有期徒刑 | 1人并处没收财产 |
| | 棚户区改造收取补偿款好处 | 1 | 2.5% | 有期徒刑 | |
| | 非法收受回扣、礼金 | 1 | 55% | 免予刑事处罚 | |
| | | 21 | | 有期徒刑 | 7人并处没收财产，2人剥夺政治权利3年 |

2. 受贿数额、情节及刑罚。（1）受贿数额在10万元以上的32人，其中受贿10万元以上100万元以下的23人，均被判处有期徒刑，其中11人被没收财产，1人被剥夺政治权利3年；受贿100万元以上的9人，1人被判处无期徒刑，剥夺政治权利终身，并处没收财产，8人被判处有期徒刑，其中5人被没收财产，1人被剥夺政治权利3年；受贿数额在5万元以上不满10万

元的 2 人，均被判处有期徒刑；受贿数额在 5000 元以上不满 5 万元的 6 人，其中 1 人免予刑事处罚，5 人被判处有期徒刑。（2）被认定认罪悔罪的 14 人，其中 1 人被判处无期徒刑，剥夺政治权利终身，13 人被判处有期徒刑，4 人被并处没收财产；被认定自首的 12 人，1 人免予刑事处罚，11 人被判处有期徒刑，3 人被并处没收财产；被认定立功的 2 人，均被判处有期徒刑，其中 1 人被判处剥夺政治权利 3 年，并处没收财产；被认定索贿的 5 人，均被判处有期徒刑，1 人被判处没收财产，1 人被判处剥夺政治权利 3 年，并处没收财产；多次受贿的 32 人，其中受贿 2 至 5 次的 11 人，均被判处有期徒刑，5 至 10 次的 6 人，1 人被判处无期徒刑，剥夺政治权利终身，并处没收财产，5 人被判处有期徒刑，其中 3 人被并处没收财产，受贿 10 次以上的 15 人，均被判处有期徒刑，7 人被并处没收财产，1 人被判处剥夺政治权利 3 年，并处没收财产；全部退缴赃款、赃物的 22 人，1 人被判处无期徒刑，剥夺政治权利终身，21 人被判处有期徒刑，其中 10 人被判处没收财产，1 人被判处剥夺政治权利 3 年，并处没收财产；部分退缴的 11 人，均被判处有期徒刑，其中 4 人被并处没收财产。（具体情况见表 4）

表 4　犯罪人受贿数额、情节及刑罚统计

| 内容 | 类别 | | 人数（人） | 占比（%） | 刑罚情况 | 备注 |
|---|---|---|---|---|---|---|
| 受贿数额 | 10 万元以上 | 10~100 万 | 23 | 57.5% | 有期徒刑 | 11 人并处没收财产，1 人被剥夺政治权利 3 年 |
| | | 100 万元以上 | 1 | 22.5% | 无期徒刑，剥夺政治权利终身 | 并处没收财产 |
| | | | 8 | | 有期徒刑 | 5 人并处没收财产，1 人被剥夺政治权利 3 年 |
| | 5~10 万元 | | 2 | 5% | 有期徒刑 | |
| | 5000 元以上不满 5 万元 | | 1 | 15% | 免予刑事处罚 | |
| | | | 5 | | 有期徒刑 | |

续表

| 内容 | 类 别 | | 人数（人） | 占比（%） | 刑罚情况 | 备注 |
|---|---|---|---|---|---|---|
| 受贿情节 | 认罪悔罪 | | 1 | 35% | 无期徒刑，剥夺政治权利终身 | 并处没收财产 |
| | | | 13 | | 有期徒刑 | 3人并处没收财产 |
| | 自首 | | 1 | 30% | 免予刑事处罚 | |
| | | | 11 | | 有期徒刑 | 3人并处没收财产 |
| | 立功 | | 2 | 5% | 有期徒刑 | 其中1人被剥夺政治权利3年，并处没收财产 |
| | 索贿 | | 5 | 12.5% | 有期徒刑 | 1人并处没收财产；1人剥夺政治权利3年，并处没收财产 |
| | 多次受贿 | 2~5次 | 11 | 27.5% | 有期徒刑 | |
| | | 5~10次 | 1 | 15% | 无期徒刑，剥夺政治权利终身 | 并处没收财产 |
| | | | 5 | | 有期徒刑 | 3人并处没收财产 |
| | | 10次以上 | 15 | 37.5% | 有期徒刑 | 7人并处没收财产，1人被剥夺政治权利3年，并处没收财产 |
| | 退缴赃款、赃物 | 全部退缴 | 1 | 55% | 无期徒刑，剥夺政治权利终身 | 并处没收财产 |
| | | | 21 | | 有期徒刑 | 10人并处没收财产，1人被剥夺政治权利3年，并处没收财产 |
| | | 部分退缴 | 11 | 27.5% | 有期徒刑 | 4人并处没收财产 |

3. 刑罚的种类及刑度。被调查罪犯中，原判无期徒刑的1人；判10年以上有期徒刑的25人；判5年以上10年以下有期徒刑的8人；判2年以上5

年以下有期徒刑的 3 人;判 2 年以下有期徒刑的 2 人;免予刑事处罚 1 人。(具体情况见表5)

表5　犯罪人刑罚的种类及刑度统计

| 内　容 | | 刑度 | 人数（人） | 占比（%） |
|---|---|---|---|---|
| 刑罚的种类 | 无期徒刑 | | 1 | 2.5% |
| | 有期徒刑 | 10 年以上 | 25 | 62.5% |
| | | 5~10 年 | 8 | 20% |
| | | 2~5 年 | 3 | 7.5% |
| | | 2 年以下 | 2 | 5% |
| | 免予刑事处罚 | | 1 | 2.5% |

### （三）犯罪人的服刑情况

1. 矫治措施。日常考核方面,为防止出现在考核中比其他罪犯更容易得分、得分高的现象,监狱严格把控考核关口,限制受贿等职务犯罪罪犯加分项目,没有特殊情况的,每月受贿罪犯加分不超过 10 分,如遇特殊情况,加分超过 10 分的,需上报监狱狱政部门审批,并实行一月一上报及在监区公示制度;日常管理方面,将受贿罪犯按照重要案犯管理,安排专人监控,加强此类罪犯外出就诊等警戒力量;教育改造方面,针对受贿罪犯的特点,建立常规的、持续的政治素质、文化素质教育和廉政教育。

检察机关严格按照中央政法委《关于严格规范减刑、假释、暂予监外执行切实防止司法腐败的意见》相关要求,对受贿罪犯逐案检察减刑、假释、暂予监外执行及刑罚执行情况,根据服刑罪犯的变动情况,及时更新卷宗,对原县处级及厅局级以上罪犯刑罚变更执行案件逐卷备案审查,并派员出席法庭审理,发表检察意见。对各个环节严格把关,实行谁签字谁负责,谁办案谁负责的制度;派驻检察人员定期对受贿罪犯开展教育谈话,主要了解罪犯的认罪悔罪、改造表现、财产刑执行、申诉控告等情况;每周对受贿等职务犯罪罪犯开展巡视检察,重点检察罪犯的劳役岗位是否与考核卷岗位一致,劳役强度与每月的考核分是否相符等。

2. 矫治效果。监狱通过加强对受贿罪犯的日常监管,有效维护了监管的安全和稳定,在考核计量和刑罚变更执行方面更加公平、公正。检察机关严格把握受贿罪犯刑罚变更执行实体条件,在认定"确有悔改表现"时,不仅考察其是否认罪悔罪,认真遵守法律法规及监规,接受教育改造,积极参加思想、文化、职业技术教育和劳动改造等,还严格考察其是否通过主动退赃、协助追缴境外赃款赃物、主动赔偿损失等方式,积极消除犯罪行为所产生的社会影响。

## 三、 受贿罪量刑存在的问题及原因分析

### （一）受贿罪量刑存在的问题

1. 受贿罪量刑不均衡。量刑，又称刑罚的裁量，是人民法院在查明犯罪事实、认定犯罪性质的基础上，对被告人进行裁量、决定刑罚的活动。[①] 受贿数额的多少并不影响受贿犯罪的成立，只是对于量刑产生影响。[②] 司法实践中，在不考虑情节的情况下，受贿数额在 10 万元以上的，从 10 万元到几百万元乃至千万元的，在量刑时区间却是相同或基本相同，没有实质性区别。以被调查的罪犯为例，罪犯郭某某，利用职务便利，为某单位谋取利益，并分三次收受人民币 15.4 万元，案发后赃款全部上缴，被判处有期徒刑 10 年 6 个月；罪犯冯某某，利用职务便利，为 10 余家公司办理贷款业务，先后 13 次收取好处费共计人民币 103.3 万元，案发后退回部分赃款，被判处有期徒刑 10 年；罪犯闫某某，利用其担任某监狱副监狱长的便利，借关照本监狱在押人员之机，先后 10 余次受贿人民币 11.5 万元，案发后全部退赃，被判处有期徒刑 10 年。上述三个案例，犯罪数额差距较大，但量刑基本相同，一定程度上凸显出在实践中受贿罪量刑数额标准不规范的弊端。

2. 受贿情节在立法中规定不明确。罪犯王某某，利用职务之便，先后 8 次收受贿赂人民币 24.7 万元，到案后全部退赃，被判处有期徒刑 10 年；罪犯郭某某，利用职务之便，先后 3 次收受贿赂人民币 65 万元，到案后全部退赃，且被认定有自首情节，被判处有期徒刑 5 年。上述两个罪犯受贿数额相差较大，在犯罪情节上，罪犯郭某某退缴全部赃款外，还被认定有自首情节，自首的证明材料由其所在单位的纪检部门出具。但在量刑上，两个罪犯却相差 5 年的刑期。可见，司法实践中对自首情节在量刑中作用的把握不尽规范。又如，罪犯刘某某，利用职务便利，为他人在承揽工程及结算工程款等方面谋取利益，先后 8 次受贿人民币 170 余万元，到案后主动交待主要犯罪事实，积极全部退赃，被判处无期徒刑，剥夺政治权利终身，并处没收个人财产人民币 20 万元；罪犯梁某，利用职务便利，先后 6 次索取或非法收受他人贿赂人民币 280 余万元，案发后积极主动退赃 170 余万元，法院判处其有期徒刑 11 年。

3. 量刑失衡不利于对罪犯的监管。在调查中，个别受贿罪犯反映自己被判刑期较重，与有的罪犯在受贿数额、受贿情节上基本相同，刑期却相差较大，直接影响他们的改造心理和表现，特别是在符合减刑、假释、暂予监外执行等刑罚变更执行条件时，相当一部分罪犯有时无法接受新的政策，面临

---

① 张明楷：《刑法学》，法律出版社 2007 年版，第 426 页。
② 吕天奇：《贿赂罪的理论与实践》，光明日报出版社 2007 年版，第 54~55 页。

少减、不能减、晚出监等问题，内心悲观失望，甚至无法理解，认为司法不公正等，改造积极性明显下降，存在一定的监管安全隐患。

**（二）受贿罪量刑失衡的原因**

1. 各档次量刑幅度过大导致量刑失衡。受贿数额历来是受贿罪的主要量刑要素和非常刚性的量刑标准，量刑与涉案数额相对应。但受贿罪量刑区间过大，刑罚没有具体的幅度和层次之分，导致法官自由裁量权过大，不能充分体现罪责刑相适应原则，也为司法腐败留下了空间。此外，由于限制死刑的法治理念日益深入，因受贿被判处死刑的屈指可数，受贿数额达到数百万元、上千万元往往被判处十几年有期徒刑或者无期徒刑，量刑严重失衡，极大影响了法律的严肃性和司法裁判的公信力。

2. 立法中未明确规定受贿情节在量刑时的上浮或下调幅度。立法中对受贿罪量刑情节只规定了情节较轻，犯罪后有悔改表现、积极退赃，以及情节特别严重等标准，"两高"《关于办理受贿刑事案件适用法律若干问题的意见》，总结了近年司法实践遇到的各种新型受贿刑事案件中的主要法律适用问题，并提出了具体处理意见。在受贿罪刑事责任认定的司法实践中，往往把自首、立功、认罪悔罪、积极退赃等作为可以酌定从宽处罚的情节，把索贿、作案次数和时间、给国家和社会造成的损失等作为法定的、酌定的从重量刑情节，但均没有明确规定在量刑时的上浮或下调幅度。

3. 司法实践中有针对性的个别管理方法尚不完善。目前，虽然监狱在分押分管上有一些实践措施，但就受贿等职务犯的管理尚未形成规范的做法，以受贿罪为例，监狱现采取混押混管的做法，一些罪名、受贿数额、受贿情节相同，量刑却明显不同的罪犯关押在一起，极易相互比较产生不平衡的情绪，直接影响矫治效果和监管稳定。

## 四、受贿罪量刑标准的完善探索

**（一）完善受贿数额和受贿情节在量刑中的标准**

1. 确定"数额+情节"的二元弹性量刑标准。犯罪数额作为表现犯罪对象经济价值的货币金额，直接反映着犯罪行为的规模及程度，是衡量财产犯罪社会危害性的客观标准。[①] 我国现行刑法对受贿罪规定刚性的具体数额标准，其立法初衷是为了从严惩治受贿犯罪，但实行效果并不理想，主要表现在以下三方面：一是难以全面、适时地反映具体个罪的社会危害性；二是难以根据案件的不同情况做到罪责刑相适应；三是量刑不统一，影响刑法分则个罪之间罪刑设置的体系协调，难以让公众感受到公平正义，不利于发挥刑罚对受贿犯罪的预防作用。因此，应当取消现行刑法中受贿罪定罪量刑的具

---

① 丁英华：《确定犯罪数额标准的原则与方法》，载《法律适用》2008 年第 12 期。

体数额标准，改为"数额+情节"并重的二元弹性模式。修改之后，再由司法解释根据反腐败形势和经济社会的相关情况，明确受贿罪量刑的具体数额、情节标准。①

2. 提高受贿情节在量刑中的地位。量刑情节，是指在某种行为已经构成犯罪的前提下，人民法院对犯罪人裁量刑罚时应当考虑的，据以决定量刑轻重或者免除刑罚处罚的各种情况。② 笔者认为数额和情节在受贿罪量刑标准中占据的地位应当并重，数额大小固然在相当程度上反映受贿罪的社会危害性，但受贿罪情节差别很大，情况复杂，综合考虑的因素较多，如只把受贿数额作为量刑的基本标准，显然是无法全面、准确、客观地反映犯罪行为的社会危害程度的。

3. 对受贿情节进行必要的补充。笔者认为对受贿情节进行合理的扩充和明确是必要的。一是是否具有司法工作人员身份。司法公正是社会公正的最后一道防线，司法领域的腐败会动摇社会公众对法制的信心。因此建议对司法工作人员受贿的从重处罚。二是是否违背职责。相比受贿不枉法，受贿枉法的社会危害性和行为人的主观恶性都要大得多，对法益侵害程度也严重得多。建议对受贿枉法的行为从重处罚。三是是否造成严重后果。社会危害性是设置法定刑的重要标准。

**（二）设置受贿罪界限分明的量刑档次**

《刑法修正案（九）（草案）》规定了"概括数额+情节"的标准，但在司法实践中如何操作，建议由最高人民法院、最高人民检察院通过制定司法解释予以明确，再授权省级人民法院、人民检察院根据本地区经济发展状况等因素，在司法解释规定的幅度内研究确定本地区执行的具体数额标准，并报上级院备案。③ 当前受贿罪量刑上的交叉幅度和档次过大，如法官滥用裁量权，法定刑量刑档次就会形同虚设，只有细化和规范法定刑档次加上合理的量刑标准，才能更加清晰地划分受贿罪的量刑刻度。④ 因此，笔者建议受贿罪的量刑标准可以参照最高人民法院《关于常见犯罪的量刑指导意见》的量刑规范化标准设计，在受贿数额和情节方面，可以考虑将受贿1000万元以上案件的量刑定位在无期徒刑以上；100万元至1000万元之间案件的量刑定位在10年以上有期徒刑；5万元至100万元之间案件的量刑定位在3至10年有期徒刑；5万元以下的案件定位在3年以下有期徒刑。同时，每个量刑档次可根据犯罪情节按照一定比例增加或减少量刑幅度，综合量化分析数额和情节，为不同的受贿情节确定不同的量刑等级表，或是规定明确的加减刑比

---

① 赵秉志：《贪污受贿犯罪定罪量刑标准问题研究》，载《中国法学》2015年第1期。
② 张明楷：《刑法学》，法律出版社2007年版，第442页。
③ 李适时：《关于〈中华人民共和国刑法修正案（九）（草案）〉的说明》。
④ 吴喆、史明武主编：《犯罪数额与情节》，辽宁人民出版社2014年版，第441页。

例，使得具体的受贿情节通过量化得以区分，更好地指导司法实践。

## （三）完善财产刑配置

对于数额特别巨大的受贿犯罪分子，单纯以自由刑处罚不可能取得较好的刑罚效果，必须对其附加财产刑。但没收财产可能连累与其共同生活的无辜家属，故应谨慎适用。而罚金刑的罚金数额与涉案数额成正比，不仅可以剥夺犯罪所得及实施犯罪的成本，而且由于罚金刑的永久追缴性，增强了对犯罪分子的威慑力，可以有效遏制受贿犯罪的发生。因此，笔者建议立法在受贿罪法定刑的设置中增加相应的罚金刑。对于罚金刑的具体适用，一是罚金刑数额标准的设置，可按照受贿数额的倍数来处罚；二是罚金刑的适用范围的设置。罚金刑与主刑应当有一定的对应关系，同时基于罚金刑的增设，相应缩小没收财产的适用范围，使罚金刑和没收财产刑衔接，形成财产刑的梯度。[①]

## （四）对受贿罪犯实行分押分管

笔者认为，受贿等职务犯罪罪犯与其他罪犯的差异较大，文化程度、心理状态、言行习惯等都不同，实行适当分类关押管理是必要的、合理的，教育改造的针对性更强，符合行刑个别化的要求。[②] 但是，对于一些特殊罪犯，可以采用集中与分散相结合的关押方式，比如对受贿数额、受贿情节、量刑情况相当的，可集中关押管理；对确因量刑差距较大而易产生分歧的罪犯可分押到各个组分散管理，以更有利于教育改造。

---

① 施爱华：《受贿罪量刑失衡问题研究》，苏州大学 2008 年硕士学位论文。

② 蒋明：《量刑情节研究》，中国方正出版社 2004 年版，第 45 页。

# 犯罪常态中受贿罪量刑
# 基准数额之认定

## ——以 W 市 120 份判决书为样本

王清军[*]　　翁伟俊[**]

　　腐败是历史性和全球性关注的话题，现代社会中，反腐倡廉是人们关注的热点。中共十八大后党和国家反腐工作力度空前加大，提出"老虎苍蝇一起打"的反腐策略，使得贪腐的治理取得了显著成效，赢得了社会的广泛支持。但是，取得成绩的同时也不断出现新的问题，反腐司法体系的构建以及反腐立法跟进的问题尤为突出，尤其需要纾解受贿罪量刑数额认定困境以遏制"前腐后继"的势头。

## 一、 问题之提出： 由案例引申

　　受贿罪是贪腐犯罪中最常见的犯罪，在贪腐犯罪中占据着重要的地位。受贿罪量刑一直是理论界研究的热点，十八届四中全会提出全面建设法治中国，《刑法修正案（九）（草案）》提请审议表明要进一步严密腐败犯罪刑事法网。受贿罪作为其中的重要环节，如何进一步规范定罪量刑关系到反腐能否取得良好成效。十八大以来党中央加强了反腐强度，先后处理了薄熙来、周永康、徐才厚等一批涉嫌受贿罪的官员并移交司法机关处理，关于这些高官涉嫌犯罪如何判刑以及量刑也是公众关注的热点。笔者统计了十八大以来几个影响较大的受贿罪案件（见表1），发现受贿数额十分惊人，最高达到1.2977亿元人民币，量刑差异也十分显著。一般认为，受贿罪是财产型犯罪，犯罪数额与刑量之间存在正相关，但为何上述这些案件会出现受贿数额少反而判刑更重的现象？

　　* 华中师范大学法学院教授，法学博士。

　　** 华中师范大学法学院刑法学硕士研究生。

下卷·五

表 1　十八大以来影响较大受贿罪案件分析

| 受贿罪主体 | 职务 | 受贿数额 | 情节 | 判刑 |
|---|---|---|---|---|
| 周永康 | 原中央政法委员会书记 | 1.2977 亿元 | 认罪、悔罪、坦白、退赃 | 无期徒刑 |
| 刘志军 | 原铁道部部长 | 6460 万元 | 认罪、悔罪、坦白 | 死缓 |
| 薄熙来 | 原重庆市市委书记 | 2179 万元 | 不明 | 无期徒刑 |
| 刘铁男 | 原国家能源局局长 | 3558 万元 | 不明 | 无期徒刑 |
| 李　新 | 原马钢财务科科长 | 2660 万元 | 不明 | 有期徒刑 11 年 |
| 周卫臣 | 原湖南省隆回县县委副书记 | 120 万元 | 不明 | 有期徒刑 10 年 |
| 隋亚刚 | 原北京市公安局公安交通管理局副局长、总工程师 | 118 万元 | 不明 | 有期徒刑 14 年 |
| 杨达才 | 原陕西省安监局局长 | 2.5 万元 | 不明 | 有期徒刑 10 年 |

## 二、 理论之回顾

### （一） 理论前提：量刑基准与犯罪常态

1. 量刑基准。德日刑法理论就责任和预防之展开对量刑基准展开讨论。在德国，依据比德斯、维莫尔、施彭德尔对量刑过程的研究，量刑基准是在量刑过程中评价量刑情节的准则，它仅仅指的是量刑情节适用的指导性原理。[1] 在日本，量刑基准是指量刑基于何种基础上，以及在责任和预防领域基于何种程度的考量[2]，它是如何评价量刑情节的方法论。

---

① 李冠煜：《量刑基准的研究——以责任和预防的关系为中心》，中国社会科学出版社 2014 年版，第 10 页、第 14 页。

② ［日］大谷实：《刑法总论》，黎宏译，法律出版社 2003 年版，第 232 页。

我国关于量刑基准的研究相对来说起步比较晚，随着刑法理论的发展，一些研究德日刑法理论的学者开始关注量刑基准。对于量刑基准的概念学界存在争议，广义说以张明楷、陈兴良教授为代表，认为量刑基准与量刑原则等同①，包括量刑要素和量刑原则两个部分。狭义说以阮齐林、周光权教授为代表，认为量刑基准是在不考虑量刑情节的情况下，对已确定适用某一确定量刑幅度的犯罪依其构成性基本事实所应判处的刑罚量②，即认为量刑基准是量刑分量。总结目前关于量刑基准的研究，它们在指导量刑这一实用性方面是共同的，两种观点的对立就在于研究量刑基准的出发点和目的不同。因而只要考虑了处理责任刑与预防刑关系的量刑基准问题，罪刑均衡与刑罚个别化的关系，就不会停留在外在统一与内在统一的抽象表述上。

笔者认为作为受贿罪基准数额研究的理论基础在于确定量刑基准的概念。至少要理清三点思路：首先，明确研究量刑基准的价值服务于具体量刑实践；其次，量刑基准有别于量刑原则，量刑基准仅适用于量刑过程；最后，刑罚是罪质和罪量的统一，定罪量刑时具有的犯罪情节应予以考虑。以受贿罪为例，其作为数额犯罪，数额大小、情节严重与否，决定其是否入罪及适用哪一档法定刑，而排除犯罪情节将直接导致责任范围无法确定。据此，笔者以为，量刑基准，是刑法所规定的量刑中基于基本犯罪事实和量刑情节适用而确定一定刑罚的分量。其有两层含义：一是量刑起点，即某一具体基本犯罪构成；二是基准刑，即在法定刑内所确定的基准刑。

2. 犯罪常态与量刑基准。犯罪常态是指某种犯罪最通常的情形或者绝大多数的情形③，它是根据刑法的规定基于数据统计而确定的某一类犯罪的样态，是在具体的社会时空背景下，未导致社会常态稳定发展遭到破坏犯罪量和质的统一的常态水平。④笔者认为，在我国确立某种犯罪是否为常态，除了通过数据分析，还应就我国现行司法体制下，司法机关制定颁发的司法解释数量取得。因为常态就意味着"常发"，静态的立法总是难以满足现实的需要，常态中总介入着异常的因素，为了解决新问题，那么就需要司法解释，或者将问题解决方案提升到立法技术层面。所以，确定犯罪是否为常态犯罪或者是处于一种犯罪常态的意义主要表现在以下两方面：

第一，在刑事政策方面，犯罪是否处于正常度，决定对其打击的力度和方法。刑法分则中规定了各类犯罪有其对应的常态情形，它们案发率高、情况复杂，所以司法机关针对这类案件采取的是长期打击的策略。为配合打击

下卷·五

---

① 张明楷：《刑法的基本立场》，中国法制出版社 2002 年版，第 358~359 页。

② 周光权：《量刑基准研究》，载《中国法学》1999 年第 5 期；沈亚平、曹玉江：《量刑基准研究》，载《河北法学》2010 年第 8 期。

③ 张明楷：《犯罪常态与量刑起点》，载《法学评论》2015 年第 2 期。

④ 武伯欣：《对"犯罪正常度"问题的几点认识》，载《公安大学学报》1993 年第 1 期。

犯罪，在立法上就需要设计严密的刑事法网。第二，在量刑层面，确定某一犯罪是否为常态犯罪的实质是全面评估量刑是否均衡。受贿罪的犯罪常态在量刑处理结果上应当趋于一致，这也彰显罪刑均衡原则。由于受到量刑情节的影响，以及法官自由裁量的影响，在现实中出现的几率较小，但是在一定的幅度之内应当是处于平衡状态。

犯罪常态是不法常态与责任常态的结合，具体言之：其一，不法常态是某种犯罪通常具有的不法程度或者法益侵害的程度，它主要通过结果来表现出来。从受贿罪层面分析，设受贿 12 万元与受贿 6 万元是常态，尽管受贿 12 万元的数额比受贿 6 万元的数额大，但是不属于情节严重，只是在 10 年以上这个量刑档次上是一个常态结果。其二，犯罪常态还表现为责任的常态。量刑范围不能突破责任的边际，意味着其影响结果的因素是限定在一定的范围之内使其非异常化。因此，在犯罪常态理论中，刑法分则所对应的法定刑的量刑起点是与犯罪的常态形态对应的。根据统计数据，受贿罪的量刑点应当在法定刑幅度内在中线上下浮动的更小区间内，这个点笔者认为就是所谓的量刑基准。

### （二）理论焦点：受贿罪量刑基准规范化

我国现行刑法第 386 条规定了受贿罪与贪污罪的量刑采取同一标准。受贿罪的量刑数额，一直以来是理论界讨论的热点，《刑法修正案（九）（草案）》进一步完善反腐败的刑法规范，包括修改受贿罪定罪量刑标准，为此关于受贿罪定罪量刑问题又重新提上日程。目前，关于我国受贿罪的焦点就在于如何在立法上确定受贿罪的量刑标基准。具体言之：

问题一：协调受贿罪的罪质罪量

将来对受贿罪的修改，是仅规定受贿罪的行为性质和行为方式，而无数量和情节因素的限制；还是采取定性又定量模式？在现实中由于经济发展情况不同，各地的经济水平各异，受贿的数额与量刑之间的差异十分巨大，如何平衡两者之间的关系，将地域经济因素纳入量刑之中？

问题二：设置受贿罪的量刑梯度

受贿罪目前是参照贪污罪量刑，量刑档次之间缺乏层次性且相互交叉，如何设计一个合理的量刑梯度，使得对受贿罪犯罪嫌疑人科处之刑罚不得超出责任上限，以满足罪刑均衡与预防犯罪的要求？

## 三、 犯罪常态与受贿罪量刑基准

根据以上的理论回顾和理论焦点，笔者在研究中兼取演绎推理方法和实证分析方法，对样本进行有针对性的分析，通过数据比较以及推理论证来探讨以上两个问题到底采取何种设计相对更为合理。笔者收集了中国裁判文书网上 W 市法院 2011 年 1 月至 2015 年 5 月 30 日 120 份受贿罪判决书及 120 份贪污罪判决书，对其中涉案数额、量刑情节以及宣告刑进行了数据统计回归分析，运用描述统计的方法对受贿罪的量刑基准进行研究。

## （一） 受贿罪已经成为一种常态犯罪

所谓常态犯罪，是指某一类型的犯罪在一定时期呈现出来最通常的情形，如果某一类犯罪在整个犯罪统计中处于一种"常态"或是保持一种"常态"，则说明这类犯罪是一种常态犯罪；换言之，受贿罪常态只能在适用刑法规范的基础上进行统计分析得出。确定和明确常态犯罪的意义在于国家可以针对这类犯罪在立法上进行合理的设计，也即国家通过立法的方式或是制定刑事政策控制高发犯罪，从而将这类犯罪控制在可容忍的范围之内，这也是犯罪饱和理论的基本内容。

根据 2015 年最高人民检察院工作报告的数据，查办受贿犯罪共计 14062 人，同比增长 13.2%。此外，根据最高人民法院发布的《2014 年全国法院审理刑事案件情况分析》，2014 年审理的案件中受贿罪在审理案件总数中排名第 12 位，同时，从贪污贿赂案件的结构看，呈现出贪污犯罪案件趋于下降，受贿、行贿、单位行贿、介绍行贿、对单位行贿犯罪上升的新特点。与此同时，根据中国法治蓝皮书的数据，2013 年公职人员腐败犯罪中受贿罪占 63.9%（见图 1）。据不完全统计，中共十八大以来，已移交司法机关处理的贪腐案件中涉及受贿罪的占 90% 以上。由此可以看出受贿罪已经成为现实中犯罪之常态。确定受贿罪作为一种常态犯罪的意义有两方面：第一，受贿罪作为常态犯罪，其定罪应当类型化；第二，在量刑层面，其刑量设置应当符合罪责刑适应原则，在罪量上在时空范围稳定的前提下确定基准刑。在这个层面上受贿罪有着独特的优势，这种优势来源于受贿数额规定。法官在量刑时，应当按照受贿罪的常态确立量刑基准。根据责任理论，量刑的主要依据是责任，受贿罪作为贪利性犯罪，数额不仅反映了责任的大小，也反映了行为人的主观恶性。在应然层面如果把受贿罪的量刑基准用数学程式表达出来，在图形描绘上是一条呈递增趋势的曲线，这一点下文再述。

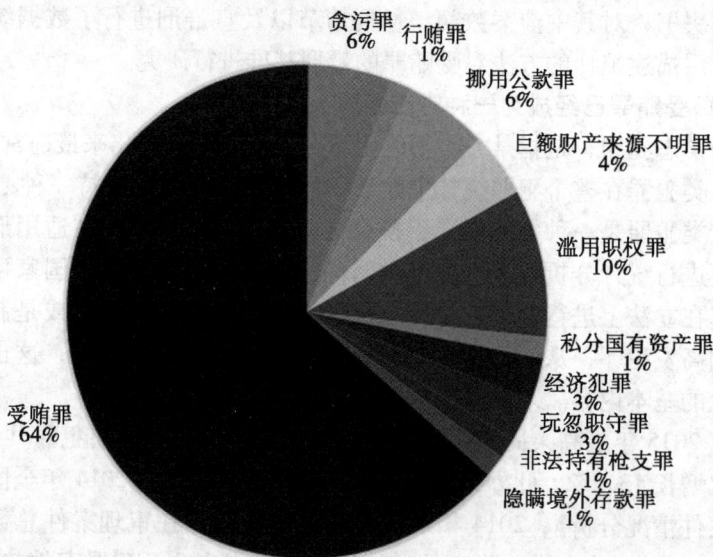

贪污罪 6%
行贿罪 1%
挪用公款罪 6%
巨额财产来源不明罪 4%
滥用职权罪 10%
私分国有资产罪 1%
经济犯罪 3%
玩忽职守罪 3%
非法持有枪支罪 1%
隐瞒境外存款罪 1%
受贿罪 64%

图 1　2013 年被查处腐败公职人员涉嫌罪名

**（二）受贿罪量刑基准模型描述**

1. 受贿罪常态下量刑基准之应然。笔者在研究国家工作人员受贿数额与量刑之间关系期间，做出了如下假设：

假设 1：假设在常态条件下受贿数额与刑量总和之间具有线性相关关系。

假设 2：在假设 1 成立的前提下，受贿数额与刑期之间呈正相关关系。

量刑的基本基准之一就是责任，根据责任主义，责任的大小与刑量是对应的，如果不考虑量刑情节，那么每一个数额就应当对应的是一个量刑点，在理想状态下，根据假设 1，以数额为标准，排除一切其他人为因素，设受贿数额 X，量刑基准点为 a，二者间相关性系数为 R 且 R >0，因为量刑基准点（或量刑基准刑）是依照犯罪常量所决定的，所以在坐标轴上每一个 a 对应的 Y 都是一个确切的值，表达式 a＝R · X，R >0，这里 Y 是基准刑。

虽然在量刑过程中受量刑情节的影响，而这些具体情节尚不明确也无法统计，为此可以认为其是一种"黑数"。然而，尽管在量刑情节这里是黑数，但由于量刑情节是在适用刑法的加减情节范围时确定的，例如参考《人民法院量刑指导意见》，加减刑的幅度为 20%~40%。在假设 2 中，设宣告刑量为 Y，量刑情节为 M，加减刑幅度为 b%，正相关系数 $R_{XY}$ 是一个常量，则三者间的关系可以表示为：Y＝a＋M，M＝a · b%，b% 的区间为 ［-0.4，-0.2］U［0.2，0.4］，亦即 Y＝R · X＋a · b%。那么根据假设 1，既然每一个量刑基点 a 都是与 X 相对应的，而个案中不同的数额 X 对应不同的变量 a，行为人自身的量刑情节 b 也各有所异，因此在受贿罪量刑函数表达式 Y＝$R_{XY}$ · X＋a · b% 这个数量关系中，共有 a 与 b 两个自变量，并且 Y 的表达式可能是一个递增函数。

2. 受贿罪常态下量刑基准之实然。为了更具体地研究受贿罪的量刑基准，笔者对选取的 120 份判决书进行了分析和描绘。这 120 份判决书是 W 市 2011 年以来作出判决且在中国裁判文书网上公布的案例，H 省作为中部代表城市，W 市作为 H 省的省会，其司法裁判在全省具有代表性且有指导和借鉴意义。

根据假设 1 和假设 2 的论述，如果在量刑设计上，以责任与预防为量刑基准基本构成，责任对应的是具体的量刑基准点，预防对应的是量刑情节，那么现有的立法模式以数额作为起刑点的这种设计，在彼此对应的理论模型状态下是一个梯度——受贿数额对应具体的量刑基准点，同一数额在加减量刑情节后围绕这个基准点上下浮动。W 市 120 份判决书的数据在坐标轴上表示的具体描述结果如图 2 所示。

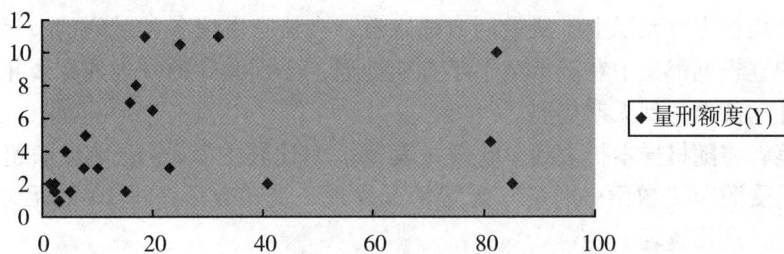

图 2　受贿额度与量刑额度对应散点图

表 2　120 组判决书中受贿额度与量刑额度分析

| 编号 | 受贿额度（X） | 量刑额度（Y） | $X^2$ | $Y^2$ | $X \cdot Y$ |
|---|---|---|---|---|---|
| 1 | 4.1 | 4 | 16.81 | 16 | 16.4 |
| 2 | 7.9 | 5 | 62.41 | 25 | 39.5 |
| 3 | 18.7 | 11 | 349.69 | 121 | 205.7 |
| 4 | 25.0 | 11 | 625 | 121 | 275 |
| 5 | 16.0 | 10.5 | 256 | 110.25 | 168 |
| 6 | 41.0 | 7 | 1681 | 49 | 287 |
| 7 | 1.4 | 2 | 1.96 | 4 | 2.8 |
| 8 | 2.2 | 2 | 4.84 | 4 | 4.4 |
| 9 | 82.1 | 10 | 6740.41 | 100 | 821 |
| … | … | … | … | … | … |
| 120 | 20.0 | 6.5 | 400 | 42.25 | 130 |
| 受贿额度单位：万元；量刑额度单位：年 | | | | | |

根据相关系数公式 $R_{XY} = \dfrac{\sum\left[(X_i - \bar{X})(Y_i - \bar{Y})\right]}{\sqrt{\sum(X_i - \bar{X})^2} \times \sqrt{\sum(Y_i - \bar{Y})^2}}$ 和表 2 中 120 组数据计算，得出相关系数为 0.3520。相关系数介于与 0～0.8 之间时为非显著相关，这表明，如果排除量刑情节 M，受贿额度和量刑额度之间相关程度是比较低的。

在样本选取过程中，笔者主要统计了年份、受贿罪主体身份、受贿数额、量刑情节、宣告刑、罚金等几方面数据。在统计中发现，囿于判决书说理的缺陷，判决书中对于自首、立功、退赃、悔罪四个情节以外的量刑情节表述含糊其辞。一方面，从统计的结果来看，绝大多数（87%）的受贿主体受贿领域都涉及工程建设和城市基建以及单位工程；在受贿数额上，除个别案例以外，均在十万元以上。从量刑方面来看，在法官考虑各种量刑情节后，受贿罪的宣告刑都集中在三年至十年有期徒刑，个别案件的宣告刑在十年以上有期徒刑甚至达到无期徒刑。

笔者将随机样本扩大到 400 份（表 3），对比其中 220 例受贿数额超过 10 万元的受贿罪"数额—刑量"配置情况发现，受贿数额超过 10 万元时，数额越大，刑罚越轻。

表 3　400 份受贿案例"罪刑配置"分析

| 样本数 | 所占百分比 | 平均受贿数额（元） | 平均刑期 | 平均"数额/刑量"比率 | 每一万元对应刑量（年） |
|---|---|---|---|---|---|
| 4 | 1.00% | / | 0.21 | / | / |
| 12 | 3.00% | / | 1.82 | / | / |
| 90 | 22.50% | / | 2.23 | / | / |
| 74 | 18.50% | / | 5.32 | / | / |
| 128 | 32.00% | 219048.11 | 9.91 | 22103.7447 | 0.50 |
| 35 | 8.75% | 684211.51 | 13.64 | 50162.13416 | 0.20 |
| 26 | 6.50% | 1396951.52 | 17.38 | 80376.95742 | 0.10 |
| 16 | 4.00% | 3051817.12 | 17.56 | 173793.6856 | 0.06 |
| 12 | 3.00% | 7013826.77 | 25.82 | 271643.1747 | 0.03 |
| 3 | 0.75% | 26012268.68 | 26.00 | 1000471.872 | 0.01 |

以上两个假设的目的在于，印证有关学者在讨论我国受贿罪量刑基本设计的可行性。实际上，近年来学界一直讨论或者民意民愤中的量刑不公根本上源自于犯罪常态视野下受贿罪量刑基准理论研究匮乏带来的实际司法操作

的滞后。笔者认为，从现有的立法规定来看，我国目前计赃论刑或者说以数额作为受贿罪的量刑基准，并不能公正地做到罪刑均衡，应当明确受贿罪法条关于罪质罪量的分工，立法定罪，司法定量。

**（三）结论：受贿罪量刑基准点是客观存在的点，且在司法上是一个经验刑量点**

之所以讨论量刑基准，旨在通过设计受贿罪常态时的量刑基准点来指导法官裁判，从而准确地自由裁量。上文中，笔者通过应然和实然的对比，得出受贿罪的基准刑点 a 是客观存在的。在 $Y = R_{XY} \cdot X + a \cdot b\%$ 模型中，如果没有量刑情节亦即 $a \cdot b\%$，那么这些点或是基准刑是确定的。在经济水平一定的情况下，法官在判定受贿罪时总是有自己的基准，这个基准源自大量案件审判的量刑经验。虽然在我国没有遵循先例的原则，但是每个法官在审判一个受贿案件时根据"先见"心中都已经有了一个预判值，而这个预判值形成经验量刑点。从 400 份案例中我们也发现从 2011 年到 2015 年同一法院受贿数额接近的案件在判刑的结果上也接近。因此，受贿罪的基准刑应当是一个点。

通过以上分析，说明受贿罪是一种常态犯罪，量刑具有相对稳定性。数额型的犯罪量刑基准应以刑法和司法解释规定的数额标准比对相应的法定刑幅度、通过逻辑演绎的方法、分别确定量刑基准和量刑范围，保证在本地区经济状况发生重大变化时，量刑尺度可适用。

# 四、 具体构建： 犯罪常态视野下受贿罪量刑

## （一）修改数额情节规定，协调受贿罪质与量

刑罚的正当化根据是惩罚犯罪的正当性与预防犯罪目的的合理性，按现行刑法受贿罪的立案标准，即便在我国经济最发达的上海，受贿罪大案的标准也仅为数额人民币 5 万元以上。"罪刑均衡的基本价值蕴含就在于公正。"[①]进而言之，就受贿罪而言，如果一味从严，对于有从宽情节的亦不予从宽处罚，看似"足以平民愤"，短期内可以收到"乱世重典"之功效；但从长远来看，如果重刑主义常态化，就违反了罪刑均衡原则，背离了社会的正义观，最终会导致刑罚功能的削弱。因为，一味地加重对受贿罪的惩罚力度有可能会削弱社会对刑法的认同感，进而会使刑法惩治与预防受贿罪之功效出现边际效应递减，即刑法的威慑力会愈来愈小。可见，为了更好地发挥刑法的功能，对受贿罪的处罚并非越重越好，而应当在法律规定的范围内适当从严。

笔者研究受贿数额和量刑结果的关系，认为应当对受贿罪单独规定法定刑，不宜与贪污罪适用同一法定刑幅度，而且目前将数额直接规定在法条中

下卷·五

---

① 陈兴良：《刑法的价值构造》，中国人民大学出版社 2006 年版，第 501 页。

的立法方式也并不科学。具体修改建议是，在刑法中增设对受贿罪的处罚：
"受贿数额较大的，处五年以下有期徒刑或者拘役，并处罚金；受贿数额巨
大或者有其他严重情节的，处五年以上十年以下有期徒刑，并处罚金或者没
收财产；受贿数额特别巨大或者有其他特别严重情节的，处十年以上有期徒
刑、无期徒刑或者死刑，并处罚金或者没收财产。犯受贿罪的，不得继续担
任国家工作人员。"同时，在相关司法解释中规定：受贿 5000 元以上不满 10
万元、10 万元以上不满 100 万元、100 万元以上的，应当分别认定为刑法规
定的"数额较大"、"数额巨大"、"数额特别巨大"。各省、自治区、直辖市
高级人民法院、人民检察院可以根据本地区实际状况，在本解释确定的范围
内，确定本地区执行的"数额较大"、"数额巨大"的具体数额标准，报最高
人民法院、最高人民检察院批准。受贿数额虽然未达到本解释规定的"数额
较大"、"数额巨大"或"数额特别巨大"的最低数额，但具有为他人谋取不
正当利益，或者给国家和人民利益造成重大损失、社会影响恶劣的，应当认
定为刑法规定的"其他严重情节"或者"其他特别严重情节"，"数额较
大"、"数额巨大"、"数额特别巨大"的标准可以按照前条规定的 50%确定。
因犯受贿罪，依法判处罚金刑的，应当在受贿数额的 1 倍以上 3 倍以下判处
罚金。

## （二）增强刑罚惩罚的必定性，设置刑罚梯度

从经济学角度讲，当犯罪收益大于犯罪成本时犯罪才可能发生，因此，
通过提高犯罪成本，在某种程度上就可以预防犯罪的发生。在受贿罪易发多
发的情况下，重刑化的刑事政策之所以受到国家和民众的青睐，就是因为它
可以增加受贿罪的成本。但是，现实已经告诉我们，严刑峻法解决不了根本
问题，对于受贿罪的屡禁不止，我们必须要看到更深层次的原因，即"执法
不严、监管不力"。[①] 换言之，实践中对于受贿罪如果能做到"执法必严、有
罪必究"，即只要发生了受贿罪就必然受到刑事处罚，那么就可以最大化地
提升受贿罪的成本，进而有效遏制受贿罪的发生。对此，贝卡里亚有过经典
的论述，"对于犯罪最强有力的约束力量不是刑罚的严酷性，而是刑罚的必
定性……即使刑罚是有节制的，它的确定性也比联系着一线不受处罚希望的
可怕刑罚所造成的恐惧更令人印象深刻。因为，即便是最小的恶果，一旦成
了确定的，就总令人心悸。"[②] 由此可知，预防受贿罪不应当只关注刑事处罚
的严厉性，更应当关注刑事处罚的几率。相较而言，提高受贿罪的刑事处罚
几率，不仅可以最大化地发挥刑罚的威慑效用，还可以最大限度地避免片面
重刑化所带来的消极影响，因而是一种更为科学有效的预防受贿罪的刑事

---

① 张璐晶：《食品安全，重典可以治乱吗》，载《中国经济周刊》2011 年第 22 期。
② ［意］贝卡里亚：《论犯罪与刑罚》，黄风译，中国大百科全书出版社 1993 年版，第 59 页。

政策。

笔者在归纳上述观点的基础上，结合对司法工作者访谈的具体情况，在目前我国刑法对受贿罪法定刑规定的框架内，提出受贿罪量刑规范化建议稿，其中增减刑期的百分比是笔者依据司法实践中的情况，比照《量刑指导意见》对其他罪名的规定来设定的，具体内容如下：

构成受贿罪的，可以根据下列不同情形在相应的幅度内确定量刑基准：

（1）受贿数额 0.5 万元以上不满 1 万元的，可以在 1 年至 5 年有期徒刑幅度内确定量刑起点。

（2）受贿数额 5 万元以上不满 10 万元的，可以在 5 年至 10 年有期徒刑幅度内确定量刑起点。

（3）受贿数额 10 万元以上不满 500 万元的，可以在 10 年至 14 年有期徒刑幅度内确定量刑起点。

（4）受贿数额 500 万元以上的，可以判处无期徒刑、死刑。

# 竞合条件下"徇私型"渎职罪与受贿罪并罪处罚新论

高 雷*

最高人民法院、最高人民检察院于 2012 年 12 月 7 日颁布了《关于办理渎职刑事案件适用法律若干问题的解释（一）》［下称《解释（一）》］。其第 3 条规定：国家机关工作人员实施渎职犯罪并收受贿赂，同时构成受贿罪的，除刑法另有规定外，以渎职犯罪和受贿罪数罪并罚。解释针对渎职犯罪中同时触犯受贿犯罪的情况确立数罪并罚的原则。这一原则的确定有利于案件的查处工作，顺应了当前反腐倡廉的形势发展和人民群众对查办渎职犯罪的新要求，有助于解决当前司法实践中亟待解决的一些问题，对于惩治渎职犯罪、促进党风廉政建设和反腐败斗争深入开展发挥积极作用。但是，笔者认为数罪并罚原则可能存在对"徇私型"渎职犯罪双重评价的隐患，因此只有通过对渎职罪中的"徇私"以及受贿罪中的"为他人谋取利益"进行立法完善才能避免并罚造成双重评价的问题。

## 一、 问题的引出

2013 年 7 月，王某在任 A 县国土资源局地籍科科长期间，接受某某房地产公司法人代表李某的 3 万元好处费，私自为其制作了编号为 019397354、使用面积为 40189 平方米的国有土地使用证，并将此证交给李某。后李某使用该虚假国有土地使用证办理了建筑商品房的相关手续，违法开工建设"尚书苑"小区，该小区共占地 36695 平方米，超占 30575 平方米，造成国家土地出让金损失 1480.7 万元人民币。对于王某的行为如何进行认定？

## 二、 分歧意见

第一种观点认为王某的行为构成受贿罪。理由是王某身为国家工作人员，非法收受李某的财物，利用职务上的便利为李某谋取利益，符合刑法第 385条①受贿罪的构成要件，对王某应以受贿罪追究其刑事责任。至于李某利用

---

* 浙江省义乌市人民检察院反渎职侵权局助理检察员。

① 刑法第 385 条：国家工作人员利用职务上的便利，索取他人财物的，或者非法收受他人财物，为他人谋取利益的，是受贿罪。

国有土地使用证办理建筑商品房相关手续造成国家出让金损失的后果,已经被概括到受贿罪的"为他人谋取利益"的范畴,可以根据刑法第 386 条①之规定,将造成的严重后果认定为受贿罪的情节加以评判。

第二种观点认为王某的行为构成滥用职权罪。理由是王某身为国家机关工作人员,滥用手中的权力,为李某违规办理国有土地使用证,造成 1480.7 万元国家土地出让金损失。其行为符合刑法第 397 条②之规定,应以滥用职权罪追究其刑事责任。对于王某收受李某 3 万元好处费的情节,符合刑法第 397 条第 2 款国家机关工作人员徇私舞弊滥用职权罪的构成要件。3 万元好处费应被评价为王某"徇私舞弊",对王某应适用刑法第 397 条第 2 款之规定③。

第三种观点认为王某的行为构成滥用职权罪、受贿罪,对王某应数罪并罚。理由是 2012 年 12 月 7 日"两高"颁布的《解释(一)》第 3 条规定:国家机关工作人员实施渎职犯罪并收受贿赂,同时构成受贿罪的,除刑法另有规定外,以渎职犯罪和受贿罪数罪并罚。在本案中,王某身为国家机关工作人员,滥用手中的权力,违规为李某办理国有土地使用证,造成 1480.7 万元国家土地出让金损失,其行为符合滥用职权罪的构成要件,应以滥用职权罪追究其刑事责任。同时,王某身为国家工作人员,利用职务便利为他人谋取利益,并收受他人好处,其行为也符合受贿罪的构成要件。因此,王某的行为符合《解释(一)》第 3 条的规定,应对王某以滥用职权罪、受贿罪追究刑事责任。

笔者同意第三种观点。在"两高"颁布《解释(一)》之前,对于王某的行为是数罪并罚还是择一重处罚还存在争论。但是《解释(一)》出台之后,"两高"对类似王某的行为已经明确了数罪并罚的原则,因此对王某应以滥用职权罪、受贿罪数罪并罚。

## 三、 延伸出的疑问

根据现行法律及相关司法解释,以滥用职权罪、受贿罪追究王某的刑事责任是有根据的,但笔者提出两点疑问:一是在受贿罪中,"索贿型"受贿罪不需要以为他人谋取利益为构成要件,而"收受型"受贿类型需要以为他

---

① 刑法第 386 条:对犯受贿罪的,根据受贿所得的数额及情节,依照本法第三百八十三条的规定处罚。索贿的从重处罚。

② 刑法第 397 条第 1 款:国家机关工作人员滥用职权或者玩忽职守,致使公共财产、国家和人民利益遭受重大损失的,处三年以下有期徒刑或者拘役;情节特别严重的,处三年以下七年以上有期徒刑。本法另有规定的,依照规定。

③ 刑法第 397 条第 2 款:国家机关工作人员徇私舞弊,犯前款罪的,处五年以下有期徒刑或者拘役;情节特别严重的,处五年以上十年以下有期徒刑。本法另有规定的,依照规定。

人谋取利益为构成要件。理论界及实务界将"允诺为他人谋取利益"以及"开始实施或者实现利益"都界定为"为他人谋取利益"。在本案中，王某收受李某的财物后，为李某违规办理国有土地使用证并造成国家损失的行为符合受贿罪中为他人谋取利益的构成要件，已经被受贿罪评价。如果对王某的违规办理国有土地使用证的行为再以滥用职权罪追究刑事责任，那就存在重复评价问题，违反了"禁止双重评价原则"。二是如果对王某违规办理国有土地使用证的行为追究滥用职权的刑事责任，在适用法律上是适用刑法第397条第1款之规定还是适用第2款之规定。如果适用第2款之规定，也就是适用"徇私舞弊型"滥用职权的规定，也存在双重评价问题。理由是刑法第397条第2款将国家机关工作人员徇私舞弊作为滥用职权或者玩忽职守的法定升格处罚情节。"徇私"的范围很广，但不可否认的是收受他人的贿赂是"徇私舞弊"的应有之义。如果以"徇私舞弊型"滥用职权罪追究王某的刑事责任，那么王某收受李某三万元财物的行为分别被滥用职权罪以及受贿罪评价，也违反了"禁止双重评价原则"。

因此，从本案可以看出，《解释（一）》第3条规定了渎职罪与受贿罪并罚的处罚原则存在商榷的余地，对"徇私型"渎职罪与受贿罪并罚考虑不周全。

## 四、 对于"徇私型" 渎职罪与受贿罪并罚是否违法了"禁止双重评价原则" 的分歧

在当今刑法理论界，对于"徇私型"渎职罪与受贿罪并罚是否违反了"禁止双重评价原则"存在不同的观点。肯定说认为存在双重评价。将受贿罪和渎职罪并罚后，"索取或者收受他人财物"的受贿行为，在渎职罪中可能被作为"徇私"的表现而出现双重评价：渎职行为及其造成的严重后果，在受贿罪中则可能作为"为他人谋取利益"或者受贿行为"情节严重"的表现而被重复认定。[1] 原因如下：（1）"索取或者收受他人财物"的受贿行为在渎职罪中可能存在双重评价。"徇私"在渎职犯罪中一般是作为犯罪构成要件要素，例如刑法第401条徇私舞弊减刑、假释、暂予监外执行罪，刑法第404条徇私舞弊不征、少征税款罪等。但是在我国刑法分则渎职罪中，则有两个例外，刑法第397条第2款将"徇私"作为滥用职权、玩忽职守法定刑升格的条件。刑法第408条之一将"徇私"作为食品监管渎职罪从重处罚的情节。所以一般情况下，如果"徇私"出现在国家机关工作人员的渎职行为中，就应当适用刑法第397条第2款或第408条之一规定的法定刑从重判处，

---

[1] 陈兴良：《禁止双重评价研究》，载《法学论丛》1996年第3期。

或成立其他徇私舞弊型的渎职犯罪。[1] 问题出在国家工作人员实施渎职行为并收受贿赂的情况下，国家工作人员"索取或者收受他人财物"而实施渎职行为，往往反映出其"徇私利"的事实。如果此时将受贿罪和渎职罪并罚，可能导致"索取或者收受他人财物"的行为在受贿罪中被评价一次，在"徇私舞弊型"渎职犯罪以及刑法第 397 条第 2 款、408 条之一第 2 款的适用中，又被变相评价一次，从而有双重评价的嫌疑。（2）"为他人谋取利益"的渎职行为在受贿罪中可能被重复认定。根据我国刑法第 385 条的规定，收受他人财物的行为构成受贿罪的，以"为他人谋取利益为要件"。而实践中，国家机关工作人员通常就是违法行使职权为他人谋取利益，所以"为他人谋取利益"的行为通常在作为受贿罪要件的同时又达到了渎职罪的立案要求。因此，将受贿罪和渎职罪并罚后，"为他人谋取利益的渎职行为"在受贿罪中仍存在被重复评价的可能。

　　否定说认为不存在双重评价。原因如下：（1）渎职罪中的"徇私"与受贿行为并非重合。渎职罪中的"徇私"只是主观上的犯罪动机，行为人主观上的徇私动机和客观上的受贿行为之间并不存在重合关系。在司法实践中，认定渎职犯罪中的"徇私"时，不要求有与之相呼应的客观行为，仅要求证明行为人具有徇私的主观动机即可。[2] 如果行为人不仅具有徇私的动机而且实施了徇私的客观行为构成其他犯罪的，应当以其他犯罪定罪处罚。具体到徇私型渎职犯罪，行为人因徇私动机而收受贿赂或者索取贿赂并实施渎职行为的，应该以受贿罪和渎职罪数罪并罚论处。（2）"收受型"受贿罪中的"为他人谋取便利"与渎职行为并非重合关系。收受型受贿罪的犯罪构成包括两点：一是收受他人财物；二是为他人谋取利益，此二点缺一不可。[3] 准确理解刑法第 385 条第 1 款中"为他人谋取利益"的含义是判断收受性受贿罪中的"为他人谋取利益"与渎职行为之间重合的关键，同时也是理清受贿型渎职犯罪罪数问题的关键。受贿罪中的"为他人谋取利益"只要求受贿人允诺为他人谋取利益即可，在允诺情况下受贿罪已经既遂。具体到收受贿赂后又渎职犯罪的案件中，行为人收受财物，客观上实施了为他人谋取利益的行为，而该行为同时又构成渎职犯罪的，分别构成受贿罪和渎职罪的构成要件，不存在重合关系，应当以受贿罪和渎职罪数罪并罚。

　　基于上述阐述，笔者赞同第一种观点，即"徇私型"渎职罪与受贿罪并罚原则存在双重评价的嫌疑，理由在"王案"中已经充分阐述，不予赘述。因此，笔者认为虽然司法解释明确了数罪并罚的态度，但应针对由此可能导

下卷·五

---

① 任彦君：《因受贿而渎职的罪数认定》，载《法学评论》2010 年第 6 期。

② 冯亚东：《受贿罪与渎职罪竞合问题》，载《法学研究》2000 年第 1 期。

③ 王作富：《刑法分则实务研究》，中国方正出版社 2007 年版，第 124 页。

致的过度评价问题，因地制宜地引入禁止重复评价原则，对受贿罪和渎职罪的相关规定作出合理的限制解释，即对渎职罪中的"徇私"和受贿罪中的"为他人谋取利益"在适用上各自作出限制，以便更能体现刑法和刑罚的价值。

## 五、"徇私型" 渎职犯罪与受贿罪并罚的理性选择

**（一）刑法第 385 条的受贿行为不得作为渎职罪存在"徇私"情节的依据**

1. 国家机关工作人员实施刑法第 397 条或者第 408 条之一的渎职犯罪并收受贿赂的，如果后者构成受贿罪，就不能再据此认定前者存在"徇私"情节加重或者从重处罚，而应在基本法定刑的范围内或者比照没有徇私情节的一般情节量刑。笔者认为，既然最新司法解释已经规定将受贿罪和渎职罪并罚，那么根据"禁止重复评价原则"的要求，在国家机关工作人员实施了刑法第 397 条的滥用职权、玩忽职守或刑法第 408 条之一的食品监管渎职罪并收受贿赂场合，由于"索取或者收受他人财物"的行为已经在受贿罪中被评价，所以不能再据此认定渎职罪具有"徇私情节"而从重或者加重处罚。① 此时，对滥用职权、玩忽职守罪应在刑法第 397 条第 1 款的基本法定刑的范围内量刑。对食品监管渎职罪则应根据刑法第 408 条之一第 1 款的规定，比照没有徇私情节的一般情形量刑。

2. 国家机关工作人员实施将徇私作为犯罪构成要素的渎职犯罪并收受贿赂的，在并罚时，对其实施的渎职犯罪在处罚上应相应从轻。如前所述，在涉及"徇私情节"的渎职条文中，除刑法第 397 条第 2 款将其作为法定刑升格的条件、刑法第 408 条之一将其作为从重处罚的情节外，其余的都是作为犯罪构成要件要素，如徇私舞弊不移交刑事案件罪、徇私舞弊不征少征税款罪等。因此，在国家机关工作人员实施此类渎职犯罪并收受贿赂的场合，如果以受贿罪和徇私型渎职犯罪并罚，对于"徇私"这一要素，不免有在犯罪构成上双重评价之嫌。笔者认为，针对此问题，只有将徇私型渎职犯罪中的徇私在量刑上虚化，才是妥当的，即如果国家机关工作人员收受贿赂的行为已经构成受贿罪，则对其实施的徇私舞弊型渎职犯罪在量刑上就要从轻，至少要比出于徇私情、私利却尚未构成受贿罪的情形要轻缓。

**（二）刑法第九章规定的渎职行为及其严重后果不得作为刑法第 385 条中"为他人谋取利益"或者"情节严重"之表现**

1. 将受贿罪和渎职罪并罚后，受贿罪中为他人谋取利益的行为不应再包

---

① 林亚刚：《论想象竞合犯的若干问题》，载《法律科学》2004 年第 1 期。

括构成渎职犯罪的行为。[①] 在司法实践中，对渎职并收受贿赂的行为仅认定为受贿罪一罪的判例，也是将渎职犯罪行为作为受贿罪中为他人谋取利益的表现看待。如前所述，从受贿罪的罪状表述而言，行为人因收受贿赂而实施渎职犯罪后，后者确实可以评价为为他人谋取利益的行为，据此，受贿罪和渎职罪存在法条竞合关系。如果并罚，必然导致对行为人不利的双重评价。笔者认为，对刑法第385条中的"为他人谋取利益"作出限制解释，即排除以构成渎职罪的方式为他人谋取利益的行为。换言之，在国家机关工作人员收受贿赂后又以渎职犯罪的方式为他人谋取利益时，受贿罪中的"为他人谋取利益"只表现为一种利益允诺；在国家机关工作人员以不构成渎职犯罪的其他形式为他人谋取利益时，受贿罪中的"为他人谋取利益"才能包括开始实施或者实现利益的行为。

2. 根据刑法第385条和第386条的规定，受贿罪定罪量刑的标准取决于两个因素：一是受贿数额，二是其他情节。前者比较好认定，但是何为"情节严重"、"情节特别严重"则不明朗。目前有观点认为，国家机关工作人员在收受贿赂后渎职，使公共财产或者人民利益受到重大损害的，可以将其作为受贿行为的加重情节予以认定。应当说，如果受贿罪和渎职罪以一罪处断，该观点是合适的。但《解释（一）》明确规定二者应当并罚的情况下，这种做法会导致本来作为渎职罪情节严重的依据，再次作为受贿罪中的"情节严重"或者"情节特别严重"而被重复认定。因此笔者认为在此情况下，渎职犯罪的后果不能作为受贿罪"情节严重"、"情节特别严重"的情节再次被评价。

## 六、 彻底的司法建议

笔者认为，以上所做的阐述只是避免《解释（一）》第3条可能带来的"徇私型"渎职犯罪与受贿罪的双重评价问题的权宜之计，不能从根本上解决问题。为了能够彻底解决这个问题，笔者认为只有从立法层面对法律条文进行修改或者解释，具体建议如下：

### （一） 修改刑法第385条规定，取消受贿罪中"为他人谋取利益"的构成要件

笔者主张将"为他人谋取利益"从受贿罪构成要件中去除，理由如下：首先，取消"为他人谋取利益"的要件有利于最大限度地打击受贿这种腐败行为，使腐败分子失去规避法律的借口。现实生活中既存在收受他人钱财为他人谋取利益的情形，也存在拿了他人的贿赂但不为他人谋取利益的现象，如果非要把"为他人谋取利益"作为构成要件，就会有一大批受贿行为被排

---

① 张明楷：《渎职罪中徇私、舞弊的性质和认定》，载《人民检察》2005年第12期。

除在犯罪之外，这不利于打击腐败。其次，取消"为他人谋取利益"的要件更加突出受贿罪的本质。受贿罪的本质并不在于国家工作人员利用职务上的便利"为他人谋取利益"，而在于国家工作人员利用职务上的便利收受他人的财物本身，这正是受贿的本意，只要国家工作人员利用职务上的便利非法收受了他人的财物，就已经符合受贿的特征，而不管其是否"为他人谋取利益"。① 最后，取消"为他人谋取利益"的要件可以很好地避免"徇私型"渎职犯罪与受贿罪重复评价的问题。取消"为他人谋取利益"要件后，在国家机关工作人员收受他人好处后又渎职犯罪的，受贿罪评价的是国家机关工作人员收受他人好处的行为，而渎职犯罪评价的是国家机关工作人员收受好处后的渎职行为，两者评价的阶段不同，也就不存在重复评价的问题。

**（二）取消刑法第九章"徇私型"渎职罪中"徇私舞弊"构成要件，统一设立并罚机制**

在刑法第九章中，徇私枉法罪，徇私舞弊减刑、假释、暂予监外执行罪，徇私舞弊不移交刑事案件罪，徇私舞弊不征、少征税款罪等罪名将"徇私舞弊"作为渎职犯罪的构成要件或者加重处罚条件。但是刑法并没有界定"徇私"的范围，这就导致"徇私型"渎职罪与受贿罪存在重复评价问题。笔者建议取消刑法第九章"徇私型"渎职罪必须具备"徇私舞弊"的要件，而是在第 419 条之后增加第 420 条规定，即：徇私舞弊后实施本章行为，如果徇私舞弊行为构成本法第三百八十五条规定之罪的，则以本章罪名与受贿罪数罪并罚，如果徇私舞弊行为不构成本法第三百八十五条规定之罪的，则以本章罪名从重处罚。另外，笔者认为应该取消刑法第 399 条第 4 款之规定。此条款将徇私枉法罪，民事行政枉法裁判罪，执行判决、裁定失职罪，执行判决、裁定滥用职权罪等罪名与受贿罪以一罪论处。在《解释（一）》已经确定了数罪并罚的原则下，这种规定是人为地将应从重处罚的行为归类到较轻的刑罚范围，在实质上造成了法律适用的不平等。特别是司法工作者作为维护法律公平正义的屏障，其徇私枉法行为有更大的危害性，人为地采取"从一重处罚"原则不利于我国正常的司法秩序的维护，危害了我国司法体系的健康发展。

---

① 陈斌、刘继过：《渎职犯罪司法适用》，法律出版社 2006 年版，第 266 页。

# 第六编 行贿犯罪的刑法治理研究

# 行贿犯罪非刑罚处罚措施的
# 规范与创新

刘宪权[*] 李振林[**]

时下，诸多学者认为，行贿是引起受贿犯罪频发的重要因素，要遏制受贿高发势头，就不能仅打击受贿而不打击行贿或"重受贿轻行贿"。[①] 笔者认为，从现行刑法对行贿犯罪的规定及其司法适用的实际情况来看，之所以会产生上述质疑，与一直以来行贿犯罪非刑罚处罚措施不规范适用存在重大关联。我国刑法第 37 条规定：对于犯罪情节轻微不需要判处刑罚的，可以免予刑事处罚，但是可以根据案件的不同情况，予以训诫或者责令具结悔过、赔礼道歉、赔偿损失，或者由主管部门予以行政处罚或者行政处分。刑法第 390 条规定：行贿犯罪人主动交待行贿事实的，可以减轻或者免除处罚。故而司法实践中有很大一部分的行贿人是通过免予刑事处罚、不起诉或者撤案的形式予以处理。据统计，2009 年至 2013 年人民法院判决生效的案件，行贿犯罪案件中宣告无罪的共 8 人，无罪率为 0.06%，判决适用缓刑和免予刑事处罚的共 9261 人，缓刑、免刑适用率为 75%；判处重刑[②]的共 379 人，重刑率为 3%。[③] 由此可见，司法实践中大部分行贿犯罪案件被判定构成犯罪，只是适用缓刑和免予刑事处罚的比例较高而已。然而，由于刑法规定的非刑罚处罚措施在适用方式与内容上均有一定的局限性，无法结合具体行贿犯罪案件的特点与行为人的人格特征进行适用，因而司法实践中在对行贿犯罪人免予刑事处罚时较少采用非刑罚处罚措施，由此导致行贿犯罪人虽被判定构成犯罪，但实际上未受到任何处罚和教训。因此，笔者认为，有必要对行贿犯罪非刑罚处罚刑事适用进行理性创新，在行贿犯罪的语境下探索出能够有效实现刑事制裁惩治与预防双重目标价值的非刑罚处罚措施，以期实现对行贿犯罪的有效惩治与预防。

---

* 华东政法大学教授、博士生导师。

** 华东政法大学助理研究员、《青少年犯罪问题》编辑部主任、法学博士。

① 参见李少平：《行贿犯罪执法困局及其对策》，载《中国法学》2015 年第 1 期；刘仁文、黄云波：《行贿罪的刑法规制与完善》，载《政法论丛》2014 年第 5 期；陈鹏飞、李文栋：《行贿犯罪查处难之实践思考》，载《金陵法律评论》2014 年秋季卷。

② 这里的重刑指 5 年以上有期徒刑和无期徒刑。

③ 李少平：《行贿犯罪执法困局及其对策》，载《中国法学》2015 年第 1 期。

## 一、 建构行贿犯罪非刑罚处罚体系之必要性

对行贿犯罪实行非刑罚处罚的实体性法律效果必定是对涉嫌行贿犯罪的行为人免予刑罚处罚。对此，有不少学者认为，对行贿犯罪适用非刑罚处罚措施有纵容犯罪之嫌。[①] 笔者认为，建构行贿犯罪非刑罚处罚体系并非就会放纵行贿犯罪、促使贿赂犯罪的发生，其实际上具有相当程度的必要性。

### （一） 实现贿赂犯罪惩治之法律效果与社会效果的需要

贿赂犯罪案件具有极大的隐蔽性，往往因仅发生于行受贿双方之间而缺乏旁证，这就增加了侦破贿赂犯罪案件的难度。受制于破案压力，职务犯罪侦查部门严重依赖于行贿人的言词证据，以至于不得不与行贿人进行司法利益交换，故而其通常做法是通过向行贿人宣示从宽政策以获得关于贿赂事实真相的关键性证据。而行贿人基于自身利益的考虑或对于刑事处罚的忧虑，也不会轻易交待出行贿事实，只有通过许诺对其从宽处理，方可获取行贿人的关键性证据。[②] 当前，检察机关、纪检监察机关办案措施仍较落后，往往还是依靠突破言词证据的调查方法进行。虽然修订后的《刑事诉讼法》规定检察机关可以对重大贪污、贿赂犯罪案件采取技术侦查措施，但限于装备条件和技术水平，具体执行中尚存诸多困难。在此情形下，如果一味地对行贿犯罪加强刑罚处罚，显然不利于分化贿赂犯罪同盟，也不利于起诉或审判受贿犯罪。故而为了侦破受贿犯罪案件，只能依靠行贿人的供述，而行贿人配合供述的重要前提便是对其免除刑罚处罚。[③] 如此，受贿犯罪人确实因贿赂犯罪案件侦破而得到了惩治，但行贿犯罪人却可能因被免除刑罚处罚而没有得到任何教训，以致屡试不爽、变本加厉。因此，为了实现贿赂犯罪惩治之法律效果与社会效果，对行贿犯罪人适用被免除刑罚处罚后的非刑罚处罚措施就极有必要。应当看到，重大行贿犯罪案件的司法裁量必须重视惩治犯罪的法律效果与社会效果。重大行贿犯罪案件起诉或者定罪适用刑罚后的大型公司将会受到重创，其附带性结果容易引发一系列社会问题与经济影响。故而司法实务部门必须积极考虑利用非刑罚处罚这一缓冲机制，以有效解决行贿犯罪行为责任问题与刑事司法行为社会成本控制问题。

### （二） 构建"严而不厉"之合理刑法结构模式的要求

从罪与刑、严与厉的关系角度分析，刑法结构具有"又严又厉"、"不严

---

① 参见龙宗智：《经济犯罪防控与宽严相济刑事政策》，载《法学杂志》2006 年第 4 期；Benjamin Greenblum, Judicial Oversight of Corporate Deferred Prosecution Agreements, 105 Columbia Law Review 1863 (2007).

② 参见肖洁：《行贿犯罪查处的困境与解决途径》，载《中国刑事法杂志》2010 年第 8 期。

③ 实际上很多贿赂犯罪案件最终均对行贿人予以免除刑罚处罚。

不厉"、"严而不厉"和"厉而不严"四种模式。① 这里的"严"主要是指刑事法网严密,"厉"主要是指刑罚惩罚过重。其中,"严而不厉"是最优模式,在严密刑事法网以控制犯罪的同时,慎用重刑,坚持了罪刑相适应原则。而且,从长期效益来看,法网严而刑不厉的社会总效益将大于法网疏而刑过重。故而这种模式也是我国刑法的发展方向。我国目前的情况是"厉而不严","厉"在行贿犯罪方面主要表现在行贿犯罪起刑点较高、刑罚量偏重、轻刑种不足、重刑种居多。在厉而不严的刑罚结构中,刑事法网不严密,刑事责任也不严格,刑罚圈的范围比较狭窄,但刑罚苛刻、严峻,刑罚量超量投入,将遏制和消灭犯罪的希望寄托于严刑峻法,简单化地认为刑罚量与犯罪率必成反比例,刑罚越严厉必越能遏制犯罪,这种思维演绎的结果往往就是犯罪量和刑罚量同步增长,交替上升,甚至刑罚反被犯罪所遏制而难以为继。各国刑罚运作的实践证明,厉而不严的刑罚结构是刑罚资源投入很大而刑罚效益最差的一种刑罚资源配置模式。② 而且,当今国际社会的轻刑化趋势明显,我国刑法对行贿犯罪规定的"厉而不严"是与之背道而驰的。因而,在对待行贿犯罪问题上,我国应转变"厉而不严"的刑事政策,构建起"严而不厉"的模式,以严格而非严厉作为惩治行贿犯罪的刑事政策,并用以指导立法和司法,通过相应的立法和司法上的完善,来更为有效地惩处行贿犯罪。虽然,欲改变这一状况,必须依赖于刑法立法的转变,但在缓慢的立法修订之前,在司法上对行贿犯罪人的从宽处理也可以在某种程度上消解行贿犯罪规定"厉而不严"的问题。对此,通过规范、严格地对从宽处罚的行贿犯罪人适用非刑罚处罚措施,可以在一定程度上实现惩治行贿犯罪"严而不厉"的效果,进而实现对行贿犯罪的有效打击和预防。

### (三) 彰显现代刑法之谦抑性特征的要求

刑法的谦抑性,是指刑法应按照一定规则控制处罚范围和程度,即当适用其他法律足以遏制违法行为的时候就不要将其规定为犯罪,凡是适用较轻的制裁方法足以遏制犯罪行为时就不应规定较重的制裁方法。刑法的谦抑性特征是针对具体犯罪行为实施非刑罚处罚的一个重要依据,而对刑法谦抑性的限制必然会影响到非刑罚处罚措施适用的具体范围。对刑法谦抑性最大的、根本的限制,源自于必须被限制在适度且有效的范围之内的刑罚之恶,即这种刑罚能足够增加违法犯罪成本,遏制和矫正犯罪,从而有效防卫社会。对于应当判处刑罚的犯罪分子,处以罚当其罪的刑罚;对于不需要判处刑罚的犯罪分子,处以非刑罚处罚。刑罚作为一种成本较高、标签作用明显的处罚

---

① 参见梁根林、张仪宇主编:《刑事一体化的本体展开》,法律出版社 2003 年版,第 10 页。

② 参见储槐植:《严而不厉:为刑法修订设计政策思想》,载《北京大学学报》(哲学社会科学版) 1989 年第 6 期。

措施，并非追究犯罪分子刑事责任的唯一选择。刑法谦抑性要求，刑罚的适用不仅是对犯罪行为的应有的、该当的惩罚，更应当是针对矫正犯罪行为所必需的社会防卫措施，故而不应当随意对犯罪者施加不应当的且不可回逆的惩罚，在可以且能够适用轻微的刑罚处罚时，避免较重的刑种；在可以且能够适用非刑罚处罚措施时，应尽量排除刑罚措施的适用。[1] 从社会控制的角度来看，对犯罪的社会治理并非刑罚这一种手段。欲要治理犯罪，不能一味地增大刑法的投入力度，而应尽可能地发挥各种调整手段的特长，形成良性互补的机制。[2] 非刑罚处罚措施在本质上看属于民事或者行政的制裁措施，但是其对于不需要判处刑罚的犯罪分子来说，可能是最有效的制裁手段。因此，对于社会危害性相对轻微的行贿犯罪而言，在其具备从宽处罚情节的情况下，如果适用非刑罚处罚措施能够起到应有的控制和预防作用，就应当坚决地予以适用，如此方可彰显现代刑法之谦抑性特征的要求。

## 二、 现有非刑罚处罚措施在行贿犯罪案件中的规范适用

应当看到，免予刑罚处罚的行贿犯罪案件中极少适用非刑罚处罚，其主要原因在于非刑罚处罚刑事适用方法在运作过程中存在形式不统一、内容混乱、操作规范不明确等多重障碍，因此，有必要根据各种非刑罚处罚方法的特点规范其具体运作规则。对于行贿犯罪人而言，能够产生预防犯罪作用的，主要有训诫、责令具结悔过、建议主管部门予以行政处罚或者行政处分三种非刑罚处罚措施。

### （一）训诫在行贿犯罪案件中的规范适用

训诫作为一种非刑罚处罚方法，适用于情节轻微不需要判刑的行贿犯罪人，可以产生教育效应，进而实现预防再次行贿犯罪的目的。

1. 规范训诫形式。早前的刑法实务基本上倾向于将训诫的形式限定为口头方式，但当前司法实践中运用的检察官寄语、法官寄语实际上又具有书面训诫的本质特征。刑法理论中有不少观点认为将训诫拓展至书面形式效果会更为明显。[3] 笔者认为，训诫的形式不应当局限于口头，有必要包括通过训诫书的形式对行贿犯罪人进行书面谴责教育。从严肃性的角度分析，口头训诫的正式性与严肃性显然不如书面训诫强，对行贿者的教育强度具有明显的差别。正是这种强度差别决定了有必要针对不同的犯罪人及不同的案件情况判断是选择口头训诫还是书面训诫。对于犯罪行为显著轻微的行贿者，可以在办理不起诉决定的过程中对犯罪人进行口头训诫，提出教育改正的要求，也可以当庭训诫。此外，从实用性的角度考量，书面训诫形成固定的文字材

---

① 刘志刚：《非刑罚处罚制度研究》，武汉大学 2012 年博士学位论文，第 20 页。

② 梁根林：《刑事政策：立场与范畴》，法律出版社 2005 年版，第 112~113 页。

③ 马克昌主编：《刑罚通论》，武汉大学出版社 1999 年版，第 737 页。

料，对于行贿人的警示作用较强，可以促进免予刑罚的行贿人进行反复自省，而口头训诫因为形式上的局限性，不仅无法在物理上形成"温故知新"的文字资料，而且经过时间的推移犯罪人容易遗忘，训诫效果持续的时间有限。因此，笔者认为，书面训诫应当成为更为重要且有效的训诫形式，不能在非刑罚处罚司法实践中直接将其排除在训诫方式之外。

2. 调整训诫的内容。在适用训诫时，根据行贿犯罪案件的具体情况，一方面应当严肃地指出行贿人的违法犯罪行为，分析其贿赂犯罪的社会危害性。行贿人谋取不正当利益造成国家或者其他单位经济损失的，特别应当细致地强调其行贿行为给被害单位造成的损失。能够提出具体改正方法的，有必要对行贿人进行具体的提示，细化训诫内容。另一方面，在训诫过程中必须要指出，基于刑法宽容与刑罚经济性的要求，在行贿人的犯罪行为尚属轻微的情况下，可不给予刑罚处罚，要求行贿人珍惜非刑罚处罚措施给其提供的宽容处遇的机会，积极认真地投入今后的社会经济生活。

3. 科学适用训诫措施的发展性要求。由于当前的司法实践一般没有将训诫措施置于独立且严肃的程序规则架构下，导致训诫的实体内容缺乏科学性，具体适用过程中随意性较大。长期以来训诫内容也缺乏新意，没有根据社会经济生活的变迁或者犯罪人的个体特征进行制度的内化发展。科学的训诫应当超越静止性教育督促的肤浅层面，立足于动态教育的高标准要求，对犯罪人在行为过程中表现出来的大量的实质性问题以及今后可能存在的演化性问题进行深刻揭示，明示其问题所在，实现及时纠偏、督促引导、中止危害行为继续恶化发展。行贿犯罪的本质是用金钱换取不正当利益，行贿人相对于其他经济犯罪的行为人而言，对其进行教育更容易找到有针对性的切入点。对此，必须充分发挥训诫措施"谴责"与"教育"的整体功效，提高训诫措施的质量和科学性，在口头训诫与训诫书中避免出现重视教育引导性内容而忽视对现实犯罪行为的法律谴责，或者一味进行违法性谴责而教育矫正内容不充分。此外，有必要建立具有长效机制的训诫措施体系，将训诫重点落位于"诫"而非"训"，具体落实过程中可以采用以下两种具有可操作性的办法：一是定期回访行贿人及其所在工作单位等，在动态掌握行贿人情况之后根据其参与社会经济生活的实际状态，撰写具有鼓舞士气、勉励意志的信函；二是根据相关案件及行贿人特点等具体情况，参加司法人员主持的戒勉辅导讲座，定期开展道德教育、优良社会风尚教育、经济培训等，要求行贿人在听讲后撰写思想报告，通过互动的方式始终保持训诫措施的生机与活力。

**（二）责令具结悔过在行贿犯罪案件中的规范适用**

具结悔过能够促使行贿人积极主动地思考实施贿赂犯罪行为的深层次原因，清醒地认识到自己行为的犯罪性质，反思自己的罪责，从而达到"知罪能改"的效果。虽然责令具结悔过中的"责令"具有明显的强制性，但是这种非刑罚处罚方法发挥实际效果的基础，仍需依靠犯罪人自身的主动性。具结悔过的内容根据犯罪人的认识不同而不尽相同，没有也不需要有固定的模式和框架，重点应当是在司法人员的引导下，看清贿赂犯罪的本质和根源，承诺在未来的工作中参与健康的经济活动。因此，笔者认为，在行贿犯罪案件中，责令具结悔过主要应当注意的是其适用方式以及防止具结悔过形式化。

1. 规范责令具结悔过的适用方式。悔过书本质上是一种在自我剖析基础上的内心表白和思想表态，其适用方式不拘一格，关键在于针对不同行贿人的行为与人格特点分情况予以适用。司法人员可以在适用不起诉、免予刑罚之前要求行贿人写好悔罪书，将具结悔过作为适用不起诉、免予刑罚的前提条件。在不要求行贿人具结悔过的前提下就适用免予刑罚，可能导致犯罪嫌疑人、被告人无法深刻理解从宽处理的法律与政策初衷，进而无法充分认识到自己所犯罪错的具体性质。将具结悔过作为行贿犯罪免予刑罚的前提，有利于充分发挥宽严相济刑事司法政策的社会效果，同时保证从宽处理犯罪的司法权威。并且，司法人员有必要通过要求行贿人当场宣读悔罪书的方式在仪式化的刑事诉讼程序中接受深刻的法制教育。对于犯罪情节显著轻微的行贿人，司法人员也可以在免予刑罚之后的一定期限内要求行贿人撰写保证书等，责令其保证在今后的社会经济生活中认真踏实地工作，践行不再犯罪的书面承诺。在充分保证当事人隐私权或者经当事人同意的情况下，司法人员还可以将具结悔过的书面材料印成多份，发放给相关公司、企业。

2. 转变具结悔过形式化的实践倾向。具结悔过内容空泛的现象时有发生，特别是在受贿犯罪案件中，不仅存在减刑、免刑适用率较高的刑罚规范适用基本面问题，而且存在具结悔过书形式化的具体操作问题。对此，有必要采取措施改善具结悔过的适用现状。首先，应当努力摆脱具结悔过的形式化倾向，通过司法权的积极运作介入具结悔过的非刑罚处罚实践操作，而非基于暂时的现实困境直接放弃具结悔过的刑事适用。其次，司法人员在责令行贿人具结悔过的过程中应当进行积极的引导，鼓励其发现探究自身的犯罪根源，而非人云亦云地重复没有独立性特征的虚伪忏悔。司法人员有必要在与行贿人的交流过程中提示行贿人从个人的经济生活环境、性格发展、人际关系、工作状态中寻找行贿犯罪的根源、解释犯罪原因、实践悔改方案。最后，应完善责令具结悔过的刑事适用，建立具结悔过司法评价机制。在行贿犯罪案件中适用责令具结悔过时，应当提前对行贿人的综合情况进行评估，在犯罪性质、情节、根源、思想以及行为人性格特点、工作影响等方面形成具有针对性的评估标准。对于拟适用不起诉或者免予刑罚的犯罪人，司法人员结合上述评估标准对其具结悔过进行考察，符合悔过标准的，可以认定为具结悔过达到悔罪效果，准予适用不起诉或者免予刑罚，实现具结悔过效果与实体处遇的对接。

（三）建议主管部门予以行政处罚或者行政处分在行贿犯罪案件中的规范适用

非刑罚处罚中的建议行政处罚或者行政处分是指根据案件情况向主管部门提出对犯罪人予以一定行政处罚或者行政处分的司法建议，并由主管部门具体确定处罚、处分的方法和强度，向司法机关及时反馈信息。作为非刑罚处罚的建议行政处罚或行政处分是由司法机关提出的，由行政主管部门根据行政法律法规和案件情况自行确定。首先，建议主管部门予以行政处罚的司法建议应当具有针对性。主管部门予以行政处罚的司法建议的制作应客观、准确地反映行贿人的行政违法问题，要做到内容具体和具有较强的可操作性。在提出司法建议前，应当以案件反映出来的共性和个性问题为依据，深入相关主管部门进行调查，对贿赂犯罪行为不予刑罚处罚但应当进行行政处罚的原因深入分析，透过表面现象找出问题的实质和根源，以此提出有情况、有分析、有效果的司法建议。其次，强化建议主管部门予以行政处罚的跟踪监督。针对行贿犯罪案件发出行政处罚司法建议书，事后要做好督促、检查工作，防止一些单位收到司法建议后将其束之高阁，不予研究落实，以保证司法建议书充分发挥作用。如果发现主管部门未采纳行政处罚建议并未采取落实整改措施的，应当报上一级司法机关向主管部门的上一级部门反映，由主管部门的上一级单位来抓行政处罚建议的落实。最后，应当正确把握司法建议的定位，区分行政处罚与行政处分司法建议，谨慎适用行政处分司法建议。

## 三、 行贿犯罪案件适用非刑罚处罚措施的完善与创新

### （一）夯实行贿犯罪非刑罚处罚的司法基础

只有在司法理念与司法能力层面提高司法能力，才能以具有权威效应的司法保证行贿犯罪案件非刑罚处罚程序的顺利运行。例如，我国部分省市的检察机关已经根据区域情况在各级检察院建立相关的金融犯罪、航运犯罪、知识产权犯罪等专门案件的办案部门，以专业化的职业能力和知识储备应对经济犯罪案件的挑战；审判机关也逐步配置了金融犯罪、知识产权犯罪的审判庭。这就为公正、准确且高效地适用行贿犯罪案件非刑罚处罚措施奠定了坚实的职业能力基础与实务性参考。可以在上述专门性办案机构运行经验的基础上，尝试设立商业贿赂犯罪办案工作组，专门负责行贿等商业贿赂犯罪的非刑罚处罚工作。此外，有必要对行贿犯罪案件非刑罚处罚程序配备具有丰富职务犯罪实践经验的司法人员，以此保证司法实务部门在办理重大疑难职务犯罪案件过程中形成较强的司法职业能力与较高的职业文化水平，保障社会正义的实现，使用一切合法合理的方法形成公正的不起诉决定、免予刑罚实体结果与程序运作。特别是在当前我国社会对于司法权威存在或多或少

质疑的背景下，[①] 司法人员不能将完成行贿犯罪等经济犯罪案件非刑罚处罚程序视为一项普通的工作，应当高度重视自己在被告单位、被告人、辩护律师、被害人以及社会公众面前的形象。公正、严明、诚实的司法人员在行贿犯罪非刑罚处罚司法实践中更容易获取被告单位、被告人及其辩护律师的信任，各项司法活动也会因此而顺利开展。

**（二）完善信息及时披露制度**

由于当前我国刑事司法实践中并没有强制性要求公开判决书文本的内容，免予刑罚处罚等非刑罚处罚实践操作的透明度与公开性属于检察权与审判权的自由裁量范围。在这种条件下建构行贿犯罪案件的非刑罚处罚机制，显然无法满足社会公众对司法公正与司法透明的强烈呼唤。笔者认为，有必要对行贿犯罪案件非刑罚处罚的适用情况设置明确的信息披露规则，明确规范司法实务部门通过公告、新闻发布会、网络等媒介公布适用非刑罚处罚措施的行贿犯罪案件情况。待时机成熟时，应当进一步要求司法实务部门出台执法规范，明确规定行贿犯罪适用非刑罚处罚起诉案件信息强制性披露制度，将每个行贿犯罪免予刑罚处罚案件的决定文件以及相关的刑事和解文本备置于司法机关网站供社会查询浏览，以确保公众对检察权、审判权运行的广泛知情与一般监督。

**（三）完善相应的监督机制**

在实践中，必须落实与完善相关的监督机制，使行贿犯罪案件非刑罚处罚司法适用保持相对统一。行贿犯罪案件非刑罚处罚内部监督机制应当采用多层级、多领域的监督模式：下级司法机关向上级司法机关汇报行贿犯罪案件的执行情况；各级司法机关定期就重大或异常案件进行讨论；强调对行贿犯罪案件非刑罚处罚的办理，确立科学的考核体系和考评办法；行贿犯罪案件的辩护律师以及被害人的诉讼代理人一旦发现当事人在非刑罚处罚程序中受到不公正待遇，有权直接联系检察委员会或审判委员会办公室，陈述问题、质疑实体或程序的合法性。

**（四）创新行贿公司强制性检察监管制度**

从各国反贿赂犯罪司法实践情况来看，检察机关始终是反腐败的第一责任机构。因此，在对实施行贿犯罪的公司进行非刑罚处罚的过程中，有必要创新检察机关参与社会管理的方式与方法，建立行贿公司不起诉后强制性检察监管制度，要求承认单位行贿犯罪的公司对内部监管机制进行重整，执行严格的合规程序，即为了监管、预防、震慑行贿犯罪专门设计内部犯罪风险控制机制，使其成为公司治理极为重要的一部分内容。检察机关设立专门的职务犯罪控制与预防部门，有权强制要求认罪的行贿公司接受检察机关经济

---

① 萧瀚：《法官为何自损威仪？》，载《财经》2009 年第 19 期。

犯罪控制与预防部门的工作人员担任内部监管职务，协助公司保证合规程序的正常运转，降低公司行贿犯罪发生的可能。在试点运行成功的条件下，在公司行贿犯罪案件不起诉程序中附加强制性内部监管机制可以强化检察机关工作人员在公司内部的监管权限，使其有权在省级以上检察机关的指导下评估、建议、修改公司治理的规章，解雇违纪违法职员，直接以公司名义雇用审计人员、律师在公司内部针对审计、法律问题进行尽职调查。行贿公司强制性检察内部监管机制有利于快速提高公司治理效率，特别是控制单位行贿犯罪风险。检察机关监管人员可以深入公司内部管理流程全方位执行经济犯罪预防计划。

# 行贿罪中"为谋取
# 不正当利益" 要件反思

马松建[*]　李　琪[**]

## 引言

近年来，随着我国经济社会飞速发展，贿赂犯罪的表现形式越来越复杂化、多样化，立法和司法面临更大的难题。行贿罪是与受贿罪相对应的一种贿赂犯罪，严重腐蚀着国家公职人员的廉洁性，也污浊了平等竞争的社会环境，具有极大的社会危害性。从世界各国的立法意图来看，各国均希望通过对行贿的打击，从源头上遏制贿赂犯罪的发生，进而保障政府执政环境的有序性。近年来，我国贿赂犯罪高发，行贿罪作为社会腐败的主要恶源，也越来越被人们所重视。但当前立法的滞后造成了行贿罪认定的困难，特别是针对行贿罪"为谋取不正当利益"这一要件，我国现行规定与社会实际脱轨，既不能有效地防范行贿犯罪的发生，也不能有效地打击相关的贿赂犯罪。因此，遏制贿赂犯罪在我国的蔓延，重新认识、反思这一要件迫在眉睫。

## 一、 相关立法的历史考察

当前，贿赂犯罪在我国仍处于高发的态势。特别是行贿罪，因其手段、形式等的隐蔽性特点，造成司法中认定的困难。造成这种困境的原因之一就是我国刑法将"为谋取不正当利益"作为构成要件，而对此如何界定，学界与实务界莫衷一是。从我国行贿罪的立法传统来看，"为谋取不正当利益"并非行贿罪的必备要件。以《唐律》为例，作为中华法系的核心法典，其对行贿罪的规定主要有：诸有事以财行求，得枉法者，坐赃论，不枉法者，减二等。即同事共与者，首则并赃论，从者各依己分法。[①]《唐律》对于行贿规定为"有事"，并没有框定这种事情的属性。此后的《大明律》和《大清律》都基本上沿袭了这一模式，未将谋取利益的属性作为行贿罪的构成要件。新中国成立后，我国刑事立法对行贿罪的规定，始于1952年的《中华人

---

  [*]　郑州大学法学院教授、博士生导师、副院长。

  [**]　郑州大学法学院博士研究生，上海市徐汇区人民检察院检察官。

  [①]　高绍先：《中国刑法史精要》，法律出版社2001年版，第195页。

民共和国惩治贪污条例》，该条例第 5 条规定，一切向国家工作人员行使贿赂、介绍贿赂者，应按其情节轻重参酌本条例第三条的规定处刑；其情节特别严重者，并得没收其财产之一部或全部；其彻底坦白并对受贿人实行检举者，得判处罚金，免予其他刑事处分。在 1979 年刑法中，行贿罪作为贿赂犯罪中的一员正式出场。其第 185 条规定，国家工作人员利用职务上的便利收受贿赂的，处五年以下有期徒刑或者拘役。赃款赃物没收，公款公物追还。犯前款罪，致使国家或者公民利益遭受严重损失的，处五年以上有期徒刑。向国家工作人员行贿或者介绍贿赂的，处三年以下有期徒刑或者拘役。上述立法例表明，不管是历史上，还是新中国成立后设置行贿罪初期，都意图将行贿罪与受贿罪并而治之，并未将"为谋取不正当利益"作为入罪要件。

1982 年 3 月 8 日，全国人大常委会通过了《关于严惩严重破坏经济的罪犯的决定》，对受贿罪与行贿罪并而治之的立场发生了转变。从条例规定的内容上可以看出，立法意图对受贿罪从重处罚，即规定受贿罪比照贪污罪论处，并将最高刑设置为死刑，但对行贿罪却未做出任何改变。实践中，自然被理解为立法机关重视对受贿罪的打击，而怠于继续严惩行贿罪。这一立场在 1985 年 7 月 18 日最高人民法院、最高人民检察院颁布的《关于当前办理经济犯罪案件中具体应用法律的若干问题的解答（试行）》（以下简称《解答》）中得以延续并更加明确。该解答将"为谋取非法利益"规定为行贿犯罪成立的一个必备条件，从而限缩了行贿罪的处罚范围。不过，最高人民检察院在 1986 年 3 月 24 日出台《人民检察院直接受理的经济检察案件立案标准的规定》中立场又出现了些许反复。该立案标准规定：行贿罪是指为使国家工作人员利用职务上的便利为其谋取利益，而非法给付财物的行为。这一规定虽然将"为谋取不正当利益"修改为"为谋取利益"，似乎放宽了行贿罪成立的标准，但由于将给付财物限定为"非法"，在实质上与之前的立场大致相同。1997 年刑法采用专章规定"贪污贿赂犯罪"，不仅延续了 1982 年《关于严惩严重破坏经济的罪犯的决定》的规定，将"两高"1985 年《解答》的部分内容纳入其中，明确增加了行贿罪"为谋取不正当利益"这一要件，在立法中明确限缩了其处罚范围。

纵观我国行贿罪立法的历史，特别是新中国成立后，在行贿罪的规定上入罪标准呈现不断缩小的趋势，即限制行贿罪入罪的范围。在司法实践中，对这一标准进行了更多的贯彻，很多行贿者都被作为"污点证人"，往往完成对受贿者的指控即可得到免罚处理。这种习惯做法逐渐导致行贿者成为检验官员的"试金石"，以至于行贿者并不畏惧刑法的严厉，不断游走于不同的贿赂犯罪中，导致我国相关犯罪的进一步泛滥。鉴于这一情况，2012 年 12 月 26 日最高人民法院、最高人民检察院出台了《关于办理行贿刑事案件具体应用法律若干问题的解释》，进一步加大对行贿犯罪的打击力度。实际上，受贿犯罪有着严重的社会危害性，并不意味着行贿的可罚性就应当与受贿有如此巨大的差别。[①] 为了有效惩治行贿犯罪，在当前反腐形势下，有必要进一步反思行贿罪中"为谋取不正当利益"这一要件。

## 二、 利益性质的文义学分析

关于"为谋取不正当利益"含义的理解，人们见仁见智。有学者认为不正当利益就等同于非法利益。也有学者主张在我国刑法条文中，宜以不应当取代不正当，即重点考察行为人获取利益是否具有法律上的适当性。还有学者认为在司法实践中以手段是否正当来判断利益是否正当。[②] 显然，上述观点都存在一定的问题，如以手段的正当性来判断可以简单操作，只要是行贿都是不正当的手段，因而这一标准虽然易于操作，但容易变得形同虚设。再如"不应当"、"非法利益"都是用一个抽象词语替代另一个抽象词语，依旧难以明确。最高人民法院采取的标准是从行贿人要求受贿人为其谋取的利益是否违背受贿人职务入手来认定。如果受贿人为行贿人谋取非法利益，那么受贿人的行为必然是违背职务的；如果受贿人为行贿人谋取的是不确定利益，亦是违背职务的，因此受贿人的行为也必然违反有关此种利益的规定。应该说，最高人民法院采取这一标准有一定的实践意义，但是，以受贿人所采取的手段来对行贿人谋取利益是否正当进行衡量，等同于用一个罪中的标准度量另一个罪中的要件，可能对行贿人客观归罪。从实践角度考虑，国家公职人员在为他人谋取利益时，采取的手段是否合法，行贿人不会关心，更难称判断其合法性。实际上，从文义上而言，行贿罪中的"利益"表现可从以下四个方面分析：

表现一：为谋取非法利益而行贿，如某甲的兄弟杀人，为了逃避司法机关的侦查而行贿公安局长，继而脱罪。司法实践中，由于逃避这种完全意义上的犯罪、违法利益对行贿受贿双方都有巨大风险，所以此类行贿案件在实践中较少单独出现。

表现二：虽未违法，但为谋取规章、道德所不容许的利益而行贿。这种利益不具有违法犯罪性，如某考生因视力不佳不符合报考警察的条件，为了达到顺利报考的目的而向负责审查的公职人员行贿，继而获得报考资格。总体而言，此种行贿行为也损害了党和政府的公信力，亦属于明显的不正当利益。

表现三：为谋取应得利益而行贿。这种利益，属于法律法规规定行为人应得的利益。为获取应得利益而行贿则为数更少，此处的利益是完全确定的

---

[①] 杨崇华、赵康：《论行贿行为的独立处罚》，载《法学杂志》2014年第9期。

[②] 文东福：《刑事政策视野中的行贿罪》，载《中国刑事法杂志》2004年第4期。

利益,如一个高考第一名要上清华大学或者北京大学完全由其自己决定,很难想象行贿的发生。如害怕他人行贿影响到自己合法权益等情况,则这种利益基本可归入谋取不确定利益。再如,因为公务人员怠于行使职权而被迫行贿等都可归入索贿中。

表现四:为谋取不确定利益而行贿。不确定利益,是指行为人通过行贿,使公职人员违背相关法律、政策,将本该由竞争获取的利益变得确定。如几家企业竞标,其中一家通过行贿主管公职人员而成功,则这种破坏了公平竞争的行为所获得的利益,可认为是不确定利益,是不正当的。再如,竞标时某家企业主曾向主管人员送礼,主管领导亦帮助其关照了相关人员。而事后审查时则发现其无论资质等各方面都比竞争对手强,获取该标的是理所当然,这种事前看来不确定的利益就不能简单将其认定为不正当利益,所以,何为不确定利益也是存在一定争议的。

综上所述,所谓的违法利益往往和不确定利益交织,而完全意义上的正当利益需要行贿也可忽略不计,所以,如何界定行贿罪的不确定利益是关键,因为对于这种利益,有关的国家工作人员拥有较大的决定权,存在变现的可能性。但是,现行立法未将不确定利益明确归入不正当利益之内,使学界产生了巨大的纷争,也放纵了部分行贿行为,不利于对行贿罪的惩治,导致行贿受贿之风蔓延。事实上,即使是主张受贿人是否违背职务说的学者也认为行贿人通过不正当手段取得不确定利益的,对其不以行贿罪论处显得不妥,也认为通过不正当手段取得不确定利益的行为具有社会危害性和应受惩罚性。总体而言,利益和手段息息相关,打击利益的谋取,关键是对手段恶性的打击,因为这一恶性恰恰是对受贿人职务廉洁性的侵犯,无论利益是正当、不正当,确定、不确定,这都反映出当前立法的不足,是亟须加以完善的。

## 三、 国外相关立法比较

根据我国现行刑法的规定,行贿罪必须具备"为谋取不正当利益"这一要件,但究竟如何界定利益的属性是否正当,是否应当将其作为行贿罪的构成要件,长期以来我国刑法理论界争论不定,也影响了对行贿罪的打击。从世界各国的立法例来看,各国对此规定分为三种情况:

类型一:未将此要件作为犯罪构成要件。《德国刑法典》第333条规定:对公务员或从事特别公务的人员或联邦国防军士兵将来职务上的行为,为其本人或第三人提供、允诺或给予利益的,处3年以下自由刑或罚金……主管当局在其职权范围内实现允许上述人员接受利益,或在其立即报告后加以追认的,行为不依第1款处罚。《日本刑法典》第143条也规定:提供前六条所规定的贿赂,或者就此提出申请或者约定的,处3年以下惩役或者50万以下罚金。对于前项之罪的,可以根据情节并科惩役与罚金。《希腊刑法典》第

236 条规定：任何人因为公务员将来实施或者已经实施的、职责范围内或者违背职责的作为或者不作为，而直接或者通过中间人，向该公务员或者第三人许诺给予或者实际给予任何种类的利益的，处不少于 1 年的监禁。《瑞典刑法典》第 7 条规定：向第 20 章第 2 条规定的雇员或其他人给予、承诺给予或提供贿赂或其他不当报酬，使其行使行政职责的，以贿赂罪处罚金或 2 年以下监禁。

类型二：将此要件作为加重处罚的情况而特别规定。《葡萄牙刑法典》第 374 条规定：任何人本人或者通过得到其同意或追认的中间人，出于第 372 条（受贿实施不法行为罪）所指的目的，给予或者承诺给予公务员或者该公务员知悉的第三人以其不应得的财产利益或非财产利益的，处不超过 3 年监禁或者罚金；如果是出于 373 条（受贿实施合法行为罪）所规定的目的而实施的，处不超过 6 个月监禁或者不超过 60 日罚金。《芬兰刑法典》第 13 条规定：凡向公共官员承诺、提供、赠与意图给其本人或他人使用的礼物或其他利益，或者给予公共官员该礼物或利益，以交换其职务行为，该行为影响或企图影响或会导致影响到该公共官员的职务行为的，以贿赂罪论处，处以罚金或 2 年以下的监禁；凡承诺、提供、赠与第 1 款中提及的礼物或利益，以交换职务行为的，也以贿赂罪论处。第 14 条规定：加重的贿赂：如果在贿赂中礼物或利益是为了使从事公务的人实施违反其职责的行为，而给行贿人或他人带来相当大的利益或者给他人造成相当大的损失或损害的，或者礼物或利益的价值相当大的，当综合评定该贿赂行为是严重的时，犯罪人也以加重的贿赂罪论处，处以 4 个月以上 4 年以下的监禁。也有国家将这一要件作为必备要件，即行贿的目的是为了让公职人员实施违背其职责要求的事项。

类型三：将此要件在行贿罪中作为构成要件加以考虑。《荷兰刑法典》第 177 条规定：实施以下行为的，处 2 年以下监禁，或处四级罚金：（1）向公务员馈赠礼物或作出许诺，以使其在执行公务时违背其职责要求而做出或不做某事的；（2）公务员执行公务时违背其职责要求做出或者不做某事后，向其馈赠礼物或者作出许诺的。《挪威一般公民刑法典》第 128 条规定：采取威胁、利诱的手段企图使公务员非法实施其职务行为，处罚金或者 1 年以下监禁。帮助的，亦同。

从上述三种类型来看，大多数国家未将"为谋取不正当利益"或者"执行公务时违背其职责"等要件作为行贿罪的构成要件，甚至我国台湾和香港地区也未将所谓的不正当性作为构成要件列入行贿罪。而我国与荷兰、挪威一样，将"为谋取不正当利益"（我国实践中也采取"执行公务时违背其职责"的观点）作为行贿罪的构成要件。但是这些国家却并不将行贿罪直接归入贿赂的犯罪中，如《挪威一般公民刑法典》第 128 条是在"侵犯政府当局的重罪"一章、《荷兰刑法典》置于第 177 条"妨害公务的重罪"中，也就是说这一行为不仅仅侵犯了公职人员的职务廉洁性，更重要的是妨害了政府公务的正常开展，即这些国家认为行贿罪侵犯的是双重法益，且最为直接的是对于公权力运行的损害，所以将"执行公务时违背其职责"作为构成要件也是题中之意。而我国则将行贿罪放入单列的"贪污贿赂"一章，并与妨害公务罪、抗税罪等妨害政府公务的犯罪予以区分，说明我国行贿罪打击的重点绝不仅仅是妨害了政府公务。

## 四、 废除的必然性分析

行贿犯罪是诱发受贿的重要原因，姑且不论索贿，受贿罪并未将为他人谋取不正当利益作为犯罪的构成要件，这表明行贿罪和受贿罪并非完全对合。然而，多数情况下，行贿者担当了教唆者的角色，对于受贿者犯意的惹起具有重要的作用。有行贿行为不一定有受贿行为，但有受贿行为却常有行贿行为。[1] 治理贿赂犯罪必须对行贿犯罪予以重视。行贿人给予财物的目的就是笼络公职人员，利用公职人员掌握的权力为其谋取利益，行贿与受贿的本质就是"钱权交易"。只承认行贿人为谋取不正当利益而行贿才是犯罪，而把谋取正当利益的行贿避除在外，势必为行贿者大开合法贿赂的大门，进而使其面临的法律成本降低，泛滥的行贿必将不断提升公职人员的道德要求。所以，在市场经济条件下，如果把谋取不正当利益作为构成行贿罪的前提条件，必会将一些恶性较大的行贿行为排除于刑法规制的范围，不仅不利于打击犯罪，也不符合基本的法治理念。

从法益上讲，我国行贿罪打击的重点并不是影响政府部门工作正常开展的行为，而是考虑其到对公职人员职务廉洁性的侵犯。行贿行为腐化、拉拢国家公职人员，导致社会中受贿现象层出不穷，使得公职人员职务行为的廉洁性受到严重损害，严重影响老百姓对社会公平、正义的理解。无论基于何种目的的行贿，都是对公职的收买，无论利益的属性正当与否，均已经侵犯了行贿罪所保护的法益，侵犯了公职人员职务行为的不可收买性。对照我国目前的法律规定，很多看似是为了谋取正当利益而去行贿的个人难以被追究法律责任。当然，有一部分行贿者是在潜规则的引导下不自主地做出行贿决定，但是相当大的一部分是借正当利益之名行行贿之实的，这样人情往来遮掩下的贿赂犯罪得以进一步泛滥，包括潜规则在内的社会不良现象不能作为违法行为的挡箭牌。谋取的利益正当与否，不应绝对地作为罪与非罪的界限，更不应当成为行贿恶性小于受贿的标签。从世界范围讲，葡萄牙、新西兰、新加坡、美国、德国、日本等国家对行贿和受贿设置了相同的法定刑。[2]

---

① 刘仁文、黄云波：《行贿犯罪的刑法规制与完善》，载《政法论丛》2014 年第 5 期。
② 卢勤忠：《行贿能否与受贿同罚》，载《人民检察》2008 年第 14 期。

当前，打击腐败犯罪已经成为各国的共识，原因就在于腐败犯罪严重威胁国家政权、扰乱市场交易、损害公共利益。我国正处于转型发展的关键时期，传统的"人治"思维根深蒂固，再加上法律法规制度体系不健全，导致了很多方面特别是经济领域乱象频发，违反社会主义的平等竞争的情况大量存在。这些乱象的存在，多是因为贿赂犯罪存在引起的，对腐败的打击不能仅仅局限于受贿人，还要对行贿者加强打击力度。《联合国反腐败公约》第15条规定：直接或间接向公职人员许诺给予、提议给予或者实际给予该公职人员本人或者其他人员或实体不正当好处，以使该公职人员在执行公务时作为或者不作为。《条约》并未将"谋取不正当利益"的相关内容作为行贿犯罪的构成要件。作为缔约国，我国的国内立法已经明显滞后，因此应该扩大国内对行贿犯罪的打击范围，取消"为谋取不正当利益"这一要件。

## 五、 完善行贿罪的立法建议

建议一：将"为谋取不正当利益"作为行贿罪的加重处罚情节。期待《刑法修正案（九）》在行贿罪的认定上，剔除"为谋取不正当利益"这一犯罪成立的要件，而作为行贿罪的加重情节。这既能对行贿的恶性予以区分，又能全面打击贿赂犯罪。世界上不少国家都采取这一立法例，如《德国刑法典》第333条规定了一般行贿罪，而第334条则加入"违反其职责或可能违反其职责"这一要件，作为加重行贿罪。《芬兰刑法典》第13条和第14条分别规定了加重行贿罪和一般行贿罪。《葡萄牙刑法典》第374条第1款和第2款，分别规定了受贿实施合法行为罪与受贿实施不法行为罪的对应行贿犯罪。

建议二：为争取行贿者，加大配套刑法措施的应用。实践中，部分学者担忧取消行贿罪的"为谋取不正当利益"要件，容易造成行贿罪认定的扩大化，促使行贿者与受贿者形成攻守同盟，难以分而治之。这种担忧是没有必要的，对行贿罪与受贿罪同罚，必将加大刑罚的一般预防功能，同时也使检察机关在与行贿人做侦查交易时有更大的操作空间。[①] 如可对行贿者降低自由刑，而加大罚金刑的适用，这不仅利于警示所有行贿者，还利于控制其逐利思想。再如规定坦白措施，分化双方，《希腊刑法典》第236条第3款规定：如果行为人在主要行为被讯问之前就其行为向检察官、预审官、其他有权机关提交书面报告或者被记录的口头陈述的，不追究刑事责任。在这种情况下，可以适用没收或者已经交给侦查人员的礼物或者利益，可以归还给行为人而不适用第238条的规定。这些都可以为我国行贿罪的完善提供有益的借鉴。

---

① 肖浩：《行贿犯罪查处的困境与解决途径》，载《中国刑事法杂志》2010年第8期。

# 六、 余论

目前，我国刑法在构成行贿罪的主观方面设立了"为谋取不正当利益"这一要件，在理论上难以支撑，实际操作上造成了不小的难度，致使"合法却不合理"和"不合理却不违法"的窘态，反映了法律与社会的脱节。在法律上取消这一款规定，能更充分地包容行贿罪的社会形态。当然，必须承认这一要件照顾了一部分不得不以行贿来维护合法权益的行为人，保持了刑法的人道性和谦抑性。但是，正是这一要件的存在，放过了谋取"灰色"利益并具有较大危害的行贿行为，也在一定程度上引导了社会不良行为，有悖于法律的良善教育和引导功能。从国外的法律实践看，立法普遍没有把行贿人主观上是否有"谋取不正当利益"作为犯罪成立的一个要件。故而应当借鉴外国的相关立法，进一步与世界接轨，通过一定的立法程序修正行贿罪的主观法律要件，更加平衡地去对待对行贿、受贿行为的处理。《刑法修正案（九）（草案）》着力加大对行贿罪的处罚力度，而未对受贿罪进行改变，就说明立法者已经意识到行贿和受贿之间相互依托的辩证关系，准备改变以往"重受贿轻行贿"的倾向。如引入利用影响力行贿罪，严格对行贿犯罪的从宽标准等，这些都从侧面反映了我国当前反腐的严峻形势。既然如此，取消"为谋取不正当利益"这一要件应当也在不远处。

# 行贿罪中"为谋取不正当利益"
# 要件的深度解读

程　红* 吴荣富**

　　我国现行刑法明文规定"为谋取不正当利益"是行贿罪的成立要件要素之一。但如何理解"为谋取不正当利益"在刑法理论和实务中均存在争议。该要素是否有存在的必要性也成为讨论的对象，有学者认为该要素的存在是导致行贿犯罪执法困局的原因之一，为加大贿赂犯罪惩罚力度应废除该要素。笔者认为"为谋取不正当利益"是体现行贿罪处罚必要性的要素，不应轻易废除。对此《刑法修正案（九）（草案）》也采取了慎重的态度，在行贿罪中只是增加了罚金刑条款，并提高了对行贿人"网开一面"的门槛，并没有废除"为谋取不正当利益"条款。笔者认为理论界和实务界几乎没有争议地将"为谋取不正当利益"理解为主观要素，不当地缩小了行贿罪的范围，可能是造成行贿犯罪司法困局的原因之一。为了合理地界定行贿罪的处罚范围，本文以为应重新对"为谋取不正当利益"作出解释。

## 一、"为谋取不正当利益"　存废之争

　　在行贿罪中要求"为谋取不正当利益"可谓"中国特色"。不过将"为谋取不正当利益"作为行贿罪的要素也并非从来就有。1979 年刑法中就没有明文规定，但随后的司法解释和 1988 年全国人大常委会《关于惩治贪污罪贿赂罪的补充规定》中增加了"为谋取不正当利益"这一要素，1997 年刑法最终以立法形式将其确定下来。在刑法学界就"为谋取不正当利益"之存废存在以下三种观点：

### （一）主废论

　　该观点认为行贿中"为谋取不正当利益"这一要件存在的合理性有问题，而且具有负面作用，应当废除。其主要理由有：① （1）社会危害性相当说。其认为行贿罪与受贿罪是对向犯。不论行贿行为谋取的利益是正当的还

---

　　* 中南财经政法大学刑事司法学院教授。

　　** 中南财经政法大学刑法学 2014 级硕士研究生。

　　① 参见李少平：《行贿犯罪执法困局及其对策》，载《中国法学》2015 年第 1 期；孙国祥：《贿赂犯罪的学说与案解》，法律出版社 2012 年版，第 644~646 页。

是不正当的，它都是权钱交易行为，均侵犯了国家工作人员职务行为的不可收买性，是否谋取不正当利益在侵犯行贿罪法益这一点上没有任何实质区别。（2）从源头治理腐败的需要。该说认为行贿是受贿的源头，"为谋取不正当利益"限制了贿赂犯罪的打击效果，为了防止受贿必须严厉打击行贿行为。（3）"为谋取不正当利益"不易认定。"不正当"概念本身存在模糊性，有些利益处在正当与不正当之间，为行贿者逃脱法律制裁开通了便利渠道。除此之外，行为人主观上是否确有"为谋取不正当利益"，司法机关取证也非常困难。（4）国际和其他国家并没有将"为谋取不正当利益"作为行贿罪的要件。我国批准加入的《联合国反腐败公约》并没有规定向公务人员行贿必须存在"谋取不正当利益"的目的，只要客观上有向公务人员行贿的行为就成立行贿罪。显然"为谋取不正当利益"与该公约冲突。德国、日本、美国等国家都不要求行贿人具有"为谋取不正当利益"主观目的。

**（二）主存论**

针对主张废除"为谋取不正当利益"要件的观点有学者进行了反驳，认为不应废除"为谋取不正当利益"的要件。其主要理由有：（1）"主废论"将行贿与受贿看作对向犯，进而认为二者侵犯的客体是一样的，既然受贿罪没有要求"为谋取不正当利益"，行贿罪要求"为谋取不正当利益"即是多余。但是"对向犯双方并非一定都构成犯罪，更不需说在构成要件上一定相同并接受同样的处罚了"。[①]（2）"为谋取不正当利益"并非难以认定，"这一要件属于规范的构成要件，它的内涵及外延要进行价值判断才能明确"。[②]（3）打击行贿犯罪并不一定有利于防止受贿犯罪。"从某种程度上可以说，打击行贿犯罪使得打击受贿犯罪变得更加困难，贿赂犯罪往往是一一对应关系，过大力度打击行贿罪使得行贿人与受贿人成为利益攸关体，成为'拴在一条绳上的蚂蚱'，这使得行贿人出来指证受贿人几乎变得不可能，这大大增大了受贿罪在侦查过程中收集证据的难度"。[③]（4）社会危害性小。有学者认为"法律不强人所难，一般来说如果行为人是谋求了正当利益而运用了行贿手段，其社会危害性也是十分轻微的，这种情形大多都是行为人出于无奈"。[④]（5）有的学者从刑罚的成本和刑法的谦抑性、人道性出发认为也应保留"为谋取不正当利益"。[⑤]

---

① 何显兵：《行贿罪"谋取不正当利益"要件研究》，载《黑龙江省政法管理干部学院学报》2007年第1期。

② 李辰：《行贿犯罪研究》，中国政法大学出版社2013年版，第59页。

③ 同上，第60页。

④ 赵翀：《行贿罪中"谋取不正当利益"之要件》，载《华东政法学院学报》2005年第2期。

⑤ 曾凡燕、付治国：《论行贿犯罪中"谋取不正当利益"要件》，载《湖北社会科学》2010年第6期。

### （三）修改论

有学者认为在实践中有的行贿人为谋取正当利益而被迫行贿，在这种情形下行为人并没有期待可能性。主张将"为谋取不正当利益"修改为"为谋取利益，意图使有关人员滥用职权或违背职责。具体包括以下两种情形：其一，行为人意图促使有关人员滥用职权或者违背职责，进而谋取利益而行贿；其二，行为人为了排挤竞争对手进而谋取利益而行贿，即使不存在促使有关人员滥用职权或者违背职责的意图，也应当以行贿罪论处"。①

笔者认为，从"修改论"最后修改的文字来看，在实质上和"主存论"的观点没有多大的区别，因为如果行贿人意图使有关人员滥用职权或者违背职务而谋取利益，其行为评价为"为谋取不正当利益"是不存在障碍的。"主废论"主张的理由要么概念模糊，要么是没有说服力的，笔者难以赞同。理由如下：

1. 虽然行贿罪和受贿罪是对向犯，但行贿和受贿的社会危害性并不一定相同。对向犯一词来自日本，日本学者将对向犯分为三种：一是对参与者处罚同一的法定刑（如重婚罪，日本《刑法》第 184 条）；二是对参与者处不同的法定刑（如受贿罪与赠贿罪，日本《刑法》第 197 条、第 198 条）；三是只处罚对向的一方（片面的对向犯）（如淫秽物品贩卖罪，日本《刑法》第 175 条）。② 可见，并不是所有对向犯都要处相同的刑罚，在三种类型中只有第一种才处一样的刑罚。如果认为所有对向犯的社会危害性都一样，对向犯的分类就不可能了。如果认为不管利益正当与否都属于权钱交易，就要作相同的处理，那么国民去法院诉讼也需要缴纳一定的诉讼费法院才能受理，单从权钱角度看这无疑也属于权钱交易。但却没有任何国家将这种行为作为犯罪处理，也不可能将这种行为作为犯罪处理。可见，并不是一有权钱交易就要处罚，甚至是对双方处以同样的刑罚，只有达到具有处罚必要性程度的钱权交易才能作为犯罪处理。有学者指出之所以在构成要件中将某种行为排除，本来就是立法者政策的当罚性判断。片面的共犯③行为是从规范的目的出发，考虑处罚的目的、刑事政策角度的可罚的评价或者可罚的违法性、可罚的责任最后作出不处罚的判断。④ 联系到我国，目前不是"为谋取不正当利益"的行贿行为，其可罚的违法性和可罚的有责性并没有达到值得刑法处罚的程度。因为在我国"进门难、办事难"等情况还没有完全遏制，因工作人员刁难被迫无奈行贿的行为也大量存在。在这种情形下对行贿人没有任

---

① 谭智华、眭欧丽：《行贿犯罪中"不正当利益"的形态问题研究——兼论对"为谋取不正当利益"要件的修正》，载《法律适用》2011 年第 12 期。
② ［日］山中敬一：《刑法总论》，成文堂 2008 年第 2 版，第 781 页。
③ 这里指的是"对向犯"的第三种类型。
④ ［日］山中敬一：《刑法总论》，成文堂 2008 年第 2 版，第 786 页。

何处罚必要性，如果将其规定为犯罪，会导致国民对法律信任感的减弱。

2. 废除"为谋取不正当利益"并不一定能从源头治理腐败。首先治理腐败是一项系统工程，公务人员的权责界定、行使职权的程序、监督体系等在治理腐败中起决定性作用，刑法在治理腐败中的作用是极其有限的。废除"为谋取不正当利益"这一要件对治理腐败到底有多大作用并没有任何数据支持，其效果尚不可知。到底是行贿引发了受贿还是受贿引发了行贿，正如有学者指出"探讨是行贿诱发了受贿还是受贿诱发了行贿，就如同讨论是鸡生蛋还是蛋生鸡一样，没有什么实际意义。从终极原因考察，受贿犯罪本身是由社会制度的缺陷造成的"。① 相反按一般心理常识，不打击行贿行为可能给受贿行为造成更大的压力，因为行贿人不担心受到处罚更有可能揭发受贿人。在实践中查处受贿犯罪主要依靠的是行贿人的口供，在非"为谋取不正当利益"行贿的场合，行贿人不必担心受到处罚，更愿意配合司法机关查处受贿犯罪。

3. "不正当"的概念可以合理界定。法律使用语言文字表达一定的意义，语言文字本身就有一定的模糊性，在此意义上，不管任何法律概念都可能存在多种解释的可能性。正如张明楷教授指出"任何刑法都有解释的必要"。② "不正当"概念属于刑法用语中的规范的构成要件要素，是要通过法官一定的价值判断才能具体确定的概念。虽然可能给法官自由裁量带来更大的空间。但是其存在是不可避免的，而且其还具有一定的积极意义。③ 规范的构成要件要素大量存在于我国刑法条文中，如刑法第 114 条中的"危险方法"、第 237 条中的"猥亵"等，这些概念从文字上都难以界定其范围，废除这些概念显然是荒诞的偏执。

4. 国外没有将"为谋取不正当利益"作为行贿罪的构成要件不能成为废除该要件的理由。因为每一个国家要不要将一个行为作为犯罪处罚不仅要考虑该国的历史、文化、社会等方面因素，还要考虑该行为在现实中的样态。因"门难进、脸难看、事难办"等而行贿的在法治先发达国家并不多见。所以，只要是行贿的行为，国外民众就会产生强烈的处罚意愿，几乎不考虑其他因素。在我国，国民对被迫行贿的行贿人更多的是抱着同情的心态，对其角色定位不是违法者而是受害者。因此，我们国家国民意识还没有将非"为谋取不正当利益"而行贿的定位为违法者，不能轻易地将"为谋取不正当利益"废除，刑罚处罚的范围必须要与国民意识相一致。

---

① 文东福：《刑事政策视野中的行贿罪》，载《中国刑事法杂志》2004 年第 4 期。

② 张明楷：《刑法学》（第 4 版），法律出版社 2011 年版，第 32 页。

③ 具体论述可参见张明楷：《犯罪构成体系与构成要件要素》，北京大学出版社 2010 年版，第 199~203 页。

## 二、"为谋取不正当利益" 仅为主观要素之质疑

现行刑法第 389 条第 1 款规定："为谋取不正当利益，给予国家工作人员以财物的，是行贿罪。"张明楷教授认为本条规定的行贿罪有四种表现形式：一是为了利用国家工作人员的职务行为（包括利用国家工作人员的斡旋行为），主动给予国家工作人员以财物（包括向斡旋受贿者给予财物）。二是在有求于国家工作人员的职务行为时，由于国家工作人员的索取而给予国家工作人员以财物。但根据刑法第 389 条第 3 款的规定，因被勒索给予国家工作人员以财物，没有获得不正当利益的，不是行贿。三是与国家工作人员约定，以满足自己的要求为条件给予国家工作人员以财物。刑法第 389 条第 2 款规定："在经济往来中，违反国家规定，给予国家工作人员以财物，数额较大的，或者违反国家规定，给予国家工作人员以各种名义的回扣、手续费的，以行贿论处。"四是在国家工作人员利用职务上的便利为自己谋取利益时或者为自己谋取利益之后，给予国家工作人员以财物，作为职务行为的报酬。[①]还可以根据给予国家工作人员财物时间的不同分为事前、事中和事后行贿，前三种属于事前行贿，第四种属于事中和事后行贿。但通说认为"为谋取不正当利益"是主观目的要素。[②] 根据通说观点可以将事前行贿包含在行贿罪中，但却很难将事中和事后行贿认定为行贿罪，这就限缩了行贿罪成立的范围。但这种限制是存在疑问的，因为：

（一）从行为性质上看第四种行为与前三种行为没有任何区别，没有理由将其排除在行贿罪之外

首先，犯罪是侵犯法益的行为，刑法将各种侵犯法益的行为类型化规定为犯罪。所以，评价一个行为是否在法律的处罚范围内，应考察该行为是否侵犯了该规范所保护的法益。前三种行为显然是侵犯了行贿罪所要保护的法益，因而成立行贿罪。但问题是将"为谋取不正当利益"仅解释为主观要素，第四种行贿行为就被排除在行贿罪之外。那么，要研究的是第四种行为是否侵犯了行贿罪保护的法益，如果得出第四种行为没有侵犯行贿罪的法益的结论，那么将"为谋取不正当利益"仅解释为主观要素是不存在问题的，如果得出第四种行为也侵犯了行贿罪所要保护的法益或者第四种行为的法益侵害性比前三种行为更严重，那么将其排除在行贿罪之外，就是不适当的。第四种行为是否侵犯了行贿罪保护的法益也涉及对该罪法益的理解，我国刑

---

① 张明楷：《刑法学》（第 4 版），法律出版社 2011 年版，第 1081 页。
② 高铭暄、马克昌主编：《刑法学》（第 5 版），北京大学出版社、高等教育出版社 2011 年版，第 637 页。

法理论通说将行贿罪的客体（法益）理解为"职务廉洁性"。[1] 也有学者认为行贿罪侵犯的是国家工作人员职务行为的不可收买性。[2] 例如，第四种行为可以设想为以下案例：甲为某公司老总，为承揽某市政工程，事前没有给予或者约定给予任何主管该项目人员财物，按正当程序参与了投标，按照招标标准本应该其他公司中标，但主管该项目的领导乙发现甲为其高中同学，违规使甲的公司中标。甲中标后得知是乙帮忙才使他中标，亲自送给了乙100万元人民币。在法益侵害性上不管是采取"职务廉洁性说"还是"不可收买性说"，该案例中的行为都侵害了行贿罪所保护的法益。从"不可收买性说"的立场来看，行为人因国家工作人员为其谋取了不正当利益（本不应当由其中标）而给予其财物，该财物是不正当的。这就使国家工作人员的职务行为与收受的不正当财物之间形成了对价关系，当然侵害了国家公务人员职务行为的不可收买性。从"职务廉洁性说"立场上看，行为人明知国家工作人员应当廉洁，不能违法收取任何财物，在事后给予其财物，也侵害了其廉洁性。诚然，对行贿罪的法益还可能作出其他的解释，如日本将行贿罪侵害的法益理解为国民对国家作用公正性的信赖。[3] 即使采取该学说第四种行为也侵犯了行贿罪的法益，因为行为人在国家工作人员为其谋取不正当利益后给予其财物，同样会使国民对该工作人员产生失望感和不安感，甚至是愤怒，进而对政府不信任，结果是国民对政府不信任，政府的职能不能有效发挥作用。其次，如果对行贿行为进行归纳可以看出其本质上是一种钱权交易行为，甚至"行为人为了谋取正当利益，给予国家工作人员财物的行为，也属于一种钱权交易行为"。[4] 只不过这种行为不是谋取不正当利益，不具有可罚性而已。但是为谋取不正当利益事前给予国家工作人员财物与国家工作人员利用职务便利谋取了不正当利益后再给予其财物，在实质上没有任何不同，只是给予财物（包括约定给予财物）的时间不同而已。在事前行贿人给予国家工作人员财物或者行贿人和国家工作人员达成合意时被评价为钱权交易，那么事后行贿人给予国家工作人员财物完全没有道理不将其评价为钱权交易。在某种意义上事后行贿比事前行贿更为严重，事前行贿有可能出现的情况有：（1）国家工作人员不接受财物；（2）国家工作人员没有受贿的故意，虽然接受了财物马上就上交到纪检等部门；（3）国家工作人员虽然接受了财物，但并没有为行贿人谋取利益；（4）国家工作人员接受了财物，虽然为行贿人谋

---

① 参见高铭暄、马克昌主编：《刑法学》（第5版），北京大学出版社、高等教育出版社2011年版，第636页。

② 参见张明楷：《刑法学》（第4版），法律出版社2011年版，第1063页；李辰：《行贿犯罪研究》，中国政法大学出版社2013年版，第27页。

③ 参见［日］木村光江：《刑法》（第3版），东京大学出版会2010年版，第530页。

④ 参见张明楷：《刑法学》（第4版），法律出版社2011年版，第1082页。

取了利益，但是在行使职权上没有不当行为；（5）国家工作人员接受了财物，违规为行贿人谋取了不正当利益。应当认为在事前行贿中最后一种行为比前几种行为更为严重，因为该"钱权交易"完整达成了。事后行贿相当于事前行贿最后一种，也是在客观上完成了"钱权交易"，相比之下大多数事后行贿比事前行贿更为严重，如果仅处罚事前行贿而不处罚更为严重的事后行贿，显然不符合法益保护原则。

### （二）将第四种行为排除在行贿罪之外不利于协调行贿罪与受贿罪

如前所述行贿罪与受贿罪是对向犯，我国刑法第 385 条第 1 款规定："国家工作人员利用职务上的便利，索取他人财物的，或者非法收受他人财物，为他人谋取利益的，是受贿罪。"刑法第 389 条第 1 款规定："为谋取不正当利益，给予国家工作人员以财物的，是行贿罪。"从法条用语可以看出收受财物型受贿中"为他人谋取利益"与行贿中"为谋取不正当利益"，仅在利益的性质上有所不同，其他部分没有任何区别。据此在利益正当时，行贿一方不成立犯罪，仅有受贿一方成立犯罪；在利益不正当时，应当认为行贿和受贿双方都成立犯罪。针对受贿罪要件中的收受他人财物，日本学者在论述日本单纯受贿罪中的"收受"时也指出："所谓收受，指接受贿赂，收受的时期不问是在作为对价的职务行为前还是后"。[①] 我国学者也指出不管是事前收受财物还是事后收受财物，都不影响受贿的性质，只是在形式上有所不同而已，事前收受财物与事后收受财物，都构成受贿罪。[②] 如果认为受贿罪中的"收受"包括事前收受财物和事后收受财物，就不能认为行贿罪中的给予财物只包括事前而不包括事后，否则就会不当地限制行贿罪处罚的范围，造成处罚上的漏洞。

## 三、"为谋取不正当利益" 既是主观要素也是客观要素

如前所述将"为谋取不正当利益"仅解释为主观要素不当地限制了行贿罪的处罚范围，相同的情况却作出不同的处理，将法益侵害性相同甚至是更严重的行为排除在行贿罪之外，会造成处罚漏洞。其实完全可以将"为谋取不正当利益"解释为既是主观要素也是客观要素，将事后行贿的行为包含到行贿罪中，以严密刑事法网。在事前行贿的情况中"为谋取不正当利益"为主观目的要素，即为谋取不正当利益而给予国家工作人员财物。在事后行贿的情况中"为谋取不正当利益"是客观要素，即因为国家工作人员为行为人谋取了不正当利益，而事后给予其财物。理由如下：

首先，本文的解释符合刑法的法益保护原则。"司法工作人员在解释某

---

① ［日］大塚仁：《刑法概说（各论）》（第 3 版），冯军译，中国人民大学出版社 2003 年版，第 530 页。

② 张明楷：《论受贿罪中的"为他人谋取利益"》，载《政法论坛》2004 年第 5 期。

种犯罪构成要件时，首先必须明确刑法规定该罪是为了保护何种法益"。① 不管将行贿罪的法益理解为"职务廉洁性"还是"不可收买性"，事后行贿的行为都侵犯了行贿罪的法益。诚然刑法并不处罚所有侵犯法益的行为，"刑罚只有在其他手段不足以保护法益时，才能使用"。② 而且该侵犯法益的行为在国民看来是不能容忍的，国民具有强烈的处罚意愿。事后行贿不可能用其他手段保护，因为只要行为人事后给予国家工作人员财物，作为行贿罪保护的法益就已经受到侵害而且难以恢复，在这种情况下不存在相当的其他惩罚措施而只能使用刑罚。国家工作人员为行为人谋取了不正当利益后，行为人给予其财物，在我国民众看来是无论如何都不能容忍的，对其具有强烈的处罚意愿。而且随着国家法治体系的建设这种愿望越来越强烈。公众对行贿犯罪加大处罚力度的意愿已经在《刑法修正案（九）（草案）》中得到印证。不能认为事后行贿没有处罚必要性，因为如前所述事后行贿与事前行贿性质上没有任何差别，如果认为事后行贿没有处罚必要性那么行贿罪就只能废除了，但废除行贿罪显然不符合国民意识，是不现实的。

其次，从刑法第 389 条的用语中也可以得出"为谋取不正当利益"既是主观要素又是客观要素的结论。有学者认为"从我国现行刑法的规定来看，在行贿的法条表述中都明确规定：'为谋取不正当利益而……'根据其字面含义，'为谋取'一语显然属于主观目的的范畴"。③ 该学者可能是注重对其中"为"的理解，但"为"从字面上看是否显然是主观目的要素呢？事实上并非如此，有文章梳理出在汉语中"为"有多重意思：一，在作动词时意思是"做"、"治理"、"帮助"等；二，作介词使用时有"替"、"给"、"对"、"被"等意思，还可以表示引进动作或者行为的目的，可以用"为了/为着"来表示；三，意思相当于"因为"、"由于"。④ 可见从字面上看表示主观目的只是"为"众多含义之一，事实上从字面上"为"完全可以解释为客观要素表示"因为"、"由于"。在现代小说《亮剑》里也常用"为"表示原因，甚至在政治报告中也使用"为"表示原因。⑤ 在刑法用语中是否有所不同呢？张明楷教授指出在刑法分则用语中"为"根据具体情况可以作多种解释，然"为谋取不正当利益"既可能是客观要素，也可能是主观要素。⑥ 本文赞同该观点，因为既然从字面意义可以得出多种解释结论，就应当根据刑法的目的

① 张明楷：《刑法学》（第 4 版），法律出版社 2011 年版，第 69 页。

② ［日］山口厚：《刑法总论》（第 3 版），有斐阁 2007 年版，第 5 页。

③ 赵翀：《行贿罪中"谋取不正当利益"之要件》，载《华东政法学院学报》2005 年第 2 期。

④ 卢先芳：《汉语"为了"与"因为"用法比较研究》，中南民族大学 2013 年硕士论文，第 36 页。

⑤ 郭伏良、杨柳：《试析"为"和"为了"的异同》，载《汉字文化》2009 年第 2 期。

⑥ 张明楷：《刑法分则解释原理》（上），中国人民大学出版社 2011 年版，第 390~394 页。

下卷·六

来决定采取哪种解释结论。刑法的目的是保护法益，在"为"可以作出多种解释时，应根据行贿罪的保护法益，作出有利于保护该法益的解释。而且从刑法解释方法角度看将"为谋取不正当利益"解释为既是主观要素也是客观要素，应当属于文义解释，并不违反罪刑法定原则。相反，将"为谋取不正当利益"仅解释为主观要素，限制了法条用语适用的范围，在解释方法上应属于缩小解释或者限制解释。"如果该限制过强，则近似于反制定法解释……在缩小解释时需要运用各种论点、理论、理念。例如，根据该法律、制度的客观目的或者根据上位法律、宪法的要求应当对该条文进行缩小解释"。① 然而我国主张主观要素论者并没有说明理由。相比之下，本文将"为谋求不正当利益"解释为主观和客观要素，不仅符合刑法的用语，也契合行贿罪的法益保护目的。

再次，将"为谋取不正当利益"解释为主观要素和客观要素符合司法实践。在司法实践中对事前没有约定事后给予国家工作人员财物的行为认定为行贿罪有以下典型案例：（1）2010 年上半年，被告人江某某为承揽临汾市公路应急处置中心汪沟基地房建设项目，找到时任临汾市公路局党组书记、局长的江某甲让其帮忙，事先没有约定报酬，随后在局长江某甲的帮助下被告人公司中标，2010 年 6 月 5 日被告人为感谢江某甲的帮忙，在江某甲儿子购买汽车时为其支付车款 10 万元。被告人江某甲被法院认定为行贿罪。② （2）2009 年 9 月的某天，被告人为谋取不正当利益，找到时任平顶山房管局政策法规科科长吴某某，随后吴某某利用其职权和地位向相关人员打招呼，为吴某某谋取利益。法院认定吴某某构成行贿罪。③

由上述事后行贿被认定行贿罪的案例可见，司法实践中并没有仅将"为谋取不正当利益"理解为主观要素，而是理解为客观要素，即"由于"国家工作人员利用职务之便替行为人谋取了不正当利益，行贿人给予其财物的行为也是行贿。

最后，不得不说的是将"为谋取不正当利益"理解为主观要素和客观要素，还有利于诉讼法上对行贿罪的认定。只要国家工作人员利用职务上的便利为行为人谋取了利益，行为人给予了其财物，就不用再去调查行为人在事前有没有与国家工作人员约定给予财物，进而节约司法成本。

---

① ［日］笹倉秀夫：《法解释讲义》，东京大学出版会 2009 年版，第 71 页。

② 参见山东省临汾市兰山区人民法院（2014）临兰刑初字第 471 号刑事判决书，中国裁判文书网，http://www.court.gov.cn/zgcpwsw/，2015 年 5 月 25 号访问。

③ 参见河南省郏县人民法院（2010）郏刑初字第 9 号刑事判决书，转自张明楷：《刑法分则解释原理》（上），中国人民大学出版社 2011 年版，第 394 页。

# 四、 结语

综上所述，没有必要动辄修改刑法，废除行贿罪中的"为谋取不正当利益"要素，将一些不值得处罚的行为纳入刑法的打击范围。应当根据刑法的目的解释法条中的具体用语，刑法的目的是保护法益，事前行贿和事后行贿在法益侵害性上并没有区别。将"为谋取不正当利益"解释为既是主观要素也是客观要素，不仅在法条用语上属于平义解释，没有违反罪刑法定原则，而且也符合行贿罪的法益保护目的。

# 行贿罪"为谋取不正当利益"
# 要件研究

孙国祥[*]

现行刑法规定行贿等犯罪"必须以谋取不正当利益作为构成条件，用意是将那些谋取正当利益而向国家工作人员交付财物的行为从行贿罪中排除出去，从而缩小打击面。应该说，这一立法意图本身是可取的"。[①] 由于"利益"介入了"不正当"这一评价因素，而现实生活中，"正当"与"不正当"的区分度不明显，因而该要素一直是司法实务查处行贿犯罪的难点和疑点。本文结合相关司法解释，就"为谋取不正当利益"的性质和司法认定作具体分析。

## 一、"不正当利益" 的司法解释范围

最高人民法院、最高人民检察院（以下简称"两高"）1999 年印发了《关于在办理受贿犯罪大要案的同时要严肃查处严重行贿犯罪分子的通知》（以下简称《通知》），该《通知》第 2 条对行贿犯罪所规定的"谋取不正当利益"作了专门规定：谋取不正当利益"是指谋取违反法律、法规、国家政策和国务院各部门规章规定的利益，以及要求国家工作人员或者有关单位提供违反法律、法规、国家政策和国务院各部门规章规定的帮助或者方便条件。"随着实践的发展，"两高"《通知》暴露出对"不正当利益"的范围限制太窄的弊端，不能适应惩治商业贿赂犯罪的需要，"两高"于 2008 年在《关于办理商业贿赂刑事案件适用法律若干问题的意见》（以下简称《意见》）第 9 条中作了新的界定，指出"在行贿犯罪中，'谋取不正当利益'，是指行贿人谋取违反法律、法规、规章或者政策规定的利益，或者要求对方违反法律、法规、规章、政策、行业规范的规定提供帮助或者方便条件。在招标投标、政府采购等商业活动中，违背公平原则，给予相关人员财物以谋取竞争优势的，属于'谋取不正当利益'。""两高"2012 年印发的《关于办理行贿刑事案件具体应用法律若干问题的解释》（以下简称《解释》）第 12 条再次对"谋取不正当利益"作了扩张解释，"行贿犯罪中的'谋取不正

---

* 南京大学法学院教授，博士生导师。
① 陈兴良：《贿赂罪谋取利益之探讨》，载《法学与实践》1993 年第 5 期。

利益',是指行贿人谋取的利益违反法律、法规、规章、政策规定,或者要求国家工作人员违反法律、法规、规章、政策、行业规范的规定,为自己提供帮助或者方便条件。""违背公平、公正原则,在经济、组织人事管理等活动中,谋取竞争优势的,应当认定为'谋取不正当利益'"。据此,不正当利益有以下三种情况:

**(一)违反规定取得的利益**

1. 违法(违规)取得的利益。就是从利益本身的性质看,该利益的取得违反了法律、法规、规章、政策或者行业规范的规定。判断是否为"不正当利益",首先看其是否为非法利益。从"两高"1999年《通知》的规定看,这里违法内容非常广泛,既包括全国人大及其常委会制定的各种刑事、民事、经济、行政等法律,也包括国务院制定的各种规范性文件(规章),但不包括地方性的法规和规定,也就是说省、直辖市、自治区人大及其常委会制定的地方性的法规和规定不能作为判断利益非法性的依据。

2. 违反政策取得的利益。1999年的《通知》和2008年的《意见》都将违反"国家政策"取得的利益作为"谋取不正当利益"的形式。2012年的《解释》将"国家政策"直接规定为"政策"。政策的概念比较泛化,有国家政策,也有地方性的政策;有全局性的政策,也有部门性政策。没有国家的限定,这政出多门的"政策"能否都成为判断"不正当利益"的依据,有相互冲突甚至与国家政策相悖之虞,不合理的政策成为出罪或者入罪的依据,刑法本身就有可能被虚置。因此,我认为,仍应以"国家政策"作为判断的依据,只有这样,才能保证刑法实施的统一性。

**(二)行贿人要求受贿人违反规定提供帮助或者方便条件,以获得该利益**

这种情况,从获得利益的最终性质看,并没有什么违法性,但这一利益却是要求他人或单位提供违法的帮助或者方便条件取得的。理论上,有论者将其称之为"程序违法的利益",并认为"程序违法的利益之所以被界定为'不正当利益',一是因为程序与实体密切相关,程序合法是利益正当的重要保证。国家工作人员通过违反程序,使请托人得到本来得不到或不一定能得到的利益,同时,使其他合法竞争者失去了本来可以得到或可能得到的利益,因而其所谋取的利益就具有不正当性。二是因为程序具有独立的价值,它可以使运作和决定的过程具有公正、民主的外观,从而提高实体决定的公信度和可接受性。"① 但也有观点对司法解释的这一规定提出了质疑,认为"无论行贿人、受贿人采用何种手段都不应当影响利益的性质,'应得利益'不应当基于受贿人或者行贿人的不正当手段而转化为'不正当利益'。""司法解释承认受贿人的手段可以影响利益的'正当性'性质,实际上也就是承认

---

① 朱孝清:《斡旋受贿的几个问题》,载《法学研究》2005年第3期。

'手段的不正当性'可以影响利益的性质。"① 这种观点似乎有一定的道理。但现实生活中，有些利益虽然是合法的，但该利益的取得仍有一个过程，正当的程序和手段同样具有独立的价值，不能为了目的而不择手段。例如，房地产公司将相关设计提交规划局，规划局的审批往往有个过程，为了加快审批进度而向相关人员提供贿赂，以简化审批程序，形式上，房地产公司谋取的尽管不是非法利益，但国家工作人员的行为已经造成了对公务活动正当性的实质侵害，作为行贿罪认定具有法理基础。

**（三）违背公正、公平原则所取得的利益**

1. 在商业活动中取得的不公正利益。"两高"2008 年印发的《关于办理商业贿赂刑事案件适用法律若干问题的意见》第 9 条第 2 款规定，在招标投标、政府采购等商业活动中，违背公平原则，给予相关人员财物以谋取竞争优势的，属于"谋取不正当利益"。按照该解释起草者的诠释，这一规定将"谋取不确定利益"作为"谋取不正当利益"认定，扩大了"谋取不正当利益"的范围，故应当严格限定在招投标和政府采购等商业活动中，不能任意扩大其范围。② 但有学者指出，《意见》将其局限于招标投标、政府采购等商业活动，解释过于狭窄，不当缩小了处罚范围。谋取任何性质、任何形式的不正当利益都属于"谋取不正当利益"。例如，行贿人虽然符合晋级、晋升的条件，但为了使自己优于他人晋级、晋升，而给予有关国家工作人员以财物的，应认定为行贿罪。③ 笔者认为，此种观点是正确的，因为《意见》是针对商业贿赂而提出的，仅解释了商业贿赂中谋取不正当利益的范围，但解释的精神应该具有普遍适用的意义。"两高"2012 年印发的《关于办理行贿刑事案件具体应用法律若干问题的解释》第 12 条再次对"谋取不正当利益"作了扩张解释，规定"违背公平、公正原则，在经济、组织人事管理等活动中，谋取竞争优势的，应当认定为'谋取不正当利益'"也就是说，不仅是在招标、投标领域，在经济、组织人事管理等活动中，谋取竞争优势的，均属于谋取不正当利益。

2. 在经济、组织人事活动中违反不公正原则取得的利益。行贿人追求竞争优势并非其最终的目的，其追求的是取得竞争优势后由竞争优势所带来的利益。因为某种利益处于竞争性的场合，说明该利益的归属是不确定的，需要通过公平竞争程序和相关的公务行为裁量确定。这种公务上的自由裁量，

---

① 于志刚：《贿赂犯罪中"谋取"新解——基于"不确定利益"理论的分析》，载《法商研究》2009 年第 2 期。

② 逢锦温：《〈关于办理商业贿赂刑事案件适用法律若干问题的意见〉的理解与适用》，载最高人民法院刑事审判第一、二、三、四、五庭主办：《刑事审判参考》2009 年第 1 集（总第 66 集），法律出版社 2009 年版，第 81 页。

③ 张明楷：《刑法学》（第 4 版），法律出版社 2011 年版，第 1082 页。

决定了竞争领域存在着巨大的寻租空间。在各竞争者正当竞争的情况下，竞争者凭借竞争优势实现了不确定利益到确定利益的转变，所取得的利益无疑是合法的利益。而通过行贿的手段谋取竞争优势，利益归属在一定程度上向行贿人倾斜，而其他竞争者失去了本来可能得到的利益。可见，通过行贿谋取竞争优势，在利益由不确定到确定的过程中，排斥了竞争对手，背离了公平竞争的原则，就其本质而言，就是谋求受贿人提供违法的帮助以取得这些不确定的利益，手段的不正当性决定了其所取得的利益缺乏实质合法性，取得的利益也随之评价为不正当利益。由此，司法解释将通过行贿手段谋取竞争优势取得的利益作为不正当利益认定是合适的。换句话说，现实中行贿案件的绝大多数行为人所谋取的是不确定利益，如果将谋取不确定利益的行贿行为排斥在行贿罪之外，必然会使行贿罪形同虚设。[①]

## 二、 谋取不正当利益的具体认定

### （一） 利益归属不影响行贿人谋取不正当利益的认定

一般情况下，行贿人是为自己谋取不正当利益而行贿，但实践中也有为他人的不正当利益而行贿的。例如，某市市长某甲为获得晋升，欲向上疏通关系，曾得到某甲帮助的房产开发商某乙得知后，主动提出，由其出面向国家工作人员某丙请托，送给某丙100万元，某甲认可。

不难分析，由某乙出资100万元用于为某甲"买官"，则不正当利益实际归属某甲，但某乙是行贿行为的具体实施者和贿赂的提供者，某甲和某乙应构成行贿的共犯。同时，该100万元本应是某甲支付的不法对价，因为某甲曾经为某乙谋取过不正当利益而行送给某甲的，该款应作为某甲收受某乙的受贿款认定。因此，某甲构成行贿罪和受贿罪二罪，某乙同时又构成向某甲和某丙两个行贿犯罪。

### （二） 行贿人谋取不正当利益的主观目的一般不取决于受贿人的行为性质

在具体案件中，行贿人只要提出"谋取不正当利益"的要求就足以表现行为"为谋取不正当利益"的主观目的。至于受贿人事实上有无为其他人谋取非法利益、提供违法的帮助或者方便条件，不影响行贿罪的司法认定。换句话说，在行贿人要求提供违法帮助和方便条件的情况下，受贿人事实上并没有提供违法的帮助或者方便条件就为行贿人谋取了利益，不影响行贿人行贿性质的认定。

实务中，行贿人谋取的利益不具有违法性，也没有向请托人要求提供违法的帮助，但受贿人在为行贿人谋取利益的过程中提供了违法的帮助。对此，

---

[①]　邹志宏：《以行贿手段谋取的"不确定利益"属于不正当利益——兼评关于不正当利益的司法解释》，载《国家检察官学院学报》2001年第3期。

能否认定行贿人具有谋取不正当利益的主观目的？有观点认为，受贿人是否实际利用职务便利提供违法性帮助对于认定行贿犯罪"谋取不正当利益"并不具有决定作用，如果行贿人谋取的利益并没有违反国家规定，受贿人在接受行贿人财物后提供了违法（违规）的帮助，但行贿人没有提出要求的，不能认定为"谋取不正当利益"，只有行贿人明确要求受贿人提供违法性帮助，或者在受贿人业已提供违法性帮助的情况下，行贿人具有"明知"的犯罪主观构成要素，才能认定行贿人出于"谋取不正当利益"的目的。[①] 站在主客观相统一的立场上，这种观点无疑是正确的。换句话说，行为人认为其所要谋取的利益是违反法律、法规、规章和国家政策的，出于谋取不正当利益的故意，向国家工作人员或者有关单位给付数额较大的钱财，但根据相关法律、法规、规章和国家政策的规定，行为人认为自己所谋取的利益是正当的，出于谋取正当利益的目的而行送财物，而事实上该利益应属不正当利益，由于行为人主观上没有谋取不正当利益的目的，也不构成犯罪。不过，就实务操作而言，司法认定应着眼于交付贿赂对于"谋取不正当利益"的推定功能。一般情况下，请托人交付了贿赂，受贿人事实上又提供了违法的帮助或方便条件，就应推定行贿人主观上具有"谋取不正当利益"的目的，该利益事实上也应依法评价为不正当利益的，则请托人应构成行贿罪。只有请托人提出相反证据的情况下（如明确向国家工作人员提出不要提供法律政策不允许的帮助），也确实不知道国家工作人员是通过违法的帮助才获取的利益，才能认定行贿人主观上缺乏"谋取不正当利益"的目的。

## （三）行贿人谋取不正当利益与给予国家工作人员财物应具有对应关系

司法实务中，一些行为人在逢年过节以"感情投资"的方式给予国家工作人员财物，给予财物时，并没有直接提出谋取利益的要求，案发时，国家工作人员也没有为行为人谋取不正当利益的事实。行为人的"感情投资"行为能否认为具有"谋取不正当利益"目的进而认定为行贿？理论上有观点认为，由于行贿犯罪"为谋取不正当利益"属于主观要件，故只要存在谋取不正当利益的意图，又具备现实的行贿行为，即可概括性地连接构成要件的对应关系，无须进行特定且明确的对应性认定。认定请托人是否存在行贿犯罪的概括故意与谋取不正当利益的主观意图，应当以贿赂物品的数额价值为基础。超过一定数额标准的"感情投资"超越了正常人际交往的范畴，明显具有通过贿赂手段谋取不正当利益的犯罪意图。无论请托人给付财物的感情投资行为与谋取不正当利益间隔多远，对犯罪故意、行为性质以及谋取利益与

---

① 薛进展、谢杰：《商业贿赂犯罪刑法适用疑难问题研究》，载最高人民法院刑事审判第一、二、三、四、五庭主办：《刑事审判参考》2009 年第 1 集（总第 66 集），法律出版社 2009 年版，第185 页。

给付贿赂的概括关系均不产生任何影响。①

笔者以为，只要超过一定的数额，就推定为"谋取不正当利益"的上述观点对严密行贿犯罪的法网具有启迪意义。但作为实然的司法而言，扩大了刑事责任范围，缺乏法律依据。首先，行为人平时逢年过节送钱送物，大都出于为谋利益而进行的"长期投资"，推定行为人送礼是为了谋利益，并无不可。但不能断然推定这种谋利益就是为了谋取不正当利益。因为"在'感情投资'过程中，'投资人'并未提出任何请托事项，只是为了将来办事方便做前期投资，有时甚至是想通过这种送礼的形式先与国家工作人员搭上关系，逐步培养'感情'，在获得该国家工作人员信任之前，再作进一步'投资'。"② 谋利益包括谋取合法的正当利益和谋取不正当利益两种情况，不能排除行为人平时"感情投资"是为了谋取正当利益，或者为了维持已经得到的正当利益，而谋取正当利益的行贿行为在现行立法上尚不构成犯罪。其次，所谓超过一定数额，实际上也很难有一个清晰的界限，缺乏可操作性。因此，对行贿罪的司法认定而言，行送财物应与谋取不正当利益有对应关系，没有明确谋取不正当利益要求的"感情投资"式的给予财物行为不能简单推定为"谋取不正当利益"。

### （四）采取违规违法的方法要求谋取正当利益

行为人要求的利益本身是合法的或者没有证据证明是不正当利益，但行为人用违规违法的方法向请托人提出这样的要求，能否作为"为谋取不正当利益"认定，需要进一步分析。例如，法院评判认为，被告人黄某作为被告单位鹏房公司、国美公司的法定代表人，在有关国家执法机关办理鹏房公司、国美公司涉嫌违法犯罪的过程中，直接或者通过许某私下约见有关办案工作人员，提出尽快结案、保密调查等要求，虽然现有证据无法证明其所提要求的内容本身违法，但私下约见并宴请办案人员的行为，违反了国家执法机关工作人员在案件办理过程中禁止私自会见当事人并接受当事人宴请、请托的有关规定，在客观上对办案人员施加了不正当的影响，干扰了正常的执法工作，这种形式上的违法性，亦属于谋取不正当利益的情形，而事后给予办案人员款物的行为，与通过违法形式向办案人员提出要求并得到满足之间存在特定联系，其行为符合单位行贿罪的犯罪构成要件。故上述辩护人的意见，法院不予采纳。③ 无疑，法院判决实际上对"为谋取不正当利益"作了扩张性的解释。即使行为人谋取的是正当利益，但采用违法违规的形式向国家工作人员提出，也属于"为谋取不正当利益"，推而广之，似乎行为人向国家

---

① 刘宪权、谢杰：《贿赂犯罪刑法理论与实务》，上海人民出版社2012年版，第65页。

② 李少平：《行贿罪的执法困局及其对策》，载《中国法学》2015年第1期。

③ 《北京市第二中级人民法院（2010）二中刑初字第689号刑事判决书》，载最高人民法院刑事审判第一、二、三、四、五庭主办：《刑事审判参考》2012年第2集（总第85集），法律出版社2012年版，第272页。

工作人员提出请托要求，无论请托的事项是否正当，只要给予财物或者许诺给予财物，自然也属于谋取不正当利益。这种解释缺乏妥当性。据介绍，"两高"2012 年《解释》的"起草过程中，曾有观点认为，应当将'司法活动'与'经济、组织人事管理等活动'并列予以规定，以便将任何向法官、检察官等司法工作人员行贿的行为都认定为'谋取不正当利益'，但此种观点并没有为《解释》所确认。因此，向法官、检察官等司法工作人员行贿的行为，在特定情形下可能被认定为谋取'正当利益'，如仅仅要求司法工作人员在法定期限内完成某一诉讼行为而不影响司法公正的。"① 上例中，既然法院判决认定，请托人"提出尽快结案、保密调查等要求，虽然现有证据无法证明所提要求的内容本身违法"，则本身并没有实质性地影响到司法公正。将其作为"为谋取不正当利益"认定，"为谋取不正当利益"的要素实际上被司法虚置了，有违立法原意以及罪刑法定原则。

## 三、 谋取竞争优势的认定

### （一）竞争领域的范围

现实生活中的竞争领域很多，涉及经济、政治和文化等方方面面。但近年来的不正当竞争以经济和组织人事领域为甚，前者表现为曾经专项治理过的商业贿赂，后者以买官卖官为典型。故"两高"2008 年《意见》和 2012 年《解释》，将"谋取竞争优势"的行贿行为限定为下述领域：

第一，经济活动领域。首先，招标投标、政府采购等商业活动是不正当竞争的重灾区。根据《招标投标法》的规定，招标投标是在货物、工程和服务的采购行为中，运用竞争机制的作用，有组织开展的一种择优成交的方式。公平、公正是招标投标活动的核心，根据《招标投标法》第 53 条的规定，投标人以向招标人或者评标委员会成员行贿的手段谋取中标的，中标无效，构成犯罪的，依法追究刑事责任。根据《政府采购法》第 2 条的规定，政府采购，是指各级国家机关、事业单位和团体组织，使用财政性资金采购依法制定的集中采购目录以内的或者采购限额标准以上的货物、工程和服务的行为。同招标投标活动一样，政府采购也需要遵循公开透明原则、公平竞争原则、公正原则和诚实信用原则。根据《政府采购法》第 77 条的规定，供应商向采购人、采购代理机构行贿或者提供其他不正当利益，构成犯罪的，依法追究刑事责任。当然，对经济领域应作广义的理解，泛指商品或财富之生产、分配、交换、消费等活动的所有领域。市场经济是竞争经济，但经济活动中的任何竞争行为都应遵守法律并恪守商业道德，在经济活动中向他人行贿违背了诚信公平等竞争原则，恶化竞争环境和正常的市场经济秩序，是首当其冲的不正当竞争手段。

---

① 李少平：《行贿罪的执法困局及其对策》，载《中国法学》2015 年第 1 期。

第二,组织人事管理活动。该领域的行贿活动,将职务、职位作为可以交易的特殊商品,使得一些地方卖官卖官横行,成为吏治腐败的源头。以往"买官卖官"案发后,往往只是卖官者身陷囹圄,买官者却毫发无损。单向式的治理成为"买官卖官"难以遏制的重要原因。司法解释将其作为"谋取不正当利益",无疑为追究买官者的刑事责任提供了法律依据。[①]

不过,"组织人事管理活动",也是一个需要界定的场域。一般来说,组织人事管理活动与培养、考察、选拔干部即干部的录用、任免、调配、奖惩、升降、培养等有关。国家机关公务员招录、公务员职务调整、职务晋升等,各级人大代表、政协委员选举和提名推荐,都具有一定的竞争性,属于典型的"组织人事管理活动"。国有单位的职称评聘(如公立大学教师的职称评聘)、中科院的院士遴选,不但具有较强的竞争性,而且也与相关人员的工资待遇等直接挂钩,应属于"组织人事管理"的一个组成部分。而像单位的年度考核、评优评先等,是否属于"组织人事管理活动",值得进一步研究。

**(二)"谋取竞争优势"的行贿时间**

谋取竞争优势的行贿行为,就发生的时间看,应该是发生在商业活动或者人事管理活动过程中,包括以下两种情况:

第一,在招标投标、政府采购等商业活动中和在经济、组织人事管理等活动中,事先给予相关单位或者个人财物的,应直接认定为"谋取竞争优势"。应该说,在大部分情况下,谋取竞争优势的行贿都是发生在竞争性活动之前或者进行过程中。

第二,在招标投标、政府采购等商业活动中和在经济、组织人事管理等竞争性活动中,约定给予相关单位或者个人财物的,应认定为"谋取竞争优势"。由于约定在先,行为人试图通过行贿的允诺破坏正常的竞争秩序,其"谋取竞争优势"的目的已经显露,应当认定为"谋取竞争优势"。日后,行贿人兑现了先前的允诺,应构成行贿罪的既遂,如果行贿人由于没有实际行送财物的,可以构成行贿罪的未遂。

应当指出,在招标投标、政府采购等商业活动中和在经济、组织人事管理等竞争性活动中,必须违背公平、公正原则。如果行为人在竞争活动中并没有给予或者允诺给予相关个人或者单位财物,但在利益实现以后,给予相关个人或者单位财物以事后酬谢的,行送财物没有与谋取竞争优势联系起来,也没有违背竞争活动过程中的公平、公正原则,接受财物的一方虽然可以成立受贿罪,但行送财物的行为不是为了谋取不正当利益,不构成行贿罪。

---

① 不过,从司法现实看,"一些官员的腐败案受到查处后,往往会暴露出不少下属向其送礼、行贿的问题。这些人中,除了个别行贿数额特别巨大的,或者牵出其他经济问题(如贪污、受贿等)的人外,大多数都没有追究刑事责任,有的甚至连纪律责任都没有追究。"参见褚朝新:《行贿的官员个个都在?》,载《南方周末》2013年9月26日。

### （三）维持竞争优势是否属于"谋取竞争优势"

如果行为人或者相关单位在竞争性活动中本来就有一定的竞争优势，为了维持这种竞争优势而行送财物，是否属于"谋取竞争优势"？理论上存有一定异议。有观点认为，"招标投标法与政府采购法属于反不正当竞争法律规范体系，其在于保护公开竞标的合理竞争秩序。故投标单位采用给付贿赂手段具有违背公认的商业道德与公平原则、扰乱竞争秩序、损害竞争参与者合法权益的法益侵害性，推定符合'谋取不正当利益'要件。但是，投标单位证明其符合投标条件，尽管其向招标单位负责人、评标小组成员等送去了财物，但如果职务人员并没有泄露投标秘密，或者没有暗中提供帮助，或者没有实施倾向性的投票行为，行贿单位在竞标中符合最优中标条件，投标单位就不能属于《意见》第9条第2款中所指的'给予相关人员财物以谋取竞争优势'，因为竞争优势是客观存在的。如果行贿行为与中标结果没有因果关系，行贿目的并非在于投标单位意图妨碍竞争，而是因社会不良风气的客观存在而求得心理安慰，则中标结果不能认定为不正当商业利益。"① 还有观点认为，即使是在谋取不确定利益的情况下，如果"行贿已成为'行规'或'潜规则'，行为人出于自我保护的心理而行贿，"也可不认为是犯罪。② 笔者认为，这些观点是值得商榷的。是否为了"谋取竞争优势"，是行贿人的主观内容。虽然贿赂客观上没有取得实际的效果，但只要行为人在行贿过程中表达出顺利获得竞争利益的愿望，就反映行为人主观上有谋取竞争优势的故意。行贿人在相关的竞争性经济活动或者组织人事管理中使用行贿的手段，都应直接推定为行为人具有"谋取竞争优势"的不正当目的。从另一方面看，竞争优势本身是动态的，所谓行为人在竞争过程中的竞争优势，实际上也是不可靠与不确定的。况且，即使行为人当时确有竞争优势，其为了维持和巩固自己的竞争优势而行贿，同样违反了既定的被人们所期待的"游戏规则"，违反了相关法律、法规和国家政策以及国务院的各部门规章，违背了公平竞争的原则，故应作谋取竞争优势认定。至于认为行贿成为一些行业"行规"或者"潜规则"的情况下，可不认为犯罪，这恐怕不是法律规范认定的思维，而是刑事政策需要考虑的问题。

当然，学界一直呼吁，立法应取消"为谋取不正当利益"要件，笔者也深以为然，稍有补充的是，不应简单地取消了之，而应以"为影响国家工作人员职务行为"取代"为谋取不正当利益"。笔者曾对此有过论证，③ 本文不再赘述。

① 薛进展、谢杰：《商业贿赂犯罪刑法适用疑难问题研究》，载最高人民法院刑事审判第一、二、三、四、五庭主办：《刑事审判参考》，2009年第1集（总第66集），法律出版社2009年版，第186～187页。

② 曹坚、吴允峰：《反贪侦查中案件认定的疑难问题》，中国检察出版社2010年版，第154页。

③ 孙国祥、魏昌东：《反腐败国际公约与贪污贿赂犯罪立法完善》，法律出版社2011年版，第449页。

# 论移除行贿罪之
# "谋取不正当利益" 的构成要件

赵新河*

## 引言

现行刑法第 389 条之行贿罪、第 391 条之对单位行贿罪（含单位对单位行贿犯罪）、第 393 条之单位行贿罪皆以"谋取不正当利益"为必要构成要件。与此关联的是，刑法第 164 条规定的对非国家工作人员行贿罪也要求以谋取不正当利益为构成要件。由于刑法中没有对"谋取不正当利益"的含义作出任何界定，为适应司法实践中惩治行贿犯罪的需要，在此以后，最高人民法院、最高人民检察院（简称"两高"）先后在 1999 年的《关于在办理受贿犯罪大要案的同时要严肃查处严重行贿犯罪分子的通知》（简称《通知》）、2008 年的《关于办理商业贿赂刑事案件适用法律若干问题的意见》（简称《意见》）、2013 年施行的《关于办理行贿刑事案件具体应用法律若干问题的解释》（简称《解释》）中对"不正当利益"的含义和范围作出了具体的规定。1999 年的《通知》认为，谋取不正当利益是指谋取违反法律、法规、国家政策和国务院各部门规章规定的利益，以及要求国家工作人员或者有关单位提供违反法律、法规、国家政策和国务院各部门规章规定的帮助或者方便条件。2008 年的《意见》第 9 条规定，在行贿犯罪中，谋取不正当利益是指行贿人谋取违反法律、法规、规章或者政策规定的利益，或者要求对方违反法律、法规、规章、政策、行业规范的规定提供帮助或者方便条件。在招标投标、政府采购等商业活动中，违背公平原则，给予相关人员财物以谋取竞争优势的，属于"谋取不正当利益"。《意见》与《通知》相比，把谋取不正当利益含义与范围扩展到对"行业规范"的违反，以及"违背公平原则，给予相关人员财物以谋取竞争优势"。2013 年施行的《解释》规定，行贿犯罪中的"谋取不正当利益"是指行贿人谋取的利益违反法律、法规、规章、政策规定，或者要求国家工作人员违反法律、法规、规章、政策、行业规范的规定，为自己提供帮助或者方便条件。违背公平、公正原则，在经济、组织人事管理等活动中，谋取竞争优势的，应当认定为"谋取不正当利

---

* 河南省社会科学院政法研究所副研究员。

益"。《解释》与《意见》相比，进一步把谋取不正当利益的含义由"违背公平原则"拓展为"违背公平、公正原则"，把适用领域由招标投标、政府采购等商业活动扩展到"经济、组织人事管理等活动"中。由此可见，"两高"对"谋取不正当利益"的界定趋势是：含义逐渐宽松，范围逐渐扩大。与此同时，刑法学界多年来围绕"不正当利益"的认定展开了热烈的理论探讨。笔者认为，以"谋取不正当利益"为行贿罪的构成要件，造成理论认识的混乱和认定行贿犯罪的司法实践中的困惑，与加强反腐倡廉的法规制度建设的需求不符，没有实现与反对腐败国际公约的衔接，应当适时修正刑法，将"谋取不正当利益"从行贿罪的构成要件中剔除。

## 一、 对"谋取不正当利益" 的理论探讨陷入困境

刑法理论界对行贿罪是否应以"谋取不正当利益"为构成要件存在"保留论"和"废除论"两种截然不同的观点。"保留论"认为，现实中存在为谋求正当利益而主动行贿或者被动行贿的情况，为保护那些基于谋取正当合法利益而无奈行贿者，将"谋取不正当利益"作为行贿罪的一个构成要件是为谨慎适用行贿罪；行贿罪与受贿罪虽属于对向犯，但行贿罪具有独立性，对向犯双方不一定同时都构成犯罪，因而将"谋取不正当利益"作为构成行贿罪的主观要件是对行贿罪的定罪标准的合理限定。为支持这一观点，"保留论"结合"两高"的《通知》、《意见》、《解释》的演变，对"谋取不正当利益"的界定进行了跟踪式的理论论证。择其要者，有"手段不正当说"、"受贿人违背职务说"、"非法利益说"、"不应当得到的利益说"。

"手段不正当说"认为，采取行贿手段谋取的利益不论是合法利益还是非法利益，都可以认定为"不正当利益"。这种观点在逻辑上有循环证明的嫌疑，因为行贿手段本身是法律所禁止的，不正当的，"行贿手段"与谋求的利益是否正当是两回事，两者之间并不能直接画等号，该见解本质上完全脱离了设立"不正当利益"以区分行贿行为罪与非罪的立法意图，无限放大了行贿罪的条件，虚化、虚置了刑法条文，违背罪刑法定的原则，与立法本意相违背。"受贿人违背职务说"认为，行贿人明知受贿人要违背其职务才能为自己谋取的利益为不正当利益，该学说提出的标准是"受贿人违背职务"，但这一标准中的"违背职务"却不是行贿人能够准确预料和掌控的，因为受贿人为请托人谋取利益可以采取合法手段或非法手段，更重要的是，"行贿人明知"的标准把判断是否属于正当利益的主动权交给了行贿人，等于赋予行为人证明其获得利益合法的权利，这就把主观认识与客观标准相混淆，在趋利避害的本能下，期待行贿人自觉作出对自己不利的供述无异于与虎谋皮。"非法利益说"认为，"国家明令禁止获取的利益"才是"不正当利益"，与"手段不正当说"相比，该观点走入另一极端，极大地缩小了行贿

罪的禁止面，偏离了国家对行贿、受贿实行双禁的反腐基本立场。"不应当得到的利益说"认为，通过行贿得到根据法律和有关规定不应当得到的利益就是不正当利益，这一观点至少在两方面难以自圆其说，一是在行贿人没有得到谋求的利益时，无法认定该利益是否正当；二是在实践中，在国家法律、法规、规章、条例、行业规范以及公平、公正原则所允许的一定的自由裁量范围内，"不应当得到的利益"实际上非常难以界定，再加上经由受贿人的运作和斡旋，许多利益都可能被漂白为行贿人应当得到的利益。可见，上述观点均难以对"不正当利益"的界定作出令人信服的圆满解读，易陷入无法摆脱的论证困境。

## 二、 司法机关难以对"谋取不正当利益" 进行正确认定

一般认为，行贿罪的成立不以行贿人实际获得所谋求的利益为条件，"谋取不正当利益"自然被归属为行贿罪的主观要件或行贿人的犯罪目的，属于主观故意内容的范畴，但是，在司法实践中，"谋取不正当利益"的主观故意内容难以查证，因为，行贿人为规避刑事责任，会自认为其行贿是为了谋取正当利益，而受贿人为减轻刑责也会认为其为请托人谋求的不是不正当利益，那么，查证是否是不正当利益就成为刑事司法机关尤其是侦查机关在以行贿罪立案环节必须完成的取证任务，从刑法基本理论上看，对行为目的的研判是通过对行为人的行为分析来实现的，但是，这却往往成为侦查机关难以完成的任务，理由是：其一，行贿人的行为往往仅仅是实施了行贿行为，在行贿人与受贿人信息不对称的前提下，前者往往只求谋取和获得该利益，但难以知晓利益是否正当，更难以通过其行贿行为来判断谋求的利益是否正当；其二，如果通过受贿人为请托人谋取利益的行为来判断行贿人主观上是否有"谋取不正当利益"的目的，显然是荒唐的，因为受害人的行为不能用以证明行贿人的主观故意的内容与目的。其三，如果主要以行贿人的"供述"来确定犯罪目的，则证据的确定性、客观性、可信性就存在问题，有违《刑事诉讼法》第53条"对一切案件的判处都要重证据，重调查研究，不轻信口供。只有被告人供述，没有其他证据的，不能认定被告人有罪和处以刑罚"的规定。当然，是否有"谋取不正当利益"的目的应当由司法机关进行判断，但裁判标准显然并不明确，实际上，从《通知》到《意见》再到《解释》的演变，"两高"一直在试图为司法机关认定行贿人"谋取不正当利益"的主观目的提供越来越宽泛的标准，证明最高司法机关已经认识到，在受贿犯罪日益增多和急剧上升的背后潜藏着行贿行为的泛滥，对行贿犯罪案件打击不力是客观现实，亟须在现行刑法的框架内尽可能对"谋取不正当利益"作出扩大解释，以加大行贿行为的入罪范围或降低入罪门槛。然而，现实中行贿人"谋取不正当利益"的主观目的往往难以查证而致使案件陷入僵

局，无法按行贿罪定罪，行贿人得以逍遥法外。

## 三、 以"谋取不正当利益" 作为行贿罪的构成要件背离反腐倡廉的法治需求

行贿罪侵犯的犯罪客体是国家工作人员职务行为的廉洁性和不可收买性，设立行贿罪的根本目的是通过禁止行贿而根绝受贿，维护国家工作人员职务行为的客观、公正、公开、廉洁，而行贿人谋取的利益是否正当并不直接决定国家工作人员职务行为的廉洁性和不可收买性是否受到侵犯，直接侵犯国家工作人员职务行为的廉洁性和不可收买性的是存在对合关系的行贿与受贿行为本身。如果谋取不正当利益才构成犯罪，就会形成谋取正当利益而行贿根本不构成犯罪的社会认知，就必然助长行贿之风，使得受贿犯罪泛滥，最终损害公职行为的廉洁性。司法实践表明，除去索贿，行贿往往是受贿的始作俑者，行贿是受贿的前提和引发因素，没有行贿，就没有索贿之外的受贿犯罪，且行贿对受贿犯罪起着推波助澜的作用，易言之，为谋取正当利益而行贿客观上助推、助长、纵容了国家工作人员履行其正当份内职务、实现相对人正当利益诉求时"雁过拔毛"式的收取贿赂活动，其对公务行为的廉洁性的侵蚀与危害较之为谋取不正当利益而行贿有过之而无不及，行贿人利用钱财拉拢、腐蚀国家工作人员会对公职行为的廉洁、客观、公开、公正廉洁性造成更大范围和程度的危害。近几年来随着反腐的推进，在贪腐官员纷纷沦为阶下囚的同时并没有带来行贿收敛的预期效果，相反，伴随而来的是为谋取正当利益抑或不正当利益行贿者得以在刑法的缝隙中悠然而出、自在逍遥，一些大肆拉拢腐蚀国家工作人员的严重危害党和国家的廉政建设的行贿人没有受到法律追究，这些获得刑事立法"红利"者也成为受贿行为与受贿犯罪不断滋长的推手。是否将谋取不正当利益作为成立行贿犯罪的条件，取决于立法者惩治贿赂、根治贿赂的决心，如果要彻底禁绝贿赂，树立对公务行为公正、廉洁的期待，则只要为谋取一己私利而向国家工作人员行贿的，即为法所不容，而无须考量行为人"谋取的利益是否正当"，尤其是在证明何谓"不正当利益"存在巨大困难而导致对何谓"不正当利益"的论争产生难以裁决的分歧时，立法上坚持"谋取不正当利益"是构成行贿罪的主观要件的必要性、合理性就值得重新审视。总之，严肃惩处行贿犯罪对于从源头上遏制和预防受贿犯罪，全面落实党中央反腐败工作部署，把反腐败斗争引向深入具有重要意义，而规定"谋取不正当利益"为行贿罪的构成要件与严厉禁止贿赂的反腐形势背道而驰。

## 四、 行贿罪之"谋取不正当利益" 要件不利于与国际社会反腐立法的对接

从外国刑法典看，很少直接从行贿人谋求利益是否正当或所谋取利益的性质方面设定行贿犯罪的成立条件，例如，《德国刑法典》第 334 条的表述是：行为人向公务员、对公共职务特别负有义务的人员或者联邦军队的军人，就其已经从事或者将要从事的职务行为和因此侵害了或者可能侵害其职务行为，向该人或者第三人表示给予、约定或者提供利益。美国刑法的表述是：意图影响公职人员的公务行为，直接或间接地给予、提出或者允诺给予公职人员任何有价物的，构成行贿罪。《联合国反腐败公约》第 15 条规定：各缔约国均应当采取必要的立法措施和其他措施，将下列故意实施的行为规定为犯罪：（一）直接或间接向公职人员许诺给予、提议给予或者实际给予该公职人员本人或者其他人员或实体不正当好处，以使该公职人员在执行公务时作为或者不作为；（二）公职人员为其本人或者其他人员或实体直接或间接索取或者收受不正当好处，以作为其在执行公务时作为或者不作为的条件。可见，无论是国外刑法还是《联合国反腐败公约》，围绕行贿罪的成立要件，所关注的重点是强调行贿者的目的限于"针对某种职务行为"，而不是该职务行为所带来的利益的正当性问题，其中提及的"不正当"是指给予贿赂本身的不正当、收受贿赂的"不正当"，而不管行贿人行贿所谋求的利益是否正当，行贿人实施了以贿赂作为公务人员执行公务时作为或者不作为的交换条件的行为，即可归属行贿犯罪，显然，对这类"交换行为"的认定较之对幕后潜藏的利益属性的认定更具可操作性，也更为贴近阻断、禁止行贿与受贿的反腐意图。我国全国人大常委会于 2005 年 10 月 27 日批准加入该公约，但迄今为止，我国刑法对行贿犯罪的设定尚没有实现与该公约的顺畅衔接。

## 五、 结语

对有害社会的某类行为是否纳入刑法的禁止范围，是否认为其达到犯罪的标准，是由立法者根据维护正常社会秩序的需要作出的主观价值判断，在严厉禁止贿赂的反腐形势下，源于对谋取正当利益而行贿的同情而将其排除于犯罪之外，却收获行贿、受贿畅行其道的不利、不良后果，显然与党和政府大力肃贪反腐、打造风清气正的社会风气和廉洁政府的依法治国背景不协调。当前，党风廉政建设和反腐败斗争形势依然严峻复杂。铲除不良作风和腐败现象滋生蔓延的土壤，首先要从刑法制度自身的改进着手。习近平总书记 2015 年 6 月在中共中央政治局第二十四次集体学习时强调，要加强反腐倡廉法规制度建设，要本着于法周延、于事有效的原则制定新的法规制度、完善已有的法规制度、废止不适应的法规制度，努力形成系统完备的反腐倡廉

法规制度体系，把反腐倡廉法规制度的笼子扎细扎密扎牢，法规制度务实管用，确保可执行，不留"暗门"、不开"天窗"，让法规制度的力量在反腐倡廉建设中得到充分释放。鉴于对"谋取不正当利益"的理论认识的混乱和多版本解读难以使实务界获得可操作性的指导，而且对"谋取不正当利益"的几度扩张解释也接近极限，在这种情势下，仍不能满足惩治行贿犯罪进而遏制受贿犯罪剧增的需要，刑事司法实践中对行贿犯罪的认定依然困难重重，那么，就应该反思长期以来我国从立法到司法一以贯之的惩处行贿犯罪的策略自身的问题，就应当承认"谋取不正当利益"这一法定要件已经成为查处危害严重的行贿行为的法律障碍，且这一规定已经严重影响了对腐败犯罪的遏制效果，只有将"谋取不正当利益"从行贿罪的构成要件中移出，严密打击腐败犯罪的刑事法网，才能解决这一理论困惑和司法实务的难题，顺应反腐倡廉的形势发展，实现与国际社会反腐立法的顺畅对接，联合国际力量共同打击贪污贿赂犯罪行为。

《刑法修正案（九）（草案）》除了对多种行贿犯罪增设罚金刑之外，还严格了对行贿罪从宽处罚的条件，拟规定"行贿人在被追诉前主动交待行贿行为的，可以从轻或者减轻处罚。其中，犯罪较轻的，检举揭发行为对侦破重大案件起关键作用，或者有其他重大立功表现的，可以免除处罚"，以体现加大对行贿犯罪的处罚力度的法治取向。但是，加强对行贿罪的打击力度，不应仅仅表现为对构成犯罪的刑罚措施的严厉，更应前移为对构成行贿犯罪的行贿行为的严密禁止。《刑法修正案（九）（草案）》对此没有涉及，是一大缺憾。当然，为瓦解行贿受贿的攻守同盟和侦破受贿犯罪，对行贿犯罪的定罪与处罚应当分别采取紧与宽的不同策略，即"定罪从严、处罚从宽"，这符合宽严相济的基本刑事政策。"定罪从严"即构成行贿罪不再以谋求不正当利益为要件，这与《刑法修正案（九）（草案）》加大对行贿犯罪打击力度的精神是相符的。

# 行贿罪不正当利益的偏颇与正源

胡印富*

作为行贿罪构成要件之一的"为谋取不正当利益"自1979年刑法伊始，在法律规范上历经数次①变动，在学术界也历经多次②争论。社会变迁之下，利益圈不断扩张，利益种类也因此繁多。法律规章之外，隐形的利益油然而生，徒增了利益界定的困境。加之，法律规定的模糊性与学说界定的应时性，更加重了行贿罪之不正当利益司法认定的踌躇。"国家立法机关通过其职能行为，对值得由刑法加以保护的利益进行鉴别和选择，并针对每一种需要保护的利益设立行为规范，这样就形成了以各种利益保护为前提、以可罚性行为为内容的刑法规范体系。"③ 通过对利益的分配与利益的保护，刑法发挥着社会控制的功能。学说的认定如若盲目追寻不确定的法律规定，混淆利益的形式性与实质性边界，势必将不应由刑法管控的社会危害型"不正当利益"穿凿附会于行贿罪名下。利益之下，不正当性究竟是以形式法律规定为标准，还是以实质的市场利益侵害为绳线，这些争议看似简单，实则显示了我们国家在治理腐败犯罪制度上存在的不明确性之根本问题。

---

* 山东政法学院讲师，西南政法大学2012级刑法学博士研究生。

① 数次变动从时间而言，主要表现为以下几步：第一，立法雏形：1985"两高"《关于当前办理经济犯罪案件中具体应用法律的若干问题的解答（试行）》规定，首次确立了不正当利益在行贿罪中的地位；第二，立法定格：1988年全国人大常委会《关于惩治贪污罪贿赂罪的补充规定》首次以立法形式定格"不正当利益"作为行贿罪的犯罪构成要件，1997年刑法吸收了1988年《关于惩治贪污罪贿赂罪的补充规定》之要义，将"不正当利益"正式纳入刑法体系中；第三，明确界限：1999年"两高"《关于在办理受贿犯罪大要案的同时要严查行贿犯罪分子的通知》进一步具体化"不正当利益"的范围；第四，扩张解释：2008年"两高"《关于办理商业贿赂刑事案件适用法律若干问题的意见》扩大了不正当利益的界定。

② 随着法律规范对不正当利益的数次调整，学界也应时而变，主要表现在两个方面：第一，内涵界定之变：对不正当利益内涵的理解，生成了五种学说；第二，存废之争：对不正当利益是否当为行贿罪的构成要件，产生了存与废两种学说。

③ 周少华：《刑法理性与规范技术——刑法功能的发生机理》，中国法制出版社2007年版，第97页。

# 一、不正当利益的徘徊：法定利益（形式）抑或市场利益（实质）

## （一）基于文本而产生的各种界说

对于何为"不正当利益"，学界存有争论，总结如下：

第一，非法利益说。该观点认为，"不正当利益"即非法利益，也就是为法律所禁止获取的利益。[①] 此说对"不正当利益"作了极为苛刻的限制解释，其着眼点在于利益本身"为法律所禁止"，是法律禁止公民取得的利益，比如走私、贩毒、偷税等。有学者进一步认为"不正当利益"包含非法利益和其他不应当得到的利益，即"根据法律、法规和有关政策不应得到的利益"，并强调"利益的正当与否取决于性质本身，而不取决于得到利益的手段。"[②] 该种学说在表面上扩展了不正当利益的范围，实际上与非法利益同出一辙。对于利益的认定依然是"法律、法规、政策"等规范性措施。

第二，手段不正当说。"只要采取行贿手段谋取的利益，不论是合法利益还是非法利益，都可以认定为'不正当利益'"。[③] 秉持该说的部分学者也曾建议在刑法修改过程中删除行贿罪"为谋取不正当利益"的这一限制。此观点无疑对"不正当利益"作了不合理的扩大解释。由此观之，该观点仅着眼于获取利益的手段是否正当，对于利益本身是何性质在所不问。

第三，违背职务说。该说认为，利益是否正当，取决于受贿人在为行贿人谋取利益的过程中有无违背其职务。[④] 该论据在于行贿罪所侵犯的法益是国家工作人员职务行为的不可收买性。因为行贿人无从知晓受贿人到底采取何种手段为其谋取利益，这已经超出了行贿人的心理预期，若从受贿人手段是否正当来反推行贿人所谋取利益的性质，可能会有失公允。

第四，折中说。此种观点认为，"不正当利益"包括三种：前文所述的非法利益，依法应履行某种义务，但通过不正当手段不履行或不完全履行而获取的利益、通过不正当手段所获取的不确定利益。[⑤] 其中的不确定利益，即指利益本身合法，但利益能否取得处于不确定的状态，比如有竞争存在。

各种学说的提出，并非空穴来风。其基本上立足于历次的修法、"两高"解释而产生，这些学说可以统称为"文本学说"。文本学说之间除了提出依据相同之外，在词义界定、内容选择上都会出现交集。这些交集之处意味着

---

① 黄太云主编：《中华人民共和国刑法释义与适用指南》，红旗出版社1997年版，第231页。

② 高铭暄、马克昌：《刑法学（下编）》，中国法制出版社2011年版，第1141页。

③ 郭晋涛：《论行贿罪中的"为谋取不正当利益"》，载《中国刑事法杂志》2000年第6期。

④ 肖扬主编：《贿赂犯罪研究》，法律出版社2004年版，第273页。

⑤ 邹志宏：《斡旋受贿研究》，载于志刚：《刑法问题与争鸣》（第7辑），中国方正出版社2003年版，第125页。

学说在处理多数问题上是相通的，只是在特殊问题上会有争议。对上述学说之不正当利益的界定总结，可以归为两类：（1）法定利益的不正当，即利益本身是违法的，或者获取的手段和方式违法。（2）市场利益的不正当，即对于存在的竞争性利益（或者不确定性利益），其性质或者获取的方式（手段）存在不合理性。法定利益与市场利益并非同一纬度，利益法定与否的划分标准是规范，而利益的市场与否的划分标准则是利益的内容。司法实践中对于不正当利益的认定，恰恰徘徊于两者之间。正是因为不同的划分立场、区分标准，决定了"同案异判"的结局。这也深层反映出文本学说自身的弊端。文本学说基于对法律的理解，针对刑事案件领域存在的特殊问题，从不同的视角进行了阐释。学说的多样性，代表了问题的多元化，更代表了学说与问题之间的相对性。学说的确定性与问题的复杂性之间的矛盾，又决定了学说存在罅隙的必然性。学说的夙愿在于以一家之言定纷止争，而社会问题的层出不穷打破了宏观叙事的学说界定。所以，折中说往往成为学说最后的归宿。但是对于不正当利益界定的折中理解，还应更具体。

**（二）基于事实而催生的司法判定**

学说的各种提倡，其最终的衡量标准在于能不能解决实践疑难。对于实践中存在的疑难问题的解决程度也反映了学说存在的价值大小。因此，对不正当利益的区分首先应当立足于司法实践。

1. 行贿罪认定的司法实情

对于行贿罪判定的司法现状认知包括两个方面：一是整体上全国行贿罪认定人数占据职务犯罪人数的比例，从宏观层面勾勒行贿罪在实践中的启用程度；二是部分上法院对于行贿罪的处理结果，从微观层面分清该罪认定疑难的具体方向。

第一，宏观上看，行贿罪人数与职务犯罪人数相比，所占比重较低；从图1[①]可知，2009年至2014年行贿罪人数占职务犯罪人数的比例约为10%，这意味着我国对行贿罪的处罚比例保持在10%左右，亦即每10个职务犯罪者中，才会有1个是行贿犯罪。行贿罪与受贿罪之间的关系，在学理上被称为"对向犯"。受贿罪的成立多数情形下往往源于行贿行为的发生，我国司法机关基于各种事由（比如辩诉交易、成本效益等）的博弈对于行贿罪并非全部追查，而是选择性处罚。所以，从整体上而言对行贿罪的追查力度较小。

---

① 图中数据来源于最高人民检察院历年工作报告。

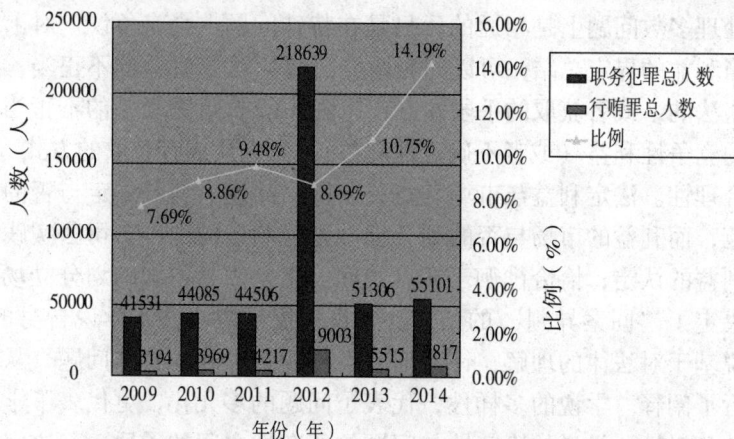

图 1   2009~2014 年全国职务犯罪与行贿罪人数比例图

第二，从微观上看，法院对行贿罪的处罚一般较轻，以缓刑为主；笔者总结江苏省常州市某基层人民法院近十年行贿案件发现（见表 1），该地区近十年共判处行贿案 27 件，其中 22 件判处有期徒刑，且全部执行缓刑，占总数的 81.48%；有 5 件判处免予刑事处罚，占总数的 18.52%。这大致可以反映出行贿罪在司法实践中的判处规律，如果数额不是特别巨大（或者情节特别恶劣），一般情形而言以有期徒刑（多数在 2 年以下）为判处常态，以缓刑为执行惯例。

表 1   2006~2015 年江苏省常州市某基层法院行贿罪判处情况表

| 判决情况<br>案件数量 | 有期徒刑 | 缓刑 | 免予刑事处罚 |
| --- | --- | --- | --- |
| 27 | 22 | 22 | 5 |

2. 行贿罪认定的司法背后

实践中对行贿罪的评判及存在的相关问题，是对法律文本及文本学说理解程度最好的诠释。"为了尽量避免法律内在的规制过分或不足，以及造成还原主义倾向的问题，从以机械的、严格的执行为理想的法执行模式，转换到规制目的的有机实现作为目标的法实现模式，已经是今天不容回避的课题。"[①] 实践中对行贿罪认定之少、判定之轻，更降低了文本学说对行贿罪之"不正当利益"界定的价值。通过对以上数据的分析，揆诸司法背后，我们

[①] ［日］棚濑孝雄：《纠纷的解决与审判制度》，王亚新译，中国政法大学出版社 2004 年版，第 140 页。

可知：对于不正当利益界定不明确，其中最大的问题不是量刑不公，而是将不应当入罪的利益视为犯罪，进而扩大了犯罪圈。例如①，张三长期向某医院销售医疗设备用品，质量可靠、价格合理，但在此过程中，张三多次赠送该医院院长人民币共计25万元。最后法院以张三"在经济往来中，违反国家规定，给予国家工作人员以财物"判处其行贿罪；某建筑公司经理李四在承包某市棚户区改造的过程中，为感谢街道主任对其业务的支持，分数次送给其6万元人民币。检察机关后来以无证据证明李四谋取了不正当利益为由撤销了该案。司法实践中折射出的同案异判不只停留于量刑轻重的不公正，在行贿案件领域还表现在罪与非罪认定的摇摆中，可以视之为"同案异罚"。

## 二、 不正当利益的游离： 制度性问题延伸腐败乱象

法律的不明确性与解释的混杂性，搅扰着利益的界限。伴随着2008年"两高"《关于办理商业贿赂刑事案件适用法律若干问题的意见》（以下简称"两高"《意见》）而来的是不正当利益的存废之争，关于不正当利益界限的学说也由单纯量变上升到彻底质变的探讨。这就需要我们反思为什么规定不正当利益？不正当利益在司法中起到什么作用？而其中又发生了怎样的变异？

### （一） 不正当利益的存废之争

各种学说的糅杂并非学者的主观臆断，而是多次法律规定变动之下暗流涌动的必然结果。这反映出，中国的学术结构，受制于本体制度之下，没有生成长远的策略目光。法律挟持学术，以至于学术总是跟随法律变动而变。诸多学说之下，给予司法者的如同市场琳琅满目的商品一般。2008年"两高"《意见》调整了"不正当利益"的范围，将手段不正当名列其中，即如果要求对方违反行业规范的规定提供帮助或者便利条件，无论谋取的利益正当与否，都属于不正当利益的范畴。至此，生成了不正当利益类型的程序不正当与实体不正当之分。于是，不正当利益的界限扩大到无以复加的地步。根据该解释的规定，只要存在或者实体上的利益不当或者程序上的手段不合规，那么利益就可以被认定为非正当。因此，不正当利益的构成要件要素也就不复存在。所以，不正当利益的存废之争也就此上演。

主张废除者立足于国家职权的不可侵犯性学术思维，其观点如下：第一，在行贿罪中，只要发生了"权钱交易"国家职权即受到侵害，不应论行为人是否"为谋取不正当利益"。② 第二，借鉴《联合国反腐败公约》（以下简称《公约》）及域外规定，"谋取不正当利益"并非行贿罪特有的要件。我国刑法规定与《公约》要求存在一定差距，从行贿罪的犯罪构成来看，与《公

---

① 所述案例，均源于江苏常州市某基层人民法院、人民检察院。

② 李希慧、徐光华：《贿赂犯罪立法完善的几个问题》，载赵秉志主编：《刑法评论》2009年第2卷，法律出版社2009年版，第201页。

约》的区别更为显著。① 第三，利益的语义模糊与市场多元化的矛盾，最终无法通过立法解决。而且，司法解释提出的手段不正当新说法，已经涵盖了几乎所有利益不正当的情形。所以，为了防止利益范围的不确定性带来的实践窘境，废除该要件是上策。

主张保留者根植于行为人权利保护的法益理路，其内容如下：第一，明确行贿罪"不正当利益"的要件，是刑法谦抑性之下的必然选择，否则刑法将会过于严苛②；第二，利益具有可资确定之处，并非所有的利益涵射都是漫无边际的。因此，为了保障行为人的人权应当保留该要件。

（二）不正当利益的入律初衷

基于中国式腐败的历史及现状，立法者意图通过一种整体的制度设计来减少腐败现象的发生，将处于职务犯罪外源并对职务行为的腐蚀起到间接作用的行贿行为纳入职务犯罪之中，实则是打击腐败行为的立法使命所在。职务犯罪的行为方式可以分为两类，一是主动型犯罪，即主动利用职务便利实施各种违反职责规定的行为；二是被动型犯罪，即由于外在行为的侵蚀而违背职务神圣性。刑法通过对于被动型（外源型）侵犯职务行为的间接处罚，以制度性安排疏堵职务领域的犯罪案件。疏通整体职务犯罪的脉络，堵住对于职务行为过度侵蚀的行贿行为，是行贿罪的立法价值依存，它回答了对行贿行为惩罚必要性的问题。而行贿罪的不正当利益规定，则回答了对行贿罪惩罚程度及其范围的问题。

行贿罪作为外源型职务犯罪类型，并非直接影响职务的廉洁性，为了防止对行贿行为处罚范围过大，立法又进一步规定了以不正当利益作为行贿罪成立的限制性条件。从行贿罪的立法作用来看，立法者的主要用意是通过对行贿行为的查处起到对职务犯罪的一般预防作用。又因行贿行为并非必然导致职权者的职务违规，所以加上谋取不正当利益的限制性构成要件，保障行为人的基本权利，以维系正常的礼节性社会关系。立法者通过增添不正当利益要件的制度设计，完成了对职务犯罪生成的因果关系链条把控。主动型职务行为是内因，被动型职务侵蚀是外因，外因通过内因起作用，切莫将所有外因都视为内因处罚。

（三）不正当利益的功能迁移

立法者试图以制度的构建解决职务犯罪的复杂问题，象牙塔下的静态立法在动态实践面前往往会捉襟见肘，加之司法的擅越，原本作为反腐制度安排的不正当利益要件，却延伸出腐败治理的乱象。"形式逻辑虽然结构严谨，但缺少辩证逻辑的辅证，其结论仍不免令人狐疑……在审视形式逻辑的时候，

---

① 刘宪权、谢杰：《贿赂犯罪刑法理论与实务》，上海人民出版社 2012 年版，第 60 页。
② 杨兴国：《贪污贿赂犯罪认定精解精析》，中国检察出版社 2011 年版，第 286 页。

要密切关注其先天不足的痼疾。理论归纳往往来得轻巧，但现实把握却往往不易。"①拨开实践迷雾，我们发现不正当利益要件的立法价值已经"物是人非"。其中的功能改变表现如下：第一，对应当处罚的不予处罚；从上文中行贿罪人数与职务犯罪人数的比例图以及江苏常州市某基层法院判决可知，实践中对于行贿罪的犯罪行为人采用选择性处罚。每十个职务犯罪人中，只有一个行贿犯罪人被惩罚。而且对于行贿罪的量刑程度也较轻，多以缓刑为主。对于一些涉案数额在几万元甚至数十万元的行贿行为，司法实践基于办案成本的考虑也会一放了之。这种较轻的处罚方式，严重背离了行贿罪设置的初衷，也淡化了不正当利益认定的司法价值。第二，对不应当处罚的给予处罚；2008 年"两高"《意见》将手段不正当纳入不正当利益名下，不正当利益的范围扩大。所有的利益只要违反法律规定，其本性无论是合法利益还是非法利益，都应以不正当利益认定。许多利益本身是合法的，只是基于程序上的烦琐（如审批期限长、审批手续繁多等）而行贿他人，实践中仍然会以行贿罪论处。因此，"不正当利益"的虚无主义也由此产生。

上述两种司法现象在实践中蔓延，徒增了由制度问题带来的腐败乱象。对于已经构成犯罪的行贿行为的放纵以及不正当利益边界无限的延伸，使得原本通过制度结构安排以解决腐败问题的立法旨意，在实践中功能发生变异。其中的原因可总结如下：

一是中国式二元关系论的社会格局（见图 2）。中国人生活在自身构建的社会情景中，"倾向于用这些先定的公式去定义自己，而不是由自己去定义这些公式"②。这些公式即指二元关系的符号社会，中国人将自己定格在关系的社会中，任何一种行为即使是合法的也会选择通过关系解决。在这种社会格局中，关系代表着人与人之间的相互尊重。人与人之间通过"人情债"的桥连接互动起来，以礼节性的财物往来结算这种债务关系。正是因为财物往来的礼节性与侵蚀职务行为之间存在的混合性，致使利益的正当与不正当没有明确界线。所以，司法解释或司法者便掌控了不正当利益的自由裁量大权。

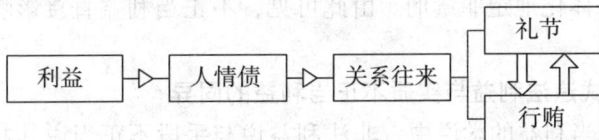

图 2　中国式二元关系图

---

① 黄京平、韩大元：《刑法学与宪法学的对话》，中国人民大学出版社 2007 年版，第 62 页。
② ［美］孙隆基：《中国文化的深层结构》，广西师范大学出版社 2011 年版，第 36 页。

二是实践机会成本论①。首先，案多人少，集中力量办大案；基层检察机关的职侦部门工作人员少、案件数量多、工作压力大，相较于贪污、受贿等大罪，行贿罪还不足以耗费更多的司法资源。其次，监狱难以承载犯人数量之重；中国式二元关系，礼节与行贿存在交叉，如果将所有或者多数礼节关系以行贿罪判处实刑，中国的监狱关押量则会超负荷运转。再次，辩诉交易的中国化。贪污受贿等职务犯罪证据调查，往往是传统的口供。在没有更多侦查技巧或侦查技术之下，证据的突破就需要行贿人的大力配合。此种情形下，为了减轻行贿人的顾虑，尽快查清职务者的犯罪事实，司法机关只能采取或者减轻行贿人处罚或者直接不予诉讼的辩诉交易策略。

三是利益多元化。刑法的任务之一在于对具有严重社会危害性的行为绳之以律，通过刑罚的特殊预防与一般预防功能完成社会控制的功效。时态的演变，造成了利益以及获取利益手段的多元化。生发于商业领域，这种多元化的利益很容易与不正当手段相结合，权钱交易体制也更易滋生。由此将出现一些引发职务犯罪概率较大的手段不正当型行贿，这是社会变迁的必然产物。但是，对此种情形应当慎重用刑，手段不正当之下的利益应当具备社会危害性，更应当达至严重的程度，应防止将外因化为内因，从而不当延展犯罪圈。

## 三、 不正当利益的归宿： 形式违法利益与实质不正当利益之辩

不正当利益作为行贿罪的构成要件之一，其依存着我国犯罪构成的秉性。"我国刑法中的犯罪成立要件是表明行为侵害法益的质的构成要件与表明行为侵害法益的量的构成要件的有机统一……因而犯罪成立要件除罪体与罪责以外，还应当包括罪量。"② 不正当利益的构成要件，是犯罪成立定性与定量的合体，一旦利益被认为是"不正当"的，那么关联行为（行贿行为、行贿数额等）将一体化地定罪量刑。由此可见，不正当利益直接影响定罪，间接影响量刑。

### （一）形式违法利益与实质不正当利益的同异

关于不正当利益的学说中，非法利益说与手段不正当说其共同之处在于认定依据上的违法性，即利益自身的非法与获得手段的非法。此种情形可以将不正当利益统一称为形式违法利益。当行为人获取利益的不正当认定的根

---

① 机会成本是经济学术语，它指当把一定的经济资源用于生产某种产品时放弃的另一些产品生产上更大的收益。司法实践领域，对于一些案件不处理或者轻缓处理，也是一种利益博弈的选择。

② 陈兴良：《作为犯罪构成要件的罪量要素——立足于中国刑法的探讨》，载《环球法律评论》2003 年（秋季号），第 275 页。

据在于不具备社会合理性与违反市场经济运行规则时，此种情形的不正当利益可以统一称为实质不正当利益。两者之间的关系可以做三种界分：第一，前者与后者之间存在交叉重合，即形式违法利益等同于实质不当利益；第二，只存在形式非法利益，如利益本身是合法的，但利益取得手段违法；第三，只存在实质不当利益，如没有法律明确规定的市场利益，该利益明显背离市场秩序规则。对于第一种情形而言，是刑法中意图确定的常态情境；对于第二、三种情形，则是在原则之外出现的例外情境。对于只存在形式非法利益或者实质不当利益时，此种情形下是否认定为行贿罪中的不正当利益应当给予特殊注意。遵循在规范内寻找实质主义的利益判定原则，当仅仅是形式非法利益时，还应当思忖非法利益的危害程度是否达到严重的社会危害性程度，不能一概将手段不正当列入行贿罪不正当利益的范畴；对于仅仅存在实质不当利益时，如果没有法律明确规定，应当依据社会相当性立场，判定实质不正当的危害程度，同时对于出现的情形及时通过司法解释、法律规定等形式弥补。

### （二）不正当利益的本文立场

利益本身没有正当与不正当之分，它是国家基于社会传统及社会管理的考量，遵循秩序维护基本原则，作出的区分。因此，利益具有社会评价属性。根据我国刑法分则关于行贿罪的规定，可以推演出利益的三种类型（见文下利益结构图）：不正当利益、正当利益、竞争性利益。立法对于利益的划分立足于利益的正当与否，是从理性与常识的角度来认识利益属性。为了将利益认定明确化，司法解释出台的相关规定通过是否违反法律、法规、政策等内容来进一步具体化利益的认定标准。原则上而言，不正当利益即非法利益，正当利益即为合法利益。竞争性利益则是一种不确定的利益，它是一种需要经过特殊程序（公开竞卖、行政审批等）认定的利益。在未确定之前它既不是合法利益也不属于非法利益，是中立型利益。

对于行贿罪不正当利益的认定，应以利益自身的不正当为原则，以手段不正当为例外。具体而言：

第一，不正当利益一定是非法利益，但非法利益不一定为不正当利益；比如手段不正当，利益可能正当，虽然通过违反规范程序取得，这不影响对其正当性的认定；再如当利益的不当程度没有达到行贿罪要求的社会危害程度时，此时的利益只能认定为非法利益。从范围上看，非法利益界域更广，当非法利益的危害程度达到严重的社会危害性时，此时非法利益与不正当利益重合，非法利益即等同于不正当利益（见图3）。

**图 3　利益结构图**

第二，竞争性利益客观上没有正当与不正当之分，其中立型属性决定了利益认定的层序化，不能将竞争性利益当然认定为正当或不正当。详言之，当其获得的手段违反规范时，按照其违反的程度，可以分为非法利益与不正当利益。此时，只有达到严重社会危害性的利益才能认定为不正当利益。所以"实体合法程序不合法"的手段不正当型竞争利益，不能决然认定为行贿罪的不正当利益。

第三，当为正当利益时，行为人实施了违反法律规定的行为，此情形下的正当不应转化为不正当，即利益依然为确定型正当，比如行为人已经达到领取抚恤金的条件，为了尽快领取，给予工作人员财物贿赂，从而以较短的时间获取到抚恤金。亦即利益在客观上是必然性正当，因为行政审批效率低下、程序繁琐等原因，通过违反程序性规定的手段取得属于自己的利益，不宜视为刑法上"手段不正当"的不正当利益。

**（三）寻求不正当利益的界限**

徘徊于抽象与具体之间，利益的不正当性应有自身的归宿。罪刑法定原则的核心价值即在于明确性，确定利益的上限与下限以实现明确性的要求，是为不正当利益研究的落脚。行贿罪不正当利益的认定，应当遵循规范内需求实质主义的判定思路，以具体的非法利益为主线，以抽象的市场利益为隐线。可以从三个方面把握：第一，以严重的社会危害性划定利益的基线；我国的犯罪构成是犯罪本质的具体表征，它应当体现犯罪的属性：社会危害性。加之我国的犯罪是定性与定量的合体，成立犯罪的标准便以严重的社会危害性为基底。利益是否认定为不正当，应从根本上把握社会危害性的严重程度。特别是对手段不正当的利益进行判断时，更应从总则的角度反思因利益而带来的危害程度。不能简单地将本身正当的，因行贿造成程序违法的利益，一概视为不正当利益。第二，以定罪情节框定利益的内容；不正当利益争议的焦点多数生发于竞争性利益，应当以类型化思维整合竞争性利益存在的非法情形。针对商业领域中存在的竞争性利益，当行为人采取行贿手段存在极易腐蚀职务的廉洁性、给竞争对手造成或可能造成重大财产损失、给社会秩序造成或者潜在的造成破坏等严重社会危害性时，应将已然存在的上述类别上升为定罪情节。第三，以个案特殊性调整利益的范畴；语义的静态性与实践的动态性之间存在不可调和的矛盾，这就决定了纷繁的学说在复杂的事实面前存有瑕疵的必然性。应以个案为基点，总结依据实质不当判定不正当利益，通过司法解释、司法意见等形式应时性调整不正当利益的静态格局。

## 四、 结语

现今，伴随反腐社会常态而来的是对行贿行为处罚数量与程度的上升；由利益多元化与抽象性等带来的是，将不确定性利益划入不正当利益规制的情形增多。此种转型之下，司法者对于不正当利益的认定应坚守社会危害性的底线，对于情节较轻的不正当利益报以宽容的态度。谋取不正当利益的行贿行为虽然影响职务的廉洁性，但其行为并不直接导致腐败的发生，还需要假借公职人员的再行为而实现。就此而论，行贿罪不正当利益的本源更应以社会秩序破坏的严重性为向标。

# 行贿罪中"谋取不正当利益" 应存还是应废

魏汉涛[*]　邓有静[**]

反腐是党的十八大以来的关键词之一，老百姓对党和国家的"反腐风暴"拍手称快。在腐败中，行贿和受贿是对向行为，因而反腐工作不仅要重视受贿，也要重视行贿。我国刑法第 389 条规定："为谋取不正当利益，给予国家工作人员以财物的，是行贿罪。"由此可知，"谋取不正当利益"是行贿罪成立与否的核心要件，而刑法学界对此要件的性质众说纷纭，对此要件的存废也是各执一词。在司法实践中，在主动行贿的场合，"谋取不正当利益"被视为主观要件，行贿时只要有这个目的即可构成行贿罪；在被动行贿的场合，"谋取不正当利益"变成了客观要件，要求实际谋取到不正当利益才能构成行贿罪。[①] 一个要件，一会儿是主观要件，一会儿是客观要件，摇摆不定，本身就值得怀疑。有鉴于此，本文结合"谋取不正当利益"要件的性质及当前的司法困境，对"谋取不正当利益"的去留谈谈自己的浅见，以求教于方家。

## 一、"谋取不正当利益" 解读之纷

"谋取不正当利益"本身是一个外延不很清晰的概念，如何廓清它的界限是 1997 年刑法颁布后最高司法机关的工作之一，也是刑法学界纷纷探讨的话题之一。

### （一）司法解释对"谋取不正当利益"的解读

在 1997 年修订刑法过程中，对是否应将"谋取不正当利益"作为行贿罪的必备构成要件，存在较大的争议。最后，1997 年刑法采纳了"谋取不正当利益"应作为必备要件的立场，将行贿罪规定为目的犯。自此以后，司法机关就试图努力澄清"谋取不正当利益"的含义。最高人民法院和最高人民检察院在 1999 年 3 月联合发布的《关于在办理受贿犯罪大要案的同时要严肃查处严重行贿犯罪分子的通知》中规定："谋取不正当利益是指谋取违反法

---

[*] 昆明理工大学法学院副教授、法学博士、硕士生导师。

[**] 昆明理工大学刑法学硕士研究生。

[①] 杨兴国：《贪污贿赂犯罪认定精解精析》，中国检察出版社 2011 年版，第 287 页。

律、法规、国家政策和国务院各部门规章规定的利益,以及要求国家工作人员或者有关单位提供违反法律、法规、国家政策和国务院各部门规章规定的帮助或者方便条件。"这一通知对"谋取不正当利益"的含义作了较为明确的解读。紧接着,2008 年最高人民法院和最高人民检察院联合发布了《关于办理商业贿赂刑事案件适用法律若干问题的意见》,该意见对行贿犯罪中"谋取不正当利益"的含义又作了进一步的解释与补充。即便如此,在司法实务中,对"谋取不正当利益"的认定仍然存在不同的认识,以致行贿罪仍然存在同案不同判的现象。鉴于这种情况,2013 年最高人民法院、最高人民检察院《关于办理行贿刑事案件具体应用法律若干问题的解释》再次对这一问题进行了解读。该解释第 12 条规定:"行贿犯罪中的'谋取不正当利益',是指行贿人谋取的利益违反法律、法规、规章、政策规定,或者要求国家工作人员违反法律、法规、规章、政策、行业规范的规定,为自己提供帮助或者方便条件。违背公平、公正原则,在经济、组织人事管理等活动中,谋取竞争优势的,应当认定为'谋取不正当利益'。"该规定一方面将办理商业贿赂刑事案件中的"谋取不正当利益"标准推广到了所有行贿犯罪中,另一方面把"谋取竞争优势"的外延扩充为"经济、组织人事管理等活动"。这一司法解释对司法实践具有重要的指导意义,并且对经商者的行为也有了一定的规范,但该解释对"谋取不正当利益"的解读仍然存在问题。其一,它过于笼统与模糊,在一定程度上缩小了法律用语所涵盖的范围,没有具体区分主动行贿与被动行贿来界定"谋取不正当利益"的性质;其二,它虽然认识到了"谋取不正当利益"的重要性,但是仍然不全面,对"谋取不正当利益"的性质也没有统一的认识。

**(二) 学界对"谋取不正当利益"的解读**

关于何为"谋取不正当利益",学术界也存在分歧。概括起来,学界对"谋取不正当利益"大致有四种观点。

第一种观点是"非法利益说"。持该说的学者认为,"谋取不正当利益"就是非法利益,即违反法律、法规和政策所取得的利益。① 从此观点来看,法律所禁止的即为不正当的,由此得到的利益自然是不正当利益。

第二种观点是"违法利益说"。违法利益说也称为不应得利益说,与非法利益说具有一定的相似性,都是着眼于利益的正当性,而不讨论获得利益的手段。该说认为不正当利益既包括非法利益而且还包括其他不应得的利益,其中其他不应得利益是指违反社会主义道德而获取的利益。② 此学说适当扩大了"谋取不正当利益"的范围,较非法利益说对"谋取不正当利益"的认

---

① 赵长青:《贿赂个案研究》,四川大学出版社 1991 年版,第 191 页。
② 卢雪勇:《行贿罪"谋取不正当利益"规定存在天然缺陷》,载《检察日报》2004 年 10 月 7日。

定更为合理。

第三种观点是"手段不正当说"。该说主要着眼于行为人获取目标利益的手段性质，认为"谋取不正当利益"是指行为人在获取请托的利益之时所采取的手段、方式方法是不正当的。① 根据该观点，只要是采取了行贿手段去谋取利益，都可直接认定为"谋取不正当利益"，而不再考量利益的合法与非法性。②

第四种观点是"受贿人违背职务说"。支持此观点的学者认为，"谋取不正当利益"应以受贿人为行贿人谋取利益是否违背职务的要求加以限定。③ 根据这种观点，谋取的利益是否正当，应以受贿人是否违背其职务的要求为标准，违背的为正当利益，不违背的为不正当利益。

上述四种观点均有一定的合理性，但也存在瑕疵。"非法利益说"注重的只是获取利益本身被法律禁止的性质，却没有对其获取的手段加以限制，并且此说把不正当利益等同于非法利益，其外延过于狭窄，但不正当利益的范围远远不止如此。这样的界定不利于有效地打击行贿犯罪，也不符合当前的司法理念与社会现实的需要。"违法利益说"的缺点是过于笼统和模糊。首先，对于什么是应得什么是不应得没有具体区分。应得不应得是一个价值判断，司法工作人员应站在一个什么立场、以何种价值观为标准对应得与不应得进行评价成为疑点。评判标准的缺失将导致自由裁量权的扩大，自然会出现同案不同判的现象。其次，将道德规范引入其中，其可操作性与客观性均无法得到保证。"受贿人违背职务说"虽有一定的科学性，但"利益"的正当性取决于受贿人是否违反职务的廉洁性是不够严谨的。行贿人对受贿人采取什么样的手段未必知道，也难以判断其合法性。另外，把"谋取不正当利益"仅限制在职权范围内来考量是不科学的，也不符合立法精神。"手段不正当说"也存在不合理之处。这种观点忽略了"利益"的重要性，仅考虑行贿人获取利益时的手段是否正当，将"不正当"与"利益"分割开来。仅根据手段判断是否为"谋取不正当利益"，这就意味着"谋取不正当利益"这一要件没有实际意义，只要行贿就可构成行贿罪，则在被动行贿的场合为谋取合法利益，也可能构成行贿罪，明显范围过宽。由此可知，在"谋取不正当利益"一词中，"不正当"与"利益"相互联系，两个部分是缺一不可的。

需要说明的是，除了以上四种传统观点以外，一些学者提到了"不确定利益"的问题。关于"不确定利益"的性质，学者们形成了两种对立的立场：一些学者认为，"不确定利益"实质上是一种正当的利益。这种主张的

① 赵秉志：《疑难刑事问题司法对策》，吉林人民出版社 1999 年版，第 1848 页。
② 郭晋涛：《论行贿罪的"为谋取不正当利益"》，载《中国刑事法杂志》2000 年第 6 期。
③ 陈兴良：《刑法疏议》，中国人民公安大学出版社 1997 年版，第 640 页。

依据是"法无禁止即自由"。另一种观点则认为,采取行贿手段谋取的"不确定利益"都是"谋取不正当利益"。① 在我们看来,第一种观点欠缺合理性。如果不管以什么样的方式取得,只要不被法律所禁止,都是正当的,那么无异于对行贿行为的放纵,显然有违立法精神。典型的例子是,在招标投标过程中,投标人为获取不确定利益,就不构成行贿罪。笔者赞同第二种观点。尽管行贿人所谋取的利益是不确定的,但是由于这个利益是行贿人通过不正当手段取得的,即要求受贿人提供违反法定程序的帮助或方便条件,使得自己在本应公平的竞争中取得优势地位,那么其所得到的利益就应该被认为是"谋取不正当利益"。

## 二、"谋取不正当利益" 存废之争

上述司法机关和学者对"谋取不正当利益"的不同解读,是着眼于适用论对"谋取不正当利益"的解释。与此不同,一些学者从立法论的角度出发,形成"谋取不正当利益"是应当"存"还是"废"的对立。

### (一)"保留论"及其理由

一些学者认为,之所以"谋取不正当利益"是行贿罪成立的必备要件,是立法者对现阶段腐败案件的现状、反腐败斗争的形势以及我国经济社会发展水平综合考量后作的选择。② "保留论"的支持者认为,应当将"谋取不正当利益"作为行贿罪的构成要件予以保留,理由有三:其一,"谋取不正当利益"这一要件不仅反映了行贿罪与受贿罪之间的区别,而且对行贿罪的成立范围进行了合理的限定。受贿罪与行贿罪属于刑法上的对向犯,是指在犯罪构成上预先设定了复数行为者的双向行为的犯罪,③ 可以看出,双向犯不一定都同时构成犯罪,不是一一对立的关系,可以说行贿罪具有独立性,受贿与行贿是否成立犯罪并不以对方是否成立犯罪为要件,而是由各自的社会危害性所决定的。其二,立法机关在立法之初,考虑了刑法的人道性、谦抑性等价值理念,认为不应把全部违法行为一并入罪,也考虑了合理限制打击面的刑事政策,认为有必要严格规范刑事法网。一般来说,谋取正当利益的行贿行为的社会危害性要比谋取不正当利益的行贿行为的社会危害性小,并没有达到用刑法处罚的程度,运用刑法谦抑性的原则,对谋取正当利益的行贿行为不应定罪处罚,故设定"谋取不正当利益"要件,在合理范围内缩小了对行贿行为的打击面,节约了司法成本,体谅了那些为了谋取甚至是保护合法利益而被动行贿的行贿人。虽然在司法实践中对不正当利益的界定存在

---

① 朱孝清:《论贪污贿赂罪的几个问题》,载《人民检察》1998年第3期。

② 张静:《关于行贿犯罪中的"为谋取不正当利益"的思考》,载《今日湖北》(中旬刊)2014年第1期。

③ [日] 野村稔:《刑法总论》,全理其、何力译,法律出版社2001年版,第381页。

模糊性，但这种模糊性不应成为废除该要件的理由，这一要件的存在达到平衡打击犯罪和保障合法权益的目的。其三，各国打击行贿犯罪的对策不同，我们不能仅以国外的立法经验与立法规定作为我国刑事立法的依据，不同的国家有不同的打击、惩治犯罪的策略与方法。我国刑法一直强调宽严相济的刑事政策，强调集中力量解决少数突出问题，这与其他国家不同。虽然有些国家不以"谋取不正当利益"作为行贿罪的要件，但这些国家的犯罪概念的外延比较广泛，一些属于我国法律中规定的政纪处分处理的事项，在这些国家也被规定为犯罪。[①] 因此，法治必须考虑本土化，脱离本土的法律有叶无根，法律将无法有效发挥其功能。故保留"谋取不正当利益"这一要件才符合我国的国情。

### （二）"废除论"及其理由

持"取消说"的学者认为，行贿罪的成立不需要以"谋取不正当利益"为必备条件，只要行贿了，就构成行贿罪。具体理由有三：第一，本罪所侵犯的法益是国家工作人员职务行为的不可收买性，是国家工作人员职务的廉洁性而非其他，立法者设立行贿罪的根本目的是为了维护国家工作人员职务行为的廉洁性，保证国家工作人员在执行公务时的公正性与客观性。打击行贿是为了防止受贿，因此一旦行为人有行贿行为，就应认为侵害了行贿罪保护的法益，不论其谋取的是何种利益，都已经侵犯了国家工作人员的职务廉洁性，已经存在社会危害。[②] 行贿人谋取的利益是否正当，只是衡量行贿人主观恶意以及社会危害的尺度，并不影响其定性。所以，如果规定"谋取不正当利益"作为行贿罪的构成要件有违立法宗旨，同时也是没有必要的，应当废除。第二，在司法实践中，"谋取不正当利益"缺乏可操作性。首先，司法机关审查行为人是否实施了给予国家工作人员财物的行为是不难的，但对于查证行为人主观上是否有谋取不正当利益的目的时却显得有些力不从心。在实践中经常会出现侦查机关为了查明行为人的目的，投入大量的司法资源，最后因找不到证据而无法指证行为人，使得行为人更加有恃无恐。有时也会出现"口供"定罪的现象，律师会对此反驳辩解，最终也打击不了行为人。其次，行贿罪定罪的关键在于确定行贿人是否有谋取不正当利益的意图，但在实践中，利益的正当与否，是较难认定的。如果将那些谋取不正当利益向国家工作人员行贿的行为排除在行贿罪之外，将会减小对行贿人的打击力度，缩小打击面，也将导致司法实践中出现受贿罪和行贿罪打击力度差异化，[③]

① 韩冬京：《行贿罪中"为谋取不正当利益"要件存废问题之我见》，载《西江月》2011 年第 9 期。
② 赵翀：《行贿罪中"谋取不正当利益"之要件》，载《华东政法学院学报》2005 年第 2 期。
③ 李畅运：《行贿罪"谋取不正当利益"之审查判断方法研究》，载《东吴法学》2012 年第 2 期。

助长社会上权钱交易的潜规则,从而加剧腐败的多发。第三,"谋取不正当利益"作为行贿罪的要件不符合国际公约的精神。2005 年 10 月 27 日全国人大常委会表决全票通过批准加入《联合国反腐败公约》 (以下简称《公约》),《公约》第 15 条规定:"各缔约国均应当采取必要的立法措施和其他措施,将下列故意实施的行为规定为犯罪: (一) 直接或间接向公职人员许诺给予、提议给予或者实际给予该公职人员本人或者其他人员或实体不正当好处,以使该公职人员在执行公务时作为或者不作为; (二) 公职人员为其本人或者其他人员或实体直接或间接索取或者收受不正当好处,以作为其在执行公务时作为或者不作为的条件。"这就意味着《公约》在规定行贿罪时,不考虑行贿人是否"谋取不正当利益",只要客观上实施了贿赂国家公职人员的行为,就应当构成行贿罪。《公约》作为世界惩治腐败活动的准则,有其正确性与科学性,值得我国借鉴。[①] 而我国作为《公约》的缔约国应履行义务,对与《公约》有矛盾的地方应进行修改,将"谋取不正当利益"这一要件取消,以有利于与国际刑事立法接轨,便于共同打击贪污贿赂犯罪行为。

## 三、"谋取不正当利益" 存废之见

"谋取不正当利益"是我国行贿罪的构成要件,它在我国漫长的法律发展史上,经历了从有到无,再从无到有的一个过程。在我们看来,"谋取不正当利益"应当废除还是保留,不能一概而论,应区分主动行贿还是被动行贿,采取不同的态度。

### (一) 主动行贿应用"谋取利益"取代"谋取不正当利益"

行贿行为是败坏社会风气的严重行为,现在全国都在积极开展反腐工作。从我国刑法对行贿罪的规定以及社会现实来看,行贿可分为主动行贿与被动行贿。主动行贿的行贿人主观恶性比较大,具有较大的社会危害性。所以,在主动行贿的场合,笔者认为无论行贿人获取的是正当利益还是不正当利益,其行贿行为都具有社会危害性,都侵害了法益,并且"谋取不正当利益"要件的存在既存在实践操作困难,又减小了对贿赂犯罪的惩处力度,同时也不能顺应国际潮流,因而应取消"谋取不正当利益"这一要件,用"谋取利益"代替之。

第一,主动行贿的行为人主观恶性较大,犯罪目的较明确,对行贿罪的法益的侵害也较严重。针对这样严重的犯罪行为,如果将谋取正当利益的行为排除在行贿罪之外,只会使受贿犯罪增加,助长贿赂的不良之风。前述"手段不正当说"与"受贿人违背职务说",把"谋取不正当利益"仅限制在手段范围内与职权范围内来考量是不科学的,也不符合立法精神,特别是

---

① 王伟:《行贿罪中"谋取不正当利益"问题评析》,载《法学新论》2010 年 2 期。

近几年来，主动行贿行为人行贿数额从几千元到上万元，甚至上千万元，愈演愈烈，败坏了社会风气，严重破坏了社会主义的法律秩序，阻碍了社会的健康发展和全面进步。这表明，2013 年"两高"的《关于办理行贿刑事案件具体应用法律若干问题的解释》不再适应社会现实的需要，不能有力地打击行贿犯罪。因此，笔者认为在主动行贿中用"谋取利益"取代"谋取不正当利益"比较符合当今社会的现实，也能让公众信服，以便能更有效地打击主动行贿行为。

第二，从行贿罪的法益来论。行贿罪侵害的法益是国家工作人员职务的廉洁性，也就是职务行为的不可收买性。主动行贿行为人是否"谋取不正当利益"不影响此罪的社会危害性的存在，行贿人为了谋取正当利益，给予国家工作人员以财物的行为，也属于一种权钱交易，[①] 同样造成了公共权力的异化变质。在主动行贿中，其对职务廉洁性的破坏丝毫不比为谋取不正当利益向国家工作人员行贿差分毫。这也就说明在主动行贿中可以用"谋取利益"来取代"谋取不正当利益"，它们侵害的法益都是一样的，不应该区别对待，谋取的利益正当与否，仅可以作为量刑来考虑，而并不影响其严重危害社会的实质。

第三，受贿罪与行贿罪具有对合关系，刑法对受贿罪的要件规定并没有限制以"谋取不正当利益"。在实践中，如果将谋取正当利益的行贿行为排除在行贿罪之外，而与之相应的受贿行为被定罪处罚，这就出现不平衡的现象。因此，笔者认为，在反腐败形势日趋严重的现实面前，必须一改"重受贿、轻行贿"的做法，在主动行贿中应取消"谋取不正当利益"这一限制。这样可以大大节约司法资源，逐渐减少、控制贪污贿赂行为，更为有效地铲除社会普遍存在的为谋取利益而大肆行贿的不良风气。[②]

第四，符合社会现实及司法实践的需要。近几年来，贪污贿赂行为愈演愈烈，国家、社会对打击行贿行为的呼声高涨。然而，刑法对行贿罪的规定并不符合社会现实及司法实践的需要，"谋取不正当利益"这一要件得以合理存在的客观依据逐渐消失，且负面作用越来越明显。主动行贿的犯罪目的难以取证。根据司法实践，司法机关在判定行为人是否构成行贿罪时会审查其主观上是否有为谋取不正当利益的目的，客观上是否实施了给予国家工作人员财物的行为，后者是不难查证的，但前者的查证却显得力不从心。虽然说"两高"针对"谋取不正当利益"出台了相应的司法解释，但司法解释一定程度上缩小了法律用语所涵盖的范围。[③] 实证一个人行贿时的目的，一方

---

① 张明楷：《刑法学》（第 4 版），法律出版社 2011 年版，第 1082 页。

② 卢宇蓉：《行贿犯罪中"谋取不正当利益"的理解与适用》，载陈兴良主编：《刑事法判解》（第 2 卷），法律出版社 2000 年版，第 176 页。

③ 许海波：《贪污贿赂罪若干问题研究》，知识产权出版社 2005 年版，第 168 页。

面需要投入大量的人力物力资源；另一方面，主动行贿的行贿人是否具有谋取不正当利益的目的在法庭上是控辩双方争论的焦点，也是当事人申诉的理由，这不仅增加了对行贿犯罪的认定与查处难度，[①] 而且造成法官自由裁量权的扩大，导致打击行贿犯罪不力。随着主动行贿手段的日益丰富与形势的发展变化，相关司法解释不再符合当前形势的要求。

第五，取消"谋取不正当利益"，有利于打击受贿犯罪。有些学者认为将"谋取不正当利益"修改为"谋取利益"的观点会扩大打击范围，有违刑法谦抑性的原则，也有失人道性。笔者认为这种担心是多余的。事实上，对于谋取的是正当利益还是不正当利益，可以作为量刑情节加以考虑与衡量，"谋取不正当利益"可以作为法定刑升格的情节。如果谋取的是正当利益，因为其主观恶意不大，对于行贿人的刑罚应比谋取不正当利益的行贿行为轻，这正体现了宽严相济的刑事政策。另外，将"谋取不正当利益"修改为"谋取利益"，虽然扩大了打击面，但如果对主动行贿谋取正当利益的行为配置较轻的法定刑，并辅之以污点证人制度，则有利于行贿人指正受贿人，有利于打击更为严重的受贿罪。

### （二）被动行贿应保留"谋取不正当利益"

在被勒索而行贿的场合，我们认为，成立行贿罪仍然需要具备"谋取不正当利益"这一要件，具体理由有三：

其一，主动行贿与被动行贿是两种不同的行贿行为，被动行贿的主观恶性较主动行贿小，行贿人本身的目的也没有主动行贿的行贿人强，加之被动行贿的社会危害性小，两者存在本质上的区别就应该区别对待。被动行贿是因为索贿人的强迫、威胁而使行为人不得不给予财物，可以看出行为人并不是主动地给予受贿人财物，基于刑法罪刑相适应的原则，被动行贿的定罪量刑可以轻于主动行贿，所以就应保留"谋取不正当利益"这一要件。如果行贿人被勒索给予财物而获得的是正当利益，就不能被认定为行贿。

其二，在被动行贿中，应考虑刑法的人道性、谦抑性等价值理念，它与主动行贿不同，主动行贿的主观恶性大，再考虑谦抑性只会使行贿人的行为更加放肆，而被动行贿因为是受到受贿人勒索、胁迫才行贿，因此笔者认为如果再把被动行贿中谋取正当利益与不正当利益的行为一并入罪，对于被勒索的行为人未免太过严苛了，同时也应考虑合理限制打击面的刑事政策，一般来说，在被动行贿中，谋取正当利益的行贿行为的社会危害性要比谋取不正当利益的行贿行为的社会危害性小，根据刑法谦抑性的原则，并没有认定为行贿罪的必要。保留"谋取不正当利益"无形中也缩小了打击面，节约了

---

① 谭智华、眭欧丽：《行贿犯罪中"谋取不正当利益"的形态问题研究兼论对"为谋取不正当利益"要件的修正》，载《法律适用》2011 年第 12 期。

司法成本，体谅了那些因胁迫而保护合法利益才被动行贿的行为人。

其三，在被动行贿中，笔者认为将为取得"正当利益"的行为不作为刑法的调整对象而对其进行处罚，并不会放纵行贿行为。因为行为人本身并没有要去行贿的目的，行为本身的社会危害性也不大，取得"正当利益"而不进行处罚是综合考量了行为人在被动行贿时的多种因素才下的定论，对行贿人来说是合理的，也是符合宽严相济的刑事政策和立法理念的，并且这样的规定对于被动行贿的行贿人来说更加相信法律的公平与公正，更能在生活中遵守法律法规，因此也会在一定程度上减少行贿行为，推动"反腐倡廉"的工作。

至于如何界定被动行贿中的"谋取不正当利益"，我们认为，"谋取不正当利益"应包括实体性利益与程序性利益，实体性利益是指违反法律、法规、规章、政策规定、行业规范的利益，程序性利益是指行贿人要求国家工作人员违反法律、法规、规章、政策、行业规范的规定，为自己提供帮助或方便条件所获得的利益。实体的正当与否和程序的正当与否，都会影响到"谋取不正当利益"的成立，所以在正确理解"谋取不正当利益"的时候，需要将实体性利益与程序性利益结合起来。值得注意的是，以不正当手段取得的利益属于不正当利益，但并非使用过不正当手段的利益都是不正当利益。[1] 如果利益是根据法律、法规、规章、政策、行业规范的规定应该得到的，但是程序方面违法，这个利益并不因为程序违法而被认定为是不正当利益，它自始至终都是正当的。

---

[1] 郭立新、黄明儒：《刑法分则典型疑难问题适用与指导》，中国法制出版社 2012 年版，第 664 页。

# 行贿罪"为谋取不正当利益"要件之探讨

邱 陵* 刘 伟**

根据 1997 年《中华人民共和国刑法》的规定，涉及行贿犯罪的条文共有四个，分别规定在刑法第三章第 164 条对非国家工作人员行贿罪，对外国公职人员、国际公共组织官员行贿罪和第八章第 389 条的行贿罪、第 391 条的对单位行贿罪、第 393 条的单位行贿罪。这四条规定的罪名虽然在构成要件上存在主体、客体等方面的差异，但却都无一例外地将"为谋取不正当利益"作为了本罪的必要构成要件之一。随着近年来惩治腐败犯罪呼声的高涨，行贿罪作为受贿罪的对向行为，对其进行严厉打击、扩大行贿犯罪的范围已得到很多司法工作人员及学者的普遍认可。但是按照当前我国刑法的规定，行贿罪的成立被严格限制在以"为谋取不正当利益"为前提条件的范围内，这与当前反腐的实际情况已不相适应。由此，也引发了长时间的"为谋取不正当利益"存废问题的讨论，本文试图对此问题进行探索。

## 一、"为谋取不正当利益" 要件之立法回顾

根据我国刑法规定，行贿罪是指为谋取不正当利益，给予国家工作人员以财物的行为，以及在经济往来中，违反国家规定，给予国家工作人员以财物，数额较大的，或者违反国家规定，给予国家工作人员以各种名义的回扣、手续费的行为。[①] 从 1979 年刑法至 1997 年刑法的行贿犯罪立法中，"为谋取不正当利益"构成要件经历了从无到有，又从有到无，反复修改，并最终于 1997 年刑法中确立的过程。

我国 1979 年刑法正式规定了行贿罪，但当时刑法并未将"为谋取不正当利益"作为行贿罪处罚的根据，仅指向国家工作人员行贿、介绍贿赂的行为；但在 1985 年最高人民法院、最高人民检察院联合发布的《关于当前办理经济犯罪案件中具体应用法律的若干问题的解答（试行）》的司法解释中规定：个人为谋取非法利益，向国家工作人员行贿或者介绍贿赂的，应按刑法

---

　* 北京市石景山区人民检察院反贪局检察员。
　** 昆明理工大学法学院 2013 级刑法学硕士生。
　① 黎宏：《刑法学》，法律出版社 2012 年版，第 963 页。

规定的行贿罪追究刑事责任，这样，"为谋取非法利益"作为行贿罪的构成要件首次在立法上得以确立。但仅一年之后，最高人民检察院便又通过了《人民检察院直接受理的经济检察案件立案标准的规定（试行）》，规定："为使国家工作人员利用职务上的便利，为其谋取利益，而非法给付财物的，是行贿罪。"至此，该要件被废除。随后在 1988 年全国人大常委会所发布的《关于惩治贪污罪贿赂罪的补充规定》中，对《人民检察院直接受理的经济检察案件立案标准的规定（试行）》中关于行贿罪需以"为其谋取利益"为认定此罪的标准给予了肯定，但将其修改为"为谋取不正当利益"。1997 年刑法又明确将"为谋取不正当利益"规定为行贿罪的构成要件，至此，我国对刑法行贿罪的构成要件得以最终确定。1999 年，最高人民法院、最高人民检察院在《关于在办理受贿犯罪大要案的同时要严肃查处严重行贿犯罪分子的通知》（以下简称《通知》）中第一次对"为谋取不正当利益"作出解释。

尽管通过刑法的规定以及 1999 年《通知》的解释，行贿罪"为谋取不正当利益"要件的内涵、外延相对明确，但是，该要件在立法上、司法解释上仍然存在模糊性，并严重影响着法律的适用，理论界对此构成要件存废的争鸣，几乎从未停止过，分歧依旧很大。

## 二、"为谋取不正当利益" 的争议与评价

根据我国刑法，任何一种犯罪的成立都必须具备四个方面的构成要件，即犯罪客体、犯罪客观方面、犯罪主体、犯罪主观方面。[①] 那么，为"谋取不正当利益"是不是行贿罪中构成本罪不可或缺的要件之一，究竟该存在，还是该废止？如果该存在，又应归属于哪一种构成要件？也就是说我国刑法中所规定的"为谋取不正当利益"的性质是什么？下文将分别论述。

### （一）"为谋取不正当利益"存废之争

理论界对"为谋取不正当利益"是否是刑法第 389 条规定之罪的必要构成要件之一，颇具争议，主要存在保留论与废止论之争。

保留论主张，"为谋取不正当利益"是构成行贿罪必要构成要件。如有学者指出：虽然《联合国反腐败公约》及很多国家的法律都没有将为谋取不正当利益作为其构成要件，从我国实际国情出发，将其取消过于理想化，在我国境内，法律的制定以及应用，还是要结合本国人民的文化认知和法律文化传统。且取消此构成要件一定程度上是对刑法谦抑性理论和期待可能性理

---

① 高铭暄、马克昌主编：《刑法学》（第 5 版），北京大学出版社、高等教育出版社 2011 年版，第 50 页。

论的违反。①

废止论则主张，应当将"为谋取不正当利益"从刑法第389条中删除，其理由是：首先，行贿的危害不取决于有无谋取不正当利益，而在于是否破坏国家工作人员职务的廉洁性，以及国家工作人员职务行为的不可收买性，这是行贿罪社会危害性的本质所在，而行贿人是否有获取不正当利益的思想只是反映其主观恶性大小的一个因素，即使没有谋取不正当利益，行贿行为也已经有危害；② 其次，司法实践中对于是否谋取不正当利益也不易认定；再次，2005年，我国已于十届全国人大常委会上正式通过决定批准了《联合国反腐败公约》（以下简称《公约》），《公约》对腐败犯罪的定罪作出了科学和原则性的规定。③ 但我国刑法规定与《公约》仍有一些衔接不当的地方，比如《公约》及其他很多国家的刑法并未将"为谋取不正当利益"作为行贿罪构成要件。正如有学者指出："行为人为了谋取正当利益，给予国家工作人员以财物的行为，也属于一种钱权交易行为。外国刑法以及1979年刑法均未要求行贿罪出于'谋取不正当利益'的目的。"④

此处为什么没有提出自己的意见？

## （二）"为谋取不正当利益"的性质与评价

"为谋取不正当利益"作为现行刑法成立行贿罪的必要构成要件，对其进行精准定性，关系到犯罪是否成立、是否既遂等实质性的问题。但其性质究竟是什么，目前刑法理论上主要存在主观要件说、客观要件说两种观点。主张主观要件说的认为，"为谋取不正当利益"只是犯罪行为人的主观心理状态。不管行为人事实上有没有获得"不正当利益"，只要其主观上具有"为谋取不正当利益的目的"，并且给予了国家工作人员财物，即构成犯罪。⑤现今，主观说是我国刑法上的通说。主张客观要件说的认为，行贿人"为谋取不正当利益"所侵犯的是行贿罪的客观要件，行贿人需实施了"为谋取不正当利益"的实行行为。况且，根据我国刑法第389条第3款的规定，因被勒索而行贿，如果没有获得不正当利益，就不构成行贿罪。⑥ 因此，主观说在这一点上实难自圆其说。以上两种观点虽说各有道理，但笔者认为，同时

---

① 参见刘德法：《论行贿罪中的"谋取不正当利益"》，载《现代刑法学的使命》（下卷），中国人民公安大学出版社2014年版，第1004、1005页。

② 参见高铭暄、马克昌主编：《刑法热点问题讨论》，中国人民公安大学出版社2002年版，第1147、1148页。

③ 贾凌、张勇：《论〈联合国反腐败公约〉与我国腐败犯罪立法的衔接》，载《中国人民公安大学学报》（社会科学版）2007年第3期。

④ 张明楷：《刑法学》（第4版），法律出版社2011年版，第1082页。

⑤ 参见廖福田：《受贿罪纵览与探究——从理论积淀到实务前沿》，中国方正出版社2007版，第313页。

⑥ 参见最高人民法院刑一庭编：《刑事审判参考》，法律出版社1999年版，第77页。

也各有不足之处。

### 1. 主观要件说之不足

该学说主张，成立行贿罪必须要求行贿人具有"为谋取不正当利益"主观心理状态，也就是说，如果行贿人实施了给予国家工作人员财物的行为，如果没有"谋取不正当利益"的目的，就不得入罪。如此，恐怕欠妥。首先，中国是一个人情社会，日常生活中不少婚丧嫁娶、祝寿拜年等平时习以为常的"礼尚往来"的行为其实暗藏玄机，不少行贿与受贿的交易往往就是在这些活动进行过程中完成的。但在此行为上，很难说行贿者就一定有"为谋取不正当利益"的目的，同时，接受财务方也没有做出任何为其谋取不正当利益的承诺。但彼此双方怕是早已明白对方"醉翁之意不在酒"之心意。此种行贿者假借各种名义给予国家公职人员以财物的行为，实际上是在做"长期投资"，潜移默化中把受贿者拉下水，以便在日后时机成熟之时为我所用，对此很多人都心照不宣。但按照我国四要件的犯罪构成标准，作为主观要件的"为谋取不正当利益"在以上案例中恐难以具备，也就不能作为犯罪处理。其次，法律的规定必须注重理论联系实际，法律法规虽好，如缺乏实际应用上的可操作性，终将徒劳。① 行贿罪与受贿罪由于隐蔽性强，利益共同的特点，再加上"为谋取不正当利益"的主观要件，除非采取秘密侦查等手段，否则实难取证，这势必加大办案成本。

### 2. 客观要件说之不足

客观要件说主张将"为谋取不正当利益"看成一种具有客观外在性的行为，那么要构成行贿罪，就必须要求行贿人在实施行贿行为后，还要有"为谋取不正当利益"的客观行为表现，才能构成本罪，否则，将遵从疑罪从无，不进行刑事处罚。按照此种观点，行贿人是否犯罪既遂将在一定程度上取决于受贿人是否为他们谋取到了不正当利益，如果受贿人尚未给予行贿人"关照"，那么行贿人就不构成行贿罪既遂。笔者认为这是违背行贿罪的立法精神的，这会使大量本该受到行贿罪处罚的人游离于刑法的规制之外。

## 三、 行贿罪的本质及 "为谋取不正当利益" 规定之不足

基于行贿罪所侵犯的法益本质，笔者认为，成立本罪更应该关注行为人的行为是否侵害了国家工作人员职务的不可收买性以及职务的廉洁性。况且，随着反腐形势的迅速发展，"谋取不正当利益"这一要件得以合理存在的客观依据已经失去，要件的正面作用已越来越小，反面作用却越来越大，应予以废除。② 如使其继续存在，难免有画蛇添足之嫌。

---

① 参见曾粤兴、周兆进：《受贿罪中"为他人谋取利益"要件之探讨》，载《吉首大学学报》（社会科学版）2014 年第 2 期。

② 朱孝清：《略论行贿罪主观要件的修改》，载《法学》1996 第 8 期。

### （一）行贿罪的本质

根据刑法第八章所保护的法益，行贿罪所保护的法益应是国家工作人员职务行为的不可收买性和国家工作人员职务行为的廉洁性，由此，本罪最直接破坏的便是职务行为的公正性。换句话说，刑法设置行贿罪的目的在于防止国家工作人员职务行为的廉洁性以及不可收买性受到侵害，行贿人是否有"为谋取不正当利益"的目的抑或行为，实质上与行贿罪所保护的法益并无关联，国家公职人员作为人民的公仆，其职务行为的宗旨即是为国民服务，廉洁公正也是国家公职人员必须遵守的职责。而且，在司法理论上，国家工作人员职务行为的不可收买性应最少具有两个以上方面的含义：一是职务行为的不可收买性的本身，二是国民对职务行为不可收买性的信赖。[1] 因此，无论行贿人是否"为谋取不正当利益"，只要国家公职人员收受贿赂，势必会引起公民对国家公职人员职务行为是否公正产生质疑，也会对职务行为的廉洁性造成不可修复的损害，并对国家机关的信誉和国家公职人员的形象造成不良影响。这些都严重影响了政府机构与社会大众之间的沟通信任，阻碍了国家机关正常活动的展开，单单这一点，无须再附加其他条件，就已经破坏了对国家工作人员职务廉洁性的基本要求，并具有相当大的社会危害性。[2] 而反观我国关于行贿罪的立法，由于规制上的不利因素，将导致有一大批行贿、受贿行为被排除在刑罚处罚范围之外，从而使一些本应属于犯罪的严重贿赂行为不能得到有效的惩罚，甚至不能受到刑法的否定性评价。[3] 因此，"为谋取不正当利益"作为行贿罪的构成要件，难免给打击贿赂犯罪造成不必要的困扰与麻烦。

### （二）行贿罪"为谋取不正当利益"的不足

第一，违背了行贿罪的刑事政策。基于当前严厉整治贪腐案件的大政方针，坚持不断趋严、宽严相济的刑事政策将成为惩治贪腐行为的有力保障。"严"具体应该体现在严厉打击犯罪上，无论"老虎"也好，"苍蝇"也罢，绝不姑息养奸。在我国刑法分则的分类中，行贿罪是被规定在"贪污贿赂罪"一章的，从贪污贿赂罪的概念及其所侵害的法益来看，贪污贿赂罪所侵害的整体法益是职务行为的廉洁性、不可收买性。[4] 而从实质上说，犯罪是违法且有责的行为。[5] 只要行为侵害的法益是值得科处刑罚的，并且针对此

---

① 张明楷《刑法学》（第四版），法律出版社 2011 年版，第 1063 页。

② 王鹏祥、张彦奎：《当代中国贿赂犯罪的刑法治理——以〈联合国反腐败公约〉为观照》，载《河北法学》2014 第 2 期。

③ 卢建平、张旭辉：《贿赂犯罪的立法规制：接轨与完善》，载《中国刑法学会年会文集》，中国人民公安大学出版社 2004 年版。

④ 张明楷：《刑法学》（第 4 版），法律出版社 2011 年版，第 1045 页。

⑤ 同上。第 88 页。

行为，能够基于法益侵害的事实对行为人进行非难，便是犯罪。① 据此，"为谋取不正当利益"的构成要件并不能够从根本上决定是否构成行贿罪，只要行贿人实施了给予国家工作人员以财物的行为，在刑事政策上就已经具有了犯罪化的正当根据。所以，在事实清楚、证据充分的基础上，对于行贿罪构成要件的认定，应坚持较宽松的认定标准以便减轻证明责任。从刑事政策角度方面来说，行贿人给予国家工作人员财物的行为，只要侵害到公职的廉洁性与不可收买性，就应该认定为犯罪，以便最大限度地遏制此类犯罪的发生。这也是我国从严治吏的具体体现。

"宽"应体现在对被勒索给予国家工作人员财物的以及一些不具有期待可能性的行贿犯罪，入罪标准更加严格，此举表明对于行贿犯罪并不是要追求一味地从严、从重，而应张弛有度，选择性地有所偏倚，以与我国"惩治少数，教育为主"的刑事政策相协调。

第二，不利于打击和预防贿赂犯罪。在司法实践中，"为谋取不正当利益"的实践可操作性是比较差的，首先，就表现在"为谋取不正当利益"其外延和内涵本身所具有的模糊性难以证明。1997 年刑法公布后，关于"不正当利益"的规定模糊性与不确定性的立法缺陷虽通过司法解释的不断阐释，得到了部分纠正，但有些问题至今仍没得到解决，就现在来看，有关"不正当利益"的理论仍然众说纷纭，连倾向性的一致都尚未达成。例如，目前有关"不正当利益"含义的解释比较有代表性的理论就有手段不正当说、非法利益说、受贿人是否违背职务说、不应当得到的利益说四种。其次，行贿人同国家工作人员之间所具有的"共同利益关系"，使得他们成为"一条绳子上拴着的蚂蚱"，基于这种联系，他们一般会"相互保命"，而不会"共取灭亡"。正是由于行贿犯罪与受贿犯罪较为特殊的对合犯关系，使得彼此相为首匿，在行贿犯罪中，行贿人同国家工作人员由于其利益具有高度的一致性、对合性，往往使得彼此形成一种十分依赖的互信关系。这必然增加侦查部门查办案件的难度，有时一些司法人员为获得有利于公诉的证据、供词，甚至不惜以身试法，通过一些不正当手段获取支持公诉的证据，这也为刑讯逼供埋下了伏笔。行贿人是否以"谋取不正当利益"为目的，并不会从实质上影响犯罪的成立，而要件本身无疑给行贿罪的成立条件增加了负担。所以，笔者坚持认为行贿的目的并非划分罪与非罪的标准，应逐步消除此要件对我国打击贿赂犯罪难于操作、难于取证的影响，以保证犯罪人被严惩，同时认为该要件可作为一个反映行为人主观恶性大小的量刑因素。

第三，与行贿罪的国际立法趋势背道而驰。根据《联合国反腐败公约》第 15 条的规定："各缔约国均应当采取必要的立法措施和其他措施，将下列

---

① 参见［日］前田雅英：《刑法学总论讲义》，东京大学出版会 2006 年第 4 版，第 36 页。

故意实施的行为规定为犯罪：一、直接或间接向公职人员许诺给予、提议给予或者实际给予该公职人员本人或者其他人员或实体不正当好处，以使该公职人员在执行公务时作为或者不作为。"可见，《公约》不要求成立行贿罪要以"为谋取不正当利益"为要件，只要行为人实施了贿赂该公职人员、其他人员或者实体的不正当行为，以使公职人员的廉洁性和不可收买性受到侵害，即成立犯罪。目前，这也是国际上打击贿赂犯罪的主流规定，很多国家的行贿罪也并未将"为谋取不正当利益"作为区分罪与非罪的构成要件。例如，《丹麦刑法典》第 14 章 "危害公共当局的犯罪"第 122 条规定："任何人非法给予、许诺或者提供正在丹麦、外国或国际组织执行公共服务或职务的人员以礼物或其他好处，意图引诱那些人员在执行职务过程中实施或不实施某行为，处罚金或 3 年以下监禁。"[1] 又如，《日本刑法典》第 198 条规定，行贿罪是指："交付、提供贿赂于公务员，或为约定者"之行为。[2] 此外，德国、法国也有类似规定。我国刑法将"为谋取不正当利益"作为行贿罪的构成要件，不仅与《公约》及多数国家的立法相背离，而且也给司法实践造成了不必要的麻烦和困扰，既不利于我国与他国开展国际司法协助，也无益于国际社会联合开展反腐败斗争。[3]

## 四、 完善行贿罪的立法建议

目前，依照我国刑法规定，行贿罪的成立是以"为谋取不正当利益"为前提，而此构成要件又极难认定，这不仅为实践中打击受贿犯罪设置了枷锁，使之不能有效地打击腐败犯罪，同时也使行贿人更加肆无忌惮，敢于顶风作案。

据有关资料统计，在 2012、2013 两年，我国行贿犯罪案件占贿赂犯罪案件总数的比例平均只达到 22.8%，远远低于受贿案件总数。相信造成这种结果的原因和行贿罪规定的"为谋取不正当利益"构成要件的不适当性是有很大关系的。因此，随着我国反腐败力度的加大，对该罪罪状的重塑已迫在眉睫。

一方面，立法应以行贿罪所保护法益的本质出发，以国家工作人员职务行为的不可收买性和廉洁性为立足点，以此划定行贿罪定罪的底线，以防出现个罪行为方式规制的纰漏。所以，笔者认为应规定行为人只要实施了给予国家工作人员财物的行为，又符合本罪主体、主观方面等其他构成要件，无须"为谋取不正当利益"，即构成行贿罪，如此，才能避免我国行贿罪处罚

---

① ［丹麦］梅兰妮·弗里斯·詹森、汪·格雷沃、吉特·霍耶、马丁·斯宾塞编：《丹麦刑事法典》（第三版），魏汉涛译，武汉大学出版社 2011 年版，第 41 页。

② 参见《日本刑法典》，张明楷译，法律出版社 2006 年版，第 73 页。

③ 曾粤兴、周兆进：《受贿罪立法若干问题探析》，载《中州学刊》2015 年第四期。

比例远低于受贿罪处罚比例带来的不利影响。除此之外，我国刑法行贿罪中规定将行贿方式限定在"给予国家工作人员以财物"，此处有两点值得注意，首先就是财物的范围，虽然现行司法解释已对财物扩大解释到"财产性利益"，[①] 但随着社会多样化的不断发展，新鲜事物的不断涌现，越来越多的"非财产性利益"对国家工作人员的"腐蚀"，我们要将其纳入刑法处罚范围显然违反罪刑法定原则。另外，行为方式并没有囊括《联合国反腐败公约》规定的"许诺给予"、"提议给予"。这样就不可避免地造成一些本应该被规制为犯罪的行为得不到处罚，对社会发展造成潜在的威胁。

另一方面，要重视行贿罪与受贿罪对合犯的事实，防止两种犯罪在定罪量刑上的截然分离，统一两罪在立法上的尺度，避免行贿、受贿定罪量刑的失衡，公正、公平地追究犯罪人的刑事责任。[②] 长期以来，我国在司法实践中"轻行贿重受贿"的现象是十分普遍的，在很多案件中，受贿罪的犯罪分子被施以重刑，而行贿的行为人却往往从轻处理，甚至案发后不知所踪，并未受到刑罚处罚。虽不排除行贿人作为污点证人有获得立功表现的可能，以及我国司法机关为获得有利于公诉的证据所做出的让步，从而减轻刑罚处罚，但从根本上说，立法机关对行贿行为造成的严重的国家信赖利益的丧失以及社会危害性缺乏认识，是导致此现象发生的根本原因。而一旦刑法对行贿罪采取脱离于受贿罪的孤立设计模式，无异于让肆无忌惮的行贿犯罪行为游离于备受重点打击的"贿赂犯罪"范围之外从而导致刑法惩治与预防贿赂犯罪的功能大打折扣。[③]

所以，从根本上改变"轻行贿重受贿"这种现象，立法的完善是必不可少的。去除"为谋取不正当利益"的要件，首先就为证明行贿罪的成立打开了便捷之门，一定程度上就是为行贿罪与受贿罪在立案上的平衡创造支点；其次，由于行贿、受贿十分特殊的对向性关系，恐怕只有双管齐下，在打击受贿之外，不断加强对行贿的打击，才能有效遏制行贿犯罪，从源头保证公职人员职务行为的廉洁性；此外，一定不能轻视对行贿行为的防治，对贿赂犯罪在量刑均衡的前提下同等地予以处罚，这样不仅符合国际反腐败立法的重要价值取向与发展潮流，同时也是符合我国打击犯罪"标本兼治，惩防并举"的刑事处罚政策的。

总而言之，国家近年来虽一直坚持"有腐必反，有贪必肃"[④] 的政策，严厉打击贿赂犯罪，但此现象仍络绎不绝。由此，在惩治贿赂犯罪上，不止

---

① 张明楷：《刑法学》（第 4 版），法律出版社 2011 年版，第 1082 页。
② 陈伟强：《共同犯罪刑事责任研究》，清华大学出版社 2013 年版，第 103 页。
③ 邓崇专：《新时期我国惩治职务犯罪的立法完善——基于中央系列反腐新政策的刑法回应》，载《学术论坛》2014 第 8 期。
④ 赵秉志：《贪污受贿犯罪定罪量刑标准问题研究》，载《中国法学》2015 第 1 期。

要加大执法力度，立法上也需要适时改善，从行贿罪的本质来看，在适当之时，将"为谋取不正当利益"构成要件去除是必要的，这样不但不会侵犯本罪所保护的法益，而且对于打击、预防犯罪，提高办案效率，维护行贿罪与受贿罪立案以及处罚上的均衡，都是有着十分重要的促进作用的，也将为我国查办贪污腐败案件扫清障碍。

# 关于"为谋取不正当利益"要件的理解及其立法修订中的取舍与完善

戴有举* 杨 钰**

## 一、"为谋取不正当利益"在犯罪构成中的性质

根据刑法第 389 条的规定,"为谋取不正当利益"属于行贿罪的要件之一,但其究竟属于主观要素还是属于客观要素,认识不一。主要存在以下两种观点的对立:一种观点持主观要素说,如有学者认为,行贿犯罪在表述上都是"为谋取不正当利益",这表明谋取不正当利益是这些行贿犯罪的主观构成要件。行为人只要在谋取不正当利益动机的驱使下,以谋取不正当利益为目的向有关人员行贿,就可以构成行贿罪既遂,至于行贿者是否实际上谋取到不正当利益,并不影响犯罪的成立。[①] 另一种观点则采选择要素说,该说又分为两种情形:一是以获利先后为基准的选择要素说,如有学者指出,如果将"为谋取不正当利益"解释为主观要素,那么,当行为人已经获取不正当利益后,为了不正当地酬谢国家工作人员而给予国家工作人员以财物的,则不成立行贿罪,但这种行为仍具有值得科处刑罚的法益侵害性。因此,如果将"为谋取不正当利益"解释为既可能是主观要素,也可能是客观要素,那么,上述行为也可能构成行贿罪。[②] 二是以心理自愿为基准的选择要素说,如有论者认为,行为人在被勒索的情况下,"谋取不正当利益"是行贿罪的客观要件,如果没有获得不正当利益,则不构成行贿罪;在未被勒索的情况下,"谋取不正当利益"是行贿罪的主观要件,即使没有获得不正当利益,只要主观上具有谋取不正当利益的目的,并给予国家工作人员以财物,也构成行贿罪。[③]

笔者倾向于主观要素说,这是因为,主观要素说与选择要素说相比,具

---

* 江苏省镇江市京口区人民检察院检察员,法学学士。

** 江苏省镇江市京口区人民检察院办公室副主任,法学学士。

① 赵秉志:《商业行贿犯罪中"谋取不正当利益"的认定与修改》,载《人民检察》2006 年 7 月上半期。

② 张明楷:《刑法分则的解释原理》(上),中国人民大学出版社 2011 年版,第 394 页。

③ 敬大力、王洪祥、韩耀元:《〈关于办理受贿犯罪大要案的同时要严肃查处严重行贿犯罪分子的通知〉的理解和适用》,载张军主编:《刑事审判参考》1999 年第 1 期。

有相对的合理性。

其一，从刑法条文的规定看，"为谋取……"的表述明显是对主观目的的反映和修饰，如果遵循用语的通常习惯进行理解，社会大众都会将其理解为主观目的的范畴，而不会得出客观要素的看法。作为面向社会大众的刑法规范，其刑法用语首先是必须能为社会一般人所理解和接受的普通用语，如果将"为谋取不正当利益"解释为客观要素，必然超出普通国民的理解、预测能力。

其二，选择要素说将某事物既看作 A 又视为非 A 加以理解，满足了解释者主观上对刑法解释的需要，却有损法的安定性。以获利先后为基准的选择要素说，将先获利后行贿这种具有实质危害性的行为巧妙地解释进了行贿罪的犯罪构成范围，满足了应予处罚的需要；以心理自愿为基准的选择要素说，将被勒索后行贿但没有实际获得不正当利益的情形，妥当地排除出了行贿罪的犯罪圈，满足了限制处罚范围的需求。但这种似有"玄学"的研究方法存在很大的随意性，有任意划定处罚范围之嫌。

其三，以获利先后为基准的选择要素说在逻辑推理上存在缺陷。该说的推理过程如下："为谋取不正当利益"究竟为主观要素还是客观要素——取决于先获利后行贿的行为是否具有值得科处刑罚的法益侵害性——如果得出肯定回答——那么，"为谋取不正当利益"即可视为客观要素。① 可是，犯罪成立条件的判断，是形式判断优先于实质判断，即使对构成要件符合性采行实质的解释论，也必须是在形式上符合构成要件之基础上才可进行实质判断。而该说却是以实质判断为先，以刑事处罚具有必要性来推论此场合的"为谋取不正当利益"应为客观要素，这种推理方法存在疑问。

其四，以心理自愿为基准的选择要素说有偷换概念之嫌。一种用语的表述，从文义上理解，要么是客观要素，要么是主观要素，怎么能既为客观要素又为主观要素呢？该说的论者或许注意到了这一点，有意无意地将刑法第389 条第 1 款中的"为谋取不正当利益"换成了"谋取不正当利益"，"为谋取……"显然是对行为动机或者目的的经典表述，将其解释为客观要素存在障碍；但是，对于"谋取……"的表述，有可能为客观要素的解释留下腾挪的空间。但是，即便假定有可能将"谋取……"的表述解释为客观要素，也不能推导出"为谋取……"的表述也属于客观要素。

其五，是否具有"为谋取不正当利益"的目的与该目的的实现与否，是两个不同的问题。有无实际谋取到不正当利益属于"为谋取不正当利益"这

---

① 该论者指出："实质的问题在于：第四种行为（指先获利后行贿——笔者注）是否具有值得科处刑罚的法益侵害性。本书倾向于肯定回答。司法实践中，对于获取了不正当利益的人，事后向国家工作人员行贿的，也会以行贿罪论处。"参见张明楷：《刑法分则的解释原理》（上），中国人民大学出版社 2011 年第 2 版，第 394 页。

一目的能否客观现实化的问题，二者并非一体两面的关系，而是目的与客观结果的因果进程关系。因此，不能以"为谋取不正当利益"的目的是否实现的结果状态为客观要素，就将此场合的"为谋取不正当利益"这一主观要素也视为客观要素。

当然，如果支持主观要素说，该说就要直面回答先获利后行贿的行为是否应予处罚的问题？

其实，问题的实质在于，是否承认刑法存在漏洞？选择要素说不承认刑法存在漏洞，并认为这种情形具有处罚的必要性，因而千方百计地将先获利后行贿的情形解释进了行贿罪的犯罪圈。笔者认为，获利后才行贿的情形，尽管存在实际获得不正当利益的客观结果，但这种事后的行贿行为并不能逆向追溯认为行为人事前就具有"为谋取不正当利益"的目的。因此，此种场合，只要不能认定行为人在实际谋取不正当利益之前存在"为谋取不正当利益"的目的，就不成立行贿罪，这是维持罪刑法定原则所必需付出的代价。至于从实质理由上来说，即使这种情形具有值得科处刑罚的必要性，刑法的确也应予以规制，但那也是立法论的问题，而不是解释论的问题。

## 二、"为谋取不正当利益" 在阶层体系中的地位

行贿罪中的"为谋取不正当利益"的主观目的，在刑法理论上被称为主观的超过要素，这就是说，成立行贿罪虽然要求行为人主观上具有"为谋取不正当利益"的目的，但并不需要犯罪构成上有与之相对应的"不正当利益"这一客观要素之存在。由于犯罪是由违法与责任两大支柱构成，因此，作为与犯罪的实质相关的目的犯中的目的，要么是为违法性提供基础和强化作用的要素，要么是为非难可能性提供基础或者强化作用的要素，那么，"为谋取不正当利益"的目的究竟是属于违法要素，还是属于责任要素呢？

本文坚持"违法是客观的，责任是主观的"这一传统的客观违法性论，不仅否认故意和过失属于主观的违法要素，而且就连超过客观要素的目的、内心倾向等特殊的主观要素也不承认其为主观的违法要素。这是因为，目的犯中的目的，深藏于行为人的内心，其本身并不能对外界产生影响，只有在该目的的驱使下，通过行为举止追求该目的的实现时，才能对外界的社会生活利益造成侵害和影响。质言之，只要行为人的目的活动始终停留在内心精神层面，不管其目的多么卑鄙，企图实现目的的欲望多么强烈，但只要其没有把这一目的付诸行动，转化为现实化的结果，社会生活就不会受到任何影响，法益侵害也无从谈起。因此，目的只是决定和影响责任有无以及程度的要素，而不属于违法的要素。或许有人认为，目的对行为的性质及其行使程度、范围等具有重要的影响，因而可以间接地影响到违法性有无以及程度的认定。然而，既然目的可以通过行为的实施而在客观方面得到反映和体现，

那么，对法益的侵害或者危险同样可以通过行为的外在表现而得以客观化的判断。因此，通过客观构成要件符合性就可径直推定其违法性，无须借助目的来予以间接认定。目的只是对行为人所实施的行为提供了非难性的基础和理由。事实上，有的教科书就将行贿罪的构成要件的内容表述为，给予国家工作人员以财物。[①] 据此，行为人只要实施给予国家工作人员以财物的行为，就推定其行为具有行贿罪的违法性，至于行为人是否具备"为谋取不正当利益"的目的，那是属于有责性阶层的内容，与违法性的判断无涉。

这里有两个问题需要予以明确：

第一个问题是，在被动行贿的情况下，成立行贿罪是否仍须以"为谋取不正当利益"为必要？这涉及刑法第389条第1款与第3款的协调问题。显然，第1款是对行贿罪犯罪构成的正面规定，而第2款是对行贿罪犯罪构成的消极规定，从而对第1款基本犯罪构成起到了修正与补充的作用。根据第3款"因被勒索给予国家工作人员以财物，没有获得不正当利益的，不是行贿"的规定，换个角度理解，可以得出这样的结论：因被勒索而给予国家工作人员以财物的行为（被动行贿），倘若获得了不正当利益，则构成行贿罪。一般认为因被勒索给予财物，表明的不是出于自愿，而是被迫提供财物，似乎行为人主观上并不具有"为谋取不正当利益"的目的。情况果真如此吗？不无疑问。如果认为构成被动行贿罪，无须以"为谋取不正当利益"为要件，显然与第1款行贿罪的基本犯罪构成相冲突，不仅扩大了行贿罪的处罚范围，而且也有悖第3款消极规定的出罪功能的本旨。本文认为，在构成被动行贿罪的场合，仍然须以"为谋取不正当利益"为必要。这可从两个方面考察：（1）关于"为谋取不正当利益"的成立时点，一般情形下产生于行为人给予国家工作人员以财物之前，例如，行为人甲为谋取不正当利益有求于国家工作人员乙，就在其准备送礼之前乙向甲提出了索要财物的要求，即其适例。此际，应该承认"被勒索"可能与"为谋取不正当利益"这一目的存在竞合或者并存情况。但并不限于此，"为谋取不正当利益"之目的至迟亦可在给予国家工作人员以财物之时才产生，换言之，只要在提供财物的同时具有"为谋取不正当利益"的目的即为已足。（2）由于"被勒索给予财物"通常表明行为人在心理上是不自愿的、被迫所为的，那么，又该如何认定"为谋取不正当利益"这一目的的存在呢？对此，可从民法关于善意占有与恶意占有的理论中得到某些启示与借鉴。在民法中，占有状态的变更，包括善意占有变更为恶意占有的情形，意指善意占有人如其后知其占有没有正当的权利而仍继续占有的，即当然变更为恶意占有。甚至还有恶意占有拟制的规

---

① 张明楷：《刑法学》（第4版），法律出版社2011年版，第1081~1082页。

定，即善意占有人于本权诉讼败诉时，自诉状送达之日起，视为恶意占有人。① 而在行为人被勒索之时，必然会知悉国家工作人员可能为其谋取利益（包括正当与不正当的利益）的事实，② 在明知自己可能获取不正当利益的情况下，如其仍然向国家工作人员提供财物，属于明知而为，即可推定行为人具有"为谋取不正当利益"的目的。换言之，被动行贿罪的成立，仍须以"为谋取不正当利益"的目的为必要，此际，只要公诉机关能够证明行为人在被动提供财物之前（包括之时）从国家工作人员处获知谋取的是不正当利益这一客观事实，即可推定行为人主观上具有"为谋取不正当利益"的目的。如此就能较好地协调第 1 款与第 3 款的关系，消除不必要的冲突。当然，为维持诉讼的均衡，这一推定，应当允许被告人进行反证，证明自己在提供财物之前（包括之时）并没有"为谋取不正当利益"的目的，才可推翻被动行贿罪的成立。

第二个问题是，成立第 389 条第 2 款行贿罪是否仍须以"为谋取不正当利益"为前提？由于第 1 款与第 2 款的犯罪具有同质性，所以两款之间大体上可看做是一种基本的犯罪构成与变体的犯罪构成的关系。③ 而这种变体关系究竟属依附性变体还是自主性变体，对第 2 款行贿罪的犯罪构成要素将会产生不同的影响。如果认为第 2 款行贿罪的犯罪构成是一种自主性变体，即该款已从基本犯罪构成分离而成为另一具有自主不法内涵的新犯罪构成。此际，毋庸借助、回溯基本犯罪构成来判断犯罪构成是否该当，那么，第 1 款行贿罪所要求的"为谋取不正当利益"就不属于第 2 款行贿罪的构成要素；如果认为第 2 款行贿罪的犯罪构成属于一种依附性变体，该变体的犯罪构成仍然要借助、回溯基本犯罪构成来判断的话，则可能得出成立第 2 款行贿罪

① 陈华彬：《物权法论》，中国法制出版社 2010 年版，第 552 页；王泽鉴：《民法物权》（第 2 版），北京大学出版社 2009 年版，第 450 页；梁慧星：《中国物权法研究》（下），法律出版社 1998 年版，第 1123~1124 页。

② 因为在国家工作人员索贿时，必然要使对方知道自己能为其谋取利益，并以此为由提出索要请求。

③ 德国刑法理论上把行为构成分为基本的行为构成、行为构成的变化及独立的行为构成；对应于此种划分，我国台湾地区学者也有将其称之为基本构成要件与构成要件的变体。日本学说一般将构成要件分类为基本的构成要件与修正的构成要件。为避免歧义，本文没有采用基本的构成要件与修正的构成要件之分类，因为在日本学说中所指的被修正的构成要件，具有特定的含义，主要是指未遂犯和共犯的构成要件。具体参见［德］克劳斯·罗克辛：《德国刑法学总论》（第 1 卷）（第 3 版），王世洲译，法律出版社 1997 年版，第 223~224 页；［德］汉斯·海因里希·耶赛克、托马斯·魏根特：《德国刑法教科书》，徐久生译，中国法制出版社 2001 年版，第 326 页以下；林钰雄：《新刑法总则》，中国人民大学出版社 2009 年版，第 105 页以下；［韩］金日秀、徐辅鹤：《韩国刑法总论》（第十一版），郑军男译，武汉大学出版社 2008 年版，第 124 页以下；［日］大塚仁：《刑法概说（总论）》（第 3 版），冯军译，中国人民大学出版社 2003 年版，第 116 页；［日］大谷实：《刑法讲义总论》（新版第 2 版），黎宏译，中国人民大学出版社 2008 年版，第 103~104 页；张明楷著：《外国刑法纲要》（第 2 版），清华大学出版社 2007 年版，第 79 页。

仍然要以"为谋取不正当利益"为必要的结论。

本文认为，第2款行贿罪的犯罪构成属于一种依附性变体，成立第2款行贿罪仍须以"为谋取不正当利益"为要件。主要理由是：

其一，第2款与第1款在客观构成要件上具有重合与包容关系，具体而言：（1）第2款所针对的是发生于特定领域即经济领域的行贿行为，被包含于第1款的一般领域的行贿行为之中。（2）第2款中的回扣、手续费也是财物的一种，因此，给予国家工作人员以回扣、手续费的行为与给予国家工作人员以财物的行为只是名义上的不同，并无本质上的区别。（3）根据《反不正当竞争法》等法律法规的规定，第2款中增加的"违反国家规定"，只是强调或提醒在经济往来中对于公务人员从账外暗中给予的回扣、手续费具有"行贿"的性质，起到指示"违法"的作用；因此，只要在国家工作人员行使职权、职务范围内的任何场合，包括在经济往来中进行的有关职权、职务活动，只要给予国家工作人员以财物（当然包括给予回扣、手续费）的行为，一般都可推定其具有违法性，这可从第1款的规范意旨中窥见一斑。因此，"违反国家规定"并没有为违法性增添新的内容，只是提醒司法人员注意，以所谓的商业惯例为由，以各种名义给予国家工作人员以回扣、手续费的行为，是一种变相的行贿行为。

其二，经济领域的行贿的违法性并非一定重于其他领域的行贿的违法性，因此，立法者没有充分理由对经济领域的行贿取消"为他人谋取不正当利益"的主观要素，没有对其予以特别规制的必要。

其三，刑法第391条第1款规定："为谋取不正当利益，给予国家机关、国有公司、企业、事业单位、人民团体以财物的，或者在经济往来中，违反国家规定，给予各种名义的回扣、手续费的，处三年以下有期徒刑或者拘役。"从文理上而言，第391条中的两种行为方式均须具有"为谋取不正当利益"的目的，方可成立对单位行贿罪。相应地，对于刑法第389条第2款自应作出相同的解释。否则，会给人以不协调之感。

其四，有学者认为，在"以某某罪论处"的法条中，通常该行为本身并不一定符合那个用来比照论处的犯罪的全部构成要件，但由于两者具有多种相似条件，所以立法上将其比照论处。刑法第389条第2款"以行贿论处"也属于这样一种特殊的犯罪构成，因此没有必要强求必须以"谋取不正当利益"为前提。[①] 对这种观点，笔者难以认同。一方面，如果刑法条文采取了"以某某罪论处"的表述模式，也未见得该条文所规定的构成要件一概属于一种自主性的变体。例如，刑法第382条第2款规定："受国家机关、国有公司、企业、事业单位、人民团体委托管理、经营国有财产的人员，利用职务

---

① 梅屹松：《行贿犯罪法律规定的理解与适用》，载《法治论丛》2006年第21卷第4期。

上的便利，侵吞、窃取、骗取或者其他以手段非法占有国有财物的，以贪污论。"但难以认为本款将原本不属于贪污罪的行为赋予了贪污罪的法律效果。另一方面，即使刑法条文没有采取"以某某罪论处"的表述模式，也不能排除该条文中的构成要件仍有可能属于自主性的变体。例如，刑法第 267 条第 2 款规定："携带凶器抢夺的，依照本法第二百六十三条的规定定罪处罚。"本款虽然没有规定"以某某罪论处"，而是采用了"依照……定罪处罚"的表述模式，但应该认为，本款将原本不完全符合抢劫罪构成要件的携带凶器抢夺的行为，依照抢劫罪处理。因此，仍然属于一种自主性的变体。基于同样的理由，也不应该以"依照……定罪处罚"的表述模式为绝对的基准，来区别某个刑法条文规定的犯罪构成是属于一种依附性变体，还是属于一种自主性变体。总之，仅凭条文的表述形式来简单划分犯罪构成是自主性的变体还是依附性的变体，往往是不可靠的。

## 三、"为谋取不正当利益" 在未来修法中的完善

"为谋取不正当利益"之要件是否还有存在之价值，存在着取消论与保留论之对立。取消论认为，谋取不正当利益不应成为行贿罪的要件，主张取消该要件。但在具体理由上有所不同。多数观点认为行贿的危害不取决于有无谋取不正当利益，而在于它是否侵犯了国家工作人员职务行为的廉洁性，而且司法实践中对于是否谋取不正当利益也难以认定。还有观点认为，规定该要件不符合国际立法潮流。从《联合国反腐败公约》以及世界各国和地区的刑法规定来看，大都没有将"为谋取不正当利益"视为行贿罪的构成要件。[①] 而保留论最基本的理由在于立足我国国情，坚持刑法的谦抑性，合理限定行贿罪的成立范围。[②]

本文认为，取消论的观点也有一些值得商榷的地方。其一，有些理由的说服力不强甚至难以成为理由。例如，取消论认为，不正当利益在实践中难以认定。然而可以说，这难以成为理由或者说这一理由不具充分说服力：（1）从总体上而言，构成要件多少都具有一定的抽象性和模糊性，必须加以阐释与解释，方能适用于具体个案中，绝对明确的构成要件是不存在的。（2）不正当利益的内容，经过几轮司法解释以及学说的不断阐释，已经基本

---

① 楼伯坤：《行贿罪立法中的排除性规定》，载《国家检察官学院学报》2010 年第 4 期；张明楷：《刑法学》（第 4 版），法律出版社 2011 年版，第 1081~1082 页；熊永明、胡祥福：《行贿罪若干问题新界说》，转引自京师刑事法治网，http://www.criminallawbnu.cn/criminal/info/showpage.asp? ProgramID=&pkID=9404&keyword=%D0%D0%BB%DF%D7%EF，访问日期：2015 年 6 月 10 日。

② 楼伯坤：《行贿罪立法中的排除性规定》，载《国家检察官学院学报》2010 年第 4 期；谭智华、眭欧丽：《行贿犯罪中"不正当利益"的形态问题研究——兼论对"为谋取不正当利益"要件的修正》，载《法律适用》2011 年第 12 期；李辰：《行贿犯罪研究》，中国政法大学出版社 2013 年版，第 58~60 页。

明确化了，并不存在太大的分歧。其二，取消"为谋取不正当利益"之要件，意味着放宽入罪的门槛；甚者有主张对行贿罪与受贿罪实施同等处罚。[①] 上述观点背后的深层意思可以归结为两点：（1）司法实践中存在着"重受贿、轻行贿"的现象，作为对向犯的行贿罪之所以没有像受贿罪一样同时受到刑事处罚，其中原因之一就在于"为谋取不正当利益"之要件的存在，造成司法实践中难以认定，从而无法追究行贿人的刑事责任。但是，一方面，我国作为有几千年封建统治传统的国家，官僚统治力量非常强大，面对强势的权力，一般来说，相对于受贿者，行贿者处于相对弱势地位，如果取消，可能导致一些因受国家工作人员刁难、勒索，为得到正当利益而被迫行贿的无辜者也受到刑法追究；另一方面，动辄扩张刑罚权亦有违刑法作为最后手段的品格。（2）行贿罪的社会危害性并不轻于受贿罪，甚至会重于受贿罪，即认为"行贿罪的罪质在于诱发受贿犯罪，行贿人主观上谋取什么样的利益并不能决定行贿罪社会危害性的本质。"[②] 这种观点无疑是将行贿人类比为受贿罪的教唆犯来看待，因而要严惩造意者，这与日本刑法中关于教唆犯比照正犯处罚的思想如出一辙。但是，行贿罪不是受贿罪的共犯形式，行贿人相对于受贿罪的主体而言具有减轻责任身份，而且在被勒索或者谋取正当利益场合下的行贿罪的社会危害性，明显要轻于受贿罪的社会危害性。主张行贿罪重于受贿罪并因此要予以严惩的观点，无非是重刑主义思想在作祟，亦有违刑法谦抑性原则。

本文倾向于保留论的观点。至于其理由，除了上述合理限制处罚范围等原因外，还在于可以沿袭我国一直以来关于行贿罪的立法传统和多年累积的司法规则和习惯。此外，从比较法的考察来看，域外法制对行贿罪构成要件也并非均是从客观上加以规定，也有从主观要件上给予限制的立法例。例如，《法国新刑法典》第 433-2 条第 2 款规定："……直接或间接提议奉送、许诺、赠礼、馈赠或其他任何好处，以图某人滥用其实际或设定之影响，图谋从权力机关或公共行政部门获得区别于他人的礼遇、工作职位、市场合同或其他有利的决定的，处相同之刑罚。"[③] 《瑞士联邦刑法典》第 322 条 b 对行贿人主观上也采用了"以图使……"的表述形式加以限制。[④] 即使有些国家和地区的法律并没有将"为谋取不正当利益"视为行贿罪的构成要件，但也

---

① 李少平：《行贿犯罪执法困局及其对策》，载《中国法学》2015 年第 1 期；孟庆华：《贿赂犯罪形态的基本理论》，人民出版社 2014 年版，第 136~137 页；刘仁文、黄云波：《行贿犯罪的刑法规制与完善》，载《政法论丛》2014 年第 5 期。

② 转引自熊永明、胡祥福：《行贿罪若干问题新界说》，载京师刑事法治网 http://www.criminal-lawbnu.cn/criminal/info/showpage.asp? ProgramID = &pkID = 9404&keyword =% D0% D0% BB% DF% D7% EF，访问日期：2015 年 6 月 10 日。

③ 《法国新刑法典》，罗结珍译，中国法制出版社 2003 年版，第 156 页。

④ 《瑞士联邦刑法典》，徐久生、庄敬华译，中国方正出版社 2004 年版，第 101 页。

往往以请求公职人员为违背职务行为为对价。例如，英国《2010 年反贿赂法》第 1 条规定，向他人提供、允诺或者给予经济上的或者其他性质的好处并打算利用好处：诱使任何人不正当履职或者行为或者以作为任何人不正当履职或者行为的回报。[①] 而我国台湾地区"刑法"直接规定了违背职务的行贿罪。[②] 这些都足以说明，"为谋取不正当利益"之要件有其存在之价值。

采取保留论的观点，不等于说我国对行贿罪的立法不存在缺陷。因此，在未来修法中建议：

一是取消刑法第 389 条第 2 款的规定，理由是对经济领域的行贿犯罪没有予以特别规制的必要，而且这种规定模式极易引起而且事实上已经引起了分歧。

二是对刑法第 389 条第 3 款予以修改完善，本文赞同有关学者提出的意见，即将该款修改为："因被勒索给予国家工作人员以财物，不是为谋取不正当利益，也没有获得不正当利益的，不是行贿。"[③] 从而进一步明确被动行贿也须以"为谋取不正当利益"为前提。

三是将刑法第 389 条第 1 款的"为谋取不正当利益"修改为"为谋取或为保有不正当利益"，这样可以将在国家工作人员利用职务上的便利为自己谋取利益之后给予国家工作人员以财物作为职务行为的报酬的先获利后行贿行为，纳入行贿罪的处罚范围，以弥补刑法漏洞。

---

① 王君祥编译：《英国反贿赂法》，中国方正出版社 2014 年版，第 27 页。
② 林山田著：《刑法各罪论》（下册）（修订五版），北京大学出版社 2012 年版，第 27 页。
③ 楼伯坤：《行贿罪立法中的排除性规定》，载《国家检察官学院学报》2010 年第 4 期。

# 论行贿罪中"为谋取不正当利益"
# 之舍弃

张伟珂[*]  杨  朔[**]

## 前言

根据刑法第 389 条的规定，为谋取不正当利益，给予国家工作人员以财物的，是行贿罪。据此，"为谋取不正当利益"成为行贿罪的必备要件，进而将犯罪圈限制在一定范围内。因为谋取不正当利益，一般是指违反法律、法规及政策规定的利益，也包括违反有关规章制度的情况。如果行为人谋取的利益是正当的，迫于某种压力或者趋于惯例不得已而为之的，则不构成本款所说的行贿罪。[①] 这意味着行为人为谋取正当利益而向国家工作人员行贿的，不构成行贿罪。但是从受贿罪的规定来看，只要国家工作人员收受他人财物，为他人谋取利益的，不管是正当利益，还是不正当利益，都成立受贿罪。因此，作为对向犯，有行贿行为一定有受贿行为，但有受贿行为却未必有行贿行为。这从法律逻辑上显然是说不通的。那么，我们现行的法律规定的合理性就只能从政策上进行解读了。然而，当立法时的政策考量随着时代发展而有所变化时，立法上的调整就成为必要。换句话说，社会关于腐败犯罪治理的态度决定了行贿罪的构成要件和处罚范围，而今严惩腐败的政策导向使我们必须审慎反思行贿罪的构成特征，即是否有必要对其进行一定的限制。

我们认为，不管是从立法背景，还是从法益保护，抑或是从现实需要考量，都应当对行贿罪的构成要件进行调整，将"谋取不正当利益"从构成要件中剔除出去。

## 一、历史性视角：现行规范的立法背景已不存在

1979 年刑法第 185 条第 3 款规定，向国家工作人员行贿或者介绍贿赂

---

* 中国人民公安大学警务实战训练部讲师，法学博士。

** 北京市第一中级人民法院刑二庭法官，法学硕士。

① 参见全国人大常委会法制工作委员会刑法室编：《〈中华人民共和国刑法〉条文说明、立法理由及相关规定》，北京大学出版社 2009 年版，第 790~791 页。

的，处三年以下有期徒刑或者拘役。该条款并没有对行贿罪的构成要件作出严格限制。依其规定，不管行为人是为了获得何种利益，只要向国家工作人员给予财物的，都成立行贿罪。然而，随着改革开放的迅速推进，最高立法机关和最高司法机关对行贿罪的适用范围有了新的认识，从而对行贿罪的构成特征进行了修订。1988年，全国人大常委会制定的《关于惩治贪污罪贿赂罪的补充规定》对1979年刑法关于行贿罪的罪状作了修改。其原因主要是"考虑到实践中一些国家工作人员受以权谋私的思想影响利用手中职权对当事人'吃拿卡要'，个人捞不到好处就对该办的事不予办理或者拖延办理，迫使一些群众为达到正当目的也要行贿。一些群众的做法虽然不对，但不应作为犯罪处理。因此在行贿罪构成要件中增加了'为谋取不正当利益'。同时，考虑到有的群众被敲诈勒索后给予国家工作人员财物，更是被强权所迫，只要没有获得不正当利益，也不应当认定行贿罪。1997年刑法修订时，加入了上述内容。"① 由此可知，对行贿罪的立法修订，并不是出于立法原理和科学性的考虑，而是基于政策角度的考量。其主要是因为社会实践中国家工作人员的工作态度导致社会公众被迫行贿的情形较多，因"法不责众"，难以全面落实刑法典的相关规定。

从立法机关的上述解释，也可以看出修改所针对的主要情形应当是为了谋取正当利益而遭遇索贿的情形。然而，立法的修改不仅将上述公众所面临的困境包括在内，而且不当地扩大了免责的范围。一方面，对行贿罪的构成要件作出限制，可以把因被勒索而给予财物的行为人排除在犯罪圈之外；另一方面，也将那些主动给予财物但谋取正当利益的人排除在犯罪圈之外。事实上，后一种行为并不在立法顾虑的范围之内，行为人在给予国家工作人员财物时并没有受到勒索。当然，也许立法机关作出上述修改的原因并非如此简单，如有学者所言，"为了把乡镇企业为求生存、发展而送财物这一消极现象及类似行为从行贿罪中解脱出来，1988年《关于惩治贪污罪贿赂罪的补充规定》对行贿罪作了重要修改，增加了'为了谋取不正当利益'的主观要件。根据这一要件，企业为生存、发展以送财物的手法疏通关系，所谋取的一般不属不正当利益，因而不构成行贿罪。因此，增加这一要件，是在计划经济条件下，针对非国有企业特别是乡镇企业难以跟国有企业平等竞争这一不合理状况而在法律上对乡镇企业的一种倾斜。这一决策，是利弊相权的结果。"② 如果这种考虑是立法机关的真实意思，那么，就不难理解将行贿罪限定在谋取不正当利益的范围的原因了。然而，即便这种原因是真实的，在今天的社会环境下行贿罪上述修改的时代背景早已发生根本性的变化。

① 参见全国人大常委会法制工作委员会刑法室编：《〈中华人民共和国刑法〉条文说明、立法理由及相关规定》，北京大学出版社2009年版，第791页。

② 朱孝清：《略论行贿罪主观要件的修改》，载《法学》1996年第8期。

首先，市场经济的确立和依法治国的全面推进，使上述立法初衷已不具有现实基础，修改行贿罪要件并不存在社会障碍。现行刑法对行贿罪"谋取不正当利益"目的的确定，是立法者基于对现阶段腐败现象的现状、反腐败斗争的形势以及我国经济社会发展所处的阶段的一个综合考量而作出选择的结果，自有其一定的合理性。① 这种合理性是因为计划经济时代盛行的潜规则，使公众不得不去给予国家工作人员财物或者往往主动给予国家工作人员财物才能换来工作人员依法履行职责。然而，经过三十多年的改革开放，我们已经全面建立了市场经济体制，并在全面推进依法治国的道路上取得了巨大成绩。传统体制下的潜规则、政府服务意识等有了较大改革，在这种情况下，依然以三十年前的理由来考量作为法律规范的立法依据则难免不能适应现实发展的需要。在今天，恐怕已经没有人认为乡镇企业的发展还需要通过与政府"礼尚往来"为前提，政府机关中仍然盛行索取财物的潜规则以及根深蒂固的官僚主义。因此，现行立法规范的社会土壤已经不复存在，新的社会发展需要要求我们必须及时修改立法。

其次，从严治腐的政治决策也使行贿罪的立法修改成为当务之急。党的十八大以后，党和政府多次提出并且发布了一系列的决定要求加强反腐败制度建设，完善腐败犯罪的预防惩治机制，坚决遏制腐败犯罪蔓延的势头。但是，现行刑法典关于行贿罪的立法规定却与反腐败体制建设的决定相背离。这种冲突不仅体现在量刑问题上，在定罪问题上也存在漏洞，其突出表现就是将行贿限定在谋取不正当利益的条件下，将相当数量的腐败行贿行为排除在外。从行贿与受贿的关系上来说，没有行贿就没有受贿，因此，行贿与受贿无所谓轻重，两者都是社会发展的毒瘤，在重拳惩治受贿的同时，必须建立与之相匹配的惩治行贿的制度，准确界定行贿行为，构架严谨的反腐败法律体系。这次《刑法修正案（九）（草案）》关于行贿罪法定刑的修改以及增设向特定关系人行贿罪即是加强惩治行贿行为的表现，但是在行贿罪构成要件问题上，依然存在着根本性缺陷，因为现实中恰恰有很多人以谋取正当利益或者不谋取任何利益为名向国家工作人员给予财物，从而为将来利用国家工作人员职务便利谋取更多的利益创造条件。而这些行为的危害性丝毫不亚于谋取不正当利益而行贿的场合。因此，从严厉反腐的角度来看，现行规定已经成为惩治腐败的障碍，应当予以及时修订。

## 二、 应然性视角： 谋取何种利益无关行贿罪本质

犯罪的本质是侵害法益，但是并非所有侵害法益的行为都是犯罪。基于保障人权的需要，刑法只会选择严重侵害法益的行为作为调整的对象。反过

---

① 童颖颖：《论行贿罪的主观要件》，载《行政与法》2005 年第 10 期。

来，如果某一类行为对法益的侵害和刑法中所规定的某一类犯罪的危害程度相同或者相似，就应当纳入刑法保护的范畴。因为法益不仅具有刑事政策的机能能设定犯罪的边界，而且具有分类的机能，将同类犯罪行为归为一体。[①]就此而言，对行贿犯罪的认定，从法益的视角进行判断是必要的选择。

关于行贿罪所侵犯的法益，既有观点认为是国家工作人员职务行为的不可收买性，[②] 也有观点主张是国家工作人员职务行为的廉洁性。[③] 尽管两者表述不同，但从本质上都蕴含着相同的内涵，即都认为行贿罪的本质就是一种权钱交易，是国家工作人员利用手中权力和行贿人进行的一场交易。以此为基础进一步分析，行贿罪和受贿罪是一个不可分割的共同体，受贿行为与行贿行为必然同时存在，只是法律评价上的差异而对是否成立犯罪进行了价值取舍。但这种取舍的标准却不随意，而必须满足法益保护的需要。对于行贿罪而言，是否成立行贿罪，取决于行为人是否试图利用财物换取国家工作人员的职务便利，而不管这种利用行为是现实的，还是将来的，更不用说行为人所意欲追求的是正当利益或者不正当利益。因为行为人只要向国家工作人员给付财物以获取对方职务范围内的"关照"，权钱交易的事实就已经达成，那么，行为对法益的侵害既成事实，无可更改。

基于上述分析，我们认为，现行刑法典将谋取不正当利益作为行贿罪成立的基础条件，不当地限制了行贿罪的成立范围，无助于法益保护的全面性。因为行为人即便为了正当利益而给予国家工作人员财物，客观上仍然属于权钱交易的范畴，侵害国家工作人员职务行为的廉洁性或者不可收买性，所以有惩处的必要。从更深层次的意义上说，行贿主体之所以向国家工作人员行贿，是因为国家工作人员手中掌握着对租金的分配权，这种租金既可能是物质价值，也可能是荣誉、地位、权力等非物质价值，总之是有价值的社会稀缺资源。[④] 所以，即便行为人基于正当利益而行贿国家工作人员，也不具有任何违法性阻却事由。顾忌社会惯常做法而将其排除在犯罪圈之外的思维是对侵害法益行为的默许和放纵，也是对社会潜规则的认可与接受。因此，从法益保护的严密性和有效性来看，应当从行贿罪的本质来判断其行为表现方式，而不宜做出简单的政策考量。

有观点认为，如果行为人谋取的是正当利益而运用了行贿手段，其社会危害性也是十分轻微的，这种情形大多都是行为人出于无奈，若对其惩罚则与刑罚的目的不符，所以我国立法上也将谋取正当利益的行为排除在行贿罪

① 参见张明楷：《刑法原理》，商务印书馆 2011 年版，第 75 页。
② 张明楷：《刑法学》（第 4 版），法律出版社 2014 年版，第 1082 页。
③ 王作富主编：《刑法分则实务研究（下）》，中国方正出版社 2013 版，第 1693 页。
④ 陈国权：《严惩行贿：净化政治空间》，载《政治与法律》1999 年第 3 期。

以外。① 对此种观点，我们难以认同。首先，论者所谓为了正当利益而运用行贿手段，社会危害性十分轻微于法无据，于理不通。社会危害性与法益侵害性的内涵相似，因此，说上述行为的社会危害性轻微意指其法益侵害性不严重，实则非然。如前文所述，行为人为了正当利益而给予国家工作人员财物，其实质仍然是通过钱物来换取国家权力的支持，这种支持既体现为谋取不正当利益，也可以表现为应得之利益。但在侵害国家工作人员职务行为廉洁性这一法益上，并无轻重之别，宜当同等对待，刑罚相当。其次，所谓为了谋取正当利益而运用行贿手段多出于无奈缺乏实证基础，与实不符。单从立法初衷来看，基于社会潜规则的现实考量而做出立法上妥协，的确是对公众无奈行为的谅解，但社会发展的今天，我们并没有实际证据证实这种无奈的现实性，相反，行贿人主动向国家工作人员进行贿赂以求得照顾的行为也不在少数。就此而言，行贿罪的这一限制性条件已经脱离社会现实。最后，将谋取正当利益而运用行贿手段认定为犯罪，不会违背刑罚目的。按照我国刑法理论的通说，刑罚目的是报应和预防，即通过制定、适用刑罚，对犯罪人本人进行惩戒，从而使犯罪人和周围的人能够感受刑罚的威慑性而达到预防犯罪的目的。但是，根据责任主义的要求，对行为人进行惩戒的前提是行为人对违法行为的发生可以归责，否则对其苛以刑罚无助于刑罚目的的实现。在行贿罪中，行为人为了正当利益而行贿，并不能认定其对权钱交易的行为本质没有认识，即行为人依然能够认识到行为的危害性、法益侵害性，所以主观罪过依然存在，对其进行归责满足适用刑罚的要求。当然，对于行为人无奈之行为，也要进行区别处理，如果行为人的无奈源于国家工作人员办事的推诿，则行贿行为不具有正当性，而应予苛责；若行为人的无奈是因为国家工作人员的敲诈，则其处于受害人地位而不能予以追责（下文将做详细分析）。因此，对行为人无奈行贿的行为进行追责并不必然违背刑罚目的。

基于上述分析，我们认为，行为人为谋取何种利益而给予国家工作人员财物，都不应影响行贿罪的成立，因为其符合行贿罪的犯罪本质。综上所述，从法益保护的角度来说，应当剔除"为谋取不正当利益"之限制，严密行贿罪法网。

## 三、 现实性视角： 简化行贿罪构成要素切实可行

"行贿行为是受贿罪产生的原始根源。打击和惩治受贿罪的根本在于塞源截流，从惩治行贿犯罪入手，杜绝受贿罪产生的根源……惩治职务性犯罪从打击贿赂犯罪入手，惩治贿赂犯罪从打击受贿罪入手，惩治受贿罪从打击

---

① 赵翀：《行贿罪中"谋取不正当利益"之要件》，载《华东政法学院学报》2005 年第 2 期。

行贿罪入手。"① 可以说，这已成为反腐败犯罪中的共识性问题。在此次审议的《刑法修正案（九）（草案）》中，不仅对行贿犯罪的法定刑进行了修改，也完善了相关行贿犯罪的治理问题，从而为进一步严惩行贿犯罪奠定了法律基础。然而，毋庸讳言，这些修改尚未能触及行贿罪最核心的问题，即行贿罪的罪状。我们认为，借助此次修法契机将行贿犯罪中"为谋取不正当利益"予以剔除是妥当的，也是现实可行的。

首先，构建严密的行贿犯罪网络体系。从行贿犯罪的惩治体系来看，所有符合行贿犯罪本质的行为都应当在犯罪圈之中予以调整和治理，而不应该以是否谋取不正当利益来进行政策性选择，使法律规范存在较大的漏洞，影响法律的惩治效果。言及此，正如有学者所言，行贿犯罪所面临的打击不力的现状，在很大程度上是因为我们的行贿犯罪选择了"厉而不严"的刑事政策路线，导致行贿罪的犯罪网缩小。② 这样一来，由于将大多数的行贿行为排除在犯罪圈以外，导致社会公众对刑罚的威慑性产生错误认识，无助于在公众之间建立良好的法律确信。关于犯罪与刑罚的关系，贝卡里亚早在数百年前已经做出了经典的论断，刑罚的有效性不在于它的严酷性，而在于它的有效性和及时性。然而，此次刑法修正案的修改，虽然一方面丰富了法定刑的种类，使刑罚更加严厉，另一方面也明确了对特定关系人的行贿行为进行规制，但是在行贿罪的构成要件问题上依然毫无改变，则不能不说是本末倒置的立法选择。在我们看来，在没有改变行贿罪基本构成的情况下，犯罪网络的立法漏洞已经不可避免，那么，再严密的刑罚以及对相关犯罪的惩治，只是在漏洞的基础上进行的选择性立法，无助于根本问题的解决。相反，如果能够剔除行贿罪之"为谋取不正当利益"的要求，就会从根本上建构全面的"权钱交易"犯罪治理的网络体系，形成真正的全面反腐之国家决策。

其次，不会导致犯罪圈的不当扩大。不管是立法初衷，还是个别学者的担忧，都认为一旦剔除"为谋取不正当利益"之要件，会导致行贿罪犯罪处罚范围的不当扩大，将那些因迫于潜规则行贿的人作为犯罪分子而予以打击。其实这种担忧大可不必。第一，潜规则之风不容放纵，利用潜规则而行违法之事者不在少数，独保护行贿之人毫无根据。更何况，市场经济的首要之义就是讲究依法而治，如果以放纵违法乱纪之人而推动市场经济发展，则不仅有违市场经济之本质，而且无助于市场经济之健康发展。毕竟，允许为正当利益而行贿，则必然会破坏市场经济之公平竞争的要求，因为一人为正当利益可以行贿，另一人为正当利益也可以行贿，这样一来，如何评价正当利益的合法性以及两人行贿的合理性，就存在法律上的天然不足，会打破公平、

---

① 徐岱：《行贿罪之立法评判》，载《当代法学》2002 年第 2 期。
② 文东福：《刑事政策视野中的行贿罪》，载《中国刑事法杂志》2004 年第 4 期。

公正的市场规律，最终会恶化市场环境。第二，剔除"为谋取不正当利益"之要件，不会导致被勒索而行贿之人入罪处罚。因为在行为人需要国家工作人员依法行使职权、履行职责之际遭受敲诈勒索，实质上行为人的行贿行为不具有任何期待可能性，即我们不能期待社会公众在面对强势的国家工作人员不履行职责时而做出合法的行为，换句话说，此种情况下，我们根本没有对行为人苛以刑罚的责任基础，免责是应然之举。这也是刑法第389条第3款规定的合理性所在。基于上述分析，我们认为，对行贿罪的构成要件做出修改并不会导致犯罪圈的扩大。

最后，使行贿罪司法认定更加科学。自1997年刑法将"为谋取不正当利益"作为必备构成要件以来，在司法实践和理论研究上造成了极大争议。一是何为谋取不正当利益；二是谋取不正当利益是主观要件还是客观要件。对于前者，理论上出现了"不正当利益说"、"手段不正当说"、"受贿人是否违背职务说"、"非法利益说"等不同观点。① 这些理论上的探讨各持己见，导致司法认定上的不一致，并不能给司法实践带来明确的指引，最终也只能依赖于司法解释的官方答复。但是这些答复并没有从根本上解决行贿罪的认定问题，反而导致司法实践中认定标准的不一致。对于后者来说，有观点认为，"为谋取不正当利益"属于主观要件是不言自明的，但也有观点认为，将其作为主观要件不妥当，会进一步限制犯罪圈的范围。比如在国家工作人员利用职务便利为自己谋利益时或者谋取利益之后，给予国家工作人员以财务，作为职务行为的不正当报酬的情形，若认为"谋取不正当利益"是主观要件，就会导致该行为不成立受贿罪而放纵犯罪。② 当然，我们也可以认为，不管是主观要件还是客观要件，只要行为人给予国家工作人员财物的行为与不正当利益有关，就构成行贿罪。但这也仅仅是一种解释而已，无助于从根本上解决行贿罪当前所面临的司法争议，更何况，行贿罪所面临的问题是先天性的，绝非通过法律解释就可以解决的。因此，在我们来看，若使行贿犯罪的司法认定简单明确，符合行贿罪的本质特征，就应当将"为谋取不正当利益"从行为要件中剔除出去。

有学者研究发现，从检察机关查办的行贿案件看，行贿方式丰富多样，行贿目的也复杂多变。有的为受贿人安排旅游并支付花销；有的以共同经营、

---

① "手段不正当说"认为，只要是采取行贿手段谋取的利益，不论是合法利益还是非法利益，都可以认定为"不正当利益"。"非法利益说"是对1985年最高人民法院、最高人民检察院司法解释内容的概括。因为"两高"《解答》规定行贿罪的构罪要件之一就是谋取"非法利益"。"不应当得到的利益说"认为，通过行贿得到根据法律和有关规定的不应当得到的利益就是不正当利益。"受贿人是否违背职务说"认为，"不正当利益"应从受贿人为行贿人谋取利益是否违背职务的要求加以限定。郭晋涛：《论行贿罪中的"为谋取不正当利益"》，载《中国刑事法杂志》2000年第6期。

② 参见张明楷：《刑法分则的解释原理》（第2版）（上），中国人民大学出版社2011年版，第394页。

合作"分红"或送"干股"等方式行贿；有的为了谋求长期稳定的利益，行贿者与国家工作人员形成稳定、持续的权钱交易关系；有的采取长期感情投资方式，借过年过节、婚丧嫁娶的名义送红包、给礼金，以合法形式掩盖非法目的。① 如果我们能够对现行的行贿罪罪状进行修改，建立客观的构成要件标准，则上述问题就迎刃而解了。

## 四、 规范化视角： 简化后相关条文之间的协调

将"为谋取不正当利益"从行贿罪罪状中删除，不仅可以使罪状设置更加符合行贿罪的行贿本质，科学、合理地设置刑法调整的范围，而且不会影响行贿罪的量刑问题。在我们看来，谋取何种利益不会影响定罪，但可以影响量刑，即将谋取不正当利益作为量刑情节，谋取不正当利益，情节一般的，在行贿罪第一个量刑档次从重处罚；若因行贿而谋取不正当利益，情节严重，则以现行规定适用行贿罪第二个量刑档次。如此一来，行贿罪的量刑结构势必更加合理。当然，做出上述修改后的行贿罪，还涉及与其他条款以及相关不法行为的处置问题，对此，我们可以从以下三个方面予以分析。

首先，与刑法第389条第2款更加协调。该条款规定，在经济往来中，违反国家规定，给予国家工作人员以财物，数额较大的，或者违反国家规定，给予国家工作人员以各种名义的回扣、手续费，以行贿论处。从上述规定来看，经济往来中的回扣、手续费，往往通过账外运作的方式提供给国家工作人员，其不仅违反了财物监管制度，而且是对国家工作人员职务行为廉洁性的严重侵犯。然而，在适用这一条时，并没有在形式上明确此情形下成立行贿罪只能是谋取不正当利益。当然，我们可以通过体系解释的方式从实质上对这种情形的犯罪化做出解释，但无法回避其规范上的不协调性。我们认为，不管是基于何种目的，只要在经济往来中以账外方式给国家工作人员以财物，或者各种名义的回扣、手续费，即符合行贿罪权钱交易的本质，应当按照犯罪处理。据此，把"为谋取不正当利益"从行贿罪的罪状中剔除以后，第389条第1款、第2款的内容无疑更加协调，甚至与第三款之间的衔接也更顺畅。对此，前文已经做过论述，不再赘述。

其次，与受贿及其他涉单位行贿犯罪的协调问题。其一，行贿罪与受贿罪的关系。根据刑法第385条的规定，国家工作人员利用职务上的便利，非法收受他人财物，为他人谋取利益的是受贿罪。据此，在非法收受他人财物的场合，只有国家工作人员为他人谋取利益的，才构成受贿罪。由此产生的问题，行为人不管出于何种理由给国家工作人员以财物时，已经构成了行贿罪，但作为国家工作人员，虽然收受财物，只要没有为其谋取利益，反而不

---

① 董桂文：《行贿罪量刑规制的实证分析》，载《法学》2013年第1期。

成立犯罪，则在法理上解释不通，在情理上难免有治官不严之嫌。因此，行贿罪的修改也使受贿罪的修改成为必要，将"为他人谋取利益"之要求从罪状中删除，即不管是否谋利益，也不管行为人接受财物时是否做出谋取利益的承诺，只要收受财物，即成立犯罪既遂。这样一来，行贿罪和受贿罪在罪状上就相互协调，体现了贿赂犯罪权钱交易的本质特征。其二，行贿罪与单位行贿罪、对单位行贿罪之间的关系。刑法第391条对单位行贿罪和第393条单位行贿罪，都将"为谋取不正当利益"作为构成要件之一。由此，不管是基于单位和自然人平等对待的原则，还是基于对单位行贿罪严格惩治的要求，都需要将这一构成要件剔出，从而在立法上使自然人和单位不再区别对待。

最后，向特定关系人行贿的问题。《刑法修正案（七）》增设了刑法第388条之一规定了利用影响力受贿罪，但是却没有规定相应的行贿行为。由此造成了我国刑法典中一个奇特的现象，只惩治一类受贿行为，而不追究其行贿行为。其实，作为权钱交易的一种方式，既可以是利用自己的职权，也可以是利用特定关系人的权力，但不管是何种权力，行为人用金钱换取国家公权力的行为都属于行贿行为，无论是直接换取还是间接换取。因此，刑法典中对向特定关系人行贿不予规定不能不说是立法的一大疏漏。然而，令人欣慰的是，《刑法修正案（九）（草案）》已经注意到这个问题，为了严密行贿犯罪惩治法网，在草案中提出在刑法第388条之一后增加一条，作为第388条之二："为谋取不正当利益，向国家工作人员的近亲属或者其他与该国家工作人员关系密切的人，或者离职的国家工作人员或者其近亲属以及其他与其关系密切的人行贿的，处二年以下有期徒刑或者拘役，并处罚金；情节严重的，或者使国家利益遭受重大损失的，处二年以上五年以下有期徒刑，并处罚金；情节特别严重的，或者使国家利益遭受特别重大损失的，处五年以上十年以下有期徒刑，并处罚金。"虽然在此次修法中仍然保留了"为谋取不正当利益"这一构成要件，但是将向特定关系人行贿入罪不得不说是此次立法的一大亮点。

## 五、 结语

修改行贿罪的罪状，将"为谋取不正当利益"剔除出去，会大大减少行贿犯罪的证明责任，提高司法惩治的效果，更重要的是严密了法网，不给腐败分子以可乘之机。当然，也许有观点质疑，认为这样简化的行贿罪罪状，可能导致扩大打击范围，将人情社会习以为常的友情馈赠、过节礼品等纳入评价范围，似有不妥之处。实则不然。从理论上说，行贿与馈赠最为本质的区别在于行为人的主观动机目的不同。馈赠是行为人自愿将自己所有的财物无偿地给予他人，其主观动机可能出于联络和加深相互间的情谊或解人危难，褒奖于人等，但绝非出于谋求。① 当然，理论上的泾渭分明并不意味着司法认定的简单易行。中国社会的熟人文化和人情世故式行贿与馈赠之间的界限往往难以区分，这就要求我们必须基于从严治吏的要求而为馈赠和行贿设定明确的界限。比如设定人情往来一次不能超过确定的数额，超过这个数额，必须向有关机关报备，严重超过某个数额的，除非有法律依据，否则一律退还或者上缴国库。其实，在这个问题上，我国香港地区的做法值得我们借鉴。因此，制度的完善不仅可以改变社会恶习和潜规则，更能够确立公众对法律的尊重和信仰，这才是我们立法决策时最应该考虑的问题。

---

① 孙以群、周洪波：《行贿罪司法认定中的若干问题》，载《中国刑事法杂志》2000 年第 2 期。

# 论行贿犯罪立法的完善

## ——以《刑法修正案（九）（草案）》为基点

刘志伟<sup>*</sup> 梁文彩<sup>**</sup>

对于行贿犯罪，1997 年刑法不仅在分则"贪污贿赂犯罪"一章中规定了行贿罪、单位行贿罪、对单位行贿罪，① 还在"破坏社会主义市场经济秩序罪"一章中设立对公司、企业工作人员行贿罪，将私营部门内发生的行贿犯罪纳入刑法规制的视野。2006 年颁行的《刑法修正案（六）》对行贿犯罪的立法进行调整，不仅直接将刑法第 164 条对公司、企业工作人员行贿罪的行为对象从公司、企业工作人员扩展为包括"其他单位的工作人员"，还增设了对外国公职人员、国际公共组织官员行贿罪。即便如此，有关行贿犯罪的刑法规定仍存在较大的完善空间，《刑法修正案（九）（草案）》有关行贿犯罪的修改涉及了我国现有的所有行贿犯罪罪名，而且还增设了为利用影响力行贿罪。② 但我们认为仍有不足，本文试结合草案规定以及我国反腐败的现实情况，就行贿犯罪立法的完善问题发表浅见，以求促进我国贿赂犯罪刑事法治的进一步发展。

## 一、 行贿犯罪构成中定量因素的设置

根据刑法第 13 条的规定，构成犯罪的行为不仅要求具有社会危害性，而且这种危害性需要达到一定的量，显然具有轻微危害性的行为就被排除在犯罪之外。各种行贿行为构成犯罪在行为危害社会程度上，当然也应该有量的要求，但从刑法对各种行贿犯罪构成中定量因素的规定上看，有一些问题值

---

* 北京师范大学刑事法律科学研究院教授、博士生导师，法学博士。
** 北京师范大学刑事法律科学研究院刑法专业博士研究生，甘肃政法学院法学院副教授。

① 介绍贿赂是在行贿人与受贿人之间沟通关系、撮合条件，使贿赂行为得以实现的一种行为，其本身是依附于受贿罪和行贿罪的，因此很难说其属于严格意义上的行贿犯罪。

② 《刑法修正案（九）（草案）》第 40 条规定，在刑法第三百八十八条之一后增加一条作为第三百八十八条之二，其具体内容为：为谋取不正当利益，向国家工作人员的近亲属或者其他与该国家工作人员关系密切的人，或者离职的国家工作人员或者其近亲属以及其他与其关系密切的人行贿的，处三年以下有期徒刑或者拘役，并处罚金；情节严重的，或者使国家利益遭受重大损失的，处三年以上十年以下有期徒刑，并处罚金；情节特别严重的，或者是国家利益遭受特别重大损失的，处十年以上有期徒刑，并处罚金。关于该条的罪名如何确定，理论界还有不同观点，本文暂时先称其为"为利用影响力行贿罪"。

得研究。

（一）刑法对行贿犯罪构成中定量因素的设置存在缺陷

通过对规定行贿犯罪的刑法条文的分析，可以发现这些条文中定量因素的设置存在如下严重问题：

第一，该设置定量因素而没有设置。刑法第389条对行贿罪分两款进行规定：第一款规定"为谋取不正当利益，给予国家工作人员以财物的，是行贿罪"，第2款规定"在经济往来中，违反国家规定，给予国家工作人员以财物，数额较大的，或者违反国家规定，给予国家工作人员以各种名义的回扣、手续费的，以行贿论处"。该条只对上述实际上的三种行贿行为中的第二种行为规定了构成犯罪的定量因素，而对第一、三种情形构成犯罪未作任何量上的要求，而且刑法第390条直接规定"对犯行贿罪的，处……"也未对这两种情形在犯罪构成上设置任何定量因素的要求。刑法第391条对对单位行贿罪的构成也没有设置任何定量因素的规定。《刑法修正案（九）（草案）》对该两罪的修改及拟新增设的为利用影响力行贿罪中，仍然没有规定构成犯罪的定量因素。但是，刑法第393条却对对单位行贿罪规定了"情节严重"的定量要求，刑法第164条也对对非国家工作人员行贿罪、对外国公职人员、国际公共组织官员行贿罪规定了"数额较大"的定量条件。根据刑法第13条但书"情节显著轻微、危害不大的，不认为是犯罪"的规定及其精神，在刑法分则中，不管条文中是否明确规定了构成犯罪的定量因素，实际上任何犯罪的构成都要求行为对危害社会达到一定的严重程度即危害达到一定的量。对于行贿犯罪而言，即便是刑法没有明确规定构成犯罪的定量因素的行贿罪、对单位行贿罪，在最高司法机关发布的司法解释中也明确规定了构成犯罪必须达到行贿数额1万元以上或具有其他严重情节的要求。因而无论是从行贿犯罪构成的要求还是与已规定构成犯罪定量因素的行贿犯罪保持协调一致方面考虑，都应该对刑法第389条第1款的行贿罪和第391条的对单位行贿罪规定构成犯罪的定量因素。

第二，各罪中已设置的定量因素表述不一致。就刑法已明确设置构成犯罪定量因素的行贿犯罪而言，刑法对其定量因素的具体表述也有差别：对非国家工作人员行贿罪和对外国公职人员、国际公共组织官员行贿罪，刑法将其定量因素规定为贿赂"数额较大"，而对于单位行贿罪，刑法则将其定量因素规定为"情节严重"。我们认为，设置定量因素意在将作为犯罪惩治的行贿行为限定在具有较为严重的社会危害程度的范围内，而行贿数额固然是影响行贿行为危害社会程度轻重的重要因素，但并非唯一因素，行贿给国家和人民的利益是否造成损失及其严重程度、行贿的次数、行贿指向的领域、行贿的对象、行贿的人数等等都影响着行贿行为危害社会的程度，因此，单纯以行贿数额作为行贿犯罪定罪的因素并不科学，而应将数额之外的其他情节一并作为行贿犯罪构成的定量因素，唯此，才能准确有效地惩治行贿犯罪。

**（二）完善行贿犯罪构成中定量因素设置的建议**

针对上文提出的问题，我们提出如下完善建议：对刑法中所有的行贿犯罪规定构成犯罪的定量因素，而且一律采用"数额+情节"（即数额较大或者有其他严重情节）的规定方式。对于在行贿犯罪的构成中应规定定量因素的问题，前已述及，此处不赘。至于对定量因素的规定方式，已有的单纯以行贿数额的大小决定行贿行为是否构成犯罪的规定方式显不足取；已有的以"情节严重"作为行贿犯罪构成的定量因素的规定方式，尽管能够涵括所有能够反映行贿行为危害社会严重程度的情节，但过于概括、模糊，而且也难以真实反映行贿数额作为影响行贿行为危害社会严重程度的主要因素之实际状况，因而采用"行贿数额+情节"的规定方式，应该是比较科学的。这样既能弥补单纯以数额较大或情节严重作为行贿犯罪构成定量因素的不足，又能更加明确地传达出行贿数额与其他情节并重的立法取向，以避免出现司法中过分倚重行贿数额的问题，从而促进、提升其他情节在行贿犯罪中应有作用的发挥①。

## 二、为利用影响力行贿罪中单位犯罪主体的设置

为履行《联合国反腐败公约》第 18 条规定的义务，我国于《刑法修正案（七）》中增设了利用影响力受贿罪，该罪的增设进一步严密了贿赂犯罪的刑事法网。但遗憾的是，该次修正案在增设利用影响力受贿罪的同时却没有增设与之对应的行贿犯罪，导致了司法实践中对行贿行为无法定罪处罚的尴尬局面。《刑法修正案（九）（草案）》第 40 条增设了为利用影响力行贿罪。可以想见，随着这一草案的公布生效，该条规定即可填补上述立法空白。

根据《草案》第 40 条的规定，为利用影响力行贿罪的犯罪主体为达到法定刑事责任年龄且具有刑事责任能力的自然人，单位不能构成本罪。而对

---

① 我们在对现有行贿犯罪的司法解释进行分析后发现，不管是在定罪方面，还是在量刑方面，其他情节都并不具有与行贿数额相等同的地位，而是在达到一定行贿数额的基础之上才予以考虑。以单位行贿罪的解释为例，最高人民检察院 1999 年 9 月 16 日发布实施的《关于人民检察院直接受理立案侦查案件立案标准的规定（试行）》规定，单位行贿涉嫌下列情形之一的，应予以立案：1. 单位行贿数额在 20 万元以上的；2. 单位为谋取不正当利益而行贿，数额在 10 万元以上不满 20 万元，但具有下列情形之一的：（1）为谋取非法利益而行贿；（2）向 3 人以上行贿；（3）向党政领导、司法工作人员、行政执法人员行贿；（4）致使国家或者社会利益遭受重大损失的。这一规定表明，单纯的行贿数额就足以表明行贿行为具有严重的危害性因而构成单位行贿罪，但其他情节则必须与行贿数额相结合而决定行为成罪与否，显然在决定犯罪成立与否的问题上其他情节并不具有与行贿数额相等同的地位。这些解释将其他情节作为行贿数额的一种补充，以数额为主其他情节为辅的倾向使得本来应并属情节的数额与其他情节相分离，造成二者的地位失衡，这种数额与其他情节主次分明的解释方式从根本上限制了给国家造成的损失、行贿动机、行贿次数、行贿人数等其他情节在行贿犯罪定罪量刑中应有作用的发挥。

于单位实施的指向有影响力人员的行贿行为，刑法是否有必要予以规制，我们持肯定态度。具体分析如下：首先，尽管司法实践中影响力交易行为多数发生于自然人之间，但发生在单位与自然人之间的情况亦不鲜见。自然人向具有影响力的特定人员实施行贿行为，其目的是为换取这些人对国家工作人员的影响并最终获得各种不正当利益，而单位同样也可以实施这样的行贿行为。我国刑法规定了单位指向国家工作人员的单位行贿罪以及单位指向国有单位的对单位行贿罪，这两个罪名恰恰说明我国刑法承认单位可以实施对一定人员和单位的行贿行为，既然如此，我们就不能因为行贿的对象由国家工作人员或国有单位变换成对国家工作人员有影响力的特定人员就彻底否定单位实施行贿行为的可能。其次，刑法只规定自然人主体而遗漏单位，实践中会让请托人钻空子。单位向国家工作人员行贿会构成犯罪，但单位向对该国家工作人员有影响力的人员行贿就不构成犯罪，很显然单位就会钻这个明显的立法漏洞以达到既办事（获取不正当利益）又能免于刑事制裁的效果。这在一定程度上无异于纵容行贿行为。而且从法益侵害性的角度出发，两者虽然在行为上有一个直接与间接的区别，但最终都是指向公职人员的职务行为，因而对职务廉洁性的侵害没有差别，然而在定性上却出现罪与非罪的巨大反差，这显然也是不公平的。最后，虽然《联合国反腐败公约》第18条未明确应否将单位作为影响力交易罪的主体，但《公约》第26条规定各缔约国应当采取必要措施确定法人参与根据该公约确立的犯罪应当承担的责任，这其中就包含了对有影响力人员实施的行贿行为在内，因此对单位实施的指向有影响力人员的行贿行为进行刑法规制也符合《公约》的基本精神。

在承认规制必要性的基础上，接下来我们需要解决的就是规定方式的问题。在刑法分则第八章中，立法者依据行为人是自然人还是单位的二元划分模式将指向国家工作人员的行贿行为设置成两个罪名，即行贿罪（自然人向国家工作人员行贿）和单位行贿罪（单位向国家工作人员行贿），而指向国有单位的行贿行为就没有依据上述模式分别设立罪名，而是统一规定于对单位行贿罪中（自然人或者单位向国有单位行贿）。很显然，在对为利用影响力行贿增设单位犯罪主体时就需要考虑，到底是单独设立一个单位犯罪罪名而与自然人构成的犯罪相并列，还是在自然人犯罪中增设单位犯罪条款？不论选择哪种立法模式都会存在一定问题：选择前者容易造成行贿犯罪罪名的复杂混乱，选择后者则没有保障罪名划分体系的协调一致。因为现有刑法将指向自然人（国家工作人员）的行贿行为分设罪名，而有影响力的特定人员也都是自然人，如果不分设罪名，显然与前述立法模式相违背。

立法之所以面临上述选择困境，关键原因在于立法不恰当地采用了将单位与自然人并列分设罪名的立法模式，而这种模式本身就缺乏科学性和必要性。有学者提出，立法将单位行贿罪与行贿罪分立并配置了明显低于行贿罪的法定刑，这有其特定的历史背景。在 1997 刑法制定之时，立法者试图利用刑法这一最后手段对单位和部门大肆"以集体研究为名"实施的违法犯罪活动进行严厉打击，但立法者在"为公不为罪、集体研究不为罪或为轻罪"等法律意识指引下，不忍打击过重，因此降低了对单位实施行贿行为的刑法非难程度。① 但即便是一定要遵循这样的思路，实际上也没有必要单独设立罪名，而完全可以在法定刑部分进行区分，这种方式在我国刑法中也有体现，如第 180 条规定的内幕交易、泄漏内幕信息罪。② 事实上，针对同一犯罪，单位中的相关责任人员的处刑明显低于自然人犯罪主体，这样做本身就存在问题：单位实施的指向国家工作人员的行贿与自然人实施的指向国家工作人员的行贿在对社会造成的危害程度上，即便是不承认前者重于后者，那至少二者也具有相当性，既然如此，法定刑就不应相差悬殊，此其一；其二，前文已提及，单位行贿罪设置过低的法定刑造成了与对非国家工作人员行贿罪之间的刑罚严重不协调。将单位行贿罪单列不仅破坏了刑法立法的统一性，导致这一罪名成了行贿犯罪罪名体系中的"异类"，而且在司法实践中也未见其产生过何种积极意义。更进一步讲，这种分立的立法模式还会严重阻碍贿赂犯罪刑事立法完善的步伐，随着司法实践中贿赂犯罪的不断变化，立法还有可能增设其他相关罪名以进一步严密刑事法网，如果再继续保持这种分立的模式，凡是有自然人犯罪主体的犯罪就相应地增设单位犯罪主体的罪名，这必将导致贿赂犯罪体系的臃肿与复杂，很难说这是一种科学立法的体现。因此，立法不仅应将单位行贿罪与行贿罪予以合并，而且还应避免在今后的立法中使用单位与自然人过度区分的贿赂犯罪立法技术。

综上所述，《刑法修正案（九）（草案）》在增设为利用影响力行贿罪时遗漏单位主体，会造成司法实践中对单位实施的指向有影响力人员的行贿行为无从定罪处罚的尴尬局面。因此，为满足实践打击行贿犯罪的需要以及保障刑事立法的科学性，立法应采取不纯正单位犯的模式，在新增设的第388 条之二中增加一款作为第二款，明确规定单位可以构成为利用影响力行贿罪，而不再将单位与自然人相区分增设新的罪名。

## 三、 行贿犯罪中罚金刑的设置

《刑法修正案（九）（草案）》为行贿犯罪各个量刑档次增设了必并制的罚金刑，因应了惩治具有贪利性质的行贿犯罪的需要。尽管必并制使罚金对行贿犯罪的适用成为不可避免，有利于通过罚金增强惩治行贿犯罪的力度，

---

① 尹明灿：《单位行贿罪的立法完善》，载《江西警察学院学报》2014 年第 5 期，第 97 页。
② 自然人构成本罪，处五年以下有期徒刑或者拘役，并处或者单处违法所得一倍以上五倍以下罚金；情节特别严重的，处五年以上十年以下有期徒刑，并处违法所得一倍以上五倍以下罚金；而单位构成本罪，单位中的责任人员只处以五年以下有期徒刑或者拘役。

以罚金的剥夺功能抑制行为人的犯罪动机，实现惩治与预防行贿犯罪的目的，但不可否认，必并制的采用造成了刑罚整体的苛重，而且必并制在某种程度上属于绝对确定的法定刑，难以做到针对不同情况区别对待，显得过于绝对和僵硬，容易导致法官脱离案件实际机械执法。因此，我们认为，对行贿犯罪所有量刑幅度中增加的罚金刑均采用必并制的规定并不恰当，而应该根据具体情况设置不同的罚金刑适用方式，以实现罚金刑刑罚功能的最优化。

（一）对于较轻的行贿犯罪配置选科制罚金刑

较轻的行贿犯罪包括某种行贿犯罪本身就属于轻罪的情况和某种行贿犯罪中情节较为轻微的情形。我们认为，应对于较轻的行贿犯罪设置选科制罚金刑，使法官可以根据不同情况在短期自由刑与罚金刑中选择适用，在某些轻微行贿犯罪的严重程度还达不到需要判处短期自由刑的时候，可以对其单处罚金刑。一方面，罚金刑所剥夺的是犯罪行为人的财产权益，尽管与剥夺犯罪人生命与自由的刑罚种类相比，罚金属于轻刑，但它同样也具有报应和功利的属性，因而也能够满足对实施较轻行贿犯罪的行为人报应和预防的需求。另一方面，单处罚金可以克服短期自由刑的弊端，有利于犯罪人的再社会化，而且若对较轻的行贿犯罪在判处短期自由刑的同时适用罚金，不仅没能实现罚金对短期自由刑的替代，从而避免短期自由刑的弊端，反而增加适用的刑种，导致刑罚量过重。其实对较轻犯罪单独适用自由刑还是罚金刑都可以满足报应与预防的需要，不存在单独适用难以抗制轻罪功能不足的问题。当然选科制也为法官留有足够的自由裁量空间，对于不适宜单处罚金的情况，法官完全可以选择适用自由刑。

（二）对于性质恶劣、情节严重的行贿犯罪配置得并科制罚金刑

对于性质恶劣、情节严重的行贿犯罪不能单处惩罚程度轻的罚金刑，必须适用自由刑，但为了使刑罚对这种贪利性犯罪起到剥夺其犯罪能力、抑制犯罪动机的效果，有必要在判处自由刑的同时并处罚金刑。当然，我们认为，对这些严重的行贿犯罪应规定得并制的罚金刑，即规定"处……可以并处罚金"，以便既可以实现罚金刑与自由刑的功能互补，又为法官的量刑保留有足够的裁量空间。

虽然罚金刑对于贪利性犯罪具有独特的功能，但这并不意味着在任何情况下都可以不加区分地对所有行贿犯罪适用罚金刑。首先，从本质上讲，行贿人是想通过行贿获得各种不正当利益，这些不正当利益大多数情况下均表现为财产性利益，但又不仅限于此，还有可能是诸如经营资格、资质或者职务晋升等非财产性不正当利益。而对于不直接体现为财产性利益的行贿犯罪判处罚金的必要性不强。因为行为人从行贿行为中获得了财产性利益，刑罚剥夺其财产性利益，这才能使刑罚的性质与犯罪的性质具有对应性，也正是由于这种对应性才使得罚金的适用可以有效抑制行为人的犯罪动机。显然，

对于获取非财产性利益的行贿犯罪适用罚金刑就缺乏这种对应性。当然也许有人会说职位的升迁必然带来收入的增加，这自然就与一定的财产利益挂钩，但如是说的话，任何利益都可以最终转化为财产利益，则财产性利益的界定未免过于宽泛而漫无边际。其次，罚金刑得不到执行的现状也是不能不予考虑的一个因素。虽然实施行贿犯罪的行为人大都具有一定的经济实力，具有较强的罚金执行能力，但也不能以偏概全，对于不具备罚金执行能力或者对其判处罚金不便于执行的行为人硬性判处罚金，要么会造成罚金刑的空判，要么可能刺激行为人继续实施其他犯罪。特别是较长时间的自由刑与罚金刑并科更是增加了罚金执行的难度，犯罪人长时间处于监禁状态，在服刑期间的劳动收入非常有限，不足以缴纳罚金，而待其服刑结束后再缴纳，罚金的执行长时间处于不确定状态，则罚金刑的刑罚效果也必然受到影响。综上所述，对于上述这些情况完全可以只判处自由刑，无须适用罚金刑，而得并罚制恰恰可以灵活应对上述各种复杂情况。

# 论我国行贿犯罪的立法治理

刘 良* 艾行利**

　　行贿犯罪与受贿犯罪是"对合性"犯罪，而长期以来司法机关却将打击的重点放在受贿犯罪的侦办上，对行贿犯罪则往往处理过轻。这里不仅有立法方面的问题，还有司法实践操作中的问题。本文主要针对行贿犯罪的现状、屡禁不止的原因进行简要分析，并提出几点针对性的建议。

## 一、 行贿犯罪治理的现状概述——逍遥法外的大多数

　　"有腐必反、有贪必肃"[①] 的高压反腐政策已经推行了相当长一段时间，"老虎""苍蝇"一起打，成效显著，社会风气逐渐好转。但是，实现"不断铲除腐败现象滋生蔓延的土壤，以实际成效取信于民"[②] 仍有较长的路要走。从逻辑上来看，有受贿就必然有行贿，然而从最高检提供的数据来看[③]，逃脱惩罚的行贿者仍然占相当一部分比例。他们处心积虑拉拢、腐蚀国家工作人员，但却由于现实的一些原因逃避惩罚。即使受贿者落马了，被放纵的行贿者行贿意愿却未受打击，反而立刻转而寻求更大的靠山，腐蚀下一个官员。这不仅无法根除腐败现象，还会助涨行贿之风，让腐败与行贿永远处于一种"鸡生蛋、蛋生鸡"的恶性循环。对行贿者的放纵败坏了社会风气，损害了人们对法律的信仰，当"走关系"、"跑门路"成为人们的习惯性思维时，法治中国的实现就会成为一句空话。

## 二、 行贿犯罪问题的源起初探——"避风港" 由何而来？

　　对行贿行为的"宽宥"导致行贿犯罪即使被发现也不需要行贿者付出很高的"成本"，进而导致行贿之风蔓延，腐败现象愈演愈烈。长期以来形成

---

　　* 中国刑事警察学院教授。
　　** 中国刑事警察学院硕士研究生。
　　① 习近平在十八届中央纪委二次全会上发表重要讲话，http://news.xinhuanet.com/politics/2013-01/22/c_114461056.htm.
　　② 同上。
　　③ "针对一些国家工作人员利用职权索贿受贿的问题，查办受贿犯罪 14062 人，同比上升 13.2%；针对不法分子为谋取不正当利益、行贿腐蚀干部的问题，部署打击行贿犯罪专项行动，查办行贿犯罪 7827 人，同比上升 37.9%"（出自 2015 年 3 月 12 日曹建明所做最高人民检察院工作报告，http://www.spp.gov.cn/gzbg/201503/t20150324_93812.shtml），可以看出受贿人、行贿人被提起公诉比约为 2：1，而在 2008 年和 2009 年这一比例为 5.3：1 和 4.1：1（出自最高人民检察院数据统计库）。

的"重受贿"、"轻行贿"的现状是多方面原因导致的。

**（一）制度层面原因——低风险高收益法律有疏漏**

我国刑法规定："为谋取不正当利益，给予国家工作人员以财物的，是行贿罪"，现实中往往由于"为谋取不正当利益"的主观要件的界定模糊让行贿者逃脱惩罚。虽然自 1993 年、1999 年、2008 年和 2012 年均出台相关司法解释逐步根据社会发展拓宽"不正当利益"的范围，但仍有相当一部分学者认为范围过窄，无法体现行贿犯罪对法益的危害。在现实当中，由于国家机关设置的复杂，导致政出多门，执行困难，利益的正当与不正当往往难以找到一个有效界定的标准，而这种笼统与模糊恰恰为行贿者提供了"金蝉脱壳"的机会，以谋求"正当利益"为名，使行贿之风大肆蔓延，败坏了社会风气，蚕食着法治信仰。一定程度上来说，"正是立法上这种目的要素的存在，误导了众多为了所谓的'正当利益'而送财物给国家工作人员的行为，这对愈演愈烈的贪贿之风起到了推波助澜的负面作用。"① 甚至有学者认为，"不正当利益的要件规定不符合行贿罪的本质特征"，"允许合法行贿的观点在理论上讲不通，在实践中也十分有害"。②

**（二）司法操作原因——"辩诉交易"超越法律底线**

目前，我国贿赂犯罪的证据仍然是"口供为王"。而作为典型的"一对一"性犯罪，行贿犯罪具有潜伏性、隐蔽性的特点，物证书证较少，侦查手段受限，给案件的侦办带来极大困难。新刑事诉讼法虽然在技术侦查上有所规定，但是检察机关要行使技术侦查权却非常困难，一方面不仅受限于重大贪污贿赂案件的规定，同时，还需要请求公安机关来协助。程序较为烦琐，加上操作中流程所花的时间，往往错过案件突破的最佳窗口期；再加上检察机关本身技术侦查装备不足，侦查手段和措施落后，收集与固定证据能力有限，所以仍然不得不以口供为突破口，突破口供之后，才能固定外围证据，进而形成证据链条。我国刑事诉讼法并没有赋予侦查机关辩诉交易的权力，但是在实际操作当中侦查机关为了取得受贿证据，不得不突破法律底线，对行贿者承诺放弃责任追究，以取得其配合，行贿犯罪和受贿犯罪同时存在，自然就把查办的重点放在受贿罪上。在目前的法律规定下，司法机关面临的两难困境，使得司法实践中对行贿人的法律责任追究较少，大量行贿者将官员送入监狱后，自己却能够逃脱法律应有的制裁。

**（三）思想认识原因——对行贿的危害性认知缺乏**

很多行贿者本身主观上具有较大恶意，其是为了满足自己的巨大非法利益需求而主动行贿，甚至已经出现一些强势资本集团出于自身特殊的利益需

---

① 李海峰：《严查行贿犯罪之实体进路》，载《成都理工大学学报》（社会科学版）2011 年第 19（2）期。

② 肖洁：《行贿犯罪查处的困境与解决途径》，载《中国刑事法杂志》2010 年第 8 期。

求，而向公职人员行贿，进而影响立法和政策的制定的典型案例。而实践中人们对行贿犯罪的认识却仍然保持在三十年前，与越来越多越来越主动的行贿犯罪形成强大反差。虽然行贿犯罪往往是受贿犯罪的始作俑者，但一起行贿案件爆发后，社会公众一般仅仅关注是谁收了多少钱，对于是谁行贿却不太关注，认为与落马的贪官相比，行贿人是处于弱势的，有求于人，情有可原，对其抱有一些同情态度，甚至在实际办案当中一些司法人员也持有同样的看法。[①] 在这样一种认识下，往往遭到痛恨的是受贿者，对行贿者的"宽大处理"就不难想象了。相对于受贿罪，我国学界对行贿罪的研究相当不足，即使近几年在国家反腐风暴的推动下对行贿罪的关注有所增加，但是与受贿罪相比，仍然表现出很大的差距。民众的认识偏差，司法者的暧昧态度，学界研究的不足，共同导致了目前行贿犯罪相对宽松的社会环境，为行贿行为的持续存在、蔓延发展提供了思想认识上的土壤。

## 三、 行贿犯罪治理的立法完善——不再让行贿有恃无恐

立法与司法对行贿犯罪的宽纵助长了行贿之风，导致潜规则盛行，严惩行贿犯罪必须破除行贿者逃脱惩罚的侥幸心理。正如菲力所说，"刑罚针对其他各种痛苦而言，处罚的确定性比处罚的严重性对人的影响更大，这是一条心理学规律。"[②] 应采取多重法律手段，实现行贿犯罪的防惩结合。

### （一） 堵疏防漏严密法网——多种手段加大行贿成本

1. 取消"谋取不正当利益"的主观要件

"谋取不正当利益"作为行贿罪主观构成要件的存废学界争议已久。"只要行为人实施了行贿行为，无论其主观上欲谋取的是什么样的利益，都是对公职行为的收买，至于行贿人谋取的利益正当与否，只反映出行贿人主观恶性的大小和社会危害性程度的不同，并不影响行贿罪的本质。"[③] 本文认可这种观点，因为"谋取不正当利益"的判定标准过于模糊，即使当前"两高"已不厌其烦地出台数个司法解释对"不正当利益"进行解释，但实践情况复杂，司法机关很难掌握，甚至发生了一些截然相反的判决。古老的法谚告诉我们，"任何人不得因自己的不法行为而获益"，实际上，排除索贿这种特别的情况，行为人采取行贿这种非法的手段，因为手段与过程的不合法，本身

---

① 如在记者对司法人员的调查当中，"多位受访检察官认为，受贿者一方拥有权力，属于强势一方，能制造索贿的机会，一般是主动的，而行贿者多是被动的。"引自人民网，《多数行贿者逍遥法外　专家呼吁行贿受贿同罚化》，2009 年 10 月 20 日，http://www.022net.com/2009/10－20/511871303135182－2.html。

② ［意］恩里科·菲利：《犯罪社会学》，郭建安译，中国人民公安大学出版社 1990 年版，第62 页。

③ 肖洁：《行贿犯罪查处的困境与解决途径》，载《中国刑事法杂志》2010 年第 8 期。

就已经否定了取得利益的合法性，逻辑上不存在"谋取合法利益"的可能。从理论上看，"只要行为人实施了行贿行为，无论其主观上为谋取什么样的利益，都是对公权力的收买，都构成了对国家工作人员职务行为不可收买性的侵犯。"① 从域外的情况来看，从《联合国反腐败公约》到德、意、希腊等国都没有"谋取不正当利益"的要求，这反映了严惩行贿犯罪的国际潮流，我国取消这一主观要素，将行贿犯罪归罪由主观目的型向客观行为型转变势在必行。

2. 实现行贿、受贿同等处罚

我国不管是在立法上还是在司法实践中对行贿犯罪都持一种较为宽松的态度，而加大对行贿犯罪的处罚在社会上有了越来越高的呼声。根据《人民论坛》的一份调查显示，超过60%的被调查者认为如果实现了行贿与受贿的同等处罚更能体现公平和正义的法律原则。② 从世界其他国家的立法实践来看，对行贿犯罪和受贿犯罪施以同样的处罚也是一种比较普遍的现象。比如，在《法国刑法典》中规定了行贿罪与受贿罪同样处罚；③《意大利刑法典》第321条对行贿罪直接规定"第318条第一款……规定的刑罚（指受贿罪），也适用于向公务员或受委托从事公共服务的人员给予或者允诺给予钱款或其他利益的人。"④ 新加坡在1993年颁布的《新加坡防止腐败法》中对行贿罪、受贿罪做统一规定"有下列情形之一的，将构成犯罪，应当处以100000美元以下或7年以下监禁，或二者并罚"。⑤ 司法实践当中绝大多数都是由行贿犯罪引发受贿犯罪，行贿犯罪经常是受贿犯罪的最重要诱因。所以笔者认为，将行贿犯罪与受贿犯罪同等处罚更加合理。

3. 全面配置财产刑

我国以自然人为主体的行贿犯罪虽然规定了罚金刑，但是该罚金刑的适用却受到"数额巨大"的限制，对"数额较大"情形却不能适用；对行贿罪的最常见形态即自然人向自然人行贿的"行贿罪"以及自然人实施的"对单位行贿罪"则完全没有配置罚金刑。"对于贪利性犯罪，罚金刑更是具有极

① 李海峰：《严查行贿犯罪之实体进路》，载《成都理工大学学报》（社会科学版）2011年第19（2）期。

② 栾大鹏：《行贿者与受贿者，该重罚谁？——基于法经济学视角的调查分析》，载《人民论坛》2013年第28期。

③ 《法国刑法典》第435-1条受贿罪规定的刑罚为"……处10年监禁并科150000欧元罚金"，在第435-2条受贿罪规定的刑罚同样为"……处10年监禁并科150000欧元罚金"。引自罗洁珍译：《法国刑法典》，中国法制出版社2003年版，第173页。

④ 黄风译：《最新意大利刑法典》，法律出版社2007年版，第116页。

⑤ 《新加坡防止腐败法》第11条规定的"有关议会成员的贿赂"和第12条规定的"有关公共团体成员的贿赂"，统一规定对行贿受贿的表现和处罚措施。引自中央纪委法规室编译：《国外防止腐败与公职人员财产申报法律选编》，中国方正出版社2012年版，第23页。

强的针对性，可以对社会上那些企图通过犯罪手段谋取私利的人以警戒。"①
行贿犯罪，尤其是商业贿赂犯罪，与其所得到的巨额非法利益相比，目前刑
法规定及宽松的司法现状对其难以构成有效威慑。"正是因为成本与收益的
严重不成比例，助长了社会的行贿歪风，甚至成为某些人的办事习惯。"② 巨
额罚金刑的设置可以让行贿变得无利可图，甚至是赔本买卖，以有效遏制贪
利者的行贿动机。"罚金刑能够使刑罚的性质与犯罪的性质具有对应性，犯
罪人想得到的是财产、使之失去的便是财产，犯罪人想利用财产再犯罪、罚
金刑剥夺的就是其再利用财产犯罪的能力，这符合刑罚配置的等价性与适度
性的同一性规定。"③

**（二）抽薪止沸源头治理——避免司法实务中的"放纵"**

司法实务当中为了分化瓦解行贿者与受贿者因利益而结成的攻守同盟，
打击受贿者，往往给予行贿者以减轻处罚或免予处罚的"承诺"，客观上造
成了过度宽纵行贿犯罪的司法现状。必须从制度设计入手，改变目前司法的
两难困境。

1. 引进"贿赂推定"条款

早在 1889 年和 1916 年，英国就在其颁布的《公共机构贿赂法》、《防止
贿赂法》中设置了特殊的证据规则来打击腐败犯罪，随着国际上反腐败运动
的推进，各国纷纷在本国防治腐败法律中规定了"贿赂推定"的条款。"贿
赂推定"作为一种针对公务人员的特殊证据规则，可以有效地使侦查机关摆
脱过于依赖审讯口供的情况。新加坡打击腐败卓有成效，其《防止腐败法》
第 8 条规定了"某些案件中的腐败行为之推定"。④ 李光耀在介绍新加坡防止
腐败经验时指出："1960 年修订的最有效的法律条文，是控方一旦证明被告
生活阔气，超过其收入所能承受的程度，或拥有和收入不相称的财产，法庭
就可以以此作为被告已经受贿的佐证"。⑤ 而我国目前的《刑事诉讼法》不论
个罪差异，统一适用"证据确实充分"原则，加大了侦查机关的举证责任，
客观上造成在行贿、受贿犯罪案件中"口供为王"的现状，给了滥用司法裁
量权、放纵行贿犯罪的机会。我国可以参考新加坡的经验，在行贿、受贿犯
罪侦查中引入"贿赂推定"条款，如果已知一方行贿或者受贿，除非有相反
证明，就推定另一方为受贿或行贿；如果已知公职人员生活奢侈且无法解释
其来源，拥有和收入不相称的财产，就可以作为受贿的佐证。

---

① 刘仁文、黄云波：《行贿罪的刑法规制与完善》，载《政法论丛》2014 年第 5 期。
② 肖洁：《行贿犯罪查处的困境与解决途径》，载《中国刑事法杂志》2010 年第 8 期。
③ 邱兴隆：《刑罚理性评论》，中国政法大学出版社 1999 版，第 471 页。
④ 中央纪委法规室编译：《国外防止腐败与公职人员财产申报法律选编》，中国方正出版社
2012 年版，第 22 页。
⑤ 杨春洗：《腐败治理论衡》，群众出版社 1999 年版，第 452 页。

2. 取消"污点证人豁免"制度

我国刑法第 390 条第 2 款规定"行贿人在被追诉前主动交待行贿行为的，可以减轻处罚或者免除处罚"。在司法实践当中，侦查机关以此为依据，让行贿者享受"污点证人"待遇，用减轻或免除处罚来换取行贿者的合作。客观上来说，虽然一定程度上有利于当前案件的突破，但是从长远来看，就像打击吸毒者而放过贩毒者一样，无法根除犯罪滋生的土壤。刑法设立行贿罪的目的在于禁止与打击行贿犯罪，但"污点证人豁免"制度的存在，"减少了行贿人的行贿成本和风险，在收益不变、成本和风险却降低的情况下，将对行贿行为产生'反向激励'作用，刺激更多的行贿行为的产生"。[①] 而且，"这样做却很容易使公众产生错觉，以为行贿案发后只要主动交待积极配合就不为罪，客观上助长了行贿者的投机心理，为滥用司法裁量权埋下了隐患，也与严查行贿犯罪政策甚为不符。"[②] 这种规定本身就是"重受贿、轻行贿"思想的产物，"一抓一放"的处理方式很难说符合罚当其罪的司法理念。[③] 所以，必须进一步限制甚至取消这种"污点证人"制度，明确行贿人"被追诉前主动交待行贿"的几种情形，将其归入总则自首制度当中，从而铲除滥用司法裁量权的基础。

3. 扩大特殊侦查措施的使用

新修订的《刑事诉讼法》在技术侦查上有所规定，但是并没有赋予检察机关技术侦查权。根据最高人民检察院《刑事诉讼规则》第 263 条的规定，人民检察院可以对涉案数额在十万元以上、采取其他方法难以收集证据的重大贪污、贿赂犯罪案件以及利用职权实施的严重侵犯公民人身权利的重大犯罪案件，采取技术侦查措施。人民检察院可以对重大贪污贿赂案件决定实施技术侦查措施，但是人民检察院的"决定"受到几个限制，首先必须是"其他方法难以收集证据"；其次，要"重大贪污贿赂案件"；另外在实际执行中，"人民检察院决定采取技术侦查措施，交公安机关执行的，由设区的市一级以上公安机关按照规定办理相关手续后，交负责技术侦查的部门执行，并将执行情况通知人民检察院。"[④] 多重条件的限制，加上转瞬即逝的破案时机，办案当中操作流程的费时费事，让实际操作中能够利用技术侦查措施的行贿受贿案件比较有限。同时，犯罪嫌疑人反侦察意识不断提高，行贿手段

---

① 刘仁文、黄云波：《行贿罪的刑法规制与完善》，载《政法论丛》2014 年第 5 期。

② 李海峰：《严查行贿犯罪之实体进路》，载《成都理工大学学报》（社会科学版）2011 年第 19（2）期。

③ "我收了 17 万元，被判了 11 年 6 个月，有的老板就算行贿 100 万元，也一点事都没有，这样公平吗？"一位因犯受贿罪在狱中服刑的原官员对此表示不解。其实，不仅这位贪官不理解，社会公众同样也想不明白。引自新华网评：《法律岂能对行贿者"网开一面"》，2011 年 10 月 31 日，http://news. xinhuanet. com/comments/2011-10/31/c_122217427. htm。

④ 陈光中：《刑事诉讼法》，北京大学出版社 2012 年版，第 302 页。

不断翻新让侦查人员不断面临新的挑战，尤其是基层技术侦查装备的缺乏，使司法实践当中大量案件仍然不得不依赖口供。兼具秘密性、技术性、同步性、直观性、强制性等优点的技术侦查措施，对于发现案件线索、固定侦查证据有着常规方式无法比拟的优势，我国应当立法在行贿受贿案件中扩大技术侦查措施的使用，加快现代化技术侦察设备的投入，并对侦查人员进行相关业务培训，摆脱单纯依靠口供的现有模式。

### （三）防惩结合标本兼治——配套法律制度的跟进

"从一定意义上来说，防止腐败比惩治腐败更加重要，同时，又具有更大难度，从另一层意义上讲，反腐败既要治标，更要治本。"[①] 在用刑法威慑与打击腐败犯罪的同时，更加强调多层次、多领域综合手段预防和惩戒行贿、受贿行为，将受贿行为遏制在形成阶段，避免形成犯罪，给社会造成更大损失。

#### 1. 建立健全公职人员财产申报相关制度

1995 年 4 月 20 日，中共中央办公厅、国务院办公厅联合发布了《关于党政机关县（处）级以上领导干部收入申报的规定》，然而近二十年来竟然几乎没有一名干部是因为财产公示申报而落马，目前全国范围内的财产公示申报作用有限是众所周知的现实。"根据世界各国的经验，建立官员财产公示制度必须以'顶层设计'为前提，不能像经济体制改革那样让地方政府'摸着石头过河'。"[②] 我国财产公示制度由各地试点，"昙花一现"的原因各异，但最重要原因在于缺乏顶层法律制度的统一强制推行。"反腐败必须从'源头'上进行治理，要把住'腐败大道'的入口，阻止那些禁不住诱惑的官员误入歧途。"[③] 官员财产公示制度就是对腐败进行源头性治理的关键举措，"财产公示作为一项有效的反腐制度，其规制公职人员行为、反贪污贿赂、提高政府公信度等作用已为国际社会经验所证明。"[④] 必须尽快推动相关立法工作，逐步推进官员财产公示制度，增加官员财产透明度、让官员财产放在阳光下，只有这样才能为各种监督提供条件，减少腐败的温床。

#### 2. 进一步推进行贿人档案制度

行贿犯罪档案库和信息查询平台的建立并面向公众开放取得了良好的社会效果，使有过行贿犯罪记录的企业承担违法、犯罪、失信的代价，使得一向被人们错解"一本万利"的行贿犯罪变成"高风险作业"，有效提高了行

---

① 杨宇冠、吴高庆：《〈联合国反腐败公约〉解读》，中国人民公安大学出版社 2014 年版，第 47 页。

② 何家弘：《反腐的战略中心与官员财产公示》，载《法学》2014 年第 10 期。

③ 同上。

④ 金成波：《财产申报及公示制度研究新动向》，载《学习时报》2014 年 12 月 8 日，http://www.qstheory.cn/CPC/2014-12/08/c_1113559411.htm。

贿犯罪的成本。目前，行贿犯罪档案库是由检察机关结合办案，将立案侦查并经人民法院生效判决、裁定认定的行贿罪、单位行贿罪、对单位行贿罪、介绍贿赂罪，以及相关联的受贿罪等信息整理、存储而建立起来的。笔者认为，要进一步将行贿信息查询拓宽到地方信贷审批、土地出让和国有产权交易、行政许可、执法办案、人事鉴定、信用评价等领域，要求相关单位和个人在办理这些业务时必须经过行贿档案查询清白；还应当进一步扩大该库非罪行贿行为的公开查询，对于未达到犯罪危害程度但又存在行贿行为的企业、个人都应予以公示，以重点打击商业贿赂行为，净化社会环境，扭转不良风气。

3. 完善行政管理法律制度的对接

目前，我国《执业医师法》、《招标投标法》、《政府采购法》等非刑事法律对贿赂进行了界定，从社会治理的角度来看，我国刑法需要与其他法律加强协调，形成合力，共同对行贿行为进行预防与打击。在职业领域，相关行政管理立法应当加强职业准入和职业道德建设，对于有行贿记录的个人、企业除罚款等措施外，还要限制或剥夺进入特定行业、从事特定活动、担任特定职务的权利。我国刑法中对资格刑的规定只有针对个人的剥夺政治权利和驱逐出境这两种刑罚，手段极为有限。"从现有的法律状况来看，备受关注的公职人员财产申报法尚未出台，公职人员从事金融、证券、房地产及其他交易业务的实名制度还未落实到法规层面，这些辅助性法律的欠缺，使得原本不易暴露的受贿行为愈加隐蔽，利益共同体的行贿行为也就随之肆无忌惮，进而放大了贿赂犯罪的'怪圈'效应。"[①] 在相关领域加强行政监管和信息公开，对形成公平竞争的行业环境，净化行业风气，促进相关行业健康发展有重要作用。加强行政管理措施，推进社会诚信体系建设，将进一步加大行贿的违法犯罪成本，对于预防、遏制行贿犯罪的出现有釜底抽薪的作用。

---

① 李海峰：《严查行贿犯罪之实体进路》，载《成都理工大学学报》（社会科学版）2011年第19（2）期。

# 行贿犯罪立法完善

王秀梅*　　尹燕红**

在当前的反腐浪潮下，因受贿而被制裁的"老虎""苍蝇"不计其数，即使是国级部级的"大老虎"也不例外，我国在打击受贿犯罪方面显示出强硬的一面。与此同时，在打击行贿犯罪上则缺乏相应的力度，并成为制约当前反腐进程的重要症结。2014年，最高检首次公布的全国检察系统侦办行贿案件的情况显示，2013年全国检察机关共查办行贿犯罪5676人，占贿赂犯罪案件总人数的31.4%。江西检察官的一起调研报告显示，江西检察官对江西东部四地从2008年1月至2012年7月五年查办贪污贿赂犯罪案件的统计显示，四地5年共立查贪污贿赂犯罪案件683起，其中行贿犯罪案件仅41起，占立案总数的6%，而在这41起行贿犯罪案中，经撤销案件、不诉等层层程序过滤，最终诉至法院的仅有20人，6人被判处了缓刑，3人免予刑事处罚，仅3人判处实刑，判处实刑人数占行贿犯罪立案人数的7.3%。由此可见，我国在打击行贿犯罪上确显乏力。

## 一、 修改构成要件严格入罪

行贿是受贿之源，我国打击行贿犯罪的不力一方面足以解释当前"老虎""苍蝇"越打越狠，却也越打越多的现状；另一方面也直接反映了我国在行贿犯罪罪名体系、构成要件以及刑罚等立法上的缺陷和不足。完善有关行贿犯罪的刑事立法成为当前惩治行贿犯罪及保障反腐败成果的重要环节。

### （一）取消"为谋取不正当利益"的限制条件

根据我国刑法规定，行贿罪是指为谋取不正当利益，给国家工作人员以财物（含在经济往来中，违反国家规定，给予国家工作人员以财物，数额较大，或者违反国家规定，给予国家工作人员以各种名义的回扣费、手续费）的行为。"为谋取不正当利益"是行贿罪的一个主观构成要件。我们认为，这一要件的存在缺乏科学性，加大了实践中行贿罪入罪的难度，也不符合国际上的有关规定，应当予以废止。

首先，"为谋取不正当利益"并不符合对行贿犯罪法益保护的需求。行贿罪侵犯的客体是国家工作人员职务行为的廉洁性和国家机关正常的管理活

---

\* 北京师范大学刑事法律科学研究院教授、法学博士、博士生导师。
\*\* 卢森堡大学刑法专业博士研究生。

动，其中廉洁性包括国家工作人员职务行为的不可收买性和职务行为的公正性。所以，从本质上来看，行贿罪侵犯的直接客体是国家工作人员职务行为的不可收买性。行贿人主动行贿，其目的无疑就是拉拢、收买国家工作人员，意图使国家工作人员利用手中的职权为其谋利益，不论所谋利益是正当的还是不正当的，其行为都已经对国家工作人员职务行为的不可收买性造成侵犯；即便是在被动行贿中，行贿人给予国家工作人员财物的行为也是对受贿者违规违纪行为的助长，同样也侵犯了国家工作人员职务行为的廉洁性，与行贿人最终谋取到的何种利益并没有关系。刑法将"为谋取不正当利益"作为构成行贿罪的主观要件，无疑缩小了行贿罪的入罪范围，成为行贿罪打击乏力的原因之一。

其次，"不正当利益"本身存在歧义，造成执法不一。当前对于何为"不正当利益"有"法律标准说""不应当说""手段说"等各种观点，1999年"两高"公布的《关于在办理受贿犯罪大要案的同时要严肃查处行贿犯罪分子的通知》作出解释，"谋取不正当利益"包含两种情况：一是谋取违反法律、法规、国家政策和国务院各部门规章规定的利益；二是要求国家工作人员或者有关单位提供违反法律、法规、国家政策和国务院各部门规章规定的帮助或者方便条件。但这一解释依旧存在模糊性，给司法实践中认定这一要件造成困扰，也导致执法中的不统一。比如，2000年的胡长清受贿案，胡长清在收受税务干部付某1.3万元后，向税务机关负责人打招呼，要求提拔付某，法院认为付某被提拔没有违反正常程序，不属于谋取"不正当利益"因而无罪。然而，数月后法院在审理彭某向胡长清行贿案时，法院则认为彭某为谋取上饶地区国税局局长的职位，送给胡长清2万元人民币，属于谋取不正当利益，构成行贿罪。"正当"与"不正当"本身是一个哲学、伦理学上的概念，从法律角度进行界定存在难度，尤其是随着社会的发展，利益的多元化，更不可能清晰明确加以界分，这无疑会给司法实践带来困扰。

再次，从国际上来看，废除"为谋取不正当利益"更符合国际立法习惯。《联合国反腐败公约》在有关向本国公职人员行贿犯罪的规定中，并没有类似"为谋取不正当利益"这种要件的设置，多数国家刑事法律也未将"为谋取不正当利益"作为行贿罪的必要条件。法国刑法典仅从公务人员职务行为的角度规定，无权但直接或间接提出给予奉送、许诺、赠礼、馈赠或其他好处以获得行使公权力的人、负责公共服务任务的人或经公众选举担任职务的人实施下列行为的：完成或放弃完成其职务、工作或委托职责范围内的行为，或者可由其职务、工作或委任职责提供方便的行为；[1] 利用自己的实际或设定的影响，以图在权力机关或公共行政部门获得区别于他的礼遇、

下卷·六

---

① 彭友元：《行贿罪比较研究》，湖南大学2006年硕士学位论文。

工作职位、市场合同或其他有利的决定。日本刑法典第 197 条第 1 款到第四款对贿赂的类型进行了规定，其后第 198 条规定：提供第 197 条规定的贿赂，或者就此进行申请或者约定的，处 3 年以下惩役或者 250 万元以下罚金。由此可见，日本刑法也未把谋取不正当利益作为必要的条件。此外，德国刑法典规定了提供利益罪和惠赠罪，意大利刑法典中规定了行贿罪和教唆行贿罪，美国刑法典中规定了行贿罪，这些行贿犯罪除了或多或少强调行贿者的目的是针对某种职务外，根本没有涉及行贿者谋取利益性质的限制。① 所以，从刑事立法的角度看，我国在行贿罪中设置"为谋取不正当利益"构成要件缺乏合理性，已不适于认定行贿罪的客观需要。

### （二）扩大"贿赂"范围

我国刑法规定行贿犯罪的行贿内容是"财物"，在司法实践中的认定一般是指"各类物质性财物"。② 2008 年 11 月 20 日"两高"发布的《关于办理商业贿赂刑事案件适用法律若干问题的意见》将"贿赂"的范围扩大，除了金钱与财物外，还包括一些可以用货币来衡量的财产性利益。但是，即便贿赂内容扩大至财产性利益之后，我国行贿罪中的"贿赂"范围依旧小于国际刑事立法，且愈来愈不适应当今司法实践的需求。

从国际立法规定来看，《联合国反腐败公约》第 15 条明确将"贿赂"的范围界定为"不正当好处"，包括有形财产、财产性利益以及非财产性利益。因此，"不正当好处"是一个外延相当宽泛的概念。世界上多数国家也都对"贿赂"的内容作出了与之相类似的规定。美国刑法规定行贿内容是"任何有价物"，对"有价物"的理解，联邦法院采取的是"主观性"判断标准。具体地讲，作为贿赂所收受的"贿赂物"无论客观上或实际上是否真正有价值，只要当事人主观上认为或赋予其价值，就构成"任何有价物"，属于贿赂的范围。日本刑法采用"贿赂"一词，司法实践中，贿赂物不限于财物，有形或者无形的，只要可以满足人的需要和欲望的一切利益，异性之间的肉体关系都属于贿赂之列。③ 德国刑法将贿赂的内容规定为"利益"，意大利刑法将贿赂表述为"钱款或其他利益"，很明显都大于中国对贿赂范围的界定。

从司法实践来看，扩大贿赂范围也是一个必然选择。随着社会的飞速发展，新型贿赂也在不断出现。比如性贿赂，有统计称，在腐败的领导干部中 60% 以上与"包二奶"有关，被处理的贪官中有 95% 的人有"情妇"。比如信息贿赂，行贿人以泄露商业秘密，提供内幕交易信息为内容进行行贿。2007 年的谭庆中案，2007 年 4 到 5 月，广东省中山公用事业集团原董事长谭

---

① 吴大华、王飞：《论我国行贿犯罪立法的缺陷及完善——以〈联合国反腐败公约〉及部分外国刑法之规定为比较视角》，载《昆明理工大学学报》2007 年第 3 期。

② 赵秉志：《中国内地与澳门刑法分则之比较研究》，澳门基金会 1999 年版，第 351 页。

③ ［日］山口厚：《刑法各论》，王昭武译，中国人民大学出版社 2011 年版，第 50 页。

庆中，筹划将公司优质资产注入上市公司公用科技公司，在当年 A 股看涨的背景下，谭庆中将中山公用事业集团即将上市的信息作为权利交易的筹码，告知了时任广东省中山市市长的李启红，建议李启红让其丈夫购买，后李启红丈夫、弟媳等人买入资金 669 万元，到 2007 年 6 月时账面收益达到 1983 万元，这正是所谓的信息贿赂。除此之外，还有业绩贿赂、舆论贿赂等多种样式，如果不能将我国贿赂的范围由财物及财产性利益扩大到"利益"，诸如此类新型行贿行为不可能受到刑法的规制，则对打击日益严峻的腐败行为极为不利。

### （三）完善行贿行为方式

我国刑法第 389 条规定："为谋取不正当利益，给予国家工作人员财物的，是行贿罪。"将行贿行为表述为"给予"，因此"给予"就成为刑法规定行贿罪中行贿行为的唯一表现形式，交付财物及财物所有权发生转移的过程就是行贿罪的实行行为。将行贿的行为方式仅限定为"给予"不符合国际刑事立法习惯，也不能适应当今打击行贿犯罪的需求。

《联合国反腐败公约》以及世界大多数国家都未将行贿的行为方式限定为"给予"。《公约》将行贿罪规定为，"直接或间接向公职人员、外国公职人员或者国际公共组织官员许诺给予、提议给予或者给予该公职人员或者其他人员或实体不正当好处，以使该公职人员在执行公职时作为或者不作为的行为"，即规定了许诺给予、提议给予或实际给予三种提供行贿的方式。日本、德国、瑞士刑法典规定行贿的方式是"表示给予、约定或者提供"，意大利刑法典规定的行贿方式是"给予、许诺给予或者提议给予"，美国联邦刑法典在对贿赂美国官员罪的立法中，明确规定行贿的行为方式是"期约、要约和给予"，虽然各国规定行贿方式的名称有所不同，但是其内涵同《联合国反腐败公约》基本一致。我国作为《联合国反腐败公约》的缔约国也应当积极履行公约义务，进一步扩大行贿罪的行为方式。

从司法实践来看，完善行贿罪的行为方式也有其必要性。现实生活中，行贿人往往会采取"给予"之外的其他形式，比如先做出给予贿赂的暗示，如果对方不拒绝，再与对方约定所给予贿赂的数额、条件等事宜，最后交付贿赂。而按照刑法典的规定，国家工作人员利用职务便利为请托人谋取利益，行贿人允诺事成之后给予受贿人财物，受贿人构成受贿罪（未遂），需要进行刑事处罚，而行贿人却因为没有实际交付财物，而得不到惩罚，这无疑不利于对行贿行为的遏制和打击。司法实践中还存在行为人出于联络感情或私交而进行感情投资，或行为人向国家工作人员提出请托之前进行先期感情投资，其中有的是正常的人际交往，有的则是隐形的行贿行为，在立法上对这类感情投资行为进行规制也是有必要的。

## 二、 优化刑罚设置加强打击力度

行贿犯罪是一种贪利型犯罪，对于大部分行贿人来说，行贿的目的就是为了谋取某种利益。

### （一） 为行贿罪全面配置罚金刑

罚金刑是判处犯罪人向国家缴纳一定数额金钱的刑罚措施，属于财产刑的一种。罚金刑以剥夺犯罪人的金钱为内容，被称为是"凝固化的自由刑"，主要适用于经济犯罪以及以营利、贪财为目的的犯罪。目前在我国的行贿罪中，对单位为犯罪主体的"对非国家工作人员行贿罪""对外国公职人员、国际公共组织官员行贿罪""对单位行贿罪""单位行贿罪"配置了罚金刑；为以自然人为犯罪主体的"对非国家工作人员行贿罪"和"对外国公职人员、国际公共组织官员行贿罪"虽然配置了罚金刑，但是该罚金刑只能适用于"数额巨大"的情形，"数额较大"的情形则不能适用；对自然人向自然人实施的"行贿罪"以及自然人实施的"对单位行贿罪"则完全没有罚金刑。这对于打击行贿犯罪极为不利，也不符合国际刑罚发展的趋势。

罚金刑使刑罚的性质与行贿犯罪的性质具有对应性，行贿人想得到的是财产、使之失去的便是财产，犯罪人想利用财产再犯罪，罚金刑剥夺的就是其再利用财产犯罪的能力，这符合刑罚配置的等价性与适度性的同一性规定。[①] 所以，对行贿人适用罚金刑无疑是具有针对性的惩罚措施。罚金刑还可以增加国库收入，降低自由刑等带来的成本，同时罚金刑具有弹性，它只剥夺犯罪人一定数量的金钱，其代价明显低于以剥夺生命、自由为内容的生命刑和自由刑，一旦发现量刑出现错误，较其他刑罚手段更易补救。[②]

从国际的刑事立法来看，增加罚金刑也符合国际刑罚的发展趋势。德国刑法典第333条规定："对公务员或从事特别公务的人员或联邦国防军士兵将来职务上的行为，为其本人或第三人提供、允诺给予利益的，处三年以下自由刑或罚金。"俄罗斯颁布的《联邦刑法典》第291条规定："向公职人员本人或通过中间人向公职人员行贿的，处数额为最低劳动报酬200倍至500倍或被判刑人2个月至5个月工资或其他收入的罚金，或处3年以下的剥夺自由。"此外，美国刑法对行贿罪规定了自由刑和罚金，日本刑法典对行贿罪规定有惩役和罚金，事实上除意大利刑法典对行贿罪规定了自由刑外，绝大多数国家都对行贿犯罪规定罚金刑。我国在行贿犯罪中全面配置罚金刑也成为必然的趋势。《刑法修正案（九）（草案）》已对此作出修正，第40条规

---

[①] 邱兴隆：《刑罚理性评论——刑罚的正当性反思》，中国政法大学出版社1999年版，第101页。

[②] 储槐植、梁根林：《论刑法结构的优化——兼评刑法典的法定刑结构》，载《中外法学》1999年第1期。

定：在刑法第三百八十八条之一后增加一条，作为第三百八十八条之二："为谋取不正当利益，向国家工作人员的近亲属或者其他与该国家工作人员关系密切的人，或者离职的国家工作人员或者其近亲属以及其他与其关系密切的人行贿的，处二年以下有期徒刑或者拘役，并处罚金；情节严重的，或者使国家利益遭受重大损失的，处二年以上五年以下有期徒刑，并处罚金；情节特别严重的，或者使国家利益遭受特别重大损失的，处五年以上十年以下有期徒刑，并处罚金。"第41条规定：将刑法第三百九十条修改为："对犯行贿罪的，处五年以下有期徒刑或者拘役，并处罚金；因行贿谋取不正当利益，情节严重的，或者使国家利益遭受重大损失的，处五年以上十年以下有期徒刑，并处罚金；情节特别严重的，或者使国家利益遭受特别重大损失的，处十年以上有期徒刑或者无期徒刑，并处罚金或者没收财产。"第42条规定：将刑法第三百九十一条第一款修改为："为谋取不正当利益，给予国家机关、国有公司、企业、事业单位、人民团体以财物的，或者在经济往来中，违反国家规定，给予各种名义的回扣、手续费的，处三年以下有期徒刑或者拘役，并处罚金。"第43条规定：将刑法第三百九十二条第一款修改为："向国家工作人员介绍贿赂，情节严重的，处三年以下有期徒刑或者拘役，并处罚金。"第44条规定：将刑法第三百九十三条修改为："单位为谋取不正当利益而行贿，或者违反国家规定，给予国家工作人员以回扣、手续费，情节严重的，对单位判处罚金，并对其直接负责的主管人员和其他直接责任人员，处五年以下有期徒刑或者拘役，并处罚金。因行贿取得的违法所得归个人所有的，依照本法第三百八十九条、第三百九十条的规定定罪处罚。"

### （二）完善行贿罪的资格刑

资格刑，即剥夺或停止犯罪分子一定资格或权利的刑罚方法，可以从根本上消除行贿人的再犯能力。我国现行刑法中可以对行贿犯罪适用的资格刑种类只有剥夺政治权利。根据刑法第56、57条的规定，对行贿犯罪适用剥夺政治权利的对象仅限于被判处无期徒刑的犯罪人，而实践中因行贿犯罪被判处无期徒刑的只是极少数，这意味着大多数行贿犯罪人没有被剥夺政治权利。[①] 而事实上，在各种各样的行贿人中，有许多人是具有一定身份和地位的，如公司、企业的高级管理人员为了谋求经济利益，向政府官员行贿；或者是普通公务员乃至政府官员，为了谋求升迁而向上级官员行贿；或者是律师为了谋求业务中的便利而行贿以及单位行贿罪中的各个单位等，针对这样的行贿者大有增设资格刑的必要性。

在行贿罪设置资格刑这一方面，国际刑事立法也有例可循。《联合国反腐败公约》第30条第7款规定："取消被判定实施了根据本公约确立的犯罪

---

① 力康泰、韩玉胜：《刑事执行法学原理》，中国人民大学出版社1998年版，第230页。

的人在本国法律确定的一段期限内担任公职以及完全国有或者部分国有的企业中的职务。"《西班牙刑法典》第391条规定:"对行贿罪应处剥夺权利"。还有一些国家,即便没有配置资格刑,也会给予相当于资格刑的行政制裁,如美国管理预算部颁发的实施指南中规定:"任何违反《反海外腐败法》的个人或公司将被中止参与政府采购的资格。如其非法行为被法院判决确认,将失去出口资质。"① 英国通过《犯罪收益追缴法》没收贿赂收益,并且《公共采购令》规定了排除制度,强制性地将曾被裁决参与贿赂犯罪的申请人或投标人排除在公共合同之外。这些国家都为我国对行贿罪增设资格刑提供了借鉴。

在增设资格刑的同时,还应设立资格刑的复权制度,即被判处资格刑的犯罪人,在具备法定条件时,提前恢复其被剥夺、限制的权利或资格的制度。作为一种刑罚消灭制度,它所带来的资格刑减轻,是以刑罚效应已经达到、刑罚目的已经实现为基础的,其目的在于消除过剩刑罚,是一种鼓励受刑人真诚悔过、积极改造自我的激励机制。② 但目前我国刑法缺乏适用于资格刑的专门减刑制度,所以在为行贿犯罪增设资格刑的同时,设立复权制度,既是对我国行贿犯罪刑罚的完善,也是对我国刑法立法的完善。

## (三) 重点突出优化刑度设置

我国刑法第390条对行贿罪的法定刑规定:"对犯行贿罪的,处五年以下有期徒刑或者拘役;因谋取不正当利益,情节严重的,或者使国家利益遭受重大损失的,处五年以上十年以下有期徒刑;情节特别严重的,处十年以上有期徒刑或者无期徒刑,可以并处没收财产。行贿人在被追诉前主动交待行贿行为的,可以减轻处罚或者免除处罚。"这样的刑度立法模式,不够精细,不能突出重点,对行贿犯罪的打击和控制也比较乏力。借鉴其他国家的刑度设置,优化我国行贿犯罪刑罚也是切实可行的。新加坡《反贿赂法》第5条规定:构成行贿罪的,均处10万新元以下的罚金,或5年以下的有期徒刑,或两罚并处;第11条规定:向议会成员提供贿赂,作为其议员资格实施或不实施任何行为的引诱或报酬经定罪者,应处10万新元以下罚金,或7年以下的有期徒刑,或者两罚并处。新加坡的刑度按照行贿对象等情形的不同而相应变化,与我国的情节是否严重这一模糊性标准相比重点更为突出,打击更为有力。同时结合我国惩治行贿罪的司法实践,在认定情节严重、情节特别严重时,除了参照新加坡所示的行贿对象外,还可以参照行贿主体身份。比如,国家工作人员自身行贿的。我国明清时期的法律把行贿人区分为有俸禄的人和无俸禄的人,对官员行贿的惩罚重于对一般人行贿的惩罚,还可以考

---

① 谢望原、张宝:《从立法和司法层面加大对行贿罪的惩治力度》,载《人民检察》2012年第12期。

② 于志刚:《刑罚消灭制度研究》,法律出版社2002年版,第98页。

虑行贿所使用的财物性质，如使用用于抗洪、救灾、扶贫等专项特定款行贿的可以作为一个加重情节等。

# 三、完善罪名体系构建严密法网

## （一）对外国公职人员、国际公共组织官员行贿罪的完善

2011 年通过的《刑法修正案（八）》增加了对外国公职人员、国际公共组织官员行贿罪罪名，我国仅将行为对象限定为外国公职人员以及国际公共组织官员，而根据《联合国反腐败公约》的规定，不正当好处的实际给予的对象既包括外国公职人员和国际公共组织官员本人也包括其他人员或实体，因为实践中的确可能存在公职人员为了逃避法律的侦查，与行贿人约定将不正当好处给予其他人员或实体的现象，我国刑法需要对此作出修正。此外我国刑法将对外国公职人员与国际公共组织官员行贿罪的范围限定为商业活动中，而依据《联合国反腐败公约会议工作报告》，"国际商务"一词还包括提供国际援助。可以看出，公约是为了打击腐败犯罪，而不在乎该腐败犯罪是否发生在国际商业交易活动中。我国刑法有必要对此作出扩展性规定。

## （二）增设对"有影响力人员行贿罪"

《刑法修正案（七）》在刑法第 388 条后增加一条，即"利用影响力受贿罪"，该罪名所规制的行为主体是国家工作人员的近亲属或者其他与国家工作人员关系密切的人，离职的国家工作人员或者其近亲属以及其他关系密切的人，但是该罪名打破了贿赂犯罪罪名体系的平衡状态，受贿罪与行贿罪对应，非国家工作人员受贿罪与对非国家工作人员行贿罪相对应，但"利用影响力受贿罪"却没有与之对应的行贿罪。行贿行为常常是受贿犯罪的诱因，在不处罚相对应的行贿行为的情况下，利用影响力受贿罪将难以独自发挥作用。① 因此，我国刑法还应该增设对"有影响力人员行贿罪"。这一问题在《刑法修正案（九）（草案）》第 40 条规定中已经得到解决。

## （三）取消对单位行贿罪和单位行贿罪

对单位行贿罪的设置本身并不合理，通常来说，就行为的危害而言，对单位实施的行贿要比对自然人实施的行贿危害更大。但是，依据我国目前的刑法在"对单位行贿罪"中自然人犯罪主体可以判处的最高刑为 3 年有期徒刑，而在对自然人的行贿罪中，自然人犯罪主体最高可判处无期徒刑。从单位行贿罪来说，它是依据行贿的主体而进行的划分，但是我国的行贿罪，对非国家工作人员行贿罪以及新增设的"对外国公职人员和国际公共组织官员行贿罪"是依据行贿对象进行的划分，后者的依据更具有合理性。而且，从国际上来看，很少有国家存在单位行贿罪和对单位行贿罪这样的罪名，比如

---

① 刘仁文、黄云波：《行贿犯罪的刑法规制与完善》，载《政法论丛》2014 年第 5 期。

英国只有四大罪名,一般行贿罪、一般受贿罪、预防商业贿赂失职罪和贿赂外国公职人员罪,我国取消对单位行贿罪和单位行贿罪后可以直接把它并入行贿罪中。

总之,我国当前行贿犯罪立法在具体构成要件的设置、刑种刑度的搭配以及罪名体系的构建上存在明显不足,进一步完善我国行贿犯罪的立法,才能扭转当前打击行贿犯罪乏力的局面,才能真正从源头上遏制此类犯罪,并巩固中共十八大后的反腐战果。

# 我国行贿犯罪的立法完善

赵天红[*]

　　行贿与受贿，属于刑法中的对合性犯罪，是受贿犯罪得以实现和蔓延的根源，在打击贪污腐败犯罪过程中，我国重视对受贿犯罪的惩罚力度，但是对于行贿犯罪却一直存在打击力度不够的情况，治理受贿犯罪，可以从根本上预防受贿犯罪行为的发生。1999 年最高人民法院和最高人民检察院联合发布了《关于在办理受贿犯罪大要案的同时要严肃查处严重行贿犯罪分子的通知》，要求加大对行贿犯罪的打击力度。通知发布后，虽然我国司法机关加大了对行贿犯罪的查处力度，但是"重受贿、轻行贿"的现象依然存在[①]，最高人民检察院 2010、2011、2012、2013、2014、2015 年工作报告[②]对于查处受贿案件数量均予以单独明确报告，并说明加大行贿犯罪的打击力度，虽然行贿案件的查办数量呈现总体上升趋势，但是，就行贿犯罪和受贿犯罪查办数量比例来看，行贿犯罪查办数量仍然远远低于受贿犯罪的查办数量。据统计，2009 年至 2013 年，全国法院受理一审行贿犯罪案件共计 12821 件，生效判决人数 12364 人；受理一审受贿犯罪案件共计 53843 件，生效判决人数 48163 人。行贿犯罪案件收案数仅为受贿犯罪案件的 24%，行贿犯罪案件的生效判决人数仅为受贿犯罪案件的 26%[③]，这些统计数字足以说明司法实践中对于行贿犯罪的惩处远远低于对受贿犯罪的惩处。重受贿、轻行贿的现象之所以出现，有立法方面的原因，也有司法方面的原因，当然，还有刑事政策方面的原因，因此，发现现行行贿犯罪体系的不足、设计一个符合当前反腐形势、符合国际化反腐特点、符合法理规范等方面要素的行贿犯罪惩罚体系在必行。笔者在此将通过对现行规定的缺陷进行分析的方式找出立法完善的途径。

---

　　[*] 中国政法大学刑法研究所副教授、硕士生导师。

　　[①] 高铭暄：《中华人民共和国刑法的孕育诞生和发展完善》，北京大学出版社 2012 年版。

　　[②] 参见：最高人民检察院 2010~2015 年工作报告，其中，查办行贿、受贿案件的统计数字分别为：2010 年立案侦查行贿犯罪嫌疑人 3969 人，同比增加 24.3%；2011 年对 4217 名行贿人依法追究刑事责任，同比增加 6.2%；2012 年对 19003 名行贿人依法追究刑事责任；2013 年对 5515 名行贿人依法追究刑事责任；2014 年，查办受贿犯罪 14062 人，行贿罪 7827 人。

　　[③] 李少平：《行贿犯罪执法困局及其对策》，载《中国法学》2015 年第 1 期。以上数字由最高人民法院研究室统计办公室提供。

## 一、 行贿犯罪的构成要件的完善

### （一）取消主观方面"为谋取不正当利益"的限定条件

取消主观方面"为谋取不正当利益"的限定条件，主要有两方面的原因：

第一，是贿赂犯罪侵犯的犯罪客体的应有之义。

受贿罪侵犯的客体是国家工作人员职务行为的廉洁性，我国刑法将行贿和受贿行为规定为犯罪，目的是打击权钱交易行为，是维护党和政府的威信，保障实现国家管理职能的必要条件[①]，行为人实施行贿行为，国家工作人员在接受贿赂后为行贿人谋取利益，其所谋取的不管是正当利益还是不正当利益，实施的职务行为是否合法，均体现了权钱交易的过程，玷污了国家工作人员职务行为的廉洁性，使公民对于国家工作人员职务行为的公正性产生质疑，将"为谋取不正当利益"作为构成行贿罪的必要条件，也在一定程度上助长了行贿、受贿之风的蔓延，因此，应当在行贿罪中取消"为谋取不正当利益"的主观要件。

第二，"不正当利益"含义的模糊和难以认定导致司法实践中认定困难。

为解决司法实践中对"不正当利益"的认定问题，最高人民法院和最高人民检察院曾三次发布司法解释[②]，其中第三次也是最为全面的一次解释为2012年发布的《关于办理行贿刑事案件具体应用法律若干问题的解释》，该解释规定："行贿犯罪中的'谋取不正当利益'，是指行贿人谋取的利益违反法律、法规、规章、政策规定，或者要求国家工作人员违反法律、法规、规章、政策、行业规范的规定，为自己提供帮助或者方便条件。违背公平、公正原则，在经济、组织人事管理等活动中，谋取竞争优势的，应当认定为'谋取不正当利益'。"可以看出，司法解释极大地挤压了"正当利益"的存在空间，一定程度上解决了以往司法实践中由于"谋取不正当利益"认定界限不明而造成的法律适用困难，但是由于社会上存在的各种"利益"本身的

---

① 廖福田：《受贿罪纵览与探究》，中国方正出版社2007年版，第46页。

② 第一次解释是：1999年3月4日发布的最高人民法院、最高人民检察院《关于在办理受贿犯罪大要案的同时要严肃查处严重行贿罪分子的通知》，其对不正当利益的解释是："谋取不正当利益，是指谋取违反法律、法规、国家政策和国务院各部门规章规定的利益，以及要求国家工作人员或者有关单位提供违反法律、法规、国家政策和国务院各部门规章的帮助或者方便条件。"第二次解释是：2008年11月20日发布的最高人民法院、最高人民检察院《关于办理商业贿赂刑事案件适用法律若干问题的意见》，规定谋取不正当利益，"是指行贿人谋取违反法律、法规、规章或者政策规定的利益，或者要求对方违反法律、法规、规章、政策、行业规范的规定提供帮助或者方便条件，在招标投标、政府采购等商业活动中，违背公平原则，给予相关人财物以谋取竞争优势的，属于谋取不正当利益"。

复杂性，司法认定上的纷争并未因此而彻底消解①，且谋取利益的正当与否本身就是一种比较原则和抽象的价值判断，很难以明确的标准将二者截然分开，同时，在相当多的情况下，行为人谋取的利益为不确定利益，是否属于"不正当利益"尚无定论，因此，"谋取不正当利益"要件的设定不利于准确认定犯罪。

第三，取消"为谋取不正当利益"与《联合国反腐败公约》契合。

根据《联合国反腐败公约》的规定，只要向公职人员实施了行贿行为以使其作为或者不作为，不论行贿人谋取的利益是正当的还是不正当的，均应当成立行贿罪。因此，与《联合国反腐败公约》相契合，我国行贿犯罪应取消"谋取不正当利益"要件。

### （二）扩大行贿的对象范围由"财物"至"不正当好处"

我国刑法对于行贿的对象设定为"财物"，按照通说的观点，刑法中所规定的财物，应该为具有价值、可以用于支配和交换的有体物，2008年11月20日最高人民法院和最高人民检察院发布的《关于办理商业贿赂刑事案件适用法律若干问题的意见》规定，商业贿赂中的财物，既包括金钱和实物，也包括可以用金钱计算数额的财产性利益，如提供房屋装修、含有金额的会员卡、代币卡（券）、旅游费用等。具体数额以实际支付的资费为准。因此，可以理解为，我国行贿犯罪中所指财物，包括金钱、实物和可以用金钱衡量的财产性利益，该意见虽然对于"财物"的范围做了一定程度的扩大，但是仍然不包括非财产性利益，一些具有社会危害性但不属于"财物"范围的贿赂无法纳入刑法规制的范畴，比较典型的如性贿赂、帮助安排工作、帮助提级晋升等，虽然行为具有明显的社会危害性，但由于刑法对贿赂对象界定为财物，则按照现行法律规定，很难追究行为人的刑事责任。如原铁道部部长刘志军案，虽然有关部门曾通报，刘志军在豪华酒店、高级消费娱乐场所与丁某某出资安排的多名女性嫖宿，但检方囿于现有法律的规定而未对其接受性贿赂这部分完全可以得到证实的事实提出指控②。

从世界其他国家和地区的立法来看，对于贿赂的界定已经不仅仅局限于我国刑法所限定的"财物"，而将其界定为"利益"，范围可以包括财产性利益、非财产性利益和其他可以满足受贿者需求或欲望的一切利益。例如，我国香港地区的《防止贿赂条例》将贿赂规定为"任何利益"，司法实践中也包含了"性贿赂"的内容；③德国刑法将贿赂的标的规定为"利益"，意大利刑法将贿赂表述为"钱款或其他利益"；日本刑法采用"贿赂"一词，贿赂

---

① 廖福田：《受贿罪纵览与探究》，中国方正出版社2007年版，第46页。
② 朱立宪：《从刘志军案看性贿赂入刑》，载《浙江法制报》2013年7月4日。
③ 黄晓阳、廉政：《香港反腐风云》，光明日报出版社2012年版，第201页。

的标的不限于财物，也不问有形还是无形，可包括满足人的需要和欲望的一切利益，异性之间的肉体关系亦属贿赂之列。①《联合国反腐败公约》对此也有相关规定，其中第 15 条规定，"各缔约国均应当采取必要的立法措施和其他措施，将下列故意实施的行为规定为犯罪：直接或间接向公职人员许诺给予、提议给予或者实际给予该公职人员本人或其他人员或实体不正当好处，以使该公职人员在执行公务时作为或不作为"，即该公约将贿赂犯罪的对象界定为"不正当好处"，这个规定既可以克服我国现行刑法将贿赂对象界定为"财物"而导致范围过窄的不足，解决司法实践中已经出现的性贿赂等非财产性利益不能进入贿赂视野的不足，也可以与国际接轨，应该在我国刑法中予以修改完善。

## 二、 行贿犯罪的刑罚配置调整

### （一） 在刑罚配置中增设资格刑

资格刑，是指剥夺或限制犯罪人一定权利或资格的刑罚的总称。资格刑可以剥夺或者限制犯罪人再犯能力，通过限制、剥夺犯罪人的特定就业权等方式，在一定意义上能维护国家机关等特定行业的信誉，并且还具有节俭性和人道性等特征。② 资格刑作为附加刑，在我国有两种：剥夺政治权利和驱逐出境，由于驱逐出境只适用于实施了犯罪行为的外国人，所以，真正对于中国人适用的只有剥夺政治权利这一种附加刑。现行刑法有关行贿的法定刑没有对行贿人适用剥夺政治权利的单独规定，只是由于行贿罪的法定最高刑为无期徒刑，根据剥夺政治权利的适用范围在总则中的规定，对于被判处无期徒刑的人应同时附加剥夺政治权利终身，因此，行贿犯罪人只有被判处无期徒刑时才有被附加资格刑的可能性，而实践中，极少有人因受贿罪被判处无期徒刑，因此，受贿罪适用资格刑的情况非常少见。

在一个犯罪中设定资格刑，主要有两个方面的目的：第一，通过对犯罪人适用资格刑，实现惩罚的目的；第二，通过对犯罪人适用资格刑，剥夺或限制其相关权利或资格，起到釜底抽薪的目的。因此，设立行贿犯罪的资格刑，应充分考虑行贿犯罪人的特点以及实施行贿犯罪行为给其带来的好处等方面，如对于在公司、企业担任法定代表人、董事、监事等职务的人，因行贿行为被追究刑事责任后，可能继续在刑罚执行完毕后从事其赖以生存的工作，如果判处剥夺其从事特定职业的权利，既作为对其犯罪的一种惩罚，也是防止其利用职业再犯罪的一种手段；③ 对于担任国家机关职务和担任国有

---

① ［日］山口厚：《刑法各论》，王昭武译，中国人民大学出版社 2011 年版，第 728 页。
② 刘仁文、黄云波：《行贿犯罪的刑法规制与完善》，载《政法论丛》2014 年第 5 期。
③ 商浩文：《我国行贿犯罪的刑法立法检视与调试》，载《华北水利水电大学学报》（社会科学版）2015 年第 2 期。

公司、企业、事业单位和人民团体领导职务的人来说，实施行贿犯罪行为，剥夺其继续担任上述公职的资格，也可以达到惩罚和预防犯罪的目的。

因此，建议增加行贿犯罪资格刑的规定，但是，资格刑作为一个刑种，不能直接规定在受贿罪的法定刑中，应该在刑法总则中调整资格刑的种类，设立适合于行贿犯罪特点的资格刑。

当然，另外一种考虑，也可以是不调整资格刑，而是在行贿罪的法定刑中规定禁止令，赋予法官在判处行贿犯罪人刑罚的同时，判决行为人在一定时期内禁止从事相关职业或担任相关职务。

## （二）对行贿犯罪配置罚金刑

行贿犯罪是一种贪利型犯罪，对于贪利型犯罪适用财产刑对于有效遏制贪利犯罪，剥夺其继续实施犯罪的资本作用显著。我国刑法对于行贿犯罪的刑罚设置没有将财产刑放在其应有的位置，如在单位行贿罪和对单位行贿罪中仅因犯罪主体包含单位，按照单位犯罪的双罚制处罚原则，可以对单位判处罚金，而对自然人实施的行贿行为除了"情节特别严重"的可以并处没收财产外，其他国家工作人员实施的行贿罪的法定刑中均未设置财产刑；在对非国家工作人员行贿罪中，刑法只规定了行贿数额巨大的并处罚金，但是对于数额巨大的标准未作具体规定。因此，可以说，我国受贿犯罪的刑罚规定并未按照贪利型犯罪的特点设置合理的财产刑。

罚金刑是剥夺犯罪分子金钱的一种刑罚方法，罚金刑在受贿犯罪行为的刑罚体系中出现，可以起到预防犯罪的作用。罚金刑的适用，一方面可以使犯罪人感到在经济上无利可图，甚至得不偿失，充分发挥刑罚的特殊预防功能；另一方面，也可以警戒社会上企图通过贿赂行为谋利的潜在犯罪人，从而打消其犯罪念头，实现刑罚一般预防之功效。从其他国家和地区的立法例来看，一般也比较注重对贿赂犯罪适用罚金刑。[①]

一般来讲，罚金刑作为一种附加刑，可以单独适用也可以附加在主刑后适用，附加刑在单独适用时主要针对的是轻罪，而行贿犯罪滋生腐败，促使受贿犯罪行为发生，其危害性严重，不应单独适用；从预防行贿犯罪的角度来说，单独适用罚金刑对于具有一定经济基础的人来说威慑力不够，因此，应采用主刑和附加刑并科的刑罚方法。有学者指出，罚金刑能够使刑罚的性质与犯罪的性质具有对应性，犯罪人想得到的是财产，使之失去的便是财产，犯罪人想利用财产再犯罪，罚金刑剥夺的就是其再利用财产犯罪的能力，这符合刑罚配置的等价性与适度性的统一性规定[②]。因此，罚金刑的处罚幅度应以犯罪人实施犯罪时承诺给予或实际给予的贿赂数额为基础并结合行为的

---

① 李希慧：《刑法修改研究》，武汉大学出版社 2011 年版，第 217 页。

② 邱兴隆：《刑罚理性评论》，中国政法大学出版社 1999 年版，第 471 页。

社会危害性，采用倍比罚金方法确定应适用的罚金数额。

### （三）取消行贿犯罪的特别自首的适用

我国刑法第 390 条规定了行贿特别自首的规定，即"行贿人在被追诉前主动交待行贿行为的，可以减轻处罚或者免除处罚"，可以被称之为行贿犯罪的特别自首，按照立法意图，行贿犯罪与受贿犯罪是对合性犯罪，该类犯罪往往是一对一进行的，在对受贿罪调查取证时比较困难，为了打破行贿受贿双方的攻守同盟关系，故设立这样的特别自首制度，以鼓励行贿犯罪嫌疑人主动交待行贿的犯罪事实。有学者认为，在行贿犯罪中确立特别自首制度无疑有利于分化瓦解贿赂犯罪同盟，降低检察机关获取证据和破案的难度。同时，从节约司法资源、减少诉讼成本以及有效惩治和预防贿赂犯罪等方面来看，特别自首制度也具有重要的积极意义[①]。

那么，行贿犯罪的特别自首制度是否可以达到立法者预想的效果呢？第一，按照立法规定，行贿人在被追诉前主动交待行贿行为的，可以减轻处罚或者免除处罚，立法者在这里采用的是"可以"，也就是说，是否可以达到减轻处罚或者免除处罚的效果并不确定，法官握有最终的决定权，因此，在这一点上，行贿者未必买账。第二，在行贿犯罪中设立特别自首，是"重受贿、轻行贿"思想的产物[②]，而就行贿和受贿的社会危害程度而言，二者的社会危害性是相当的，对于社会危害性程度相当的两种犯罪行为，采用不同的处理态度，这种做法不妥。第三，特别自首制度在实践中并未真正实现分化瓦解行贿受贿犯罪嫌疑人利益共同体的目的，反而在一定程度上助长了行贿犯罪行为的发生。第四，从行贿特别自首制度和刑法总则有关自首的规定对比看，在构成自首的条件上，特别自首要求的条件更低，但犯罪人因自首所获得的利益却更大，如特别自首不具备自动投案的一般自首的条件，但追究刑事责任条款却是"可以减轻或免除处罚"，一般自首的刑事责任条款仅仅为"对于自首的犯罪分子，可以从轻或者减轻处罚。其中，犯罪较轻的，可以免除处罚"；相比较立功制度来看，特别自首又类似于立功的作用，但不能满足立功的条件。因此，建议取消刑法第 390 条关于行贿罪特别自首的规定，但是，在取消特别自首制度的同时，可以考虑特别自首与一般自首制度和立功制度的相似性，在确定其刑事责任时，综合考量自首与立功刑事责任的规定。对此，《刑法修正案（九）（草案）》第二稿作出的修改值得肯定，即"行贿人在被追诉前主动交待行贿行为的，可以从轻或者减轻处罚。其中，犯罪较轻的，对侦破重大案件起关键作用的，或者有重大立功表现的，可以减轻或者免除处罚。"

---

① 纪欣：《设置"特别自首制度"可降低取证难度》，载《法制晚报》2014 年 7 月 22 日。

② 商浩文：《我国行贿犯罪的刑法立法检视与调试》，载《华北水利水电大学学报》（社会科学版）2015 年第 2 期。

### 三、 完善行贿犯罪的犯罪体系， 增设与"利用影响力受贿罪" 对应的行贿罪

按照行贿罪与受贿罪对合性犯罪的特点，我国现行刑法中对于受贿行为有规制的犯罪，均对应有相应的行贿犯罪，如受贿罪与行贿罪对应，单位受贿罪与单位行贿罪对应，非国家工作人员受贿罪与对非国家工作人员行贿罪对应，唯独388条之一的"利用影响力受贿罪"没有与之相对应的行贿犯罪，从完善行贿犯罪的犯罪体系和打击相应行贿行为的角度，增设与"利用影响力受贿罪"对应的行贿犯罪很有必要。

按照刑法第388条之一的规定，利用影响力受贿罪，是指国家工作人员的近亲属或者其他与该国家工作人员关系密切的人，通过该国家工作人员职务上的行为，或者利用该国家工作人员职权或者地位形成的便利条件，通过其他国家工作人员职务上的行为，为请托人谋取不正当利益，索取请托人财物或者收受请托人财物，数额较大或者有其他较重情节的行为。这个罪名所规制的犯罪主体与国家工作人员不同，而是国家工作人员的近亲属或者其他与该国家工作人员关系密切的人、离职的国家工作人员或者其近亲属以及其他与其关系密切的人。设立与该罪名体系相对应的行贿犯罪，应该充分考虑这个罪的具体特点。

对于行贿的罪名应如何确定，理论界有不同的说法，初步统计，理论界有诸如"利用影响力交易罪"、"请求他人进行影响力交易罪"、"对有影响力人员行贿罪"、"对有交易影响力人员行贿罪"、"影响力行贿罪"、"对有影响力者行贿罪"等不同说法[①]，另有意见认为该罪名应为"向特定关系人行贿罪"。对此，我们认为，对这个罪名的设置应充分考虑以下几个方面的因素：第一，要与刑法第388条之一"利用影响力受贿罪"形成可以明显联系的对应关系；第二，要体现行贿人犯罪主体特征和受贿人的犯罪主体特征；第三，要与现行行贿犯罪体系形成统一协调关系。综合以上因素，"对有影响力人员行贿罪"的罪名设置更为合理。主要原因在于，首先，该罪名明确指向了行贿的对象是有影响力的人员，之所以没有选择"特定关系人"概念，是因为对于"特定关系人"概念界定不清，即便是采用"关系密切人"概念，仍然不能很好地表述行贿的对象；其次，"对有影响力人员行贿罪"与"利用影响力受贿罪"能够形成对应关系，可以突出影响力交易行为的本质。

---

① 孙道萃：《论增设对有影响力人员行贿罪》，载《南昌大学学报》（人文社会科学版）2014年第11期。

　　在打击腐败犯罪行为的过程中，一个良好的法律体系是保证准确适用法律、追究犯罪人刑事责任的关键。长期以来，我国在观念上和立法上都没有将行贿和受贿的社会危害性置于同等重要的地位，"重受贿、轻行贿"的观念导致对于贪腐犯罪行为打击力度不够，甚至有蔓延的趋势出现，刑法是保障社会秩序有序运转的最后一道防线，建立良好的、与国际接轨、反映行贿犯罪现状的行贿犯罪体系，是法律应有之义。

# 论行贿罪的刑法完善

## ——以《刑法修正案（九）（草案）》为视角

王水明* 刘梦璐**

近年来，行贿犯罪呈越来越严重之势，犯罪数额不断刷新。但在司法实践中，经常出现不追究行贿者刑事责任或行贿者未得到相应严惩的现象，这与我国"重受贿轻行贿"的立法思想是分不开的。日益猖獗的行贿现象得不到改观势必导致腐败愈发严重，在此大背景下，《刑法修正案（九）（草案）》（以下简称《草案》）对行贿罪进行了相应修改，以期达到行贿罪立法完善的目的，从而更好地规制行贿犯罪。

## 一、 行贿罪惩治现状

行贿罪在国际社会中通常称为积极腐败，而受贿罪称为消极腐败。行贿罪所带来的社会危害性之大无须多言，而审视当前行贿罪的惩治情况，对行贿罪追究不力已成为社会广泛热议的话题。据统计，2010 年立案侦查贪污贿赂案件 18224 件，但立案侦查的行贿犯罪嫌疑人却仅为 3969 人；2011 年立案侦查贪污贿赂案件为 18464 件，立案侦查行贿人数也只有 4217 人，行贿犯罪立案侦查比率为 21.7%。[①] 江西省的一位检察官也曾透露过这样一组数据：在 2008 年 1 月到 2012 年 7 月对江西省东部四地的贪污贿赂案件做了一个统计，4 地 5 年共立查贪污贿赂犯罪案件 683 起，其中行贿犯罪案件仅 41 起，占总立案数的 6%。就个案而言，2007 年云南省交通厅前副厅长胡星受贿案就引起了社会各界的广泛热议，而这个案子之所以引起热议并非因为案件本身，而是这个案件后面的"行贿状元"——深圳安远公司董事长陈族远。陈族远向胡星共行贿 3200 万元之多，创造了当时行贿数额之最，而这位行贿状元却一直取保候审，迟迟未提起公诉，最后此事也不了了之。其实像"行贿状元"这样的情况，在如今司法实践中比比皆是。正如曾任兰州市市长的张玉舜在其受贿案庭审中所说："领导干部全部按受贿罪判刑了，可没有一个

* 华南师范大学法学院刑法学教授。
** 华南师范大学法学院刑法学研究生。
① 谢望原、张宝：《从立法和司法层面加大对行贿罪的惩治力度》，载《人民检察》2012 年第 12 期。

行贿的老板被判刑，难道只有受贿，没有行贿？行贿人的行为难道就不是犯罪吗？他们的行为就不用追究了吗？"并且在现实生活中，很多人称行贿罪是低投入高收益的犯罪，比如说曾轰动一时的"兰义案"，时任三家大公司老总的兰义向北京市交通局原副局长毕玉玺行贿 142 万元，被北京市一中院以单位行贿罪判处其有期徒刑三年。这个案子发生在 2006 年，在当时 142 万元不算一个小数目，而兰义仅仅受到如此轻的刑罚，可以说其在经济上完全没有受到任何影响。其实现实中，这样的情况很多，很多行贿人由于行贿罪被判处几年有期徒刑，或者缓刑，其所获得的经济收益早已收归囊中，所以如此轻的判罚对其没有起到应有的作用，行贿人甚至仍有成本并且不知悔改继续行贿。

行贿现象得不到改观，应该和我国现行刑法关于行贿罪的规定存在的弊端有一定关联。基于当今社会行贿行为如此猖狂，以及政府打击腐败犯罪坚定的决心，《草案》针对现行刑法第 390 条即关于行贿罪的相关规定做出了一定修改：增加了罚金刑，从而可以提高犯罪成本，严格了从宽处罚条件，在一定程度上做到罪责刑相适应。

## 二、《草案》新增规定之解读

### （一）扩大行贿罪财产刑的适用范围

我国现行刑法在行贿罪的财产刑设置上仅规定了没收财产的附加刑，并且给予严格的条件限制，即只有在情节特别严重时才"可以"并处没收财产。这就表明：第一，判处没收财产这一刑罚的前提是情节特别严重，处十年以上有期徒刑或者无期徒刑；第二，即使在上述前提下，也并非一定并处没收财产，这给司法裁量带来了很大的空间。因此，在司法实践中这一刑罚几乎形同虚设，有学者曾经随机抽取了 200 多份行贿罪的判决书，仅有一例判处了无期徒刑并处没收财产。[①] 对于行贿罪这种典型贪利性犯罪而言，没有规定罚金刑实属一大立法缺憾。一直以来，理论界一直都强烈呼吁针对行贿罪的刑罚应增设罚金刑，值得庆幸的是，《草案》对此给出了很好的回应，对行贿罪三个量刑档次都规定了"并处罚金"。

罚金刑是判处犯罪分子向国家强制缴纳一定金钱的刑罚。对行贿罪设置罚金刑，首先对于行贿罪本身具有一定的针对性作用，通过提高犯罪成本而从根本上遏制犯罪；其次增设罚金刑可以在一定程度上改变对行贿罪惩治偏轻的司法现状，在司法实践中大量出现行贿者被判处缓刑的现象，刑法的威慑力在某种层面上来看大大减少，通过判处罚金刑使得犯罪分子体会到被剥夺财产的痛苦，从而起到特殊预防和一般预防的作用；再者，世界各国针对

---

① 董桂文：《行贿罪量刑规制实证分析》，载《法学》2013 年第 1 期。

行贿罪普遍规定了罚金刑，增设罚金刑在一定程度上也是和世界立法接轨，符合世界潮流。《草案》对于行贿罪罚金刑的适用方式是并科式，并且属于强制并科式，这就表明在三个量刑档次上都"应当并处罚金"，即在判处自由刑的同时应当判处罚金刑，这在一定程度上彰显了我国严惩行贿罪的决心。关于罚金刑的数额，《草案》的规定是无限额罚金制。理论界对于这一规定存在一些否定的呼声。无限额罚金制在一定程度上扩大了司法裁量权，给予了法官很大的司法操作空间，甚至因为这一规定可能会导致司法腐败的情况出现。但是笔者认为，在我国现行的刑罚体系下无限额罚金制应当是一种比较适宜的选择。关于罚金刑数额的模式，我国有三种模式即"无限额罚金制"、"限额罚金制"以及"倍比罚金制"。首先，关于"限额罚金制"，在当今社会发展迅速的大环境下规定"限额罚金制"已经不合时宜了。在几年前行贿一百多万元都算是大数目，但是现在出现行贿几千万元甚至更多，罚金刑数额也一样，随着时间推移罚金刑数额需要不断修改才可起到真正的作用，而为了维持法的稳定性不可能经常对法条进行修改，因此限额罚金制在此种情况下具有致命的弊端。加之我国幅员辽阔，各省经济发展水平不一，同一个数额对于经济发达省市和相对落后的省市完全是两个概念，数额太过量化会导致实质的不公平。其次，关于"倍比罚金制"，很多学者对于行贿罪的罚金刑都倾向于适用"倍比罚金制"。在一定程度上来看，"倍比罚金制"即不像无限额罚金制一样完全没有数额界限，也不像"限额罚金制"完全量化数额，是一种折中的规定，既可限制司法裁量权也可以保持法的稳定性。但是，纵观我国关于"倍比罚金制"的规定，可以看出所适用倍数或者比例相对来说比较混乱，没有一定规律，并且倍数或者比例的规定也需要结合社会发展情况，很难有一个准确的规定。相较而言，笔者赞同《草案》对于行贿罪数额规定"无限额罚金制"，至于司法实践中关于罚金数额的具体操作可以通过司法解释给予相对明确的指引。

### （二）完善特别自首制度

行贿罪与受贿罪作为一种对合犯罪，通常情况下法院受理两种案件的比例应该相差不大，但是在司法实践中往往法院受理行贿案件的比例远远低于受贿案件，这使得受贿罪在接受审判时不禁会问行贿罪都去哪儿了呢？曾经一则对行贿者不予起诉的案例引起了社会上广泛的热议，重庆綦江虹桥垮塌案中，被告人林世元因收受贿赂 11 万余元而被定受贿罪判处死刑，但是向被告人林世元行贿 11 万余元的行贿人费上利却仅因工程重大安全事故罪被判处有期徒刑 10 年，对其行贿行为根本未予定罪处罚，导致于法无据、违背法律要求的强烈批判。① 特别自首制度的存在是导致行贿者判处缓刑或免除处罚的重要原因。行贿罪没有依法得到严惩已经引发民众的强烈不满，废除特别自首制度的呼声源源不断。但是笔者认为特别自首制度的存在有其一定的价值。从法理的角度来看，由于行贿犯罪与受贿犯罪是一对典型的对合犯，双方都存在一定程度的"信任关系"，都寄希望于互不揭发从而使案件石沉大海，但特别自首制度的存在将双方置于囚徒困境当中，从而破坏行贿者与受贿者的信任关系减轻贿赂案件的侦查难度。具体而言，将行贿者与受贿者置于囚徒困境当中之后，受贿者因担心行贿者会在案发前主动交待犯罪事实而不敢受贿；已经发生的贿赂案件，由于行贿者主动交待犯罪事实也大大提高贿赂犯罪刑事追究概率的提高，这一条款的存在无疑起到了很好的犯罪预防的作用。从司法实践的角度来看，对于贿赂犯罪这种隐秘性极强的犯罪，侦破案件的突破口几乎来源于行贿者的口供，若没有相当的条件很难使行贿者说出犯罪事实，往往他们都会抱有一定的侥幸心理即犯罪事实很难被发现倒不如不开口最后可能由于证据不足而免予追诉。特别自首制度中规定在一定情况下可以免予处罚，因此与其选择铤而走险倒不如说出犯罪事实。特别自首制度对于侦破贿赂犯罪起到了一定的积极作用。虽说特别自首制度的存在有其一定的积极意义，但由于现行刑法针对特别自首制度当中减轻处罚、免除处罚的规定太过粗糙，以至于司法操作中这一条款被无条件滥用，也扩大了司法裁量权，这在某种程度上又导致了另一种腐败。《草案》针对这一情况进行了相应的完善，将原先一律减轻处罚或免除处罚改为从轻或减轻处罚并且对于免除处罚给予了严格的条件限制。这一完善对于改变当前的司法现状起到了相当积极的作用：第一，这给之前检察机关适用刑事诉讼法第 173 条第 2 款提供了理论依据。刑事诉讼法第 173 条第 2 款规定检察机关针对犯罪情节轻微并且存在法定免除处罚情节的犯罪行为可以作出不起诉的决定，有学者就指出针对行贿犯罪，检察机关往往利用特别自首制度作为其不起诉的基础，往往对一些非犯罪情节轻微的行为也作出了不起诉决定，实属违法行为。② 但《草案》对于特别自首制度规定了免除处罚的一大条件就是犯罪较轻，因此检察机关再作出不起诉的决定可以依据特别自首制度，并且也可规范其适用刑事诉讼法关于不起诉的规定；第二，对于免除处罚设定了一定的条件，也对司法者适用这一条款提供了准则，避免出现各地适用这一条款情形不一、司法混乱的现状。

---

① 赵秉志：《关于重庆綦江虹桥垮塌案的几点法律思考》，http://www.criminallawbnu.cn/criminal/Info/showpa ge. asp? pkID=9816。

② 参见董桂武：《论行贿罪受贿罪互动机制之完善——基于囚徒困境理论》，载《东方论坛》2014 年第 3 期。

## 三、 对未来司法解释之建议

正如前文所述，《草案》对行贿罪的修改，在很大程度上完善了行贿罪的刑事立法。立法上对于罚金刑数额规定了无限额罚金制具有一定的合理性，但是在具体司法操作上仍需要相关司法解释予以明确指引。

### （一） 罚金刑数额司法操作应遵循的原则

《草案》对于行贿罪罚金刑规定了无限额罚金制，并不意味着在司法实践中可以任意判处罚金数额，在具体操作中还是应当坚持相关的原则从而做到罪责刑相适应。

第一，应保证数额相对确定。这就意味着，在具体司法解释当中应当保证罚金刑的数额有一定的明确标准，而并非恣意数额。对于罚金刑数额的确定应当与犯罪行为的社会危害性相联系，给予其一定的标准和幅度。在这里需要强调的是，数额相对确定意味着，对于具体数额无须量化，可以借鉴美国《量刑指南》的相关规定。在《量刑指南》中对于罚金刑就是以量刑参照表的形式呈现出来，这样既可应对社会的发展给予罚金刑数额一定的弹性空间，又在一定程度上限制了法官的自由裁量权。

第二，罚金刑的数额应当为遏制犯罪行为所必须，不可过高。这就意味着，罚金刑数额应当体现刑罚的经济性，只要能实现其惩治目标即可。在司法实践中，过高的罚金刑数额往往让犯罪分子无法承受，以至于最终罚金刑无法执行，或者犯罪分子为了逃避高额的罚金刑，往往会出现转移财产等其他违法行为。因此，过高的罚金数额往往起不到犯罪预防的作用，相反可能导致新的犯罪。

第三，罚金刑的数额应当考虑相关社会因素。针对我国的特殊国情，各个地方经济发展水平不一，因此罚金刑的数额应当考虑到各地经济发展水平，以及犯罪分子的承受能力。刑罚只有通过有效的执行才能起到威慑作用，因此考虑罚金刑数额时一定要综合考虑各种因素，制定一套切实可行的标准。

### （二） 罚金刑数额具体操作方案

罚金刑数额应当与自由刑相协调。在之前关于行贿罪的刑罚的规定中，对犯罪分子规定的主刑是自由刑，虽说设置了没收财产，但是前文也提到这在司法实践中几乎不适用。由此可以看出，司法实践中对于行贿罪自由刑的具体量刑是相对成熟的。自由刑的量刑幅度也可反映出行贿行为所带来的社会危害性，因此罚金刑作为一种新增设的刑罚，在确定量刑幅度上可以比照自由刑。具体说来可以如下操作：罚金刑数额幅度标准与自由刑相对应，即按照五年以下有期徒刑或者拘役、五年以上十年以下有期徒刑、十年以上有期徒刑、无期徒刑分为四档，按照这四档数额逐次增加。

鉴于行贿罪司法实践操作中的特殊性，往往不法利益的数额难以获取，因此在此情况下以行贿数额作为参照基数更为合适。但是在行贿数额较大的情况下，往往追缴了犯罪所得之后犯罪人已没有多少财产可供缴纳罚金，因此在这种情况下以各省市的年均收入为基数就更为合适了。以年均收入为罚金刑基数，必须强调由于各省市经济水平不一，有些落后省市年均收入可能很低，因此在此种情形下所判处的罚金刑数额不得低于下一幅度，若低于可进行适当调整。

综上所述，罚金刑数额计算公式可以表示为 $P = CV$。P 指罚金刑数额，C 指四个比照自由刑的量刑幅度，V 则指具体基数即行贿数额或各省市年均收入。假设依据自由刑的量刑幅度，C 为 5、10、15、20。则罚金刑计算数额公式就为 $P = 5V$、$P = 10V$、$P = 15V$、$P = 20V$。前文也提到保障行贿数额较大的情况下罚金刑可以执行，因此本人建议 $P = 20V$ 的情况下，V 取各省市年均收入，其他三种情况 V 则按照行贿数额来计算。若 $P = 20V$ 所算的数额低于 $P = 15V$ 的数额，则 P 所取值必须大于 15V。

# 论行贿罪的立法完善

陈结淼<sup>*</sup>　程　冉<sup>**</sup>

　　贿赂犯罪是典型的腐败犯罪，是危害社会稳定发展的毒瘤。2015 年 4 月 29 日，最高人民检察院检察长曹建明主持召开最高检党组会议，研究检察机关进一步加大工作力度、依法从严惩治行贿犯罪工作。① 要求司法机关将有力打击行贿罪作为贿赂犯罪惩治工作中的重要一环，积极转变重打击受贿罪轻惩处行贿罪的观念。我们注意到，随着经济社会的发展，当前的行贿犯罪逐渐呈现出贿赂媒介物质新、贿赂发生领域新、犯罪主体泛化以及行贿者道德底线不断创新低等特征。② 这对我国刑事立法切实规制新型行贿犯罪、适当扩大行贿犯罪圈提出了新的要求。为了应对日益复杂的贿赂犯罪，早在 2005 年生效实施的《联合国反腐败公约》（以下简称《公约》）中就对各成员国有关贿赂犯罪的立法完善提出了要求。然而，我国现行刑事立法与《公约》之间仍然有较大的差距，刑法第 389 条在贿赂范围的界定、不正当利益要件的设置、行贿方式的明确以及"两高"《关于办理行贿刑事案件具体应用法律若干问题的解释》（以下简称《解释》）中有关入罪数额的规定等方面都存在一定缺陷，以至于现行刑事立法有关行贿犯罪的规定不当缩小了行贿犯罪圈，难以适应当前社会的发展。这无疑不利于对行贿犯罪的有效打击，也不利于国际反腐合作的展开，严重阻碍了反腐败工作的推进。因此，在新时期加大行贿犯罪惩治力度的背景下，如何有效规制新型行贿行为、合理完善我国现行刑法关于行贿犯罪的立法规定是我们亟须解决的问题。

## 一、　明确财产性利益的贿赂范围

　　贿赂范围的界定，与一国行贿罪的处罚范围有着密切联系。贿赂范围直接决定着一个国家或地区贿赂犯罪圈的大小，反映一个国家或地区打击贿赂犯罪的范围和力度，贿赂范围的规范，对于区分罪与非罪有重要的意义。③ 根据我国刑法规定，我国立法上将贿赂仅限定为财物。但随着一些新型行贿

---

　　* 安徽大学法学院教授。
　　** 安徽大学法学院刑法学硕士研究生。
　　① 《最高检：严厉惩处长期"围猎"干部的行贿犯罪》，载中国政府网，http://www.gov.cn/xinwen/2015-04/29/content_2854860.htm，2015 年 5 月 27 日访问。
　　② 唐亚南：《论贿赂犯罪的新特点及其治理对策》，载《法学杂志》2009 年第 10 期。
　　③ 高铭暄、张慧：《论贿赂犯罪的贿赂"范围"》，载《法学杂志》2013 年第 12 期。

手段的不断涌现，诸如提供出国旅游机会、性服务、期权兑现等损害国家公职廉洁性、败坏社会风气的案件频发，社会舆论一时间给我国刑事立法造成了巨大压力。[①] 2008 年，"两高"联合发布了《关于办理商业贿赂刑事案件适用法律若干问题的意见》（以下简称《意见》），以司法解释的形式明确将贿赂内容由财物扩大为财产性利益。虽然《意见》的出台，适当拓宽了贿赂的范围、扩大了行贿犯罪圈、在一定程度上适应了时代发展的需求，但由于《意见》对于非财产性利益贿赂行为是否成立行贿犯罪仍持有否定的态度，这使得我国刑事立法面对手段日益更新的行贿犯罪时仍然显得较为无力，因而为社会公众所诟病。不少学者认为我国现行的贿赂范围还需进一步扩大，应当依照《公约》之规定将非财产性利益也纳入贿赂的范围，以此扩大行贿犯罪圈。[②]

对此笔者认为，规范一个国家或地区犯罪圈的大小，其决定性因素在于行为的社会危害性程度。结合当前新型贿赂的具体性质，我国现行刑法关于贿赂范围界定的不足之处仅仅在于我国现行刑法并没有承认行贿罪财产性利益的贿赂范围。因此，我们仍应坚持并在立法上明确规定将贿赂限定为财产性利益，不应将非财产性利益纳入贿赂范围。

首先，非财产性利益贿赂的社会危害程度不明确，如果将非财产性利益都纳入贿赂的范围，可能会导致行贿犯罪圈的不当扩大。刑法谦抑性原则使得刑法手段是反腐败斗争最强有力的保障，是惩治严重腐败分子的利器，但也是最后的手段。[③] 这也是当前刑法并不将所有违法行贿行为都规定为行贿犯罪行为的根本原因。因此，我们在对待新型贿赂时，切不可随意诉诸刑法的手段，应当严格区分社会危害与法益侵害，只有当新型贿赂的社会危害达到法益侵害的程度时，方能认定其成立行贿罪。不容否认的是，非财产性利益贿赂的确能够实现收买公职人员的目的，通过非财产性利益贿赂会在一定程度上损害国家工作人员的职务廉洁性，进而败坏社会风气，为社会大众所不容。但是，非财产性利益是否完全符合贿赂的本质，此社会危害的程度又是否达到了需要刑法惩处的法益侵害地步，值得商榷。《解释》对于行贿罪设定了入罪数额，这是我国刑法对于行贿犯罪定罪处罚所必须遵守的标准，此规定揭示了刑法所评价的贿赂的本质，明示了财产性贿赂入罪存有数额要件的要求。撇开此规定合理性与否的问题不谈，此规定的设置是对行贿行为

---

[①] 较为典型的则是雷政富案和刘志军案的发生，引起了社会各界的广泛关注。人们群起攻之，一个个站在独特的角度概括着"性贿赂"的社会危害性来讨论其入刑为罪的重要性和必要性，强烈呼吁我国法律不能等闲视之，理当早日通过刑法规制以便将犯罪人绳之以法。参见杨兴培：《对"性贿赂"是否需要入罪的理性思考》，载《法治研究》2013 年第 11 期。

[②] 持有这一观点的学者不在少数。参见王作富、但未丽：《〈联合国反腐败公约〉与我国贿赂犯罪之立法完善》，载《法学杂志》2005 年第 4 期；陈雷：《论我国反腐败刑事立法的不足与完善》，载《福建政法管理干部学院学报》2008 年第 4 期。

[③] 赵秉志：《论我国反腐败刑事法治的完善》，载《当代法学》2013 年第 3 期。

社会危害性的对应评价，意即只有当财产性利益贿赂达到一定数额时，这种社会危害程度才会达到法益侵害的程度，而绝非意味着只要有行贿行为的发生就必须对其给予刑罚处罚。对于非财产性利益而言，由于其数额难以计算，非财产性利益贿赂到底在多大程度上与特定数额标准下的财物贿赂具有同等的、亟须刑法惩处的法益侵害性，便无法得出较为明确合理的解答。因为非财产性利益形式众多，使用非财产性利益行贿的情形也纷繁复杂。以性贿赂而言，性贿赂的内容千奇百态，提供性交贿赂与非提供性交单纯满足性饥渴贿赂二者的社会危害性就存有差别，更何况其与一定数额下财产性利益贿赂的法益侵害性之间亦可能存有差异。如果仅仅因为社会上发生一种性贿赂行贿行为，而不加严格地判断其具体的社会危害性是否达到法益侵害的程度，就认定其需要受到刑法的规制，可能会不当扩大行贿犯罪圈，这显然不符合刑法谦抑性的要求，当然也是不科学的。更何况，我们还应当对贿赂数额与法益侵害的关系作理性的评价：贿赂数额与贿赂罪法益受侵害的程度之间并不存在绝对的对应关系，贿赂数额的多寡也不揭示公共权力受损的性质。[1]既然贿赂数额并不直接反映贿赂罪法益的受侵害程度，那么认为诸如性贿赂等非财产性利益的贿赂达到了与财物贿赂同等的社会法益侵害性则失去了其理论基础。从此意义上来说，单纯因为非财产性利益能够收买公职人员就认定其符合刑法所评价的贿赂的本质，抑或是仅因为非财产性利益贿赂往往更具有诱惑力且更具隐蔽性，因而认定完全有必要将其纳入贿赂范围予以刑法规制，[2]这些观点都是不妥当的。总而言之，从非财产性利益行贿行为社会危害程度存有或然性的角度出发，为避免不当扩大行贿犯罪圈，我们不应当将非财产性利益纳入贿赂的范围。

其次，我国当前的立法完全可以有效规制非财产性利益贿赂。的确，我国当前社会新型行贿行为频发，但这并不意味着，必须需要刑法予以规制才可以有效惩治类似的行贿行为。前述社会危害程度不明是其重要原因之一，除此之外，当前新型贿赂的本质也明示了排斥非财产性利益纳入贿赂范围的合理性。刑法所处罚的行贿罪应当是类型化的行为，而非多样化的手段。[3]当前多发的行贿行为大可分为两种：一种是以非财产性利益为名、实为提供财产利益的行贿行为；另一种是单纯提供非财产性利益的行贿行为。前者最

---

① 魏昌东：《中国刑法惩治贪污贿赂犯罪罪刑规范立法运行效果考察》，载《刑法论丛》2009年第4期。

② 何承斌：《论我国贿赂犯罪体系的重构——以〈联合国反腐败公约〉为中心》，载《现代法学》2006年第6期。

③ 《中华人民共和国反不正当竞争法》第8条曾将贿赂规定为财物和手段，但之后我国的刑事立法并未采纳这种做法，因此我国刑法对行贿罪处罚的重点并不在于手段，而在于手段下符合犯罪类型本质的行为。

具典型的就是向国家工作人员赠送会员卡、赠予国家工作人员著作权资格以及为国家工作人员安排嫖娼等行为。这类行为虽然表面上提供的是一种机会或好处，进而可能表现为一种非财产性利益，但其实质上给予国家工作人员的仍是财产性利益。例如安排嫖娼贿赂的行为，其本质上是给付国家工作人员以与嫖资等价的财物；著作权资格贿赂则很大程度上会为其带来相应的财产收益。后者最典型的则是行为人为国家工作人员提供性服务的行为。此行为实质上给付国家工作人员的就是单纯的非财产性利益，是通过对国家工作人员性欲的一种满足进而实现对公权力的收买，但此行为并非会因为贿赂限定于财产性利益而得不到法律的规制，可以依据党纪政纪处理。除此之外，性贿赂更多地表现为一种手段或是一个情节因素，因此刑法对性贿赂的规制可以通过处罚贪污、渎职等行为得以实现，而不必一定将性贿赂纳入贿赂的范围而以行贿罪进行处罚。[①] 因此对于非财产利益行贿行为，我国现行立法可以实现有效规制，从这一层面来说，贿赂的范围也不应当随意扩大。

最后，通过立法规定明确将贿赂限定为财产性利益具有合理性。第一，虽然《公约》提出了"采取必要的立法和其他措施将故意给予公职人员以不正当好处的行为规定为贿赂犯罪"的要求，但这并不意味着我国刑法应当不顾适用的社会基础直接照搬《公约》的相关规定。履行《公约》义务固然重要，但更重要的是要保证法律的实施符合具体的国情。进一步说，《公约》的这一要求也是基于"根据本国法律的基本原则"的前提提出的，因此基于我国具体国情下限定的贿赂范围是符合《公约》要求的。第二，刑法体系也明示了这一做法的合理性。一方面，我国刑法理论通说认为贪污型腐败犯罪与贿赂型腐败犯罪的法益虽有一定差异，但二者都保护国家工作人员的职务廉洁性。[②] 我们注意到，刑法对于贪污罪侵犯职务廉洁性法益的行为构成要件并不包括国家工作人员利用职务之便、获取相关非财产性利益的行为。由此看来，国家工作人员贪污非财产性利益的行为虽然可能也会损害职务廉洁性，甚至损害国家公共利益，但对此行为我国刑法并不予以规制，这从一定程度上说明了限定贿赂范围在我国目前刑法体系中的可行性。另一方面，前述《意见》的出台也表明了将行贿罪贿赂范围扩大至财产性利益亦是切实可行的。因此，可以通过立法专门对行贿罪财产性利益的贿赂范围作出明确规定。

## 二、 合理协调入罪数额

前述《解释》为行贿罪设定了不同于受贿罪的入罪数额标准，这主要是

---

① 高铭暄、张慧：《论贿赂犯罪的贿赂"范围"》，载《法学杂志》2013 年第 12 期。
② 高铭暄、陈璐：《当代我国职务犯罪的惩治与预防》，载《法学杂志》2011 年第 2 期。

出于方便得到惩治受贿罪之行贿人口供的考虑，是导致我国长期以来重受贿轻行贿惩处的直接原因，显然已不符合当前的时代要求。笔者认为，言词证据具有善变的局限性，先前依赖行贿人口供办理受贿案件的模式并不科学。加之行贿罪与受贿罪的对合关系，产生受贿犯罪的情形必定有行贿行为的存在，使得受贿罪在很大程度上源于并受制于行贿行为。① 这也表明了行贿人通过贿赂促使或引诱受贿人利用职务权力为其谋取利益的社会危害性并不亚于受贿罪，如若坚持两罪不同的入罪数额，并不利于反腐工作的长期推行。从此意义上说，有必要统一行贿罪与受贿罪的入罪数额。

## 三、 理性取舍不正当利益要件

根据我国刑法第 389 条之规定，行贿罪主要表现为三种情形：一是为谋取不正当利益而主动行贿的行为；二是因索贿而给予贿赂并实际获得不正当利益的行为；三是在经济往来中违规给付国家工作人员以财物的行为。可见，除了经济往来中给付财物的行为以外，其余两种行为要成立行贿罪，都存有不正当利益要件的要求。由此，此要件的存在可能会限制我国行贿罪的犯罪圈，使其明显小于《公约》的犯罪圈。《公约》对于行贿罪的规定并未设定相应要件，而是直接通过行贿行为与公职人员的作为或不作为的因果联系来认定行贿犯罪，可见二者在行贿罪罪状表述上存有巨大差异。在经济发展水平逐步提高的当今社会，这一要件似乎并不合理，不利于对行贿罪的有力打击。笔者认为，结合当前我国国情，我们应当取消主动行贿中不正当利益的要件并将其作为量刑情节予以考虑，但仍应保留因索贿而行贿情形下谋取不正当利益的要件，同时还要设置必要款项区分人情送礼与为谋取正当利益而行贿的行为。具体理由表现为如下几个方面：

首先，主动行贿中的不正当利益要件不当缩小了行贿犯罪的打击面，不具有合理性。一方面，谋取不正当利益要件并不能反映行贿罪与受贿罪的区别。二者本应为对合关系的犯罪，利益的内涵应当一致。之所以会设定此种要件主要还是出于鼓励经济发展的考虑，而并非出于区别行贿罪与受贿罪的考虑。② 因而，取消主动行贿的不正当利益要件，并不会造成其与受贿罪的混淆。另一方面，在达到一定数额的财产性利益贿赂下，无论行为人出于何种目的主动实施行贿，都明示了行贿人的主观恶性，其本质都造成了对公职人员职务廉洁性法益的侵害。应当承认的是，现实生活中也确实存在着大量挖空心思、千方百计主动寻租的行贿人，主动行贿中的不正当利益要件很容

---

① 徐岱：《行贿罪之立法评判》，载《法制与社会发展》2002 年第 2 期。

② 赵秉志、刘志伟、彭新林：《努力完善惩治腐败犯罪立法建设——"我国惩治腐败犯罪的立法完善问题学术座谈会"研讨综述》，载《法制日报》2015 年 4 月 8 日第 9 版。

易给犯罪分子以可乘之机，导致对行贿罪的打击不力。① 从此意义上说，主动行贿中的不正当利益要件当然应予取消。但我们仍然需要承认的是，虽然谋取何种利益并不影响犯罪的成立，但谋取的是正当利益还是不正当利益，还是在一定程度上影响了其行为的社会危害性。② 因此，可将其作为量刑情节予以考虑，以确保做到罪责刑相适应。至于不正当利益的规范构成要件要素性质，笔者认为并不能作为取消此要件的理由。这主要是因为刑法是一种规范的文本，刑法所表述的犯罪构成是犯罪类型，③ 这些都使得犯罪构成要件要素有时需要予以抽象的表达。我国刑法存有较多规范构成要件要素，如果仅仅因需要结合相应的具体情况使得其在具体认定中存在偏颇，而否认这种要件要素存在的合理性，④ 显然是不妥当的。与此相反，正是由于此类要件的存在，要求我们在实务操作中更要准确把握案件事实，对客观存在的行为作出恰当的刑法评价。

其次，刑法中行贿罪的体系表明了取消主动行贿中不正当利益要件的合理性。我们发现，刑法第 389 条在规定经济往来中违规给付国家工作人员以财物的行贿行为时，并没有加上不正当利益要件的限制。理论中对此大多表述为与国家工作人员约定，以满足自己的要求为条件而给予国家工作人员以财物，对于行为人到底为了谋取何种利益并没有作出限定。⑤ 因此这在刑法体系上说明，对于与经济往来中违规送礼行为性质类似的主动行贿行为，取消其不正当利益要件是合理可行的。

再次，索贿情形下保留不正当利益要件，是主客观相统一原则的要求。不可否认的是，因索贿而实施行贿行为，即使行贿人获得的是正当利益，其行为本质上也会实现对公职的收买，导致对职务廉洁性法益的侵害。但我们必须注意到，谋取正当利益的行贿人之所以会行贿，是出于国家工作人员的强迫，此时行为人主观上并不完全有侵害职务廉洁性法益的故意，如若认定成立行贿罪，可能会违反主客观相统一原则。加之此时行为人的主观恶性也明显较小，因而也不应认定为行贿罪。从这一层面来说，坚持索贿情形下的不正当利益要件，则可以有效避免犯罪圈的不当扩大，同时也可以反映出行

---

① 王志祥、黄云波：《基本刑事政策视域下贿赂犯罪立法的应然走向》，载《刑法评论》2013年第 2 卷，第 207 页。

② 陈雷：《论我国反腐败刑事立法的不足与完善》，载《福建政法管理干部学院学报》2008 年第 4 期。

③ 张明楷：《刑法学》，法律出版社 2011 年版，第 99 页。

④ 例如，行贿人可能会因对"不正当利益"存在不同于社会一般标准的认识，而无法自行抑制实施行贿犯罪的欲望；法官也会因认识标准的差异甚至地区标准的不同，而将其排除出刑法评价的范围。参见魏昌东：《中国刑法惩治贪污贿赂犯罪罪刑规范立法运行效果考察》，载《刑法论丛》2009年第 4 期，第 283 页。

⑤ 张明楷：《刑法分则的解释原理》（上），中国人民大学出版社 2011 年版，第 394 页。

为人的主观恶性，因而应当予以保留。

最后，注重人情的社会特征要求我们将行贿与人情送礼区别开来。不可否认，我国当前仍属于人情社会，注重人际关系的发展。逢年过节相互赠送礼品，婚丧嫁娶也要赠送礼金，这些已经成为我国的一项特有的文化——人情文化。[①] 在取消主动行贿中的不正当利益要件后，就必须设定必要的条款来明确人情送礼与感情投资型行贿罪的界限，避免行贿罪犯罪圈的不当扩大。我们要注意，只是因为受不正之风影响、主观上害怕不送礼会吃亏，使得行贿人通过贿赂来获得正当利益的情形也较为常见。[②] 这种情形下行为人的主观恶性明显小于主动行贿的情形，因而也应当有所区分，不应认定其构成行贿罪。

## 四、 适当修正行贿方式

根据刑法规定，我国行贿犯罪行为方式主要存有两个特征：一是给付对象仅限于我国国家工作人员；二是行为方式单纯地表现为给予，至于是否要求使得国家工作人员实际取得财物并没有予以明确。有学者认为，行贿罪中的给予并不只是单纯交付的意思，而必须使国家工作人员得到了财物。[③] 这与《公约》的规定不符，《公约》对于给付财物等利益的对象并不限于本国公职人员，还将行贿行为的内涵界定为"许诺给予、提议给予或者实际给予"。可见，我国的规定不仅限制了贿赂的给付对象、不利于国际反腐合作的展开，而且对于实践中具体的行贿方式表述过于抽象，难以实现准确合理的评价。因此，有学者提出应当按照《公约》的规定扩大行贿罪的行为方式。[④] 笔者认为应当拓宽给付对象，适当修正行贿方式。具体理由为：

其一，拓宽给付对象符合国际化反腐工作的要求。在当前社会，腐败问题已经危及整个国际社会的稳定发展。随着经济全球化的迅速发展，跨国经济体不断向世界各国拓展，为了争取更大的市场、谋取更多的利益，跨国公司、贸易商社贿赂外国官员、国际公务员的犯罪行为层出不穷。[⑤] 这在极大程度上损害了相关国家的利益，也是腐败犯罪国际化的重要原因之一。因此我国有必要将贿赂外国公职人员或国际公共组织官员的行为认定为犯罪，这不仅有利于打击此类危害行为、保护我国国家利益，同时也是世界各国加强

---

① 高铭暄、张慧：《论贿赂犯罪的贿赂"范围"》，载《法学杂志》2013 年第 12 期。

② 谭智华、眭欧丽：《行贿犯罪中"不正当利益"的形态问题研究——兼论对"为谋取不正当利益"要件的修正》，载《法律适用》2011 年第 5 期。

③ 李希慧主编：《贪污贿赂罪研究》，知识产权出版社 2004 年版，第 252 页。转引自王志祥、黄云波：《基本刑事政策视域下贿赂犯罪立法的应然走向》，载《刑法评论》2013 年第 2 卷，第 208 页。

④ 王作富、但未丽：《〈联合国反腐败公约〉与我国贿赂犯罪之立法完善》，载《法学杂志》2005 年第 4 期。

⑤ 张筱薇：《新型国际犯罪研究》，法律出版社 2012 年版，第 295 页。

合作、共同打击腐败犯罪的必然要求。

其二，扩展行贿的行为方式会不当扩大犯罪圈，与我国具体国情不符。一方面，《解释》明示了需要刑法惩处的行贿行为的社会危害性程度标准。虽然说单纯的许诺给予、提议给予财物的行为在客观上会形成以利换权的约定，并使人们形成国家公权力可以收买的认识，可能在一定程度上会产生对职务廉洁性法益的损害，但我们仍然无法确定这种损害是否达到需要刑法惩处的程度。另一方面，在我国这一注重人情的社会中，诸如许诺、提议的意思表示并不能直接反映行为人主观犯罪的故意。如若将行为方式予以扩大，势必会导致犯罪圈的不当扩大。反观那些要求扩展行贿行为方式的观点，其认为现行刑法对于行为方式的设定过于单一，从而可能使得事前约定、事后行贿等行为无法受到刑法的制裁。① 笔者认为，这种观点是值得商榷的。因为谋取利益之后给予国家工作人员以不正当报酬的行为，其实质上与事先给付而后谋取利益的行为具有等价性，当然能够被我国刑法予以评价。之所以会有这种疑虑，在很大程度上是因为刑法条文表述上的不足，而并不是行为方式内涵的有限性导致的。因此我国刑法应当对给予的内涵予以明确，可以表述为"实际给予以及其他与实际给予具有等价性的行为"两种具体形式，以保证立法上的明确性。

综上所述，我们应当遵循刑法谦抑性原则，结合我国国情，理性完善行贿罪的立法。笔者认为可以对行贿罪的法条作出如下修改：一是将该条第1款修改为"为谋取利益，实际给予国家工作人员以财物或财产性利益，数额较大的，是行贿罪。"二是将第2款修改为"因被勒索给予国家工作人员以财物或财产性利益，没有获取不正当利益的，不是行贿"。三是增设对外国公职人员及国际组织官员行贿罪。以此来合理界定我国行贿罪的犯罪圈，从而促进国际反腐合作的展开，保障对国内行贿犯罪的有力打击，为反腐败提供理性的法律支撑。

① 王志祥、黄云波：《基本刑事政策视域下贿赂犯罪立法的应然走向》，载《刑法评论》2013年第2卷，第208页。

# 现行行贿罪减免处罚制度应予保留

黄华生* 李文吉**

我国现行刑法第 390 条第 2 款规定："行贿人在被追诉前主动交待行贿行为的,可以减轻处罚或者免除处罚。"这就是我国刑法中的行贿罪减免处罚制度。值得注意的是,行贿罪减免处罚制度目前面临着立法修改的挑战,正在征求意见的《中华人民共和国刑法修正案(九)(草案)》[以下简称《刑法修正案(九)(草案)》]拟将现行刑法第 390 条第 2 款修改为:"行贿人在被追诉前主动交待行贿行为的,可以从轻或者减轻处罚。其中,犯罪较轻的,检举揭发行为对侦破重大案件起关键作用,或者有其他重大立功表现的,可以免除处罚。"也即是说,《刑法修正案(九)(草案)》拟从严限定对行贿罪从宽处罚的条件,根据《刑法修正案(九)(草案)》的规定,即使行贿人在被追诉前主动交待行贿行为,一般也只可以对其从轻或者减轻处罚,只有犯罪较轻且有重大立功表现的才可以免除处罚。

然而,笔者认为,我国现行刑法第 390 条第 2 款规定的行贿罪减免处罚制度本身并无修改必要,而是应予保留。具体理由如下:

## 一、 行贿人在被追诉前主动交待行贿行为, 兼具自首与立功双重性质

关于行贿人在被追诉前主动交待行贿行为的性质,我国法学界一般将其定性为刑法中自首的一种,是刑法分则规定的特别自首,例如赵秉志教授、于志刚教授即持这种观点。[①]

然而笔者认为,行贿人在被追诉前主动交待行贿行为,不仅是一种特殊的自首,同时也是一种特殊的立功,它兼具自首与立功的双重性质,属于自首与立功的结合。这是因为:一方面,行贿人在被追诉前主动交待行贿行为,属于自动投案并且对自己所犯罪行的如实交待,因而构成自首;另一方面,由于行贿与受贿的对合性特征,行贿人在如实交待自己行贿罪行的同时,也

---

* 江西财经大学法学院教授,中国刑法学研究会理事,江西省九江市人民检察院副检察长(挂职)。

** 江西财经大学法学院刑法学硕士研究生。

① 参见赵秉志、于志刚:《论我国刑法分则中的特别自首制度》,载《人民检察》2000 年第 3 期,第 18 页。

就如实地检举揭发了受贿人的受贿犯罪，经查证属实后，又构成立功。当然，在司法适用上，对于行贿人在被追诉前主动交待行贿行为的案件，应当按照法条竞合的适用规则来处理，选择适用刑法分则规定的行贿罪减免处罚制度这一特别条款，而不再适用刑法总则规定的自首和立功制度一般条款。

行贿人检举揭发受贿人的受贿罪行构成立功的观点，实际上也可从《刑法修正案（九）（草案）》的相关表述中得到印证，《刑法修正案（九）（草案）》拟将行贿罪减免处罚制度改为"……检举揭发行为对侦破重大案件起关键作用，或者有其他重大立功表现的……"这一表述表明，最高立法机关也持行贿人检举揭发受贿人的受贿罪行构成立功的观点。如果将行贿人在被追诉前主动交待行贿行为仅仅看做一种自首，则会导致忽视行贿人检举揭发受贿犯罪这一立功表现，实际上未能充分认识和评价行贿人在被追诉前主动交待行贿行为的积极意义，容易导致对行贿人处罚不公。

正是因为行贿人在被追诉前主动交待行贿行为具有自首与立功的双重性质，刑法就有必要对其规定比单纯的自首或者单纯的立功更加宽大的法律后果。相较于我国刑法关于自首从宽和立功从宽的规定，我国现行刑法第 390 条第 2 款关于"行贿人在被追诉前主动交待行贿行为的，可以减轻处罚或者免除处罚"的规定是完全正当合理的，并不存在立法上不当放纵行贿罪的问题。

## 二、 行贿人在行贿与受贿的互动关系中处于从属和次要的一方

《刑法修正案（九）（草案）》之所以提出严格限制对行贿罪从宽处罚的修改方案，重要理由之一，就是人们基于对行贿与受贿相互依存关系的认识，甚至认为是行贿引发了受贿，因而主张加大对行贿行为的处罚力度，将行贿与受贿一并严厉处罚。例如，张智辉研究员指出："行贿与受贿是一种对合性犯罪，二者之间具有相互依存、互为因果的密切联系。在通常情况下，没有行贿就没有受贿，并且是先有行贿而后有受贿……为了从源头上遏制腐败犯罪，有必要重新评价行贿行为的危害性。"[1] 最高人民法院副院长李少平也提出："今后，我们应当大力倡导'惩办行贿与惩办受贿并重'原则，修正行贿犯罪的刑法规范，并努力提升查办贿赂犯罪的执法能力，切实遏制行贿犯罪。"[2]

---

[1]　张智辉：《受贿罪立法问题研究》，载《法学研究》2009 年第 5 期。
[2]　李少平：《行贿犯罪执法困局及其对策》，载《中国法学》2015 年第 1 期。

然而笔者认为,行贿引发受贿、行贿与受贿的危害性基本相当的观点值得商榷。从实践情况来看,大多数贿赂犯罪案件确实表现为行贿人主动向官员行贿,也就是官员"被动收受"贿赂的情况是常态,"主动索取"贿赂的情况较少见。但是,这仅仅是贿赂犯罪的表面现象,呈现的仅仅是行贿与受贿关系的"局部截图",而忽略了贿赂犯罪的主导因素和深层机理。笔者认为,在行贿人与受贿人的互动关系中,受贿人才是真正处于主导和优势地位的一方,行贿人其实是处于从属和劣势地位的一方。受贿人手中掌握的职权是一种稀缺的"重要资源",只要他有了以权谋私的意愿,他完全没有必要去"主动寻求"他人行贿,而是只需"待价而沽"即可,自然会有行贿人"主动出价"。而行贿人之所以宁愿"牺牲"自己的钱财去讨好受贿人,是因为他有求于受贿人,需要寻求受贿人给予"恩赐"。简言之,如果把行贿与受贿之间的"权钱交易"看做一个市场,那么它是一个十分明显的"卖方市场",真正的市场主动权牢牢掌握在受贿人手中。由此看来,在贿赂犯罪的实施过程中,受贿人才是真正的主导人和关键角色,行贿人处于从属和次要的地位。既然如此,对于行贿人与受贿人的共犯关系,应当实事求是地评价行贿人和受贿人双方的刑事责任大小,在刑罚后果上应当区别对待,将受贿罪作为惩治的重点,对行贿罪适当宽大处理。

## 三、 行贿罪的追诉数量与受贿罪的追诉数量不具有可比性

有学者从行贿罪与受贿罪被司法机关追究刑事责任的人数差异出发,试图揭示大量行贿人逃脱法律制裁的事实,进而论证从立法上提高对行贿罪处罚力度的必要性。该学者指出,从行贿罪与受贿罪的追诉比例来看,行贿罪的追诉数量明显低于受贿罪的追诉数量,二者比例严重失衡。最高人民检察院的统计数据表明,在立案侦查数据方面,在 2004 年至 2008 年期间,全国检察机关共立案侦查受贿案件 45046 件 47297 人,而立案侦查行贿案件仅为10201 件 11699 人,约为立案侦查受贿案件的 27%,二者差额巨大,表明大量行贿案件未被立案查处。在提起公诉数据方面,在 2004 年至 2008 年期间,全国检察机关共对受贿犯罪提起公诉 38587 人,而对行贿犯罪提起公诉的仅为 5809 人,约为被提起公诉的受贿犯罪人数的 15%,二者之间比例失调更加严重。也就是说,即使一些行贿案件被立案侦查,也只有更少一部分行贿人被提起公诉,相当一部分行贿人逃脱了法律的制裁。究其原因,立法方面的主要原因是我国刑法对受贿与行贿采取了差异性处罚的立法方式。因此,应当从立法上修改行贿罪的刑罚规定,使行贿罪与受贿罪同等处罚。[①]

笔者认为,上述观点有过于简单化和过于激进之嫌。我国现行刑法对行

---

① 参见肖洁:《行贿犯罪查处的困境与解决途径》,载《中国刑事法杂志》2010 年第 8 期。

贿罪与受贿罪分别规定了不同的罪状要求、构罪标准和刑罚后果，总体上是科学合理的。应该说，与受贿罪相比，行贿罪的社会危害性和刑罚必要性都明显更小。对行贿罪与受贿罪规定差异化的构罪标准和刑罚后果，正是罪责刑相适应原则的体现，也是刑罚正义的必然要求。既然如此，就不宜简单地比较行贿罪与受贿罪的追诉人数，不能简单地要求行贿罪的定罪人数要达到与受贿罪定罪人数相近的程度，更不能为此而激进地将刑法对行贿罪的刑罚处罚提高到与受贿罪同等的程度。

## 四、 行贿罪减免处罚制度有利于解决贿赂犯罪案件侦破难的问题

刑法上的从轻、减轻、免除处罚制度，不只是具有法律意义，而且具有刑事政策的意义。换言之，并不是只有当行为人具有违法减轻、责任减轻的事由时才能减免刑罚。虽然行为人不具有违法减轻、责任减轻的事由，但减免刑罚有利于遏止犯罪的实行、结果的发生或加重时，减免刑罚完全符合刑法保护法益的目的。

众所周知，在现实中贿赂犯罪黑数很高，司法机关侦破该类犯罪的难度特别大。贿赂犯罪案件具有以下几个特点，并因此决定了该类犯罪比普通刑事犯罪案件更加难以侦破，司法机关需要借力于行贿罪减免处罚制度来解决侦破难的问题。

第一，贿赂犯罪的受贿人与行贿人之间一般不存在"加害与被害"的利益侵害关系，双方之间是一种各取所需的"共犯关系"，缺少直接被害人。现实中的绝大多数贿赂犯罪表现为受贿人"收受"贿赂而不是"索取"贿赂，因此缺少直接被害人。正因为如此，贿赂犯罪不像普通刑事犯罪诸如故意杀人、故意伤害、盗窃等犯罪案件那样有直接被害人来积极地检举、控告、证实犯罪，不存在"被害人陈述"这种天然容易获得来证实犯罪的重要证据，这就加大了司法机关查处贿赂犯罪案件的难度。面对这一难题，司法机关的一个重要侦查策略就是设法瓦解行贿人与受贿人的"同盟关系"，从犯罪人的内部"攻破堡垒"。行贿人减免处罚制度正是司法机关对贿赂犯罪实施分化瓦解的一个重要抓手，在解决贿赂犯罪侦破难的问题上具有十分重要的作用。

第二，贿赂犯罪往往在行贿人与受贿人之间"一对一"地进行，很少留下物证、书证等实物证据，通常没有目击证人在场，因而具有高度的秘密性。司法机关侦破和认定贿赂犯罪，不可避免地高度依赖行贿人与受贿人的口供。在法律上保留对行贿人的减免处罚制度，有利于鼓励行贿人如实供述其罪行，推进贿赂犯罪案件的侦破。

第三，受贿人一般是文化程度和智力水平较高的官员，案发前心理准备

通常也比较充分，具有较强的反侦查能力。因此，司法机关通常需要借力于行贿人减免处罚制度，从行贿人一方率先打开缺口，取得受贿人收受贿赂的相关证据，继而步步紧逼攻破受贿人的心理防线，促使受贿人如实供述其受贿事实。

第四，受贿罪的犯罪嫌疑人、被告人翻供的比例较高。司法机关如果没有较大力度的"优惠政策"来稳住行贿人的口供，往往容易造成行贿人与受贿人双方事后双双翻供，从而使案件的诉讼陷入僵局。

## 五、 行贿罪减免处罚制度有利于有效预防和公正惩罚贿赂犯罪

贿赂犯罪发案率高的原因之一，就是该类犯罪难以被发现，行贿人和受贿人都比较自信地认为犯罪后不会被发现。因为贿赂双方的行为都构成犯罪，行贿人和受贿人都不希望其罪行败露，导致行贿人与受贿人之间自然而然地结成了一种共同保守秘密的"同盟关系"和"互信关系"。这种关系一方面导致已经发生的贿赂犯罪案件难以侦破，另一方面导致贿赂犯罪人更加放心大胆地实施更多的贿赂犯罪，导致贿赂犯罪恶性循环、愈演愈烈。

从立法和司法上采取有效措施打破行贿人与受贿人之间的"同盟关系"和"互信关系"，斩断贿赂犯罪愈演愈烈的恶性循环关系，可以说是有效预防贿赂犯罪的关键策略。我国现行刑法规定，行贿人在被追诉前主动交待行贿行为的，可以减轻处罚或者免除处罚。这一行贿罪减免处罚制度有利于降低受贿人与行贿人之间的"互信关系"，受贿人担心行贿人主动如实交待行贿事实而有所顾忌，有利于遏制贿赂犯罪。司法机关借助于行贿罪减免处罚制度，促使行贿人如实交待贿赂犯罪，有利于降低贿赂犯罪黑数，有效打击和遏制贿赂犯罪。贿赂犯罪被发现、被追诉的比例越高，就越有利于预防和减少贿赂犯罪；反之，如果贿赂犯罪被发现、被追诉的比例很低，则会导致事实上助长贿赂犯罪。

在惩治贿赂犯罪问题上，有效侦破犯罪比公正惩罚犯罪更加重要。我国目前贿赂犯罪形势严峻的主要原因，在于破案率低、犯罪黑数高，而不在于刑罚的严厉性不足。实证研究也表明，"无论是惩罚的确定性还是严厉性均对总犯罪率、财产犯罪和暴力犯罪产生了显著的威慑作用。其中破案率的威慑力最强。"[①] 因此，国家应当把惩治贿赂犯罪的着力点放在提高破案率而不是加大刑罚力度方面。为了尽可能地侦破贿赂犯罪，对罪责相对较轻的一方——行贿人——给予较大力度的宽大处理，虽然从局部而言稍失公正，但

---

① 陈屹立、张卫国：《惩罚对犯罪的威慑效应：基于中国数据的实证研究》，载《南方经济》2010 年第 8 期。

这是为了换取侦破案件效果而不得已付出的一种"必要代价"。如果脱离贿赂犯罪的有效侦破问题来要求对贿赂犯罪的公正处罚，这只是一种"纯理念上的公正惩罚"，其实是空中楼阁、纸上谈兵。况且，有效侦破贿赂犯罪是公正惩罚贿赂犯罪的前提和基础，如果贿赂犯罪案件的侦破率太低，则会使大量的贿赂犯罪逃脱法网，导致从整体上来看刑罚更加不公正。

## 六、 以减免处罚换取共犯人供述犯罪是世界各国应对侦破难问题的普遍策略

如何有效地侦破和认定犯罪案件，是世界各国刑事司法机关面临的共同难题。为了解决破案难的问题，各国刑法都普遍规定了自首、坦白、立功等针对犯罪人的"刑罚优惠"政策，意在鼓励犯罪人配合侦查，提高破案效率。特别是贿赂犯罪、有组织犯罪和共同犯罪等侦破难度大的案件，各国刑法一般规定了较大的"刑罚优惠"力度来鼓励犯罪人配合侦查机关破案。

对主动如实交待贿赂犯罪事实的行贿人给予了宽大处理，是多数国家的共同做法。一些国家的刑法对于主动交待行贿事实的行贿人甚至明确规定"免除刑事责任"或者"免除处罚"，比我国刑法规定的从宽力度更大。《俄罗斯联邦刑法典》第 291 条规定："……行贿人主动向有权提起刑事案件的机关坦白行贿事实的，行贿人可以免除刑事责任。"[1]《克罗地亚刑法典》第 348 条规定："……（三）因公职人员索要贿赂而犯本条第一、二款规定之罪，并且在该行为被发现之前，或者其察觉该行为被发现之前主动向有关机关进行报告的，应当免予处罚。"[2]

为了解决一些犯罪案件调查取证难的问题，美国联邦议会于 1857 年制定了《联邦刑事免责法》（1868 年、1893 年和 1970 年作了修改）。依据《联邦刑事免责法》中的"刑事免责"制度，追诉主体（警官、检察官）出于破案的需要，可以向有管辖权的联邦法院申请，若共同犯罪案件中的某名被追诉者（嫌疑人或者被告人）承认自己的犯罪事实并揭发了同案人的主要犯罪事实或者提供破案证据，就免除其在该案中的刑事责任，作为对其认罪和揭发同案犯行为的一种肯定和奖励，亦可视为是一种诉讼利益的交换。"刑事免责"制度经常适用于贿赂犯罪案件、有组织犯罪案件以及其他依靠警察调查的方法很难侦破的案件。[3]

我国刑法除了在刑法第 390 条第 2 款规定了行贿罪减免处罚制度之外，

---

① 黄道秀译：《俄罗斯联邦刑法典释义》（下册），中国政法大学出版社 2000 年版，第 806 页。

② 王立志译：《克罗地亚刑法典》，中国人民公安大学出版社 2011 年版，第 17～18 页。

③ 参见周国均：《借鉴"刑事免责"制度和"证据强制"规则之构想》，载《中国法学》2003 年第 5 期。

还在第 164 条第 3 款和第 392 条第 2 款分别规定了对非国家工作人员行贿罪和介绍贿赂罪的减免处罚制度，以鼓励行为人在被追诉前主动交待其犯罪行为。另外，值得注意的是，我国 2014 年 11 月通过的《反间谍法》规定了对间谍犯罪的特别宽大和奖励制度。该法第 27 条第 2 款规定："实施间谍行为，有自首或者立功表现的，可以从轻、减轻或者免除处罚；有重大立功表现的，给予奖励。"这一从宽和奖励制度，同样是为了应对间谍犯罪的高度隐蔽性和侦查机关破案难问题而作出的策略性规定。

## 七、 实践中过度宽宥行贿人的做法属于执法偏差而非立法缺陷

从我国打击贿赂犯罪的实践情况来看，过度宽宥行贿人的现象比较常见，一些本应追究刑事责任的行贿人逃脱了刑法的制裁。例如，国家食品药品监督管理局原局长郑筱萸利用职务上的便利，为 8 家企业在药品医疗器械的审批等方面谋取利益，直接或通过其子其妻非法收受上述单位负责人的财物，折合人民币价值共计 649 万余元，郑筱萸因此被判处死刑，但该 8 家企业及相关人员均未被追究刑事责任。杭州市原副市长许迈永多次索取收受 14 名企业负责人贿赂，共计 1.45 亿余元，被判处死刑，但主动向许迈永行贿数额高达数千万元的多名企业负责人均未被追究刑事责任。湖南省郴州市原纪委书记曾锦春受贿 3151.84 万元，被判处死刑，当地某商人向曾锦春行贿 16 次，共计 240 余万元，案件侦查过程中，该商人 3 次被传唤，3 次被释放，最终不了了之。类似上述案件，不胜枚举。①

正是因为实践中存在对行贿人过度宽大的问题，近来很多人提出要修改现行刑法中的行贿罪减免处罚制度，严格限制对行贿罪的从宽处罚，以便加大对行贿罪的惩罚力度，纠正"重打击受贿，轻打击行贿"的倾向，甚至有人提出了对受贿和行贿同等处罚的激进倡议。

笔者认为，实践中过度宽宥行贿人的现象固然应当纠正，但是导致过度宽宥行贿人的原因不在于现行刑法第 390 条第 2 款规定的减免处罚制度，而在于办案机关对该条规定的理解不当和执法偏差。应当正确理解和适用我国现行刑法第 390 条第 2 款的规定。应当澄清的是，对于在被追诉前主动交待行贿行为的行贿人，我国刑法规定的是"可以"而非"应当"减轻处罚或者免除处罚；刑法规定的是在减轻处罚和免除处罚二者之间"选择其一"，而非都是"免除处罚"；"免除处罚"的实现方式包括"定罪免刑"、"相对不起诉"和不予刑事立案三种情况，而不都是"不予刑事立案"，"免除处罚"不等于"免除刑事责任"。遗憾的是，实践中一些办案机关片面理解和不当

---

① 参见李少平：《行贿犯罪执法困局及其对策》，载《中国法学》2015 年第 1 期。

适用了我国现行刑法第 390 条第 2 款的规定，导致一些本应被追究刑事责任的行贿人被过度宽宥。需要指出的是，这种情况属于执法上的偏差，并非立法上的缺陷。也就是说，现行刑法规定的行贿人减免处罚制度本身是科学合理的，今后要注意纠正的是实践中的执法偏差，而纠正执法偏差的要领应当是正确理解和准确适用刑法的规定，而不应将执法偏差推脱给立法，否则未能"对症下药"，无助于问题的真正解决。

# 法经济学视阈下行贿犯罪
# 立法完善研究

杨彩霞[*]　梅定珠[**]

党的十八大以来，我国反腐呈现高压态势，党中央持续挥出重拳大力惩治腐败，尤其是对公务员贪腐犯罪实行"零容忍"。随着反腐工作的不断深入推进，中央坚持有腐必反、有贪必肃，"老虎苍蝇一起打"的刑事政策，使得我国反腐成效明显。[①] 与此同时，贪污贿赂的刑事立法工作也取得了较为显著的进展，《刑法修正案（九）（草案）》（以下简称《草案》）即对贪污受贿罪试图通过取消数额限定并完善情节规定来为惩腐肃贪提供更好的法律支持。然而相较于贪污受贿罪的理性严打之势，司法实践对于行贿犯罪却一直持较为宽容的态度，不仅每年立案查处的行贿案件数量远远不及受贿犯罪案件，[②] 而且个案中行贿犯罪的处罚力度也远远轻于受贿犯罪，甚至采取判处缓刑、免除处罚或不成立犯罪等方式处理。为此《草案》也试图通过完善行贿犯罪的刑罚种类并严格对行贿罪从宽处罚的条件以强化对行贿者的打击来进一步体现党中央加大对腐败犯罪惩处力度的决心。然而草案的这一规定却引发了理论界关于是应该部分放手，通过激励行贿人"告密"以换取更多受贿者落网，还是应该对本身亦属腐败的行贿者严惩不贷的激烈论战。[③] 在笔者看来，行贿其实是作为理性经济人的行贿者基于"成本—收益"分析，权衡之下所实施的寻租活动，意在通过行贿手段迂回地获得政府赋予其在一定生产领域的垄断、排他地位或优待政策，以谋求个人或企业利益的最大化。因此本文拟另辟蹊径，以犯罪"成本—收益"理论为切入点，在法经

---

[*] 华中师范大学法学院副教授，法学博士。

[**] 华中师范大学法学院硕士研究生。

① 如据 2015 年《最高人民检察院工作报告》，查办贪污、贿赂、挪用公款 100 万元以上的案件 3664 件，同比上升 42%。查办县处级以上国家工作人员 4040 人，同比上升 40.7%，其中厅局级以上干部 589 人。参见最高人民检察院 2015 年《最高人民检察院工作报告》，http://www.spp.gov.cn/gzbg/201503/t20150324_93812.shtml（访问时间 2015 年 5 月 20 日）。

② 以 2014 年为例，我国查办受贿犯罪人 14062 人，而查办的行贿犯罪人则只有 7827 人。参见同上。

③ 参见陈金林：《通过部分放手的贿赂犯罪防控》；杨思哲：《严惩行贿者是遏制腐败的必要措施——兼与陈金林师兄探讨》；陈金林：《我来替行贿人说几句话——兼回杨思哲博士》等法律读品（微信号：lawread）推送的系列文章。

济学视阈下对我国行贿犯罪的立法完善问题进行探讨，以回应论战并就教于各位方家。

# 一、 当前我国行贿犯罪立法模式下的犯罪成本

成本是经济学中的一个重要概念，是企业、政府乃至消费者个人进行经济决策时必须考虑的重要因素，它泛指人们通过一定的活动获得某种物品、获取某种利益所需付出的代价。[①] 犯罪成本则是指犯罪人在实施犯罪行为时所需承受的直接成本、机会成本和惩罚成本。具体来说，行贿者在寻租活动中发生的成本包含显性成本和隐性成本两部分。显性成本即直接成本，主要是指行贿支出的费用；隐性成本则主要包括行贿的时间机会成本和惩罚成本，其中前者指行贿者因将时间用于行贿犯罪而导致的放弃其他经济活动可能产生的收益，后者则是指因行贿犯罪被司法机关侦破并被判处刑罚对犯罪分子所造成的损失。而行贿犯罪的犯罪直接成本和犯罪机会成本对犯罪人而言是相对稳定的常量，所以这里实际需要关注的就是行贿犯罪的惩罚成本。因现实中对犯罪人判多重的处罚首先取决于能否将行贿人定罪，所以影响行贿犯罪成本的主要因素就是行贿者可能受到刑事制裁的概率成本和实际处罚成本。由于我国刑事政策向来采取严惩受贿、轻治行贿的传统，在当前行贿犯罪立法模式下，出于司法办案侦查策略上的考量，立法者希望通过从宽定罪处罚使行贿行为人主动交待行贿行为、积极退赃并检举揭发受贿行为，以行贿引出受贿、瓦解行贿受贿利益同盟从而换取快速侦破受贿犯罪案件，故立法上总体对行贿罪的规定较为宽松，由此导致无论是行贿者的定罪概率成本还是处罚成本都相对低下。

## （一）行贿行为的定罪概率成本

刑法学鼻祖贝卡里亚曾指出，"对犯罪最强有力的约束力量不是刑罚的严酷性，而是刑罚的必定性。"[②] 然而从行贿犯罪的构成要件上看，严格限定行为的对象和行贿的目的一定程度上大大降低了行贿行为定罪的概率成本，具体表现在：

1."为谋取不正当利益"要件限制了定罪几率

我国刑法规定了五种行贿类犯罪，其中均将"为谋取不正当利益"作为前置性的主观要件，立法的出发点在于提高行贿犯罪的入罪门槛，将主观上谋取正当利益的行贿行为排除犯罪范围。而当下贪污贿赂频发，出于各种目的的行贿行为层出不穷，无法一概而论，故该限定条件会导致一些行贿行为无法入罪，使行贿人不负担任何惩罚成本。实际上，"正当"与"不正当"

---

[①] 郭振华、唐志峰：《微观经济学》，清华大学出版社 2013 年版，第 114 页。

[②] ［意］贝卡里亚：《论犯罪与刑罚》，黄风译，中国大百科全书出版社 1993 年版，第 59 页。

是思想观念上的评判，从法律层面难以对其进行准确界定，"两高"关于"不正当利益"所作出的司法解释，也并没有明确界定不正当利益是否限于非法利益、如何定性不确定利益、不正当是道德评判还是法律价值评判等问题，这在一定程度上影响了司法统一，也降低了行贿者的惩罚成本。

2. 犯罪对象限定于财物缩小了入罪范围

众所周知，我国刑法规定的五种行贿类犯罪中，皆将行贿界定为给予一定主体以"财物"的行为。按照对财物的通常理解，一般是指具有一定价值的金钱财产或物品等有体物。而随着社会不断发展，行贿人行贿犯罪的对象早已不局限于有体物的财物。当前行贿行为已具备权物、权权、权钱、权色等多种交易形式，诸如提供商业优惠、会员服务、免费旅游等手段隐蔽的多种行贿方式也早被司法实践所确认，给予财物只是其中一种最为常见的行贿方式。然而尽管司法解释已将行贿范围逐步扩大涵盖包括财产性利益在内的广泛价值利益，但也无法弥补其与社会现实之间渐渐拉大的间隙，譬如性贿赂就一直难被认定。换言之，行贿范围限定于财物在司法实务中加大了对行贿者定罪入刑的难度，使得一些行贿者只需承担较低的入罪成本。

（二）行贿犯罪的实际惩罚成本

从刑法关于行贿犯罪的处罚规定看，其可能给犯罪分子带来的损失或痛苦亦极为有限。

1. 行贿罪刑罚设置的缺漏影响了惩罚力度

首先，对于行贿这种贪利性犯罪，除了在判处最高一档徒刑时"可以"并处没收财产，其他档完全没有适用财产刑的余地。而事实上，财产刑更加符合边沁提出的"刑罚应当尽量与犯罪的性质相似"的原则。[1] 财产刑的部分缺失，意味着惩罚可能不是有效的。其次，从主刑上看，行贿罪刑罚则与受贿罪刑罚存在明显不对称性。同样数额的贿赂，受贿者理论上讲只要受贿额达到10万元，情节特别严重就可以处死刑，而行贿即便情节特别严重，如数额达到100万元，也至多只能判无期徒刑。虽然并非说刑罚越重越好，但"一个不足的刑罚比严厉的刑罚更坏。"[2] 由于立法上仅依据情节确立了三档不同的法定刑幅度，为司法留下了极大的裁量空间，故在"重打击受贿、轻打击行贿"的传统观念影响下，5年以下有期徒刑或者拘役就成了实践中行贿者的主要刑罚档次。行贿犯罪的惩罚力度成本之低由此可见一斑。

2. 行贿犯罪从宽量刑情节再次降低惩罚成本

现行刑法对行贿罪特别自首量刑情节的规定是降低行贿罪惩罚成本的另一根源。根据规定，行贿人在被追诉前主动交待行贿行为的，可以减轻处罚

---

① 吕天奇：《贿赂罪的理论与实践》，光明日报出版社2007年版，第402页。

② ［英］吉米·边沁：《立法理论》，李贵方译，中国人民公安大学出版社2004年版，第68页。

或者免除处罚。作出这一特别从宽处罚的规定意味着即使行贿人并没有主动投案自首，但其供述罪行已可使其享受比投案自首更大的宽宥空间。而在实践中，由于我国大部分职务犯罪案件都是由党内纪律检查部门率先介入侦查取证，在搜集完主要证据得以侦破案件后再转交给司法系统公诉审判，因此，只要行贿人在纪检部门调查阶段主动交待了行贿事实，将来进入司法程序后就可能被免除或者从宽处罚。而不少行贿者也就顺势利用这一规定来逃避刑罚。立法所体现的从宽思想加之行贿罪法定刑本就偏轻，最终导致近年来对行贿犯罪分子的缓刑适用率始终居高不下，从而显著降低了行贿犯罪的隐性惩罚成本。

## 二、 行贿犯罪成因的"成本—收益"分析

经济学主张的"有限理性的经济人"和寻租理论对跨刑法学领域研究职务犯罪成因提供了新的研究方法和思路，有助于进一步揭示行贿行为表征下的成因。在承认人的行为是受"理性"支配的前提下，由于"每个人能够通过'成本—收益'或趋利避害的原则来对其面临的一切机会和目标及实现目标的手段进行优化选择"，[①] 所以总体上讲，只要寻租活动的收益大于寻租活动的成本，因寻租行贿所带来的预期收益与寻租成本之间的差价仍然有利可图，就会有人不惜铤而走险去行贿。正如学者所指出的，在垄断性寻租活动的"成本—收益"分析中，行贿者通过寻租获得垄断特权从而实现寻利[②]。通过具体的"成本—收益"分析，我们不难发现，行贿犯罪的成因主要在于：

### （一）刑事处罚成本低导致行贿者寻租逐利

经济学提出人是有限理性的经济人，主张人具有机会主义倾向，即人具有投机心理、为自己谋求更大利益的行为倾向，合乎行贿人和寻租者在实施行贿行为时进行"成本—收益"分析、作出利弊权衡的思维范式。从"经济人"的立场出发不难看出，行为人实施行贿正是基于自身经济利益的分析而做出的理性选择。对于行贿者来说，其将行贿行为视为一种市场投资行为，目的就是在市场竞争中取得优势地位以便于牟利。作为市场运行的客观规则之一，法律明文禁止行贿寻租行为，行贿一旦暴露便会受到相应处罚，从而增加行贿的成本和风险，此时行贿者便会权衡法律宽严程度和行贿风险。当法律规定趋于宽松或存在漏洞，刑事制裁对行贿人造成的犯罪成本较低时，寻租活动的机会成本和风险大大降低，面对寻租报酬的巨大诱惑，行贿者极易趋向于在较小的违法风险和较大的利益回报之间进行权衡博弈后，选择向

---

① 张宇燕：《经济发展与制度选择》，中国人民大学出版社 1992 年版，第 661 页。
② 仲伟周、王斌：《寻租行为的理论研究及实证分析》，科学出版社 2010 年版，第 44 页。

掌权者寻租行贿以实现自身的利益追求。

### （二）寻租预期收益高导致行贿者实施行贿

经济学认为，如果人们把大量资源投入政治交易活动中，便会抑制生产活动，当人们追逐政治权力的收益率大于追逐产权的收益率，人们就会投入资本去追逐政治权力，通过获得的市场垄断地位从而实现个人的超额利润。[①]在市场正常的自由竞争条件下，资源由市场竞争自动实现配置，市场主体通过不断创新科技提升生产力和降低生产成本，从而获得企业的正常利润，会动态地实现帕累托最优。但是，市场的自主运作并非臻于完美，市场的运转还会受到自身局限性和外界因素的影响，此时政府就会介入市场进行宏观调控。政府介入市场，用权力配置资源，其结果就会产生各种各样的额外收益点，即权力导致的租金，就会诱导越来越多的寻租活动。政府审批、配额、许可或特许经营等行为会改变原有的资源配置格局，客观上创造了一个新的稀缺特权市场，占有该市场的份额就意味着占据资源配置的垄断地位。权力本身就是极度稀缺的重要资源，从而导致市场主体竞相利用自身现有的资源去进行权力交易，以获得某一市场领域的垄断地位，通过自己主导资源配置获得高额利润。刑罚也是稀缺的资源，当基于法律的效率价值追求而进行刑罚配置时，使得行贿罪的立法资源有限，与之相对地导致行贿者寻租活动的犯罪成本降低，低成本高收益必然诱使行贿者开展寻租活动。

### （三）寻租活动能使行贿者实现利益最大化

当前中国正处于改革转型期的社会，由于民主和法制尚不健全，各种制度不完善，权力运行存在相当程度的任意性和不规范性。市场规则不完善，行政权力过多介入干预市场经济活动并且商品化、市场化，这就给各级权力执掌者提供了进行权钱交易活动的广阔市场。在特定资源供给极为有限的领域，政府官员拥有市场准入和分配资源的巨大决定权，这也就成为滋生租金和腐败的重要土壤。寻租是市场主体基于存在限制市场进入或市场竞争的制度或政策而采取的规避手段，与政府行政干预的特权息息相关。在政府的干预下，寻利的企业家发现寻利受阻，转而进行寻租活动，利用行政权力来维护既得的经济利益或是对既得利益进行再分配，以寻求自身利益的最大化。这类寻租行为往往通过采用阻碍生产要素在不同产业之间自由流动、自由竞争的方式来维护或攫取既得利益。当寻租者和政府官员形成利益同盟时，寻租行为的风险减小，成本降低，而且利益集团的存在，也使得寻租者在事情败露时容易得到包庇。行贿犯罪较宽松的刑事立法则进一步降低了寻租行为的风险和成本，导致寻租行为更为普遍地蔓延和频繁发生。

---

① 孙小民：《从制度经济学角度分析我国政府的权力寻租现象》，载《决策参考》2009 年第 10 期。

## 三、 基于"成本—收益" 分析的我国行贿犯罪立法完善建议

根治腐败是一项综合性、系统性的大型工程，并非一朝一夕就能顺利完成，必须标本兼治。当下腐败问题愈演愈烈，单靠"严而不厉"的刑事政策模式指导下的"运动式"严打腐败并不足以有效根治，还必须从立法上着手。鉴于行贿者大多数的行贿行为归根到底都是为了谋求个人的经济利益，所以笔者认为，在行贿犯罪的显性成本保持相对不变的情况下，只有通过立法优化刑法资源配置，严密行贿入罪规范，适度增加行贿者惩罚成本，从而压缩租金空间，使预期收益小于寻租成本，寻租者才会无利可图而放弃行贿寻租。由此，针对前文所述我国目前行贿犯罪成本低廉的现状，笔者认为刑事立法应当进一步强化对我国行贿犯罪的打击，具体可以考虑从以下方面入手：

第一，删除行贿犯罪中"为谋取不正当利益"的要件，扩大行贿犯罪入罪范围，从而增加行贿者入罪的风险成本。因为只有当行贿者承受较高的定罪概率成本时才不会丧失理性一味谋取不正当利益。在笔者看来，为谋取正当利益而行贿的行为虽然在主观上不具有故意的目的，但其行贿行为客观上仍然侵犯了国家工作人员职务行为的廉洁性。行贿犯罪的危害性并不在于行为人谋取利益的正当与否，而是侵犯了国家工作人员职务行为廉洁性和不可收买性，因此谋取正当利益的行贿行为同样具有法益侵害性。所以只要行为人主观上明知自己的行为是为了寻租行贿，其行贿行为仍具有刑法谴责性，就应当承担由此带来的惩罚成本。主张取消"为谋取不正当利益"要件的另一个理由在于，刑法中只有行贿类犯罪规定了"为谋取不正当利益"的主观要件，而受贿罪和介绍贿赂罪均无此要求，在行贿人为谋取正当利益而通过政治掮客实施行贿行为的情况下，介绍行贿和受贿行为均可入罪，而行贿人却可以其是谋取正当利益抗辩而免于追究刑事责任，这显然导致了罪名体系之间的不协调。所以笔者认为行为人贿赂国家工作人员从而使其利用职务上的便利为自己谋取利益，无论利益正当与否，在客观上造成了侵害公职人员职务的廉洁性的消极后果即应当入罪，行为人所谋求的利益正当与否只宜作为量刑情节予以考虑。除了对"正当行贿"同样予以入罪来增加行贿者的犯罪成本外，立法上对于贿赂的范围，也应当进一步扩大。只有司法实践中层出不穷、五花八门的行贿者都无法挣脱严密的刑事法网，行贿者在面临较大的风险成本时才会理性地规避风险放弃犯罪。

第二，为行贿犯罪确立科学的罚金刑，从经济上提高行贿犯罪的惩罚成本，使作为理性经济人的行贿者能深刻感受到犯罪的得不偿失。刑法理论和实践都证明，在很多情况下，对贪利性犯罪处一定财产刑（尤其是罚金）往

往往会取得更好的惩治功效。①《草案》也已明确为行贿罪增加了罚金刑，这大概正是考虑行贿犯罪人的根本目的在于谋求经济利益，所以"完善行贿犯罪财产刑规定，使犯罪分子在受到人身处罚的同时，在经济上也得不到好处"，② 以此来加大对行贿犯罪的惩处成本并威慑行贿者。不过笔者注意到，《草案》为行贿罪增加的是无限额罚金，表面看来缺少罚金的上限，即意味着可以由法官根据具体案件情况判处数额可观的罚金，可以说正契合了增加惩罚成本的需要。然而无限额罚金制一方面虽然有利于维护刑法一定时期内的稳定性，但另一方面却违背了罪刑法定原则和刑法的谦抑性，也不利于社会公众明确行贿犯罪判处罚金的具体结果从而实现刑法一般预防的效果。实际上增加惩罚成本并不等同于要搞重刑主义，因为根据经济学的边际效益原理，重刑罚的边际威慑是非常小的，甚至会适得其反。如果对犯有轻微伤害罪和谋杀罪的罪犯都处以死刑，那么刑罚对谋杀罪就没有边际威慑。如果对偷了 5 美元的小偷给予砍手之罚，他宁愿去偷 5000 美元。③ 也就是说，惩罚成本并非越高越好，刑罚资源应科学优化，只要达到足以规制行贿的合理限度即可。为此，笔者认为采取倍比罚金制相对于无限额罚金制更为可取。我国立法机关可以以行贿数额为基准，基于立法和司法的双重考量确定罚金合理的具体倍数。立法上确立倍比罚金制之后，行贿者可以预见其寻租成本与预期收益的差异，当其发现预期收益必将远小于行贿成本时，自然会理性地放弃行贿而守法。

第三，鉴于行贿犯罪法定的从宽处理量刑情节以及缓刑适用的失当，有必要转变观念进一步修改完善立法以增加惩罚成本。行贿与受贿具有对合性，犹如买卖合同的成立必然存在双方当事人，并且意思表示达成合致。④ 既然如此，基于公平正义的法律价值，两种行为在量刑处罚上就应当体现罪名体系之间的刑罚协调性，如果行贿罪惩罚成本较低，二者在惩罚成本上不一致，易导致更多的行贿催生受贿。对此，《草案》已经作了较大修改，将行贿罪确定为情节犯，划分为三个档次，并严格设定了对行贿罪从宽处罚的条件，规定行贿人在被追诉前主动交待行贿行为的，只是"可以从轻或者减轻处罚"。而只有在犯罪较轻，检举揭发行为对侦破重大案件起关键作用，或者有其他重大立功表现的，才可以免除处罚。不过笔者认为这一修改虽然一定程度上提高了行贿犯罪的惩罚成本，但是仍然存在使行贿人通过检举立功等行为规避较高的惩罚成本的可能性。虽然从刑事政策和侦查破案的角度考虑，

---

① 陈兴良：《本体刑法学》，商务印书馆 2005 年版，第 707 页。

② 参见《关于〈中华人民共和国刑法修正案（九）（草案）〉的说明》。

③ 乔治·J. 斯蒂格勒：《法律实施的最佳条件》，周仲飞译，载《法学译丛》1992 年第 2 期，第 41~42 页。

④ 李辰：《行贿犯罪研究》，中国政法大学出版社 2013 年版，第 35 页。

对行为人的主动交待行为予以宽宥有积极作用，但是这一宽待处理规定的存在使得惩罚成本大打折扣，必将成为日后行贿的最主要诱因，进而仍可能形成行贿寻租的恶性循环。其实，刑法总则对犯罪分子从宽处罚已经规定了自首和坦白制度，在贿赂案件实际侦破过程中，我们完全可以根据行为人的具体表现选择适用自首或坦白的规定，而不一定必须单独制定例外条款对行贿人的供罪或揭发行为予以优待，这样也可避免对行贿犯罪的从宽幅度大于一般自首和坦白的不协调情形。故笔者主张《草案》的条款可进一步删减，特别自首规定不宜继续纳入法定情节，以保持与一般自首从宽幅度的一致性。而缓刑乃至免予刑事处罚的适用，则应当贯彻"两高"2012年颁布的《关于办理行贿刑事案件具体应用法律若干问题的解释》精神，从严把握适用标准。

一言以蔽之，以法律遏制寻租才是腐败的治本之策。寻租活动在扭曲市场资源配置正常机制的同时，也会导致政治权力的异化和蜕变，沦为商品化的垄断特权和超额利益，极大地腐蚀公共权力的公信力和公权力执掌者职务行为的廉洁性，对国家政治、市场经济和社会价值观将产生巨大的负面后果。因此，行贿作为腐败的重要诱因之一，必须在完善刑法立法的基础上予以严格对待，加大打击行贿犯罪力度，从根源上解决行贿诱发的权力腐败。

# 行贿犯罪的立法完善

## ——以《刑法修正案（九）（草案）》为视角

李 军* 张 媛**

　　随着腐败大案要案的频发，涉案的人数、金额、官员的级别愈来愈令人震惊，腐败的方式也不断的演变。从数万元到数亿元，从数人到数十人，从科级干部到省级、部级，从赤裸裸的"显性腐败"到发现难、查办难的"隐性腐败"。这些都昭示着我国的反腐败工作的急迫性和重要性。腐败现象的严重，涉及数额的惊人，无疑显现着贿赂犯罪的猖獗程度。

　　行贿罪是典型的贿赂犯罪，也是腐败的最常见的表现形式之一。当前，在我国的社会、经济等各个领域，行贿这一极富感染性的"病毒"正在肆意蔓延，社会危害性日益严重。有的行贿人为了拉拢腐蚀领导干部不惜重金铺路，财货搭桥，用尽手段，费尽心机，导致一大批领导干部在糖衣炮弹的攻击下蜕化变质，腐化堕落。有一位行贿人谈到其"行贿经验"时，如是说："只要是人，他就有弱点，他就有喜怒哀乐，投其所好，没有摆不平的。要么他爱财，要么他贪色，要么他还想继续升官，要么他怕老婆，要么他家中有病人，要么他的孩子不成器……如果所有这些他都不必面对，他还有上级、同僚、同学、战友、朋友的面子、关系需要照顾，拉住他周围的这些人，也能让他就范。实在不行，还可以来硬的，把他的上级拉下水，把他必须打交道的部门拉下水，让他们制服他，说服他……"① 可见，行贿人的手段已经是无所不用其极。更有甚者，在谋取不正当利益的同时，给国家和社会利益造成重大损失。可以说，行贿罪所造成的危害是全局性的，比普通的刑事犯罪更加严重。欲进一步严厉打击贿赂犯罪，惩治腐败现象，对于作为贿赂犯罪源头的行贿罪，我们应该加以更多的关注以及更严厉的打击，这样才能从源头上遏制腐败现象。然而现实情况又是如何呢？

## 一、 检察机关惩治行贿罪与受贿罪比例严重失衡

　　全国检察机关每年要查处数万件贿赂犯罪案件，每件受贿案件背后都有

---

　　* 北京市人民检察院第一分院正处级检察员。

　　** 北京市人民检察院第一分院助理检察员。

　　① 徐胜平：《行贿罪惩治如何走出困境》，载《人民检察》2012 年第 16 期。

数名甚至数十名行贿人。但是，实践中行贿人却极少受到刑事追究，对行贿罪立案少，起诉更少，判处实刑的更是少之又少。据最高人民检察院数据统计库显示：2004 年至 2008 年，全国检察机关共立查受贿案件 45046 件 47297人，立查行贿案件 10201 件 11699 人，二者的比例是 4.4∶1；共起诉受贿被告人 38587 人，起诉行贿被告人 5809 人，二者的比例是 6.6∶1。2009 年 9月，最高人民检察院反贪总局公开了一组统计数字：2009 年 1 月至 6 月，全国检察机关共立案查处商业贿赂案件 6277 件 6842 人，其中，涉嫌受贿犯罪4849 件，占立案总数的 77.25%，行贿罪 1197 件，占 19.07%。[①] 据最高人民检察院历年工作报告显示，2008 年至 2012 年，全国检察机关共立案侦查职务犯罪案件 218639 人，对 19003 名行贿人追究刑事责任；2013 年全国检察机关共立案侦查职务犯罪案件 51306 人，对 5515 名行贿人追究刑事责任；2014年全国检察机关共立案侦查职务犯罪案件 55101 人，对 7827 名行贿人追究刑事责任。从这几组数据来看，检察机关立查和起诉受贿案件数与行贿案件数比率严重失衡。而实际上，立查一件受贿案件，往往牵出一连串行贿人，大量行贿人未被追究刑事责任，被追究刑事责任的行贿人与检察机关实际发现的行贿人相比，所占比率更是极低。

司法实践中，检察机关对绝大多数行贿案件没有立案，或者立案后撤案，或者立案后作不起诉处理，显然司法打击的锋芒对准的是受贿者而非行贿者。既然行贿罪的危害众所周知，为何行贿者却极少受到刑事追究？笔者认为，原因有三：

第一，在立法层面，我国现行刑法对行贿犯罪的规制存在重大纰漏，已无法满足惩治现实各种情形的行贿行为的需要。一些不法分子利用法律控制上的真空，大肆行贿，在谋得各种利益的同时却逃脱处罚。实际上，我国学者对刑法惩治行贿犯罪的立法疏漏早已有所察觉，并纷纷就如何完善立法建言献策。

第二，在司法层面，检察机关在惩治行贿罪中处于左右为难的尴尬困境。现阶段，检察机关侦破受贿案件主要依靠突破口供而不是外围取证，以检察机关目前的侦查手段和侦查能力，如果对行贿人和受贿人都同样严厉打击，可能促使他们形成攻守同盟，强化他们的合作对抗心理，结果可能是难以收集有力证据或证据不足，导致对行贿人与受贿人都打击不力。

第三，在刑事政策层面，传统的刑法理论与现实发生严重脱节，对行贿犯罪的惩治过于偏软。与受贿罪相比，我国刑法对行贿罪的处罚采取了宽容的态度，法定刑不仅轻于受贿罪，而且还作出了"行贿人在被追诉前主动交待行贿行为可以免除处罚"的规定。这直接导致了司法实践中打击贿赂犯罪

---

① 参见曾亚波：《"黑名单"背后的中国行贿犯罪惩治》，载《法治与社会》2010 年第 2 期。

的"一手硬、一手软"现象，相当一部分行贿犯罪分子没有受到法律追究或者处罚过轻，使人们产生了"行贿无所谓"甚至"行贿无罪"的观念，这样造成行贿行为更加汹涌泛滥。

在上述立法、司法、刑事政策三方面原因共同作用下，我国行贿犯罪愈演愈烈，反腐败形势也更加严峻。刑事立法是刑事政策不可逾越的藩篱，刑事政策靠刑事法律起作用，刑事政策的基本载体是刑法结构和刑法机制；刑事立法更是刑事司法的基础，在提高检察机关司法能力的同时，通过刑事立法政策破解刑事司法困境也不失为一种解决思路。因此，为了适应打击腐败的需要，推动我国的反腐工作，完善行贿罪的立法刻不容缓。

## 二、《刑法修正案（九）（草案）》的出台，为行贿犯罪的立法完善带来发展契机

《刑法修正案（九）（草案）》的亮点之一是加大了对腐败犯罪的惩处力度，特别是在两个方面加大了对行贿犯罪的处罚力度，一是对多种行贿犯罪增设了罚金刑，二是严格了对行贿人从宽处罚的条件。之所以做出如此修改，是因为长期的司法实践情况表明，在行贿与受贿这一对合性犯罪中，行贿犯罪对受贿犯罪的作用不可低估，行贿行为相比受贿行为而言，其始终处于最主动、最积极、最活跃的地位，正是那些手段高明而又不辞劳苦奔波的行贿人才催生了越来越多的受贿者，可以说在大多数情况下，行贿人才是始作俑者。而长期以来，我国从立法到司法对行贿罪惩处的重视不够和不力，严重影响了对腐败犯罪的遏制效果。所以，为了有效遏制贿赂腐败，就要首先遏制贿赂的源头。

在此值得一提的是，此次草案将利用影响力受贿罪的对向性行为即向国家工作人员近亲属等关系密切人员行贿的行为纳入刑法规制的范围。在现实生活中，向国家工作人员近亲属等关系密切人员行贿的行为日趋严重；《联合国反腐败公约》明确要求缔约国将"利用影响力交易"行为入罪[①]。此次草案将向国家工作人员近亲属等关系密切人员行贿的行为入罪，不仅是打击日益严重的利用影响力受贿行为的需要，也符合国际公约的相关要求，有着充分的现实基础和法律依据，进一步严密了打击腐败犯罪的法网，有助于反腐败刑事法治的完善。虽然该规定不属于对"行贿罪"本身的修改，但是突破、完善了对广义行贿犯罪（包括行贿罪、单位行贿罪、对单位行贿罪等）的规定，有助于我们打开完善行贿犯罪立法的思路。

然而，在兴奋之余，笔者也注意到，虽然此次《刑法修正案（九）（草案）》对行贿罪做出许多重大突破性修改，但是相较于《联合国反腐败公

---

① 参见刘颖等：《国际法资料选编》，中信出版社 2004 年版。

约》以及其他国家和地区关于行贿罪的立法，还有很多地方有待探讨和完善。

## 三、以治理"隐性腐败"为中心，加快行贿罪的立法完善

近年来，诸如性贿赂、信息贿赂、业绩贿赂、感情贿赂、帮助贿赂、期权贿赂等多种形式的非物质化贿赂在我国涌现，并呈愈演愈烈之势。与传统的物质贿赂（"显性腐败"）相比，非物质贿赂具有极强的隐蔽性（不易被发现）和不易查办性（对其界定、预防、查处极为困难），所以我们把这些腐败方式统称为"隐性腐败"。① "隐性腐败"不仅手法变化莫测、种类名目繁多，且具体操作过程表现出极强的温和性、迟延性和多层次性，其破坏性和社会危害性甚至比"显性腐败"更大。然而一个不争的事实是，由于我国刑法对于行贿罪的规制存在一些纰漏，因此，行贿罪的立法已明显跟不上当今反腐工作的局势，对于打击日益泛滥的"隐性腐败"更显力不从心。如果不从立法上对行贿犯罪的规制作出相应的修改和完善，将无从谈及切实治理行贿犯罪之根本。

我国已缔约《联合国反腐败公约》（以下简称《公约》），该公约是联合国历史上通过的第一项专门指导反腐败斗争的法律文件，其旨在预防和惩治腐败、加强反腐败国际合作。《公约》第15条的规定包含了对行贿罪的规定："各缔约国均应当采取必要的立法措施和其他措施，将下列故意实施的行为规定为犯罪：（一）直接或间接向公职人员许诺给予、提议给予或者实际给予该公职人员本人或者其他人员或实体不正当好处，以使该公职人员在执行公务时作为或者不作为；（二）公职人员为其本人或者其他人员或实体直接或间接索取或者收受不正当好处，以作为其在执行公务时作为或者不作为的条件。"② 显然，《公约》关于行贿罪的规定与我国现行刑法的规定是冲突的。《公约》第65条第2款规定："公约的实施：1. 各缔约国均应当根据本国法律的基本原则采取必要的措施，包括立法和行政措施，以切实履行其根据本公约所承担的义务。2. 为预防和打击腐败，各缔约国均可以采取比本公约规定更为严格或严厉的措施。"根据上述规定，我国对《公约》应当通过国际公约的间接实施模式也即转化为国内法而予以适用，这是我国作为《公约》缔约国所必须履行的义务，具体而言：在宏观层面，国内立法应吸收《公约》立法理念，结合宽严相济的刑事政策，修正我国的立法理念；在微观层面，应修改具体的立法规定，接轨《联合国反腐败公约》。那么，在现行刑法与《公约》规定存在冲突的情况下，刑事立法应该如何吸收《公

---

① 邓崇专：《"隐性腐败"的治理与刑法跟进》，载《社会科学家》2010年第12期。
② 刘颖等：《国际法资料选编》，中信出版社2004年版。

约》的立法理念，又该如何接轨《公约》的规定呢？

**（一）关于构成要件**

《联合国反腐败公约》对行贿罪的规定，在主观方面只要求行贿人明知是公职人员而故意直接或间接向公职人员许诺给予、提议给予或者实际给予不正当好处，而不要求行贿人主观上有"谋取不正当利益"的目的。也就是说，只要求行贿人主观上是故意即可，至于主观目的则没作限制性规定。谋取正当利益也好，谋取不正当利益也罢，均不影响行贿罪的成立。我国刑法第389条规定："为谋取不正当利益，给予国家工作人员以财物的，是行贿罪。"也就是说，现行刑法规定的行贿罪，要求行为人给予国家工作人员财物时，必须同时具备"为谋取不正当利益"这一要件。两相比较，《联合国反腐败公约》规定的行贿罪的构成要件与我国现行刑法的规定是冲突的。那么，何谓"为谋取不正当利益"？

1999年3月4日，"两高"发布《关于在办理受贿犯罪大要案的同时要严肃查处严重行贿犯罪分子的通知》，该通知第2条规定："谋取不正当利益是指谋取违反法律、法规、国家政策和国务院各部门规章规定的利益，以及要求国家工作人员或者有关单位提供违反法律、法规、国家政策和国务院各部门规章规定的帮助或者方便条件。"2008年11月20日，"两高"发布的《关于办理商业贿赂刑事案件适用法律若干问题的意见》第9条规定，在行贿犯罪中，"谋取不正当利益"，是指行贿人谋取违反法律、法规、规章或者政策规定的利益，或者要求对方违反法律、法规、规章、政策、行业规范的规定提供帮助或者方便条件。2012年12月26日，"两高"发布《关于办理行贿刑事案件具体应用法律若干问题的解释》，再次就行贿犯罪中的"谋取不正当利益"做出规定，"行贿人谋取的利益违反法律、法规、规章、政策规定，或者要求国家工作人员违反法律、法规、规章、政策、行业规范的规定，为自己提供帮助或者方便条件。"同时规定，"违背公平、公正原则，在经济、组织人事管理等活动中，谋取竞争优势的，应当认定为'谋取不正当利益'。"这是司法解释性文件对行贿罪"谋取不正当利益"作出的界定，是认定行贿罪"为谋取不正当利益"的法律依据。从上述三个规定可以看出，司法解释对于行贿罪中"谋取不正当利益"的界定越来越宽泛，客观上降低了定罪的门槛，扩大了行贿犯罪的范围，也从侧面反映出在司法实践中，"谋取不正当利益"这一犯罪构成要件对于行贿罪的认定造成了困难和障碍，不利于对行贿罪的打击。

除《联合国反腐败公约》外，国外刑法对于行贿罪一般也只从客观要件的角度设定罪状，行贿人的主观目的为何，一般并不规定。例如，新加坡刑法以严厉、严密著称，其对惩治贿赂犯罪的成功经验也早已闻名于世，新加坡《反贿赂法》第5条规定：任何人单独或与他人联合向他人给予、许诺或提供贿赂作为引诱或酬金，以期该人实际或计划实施，或者实际或计划延期实施有关任何事物或交易的行为，构成行贿罪。据此，新加坡刑法以"引诱、期望或要求相对人作为、不作为或拖延执行某行为"作为行贿罪主观方面的要件（或犯罪意图）。也就是说，行贿人的主观意图不仅限于谋取不正当利益，还包括谋取正当利益。再如，以严谨著称的《德国刑法典》第333条对行贿罪的规定是："对公务员或从事特别公务的人员或联邦国防军士兵将来公务上的行为，为其本人或第三人提供、允诺或给予利益的……"《德国刑法典》第334条规定："对公务员或从事特别公务的人员或联邦国防军士兵现在或将来职务上的行为，为其本人或第三人提供、允诺或给予利益的……"① 无疑，我国现行刑法对行贿罪的立法是粗疏的，而《联合国反腐败公约》与新加坡《反贿赂法》、《德国刑法典》等许多国家的刑法典一样，对行贿罪的成立要件没有规定"为他人谋取不正当利益"这一限制条件，其法网要远远严密于我国现行刑法的立法规定。

笔者认为，我国现行刑法规定行贿罪构成要件中必须是"为谋取不正当利益"，是有违严密法网的要求的。就行贿罪的本质而言，行贿罪所侵犯的直接客体是国家工作人员职务行为的廉洁性和不可收买性，只要行为人实施了行贿行为，无论其主观上为谋取什么样的利益，都是对公职的收买，都构成了对国家工作人员职务行为廉洁性的侵犯。至于行贿人谋取的利益正当与否，只是反映行贿人主观恶性的大小和社会危害性程度的不同，并不影响行贿罪的本质。为此，笔者建议，改革我国关于行贿罪的构成要件，取消行贿罪犯罪构成要件中"为谋取不正当利益"的限定条件，并将其作为量刑情节予以考量。

**（二）关于贿赂的范围**

《公约》第15条规定的"贿赂"是指作为公职人员"在执行公务时作为或不作为的条件"的"不正当好处"。而我国现行刑法界定的贿赂的范围是财物，侧重贿赂犯罪的经济性，基本上承袭了我国古代法律的"计赃定罪"的立法模式。从法律规定看，现行刑法对行贿中的范围限定为"财物"，包括金钱与物品，不包括财物以外的财产性利益，更不能包括其他非物质性的利益。尽管理论与实践中对此一直争论很多。实践中，对贿赂的范围的界定尽管也早有突破，但现行规定却是现实存在的。两相比较，《公约》规定的所谓"不正当好处"与我国现行刑法规定的"财物"是不一致的，前者的范围远大于后者。

然而，现实生活中容易滋生"隐性腐败"的往往正是行贿人提供给国家工作人员的一些非物质性利益，如提供性服务，邀请旅游，为其子女安排工

---

① 参见徐久生等译：《德国刑法典》，中国法制出版社2000年版。

作，等等。以性贿赂为例，在一些情况下，物质利益达不到的目的，性贿赂却可以达到，性贿赂只要发生，受贿者往往会多次给行贿人提供便利，为其谋求利益，就会反复给社会带来危害。"性贿赂手段隐蔽，不留痕迹，导致权力变质，使国有资产大量流失，在某种程度上，性贿赂的持续性和给社会带来的危害性有可能会超过财物的贿赂。"① 并且近年来性贿赂发生的概率已经大幅上升，呈现出扩大蔓延之趋势。性贿赂行为已经明显超出了一般违法行为的范畴，对社会的秩序已经构成了严重的危害。然而，根据罪刑法定原则，我国刑法中规定的行贿罪的行贿物不包括"性利益"，因此性贿赂的行贿人往往逃避了刑法的惩罚。

笔者认为，法定贿赂形式的单一性与现实生活贿赂形式的多样性、复杂性发生了尖锐的矛盾，严重制约了对贿赂犯罪的认定与惩处。正是我国刑法对这些非物质利益的行贿无能为力，大量的行贿受贿得不到应有的制裁，严重制约了对于"隐性腐败"的打击。事实上，中国的犯罪化范围和程度远不如西方国家，这在经济犯罪和职务犯罪等犯罪上表现得尤为突出。当前我国所面临的并不是非犯罪化问题，而是犯罪化问题。② 因此，将财产性利益乃至非物质性利益纳入我国"贿赂"范围，完善法网，十分必要，同时这也是与《联合国反腐败公约》接轨，使国际法国内化的要求。

（三）关于行为方式

《公约》第15条规定行贿的行为方式包括许诺给予、提议给予或者实际给予；新加坡刑法规定了"给予"、"提供"、"承诺或允诺"几种行贿方式。而我国现行刑法规定，行贿罪的客观方面表现为行为人给予国家工作人员以财物的行为，亦即"给予"（实际交付）是我国现行刑法确定的行贿行为的唯一表现形式。可见，无论是《公约》还是新加坡的刑事立法，对于行贿方式的界定范围均明显宽于我国现行刑法的规定。

第一，所谓"许诺给予"，是指行贿人与受贿人达成协议，行贿人交付贿赂，受贿人利用职务上的便利为行贿人谋利；"提议给予"，是指行贿人向行贿对象作出明确的行贿意思表示；"实际给予"，是指行贿人向国家公职人员实际交付贿赂的行为。我国刑法规定的行贿的行为方式——"给予"完全无法包含出现频率越来越高的其他行贿行为方式，难以全面地打击行贿行为。

第二，根据《公约》以及新加坡等国刑法的规定，只要行为人实施了《公约》或刑法规定的行贿罪各行为方式中之一的行为，就触犯了行贿罪，而不要求行为结果的发生，显然，按照上述规定行贿罪属于行为犯。而根据我国刑法的规定，构成行贿罪除了要实施行贿行为外，还要求发生法定的危

---

① 王平：《关于贿赂的界定问题》，载《中南大学学报》（社会科学版）2003年第4期。

② 阮传胜：《论我国刑法关于行贿罪规定的立法完善》，载《求是》2012年第2期。

害结果，故行贿罪是一种结果犯。从加大对行贿罪的打击力度出发，将我国的行贿罪由结果犯改变为行为犯，无疑会产生极大的推动力。

第三，"隐性腐败"最显著的特性就是隐蔽性，行贿、受贿双方变得更为刁滑，行贿行为也有利于隐蔽，行贿者与受贿者为了逃脱制裁，钻法律的空子，采取"许诺给予"等其他方式进行行贿与受贿。如果刑法将这些行为排除于行贿罪的客观表现之外，不利于对"隐性腐败"的遏制和打击。

笔者认为，我国未来颁布的新刑法修正案，应增加行贿罪的行为方式，将"给予"扩大为"给予、提议给予或许诺给予"，并且将行贿罪既遂的标准提前为只要行贿人实施了上述任一行为就构成犯罪既遂。

## 四、结语

我国对于行贿罪的立法，应借鉴德国、新加坡等国的立法经验，结合对《联合国反腐败公约》的接轨，以及司法实践中出现的新型行贿行为，及时进行立法完善，以期适应现实的需要。正确的路径应是修改行贿罪的构成要件，取消行贿罪构成要件中"为谋取不正当利益"的限定条件；扩大贿赂的内容范围，将以"财物"为代表的财产性利益修订为"财产性利益和其他非财产性利益"；完善行贿罪的行为方式，将"给予"这一唯一的行为方式修订为包括"许诺给予"、"提议给予"和"给予"在内的三种行为方式。

# 行贿罪的立法完善

杜　澎<sup>*</sup>　白路瑗<sup>**</sup>

在当今的社会情形下，腐败犯罪可谓是越来越猖獗。假如说贿赂犯罪是腐败犯罪的一种重要表现形式，行贿犯罪则是贿赂犯罪的重要组成部分。行贿罪作为最为典型的惩治行贿犯罪的罪名，在打击行贿犯罪中发挥了巨大的作用。但是，关于行贿罪的规定本身还存在着一些立法上的缺陷，导致司法实践中对行贿行为的打击力度偏小。所以，我们必须正视所存在的缺陷，并从立法上进行完善，以期能够更加有力地打击行贿犯罪，促进廉洁社会的形成。

## 一、"为谋取不正当利益" 要件的修改

根据刑法第 389 条第 1 款的规定，行贿是指为谋取不正当利益，给予国家工作人员以财物的行为。其中，关于"不正当利益"的界定以及这个要件的地位和存废问题，理论上一直存在着较大的争议。部分学者认为，"为谋取不正当利益"要件具有相当的合理性，所以坚持此要件是行贿罪的必要构成要件，可以称之为"保留论者"。部分学者则从行贿行为的本质、与《联合国反腐败公约》契合等角度出发，主张应当删去"为谋取不正当利益"要件，可以称之为"废除论者"。也有学者认为，"行贿罪不应将行贿人谋取利益限制在'不正当'范围内"，因此建议直接删去"不正当"三字，将行贿罪的主观方面要件修改为"为谋取利益"。① 我们认为，之前的讨论仅仅局限于是否应当废除的问题，而没有注意到单纯的保留或废除都存在一定程度的缺陷，所以相对而言第三种观点更为合理。事实上，废除论者的很多理由，实际上作为将"不正当"直接删去的主张的理由更为合适，如与联合国反腐败公约的对接和契合、行贿罪与受贿罪的对合性等等。在此不一一赘述，只选取其中最为重要的理由从正反两方面展开论述。

### （一）正——行贿行为的本质及其客体侵害性

1. 行贿行为的本质

"贿赂"一词在《现代汉语词典》中的解释是：（1）用财物买通别人；

---

　＊　国家法官学院副教授。

＊＊　北京师范大学刑事法律科学研究院硕士研究生。

　①　彭新林：《为谋取正当利益而行贿也应入罪》，载《检察日报》2015 年 3 月 23 日第 3 版。

（2）用来买通别人的财物。行贿的具体含义符合第一种解释，即行贿人通过给予受贿者一定的财物，来达到利用受贿者的职权获得某种利益的目的，它的本质是一种"钱权交易"行为。而这里"某种利益"的性质究竟如何，并不会影响到行贿行为"钱权交易"的本质。换言之，如果行为人谋取的是不正当利益，行贿的本质是"钱权交易"；如果行为人谋取的是正当利益，他的行为仍然符合通过给予受贿人以财物来达到谋取利益的基本模式，行为的本质仍然是"钱权交易"。而现行刑法的规定恰恰是缩小了行贿的表现方式，并未集中全面地体现行贿行为"钱权交易"的本质。

2. 行贿罪的客体侵害性

从行贿罪所保护的法益角度出发，行贿罪的客体是国家工作人员职务行为的廉洁性和不可收买性。[1] 只要行为人实施了行贿行为，无论其主观上为谋取的是什么样的利益，都构成了对国家工作人员的职务行为廉洁性和不可收买性的侵犯。换言之，即使行为人谋取的是正当利益，他的行为还是直接侵害了客体，不会因为利益的正当性而抵消事实上已经被侵害了的客体。所以行贿人采取行贿的方式来谋取利益，理应受到刑法的否定性评价。[2] 至于行贿人谋取的利益正当与否，只是反映行为人主观恶性的大小和社会危害性程度的不同，并不影响行贿罪的认定。进一步讲，即使是为了谋取正当利益，也不应通过行贿的手段买通路子。[3] 谋取正当利益是合理的，也是每位公民所积极追求的，但是不能只注重其目的的正当性而忽略其手段的非法性和侵害性，否则将会导致大量出现"目的正当而手段非法"的钻法律空子的现象，严重阻碍对行贿犯罪的有力打击。

关于行贿行为的本质和客体侵害性是废除论者最为有力的论据，但事实上此论据用来论证删去"不正当"表述的主张更为合适。因为不管是"无论行为人谋取的是不正当利益还是正当利益……"还是"即使是谋取正当利益……"此论据的焦点都在于谋取利益的"正当性"和"不正当性"，讨论的都是假如行为人谋取正当利益的后果和手段的问题，而不是论及整个"为谋取不正当利益"要件。所以，相较于作为废除论者的有力论据，将此论据看作删去"不正当"表述的主张的理由更为合适。

针对行贿行为的本质和客体侵害性的理由，保留论者针锋相对地提出了批评，认为"任何头脑正常的公民，都不愿意在自己本应该取得合法权益的时候，还要拿出一笔财物来行贿。我们要追问，为什么公民在追求合法权益的时候还要去行贿呢？那是因为公民对国家工作人员不信任。为什么公民会对国家工作人员不信任呢？那是因为国家工作人员本身的工作缺乏公正性。

---

[1] 戴建中：《论行贿罪的认定及立法完善》，2006 年西南政法大学硕士学位论文，第 9 页。
[2] 彭新林：《为谋取正当利益而行贿也应入罪》，载《检察日报》2015 年 3 月 23 日第 3 版。
[3] 许海波：《贪污贿赂罪若干问题研究》，知识产权出版社 2005 年版，第 168 页。

这类人面对强权，别无选择，难以期待采取其他适当手段维护自己的合法权益。空洞而抽象地要求公民不能采取行贿行为，是将国家工作人员自身工作的不当责任转移到公民身上，显然是不合理的。"① 更有甚者，在前面这段论述之后，将期待可能性理论置于此处："……不合理的，也有违期待可能性理论之要求。"②

这样的批评显然是没有说服力的。首先，将对行贿行为性质的讨论转移到了对国家工作人员的批评上面，充分表达了他对国家工作人员工作公正性的怀疑和不满。但是，这是两个方面的问题，公民可以对国家工作人员的工作公正与否提出质疑和批评，但是这根本不能成为通过行贿手段谋取利益的理由。其次，将行贿人置于一种非常弱势的地位，充分强调了行贿是事出有因，情有可原的。但是，事出有因、情有可原是无论如何掩盖不了行为人最终还是选择了行贿的手段来达到目的，问题的关键不会因为前提和原因而改变。借用论者的表述，"任何头脑正常的公民"在面临利益和规则的选择的时候，都应该坚守道德底线和法律红线，否则必将受到刑法的否定性评价。最后，关于期待可能性理论在这里的运用更是不合理。很明显行为人在面临利益和规则的选择时，完全可以实施合法行为，反之"无期待可能性"的情况出现才是少之又少。

概言之，通过上述对行贿行为的本质及其客体侵害性这一论据的进一步阐明和论述，再加上没有论及的与受贿罪的对合性、与《联合国反腐败公约》的对接和契合等方面的理由，足以从正面证明删去"不正当"表述的主张的合理性和正确性。

**（二）反——难以界定的不正当利益与"重受贿、轻行贿"**

1. 难以界定的"不正当利益"

利益，从个人层面来讲，包括个人物质生活与精神生活的满足。③ 单从利益的词义出发，利益本身是没有"正当"或者"不正当"之分的。所谓利益的"正当"与"不正当"，都是人们为了特定的解释目的、根据不同的评价标准而加于词语本身的。而"正当"与"不正当"本身也只是一种道德标准，带有明显的主观色彩并且具有相当的抽象性。当我们试图去解释"正当"含义的时候，似乎很难给它下一个明确的定义，而更常见的解释方法则是通过举例、引证、溯源等途径。所以作为一种道德标准，对于"正当"的理解就是一个"仁者见仁，智者见智"的过程。在没有统一固定的界定标准的情况下，可以说"有一千个读者，就会有一千个正当的含义与界限"。所以，在不同的区分标准下，利益的正当与否会有不同的答案。换言之，利益

---

① 吕天奇：《贿赂罪的理论与实践》，光明日报出版社第 2007 年版，第 215 页。
② 李辰：《行贿犯罪研究》，中国政法大学出版社 2013 年版，第 59~60 页。
③ 张俊：《论行贿罪之"为谋取不正当利益"》，载《法制博览》2015 年第 1 期。

的正当与否是一个相对而言的概念，我们没有办法用一个非常明确和固定的标准将二者截然分开。

1999 年 3 月 4 日，"两高"在《关于在办理受贿犯罪大要案的同时要严肃查处严重行贿犯罪分子的通知》中，第一次对行贿罪中的"谋取不正当利益"做出界定，并在 2008 年 11 月 20 日《关于办理商业贿赂刑事案件适用法律若干问题的意见》和 2012 年 12 月 31 日《关于办理行贿刑事案件具体应用法律若干问题的解释》中作了补充说明。因此，保留论者认为，"不正当利益"的界定标准以及和正当利益的区分标准就此明确，所以坚持主张废除论者认为，不正当利益难以界定并给司法实践带来麻烦的论据是不能成立的。并且提出："不正当利益的界定确实比较麻烦，但是难道'麻烦'就能够成为取消的理由吗？"① 确实，不能因为害怕"麻烦"而作为取消的理由，但是问题的关键不在于麻烦与否，而在于即便"两高"颁布了司法解释作出一定范围内的界定，随着社会生活日新月异的发展，利益形态的日趋多元化，利益正当与否的明确界定仍然非常困难。

2. 司法实践中确实存在"重受贿、轻行贿"的现象

行贿罪与受贿罪是具有对合关系的一对犯罪，二者是相对的概念，互相依存。"行贿者之所以贿赂受贿者，目的是利用受贿者的职权获取某种利益，实际上是一种'以钱换利'或曰'以私利换公利'的钱权交易行为；而对受贿者来说，利用其职权便利，从事或不从事一定的职务行为，或者从事违反职务的行为，为受贿者谋取某种利益，以便非法收受或索取他人财物，这是一种'以权换利'或是'以公利换私利'的权钱交易行为。"② 所以行贿行为是受贿产生的根源之一，并且除被勒索的情况外，行贿行为往往具有相当的主动性，行贿手段也具有多样性。但是从目前的司法实践状况来看，确实存在着"重受贿、轻行贿"的现象，导致受贿罪与行贿罪的打击比例相差悬殊。很多腐败官员因受贿而入狱，但行贿人却常常得以轻判或者未被追究刑事责任，原因之一就是将"为谋取不正当利益"作为行贿罪主观要件，影响了对其惩处的力度。③ 而这样的惩处力度同时也会形成一种价值导向，即行贿是一种"低风险、高收益"的手段，最终导致腐败现象激增。

保留论者在驳斥废除论者"谋取不正当利益"会造成放纵行贿犯罪，使得打击受贿犯罪难以奏效时主张：行贿受贿往往是一一对应的关系，打击行贿罪使得行贿人与受贿人成为利益攸关方，成为"拴在一条线上的蚂蚱"，这使得行贿人站出来指证受贿人几乎变得不可能，这大大增加了受贿罪侦查过程中的证据收集的难度。这样的论断本身具有一定的合理性，但是作为坚

---

① 吕天奇：《贿赂罪的理论与实践》，光明日报出版社第 2007 年版，第 215 页。
② 孟庆华：《受贿罪研究新动向》，中国方正出版社 2005 年版，第 1 页。
③ 彭新林：《为谋取正当利益而行贿也应入罪》，载《检察日报》2015 年 3 月 23 日第 3 版。

守"不正当利益"要件的理由还是略显单薄。再次借用论者前述的表述，加大对行贿罪的打击力度确实会给受贿罪的侦查工作带来麻烦，但是难道'麻烦'就能够成为忽视行贿行为的危害性而单纯追求受贿罪的惩处的理由吗？从历史发展的角度看，当初规定"为谋取不正当利益"为必备要素的主要为促进经济发展的社会条件已经不存在了，相反日益猖獗的腐败犯罪要求我们必须正视这个问题，在不同的价值要求中坚定地做出选择，扩大行贿罪的打击范围，从而更加有力地惩处贿赂犯罪。[①]

概言之，通过上述从反面进行的论述，足以使我们认识到修改的必要性和合理性。与前述正面的论述一起，也足以说明将"不正当"三字删去的主张的合理性和正确性。所以，建议将行贿罪的概念修改为：为谋取利益，给予国家工作人员以财物的，是行贿罪。

## 二、"被动型行贿"规定的修改

刑法第389条第3款规定：因被勒索给予国家工作人员以财物，没有获得不正当利益的，不是行贿。这就是所谓的"被动型行贿"。根据这条规定，行为人因为遭受勒索而行贿但是又没有获得不正当利益的情形就被人为地排除在行贿罪的规制范围之外。但是，我们认为，即便行为人因为遭受了勒索才行贿，不管他最终有没有得到利益，得到什么性质的利益，他的行为事实上都已经侵害了国家工作人员的职务廉洁性和不可收买性，因此，这种行为也应当受到刑法的否定性评价而进入受贿罪规制的范围。

### （一）"为谋取不正当利益"要件的性质界定

根据法条的规定，获得不正当利益与否是这种情形是否构成犯罪的标准之一，因此在讨论此条规定的合理性之前，必须先对"为谋取不正当利益"要件的性质作出界定。前述已将"为谋取不正当利益"的表述修改为"为谋取利益"的主张在此条规定仍然适用，但是，为了表述和理解的方便仍称之为"为谋取不正当利益"。

在"典型行贿罪"的情形下，学者们对于此要件的性质基本达成了共识，即此要件为行贿罪的主观方面的要件。但是在"被动型行贿"中，此要件的性质问题存在很大的争议。我们以为，认为此要件是主观要件的主张是正确的。首先，从行贿"钱权交易"的本质来讲，行为人只是为了谋取某种利益而与受贿者之间进行了钱与权的交易，行为人是否获得了利益却是在所不问的。其次，从客体侵害性来讲，行贿者与受贿者之间的钱权交易行为在实质上已经侵害了国家工作人员的职务廉洁性和不可收买性，无论行为人有

---

① 赵秉志、刘志伟、彭新林：《努力完善惩治腐败犯罪立法建设》，载《法制日报》2015年4月8日第9版。

没有获得利益都不会影响行贿行为对客体的侵害。最后，从字面意思而言，"为"字本身就带有表示行为人主观目的的色彩，应当属于主观方面的意识。

持客观要件说的学者们在论述客观要件说的合理性时，曾认为根据刑法第 389 条第 3 款的规定，如果行为人实际上没有得到不正当利益，那么就不成立行贿罪，所以"为谋取不正当利益"是客观要件。但是我们以为，行为人即便是因为被勒索而行贿，他主观上仍然是为了谋取一定的利益，只是实际上没有获得。刑法之所以不将其作为犯罪是因为行为人主观恶性和社会危害性都比较小而已。另外，若是承认这种情形下"为谋取不正当利益"是客观要件，那么行贿罪将会有两个犯罪构成，这与犯罪构成的基本原理也不相符。所以，无论是哪种情形下的行贿，将"为谋取不正当利益"作为主观要件都是比较合理的。

**（二）因被勒索而行贿也应当统一入罪**

在认定"为谋取不正当利益"要件为行贿罪的主观要件的前提和基础上，我们认为，行为人因被勒索而行贿的情形应当统一作入罪处理。具体理由如下：

1. "被动型行贿"规定的历史沿革与政策考量

关于"被动型行贿"最早的规定出现在中央人民政府于 1952 年公布的《惩治贪污条例》中。其第 6 条规定："……凡因被勒索而给予国家工作人员以财物并无违法所得者，不以行贿论；其被勒索的财物，应追还原主。"1979 年刑法并没有涉及相关内容，而 1985 年"两高"颁布的《关于当前办理经济犯罪案件中具体应用法律的若干问题的解答（试行）》中规定："……行贿人因被敲诈勒索而给予国家工作人员财物的，不以行贿论。"随后，在 1988 年施行《关于惩治贪污罪贿赂罪的补充规定》中规定："……因被勒索给予国家工作人员、集体经济组织工作人员或者其他从事公务的人员以财物，没有获得不正当利益的，不是行贿。"最后就是 1997 年刑法中的规定："因被勒索给予国家工作人员以财物，没有获得不正当利益的，不是行贿。"

从"被动型行贿"规定的历史沿革可以看出，虽然在新中国成立之初的《惩治贪污条例》中就已经规定了因被勒索而行贿的不是犯罪，但是不构成犯罪的范围却越来越小：从最开始的不仅不认为是犯罪而且还需要退还财物，到后来只认为不是犯罪而没有退还财物的规定，再到最后只有没有获得不正当利益的情形才不构成犯罪。对于行贿人的态度和立场也经历了从最开始的受害人到后来犯罪人的转变。这样的转变表明立法者逐渐认识到，即便是在受勒索而行贿的情形下，行为人也具有一定程度的主观恶性和社会危害性。

全国人大常委会法制工作委员会刑法室关于这条规定的立法理由的说明是：……同时，考虑到有的群众被敲诈勒索后给予国家工作人员财物，更是被强权所迫，只要行为人没有获得不正当利益，也不应当定行贿罪。[①] 我们以为，这样的政策考量是合理的，但是，我们不能因为政策的考量而忽视行为的本质特征及其客体侵害性，也不能忽视行为人的主观恶性和社会危害性。政策考量应当建立在正确认识和界定行为的本质特征的基础上。

2. "被动型行贿"的客体侵害性

前面已经提到，行贿行为本质上是一种钱权交易的行为。只要行为符合"通过给予受贿者一定的财物，来达到利用受贿者的职权获得某种利益的目的"的基本模式，行为就毫无疑问地符合钱权交易的本质。更进一步讲，只要行贿人与受贿人之间进行了钱权交易行为，那么刑法所保护的国家工作人员的职务廉洁性和不可收买性就已经不可避免地遭到了侵害，不会因为行为人在实施行为前主观上的意志而有所改变。关于行贿行为的本质和客体侵害性，在前文中已经论及，这里不再赘述。总而言之，即便行为人是在受到勒索的情况下实施的行贿行为，也应当受到刑法的否定性评价，并列入行贿罪的规制范围。

3. "被勒索"只应当是量刑情节

与典型行贿罪相区别的是，"被动型行贿"情形中行贿人是在受到了勒索的情况下才选择通过行贿手段来实现自己的目的。但是即便行贿者事实上确实受到了受贿者的勒索，他在面临规则与利益的选择的时候，仍然有足够的自由进行自主选择。这种情形下的"被勒索"只能说明行贿人的主观恶性小于典型行贿罪中行贿人的主观恶性，行为人的社会危害性小于典型行贿罪中行贿人的社会危害性而已，"被勒索"这个情节并不会影响到行贿行为本质的界定，也不会抵消客体已经被侵害的事实。换言之，"被勒索"这样的情节只应当作为量刑情节，而不应当作为定罪情节，对"被勒索"情节的考量应当充分体现在量刑的过程中，而不应当影响到对行为本身的认定，从而影响到定罪环节。

综合以上三点，我们认为，此种情形的立法应当在正确认识和界定行为本质特征的基础上进行政策考量，并且严格区分定罪情节和量刑情节，所以建议删去刑法第389条第3款的规定，转而在行贿罪的处罚中体现此种情形的特殊性。

**（三）因被勒索而行贿的处罚**

如前所述，行为人"被勒索"而行贿的情形也符合行贿罪的基本特征和模式，因此，应当将其认定为行贿罪。但是因为"被勒索"情节的存在，又使得这种情形显著区别于典型行贿罪。但是，这种区别应当如何体现？我们

---

[①] 全国人大常委会法制工作委员会刑法室：《中华人民共和国刑法条文说明、立法理由及相关规定》，北京大学出版社 2009 年版，第 791 页。

认为，可以通过刑罚力度的不同来将"被动型行贿"与"典型行贿罪"相区别。同样，考虑到现实中确实存在群众被迫行贿的情形，在这类行为的查处中的政策考量可以通过调整法定刑和量刑幅度来实现。

1. 现有法律规定框架

首先，根据刑法第 13 条中但书的规定，如果行贿人在被勒索的情况下行贿，同时又符合"情节显著轻微危害不大"的要求，那么就可以不认定为犯罪。其次，在现有的刑法规定和司法解释框架下，行贿行为需要达到一定的标准之后才能被认定为构成行贿罪。如最高人民检察院《关于行贿罪立案标准的规定》中明确规定："……涉嫌下列情形之一的，应予立案：行贿数额在一万元以上的；（1）行贿数额不满一万元，但具有下列情形之一的：……""被动型行贿"同样需要满足上述立案标准，才能以行贿罪进行定罪处罚，所以并非所有的"被动型行贿"都会进入刑法规制的范围。最后，在《刑法修正案（九）（草案）》的基础上，刑法第 390 条第 2 款关于行贿人特别自首和重大立功的规定，同样给予了行贿人一定的机会去争取从轻、减轻或免除处罚。

2. 对"被动型行贿"减轻、免除处罚

现有的法规框架虽然可以将一部分的行为排除在刑法规制的范围之外或者减小处罚力度，但是，这样的法律规定适用于所有的行贿罪的情形。所以，"被动型行贿"的刑罚处罚力度还需要与典型行贿罪的刑罚处罚力度有明显的区别。因此，我们认为可以在刑法第 390 条关于行贿罪的处罚规定之后增加一句话：……因被勒索给予国家工作人员财物的，应当减轻或者免除处罚。之所以规定为减轻或者免除处罚，是因为此种情形下行为人的主观恶性显著小于典型行贿罪中行为人的主观恶性，其社会危害性也较小，所以希望能通过减轻或者免除的方式达到罪责刑相适应的要求。

在这样的处罚模式下，"被动型行贿"的行为人也可能不会受到刑罚的处罚，与之前的不认为是犯罪的后果没有不同。但这种情形下的不受处罚是建立在确定行为是犯罪行为的基础上的，这与之前的不认为是犯罪的情形具有本质的不同，这也是我们坚持主张的目的所在。

## 三、 结语

综上所述，面对着日益猖獗的腐败犯罪给我们带来的巨大挑战，坚守严厉打击腐败犯罪的基本政策，立足于行贿行为的本质特征和客体侵害性，我们认为，可以对行贿罪中的行贿行为做一个较为广义的解释，将符合行贿本质和客体侵害性的行为统一入罪处理，而不同的情节则在刑罚的严厉程度上体现出来。所以，我们支持将"谋取不正当利益"修改为"为谋取利益"的主张，相应地在刑法第 390 条第 2 款关于行贿罪处罚的规定中也删去"不正当"三字；主张将因勒索而行贿的情形也做入罪处理，但是应当减轻或免除处罚。

结论：综合上述讨论，在《刑法修正案（九）（草案）》的基础上，可以尝试着对有关行贿罪的条文做如下表述：

第三百八十九条　为谋取利益，给予国家工作人员以财物的，是行贿罪。

在经济往来中，违反国家规定，给予国家工作人员以财物，数额较大的，或者违法国家规定，给予国家工作人员以各种名义的回扣、手续费的，以行贿论处。

第三百九十条　对犯行贿罪的，处五年以下有期徒刑或者拘役，并处罚金；因行贿谋取利益，情节严重的，或者使国家利益遭受重大损失的，处五年以下十年以上有期徒刑，并处罚金；情节特别严重的，或者使国家利益遭受特别重大损失的，处十年以上有期徒刑或者无期徒刑，并处罚金或者没收财产。因被勒索给予国家工作人员财物的，应当减轻或者免除处罚。

行贿人在被追诉前主动交待行贿行为的，可以从轻或者减轻处罚。其中，犯罪较轻的，检举揭发行为对侦破重大案件起关键作用，或者有其他重大立功表现的，可以免除处罚。

# 行贿罪立法完善探析

汪维良*　王远伟**

近年来，随着我国经济和社会的快速发展，行贿罪作为社会腐败的主要恶源，正被人们所重视，被国家列入严厉打击的范畴，且 2012 年"两高"还专门制定了《办理行贿刑事案件具体应用法律若干问题的解释》。但遗憾的是，目前无论在理论界还是司法实践中都偏重于对受贿犯罪的研究和打击，加上当前行贿罪立法上的不完善，使得行贿罪的认定成了司法实践中较为棘手的问题。在当前严厉打击腐败犯罪的大背景下，由于行贿罪与受贿罪是对合犯，其也成了反腐败的一个关键突破口。我国刑法的基本原则——罪刑法定原则是司法适用中最基本的原则之一，始终贯穿于司法过程中，由于当前行贿罪立法的滞后造成了诸多认定困难，尤其是针对感情投资等行为，我国法律还没有明确的相关规定。可见，我国现行刑法中关于行贿罪的立法规定已不与时俱进，滞后于当今经济社会的发展，使得较多行贿行为逃避了法律的制裁。因此，完善行贿罪的相关立法刻不容缓、势在必行。笔者结合我国司法实践，根据法律法规及司法解释的规定，借鉴域外有关经验，对我国行贿罪的立法完善加以探析，以便有所裨益。

## 一、取消"为谋取不正当利益"的要素

### （一）行贿罪中"为谋取不正当利益"要素要求不一

我国 1979 年刑法第 185 条规定，向国家工作人员行贿，处三年以下有期徒刑或者拘役。据此行贿罪构成要素中无是否谋取利益（包括正当与不正当利益）的规定，只要向国家工作人员行贿，即可构成行贿罪。1985 年最高人民法院、最高人民检察院联合出台的《关于办理经济犯罪案件中具体应用法律的若干问题的解答（试行）》中规定，个人为谋取非法利益，向国家工作人员行贿或介绍贿赂的，应按照刑法行贿罪的规定追究刑事责任。该规定中构成行贿罪必须以"为谋取非法利益"作为必备要件。1988 年全国人大常委会《关于惩治贪污罪贿赂罪的补充规定》第 7 条规定："为谋取不正当利益，给予国家工作人员、集体经济组织工作人员或者其他从事公务的人员以财物

---

　*　重庆市人民检察院第三分院党组成员、职务犯罪侦查局局长。

　**　西南政法大学博士研究生，重庆市人民检察院第三分院职务犯罪侦查局综合指导处副处长（主持工作），中国法学会会员。

的，是行贿罪。"这是我国首次将"谋取不正当利益"作为行贿罪的必备要件。1997年刑法对此予以继续保留，第389条第1款规定，为谋取不正当利益，给予国家工作人员以财物的，是行贿罪。第3款规定，因被勒索给予国家工作人员以财物，没有获得不正当利益的，不是行贿。该条文从积极和消极两个维度对行贿罪进行了界定，并且也都有"谋取不正当利益"的规定。从中可见，"行贿罪是典型的目的犯，谋取不正当利益是行贿罪的必要构成要件"。① 立法如此规定，我们再来看看"两高"对此问题的态度。最高人民检察院刑法修改小组在1989年提交的《修改刑法研究报告》中明确提出："调查中，多数地方认为行贿罪和介绍贿赂罪不能以谋取不正当利益为限定条件。一是行贿罪的危害性在于严重腐蚀国家工作人员，毒化社会风气。这种危害性，并不因为行贿人谋取的是'正当利益'而减弱。二是在一些场合，'正当利益'与'不正当利益'难以区分，司法中很难把握，势必造成很大困难。三是行贿与受贿作为对向共犯，没有理由单打受贿，而放纵行贿。因此，在行贿一款中，不宜规定'为谋取不正当利益'作为行贿罪的必要构成要件。"最高人民检察院1996年提交的《关于对〈中华人民共和国刑法（修订草案）〉（征求意见稿）的修改意见》再次建议"将行贿罪'为谋取不正当利益'要件中的'不正当'去掉"。② 由此可见，最高人民检察院一贯的立法主张是放宽行贿罪的犯罪构成，严惩行贿类犯罪。与之相反，在刑法修订过程中，最高人民法院却一直主张应将"为谋取不正当利益"明确规定为行贿罪的必要构成要件。例如，最高人民法院《关于刑法分则修改的若干问题（草稿）》认为，"鉴于目前社会风气败坏，不少人为了合法利益也不得不行贿，故不能对一切行贿行为都以行贿罪论，必须在行贿罪前边加上'为非法利益'而行贿这一限制内容"。③ 最高人民法院坚持主张严格要求行贿罪的犯罪构成，而且坚持将比"不正当利益"范围还要狭隘的"非法利益"引入行贿罪的罪状之中。

**（二）"谋取不正当利益"内涵之不确定性**

行贿罪中的"谋取不正当利益"的内涵解释经历了从无到有，从简单到复杂的过程。具体情况为：（1）1999年3月4日"两高"《关于在办理受贿犯罪大要案的同时严肃查处严重行贿犯罪分子的通知》中对"谋取不正当利益"作了如下解释："谋取不正当利益"是指谋取违反法律、法规、国家政策和国务院各部门规章规定的利益，以及要求国家工作人员或者有关单位提

---

① 陈兴良：《规范刑法学》，中国政法大学出版社2003年版，第684页。
② 高铭暄、赵秉志编：《新中国刑法立法文献资料总览》（下），中国人民公安大学出版社1998年版，第2639页。
③ 高铭暄、赵秉志编：《新中国刑法立法文献资料总览》（下），中国人民公安大学出版社1998年版，第2641页。

供违反法律、法规、国家政策和国务院各部门规章规定的帮助或者方便条件。(2) 1999 年 9 月 16 日最高人民检察院《关于人民检察院直接受理立案侦查案件立案标准的规定（试行）》中规定，本规定中有关贿赂罪案中的"谋取不正当利益"，是指谋取违反法律、法规、国家政策和国务院各部门规章规定的利益，以及谋取违反法律、法规、国家政策和国务院各部门规章规定的帮助或者方便条件。(3) 2008 年 11 月 20 日"两高"《关于办理商业贿赂刑事案件适用法律若干问题的意见》第 9 条规定："在行贿犯罪中，'谋取不正当利益'，是指行贿人谋取违反法律、法规、规章或者政策规定的利益，或者要求对方违反法律、法规、规章、政策、行业规范的规定提供帮助或者方便条件。在招投标、政府采购等商业活动中，违背公平原则，给予相关人员财物以谋取竞争优势的，属于'谋取不正当利益'。"(4) 2013 年 1 月 1 日"两高"《关于办理行贿刑事案件具体应用法律若干问题的解释》第 12 条规定，行贿犯罪中的"谋取不正当利益"，是指行贿人谋取的利益违反法律、法规、规章、政策规定，或者要求国家工作人员违反法律、法规、规章、政策、行业规范的规定，为自己提供帮助或者方便条件。违背公平、公正原则，在经济、组织人事管理等活动中，谋取竞争优势的，应当认定为"谋取不正当利益"。

### （三）经济行贿中无"为谋取不正当利益"的要素

刑法第 389 条第 2 款规定，在经济往来中，违反国家规定，给予国家工作人员以财物，数额较大的，或者违反国家规定，给予国家工作人员以各种名义的回扣、手续费的，以行贿论处。这是行贿罪的一种特殊形式，不要求"为谋取不正当利益"作为构罪要件。经济往来与经济活动不是同一概念，经济往来主要是指平等主体之间的贸易、劳务活动等，而经济活动则既包括平等主体之间的这种经济往来，也包括经济管理活动等。刑法规定的是经济往来中的回扣、手续费，而不是经济管理中的以所谓"回扣"、"手续费"名义出现的行贿和受贿。因为回扣本身只产生于商品贸易流通过程中的买卖双方，手续费、辛苦费、劳务费等则是因一定的劳务关系，由接受劳务的一方支付给提供劳务的一方的报酬，主要产生于推销商品、采购原料、联系企业经营有关业务等活动中。司法实践中，在银行信贷、发包工程及工程验收、结算等过程中以所谓回扣、手续费名义出现的行贿受贿问题，虽然打着"回扣"、"手续费"的招牌，但严格说来，因其具有经济管理的内容与特征，不应属于经济行贿范畴，只能属于一般行贿范畴。

### （四）域外无"谋取不正当利益"之借鉴

纵观外国刑法规定，几乎都未将"谋取利益"或"谋取不正当利益"作为行贿罪的构成要件，即使在将行贿人谋取利益作为受贿罪要件的几国刑法中也没有该种规定。例如，《西班牙刑法典》第 423 条第 1 项规定："任何以赠品、礼品、承诺或者应答等方式腐化或者试图腐化当局或者公务员者，除不给予停职处分外，与受贿公务员者的处罚相同。"① 在《联合国反腐败公约》② 中也未将"谋取不正当利益"列为行贿犯罪的构成要件。《联合国打击跨国有组织犯罪公约》中也规定，行贿罪是指"直接或间接向公职人员许诺、提议给予或给予该公职人员或其他人员或实体不应有的好处，以使该公职人员在执行公务时作为或不作为"。③ 在大多数外国刑法典中所规定的"违背或不违背职务"的贿赂罪构成的客观要件中，从逻辑含义上讲，已蕴含了谋取正当利益或不正当利益的内容。即便如此，其仍不以是否谋取各种利益或者为谋取不正当利益作为行贿罪构成要件，这是不容否认的客观事实。④ 大陆法系典型的代表德国，其刑法对不同种类的行贿犯罪设置不同的构成要件，该构成要件以行为人给付贿赂的行为作为入罪的标准，对行为人谋取不正当利益的行为实质上作为法定加重情节。即：（1）行为人只要具备给付贿赂的行为要素和一般性的行贿故意，就符合犯罪构成要件该当性，在不存在违法性阻却事由的情况下，构成行贿轻罪，处以罚金或者短期监禁；（2）行为人在实施给付贿赂行为的前提下，另有谋取不正当利益的犯罪意图，则构成行贿重罪，处以短期自由刑并处罚金，或者处长期自由刑并处罚金。《美洲国家组织反腐败公约》第6条第1款第（2）项规定的行贿为："为本人、他人或团体直接或间接地向政府官员或其他执行公务的人员提议给予或给予任何财物或其他利益如礼物、便利、承诺或好处等，以换取其在执行公务时作为或不作为。"⑤ 美国1977年颁布的《对外行贿行为法》，该法禁止对外行贿行为，无论是直接还是间接地付款给外国政府官员、外国政党首脑或政党首脑候选人，或者做出给付某种利益的承诺，只要给付的目的是"行贿"，那么这种给付或承诺就属于对外行贿行为。新加坡1970年6月17日颁布的《防止贿赂法》中规定的行贿公共机构人员罪，指为公共机构人员提供报酬，以诱使或回报其利用职务上的便利为或不为一定事物的行为，犯本罪的，处一万新元以下罚金或七年以下监禁，可以二者并处。我国台湾地区的"刑法"、香港特别行政区的刑法，无论对受贿罪还是行贿罪，都未规定将谋取

---

① 潘灯：《西班牙刑法典》，中国政法大学出版社2004年版，第153~154页。
② 2003年10月31日，第58届联合国大会全体会议审议通过了《联合国反腐败公约》，同年12月9日至11日在墨西哥南部城市梅里达举行的联合国国际反腐败高级别政治会议上开放供各国签署，并在第30个签署国批准后第90天生效，同年12月10日，中国外交部副部长张业遂代表中国政府在《联合国反腐败公约》上签字，2005年10月27日，十届全国人大常委会第十八次会议以全票通过决定，批准加入《联合国反腐败公约》。
③ 孙忠诚：《借鉴反腐公约，完善国内立法》，载《人民检察》2006年4月上期。
④ 孟庆华：《贿赂罪客观方面比较研究及其立法完善》，载《浙江省政法管理干部学院学报》2001年第1期。
⑤ 陈雷：《惩治与预防国际腐败犯罪理论与实务》，中国检察出版社2005年版，第39~40页。

利益或不正当利益作为构成犯罪的必备要件。①

笔者认为，行贿罪中"为谋取不正当利益"要素应否取消，要从历史发展和与国际社会接轨的角度进行审视。20 世纪 80 年代有关单行刑法之所以将"为谋取不正当利益"作为行贿罪的必备构成要素，当时主要是鼓励经济发展，不能无限制地惩治行贿行为，将"为谋取不正当利益"作为限制条件是合适的。但现在经济社会发生了翻天覆地的变化，且借鉴上述国际社会的规定，行贿罪构成中应取消"为谋取不正当利益"这个主观要素。退一步讲，即使不直接将"为谋取不正当利益"取消，也应将"为谋取不正当利益"要素中的"不正当"之表述删去。无论行贿人是为谋取不正当利益或正当利益，只要给予国家工作人员财物的，都以行贿罪论处。另外，立法中可将"谋取不正当利益"作为量刑情节，与"谋取正当利益"的行贿行为区别对待。

## 二、 应扩大"财物" 的范围

我国无论是古代还是现代刑事立法，都一直将贿赂视为财物。反观国外刑事立法对贿赂的有关规定，除少数国家将贿赂限定为财物外，大多数国家都倾向于将贿赂作扩大化解释，不仅仅只是局限于财物。

俄罗斯刑法典在法律条款中对行贿罪的内容予以明确规定：贿赂是一个集合术语，其表现形式为金钱、有价证券、其他财产和财产性质的利益。其中，"其他财产性质的利益"一方面作为行贿犯罪的行为内容，另一方面作为受贿犯罪的对象，可以表现为无偿地向受贿人提供各种物质性质的服务。美国联邦贿赂法规定，"任何有价之物"都可成为贿赂的内容，都属于贿赂的范围。加拿大刑法典把贿赂规定为金钱、对价财物、职位、住所或雇佣。日本刑法典认为，贿赂之所得，不一定限定为金钱、物品和其他财产利益，不论有形、无形以及能满足人的需要、欲望的一切利益皆可。例如，女艺妓的表演艺术、男女不正当的性行为、公私职务的其他有利地位等，也都视为贿赂。② 我国香港地区在 1995 年通过的《防止贿赂条例》第 2 条明确将行贿罪所涉及的内容规定为"利益"。所谓"利益"就是贿赂，它并不仅限于金钱、财物、商品等有形的物质利益，而泛指除一般款待之外的所有可以想象的好处和利益。③ 我国澳门特别行政区刑法典第 339 条第 1 款规定："为第 337 条所指之目的犯受贿罪的，亲身或透过另一人而经本人同意或追认，给予或承诺给予公务员其不应收之财产利益或非财产利益者，又或在该公务员

---

① 卢宇蓉：《论行贿罪中的"谋取不正当利益"》，载高铭暄、马克昌：《刑法热点问题探讨》，中国人民公安大学出版社 2002 年版，第 1158 页。

② 吕继贵：《罪与罚——渎职罪的理论与实践》，上海社会科学出版社 1988 年版，第 21 页。

③ 宣炳昭：《香港刑法导论》，中国法制出版社 1997 年版，第 371 页。

知悉下给予或承诺给予第三人该利益者。"澳门刑法典将行贿罪中的贿赂表述为"财产利益"和"非财产利益",这种两分法将财产利益和非财产利益都囊括在贿赂的范围之内,比如性贿赂,无偿劳务服务等。比较各国对此的规定,大致可归纳为以下几种:(1)财物和财产性利益。如法国、日本等国刑法的规定,这些规定都将贿赂限定为有形的,可以估价的利益。[①] (2)利益。如德国刑法典规定为利益,其中的利益既包括金钱,也包括财物和其他利益;既可以是有形的利益,也可以是无形的利益;既可以是用货币来计量的利益,也可以是不能计量的利益。[②] (3)只规定贿赂,不规定贿赂的内容。如新加坡《防止贿赂法》所规定的"行贿议员罪"是指向议员提供任何报酬的行为。[③] 朝鲜、蒙古、阿尔巴尼亚、匈牙利等国刑法也是如此规定的。

我国刑法第 389 条明确规定,行贿人给予国家工作人员的必须是财物,在第 2 款经济行贿罪中所列举的虽是"各种名义的回扣、手续费",但仍属于财产性利益。根据罪刑法定原则,若行为人以非财产性利益实施行贿行为,则不构成行贿罪。司法实践中,行贿人为实现其不正当利益,往往以其他方式进行行贿,如提供性服务、邀请国家工作人员出国旅游、为国家工作人员的子女安排出国求学或定居。这些行为由于我国刑法把行贿罪的内容只限定于"财物"而无法打击。在行贿罪的刑事立法上,我们应该借鉴俄罗斯刑法典、香港和澳门法域的刑法典,扩大行贿的内容范围,将以"财物"为代表的财产利益修订为"财产利益和其他非财产性利益"。

## 三、 增设新的行贿行为方式

司法实践中,存在行为人出于私交或联络感情而进行感情投资,或行为人向国家工作人员提出请托之前先期感情投资。另外,行贿人在给予国家工作人员某些好处或者利益时根本没有提出任何的请托事项或者要求,只是简单交待一下如"我有个车最近不用,你拿去开吧",或者"我单位缺少个名誉顾问,请您来,我们给顾问费"等等,行贿人通过某种长期或者潜在的给予好处或者利益而没有提出任何具体的请托事项,受贿人也是拿到了某种好处或者利益但是没有给对方办理任何请托事项。[④] 这些行为中有的隐藏行贿行为,有的属正常人际交往,如何判断其行为的性质,是理论界和司法界的难题。为解决这一困惑,有必要在立法上对此类行为进行规制。

---

① 何成兵:《受贿罪比较研究——以"贿赂"、"为他人谋利益"为中心》,载《淮北煤炭师范学院学报》2005 年第 26 期。

② 刘光显、张泗汉:《贪污贿赂罪的认定与处罚》,人民法院出版社 1996 年版,第 126 页。

③ 梁国庆:《国际反贪污贿赂理论与司法实践》,人民法院出版社 2002 年版,第 326 页。

④ 况安全、王远伟:《当代中国腐败犯罪的立法完善探析》,载陈泽宪、李少平、黄京平主编:《当代中国的社会转型与刑法调整》,中国人民公安大学出版社 2013 年版,第 1587 页。

我国香港地区《防止贿赂条例》为解决这一困惑提供了可参照的立法模式，其在受贿罪之一的公务员索取和接受利益罪中把公务员可以接受的好处分为"私交友好处"和"非知交友好处"两种类型，并在尽可能的范围内以钱款数额作为衡量罪与非罪的标准。如从"私交友好处"可获取的好处有：取得和接受现款 1000 元为限；接受生辰、结婚等馈赠每次以 1000 元的价值为限。从"非知交友好处"可获取的好处有：取得和接受现款 500 元为限，但必须在 14 日内清还；接受生辰、结婚等馈赠每次以 500 元的价值为限。

我国刑事立法可借鉴这一立法模式，在刑法典中明确规定国家工作人员接受好处的最高限额。对超过最高限额的好处，结合行贿罪的犯罪构成要素认定其是否构成行贿罪。由此，可以把行贿行为和个人间的馈赠行为区分开来，进而惩治真正的行贿犯罪和预防未然的行贿行为。另外，我国规定的行贿罪的行为方式为"给予"，而《联合国反腐败公约》则包括"许诺给予、提议给予或者实际给予"三种方式，反映出国际社会期望通过打击行贿犯罪实现提高贿赂犯罪整体预防效果之立法追求。[①] 因此，笔者建议对行贿罪应增加"表示给予"和"许诺给予"行贿罪行为方式和"感情投资型"行贿行为。

## 四、 完善行贿罪刑罚规定

我国刑法第 390 条第 1 款明确规定，对犯行贿罪的，处五年以下有期徒刑或者拘役；因行贿谋取不正当利益，情节严重的，或者使国家利益遭受重大损失的，处五年以上十年以下有期徒刑；情节特别严重的，处十年以上有期徒刑或者无期徒刑，可以并处没收财产。紧接着第 2 款规定，行贿人在被追诉前主动交待行贿行为的，可以减轻处罚或者免除处罚。《刑法修正案（九）（草案）》第 41 条规定，将刑法第 390 条修改为："对犯行贿罪的，处五年以下有期徒刑或者拘役，并处罚金；因行贿谋取不正当利益，情节严重的，或者使国家利益遭受重大损失的，处五年以上十年以下有期徒刑，并处罚金；情节特别严重的，或者使国家利益遭受特别重大损失的，处十年以上有期徒刑或者无期徒刑，并处罚金或者没收财产。""行贿人在被追诉前主动交待行贿行为的，可以从轻或者减轻处罚。其中，犯罪较轻的，检举揭发行为对侦破重大案件起关键作用，或者有其他重大立功表现的，可以免除处罚。"最高人民法院、最高人民检察院《关于办理行贿刑事案件具体应用法律若干问题的解释》第 13 条规定，刑法第 390 条第 2 款规定的"被追诉前"，是指检察机关对行贿人的行贿行为刑事立案前。

---

① 魏昌东：《贿赂犯罪"预防型"刑法规制策略构建研究》，载《政治与法律》2012 年第 12 期。

通过上述规定不难看出，不管是现行刑法规定还是即将通过的《刑法修正案（九）》，对行贿罪的处罚都只是刑罚主刑及罚金、没收财产的规定。但根据《联合国反腐败公约》第 30 条第 7 项规定：各缔约国均应当在符合本国法律制度基本原则的范围内，根据犯罪的严重性，考虑建立程序，据以通过法院令或者任何其他适当手段，取消被判定实施了根据本公约确立的犯罪的人在本国法律确定的一段期限内担任下列职务的资格：公职；完全国有或者部分国有的企业中的职务。该资格刑是针对《公约》所规定的全部犯罪行为，就行贿罪而言，作为行贿主体的自然人或单位中，有相当一部分是在特定领域从事特定工作，意图通过行贿这种不正当手段在资源配置中占据有利地位、获取一定利益或者在竞争中赢得优势。在司法实践中，一个人受贿案中有几个甚至十几个、几十个行贿人涉嫌构成行贿罪。在目前行贿之风愈演愈烈、行贿行为屡禁不止的严峻形势下，剥夺行贿人的相关资格，才能从根本上消除其再犯的能力，并形成一定的心理威慑，起到预防犯罪的作用。因此，为严厉打击和有效遏制腐败犯罪，有必要对行贿罪在刑罚方面进一步完善，笔者建议在行贿罪的刑罚立法中，增加资格刑的适用，[①] 以完善行贿罪的刑罚种类。

一是增加资格刑的配置内容。对自然人可以考虑增加以下内容：（1）禁止从事特定职业；（2）剥夺相关执照或者相关资格证书；（3）禁止担任特定职务。相对单位犯罪责任人而言，则可以考虑暂时或者永久禁止担任同行业相关管理者职务等的资格。对单位犯罪的单位可考虑将以下几种行政性制裁上升为资格刑：（1）限制经营范围。具体内容可包括限制业务种类、限制活动区域、限制业务对象等。（2）剥夺相关资质。具体内容应限于其可能继续用于从事相关犯罪的资质，如专业鉴定资格、检验资格等。（3）强制解散。[②]

二是优化资格刑的配置方式，将概括式配置方式修改为分立式。由于概括式配置比较笼统，无针对性且不具有可操作性，可根据犯罪主体的具体情况剥夺其某一种或某几种资格，以增强资格刑的针对性和灵活性。

---

① 李希慧、宋久华：《我国行贿犯罪的立法完善——以〈联合国反腐败公约〉为视角》，载陈泽宪、李少平、黄京平主编：《当代中国的社会转型与刑法调整》，中国人民公安大学出版社 2013 年版，第 1772 页。

② 王志祥、敦宁：《刑罚配置结构调整论纲》，载《法商研究》2011 年第 1 期。

# 论行贿犯罪的刑事立法完善

王鹏祥*

## 一、 我国行贿犯罪的演变进程及当前行贿罪的特点

腐败是社会的毒瘤，行贿则是诱发腐败的一个重要因素，研究我国行贿罪的演变过程及当前行贿罪的特点和发展趋势，对进一步理解和研究我国现行行贿罪可以提供理论支持，对行贿罪的立法完善能提供有益的借鉴。

### （一）我国行贿犯罪的演变进程

在新中国成立后的很长时间，我国打击行贿罪主要依靠《惩治贪污条例》等法规和党的政策两种机制。在"文革"时期，政策完全代替了法律，对行贿犯罪的打击主要依靠政策进行。即使如此，我国对行贿也一直保持着严打和高压的态势。行贿罪作为贿赂罪的一种罪名，我国创设于 1979 年刑法，该法第 185 条规定："国家工作人员利用职务的便利收受贿赂的，处五年以下有期徒刑或者拘役。赃款、赃物没收，公款、公物追还，犯前款罪致使国家或公民利益遭受严重损失的处五年以上有期徒刑，向国家工作人员行贿或者介绍行贿的，处三年以下有期徒刑或者拘役。"由此可见，1979 年刑法虽然规定了行贿罪，但将行贿罪与受贿罪，介绍行贿罪规定在同一条款，且处置较轻，反映出当时对行贿罪认识上的不够深入和实践中的不够重视。

随着改革开放的进行和我国商品经济的发展，腐败现象快速蔓延，贿赂犯罪是基本形式之一，与这种严峻形势相比，刑法中关于惩治行贿罪的规定，因其刑罚仅为"三年以下有期徒刑或者拘役"而缺乏威慑力，不足以有效打击和预防此种犯罪。1982 年 3 月 8 日全国人大常委会通过的《关于严惩严重破坏经济的罪犯的决定》（以下简称《决定》）对受贿罪加重了处罚力度，规定受贿罪比照贪污罪论处，最高刑为死刑，但对行贿罪却未作任何修改和补充。应该说该《决定》突出抓住了贿赂犯罪中受贿这一矛盾的主要方面是对的，但比较而言，对受贿罪与行贿罪的处罚力度悬殊，导致实践中出现了"只打收礼，不打送礼"的情况。

随着司法实践的发展，1997 年修订的刑法取了国内外治理腐败的经验，用专章即第八章来规定贪污贿赂犯罪，一方面对受贿犯罪严打，规定受贿与

---

* 河南师范大学法学院副院长、教授。

贪污同罪，索贿的从重处罚，最高刑为死刑，并处没收财产，同时对行贿犯罪也严打。对行贿罪作了更为完善的规定，该法 389 条规定"为谋取不当利益，给国家工作人员以财物的是行贿罪"以及其他一系列规定，从而形成了较为完整的惩治行贿犯罪的法律体系，为更有效地打击行贿犯罪提供了利器。

**（二）当前行贿犯罪的特点**

从当前查处的大量行贿犯罪来看，行贿犯罪呈现以下几个特点：

1. 隐蔽性。行贿犯罪是一种非法的权钱交易行为，因此作为行贿、受贿的双方都十分清楚这种行为的性质，他们不敢明目张胆地进行交易，故他们的行为是十分隐蔽的，过去相当一部分行贿都将金钱藏于物品中，送到受贿者的家中，但是由于行贿者没有明白地告诉受贿者，受贿者也没有弄明白行贿者的暗示，或将物品转送他人或将物品送商行寄卖，等双方明过来，已悔之晚矣。所以现在的行贿者大都吸取了前人的经验教训，亲临受贿者家中，直接将金钱、存折交给其本人，在之前查处的一系列案件如蒋洁敏案在贪腐分子家中都搜出巨额现金。

2. 数额巨大。根据相关权威部门的报道我们可以看出，当前行贿数额呈疯狂上涨趋势，如原铁道部长刘志军贪腐一案中其关键角色丁书苗的行贿数额令人震惊。

3. 财色兼备。过去行贿者一般都是行贿财物，但当今单纯的财物已无法满足受贿者的需求了。受贿得需要美色，作为其精神上的享受，行贿者便投其所好，大搞权色交易，如重庆雷政富一案，其关键女子牵扯出十余名贪腐分子。

4. 图谋远利。过去行贿者行贿往往是为了急功近利，但随着社会的发展，他们不追求急功近利，而是谋求长远的回报，行贿行为呈长线投资势态，为了将来获得利益，不惜重金收买，拉拢掌握实权的国家工作人员，当时并无明确的请托事项，目的在于建立感情，一旦时机成熟，受贿人就会为行贿人谋取长期稳定的利益，其潜在的社会危害性相当严重。

5. 危害后果日趋严重。首先表现为行贿犯罪逐渐渗透到社会多领域行业，由传统的生产经营、商品流通、建筑工程、金融证券等经济热点领域向医药卫生文化教育等多种行业和党政机关、司法机关甚至军队部门发展，已经进入到公共权力活动的各个领域；其次表现在行贿犯罪致使一大批中高级干部卷入腐败活动，如周永康、薄熙来、徐才厚等级别干部都成为其围猎的对象。

6. 行贿方式的新颖化与多样化。随着市场经济的发展，当前行贿手段也随之发生变化，传统的现金行贿方式已逐步减少，而替代为更加隐蔽、数额更加巨大的股份行贿，通过给予官员"干股"等形式来行贿，在获取权力利益的同时使得官员为其尽心尽力充当保护伞，造成更大的危害。

下卷·六

## 二、 关于行贿罪构成要件的分析

### （一）违法构成要件

根据我国刑法第 389 条的规定，行贿罪客观方面表现为为谋取不正当利益，给予国家工作人员以财物的行为。这是最一般的行贿形式。这种行贿行为在实践中又分为两种情况：一是主动给予国家工作人员以财物；二是因国家工作人员索要而被动地给予财物。这两种情况虽然在行贿人的主动性上有所不同，但都和"谋取不正当利益"紧密相关，行为人是主动行贿还是被动行贿，行贿人都有通过国家机关工作人员谋取不正当利益的企图，这也是后一种行为成立行贿罪的根据所在。

何谓"不正当利益"？根据 1999 年 3 月 4 日最高人民法院、最高人民检察院发布的《关于在办理受贿犯罪大要案的同时要严肃查处严重行贿犯罪分子的通知》第二项内容的规定及 1999 年 9 月 16 日最高人民检察院《关于人民检察院直接受理立案侦查案件立案标准的规定（试行）》附则解释，"谋取不正当利益"是指谋取违反法律、法规、国家政策和国务院各部门规章规定的利益，以及要求国家工作人员或者有关单位提供违反法律、法规、国家政策和国务院各部门规章规定的帮助或者方便条件，这一"谋取不正当利益"的规定适用于行贿罪、对单位行贿罪、单位行贿罪。"不正当利益"既指物质利益也包括非物质利益。前者如为倒卖国家专卖烟草而借用有专卖许可证的国有经销商的许可证，并给予该国有经销单位负责人以财物贿赂，数额较大的。后者如为不符合升学条件的学生办理升学手续而向办手续的有关国家工作人员行贿，数额较大的。在经济往来中，违反国家规定，给予国家工作人员以财物，数额较大的，或者违反国家规定，给予国家工作人员以各种名义的回扣、手续费的行为。构成这种形式的行贿罪必须符合以下几个条件：一是必须发生在经济往来中，即给予国家工作人员以财物或者回扣、手续费的行为必须发生在经济合同的签订、履行中或者其他形式的经济活动中；二是必须违反了国家规定，国家规定包括全国人大及其常委会制定的法律和规定，国务院制定的行政法规、规章，发布的决定、命令等的规定；三是给予国家工作人员以财物或者各种名义的回扣、手续费；四是上述行为必须达到一定的数额标准。根据 1999 年 9 月 16 日最高人民检察院颁布施行的《关于人民检察院直接受理立案侦查案件立案标准的规定（试行）》的规定，涉嫌下列情形之一的，应予立案：（1）行贿数额在 1 万元以上的。（2）行贿数额不满 1 万元，但具有下列情形之一的：①为谋取不正当利益而行贿的；②向三人以上行贿的；③向党政领导、司法工作人员、行政执法人员行贿的；④致使国家或者社会利益遭受重大损失的。另外，给予国家工作人员财物的时间，可以是谋取不正当利益前，也可以是在其后。"不正当利益"是否获取，在主动给予贿赂时不影响罪名的成立，但在被动勒索而又没有实际获得不正当利益时不构成行贿罪，即影响定罪。因被勒索给予国家工作人员以财物，已获得不正当利益的，以行贿罪追究刑事责任。

行贿罪的主体与刑法分则第八章"贪污贿赂罪"中的大多数犯罪的主体不一致，该罪的主体不是具有国家工作人员身份的特殊主体，而是一般主体，即年满 16 周岁具有刑事责任能力的自然人。将行贿罪归类在"贪污贿赂罪"一章是有一定原因的，首先，我国刑法分则根据不同犯罪侵犯客体的不同将犯罪分为十大类，每一类犯罪所侵犯的客体具有一定的共通性，其客体的性质相同或者相近。行贿罪的主体虽不同于贪污贿赂罪，但是行贿罪所侵犯的客体与其他贪污贿赂犯罪所侵犯的客体属于同类客体，都是国家机关工作人员职务行为的廉洁性和国家机关的正常活动，故将行贿罪划分到贪污贿赂犯罪一章是有理论依据的。其次，行贿罪是和受贿罪密切相关的一个罪名，二者存在着对合关系，没有行贿就没有受贿，行贿罪是受贿罪产生的前提，是受贿罪得以滋生、蔓延的温床。国家工作人员贪污腐败行为的猖獗，贪污贿赂案件的不断涌现，除了国家公务人员自身反腐、抗腐、抵制物质诱惑能力的低下以外，与行贿人的不择手段、无孔不入的行贿行为有着不可分割的联系。欲更加有力地打击贪污贿赂犯罪，有效地遏制国家工作人员贪污腐败行为，严肃查处行贿犯罪是必经之路。刑法将行贿罪规定在"贪污贿赂罪"一章，与受贿罪同归于贿赂犯罪，这样在理论上有利于分析研究行贿罪和受贿罪的关系及特点，在司法实践中又有利于指导行贿受贿案件的定罪和量刑。

### （二）主观责任要件

本罪在主观方面表现为直接故意，同时具有谋取不正当利益的目的。具体说来，行为人明知自己的行为是收买国家工作人员利用职务上的便利为自己谋取不正当利益而实施，意图谋取不正当利益。行贿的目的，在于使国家工作人员利用其职务上的便利为自己谋取不正当利益。不正当利益是针对正当利益而言的，是指根据法律、行政法规及相关政策规定不应当得到的或者不确定的利益，包括非法利益。"为谋取不正当利益"是构成行贿罪的主观条件。但是此主观目的是否达到并不影响行贿罪是否成立。从司法实践来看，行为人的主观目的可以分为五种类型：（1）行为人所追求的利益是法律所禁止的。如为了走私而行贿海关人员的；为了逃税而行贿税务人员的；为了销售伪劣产品而行贿采购人员的。（2）行为人所追求的利益是党的政策和纪律所禁止的。如在升学、提干、出国、发放贷款等问题上，行为人明知自己不具备取得这些利益的条件，但为了获得这些利益而行贿有关人员的。（3）行为人所追求的利益是法律、政策所允许的，但这些利益处于不确定的状态。如某政府大楼进行招标建设，几家建筑公司纷纷参加投标竞标，这本是法律政策所允许的，某个建筑公司为了能够中标，通过向掌握工程审批权的政府工作人员进行行贿，从而获得了这个工程。当然，这种情况不是说行贿人根本不具备取得某种利益的资格和条件，而是在这种利益处于不确定的状态的时候，行贿人采取了不正当的手段使这种利益人为地进入了确定状态，这也应当属于不正当利益。（4）行为人所追求的利益是为了取得减免他所应负的义务。比如，应当纳税的，通过行贿得到了税款的减免；应该偿还债务的，通过行贿使债务得以免除。这点与上述的 1、2 点的主观目的有相似之处，但不同的在于此种情况是为了得到义务的减免。（5）行为人所追求的利益不仅是法律、政策所允许的，而且是依法应该得到的，利益处在相对确定的状态之中。行贿人之所以行贿，是由于国家工作人员严重的官僚主义作风和严重不负责任的工作态度，或是因受到国家工作人员的刁难，而使行为人应得的利益已经被延误或者是可能失去的情况下，行为人迫于无奈而违心采取的。如某建设工程项目承包人张某，依法取得了某市铝业大厦项目的承包施工权，工程结束后，经质检部门验收，该工程为优质工程，但是甲方单位无故拖欠部分工程款，时间长达两年之久，张某多次催要均无果，后张某向甲方单位主管人员行贿现金几十万元，不久，甲方单位如数结清了拖欠的工程款。这种情况下，行为人没有谋取不正当利益的主观目的，不构成行贿罪。对于前四种为追求不正当利益而进行的给予国家工作人员以财物的行为构成行贿罪应该是没有异议的，但是对于第五种情况，行为人是否构成行贿罪是有争议的。笔者认为，这种情况不应定行为人行贿罪，首先，此种情况不符合行贿罪构成要件的主观方面，此利益不属于不正当利益。行为人追求自己合法的利益是行为人的权利，是应该受到法律保护的，而行为人为了获得这正当合法的利益采取的送钱给物的行为，并非行为人所愿意的，是迫于无奈而采取的手段。对于有关国家工作人员或者有关单位来说，为行为人提供某种服务，落实某种政策，保障行为人得到自己应得的利益是国家公务人员的职责所在，是法律赋予他们的义务，有关国家工作人员或者有关单位不履行相关的义务本身就是失职，甚至是滥用职权的行为，行为人为了获得应得的合法利益，向有关国家公务人员或者单位送钱送物，不存在"谋取不正当利益"的问题。在这种情况下，在有关国家公务人员或者单位收受了一定数额的财物后又履行相关的义务，也可能存在程序上的不合法问题，但这不是行为人的行贿行为所致，是公务人员自身的责任，故此种情况不应定行为人为行贿罪。

## 三、 对行贿犯罪立法完善的相关建议

依照行贿罪的立法机理，针对我国刑法中所规定的行贿罪的立法缺陷，惩治和预防行贿罪必须从立法完善入手，建立预防犯罪的对抗机制，严密惩治行贿罪的法网。

**（一）行贿罪和受贿罪在刑罚配置上应统一尺度**

由于立法者本身对行贿犯罪的危害性、打击行贿犯罪必要性和紧迫性认识不足，致使法律为行贿犯罪留出了暗道，这就打击了人民群众同行贿行为作斗争的热情和积极性，从而导致行贿行为肆无忌惮。如最高人民检察院公布的《关于人民检察院直接受理侦查案件立案标准的规定（试行）》规定：受贿案立案数额标准是 5000 元，行贿案件的立案数额标准是 10000 元。根据这一规定，一个人受贿 5000 元即构成犯罪，而一个人行贿不足 10000 元就连立案条件都不够。立法上这种厚此薄彼的双重标准为很多行贿行为披上了合法的外衣。

笔者认为，人都是有缺陷的，在利益面前难免会动摇。因此，要杜绝犯罪行为的发生，不能仅靠道德的约束，而应该寄希望于法律。对行贿者的这种适度让步如果作为分化瓦解贿赂犯罪分子的犯罪同盟，以利于更有力地打击受贿犯罪的权宜之计，似乎还有其理由，但从贿赂犯罪的对合关系及长远的观点来看，这实际上是以放纵行贿犯罪的代价来换取对受贿犯罪的查处和打击，最终将导致法律的威信力下降，不利于反腐败斗争的深入开展。法律面前人人平等，是我国宪法确立的社会主义法制的基本原则。刑法作为惩罚犯罪，保护人民的基本法律，更应当贯彻这一原则，做到刑法面前人人平等：对任何人犯罪，都应追究刑事责任，一律平等地适用刑法，依法定罪、量刑和行刑，不允许任何人超越其上。

**（二）罪状须进一步明确**

纵观世界各国刑法，许多国家和地区都根据行贿行为的发展阶段，将其规定为行求、期约、交付三种行为。所谓行求，是指行贿人主动向国家公职人员提出交付贿赂的意思表示；期约是行贿人与国家公职人员就职务行为达成的、行贿人交付贿赂、受贿人利用职务上的便利为行贿人谋取利益的协议；交付是指行贿人向国家公职人员实际交付贿赂的行为。行求、期约和交付三阶段行贿行为的社会危害性是由低到高排列的，当三种行为同时并存时，应以高度行为吸收低度行为；反之，当三种行为中断时，则各自独立成罪。这种规定反映了这些国家和地区重视廉政建设，严厉打击行贿犯罪的立法精神。我国刑法对行贿犯罪的规定采取简单罪状的形式，没有对行贿罪的行为形态作出具体描述，而且仅规定了交付一种行贿行为。虽然按照刑法相关规定，对于行求和期约行为可以按照行贿罪的预备或未遂来处理，但司法实践中对这类行为基本都未追究。而且，由于行贿行为往往是一对一进行，蒙着人情往来的面纱，极具隐蔽性，因此取证较为困难，这使查处工作障碍重重，步履维艰。为使查处工作有法可依，为了杜绝行贿犯罪的发生，建议将来修改刑法时，在行贿罪的罪状中明确写明这三种行贿行为。

**（三）规定私交好处最高限额**

司法实践中存在行为人出于私交或联络感情而进行感情投资，或行为人向国家工作人员提出请托之前，往往进行先期感情投资，这些行为中有的是隐藏的行贿行为，有的是正常的人际交往，如何判断其行为的性质，是理论界和司法界的难题。为解决这一困惑，有必要在立法上对此类行为加以规制。香港《防止贿赂条例》为解决这一困惑提供了可参照的立法模式。其在受贿罪之一的公务员索取和接受利益罪中把公务员可以接受的好处分为私交友好处和非私交友好处两种类型，并在尽可能的范围内以最高限额作为衡量罪与非罪的标准。我国刑事立法完全可以借鉴这一点，在刑法典中明确规定国家工作人员接受好处的最高限额。对超过最高限额的好处，结合行为人主观上是否存在谋取不正当利益的确定故意或概括故意，认定行贿人的行为是否构成行贿罪。由此，可以把行贿行为和个人间的馈赠行为区分开来进而惩治真正的行贿犯罪和预防未然的行贿行为。

## 四、结语

进入 21 世纪以来，我们面临着体制转轨及社会转型带来的腐败高发期的巨大压力，反腐败已经成为当前党和国家的工作重心之一。如何正确认定行贿罪的违法构成要件与主观责任要件，如何完善行贿罪的立法，以达到有效预防贿赂犯罪、维护社会稳定的目的是我们面临的一个重大课题，而解决问题的关键在于完善行贿罪的立法，建立预防行贿犯罪的刑事对抗机制，这就需要取消谋取不当利益的主观要件，扩大贿赂的范围，完善刑法的配置。唯有如此，才可能建立起预防行贿犯罪的长效机制，更好地发挥法的指引、评价、教育、预测和强制功能。

# 行贿罪的理论与实践问题思考

行　江[*]　胡安琪[**]

当前我国在反腐败、追究公职人员犯罪，特别是追究受贿犯罪时，往往忽视对行贿犯罪的研究和处理。行贿罪与受贿罪作为典型的对向犯，对其两类之罪名设置、是否同案处理都应当按照对向犯理论进行处置。同时在我国目前的司法实践当中，对于行贿罪中"谋取不正当利益"的范围界定以及对其进行追缴的问题，理论界和实务界也存在较大争议。研究上述问题，对于指导我国的司法实务将有诸多裨益。

## 一、　行贿罪与受贿罪之对向犯罪名思考

行贿与受贿是典型的对合型犯罪。有某种受贿犯罪就应有相应的行贿犯罪。但我们可以发现，对《刑法修正案（七）》中增设的利用影响力受贿罪却并没有规定相应的利用影响力行贿罪。同时，也不能将利用影响力行贿行为认定为利用影响力受贿罪的共犯。虽然行贿、受贿是对向犯罪，但并不是所有对合犯都属于共同犯罪，如果其中一方在违法层面不被认定为犯罪就不可能成立共犯；只有当双方实施的行为都具有违法性时才有共犯成立的余地。然而根据刑法的原理，对对向犯的处罚仅限于刑法的明文规定。[①] 对于刑法没有规定为犯罪的利用影响力行贿行为，不能因为行为人事实上实施了所谓的教唆或帮助行为，就对其按照共犯论处，故目前我国对利用影响力进行行贿的行为只能做无罪处理。

笔者认为，在中国当前法治环境下做出这样的处理是存在缺陷的。从刑事立法的角度来看，对于利用影响力行贿的行为应当在刑法上加以规制，理由如下：

第一，符合行贿罪的立法机理。行贿行为与受贿行为在一定条件下存在对合关系是行贿罪的立法机理所在。但受贿与行贿并非完全对应，有行贿未必一定会触发受贿罪；但是有受贿行为则一定有行贿行为。受贿是"腐败之河"，行贿才是"腐败之源"。存在这种对合的关系表明受贿罪在很大程度上

---

　　[*] 安徽大学廉政法治协同创新中心研究员、法学博士、硕士生导师。
　　[**] 安徽大学法学院刑法学研究生。
　　① 薛瑞麟：《受贿罪犯罪对象应为国家工作人员的职务行为》，载《检察日报》2007 年 2 月 16 日。

源于行贿且受制于行贿。所以说，惩治贿赂犯罪要从打击行贿入手，没有从源头掐断受贿罪的导火索就试图遏制受贿犯罪，仅处罚收受贿赂的中间人（构成利用影响力受贿罪）而不处罚行贿之人，这便犹如空中造楼，这也是为何受贿犯罪发案率居高不下的缘由。因此，只有从源头上预防和打击行贿犯罪，根除"办事须行贿"的亚文化现象，使行为人"不愿、不敢、不能行贿"，才能做到标本兼治。只有通过立法修改严密行贿罪的法网，明文补充利用影响力行贿罪，才可以真正遏制住此类贿赂犯罪。

第二，符合《联合国反腐败公约》的精神。已经正式生效的《联合国反腐败公约》（以下简称《公约》）第18条规定，"各缔约国均应当考虑采取必要的立法和其他措施，将下列故意实施的行为规定为犯罪：直接或间接向公职人员或者其他任何人员许诺给予、提议给予或者实际给予任何不正当好处，以使其滥用本人的实际影响力或者被认为具有的影响力，为该行为人或者其他人从缔约国的行政部门或者公共机关获得不正当好处……"明确将"利用影响力交易"——既包括受贿又包括行贿——规定为犯罪。而我国刑法只规定了利用影响力进行受贿的犯罪，对利用影响力进行行贿的行为却未予以刑法规制，这是不合理的。我国早在十年前就签署、审议并批准了该公约，审视中国贿赂犯罪的刑事立法和司法实践，"贪污贿赂犯罪"一章中规定的多数罪名都直接或者间接地体现着《公约》的文本和精神。在国际化的大背景下，如果认定利用影响力行贿不构成犯罪则会与《公约》相冲突。同时，这也是我国全面履行《公约》规定义务的要求，以缩小我国现行反腐败刑事立法与《公约》对腐败犯罪规定存在的差距。

第三，严密刑事法网的要求。单一罪名模式不是规制贿赂犯罪的理想方案。现在贿赂犯罪呈现多发、常发、形态多样等特点，在立法中应当尽量涵盖贿赂犯罪的多样化形态来细化罪行模式。各国当中规定比较严密的贿赂犯罪法网的当属《日本刑法典》，对于受贿罪规定有7种罪名，包括：单纯受贿罪、受托受贿罪、加重受贿罪、事前受贿罪、事后受贿罪、通过第三人受贿罪和斡旋受贿罪，基本涵盖日常生活中已经发生或可能发生的绝大多数受贿情形。如果对受贿罪规范的体系性、结构性按照此模式进行调整的话，行贿罪的罪刑模式也应相应扩展至这种主从式的罪刑模式。将利用影响力行贿的行为入罪不仅是打击日益严重的利用影响力受贿行为的需要，也是进一步严密刑事法网的要求，因而有必要在刑事立法中以修正案的形式增设"为利用影响力行贿罪"，作为刑法典第388条之二，以转变我国"厉而不严"为"严而不厉"的刑事法网。

## 二、 行贿罪与受贿罪之对向犯"另案处理" 之思考

### （一）司法实践中对行贿人大量"另案处理"的原因

腐败犯罪当中通常没有被害人，并且随着社会、科技的进步，贿赂犯罪

愈发呈现隐蔽性、私密性的特征。这些特征使侦查人员无准确的犯罪现场或者犯罪痕迹得以勘查。再加之犯罪分子的反侦查能力大大加强，与贿赂犯罪有关的物证、书证极难获取。即使我国刑事诉讼法对于"重大贪污、贿赂犯罪案件"规定可以采取技术侦查措施，但我国司法实践仍存在侦查人员的装备不足，设备落后，侦查水平、侦查经验的局限性远远不能适应侦查贿赂犯罪的需要。贿赂证据的单一与技术力量的缺位导致检察人员在查处贿赂犯罪时对言词证据尤其是口供的严重依赖。从而行贿、受贿双方的供述往往成为贿赂犯罪的决定性证据，这使得一些办案人员回归最原始的"口供至上"的办案理念。然而行贿者与受贿者的利益共同体地位使双方易形成攻守同盟，获取贿赂犯罪的口供极为艰难，导致检察机关对行贿证据的调查收集陷入僵局，被迫选择分化瓦解攻守同盟的策略，先突破行贿后突破受贿。然而为了更好地突破行贿人的防线，办案人员就会对其做出"另案处理"的决定，以减免处罚的许诺来争取行贿人的配合，这已成为实务界所默认的处理贿赂犯罪通行的办案规则，也是为何法院大量的判决书中只在涉案人员名字后面标注"另案处理"，而不加以任何解释的原因所在。[①]

### （二）对行贿人"另案处理"的缺陷

通过以行贿人为突破口分化瓦解对合犯罪中行贿人与受贿人的"攻守同盟"，在一定程度上对打击受贿犯罪起到不可忽视的作用。但过度依赖"另案处理"的方法来破获贿赂犯罪，则存在相当大的缺陷：

第一，过度运用"从行贿突破受贿"的办案模式导致对贿赂犯罪的查处不力。特殊证据规则的缺位使超越法律底线的中国式"辩诉交易"的出现，即侦查人员以行贿人供认行贿事实、提供证据、指证受贿人为条件，对行贿者形式上"另案处理"实际上"另案不理"。不少受贿案件在审判过程中，对行贿者以所谓的"另案处理"来做备注，往往最终都得不到刑事追究。这种变相放纵使行贿者得不到应有的惩罚，违法成本远不及其获得的巨大收益，刑罚的威慑力降低，这无疑会刺激与助长其再次发动行贿的投机违法心理，导致新一轮贿赂案件的再生。

第二，"另案处理"本身的缺陷容易导致司法腐败、执法不公。由于"另案处理"属于技术性操作规则，我国现行法律缺乏对其具体统一的操作规范，侦查机关的自由裁量权过大，导致司法实践中常常出现滥用"另案处理"决定权的现象。在司法实践中，大多数情况确实是由于部分受贿人携款潜逃，在不影响对同案行贿人提请批准逮捕或移送起诉的情况下对其另案处理。但仍不乏侦查机关为了获取受贿罪的线索而套取行贿者的供词，随意采

---

① 李楹：《我国刑事案件中"另案处理"制度研究——以 C 市 J 区检察院为样本的分析》，西南政法大学 2012 年硕士学位论文，第 15 页。

取"另案处理"的偏门。由于"另案处理"决定权缺乏相应的监督和制约，在适用的过程中容易暗箱操作、徇私枉法，最终往往演变成了"降格处理"或"另案不理"，"另案处理"正成为一个巨大的"司法黑洞"。其实，"另案处理"本身并不会带来司法腐败，但在司法制度不健全、监督体系不完善的当下，一些侦查人员滥用"另案处理"的决定权，将本应受到法律制裁的犯罪人以"另案处理"的名义放任，因此应当慎用"另案处理"的技术性规则，以防司法腐败、权力寻租。[①]

第三，我国尚未真正建立起英美法系的"污点证人"以及"辩诉交易"诉讼制度，但却在司法实践中实行"污点证人"之实，导致司法实践中经常有承诺无法兑现、坦白不从宽的现象出现。根据刑事诉讼法的规定，定罪量刑权只掌握在法院的手中，对行为人是否减免处罚的决定权也只能由法院来行使。而在我国，一般由侦查人员而非审判人员对行贿人作出"减轻或免除处罚"的刑事责任豁免的承诺，这种承诺无可靠的法律制度保障，往往带有主观性和随意性，是否能够兑现也具有较强的恣意性。行贿人因此往往会担心与侦查机关合作后仍会受到追诉，便在提供证据的过程中有所保留。行贿人口供的这种不可控、无保证的状态，反而会使侦查效果适得其反，对后续的侦查工作造成极大障碍。同时，一些案件在上级领导指示"限期必破"的压力下，检察机关为了加快办案速度往往会扩大对行贿人特殊处理的适用范围，使原本应当受到刑法规制的行贿人得不到追诉，在一定程度上架空了法院的审判权。

2014年3月6日最高人民检察院、公安部《关于规范刑事案件"另案处理"适用的指导意见》对于行贿罪什么情况下可以另案处理也没有明确规定。笔者认为，在办案过程中不可以将行贿者视同污点证人，对其滥用"另案处理"，进而随意豁免其刑事责任。要站在行贿犯罪本身的角度，考察其所具有的严重社会危害性和应受刑罚处罚性，以实现刑法的公平正义与预防功能。要积极探索改变单纯依赖行贿人口供来突破受贿案件的传统办案方式，改变"由供到证"为"由证到供"的证据收集模式，开创以受贿犯罪突破行贿犯罪的新型办案思路。改善查处贿赂案件的技术装备、水平和能力，注意研究行贿犯罪的新动向，掌握其犯罪规律、特点，改善办案手段，提高侦查技术水平，提高发现和查处行贿行为的能力。

## 三、 行贿罪之"不正当利益" 的再思考

### （一）对"不正当利益"范围的思考

刑法第389条明确规定构成行贿犯罪必须以"谋取不正当利益"为要

---

① 杨涛：《郑少东案启示：警惕"另案处理"》，http://news.sohu.com/20100128/n269869685. shtml，最后访问日期：2012年2月18日。

件。不正当利益的数额大小直接反映了犯罪给社会带来的危害程度，是行贿犯罪的重要量刑依据。然而"不正当利益"法律界限的模糊使得对行贿犯罪的认定和量刑难度加大。我国已通过三份文件对"不正当利益"进行界定，即 1999 年"两高"《关于在办理受贿犯罪大要案的同时要严肃查处严重行贿犯罪分子的通知》、2008 年"两高"《关于办理商业贿赂刑事案件适用法律若干问题的意见》、2012 年"两高"《关于办理行贿刑事案件具体应用法律若干问题的解释》（以下简称 2012 年《解释》）。

2008 年"两高"《关于办理商业贿赂刑事案件适用法律若干问题的意见》中将"不正当利益"的界限认定从"商业贿赂领域"扩展到所有领域，同时将"谋取竞争优势"的范围从"招标投标、政府采购等商业活动"扩大至"经济、组织人事管理等活动"。其中规定"谋取不正当利益"，是指行贿人谋取违反法律、法规、规章或者政策规定的利益，或者要求对方违反法律、法规、规章、政策、行业规范的规定提供帮助或者方便条件。在招标投标、政府采购等商业活动中，违背公平原则，给予相关人员财物以谋取竞争优势的，属于"谋取不正当利益"。

2012 年"两高"《解释》对"谋取不正当利益"的解释，基本照搬了 2008 年"两高"《关于办理商业贿赂刑事案件适用法律若干问题的意见》的规定。根据上述规定，我们可以对"不正当利益"进行如下分类：根据不正当利益形成的方式来看，"违反法律、法规、规章、政策的规定"谋取的利益属于实体不正当利益，"要求国家工作人员违反法律、法规、规章、政策、行业规范的规定，为自己提供帮助或者方便条件"的利益属于程序不正当利益。根据不正当利益的存在形式，可以将其分为财产性不正当利益与非财产性不正当利益。财产性不正当利益即通过行贿获得的可以以金钱价值衡量的实质性利益；非财产性不正当利益与此相反，即通过行贿获取的不正当财产性利益以外、不能以金钱价值衡量的经营资格、资质、机会和条件，如通过行贿取得的商业资格、竞争机会或者职务晋升。

**（二）对不正当利益进行剥夺的思考**

现行刑法对自然人的行贿犯罪并未设置罚金刑，只规定对判处十年有期徒刑以上刑罚的人才可以并处没收财产。虽然刑法第 64 条规定"犯罪分子违法所得的一切财物，应当予以追缴或者责令退赔"，2012 年《解释》第 11 条也规定"行贿犯罪取得的不正当财产性利益应当依照刑法第 64 条的规定予以追缴、责令退赔或者返还被害人。"但在司法实践中，鲜有起诉书和判决书对其作出处理。这既有对"违法所得一切财物"法律概念界限模糊、难以认定的原因，又有实际操作难度较大的原因。并且由于绝大多数行贿犯罪未给国家造成直观的、有形的物质损失，因而司法机关对行贿犯罪谋取的不正当利益往往未能给予足够的重视。但行贿犯罪是贪利性犯罪，利益追逐是行贿人铤而走险的动因，忽视对行贿犯罪所得不正当利益的后续处置，行贿人从犯罪中的获利得不到应有处理，不仅违背了"任何人不得因犯罪行为而获利"的公平正义理念，而且会导致行贿人所得的犯罪收益远超其所投入的犯罪成本，成为行贿犯罪愈演愈烈的一个重要原因。并且在办理行贿案件过程中，不正当利益的数额以及退赔情况，会影响到案件的定罪和量刑。因此，有必要严格按照刑法规定对行贿犯罪所得的不正当利益作出适当处理。

### （三）对"违法所得"范围的认定

对违法所得进行追缴的法理基础源于"不能从犯罪中得到酬劳"的理念。根据该理念，追缴的目的是使行为人的财产恢复到犯罪之前的原状，使犯罪成本远远大于犯罪收益从而间接地预防犯罪。然而，对违法所得的追缴是把双刃剑，恰当对其运用有利于实现"任何人不得因犯罪行为获利"的公平正义原则，一旦误用或滥用就会侵犯公民的人权。所以要想合理地对违法所得进行追缴，最重要的是根据正义理念，对违法所得进行恰当的认定。

"不正当利益"并不等同于"违法所得一切财物"。2012年《解释》明确规定只有行贿犯罪所得的财产性不正当利益，才应当依照刑法规定予以剥夺。针对行贿犯罪谋取的非财产性不正当利益由于具有无形性，对其认定和量化的难度较大，追缴和退赔不具有可操作性，故对于此类不正当利益不能作为"违法所得一切财物"予以追缴或退赔。但可以建议有关部门，如行政部门和党纪部门按照相关规定予以处理，并且司法机关可以监督其执行的程序和结果。如因行贿犯罪而谋取的晋升职位，司法机关可以建议有关人事管理部门根据相关人事制度取消其职位或职务。

而对于行贿犯罪所得的财产性利益可以通过以下两种方式获得：一种是通过行贿行为本身、无须进一步实施其他行为即可直接获得现实利益；另一种是通过利用行贿获得的财物或条件、机会，进一步实施经营行为而间接取得财产性利益。对于前者的剥夺基本不存在争议，直接依据刑法第64条规定予以追缴或退赔即可。对于后者，当违法所得表现为一定公私财物时，"违法所得不仅包括因犯罪行为而获得的财物，亦包括该财物在流通过程中可能发生的天然孳息、法定孳息或利用该财物进行投资而获得的收益"。[①] 如行贿谋取的款项存入银行所获得的存款利息、将行贿所得用于投资获得的相关股权及收益。因为在《物权法》里，我国原则上对孳息的归属采取母物主义，即孳息原则上归母物所有权人所有；在债法里，孳息的归属一般采取交付主义。而在行贿人违法所得公私财物的情况下，财产利益是通过违法行为转移的占有，行贿人不是原物的所有权人（违法所得是货币的除外），不具有合法占有原物孳息的本权，故应当对该违法所得予以剥夺，将财产恢复到原来

---

① 赵秉志主编：《中国刑法实用》，河南人民出版社2001年版，第235页。

合法、有序的状态。

我国对此也有相关法律依据予以支持。首先，根据《刑事诉讼法》第234条的规定，人民法院在作出生效判决之后，有关机关应当根据该生效判决对查封、扣押、冻结的财物及其孳息依法作出处理。其次，《人民检察院扣押、冻结涉案款物工作规定》中也明确规定了违法所得的范围，其中除了"犯罪嫌疑人、被告人实施违法犯罪行为所取得的财物"以外，产生的孳息也属于违法所得的范畴。最后，《最高人民法院关于审理挪用公款案件具体应用法律若干问题的解释》的第2条指出，挪用公款存入银行、用于集资、购买股票、国债等进行营利活动所获取的利息、收益等违法所得，均应当予以追缴。

但对于利用行贿所得的财物或机会、条件开展经营活动所间接获取的其他财产性利益是否应认定为"违法所得一切财物"而予以剥夺，在实务界则存在较大争议。这种利益产生的途径有两种——一种是非法途径，即经营手段本身就是违法犯罪活动，如将行贿获取的现金用来赌博赢得财产；另一种是合法途径，即经营获得利益的手段本身是合法的。对于非法途径取得的全部财产均可以认定为违法所得直接追缴，且不必扣除经营成本，因为其从事的活动本身就缺乏合法基础。在司法实务界争议较大的主要是针对合法途径间接取得的财产能否作为"违法所得一切财物"予以追缴的问题，各地办案机关对此问题的认识和做法差别较大。有观点认为，因为刑事违法所得作为犯罪构成客观要件之一，必须直接来源于违法行为，二者必须具有直接的因果关系。"直接"一词决定了对间接取得的经营收益一般不宜以"违法所得一切财物"予以追缴。"也正是基于这一法律特征，排除了违法的投入成本和产生的孳息归属于违法所得。"[1] 也有相反观点认为，"将直接通过违法犯罪所得的财物，用于保值、增值的，可以看做是犯罪行为的事后行为，虽然不能将该行为作为独立评价的对象，但是仍不能视其为合法。"[2] 故"利用行贿犯罪获取的机会性不正当利益开展经营活动获取的利益应当认定为行贿犯罪间接获取的不正当利益予以剥夺。"

学界和实务界之所以对此问题产生如此大争议的原因其实在于违法行为与违法所得之间的"直接性"问题。可以肯定的是，对违法所得进行追缴的前提确实在于行为人通过其行为直接获得了切实的利益。其中，若违法行为和取得的违法所得之间没有其他中间联系环节，"直接性"的认定便没有问题。如因贩卖淫秽物品获得的价款收益。但是，若企业向地方政府行贿，以获得国家扶持的项目，最终通过该项目合同进行项目开发从中获得巨额利润，

---

① 袁伟：《刑法中的违法所得研究》，中南大学2011年硕士学位论文，第10页。
② 时延安、刘伟：《违法所得和违法收益的界定》，载《中国检察官》2007年第2期。

或为了伪造的商标顺利拿到商标许可，生产者不得不向工商管理部门行贿，最终通过注册该商标获得巨额利润，在这两则案例中"直接性"的认定便存在问题。在经济犯罪领域，似乎违法行为的完成和违法所得的最终实现之间常常夹杂着诸多中间环节（如项目的招标、项目的施工等等）使违法所得推迟实现，但直接性原则并不因违法行为与违法所得的间隔而受到损害。笔者认为，"直接性"并不等同于刑法上的直接因果关系，只要该财产性利益在行为当时具有实现可能性以及预见可能性，符合行贿犯罪目的行为的逻辑发展，从中介入的促进利益实现的正常环节都不会阻断行贿行为与违法所得之间的因果联系。理由如下：

第一，剥夺行贿所得之间接性财产性利益有利于实现刑法的公平正义。从表面上看，行贿人通过合法经营活动获取利益是合法的。但恰恰是行贿人谋取到了现实利益并真正对社会造成实际损害。行贿人谋取的不正当利益，不仅加剧不正当竞争、破坏市场经济运行秩序，而且恶化了生产和服务的质量，排挤其他真正具有优势的竞争者，导致社会整体财富的流失。因此，对行贿获取的间接利益如果不予以剥夺则明显有违法治精神和公平正义原则。并且从国家查处的行贿犯罪来看，绝大多数案件是通过行贿获取竞争优势、商业机会和便利条件，再利用所获得的优势、机会和条件来开展经营活动获取巨额利润。可以说，利用行贿所得的机会、条件来开展经营活动以获取财产性利益已经成为行贿犯罪的基本表征。如果在实际执法过程中仅限于对行贿犯罪直接所得的不正当利益予以剥夺，而在行贿所得的机会、条件已经利用完毕、对其处理已经没有实际意义，加之大量行贿犯罪被免予刑事处罚或不予追究刑事责任之时，若不对利用该机会、条件开展经营活动获取的利益予以剥夺，就意味着绝大多数行贿犯罪所得将得不到任何处理，刑罚的否定价值就得不到真正落实，相当于国家放弃对行贿人获取的不正当利益的追偿权，对行贿类犯罪的预防及惩治均起了消极作用。

而追缴措施与没收财产以及罚金刑等刑罚附加刑不同，免除刑罚和不承担刑事责任自然就免除任何刑罚，包括附加刑的适用。对这类案件的处理即使不能适用财产刑，但行为人获得的违法所得仍可以依法予以追缴。故针对大量行贿犯罪被不予追究刑事责任或免予刑事处罚的现状，对利用不正当利益开展经营活动间接获取的利益仍进行追缴，可以实现刑法的公平正义理念和打击行贿犯罪的目的。在缺少罪责而财产刑无能为力的境遇下，只有通过追缴措施才能重建遭到破坏的法秩序和社会秩序，使财产恢复至违法行为前的原状。

第二，将行贿所得的间接性财产性利益认定为违法所得予以追缴符合《公约》的精神。《公约》以及《联合国打击跨国有组织犯罪公约》在第2条"术语的使用"中对"犯罪所得"进行了界定：系指通过实施犯罪而直接或间接产生或者获得的任何财产；"财产"的概念"系指各种资产，不论是物质的还是非物质的、动产还是不动产、有形的还是无形的"。这样的界定使得违法所得的范围非常广泛，有狭义和广义之分。狭义的违法所得即原生的违法所得，仅指直接来源于刑事违法行为的财物；广义上的违法所得即派生的犯罪所得或违法增值，除了直接来源于犯罪行为的财物，还包括这些财物可能产生的孳息以及利用违法所得进行经营所产生的间接财产性利益，如行贿得来的现金用于购买房产后房产的大幅度升值。狭义的违法所得直接来源于犯罪行为，本身具有明确的违法性，其收缴不存在任何问题。而对于广义的违法所得，包括收益形态的违法所得，其产生并非直接来源于犯罪行为，而是在已经产生不正当利益的情形下，利用该利益进行经营活动而额外产生的收益，具有明显的派生性。《公约》第 31 条第 6 款明确规定，"对于来自这类犯罪所得、来自这类犯罪所得转变或者转化而成的财产或者来自已经与这类犯罪所得相混合的财产的收入或者其他利益，也应当适用本条所述措施，其方式和程度与处置犯罪所得相同。"由此可见，将利用行贿所得的利益开展经营活动获取的财产认定为行贿犯罪间接所得予以剥夺，符合《公约》的精神，准确界定其范围和外延在扫除腐败、追回资产与打击跨国有组织犯罪方面也有着重要的意义。[①]

综上所述，对行贿犯罪所得的不正当利益进行处理，应当从两个方向分析：如果该不正当利益属于非财产性利益，则应当由司法机关建议有关部门按照相应规定予以处理，司法机关可监督其执行的过程和结果。如果该不正当利益属于财产性利益，不论该财产性利益直接源于行贿行为，还是属于利用行贿所得的财物、机会、条件进行经营活动所间接获得的孳息、投资收益或其他财产性利益，均应当依据刑法第 64 条的规定予以追缴或退赔。如此方能实现严厉预防、打击贿赂犯罪的刑法目的以及公平正义的刑法理念。

---

① 裴兆斌：《追缴腐败犯罪所得国际司法协助研究》，中国人民公安大学出版社 2013 年版，第 13~16 页。

# 单位行贿罪立法完善的几点思考

段晓娟*

随着我国反腐败工作的不断深入推进，腐败官员纷纷落马，然而许多行贿人员却未得到应有的惩罚甚至逍遥法外。当前，人们对受贿问题的关注度很高，对行贿问题却没有足够的重视，对贿赂犯罪的打击存在"一手硬、一手软"的现象，在一定程度上助长了行贿者的气焰，也催化了受贿行为的发生。① 因此，要有效遏制贿赂犯罪滋生蔓延，不仅要坚决惩治受贿犯罪，而且必须进一步加大对行贿犯罪，特别是单位行贿犯罪的打击力度。纵观我国刑法对单位行贿罪的规定，的确存在诸多立法不足，这就更需要我们在理论上和实践上统一认识，加强研究，切实解决立法不足给司法实践带来的诸多困惑和障碍。

## 一、 当前单位行贿罪立法考察及现状

根据 1997 年刑法第 393 条的规定，单位为谋取不正当利益而行贿，或者违反国家规定，给予国家工作人员以回扣、手续费，情节严重的，对单位判处罚金，并对其直接负责的主管人员和其他直接责任人员，处五年以下有期徒刑或者拘役。因行贿取得的违法所得归个人所有的，依照本法第 389 条、第 390 条的规定定罪处罚。

根据 1999 年 9 月最高人民检察院发布施行的《关于人民检察院直接受理立案侦查案件立案标准的规定（试行）》，涉嫌单位行贿，有下列情形之一的，应予立案：1. 单位行贿数额在 20 万元以上的；2. 单位为谋取不正当利益而行贿，数额在 10 万元以上不满 20 万元，但具有下列情形之一的：（1）为谋取非法利益而行贿的；（2）向 3 人以上行贿的；（3）向党政领导、司法工作人员、行政执法人员行贿的；（4）致使国家或者社会利益遭受重大损失的。因行贿取得的违法所得归个人所有的，依照本规定关于个人行贿的规定立案，追究其刑事责任。

此外，近年来最高人民检察院先后多次印发文件，要求全国检察机关加大对行贿犯罪的打击力度，依法惩治行贿犯罪分子。1993 年 10 月 22 日，最高人民检察院印发了《关于认真查办单位行贿受贿犯罪案件的通知》，强调

---

　* 北京市人民检察院第一分院反贪局办公室副主任、检察员。

　① 参见田洪友：《论加大对行贿犯罪的处罚》，载《法制与社会》2013 年第 1 期（下）。

检察机关要认真查办单位行贿、受贿犯罪案件。1999 年 3 月 4 日，最高人民检察院与最高人民法院联合发布了《关于在办理受贿犯罪大要案的同时要严肃查处严重行贿犯罪分子的通知》，对"谋取不正当利益"作出了解释，并要求对行贿数额巨大、多次行贿或者向多人行贿、向党政干部和司法工作人员行贿等七类严重行贿犯罪行为要依法严肃惩处。2000 年 12 月 21 日，最高人民检察院印发了《关于进一步加大对严重行贿犯罪打击力度的通知》，要求全国检察机关依法严肃惩处严重行贿犯罪，进一步加大对严重行贿犯罪分子的打击力度。① 2010 年 5 月 7 日，最高人民检察院印发了《关于进一步加大查办严重行贿犯罪力度的通知》，要求各级检察机关严肃查办向国家机关及其工作人员行贿、危害民生等拉拢、腐蚀国家工作人员的八类行贿犯罪案件，意图以实际举措形成惩治行贿犯罪的高压态势，以有效遏制贿赂犯罪滋生蔓延，深入推进反腐败斗争向广度和深度发展。②

然而，从近年来查办行贿犯罪的数量来看，检察机关查办行贿犯罪案件的人数和行贿犯罪人数占贿赂犯罪案件人数的比例都是逐年上升，力度在加大，但总体上讲，查处行贿犯罪案件的力度远远比不上查处受贿犯罪案件的力度。据统计，2009 年全国检察机关立案侦查贪污贿赂案件为 18191 件，对 3194 名行贿人依法追究刑事责任；2010 年立案侦查贪污贿赂案件为 18224 件，对 3969 名行贿人依法追究刑事责任；2011 年立案侦查贪污贿赂案件为 18464 件，对 4217 名行贿人依法追究刑事责任；2012 年对 19003 名行贿人依法追究刑事责任。③ 同时，从立案查处行贿犯罪个案来看，也不同程度地存在对行贿犯罪打击不力的情况。例如，苏州市原副市长姜人杰受贿案，行贿人为谋取不正当利益，先后向其行贿人民币 1.08 亿元、港币 5 万元、美元 4000 元，其单笔行贿高达 8250 万元人民币。又如黑龙江省绥化市原市委书记马德，利用提拔使用干部等职务便利，先后收受贿赂及礼金共计人民币 500 多万元、美元 2.5 万元。该案涉及行贿人两百多人，且多为国家工作人员。然而，最后对这些行贿者，法院大多从轻处理，从而导致了大量的行贿犯罪如果被过滤到刑法处罚之外，客观上放纵行贿犯罪，必然会对受贿犯罪的不断攀高起到推波助澜的作用。由此可见，当前惩治行贿犯罪总体上呈现出"重受贿、轻行贿"，对行贿犯罪打击不力的特点。

---

① 参见陈旭文：《论行贿犯罪惩治不力的原因和对策》，载《贵州警官职业学院学报》2008 年第 2 期。
② 参见李海峰：《严查行贿犯罪之实体进路》，载《成都理工大学学报》（社会科学版）2011 年第 2 期。
③ 以上数据来源于最高人民检察院 2010 年、2011 年、2012 年、2013 年工作报告。

## 二、 单位行贿罪立法不足

目前，单位行贿罪立法不足，主要集中在犯罪构成要件和刑罚处罚两个方面。[①]

### （一）犯罪构成要件之不足

1. 不正当利益的存废问题。从前述单位行贿罪立法来看，单位行贿罪是指单位为谋取不正当利益，给予国家工作人员财物，或者违法国家规定，给予国家工作人员以回扣、手续费，情节严重的行为。具体到单位行贿罪的犯罪构成而言，单位行贿罪的客体为国家工作人员职务行为的廉洁性；单位行贿罪的客观方面为给予国家工作人员财物，或者违法国家规定，给予国家工作人员以回扣、手续费，情节严重的行为；单位行贿罪的主体为单位，包括任何单位，既包括国家机关、事业单位、人民团体，也包括国有和非国有的公司、企业及分支机构等非独立的法人机构；单位行贿罪的主观方面为故意，且具有为单位谋取不正当利益的目的。这其中最为突出的就是关于不正当利益的认定问题。[②]

长期以来，关于谋取不正当利益要件存废的争议一直没有停息，两种代表性的观点分别为保留论和废除论。持保留论观点的学者认为，"谋取不正当利益"是构成行贿罪的主观要件，必不可少。这一要件很好地区别了行贿罪与受贿罪，同时，对行贿罪的定罪标准也做出了合理的限定。行贿罪与受贿罪属于刑法上的对向犯。对向犯双方不一定同时都构成犯罪，这不是一一对应关系，行贿罪具有独立性。[③] 持废除论观点的学者认为，随着形势的迅速发展，"谋取不正当利益"这一要件得以合理存在的客观依据已经失去，要件的正面作用已越来越小，反面作用却越来越大，需要加以废除。[④]

关于不正当利益的范围，有学者在对利益进行重新分类的基础上，提出"不正当利益"主要包括两种类型：一是非法利益；二是利用不正当手段谋取的"不确定利益"。[⑤] 非法利益，由于其本身违反法律、法规、国家政策和国务院各部门规章规定，其利益本身具有违法性，理应属于不正当利益，在这一点上目前似乎争议不大。而利用不正当手段谋取的"不确定利益"，其

---

[①] 单位行贿罪立法不足包括很多方面，本文仅就涉及单位行贿罪的犯罪构成和刑罚处罚两个方面的突出问题进行探讨。

[②] 关于不正当利益的问题，不仅对单位行贿罪的认定有影响，还包括刑法第八章中斡旋受贿形式的受贿罪、利用影响力受贿罪、行贿罪、对单位行贿罪。

[③] 张雪、李玉磊：《行贿罪"谋取不正当利益"要件的存废》，载《法制与社会》2008年第4期（中）。

[④] 朱孝清：《略论行贿罪主观要件的修改》，载《法学》1996年第8期。

[⑤] 于志刚：《贿赂犯罪中的"谋取"新解——基于"不确定利益"理论的分析》，载《法商研究》2008年第2期。

不确定利益本身不违法，因为其尚处于不确定状态，也就没有正当与不正当之分。正是因为"不确定利益"具有不确定性才使得它必须与取得的手段相结合才具有现实意义；否则它就仅仅是一个抽象概念，而没有独立存在的价值。[①]

这种关于不正当利益的争论，不仅充分显现出单位行贿罪立法不足的问题，而且正如同不确定利益的不确定性，导致理论和实践中认识的不统一，直接影响和困扰着司法实践中对单位行贿罪的认定。

2. 立案标准的数额问题。从单位行贿罪的立案标准来看，单位行贿数额在 20 万元以上的，或者单位为谋取不正当利益而行贿，数额在 10 万元以上不满 20 万元，具有四种特殊情形的，只要符合上述两个条件之一的，或者说至少行贿数额要满足 10 万元的，才能符合单位行贿罪的立案标准。然而，随着社会经济的发展，某些行业"潜规则"的盛行，单位行贿的手段和方式不断发生变化，司法实践中经常遇到单位为规避立案标准的数额仍然进行行贿，如大量的 10 万元以下的单位行贿行为的发生，而在法律规定面前则显得束手无策。这也说明，目前立案标准唯数额论的规定，有待修改和完善。如有学者指出，"就实质上看，单位犯罪的危害性并不比个人的犯罪更轻，或许在某种程度上更重于普通的共同犯罪，因为有组织的团体实施的犯罪所释放的反社会的逆向能量或者说社会危害性显然较之一般共同犯罪更为严重"。[②] 此外，在刑法对行贿罪的处罚方面，没有设置资格刑[③]，客观上为行贿人再次实施贿赂犯罪提供了犯罪机会。

**（二）刑罚处罚之不足**

1. 刑罚处罚上不均衡的问题。单位行贿罪刑罚处罚上的不均衡，严重违背了罪刑均衡原则。其具体表现在以下两个方面：

一方面，同是行贿行为，对单位犯罪的直接责任人员的处罚要远远轻于自然人触犯行贿罪的处罚。例如，刑法第 393 条规定，犯单位行贿罪的，对单位判处罚金，并对其直接负责的主管人员和其他直接责任人员，处 5 年以下有期徒刑或者拘役。然而，刑法第 390 条规定，自然人犯行贿罪，情节特别严重的，处 10 年以上有期徒刑或者无期徒刑，可以并处没收财产。由此，在同是行贿且情节特别严重的情形下，对单位行贿罪的直接负责的主管人员和其他直接责任人员最多处 5 年有期徒刑，而自然人犯行贿罪则最高可处无期徒刑。

另一方面，对于行贿和受贿行为，在处罚上对于单位犯罪的直接责任人员的处罚更是轻于犯受贿罪的国家工作人员。例如，刑法第 386 条规定："对

---

① 陈风：《不正当利益的定位思考》，载《法制与社会》2006 年第 11 期。

② 赵秉志、于志刚：《刑法基本原则的法条设置与现实差距》，载《法学》1999 年第 10 期。

③ 所谓资格刑，是指剥夺或停止犯罪分子一定资格或权利的刑罚方法。

犯受贿罪的，根据受贿所得数额及情节，依照本法第 383 条的规定处罚。索贿的从重处罚。刑法第 383 条规定，对犯贪污罪的，根据情节轻重，分别依照下列规定处罚：（一）个人贪污数额在十万元以上的，处十年以上有期徒刑或者无期徒刑，可以并处没收财产；情节特别严重的，处死刑，并处没收财产。（二）个人贪污数额在五万元以上不满十万元的，处五年以上有期徒刑，可以并处没收财产；情节特别严重的，处无期徒刑，并处没收财产。（三）个人贪污数额在五千元以上不满五万元的，处一年以上七年以下有期徒刑；情节严重的，处七年以上十年以下有期徒刑。个人贪污数额在五千元以上不满一万元，犯罪后有悔改表现、积极退赃的，可以减轻处罚或者免予刑事处罚，由其所在单位或者上级主管机关给予行政处分。（四）个人贪污数额不满五千元，情节较重的，处二年以下有期徒刑或者拘役；情节较轻的，由其所在单位或者上级主管机关酌情给予行政处分。对多次贪污未经处理的，按照累计贪污数额处罚。"由此，同是情节特别严重的情形下，对单位行贿罪的直接负责的主管人员和其他直接责任人员最多处 5 年有期徒刑，而自然人犯受贿罪则最高可处死刑。

2. 刑罚处罚上单一性的问题。根据刑法第 393 条，犯单位行贿罪的，对单位判处罚金，并对其直接负责的主管人员和其他直接责任人员，处五年以下有期徒刑或者拘役。从单位行贿罪的处罚来看，刑法适用了"双罚制"，既对单位处以罚金刑，又对直接责任人员处以人身罚。但我们也不难看出，刑法关于单位行贿罪的处罚明显过于单一，且较为笼统地规定判处罚金，罚金的具体处罚方式没有明确具体规定，需要由法官自由裁量，这就不可避免地造成了某些案件判决的不公正、不合理。

## 三、 单位行贿罪立法完善的建议

### （一）取消不正当利益作为单位行贿罪的犯罪构成要件

从目前司法解释对不正当利益的界定来看，仅仅包括谋取违反法律、法规、国家政策和国务院各部门规章规定的利益，以及要求国家工作人员或有关单位提供违反法律、法规、国家政策和国务院各部门规章规定的帮助或方便条件。[①] 其实，行为人为了谋取正当利益，给予国家工作人员以财物的行为，也属于一种钱权交易行为。[②] 从外国刑法立法来看，德国刑法典规定的提供利益罪和赠贿罪；意大利刑法典规定的行贿罪和教唆行贿罪；日本刑法典、俄罗斯联邦刑法典规定的行贿罪以及美国刑法规定的行贿罪，这些行贿犯罪除了或多或少强调行贿者的目的是针对某种职务行为外，根本没有涉及

---

[①] 参见最高人民法院、最高人民检察院 1999 年 3 月 4 日《关于在办理受贿犯罪大要案的同时要严格查处严重行贿犯罪分子的通知》。

[②] 参见张明楷：《刑法学》（第 3 版），法律出版社 2007 年版，第 888 页。

行贿者所谋取利益的性质。从《联合国反腐败公约》的规定来看，对本国的公职人员行贿罪也不要求行贿者主观上具备谋取不正当利益的主观目的，该公约只是要求行贿者主观上要具有意图收买公职人员的职务行为。由此，我们可以看出，我国刑法对单位行贿罪犯罪构成要件要求具备谋取不正当利益这一主观要件，缩小了对行贿罪打击的范围。

因此，建议立法机关应适时将刑法中行贿罪的这一要件予以修正，取消不正当利益作为行贿罪构成要件的规定，以解决由于行贿罪不正当利益的要件引起的诸多争议和给司法实践认定中造成的困难局面。在立法机关没有修改刑法之前，建议最高人民法院应尽快细化、完善相关司法解释，增强该要件在司法实践中的可操作性。对于认定"不正当利益"应从以下几点着手：非法利益均为不正当利益；行贿人为他人谋取不正当利益，视为不正当利益，如行贿人为他人跑官要官而实施的行贿行为；违反政策、规章、条例、规定等不应得利益；依法应当履行的义务，通过行贿手段而得以减负的利益；不正当利益包括享有某种权利或待遇、逃避某种法定义务或责任；上述预期能取得的未得利益按不正当利益对待，可以作为量刑情节考虑。①

### （二）调整单位行贿罪的立案标准

考虑到行贿行为的隐蔽性高，被查处的风险较低，即使被查处，相比受贿人来说受到的处罚更轻，在司法实践中，大多行贿方最终都被判处缓刑。相反，如果一旦行贿成功的话，则可以获取高额利润。这种高收益、低风险格局是诱发行贿犯罪的一个重要原因。② 建议调整单位行贿罪的立案标准，降低入罪的门槛，则有利于更为有效地打击行贿犯罪，从而遏制受贿犯罪的源头。在保留原有的立案标准的基础上，可以比照自然人行贿犯罪的标准，将单位行贿罪的立案标准调整为：涉嫌单位行贿，行贿数额在一万元以上的，应予立案。具有下列情形之一的，依照单位行贿罪从重处罚：1. 单位行贿数额在 20 万元以上的；2. 单位为谋取不正当利益而行贿，数额在 10 万元以上不满 20 万元，但具有下列情形之一的：（1）为谋取非法利益而行贿的：（2）向 3 人以上行贿的；（3）向党政领导、司法工作人员、行政执法人员行贿的；（4）致使国家或者社会利益遭受重大损失的。

### （三）修订单位行贿罪的刑事责任

为切实加大对单位行贿罪的打击力度，从源头上遏制受贿犯罪，从对合犯的角度而言，应将打击单位行贿罪和受贿罪放在一个平台上去考量，建立与受贿罪相适应的单位行贿罪的刑事责任追究体系，以保证刑罚处罚的均衡性。因此，建议将单位行贿罪的刑事责任修改为：单位犯行贿罪的，或者违

---

① 顾宗轩、汤文明：《对行贿犯罪追究不力的原因及对策研究》，载《南通工学院学报》（社会科学版）2002 年第 4 期。

② 李超：《单位行贿犯罪若干问题的分析研究》，载《法制与社会》2013 年第 8 期（上）。

反国家规定，给予国家工作人员以回扣、手续费，情节严重的，对单位判处罚金，并对其直接负责的主管人员和其他直接责任人员，根据单位行贿所得数额及情节，依照本法第383条的规定处罚。因行贿取得的违法所得归个人所有的，依照本法第389条、第390条的规定定罪处罚。

### （四）规范罚金刑和增加资格刑

一方面，要规范罚金刑的设置。因为"对于追求不法经济利益的犯罪分子判处罚金，予以一定数额金钱的剥夺，既可以剥夺犯罪分子继续犯罪的经济条件，也能对犯罪分子起到惩罚与教育的作用，从而预防犯罪分子再次实施犯罪。"[1] 行贿者都有逐利的本质，行贿的目的就是通过较少的投入获得高额的收益。我们在完善刑事立法时，就应针对行贿犯罪的特点规律，发挥现有刑罚种类的效能，综合运用刑罚措施，除人身自由刑外，要有针对性地加大行贿者的经济成本，击中其贪财图利的痛处，促使意图行贿者重新评估自己的犯罪行为。建议应当参考刑法总则和分则关于单位犯罪的有关条款，规范设置罚金刑的具体形式，以有效打击单位行贿者通过行贿方式获取的巨额利益。

另一方面，要增加资格刑的设置。根据我国刑法第54条规定，建议资格刑增加如下内容：（1）禁止从事特定职业；（2）剥夺相关资格和资质；（3）禁止担任特定职务。就单位而言，建议增加如下内容：（1）限制经营范围；（2）剥夺相关资质，甚至包括一些名优称号等；（3）强制性解散。就单位犯罪责任人而言，则可以考虑暂时或永久禁止担任同行业相关管理者职务等。同时，对单位行贿犯罪可以增设停止营业、限制从业、强制撤销、公布单位罪行等资格刑。[2] 从目前已经实施的行贿犯罪档案查询制度的执行来看，对于打击单位行贿犯罪起到了一定的遏制作用，也可以将该制度列入单位行贿罪的资格刑的范围。

---

① 高铭暄、马克昌、赵秉志：《刑法学》（第3版），北京大学出版社、高等教育出版社2011年版，第262页。

② 谢望原、张宝：《从立法和司法层面加大对行贿罪的惩治力度》，载《人民检察》2012年第12期。

# 论行贿犯罪的罪刑完善

彭文华* 刘 昊**

## 一、 行贿犯罪的立法价值

《刑法修正案（九）（草案）》对行贿罪作了较大修改，如增设了财产刑，加大了对行贿的惩罚力度。① 对此，不少学者可能认为很有必要，是适应新时期反腐需要的体现。但是，也有学者认为这种修改没有必要，甚至提出应当废除行贿罪，如姜涛教授在《法商研究》2015 年第 3 期发表《废除行贿罪之思考》（以下简称姜文）就持这种观点。客观地说，姜涛文中提出了许多真知灼见，如认为"强调加大处罚行贿行为的力度是过于迷信刑罚威慑论的结果"②、"加大处罚力度不如提高处罚几率"③，等等。但是，如果据此提出废除行贿罪，显然值得商榷。姜文中废除行贿罪的最有力理由，是将行贿行为非罪化有利于激励行贿人揭发受贿人。为了证实这一说法，姜涛文中提供了一份调查数据。④ 我们认为，该调查数据并不足以说明废除行贿罪之必要。主要理由如下：

首先，调查数据是通过对企业的管理人员作问卷调查得出的，从主体上看显然不具有代表性。企业的管理人员包括国有企业的管理人员和非国有企

---

\* 苏州大学王健法学院教授。

\*\* 苏州大学王健法学院硕士研究生。

① 加大惩罚力度表现在：将现行刑法规定的"行贿人在被追诉前主动交待行贿行为的，可以减轻或者免除处罚"修改为"行贿人被追诉前主动交待行贿行为的，可以从轻或者减轻处罚。其中，犯罪较轻的，检举揭发行为对侦破重大案件起关键作用，或者有其他重大立功表现的，可以免除处罚"。

② 姜涛：《废除行贿罪之思考》，载《法商研究》2015 年第 3 期。

③ 姜涛：《废除行贿罪之思考》，载《法商研究》2015 年第 3 期。

④ 作者曾对一些企业的管理人员作过问卷调查，共发出问卷 2000 份，收回有效问卷 1632 份，针对主动行贿后是否会去揭发受贿人的问题，88.66%的受访者明确表示，如果行贿行为不构成犯罪，那么在事情办完后不再有求于对方时会去揭发受贿人；6.44%的受访者表示不会主动去揭发受贿人，但是如果司法机关介入调查，那么会实事求是地交待；只有 4.90%的受访者表示不会去揭发受贿人，并且表明即使被司法机关调查也不会交待行贿的事实，因为以后还有可能依靠受贿人办事。此外，问卷还针对被访对象设问：如果被受贿人索贿，而立法规定行贿行为不构成犯罪，那么是否会主动去揭发受贿人，96.81%的受访者表示会去揭发，只有 3.19%的受访者表示："人家是政府官员，还是不揭发为好"。这种高比率的揭发表示无疑对受贿者是一种震慑，让其不敢再去接受贿赂。这应该是贿赂犯罪立法效果最大化的体现。唯有如此，刑罚一般预防的目标才能真正得以实现。载姜涛：《废除行贿罪之思考》，载《法商研究》2015 年第 3 期。

业的管理人员，行贿对象包括国有或者非国有单位以及国家工作人员等。不同性质的企业的管理人员以及其向不同的对象行贿，在行贿非罪化的前提下是否愿意揭发以及在多大程度上揭发受贿者，情况是不一样的。更何况，如果不是企业的管理人员，其在行贿非罪化的前提下，是否愿意揭发以及在多大程度上揭发受贿者，还是另外一个问题。因此，通过对企业的管理人员作问卷调查得出的数据是否可靠是个值得研究的问题。

其次，绝大多数受访者揭发受贿人是受一定条件限制的，不具有说服力。调查问卷显示，在行贿行为不构成犯罪的前提下，主动行贿后绝大多数受访者揭发受贿人的条件是不再有求于对方。然而，"是否有求于对方"是个极为抽象、概括的概念，很不好判断。俗话说"多个朋友多条路"，这显然是顾及到以后可能有求于朋友使然，若果这样理解"有求于对方"，那将意味着受贿人对行贿人而言始终是有利用价值的，因而不可能揭发受贿人。退一步说，在行贿人看来"有求于对方"如果主要取决于受贿者让行贿者有所求，那么只要受贿者握有一定的权力，基于寻租权力的需要，行贿人就有可能有所求，进而不会揭发受贿者。这样一来，行贿非罪化的效果必将大打折扣。

再次，调查问卷显示的结果只能说是观念上的，事实上相当一部分行贿人根本不会揭发受贿人。就刑法规定而言，行贿是为了谋取不正当利益，这使得行贿人很容易积极、主动地行贿。以国有企业为例，为了能与不法私有经营者竞争，获得"平等"的竞争机会，有时会学着"适应"所谓的社会经济潜规则，在招投标、工程施工等领域实施行贿犯罪，其原因可能是出于自身收入的考虑，或者是为了下属职工谋取福利。[①] 在这样的背景下，揭发受贿人无疑将使行贿人获得的不正当利益昭示天下，进而会导致这种不正当利益可能被依法剥夺，或者造成行贿人受到违法违纪处分，这显然是行贿人不愿意看到的。因此，当行贿人积极、主动地行贿，并且获取了不正当利益，其揭发行贿者的可能性可以说是很低的。

最后，行贿者与受贿者的特殊关系使得行贿人不会揭发受贿人。时下，中国的腐败犯罪业已体现出集群化、利益化、圈子化特征。对于行贿者和受贿者来说，他们之间的关系往往极为特殊，要么是亲戚关系，要么是多年的朋友关系，等等。例如，在薄熙来案中，受贿人薄熙来与行贿人徐明之间的交情长达20余年。如此特殊的关系，多半是建立在知己知彼、相互信赖的基础上的。具有这种关系的行贿人要说绝大多数会揭发受贿人，恐怕令人难以置信。

---

① 秦强、周继锋：《国有企业人员行贿案件频发 案发原因值得深思》，载《法制与社会》2012第1期（下）。

我们认为，行贿罪有其独特的立法价值，废除行贿罪至少在当前不具有可行性。主要理由如下：

首先，行贿人主动、积极地诱惑甚至逼迫受贿人接受贿赂客观存在，惩罚行贿行为很有必要。在司法实践中，为了谋取不正当利益，行贿人有时确实会主动、积极地诱惑受贿人受贿，甚至不择手段地逼迫受贿人接受贿赂，是客观存在的。河南省原人大副主任王有杰在法庭上就自述：他收受的很多钱是属于"没有办法"，对于收受的钱他也曾想使用拒绝、上缴、捐献这三种处理办法，但都不成功。比如上缴要说明来源，等于出卖了朋友，捐献也得交待出去，并且不能解决他个人的身份问题。① 北京城乡建设集团原总经理聂玉河在法庭上也提到：贿款都是好朋友给的，不收他们会觉得看不起他们，有人还当面说过，你不收钱咱们的关系就掰。② 对于这种现象，我们可以痛斥受贿者党性不强、意志不坚定，但在极富人情化的中国社会，有时受贿者被迫无奈接受贿赂也是不争的事实。因此，对于这样的行贿行为，刑法没有理由置之不理。

其次，行贿行为侵犯国家工作人员职务行为的廉洁性与不可收买性，具有严重的社会危害性，以犯罪论处在所必然。行贿行为与受贿行为一样，都侵犯了国家工作人员职务行为的廉洁性与不可收买性。同时，行贿与受贿是互为因果的。如果认为没有受贿就没有行贿的话，那么同样可以认为没有行贿就没有受贿。无论行贿是受贿的因还是果，在惩罚受贿时没有理由落下行贿行为。虽然说行贿的社会危害性同受贿不能等同，但其严重程度完全可以使之成立犯罪。

再次，行贿行为入罪有利于打击受贿犯罪。如果行贿不构成犯罪，那么对于行贿人而言无论是否揭发受贿人，均不承担刑事责任，这样的行贿之代价和成本显然是极小的。在这样的前提下，如果他选择揭发受贿人，有时会背负不讲信用、不讲义气等骂名。两相比较，行贿人选择不揭发受贿人的可能性也是很大的。但是，如果行贿构成犯罪，且他选择揭发受贿人而可以从轻、减轻或者免除处罚，那么揭发受贿人将会获得很大的回报，此时基于功利、自保的考量，行贿人揭发受贿人的可能性无疑会大增。"采用囚徒困境理论思考行贿罪受贿罪规制困境，发现行贿人如可被不起诉，其较优的选择是向侦查或检察机关交待其行贿行为，也即如行贿人可被不起诉，侦查机关或检察机关能够更容易从行贿人处获得受贿人的受贿犯罪证据，从而实现打击受贿犯罪目的。"③ 可见，对待行贿行为即便是从轻、减轻或者免除处罚，

---

① 崔新扬：《河南王有杰荆州受审》，载《检察风云》2007年第2期。
② 郭振亚：《受贿的"高尚"理由》，载《检察风云》2007年第9期。
③ 董桂武：《论行贿罪受贿罪互动规制之完善——基于囚徒困境理论的思考》，载《东方论坛》2014年第3期。

其效果也比不以犯罪论处好。

总之，刑法规定行贿犯罪是非常必要的。虽然说行贿犯罪在司法实践中适用时存在不少问题，但这些问题显然不可以通过废除行贿罪来达成。立法机关需要做的是，如何进一步完善行贿犯罪的罪刑规定，而不是因噎废食废除行贿罪。

## 二、 行贿犯罪的立法缺陷与不足

党的十八大以来反腐要求的提出与精神的贯彻，重拾了对行贿犯罪长期以来非犯罪化和轻刑化的审视，行贿犯罪作为治理贪污腐败的一个备受关注的方面，基于受贿行贿的共犯特性以及历来对行贿主体弱势地位的偏差认定，现行行贿犯罪存在罪名多余、法网不严密、制裁轻重不平衡等问题，难以起到与现行反腐力度相匹配的作用。

### （一）罪名体系设置繁复、冗余

我国行贿犯罪体系以犯罪主体和对象不同所作的划分，形成了"行贿罪"、"单位行贿罪"、"对单位行贿罪"、"对非国家工作人员行贿罪"，以及"对外国公职人员、国际公共组织官员行贿罪"五个罪名的行贿犯罪罪名体系。另外，在《刑法修正案（九）（草案）》意见的征集过程中，不少人呼吁应将"利用近亲属和关系密切人的斡旋行贿"入罪。如此看来，行贿犯罪的整个罪名体系可谓是种类繁多。不过，就行贿罪与单位行贿罪以及对单位行贿罪来说，完全可以进行合并，单列为行贿罪。对行贿犯罪体系的划分，可以区分为对国家工作人员行贿罪和对非国家工作人员的行贿罪。这样的设想并非主观臆断。主要理由如下：

1. 依据犯罪社会危害性理论，"行贿罪"、"单位行贿罪"、"对单位行贿罪"的社会危害性高度一致，不应过度区分

社会危害性理论认为社会危害性是指犯罪对刑法法益具有危害或潜在危害的特性，一直以来被认为是犯罪的本质特征，是评价犯罪和影响量刑的重要标准。对社会危害性进行评价，是主观与客观相统一的价值评价过程：首先，从对法条的简单注释可以看出，各罪在法条当中的具体体现是基于同一模板规定，从对主观目的的不正当利益谋取到给予行为方式的相同，整体在形式上保持一致。其次，社会危害性的评价最具决定性的因素当属犯罪所侵害的客体，这也是立法者最应当关注的。行贿罪、对单位行贿罪、单位行贿罪侵害的是国家工作人员职务行为的廉洁性、不可收买性，行为人通过行贿，对市场的正常竞争造成冲击，获取优势地位谋取自身的利益，同时撼动了大众对国家公务执行的信任。可见，这三者在行为表现方式及侵害的客体方面

具有质的一致性，社会危害性①在相同条件下当属一致，没有理由予以刻意区分。

2. 行贿犯罪体系中的主体身份与对象差异对定罪量刑影响不大

现代意义上的罪刑相适应或罪刑相当实际上是指罪责相适应或罪责相当，既包括量刑与犯罪性质、犯罪情节相当，即刑罚与犯罪性质、犯罪情节有关，也包括量刑与刑事责任和犯罪人的人身危险相当。② 考察行贿犯罪的犯罪构成及法定刑，就会发现在犯罪构成特征上除主体特征与犯罪对象不同外，其他基本一致。问题在于，虽然主体身份或对象有所不同，但似乎不至于导致社会危害性相差巨大。单位行贿虽然谋取的利益归于单位，而不是归属于具体实施行贿行为的个人，但这种行为和个人行贿的社会危害性一样，同样侵害了国家工作人员职务行为的廉洁性，对其中情节严重的，应当作为犯罪予以惩治。③ 对单位行贿罪同样如此。然而，它们之间的法定刑之差异显然与其社会危害性不相称。对单位行贿罪主要责任人的法定刑最高为有期徒刑 3 年，单位行贿罪主要责任人的最高刑为 5 年（对变相的个人行贿按行贿罪处罚），个人行贿罪最高可判至无期徒刑。不难发现，其中的处罚差异是巨大的。

司法实践中，因单位行贿罪与行贿罪的量刑差异导致的困惑不容小觑。这是因为，行贿者往往会利用法律的漏洞，为了获取较轻的处罚，却假以单位之名行个人行贿之实，造成实质上的罪刑不当，严重影响司法公正。同样，对单位行贿罪与行贿罪也有此类弊病。通常情况下，单位的腐化堕落远比个人的腐败带来的社会危害面更广，尤其在市场经济全球化的今天，多数以单位进行贸易与利益往来，单位寻租与权力交易往往牵涉一个行业，其对市场秩序的冲击远非不正当竞争所能比拟。然而，对单位行贿罪主要责任人的最高刑仅为 3 年，与其社会危害性并不匹配，这无疑极大地弱化了对行贿犯罪的惩罚力度。需要指出的是，单位和自然人的人身危险性评价，具有前瞻性的立法是应配备对初犯可能性、再犯可能性的预防改造规定的。单位在进行了行贿犯罪之后面临的是双罚制，人身危险性的大小取决于新组成的管理层

① 有学者将社会危害性划分为立法者那里的社会危害性与司法者那里的社会危害性，此处社会危害性是指立法者处的社会危害性，以说明行贿犯罪构成要件是立法者处的社会危害性考虑因素，而具体的立案标准虽说具有立法性质但不在此列，不为立法者所细节规定，而为司法者处的社会危害性标准，而司法者那里的社会危害性是指司法者依据行为刑事违法性而认定该行为严重侵犯国家、社会、个人利益而具有的社会危害。具体参见李立众、李晓龙：《罪刑法定与社会危害性的统一——与樊文先生商榷》，载《政法论丛》1998 年第 6 期，第 3~6 页；储槐植、张永红：《善待社会危害性观念——从我国刑法第 13 条但书说起》，载《法学研究》2002 年第 3 期，第 87~99 页。

② 李晓明、李洪欣、陈姗：《刑法基本原理》（第 4 版），法律出版社 2013 年版，第 134 页。

③ 全国人大常委会法制工作委员会刑法室编：《中华人民共和国刑法条文说明、立法理由及相关规定》，北京大学出版社 2009 年版，第 795 页。

或其他主要责任人员，具有开放、不确定性；而自然人的人身危险性的判断是根据犯罪人的各种主客观因素加以判断的，相对易于把握。我们认为，不论是单罚制抑或是双罚制，单位人身危险是单位内部自然人群体的人格延续，其中的人身危险性的评价最终要落实到对管理层和主要责任人员的综合评价上。因此，不能因评价的复杂性而在配刑上体现不适当的差异。

不可否认，主体身份与对象对定罪量刑确有一定影响，但在行贿犯罪中刻意按照主体身份和对象不同加以划分，实属不必要。纵观现行刑法规定，单位与自然人均构成犯罪的，除分则第八章中的贿赂犯罪以外，无不统一在同一罪名之下。① 在国外也是如此。德国依行为是否违反行为对象的职责，将行贿犯罪分为行贿罪和违反职责的行贿罪，均规定在渎职犯罪中。保加利亚刑法典依据具体行贿对象地位身份之差异将行贿犯罪划分为向辩护人或代理人行贿罪、向司法人员行贿罪、行贿罪，新加坡也采取此种分类方式。可见，将行贿犯罪按照身份差异具体划分成国家工作人员行贿犯罪与非国家工作人员行贿犯罪，是完全可以的。一般来说，国家工作人员是代表国家执行事务，相比非国家工作人员所代表的公司企业事业单位的利益，相对而言分量更重，意义更大，影响更为深远，故区分两者是值得理解的。

### （二）斡旋行贿入罪的缺失

行贿犯罪的通行规定是以谋取不正当利益为目的，给予财物或经济往来中违反国家规定，给予各种名义的回扣、手续费。一般情况下，刑法规定的不同种类的行贿均有与其对合的受贿行为。但是，利用影响力受贿罪却是个例外，因为现行刑法没有与之对合的行贿犯罪，这不能不说是一大立法缺憾。值得欣慰的是，《刑法修正案（九）（草案）》拟将对国家工作人员近亲属及关系密切人或者对离职国家工作人员及其近亲属或关系密切人行贿行为入罪，使利用影响力受贿及其对合行为均受到处罚，以弥补制裁行贿的空白。根据刑法和司法解释的规定，利用影响力受贿罪中的近亲属及密切关系人，并不能覆盖现有多样化的行贿主体，比如国家工作人员的普通朋友等。虽然普通朋友等不能对国家工作人员施加较大影响，但小利小惠还是常有往来。如果对国家工作人员的普通朋友行贿以谋取不正当利益，对行为主体及普通朋友如何定罪呢？显然，依照现行刑法规定，将不能被定罪。所以，《刑法修正案（九）（草案）》的相关修改，虽然有迎合受贿犯罪对合及维持刑法整体性的蕴意，但依然留下缺漏。正如有学者所指出的："对于利用非国家工作人员职务上的便利斡旋受贿行为，尚属刑法真空，依据现有罪名体系根本无法解决，而司法实践中此类现象已大量出现。"②

---

① 梁文彩：《我国贿赂犯罪罪名设置合理化问题研究》，载《西部法学评论》2009 年第 3 期。
② 于志刚：《中国刑法中贿赂犯罪罪名体系的调整——以〈刑法修正案（七）〉颁行为背景的思索》，载《西南民族大学学报》（人文社会科学版）2009 年第 7 期。

### （三）将行贿限定为谋取不正当利益欠妥

谋取不正当利益是行贿犯罪的构成要件，是出入罪的一个重要标准，也是对行贿犯罪认定的一大难题。对于不正当利益，"两高"出台的《关于办理行贿案件具体应用法律若干问题的解释》将之确定为非法利益与通过不正当手段而希望获得的不确定利益。对于这一限定要件，理论上存在很大争议，争议的焦点在于该要件有无存在的必要。行贿犯罪立法之初，立法者可能考虑到出于贿赂双方地位的不平等，以及考虑到行为人有时谋取的是正当利益，此时其主观恶性并不大，其社会危害性也不足以达到动用刑罚方法遏制的程度，[①] 因而将谋取正当利益的行贿排除在犯罪之外。现今，支持去除或修改行贿犯罪的"不正当利益"要件，已是学界的多数说。之所以去除或修改行贿犯罪的"不正当利益"要件，主要理由在于：谋取正当的利益的行贿犯罪也对国家工作人员职务行为的廉洁性和不可收买性与市场经济秩序造成侵害，其社会危害性足以比肩谋取不正当利益的行贿，应当予以严厉打击。当然，也有学者对此不赞同，认为为谋取不正当利益限制了行贿罪的成立范围，缩小了刑法对行贿人的打击面，节约了刑罚的成本，能体恤为了自己合法权益而基于某地某领域国家工作人员公正性丧失而不得不行贿的行贿人，体现了刑法的人道性、谦抑性品质，有利于缓解对受贿罪侦查过程中的取证困难，便于打击受贿犯罪。[②]

问题在于，立法者为什么要将"谋取不正当利益"作为行贿犯罪的构成要件？究其原因，与其说是因为这种行为与立法意义上的犯罪概念一致，倒不如说是立法者从保护社会的现实需要出发，根据各种多变的价值，所作出的妥协性选择。[③] 我们认为，要件增删的背后，实则是法价值取向的对立统一与刑法在施行背景下秉持的理念流变的博弈。立法者如果侧重经济与社会生产力发展，就可能选择放弃动用刑罚对谋取合法利益的行贿加以干涉；反之，若侧重对法益的保护，则会取消不正当利益的限制或修改为谋取个人利益等，以期达到全面呵护公务的廉洁、不可收买性。正如有学者在分析海外贿赂与普通贿赂所秉持的不同理念的阐述：从美英两国立法背景及其规定来看，打击行贿外国公职人员犯罪所重点保护的是市场公平竞争秩序，有别于普通贿赂犯罪，即使是在强调对贿赂犯罪"零容忍"的英美两国，也都纷纷通过立法或司法途径开辟了缓冲带，以缓和刑法干预与商业自由之间的过度对立；忽视贿赂类型的差异，将所有类型贿赂犯罪的治理目的和需求都归于

---

① 于志刚：《惩治职务犯罪疑难问题司法对策》，吉林人民出版社 2001 年版，第 472 页。

② 曾凡燕、付治国：《论行贿犯罪中"谋取不正当利益"要件》，载《湖北社会科学》2010 年第 6 期。

③ 曲新久：《刑法的精神和范畴》，中国政法大学出版社 2000 年版，第 460 页。

保障公权行为的廉洁性，显然是未能发现打击海外行贿犯罪的核心价值。[①]

当前，我国社会经济发展业已达到一定程度，已跃居世界第二大经济体，整体人均生活水平也已基本达到小康水准。与此相适应，明确规则的界限，维护公务的廉洁性与不可收买性，严明依法履行职务的必要性，显得更为迫切。在党的十八大以及十八届四中全会明确指出构建社会主义法治国家的背景下，在未来相当长的一段时间内反腐败斗争在我国将持续存在的状况下，我们理当更新昔日的立法理念，不宜再将谋取不正当利益作为行贿犯罪的构成要件。

**（四）对行贿的界定过于笼统，缺乏具体的阶段划分，导致惩罚不力**

一个完整的犯罪过程通常包括犯意产生阶段、犯罪预备、犯罪实行、犯罪得逞等阶段，然而，在司法实践中处罚行贿犯罪预备、中止或未遂的案例几乎闻所未闻，这显然是不正常的。由此也导致我国刑法对行贿犯罪的惩处时机过于滞后，给行贿人逃避法律惩罚留下了可乘之机。[②] 事实上，行贿完全可能存在不同的阶段，需要给予相应的处罚，这在古今中外都有过先例。例如，德国刑法典第 333 条将行贿划分为"行求、期约、交付"等不同阶段，日本刑法也有"提议、约定、提供"等类似的划分，保加利亚刑法则表述为"建议、允诺、赠送"，《联合国反腐败公约》的规定是"提议给予、许诺给予、实际给予"。纵观不同国家的规定，对行贿阶段的划分基本一致，只是用语略有差异。

正是由于缺乏具体的阶段划分，有学者借鉴国外的阶段划分，提议将我国行贿犯罪分阶段加以具体划分，以便从源头上全方位打击行贿犯罪。我们认为，国外的阶段划分对我国观察行贿犯罪确实提供了新的视角，但全部借鉴不符合我国实际状况。在"提出行贿建议"阶段，行贿人虽已经开始着手实施行贿犯罪，受贿人未收取任何好处也未作出表态，整个行为的社会危害性集中于对职务廉洁性和公众信赖的侵犯可能性，其结果无非两种：假使受贿人同意，此行为的评价为后一阶段吸收，仅定后罪；而若受贿人拒绝，法益未受侵犯，此时若对行为人予以定罪，则将造成现行刑法规定的行贿犯罪体系与日常经验评判相冲突。例如，现行刑法规定谋取正当利益行贿不构成行贿罪，而未谋取到利益反而被定罪，这显然是不可取的。另外，行贿主体的行贿动机与主观恶意难以从言语中推定，最典型的是行贿主体仅是随意挪揄透露自己要"行贿"，以满足对方官员的权力虚荣，此种情形的定罪将有违主客观相一致原则，必将产生过分依赖行贿人口供的艰难局面，易于被行

---

① 王燕玲、钱小平：《美英海外行贿犯罪立法治理比较及评价》，载《刑法论丛》2013 年第 1 期，第 393~406 页。

② 刘仁文、黄云波：《行贿犯罪的刑法规制与完善》，载《政法论丛》2014 年第 5 期。

为人滥用。此外，针对此类"言论"也难以把握刑法规制符合宪法规定。刑法通过惩罚犯罪来保护个人自由，必然使其面临言论自由限度与刑法边界的问题，保障言论自由的充分实现，必须在所谓的不当行使言论自由与犯罪之间留下合理的缓存空间，使得某些即使是不当行使自由的行为也不用面对承受刑事责任的危险。[①] 而立法者在进行刑事立法时，必须充分考虑个人自由与社会秩序之间的对立统一关系，在优先考虑个人自由的同时，寻求自由与秩序的平衡。[②] 借此，将此种没有缓冲空间的言论犯罪化应当谦虚谨慎，避免刑事立法、司法与母法南辕北辙。

新时期司法实践中出现的行贿更注重感情的长期投入，当事人直接给予好处的做法并不常见，具体表现为更隐蔽的权"钱"交易，双方达成贿赂协议，使权"钱"交易有了一段时间差。多数时候，因行为人并未给予受贿主体财物而免于受法律追究，所以将"许诺给予"阶段单独定罪，是有现实意义和价值的。

### （五）罚金刑与资格刑的运用不力，使制裁行贿犯罪的效果大打折扣

在我国，当前处罚行贿行为表现为以刑罚为主、行政制裁为辅的结构模式。其中，行政制裁是刑事责任实现方式的非刑罚方式之一，也是行政法与刑法衔接的具体体现。行政制裁以罚款、没收违法所得为主，吊销营业执照等为辅，散见于各经济法律与法规当中。如《反不正当竞争法》第 22 条规定：经营者采用财物或者其他手段进行贿赂以销售或者购买商品，构成犯罪的，依法追究刑事责任；不构成犯罪的，监督检查部门可以根据情节处以 1 万元以上 20 万元以下的罚款，有违法所得的，予以没收。对于行贿犯罪而言，有关行政制裁规定主要集中在商业贿赂行为上，对非商业贿赂违法行为甚少规定。刑罚则主要以自由刑为主，罚金刑、没收财产等附加刑为辅，罚金主要集中规定于单位犯罪的条款。不难发现，我国现有法律规定对商业贿赂的制裁存在一个明显的缺陷，即偏重刑事制裁，行政制裁明显不足，而且行政法律法规对商业贿赂规定十分简单，远远不能满足查处商业贿赂的需要。[③] 即便如此，所运用的刑罚种类中，罚金刑并没有得到充分适用，资格刑的运用也存在缺失问题，这使得在制裁行贿犯罪时并没有根本解决问题，难以从源头上打击行贿犯罪，难免造成制裁行贿犯罪的效果大打折扣。相反，因自由刑的轻刑化往往使犯罪人的再犯可能性大为增加。

---

① 唐煜枫、王明辉：《论言论自由的刑法保障———一个罪刑法定视野的关照》，载《甘肃政法学院学报》2010 年第 2 期。

② 曲新久：《刑法的精神和范畴》，中国政法大学出版社 2000 年版，第 461 页。

③ 赵秉志：《论商业贿赂的认定及处理》，载《国家检察官学院学报》2006 年第 3 期。

## 三、 行贿犯罪的罪刑完善

通过上述分析，我们认为有必要对行贿犯罪的罪刑体系加以完善。具体如下：

### （一）罪名方面的完善

1. 合并行贿罪、单位行贿罪和对单位行贿罪三罪为行贿罪，规定同样的法定刑，是行贿犯罪形成行贿罪（对国家工作人员）与对非国家人员行贿罪的二元体系。具体地说，将三罪合并为行贿罪后，以行贿对象为标准，横向上可以将行贿犯罪划分为对国家单位或公职人员行贿和对非国家工作人员行贿（理论上包含对国外公职人员与国际组织公职人员行贿及斡旋行贿），纵向上又从非国家工作人员中独立出国家工作人员的近亲属及关系人和离职人员的近亲属及关系人。这样，在保持了依犯罪对象而划分的传统分法的同时，又依据主体不同而将社会危害性程度不同的两种行贿犯罪区分开来，且依旧规定在原设章节。至于刑罚的配置，可以考虑设置梯度刑罚，以适应惩罚不同行贿犯罪的需要。

2. 增加有关斡旋行贿的条款，并将斡旋行贿的对象范围扩大至关系人，统一规定为斡旋行贿。在设置斡旋行贿罪时，注意关系人的界定应通过司法解释进行不断的补充完善，要谨慎细致地进行解释，避免落入主观定罪的陷阱。同时，修改后要注意该罪与介绍贿赂罪的掮客行为等区别开来，掮客行为是处于完全中立的地位，只是为双方行贿和受贿成功提供条件便利，之后接受行贿主体的好处，两者合意与否都可退出。而斡旋行贿中关系人起到决定性作用，与主体和对象关系相对更为密切，行贿主体的行贿对象先是关系人，关系人通过国家工作人员便利为请托人谋取不正当利益。两种行为在犯罪构成以及量刑上差异较大，必须严格区分。

3. 借鉴国外有关行贿犯罪阶段的立法，将现行关于实际交付财物才定罪的立法扩展至达成许诺交付阶段，规定为"允诺、实际交付财物"的也可成立行贿罪。阶段的划分可以运用到整个行贿犯罪体系当中，对受贿犯罪体系中的各罪定罪也有一定的借鉴作用。同时，由于期约交付与实际交付具有质的相同，故法定刑可以不予修改，即参考现有的立法规定。

4. 取消和修改关于"谋取不正当利益"的规定，全面打击行贿犯罪。行贿犯罪主观目的要件的去除，是合理地扩大刑事打击面的体现，有利于捍卫公职行为的高效、廉洁与不可收买性。当然，"谋取不正当利益"之主观目的并非一无是处，在使其不影响定罪的前提下，可以考虑将之作为法定刑升格的条件或者根据，这样就能够根据社会危害性不同区分谋取正当利益与不正当利益，有助于分层次打击不同的行贿犯罪。

### （二）法定刑方面的完善

1. 法定刑幅度的设定。基于上述有关行贿罪、单位行贿罪、对单位行贿罪的罪状统一和社会危害性的分析，可知单位行贿罪与对单位行贿罪的社会危害性不亚于行贿罪。因此，在设置法定刑幅度时，可以考虑以现行行贿罪的法定刑及其幅度为标准，将法定刑幅度设置为三档：处五年以下有期徒刑或者拘役；情节严重或者使国家利益遭受重大损失的，处五年以上十年以下有期徒刑；情节特别严重的，处十年以上有期徒刑或者无期徒刑。因行贿谋取不正当利益的，从重处罚。

2. 增设罚金刑与资格刑，使刑罚适用更具有针对性，使行贿犯罪的行政制裁与刑事制裁有效衔接。增设罚金刑，能够削弱甚至剥夺犯罪分子的经济基础，断绝犯罪人的贪利意识，纠正其不良思维或者观念。同时，由于在目前我国构建和谐社会的背景下，法院一般不会作出没收财产的判决，这就造成了司法实践对一般行贿案件通常不适用没收财产，导致不能发挥其功效。增设罚金刑，则能有效替代没收财产适用的不足。[1] 这也是许多国家的通行做法。至于资格刑，则有利于限制犯罪人的活动能力，发挥刑罚之特殊预防功能，避免犯罪人再犯同类之罪，这是罚金等财产刑所不能替代的。当然，单处资格刑不足以从经济上制裁此类犯罪，重打不重罚，会助长一些犯罪分子铤而走险。[2] 因此，对行贿犯罪增设资格刑与罚金刑，能够弥补各自缺憾，使刑罚适用更具有针对性，并使对行贿犯罪的刑事制裁与行政制裁能有效衔接，以满足制裁不同类型的行贿行为的需求。

---

① 肖洁：《行贿犯罪查处的困境与解决途径》，载《中国刑事法杂志》2010 年第 8 期。
② 高铭暄、孙晓：《宽严相济刑事政策与罚金刑改革》，载《法学论坛》2009 年第 2 期。

# 行贿罪立法完善研究

何艳敏<sup>*</sup>　金　懿<sup>**</sup>

## 一、 我国行贿案件司法处理之评析

　　长期以来，我国在行贿、受贿这一对合关系的处罚上，存在着"重受贿、轻行贿"的倾向。据一些学者的统计，2009 年至 2013 年，全国法院受理的一审行贿犯罪案件收案数（12821 件）仅为受贿犯罪案件收案数（53843 件）的 24%，行贿犯罪案件的生效判决人数（12364 人）仅为受贿犯罪案件人数（48163）的 26%。[1] 也就是说，行贿、受贿这类对合犯罪案件中仅有 1/4 数量的行贿案件、行贿人被检察机关移送起诉，剩余的 3/4 数量的案件或在侦查阶段被直接决定撤案，或是移送审查起诉后被决定不起诉。值得注意的是，在这 1/4 被移送起诉的行贿案件中，缓刑、免刑适用率高达 75%，重刑率仅为 3%。相比之下，起诉案件数量四倍于行贿犯罪案件的受贿犯罪案件中，缓刑、免刑适用率为 50%，重刑率为 35%。[2] 另外，笔者也亲自调研了某区人民检察院 2013、2014 年两年的行贿案件，发现共有行贿案件 7 件，其中 5 件案件被直接决定撤案，1 件案件移送审查起诉后被决定相对不诉，只有 1 件案件被决定起诉。可见，刑事司法对行贿的打击何其不力。

　　产生这种"重受贿、轻行贿"局面的原因，至少有两个方面：一是来自观念的积习，二是来自实践的需要。

　　从观念积习的角度讲，受贿罪的社会危害性要远大于行贿罪的社会危害性的观念被普遍认同。受贿罪的犯罪主体是国家工作人员，国家工作人员本应用好自己职责范围内的公权力为公众、社会谋福利。如利用公权力来谋求个人私利，则直接损害政府形象、降低执政公信力、破坏社会公平正义以及人们对公权力能够被廉洁地使用的预期，而普遍认为这些腐败的国家工作人员罪大恶极，应予以严惩。更多人认为，受贿与行贿这一对合关系中，受贿行为具有决定性，没有受贿就不会产生行贿，受贿是开启罪恶之门。相比之下，行贿罪的主体更多的是普通公民，有时行贿并非为了谋取不正当利益，

---

　　<sup>*</sup> 上海市人民检察院民行处处长。

　<sup>**</sup> 上海市浦东新区人民检察院侦监处助理检察员。

　① 李少平：《行贿犯罪执法困局及其对策》，载《中国法学》2015 年第 1 期。

　② 数据引用同上。

有时行贿甚至只是希望公权力能够被公平、公正地使用——因为他听说竞争对手已经行贿了。因而，在当下中国，法不责众的思维、推己及人的思维，使得大部分人都认为受贿行为很可恶应当重罚，而行贿行为则可从轻处理。

从实践需要的角度来说，对行贿案件从轻处理往往是成功查处受贿案件所须付出的代价。行贿受贿属于"天知地知你知我知"的密室犯罪，很多时候行贿人、受贿人易形成攻守同盟，使得案件难以破获。司法实践中，即便受贿人迫于"双规"的压力开口交待了受贿的具体事实，但如果缺乏行贿人对于事实、数额上的供述印证，受贿人的口供便是孤证而无法认定。有学者在分析行贿、受贿查处过程中，认为受贿人开口交待、行贿人拒不供认的情况下，能够对受贿人、行贿人一起定罪处罚，[①] 可能只是一个美好愿景。所以，获取行贿人的口供对于成功查办受贿案件来说是至关重要的。基于此，刑法第 390 条规定了"行贿人在被追诉前主动交待行贿行为的，可以减轻处罚或者免除处罚"。期望对行贿罪案件的从轻处理，以此换取对受贿罪的成功打击。

但是，"重受贿、轻行贿"做法的合理性是值得商榷的。一方面，从社会危害性的角度来看，行贿行为的社会危害性并不见得就比受贿的危害性小。第一，在行贿、受贿对合关系中，除了索贿之外，行贿、受贿案件的产生往往由行贿人发起，行贿往往具有主动性，由行贿开启受贿罪恶之门。第二，对比行贿行为与受贿行为的经济回报，行贿的回报远远大于受贿的所得。贿赂犯罪的最本质特征就是权钱交易。受贿所得往往只是行贿行为的成本，而行贿的回报可能是十倍或者百倍于行贿的成本。可以说行贿人更多地享受着破坏公平正义的"成果"。[②] 第三，就司法现状而言，行贿被查处后处罚轻，犯罪成本低。由于行贿的风险很小、收益很大，犯罪成本低，故禁而不止。另一方面，从实际效果来看，对行贿的从轻处理实际上滋长了受贿。有学者认为，为了从重打击受贿犯罪，国家应该从轻处理行贿，甚至不处理行贿，从而瓦解行受贿二者的同盟，使得受贿人不敢受贿。[③] 但我们认为，想通过对行贿犯罪轻处理、不处理的方式来打击甚至杜绝受贿犯罪，无疑是一种暂时的、自欺欺人式的"饮鸩止渴"。马克思曾经说过，资本"有百分之三百的利润，它就敢犯任何罪行，甚至冒绞首的危险。"何况，受贿犯罪是通过出卖公权力获得私利，指望受贿犯罪人因害怕行贿人的指证而不敢受贿似乎不太现实。对于行贿罪轻处理、不处理，助长了行贿人的胆量和气焰，让更

---

① 董桂武：《论行贿罪受贿罪互动规制之完善——基于囚徒困境理论的思考》，载《东方论坛》2014 年第 3 期。

② 如果某一贪官受贿数额达几个亿，那么所有向他行贿的人所获取的回报总额可能达数十亿、上百亿，这也许是很多人都未曾意识到的一个问题。

③ 张明楷：《置贿赂者于囚徒困境》，载《书摘》2004 年第 8 期。

多的行贿人打开受贿的大门。

综上所述，现有对行贿"轻处理、不处理"的做法必须改变。应以对行贿罪的立法完善为先导，从入罪和量刑两方面入手进行修法，全方位严密对行贿行为的处罚法网，表明国家对行贿行为严厉打击的决心，以此来扭转"轻行贿、重受贿"的司法现状。

## 二、 行贿罪入罪要件的立法完善

学理上一般认为行贿罪与受贿罪是比较典型的对合犯。但有学者认为与其将二者称之为对合犯，不如称之为对合关系似乎更加恰当。① 对合犯与对合关系二者是种概念与属概念的关系。对合犯者，二者必须同时构成犯罪；二者仅一方构成犯罪，另一方存在构成犯罪可能，则只能称为对合关系。以目前的法律规定来看，刑法对于许多行贿、受贿行为规定为对合关系②。我们认为，立法上对行贿、受贿行为只将其中受贿一方定罪处罚，将部分行贿行为不予入罪，属于典型的"重受贿、轻行贿"的做法，应予以立法修正。应从修改行贿罪"谋取不正当利益"要件、删除被索贿情况下行贿不构成犯罪的条文、增设"利用影响力受贿罪"的对合犯、合理调整"单位行贿罪"起刑点等几方面对行贿罪进行修改，将行贿、受贿确定为对合犯，加大对行贿犯罪的打击力度。

### （一）应修改"谋取不正当利益"要件

我国刑法中，对受贿罪规定只要收受贿赂"为他人谋取利益"就构成犯罪，对于索贿的情况甚至不需要"为他人谋取利益"也能构成犯罪。而作为对合关系的行贿行为，刑法规定无论是主动行贿还是被国家工作人员索贿后行贿，均必须具备"为了谋取不正当利益"（主动行贿）或者"获得不正当利益"（被索贿后行贿）的要件才可能构成犯罪。刑法对受贿、行贿入罪要件规定的不同，使得在行贿人"为谋取正当利益"行贿或者"获得正当利益"行贿的情况下，受贿行为构成犯罪而对应的行贿行为却不构成犯罪。我们认为，"谋取不正当利益"在刑法学理上属于规范的构成要件要素。区别于记述的构成要件要素，需要司法人员通过价值判断何为"不正当利益"。然而每个人的价值判断可能各不相同，故司法实践中对于认定何为"不正当利益"是一个难题。"两高"2012年出台了《关于办理行贿刑事案件具体应用法律若干问题的解释》，其第12条规定：行贿犯罪中的"谋取不正当利

---

① 杨崇华、赵康：《论行贿行为的独立处罚——兼论行贿和受贿的对合关系》，载《法学杂志》2014年第9期。

② 广义上的行、受贿对合关系，不仅包括行贿罪、受贿罪，还包括向单位行贿罪、单位受贿罪，向非国家工作人员行贿罪、非国家工作人员受贿罪等。本文限于篇幅，主要讨论行贿罪与受贿罪的关系。

益",是指:(1)行贿人谋取的利益违反法律、法规、规章、政策规定,或者要求国家工作人员违反法律、法规、规章、政策、行业规范的规定,为自己提供帮助或者方便条件。(2)违背公平、公正原则,在经济、组织人事管理等活动中,谋取竞争优势的,应当认定为"谋取不正当利益"。从中可以看出,"两高"对"不正当利益"的解释包括:一是违法违规的利益,二是违背公平、公正的利益。前一点"违法、违规"属于记述的构成要件要素,故在适用上一般不会产生分歧。而后一点"公平、公正"则又是一个规范的构成要件要素,故在适用上仍会引起分歧。例如:甲、乙二人均有机会竞争晋升某一岗位,在竞争过程中甲得知乙已向主管领导行贿,故甲为了维护自己的利益,保证竞争的"公平、公正"也向主管领导进行行贿,是否属于违背"公平、公正"?再如,某县城一行政主管部门存在懒政、怠政的情况,按规定应当为甲、乙、丙三企业均及时办理行政审批,但行政部门违法、违规不予办理。甲企业为了维护自己的利益,向行政部门领导行贿,后行政部门优先给甲企业办理了行政审批手续。甲企业优先获得审批,率先开展业务,在市场竞争中相对于乙、丙企业取得了一定竞争优势,这种情况是否属于违背"公平、公正"?

诸如此类形而下的例子举不胜举,而产生这种问题的根源在于形而上层面中刑法立法的不合理。立法设置"谋取不正当利益"要件,实质上是将"道德判断"与"法益判断"相混淆,将"量刑"的要素错分成了"定罪"的要素。具体来说,行贿人谋取的是什么样的利益、谋取的利益是否合法合规、谋取的利益是否违背公平公正,不应作为其行贿行为是否应当入罪的定罪要素,充其量这只能作为行贿人主观动机是否恶劣的量刑要素。行贿的动机、目的只应作为一个量刑情节而并不应当成为一个定罪要件。然而刑法却将这一道德评判要素错误地作为法益判断的要素,进而产生上述举例中的问题。

"道德判断要素"只应当影响量刑,"法益判断要素"才应该影响定罪。无论行贿、受贿谋取的是什么样的利益,都会玷污公权力的廉洁性,会损害国家机关、党政机关的形象。故对于行贿罪应将"为谋取不正当利益"改为"为了谋取利益"[1]。

### (二)删除被索贿情况下行贿不构成犯罪的条文

对于因被索贿而行贿的,现行刑法规定未获取不正当利益的,一律不构成行贿犯罪。事实上,这同样是将"道德判断"的量刑要素与"法益判断"的定罪要素混淆了。被索贿后行贿的,行贿人只要获得了利益就发生了权钱

---

[1] 行受贿犯罪本质是权钱交易,故对于"谋取利益"要件仍应当保留。如果彻底取消"谋取利益"要件,会过于扩大打击面,将一些非权钱交易的行为也划入行受贿犯罪进行打击,这并不妥当。

交易，无论获得的利益是正当的还是不正当的，公权力的廉洁行使都受到了损害。被索贿后行贿的行为人，获取的利益是正当的，只能说明其主观恶性相对较小而已，但并不足以说明该行为不构成犯罪。对比而言，刑法总则规定，共同犯罪中对于胁从犯应当按照他的犯罪情节减轻处罚或者免除处罚。所以，即使受他人威胁而犯罪的，也并不当然免除处罚；即使处理结果的确是免除处罚，这种免除处罚也是以该行为构成犯罪为前提的。这与被索贿后行贿而没有获取不正当利益直接规定为一律不构成犯罪有本质区别。对比之下，可以发现对于因被索贿而行贿未获取不正当利益直接规定一律不构成犯罪的规定是不合理的。

我们认为，应当在行贿罪中删除被索贿情况下对行贿人免责的刑法条文。但考虑到某些情况下，因被索贿而行贿，行贿人未获取不正当利益，且行贿情节（包括金额、对象等因素）较轻，这种情况社会危害性较小，可以在相关司法解释中对此作出酌情免除处罚的规定。

### （三）应增设"利用影响力受贿罪"的对合犯

2009年我国《刑法修正案（七）》增设了"利用影响力受贿罪"，将国家工作人员的近亲属、其他关系密切的人、离职的国家工作人员等三类人，利用国家工作人员职务上的便利或因职权、地位形成的便利条件，为请托人谋取不正当利益，索贿或者受贿的行为规定为犯罪。但立法时并没有将对合关系的行贿行为也规定为犯罪。为使行贿行为与受贿行为成为对合犯状态，应将向"利用影响力受贿者"行贿的行为犯罪化。

上述三类主体利用影响力受贿，向国家工作人员吹"枕边风"、"耳旁风"，利用自己与国家工作人员的特定关系，干扰国家工作人员的判断，使国家工作人员作出有利于请托人的决定，是利用影响力受贿罪的实质。上述三类人员并非真正的国家工作人员，手中也并不直接握有公权力。利用裙带关系受贿只是一种"狐假虎威"的行为。很多情况下，作出决定的国家工作人员并不知道近亲属等关系密切人员有收受贿赂的情况，因此其作出有利于请托人的决定也很难认为是有损职务廉洁性的行为。但是立法者考虑到即使上述三类人员并非国家工作人员，他们的行为同样间接损害了国家、政府公权力行使的廉洁性，故亦规定为犯罪。

然而，在这种对合关系中的行贿人，其本质上和普通行贿罪中的行贿人并无差异，刑法不对这种行贿人处罚显失妥当。不管是向国家工作人员本人行贿，还是向近亲属等关系密切人行贿，都是"投小钱、赚大钱"的"买卖行为"，这些人本质上都是将公权力作为商品买进后为己所用、谋取利益。两种情况下的行贿人通常都是主动贴靠，通过行贿行为获取高额非法回报，二者具有同质同量的社会危害性。然而在现有的法律规定下，向关系密切人员行贿的行为却不构成犯罪。所以导致在现行法律框架下向国家工作人员的近亲属、情人行贿是一件收益很大、风险为零的买卖。这样的现象是不合理的，应当完善立法，将向关系密切人行贿的行为犯罪化，可以考虑将这种情况单列成为一个新增罪名，也可以考虑对行贿罪作出修改将其作为行贿罪的特殊情况之一。

### （四）应合理调整"单位行贿罪"的起刑点

一般情况下，我国刑法只是将单位犯罪作为自然人犯罪的特例，在某一罪名中进行特别规定，而不另立罪名。但是行贿、受贿案件比较特殊，立法时将自然人行贿、自然人受贿、单位行贿、单位受贿、（自然人、单位）向单位行贿分别规定为不同罪名，甚至规定不同的起刑点。以行贿罪和单位行贿罪为例，最高人民检察院 1999 年出台的《关于人民检察院直接受理立案侦查案件立案标准的规定（试行）》中规定，行贿罪入罪的起刑点为人民币 1 万元，而单位行贿罪的入罪起刑点为人民币 20 万元。从倍数关系来看，单位行贿罪入罪起刑点是自然人行贿罪的 20 倍。我们通过对某区人民检察院的案例研究发现，有相当一部分的案件被直接予以撤案，原因是单位行贿，但达不到 20 万元人民币的起刑点。查阅这些案件的案情，发现许多案件都是发生在工程承包领域，行贿人为了得到工程主动向行政部门主管人员行贿，却因为这些行贿人是以有限公司的名义经营，故被认为属于单位行贿，而数额达不到起刑点不构成犯罪。但是这些所谓的有限公司，有些是一人有限公司，有些则是仅有两、三个自然人股东的有限公司，实质上与个体工商户、自然人合伙经营并没有很大区别。

立法者将行贿罪、受贿罪分设单位行贿罪、单位受贿罪和自然人行贿罪、自然人受贿罪，不排除是因新刑法修法时是 1997 年，市场经济刚刚起步，国家社会尚未完全走出旧时代计划经济的框架，自然人主要还是依附于社会"单位"而存在。故在修法时立法者认为单位行贿、受贿的情形与自然人行贿、受贿具有完全不同的社会危害性，单位行贿受贿危害性小，自然人行贿受贿危害性大，立法时需要进行明显区别。但随着时代的进步，自然人与单位的关系发生了质的变化。当今社会，在很多情况下自然人不再是单位的"附庸"，而成为单位的"主宰"，公司制是一个典型的例证。计划经济框架下，所有的单位都是全民所有制、集体所有制，故单位犯罪实际上是为了"单位内所有的员工"利益而犯罪；市场经济框架下，很多公司制的单位，尤其是小规模的公司制单位是私人所有，这些单位犯罪实际上是为了"单位的所有者"利益进行的犯罪。随着公司法的修改，自然人设立公司变得越来越便捷、门槛越来越低，一元钱就能够设立一个一人有限公司。在这种情况下，还坚持认为一人有限公司的单位行贿行为与自然人行贿有什么本质的社会危害性差异，已不合实际情况。故刑法对于公司法的修改内容应及时予以回应，对大量的单位犯罪（包括行贿罪）入罪起刑点及时进行合理调整，其至可以取消单位行贿罪。

## 三、行贿罪量刑制度的立法完善

对行贿行为是否予以严惩，除了体现在是否将其入罪以及入罪标准，更多体现在量刑制度上。现有行贿罪的量刑制度过于宽宥，也不规范，应当予以调整。

### （一）应考虑合理调整行贿罪的特别自首规定

理论界将刑法总则第 67 条规定的自首称之为一般自首、准自首，而将刑法分则第 390 条第 2 款对行贿罪规定的内容称之为特别自首规定。相对于一般自首和准自首，可以发现，特别自首的减轻力度远大于一般自首。一是一般自首是按照从轻、减轻、免除三个档次依次排列。而特别自首只规定了减轻、免除两个档次，没有从轻的规定。这意味着只要行贿人符合特别自首的规定，都可以在原本的量刑档次之下一个档次量刑；二是一般自首规定了，对于情节较轻者，可以免除处罚，情节较轻通常理解为三年以下有期徒刑。而特别自首并没有规定免除处罚只能适用于情节较轻者，这意味着即使行贿行为比较严重，司法机关仍然具有对其免除处罚的裁量权。

对行贿罪的处罚，现有的司法解释采取了几乎宽纵的态度。"两高"《关于办理行贿刑事案件具体应用法律若干问题的解释》第 10 条第 1 款规定具有"向三人以上行贿、因行贿受过行政处罚或者刑事处罚的、为实施违法犯罪活动、造成严重危害后果"等情况一般不适用缓刑或免除刑罚。但该条第 2 款规定具有"刑法第 390 第 2 款规定的情形的，不受前款规定的限制。"这意味着"两高"认为即使行贿有比较严重的情节，只要符合特别自首的规定，照样可以免刑或缓刑。

现有的特别自首制度的刑法规定、司法解释，对于行贿罪的处罚过于宽纵，应对现有的规定做一定合理调整。可以考虑将现有行贿罪特别自首规定修改为按照一般自首从轻、减轻、免除的三个档次依次排列，并对特别自首中关于免除处罚的规定，限定为行贿情节严重的不得适用。

### （二）应考虑对行贿罪设置资格刑

我国刑法中的资格刑，主要是指剥夺政治权利，包括剥夺选举权、被选举权、言论出版、集会、结社、游行、示威等政治自由以及剥夺担任公职的权利。我国的资格刑带有比较浓重的政治色彩，其中没有诸如禁止罪犯在刑期满以后一定期间（或终身）不得从事某项职业或担任某些职务的附加刑罚。实际上设定职业禁止、职务禁止、执照禁止的附加刑罚远比剥夺政治自由更有实际意义。我国《刑法修正案（八）》规定，对于被判处管制或宣告缓刑的犯罪分子可以同时作出禁止令，使其在被执行管制或缓刑期间禁止从事特定活动，进入特定区域、场所，接触特定的人。现有刑法规定下，禁止令的适用范围仅限于管制和缓刑。我们认为立法者可以考虑将禁止令中的一些禁令推广至刑罚附加刑，加大附加刑的威慑力。

对于行贿罪而言，如果设置职业禁止、职务禁止等一些资格附加刑，其威慑效果可能会大于单纯处以自由刑。比如，工程承包领域属于行贿的高发领域，对这个领域内的行贿犯罪如设置职业禁止（如禁止一定期间承办任何工程、成为各种公司股东、申领各类营业执照）的资格刑，或许能够取得很大的威慑效果。一部分学者认为，对行贿罪与受贿罪进行同罪同罚不能收到良好的效果。但如果对行贿罪设置资格刑，则可以在不加重对行贿罪自由刑的前提下，有效提高对行贿罪的威慑作用。

**（三） 可考虑对行贿罪单设诉辩交易制度**

我国目前的刑事诉讼制度没有明确赋予检察官诉辩交易的权力，我国贯彻的是法定起诉制度。在实践中，有些地方司法系统曾在实践中作过"诉辩交易"的探索，但最后因遭社会舆论的强烈反对探索就此夭折。

通观世界各国，检察官一般均享有比较大的"诉辩交易权"或是"起诉犹豫权"、"附条件不起诉权"等自由裁量权，这主要是出于司法经济性和刑法谦抑性的考虑。我国社会舆论对检察官行使"诉辩交易权"强烈反对，更深层次的原因可能在于社会公众对于司法机关的司法公正性、司法廉洁性的不信任，担心"诉辩交易权"下隐藏司法腐败。我们认为，可考虑在刑法中就行贿罪单设诉辩交易制度。就目前的实际情况而言，对行贿罪的宽纵处理实际上已经到了比有"诉辩交易"还要宽松的地步。诸多行贿案件的行贿人最终不仅被减轻处理，甚至直接被作不起诉处理。由此看来，不妨由法律明文规定对于行贿罪，检察机关拥有一定程度的"法定"诉辩交易权，这样至少可以限制实践中对行贿罪相对不起诉滥用的实际现状。

在对现有特别自首的刑法规定及司法解释作出调整的同时，可赋予检察官一定幅度内的诉辩交易权。具体可规定检察官握有对行贿人按照一般自首可以从轻、减轻的幅度向下再从轻、减轻最高 30% 比例的刑期的量刑建议权，对该建议权法院一般应予以尊重。对于行贿情节较轻的，检察官可在行贿人作出一定承诺的前提下决定附条件不起诉。①

综上，我们认为，究竟是受贿造就了行贿还是行贿成就了受贿，是一个类似于"先有鸡还是先有蛋"的问题，可能永远无法争论清楚。在严厉打击受贿犯罪同时，对行贿罪也不姑息，方能标本兼治，法到"贿"除。

---

① 我国刑事诉讼法只规定了对未成年人犯罪可附条件不起诉，但可考虑将该制度作为检察机关的一种诉辩交易权，以在行贿罪中进行运用。

# 行贿犯罪的立法完善问题研究

张书琴\* 刘 伟\*\*

为预防和打击贪污腐败行为，我国刑法规定了行贿罪。这一设置的理论依据是传统刑法理论对于行贿罪与受贿罪之间关系的认识，即：行贿罪与受贿罪是对合性犯罪，二者互为因果、相互依存，没有行贿就不会出现受贿，正是行贿的不断出现使得受贿者难以承受诱惑而走向堕落。针对我国近年腐败形势日益严峻的现实状况，很多人提出要加大对行贿罪的打击力度以遏制贿赂犯罪的猖獗蔓延。笔者以为，治理腐败，一个重要举措是依法打击行贿犯罪。因此，深入开展对行贿罪的刑事立法的研究，对于打击贪污贿赂犯罪，发展社会主义市场经济，构建社会主义和谐社会，意义十分重大。

## 一、 行贿犯罪的立法概况

新中国成立以后，我国刑事立法关于行贿罪的规定始于 1952 年的《惩治贪污条例》，该条例第 6 条、第 7 条对行贿罪作了规定。1979 年刑法第 185 条第 3 款，第一次对行贿罪以刑法典的形式在立法上正式予以规定。1985 年 7 月 18 日，最高人民法院、最高人民检察院在《关于当前办理经济犯罪案件具体应用法律的若干问题的解答（试行）》中，在行贿罪的犯罪构成上增加了"个人为谋取非法利益"的主观要件，规定："个人为谋取非法利益，向国家工作人员行贿或者介绍贿赂的，应按刑法第 185 条第 3 款追究刑事责任。行贿人因被敲诈勒索而给予国家工作人员财物的，不以行贿论。"该规定大大限制了行贿罪的适用范围。最高人民检察院在 1986 年发布的《人民检察院直接受理的经济检察案件立案标准的规定（试行）》中规定："行贿罪是指为使国家工作人员利用职务上的便利，为其谋取利益，而非法给付财物的行为。"这一规定对"利益"的解释取消了"非法"的限制。1988 年全国人大常委会颁布的《关于惩治贪污罪贿赂罪的补充规定》第 7 条以立法形式规定了行贿罪的概念："为谋取不正当利益，给予国家工作人员、集体经济组织工作人员或者其他从事公务的人员以财物的，是行贿罪。在经济往来中，违反国家规定，给予国家工作人员、集体经济组织工作人员或者其他从事公务的人员以财物，数额较大的，或者违反国家规定，给予国家工作人员、集体

---

 \* 南京航空航天大学法律系讲师。

\*\* 江苏省社会科学院法学所副研究员。

经济组织工作人员或者其他从事公务的人员以回扣、手续费的，以行贿论处。因被勒索给予国家工作人员、集体经济组织工作人员或者其他从事公务的人员以财物，没有获得不正当利益的，不是行贿。"1997 年刑法基本上沿用了1988 年《关于惩治贪污罪贿赂罪的补充规定》关于行贿罪的内容，由于受贿罪主体只限于国家工作人员，所以也相应删除了"集体经济组织工作人员"和"其他从事公务的人员"。

　　行贿是受贿犯罪的诱因和根源，不仅腐蚀了国家工作人员的职务廉洁性，而且具有极大的传染性和破坏力。大量司法实践情况表明，在行贿与受贿这一对对合性犯罪中，行贿犯罪对受贿犯罪的作用不可低估，在不少情况下，行贿者往往是始作俑者。"行贿和受贿同害，它破坏经济的正常运行，妨害公平竞争秩序，它是从堡垒外部对国家政权以及国家工作人员的职务廉洁性的肆意破坏，危害了国家的民主制度和法治；毁坏了社会的道德基础，破坏了公共信誉，损害了社会正义。对于受贿犯罪人这样的'内奸'我们要严惩，对于行贿人这样的'外敌'也不能轻饶。"① 严格追究行贿人的刑事责任，加大对行贿罪的打击力度是遏制腐败的必然要求。而长期以来，我国从立法到司法对行贿罪惩处的重视不够和不力，严重影响了对腐败犯罪的遏制效果。有鉴于此，《刑法修正案（九）（草案）》对行贿者设置了更为严格的处罚标准。

　　其一，对于行贿罪，除情节特别严重的情况下可以施以没收个人财产的处罚外，现行刑法主要是人身处罚，而《刑法修正案（九）（草案）》则加重了"财产刑"，即处罚金。这就加大了对行贿犯罪的处罚力度，增加了行贿犯罪的财产刑种类，使犯罪分子在受到人身处罚的同时，让其在经济上也深感无利可图，畏刑却步，充分发挥财产刑与自由刑并科的功能互补。其二，《草案》还严格限定了行贿"免责"条款。对于在被追诉前主动交待行贿行为的行贿人，现行刑法规定"可以减轻处罚或者免除处罚"。草案修改为，"可以从轻或者减轻处罚。其中，犯罪较轻的，检举揭发行为对侦破重大案件起关键作用，或者有其他重大立功表现的，可以免除处罚"。《草案》二审稿规定：行贿人在被追诉前主动交待行贿行为的，可以从轻或者减轻处罚。其中，犯罪较轻的，对侦破重大案件起关键作用的，或者有重大立功表现的，可以减轻或者免除处罚。其三，《草案》严密惩治行贿犯罪的法网，增加规定为利用国家工作人员的影响力谋取不正当利益，向其近亲属等关系密切人员行贿的犯罪。提出了"向'身边人'行贿罪"：规定，"为谋取不正当利益，向国家工作人员的近亲属或者其他与该国家工作人员关系密切的人，或者离职的国家工作人员或者其近亲属以及其他与其关系密切的人行贿的，处

---

　　① 卢建平：《刑事政策与刑法变革》，中国人民公安大学出版社 2011 年版，第 321 页。

二年以下有期徒刑或者拘役，并处罚金；情节严重的，或者使国家利益遭受重大损失的，处二年以上五年以下有期徒刑，并处罚金；情节特别严重的，或者使国家利益遭受特别重大损失的，处五年以上十年以下有期徒刑，并处罚金"。这被外界普遍认为补充了 2009 年《刑法修正案（七）》中新增的"利用影响力受贿罪"，其中明确规定了国家工作人员的近亲属或者其他与该工作人员关系密切的人收受贿赂将受到刑事处罚。专家认为，上述调整，从刑法层面明确向"身边人"行贿的具体处罚标准，有利于从源头反腐，"通过刑法的震慑作用，达到减少行贿、减少腐败的效果"。《刑法修正案（九）（草案）》二稿对此罪的法定刑进行了调整，由一审稿的 2 年以下、2~5 年、5~10 年三档刑罚，修改为 3 年以下、3~7 年、7~10 年三档刑罚，并增加对单位的刑罚，直接负责人和直接责任人处三年以下有期徒刑或者拘役。

## 二、 行贿犯罪的立法困境

多年以来，我国一直将打击贿赂犯罪作为反腐败的一项重要内容，但是效果并不理想，特别是对行贿犯罪查处不力，人民群众颇为不满。对行贿犯罪打击不力，既有立法上的原因，也有司法上的原因。但归根到底，立法上的缺漏是造成对行贿犯罪打击不力的主要诱因。

### （一）刑罚供应上严厉有余而严密不足

1979 年的刑法第 185 条第 3 款第一次对行贿罪以刑法典的形式在立法上正式予以规定："向国家工作人员行贿或者介绍贿赂的，处三年以下有期徒刑或者拘役。"1988 年全国人大常委会颁布的《关于惩治贪污罪贿赂罪的补充规定》第 8 条还规定了对行贿罪的处罚："对犯行贿罪的，处五年以下有期徒刑或者拘役；因行贿谋取不正当利益，情节严重的或者使国家利益、集体利益遭受重大损失的，处五年以下有期徒刑；情节特别严重的，处无期徒刑，并处没收财产。行贿人在被追诉前，主动交待行贿行为的，可以减轻处罚，或者免予刑事处罚。因行贿而进行违法活动构成其他犯罪的，依照数罪并罚的规定处罚。"1997 年刑法基本上沿用了 1988 年《关于惩治贪污罪贿赂罪的补充规定》关于行贿罪的内容，并在第 390 条规定了行贿罪的刑事责任："对犯行贿罪的，处五年以下有期徒刑或者拘役；因行贿谋取不正当利益，情节严重的，或者使国家利益遭受重大损失的，处五年以上十年以下有期徒刑；情节特别严重的，处十年以上有期徒刑或者无期徒刑，可以并处没收财产。"惩处力度颇大。

但另一方面，1997 年刑法沿用 1988 年全国人大常委会《关于惩治贪污罪贿赂罪的补充规定》的内容，将行贿的主观要件限定为"为谋取不正当利益"，缩小了行贿罪主观要件的适用范围。这就意味着依据现行刑法，行为人客观上给予国家工作人员财物，但是目的是为了谋取正当、合法的利益，则不构成犯罪。若是因被勒索给予国家工作人员以财物，没有获得不正当利益的，不是行贿。同时1997年刑法第389条规定的行贿方式是"给予"受贿人以财物。通常认为，这里的"给予"实际上就是指"交付"行为，即将财物交付给国家工作人员。如果行贿人仅有要求提供或约定提供，没有实际交付行为，一般不构成犯罪。

### （二）刑罚处置上弹性有余而刚性不足

根据我国刑法第390条规定，行贿人与国家追诉机关合作的，"可以"而非"应当"对其减轻或者免除处罚。这也就意味着，即使犯罪嫌疑人、被告人与反腐败机构合作，也不必然得到量刑上的从宽处理，决定权仍然掌握在国家追诉机关手中，且其是否适用也没有确定的约束力量。所以在我国司法实践中，一方面，法官从宽处罚的自由裁量权被滥用，"可以"从宽处罚的选择性通常会演变成"应当"从宽处罚的必然性，致使大量的行贿案件没有被立案或没有被追究刑事责任；另一方面，行贿人提供了相关受贿案件的犯罪事实或线索而未被从轻或减轻处罚的情形也屡见不鲜。同时，公民在"坦白从宽"刑事政策的感召下做出的供述和提供的证据以及由此直接或间接获得的所有有关犯罪事实的信息，可以被用于追究该犯罪分子的刑事责任。这一适用上的随意性和结果上对己不利的可能性，在一定程度上打击了犯罪分子与反腐败机构合作的积极性。

可喜的是，《刑法修正案（九）（草案）》进一步严格对行贿罪从宽处罚的条件，将"行贿人在被追诉前主动交待行贿行为的，可以减轻处罚或者免除处罚"的规定，修改为"行贿人在被追诉前主动交待行贿行为的，可以从轻或者减轻处罚。其中，犯罪较轻的，检举揭发行为对侦破重大案件起关键作用，或者有其他重大立功表现的，可以免除处罚"。在对被追诉前主动交待行贿的行贿人量刑方面，草案将原先的"可以减轻处罚或者免除处罚"提高了一格，改为可以"从轻处罚或者减轻处罚"，对于免除处罚的情节做了严格具体的规定。这是因为，在司法实践中，免除行贿人的刑事处罚的情况大量存在，"可以减轻处罚或者免除处罚"的规定被广泛适用，因此无形中给行贿人一种错觉，那就是"行贿是不会被判刑的"，因此，草案的修改，提高了行贿者的犯罪成本，对行贿人起到了威慑作用。

## 三、 行贿犯罪的立法完善

解决对行贿罪打击不力的根本出路在于完善行贿罪的立法。具体而言，可以从以下几个方面进行协调。

### （一）行贿罪构罪要件的改造

其一，"谋取不正当利益"应从行贿罪的构成要件中剔除，而应考虑仅作为一个量刑情节在量刑时予以酌定考虑。根据现行刑法的规定，"谋取不

下卷·六

正当利益"是行贿罪的构成要件。虽然"两高"在 2008 年《关于办理商业贿赂刑事案件适用法律若干问题的意见》第 9 条中明确规定，在行贿犯罪中，"谋取不正当利益"是指行贿人谋取违反法律、法规、规章或者政策规定的利益，或者要求对方违反法律、法规、规章、政策、行业规范的规定提供帮助或者方便条件，在招标投标、政府采购等商业活动中，违背公平原则，给予相关人员财物以谋取竞争优势的，属于"谋取不正当利益"。但是"正当"或"不正当"是一个哲学和社会伦理学概念，若要从法律理论及实践操作中进行界定并严格区分是有很大难度的，尤其是在利益多元化的现代社会，正当利益或是不正当利益的界限有时并不那么清晰。因此，这一要件的要求会促使一些行贿人想方设法、巧立名目，对不正当利益进行装修粉饰改头换面，使其变为"正当"利益，增加了查处难度。而且行贿罪与受贿罪的本质相同，都是侵犯国家工作人员职务廉洁性和职务行为的不可收买性。行贿人谋取的利益是否正当，并不改变其本质。因此，从实践效果及法理依据来看，取消行贿罪"为谋取不正当利益"的要件顺理成章。

其二，拓展我国刑法行贿的行为方式。我国刑法第 389 条将行贿行为的表现形式确定为"给予"，将"提议给予、许诺给予"等排除在外。事实上，随着反腐败斗争中对贿赂犯罪打击力度的加大，行贿人与受贿人也越来越具有反侦查意识。传统的"一手交钱，一手办事"的典型钱权交易贿赂模式，正在演变为事后行贿和约定时间行贿或者分批次、分阶段，或者干脆演变为行贿人直接将行贿款以"项目开拓费"等名义交由中介公司代为办理，以期规避法律风险。这就造成了一些案件在案发时行贿人虽已取得不正当利益但无实际交付行为时无法制裁或是按行贿罪的预备或未遂来追究，一定程度上放纵了这类行为。因此，在修改完善我国刑法典时，建议考虑划分行贿的三个阶段行为，增加"提议"和"约定"两种行贿行为方式并确定相应的处罚原则，将预备或未遂行为作为既遂犯罪处理，这有助于从源头上打击行贿犯罪。

### （二）贿赂双方"同罪""不同罚"

从国外立法来看，许多国家对行贿、受贿实行同罪同罚原则，如美国、西班牙、法国、意大利等国。例如，美国联邦有关贿赂犯罪立法的一个重要特色就是在法定刑上不区分行贿和受贿，两者一样处罚。早在 2005 年，全国人大常委会就批准了《联合国反腐败公约》（以下简称《公约》）。根据《公约》第 15 条的规定，各缔约国应当规定：（1）对行贿与受贿同罪同罚；（2）行贿犯罪行为，不仅包括实际给予，还包括许诺给予和提议给予；（3）"谋取不正当利益"不是构成行贿犯罪的必备要件；（4）受贿的标的，不仅包括财物，还包括其他"不正当好处"。2010 年全国人大会议上，全国人大代表在《关于结合〈联合国反腐败公约〉完善我国贿赂犯罪立法的议案》中指出，"在我国刑法中，行贿和受贿不仅不同罪不同罚，而且行贿罪与受贿罪在处罚上也极不对称。我国刑法立法上对行贿罪与受贿罪在刑罚处罚规定上轻重迥异，可谓'阴阳两地'、'一生一死'"，① 因此应当行贿受贿同案同罚。

行贿与受贿是"对合性犯罪"，有行贿必有受贿，而有受贿则须有人行贿。两者互为因果、同生共荣、利益均沾。但我国刑事立法的规定明显具有倾向性：重打击受贿而轻打击行贿。受贿犯罪的起点是 5000 元，行贿则是 1 万元，而单位行贿 20 万元以上才以犯罪论处；受贿可被判处死刑，行贿罪的最高刑罚是无期徒刑，单位行贿罪的直接负责的主管人员和其他直接责任人员，至多"处 5 年以下有期徒刑或者拘役"。在实践中，似乎行贿与受贿并没处在同等的制裁水平上，鲜有甚至没有行贿者受到死刑、死缓、无期徒刑这样的重判，在许多媒体上也见不到行贿者被法律制裁的报道，久而久之，形成了行贿无罪或轻罪的社会错觉。从长远来看，以放纵行贿犯罪的代价来换取对受贿犯罪的查处和打击，最终将导致法律的威信力下降，不利于反腐败斗争的深入开展。是故，行贿罪和受贿罪在定罪数额上应保持统一，使其成为真正的双向构罪的"对合性犯罪"。

但是，也应该看到，单纯地依靠行贿与受贿同罚难以解决腐败问题。我国现行刑法对行贿罪法定刑的设置，最低刑为 5 年以下有期徒刑或者拘役，最高可处无期徒刑，这已是相当严厉的刑罚了。其实，"对于贪污贿赂犯罪分子来说，要害不在于判多少年的刑罚或者是否判处死刑，而在于送上法庭的可能性有多大。人们对判刑可能性的关注远胜于对判刑轻重的关注。对于国家来说，反贪污贿赂斗争取得成效的关键指标，不在于每年对多少贪污贿赂分子判处了死刑或者多重的刑罚，而在于发现并审判了多少贪污贿赂犯罪分子，还有多少隐案或者犯罪黑数没有揭露出来。"② 此外，不管是出于何种原因、以何种面目形式出现的贿赂，"受贿毕竟是由掌握权力的人员实施，他们在社会生活中有着重要的责任，享受着比普通人更高的社会地位和物质待遇，社会对他们理应有更高的要求和期待，所以受贿的责任应重于行贿。并且基于刑事政策的需要，对积极配合查处受贿的，应予以减免处罚。"③

### （三）取消免予处罚的适用

2009 年至 2013 年人民法院判决生效的案件，行贿犯罪案件中宣告无罪的共 8 人，无罪率为 0.06%；判决适用缓刑和免予刑事处罚的共 9261 人，缓刑、免刑适用率为 75%；判处重刑的④共 379 人，重刑率为 3%。受贿犯罪案

---

① 辛明：《全国人大代表建议行贿受贿应同罪同罚》，载《中国青年报》2010 年 3 月 12 日版。
② 梁国庆：《国际反贪污贿赂理论与司法实践》，人民法院出版社 2003 年版，第 11 页。
③ 孙国祥：《贿赂犯罪的学说与案解》，法律出版社 2012 年版，第 730 页。
④ 指五年以上有期徒刑和无期徒刑。

件中宣告无罪的共 53 人，无罪率为 0.11%；判处适用缓刑和免予刑事处罚的共计 24030 人，缓刑、免刑适用率为 50%；判处重刑的[①]共 16868 人，重刑率为 35%。二者相比，行贿犯罪案件的缓刑、免刑适用率高出受贿犯罪案件约 25 个百分点；重刑率比受贿犯罪案件低约 32 个百分点。[②] 这些数据在一定程度上反映了行贿犯罪处罚轻缓的事实。

《刑法修正案（九）（草案）》二稿规定：行贿人在被追诉前主动交待行贿行为的，可以从轻或减轻处罚。其中，犯罪较轻的，对侦破重大案件起关键作用的，或者有重大立功表现的，可以减轻或免除处罚。这一规定实际上仍然赋予行贿人一定条件下的免责。这使行贿人产生了侥幸心理，即只要犯罪被发现后交待，就是对破获重大案件起了作用，而且当初行贿数额越大，交待后立功也就越大，就越可能免予处罚。这在无形中就放纵了行贿犯罪行为，而且可能催生更多的腐败犯罪，不利于源头治理。从某种程度上说，受贿人犯罪主要是行贿人起了很大作用，有的行贿人为了达到目的，甚至精心搞一些策划进行行贿。因此如笔者前文所说，虽然对行贿与受贿在量刑上要区别对待，可以适度从轻或减轻处罚，但是绝对不能免予处罚。

同时，为了鼓励行贿人交待罪行，从而有利于反腐工作，可以考虑在此款的刑罚中增加更轻的刑罚种类，即增加管制刑罚，这样，从轻、减轻处罚，就会显得更轻，从而达到对立功人员的奖励。这种修改的意义在于，一方面对立功的行贿人是有奖励的，另一方面也明确宣示，犯罪就要受处罚，从而打消行贿人员只要交待就没事的侥幸心理，以加大对行贿行为的打击力度。[③]

### （四）建立污点证人作证豁免制度

在刑事案件的侦查与控诉阶段，犯罪嫌疑人可能会向侦控机关提供一些自己参与的犯罪行为或犯罪计划的信息，或者一般的犯罪情报，以此换来其在本案中更轻的指控或者不起诉。控辩之间的这种司法交易在学理上称为污点证人作证豁免制度，在美国称为刑事免责。[④] 从世界各国的司法实践看，污点证人作证豁免制度豁免的内容有所不同，具体而言，主要分为两大类：罪行的豁免和证据使用的豁免。前者完全免除了证人的刑事责任，证人对于作证所涉及的犯罪行为，不再受到任何刑事追诉。[⑤] 后者则与之不同，此种豁免模式并未承诺对证人的刑事责任予以免除，检察机关若根据其他线索掌握证人的犯罪行为证据并足以对其进行定罪的，同样可以继续追究其刑事责任。

---

① 指五年以上有期徒刑直至死刑。

② 李少平：《行贿犯罪执法困局及其对策》，载《中国法学》2015 年第 1 期。

③ 陈丽平：《行贿人虽有立功也不能免予处罚》，载《法制日报》2014 年 12 月 19 日第 3 版。

④ 王云海：《美国的贿赂罪——实体法与程序法》，中国政法大学出版社 2002 年版，第 145 页。

⑤ 陈立：《刑事证据法专论》，厦门大学出版社 2006 年版，第 429 页。

　　我国现行法律对污点证人作证豁免制度尚无明确规定，学界对此制度的实行也是仁者见仁。但现行立法中已不乏类似制度的规定，甚至在行贿罪中可以认为法律是默认类似的方式。例如，刑法第390条第2款规定："行贿人在被追诉前主动交待行贿行为的，可以减轻处罚或者免除处罚。"第392条第2款又进一步规定"介绍贿赂人在被追诉前主动交待介绍贿赂行为的，可以减轻处罚或者免除处罚。"这些规定与作证豁免中污点证人通过提供他人犯罪的证言来换取自己刑罚的免除可以说是"异曲同工"，尤其是在贿赂犯罪这种"对合性"犯罪中，规定行贿人、介绍贿赂人在被追诉前主动交待行贿行为或介绍贿赂行为的可以减轻或免除处罚，明显就是鼓励行贿人、介绍贿赂人充当污点证人，实质上近乎于作证豁免。

　　我们必须承认，在一些重大、疑难、复杂的贿赂类犯罪案件中，取证难，证人拒绝作证已成为困扰案件侦破工作的一大难题。贿赂犯罪行为多是私下秘密进行，知情人通常也只有行贿人和受贿人双方，缺少其他物证、书证等客观证据。因而行贿人的证言成为此类案件侦破和定罪的关键。而行贿人出于自身利益的考虑，为避免将自身置于被追究刑事责任的危险境地，不可能主动自愿地指证犯罪。这就进一步加大了贿赂犯罪取证难、定罪难的程度。如若确立污点证人作证豁免制度，则可以打破行贿人、受贿人的利益共同体格局，通过对行贿人罪行的豁免来打消其顾虑，鼓励其积极作证，指控犯罪。这也就意味着如果运用"污点证人"作证豁免制度，不仅可以让更多的不法分子和犯罪行为受到法律的制裁，而且司法成本也将大大降低。

# 行贿犯罪立法之反思

申飞飞*

## 一、 行贿犯罪的立法严格

《中华人民共和国惩治贪污条例》（以下简称《条例》）是新中国成立以来首部规定行贿犯罪的单行刑法。《条例》第6条第1款规定，一切向国家工作人员行使贿赂、介绍贿赂者，应按其情节轻重参酌本条例第三条的规定处刑。其情节特别严重者，并得没收其财产之一部或全部；其彻底坦白的，并对受贿人实行检举者，得判处罚金，免予其他刑事处分。该条第4款规定，因被勒索而给予国家工作人员以财物并无违法所得者，不以行贿论，其被勒索的财物，应追还原主。当初之所这样规定主要是因为：其一，向国家工作人员行使贿赂或介绍贿赂是一种恶劣的犯罪行为①；其二，贪污犯罪分子的罪行多与工商界盗窃分子的行贿或盗窃行为有关，所以，对后者也就不得不连带地统一加以处理。1979年刑法第八章"渎职罪"中的第185条第3款规定，向国家工作人员行贿或者介绍贿赂的，处三年以下有期徒刑或者拘役。但该条文并没有涉及行贿罪的概念。1985年"两高"联合发布《关于当前办理经济犯罪案件中具体应用法律的若干问题的解答（试行）》中首次对行贿罪的主观故意进行了规定，即个人为谋取非法利益，向国家工作人员行贿的，应按照刑法第185条第3款追究刑事责任。1986年最高人民检察院发布的《人民检察院直接受理的经济检察案件立案标准的规定（试行）》中规定，行贿罪是指为使国家工作人员利用职务上的便利，为其谋取利益，而非法给付财物的行为。该规定对于谋取利益的解释中却又取消了非法利益的限定。1988年全国人大常委会通过的《关于惩治贪污罪贿赂罪的补充规定》（以下简称《补充规定》）第七条首次明确了行贿罪的概念。该条规定，为谋取不正当利益，给予国家工作人员、集体经济组织工作人员或者其他从事公务的人员以财物，数额较大的，或者违反国家规定，给予国家工作人员、集体经济组织工作人员或者其他从事公务的人员以回扣、手续费的，以行贿论处；因被勒索给予国家工作人员、集体经济组织工作人员或者其他从事公务的人

---

* 陕西省西安市雁塔区人民检察院检察员，法学博士。

① 彭真：《关于中华人民共和国惩治贪污条例草案的说明》，载《建国以来反贪污贿赂法规资料汇编》，中国检察出版社1991年版，第89页。

员以财物，没有获取不正当利益，不是行贿；第八条规定了行贿罪的法定刑，并规定行贿人在被追诉前主动交待行贿行为的，可以减轻处罚，或者免予刑事处罚。该《补充规定》与1997年刑法的规定已经很接近。1997年刑法及其修正案在第389条及第390条对行贿罪及其处刑进行了详细规定。目前《刑法修正案（九）（草案）》（以下简称《草案》）对行贿罪的修改中，增加了对行贿人财产刑的适用，即增加了罚金刑的适用，并严格了减轻或免除刑罚的适用条件。从我国对行贿犯罪的相关立法沿革来看，立法机关对行贿犯罪的打击力度是越来越严格，但其中也有不少值得我们反思的地方。

## 二、 对谋取不正当利益之犯罪目的的反思

目前，我国刑法对行贿罪的主观目的要求是"为谋取不正当利益"。对于何为"谋取不正当利益"，最高人民法院、最高人民检察院在《关于在办理受贿犯罪大要案的同时要严肃查处严重行贿犯罪分子的通知》第2条中将其解释为："违反法律、法规、国家政策和国务院各部门规章规定的利益，以及要求国家工作人员或者有关单位提供违反法律、法规、国家政策和国务院各部门规章规定的帮助或者方便条件。"但该种解释在实践的操作中已经出现了难以把握的问题。因为在实践中究竟什么是正当利益、什么不是正当利益有时是很难明确划分清楚的。当下，理论界与实务界对于"为谋取不正当利益"是否应该构成行贿罪的主观要件存在较大争议。主要有以下两种观点：一种观点认为，"为谋取不正当利益"不应成为行贿罪的主观要件。持该种观点的人认为，行贿罪的危害不是其有无谋取不正当利益，而在于它是否侵犯了国家工作人员职务行为的廉洁性，即使没有谋取到不正当利益，行贿行为已经产生危害，而且司法实践对于是否谋取不正当利益也难以认定。[1] 行为人即使谋取正当利益给国家工作人员以财物，也是一种权钱交易。[2] 另一种观点认为，应当保留将"为谋取不正当利益"作为行贿罪的主观要件。因为谋取不正当利益不仅反映了受贿罪与行贿罪的区别，而且合理界定了行贿罪的成立范围。[3] 同时，"谋取正当利益"的社会危害性要小于"为谋取不正当利益的社会危害性"。对于上述两种观点，笔者赞同第一种观点，即应当取消将"为谋取不正当利益"作为行贿罪的主观要件。我们在对行贿犯罪的主观目进行反思时，首先要明确行贿犯罪的本质，只有搞清楚了该犯罪的本质，才能合理确定是否将"为谋取不正当利益"作为行贿犯罪的主观目的

① 袁力：《浅论行贿犯罪的立法完善》，载高铭暄、马克昌主编：《刑法热点问题探讨》，中国人民公安大学出版社2002年版，第1147~1148页。
② 张明楷：《刑法学》，法律出版社2003年版，第932~933页。
③ 卢学蓉：《浅论行贿罪中的"谋取不正当利益"》，载高铭暄、马克昌主编：《刑法热点问题探讨》，中国人民公安大学出版社2002年版，第1156页。

进行设定。就行贿犯罪的本质而言，它侵犯的基本客体就是国家工作人员职务行为的不可收买性，而不是其他客体。因此，只要行贿人实施了行贿行为，无论其主观上谋取的是何种利益，行贿行为都侵犯了国家工作人员职务行为的不可收买性。而行贿人谋取的是正当利益还是不正当利益，其主要反映的是行贿人主观恶性的大小，而不是该行贿行为有无社会危害性的问题。因此，在反思行贿罪的主观目的时要将行贿人主观恶性的大小与其对国家工作人员职务行为的不可收买性切割开来理解，而不能将它们混为一谈。我们不能因为行贿人在为谋取正当利益时，其主观恶性较小，而否定其侵犯国家工作人员职务行为不可收买的社会危害性。同时，我们将行贿罪的主观目的限定在"为谋取不正当利益"，其中弊端不少。其一，不利于打击行贿犯罪，不利于国家反腐败政策的持续推行。有学者认为，刑法对行贿犯罪的规定已经缩小了行贿罪的处罚范围，如果再将"为谋取不正当利益"作限制性解释，则进一步不当缩小了处罚范围。[①] 其二，不利于保护国家工作人员职务行为的廉洁性。因不管是为谋取"正当利益"还是"不正当利益"，其给予国家工作人员财物的行为就是权钱交易，侵害的是国家工作人员职务行为的廉洁性。如果单纯将行贿罪的目的限定在"谋取不正当利益"，显然有部分权钱交易行为就难以受到刑法规制，行贿人往往会以谋取正当利益的幌子，不断围猎国家工作人员，持续腐蚀国家工作人员，侵害国家工作人员职务行为的廉洁性，破坏国家机关工作人员及国家机关的形象。其三，不利于解决司法实践中如何确定"正当利益"或"不正当利益"的困惑，不利于实现法律适用的统一。其四，不利于我国刑法与《联合国反腐败公约》（以下简称《公约》）的衔接。《公约》第 14 条和第 15 条对本国公职人员的行贿罪不要求行贿者主观上有"为谋取不正当利益"的目的，而是要求行贿者主观上具有使"该公职人员或该官员在执行公务时作为或不作为"的目的，换句话说即具有"意图收买公职人员职务行为"的目的。另外，国外不少国家也没有对行贿罪中行贿人所谋取利益的性质作出限制，比如德国刑法典第 333 条规定的提供利益罪和第 334 条规定的赠贿罪，意大利刑法典第 321 条规定的行贿罪和第 322 条规定的教唆行贿罪，俄罗斯刑法典第 291 条规定的行贿罪以及美国刑法典第 229 条规定的行贿罪中都没有对行贿者所谋取利益的性质作出限制。因此，笔者建议立法机关在修订行贿罪时应考虑将行贿罪中"为谋取不正当利益"的主观要件剔除。

## 三、 对贿赂内容之反思

从我国的立法传统来看，我国一贯将贿赂的内容限定为财物，而其他的

① 张明楷：《刑法学》（第 3 版），法律出版社 2007 年版，第 888 页。

非物质性利益或好处则没有作为贿赂的内容。目前，实务界与理论界关于贿赂的范围一直存在争议，主要有以下几种观点。其一，财物说，即贿赂的内容仅限于财物，包括金钱和物品。①持有该种观点的学者认为，将贿赂的范围仅限定于财物，有利于区分罪与非罪、此罪与彼罪，也有利于控制好司法实践中司法人员的自由裁量权，准确定罪量刑。其二，财产性利益说，即贿赂的范围既包括财物也包括财产性利益。持该种观点的学者认为，如果将非财产性利益纳入贿赂范围，则没有办法对其价值进行估算，无法准确量刑，而且与我国传统的贿赂内容背离太远。其三，利益说，即只要贿赂内容能满足受贿人各种物质或精神需求，则不论是财产性利益还是非财产性利益都应属于贿赂范围。②持有该种观点的学者认为，随着现代社会的发展，行贿犯罪已经呈现出较多的新特点，比如性贿赂等非财产性利益已经大量存在，如果我们依然墨守成规，则不仅不利于反腐败工作的开展，而且在一定程度上就是对某些特权阶层的保护。对于上述观点，笔者赞同利益说。主要理由是：第一，《公约》第15条、第16条规定的行贿内容是"不正当好处"。对于其中"不正当好处"的理解，有学者认为，其可以包括财物、财产性利益、非财产性利益等一切能够使人感到满意的不应得利益。③目前，这已是普遍共识。因此，将贿赂的内容规定为各种利益与《公约》是相符的，有利于我国刑法与国际公约的接轨。第二，将贿赂的内容限定于财物，虽然有利于准确量刑，但这与我国目前的反腐败形势是相悖的，显然不利于弘扬社会主流价值。第三，从贿赂犯罪的本质来讲，贿赂的内容无论是财物、财产性利益还是非财产性利益，其侵犯的客体都是国家工作人员职务行为的不可收买性。而且以非财产性利益作为行贿内容，其表现出来的腐蚀性与社会危害性有时往往大于以一般财物作为行贿内容的贿赂。第四，将非财产性利益纳入贿赂范围，有利于有关法律之间的衔接。比如我国《反不正当竞争法》第22条规定，经营者采用财物或其他手段进行贿赂以销售或购买商品，构成犯罪的，依法追究刑事责任。对于该条中其他手段的理解就包含了非财产性利益。然而，对此我国刑法却没有予以回应，导致了法律之间衔接的不紧密。第五，我们不能因将非财产性利益纳入贿赂范围不具有可操作性而否定该种手段的社会危害性。至于将非财产性利益纳入贿赂范围是否具有可操作性这是立法技术需要解决的问题。何况国外不少国家将非财产性利益纳入贿赂范围的司法实践已运行多年，且取得的一定成效，我们完全可以适当借鉴。第六，目

① 陈兴良：《新旧刑法比较研究——废、改、立》，中国人民公安大学出版社1998年版，第155页。
② 赵秉志：《刑法争议问题研究》（下卷），河南人民出版社1996年版，第611页。
③ 苏彩霞：《〈联合国反腐败公约〉与国际刑法的新发展——兼论公约对我国刑事法的影响》，载《法学评论》2006年第1期。

前，我国刑法将行贿的内容限定为财物与社会的发展和实践是极不相适应的。实践中，权色交易等非财产性利益的交易已经严重侵害了国家工作人员职务行为的不可收买性，严重腐蚀了国家的领导干部，而且有愈演愈烈之势。因此，今后在修订刑法时立法机关应进一步扩大贿赂的范围，将贿赂的范围修订为"不正当的好处"。

## 四、 对行贿罪特别自首制度的反思

为了瓦解和分化行贿方与受贿方之间的攻守同盟关系，我国刑法第 390 条第 2 款规定了行贿犯罪的特别自首制度，即行贿人在被追诉前主动交待行贿行为的，可以减轻处罚或者免除处罚。该规定在打击受贿犯罪方面确实起到了一定积极作用，比如在受贿犯罪案件的侦破中，有利于保持行贿人口供的稳定性以及有利于突破受贿犯罪嫌疑人的口供等。但实践中的情况是由于不少行贿案件的行贿人没有受到处罚或者处罚较轻，导致行贿行为依然在蔓延，这对党和国家机关的形象造成了严重损害。为此，2015 最高人民检察院研究部署了依法进一步从严惩治行贿犯罪的工作，要求进一步加大惩治行贿犯罪的力度，有效遏制贿赂犯罪的蔓延势头。[①] 其实最高人民检察院多年来一直强调对行贿犯罪的打击，只是实践中取得的效果不是特别明显而已。《草案》为了回应司法实践中"重受贿、轻行贿"的呼声，此次又进一步严格了对行贿罪减轻或免除处罚的规定。《草案》规定："行贿人在被追诉前主动交待行贿行为的，可以从轻或者减轻处罚。其中，犯罪较轻，检举揭发行为对侦破重大案件起关键作用的，或者有其他重大立功表现的，可以减轻或者免除处罚。"但对于其中免除处罚的规定，依然值得认真反思，笔者认为应当取消免除处罚的规定。第一，行贿犯罪往往是受贿犯罪的直接原因，没有行贿者作怪，受贿现象也就没有那么猖狂。对此，北京大学廉政建设研究中心副主任庄德水认为："行贿者们的危害不亚于贪官，腐败的背后不是一个人而是一批人，相对于被动行贿来说，他们围猎的目标特定，目的明确，主动性更强。"[②] 实践中，在行贿人的围猎下，没有受贿想法或受贿想法摇摆不定的受贿人，在行贿人的反复引诱下，逐渐走向违法犯罪，最终成为行贿者的猎物。从中可以看出，行贿行为往往是受贿现象得以发生和蔓延的罪魁祸首。在这种情况下，不仅不加大对行贿行为的打击，反而是给行贿人在法律上找到堂而皇之可以免除刑罚的理由，这未免是对行贿犯罪的一种纵容和对这种非主流社会价值的宣扬。第二，目前，人们的"重受贿、轻行贿"思想已经根深蒂固，这种思想已经给我们的反腐败工作带来了极大的阻碍与毒

---

① 王治国、戴佳：《曹建明：加大依法惩治行贿犯罪力度有效遏制贿赂犯罪蔓延势头》，载《检察日报》2015 年 4 月 29 日。

② 刘子阳、潘从武等：《严惩"围猎"干部行贿犯罪》，载《法制日报》2015 年 6 月 11 日版。

害。持"重受贿、轻行贿"思想的人认为，从受贿罪和行贿罪的危害程度来讲，受贿人掌握着国家公权力，在行贿受贿双方的力量对比中，其属于强势的一方，而行贿人则处于弱势一方，行贿人对国家机关的危害远远没有受贿人对国家造成的危害大。持有该种观点的人的错误主要在于没有认识清楚行贿罪与受贿罪的危害其实一样，有时行贿罪的危害要远大于受贿罪。比如性贿赂，其对国家工作人员的危害是持续的，有时一次性贿赂就能为行贿人持续不断地谋取不正当利益大开方便之门。第三，从相关国家的立法情况看，特别自首制度主要针对的是一些隐蔽性和危害性大，或发案率高、查处难度大、司法运作成本高，或者是针对某些从属于主犯罪而存在的从罪设立的，其目的主要是给此类较轻从罪的犯罪人提供较为宽缓的处罚从而达到发现和打击较严重犯罪的目的。[1] 但其实，行贿罪与受贿罪的危害是一样的，两者都应是反腐败打击的重点，不应存在主从罪之分。对此，有全国人大常委会组成人员直指其中要害并认为，《草案》中的规定很容易成为行贿犯罪者免除刑罚的理由，放纵行贿犯罪；行贿和受贿都是犯罪，没有行贿才没有受贿，对于行贿犯罪不应该免除处罚。[2] 第四，受贿人在追诉前主动交待受贿行为的，按普通自首处理，即对其依法可以从轻或减轻处罚，而对于行贿人来说，则可以对其依法减轻或免除处罚，对于具有同样社会危害性的行为，规定截然不同的优惠处罚尺度，这难道没有违反罪责刑相适应的原则和刑法面前人人平等的原则吗？最后，司法实践中办案人员对于免除处罚掌握的自由裁量权较大，已经导致实践中行贿人与受贿人被追究刑事责任的比例严重失调。有数据表明，2004 年至 2008 年，全国检察机关对受贿犯罪提起公诉 38587 人，对行贿犯罪提起公诉仅 5809 人，约占被提起公诉受贿人数的 15%。[3] 从上面的数据可以看出，行贿罪与受贿罪作为对向犯而言，其中相当一部分行贿人逃脱了法律的制裁，这应该是有违公平的。虽然《草案》就其中免除处罚的条件进行了严格的限制，但实践中对于如何理解"侦破重大案件起关键作用"必然会出现不同的认识，这在一定程度上又为司法人员滥用自由裁量权提供了托词。因此，立法机关在审议《草案》的时候，应该剔除行贿罪中免除刑罚的规定。

---

① 赵秉志、于志刚：《论我国刑法分则中的特别自首制度》，载《人民检察》2000 年第 3 期。

② 张洋、毛磊：《全国人大常委会组成人员呼吁行贿不能免除处罚》，载《人民日报》2015 年 6 月 27 日版。

③ 肖洁：《行贿犯罪查处的困境与解决途径》，载《中国刑事法杂志》2010 年第 8 期。

# 行贿犯罪的立法完善

王　俊<sup>*</sup>

中共十八届四中全会《中共中央关于全面推进依法治国若干重大问题的决定》指出，加快推进反腐败国家立法，完善惩治和预防腐败体系，形成不敢腐、不能腐、不想腐的有效机制，坚决遏制和预防腐败现象。完善惩治贪污贿赂犯罪法律制度，把贿赂犯罪对象由财物扩大为财物和其他财产性利益。而行贿犯罪作为受贿犯罪的上游犯罪，为遏制受贿行为，维护国家公职人员的职务廉洁性，历来都是各国刑法所严厉打击的对象。但我国刑法关于行贿罪的规定，乃至于《刑法修正案（九）（草案）》对行贿罪的修改，均有不完善之处，需从理论上予以反思。

## 一、　行贿罪的立法困局

我国现行刑法第 389 条规定了行贿罪的构成要件，第 390 条规定了对行贿罪的具体处罚，但是从上述条文的分析可知，无论是定罪还是量刑，我国刑法对于行贿罪的打击力度都明显不足，具体表现在如下几个方面：

其一，从客观要件看，我国刑法仅仅规定，给予国家工作人员以财物的才构成行贿。我国学者一般将其解释为，主动提供，使对方收受的行为。因此，"行为人已经着手实施给付财物的行为，但遭到国家工作人员拒收或者由于其他原因没有给付出去的，属于本罪未遂"。[①] 但是，《联合国反腐败公约》却将行为方式分为三种：许诺给予、提议给予或者实际给予。如果按照《联合国反腐败公约》的规定，上述行为就会被认定为许诺给予，最终以行贿既遂论处。虽然在具体适用过程中，我国刑法可以对未遂犯追究责任，但毕竟对法益的保护力度不足。

其二，从给付对象上来看，刑法将其明确限定为财物。但是这已明显不符合社会实际，因此，我国学者将其解释为，"这里的财物是指具有价值的可以管理的有体物、无体物以及财产性利益"。[②] 同时我国的司法解释也将一

---

　＊　东南大学法学院 2014 级博士研究生。

　①　周光权：《刑法各论》（第 2 版），中国人民大学出版社 2011 年版，第 426 页。

　②　张明楷：《刑法学》（第 4 版），法律出版社 2011 年版，第 1066 页。

些财产性利益认定为财物。① 但是在理论上，财物与财产性利益是相互区别的两个概念，例如，日本刑法在财产犯罪中一般将财物罪作为第一款犯罪，而利益罪作为第二款犯罪加以规定。因此，上述解释是否存在类推解释也值得质疑。即便可以将财产性利益纳入财物之中，但是同样也无法涵盖非财产性利益，如性贿赂，这显然超出了处罚的范围。《联合国反腐败公约》将犯罪对象界定为不正当好处，我国学者认为，"好处是指利益，包括可以通过金钱购买的，能够满足人某方面需求的、有形或无形的各种物品和服务，也包括无法用金钱购买的某种精神需求、利益满足"。② 广于我国刑法对财物的限制。

其三，从主观方面看，我国刑法规定行贿罪，必须是主观上为谋取不正当利益。其中何谓不正当利益，相关司法解释对其作出了规定，"谋取不正当利益"是指谋取违反法律、法规、国家政策和国务院各部门规章规定的利益，以及要求国家工作人员或者有关单位提供违反法律、法规、国家政策和国务院各部门规章规定的帮助或者便利条件。但是，一方面，这样的文字表述在外延上与内涵上均具有模糊性；③ 另一方面，即便谋取的是正当利益，给予国家工作人员财物的行为，也侵犯了其职务行为的不可收买性。再者，采用不正当手段谋取利益的，在程序上即存在瑕疵，似乎也很难再肯定其属于正当利益。这一主观要件的规定，明显限制了行贿罪的认定范围。

其四，我国刑法第 389 条第 3 款规定，因被勒索给予国家工作人员以财物，没有获得不正当利益的，不是行贿。这款规定虽然从刑事政策上看有一定道理，但是从体系解释的角度看，却严重违背了刑法总则关于胁从犯的规定，我国刑法第 28 条规定，对于被胁迫参加犯罪的，应当按照他的犯罪情节减轻或者免除处罚。因此，倘若没有行贿罪的规定，对于被勒索给予财物的行为，也应当被认定为受贿罪的胁从犯，既然如今将对合犯的行贿罪独立出来，那么对于这种行为理应以行贿罪论处，不然对于其他性质更为轻微的犯罪，反而要以胁从犯处理，这显然不公平。另则，这款规定从解释论上难以有正当化根据，因为即便是被勒索给予财物的，同样侵犯了国家工作人员职务的不可收买性，虽然可以在量刑上作为从轻或者减轻的理由，但并不能影响行贿罪的成立。

其五，从刑罚配置上来说，刑法第 390 条除了规定对于情节特别严重的

---

① 具体可以参见最高人民法院、最高人民检察院 2007 年发布的《关于办理受贿刑事案件适用法律若干问题的意见》。

② 苏彩霞、胡陆生、蒋建宇：《联合国反腐败公约与我国刑事法的协调完善》，吉林大学出版社 2008 年版，第 82 页。

③ 具体可以参见徐岱：《行贿罪之立法评判》，载《法制与社会发展》2002 年第 2 期，第 84 页。

行贿行为可以并处没收财产以外，对于一般的行贿行为只是规定了有期徒刑一种刑罚。学者认为，我国贿赂犯罪刑罚配置针对性不足，具体表现为资格刑规定的缺位以及财产刑规定的不足两个方面。[①] 而对于行贿罪来说，由于不涉及特殊主体的问题，因而重点在于财产刑规定不足。"刑法学界普遍认为，对于贪利动机的犯罪规定财产刑，无论是从抑制贪欲、预防犯罪的角度，还是从让犯罪人欲得反亏、强调惩罚的角度看都是必要的。"[②] 对此，境外的立法均明文规范此种刑罚，如我国台湾地区"刑法"第 122 条第 3 款规定，对于公务员或仲裁人关于违背职务之行为，行求、期约或交付贿赂或其他不正当利益者，处三年以下有期徒刑，得并科 3000 元以下罚金。日本刑法第 198 条规定，提供第 197 条至第 197 条之 4 所规定的贿赂，或者就此进行提议或约定的，处 3 年以下惩役或者 250 万日元以下罚金。

其六，我国刑法对行贿罪规定了特别减免条款，行贿人在被追诉前主动交待行贿行为的，可以减轻或者免除处罚。但是该条规定同样与我国刑法中有关自首规定形成一定紧张关系，从而造成对其他犯罪者的不公平。因为刑法第 67 条规定，只有犯罪以后自动投案，如实供述罪刑的，才是自首，只有情节较轻的，才能免除处罚，一般情况只是从轻或者减轻处罚。而对于被采取强制措施的，只有供述本人其他罪行，才能以自首论。而行贿罪的规定，按我国学者的说法就是，"不要求行贿人投案自首，却使其享受了比投案自首更大的宽宥空间"。[③] 对比我国台湾地区的"立法"，也可以发现我国刑法的特别减免条款的不合理。我国台湾地区"刑法"规定，自首者减轻或免除其刑，在侦查或审判中自白的，得减轻其刑，可见我国台湾地区的规定是在自首的基础上作出的。

## 二、 关于《刑法修正案（九）（草案）》的评价

目前公布的《刑法修正案（九）（草案）》（以下简称《草案》）对于行贿罪作出了一系列的修改，克服了上述所提及的部分问题，这是具有重要意义的，其具体表现如下：

首先，增加了行贿罪处罚的罚金刑。《草案》对行贿行为，无论其情节如何，一律增加并处罚金。此外，将"情节特别严重时，可以并处没收财产"，修改为"并处罚金或没收财产"，进一步体现出立法的强制性。

其次，严格限制原行贿罪的特别减免条款。《草案》将此修改为，行贿

---

① 孙国祥、魏昌东：《反腐败国际公约与贪污贿赂犯罪立法研究》，法律出版社 2011 年版，第 215 页。

② 孙国祥、魏昌东：《反腐败国际公约与贪污贿赂犯罪立法研究》，法律出版社 2011 年版，第 234~235 页。

③ 李少平：《行贿犯罪执法困局及其对策》，载《中国法学》2015 年第 1 期。

人在被追诉前主动交待行贿行为的，可以从轻或减轻处罚。其中，犯罪较轻，检举揭发行为对侦破案件起关键作用，或者有其他重大立功表现的，可以免除处罚。可见，《草案》以总则中的立功制度作为对免除处罚的一种限定，除此以外的，一律只能从轻或者减轻。但对照上述我国台湾地区的"刑法"，这一修改在与自首制度的衔接上，似乎仍有提升的空间。

最后，进一步严密了行贿罪的法网。为了与影响力受贿罪形成对应关系，《草案》在原刑法第388条之一后增加一条，规定，为谋取不正当利益，向国家工作人员的近亲属或者其他与该国家工作人员关系密切的人，或者离职的国家工作人员或者其近亲属以及其他与其关系密切的人行贿的，予以处罚。

但是，可以发现的是，《草案》主要针对行贿罪的处罚进行大幅度的完善，而对于更为关键的构成要件部分，却未修改一字。从上述关于行贿罪立法的分析来看，行贿罪的问题主要集中在构成要件与处罚两个方面，其中构成要件部分也应成为立法修正的重心，倘若对于贿赂的对象、行贿的客观行为方式、行贿的主观目的、出罪条款等均维持现状，那么即便加重了对行贿罪的处罚，恐怕也难以得到有效落实。

我国学者储槐植教授认为，刑法结构主要存在厉而不严以及严而不厉两种模式，而理想中的刑法结构应当是严而不厉，即刑罚轻缓，法网严密。[①] 而其中法网的严密主要依靠构成要件的规定来实现，若将某一犯罪的成立要素限制的过多，则必然影响对此种犯罪的处理，因此无论是《联合国反腐败公约》还是世界各国的刑法，均对行贿罪的构成要件规定得较为宽泛，以有利于打击行贿行为，有效遏制受贿行为。可见，《草案》对如此重要的问题，竟然未作任何修改，此可谓是最重大的不足。

此外，对照我国受贿罪与行贿罪的法定刑，可以发现我国刑法对行贿罪的处理，明显轻于受贿罪。例如，国家工作人员受贿5000元以上的，即可构成受贿，法定刑为一年以上七年以下有期徒刑，而根据司法解释的规定，行贿数额10000元以上的，才能立案，法定刑为五年以下有期徒刑。受贿罪的法定最高刑为死刑，而行贿罪的法定最高刑为无期徒刑，对非国家工作人员行贿罪和对外国公职人员、国际公共组织官员行贿罪的最高刑为10年，对单位行贿罪与单位行贿罪分别为3年与5年。但是，"行贿行为与受贿行为之间在功能上具有对向性，即双方行为主体分别实施各自的行为，两者彼此补充，相互呼应，形成统一整体……行受贿双方的对合关系，要求立法者对两者配置大致相当的刑罚量，也要求执法者对两者一视同仁，否则即背离了公平正义原则"。[②] 因此，此次修改虽然集中于对行贿罪的处罚，但对刑罚幅度却没

---

① 储槐植：《刑事一体化论要》，北京大学出版社2007年版，第54~67页。
② 李少平：《行贿犯罪执法困局及其对策》，载《中国法学》2015年第1期。

有增加，可谓依然留下了不小的遗憾。

还有，原有行贿罪的法条之间形成的冲突问题，此次修法也未予以充分关注。例如，刑法对非国家工作人员行贿罪，对自然人及单位犯罪规定，数额巨大的，处三年以上十年以下有期徒刑，并处罚金。而对国家工作人员行贿的，对自然人以及单位规定了不同的法定刑，其中对单位行贿罪规定了单一的刑罚幅度——五年以下有期徒刑。因此，我国有学者便认为，对非国家工作人员行贿，个人及单位同罪同罚，而对国家工作人员行贿，却按异罪异罚处理，这种区分没有合理理由。从立法精神及一般观念看，单位对非国家工作人员行贿明显比单位对国家工作人员行贿轻，但现行刑法反而对前者规定了更高的法定刑，其间的罪刑显然严重失衡。①

综上，可以认为，《草案》虽然增加了罚金刑、限定了特别减免制度以及增加了对国家工作人员的近亲属或者其他与该国家工作人员关系密切的人，或者离职的国家工作人员或者其近亲属以及其他与其关系密切的人行贿的处罚，但是，依然存在不少问题，如对行贿罪的构成要件并未做修改、没有调整行贿罪的法定刑、对原有行贿罪的法条冲突问题也视而不见。限于篇幅，本文以下集中讨论构成要件的修改问题。

## 三、 行贿罪构成要件的修改

"正是因为对行贿行为的过度宽宥，大量的行贿行为不断演绎着如下的恶性循环，破坏公平竞争的法则，导致未行贿的其他竞争者处于不利地位，也导致社会道德水平的遽降"。② 因此对行贿罪构成要件作出修正，可谓是当务之急，本文对此提出如下看法：

首先，关于主观上为谋取不正当利益，有学者认为，这是立法机关基于合理限制打击面的刑事政策考虑，对刑事法网进行一种合理限缩。③ 也有学者主张，不应当完全废除此要件，而应修正为，"为了谋取利益，意图使有关人员滥用职权或者违背职责"。④ 但是，行贿罪与受贿罪是对合犯，既然刑法对受贿罪并未提出谋取非法利益的限定，那么行贿罪便没有理由作出额外规定。而无论是非法利益还是合法利益，均侵犯了职务行为的不可收买性，应作为行贿论处。至于，是直接删除该要件还是将其修改为意图使有关人员

---

① 吴林生：《刑法修正案九草案的得失及修改建议》，载《中国刑事法杂志》2015年第1期。

② 郑高键：《博弈分析视角下行贿犯罪构成要件之结构性完善》，载《政法论坛》2014年第3期。

③ 曾凡燕、付治国：《论行贿犯罪中"谋取不正当利益"要件》，载《湖北社会科学》2010年第6期。

④ 谭智华、眭欧丽：《行贿犯罪中"不正当利益"的形态问题研究——兼论对"为谋取不正当利益"要件的修正》，载《法律适用》2011年第12期。

滥用职权或者违背职责，笔者赞成第一种方案。理由在于，贿赂犯罪保护的法益，不仅仅是公务人员职务的公正性，也在于其职务的不可收买性，这种不可收买性当然包括普通民众对于这种不可收买性的信赖，因此即便相关人员属于合法利用职权，但只要给予其对价的，就破坏了这种信赖关系，理应以行贿罪论处。当然我国具有"情感社会"的特性，因此不需要将一般的送礼行为作为行贿处理，但并不需要仅仅通过这一主观要件去完成，可以通过刑法教义学规则加以限缩。例如，可以适用社会相当性理论、客观归责理论、可罚违法性理论、期待可能性理论予以解决。日本学界关于社交礼仪的出罪问题，在解释论上即存在两种不同的解决路径：其一，因对价性的稀薄而失去贿赂性；其二，可以否定可罚的违法性。① 我国学界也有学者以期待可能性为理论根据，认为，"为谋取正当利益而被迫行贿的现象是客观存在的，这种情况对行贿人没有期待可能性，不应以行贿犯罪论处"。② 因此，即便取消谋取不正当利益这一主观要件，只要合理利用教义学规则，依然可以有效地限定处罚范围，相反如果保留这一要件，反而会由于这一要件的模糊性，如不正当利益究竟如何界定问题，从而导致刑法适用上的一系列难题。

其次，关于行贿的对象问题。我国刑法明文将其限定为财物，与域外刑法的差异较大，如我国台湾地区"刑法"将其规定为贿赂或其他不正当利益，其中贿赂指金钱及可以金钱计算的财物，而其他不正当利益，按照学者解释，是指贿赂以外的一切足以公认满足欲望之有形和无形利益而言，包括物质利益与非物质利益。③ 虽然有学者认为，"随着社会的发展变化，人们对贿赂行为本质的认识日益深入，贿赂一词的含义也会相应地发生改变，对贿赂的内涵作进一步的扩大也未尝不可"。④ 但应当承认的是，在解释上，至多也只能将财物解释为包括财产性利益，如果将其扩展至非财产性利益，则属于类推解释，必然违反罪刑法定原则。但如上文所述，即便限定为财产性利益，在解释论上也并非没有商榷之处，司法解释对此也难以有所作为，此问题需要立法予以积极回应。那么未来修法的方向究竟是仅扩大为财产性利益还是包括一切不正当利益呢？我国有学者主张前一种做法，理由在于，"中国刑法历来强调刑罚与犯罪数额之间的联系，而非财产性利益由于无法量化

① ［日］西田典之：《日本刑法各论》（第6版），王昭武、刘明祥译，法律出版社2013年版，第501页。

② 谭智华、睦欧丽：《行贿犯罪中"不正当利益"的形态问题研究——兼论对"为谋取不正当利益"要件的修正》，载《法律适用》2011年第12期。

③ 卢映洁：《刑法分则新论》（第4版），新学林出版股份有限公司2011年版，第35页。

④ 苏彩霞、胡陆生、蒋建宇：《联合国反腐败公约与我国刑事法的协调完善》，吉林大学出版社2008年版，第82页。

为财产价值，其轻重程度也无法把握"。① 的确，如果刑法只是以数额作为定罪量刑标准的话，将贿赂对象扩大为非财产性利益，存在体系冲突的困境。但是，上述论者忽视了我国刑法对行贿罪与受贿罪的规定是不同的。我国刑法对受贿罪的处罚参照贪污罪的处理模式，以数额作为标准，但是对行贿罪的处罚基本是以情节作为量刑的依据，甚至对最低档法定刑的行贿罪并未做数额、情节的任何限定，至于 10000 元以上的立案标准仅是最高人民检察院的规定，并非立法缺陷，况且在此次修正草案中，立法者对受贿罪也作出了相应的改变，同时确定了数额与情节的不同标准，由此完全可见在解释论上，行贿罪并非数额犯的立法模式有利于行贿对象的扩大。在立法论上，笔者主张将其扩大至一切非正当利益，"立法规定贿赂的范围为'财物'反映了计划经济时期利益种类的单一性，却难以反映当下市场经济时期利益种类的多样性"。② 无论行贿的对象是什么，均侵犯了职务行为的不可收买性，应以行贿论处，况且《联合国反腐败公约》也作出相应的要求，我国刑法的修改也需要履行此国际义务。

最后，关于行贿的客观行为方式问题。如上所述，与《联合国反腐败公约》相比，我国刑法仅仅规定了实际给予财物这一种方式，而并未将许诺给予、提议给予的行为进行既遂化，这显然不利于遏制贿赂犯罪。在这方面，我们来看日本刑法的有关规定，日本刑法将行贿罪的构成要件行为规定为提供、提议、约定贿赂三种。根据日本学者的解释：提供贿赂，是指让公务员收受贿赂；提议贿赂，是指促使公务员收受贿赂的行为，即便遭到拒绝，也成立提议贿赂罪；约定贿赂，是指就提供贿赂、收受贿赂，在行贿者、受贿者之间达成合意。③ 从中可以看出，日本刑法的规定与《联合国反腐败公约》具有一致性。根据我国刑法的规定，倘若只是单纯的提议或者许诺给予，只能被认定为预备，虽然刑法采取对预备犯普遍处罚的模式，但却规定对于预备犯，可以比照既遂犯从轻、减轻或者免除处罚，而司法实践一般也并不追究行贿罪的预备责任，最终会认定为不构成犯罪。即便行贿罪着手给予财物，但被国家工作人员拒绝的，也只能被认定为未遂，根据刑法的规定，可以比照既遂犯从轻或减轻处罚。"权钱交易是贿赂犯罪的本质，行贿人基于权钱交易而决意行贿，不管行为发展到行求、期约、实际给付的哪个阶段，都已威胁到正常的国家职能活动，对国家公职人员的职务廉洁性造成损害，具有

---

① 孙国祥、魏昌东：《反腐败国际公约与贪污贿赂犯罪立法研究》，法律出版社 2011 年版，第 403 页。

② 杨安、陆旭：《论贿赂犯罪刑事法网的完善》，载《中国刑事法杂志》2014 年第 1 期。

③ ［日］山口厚：《刑法各论》（第 2 版），中国人民大学出版社 2011 年版，第 739 页。

刑罚惩治的实质基础"。① 而我国刑法对客观行为方式的限定，显然不利于遏制行贿犯罪对国家权力的腐蚀，因此笔者建议将许诺给予、提议给予这些预备行为拟制为实行行为进行处理，使行贿者不再享受刑法总则预备、未遂的减免优惠。

## 四、 结语

行贿犯罪严重侵蚀了国家工作人员的职务廉洁性，具有较大的社会危害性，但我国目前关于行贿罪的规定，对客观行为方式、行贿财物、主观目的等限定不合理，行贿罪的刑罚配置较为单一，对刑罚减免缺乏必要限制。这在我国目前严厉打击贿赂犯罪的情况下，形成了明显的处罚漏洞，需要进行立法上的反思。

《刑法修正案（九）（草案）》虽然规定了罚金刑、限定了刑罚免除条件、扩大了行贿的法网，但依然留下不少问题，如刑罚偏轻、行贿条文间存在冲突等，但其中最为关键是对构成要件的修改只字未提。本文建议在构成要件的修改上，应删除"为谋取不正当利益的"表述，将客观行为方式扩展至许诺给予和提议给予，同时将行贿的财物修改为一切不正当的利益，以进一步遏制贿赂犯罪。

---

① 孙国祥、魏昌东：《反腐败国际公约与贪污贿赂犯罪立法研究》，法律出版社 2011 年版，第431 页。

# 从感情投资行为看行贿罪的立法完善

刘 军* 王 震**

一直以来，我国在打击贿赂犯罪方面"重受贿而轻行贿"，人民法院受理的受贿案件远较行贿案件为多，二者不成正比；其中已判决的行贿案件刑法适用量普遍较低且缓免刑适用率过高；更存在着受贿者锒铛入狱甚至被判死刑，而行贿者却依旧未被追究刑事责任、逍遥法外的乱象。① 从本质上讲，受贿如火，行贿如薪，薪不尽则火不灭，要从源头上打击腐败还需做到曲突徙薪。而感情投资作为近年来贿赂犯罪领域新兴形态并未引起立法者的足够重视，为实现从阶段式反腐到制度性反腐的转换，构建遇事找法不找人的法治格局，有必要对感情投资行为能否犯罪化进行司法认定以及在立法完善上进行审视与考量。

## 一、 感情投资： 行贿犯罪而非礼尚往来

随着近年来国家对贿赂腐败犯罪"打虎拍蝇"的持续高压打击，行贿犯罪不复往日嚣张气焰，但行为人同样也变得更加狡猾，用更多的心思钻研如何使得贿赂行为更不易被发现。而感情投资因其长线经营且有礼尚往来的外衣包装，隐蔽性极强，正逐渐成为行贿者所采用的主流形式。感情投资有两种典型情况，行为人或是希望在今后获取正当利益时更为方便，或是旨在时机成熟时再提出谋取不当利益的请托，生活中有时只是客套地提出请领导今后在工作上多多"关照"，或是对表达过去领导在工作上支持的"感谢"，而收礼人也没有作出任何形式上的承诺。礼尚往来是中华文化的传统交谊方式，请客送礼被看做是社会生活的正常表现，但由于身份的不同，此类行为发生在国家机关工作人员尤其是手握一定公权力的党员干部身上，其意味就发生了微妙的变化，往往是借着礼尚往来之皮还行贿受贿之魂，其本质上是一种权钱交易，是行贿罪的一种特殊行为方式，只是感情投资与利益实现的时空割断淡化了二者之间的因果关系，使得这种贿赂行为更具隐蔽性。

游走于罪与非罪之间的感情投资行为到底是否可以犯罪化处理，必须从犯罪的概念上予以划定。我国刑法第 13 条规定所确定的犯罪概念是"依照法

---

　* 山东大学（威海）法学院教授、副院长、硕士生导师，中国政法大学博士后研究人员。
　** 山东大学（威海）刑法学硕士研究生。
　① 李少平：《行贿犯罪执法困局及其对策》，载《中国法学》2015 年第 1 期。

律应当受刑罚处罚的危害社会的行为"，从概念定义来看，犯罪具有三个特征，即社会危害性（或者说法益侵害性）、刑事违法性和应受刑罚处罚性。①界定感情投资是否属于行贿犯罪行为也应当以这两个概念为起点，即以犯罪的本质和有无刑罚处罚的必要为标准对其予以认定。

**（一）感情投资行为具备法益侵害性**

犯罪的第一个确定标准是犯罪的本质。按照我国通说，行贿犯罪侵害的法益是职务行为的廉洁性，按照这一学说，感情投资中行为人可能并没有谋取不当利益的主观目的，国家工作人员也没有因此实施违法或不正当的职务行为，并没有侵害职务行为的廉洁性，当然不构成行贿罪。试举一例，在政府招标投标程序中，主管官员在面对报价、条件大致相当的若干商业企业时，能否恪守职务行为公正性而不偏袒其中平时有进行感情投资者或投资更多者不禁惹人质疑；即便其能不偏不倚地做到价值中立，但其在生活中接受他人感情投资，国民对其职务行为公正性的信赖感也已先打折扣；然而双方任一单次往来中的不正当利益或无法以数额确定或数额都不足以达到行贿受贿犯罪立案甚至达不到违法违纪的标准，行为人获取的是正当利益，且国家工作人员行使的也是正当职务行为，由此得出的结论是感情投资行为不具备法益侵害性。

然而廉洁性说除内涵不清、外延不明，因而难以对行贿罪构成要件起解释指导作用外，对于打着"合法"幌子的感情投资类行贿行为也显无力，无法实现对行贿之风的防微杜渐，实际上纵容了行贿犯罪的蔓延滋生。对此笔者认为日本刑法学通说的"不可收买性说"可予以补足，也即行贿犯罪所侵害的法益是国家工作人员职务行为的无报酬性、不可收买性，公务员除了领取固定薪金外，对其执行的职务行为不得收取任何报酬。行贿行为正是通过对国家工作人员职务行为的收买，进而危害职务行为的公正性以及公众对于国家工作人员职务行为的信赖，具备相当的法益侵害性。权力容易被滥用，防止权力滥用、保障权力公正行使的最基本措施就在于防止权力与其他利益的交换，否则权力将只为利益交换者服务，损害的将是公众的利益。此外，公民对职务行为不可收买性的信赖也是一项重要法益。倘若职务行为可被收买，职务行为本身可以获得利益，则意味着国民不会信赖国家工作人员的职务行为，进而不信赖国家机关本身；这不仅会导致国家机关的权威性降低，更会导致政以贿成、官以利鬻、腐败成风、贿赂盛行。② 因此，应当认为刑法打击行贿罪的本质在于行贿行为侵犯了职务行为的不可收买性以及国民对国家工作人员职务行为不可收买性的信赖。刑法之所以将一定的行为规定为

---

① 高铭暄、马克昌主编：《刑法学》（第6版），北京大学出版社、高等教育出版社2014年版，第44~46页。

② 张明楷：《刑法学》（第4版），法律出版社2011年版，第1058~1064页。

犯罪，并对其科处一定的刑罚，目的就是防止犯罪行为，达到保护为该种行为所侵害的法益的目的，一切刑罚都是为保护某种法益而设置的，保护法益是刑法的首要任务，从这一点看感情投资理当纳入刑法的规制范围。

### （二）感情投资行为具有刑事可罚性

从刑罚的必要性看来，轻刑或缓免刑适用率过高已经难以遏制行贿受贿行为的滋生，若只以党纪来规范感情投资这种特殊类型的行贿行为很难取得理想效果。有学者以"北大法宝"上 135 份行贿案件判决书为样本，对行贿案件的量刑现状进行了研究，其处罚结构中定罪免刑、拘役缓刑、拘役、有期徒刑缓刑、5 年以下有期徒刑等为整个行贿罪量刑结果的主要部分，占79%；而被判处 5 年以上有期徒刑至无期徒刑的只占29%；缓免刑适用率则达 46.6%。[1] 如此量刑现状带来的实际效果则是众多行贿人屡被宽纵，破坏了社会正义，给人以"行贿无罪"的错觉，行贿人有恃无恐，行贿犯罪不减反增并转向跨行业、多领域蔓延，引发了公众不满和社会负面舆论。[2] 感情投资虽不像"一手交钱，一手办事"式的贿赂行为那样特征鲜明，但究其本质而言，这种灰色收入也是诱发国家工作人员贪污腐化的重要原因，同样侵害了国家工作人员职务行为的不可收买性，当属行贿行为，仅仅依靠缓免刑已无法形成有效的震慑力遏阻其发生，依靠"八项规定"、"六个禁止"和反"四风"等党纪也不足以收敛贪婪之心，有必要动用刑罚进行预防。[3] 感情投资之风的甚嚣尘上，既日积月累地为国家工作人员输送了大量的灰色收入，助长了不搞好关系升不了官、办不成事的不正之风；又加剧了公众对国家工作人员的不信任感，激化社会矛盾，更加不利于构建国家工作人员的廉洁形象，造成极恶劣的社会影响。因此，对感情投资行为有必要动用刑罚，以实现刑罚预防犯罪的功能。

从某种意义上说，感情投资其实是在打法律的擦边球，其实主张感情投资犯罪化的观点早就有之，李洁教授认为"如果他们的行为不构成受贿罪，则有可能放纵大的'蛀虫'，或引诱有权者改变行为方式，由具体的权钱交易行为变为不具体的权钱交易，使大的'蛀虫'逃避法律的制裁"。[4] 只是其出发的角度是受贿罪，而受贿罪与行贿罪属必要共犯，二者并蒂双生，肯定感情投资行为可成立受贿罪当然也是肯定其行贿罪的成立。

## 二、 革新焦点：司法认定以及立法阙如

虽然笔者认为感情投资行为属于行贿的一种形式，但仍必须明确感情投

---

[1] 董桂文：《行贿罪量刑规制的实证分析》，载《法学》2013 年第 1 期。
[2] 李少平：《行贿犯罪执法困局及其对策》，载《中国法学》2015 年第 1 期。
[3] 赵秉志：《贪污受贿犯罪定罪量刑标准问题研究》，载《中国法学》2015 年第 1 期。
[4] 李洁：《官员的灰色收入当属贿赂犯罪隐蔽形式》，载《政府法制》2005 年第 7 期。

资和馈赠是两种性质截然不同的行为，在司法认定上应当严格区分民事违法行为与刑事犯罪行为之间的界限。在行贿罪的认定标准问题上，司法解释只是规定行贿数额一万元以上或四种情形下不足一万元应当立案处理，对于感情投资类行贿行为而言存在着司法认定门槛过高的问题。对此可以借鉴"两高"2008 年颁行的《关于办理商业贿赂刑事案件适用法律若干问题的意见》（以下简称《意见》）的具体规定，① 结合各要素全面分析、综合判断。虽然《意见》为司法工作人员在办理行贿案件时定性贿赂还是馈赠方面提供了一定的参考经验，但规定仍过于笼统，在具体案件中操作起来如何定性仍有难度，还必须形成一套系统完备的认定标准。

**（一）形成系统的司法认定标准**

首先，综合感情投资的行为特征完善受贿罪的司法认定。除《意见》中提到的要素外，区别究竟是社交礼节还是感情投资型行贿犯罪，首先也最容易认定的是感情投资行为的长期性，从任一单次来看感情投资的利益价值都是微不足道的，但日积月累所产生的节日腐败、生日腐败、婚嫁腐败往往令人触目惊心。另外，还要考虑双方财物往来的不等性，这是指此类行为具有多来而少往的方向上以及价值上的明显的不对等性。此外职务性也是重要的考虑因素，这是指行为人以各种形式满足了国家工作人员的一定需求，希望其能在职务范围内就谋取正当利益予以方便，或希望在将来特定时机能依其职务行为谋求不正当利益。在感情投资行为中，行贿人现在或将来肯定能就受贿人职务行为有所求，受贿人也心知肚明如果自己不具有特定职务对方则不会施惠，双方心照不宣。需要说明的是这里的职务性只要求一般的职务权限就够了，不要求具体的负责事务，但从公务员的地位、负责变更的可能性、事务处理的判断状况来判断，这种职务性必须要求该公务员具备能够对该职务行为产生影响的可能性。② 因此，在感情投资行为的司法认定中即便行贿者没有提出请托事项，难以认定其具备谋取不正当利益的主观意图时，但综合感情投资行为的长期性、不等性和职务性等特性，早已超出了民众情感对礼尚往来的理解，同样有损于职务行为的公正性以及公众对于国家工作人员职务行为的信赖，因此具备法益侵害性。

其次，凸显对行贿罪零容忍。有疑者会指出感情投资的财物价值不大，如何能够定罪呢？这与我国"定性+定量"的立法体例有关，而非西方国家打击贪腐贿赂那样采取"零容忍"的态度。以英国《2010 年反贿赂法》为例，其中规定的贿赂行为几乎无所不包，如法案中"经济或其他利益"的含

① 具体而言包括：（1）发生财务往来的背景，如双方是否存在亲友关系及历史上交往的情形和程度；（2）往来财物的价值；（3）财物往来的缘由、时机和方式，提供财物方对于接受方有无职务上的请托；（4）接受方是否利用职务上的便利为提供方谋取利益。

② ［日］大谷实：《刑法讲义个论》，黎宏译，中国人民大学出版社 2008 年版，第 579 页。

义极为广泛，公司提供的招待和礼品均可被纳入其中而构成贿赂。① 这对我国不无启示，就行贿罪而言，刑法规定"为谋取不正当利益，给予国家工作人员以财务的，是行贿罪"，实际上说明行贿罪是行为犯而未对行贿行为的定罪提出数额上的要求。因此，在司法认定上完全可以取消数额上的限制，既向社会发出感情投资数额虽小也是犯罪的信号，也可从某种意义上降低行贿受贿犯罪的司法认定的难度与成本。

区分赠与与感情投资需要在司法实践中细化行为类别，逐渐形成一套系统的司法认定标准。在"两高"《意见》中明确列举了像医疗机构、学校这些场所中的商业贿赂行为，使得抽象的贿赂行为具体化，明确了赠与与行贿的区别。在未来司法解释中同样需要明确一些具体行为性质及其客观表现，以更有利于实际执行。② 当然除形成系统的司法认定标准外，还要正视现行刑法的立法阙如才能有针对性地实现行贿罪的立法革新。

**（二）明确现行刑法之立法阙如**

首先，"为谋取不正当利益"的主观要件不当限制了行贿罪刑事法网。有学者主张为打击感情投资这种贿赂犯罪应当取消受贿罪"为他人谋取利益"的规定。相对应地在行贿罪上则主要体现在我国刑法规定构成行贿罪必须具备"为谋取不正当利益"的主观要件，也就是说为谋取正当利益型的感情投资行为不构成行贿。这与《联合国反腐败公约》第15条，"只要向公职人员实施了行贿行为以使其作为或者不作为，不论行贿人谋取的利益正当还是不正当都成立行贿罪"的规定宽松得多。③ 我国自2005年正式成为《联合国反腐败公约》缔约国至今已有十年时间，但仍固守着"重受贿而轻行贿"的理念窠臼，未能实现各类贿赂行为中行贿受贿双方均构成犯罪，对二者仍有厚薄之分。维持"谋取不正当利益"的犯罪构成要件，不仅与《联合国反腐败公约》的精神不符，还与受贿罪的犯罪构成要件相冲突，不利于打击贿赂犯罪。

其次，贿赂内容只限于财物使得对行贿罪打击面过窄。有学者将感情投资界定为"行为人出于联系、笼络国家工作人员的目的，向其赠送财物，但在赠送财物前后并不要求国家工作人员为自己谋取何种利益，国家工作人员收了财物之后，也确实没有为送礼的人谋取什么利益"。④ 但从感情投资的文义看来，其本意是用感情代替其他一些具有价值的投资资本来投资牟利，这就意味着贿赂的内容不只限于财物，为笼络国家工作人员而提供的一切能满

① 邓若迅：《英国贿赂罪改革研究》，载《中国刑事法杂志》2012年第3期。
② 王志强、张锦：《行贿和赠与的相互转化》，载《甘肃理论学刊》2014年第1期。
③ 王作富、但未丽：《〈联合国反腐败公约〉与我国贿赂犯罪之立法完善》，载《法学杂志》2005年第4期。
④ 刘生荣、但伟：《腐败七罪刑法精要》，中国方正出版社2001年版，第227页。

足其物质或精神需求的有形或无形、物质或非物质、财产或非财产性利益均可涵盖在内。而我国现行刑法在此的立法用语只限于财物，即便可以认为相关司法解释已大体将之扩展到了财产性利益的范围，但就行贿罪的打击面而言仍显过于狭窄。这几乎可以被视为诱导行贿人以不可被数额化的行贿方式来满足受贿人的各种需求，无形中促使行贿手段向着更为隐蔽的态势发展。

## 三、 立法完善： 犯罪原理与刑罚目的借鉴

学者们早已呼吁"官员的灰色收入当属贿赂犯罪隐蔽形式"，感情投资行为却始终未能被认定为行贿犯罪行为。但是《刑法修正案（九）（草案）》中针对行贿罪引入了罚金刑和资格刑，加大了对行贿犯罪的惩罚力度，体现了学术研究对行贿犯罪立法完善的影响，这对于打击包括感情投资型在内的各种手段的行贿犯罪而言都是极为利好的信号。要真正实现有效打击日益猖獗的感情投资，不论是在行贿罪的学理研究还是立法模式上，都必须要刑法进一步跟进。

### （一） 感情投资行为的犯罪化

犯罪化未必会像一些学者担心的那样必然违背刑法的谦抑性，实际上我国刑法因其立法体例的缘故，在非罪化方面较为进步，这与日本刑法学发展比较之下显得更为突出。[①]

实现感情投资犯罪化，应做到以下几点：

第一，必须要将行贿罪侵害的法益由职务行为廉洁性说过渡到职务行为不可收买性说。只有采用职务行为的不可收买性说，才能确立一个对谋求包括正当利益与不正当利益在内的一切利益都定性为行贿而实施惩处的拐点，[②]这一学说过渡将使得改造行贿罪的犯罪构成要件成为可能。通说认为行为人为谋取正当利益而给予国家工作人员以财物的行为也属于一种权钱交易行为，在国外刑法以及旧中国刑法中均未要求行贿罪出于"谋取不正当利益"的目的。从法理上看来，受贿罪与行贿罪属必要共犯，刑法对受贿者的规定为"为他人谋取利益"，并无正当利益、不正当利益之分；转而在行贿者则要求须为谋取"不正当利益"，两相比较之下可以发现，刑法在对待行贿者问题上采取了更为"宽容"的态度，给人以行贿行为不像受贿行为那样严重的感觉。[③] 不取消"为谋取不正当利益"这一主观要件，感情投资行为犯罪化的

---

① 实际上非犯罪化的进步并不代表刑法的进步，更不代表法治的进步，将值得刑罚处罚的危害行为在刑事诉讼之外由非司法机关处理，反而违反了法治原则。参见张明楷：《日本刑法的发展及其启示》，载《当代法学》2006 年第 1 期。

② 邓崇专：《新加坡刑法对行贿罪的规制及其对我国治理"隐性腐败"的启示》，载《广西社会科学》2013 年第 11 期。

③ 张明楷：《刑法学》（第 4 版），法律出版社 2011 年版，第 1082 页。

主张始终无法从文义上解释得通。

第二，应当还原行贿罪行为犯的本质。行贿罪的刑法条文中采用了行为犯的立法模式，但又以司法解释的形式将行贿罪按照数额多少认定是否构成犯罪，限缩了行贿罪打击面。同时因为行贿人为笼络国家工作人员而满足其各种需要的行为，只是侵害了国家工作人员职务行为的不可收买性；而成功笼络了国家工作人员后又谋取到了不正当利益则既侵害了国家工作人员职务行为的不可收买性，又侵害了职务行为的公正性，应当从重处罚。[①] 因此，笔者主张应当将行贿罪还原于行为犯的犯罪类型，取消数额犯的司法认定，将感情投资行为规定为行贿罪的一种手段，并将谋取到了不正当利益作为从重处罚的情节。

第三，还应当将行贿内容从财物说扩展到满足需要说。应当说满足需要说已经成为理论界的主流观点，也是未来立法的趋势。这主要体现在：其一，贿赂犯罪的本质是侵害了国家工作人员职务行为的不可收买性，无论行贿的内容是金钱财物，还是提供担保、金融利益、异性性交、提供指标、解决子女工作、迁移户口甚至斡旋就职等，都可以满足受贿人的需要，都能满足行贿犯罪的本质；其二，从其他国家和国际上的行贿罪立法例看来，贿赂的范围早已不再局限于财物的范围；[②] 其三，反对此说者认为非财产性利益在司法认定上"无法计算数额"，无法计算数额则无法认定为行贿犯罪。而这正是非财产性利益应当被认定为行贿内容的重要原因之一，非财产性利益具有极强的隐蔽性特征，在贿赂犯罪中更难被发现，而这正是法治大环境中必须拔除的毒草。[③] 只有将贿赂的内容从财物扩展到满足需要说，才能还原行贿犯罪的本质，保证有效打击感情投资等各种手段的行贿犯罪，改变我国打击贿赂犯罪范围过窄、力度不足的立法现状，确保权力在阳光下运行。

### （二）预防行贿犯罪的隔离化

预防行贿犯罪实质就是预防受贿犯罪，必须要增加行贿人的犯罪成本，通过严惩行贿解决"围猎困境"。作为一种贪利型犯罪，现行刑法对行贿犯罪设置的经济惩罚手段非常有限，尤其是执法过程中大多数行贿人获取的不正当利益难以或无法得到追缴，不能使其产生得不偿失之感，对此有效借鉴国外对行贿犯罪广泛规定罚金刑的立法例，有助于打击其贪财图利的犯罪动

---

① 谢诚：《论公务员单纯受贿行为——受贿罪疑难问题研究》，载《广西政法管理干部学院学报》2002 年第 2 期。

② 例如，《公约》将贿赂的内容规定为"不正当好处"，既包括财产性利益也包括非财产性利益；《意大利刑法典》第 317 条等规定的贿赂是指"钱款或其他利益"；《德国刑法典》第 331 条等规定贿赂是指"利益"；日本等国的判例和学者观点也多持此说。参见苏彩霞：《论我国惩治腐败犯罪刑事立法的完善》，载《法商研究》2005 年第 5 期。

③ 李辰：《受贿犯罪研究》，中国政法大学出版社 2011 年版，第 37 页。

机。针对此《刑法修正案（九）（草案）》就行贿罪等罪名增设了罚金刑，并采取必并制，使得犯罪分子在人身自由受到限制或被剥夺的同时也无法享受到财产上谋取的利益，并且严格规定对行贿罪从宽处罚的条件，加大惩罚力度，以预防行贿犯罪的发生。这是类型化剥夺犯罪能力应有之义，即依据"世轻世重"以及预防犯罪的整体态势加大对某种犯罪的惩罚力度，亦即，有针对性地"选择"了行贿行为并加大惩处力度：现行刑法规定行贿人在被追诉前主动交待行贿行为的可以减轻或免除处罚，而在草案的二次修改中，限制了从宽处罚的条件，一般情形仅限于从轻或减轻处罚，只有犯罪较轻的，检举揭发行为对侦破重大案件起关键作用，或者有其他重大立功表现的，才可以免除处罚。[①] 草案中针对行贿罪的立法完善，体现了我国政府正逐步扭转"重受贿而轻行贿"的治理思路，彰显了加大力度打击贿赂犯罪的坚定决心和刑事政策的方向性调整。

除此之外，还可以选择具有较大再犯危险性的犯罪人，通过适用较重的刑罚以预防行贿犯罪的再次发生，这属于选择性地剥夺犯罪能力在量刑中的具体运用。[②] 但即使如此，行贿犯罪的犯罪成本还是很低，毕竟只是增加了罚金刑、采取了并罚制、限制了从宽处罚，如果不能对其谋利行为进行遏制，如果不能对其所从事的职业进行限制，仍然无法阻挡犯罪人的行贿动机，仍然无法解决面临的"围猎困境"，因此，还应当引入职业禁止以及建立行贿犯罪记录，剥夺其通过行贿犯罪所取得的利益和再次犯罪的可能，[③] 让行贿人再也无法从事该种职业、实施类似行为，从而预防犯罪的发生。《刑法修正案（九）（草案）》第1条拟新增的刑法第37条之一规定的"职业禁止"就是典型的选择性剥夺犯罪能力之刑罚目的的实现，对于因利用职业便利实施犯罪，或者实施违背职业要求的特定义务的犯罪被判处刑罚的，法官可以根据犯罪情况和预防犯罪人再犯罪的需要选择是否禁止其自刑罚执行完毕之日或者假释之日起五年内从事相关职业，通过引入资格刑隔离式地预防犯罪的发生。另外，最高人民检察院率先建立的"行贿犯罪记录"制度[④]就是预防行贿犯罪行之有效的司法实践，通过禁止存在行贿犯罪记录的单位或个人参与招标投标等特定的经济活动等，使其与行贿行为之间绝缘、隔离，从而实现剥夺犯罪能力之刑罚目的，如此可以有效地缓解仅仅惩处受贿一方所带

---

① 《〈中华人民共和国刑法修正案（九）（草案）〉第 41 条》，载全国人大网：http://www.npc.gov.cn/npc/lfzt/rlys/2014-11/03/content_1885122.htm，最后浏览日期：2015 年 6 月 30 日。

② 刘军：《该当与危险：新型刑罚目的对量刑的影响》，载《中国法学》2014 年第 2 期。

③ 赵秉志：《国际社会惩治商业贿赂犯罪的立法经验及借鉴》，载《华东政法学院学报》2007 年第 1 期。

④ 《行贿犯罪档案查询》，载最高人民检察院网站，http://www.yfw.com.cn/xhfzdacx/jjwz/201202/t20120214_804245.shtml，最后浏览日期：2015 年 6 月 30 日。

来的犯罪预防与控制的难度。

剥夺犯罪能力关注于使犯罪人无能力再犯罪，剥夺其犯罪的一切可能与机会，促使有效率地预防犯罪发生以保护社会。以上剥夺犯罪能力之刑罚目的的两种类型，在剥夺犯罪人未来犯罪能力和机会的意义上具有异曲同工之妙，① 对于如今遇事找人不找法、腐败如瘟疫蔓延的社会现状而言，剥夺犯罪能力以其强有力的预防功用警示着国民，包括感情投资在内的各种行贿行为都必将遭受法律严惩，对于打击行贿犯罪的立法借鉴而言不失为一种有益尝试。

---

① 刘军：《腐败犯罪刑罚对策的另类思考》，载《浙江社会科学》2014年第3期，第66页。

# 对偶犯视野下行贿罪入罪与
# 出罪条件的立法选择[①]

楼伯坤[*]　蔡丽丽[**]

我国刑法第 389 条第 1 款、第 3 款规定："为谋取不正当利益，给予国家工作人员以财物的，是行贿罪。""因被勒索给予国家工作人员以财物，没有获得不正当利益的，不是行贿"。第 390 条第 2 款规定"行贿人在被追诉前主动交待行贿行为的，可以减轻处罚或者免除处罚"。这揭示了刑法立法以"不正当利益"作为行贿行为入罪和出罪的基本条件。然而，这一规定与刑法对受贿罪选择入罪和出罪的条件并不一致。刑法对行贿罪追责和处罚的规定过于宽缓，未能体现与受贿罪之间的对偶关系，致使受贿罪查不胜查。因此，完善行贿罪出入罪的立法选择已成为当前反腐工作的迫切要求。

## 一、　犯罪化与非犯罪化标准的基本理论

### （一）犯罪化与非犯罪化的概念

"犯罪化是指国家立法机关依据合法的职权和程序，把有刑罚处罚必要的反社会行为纳入刑法的调控范围，使之成为刑法明文规定犯罪行为的过程。"[②] 它以人类一般行为的合法性为条件，将违反刑法规范的行为特别规定予以刑罚惩罚，是对非犯罪化原则的反向确认。因此，在原本非犯罪的范围中，选择确定某一些行为是犯罪，需要遵循一国的宪法原则和社会现实。通常而言，将一种行为犯罪化必须具备以下条件：第一，危害行为已达社会普遍性，成为一种社会现象。如果运用刑法规制不具备社会普遍性的行为，就会超出人们的预测可能性，不符合公众的认知状况，也就不能纳入犯罪圈。第二，行为的社会危害性已经达到社会不能容忍的地步。社会对某一行为的否定评价及其强烈程度，通常是通过行为对法益的侵害性来衡量的。它是行为对社会造成的影响在公众社会意识层面的反映。第三，刑罚干预的迫不得已性。刑法的谦抑性决定了只有在其他部门法的处罚不能遏制危害行为的发

---

① 最高人民检察院"检察机关与公安机关互涉案件侦查管辖的协调机制研究"（GJ2012C24）的阶段性研究成果。

* 浙江工商大学法学院教授、法学博士。
** 浙江工商大学法学院刑法学硕士研究生。

② 孙战国：《犯罪化基本问题研究》，中国法制出版社 2013 年版，第 13 页。

生时，才运用最严厉的刑法予以干预。

"非犯罪化是指立法机关或者司法机关通过立法或者司法活动，将一直以来作为犯罪处理的行为不作为犯罪规定或者处理的制度或过程。"[①] 非犯罪化是以业已被确定为犯罪为条件的，它是以"否定之否定"原理对人类合法行为范围的确认。在被立法确定为犯罪的前提下，让某一种行为出罪，就需要反向运用犯罪化的条件，而这些条件是随着社会的变迁发展而变化的。当人们的思想意识、价值观念、认知状况发生了变化，原本被确定为犯罪的行为的社会危害性被淡化并能够被社会容忍时，才可以对这些行为进行非犯罪化处理，使之纳入行政或纪律的调整范围。

**（二）犯罪化的标准**

犯罪化与非犯罪化是一种对向活动，当已经犯罪化的行为不具备犯罪化所需具备的主客观条件时，就应当对其作非犯罪化处理。非犯罪化需要以犯罪化标准进行考察才能得出结论。因此，通过讨论犯罪化标准及其适用要求，就可以分析得到非犯罪化标准的答案。换句话说，非犯罪化标准是反向的犯罪化标准。因此，为避免重复与累赘，本文仅讨论犯罪化标准。

1. 犯罪化对象的质

任何犯罪都侵害一定的法益，即具有社会危害性。纵观各国刑法立法，刑法干预范围的大小往往取决于行为对法益侵害的大小及其程度。而对于法益的认定需要考察利益关联性、可侵害性、与人相关以及与宪法关联等因素。[②] 刑法立法犯罪化的实质标准归根结底取决于法益保护的广狭。

刑法所保护的法益种类以及各法益的重要程度都会因社会情势变迁而显得不同。根据各国刑法立法和理论学说的一般观点，进入刑法视野的法益应当具备如下要求：第一，法益的重要性。法益的重要性随着时代发展而表现出不同，由于观念、科技的落后，以前对某一法益的重要性还没有给予足够的认识，但随着时代的发展，该法益的地位日显重要，对其的侵害将影响到重要的社会利益和社会秩序，因此，对其的保护也显得更加迫切。第二，法益的公认性。对于某一非严重性或者非普遍性的行为，以往只要通过行政处罚或党内处分就可达到预防目的，社会对其具有较强的容忍度。但是，随着社会、经济情势变更，人们对该行为侵害法益的容忍度降低了，成为触及社会容忍底线的行为，对其进行处罚已经成为公众的共同呼声。第三，法益的可侵害性，即对法益的侵害必须能够出现侵害的结果或者是刑法中的危险，因此，将违反道德和宗教戒律的结果排除出法益侵害范围。

---

① 贾学胜：《非犯罪化研究》，法律出版社 2011 年版，第 44 页。
② 孙战国：《犯罪化基本问题研究》，中国法制出版社 2013 年版，第 148 页。

### 2. 犯罪化对象的量

犯罪化对象的数量标准是指危害行为达到何种程度或者具备何种要求才能将其作为犯罪处理。主要表现在金额、次数、对象、价值等一些方面：如我国刑法盗窃罪中规定了只有具备数额较大、多次盗窃、入户盗窃等条件之一才构成盗窃罪，因此，若没有达到数额、次数等标准，就不构成犯罪。犯罪化量的标准需要根据本国国情和社会发展趋势来确定，并且在区域之间会有所差别。例如，犯罪金额以及损失额通常是以当时当地的人均可支配收入额作为计量依据，它来源于特定社会阶段的经济形式和生产力发展水平。以一个时期的盗窃罪数额标准适用于另一个时期的盗窃案件，必然会发生罪罚不当、司法资源浪费和刑法权威受损的结局。因此，研究非犯罪化问题，必须先制定合理的犯罪化量的标准，以使罪与刑相适应。

### 3. 对偶犯的犯罪化要求

由于对偶犯不同于杀人、放火、盗窃等直接侵害被害人的犯罪，在多数场合下对偶犯对社会的危害是无形的，它具有比一般有形损害的犯罪更大的危害性。因此，对偶犯的犯罪化除了要具备一般形态的犯罪化标准外，还有一些特定的要求。首先，对偶犯必须是双方所实施的均为法律所禁止的行为，并且其中一方的行为方式、主观内容与另一方有密切关系；从双方行为的整体看，它们共同造成了对法律所保护的社会关系的侵害，因此，有必要将双方行为作犯罪化处理以遏制犯罪的发生。例如，重婚罪的主体是两个：一个是有配偶但与他人结婚的人，另一个是没有配偶但明知对方有配偶而与之结婚的人，在重婚罪中双方罪名与法定刑都相同。[①] 其次，对偶犯犯罪化以各自实施的行为为准，与另一方是否构成犯罪、是否做出回应无关。如行贿罪中，行贿人主观为谋取不正当利益，客观实施给予财物的行为，即可构成行贿罪既遂，而不需要受贿人实际接受财物或者做出相应的回应。当然，刑法是否把每一种对偶犯的双方都作为犯罪处理，则是立法的选择问题。再次，对偶犯犯罪化的对象应选择那些具有双向危害的行为。因为刑法是维护秩序与正义的手段，对于具备对偶犯条件的行为，必须根据双向危害行为的性质及其程度来确定是否应纳入刑法规制的范围。在贿赂犯罪中，必须纠正"重打击受贿轻打击行贿"的刑罚思想，把行贿行为摆到与受贿犯罪同等的地位予以打击。因此，对偶犯的犯罪化必须依据双方行为所侵害的法益性质进行综合考量。

### （三）出入罪的条件

合理界分犯罪化与非犯罪化的范围并对确定犯罪化的要素均衡配置相应

---

① 现实中，有的国家出于对受害人自由意志的考虑，将其中损害自己利益的一方不作为犯罪处理。如贩卖毒品的行为人要予以定罪，而对于买入毒品自己吸食的行为没有规定为犯罪。严格地说，这一类犯罪不属于对偶犯。

的刑罚，是刑法立法的两大基本问题。出入罪条件的选择与协调是其中的核心问题。面对犯罪学和刑事政策学的研究结论和各阶段社会调整的主要目标，需要建立规范选择犯罪要素和合理配置刑罚强度的具体法则。刑法规范应当内置具有可供司法衡量选择入罪和出罪的完整机制，仅有入罪机制或仅有出罪机制都不是完整的刑法体系。按照中国刑法的通说，入罪与出罪都要考虑形式要件与实质要件，将某一行为出罪就必须查找行为不必要作为犯罪处理的理由。

1. 出罪的条件

出罪就是使行为或者行为人无罪，亦即使初步符合犯罪构成条件、进入犯罪圈的行为倾向于无罪的认定过程。① 此种出罪是在符合犯罪的形式，符合某一犯罪的罪状表述的情况下，可以认定为犯罪，但如果将其认定为犯罪会与社会价值发生冲突的情形下，应当将其排除出犯罪的评价视野。此种意义上的"出罪"即是指"形式为罪但作无罪处理"。② 需要特别说明的是：除了立法上的出罪，还有司法上的出罪。"司法上的出罪，即对于立法上规定的犯罪，在司法运作中通过各种方法不作为犯罪处理。"③ 它是运用犯罪构成要件对具体案件的事实特征进行比对、衡量，得出某一行为不符合犯罪构成条件的情形，是犯罪构成出罪功能的表现。因此，司法上的出罪并非在申诉环节才能实现，近年来被广泛应用的刑事和解制度，就是利用程序功能对犯罪条件的排除。"刑事和解制度是一个对犯罪行为予以实质上的出罪的机制"④

2. 入罪的条件

我国刑法中的犯罪是采用了混合犯罪概念，它既要求实质上具备社会危害性，又要求形式上具有刑事违法性。因此，要将某一行为规定为犯罪，必须做到主客观相统一。从形式上看，入罪条件需恪守罪刑法定原则，它必须符合犯罪的构成要件；从实质上看，入罪条件是实现法益保护的必然要求，行为对社会的危害性决定了该行为入罪的可能性。刑法作为最严厉的法，主要制裁那些对法益侵害严重的危害行为，以实现惩罚与预防的双重目的。根据我国刑事诉讼法的规定，刑事立案必须具备有犯罪事实存在并需要追究刑事责任的条件。可见，刑事追诉的启动主要根据形式与实质相结合的形式，即犯罪事实存在与需要追究刑事责任相结合。

① 方鹏：《出罪事由的体系和理论》，中国人民公安大学出版社 2011 年版，第 4 页。
② 储槐植：《出罪应注重合理性》，载《检察日报》2013 年 9 月 24 日。
③ 储槐植、张永红：《刑法第 13 条但书的价值蕴涵》，载《江苏警官学院学报》2003 年第 2 期。
④ 莫晓宇：《和谐社会视野下的中国刑事和解机制之构建》，载赵秉志主编：《和谐社会的刑事法治》（上卷），中国人民公安大学出版社 2006 年版，第 484 页。

## 二、 现行立法对行贿罪入罪与出罪条件规定的不足

### （一）行贿罪入罪条件与一般犯罪构成条件的关系

1. 现行行贿罪的入罪条件

我国刑法第 389 条第 1、2 款规定：为谋取不正当利益，给予国家工作人员以财物的，是行贿罪。在经济往来中，违反国家规定，给予国家工作人员以财物，数额较大的，或者违反国家规定，给予国家工作人员以各种名义的回扣、手续费的，以行贿论处。行贿罪的入罪条件主要包括以下几个方面：主观上是"为谋取不正当利益"，而"为谋取正当利益"的不是行贿罪；客观上"给予国家工作人员以财物"，以结果犯的要求衡量是"实际给予"，而非纯粹的"允诺给予"；行贿的对象必须是"财物"，非财产性利益被排除在行贿罪对象之外。上述条件通过与《联合国反腐败公约》对行贿罪的规定比较可见，我国现行刑法中行贿罪的入罪门槛较高，限制性条件过多。

2. 行贿罪作为对偶犯的立法要求

对偶犯也即广义的对合犯，是指"对向性犯罪需二人以上彼此实施对应的行为才能成立犯罪。"① 针对彼此同罪的对偶犯而言，毫无疑问应当在共同的犯罪故意与犯罪行为下设置相同的法定刑，关键是对彼此异罪的对偶犯的立法选择问题。笔者认为，作为与受贿罪匹配成对的行贿罪的立法应当满足几个要求：第一，主观故意的对合性，即行贿与受贿双方故意的内容在实质上保持一致，一方故意的内容与另一方故意的内容在逻辑上具有全同关系，超出对合故意的内容不能作为对偶犯中的故意。第二，给予财物与收受财物的客观行为之间具有对应性。对偶犯的任何一方行为虽然都是独立实施并能够形成完整的犯罪过程，但当处在耦合关系中时，每一个形式上独立的行为都应当与处在行为对象关系中的另一方行为具有实质上的关联性，二者构成彼此照应或者前行为与后行为的关系。第三，刑事责任的对等性。刑事责任的轻重应当建立在对偶犯相互行为的基础上。以对合行为的基本犯罪构成为依据设置刑罚，需要考虑一方刑罚的设置与另一方之间形成的对等关系。当然，对于特定的危害情形，可以以加重犯罪构成中的从重、加重条件作为设置不同刑罚幅度的依据。

3. 行贿罪立法与受贿罪立法的比较

首先，从主观故意上看，行贿罪规定的是"为谋取不正当利益"，而受贿罪规定的是"为他人谋取利益"，单从"利益"与"不正当利益"的字眼来看，就可以看出行贿罪的故意范围比受贿罪要窄，二者不具有对应关系。也就是说，对于"谋取正当利益"而给予国家工作人员以财物的行为，就无

① 高铭暄主编：《刑法专论》（第 2 版），高等教育出版社 2006 年版，第 335 页。

法按照行贿罪定罪。其次，从客观行为上看，行贿罪的"给予"方式与受贿罪的"收受"方式不具有完全对应关系。比较而言，行贿罪的行为方式较为单一。再次，从刑事责任上看，行贿罪与受贿罪的处罚不具有对等性。尽管我国刑法将行贿罪与受贿罪都置于"贪污贿赂罪"一章中，但是并没有将两者以对偶的方式进行设置，而是将受贿罪的处罚与贪污罪相对应。例如，刑法第386条规定："对犯受贿罪的，根据受贿所得数额及情节，依照本法第三百八十三条的规定处罚"，这导致了立法与理论的不统一，理论上行贿罪与受贿罪是对偶犯，两者的刑事责任在同等条件下具有对等的要求。现行立法规定行贿罪刑责低于受贿罪，恐怕与行贿行为的危害性轻于受贿行为的观念不无关系，客观上侦查机关技能落后，有时需要借助行贿人的力量才能惩治受贿人。笔者认为，行贿是受贿的源头犯罪，对于行贿人主动行贿所导致的法益侵害很难说比受贿罪小。因此，较合理的设置方式是在考虑同等侵害的基础上，对等设置行贿罪与受贿罪的刑事责任。

**（二）行贿罪入罪条件的缺陷**

**1. 行贿罪范围狭窄**

我国现行刑法将行贿罪的贿赂范围限定于财物，而财产性利益（如信息贿赂、性贿赂、业绩贿赂等）没有纳入贿赂的范围。贿赂犯罪的本质是权钱交易，"钱"不仅仅是金钱这一种，而是一切与权力进行交换的利益或好处。随着社会的发展，非财产性贿赂的方式越来越普遍，并且形式更趋多样化，其隐蔽性也更不易被察觉。"不是直接提供现金，他们通常在中国雇佣代理通过其他方式提供贿赂，包括支持为孩子出国留学，安排昂贵的国外度假，当然，也有将贿赂款存在外国银行账户的。"[①] 行贿犯罪范围对非财产性利益的缺口使很多新型犯罪方式得不到应有的刑罚处罚，行贿人也更乐于用此类捷径收买国家工作人员，这无论是对维护社会秩序，还是对整治不正之风，都百害而无一利。因此，我国仅仅将"财物"作为行贿罪的内容远不能满足打击贿赂犯罪之需，也未能与《联合国反腐败公约》相衔接。

**2. 行贿行为方式单一**

许多国家的刑法对行贿罪的客观方面规定了"允诺交付"、"提议给予"、"交付"等行为，只要实施其中一个行为就构成行贿罪既遂。在2007年最高人民法院发布的《全面加强刑事大案要案审判工作》文件指出，判断受贿人是否"收受"请托人物品的因素之一是"是否实际使用"，意指与"收受"相对应的行贿罪中的"给予"应当是使别人"得到"。对行贿罪的这种"行为方式需要通过受贿人是否得到来确认"的规定显然是不合理的。比如"行贿人允诺事成后给予受贿人以财物"，按现行刑法和司法解释的规定，受贿

---

① Zhang Yan：《Multinational bribery cases on the rise》,China Daily,2014-08-01.

人可以构成受贿罪（未遂），但行贿人却由于还未给予而不构成犯罪。这无疑不利于对行贿人的处罚。

3. 行贿主观目的局限

刑法规定以"为谋取不正当利益"作为行贿犯罪的构成要件，即行贿人若"谋取正当利益"而"行贿"，就不构成行贿罪。首先，对于"不正当利益"很难有准确、统一的解释，尽管最高人民检察院和最高人民法院出台了许多司法解释，列举了很多"不正当利益"的情形，但是"不正当利益"属于规范的构成要件要素，必须结合具体事实和主观价值判断才能得出结论，加之社会现象的复杂多样决定了不可能详尽列举。因此，实践中除非属于明显的"不正当利益"，否则，很难区分正当与否。司法机关通常将此类不明确的行为做非罪处理以实现行贿人配合司法调查，证实受贿犯罪。其次，行贿行为侵害的是国家公职人员公务的廉洁性与职务的不可收买性，与是否"获取不正当利益"没有直接联系，也不应当以"为谋取不正当利益"为主观要件。从刑法第389条第2款的规定看，它也没有把"谋取不正当利益"的主观要求作为排除犯罪化的条件。

（三）行贿罪出罪条件的缺陷

1. 特别从宽条款设置不合理

我国刑法第390条第2款规定，"在案发前行贿人主动交待行贿事实，可以减轻处罚或者免除处罚"。这一特别从宽条款使行贿者陷入了"囚徒困境"，它一方面鼓励行贿者自首，打破行贿者与受贿者之间的"信任关系"，从而侦破案件，有效降低司法成本；但另一方面也导致司法机关对该制度的依赖甚至在实践中的滥用，如司法机关为了追查腐败官员，将减轻或免除处罚作为换取行贿人口供的筹码，使大量的行贿人逃过处罚。在立法上，特别自首制度要求行贿人都须进入诉讼程序，只是在量刑时可以减轻或免除处罚；而实践中检察机关往往在行贿人检举受贿人后，以不起诉的方式作为对行贿人的奖励，这不仅不利于打击腐败犯罪，而且助长了行贿者的气势。"两高"《关于办理行贿刑事案件具体应用法律若干问题的解释》对犯罪情节、数额、一般不适用缓刑和免予处罚等方面做出了明确规定，表明了在反贪污贿赂时，查处行贿行为的必要性及紧迫性。

2. 行贿罪排除性规定设置不科学

我国刑法第389条第3款规定："因被勒索给予国家工作人员以财物，没有获得不正当利益的，不是行贿。"在这排除性规定中选定了两个客观条件：（1）被勒索给予财物；（2）没有获得不正当利益。由此可以推导出："因被勒索给予国家工作人员以财物，获得不正当利益的，是行贿"及"不是因为被勒索给予财物（主动给予财物），没有获得不正当利益（获得正当利益），是行贿"。这无法与行贿罪"为谋取不正当利益，给予国家工作人员以财物的行为,是行贿"的构成要件相吻合。行贿罪中"为谋取不正当利益"是一种犯罪主观方面的规定,而排除性规定中缺乏对主观要件的否定,导致二者无法形成对应关系。笔者认为,只有行为人主观上不具备行贿的意图、客观上也不具有谋取不正当利益的行为,才能排除行贿罪。

## 三、 以对偶犯立法要求为依据行贿罪出入罪条件的选择

### (一) 对偶犯视野下行贿罪的立法定位

#### 1. 行贿罪与受贿罪的对偶关系

行贿罪与受贿罪的对偶关系不同于行贿行为与受贿行为的对偶关系,尽管立法理论上可以将两者分割规定,但分割规定可能会产生较多弊端。每一起贿赂案件都存在行贿者和受贿者,两者只有同时存在才能使"利益"与"权力"联系起来,行贿行为与受贿行为是互相对应的关系,没有受贿人的职务,行贿人便无法实现由权力带来的不正当利益;没有行贿人给付财物的行为,受贿人也无法实现以权牟钱的目的。行贿总是在前,受贿总是在后;无行贿则必无受贿,行贿与受贿是"源"与"水"的关系。因此,将两者分割规定不能从源头上遏制受贿犯罪。基于此,许多国家将行贿与受贿同罪同罚,有的国家甚至将行贿称之为"积极腐败",受贿称为"消极腐败"。① 笔者认为,一味追求对腐败官员的打击,而轻视对行贿人的追究,没有从根源上消除腐败现象,势必导致受贿犯罪屡查不绝。只有将受贿罪与行贿罪按照对偶关系予以并合处置,在立法规定上趋于一致性,才能有效遏制腐败的蔓延。

#### 2. 统一行贿与受贿的立法尺度

我国从立法到司法都相对宽纵行贿行为,其结果是导致了贿赂犯罪的恶性循环,致使"行贿、受贿"犯罪愈加猖獗,甚至到了以行贿方式"跑官"、"买官"的地步。② 因此,从行贿罪与受贿罪作为对偶犯的立场出发,笔者认为二者在立法上也应当有统一的要求,并最终实现行贿与受贿的同罚。首先,统一行贿与受贿的出入罪条件,降低行贿罪入罪门槛,如放宽行贿罪主观目的、客观行为等限制;限缩行贿罪出罪条件,合理设置从宽条款与排除性规定,使其在犯罪论层面与受贿罪相吻合。其次,在刑罚层面,改变受贿罪的处罚参照贪污罪规定的现状,对其进行独立设置并与行贿罪相对应。同等设置行贿罪与受贿罪的一般刑罚幅度,但基于受贿罪本身的严重性,可在受贿罪加重或从重处罚情节中平衡实际刑罚幅度,以体现罪刑相适应原则。

---

① 卢建平、郭健:《中国贿赂犯罪立法之缺陷与完善——以适用〈联合国反腐败公约〉为视角》,载赵秉志主编:《反腐败法治建设的国际视野——〈联合国反腐败公约〉与中国刑事法治之协调完善研究》,法律出版社 2008 年版,第 215 页。

② 屈学武:《行贿与受贿应同罪同罚》,载《检察日报》2013 年 10 月 22 日第 3 版。

**（二）行贿罪入罪条件的立法选择**

**1. 扩大"贿赂"的范围**

刑法修订，应当借鉴我国已经加入的《联合国反腐败公约》的规定，将贿赂犯罪中的"财物"改为"不正当好处"，使其涵盖"财产性利益"和"非财产性利益"。至于"不正当好处"的具体内容可以借鉴新加坡《反贿赂法》的规定，将其确定为：（1）金钱、礼物、贷款、酬金、佣金、有价证券或其他任何形式的财产或财产方面的利益，无论动产或者不动产；（2）任何公职、雇佣或者合同；（3）任何贷款、义务或其他此类债务的支付、豁免、解除或了解，无论部分或全部；（4）任何其他服务、恩惠或者此类利益，包括免除已招致的或已察觉的惩罚或资格的丧失，免除纪律性或刑事性的诉讼或指控，无论其是否已经提起；还包括权利、法定权利或职责的履行或延期履行。①

**2. 扩大行贿行为的方式**

《联合国反腐败公约》规定，贿赂行为可以分为"提议给予"、"许诺给予"、"实际给予"三种行为方式，其中"提议给予"是指行贿人为取得特定职务行为的实施或者不实施而主动向他人表示愿意提供贿赂的通知行为；"许诺给予"是指行贿人与受贿人达成了行贿受贿的协议；"实际给予"是指贿赂的实际交付。各阶段或各行为方式均可独立成罪。② 行贿人只要"提议"或"许诺"给予，都可能引诱受贿行为产生，破坏公职人员职务的廉洁性，因此借鉴《联合国反腐败公约》的规定将这三种行为都认定为犯罪手段，有利于打击案发时已获得不正当利益，但还未交付财物的行贿人。

**3. 取消"为谋取不正当利益"的立法限制**

行贿罪侵犯的客体是公职人员职务的廉洁性，因此与行贿人是否"为谋取不正当利益"没有直接关系。行为人只要试图收买公职人员手中的职权，则都应该构成行贿罪。笔者认为对于"谋取不正当利益"可以作为从重量刑情节加以考虑。

取消该客观构成要件的要素不仅有利于打击隐蔽型犯罪，而且有利于加强对受贿罪的惩罚。在"熟人社会"及"感情社会"中，行贿人运用"感情投资"，在日常交往中赠送财物联络感情，为的就是与国家工作人员保持良好关系，为日后可能求助于人做铺垫。行贿人在给付财物时并没有直接谋取不正当利益的目的，并且谋取利益与取得财物时间完全错开，因此很难认定主观上的非法目的。取消"谋取不正当利益"的要件，只要行贿人在给付财

---

① 邓崇专：《新加坡刑法对行贿罪的规制及其对我国治理"隐性腐败"的启示》，载《广西社会科学》2013 年第 11 期。

② 刘仁文、黄云波：《行贿犯罪中的"给予"应改为"提议给予、许诺给予和实际给予"》，载《人民法院报》2014 年 6 月 18 日。

物时具有"可能要求国家工作人员将来利用职权谋取利益"的主观目的即可。基于受贿罪的构成要件之一是"为他人谋取利益",并非受贿人对应的所有行贿人都构成犯罪。因此,为谋取正当利益而行贿的行贿人不构成犯罪,自然就不会出来指证受贿人,从而影响对受贿犯罪的打击。同时,在协调行贿罪与受贿罪的立法关系时,笔者认为可以采用这样的思路:即取消受贿罪"为他人谋取利益"的规定,只要受贿人非法收受财物即构成受贿罪,无论行为人是否为他人谋取利益,只要非法收受财物即侵害受贿罪所保护的职务行为的不可收买性和廉洁性。

### (三)行贿罪出罪条件的立法选择

#### 1. 重新设置特别自首条款

笔者赞同《刑法修正案(九)(草案)》严格限制对行贿人"免予处罚"的条件,即行贿人免予处罚必须具备两个条件:犯罪行为较轻并且检举揭发事实对案件侦破具有关键作用或具有重大立功表现。因此,对于一般的行贿者即使主动交待行贿事实也不能免予处罚,只能从轻或减轻处罚。这与我国刑法总则规定的自首制度相一致,对于自首的犯罪分子,可以从轻或者减轻处罚。其中,犯罪较轻的,可以免除处罚。正因为现行行贿罪特别自首制度规定的刑罚比一般自首制度轻一个幅度,从而导致行贿罪与受贿罪法定刑结构存在空隙,大量行贿罪脱逃刑事法网。

#### 2. 缩小行贿罪立法中排除性规定的范围

行贿罪的排除性规定必须同时具备"被勒索"和"不正当利益"两个条件。也就是说,排除行贿罪应当从犯罪构成的主客观因素综合考虑,即主观上不具有行贿故意、客观上不具有实施为谋取不正当利益的行为。立法在对行贿罪规定"为谋取不正当利益"的同时,规定"没有获得不正当利益",其实际上只是排除了一个客观结果,并没有排除主观要素。[①] 关于行贿罪的排除性规定,对其从构成要件主客观方面全面否定,不仅能体现我国刑法主客观相统一的要求,而且也有利于有效打击受贿犯罪。此外,这对于完善我国行贿罪内部逻辑结构以及刑法受贿罪与行贿罪的对应关系同样具有积极意义。

#### 3. 优化"污点证人"相关规定

如果说"特别自首条款"是案件调查前鼓励行贿者自首,那么"污点证人"是在案件调查中鼓励行贿人供述案件事实。污点证人"是指司法机关在追诉犯罪过程中,为取得定罪的某些关键证据,或者为了追诉更为严重的犯罪,对同案或其他案件中罪行较轻的犯罪嫌疑人或被告人作出承诺,在他们

---

① 楼伯坤:《行贿罪立法中的排除性规定》,载《国家检察官学院学报》2010 年第 4 期。

如实作证后，将减轻或免除其刑事责任的一种制度。"① 虽然实践中司法机关践行污点证人制度，但是对污点证人减轻量刑的幅度缺乏统一的具体标准，因此，必须细化相关标准，为指导司法实践提供法律依据。

综上所述，行贿罪与受贿罪作为对偶犯，在立法中必须从多方面体现二者之间的对应关系。以对偶犯的立场对行贿罪出入罪条件的完善，不仅有利于打击行贿行为，维护良好的社会秩序，而且有利于遏制受贿罪的蔓延，营造公平有序的社会环境。

下卷·六

---

① 屈新、梁松：《建立我国污点证人豁免制度的实证分析》，载《证据科学》2008 年第 16 期。

# "严惩行贿" 的法治与逻辑悖论

何荣功*

## 一、 问题的提出: 行贿罪处罚政策的转向

在理论上,行贿与受贿属于对偶犯(亦称对合犯)。两者究竟是应同等处罚还是区别对待,各国刑法立场不尽一致。[①] 新中国成立后的两部刑法典都采取的是"重受贿轻行贿"的处罚结构。1979 年刑法第 185 条第 3 款规定:"向国家工作人员行贿……处三年以下有期徒刑或者拘役。"而对于受贿罪,刑法则规定一般情况下处五年以下有期徒刑或者拘役;致使国家或者公民利益遭受严重损失的,处五年以上有期徒刑。改革开放带来了社会的快速发展,1979 年刑法关于行贿罪规定过于简单的问题很快凸显。而且,鉴于实践中行贿行为的危害越来越大,1988 年全国人大常委会通过的《关于惩治贪污罪贿赂罪的补充规定》(以下简称《补充规定》)对行贿罪的刑罚做了重大修改,[②] 即对行贿情节特别严重的,增处无期徒刑,并处没收财产。另外,为了体现对行贿的区别处罚,《补充规定》规定:"行贿人在被追诉前,主动交待行贿行为的,可以减轻处罚,或者免予刑事处罚。"现行刑法基本上沿袭了《补充规定》的条款设置,只是在刑罚方面,做了适度调整。[③]

从司法实践的做法看,过去这些年,虽然最高人民法院和最高人民检察院(以下简称"两高")也时常强调要加大惩治行贿犯罪的力度,[④] 但严惩的对象极其有限,多限于多次行贿、行贿数额巨大等场合,整体上采取的是"重受贿轻行贿"的惩治思路(或刑事政策)。党的十八大以来,新一届政府对腐败问题异常重视,中央反腐力度、深度、广度空前强化,"惩办行贿与

---

* 武汉大学法学院副教授、法学博士。

① 比如我国香港地区采取的是同等处罚的立法例,俄罗斯刑法则采取的是区别对待的立场。《联合国反腐败公约》并没有就此问题对缔约国作出统一性要求。

② 参见李淳、王尚新:《中国刑法修订的背景与适用》,法律出版社 1998 年版,第 528 页。

③ 现行刑法第 390 条规定:"对犯行贿罪的,处五年以下有期徒刑或者拘役因行贿谋取不正当利益,情节严重的,或者使国家利益遭受重大损失的,处五年以上十年以下有期徒刑;情节特别严重的,处十年以上有期徒刑或者无期徒刑,可以并处没收财产。""行贿人在被追诉前主动交待行贿行为的,可以减轻处罚或者免除处罚。"

④ 比如,1999 年最高人民法院、最高人民检察院《关于在办理受贿犯罪大要案的同时要严肃查处严重行贿分子的通知》中明确强调了严惩行贿的立场。提出对严重行贿犯罪分子,要依法严肃惩处,坚决打击。

惩办受贿并重"政策随即被提出。2014年,最高人民检察院部署打击行贿犯罪专项行动,查办行贿犯罪7827人,同比上升37.9%。2015年1至3月,全国检察机关立案侦查行贿犯罪1891人,同比上升6.1%。[1] 2015年年初,最高人民检察院曹建明检察长主持召开最高检党组会议,传达学习十八届中央纪委五次全会精神时,明确要求坚决打击行贿犯罪。4月29日,曹建明检察长在主持召开最高检党组会议时再次强调,要依法从严惩治行贿犯罪,要突出重点、集中力量重点打击情节严重、影响恶劣的个人行贿和单位行贿犯罪。特别是要严厉惩处主动行贿、多次行贿、行贿数额巨大、长期"围猎"干部的行贿犯罪。此一时期,最高人民法院也表达了同样的立场。在第十二届全国人大第三次会议上,周强院长在最高人民法院工作报告中指出:"在严厉打击受贿犯罪的同时,进一步加大对行贿犯罪的惩治力度,减少腐败犯罪。"

对于"两高"的态度转变和司法实践的近期做法,正如我国学者评价的,这些迹象都充分表明,我国最高司法机关正在调整惩治腐败犯罪的策略:从过去的"重受贿轻行贿"、"打击行贿服务于查处受贿"等政策,转变为当下的"惩办行贿与惩办受贿并重"政策。[2] 司法机关和社会上"严惩行贿"的声音不可避免地会影响最近刑法的修正,《刑法修正案(九)(草案)》规定:"行贿人在被追诉前主动交待行贿行为的,可以从轻或者减轻处罚。其中,犯罪较轻的,检举揭发行为对侦破重大案件起关键作用,或者有其他重大立功表现的,可以免除处罚。"较之于现行刑法,"草案"提升了行贿罪的处罚力度。

归纳"行贿与受贿并重处罚"政策的根据与理由,大致有以下主要方面:(1)腐败现象作为一个整体考察,大部分情况下呈现的都是行贿是"因",受贿是"果";没有行贿就没有受贿。所以,遏制贿赂犯罪必须从惩治行贿犯罪入手;行贿犯罪惩治效果之好坏,对于国家反腐大局具有至关重要的意义。[3](2)行贿免责将会导致负向激励。有的学者形象地指出,受贿与行贿,是一根藤上结出的"并蒂毒花"。对行贿与受贿同罚,既寄予了公众的公平诉求与正义期许,也体现在了司法设计中。严惩受贿却宽纵行贿,如此反腐跟开着水龙头拖地毫无两样。受贿落马,行贿免责,只会造成负向激励,也侵蚀反腐制度的肌体。[4](3)"重受贿轻行贿"政策和相关做法损害了公众的普遍道德感。反对传统"重受贿轻行贿"做法的学者认为,在当前

---

① 参见《重击权力"买方"铲除腐败土壤》,载《法制日报》2015年6月11日第005版。

② 参见苗有水:《为什么提倡"惩办行贿与惩办受贿并重"》,载《人民法院报》2015年5月8日第006版。

③ 参见苗有水:《为什么提倡"惩办行贿与惩办受贿并重"》,载《人民法院报》2015年5月8日第006版。

④ 参见《行贿免责的负向激励》,载《华西都市报》2013年5月27日。

我国市场经济条件下，行贿者多为无孔不入的"权力寻租者"，是国家肌体的腐蚀者。这些人为谋取不正当利益，先是千方百计地收买国家工作人员手中的权力，事后又"积极地"予以"检举揭发"，以求得自身解脱或从宽处罚。这是一种"背信弃义"之举。对此不义之举，我们不是予以严厉打击，而是从党纪、行政、司法等多个渠道"给政策"、"给出路"，使其轻而易举地逃脱法律制裁甚至纪律制裁，此种做法与公众普遍道德观相抵牾。（4）提倡并重处罚的论者还指出，行贿与受贿在功能上具有对向性，即双方行为主体分别实施各自的行为，两者彼此补充，相互呼应，形成统一的整体；在成罪条件上，两者具有依存性，即一方的实施或完成，以另一方的存在为条件。行受贿双方的对合关系，要求立法者对两者配置大致相当的刑罚量，也要求执法者对两者一视同仁，否则即背离了刑罚平衡理念和公平正义原则。①

如何看待贿赂犯罪刑事政策的当前转向？这种转向是否符合法治理性？这些疑问有赖于对贿赂犯罪生成机理的解读。

## 二、行贿的生成机理：基于政治哲学的解释

在笔者看来，现实社会官僚制度的宿弊、权力监督体系的扭曲和阙如以及人们合作中形成的"囚徒困境"在很大程度上催生和塑造了行贿的行为模式。简单地强调"行贿与受贿并重处罚"的刑事政策，希望以此有效遏制腐败，既偏离了事物的事理，也难以取得理想的法治效果。

1. 传统官僚体制的遗弊为行贿的发生提供了制度性基础。

对于传统官僚政治，学者孙越生先生指出，它是一种特权政治。特权政治下的政治权力，不是被用来表达人民的意志，图谋人民的利益，反而是在"国家的"或"国民的"名义下被运用来管制人民、奴役人民，以达成权势者自私自利的目的。② 随着新中国的成立，我国政治体制发生了根本性变革，传统官僚政治得以体制性纠正。从道理上讲，人民的时代绝不能容许任何特权性的官僚政治的存在。③ 但面对现实，亦如学者们所言，一切社会在某种意义上都是过去历史的产物。研究中国政治必须参照历史，因为这些历史因素笼罩着中国政治的进程。中国人的概念框架令人惊异地具有自我中心和历史特性。④ 新中国成立后，毛泽东虽然一直怀有根除中国几千年官僚政治的

---

① 参见苗有水：《为什么提倡"惩办行贿与惩办受贿并重"》，载《人民法院报》2015 年 5 月 8 日第 006 版。

② 参见孙越生：《重读王亚男著〈中国官僚政治研究〉》，载《社会科学战线》1979 年第 4 期，第 108、99~100 页。

③ 参见王亚男：《中国官僚政治研究》，中国社会科学出版社 1981 年版，第 192 页。

④ 参见［美］詹姆斯·汤森、布莱特利·沃马克：《中国政治》，顾速、董方译，江苏人民出版社 2010 年版，第 23、6 页。

美好初衷，但由于那时国家建设主要以苏联的执政模式为样板，最终出现了大规模的官僚的中央集权化，导致新中国的官僚主义比中国历史上任何时期都更广泛、更深入地渗透于整个社会。① 改革开放后，国家大力推进民主政治建设和社会主义市场经济体制改革，邓小平明确指出："进行政治体制改革的目的，总的来讲是要消除官僚主义，发展社会主义民主，调动人民和基层单位的积极性。"② 但在以经济建设为中心的国家战略下，民主和法治建设严重滞后于经济社会发展，特别是我国的经济社会发展是由政府主导的，不同于欧美国家的网络驱动模式。政府主导型的经济社会发展模式下，公权力体系庞大，国家掌握着社会重要资源及其分配机制，对经济具有决定性影响力，国家透过国有企业或与国家关系密切的企业进行运作，透过对这些企业的控制介入经济。国家政权在经济社会发展中具有中心地位，如确定经济优先发展方向和目标，引领经济体制向符合市场需求的方向发展。③ 而且，在众多的社会经济领域，政府等公权力机关拥有市场准入权、审批权和资源分配处置权，社会主体对很多社会经济资源尤其是稀缺性资源并非可以通过自由市场竞争获取，大多只能依赖国家公权力机关的配置和审批。

　　政府主导的经济社会发展模式当然具有优越的方面，该体制下政府强势和集中高效，可以有效地动员社会资源，保证符合国家利益的战略和政策得以高效执行，该模式很快促成了一个世界第二大经济体的形成。但犹如任何事物都有正反两面性，政府主导经济社会发展模式也存在明显的弊端。该模式具有浓厚的政府管理色彩，本质上是一种自上而下的管理型社会经济发展模式。人作为世界上最纠结利益的动物，其行为具有强烈的趋利性特征。常言道："机会产生意念，意念催生欲望，欲望引起行动"，在公权力机关握有巨大资源分配和缺乏有效监督的体系下，在官民关系尚存在很多不平等现象的政治结构中，社会主体必然挖空心思地寻求与权力接近并谄媚权力的机会，向公权力机关行贿，便在所难免。

　　2. 民主监督机制的阙如为行贿发生提供了现实条件。

　　如果认为自上而下的管理型经济社会发展模式为行贿发生提供了体制性便利或可能性，那么，政治实践中政府等公权力机关缺乏来自民众权利的有效监督，则使得行贿发生由可能变为现实。④

　　行贿是人在获取社会资源时的一种行为抉择，其中反映着行为人的需求

---

① 转引自张兴国、张兴祥：《再论王亚南的中国官僚政治研究》，载《政治学研究》2007年第3期，第124页。
② 《邓小平文选》（第三卷），人民出版社2001年版，第177页。
③ 王辉耀：《中国模式的特点、挑战及展望》，载《中国市场》2010年第16期，第9页。
④ ［美］亚伯拉罕·马斯洛：《动机与人格》，许金声译，中国人民大学出版社2012年版，第1、9页。

和动机。经济学中的激励理论认为，不论是个体还是社会，我们做出任何选择取决于我们的偏好。但是，对于决定我们生产和消费具有同样重要作用的因素是激励。如果一个因素影响了我们选择，那它就是一种激励。有的激励是市场的一部分，如价格，其他激励则来自于施加的外部力量。[①] 人作为需求性动物，不仅在经济领域其行为需要激励，在政治活动场合，人的行为同样需要激励。政府（广义的概念，系泛指国家公权力机关）是由一个个活生生公民组成的有机集合体，政府的行为（实际表现为政府公务人员的行为）同样需要激励，只是政府作为公共利益的代表者，与直接市场交易主体不同，民主社会对政府行为的激励机制并非来自于直接的利益诱惑，主要靠的是对权力的制约监督。政府主导的经济社会发展模式虽然为行贿的发生提供了制度性便利，但任何便利或可能性只有在具备现实土壤时才可以生长发育。所以，我们绝不能武断地认为政府主导经济社会发展模式注定会带来行贿行为的猖獗与泛滥。而且，实践证明，采取政府主导经济社会发展模式的日本、韩国和新加坡等国，政府同样保持了高度清廉洁净。所以，决定两者之间关系的还有一个重要变量，即作为资源分配主体的权力能否很好地自我节制或是否存在有效的外部监督激励机制。

归纳现代民主国家对公权力机关监督激励机制的形态，大体上可以分为内外两种，即公权力机关自身的洁身自好、自我节制和来自公权力机关外部的约束。前者的关键是要建立"贤能政府"，后者涉及权力有效监督的问题。若从我国宪法的原则性规定看，国家早已彻底摒弃了贤人政治体制，宪法明确规定："中华人民共和国的一切权力属于人民"。"人民依照法律规定，通过各种途径和形式，管理国家事务，管理经济和文化事业，管理社会事务。"随着国家强调推进治理体系和能力现代化，"将权力关进笼子"的观念也日渐深入人心。而且，在现实政治实践中，也不能说我国没有建立对各级政府或官员的行之有效的监督激励机制，在很多方面，现有的对政府的监督激励机制不少是相当高强度的，甚至是扭曲性的，比如弥漫于社会各个环节的绩效考核文化，大的方面如国家和各级政府对 GDP（国内生产总值）的要求，细微的地方如公安机关以逮捕罪犯的数量来考核警察的业绩，各级教育管理部门以教师或科研人员发表论文或取得项目研究资金作为工作考核根据等。但现实社会既有的五花八门的监督激励机制带有明显的"自上而下"的特征，实践中是通过"上级压下级，一级压一级"的方式运转的，本质上仍然是国家实现社会管理的途径，更多属于权力体系内高层次权力机构对下级权力机构的单方面要求，这种自上而下的管理型监督体系大大排挤了民主社会

---

① ［美］罗伯特·C. 盖尔：《经济学：基本原理与热点问题》，邹薇等译，武汉大学出版社2007年版，第7~8页。

公民对政府应有的"权力"。如果民众不能对官员的行为形成有效监督，官员的官僚主义作风势必盛行，就会造成官强民弱的倒挂体制。而且，权力的行使总是伴随着任性与傲慢，权力过大或者臃肿的官僚机构都会倾向于低效率和抗拒变革，① 在法律规定当为或应为的事项中，公权力机关往往倾向于拖沓和低效率。激励理论有一个重要的结论：如果你不能监督他（政府或官员），就只能"贿赂"他。② 其中，就包括使用刑法规定的行贿这一非法手段。

3. 制度运行中民众合作的"囚徒困境"助长了行贿的发生。

"囚徒困境"是人们在合作中出现的个体理性与集体理性以及行为选择时事前理性与事后理性不一致的情形。经济学理论一般是这样简洁地展示囚徒困境形成原理的。一个由 A 和 B 组成的社会中，在每一活动中，A 和 B 都可以选择合作，也可以都选择不合作。如果双方合作，每人都能够分享合作的红利，如果两人都不合作，两者就会陷入霍布斯所谓的人与人战争状态，那么，两人都会损失。如果一人选择合作，另外一人选择不合作，则选择合作的一方就会吃亏，选择不合作的一方就会受益最大。从两个人利益总量即所谓的集体利益看，无疑 A 与 B 选择合作是最优的。但是，如果 A 和 B 在行为时都只是考虑自己利益最大化，这一最优的结果就不会出现。③ 而人的自私本性决定了，若没有制度保证，A 与 B 都会倾向于作出自己利益最大化的行为选择（即基于个体理性的选择），对于社会来说，这将是最糟糕的结果（即不可能出现集体理性）。为了解决人类合作方面的"囚徒困境"，康德曾这样设想制定社会制度："一群有理性的生物为了保存自己而在一起要求普遍的法律，但是他们每个人又秘密地倾向于把自己除外；他们应该是这样的安排建立他们的制度，以至于尽管他们自己私下的心愿是彼此相反的，却又如此之彼此防范这一点，从而在他们的公开行动中其结果又恰好正像他们并没有任何这类恶劣的心愿一样。"④ 我国著名经济学家张维迎教授写道："法律和社会规范第一个功能是提供激励，诱导人们相互合作……我们知道，社会合作面临的重要问题是囚徒困境所导致的个体理性和集体理性的矛盾。在这种情况下，法律和社会规范可以通过改变博弈的支付结构，为人们提供一种激励，使得个人效率和社会效率保持一致，从而实现帕累托最优。"

从逻辑上讲，人类社会有合作的地方，就会发生"囚徒困境"。民主政治的初衷是人民联合起来监督政府以保证政府为人民服务，避免政府与人民

---

① ［美］詹姆斯·汤森、布莱特利·沃马克：《中国政治》，顾速、董方译，江苏人民出版社2010年版，第6页。

② 张维迎：《博弈与社会》，北京大学出版社2013年版，第290页。

③ 张维迎：《博弈与社会》，北京大学出版社2013年版，第6～7页。

④ 转引自张维迎：《理念的力量》，西北大学出版社2014年版，第25～26页。

之间合作的难题，但吊诡的是，现实政治中，民众在很多场合，不是团结起来制约和监督政府，相反，却在私下恶斗，互相恶性竞争，结果使得民主制度的效能大大削弱。如果一种制度能够保证，对于每个人来说，事前的理性选择也是事后理性的选择，我们就可以大大缓解"囚徒困境"的问题。但是，当下民主政治的实践在我国仍处于生长和完善中，我们距离现代民主政治和自由市场经济还有较远的路要走。在政府主导经济和社会发展模式下，政府等公权力机关除了具有优越强势地位外，还没有建立完善透明的行政程序和制度，民众无法形成对决策公正性的信赖。在人性欲望的支配下，每个主体为了最大限度地攫取自己的利益，都会难以避免陷入"囚徒困境"的行为选择模式，甚至不惜采用向官员行贿这种非法的方式。在经济学上，信息对称被认为可以在很大程度上缓解"囚徒困境"这一人类合作中的尴尬，因为一个公正透明的法律程序，不仅可以保证决策主体增加或最大限度地做出公正的决定，① 也可以大大排除对决策主体的不信赖和民众之间不合作的可能性。但在我国当下"一心向上"的官僚体系下，在国家公权力机关行为缺乏完善程序规范和国家尚没有形成严密的维持合作的事后惩罚规则的情况下，行贿注定是个很难得到满意解决的问题。

## 三、"严惩行贿" 的法治风险

对于法律的制定，正如孟德斯鸠所言："要特别注意法律应如何构想，以免法律和事物的性质相违背"，② 以上分析可见，行贿在我国普遍具有体制性基础。在当下具有塑造行贿行为模式的经济社会体制下，国家如果不直面问题，不把对腐败问题治理的重点集中于既有制度的改良与完善，而是将矛盾的焦点转移，无疑是"鸵鸟心态"的做法。而且，实践中一旦过度强调"行贿受贿并重处罚"的刑事政策，还可能导致以下方面问题：

第一，转移国家治理腐败的中心。很明显，新一届政府为惩罚腐败倾注了良苦用心，针对性地提出了种种新的惩治思路。如强调"反腐永远在路上"，坚持"老虎苍蝇一起打"，提出治理腐败，要重视"减存量、遏增量"，要注重机制建设，形成"不敢腐、不能腐、不想腐"的体制机制和政治氛围。在盛赞过去这段时间国家反腐成绩的同时，我们不能忽视的客观事实是，当前的反腐仍然难脱"运动式"治理的色彩。人的精力是有限的，所以，做事总需专注，避免三心二意。国家的司法资源也同样是有限的，应当尽可能将有限的社会资源集中于最需要解决的社会问题和问题的最核心部分。运动式治理最大的弊端在于对社会问题的解决具有即时性、间歇性特点，属于表

---

① 参见（英）尼尔·麦考密克、奥塔·魏因贝格尔：《制度法论》，周叶谦译，中国政法大学出版社 2004 年版，第 262 页。

② ［法］孟德斯鸠：《论法的精神》（下），商务印书馆 2002 年版，第 300 页。

面化社会治理方式，难以彻底解决问题，最终导致的是社会资源的低效率配置使用。既然受贿是权力腐败的核心所在，国家应当将治理的视线集中于对该问题的解决上，当前提出的"行贿与受贿并重处罚"的政策，如果把握不好，将会导致有限的司法资源和社会对腐败的关注转移至处理行贿问题上。这种偏移问题中心的做法，将分散国家反腐合力，最终影响反腐的效果。

第二，引起刑法适用的道义难题。法律必须具有德行，法律若离开了公众舆论的支持，将是丝毫没有力量的。但问题的关键还在于，任何东西配称为德行的，必须是一种善或正义。正所谓"金钱买来的忠诚一定会被金钱所收买"，事前行为人为了谋取利益，阿谀奉承，想尽办法收买接近权力，一旦东窗事发，出于自保本能和争取法律的宽大处理，又"积极地"对官员的行为"检举揭发"，这类现象很难简单地评价为属于背信弃义之举。因为缺乏道德和善良的行为，没有褒奖为"义举"的正当性。如果现实社会的国家权力构架本身置行贿者于"求人"的尴尬和宿命境地，如果行贿与受贿双方对贿赂发生的因果存在重大差别，国家对此不仅不从制度的层面积极化解，反而在司法政策上同等看待，这种简单化的做法，才真正有不道义之嫌。

第三，弱化宽严相济的刑事政策的执行。宽严相济刑事政策的提出是我国刑事政策走向现代化的重要标志。宽严相济刑事政策要求国家在处理犯罪问题上要坚持区别对待的原则。从逻辑上讲，任何类型的犯罪，由于具体情形复杂多样，都会存在适用宽严相济刑事政策的余地。"重受贿轻行贿"的处罚策略体现了区别对待的思想，与宽严相济的刑事政策实质是切合的。如果罔顾事理，在严惩腐败的名义下，突兀地改采并重处罚的策略，将导致宽严相济的刑事政策在贿赂犯罪中的适用空间受到排挤。

## 四、 结论及其对《刑法修正案（九）（草案）》 的简评

刑法的目的是除非去恶，禁民为非，维护正义。国家刑事政策制定事关刑法的方向和国家司法资源的调整与分配，必须是基于缜密的理性分析，不能冲动无立场。回顾过去一个时期国家对腐败犯罪的刑事政策，虽然整体上秉持的是严惩立场，但政策具体适用中却明显具有运动式、漂移性。常言道，勿忘初心，久久为功。对于腐败的治理必须厘清针对问题，专心致志，任何忽左忽右的漂移立场都将削弱国家刑事政策应有之效能。腐败是官僚政治的痼疾，是权力扭曲变性的结果，解决权力腐败问题的关键在于从体制上颠覆传统官僚政治的弊端，加强对公权力的监督，建设法治国家，这是国家反腐战略和刑事政策永远不能忘记的"初心"。偏移问题的中心而在权力的周围"打打杀杀"，对于解决腐败而言，是空虚无补的。

当下，国家刑事立法仍然在为有效解决腐败问题而挖空心思。《刑法修正案（九）（草案）》关于贿赂犯罪的修改已基本定型。对于行贿罪，《草

案》第 41 条规定:"对犯行贿罪的,处五年以下有期徒刑或者拘役,并处罚金;因行贿谋取不正当利益,情节严重的,或者使国家利益遭受重大损失的,处五年以上十年以下有期徒刑,并处罚金;情节特别严重的,或者使国家利益遭受特别重大损失的,处十年以上有期徒刑或者无期徒刑,并处罚金或者没收财产。""行贿人在被追诉前主动交待行贿行为的,可以从轻或者减轻处罚。其中,犯罪较轻的,检举揭发行为对侦破重大案件起关键作用,或者有其他重大立功表现的,可以免除处罚。"很明显,《草案》对于行贿行为的处罚力度呈现向前跃步的倾向,但整体上看,仍然采取的是"重受贿轻行贿"的立法结构,所以,单就立法而言,尚可妥协性接受。但我们必须警惕"严惩行贿"思想和政策在立法和司法实践中的进一步膨胀(尤其在后者领域)。立法抑或司法将惩治贿赂的中心转移至(或包括)行贿行为,是不明智的。

# 行贿犯罪刑罚体系完善研究

聂立泽* 高 猛**

行贿罪是受贿犯罪的重要诱因，在我国整个罪名体系中占有重要的地位。能否实现对行贿犯罪的有效预防，直接关系到我国廉政建设的发展进程。面对我国当前行贿犯罪高发的现状，如何从完善刑罚体系角度来实现对行贿犯罪的有效预防，无疑是目前刑法学研究的重要课题。鉴此，笔者拟结合对行贿犯罪刑事政策的理解，进一步思考我国行贿犯罪刑罚体系完善的合理方向。

## 一、 行贿罪刑事政策的评析

### （一）对现有行贿罪刑事政策的展开

刑事政策是指基于我国国情和犯罪状况制定或运用的刑法对策。采用何种刑事政策来指引我国的刑事立法，通常对我国的刑事法治建设发挥着举足轻重的作用。关于行贿罪的刑事政策，我国学者经历了长期的讨论，产生了对行贿罪刑事政策的诸多理解。整合当今学界盛行"关于行贿罪犯罪圈的打击范围以及对犯罪人适用刑罚的幅度"的学说，可大致归结为以下两种：特殊宽宥的刑事政策与严密行贿罪法网的刑事政策。究竟以何种刑事政策作为指引，来完善我国行贿犯罪刑罚体系，仍然需要我们对上述刑事政策作进一步分析。

1. 行贿罪的特殊宽宥政策。其主要表现为"不严不厉"（非犯罪化）刑事政策，"不严不厉"是指基于打破行贿人与受贿人之间"攻守同盟"的需要，通过鼓励行贿人揭发受贿人的方式，遏制贿赂犯罪。① 此种主张以人性为出发点，从博弈论的角度探寻解决贿赂犯罪的方案。其方法固然新颖，然而是否可行却是留有疑问的。行贿行为本身作为一种通过给付一定利益的方式，诱使享有特定职权的主体放弃其应有品格的行为，将其纳入刑法的规制范围，存在其独有的价值，这种价值并不依赖于与行贿行为相对应的受贿行为具有多高的社会危害性。换言之，行贿行为自身所具有的社会危害性，决定其纳入刑法规制范围的必要性。如果我们通过以"行贿行为非犯罪化"的方式，实现对受贿罪的有效防控，则行贿行为自身所面临的刑法空白又如何

---

* 中山大学法学院副教授。

** 中山大学法学院研究生。

① 姜涛：《废除行贿罪之思考》，载《法商研究》2015 年第 3 期。

填补呢？进一步而论，如果将行贿行为予以非犯罪化，那么由于行贿行为违法成本的降低必然带来行贿行为的泛滥。

2. 严密行贿罪法网的刑事政策。其可以表现为"又严又厉"与"严而不厉"两种具体的刑事对策。

"又严又厉"的刑事政策，是指通过严密法网和保持行贿罪在刑罚上的威慑力的方式来规制贿赂行为，以惩罚犯罪与预防犯罪。[①] 此说以我国贿赂犯罪的高发态势为出发点，强调以严密的刑事法网和具有威慑力的刑罚制裁手段来应对贿赂犯罪。此说固然具有一定的现实意义，但忽视行贿行为产生的非意志因素，将刑罚作为遏制犯罪发生的唯一手段并不可取。原因在于，当一个社会制度中的政治因素、经济因素、传统文化因素共同促使某一种危害行为发生时，行为主体实施此种行为所具有的意志自由程度并不高，对这种行为设置一个较高的法定刑以应对这种行为的高发态势，往往意味着人的自由丧失，刑事政策越过了刑法的藩篱。行贿犯罪的高发，不仅仅是作为社会主体操守的丧失，中国传承千年的"官本位"思想、转型中的中国利益结构与社会权力结构的变动都是促成行贿犯罪高发之原因。[②] 摒弃这些因素，将诱发行为产生之因素完全归因于行贿主体意识的偏差并为之设置较高的法定刑，并不符合责任主义要求，明显违背罪责刑相适应刑法基本原则。

"严而不厉"是指通过"严密的法网"和"轻缓的刑罚制度"实现对行贿犯罪的有效规制。[③] 这种刑事政策最初由储槐植先生基于对 20 世纪 80 年代"厉而不严"刑事政策的反思而提出。主张取消苛厉的刑罚并在一定程度上以罚金刑取代自由刑的地位。[④] 在笔者看来，此种学说相对于我国 20 世纪 80 年代"严打"时期的刑事政策无疑是一种进步，但对于行贿罪刑罚轻缓化的程度问题，则应当考虑行贿罪犯罪预防的需要，不可一味主张刑罚的轻缓化，否则刑罚所具有的犯罪预防功能将会大打折扣。如有学者认为，在发展中国家，罪刑法定、罪责相当是构建现代型法制社会时期的基本法治理念，报应主义的诉求决定了不能一味采用宽缓的刑罚来应对腐败犯罪。[⑤]

## （二）行贿罪刑事政策的价值取向——科学的刑罚阶梯

刑法是刑事政策不可逾越的藩篱，当某一种具有严重社会危害或具有重大社会风险的行为发生时，无论这种行为具有多么强烈的一般预防与特殊预

---

① 孙国祥：《我国惩治贪污贿赂犯罪刑事政策模式的必然选择》，载《法商研究》2010 年第 5 期。

② 林喆、马长生、蔡雪冰：《腐败犯罪学研究》，北京大学出版社 2002 年版，第 169～197、314～315 页。

③ 文东福：《刑事政策视野中的行贿罪》，载《中国刑事法杂志》2004 年第 4 期。

④ 储槐植：《刑事一体化论要》，北京大学出版社 2007 年版，第 61～67 页。

⑤ 孙国祥：《我国惩治贪污贿赂犯罪刑事政策模式的必然选择》，载《法商研究》2010 年第 5 期。

防的必要性，行为本身的罪责都是刑罚所不能超越的界限，当刑罚超越了这道界限时，"人"便成了维护社会利益的工具，这与法的人道主义精神以及人类的伦理规范都是不相容的。例如，德国学者罗克辛教授主张："刑罚是为特殊和一般预防服务的。刑罚在其严厉程度上是由罪责的程度限制的，并且，只要根据特殊预防的考虑认为是必要的，同时，根据一般预防的考虑也不反对，那么就可以不达到罪责的程度"。①

如果我们承认罪责为刑罚的严厉程度设置了限制，那么似乎"厉"与"不厉"的主张没有太大的区别了。"厉"与"不厉"仅仅是对犯罪预防必要性的不同理解，准确适用刑罚是二者共同的价值追求。这不仅意味着刑罚的必定性与确定性，同时也意味着"不打乱其（指刑罚阶梯——笔者注）次序，不使最高一级的犯罪受到最低的处罚"。② 因此，对于行贿罪的刑罚完善，我们所要探求的并不是刑罚本身的轻缓与苛厉，而是根据各种行贿行为的罪责与犯罪预防的需要，探寻最为妥当的刑种与刑度。

基于上述分析，理清行贿罪罪责与预防目的的脉络，为行贿罪设置科学的刑罚阶梯，准确评价各种不同危害程度的行贿行为，是对行贿罪刑事立法完善的重要指引。

## 二、 行贿罪量刑情节与刑罚设置问题分析

关于行贿罪的刑罚设置，我国有学者认为，出于严密反腐败刑事法网的刑事政策，根据刑法面前人人平等原则，应当建立一元制的反腐败罪名体系——"仅仅以犯罪行为作为立法的关注点，对于同一行为……定罪量刑的结论都是相同的"。③

笔者并不赞同这种行贿罪立法完善思路。首先，明确性是罪刑法定原则的基本要求，于行贿罪定罪量刑而言，主体、动机、对象、结果等要素对行贿罪的准确定罪量刑具有重要作用。将此类要素排除于具体行贿犯罪的考察范围，行贿犯罪必然成为一种具有高度概括性的罪名。这样的立法策略与罪刑法定原则的明确性要求并不吻合。其次，刑法面前人人平等原则要求对于同种行为不宜因犯罪主体的身份高低，而给予不同的刑罚处遇，做到同等情形的同等处罚与不同情形的区别对待。在行贿罪中，行为外观的近似并不意味着行为之间具有相同的社会危害性，对于具有不同社会危害性的行为做出相同的刑法评价，不利于准确评价行为人的刑事责任。例如，行贿罪与对非国家工作人员的行贿罪侵害的法益并不相同，其所具有的社会危害性也不相

① ［德］罗克辛：《德国刑法总论》（第一卷），王世洲译，北京大学出版社 2005 年版，第 50 页。
② ［意］贝卡里亚：《论犯罪与刑罚》，黄风译，中国法制出版社 2005 年版，第 72、81 页。
③ 于志刚：《中国反腐败刑事法网的编制历程与改革思路》，载《中州学刊》2011 年第 3 期。

同。若仅仅因为二者均是行贿行为而为其设置相同的法定刑，则无法实现罪刑相称。由此可见，采用一元制的罪名体系，将"行为"作为行贿罪刑事立法的关注点，而摒弃动机、对象等影响量刑的因素的考虑不利于准确评价行贿犯罪。

笔者认为，对于行贿罪的刑罚体系完善，应当在二元制罪名体系下，将各种主客观要素纳入行贿犯罪定罪量刑的考虑范围。在下文中，笔者拟通过对行贿罪的目的、行为对象、共犯作用进行分析来寻找行贿犯罪法定刑设置的合理方向。

**（一）行贿罪法定刑的设置与"犯罪目的"的考量**

犯罪目的是指犯罪人主观上通过实施犯罪行为达到某种危害结果的希望或追求。在行贿罪中，行贿人的犯罪目的往往对行贿人的定罪与量刑发挥着举足轻重的作用。

于行贿罪而言，谋取不正当利益是所有行贿犯罪共同的犯罪目的。但在自然人行贿与单位行贿的场合，行为人所持有的犯罪目的却有所差异。在自然人行贿的场合下，行为人出于"利己"的目的而实施行贿行为；在单位行贿的场合下，单位的直接责任人员出于"为了单位利益"而实施行贿行为，这种犯罪目的本身蕴含着"利他"的意思。比较这两种犯罪目的，我们不难发现，自然人行贿的"利己"目的比单位直接责任人员的"利他"目的具有更深的主观恶性，也具有更高的可归责性。或许正是基于此种原因，在我国现行刑法中，自然人行贿的最高法定刑（无期徒刑）高于单位行贿的最高法定刑（5 年有期徒刑）。

然而这样的刑罚设置是否合理呢？[①] 笔者认为，虽然存在"利他"目的的行贿行为具有较低的刑罚处罚必要性，然而当"利他"目的服从于"利己"目的时，却并不意味着持有此种"利他"目的的行为人具有较低的人格危险性。在单位行贿的场合下，单位的利益背后往往承载着国家税费、员工待遇、股东红利、单位债权人利益等多重利益，为单位谋取利益的目的的行贿行为背后通常蕴含着为他人谋取利益的目的。然而在部分单位主体中，单位利益与自然人利益存在着紧密的关联，行为人"为了单位利益"而行贿往往出于"为自身谋取利益"的目的。例如，在成员极少的有限责任公司中，单位利益结构可能非常简单，仅仅包括国家税费与出资人的利益。出资人出于为公司谋取利益的目的而实施行贿行为时，可能更多的是考虑出资人自身的利益，而较少考虑他人的利益。因此，同自然人行贿罪相比，这种间接为

---

① 在笔者所整理的 137 个双罚制单位犯罪罪名中，单位直接责任人员的法定刑低于相对应罪名的自然人犯罪的法定刑的罪名有 24 个，而其中的 13 个罪名致使取消了单位直接责任人员的财产刑。除去单位受贿罪与单位行贿罪，其他 9 个罪名中，单位直接责任人员的法定刑与相对应罪名的自然人犯罪法定刑差异不大。

自身谋利的行为同样具有很高的可归责性,持有此种目的的行为人所受到的刑罚处遇不宜过度低于自然人行贿罪的刑罚处遇。

## (二)行贿对象与行贿罪法定刑的设置

在大陆法系刑法中,行为对象是指犯罪行为所直接作用或指向的人或物,通常行为作用于不同的行为对象会导致对不同法益的侵害。这种理解同样能够为行贿犯罪刑罚体系的完善提供指引。在行贿犯罪中,行为人针对国家工作人员实施贿赂,其所侵害的法益为"国家工作人员职务行为的不可收买性";行为人对非国家工作人员实施贿赂,其所侵害的法益可以被表述为"非国家工作人员职务的不可交换性"。对比两种法益,国家公职人员的职权对应于国家资源、社会资源的管理权限,"国家公职人员职务行为的不可收买性"的丧失,其后果是国家资源、社会资源管理秩序的损害;与之相对,非国家工作人员的职务权限对应于公司、企业等单位的自有利益,非国家工作人员职务行为不可收买性的丧失,通常只会带来公司、企业等自有利益的不当处置。故而,对比行贿罪和对非国家工作人员行贿罪,在同等的条件下,对国家工作人员行贿行为具有更大的社会危害性。而以犯罪预防为出发点,这种行为也具有更强的刑罚处罚必要性。

对照我国现行的行贿罪刑法条文,虽然这种主张在刑法第164条、第390条所规定的"个人行贿犯罪"的最高法定刑中能够得以体现,但在单位行贿犯罪以及行贿犯罪财产刑设置上,这种主张却未得到充分的贯彻。首先,就单位行贿犯罪而言,当单位主体实施对非国家工作人员行贿罪时,单位直接责任人员最高法定刑为10年有期徒刑;但当单位主体对国家工作人员进行贿赂时,单位直接责任人员最高法定刑为5年有期徒刑。在立法技术上,这种为较高一级的犯罪规定较低一级的刑罚的法律规定,并不符合刑罚设置的基本逻辑。其次,于财产刑而言,我国刑法关于"个人行贿犯罪"均规定有财产刑。如对非国家工作人员行贿罪中的罚金刑,以及行贿罪中的没收财产刑。然而分析两种刑罚的执行方式,我们不难发现"罚金刑"的严厉程度并不弱于"没收财产刑"。[①] 在个人行贿的场合,行贿罪所规定的"没收财产刑"与对非国家工作人员行贿罪所规定的"罚金刑"之间,无法形成明确的刑罚位阶关系。

## (三)"为行贿人介绍贿赂"之行为的刑罚定位

在我国现行刑法中,"为行贿人介绍贿赂"具有双重的行为属性:介绍贿赂行为属性与行贿罪共犯行为属性。通常基于罪刑法定原则的明确性要求,应当将"为行贿人介绍贿赂"之行为认定为介绍贿赂罪。然而依照我国刑法

---

① 罚金刑依照犯罪人的犯罪情节而设定,不以犯罪人现有财产为限。即使犯罪人不能一次或分期缴纳,在人民法院发现犯罪人有可供执行的财产时,也可以随时强制缴纳。故而,没收财产刑的严厉程度并不必然高于罚金刑的严厉程度。

第392条之规定，介绍贿赂罪的最高法定刑为三年有期徒刑。在此种量刑幅度内能否实现对"为行贿人介绍贿赂"行为的有效规制，以及该罪的刑罚设置是否科学，仍然留有疑问。

其一，"为行贿人介绍贿赂"具有行贿罪共犯的行为属性。依照刑法理论，共犯均以其在共同犯罪中所发挥的作用承担刑事责任。如果某种帮助行为对行贿者的实行行为的促进十分明显，则帮助行为具有更高的刑罚处罚必要，反之则这种必要性降低。于"为行贿人介绍贿赂"而言，其行为方式多种多样，具有不同层次的社会危害性。诸如为行贿人介绍贿赂金额极大、为行贿人介绍贿赂收取中介费①等情形所具有的社会危害非三年有期徒刑可当其罪。

其二，在我国现行刑法中，介绍贿赂罪仅指向国家工作人员介绍贿赂的情形。诸如向非国家工作人员介绍贿赂、向外国公职人员介绍贿赂、向单位介绍贿赂等情形并未规定有单独的罪名，而对此类行为所进行的定罪量刑则通常需要依照对非国家工作人员行贿罪、单位行贿罪的法律规定。对比法定刑，介绍贿赂罪具有更高的刑罚处罚必要，然而其法定刑（三年有期徒刑）却低于向非国家工作人员行贿罪的法定刑（十年有期徒刑）以及单位行贿罪的法定刑（五年有期徒刑）。这并不合理，受限于介绍贿赂罪的刑罚尺度，"为行贿人介绍贿赂"的行为之恶无法准确丈量。

故而，无论基于"为行贿人介绍贿赂"自身的社会危害性，还是基于介绍贿赂罪与其他相关罪名法定刑的对比，介绍贿赂罪的刑罚设置尚需进一步完善。

## 三、 行贿罪刑罚立法完善建议

根据上文分析，对行贿犯罪的刑罚完善问题提出如下几点具体建议：

### （一）单位行贿罪法定刑的升高

目前，我国刑法规定单位行贿罪的最高法定刑为五年有期徒刑，单位对非国家工作人员行贿罪的最高法定刑为十年有期徒刑，而自然人行贿罪的最高法定刑为无期徒刑。为了实现单位行贿罪刑罚的紧密衔接，笔者主张为单位行贿罪设置十年以上有期徒刑的最高法定刑。其理由如下：

其一，在单位行贿的场合，单位直接责任人员的主观目的并不单一，通常具有为了单位利益的目的，但这种目的往往与"为自身谋取利益"并存。例如，享有公司利益的大股东，为了单位利益所做出的犯罪决策，往往具备

---

① 关于为行贿人介绍贿赂的同时收取中介费的情形如何认定，在我国刑法理论与实践中仍有疑问，然而将此类行为作为介绍贿赂罪也并不鲜见。例如，中国裁判文书网：《李某甲介绍贿赂案》，http://www.court.gov.cn/zgcpwsw/sx/sxsjzszjrmfy/xyxrmfy/xs/201411/t20141105_3903372.htm 最后访问时间2015-06-25。

为单位谋利与为自身谋利的双重属性。当单位责任人员与单位利益存在极为紧密的联系时，刑法并不应当给予单位直接责任人员过低的刑法评价。故此，以犯罪预防为出发点，应当提升单位行贿罪中直接责任人员的法定刑。

其二，对国家工作人员行贿属于对"国家工作人员职务行为不可收买性"的侵害，对非国家工作人员行贿罪通常仅仅是对"非国家工作人员职务行为不可收买性"的侵害。二者相比，对国家工作人员的行贿行为具有更高的刑罚处罚必要性。而只有依照社会危害程度的不同，为单位对非国家工作人员行贿罪的最高法定刑（现为十年有期徒刑）与单位行贿罪（对公职人员行贿）的最高法定刑（现为五年有期徒刑）规定刑罚上的位阶关系，方能符合准确评价单位行贿罪的刑事责任。

此外，从揭开法人面纱的视角来看，对单位犯罪中责任人员的刑罚设置也不宜过低。根据全国人大常委会《关于〈中华人民共和国刑法〉第三十条的解释》，"公司、企业、事业单位、机关、团体等单位实施刑法规定的危害社会的行为，刑法分则和其他法律未规定追究单位的刑事责任的，对组织、策划、实施该危害社会行为的人依法追究刑事责任。"对单位实施的严重危害行为，如果刑法规范中尚未规定为单位犯罪的，径行追究有关责任人员的刑事责任。这就表明，单位犯罪中的责任人员的刑事责任与自然人单独犯此罪的刑事责任并没有实质性的差异。推而广之，单位行贿与自然人行贿的法定刑差距过大，并不妥当。

### （二）行贿罪罚金刑的重构

"罚金刑"具有贪利人格矫正与短期自由刑替代的双重刑罚功能。[1] 于行贿罪而言，很多学者主张在立法上扩大罚金刑的适用范围。[2] 这种主张在对非国家工作人员行贿罪中得以体现，但在对国家工作人员行贿罪中，却未被采纳。这种法定刑设置方式是否合理？笔者认为，于罚金刑贪利人格的矫正功能而言，在行贿罪中，行为人所谋取的利益可以表现为财产利益，也可以表现为一定的非财产性竞争优势等。于前者而言，用罚金刑矫正行贿人贪图财产利益的人格，并不超出罚金刑的一般功能；而于后者，罚金刑能否发挥人格矫正的作用，则尚有疑问。于自由刑替代功能而言，在我国现行刑法中，"行贿人在被追诉前主动交待行贿行为的"，通常可以作为一种减轻、免除行为人刑事责任的法定情节。然而减轻、免除处罚更多的是为了有效侦破贿赂案件而采用的一种博弈手段，过分使用并不可取，而运用罚金刑替代一部分自由刑，则能够更好地发挥犯罪预防功能。

基于上述分析，笔者认为，应当对行贿罪的犯罪意图加以区分，对谋取

---

① 张明楷：《外国刑法纲要》，清华大学出版社 2007 年版，第 389~390 页。

② 李辰：《行贿犯罪研究》，中国政法大学出版社 2013 年版，第 166 页；董桂文：《行贿罪量刑规制的实证分析》，载《法学》2013 年第 1 期。

财产性利益的行贿行为规定罚金刑；对谋取非财产性竞争优势的行贿行为，不予规定罚金刑，但可考虑资格刑的设置。当行贿人在被追诉前主动交待行贿行为的，可以采用罚金刑替代部分自由刑，而并非一味地"减轻"、"免除"刑罚。

### （三）帮助型行贿罪的刑罚设置

关于介绍贿赂罪在我国刑罚体系中的地位，很多学者主张"取消论"，认为介绍贿赂行为本身就是行贿罪、受贿罪的共犯行为，将"为行贿人介绍贿赂"认定为行贿罪的共犯更加有利于完整评价行贿人的刑事责任。就立法对策而言，应当将介绍贿赂罪取消。①

在笔者看来，出于严密刑事法网以及保障刑法自身明确性的考虑，将介绍贿赂行为规定为单独的罪名符合刑事立法的发展趋势。至于介绍贿赂罪存在的缺陷，则可以通过调整该罪法定刑的方式来加以克服。"为行贿人介绍贿赂"行为是对他人行贿实行行为的辅助。在大多数情形下，这种行为既符合行贿罪共犯的犯罪构成，同时也符合介绍贿赂罪的犯罪构成。如果我们依照罪刑法定原则，将这种行为认定为介绍贿赂罪，则要求介绍贿赂罪本身能够实现对"为行贿人介绍贿赂"行为的公正评价。否则在不取消原有罪名的前提下，应当通过法定刑的调整以实现对行为的公正评价。鉴此，应当将介绍贿赂罪的法定刑予以提高。当具有严重社会危害的介绍贿赂行为发生时，依照介绍贿赂罪的法律规定，可以实现对"为行贿人介绍贿赂行为"的完整评价。同时，从行贿罪共犯的视角观察，为具有较强社会危害性的"为行贿人介绍贿赂行为"规定相对严厉的刑罚，符合对行贿罪共犯的处罚原理。

---

① 赖早兴、张杰：《介绍贿赂罪取消论》，载《湖南社会科学》2004年第5期。

# 对行贿罪立法从重司法
# 从轻的矛盾与纠结

刘伟丽[*]

## 一、 问题的提出

行贿行为作为收受型贿赂犯罪的造意犯，是犯罪产生的源头，要想真正遏制腐败犯罪，必须刹住行贿之风，加大对行贿人的惩处力度。从今年最高人民检察院的工作报告来看，2014 年全国范围内对 5515 名行贿人依法追究了刑事责任，同比上升 18.6%。[①]

行贿与受贿是相互依存的对合犯，至于哪方应当承当更重的责任，理论界一直存在着争议。从伦理上说，人们容易将行贿人视为腐败的"罪魁祸首"，是"造意犯"。例如，日本学者认为，"受贿犯罪是行贿方为请求公务员的酌情处理，以获取暴利而启用人际关系赠送财物的行为。毫无疑问，在某种意义上讲，公务员也是受害人，因此，应对被收买方与收买方同等地或对后者处以比前者更严厉的刑罚"。[②] 所以在有些国家，刑法明确区分"主动"和"被动"腐败，行贿方被视为"主动方"，而政府官员则被视为"被动方"。行贿属于刑事犯罪，受贿却不是犯罪，除非他们犯有另外的罪行。[③]但经济学家却倾向于认为"绝大多数商人只是就给定的环境、市场的扭曲程度和政府创造的腐败机会作出被动反应，因此，作为政府职员的受贿者应该承担腐败的责任"。[④] 所以在有些国家，对行贿罪的处理要比受贿者轻得多，还有些国家甚至不把行贿作为犯罪处理。行贿受贿犯罪作为对合犯，两种犯罪是相互依存的。但从检察机关近年来立案查处的数字看，二者受到刑事追究的比率严重失衡。据最高人民检察院数据统计库显示，2004 年至 2008 年，

---

\* 河南检察官学院副教授，法学博士。

① 曹建明：《2014 年全国两会最高人民检察院工作报告》，http://www.gkstk.com/article/70095394.html。

② ［日］大谷实：《刑事政策法学》，黎宏译，法律出版社 2002 年版，第 387 页。

③ ［美］苏珊·罗斯·艾克曼：《腐败与政府》，王江、程文浩译，新华出版社 2000 年版，第 63~64 页。

④ ［德］约翰纳·伯爵·兰斯多夫：《腐败与改革的制度经济学：理论、证据与政策》，清华大学公共管理学院廉政与治理研究中心译，中国方正出版社 2007 年版，第 140 页。

全国检察机关共立查受贿案件 45046 件 47297 人，立查行贿案件 10201 件 11699 人，二者的比例是 4.4∶1，共起诉受贿被告人 38587 人，起诉行贿被告人 5809 人，二者的比例是 6.6∶1；2009 年 9 月，最高人民检察院反贪总局公开了一组统计数字：2009 年 1 月至 6 月，全国检察机关共立案查处商业贿赂案件 6277 件 6842 人，其中，涉嫌受贿犯罪 4849 件，占立案总数的 77.25%，行贿罪 1197 件，占立案总数的 19.07%；① 上述数字表明，检察机关对绝大多数行贿案件没有立案，或者立案后撤案，或者立案后作不起诉处理。2013 年，曾任"煤都"华亭县县长、县委书记的甘肃省平凉市人大常委会原副主任任增禄，因收受贿赂罪被判处无期徒刑，而曾向其行贿的 129 名官员中最终仅有 4 名被追究了刑事责任；2014 年 11 月 14 日，四川省眉山市公安局原副局长王志刚因受贿等罪名被眉山市中级人民法院二审判处有期徒刑 15 年，但此案中眉山当地公安系统向王志刚行贿的有 6 名官员，但这 6 人中最终除 1 人因其他犯罪获刑外，其余 5 人仍在任职。显然，司法打击的锋芒对准的是受贿者而非行贿者。那么，既然行贿罪的危害人所共知，行贿者何以极少被起诉到法院判刑？原因是多方面的。

## 二、 刑法立法对行贿罪构成的"谋取不正当利益" 的主观要求的限制

我国刑法第 389 条规定，"为谋取不正当利益，给予国家工作人员以财物的，是行贿罪。在经济往来中，违反国家规定，给予国家工作人员以财物，数额较大的，或者违反国家规定，给予国家工作人员以各种名义的回扣、手续费的，以行贿论处。因被勒索给予国家工作人员以财物，没有获得不正当利益的，不是行贿。"行贿罪的构成主观上要有谋取不正当利益的目的。何谓"不正当利益"，立法没有明确的解释，但是在最高人民法院、最高人民检察院《关于办理商业贿赂刑事案件适用法律若干问题的意见》第 9 条规定：在行贿犯罪中，"谋取不正当利益"，是指行贿人谋取违反法律、法规、规章或者政策规定的利益，或者要求对方违反法律、法规、规章、政策、行业规范的规定提供帮助或者方便条件。在招标投标、政府采购等商业活动中，违背公平原则，给予相关人员财物以谋取竞争优势的，属于"谋取不正当利益"。如果谋取的利益是正当的，即使给予国家工作人员以财物的，仍然不构成行贿罪，这在一定程度上限缩了行贿罪的处罚范围，导致有一部分为他人谋取正当利益的受贿罪没有行贿罪与之对合。② 设立贿赂罪的最根本目的并不只是为了遏制行贿受贿行为，更重要的是维护国家工作人员的职务廉洁

---

① 曾亚波：《"黑名单"背后的中国行贿犯罪惩治》，载《法治与社会》2010 年第 2 期。
② 徐胜平：《行贿罪惩治如何走出困境》，载《人民检察》2012 年第 16 期。

性和公正性。而不论行贿人是否有谋取不正当利益的目的，其行为本质上都是对国家工作人员职务行为廉洁性的侵犯，也极易导致受贿行为的发生。在司法实践中，要证实一个人犯行贿罪，不仅要证实其有行贿行为的事实，还要证实其有谋取不正当利益的目的，这也导致一些人因此脱罪。此要件违背了行贿罪的立法宗旨，也给司法实践带来难题，应当予以取消，以加大对行贿罪的打击。①

## 三、 司法实践查处犯罪的限制

### （一）反贪部门对贿赂犯罪的惩治理念

行贿罪与受贿罪的构成是相互依存的，一般情况下，两者都构成犯罪，都应当受到刑罚的处罚，但是当前我国的司法理念是以惩治国家工作人员利用职权实施的权钱交易的受贿行为为主，重点保护国家工作人员职务的廉洁性。至于一般是由非国家工作人员实施的行贿罪，并不是打击的重点，这就导致为了获取受贿人受贿的事实和证据，就通过对行贿人的从轻处罚换取其主动供述并揭发受贿人的犯罪事实，这样就有一部分社会危害性不大的行贿人被减轻处罚或免除刑罚的处罚，进而造成当前较少行贿人被实际追究责任的现状。

### （二）贿赂犯罪的隐蔽性、证据单一等特点

在实践中，贿赂犯罪的发生往往都是在受贿人的家里、办公室、车里等相对较为封闭的场所进行的，而且大多是在"一对一"的场合下交接的，即行贿人与受贿人在没有第三人的场合下交接贿赂。而且现在的行贿人受贿人反侦查意识越来越强，一般选择现金交易而非银行转账等容易留下证据的方式，或者是根据其兴趣爱好送些"古玩""字画""玉石"，甚至出钱帮助受贿人出书、开办书画展、摄影展等变相的贿赂，这样案发后即使一个人肯定贿赂的存在，另一人矢口否认，且通过传统的侦查措施不能取得其他书证的情况下，受贿人的犯罪事实往往无法认定，更达不到立案所要求的"有证据证明有犯罪事实"的条件。另外，侦查技术落后，侦查措施主要依靠讯问获得犯罪嫌疑人口供为主等原因也是造成贿赂犯罪证据的查证和收集很大程度上依赖于行贿人的原因。

## 四、 完善建议

### （一）实体法的完善

从《刑法修正案（九）（草案）》对第 399 条行贿罪的修改来看，对行贿犯罪加大了惩处的力度，增加了罚金刑；而且对于行贿人在被追诉前主动

---

① 《最高检重提"严惩行贿"有何深意？》http://www.icaijing.com/hot/article4303693/。

交待行贿行为从宽的幅度和标准较之前更严格，一般的行贿人在被追诉前主动交待行贿行为的，可以从轻或者减轻处罚；只有对犯罪较轻的，且检举揭发行为对侦破重大案件起关键作用，或者有其他重大立功表现的，才可以免除处罚。如此规定，可以严格限制对行贿人免除处罚的条件。虽然上述修改在一定程度上加重了对行贿人的惩罚，但是我国关于行贿罪的立法仍有部分可以完善的地方：

1. 修改行贿罪的量刑标准，做到与行贿罪同罚。依据刑法，受贿罪的起刑点是 5000 元，而依照最高人民法院、最高人民检察院出台的《关于办理行贿刑事案件具体应用法律若干问题的解释》，行贿罪的起刑点是 1 万元；量刑上，受贿罪最高可以判处死刑，而行贿罪最重只到无期徒刑。行贿和受贿在起刑点、量刑等方面应该实行同等的判罚尺度。

2. 扩大行贿罪的行为方式，将"许诺给予"、"提议给予"的行为规定为行贿罪的行为方式。

根据《联合国反腐败公约》第 15 条规定，任何人为了使该公职人员在执行公务时作为或者不作为，而直接或间接向公职人员许诺给予、提议给予或者实际给予该公职人员本人或者其他人员或实体不正当好处，即可构成向公职人员行贿罪。该罪是行为犯，只要有许诺给予、提议给予或者实际给予该公职人员本人或者其他人员或实体不正当好处的行为即可构成犯罪，而不要求实际谋取到不正当利益。我国刑法第 389 条规定，为谋取不正当利益，给予国家工作人员以财物的，是行贿罪。而且 2012 年最高人民法院、最高人民检察院《关于办理行贿刑事案件具体应用法律若干问题的解释》第 1 条规定，"为谋取不正当利益，向国家工作人员行贿，数额在一万元以上的，应当依照刑法第三百九十条的规定追究刑事责任。"此处的"给予"仅限于实际给予，对于那些已经谋取到不正当利益而没有来得及给予工作人员财物即案发的，则不构成行贿罪。行贿人提议或许诺给予的财物也是谋取不正当利益的对价，也是对国家工作人员职务行为廉洁性的侵犯，当然应当受到刑罚的处罚。例如，"事后受贿"的行为就是在得到他人许诺给予财物后为他人谋取不正当利益的，所以将"给予"扩大为"实际给予"、"许诺给予"、"提议给予"的行为规定为行贿罪的行为方式，不仅可以将预防行贿犯罪的防线前移，还可以从源头上打击贿赂犯罪。①

正如贝卡里亚所说，"对于犯罪最强有力的约束力量不是刑罚的严酷性，而是刑罚的必定性，这种必定性要求司法官员谨守职责，法官铁面无私、严肃认真……即使刑罚是有节制的，它的确定性也比联系着一线不受处罚希望

---

① 刘仁文、黄云波：《行贿犯罪中的"给予"应改为"提议给予、许诺给予和实际给予"》，载《人民法院报》2014 年 6 月 18 日第 006 版。

的可怕刑罚所造成的恐惧更令人印象深刻。因为，即便是最小的恶果，一旦成了确定的，就总令人心悸。"① 加大对行贿人的处罚，可以更好地预防行贿人犯罪，进而可以减少贿赂犯罪的发生。

3. 将行贿罪从结果犯改为行为犯。

我国刑法以及《关于办理行贿刑事案件具体应用法律若干问题的解释》明确规定："为谋取不正当利益，给予他人财物数额在一万元以上的，构成行贿罪"。从犯罪构成的表述可以看出，只要行为人为了谋取不正当利益而给予他人以财物的，即可构成行贿罪。但是在司法实践中，对行贿人追究刑事责任除了要求其给予他人数额较大的财物以外，还必须实际谋取到不正当利益，如果是仅仅给予了财物而没有谋取到不正当利益，或者是仅仅谋取了不正当利益还没有给予他人以财物的，都不构成行贿罪，这种认定行贿罪犯罪既遂要以实际谋取到不正当利益的结果发生为标准的模式，人为地缩小了行贿罪的打击范围，放纵了犯罪。建议将行贿罪的追责要件回归立法的规定，只要为了谋取不正当利益给予他人财物的，无论是否谋取到不正当利益都应当按照行贿罪追究刑事责任，可对刑事责任稍加修改，对没有谋取到不正当利益的可以从轻处罚。因为行贿罪侵犯的客体是国家工作人员职务的廉洁性和不可收买性，给予他人财物是为了获取不正当利益的对价，无论是否实际获得不正当利益，其给予他人财物的行为都是对国家工作人员职务行为的亵渎，当然应当追究刑事责任。而且《联合国反腐败公约》对行贿罪的规定也是不要求实际危害结果，只要是为了使该公职人员在执行公务时作为或者不作为，而直接或间接向公职人员许诺给予、提议给予或者实际给予该公职人员本人或者其他人员或实体不正当好处的行为。

**（二）程序法的完善**

1. 采用技术侦查或特殊的侦查措施

贿赂犯罪通常留下的证据比较少，而且犯罪嫌疑人反侦查能力强，外界干扰大，证据收集和固定难，这就导致通过常规的侦查途径和侦查方法往往很难侦破。因此，2012 年新刑事诉讼法对重大、疑难、复杂的贪污贿赂犯罪案件赋予职务犯罪侦查机关必要的侦查权力和侦查手段。现阶段，特殊侦查手段主要包括：（1）技术侦查手段，如电子监听、电话监听、电子监控等；（2）特殊侦查措施，其中又包括三类：第一，特工类秘密侦查手段；第二，诱惑类侦查手段，如机会提供型引诱、虚假购买、控制交付等诱惑侦查方式；第三，传统侦查行为加密类侦查，如秘密侦查、秘密提取、秘密辨认、秘密拍照或录音录像、邮件检查等。特殊侦查手段因其具有秘密性、技术性、同步性、直观性、强制性等特点，在发现和扩大案件线索、获取关键证据以及

① ［意］贝卡里亚著：《论犯罪与刑罚》，黄风译，中国大百科全书出版社 1997 年版，第 59 页。

下卷·六

1355

揭穿反侦查对抗等方面有着常规侦查措施无法替代的作用，特殊侦查的运用对于扩大证据的收集方式，改变依赖口供的传统侦查模式，减轻侦查人员的心理压力，以及更好地查处和惩治犯罪人具有重要的意义。

2. 确立辩诉交易制度

由于目前的侦查技术装备较为落后，加上贿赂犯罪往往都是一对一的交易，缺乏人证，且行为人为了逃避法律的追究不会留下物证线索，在侦查过程中口供是主要的证据。所以为了打击受贿罪，就与行贿人达成协议，通过减轻或免除对行贿人的处罚换取行贿人的有罪供述和检举揭发行为，类似于美国的认罪协议（辩诉交易）。辩诉交易是在英美法系国家较为流行的一种司法制度，是指检察官与被告人及其辩护律师经过谈判达成由被告人认罪换取不起诉或较轻刑罚的协议。辩诉交易的适用对侦查机关获取案件证据、推动案件侦查程序、发现事实真相具有重要意义。[1] 但是由于我国现阶段司法体制尚不具备完全实行辩诉交易的条件，且在司法实践中不能以牺牲社会正义和司法公正来换取司法效率，可以考虑的贿赂犯罪辩诉交易试行方式为侦查阶段的辩诉交易。侦查阶段的辩诉交易是指侦查机关与犯罪行为人达成协议，由其提供指控犯罪嫌疑人的证据而对其他问题不予追究的形式。[2] 虽然从表面上看放纵了犯罪，违背了罪刑相适应的刑法基本原则，削弱了刑罚的惩罚功能，但是实质上却换得了对犯罪人的最高定罪率。在美国这样一个坚持程序至上的国家，与其耗费大量的时间和精力去查证犯罪，甚至稍有不慎将因程序瑕疵导致的无罪，不如降低条件轻判。刑罚目的的实现只要根据其主观恶性的大小惩罚了犯罪，并且能够预防其再犯即可。

---

[1] 梁瑞琴：《当前贿赂犯罪案件查办中存在的问题及对策》，载《河北法学》2012 年第 2 期。
[2] 龙宗智：《论我国转型期规制经济犯罪的刑事政策》，载《法学》2005 年第 1 期。

# 论我国行贿犯罪罚金刑的立法完善

## ——以《刑法修正案（九）（草案）》为视角

邵　超[*]　卓一丹[**]

## 一、引言

行贿犯罪是指为谋取不正当利益，给予国家工作人员或者国家机关等国有单位以及公司、企业和其他单位人员财物的行为。行贿犯罪作为受贿犯罪的重要诱因，已经成为当前滋生腐败的直接根源之一。长期以来，受"重受贿轻行贿"观念的影响，司法机关对行贿犯罪的重视程度和惩处力度不足，往往忽略了对行贿人通过贿赂所获取的不正当利益进行查处，导致受贿人被依法判处刑罚，而行贿人仍然逍遥法外，享受着非法所得带来的巨大经济收益。这就造成了一些行贿者"有恃无恐"，无形中助长了行贿犯罪不断蔓延的态势，致使腐败现象愈演愈烈。为进一步加大对行贿犯罪的处罚力度，《刑法修正案（九）（草案）》（以下简称《草案》）在现行刑法的基础上，对行贿犯罪的财产刑规定作出了多处修改，主要表现为对多类行贿犯罪增加了罚金刑的规定，旨在"使行贿人在受到人身处罚的同时，在经济上也得不到好处"[①]。但在《草案》中，行贿犯罪的罚金刑规定仍然存在不完善之处，需要结合行贿犯罪的特点和我国反腐败的现实情况加以完善，以更有效地遏制行贿犯罪的发生。

## 二、《草案》中行贿犯罪的罚金刑规定评述

### （一）《草案》对行贿犯罪罚金刑的修改内容

针对行贿犯罪的特点，《草案》对其财产刑规定作出了多处修改，具体包括：

一是对多类行贿犯罪增设了罚金刑。在我国现行刑法中，行贿犯罪的体系是由"行贿罪"、"单位行贿罪"、"对单位行贿罪"、"对非国家工作人员

---

[*] 北京师范大学法学院刑法学博士研究生。

[**] 北京师范大学法学院刑法学硕士研究生。

[①] 全国人大常委会法制工作委员会：《关于〈中华人民共和国刑法修正案（九）（草案）〉的说明》，中国人大网，http://www.npc.gov.cn/npc/xinwen/lfgz/flca/2014-11/03/content_1885029.htm，访问时间：2015年6月2日。

行贿罪"和"对外国公职人员、国际公共组织官员行贿罪"五个罪名构成。犯罪主体为单位时，刑法对"单位行贿罪"、"对单位行贿罪"、"对非国家工作人员行贿罪"和"对外国公职人员、国际公共组织官员行贿罪"均配置了罚金刑；犯罪主体为自然人时，刑法仅对"对非国家工作人员行贿罪"和"对外国公职人员、国际公共组织官员行贿罪"配置了罚金刑，但规定只适用于"数额巨大"的情形，而对"（自然人向自然人实施的）行贿罪"和"对单位行贿罪"未配置罚金刑。因此，在"行贿罪"、"单位行贿罪"、"对单位行贿罪"、"对非国家工作人员行贿罪"和"对外国公职人员、国际公共组织官员行贿罪"的每一个量刑档次内，《草案》均增加了"并处罚金"的规定。

二是修改了行贿罪中没收财产刑的规定。现行刑法对"（自然人向自然人实施的）行贿罪"配置了没收财产刑，但规定只适用于"情节特别严重"的情形，在司法实践中很少被适用。因此，《草案》将行贿罪中"情节特别严重的，或者使国家利益遭受特别重大损失的，处十年以上有期徒刑或者无期徒刑，可以并处没收财产"修改为"情节特别严重的，或者使国家利益遭受特别重大损失的，处十年以上有期徒刑或者无期徒刑，并处罚金或者没收财产"。

### （二）修改后行贿犯罪罚金刑的特点

从上述修改可以看出，行贿犯罪罚金刑的特点主要表现在以下三个方面：

一是罚金刑的适用方式均为并处式，即人民法院在对犯罪分子判处主刑的同时，必须依法附加适用罚金刑。在行贿犯罪中，行贿罪的法定最高刑为无期徒刑，单位行贿罪的法定最高刑为五年有期徒刑，对单位行贿罪的法定最高刑为三年有期徒刑，对非国家工作人员行贿罪和对外国公职人员、国际公共组织官员行贿罪的法定最高刑均为十年有期徒刑，上述行贿犯罪均配置了罚金刑。可见，无论是处罚较轻的行贿犯罪，还是处罚较重的行贿犯罪，均必须附加适用罚金刑，这就使得罚金刑成为一种绝对刑罚措施，其适用不具有选择可能性。

二是罚金数额的规定均属于无限额罚金制，即刑法只规定必须选处、单处或者并处罚金，但不规定具体额度，而是由人民法院依照刑法总则的相关规定确定罚金的数额。[1] 刑法第52条规定，判处罚金，应当根据犯罪情节决定罚金数额。所谓犯罪情节，是指犯罪分子在实施犯罪过程中所有存在和表现出来的，决定其主观恶性大小和社会危害程度的主客观因素。[2] 我国刑法并未明确规定罚金数额标准，但根据最高人民法院《关于适用财产刑若干问

---

[1]　黎宏：《刑法学》，法律出版社2012年版，第342页。

[2]　蔡超、徐丽莉：《罚金刑适用中存在的问题及解决》，载《国家检察官学院学报》2010年第6期。

题的规定》，罚金的最低数额不能少于 1000 元。

三是以单位为主体的行贿犯罪与以自然人为主体的行贿犯罪适用的罚金刑规定并无区别。《草案》对于以单位为主体的行贿犯罪规定，单位犯罪的，对单位判处罚金，并对其直接负责的主管人员和其他直接责任人员，并处罚金。可见，《草案》并未明确规定以单位为主体的行贿犯罪的罚金刑档次，只是笼统地规定"并处罚金"。此外，最高人民法院《关于适用财产刑若干问题的规定》仅明确规定了对自然人判处罚金刑的数额标准，并未规定对单位判处罚金刑的数额标准，目前也没有相关的司法解释可以遵循。因此，单位犯罪的，只能按照自然人犯罪的罚金刑规定来决定单位的罚金数额。

（三）《草案》对行贿犯罪罚金刑的修改意义

1. 弥补了缺少罚金刑的疏漏

行贿犯罪是一种典型的贪利性犯罪，必须特别重视从经济上对其予以惩罚和剥夺，以遏制其再犯的欲望，消除其再犯能力，同时，通过对犯罪分子重罚，能警示社会上有犯罪之虞之人，起到一般预防的作用。[①] 罚金刑能够对贪污贿赂犯罪发挥最佳的刑罚效果，对遏制犯罪分子贪财图利的动机具有极强的针对性。一方面，罚金刑的适用可以使犯罪分子在经济上无利可图，甚至得不偿失，这充分发挥了刑罚的特殊预防功能；另一方面，罚金刑的适用还可以警示民众和潜在的行贿人，从根本上打消其实施行贿犯罪的念头，发挥了刑罚的一般预防功能。

然而，我国对行贿犯罪的处罚仍然是以自由刑为主，财产刑并未得到广泛的适用，通过经济手段来处罚行贿犯罪的力度非常薄弱。虽然最高人民法院、最高人民检察院《关于办理行贿刑事案件具体应用法律若干问题的解释》（以下简称《解释》）第 11 条规定，"行贿犯罪取得的不正当财产性利益应当依照刑法第六十四条的规定予以追缴、责令退赔或者返还被害人"，但追缴违法所得与适用罚金刑是两种完全不同的概念，该规定并不能够从根本上弥补行贿犯罪刑罚设置上的缺陷，所以《解释》的规定并未改变行贿犯罪处罚力度不足的现状。可见，缺少财产刑的规定，无疑是行贿犯罪刑罚体系的一大疏漏。因此，《草案》对行贿犯罪财产刑的完善，弥补了行贿犯罪刑罚体系中财产刑的缺失，使得刑法对行贿犯罪的打击更加具有针对性，能够更有效地抑制犯罪分子贪财图利的动机。

2. 加大了对行贿犯罪的处罚力度

行贿犯罪是一种严重侵害国家工作人员职务行为廉洁性的犯罪，是滋生腐败犯罪的温床，具有严重的社会危害性。近年来，行贿犯罪愈演愈烈，并呈现出向多领域、多行业不断渗透的态势，故而有必要进一步加大对行贿犯

---

① 李希慧主编：《贪污贿赂罪研究》，知识产权出版社 2004 年版，第 260 页。

罪的惩处力度。从贿赂行为的发生规律来看,行贿行为往往直接引起受贿行为的发生,二者之间彼此补充,相互呼应,形成一个统一的整体。理论界通常认为,行贿行为与受贿行为之间具有对合关系,属于对合行为。所谓对合行为,是指必须基于双方主体之间的对应行为才能实施或完成的危害行为。缺少任何一方的行为,另一方的行为就无法实施或不能完成。① 据此,有学者提出,"行受贿双方的对合关系,要求立法者对两者配置大致相当的刑罚量,也要求执法者对两者一视同仁,否则即背离了公平正义原则"②。然而,在我国现行刑法中,行贿犯罪与受贿犯罪并不同等处罚,行贿犯罪的法定刑要远远低于受贿犯罪的法定刑。因此,《草案》对行贿犯罪的财产刑进行修改,是在不提高行贿犯罪自由刑的情况下,通过增加犯罪分子的经济成本来提高刑罚的严厉程度,从而加大了对行贿犯罪的打击力度,这不仅突出了罚金刑在行贿犯罪刑罚体系中的地位,使得犯罪分子能够"吐出"因行贿获取的不正当利益,符合以经济手段惩治贪利型犯罪的刑罚理念,还能够使民众感受到国家对行贿犯罪惩处力度的加大,满足了民众对严厉打击行贿犯罪的心理需求。

## 三、 行贿犯罪罚金刑规定的完善建议

《草案》对行贿犯罪财产刑的完善,不仅弥补了行贿犯罪刑罚体系中缺少罚金刑的疏漏,而且进一步加大了对行贿犯罪的惩处力度。由于《草案》对无限额罚金制的规定不合理、对罚金刑的适用基准未规定以及单位犯罪与自然人犯罪的罚金刑规定不和谐等,致使这些罚金刑规定在司法实践中不具有可操作性,亟须司法解释予以明确。因此,笔者提出以下几点完善建议:

### (一)罚金数额的规定应为倍比罚金制

从本质而言,无限额罚金制属于绝对不定期刑,而且刑法仅规定了罚金的最低数额,并没有规定罚金的最高数额,缺乏明确的量刑幅度,这就使得法官对罚金的数额确定没有一个统一的标准,只能根据犯罪情节来自由裁量。当不同的法院和审判人员,面对性质、情节和结果相似的行贿犯罪时,在缺乏相对客观、明确的罚金数额规定的情况下,法官的自由裁量权不受限制,很容易造成司法擅断,出现量刑上的畸轻畸重,严重影响法律的权威性和统一性,可见无限额罚金制并不符合罪刑法定原则的基本要求。因此,笔者建议将罚金数额的规定由无限额罚金制改为倍比罚金制。

所谓倍比罚金制,是指刑法规定以某个与犯罪有关的数额作为适用基准,并以其一定的倍数或比例来确定罚金数额的制度。其中包括按倍数确定罚金

---

① 刘仕心:《论刑法中的对合行为》,载《国家检察官学院学报》2004 年第 6 期。
② 李少平:《行贿犯罪执法困局及其对策》,载《中国法学》2015 年第 1 期。

数额、按比例确定罚金数额及按倍数和比例相结合的方法确定罚金数额三种。相较于无限额罚金制，倍比罚金刑既便于审判人员裁量，又不至于受经济情况变化的影响而使刑法规定脱离生活实际，有利于罚金刑的切实执行。而且，倍比罚金刑突出了刑罚与犯罪之间的密切联系，重罪重罚、轻罪轻罚，能够加强犯罪人对刑罚的直观感受。① 贿赂犯罪的实质是"钱权交易"，行贿人与受贿人更多是基于经济利益而实施犯罪，其中必然涉及犯罪数额或犯罪所得额。因此，倍比罚金制对于该类犯罪是一种较好的刑罚方法，不仅能够保证罪责刑相适应，而且对于以贪利为目的的犯罪人处以倍比罚金刑，使其"偷鸡不成反蚀把米"，能够更有效地打击其贪财图利的犯罪动机，起到特殊预防和一般预防的作用。

**（二）罚金刑的适用基准应为行贿数额**

正如前述，倍比罚金制的适用需要一个明确的参考标准，但在某一犯罪中，可能会涉及多个涉罪数额，"不同的涉罪数额意义并不相同，在不同情况下与其相对应的罚金刑的比例应如何确定，是一个十分复杂的问题。"② 因此，确定罚金刑的适用基准具有很强的技术性，若选择了不恰当的适用基准，将导致刑罚适用上发生错位。在行贿犯罪中，与行贿人相关的涉罪数额主要包括给予国家工作人员财物的价值以及获取的不正当利益的价值两种。笔者认为，应当以行贿人给予国家工作人员的财物价值为基础，确定相应的倍数作为罚金数额，即以行贿数额作为适用基准。理由如下：

一是行贿人获取的"不正当利益"通常无法进行价值评估。《解释》第12条规定，"行贿犯罪中的谋取不正当利益，是指行贿人谋取的利益违反法律、法规、规章、政策规定，或者要求国家工作人员违反法律、法规、规章、政策、行业规范的规定，为自己提供帮助或者方便条件。违背公平、公正原则，在经济、组织人事管理等活动中，谋取竞争优势的，应当认定为谋取不正当利益。"可见，行贿人获取的"不正当利益"并不限于金钱和物品等财产性利益，更多的是迁移户口、调动工作、提升职务、安置就业等非财产性利益，而这些非财产性利益通常无法用金钱计算其数额，这就给罚金刑的适用造成了困难。相较而言，行贿人给予国家工作人员的财物则更多体现为金钱和实物，还包括可以用金钱计算数额的其他财产性利益，如含有金额的会员卡、旅游费用、代金券等，具体数额更加明确，故以行贿数额作为适用基准使得罚金刑的适用更加具有确定性。

二是行贿犯罪已经逐渐演化成为一项高收益低风险的"生意"，行贿人在实施犯罪时会充分考虑投入与产出比。对于行贿人而言，违反法律的规定

① 刘仁文、黄云波：《行贿犯罪的刑法规制与完善》，载《政法论丛》2014年第5期。
② 李洁：《罪与刑立法规定模式》，北京大学出版社2008年版，第102页。

将导致其行为成本大大增加，那么其自然是希望能够通过相对小的投入以获取相对大的产出，即获得更多的不正当利益。当然，并非所有的行贿人都是权力的"寻租者"，因为许多行贿人是将自己的财物给予国家工作人员，若国家工作人员收受贿赂后，并未能实现给予行贿人的许诺，为行贿人谋取到不正当利益，那么该行贿人的财产利益实际上是受到了损失。"行贿者是需要考虑经济效益的，行贿上千万元，如果不能得到上亿元利益，是得不偿失的。与受贿者财产收益特性不同，行贿者是送得越多，其自身损失可能会越大，两者可能呈反比关系（除非事后得到了较大回报）。"① 因而，行贿人在行贿时通常会对自己的行为进行评估，衡量是否有必要为该利益承担如此大的风险，对行贿人而言，他们所能承受的仅仅是给予给国家工作人员财物的那部分损失，对于获得不正当利益时所承受的风险则通常难以承受。此外，随着人们生活水平的提高，行贿数额从几百元、几千元逐渐发展到几十万、几百万元，甚至几千万元。因此，以行贿数额作为适用基准更加具有可行性，既能够避免因罚金数额过高导致执行存在困难，又足以显示出刑罚的严厉性。

**（三）单位犯罪的罚金数额应重于自然人犯罪**

在行贿犯罪中，现行刑法对于单位犯罪的，既未明确规定单位犯罪罚金刑的档次，也未明确规定单位犯罪罚金刑的数额标准，这就使得司法机关只能按照自然人犯罪的罚金刑规定对单位判处罚金，笔者认为这一做法并不科学。理由如下：

一是通常而言，行贿犯罪的单位主体与自然人主体相比，由于前者有组织性、有财政支持，可以支配、调动的人力、物力比自然人多，实施犯罪和逃避处罚的能力比自然人强，一旦实施犯罪，对社会造成的危害性非自然人犯罪可比。因此，单位犯行贿罪的社会危害性显然大于自然人犯本罪，对自然人犯罪是在判处自由刑的同时并处罚金，对单位犯罪主体则仅处以与自然人犯罪主体相同数额的罚金，显然不符合罪刑相适应的原则。

二是犯罪单位的罚金数额应当高于直接负责的主管人员和其他直接责任人员的罚金数额。以单位行贿罪为例，刑法第393条规定，为谋取不正当利益而行贿，或者违反国家规定，给予国家工作人员以回扣、手续费，情节严重的，对单位判处罚金，并对其直接负责的主管人员和其他直接责任人员，处五年以下有期徒刑或者拘役。由于犯罪单位与单位直接负责的主管人员和其他直接责任人员相比，后者是为了单位的利益实施犯罪，违法所得归单位所有，直接负责的主管人员和其他直接责任人员获利较少或者基本不获利，因此，单位的违法所得和罚金刑的承受能力均大于直接负责的主管人员和其他直接责任人员。故应当对犯罪单位配置较直接负责的主管人员和其他直接

---

① 卢勤忠：《行贿能否与受贿同罚》，载《人民检察》2008年第14期。

责任人员更高的罚金数额。

另外，现行刑法中，单位行贿罪和行贿罪的法定刑规定存在明显失衡，这就导致单位行贿罪和行贿罪的罚金刑适用存在差别。具体而言：单位行贿罪和行贿罪的犯罪对象都是国家工作人员，主观上均表现为故意犯罪，二者的关键区别在于犯罪主体不同。在单位行贿罪中，刑法仅规定了一个量刑档次，且法定最高刑为五年有期徒刑；而在行贿罪中，刑法规定了三个量刑档次，且法定最高刑为无期徒刑。简而言之，单位行贿罪的法定刑远远低于行贿罪。可见，这种刑罚配置不仅与单位行贿罪的社会危害性不相称，而且与其他相关罪名的刑罚配置不协调，最终导致在罚金数额方面存在差异。在司法实践中，单位向国家工作人员行贿的犯罪时有发生，单位行贿虽然谋取的利益归于单位，而非具体实施行贿行为的个人，但这种行为和个人行贿的社会危害性一样，同样侵害了国家工作人员职务行为的廉洁性，刑法不应当区别对待。

因此，为了有效地打击和遏制单位犯罪，在对单位犯行贿犯罪判处罚金时，应比照自然人的数额标准予以适当提高，对犯罪单位配置较自然人以及直接负责的主管人员和其他直接责任人员更高的罚金数额。处理单位实施的其他犯罪时，也应按照这一原则处理，这是我国刑法规定的罪刑相适应原则的必然要求。

# 四、 结语

在我国当下反腐败的浪潮中，刑法作为惩治和预防腐败犯罪的一个重要环节，应当发挥其功效。立足于《草案》以及我国有关行贿犯罪罚金刑的规定，基于我国反腐败现实情况的考量，我国的行贿犯罪的罚金刑规定仍然存在不完善之处，需要进一步调整罚金刑的适用方式、适用基准以及对单位犯罪和自然人犯罪进行合理的罚金刑配置。在当下国家重视国家治理体系现代化的背景之下，行贿犯罪的治理也需进一步科学化、规范化、法治化，行贿犯罪的罚金刑完善则是其中重要的方面。行贿犯罪的惩治是一项综合工程，需要惩防并举，建立完善的刑罚体系，以更有效地遏制行贿犯罪的发生。

# 行贿犯罪的司法实践反思与优化应对

张　建* 俞小海**

我国刑法对受贿行为与行贿行为均作了规定，但无论是在理论上还是在司法实践中，对于受贿行为的研究与关注较为充分，与不断出台受贿罪司法解释、扩大受贿罪犯罪主体、严密受贿罪刑事法网不同的是，司法实践对于互为因果的行贿行为之惩处较为"隐秘"与"保守"，由此造成了受贿者与行贿者惩处失衡的表象。本文通过收集、梳理和分析行贿犯罪实践案例，探寻当前我国行贿犯罪的司法实践中存在的问题，进一步分析问题产生的原因，并在此基础上提出对策建议，以期在当前严惩行贿犯罪、《刑法修正案（九）（草案）》就行贿犯罪做出重要修改的宏观背景下对行贿犯罪的理论研究与司法实践有所裨益。[①]

## 一、 行贿犯罪的司法实践情况调查与分析

为了对行贿犯罪的司法实践情况有一个更为直观、立体的把握，本文分别从宏观和微观两个层面对行贿犯罪展开调查与分析。

### （一）宏观情况

自 2013 年 11 月 21 日最高人民法院发布《关于推进司法公开三大平台建设的若干意见》（以下简称《意见》）和《关于人民法院在互联网公布裁判文书的规定》以来，裁判文书上网自 2014 年以来进入了真正意义上公开的时代。由于《意见》规定"在互联网公布裁判文书应当以公开为原则，不公开为例外，不得在法律和司法解释规定之外对这项工作设置任何障碍"，作为裁判文书公开的官方平台，中国裁判文书网上公布的裁判文书，可以最大限度地反映当前我国司法实践的总体情况。笔者在中国裁判文书网的高级检索栏目，将案由限定为"行贿"、关键词设定为"行贿"，文书类型为"刑事判决书"，裁判时间设定为"2014-01-01 到 2014-12-31"，一共得出 2015 份

---

　* 上海市虹口区人民检察院检委会专职委员，高级检察官，上海市刑法学研究会副会长兼秘书长。

　** 上海市长宁区人民法院调研助理、刑庭书记员。

　① 我国刑法中规定的行贿犯罪种类有行贿罪（刑法第 389 条）、对单位行贿罪（刑法第 391 条）、介绍贿赂罪（刑法第 392 条）、单位行贿罪（刑法第 393 条）、对非国家工作人员行贿罪（刑法第 164 条第 1 款）、对外国公职人员、国际公共组织官员行贿罪（刑法第 164 条第 2 款）等 6 个罪名。本文仅研究其中的行贿罪，特此说明。

关于行贿犯罪的裁判文书，而在同样的裁判时间和文书类型下，将"行贿"改为"受贿"，则一共得出 5785 份受贿犯罪裁判文书。可以看出，受贿犯罪是行贿犯罪的 2.87 倍。如果将视野进一步拓展，则会发现审理的行贿犯罪案件数量远远低于受贿犯罪案件数量系司法实践之常态。据有人统计，2009 年至 2013 年，全国法院受理一审行贿犯罪案件共计 12821 件，生效判决人数12364 人；受理一审受贿犯罪案件共计 53843 件，生效判决人数 48163 人。行贿犯罪案件收案数仅为受贿犯罪案件的 24%，行贿犯罪案件的生效判决人数仅为受贿犯罪案件的 26%。从实践中遇到的案件情况来看，往往一个受贿案件对应的行贿人少则几人，多则数十人甚至数百人。如果将这一实际情况考虑进去，未被追究刑事责任的行贿人比例将更高。[①] 对此，无论是最高司法机关还是我国理论界都已经有所指出。

**（二）微观情况**

由于中国裁判文书网自 2014 年开始启用，其公布的系 2014 年以来审结生效的裁判文书，如果要作进一步的纵向分析，在样本上可能不具有广泛性、代表性，因此，笔者通过中国审判法律应用支持系统来收集行贿罪裁判文书作微观分析。通过中国审判法律应用支持系统中的"中国法院裁判文书库"，将案由分类设定为"行贿罪"，将审理日期设定为截至 2015 年 2 月份，共检索出 351 份行贿罪裁判文书，经进一步筛选，除去单位犯罪和一审、二审或再审重复案件，共得出 303 个有效行贿罪案件裁判文书，[②] 涉及被告人 337人。经对该 303 份行贿罪裁判文书的逐一梳理、分析，可以看出当前我国行贿罪的司法实践存在以下几个方面问题：

1. 缓刑、免刑比例偏高且分布不均衡，轻刑化趋势明显

337 名被告人中，判处缓刑 93 人，免刑 43 人，二者共占总人数的40.36%。判处实刑 201 人，平均刑期 38.34 个月。五年以下有期徒刑实刑（不含五年）138 人，拘役实刑 8 人，分别占 40.95% 和 2.37%，五年以上有期徒刑（含五年）52 人，无期徒刑 3 人，分别占 15.43% 和 0.89%。可以看出，五年以下有期徒刑、拘役、缓刑、免刑人数共占 83.68%，轻刑化趋势较为明显。值得注意的是，近十年来行贿罪的缓刑、免刑适用率明显高于十年以前。2005 年以来，行贿罪被告人共 268 名，其中缓刑 90 人，免刑 39 人，二者共占 48.13%，而 2005 年以前行贿罪缓刑、免刑适用率仅 10.14%。2005年以后行贿罪缓刑、免刑率高出 2005 年以前 37.99%。具体而言，2005 年以来的十年间，行贿罪缓刑、免刑情况又呈现出不均衡态势。2006、2007、

---

① 李少平：《行贿犯罪执法困局及其对策》，载《中国法学》2015 年第 1 期。

② 需要说明的是，检索得出的 303 份行贿罪裁判文书中，有一些涉及行贿罪与其他罪名的并罚问题，为了使得对行贿罪司法实践分析的结论更为准确，在数罪并罚的情况下，本文仅就法院认定为行贿罪部分的行为事实与量刑情况予以统计，对于其他并罚罪名的定罪量刑问题本文不予考虑。

2009、2010、2011、2013 等 5 年行贿罪缓刑、免刑适用率均达到 50% 以上，2006 年、2009 年和 2011 年甚至达到 60% 以上，与之形成鲜明对比的是，2005 年、2008 年和 2014 年行贿罪缓刑、免刑率均在 30% 以下。总体而言，行贿罪缓刑、免刑比例较高，轻刑化趋势明显。(详见图 1、图 2)

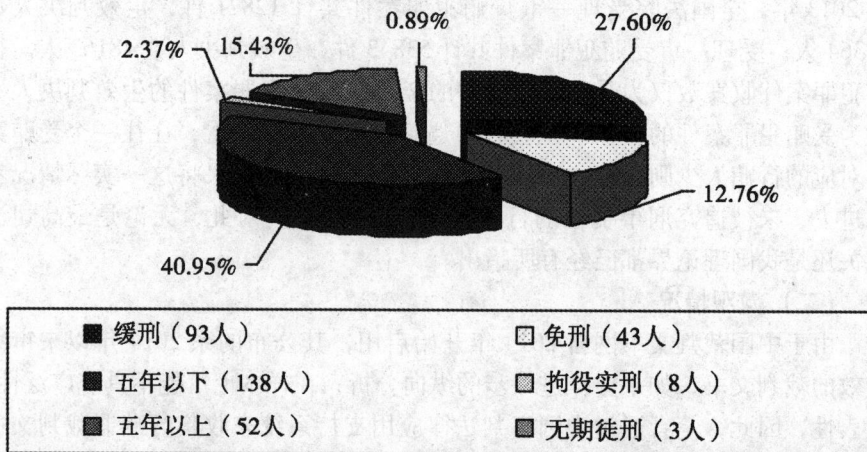

图 1　行贿罪刑罚结构图

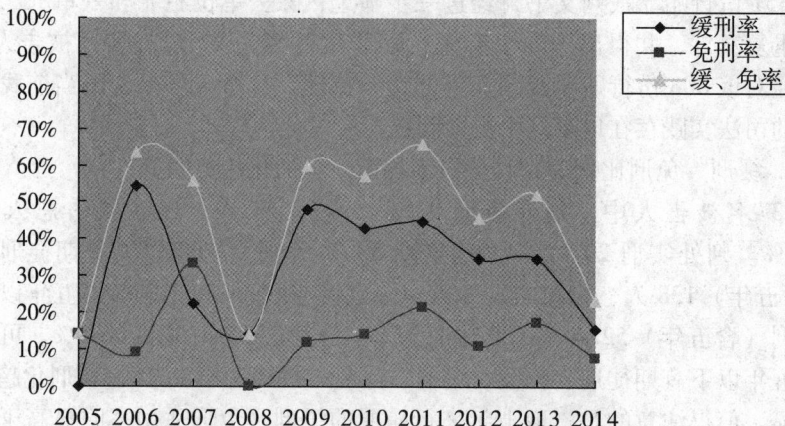

图 2　2005～2014 年行贿罪缓刑、免刑适用率情况

2. 量刑结果与行贿罪数额之间呈现弱相关性

从行贿罪行贿数额来看，主要分布于 1 万～10 万元、10 万～20 万元和 20 万～50 万元三个区间，分别占 47.48%、21.36% 和 15.43%。1 万元以下、50 万～100 万元和 100 万元以上三者共仅占 15.73%。尽管从整体上看，2005 年以后行贿罪案件平均行贿数额为 28.24 万元，较 2005 年之前行贿罪案件平均行贿数额（41.31 万元）少，这与 2005 年以后行贿罪缓刑、免刑适用率高于 2005 年之前这一大体量刑结果呈现正相关性，具体到刑罚种类，也会发现刑

罚量随着平均行贿数额的提高而增加，这在从拘役（实刑）到无期徒刑这一刑罚梯度变化所对应的平均行贿数额与平均刑期中较为明显。但是如果进一步加以分析，则会发现行贿罪数额与量刑结果之间呈现出弱相关性。比如，行贿罪缓刑的平均行贿数额为 12.87 万元，远远高于拘役实刑的平均行贿数额 6.98 万。以行贿数额区间为基准，从横向看，比如，行贿数额在 1 万元以下的案件中，被判处缓刑、免刑被告人的平均行贿数额为 0.52 万元，而在被判处实刑的被告人中，平均行贿数额为 0.57 万元，二者行贿数额非常接近，然而量刑结果却截然不同。在行贿数额 1 万~10 万元和 50 万~100 万元这两个区间，甚至出现了判处实刑平均行贿数额低于判处缓刑、免刑行贿数额的"倒置"现象，令人费解。10 万~20 万元、20 万~50 万元这两个区间中的实刑平均行贿数额与缓刑、免刑行贿平均数额也很接近。从纵向上看，行贿数额是存在巨大差异的，但是在量刑结果上差异并不明显。比如，平均行贿数额 65 万余元与 200 万余元存在巨大差异，但是在平均量刑结果上前者为 67.50 个月，后者为 75.43 个月，二者相差仅七八个月。类似的情况还存在于其他行贿数额区间中。退一步而言，行贿数额在 200 万以上，量刑结果仅为有期徒刑 6 年左右，行贿数额 60 万元以上，量刑结果仅为 5 年 6 个月，尽管已划入我国刑法关于行贿罪第二个量刑档次即"因行贿谋取不正当利益，情节严重的，或者使国家利益遭受重大损失的，处五年以上十年以下有期徒刑"，但亦属过轻，也与受贿罪的定罪量刑实践严重不相匹配。可以看出，行贿罪中的量刑结果与行贿数额之间并不存在正相关性，行贿罪的缓刑、实刑判定标准较为模糊，在其他量刑情节大致相同的情况下，相似行贿数额导致不同的量刑结果，相似量刑结果对应的行贿数额也差异较大。（详见图 3、表 1、表 2）

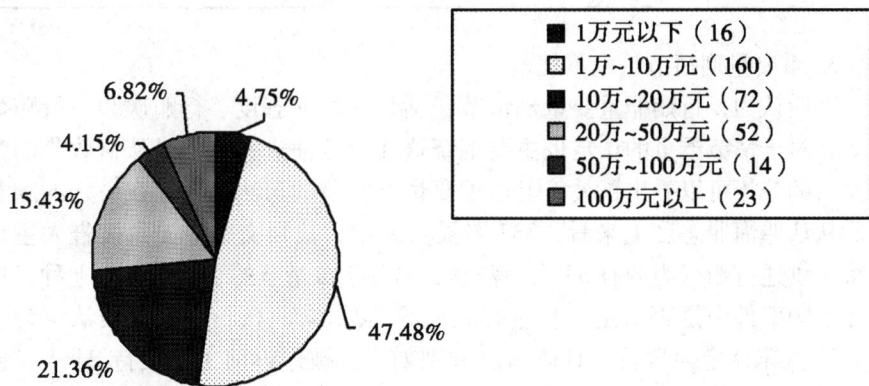

图例：
- 1万元以下（16）
- 1万~10万元（160）
- 10万~20万元（72）
- 20万~50万元（52）
- 50万~100万元（14）
- 100万元以上（23）

饼图数据：6.82%、4.75%、4.15%、15.43%、21.36%、47.48%

图 3　行贿数额区间分布情况

表 1　行贿罪刑罚种类与行贿数额、刑期对应关系

| 刑罚类型 | 数量 | 占比（%） | 平均行贿数额（万元） | 平均刑期（月） |
|---|---|---|---|---|
| 缓刑 | 93 | 27.60 | 12.87 | / |
| 免刑 | 43 | 12.76 | 5.29 | / |
| 拘役 | 8 | 2.37 | 6.98 | 3.25 |
| 五年以下 | 138 | 40.95 | 21.26 | 19.65 |
| 五年以上 | 52 | 15.43 | 75.67 | 87.30 |
| 无期徒刑 | 3 | 0.89 | 291.67 | / |

表 2　行贿数额与行贿罪量刑对应关系

| 行贿数额（万元） | 数量 | 判处缓刑、免刑情况 | | | 判处实刑情况 | | | | |
|---|---|---|---|---|---|---|---|---|---|
| | | 缓、免数 | 缓、免率（%） | 平均数额（万元） | 实刑数 | 实刑率（%） | 平均数额（万元） | 平均实刑（月） | 其中扣除无期徒刑数 |
| <1 | 16 | 7 | 43.75 | 0.52 | 9 | 56.25 | 0.57 | 19.11 | / |
| 1—10 | 160 | 79 | 49.38 | 4.62 | 81 | 50.63 | 4.18 | 27.88 | / |
| 10—20 | 72 | 32 | 44.44 | 12.94 | 40 | 55.56 | 13.46 | 34.73 | / |
| 20—50 | 52 | 16 | 30.77 | 30.9 | 36 | 69.23 | 32.59 | 42.17 | 1 |
| 50—100 | 14 | 2 | 14.29 | 77.5 | 12 | 85.71 | 65.52 | 67.50 | / |
| ≥100 | 23 | 0 | 0.00 | / | 23 | 100.00 | 222.80 | 75.43 | 2 |
| 合计 | 337 | 136 | 40.36 | 10.53 | 201 | 59.64 | 40.17 | 39.09 | 3 |

### 3. 重要量刑情节认定不规范

一般认为，行贿罪重要量刑情节包括认罪悔罪态度、行贿次数、行贿数额等，对于情节严重的认定也主要围绕这几个方面进行。但是从对收集的裁判文书的分析可以看出，关于上述重要量刑情节的司法认定存在一定的随意性。从认罪悔罪态度上来看，337 名被告人中，裁判文书中提到被告人主动交待、供述行贿行为的有 33 人，裁判文书关于该情节的表述一共有七种，但是在不同案件中是否认定为自首存在差异。总体而言，有 13 人被认定为自首，20 人未认定为自首。具体情况分别如下：被追诉前主动交待 24 人，被认定为自首 7 人；在纪委谈话期间交待 1 人，被认定为自首；在审查期间交待 1 人，被认定为自首；到案后交待 4 人，被认定自首 2 人；检察院侦查期间交待和检察院查办时主动交待各 1 人，均被认定自首；主动到调查组如实交待 1 人，未认定自首。从行贿次数来看，行贿次数在 3 次以上的有 129 人，

45人同时被认定为行贿情节严重，这45人中，行贿数额最低为0.7万元，最高为500万元，行贿数额在10万元以下的有16人，10万元以上的有29人，平均行贿数额58.34万元。有78人未认定为情节严重，这78人中，行贿数额最低1.8万元，最高312万元，行贿数额在10万元以下的34人，平均行贿数额28.55万元。还有6人未明确是否认定为情节严重；行贿次数在3次以下的有135人，有14人被认定为情节严重，行贿数额最低3.04万元，最高200万元，行贿数额10万元以下有7人，平均行贿数额42.07万元。有112人未被认定为情节严重，行贿数额最低0.2万元，最高318.90万元，行贿数额10万元以下的86人，平均行贿数额13万元。可见，对于相同的事实或者相似的数额，可能认定为不同的量刑情节，对于同一情节也可能被认定为两种不同的结论。总之，对行贿次数的评价、行贿数额的评价、行贿罪自首的认定、是否情节严重的判断，均存在较大的不确定性。

上述统计分析得出的行贿犯罪案件的数量远低于受贿犯罪案件的数量、行贿罪司法实践中存在的轻刑化趋势明显、量刑结果与行贿罪数额之间呈现弱相关性以及重要量刑情节认定不规范等问题，是我国惩处行贿犯罪乏力的具体表征，也进一步加剧了行贿犯罪司法惩处的弱化趋势。应当看到，上述情况之存在，有着刑事立法、刑事司法与刑事政策等多方面的原因：一是刑事立法分配不均。我国一直存在一种"重受贿轻行贿"的刑事司法观念导向，其直接影响就是造成刑事立法在受贿罪与行贿罪上分配的不均。主要体现在对行贿犯罪条文的修改完善较少和行贿与受贿定罪量刑标准失衡两个方面。二是刑事司法过程中执法的非规范性。主要表现为，尽管检察机关在侦查行贿犯罪的时候具有一定的力度，但是在最终公诉之时有些案件已经被"消化"而未进入审判程序。三是刑事政策存在模糊性、偏差性。通过对行贿犯罪刑事政策的梳理，可以发现我国在行贿犯罪的刑事政策上存在一定的模糊性和不平衡性。主要体现在从严惩处行贿犯罪的立场存在"保留性"和从严惩处行贿犯罪对惩处受贿犯罪存在"依附性"两个方面。

## 二、惩治行贿犯罪的应然立场与刑事司法优化应对

笔者认为，当前加大对行贿罪的惩处力度，更主要的是一个刑事司法优化问题，而不是立法问题。

### （一）树立以"检察为先导、审判为主导"的定罪量刑准则

考虑到行贿犯罪检察机关侦查的主体性地位，笔者认为在行贿犯罪的处理上，应牢固树立以"检察为先导、审判为主导"的定罪量刑准则。结合刑事诉讼和惩治行贿犯罪的实际，一方面，检察机关要以审判为中心、服务于审判。这要求侦查、起诉等环节围绕着定罪量刑的客观标准进行。对于行贿犯罪的检察环节要贯彻"严"字当头，无论在侦查还是在起诉环节都要以综

合和实质的刑事思维逻辑作准则，同时更要为进入审判环节进行铺垫，使得行贿犯罪在审判环节能够获得相应的刑事惩处；另一方面，以审判为主导，就是确保侦查、审查起诉始终围绕人民法院定罪量刑活动而展开，使定罪量刑的实质在法庭上予以体现。这就要求检察机关在行贿犯罪不起诉、撤销案件和不予立案时持极为谨慎和克制的态度。贿赂犯罪腐败是一个双向的活动，从贿赂犯罪的发生机理上看，行贿行为是受贿行为产生的直接诱因。在坚持严惩受贿犯罪的同时对行贿行为不予定罪，不具有事实和法理上的正当性。检察机关在行贿行为惩处上的缺位，主要是出于行贿行为对受贿罪认定的证据法意义上的功利性目的考虑，但是，这种功利性考虑应当在以审判权为中心的基础上通过刑罚量增减的方式得以反映，而不应当在定罪层面予以退让。为了将检察机关在行贿犯罪不起诉、撤销案件和不予立案时谨慎和克制的态度制度化、实效化，笔者认为，一方面应严格控制检察机关行贿犯罪不起诉、撤销案件之比例，将低不起诉率和低撤销案件率作为正向考核指标和硬性指标予以确立，使行贿犯罪的不起诉率与撤销案件率最低限度地反映。同时加强对不予立案的程序审批；另一方面建立受贿案件对应行贿人的"必罚制"，即对于查处的受贿犯罪相对应的行贿人，达到立案追诉标准的均应立案查处，并将其严格的制度化、程序化。

### （二）行贿罪构成要件的实质解释

刑法分则中不乏开放的构成要件，即就许多具体犯罪而言，由于众所周知的理由或者其他原因，刑法并没有将所有的构成要件完整地规定下来，而是需要解释者在适用过程中进行补充。在这种情况下，不得简单地认为，既然刑法没有规定，那就不是构成要件。相反，应当考察：如果不作出适当补充，犯罪构成整体能否说明该行为的社会危害性达到了值得科处刑罚的程度、能否说明该行为的社会危害性达到了适用某种法定刑（尤其是重法定刑）的程度。[①] 这便是构成要件的实质解释。构成要件的实质解释要求我们在作刑法解释时不能仅仅满足或止步于刑事立法的形式性规定和字面含义，而必须以保护法益为指导，进一步关注法律形式背后的实质内容，使行为的违法性与有责性达到值得科处刑罚的程度，即在罪责领域加入处罚必要性之考虑。[②] 由于我国刑法明确规定行贿罪的主观方面具有谋取不正当利益的目的，因而行为人是否具有谋取不正当利益的目的成为区分本罪罪与非罪的重要标志。应该承认，"行贿罪'谋取不正当利益'的主观要素设定和不正当利益的严格解释，极大地限缩了行贿行为的入罪范围。"[③] 考虑到当前严惩行贿犯罪的

---

① 张明楷：《刑法分则的解释原理》，中国人民大学出版社 2004 年版，第 233 页。

② ［德］克劳斯·罗克辛：《刑事政策与刑法体系》（第二版），蔡桂生译，中国人民大学出版社 2011 年版，第 81 页。

③ 孙国祥：《行贿谋取竞争优势的本质和认定》，载《中国刑事法杂志》2013 年第 7 期。

刑事政策与法律规定，以及司法实践在惩处行贿犯罪上的乏力，在解释行贿罪构成要件时，应以是否侵犯国家工作人员职务廉洁性为出发点，对行贿犯罪的构成要件特别是对"谋取不正当利益"予以实质化、扩大性解释，从而在刑事司法层面拓展行贿犯罪的惩处范围，提高行贿罪构成要件对各类行贿行为的适应力。

实际上，行贿人为谋取正当利益，尽管孤立地看该利益确属正当性，但是如果通过行贿国家工作人员的方式使得正当利益的实现更为便利（比如在实现过程上更简单或者在实现时间上更短），此时手段的不正当性决定了其所取得的利益缺乏实质合法性，从整体上看其取得的利益也应随之被评价为不正当利益。其更本质的理由在于：该种情形下行贿人行贿国家工作人员，国家工作人员利用职务便利或其职务形成的便利条件，加快了正当利益的实现，相当于为行贿人实现正当利益提供了帮助，存在权钱交易的本质，也对国家工作人员职务的廉洁性产生了侵害，应当被解释为不正当利益。从这个角度而言，"行贿人意图谋取的利益性质并不能影响行贿行为的性质。也就是说，行贿人无论谋取的是正当利益还是不正当利益……只要主动给予国家工作人员以财物的，应当构成行贿犯罪。"[1] 同样，出于构成要件的实质解释，对于行贿人谋取的利益是否实现，无论行贿人谋取的利益是否明确，行贿人无论是许诺给予、约定给予，还是事后给予国家工作人员财物，以及无论是给予传统财物，还是财产性利益，甚至是给予期待性利益，无论是直接给予财物行贿，还是通过交易形式行贿，以开办公司等合作投资名义行贿，还是以赌博等方式行贿，均不影响行贿罪的司法认定。对行贿罪构成要件的实质解释，不仅与行贿罪的保护法益、严惩行贿罪之刑事政策相符，也与受贿罪的法律规定及其司法解释相符，从而强化受贿罪与行贿罪的对合关系，真正推动"惩处行贿与受贿并重"，还可以最大化严密行贿罪刑事法网，实现由"厉而不严"到"又严又厉"的转变。

### （三）行贿案件典型案例指导制度

为充分发挥指导性案例的作用，总结审判经验，统一法律适用，提高审判质量，维护司法公正，最高人民法院经过充分调查研究，制定了《关于案例指导工作的规定》，并于 2010 年 11 月 26 日正式公布实施。与其他审判指导方式相比，案例指导制度承载着展示审判成果、宣传司法理念、总结审判经验、传递司法信息、提高司法能力等诸多功能。[2] 显然，建立行贿犯罪典型案例指导制度，有利于强化严惩行贿犯罪的政策立场，加强对惩处行贿犯罪的法制宣传，对于"行贿与受贿惩处并重"之实现也具有积极的推动意

---

① 楼伯坤：《行贿罪立法中的排除性规定》，载《国家检察官学院学报》2010 年第 4 期。
② 胡云腾等：《〈关于案例指导工作的规定〉的理解与适用》，载《人民司法》2011 年第 3 期。

义。遗憾的是，我国对于行贿罪典型案例之公布极不重视，对于公布行贿罪典型案例所承载的积极意义仍存在认识上的误区。比如，截至 2014 年年底，最高人民法院一共发布了 9 批 44 个指导性案例，其中刑事案例 9 个，贪污罪和受贿罪各 1 例，但未有行贿罪案例。① 作为刑事审判领域典型案例公布之集大成者，《刑事审判参考》自 1999 年创刊以来至 2011 年，共刊登了 57 个贪污贿赂犯罪，但是没有一例系行贿犯罪。② 作为最高人民法院向社会发布各类重要司法信息的权威载体和官方文献，《最高人民法院公报》中也难以找到行贿罪的踪迹。据统计，自 1985 年至 2008 年，24 个贪污贿赂犯罪案例，其中仅有 1998 年第 2 期刊载了 1 个单位及其负责人行贿罪案例。③ 行贿犯罪、贪污受贿犯罪典型案例公布上的这种"厚此薄彼"的做法，无疑进一步强化了"重受贿轻行贿"之导向，加剧了行贿罪与其他贪污贿赂类犯罪惩处上的不平衡。这种情况下，笔者认为，建立行贿案件典型案例指导制度，针对行贿犯罪定罪量刑问题而发布的典型案例就显得非常必要。除了通过指导性案例、最高人民法院公报案例、《刑事审判参考》等平台以外，还可以建立区域性的行贿犯罪典型案例指导制度。具体做法，可由各省高级人民法院在所辖法院已审结的行贿犯罪案件中选择定罪准确、量刑适当的典型案例，特别是针对其中存在量刑争议的案例，经审判委员会讨论通过后定期印发全省法院，并组织一线干警学习、讨论该类案件，提炼规则，统一标准，达成共识。以此为基础不断强化、彰显我国严惩行贿犯罪的政策立场，逐步推动"行贿与受贿惩处并重"之观念的形成。

## 三、　结语

从我国行贿罪的立法轨迹与变迁来看，行贿罪的罪刑地位经历了一个由依附到独立，行贿罪的构成要件、量刑规定由粗糙到细致的过程。我国对于行贿罪的惩处也越来越重视。尤其是 2014 年 11 月 3 日公布的《刑法修正案（九）（草案）》，一方面新增了向国家工作人员的近亲属或者其他与该国家工作人员关系密切的人，或者离职的国家工作人员或者其近亲属以及其他与

---

① 这 9 个指导性案例分别是：潘玉梅、陈宁受贿案（指导案例 3 号），王志才故意杀人案（指导案例 4 号），杨延虎等贪污案（指导案例 11 号），李飞故意杀人案（指导案例 12 号），王召成等非法买卖、储存危险物质案（指导案例 13 号），董某某、宋某某抢劫案（指导案例 14 号），臧进泉等盗窃、诈骗案（指导案例 27 号），胡克金拒不支付劳动报酬案（指导案例 28 号），张某某、金某危险驾驶案（指导案例 32 号）。

② 中华人民共和国最高人民法院刑事审判第一、二、三、四、五庭主办：《中国刑事审判指导案例（贪污贿赂罪·渎职罪·军人违反职责罪）》（《刑事审判参考》1999~2011 分类集成），法律出版社 2012 年版，目录。

③ 沈德咏：《最高人民法院公报案例大全（上卷）》，人民法院出版社 2009 年版，第 232~296 页。

其关系密切的人行贿的犯罪行为，拓展了行贿罪的惩处范围；另一方面新增并完善了行贿罪的财产刑，同时进一步明确了从轻、减轻和免除处罚的适用条件。体现了对行贿罪从严惩处的立场。可以说，我国当前的行贿犯罪立法体例已经相对成熟。但是，将行贿罪立法目的具体贯彻到司法实践中，从而形成打击行贿犯罪的直接作用力，仍需要破除"重受贿轻行贿"之观念，完善、优化当前司法机制特别是检察机关侦查、指控行贿犯罪之方式，牢固树立与把握以审判为中心的司法运行模式，加强对行贿罪构成要件的刑法解释学研究，提高行贿犯罪量刑规范化与科学化等多方努力。

# 建设工程领域行贿犯罪
# 两个疑难问题研究

余照华*

建设工程领域因其涉及利益巨大，监督、管理、处罚机制不完善，一直是行贿犯罪的高发领域，也是检察机关职务犯罪侦查工作重点关注的领域。实践中，建设工程领域的行贿犯罪行为纷繁复杂，在具体认定的过程中存在很多有争议的问题，其中，尤以对项目经理实施的行贿犯罪中犯罪主体的认定，以及行贿犯罪谋取不正当利益要件的认定最为疑难。笔者对上述两个问题进行分析，以期能够为今后办理类似案件的法律适用提供一定的参考。

## 一、 建设工程领域项目经理实施的行贿犯罪中犯罪主体的认定

司法实践中，对于工程建设中项目经理实施的行贿行为应当认定为个人行贿还是单位行贿，存在较大的争议，有时针对相似的行为会出现截然不同的处理结果。因此，针对具体情况，厘清相关的法律关系，对于司法实践是有其积极意义的。

### （一）项目经理、项目经理部的定义

《建筑施工企业主要负责人、项目负责人和专职安全生产管理人员安全生产考核管理暂行规定》第 4 条规定："建筑施工企业项目负责人，是指由企业法定代表人授权，负责建设工程项目管理的负责人等。"《注册建造师执业管理办法（试行）》第 5 条的规定："大中型工程施工项目负责人必须由本专业注册建造师担任。一级注册建造师可担任大、中、小型工程施工项目负责人，二级注册建造师可以承担中、小型工程施工项目负责人。"而《建设工程施工项目管理规范》（GB/T50326-2001）对项目经理和项目经理部进行了界定，即"2.0.6 项目经理：企业法定代表人在承包的建设工程施工项目上的委托代理人。2.0.7 项目经理部：由项目经理在企业的支持下组建并领导、进行项目管理的组织。"

依照上述规定，在大中型工程中，项目经理和施工项目负责人事实上为

---

* 浙江省宁波市海曙区人民检察院反贪污贿赂局副局长，法学硕士。

同一概念，以下将以项目经理统称。所谓项目经理，就是依照建筑公司法定代表人的授权，对工程项目进行管理的负责人员，在大中型工程中，项目经理必须具有注册建造师资格。项目经理对工程项目的管理权完全来源于公司法定代表人的授权，项目经理的行为必须在授权范围内进行，无权实施超越授权范围的行为。同时项目经理对工程项目的管理，需要通过一定的组织，也即项目（经理）部进行具体实施。项目部为建筑公司临时设立的内设机构，没有独立法人资格，没有营业执照，也没有财产，从民法的角度来说，项目部对外仅能代表建筑公司，不具有民事法律行为能力，其对工程管理的权力来自于公司法定代表人对于项目经理的授权，是项目经理工程管理权的延伸。

**（二）项目经理实施工程项目的两种模式及其对行贿犯罪主体的认定**

项目经理实施的行贿犯罪中犯罪主体认定的关键在于单位犯罪和个人犯罪的区分。我国刑法对于单位犯罪并没有明确的定义，一般认为公司、企业、事业单位、机关、团体为本单位谋取非法利益，经单位集体决定或由负责人员决定实施的犯罪，是单位犯罪。[①] 而区分单位犯罪和个人犯罪的关键在于犯罪意志的归属和利益的归属。只要单位成员或其他自然人秉承了单位意志并为了单位利益实施犯罪，即应视为单位犯罪。[②] 在实践中，根据项目经理所实施的工程项目主要利益归属主体的不同，项目经理实施工程可以分为两种模式，个人承包模式和公司实施模式。两种不同模式下行贿犯罪主体的认定需要进行具体分析。

1. 个人承包模式

个人承包模式的主要特点在于建筑项目表面上由建筑公司承接，但实际上由项目经理个人承包。[③] 工程项目由项目经理自行组织力量进行施工，自负盈亏。项目经理除支付上交国家的税费和上交建筑公司 2%~5% 的"管理费"之外，其余工程的利润由项目经理个人获取。个人承包模式也是当前建设工程领域普遍采用的一种工程实施模式。笔者认为，在个人承包模式下，项目经理在工程进行过程中实施的行贿行为应当认定为个人行贿，理由在于：

首先，项目经理的行贿行为体现的是其个人的意志，而非单位意志。在个人承包模式下，虽然从表面的法律关系上来看，项目经理对于项目的管理权仍然来源于建筑公司法定代表人的授权，但在工程项目实施层面，建筑公

---

① 陈兴良：《刑法适用总论》（上卷），中国人民大学出版社 2006 年版，第 527 页。
② 高铭暄：《刑法专论》，高等教育出版社 2002 年版，第 234 页。
③ 在实践中，个人承包模式按照工程承接方式的不同也分为两种类型，一种是建筑公司不具体参与工程的承接，项目经理借用建筑公司的名义承接工程，也就是所谓的"挂靠"，这种类型较为普遍；另一种是建筑公司承接工程之后，再将工程交由本公司所属的项目经理个人承包，这种类型较为少见。上述两种类型，在主体认定方面没有区别，故一并予以论述。

司已经事实上将工程的管理权完全让渡给了项目经理，建筑公司的主体身份已经被项目经理个人所取代。项目经理以个人意志对整个工程项目进行管理，基本不受建筑公司的制约。在此基础之上，项目经理向国家工作人员提供贿赂，要求国家工作人员在工程项目中提供照顾，体现的就是项目经理个人的意志，而非名义上的建筑公司的单位意志。

其次，项目经理行贿所得的利益主要归于项目经理本人而非单位。在个人承包模式下，项目经理向建筑公司上交的是固定比例的"管理费"，虽然因为工程合同的关系，工程款的结算仍需要经过建筑公司的财务账户，但是建筑公司会在扣除管理费后将剩余的工程款全部给予项目经理，由项目经理自行支配，因此整个工程的利润绝大多数都是归项目经理所有，也即行贿所得的利益是归项目经理而非建筑公司。

2. 公司实施模式

公司实施模式的特点在于建筑公司对工程项目全面掌控，派遣施工力量进行施工，项目的盈亏由公司负责，工程中所获得的利益主要归属公司所有。项目经理在公司法定代表人授权的范围内对工程行使管理职权，对工程进行具体管理。公司实施模式才是建设工程实施的正常模式，公司作为建筑单位整体对工程负责，项目经理作为直接管理人员负责组织具体施工。

在公司实施模式之下，对于项目经理行贿行为性质的认定，应当根据具体情况加以区分：如果项目经理的行贿行为经过公司主管人员许可、同意或者行贿行为乃公司主管人员命令、唆使，项目经理仅仅为行贿行为的执行者而非决策者，则因行贿行为体现的是单位的意志，行贿所得的利益也归属于单位，故应当认定为单位行贿行为；如果项目经理的行贿行为系其受个人主观意志支配实施，未经公司主管人员命令、唆使或许可，目的是在公司整体利益的前提下追求个人利益，如缩短工期以获得更多个人提成、奖励等，则即使其行贿行为以单位名义实施，但体现的是个人的意志，行贿的目的也主要是为了获取个人的利益，应当认定为个人行贿。

（三）对项目部不应认定为单位行贿的主体

依前文所述，项目部为建筑公司临时设立的内设机构，没有独立法人资格，不具有民事法律行为能力，其对工程管理的权力来自于公司法定代表人对于项目经理的授权，是项目经理工程管理权的延伸，是实现项目经理管理意志的工具。在司法实践中，曾经出现过将项目经理实施的行贿行为认定为项目部的单位行贿行为的情况，笔者认为甚为不妥，理由如下：

首先，从意志主体看，现有的工程领域行贿犯罪的意志主体只有建筑公司和项目经理。项目部作为项目经理组织成立的办事机构，其成立依附于项目经理，职能在于贯彻落实项目经理的工程管理构想，其体现的是项目经理的管理意志，从权力产生的本源看，是项目经理的权力产生了项目部的权力，项目部体现了项目经理的意志。因此将项目经理的行为认为是代表项目部的意志，从而将项目经理的行贿行为认定为是项目经理部的单位行贿行为，是从根本上颠倒了项目经理与项目部之间的从属关系，同时也混淆了项目部与建筑公司的关系。

其次，从利益归属看，在意志主体确定的前提下，项目部作为建筑公司临时设立的内设机构，并不能成为行贿利益归属的主体。在项目经理个人行贿的前提下，行贿所得利益归属于项目经理个人；在项目经理代表建筑公司行贿的前提下，行贿所得利益归属于建筑公司。项目部并不能独立成为接受行贿利益归属的主体。

## 二、 建设工程领域行贿犯罪谋取不正当利益要件的认定

谋取不正当利益是行贿犯罪的核心构成要件。对行贿人谋取的利益是否属于不正当利益的甄别对于行贿犯罪的认定具有决定性的作用。虽然先后有多个司法解释对不正当利益进行了逐步完善的解释，但是因为司法实践的复杂性，针对具体案件中谋取不正当利益的认定仍然存在较多争议。

### （一）在建设工程承接过程中，除了在招投标中违背公平原则谋取竞争优势之外的违法行为能否成立谋取不正当利益

2008 年"两高"发布的《关于办理商业贿赂刑事案件适用法律若干问题的意见》（以下简称《意见》）第 9 条第 2 款规定："在招标投标、政府采购等商业活动中，违背公平原则，给予相关人员财物以谋取竞争优势的，属于'谋取不正当利益'。"该规定首次将在招投标环节行贿以谋取竞争优势明确规定为谋取不正当利益，为重点打击招投标环节的行贿犯罪提供了法律依据。但是在实践中，部分地区的司法机关狭隘地理解了该条规定，简单地认为在建设工程承接过程中，只有在招投标环节行贿以谋取竞争优势才能认定为谋取不正当利益，除此之外，即使存在其他违法行为，都不认定为谋取不正当利益。对这种倾向，笔者认为甚为不妥，理由如下：

首先，从《意见》本身来看，第 9 条第 2 款之规定的核心价值体现在将不正当利益分为"非法利益"与违法的"帮助或者方便条件"两种类型的基础上，对"不确定利益"做出了进一步的规定①。但这仅是对"非法利益"与违法的"帮助或者方便条件"两种类型不正当利益的补充，并不意味着可以据此忽视对前两种基本型不正当利益的认定。2012 年《关于办理行贿刑事案件具体应用法律若干问题的解释》第 12 条第 2 款将不确定利益的界定从招投标、政府采购扩展到了经济、组织人事管理活动，从一定意义上来说也是

---

① 曾凡燕、付治国：《论行贿犯罪中"谋取不正当利益"要件》，载《湖北社会科学》2010 年第 6 期。

对《意见》规定可能产生的过于狭隘的理解所作的纠正。

其次，从建设工程领域的实践来看，因为个人承包模式的泛滥，在工程承接过程中，除了在招投标中通过不正当的方式谋取竞争优势的情形之外，还存在着其他明显违法的行为，集中表现为以下三种典型情形：（1）无施工资质人员挂靠有施工资质单位，借用他人名义承接工程。（2）有施工资质人员挂靠在非本人注册施工单位，借用他人名义承接工程。（3）施工人员在有在建项目的情况下，借用他人名义再次承接工程。上述三种违法情形违反了《中华人民共和国建筑法》第 26 条第 2 款①和建设部 2008 年颁布实施的《注册建造师执业管理办法（试行）》（以下简称《办法》）第 5 条②、第 9 条③、第 22 条④等条款的规定。在上述三种情形中，行为人按照相关法律和部门规章的规定，本不能承接相应的建设工程，因此该建设工程对于行为人来说就属于依照法律、规章的规定不应当得到的利益，即非法利益。行为人通过实施违反法律、部门规章的行为，获得了其本不应得到的工程，也即得到了非法利益，从法理上看完全符合谋取不正当利益的规定，应当认定为谋取不正当利益。

**（二）行贿人不正当地获得工程之后，在工程实施过程中进行的与工程相关的一般性行贿行为是否可以认定为谋取不正当利益**

建设工程一般可以划分为两个环节，工程承接环节和工程实施环节。在行贿人不正当地获得工程（包括非法获得和违反公平、公正原则通过不正当竞争获得）之后，在工程实施过程中进行的与工程相关的一般性行贿行为是否应当认定为谋取不正当利益，在司法实践中存在争议。一种观点认为虽然工程是不正当获得的，但是行贿人在获得工程之后进行正常施工、获得工程利润的诉求是正当而合理的，因此行贿人在工程进行过程中为了顺利施工、正常拨付工程款等目的实施的一般性行贿行为不应认定为谋取不正当利益。另一种观点认为，只要行贿人不正当地获得工程，则其在整个工程进行过程中实施的与工程相关的行贿行为都应当认定为谋取不正当利益。笔者同意第二种观点，理由如下：

首先，从利益关系来看，工程作为一个利益整体存在，正常施工利益、工程利润利益都是工程整体利益的组成部分，其中工程利润是工程的核心，

---

① 禁止建筑施工企业以任何形式允许其他单位或者个人使用本企业的资质证书、营业执照，以本企业的名义承揽工程。
② 大中型工程施工项目负责人必须由本专业注册建造师担任。
③ 注册建造师不得同时担任两个及以上建设工程施工项目负责人。
④ 注册建造师不得有下列行为：……（七）以他人名义或允许他人以自己的名义从事执业活动；（八）同时在两个或者两个以上企业受聘并执业……（十）未变更注册单位，而在另一家企业从事执业活动。

行贿人不正当地获取工程，其最终目的就在于不正当地获取工程利润，而工程利润的获取，需要通过工程施工、工程款拨付等具体行为来实现。如果行贿人不正当地获取了工程，则该工程整体对于行贿人而言即属不正当利益，在此基础上，工程中所包含的核心利益即工程利润对于行贿人而言自然为不正当利益。对于这一点，从相关法律和司法解释的规定中也可以得到佐证。《建筑法》第 65 条第 3 款规定"未取得资质证书承揽工程的，予以取缔，并处罚款；有违法所得的，予以没收。"最高人民法院《关于审理建设工程施工合同纠纷案件适用法律问题的解释》第 4 条规定"承包人非法转包、违法分包建设工程或者没有资质的实际施工人借用有资质的建筑施工企业名义与他人签订建设工程施工合同的行为无效。人民法院可以根据《民法通则》第一百三十四条规定，收缴当事人已经取得的非法所得。"上述规定印证了工程承接的合法性决定了工程中所包含利益的合法性，违法承接的工程中所包含的工程利润等经济利益都为非法，即为违法所得。在此前提下，行贿人在工程施工过程中进行的一般行贿行为所直接谋取的工程施工、工程款拨付等利益虽然从表面上看似正当、合理，但因工程获得的不正当性，上述直接利益也归为不正当，同时行贿人通过谋取上述直接利益而意图进一步得到的最终利益即工程利润也是非法的、不正当的。所以，在行贿人不正当获得工程的前提下，行贿人在工程进行中的行贿行为谋取和工程相关的利益都是不正当的，都应认定为谋取不正当利益。

其次，从打击行贿犯罪的角度看，如果不对行贿人在整个工程中的行为进行总体评价，而是将工程的承接环节和工程的实施环节割裂开来，仅仅将行贿人在工程承接环节为不正当地获取工程而实施的行贿行为认定为谋取不正当利益，而将之后在工程实施环节中通过施工、获取工程款等行为将之前不正当地获取工程时所期望得到的利益具体实现的过程排除在谋取不正当利益之外，则会使对工程领域行贿犯罪的打击存在较大的漏洞。行贿人可以通过将工程承接环节的行贿行为全部转移至工程施工环节逃避法律的惩处，这对于保持反腐败的高压态势，在打击受贿犯罪的同时强化对行贿犯罪的打击是极为不利的。因此，应对行贿人在工程中的行为进行总体评价，将工程的承接环节和工程的实施环节相结合，只要行贿人不正当获得工程，其在整个工程过程中实施的与工程相关的行贿行为都应认定为谋取不正当利益。